LANGENSCHEIDT
STANDARD DICTIONARIES

LANGENSCHEIDT'S STANDARD TURKISH DICTIONARY

First Part

English-Turkish

by

RESUHİ AKDİKMEN

Assistant Lexicographers

EKREM UZBAY

NECDET ÖZGÜVEN

LANGENSCHEIDT

Contents

İçindekiler

Printed in Germany

Foreword

Years of meticulous work have produced this new Standard English-Turkish/Turkish-English Dictionary. Containing 80,000 entries, it meets the needs of student, teacher, businessman and traveler alike – in short, it is an invaluable tool for anyone concerned with the Turkish language. The vocabulary reflects that used in modern, everyday Turkish. The dictionary furthermore contains the most important terminology from such specialist areas as trade and commerce, technology, and medicine.

The translations of the headwords are arranged according to frequency of use. Synonymous translations are separated by commas, and semantically distinct alternatives by semi-colons. For ease of reference, signs and abbreviations indicating parts of speech, stylistic register and subject areas have been used. Idioms, proverbs and colloquialisms have been given special consideration in this dictionary. Syllabification of English headwords is indicated by means of dots.

We trust that this up-to-date dictionary will prove to be indispensable to all those interested in the Turkish language.

Önsöz

Uzun ve titiz bir çalışmanın ürünü olan bu yeni cep sözlüğü, 80.000'i aşkın kelime haznesiyle, öğrencilerin, öğretmenlerin, çevirmenlerin, kısacası İngilizce ile ilişkili herkesin gereksinimlerini büyük ölçüde karşılayacak biçimde hazırlanmıştır. Sözlüğün kapsamındaki sözcükler, günümüz modern İngilizcesinin konuşma dili, ticaret, teknik, tıp gibi dallarındaki en yaygın sözcükler arasından titizlikle seçilmiştir.

Bir sözcüğün anlamları, kullanımındaki önem sırasına göre dizilmiş, eşanlamlı olanlar virgülle, ayrı anlamlı olanlar ise noktalı virgülle ayrılmıştır. Bunun yanısıra, anlam karışıklığına meydan vermemek için kısaltmalardan başka özel işaretler de kullanılmıştır. Bu kısaltma ve işaretler sayesinde sözcüğün kullanım sahaları daha açık seçik olarak ortaya konmuştur.

Diğer pek çok sözlükte olduğu gibi İngilizce sözcüklerin okunuşlarının Türkçe olarak verilmesinden kesinlikle kaçınılmış, yerine uluslararası fonetik alfabesi tercih edilmiştir. Bunun yanısıra, okunuşlardaki vurgular da verilmiştir. Böylece sözlük sahibi, özellikle bilmediği sözcükleri doğru olarak söyleyebilecektir.

Sözcüklerin gerçek anlamlarının yanısıra, teknik, tıp, ticaret gibi pek çok alandaki kullanımları da kısaltma ve semboller yardımıyle verilmiştir. Ayrıca, deyimler, atasözleri ve argo sözcüklere de geniş yer ayrılmıştır.

İngilizcede en çok güçlük çekilen noktalardan biri olan sözcüklerin hecelenmesi de bu yeni sözlükte çözümlenmiştir. Harfler arasındaki noktalar bu hecelemeyi göstermektedir.

Tüm bu özelliklerinden dolayı bu yeni ve çağdaş sözlüğün büyük bir açığı kapatacağına ve İngilizce ile ilişkili herkes için vazgeçilmez bir yapıt olacağına inanıyoruz.

Using the Dictionary

Sözlüğün Kullanımı

I. English Head-words.

1. The alphabetical order of the head-words has been observed throughout, including the irregular forms.

2. Centred dots or stress marks within a head-word indicate syllabification,

e.g. **cul.ti.vat.ed** ... **cul.ti'va.tion**

3. In hyphenated compounds a hyphen coinciding with the end of a line is repeated at the beginning of the text.

4. The tilde (~, ~) represents the repetition of a head-word.

a) In compounds the tilde in bold type (~) replaces the catch-word,

e.g. **aft.er** ... **'~.birth** (= afterbirth)

b) The simple tilde (~) replaces the head-word immediately preceding (which itself may contain a tilde in bold type),

e.g. **dis.tance** ... at a ~ = at a distance **day** ... **'~.light** ... ~-saving time = daylight-saving time.

5. When the initial letter changes from small to capital or vice versa, the usual tilde is replaced by ♀ or ♀.

e.g. **foot**...: ... ♀ **Guards** = Foot Guards.

II. Pronunciation.

1. The pronunciation of English head-words is given in square brackets by means of the symbols of the International Phonetic Association.

2. To save space the tilde (~) has been made use of in many places within the phonetic transcription. It replaces any part of the preceding complete transcription which remains unchanged.

I İngilizce Madde Başı Sözcükleri.

1. Düzensiz şekilleri de dahil olmak üzere madde başı sözcüklerin alfabetik sırasına baştan sona dikkat edilmiştir.

2. Madde başı bir sözcükteki noktalar veya vurgu işaretleri hecelemeyi göstermektedirler,

örnek: **cul.ti.vat.ed** ... **cul.ti'va.tion**

3. Tire ile ayrılmış bileşik sözcüklerde satır sonuna gelen tire, diğer satırın başında tekrarlanmıştır.

4. Tekrar işareti (~, ~), madde başı sözcüğün tekrarını gösterir.

a) Bileşik sözcüklerdeki siyah tekrar işareti (~) asıl sözcüğün yerini alır,

örnek: **aft.er** ... **'~.birth** (= afterbirth).

b) Açık renkli tekrar işareti (~) kendisinden hemen önce gelen siyah harfli sözcüğün yerini alır,

örnek: **dis.tance**... at a ~ = at a distance **day** ... **'~.light** ... ~-saving time daylight-saving time.

5. Bir sözcüğün ilk harfi küçük harften büyük harfe veya büyük harften küçük harfe dönüştüğünde ♀ veya ♀ tekrar işaretleri konulmuştur,

örnek: **foot**...: ... ♀ **Guards** = Foot Guards.

II. Telaffuz.

1. İngilizce madde başı sözcüklerin telaffuzları, Uluslararası Fonetik Kuruluşunun sembolleriyle köşeli ayraclarda verilmiştir.

2. Yerden kazanmak için tekrar işareti (~) fonetik yazımda da pek çok yerlerde kullanılmıştır. Bu işaret, fonetik yazımın değişmeyen kısmının yerine geçmektedir.

e.g. **as.so.ci.a.ble** [əˈsəuʃjəbl] ... **asˈso.ci.ate 1.** [~ʃieit] ... **2.** [~ʃiit] ... **as.so.ci.a.tion** [~siˈeiʃən]...

III. Grammatical References.

1. In the appendix you will find a list of irregular verbs.

2. *(irr.)* following a verb refers to this list, where you will find the principal parts of this particular verb.

3. A reference such as *(irr.* **fall**) indicates that the compound verb is conjugated exactly like the primary verb as given in the list of irregular verbs.

4. An adjective marked with □ takes the regular adverbial form, *i.e.* by affixing ...ly to the adjective or by changing ...le into ...ly or ...y into ...ily.

5. (**~ally**) means that an adverb is formed by affixing ...ally to the adjective.

6. When there is only one adverb for adjectives ending in both ...ic and ...ical, this is indicated in the following way:

his.tor.ic, his.tor.i.cal □ *i.e.* historically is the adverb of both adjectives.

IV. Translations.

1. Translations of a head-word have been subdivided by Arabic numerals to distinguish the various parts of speech. Words of similar meanings have been subdivided by commas, the various senses by semicolons.

2. Explanatory additions have been printed in italics,

e.g. **whip**... *v/t.* ... çalkamak, çırpmak *(yumurta);* ... bastırmak *(kumaş);* döndürmek, çevirmek *(topaç)...*

3. Prepositions governing an English catch-word (verb, adjective, noun) are given in both languages,

e.g. **con.vers.a.ble** ... **con.verse** ... **3.** [kənˈvəːs] *vb.* konuşmak, görüşmek, sohbet etm. (**with** *ile)...*

örnek: **as.so.ci.a.ble** [əˈsəuʃjəbl] ... **asˈso.ci.ate 1.** [~ʃieit] ... **2.** [~ʃiit] ... **as.so.ci.a.tion** [~siˈeiʃən]...

III. Gramatik Başvurular.

1. Sözlüğün ek kısmında düzensiz fiillerin bir listesini bulacaksınız.

2. Bir fiili izleyen *(irr.),* söz konusu fiilin ikinci ve üçüncü şekillerinin olduğu bu listeye ilişkindir.

3. Örneğin *(irr.* **fall**), söz konusu bileşik fiilin düzensiz fiil listesinde verilen esas fiil gibi çekildiğini göstermektedir.

4. □ işaretli bir sıfat, kendisine ...ly eklenerek veya ...le ...ly'e veya ...y ...ily'e dönüştürülerek düzenli zarf şeklini alır.

5. (**~ally**), bir zarfın sıfata ...ally eklenerek yapıldığını göstermektedir.

6. Sonu ...ic veya ...ical ile biten sıfatlar için yalnızca bir zarf olduğunda, bu şu şekilde gösterilmektedir.

his.tor.ic, his.tor.i.cal □, yani «historically» her iki sıfatın da zarfıdır.

IV. Sözcüklerin Anlamları.

1. Madde başı bir sözcüğün anlamları, sözcüklerin türlerine göre rakamlarla ayrılmıştır. Anlamdaş sözcükler virgüllerle, ayrı anlamlı sözcükler noktalı virgüllerle ayrılmışlardır.

2. Açıklayıcı ek sözcükler italik olarak verilmiştir,

örnek: **whip** ... *v/t.* ... çalkamak, çırpmak *(yumurta);* ... bastırmak *(kumaş);* döndürmek, çevirmek *(topaç)...*

3. İngilizce bir sözcüğün (fiil, sıfat, isim) aldığı edatlar her iki dilde de verilmiştir,

örnek: **con.vers.a.ble** ... **con.verse** ... **3.** [kənˈvəːs] *vb.* konuşmak, görüşmek, sohbet etm. (**with** *ile)...*

Symbols – Semboller

F	*colloquial language*	*konuşma dili*
P	*provincialism*	*taşra dilı*
†	*obsolete*	*eski*
✧	*rare, little used*	*az kullanılan*
⚘	*botany*	*botanik, bitkibilim*
⊕	*mechanics*	*mekanik*
⚒	*mining*	*madencilik*
⚔	*military term*	*askeri terim*
⚓	*nautical term*	*denizcilik terimi*
☨	*commercial term*	*ticari terim*
🚂	*railway, railroad*	*demiryolu*
✈	*aviation*	*havacılık*
📯	*postal affairs*	*postacılık*
♪	*musical term*	*müzik terimi*
⌂	*architecture*	*mimarlık*
⚡	*electrical engineering*	*elektrik mühendisliği*
⚖	*jurisprudence*	*hukuk*
Å	*mathematics*	*matematik*
	agriculture	*ziraat, tarım*
⚗	*chemistry*	*kimya*
⚕	*medicine*	*tıp*

Abbreviations – Kısaltmalar

a.	*also*	*keza*
abbr.	*abbreviation*	*kısaltma*
acc.	*accusative*	*-i hali*
adj.	*adjective*	*sıfat*
adv.	*adverb*	*zarf*
Am.	*Americanism*	*Amerikan dili*
anat.	*anatomy*	*anatomi, yapıbilim*
ast.	*astronomy*	*astronomi, gökbilim*
attr.	*attributively*	*niteleyici olarak*
b-de	*biri(si)nde*	
b-den	*biri(si)nden*	
b-i	*biri(si)*	
biol.	*biology*	*biyoloji, dirimbilim*
b-le	*biri(si)yle*	
b-ne	*biri(si)ne*	
b-ni	*biri(si)ni*	
b-nin	*biri(si)nin*	
b.s.	*bad sense*	*kötü anlamda*
bş	*bir şey*	
bşde	*bir şeyde*	
bşden	*bir şeyden*	
bşe	*bir şeye*	
bşi	*bir şeyi*	
bşin	*bir şeyin*	

bşle	*bir şeyle*	
cj.	*conjunction*	*bağlaç*
co.	*comical*	*komik*
coll.	*collectively*	*topluluk ismi olarak*
comb.	*combining form*	*tamlama*
comp.	*comparative*	*üstünlük derecesi*
contp.	*contemptuously*	*aşağılayıcı olarak*
dat.	*dative*	*-e hali*
eccl.	*ecclesiastical*	*dini*
etc.	*et cetera*	*ve saire*
etm.	*etmek*	
esp.	*especially*	*özellikle*
fenc.	*fencing*	*eskrim*
fig.	*figuratively*	*mecazi olarak*
gen.	*genitive*	*-in hali*
geogr.	*geography*	*coğrafya*
geol.	*geology*	*jeoloji, yerbilim*
ger.	*gerund*	*isim-fiil*
gr.	*grammar*	*gramer, dilbilgisi*
hist.	*history*	*tarih*
hunt.	*hunting*	*avcılık*
ichth.	*ichthyology*	*balıklar bilimi*
inf.	*infinitive*	*mastar, eylemlik*
int.	*interjection*	*ünlem*
Ir.	*Irish*	*İrlanda dili*
iro.	*ironically*	*alaylı*
irr.	*irregular*	*düzensiz, kural dışı*
k-de	*kendi(si)nde*	
k-den	*kendi(si)nden*	
k-le	*kendi(si)yle*	
k-ne	*kendi(si)ne*	
k-ni	*kendi(si)ni*	
k-nin	*kendi(si)nin*	
lit.	*literary*	*edebi, yazınsal*
metall.	*metallurgy*	*metalurji, metalbilim*
meteor.	*meteorology*	*meteoroloji, havabilgisi*
min.	*mineralogy*	*mineraloji, mineralbilim*
mot.	*motoring*	*otomobilcilik*
mount.	*mountaineering*	*dağcılık*
mst.	*mostly*	*çoğunlukla*
myth.	*mythology*	*mitoloji, efsanebilim*
n.	*noun*	*isim*
olm.	*olmak*	
opt.	*optics*	*optik*
orn.	*ornithology*	*ornitoloji, kuşbilim*
o.s.	*oneself*	*kendi(si); kendi kendine*
paint.	*painting*	*ressamlık*
parl.	*parliamentary term*	*parlamento terimi*
part.	*particularly*	*özellikle*
pharm.	*pharmacy*	*eczacılık*
phls.	*philosophy*	*felsefe*
phot.	*photography*	*fotoğrafçılık*
phys.	*physics*	*fizik*
physiol.	*physiology*	*fizyoloji*
pl.	*plural*	*çoğul*
poet.	*poetry; poetic*	*şiir sanatı; şiirsel*
pol.	*politics*	*siyaset*
p.p.	*past participle*	*-mış yapılı ortaç*

p.pr.	*present participle*	*-en yapılı ortaç*
pred.	*predicatively*	*yüklem olarak*
pret.	*preterite*	*-di'li geçmiş zaman*
pron.	*pronoun*	*zamir*
prp.	*preposition*	*edat, ilgeç*
psych.	*psychology*	*psikoloji, ruhbilim*
rhet.	*rhetoric*	*sözbilim, konuşma sanatı*
s.	*see*	*bakınız*
sg.	*singular*	*tekil*
sl.	*slang*	*argo*
s.o.	*someone*	*biri(si)*
s.th.	*something*	*bir şey*
sup.	*superlative*	*enüstünlük derecesi*
surv.	*surveying*	*yeri ölçme bilimi*
tel.	*telegraphy*	*telgrafçılık*
teleph.	*telephony*	*telefonculuk*
thea.	*theatre*	*tiyatro*
typ.	*typography*	*basımcılık*
univ.	*university*	*üniversite*
v/aux.	*auxiliary verb*	*yardımcı fiil*
v.b.	*ve benzeri*	
vb.	*verb*	*fiil, eylem*
vet.	*veterinary medicine*	*veterinerlik*
v/i.	*verb intransitive*	*geçişsiz fiil*
v/t.	*verb transitive*	*geçişli fiil*
zo.	*zoology*	*zooloji, hayvanbilim*

Use of International Phonetic Alphabet

Uluslararası Fonetik Alfabesinin Kullanımı

A. Ünlüler ve Diftonglar

[ɑ:] Türkçedeki (a) sesinin uzun şekli gibidir: *far* [fɑ:], *father* [ˈfɑ:ðə].

[ʌ] Türkçedeki (a) sesinin kısa ve sert şeklidir: *butter* [ˈbʌtə], *come* [kʌm], *colour* [ˈkʌlə], *blood* [blʌd], *flourish* [ˈflʌriʃ], *twopence* [ˈtʌpəns].

[æ] Türkçedeki (a) sesi ile (e) sesi arasında bir sestir. Ağız, (a) diyecekmiş gibi açılır, daha sonra ses (e)'ye dönüştürülür: *fat* [fæt], *man* [mæn].

[ɛə] Türkçedeki (e) sesinin uzun ve yumuşak şeklidir: *bare* [bɛə], *pair* [pɛə], *there* [ðɛə].

[ai] Türkçedeki (ay) sesi gibidir: *I* [ai], *lie* [lai], *dry* [drai].

[au] Dudaklar önce (a) sesi çıkartmak için açılacak, daha sonra (u) sesi için uzatılacaktır: *house* [haus], *now* [nau].

[e] Türkçedeki (e) sesi gibidir: *bed* [bed], *less* [les].

[ei] Türkçedeki (ey) sesi gibidir: *date* [deit], *play* [plei], *obey* [əˈbei].

[ə] Türkçedeki (ı) sesi gibidir: *about* [əˈbaut], *butter* [ˈbʌtə], *connect* [kəˈnekt].

[əu] Dudaklar önce (o) sesi çıkartmak için yuvarlaklaştırılır, daha sonra (u) sesi için uzatılır: *note* [nəut], *boat* [bəut], *below* [biˈləu].

[i:] Türkçedeki (i) sesinin uzun şeklidir: *scene* [si:n], *sea* [si:], *feet* [fi:t], *ceiling* [ˈsi:liŋ].

[i] Türkçedeki (i) sesi gibidir: *big* [big], *city* [ˈsiti].

[iə] Dudaklar önce (i) sesi çıkartmak için açılacak, daha sonra ses (ı)'ya dönüştürülecektir: *here* [hiə], *hear* [hiə], *inferior* [inˈfiəriə].

[ɔ:] Türkçedeki (o) sesinin uzun şeklidir: *fall* [fɔ:l], *nought* [nɔ:t], *or* [ɔ:], *before* [biˈfɔ:].

[ɔ] Türkçedeki (o) ile (a) sesleri arasında bir sestir. İngiliz İngilizcesinde (o) sesine, Amerikan Ingilizcesinde ise (a) sesine daha yakındır: *god* [gɔd], *not* [nɔt], *wash* [wɔʃ], *hobby* [ˈhɔbi].

[ɔi] Türkçedeki (oy) sesi gibidir: *voice* [vɔis], *boy* [bɔi], *annoy* [əˈnɔi].

[ə:] Türkçedeki (ö) sesi gibidir: *word* [wə:d], *girl* [gə:l], *learn* [lə:n], *murmur* [ˈmə:mə].

[u:] Türkçedeki (u) sesinin uzun şeklidir: *fool* [fu:l], *shoe* [ʃu:], *you* [ju:], *rule* [ru:l], *canoe* [kəˈnu:].

[u] Türkçedeki (u) sesi gibidir: *put* [put], *look* [luk].

[uə] Dudaklar önce (u) sesi çıkartmak için uzatılır, daha sonra ses (ı) sesine dönüştürülür: *poor* [puə], *sure* [ʃuə], *allure* [əˈljuə].

B. Ünsüzler

[r] Türkçedeki (r) sesi gibidir: *rose* [rəuz], *pride* [praid].

[ʒ] Türkçedeki (j) sesi gibidir: *azure* [ˈæʒə], *vision* [ˈviʒən].

[dʒ] Türkçedeki (c) sesi gibidir: *June* [dʒu:n], *jeep* [dʒi:p].

[tʃ] Türkçedeki (ç) sesi gibidir: *chair* [tʃɛə], *church* [tʃɔ:tʃ].

[ʃ] Türkçedeki (ş) sesi gibidir: *shake* [ʃeik], *washing* [ˈwɔʃiŋ], *she* [ʃi:].

[θ] Bu ses Türkçede yoktur. Dilin ucu üst kesicidişlere dokundurulup (t) sesi çıkarılır: *thank* [θæŋk], *thin* [θin], *path* [pɑ:θ], *method* [ˈmeθəd].

[ð] Bu ses de Türkçede yoktur. Dilin ucu üst kesicidişlere dokundurulup (d) sesi çıkarılır: *there* [ðɛə], *father* [ˈfɑ:ðə], *breathe* [bri:ð].

[ŋ] Bu ses de Türkçede yoktur. Dil damağa dokundurularak genizden (n) sesi çıkarılır: *ring* [riŋ], *sing* [siŋ].

[s] Türkçedeki (s) sesi gibidir: *see* [si:], *hats* [hæts], *decide* [diˈsaid].

[z] Türkçedeki (z) sesi gibidir: *rise* [raiz], *zeal* [zi:l], *horizon* [həˈraizn].

[w] Bu ses Türkçede yoktur. Dudaklar yuvarlaklaştırılıp (v) sesi çıkartılır: *will* [wil], *swear* [swɛə], *queen* [kwi:n].

[f] Türkçedeki (f) sesi gibidir: *fat* [fæt], *tough* [tʌf], *effort* [ˈefət].

[v] Türkçedeki (v) sesi gibidir: *vein* [vein].

[j] Türkçedeki (y) sesi gibidir: *yes* [jes], *onion* [ˈʌnjən].

[p] Türkçedeki (p) sesi gibidir: *pen* [pen].

[b] Türkçedeki (b) sesi gibidir: *bad* [bæd].

[t] Türkçedeki (t) sesi gibidir: *tea* [ti:].

[d] Türkçedeki (d) sesi gibidir: *did* [did].

[k] Türkçedeki (k) sesi gibidir: *cat* [kæt].

[g] Türkçedeki (g) sesi gibidir: *got* [gɔt].

[h] Türkçedeki (h) sesi gibidir: *how* [hau].

[m] Türkçedeki (m) sesi gibidir: *man* [mæn].

[n] Türkçedeki (n) sesi gibidir: *no* [nəu].

[l] Türkçedeki (l) sesi gibidir: *leg* [leg].

Suffixes in English

İngilizcedeki Sonekler

İngilizcede en çok kullanılan sonekler, fonetik söylenişleriyle birlikte aşağıdaki listede gösterilmiştir.

-ability [-əbiliti]
-able [-əbl]
-age [-idʒ]
-al [-əl]
-ally [-əli]
-an [-ən]
-ance [-əns]
-ancy [-ənsi]
-ant [-ənt]
-ar [-ə]
-ary [-əri]
-ation [-eiʃən]
-cious [-ʃəs]
-cy [-si]
-dom [-dəm]
-ed [-d; -t; -id]
-edness [-dnis; -tnis; -idnis]
-ee [-i:]
-en [-n]
-ence [-əns]
-ent [-ənt]
-er [-ə]
-ery [-əri]
-ess [-is]
-fication [-fikeiʃən]
-ial [-əl]
-ible [-əbl]
-ian [-jən]
-ic(s) [-ik(s)]
-ical [-ikəl]
-ily [-ili]
-iness [-inis]
-ing [-iŋ]
-ish [-iʃ]
-ism [-izəm]
-ist [-ist]
-istic [-istik]
-ite [-ait]
-ity [-iti]
-ive [-iv]
-ization [-aizeiʃən]
-ize [-aiz]
-izing [-aiziŋ]
-less [-lis]
-ly [-li]
-ment(s) [-mənt(s)]
-ness [-nis]
-oid [-ɔid]
-or [-ə]
-ous [-əs]
-ry [-ri]
-ship [-ʃip]
-(s)sion [-ʃən]
-sive [-siv]
-ties [-tiz]
-tion [-ʃən]
-tious [-ʃəs]
-trous [-trəs]
-try [-tri]
-y [-i]

English Alphabet

İngiliz Alfabesi

a [ei], b [bi:], c [si:], d [di:], e [i:], f [ef], g [dʒi:], h [eitʃ], i[ai], j [dʒei], k [kei], l [el], m [em], n [en], o [əu], p [pi:], q [kju:], r [ɑ:], s [es], t [ti:] u [ju:], v [vi:], w [ˈdʌblju:], x [eks], y [wai], z [zed].

Spelling of American English

Amerikan İngilizcesinin Yazımı

İngiltere'de konuşulan İngilizcenin yazımından farklı olarak Amerikan İngilizcesinin yazımında başlıca şu özellikler vardır:

1. Iki sözcüğü birleştiren çizgi çoğunlukla kaldırılır, örneğin: cooperate, breakdown, soapbox.

2. **-our** ekindeki **(u)** harfi Amerikan Ingilizcesinde yazılmaz, örneğin: color, harbor, humor, favor.

3. **-re** ile biten birçok sözcük Amerikan İngilizcesinde **-er** olarak yazılır, örneğin: center, theater, fiber.

4. **(l)** ve **(p)** harfleri ile biten fiillerin türetmelerinde son ünsüz harf ikilenmez, örneğin: traveled, quarreled, worshiped.

5. **-ence** ile biten sözcükler Amerikan Ingilizcesinde **-ense** ile yazılır, örneğin: defense, offense, license.

6. Fransızcadan gelen ekler çoğu kez kaldırılır veya kısaltılır, örneğin: dialog(ue), program(me), envelop(e), catalog(ue).

7. **ae** ve **oe** yerine çoğu kez yalnız **(e)** yazılır, örneğin: an(a)emia, man(o)euvers.

8. **-xion** yerine **-ction** kullanılır, örneğin: connection, reflection.

9. Söylenmeyen **(e)** harfi, judg(e)ment, abridg(e)ment, acknowledg(e)ment gibi sözcüklerde yazılmaz.

10. **en-** öneki yerine **in-** öneki daha çok kullanılır, örneğin: inclose.

11. Amerikan İngilizcesinde although yerine altho, all right yerine alright, through yerine thru biçimleri de kullanılabilir.

12. Tüm bunlardan başka, özel yazım biçimleri olan bazı sözcükler vardır, örneğin:

English	American
cheque	check
cosy	cozy
grey	gray
moustache	mustache
plough	plow
sceptic	skeptic
tyre	tire

Pronunciation of American English

Amerikan İngilizcesinin Söylenişi

Amerikan İngilizcesi (AE) ile Ingiliz Ingilizcesi (BE) arasında söyleniş bakımından bazı ayrılıklar vardır ki, en önemlileri şöyledir:

1. İngiliz İngilizcesinde (ɑ:) olarak söylenen ses, Amerikan İngilizcesinde (æ) veya (æ:) olarak söylenir: pass [BE pɑ:s = AE pæ(:)s], answer [BEˈɑ:nsə = AEˈæ(:)nsər], dance [BE dɑ:ns = AE dæ(:)ns], half [BE hɑ:f = AE hæ(:)f], laugh [BE lɑ:f = AE læ(:)f].

2. İngiliz İngilizcesinde (o) olarak söylenen ses, Amerikan Ingilizcesinde (a)'ya yakın olarak söylenir: dollar [BE ˈdɔlə = AE ˈdɑlər], college [BE ˈkɔlidʒ = AE ˈkɑlidʒ], lot [BE lɔt, = AE lɑt], problem [BE ˈprɔbləm = AE ˈprɑbləm].

3. Sonda olup bir ünlüden sonra gelen veya bir ünlü ile bir ünsüz arasında bulunan (r), Ingiliz Ingilizcesinde söylenmez. Buna karşın Amerikan Ingilizcesinde söylenir: car [BE kɑ: = AE kɑ:r], care [BE kɛə = AE kɛr], border [BE ˈbɔ:də = AE ˈbɔ:rdər].

4. Vurgulu hecedeki (u) sesi, Ingiliz Ingilizcesinde (ju:) olarak söylenir. Fakat bu ses Amerikan İngilizcesinde (u:) olarak söylenmektedir: Tuesday [BE ˈtju:zdi = AE ˈtu:zdi], student [BE ˈstju:dənt = AE ˈstu:dənt]. Fakat (music) ve (fuel) sözcükleri her iki söylenişte de aynıdır: [BE, AE = ˈmju:zik] [BE, AE = ˈfju:əl].

5. (p) ve (t) sesleri, Amerikan İngilizcesinde iki ünlü arasında olduklarında (b) ve (d) olarak söylenirler: property [BE ˈprɔpəti = AE ˈprɑbərti], united [BE ju:ˈnaitid = AE ju'naidid].

6. Iki veya daha fazla heceli sözcükler, Amerikan Ingilizcesinde ana vurgudan sonra daha hafif ikinci bir vurgu alırlar: secretary [BE ˈsekrətri = AE ˈsekrəˌtɛri], dictionary [BE ˈdikʃənri = AE ˈdikʃənɛri].

7. Sözcük sonundaki (-ile) hecesi, Ingiliz Ingilizcesinde (-ail) olarak söylendiği halde, Amerikan Ingilizcesinde (-əl) veya (-il) olarak söylenir: futile [BE ˈfju:tail = AE ˈfju:təl], textile [BE ˈtekstail = AE ˈtekstil].

8. Sözcük sonundaki (-ization) hecesi, İngiliz Ingilizcesinde (-aiˈzeiʃən) olarak söylendiği halde, Amerikan Ingilizcesinde (-iˈzeiʃən) olarak söylenir: civilization [BE sivəlaiˈzeiʃən = AE sivəliˈzeiʃən].

9. (-able) ve (-ible) eklerinde bulunan (e) okunmamasına karşın, Amerikan Ingilizcesinde (b) ile (l) arasında bir (ı) varmış gibi okunur: possible [BE ˈpɔsəbl = AE ˈpɑsəbəl], admirable [BE ˈædmərəbl = AE ˈædmərəbəl].

Numerical Expressions
Sayısal İfadeler

Cardinal Numbers
Asıl Sayılar

0 nought, zero, cipher; *teleph.* O [ǝu] *sıfır*
1 one *bir*
2 two *iki*
3 three *üç*
4 four *dört*
5 five *beş*
6 six *altı*
7 seven *yedi*
8 eight *sekiz*
9 nine *dokuz*
10 ten *on*
11 eleven *on bir*
12 twelve *on iki*
13 thirteen *on üç*
14 fourteen *on dört*
15 fifteen *on beş*
16 sixteen *on altı*
17 seventeen *on yedi*
18 eighteen *on sekiz*
19 nineteen *on dokuz*
20 twenty *yirmi*
21 twenty-one *yirmi bir*
22 twenty-two *yirmi iki*
30 thirty *otuz*
31 thirty-one *otuz bir*
40 forty *kırk*
41 forty-one *kırk bir*
50 fifty *elli*
51 fifty-one *elli bir*
60 sixty *altmış*
61 sixty-one *altmış bir*
70 seventy *yetmiş*
71 seventy-one *yetmiş bir*
80 eighty *seksen*
81 eighty-one *seksen bir*
90 ninety *doksan*
91 ninety-one *doksan bir*
100 a *or* one hundred *yüz*
101 hundred and one *yüz bir*
200 two hundred *iki yüz*
300 three hundred *üç yüz*
572 five hundred and seventy-two *beş yüz yetmiş iki*
1000 a *or* one thousand *bin*
1066 ten sixty-six *bin altmış altı*
1971 nineteen (hundred and) seventy-one *bin dokuz yüz yetmiş bir*
2000 two thousand *iki bin*
1 000 000 a *or* one million *bir milyon*
2 000 000 two million *iki milyon*
1 000 000 000 a *or* one milliard, *Am.* billion *bir milyar*

Ordinal Numbers
Sıra Sayıları

1st first *birinci*
2nd second *ikinci*
3rd third *üçüncü*
4th fourth *dördüncü*
5th fifth *beşinci*
6th sixth *altıncı*
7th seventh *yedinci*
8th eighth *sekizinci*
9th ninth *dokuzuncu*
10th tenth *onuncu*
11th eleventh *on birinci*
12th twelfth *on ikinci*
13th thirteenth *on üçüncü*
14th fourteenth *on dördüncü*
15th fifteenth *on beşinci*
16th sixteenth *on altıncı*
17th seventeenth *on yedinci*
18th eighteenth *on sekizinci*
19th nineteenth *on dokuzuncu*
20th twentieth *yirminci*
21st twenty-first *yirmi birinci*
22nd twenty-second *yirmi ikinci*
23rd twenty-third *yirmi üçüncü*
30th thirtieth *otuzuncu*
31st thirty-first *otuz birinci*
40th fortieth *kırkıncı*
41st forty-first *kırk birinci*
50th fiftieth *ellinci*
51st fifty-first *elli birinci*
60th sixtieth *altmışıncı*
61st sixty-first *altmış birinci*
70th seventieth *yetmişinci*

71st seventy-first *yetmiş birinci*
80th eightieth *sekseninci*
81st eighty-first *seksen birinci*
90th ninetieth *doksanıncı*
100th a *or* one hundredth *yüzüncü*
101st hundred and first *yüz birinci*
200th two hundredth *iki yüzüncü*
300th three hundredth *üç yüzüncü*
572nd five hundred and seventy-second *beş yüz yetmiş ikinci*
1000th a *or* one thousandth *bininci*
1950th nineteen hundred and fiftieth *bin dokuz yüz ellinci*
2000th two thousandth *iki bininci*
1 000 000th a *or* one millionth *bir milyonuncu*
2 000 000th two millionth *iki milyonuncu*

Fractional and Other Numbers
Kesirli ve Diğer Sayılar

1/2 one *or* a half *yarım*
1 ½ one and a half *bir buçuk*
2 ½ two and a half *iki buçuk*
1/3 one *or* a third *üçte bir*
2/3 two thirds *üçte iki*
1/4 one *or* a quarter, one fourth *çeyrek, dörtte bir*
3/4 three quarters, three fourths *dörtte üç*
1/5 one *or* a fifth *beşte bir*
5/8 five eighths *sekizde beş*
2.5 two point five *iki onda beş*
once *bir kere*
twice *iki kere*
three times *üç kere*
7 + 8 = 15 seven and eight are fifteen *yedi sekiz daha on beş eder*
9 - 4 = 5 nine less four are five *dokuzdan dört çıkarsa beş kalır*
2x3 = 6 twice three are *or* make six *iki kere üç altı eder*
20:5 = 4 twenty divided by five make four *yirmide beş dört kere var*

Weights and Measures

Tartı ve Ölçü Birimleri

Linear Measures
Uzunluk Ölçüleri

1 inch (in.) = 2,54 cm
1 foot (ft.) = 12 inches = 30,48 cm
1 yard (yd.) = 3 feet = 91,44 cm

Distance and Surveyors' Measures
Uzaklık ve Yer Ölçüleri

1 link (ll., l.) = 7.92 inches = 20,12 cm
1 rod (rd.), pole or **perch (p.)** = 25 links = 5,03 m
1 chain (ch.) = 4 rods = 20,12 m
1 furlong (fur.) = 10 chains = 201,17 m
1 (statute) mile (mi.) = 8 furlongs = 1609,34 m

Nautical Measures
Deniz Ölçüleri

1 fathom (fm.) = 6 feet = 1,83 m
1 cable('s) length = 100 fathoms = 183 m
1 nautical mile (n. m.) = 10 cable's length = 1852 m

Square Measures
Yüzey Ölçü Birimleri

1 square inch (sq. in.) = 6,45 qcm
1 square foot (sq. ft.) = 144 square inches = 929,03 qcm
1 square yard (sq. yd.) = 9 square feet = 0,836 qm
1 square rod (sq. rd.) = 30.25 square yards = 25, 29 qm
1 rood (ro.) = 40 square rods = 10, 12 a
1 acre (a.) = 4 roods = 40, 47 a
1 square mile (sq. mi.) = 640 acres = 2,59 qkm

Cubic Measures
Hacim Ölçüleri

1. cubic inch (cu. in.) = 16,387 ccm
1 cubic foot (cu. ft.) = 1728 cubic inches = 0,028 cbm
1 cubic yard (cu. yd.) = 27 cubic feet = 0,765 cbm
1 register ton (reg. tn.) = 100 cubic feet = 2,832 cbm

British Measures of Capacity
İngiliz Hacim Ölçüleri

Dry and Liquid Measures
Kuru ve Sıvı Ölçüler

1 British *or* **Imperial gill (gi., gl.)** = 0,142 l
1 Brit. *or* **Imp. bushel (bu., bsh.)** = 4 Imp. pecks = 36, 36 l
1 Brit. *or* **Imperial quarter (qr.)** = 8 Imp. bushels = 290, 94 l

Liquid Measure
Sıvı Ölçüsü

1 Brit. *or* **Imp. barrel (bbl., bl.)** = 36 Imp. gallons = 1,636 hl

U.S. Measures of Capacity
Amerikan Hacim Ölçüleri

Dry Measures
Kuru Ölçüler

1 U.S. dry pint = 0,550 l
1 U.S. dry quart = 2 dry pints = 1,1 l
1 U.S. peck = 8 dry quarts = 8,81 l
1 U.S. bushel = 4 pecks = 35,24 l

Liquid Measures
Sıvı Ölçüleri

1 U.S. liquid gill = 0,118 l
1 U.S. liquid pint = 4 gills
= 0,473 l
1 U.S. liquid quart = 2 liquid pints
= 0,946 l
1 U.S. gallon = 4 liquid quarts
= 3,785 l
1 U.S. barrel = 31 ½ gallons
= 119 l
1 U.S. barrel petroleum
= 42 gallons = 158, 97 l

Apothecaries' Fluid Measures
Eczacı Sıvı Ölçüleri

1 minim (min., m.) = 0,0006 dl
1 fluid drachm, US **dram (dr. fl.)**
= 60 minims = 0,0355 dl
1 fluid ounce (oz. fl.)
= 8 fluid dra(ch)ms = 0,284 dl
1 pint (pt.)
= 20 fluid ounces = 0,568 l
US 16 fluid ounces = 0,473 l

Avoirdupois Weight
Tartı Sistemi

1 grain (gr.) = 0,0648 g
1 drachm, US dram (dr. av.)
= 27.34 grains = 1,77 g
1 ounce (oz. av.) = 16 dra(ch)ms
= 28, 35 g
1 pound (lb. av.) = 16 ounces
= 0,453 kg
1 stone (st.) = 14 pounds
= 6,35 kg
1 quarter (qr.) = 28 pounds
= 12,7 kg
US 25 pounds = 11, 34 kg
1 hundredweight (cwt).
= 112 pounds = 50,8 kg
US 100 pounds = 45,36 kg
1 ton (tn., t.) = 2240 pounds
= 1016 kg
US 2000 pounds = 907,18 kg

Troy and Apothecaries' Weight
Kuyumcu ve Eczacı Tartısı

1 grain (gr.) = 0,0648 g
1 scruple (s. ap.) = 20 grains
= 1,296 g
1 pennyweight (dwt.)
= 24 grains = 1,555 g
1 dra(ch)m (dr. t. *or* **dr. ap.)**
= 3 scruples = 3,888 g
1 ounce (oz. ap.)
= 8 dra(ch)ms = 31,104 g
1 pound (lb. t. *or* **lb. ap.)**
= 12 ounces = 0,373 kg

Irregular Verbs

INFINITIVE	PAST	PAST PARTICIPLE
abide	abode	abode
arise	arose	arisen
awake	awoke	awoke, awoken
be	was	been
bear	bore	borne, born
beat	beat	beaten
become	became	become
befall	befell	befallen
beget	begot	begotten
begin	began	begun
behold	beheld	beheld
bend	bent	bent, bended
bereave	bereft	bereft, bereaved
beseech	besought	besought
beset	beset	beset
bet	bet, betted	bet, betted
betake	betook	betaken
bethink	bethought	bethought
bid	bade, bid	bidden, bid
bide	bided	bided
bind	bound	bound
bite	bit	bitten, bit
bleed	bled	bled
blow	blew	blown
break	broke	broken
breed	bred	bred
bring	brought	brought
broadcast	broadcast	broadcast
build	built	built
burn	burnt, burned	burnt, burned
burst	burst	burst
buy	bought	bought
cast	cast	cast
catch	caught	caught
chide	chid	chidden, chid
choose	chose	chosen
cleave	clove, cleft	cloven, cleft
cling	clung	clung
clothe	clothed	clothed, clad
come	came	come
cost	cost	cost
creep	crept	crept
cut	cut	cut
deal	dealt	dealt
dig	dug	dug
do	did	done
draw	drew	drawn
dream	dreamt, dreamea	dreamt, dreamed
drink	drank	drunk, drunken
drive	drove	driven

INFINITIVE	PAST	PAST PARTICIPLE
dwell	dwelt	dwelt
eat	ate	eaten
fall	fell	fallen
feed	fed	fed
feel	felt	felt
fight	fought	fought
find	found	found
flee	fled	fled
fling	flung	flung
fly	flew	flown
forbear	forbore	forborne
forbid	forbade	forbidden
forecast	forecast	forecast
foreknow	foreknew	foreknown
foresee	foresaw	foreseen
foretell	foretold	foretold
forget	forgot	forgotten
forgive	forgave	forgiven
forsake	forsook	forsaken
forswear	forswore	forsworn
freeze	froze	frozen
gainsay	gainsaid	gainsaid
get	got	got
gild	gilded	gilded, gilt
gird	girded	girded, girt
give	gave	given
go	went	gone
grind	ground	ground
grow	grew	grown
hamstring	hamstrung	hamstrung
hang	hung	hung
have	had	had
hear	heard	heard
heave	heaved, hove	heaved
hew	hewed	hewn
hide	hid	hidden, hid
hit	hit	hit
hold	held	held
hurt	hurt	hurt
inlay	inlaid	inlaid
keep	kept	kept
kneel	knelt	knelt
knit	knitted, knit	knitted, knit
know	knew	known
lade	laded	laden
lay	laid	laid
lead	led	led
lean	leant, leaned	leant, leaned
leap	leapt, leaped	leapt, leaped
learn	learnt, learned	learnt, learned
leave	left	left
lend	lent	lent
let	let	let
lie	lay	lain
light	lighted, lit	lighted, lit
lose	lost	lost

INFINITIVE	PAST	PAST PARTICIPLE
make	made	made
mean	meant	meant
meet	met	met
melt	melted	melted, molten
miscast	miscast	miscast
misdeal	misdealt	misdealt
misgive	misgave	misgiven
mislay	mislaid	mislaid
mislead	misled	misled
misspell	misspelt	misspelt
misspend	misspent	misspent
mistake	mistook	mistaken
misunderstand	misunderstood	misunderstood
mow	mowed	mown
outbid	outbid	outbidden, outbid
outdo	outdid	outdone
outgo	outwent	outgone
outgrow	outgrew	outgrown
outride	outrode	outridden
outrun	outran	outrun
outshine	outshone	outshone
overbear	overbore	overborne
overcast	overcast	overcast
overcome	overcame	overcome
overdo	overdid	overdone
overhang	overhung	overhung
overhear	overheard	overheard
overlay	overlaid	overlaid
overleap	overleapt, overleaped	overleapt, overleaped
overlie	overlay	overlain
override	overrode	overridden
overrun	overran	overrun
oversee	oversaw	overseen
overset	overset	overset
overshoot	overshot	overshot
oversleep	overslept	overslept
overtake	overtook	overtaken
overthrow	overthrew	overthrown
partake	partook	partaken
pay	paid	paid
prove	proved	proved, proven
put	put	put
read	read	read
rebind	rebound	rebound
rebuild	rebuilt	rebuilt
recast	recast	recast
redo	redid	redone
relay	relaid	relaid
remake	remade	remade
rend	rent	rent
repay	repaid	repaid
rerun	reran	rerun
reset	reset	reset
retell	retold	retold
rewrite	rewrote	rewritten
rid	rid, ridded	rid, ridded

INFINITIVE	PAST	PAST PARTICIPLE
ride	rode	ridden
ring	rang	rung
rise	rose	risen
rive	rived	riven, rived
run	ran	run
saw	sawed	sawn, sawed
say	said	said
see	saw	seen
seek	sought	sought
sell	sold	sold
send	sent	sent
set	set	set
sew	sewed	sewn, sewed
shake	shook	shaken
shave	shaved	shaved, shaven
shear	sheared/shore	shorn, sheared
shed	shed	shed
shine	shone	shone
shoe	shod	shod
shoot	shot	shot
show	showed	shown, showed
shrink	shrank	shrunk, shrunken
shrive	shrived	shriven
shut	shut	shut
sing	sang	sung
sink	sank	sunk, sunken
sit	sat	sat
slay	slew	slain
sleep	slept	slept
slide	slid	slid, slidden
sling	slung	slung
slink	slunk	slunk
slit	slit	slit
smell	smelt, smelled	smelt, smelled
smite	smote	smitten
sow	sowed	sown, sowed
speak	spoke	spoken
speed	sped	sped
spell	spelt, spelled	spelt, spelled
spend	spent	spent
spill	spilt, spilled	spilt, spilled
spin	spun, span	spun
spit	spat	spat
split	split	split
spoil	spoilt, spoiled	spoilt, spoiled
spread	spread	spread
spring	sprang	sprung
stand	stood	stood
stave	staved, stove	staved, stove
steal	stole	stolen
stick	stuck	stuck
sting	stung	stung
stink	stank	stunk
strew	strewed	strewn, strewed
stride	strode	stridden, strid
strike	struck	struck, stricken

INFINITIVE	PAST	PAST PARTICIPLE
string	strung	strung
strive	strove	striven
sunburn	sunburnt, sunburned	sunburnt, sunburned
swear	swore	sworn
sweep	swept	swept
swell	swelled	swollen, swelled
swim	swam	swum
swing	swung	swung
take	took	taken
teach	taught	taught
tear	tore	torn
tell	told	told
think	thought	thought
thrive	throve, thrived	thriven, thrived
throw	threw	thrown
thrust	thrust	thrust
tread	trod	trodden, trod
unbend	unbent	unbent
unbind	unbound	unbound
underbid	underbid	underbidden, underbid
undergo	underwent	undergone
understand	understood	understood
undertake	undertook	undertaken
undo	undid	undone
upset	upset	upset
wake	woke, waked	woken, waked
waylay	waylaid	waylaid
wear	wore	worn
weave	wove	woven, wove
wed	wedded	wedded, wed
weep	wept	wept
wet	wet, wetted	wet, wetted
win	won	won
wind	wound	wound
withdraw	withdrew	withdrawn
withhold	withheld	withheld
withstand	withstood	withstood
wring	wrung	wrung
write	wrote	written

A

a [ei, ə] *Sesli harfle başlayan sözcükten önce* **an** [æn; ən] *kullanılır. Ad belirteni, harfi tarif:* bir, herhangi bir; her bir, -de, -ne; twice a week haftada iki kere.

A 1 ['ei'wʌn] *adj.* birinci kalite.

a.back [ə'bæk] *adv.* geriye, geri tarafa; taken ~ şaşkın, afallamış.

ab.a.cus ['æbəkəs] *n, pl.* **ab.a.ci** ['~sai] hesap tahtası; ⌂ abak, sütun gövdesi; direk bedeni.

a.baft ⚓ [ə'bɑːft] *adv.&prep.* geride, kıç tarafta.

a.ban.don [ə'bændən] *v/t.* terketmek, bırakmak, teslim etm., vazgeçmek; kendi haline bırakmak; *spor:* terketmek; ~ o.s. to hissiyatına kapılmak; *bşe* düşkün olm., *bşin* müptelâsı olm.; **a'ban-doned** *adj.* metruk, terkedilmiş; menfur, alçak; **a'ban.don.ment** *n.* terk, bırakma; sadakat, bağlılık.

a.base [ə'beis] *v/t.* alçaltmak, gururunu kırmak; **a'base.ment** *n.* alçaltma, gururunu kırma, tezlil.

a.bash [ə'bæʃ] *v/t.* utandırmak, mahcup etm., yüzünü kızartmak; **a'bash.ment** *n.* mahcubiyet, hayâ, sıkılganlık.

a.bate [ə'beit] *v/t.* azaltmak, kısaltmak, eksiltmek; kısmak; *(ağrı, sızı)* hafifletmek, teskin etm.; *(fiyat, vergi)* indirmek, azaltmak; ⚖ sona erdirmek; *v/i.* azalmak, çekilmek, hafiflemek; hükümsüz kalmak; *(fiyat)* düşmek; **a'bate-ment** *n.* azaltma, azaltılma; *(fiyat, vergi, resim)* indirim, tenzil, indirilmiş meblağ.

ab.at.tis ⚔ [ə'bætis] *n.* mâni, mania.

ab.at.toir [æbətwɑː] *n.* mezbaha, salhane.

ab.bess ['æbis] *n.* bir manastırın baş rahibesi, müdürü *veya* müdiresi; **ab.bey** ['æbi] *n.* manastır; manastır kilisesi; **ab.bot** ['æbət] *n.* bir manastırın baş papazı, müdürü.

ab.bre.vi.ate [ə'briːvieit] *v/t.* kısaltmak, özetlemek; **ab.bre.vi'a.tion** *n.* kısaltma, özetleme; özet.

ABC ['eibiː'siː] alfabe; alfabetik tarife veya rehber; ~ weapons nükleer, bakteriyolojik ve kimyasal silâhlar.

ab.di.cate ['æbdikeit] *v/i.* taç ve tahtını terketmek; *v/t. (görevden)* istifa etm., *bşden* vazgeçmek, feragat etm.; *bşi* bırakmak, terketmek; ~ the throne tahttan feragat etm., saltanattan çekilmek; **ab.di'ca.tion** *n.* vazgeçme, feragat; tahttan çekilme, terki saltanat.

ab.do.men ['æbdəmən; ⚕ æb'dəumən] *n.* karnın alt kısmı, karın, batın; **ab.dom.i-nal** [æb'dɔminl] *adj.* karna ait.

ab.duct [æb'dʌkt] *v/t.* zorla almak, gasbetmek; *(kadın veya çocuk)* kaçırmak; **ab'duc.tion** *n. (kadın veya çocuk)* kaçırma.

a.be.ce.dar.i.an [eibiːsiː'dɛəriən] **1.** *adj.* çok basit; **2.** *n.* okumayı öğrenen öğrenci.

a.bed [ə'bed] *adv.* yatakta.

ab.er.ra.tion [æbə'reiʃən] *n.* ayrılma, uzaklaşma, inhiraf; *fig.* delâlet, hata; *ast. & phys.* sapma.

a.bet [ə'bet] *v/t.* kışkırtmak, tahrik etm.; *mst.* aid and ~ ⚖ *b-ne (suç işlemesinde)* yardımcı olm.; **a'bet.tor** *n.* suç ortağı; tahrikçi, önayak.

a.bey.ance [ə'beiəns] *n.* muallakta, askıda oluş; in ~ ⚖ karara bağlanmamış, muallakta, askıda; sahipsiz.

ab.hor [əb'hɔː] *v/t. bşden, b-den* nefret, ikrah etm., tiksinmek; **ab.hor.rence** [əb'hɔrəns] *n.* nefret, tiksinme; **ab'hor.rent** ☐ nefret verici, tiksindirici; aykırı, zıt, muhalif (to *-e*).

a.bide [ə'baid] *(irr.) v/i.* kalmak; ~ by sebat etm.; kabullenmek; *v/t. bşi* beklemek; dayanmak, tahammül etm.; I cannot ~ him ona tahammül edemem; **a'bid.ing** ☐ daimi, devamlı.

a.bil.i.ty [ə'biliti] *n.* iktidar, ehliyet, yetenek; to the best of one's ~ yapabildiği kadar; abilities *pl.* zihnî kabiliyetler, beceri.

ab.ject □ [ˈæbdʒekt] menfur, alçak, sefih; **abˈjec.tion, abˈject.ness** *n.* alçaklık, adilik.
ab.jure [əbˈʒuə] *v/t.* tövbe etm., vazgeçmek; yeminle inkâr etm.
a.blaze [əˈbleiz] *adj. & adv.* alevli; *fig.* hararetli, şevkli.
a.ble □ [ˈeibl] güçlü, muktedir, yapabilen, be ~ to *bşe* gücü yetmek, bşi yapabilmek; ~ to pay ödeme güçlü; **~-bodied** [ˈ~ˈbɔdid] *adj.* vücudu sağlam, güçlü; ⚔ askerliğe elverişli; ~ seaman ⚓ birinci sınıf tayfa.
ab.lu.tion [əˈbluːʃən] *n.* yıkanma, aptes, gusül
ab.ne.gate [æbnigeit] *v/t.* bşi inkâr etm., tanımamak, reddetmek; **ab.neˈga.tion** *n.* *a.* self-~ feragat, yokluğa katlanma.
ab.nor.mal □ [æbˈnɔːməl] anormal, doğal olmayan, usulsüz; **ab.norˈma.li.ty** *n.* anormallik, usulsüzlük.
a.board [əˈbɔːd] *adv.* ⚓ gemide; gemiye; all ~! *Am.* 🚂, ✈ etc. lûtfen yerlerinizi alınız!
a.bode [əˈbəud] **1.** *pret & p.p. of* abide; **2.** *n.* oturulan yer, ikametgâh, mesken; kalma.
a.bol.ish [əˈbɔliʃ] *v/t.* kaldırmak, iptal etm., feshetmek; **aˈbol.ish.ment, ab.o.li.tion** [æbəuˈliʃən] *n.* kaldırılma, ilga; **ab.oˈli.tion.ist** *n.* köleliğin kaldırılması taraftarı.
A-bomb [ˈeibɔm] = atomic bomb.
a.bom.i.na.ble □ [əˈbɔminəbl] iğrenç, nefret verici; **aˈbom.i.nate** [~neit] *v/t.* *bşden, b-den* nefret, ikrah etm., tiksinmek; **a.bom.iˈna.tion** *n.* nefret, iğrenme; çok iğrenç veya menfur şey veya hareket.
ab.o.rig.i.nal [æbəˈridʒənl] **1.** □ bir yerin en eski halkından olan; **2.** *n.* asıl yerli, ilk yerli; **ab.oˈrig.i.nes** [~dʒiniːz] *n.pl.* asıl yerliler.
a.bort [əˈbɔːt] *vb.* ⚕ çocuk düşürmek; dumura uğramak; gelişememek; **aˈbor.tion** *n.* ⚕ çocuk düşürme; düşük; *fig.* başarısızlık; **aˈbor.tive** [~tiv] □ vaktinden evvel doğmuş; beyhude, boş; başarısız, gelişmeyen.
a.bound [əˈbaund] *v/i.* bol olm.; ~ with (karınca gibi) kayna(ş)mak, bol olm.
a.bout [əˈbaut] **1.** *prp.* hakkında, *bşe* dair; *bşin* etrafında, civarında, yakınında; her yerinde; talk ~ business işten konuşmak; send s.o. ~ his business *b-ne* yol vermek, *b-ni* defetmek; ~ the house evin herhangi bir yerinde; wander ~ the streets sokaklarda dolaşmak; what are you ~? ne yapmak fikrindesiniz?; I had no money ~ me üstümde hiç para yoktu; be ~ to *bşi* yapmak üzere olm.; **2.** *adv.* aşağı yukarı, takriben, hemen hemen; her tarafta; etrafa, etrafına; şurada burada; it must be somewhere ~ bu civarda olmalı; a long way ~ uzun dolambaçlı yol; bring ~ husule getirmek, gerçekleştirmek; becermek, başarmak; come ~ husule gelmek, tahakkuk etm.; he is ~ my height aşağı yukarı benim boyumda; ~ ten o'clock saat 10 sularında; right ~! sağa dön!; **~-face** *n.* geriye dönüş; fikir veya karar değişimi; ~ turn! ⚔ geriye dön!
a.bove [əˈbʌv] **1.** *prp.* yukarıda; *bşin* üstünde; *bşden* yukarı, *bşden* fazla; *fig.* üstünde, fevkinde; ~ **300 300'den fazla**; ~ all her şeyden önce, bunlardan başka; it is ~ me buna aklım ermez, beni aşıyor; **2.** *adv.* daha yukarıda olarak, önce olarak; over and ~ *bşe* ilave olarak, bundan başka; **3.** *adj.* yukarıdaki; yukarıda zikredilmiş; **aˈbove-ˈboard** *adj.* dürüst, hilesiz; **aˈbove-ˈground** *adj.* yeryüzünde, gömülmemiş.
ab.ra.ca.dab.ra [æbrəkəˈdæbrə] *n.* sihirli kelime, muska; anlamsız söz.
ab.rade [əˈbreid] *v/t.* aşındırmak, yemek *(esp. deri)*.
ab.ra.sion [əˈbreiʒən] *n.* aşınma, yenme; *(deri)* sıyrık, sıyrıntı; **abˈra.sive** [~siv] **1.** *n.* ⊕ aşındırıcı veya törpüleyici madde; **2.** □ aşındırıcı, törpüleyici; rahatsız edici.
a.breast [əˈbrest] *adv.* yan yana; aynı hizada; keep *veya* be ~ of the times devre uygun olm.
a.bridge [əˈbridʒ] *v/t.* kısaltmak, özetlemek; mahrum etm.; **aˈbridg(e).ment** *n.* kısaltma, özet.
a.broad [əˈbrɔːd] *adv.* yabancı ülkede, dışarıda; şurada burada, her tarafta; there is a report ~ rivayet ediliyor; the thing has got ~ *bş* duyuldu, şayi oldu; all ~ şaşırmış.
ab.ro.gate [æbrəugeit] *v/t.* ilga etm., iptal etm., feshetmek; **ab.roˈga.tion** *n.* ilga, iptal, feshetme.
ab.rupt □ [əˈbrʌpt] ani; sert; ters, haşin *(davranış)*; çok dik *(yer)*; **abˈrupt.ness** *n.* acele; sertlik, terslik.
ab.scess ⚕ [ˈæbsis] *n.* apse, çıban.
ab.scond [əbˈskɔnd] *v/i.* kaçmak, firar etm., kanundan kaçmak.
ab.sence [ˈæbsəns] *n.* yokluk, bulunmayış; ~ of mind dalgınlık.
ab.sent **1.** □ [ˈæbsənt] yok, bulunmayan,

2. [æb'sent] *vb.:* ~ o.s. gitmek, bulunmamak; **ab.sen.tee** [æbsən'ti:] *n. (görevinde vs.)* bulunmayan kimse; başka bir ülkede devamlı kalan; **ab.sen'tee.ism** *n.* iş veya görevde bulunmama alışkanlığı; devamsızlık; **'ab.sent-'mind.ed** □ dalgın; **'ab.sent-'mind.ed.ness** *n.* dalgınlık.

ab.sinth(e) ['æbsinθ] *n.* ⚘ pelin otu, acı pelin.

ab.so.lute □ ['æbsəlu:t] katî, kesin; sade, saf; sonsuz, sınırsız; kayıtsız şartsız; *gr.* soyut; ~ ceiling ✈ azamî yükseliş haddi; ~ scale mutlak ölçü ve terazi; ~ temperature mutlak ısı derecesi; **'ab.so.lute.ness** *n.* mutlakiyet; **ab.so'lu-tion** *n. (esp. Hıristiyanlık'da)* günahların affı; **'ab.so.lut.ism** *n.* istibdat, mutlakçılık.

ab.solve [əb'zɔlv] *v/t.* beraat ettirmek (from *-den*); *(günah veya cezayı)* affetmek.

ab.sorb [əb'sɔ:b] *v/t.* emmek, içine çekmek; *(bilgi, fikir vs.)* anlamak; zaptetmek; ~ed (in) *bşe* dalmış; **ab'sorb.ent** *adj.* & *n.* içe çekici, emici (madde); ~ cotton wool hidrofil pamuk; **ab'sorb.ing** *adj.* çok ilgi çekici.

ab.sorp.tion [əb'sɔ:pʃən] *n.* içe çekme, emme; dalgınlık.

ab.stain [əb'stein] *v/i.* çekinmek, kaçınmak (from *-den*); **ab'stain.er** *mst.* total ~ içkiye tövbeli.

ab.ste.mi.ous □ [əb'sti:mjəs] *(esp. yemek, içmek, zevk v.b. şeylerden)* azla kanaat eden, perhizkâr.

ab.sten.tion [æb'stenʃən] *n.* çekinme, kaçınma (from *-den*); *parl.* çekimser kalma.

ab.sti.nence ['æbstinəns] *n. (yiyecek, zevk v.b. şeyler)* perhiz, sakınma (from *-den*); total ~ *(esp.içki)* kullanmama; **'ab.sti.nent** □ perhizkâr.

ab.stract 1. □ ['æbstrækt] mücerret, soyut; nazarî ,kuramsal; 2. *n.* özet; *a.* ~ noun *gr.* soyut isim; in the ~ kuramsal olarak; 3. [æb'strækt] *v/t.* çıkarmak, ayırmak, tecrit etm.; çalmak, aşırmak; kimyasal usullerle ayırmak; özetlemek; **ab'stract.ed** □ dalgın; çıkarılmış; ayrılmış; **ab.strac.tion** [æb'strækʃən] *n.* soyutlama; çıkarma, ayırma; dalgınlık; çalma, aşırma.

ab.struse □ [æb'stru:s] anlaşılması güç, çapraşık; **ab'struse.ness** *n.* çapraşıklık, muğlaklık.

ab.surd □ [əb'sə:d] gülünç, anlamsız, saçma; imkânsız, olmayacak; **ab'surd.i-ty** *n.* gülünçlük, anlamsızlık, saçmalık; maskaralık.

a.bun.dance [ə'bʌndəns] *n.* bolluk, zenginlik, bereket; in ~ bol miktarda; **a'bun-dant** □ çok, bol; **a'bun.dant.ly** *adv.* bol bol.

a.buse 1. [ə'bju:s] *n.* suiistimal, kötüye kullanma; küfür; 2. [~z] *v/t.* suiistimal etm., kötüye kullanmak; † *b-ne* kötü muamele etm.; **a'bu.sive** □ [~siv] tahkir edici, aşağılayıcı; ağzı bozuk, küfürbaz.

a.but [ə'bʌt] *v/i.* dayanmak, bitişik olm. (on, upon, against *-e*); **a'but.ment** *n.* ⚠ mesnet, dayanak; köprü ayağı.

a.bysm [ə'bizəm] *poet.* = abyss.

a.bys.mal □ [ə'bizməl] dipsiz, derin; kesif, çok; **a.byss** [ə'bis] *n.* uçurum, boşluk; *fig.* derinlik.

Ab.ys.sin.i.an [æbi'sinjən] *adj.* & *n.* Habeş(istanlı).

a.ca.cia ⚘ [ə'keiʃə] *n.* akasya.

ac.a.dem.ic [ækə'demik] *adj.* akademik, üniversiteye ait; pratiğe dayanmayan, soyut; **ac.a'dem.i.cal** 1. □ = academic; 2. ~s *pl.* akademik kıyafet; **a.cad.e.mi-ci.an** [əkædə'miʃən] *n.* akademisyen, akademi üyesi.

a.cad.e.my [ə'kædəmi] *n.* akademi.

a.can.thus [ə'kænθəs] *n.* ⚘ ayı pençesi; ⚠ Yunan mimarisinde ayı pençesi yaprağı süslemesi.

ac.cede [æk'si:d] *v/i.* ~ to *bşe* razı olm., *bşi* kabul etm.; iş başına geçmek, iktidara gelmek; tahta çıkmak.

ac.cel.er.ate [ək'seləreit] *v/t.* & *v/i.* hızlan(dır)mak, çabuklaş(tır)mak; *fig.* teşvik etm., canlandırmak; **ac.cel.er'a.tion** *n.* hızlandırma, süratin artması; **ac'cel-er.a.tor** *n. mot.* gaz pedalı.

ac.cent 1. ['æksənt] *n.* vurgu, aksan; şive, ağız; aksan işareti; 2. [æk'sent] *v/t.* vurgu koymak; vurgulamak; *fig.* önemle belirtmek, üzerinde ısrarla durmak.

ac.cen.tu.ate [æk'sentjueit] *v/t.* vurgulamak; önemle belirtmek; **ac.cen.tu'a.tion** *n.* aksan koyma, vurgulama.

ac.cept [ək'sept] *v/t.* *bşi* kabul etm., almak; † *(poliçe v.b.)* kabul etm.; *bşi* onaylamak; **ac.cept.a'bil.i.ty** *n.* kabul edilebilirlik; **ac'cept.a.ble** □ kabul edilebilir; kabule değer; **ac'cept.ance** *n.* kabul, *bşe* razı olma; *bşi* onaylama; † *(poliçe v.b.)* kabul; **ac.cep.ta.tion** [æksep'teiʃən] *n.* kabul; anlam; **ac.cept.ed** □ [ək'septid] kabul edilmiş; **ac'cept.er, ac'cept.or** *n.* kabul eden; † *(poliçe v.b.)* kabul eden taraf.

ac.cess ['ækses] *n.* giriş, yol, geçit; nöbet;

⚕ easy of ~ kolay ulaşılabilir; ~ road giriş yolu; have ~ to girebilmek -e; **ac.ces.sa.ry** [əkˈsesəri] = accessory; **ac.ces.si.bil.i.ty** [~siˈbiliti] *n.* erişilebilme, yaklaşılabilme; **acˈces.si.ble** ☐ [~səbl] erişilebilir, tırmanılabilir; **acˈces.sion** *n.* ulaşma; artma, çoğalma; yeni gelen şey (to -e); ~ to the throne tahta çıkma; recent ~s *pl.* yeni tedarik edilen şeyler.
ac.ces.so.ry [əkˈsesəri] **1.** ☐ yardımcı olan; suç ortaklığı eden; **2.** *n.usu.pl.* aksesuar, yardımcı şey; ⚖ ferî fail, ikinci derecede suç ortağı.
ac.ci.dence *gr.* [ˈæksidəns] *n.* sarf, morfoloji.
ac.ci.dent [ˈæksidənt] *n.* tesadüf; kaza, arıza; ~ insurance kaza sigortası; by ~ tesadüfen; **ac.ci.den.tal** [æksiˈdentl] **1.** ☐ tesadüfî, arızî; ~ death kazaî ölüm; **2.** *n.* ikinci derecede önemi olan şey; ♪ tesadüfî olarak gelen bemol veya diyez.
ac.claim [əˈkleim] *v/t.* alkışlamak; *(bağırarak)* ilân etm.
ac.cla.ma.tion [ækləˈmeiʃən] *n. oft.* ~s *pl.* alkışlama, alkış; by ~ alkışlarla *(oylama yerine).*
ac.cli.mate *part. Am.* [əˈklaimit] = acclimatize.
ac.cli.ma.ti.za.tion [əklaimətaiˈzeiʃən] *n.* *(bir yerin hava koşullarına)* alış(tır)ma; **acˈcli.ma.tize** *v/t.* alıştırmak.
ac.cliv.i.ty [əˈkliviti] *n.* yokuş, bayır.
ac.com.mo.date [əˈkɔmədeit] *v/t.* uydurmak, intibak ettirmek (to -e); yerleştirmek, yer tedarik etm.; *b-ne bşi* sağlamak, temin etm.; **acˈcom.mo.dat.ing** ☐ uysal; yardıma istekli; **ac.com.moˈda.tion** *n.* uyma, intibak; uysallık; yerleşme; uzlaştırma; yatacak veya kalacak yer *(oda, ev, otel v.b.);* ~ bill ⚚ hatır senedi, hatır bonosu; ~ ladder ⚓ borda iskelesi; seating ~ oturacak yer; ~ train *Am.* birçok istasyonda duran yolcu treni.
ac.com.pa.ni.ment [əˈkʌmpənimənt] *n.* refakat eden şey; ♪ *b-ne veya bşe* eşlik eden parça; **acˈcom.pa.nist** *n.* ♪ refakat eden, beraber çalan kimse; **acˈcom.pa.ny** ***v/t.* refakat etm. *-e;* ♪ eşlik etm. *-e.***
ac.com.plice [əˈkɔmplis] *n.* suç ortağı.
ac.com.plish [əˈkɔmpliʃ] *v/t. bşi* bitirmek, başarmak; tamamlamak; **acˈcom.plished** *adj.* hünerli, usta; başarılmış; **acˈcom.plish.ment** *n.* başarı, yapıp bitirme; başarılmış eser; *mst.* ~s *pl.* yetenekler.
ac.cord [əˈkɔːd] **1.** *n.* uyum, ahenk; uygunluk, anlaşma, uzlaşma; akort; ⚖ mahkeme dışında uzlaşma; with one ~ hep birlikte; of one's own ~ kendiliğinden, kendi arzusu ile; **2.** *v/i.* birbirini tutmak, uymak (with -e); *v/t.* uzlaştırmak, uyum sağlamak, teslim etm.; **acˈcord.ance** *n.* uygunluk, ahenk; in ~ with -e göre, -e uygun olarak; **acˈcord.ant** ☐ (with, to) uygun gelen -e; **acˈcord.ing:** ~ to e göre, -e nazaran; ~ as göre, aynen; **acˈcord.ing.ly** *adv.* bundan dolayı, gereğince, binaen.
ac.cor.di.on ♪ [əˈkɔːdjən] *n.* akordeon.
ac.cost [əˈkɔst] *v/t.* *(esp. bir yabancıya)* yaklaşıp konuşmak; sarkıntılık etm.
ac.cou.cheur [ækuːˈʃəː] *n.* ebe hekim; lâvta, akuşör; **ac.couˈcheuse** [~z] *n.* ebe.
ac.count [əˈkaunt] **1.** *n.* hesap; rapor; hikâye, açıklama; sebep; önem, kıymet, değer; ⚚ hesap; current ~ câri hesap; payment on ~ mahsuben ödeme; statement of ~ hesap hülâsası; of no ~ önemsiz, sayılmaz; on no ~ asla, katiyen; on ~ of sebebiyle, -den dolayı; place to s.o.'s ~ *b-nin* hesabına geçirmek; take into ~, take ~ of göz önünde tutmak, hesaba katmak *-i;* leave out of ~ *bşe* dikkat etmemek; *bşi* ihmal etm.; turn to ~ kullanmak, zayi etmemek; keep ~s hesap tutmak, *bşin* hesabını tutmak; call to ~ cevap istemek, hesap sormak; give *veya* render an ~ of anlatmak; *bşin* hesabını vermek; give an ~ of o.s. yaptıklarının hesabını vermek; make no ~ of saymamak, itibar etmemek; **2.** *v/i.* ~ for hesap vermek; *bşden* sorumlu olm.; *hunt.* avı vurmak; be much (little) ~ed of çok (az) sayılmak, itibar görmek; *v/t.* saymak, itibar etm.; ~ o.s. happy kendini mutlu saymak; **ac.count.aˈbil.i.ty** *n.* sorumluluk; **acˈcount.a.ble** ☐ sorumlu; anlatılabilir; **acˈcount.an.cy** *n.* muhasebecilik; **acˈcount.ant** *n.* muhasebeci, muhasip, hesap uzmanı; chartered ~, *Am.* certified public ~ yeminli hesap uzmanı; **acˈcount.ing** *n.* muhasebe.
ac.cou.tre.ments ⚔ [əˈkuːtəmənts] *n. pl.* teçhizat, malzeme *(elbise ve silâh dışında).*
ac.cred.it [əˈkredit] *v/t.* tasdik etm.; yetki vermek *-e;* inanmak, güvenmek; itimatname vererek atamak; ~ s.th. to s.o., ~ s.o. with s.th. *b-nin* hesabına geçirmek.
ac.cre.tion [æˈkriːʃən] *n.* ilâve, ek; gelişme.
ac.crue [əˈkruː] *v/i.* hâsıl olm., gelmek; ziyadeleşmek (from *-den*); hissesine düşmek.

ac.cu.mu.late [ə'kjuːmjuleit] *v/t.* artırmak, toplamak, yığmak; *v/i.* artmak, toplanmak, yığılmak; **ac.cu.mu'la.tion** *n.* toplama, yığın; **ac'cu.mu.la.tive** □ [~lətiv] toplayıcı; toplanmış; **ac'cu.mu.lator** ⚡ [~leitə] *n.* akümülatör.

ac.cu.ra.cy ['ækjurəsi] *n.* doğruluk, sıhhat; tam vaktinde olma; **ac.cu.rate** □ ['~rit] doğru, tam.

ac.curs.ed □ [ə'kəːsid], **ac.curst** [ə'kəːst] melûn, lânetlenmiş.

ac.cu.sa.tion [ækjuː'zeiʃən] *n.* suçlama, itham; **ac.cu.sa.tive** [ə'kjuːzətiv] *a.* ~ case *n.* & *adj. gr.* -*i* halinde; -*i* hali; **accuse** [ə'kjuːz] *v/t.* suçlamak, itham etm. (s.o. of s.t.h. *b-ni bşle*); the ~d sanık, maznun; **ac'cus.er** *n.* ⚖ davacı, itham eden.

ac.cus.tom [ə'kʌstəm] *v/t.* alıştırmak (to -*e*); **ac'cus.tomed to** alışık, alışkın -*e*.

ace [eis] *n.* *(iskambil)* birli, bey, as; *fig.* çok cesur savaş havacısı; ~ in the hole *Am. F* yedek koz; **he was within an ~ of dying ölmesine ramak kaldı.**

a.cer.bi.ty [ə'səːbiti] *n.* burukluk; *(söz)* acılık, sertlik, huysuzluk.

ac.e.tate ⚗ ['æsitit] *n.* asetik asit tuzu; bir çeşit sentetik kumaş; **a.ce.tic** [ə'siːtik] *adj.* sirke gibi, ekşi; ~ acid asetik asit, sirke asidi; **a.cet.i.fy** [ə'setifai] *v/t.* ekşitmek; *v/i.* ekşimek; **ac.e.tone** ['æsitəun] *n.* aseton; **ac.e.tous** ['~təs] *adj.* ekşi; **a.cet.y.lene** [ə'setiliːn] *n.* asetilen.

ache [eik] **1.** *n.* *(sürekli)* ağrı, sızı, acı; **2.** *v/i.* **ağrımak, sızlamak.**

a.chieve [ə'tʃiːv] *v/t.* yapmak, icra etm., meydana çıkarmak, elde etm., başarmak; **a'chieve.ment** *n.* başarı; başarılmış şey.

ach.ing ['eikiŋ] □ **acıyan, ağrıyan,** ıstıraplı.

ach.ro.mat.ic [ækrəu'mætik] *adj.* renkleri doğal haliyle gösteren, renksiz

ac.id ['æsid] **1.** *n.* asit; **2.** *adj.* ekşi; **a.cid.i.fy** [ə'sidifai] *v/t.* **asit yapmak, ekşitmek; a'cid.i.ty** *n.* **ekşilik, ekşime; ac.i.do.sis** [æsi'dəusis] *n.* **kanın asitli** hali; **'ac.id-proof** *adj.* **aside dirençli; a.cid.u.late** [ə'sidjuleit] *v/t.* **ekşitmek;** *(hamur)* mayalamak; *v/i.* ekşimek; **a.cid.u.lous** [ə'sidjuləs] *adj.* mayhoş, ekşice.

ac.knowl.edge [ək'nɔlidʒ] *v/t.* kabul etm., tanımak; itiraf etm.; ✝ *bşin* alındığını bildirmek; *bşi* onaylamak; **ac'knowl-edg(e).ment** *n.* kabul, tasdik; itiraf; ✝ teslim makbuzu, alındı.

ac.me ['ækmi] *n.* doruk, zirve; kriz.

ac.ne ['ækni] *n.* akne, bir çeşit cilt hastalığı.

ac.o.nite ⚘ ['ækənait] *n.* kurtboğan.

a.corn ⚘ ['eikɔːn] *n.* meşe palamudu.

a.cous.tic, a.cous.ti.cal □ [ə'kuːstik(əl)] akustiğe ait; **a'cous.tics** *n. mst sg.* akustik.

ac.quaint [ə'kweint] *v/t.* **bildirmek, tanıtmak;** (s.o. with *b-ne bşi*); be ~ed with *bşi* bilmek, *-den* haberdar olm.; **ac'quaint.ance** *n.* **tanışma; malûmat; tanıdık.**

ac.qui.esce [ækwi'es] *v/i.* kabul etm., muvafakat etm., razı olm.; **ac.qui'es-cence** *n.* uysallık, razı olma, kabul etme; **ac.qui'es.cent** □ itaatli, uysal, yumuşak huylu.

ac.quire [ə'kwaiə] *v/t.* elde etm., kazanmak; ~d *adj.* kazanılmış, müktesep; **ac'quire.ment** *n.* edinme; edinilen bilgi, hüner.

ac.qui.si.tion [ækwi'ziʃən] *n.* edinme, elde edilen şey, kazanç; **ac.quis.i.tive** □ [ə'kwizitiv] haris, açgözlü; elde edilebilen; **ac'quis.i.tive.ness** *n.* kazanç hırsı; tamahkârlık.

ac.quit [ə'kwit] *v/t.* ⚖ **beraat ettirmek** (of -*den*); ~ o.s. of *(görev)* yerine getirmek; ~ o.s. well (ill) görevini iyi (kötü) yapmak; **ac'quit.tal** *n.* **beraat;** *(görev)* yerine getirme; **ac'quit.tance** *n.* zimmetten kurtulma; ibraname.

a.cre ['eikə] *n.* İngiliz dönümü *(0,404 hektar).*

ac.rid ['ækrid] *adj.* buruk, acı *(a. fig).*

ac.ri.mo.ni.ous □ [ækri'məunjəs] *fig.* acı, ters, sert; **ac.ri.mo.ny** ['ækriməni] *n. fig.* acılık, terslik, sertlik.

ac.ro.bat ['ækrəbæt] *n.* akrobat, cambaz; **ac.ro.bat.ic** [ækrəu'bætik] *adj.* (~ally) akrobatik; **ac.ro'bat.ics** *n. pl.* akrobasi; ✈ akrobasi *(uçuşu)*

a.cross [ə'krɔs] **1.** *adv.* ortasından, içinden veya üstünden karşı yana geçerek; come ~ rast gelmek, tesadüf etm.; saw ~ testere ile ortasından ikiye bölmek; a lake three miles ~ üç mil genişliğinde göl; with arms ~ çapraz kavuşturulmuş *(kol);* **2.** *prp.* karşıdan karşıya, öbür tarafa; çapraz; run ~ the road yolu koşarak geçmek; come ~, run ~ birdenbire *b-ne, bşe* rastlamak.

act [ækt] **1.** *v/i.* hareket etm., harekete geçmek, davranmak (on, upon -*e göre*); *thea.* rol oynamak, temsil etm.; ~ (up) on s.o.'s advice *b-nin* önerisine göre hareket etm.; *v/t.* rol yapmak *(a.fig),* oynamak; **2.** *n.* fiil, hareket, iş, yapılan şey; ⚖ kanun; *thea.* perde; ♀ of God mücbir sebep, meydana geleceği önceden kestirilemiyen olay; ²s of the Apostles havariyun tarihi; catch s.o. in the ~ b-ni suçüstü yakalamak; **'act.ing** 1. *n. thea.* temsil, oyun oynama; 2. *adj.* yapan, işleyen; temsil eden; vekâlet eden.

ac.tion ['ækʃən] *n.* fiil, hareket, iş, faaliyet, etki; ⚖ dava; harekete geçme (*makine, at v.b.*); *thea.* oyundaki olaylar dizisi; *paint.* duruş, poz; ~ radius menzil, tesir, hareket sahası; bring an ~ against *b-i* aleyhine dava açmak; killed in ~ savaşta ölmek; take ~ harekete geçmek; **ac.tion.a.ble** ['~ʃnəbl] *adj.* dava edilebilir.

ac.tive □ ['æktiv] faal, enerjik, canlı, çevik, hareketli; etkin; faaliyette, iş başında, görevde; ✝ hareketli; aktif...; ✝ ~ demand fiili talep; ~ officer muvazzaf subay; ~ voice *gr.* etken çatı, aktif; **ac'tiv.i.ty** *n.* (*oft.pl.*) faaliyet; çeviklik; etki; faal oluş; *part.* ✝ hareketlilik, faaliyet; in full ~ tam faaliyette; intense ~ hummalı faaliyet.

ac.tor ['æktə] *n.* aktör, artist, rol oynayan; **ac.tress** ['æktrıs] *n.* aktris, kadın oyuncu.

ac.tu.al □ ['æktʃuəl] gerçek, hakiki, asıl; şimdiki, halihazırdaki; **ac.tu.al.i.ty** [~'æliti] *n.* gerçek, hakikat; **ac.tu.al.ly** ['æktʃuəli] *adv.* gerçekten, hakikatte; bilfiil.

ac.tu.ar.y ['æktjuəri] *n.* (*sigorta şirketi*) istatistikçi.

ac.tu.ate ['æktjueit] *v/t.* işletmek, harekete getirmek; *fig.* tahrik, teşvik etm.; **ac.tu'a.tion** *n.* teşvik, tahrik.

a.cu.men [ə'kju:men] *n.* feraset, basiret, zekâ keskinliği.

a.cute □ [ə'kju:t] şiddetli, keskin, ince; keskin akıllı; tiz, keskin (*ses*); ⚕ akut; vahim, ağır, şiddetli; **a'cute.ness** *n.* zekâ, keskinlik.

ad F [æd] = advertisement.

ad.age ['ædidʒ] *n.* darbımesel, atasözü, vecize.

ad.a.mant ['ædəmənt] 1. *n.* taş gibi katı, kaskatı şey; 2. □ hoşgörüsüz, çok sert, insafsız; **ad.a.man.tine** ['~mæntain] *adj.* elmas gibi çok sert; *fig.* = adamant.

a.dapt [ə'dæpt] *v/t.* uydurmak, tatbik etm. (to, for *-e*); *lit.* adapte etm.; **a.dapt-a'bil.i.ty** *n.* uyma yeteneği, intibak kabiliyeti; **a'dapt.a.ble** *adj.* uyabilir; **ad.ap.ta.tion** [ædæp'teiʃən] *n.* uyma, intibak (to *-e*); *lit.* adaptasyon, uyarlama; **a.dap.ter** [ə'dæptə] *n. radyo:* adaptör; **a'dap.tive** *adj.* uyma yeteneğinde.

add [æd] *v/t.* katmak, eklemek, ilâve etm.; zammetmek, toplamak; ⩚ toplamak; *v/i. b-ne* iltihak etm., katılmak; ~ up toplamak; neticelenmek; anlaşılmak; **'ad.ded** *adj.* ilâve edilen, munzam.

ad.den.dum [ə'dendəm] *n., pl.* **ad'den.da** [~də] (*kitabın veya konuşmanın sonuna*) ek, ilâve.

ad.der ['ædə] *n. zo.* engerek yılanı.

ad.dict 1. [ə'dikt] *v/t.* ~ o.s. to *bşe* alışmak, kendini vermek, düşkün olm., *bşin* tiryakisi olm.; 2. ['ædikt] *n.* (opium *etc.* ~) (*afyon vs. ye*) düşkün, müptelâ; **ad.dict-ed** [ə'diktid] to *-e* düşkün, *-in* tiryakisi.

ad.di.tion [ə'diʃən] *n.* ilâve, ek, zam; ⩚ toplama; in ~ to *-den* başka, *-e* ilâveten, ayrıca; **ad'di.tion.al** □ eklenilen, biraz daha.

ad.dle ['ædl] 1. *adj.* çürük, cılk (*yumurta*); *fig.* boş, kof (*kafa, zekâ vs.*); 2. *v/t.* bozmak, şaşırtmak; *v/i.* çürümek, cılk çıkmak.

ad.dress [ə'dres] 1. *v/t.* hitap etm.; söylev vermek; *-in* üstüne adres yazmak; ~ o.s. to (*bir işe*) hazırlanmak; ele almak, girişmek; 2. *n.* adres; hitabe, söylev; âdabımuaşeret; give an ~ hitap etm.; söylev vermek; pay one's ~es to *b-ne* kur yapmak; **ad.dress.ee** [ædre'si:] *n.* alacak olan.

ad.duce [ə'dju:s] *v/t.* (*delil vs.*) getirmek, göstermek.

ad.e.noids ⚕ ['ædinɔidz] *n. pl.* bezeler.

ad.ept ['ædept] 1. □ usta, mahir (in *-de*); 2. *n.* uzman; be an ~ at usta olm. *-de.*

ad.e.qua.cy ['ædikwəsi] *n.* kifayet, yeterlilik, ehliyet; **ad.e.quate** □ ['~kwit] uygun, münasip, yeterli.

ad.here [əd'hiə] *v/i.* yapışmak, yapışık kalmak; iltihak etm.; bağlanmak (to *-e*); **ad'her.ence** *n.* (to) yapışma; vefa, bağlılık; **ad'her.ent** 1. *adj.* yapışık, merbut; 2. *n.* taraftar.

ad.he.sion [əd'hi:ʒən] *s.* adherence; *fig.* rıza, muvafakat; *phys.* birbirine yapışma.

ad.he.sive [əd'hi:siv] 1. □ yapışkan, yapışıcı; ~ plaster, ~ tape plaster, band; 2. *n.* zamk, tutkal, çiriş.

a.dieu [ə'dju:] *int.* Allaha ısmarladık, elveda; 2. *n.* veda; make one's ~(s) *b-le* vedalaşmak.

ad.i.pose ['ædipəus] *adj.* etin yağına ait; yağlı; *n.* etin yağlı tarafı; ~ tissue yağ dokusu.

ad.it ['ædit] *n.* giriş, methal; ⚔ lâğım galerisi.

ad.ja.cen.cy [ə'dʒeisənsi] *n.* yakınlık, bitişik olma; adjacencies *pl.* civar, etraf.

çevre, dolay; **ad'ja.cent** □ (to) bitişik, komşu *-e*.
ad.jec.ti.val □ [ædʒek'taivəl] sıfat cinsinden; **ad.jec.tive** ['ædʒiktiv] **1.** *n.* sıfat; **2.** *adj.* sıfat türünden.
ad.join [ə'dʒɔin] *v/t.* bitişik olm. *-e*; **ad'join.ing** *adj.* bitişik, yan yana.
ad.journ [ə'dʒə:n] *v/t.* ertelemek, tehir etm.; *v/i.* oturuma son vermek, dağılmak; **ad'journ.ment** *n.* erteleme; ⚖ ara.
ad.judge [ə'dʒʌdʒ] *v/t. b-ne bşi* tanımak, vermek, hükmetmek; ⚖ karar vermek.
ad.ju.di.cate [əd'ʒu:dikeit] *s.* adjudge; **adju.di'ca.tion** *n.* hüküm verme, karar verme; mahkeme kararı; kararın tefhimi.
ad.junct ['ædʒʌŋkt] *n.* ilâve, ek; iş arkadaşı, yardımcı; *gr.* tayini ilâve, başka kelimeleri tanımlamak için kullanılan kelime(ler).
ad.ju.ra.tion [ædʒuə'reiʃən] *n.* ciddi dilek; yemin; **ad.jure** [ə'dʒuə] *v/t.* istirham etm., yalvarıp yakarmak.
ad.just [ə'dʒʌst] *v/t.* doğrultmak, düzeltmek; ayar etm., uydurmak (to *-e*); ~ o.s. to *fig.* intibak etm. *-e*; ~ing screw tanzim vidası; **ad'just.a.ble** □ ayar edilebilir, uydurulabilir; **ad'just.ment** *n.* uydurma, ayarlama, düzeltme; tasfiye.
ad.ju.tan.cy ⚔ ['ædʒutənsi] *n.* emir subaylığı; **'ad.ju.tant** *n.* emir subayı.
ad.lib F [æd'lib] *v/t. (irticalen)* söz söylemek; piyano çalmak.
ad.man F ['ædmæn] *n.* reklâm uzmanı.
ad.min.is.ter [əd'ministə] *v/t.* yönetmek, idare etm.; tatbik etm.; yerine getirmek; yemin ettirmek; ~ justice, ~ the law hâkimlik etm.; ~ punishment cezalandırmak, *b-ni* para cezasına çarpmak; *v/i.* hizmet etm. (to *-e*); **ad.min.is'tra.tion** *n.* idare, yönetim; hükümet; *esp. Am.* başkanlık; ~ of justice kaza işleri, adliye; **ad'min.is.tra.tive** [~trətiv] □ yönetimle ilgili, idarî; **ad'min.is.tra.tor** [~treitə] *n.* idareci, müdür, yönetmen; ⚖ kayyım, vasi, tereke idare memuru.
ad.mi.ra.ble □ ['ædmərəbl] takdire değer, çok güzel.
ad.mi.ral [ædmərəl] *n.* amiral; ♀ of the Fleet donanma kumandanı; **'ad.mi.ral.ty** *n.* amirallik; First Lord of the ♀ *(İngiltere'de)* Bahriye Nazırı.
ad.mi.ra.tion [ædmə'reiʃən] *n.* hayranlık, takdir; she was the ~ of all herkesin takdirini kazandı.
ad.mire [əd'maiə] *v/t.* çok beğenmek, takdir etm.; zevkle seyretmek; **ad'mir.er** *n.* hayran olan kimse; âşık.
ad.mis.si.bil.i.ty [ədmisə'biliti] *n.* kabul olunabilme; **ad'mis.si.ble** □ kabul olunabilir; **ad'mis.sion** *n.* itiraf, kabul (into, to *-e*); girme, giriş (into, to *-e*); giriş ücreti, duhuliye; ~ fee giriş ücreti, duhuliye.
ad.mit [əd'mit] *v/t.* içeriye almak, kabul etm. (in, into, to), müsaade etm.; itiraf etm.; *v/i.* : ~ of imkân vermek; it ~s of no excuse affedilemez, mazur görülemez; **ad'mit.tance** *n.* kabul; giriş; no ~! girilmez!; **ad'mit.ted.ly** *adv.* itiraf edildiği gibi, gerçekten.
ad.mix.ture [əd'mikstʃə] *n.* katma, ilâve; katıp karıştırılmış madde.
ad.mon.ish [əd'mɔniʃ] *v/t.* ihtar etm., tenbih etm., azarlamak; **ad.mo.ni.tion** [ædməu'niʃən] *n.* ihtar, tembih, öğüt; **admon.i.to.ry** □ [əd'mɔnitəri] ihtar mahiyetinde, nasihat şeklinde.
a.do [ə'du:] *n.* telâş, gürültü, patırtı; without much ~ ses çıkarmadan, mesele yapmadan.
a.do.be [ə'dəubi] *n.* kerpiç.
ad.o.les.cence [ædəu'lesns] *n.* gençlik, büyüme çağı; **ad.o'les.cent** *adj.* & *n.* delikanlı, genç; büyümekte olan (kimse); çocukça.
a.dopt [ə'dɔpt] *v/t.* benimsemek, kabul etm., edinmek; evlâtlığa kabul etm.; ~ed child evlât edinilmiş çocuk, evlâtlık; **a'dop.tion** *n.* kabul; evlât edinme; **a'dop.tive** *adj.* evlâtlığa kabul eden veya edilen.
a.dor.a.ble □ [ə'dɔ:rəbl] tapılacak, şayanı hürmet; **ad.o.ra.tion** [ædɔ:'reiʃən] *n.* tapma; aşk, aşırı sevgi; **a.dore** [ə'dɔ:] *v/t.* tapmak *-e*, aşırı derecede sevmek *-i; v/i* tapınmak; **a'dor.er** *adj.* perestişkâr, tapan.
a.dorn [ə'dɔ:n] *v/t.* süslemek, donatmak; **a'dorn.ment** *n. süs*, tezyinat, dekor.
A.dri.at.ic [eidri'ætik] *n.* Adriya Denizi.
a.drift [ə'drift] ⚓ *adj.* sularla sürüklenen; başıboş; turn s.o. ~ *b-ni* ortada bırakmak, kendi haline terketmek.
a.droit □ [ə'drɔit] becerikli, usta; **a'droitness** *n.* hüner, marifet.
ad.u.late ['ædjuleit] *v/t.* dalkavukluk *(veya* müdahene, tabasbus) etm.; **adu'la.tion** *n.* aşırı övgü, tabasbus, yaltaklanma; **ad'u.la.tor** *n.* pohpohçu, komplimancı, yüze gülen, dalkavuk; **'ad.u.la.to.ry** *adj.* fazla metheden, pohpohçu.
a.dult ['ædʌlt] *adj.* & *n.* büyük, reşit, ergin, yetişkin; ~ education yetişkin eğitimi.
a.dul.ter.ant [ə'dʌltərənt] *n.* karıştırılmış madde; **a'dul.ter.ate 1.** [~reit] *v/t.* karıs-

tırmak, bozmak; *fig*. *bşi* yüzüne gözüne bulaştırmak, berbadetmek; **2.** [~rit] *adj*. karışık; **a.dul.ter.a.tion** [ədʌltəˈreiʃən] *n*. karıştırma; **a dul.ter.er** ⚤ *n*. zâni, zina işleyen *(erkek)*; **aˈdul.ter.ess** *n*. zâniye, zina işleyen *(kadın)*; **aˈdul.ter.ous** □ zina eden; **aˈdul.ter.y** *n*. zina.

ad.um.brate [ˈædʌmbreit] *v/t*. ima etm., sezdirmek; taslağını çizmek; **ad.umˈbration** *n*. ima, gösterme, işaret.

ad.vance [ədˈvɑːns] **1.** *v/i*. ilerlemek, ileri gitmek, terfi etm.; yükselmek *(fiyat)*; *v/t*. ilerletmek, ileri götürmek; terfi ettirmek; yükseltmek *(fiyat)*; avans vermek; söylemek, teklif etm.; **2.** *n*. ilerleme, terakki; terfi; ☨ avans, peşin; ✕ ileri yürüyüş; ileri harekât; yükselme *(fiyat)*; in ~ *adv*. peşin olarak; be in ~ of s.o. yaşından daha olgun olm.; **adˈvanced** *adj*. ilerlemiş, ileri; ~ in years yaşı ilerlemiş, yaşlı; ~ English ileri düzeyde İngilizce; **adˈvance.ment** *n*. ilerleme; terfi.

ad.van.tage [ədˈvɑːntidʒ] **1.** *n*. avantaj, yarar, fayda, kâr, kazanç; üstünlük; zaafından istifade; *(tenis)* düsten sonra gelen puan; avantaj; **2.** *vb*. kazan(dır)mak, ilerletmek; take ~ of faydalanmak *-den;* you have the ~ of me bilmediklerimi biliyorsun; benden daha kârlısın; **ad.van.ta.geous** □ [ædvənˈteidʒəs] faydalı, yararlı, kârlı.

ad.vent [ˈædvənt] *n*. gelme, baş gösterme; ♀ *eccl*. Noel yortusundan önceki dört hafta; Hazreti Isa'nın dünyaya gelişi; **ad.ven.ti.tious** □ [ædvenˈtiʃəs] arızî, dıştân gelen, tesadüfî.

ad.ven.ture [ədˈventʃə] **1.** *n*. macera, sergüzeşt; ☨ rizikolu iş; **2.** *vb*. cesaret etm., göze almak; tehlikeye koymak; yapmağa kalkışmak, yeltenmek; **adˈven.tur.er** *n*. avantüriye, maceracı; **adˈven.tur.ess** *n*. dişi maceracı; **adˈven.tur.ous** □ maceraya düşkün, cesaretli, tehlikeli.

ad.verb [ˈædvəːb] *n*. *gr*. zarf; **ad.ver.bi.al** [ədˈvəːbjəl] □ zarfa ait; ~ phrase zarf gibi kullanılan deyim.

ad.ver.sar.y [ˈædvəsəri] *n*. **düşman, muhalif; ad.verse** □ [ˈ~vəːs] zıt, ters, karşı gelen; ~ balance of trade bilânçoda açık; **ad.ver.si.ty** [ədˈvəːsiti] *n*. **zorluk; güçlük,** sıkıntı, talihsizlik.

ad.vert [ədˈvəːt] *vb*. zikretmek, ima etm., hissettirmek; bahsetmek (to *-den*).

ad.ver.tise [ˈædvətaiz] *v/t*. ilân etm., bildirmek; reklâmını yapmak; **ad.ver.tisement** [ədˈvəːtismənt] *n*. **ilân, haber,** reklâm; **ad.ver.tis.er** [ˈædvətaizə] *n*. ilân eden veya reklâm yapan kimse; ilân gazetesi; **ˈad.ver.tis.ing** *n*. reklâm, ilân.

ad.vice [ədˈvais] *n*. nasihat, öğüt; tavsiye; ☨ haber, tebliğ, talimat; letter of ~ ihbar mektubu; take medical ~ doktora sormak.

ad.vis.a.ble □ [ədˈvaizəbl] tavsiye edilebilir, makul, uygun; **adˈvise** *v/t*. nasihat etm., öğüt vermek; haber vermek; ☨ haber vermek, teklifde bulunmak; ~ s.o. of s.th. *b-ni bş* hakkında uyarmak; *v/i*. danışmak, akıl sormak; **adˈvis.ed.ly** [~idli] *adv*. tedbirli olarak, akıllıca; **adˈvis.er** *n*. danışman, müşavir; **adˈvi.so.ry** [~əri] *adj*. istişari, tavsiye niteliğinde; ♀ Board istişare kurulu.

ad.vo.ca.cy [ˈædvəkəsi] *n*. avukatlık, müdafaa, savunma; **ad.vo.cate 1.** [ˈ~kit] *n*. avukat; *fig*. müdafaasını yapan; **2.** [ˈ~keit] *v/t*. müdafaa etm., savunmak, tavsiye etm..

adze *Am*. *a*. **adz** ⊕ [ædz] *n*. keser.

Ae.ge.an Sea [iːˈdʒiːənˈsiː] Ege Denizi, Adalar Denizi.

ae.gis [ˈiːdʒis] *n*. kalkan, siper; koruma.

ae.on, eon [ˈiːən] *n*. çok uzun müddet, sonsuzluk.

a.er.at.ed [ˈeiəreitid] *adj*. karbonik, karbonatlı.

a.e.ri.al [ˈɛəriəl] **1.** □ havaî, havaya ait; havada yapılan; ~ car hava hattı arabası; **2.** *n*. *(radyo, TV.)* anten.

a.er.ie [ˈɛəri] *n*. kuş yuvası; *fig*. yuva.

a.er.o... [ˈɛərəu] *comb*. hava...; **a.er.o.batics** [~ˈbætiks] *n*. *(uçakla, havada)* akrobasi; **a.er.o.drome** [ˈ~drəum] *n*. hava alanı; **a.er.o.dy.namˈic** [~dinæmik] □ hareket halinde olan hava veya gaza ait; **a.er.o.gram** [ˈ~græm] *n*. telsiz telgraf.

a.er.o.gramme [ˈɛərəugræem] *n*. **zarfsız** uçak mektubu; **a.er.o.lite** [ˈɛərəulait] *n*. göktaşı; **a.er.o.naut** [ˈɛərənɔːt] *n*. balon kullanan pilot; **a.er.oˈnau.tic, a.er.oˈnau.ti.cal** □ uçuculuğa ait; **a.er.oˈnau.tics** *n*. *mst sg*. havacılık; **ˈa.er.o.plane** *n*. uçak, tayyare; **a.er.o.stat** [ˈɛərəustæt] *n*. hava da sabit durabilen balon; **a.er.oˈstat.ics** *n*. hava kanunları ilmi.

aes.thete [ˈiːsθiːt] *n*. bediiyat ,estetik; **aes.thet.ic, aes.thet.i.cal** □ [iːsˈθetik(əl)] bedii, estetik; **aesˈthet.ics** *n*. *pl*. estetik.

a.far [əˈfɑː] *adv*. *mst* ~ off uzak(ta); from ~ uzaktan.

af.fa.bil.i.ty [æfəˈbiliti] *n*. nezaket, hatırşinaslık.

af.fa.ble □ [ˈæfəbl] nazik, hatırşinas, sokulgan.

af.fair [əˈfɛə] *n*. iş, mesele, olay; ilişki;

~ of honour şeref meselesi; love ~ aşk macerası.

af.fect [əˈfekt] *v/t.* tesir etm., dokunmak *-e*; etkilemek, değiştirmek, müteessir etm. *-i*; *bşi* yalancıktan yapmak, taslamak; gibi görünmek; *bşden* hoşlanmak; ~ ignorance tecahül etm., bilmez gibi görünmek; ~ sickness temaruz etm., hastalık taslamak; **af.fec.ta.tion** [æfekˈteiʃən] *n.* yapmacık, gösteriş, naz; **af·fect.ed** □ [əˈfektid] yapma, yapmacıklı; tutulmuş (with *-e*); meyyal, düşkün (towards s.o. *-e*); **afˈfec.tion** *n.* sevgi, aşk (for, towards *-e*); düşkünlük; hastalık; **afˈfec.tion.ate** □ [~kʃnit] şevkatli, sevgi gösteren; yours ~ly sevgilerle *(mektup sonunda)*; **afˈfec.tive** □ hissi, dokunaklı.

af.fi.ance [əˈfaiəns] **1.** *n.* itimat, inanç, güven (in *-e*); nişan; **2.** *v/t.* nişanlamak (to *ile*).

af.fi.da.vit [æfiˈdeivit] *n. (yazılı)* yeminli ifade, beyan.

af.fil.i.ate [əˈfilieit] *vb.* üye olmak; kaynaştırmak, birleştirmek, yakın ilişki kurmak (with, to *ile, -e*); ⚖ babalığı tayin etm.; ~d company bağlı şirket; **af·fil.iˈa.tion** *n.* yakın ilişki; il(ti)hak; evlâtlığa kabul.

af.fin.i.ty [əˈfiniti] *n.* yakınlık, benzeşme (between, with arasında, ile); sıhrî hısımlık; güçlü cazibe (for, to, between *ile, -e, arasında*); ⚗ çekme.

af.firm [əˈfəːm] *v/t.* tasdik etm., onaylamak, yeminsiz olarak teyid etm.; **af.fir·ma.tion** [æfəːˈmeiʃən] *n.* tasdik, teyit, yeminsiz beyan; **af.firm.a.tive** □ [əˈfəːmətiv] **1.** müspet, olumlu, tasdik edilen; **2.** *n.*: answer in the ~ olumlu cevap vermek.

af.fix **1.** [ˈæfiks] *n.* ek, ilâve *(kelimenin başına veya sonuna)*; **2.** [əˈfiks] (to) *v/t.* bağlamak, takmak, yapıştırmak; *(mühür)* basmak; *(yazı)* eklemek.

af.flict [əˈflikt] *v/t.* vermek *-e*, eziyet etm., müteessir etm., incitmek; ~ed tutulmuş (with *-e*); **afˈflic.tion** *n.* dert, keder.

af.flu.ence [ˈæfluəns] *n.* bolluk, refah, servet; **ˈaf.flu.ent** **1.** □ bol *(akan)*; bol; zengin; **2.** *n.* nehir kolu.

af.flux [ˈæflʌks] *n.* bir yere akış.

af.ford [əˈfɔːd] *v/t.* meydana getirmek, vermek; bütçesi müsait olm. *-e*; I can ~ it onu alabilirim, param yeter.

af.for.est [æˈfɔrist] *v/t.* ağaçlandırmak, orman haline getirmek; **af.for.estˈa.tion** *n.* ağaç dikme, ormanlaştırma.

af.fran.chise [əˈfræntʃaiz] *v/t.* azadetmek, muaf tutmak.

af.fray [əˈfrei] *n.* kavga, arbede.

af.front [ˈəfrʌnt] **1.** *v/t.* *(alenen)* hakaret etm., tahkir etm.; **2.** *n.* hakaret, tahkir; put on ~ upon, offer an ~ to hakaret etm.

a.field [əˈfiːld] *adv.* *(evden)* uzak; kıra, kırda; far ~ çok uzakta.

a.fire [əˈfaiə] *adj.* tutuşmuş, yanan.

a.flame [əˈfleim] *adj.* alevler içinde, tutuşmuş; *fig.* kızgın.

a.float [əˈfləut] *adj.* & *adv.* su üzerinde dolaşan; denizde; su basmış; keep ~ su üzerinde durmak; set ~ ⚓ yüzdürmek; the rumour is ~ şayia dolaşıyor.

a.foot [əˈfut] *adv.* ayakta; hareket halinde, hazırlanmakta.

a.fore ⚓ [əˈfɔː] *s.* before; **aˈfore.men.tioned** [~menʃənd] *adj.*, **aˈfore.named** [~neimd], **aˈfore.said** evvelce belirtilen, mezkûr; **aˈfore.thought** *n.* kasıt, taammüt.

a.fraid [əˈfreid] *adj.* korkmuş, korkan; be ~ of korkmak *-den*; I am ~ korkarım, korkuyorum; maalesef, yazık ki.

a.fresh [əˈfreʃ] *adv.* yeniden, tekrar.

Af.ri.ca [ˈæfrikə] *n.* Afrika; **Af.ri.can** [ˈæfrikən] **1.** *adj.* Afrika'ya ait; **2.** *n.* Afrikalı; *part. Am.* zenci.

Af.ri.kaans [æfriˈkaːns] *n.* Güney Afrika'da konuşulan lehçe *(Hollanda diline çok benzeyen)*.

aft ⚓ [aːft] *adj.* & *adv.* kıçda, kıça doğru.

aft.er [ˈaːftə] *adv., prp., cj., adj.* *-den* sonra; *-e* göre; *-e* rağmen; ardında; ardından; bunun üzerine; ertesi; *-e* nazaran; tarzında; ⚓ sekiz kürekli skif; ~ all bununla birlikte, buna rağmen, yine de; in ~ days gelecekte, ileride; the day ~ tomorrow öbürgün; time ~ time tekrar tekrar; **~.birth** ⚕ *n.* meşime, etene, son; **ˈ~-care** *n.* *(hastalık vs.)* *-den* sonraki bakım; **ˈ~.crop** *n.* ikinci mahsül; **ˈ~-ˈdin·ner** *adj.* yemekten sonra gelen; **ˈ~-ef.fect** *n.* *bşin* bilvasıta neticeleri; **ˈ~-glow** *n.* akşam kızıllığı; **ˈ~-hours** *n. pl.* mesai saatleri dışında; **~.math** *n.* netice, âkıbet, yan tesir; **ˈ~ˈnoon** *n.* öğleden sonra, ikindi; **ˈ~.pains** *n. pl.* doğumdan sonraki ağrılar; **ˈ~-sea.son** *n.* mevsim sonu; **ˈ~-taste** *n.* ağızda kalan tat; **ˈ~-thought** *n.* sonradan akla gelen fikir; **~.wards** [ˈ~wədz] *adv.* sonra, sonradan.

a.gain [əˈgen] *adv.* tekrar, gene, bir daha; bundan başka; ~ and ~, time and ~ bazen, arasıra; as much (many) ~ iki misli; now and ~ arasıra, bazen.

a.gainst [əˈgenst] *prep.* *-e* karşı, *-e* rağmen; *-in* aleyhinde; ~ the wall duvara

dayalı; ~ a background bir fon önünde (*veya üstünde*); over ~ karşı(sında); yüzyüze; karşılık olarak; run ~ s.o. *b-ne* rastgelmek.
a.gape [ə'geip] *adv. & adj.* ağzı açık, şaşkın, şaşırmış.
ag.ate ['ægət] *n.* akik taşı; bilye, zıpzıp; *Am. typ.* = ruby.
a.ga.ve ⚘ [ə'geivi] *n.* agave.
age [eidʒ] **1.** *n.* **yaş; çağ, devir; (old) ~** yaşlılık; at the ~ of yaşında; in the ~ of Queen Anne Kraliçe Anne devrinde; of ~ reşit, ergin; over ~ yaşı geçkin; under ~ küçük, reşit olmayan; what is his ~? kaç yaşında?; come of ~, be of ~ reşit olm.; **2.** *v/i.* yaşlanmak; *v/t. bşi* eskitmek; **aged** [eidʒd] *adj.* yaşlı, ihtiyar; ~ twenty 20 yaşında; **a.ged** ['~id] *adj.* yıllanmış, dinlendirilmiş *(içki)*; yaşındaki; **'age.less** *adj.* eskimez, kocamaz, ihtiyarlamaz; **'age-lim.it** yaş haddi.
a.gen.cy ['eidʒənsi] *n.* faaliyet, işleme: tavassut, aracılık; ☨ ajans, acentalık, vekillik, büro.
a.gen.da [ə'dʒendə] *n.* gündem, ruzname.
a.gent ['eidʒənt] *n.* acente, vekil; vasıta, âmil.
age-old ['eidʒəuld] *adj.* çok eski, kadim.
age-worn ['eidʒwɔːn] *adj.* eli ayağı tutmaz olmuş; takatten düşmüş.
ag.glom.er.ate [ə'glɔməreit] **1.** *vb.* **toplamak, bir araya getirmek, yığmak; 2.** *n.* **toplama; volkanik parçaların eriyerek bir araya toplanması; ag.glom.er'a.tion** *n.* **yığılma, toplanma, yığın.**
ag.glu.ti.nate [ə'gluːtineit] *vb. bşi* başka bş üzerine yapıştırmak; yapıştırarak örtmek: ⚕, *gr.* bitiştirmek; **ag.glu.ti.na.tion** [~'neiʃən] *n.* yapıştırma; *gr.* bitişme: ⚕ aglütinasyon; **ag'glu.ti.na.tive** [~nətiv] *adj.* yapıştırma işlemine ait; *gr.* bitişken.
ag.gran.dize [ə'grændaiz] *v/t.* büyütmek *(boyut, güç veya rütbe)*; **ag'gran.dize-ment** [~dizmənt] *n.* büyütme; *fig.* itibar veya değerini yükseltme.
ag.gra.vate ['ægrəveit] *v/t.* zorlaştırmak, fenalaştırmak; kızdırmak; abartmak; **ag.gra'va.tion** *n.* zorlaştırma; hiddet.
ag.gre.gate 1. ['ægrigeit] *vb.* toplamak, yığmak, biriktirmek; yekûn tutmak; **2.** □ ['~git] toplu, bütün; **3.** ['~git] *n.* yığma, kümeleme; kütle; *(betonda)* çakıllı kum; in the ~ bir bütün olarak; **ag.gre.ga.tion** [~'geiʃən] *n.* toplanma; hepsi, bütün.
ag.gres.sion [ə'greʃən] *n.* saldırma, tecavüz: saldırganlık: **ag.gres.sive** □ [ə'gresiv] saldırgan, mütecaviz; ~ war tecavüzî harp; **ag'gres.sor** *n.* saldıran (*kimse veya ülke*).
ag.grieve [ə'griːv] *v/t.* incitmek, rencide etm., gücendirmek.
a.ghast [ə'gɑːst] *adj.* çok korkmuş, donakalmış; stand ~ donup kalmak.
ag.ile □ ['ædʒail] çevik, faal, tetik.
a.gil.i.ty [ə'dʒiliti] *n.* çeviklik, tetiklik.
ag.i.o ☨ ['ædʒəu] *n.* aciyo, paranın gerçek ve nominal değeri arasındaki fark;
ag.i.o.tage ['ædʒətidʒ] *n.* aciyotaj, borsa oyunu, sarraflık.
ag.i.tate ['ædʒiteit] *v/t.* sallamak, oynatmak; rahatsız etm.; heyecan vermek; *v/i.* propagandasını yapmak (for *bşin*);
ag.i'ta.tion *n.* sallama, heyecana getirme; heyecan; tahrik; **'ag.i.ta.tor** *n.* propagandacı; tahrikçi, kışkırtıcı; (*sallayıcı veya karıştırıcı*) makine.
a.glow [ə'gləu] *adj.* (with *-den dolayı*) parlak, kor halinde; kızgın, kıpkırmızı; *fig.* şiddetli, hararetli.
a.go [ə'gəu] *adv.* önce, evvel; a year ~ bir yıl önce; a little while ~ az önce; long ~ uzun zaman önce.
a.gog [ə'gɔg] **1.** *adj. bşe* **düşkün, haris, teşne, istekli; 2.** *adv.* **heyecanla, can atarak (for *-e*).**
ag.o.nize ['ægənaiz] *v/t. b-ne* ıstırap vermek, işkence etm.; *v/i.* can çekişmek, ıstırap çekmek; **'ag.o.niz.ing** □ eziyet verici, cefalı, işkenceli.
ag.o.ny ['ægəni] *n.* ıstıraptan kıvranma, şiddetli acı; can çekişme; ~ of death, mortal ~ can çekişme; ~ column şahsî ilânlar sütunu (*gazete*).
a.grar.i.an [ə'greəriən] *adj.* ziraî, tarımsal; tarlalara ait.
a.gree [ə'griː] *v/i.* razı olm., aynı fikirde olm., muvafakat etm., uyuşmak (upon, on); ***bşde*** **anlaşmaya varmak,** mutabık kalmak, uzlaşmak; ~ to razı olm. *-e*, kabul etm. *-i*; ~ with anlaşmak, bir fikirde olm. *b-le*; ~ to differ münakaşayı kesmek; be ~d mukavafat etm., birlik olm.; ~d! kabul!, tamam!; **a.gree-a.ble** □ [ə'griəbl] (to) uygun *-e*, münasip *-e*; hoş, nazik; **a'gree.a.ble.ness** *n.* tatlılık, hoşluk; **a.gree.ment** [ə'griːmənt] *n.* anlaşma, uyuşma, ittifak; sözleşme, mukavele, akit; come to an ~ bir karara varmak, uyuşmak; make an ~ anlaşma yapmak.
ag.ri.cul.tur.al [ægri'kʌltʃərəl] *adj.* ziraî, tarımsal; **ag.ri.cul.ture** ['~tʃə] *n.* ziraat, tarım; **ag.ri'cul.tur.ist** [~tʃərist] *n.* ziraatçı, çiftçi.

a.ground ⚓ [əˈgraund] *adj. & adv.* karaya oturmuş; run ~ karaya oturmak; run a ship ~ gemiyi karaya oturtmak.

a.gue [ˈeigjuː] *n.* sıtma, malarya; **ˈa.gu-ish** *adj.* sıtmalı, sıtma getiren.

ah [ɑː] *int.* ah!, ya!, vay!; bak!; hayret!

a.ha [ɑːˈhɑː] *int.* şimdi anladım!; işte!, görüyorsun ya!

a.head [əˈhed] *adv.* önde, ileride; ileriye; straight ~ doğruca; go ~ ilerlemek; önden gitmek; *b-nin* önü sıra yürümek; devam etm.; go ~ ! yürüyünüz!, devam ediniz!; siz buyurunuz!

a.hoi, a.hoy ⚓ [əˈhɔi] *int.* hey!, hu!, yahu!.

aid [eid] **1.** *v/t.* yardım etm. *-e*; **2.** *n.* yardım, muavenet; by (with) the ~ of yardımiyle; *-den* bilistifade; in ~ of yararına; ~s and appliances vasıta, çare, medar.

aide-de-camp ⚔ [ˈeiddəˈkãːŋ] *n.* yaver.

ai.grette [ˈeigret] *n.* sorguç, tuğ.

ail [eil] *v/i.* hastalıklı, dertli olm.; *v/t.* sıkıntı vermek, rahatsız etm.; what ~s him? nesi var?

ai.ler.on ✈ [ˈeilərɔn] *n.* uçak kanadının hareket eden arka kısmı.

ail.ing [ˈeiliŋ] *adj.* keyifsiz, hasta, rahatsız; **ˈail.ment** *n.* rahatsızlık, hastalık.

aim [eim] **1.** *v/i.* nişan almak (at *bşi, b-ni*); ~ at *fig.* kastetmek *bşi, b-ni;* ~ to do *part. Am.* niyetinde bulunmak, kastetmek, maksat gütmek; *v/t.* (*top, tüfek, söz vs.*) doğrultmak, nişan almak (at *-e*); **2.** *n.* emel, hedef, amaç; nişan alma; take ~ nişan almak; **ˈaim.less** □ gayesiz, hedefsiz.

ain't F [eint] = are not, am not, is not, have not, has not.

air¹ [ɛə] **1.** *n.* hava; hava cereyanı, kuran; by ~ hava yoluyla; go by ~ uçmak, uçakla gitmek; in the open ~ açıkta, açık havada; castles in the ~ hayal, hülya; in the ~ havada; belli olmayan, sonuca bağlanmamış; on the ~ radyoda (dinlenebilir); go off the ~ yayını kesmek; ~ supply taze hava verme; take the ~ dışarıya çıkıp dolaşmak, temiz hava almak; ✈ havalanmak; **2.** *v/t.* havalandırmak; (*çamaşır*) kurutmak; açmak (*fikir, şikâyet vs.*); ~ one's views fikirlerini açmak.

air² [~] *n.* hal, tavır, eda; görünüş; give o.s. ~s kibarlık taslamak; with an ~ vakarla, haşmetle; ~s and graces F numara yapma, hava atma.

air³ ♪ [~] *n.* nağme, melodi; arya.

air...: **ˈ~-base** *n.* ⚔ hava üssü; **ˈ~-bath** *n.* açık hava banyosu; **ˈ~-bed** *n.* deniz yatağı; **ˈ~blad.der** *n.* (*balık*) yüzme kesesi; **ˈ~-borne** *adj.* havadan gelen (*toz, tohum vs.*); havadan nakledilen; uçmakta; ⚔ hava indirme; we are ~ uçuyoruz; **~-brake** *n.* hava freni; **ˈ~-cham.ber** *n. biol.* hava hücresi; **ˈ~-con.di.tioned** *adj.* otomatik ısıtma ve soğutma tesisatı olan; **ˈ~-con.di.tion.ing** *n.* klimatizasyon tesisatı; **ˈ~-cooled** *adj.* hava ile soğutulmuş; **ˈ~.craft** *n.* uçak; uçaklar; ~ carrier uçak gemisi; **ˈ~-cush.ion** *n.* şişirme yastık; **ˈ~-drop** *n.* düşman gerisindeki personele havadan teçhizat ve malzeme yardımı; **ˈ~-field** *n.* hava alanı; **ˈ~-force** *n.* hava kuvvetleri; **ˈ~-gun** *n.* hava tüfeği; ~ **host.ess** hostes.

air.i.ness [ˈɛərinis] *n.* havadar olma; hafiflik, kolaylık, sühulet.

air.ing [ˈɛəriŋ] *n.* (*elbise, çarşaf vs.*) havalandırma, kurutma; (*oda vs.*) havalandırma; gezinti, hava alma; açığa vurma.

air...: **ˈ~-jack.et** *n.* yüzme yeleği; **ˈ~.less** *adj.* havasız, ağır; **ˈ~-lift** *n.* hava köprüsü; **ˈ~-line** *n.* hava yolu; **ˈ~-lin.er** *n.* yolcu uçağı; **ˈ~-mail** *n.* uçak postası; **ˈ~.man** *n.* havacı; **ˈ~-meˈchan.ic** *n.* uçak makinisti; **ˈ~-pas.sen.ger** *n.* hava yolcusu; **ˈ~.pipe** *n.* ⊕ hava borusu; **ˈ~.plane** *n. part. Am.* uçak; **ˈ~.pock.et** *n.* ✈ hava boşluğu; **ˈ~-port** *n.* hava alanı; **ˈ~-proof** *adj.* hava geçmez, hava geçirmez; **ˈ~-pump** *n.* hava pompası; **ˈ~-raid** *n.* ⚔ hava hücumu; ~ precautions *pl.* hava hücumu önlemleri; ~ shelter sığınak; **ˈ~--route** hava yolu; **ˈ~.ship** *n.* hava gemisi, uçak; **ˈ~.sick** *adj.* hava tutmuş; **ˈ~.strip** *n.* ufak hava meydanı; **ˈ~-ter.minal** *n.* (*hava yollarının*) şehir bürosu; **ˈ~-tight** *adj.* hava geçmez; **ˈ~-transport** *n.* hava ulaşımı; **ˈ~-tube** *n.* iç lâstik; ~ **umbrel.la** ⚔ havaya karşı korunma şemsiyesi; **ˈ~.ways** *n.* hava yolları; **ˈ~.wom.an** *n.* kadın havacı; **ˈ~.worthy** *adj.* ✈ uçabilir, uçuş güvenliğine sahip.

air.y □ [ˈɛəri] havalı, havadar; hafif; havaî, sudan.

aisle [ail] *n.* ⛪ bir kilisenin yan kısmı; ara yol, geçit (*esp. kilise ve tiyatroda*); **ˈ~-sit.ter** *n. Am.* F tiyatro eleştirmeni.

aitch [eitʃ] *n.* h harfinin İngilizce adı; drop oneˈs aitches h harfini telaffuz etmemek.

aitch.bone [ˈeitʃbəun] *n.* sığır budu.

a.jar [əˈdʒɑː] *adv.* yarı açık, aralık (*kapı*); *fig.* ahenksiz.

a.kim.bo [əˈkimbəu] *adv.:* with arms ~ el

leri kalçasına dayalı.
a.kin [əˈkin] *adj.* akraba, yakın, benzer (to *-e*).
al.a.bas.ter [ˈæləbɑːstə]*n.* su mermeri, kaymak taşı, albatr.
a.lack † [əˈlæk] *int.* ah!, eyvah!; **~-a-day!** *int.* yazık!, eyvah!
a.lac.ri.ty [əˈlækriti] *n.* çeviklik; isteklilik, şevk.
a.larm [əˈlɑːm] **1.** *n.* alarm, tehlike işareti; korku, telâş; **~ pistol** patlangaç; **give (raise, ring, sound) the ~** tehlikeyi haber vermek; **2.** *v/t.* tehlikeyi bildirmek *-e*; korkutmak *-i*; **aˈlarm-bell** *n.* alarm çanı; **aˈlarm-clock** *n.* çalar saat; **aˈlarm.ist** *n.* etrafı telâşa veren kimse.
a.las [əˈlæs] *int.* vay!, yazık!
alb [æib] *n.* katolik papazların kilisede giydikleri beyaz cübbe.
Al.ba.ni.an [ælˈbeinjən] *adj.* & *n.* Arnavutça; Arnavut.
al.ba.tross [ˈælbətrɔs] *n.* bir cins deniz kuşu, albatros.
al.be.it [ɔːlˈbiːit] *cj.* her ne kadar, vakıa, ise de.
al.bi.no *biol.* [ælˈbiːnəu] *n.* derisi, saçları ve kaşları doğuştan beyaz insan veya hayvan.
al.bum [ˈælbəm] *n.* albüm.
al.bu.men, al.bu.min ⚗ [ˈælbjumin] *n.* yumurta akı; albümin; **al.bu.mi.nous** [ælˈbjuːminəs] *adj.* albuminli.
al.chem.ic, al.chem.i.cal □ [ælˈkemik(əl)] simya ilmine ait; **al.che.mist** [æˈlkimist] *n.* simyager, alşimist; **ˈal.che.my** *n.* simya, alşimi.
al.co.hol [ˈælkəhɔl] *n.* alkol, ispirto; alkollü içki; **al.coˈhol.ic** □ & *n.* alkolik, ispirtolu: ayyaş; **ˈal.co.hol.ism** *n.* alkolizm, içkiye düşkünlük, ayyaşlık; **al.co.hol.ize** [ˈ~laiz] *v/t.* alkol haline getirmek.
al.cove [ˈælkəuv] *n.* yatak köşesi, hücresi; duvarda hücre; (*bahçe*) çardak, gölgelik.
al.der ⚘ [ˈɔːldə] *n.* kızılağaç.
al.der.man [ˈɔːldəmən] *n.* kıdemli belediye meclisi üyesi; **al.der.man.ship** [ˈ~mənʃip] *n.* belediye meclisi üyeliği.
ale [eil] *n.* bir çeşit bira.
a.lee ⚓ [əˈliː] *n.* rüzgâr altında.
a.lem.bic ⚗ [əˈlembik] *n.* imbik.
a.lert [əˈləːt] **1.** □ uyanık, dikkatli; **2.** *n.* silâhbaşı hazırlığı; (*hava*) tehlike işareti; **be on the ~** tetikte olm., hazır olm.: **aˈlert.ness** *n.* tetiklik.
al.fal.fa ⚘ [ælˈfælfə] *n.* kaba yonca.
al.fres.co [ælˈfreskəu] *adv.* & *adj.* açık havada: açık hava.
al.ga ⚘ [ˈælgə] *n.*, *pl.* **al.gae** [ˈældʒiː] su yosunu.
al.ge.bra Ⓐ [ˈældʒibrə] *n.* cebir; **al.gebraic** [~ˈbreiik] □ cebirsel.
Al.ge.ri.a [ældʒiːriə] *n.* Cezayir.
a.li.as [ˈeiliæs] **1.** *adv.* namı diğer, diğer ismi; **2.** *n.* namı müstear, takma isim.
al.i.bi [ˈælibai] *n.* (*suç işlendiği anda*) başka yerde bulunduğu iddiası; *Am.*, F özür, mazeret.
al.ien [ˈeiljən] **1.** *adj.* yabancı uyruklu, ecnebi; *fig.* uymamış, intibak etmemiş (to *-e*); **2.** *n.* yabancı, yabancı uyruklu kimse; **ˈal.ien.a.ble** *adj.* satılabilir, devir ve ferağı kabil; **al.ien.ate** [ˈ~eit] *v/t.* satmak, devir ve ferağ etm.; *fig.* soğutmak, vazgeçirmek (from *-den*); **al.ienˈation** *n.* devir ve ferağ; ferağ yetkisi, temlik; *fig.* soğutma, vazgeçirme; **~ of mind** cinnet; **ˈal.ien.ist** *n.* akıl hastalıkları uzmanı, akliyeci.
a.light[1] [əˈlait] *adj.* ateş içinde, yanmakta, tutuşmuş.
a.light[2] [~] *v/i.* çıkmak, inmek; ✈ yere inmek, konmak.
a.lign [əˈlain] *v/t.* sıraya koymak, dizmek, hizaya sokmak; sıralamak; **~ o.s. with** yanaşmak, bağlanmak *-e*; **aˈlign.ment** *n.* dizilme, sıraya girme; hiza.
a.like [əˈlaik] **1.** *adj.* benzer, aynı; **2.** *adv.* benzer, aynı şekilde, farksız olarak.
al.i.ment [ˈælimənt] *n.* yiyecek, gıda; **al.i.men.ta.ry** [~ˈmentəri] *adj.* besleyici, yiyeceğe dair; **~ canal** hazım borusu; **al.i.menˈta.tion** *n.* beslenme, besleme.
al.i.mo.ny ⚖ [ˈæliməni] *n.* nafaka.
a.line(.ment) [əˈlain(mənt)] = **align(ment)**.
al.i.quot Ⓐ [ælikwɔt] *adj.* bir sayıyı tam bölen.
a.live [əˈlaiv] *adj.* canlı, yaşayan, sağ, diri, hayatta: pürhayat, faal; heyecanlı; haberdar, farkında; **be ~** hayatta olm., yaşamak; ⚡ üzerinde cereyan olan: **man ~!** F be (mübarek) adam!; ulan!; **keep ~** *bşi* yaşatmak, muhafaza etm.; **look ~!** F çabuk ol, sallanma!
al.ka.li ⚗ [ˈælkəlai] *n.* alkali, kalevi; **al.ka.line** [ˈ~lain] *adj.* alkali, kalevi.
all [ɔːl] **1.** *adj.* bütün, hep; tam; her; **~ day (long)** bütün gün; **~ kind(s) of books** her çeşit kitap; *s.* **above, after; for ~ that** bununla beraber, buna rağmen; **2.** *n.* herkes, herşey; **my ~** herşeyim; **~ of them** hepsi; **not at ~** asla, hiç; **for ~ (that) I know** bana kalırsa; **in ~** hepsi, tamamı; **3.** *adv.* tamamen, tamamiyle, büsbütün: **~ at once** hep birden; **~ the better** daha iyi ya: **~ but** hemen hemen, aşağı

yukarı, az daha; ~ right iyi!, pekâlâ, tamam; şöyle böyle.

all-A.mer.i.can [ɔːlə'merikən] özbeöz Amerikalı.

al.lay [ə'lei] *v/t.* teskin etm., rahatlandırmak, hafifletmek, azaltmak, (*harareti*) gidermek.

al.le.ga.tion [æli'geiʃən] *n.* iddia, ileri sürme; **al.lege** [ə'ledʒ] *v/t.* ileri sürmek, iddia etm., itham etm.; **al'leged** denen, iddia edilen; sözde, diye.

al.le.giance [ə'liːdʒəns] *n.* (*vatan, hükümdar veya bir fikre*) sadakat, bağlılık; (*tebaa, vatandaş*) sadakat, bağlılık (to -e); oath of ~ sadakat (*veya* bağlılık) yemini.

al.le.gor.ic(al) □ [æli'gɔrik(əl)] alegorik, kinaye yolu ile, remzî; **al.le.go.rize** ['æligəraiz] *vb.* (*bir oyun, resim, hikâye vs.*) alegorik yorumlamak; **'al.le.go.ry** *n.* alegori, remzî hikâye.

al.le.lu.ia [æli'luːjə] *n., int.* sevinç veya teşekkür ifade eden bir kelime (*veya şarkı vs.*), elhamdülillâh.

al.ler.gy ⚕ ['ælədʒi] *n.* alerji, aşırı duyu.

al.le.vi.ate [ə'liːvieit] *v/t.* azaltmak, hafifletmek; **al.le.vi'a.tion** *n.* hafifleme, azalma.

al.ley ['æli] *n.* dar sokak, aralık; iki tarafı ağaçlı yol; (*bowling oyunu*) dar yol; *s.* back ~; geçit; *s.* blind 1, skittle-~; it's up his ~ tam onun işi, biçilmiş kaftan; **'al.ley.way** *n. Am.* dar yol, geçit.

All Fool's Day ['ɔːl'fuːlzdei] 1 Nisan günü.

al.li.ance [ə'laiəns] *n.* ittifak, birlik; sıhrî hısımlık; form an ~ ittifak yapmak (with *ile*).

al.lied [əlaid] *adj.* müttefik, dost; hısım, akraba; † ~ company başka bir şirket tarafından idare edilen veya başka bir şirketi idare eden şirket.

al.li.ga.tor *zo.* ['æligeitə] *n.* Amerika timsahı.

all-in ['ɔːl'in] *adj.* her şey dahil.

al.lit.er.ate [ə'litəreit] *v/t.* birbirine yakın iki veya daha çok kelimede aynı sesi tekrar etm.; **al.lit.er'a.tion** *n.* cümle içindeki kelimelerde aynı sesi tekrarlama; **al'lit.er.a.tive** [~rətiv] □ aynı sesin tekrar edildiği parçaya ait.

al.lo.cate ['æləukeit] *v/t.* tahsis etm., dağıtmak; **al.lo'ca.tion** *n.* **tahsis etme, da ğıtım,** tahsisat.

al.lo.cu.tion [æləu'kjuːʃən] *n.* söylev, nutuk, hitabe.

al.lop.a.thist ⚕ [ə'lɔpəθist] *n.* zıt tedavi usulü uygulayan doktor; **al'lop.a.thy** ⚕ *n.* zıt tedavi usulü.

al.lot [ə'lɔt] *v/t.* ayırmak, tahsis etm., bölüştürmek, vermek; **al'lot.ment** *n.* hisselere ayırma, taksim etme; hisse, pay; (*mahalli idarelerce kiraya verilen*) küçük bostan.

all-out ['ɔːl'aut] *adj.* elinden gelen; bütün, toplam; ~ effort azamî güç.

al.low [ə'lau] *v/t.* bırakmak, müsaade etm., kabul etm., razı olm. -*e*; vermek -i; *v/i.* hesaba katmak (for -*i*); be ~ed to izni haiz olm., hakka sahip olm.; ~ for hesabetmek; it ~s of no excuse affedilemez, mazur görülemez; **al'low.a.ble** □ kabul edilebilir; caiz, meşru; **al'low.ance** 1. *n.* müsaade, göz yumma; tahsisat, harçlık, gelir (*aylık, yıllık vs.*); iskonto, indirim; itiraf, kabul; ⊕ tolerans, yedek pay; 2. *v/t.* nafakasını tayin etm.; (*ekmek vs.*) tayına bağlamak.

al.loy 1. ['ælɔi] *n.* alaşım, halita; *fig.* karışım; 2. [~] *v/t.* halita yapmak; *fig.* değerini veya kalitesini bozmak.

all...: '~-'pur.pose *adj.* **her şeye yarayan;** **'~-'round** *adj.* çok yeteneği olan; çok cepheli; † götürü.

All Saints' Day ['ɔːl'seintsdei] *rel.* Azizler yortusu (*1 Kasım*).

All Souls' Day ['ɔːl'səulzdei] *rel.* Ölüler günü (*2 Kasım*).

al.lude [ə'luːd] *v/i.* ima etm., kastetmek (to -*i*).

al.lure [ə'ljuə] *v/t.* *k-ne* çekmek, cezbetmek; **al'lure.ment** *n.* çekicilik, cezbetme; **al'lur.ing** □ çekici, cazip.

al.lu.sion [ə'luːʒən] *n.* ima, kinaye (to -*e*); **al'lu.sive** □ *ima* yollu, cinaslı, mecazî.

al.lu.vi.al □ [ə'luːvjəl] suların bıraktığı toprak gibi, alüvyonlu; **al'lu.vi.on** [~vjən] *n.* suların bıraktığı toprak, alüvyon; **al'lu.vi.um** [~vjəm] *n.* suların bıraktığı toprak, lığ, alüvyon.

al.ly 1. [ə'lai] *vb.* birleşmek, ittifak et(tir)mek (to, with -*le*); akraba olm.; allied to *fig.* benzer, uygun, yakın; 2. ['ælai] *n.* müttefik; dost, arkadaş; the Allies *pl.* Müttefikler.

al.ma.nac ['ɔːlmənæk] *n.* takvim, yıllık, almanak.

al.might.i.ness [ɔːl'maitinis] *n.* her şeye kadir olma; **al'might.y** 1. □ her şeye kadir, F kudretli, dehşetli, çok **büyük;** 2. ♀ Kadiri mutlak, Allah.

al.mond ['ɑːmənd] *n.* badem; ~-eyed *adj.* badem gözlü.

al.mon.er ['ɑːmənə] *n.* (*hastanede hastaların ihtiyaçları ile ilgili*) sosyal görevli.

al.most [ˈɔːlməust] *adv.* hemen hemen, az kaldı; yaklaşık olarak.

alms [ɑːmz] *n. sg. & pl.* sadaka; **ˈ~-bag** *n.* sadaka kesesi; **ˈ~-house** *n.* fakirler yurdu, darülâceze.

al.oe ⚘ & *pharm.* [ˈæləu] *n.* sarısabır.

a.loft [əˈlɔft] *adv.* yukarıda, yükseklerde; ⚓ yukarıda, gemi direğinde.

a.lone [əˈləun] *adj. & adv.* yalnız, tek başına, yalnız olarak; let *veya* leave s.o. ~ *b-ni* kendi haline bırakmak; let it ~! karışma!, dokunma!; let ~ ... ... şöyle dursun, nerede kaldı ki.

a.long [əˈlɔŋ] *adv. & prep.* boyunca, müddetince, yanı sıra; all ~ öteden beri; her zaman; come ~! haydi gel!; get ~ with geçinmek, anlaşmak *-le*; get ~ with you! F haydi git!; amma yaptın ha!, sana inanmıyorum; **aˈlong.shore** *adj. & adv.* sahil boyunca; **aˈlongˈside 1.** ⚓ *adv.* bordaya; yan yana; **2.** *prep.* yanında, tarafında.

a.loof [əˈluːf] *adj. & adv.* uzak, uzakta; ⚓ alargada; sokulmaz, soğuk; keep ~ *k-ni* uzak(ta) tutmak; **aˈloof.ness** *n.* uzaklık, çekingenlik, sokulmayış.

a.loud [əˈlaud] *adv.* yüksek sesle.

alp [ælp] *n.* yüksek dağ; ♀s *pl.* Alpler.

al.pac.a [ælˈpækə] *n. zo.* *(Peru'ya mahsus)* koyuna benzer bir hayvan, alpaka; alpaka yünü; alpaka yününden kumaş.

al.pen.stock [ˈælpinstok] *n.* *(dağcılara mahsus)* ucu demirli sopa.

al.pha.bet [ˈælfəbit] *n.* alfabe; **al.pha.betic, al.pha.bet.i.cal** □ [~ˈbetik(əl)] alfabe sırasına göre.

Al.pine [ˈælpain] *adj.* Alp dağlarına ait; yüksek dağlara ait; **al.pin.ist** [ˈ~pinist] *n.* dağcı, alpinist.

al.read.y [ɔːlˈredi] *adv.* şimdiden; şimdiye kadar; zaten.

Al.sa.tian [ælˈseiʃjən] **1.** *adj.* Alsas'a ait; **2.** *n.* Alsaslı; a. ~ dog *(kurda benzer)* iri bir çeşit köpek *(Am.* German Shepherd).

al.so [ˈɔːlsəu] *adv.* dahi, da *(de, ta, te)*; bir de; ayrıca; **~-ran** *n. yarışçılık:* dereceye giremiyen at; *fig.* başarısız sporcu veya politikacı.

al.tar [ˈɔːltə] *n.* *(üzerinde tanrıya sunulan şeylerin bulunduğu)* Hıristiyan kiliselerindeki masa veya yüksek yer; **ˈ~-piece** *n.* *(mihrabın yakınındaki)* resim veya tablo.

al.ter [ˈɔːltə] *v/t.* değiştirmek; *Am.* F *(hayvan)* hadımlaştırmak, iğdiş etm.; *v/i.* değişmek; **ˈal.ter.a.ble** *adj.* değişir, değiştirilebilir; **al.terˈa.tion** *n.* değişiklik (to *-e*).

al.ter.cate [ˈɔːltəkeit] *v/i.* kavga etm., çekişmek, dalaşmak; **al.terˈca.tion** *n.* kavga, çekişme.

al.ter.nate 1. [ˈɔːltəneit] *vb.* nöbetleşe değiş(tir)mek, nöbetle yap(tır)mak; birbiri ardına gelmek; alternating current ⚡ dalgalı akım; **2.** □ [ɔːlˈtəːnit] nöbetleşe değişen, münavebeli; on ~ days gün aşırı; **3.** [ɔːlˈtəːnit] *n. Am.* mümessil, vekil; **al.ter.na.tion** [ɔːltəˈneiʃən] *n.* değişiklik; münavebe; **al.ter.na.tive** [ɔːlˈtəːnətiv] **1.** □ ikisinden birini seçme imkânı olan, alternatifi olan, başka; ⊕ alternatif...; **2.** *n.* iki şıktan biri, alternatif, tercih; imkân; I have no ~ başka çarem yok, yapacak başka birşey yok; **al.ter.na.tor** *n.* ⚡ alternatör.

al.though [ɔːlˈðəu] *cj.* her ne kadar, -diği halde, bununla birlikte, gerçi.

al.tim.e.ter [ˈæltimiːtə] *n.* altimetre, yükseltiyi gösteren alet.

al.ti.tude [ˈæltitjuːd] *n.* yükseklik, irtifa; ~ recorder irtifa kayıtçısı.

al.to ♪ [ˈæltəu] *n.* alto, kadın veya çocuk seslerinin en pesi.

al.to.geth.er [ɔːltəˈgeðə] *adv.* hep birlikte, tamamen, büsbütün; in the ~ F çıplak, anadan doğma.

al.tru.ism [ˈæltruizəm] *n.* şahsî menfaatlerine bakmama, diğerkâmlık, fedakârlık; **ˈal.tru.ist** *n.* diğerkâm, başkalarını düşünen kimse; **al.truˈis.tic** *adj.* (~ally) başkalarını düşünen, diğerkâm.

al.um ⚗ [ˈæləm] *n.* şap; **a.lu.mi.na** [əˈljuːminə] *n.* alüminyum oksit; **al.u.min.i.um** [æljuˈminjəm], *Am.* **al.u.mi.num** [əˈluːminəm] *n.* alüminyum; **a.lu.mi.nous** [əˈljuːminəs] *adj.* şaplı.

a.lum.na [əˈlʌmnə] *n., pl.* **aˈlum.nae** [~niː] *Am. (bir okul veya üniversitenin)* eski kız öğrenci; **aˈlum.nus** [~nəs] *n., pl.* **aˈlum.ni** [~nai] *Am.* eski erkek öğrenci.

al.ve.o.lar [ælˈviələ] **1.** *adj. anat.* diş çukuruna ait; **2.** *n. gr.* dilin üst damağa teması ile çıkarılan sessiz harf.

al.ways [ˈɔːlweiz] *adv.* daima, her zaman.

am [æm; əm] *vb.* (*irr.* be) I ~ ben -im.

a.mal.gam [əˈmælgəm] *n.* malgama, cıva ile başka bir maddenin karışımı; **aˈmal.gam.ate** [~meit] *v/t.* cıva ile başka bir madeni karıştırmak; karıştırmak, birleştirmek; *v/i.* karışmak, birleşmek; **a.mal.gamˈa.tion** *n.* karışma; alaşım; ✝ iki veya daha fazla şirketin birleşmesi, füzyon.

a.man.u.en.sis [əmænjuˈensis] *n., pl.* a-

man.u'en.ses [~si:z] yazıcı, sekreter.
am.a.ranth ⚘ ['æmərænθ] *n.* tilki kuyruğu.
a.mass [ə'mæs] *v/t.* yığmak, toplamak.
am.a.teur ['æmətə:] *n.* amatör, meraklı, hevesli kimse; **am.a'teur.ish** *adj.* acemice, yarımyamalak bilgili.
am.a.tive [æmətiv], **am.a.to.ry** ['~təri] *adj.* aşkla ilgili, şehvanî.
a.maze [ə'meiz] *v/t.* hayrette bırakmak, şaşırtmak; **a'mazed** ☐ çok şaşırmış (at -e); **a'maze.ment** *n.* şaşkınlık, hayret; **a'maz.ing** ☐ şaşırtıcı, hayret verici, acayip.
Am.a.zon ['æməzən] *n.* Amazon Nehri; ♀ erkeksi kadın; savaşçı, yiğit kadın; **Am.a.zo.ni.an** [~'zəunjən] *adj.* Amazon Nehrine ait; ♀ erkeksi (*kadın*).
am.bas.sa.dor [æm'bæsədə] *n.* büyükelçi, sefir; **am.bas.sa.do.ri.al** [~'dɔ:riəl] *adj.* büyükelçi ile ilgili, sefareti ilgilendiren; **am'bas.sa.dress** [~dris] *n.* elçi karısı, sefire, kadın elçi.
am.ber ['æmbə] *n.* kehribar; kehribar rengi; **am.ber.gris** ['~gri:s] *n.* amber.
am.bi.dex.trous ☐ ['æmbi'dekstrəs] iki elini de aynı şekilde kullanabilen; *fig.* iki yüzlü, riyakâr.
am.bi.ent ['æmbiənt] *adj.* dolaşan; kuşatan, çevreleyen.
am.bi.gu.i.ty [æmbi'gju:iti] *n.* iki manalılık, belirsizlik, müphemiyet; **am'big.u.ous** [~gjuəs] ☐ müphem, şüpheli, iki anlamlı.
am.bit ['æmbit] *n.* mıntıka, bölge, çevre, muhit.
am.bi.tion [æm'biʃən] *n.* ihtiras, hırs; büyük istek; **am'bi.tious** ☐ hırslı, çok istekli (to -e).
am.bi.va.lent ['æmbi'veilənt] ☐ zıt hisler veya fikirler taşıyan, kararsız (towards, about -e karşı, için).
am.ble ['æmbl] **1.** *n.* eşkin, rahvan; rahat yürüyüş; **2.** *v/i.* eşkin gitmek; *fig.* yavaş yavaş dolaşmak; **'am.bler** *n.* eşkinli; rahvan yürüyen hayvan.
am.bro.si.a [æm'brəuzjə] *n.* (*eski masallarda*) tanrıların yemekleri; çok lezzetli veya nefis kokulu yiyecek veya içki; **am'bro.si.al** ☐ nefis veya güzel kokulu; *fig.* mükemmel, enfes.
am.bu.lance ['æmbjuləns] *n.* cankurtaran, ambulans; *attr.* sıhhî yardım...; ~ box ilk yardım kutusu; ~ station ilk yardım istasyonu; **'am.bu.lant** *adj.* seyyar, gezici.
am.bu.la.to.ry ['æmbjulətəri] **1.** *adj.* seyyar, gezici; gezilebilir; **2.** *n.* gezinti yeri, kemerli yol, kulvar.
am.bus.cade [æmbəs'keid], **am.bush** ['æmbuʃ] **1.** *n.* pusu, tuzak; be *veya* lie in ~ for s.o. *b-ne* pusuya yatmak; **2.** *vb.* pusuda beklemek, tuzak kurmak, pusuya düşürmek.
a.mel.io.rate [ə'mi:ljəreit] *vb.* iyileş(tir)mek, düzel(t)mek; **a.mel.io'ra.tion** *n.* iyileşme, düzelme.
a.men ['a:'men] *int.* âmin.
a.me.na.ble ☐ [ə'mi:nəbl] tâbi olan (to -e), uysal; yükümlü, sorumlu.
a.mend [ə'mend] *v/t.* düzeltmek, ıslah etm.; ⚖ düzeltmek, tashih etm.; (*kanun*) değiştirmek, tadil etm.; *v/i.* iyileşmek, düzelmek; **a'mend.ment** *n.* düzeltme, tadil; ⚖ bir kanunu değiştirme; *parl.* tadilât, değişiklik; **a'mends** *n. pl.* tazminat, zarar ödentisi; make ~ for özür dilemek; kusurunu düzeltmek.
a.men.i.ty [ə'mi:niti] *n.* letafet, zerafet, şirinlik; amenities *pl.* hayatın zevki, güzel tarafı.
A.mer.i.can [ə'merikən] **1.** *adj.* Amerikalı, Amerikan; ~ cloth muşamba; **2.** *n.* Amerika kıtalarının yerlisi; Amerika Birleşik Devletleri tebaası; **A'mer.i.can.ism** *n.* Amerikalılara mahsus kelime, deyim, şive vs.; *Am.* Amerika Birleşik Devletleri inanç ve amaçlarına bağlılık; **A.mer.i.can.i'za.tion** *n.* Amerikalılaştırma; **A'mer.i.can.ize** *v/t.* Amerikalılaştırmak.
am.e.thyst *min.* ['æmiθist] *n.* cebellokum, ametist.
a.mi.a.bil.i.ty [eimjə'biliti] *n.* kanı sıcaklık, tatlılık, sevimlilik; **'a.mi.a.ble** ☐ hoş, sevimli, tatlı.
am.i.ca.ble ☐ ['æmikəbl] dostça, dostane.
a.mid(st) [ə'mid(st)] *prp.* arasına, arasında, ortasında -*in*.
a.mid.ships ⚓ [ə'midʃips] *adv.* geminin ortasında.
a.miss [ə'mis] *adv.* eksik, yanlış; kusurlu; take ~ gücenmek; fenaya almak, yanlış anlamak -*i*; it would not be ~ (for him) fena olmaz, zararı dokunmaz.
am.i.ty ['æmiti] *n.* dostluk, iyi ilişki, sevgi.
am.me.ter ⚡ ['æmitə] *n.* ampermetre.
am.mo.ni.a [ə'məunjə] *n.* amonyak; liquid ~ nişadır ruhu; **am'mo.ni.ac** [~niæk], **am.mo.ni.a.cal** [æməu'naiəkəl] *adj.* amonyak ile ilgili; *s.* sal.
am.mon.ite ['æmənait] *n.* nesli tükenmis bir deniz hayvanı kabuğunun fosili.
am.mu.ni.tion ⚔ [æmju'niʃən] *n.* cephane, mühimmat.
am.ne.sia ⚕ [æm'ni:zjə] *n.* (*kısmen veya tamamen*) hafıza kaybı, unutkanlık.
am.nes.ty ['æmnisti] **1.** *n.* genel af; **2.** *v/t*

genel af ilân etm., cezasını affetmek.
a.m(o)e.ba *zo.* [əˈmiːbə] *n.* amip.
a.mok [əˈmɔk] = amuck.
a.mong(st) [əˈmʌŋ(st)] *prp.* *-in* arasında, arasına; içinde; from ~ *-in* içinden, arasından.
a.mor.al [eiˈmɔrəl] *adj.* ahlâk ile ilişiği olmayan.
am.o.rous □ [ˈæmərəs] âşık, tutkun (of *-e*); aşk...; **ˈam.o.rous.ness** *n.* âşıklık.
a.mor.phous □ [əˈmɔːfəs] *min.* şekilsiz, özelliği olmayan; *fig.* biçimsiz, çirkin.
am.or.ti.za.tion [əmɔːtiˈzeiʃən] *n.* itfa, herhangi bir borcu taksitle ödeme, amortisman; **amˈor.tize** [~taiz] *v/t.* bir borcu taksitlerle ödemek, amortize etm..
a.mount [əˈmaunt] **1.** *v/i.* ~ to *-e* varmak, baliğ olm.; **2.** *n.* miktar, meblağ, tutar, yekûn; to the ~ of *-e* baliğ olan.
a.mour [əˈmuə] *n.* aşk, aşk macerası; **~-pro.pre** [ˈæmuəˈprɔpr] *n.* izzetinefis, onur.
am.pere ⚡ [ˈæmpɛə] *n.* amper.
am.phib.i.an [æmˈfibiən] **1.** *n.* iki yaşayışlı hayvan (*kurbağa gibi*); hem suya hem de karaya inip kalkabilen uçak; hem suda hem de karada gidebilen araç; **2.** = **amˈphib.i.ous** □ hem havada hem de suda yaşayabilen.
am.phi.the.a.tre, *Am.* **am.phi.the.a.ter** [ˈæmfiθiətə] *n.* amfiteatr.
am.ple □ [ˈæmpl] geniş, bol; kâfi; etraflı.
am.pli.fi.ca.tion [æmplifiˈkeiʃən] *n.* genişletme, tevsi; *rhet.* geniş açıklama; *phys.* amplifikasyon; **am.pli.fi.er** [ˈ~faiə] *n.* *radyo:* amplifikatör, büyültücü alet; **ˈam.pli.fy** *vb.* genişletmek, büyütmek; sesini kuvvetlendirmek; mübalâğa etm.; **~ing valve** amplifikatör valfı; **am.pli.tude** [ˈ~tjuːd] *n.* genişlik, bolluk; *phys.* genlik, amplitüd.
am.poule ⚕ *n.* [ˈæmpuːl] ampul.
am.pu.tate ⚕ [ˈæmpjuteit] *v/t.* (*bir uzvu*) kesmek; **am.puˈta.tion** *n.* bir uzvun kesilmesi.
a.muck [əˈmʌk]: run ~ kudurmuş gibi etrafa saldırmak; run ~ at *veya* on *veya* against *fig.* üzerine atılmak.
am.u.let [ˈæmjulit] *n.* muska, tılsım.
a.muse [əˈmjuːz] *v/t.* eğlendirmek, güldürmek *b-ni*; **aˈmuse.ment** *n.* eğlence, zevk; ~ park, *Am.* funfair luna park; **aˈmus.ing** □ eğlenceli, güldürücü, tuhaf; the ~ thing about it işin tuhafı.
an *gr.* [æn, ən] *ad belirteni: s.* a.
a.nach.ro.nism [əˈnækrənizəm] *n.* (*bir olayı*) ait olmadığı tarihte gösterme.
an.a.con.da *zo.* [ænəˈkɔndə] *n.* boa yılanı.
a.n(a)e.mi.a ⚕ [əˈniːmjə] *n.* kansızlık, anemi; **aˈn(a)e.mic** *adj.* kansız, anemik.
an.(a)es.the.si.a ⚕ [ænisˈθizjə] *n.* anestezi, uyuşturma, narkoz; **an.(a)es.thet.ic** [~ˈθetik] **1.** *adj.* (~ally) uyuşturucu; **2.** *n.* uyuşturucu madde, narkotik.
an.a.log.ic, an.a.log.i.cal □ [ænəˈlɔdʒik(əl)], **a.nal.o.gous** □ [əˈnæləgəs] benzer, kıyas yoluyla olan; -vari; **aˈnal.o.gy** [~dʒi] *n.* kıyas, karşılaştırma; benzerlik, benzeşme.
an.a.lyse [ˈænəlaiz] *v/t.* tahlil etm., analiz etm.; çözümlemek, incelemek, tetkik etm., *gr.* çözümlemek, analiz etm.; **a.nal.y.sis** [əˈnæləsis] *n.*, *pl.* **aˈnal.y.ses** [~siːz] analiz, çözümleme; **an.a.lyst** [ˈænəlist] *n.* tahlilci, tahlil eden kimse; psikoanalist.
an.a.lyt.ic, an.a.lyt.i.cal □ [ænəˈlitik(əl)] çözümsel, tahlilî.
an.ar.chic, an.ar.chi.cal □ [æˈnɑːkik(əl)] anarşik; kanunsuz, nizamsız; **an.arch.ist** [ˈænəkist] anarşist; **ˈan.arch.y** *n.* anarşi; kargaşalık.
a.nath.e.ma [əˈnæθimə] *n.* afaroz; afaroz edilmiş veya lânetlenmiş kimse; nefret edilen şey (to... *için*); **aˈnath.e.ma.tize** *v/t.* afaroz etm., lânetlemek.
an.a.tom.i.cal □ [ænəˈtɔmikəl] anatomik, anatomi ile ilgili; **a.nat.o.mist** [əˈnætəmist] *n.* teşrihçi, anatom; **aˈnat.o.mize** *v/t.* teşrih etm., dikkatle ayırmak; **aˈnat.o.my** *n.* anatomi, (*insan veya hayvan*) vücut yapısı, teşrih; F iskelet.
an.ces.tor [ˈænsistə] *n.* ata, cet, dede; **an-ces.tral** [~ˈsestrəl] *adj.* atadan kalma, atalara ait, geçmiş zamana ait; **ˈan.ces.try** *n.* ecdat, dedeler.
an.chor ⚓ & *fig.* [ˈæŋkə] **1.** *n.* çapa, gemi demiri; güven veren şey; at ~ demirli, demir atmış; **2.** *vb.* demirlemek, demir atmak; **ˈan.chor.age** *n.* geminin demir attığı yer; liman, koy.
an.cho.ret, an.cho.rite [ˈæŋkəret; ˈ~rait] *n.* (*Tanrıya ulaşmak için*) bir köşeye çekilmiş olan kimse.
an.cho.vy [ˈæntʃəvi] *n.* hamsi balığı, ançüez.
an.cient [ˈeinʃənt] **1.** *adj.* eski, kadim, eski zamandan kalma; **2.** *n.* the ~s *pl.* (*eski Yunan ve Roma gibi*) kadim milletler; **ˈan.cient.ly** eski zamanlarda, evvel zamanda.
an.cil.lar.y [ænˈsiləri] *adj.* tabi, bağlı, yardımcı (to *-e*); ~ road yan sokak.
and [ænd, ənd] *cj.* ve, ile; daha; thousands ~ thousands binlerce; ~ so on vesaire.

and.i.ron ['ændaiən] *n.* ocağın madenî ayaklığı.
an.ec.do.tal [ænek'dəutl], **an.ec.dot.i.cal** [~'dɔtikəl] *adj.* fıkra tarzında; **an.ec.dote** ['ænikdəut] *n.* fıkra, hikâye.
an.e.mom.e.ter [æni'mɔmitə] *n.* rüzgârın şiddetini ölçen alet.
a.nem.o.ne ⚘ [ə'neməni] *n.* Manisa lâlesi, anemon.
an.er.oid ['ænərɔid] *a.* ~ barometer madeni barometre, aneroid.
a.new [ə'nju:] *adv.* yeniden, tekrar.
an.gel ['eindʒəl] *n.* melek; melek gibi kimse; **an.gel.ic, an.gel.i.cal** □ [æn'dʒelik(əl)] melek gibi; meleklere mahsus.
an.ge.lus ['ændʒiləs] *n.* *(Katoliklerce)* günde üç defa okunan bir dua; bu duanın zamanını bildiren çan sesi.
an.ger ['æŋgə] **1.** *n.* hiddet, öfke; **2.** *v/t.* kızdırmak, öfkelendirmek.
an.gi.na ⚕ [æn'dʒainə] *n.* anjin, boğak; ~ pectoris göğüs anjini.
an.gle ['æŋgl] **1.** *n.* köşe açı; *fig.* görüş açısı; noktai nazar; ~-dozer *n.* bir tip buldozer, yol düzenleme makinesi; ~-iron köşebent demiri, korniyer; **2.** *v/i.* *(olta ile)* balık tutmak; ~ for F ima yoluyla *bşi* elde etmeğe çalışmak; **'an.gler** *n.* olta ile balık avlıyan kimse.
An.gles ['æŋglz] *n. pl.* Anglo'lar.
An.gli.can ['æŋglikən] **1.** *n.* Anglikan, İngiliz kilisesine mensup kimse; **2.** *adj.* İngiliz kilisesine ait.
An.gli.cism ['æŋlisizəm] *n.* *(başka bir dilde çok kullanılan)* İngilizce kelime veya deyim.
an.gling ['æŋgliŋ] *n.* olta ile balık avlama.
An.glo-Sax.on ['æŋgləu'sæksən] **1.** *n.* Anglosakson; **2.** *adj.* Anglosakson.
an.gry ['æŋgri] □ öfkeli, kızgın; darılmış (at, about *-den dolayı*); gücenmiş (with *-e*); ⚕ kızarmış, kabarmış.
an.guish ['æŋgwiʃ] *n.* ıstırap, keder, şiddetli acı.
an.gu.lar □ ['æŋgjulə] köşeli, açısal; sıska, bir deri bir kemik; *fig.* kaba, yontulmamış; **an.gu.lar.i.ty** [~'læriti] *n.* açılı veya köşeli olma; *fig.* kabalık.
an.i.line ⚗ ['ænili:n] *n.* anilin.
an.i.mad.ver.sion ['ænimædvə:ʃən] *n.* tenkit, eleştiri, kınama; **an.i.mad.vert** [~'və:t] *v/i* tenkit etm., eleştirmek (on, upon *-i*).
an.i.mal ['æniməl] **1.** *n.* hayvan; **2.** *adj.* hayvanlara ait, hayvanî; ~ spirits *pl.* canlılık, hayatiyet; **an.i.mal.cule** [~'mælkju:] *n.* kolayca görülemiyecek kadar küçük hayvancık; **an.i.mal.ism** ['~məlizəm] *n.* hayvan oluş, şehvaniyet.
an.i.mate 1. ['ænimeit] *v/t.* canlandırmak, diriltmek, hayat vermek; **2.** ['~mit] *mst* **an.i.mat.ed** ['~meitid] *adj.* canlı; neşeli, hayat dolu; *fig.* canlı; ~ cartoon canlı resimlerden ibaret film.
an.i.ma.tion [æni'meiʃən] *n.* canlılık, heyecan, şevk.
an.i.mos.i.ty [æni'mɔsiti] *a.* **an.i.mus** ['ænimәs] *n.* düşmanlık, nefret, kin.
an.ise ⚘ ['ænis] *n.* anason.
an.kle ['æŋkl] *n.* ayak bileği, aşık kemiği.
an.klet ['æŋklit] *n.* ayak bileğine takılan bilezik; kısa çorap.
an.nals ['ænlz] *n. pl.* tarihî olaylar; vakayiname.
an.neal ⊕ [ə'ni:l] *v/t.* *(bir madeni)* kızdırdıktan sonra yavaş yavaş soğutarak yumuşatmak, tavlamak; sertleştirmek *(a.fig.)*.
an.nex 1. [ə'neks] *v/t.* ilhak etm., eklemek, katmak (to *-e*); **2.** ['æneks] n. ek; müştemilât, ek bina; **an.nex'a.tion** *n.* ilhak *(arazi)*; müsadere.
an.ni.hi.late [ə'naiəleit] *v/t.* imha etm., yok etm.; = annul; **an.ni.hi'la.tion** *n.* imha, yok etme; = annulment.
an.ni.ver.sa.ry [æni'və:səri] *n.* yıldönümü; yıldönümü merasimi.
an.no.tate ['ænəuteit] *v/t.* belirli kısımları açıklamak için bir kitaba kısa notlar ilâve etm., şerhetmek; şerhütefsir etm., bir metni açıklamak; **an.no'ta.tion** *n.* haşiye, not.
an.nounce [ə'nauns] *v/t.* bildirmek, ilân etm., haber vermek; tebliğ etm.; *(radyo, TV vs. de haberleri)* okumak *veya* *(bir şahıs veya eylemi)* sunmak; **an'nounce.ment** *n.* bildiri, ilân, tebliğ, anons; *radyo:* anons, mesaj; **an'nounc.er** *n. radyo:* sözcü, spiker.
an.noy [ə'nɔi] *v/t.* taciz etm., sıkmak, kızdırmak; **an'noy.ance** *n.* canını sıkma, üzüntü, rahatsızlık; **an'noyed** *adj.* dargın, kızgın *(kimse)*; be ~ kızmak; **an'noy.ing** □ can sıkıcı, nâhoş *(şey)*.
an.nu.al ['ænjuəl] **1.** □ senelik, yıllık; yıllık...; *part.* ⚘ bir yıl *veya* mevsimlik *(bitki)*; **2.** *n.* yıllık, almanak; bir yıl *veya* mevsimlik bitki.
an.nu.i.tant [ə'nju:itənt] *n.* kendisine ölünceye kadar veya belirli bir süre için gelir bağlanan *(veya eşit miktarlarda para ödenen)* kimse.
an.nu.i.ty [ə'nju:iti] *n.* *(yıllık)* taksit, tahsisat; † *a.* ~ bond irat, gelir senedi; *s.* life.

an.nul [əˈnʌl] *v/t.* feshetmek, iptal etm., bozmak.
an.nu.lar □ [ˈænjulə] halka şeklinde.
an.nul.ment [əˈnʌlmənt] *n.* iptal, fesih, kaldırma.
an.nun.ci.a.tion [ənʌnsiˈeiʃən] *n.* bildirme, tebliğ etme, haber; ♀ İsa'ya hamile olduğunu Meryem'e bildiren haber (*Cebrail vasıtasıyla*); bu haberin kutlandığı yortu (*25 Mart*).
an.ode ⚡ [ˈænəud] *n.* pozitif kutup, anod.
an.o.dyne [ˈænəudain] *n.* & *adj.* uyuşturucu, yatıştırıcı, müsekkin (*ilâç*).
a.noint [əˈnɔint] *v/t. part. eccl.* yağlamak; takdis etm. (*a.fig.*).
a.nom.a.lous □ [əˈnɔmələs] anormal, kaideye uymayan, kural dışı; **aˈnom.a.ly** *n.* anormallik, kural dışı oluş.
a.non [əˈnɔn] *adv.* hemen, biraz sonra; ever and ~ zaman zaman, arasıra.
an.o.nym.i.ty [ænəˈnimiti] *n.* imzasızlık, anonimlik; **a.non.y.mous** □ [əˈnɔniməs] imzasız, anonim.
a.noph.e.les *zo.* [əˈnɔfiliːz] *n.* sıtma sivrisineği, anofel .
an.oth.er [əˈnʌðə] *adj.* başka, diğer, öbür, ayrı; in ~ ten years bundan on sene sonra; with one ~ birbirini.
an.swer [ˈɑːnsə] **1.** *vb.* cevap vermek *-e*, yanıtlamak *-i*; sorumlu olm. (for *-den*); uymak (to *-e*); mukabele etm. (with *-ile*); ihtiyacı karşılamak; hesap görmek; ~ the bell *veya* door *(zili duyup)* kapıyı açmak; ~ for sorumluluğunu üzerine almak; garanti etm., *bşi* tekeffül etm.; **2.** *n.* cevap, yanıt (to *-e*); ⩓ çözüm; ⚖ cevap lâyihası; cevap; **ˈan.swer.a.ble** □ mesul, sorumlu; cevap verilebilir.
ant [ænt] *n.* karınca.
an't [ɑːnt] F = are not, am not; *sl. veya P.* = is not.
an.tag.o.nism [ænˈtægənizəm] *n.* düşmanlık, zıddiyet (between-*arasında*); husumet (to *-e karşı*); **anˈtag.o.nist** *n.* muhalif, düşman; **an.tag.oˈnis.tic** □ (~ally) muhalif, düşman, zıt (to *-e*); **anˈtag.o.nize** *v/t.* düşman etm.; zıtlık yaratmak, kışkırtmak.
ant.arc.tic [æntˈɑːktik] **1.** *adj.* Güney Kutbuna ait; **2.** *n.* Güney Kutbu; the ♀ Antarktik; ♀ Circle Güney Kutup dairesi.
an.te *Am.* [ˈænti] poker oyunu: **1.** *n.* (*oyunu açış için*) ortaya konulan para; **2.** *v/t.* *mst* ~ up para koymak, sürmek; *v/i. fig.* karınca kararınca yardım etm..
an.te.ced.ence [æntiˈsiːdəns] *n.* evvellik, öncelik, önce olan (*şey*); **an.teˈced.ent** **1.** □ önce gelen, evvel, mukaddem; **2.** *n.* *b-den, bşden* evvel gelen; *gr.* zamirin yerini aldığı isim veya tümleç; his ~s *pl.* geçmişi.
an.te.cham.ber [ˈæntitʃeimbə] *n.* bekleme odası, (*içinden daha büyük bir odaya geçilen*) küçük oda.
an.te.date [ˈæntiˈdeit] *v/t.* daha eski bir tarih koymak; *bşden* önce gitmek, önüne geçmek.
an.te.di.lu.vi.an [ˈæntidiˈluːvjən] *adj.* Tufan öncesi.
an.te.lope *zo.* [ˈæntiləup] *n.* antilop; ceylan.
an.te me.rid.i.em [ˈæntiməˈridiəm] *adv.* öğleden evvel.
an.ten.na [ænˈtenə] *n., pl.* **anˈten.nae** [~niː] *zo.* duyarga, böcek boynuzu; *radyo, televizyon:* anten.
an.te.ri.or [ænˈtiəriə] *adj.* ön, önceki; önde bulunan.
an.te-room [ˈæntirum] *n.* bekleme odası.
an.them [ˈænθəm] *n.* ilâhi, dinî şarkı; national ~ millî marş.
an.ther ⚘ [ˈænθə] *n.* başçık, haşefe.
ant.hill [ˈænthil] *n.* karınca yuvası.
an.thol.o.gy [ænˈθɔlədʒi] *n.* antoloji, (*çeşitli kitap ve yazarlardan derlenmiş*) şiir veya yazılar.
an.thra.cite *min.* [ˈænθrəsait] *n.* antrasit;
an.thrax *vet.* [ˈænθræks] *n.* şarbon, antraks.
an.thro.poid [ˈænθrəupɔid] **1.** *adj.* insana benzer; **2.** *n.* insanımsı maymun; **an.thro.pol.o.gist** [ænθrəˈpɔlədʒist] *n.* antropolojі bilgini, antropolog; **an.throˈpol.o.gy** [~dʒi] *n.* antropoloji, insanbilim.
an.ti... [ˈænti] *prefix* ...karşı, muhalif, zıt, ters.
an.ti-air.craft [ˈæntiˈɛəkrɑːft] *adj.* uçaksavar; ~ gun uçaksavar topu.
an.ti.bi.ot.ic ⚕ [ˈæntibaiˈɔtik] *n.* antibiyotik.
an.ti.bod.y ⚕ [ˈæntibɔdi] *n.* vücutta yapılan ve hastalıklara karşı koyan madde, antikor.
an.tic [ˈæntik] *adj.* kaba komedi; ~s *pl.* maskaralık, tuhaflık, soytarılık.
An.ti.christ [ˈæntikraist] *n.* deccal.
an.tic.i.pate [ænˈtisipeit] *v/t.* önceden görmek, tahmin etm., sezinlemek, beklemek, ummak; **an.tic.iˈpa.tion** *n.* önceden görme, tahmin, bekleme, sezinleme; payment by ~ peşinen ödeme; avans; in ~ peşinen, önceden, evvelden; **anˈtic.i.pa.to.ry** [~peitəri] *adj.* önceden yapılan, ilerisini düşünerek yapılan.
an.ti.cli.max *rhet.* & *fig.* [ˈæntiˈklaimæks]

n. heyecan verici bir olayı takibeden tekdüzey şey; iniş.
an.ti.cor.ro.sive a.gent ['æntikə'rəusiv-'eidʒənt] *n.* pasa mâni olan madde.
an.ti.cy.clone *meteor.* ['ænti'saikləun] *n.* yüksek basınç alanı.
an.ti.dote ['æntidəut] *n.* panzehir, çare (against, for, to *-e karşı).*
an.ti-fas.cist ['ænti'fæʃist] *n. & adj.* antifaşist.
an.ti-freeze *mot.* ['æntifri:z] *n.* antifriz.
an.ti-fric.tion ['ænti'frikʃən] *adj.* sürtünmeye karşı; *attr.* kayma...
an.ti-knock *mot.* ['ænti'nɔk] *n.* motorun vuruntusuz çalışması için benzine konan kimyevî madde.
an.ti.mo.ny *min.* ['æntiməni] *n.* rastık taşı, antimon.
an.tip.a.thy [æn'tipəθi] *n.* antipati, sevişmezlik, hoşlanmama (against, to *-e karşı*).
an.tip.o.dal □ [æn'tipədl] tam tersi, taban tabana zıddı; **an.ti.pode** ['~pəud] *n.*, *pl.* **an.tip.o.des** [~pədi:z] birbirine zıt iki kimse veya şey; ≗ *pl.* Avustralya ve Yeni Zelanda.
an.ti.quar.i.an [ænti'kwɛəriən] **1.** □ antikaya ait; **2.** *n.* antikacı, antika meraklısı; **an.ti.quar.y** ['~kwəri] *n.* antikacı, antika meraklısı; **an.ti.quat.ed** ['~kweitid] *adj.* eskimiş, modası geçmiş.
an.tique [æn'ti:k] **1.** □ eski zamanlara ait, antika; **2.** *n.* antika; eski sanat eseri; **an.tiq.ui.ty** [~'tikwiti] *n.* eskilik, antikalık; eski zamana ait şey; eski zamanlar *pl.*; antiquities *pl.* âsarıatika.
an.ti-rust ['ænti'rʌst] *n.* pasa mâni olan madde.
an.ti-Sem.ite ['ænti'si:mait] *n.* Yahudi düşmanı; **an.ti-Sem.i.tism** ['~-'semitizəm] *n.* Yahudi düşmanlığı.
an.ti.sep.tic [ænti'septik] *n. & adj.* antiseptik.
an.ti.so.cial [ænti'səuʃəl] *adj.* topluma ve toplumsal yararlara karşı; bencil, uyumsuz.
an.ti.tank ⚔ [ænti'tæŋk] *adj.* tanksavar...
an.tith.e.sis [æn'tiθisis] *n.*, *pl.* **an'tith.e.ses** [~θisi:z] antitez, karşı tez; zıtlık; **an.ti-thet.ic, an.ti.thet.i.cal** □ [~'θetik(əl)] karşıt olan.
ant.ler ['æntlə] *n.* geyik boynuzu; ~s geyiğin boynuzları.
an.to.nym ['æntəunim] *n.* zıt anlama gelen kelime.
A num.ber 1 ['əinʌmbə'wʌn] *Am. F s.* A 1.
a.nus ['einəs] *n.* anus, makat, şerç.
an.vil ['ænvil] *n.* örs; örs kemiği.
anx.i.e.ty [æŋ'zaiəti] *n.* endişe, kuruntu, merak; şiddetli arzu; *fig.* endişe (for *için*); *fig.* istek (to *-e*); ⚕ sıkıntı; nefes darlığı.
anx.ious □ ['æŋkʃəs] meraklı, endişeli, vesveseli, üzüntülü (about *-den dolayı*); mütereddit; arzulu, istekli, hevesli (for, to, *-e*); be ~ to arzu etm. *-i*, can atmak *-e*.
an.y ['eni] *adj. & adv. & pron.* bir, herhangi, her bir; bazı, birkaç, biraz; hiç, hiçbir; not ~ hiç; ~ more artık; daha fazla; **'~.bod.y, '~.one** *pron.* herhangi bir kimse; not ~ hiçbiri, hiçkimse; **'~.how** *adv.* her nasılsa; her halde; her ne olursa olsun; **'~.thing** *pron.* her hangi bir şey, her şey; hiçbir şey; ~ but olmasın da ne olursa olsun; **'~.way** = anyhow; zaten; esasen; **'~.where** *adv.* her hangi bir yer(d)e; hiçbir yer(d)e.
an.y.wise ['eniwaiz] *adv.* her nasıl olursa.
a.or.ta ⚕ [ei'ɔ:tə] *n.* kanı yürekten vücuda taşıyan en büyük damar, aort.
a.pace [ə'peis] *adv.* çabuk, süratle.
a.part [ə'pɑ:t] *adv. & adj.* ayrı, bir taraf(t)a; bağımsız olarak; başka (from *-den*); joking ~ şaka bertaraf, şaka bir tarafa; set ~ for bir tarafa koymak, ayırmak, tahsis etm..
a.part.heid *pol.* [ə'pɑ:theit] *n.* (*Güney Afrika'da*) ırk ayırımı.
a.part.ment [ə'pɑ:tmənt] *n.* büyük oda, salon; *Am.* apartman dairesi; ~s *pl.* apartman dairesi; ~ house apartman.
ap.a.thet.ic [æpə'θetik] □ (~ally) hissiz, ilgisiz; uyuşuk; **'ap.a.thy** *n.* duygusuzluk, ilgisizlik, soğukluk (to *-e karşı).*
ape [eip] **1.** *n.* maymun; **2.** *v/t.* taklit etm.
a.peak ⚓ [ə'pi:k] *adv. & adj.* amudî, şakulî, dikey.
a.pe.ri.ent [ə'piəriənt] **1.** *n.* müshil, amel ilâcı; **2.** *adj.* müleyyin, yumuşatıcı, müshil.
ap.er.ture ['æpətjuə] *n.* aralık, delik, açık.
a.pex ['eipeks] *n.*, *pl.* **ap.i.ces** ['eipisi:z] zirve, tepe, doruk; *mst fig.* en yüce yer, en üst derece.
aph.o.rism ['æfərizəm] *n.* vecize, darbımesel; **aph.o.'ris.tic** □ (~ally) vecize kabilinden.
a.pi.ar.y ['eipjəri] *n.* arı kovanı; **a.pi.cul.ture** ['eipikʌltʃə] *n.* arıcılık.
a.piece [ə'pi:s] *adv.* her biri(ne), adam başına, beher.
ap.ish □ ['eipiʃ] maymun gibi, maymunca; taklitçi.
A-plant ['ei'plɑ:nt] *n.* nükleer elektrik fabrikası.

a.poc.a.lypse [əˈpɔkəlips] *n.* vahiy.

A.poc.ry.pha [əˈpɔkrifə] *n. pl. İncil:* Mukaddes kitabın metnine dahil edilmeyen kitaplar; **aˈpoc.ry.phal** *adj.* bu kitaplara ait; sonradan uydurulmuş, doğruluğu kabul edilmeyen.

ap.o.gee [ˈæpəudʒiː] *n. ast. (bir uzay aracı, gök cismi, ay, güneş vs.nin)* yeryüzünden en uzak noktası; *(güç veya başarının)* en yüksek noktası, doruk.

a.pol.o.get.ic [əpɔləˈdʒetik] □ özür dileyen, af talep eden; savunan; ~ letter mazeret mektubu; **aˈpol.o.gist** *n.* bir inanç veya fikri savunan kimse; **aˈpol.o.gize** *v/i.* özür dilemek, itizar etm., af dilemek (for *-den)*; **aˈpol.o.gy** *n.* özür dileme, tarziye; savunma; make an ~ özür dilemek.

ap.o.plec.tic, ap.o.plec.ti.cal □ [æpəuˈplektik(əl)] inme veya felce ait; inmeli, mefluc; **ap.o.plex.y** [ˈ~-pleksi] *n.* inme, felç, nüzul.

a.pos.ta.sy [əˈpɔstəsi] *n.* irtidat, dininden dönme; parti değiştirme; inancından dönme; **aˈpos.tate** [~stit] **1.** *n.* dininden veya inancından dönmüş kimse; **2.** *adj.* din değiştiren; **aˈpos.ta.tize** [~stətaiz] *v/i.* ayrılmak (from *-den); irtidat* etm., dininden dönmek (from).

a.pos.tle [əˈpɔsl] *n.* havari; **ap.os.tol.ic, ap.os.tol.i.cal** □ [æpəsˈtɔlik(əl)] havariyuna veya papaya ait; yalnız İncil'e dayanan.

a.pos.tro.phe [əˈpɔstrəfi] *n. gr.* virgül, kesme işareti; *rhet.* hitabe, nutuk.

a.poth.e.car.y † [əˈpɔθikəri] *n.* eczacı.

a.poth.e.o.sis [əpɔθiˈəusis] *n.* ilâhlaştırma, tanrılaştırma, methüsena etme, ayyuka çıkarma.

ap.pal [əˈpɔːl] *v/t.* korkutmak, ürkütmek; **ap.pall.ing** □ korkunç, müthiş.

ap.pa.ra.tus [æpəˈreitəs] *n.* cihaz, makine, takım, aletler; ~ work jimnastik aletleri.

ap.par.el [əˈpærəl] **1.** *n.* elbise, üst baş, kıyafet; **2.** *v/t.* giydirmek.

ap.par.ent □ [əˈpærənt] açık, belli; görünüşte olan; kolay anlaşılır; kolay görülür; *s.* heir; **ap.pa.ri.tion** [æpəˈriʃən] *n.* hayalet; görünüş; olay.

ap.peal [əˈpiːl] **1.** vb. ⚖ daha yüksek mahkemeye müracaat etm., istinaf etm. (to *-e)*; önemle rica etm., yalvarmak (to s.o. for sth. *b-ne bş için)*; başvurmak (to *-e)*; beğenmek *-i*; *b-nin* hoşuna gitmek; *s.* country; **2.** *n.* baş vurma, müracaat (to *-e)*; yalvarma, israrla isteme; temyiz; davet, çağrı (to *-e)*; *fig.* ilân, beyanname; ~ for mercy af dilekçesi; **apˈpeal.er** *n.* başvuran; temyiz eden; **apˈpeal.ing** □ yalvaran; sevimli, cazip.

ap.pear [əˈpiə] *v/i.* görünmek, gözükmek, meydana çıkmak, belli olm.; mahkemeye çıkmak; var olm.; **apˈpear.ance** *n.* görünüş; gösteriş; dış görünüş; meydana çıkma, zuhur etme; olay; mahkemeye çıkma; keep up *veya* save ~s zevahiri kurtarmak, durumu idare etm.; make one's ~ ortaya *(veya* sahneye, meydana) çıkmak; alenen görünmek; put in an ~ ispatı vücut etm., görünüp gitmek; to *veya* by all ~s görünüşe göre.

ap.pease [əˈpiːz] *v/t.* yatıştırmak, teskin etm.; *(açlık vs.)* gidermek; *(dert)* azaltmak, hafifletmek; *(kavga, çarpışma vs.)* bastırmak; **apˈpease.ment** *n.* yatıştırma, teslim etme; *(politikada)* düşmana taviz vererek barışın sağlanabileceği düşüncesi.

ap.pel.lant [əˈpelənt] **1.** *adj.* istinaf yoluna giden, temyiz eden; **2.** *n.* istinaf yoluna giden taraf, temyiz eden kimse; **apˈpellate** [~lit] *adj.* dâvaların yeniden görülmesine ait olan; temyizle igili; ~ court temyiz mahkemesi; **ap.pel.la.tive** *gr.* [əˈpelətiv] **1.** *n.a.* ~ name cins ismi; ünvan; **2.** *adj.* cins ismine ait; tanımlayıcı.

ap.pel.lee [æpeˈliː] *n.* aleyhine temyiz veya istinaf yoluna başvurulan taraf.

ap.pend [əˈpend] *v/t.* eklemek, ilâve etm., katmak; **apˈpend.age** *n.* ilâve, katkı, ek; **ap.pen.dec.to.my** [~ˈdektəmi] *n.* apandis ameliyatı; **ap.pen.di.ci.tis** [~diˈsaitis] *n.* apandisit; **apˈpen.dix** [~diks] *n.pl.a.* **apˈpen.di.ces** [~disiːz] ek, zeyil; ⚕ apandis.

ap.per.tain [æpəˈtein] *v/i.* ait olm.; bağlı olm. (to *-e)*; *fig. b-ne* ait olm., *b-nin* olm.

ap.pe.tence, ap.pe.ten.cy [ˈæpitəns(i)] *n.* (for, after, of) iştiha, şiddetli arzu; insiyak; içgüdü.

ap.pe.tite [ˈæpitait] *n.* (for) iştah; arzu; istek; şehvet; *fig.* arzu.

ap.pe.tiz.er [ˈæpitaizə] *n.* iştah açan şey, çerez, aperatif; **ˈap.pe.tiz.ing** □ iştah açan.

ap.plaud [əˈplɔːd] *vb.* alkışlamak; takdir etm.

ap.plause [əˈplɔːz] *n.* alkış.

ap.ple [ˈæpl] *n.* elma; the ~ of s.o.'s eye *fig.* göz bebeği, favori, gözde; **ˈ~-cart** *n.* *(seyyar satıcının)* el arabası; upset s.o.'s ~ F bir işi bozmak, bir çuval inciri berbat etm.; **ˈ~.jack** *n. Am.* elma rakısı; **ˈ~-ˈpie** *n.* elma turtası; in ~ order çok düzenli; **ˈ~-pol.ish.er** *sl.* dalkavuk, yağcı; **ˈ~ˈsauce** *n.* elma püresi; *Am. sl.* zevzeklik, boş laf.

ap.pli.ance [əˈplaiəns] *n.* alet, cihaz.

ap.pli.ca.bil.i.ty [æplikəˈbiliti] *n.* uygulanabilme; **ˈap.pli.ca.ble** *adj.* uygun, münasip, uygulanabilir (to *-e*); **ˈap.pli.cant** *n.* istekli, başvuran kimse, aday (for *-e, için*); **ap.pliˈca.tion** *n.* uygulama, tatbik (of *bşin*); müracaat (to *-e*); dilekçe; ilâç, merhem; dikkat, özen; ~ form müracaat formu; make an ~ dilekçe vermek, başvurmak.

ap.ply [əˈplai] *v/t.* (to) yaklaştırmak; tatbik etm., uygulamak; üstüne koymak; atfetmek; tahsis etm., ayırmak *-e*; ~ o.s. to kendini bir işe vermek; *v/i.* müracaat etm., başvurmak (to, for *-e, için*); ~ for müracaat etm.; talep etm.; applied sciences *pl.* tatbikî tabii ilimler.

ap.point [əˈpɔint] *v/t.* tayin etm., atamak; görevlendirmek; kararlaştırmak, tayin etm.; donatmak; well ~ed iyi döşenmiş; **apˈpoint.ment** *n.* tayin, memuriyet, iş; randevu; ~s *pl.* donatım, teçhizat; by ~ sözleşme mucibince.

ap.por.tion [əˈpɔːʃən] *v/t.* paylaştırmak, taksim etm. (between, among, amongst ...*arasında*); **apˈpor.tion.ment** *n.* pay; paylaştırma.

ap.po.site □ [ˈæpəuzit] uygun, münasip (to *-e*); **ˈap.po.site.ness** *n.* uygunluk.

ap.po.si.tion [æpəuˈziʃən] *n. gr.* aynı şahıs veya şeyi açıklayan iki kelimenin bir cümlede yan yana konması.

ap.prais.al [əˈpreizəl] *n.* değer biçme, tahmin; **apˈpraise** *v/t.* değer biçmek, tahmin etm.; **apˈpraise.ment** *n.* değer biçme, tahmin; **apˈprais.er** *n.* değer biçen kimse, muhammin.

ap.pre.ci.a.ble □ [əˈpriːʃəbl] sezilebilir, tahmin edilebilir; değer biçilebilir; **apˈpre.ci.ate** [~ʃieit] *v/t.* kıymet takdir etm., paha biçmek; beğenmek, takdir ve teşekkür etm.; kıymetini anlamak *-in*; *v/i.* fiyatı yükselmek, değerlenmek; **ap-pre.ciˈa.tion** *n.* değerlendirme, kıymet bilme; ☨ değer artışı; eleştiri; **ap.pre.ci-a.tive** □ [əˈpriːʃjətiv], **apˈpre.ci.a.to.ry** takdir eden, kadirşinas; minnettar; be ~ of ....*den* anlamak ve zevk duymak.

ap.pre.hend [æpriˈhend] *v/t.* yakalamak, tutuklamak; anlamak; korkmak *-den*; **ap.pre.hen.si.ble** □ [~ˈhensəbl] anlaşılabilir, farkolunabilir; **ap.preˈhen.sion** *n.* tutuklama; anlama, anlayış, kavrayış; korku, endişe; zihin; **ap.preˈhen.sive** □ çabuk kavrayan; endişe eden, korkan (of *-den*).

ap.pren.tice [əˈprentis] **1.** *n.* çırak; stajyer; **2.** *v/t.* çırak olarak vermek; **apˈpren.tice.ship** *n.* çıraklık.

ap.prise [əˈpraiz] *v/t.* haber vermek, bilgi vermek (of *-den*).

ap.pro ☨ [ˈæprəu]: on ~ örnek olarak, muhayyer olarak.

ap.proach [əˈprəutʃ] **1.** *vb.* yaklaşmak, yanaşmak *-e*, yaklaştırmak, yakına getirmek; müracaat etm.; *fig.* yaklaşmak *-e*; **2.** *n.* yaklaşma, yanaşma; müracaat; giriş yolu; yaklaşım; make ~es to s.o. birine avans yapmak; **apˈproach.a.ble** *adj.* yaklaşılabilir, ulaşılabilir, varılması mümkün.

ap.pro.ba.tion [æprəuˈbeiʃən] *n.* beğenme; resmî müsaade, tasdik.

ap.pro.pri.ate **1.** [əˈprəuprieit] *v/t.* tahsis etm., ayırmak; almak, kendine mal etm. (for *için*); **2.** □ [~priit] uygun, münasip (for, to *için, -e*); **ap.pro.pri.a.tion** [~priˈeiʃən] *n.* ayırma, tahsis; ödenek, tahsisat; ♀ Committee *parl.* Bütçe Komisyonu.

ap.prov.a.ble [əˈpruːvəbl] *adj.* şayanı takdir, beğenilir; **apˈprov.al** *n.* tasvip, uygun görme, onama, resmî izin; on ~ örnek olarak, muhayyer olarak; **apˈprove** *vb. a.* ~ of beğenmek, uygun görmek, onaylamak, kabul etm.; **apˈproved** □ tasdikli, izinli, onaylı; ~ school islah evi; **apˈprov.er** *n.* ⚖ başkalarını suç ortaklığı ile suçlayan sanık; suç ortağı.

ap.prox.i.mate **1.** [əˈprɔksimeit] *vb.* yaklaşmak, yaklaştırmak; **2.** □ [~mit] yaklaşık olarak, takribi, yakın (to *-e*); **ap-prox.i.ma.tion** [~ˈmeiʃən] *n.* yaklaşma, yakın olma; tahmin; **ap.prox.i.ma.tive** □ [~mətiv] takribî, tahminî.

ap.pur.te.nance [əˈpəːtinəns] *n. mst* ~s *pl.* teferruat, müştemilât; ⚖ irtifak hakları.

a.pri.cot ⚘ [ˈeiprikɔt] *n.* kayısı, zerdali.

A.pril [ˈeiprəl] *n.* Nisan; make an ~ fool of s.o. 1 Nisan'da birisine muziplik yapmak.

a.pron [ˈeiprən] *n.* önlük, prostela; peştamal; ✈ hangarın önündeki beton saha; *thea.* sahnenin seyirciye doğru olan çıkıntılı kısmı; **ˈ~-string** *n.* önlük bağı; be tied to one's wife's (mother's) ~s aşırı derecede karısına (annesine) bağlı olm.

ap.ro.pos [ˈæprəpəu] *adj. & adv.* (of, to) yerinde olan, uygun, münasip; sırası gelmişken, bu münasebetle.

apt □ [æpt] uygun, elverişli, yerinde (*söz, fikir vs.*); zeki, anlayışlı (at *-de*); he is ~ to believe it ona inanmak eğiliminde; ~ to *bşe* mütemayil, taraflı; meyyal; **ap.ti.tude** [ˈ~titjuːd], **ˈapt.ness**

n. eğilim, temayül (to -*e*); yetenek, kabiliyet (for, to *için* -*e*).

aq.ua.lung [ˈækwəlʌŋ] *n.* su altında kullanılan oksijen tüpü.

aq.ua.ma.rine *min.* [ækwəməˈriːn] *n.* akvamaren, cama benzer mavimsi yeşil bir ziynet taşı; mavimsi yeşil.

aq.ua.plane [ˈækwəplein] *n.* su kayağı.

aq.ua.relle [ækwəˈrel] *n.* sulu boya resim.

a.quar.i.um [əˈkwɛəriəm] *n.* akvaryum.

a.quat.ic [əˈkwætik] **1.** *adj.* suda yapılan, su...; ~ sports *pl.* su sporları; **2.** *n.* suda yetişen veya yaşayan, sucul bitki.

aq.ue.duct [ˈækwidʌkt] *n.* su kemeri; **a.que.ous** □ [ˈeikwiəs] sulu, su gibi, su ile yapılan.

aq.ui.line [ˈækwilain] *adj.* kartal gibi; kartal gagası gibi kıvrık; ~ nose gaga burunlu.

Ar.ab [ˈærəb] *n.* Arap, Arabistanlı; Arap atı; street ♀ sokak çocuğu; **ar.a.besque** [~ˈbesk] **1.** *n.* arabesk, çiçekli ve yapraklı süsleme; **2.** *adj.* arabesk tarzında olan; **A.ra.bi.an** [əˈreibjən] **1.** *adj.* Arabistan'a ait; The ~ Nights Binbir Gece Masalları; **2.** *n.* Arap, Arabistanlı; **Ar.a.bic** [ærəbik] **1.** *adj.* Araplara, Arabistan'a ait; **2.** *n.* Arapça.

ar.a.ble [ˈærəbl] **1.** *adj.* sürülebilir, ziraate elverişli; **2.** *n.* *a.* ~ land ekilebilir toprak.

ar.bi.ter [ˈɑːbitə] *n.* hakem; söz sahibi; **ar.bi.trage** ⚕ [ɑːbiˈtrɑːʒ] *n.* arbitraj; **ˈar.bi.tral tri'bu.nal** hakem mahkemesi; *spor:* hakem komitesi. **arˈbit.ra.ment** *n.* hakem kararı; *(hakem sıfatıyla)* karar verme; **ˈar.bi.trar.i.ness** *n.* keyfî hareket; **ˈar.bi.trar.y** □ keyfî, ihtiyarî; **ar.bi.trate** [ˈ~treit] *vb.* *(hakem sıfatıyla)* karar vermek; *(hakemle)* halletmek; **ar.biˈtra.tion** *n.* hakem kararı; hakem kararıyla halletme, tahkim; ~ of exchange ⚕ döviz arbitrajı; **ˈar.bi.tra.tor** *n.* ⚖ hakem; **ˈar.bi.tress** *n.* kadın hakem; söz sahibi kadın.

ar.bor [ˈɑːbə] *n.* ⊕ mil, dingil; ♀ Day A.B.D.'de ağaç dikmeye ayrılan bir ilkbahar günü; **ar.bo.re.al** [ɑːˈbɔːriəl], **arˈbo.re.ous** *adj.* ağaç..., ağaçlı, ağaçlık; ağaç gibi; **arˈbo.res.cent** □ [ɑːbəˈresnt] ağaca benzeyen.

ar.bour [ˈɑːbə] *n.* çardak, gölgelik, kameriye.

ar.bu.tus ⚘ [ɑːˈbjuːtəs] *n.* kocayemiş.

arc *ast.*, ♈ *etc.* [ɑːk] *n.* (⚡ *ışık*-) kavis; kemer, ark, yay; **ar.cade** [ɑːˈkeid] *n.* bir sıra kemer; kemer altı, pasaj.

ar.ca.num [ɑːˈkeinəm] *pl.* **arˈca.na** [~nə] *n.* sır, muamma.

arch¹ [ɑːtʃ] **1.** *n.* *part.* ⩓ kemer, tak; ayak kemeri; ~ support düztabanlılara mahsus kundura tabanlığı; **2.** *vb.* kubbe, kemer gibi kabartmak; kabarmak, kubbelenmek.

arch² □ [~] (*kadın ve çocukların davranışları için*) şaklaban, soytarı; kurnaz, açıkgöz.

arch³ □ [~] birinci, ilk, baş; baş...

ar.chae.ol.o.gist [ɑːkiˈɔlədʒist] *n.* arkeolog; **ar.chae'ol.o.gy** *n.* arkeoloji.

ar.cha.ic [ɑːˈkeiik] *adj.* (~ally) eskiye ait, eski, kadim; artık kullanılmayan; **ˈar.cha.ism** *n.* artık kullanılmayan kelime veya deyim.

arch.an.gel [ˈɑːkeindʒəl] *n.* baş melek.

arch.bish.op [ˈɑːtʃˈbiʃəp] *n.* başpiskopos; **arch'bish.op.ric** [~rik] *n.* başpiskoposluk makamı veya bölgesi.

arch.dea.con [ˈɑːtʃˈdiːkən] *n.* başdiyakoz.

arch.duch.ess [ˈɑːtʃˈdʌtʃis] *n.* arşidüşes; **ˈarch'duch.y** *n.* arşidükün idaresi altındaki bölge; **ˈarch'duke** *n.* arşidük.

arch.er [ˈɑːtʃə] *n.* okçu; **ˈarch.er.y** *n.* okçuluk.

ar.che.type [ˈɑːkitaip] *n.* orijinal fikir veya örnek, ilk örnek.

arch-fiend [ˈɑːtʃˈfiːnd] *n.* baş şeytan, iblis.

ar.chi.e.pis.co.pal [ɑːkiiˈpiskəpəl] *adj.* başpiskoposluğa ait.

ar.chi.pel.a.go [ɑːkiˈpeligəu] *n.* takımadalar, arşipel; üzerinde çok sayıda küçük ada bulunan deniz.

ar.chi.tect [ˈɑːkitekt] *n.* mimar; yaratıcı, eser meydana getiren; **ar.chi.tec.ton.ic** [~ˈtɔnik] *adj.* (~ally) mimarlığa ait; **ar.chi.tec.tu.ral** [~tʃərəl] □ mimarî, mimarlığa ait; **ˈar.chi.tec.ture** *n.* mimarlık; inşaat, yapı.

ar.chives [ɑːkaivz] *n.* *pl.* arşiv.

arch.way [ˈɑːtʃwei] *n.* kemeraltı yolu, kemerli geçit.

arc-lamp [ˈɑːklæmp] *n.*, **ˈarc-light** *n.* ⚡ ark lâmbası.

arc.tic [ˈɑːktik] **1.** *adj.* arktik, Kuzey Kutbunda bulunan *(bölge)*; çok soğuk; the ♀ Kuzey Kutbu; ♀ Circle Kuzey Kutup dairesi; ♀ Ocean Kuzey Buz Denizi; **2.** *n.* *Am.* su geçirmez ve sıcak tutan pabuç, lastik, şoson.

ar.den.cy [ˈɑːdənsi] *n.* şevk; ateşlilik; içtenlik, samimiyet; **ˈar.dent** □ *mst fig.* ateşli, şevkli, heyecanlı; candan; ~ spirits *pl.* alkollü içkiler.

ar.do(u)r [ˈɑːdə] *n. fig.* ateşlilik, gayret, şevk.
ar.du.ous □ [ˈɑːdjuəs] zahmetli, güç.
are [ɑː] *s.* be.
a.re.a [ˈɛəriə] *n.* saha, alan, bölge; yüzölçümü; (*fikir, iş, çalışma*) alan; danger ~ tehlikeli bölge; prohibited ~ yasak bölge.
a.re.na [əˈriːnə] *n.* arena, oyun meydanı, anfiteatrın ortasındaki meydan; mücadele alanı (*a. fig.*).
aren't F [ɑːnt] = are not.
a.rête *mount.* [æˈreit] *n.* sırt; hattubalâ; tepeler hattı.
ar.gent [ˈɑːdʒənt] *adj.* gümüş renginde; gümüş.
Ar.gen.tine [ˈɑːdʒəntain] **1.** *adj.* Arjantinli; **2.** *n.* Arjantin; the ~ Arjantin.
ar.gil [ˈɑːdʒil] *n.* kil, balçık; **ar.gil.la.ceous** [~ˈleiʃəs] *adj.* killi, balçıklı.
ar.gon ⚗ [ˈɑːgɔn] *n.* argon.
ar.gu.a.ble [ˈɑːgjuəbl] □ tartışılabilir; **ar.gue** [ˈɑːgjuː] *vb.* münakaşa etm., tartışmak; ileri sürmek, ispat etm.; ~ s.o. into doing s.th. *b-ni bşi* yapmağa ikna etm.; ~ s.o. out of doing s. th. *b-ni bşi* yapmaktan caydırmak.
ar.gu.ment [ˈɑːgjumənt] *n.* tartışma, münakaşa; delil, fikir; özet; **ar.gu.men.ta.tion** [~menˈteiʃən] *n.* ispat; tartışma, münakaşa; **ar.gu.men.ta.tive** □ [~ˈmentətiv] tartışmacı, münakaşacı; delil nevinden.
a.ri.a ♪ [ˈɑːriə] *n.* arya, şan solosu.
ar.id [ˈærid] □ kurak, çorak; cansıkıcı (*a. fig.*); **aˈrid.i.ty** *n.* kuraklık, çoraklık.
a.right [əˈrait] *adv.* doğru olarak.
a.rise [əˈraiz] *irr. v/i.* kalkmak, çıkmak, doğmak (from *-den*); **a.ris.en** [əˈrizn] *p.p.* of arise.
ar.is.toc.ra.cy [ærisˈtɔkrəsi] *n.* aristokrasi (*a. fig*); **a.ris.to.crat** [ˈ~təkræt] *n.* aristokrat; **a.ris.toˈcrat.ic, a.ris.toˈcrat.i.cal** □ aristokrasiye ait; mümtaz, kibar.
a.rith.me.tic [əˈriθmətik] *n.* aritmetik, hesap; **ar.ith.met.i.cal** □ [æriθˈmetikəl] aritmetikle ilgili.
ark [ɑːk] *n.* tahta sandık; mavna; *Kutsal Kitap:* Noah's ~ Nuh'un gemisi; ≗ of the Covenant On Emir'in yazılı olduğu taşları havi sandık.
arm¹ [ɑːm] *n.* kol; pazu; dal; şube; koy, küçük körfez; güç, otorite; within ~'s reach elin yetişeceği uzaklıkta, yakın; keep s.o. at ~'s length *b-ni* yanına yaklaştırmamak, yüz vermemek; infant in ~s meme çocuğu, bebek.
arm² [~] **1.** *n. mst* ~s *pl.* silah; *mst* ~s *sg.* silahlı kuvvetlerin bir kolu; ~s *pl.* arma; *s.* coat; be (all) up in ~s ayaklanmak; öfkelenmek, ateş püskürmek, tepesi atmak; take up ~s silaha sarılmak; **2.** *vb.* silahlandırmak, donatmak; silahlanmak, silaha sarılmak.
ar.ma.da [ɑːmɑːdə] *n.* donanma; the (Invincible) ≗ İspanya tarafından 1588 de İngiltere'ye gönderilen ve İngilizere mağlûp olan donanma.
ar.ma.ment [ˈɑːməmənt] *n.* teçhizat *pl.*, silahlar; silahlandırma; *mst pl.* silahlı kuvvetler; naval ~ deniz kuvvetleri; ~ race silahlanma yarışı; **ar.ma.ture** [ˈ~tjuə] *n.* zırh; ⚓, *phys.* armatur, mıknatısın iki kutbu arasına yerleştirilen demir parçası, endüvi.
arm.chair [ˈɑːmˈtʃɛə] *n.* koltuk.
armed [ɑːmd] *adj.* silahlı; ~ forces *pl.* silahlı kuvvetler.
...-armed [ɑːmd] *adj.* ...kollu.
Ar.me.ni.an [ɑːˈmiːnjən] *adj.* & *n.* Ermeni; Ermenice.
arm.ful [ˈɑːmful] *n.* kucak dolusu.
ar.mi.stice [ˈɑːmistis] *n.* mütareke, ateşkes (*a. fig.*).
arm.let [ˈɑːmlit] *n.* pazıbent; haliç, koy.
ar.mo.ri.al [ɑːˈmɔːriəl] *adj.* armaya ait.
ar.mo(u)r [ˈɑːmə] **1.** *n.* ✕ silah, (*a. fig., zo.*) zırh; dalgıç takımı; ✕ *coll.* zırhlı vasıta; **2.** *vb.* zırh kaplamak, zırhlamak; ~ed car zırhlı otomobil; ~ed division zırhlı tümen; ~ed turret zırhlı taret; ˈ~-clad, ˈ~-plat.ed *adj.* zırhlı; zırhlı...; ˈ**ar.mour.er** *n.* zırhçı, silahçı; ✕, ⚓ tüfekçi ustası; ˈ**ar.mo(u)r.y** *n.* silah deposu (*a. fig.*); *Am.* silah fabrikası.
arm.pit [ˈɑːmpit] *n.* koltuk altı; ˈ**arm-rest** *n.* kol dayanacak yer.
ar.my [ˈɑːmi] *n.* kara ordusu; *fig.* ordu, kalabalık, sürü; ~ chaplain ordu papazı (*veya* imamı); *s.* service; ˈ~-corps *n.* kolordu; ˈ~-list *n.* ✕ ordu subay listesi.
a.ro.ma [əˈrəumə] *n.* güzel koku, rayiha, aroma; **ar.o.mat.ic** [ærəuˈmætik] □ (~ally) güzel kokulu, rayihalı.
a.rose [əˈrəuz] *pret.* of arise.
a.round [əˈraund] **1.** *adv.* -*in* etrafın(d)a, yakında, civarda; civarında, sularında; *Am.* F buralarda; **2.** *prp.* etrafın(d)a; civarında; dört bir yanın(d)a; orada burada, oraya buraya.
a.rouse [əˈrauz] *v/t.* uyandırmak, canlandırmak; *fig. b-ni* harekete geçirmek; tahrik, teşvik etm.
ar.rack [ˈærək] *n.* rakı.
ar.raign [əˈrein] *v/t.* suçlamak, itham etm., mahkemeye vermek; *fig.* azarla-

mak, paylamak; **ar'raign.ment** *n.* sanığın sorguya çekilmesi, iddianamenin tefhimi ve sorguya çekme muameleleri.

ar.range [əˈreindʒ] *v/t.* tanzim etm., düzenlemek; *part.* ♪ aranjman yapmak: *(gün)* kararlaştırmak; *(anlaşmazlık)* arabuluculuk etm., bertaraf etm., bitirmek; hazırlamak; *v/i.* gerekli hazırlıkları yapmak (for *için*); **arˈrange.ment** *n.* düzenleme, tanzim; düzen, sıra; hazırlık; anlaşma; düzenlenmiş şey; ♪ aranjman; make one's ~s tertibatta bulunmak.

ar.rant □ [ˈærənt] tamamen, son derece; çok kötü.

ar.ray [əˈrei] **1.** *n.* saf, sıra, düzen; ordu; teşhir; gösterişli kıyafet; **2.** *v/t.* sıraya koymak, düzenlemek; giydirmek, süslemek.

ar.rear [əˈriə] *n.* sürümcemede bırakılan *(iş vs.)*; ödenmemiş *(borç vs.)*; ~s of rent ödenmemiş kira borcu; be in ~s borcu vaktinde ödeyememek; **arˈrear.age** *n.* vaktinde ödenmemiş borcun bakiyesi.

ar.rest [əˈrest] **1.** *n.* tutuklama, tevkif; durdurma; under ~ tutuklu; **2.** *v/t.* tutuklamak, tevkif etm.; durdurmak; çekmek, celbetmek *(dikkat)*.

ar.riv.al [əˈraivəl] *n.* geliş, varış; gelen kimse; a new ~ yeni gelen; **ar'rive** *v/i.* varmak, vâsıl olm. (at *-e*), yetişmek; başarmak.

ar.ro.gance [ˈærəugəns] *n.* kibir, gurur; küstahlık, kendini bilmezlik; **ˈar.ro.gant** □ kibirli, mağrur; küstah; **ar.ro.gate** [ˈ~geit] *v/t.* mst ~ to o.s. *(haksız yere)* benimsemek, kendine maletmek, iddia etm.; ~ s.th. to s.o. *bşi b-ne* maletmek.

ar.row [ˈærəu] *n.* ok; **ˈ~-head** *n.* ok başı, temren; **ˈ~.root** *n.* ⚘ ararot.

arse *sl.* [ɑːs] *n.* göt, makat, kıç.

ar.se.nal [ˈɑːsinl] *n.* silah ve mühimmat deposu, tophane; tersane.

ar.se.nic [ˈɑːsnik] *n.* arsenik, sıçanotu; **ar.sen.i.cal** [ɑːˈsenikəl] *adj.* arseniğe ait, arsenikli.

ar.son ⚖ [ˈɑːsn] *n.* kundakçılık, kasten yangın çıkarma.

art[1] [ɑːt] *n.* sanat, hüner, marifet, maharet, ustalık; ilim dalı; ~s *pl.* ilimler; Master of ≗s *(abbr.* **M.A.**) edebiyat fakültesi diploması ile doktora arasında bir derece; fine ~s *pl.* güzel sanatlar; Liberal ~s edebiyat ve beşerî ilimler; ~s and crafts el işleri; Faculty of ≗s Edebiyat Fakültesi.

art[2] † [~] sen(sin).

ar.te.ri.al [ɑːˈtiəriəl] *adj.* atardamara ait; atardamara benzer; temiz kanla ilgili; ~ road anayol; **ar.te.ri.o.scle.ro.sis** ⚕ [ɑːˈtiəriəuskliəˈrəusis] *n.* damar sertliği, arteriyoskleroz; **ar.ter.y** [ˈɑːtəri] *n.* atardamar, arter; *fig.* büyük cadde, anayol.

ar.te.sian well [ɑːˈtiːzjənˈwel] *n.* artezyen kuyusu.

art.ful □ [ˈɑːtful] kurnaz; ustalıklı, maharet isteyen.

art gal.ler.y [ˈɑːtˈgæləri] sanat galerisi.

ar.thrit.ic ⚕ [ɑːˈθritik] *adj.* mafsala ait, mafsal iltihabına ait; **ar.thri.tis** [ɑːˈθraitis] *n.* mafsal iltihabı.

ar.ti.choke ⚘ [ˈɑːtitʃəuk] *n.* enginar.

ar.ti.cle [ˈɑːtikl] **1.** *n.* makale; madde, fıkra, fasıl; nesne, madde; *gr.* tanım edatı; ~s of apprenticeship usta ile çırak arasında anlaşma; ~s of association şirket mukavelenamesi, statüsü; **2.** *v/t.* *b-ni* mukavele ile başkasının yanına vermek *(tatbikî eğitim için)*; maddeler halinde düzenlemek; ~ed clerk staj gören kâtip.

ar.tic.u.late 1. [ɑːˈtikjuleit] *vb.* eklem ile birleştirmek; eklem oluşturmak; ifade etm., açıkça söylemek, dikkatle telâffuz etm.; 2. □ [~lit] açık, seçkin; düşünce ve hislerini rahatça anlatan; mafsallı, eklemli; **arˈtic.u.lat.ed** [~leitid] *adj.* mafsallı; **ar.tic.uˈla.tion** *n.* ses teşkili; telâffuz; mafsal, eklem; bitiştirme.

ar.ti.fact [ˈɑːtifækt] *n.* insan eliyle yapılan faydalı şey.

ar.ti.fice [ˈɑːtifis] *n.* hile, oyun, kurnazlık; ustalık, marifet; **arˈtif.i.cer** *n.* usta işçi, sanatkâr; eser sahibi; askerî teknisyeni; **ar.ti.fi.cial** □ [~ˈfiʃəl] yapma, sunî; taklit; sahte, yapmacık; ~ silk sunî ipek; ~ insemination sunî ilkah; ~ person ⚖ hükmî şahıs, tüzel kişi.

ar.til.ler.y [ɑːˈtiləri] *n.* toplar, ağır silahlar; topçuluk; topçu *(sınıfı)*; **arˈtil.ler.y-man** [~mən] *n.* topçu eri.

ar.ti.san [ɑːtiˈzæn] *n.* zanaatçı, endüstri işçisi.

art.ist [ˈɑːtist] *n.* sanatkâr, *part.* ressam; sahne sanatçısı; *sl.* düzenbaz, numaracı kimse; **ar.tiste** [ɑːˈtiːst] *n.* *(profesyonel)* şarkıcı, oyuncu, dansöz; **ar.tis.tic, ar.tis.ti.cal** □ [ɑːˈtistik(əl)] artistik, sanat yönü olan, sanatkârane, güzel sanatlara ait.

art.less □ [ˈɑːtlis] sade, saf, hilesiz; işlenmemiş, doğal; kaba; **ˈart.less.ness** *n.* saflık, hilesiz oluş.

art.y [ˈɑːti] *adj.* sanatkârane, gösterişli.

Ar.y.an [ˈɛəriən] **1.** *adj.* Aryen, Hint-Avrupa grubuna veya diline ait; **2.** *n.* Arî, Hint-Avrupalı.

as [æz, əz] *adv.* & *cj.* gibi, kadar; iken; *-diği* gibi; *-den* dolayı; *-mekle* beraber; çünkü, mademki, nitekim; ~ a rule genellikle; ~ if, ~ though sanki, güya; ~ for, ~ to *-e* gelince, *-e* sorarsanız, hakkında; so ~ to go gitmek için; ~ good ~ hemen hemen; gerçekten; be ~ good ~ one's word dediğini yapmak, sözünü tutmak; ~ long ~ mademki, ... olması şartıyle, ...dikçe, ...dıkça; olduğu sürece; I thought ~ much zaten bunu bekliyordum; ~ from *-den* başlıyarak, itibaren; ~ per *-e* göre, nazaran; ~ yet şimdiye kadar; ~ it were âdeta; sanki, güya; ~ well de, da, dahi, bile; ~ well ~ gibi, kadar, *-e* ilâveten.

as.bes.tos [æz'bestəs] *n.* amyant, asbest.

as.cend [ə'send] *vb.* çıkmak, yukarı çıkmak, yükselmek, tırmanmak *-e*; (*nehir*) akıntıya karşı gitmek; (*taht*) çıkmak *-a*; **as'cend.an.cy** *n.* (over) üstünlük; nüfuz; **as'cend.ant** **1.** *adj.* yükselen; üstün, hâkim (over *-e*); **2.** *n.* = ascendancy; üstünlük; nüfuz, itibar; cet, dede; be in the ~ *fig.* itibarı artmak, yükselmek; **as'cend.en.cy, as'cend.ent** = ascendancy, ascendant.

as.cen.sion [ə'senʃən] *n.* yükselme, yukarı çıkış (*part. ast.*); ♀ (Day) Urucu İsa, İsa'nın göğe çıkışı (*günü*).

as.cent [ə'sent] *n.* çıkış, tırmanma; yokuş, bayır.

as.cer.tain [æsə'tein] *v/t.* soruşturmak, öğrenmek, gerçeği bulmak; **as.cer'tain.a.ble** □ soruşturulabilir, anlaşılabilir; **as-cer'tain.ment** *n.* soruşturma, anlama.

as.cet.ic [ə'setik] **1.** □ (~ally) zahit, münzevi, dünyevi zevklerden el çekmiş; **2.** *n.* din uğruna dünyevi zevklerden el çekmiş kimse, sofu kimse, derviş; **as'cet.i-cism** [~tisizəm] *n.* aşırı sofuluk, zahitlik; gösterişten uzak bir hayat sürme.

as.cor.bic ac.id [əs'kɔ:bik'æsid] *n.* C vitamini

as.crib.a.ble [əs'kraibəbl] *adj.* atfolunabilir, yüklenebilir (to *-e*); **as'cribe** *v/t.* (to) atfetmek, hamletmek, yüklemek *-e*.

a.sep.tic ⚕ [æ'septik] *adj.* aseptik, mikropsuz.

ash[1] [æʃ] *n.* ⚘ dişbudak ağacı; dişbudak kerestesi.

ash[2] [~] *mst* **ash.es** ['~ʃiz] *n. pl.* kül; Ash Wednesday Paskalyadan evvelki perhizin ilk Çarşambası.

a.shamed [ə'ʃeimd] □ mahcup, utanmış; be *veya* feel ~ of utanmak *-den.*

ash-bin ['æʃbin], *Am.* **ash-can** ['æʃkæn] *n.* çöp tenekesi.

ash.en[1] ['æʃn] *adj.* dişbudaktan yapılmış.

ash.en[2] [~] *adj.* kül gibi ;kül renginde, soluk renkli.

a.shore [ə'ʃɔ:] *adv.* karada, karaya, sahil(d)e; run ~, be driven ~ karaya oturmak.

ash...: '**~-pan** *n.* ocak küllüğü; '**~-tray** *n.* kül tablası.

ash...: '**~-tree** *n.* ⚘ dişbudak ağacı; '**~-wood** *n.* dişbudak kerestesi.

ash.y ['æʃi] *adj.* küllü, külle kaplı; kül rengi.

A.si.at.ic [eiʃi'ætik] **1.** *adj.* Asya kıtasına veya halkına ait; **2.** *n.* Asyalı.

a.side [ə'said] *adv.* bir tarafa, yana, kendi kendine, başka (from *-den*); **2.** *n.* *thea.* bir oyuncunun sahnede seyirciye alçak sesle söylediği sözler.

as.i.nine ['æsinain] *adj.* eşekçe, eşeğe ait; aptal.

ask [ɑ:sk] *v/t.* & *v/i.* sormak *-e*; davet etm., teklif etm.; istemek; rica etm. *-den*; ~ for aramak, sormak *-i*; talep etm., istemek *-i*; ~ the price *b-şin* fiyatını sormak; ~ (s.o.) a question (*b-ne*) bir soru sormak; ~ (him) his name *b-ne* ismini sormak; ~ s.th. of s.o. birisinden *bş* talep etm.; you are ~ing too much çok şey istiyorsun; ~ s.o. for help (*b-den*) yardım istemek; ~ s.o. to come *b-ni* davet etm.; ~ s.o. to dinner *b-ni* yemeğe davet etm.; ~ s.o. in *b-ni* eve (*içeriye*) davet etm.; he ~ed for it *veya* for trouble çanak tuttu, kendi istedi; to be had for the ~ing istemeniz kâfidir, parasız verilir.

a.skance [əs'kæns], **a'skant, as.kew** [əs'kju:] *adv.* yan, yan tarafa, göz ucuyla; beğenmeyerek.

a.slant [ə'slɑ:nt] **1.** *adj.* & *adv.* bir yana doğru, eğri, meyilli; **2.** *prp.* üzerinden meyilli olarak.

a.sleep [ə'sli:p] **1.** *adj.* uykuda, uyumuş; uyuşmuş (*uzuv, organ*); **2.** *adv.* uyurken; be ~ uyumak, uykuda olm.; fall ~ uykuya dalmak; sound ~ derin uykuda.

asp[1] *zo.* [æsp] *n.* engerek yılanı.

asp[2] ⚘ [~] *n.* telli (*a. titrek*) kavak.

as.par.a.gus ⚘ [əs'pærəgəs] *n.* kuşkonmaz.

as.pect ['æspekt] *n.* görüş, bakış; görünüş; yüz, çehre; safha, durum, hal (*a. gr.*); the house has a southern ~ ev güneye bakıyor.

as.pen ['æspən] *n.* telli (*a. titrek*) kavak.

as.per.gill, as.per.gil.lum *eccl.* ['æspədʒil, ~'dʒiləm] *n.* Katoliklerin (*kilisede*) kut-

sal su serpmek için kullandıkları küçük fırça.
as.per.i.ty [æsˈperiti] *n.* kabalık, şiddet; pürüz, sertlik *(a. fig.)*; zorluk, güçlük.
as.perse [əsˈpəːs] *v/t.* serpmek, atmak; *fig.* lekelemek, çamur atmak, iftira etm.; **as.per.sion** *n.* serpme; *fig.* iftira, leke.
as.phalt [ˈæsfælt] **1.** *n.* asfalt; **2.** *vb.* asfaltlamak.
as.pho.del ⚘ [ˈæsfədel] *n.* çirişotu.
as.phyx.i.a [æsˈfiksiə] *n.* asfeksi, boğulma *(havagazı vs. ile)*; **asˈphyx.i.ate** [⁓eit] *vb.* boğ(ul)mak; **as.phyx.iˈa.tion** *n.* boğ(ul)ma.
as.pic [ˈæspik] *n.* dondurulmuş *(veya* jelâtinli) et.
as.pi.dis.tra ⚘ [æspiˈdistrə] *n.* aspidistra, yaprakları yeşil benekli bir salon bitkisi.
as.pir.ant [əsˈpaiərənt] *n.* tâlip, namzet, istekli (to, after, for *-e*); ⁓ officer subay adayı; **as.pi.rate** [ˈæspərit] **1.** *gr. adj.* «h» sesiyle telâffuz edilen; **2.** *gr. n.* «h» sesi, «h» harfi; «h» gibi ses çıkarma; **3.** [ˈ⁓reit] *vb. gr.* «h» sesiyle telâffuz etm.; ⊕, ⚕ emmek, içine çekmek; **as.piˈra.tion** *n.* arzu, istek; önemli ve büyük bir işi gaye edinme; «h» harfinin telâffuzu; ⊕, ⚕ emme, içine çekme; **asˈpire** [əsˈpaiə] *vb.* şiddetle arzu etm., elde etmeğe çalışmak (after *veya* to *-i*).
as.pi.rin *pharm.* [ˈæspərin] *n.* aspirin.
as.pir.ing ☐ [əsˈpaiəriŋ] gözü ileride olan, bir gayesi olan.
ass [æs] *n.* eşek; make an ⁓ of o.s. aptalca davranmak, aptallık etm..
as.sail [əˈseil] *v/t.* saldırmak, hücum etm. *-e (a. fig)*; *fig.* tecavüz etm., dil uzatmak (with *ile*); işe girişmek; **asˈsail.a.ble** *adj.* tecavüz edilebilir; **asˈsail.ant, asˈsail.er** *n.* saldıran kimse, mütecaviz kimse.
as.sas.sin [əˈsæsin] *n.* katil; **asˈsas.si.nate** [⁓neit] *v/t. (sinsice)* adam öldürmek; **as.sas.siˈna.tion** *n.* suikast, adam öldürme.
as.sault [əˈsɔːlt] **1.** *n.* saldırı, taarruz, hücum, hamle *(a. fig.* on, upon *-e)*; ⚔ hücum; ⚖ şahsa karşı fiili tecavüz, müessir fiil yapmağa teşebbüs; *s.* battery, indecent; **2.** *v/t.* saldırmak, hücum etm., tecavüz etm. *-e*; ⚖ müessir fiile teşebbüs etm.; ⚔ hücum etm, saldırmak *(a. fig.)*.
as.say [əˈsei] **1.** *n.* deneme, tecrübe; tahlil; ayar için alınan madde; **2.** *v/t.* tahlil etm., analiz yapmak; denemek; *v/i. Am.* kıymetli maden ihtiva etm..
as.sem.blage [əˈsemblidʒ] *n.* toplantı; kalabalık; bir araya topla(n)ma; ⊕ montaj; **asˈsem.ble** *vb.* topla(n)mak, birleş(tir)mek; bir araya gelmek *(veya* getirmek); ⊕ takmak, kurmak, monte etm.; **asˈsem.bly** *n.* toplantı, kongre, meclis; ⊕ montaj; ⁓ shop montaj atelyesi; ⁓ hall konferans salonu; montaj atelyesi; ⁓ line sürekli iş bandı; ⁓ man *pol.* meclis üyesi.
as.sent [əˈsent] **1.** *n.* rıza, muvafakat, onay; **2.** *v/i.* razı olm., muvafakat etm. *-e*.
as.sert [əˈsəːt] *v/t.* ileri sürmek, iddia etm.; ısrar etm.; ⁓ o.s. kendini göstermek, otoritesini kabul ettirmek; **asˈser.tion** *n.* öne sürme, iddia, teyit; **asˈser.tive** ☐ iddiacı; kendine fazla güvenir; **asˈser.tor** *n.* iddiacı kimse.
as.sess [əˈses] *v/t. (vergi vs. için)* mülk değerini veya gelir miktarını hesaplamak, tayin *(takdir)* etm., tarh etm., bağlamak (at *-e*); **asˈsess.a.ble** ☐ vergi tayini için değeri takdir olunabilen, takdiri kabil *(vergi)*; **asˈsess.ment** *n.* vergi takdiri; vergi matrahı; tahakkuk; **asˈses.sor** *n.* vergi tahakkuk memuru; yalnız istişari oya sahip olan mahkeme üyesi; muhammin.
as.set [ˈæset] *n.* † aktif; fayda temin eden şey; kâr; ⁓s *pl.* aktifler, mevcudat, değer; bir şahıs veya şirketin sahip olduğu menkul ve gayrimenkuller ile alacak haklarının tümü.
as.sev.er.ate [əˈsevəreit] *v/t.* tekrar tekrar beyan ve iddia etm.; **as.sev.erˈa.tion** *n.* iddia, beyan.
as.si.du.i.ty [æsiˈdjuːiti] *n.* çalışkanlık, gayret, sebat; **as.sid.u.ous** ☐ [əˈsidjuəs] çalışkan, gayretli, sebatkâr.
as.sign [əˈsain] *v/t.* ayırmak, tahsis etm. (to *-e*); tayin etm., atamak (to *-e*); ⚖ alacağını temlik etm. veya devretmek; üstüne çevirmek, ferağ etm.; **asˈsign.a.ble** ☐ tayini mümkün, tahsisi mümkün; devredilebilen, temlik edilebilen; **as.sigˈna.tion** [æsigˈneiʃən] *n.* randevu *(esp. gizli ve sevgili ile)*; *s.* assignment; **as.sign.ee** [æsiˈniː] *n.* devralan, temellük eden; ⚖ yedi adil, yediemin; ⁓ in bankruptcy müflisin malı üzerine hâkim tarafından tayin olunan vekil; **as.sign.ment** [əˈsainmənt] *n.* tayin, atama; *part. Am.* vazife, ödev, görev; ⚖ devir ve temlik; **as.sign.or** [æsiˈnɔː] *n.* ⚖ bir menkul veya gayrımenkulü yahut bir hak veya menfaati başkasına devreden kimse.
as.sim.i.late [əˈsimileit] *v/t.* (to, into, with) benzetmek, uydurmak *-e*; bağdaştırmak

-*le*; *bşi* özümsemek, hazmetmek, emmek; **as.sim.i'la.tion** *n.* benzeyiş, benzeşme; özümseme, hazım, emme.

as.sist [ə'sist] *v/t.* yardım etm. *-e*, desteklemek; *v/i.* hazır bulunmak (at *-de*); **as'sist.ance** *n.* yardım, müzaheret, iane; **as'sist.ant** *n.* yardımcı, muavin, asistan.

as.size ⚖ [ə'saiz] *n.* bir hakim ve jüri tarafından muhakeme; bu kurulda alınan karar; ~s *pl.* geçici mahkeme *(İngiltere'de).*

as.so.ci.a.ble [ə'səuʃjəbl] *adj.* birleş(tiril)ebilir; uyum sağlıyabilir; bağlantısı olabilen (with *ile*); **as'so.ci.ate** **1.** [~ʃieit] *vb.* birleştirmek, ortak etm., arkadaş etm. *-i*; arkadaşlık etm., ortaklık kurmak (with *ile*); ortak olm. (with *-e*), katılmak *-e*; yakıştırmak, aralarında ilişki kurmak; **2.** [~ʃiit] *n.* arkadaş, dost; üye; ✝ ortak, şerik, hissedar; **3.** [~ʃiit] *adj.* tam yetki sahibi olmayan, yardımcı; tam üyelik haklarından yararlanamayan; ortak olan; **as.so.ci.a.tion** [~si'eiʃən] *n.* kurul, kurum, cemiyet; birleşme, ortaklık, arkadaşlık, birlik; şirket; tedai, çağrışım; ~ football futbol.

as.so.nance ['æsəunəns] *n.* ses benzeyişi; yarım kafiye.

as.sort [ə'sɔ:t] *v/t.* tasnif etm., sınıflandırmak; ✝ mal çeşidi uydurmak; *v/i.* (with) uymak, uygun olm., yakışmak *-e*; ~ed *adj.* çeşitli; **as'sort.ment** *n.* tasnif, sınıflandırma; ✝ çeşit, mal çeşidi.

as.suage [ə'sweidʒ] *v/t.* yumuşatmak, yatıştırmak, hafifletmek, teskin etm.; *(açlık vs.)* gidermek.

as.sume [ə'sju:m] *v/t.* *(bir iş veya görevi)* üzerine almak; gerçekmiş gibi kabul etm., farzetmek; *(sahip olmadığı bşi)* var gibi göstermek; **as'sum.ing** □ azametli, kibirli, küstah; **as.sump.tion** [ə'sʌmpʃən] *n.* farz, zan; tavır, poz; üstüne alma; kibir, azamet, kendini satma; ♀ (Day) Urucu Meryem, Meryem'in göğe kabulü yortusu; on the ~ that beanşart ki; **as'sump.tive** □ farzolunan, zannedilen; kibirli.

as.sur.ance [ə'ʃuərəns] *n.* temin; güven, itimat; söz, teminat; inanç; kendine güvenme; pişkinlik, yüzsüzlük; *(part. hayat)* sigorta; **as'sure** *v/t.* temin etm.; söz vermek *-e*; sigorta etm. *-i*; ~ o.s. *bşden* emin olm.; **as'sured** **1.** *adj.* *(adv.* **as'sur.ed.ly** [~ridli]) emin, şayanı itimat; müemmen, sağlanmış; *k-den* emin olan; *b.s.* pişkin, küstah, **2.** *n.* sigortalı kimse; **as'sur.er** [~rə] *n.* sigortalı; *a.* = **as'sur.or** [~rə] *n.* sigorta eden, sigortacı.

As.syr.i.an [ə'siriən] **1.** *adj.* Asurca; **2.** *n.* Asurî.

as.ter ⚘ ['æstə] *n.* yıldız çiçeği; **as.ter.isk** *typ.* ['~risk] *n.* yıldız işareti.

a.stern ⚓ [ə'stə:n] *adv.* geriye, arkaya, arkada, kıç tarafında, kıçında; fall ~ (of) bir geminin gerisinde kalmak.

as.ter.oid *ast.* ['æstərɔid] *n.* küçük gezegen, asteroid.

asth.ma ['æsmə] *n.* nefes darlığı, astma; **asth.mat.ic** [~'mætik] **1.** *a.* **asth'mat.i.cal** □ astma ile ilgili, astmalı; **2.** *n.* astmalı kimse.

as.tig.mat.ic *opt.* [æstig'mætik] *adj.* (~ally) astigmatik; **a'stig.ma.tism** [~mətizəm] *n.* astigmatizm.

a.stir [ə'stə:] *adj.* harekette, faaliyette; heyecanlı.

as.ton.ish [əs'tɔniʃ] *v/t.* şaşırtmak, hayrete düşürmek; be ~ed şaşmak, hayret etm. (at *-e*); **as'ton.ish.ing** □ şaşırtıcı, hayret verici; **as'ton.ish.ment** *n.* şaşkınlık, hayret.

as.tound [əstaund] *v/t.* hayretten dondurmak; son derece şaşırtmak.

as.tra.khan [æstrə'kæn] *n.* astragan, yeni doğmuş kuzu postu.

a.stray [əs'trei] *adj.* & *adv.* yolunu şaşırmış, doğru yoldan çıkmış, sapıtmış *(a. fig.)*; go ~ yolunu şaşırmak; yanlış yola sapmak *(a. fig).*

a.stride [əs'traid] *adv.* bacakları ayrılmış, ata biner gibi.

as.trin.gent □ ⚕ [əs'trindʒənt] kanı durduran *(ilaç)*; kabız, sıkıştırıcı, büzücü.

as.tro.dome ✈ ['æstrədəum] *n.* uçağın üst kısmında astronomik gözlem için kullanılan pencere.

as.trol.o.ger [əs'trɔlədʒə] *n.* müneccim, astrolog; **as.tro.log.i.cal** □ [æstrə'lɔdʒikəl] astrolojiye ait; **as.trol.o.gy** [əs'trɔlədʒi] *n.* müneccimlik, astroloji.

as.tro.naut ['æstrəunɔ:t] *n.* astronot.

as.tro.nau.tics ['æstrəu'nɔ:tiks] *n.* uzay araçları yapım ve işletme ilmi.

as.tron.o.mer [əs'trɔnəmə] *n.* astronom; **as.tro.nom.i.cal** □ [æstrə'nɔmikəl] **1.** astronomi ile ilgili; **2.** çok fazla, aşırı, astronomik; **as'tron.o.my** [əs'trɔnəmi] *n.* astronomi, yıldızlar ilmi; **as.tro.phys.ics** [æstrəu'fiziks] *n.* yıldızların ışığını inceleyen ve fizik yapılarını araştıran bilim kolu, gökfiziği, astrofizik.

as.tute □ [əs'tju:t] keskin zekâlı, cin fikirli; **as.tute.ness** *n.* kurnazlık, cin fikirlilik.

a.sun.der [ə'sʌndə] *adv.* ayrı, ayrılmış, parçalara ayrılmış.

a.sy.lum [əˈsailəm] *n.* melce, sığınacak (*veya* barınacak) yer; himaye, koruma; (lunatic) ~ tımarhane.

a.sym.me.try [æˈsimitri] *n.* oransızlık, simetrik olmama.

at [æt; ət] *prp.* -da, -de; -a, -e; *-in* üstün (d)e; yanın(d)a; halinde, üzere; ~ the door kapıda; ~ my expense masraflar bana ait olmak üzere, benim hesabıma; run ~ s.o. saldırmak *-e*; ~ daybreak şafakta; ~ table sofrada; ~ a low price düşük fiyatla; ~ peace sulhta, barışta; ~ the age of yaşında; ~ one blow bir vuruşta; ~ five o'clock saat beşte; ~ Christmas Noel'de.

at.a.vism *biol.* [ˈætəvizəm] *n.* atavizm, atacılık, atalara çekiş.

a.tax.y. ⚕ [əˈtæksi] *n.* beden faaliyetlerinde düzensizlik.

ate [et] *pret.* of eat 1.

a.the.ism [ˈeiθiizəm] *n.* ateizm, tanrıtanımazlık; **ˈa.the.ist** *n.* ateist, tanrıyı inkâr eden kimse; **a.theˈis.tic, a.theˈis.ti.cal** □ tanrıyı tanımayan, allahsız.

A.the.ni.an [əˈθiːnjən] **1.** *adj.* Atina'ya ait, Atinalı; **2.** *n.* Atinalı.

a.thirst [əˈθəːst] *adj.* istekli, susamış, teşne (for *-e*).

ath.lete [ˈæθliːt] *n.* atlet, sporcu; ~'s foot ⚕ mantar; **ath.let.ic** [æθˈletik], **athˈlet.i.cal** □ atletik; kuvvetli; **athˈlet.ics** *n. pl.* atletizm.

at-home [ətˈhəum] *n.* küçük ve samimi ev toplantısı, kabul.

a.thwart [əˈθwɔːt] **1.** *prp.* bir yandan karşı yana; karşı, zıt; **2.** *adv.* aykırı, karşı; çapraz, ⚓ alabandadan alabandaya.

a-tilt [əˈtilt] *adj.* & *adv.* eğilmiş, çarpık, yana oturmuş.

At.lan.tic [ətˈlæntik] **1.** *adj.* Atlas Okyanusu ile ilgili; **2.** *n. a.* ~ Ocean Atlas Okyanusu.

at.las [ˈætləs] *n.* atlas (*kitap*).

at.mos.phere [ˈætməsfiə] *n.* havaküre, atmosfer; *fig.* hava, muhit, çevre; **at.mos.pher.ic, at.mos.pher.i.cal** □ [~ˈferik(əl)] havaya ait, atmosferik; **at.mosˈpher.ics** *n. pl.* (*radyoda*) parazit.

at.oll *geogr.* [ˈætɔl] *n.* atol, mercanada.

at.om ⚗, *phys.* [ˈætəm] *n.* atom, zerre (*a. fig.*); ~ bomb atom bombası; **a.tom.ic.** [əˈtɔmik] *adj.* atomla ilgili, atom...; ~ age atom çağı; ~ bomb atom bombası; ~ energy nükleer enerji; ~ nucleus atom çekirdeği; ~ number atomal sayı; ~ pile atom reaktörü; ~ power atom enerjisi; ~ research atom araştırması; ~ weight atomal ağırlık; **aˈtom.ic-powered** *adj.* atom enerjisiyle işleyen; **at.om.ize** [ˈætəumaiz] *v/t.* atomlara ayırmak; (*sıvı*) püskürtmek; **ˈat.om.iz.er** *n.* pülvarizatör, püskürgeç; **at.o.my** [ˈætəmi] *n. part. fig.* iskelet.

a.tone [əˈtəun] *v/i.*: ~ for *bşi* telâfi etm., *bş* için tarziye vermek, gönül onarımında bulunmak; **aˈtone.ment** *n.* tarziye, gönül onarımı.

a.ton.ic [æˈtɔnik] *adj.* ⚕ takatsız, zayıf; *gr.* vurgusuz; **at.o.ny** [ætəni] *n.* ⚕ takatsızlık, kuvvetsizlik.

a.top F [əˈtɔp] *adv.* & *prp.* üstte, üstünde, üzerinde (of *-in*).

a.tro.cious □ [əˈtrəuʃəs] vahşî, tüyler ürpertici, menfur; **a.troc.i.ty** [əˈtrɔsiti] *n.* gaddarlık, kötülük, canavarlık (*a. fig.*).

at.ro.phy ⚕ [ˈætrəfi] **1.** *n.* (*kansızlıktan*) zafiyet; dumur, atrofi; **2.** *vb.* dumura uğramak.

at.tach [əˈtætʃ] *v/t.* (to) bağlamak, yapıştırmak, bitiştirmek, takmak *-e*; (*imza*) basmak; ⚖ haczetmek, müsadere etm.; (*ad*) takmak; önem vermek; ~ o.s. to iltihak etm., takılmak *-e*; ~ value to *bşe* kıymet vermek, kıymet koymak; *v/i.* ~ to yapışmak *-e*, ittihat etm., birleşmek *-le*; **at.ta.ché** [əˈtæʃei] *n.* ateşe; ~ case evrak çantası; **at.tached** [əˈtætʃt]: ~ to bağlı, ait, müteallik *-e*; hissen bağlı, tutkun *-e*; **atˈtach.ment** *n.* bağlılık (to, for *-e*); sadakat, sevgi *-e*; ilâve, ek (to *-e*); ⊕ takılabilir bir parça; ⚖ tevkif, haciz; hapsen tazyik, icrai haciz.

at.tack [əˈtæk] **1.** *vb.* hücum etm., saldırmak *-e* (*a. fig.*); başına gelmek (*hastalık*); (*işe*) girişmek; *b-nin* aleyhinde söylemek; **2.** *n.* hücum, saldırma (*a. fig.*); ⚕ nöbet, kriz; *b-nin* aleyhinde söyleme; **atˈtack.er** *n.* mütecaviz, saldırgan.

at.tain [əˈtein] *v/t.* (*amaç*) ermek *-e*, elde etm. *-i*, kazanmak *-i*; *v/i.* ~ to varmak, yetişmek, ulaşmak *-e*; **atˈtain.a.ble** *adj.* varılması mümkün, ulaşılabilir; **atˈtain-der** ⚖ [~də] *n.* medenî ve siyasî haklardan iskat; **atˈtain.ment** *n.* elde etme, erişme; hüner, marifet; ~s *pl.* hüner ve beceriler.

at.tar [ætə] *n.*: ~ of roses gülyağı.

at.tem.per [əˈtempə] *v/t.* yumuşatmak, sertliğini gidermek; uydurmak, intibak ettirmek (to *-e*).

at.tempt [əˈtempt] **1.** *v/t.* teşebbüs etm. *-e*, kasdetmek *-e*; denemek *-i*; ~ the life of *b-nin* hayatına kasdetmek; **2.** *n.* teşebbüs, gayret; suikast (on *veya* upon s.o.'s life *-e*).

at.tend [əˈtend] *v/t.* hazır bulunmak *-de*,

refakat etm. *-e*; *(hasta)* bakmak *-e*, hizmet etm. *-e*; *(konferans vs.)* takibetmek; *v/i.* dikkat etm. (to *-e*), dinlemek *-i*; ~ on *(hasta)* bakmak, hizmet etm.; ~ to hizmet etm. *-e*, meşgul olm. *-le*; **at'tend-ance** *n.* refakat; hizmet, bakım; devam, gitme *(okul, kurs vs.)* *-e*; hazır bulunanlar (at *-de*); hours of ~ mesai (*veya* iş) saatleri; be in ~ hizmete hazır, emre amade olm.; dance ~ on F *b-nin* etrafında dört dönmek; **at'tend.ant** **1.** *adj. b-nin* refakatinde ve hizmetinde bulunan; refakat eden, eşlik eden; mevcut olan, devam eden; **2.** *n.* hizmetçi; eşlik eden kimse; *(mağaza, müze, tiyatro vs. de)* görevli, memur.

at.ten.tion [ə'tenʃən] *n.* dikkat, ihtimam; iltifat, nezaket; ~! ✕ hazır ol!; *s.* call, give, pay; **at'ten.tive** □ dikkatli; nazik (to *-e*).

at.ten.u.ate [ə'tenjueit] *v/t.* inceltmek, seyrekleştirmek, hafifletmek, azaltmak; *fig.* hafifletmek, gevşetmek.

at.test [ə'test] *vb.* şahadet etm., tasdik etm. *(a. fig.)*; açıkça söylemek, iddia etm.; ⚖ tanıklık yapmak; **part.** ✕ *b-ne* yemin ettirmek, andiçirmek; **at.tes.ta.tion** [ætes'teiʃən] *n.* şahadet, tasdik; *part.* ✕ yemin; **at.test.er, at.test.or** [ə'testə] *n.* şahit, tanık.

At.tic[1] ['ætik] *adj.* Atinalı, Atina'ya ait; Atina lehçesi.

at.tic[2] [~] *n.* damaltı, tavan arası; **~s** *pl.* tavan arası katı.

at.tire *lit.* [ə'taiə] **1.** *v/t.* giydirmek; **2.** *n.* elbise.

at.ti.tude ['ætitju:d] *n.* davranış, tavır; vaziyet alma (to, towards *-e*); ✈ meyil; strike an ~ poz almak, yapmacık tavırlar takınmak; ~ of mind zihniyet, ideoloji; **at.ti'tu.di.nize** [~dinaiz] *v/i.* yapmacık tavır takınmak, vaziyet almak.

at.tor.ney [ə'tə:ni] *n.* vekil, mümessil, dâva vekili; *Am.* avukat; ~ at law avukat; power of ~ vekâletname; temsil yetkisi; ♀ General başsavcı; *Am.* adalet bakanı, başsavcı.

at.tract [ə'trækt] *v/t. k-ne* çekmek, cezbetmek *(a. fig.)*; **at'trac.tion** [~kʃən] *n.* çekme gücü, çekim; *fig.* alımlılık; eğlence programı, atraksiyon; *phys.* çekim; **at'trac.tive** □ *mst fig.* çekici, alımlı, cazip.

at.trib.ut.a.ble [ə'tribjutəbl] *adj.* isnat olunabilir; atfolunabilir; **at.trib.ute** [ə'tribju:t] *v/t.* yüklemek, isnat etm., atfetmek (to *-e*); **at.tri.bute** ['ætribju:t] *n.* sıfat, nitelik; remiz, simge; *gr.* yüklem; **at.tri'bu.tion** *n.* atfetme, hamletme, isnat; nitelik, sıfat; özellik; yetki; **at.trib-u.tive** *gr.* [ə'tribjutiv] **1.** □ niteleyici; **2.** *n.* sıfat.

at.tri.tion [ə'triʃən] *n.* yıpranma, aşınma, sürtüşme; ⊕ aşınma, eskime; war of ~ yıpratma harbi.

at.tune [ə'tju:n] *v/t.* ♪ akort etm.; ~ to *fig.* uydurmak, uyum sağlamak *-e*.

au.burn ['ɔ:bən] *adj.* kestane rengi.

auc.tion ['ɔ:kʃən] **1.** *n.* artırma ile satış, mezat; sell by (*Am.* at) ~, put up for ~ açık artırma ile satma; **2.** *v/t. mst* ~ off müzayedeye çıkarmak; **auc.tion.eer** [~'niə] *n.* tellal, mezatçı.

au.da.cious □ [ɔ:'deiʃəs] korkusuz, cüretkâr; *b.s.* küstah, arsız; **au.dac.i.ty** [ɔ:dæsiti] *n.* cüret; *b.s.* küstahlık.

au.di.bil.i.ty [ɔ:di'biliti] *n.* işitilebilme, duyulabilme; **au.di.ble** □ ['ɔ:dəbl] işitilebilir, duyulabilir.

au.di.ence ['ɔ:djəns] *n.* dinleyiciler, seyirciler; huzura kabul, resmî görüşme; give ~ to huzura kabul etm.

au.di.o-fre.quen.cy ['ɔ:diəu'fri:kwənsi] *n.* *radyo:* ses frekansı, alçak frekans.

au.di.o-vis.u.al ['ɔ:diəu'vizjuəl] **1.** *n.* görsel-işitsel sistem; **2.** *adj.* görsel-işitsel sistemle ilgili.

au.dit ['ɔ:dit] **1.** *n.* hesapların resmî kontrolu, murakabe; **2.** *v/t.* hesapları kontrol etm.; **au'di.tion** *n.* işitme hassası, işitme kuvveti; *thea. (bir şarkıcı, aktör vs.nin sesini sınamak için)* dinleme; **'au.di.tor** *n.* dinleyici; kontrolör, hesap uzmanı, murakıp, **au.di.to.ri.um** [~'tɔ:riəm] *n.* konferans salonu; *Am.* festival salonu *(konferans, konser, toplantı vs. için)*; **au.di.to.ry** ['~təri] **1.** *adj.* işitme ile ilgili; **2.** *n.* dinleyiciler *pl.*; = auditorium.

au.ger ⊕ ['ɔ:gə] *n.* avger, burgu, matkap.

aught [ɔ:t] *n.* & *pron.* bir şey, herhangi bir şey; hiçbir şey; hiçbir şekilde; for ~ I care umurumda değil!, bana ne!; for ~ I know bildiğim kadarıyla.

aug.ment [ɔ:g'ment] *v/t.* büyütmek, artırmak, çoğaltmak; *v/i.* büyümek, artmak, çoğalmak; **aug.men'ta.tion** *n.* art(ır)ma, büyü(t)me, çoğal(t)ma.

au.gur ['ɔ:gə] **1.** *n.* *(eski Roma'da)* kâhin, falcı; **2.** *vb.* kehanet etm., önceden haber vermek; ~ well (ill) hayra (kötüye) alâmet olm. (for *için*); **au.gu.ry** ['ɔ:gjuri] *n.* kehanet; alâmet; falcılık.

Au.gust **1.** ['ɔ:gəst] *n.* Ağustos ayı; **2.** ♀ □ [ɔ:'gʌst] aziz, yüce; **Augus.tan** [ɔ:'gʌstən] *adj.* Roma İmparatorluğu ve-

ya başka bir ülke edebiyatının en güzel çağına ait; klasik nitelikte.
auk *orn.* [ɔ:k] *n.* soğuk ülkelerde yaşayan bir cins deniz kuşu.
aunt [ɑ:nt] *n.* teyze; hala; yenge *(dayı veya amca karısı);* ♀ Sally oyuncuların eğlenmek için üzerine öteberi attıkları tahtadan yapılmış kadın; herkesin takıldığı kimse veya şey; **aunt.ie, aunt.y** F [ˈ~ti] *n.* sevgili teyze, teyzecik.
au.ral [ˈɔ:rəl] □ kulağa veya işitme duyusuna ait.
au.re.ole *eccl., ast.* [ˈɔ:riəul] *n.* bale, nur.
au.ri.cle [ˈɔ:rikl] *n.* kulak kepçesi; *(kalp)* kulakçık; **au.ric.u.la** ⚘ [əˈrikjulə] *n.* ayı kulağı; **au.ric.u.lar** □ [ɔ:ˈrikjulə] kulak veya işitme duyusu ile ilgili; ~ witness kulak misafiri.
au.rif.er.ous [ɔ:ˈrifərəs] *adj.* içinde altın bulunan, altınlı...
au.rist [ˈɔ:rist] *n.* kulak mütehassısı.
au.rochs *zo.* [ˈɔ:rɔks] *n.* yaban sığırı, oroks.
au.ro.ra [ɔ:ˈrɔ:rə] *n.* fecir, şafak; ♀ seher tanrıçası; ~ borealis kuzey fecri; **auˈroral** *adj.* güneşin doğuşuna ait.
aus.cul.ta.tion ⚕ [ɔ:skəlˈteiʃən] *n.* kulaklık ile dinleme.
aus.pice [ˈɔ:spis] *n.* kâhinlik, fal; ~s *pl.* himaye, koruma, nezaret; under the ~ of *b-nin* himayesinde; **aus.pi.cious** □ [~ˈpiʃəs] uğurlu, hayırlı.
aus.tere □ [ɔsˈtiə] sert, çetin; sade, şatafatsız; hoşgörüsüz; **aus.ter.i.ty** [~ˈteriti] *n.* sertlik, haşinlik; sadelik, süssüzlük; kısıntılı yaşam şekli, imsâk.
aus.tral [ˈɔ:strəl] *adj.* güney.
Aus.tra.lian [ɔsˈtreiljən] **1.** adj. Avustralya'ya ait; **2.** *n.* Avustralyalı.
Aus.tri.an [ˈɔstriən] **1.** *adj.* Avusturya'ya ait; **2.** *n.* Avusturyalı.
au.tar.ky [ˈɔ:tɑ:ki] *n.* otarşi, kendi kendine yeterlik.
au.then.tic [ɔ:ˈθentik] *adj.* (~ally) sahih, güvenilir, doğru; **auˈthen.ti.cate** [~keit] *v/t.* *bşin* hakiki olduğunu göstermek, tevsik etm.; **au.then.tiˈca.tion** *n.* *bşin* doğru olduğunu ispatlama, tevsik etme; **au.thenˈtic.i.ty** [~siti] *n.* güvenilir olma, sıhhat.
au.thor [ˈɔ:θə] *n.* yazar, muharrir, yaratıcı, sebep olan; **ˈau.thor.ess** *n.* kadın yazar; **au.thor.i.tar.i.an** [ɔ:θɔriˈtɛəriən] **1.** *adj.* otoriter; otorite taraftarı; **2.** *n.* otoriter veya otorite taraftarı kimse; **auˈthor.i.ta.tive** □ [~tətiv] otoriter; yetkili; **auˈthor.i.ty** *n.* otorite, salâhiyet; kudret, iktidar, yetki (for, to *-de);* tesir, nüfuz (over, with *-de, üzerinde);* bilirkişi, uzman; güvenilir, şayanı itimat; şahitlik, tanıklık; *mst* ~s *pl.* makam, idare, otorite; be an ~ on s.th. bir konuda uzman; olm.; have s.th. on good ~ *bşi* güvenilir kaynaktan öğrenmek; be under s.o.'s ~ *b-nin* emrinde olm.; **au.thor.i.zation** [ɔ:θəraiˈzeiʃən] *n.* yetki verme, yetkilendirme; izin, ruhsat; **ˈau.thor.ize** *v/t.* yetki vermek *-e;* müsaade etm. *-e;* izin vermek *-e;* *bşi* teyit etm., tasdik etm.; **ˈau.thor.ship** *n.* yazarlık; asıl.
au.to... [ˈɔ:təu] *prefix* kendi kendine, kendiliğinden, oto...
au.to.bi.og.ra.pher [ɔ:təubaiˈɔgrəfə] *n.* otobiyograf; **au.to.bi.o.graph.ic, au.to.bi.o.graph.i.cal** □ [ˈ~əuˈgræfik(əl)] kendi hayatından bahseden yazarın biyografisine ait; **au.to.bi.og.ra.phy** [~ˈɔgrəfi] *n.* otobiyografi, bir yazarın kendi hal tercümesi, hatırat.
au.to.bus [ˈɔ:təubʌs] *n.* otobüs.
au.to.cade *Am.* [ˈɔ:təukeid] = motorcade.
au.toch.thon [ɔ:ˈtɔkθən] *n.* *(bir yerin)* esas yerlisi; **auˈtoch.tho.nous** *adj.* yerli, kadim.
au.toc.ra.cy [ɔ:ˈtɔkrəsi] *n.* otokrasi, istibdat; **au.to.crat** [ˈɔ:təukræt] *n.* otokrat, diktatör, müstebit kimse; **au.toˈcrat.ic, au.toˈcrat.i.cal** □ müstebit, zorba.
au.tog.e.nous weld.ing ⊕ [ɔ:ˈtɔdʒənəsˈwelding] otojen kaynağı.
au.to.gi.ro ✈ [ˈɔ:təuˈdʒaiərəu] *n.* otojir uçak, dikine yükselip alçalabilen uçak.
au.to.graph [ˈɔ:təgrɑ:f] **1.** *n.* *b-nin* kendi el yazısı veya imzası; **2.** *v/t.* kendi eli ile yazmak, imzasını atmak; **au.to.graphic** [ɔ:təuˈgræfik] *adj.* (~ally) el yazısına ait; **au.tog.ra.phy** [ɔ:ˈtɔgrəfi] *n.* insanların el yazısını bilme ilmi; el yazısı koleksiyonu.
au.to.mat [ˈɔ:təmæt] *n.* yemeğin otomatik makinelerden dağıtıldığı lokanta; **au.tomat.ic** [ɔ:təˈmætik] **1.** *adj.* (~ally) otomatik, mekanik, kendi *k-ne* hareket eden; gayrıiradî; gayrıihtiyarî; ~ machine otomatik satış makinesi; **2.** *n.* *Am.* otomatik tabanca; **au.toˈma.tion** *n.* otomasyon, otomatik sistemle çalışma; **au.tom.a.ton** [ɔ:tɔmətən] *n.* *pl.* *mst* **auˈtom.a.ta** [~tə] kendi *k-ne* hareket eden şey veya kimse; robot *(a. fig.).*
au.to.mo.bile *part.* *Am.* [ˈɔ:təməubi:l] *n.* oto(mobil); **au.to.mo.tive** [ɔ:təˈməutiv] **1.** *adj.* otomobillerle ilgili; **2.** *n.* motorlu vasıta.
au.ton.omous [ɔ:ˈtɔnəməs] □ özerk, muh-

tar; özerkliğe ait; **au'ton.o.my** *n.* özerklik, muhtariyet, otonomi.
au.top.sy ['ɔːtəpsi] *n.* otopsi.
au.to.type ⊕ ['ɔːtəutaip] *n.* suret, faksimile.
au.tumn ['ɔːtəm] *n.* sonbahar, güz; **autum.nal** □ [ɔː'tʌmnəl] sonbahara ait, sonbahar...
aux.il.ia.ry [ɔːg'ziljəri] *n.* & *adj.* yardımcı, muavin; yedek; ~ verb *gr.* yardımcı fiil; auxiliaries *pl.* ⚔ yardımcı kuvvet.
a.vail [ə'veil] 1. *v/t.* faydalı olm., yaramak *-e*; ~ o.s. of *bşden* istifade etm., *bşi* kullanmak; 2. *n.* yarar, fayda; of no ~ boşuna, beyhude; **a.vail.a'bil.i.ty** *n.* hazır bulunma; geçerli olma; **a'vail.a.ble** □ mevcut, elde edilebilir; geçer(li) *(bilet vs.)*; kullanışlı; make ~ *b-nin* emrine vermek.
av.a.lanche ['ævəlaːnʃ] *n.* çığ; *fig.* yığın.
av.a.rice [ævəris] *n.* hırs, tamah; **av.a'ricious** □ haris, tamahkâr.
a.venge [ə'vendʒ] *v/t.* *-in* intikamını almak, öç almak; ~ o.s., be ~ed intikam almak, öç almak (on. upon *-den*); **a'venger** *n.* öç *(veya* intikam) alıcı.
av.e.nue ['ævinjuː] *n.* cadde, iki tarafı ağaçlı yol; *fig.* bir sonuca ulaştıran yol.
a.ver [ə'vəː] *v/t.* kuvvetle söylemek, ispat etm., ⚖ delil göstermek, iddia etm..
av.er.age ['ævəridʒ] 1. *n.* orta, ortalama, vasat; ⚓ avarya, denizde meydana gelen maddi zarar ve hasar; general (particular) ~ ⚓ umumî veya büyük (küçük veya hususî) avarya; on an ~ vasati olarak, ortalama; 2. □ ortalama, vasati; 3. *vb.* *-in* ortasını bulmak; *-in* ortalaması olm.
a.ver.ment [ə'vəːmənt] *n.* iddia, söz; ⚖ delil, iddia; delil gösterme.
a.verse □ [ə'vəːs] muhalif, karşı (to, from *-e)*; isteksiz; **a'verse.ness, a'ver.sion** *n.* antipati, isteksizlik, gönülsüzlük, nefret (to, from, for *-e karşı*); he is my ~ ondan nefret ediyorum.
a.vert [ə'vəːt] *v/t.* çevirmek, yön değiştirmek *(a. fig.)*; önlemek.
a.vi.ar.y ['eivjəri] *n.* kuşhane.
a.vi.ate ✈ ['eivieit] *v/i.* uçak kullanmak; **a.vi'a.tion** *n.* havacılık; uçuş; ~ ground hava meydanı; ~ spirit uçak benzini; **'a.vi.a.tor** *n.* havacı.
av.id □ ['ævid] haris, hırslı, arzulu (for *-e*); **a.vid.i.ty** [ə'viditi] *n.* hırs, istek, arzu.
av.o.ca.tion [ævəu'keiʃən] *n.* meşguliyet, hobi.
a.void [ə'vɔid] *v/t.* sakınmak, çekinmek, uzak durmak, kaçınmak *-den*; ⚖ feshetmek, iptal etm.; **a'void.a.ble** *adj.* sakınılır, kaçınılır; fesholunur; **a'void.ance** *n.* sakınma; ⚖ fesih, iptal; ~ of taxation vergi kaçakçılığı.
av.oir.du.pois † [ævədə'pɔiz] *n.* *a.* ~ weight İngiliz ağırlık ölçüsü sistemi.
a.vouch [ə'vautʃ] *v/t.* onaylamak, teyit ve tasdik etm., iddia etm.; = avow.
a.vow [ə'vau] *v/t.* itiraf etm., kabul etm., beyan etm., ikrar etm.; **a'vow.al** *n.* itiraf, beyan, kabul, tasdik; **a'vow.ed.ly** [~idli] *adv.* açıkça, alenen.
a.wait [ə'weit] *v/t.* *bşi* beklemek, *bşe* intizar etm. *(a. fig.)*.
a.wake [ə'weik] 1. *adj.* uyanık, tetikte; wide ~ tamamen uyanmış; *fig.* uyanık, açıkgöz; 2. *(irr.)* *v/t.* *mst* **a'wak.en** uyandırmak; uyarmak; kışkırtmak; ~ s.o. to s.th. *b-ne bşi* hissettirmek, *b-ni bş* hakkında uyarmak; *v/i.* uyanmak; harekete geçmek; farkına varmak (to s.th. *-in*).
a.ward [ə'wɔːd] 1. *n.* hüküm, karar; ödül, mükâfat; 2. *v/t.* *(mükâfat vs.)* vermek *-e*; hükmetmek, verilmesini istemek.
a.ware [ə'wɛə] *adj.* haberdar, farkında, bilir; be ~ bilmek (of *-i*), haberdar olm. (of *-den*); become ~ of öğrenmek *-i*; farkına varmak *-in*; **a'ware.ness** *n.* farkında olma.
a.wash ⚓ [ə'wɔʃ] 1. *adv.* su seviyesinde; 2. *adj.* su üzerinde yüzen; dalgalarla yıkanan.
a.way [ə'wei] 1. *adv.* uzakta; uzağa; bir yana; -den, -dan; 2. *adj.* *spor:* değiştirmece, deplasman...; 2 miles ~ 2 mil uzakta; water has boiled ~ su kaynayıp buhar oldu; explain ~ tevil etm., sözü çevirmek; ~ back in the past çok uzak bir geçmişte, tâ geçmişte; right ~, straight ~ hemen, derhal; out and ~ fersah fersah.
awe [ɔː] 1. *n.* saygıyla karışık korku, sakınma (of *-den*); 2. *v/t.* korkutmak, dehşete düşürmek; **'~-in.spir.ing** *adj.* korku veren, huşu telkin eden; **~.some** ['~səm] *adj.* korku veren, huşu ifade eden; **'~-struck** *adj.* huşu içinde, hayran olmuş.
aw.ful □ ['ɔːful] korkunç, müthiş; berbat, çok kötü; F çok, muazzam; **aw.ful.ly** ['ɔːfli] *adv.* F pek, çok, son derece; çok fena: I'm ~ sorry son derece üzgünüm.
a.while [ə'wail] *adv.* biraz, bir süre.
awk.ward □ ['ɔːkwəd] beceriksiz, biçimsiz, sakar, hantal, münasebetsiz, kaba; sıkıntılı; **'awk.ward.ness** *n.* beceriksizlik, sakarlık, acemilik.
awl [ɔːl] *n.* biz, kunduracı bizi.

awn ⚘ [ɔːn] *n.* başak bıyığı, kılçık.
awn.ing [ˈɔːniŋ] *n.* tente, güneşlik, güneş tentesi; ⚓ güneş tentesi.
a.woke [əˈwəuk] *pret. & p.p. of* awake 2.
a.wry [əˈrai] *adj. & adv.* eğri, yanlış, ters; *fig.* ters, aksi; go ~, turn ~ ters gitmek, bozulmak *(iş, olay)*.
ax(e) [æks] **1.** *n.* balta; F give *(veya* get) the ~ aniden işten çıkar(ıl)mak; have an ~ to grind *(bir işte)* çıkarı olm.; **2.** *v/t.* balta ile budamak; F aniden işten çıkarmak.
ax.i.om [ˈæksiəm] *n.* mütearife, belit, aksiyon, kabul edilmiş gerçek; **ax.i.o.mat.ic** [~siəuˈmætik] *adj.* (~ally) gerçek, kendiliğinden belli; aksiyonla ilgili olan.
ax.is [ˈæksis] *n., pl.* **ax.es** [ˈ~siːz] mihver, eksen.
ax.le ⊕ [ˈæksl] *n.* aks, dingil, mil.
ay(e) [ai] **1.** *adv.* daima, hep; evet, hayhay; **2.** *n. parl.* kabul oyu, olumlu oy, evet; the ~s have it kabul edilmiştir.
a.zal.ea ⚘ [əˈzeiljə] *n.* açalya, Amerikan hanımeli.
az.i.muth *ast.* [ˈæzimәθ] *n.* semt, azimut, gök kürenin herhangi bir noktası ile güney arasındaki açı.
a.zo.ic *geol.* [əˈzəuik] **1.** *n.* azoik çağ, hayat olmayan çağ; **2.** *adj.* azoik, hayat olmayan çağa ait.
az.ure [ˈæʒə] *n. & adj.* açık mavi, gök mavisi.

B

baa [bɑː] **1.** *v/i.* melemek; **2.** *n.* koyun melemesi.

bab.bitt [ˈbæbit] *n.* teneke, bakır ve rastık taşı karışımı bir maden; ~ metal bebit metali, regül, yatak madeni.

bab.ble [ˈbæbl] **1.** *v/i.* saçmalamak; saçmalayarak ifade etm.; *(sır)* ağzından kaçırmak; *(bebek gibi)* anlamsız sesler çıkarmak; *(nehir vs.)* şarıldamak, çağlamak; **2.** *n.* saçma sapan konuşma; mırıltı; gevezelik; ˈ**bab.bler** *n.* boşboğaz, geveze; mırıldayan kimse; çağlayan *(ırmak vs.).*

babe [beib] *n. poet.* küçük çocuk, bebek; *esp. Am. sl.* kız, bebek.

Ba.bel [ˈbeibəl] *n. Tevrat ve İncil:* Babil; ♀ *fig.* kargaşalık, gürültü patırtı.

ba.boon *zo.* [bəˈbuːn] *n.* Habeş maymunu.

ba.by [ˈbeibi] **1.** *n.* küçük çocuk, bebek; *bşin,* aile veya bir grubun en küçüğü; bebek gibi davranan kimse; *Am. sl.* kız, bebek; **2.** *adj.* bebek gibi; bebeğe ait; küçük; **3.** *v/t.* bebek muamelesi yapmak; şımartmak; ˈ**~-car.riage** *Am. s.* perambulator; ˈ**~-farm** *n. (ücretli)* çocuk bakımevi; ~ **grand** ♪ kısa kuyruklu piyano; **ba.by.hood** [ˈ~hud] *n.* çocukluk, bebeklik çağı; ˈ**ba.by.ish** □ çocukça, bebekçe, bebek gibi.

Bab.y.lo.ni.an [bæbiˈləunjən] **1.** *adj.* Babil'e ait; **2.** *n.* Babil'de oturan kimse; Babil dili.

ba.by-sit.ter [ˈbeibisitə] *(kısa süreli)* çocuk bakıcısı.

bac.cha.nal [ˈbækənl] = bacchant; ˈ**bac.cha.nals** *pl.*, **bac.cha.na.li.a** [~ˈneiljə] *pl.* Baküs şenliği, sefih içki âlemi; **bac.chaˈna.li.an** *adj.* Baküs şenliğine ait; içki âlemine ait.

bac.chant [ˈbækənt] *n.* Baküs rahibi; ayyaş kimse; **bac.chante** [bəˈkænti] *n.* Baküs rahibesi; içkiye düşkün kadın.

bac.cy F [ˈbæki] *n.* tütün.

bach.e.lor [ˈbætʃələ] *n.* bekâr erkek; *univ.* fen veya edebiyat fakültesi mezunu; ~ girl bekâr kadın; **bach.e.lor.hood** [ˈ~hud] *n.* bekârlık.

bac.il.la.ry [bəˈsiləri] *adj.* basilli; **baˈcil.lus** [~ləs] *n., pl.* **baˈcil.li** [~lai] basil.

back [bæk] **1.** *n.* arka, sırt, geri; ters taraf, arka yüz; = full-back; behind s.o.'s ~ *b-nin* arkasından, gıyabında; put one's ~ into s.th. bir işe kendini tamamen vermek, olanca gücüyle çalışmak; put *veya* get *veya* set s.o.'s ~ up b-ni hiddetlendirmek, kızdırmak; break one's ~ belini kırmak; break the ~ of s.th. *bşin* çoğunu bitirmek, hakkından gelmek; be on one's ~ arka üstü yatmak; hasta yatmak; have one's ~ to the wall çıkmazda kalmak; at the ~ of içinde, arkasında, gerisinde; on the ~ of fazlasiyle; **2.** *adj.* arka, arkadaki; arkaya doğru olan, evvelki; eski; **3.** *adv.* arkada, arkaya; geri(ye); yeniden, tekrar; **4.** *v/t.* geri yürütmek; himaye etm.; desteklemek; para yatırmak, bahse girmek *-e;* ⚚ ciro etm.; ~ the sails ⚓ yelkenleri faça etm.; ~ water, ~ the oars ⚓ siya etm.; ~ up *bşi* geri sürmek; desteklemek; *v/i.* geri gitmek; dönmek, caymak (out of *-den*); ~ down F teslim olm., vazgeçmek (from *-den*); ~ **al.ley** *n. Am.* arka sokak *(esp. şehrin fakir bölgesinde)*; ˈ**~-bend** jimnastik: köprü; ˈ**~.bite** *(irr. bite) v/t. b-ne* iftira etm., *b-nin* arkasından konuşmak; ˈ**~.bone** *n.* omurga, belkemiği *(a. fig.)*; karakter kuvveti, metanet; to the ~ *fig.* tamamen, sapına kadar; ˈ**~-break.ing** *adj.* çok yorucu, yıpratıcı; ˈ**~-cloth** *n. thea.* arka perde; ˈ**~-ˈdoor.** *n.* arka kapı; *adj. fig.* el altından yapılan; **back.er** *n.* arka, taraftar, yardım eden kimse; yarışta bir ata para koyan kimse; ⚚ ciranta.

back...: ˈ**~-ˈfire** *mot.* **1.** *n.* geri tepme *(vaktsiz ateşlemeden dolayı)*; **2.** *vb.* geri tepmek *(a. fig.)*; ~ **for.ma.tion** *gr.* bir kelimeden geriye gidilerek türetilen yeni kelime; **~ˈgam.mon** *n.* tavla oyunu; ˈ**~.ground** *n.* arka plan; fon; mevcut şartlar; *fig.* muhit, görgü; ˌ~-ˈhand **1.** *n. tenis:* röver, bekhent; **2.** *adj.* elin tersi öne doğru olarak yapılan ˈ~-**hand.ed** *adj.* elinin tersiyle; *fig.* samimi olmayan, sinsice; ˈ~**hand.er** *n.* elin tersiyle yapılan vuruş.

back.ing [ˈbækiŋ] *n.* yardım, destek; arkalık, arka.

back...: ˈ~**.lash** *n.* ani ve şiddetli geri itme; ⊕ diş boşluğu, ölü nokta, salgı; politik veya toplumsal gelişmeye karşı güçlü tepki; ˈ~**.log** *n.* sürüncemede bırakılan işler; yedek şeyler; ~ **number 1.** günü geçmiş gazete, dergi vs.; **2.** modası geçmiş, itibardan düşmüş kimse veya şey; ~ **pay** ödenmesi gecikmiş maaş veya ücret; ˈ~**-ped.al** *v/t. (bisiklette)* ayak frenine basmak; sözünü geri almak, değiştirmek; ˈ~**-room boy** F işi önemli fakat gizli bilim adamı; ~ **seat** arka sırada oturacak yer, arka koltuk; ˈ~ˈ**side** *n.* kıç, arka taraf; ˈ~**.sight** *n. gez;* ˈ~ˈ**slide** (*irr.* **slide**) *v/i.* doğru yoldan tekrar kötüye dönmek; ˈ~ˈ**slid.er** *n.* tekrar kötü yola dönen kimse; ˈ~ˈ**slid.ing** *n.* tekrar hataya düşme; ˈ~ˈ**stairs 1.** *n. pl.* arka merdiven *sg.*; **2.** *adj.* gizlice yapılan, el altından olan; *b-ni* zemmeden; ˈ~**.stitch 1.** *n.* iğneardı; **2.** *v/t.* iğneardı dikiş dikmek; ˈ~**.stop** *n. Am.* beysbol: topun kaçmasını önleyen engel; *poligon:* toprak siper; ˈ~**.stroke** *n.* sırtüstü yüzme; ~ **talk** küstahça konuşma; ~ **to back** arka arkaya, sırt sırta; ˈ~**.track** *vb. Am.* F *fig.* geriye dönüş yapmak, söylediğini değiştirmek.

back.ward [ˈbækwəd] **1.** □ isteksiz, çekingen; geç kavrayan, gelişmemiş; gecikmiş; **2.** *adv. a.* ˈ**back.wards** geri; arkaya doğru; geri geri, tersine; **backwardˈa.tion** † *n.* geriye hareket; depor, bir çeşit vadeli muamele; ˈ**back.wardness** *n.* gerilik; geç kavrama.

back...: ˈ~**.wa.ter** *n.* bir nehrin akıntısı olmayan küçük kolu; dümen suyu; durgun su; ˈ~**.woods** *n. pl.* şehirlerden uzakta ve sık ağaçlardan arındırılmamış yerler; ˈ~**.woods.man** *n.* dağ adamı; kaba adam, hödük.

ba.con [ˈbeikən] *n.* tuzlanmış veya tütsülenmis domuz eti, domuz pastırması; save one's ~ yakayı kurtarmak; bring home the ~ *sl.* başarılı olm. *(esp. evinin ihtiyaçlarını temin konusunda).*

bac.te.ri.al □ [bækˈtiəriəl] bakteriye ait; **bac.te.ri.o.log i.cal** □ [~tiəriəˈlɔdʒikəl] bakteriyoloji ilmine ait; **bac.te.ri.ol.o.gist** [~tiəriˈɔlədʒist] *n.* bakteriyolog; **bacˈte.ri.um** [~riəm] *n., pl.* **bacˈte.ri.a** [~riə] bakteri.

bad □ [bæd] fena, kötü, zararlı, kusurlu; yakışıksız *(söz vs.)*; geçersiz *(para vs.)*; yetersiz *(delil vs.)*; bozuk, zararlı; keyifsiz, hasta; şiddetli, sert; çürük; not (too) ~, not so ~, not half ~ F hiç de fena değil, oldukça iyi; things are not so ~ mesele pek o kadar kötü değil; he is ~ly off mali durumu fenadır; ~ly wounded ağır yaralı; want ~ly *bşi* şiddetle arzu etm.

bade [bæd] *pret. of* bid 1.

badge [bædʒ] *n.* nişan, rozet.

badg.er [ˈbædʒə] **1.** *n. zo.* porsuk; **2.** *v/t.* tâciz etm.; kızdırmak.

bad.lands *Am.* [ˈbædləndz] *n. pl.* verimsiz, çorak arazi.

bad.min.ton [ˈbædmintən] *n.* tenise benzer bir çeşit oyun, badminton.

bad.ness [ˈbædnis] *n.* fenalık, kötülük.

bad-tem.pered [ˈbædˈtempəd] *adj.* aksi, huysuz.

baf.fle [ˈbæfl] *v/t.* şaşırtmak, bozmak; *(plan vs.)* akamete uğratmak; it ~s description tarifi imkânsız.

bag [bæg] **1.** *n.* torba, çuval, kese; çanta; kese kâğıdı; ~s *pl. sl.* bol pantolon; it's in the ~ F garantili, çantada keklik; ~ and baggage tası tarağı toplayarak, her şeyi ile; ~s of *sl.* bol miktarda, çuvalla; **2.** *vb.* torba veya çuvala koymak; F aşırmak, çalmak; *hunt.* yakalamak; şişirmek, germek.

bag.a.telle [bægəˈtel] *n.* ufak tefek şey; bir çeşit bilardo oyunu.

bag.gage [ˈbægidʒ] *n. Am.* bagaj; ⚔ ordu ağırlığı; hafifmeşrep kadın; ~ **car** 🚃 *Am.* yük vagonu, furgon; ˈ~**-check** *n. Am.* bagaj kâğıdı, eşya makbuzu.

bag.ging [ˈbægiŋ] *n.* çuval bezi.

bag.gy [ˈbægi] *adj.* çok bol, torba gibi.

bag...: ~**.man** [ˈbægmən] *n.* F seyyar ticarî mümessil: ˈ~**.pipe** *n.* gayda; ˈ~**-snatch.er** *n.* yankesici.

bah [bɑː] *int. b-ni* veya *bşi* aşağılayıcı ifade, Tu!

bail[1] [beil] **1.** *n.* kefalet; kefil; teminat akçesi, kefalet; kefaletle salıverme; be *veya* go *veya* stand ~ for *b-ne* kefil olm., *b-i* için kefalet vermek; **2.** *v/t. b-ne* kefalet etm.; ~ out kefaletle tahliye ettirmek.

bail[2] ⚓ [~] *v/t. (suyu)* boşaltmak.

bail[3] [~] *n. kriket:* çubuk.

bail[4] [~] *n. (kova vs.)* sap, kulp.

bail.iff [ˈbeilif] *n.* çiftlik kâhyası; mübaşir; icra memuru; nezaretçi, idareci.

bail.ment ⚖ ['beilmənt] *n.* malları teminat olarak verme, kefalet.
bail.or ⚖ ['beilə] *n.* emaneten tevdi eden kimse, vedia veren.
bairn *Scots* [bɛən] *n.* çocuk.
bait [beit] **1.** *n.* yem *(a. fig.)*; çekici ve aldatıcı şey; mola; **2.** *vb.* oltaya veya kapana yem koymak; *hunt.* köpekleri *b-nin* üzerine saldırtmak; *fig.* tâciz etm., rahatsızlandırmak; mola vermek.
baize [beiz] *n.* kaba yünlü kumaş *(mst yeşil)*.
bake [beik] *v/t.* & *v/i.* *(fırında)* piş(ir)mek; ateşte kurutmak; *fig.* sıcaktan pişmek; '**~.house** *n.* fırın, ekmekçi dükkânı.
ba.ke.lite ⊕ ['beikəlait] *n.* bakalit.
bak.er ['beikə] *n.* ekmekçi, fırıncı; ~'s dozen on üç; '**bak.er.y** *n.* fırın, ekmekçi dükkânı; '**bak.ing** *n.* fırında pişirme; '**bak.ing-pow.der** *n.* kabartıcı toz.
bak.sheesh ['bækʃi:ʃ] *n.* bahşiş.
bal.a.lai.ka ♪ [bælə'laikə] *n.* balalayka, bir cins telli müzik aleti.
bal.ance ['bæləns] **1.** *n.* terazi; denge; denklem; † bilanço, bakiye, mizan; kalan; *a.* ~ wheel cep saati rakkası; be (hang) in the ~ muallâkta olm., nazik bir durumda bulunmak; keep (lose) one's ~ dengesini sağlamak (kaybetmek); throw s.o. off his ~ *fig.* *b-nin* dengesini kaybettirmek; turn the ~ kati etkili olm.; ~ of payments ödemeler dengesi; ~ of power *pol.* güçler dengesi; ~ of trade dış ticaret bilançosu, dengesi; *s.* strike 2; **2.** *v/t.* & *v/i.* tartmak, dengelemek; dengeli olm.; † bilanço yapmak, denklemek; *k-ni* dengede tutmak; '**~-sheet** *n.* † bilanço.
bal.co.ny ['bælkəni] *n.* balkon *(a. thea.)*.
bald [bɔ:ld] *adj.* saçları dökülmüş, dazlak, kel; *fig.* çıplak, çorak.
bal.da.chin ['bɔ:ldəkin] *n.* gölgelik, çardak.
bal.der.dash ['bɔ:ldədæʃ] *n.* boş lâf, gevezelik.
bald...: '**~-head,** '**~-pate** *n.* dazlak kimse, kel; go ~ into körükörüne atılmak *-e*; '**bald.ness** *n.* kellik.
bale[1] † [beil] *n.* denk, balya.
bale[2] ⚓ [~] *v/t.* *(suyunu)* boşaltmak.
bale.fire ['beilfaiə] *n.* işaret ateşi.
bale.ful □ ['beilful] meşum, uğursuz.
balk [bɔ:k] **1.** *n.* kiriş, hatıl; engel; hata; tarlada sürülmemiş kısım; **2.** *v/t.* *(tarlada)* sürülmemiş yer bırakmak, durdurmak, engel olm. *-e*; kaçırmak *-ı*; *v/i.* imtina etm., direnmek (at *-de, için*).
Bal.kan ['bɔ:lkən] *adj.* Balkan, Balkan ülkeleri veya oturanlarına ait.
ball[1] [bɔ:l] **1.** *n.* top; küre; yumak; bilye; top oyunu; *spor:* atış; *Am. beysbol:* hatalı atılan top; ⚔ gülle; keep the ~ rolling lâfı uzatmak, *bşi* devam ettirmek; start the ~ rolling *bşi* başlatmak, açmak; have the ~ at one's feet eline fırsat geçmek, başarı yolu açılmak; the ~ is with you sıra sende; play ~ *Am.* F katılmak, beraber çalışmak; **2.** *vb.* top, yumak yapmak; top olm.; ~ed up *Am. sl.* karmakarışık, karman çorman.
ball[2] [~] *n.* balo; open the ~ *fig.* dansı *(veya* baloyu*)* açmak.
bal.lad ['bæləd] *n.* balad, türkü.
ball-and-sock.et ['bɔ:lən'sɔkit] *n.*: ~ joint ⊕ bilyalı mesnet.
bal.last ['bæləst] **1.** *n.* ⚓ denge ağırlığı, safra; 🚂 balast, kırma taş; mental ~ istikrar, metanet; **2.** *v/t.* safra koymak; denge temin etm.; 🚂 çakıl döşemek.
ball...: '**~-'bear.ing(s** *pl.*) *n.* ⊕ bilye; bilyeli yatak; '**~-boy** *tenis:* top toplayan çocuk; '**~-car.tridge** *n.* dolu fişek.
bal.let ['bælei] *n.* bale; bale trupu.
bal.lis.tics [bə'listiks] *n. mst sg.* balistik.
bal.loon [bə'lu:n] **1.** *n.* balon; ⚗ balon şişe; ~ barrage balon barajı; ~ tire *mot.* büyük lastik, balon lastik; **2.** *vb.* balon gibi şişmek; balonla uçmak; **bal'loon.ist** *n.* balon kullanan kimse.
bal.lot ['bælət] **1.** *n.* oy pusulası; gizli oyla seçim; oy kullanma hakkı; **2.** *v/i.* oy vermek; ~ for kura çekmek, oy vermek *(... için)*; '**~-box** *n.* oy sandığı.
ball...: **~(-point) pen** tükenmez kalem; '**~-room** *n.* balo salonu, dans salonu.
bal.ly.hoo F [bæli'hu:] *n.* tamtam, gürültü, velvele; şamatalı propaganda.
balm [bɑ:m] *n.* pelesenk, balsam; fig. merhem, teselli.
balm.y □ ['bɑ:mi] yatıştırıcı, huzur verici *(a.fig.)*; yumuşak, ılık *(hava, rüzgâr vs.)*; F kaçık.
ba.lo.ney *Am. sl.* [bə'ləuni] *n.* saçmasapan söz, zırva.
bal.sam ['bɔ:lsəm] *n.* pelesenk; **bal.sam.ic** [~'sæmik] *adj.* (~ally) yatıştırıcı.
Bal.tic ['bɔ:ltik] *adj.* Baltık; ~ Sea Baltık Denizi.
bal.us.ter ['bæləstə] *n.* tırabzan kolonu.
bal.us.trade [bæləs'treid] *n.* tırabzon parmaklığı.
bam.boo [bæm'bu:] **1.** *n.* bambu; **2.** *adj.* bambudan yapılmış.
bam.boo.zle F [bæm'bu:zl] *v/t.* (into *veya*

out of) aldatmak, dolandırmak; şaşırtmak.

ban [ˈbæn] **1.** *n.* yasak; *eccl.* afaroz; **2.** *v/t.* *bşi* yasaklamak; afaroz etm.

ba.nal [bəˈnɑːl] *adj.* adî, bayağı.

ba.nan.a [bəˈnɑːnə] *n.* ♀ muz; ~ split *Am.* dondurmalı muz tatlısı.

band [bænd] **1.** *n.* bağ, şerit, kayış; topluluk, güruh; ♪ bando, orkestra, mızıka; ⊕ transmisyon kayışı; sargı; çizgi; **2.** *v/t.* bağlamak; çizgilerle süslemek; *v/i.* toplanmak; ~ together birleşmek, bir araya gelmek.

band.age [ˈbændidʒ] **1.** *n.* sargı, bağ; **2.** *v/t.* sarmak, bağlamak.

ban.dan.na [bænˈdɑːnə] *n.* parlak renkli büyük mendil, şal.

band.box [ˈbændbɔks] *n.* mukavva şapka kutusu; as if one came out of a ~ iki dirhem bir çekirdek.

ban.dit [ˈbændit] *n.* haydut, eşkiya; **ˈbandit.ry** *n.* haydutluk.

band-mas.ter ♪ [ˈbændmɑːstə] *n.* bando şefi.

ban.do.leer [bændəuˈliə] *n.* fişeklik.

bands.man [ˈbændzmən] *n.* mızıkacı, bando çalgıcısı; **ˈband-stand** *n.* bandoya mahsus platform *(esp. açık havada)*; **band wag.on** *Am.* bandoyu taşıyan araba.

ban.dy [ˈbændi] **1.** *v/t.* (top *vs.*) öteye beriye vurmak; *(sitem, söz vs.)* teati etm.; **2.** *adj.* eğri, çarpık; **ˈ~-leg.ged** *adj.* çarpık bacaklı.

bane [bein] *n.* afet, felâket; zehir; **banefu**l □ zararlı; öldürücü, zehirli.

bang [bæŋ] **1.** *n.* çat, pat, gürültü, patlama; şevk; *(usu. pl.)* kâkül, perçem; go over with a ~ *Am.* F çok başarılı olm.; **2.** *v/t.* & *v/i.* gürültü ile kapa(n)mak, vur(ul)mak; saç kesmek *(kâkül veya perçem)*; *sl.* fiyatları indirmek; **3.** *adv.* gürültülü bir şekilde, ansızın.

ban.gle [ˈbæŋgl] *n.* bilezik, halka, halhal.

bang-up *Am. sl.* [ˈbæŋʌp] *adj.* birinci sınıf, mükemmel.

ban.ish [ˈbæniʃ] *v/t.* sürgün etm.; uzaklaştırmak; **ˈban.ish.ment** *n.* sürgün.

ban.is.ter [ˈbænistə] *n.* tırabzan kolonu; **ˈban.is.ters** *pl.* tırabzan.

ban.jo ♪ [ˈbændʒəu] *n.* dört veya daha fazla telli bir müzik aleti.

bank [bæŋk] **1.** *n.* *(nehir, göl)* kenar, kıyı; bayır; yığın, küme; sığ bölge; *(tekne)* kürekçi sırası; *(org veya piyano)* klavye; *(oyun)* banko; † banka; ~ of deposit mevduat bankası; ~ of issue Merkez Bankası, ihraç bankası, emisyon bankası; **2.** *v/t.* set, bent ile kapatmak; † bankaya yatırmak; ✈ bir tarafa yatırmak; *v/i.* banka veya bankacılık görevini yapmak; *(bankada)* para tutmak (with *-de*); ✈ bir tarafa yatmak; ~ on güvenmek, ümit bağlamak *-e*; ~ up yığmak, istif etm.; **ˈbank.a.ble** *adj.* bankaca muteber; **ˈbank(ing)-ac.count** *n.* banka hesabı; **ˈbank-bill** *n.* banknot, kâğıt para; *Am.* s. **bank-note**; **ˈbank.er** *n.* bankacı; *(şans oyunlarında)* bankocu; **ˈbank-holiday** *n.* resmî tatil günü; **ˈbank.ing** *n.* bankacılık; banka muamelesi; ✈ meyilli durum; **ˈbank.ing-house** *n.* banka binası, banka; **ˈbank-note** *n.* banknot, kâğıt para; **ˈbank-rate** *n.* banka iskonto haddi, faiz oranı; **bank.rupt** [ˈ~rʌpt] **1.** *n.* iflâs etmiş kimse, müflis; ~'s estate iflâs masası; müflisin malları; **2.** *adj.* müflis, iflâs eden; go ~ iflâs etm.; **3.** *v/t.* iflâs ettirmek, mahvetmek; **bankrupt.cy** [ˈ~rəptsi] *n.* iflâs; declaration of ~ iflâs ilânı; ~ petition iflâs isteği.

ban.ner [ˈbænə] **1.** *n.* bayrak, sancak; **2.** *adj. Am.* çok iyi, mümtaz; ~ **headline** *(gazete)* manşet.

banns [bænz] *n. pl.* resmî ilân *(esp. evlenme)*, askıya alma; put up the ~, publish the ~ resmen ilân etm., askıya almak.

ban.quet [ˈbæŋkwit] **1.** *n.* şölen, ziyafet; **2.** *vb.* ziyafet çekmek *-e*; ~ hall ziyafet salonu.

ban.shee *Scots, Ir.* [bænˈʃiː] *n.* ağlaması o evden ölü çıkacağına işaret sayılan ruh.

ban.tam [ˈbæntəm] *n.* küçük cins tavuk, ispenç; *fig.* ufak tefek kimse; ~ weight *spor:* horoz siklet.

ban.ter [ˈbæntə] **1.** *n.* şaka, takılma, alay; **2.** *vb.* şaka etm., takılmak, eğlenmek; **ˈban.ter.er** *n.* şaka eden kimse.

bap.tism [ˈbæptizəm] *n.* vaftiz, vaftiz ayini; ~ of fire bir askerin ilk girdiği düşman ateşi; *bşin* hoş olmayan ilk deneyimi; **bap.tis.mal** [~ˈtizməl] *adj.* vaftize ait.

Bap.tist [ˈbæptist] *n.* bir hıristiyan tarikatinin mensubu; **ˈbap.tis.ter.y** *n.* *(kilise)* vaftiz bölümü; **bap.tize** [~ˈtaiz] *vb.* *b-ni* vaftiz etm.; ad koymak *-e.*

bar [bɑː] **1.** *n.* çubuk, sırık, kol, kol demiri; engel, mania; *(çikolata, sabun v.b.)* kalıp, parça; nehir ağzında kum ve çakıl seti; *fig.* mâni; engel; ⚔ toka, nişan şeridi; ♪ usul, ölçü, mezur; ⚖ mahkemede dinleyici ve sanıkları diğerlerinden ayıran bölme; bar, içki satılan veya içilen yer, meyhane; ⚖ men'i muhakeme; ⚖ sanık kürsüsü; ⚖ baro; horizontal ~ barfiks; parallel ~s *pl.* barparalel; be called to the ~ ⚖ baroya yazılmak; prisoner at the ~ muhakeme edilen kimse, sanık; behind the ~s hapiste; 2. *v/t.* kapamak, sürgülemek; *bşi* önlemek, yasak etm.; geniş çizgi veya yollar yapmak; 3. *prp.* maada, -den başka; ~ none istisnasız.

barb [baːb] *n.* *(olta iğnesi, ok vs.)* keskin uç; kanca; kuş tüyünün bir kılı; *zo.* sakala benzer kısım; **barbed** *adj.* bir veya daha fazla keskin uçlu, kancalı, dikenli; *(söz)* alaylı ve kırıcı; ~ wire dikenli tel.

bar.bar.i.an [baːˈbɛəriən] 1. *adj.* gaddar, zalim, barbar, medenî olmayan; 2. *n.* barbar, vahşî kimse; yabancı; **bar.bar.ic** [~ˈbærik] *adj.* (~ally) barbarca, vahşîce; uygar olmayan; **bar.ba.rism** [ˈ~bərizəm] *n.* barbarlık, kabalık; alışılmamış kelime veya deyim; **bar.bar.i.ty** [~ˈbæriti] *n.* barbarlık, vahşet, kabalık; **bar.ba.rize** [ˈ~bəraiz] *v/t.* vahşileştirmek; **ˈbar.ba.rous** □ barbarca, vahşî, uygar olmayan; yabancı.

bar.be.cue [ˈbaːbikjuː] 1. *n.* bütün bir hayvanı çeviren ızgara; hayvanın bütün olarak çevrildiği açık hava yemeği; bütün olarak çevrilmiş hayvan; baharlı ve salçalı bir çeşit et yemeği; 2. *v/t.* bu çeşit ızgarada bütün hayvan çevirmek.

bar.bel *ichth.* [ˈbaːbəl] *n.* bir cins bıyıklı balık.

bar.bell [ˈbaːbel] *n.* *spor:* halter.

bar.ber [ˈbaːbə] *n.* berber; ~ shop berber dükkânı.

bard [baːd] *n.* saz şairi, şair, ozan.

bare [bɛə] 1. □ çıplak, açık; boş; sade; yoksul, mahrum (of *-den*); mübalâğasız, basit; 2. *v/t.* açmak, örtüsünü kaldırmak; başını açmak, şapkasını çıkarmak; ˈ~-back(ed) *adj.* eyersiz; ˈ~.faced □ yüzsüz, utanmaz; ˈ~.faced.ness *n.* yüzsüzlük; ˈ~.foot *adj.* & *adv.* yalınayak; ˈ~ˈfoot.ed *adj.* yalınayak; ˈ~-head.ed *adj.* başı açık, şapkasız; **ˈbare.ly** *adv.* sadece, ancak; **ˈbare.ness** *n.* çıplaklık.

bar.gain [ˈbaːgin] 1. *n.* anlaşma, pazarlık; kelepir, elden düşme; ~ price ucuz fiyat, tenzilâtlı fiyat; a (dead) ~ yok pahasına, para ile değil; it's a ~! uyuştuk!, anlaştık!; into the ~ üstelik, caba; make *veya* strike a ~ uzlaşmak; 2. *vb.* pazarlık etm. (about *için/hakkında*); anlaşmak, uyuşmak (for *için*); ~ for düşünmek, hesaplamak, tahmin etm.; **ˈbar.gain.er** *n.* pazarlık eden kimse.

barge [baːdʒ] 1. *n.* mavuna, salapurya; ⚓ tahlisiye sandalı; işkampaviya; 2. *vb.* F sendelemek, sersem sepet gitmek; **barˈgee, barge.man** [ˈ~mən] *n.* mavnacı.

bar-i.ron [ˈbaːaiən] *n.* çubuk halinde demir.

bar.i.tone ♪ [ˈbæritəun] *n.* tenor ile bas arasındaki erkek sesi, bariton.

bar.i.um ⚗ [ˈbɛəriəm] *n.* baryum.

bark[1] [baːk] 1. *n.* ağaç kabuğu; 2. *v/t.* kabuğunu soymak; tabaklamak.

bark[2] [~] 1. *n.* havlama; F öksürük; 2. *v/i.* havlamak; yüksek sesle konuşmak; *sl.* çığırtkanlık yapmak; F öksürmek.

bark[3] [~] *n.* ⚓ = barque; *poet.* sandal, yelkenli gemi.

bar-keep.er [ˈbaːkiːpə] *n.* barmen.

bark.er [ˈbaːkə] *n.* havlayan; çığırtkan.

bar.ley [ˈbaːli] *n.* arpa.

barm [baːm] *n.* bira köpüğü.

bar.maid [ˈbaːmeid] *n.* içki tezgâhında çalışan kız.

bar.man [ˈbaːmən] *n.* *s.* bartender.

barm.y [ˈbaːmi] *adj.* köpüklü; havaî.

barn [baːn] *n.* zahire ambarı; samanlık; *part. Am.* ahır, tavla.

bar.na.cle [ˈbaːnəkl] *n.* gemi diplerine, kayalara yapışan bir cins midye; *fig.* sırnaşık adam, çam sakızı.

barn.storm *Am. pol.* [ˈbaːnstɔːm] *vb.* siyasî konuşmalar yapmak için dolaşmak; **ˈbarn.yard** *n.* ahır ve ambarların çevrelediği avlu.

ba.rom.e.ter [bəˈrɔmitə] *n.* barometre; **bar.o.met.ric, bar.o.met.ri.cal** □ [bærəuˈmetrik(əl)] barometreye ait.

bar.on [ˈbærən] *n.* baron; *esp. Am.* önemli ve güçlü iş adamı; an oil ~ petrol kıralı; **ˈbar.on.ess** *n.* baronun karısı, kadın baron, barones; **bar.on.et** [ˈ~nit] *n.* barondan bir derece aşağı asalet unvanı, baronet; **bar.on.et.cy** [ˈ~nitsi] *n.* baronet payesi; **ba.ro.ni.al** [bəˈrəunjəl] *adj.* barona ait; şaşaalı, debdebeli; **bar.o.ny** [ˈbærəni] *n.* baronun rütbesi.

ba.roque [bəˈrɔk] 1. *n.* barok; 2. *adj.* barok üslûbuna ait, barok; çok süslü, şatafatlı.

barque ⚓ [baːk] *n.* barka.

bar.rack [ˈbærək] 1. *n.* *mst* ~s *pl.* kışla; kışla gibi gösterişsiz bina; 2. *vb. sl.* bağırarak tezahürat yapmak.

bar.rage [ˈbæraːʒ] *n.* baraj, bent, set; ⚔ baraj ateşi; ~ balloon savunmada kullanılan ve yere bağlı balon.

bar.rel [ˈbærəl] 1. *n.* fıçı, varil; *(top, tüfek)* namlu; ⊕ tambura, kasnak; silindir kovanı; 2. *v/t.* fıçıya koymak; '**bar-rel-or.gan** *n.* ♪ laterna.

bar.ren □ ['bærən] kısır; kurak, çorak, verimsiz *(toprak)*; yavan; budala; faydasız; ⚚ atıl, kullanılmayan *(sermaye)*; '**bar.ren.ness** *n.* kısırlık.

bar.ri.cade [bæri'keid] 1. *n.* barikat, siper, engel; 2. *v/t.* siper yapmak; barikat kurmak.

bar.ri.er ['bæriə] *n.* mania, engel *(a. fig)*; çit, bariyer, parmaklık.

bar.ring ['bɑːriŋ] *prp.* hariç, -den maada, olmadığı takdirde.

bar.ris.ter ['bæristə] *n. a.* ~-**at-law** avukat, dava vekili.

bar.row¹ ['bærəu] *s.* **hand-**~, **wheel-**~; ~-**man** ['~mən] *n.* seyyar satıcı.

bar.row² [~] *n.* mezar tümseği, tepe.

bar.tend.er ['bɑːtendə] *n.* meyhanede içki veren kimse, barmen.

bar.ter ['bɑːtə] 1. *n.* değişme, mübadele, trampa; 2. *vb.* takas yapmak; mübadele yolu ile alışveriş yapmak, trampa etm. (for, with *ile*); *b.s.* yahudi pazarlığı etm., bezirgânlık etm.

bar.y.tone ♪ ['bæritəun] *n.* baso ile tenor arası ses, bariton.

ba.salt ['bæsɔːlt] *n.* bazalt, siyah mermer; **ba.sal.tic** [bə'sɔːltik] *adj.* bazalta ait.

base¹ □ [beis] bayağı, alçak; değersiz; sahte, kalp *(para vs.)*.

base² [~] 1. *n.* temel, esas; taban, kaide; ⚔ üs: ⚗ alkali; baz; 2. *v/t. fig.* kurmak, tesis etm.; istinat ettirmek, dayandırmak (on, upon *-e, üzerine*); ~ o.s. on *bşe* dayanmak, istinadetmek *(a. fig.)*; be ~d (up)on *bşden* ileri gelmek, *bşe* bağlı olm.; *bşe* dayanmak.

base...: '~.**ball** *n.* beysbol; '~-**born** *adj.* soylu aileden gelmeyen; piç; alçak, zalim; '~.**less** *adj.* asılsız, temelsiz; '~-**line** *n.* esas alınan çizgi; *(tenis)* ana çizgi; '**base.ment** *n.* temel; bodrum katı, zemin katı.

base.ness [beisnis] *n.* alçaklık, aşağılık.

bash.ful □ ['bæʃful] utangaç, sıkılgan.

bas.ic ['beisik] *adj.* (~ally) esas, temel, esas teşkil eden; ⚗ bazal; ♀ English *(İngilizce öğretiminde)* basit İngilizce; ~ slag fosfatlı bir cins gübre.

basil ⚘ ['bæzl] *n.* fesleğen, reyhan.

ba.sil.i.ca ⩓ [bə'zilikə] *(eski Roma'da)* dikdörtgen şeklinde ve iki tarafı sütunlu, nihayeti yarım daire şeklinde salondan ibaret kilise vs.; bu üslûpta yapılmış katolik kilisesi; bazilik, bazilika.

bas.i.lisk ['bæzilisk] *n. myth.* nefes veya bakışında öldürme gücü olduğuna inanılan yılana benzer yaratık; Güney Amerika kertenkelesi.

ba.sin ['beisn] *n.* leğen, çanak, tas; havuz; havza.

ba.sis ['beisis] *n., pl.* **ba.ses** ['~siːz] esas, temel, dayanak; menşe, kaynak; ⚔, ⚓ üs; take as ~ esas olarak kabul etm.; istinat ettirmek.

bask [bɑːsk] *v/i.* güneşlenmek, ısınmak için ateşe veya güneşe karşı oturmak veya uzanmak; tadını çıkarmak (in *bşin)*.

bas.ket ['bɑːskit] *n.* sepet, küfe, zembil; sepet dolusu; *spor:* sayı, basket; '~-**ball** *n.* basketbol; basketbol topu; ~ **dinner**, ~ **sup.per** *n. Am.* piknik; '**bas.ket-work** *n.* sepet örgüsü.

bass¹ ♪ [beis] *n.* basso, bas.

bass² *ichth.* [bæs] *n.* levrek.

bas.si.net [bæsi'net] *n.* sepet beşik; *(sepet beşiğe benzeyen)* çocuk arabası.

bas.soon ♪ [bə'suːn] *n.* fagot.

bast [bæst] *n.* lif, elyaf.

bas.tard ['bæstəd] 1. □ gayrı meşru *(çocuk)*; sahte; alışılmışın dışında; 2. *n.* piç; *sl.* rezil herif; '**bas.tar.dy** *n.* piçlik.

baste¹ [beist] *v/t. -in* üzerine erimiş yağ dökmek; F dayak atmak *-e*, pataklamak *-i*.

baste² [~] *v/t.* teyellemek *-i*, çatmak *-i*.

bas.ti.na.do [bæsti'neidəu] 1. *n.* falaka; falaka sopası; 2. *v/t.* falaka çekmek *-e*; dayak atmak *-e*.

bas.tion ⚔ ['bæstiən] *n.* kale burcu, tabya; müdafaada güçlü nokta.

bat¹ [bæt] *n.* yarasa; as blind as a ~ tamamen kör.

bat² [~] *spor:* 1. *n. (beysbol, kriket)* sopa, çomak; *(pingpong, tenis)* raket; sert sopa; vurucu *(oyuncu)*; off one's own ~ *fig.* kendiliğinden, yalnız başına; 2. *vb.* sopa ile vurmak; oynamak; ~ for s.o. *b-ne* sahip çıkmak, *b-nin* yardımına koşmak.

batch [bætʃ] *n.* bir ağız *(veya* fırın) ekmek; yığın *(mektup vs.)*.

bate [beit] *vb.* azaltmak *-i*, kısaltmak *-i*, eksiltmek *-i*; *(fiyat)* indirmek; *(nefes, soluk)* tutmak; with ~d breath nefesi kesilerek, soluk soluğa.

bath [bɑːθ] 1. *n. pl.* banyo, hamam; kaplıca; *(fotoğraf, film v.b.)* banyosu; 2. *v/t. (çocuk)* banyo etm., yıkamak; *v/i.* banyo yapmak.

bathe [beið] 1. *v/i. (nehir veya denizde)* yıkanmak; yüzmek; *v/t.* yıkamak *-i*,

banyo etm. -*i*; *bşi* ıslatmak, sulamak.
bath.house [ˈbɑːθhaus] *n.* hamam; soyunma kabini *(plajda)*.
bath.ing [ˈbeiðiŋ] *n.* deniz banyosu, yüzme; **ˈ~-cap** *n.* lâstik başlık, bone; **ˈ~-costume, ˈ~-dress** *n.* mayo; **ˈ~-hut** *n.* soyunma kabini; **ˈ~-maˈchine** *n.* seyyar soyunma kabini; **ˈ~-suit** *n.* mayo.
ba.thos *rhet.* [ˈbeiθɔs] *n.* çok güzel ve asil düşünce veya sözlerdeki ani değişme; beylik veya müptezel konuları işleme.
bath...: **ˈ~.robe** *n. Am.* bornoz; **ˈ~room** *n.* banyo dairesi; tuvalet; **ˈ~-tow.el** *n.* hamam havlusu; **ˈ~.tub** *n.* banyo küveti.
ba.tik [ˈbætik] *n.* batik, kumaşı boyama işi.
ba.tiste [bæˈtiːst] *n.* patiska.
bat.man [ˈbætmən] *n.* emir eri.
ba.ton [ˈbætən] *n.* asa; değnek, sopa, baston; ♪ orkestra şefinin değneği, baton; polis sopası.
bats.man [ˈbætsmən] *n. kriket vs.:* topa vurma sırası kendisinde olan oyuncu.
bat.tal.ion ⚔ [bəˈtæljən] *n.* tabur, müfreze.
bat.ten [ˈbætn] **1.** *n.* pervaz, tiriz, takoz; **2.** *vb.* tiriz çekmek; semir(t)mek (on, upon -*le*); ~ down the hatches ⚓ kaporta ağızlarını kapatmak.
bat.ter [ˈbætə] **1.** *n.* kriket: topa vuran oyuncu; *mutfak:* sulu hamur; **2.** *v/t.* şiddetle vurmak -*e*; dövmek; tahrip etm.; *fig.* durmadan hamle yapmak; ⚔ bombardıman etm.; **ˈbat.tered** *adj.* hırpalanmış, eskimiş; çarpık; **ˈbat.ter.ing ram** *(eski zamanlarda)* kale duvarlarını veya kapılarını kırmak için kullanılan ucu demirli kalın kütük; **ˈbat.ter.y** *n.* ⚔ batarya; ⚡ pil, akümülatör; *beysbol:* atıcı ve tutucu; ⚖ dövme, müessir fiil; dizi, seri; assault and ~ müessir fiil.
bat.tle [ˈbætl] *n.* muharebe, savaş; dövüş; ~ royal korkunç savaş veya mücadele; **2.** *vb.* mücadele etm., savaşmak (for *için*); muharebe etm., çarpışmak (against, with -*e karşı, ile*); **ˈ~-axe** *n.* cenk baltası; *fig.* hırçın kadın.
bat.tle.dore [ˈbætldɔː] *n.* tüylü mantarla oynanan bir oyun; bu oyuna ait raket.
bat.tle-field [ˈbætlfiːld], **ˈbat.tle-ground** *n.* savaş alanı *(a. fig.)*.
bat.tle.ment [ˈbætlmənt] *n.* göğüs siperi; ~s *pl.* siper.
bat.tle-ship ⚔ [ˈbætlʃip] *n.* zırhlı savaş gemisi.
bat.tue [bæˈtuː] *n.* sürgün avı.
bat.ty *sl.* [ˈbæti] *adj.* deli, kaçık.
bau.ble [ˈbɔːbl] *n.* gösterişli fakat değersiz şey, oyun, oyuncak.
baulk [bɔːk] = balk.
baux.ite *min.* [ˈbɔːksait] *n.* boksit.
baw.bee *Scots* [bɔːˈbiː] = halfpenny.
bawd [bɔːd] *n.* pezevenk, genelev patronu; **ˈbawd.y** □ açık saçık, müstehcen.
bawl [bɔːl] *vb.* bağırmak, haykırmak, feryat etm.; ~ out *Am. sl.* fena azarlamak, haşlamak.
bay¹ [bei] **1.** *adj.* doru *(at)*, kızıl kahverengi; **2.** *n.* doru rengi; doru at.
bay² [~] *n.* küçük körfez, koy; ~ salt kaba tuz.
bay³ [~] *n.* ⌂ iki kiriş veya dikme arası; göz, çekme; çıkma, cumba; bölüm, kısım; sick-~ ⚓ gemi hastanesi.
bay⁴ ⚘ [~] n. defne ağacı.
bay⁵ [~] *v/i.* havlamak, ürümek *(köpek)*; ~ at havlamak -*e*; stand at ~ ümitsizlik ve yeis içinde mücadeleye girişmek; bring to ~, keep *veya* hold at ~ sıkıştırmak, yanına kimseyi yaklaştırmamak *(a. fig.)*.
bay.o.net ⚔ [ˈbeiənit] **1.** *n.* süngü, kasatura; **2.** *v/t.* süngülemek; **ˈ~-catch** *n.* ⊕ süngü kilidi.
bay.ou *Am. geogr.* [ˈbaiuː] *n.* bir nehir veya gölün akıntısı az ve bataklıklı kolu.
bay-win.dow [ˈbeiˈwindəu] *n.* cumba; *Am. sl.* çıkıntı *(göbek)*.
ba.zaar [bəˈzɑː] *n.* pazar, çarşı; kermes.
be [biː; bi] *(irr.) vb.* **1.** olmak, bulunmak; mevcut olm., var olm.; hazır olm.; there is *veya* there are var, bulunur; here's to you(r health)! sıhhatinize!, şerefinize!; here you are buyur, al; ha geldin mi?; işte!; as it were gibi, sanki, güya; ~ about ... üzere olm.; ~ after s.o. b-nin peşinde olm., arkasına düşmek; ~ at bulunmak, olmak; ~ off ayrılmak, terketmek; yanılmak; *(mal, bilet vs.)* hepsi satılmış olm.; ~ off with you! defol!; **2.** *v/aux. p. pr. ile etken süreklilik kalıbını meydana getirir;* ~ reading okumakta olm.; I am reading okuyorum; **3.** *v/aux. mastar ile zorunluluk, amaç, olabilirlik bildiren durumlarda:* I am to inform you size bildirmem gerekir; it is (not) to be seen gözükme(me)li; if he were to die ölecek olursa; **4.** *v/aux. p.p. ile edilgen fiil yapmaya yarar:* I am asked benden ...-mam isteniyor.
beach [biːtʃ] **1.** *n.* kumsal, sahil, plâj; **2.** *vb.* ⚓ karaya çekmek; **ˈ~.comb.er** *n.* sahilde yaşayıp düzenli bir işi olmayan

kimse; okyanustan sahile vuran büyük dalga; *fig.* aylak; **'~head** *n.* ⚔ köprübaşı.

bea.con ['bi:kən] **1.** *n.* fener; yüksek bir yerde yakılan işaret ateşi; işaret kulesi; ⚓ nirengi feneri, şamandıra; yaya geçitlerdeki sarı ışık; *fig.* yol gösterici kimse veya şey; **2.** vb. yol göstermek; işaret koymak; *fig.* yol göstermek.

bead [bi:d] **1.** *n.* boncuk, tesbih tanesi; damla, dane; ~s *pl.* tesbih; **2.** *v/t.* *(inci vs. ile)* süslemek; dizmek; *v/i.* *(ter vs.)* tane tane toplanmak; **'bead.ing** *n.* boncuklu işleme.

bea.dle ['bi:dl] *n.* bir kilise görevlisi.

beads.man, beads.wom.an ['bi:dzmən, '~wumən] *n.* dua okuyucu.

bead.y ['bi:di] *adj.* boncuk gibi; küçük, yuvarlak ve parlak *(göz).*

bea.gle ['bi:gl] *n.* tavşan avında kullanılan kısa bacaklı av köpeği.

beak [bi:k] *n.* gaga, bir kabın ağzı; *sl.* kemerli burun; *sl.* hâkim; öğretmen; **beaked** *adj.* gagalı; sivri.

beak.er ['bi:kə] *n.* geniş ağızlı bardak.

beam [bi:m] **1.** *n.* kiriş, direk, mertek, putrel; terazi kolu; ⚓ kemere; şua, ışın *(radyo, güneş)*; **2.** *v/t.* yaymak, neşretmek; *v/i.* parlamak; yayılmak; sevinç içinde gülümsemek; **'~-'ends** *pl.*: the ship is on her ~ gemi alabora olurcasına yan yatmış; on one's ~ *fig.* *(malî açıdan)* sıfırı tüketmiş.

bean [bi:n] *n.* fasulye; tane *(kahve v.b.)*; *Am. sl.* kafa; *sl.* metelik; full of ~s F kanlı canlı, hayat dolu; give s.o. ~s *sl.* dünyanın kaç bucak olduğunu göstermek, marizlemek; **'~-feast, bean.o** *sl.* [bi:nəu] *n.* şenlik.

bear[1] [bɛə] **1.** *n.* ayı, ayıya benzer hayvan; *fig.* hantal, hoyrat kimse; † *sl.* spekülâtör; **2.** *v/t.* borsa fiyatlarını indirmeğe çalışmak; spekülâsyon yapmak.

bear[2] [~] *(irr.)* *v/t.* taşımak, kaldırmak; tahammül etm., katlanmak *-e*; doğurmak *-i*; *(meyva)* vermek; üstüne almak *-i*; ~ away götürmek; meyletmek; ~ down bastırmak, yenmek *-i*; ~ out desteklemek, teyidetmek *-i*; ~ up *(güçlüklere rağmen)* cesareti elden bırakmamak; sabır ve tahammül etm.; *v/i* sabretmek, tahammül etm., dayanmak; ⚓ *(adv. ile)* yönüne dönmek; ~ down upon ⚓ ...yönüne seyretmek; ~ to the right sağa meyletmek; ~ up dayanmak, mukavemet etm. (against *-e*); ~ up! cesaret!; ~ with tahammül etm. *-e*, sabırlı olm. *-e karşı*; bring to ~ harekete getirmek; yönlendirmek (on, upon *-e*).

beard [biəd] **1.** *n.* sakal; ⚘ püskül, başak dikeni; **2.** *v/t.* *b-ne* meydan okumak, karşı gelmek; **'beard.ed** *adj.* sakallı; **'beard-less** *adj.* sakalsız.

bear.er ['bɛərə] *n.* taşıyan kimse; *pasaport;* hâmil, taşıyan kimse; *çek:* hâmil; tabut taşıyan kimse; ⊕ destek.

bear.ing ['bɛəriŋ] *n.* tavır, davranma; ilgi (on *-ile*); etki (on *-e*); tahammül; doğurma, hâsıl etme; ⚓ kerteriz; ~s *pl.* yol, yön; ⊕ yatak; ball ~s *pl.* ⊕ bilyeli yatak; beyond all ~ dayanılmaz; in full ~ iyi durumda, verimli *(ağaç)*; lose one's ~s şaşırmak, nerede olduğunu bilmemek; take one's ~s bulunan yerin yönünü tayin etm..

bear.ish □ ['bɛəriʃ] ayı gibi kaba, hantal; † borsada fiyat indirmeye meyilli, fiyatların düşeceğinden ümitli.

bear.skin ['bɛəskin]*n.* ayı postu; İngiliz ordusunda törenlerde giyilen bir çeşit kalpak.

beast [bi:st] *n.* hayvan *(esp. dört ayaklı)*; vahşî hayvan, canavar *(a. fig)*; ~ of burden yük hayvanı; ~ of prey yırtıcı hayvan; **beast.li.ness** ['~linis] *n.* hayvan gibi davranış; **'beast.ly** *adj.* hayvan gibi; F çok fena; *adv.* çok, aşırı derecede.

beat [bi:t] **1.** *(irr.)* *vb.* tekrar tekrar vurmak, çarpmak; dövmek; *(kalp)* atmak, çarpmak; *(davul vs.)* çalmak; yenmek, galip gelmek; *(yumurta vs.)* çalkamak; üstün olm.; *Am.* F *bşin* önünü almak; yol açmak; *hunt.* sürmek; önüne katmak; ~ it! *Am. sl.* defol!; ~ the band *Am.* F fevkalâde olarak; ~ one's brains zihnini karıştırmak; kafa yormak; parçalanmak; ~ a retreat geri çekilmek, ricat etm.; ~ time ♪ tempo tutmak; ~ one's way *k-ne* yol açmak; ~ down ezmek, çiğnemek; † pazarlıkta fiyat kırmak; ~ up *(yumurta vs.)* çırpmak; F dövmek, galip gelmek; ~ about *bşi* heyecanla ara(ştır)mak; ~ about the bush bin dereden su getirmek; **2.** *n.* vuruş, darbe; *fig.* kalp atışı; ♪ tempo; *(polis v.b.)* devriye; *(davul vs.)* çalma; *Am. gazete:* büyük yankı yaratan bir haberin yayınlanması; = beatnik; **3.** *adj.* F yorgun, yıpranmış; dead ~ bitkin; **'beat.en 1.** *p.p. of* beat 1; **2.** *adj.* dövülmüş; yenik; çok kullanılmış; **'beat.er** *n.* çırpma makinesi *(aracı); hunt.* hayvanları yerinden çıkarıp süren kimse.

be.at.i.fi.ca.tion *eccl.* [bi:ætifi'keiʃən] *n.*

ölünün ruhunu takdis etme; **be'at.i.fy** *v/t.* mutluluğa ulaştırmak; *eccl.* ölünün ruhunu takdis etm.

beat.ing ['bi:tiŋ] *n.* dövme, dayak; yenilgi; give s.o. a good ~ *b-ni* iyice dövmek.

be.at.i.tude [bi:'ætitju:d] *n.* büyük mutluluk, mutlak saadet.

beat.nik ['bi:tnik] *n.* *(1950'li yılların sonu 1960'lı yılların başı)* F bitnik, hipi.

beau [bəu] *n., pl.* **beaux** [~z] modaya uyan adam; sevgili, kavalye.

beau.teous *poet.* ['bju:tjəs] □ güzel, zarif.

beau.ti.ful □ ['bju:təful] güzel, hoş, zarif, latif.

beau.ti.fy ['bju:tifai] *v/t.* güzelleştirmek, süslemek.

beau.ty ['bju:ti] *n.* güzellik *(a. güzel kadın)*; F mükemmel, nefis şey; ~ parlo(u)r, ~ shop güzellik salonu, kuaför salonu; ~ sleep güzellik uykusu; ~ spot *(yüzdeki)* ben; güzel manzaralı yer.

bea.ver ['bi:və] *n.* kunduz; kastor *(kürk)*; kastor şapka.

be.bop ♪ *Am.* ['bi:bɔp] *n.* bir tür caz müziği.

be.calm [bi'ka:m] *v/t.* teskin etm., yatıştırmak; rüzgârsızlıktan kımıldatamamak; be ~ed *(yelkenli)* rüzgârsızlıktan kımıldanamamak.

be.came [bi'keim]*pret. of* become.

be.cause [bi'kɔz] *cj.* çünkü, zira, diği için, -den dolayı, sebebiyle; ~ of -den dolayı, sebebiyle, yüzünden.

beck [bek] *n.* işaret; at one's ~ and call *b-nin* emrine amade.

beck.on ['bekən] *v/t.* işaret etm. *-e.*

be.cloud [bi'klaud] *v/t.* bulutlandırmak, karartmak.

be.come [bi'kʌm] *(irr.) v/i.* olmak; *v/t.* yakışmak, gitmek *-e*; what has ~ of him o ne oldu?, o şimdi ne halde?; **be'coming** □ uygun; yakışık.

bed [bed] **1.** *n.* yatak, yatacak yer, karyola; *(nehir vs.)* yatak; *(hayvan)* in; F sevişme; ✓ tarh, çiçeklik; *(arazi)* tabakat, kat; be brought to ~ of çocuk dünyaya getirmek; ~ and board yiyecek ve yatacak yer, iaşe ve ibate; take to one's ~ yatağa düşmek; as you make your ~ so you must lie on it kişi yaptıklarına katlanmalı; **2.** *v/t.* yatırmak, yerleştirmek; misafir etm.; *v/i.* yatmak; ✓ ~ (out) dikmek, ekmek.

be.daub [bi'dɔ:b] *v/t.* bulaştırmak, sürmek, karalamak.

be.dazzle [bi'dæzl] *v/t.* kamaştırmak *-i.*

bed...: **'~cham.ber** *n.* yatak odası; **'~-clothes** *n. pl.* yatak takımı *(örtü, battaniye v.b.)*.

bed.ding ['bediŋ] *n.* yatak takımı; hayvan yatağı.

be.deck [bi'dek] *v/t.* süslemek, donatmak (with *ile*).

be.dev.il [bi'devl] *v/t.* çıldırtmak, çileden çıkarmak; bozmak, berbadetmek; **be'dev.il.ment** *n.* çileden çıkartma.

be.dew [bi'dju:] *v/t.* çiğ taneleri ile ıslatmak; *poet.* ıslatmak, nemlendirmek.

bed.fel.low ['bedfeləu] *n.* yatak arkadaşı; yakın arkadaş.

be.dight † [bi'dait] *v/t.* süslemek.

be.dim [bi'dim] *v/t.* karartmak, bulutlandırmak.

be.diz.en [bi'daizn] *v/t.* süsleyip püslemek, kabaca süslemek.

bed.lam ['bedləm] *n.* tımarhane; son derece gürültülü yer veya faaliyet, çıfıt çarşısı; **bed.lam.ite** ['~mait] *n.* akıl hastası, kaçık.

bed-lin.en ['bedlinin] *n.* yatak takımları.

Bed.ou.in ['beduin] *n. & adj.* bedevî.

bed-pan ['bedpæn] *n.* yatak lâzımlığı.

be.drag.gle [bi'drægl] *v/t.* *(elbise vs.)* kirletmek, bulaştırmak.

bed...: **'~.rid(.den)** *adj.* yatalak; **'~-'rock** *n. geol.* üstündeki toprağa destek olan asıl kaya; *fig.* temel, esas; **'~.room** *n.* yatak odası; **'~.side** *n.* yatak yanı, başucu; good ~ manner doktorun hastaya iyi davranması; ~ lamp gece lambası; ~ rug kaliçe, karyola halısı; ~ table komodin; **'~'sit.ter** F, **'~-'sit.ting-room** *n.* hem oturma hem de yatma için kullanılan oda; **'~.sore** *n.* ⚕ uzun zaman yatmaktan ileri gelen yatak yarası; **'~.spread** *n.* yatak örtüsü; **'~-stead** *n.* karyola, kerevet; **'~.tick** *n.* yatak yüzü; **'~.time** *n.* yatma zamanı.

bee [bi:] *n.* arı; *Am.* toplu çalışma toplantısı; arkadaşlar arasında yapılan yarışma; have a ~ in one's bonnet F kafasını *bşe* takmak, *bşle* bozmak.

beech ⚘ [bi:tʃ] *n.* kayın ağacı; **'~.nut** *n.* kayın kozalağı.

beef [bi:f] **1.** *n.* sığır eti; F adele gücü; *sl. şikâyet;* **2.** *Am.* F *vb.* şikâyet etm.; **'~.eat.er** *n.* Londra Kalesi bekçisi; **'~.steak** ['bi:f'steik] *n.* biftek; **'~-'tea** *n.* sığır eti suyu; **'beef.y** *adj.* etli butlu, iri yarı.

bee...: **'~.hive** *n.* arı kovanı; **'~-keep.er** *n.* arı yetiştiricisi; **'~-keep.ing** *n.* arıcılık; **'~-line** *n.* en kısa yol; make a ~ for *bşe* en kısa yoldan ulaşmak.

been [bi:n, bin] *p.p. of* be.

beer [biə] *n.* bira; small ~ hafif bira; F önemsiz şey; he thinks no small ~ of himself sanki küçük dağları o yarattı; **'beer.y** *adj.* F bira etkisiyle sarhoş olan.
bees.wax ['bi:zwæks] **1.** *n.* balmumu; **2.** *v/t.* balmumu ile cilâlamak.
beet ⚘ [bi:t] *n.* pancar; white ~ şeker pancarı.
bee.tle¹ ['bi:tl] **1.** *n.* şahmerdan, kazık tokmağı; **2.** *v/t.* şahmerdan veya tokmakla kakmak, tokmaklamak.
bee.tle² [~] *n.* kınkanatlılardan herhangi bir böcek.
bee.tle³ [~] **1.** *adj.* üstünden sarkan, taşan; **2.** *v/i.* *bşin* üstünden sarkmak, taşmak.
beet.root ['bi:tru:t] *n.* pancar.
beet-sug.ar ['bi:tʃugə] *n.* pancar şekeri.
beeves [bi:vz] *pl. of* beef.
be.fall [bi'fɔ:l] (*irr.* **fall**) *v/i.* zuhur etm., vuku bulmak; *v/t.* *-in* başına gelmek.
be.fit [bi'fit] *v/t.* uygun olm. *-e*, münasip olm. *-e*, yakışmak *-e*; **be'fit.ting** □ uygun, münasip.
be.fog [bi'fɔg] *v/t.* sisle kaplamak, dumanlandırmak.
be.fool [bi'fu:l] *v/t.* aldatmak, saptırmak.
be.fore [bi'fɔ:] **1.** *adv.* *yer:* önde, ileride, *-in* önünde, önüne; *zaman:* önce, evvel, daha önce; **2.** cj. *-den* önce; **3.** prp. *-in* huzurunda, huzuruna, yerine; be ~ one's time bir önceki çağda olm.; be ~ s.o. *fig.* gözü önünde bulunmak; ~ long çok geçmeden, az zamanda; ~ now şimdiye kadar; the day ~ yesterday evvelki gün; **be'fore.hand** *adv.* önce, önceden.
be.foul [bi'faul] *v/t.* kirletmek, pislemek.
be.friend [bi'frend]*v/t.* dostça hareket etm., yardım etm. *-e*.
beg [beg] *v/t.* dilemek, istemek, rica etm. (of *-den*); *v/i.* dilenmek (for s.th. of s.o. *-den bş*); *(köpek)* salta durmak; I ~ to inform you † saygılarımla bildiririm; go ~ging *fig.* isteklisi, alıcısı olmamak.
be.gan [bi'gæn] *pret. of* begin.
be.get [bi'get] *(irr.)* *v/t.* *-in* babası olm., doğurmak; sebep olm.; **be'get.ter** *n.* meydana getiren kimse, baba.
beg.gar ['begə] **1.** *n.* dilenci; F adam, biri; çapkın; **2.** *v/t.* dilendirmek, sefalete düşürmek; *fig.* aşmak; it ~s all description tarif edilemez, kelimeler yetersiz kalır; **beg'gar.ly** *adj.* dilenci gibi; komik derecede az; **beg'gar.y** *n.* aşırı yoksulluk; reduce to ~ aşırı yoksulluğa düşmek.
be.gin [bi'gin] *(irr.)* *vb.* başlamak *-e*; meydana gelmek; başlatmak, önayak olm.; to ~ with ilk olarak, evvelâ; **be'ginner** *n.* yeni başlayan, başlayıcı; **be'ginning** *n.* başlangıç; menşe; baş, esas; from the ~ başlangıçtan.
be.gird [bi'gə:d] (*irr.* gird) *v/t.* kuşatmak, çevirmek.
be.gone [bi'gɔn] *int.* defol!, yıkıl!
be.go.ni.a ⚘ [bi'gəunjə] *n.* begonya.
be.got ,**be.got.ten** [bi'gɔt(n)] *pret.* & *p.p. of* beget.
be.grime [bi'graim] *v/t.* kirletmek, pisletmek.
be.grudge [bi'grʌdʒ] *v/t.* vermek istememek; çok görmek; *bşi* esirgemek *-den*.
be.guile [bi'gail] *v/t.* baştan çıkarmak, aldatmak (of, out of *-de*); hoşça vakit geçirmek (by, with); ~ s.o. into *b-ni bşle* kandırmak, aldatmak.
be.gun [bi'gʌn] *p.p. of* begin.
be.half [bi'hɑ:f]: on *veya* in ~ of adına, namına; lehinde.
be.have [bi'heiv] *v/t.* davranmak, hareket etm.; ~ o.s. terbiyesini takınmak, iyi hareket etm.; **be'hav.io(u)r** [~jə] *n.* davranış, tavır, muaşeret; be on one's good *veya* best ~ en iyi davranışı ortaya koymağa çalışmak; be of good ~ ⚖ iyi davranış göstermek; **be'hav.io(u)r.ism** *n.* *psych.* davranışçılık kuramı.
be.head [bi'hed] *v/t.* *-in* başını kesmek; **be'head.ing** *n.* *-in* başını kesme.
be.hest *poet.* [bi'hest] *n.* emir, buyruk.
be.hind [bi'haind] **1.** *adv.* geri, geride, geriye, arkada kalan; **2.** *prp.* arkada; *-in* arkasında, arkasına, *-in* gerisinde, geri; *s.* time; **be'hind.hand** *adv.* & *adj.* gecikmiş, geride.
be.hold [bi'həuld] **1.** (*irr.* hold) *v/t.* görmek; bakmak *-e*; **2.** *int.* işte!, bak!; **be'hold.en** *adj.* borçlu, medyun; **be'hold.er** *n.* seyirci.
be.hoof [bi'hu:f] *n:* to (for, on) (the) ~ of *-in* menfaatine, çıkarına.
be.hoove *Am.* [bi'hu:v] = behove.
be.hove [bi'həuv]: it ~s s.o. to *inf.* ...*için* gereklidir.
beige [beiʒ] **1.** *n.* bej *(kumaş)*; **2.** *adj.* bej *(renk)*.
be.ing ['bi:iŋ] *n.* oluş; varlık; mahlûk, yaratık; in ~ bilfiil mevcut; come into ~ meydana çıkmak, vücut bulmak.
be.la.bo(u)r [bi'leibə] *v/t.* dil uzatmak *-e*; adamakıllı dövmek *-i*.
be.laid [bi'leid] *pret.* & *p.p. of* belay.
be.lat.ed □ [bi'leitid] gecikmiş, geç kalmış.
be.lay [bi'lei] **1.** *(irr.)* *v/t.* ⚓ *(halat)* bağ

lamak, volta etm.; *mount.* emniyete almak; **2.** *n.* *mount.* güvenlik çıkıntısı.

belch [beltʃ] **1.** *v/i.* geğirmek; *v/t.* püskürtmek, fırlatmak; **2.** *n.* geğirme; fırlatma, püskürtme.

bel.dam *contp.* [ˈbeldəm] *n.* kocakarı; nine.

be.lea.guer [biˈliːgə] *v/t.* kuşatmak, muhasara etm..

bel.fry [ˈbelfri] *n.* çan kulesi, çan kulesi sahanlığı.

Bel.gian [ˈbeldʒən] **1.** *adj.* Belçika'ya ait; **2.** *n.* Belçikalı.

be.lie [biˈlai] *v/t.* yalancı çıkarmak, yalanlamak.

be.lief [biˈliːf] *n.* inanç, iman, itikat; güven (in *-e*); past all ~ inanılmaz; to the best of my ~ benim bildiğime göre.

be.liev.a.ble ☐ [biˈliːvəbl] inanılır.

be.lieve [biˈliːv] *v/t.* inanmak *-e*; zannetmek *-i*; *v/i.* itimat etm., güvenmek, inanmak (in *-e*); ~ in iman etm. *-e*, itimat etm. *-e*; **beˈliev.er** *n.* inanan, inançlı, mümin.

be.lit.tle [biˈlitl] *v/t.* *fig.* küçültmek, küçümsemek.

bell¹ [bel] **1.** *n.* zil, çıngırak, çan, kampana; çan şeklinde olan şey; **2.** *v/t.* ~ the cat başkalarının yanaşamadığı tehlikeli bir işi başarmak.

bell² [~] *v/i.* (geyik) bağırmak.

bell.boy *Am.* [ˈbelbɔi] *n.* otellerde oda servisi yapan çocuk, otel oğlanı.

belle [bel] *n.* güzel ve çekici kadın, dilber.

belles-let.tres [ˈbelˈletr] *n. pl.* edebiyat; edebiyatın seçme örnekleri.

bell...: **ˈ~-flow.er** *n.* çançiçeği; **ˈ~-found.er** *n.* çan dökümcüsü; **ˈ~-glass** *n.* cam kılıf; fanus, karpuz; **ˈ~.hop** *n.* *Am. sl.* otel oğlanı.

bel.li.cose [ˈbelikəus] *adj.* kavgacı, dövüşken; savaşmayı seven.

bel.lied. [ˈbelid] *adj.* göbekli.

bel.lig.er.ent [biˈlidʒərənt] **1.** *adj.* muharip; kavgacı, münakaşacı; harbe meyilli; **2.** *n.* harpte taraflardan biri.

bel.low [ˈbeləu] **1.** *v/i.* böğürmek; bağırmak; **2.** *n.* böğürme, bağırma.

bel.lows [ˈbeləuz] *n. pl.*: (a pair of) ~ körük; *phot.* körük.

bell...: **ˈ~-pull** *n.* çan ipi; **ˈ~-push** *n.* elektrikli zil düğmesi; **ˈ~-weth.er** *n.* sürünün önünden giderek ona kılavuzluk eden koç ya da teke, kösemen.

bel.ly [ˈbeli] **1.** *n.* karın; vücudun bu kısmı gibi yuvarlak veya şişkin olan şey; ~ landing ✈ gövde üstüne iniş; **2.** *vb.* şiş(ir)mek; **bel.ly.ful** F [ˈ~ful] *n.* haddinden fazla.

be.long [biˈlɔŋ] *v/i.* ait olm., mensup olm. (to *-e*); **beˈlong.ings** *n. pl.* eşya; F pılı pırtı.

be.lov.ed [biˈlʌvd] **1.** *adj.* sevgili, aziz; **2.** [mst. ~vid] *n.* sevgili.

be.low [biˈləu] **1.** *adj.* aşağıda, aşağı; *-in* altında; yeryüzünde; **2.** *prp.* *-den* aşağı.

belt [belt] **1.** *n.* kayış; kuşak, kemer, bel kayışı; ⚔ kılıç kayışı; palaska; şerit; bölge; ⊕ transmisyon kayışı; *sl.* çok hızlı araba yolculuğu; hit below the ~ kahpece hareket etm.; **2.** *v/t.* kemer bağlamak; kayışla dövmek; ~ out *Am.* F yüksek sesle şarkı söylemek.

be.moan [biˈməun] *v/t.* *bş* için keder etm., üzüntüsünü belirtmek, *b-nin* yasını tutmak.

bench [bentʃ] *n.* sıra, bank; yargıç kürsüsü; mahkeme; yargıçlar heyeti; tezgâh; *s.* treasury; **ˈbench.er** *n.* baronun idare meclisi üyesi.

bend [bend] **1.** *n.* kavis, dönemeç, viraj; kıvırma, kıvrım; ⚓ bağ, düğüm; **2.** *(irr.)* *v/t.* bükmek, eğriltmek, kıvırmak; *b-ni* ikna etm., yola getirmek; ⚓ bağlamak; *v/i.* bükülmek, eğilmek, çevrilmek; teslim olm., râm olm.; *s.* bent¹ 1.

be.neath [biˈniːθ] = below.

ben.e.dick [ˈbenidik] *n.* evlenen yaşı ilerlemiş bekâr; yeni evli adam.

Ben.e.dic.tine [beniˈdiktin] *n.* Sen Benuva tarikatından rahip; [~tiːn] bir cins likör.

ben.e.dic.tion *eccl.* [beniˈdikʃən] *n.* takdis, takdis duası.

ben.e.fac.tion [beniˈfækʃən] *n.* iyilik, ihsan, hayır; **ben.e.fac.tor** [ˈ~tə] *n.* iyilik eden, velinimet; **ben.e.fac.tress** [ˈ~tris] *n.* iyilik eden kadın.

ben.e.fice [ˈbenifis] *n.* papazlık maaşı ve makamı; **be.nef.i.cence** [biˈnefisəns] *n.* iyilik, lütuf, hayır; **beˈnef.i.cent** ☐ hayır sahibi, lütufkâr.

ben.e.fi.cial ☐ [beniˈfiʃəl] hayırlı; yararlı (to *-e*); ~ interest ⚖ faydalanma hakkı; **ben.eˈfi.ci.ar.y** *n.* lehtar, faydalanan kimse.

ben.e.fit [ˈbenifit] **1.** *n.* yarar, fayda, menfaat, kâr; hayır için verilen konser *vs.*; yetki; for the ~ of lehine; yararına, menfaatine; **2.** *v/t.* yaramak, faydalı olm. *-e*; *v/i.* istifade etm., faydalanmak (by, from *-den*).

be.nev.o.lence [biˈnevələns] *n.* iyilikseverlik; yardım, sadaka; **beˈnev.o.lent** ☐ iyi dilekli ,hayırhah; kâr gayesi gütmeyen.

be.night.ed ☐ [biˈnaitid] gece karanlığın-

da kalmış; *fig.* cahil, karanlıkta kalmış.
be.nign □ [biˈnain] yumuşak huylu, iyi kalpli, şefkatli, ⚕ tehlikesiz, selim; **be·nig.nant** □ [biˈnignənt] iyi huylu, müşfik; **beˈnig.ni.ty** *n.* yumuşaklık, iyi kalplilik.
bent¹ [bent] **1.** *pret & p.p. of* bend 2; ~ on azmetmek *-e*, çok istemek *-i*; **2.** *n.* eğim; meyil, temayül; to the top of one's ~ canı istediği kadar.
bent² ⚘ [~] *n.* birkaç tür sert çimen.
be.numb [biˈnʌm] *v/t.* uyuşturmak, hissini iptal etm..
ben.zene ⚗ [ˈbenziːn] *n.* benzol.
ben.zine ⚗ [ˈbenziːn] *n.* benzin.
be.queath [biˈkwiːð] *v/t.* vasiyet etm., terketmek, vasiyetle bırakmak.
be.quest [biˈkwest] *n.* vasiyetname ile bırakılan şey, menkul vasiyeti.
be.reave [biˈriːv] *(irr.) v/t.* mahrum etm. *-den*, elinden almak (of *-i*); be ~d of ölüm nedeniyle mahrum kalmak *-den*; ~d *adj.* geride kalan, ölen kişinin yakını; **beˈreave.ment** *n.* elemli kayıp *(ölüm)*; mahrumiyet *-den*.
be.reft [biˈreft] *pret. & p.p. of* bereave.
be.ret [ˈberei] *n.* bere.
berg [bəːg] = iceberg.
ber.ry [ˈberi] *n. (küçük meyva)* tane.
berth [bəːθ] **1.** *n. (vapur, tren, uçak)* ranza, yatak; ⚓ geminin rıhtımdaki demir yeri; iş, görev; give s.o. a wide ~ *-den* uzak durmak, *-den* kaçınmak; **2.** *v/t.* gemiye yer vermek; rıhtıma yanaştırmak; yatacak yer vermek.
ber.yl *min.* [ˈberil] *n.* bir tür zümrüt.
be.seech [biˈsiːtʃ] *(irr.) v/t.* istirham etm., yalvarmak *-e*; **beˈseech.ing** □ yalvaran; **beˈseech.ing.ly** *adv.* yalvararak.
be.seem [biˈsiːm] *v/t.* yakışmak, yaraşmak, uymak; yakışık almak.
be.set [biˈset] *(irr.* set*) v/t.* kuşatmak, sarmak; *(savaş)* kuşatıp saldırıya hazır olm.; ~ting sin insanın yakasını bırakmayan hata veya günah.
be.side [biˈsaid] **1.** *adv. s.* besides; **2.** *prp.* *-in* yanın(d)a, *-in* tarafın(d)a *(a. fig.)*; *-e* nazaran, üstelik; *-den* başka, *-in* dışında; ~ o.s. kendinden geçmiş, çılgın (with *-den*, *-den dolayı*); ~ the purpose amaca uymıyan; ~ the question konu ile ilgili olmıyan, sadet dışı; **beˈsides** [~dz] **1.** *adv.* bundan **başka, ayrıca; üstelik**; **2.** *prp.* *-den* başka, *-den* gayrı, *-den* hariç.
be.siege [biˈsiːdʒ] *v/t.* kuşatmak, muhasara etm.; *fig.* musallat olm., sıkıntı vermek, baskı altında tutmak; **beˈsieg.er** *n.* kuşatan kimse.
be.slob.ber [biˈslɔbə] *v/t.* salya bulaştırmak.
be.smear [biˈsmiə] *v/t.* kirletmek, bulaştırmak.
be.smirch [biˈsməːtʃ] *v/t.* lekelemek, şerefine halel getirmek.
be.som [ˈbiːzəm] *n.* çalı süpürgesi.
be.sot.ted [biˈsɔtid] *adj.* sarhoş *(a. fig.)*.
be.sought [biˈsɔːt] *pret. & p.p. of* beseech.
be.spat.ter [biˈspætə] *v/t.* çamur sıçratmak, lekelemek; *fig.* iftira etm., çamur atmak.
be.speak [biˈspiːk] *(irr.) v/t.* göstermek, *bşe* delâlet etm.; tutmak, rezerve ettirmek.
be.spoke [biˈspəuk] *pret. of* bespeak; *adj.*: ~ tailor ısmarlama elbise yapan terzi; **beˈspo.ken** *p.p. of* bespeak.
be.sprin.kle [biˈspriŋkl] *v/t.* serpmek, saçmak.
best [best] **1.** *adj.* **en iyi, en çok, en uygun**; ~ man sağdıç; the ~ part of çoğunluğu; *s.* seller; **2.** *adv.* en iyi şekilde; en çok; **3.** *n.* en iyisi; Sunday ~ pazarlık elbise, yabanlık; all for the ~ belki de daha iyi; to the ~ of son derece, haddinden fazla; have *veya* get the ~ of yenmek, alt etm. *-i*; make the ~ of mümkün olduğu kadar yararlanmak *-den*; to the ~ of my knowledge bildiğime göre; at ~ olsa olsa, ancak; en çok; **4.** *v/t.* F yenmek, hakkından gelmek.
be.ste(a)d [biˈsted]: hard ~ müşkül durumda.
bes.tial □ [ˈbestjəl] hayvan gibi, hayvanca; çok kaba; vahşî; **bes.ti.al.i.ty** [~tiˈæliti] *n.* hayvanlık; vahşîlik.
be.stir [biˈstəː] *v/t.* harekete getirmek, kımıldatmak.
be.stow [biˈstəu] *v/t.* vermek, hediye etm.; bağışlamak (on, upon *-e*); yerlestirmek, koymak; **beˈstow.al, beˈstow·ment** *n.* verme, ihsan.
be.strew [biˈstruː] *(irr.* strew*) v/t.* saçmak; kaplamak (with *-le*).
bet [bet] **1.** *n.* bahis, iddia; **2.** *(irr.) vb.* bahse girmek, bahis tutuşmak; iddia etm.; you ~ F elbette, şüphesiz; I ~ you a shilling bir şilinine bahse girerim.
be.take [biˈteik] *(irr.* take*) v/t.*: ~ o.s. to gitmek, müracaat etm.
be.think [biˈθiŋk] *(irr.* think*) v/t.*: ~ o.s. düşünmek, hatırlamak (of *-i*).
be.tide [biˈtaid] *vb.* başına gelmek, vuku bulmak, woe ~ him! Allah kahretsin!
be.times [biˈtaimz] *adv.* erken, erkenden.

be.to.ken [bi'təukən] *v/t.* delâlet etm., göstermek.
be.tray [bi'trei] *v/t.* ihanet etm., ele vermek; ifşa etm., ağzından kaçırmak; göstermek, ortaya koymak; yanlış yola sevketmek; **be'tray.al** *n.* hıyanet, ele verme, ifşa; ~ of trust emniyeti suiistimal, inancı kötüye kullanma; **be'tray.er** *n.* hain, gammaz.
be.troth [bi'trəuð] *v/t.* nişanlamak (to *ile*); the ~ed nişanlı; **be'troth.al** *n.* nişan.
bet.ter¹ ['betə] **1.** *adj.* daha iyi, daha güzel; daha çok; he is ~ daha iyi; get ~ iyileşmek; **2.** *n.* daha iyisi; ~s *pl.* mafevk, kendinden üstün kimseler; get the ~ of yenmek *-i*, üstün olm. *-den;* **3.** *adv.* daha iyi bir şekilde, daha çok; be ~ off daha iyi durumda olm.; so much the ~ daha iyi; isabet! you had ~ go gitsen iyi olacak; think ~ of it fikrini değiştirmek, vazgeçmek; **4.** *v/t.* iyileştirmek, ıslah etm.; ~ o.s. *(ücret vs.)* daha iyi şekle sokmak; *v/i.* iyileşmek, ıslah olunmak.
bet.ter² [~] *n.* bahse giren kimse.
bet.ter.ment ['betəmənt] *n.* ıslah, iyileştirme.
be.tween [bi'twi:n], *poet & prov. a.* **betwixt** [bi'twikst] **1.** *adv.* araya, arada, ortaya, ortada; betwixt and ~ ikisinin ortası, ne bu ne o; in ~ sallantıda; far ~ nadir, seyrek; **2.** *prp.* *-in* arasına, arasında, aralarında, ortasına, ortasında; ~ ourselves aramızda; **be'tween-decks** *n.* ⚓ ara güverte.
bev.el ['bevəl] **1.** *adj.* mail, eğik, şevli; **2.** *n.* ⊕ şev, açı, eğim; **3.** *v/t.* şev vermek, eğik olarak kesmek; **'~-wheel** *n.* ⊕ konik dişli çark.
bev.er.age ['bevəridʒ] *n.* içecek, meşrubat.
bev.y ['bevi] *n.* kuş sürüsü; küme, zümre, takım; a ~ of beauties bir sürü güzel kadın.
be.wail [bi'weil] *v/t.* ağlamak *-e*; hayıflanmak *-e*; *v/i.* sızlanmak.
be.ware [bi'wɛə] *v/i.* dikkatli olm; sakınmak, korunmak (of *-den*); *int.* dikkat!, sakın!
be.wil.der [bi'wildə] *v/t.* şaşırtmak, hayrette bırakmak; sersemletmek; **be'wilder.ment** *n.* şaşkınlık, hayret.
be.witch F [bi'witʃ] *v/t.* büyülemek, teshir etm.; **be'witch.ment** *n.* büyü, cazibe.
be.yond [bi'jɔnd] **1.** *adv.* öbür tarafta, öte, öteye, ötede, ileri; **2.** *prp.* *-in* ötesine, ötesinde, karşısında; *-den* ötede; *-in* dışında, üstünde, haricin(d)e; ~ doubt şüphesiz; ~ endurance tahammülfersa, dayanılmaz; ~ measure hadsız, hesapsız, ifrat derecede; ~ dispute malûm, su götürmez, inkâr edilemez; ~ words ifade edilemez; it is ~ me anlamıyorum, buna aklım ermez.
bi... [bai] *prefix* iki kere, ikişer, iki...
bi.as ['baiəs] **1.** *adj. & adv.* meyilli, çapraz; **2.** *n.* meyil, temayül; peşin hüküm; *terzilik:* verev kesme; **3.** *v/t.* meylettirmek; *(aleyhte)* tesir ve nüfuz altında bulundurmak; ~sed *adj.* taraf tutan, bitaraf olmıyan.
bib [bib] *n.* mama önlüğü; iş önlüğünün üst kısmı.
Bi.ble [baibl] *n.* Mukaddes Kitap, Tevrat, Zebur ve İncil.
bib.li.cal □ ['biblikəl] Kitabı Mukaddes'e ait.
bib.li.og.ra.pher [bibli'ɔgrəfə] *n.* bibliyografya bilgini *veya* uzmanı; **bib.li.o.graphic, bib.li.o.graph.i.cal** [~əu'græfik(əl)] *adj.* bibliyografyaya ait; **bib.li.og.ra.phy** [~'ɔgrəfi] *n.* bibliyografya; **bib.li.o.mani.a** [~əu'meinjə] *n.* kitap merakı; **bib.li.o.ma.ni.ac** [~əu'meiniæk] *n. & adj.* kitap kolleksiyonu yapan; kitap delisi; **bib.li.o.phile** ['~əufail] *n.* *kitap* seven kimse.
bib.u.lous □ ['bibjuləs] ayyaş, içkiye düşkün, bekri; suyu çekici.
bi.car.bon.ate ⚗ [bai'ka:bənit] *n.* bikarbonat; ~ of soda bikarbonat de süt, soda.
bi.ceps ['baiseps] *n.* pazı; *fig.* güç, kuvvet.
bick.er ['bikə] *v/i.* kavga etm., çekişmek, dalaşmak; *(alev)* parıldamak; *(akarsu, yağmur)* şırıldamak; **'bick.er.ing(s** *pl.*) *n.* çirkin didişme, atışma.
bi.cy.cle ['baisikl] **1.** *n.* bisiklet; ride a ~ = **2.** *v/i.* bisiklete binmek, bisikletle dolaşmak.
bid [bid] **1.** *(irr.)* *v/t.* emretmek, hükmetmek; demek, söylemek; davet etm.; *müzayede:* fiyat artırmak; *briç:* deklarasyon yapmak; teklif vermek; ~ fair to *int.* ihtimal dahilinde olm., vadetmek; ~ farewell vedalaşmak (to *ile*); ~ up fiyat artırmak; ~ welcome «Hoş geldin» demek; **2.** *n.* teklif; girişim, teşebbüs (to *inf.* *-e*); briç: deklarasyon; davet; make a ~ for *bşi* elde etmeğe çalışmak, girişimde bulunmak; no ~ *iskambil:* pas; **'bid.den** *p.p. of* bid; **'bid.der** *n.* teklif veren kimse; *s.* high, low; **'bid.ding** *n.* artırma; emir; davet; *briç:* deklarasyon serisi.
bide [baid] *vb.:* ~ one's time uygun zamanı beklemek.
bi.en.ni.al [bai'eniəl] □ iki yılda bir olan.

bier [biə] *n.* cenaze teskeresi.

bi.fur.cate [ˈbaifəːkeit] *v/i. (yol, nehir vs.)* iki kola ayrılmak, çatallanmak; **bifurˈca.tion** *n.* iki kola ayrılma.

big [big] *adj.* büyük, kocaman, iri; F önemli, etkili; gebe *(a. fig.* with *-e)*; ♀ Ben İngiliz parlamento binasındaki büyük saat kulesi; ~ business büyük sermayeli ticaret; ~ shot F kodaman; ~ stick *Am.* gözünü korkutma, gözdağı verme; ~ top sirk çadırı, sirk *(a. fig.)*; talk ~ F yüksekten atmak, atıp tutmak.

big.a.mous □ [ˈbigəməs] iki kadınla evli olan; iki karılılık suçunu işlemiş olan; **ˈbig.a.my** *n.* iki kadınla evlilik, iki karılılık.

bight ⚓ [bait] *n.* körfez, koy; halat bedeni.

big.ness [ˈbignis] *n.* büyüklük, irilik.

big.ot [ˈbigət] *n.* mutaassıp kimse; dar görüşlü kimse; **ˈbig.ot.ed** □ mutaassıp; dar görüşlü; **ˈbig.ot.ry** *n.* dar kafalılık.

big.wig F *co.* [ˈbigwig] *n.* kodaman, önemli kimse.

bike F [baik] *n.* bisiklet.

bi.lat.er.al □ [baiˈlætərəl] iki taraflı, iki cepheli.

bil.ber.y ⚘ [ˈbilbəri] *n.* yaban mersini.

bile [bail] *n.* safra; huysuzluk, terslik; ~-stone *n.* ⚕ safra kesesi taşı.

bilge [bildʒ] *n.* ⚓ sintine, sintine suyu, karina; *sl.* saçmalık, herze.

bi.lin.gual [baiˈliŋgwəl] *n.* & *adj.* iki dili aynı derecede konuşan, iki dilli.

bil.ious □ [ˈbiljəs] safraya ait; safralı; *fig.* huysuz, aksi.

bilk [bilk] *v/t.* dolandırmak, aldatmak.

bill¹ [bil] **1.** *n.* gaga; sivri uc; **2.** *v/i.* sevişip koklaşmak.

bill² [~] **1.** *n.* hesap pusulası, fatura, kambiyo senedi, poliçe, bono, tahvil; *Am.* banknot, kâğıt para; kanun lâyihası, kanun tasarısı; dilekçe; afiş; basılı program; ~ of exchange kambiyo senedi, poliçe, tahvil; ~ of fare yemek listesi, mönü; ~ of health sağlık belgesi; ~ of lading konşimento, yükleme evrakı; ~ of sale satış bordrosu veya senedi; ~ of rights insan hakları beyannamesi; **2.** *v/t.* faturasını yapmak; ilân etm.; programa almak; *Am.* kaydetmek, tescil etmek.

bill.board *Am.* [ˈbilbɔːd] *n.* ilân tahtası, afiş tahtası.

bil.let [ˈbilit] **1.** *n.* ✕ konak yeri; konak tezkeresi; iş, görev; *(odun)* kütük; **2.** *v/t.* ✕ konaklatmak (on *-de*).

bill.fold *Am.* [ˈbilfəuld] *n.* cüzdan.

bill.hook ✓ [ˈbilhuk] *n.* bağcı bıçağı.

bil.liard [ˈbiljəd] *comb.* bilardo..., ˈ~-cue *n.* bilardo sopası; **ˈbil.liards** *n. pl.* *veya sg.* bilardo.

bil.lion [ˈbiljən] *n.* trilyon; *Am.* milyar.

bil.low [ˈbiləu] **1.** *n.* büyük dalga; dalgalar halinde gelen şey *(alev, duman v.b.)*; **2.** *v/i.* dalgalar halinde kabarmak, yükselmek; **ˈbil.low.y** *adj.* dalgalı.

bill-stick.er [ˈbilstikə] *n.* afiş yapıştıran kimse.

bil.ly *Am.* [ˈbili] *n.* kalın sopa, cop; ˈ~-can *n.* teneke kap, tencere; ˈ~.cock *n.* F melon şapka; ˈ~-goat F erkek keçi, teke.

bi.met.al.lism † [baiˈmetəlizəm] *n.* çift maden sistemi, altın ve gümüş gibi iki ayrı madeni birbirlerine olan oranlarına göre kullanma sistemi.

bi-mo.tored [ˈbaiməutəd] *adj.* iki motorlu.

bin [bin] *n.* kutu, sandık, teneke.

bi.na.ry [ˈbainəri] *adj.* iki kısımdan meydana gelen, çift.

bind [baind] *(irr.)* v/t. bağlamak, raptetmek; sarmak; ciltlemek; dondurmak; kenarını tutturmak; kabız vermek; mecbur etm.; *b-ne* vecibe yüklemek, bağlamak; ~ over ⚖ teminata veya kefalete bağlamak; be bound up with *fig.* bağlı olm. *-e*; be bound up in *fig.* bağlı, düşkün; *s.* bound¹ 2; *v/i. (çimento vs.)* katılaşmak, donmak; *(makine vs.)* sıkışmak; **ˈbind.er** *n.* ciltçi; biçer bağlar makine; tutkal; cilt, kap; **ˈbind.ing 1.** *n.* ciltleme; cilt; kenar şeridi; **2.** *adj.* bağlayıcı, tutucu; ⚖ bağlayıcı, muteber, kesin; **ˈbind.weed** ⚘ *n.* boru çiçeği.

binge *sl.* [bindʒ] *n.* içki âlemi, cümbüş.

bin.go [ˈbiŋgəu] *n.* bingo oyunu.

bin.na.cle ⚓ [ˈbinəkl] *n.* pusula dolabı.

bin.oc.u.lar 1. [baiˈnɔkjulə] *adj.* iki gözle kullanılan; **2.** [biˈnɔkjulə] *n. mst* ~s *pl.* dürbün.

bi.o.chem.i.cal [ˈbaiəuˈkemikəl] *adj.* biyoşimiye ait; **ˈbi.oˈchem.ist** *n.* biyoşimist; **ˈbi.oˈchem.is.try** *n.* biyoşimi, hayatî kimya.

bi.og.ra.pher [baiˈɔgrəfə] *n.* *b-nin* hayat hikâyesini yazan kimse, biyografi yazarı; **bi.o.graph.ic, bi.o.graph.i.cal** □ [~əuˈgræfik(əl)] hayat hikâyesine ait, biyografi ile ilgili; **bi.og.ra.phy** [~ˈɔgrəfi] *n.* biyografi, hayat hikâyesi, yaşam öyküsü.

bi.o.log.ic, bi.o.log.i.cal □ [baiəuˈlɔdʒik(əl)] biyoloji ilmine ait, biyolojik; **bi.ol.o.gist** [~ˈɔlədʒist] *n.* biyoloji bilgini, biyolog; **biˈol.o.gy** *n.* biyoloji, dirimbilim.

bi.par.tite [baiˈpɑːtait] *adj.* iki bölümlü; iki partinin paylaştığı.

bi.ped ['baiped] **1.** *adj.* iki ayaklı; **2.** *n.* iki ayaklı yaratık.
bi.plane ✈ ['baiplein] *n.* çift kanatlı uçak.
birch [bəːtʃ] **1.** *n.* ⚘ huş ağacı; huş ağacı kerestesi; huş ağacından yapılmış değnek; **2.** *v/t.* huş dalı ile dövmek.
bird [bəːd] *n.* kuş; *sl.* herif; *sl.* kadın, bebek; kill two ~s with one stone F bir taşla iki kuş vurmak; give the ~ F ıslıklamak, yuha çekmek; '**~.call** *n.* kuş ıslığı; '**~-fan.ci.er** *n.* kuş meraklısı, kuşbaz; **bird.ie** ['bəːdi] *n.* F kuşcağız.
bird...: '**~-lime** *n.* ökse, tuzak; '**~-seed** *n.* kuş yemi; '**bird's-eye view** kuş bakışı görünüş; '**bird's-nest 1.** *n.* kuş yuvası; **2.** *vb.* kuş yuvalarını aramak; kuş yumurtası çalmak.
birth [bəːθ] *n.* doğum, doğuş; soy; başlangıç, kaynak; meydana çıkma, zuhur; give ~ to doğurmak *-i*, meydana getirmek *-i*; *fig.* yaratmak; date of ~ doğum tarihi; '**~-control** *n.* doğum kontrolü; '**~.day** *n.* doğum günü; '**~-mark** *n.* doğuştan var olan vücut lekesi; '**~-place** *n.* doğum yeri; '**~-rate** *n.* doğum oranı; '**~.right** *n.* doğuştan kazanılan hak.
bis.cuit ['biskit] *n.* bisküvi; fırınlanmış tabak çanak; açık kahverengi.
bi.sect ⅄ [bai'sekt] *v/t.* iki çeşit parçaya ayırmak; **bi'sec.tion** *n.* ikiye bölme.
bish.op ['biʃəp] *n.* piskopos; *santraç oyunu:* fil; **bish.op.ric** ['~rik] *n.* piskoposluk; piskoposluk bölgesi.
bis.muth ⚗ ['bizməθ] *n.* bizmut.
bi.son *zo.* ['baisn] *n.* bizon.
bis.sex.tile [bi'sekstail]: ~ year artık yıl.
bit [bit] **1.** *n.* küçük parça, lokmacık; gem; ⊕ matkap; anahtar dişi; ~ by ~ azar azar, yavaş yavaş; a ~ bir parça, biraz; a good ~ oldukça; not a ~ hiç de değil, asla; take the ~ between one's teeth gemi azıya almak *(a. fig.)* **2.** *v/t.* gemlemek; sınırlamak; **3.** *pret. of* bite 2.
bitch [bitʃ] **1.** *n.* dişi köpek; *sl.* kötü kadın; ~ fox dişi tilki; ~ wolf dişi kurt; **2.** *v/i.* şikâyet etm.
bite [bait] **1.** *n.* ısırım; ısırma; lokma; diş yarası, sokma *(arı, yılan v.b.)*; *(balık)* oltaya vurma; keskinlik *(içki, biber, soğuk)*; **2.** *(irr.) v/t.* ısırmak, dişlemek; sokmak *(arı, yılan v.b.)*; acıtmak, yakmak; aşındırmak *(soğuk, biber)*; ~ at ısırmağa çalışmak *-i*; ~ one's lips nefsine hâkim olm.; '**bit.er** *n.* ısırıcı; the ~ bit men dakka dukka.
bit.ing □ ['baitiŋ] keskin; acı.
bit.ten ['bitn] *p.p. of* bite 2; be ~ with *fig.* çok arzu etm. *-i*, *bş* için yanıp tutuşmak.
bit.ter ['bitə] **1.** □ acı, keskin; sert; *fig.* kızgın, gazaplı; **2.** *n.* acı bira.
bit.tern *orn.* ['bitən] *n.* balaban kuşu.
bit.ter.ness ['bitənis] *n.* acılık; sertlik.
bit.ters ['bitəz] *pl.* bir tür içki, amer, bitter.
bi.tu.men ['bitjumin] *n.* zift, katran; **bi.tu.mi.nous** [bi'tjuːminəs] *adj.* ziftli, zift gibi.
bi.valve *zo.* [bai'vælv] *n.* yumuşakçalardan çift kabuklu hayvanlar *(midye, istiridye gibi)*.
biv.ou.ac ['bivuæk] **1.** *n.* çadırsız ordugâh; **2.** *v/i.* çadırsız ordugâh kurmak; açıkta yatmak.
biz F [biz] *n.* iş.
bi.zarre [bi'zaː] *adj.* tuhaf, garip, biçimsiz.
blab F [blæb] **1.** *n. a.* '**blab.ber** geveze; boşboğaz; **2.** *v/i.* gevezelik etm.; boşboğazlık etm.
black [blæk] **1.** □ siyah, kara; karanlık; kirli; uğursuz; ~ cattle kasaplık sığır; ~ eye siyah göz; berelenmiş göz, morarmış göz; *s.* frost; ~ and white yazı; basılı şey; siyah beyaz resim veya görüntü; beat s.o. ~ and blue *b-ni* kıyasıya dövmek; be ~ in the face *(hiddet vs. den)* morarmak; look ~ at s.o. *b-ne* surat asmak; **2.** *v/t.* siyahlatmak, siyaha boyamak; kara listeye almak; ~ out karartmak; örtmek; bayılmak, geçici olarak şuurunu kaybetmek; **3.** *n.* kara, siyah *(a. giysi)*; zenci.
black...: **~.a.moor** ['~əmuə] *n.* zenci *(esp. adam)*; '**~.ball** *v/t.* *(bir kulüpte üye seçiminde)* karşı oy vermek; '**~.ber.ry** *n.* ⚘ böğürtlen; '**~.bird** *n.* karatavuk; '**~.board** *n.* yazı tahtası; '**~-coat.ed:** ~ worker kâtip, büroda çalışan kimse; '**~.cock** *n.* *orn.* siyah keklik *(erkek)*; '**~-'cur.rant** *n.* siyah frenküzümü; '**black.en** *v/t.* karartmak, karalamak; *fig.* lekelemek.
black...: '**~.guard** ['blægaːd] **1.** *n.* alçak, ahlâksız kimse; **2.** *a.* '**~.guard.ly** □ alçak, rezil; **3.** *v/t.* küfretmek, sövüp saymak; **~.head** ⚕ ['blækhed] *n.* *(yüzde)* siyah benek; '**black.ing** *n.* ayakkabı boyası, siyah boya; '**black.ish** □ siyahımsı.
black...: '**~.jack** *n.* *part. Am.* cop; büyük içki bardağı *(siyah deri kaplı)*; **~.lead** ['~'led] **1.** *n.* grafit, kurşun tozu; **2.** *v/t.* kurşun tozu ile boyamak; '**~.leg** *n.* greve katılmayan işçi; '**~-'let.ter** *typ.* gotik harfler; **~-list 1.** *n.* kara liste; **2.** *v/t.* kara listeye koymak; '**~.mail 1.** *n.* şantaj; **2.** *v/t.* şantaj yapmak *-e*; '**~.mail.er**

n. şantajcı; ~ **mar.ket** karaborsa; ~ **market.eer** karaborsacı; **ˈblack.ness** *n.* siyah oluş; karanlık olma; kötülük.

black...: **ˈ~-out** *n.* karartma; *(elektrik kesilmesi dolayısiyle)* karanlıkta kalma; *thea.* ışıkların sönmesi; geçici olarak şuurunu kaybetme; *bşin* yayınını engelleme; ~ **pud.ding** hayvan kanı, yağ ve yulaftan yapılan siyah renkte bir tür sos; ~ **sheep** *fig.* saygıdeğer bir grup içinde değersiz kimse; **ˈ~.smith** *n.* demirci, nalbant; **ˈ~thorn** *n.* ⚘ alıç, yaban eriği.

blad.der [ˈblædə] *n.* anat. mesane, sidik torbası, kavuk; iç lastik *(top v.b.).*

blade [bleid] *n.* bıçak vs. ağzı; *(kürek, pervane v.b.) bşin* yassı ve geniş kısmı; *(arpa vs.)* ince uzun yaprak; **ˈ~-bone** *n.* kürek kemiği.

blae.ber.ry [ˈbleibəri] *n.* ⚘ yaban mersini.

blah F [blɑː] *n.* zırva.

blam.a.ble ☐ [ˈbleiməbl] kötü, kabahatli; tevbihe müstahak.

blame [bleim] **1.** *n.* kabahat, kusur, ayıplama; sorumluluk; **2.** *v/t.* ayıplamak, suçlamak; sorumlu tutmak; be to ~ for *bşle* suçlu olm.; *bşin* sorumlusu olm.; lay the ~ on s.o. kabahati birine yüklemek.

blame.ful [ˈbleimful] ☐ kabahatli; **ˈblame-less** ☐ kabahatsiz, kusursuz; **ˈblameless.ness** *n.* kusursuzluk; **ˈblame.wor.thy** *adj.* ayıplanmaya lâyık, sorumlu, kabahatli.

blanch [blɑːntʃ] *v/t.* beyazlatmak, ağartmak; kabuğunu soyarak beyazlatmak *(badem vs.)*; haşlıyarak ağartmak *(et)*; *v/i.* ağarmak; sararmak, rengi uçmak, benzi atmak.

blanc.mange [bləˈmɔnʒ] *n.* *mutfak:* sütlü pelte, paluze.

bland ☐ [blænd] yumuşak, mülâyim; sert olmıyan; **ˈblan.dish** *v/t.* okşamak, tatlı dil kullanmak; **ˈblan.dish.ment** *n.* kompliman; çekici davranış.

blank [blæŋk] **1.** ☐ boş, açık, yazısız, beyaz; anlamsız; şaşkın; ~ cartridge ⚔ manevra fişeği; **2.** *n.* boş ve açık yer; yazısız kâğıt; *(piyango)* boş kur'a; hedef; manevra fişeği.

blan.ket [ˈblæŋkit] **1.** *n.* battaniye; kalın örtü *(kar, karanlık v.b.)*; wet ~ *fig.* keyif kaçıran; **2.** *adj.* geniş kapsamlı; **3.** *v/t.* battaniye ile örtmek; üstünü örtmek *-in*; *bşi* örtbas etm..

blank.ness [ˈblæŋknis] *n.* boşluk; anlamsızlık.

blare [blɛə] *v/i.* cayırdamak, boru gibi ses çıkarmak.

blar.ney [ˈblɑːni] **1.** *n.* dil dökme, *sl.* piyazlama, yağcılık; **2.** *vb.* dil dökmek, *sl.* yağcılık yapmak.

bla.sé [ˈblɑːzei] *adj.* içi geçmiş, her şeyden bıkmış.

blas.pheme [blæsˈfiːm] *vb.* *(din ve mukaddes şeylere)* küfretmek, sövüp saymak (against *-e*); **blasˈphem.er** *n.* küfürbaz kimse; **blas.phe.mous** ☐ [ˈblæsfiməs] imansız, kâfir; **ˈblas.phe.my** *n.* küfür; mukaddes şeylere hürmetsizlik.

blast [blɑːst] **1.** *n.* **şiddetli ve ani rüzgâr** esmesi, hava cereyanı; ⊕ patlama, infilâk; gürültülü boru veya düdük sesi; ⚘ mildiyu; at full ~ tam süratle; in ~ işler halde; out of ~ hizmet dışı; **2.** *v/t.* berhava etm., yakmak, patlatmak; mahvetmek *(a. fig.)* ~ (it)! lânet olsun!; **ˈblast.ed** *adj.* *(yıldırımla)* yanmış; tahrip edilmiş, mahvolmuş *(a. fig.)*; Allahın belâsı; **ˈblast-fur.nace** *n.* ⊕ izabe ocağı, yüksek fırın; **ˈblast.ing** *n.* berhava etme; patlama.

bla.tant ☐ [ˈbleitənt] gürültülü, gürültücü, şamatalı; *fig.* ayanbeyan, bâriz.

blath.er *Am.* [ˈblæðə] **1.** *n.* saçma lâf; **2.** *v/i.* saçma sapan konuşmak.

blaze [bleiz] **1.** *n.* büyük alev, ateş; parlaklık *(a. fig.)*; yangın; alevlenme; atın alnındaki beyaz işaret, akıtma; ~s *pl.* cehennem; go to ~s! cehenneme git!, defol!; like ~s F çılgınca, alabildiğine; **2.** *v/i.* alevlenmek, parlamak, yanmak, ışık saçmak; ~ away durmadan ateş etm.; F durmadan çalışmak; *v/t.* alevlendirmek, neşretmek *(ışık vs.)*; boru gibi çalmak; ilân etm.; *(ağaç)* gövdelerine işaret koymak; ~ abroad *(haber)* dört bir tarafa yaymak; ~ a trail yol çizmek, yol açmak; *fig.* çığır açmak; **ˈblaz.er** *n.* spor ceket.

bla.zon [ˈbleizn] **1.** *n.* arma; armacılık; **2.** *v/t.* arma çizmek, işaret koymak; *fig.* süslemek; ayyuka çıkarmak; bildirmek, ilân etm.; F yedi mahalleye davul zurna ile duyurmak; **ˈbla.zon.ry** *n.* arma çizimi.

bleach [bliːtʃ] *v/t.* ağartmak, beyazlatmak; *v/i.* ağarmak, beyazlanmak; **ˈbleach.er** *n.* çamaşır suyu; ~s *pl.* *Am.* *spor müsabakalarında:* açık tribün; **ˈbleach.ing** *n.* beyazlatma, beyazlanma; **ˈbleach.ing-pow.der** *n.* ağartma tozu.

bleak ☐ [bliːk] *(hava)* soğuk, tatsız; çıplak, rüzgârın etkisinde, açık; *fig.* ümit-

siz, cesaret kırıcı; ˈ**bleak.ness** *n.* rüzgâra açık oluş.
blear [bliə] **1.** □ çapaklı, kızarmış *(göz)*; **2.** *v/t.* *(göz)* sulandırmak ve kızartmak; kamaştırmak, bulandırmak; ~**-eyed** [ˈbliəraid] *adj.* gözü akan; ˈ**blear.y** □ uykulu *(göz)*.
bleat [bliːt] **1.** *n.* meleme; **2.** *v/i.* melemek.
bleb [bleb] *n.* küçük kabarcık, sivilce.
bled [bled] *pret.* & *p.p.* *of* bleed.
bleed [bliːd] *(irr.)* *v/i.* kanamak, kanı akmak, kan kaybetmek; *fig.* kan ağlamak, çok kederli olm.; *v/t.* kan almak; *fig.* -*in* parasını sızdırmak; ˈ**bleed.ing** **1.** *n.* kanama; kan alma *(verme)*; **2.** *adj.* *sl.* Allahın belâsı, uğursuz, gaddar.
blem.ish [ˈblemiʃ] **1.** *n.* kusur, hata; leke; **2.** *v/t.* güzellik ve kusursuzluğunu bozmak, lekelemek *(a. fig.)*.
blench [blentʃ] *v/i.* ürkmek, çekinmek -*den*; benzi atmak; *v/t.* ağartmak.
blend [blend] **1.** *v/t.* *(çay vs.)* harman yapmak, karıştırmak (together, with *ile*); *(şarap vs.)* kupaj yapmak, hafifletmek; *v/i.* karışmak, harman olm.; *fig.* *(ses, renk)* uymak (well, with -*e*); bütünleşmek (into -*e*, *ile*); **2.** *n.* harman, karışım, kupaj; alaşım.
blende *min.* [blend] *n.* *(çinko)* sülfür.
bless [bles] *v/t.* kutsamak, takdis etm.; hayır dua etm. -*e*; Allahtan dilemek; mutlu kılmak (with *ile*); ~ me!, ~ my soul! aman ya Rabbi!, Allah Allah!;
bless.ed □ [*p.p.* blest; *adj.* ˈblesid] mübarek, kutlu; F Allahın cezası; **bless.ed-ness** [ˈblesidnis] *n.* kutluluk; live in single ~ bekâr yaşamak; ˈ**bless.ing** *n.* hayır dua, takdis, nimet; F onay, teşvik.
blest *poet.* [blest] *s.* blessed.
bleth.er [ˈbleðə] *s.* blather.
blew [bluː] *pret.* *of* blow² & blow³ 1.
blight [blait] **1.** *n.* ⚘ mildiyu, küf, mantar; samyeli; **2.** *v/t.* *(güneş, rüzgâr v.b.)* yakmak, kavurmak, soldurmak; ˈ**blight-er** *n.* *sl.* herif, mübarek.
Blight.y ✕ *sl.* [blaiti] *n.* memleket, ana vatan *(part. İngiltere)*; a ~ one ana vatana dönmeyi gerektiren yasa.
blind [blaind] **1.** □ kör; gizli, saklı; *fig.* kısa görüşlü; gözü kararmış; anlaşılması güç; çıkmaz *(yol)*; ~ alley çıkmaz sokak; *fig.* çıkmaz; ~ flying ✈ kör uçuş; ~ drunk *sl.* kör kütük sarhoş; turn one's ~ eye to s.th. göz yummak, *bşi* görmemezlikten gelmek; **2.** *n.* perde, stor, kepenk; aldatmaca; pusu; **3.** *v/t.* kör etm., körleştirmek; gözünü kamaştırmak.
blind.fold [ˈblaindfəuld] **1.** *adj.* gözleri bağlı; körükörüne olan; **2.** *v/t.* gözlerini bağlamak; **3.** *n.* gözbağı; ˈ**blind.ly** *adv.* *fig.* körükörüne; ˈ**blind.manˈs-ˈbuff** *n.* körebe; ˈ**blind.ness** *n.* körlük; ˈ**blind.worm** *n.* *zo.* köryılan.
blink [bliŋk] **1.** *n.* göz kırpma; bakış; ⚓ pırıltı; **2.** *v/i.* göz kırpmak; gözleri yarı kapayarak bakmak; ışıldamak; ~ the facts gerçeğe gözlerini yummak; *v/t.* göz kırptırmak; ˈ**blink.er** *n.* flaş lambası; *at:* meşin göz siperi; ˈ**blink.ing** *adj.* F kötü, berbat.
bliss [blis] *n.* saadet, bahtiyarlık, mutluluk.
bliss.ful □ [ˈblisful] neşe dolu, mutlu; ˈ**bliss.ful.ness** *n.* sonsuz haz, büyük mutluluk.
blis.ter [ˈblistə] **1.** *n.* kabarcık, su toplama; yakı; **2.** *vb.* kabar(t)mak, su toplamak; yakı koymak.
blithe □ [blaið], ~**.some** [ˈ~səm] *mst poet.* şen, neşeli; memnun.
blith.er.ing *sl.* [ˈbliðəriŋ] *adj.*: ~ idiot zırvalayan.
blitz [blits] **1.** *n.* ani hava saldırısı; *sl.* kampanya; **2.** *v/t.* bombardıman etm.
bliz.zard [ˈblizəd] *n.* tipi, kar fırtınası.
bloat [bləut] *v/t.* & *v/i.* şiş(ir)mek; kabar(t)mak; *balık:* tuzlamak ve tütsülemek; ~ed *adj.* şişkin, kabarık; *fig.* şişirilmiş, abartılmış; ˈ**bloat.er** *n.* tütsülenmiş ringa balığı.
blob [blɔb] *n.* damla, benek.
block [blɔk] **1.** *n.* kütük, kaya parçası; blok; klişe, kalıp; iki kavşak arasındaki mesafe; bitişik bir sıra bina; *Am.* sokak; ⊕ takoz, makara; engel; the ~ insanların başını kesmek için kullanılan ortası delik büyük tahta; **2.** *v/t.* tıkamak, kapamak, önünü kesmek, akamete uğratmak; döviz muamelesini kısıtlamak *veya* durdurmak; ~ in *bşin* krokisini yapmak, taslağını çizmek; *mst.* ~ up tıkamak; *(liman vs.)* kapatmak; *bşe* engel olm.; ~ed account ⚕ bloke hesap.
block.ade [blɔˈkeid] **1.** *n.* abluka; run the ~ ablukayı yarmak; **2.** *v/t.* ablukaya almak; etrafını çevirmek; **blockˈade-runner** *n.* ablukayı yaran.
block...: ˈ~**.bust.er** *n.* *sl.* çok büyük ve güçlü uçak bombası; F çok etkili; ˈ~**.head** *n.* dangalak; ˈ~**.house** *n.* gözetleme kulesi, blokhavs; ~ **let.ters** *pl.* kitap yazısı.
bloke F [bləuk] *n.* herif.
blond(e) [blɔnd] *adj.* & *n.* açık renk, sarışın; ipek tül veya dantel.

blood [blʌd] *n.* kan; *fig.* kan, mizaç, huy; nesil, soy, ırk; kan bağı; in cold ~ soğukkanlı, tasarlayıp kurarak; *s.* run 1; **'~-and-'thun.der** *adj.* gürültülü patırtılı; **'~-cur.dling** *adj.* tüyler ürpertici; ~ **do.nor** kan veren.

blood.ed ['blʌdid] *adj.* cins, saf kan; ...kanlı.

blood...: **'~-guilt.i.ness** *n.* kanlı cinayet; adam öldürme; **'~-heat** *n.* kan ısısı; **'~-horse** *n.* safkan at; **'~-hound** *n.* bir cins av köpeği, zağar; *fig.* dedektif; **'blood.i.ness** *n.* kana susamışlık, kanlı oluş; **'blood.less** □ kansız, solgun; *fig.* renksiz; kan dökmeden olan; ruhsuz.

blood...: **'~-let.ting** *n.* kan alma; **'~-poi-son.ing** *n.* ⚕ kan zehirlenmesi; **'~-pres-sure** *n.* kan basıncı, tansiyon; **'~-re'la-tion** *n.* kan bağı; **'~.shed** *n.* kan dökme; **'~.shot** *adj.* kanlanmış, kızarmış; **'~.stain** *n.* kan lekesi; **'~-suck.er** *n.* sülük; *fig.* asalak kimse; **'~.thirst.y** *adj.* kana susamış, canavar ruhlu; **'~-ves.sel** *n.* kan damarı; **'blood.y** □ kana bulanmış; kanlı; P kana susamış, gaddar.

bloom [bluːm] **1.** *n.* çiçek, çiçek açma; *fig.* gençlik, tazelik; meyva üzerindeki buğu; *metall.* dökülmüş demir kütük; be in ~ çiçek açmak; **2.** *v/i.* çiçek açmak; *fig.* gelişmek.

bloom.er ['bluːmə] *n. sl.* büyük hata, gaf; ~s *pl.* kadınların giydiği bir cins şalvar; *(şalvar şeklinde)* külot.

bloom.ing □ ['bluːmiŋ] çiçek açmış; bereketli, gelişen, serpilen; *sl.* Allahın belâsı, kör olası.

blos.som ['blɔsəm] **1.** *n.* *(ağaç)* bahar çiçeği; **2.** *v/i.* *(ağaç)* çiçek açmak; *fig.* gelişmek; ~ into büyümek, gelişip güzelleşmek.

blot [blɔt] **1.** *n.* leke, mürekkep lekesi; *fig.* leke, kusur; **2.** *v/t.* lekelemek *(a. fig.)*, kirletmek, karartmak; kurutma kâğıdı ile kurutmak; *v/i.* lekelenmek, kirlenmek; *(kurutma kâğıdı)* emmek; *mst* ~ out örtmek, tanınmaz hale getirmek; yok etm., imha etm.

blotch [blɔtʃ] *n.* *(derideki)* leke veya büyük kırmızı kabartı; iri mürekkep lekesi.

blot.ter ['blɔtə] *n.* kurutma kâğıdı tamponu; *Am.* kayıt defteri *(esp. polis karakolunda)*.

blot.ting...: **'~-pad** *n.* altlık, sumen; **'~-pa-per** *n.* kurutma kâğıdı.

blot.to *sl.* ['blɔtəu] *adj.* zil zurna sarhoş.

blouse [blauz] *n.* bluz.

blow¹ [bləu] *n.* vuruş, darbe; şiddetli rüzgâr, sümkürme; saldırı; *(boru vs.)* çalma; at one ~ bir hamlede; come to ~s kavgaya tutuşmak.

blow² [~] *(irr.) v/i.* *(çiçek)* açmak, çiçeklenmek.

blow³ [~] **1.** *(irr.) v/i. & v/t.* *(rüzgâr)* esmek, üflemek; hohlamak; uç(ur)mak, atmak; *(toz vs.)* üfleyerek uzaklaştırmak; *(cama)* üfleyerek şekil vermek; *(boru vs.)* çal(ın)mak; solumak; *(elektrik sigortası)* atmak; *(ampul)* yanmak; *sl.* çarçur etm.; *sl.* ortadan kaybolmak, toz olm.; körüklemek; *(sinek)* yumurtlamak; *(sır vs.)* açıklamak; *(balina)* su fışkırtmak; ~ in ansızın gelmek; *(ocak vs.)* yakmak; ~ over *(fırtına)* dinmek; *fig.* bitmek, geçmek; ~ up havaya uç(ur)mak, patla(t)mak; *(fırtına)* patlak vermek; *phot.* büyütmek, agrantisman yapmak; *fig.* büyütmek; F aniden kızmak, tepesi atmak; ~ one's nose sümkürmek; ~ one's own horn övünmek, kendini methetmek; ~ one's brains out beynini patlatmak; I'll be ~ed if I...! *sl.* ...sam adam değilim!; **2.** *n.* çiçek açma, çiçeklenme; **'blow.er** *n.* üfleyici; esici; ⊕ kompresör, körük.

blow...: **'~.fly** *n.* et sineği, kurt sineği; **'~-hole** *n.* hava deliği; **'~.lamp** *n.* kaynak lâmbası, pirimüz lâmbası.

blown [bləun] *p.p. of* blow² & blow³ 1.

blow...: **'~-'out** *mot.* lâstik patlaması; **'~.pipe** *n.* üfleme borusu; ⊕ şalumo, hamlaç; **'~.torch** *n. s.* blowlamp; **'blow.y** *adj.* rüzgârlı.

blowz.y ['blauzi] *adj.* pasaklı, kırmızı yüzlü *(kadın)*.

blub.ber ['blʌbə] **1.** *n.* balina yağı; ağlama; **2.** *v/i.* bağıra bağıra ağlamak.

bludg.eon ['blʌdʒən] **1.** *n.* sopa, kalın değnek, matrak; **2.** *v/t.* matrak ile vurmak.

blue [bluː] **1.** □ mavi; F kederli ve ümitsiz; **2.** *n.* mavi renk; çivit; *pol.* muhafazakâr, tutucu; **3.** *v/t.* maviye boyamak; çivitlemek.

blue...: **'~.bell** *n.* ⚘ çançiçeği; yabanî sümbül; **'~.ber.ry** *n.* ⚘ yaban mersini; **'~.bird** *n. orn.* Kuzey Amerika'da yaşayan küçük mavi ve güzel sesli kuş türlerinden herhangi biri; **'~-book** *n. Am.* toplumun önemli kişilerinin adreslerinin yazılı olduğu defter; İngiliz hükümetinin yayınladığı resmî rapor; **'~.bot.tle** *n.* ⚘ peygamber çiçeği; *zo.* mavi sinek; **'~.jack.et** *n.* bahriyeli, gemici; **'~-jay** *orn.* mavi tüylü alakarga; ~ **jeans** *pl.* blucin; ~ **laws** *pl.* yutucu ve sert kanunlar; **'blue.ness** *n.* mavilik; **'blue-'pen.cil**

v/t. sansür etm.; **ˈblue.print** *n.* mavi kopya; *fig.* tasarı; **blues** *pl. fig.* melankoli; ♪ bir tür caz müziği; **ˈblue.stock.ing** *n. fig.* okumuş kadın, entellektüel kadın.
bluff [blʌf] **1.** □ tok sözlü, açık; sarp, dik *(kıyı)*; **2.** *n.* blöf; kayalık, uçurum; **3.** *v/t.* blöf yapmak *-e, b-ni* yanıltmak.
blu.ish [ˈbluːiʃ] *adj.* mavimsi.
blun.der [ˈblʌndə] **1.** *n.* gaf, büyük hata; **2.** *vb.* gaf yapmak, ahmakça hareket etm.; pot kırmak; ~ out F damdan düşercesine *bşi* ortaya atmak; **blun.der.buss** *hist.* [ˈblʌndəbʌs] *n.* geniş ağızlı eski zaman karabinası; **ˈblun.der.er, ˈblun.der-head** *n.* ahmakça hareket eden kimse.
blunt [blʌnt] **1.** □ *(bıçak vs.)* kör, kesmez, *(kalem vs.)* küt; *fig.* körleşmiş; lafını sakınmayan, pervasızca konuşan; pervasız *(söz)*; **2.** *v/t.* körleştirmek *-i*, körletmek *-i*; duyarlılığını gidermek *-in*; **ˈblunt.ness** *n.* pervasızlık; keskin olmayış.
blur [bləː] **1.** *n.* leke, bulanıklık *(a. fig.)*, net olarak seçilemeyen şey; **2.** *v/t.* bulaştırmak, silmek; bulanıklaştırmak (with *-le*); ~red *adj. esp. phot.* bulanık.
blurb [bləːb] *n.* küçük kitap ilânı; yayıncının kitabın içeriği hakkında yazdığı abartmalı kısa yazı.
blurt [bləːt]: ~ out *v/t.* ağzından kaçırmak *-i*, düşünmeden söylemek *-i*.
blush [blʌʃ] **1.** *n.* kızarma, utanma; pembelik; at the first ~ ilk bakışta; **2.** *v/i.* kızarmak, yüzü kızarmak (at, for, with *-den*); utanmak; (for *-den*); pembeleşmek; ~ to *bşden* dolayı utanmak, mahcup olm.; **ˈblush.ing** □ mahcup, utangaç.
blus.ter [ˈblʌstə] **1.** *n.* yüksekten atma, kabadayılık; sert rüzgâr ve dalga sesi; **2.** *v/i.* *(rüzgâr)* sert ve gürültüyle esmek; yaygara ile tehdit savurmak; patırtı etm.; *v/t. a.* ~ out *(küfür, tehdit v.b.)* savurmak; **ˈblus.ter.er** *n.* gürültücü kimse, övüngen, palavracı.
bo.a *zo.* [ˈbəuə] *n.* boğa yılanı.
boar [bɔː] *n.* erkek domuz; *hunt.* erkek yaban domuzu.
board [bɔːd] **1.** *n.* tahta, levha; mukavva; masa, sofra; yiyecek, içecek; kurul, idare heyeti; ⚓ borda; *(satranç v.b.)* oyun tahtası; the ~s *pl. thea.* sahne; on ~ gemide; on ~ a train *Am.* trende; go by the ~ ⚓ güverteden denize düşmek; *fig. (plan organizasyon vs.)* suya düşmek, bir kenara atılmak; above ~ dürüst, açıkça; sweep the ~ hemen hemen hepsini kazanmak; ~ of governers idare heyeti, yönetim kurulu; ♀ of Trade Ticaret Odası; Ticaret Bakanlığı; ~ and lodging yiyecek ve yatacak; **2.** *v/t. & v/i. (tahta)* döşemek, kaplamak; *(gemiye vs.)* binmek; ⚓ *(gemiye)* saldırı sonucu girmek; para karşılığında yiyecek içecek ve kalacak yer temin etm.; pansiyoner olm.; ~ out pansiyona yerleştirmek; ~ up tahta ile kapatmak; ⚓ borda etm.; **ˈboard-er** *n.* pansiyoner; yatılı öğrenci.
board.ing [ˈbɔːdiŋ] *n.* tahta kaplama, tahta parmaklık; iaşe, erzak; **ˈ~-house** *n.* pansiyon; **ˈ~-school** *n.* yatılı okul.
board...: **ˈ~-room** *n.* toplantı salonu; **ˈ~.walk** *n. esp. Am.* plâj gezinti yeri *(tahta zeminli)*.
boast [bəust] **1.** *n.* övünme; iftihar; **2.** *v/i.* yüksekten atmak, övünmek (of, about *-le*); iftihar etm. *-le*; **ˈboast.er** *n.* övünen kimse; **boast.ful** □ [ˈ~ful] övüngen, palavracı.
boat [bəut] **1.** *n.* kayık, sandal, gemi; kayık tabak; burn one's ~s geri dönme şansını *k-ne* bırakmamak; take to the ~s filikayla gemiyi terketmek; be in the same ~ aynı durumda olm. *(esp. kötü)*; *s.* sauce-~; **2.** *v/i.* kayıkla gezmek; **ˈboat-hook** *n.* kanca, çengelli sırık; **ˈboat-house** *n.* kayıkhane; **ˈboat.ing** *n.* sandal *vs.*'nin eğlence için kullanılması; **ˈboat-race** *n.* kayık yarışı; **boat.swain** [ˈbəusn] *n.* porsun, lostromo; **ˈboat-train** *n.* gemi yolcularını taşıyan tren.
bob [bɔb] **1.** *n.* püskül; pandül, sarkaç; *(saç)* kısa kesilmiş model; kâkül; âni hareket, birdenbire çekme veya sallama; *(at)* kısa kuyruk; küçük kızların reveransı; *sl.* bir şilin; **2.** *v/t. & v/i.* hafifçe hareket ettirmek; *(saç)* kısa kesmek; hafifçe vurmak; oynamak, kımıldamak; mantarlı olta ile balık avalmak; ~ up yükselmek, ortaya çıkmak.
bob.bin [ˈbɔbin] *n.* makara, bobin *(a. ⚡)*; ağaç bobin; **ˈ~-lace** *n.* bir tentene türü, kopanaki.
bob.ble *Am.* F [ˈbɔbl] *n.* hata, yanılma, gaf.
bob.by *sl.* [ˈbɔbi] *n.* polis memuru; **ˈ~-pin** *n.* saç tokası; **ˈ~-socks** *n. pl.* kısa çorap, soket; **~-sox.er** *Am. sl.* [ˈ~sɔksə] *n.* ondört ile onyedi yaş arasındaki genç kız.
bob.cat *zo.* [ˈbɔbkæt] *n.* vaşak.
bob.o.link *orn.* [ˈbɔbəliŋk] *n.* Kuzey Amerika'ya mahsus güzel sesli bir kuş.
bob.sled [ˈbɔbsled], **bob.sleigh** [ˈbɔbslei] *n.* bir tür kızak.
bob.tail [ˈbɔbteil] *n. (at veya köpek)* kısa kuyruklu; the rag-tag and ~ olur olmaz adamlar, sıradan adamlar.

bob.white *orn.* [ˈbɔbˈwait] *n.* Kuzey Amerika bıldırcını.

bode [bəud] *v/t.* & *v/i.* işaret olm., delâlet etm.; ~ well (ill) hayra (uğursuzluğa) alâmet olm.

bod.ice [ˈbɔdis] *n.* korsaj, korse.

bod.i.ly [ˈbɔdili] **1.** *adj.* bedenî, bedensel; maddi; ~ injury yaralama; cismanî zarar; **2.** *adv.* bütün olarak, tamamen.

bod.kin [ˈbɔdkin] *n.* kalın ve uzun uçsuz iğne, biz.

bod.y [ˈbɔdi] **1.** *n.* vücut, beden; ceset; gövde; *mot.* karoser; kurul, heyet, grup; *bşin* ana bölümü; F kişi; cisim; (içki) sertlik; ⚔ birlik; F büyük kısım; in a ~ birlikte, yekvücut olarak; **2.** ~ forth *v/t.* şekil vermek; cisimlendirmek, şahıslandırmak; **ˈ~.guard** *n.* hassa askeri.

Boer [ˈbəuə] **1.** *n.* Hollanda asıllı Güney Afrikalı; **2.** *adj.* Hollanda asıllı Güney Afrikalı ile ilgili.

bof.fin *sl.* [ˈbɔfin] *n.* araştırmacı, bilgin.

bog [bɔg] **1.** *n.* batak, bataklık; bataklık çamuru; **2.** *v/t.* & *v/i.* batağa bat(ır)mak; be *veya* get ~ged down bir yere saplanıp kalmak *(a. fig.)*.

bog.gle [ˈbɔgl] *v/i.* çekinmek, ürkmek, korkmak (at *-den)*.

bog.gy [ˈbɔgi] *adj.* bataklık.

bo.gie [ˈbəugi] *n.* 🚂 lokomotif veya vagonun alt kısmında bulunan çift dingilli kısım; *a.* = bogy.

bo.gus [ˈbəugəs] *adj.* sahte, yapma, yapmacık.

bo.gy [ˈbəugi] *n.* cin; umacı; the ~ (man) umacı, arap.

Bo.he.mi.an [bəuˈhiːmjən] **1.** *adj.* Bohemya'ya özgü; **2.** *n.* Bohemyalı; Çek dili; Çingene; *fig.* Bohem, toplum kurallarını dikkate almadan yaşayan kimse, derbeder, kalender.

boil [bɔil] **1.** *v/t.* & *v/i.* kayna(t)mak; haşla(n)mak; *fig.* öfkeden köpürmek; ~ over taşmak; ~ed egg rafadan yumurta; hard ~ed egg hazırlop yumurta; **2.** *n.* çıban; kaynama; **ˈboil.er** *n.* kazan; sıcak su deposu; **ˈboil.ing** **1.** *adj.* kaynar...; **2.** *n.* kaynama; *sl.* the whole ~ takım taklavat.

bois.ter.ous ☐ [ˈbɔistərəs] *(kişi veya davranışı)* gürültülü, şiddetli; *(hava)* fırtınalı, sert; **ˈbois.ter.ous.ness** *n.* gürültülü olma.

bold ☐ [bəuld] pervasız, cesur, yürekli, yiğit, atılgan; *b.s.* arsız, küstah; dik, sarp *(sahil, kıyı)*; çarpıcı, göz alan; *typ.* siyah; make (so) ~ (as) to cesaret etm., cüret etm. *-e*; **ˈbold.ness** *n.* cesaret, yüreklilik; *b.s.* küstahlık.

bole [bəul] *n.* ağaç gövdesi.

bo.ler.o [bəˈlɛərəu] *n.* bir tür İspanyol dansı; bu dansın müziği; cepken, bolero.

boll ⚘ [bəul] *n.* *(pamuk, keten)* tohum kabuğu veya zarfı.

bol.lard [ˈbɔləd] *n.* ⚓ iskele babası, duba.

bo.lo.ney *sl.* [bəˈləuni] *n.* saçma söz, zırva.

Bol.she.vism [ˈbɔlʃivizəm] *n.* Bolşeviklik; **ˈBol.she.vist** *adj.* & *n.* Bolşevik.

bol.ster [ˈbəulstə] **1.** *n.* uzun yastık, minder; ⊕ yastık, plator; **2.** *vb.* *mst* ~ up desteklemek *-i*, destek olm. *-e*.

bolt [bəult] **1.** *n.* cıvata, bulon, sürme; kilit dili; kol demiri; *(kumaş)* top; *(kısa ve ağır)* ok; yıldırım; fırlama, kaçış; ~ upright dimdik; **2.** *v/t.* & *v/i.* sürmelemek; cıvata ile bağlamak; fırlamak; ağzından kaçırmak; çiğnemeden yutmak; *(kumaş)* top veya rulo haline koymak; *Am. pol.* *(partisinden)* çekilmek; *(partisine)* destek olmaktan kaçınmak; gemi azıya almak *(a. fig.)*; elemek, süzmek; dikkatle gözden geçirmek.

bolt.hole [ˈbəulthəul] *n.* sığınak, barınak.

bomb [bɔm] **1.** *n.* *esp.* ⚔ bomba; **2.** *v/t.* bombalamak, bombardıman etm.; ~ed out bombalanmış.

bom.bard [bɔmˈbaːd] *v/t.* topa tutmak, bombardıman etm. *(a. fig. & phys.)*; **bomˈbard.ment** *n.* bombardıman, topa tutma.

bom.bast [ˈbɔmbæst] *n.* tumturaklı söz; **bomˈbas.tic, bomˈbas.ti.cal** ☐ tumturaklı.

bomb-bay [ˈbɔmbei] *n.* *(uçakta)* bombanın taşındığı bölüm.

bomb.er ✈ [ˈbɔmə] *n.* bombardıman uçağı.

bomb...: ˈ~-proof **1.** *adj.* bomba geçmez; **2.** *n.* korugan, bunker; **ˈ~shell** *n.* *fig.* büyük sürpriz; **ˈ~-sight** *n.* ⚔ bombardıman vizörü.

bo.nan.za *Am.* F [bəuˈnænzə] *n.* zenginlik kaynağı; kârlı, kazançlı şey.

bon.bon [ˈbɔnbɔn] *n.* bonbon, şekerleme.

bond [bɔnd] **1.** *n.* bağ, rabıta *(a. fig.)*; ip, zincir; kişileri bir araya getiren ilişki; yapışıklık; yapıştırıcı madde; † bono, senet, tahvilât; sözleşme; kefalet; in ~ † antrepoda, ambarda; **2.** *v/t.* malları antrepoya koymak; biraraya getirmek, yapıştırmak (together, to *-i*); ~ed warehouse gümrük antreposu; **ˈbond.age** *n.* esirlik, serflik, kölelik *(a. fig.)*; **ˈbond-hold.er** *n.* tahvil *(senet)* hamili; **ˈbond(s)-**

man *n.* erkek köle, serf; **ˈbond(s).wom.an** *n.* cariye, halayık.

bone [bəun] **1.** *n.* kemik; kılçık; kemikten yapılmış şey; ~s *pl.* iskelet, vücut; zar; ~ of contention anlaşmazlık nedeni; feel in one's ~s derinden hissetmek; *bşden* çok emin olm.; have a ~ to pick with F paylaşacak kozu olm. *-le*, çözüm bekleyen işi olm. *-le*; make no ~s about F açıkça söylemek; **2.** *v/t.* & *v/i.* kemiklerini ayırmak, ayıklamak; *a.* ~ up F durmadan dinlenmeden çalışmak, ineklemek; *sl.* çalmak, araklamak; **boned** *adj.* kemikli; **ˈbone-ˈdry** *adj.* kupkuru; **ˈbone-dust** *n.* kemik tozu; **ˈbone-head** *n.* *sl.* aptal, mankafa kimse; **ˈbon.er** *n.* *Am.* *sl.* hata, yanılma, gaf; **ˈbone-set.ter** *n.* çıkıkçı, kırıkçı; **ˈbone-shak.er** *n.* köhne otomobil veya bisiklet.

bon.fire [ˈbɔnfaiə] *n.* şenlik ateşi; *(süprüntü yakmak için)* açık havada yakılan ateş.

bon.net [ˈbɔnit] **1.** *n.* *(kadın ve çocukların giydiği)* başlık, bere; İskoç beresi; ⊕ motor kapağı, kaporta; **2.** *v/t.* başlık giydirmek.

bon.ny *part.* *Scots* [ˈbɔni] □ güzel, zarif; sıhhatli, gürbüz.

bo.nus ⚚ [ˈbəunəs] *n.* ikramiye, prim; hissedarlara verilen fevkalâde temettü.

bon.y [ˈbəuni] *adj.* kemikleri görünen, zayıf; *(yiyecek)* kemikli, kılçıklı.

boo [bu:] **1.** *int.* yuha; **2.** *v/t.* yuhalamak, ıslık çalmak.

boob *Am.* *sl.* [bu:b] *n.* ahmak herif, eşek kafalı; ~ tube F televizyon.

boo.by [bu:bi] *n.* hantal, beceriksiz, budala kimse; çeşitli deniz kuşu türlerinden biri; ~ prize sonuncuya verilen ödül, teselli mükâfatı; **ˈ~-trap** *n.* iyi gizlenmiş ufak bomba; iyi gizlenmiş tuzak.

boo.hoo F [bu:ˈhu:] *v/i.* çocuk gibi ağlamak; hüngür hüngür ağlamak.

book [buk] **1.** *n.* kitap; defter ♪ opera metni; cilt, bap; liste, cetvel; *(bilet, pul vs.)* blok; the ♀ Kutsal Kitap; be in s.o.'s good (bad) ~s *fig.* *b-nin* gözünde olm. (olmamak); bring s.o. to ~ *b-ni bşin* hesabını vermeğe zorlamak; *b-ni* sorumlu tutmak; **2.** *vb.* kaydetmek, deftere geçirmek; ismini kaydetmek; *(bilet, yer)* ayırtmak, rezervasyon yapmak; *(bagaj)* yollamak, sevkettirmek; **ˈ~.bind.er** *n.* mücellit, ciltçi; **ˈ~.case** *n.* kitap dolabı, kitaplık; **ˈ~-end** *n.* kitap desteği; **book.ie** [ˈbuki] *n.* F *spor:* yarış acentası; **ˈbook.ing.clerk** *n.* gişe memuru; **ˈbook.ing-of.fice** *n.* bilet gişesi; **ˈbook.ish** □ hayat tecrübesinden fazla kitaplara bağlı olan; kitaplara bağlı, kitabî; **ˈbook-keep.er** *n.* muhasebeci, defter tutan; **book-keep.ing** *n.* defter tutma, muhasebecilik; **book.let** [ˈ~lit] *n.* broşür, küçük kitap.

book...: **ˈ~-mak.er** *n.* kitapçı; yarış acentası; **ˈ~-mark(.er)** *n.* *(kitapta)* sayfayı belirlemek için kullanılan kâğıt; **ˈ~-plate** *n.* kitabın kime ait olduğunu gösteren desenli kâğıt; **ˈ~.sell.er** *n.* kitapçı, kitap satan kimse veya firma; **ˈ~.shop** *n.* kitabevi; **ˈ~-stall** *n.* kitap sergisi; ufak kitabevi; gazeteci köşesi; **ˈ~.worm** *n.* kâğıt kurdu, kitap kurdu *(a. fig.)*.

boom¹ ⚓ [bu:m] *n.* seren, bumba; vinç kolu; kütüklerin akıntıyla gitmemesi ve gemilerin giriş çıkışına engel olunması için liman ağzına gerilmiş mania.

boom² [~] **1.** ⚚ fiyatların yükselmesi, piyasada canlılık; hamle; reklâmcılık; **2.** *vb.* *(iş vs.)* hızlı bir gelişme kaydetmek; ileri gitmek, ilerlemek; reklâm yapmak; överek tanıtmak.

boom³ **1.** *vb.* *(top vs.)* gürlemek; *(rüzgâr)* uğultu yapmak; *(arı, böcek)* vızıldamak; **2.** *n.* gürleme, uğultu; vızıltı.

boom.e.rang [ˈbu:məræŋ] *n.* Avustralya yerlilerinin silah olarak kullandığı ve fırlatıldıktan sonra geri gelen eğri değnek; *fig.* geri tepen kötü hareket *veya* plan.

boon¹ [bu:n] *n.* lütuf, nimet, iyilik.

boon² [~] *adj.* şen, neşeli; ~ companion içki arkadaşı; çok yakın arkadaş.

boor *fig.* [buə] *n.* kaba adam.

boor.ish □ [ˈbuəriʃ] kaba, hoyrat; **ˈboor-ish.ness** *n.* kabalık.

boost [bu:st] **1.** *n.* destek, yardım; artış; **2.** *v/t.* *b-ni* arkasından itmek; *(fiyat, vs.)* artırmak; destek olm. *-e*; lehinde konuşarak veya yazarak yardımcı olm. *-e*; *(radyo, elektrik, su v.b.)* gücü *veya* miktarını artırmak; reklâmını yapmak; **ˈboost.er** *n.* destek veren kimse; ⊕, ⚡ güç veya basınç artıran alet; ⚕ bir ilacın etkinliğini artıran madde.

boot¹ [bu:t] *n.:* to ~ üstelik, ilâve olarak.

boot² [~] *n.* bot, potin, çizme; *(araba)* bagaj; tekme; the ~ is on the other leg durum değişti; give s.o. the ~ işinden çıkarmak *-i*; yol vermek *-e*; **ˈ~.black** *Am.* = shoeblack; **ˈboot.ed** *adj.* çizmeli; **bootee** [ˈbu:ti:] *n.* kadın botu; patik.

booth [bu:ð] *n.* *(sergi, panayır, fuar)* satış pavyonu; kulübe, baraka; *Am.* telefon hücresi.

boot...: **ˈ~.jack** *n.* çizme çekeceği; **ˈ~.lace** *n.* ayakkabı bağı; **ˈ~.leg** **1.** *vb.* *part.* *Am.*

içki kaçakçılığı yapmak; kaçak içki satmak veya üzerinde bulundurmak; **2.** *n.* kaçak içki; **ˈ~.leg.ger** *n.* içki kaçakçısı; kaçakçı.

boot.less *poet.* [ˈbuːtlis] *adj.* faydasız, beyhude, boş.

boots [buːts] *n.* *(otel)* ayakkabı temizleyen ve bavul taşıyan uşak.

boot-tree [ˈbuːttriː] *n.* ayakkabı kalıbı.

boo.ty [ˈbuːti] *n.* ganimet, yağma.

booze *sl.* [buːz] **1.** *v/i.* kafayı çekmek, içmek; **2.** *n.* alkollü içki; içki âlemi; **ˈbooz.y** □ sarhoş, kafası dumanlı.

bop [bɔp] = bebop.

bo-peep [bəuˈpiːp] *n.* bir yere saklanıp aniden ortaya çıkarak oynanan bir çocuk oyunu.

bo.rax ⚗ [ˈbɔːræks] *n.* boraks.

bor.der [ˈbɔːdə] **1.** *n.* kenar, pervaz; hudut, sınır; *(resim, yazı)* çevreleyen süs; **2.** *v/t.* & *v/i.* sınırla(ndır)mak; sınırdaş olm., bitişik olm. (on, upon *-e*); **ˈbor.der.er** *n.* sınırda oturan kimse; **ˈbor.der.land** *n.* *mst fig.* sınır bölgesi; **ˈbor.der.line** **1.** *n.* sınır; **2.** *adj.* şüpheli, güç ayırt edilebilen; belirli standardın altında olan.

bore¹ [bɔː] **1.** *n.* çap, boru kutru; sonda, delgi; can sıkıcı kimse (*veya* olay); **2.** *v/t.* delik açmak, delmek, sondalamak; *-in* canını sıkmak, baş ağrıtmak.

bore² [~] *n.* şiddetli met hareketi.

bore³ [~] *pret. of* bear².

bo.re.al [ˈbɔːriəl] *adj.* poyraza ait, kuzey rüzgârına ait; kuzey...

bore.dom [ˈbɔːdəm] *n.* can sıkıntısı, sıkıntı.

bor.er [ˈbɔːrə] *n.* burgu, matkap, delgi.

bo.ric ac.id ⚗ [ˈbɔːrikˈæsid] *n.* asitborik.

bor.ing [ˈbɔːriŋ] **1.** *n.* sondaj, delme; **2.** *adj.* can sıkıcı.

born [bɔːn] *p.p. of* bear² doğmuş.

borne [bɔːn] *p.p. of* bear² taşınmış, götürülmüş.

bo.ron ⚗ [ˈbɔːrɔn] *n.* bor.

bor.ough [ˈbʌrə] *n.* belirli yasal haklara sahip kasaba veya şehir.

bor.row [ˈbɔrəu] *v/t.* ödünç almak, borç almak (from *-den*); *(fikir, kelime v.b.)* almak (from *-den*); **ˈbor.row.er** *n.* borç alan, ödünç alan; **ˈbor.row.ing** *n.* borç alma, istikraz; *gr.* başka bir dilden alınmış kelime veya deyim.

Bor.stal [ˈbɔːstl] *n.* suçlu çocuklara mahsus ıslâhhane.

bos.cage [ˈbɔskidʒ] *n.* ağaçlık, koru.

bosh F [bɔʃ] *n.* boş konuşma, zırva.

bos.om [ˈbuzəm] *n.* göğüs, bağır, koyun; *fig.* kucak, bağır; **~-friend** *n.* candan arkadaş, samimi dost.

Bos.pho.rus [ˈbɔsfərəs] *n.* İstanbul Boğazı; the ~ and its shores Boğaziçi.

boss¹ [bɔs] **1.** *n.* kambur, çıkıntı, şişkinlik; ⚠ kabartma, süs; **2.** *v/t.* kabartmalarla süslemek.

boss² [~] **1.** *n.* patron, şef, amir, ustabaşı; *(siyasî partide)* kodaman, nüfuzlu şahsiyet; **2.** *vb.* sevk ve idare etm. *-i*, kontrol etm. *-i*; *sl.* kumanda etm.

boss.y [ˈbɔsi] *adj.* kabartmalarla süslü; âmirane, sert, mütehakkim, despotça.

bo.tan.ic, bo.tan.i.cal □ [bəˈtænik(əl)] botaniğe ait; bitkisel; **bot.a.nist** [ˈbɔtənist] *n.* botanist, bitkiler bilgini; **bot.a.nize** [ˈ~naiz] *v/i.* inceleme için bitki örnekleri toplamak; bu iş için *-e* seyahat etm.; **ˈbot.a.ny** *n.* botanik, bitki bilimi.

botch [bɔtʃ] **1.** *n.* kabaca yapılmış yama; kaba iş; **2.** *v/t.* *bşi* kötü ve kabaca yapmak; beceriksizce yamamak; **ˈbotch.er** *n.* yamacı, tamirci; *fig. contp.* eskici.

both [bəuθ] *pron., adj.* & *cj.* her iki(si), her ikisi de; ikisi de; ~ ... and hem ... hem de; ~ of them her ikisi.

both.er F [ˈbɔðə] **1.** *n.* canını sıkma, sıkıntı, üzüntülü iş; **2.** *v/t.* *-in* canını sıkmak, üzmek, rahatsız ıetm.; *v/i.* merak etm., endişelenmek (from *-den*); ~ it! Allah müstehakkını versin!; **both.erˈa.tion** *n.* F can sıkıntısı, üzüntü; ~! Hay melûn şeytan!, Bırak şunu!; **both.er.some** [ˈ~səm] *adj.* can sıkıcı, üzüntülü.

bot.tle [ˈbɔtl] **1.** *n.* şişe, biberon; **2.** *v/t.* şişeye koymak, şişelere dodurmak; ~ up ✕ sarmak, muhasara etm.; *fig.* *(öfke, hiddet vs.)* susturmak, zaptetmek; **~d** beer şişe birası; **ˈ~-green** *adj.* çok koyu yeşil; **ˈ~-neck** *n.* şişe boğazı; *fig.* dar geçit; engel.

bot.tom [ˈbɔtəm] **1.** *n.* dip, alt; kıç; temel, esas; dere, vadi; kuvvet, can; ⚓ karina, tekne; at ~ aslında, esasında; get to the ~ of a matter bir olayın aslını anlamak, içyüzünü öğrenmek; knock the ~ out of an argument bir yargıyı ret ve cerhetmek, çürütmek; **2.** *adj.* esaslı, alt, temel...; **3.** *vb.* *(iskemle vs.)* dip koymak; *fig.* *bşe* dayan(dır)mak (upon); dibine inmek, ulaşmak; **ˈbot.tom.less** *adj.* dipsiz; çok derin; **ˈbot.tom.ry** *n.* ⚓ gemi rehni.

bou.doir [ˈbuːdwɑː] *n.* bir kadının **yatak** veya özel oturma odası.

bough [bau] *n.* *ağaç:* büyük dal.

bought [bɔːt] *pret.* & *p.p. of* buy.

bouil.lon [ˈbuːjɔːŋ] *n.* et suyu, konserve.

boul.der [ˈbəuldə] *n.* çakıl; kaya parçası.

bou.le.vard [ˈbuːlvɑː] *n.* bulvar; *Am.* geniş ana cadde.

bounce [bauns] **1.** *n.* sıçrama, sıçrayış; F canlılık, hayatiyet; F övünme, yüksekten atma; **2.** *v/t.* & *v/i.* sıçra(t)mak; fırla(t)mak; sek(tir)mek; F *(çek)* iade etm.; F işten atmak, yol vermek; ~ in (out) hızla girmek (çıkmak); ~ s.o. into doign stg. *b-ni* sıkboğaz ederek *bşi* yaptırmak; ˈ**bounc.er** *n.* sıçrayan şey *veya* kimse; F iriyarı adam; *Am. sl. (bar, gece kulübü v.b.)* fedai; ˈ**bounc.ing** *adj.* F gürbüz, neşeli *(çocuk).*

bound¹ [baund] **1.** *pret. & p.p. of* bind; **2.** *adj.* bağlı, kayıtlı; ~ to *inf. -meğe* mecbur.

bound² [~] *adj.* yolda, gitmek üzere olan (for *-e*).

bound³ [~] **1.** *n.* hudut, sınır; keep within ~s sınırı aşmamak; ölçülü olm., haddini aşmamak; out of ~s yasak bölge; **2.** *v/t.* & *v/i.* sınırla(ndır)mak, tahdit etm.; bitişik olm.

bound⁴ [~] **1.** *n.* sıçrayış, fırlayış, zıplama; **2.** *v/t.* & *v/i.* sek(tir)mek, sıçra(t)mak, atlamak.

bound.a.ry [ˈbaundəri] *n.* hudut, sınır; ~ line hudut hattı.

boun.den [ˈbaundən] *adj.*: my ~ duty yapmakla zorunlu olduğum görevim, vecibelerim.

bound.less □ [ˈbaundlis] sınırsız, sonsuz, tükenmeyen.

boun.te.ous [ˈbauntiəs] cömert, eli açık; bol; **boun.ti.ful** □ [ˈ~tiful] cömert; bol.

boun.ty [ˈbaunti] *n.* cömertlik; cömertçe verilen şey; † ikramiye, prim.

bou.quet [buːˈkei] *n.* buket, demet; *(şarap)* koku.

bour.geois [ˈbuəʒwɑː] **1.** *n.* burjuva, orta sınıf; **2.** *adj.* orta sınıfa mensup.

bour.geoi.sie [buəʒwɑːˈziː] *n.* burjuvazi, orta sınıf.

bourn(e) *poet.* [buən] *n.* hudut, sınır; hedef; ülke.

bout [baut] *n.* devre; maç, gösteri; *dans:* yarış, müsabaka; *hastalık:* nöbet.

bou.tique [buːˈtiːk] *n.* butik.

bo.vine [ˈbəuvain] *adj.* inek ve öküz gibi; ağır, durgun, sıkıcı.

bov.ril [ˈbɔvril] *n.* etsuyu hülâsası.

bow¹ [bau] **1.** *n.* baş eğerek selâmlama, reverans; **2.** *v/t.* & *v/i.* reverans yapmak; eğmek; başını eğdirmek; başını eğerek yol göstermek; *fig.* boyun eğmek; ~ s.o. in (out) *b-ni* saygıyla içeri almak (yolcu etm.).

bow² ⚓ [~] *n.* baş, pruva.

bow³ [bəu] **1.** *n.* yay, kavis; ilmek; fiyonk; **2.** *vb.* ♪ yay ile çalmak.

bowd.ler.ize [ˈbaudləraiz] *vb.* bir eserden müstehcen görülen kısımları çıkarmak.

bow.els [ˈbauəlz] *n. pl.* barsaklar; iç kısımlar.

bow.er [ˈbauə] *n.* çardak, kameriye; *poet.* bahçe köşkü; ⚓ pruvada iki çapadan biri.

bow.ie-knife [ˈbəuinaif] *n.* av bıçağı.

bow.ing ♪ [ˈbəuiŋ] *n.* yay kullanma.

bowl¹ [bəul] *n.* kâse, tas, çanak; pipo ağzı.

bowl² [~] **1.** *n.* tahta top, yuvarlak; ~s *pl.* tahta toplarla oynanan bir tür oyun; **2.** *v/t.* *(top vs.)* yuvarlamak, atmak; ~ out *kriket: b-ni* oyun harici yapmak; *fig. b-ni* kapı dışarı etm.; ~ over devirmek, düşürmek; *fig.* şaşkına çevirmek; *v/i.* yuvarlanmak; ˈ**bowl.er** *n. kriket:* topu atan oyuncu; *a.* ~ hat melon şapka.

bow.line ⚓ [ˈbəulin] *n.* borina; bir tür düğüm, izbarço bağı.

bowl.ing [ˈbəuliŋ] *n.* ağır topla oynanan bir tür oyun; ~ green bu oyunun oynandığı yeşil alan.

bow...: ~.**man** [ˈbəumən] *n.* okçu, ok atan kimse; ˈ~.**sprit** *n.* ⚓ civadra; ˈ~.**string** *n.* ok kirişi.

bow-wow! [ˈbauˈwau] *int.* havhav!

box¹ [bɔks] **1.** *n.* kutu, sandık; arabacı yeri; kulübe; *thea.* loca; ⊕ yuva, mil yatağı; bir kutu dolusu; at tavlası; *mahkeme:* sanık veya tanık yeri; **2.** *v/t.* kutuya veya sandığa koymak; *a.* ~ up ambalaj yapmak.

box² [~] **1.** *v/i.* boks yapmak; ~ s.o.'s ear *b-ne* tokat atmak; **2.** *n.* ~ on the ear tokat, şamar; ˈ**box.er** *n.* boksör.

Box.ing-Day [ˈbɔksiŋdei] Noeli takip eden gün *(26 Aralık).*

box...: ˈ~-**keep.er** *n. thea.* localara bakan kimse; ˈ~-**num.ber** *n.* posta kutusu numarası; ˈ~-**of.fice** *n. (sinema, tiyatro v.b.)* gişe.

boy [bɔi] *n.* erkek çocuk, oğlan; delikanlı; genç uşak; ~-friend *n.* erkek arkadaş; ~ scout erkek izci.

boy.cott [ˈbɔikət] **1.** *v/t.* boykot etm.; **2.** *n.* boykot.

boy.hood [ˈbɔihud] *n.* çocukluk çağı.

boy.ish □ [ˈbɔiiʃ] erkek çocuk gibi, oğlanlara yakışır.

bra F [brɑː] = brassière.

brace [breis] **1.** *n.* ⊕ matkap kolu, köşebent, payanda; kuşak; ⚕ destek; *hunt.* çift; ⚓ prasya; *(dişleri düzeltmeğe yarayan)* tel; *(satırları bağlıyan)* işaret;

pantolon askısı; **2.** *v/t.* sağlamlaştırmak, destek olm.; birbirine tutturmak; ⚓ prasya etm..

brace.let [ˈbreislit] *n.* bilezik.

brac.ing [ˈbreisiŋ] *adj.* canlandırıcı, kuvvet verici *(hava vs.).*

brack.en ⚘ [ˈbrækən] *n.* eğreltiotu.

brack.et [ˈbrækit] **1.** *n.* ⚠ kol, destek, dirsek; raf; *typ.* ayraç, parantez; **2.** *v/t.* birleştirmek, birbirine bağlamak; parantez içine almak; *fig.* benzetmek, bir tutmak.

brack.ish [ˈbrækiʃ] *adj.* tuzlumsu, acı.

bract ⚘ [brækt] *n.* çiçek yaprağı.

brad [bræd] *n.* tel çivi.

brae *Scots* [brei] *n.* bayır, yamaç.

brag [bræg] **1.** *n.* övünme, yüksekten atma; **2.** *v/i.* övünmek, yüksekten atmak, böbürlenmek (of, about *-le*).

brag.gart [ˈbrægət] **1.** *n.* övüngen kimse, palavracı kimse, farfara; **2.** □ övüngen, palavracı.

Brahm.an [ˈbrɑːmən], *mst* **Brah.min** [ˈ~min] *n.* Brahma rahibi, Brehmen.

braid [breid] **1.** *n.* örgü, saç örgüsü; kurdele, örgülü şerit; **2.** *v/t.* örmek; kurdele takmak *-e.*

brail ⚓ [breil] *n.* yelken ipi.

braille [breil] *n.* körlere mahsus kabartma yazı.

brain [brein] **1.** *n.* beyin, dimağ; ~s *pl. fig.* kavrayış, zekâ, kafa; have s.th. on the ~ *bşi* aklından çıkarmamak; pick *veya* suck s.o.'s ~ F bilgisinden yararlanmak; turn s.o.'s ~ *b-nin* başını döndürmek, ne oldum delisi etm.; **2.** *v/t.* kafasını yarmak, beynini patlatmak; ~ **drain** beyin göçü; **brained** *comb.* ...beyinli.

brain...: ˈ~**-fag** *n.* beyin yorgunluğu; ˈ~**-fe.ver** *n.* beyin humması; ~**less** *adj.* akılsız; *fig.* kuş beyinli; ˈ~**-pan** *n.* kafatası; ˈ~**-storm** *n.* anî gelen cinnet; F müthiş ilham; **brain(s) trust** *Am.* bir grup danışman.

brain...: ˈ~**-wash.ing** *n.* beyin yıkama; ˈ~**-wave** *n.* F birdenbire akla gelen fikir; ˈ**brain.y** *adj.* zeki, F kafalı.

braise [breiz] *v/t. mutfak:* kapalı kapta ve ağır ateşte pişirmek.

brake[1] [breik] *n.* eğreltiotu; çalılık.

brake[2] [~] **1.** *n.* ⊕ fren *(a. fig.)*; gezinti yapılan büyük yolcu arabası; ~ pedal fren pedalı; **2.** *v/i.* fren yapmak; *v/t.* frenlemek; **brake(s).man** 🚂 [ˈ~(s)mən] *n.* frenci.

bram.ble ⚘ [ˈbræmbl] *n.* böğürtlen çalısı.

bran [bræn] *n.* kepek.

branch [brɑːntʃ] **1.** *n.* dal; kol; şube, bölüm; local ~ şube; chief of ~ şube âmiri; **2.** *v/i. a.* ~ out dallanmak, yayılmak, kollara ayrılmak; *a.* ~ off ikiye ayrılmak.

brand [brænd] **1.** *n.* marka, alâmet, alâmeti farika, cins; kızgın demir, dağ, damga; yanan odun; ⚘ buğdaypası; *poet.* kılıç; **2.** *v/t.* dağlamak; damgalamak; lekelemek.

bran.dish [ˈbrændiʃ] *v/t.* sallamak, savurmak.

bran(d).new [ˈbræn(d)ˈnjuː] *adj.* yepyeni.

bran.dy [ˈbrændi] *n.* kanyak, brendi.

brant *orn.* [brænt] *n.* birkaç tür küçük kaz.

brass [brɑːs] *n.* pirinç; pirinçten yapılmış eşya; küstahlık, yüzsüzlük; the ~ ♪ pirinçten yapılmış müzik aletleri; bando; ~ band bando, mızıka; ~ hat ⚔ *sl.* yüksek rütbeli subay; ~ knuckles *pl. Am.* pirinç muşta; ~ tacks *pl. sl.*: get down to ~ tacks asıl meseleye gelmek, sadede gelmek.

bras.sard [ˈbræsɑːd] *n.* kol askısı, pazıbent.

bras.se.rie [ˈbrɑːsəˈriː] *n. (bira satılan)* lokanta.

bras.sière [ˈbræsiə] *n.* sütyen.

bras.sy [ˈbrɑːsi] *adj.* pirinç kaplama; pirinç renginde; pirinçten yapılmış nefesli saz aleti gibi ses veren; *fig. (esp. kadın)* yüzsüz, arsız, cırtlak.

brat F [bræt] *n. contp.* arsız çocuk, yumurcak, piç kurusu.

bra.va.do [brəˈvɑːdəu] *n. pl.* ~**(e)s** kabadayılık, kuru sıkı atma.

brave [breiv] **1.** □ cesur, yiğit; güzel, muhteşem; **2.** *v/t.* göğüs germek *-e,* karşı gelmek *-e;* **3.** *n.* Kızılderili savaşçı; ˈ**brav.er.y** *n.* kahramanlık; ihtişam, tantana.

bra.vo [ˈbrɑːˈvəu] *int.* Aferin!, Bravo!

brawl [brɔːl] **1.** *n.* kavga, gürültü, ağız dalaşı; **2.** *v/i.* kavga etm., ağız dalaşı yapmak; ˈ**brawl.er** *n.* kavgacı, yaygaracı.

brawn [brɔːn] *n. (insan)* kaba et, adale; *fig.* adale kuvveti; jelatinli domuz eti; ˈ**brawn.i.ness** *n.* kuvvetlilik, adaleli oluş; ˈ**brawn.y** *adj.* adaleli, kuvvetli.

bray[1] [brei] **1.** *n.* anırma, kulakları tırmalayan ses, çınlama; **2.** *v/i.* anırmak; gürültülü ses çıkarmak, çınlamak.

bray[2] [~] *v/t.* ezmek, rendelemek, dibekte dövmek.

braze ⊕ [breiz] *v/t.* pirinç ile lehimlemek, pirinç kaynağı yapmak.

bra.zen □ [ˈbreizn] pirinçten, tunçtan; *fig. a.* ~**-faced** yüzsüz, arsız.

bra.zier [ˈbreizjə] *n.* mangal; pirinç işleri yapan kimse.

Bra.zil.ian [brəˈziljən] **1.** *adj.* Brezilya ile ilgili; **2.** *n.* Brezilyalı.

Bra.zil-nut [brəˈzilˈnʌt] *n.* Brezilya kestanesi.

breach [briːtʃ] **1.** *n.* delik, kırık; bozulma; ihlâl; riayetsizlik; ⚔ gedik, rahne; ~ of contract sözleşmenin bozulması; akdin ihlâli; ~ of duty hizmet kusuru; ~ of peace asayişi ihlâl; **2.** *v/t.* kırmak, bozmak; gedik açmak.

bread [bred] *n.* ekmek, yiyecek; *fig.* geçim, maişet; ~ and butter tereyağlı ekmek; F geçim, maişet; take the ~ out of s.o.'s mouth rızkına engel olm., lokmasını ağzından çalmak; know which side one's ~ is buttered çıkarının nerede olduğunu bilmek; **ˈ~-bas.ket** *n.* ekmek sepeti; *fig.* tahıl ambarı; *sl.* mide; **ˈ~-crumb** *n.* ekmek kırıntısı; **ˈ~-fruit** *n.* ⚘ ekmek ağacı; **ˈ~-line** *n.* ücretsiz yiyecek almak için fakirlerin oluşturduğu kuyruk.

breadth [bredθ] *n.* genişlik, en; *fig.* genişlik, şümul.

bread-win.ner [ˈbredwinə] *n.* evin geçimini sağlayan kimse.

break [breik] **1.** *n.* kırık; ara; açıklık, fasıla, dinlenme; âni değişiklik; arası kesilme; *typ.* fasıla; † *Am. (fiyat)* düşüş; *(gün)* ağartı; kaçış; *bilardo:* sıra, dizi; F fırsat, şans; a bad ~ safdillik; şanssızlık; a lucky ~ şans, bahtiyarlık; **2.** *(irr.) v/t.* kırmak, koparmak, parçalamak; dağıtmak; açmak, yarmak; *(kanun)* ihlâl etm. *-i,* uymamak *-e*; *(söz)* tutmamak; *(rekor)* kırmak; mahvetmek; alıştırmak; ara vermek *-e*; sona erdirmek; ⚡ cereyanı kesmek; *(para)* bozdurmak; *(sır, şifre)* çözmek; iflâs ettirmek; ✓ nadas etm.; bozmak; ~ down yıkmak; ~ in *bşe* alıştırmak; kırıp girmek; ~ up parçalamak, kırmak; dağıtmak; sökmek, yıkmak; *v/i.* parçalanmak, kırılmak; kuvvetten düşmek; *(gün)* ağarmak; kesilmek; anî yön değiştirmek; fırlamak; ilgisi kesilmek; iflâs etm.; ~ away ayrılmak; dağılmak; kaçıp kurtulmak; kopmak; ~ down bozulmak, işlemez hale gelmek; başarısızlığa uğramak; morali bozulmak, kontrolunu kaybetmek; dönüşmek; kısımlara ayrılmak; **ˈbreak.a.ble** *adj.* kırılır; kırılacak; **ˈbreak.age** *n.* kır(ıl)ma; kırık yeri; **ˈbreak-down** *n.* bozulma, yıkılma; *mot.* arıza, bozukluk; nervous ~ asap bozulması. çökme; **ˈbreak.er** *n.* kıran, parçalayan *vs.* (*s.* break 2); ~s *pl.* sahile veya kayalara vurup kırılan dalga.

break...: **~.fast** [ˈbrekfəst] **1.** *n.* kahvaltı; have ~ = **2.** *v/i.* kahvaltı etm.; **~.neck** [ˈbreiknek] *adj.* çok süratli veya tehlikeli; **ˈ~-out** *n.* kaçma, firar; ⚔ çemberi yarma; **ˈ~-through** *n.* ⚔ yarma; *fig.* başarı: **ˈ~-ˈup** *n.* bozulma, dağılma, parçalanma; *(hava)* değişme; **ˈ~.wa.ter** *n.* dalgakıran.

bream *ichth.* [briːm] *n.* karagöz, mercan türü balık.

breast [brest] **1.** *n.* göğüs; meme; kalp, gönül; make a clean ~ of s.th. bütün gerçeği itiraf etm., içini boşaltmak; **2.** *v/t.* göğüs germek, karşı durmak; göğüslemek *(a. fig.)*; **ˈbreast.ed** *adj.* göğüslü.

breast...: **ˈ~-pin** *n.* broş, kravat iğnesi; **ˈ~.plate** *n.* göğüslük zırh; **ˈ~-stroke** *n.* yüzme: kurbağalama; **ˈ~.work** *n.* ⚔ göğüs siperi.

breath [breθ] *n.* nefes, soluk; hafif rüzgâr; dem, an; buğu; under *veya* below one's ~ alçak sesle veya fısıldayarak; out of ~ soluğu kesilmiş, nefes nefese; waste one's ~ boşuna nefes tüketmek;

breathe [briːð] *v/t.* & *v/i.* nefes al(dır)mak, tenefüs etm.; hafifçe esmek; yaşamak; fısıldamak; belirtmek; hayat vermek; **ˈbreath.er** *n.* nefes alan kimse; ara, paydos, nefes alma.

breath.ing [ˈbriːðiŋ] *n.* nefes (alma); an; söyleme; püfürtü; **ˈ~-space, ˈ~-time** *n.* nefes alacak zaman, nefes alma fırsatı.

breath.less □ [ˈbreθlis] nefesi kesilmiş, nefes nefese; korkutucu; hareketsiz; **ˈbreath.less.ness** *n.* soluksuzluk.

breath-tak.ing □ [breθteikiŋ] nefes kesen, çok heyecanlı.

bred [bred] *pret.* & *p.p. of* breed 2.

breech ⊕ [briːtʃ] *n.* kıç, dip; top kuyruğu, kama; **breech.es** *pl.* pantolon, külot pantolon; **ˈbreech.es-buoy** *n.* ⚓ cankurtaran varagelesi; **breech-load.er** *n.* kuyruktan dolma top veya tüfek.

breed [briːd] **1.** *n.* soy, ırk, cins; çeşit; **2.** *(irr.) v/t.* & *v/i.* doğ(ur)mak, yavrulamak, üre(t)mek; yetiştirmek, beslemek; hâsıl etm., hasıl olm., türemek; **ˈbreed.er** *n.* yetiştirici; üretici, yavrulayan; *phys.* üretici reaktör; **ˈbreed.ing** *n.* üreme; yetiştirme; terbiye; ~ ground üreme yeri.

breeze[1] [briːz] **1.** *n.* hafif rüzgâr, meltem, esinti; F münakaşa; **2.** *vb.* ~ in rahatlıkla gelmek.

breeze[2] ⊕ [~] *n.* kül ve sönmüş kömür

parçaları; ~ block *(bu madde ve çimento karışımı)* hafif yapı bloğu.
breez.y ['bri:zi] *adj.* hafif rüzgârlı, havadar; canlı, hareketli.
Bren gun ✕ ['bren'gʌn] *n.* hafif makineli tüfek, mitralyöz.
breth.ren *eccl.* ['breðrin] *n. pl.* kardeşler.
breve [bri:v] *n.* sesli harflerin kısa okunması için üzerine konulan kavisli işaret.
bre.vet ✕ ['brevit] *n.* üst rütbeye atama belgesi.
bre.vi.ar.y *eccl.* ['bri:vjəri] *n.* Katolik dua kitabı.
brev.i.ty ['breviti] *n.* kısalık.
brew [bru:] **1.** *v/t.* yapmak *(bira v.b.)*, hazırlamak, kaynatmak; *fig.* tertip etmek, hazırlamak *(esp.* kötü *bş)*; **2.** *n.* hazırlanmış içki; **'brew.age** *n. lit.* maya ile yapılmış içkiler; **'brew.er** *n.* bira yapan kimse, biracı; **'brew.er.y** *n.* bira fabrikası.
bri.ar ['braiə] = brier[1] & brier[2].
bribe [braib] **1.** *n.* rüşvet; **2.** *v/t.* rüşvet vermek *-e*; **'brib.er.y** *n.* rüşvet verme *veya* alma.
brick [brik] **1.** *n.* tuğla; tuğla biçiminde şey; *sl.* mert adam; F a regular ~ yaman bir herif, çok iyi çocuk; drop a ~ F pot kırmak, çam devirmek; make ~s without straw parasız pulsuz iş çevirmek; **2.** *v/t.* tuğla döşemek; **'~.bat** *n.* hırsla fırlatılan şey *(tuğla v.b.)*; *fig.* eleştiri, taş; **'~-kiln** *n.* tuğla fırını; **'~.lay.er** *n.* duvarcı; **'~-work** *n.* tuğla işi; *pl.* tuğla ocağı.
brid.al ['braidl] **1.** □ geline ait, düğüne ait; gelin...; ~ procession gelin alayı; **2.** *n. mst poet.* düğün, nikâh, evlenme.
bride [braid] *n.* gelin, yeni evli kadın; **'~.groom** *n.* güvey, damat; **'brides.maid** *n.* düğünde geline refakat eden kız; **brides.man** ['~zmən] *n.* sağdıç.
bride.well ['braidwəl] *n.* ıslahane.
bridge[1] [bridʒ] **1.** *n.* köprü; ⚓ kaptan köprüsü; ♪ köprü; burnun kemikli üst kısmı; gözlüğün burna oturan kısmı; **2.** *v/t.* köprü kurmak *-e*; *fig.* iki ucunu bir araya getirmek.
bridge[2] [~] *n. iskambil:* briç.
bridge...: **'~-head** *n.* köprübaşı; **'~-work** *n.* köprü inşaatı.
bri.dle ['braidl] **1.** *n.* at başlığı; dizgin; **2.** *v/t.* gem vurmak, dizgin takmak *-e*; hareketlerini kontrol altında tutmak; *v/i. a.* ~ up baş kaldırmak, terslenmek; **'~-path, '~-road** *n.* atlılara mahsus yol.
brief [bri:f] **1.** □ kısa, özetli; **2.** *n.* özet, yazılı belge; ⚖ dava özeti; *(papalık)* mühürlü mektubu; ✕, ✈ görev ve yetki talimatı; hold a ~ for *b-ni* mahkemede savunmak; **3.** *v/t.* ⚖ *(avukat, a.* ✕) lüzumlu bilgi veya son talimatı vermek; avukat tutmak; **'~-bag, '~-case** *n.* evrak çantası; **'brief.ing** *n.* bilgi vermek için yapılan kısa toplantı, brifing; **'brief.ness** *n.* kısalık.
bri.er[1] ⚘ ['braiə] *n.* funda, yabanî gül.
bri.er[2] [~] *n. a.* ~ pipe funda kökünden yapılmış pipo.
brig ⚓ [brig] *n.* iki direkli yelkenli, brik; askeri hapishane.
bri.gade ['bri'geid] **1.** *n.* ✕ tugay; ekip; **2.** *v/t.* birlikleri tugaylara göre düzenlemek; gruplar oluşturmak; **brig.a.dier** [brigə'diə] *n.* tuğbay.
brig.and ['brigənd] *n.* eşkiya, haydut; **'brig.and.age** *n.* eşkiyalık.
bright □ [brait] parlak, berrak, ışıldayan; neşeli, canlı; zeki; muhteşem; **'bright.en** *v/t. & v/i.* parla(t)mak, neşelen(dir)mek; *a.* ~ up aydınlatmak; aydınlanmak; **'bright.ness** *n.* parlaklık; uyanıklık.
brill *ichth.* [bril] *n.* çivisiz kalkan balığı.
bril.liance, bril.lian.cy ['briljəns(i)] *n.* parlaklık, pırıltı; *fig.* zekâ parlaklığı; **'brilliant** **1.** □ çok parlak; çok zeki; **2.** *n.* pırlanta.
brim [brim] **1.** *n. (bardak, kap v.b.)* ağız, *(şapka)* kenar; **2.** *vb.* ağzına kadar dol(dur)mak; ~ over taşmak *(a. fig.)*; **'~'ful, '~-full** *adj.* ağzına kadar dolu.
brim.stone ['brimstən] *n.* kükürt.
brin.dle(d) ['brindl(d)] *n. (esp. inek veya kedi)* benekli, lekeli hayvan.
brine [brain] **1.** *n.* tuzlu su, salamura; *poet.* deniz suyu; **2.** *v/t.* salamura etm., tuzlamak.
bring [briŋ] *(irr.) v/t.* getirmek; *bşe* vesile olm., sebebiyet vermek; şikâyet etm., dava açmak, ileri sürmek; ~ about, ~ to pass sebep olm.; beraberinde getirmek: ~ an action dava açmak; ~ along yanında getirmek; ~ down *(fiyat)* indirmek, azaltmak; ~ down the house *thea.* çok beğenilen gösteri yapmak, çılgınca alkışlanmak; ~ forth meydana çıkarmak; doğurmak; ~ forward ileri sürmek, ortaya atmak; öne almak; ✝ *(hesap toplamı)* geçirmek, nakletmek; ~ home to gerçeği kabul ettirmek; ~ in kazandırmak; arzetmek, takdim etm.; içeri almak; ithal etm.; ~ in guilty suçlu olduğuna karar vermek; ~ off başarılı olm. *-de;* çıkarmak, kurtarmak *-den*; ~ on sebep olm. *-e*; geliştirmek *-i*; yardımcı olm. *-e*; ~ out meydana çıkarmak, üretmek,

neşretmek, yayımlamak; ~ round ayıltmak -i; iyileştirmek -i; *(gemi v.b.)* döndürmek; ~ s.o. to do *b-ne bşi* yaptırmak; ~ to ⚓ orsa alabanda etm.; ~ s.o. to himself *b-ni* tekrar *k-ne* getirmek, ayıltmak; ~ under tâbi kılmak, boyunduruk altına almak; ~ up yetiştirmek, büyütmek; söz konusu etm.; yaklaştırmak.
bring.er [ˈbriŋə] *n.* getiren, hâmil.
brink [briŋk] *n.* kenar, kıyı.
brin.y [ˈbraini] *adj.* tuzlu.
bri.quette [briˈket] *n.* briket.
brisk [brisk] **1.** ☐ faal, canlı, işlek; *(esp. rüzgâr, hava)* sert, kamçılayan; **2.** *v/t. & v/i. mst* ~ up canlan(dır)mak, diril(t)mek, hareketlen(dir)mek.
bris.ket [briskit] *n.* *(dört ayaklı hayvan)* göğüs eti, döş.
brisk.ness [ˈbrisknis] *n.* canlılık, hareketlilik.
bris.tle [ˈbrisl] **1.** *n.* sert kıl; **2.** *v/t. a.* ~ up tüyleri ürpermek, dimdik olm. (with *-den*); ~ with *fig, bşle* dolup taşmak; *b-ne, bşe* dik dik bakmak; **ˈbris.tled, ˈbris.tly** *adj.* kıllı; anlaşması güç, öfkeli.
Bri.tan.nic [briˈtænik] *adj.* Britanya'ya ait.
Brit.ish [ˈbritiʃ] *adj.* Britanya'ya ait; the ~ *pl.* Britanyalı, İngiliz; **ˈBrit.ish.er** *n. part. Am.* İngiliz.
Brit.on *hist., poet.* [ˈbritn] *n.* Britanyalı.
brit.tle [ˈbritl] *adj.* kolay kırılır, gevrek; *fig.* zayıf, hassas.
broach [brəutʃ] **1.** *n.* kebap şişi; ⊕ matkap, boşaltma tığı; **2.** *vb.* *(fıçı, varil)* delmek, delerek sıvıyı akıtmak, delik açmak *-e*; *(konu, fikir)* girişmek *-e*, bahis açmak, dermeyan etm.
broad ☐ [brɔːd] geniş, enli; hudutsuz, uçsuz bucaksız; sade, belli, açık *(öğüt, ikaz vs.)*; güpe gündüz; genel; kaba *(espri)*; erkinci, liberal; **ˈ~-axe** *n.* balta; **ˈ~ˈbrimmed** *adj.* geniş kenarlı; **ˈ~.cast** **1.** *adj.* ✓ saçılmış; yayınlanmış; yayına ait; **2.** *(irr.* cast) *vb. radyo:* yayınlamak, neşretmek; yayın yapmak; *fig.* etrafa yaymak *(haber, dedikodu)*; ✓ saçarak tohum ekmek; **~ing** station yayın istasyonu; **3.** *n.* radyo yayını; **ˈ~.cast.er** *n.* spiker; **ˈ~.cloth** *n.* iyi cins yünden yapılmış kumaş; **ˈbroad.en** *v/t. & v/i.* genişle(t)mek; **ˈbroadˈmind.ed** *adj.* açık fikirli; **ˈbroad.ness** *n.* genişlik.
broad...: **ˈ~.sheet** *n.* el ilânı; **ˈ~-side** *n.* ⚓ borda; borda ateşi; şiddetli hücum *(a. fig)*; *a.*= broadsheet; **ˈ~.sword** *n.* pala.
bro.cade [brəuˈkeid] *n.* brokar; **broˈcad.ed** *adj.* kabartmalı, desenli dokunmuş.

broc.co.li ⚘ [ˈbrɔkəli] *n.* karnabahara benzer bir bitki.
bro.chure [brəuˈʃjuə] *n.* broşür, risale.
brogue [brəug] *n.* bir tür kaba ve sağlam ayakkabı.
broi.der [brɔidə] = embroider.
broil [brɔil] **1.** *n.* gürültü, kavga; ızgara *(et)*; **2.** *vb.* münakaşa etm.; ızgara yapmak; *fig.* güneşten yanmak; *fig.* pişmek; **~ing** *adj.* şiddetli sıcak; **ˈbroil.er** *n.* ızgara yapan kimse veya alet; ızgaralık piliç.
broke [brəuk] **1.** *pret. of* break 2; **2.** *adj. sl.* meteliksiz.
bro.ken [ˈbrəukən] *p.p. of* break 2; ~ health zayıf düşmüş, yıkılmış; ~ home yıkılmış yuva; ~ stones *pl.* balas, moloz; ~ English bozuk İngilizce; **ˈ~-ˈheart.ed** *adj.* ümitsizliğe kapılmış, kalbi kırık; **ˈbro.ken.ly** *adv.* ara vererek; kesik kesik hareket ederek; **ˈbro.ken-ˈwind.ed** *vet.* tıknefes, astmalı.
bro.ker [ˈbrəukə] *n.* ⚚ tellâl, simsar; borsa acentesi, komisyoncu; **ˈbro.ker.age** *n.* ⚚ komisyonculuk, simsarlık; komisyon *(ücret)*.
bro.mide [ˈbrəumaid] *n.* ⚗ bromür; *sl.* beylik söz *veya* fikir; **bro.mine** [ˈ~miːn] *n.* ⚗ brom.
bron.chi.al *anat.* [ˈbrɔŋkjəl] *adj.* broşlara ait; **bron.chi.tis** *n.* ⚕ bronşit.
bron.co [ˈbrɔŋkəu] *n.* yabanî veya yarı ehli at; **~-bust.er** [ˈ~bʌstə] *n. sl.* at terbiyecisi.
Bronx cheer *Am.* [ˈbrɔŋksˈtʃiə] *n.* yuha, yuha çekme.
bronze [brɔnz] **1.** *n.* tunç, bronz; bronz rengi; tunçtan eşya; **2.** *adj.* tunçtan yapılmış, bronz...; **3.** *v/t.* bronzla kaplatmak; *fig.* güneşte yakmak, esmerleştirmek; ⁓ Age Tunç Devri.
brooch [brəutʃ] *n.* broş, iğne.
brood [bruːd] **1.** *n.* yumurtadan çıkan hayvancıklar; sürü, güruh; **2.** *v/i.* kuluçkaya yatmak; *fig.* kuruntulariyle *k-ni* yemek, derin düşüncelere dalmak; **ˈbrood.er** *n.* kuluçka makinesi; düşünceye dalan kimse.
brook[1] [bruk] *n.* dere, çay, ırmak.
brook[2] *rhet.* [~] *v/t.* tahammül etm., çekmek; the matter ~s no delay meselenin beklemeye tahammülü yoktur.
brook.let [ˈbruklit] *n.* küçük dere.
broom ⚘ [bruːm] *n.* katır tırnağı; süpürge; **~.stick** [ˈbrumstik] *n.* süpürge sapı.
broth [brɔθ] *n.* etsuyu, etsuyuna çorba.
broth.el [ˈbrɔθl] *n.* genelev.
broth.er [ˈbrʌðə] *n.* erkek kardeş, bira-

der; aynı cemiyette erkek üye; **~.hood** ['~hud] *n.* kardeşlik, beraberlik, birlik; bir kuruluşun üyeleri; **'~-in-law** *n.* kayınbirader, bacanak, enişte; **'broth.er.ly** *adj.* kardeşçe.

brougham ['bru:əm] *n.* kupa arabası.

brought [brɔ:t] *pret. & p.p. of* bring.

brow [brau] *n.* kaş, alın; *poet.* çehre, yüz; bayır sırtı; **'~.beat** (*irr.* **beat**) *v/t.* sert bakarak korkutmak.

brown [braun] **1.** *adj.* kahverengi, kahve renkli, esmer; güneşten yanmış; ~ bread esmer ekmek; ~ paper koyu renkli ambalaj kâğıdı; be in a ~ study derin bir düşünce içinde olm.; **2.** *n.* kahve rengi **3.** *v/t.* & *v/i.* karar(t)mak; esmerletmek, esmerleşmek; be ~ed off *sl.* bıkmak; **'brown.ie** ['~ni] *n.* masaldaki iyi huylu küçük peri; kız izci *(8-11 yaşları arasında)*; **'brown.ish** *adj.* esmerimsi; **'brown-stone** *n.* kumtaşı; ön yüzü bu taştan yapılmış ev.

browse [brauz] **1.** *n.* taze sürgün veya dal; **2.** *vb.* otlamak, *(yaprak, sürgün)* yemek (on); *fig.* kitaplara göz gezdirmek.

bruise [bru:z] **1.** *n.* bere, çürük; **2.** *v/t.* berelemek, çürütmek; dövmek, ezmek; **'bruis.er** *n. sl.* boksör, zorba.

brunch ['brʌntʃ] *n.* erken yenen öğle yemeği, geç yenen kahvaltı.

bru.nette [bru:net] **1.** *n.* esmer kız *veya* kadın; **2.** *adj.* esmer.

brunt [brʌnt] *n.* şiddetli darbe, yüklenme; bear the ~ sıkıntısını çekmek, asıl yüke katlanmak.

brush [brʌʃ] **1.** *n.* fırça, fırçalama; tüylü kuyruk, tilki kuyruğu; ⚡ fırça; kısa yumuşak temas; give a ~ fırçalayarak kaldırmak, çıkarmak; have a ~ with s.o. yumruk yumruğa gelmek *-le*, kavgaya tutuşmak *-le*; **2.** *vb.* fırçalamak, süpürmek; hafifçe dokunmak *-e*; ~ aside, ~ away bertaraf etm., dikkate almamak, önemsememek; ~ down üstünü fırçalamak; ~ off tozunu almak; başından atmak, atlatmak, savmak; ~ up (*bilgi*) tazelemek; **'~.wood** *n.* çalılık, fundalık; çalı çırpı.

brusque □ [brusk] sert, haşin, kaba, ters.

Brus.sels sprouts ⚘ ['brʌsl'sprauts] *n.* frenk lahanası.

bru.tal □ ['bru:tl] hayvanca, vahşî; zalim, merhametsiz; çok sert, katlanması güç; kaba; **bru.tal.i.ty** [~'tæliti] *n.* vahşet, canavarlık; **bru.tal.ize** ['~təlaiz] *vb.* hayvanlaştırmak, kabalaştırmak; hayvanca davranmak; **brute 1.** *adj.* zalim, hayvan gibi; düşüncesiz; **2.** *n.* hayvan; hayvan gibi adam; canavar; **'brut.ish** □ = brute 1; **'brut.ish.ness** *n.* hayvanlık, kabalık.

bub.ble ['bʌbl] **1.** *n.* hava kabarcığı; kaynayış, kaynama; *fig.* sabun köpüğü; **2.** *v/i.* köpürmek, kaynamak, fıkırdamak; **'bub.bly 1.** *adj.* kabarcıklı; coşkun, şakrak; **2.** *n. co.* şampanya, köpüklü şarap.

buc.ca.neer [bʌkə'niə] **1.** *n.* korsan, deniz eşkiyası; **2.** *vb.* korsanlık etm.

buck [bʌk] **1.** *n. zo.* erkek hayvan **(part.** *karaca, geyik)*; züppe, modaya düşkün adam; *Am. sl.* dolar; pass the ~ F sorumluluğu üzerinden atmak; **2.** *vb.* sıçramak *(esp. at)*; binicisini üzerinden atmak; *Am.* F muhalefet etm., karşı gelmek; ~ up F canlan(dır)mak, geliştirmeye çalışmak.

bucket ['bʌkit] **1.** *n.* kova, gerdel; a mere drop in the ~ *fig.* denizden katra, deve de kulak; **2.** *vb.* *(at)* koşturarak yormak; delice bir süratle hareket et(tir)mek; *(yağmur)* bardaktan boşanırcasına yağmak; **~.ful** ['~ful] *n.* bir kova dolusu; ~ **seat** *mot.* çanak biçiminde ve katlanır koltuk.

buck.le ['bʌkl] **1.** *n.* toka, kopça; **2.** *v/t. & v/i.* tokalamak, kopçalamak; ⊕ ısı veya basınç ile bük(ül)mek; ~ on tokalamak, takmak; ~ to girişmek *-e*, çok çalışmak; **'buck.ler** *n.* kalkan, siper.

buck.ram ['bʌkrəm] *n.* çirişli pamuklu bez; *fig.* yapay davranış.

buck...: '~.skin *n.* güderi; **'~.wheat** *n.* ⚘ kara buğday.

bud [bʌd] **1.** *n.* tomurcuk, konca, sürgün; *fig.* gelişmemiş, olgunlaşmamış; nip in the ~ *fig.* bşin gelişmesine engel olm.; **2.** *v/t* & *v/i.* tomurcuklan(dır)mak, konca vermek; *(ağaç)* aşılamak; ~ding tomurcuklanan; gelişmekte olan.

Bud.dhism ['budizəm] *n.* Budizm, Buda dini; **'Bud.dhist** *n.* Budist.

bud.dy *Am.* F ['bʌdi] *n.* arkadaş, ahbap.

budge [bʌdʒ] *v/t.* & *v/i.* kımılda(t)mak, hareket et(tir)mek; *fig.* fikrini değiştir(t)mek.

budg.et ['bʌdʒit] **1.** *n.* bütçe, devlet bütçesi; stok, miktar; ucuz, bütçeye uygun; **2.** *vb.* bütçe yapmak; **'budg.et.ar.y** *adj.* bütçeye ait, bütçe...

buff [bʌf] **1.** *n. (renk)* deve tüyü; kalın bir tür deri; in (one's) ~ çırılçıplak; **2.** *v/t.* boyamak, *(metal)* yumuşak bşle parlatmak.

buf.fa.lo *zo.* ['bʌfələu] *pl.* **buf.fa.loes** ['~z] *n.* manda.

buff.er [ˈbʌfə] *n.* 🚂 tampon; *fig. (saldırı, güçlük v.b.)* hafifletici; old ~ *sl.* beceriksiz moruk; ~ state tampon devlet.

buf.fet¹ [ˈbʌfit] **1.** *n.* tokat, yumruk; **2.** *vb.* tokatlamak, yumruk atmak; mücadele etm.. savaşmak (with *ile*).

buf.fet² [ˈbufei] *n.* büfe; tezgâh; büfe şeklinde hazırlanan hafif yemek; ~ car 🚂 büfe, büvet.

buf.foon [bəˈfuːn] *n.* soytarı, maskara; **buf.foon.er.y** *n.* maskaralık.

bug [bʌg] *n.* tahtakurusu; *Am.* böcek; *Am. sl.* kusur, bozukluk, arıza; gizli dinleme cihazı; *sl.* *-in* hastası; **~.a.boo** [~əbuː], **ˈ~.bear** *n.* korku uyandıran hayali şey, umacı; **ˈbug.gy** **1.** *adj.* tahtakurusu üşüşmüş; **2.** *n.* tek atlı hafif araba; çocuk arabası.

bu.gle¹ [ˈbjuːgl] *n.* borazan, boru.

bu.gle² [~] *n.* siyah boncuk.

bu.gler ⚔ [ˈbjuːglə] *n.* boru çalan kimse.

buhl [buːl] *n.* kakma süslemeli eşya.

build [bild] **1.** *(irr.) vb.* inşa etm., kurmak, yapmak; *fig.* bina etm., dayanmak, güvenmek (on, upon *-e*); ~ in içine inşa etm.. sokmak, yerleştirmek; ~ up birik(tir)mek; geliş(tir)mek; binalarla doldurmak, gelişmiş bir hale getirmek; *fig.* göklere çıkarmak; **2.** *n. (esp. insan vücudu)* yapı, bünye, biçim; **ˈbuild.er** *n.* inşaatçı; inşaat ustası; **ˈbuild.ing** *n.* bina, yapı, ev; inşa etme; ~ contractor inşaat müteahhidi; inşaatçı; ~ craftsman inşaat işçisi; ~ site şantiye, yapı yeri; ~ society inşaat şirketi, yapı kooperatifi; **ˈbuild-up** *n.* kurma, tanzim; kuruluş, organizasyon.

built [bilt] **1.** *pret. & p.p. of* build; **2.** *adj.* ... inşa edilmiş; ... şekillendirilmiş; **ˈ~-ˈin** *adj.* gömme; yerleşmiş; **ˈ~-ˈup area** meskûn bölge, yerleşme bölgesi.

bulb [bʌlb] *n.* ⚘ *(kök)* soğan; *(termometre v.b.)* hazne; ⚡ ampul; **ˈbulb.ous** *n.* ⚘ yumrulu, yumru köklü.

Bul.gar [ˈbʌlgɑː] *n.* Bulgar; **Bul.gar.i.an** [~ˈgɛəriən] **1.** *adj.* Bulgaristan'a ait; **2.** *n.* Bulgar; Bulgarca.

bulge [bʌldʒ] **1.** *n.* bel verme, şiş, çıkıntı; ani ve beklenmeyen yükselme; **2.** *v/i.* bel vermek, kamburlaşmak, çıkıntı yapmak.

bulk [bʌlk] *n.* hacım, kütle; en büyük kısım; hantal vücut; ⚓ dökme yük, kargo; in ~ dökme, ambalajsız; toptan; **ˈ~.head** *n.* ⚓ bölme; **ˈbulk.i.ness** *n.* irilik; **ˈbulk.y** *adj.* hacimli, büyük, cüsseli; ✈ havaleli.

bull¹ [bul] **1.** *n.* boğa; *(iri)* erkek hayvan; *sl. esp. Am.* polis memuru; boğa gibi, çok kuvvetli adam; † *sl.* spekülâtör, borsa hava oyuncusu; a ~ in a china shop sakar adam, patavatsız adam; take the ~ by the horns güçlükleri korkusuzca göğüslemek; ~ session *Am. sl.* erkeklerin bir araya gelerek yaptıkları toplantı; **2.** *v/t.* † *sl.* fiyatları yükselterek spekülasyon yapmak.

bull² [~] *n. (papalık)* ferman.

bull³ [~] *n.* yanılma, gaf; Irish ~ boş lâkırdı, saçmasapan söz, zırva.

bull.dog [ˈbuldɔg] *n.* buldok köpeği; cesur ve kararlı adam; *univ.* laboratuvar yardımcısı.

bull.doze *Am.* F [ˈbuldəuz] *v/t.* üstünden buldozer geçirmek *-in*; tedhiş etm., zor kullanarak kabul ettirmek; **ˈbull.doz.er** *n.* buldozer.

bul.let [ˈbulit] *n.* kurşun, mermi.

bul.le.tin [ˈbulitin] *n.* günlük haber, tebliğ, bülten; dergi; ~ board *Am.* ilân tahtası.

bull...: **ˈ~.fight** *n.* boğa güreşi; **ˈ~.finch** *n. orn.* şakrakkuşu; çit, çalı; **ˈ~.frog** *n. zo.* bir tür iri kafalı kurbağa.

bul.lion [ˈbuljən] *n.* altın veya gümüş külçesi.

bull.ock [ˈbulək] *n.* iğdiş edilmiş boğa, öküz.

bull.pen *Am.* [ˈbulˈpen] *n.* F hapishane; *beysbol:* yedek oyuncuların bekledikleri yer.

bull's-eye [bulzai] *n.* hedefin ortası; tam vuruş; ⚓ lomboz; nane şekeri.

bul.ly¹ [ˈbuli] **1.** *n.* **kabadayı, zorba, kendinden küçükleri ezen kimse** ***(esp. çocuk);*** **2.** ***adj.*** **palavracı, farfara;** ***part. Am.*** **F şık, klâs. iyi, güzel** ***(a. int.);*** **3.** ***v/t.*** **korkutmak, kabadayılık etm.**.

bul.ly² [~] *a.* ~ beef konserve sığır eti.

bul.rush ⚘ [ˈbulrʌʃ] *n.* hasırotu, saz.

bul.wark [ˈbulwək] *n.* toprak tabya, siper *(mst fig.)*; ⚓ küpeşte.

bum¹ *sl.* **[bʌm]** ***n.*** **kaba et, kıç.**

bum² *Am.* F [~] **1.** *n.* serseri, başıboş kimse, sarhoş; be *veya* go on the ~ bozulmak. aşınmak; serseri hayatı yaşamak; **2.** *v/t.* başkalarının sırtından geçinmek, *sl.* otlamak; **3.** *adj.* fena, kötü, kıyafetsiz.

bum.ble-bee [ˈbʌmblbiː] *n. zo.* hezen arısı.

bum.boat [ˈbʌmbəut] *n.* erzak sandalı.

bump [bʌmp] **1.** *n.* çarpma, vuruş; şiş, yumru, tümsek; kabiliyet, Allah vergisi; **2.** *vb.* bindirmek, vurmak, çarpmak (against *-e*); çarpışmak (together), sars(ıl)mak; *sandal vs. yarışı:* geçmek, ge-

ride bırakmak -*i*; ~ into s.o. *b-ne* çarpmak, *b-ni* itmek; ~ off F öldürmek, mortlatmak.
bump.er [ˈbʌmpə] *n.* ağzına kadar dolu bardak; F çok dolu veya büyük şey; *mot.* tampon; ~ crop rekor teşkil eden hasat.
bump.kin [ˈbʌmpkin] *n.* hödük, ahmak.
bump.tious □ F [ˈbʌmpʃəs] kendini beğenmiş, küstah.
bump.y [ˈbʌmpi] *adj.* tümsekli, yamrı yumru; *fig.* inişli çıkışlı; ✈ sallantılı.
bun [bʌn] *n.* kuru üzümlü çörek; *(saç)* topuz.
bu.na [ˈbu:nə] *n.* kauçuk.
bunch [bʌntʃ] **1.** *n.* demet, deste, salkım; grup, takım; kütle, yığın; ~ of flowers çiçek demeti, buket; ~ of grapes üzüm salkımı; **2.** *vb.* bir araya gelmek, demet yapmak.
bun.combe [ˈbʌŋkəm] *n.* boş laf, palavra.
bun.dle [ˈbʌndl] **1.** *n.* deste, demet, bohça, çıkın, paket, bağ; **2.** *v/t. a.* ~ up çıkınlamak, sarmalamak; ~ away, ~ off F kov(ala)mak, defetmek, sepetlemek.
bung [bʌŋ] **1.** *n.* fıçı tapası, tıkaç; **2.** *v/t.* tapa ile tıkamak; F fırlatmak; ~ed up tıkalı *(burun)*.
bun.ga.low [ˈbʌŋgələu] *n.* tek katlı ev.
bung-hole [ˈbʌŋhəul] *n.* fıçı deliği.
bun.gle [ˈbʌŋgl] **1.** *n.* kötü iş, bozma, acemice iş; **2.** *vb.* bozmak, berbat etm., yüzüne gözüne bulaştırmak; ˈ**bun.gler** *n.* üstünkörü iş gören adam; ˈ**bun.gling** **1.** □ beceriksiz, hantal; **2.** *n.* üstünkörü, kötü iş.
bun.ion ⚕ [ˈbʌnjən] *n.* ayak parmağı üzerinde oluşan şiş.
bunk[1] *sl.* [bʌŋk] *n.* boş lâf, gevezelik.
bunk[2] [~] *n.* yatak yeri, ranza.
bunk.er ⚓ [ˈbʌŋkə] **1.** *n.* kömürlük; **2.** *vb.* be ~ed *fig.* engele rastlamak.
bun.kum [ˈbʌŋkəm] = buncombe.
bun.ny [ˈbʌni] *n.* tavşan(cık).
bun.sen [ˈbunsn]: ~ burner Bunsen beki, Bunsen gaz lambası.
bunt *Am.* [bʌnt] *n. beysbol:* topa hafifçe vurma.
bun.ting[1] *orn.* [ˈbʌntiŋ] *n.* küçük kuş türlerinden biri.
bun.ting[2] [~] *n.* bayrak kumaşı, süs flamaları.
buoy ⚓ [bɔi] **1.** *n.* şamandıra; **2.** *v/t.* suyun yüzünde tutmak, yüzdürmek; *mst* ~ up yüzdürmek, suyun üzerinde tutmak; *fig.* desteklemek, ümit vermek, cesaret vermek.
buoy.an.cy [ˈbɔiənsi] *n.* su yüzünde durabilme; *fig.* kudret, takat; ✝ statik taşıma gücü; *fig.* canlılık; neşe; ˈ**buoy.ant** □ yüzebilir, yüzen, batmaz; *fig.* neşeli; ✝ fiyatların yükselme gücü.
bur ⚘ [bə:] *n.* dulavrat otu, pıtrak.
Bur.ber.ry [ˈbə:bəri] *n.* su geçirmez pardesü veya kumaş.
bur.bot *ichth.* [ˈbə:bət] *n.* morina cinsinden bir balık.
bur.den[1] [ˈbə:dn] **1.** *n.* yük, ağırlık, ağır iş; sorumluluk; ⚖ mükellefiyet, yükümlülük; ⚓ kargo; ⚓ tonilato, yük taşıma kapaistesi; **2.** *v/t.* yüklemek (s.o. with -*e* -*i*) *(a. fig.)*.
bur.den[2] [~] *n.* ana fikir; nakarat.
bur.den.some [ˈbə:dnsəm] *adj.* külfetli, sıkıntı verici.
bur.dock ⚘ [ˈbə:dɔk] *n.* dulavrat otu.
bu.reau [ˈbjuərəu] *n., pl. a.* **bu.reaux** [ˈ~z] büro, yazıhane, daire, şube; *Am.* çekmeceli dolap; **bu.reauc.ra.cy** [~ˈrɔkrəsi] *n.* bürokrasi, resmî formaliteler, kırtasiyecilik; **bu.reau.crat** [ˈbjuərəukræt] *n.* bürokrat, kırtasiyeci; **bu.reauˈcrat.ic** *adj.* (~ally) bürokratik.
bu.rette ⚗ [bjuəˈret] *n.* sıvı ölçmeye yarar cam tüp, büret.
burg *Am.* F [bə:g] *n.* kasaba, ufak şehir.
bur.gee ⚓ [ˈbə:dʒi:] *n.* üç köşeli flâma; flândra.
bur.geon *lit.* [ˈbə:dʒən] **1.** *n.* gonca, tomurcuk; rüşeym, embriyon; **2.** *vb.* tomurcuk ve filiz vermek, sürmek.
bur.gess [ˈbə:dʒis] *n.* oy verme hakkına sahip şehirli; *hist.* murahhas, delege, milletvekili.
burgh *Scots* [ˈbʌrə] *n.* kasaba; **bur.gher** *hist.* [ˈbə:gə] *n.* kasabada oturan kimse.
bur.glar [ˈbə:glə] *n. (ev soyan)* hırsız, gece hırsızı; **bur.glar.i.ous** □ hırsızlığa ait; **bur.gla.ry** [ˈ~gləri] *n.* ev soyma, hırsızlık; ˈ**bur.gle** *vb.* ev soymak.
bur.go.mas.ter [ˈbə:gəuma:stə] *n. (esp. Almanya ve Hollanda'da)* belediye başkanı.
bur.gun.dy [ˈbə:gəndi] *n.* Burgonya şarabı.
bur.i.al [ˈberiəl] *n.* gömme, defin; ˈ~-**ground** *n.* mezarlık; ~ **serv.ice** cenaze töreni.
bu.rin ⊕ [ˈbjuərin] *n.* hakkâk kalemi.
burke [bə:k] *vb.* örtbas etm..
burl [bə:l] *n. (kumaş içinde)* düğüm.
bur.lap [ˈbə:læp] *n.* çuval bezi.
bur.lesque [bə:ˈlesk] **1.** *adj.* hicveden, gülünç, komik; **2.** *n.* hiciv, taşlama; **3.** *vb.* hicvetmek -*i*, taklidini yapmak -*in*, alaya almak -*i*.
bur.ly [ˈbə:li] *adj.* iriyarı, güçlü kuvvetli, sağlam yapılı.

Bur.mese [bəːˈmiːz] **1.** *adj.* Birmanyalı; **2.** *n.* Birmanya; Birmanya dili.
burn [bəːn] **1.** *n.* yanık, yanık yarası; **2.** *(irr.) v/t. & v/i.* yakmak, yanmak, tutuş(tur)mak; parıldamak; ışık saçmak; **ˈburn.er** *n.* gaz ocağı memesi; yakıcı şey veya kimse; **ˈburn.ing** □ yanan, yanıcı; şiddetli, hararetli.
bur.nish [ˈbəːniʃ] *v/t.* cilâlamak, perdahlamak, parlatmak *(esp. maden)*; **ˈbur-nish.er** *n.* cilâcı; perdah taşı.
burnt [bəːnt] *pret. & p.p. of* burn 2; ~ offering bir tanrıya sunmak için yakılan hayvan veya bitki.
burp *Am. sl.* [bəːp] **1.** *n.* geğirme; **2.** v/t. & *v/i.* geğir(t)mek.
burr [bəː] **1.** *n.* vızıltı; ʀ harfinin boğazdan titrek şekilde söylenmesi; kozalak; ⊕ ince maden parçası, çapak, kalem pürüzü; **2.** *v/i.* R harfini boğazdan söylemek; **ˈ~-drill** *n.* ⚕ matkap, delgi.
bur.ro F [ˈburəu] *n.* yük eşeği, merkep.
bur.row [ˈbʌrəu] **1.** *n.* oyuk, in, yuva; **2.** *vb.* oyuk açmak, tünel kazmak, yuva yapmak; kazdığı yerde saklanmak.
bur.sar [ˈbəːsə] *n. (esp. okullarda)* muhasebeci, mutemet.
bur.sa.ry [ˈbəːsəri] *n.* muhasebe; burs.
burst [bəːst] **1.** *n.* patlama, fırlama, çatlama; ileri atılma; patlak, yarık; *fig.* coşkunluk, feveran; **2.** *(irr.) v/t. & v/i.* parla(t)mak *(a. fig.)*; yar(ıl)mak, ayrılmak, ileri fırlamak; kırmak *(a. fig.)*; ortaya dökülmek, görülür hale gelmek; ⚘ birdenbire açmak; *(çıban, apse v.b.)* birdenbire çıkmak; *(göz yaşı, kahkaha)* boşanmak; ~ forth, ~ out birdenbire söylemek; fışkırmak; ~ into flame alevlenmek; ~ into tears ağlamaya başlamak, gözünden yaşlar boşanmak; ~ out laughing kahkaha koparmak; ~ upon s.o. *b-ne* birdenbire görünmek.
bur.then ⚓ [ˈbəːðən] = burden.
bur.y [ˈberi] *v/t.* gömmek, defnetmek; gizlemek, saklamak, örtmek; unutmak; **ˈbur.y.ing-ground** *n.* mezar(lık), kabir.
bus F[bʌs] **1.** *n.* otobüs; miss the ~ *sl.* fırsatı kaçırmak, geç kalmak; ~ boy *Am. (lokantada)* çırak; **2.** *vb.* otobüsle gitmek; otobüsle taşımak.
bus.by ✕ [ˈbʌzbi] *n.* bir çeşit küçük kürklü şapka.
bush [buʃ] *n.* çalı, çalılık; ⊕ zıvana, burç; **bush.el** [ˈbuʃl] *n.* İngiliz kilesi *(takriben 36.5 litre)*; hide one's light under a ~ yeteneğini gizlemek; **ˈbush-man** *n.* Güney Afrika yerlisi; **ˈbush-ranger** *n.* fundalıklarda yaşıyan eşkiya.
bush.y [ˈbuʃi] *adj.* çalılık; *(saç, sakal)* fırça gibi.
busi.ness [ˈbiznis] *n.* iş, görev, meslek; ✝ alışveriş, ticaret; iş yeri; mesele, problem; ~ of the day ruzname, gündem; on ~ iş için, iş hakkında; no admittance except on ~ işi olmıyan giremez; have no ~ to hakkı olmamak *-e*, ilgisi olmamak *-le*; mind one's own ~ kendi işine bakmak, karışmamak; send s.o. about his ~ *b-ni* defetmek, kovmak; ~ **end** F *bşin* tehlikeli tarafı; ~ **hours** *pl.* iş saatleri; **ˈ~-like** *adj.* ciddi, düzenli, sistemli; **ˈ~.man** *n.* iş adamı; ~ **tour,** ~ **trip** iş seyahati.
bus.ker [ˈbʌskə] *n.* sokak çalgıcısı.
bus.kin [ˈbʌskin] *n.* potin; trajedi.
bus.man [ˈbʌsmən] *n.* otobüs şoförü; ~'s holiday meslekle ilgili çalışmaları sürdürmek için yapılan tatil; **ˈbus-stop** *n.* otobüs durağı.
bust¹ [bʌst] *n.* büst; göğüs.
bust² *Am.* F [~] *n.* mahvolma, iflâs, fiyasko.
bus.tard *orn.* [ˈbʌstəd] *n.* toy kuşu.
bus.tle [ˈbʌsl] **1.** *n.* faaliyet, telâş, koşuşma; eskiden kadın elbise eteklerine konulan kafes gibi yastık; **2.** *vb.* telâşlanmak, telâşa vermek; acele et(tir)mek; kovalamak *(a. fig.)*; **ˈbus.tler** *n.* faal, işgüzar adam; **ˈbus.tling** □ çalışkan, işgüzar.
bust-up F [ˈbʌstʌp] *n.* kavga, gümbürtü, yaygara.
bus.y [ˈbizi] **1.** □ faal, iş gören, meşgul (with *-le*); hareketli, canlı; *teleph.* meşgul; be ~ işi olm., meşgul olm.; **2.** *vb.* *mst* ~ o.s. meşgul olm., uğraşmak (with, in, at, about *-le*); **ˈ~.bod.y** *n.* her işe burnunu sokan kimse, işgüzar; **ˈbus.y.ness** *n.* gayret, faaliyet; işgüzarlık.
but [bʌt; bət] **1.** *cj.* ama, fakat, lâkin, ancak, halbuki, şu kadar ki; **2.** *prp.* *-den* başka, *-den* hariç; the next ~ one birinci değil ikinci; ~ for sayesinde, ...olmasaydı; **3.** *adv.* sadece, yalnız, sırf; ~ just demin, demincek, henüz; all ~ *...den* gayrı, az kalsın; nothing ~ sırf, hepsi; *...den* başka bir şey değil; I cannot ~ *inf.* *...memek* mümkün değil, *...mek* zorundayım; **4.** *n.* «fakat» kelimesi, itiraz.
butch.er [ˈbutʃə] **1.** *n.* kasap, celep; *fig.* katil, cani; **2.** *v/t.* *(kasaplık)* hayvan kesmek; *fig.* öldürmek, boğazlamak; **ˈbutch.er.y** *n.* kasaplık *(a. fig.)*; mezbaha, salhane; ~ business kasaplık.
but.ler [ˈbʌtlə] *n.* kahyâ; sofracı.
butt¹ [bʌt] **1.** *n.* tos; *a.* ~ end *bşin* enli di-

bi *(ağaç vs.)*; izmarit; *silah:* dipçik; ⊕ manşet, birleştirme sathı; hedef levhası gerisindeki toprak siper; the ~s *pl.* atış alanı; *fig.* amaç, gaye; **2.** *vb.* tos vurmak; ~ in F karışmak *-e.*

butt² [~] *n.* büyük şarap fıçısı, damacana.

but.ter [ˈbʌtə] **1.** *n.* tereyağı; F kompliman, kur, yağcılık; as if ~ would not melt in his mouth çok nazik ve masum görünüyor *(öyle olmadığı halde)*; **2.** *v/t.* tereyağı sürmek *-e*; *fig.* kompliman yapmak, yağ çekmek; **ˈ~.cup** *n.* ⚘ düğünçiçeği; **ˈ~-fin.gers** *n.* sakar kimse; **ˈ~.fly** *n.* kelebek; *fig.* kelebek peşinde, havai kimse; **ˈ~.milk** *n.* yayık ayranı; **but.ter.y** **1.** *adj.* tereyağ gibi; tereyağlı...; **2.** *n.* kiler.

but.tock [ˈbʌtək] *n. mst* **ˈbut.tocks** *pl.* kalça, kıç, F popo.

but.ton [ˈbʌtn] **1.** *n.* düğme; ⚘ konca, tomurcuk, sürgün; ~s *sg.* F otel oğlanı; **2.** *v/t.* & *v/i.* *oft.* ~ up düğmele(n)mek, ilikle(n)mek; **ˈ~.hole** **1.** *n.* ilik; yakaya takılan çiçek; **2.** *v/t.* ilik açmak; yakalayıp zorla dinletmek; **ˈ~-hook** *n.* düğme kancası; **ˈ~.wood** *n.* ⚘ çınar ağacı.

but.tress [ˈbʌtris] **1.** *n.* payanda, destek *(a. fig.)*; **2.** *v/t.* ~ up ayak koymak, payanda koymak; *fig.* desteklemek, takviye etm..

bux.om [ˈbʌksəm] *adj.* *(kadın)* dolgun, bıldırcın gibi, cazip, çekici, neşeli.

buy [bai] *(irr.) v/t.* almak, satın almak (from *-den*); *fig.* bş karşılığında elde etm. (with *-le*); **ˈbuy.er** *n.* alıcı, müşteri; satın alıcı, mübayaacı; **ˈbuy.ing** *comb.* satın alma...

buzz [bʌz] **1.** *n.* vızıltı, gürültü; F telefon konuşması; ~ saw *Am.* devvar testere; **2.** *vb.* vızıldamak, fısıldamak; *(kulak)* çınlamak; telefon etm.; ✈ alçaktan ve süratli uçmak.

buz.zard *orn.* [ˈbʌzəd] *n.* bir cins şahin.

buzz.er ⚡ [ˈbʌzə] *n.* vızıltılı sinyal veren elektrik zili; siren.

by [bai] **1.** *prp.* *-in* yanında, yakınında, nezdinde; ile, vasıtasiyle; tarafından, ...den; *-e* göre, *-e* nazaran; yakınından, yanından; *-e* kadar; hakkında; North ~ East kuzeydoğuya doğru; side ~ side yan yana; ~ day gündüz, gündüzün; ~ now şimdiye kadar; ~ the time (that) kadar, dek, değin; ~ the dozen düzine düzine; ~ far çok daha fazla, fersah fersah; 30 feet ~ 15 otuza onbeş ebadında; ~ o.s. yalnız, kendi kendine, bir köşede; ~ land karadan, yara yolu ile; ~ rail trenle; day ~ day her gün, günden güne; ~ twos ikişer ikişer; **2.** *adv.* bir yana, bir tarafa; yakın, yanında; ~ and ~ yavaş yavaş, çok geçmeden, birazdan; ~ the ~ pek yakında, bu günlerde; yavaş yavaş, tedricen; close ~ yakında, civarda; go ~ geçip gitmek; ~ and large genellikle; **3.** *adj.* yan..., tali...

bye [bai] *n. spor:* yarışmacının tek kalması, otomatik olarak tur atlama.

bye-bye F [baiˈbai] *int.* Allaha ısmarladık!; Hoşça kalın!; Güle güle!

by...: **ˈ~-e.lec.tion** *n.* ara seçim; **ˈ~.gone** **1.** *adj.* geçmiş, eski; **2.** *n.* ~s *pl.* geçmiş olan şey; let ~s be ~s geçmişi unutmak, geçmişe sünger çekmek; **ˈ~-law** *n.* nizamname, statü; **ˈ~-line** *n. Am.* *(makalede)* yazar adının verildiği satır; **ˈ~-name** *n.* lakap; **ˈ~-pass** **1.** *n.* dolaştırma; kestirme yol, varyant; ⚡ kısa devre; **2.** *vb.* yanından geçmek, uğramamak; *(trafik)* başka yola vermek; bertaraf etm.; **ˈ~--path** *n.* dolaylı yol, patika; **ˈ~-play** *n.* *thea.* asıl oyunun yanısıra yapılan önemi az hareket; **ˈ~-prod.uct** *n.* yan ürün.

byre [ˈbaiə] *n.* inek ahırı.

by-road [ˈbairəud] *n.* yan yol.

by...: **ˈ~.stand.er** *n.* seyirci, olaya karışmadan seyreden kimse; **ˈ~-street** *n.* yan sokak; **ˈ~-way** *n.* gizli yol, dolaşık yol; **ˈ~-word** *n.* darbımesel, atalarsözü; be a ~ for timsali olm. *-in.*

By.zan.tine [biˈzæntain] **1.** *adj.* Bizans'a ait; **2.** *n.* Bizanslı.

C

cab [kæb] *n.* kira arabası, taksi; otobüs; lokomotifin kapalı kısmı, 🚂 makinist yeri, *(otobüs)* şoför yeri.

ca.bal [kəˈbæl] **1.** *n.* hile, entrika, fitne; **2.** *v/i.* *bşde* hile, dalavere yapmak, entrika çevirmek, desise kurmak.

cab.a.ret [ˈkæbərei] *n.* çalgılı meyhane, kabare.

cab.bage [ˈkæbidʒ] *n.* bir baş lahana; ~ butterfly lahana yapraklarında yaşayan beyaz kelebek; ~ lettuce top salata.

cab.ba.lis.tic, cab.ba.lis.ti.cal □ [kæbəˈlistik(əl)] sırları açıklama ilmine ait.

cab.by [ˈkæbi] *n.* arabacı.

cab.in [ˈkæbin] **1.** *n.* kulübe; hücre; ⚓ kamara; **2.** *vb.* ağıllandırmak; bir yere sıkıştırmak, tıkmak; **ˈ~-boy** *n.* ⚓ kamarot; subay hizmet eri; ~ **class** ikinci sınıf; ~ **cruis.er** ⚓ kamaralı büyük gemi.

cab.i.net [ˈkæbinit] *n.* kabine, küçük oda; çekmeceli, vitrinli dolap; kabine, bakanlar kurulu; ♀ Council vekiller meclisi; **ˈ~-mak.er** *n.* doğramacı, marangoz.

ca.ble [keibl] **1.** *n.* kablo; ⚓ palamar; telgraf; buried ~ yeraltı kablosu; **2.** *vb.* telgraf çekmek; kablo ile bağlamak; **ˈ~-car** *n.* kablo ile işleyen vagon, teleferik; **~.gram** [ˈ~græm] *n.* telgraf.

cab.man [ˈkæbmən] *n.* arabacı, taksi şoförü.

ca.boo.dle *sl.* [kəˈbuːdl]: the whole ~ bütün herkes, herşey.

ca.boose [kəˈbuːs] *n.* ⚓ gemi mutfağı; *Am.* 🚂 yük treni işçilerine ait vagon.

cab.ri.o.let *part. mot.* [kæbriəˈlei] *n.* dört tekerlekli atlı araba; iki kapılı dört kişilik araba; bir vagonun arkasındaki ufak kompartman.

cab-stand [ˈkæbstænd] *n.* taksi, fayton durağı.

caˈcan.ny ⊕ [ˈkaːˈkæni] *n.* işçilerin işi yavaşlatma eylemi.

ca.ca.o [kəˈkaːəu] *n.* kakao ağacı, kakao.

cache [kæʃ] **1.** *n.* bir şeyi saklamak için gizli yer, gizli yerde saklanan şey; **2.** *v/t.* gizli bir yere *bş* saklamak.

cack.le [ˈkækl] **1** *n.* gevezelik; tavuk gıdaklaması; **2** *v/i.* gevezelik etm.; gıdaklamak; **ˈcack.ler** *n.* gıdaklayan; *fig.* geveze.

ca.coph.o.ny [kæˈkɔfəni] *n.* kötü ses, ahenksizlik.

cac.tus ♣ [ˈkæktəs] *n.* kaktüs.

cad F [kæd] *n.* kaba kimse; alçak adam.

ca.das.tre [kəˈdæstə] *n.* tapu sicili, kadastro.

ca.dav.er.ous □ [kəˈdævərəs] ölü gibi, sapsarı.

cad.die [ˈkædi] *n.* oyun sırasında golfçünün sopalarını taşıyan kişi.

cad.dis *zo.* [ˈkædis] *n.* kurtçuk, tırtıl.

cad.dish F □ [ˈkædiʃ] alçak; kaba.

cad.dy [ˈkædi] *n.* çay kutusu; = caddie.

ca.dence [ˈkeidəns] *n.* ♪ ritim, ahenk; sesin derece derece inmesi.

ca.det [kəˈdet] *n.* askerî okul öğrencisi; ~ corps asker talimi gören yetişkinler taburu.

cadge [kædʒ] *v/t.* & *v/i.* yalvarıp yakarmak, dilenmek; seyyar satıcılık etm.; **ˈcadg.er** *n.* bedavacı; dilenci; seyyar satıcı.

ca.di [ˈkaːdi] *n.* *(bazı İslâm ülkelerinde)* kadı, yargıç.

cad.mi.um ⚗ [ˈkædmiəm] *n.* sembolü «Ca» olan beyaz, yumuşak bir maden, kadmiyum.

cad.re [ˈkaːdə] *n.* çerçeve, plan; kadro; ⚔ gerektiğinde kullanmak üzere iyi hazırlanmış birlik *veya* bu grupdan biri.

ca.du.cous ♣ & *zo.* [kəˈdjuːkəs] *adj.* zamansız ve mevsimsiz dökülen.

cae.cum *anat.* [ˈsiːkəm] *n.* kör bağırsak, apandis.

Cae.sar [ˈsiːzə] *n.* Sezar; **Cae.sar.i.an** [siːˈzeəriən] *adj.* Sezar'a ait.

cae.su.ra [siːzjuərə] *n.* bir mısranın okunuşunda hafifçe duraklanacak yer.

ca.fé [ˈkæfei] *n.* kahvehane, küçük restoran, lokanta, pastahane.

caf.e.te.ri.a [kæfiˈtiəriə] *n.* kafeterya, garsonsuz lokanta.

caf.e.to.ri.um *Am.* [kæfiˈtɔːriəm] *n.* kantin ve dinlenme salonu.
caf.fe.ine [ˈkæfiːn] *n.* kahve ve çayda bulunan uyarıcı, kafein.
cage [keidʒ] **1.** *n.* kafes *(a. fig.)*; hapishane; ⚒ asansör; **2.** *v/t.* kafese koymak; hapse atmak.
cage.y □ *part. Am.* [ˈkeidʒi] kurnaz, hilekâr, pişkin.
cairn [kɛən] *n.* abide veya mezara benzer taş yığını.
cais.son [kəˈsuːn] *n.* ⚔ cephane arabası; *hidrolik inşaat:* keson.
cai.tiff [ˈkeitif] *adj.* & *n.* alçak, ahlâksız.
ca.jole [kəˈdʒəul] *v/t.* & *v/i.* birisini tatlılıkla kandırmak veya aldatmak; **caˈjol.er** *n.* dalkavuk, pohpohçu, komplimancı; **caˈjol.er.y** *n.* kompliman, kur.
cake [keik] **1.** *n.* kek, pasta, kurabiye, çörek; parça, kısım, tane, kalıp *(sabun vs.)*; ~s and ale eğlence; a piece of ~ *sl.* çocuk oyuncağı, çok kolay; like hot ~s kapış kapışa; **2.** *vb.* katılaş(tır)mak, kalıplaşmak.
cal.a.bash [ˈkæləbæʃ] *n.* sukabağı; sukabağından yapılmış su kabı.
cal.a.mine *min.* [ˈkæləmain] *n.* tutya taşı.
ca.lam.i.tous □ [kəˈlæmitəs] felâketli, belâlı; **caˈlam.i.ty** *n.* felâket, belâ, musibet, afet; **caˈlam.i.ty-howl.er** *n.* karamsar, kötümser; **caˈlam.i.ty-howl.ing** *n. Am.* karamsarlık.
cal.car.e.ous [kælˈkɛəriəs] *adj.* kalsiyumlu, kireçli.
cal.ce.o.la.ri.a ⚘ [kælsiəˈlɛəriə] *n.* çanta çiçeği.
cal.ci.fi.ca.tion [kælsifiˈkeiʃən] *n.* kireç tuzları ile sertleştirme, taş haline getirme işlemi; **cal.ci.fy** [ˈ~fai] *vb.* kireçlenmek; kireç haline getirmek; **cal.ci.na.tion** ⚗ [kælsiˈneiʃən] *n.* yakma, kavurma, damıtma; **cal.cine** ⚗ [kælsain] *vb.* yakarak toz haline getirmek veya gelmek; **ˈcal.cite** *n. min.* kalsiyum karbonat; **cal.ci.um** ⚗ [ˈ~siəm] *n.* sembolü «Ca» olan eleman, Kalsiyum; **cal.ci.um car.bide** ⚗ karpit.
cal.cu.la.ble [ˈkælkjuləbl] *adj.* hesap edilebilir; güvenilir; **cal.cu.late** [ˈ~leit] *v/t.* hesaplamak, hesap ederek bulmak, saymak; ~d hesaplanmış; *v/i.* hesap etm., güvenmek (on, upon *-e*); F *Am.* tahmin etm.; calculating machine hesap makinesi; **cal.cuˈla.tion** *n.* hesap, tahmin; **cal.cu.lus** [ˈ~ləs] *n.* 𝔄 entegral hesabı; ⚕ böbrek veya mesane taşı.
cal.dron [ˈkɔːldrən] *n.* kazan.
cal.en.dar [ˈkælində] **1.** *n.* takvim; liste; **2.** *v/t.* zaman sırası ile kaydetmek.
cal.en.der ⊕ [~] **1.** *n.* perdah makinesi; **2.** *v/t.* perdahlamak, baskıya koymak.
cal.ends [ˈkælindz]: on the Greek ~ hiçbir zaman, asla, balık kavağa çıkınca.
calf [kɑːf] *n., pl.* **calves** [kɑːvz] dana, buzağı; *fig.* beceriksiz genç; *a.* ~-leather vidala; meşin cilt; kayış; *anat.* baldır; in ~, with ~ yüklü; gebe (buzağı); ~ love F. ilk aşk, ilk göz ağrısı; **ˈ~-skin** *n.* dana postu.
cal.i.brate ⊕ [ˈkælibreit] *v/t.* çap ölçmek; ayar etm.; **cal.i.bre** [ˈ~bə] *n.* çap; *fig. sanat:* kabiliyet, yetenek.
cal.i.co ✝ [ˈkælikəu] *n.* pamuk bez, basma, empirme; hasse, kaliko.
Cal.i.for.nian [kæliˈfɔːnjən] **1.** *adj.* Kaliforniya'ya ait; **2.** *n.* Kaliforniyalı.
ca.liph [ˈkælif] *n.* halife; **cal.iph.ate** [~ˈeit] *n.* hilâfet, halifelik.
calk [kɔːk] **1.** *n.* buzmıhı, kayar; **2.** *v/t.* ⚓ kalafat etm.; buzmıhı çakmak; **calk-in** [ˈkælkin] *s.* calk **1.**
call [kɔːl] **1.** *n.* seslenme, bağırma, içeri çağırma; *fig.* çağrı, davet (to *-e*); yoklama; *teleph.* arama; *thea.* sahneye çağırma; *hunt.* boru; kısa ziyaret; hak iddiası, talep; uğrama, görüşme; işaret; ~ money ✝ vadesiz verilen borç para; port of ~ gemilerin kısa süreli uğradıkları liman, emir limanı; on ~ ✝ vaki talep üzerine; **2.** *v/t.* çağırmak, *b-ne* gelsin diye bağırmak, seslenmek; uyandırmak; adlandırmak, demek; davet etm.; çağrıda bulunmak; telefon etm.; uğramak, ziyaret etm.; *iskambil:* istemek; be ~ed *bşe (b-ne)* ...demek, *bşi* tavsif etm.; ~ s.o. names sövmek, sövüp saymak, hakaret etm.; ~ s.o. down *Am. sl. b-ni* azarlamak; ~ forth meydan vermek *-e*, yol açmak *-e*; gayrete getirmek; ~ in *(para)* geri çekmek, toplamak; celbetmek, davet etm., içeri çağırmak; ~ out bağırmak; *(işçi)* greve çağırmak; ~ up yukarı çağırmak; ⚔ silâh altına almak, celbetmek; hatırlamak; *teleph.* aramak; *v/i.* bağırmak, çağırmak; *b-ne* uğramak, *b-ni* ziyaret etm.; ~ at a port limana uğramak; ~ for *b-ni veya bşi* uğrayıp almak; *thea. b-ni* sahneye çağırmak, istemek *-i*; icabetmek *-i*; to be (left till) ~ed for gelinip alınacak, postrestant; ~ on ziyaret etm. *-i*, uğramak *-e*; ~ to ...diye seslenmek *(veya* haykırmak) **ˈcall.a.ble** *adj.* istenebilen *(para)*; **ˈcall-box** *n.* telefon kulübesi; **ˈcall.er** *n.* ziyaretçi; *teleph.* telefon eden kişi; **ˈ~-girl** *n.* fahişe, tele-kız.

cal.li.graph.ic [kæli'græfik] *adj.* (~ally) güzel yazı, hattatlığa ait; **cal.lig.ra.phy** [kə'ligrəfi] *n.* güzel yazı, hattatlık.
call.ing ['kɔːliŋ] *n.* iş, meslek; ~ card *Am.* kartvizit, vizita kartı.
cal.li.pers ['kælipəz] *n. pl.* çap pergeli, kompas.
cal.lis.then.ics [kælis'θeniks] *adj. mst sg.* özellikle bayanlar tarafından vücut güzelliği için aletsiz yapılan vücut hareketleri.
call-of.fice ['kɔːlɔfis] *n.* telefon dairesi, telefon kulübesi.
cal.los.i.ty [kæ'lɔsiti] *n.* nasır, nasırlanma; *fig.* nasırlaşmış olma, vurdumduymazlık; **'cal.lous** □ nasırlı, katı; *fig.* hissiz, duyguları körelmiş.
cal.low ['kæləu] *adj.* uçacak hale gelmemiş, tüysüz *(kuş)*; *fig.* tecrübesiz, toy, acemi çaylak.
call-up ['kɔːlʌp] *n.* davet, çağrı.
calm [kɑːm] **1.** □ sakin, durgun; ağırbaşlı *(a. fig.)*; **2.** *n.* sakinlik, hareketsizlik *(a .fig.)*; ⚓ rüzgârın kesilmesi; **3.** (~ down) *v/i.*yatışmak; *v/t. b-ni* teskin etm., yatıştırmak; **'calm.ness** *n.* sakinlik, durgunluk.
Cal.or gas ['kælə'gæs] *n.* bütan gazı.
ca.lor.ic *phys.* [kə'lɔrik] *n.* ısı; ~-engine sıcak hava veren motor; **cal.o.rie** *phys.* ['kæləri] *n.* kalori, ısı birimi; **cal.o.rif.ic** [kæle'rifik] *adj.* ısı meydana getiren, ısıtıcı.
cal.trop ⚘ ['kæltrəp] *n.* boğa dikeni.
ca.lum.ni.ate [kə'lʌmnieit] *v/t. b-ne* iftira etm.; **ca.lum.ni'a.tion** *n.* iftira; **ca'lum.ni-a.tor** *n.* iftiracı; **ca'lum.ni.ous** □ iftira türünden; **cal.um.ny** ['kæləmni] *n.* iftira.
Cal.va.ry ['kælvəri] *n.* Hazreti İsa'nın çarmıha gerildiği yer; İsa'nın haçlanmasının anlatımı; ♀ eza, cefa.
calve [kɑːv] *v/i.* buzağı doğurmak; **calves** [kɑːvz] *n. pl. of* calf.
Cal.vin.ism ['kælvinizəm] *n.* İsviçreli din bilimci Calvin'in doktrinleri, Kalvinizm.
ca.lyp.so [kə'lipsəu] *n.* kalipso, Batı Hintlilerin isteklerini anlatmak için geliştirdikleri şarkı.
ca.lyx ⚘ & *zo.* ['keiliks] *n., pl.* **cal.y.ces** ['~lisiːz] çiçek zarfı, çanak.
cam ⊕ [kæm] *n.* kam, mil dirseği; ~ gear eksantrik dişlisi.
cam.ber ⊕ ['kæmbə] **1.** *n.* kubbe, kemer; hafif kavis; **2.** *v/t.* kubbe, kemer gibi kabartmak.
cam.bric ['keimbrik] *n.* ince pamuklu kumaş, patiska.
came [keim] *pret. of* come.
cam.el ['kæməl] *n. zo.* deve; ⚓ tombaz, kayık biçiminde duba.
ca.mel.li.a ⚘ [kə'miːljə] *n.* kamelya, çin gülü.
cam.e.o ['kæmiəu] *n.* işlemeli akik.
cam.er.a ['kæmərə] *n.* fotoğraf makinesi, kamera; in ~ ⚖ yargıcın özel odasında gizli olarak, gizli celsede.
cami-knick.ers ['kæmi'nikəz] *n. pl.* kadın kombinezonu.
cam.i.on ['kæmiən] *n.* kamyon.
cam.o.mile ⚘ ['kæməumail] *n.* bir tür papatya; ~ tea papatya çayı.
cam.ou.flage ⚔ ['kæmuflɑːʒ] **1.** *n.* kamuflaj; **2.** *v/t.* kamufle etm., gizlemek.
camp [kæmp] **1.** *n.* kamp; ⚔ ordugâh; ~ bed portatif karyola; ~ chair, ~ stool portatif iskemle; **2.** *v/i.* ordugâh, kamp kurmak; ~ out kamp yapmak, çadırda yatmak.
cam.paign [kæm'pein] **1.** *n.* sefer, savaş; *pol.* & *fig.* meydan muharebesi, mücadele; kampanya; election ~ seçim kampanyası; **2.** *v/i.* sefere çıkmak; mücadele etm.; kampanyaya katılmak; **cam'paign.er** *n.* kampanyaya katılan kişi; old ~ F tecrübeli kişi.
camp.er ['kæmpə] *n.* kampçı, kamp yapan kişi; içinde yatılabilen özel döşenmiş kamp arabası.
cam.phor ['kæmfə] *n.* kâfur; **cam.phor.at-ed** ['~reitid] *adj.* kâfurlu.
camp.ing ['kæmpiŋ] *n.* kamping, kamp yapma.
cam.pus *Am.* ['kæmpəs] *n.* üniversite veya okul arazisi, kampus.
cam.shaft ⊕ ['kæmʃɑːft] *n.* kamlı mil.
can[1] [kæn] *(irr.) v/aux.* -ebilmek.
can[2] [~] **1.** *n.* kap, kutu; *Am.* konserve kutusu; **2.** *v/t.* konserve yapmak, kutuya koymak.
Ca.na.di.an [kə'neidjən] **1.** *n.* Kanadalı; **2.** *adj.* Kanada ile ilgili, Kanada...
ca.nal [kə'næl] *n.* kanal, mecra, suyolu; *anat.* vücuttaki sıvıların akıştığı yol; ~-boat mavuna, salapurya; **ca.nal.i.za-tion** [kænəlai'zeiʃən] *n.* kanal açma; kanalizasyon tesisatı; **ca.nal.ize** *vb.* kanalizasyon tesisatı yapmak, kanal açmak.
can.a.pé ['kænəpei] *n.* ekmek üzerine peynir vs. sürülerek yapılan ordövr, kanepe.
ca.nard [kæ'nɑːd] *n.* uydurma haber, asılsız havadis.
ca.nar.y [kə'nɛəri] *n. a.* ~-bird kanarya.
can.cel ['kænsəl] *v/t.* silmek, çizmek; kaldırmak, iptal etm.; ~ out ⩓ kısaltmak, götürmek; be ~led iptal edilmiş olm.;

can.cel'la.tion *n.* silme, bozma, iptal, iade; iptal damgası.
can.cer ['kænsə] *n.* ⚕ kanser; ♋ *ast.* Yengeç Burcu; '**can.cer.ous** *adj.* kanserli, kanser gibi.
can.did □ ['kændid] samimi, candan; yalansız, dürüst.
can.di.da.cy ['kændidəsi] *n.* namzetlik, adaylık; **can.di.date** ['kændidit] *n.* talip, aday, namzet (for -*e*); **can.di.da.ture** ['~tʃə] *n.* namzetlik, adaylık.
can.died ['kændid] *adj.* şekerle kaplanmış, şekerli; *fig.* göze hoş görünen, gönül okşayıcı; tatlı dilli.
can.dle ['kændl] *n.* mum, kandil; ~ power mum *(ışık kuvvet birimi)*; hold a ~ to *fig.* eline su dökmek, tırnağı olm.; not worth the ~ zahmete değmez, astarı yüzünden pahalı; burn the ~ at both ends değişik işler yaparak kuvvetini tüketmek, gece gündüz eğlenmek; '**~.light** *n.* mum ışığı; **Can.dle.mas** *eccl.* ['~məs] *n.* Şubat'ın ikisine rastlayan Hazreti Meryem yortusu; '**can.dle.stick** *n.* şamdan.
can.dour ['kændə] *n.* açık kalplilik, samimiyet; tarafsızlık, doğruluk.
can.dy ['kændi] **1.** *n.* şekerleme, şeker, bonbon; **2.** *v/i.* şekerlenmek; *v/t.* şekerleme yapmak; şekerleme haline getirmek.
cane [kein] **1.** *n.* ⚘ kamış, bambu; baston, değnek; **2.** *v/t.* *b-ni* dövmek, *b-ne* dayak atmak; *(mobilya)* kamışla tamir etm.; ~ **sug.ar** şeker kamışından yapılmış şeker.
ca.nine **1.** ['keinain] *adj.* köpek gibi, kurt veya köpek ile ilgili; **2.** ['kænain] *n.* *a.* ~ tooth köpekdişi.
can.is.ter ['kænistə] *n.* *(kahve, çay v.b. konulan)* teneke kutu.
can.ker ['kæŋkə] **1.** *n.* ⚕ ağız ve kulakta meydana gelen yara, pamukçuk; ⚘ buğday pası; *fig.* çürütücü etki; **2.** *vb.* kemirmek; çürü(t)mek, mahvolmak; '**can-kered** *adj.* *fig.* kötü huylu; '**can.ker.ous** *adj.* yer yer çürümekte olan; yozlaştıran.
canned *Am* [kænd] *adj.* kutulanmış.
can.ner.y *Am.* ['kænəri] *n.* konserve imalâthanesi.
can.ni.bal ['kænibəl] **1.** *n.* yamyam; kendi cinsinin etini yiyen hayvan; **2.** *adj.* yamyamca, yamyamlıkla ilgili; '**can.ni-bal.ism** *n.* yamyamlık; '**can.ni.bal.ize** *v/t.* değişme için parçalara ayırmak *(araba vs.)*, ⊕ çıkma parça takmak.
can.non ['kænən] **1.** *n.* ✕ top; *bilârdo:* karambol; **2.** *v/t.* karambol yapmak; topa tutmak; çarpmak (*fig.* against, with);
can.non.ade [~'neid] *n.* top ateşi, topla bombardıman; '**can.non-fod.der** *n.* harpte araç gibi düşünülüp harcanan askerler.
can.not ['kænɔt] *inf.* -ememek.
can.ny □ *Scots* ['kæni] dikkatli, itinalı, tedbirli, düşünceli; hareketsiz, sakin; açıkgöz, cin fikirli.
ca.noe [kə'nu:] **1.** *n.* hafif sandal, kano; **2.** *v/i.* botta kürek çekmek, kano ile geçmek, kano ile yük taşımak.
can.on ['kænən] *n.* kanun, kaide; kilise kanunu; dinî liste; katedralle bağlantı sağlayan rahip; ~ law kilise kanunu.
ca.ñon ['kænjən] = canyon.
can.on.ess ['kænənis] *n.* katedral veya büyük kiliselerin özel heyetlerinin kadın üyesi; **can.on.i.za.tion** [~nai'zeiʃən] *n.* bir azizi kilisenin resmen kabul edip tanıması; '**can.on.ize** *v/t.* *(ölmüş birini)* kilisece aziz diye resmen kabul edip tanımak; '**can.on.ry** *n.* katedral veya büyük kiliselerin özel heyetlerinde üyelik.
ca.noo.dle *sl.* [kə'nu:dl] *vb.* kucaklamak, okşamak.
can.o.py ['kænəpi] **1.** *n.* gölgelik, tente, çardak, sayvan; *fig.* saçak; ✈ uçakların ön tarafındaki siper; **2.** *v/t.* üstünü örtmek.
cant[1] [kænt] **1.** *n.* meyil; eğilme; **2.** *v/t.* & *v/i.* eğ(il)mek; meylet(tir)mek, yan yat(ır)mak; ~ over devirmek, bir yanı üzerine çevirmek.
cant[2] [~] **1.** *n.* ikiyüzlülük, riyakârlık; argo; thieves' ~ hırsızların kullandığı dil, argo; **2.** *vb.* riyakârlıkla söylemek.
can't F [ka:nt] = cannot.
Can.tab F ['kæntæb] *n.* Cambridge ile ilgili (öğrenci).
can.ta.loup ⚘ ['kæntəlu:p] *n.* bir tür küçük kavun.
can.tan.ker.ous F □ [kən'tæŋkərəs] ters, aksi, huysuz, kavgacı.
can.teen [kæn'ti:n] *n.* ✕ matara; kantin *(kışla, fabrika vs.'de)*; ✕ yemek kabı; sofra takımı *(çatal, bıçak, kaşık)*.
can.ter ['kæntə] **1.** *n.* atın eşkin gidişi; **2.** *v/i.* eşkin gitmek; *v/t.* *(atı)* eşkin yürütmek.
can.ter.bur.y ['kæntəbəri] *n.* nota sehpası; ♀ bell ⚘ bir tür çan çiçeği.
can.thar.i.des ⚕ [kæn'θæridi:z] *n. pl., mst sg.* kunduz böceğinden yapılan bir müstahzar.
can.ti.cle ['kæntikl] *n.* temcit, methiye; ~s *pl.* İncil'den alınan kısa dini şarkı.
can.ti.le.ver ⚠ ['kæntili:və] *n.* dirsek, des

tek; ~ **bridge** destekler üzerine kurulmuş köprü.

can.to [ˈkæntəu] *n.* uzun şiirlerin bölümlerinden biri.

can.ton 1. [ˈkæntən] *n.* *(özellikle İsviçre'deki)* küçük eyalet, kanton; **2.** ✕ [kənˈtuːn] *v/t.* konaklatmak, konağa yerleştirmek; **ˈcan.ton.ment** *n.* ✕ konak, karargâh, ordugâh.

can.vas [ˈkænvəs] *n.* keten bezi, kanava, yelken bezi; çadır, tente; yelken; *paint.* yağlı boya resim, tablo, tuval.

can.vass [~] **1.** *n.* sipariş toplama, oy toplama, propaganda; seçim kampanyası; **2.** *vb.* müzakere etm., tartışmak, görüşmek; soruşturmak; dolaşarak oy veya sipariş toplamak; **ˈcan.vass.er** *n.* talip, müracaat eden; oy veya sipariş toplayan kişi.

can.yon [ˈkænjən] *n.* kanyon, derin ve uçurumlu dar boğaz, dere yatağı.

caou.tchouc [ˈkautʃuk] *n.* kauçuk, lastik.

cap [kæp] **1.** *n.* kasket, başlık; kapak; *univ.* kep, baret; ⊕, ⚗ *etc.* kapak, başlık, kapsül; ~ and bells çıngıraklı soytarı külahı; ~ and gown dört köşeli siyah başlık ve uzun siyah cüppeden oluşan üniversiteye ait kıyafet; ~ in hand *fig.* şapkası elinde, mütevazi tavırla; set one's ~ at s.o. *(bir erkeği)* cezbetmeye çalışmak; **2.** *vb.* başlık giydirmek *-e*; taçlandırmak *-i*; örtmek, kapamak.

ca.pa.bil.i.ty [keipəˈbiliti] *n.* kabiliyet, yetenek; **ˈca.pa.ble** ☐ muktedir, kabiliyetli, ehliyetli, yetenekli (of *-e*).

ca.pa.cious ☐ [kəˈpeiʃəs] geniş, büyük;

ca.pac.i.tate [kəˈpæsiteit] *v/t.* olası kılmak; yetki vermek; **caˈpac.i.ty 1.** *n.* istiap, sığdırma; yetenek, kabiliyet; kapasite; ⊕ verim; mevki, sıfat; disposing (or legal) ~ medenî hakları kullanma; full to ~ tamamen dolu.

cap-à-pie [kæpəˈpiː] *adv.* tepeden tırnağa kadar, her noktada.

ca.par.i.son *lit.* [kəˈpærisn] *n.* eyer örtüsü, çaprak, haşe; *fig.* süs, ziynet; moda kıyafet.

cape¹ [keip] *n. geogr.* burun.

cape² [~] *n.* pelerin, kap, atkı.

caper¹ ⚘ [ˈkeipə] *n.* kebere.

ca.per² [~] **1.** *n.* sıçrayıp oynama *(a. fig.)*, coşma, havada takla atma; cut ~s = **2.** *v/i.* yaramazlık etm., havada takla atmak, coşmak, sıçramak.

ca.pi.as ⚖ [ˈkeipiæs] *n.*: writ of ~ tutuklama emri.

cap.il.lar.i.ty *phys.* [kæpiˈlæriti] *n.* kapilarite, sıvıların kılcal borulara veya damarlara nüfuz etme özelliği; **cap.il.lar.y** [kəˈpiləri] **1.** *adj.* kılcal damarlara ait; **2.** *n. anat.* kılcal damar.

cap.i.tal [ˈkæpitl] **1.** ☐ sermaye...; sermayeye ait; baş, başlıca, asıl, ana; en büyük, mükemmel; ~ crime cezası idam olan suç; ~ punishment ölüm cezası; **2.** *n.* başkent, hükümet merkezi; sermaye, kapital; *a.* ~ letter *typ.* majüskül, büyük harf; ⚶ direk başlığı; **cap.i.tal.ism** [ˈ~təlizəm] *n.* kapitalizm, anamalcılık; **ˈcap.i.tal.ist** *n.* kapitalist, anamalcı; **cap.i.talˈis.tic** *adj.* kapitalistliğe ait, anamalcılıkla ilgili; **cap.i.tal.i.za.tion** [kæpitəlaiˈzeiʃən] *n.* sermaye miktarı; sermayelendirme, sermayeye katma; **capˈi.tal.ize** *v/t.* sermayeye çevirmek; sermaye olarak kullanmak; majüskül ile yazmak.

cap.i.ta.tion [kæpiˈteiʃən] *n. a.* ~ tax kişi başına vergi; baş vergisi.

Cap.i.tol [ˈkæpitl] *n.* Eski Roma'da Jupiter'in mabedi; Washington'da A.B.D. Kongresinin toplandığı bina, Amerika devletlerinden herhangi birinin eyalet meclisi binası.

ca.pit.u.late [kəˈpitjuleit] *v/i.* teslim olm.; silahları bırakmak, teslim şartlarını kararlaştırmak; **ca.pit.uˈla.tion** *n.* şartlı teslim; kapitülasyonlar, yabancılara özgü imtiyazlar.

ca.pon [ˈkeipən] *n.* semirmesi için kısırlaştırılmış horoz.

ca.price [kəˈpriːs] *n.* istek, geçici arzu, kapris; ♪ kapriçiyo; **ca.pri.cious** ☐ [kəˈpriʃəs] kaprisli, maymun iştahlı; **caˈpri.cious.ness** *n.* maymun iştahlılık, havailik.

Cap.ri.corn *ast.* [ˈkæprikɔːn] *n.* Oğlak Burcu.

cap.ri.ole [ˈkæpriəul] *n.* keçi gibi sıçrama; havada takla atma.

cap.size ⚓ [ˈkæpsaiz] *v/i.* alabora olm., devrilmek; *fig.* altüst olm., *v/t.* devirmek, alabora etm.

cap.stan ⚓ [ˈkæpstən] *n.* ırgat, bocurgat.

cap.su.lar [ˈkæpsjulə] *adj.* kapsüle benzer;

cap.sule ⚘ & ⚕ [ˈkæpsjuːl] *n.* kapsül, mahfaza.

cap.tain [ˈkæptin] *n.* kumandan, şef; *spor:* takım kaptanı; ⚓ kaptan, süvari; deniz albayı; ✕ yüzbaşı; ~ of industry bir ülkenin endüstrisinde söz sahibi olan kişi; **cap.tain.cy, cap.tain.ship** [ˈ~si, ˈ~ʃip] *n.* kaptanlık; yüzbaşılık; liderlik.

cap.tion [ˈkæpʃən] **1.** *n.* başlık, serlevha; ünvan, resmi sıfat; *film:* yazılı tercüme; **2.** *v/t. Am.* isim, başlık vermek.

cap.tious □ [ˈkæpʃəs] tenkitçi, safsatalı, kılı kırk yaran.

cap.ti.vate *fig.* [ˈkæptiveit] *v/t.* cezbetmek; **cap.tiˈva.tion** *n.* büyüleme, cezbetme; **ˈcap.tive 1.** *adj.* esir düşmüş; baskı altında; ~ balloon sabit balon, yere iple bağlı balon; **2.** *n.* tutsak, esir *(a. fig.)*; **cap.tiv.i.ty** [~ˈtiviti] *n.* tutsaklık, esaret.

cap.tor [ˈkæptə] *n.* esir eden, zapteden, tutan kişi; **cap.ture** [ˈ~tʃə] **1.** *n.* yakalama, esir alma; ⚓ korsanlık etme; ganimet; **2.** *vb.* tutmak, yakalamak, zaptetmek; ⚓ korsanlık etm., zaptetmek; *fig.* *bşe* el koymak.

Cap.u.chin *eccl.* [ˈkæpjuʃin] *n.* Fransiskan rahibi, Kapüsen rahibi.

car [kɑː] *n.* otomobil, araba; vagon; balon sepeti; *(asansör)* kabin.

car.a.cole [ˈkærəkəul] *binicilik:* **1.** *n.* yarım çark hareketi; **2.** *vb.* iki yana yarım çarklar yaparak at sürmek.

ca.rafe [kəˈræf] *n.* sürahi.

car.a.mel [ˈkærəmel] *n.* kavrulmuş şeker, karamel; karamela.

car.a.pace *zo.* [ˈkærəpeis] *n.* kaplumbağa gibi hayvanların üst kabuğu.

car.at [ˈkærət] *n.* kırat *(değerli taşların ağırlık ölçü birimi)*.

car.a.van [ˈkærəvæn] *n.* kervan; arabaya bağlı küçük ev, treyler; **car.aˈvan.se.rai** [~sərai] *n.* kervansaray, büyük yolcu hanı.

car.a.way ⚘ [ˈkærəwei] *n.* kimyon; çöreotu.

car.bide ⚗ [ˈkɑːbaid] *n.* karpit.

car.bine [ˈkɑːbain] *n.* kısa tüfek, süvari tüfeği, karabina.

car.bo.hy.drate ⚗ [ˈkɑːˈbəuˈhaidreit] *n.* karbonhidrat.

car.bol.ic ac.id ⚗ [kɑːˈbɔlikˈæsid] *n.* fenol.

car.bon [ˈkɑːbən] *n.* ⚗ karbon; ⚡ kömür; *a.* ~ paper karbon, kopya kâğıdı; ~ copy kopya, suret; ~ dioxide karbon dioksit; ~ monoxide karbon monoksit; **car.bo.na.ceous** [~bəuˈneiʃəs] *adj.* karbonlu; **car.bon.ate** [ˈ~bənit] *n.* karbonat; **car.bon.ic** [~ˈbɔnik] *adj.* karbonik; ~ acid karbonik asit; **car.bon.if.er.ous** *geol.* [~bəˈnifərəs] *adj.* kömürün oluştuğu jeolojik devre ait; kömürlü; karbonlu; **car.bon.i.za.tion** [~bənaiˈzeiʃən] *n.* karbonlaş(tır)ma; **ˈcar.bon.ize** *v/t.* & *v/i.* karbonlaş(tır)mak; kömürleş(tir)mek.

car.bo.run.dum [kɑːbəˈrʌndəm] *n.* karbon ve silikomdan oluşan ve maddeleri cilalamak ve keskinleştirmek için kullanılan madde.

car.boy [ˈkɑːbɔi] *n.* büyük sepetli şişe, damacana.

car.bun.cle [ˈkɑːbʌŋkl] *n.* *min.* kırmızı ziynet taşları; ⚕ çıban, şirpençe.

car.bu.ret ⚗ [ˈkɑːbjuret] *v/t.* gaz haline getirmek; **ˈcar.bu.ret.ter,** *mst* **ˈcar.bu.ret.tor** *n.* *mot.* karbüratör.

car.case, *mst* **car.cass** [ˈkɑːkəs] *n.* *(hayvan)* ceste, kadavra, iskelet; *kasap dükkânı:* gövde, beden; *fig.* leş, *(gemi v.b.)* enkaz.

card¹ ⊕ [kɑːd] **1.** *n.* yün tarağı; kaşağı; **2.** *v/t.* *(yün)* taramak.

card² [~] *n.* kart, posta kartı; kartvizit; karton; oyun kâğıdı; house of ~s *(çocuk oyunu)* iskambilden ev; queer ~ F antika, tuhaf; have a ~ up one's sleeve gizli kozu olm.

car.dan ⊕ [ˈkɑːdən]: ~ joint kardan mafsalı, üniversal mafsal; ~ shaft kardan şaftı.

card...: **ˈ~.board** *n.* karton. mukavva.

car.di.ac ⚕ [ˈkɑːdiæk] **1.** *adj.* kalple ilgili, kalp...; **2.** *n.* kalp ilâcı.

car.di.gan [ˈkɑːdigən] *n.* örme yün ceket, hırka.

car.di.nal [ˈkɑːdinl] **1.** □ baş, esaslı, önemli, ana; koyu parlak kırmızı; ~ number asıl sayı; **2.** *n.* kardinal; *orn.* erkeği parlak kırmızı tüylü bir tür kuş *(Kuzey Amerika'da)*; **car.di.nal.ate** [ˈ~nəleit] *n.* kardinallik; kardinaller heyeti.

card...: **ˈ~-in.dex** *n.* klasör, fişler *pl.*; **ˈ~-sharp.er** *n.* iskambil oyununda hile yapan kimse.

care [kɛə] **1.** *n.* dikkat, bakım, koruma, ilgi; merak, üzüntü; medical ~ tıbbi bakım; ~ of the mouth ağız bakımı; ~ of the nails tırnak bakımı; ~ of *(abbr.* c/o) evinde, vasıtasiyle, eliyle; take ~ (of o.s.) *k-ne* bakmak, dikkat etm.; take ~ of muhafaza etm. *-i*; bakmak *-e,* dikkat etm. *-e*; with ~ dikkatle; **2.** *vb.* yapmak hevesinde olm. (to *-i*); ~ for ilgilenmek *-le*; bakmak *-e;* beğenmek *-i;* endişe etm. *-den;* I don't ~ (if I do)! F umurumda değil, bence aynı şey, Bana ne?; I don't ~ what he said ne söylerse söylesin (umurumda değil); well ~d-for iyi bakılmış, bakımlı.

ca.reen ⚓ [kəˈriːn] *v/t.* *(gemiyi)* yan yatırmak; *v/i.* yan yatmak.

ca.reer [kəˈriə] **1.** *n.* meslek hayatı, kariyer; ~ diplomat meslekten yetişme diplomat; **2.** *v/i.* hızla gitmek, koşmak; **ca.ˈreer.ist** *n.* mesleğinde herşeye rağmen ilerlemeye meraklı kimse, ikbalperest.

care.free ['kɛəfriː] *adj.* kaygısız, kayıtsız, dertsiz.

care.ful ☐ ['kɛəful] dikkatli, ihtimamlı, itinalı, ihtiyatlı, ölçülü; be ~ to *inf.* dikkat etm. *-e*; **'care.ful.ness** *n.* dikkat, dikkatli olma.

care.less ☐ ['kɛəlis] dikkatsiz, ihmalci, kayıtsız; düşüncesiz, pervasız (of); **'care-less.ness** *n.* dikkatsizlik, ihmal; düşüncesizlik.

ca.ress [kə'res] **1.** *n.* okşama, öpüş; **2.** *v/t.* sevmek, öpmek; *fig.* okşamak.

care.tak.er ['kɛəteikə] *n.* kapıcı; bina yöneticisi; ~ government geçici hükümet.

care-worn ['kɛəwɔːn] *adj.* kederden bitkin.

car.fare *Am.* ['kɑːfɛə] *n.* yolcu bilet parası.

car.go ⚓ [kɑːgəu] *n.* yük, hamule; mixed *veya* general ~ karışık yük.

car.i.bou *zo.* ['kæribuː] *n.* Kuzey Amerika'ya ait ren geyiği.

car.i.ca.ture [kærikə'tjuə] **1.** *n.* karikatür; kötü taklit; **2.** *v/t.* karikatürünü yapmak, karikatürleştirmek; **car.i.ca'tur.ist** *n.* karikatürist.

car.i.es ⚕ ['kɛəriiːz] *n.* diş ve kemik çürümesi.

car.il.lon [kæ'riljən] *n.* çeşitli tonlarda sesler veren çan takımı.

car.i.ous ['kɛəriəs] *adj. (dişleri veya kemikleri)* çürümüş.

car.load ['kɑːləud] *n.* araba veya vagon yükü; F araba dolusu şey.

car.man ['kɑːmən] *n.* arabacı.

car.mine ['kɑːmain] *n.* kızıl, kırmızı.

car.nage ['kɑːnidʒ] *n.* katliam, kan dökme, halkı kılıçtan geçirme; **'car.nal** ☐ cinsî, şehvanî; dünyevî; **car.nal.i.ty** [~'næliti] *n.* maddiyat, cismaniyet; şehvet; **car.na.tion** [~'neiʃən] **1.** *n.* pembe veya açık kırmızı; ⚕ karanfil; **2.** *adj.* açık kırmızı.

car.ni.val ['kɑːnivəl] *n.* karnaval, cümbüş, âlem.

car.ni.vore ['kɑːnivɔː] *n.* et yiyen hayvan, etobur; **car.niv.o.rous** [~'nivərəs] *adj.* et yiyen, et yiyen hayvanlara ait.

car.ol ['kærəl] **1.** *n.* neşeli şarkı, dini şarkı; **2.** *vb.* neşeyle şarkı söylemek; dini şarkı söylemek; şarkıyla methetmek.

ca.rot.id *anat.* [kə'rɔtid] *n. a.* ~ artery karotis arteri, şahdamar.

ca.rouse [kə'rauz] **1.** *n. a.* **ca'rous.al** ziyafet, içki âlemi; **2.** *v/i.* içmek, içki âlemi yapmak.

carp[1] [kɑːp] *n.* sazan balığı.

carp[2] [~] *v/i.* kusur bulmak, beğenmemek; ~ at tutturmak, tenkit etm., mızmızlanmak.

car.pen.ter ['kɑːpintə] **1.** *n.* marangoz, dülger, doğramacı; **2.** *vb.* marangozluk etm., yontmak, doğramak; **'car.pen.try** *n.* doğramacılık, marangozluk, dülgerlik.

car.pet ['kɑːpit] **1.** *n.* kilim, halı *(a. fig.)*; bring on the ~ *bşin* lafını etm., *bşi* dermeyan etm., müzakere mevkiine koymak; **2.** *v/i.* halı döşemek; F *b-den* hesap sormak, haşlamak; **'~-bag** *n.* yol çantası, heybe; **'~-bag.ger** *n.* Amerikan sivil savaşından sonra çıkarı için Güneye yerleşen Kuzeyli; prensipsiz politikacı; **'car.pet.ing** *n.* döşemelik halı.

car.pet...: '~-'knight *n.* salon kahramanı; **'~-sweep.er** *n.* halı sürpürgesi.

car.riage ['kæridʒ] *n.* araba, vagon; taşıma, nakil; nakliye ücreti; davranış; ⚔ kundak; ~ free, ~ paid nakliyesiz, navlun satıcıya ait; **'car.riage.a.ble** *adj.* üzerinden araba geçebilir *(yol)*.

car.riage...: '~-drive *n.* park yolu; **'~-way** *n.* araba yolu; dual ~ iki taraflı yol.

car.ri.er ['kæriə] *n.* nakliyeci; taşıyan; taşıyıcı *(a.* ⚕ = portör); **'~-pi.geon** *n.* posta güvercini.

car.ri.on ['kæriən] **1.** *n.* leş; **2.** *adj.* leş gibi; leş yiyen.

car.rot ['kærət] *n.* havuç; **'car.rot.y** *adj.* F havuç renginde *(esp. saç)*.

car.ry ['kæri] **1.** *vb.* taşımak, götürmek, nakletmek; çekmek *(yük)*; beslemek, desteklemek; üzerinde bulundurmak; *k-ni* idare etm.; *(hastalık, mikrop)* yayılmak; *(silah)* atıcı gücü olm.; satışa arzetmek; hamile olm. *-e*; ⚕ geçirmek; yayınlamak; *(alkollü içki)* dayanmak *-e*, tahammül etm. *-e*; kapsamak *-i*; desteğini kazanmak; *(parlementoda)* kabul edilmek; ⚔ *(kale vs.)* ele geçirmek, zaptetmek; *(faiz)* getirmek; *(ses)* ...den işitilmek; ~ the day başarılı olm.; ~ away taşımak, alıp götürmek *(a. fig.)*; ~ everything before one her direnişi kırmak, tam bir zafer kazanmak; ~ forward *veya* over † yeni sayfaya nakletmek; yekûn nakletmek; ~ on devam et(tir)mek; ~ out, ~ through bitirmek; başarmak, yerine getirmek; ~ out ⚖ *(para cezasını vb.)* icra etm., tenfiz etm.; ~ing capacity taşıma kapasitesi; **2.** *n.* menzil, atış menzili; nakil, taşıma.

cart [kɑːt] **1.** *n.* iki tekerlekli yük arabası; el arabası; ~ grease araba dingil yağı; put the ~ before the horse *fig.* bir işi tersinden yapmak; in the ~ *sl.* hapı yutmuş, güç durumda; **2.** *v/t.* araba ile taşımak; **ˈcart.age** *n.* araba ile taşıma; nakliye ücreti.

car.tel [kɑːˈtel] *n.* kartel, fabrikalar arasındaki anlaşma; ⚔ mübadele, değişim, trampa.

cart.er [ˈkɑːtə] *n.* arabacı, yük arabasını kullanan kimse.

car.ti.lage [ˈkɑːtilidʒ] *n.* kıkırdak; **car.ti-lag.i.nous** [~ˈlædʒinəs] *adj.* kıkırdaklı; kıkırdağa benzer.

cart-load [ˈkɑːtləud] *n.* araba dolusu yük.

car.tog.ra.pher [kɑːˈtɔgrəfə] *n.* harita mütehassısı, haritacı; **carˈtog.ra.phy** *n.* haritacılık.

car.ton [ˈkɑːtən] *n.* karton, mukavva kutu.

car.toon [kɑːˈtuːn] **1.** *n. paint.* karikatür; ⊕ resim taslağı; **2.** *vb.* karikatürize etm., karikatürleştirmek; **carˈtoon.ist** *n.* karikatürcü, karikatürist.

car.touche ♆ [kɑːˈtuːʃ] *n.* kralın ismini gösteren kabartma resim, şekil; fişeklik.

car.tridge [ˈkɑːtridʒ] *n.* hartuç, fişek; *phot.* kartuş, kaset; **ˈ~-pa.per** *n.* kalın, kaba beyaz kâğıt.

cart-wheel [ˈkɑːtwiːl] *n.* araba tekerleği; *Am.* gümüş dolar; turn ~s elleri üzerinde takla atmak.

cart.wright [ˈkɑːtrait] *n.* araba imalâtçısı.

carve [kɑːv] *v/t.* oymak, hakketmek; *(esp. sofrada)* et kesmek; *(yolu)* düzleştirmek *(a. fig.)*; **ˈcarv.er** *n.* oymacı, hakkâk; **ˈcarv.ing** *n.* oyulmuş sanat eseri; oymacılık; sofrada et kesme.

cas.cade [kæsˈkeid] *n.* çağlayan, şelale.

case¹ [keis] **1.** *n.* kutu, kasa, göz, çekme, mahfaza, kılıf; *(fişek)* kovan; *typ.* hurufat kasası; **2.** *v/t.* kaplamak, örtmek; kutuya koymak.

case² [~] *n.* hal, husus, hâdise, olay *(a.* ⚕, ⚖); ⚕ hasta; *Am.* F garip herif; ⚖ hukukî sebep, dava; *gr.* ismin hallerinden biri; make out one's ~ kuvvetli deliller ileri sürmek; as the ~ may be hal ve şartlara göre, gereğince, icabında; in ~ eğer, şayet; in any ~ her halde, mutlaka.

case-hard.en ⊕ [ˈkeishɑːdn] *v/t.* dış yüzünü sertleştirmek, kalınlaştırmak; ~ed *adj. fig.* nasırlaşmış.

case his.to.ry [ˈkeishistəri] *n.* evveliyat, hasta veya güçlük içinde bulunan kişinin geçmişi ile ilgili bilgiler.

ca.se.in ⚗ [ˈkeisiːin] *n.* peynir özü, kazein.

case.mate ⚔ [ˈkeismeit] *n.* top yuvası, kazamat.

case.ment [ˈkeismənt] *n.* pencere kanadı; ~ window kanatlı pencere.

cash [kæʃ] **1.** *n.* para, nakit; peşin para; ~ **down**, for ~ peşin para; in ~ peşin olarak, nakit alarak; be in (out of) ~ üstünde parası ol(ma)mak; ~ and carry *adj.* peşin para ile alınan; ~ payment peşin ödeme; ~ on delivery ödemeli; ~ price peşin fiyat; ~ register otomatik kasa; **2.** *v/t.* paraya çevirmek, para bozmak; **ˈ~-book** *n.* kasa defteri; **ˈ~-cheque** *n.* çizgili olmayan çek; **cash.ier 1.** [kæˈʃiə] *n.* veznedar, kasiyer; **2.** [kəˈʃiə] *v/t.* ⚔ ordudan tard etm.; **cash.less** [ˈkæʃlis] *adj.* nakden olmayıp havale, çek vs. ile yapılan ödeme.

cash.mere [kæʃˈmiə] *n.* kaşmir yünü; ince yün kumaş.

cas.ing [ˈkeisiŋ] *n.* kaplama; çerçeve; ♆ zarf, sandık; ~ paper ambalaj kâğıdı.

ca.si.no [kəˈsiːnəu] *n.* gazino.

cask [kɑːsk] *n.* fıçı, varil; bir fıçı dolusu.

cas.ket [ˈkɑːskit] *n.* değerli eşya kutusu; *Am.* tabut.

Cas.pi.an Sea [ˈkæspiənˈsiː] *n.* Hazar Denizi.

casque [ˈkæsk] *n.* zırhlı başlık, miğfer.

cas.sa.tion [kæˈseiʃən] *n.* davayı temyiz. kararı bozma.

cas.sa.va ⚘ [kəˈsɑːvə] *n.* manyok kökünden çıkartılan nişasta.

cas.se.role [ˈkæsərəul] *n.* saplı tencere. güveç; bu tencerede pişirilen yemek.

cas.si.a ⚘ [ˈkæsiə] *n.* Çin tarçını.

cas.sock [ˈkæsək] *n.* papaz cübbesi.

cas.so.war.y *orn.* [ˈkæsəwɛəri] *n.* devekuşu cinsinden büyük kuş; New Holland ~ Avustralya'ya mahsus iri devekuşu.

cast [kɑːst] **1.** *n.* atma, atış, fırlatma; ⊕ döküm, dökme, kalıp; *(tiyatro oyunu veya filmde)* oynayanlar; rol dağıtımı; alçı; dış görünüş; renk tonu, tip, kalite; ⚓ ağ atma, voli; **2.** *v/t.* atmak, saçmak; olta atmak, ağ sermek; *(diş, kıl vs.)* dökmek; *(oy)* vermek; *thea.* rol dağıtmak; rol vermek *-e*; *(döküm)* dökmek; *(hayvan)* doğurmak; *a.* ~ up sayıları toplamak; be ~ in a lawsuit ⚖ dava kaybetmek; ~ lots (for) *bş* için kura çekmek; ~ in one's lot with s.o. *b-i* ile herşeyi paylaşmak; ~ one's skin derisi soyulmak; ~ s.th. in s.o.'s teeth *b-ni bş* den dolayı muaheze etm., yüzüne vurmak; işe yaramaz diye atmak; be ~ away ⚓ *(gemi)* kazaya uğramak; ~ down aşağı atmak, indirmek; be ~ down yüreği kararmak, neşesiz ve kederli olm.; ~ up kusmak, kayyetmek; ~ up (accounts) ⚚ bşin hesabını yapmak; *v/i.* eğrilmek; ⊕ kalıplanmak; ~ about for çare aramak, düşünüp taşınmak; ~ off ⚓ alarga etm.

cas.ta.net [kæstəˈnet] *n.* kastanyet, çengi zili.

cast.a.way [ˈkɑːstəwei] **1.** *n.* reddedilmiş kişi, şey; ⚓ kazazede; **2.** *adj.* reddedilmiş; kazazede.

caste [kɑːst] *n.* kast, birbirine karşı kapalı sınıf *(a. fig)*; ~ feeling zümre zihniyeti.

cas.tel.lan [ˈkæstələn] *n.* kale kumandanı, şato kâhyası; **cas.tel.lat.ed** [ˈkæsteleitid] *adj.* duvarları mazgallı, kuleli olan.

cas.ter [ˈkɑːstə] = castor²

cas.ti.gate [ˈkæstigeit] *v/t.* tenkit etm, cezalandırmak, kırbaçlamak; *fig.* teşhir etm.; **cas.tiˈga.tion** *n.* cezalandırma, paylama.

cast.ing [ˈkɑːstiŋ] **1.** *adj.* kati, kesin *(oy)*; **2.** *n.* atma, atış, fırlatma; döküm, dökme; hesap etme; rol dağıtımı; ~s *pl.* döküm kaplar.

cast i.ron [ˈkɑːstˈaiən] *n.* dökme demir; **ˈcast-ˈi.ron** *adj.* dökme demirden yapılmış; *fig.* sağlam, dayanıklı, demir gibi.

cas.tle [ˈkɑːsl] **1.** *n.* hisar, kale; şato; *satranç:* kale; ~s in the air, ~s in Spain hayal, hülya; **2.** *vb. satranç:* kaleyi şahın yanına koymak, rok yapmak.

cast-off [ˈkɑːstˈɔf] *n. (esp. giysi)* istenilmeyen veya atılmış şey.

cas.tor¹ *pharm.* [ˈkɑːstə] *n.*: ~ oil Hintyağı.

cas.tor² [~] *n.* koltuk vs. tekerleği; tuztuk, biberlik; ~ sugar pudra şekeri.

cas.trate [kæsˈtreit] *v/t.* hadımlaştırmak, iğdiş etm.; **casˈtra.tion** hadım etme, iğdiş etme.

cast steel [ˈkɑːstˈstiːl] *n.* dökme çelik; **ˈcast-ˈsteel** *adj.* dökme çelikten yapılmış.

cas.u.al □ [ˈkæʒjuəl] tesadüfî, rastgele; F gevşek, üşengeç, heyecansız, tembel, lâubali; sıradan, ciddi olmayan; gündelik *(elbise vs.)* ~ labourer geçici işçi; **ˈcas.u.al.ty** *n.* kaza; kayıp; casualties *pl.* ⚔ zayiat.

cas.u.ist [ˈkæzjuist] *n.* ahlâk konularında doğru ile yanlışı isteği doğrultusunda yorumlayan kişi; safsatacı; **ˈcas.u.ist.ry** *n.* safsata, gerçeği aksettirmeyen fakat ustaca yapılmış yorum.

cat [kæt] **1.** *n.* kedi; *Am. sl.* caz meraklısı; wait for the ~ to jump, see which way the ~ jumps işlerin nasıl geliştiğini görmek, diğerlerinin tutumunu görünceye kadar işe karışmamak; not room to swing a ~ çok dar yer; ~ burglar duvardan tırmanarak içeri giren hırsız; **2.** *v/i.* P kusmak.

cat.a.clysm [ˈkætəklizəm] *n.* tufan, afet; felâket, musibet.

cat.a.comb [ˈkætəkuːm] *n.* yer altında dehliz gibi mezarlık.

cat.a.logue, *Am. a.* **cat.a.log** [ˈkætəlɔg] **1.** *n.* katalog, liste; **2.** *v/t. bşin* kataloğunu yapmak.

cat.a.pult [ˈkætəpʌlt] *n.* mancınık; sapan; ✈ katapült.

cat.a.ract [ˈkætərækt] *n.* şelâle, büyük çağlayan; ⚕ katarakt, perde.

ca.tarrh [kəˈtɑː] *n.* akıntı, F nezle; **ca.tarrh.al** [kəˈtɑːrəl] *adj.* nezleye ait.

ca.tas.tro.phe [kəˈtæstrəfi] *n.* facia, felâket; **cat.a.stroph.ic** [kætəˈstrɔfik] *adj.* (~ally) dehşetli, korkunç, felâket getiren.

ca.taw.ba *Am.* ⚘ [kəˈtɔːbə] *n.* üzüm ve şarap.

cat.bird *zo.* [ˈkætbəːd] *n.* ardıç kuşu.

cat.call [ˈkætkɔːl] **1.** *n. thea. etc.* hoşnutsuzluk belirtmek için çalınan ıslık veya çıkarılan ses; **2.** *v/i.* ıslıklamak, yuhalamak.

catch [kætʃ] **1.** *n.* yakala(n)ma, tut(ul)ma; av, şikâr; tuzak, bityeniği; *fig.* kâr, kazanç, fayda; ⊕ kilit dili, çengel, kanca *(a. fig.)*; parola; slogan *s.* ~word; **2.** *(irr.) v/t. & v/i.* kapmak, tutmak, yakalamak, elde etm., ele geçirmek; cezbetmek, çekmek; *(tren vs.)* yetişmek *-e*; *(hastalık)* yakalanmak *-e*, duçar olm. *-e*; *(ateş)* tutuşmak, ateş almak; *(nefes, soluk)* tutmak; *(tokat, darbe)* aşketmek, indirmek; *fig.* anlamak, kavramak; ~ at tutmağa çalışmak *-i*; ~ it F azar işitmek; ~ in the act suçüstü yakalamak; ~ me! (doing such a thing) bunu yapmak mı? ne münasebet!; ~ (a) cold soğuk almak, nezle olm., üşütmek; ~ on tutulmak, moda olm.; *Am.* kavramak, anlamak; ~ s.o.'s eye *b-nin* dikkatini çekmek; ~ the Speaker's eye *(İngiltere parlamentosunda)* söz almayı başarmak; ~ up yetişmek; kesmek, *bşe* ara vermek; ~ up with yetişmek *-e*; **ˈ~.all** *n. Am.* yer; kap, mahfaza; **ˈ~-as-ˈcatch-ˈcan** *n. spor:* serbest güreş; **ˈcatch.er** *n.* tutan kimse; *beysbol:* topu yakalayan oyuncu; **ˈcatch.ing** *adj.* çekici, cazibeli; ♪ giriş; ⚕ sâri, bulaşıcı; **ˈcatch-line** *n.* manşet; **ˈcatch.ment ba.sin** su haznesi, toplama havuzu.

catch...: **ˈ~.pen.ny** *adj.* † ucuz satmak için yapılan gösterişli fakat değersiz şey; **ˈ~-phrase** *n.* slogan; **ˈ~.pole** *n.* şerif vekili; **ˈ~.word** *n.* parola; slogan; *thea., typ.* replik; **ˈcatch.y** *adj.* F *fig.* cazibeli; şüpheli.

cat.e.chism [kætikizəm] *n.* soru cevaplı öğretme; **cat.e.chize** [ˈ~kaiz] *v/t.* *(dini konuları)* soru cevap usulü ile öğretmek; **cat.e.chu.men** [~ˈkjuːmen] *n.* Kateşizm öğrencisi.
cat.e.gor.i.cal □ [kætiˈgɔrikəl] kategorik, kesin, kati; **cat.e.go.ry** [ˈ~gəri] *n.* kategori, sınıf, cins, zümre.
ca.ter [ˈkeitə]: *v/i.* ~ for hazırlamak *-i*, temin etm. *-i*; *fig.* *bşi* bulmak, temin etm.; **ˈca.ter.er** *n.* yiyecek temin eden, vekilharç; **ˈca.ter.ing** *n.* yemek tedariki, ikram.
cat.er.pil.lar [ˈkætəpilə] *n.* tırtıl, kurt.
cat.er.waul [ˈkætəwɔːl] **1.** *n.* kedi sesi; **2.** *v/i.* kedi gibi miyavlamak.
cat.fish [ˈkætfiʃ] *n.* kedi balığı.
cat.gut [ˈkætgʌt] *n.* kiriş; ⚕ katgüt.
ca.thar.sis [kəˈθɑːsis] *n.* ⚕ ishal, amel; **caˈthar.tic** [~tik] **1.** *n.* müshil ilâcı; **2.** *adj.* müshil, bağırsakları temizleyici.
ca.the.dral [kəˈθiːdrəl] *n.* katedral, piskoposluk kilisesi.
Cath.er.ine-wheel [ˈkæθərinwiːl] *n.* ⛪ gül şeklinde yapılmış renkli pencere; rozas; döner hava fişeği, çarkıfelek.
cath.ode ⚡ [ˈkæθəud] *n.* katot, negatif elektrot; ~ **ray** katot ışınları.
cath.o.lic [ˈkæθəlik] **1.** *adj.* (~ally) Katolik kilisesine bağlı olan; **2.** *n.* Katolik; **ca-thol.i.cism** [kəˈθɔlisizəm] *n.* Katoliklik.
cat.kin ⚘ [ˈkætkin] *n.* söğüt vs. gibi ağaçların çiçeği.
cat.like [ˈkætlaik] *adj.* kedi gibi; sessiz, sinsi; **ˈcat.nip** *n.* ⚘ kedi nanesi.
cat-oˈ-nine-tails [kætəˈnainteilz] *n.* dayak atmak için kullanılan uçları dokuz düğümlü ipten yapılmış kamçı.
cat's-paw *fig.* [ˈkætspɔː] *n.* başkası tarafından alet olarak kullanılan kişi, maşa.
cat.tish *fig.* [ˈkætiʃ] *adj.* kurnaz, şeytan, kinci, hain.
cat.tle [ˈkætl] *n.* sığır, davar; **ˈ~-breeding** *n.* hayvan yetiştirme, sığırcılık; **~.man** [ˈ~mən] *n.* hayvan yetiştiricisi; hayvan güden kimse; **ˈ~-plague** *n.* bulaşıcı sığır hastalığı; **ˈ~-rus.tler** *n.* *Am.* davar *veya* at hırsızı; **ˈ~-show** *n.* tarım sergisi; sığır sergisi.
cat.ty [ˈkæti] = cattish.
Cau.ca.sian [kɔːˈkeizjən] **1.** *adj.* Kafkasya'ya ait; Kafkas diliyle ilgili; **2.** *n.* Kafkasyalı; Kafkas dili.
cau.cus [ˈkɔːkəs] *n.* parti kurulu toplantısı; *contp.* klik; *Am. pol.* siyasi parti liderlerinin toplantısı.
cau.dal [ˈkɔːdl] *adj.* kuyruklu; kuyruğa ait; kuyruğa yakın; **cau.date** [ˈ~deit] *adj.* hem karada hem de denizde yaşayan ve kuyruklu olan.
caught [kɔːt] *pret.* & *p.p.* of catch 2.
caul.dron [ˈkɔːldrən] *n.* kazan.
cau.li.flow.er ⚘ [ˈkɔliflauə] *n.* karnabahar.
caulk ⚓ [kɔːk] *v/t.* kalafatlamak; **ˈcaulk-er** *n.* kalafatçı.
caus.al □ [ˈkɔːzəl] sebep belirten; sebebe ait, nedensel; **cau.sal.i.ty** [~ˈzæliti] *n.* sebebiyet, nedensellik; **ˈcaus.a.tive** *adj.* sebep olan (of *-e*); **cause** **1.** *n.* sebep, neden; vesile; hedef, amaç; ⚖ dava; büyük mesele; taraftarlık; make common ~ with işbirliği yapmak *-le*; tarafını tutmak *-in*; **2.** *v/t.* *bşe* sebep olm.; sebebiyet vermek *-e*, meydan vermek *-e*; **ˈcause-less** □ sebepsiz, nedensiz, asılsız.
cause.way [ˈkɔːzweil], *a.* **cau.sey** [ˈ~zei] *n.* yayalar için yapılan geçici yol, geçit; şose.
caus.tic [ˈkɔːstik] **1.** *n.* yakıcı *(veya* aşındırıcı, dağlayıcı) madde; kostik, kezzap; **2.** *adj.* (~ally) aşındırıcı; *fig.* dokunaklı, iğneli *(söz),* müstehzi.
cau.ter.i.za.tion ⚕ [kɔːtəraiˈzeiʃən] *n.* dağlama; **ˈcau.ter.ize** *v/t.* yakmak, dağlamak; **ˈcau.ter.y** *n.* yakış, dağlayış; dağlama aleti.
cau.tion [ˈkɔːʃən] **1.** *n.* dikkat; ihtar, uyarma; sakınma; tedbir; ⚖ kefalet, teminat ~ money teminat akçesi, depozito, kefalet; **2.** *v/t.* *b-ne bşi* ihtar etm., uyarmak (against *-e karşı*); *b-ne bş-den* sakınmasını ihtar etm.; **cau.tion.ar.y** [ˈ~ʃnəri] *adj.* ihtar cinsinden, uyarıcı.
cau.tious □ [ˈkɔːʃəs] ihtiyatlı, tedbirli, çekingen; **ˈcau.tious.ness** *n.* dikkat, ihtimam, itina, tedbirlilik.
cav.al.cade [kævəlˈkeid] *n.* süvari alayı; atlı ve arabalıların geçidi.
cav.a.lier [kævəˈliə] **1.** *n.* kavalye; centilmen; suvari, atlı; **2.** □ kibirli, gururlu.
cav.al.ry ⚔ [ˈkævəlri] atlı asker, süvari sınıfı.
cave [keiv] **1.** *n.* mağara, in; **2.** ~ **in** *v/i.* çökmek, yıkılmak; teslim olm., razı olm.; *v/t.* F oymak, *(mağara)* açmak.
ca.ve.at ⚖ [ˈkeiviæt] *n.* işlemlerin durdurulması için yapılan başvurma, ihtar, ikaz.
cave-dweller [ˈkeivdwelə], **cave-man** [ˈ~mæn] *n.* taş devri mağara adamı; F kaba adam.
cav.en.dish [ˈkævəndiʃ] *n.* kalıplanmış bir cins tütün.
cav.ern [ˈkævən] *n.* mağara, in; **ˈcav.ern-**

ous *adj.* mağaraları olan; *fig.* boş, kof, mağara gibi.
cav.i.ar(e) [ˈkæviaː] *n.* havyar.
cav.il [ˈkævil] **1.** *n.* anlamsız itiraz, bahane; **2.** *v/i.* bahane aramak, bahane bulmak, itiraz etm. (at, about *-de, -e*); **ˈcav.il.ler** *n.* itirazcı kimse.
cav.i.ty [ˈkæviti] *n.* oyuk, çukur, boşluk.
ca.vort *Am.* F [kəvɔːt] *v/i.* şahlanmak, coşmak, oynamak.
caw [kɔː] **1.** *n.* karga sesi, gak; **2.** *v/i.* karga gibi gaklamak.
cay.enne [keiˈen] *n. a.* ~ pepper [ˈkeien] çok acı kırmızı biber.
cay.man *zo.* [ˈkeimən] *n.* Güney Amerika'ya ait bir cins timsah.
cease [siːs] *v/i.* (from) bitmek ,sona ermek, durmak; *v/t.* bitirmek; (⚔ *ateş*) kesmek; **ˈ~-ˈfire** *n.* ⚔ silahların geçici olarak bırakılması, ateşkes; **ˈcease.less** □ durmadan, sürekli, fasılasız.
ce.dar ⚘ [ˈsiːdə] *n.* sedir ağacı.
cede [siːd] *v/t.* bırakmak, terketmek.
ce.dil.la [siˈdilə] *n.* Ç ve Ş harflerinin altındaki işaret, çengel.
ceil [siːl] *v/t.* tavan yapmak; **ˈceil.ing** *n.* tavan; tavan yapma; ✈ uçağın azamî yüksekliği; *fig.* azamî had; ~ lighting tavan aydınlatma düzeni; ~ price azamî fiyat, tavan fiyat.
cel.an.dine ⚘ [ˈseləndain] *n.* kırlangıç otu.
cel.a.nese [seləˈniːz] *n.* bir çeşit suni ipek.
cel.e.brate [ˈselibreit] *vb.* kutlamak; şöhretini yaymak, övmek; *eccl.* ayin yapmak; **ˈcel.e.brat.ed** *adj.* meşhur, ünlü (for *-le*); **cel.eˈbra.tion** *n.* kutlama; *eccl.* dini ayin yapma; **ˈcel.e.bra.tor** *n.* kutlayan kimse.
ce.leb.ri.ty [siˈlebriti] *n.* şöhret; ünlü kişi.
ce.ler.i.ty [siˈleriti] *n.* sürat, çabukluk.
cel.er.y ⚘ [ˈseləri] *n.* kereviz.
ce.les.tial □ [siˈlestjəl] göğe ait, semavi; kutsal, ilâhi; göklerde oturan, melek.
cel.i.ba.cy [ˈselibəsi] *n.* bekârlık; **cel.i.bate** [ˈ~bit] **1.** *adj.* bekâr, evlenmemiş *(esp. dinsel nedenlerle)*; **2.** *n.* bekâr.
cell [sel] *n.* hücre; ⚡ pil.
cel.lar [ˈselə] **1.** *n.* kiler, bodrum; şarap mahzeni; **2.** *v/t.* mahzene koymak; **ˈcel.lar.age** *n.* mahzenlik yer; mahzen kirası; **cel.lar.et** [~ˈret] *n.* içki dolabı.
...**celled** [seld] *comb.* ...hücreli.
cel.list ♪ [ˈtʃelist] *n.* viyolonsel çalan;
cel.lo [ˈ~ləu] *n.* viyolonsel.
cel.lo.phane [ˈseləufein] *n.* selofon, şeffaf kâğıt.
cel.lu.lar [ˈsəljulə] *adj.* hücreye ait; hücreleri olan, hücreli, göz göz olan; **cel.lule** [ˈ~juːl] *n.* küçük hücre, gözcük; **cel.lu.lose** [ˈ~juləus] *n.* selüloz.
Celt [kelt] *n.* Kelt, eski orta veya batı Avrupalı kişi; **ˈCelt.ic** *n.* Keltlere ait; Keltçe.
ce.ment [siˈment] **1.** *n.* çimento; tutkal *(a. fig.)*; **2.** *v/t.* çimentolamak; yapıştırmak; **ce.men.ta.tion** [siːmenˈteiʃən] *n.* çimentolama.
cem.e.ter.y [ˈsemitri] *n.* mezarlık.
cen.o.taph [ˈsenəutaːf] *n.* *b-nin* hatırasını anmak için dikilen abide.
cense [sens] *v/t.* tütsülemek, buhur yakmak; **ˈcen.ser** *n.* buhurdanlık.
cen.sor [ˈsensə] **1.** *n.* kontrol memuru, sansör; mümeyyiz; **2.** *v/t.* sansür etm.; yasak etm.; sansürcülük görevi yapmak;
cen.so.ri.ous □ [senˈsɔːriəs] kusur bulan, tenkit eden; **cen.sor.ship** [ˈ~səʃip] *n.* sansür, sansür idaresi.
cen.sur.a.ble □ [ˈsenʃərəbl] kötü, cezayı haketmiş; **ˈcen.sure** **1.** *n.* azar(lama); tenkit, kınama; **2.** *v/t.* azarlamak, tenkit etm., kınamak.
cen.sus [ˈsensəs] *n.* sayım, nüfus sayımı; **ˈ~-pa.per** *n.* sayım formu.
cent [sent] *n. Am.* sent, 1/100 dolar; per ~ yüzde.
cen.taur [ˈsentɔː] *n.* insan başlı at.
cen.tau.ry ⚘ [ˈsentɔːri] *n.* kantaron.
cen.te.nar.i.an [sentiˈnɛəriən] **1.** *adj.* yüz yıllık, yüz yaşında; **2.** *n.* yüz yaşındaki kişi; **cen.te.nar.y** [senˈtiːnəri] *s.* centennial.
cen.ten.ni.al [senˈtenjəl] *adj.* & *n.* yüz yılı tamamlayan, yüz yıllık; yüzüncü yıl dönümü.
cen.tes.i.mal □ [senˈtesiməl] yüzüncü, yüzde bir, yüzde birine ait.
cen.ti... [ˈsenti]: **ˈ~.grade** *adj.* santigrat, yüz dereceye bölünmüş; ~ thermometer yüz dereceli termometre, santigrat termometre; **ˈ~.gramme** *n.* santigram, gramın yüzde biri; **ˈ~.me.tre** *n.* santimetre, metrenin yüzde biri; **~.pede** *zo.* [ˈ~piːd] *n.* kırkayak.
cen.tral [ˈsentrəl] **1.** □ orta, merkezî; ana, en önemli; ~ heating merkezî ısıtma, kalorifer; ♀ Powers *pl. hist.* Merkezî Güçler *(Almanya ve Avusturya -Macaristan)*; ~ office, ⚡ ~ station *n.* merkez, santral; **2.** *n. teleph.* telefon santralı; **cen.tral.i.za.tion** [~laizeiʃən] *n.* merkezîleştirme; **ˈcen.tral.ize** *v/t.* merkezileştirmek.
cen.tre, *Am.* **cen.ter** [ˈsentə] **1.** *n.* orta; *(a.* ⚔*, pol.)* merkez; ~ forward *futbol:* santr for; ~ half santrhaf; ~ of gravity ağırlık

merkezi; 2. *adj.* orta, merkezî; 3. *v/t.* ortaya koymak, merkeze toplamak, santralize etm.; **ˈ~-bit** ⊕ *n.* matkap; **ˈ~-board** *n.* kontra omurga(lı tekne).

cen.tric, cen.tri.cal □ [ˈsentrik(əl)] merkezî, merkeze ait; **cen.trif.u.gal** □ [senˈtrifjugəl] merkezden çıkan; santrifuj, merkezkaç; **ˈcenˈtrip.e.tal** □ [~pitl] merkeze doğru, merkezcil.

cen.tu.ple [ˈsentjupl] 1. □ yüz misli; 2. *v/t.* yüzle çarpmak, yüz katına çıkarmak.

cen.tu.ri.on [senˈtjuəriən] *n.* eski Roma yüzbaşısı.

cen.tu.ry [ˈsentʃəri] *n.* yüzyıl, asır.

ce.ram.ic [siˈræmik] *adj.* seramik; porselen, çini vb.'den yapılmış eşya ile ilgili; **ceˈram.ics** *n. pl.* çinicilik; seramik; seramik eşya, çanak çömlek.

ce.re.al [ˈsiəriəl] 1. *n.* tahıl, hububat, zahire; *mst* ~s *pl.* buğdaysı bitki; *part.Am.* hububattan hazırlanmış kahvaltı yemeği; 2. *adj.* hububat türünden.

cer.e.bral *anat.* [ˈseribrəl] *adj.* beyne ait.

cere.cloth [ˈsiəkloθ] *n.* kefenlik olarak kullanılan mumlu bez.

cer.e.mo.ni.al [seriˈməunjəl] 1. □ *a.* **cerеˈmo.ni.ous** □ törensel, resmî; 2. *n.* ayin, tören; **cer.e.mo.ny** [ˈseriməni] *n.* tören; ayin; *pol.* protokol, teşrifat; Master of Ceremonies töreni yöneten kişi; stand on ~ davranışlara dikkat etm.; resmî davranmak; without ~ teklifsizce.

cert *sl.* [səːt] *n.* *bşe* kesin olmuş gözü ile bakma.

cer.tain □ [ˈsəːtn] muhakkak, kesin; emin; belirli, kararlaşmış; güvenilir; bazı; for ~ muhakkak, şüphesiz; make ~ *bş* hakkında emin olm.; **ˈcer.tain.ly** *adv.* elbette, tabii; **ˈcer.tain.ty** *n.* kesinlik, katiyet.

cer.tes † [ˈsəːtiz] *adv.* elbette, tabii.

cer.tif.i.cate 1. [səˈtifikit] *n.* tasdikname, sertifika; diploma; ruhsat; belge; ilmühaber; ~ of birth nüfus (*veya* doğum) kâğıdı; ~ of death ölüm belgesi; ~ of marriage evlenme cüzdanı; ~ of employment iş kâğıdı, çalışma belgesi; ~ of origin ☨ menşe şahadetnamesi; medical ~ sağlık belgesi; 2. [səˈtifikeit] *v/t.* tasdik etm., onaylamak; belgelerle ispat etm., belgelemek, belge vermek; ~d *adj.* onaylı; belgelenmiş, onaylanmış; **cer.ti.fi.ca.tion** [səːtifiˈkeiʃən] *n.* belgeleme, onay, ruhsat; **cer.ti.fy** [ˈ~fai] *v/t.* *bşi* onaylamak, tasdik etm.; vesika vermek; doğrulamak; certified cheque karşılığı olduğu onaylanan çek, vizeli çek; *s.* accountant;

cer.ti.tude [ˈ~tjuːd] *n.* katiyet, kesinlik.

ce.ru.le.an [siˈruːljən] *adj.* gök mavisi.

cer.vi.cal [səːˈvaikəl] *adj.* boyna ait, boyun...

ces.sa.tion [seˈseiʃən] *n.* kesilme, durma, ara.

ces.sion [ˈseʃən] *n.* vazgeçme, terk; devir.

cess.pit [ˈsespit], **cess.pool** [ˈsespuːl] *n.* lağım çukuru.

ce.ta.cean [siˈteiʃjən] 1. *n.* memeli deniz hayvanı; 2. *adj.* *a.* **ceˈta.ceous** memeli deniz hayvanları ile ilgili.

chafe [tʃeif] *v/t.* sürtmek, sürterek berelemek; yıpratmak; ovarak ısıtmak; *v/i.* *bşe* sürtünmek; sinirlenmek, kızmak.

chaff [tʃɑːf] 1. *n.* saman tozu, çöp, atlara yem için kesilmiş ot, saman; F saçma söz; 2. *v/t.* ufak ufak kesmek; F alay etm., *b-ne* takılmak; **ˈ~-cut.ter** *n.* ot, saman kesme makinesi.

chaf.fer [ˈtʃæfə] *v/t.* & *v/i.* sıkı pazarlık etm., çekişmek; alışverişte bulunmak.

chaf.finch *zo.* [ˈtʃæfintʃ] *n.* ispinoz.

chaf.ing-dish [ˈtʃeifiŋdiʃ] *n.* sofrada yemek ısıtmaya veya pişirmeye yarayan kap.

cha.grin [ˈʃægrin] 1. *n.* iç sıkıntısı, keder; 2. *v/t.* *b-nin* canını sıkmak, kederlendirmek.

chain [tʃein] 1. *n.* zincir, kelepçe; *(dağ)* silsile; *fig.* *(olay, mağaza vs.)* zincir; 2. *v/t.* zincirle bağlamak, zincirlemek; *fig.* kayıt altına almak, zincirlemek; ~ **re.ac.tion** *phys.* zincirleme reaksiyonu; **ˈ~-smoker** *n.* peş peşe sigara içen; **ˈ~-store** *n.* büyük bir mağazanın şubesi.

chair [tʃɛə] 1. *n.* iskemle, sandalye; *Am.* *a.* elektrikli sandalye; başkanlık makamı; kürsü; *a.* professorial ~ kürsü; be in the ~, take the ~ başkanlık makamında olm.; başkanlık etm.; 2. *v/t.* toplantıya başkanlık etm.; kürsüye oturtmak; omuzlarında taşımak; **ˈ~-lift** *n.* telesiyej; **~.man** [ˈ~mən] *n.* başkan, reis; **ˈ~.manship** *n.* başkanlık, riyaset; **ˈ~.wom.an** *n.* kadın başkan.

chaise [ʃeiz] *n.* hafif gezinti arabası.

chal.ice [ˈtʃælis] *n.* tas, ayinde kullanılan kadeh.

chalk [tʃɔːk] 1. *n.* tebeşir; red ~ kırmızı tebeşir; by a long ~ F fersah fersah; 2. *vb.* beyazlatmak, tebeşir katmak, tebeşirle yazmak, resim yapmak; *mst* ~ up tebeşirle yazmak; hesabına katmak, sayı kaydetmek; ~ out tebeşirle taslak çizmek; *fig.* karalamak; **ˈchalk.y** *adj.* kireçli; tebeşir gibi.

chal.lenge [ˈtʃælindʒ] **1.** *n.* meydan okuma, davet; ⚔ düelloya davet; *part.* ⚖ reddi hâkim; ~ prize *spor:* çalenç; **2.** *v/t.* çağırmak; meydan okumak; düelloya davet etm.; ⚔ parola veya kimlik sormak; ⚖ hâkim veya jüriyi reddetmek; *bşin* doğruluğundan şüphelenmek; ˈ**chal-leng.er** *n.* meydan okuyan, mücadeleye davet eden kişi.

cha.lyb.e.ate [kəˈlibiit] *adj.* demirli, demir tadı olan.

cham.ber [ˈtʃeimbə] *n.* oda, yatak odası, özel oda; salon; ⊕ fişek yatağı; bölme, hücre; *parl.* meclis; ~s *pl.* yazıhane, büro, hâkimin özel odası; ♀ of Commerce ticaret odası; **cham.ber.lain** [ˈ~lin] *n.* mabeyinci, teşrifatçı; kâhya; ˈ**cham.ber-maid** *n.* oda hizmetçisi; ˈ**cham.ber-mu.sic** *n.* oda müziği; ˈ**cham.ber-pot** *n.* lâzımlık, oturak.

cham.bray *Am.* [ˈʃæmbrei] *n.* ince elbiselik kumaş.

cha.me.le.on *zo.* [kəˈmiːljən] *n.* bukalemun.

cham.fer ⩓ [ˈtʃæmfə] **1.** *n.* küçük oluk, şev (açmaya yarayan alet); **2.** *vb.* oluk açmak, şev yapmak.

cham.ois [ˈʃæmwɑː] **1.** *n. zo.* **dağ keçisi;** *a.* ~ leather keçi derisi, güderi; **2.** *adj.* açık sarı renkli.

champ[1] [tʃæmp] *v/t.* & *v/i.* ısırmak, çiğnemek; *fig.* sinirden dişlerini sıkmak, sabırsızlanmak.

champ[2] F [~] *s.* champion 1.

cham.pagne [ʃæmˈpein] *n.* şampanya.

cham.paign [ˈtʃæmpein] *n.* ova, kır.

cham.pi.on [ˈtʃæmpjən] **1.** kahraman, savunucu kimse; *spor:* şampiyon; **2.** *v/t.* *b-ni* müdafaa etm., korumak; **3.** *adj.* galip; muhteşem, mükemmel; ˈ**cham.pi-on.ship** *n.* şampiyonluk; şampiyona.

chance [tʃɑːns] **1.** *n.* şans, talih; tesadüf; fırsat; ihtimal; by ~ tesadüfen; take a ~, take one's ~ işi şansa bırakmak, şans denemek; **2.** *adj.* şans eseri olan, tesadüfî; **3.** *v/t.* & *v/i.* bir kere denemek; göze almak; tesadüfen olm.; tesadüfe bırakmak; I ~d to be there tesadüfen oradaydım; ~ upon rastlamak *-e*; şans eseri bulmak *-i*.

chan.cel ⩓ [ˈtʃɑːnsəl] *n.* kilisede mihrabın etrafında rahip ve koronun durduğu yer; ˈ**chan.cel.ler.y** *n.* kançılarya, rektörlük *(makamı, bürosu)*; ˈ**chan.cel.lor** *n.* rektör; yüksek rütbeli devlet memuru; saray kâtibi; *(Almanya'da)* başbakan, şansölye.

chan.cer.y [ˈtʃɑːnsəri] *n.* *(İngiltere'de)* en yüksek mahkeme; *(Amerika'da)* temyiz mahkemesi; in ~ temyiz mahkemesindeki dava; *fig.* müşkül durumda.

chanc.y F [ˈtʃɑːnsi] *adj.* tehlikeli, rizikolu.

chan.de.lier [ˈtʃændiˈliə] *n.* avize.

chan.dler [ˈtʃɑːndlə] *n.* mum yapan veya satan kişi; ˈ**chan.dler.y** *n.* hırdavatçı dükkânı.

change [tʃeindʒ] **1.** *n.* değiş(tir)me, değişiklik; sapma; yenilik; paranın üstü; bozukluk; for a ~ değişiklik olsun diye; **2.** *v/t.* değiştirmek; boz(dur)mak; *tren:* aktarma yapmak; *(üstünü)* değiştirmek; ~ over *endüstri vs.:* yöntem değiştirmek; I've ~d my mind fikrimi değiştirdim; *v/i.* başkalaşmak, değişmek; ~ into second gear *mot.* ikinci vitese geçmek; *a.* ~ trains *(trende)* aktarma yapmak; **change.aˈbil-i.ty** *n.* değişebilirlik; ˈ**change.a.ble** değişebilir; kararsız, dönek; ˈ**change--gear** *n.* ⊕ sürat değiştirme düzeni; ˈ**change.less** □ değişmez, sabit; **change-ling** [ˈ~liŋ] *n.* bebekken değiştirilmiş çocuk; cin veya perilerin lohusa yatağına koyduğu bozuk şekilli çocuk; ˈ**change--ˈo.ver** *n.* yöntem değiştirme.

chan.nel [ˈtʃænl] **1.** *n.* kanal, boğaz; nehir yatağı; yol *(a. fig.)*; by the official ~s resmî yoldan; **2.** *v/t.* kanal açmak; oymak; kanala dökmek; *fig.* yönlendirmek.

chant [tʃɑːnt] **1.** *n.* şarkı, dinî şarkı; monoton bir melodi, monoton ses tonu; *fig.* can sıkıcı şarkı; **2.** *v/t.* şarkı söylemek, türkü çağırmak; teganni etm.; **chan.ti-cleer** *poet.* [tʃæntiˈkliə] *n.* evcil horoz;

chan.try *eccl.* [ˈtʃɑːntri] *n.* *(kilise)* dua okunan bölüm; dua okutma parası;

chan.ty [ˈ~ti] *n.* gemici şarkısı, heyamola.

cha.os [ˈkeiɔs] *n.* karışıklık; kaos; **cha-ˈot.ic** *adj.* (~ally) karmakarışık, altüst olmuş, düzensiz.

chap[1] [tʃæp] **1.** *n.* yırtık, yarık, çatlak *(esp. deride)*; **2** *.v/t.* & *v/i.* *(cildi)* çatla(t)mak; yar(ıl)mak; kızar(t)mak.

chap[2] [~] *n.* çenenin etli kısmı *(esp. hayvanlarda)*.

chap[3] [~] *n.* oğlan, delikanlı, genç adam, arkadaş; ˈ**~-book** *n.* küçük, ucuz kitap.

chap.el [ˈtʃæpəl] *n.* küçük kilise, mabet; *(okul v.b. yerlerde)* ibadete ayrılmış bölüm; *typ.* matbaa bürosu, matbaacılar birliği.

chap.er.on [ˈʃæpərəun] **1.** *n.* bir genç kıza refakat eden yaşlıca kadın, yenge ka-

dın, şaperon; **2.** *v/t.* şaperon olarak refakat etm.
chap-fall.en [ˈtʃæpfɔːlən] *adj.* kederli, mahzun.
chap.lain [ˈtʃæplin] *n.* papaz; ˈ**chap.lain.cy** *n.* papazlık *(makam, bina veya bürosu).*
chap.let [ˈtʃæplit] *n.* *(başa takılan)* çelenk; *eccl.* tesbih.
chap.man [ˈtʃæpmən] *n.* seyyar satıcı.
chap.py □ [ˈtʃæpi] çatlamış, yarılmış, çatlak, yarık.
chap.ter [ˈtʃæptə] *n.* bölüm, kısım; bahis; katedrale bağlı rahipler.
char[1] *ichth.* [tʃɑː] *n.* bir tür alabalık.
char[2] [~] *v/t.* & *v/i.* kömürleş(tir)mek; karbonlaş(tır)mak.
char[3] [~] **1.** *v/i.* gündelikle ev, ofis temizlemek; **2.** = charwoman.
char-à-banc [ˈʃærəbæŋ] *n.* açık omnibüs, gezinti otobüsü.
char.ac.ter [ˈkæriktə] *n.* karakter, seciye; şöhret; vasıf, nitelik; özellik; işaret, harf, yazı; F orijinal *b-i; thea., roman:* canlandırılan kişi; sanatçının oynadığı rol, karakter; **char.ac.terˈis.tic 1.** *adj.* (~ally) karakteristik, kendine özgü, tipik; **2.** *n.* karakter özelliği, vasıf; **char.ac.ter.i.za.tion** [~raiˈzeiʃən] *n.* tasvir, tarif, tanımlama; ˈ**char.ac.ter.ize** *v/t.* tanımlamak; vasıflandırmak, karakterize etm.
cha.rade [ʃəˈrɑːd] *n.* hece bilmecesi.
char.coal [ˈtʃɑːkəul] *n.* mangal kömürü; ˈ**~-burn.er** *n.* kömürcü.
chard ⚘ [ˈtʃɑːd] *n.* pazı.
chare [tʃεə] **1.** *vb.* temizlemek, yıkamak; **2.** *n.* *mst* ~s *pl.* ev işleri.
charge [tʃɑːdʒ] **1.** *n.* yük, hamule; şarj; ⚔ hamle, saldırı; sorumluluk; görev, memuriyet; masraf, fiyat; vergi, rüsum; bedel, ücret; ⚖, *eccl.* suçlama, suç isnadı, itham; ⚒ bir cihazdaki elektrik miktarı, yükleme, şarj; ~s *pl.* masraflar; be in ~ of *bş* ile görevli olm., *bşden* sorumlu olm.; be in the ~ of s.o. birisinden sorumlu olm.; take ~ of *bşi* yüklenmek, sorumluluğunu üstüne almak; free of ~ karşılıksız, ücretsiz; **2.** *v/t.* & *v/i.* yüklemek, doldurmak; suçlamak (with *ile*); hesabına geçirmek (on, upon *-in*); hücum etm. *-e*; ⚡ şarj etm.; istemek *(fiyat)*; hesabına kaydetmek, geçirmek; görev vermek; önermek, emretmek; ~ s.o. with the duty of *b-ni bş* ile görevlendirmek; ˈ**charge.a.ble** □ itham edilebilir, suçlanabilir (with *ile*); hesaba geçirilebilir; ödenebilir (to *-e*).
char.gé d'af.faires *pol.* [ˈʃɑːʒeidæˈfεə] *n.* maslahatgüzar, işgüder.
charg.er *poet.*, ⚔ [ˈtʃɑːdʒə] *n.* savaş atı.
char.i.ot *poet.*, *hist.* [ˈtʃæriət] *n.* hafif iki tekerlekli araba, savaş arabası; **char.i-ot.eer** [~tiə] *n.* savaş arabasını süren arabacı.
char.i.ta.ble □ [ˈtʃæritəbl] cömert, hayırsever, yardımsever, fukara babası; ~ society yardımsevenler derneği; ˈ**char-i.ta.ble.ness** *n.* cömertlik, hayırseverlik; merhamet, hoşgörülük.
char.i.ty [ˈtʃæriti] *n.* hayırseverlik; şefkat, merhamet; hayır, sadaka; sister of ~ fakire yardım eden rahibe; ~ begins at home şefkat insanın ev halkına yardım etmesi ile başlar; ˈ**~-ˈchild** *n.* yetimler yurdunda yetişen çocuk; ˈ**~-ˈschool** *n.* yetimler yurdu.
cha.ri.va.ri [ˈʃɑːriˈvɑːri] *n.* alay etm. için tencereye vurularak yapılan gürültü.
char.la.tan [ˈʃɑːlətən] *n.* şarlatan, yalandan beceri sahibi olduğunu iddia eden kişi; ˈ**char.la.tan.ry** *n.* şarlatanlık.
char.lock ⚘ [ˈtʃɑːlɔk] *n.* çalgıcıotu, yabani hardal.
char.lotte [ˈʃɑːlət] *n.* bir tür puding.
charm [tʃɑːm] **1.** *n.* sihir, büyü, muska; *fig.* cazibe, çekicilik; **2.** *v/t.* büyülemek, sihirlemek; *fig.* teshir etm.; meftun etm.; ~ away *etc.* büyü ile etkileyerek *bşi* ortadan kaldırmak, yoketmek; ˈ**charm.er** *n.* sihirbaz kadın, büyücü; *fig.* teshir eden, etkileyen kadın veya erkek; ˈ**charm-ing** □ çekici, cazip, cana yakın.
char.nel-house [ˈtʃɑːnlhaus] *n.* ölü kemiklerinin toplandığı mahzen.
chart [tʃːɑt] **1.** *n.* ⚓ deniz haritası; plan, çizelge, kroki; **2.** *v/t.* haritasını yapmak, haritada göstermek; grafiğini çıkarmak.
char.ter [ˈtʃɑːtə] **1.** *n.* berat, imtiyaz, patent; ⚓ gemi kira kontratı; *mst* ~-party gemi kira kontratı, navlun mukavelesi; **2.** *v/t.* berat, imtiyaz veya patent vermek; *(uçak, gemi)* kiralamak; *s.* accountant.
char.wom.an [ˈtʃɑːwumən] *n.* temizleyici, gündelikçi *(kadın).*
char.y □ [ˈtʃεəri] (of) dikkatli, itinalı; düşünceli; tutumlu, pinti.
chase[1] [tʃeis] **1.** *n.* av, takip, kovalama; kovalanan şey veya kişi; give ~ to peşinde(n) koşmak *-in*; **2.** *vb.* kovalamak, takip etm.; avlamak; *fig.* acele etm., koşmak.
chase[2] [~] *v/t.* çizmek, oymak, hakket-

mek; kabartma işleri yapmak *(maden, tahta üzerine)*.
chase[3] *typ.* [~] *n.* harfler için kullanılan demir çerçeve.
chas.er [ˈtʃeisə] *n.* avcı, kovalayan; sert içkinin üzerine alınan hafif içki veya su; ✈ avcı uçağı.
chasm [ˈkæzəm] *n.* yarık, uçurum *(a. fig.)*; kanyon, dar boğaz.
chas.sis *mot.* [ˈʃæsi] *n. pl.* **chas.sis** [ˈʃæsiz] *(top, uçak, otomobil)* alt iskelet, şasi.
chaste □ [tʃeist] temiz, iffetli, nezih; basit, sade, gösterişsiz, tantanasız *(üslup, stil)*.
chas.ten [ˈʃeisn] *v/t.* terbiyesini vermek *-in*, uslandırmak *-i*, yola getirmek *-i*.
chas.tise [tʃæsˈtaiz] *v/t.* dövmek, cezalandırmak; **chas.tise.ment** [ˈ~tizmənt] *n.* dayak, kötek, ceza.
chas.ti.ty [ˈtʃæstiti] *n.* iffet, saffet, temizlik.
chas.u.ble *eccl.* [ˈtʃæzjubl] *n.* ayinde papazın giydiği kolsuz kıyafet.
chat [tʃæt] **1.** *n.* konuşma, çene çalma, sohbet; **2.** *v/i.* sohbet etm., konuşmak, çene çalmak.
châ.teau [ˈʃætəu] *n.* şato, büyük köşk *(Fransa'da)*.
chat.tels [ˈtʃætlz] *n. pl. mst* goods and ~ her türlü taşınır mal.
chat.ter [ˈtʃætə] **1.** *n.* gevezelik, boş lâf; diş çatırdaması; **2.** *v/i.* çene çalmak; *(diş)* çatırdamak; ˈ**~.box** *n.* F boşboğaz, geveze; ˈ**chat.ter.er** *n.* geveze, farfaracı.
chat.ty [ˈtʃæti] *adj.* sohbet meraklısı, geveze.
chauf.feur [ˈʃəufə] *n.* şoför, araba sürücüsü; **chauf.feuse** [~ˈfə:z] *n.* kadın şoför.
chau.vin.ism [ˈʃəuvinizəm] *n.* aşırı milliyetçilik, şovenlik, şovenizm; ˈ**chau.vin.ist** *n.* şoven; **chau.vinˈis.tic** *adj.* (~ally) şovenistliğe ait.
chaw *sl.* [tʃɔ:] *v/t.* çiğnemek; ~ up *Am. sl. mst fig.* mahvetmek, imha etm., yok etm.; ˈ**~-ˈba.con** *n.* budala, aptal.
cheap □ [tʃi:p] ucuz; değersiz *(a. fig.)*; bayağı, adî; feel ~ F keyifsiz olm.; mahcup olm.; hold ~ *bşe* önem vermemek; on the ~ F ucuza, ucuz olarak; make o.s. ~ *k-ni* küçük düşürmek; ♀ Jack seyyar satıcı; ˈ**cheap.en** *v/t.* ucuzlatmak; *fig.* küçük düşürmek; *v/i.* ucuzlamak; ˈ**cheap-skate** *n. Am. sl.* cimri, avantacı kişi.
cheat [ˈtʃi:t] **1.** *n.* hile, düzen; hileci, *sl.* üçkağıtçı; **2.** *v/t.* aldatmak, dolandırmak, *bşi* hile ile birinin elinden almak (out of s.th.); ˈ**cheat.ing** *n.* aldatma, dolandırma.
check [tʃek] **1.** *n.* engel, durdurma; kontrol, teftiş; fiş, marka; ⚔ yenilgi, hezimet; *Am.* kontrol işareti; *Am.* eşya makbuzu; *Am.* ✝ = cheque; *satranç:* şah; *Am. (lokantada)* hesap pusulası; ~ pattern ekoseli kumaş; pass *veya* hand in one's ~s *Am.* F ölmek; keep s.o. in ~ *b-ni* kontrol etm., gözetmek; **2.** *v/t.* & *v/i.* önlemek, durdurmak; karşılaştırmak, kontrol etm.; *Am.* defterine işaret koymak; *satranç:* şah çekmek; ~ in *Am.* otel defterine kaydolmak; ~ one's baggage *Am. b-nin* bavullarını kontrol etm.; ~ out otelden parasını ödeyip ayrılmak; ~ up kontrol etm.; ~ up on soruşturmak, araştırmak; **checked** *adj.* kareli, ekose; ˈ**check.er** *n.* gözcü, müfettiş; dama, kare, ekose desen; ~s *pl. Am.* dama oyunu; = chequer; ˈ**check.ered** *adj.* kareli, damalı; ˈ**check.ing** *n.* kontrol; ˈ**check-mate** **1.** *n. satranç:* mat; yenilgi; **2.** *v/t. satranç:* mat etm., yenmek *(a. fig)*; ˈ**check-point** *n.* kontrol noktası; ˈ**check-room** *n. Am.* vestiyer; ˈ**check-up** *n. Am.* tıbbî kontrol.
Ched.dar [ˈtʃedə] *n.* bir çeşit krem peynir, çedar peyniri.
cheek [tʃi:k] **1.** *n.* yanak; F arsızlık, yüzsüzlük; ⊕ fren takozu; *s.* jowl; **2.** *v/t.* F küstahlık etmek *-e*; ˈ**cheek-bone** *n.* elmacık kemiği; ˈ**cheek.y** *adj.* F yüzsüz, küstah.
cheep [tʃi:p] *v/i.* cıvıldamak, kuş gibi cik cik etm.
cheer [tʃiə] **1.** *n.* alkış, «yaşa!» sesi; neşe; be of good ~ yüreğini ferah tutmak; three ~s! üç defa «yaşa!, yaşa!, yaşa!»; **2.** *v/t.* alkışlamak, neşelendirmek; *a.* ~ up *b-ni* teselli etm, avutmak; *a.* ~ on teşvik etm, alkışla cesaret vermek; *v/i.* sevinçle bağırmak, sevinç sesleri çıkarmak; *a.* ~ up cesaretlenmek; keyiflenmek; sevinmek; ˈ**cheer.ful** □ neşeli, şen; ˈ**cheer.ful.ness,** ˈ**cheer.i.ness** *n.* neşelilik, neşe; ˈ**cheer.ing** *n.* alkış, cesaret verme; ˈ**cheer.i.o** [ˈ~riˈəu] *int.* F Allaha ısmarladık!; merhaba!; ˈ**cheer.less** □ neşesiz, kederli; kasvetli; ˈ**cheer.y** □ neşeli, şen.
cheese [ˈtʃi:z] *n.* peynir; *sl.* mükemmel; **~burg.er** *n.* peynirli köfte; ˈ**~-cake** *n.* peynirli kek; *sl.* duvara yapıştırılan güzel kadın posteri; ˈ**~-cloth** *n.* tülbent; ˈ**~.mon.ger** *n.* peynirci; ˈ**~-par.ing** **1.** *adj.* cimri, pinti; hesabî; **2.** *n.* değersiz şey; hesabîlik.
chees.y [ˈtʃi:zi:] *adj.* peynirli ,peynir gibi.

chee.tah *zo.* ['tʃiːtə] *n.* avda kullanılan parsa benzer bir hayvan.
chef [ʃef] *n.* şef, ahçıbaşı.
chem.i.cal ['kemikəl] **1.** □ kimyevî, kimyasal; **2.** '**chem.i.cals** *n. pl.* kimyevî maddeler.
che.mise [ʃə'miːz] *n.* *(kadın)* iç gömleği.
chem.ist ['kemist] *n.* kimyager; eczacı; ~'s shop eczane; '**chem.is.try** *n.* kimya.
chem.o.ther.a.py ⚕ [keməu'θerəpi] *n.* kemoterapi, kimyevî maddelerle tedavi.
cheque ✝ [tʃek] *n.* çek; not negotiable ~, crossed ~ çizgili çek; '~-**book** *n.* çek defteri.
chequer ['tʃekə] **1.** *n. mst* ~s *pl.* dama oyunu; **2.** *v/t.* damalı yapmak, ekose desen ile kaplamak; '**cheq.uered** *adj.* kareli, satrançlı; *fig.* karışık, değişik.
cher.ish ['tʃeriʃ] *v/t.* beslemek; gütmek; *b-ni* aziz ve el üstünde tutmak.
che.root [ʃə'ruːt] *n.* bir çeşit yaprak sigara, puro.
cher.ry ['tʃeri] **1.** *n.* kiraz; kiraz ağacı; **2.** *adj.* parlak kırmızı.
cher.ub ['tʃerəb] *n.* melek; nur yüzlü kimse; nur topu gibi çocuk; **che.ru.bic** [~'ruːbik] *adj.* melek gibi.
cher.vil ⚘ ['tʃəːvil] *n.* frenk maydanozu.
chess [tʃes] *n.* satranç oyunu; '~-**board** *n.* satranç tahtası; '~.**man** *n.* satranç taşı.
chest [tʃest] *n.* sandık, kutu, kasa; *anat.* göğüs; ~ of drawers konsol, çekmeceli dolap; get s.th. off one's ~ *b-ne* içini dökmek; '**chest.ed** *comb.* ...göğüslü.
ches.ter.field ['tʃestəfiːld] *n.* uzun palto; kabarık kanepe.
chest.nut ['tʃesnʌt] **1.** *n.* kestane; kestane ağacı; F bayat espri; **2.** *adj.* kestane rengi, maron.
che.val-glass [ʃə'vælglɑːs] *n.* boy aynası.
chev.a.lier [ʃevə'liə] *n.* şövayle, silahşör; cesur ve mert kimse.
chev.i.ot ['tʃeviət] *n.* bir çeşit İskoç koyunu; bu koyunun yününden yapılan kumaş, şevyot.
chev.ron ⚔ ['ʃevrən] *n.* çavuş ve onbaşı rütbelerine ait kol şeridi.
chev.y F ['tʃevi] **1.** *n.* av (narası); **2.** *v/t.* & *v/i.* avla(n)mak.
chew [tʃuː] *v/t.* & *v/i.* çiğnemek; derin düşüncelere dalmak (on, upon, over); ~ the fat *veya* rag *sl.* çene çalmak, laklak etm.; '**chew.ing-gum** *n.* çiklet.
chi.cane [ʃi'kein] **1.** *n.* hile, şike; **2.** *v/t.* & *v/i.* hile yapmak; **chi'can.er.y** *n.* hilekârlık; *fig.* dalavere.
chick [tʃik] *s.* chicken.
chick.a.dee *Am. orn.* ['tʃikədiː] *n.* iskete kuşu.
chick.a.ree *Am. zo.* ['tʃikəriː] *n.* kırmızı Amerikan sincabı.
chick.en ['tʃikin] *n.* piliç, civciv; tavuk eti; *sl.* korkak; '~-**feed** *n. Am.* tavuk yemi; *sl.* bozuk para, az para; '~-**heart.ed** *adj.* korkak; '~-**pox** *n.* ⚕ suçiçeği; '**chick-pea** *n.* ⚘ nohut; '**chick.weed** *n.* ⚘ kuş otu.
chic.o.ry ['tʃikəri] *n.* hindiba.
chid [tʃid] *pret.* & *p.p.*, '**chid.den** *p.p. of* chide.
chide *lit.* [tʃaid] *(irr.)* *vb. b-ni* azarlamak, ayıplamak; *b-ne* çıkışmak, söylenmek.
chief [tʃiːf] **1.** □ büyük, en önemli, baş..., ana..., belli başlı; ~ clerk daire şefi, kalem amiri; **2.** *n.* baş, reis, şef, âmir, **chieftain** ['~tən] *n.* kabile reisi.
chif.fon ['ʃifɔn] *n.* şifon; **chif.fo.nier** [ʃifə'niə] *n.* aynalı, çekmeceli dolap, şifoniyer.
chil.blain ['tʃilblein] *n.* ⚕ soğuk şişliği.
child [tʃaild] *n.*, *pl.* **chil.dren** ['tʃildrən] çocuk; be a good ~! uslu dur!, iyi çocuk ol!; from a ~ küçükten beri; with ~ hamile; ~'s play *fig.* çocuk oyuncağı, kolay, basit iş; '~.**bed** *n.* lohusa yatağı; '~.**birth** *n.* doğum; '**child.hood** *n.* çocukluk; second ~ bunaklık; '**child.ish** □ çocukça; *b.s.* aptal, budala; '**child.ish.ness** *n.* çocuksuluk, çocukçalık; *b.s.* dar düşüncelilik; '**child.less** *n.* çocuksuz; '**childlike** *adj. fig.* çocuk gibi, çocuk ruhlu; **chil.dren** ['tʃildrən] *pl. of* child.
chil.i *Am.* ⚘ ['tʃili] *n.* kırmızı biber cinsi.
chill [tʃil] **1.** *adj. lit.* buz gibi soğuk; **2.** *n.* soğuk; titreme, üşüme; *fig.* soğuk davranış; soğuk algınlığı; take the ~ off a liquid sıvıyı hafifçe ısıtmak; **3.** *v/t.* soğutmak; üşütmek; *metall.* soğutmak, su vermek; ~ed meat dondurulmuş et; *v/i.* soğumak; soğuktan titremek, donmak; '**chill.ness,** '**chill.i.ness** *n.* soğuk; soğuk davranış; '**chill.y** *adj.* soğuk, serin; hep üşüyen.
chime [tʃaim] **1.** *n.* ahenkli çan sesi; *fig.* ahenk; **2.** *v/t.* & *v/i.* çan çal(ın)mak; *fig.* hepbir ahenk olm.; ~ in uymak (with *-e*).
chi.me.ra [kai'miərə] *n.* hayalî canavar, ejderha; korkunç hayal; **chi.mer.i.cal** □ [~'merikəl] hayalî; imkânsız.
chim.ney ['tʃimni] *n.* baca; lamba şişesi; yanardağ ağzı *(a. mount.)*; '~-**piece** *n.* şömine üstü, ocak rafı; '~-**pot** *n.* ocak külâhı; F *fig.* silindir şapka; '~-**stalk** *n.*

baca tepesi; fabrika bacası; **'~-sweep(.er)** *n.* baca temizleyicisi.
chim.pan.zee *zo.* [tʃimpən'zi:] *n.* şempanze.
chin¹ [tʃin] *n.* çene; keep one's ~ up F güçlüğe korkmadan göğüs germek; wag one's ~ konuşmak, çene çalmak.
chin² *sl.* [~] *v/i.* yarenlik etm., çene çalmak.
chi.na ['tʃainə] *n.* porselen; **'♀.man** *n.* Çinli.
chine [tʃain] *n.* belkemiği, sırt; sırttan çıkarılan et.
Chi.nese ['tʃai'ni:z] **1.** *n.* Çince; Çinli; **2.** *adj.* Çin'e ait, Çince'ye ve Çinlilere ait.
chink¹ [tʃiŋk] *n.* yarık, çatlak.
chink² [~] **1.** *n.* şıkırtı; çınlama; **2.** *v/t.* & *v/i.* şıngırda(t)mak, tıngırda(t)mak.
chintz [tʃints] *n.* basma, perdelik pamuklu ve desenli kumaş.
chip [tʃip] **1.** *n.* çentik; yonga; küçük parça; kırıntı; kuşun «çip» sesi; kızarmış patates; fiş, marka; have a ~ on one's shoulder meydan okumak, kavgaya hazır olm.; **2.** *v/t.* yontmak, çentmek; *v/i.* *(kuş)* çip sesi çıkarmak; ~ in F *bşe* iştirak etm., para koymak; *Am.* F aniden konuşmaya girmek, sözünü kesmek; **chip.muck** ['~mʌk], **chip.munk** ['~mʌŋk] *n.* derisi çizgili ufak sincap; **'chip.py** *adj.* kurak, verimsiz, zayıf; F sarhoşluktan sonra olan mide bulantısı.
chi.rop.o.dist [ki'rɔpədist] *n.* ayak rahatsızlıkları mütehassısı; **chi'rop.o.dy** *n.* ayak hastalıkları tedavisi; **chi.ro.prac.tor** ⚕ [kairəu'præktə] *n.* oynak yerleri tedavi ederek hastalıkları iyileştiren kimse.
chirp [tʃə:p] **1.** *n.* cıvıltı; **2.** *v/t.* & *v/i.* cıvıldamak, cırcır ötmek; **'chirp.y** *adj.* F neşeli, şen.
chirr [tʃə:] *v/i.* *(çekirge v.b.)* sesi çıkarmak.
chir.rup ['tʃirəp] **1.** *v/i.* neşe ile cıvıldamak; **2.** *n.* cıvıltı.
chis.el ['tʃizl] **1.** *n.* çelik kalem, kalem keski; **2.** *v/t.* kalemle oymak, yontmak; F dolandırmak; **'chis.el.er** *n.* oymacı; F dolandırıcı, üçkâğıtçı.
chit [tʃit] *n.* çocuk, yavrucuk; a ~ of a girl delişmen kız.
chit-chat ['tʃittʃæt] *n.* lâf, sohbet.
chiv.al.rous □ ['ʃivəlrəs] mert, kibar, şövalye gibi; **'chiv.al.ry** *n.* şövalyelik, kahramanlık, cömertlik, mertlik; şövalyeler.
chive ⚘ [tʃaiv] *n.* bir tür taze soğan.

chiv.y F ['tʃivi] = chevy.
chlo.ral ⚗ ['klɔ:rəl] *n.* kloralhidrat; **chlo.ride** ['~aid] *n.* klorid; ~ of lime kalsiyum klorid; **chlo.rin.ate** ['~ineit] *v/t.* *(suyu)* sterilize etm., klorlamak; **chlo.rine** ['~i:n] *n.* klor; **chlo.ro.form** ['klɔrəfɔ:m] **1.** *n.* kloroform; **2.** *v/t.* kloroformla bayıltmak; **chlor.o.phyl(l)** ['~əfil] *n.* bitkilere yeşillik veren madde, klorofil.
choc-ice ['tʃɔkais] *n.* dışı çikolata ile kaplı dondurma.
chock ⊕ [tʃɔk] **1.** *n.* odun parçası, takoz, kama; difizör; **2.** *v/t.* tıkamak, takozlamak, destek koymak; **'~-a-'block** hıncahınç, tıkabasa (with *ile*); **'~-'full** *adj.* dopdolu.
choc.o.late ['tʃɔkəlit] *n.* çikolata; ~ cream çikolatalı şekerleme; fondan.
choice [tʃɔis] **1.** *n.* seçme, tercih; tercih hakkı; seçenek, seçilen şey; have one's ~ *b-nin* seçme hakkı olm.; make *veya* take one's ~ kendi tercihini yapmak, almak; multiple ~ çok seçenekli *(soru şekli)*; **2.** □ seçkin, seçme, güzide, titiz; ~ fruit dikkatlice seçilmiş meyva.
choir ['kwaiə] *n.* koro; *(kilisede)* koro yeri.
choke [tʃəuk] **1.** *v/t.* & *v/i.* tıka(n)mak, boğ(ul)mak *(a. fig.)*; ⊕ boğmak; ⚡ kısmak; *mst* ~ down zorla yutmak; ~ off F durdurmak; vazgeçirmek, menetmek (from *-den*); *mst* ~ up tıkanmak; **2.** *n.* boğma, tıkama; ⊕ daraltma; *mot.* jigle; ~ coil ⚡ kısma bobini; **'~-bore** *n.* ⊕ namlu çapının yavaş yavaş azalması; **'~-damp** *n.* ⚒ patlamadan sonra madendeki karbondioksit gazı, boğucu gaz; **'chok.er** *n.* *co.* boğan şey *veya* kimse; madeni gerdanlık; dik yaka; **'chok.y** **1.** *adj.* boğazı tıkayan, boğucu; **2.** *n.* *sl.* hapishane.
chol.er.a ⚕ ['kɔlərə] *n.* kolera; **'chol.er.ic** *adj.* canıtez; öfkesi burnunda.
choose [tʃu:z] *(irr.)* *v/t.* seçmek, tercih etm.; ~ to *inf.* *bşi* üstün tutmak, öne almak; **'choos.y** *adj.* titiz, zor beğenen.
chop¹ [tʃɔp] **1.** *n.* darbe, kesme; çırpıntı; parça; pirzola; ~s *pl.* çene, hayvan ağzı; ⊕ marangoz mengenesi; ~s and changes *pl.* devamlı değişmeler; **2.** *v/t.* balta ile kesmek, yarmak; *usu.* ~ up *bşi* kıymak, doğramak; *v/i.* değişmek; ~ about *(rüzgâr)* değişmek, dönmek *(a. fig.)*; ~ and change ne yapacağını bilmemek, bir dakikası bir dakikasına uymamak.
chop² † [~] *n.* nişan, alamet, marka; first ~ birinci sınıf, en üstün kalite.

chop-chop *sl.* [ˈtʃɔpˈtʃɔp] *adv.* süratle, gecikmeksizin.
chop-house [ˈtʃɔphaus] *n.* kebapçı, lokanta; **ˈchop.per** *n.* el baltası, kasap satırı; F helikopter; **ˈchop.ping** *n.* kesiş, vuruş; **ˈchop.py** *adj.* değişken, yön değiştiren *(rüzgâr);* çırpıntılı *(deniz);* = choppy; **ˈchop.stick** *n.* Çinlilerin yemek yerken kullandıkları çubuk; **chop-su.ey** [~ˈsuːi] *n.* Çin lokantalarına ait et suyu veya balıkla pişirilen pirinçli yemek.
cho.ral □ [ˈkɔːrəl] koro ile ilgili; koro için yapılmış; **cho.ral(e)** ♪ [kɔˈrɑːl] *n.* kilise ilâhisi, koral.
chord [kɔːd] *n.* ♪, *poet.* kiriş, tel; *fig.* his, duygu; ⚕ veter, kiriş; ♪ akort.
chore *part. Am.* [tʃɔː] = chare 2.
chor.ine [ˈkɔːriːn] *s.* chorus-girl.
chor.is.ter [ˈkɔristə] *n.* koro üyesi, korodaki çocuk; *Am. a.* koro şefi.
cho.rus [ˈkɔːrəs] **1.** *n.* koro, koro parçası; nakarat, şarkının koro kısmı; **2.** *v/t.* koroda şarkı söylemek; **ˈ~-girl** revüde şarkı söyleyip dans eden kız.
chose [tʃouz] *pret.*, **ˈcho.sen** *p.p. of* choose.
chough *orn.* [tʃʌf] *n.* küçük karga.
chouse F [tʃaus] **1.** *n.* hile, oyun; **2.** *v/t.* aldatmak, dolandırmak, hile yapmak.
chow *Am. sl.* [tʃau] *n.* yemek, yiyecek.
chow.der *Am.* [ˈtʃaudə] *n.* bir çeşit balık türlüsü.
chrism [ˈkrizəm] *n.* kutsal mesh yağı.
Christ [kraist] *n.* Hazreti İsa.
chris.ten [ˈkrisn] *v/t.* vaftiz etm., isimlendirmek; **Chris.ten.dom** [ˈ~dəm] *n.* Hıristiyan âlemi; **ˈchris.ten.ing** *n.* vaftiz; vaftiz etme, isimlendirme.
Chris.tian [ˈkristjən] **1.** □ Hıristiyan, İsa'ya inanan kişi; ~ name vaftizde verilen isim; ~ Science İsa'nın prensipleri ile kötülük ve fenalıkların yok olabileceğine inanan mezhep; **2.** *n.* Hıristiyan; **Chris.ti.an.i.ty** [~tiˈæniti] *n.* Hıristiyanlık; **Chris.tian.ize** [ˈ~tjənaiz] *v/t.* Hıristiyanlaştırmak.
Christ.mas [ˈkrisməs] *n.* Noel, İsa'nın doğum yortusu; ~ Day Noel *(25 Aralık günü);* ~ Eve Noel arifesi; **ˈ~-box** *n.* Noel hediyeleri ile dolu kutu; **ˈ~-tree** *n.* Noel ağacı.
chro.mat.ic *phys.*, ♪ [krəuˈmætik] *adj.* (~ally) renklere ait; seslerin yarımşar ton ara ile birbirini takip etmesine ait, kromatik; **chroˈmat.ics** *n. pl. & sg.* renkler ilmi.
chrome ⚗ [krəum] *n.* krom; krom boyası; **chro.mi.um** [ˈ~jəm] *n.* krom *(metal);* **ˈchro.mi.um-ˈplat.ed** krome, kromlu; **chro.mo.lith.o.graph** [ˈ~əuˈliθəugrɑːf] *n.* renkli taş basma.
chron.ic [ˈkrɔnik] *adj.* (~ally) sürekli, süreğen, müzmin, kronik *(mst* ⚕*);* P tiksindirici; iğrenç, nefret uyandırıcı;
chron.i.cle [ˈ~l] **1.** *n.* tarih, vakayiname; **2.** *v/t.* tarih sırası ile yazmak; **ˈchron.i.cler** *n.* tarihçi, tarihe kaydeden kimse.
chron.o.log.i.cal □ [krɔnəˈlɔdʒikəl] kronolojik, tarih sırası ile düzenlenmiş; **~ly** *adv.* tarih sırasına göre; **chro.nol.o.gy** [krəˈnɔlədʒi] *n.* kronoloji; olayların tarih sırası ile hazırlanmış listesi .
chro.nom.e.ter [krəˈnɔmitə] *n.* vakti inceden inceye ölçen alet, kronometre.
chrys.a.lis [ˈkrisəlis] *n.* böceğin kelebek olmadan koza içindeki hali, krizalit.
chrys.an.the.mum ⚘ [kriˈsænθəməm] *n.* kasımpatı, krizantem.
chub *ichth.* [tʃʌb] *n.* kefal, sazan balığı cinsinden tatlı su balığı; **ˈchub-by** *adj.* F tombul, hantal *(a. fig.).*
chuck¹ [tʃʌk] **1.** *vb.* gurklamak; my ~! şekerim!, yavrum!, kuzum!; **2.** *n.* gurklama; **3.** ~! ~! bili! bili! *(tavuk çağırmak için).*
chuck² F [~] **1.** *v/t.* atmak, fırlatmak; ~ out atmak, çöpe atmak; kapı dışarı etm.; ~ under the chin çenesini okşamak; ~ it! *sl.* bırak!; durdur!; **2.** *n.* atma, fırlatma.
chuck³ ⊕ [~] *n.* torna bağlama aynası.
chuck.le [ˈtʃʌkl] *v/i.* kendi kendine gülmek, kıkır kıkır gülmek.
chug [tʃʌg] *n.* çalışırken çıkan ses *(motor vs.).*
chum F [tʃʌm] **1.** *n.* yakın arkadaş; be great ~s yakın arkadaş olm.; **2.** *v/i.* arkadaşlık etm., beraber oturmak.
chump F [tʃʌmp] *n.* odun parçası, kütük, takoz; sersem ,budala, odun kafalı; off one's ~ ahmak.
chunk F [tʃʌŋk] *n.* kısa kalın parça; kısa boylu tıknaz adam; **ˈchunk.y** *adj.* kısa ve kalın, tıknaz; topak topak.
church [tʃəːtʃ] **1.** *n.* kilise, dini örgüt; din adamlığı; ♀ of England Anglikan kilisesi; ~ service ayini ruhanî; **2.** *vb.* be ~ed kilisede şükran duası etm. *(doğumdan sonra kadınlar);* **ˈ~-go.er** *n.* devamlı kiliseye giden kişi; **ˈchurch.ing** *n. (doğum yapan kadının)* kilisedeki şükran duası, ibadet; **ˈchurch.man** *n.* papaz, kiliseye mensup kimse; **ˈchurchˈward.en** *n.* kilise mütevellisi; kilise işlerini idare eden

fahri görevli; ˈ**churchˈyard** *n.* kilise avlusu; mezarlık.
churl [tʃəːl] *n.* köylü, herif; kaba adam; pinti; ˈ**churl.ish** □ vahşi, kaba; ters; paraya önem veren.
churn [tʃəːn] **1.** *n.* yayık; süt kabı; **2.** *v/t.* yayıkta çalkalamak, köpürtmek; *v/i.* yayık dövmek; çalkalanmak.
chute [ʃuːt] *n.* çağlayan, şelale, su oluğu; paraşüt.
chut.ney [ˈtʃʌtni] *n.* baharlı bir çeşit salça.
chyle [kail] *n.* barsaklarda bulunan beyaz bir sıvı, kilüs.
chyme [kaim] *n.* midede yarı hazmedilmiş gıda, kimus.
ci.ca.da *zo.* [siˈkɑːdə] *n.* ağustosböceği.
cic.a.trice [ˈsikətris] *n.* yara kapatan zar, yara izi; **cic.a.tri.za.tion** [~traiˈzeiʃən] *n.* *(yaranın)* zar *veya* deri bağlayarak iyileşmesi; ˈ**cic.a.trize** *v/t.* & *v/i.* kapatmak; iyileşmek, kabuk bağlamak *(yara).*
ci.ce.ro.ne [tʃitʃəˈrəuni] *n.* turist gezdiren rehber, tercüman.
Cic.e.ro.ni.an [sisəˈrəunjən] *adj.* Çiçero gibi; belâgat sahibi.
ci.der [ˈsaidə] *n.* elma suyu, elma şarabı.
ci.gar [siˈgɑː] *n.* yaprak sigarası, puro; **ciˈgar-case** *n.* puro tabakası.
cig.a.rette [sigəˈret] *n.* sigara; **cig.aˈrette-case** *n.* tabaka, sigaralık.
ci.gar-hold.er [siˈgɑːhəuldə] *n.* ağızlık.
cil.i.a [ˈsiliə] *n. pl.* kirpikler; **cil.i.ar.y** [ˈsiliəri] *adj.* kirpiksi.
cinch *Am. sl.* [sintʃ] *n.* çok kolay şey, çantada keklik.
cin.cho.na ⚘ [siŋˈkəunə] *n.* kınakına ağacı.
cinc.ture [ˈsiŋktʃə] *n.* kuşak, kemer.
cin.der [ˈsində] *n.* dışık, cüruf, maden artığı; köz, kor; ~s *pl.* kül; **Cin.der.el.la** [~ˈrelə] *n. (ünlü hikâyedeki gibi)* yeteneği ve güzelliği takdir edilmemiş kız, Sinderella; *fig.* ihmal edilmiş şey veya kimse; ˈ**cin.der-track** *n.* spor: atletizm pisti.
cin.e-cam.er.a [ˈsinikæmərə] *n.* film çekme makinesi.
cin.e.ma [ˈsinəmə] *n.* sinema; sinema dünyası; **cin.e.mat.o.graph** [~ˈmætəgrɑːf] *n.* sinema makinesi, film çekme makinesi; **cin.e.mat.o.graph.ic** [~-mætəˈgræfik] *adj.* (~ally) sinema makinesiyle ilgili.
cin.er.ar.y [ˈsinərəri] *adj.* kül ile ilgili.
cin.na.bar [ˈsinəbɑː] *n.* zincifre.
cin.na.mon [ˈsinəmən] *n.* tarçın.
cinque [siŋk] *n. iskambil:* beşli; *zar:* beş *(penç)*; ~ **foil** ⚘ beşparmak otu.

ci.pher [ˈsaifə] **1.** *n.* şifre; sıfır; *fig.* solda sıfır, hiç; in ~ şifreli; **2.** *vb.* şifre ile yazmak, şifrelemek; hesap yapmak.
cir.ca [ˈsəːkə] *adv.* takriben, yaklaşık olarak.
cir.cle [ˈsəːkl] **1.** *n.* daire, halka, çevre; grup; devir; ring; meydan; *thea.* balkon; **2.** *vb.* devretmek, dönmek; çevirmek, kuşatmak; **cir.clet** [ˈ~klit] *n.* halkacık, küçük daire.
circs F [səːks] = circumstances.
cir.cuit [ˈsəːkit] *n.* daire, dolaşım; ⚡ devre; ⚖ *(İngiltere'de)* seyyar mahkeme; ✈ uçakla tur atma; short ~ ⚡ kısa devre, kontak; ~ breaker ⚡ devre kapatan anahtar; make a ~ of *bşin* etrafını dolaşmak; **cir.cu.i.tous** □ [səːˈkjuːitəs] dolaşık, dolmabaçlı; ~ route dolmabaçlı yol.
cir.cu.lar [ˈsəːkjulə] **1.** □ dairevî, dairesel; dolaylı, dolambaçıl; ~ letter sirküler; ~ note ✝ tamim, kredi mektubu; ~ saw daire testere; ~ skirt kloş etek; **2.** *n.* tamim, genelge, sirküler; ˈ**cir.cu.lar.ize** *v/t.* sirküler yollamak.
cir.cu.late [ˈsəːkjuleit] *v/t.* & *v/i.* deveran etm.; dağıtmak; dolaş(tır)mak; dön(dür)mek; ✝ tedavül (et(tir)mek; yay(ıl)mak; ˈ**cir.cu.lat.ing:** ~ decimal devirli ondalık kesir; ~ library dışarıya ödünç kitap veren kütüphane; ~ medium değişim aracı, para; **cir.cuˈla.tion** *n.* dolaşma; deveran; dağıtım miktarı, tiraj; piyasadaki para miktarı.
cir.cum... [ˈsəːkəm] *prefix* takriben, ...kadar; **cir.cum.cise** ⚕, eccl. [~ˈsaiz] *v/t.* sünnet etm.; **cir.cum.ci.sion** [~ˈsiʒən] *n.* sünnet; **cir.cum.fer.ence** [səˈkʌmfərəns] *n.* daire çevresi, çember; **cir.cum.flex** [ˈsəːkəmfleks] *n. gr.* uzatma işareti; **cir.cum.ja.cent** [~ˈdʒəisənt] *adj.* dört taraftan bitişik, efraftaki; **cir.cum.lo.cu.tion** [~ləˈkjuːʃən] *n.* dolambaçlı söz; **cir.cum.loc.u.tory** [~ˈlɔkjutəri] *adj.* dolambaçlı, uzun uzadıya; **cir.cumˈnav.i.gate** *v/t.* gemi ile etrafını dolaşmak; **cir.cumˈnav.i.ga.tor** *n.* gemi ile dünyanın etrafını dolaşan kişi; **cir.cum.scribe** ⩓ [ˈ~skraib] *v/t.* bir şeklin etrafına başka bir şekil çizmek, daire içine almak *-i*; sınırlamak *-i (a. fig.)*; **cir.cum.scrip.tion** ⩓ [~ˈskripʃən] *n.* etrafını çizme, kuşatma sınırlama; sınır çizgisi; **cir.cum.spect** □ [ˈ~spekt] dikkatli, ihtiyatlı; **cir.cum.spection** [~ˈspekʃən] *n.* dikkat, özen, dikkatlilik; **cir.cum.stance** [ˈ~təns] *n.* hal, durum, keyfiyet; olay; ayrıntı; ~s *pl.* durum, ahval; malî durum; in *veya* under

the ~s bu şartlar altında; ˈ**cir.cum.stanced** *comb.* ...bir halde bulunan; poorly ~ kötü, fakir durumda olan kişi; **cir.cum.stan.tial** [~ˈstænʃəl] □ tafsilatlı, ayrıntılı, uzun uzadıya; tâli, ikinci derecede önemi olan; ~ evidence ⚖ emare, ikinci derecede delil; **cir.cum.vent** [~-ˈvent] *v/t.* aldatmak, hile ile galip gelmek.

cir.cus [ˈsəːkəs] *n.* sirk; meydan.

cir.rus [ˈsirəs] *n., pl.* **cir.ri** [ˈ~rai] saçak bulut, sirrus.

cis.sy [ˈsisi] = sissy.

cis.tern [ˈsistən] *n.* sarnıç, su deposu.

cit.a.del [ˈsitədl] *n.* hisar, kale.

ci.ta.tion [saiˈteiʃən] *n.* mahkemeye davet, celp; başka eserden alınan metin parçası; *(iyi hal veya kahramanlığı belirten)* resmî bildiri; **cite** *v/t.* celbetmek, mahkemeye davet etm.; beyan etm.; zikretmek, anmak; *(iyi hal veya kahramanlığı)* resmî bildiri ile açıklamak.

cit.i.zen [ˈsitizn] *n.* hemşeri; vatandaş; ✕ sivil; **cit.i.zen.ship** [ˈ~ʃip] *n.* vatandaşlık, tabiiyet.

cit.ric ac.id [ˈsitrikˈæsid] *n.* sitrik asit; **cit-ron.** [ˈ~rən] *n.* ağaçkavunu; ağaçkavunu kabuğu şekerlemesi; **cit.rus** [ˈ~rəs] *adj.* turunçgillere ait.

cit.y [ˈsiti] **1.** *n.* şehir, kent; site; the ♀ Londra'nın iş merkezi; **2.** *adj.* şehir veya belediyeye ait; ~ editor *Am.* yöresel haberler yazım sorumlusu; ~ hall *Am.* belediye; belediye dairesi; ~ manager *Am.* belediye başkanı; ~ state site kent, şehir devleti.

civ.ic [ˈsivik] *adj.* şehre ait, belediye ile ilgili; yurttaşlık ile ilgili; madenî; sivil; ~ rights *pl.* vatandaşlık hakları; ˈ**civ.ics** *n. sg.* yurttaşlık bilgisi.

civ.il □ [ˈsivl] vatandaşlarla ilgili; sivil; nazik; uygar, medenî; iç, dahilî; ⚖ medenî hukukla ilgili; ~ defence pasif korunma, sivil savunma; ~ war iç savaş; ♀ Servant devlet memuru; ♀ Service devlet hizmeti; **ci.vil.ian** ✕ [siˈviljən] *n.* sivil şahıs; ~ population sivil halk, siviller; **ciˈvil.i.ty** *n.* nezaket; **civ.i.li.za.tion** [~laiˈzeiʃən] *n.* medeniyet, uygarlık; ˈ**civ.i.lize** *v/t.* medenileştirmek, uygar düzeye çıkarmak; ~d nation uygar, medenî millet.

civ.vies *sl.* [ˈsiviz] *n. pl.* sivil kıyafet; ˈ**civ-vy street** *sl.* başıbozuk hayat.

clack [klæk] **1.** *n.* tıkırtı, çıtırtı; *fig.* zevzeklik; ⊕ klape, subap; **2.** *v/i.* takırdamak; *fig.* laklak etm., boşboğazlık etm.

clad *lit.* [klæd] *pret, & p.p. of* clothe; hills ~ in verdure *poet.* yamaçlar yeşillendi.

claim [kleim] **1.** *n.* istek, talep; ⚖ iddia; ⚒ paylaştırılan arazi; lay ~ to sahip çıkmak *-e*; **2.** *vb.* iddia etm.; istemek; sahip çıkmak; ~ to be ... olduğunu iddia etm.; ˈ**claim.a.ble** *adj.* talep edilebilir; ˈ**claim.ant** *n.* iddialı; ⚖ davacı, alacaklı, hak talep eden.

clair.voy.ance [klɛəˈvɔiəns] *n.* geleceği görme yeteneği *(a. fig.)*; **clairˈvoy.ant(e)** *n.* görünmez şeyleri gören, gaipten haber veren kişi.

clam *zo.* [klæm] *n.* bir tür istiridye, tarak.

cla.mant *lit.* [ˈkleimənt] *adj.* gürültülü; ısrarlı.

clam.ber [ˈklæmbə] *v/i.* (güçlükle) tırmanmak.

clam.mi.ness [ˈklæminis] *n.* yapışkanlık; ˈ**clam.my** □ soğuk ve ıslak, nemli, yapışkan.

clam.or.ous □ [ˈklæmərəs] gürültülü, şamatalı; ˈ**clam.our** **1.** *n.* gürültü, patırtı; **2.** *vb.* gürültü etm.; yaygara koparmak (for *için*).

clamp[1] ⊕ [klæmp] **1.** *n.* kenet, köşebent; **2.** *v/t.* *bşi* bağlamak, raptetmek, tesbit etm.

clamp[2] [~] *n.* yeraltı stoğu *(patates vs.)*.

clan [klæn] *n.* kabile, klan; takım, zümre; *fig.* geniş aile.

clan.des.tine □ [klænˈdestin] gizli, el altından.

clang [klæŋ] **1.** *n.* şakırtı, takırtı, çınlama; **2.** *v/t.* & *v/i.* yüksek sesle çal(dır)mak; **clang.or.ous** [ˈ~gərəs] *adj.* gürültülü ses çıkaran; ˈ**clang.o.(u)r** = clang.

clank [klæŋk] **1.** *n.* maden sesi, tınlama, çınlama; **2.** *v/t.* & *v/i.* madenî ses çıkart(tır)mak.

clan.nish [ˈklæniʃ] *adj.* klana, kabileye ait; *(bir grup insan)* yalnız birbirini destekleyen ve yabancıları sevmeyen.

clap [klæp] **1.** *n.* gürleme, patlama; tokat; vuruş, el çırpma; **2.** *vb.* tokat atmak, el çırpmak, alkışlamak; ~ eyes on s.o. *b-ne* gözü ilişmek; ˈ**~.board** *n.* ince tahta, padavra; ˈ**clap.per** *n.* çan tokmağı; alkışlayan kişi; ˈ**clap.trap** *n.* palavra, sahte iltifat, yağcılık.

clar.et [ˈklærət] *n.* kırmızı şarap; *sl.* kan.

clar.i.fi.ca.tion [klærifiˈkeiʃən] *n.* aydınlatma, açıklama; **clar.i.fy** [ˈ~fai] *v/t.* tasfiye etm.; *fig.* aydınlatmak; *v/i.* açılmak, berraklaşmak.

clar.i.net [klæriˈnet], **clar.i.o.net** [~əˈnet] *n.* klarnet.

clar.i.on [ˈklæriən] *n.* berrak ve tiz ses.

clar.i.ty [ˈklæriti] *n.* açıklık, berraklık.
clash [klæʃ] **1.** *n.* şakırtı, çarpışma (sesi); *fig.* çatışma; **2.** *vb.* şakırdamak, takırdamak; çarpışmak; uyuşmamak, çatışmak (with *ile*).
clasp [klɑːsp] **1.** *n.* toka, çengelli iğne, kopça; el sıkma, kucaklama; *fig. b-ne* sarılma; **2.** *v/t.* toka ile tutturmak, bağlamak; *(el)* sıkmak, kavramak, yakalamak; ~ s.o.'s hand elleri kavuşturmak; *v/i.* sıkı tutmak; **ˈ~-knife** *n.* sustalı çakı.
class [klɑːs] **1.** *n.* sınıf, tabaka; kategori; *(tren. vapur v.b.)* mevki; *Am. univ.* aynı yıl okulu bitirenler; ders; *attr.* F kibarlık, üstünlük, şıklık; **2.** *v/t.* sınıflara ayırmak, tasnif etm.; F düşünmek, saymak; ~ with *bşle* kıyas etm.; benzetme yapmak; **ˈ~-ˈcon.scious** *adj.* sınıf farkı gözeten; **ˈ~-fel.low** *n.* sınıf arkadaşı.
clas.sic [ˈklæsik] **1.** *n.* klasik yazar; ~s *pl.* eski Yunan ve Latin edebiyatı eserleri; **2.** = **ˈclas.si.cal** □ klasik; mükemmel, birinci derece.
clas.si.fi.ca.tion [klæsifiˈkeiʃən] *n.* tasnif, sınıflandırma; **clas.si.fy** [ˈ~fai] *v/t.* sınıflandırmak, tasnif etm.
class...: **ˈ~-mate** *s.* class-fellow; **ˈ~-room** *n.* sınıf, derslik; **ˈ~-war.fare** *n.* sınıflar arası mücadele.
clat.ter [ˈklætə] **1.** *n.* takırtı; **2.** *v/t.* & *v/i.* takırda(t)mak.
clause [klɔːz] *n.* madde, şart; *(kanun, kontrat v.b.)* bent, fıkra; *gr.* cümlecik; subordinate ~ yan cümlecik.
claus.tral [ˈklɔːstrəl] *adj.* manastıra ait.
clav.i.cle [ˈklævikl] *n.* köprücük kemiği.
claw [klɔː] **1.** *n.* hayvan pençesi; pençe tırnağı; *(a.* ⊕*)* tırnak, kavrama, kurtağzı; **2.** *vb.* pençe atmak, yırtmak, tırmalamak; **clawed** *adj.* pençeli, tırnaklı.
clay [klei] *n.* balçık, kil; *fig.* toprak, yerküre; insan vücudu; ~ pigeon, ~ bird makine ile havaya atılan balçık hedef; **clay.ey** [ˈkleii] *adj.* balçıklı, killi.
clean [kliːn] **1.** *adj.* temiz, pak; açık; masum; *fig.* hatasız, kusursuz; **2.** *adv.* tamamen, iyice; temiz olarak; **3.** *v/t.* & *v/i.* temizle(n)mek, yıkamak, ayıklamak; be ~ed out F meteliksiz kalmak; ~ up iyice temizlemek; bitirmek; düzenlemek; **ˈclean.er** *n.* temizlikçi; silgi; temizleyici ilâç; *mst* ~s *pl.* kuru temizleyici; send to the ~s temizleyiciye göndermek; **ˈclean.ing** *n.* temizleme; ~ woman temizlikçi kadın; **clean.li.ness** *n.* temizlik; **cleanse** [klenz] *v/t.* temizlemek, arıtmak.
clean-up [ˈkliːnʌp] *n.* temizleme; *pol.* temizleme, tasfiye işlemi; *Am. sl.* avanta.
clear [kliə] **1.** □ açık, berrak, parlak; sarih, aşikâr; boş, serbest; kesin; *fig.* saf, lekesiz; † net; ~ of ...den uzak, ...den arınmış; as ~ as day gün gibi aşikâr; get ~ of *bşden* kurtulmak; **2.** in the ~ ⚠ içten içe ölçümde; **3.** *v/t. a.* ~ up halletmek; aydınlatmak; açmak, açık hale getirmek; *fig.* aydınlatmak, tenvir etm.; kurtarmak, temizlemek (of, from *-den*); temize çıkarmak (of *-den*); *(at vs.)* engeli aşmak; *a.* ~ away, ~ off toparlayıp kaldırmak, ortadan kaldırmak; *(hesap, fatura)* ödemek, yoluna koymak; † *s.* ~ off; † gümrükten çıkarmak; ⚖ *b-ni* herhangi bir taahhüdünden kurtarmak, muaf tutmak (from *-den*); † net kâr elde etm.; ~ off boşaltmak, tahliye etm., tasfiye etm.; ~ a port limanı boşaltmak; ~ a ship for action gemiyi savaş için hazırlamak; F bir iş için hazırlanmak; ~ one's throat öksürerek boğazını temizlemek; *v/i. a.* ~ up *(hava)* açılmak; anlaşılmak; *(dert, hastalık)* iyiye gitmek; *a.* ~ off *(bulut vs.)* dağılmak; sıvışmak; ~ out F ortadan kaybolmak, sıvışmak; ~ through geçip gitmek; **ˈclear.ance** *n.* temizleme; † kliringten çekleri geçirme; ⚓, † geminin gümrük işlemlerini bitirme; ⊕ makinenin iki kısmı arasındaki boşluk; ~ sale tasfiye astışı, likidasyon; **ˈclear-ˈcut** düzgün, biçimli; açık, vazıh; **ˈclear.ing** *n.* açma; temizleme *etc. s.* clear[3]; açıklık, meydan; † takas, kliring; ~ agreement kliring anlaşması; ~ bank ciro bankası; ~ house kliring odası, takas odası; ~-hospital seyyar hastane; **ˈclear.ness** *n.* berraklık, açıklık.
cleat [kliːt] *n.* ⚓ koç boynuzu; mesnet takozu.
cleav.age [ˈkliːvidʒ] *n.* yarılma, ayrılma, ayrılık *(a. fig.)*; *min.* parçalayarak elde edilen maden.
cleave[1] [kliːv] *(irr.) v/t.* yarmak; be in a cleft stick çıkmaza girmek; cleft palate ⚕ yarık damak; show the cloven hoof şeytan ruhunu göstermek, ne mal olduğunu göstermek.
cleave[2] [~] *v/i.* çatlamak; yapışmak; *fig.* sevgi ile bağlanmak (to *-e*); ~ together bir arada tutulmak.
cleav.er [ˈkliːvə] *n.* balta, kasap satırı.
cleek [kliːk] *n.* demir topuzlu golf sopası.
clef ♪ [klef] *n.* nota anahtarı.
cleft [kleft] **1.** *n.* yarık, çatlak; **2.** *pret.* & *p.p. of* cleave[1].

clem.a.tis ⚘ [ˈklemətis] *n.* orman asması, filbahar, klemetis.

clem.en.cy [ˈklemənsi] *n.* şefkat, yumuşaklık; **ˈclem.ent** □ merhametli, şefkatli; *(esp. hava)* mülayim, yumuşak.

clench [klentʃ] *v/t.* *(diş, yumruk vs.)* sıkmak; kavramak; = clinch.

clere.sto.ry ⩓ [ˈkliəstəri] *n.* binanın pencereli üst kısmı.

cler.gy [ˈkləːdʒi] *n.* rahipler sınıfı; **ˈ~.man, cler.ic** [ˈklerik] *n.* papaz, rahip.

cler.i.cal [ˈklerikəl] **1.** □ kâtibe ait; daire işiyle ilgili; rahiplere ait; kilisenin siyasete karışmasını isteyen; ~ error yazı hatası, sürçü kalem; ~ work büro işi; **2.** *n.* rahip, papaz; *pol.* dinci, ümmetçi.

clerk [klɑːk] *n.* *(büroda)* kâtip, sekreter; ✝ satıcı; *part. Am.* tezgâhtar; *eccl.* rahip.

clev.er □ [ˈklevə] akıllı, becerikli, marifetli; zarif; **ˈclev.er.ness** *n.* zekâ, akıllılık.

clew [kluː] *n.* yumak, topak; *s.* clue.

cli.ché [ˈkliːʃei] *n.* klişe, basmakalıp söz; *typ.* klişe.

click [klik] **1.** *n.* şıkırtı; çatırtı; *(dil)* şaklama; ⊕ kilit çengeli; **2.** *v/i.* şıkırdamak, «klik» sesi çıkarmak; *sl.* başarmak, şansı olm.; *sl.* uyuşmak, birbirinden hoşlanmak.

cli.ent [ˈklaiənt] *n.* müşteri; müvekkil; **cli.en.tèle** [kliːɑ̃ːnˈteil] *n.* müşterilerin, müvekkillerin hepsi.

cliff [klif] *n.* kayalık, uçurum.

cli.mate [ˈklaimit] *n.* iklim; **cli.mat.ic** [~ˈmætik] *adj.* (~ally) iklime ait.

cli.max [ˈklaimæks] **1.** *n.* zirve, doruk; dönüm noktası; düğüm noktası; doyum; **2.** *v/i.* en yüksek dereceye gelmek; *v/t.* en yüksek dereceye getirmek.

climb [klaim] **1.** *n.* tırmanma; **2.** *v/t.* & *v/i.* tırmanmak *-e*; **ˈclimb.er** *n.* tırmanan, dağcı; *fig.* ikbalperest, yükselmek isteyen kimse; ⚘ sarmaşık; **ˈclimb.ing** *n.* tırmanma; **ˈclimb.ing-i.ron** *n.* tırmanma demiri, krampon.

clinch [klintʃ] **1.** *n.* ⊕ perçinleme; *fig.* kucaklama; *boks:* girift olma; **2.** *v/t.* bağlamak, perçinlemek ;hüküm vermek; *s.* clench; *v/i.* girift olm.; **ˈclinch.er** *n.* ⊕ kenet, perçinleme; F koz, düğüm noktası.

cling [kliŋ] *(irr.)* *v/i.* sıkı sarılmak, yapışmak (to *-e*); vazgeçmemek; **ˈcling.ing** *adj.* *(elbise)* sıkı, dar; *fig.* başkasına fazla bağımlı, yapışkan.

clin.ic [ˈklinik] *n.* klinik, muayenehane; **ˈclin.i.cal** □ kliniğe ait; ~ thermometer doktor termometresi, derece.

clink¹ *sl.* [kliŋk] *n.* hapishane, kodes.

clink² [~] **1.** *n.* şakırtı, şıngırtı; **2.** *v/i.* şakırdamak, şıngırdamak; *v/t.* şakırdatmak, şıngırdatmak, tokuşturmak; **ˈclinker** *n.* maden kömürü cürufu; *sl.* fiyasko; **ˈclin.ker-built** *adj.* ⚓ üstüste bindirilmiş kaplama parçaları ile yapılmış *(gemi)*; **ˈclink.ing** *sl.* efsanevî; F yaman, fevkalâde, mümtaz.

clip¹ [klip] **1.** *n.* kırpma, kırkım; at one ~ *Am.* F ansızın, hep birden; **2.** *v/t.* makasla kesmek, kırpmak, kırkmak; *(hece)* kısaltmak; yutmak; *(bilet)* zımbalamak; ~ s.o.'s wings *sl.* kısıtlamak, engel olm.

clip² [~] **1.** *n.* raptiye, mandal, klips, pens; **2.** *v/t.* kenetlemek; mandallamak.

clip.per [ˈklipə] *n.* kırpma makası; hızlı giden at; ⚓ çok yollu bir tür yelkenli; süratli giden şey; *sl.* yaman şey; *(a.* pair of) ~s *pl.* saç kesme makinesi; **ˈclippings** *n. pl. Am.* gazete kupürü; *pl.* kırpıntı, talaş.

clique [kliːk] *n.* takım, komite, hizip, klik.

cloak [kləuk] **1.** *n.* manto, palto, pelerin; *fig.* perde, bahane; **2.** *v/t.* *fig.* örtbas etm., örtmek, gizlemek; **ˈ~-room** *n.* gardrop, vestiyer, helâ, tuvalet; 🚂 bagaj gişesi.

clock [klɔk] **1.** *n.* masa saati; duvar saati; *spor:* *sl.* kronometre; put the ~ back *fig.* eskiye dönmek; **2.** *v/t.* *spor:* *sl.* saat tutmak; *v/i.* ~ in (out) *(fabrikada işe gelme, işten çıkma saatlerinde)* kart basmak; **ˈ~.wise** *adj.* & *adv.* saat yelkovanlarının döndüğü yönde; **ˈ~-work** *n.* saati çalıştıran makine; like ~ saat gibi, muntazam.

clod [klɔd] *n.* toprak parçası, kesek; *a.* ~-hopper *n.* köylü, kaba adam, hödük.

clog [klɔg] **1.** *n.* kütük; *fig.* engel; **2.** *v/i.* tıkanmak, sıkılmak; *v/t.* *fig.* *b-ne* engel olm.; sıkıntı vermek; *-e*; **ˈclog.gy** *adj.* toptop olan şey, düğümlü.

clois.ter [ˈklɔistə] **1.** *n.* manastır; dehliz; **2.** *v/t.* manastıra kapamak.

close **1.** [kləuz] *n.* son, sonuç, nihayet; avlu, kilise avlusu; **2.** [kləuz] *v/t.* kapamak, kapatmak; son vermek, bitirmek; ~ down *(işletme)* kapamak; ~ one's eyes to göz yummak, görmemezlikten gelmek; *v/i.* sona ermek, kapanmak (with *ile*); ~ in (on) *bşin* etrafını çevirmek; ~ up ⚔ safları sıklaştırmak; closing time *(ticarethane vs.)* kapatma saati; **3.** □ yakın, bitişik; dikkatli; sık, sıkı, dar; samimî, yakın; kapalı, havasız, ağır; ağzı sıkı; cimri; ~ by, ~ to yanıbaşında, yanında; ~ fight, ~ combat, ~ quarters *pl.* göğüs göğüse çarpışma; ~ prisoner sıkı göz altında olan mahkûm; ~ season, ~ time *hunt.* avlanmanın yasak olduğu mevsim; sail ~ to the wind ⚓ rüzgâra karşı yol almak, orsa gitmek; *fig.* kanun ve ahlâk kurallarına uymamak; a ~ shave *fig.* kazadan ucuz kurtulma; ˈ~-ˈcropped, ˈ~-ˈcut *adj.* kısa kesilmiş *(saç, çimen vs.)*.

closed [kləuzd] *adj.* kapalı; ~ **book** *fig.* az bilinen konu; ~ **circuit** kapalı devre; ~**circuit television** kapalı devre televizyon; ~ **shop** yalnız sendika üyesi olanların çalıştığı fabrika vs.

close...: ˈ~-ˈ**fist.ed** *adj.* cimri; ˈ~-ˈ**fit.ting** *adj.* dar, iyi oturan *(elbise)*; ˈ~ˈ**grained** *adj.* çizgileri sık *(kereste, deri v.b.)*; ˈ~-ˈ**hauled** *adj.* ⚓ orsa giden; ˈ**close.ness** *n.* kapalılık *vs. (s.* close 3).

clos.et [ˈklɔzit] **1.** *n. part. Am.* küçük oda; dolap; tuvalet, helâ; *s.* water-~; **2.** *vb.*: be ~ed with *b-le* odaya kapanmak.

clos.ing [ˈkləuziŋ]: ~ date kapanma tarihi.

close-up [ˈkləusʌp] *n. film:* çok yakından çekilen fotoğraf.

clo.sure [ˈkləuʒə] **1.** *n.* kapa(n)ma; son verme; *parl.* mecliste müzakereyi bitirip oylamaya koyma; apply the ~ müzakerelerin yeterliliğine karar vermek; **2.** *v/t. (tartışma vs.)* bitirip oylamaya koymak.

clot [klɔt] **1.** *n.* pıhtı; **2.** *v/t. & v/i.* pıhtılaş(tır)mak; kesilmek *(süt)*.

cloth [klɔθ] *n.* kumaş, bez, masa örtüsü; the ~ F rahiplik; ~ lay the ~ sofrayı kurmak; ~ binding bez cilt.

clothe [kləuð] *(irr.) v/t.* giydirmek, örtmek.

clothes [kləuðz] *n. pl.* elbise(ler), giysi; üniforma; çamaşır; ˈ~-**bas.ket** *n.* çamaşır sepeti; ˈ~-**line** *n.* çamaşır ipi; ˈ~-**peg** *n.* çamaşır mandalı; ˈ~.**pin** *n. part. Am.* çamaşır mandalı; ˈ~-**press** *n.* elbise dolabı.

cloth.ier [ˈkləuðiə] *n.* kumaş, elbise satıcısı.

cloth.ing [ˈkləuðiŋ] *n.* giyim, elbise.

cloud [klaud] **1.** *n.* bulut; leke; *fig.* bulut gibi toplanmış kalabalık; be under a ~ şüphe altında olm.; in the ~s dalgın, hayal aleminde olma; **2.** *v/t.* bulutla örtmek; lekelemek; bulandırmak *(a. fig.)*; *v/i.* bulutlanmak; bulanmak; ˈ~-**burst** *n.* ani sağanak yağışı; ˈ**cloud.less** □ bulutsuz, açık; ˈ**cloud.y** □ bulutlu; bulanık; dumanlı; açık olmayan, müphem.

clough [klʌf] *n.* boğaz, dağ geçidi.

clout [klaut] **1.** *v/t.* F tokat atmak -*e*; **2.** *n.* tokat, darbe; bulaşık bezi; kumaş parçası, bez; yama; F etki, nüfuz.

clove[1] [kləuv] *n.* karanfil *(bahar)*.

clove[2] [~] *n.* diş sarmısak.

clove[3] [~] *pret. of* cleave[1]; ˈ**cloven 1.** *p.p. of* cleave[1]; **2.** *adj.* yarık, çatlak, ayrık.

clo.ver ⚘ [ˈkləuvə] *n.* yonca, tirfil; live *veya* be in ~ refah içinde yaşamak, hali vakti yerinde olm.; ˈ~-**leaf** *n. otoyol:* yonca yaprağı.

clown [klaun] *n.* palyaço, soytarı; *lit.* kaba adam, hödük; ˈ**clown.ish** □ kaba saba, yontulmamış; budala.

cloy [klɔi] *v/t.* gına getirmek, kanıksatmak, içini bayıltmak.

club [klʌb] **1.** *n.* çomak, tokmak; kulüp, cemiyet; ~s *pl. oyun kartı:* ispati, sinek, trefli; **2.** *v/t.* sopa ile vurmak; ~ together *(para)* yatırmak; *v/i. mst* ~ together masrafa ortak olm.; ˈ**club.a.ble** *adj.* kulüp...; kulüp üyeliğine lâyık; girişken; ˈ**club-ˈfoot** *n.* yumru ayak; ˈ**club-ˈhouse** *n.* spor kulübü binası; ˈ**club-ˈlaw** *n.* yumruk hakkı, zorbalık.

cluck [klʌk] *v/i.* gıdaklamak *(tavuk)*.

clue *fig.* [klu:] *n.* işaret, delâlet, ipucu.

clump [klʌmp] **1.** *n.* yığın, küme; *mst* ~ sole çifte taban; **2.** *vb.* ağır adımlarla yürümek; yığmak, kümelemek.

clum.si.ness [ˈklʌmzinis] *n.* hantallık, becerisizlik; ˈ**clum.sy** □ hantal, beceriksiz, acemi.

clung [klʌŋ] *pret. & p.p. of* cling.

clus.ter [ˈklʌstə] **1.** *n.* ⚘ salkım; demet; küme *(yıldız)*; oğul *(arı)*; grup; **2.** *v/i.* toplanmak ,demet haline gelmek.

clutch[1] [klʌtʃ] **1.** *n.* tutma; ⊕ kavrama, ambreyaj; in his ~es ...in pençesinde; ~ pedal *mot.* debriyaj; **2.** *v/t.* yakalamak, tutmak, kavramak (at -*i*).

clutch[2] [~] n. kuluçka; kuluçkadan çıkan civcivler.

clut.ter [ˈklʌtə] **1.** *n.* karmakarışıklık, hercümerç, dağınıklık; **2.** *v/t.* ~ up darmadağınık etm., altüst etm.; tıka basa doldurmak.

clys.ter [ˈklistə] *n.* tenkiye, lavman.

co... [kəu] *prefix bazı sözcüklerin başına gelerek* beraber, müşterek, ortak *anlamını verir.*

coach [kəutʃ] **1.** *n.* araba; 🚃 vagon; gezinti arabası; *spor:* hoca, antrenör; **2.** *v/t.* alıştırmak, hazırlamak (for -*e*); *v/i.* özel öğretim yapmak; ˈ~.**man** *n.* arabacı.

co.ad.ju.tor *esp. eccl.* [kəu'ædʒutə] *n.* yardımcı *(piskopos).*
co.ag.u.late [kəu'ægjuleit] *v/t. & v/i.* koyulaş(tır)mak, pıhtılaş(tır)mak; **co.ag-u'la.tion** *n.* pıhtılaşma.
coal [kəul] **1.** *n.* kömür, maden kömürü; *coll.* kor; carry ~ to Newcastle denize su taşımak, tereciye tere satmak; haul *veya* call s.o. over the ~s *fig. b-ni* azarlamak, tehditle korkutmak, yıldırmak; **2.** ⚓ *v/i.* kömür almak; *v/t.* kömür vermek; kömür haline gelinceye kadar yakmak; ~ing station kömür ikmal limanı veya iskelesi; '~-'dust *n.* kömür tozu.
co.a.lesce [kəuə'les] *v/i.* birleşmek, birlik oluşturmak, yekvücut olm.; **co.a-'les.cence** *n.* birlik, beraberlik, birleşme.
coal...: '~-**field** *n.* maden kömürü havzası; '~-**gas** *n.* havagazı.
co.a.li.tion [kəuə'liʃən] *n.* birleşme; *pol.* koalisyon.
coal...: '~-**mine**, '~-**pit** *n.* kömür ocağı; '~-**scut.tle** *n.* kömür kovası.
coarse □ [kɔːs] kaba, bayağı, adî; *fig.* yontulmamış, terbiyesiz, dangıl dungul; pişmemiş *(yiyecek)*; pürüzlü *(yüzey)*; '**coarse.ness** *n.* kabalık, terbiyesizlik.
coast [kəust] **1.** *n.* kıyı, sahil; *esp. Am.* kızak kayma yolu *(yokuş)*; yokuş aşağı güç harcamadan inme *(kızak, bisiklet, oto vs.)*; **2.** *v/i.* sahil boyunca gitmek; yokuş aşağı güç harcamadan inmek *(bisiklet, kızak, oto vs.)*; '**coast.al** *adj.* sahile ait; kıyı... sahil...
coast.er ['kəustə] *n. Am.* el kızağı; ⚓ sahil boyunca işleyen ticaret gemisi; altlık *(bardak, şişe)*; ~ brake *Am.* bisiklette fren pedalı.
coast-guard ['kəustgaːd] *n.* sahil muhafızı; '**coast.ing** *n.* kıyı seyri, kabotaj; kızakla kayma; ~ trade sahil ticareti, kabotaj; '**coast-line** *n.* sahil boyu, kıyı şeridi.
coat [kəut] **1.** *n.* ceket, palto, manto; kat, tabaka; hayvan postu; ~ of mail *n.* zırh elbise; ~ of arms arma; cut the ~ according to the cloth ayağını yorganına göre uzat; turn one's ~ parti *vs.* değiştirmek, başka tarafa geçmek; **2.** *v/t.* kaplamak, örtmek; '~-**hang.er** *n.* elbise askısı; '**coat-ing** *n.* kaplama; boya tabakası.
coax [kəuks] *v/t.* kandırmak, gönlünü yapmak (into, to); ~ s.o. out of s.th. tatlı sözlerle kandırarak *b-den bşi* elde etm.
cob [kɔb] *n.* mısır koçanı; erkek kuğu; kısa bacaklı bir tür binek atı; = ~-nut.
co.balt *min.* [kəu'bɔːlt] *n.* kobalt.
cob.ble ['kɔbl] **1.** *n.* arnavut kaldırım taşı; ~s *pl.* = cob coal; **2.** *v/t.* kaldırım taşı döşemek; ayakkabı tamir etm., pençe vurmak; '**cob.bler** *n.* ayakkabı tamircisi; acemi çaylak, yaptığı işi yüzüne gözüne bulaştıran kimse; buzlu karışık bir tür içki; '**cob.ble-stone** *n.* parke taşı.
cob...: '~-**coal** *n.* parke taşı iriliğinde kömür parçası; '~.**loaf** *n.* yuvarlak sandviç ekmeği; '~-**nut** *n.* iri fındık.
co.bra *zo.* ['kəubrə] *n.* kobra yılanı.
cob.web ['kɔbweb] *n.* örümcek ağı.
co.caine *pharm.* [kə'kein] *n.* kokain.
coch.i.neal ['kɔtʃiniː] *n.* kırmız.
cock [kɔk] **1.** *n.* horoz; erkek kuş; ⊕ horoz *(silah)*; valf, musluk; önder; kumandan; rüzgârgülü; *sl.* penis; **2.** *usu.* ~ up *v/t. & v/i.* dik(il)mek; kulak kabartmak; *(silah horozunu)* ateşe hazır duruma getirmek; kurmak *(fotoğraf makinesi)*; yana yatırmak *(baş, şapka)*; ~ one's eye (at s.o. *-e*) göz kırpmak.
cock.ade [kɔ'keid] *n.* şapkaya takılan rozet *veya* şerit, kokart.
cock-a-doo.dle-doo ['kɔkəduːdl'duː] *n.* horoz ötmesi, kukuriku.
cock-a-hoop ['kɔkə'huːp] *adj.* neşeli, memnun; *Am.* darmadağınık.
Cock.aigne [kɔ'kein] *n.* hayali bir tembellik ve lüks ülkesi.
cock-and-bull story ['kɔkənd'bulstɔːri] *n.* gerçekmiş gibi anlatılan aptalca, inanılması zor hikâye; yalan olduğu aşikâr mazeret.
cock.a.too [kɔkə'tuː] *n.* ibikli ve rengârenk tüylü birkaç tür papağan.
cock-a.trice ['kɔkətrais] *n.* horoz yumurtasından varolduğu varsayılan efsanevî bir yılan.
cock.boat ⚓ ['kɔkbəut] *n.* küçük sandal.
cock.chaf.er ['kɔktʃeifə] *n.* mayısböceği.
cock-crow(.ing) ['kɔkkrəu(iŋ)] *n.* tan, şafak.
cocked hat ['kɔkt'hæt] *n.* eskiden giyilen kenarları kıvrık üç köşeli bir tür şapka; knock into a ~ *sl.* eze eze yenmek.
cock.er[1] ['kɔkə]: ~ up *v/t.* özenli yetiştirmek, yüz vermek, şımartmak.
cock.er[2] *hunt.* [~] *n.* bir tür spanyel köpeği.
cock...: '~-**eyed** *adj. sl.* aptal, budala, saçma; *Am.* sarhoş, küfelik; '~-**fight(.ing)** *n.* horoz dövüşü; '~-'**horse** *n.* tahta oyuncak at.
cock.le[1] ⚘ ['kɔkl] *n.* buğdaygiller arasında yetişen zararlı bir ot.
cock.le[2] [~] **1.** *n. zo.* midye türünden bir deniz hayvanı; kıvrım, kırışık, pli; warm *veya* delight the ~s of one's heart *b-ni*

mutlu etm.; **2.** *v/t.* & *v/i.* buruş(tur)-mak.
cock.ney [ˈkɔkni] *n.* Londralı adam, Londra aksanı ile konuşan kimse; **ˈcock.ney-ism** *n.* Londra aksanı veya özelliklerinden biri.
cock.pit [ˈkɔkpit] *n.* horoz dövüş alanı *(a. fig.)*; ⚓ alçak güverte; ✈ pilot yeri, uçağın baş tarafı.
cock.roach *zo.* [ˈkɔkrəutʃ] *n.* hamamböceği.
cocks.comb [ˈkɔkskəum] *n.* horoz ibiği *(a. ⚘)*; **ˈcock-ˈsure** F kendinden fazla emin; **ˈcock.tail** *n.* kokteyl; **ˈcock.y** □ F kendini beğenmiş, kibirli.
co.co [ˈkəukəu] *n.* hindistancevizi ağacı.
co.coa [ˈkəukəu] *n.* kakao.
co.co.nut [ˈkəukənʌt] *n.* hindistancevizi.
co.coon [kəˈkuːn] *n. (ipek böceği)* koza.
cod *ichth.* [kɔd] *n.* morina balığı; dried ~ kurutulmuş tuzsuz balık *(morina)*.
cod.dle [ˈkɔdl] *v/t.* şımartmak *-i,* yüz vermek *-e;* hafif ateşte kaynatmak *(yumurta vs.)*.
code [kəud] **1.** *n.* kanun; düstur; şifre, şifre anahtarı; **2.** *tel. v/t.* şifre ile yazmak.
co.de.ine ⚗ [kəudiːn] *n.* kodein.
co.dex [ˈkəudeks] *n., pl.* **co.di.ces** [ˈ~-disiːz] eski el yazısı veya el yazması kutsal kitap.
cod.fish [ˈkɔdfiʃ] = cod.
codg.er F [ˈkɔdʒə] *n.* yaşlı antika adam.
co.di.ces [ˈkəudisiːz] *pl. of* codex.
cod.i.cil [ˈkɔdisil] *n.* ek vasiyetname; **cod-i.fiˈca.tion** *n.* kanun halinde toplama; **cod.i.fy** [ˈ~fai] *v/t.* bir sisteme bağlamak, kanun halinde toplamak.
cod.ling [ˈkɔdliŋ] *n.* ⚘ pişirmekte kullanılan bir tür ham elma; *ichth.* yavru morina balığı.
cod-liv.er oil [ˈkɔdlivərˈɔil] *n.* balıkyağı.
co-ed *Am.* F [ˈkəuˈed] *n.* karma yüksek okullarda kız öğrenci.
co-ed.u.ca.tion [ˈkəuedjuːˈkeiʃən] *n.* karma öğretim.
co.ef.fi.cient [kəuiˈfiʃənt] **1.** *adj.* işbirliği yapan; **2.** *n.* katsayı.
co.erce [kəuˈəːs] *v/t.* zorlamak, zorla yaptırmak, mecbur etm.; **coˈer.ci.ble** *adj.* zorunlu, mecburi; **coˈer.cion** [~ʃən] *n.* baskı, zorlama; under ~ baskı altında, zorunlu; **coˈer.cive** [~siv] □ zorunlu, mecburi...
co.e.val □ [kəuˈiːvəl] yaşıt, akran, çağdaş.
co.ex.ist [ˈkəuigˈzist] *v/i.* bir arada var olm.; **ˈco.exˈist.ence** *n.* bir arada var oluş; **ˈco.exˈist.ent** *adj.* bir arada var olan.
cof.fee [ˈkɔfi] *n.* kahve; **ˈ~-bean** *n.* kahve çekirdeği; **ˈ~-grounds** *n. pl.* kahve telvesi; **ˈ~-house** *n.* çayevi, kahvehane; **ˈ~-pot** *n.* kahve ibriği, cezve; **ˈ~-room** *n. (otel)* yemek salonu; **ˈ~-set** *n.* kahve servis takımı.
cof.fer [ˈkɔfə] *n.* sandık, kasa, kutu *(para, mücevher)*; ⌂ *n.* girintili ve tahta tavan panosu; **~s** *n. pl.* hazine, sandıkta birikmiş para; *a.* **~-dam** *n.* batardo, koferdam, batan gemileri kurtarmakta kullanılan duba.
cof.fin [ˈkɔfin] **1.** *n.* tabut; **2.** *v/t.* tabuta koymak.
cog ⊕ [kɔg] *n.* çark dişi.
co.gen.cy [ˈkəudʒənsi] *n.* inandırıcılık, ikna etme yeteneği; **ˈco.gent** □ inandırıcı, ikna edici.
cogged ⊕ [kɔgd] *comb.* dişli...
cog.i.tate [ˈkɔdʒiteit] *v/i.* düşünmek, tasarlamak (about, on, upon); *v/t.* icat etm., bulmak, planlamak; **cog.iˈta.tion** *n.* düşünme, tasarlama.
co.gnac [ˈkɔnjæk] *n.* kanyak.
cog.nate [ˈkɔgneit] **1.** *adj.* aynı kökten gelen *(dil, sözcük)*; akraba, hısım; **2.** *n.* kandaş, aynı soydan veya türden olan şey.
cog.ni.tion [kɔgˈniʃən] *n.* anlayış, idrak, kavrama.
cog.ni.za.ble [ˈkɔgnizəbl] *adj.* tanınabilir, idrak olunur; ⚖ mahkemenin yetki kapsamına giren; **ˈcog.ni.zance** *n.* bilgi, malûmat; idrak, anlayış; ⚖ karar, hüküm; (görev ve) yetki; işaret, alâmet; **ˈcog-ni.zant** *adj.* haberdar, farkında olan, bilen (of *-den, -in -i*).
cog.no.men [kɔgˈnəumen] *n.* soyadı; lâkap.
cog-wheel ⊕ [ˈkɔgwiːl] *n.* dişli çark.
co.hab.it [kəuˈhæbit] *v/i.* karı koca gibi bir arada yaşamak *(gayrimeşru)*; **co-hab.iˈta.tion** *n.* nikâhsız bir arada yaşama.
co.heir [ˈkəuˈɛə] *n.* ortak mirasçı; **co.heir-ess** [ˈkəuˈɛəris] *n.* ortak mirasçı *(kadın)*.
co.here [kəuˈhiə] *v/i.* yapışmak, tutmak; tutarlı olm.; **coˈher.ence, coˈher.en.cy** *n.* tutarlık, uygunluk; yapışma; **coˈher.ent** □ yapışık; uygun, birbirini tutan; **co-ˈher.er** *n. radyo:* eski tip dalga almaçı.
co.he.sion [kəuˈhiːʒən] *n.* yapışma, birleşme, kavuşma; **coˈhe.sive** [~siv] *adj.* yapışık, bağlı.
co.hort [ˈkəuhɔːt] *n.* *eski* Romalılarda bir lejyonun onda biri.

coif [kɔif] *n.* takke, bone, külâh; saç tuvaleti.

coif.feur [kwɑːˈfəː] *n.* kuaför, kadın berberi ;**coif.fure** [~ˈfjuə] **1.** *n.* saç biçimi, saç tuvaleti; **2.** *v/t. b-nin* saçını tarayıp düzeltmek.

coign of van.tage [kɔinəvˈvɑːntidʒ] *n.* bir iş veya gözlem için uygun nokta, yer.

coil [kɔil] **1.** *part.* ~ up *v/t.* sarkmak; *v/i.* kıvrılmak, burulmak; **2.** *n.* kangal, roda, halka; ⚡ bobin; ⊕ halka şeklinde kıvrılmış saç.

coin [kɔin] **1.** *n.* madeni para, sikke; pay s.o. back in his own ~ *b-ne* aynı şekilde karşılık vermek; **2.** *v/t.* madenî para bas(tır)mak; uydurmak *(a. fig.)*; be ~ing money para kırıyor olm.; **ˈcoin.age** *n.* para basma; para sistemi; yeni bir sözcük uydurma, icat etme; **ˈcoin-box tel.e.phone** *n.* kasalı telefon, ankesör.

co.in.cide [kəuinˈsaid] *v/i.* tesadüf etm., uymak (with *-e*); *fig.* bir olm., birbirini tutmak; **co.in.ci.dence** [kəuˈinsidəns] *n.* tesadüf, rastlantı; *fig.* bir olma, mutabakat; mere ~ tamamen rastlantı; **coˈin.ci.dent** ☐ tesadüfî, rastlantı sonucu olan; uygun gelen.

coin.er [ˈkɔinə] *n.* para basan kimse, *esp.* kalp para basan, kalpazan.

coir [ˈkɔiə] *n.* hindistancevizi lifi.

coke [kəuk] **1.** *n.* kok kömürü *(a. sl.* = kokain); *Am.* F Coca-Cola; **2.** *v/t.* kok kömürü yapmak.

co.ker.nut [ˈkəukənʌt] = coco-nut.

col.an.der [ˈkʌləndə] *n. mutfak:* süzgeç; kevgir.

cold [kəuld] **1.** ☐ soğuk *(a. fig.)*; donuk *(renk)*; throw ~ water on pişmiş aşa su katmak, *b-nin* hevesini kursağında bırakmak; give s.o. the ~ shoulder, = ~-shoulder; ~ feet F cesaretsizlik, korkaklık, cayma; **2.** *n.* soğuk(luk); soğuk algınlığı; *usu.* ~ in the head nezle; be left in the ~ açıkta veya yarı yolda bırakılmak; **ˈ~-ˈblood.ed** *adj.* soğukkanlı, duygusuz *(a. fig.)*; **ˈ~ˈ-heart.ed** *adj.* acımasız, duygusuz; **ˈcold.ness** *n.* soğukluk.

cold...: **ˈ~-shoul.der** *b-ne* omuz çevirme, yüz vermeyiş; ~ **steel** kesici ve dürtücü silah; **ˈ~-ˈstor.age** *n.* soğuk havada depo etme; *attr.* soğuk hava (deposu)...; **ˈ~-ˈstore** *vb.* soğuk havada depolamak; ~ **war** soğuk harp.

cole ⚘ [kəul] *mst in compound word(s)* *n.* lahana.

cole-seed ⚘ [ˈkəulsiːd] *n.* turp lahanası, şalgam.

cole-slaw *Am.* [ˈkəulslɔː] *n.* lahana salatası.

col.ic ⚕ [ˈkɔlik] *n.* sancı, kolik.

col.lab.o.rate [kəˈlæbəreit] *v/i.* işbirliği yapmak, birlikte çalışmak (with, on *ile, -le, -de*); **col.lab.oˈra.tion** *n.* işbirliği; in ~ with ortaklaşa, ...ile beraber; **col.lab.oˈra.tion.ist** *n. pol.* işgal edilmiş ülkenin düşman ile işbirliği yapan vatandaşı, işbirlikçi; **colˈlab.o.ra.tor** *n.* beraber çalışan kimse, iş arkadaşı.

col.lapse [kəˈlæps] **1.** *v/t. & v/i.* çök(ert)mek, yık(ıl)mak; katlayıp bükmek, açılır kapanır olm. *(masa v.b.)*; ⚕ çökmek, yığılmak; ciğerlere hava gitmemek; düşmek; sönmek *(balon)*; suya düşmek *(plan vs.)*; **2.** *n.* çökme, yıkılma, göçme, ani düşüş; **colˈlaps.i.ble** *adj.* açılır kapanır, katlanır *(masa, sandalye v.b.)*; ~ boat sökülüp takılabilen kayık.

col.lar [ˈkɔlə] **1.** *n.* yaka; gerdanlık; tasma; ⊕ yatak ,mesnet, yüksük, burç, manşon; **2.** *v/t.* yakalamak *-i,* yakasına yapışmak *-in; sl.* izinsiz almak, ele geçirmek; *et:* pişirmek için sarmak; **ˈ~-bone** *n. anat.* köprücük kemiği; **ˈ~-stud** *n.* yaka düğmesi.

col.late [kɔˈleit] *v/t. metin:* karşılaştırmak, karşılaştırarak okumak; *typ. (sayfaları)* sıraya koymak, harman yapmak.

col.lat.er.al [kɔˈlætərəl] **1.** ☐ yan yana, paralel, aynı eğilimde olan; ikincil, tali; tamamlayıcı, vasıtalı; aynı soydan gelen; **2.** *n.* maddî teminat; soydaş.

col.la.tion [kɔˈleiʃən] *n. metin:* karşılaştırma; soğuk hafif yemek.

col.league [ˈkɔliːg] *n.* meslekdaş, mesai arkadaşı.

col.lect 1. [ˈkɔlekt] *n.* kilisede okunan kısa dua; **2.** [kəˈlekt] *v/t.* toplamak; bir araya getirmek *(fikir)*; tahsil etm. *(para)*; kafasını toplamak, kendine gelmek; koleksiyon yapmak, biriktirmek; *b-ni* veya *bşi* uğrayıp almak; ~ one's wits kendini toplamak; ~ing business para, vergi tahsil etme; *v/i.* birikmek, toplanmak; **colˈlect.ed** ☐ *fig.* aklı başında, sakin; **colˈlect.ed.ness** *n. fig.* sükûnet, itidal; **colˈlec.tion** *n.* topla(n)ma; koleksiyon; toplanmış şeyler, yığın; kilisede toplanan para; forcible ~ cebrî icra, takip; **colˈlec.tive** *adj.* toplu, müşterek, ortak, toplanan...; kolektif...; ~ bargaining *(işveren ve işçi temsilcileri arasındaki)* top lu görüşme ve pazarlık; **colˈlec.tive.ly** *adv.* topyekûn, birlikte; **colˈlec.tiv.ism** *n. pol.* kolektivizm, ortaklaşacılık; **colˈlec.tiv.ize** *vb. (sanayi, tarım vs.'yi)* devlet

leştirmek, *(sanayi, tarım vs. de)* devletleşmek; **col'lector** *n.* toplayan, koleksiyon sahibi; tahsildar; 🚃 biletçi; ⚡ cereyan toplayıcı, kollektör.
col.leen *Ir.* [kɔ'liːn] *n.* kız.
col.lege ['kɔlidʒ] *n.* kolej; yüksek okul, üniversite, akademi; **col.le.gi.an** [kə'liːdʒjən] *n.* üniversite öğrencisi veya mensubu; **col'le.giate** [~dʒiit] *adj.* üniversiteye ait; üniversite öğrencilerine özgü.
col.lide [kə'laid] *v/i.* çarpmak (with *-e*); çarpışmak *(ile)*; *fig.* *bşe* karşı olm., muhalif olm.
col.lie ['kɔli] *n.* iskoç çoban köpeği.
col.lier ['kɔliə] *n.* maden işçisi; ⚓ kömür gemisi; **col.lier.y** ['kɔljəri] *n.* kömür ocağı.
col.li.sion [kə'liʒən] *n.* çarp(ış)ma; *fig.* fikir ayrılığı.
col.lo.ca.tion [kɔləu'keiʃən] *n.* sıraya koyma, düzenleme, sözdizimi.
col.lo.di.on [kə'ləudjən] *n.* kolodyum.
col.logue [kə'ləug] *v/i.* gizli konuşmak, entrika hazırlamak.
col.lo.qui.al □ [kə'ləukwiəl] konuşma diline ait, teklifsiz konuşma ile ilgili; **col'lo.qui.al.ism** *n.* konuşma dili üslubu; konuşma dilinde kullanılan deyim.
col.lo.quy ['kɔləkwi] *n.* karşılıklı konuşma, diyalog; sohbet.
col.lude [kə'luːd] *v/i.* *b-le* gizlice anlaşmak; dolap çevirmek; **col'lu.sion** [~ʒən] *n.* gizli anlaşma, tuzak; ⚖ sahte gizli anlaşma *(boşanma için)*.
co.lon ['kəulən] *n.* *typ.* iki nokta üst üste; *anat.* kolon, kalın bağırsak.
colo.nel ⚔ ['kəːnl] *n.* albay; **'colo.nel.cy** *n.* albaylık.
co.lo.ni.al [kə'ləunjəl] *adj.* koloniye ait, sömürgelere ait; **co'lo.ni.al.ism** *n.* *pol.* sömürgecilik; **col.o.nist** ['kɔlənist] *n.* sömürgede yerleşen insan; **col.o.ni.za.tion** [kɔlənai'zeiʃən] *n.* sömürge kurma; bir yere ahali yerleştirme; **'col.o.nize** *v/t.* & *v/i.* sömürge kurmak *-de*; yerleş(tir)mek *-e*.
col.on.nade [kɔlə'neid] *n.* sıra sütunlar, kemeraltı.
col.o.ny ['kɔləni] *n.* sömürge, koloni.
col.o.pho.ny [kɔ'lɔfəni] *n.* reçine, çamsakızı, kolofan.
Col.o.ra.do bee.tle [kɔlə'rɑːdəu'biːtl] *n.* Kolorado böceği.
co.los.sal □ [kə'lɔsl] muazzam, olağanüstü büyük; **co'los.sus** [~səs] *n.* dev heykel; dev gibi şey.
col.our, *Am.* **col.or** ['kʌlə] **1.** *n.* renk, boya; ten, cilt rengi; *fig.* sözü çevirme, tevil, tandans; görünüş; canlılık; **~s** *pl.* ⚔ bayrak, bandıra; local **~** yöresel özellikler; **2.** *v/t.* boyamak, renklerle süslemek; *fig.* olduğundan başka göstermek; *v/i.* renklenmek; rengi değişmek, kızarmak; **'col.o.(u)r.a.ble** □ aldatıcı, yanıltıcı, göz boyayıcı, su götürür; **col.o(u)r'a.tion** *n.* renk verme, renklendirme.
col.o(u)r...: **'~-bar** *n.* ırk ayırımı; **'~-blind** *adj.* renkkörü; **'colo(u)red** *adj.* renkli; zenci, beyaz ırka mensup olmayan; **~** film renkli film; **~** pencil renkli kurşun kalemi; **~** wo(man) zenci kadın (erkek); **'col.o(u)r.ful** *adj.* renkli, canlı; **'col.o(u)ring** *n.* renk; boya; *bşe* renk verme, boyama; renklendirme; nüans; *fig.* sahte görünüş; mazur gösterme; **'col.o(u)r.ist** *n.* renkleri ustalıkla kullanan sanatçı; **'col.o.(u)r.less** □ renksiz *(a. fig.)*; **'col.o(u)r scheme** renk düzenlemesi; **'col.o(u)r wash** renkli badana.
colt [kəult] *n.* *zo.* tay, sıpa; *fig.* acemi, tecrübesiz kimse; **'colts.foot** *n.* ⚘ öksürük otu.
col.um.bine ⚘ ['kɔləmbain] *n.* haseki küpesi.
col.umn ['kɔləm] *n.* sütun, direk; *typ.* gazete sütunu; ⚔ kol (nizamı), kafile; **co.lum.nar** [kə'lʌmnə] *adj.* sütunlar halinde olan, sütun veya direk şeklinde; **col.um.nist** ['kɔləmnist] *n.* *Am.* fıkra yazarı, gazetede belirli bir köşesi olan yazar.
col.za ⚘ ['kɔlzə] *n.* kolza, lahana türü sebzeler veya bunların tohumu.
co.ma ['kəumə] *n.* ⚕ koma, derin baygınlık; ⚘ püskül.
comb [kəum] **1.** *n.* tarak; horoz ibiği; dağ sırtı *(a. dalga)*; ⊕ kenevir tarağı; *s.* curry-**~**; *s.* honey**~**; **2.** *v/t.* taramak *(a. fig.)*; taraklamak, taraktan geçirmek *(keten)*; **~** out *fig.* taramak, ayırmak, elemek; *v/i.* taranmak; tümselip kırılmak *(dalga)*.
com.bat ['kɔmbət] **1.** *n.* dövüş, savaş, çarpışma; single **~** düello; **2.** *v/t.* & *v/i.* karşı durmak, dövüşmek, çarpışmak, boğuşmak; **'com.bat.ant** *n.* savaşçı; **'com.bat.ive** □ cengâver, kavgacı.
comb.er ['kəumə] *n.* ⊕ yün, keten vs. tarayan kimse ya da makine; ⚓ *n.* uzun ve tümsekli dalga.
com.bin.a.ble [kəm'bainəbl] *adj.* birleş(tiril)ebilir; **com.bi.na.tion** [kɔmbi'neiʃən] *n.* birleş(tir)me, bağla(n)ma; bileşim, terkip *(esp. ⚗)*; birlik; kilit şifresi *(rakam veya harf)*; **~s** *pl.* külot ve gömle-

ği tek parça olan kadın iç çamaşırı; yan arabalı motosiklet; ~ lock şifreli kilit;

com.bine **1.** [kəmˈbain] *v/t.* & *v/i.* birleş(tir)mek, kombine etm., uyuş(tur)mak; **2.** [ˈkɔmbain] *n.* ☨ kartel, tröst, çıkar birliği; *a.* ~ harvester biçer-döğer makinesi.

com.bus.ti.ble [kəmˈbʌstəbl] **1.** *adj.* tutuşabilir, yanabilir; **2.** ~s *n. pl.* yakacak, yakıt; *mot.* akaryakıt; **com.bus.tion** [~ˈbʌstʃən] *n.* yanma; ~ engine yanmalı, ihtiraklı motor.

come [kʌm] *(irr.) vb.* gelmek, ulaşmak, vasıl olm. (to *-e*); F orgazma ulaşmak; to ~ önümüzdeki, gelecek, müstakbel; how ~? F nasıl oluyor da?; ~ about olmak, vaki olm., husule gelmek; ~ across rast gelmek *-e*, karşılaşmak *-le*; ~ along ilerlemek; acele etm.; birlikte gelmek; ~ at varmak *-e*; uğraşmak *ile*; saldırmak *-e*; ~ by yakınından geçmek, uğramak; elde etm., edinmek; ~ down inmek, düşmek *(a. fig.)*; intikal etm., geçmek; ~ down upon s.o. *b-ne* haddini bildirmek, terbiyesini vermek; ~ down upon s.o. for £ 10 10 £ borcunu istemek, talep etm. *-den*; ~ down with kesenin ağzını açmak, paraları sökülmek; *Am.* F hastalanmak; ~ for alıp götürmek *-i*; üstüne yürümek; ~ in girmek; katılmak; ⚓ limana girmek; yaygın olm.; moda olm.; iktidara gelmek; gelir olarak almak *(para)*; yükselmek *(deniz)*; çıkmak *(meyva)*; ~ in! giriniz!; ~ in for hak olarak almak, elde etm.; ~ off kaçıp kurtulmak, yakasını kurtarmak; olmak; kopmak *(düğme v.b.)*; dökülmek *(saç)*; başarıyla sonuçlanmak; ~ on yaklaşmak; gelişmek, ilerlemek; baş göstermek; sahneye çıkmak; ~ on! Haydi gel!, Çabuk ol!; Yok canım!; ~ out yerinden çıkmak; yayınlanmak, neşredilmek; açmak *(çiçek)*; meydana çıkmak; açıklığa kavuşmak; çıkmak *(fotoğraf[ta])*; sosyeteye takdim edilmek *(genç kız)*; çıkmak *(yıldız, kir)*; çalışmayı reddetmek; sonuçlanmak; ~ out right doğru çıkmak *(hesap)*; ~ round *b-ne* uğramak, *b-ni* ziyaret etm.; dönmek, yinelenmek; tekrar *k-ne* gelmek, ayılmak; *fig.* razı olm., başka perdeden konuşmak *(b-ni teskin etm. için)*; ~ to *adv.* = ~ to o.s.; ⚓ orsa etm., demirlemek; bulmak, erişmek, yekûn tutmak; ilgilendirmek; ~ to o.s. *veya* to one's senses tekrar *k-ne* gelmek, ayılmak; ~ to anchor demir atmak; ~ to know *b-le* tanışmak; *bşi* öğrenmek; ~ up olmak; yükselmek; yaklaşmak; seçilmek; meydana çıkmak; yukarı gelmek; çimlenmek; ~ up against *fig.* karşılaşmak *-le*, çatmak *-e*; ~ up to uymak, tekabül etm.; eşit olm.; aynı başarıyı elde etm.; aynı ölçü, durum vs. ye erişmek; ~ up with yetişmek, ulaşmak; telafi etm.; öne sürmek, ortaya atmak; ~ upon rast gelmek *-e;* baskına uğratmak, gafil avlamak; ~-ˈat-a.ble F *adj.* erişilebilir, varılması mümkün; ˈ~-back *n. thea.* sahneye dönüş; eski duruma dönüş; *Am. sl.* hazırcevap karşılık.

co.me.di.an [kəˈmiːdjən] *n.* komik aktör, komedyen; komedi yazarı.

com.e.dy [ˈkɔmidi] *n.* komedi, komedya, güldürücü piyes veya film.

come.li.ness [ˈkʌmlinis] *n.* zerafet, şirinlik; ˈ**come.ly** *adj.* lâtif, zarif, hoş, sevimli, güzel, yakışıklı, uygun, yakışan.

com.er [ˈkʌmə] *n.* gelen kimse; katılan kimse.

co.mes.ti.ble [kəˈmestibl] *mst* ~s *n. pl.* yiyecek şey, gıda maddesi.

com.et [ˈkɔmit] *n. astr.* kuyruklu yıldız.

com.fort [ˈkʌmfət] **1.** *n.* konfor, rahat(lık), refah; teselli, avuntu; *fig.* yardım, himaye; serinletici *(ferahlatıcı)* şey; **2.** *v/t.* teselli etm; rahat ettirmek; yatıştırmak; ˈ**com.fort.a.ble** □ rahat, konforlu, ferahlatıcı; teselli edici, avutucu; ˈ**com.fort.er** *n.* rahatlatıcı şey; teselli eden kimse; yün boyun atkısı; emzik; *Am.* yorgan; ˈ**com.fort.less** □ huzursuz, rahatsız, konforsuz; can sıkıcı, kasvetli; ˈ**com.fort sta.tion** *Am.* umumî helâ.

com.frey ⚘ [ˈkʌmfri] *n.* karakafes otu.

com.fy □ F [ˈkʌmfi] = comfortable.

com.ic [ˈkɔmik] *adj.* (~ally) komik, garip, tuhaf, orijinal; komedi...; *fig. mst* ˈ**com.i.cal** □ keyifli, neşeli; güldürücü, eğlendirici; gülünç, tuhaf; ~ journal, ~ paper gülmece dergisi; ˈ**com.ics, comic strips** *n. pl.* karikatür şeklinde hikâye serisi.

com.ing [ˈkʌmiŋ] **1.** *adj.* gelen; gelecek, yaklaşan; *fig.* gelecek vaat eden; ~, Sir! hemen geliyorum efendim!; **2.** *n.* geliş, yaklaşma, varış.

com.i.ty [ˈkɔmiti]: *n.* ~ of nations uluslararası dostluk.

com.ma [ˈkɔmə] *n. gr.* virgül.

com.mand [kəˈmɑːnd] **1.** *n.* emir; otorite, yetki; hakimiyet; ⚔ kumanda, komut; at *veya* by ~ of emri ile; have ~ of hakim olm., iyi bilmek, vakıf olm.; be (have) at ~ *b-nin* emrine hazır olm., emrine amade olm.; be in ~ of ⚔ *b-nin* komutası altında olm.; **2.** *v/t.* & *v/i.* emretmek, hâkim olm. *-e*; *kafile, gemi vs.:*

kumanda etm. *-e*, ⚔ komuta etm. *-e*; *bş* üzerinde kullanım yetkisi olm.; ⚔ ateş altına alıp taramak; bakmak, görmek *-e*, *-i (manzara)*; **com.man.dant** ⚔ [kɔmən'dænt] *n.* kumandan, komutan; kaptan, süvari *(gemi)*; **com.man.deer** [~'diə] *v/t.* ⚔ askerî hizmete zorunlu kılmak; zaptetmek, müsadere etm.; **com.mand.er** ⚔ [kə'mɑːndə] *n.* komutan, kumandan; ⚓ binbaşı; **com'mand.er-in-'chief** *n.* başkumandan; **com'mand.ing** *adj.* emreden, hükmeden; etkili; hâkim; *fig.* mükemmel, birinci kalitede; ~ point stratejik nokta; **com'mand.ment** *n.* emir; *rel.* Allahın emri; **com'man.do** ⚔ [~dəu] *n.* komando (birliği); **com'mand per.form.ance** *thea.* devlet başkanının emriyle yapılan tiyatro veya müzik gösterisi.

com.mem.o.rate [kə'meməreit] *v/t.* kutlamak *-i*, hatırasını anmak *-in*; **com.memo'ra.tion** *n.* kutlama, anma; **com'mem.o-ra.tive** □ *b-nin, bşin* anısına *(of)*, hatıra..., yadigâr...

com.mence [kə'mens] *v/t.* başlamak *-e*; ⚖ başlamak *(dava)*; **com'mence.ment** *n.* başlangıç; diploma töreni.

com.mend [kə'mend] *v/t.* övmek, salık vermek; emanet etm. (to *-e*); ~ me to ... F... e saygılarımı ilet; **com'mend.a.ble** □ övgüye değer, salık verilir; **com.men.da-tion** [kɔmen'deiʃən] *n.* övme; salık verme; **com'mend.a.to.ry** [~dətəri] *adj.* öven; salık veren.

com.men.su.ra.ble □ [kə'menʃərəbl] aynı birim ile ölçülebilen, orantılı (with, to *-le*, *-e*); **com'men.su.rate** □ [~rit] (with, to *-le*, *-e*) orantılı, aynı değerde, eşit, uygun.

com.ment ['kɔmənt] **1.** *n.* tefsir, yorum; açıklama; düşünce, fikir (on); eleştiri, kritik; **2.** *v/i.* (upon *-i*) tefsir etm., yorumlamak; detaylarıyla anlatmak; eleştirmek; **'com.men.tar.y** *n.* tefsir, şerh, yorum, izah; **com.men.ta.tor** ['~teitə] *n.* yorumcu, eleştirmeci, tefsirci; *radyo:* muhabir.

com.merce ['kɔməːs] *n.* ticaret, alım satım; toplumsal ilişkiler; cinsel ilişki; Chamber of ♀ ticaret odası; **com.mer.cial** □ [kə'məːʃəl] **1.** ticarî, ticaret...; meslekî; ~ traveller gezici ticarî mümessil; **2.** P = ~ traveller; *esp. Am. radyo, TV:* reklâm, ilân, ticarî yayın; **com'mer.cial-ism** *n.* ticarî anlayış, tutum; ticarî deyim; **com'mer.cial.ize** *v/t.* ticarileştirmek.

com.mie F ['kɔmi] *n.* komünist.

com.min.gle [kɔ'miŋgl] *vb.* karış(tır)mak, kaynaş(tır)mak.

com.mis.er.ate [kə'mizəreit] *v/t. b-ne* acımak, merhamet etm., kederini paylaşmak (with *-in*); **com.mis.er.a.tion** [~'reiʃən] *n.* acıma, teselli (for).

com.mis.sar *pol.* [kɔmi'sɑː] *n.* komiser, eskiden Sovyetler Birliğinde herhangi bir idarî örgütün başı.

com.mis.sar.i.at [kɔmi'sɛəriət] *n.* eskiden Sovyetler Birliğinde siyasî örgüt; ⚔ levazım sınıfı; **com.mis.sar.y** ['~səri] *n.* vekil, yardımcı delege; ⚔ levazım subayı; levazımat mağazası ve kantin.

com.mis.sion [kə'miʃən] **1.** *n.* görev, vazife, iş; eylem; işleme; komisyon, yüzde; salahiyetname, yetki belgesi; komisyon, kurul; emir, sipariş; ⚓ sefere hazır gemi; ~ sale komisyonlu satış, yüzde hesabı satış; on ~ yüzde ile, komisyon ile; **2.** *v/t.* yetki vermek *-e*, tayin etm., atamak *-e*, görevlendirmek, vazifelendirmek, memur etm.; hizmete koymak *-i*; ⚔ terfi ettirmek; ⚓ sefere hazırlamak *(gemi)*; **com.mis.sion.aire** [~'nɛə] *n.* üniformalı uşak; **com'mis.sion.er** *n.* komisyon üyesi, delege, vekil; görevli memur; komiser.

com.mit [kə'mit] *v/t.* işlemek, yapmak; teslim etm., tevdi etm., emanet etm. (to *-e*); söz vermek, vaat etm. (to *-e*); ~ (o.s. *k-ni*) adamak, hasretmek *-e*; taahhüt altına girmek; ~ (to prison) hapsetmek; ~ for trial daha sonra yargılanmak üzere hapsetmek; **com'mit.ment** *n.* taahhüt, vaat, söz; bağlılık; sorumluluk; *(suç)* işleme; teslim etme; **com'mit.tal** = commitment; *(suç)* işleme; **com'mit-tee** [~ti] *n.* komite, kurul, komisyon.

com.mode [kə'məud] *n.* konsol, komodin; lâzımlık, oturak; **com'mo.di.ous** □ [~djəs] geniş, ferah, rahat, kullanışlı; **com.mod.i.ty** [kə'mɔditi] *n.* mal, ticaret eşyası, emtia; ~ value hakiki kıymet.

com.mo.dore ⚓ ['kɔmədɔː] *n.* komodor; yat kulübü yöneticisi.

com.mon ['kɔmən] **1.** □ ortak, müşterek; genel. yaygın, umumî; bayağı, adi, kaba; alışılmış, çoğu yerde bulunan, mutat; of ~ gender *gr.* hem eril hem dişil; ~ noun cins isim; ♀ Council Belediye Meclisi; Book of ♀ Prayer Anglikan kilisesi dua kitabı; ~ weal kamu yararı, toplum refahı; in ~ ortaklaşa, müşterek (with *ile*); in ~ with *fig. -ile* aynı, ...gibi; **2.** *n.* umumî otlak, halkın malı olan yer; **com.mon.al.ty** ['~nlti] *n.* halk tabakası, avam; **'com.mon.er** *n.* halk tabakasından olan kimse, burjuva.

com.mon...: ~ **law** örf ve âdete dayanan

hukuk; ♀ **Mar.ket** Ortak Pazar; **'~.place** 1. *n.* alışılmış herhangi *bş*, basmakalıp iş; beylik lâf, klişe; 2. *adj.* adî, sıradan, olağan; *fig.* beylik.

com.mons ['kɔmənz] *n. pl.* halk tabakası, avam; herkesin paylaştığı erzak; short ~ yiyecek kıtlığı; *mst* House of ♀ Avam Kamarası.

com.mon...: ~ **sense** sağduyu; **'~.wealth** *n.* devlet, ulus; *part.* cumhuriyet; the British ♀ İngiliz Milletler Topluluğu; the ♀ of Australia Avustralya Devletler Konfederasyonu.

com.mo.tion [kə'məuʃən] *n.* heyecan, ayaklanma; karışıklık, gürültü velvele.

com.mu.nal □ ['kɔmjunl] toplumsal..., halk...; umumî..., ortak..., müşterek...; **com.mu.nal.ize** ['~nəlaiz] *v/t.* toplumsallaştırmak; yöresel idare altına sokmak.

com.mune 1. [kə'mju:n] *v/i.* sohbet etm., söyleşmek, senli benli konuşmak; 2. ['kɔmju:n] *n.* komün; yöresel idare; avam.

com.mu.ni.ca.bil.i.ty [kəmju:nikə'biliti] *n.* bulaşıcılık *(hastalık)*; **com'mu.ni.ca.ble** □ bulaşıcı, sâri *(hastalık)*; söylenebilir, ifade edilebilir *(fikir)*; **com'mu.ni.cant** *n.* bilgi veren kimse, ele veren kimse; komünyon ayinine katılan kimse; **com'mu.ni.cate** [~keit] *v/t.* bildirmek; ifade etm., anlatmak; geçirmek, nakletmek; bulaştırmak; *v/i.* haberleşmek (with *ile*); bitişik olm. (with *ile*); **commu.ni'ca.tion** *n.* haberleşme; bulaşma; tebliğ, haber; ulaşım; bağlantı, irtibat, ulaştırma; be in ~ with *b-le* temasta olm.; ~ cord 🚃 imdat freni; **com'mu.ni.cative** □ [~kətiv] konuşkan, lakırdıcı, geveze; hislerini açıklamaktan hoşlanan; **com'mu.ni.ca.tor** [~keitə] *n.* konuşkan kimse; *tel.* sinyal veren alet; 🚃 imdat freni.

com.mun.ion [kə'mju:njən] *n.* cemaat, birlik, mezhep; paylaşma; katılma; *eccl.* şarap içme ve yemek yeme ayini.

com.mu.ni.qué [kə'mju:nikei] *n.* resmi tebliğ, bildiri.

com.mu.nism ['kɔmjunizəm] *n.* komünizm; **'com.mu.nist** 1. *n.* komünist; 2. = **commu'nis.tic** *adj.* (~ally) komünist...; komünizm...

com.mu.nity [kə'mju:niti] *n.* topluluk, cemiyet, cemaat; müşterek olma, paylaşma; the ~ ahali, halk, toplum; ~ ownership ortak mülkiyet; ~ service kamu hizmeti; ~ of interests çıkar grubu, tröst; ~ chest *Am.* fakirlere yardım fonu.

com.mut.a.ble [kə'mju:təbl] *adj.* değiştirilebilir, dönüştürülebilir (into, for *-e*); **com.mu.ta.tion** [kɔmju:'teiʃən] *n.* değiştirme, değiş (into, for *-e*); cezanın hafifletilmesi; ~ ticket *Am.* abone bilet *veya* kartı; **com.mu.ta.tive** [kə'mju:tətiv] *adj.* değiştirilebilen...; değişme ile ilgili; **com.mu.ta.tor** ⚡ ['kɔmju:teitə] *n.* çevirgeç, komütatör; **com.mute** [kə'mju:t] *v/t.* (for, into) değiştirmek, değiş tokuş etm., takas etm.; hafifletmek *(ceza)*; *v/i.* telafi etm.; toptan ödemek; *Am.* her gün iş ile ev arasında gidip gelmek; **com'mut.er** *n. Am.* her gün işi ile evi arasında gidip gelen kimse.

com.pact 1. ['kɔmpækt] *n.* sözleşme, mukavele, kontrat, anlaşma; pudralık; *Am.* küçük otomobil; 2. [kəm'pækt] *adj.* sıkı, kesif, yoğun; kısa, öz; 3. [~] *vb.* sıkılaştırmak, yoğunlaştırmak, basınçla sıkıştırmak; anlaşma yapmak; **com'pact.ness** *n.* yoğunluk, kesiflik, sıkılık; özet.

com.pan.ion [kəm'pænjən] *n.* arkadaş, yoldaş, dost; eş; çift olan şeylerin teki *(eldiven vs.)*; refakatçı, bakıcı; el kitabı, rehber; † ortak; ⚓ kamara görevlisi; ~ in arms askerlik arkadaşı; **com'pan.ion.a.ble** □ arkadaş canlısı, samimi, girgin; **com'pan.ion.ate** [~nit]: ~ marriage anlaşmalı evlilik; **com'pan.ion.ship** *n.* arkadaşlık, dostluk; eşlik, refakat; ortaklık.

com.pa.ny ['kʌmpəni] *n.* arkadaşlık, beraberlik, eşlik, refakat; misafirler, ziyaretçi grubu; arkadaşlar; † kumpanya, ortaklık, şirket; ✕ bölük; ⚓ mürettebat, tayfa; *thea.* grup, oyuncu topluluğu; be good (bad) ~ iyi (kötü) arkadaş olm.; bear s.o. ~ *b-ne* eşlik etm., refakat etm., arkadaş olm.; have ~ misafirleri olm.; keep ~ with *b-ne* eşlik etm., arkadaşlık etm., refakat etm.

com.pa.ra.ble □ ['kɔmpərəbl] karşılaştırılabilir, karşılaştırılması mümkün; **compar.a.tive** [kəm'pærətiv] 1. □ orantılı, mukayeseli, karşılaştırmalı; ~ degree = 2. *gr.* üstünlük derecesi; **com'par.a.tive.ly** *adv.* orantılı olarak, karşılaştırmalı olarak; **com.pare** [~'pɛə] 1. *n.* beyond ~, without ~, past ~ fevkalâde, eşsiz, üstün, tartışmasız; 2. *v/t.* karşılaştırmak, mukayese etm. (with *ile*); benzetmek (to *e-*); *gr.* üstünlük derecesini göstermek; (as) ~d with *-e* nisbetle, *-e* oranla; *v/i.* benzemek (to *-e*), karşılaştırılmak, mukayese kabul etm.; **com.par.i.son** [~'pærisn] *n.* karşılaştırma, mukayese; münasebet, ilişki, benzerlik; *gr.* sıfat *veya* zarfın üstünlük *veya* enüstünlük de recesini gösteren çekim şekli; in ~ with -e nispeten, -e oranla.

com.part.ment [kəmˈpɑːtmənt] *n.* bölüm, şube, kısım; ⚓ bölme, göz; 🚃 kompartıman.

com.pass [ˈkʌmpəs] **1.** *n.* pusula; çevre; sınır, hacim; saha, alan, menzil; ♪ genişlik, kapsam; (*usu.* pair of) ~es *pl.* pergel; **2.** *vb.* çevirmek, sarmak, kuşatmak; içine almak, kapsamak; etrafını dolaşmak; başarmak; elde etm., almak; kavramak, anlamak; gizli plan kurmak.

com.pas.sion [kəmˈpæʃən] *n.* merhamet, acıma, şefkat; have ~ on -e acımak; **comˈpas.sion.ate** □ [~nit] şefkatli, merhametli, sevecen; on ~ ground acıdığından -e.

com.pat.i.bil.i.ty [kəmpætəˈbiliti] *n.* uygunluk, uyma, uygun düşme; **comˈpat.i.ble** □ uygun, münasip, tutarlı (with *ile*).

com.pa.tri.ot [kəmˈpætriət] *n.* vatandaş, yurttaş.

com.peer [kɔmˈpiə] *n.* akran, eş, arkadaş.

com.pel [kəmˈpel] *v/t.* zorlamak, mecbur etm. (*a. fig.*).

com.pen.di.ous □ [kəmˈpendiəs] kısa, öz, özet halinde; **comˈpen.di.ous.ness** *n.* kısalık, özlük.

com.pen.di.um [kəmˈpendiəm] *n.* özet.

com.pen.sate [ˈkɔmpenseit] *v/t.* tazmin etm., telâfi etm., karşılamak, bedelini ödemek (for *için;* with *ile;* by *ile*); ⊕ denkleştirmek, denklemek, eşitlemek; *v/i.* ~ for -*in* yerini tutmak; **com.penˈsa.tion** *n.* tazmin, telâfi; bedel, karşılık; *Am.* maaş, ücret; ⊕ dengeleme; **comˈpen.sa.tive** [~sətiv], **comˈpen.sa.to.ry** *adj.* telâfi edici.

com.père [ˈkɔmpɛə] **1.** *n.* eğlence programı sunucusu; **2.** *vb.* sunuculuk yapmak.

com.pete [kəmˈpiːt] *vb.* boy ölçüşmek, müsabakaya girmek, yarışmak (for *için*); rekabet etm., mücadele etm. (with *ile*); ~ with s.o. *b-le* rekabet etm.; yarışmak, aşık atmak.

com.pe.tence, com.pe.ten.cy [ˈkɔmpitəns(i)] *n.* yeterlik, kifayet; kabiliyet, yetenek, güç; gelir, yetki, salâhiyet; **ˈcom.pe.tent** □ yeterli, işinin ehli, kabiliyetli, kompetan; yetkili, salâhiyetli.

com.pe.ti.tion [kɔmpiˈtiʃən] *n.* yarışma, müsabaka; † rekabet; rifle ~ atıcılık müsabakası; **com.pet.i.tive** □ [kəmˈpetitiv] rekabet edilebilir; rakip olan; rekabet ile ilgili; yarışma türünde; **comˈpet.i.tor** *n.* rakip, yarışmacı.

com.pi.la.tion [kɔmpiˈleiʃən] *n.* derleme; derleme eser; **com.pile** [kəmˈpail] *v/t.* derlemek, toplamak (from *-den*).

com.pla.cence, com.pla.cen.cy [kəmˈpleisns(i)] *n.* kendi halinden memnun olma; memnuniyet, gönül rahatlığı; **comˈpla.cent** □ kendini beğenmiş, ukalâ; halinden memnun, rahat.

com.plain [kəmˈplein] *v/i.* şikâyet etm., yakınmak (about, of *-den;* that *-ki;* to *-e*); suçlamak; **comˈplain.ant** *n.* davacı, şikâyetçi; **comˈplain.er** *n.* şikâyetçi; **comˈplaint** *n.* şikâyet, yakınma, dert; ⚕ hastalık, rahatsızlık.

com.plai.sance [kəmˈpleizəns] *n.* hoşgörü, müsamaha, göz yumma, tolerans; **comˈplai.sant** □ hoşgörülü, müsamahakâr.

com.ple.ment [ˈkɔmplimənt] **1.** *n.* tamamlayıcı herhangi bir şey, tümleç (*a. gr.*); tüm, bütün; ⩓ bütünler açı; **com.pleˈmen.tal, com.pleˈmen.ta.ry** *adj.* tamamlayan, tamamlayıcı, tümleyici (to -*e*).

com.plete [kəmˈpliːt] **1.** □ tam, tamam, bütün, eksiksiz; bitmiş, tamamlanmış; mükemmel, dört başı mamur; **2.** *v/t.* tamamlamak, bitirmek, bütünleştirmek; **comˈplete.ness** *n.* bütünlük, tam olma hali; **comˈple.tion** *n.* tamamlama, bitirme; sona erme; yerine getirme.

com.plex [ˈkɔmpleks] **1.** □ karmaşık, çapraşık, anlaşılması güç; *fig.* karışık; bileşik; ~ sentence *gr.* girişik cümle; **2.** *n.* karmaşa; karışık *veya* bileşik herhangi birşey; kompleks; **com.plex.ion** [kəmˈplekʃən] *n.* cilt, ten; genel görünüm, yön, gidişat; **comˈplex.i.ty** *n.* güçlük, zorluk; karmaşa.

com.pli.ance [kəmˈplaiəns] *n.* rıza; uyma, itaat, baş eğme, uysallık (with -*e*); in ~ with -*e* uygun olarak; **comˈpli.ant** □ uysal, yumuşak başlı, itaatkâr.

com.pli.cate [ˈkɔmplikeit] *v/t.* karıştırmak, güçleştirmek, zorlaştırmak; **ˈcom.pli.cat.ed** *adj.* karmaşık, çapraşık, anlaşılması güç; **com.pliˈca.tion** *n.* karmaşıklık, güçlük, zorluk, engel; ⚕ ihtilât, hastalığın başka bir hastalıkla karışması.

com.plic.i.ty [kəmˈplisiti] *n.* suç ortaklığı (in *-de*).

com.pli.ment 1. [ˈkɔmplimənt] *n.* iltifat, kompliman; **2.** [ˈ~ment] *v/t.* (on) kompliman yapmak -*e*, övmek -*i*, iltifat etm. -*e*; **com.pliˈmen.ta.ry** *adj.* övücü...; parasız..., ücretsiz...; ~ dinner ziyafet; ~ ticket parasız bilet.

com.ply [kəmˈplai] *vb.* razı olm., uymak, itaat etm. (with -*e*); ~ with the rules kurallara uymak.

com.po.nent [kəmˈpəunənt] **1.** *n.* parça

unsur, eleman; 2. *adj.* tamamlayıcı, birleştirici; ~ part = ~ 1.
com.port [kəm'pɔːt] *vb.* uymak, uygun olm. (with -*e*); ~ o.s. davranmak, hareket etm.
com.pose [kəm'pəuz] *v/t.* meydana getirmek, oluşturmak; bestelemek *(şarkı)*; yazmak *(şiir)*; *typ.* dizmek, tertip etm.; sakinleştirmek, kontrol altına almak; **com'posed** *adj.* kendi halinde, sakin; ibaret (of -*den*); **com'pos.ed.ly** [~zidli] *adv.* sakince, sakin sakin; **com'pos.er** *n.* bestekâr, besteci, kompozitör; **com'pos-ing** 1. *adj.* rahatlatıcı, yatıştırıcı, sakinleştirici; 2. *n.* tertip, dizgi; besteleme; ~ machine dizgi makinesi; ~ room dizgi evi; **com.pos.ite** ['kɔmpəzit] 1. *adj.* bileşik, karma, karışık; 2. *n.* alaşım, bileşim; ⚘ bileşikgillerden herhangi bir bitki; **com.po'si.tion** *n.* kompozisyon; ♪ beste, eser; ⚗ bileşim, terkip; *paint.* kompozisyon; † uzlaşma, anlaşma; derleme, biraraya getirme; nitelik, yapı; **com.pos.i.tor** [kəm'pɔzitə] *n. typ.* dizgici, dizici; **com.post** ['kɔmpɔst] 1. *n.* çürümüş organik maddeli gübre; 2. *vb.* gübrelemek; **com.po.sure** [kəm'pəuʒə] *n.* sakinlik, huzur, sükunet.
com.pote ['kɔmpɔt] *n.* komposto.
com.pound[1] 1. ['kɔmpaund] *adj.* bileşik; ~ fracture ⚕ açık kırık; ~ interest bileşik faiz; 2. [~] *n.* bileşim, alaşım, terkip; *a.* ~ word *gr.* bileşik kelime; 3. [kəm'paund] *v/t.* birleştirmek, terkip etm., bütün haline getirmek; çoğaltmak, arttırmak, şiddetlendirmek; *v/i.* birleşmek; † anlaşmak ,uzlaşmak (for *hususunda*).
com.pound[2] ['kɔmpaund] *n.* içinde binalar bulunan etrafı çevrili arazi.
com.pre.hend [kɔmpri'hend] *v/t.* anlamak, kavramak, idrak etm.; içine almak, kapsamak.
com.pre.hen.si.ble □ [kɔmpri'hensəbl] anlaşılır, makul; **com.pre'hen.sion** *n.* anlayış, idrak; kapsam; **com.pre'hen.sive** □ geniş, etraflı, şumüllü; idrakli, anlama yeteneği olan; ~ school bir tür sanat okulu; **com.pre'hen.sive.ness** *n.* büyüklük, genişlik; anlayışlılık.
com.press 1. [kəm'pres] *v/t.* sık(ıştır)mak, bas(tır)mak, tazyik etm., basınç yapmak; özetlemek, kısaltmak; 2. ['kɔmpres] *n.* ⚕ kompres; **com.pressed** [kəm'prest] *adj.* sıkıştırılmış, basınçlı; ~ air sıkıştırılmış hava, basınçlı hava; **com'press.i.ble** *adj.* sıkıştırılabilir; **com-pres.sion** [~'reʃən] *n.* özetleme, kısaltma; *phys.* basınç, tazyik, sıkıştırma; ⊕ kompresyon; **com'pres.sor** [~sə] *n.* ⊕ kompresör.
com.prise [kəm'praiz] *v/t.* kapsamak, içine almak, ihtiva etm.
com.pro.mise ['kɔmprəmaiz] 1. *n.* uzlaşma, uyuşma, anlaşma; 2. *v/t.* uzlaştırmak, aralarını bulmak; -*in* şerefini tehlikeye atmak, *bşi* tehlikeye atmak; *v/i.* uzlaşmak, anlaşmak, uyuşmak (on *konusunda)*.
comp.trol.ler [kən'trəulə] *n.* hesap kontrol memuru, kontrolör, denetçi.
com.pul.sion [kəm'pʌlʃən] *n.* zorla(n)ma, mecburiyet, yüküm; **com'pul.so.ry** [~səri] *adj.* mecburî, zorunlu; ~ military service mecburî askerlik; ~ subject zorunlu ders.
com.punc.tion [kəm'pʌŋkʃən] *n.* vicdan azabı; pişmanlık, esef.
com.put.a.ble [kəm'pjuːtəbl] *adj.* hesaplanabilir; **com.pu.ta.tion** [kɔmpjuː'teiʃən] *n.* hesap, hesaplama; **com.pu'ta.tor** = computer; **com.pute** [kəm'pjuːt] *v/t.* hesaplamak, hesap etm. (at *olarak*); **com-'put.er** *n.* kompütür, bilgisayar.
com.rade ['kɔmrid] *n.* arkadaş, dost; yoldaş; **'com.rade.ship** *n.* arkadaşlık.
con[1] [kɔn] *vb.* incelemek, tetkik etm., dikkatle okumak.
con[2] ⚓ [~] *vb.* dümen kullanmak.
con[3] [~] *adv. abbr.* = contra aleyhte, karşı; pro and ~ lehte ve aleyhte; the pros and ~s lehte ve aleyhte olan tartışmalar.
con[4] *Am. sl.* [~] 1. *s.* confidence man; 2. *vb.* dolandırmak, kandırmak, aldatmak, yutturmak.
con.cat.e.nate [kɔn'kætineit] *vb. mst fig.* birbirine bağlamak; **con.cat.e'na.tion** *n.* birbirine bağlama *(a. fig.)*.
con.cave ['kɔn'keiv] içbükey..., konkav...; **con.cav.i.ty** [~'kæviti] *n.* içbükeylik; içbükey yüzey.
con.ceal [kən'siːl] *v/t.* gizlemek, saklamak, saklı tutmak, örtbas etm. (from s.o. *b-den*); **con'ceal.ment** *n.* gizle(n)me, sakla(n)ma; *a.* place of ~ gizlenme yeri.
con.cede [kən'siːd] *vb.* kabul etm., kabullenmek; vermek, bahşetmek. müsaade etm.; **con'ced.ed.ly** *adv.* kabullenerek.
con.ceit [kən'siːt] *n.* kendini beğenmişlik, ukalâlık, kibir, gurur; out of ~ with -*den* artık memnun olmayan; **con'ceit.ed** □ kibirli, gururlu, kendini beğenmiş, ukalâ; **con'ceit.ed.ness** *n.* kendini beğenmişlik, gurur, kibir.

con.ceiv.a.ble □ [kən'si:vəbl] akla uygun, düşünülebilir, inanılabilir; **con'ceive** *v/i.* hamile kalmak, gebe kalmak *-den;* anlamak, kavramak (of *-i*); *v/t.* ortaya atmak, yaratmak, çıkarmak; anlamak, anlam vermek; fikrinde olm.; hayal etm., zannetmek, tahmin etm.; ~d in ...fikrinde olan.
con.cen.trate ['kɔnsəntreit] **1.** *v/t.* & *v/i.* bir yere topla(n)mak; *fig.* kendini vermek *-e,* zihnini bir noktaya toplamak; ⚗ koyulaştırmak; **2.** *n.* koyu madde; **concen'tra.tion** *n.* topla(n)ma; kendini verme, dikkat; ⚗ koyulaş(tır)ma, konsantrasyon; ~ camp toplama kampı; **con'cen.tre, con'cen.ter** [~tə] *vb.* merkezileş(tir)mek, merkeze topla(n)mak; **con'cen.tric** *adj.* (~ally) ortak merkezli..., merkezleri aynı olan...
con.cept ['kɔnsept] *n.* kavram, görüş, fikir; **con.cep.tion** [kən'sepʃən] *n.* fikir, görüş, düşünce, kavram; *biol.* gebe olma, hamile kalma.
con.cern [kən'sə:n] **1.** *n.* ilgi, alâka (in *-de,* for *için*); münasebet, irtibat, bağlantı (with *ile*); ⚚ ticarethane, kuruluş; pay, hisse; tasa, kaygı, merak; F şey, nesne; **2.** *v/t.* ilgilendirmek, alâkadar etm.; ilişkisi olm., karışmak, bulaşmak; endişeye düşürmek, üzmek, canını sıkmak; ~ o.s. with karışmak, müdahale etm.; be ~ed endişeli olm., kaygı duymak; ilgi duymak, meşgul olm.; *bşe* bulaşmak, karışmış olm.; be ~ed that ... *-den* kaygı duymak; I am ~ed to *inf.* *-mekle* meşgulüm; be ~ed with ... ile meşgul olm., uğraşmak; **con'cerned** □ ilgili, alâkalı, meşgul (in *ile*); endişeli, kaygılı (at, about, for *-de, hususunda*); those ~ ilişkisi olanlar; **con'cern.ing** *prp.* hakkında, hususunda, *-e* dair,... ile ilgili olarak.
con.cert **1.** ['kɔnsət] *n.* konser; ['~sə:t] *n.* uyum, ahenk; birleşme; **2.** [kən'sə:t] *vb.* planlamak, beraberce karar vermek, anlaşmak; **con'cert.ed** *adj.* kararlaştırılmış, planlı, birlikte yapılmış...; ♪ bölüm bölüm düzenlenmiş; **con.cer.ti.na** ♪ [kɔnsə'ti:nə] *n.* akordeon, körüklü armonika; **con.cer.to** ♪ [kən'tʃə:təu] *n.* konçerto.
con.ces.sion [kən'seʃən] *n.* kabul, teslim, tasdik; bağış, ihsan, teberru; imtiyaz, ayrıcalık; hizmete karşılık devletçe verilen arazi; **con.ces.sion.aire** [~'nɛə] *n.* imtiyazlı kimse, ayrıcalık sahibi.
con.ces.sive □ [kən'sesiv] teslim *veya* kabul niteliğinde olan.

conch [kɔŋk] *n.* helezonî sedef kabuk.
con.cil.i.ate [kən'silieit] *v/t.* uzlaştırmak, barıştırmak, aralarını bulmak; sakinleştirmek, yatıştırmak; gönlünü almak; **con.cil.i'a.tion** *n.* uzlaştırma, barıştırma; yatıştırma, sakinleştirme; **con'cil.i.a.tor** *n.* uzlaştıran kimse, barıştıran kimse; **con'cil.i.a.to.ry** [~ətəri] *adj.* gönül alıcı; barıştırıcı, uzlaştırıcı; ~ proposal anlaşma önergesi.
con.cin.ni.ty [kən'siniti] *n.* ahenk, uyum; tutarlık.
con.cise □ [kən'sais] öz, kısa, özlü, muhtasar; **con'cise.ness** *n.* kısa ve öz olma.
con.clave ['kɔnkleiv] *n.* özel *veya* gizli toplantı.
con.clude [kən'klu:d] *v/t.* & *v/i.* bit(ir)mek, sona er(dir)mek, sonuçlan(dır)mak, neticelen(dir)mek; netice çıkarmak; karar vermek (to *inf. -meğe*); to be ~d in our next sonu gelecek sayıda; **con'clud.ing** *adj.* son..., bitiş...
con.clu.sion [kən'klu:ʒən] *n.* son, nihayet, netice, karar, sonuç; akdetme; netice çıkarma; in ~ son söz olarak, sözü bitirirken, son olarak; try ~s with s.o. *b-le* yarışmak, boy ölçüşmek; **con'clu.sive** [~siv] □ son, nihaî; katî, kesin.
con.coct [kən'kɔkt] *vb.* birbirine karıştırarak hazırlamak, yapmak; *fig.* uydurmak; **con'coc.tion** *n.* karışım, tertip; karıştırma; *fig.* uydurma.
con.com.i.tance, con.com.i.tan.cy [kən'kɔmitəns(i)] *n.* eşlik eden şey, birlikte olan şey; **con'com.i.tant** **1.** □ eşlik eden, beraberinde olan; **2.** *n.* eşlik eden şey, birlikte olan şey.
con.cord ['kɔŋkɔ:d] *n.* uygunluk, bağdaşma, ahenk, uyum *(a. gr.)*; barış, antlaşma; ♪ uyum, harmoni, armoni; **con.cord-ance** [kən'kɔ:dəns] *n.* uyum, ahenk, uygunluk, uyuşma; *eccl.* bir kitaptaki önemli kelimelerin alfabetik sırası; **con'cord.ant** □ uyumlu, uygun; ♪ ahenkli; **con'cor.dat** *eccl.* [~dæt] *n.* antlaşma; kilise ile devlet arasındaki anlaşma.
con.course ['kɔŋkɔ:s] *n.* toplanma, biraraya gelme; kalabalık, izdiham; *Am.* tren istasyonundaki geniş bina.
con.crete **1.** □ ['kɔnkri:t] somut, maddî; belirli, kesin; betondan yapılmış, beton...; **2.** [~] *n.* beton; *phls., gr.* somut varlık; in the ~ somut olarak; **3.** [kən'kri:t] *vb.* katılaş(tır)mak; bütünleş(tir)mek; sertleş(tir)mek; somutlaş(tır)mak; ['kɔnkri:t] beton dökmek, betonla kaplamak *(yol)*; ~ noun *gr.* somut isim;

con.cre.tion [kənˈkriːʃən] *n.* don(dur)ma, katılaş(tır)ma; donmuş madde.
con.cu.bi.nage [kɔnˈkjuːbinidʒ] *n.* gayri meşru olarak birarada yaşama, metres hayatı; **con.cu.bine** [ˈkɔŋkjubain] *n.* kapatma, cariye, odalık, metres.
con.cu.pis.cence [kənˈkjuːpisəns] *n.* şehvet, cinsel arzu; **conˈcu.pis.cent** *adj.* şehvetli.
con.cur [kənˈkəː] *vb.* uymak, razı olm., uyuşmak, aynı fikirde olm., mutabık olm. (with *ile*; in *-de*); beraber olm., aynı anda olm. (to *-mek için*); **con.cur.rence** [~ˈkʌrəns] *n.* uyum, anlaşma, fikir birliği, mutabakat; aynı anda olma; in ~ with müştereken, beraberce, birlikte; **conˈcur.rent** □ uygun, mutabık; aynı anda olan, beraber bulunan *(s.* concur); işbirliği yapan.
con.cus.sion [kənˈkʌʃən] *n.*: ~ of the brain beyin sarsıntısı.
con.demn [kənˈdem] *v/t.* kınamak, ayıplamak; suçlamak; çarptırmak, mahkûm etm. *(a. fig.)* (to *-e*); istimlâk etm., kamulaştırmak, elinden almak; ele vermek; his looks ~ him bakışları onun suçlu olduğunu gösteriyor; ~ed cell ölüm hücresi; **conˈdem.na.ble** [~nəbl] *adj.* mahkûm edilebilir; kınanmaya lâyık; istimlâk edilebilir; **con.dem.na.tion** [kɔndemˈneiʃən] *n.* kınama, ayıplama; suçlu çıkarma; mahkûmiyet; istimlâk; **con.dem.na.to.ry** □ [kənˈdemnətəri] kınayıcı.
con.den.sa.ble [kənˈdensəbl] *adj.* yoğunlaştırılabilir; kısaltılabilir, özetlenebilir; **con.den.sa.tion** [kɔndenˈseiʃən] *n.* kısaltma, özet; yoğunlaş(tır)ma, koyulaş(tır)ma; **con.dense** [kənˈdens] *v/t.* & *v/i.* koyulaş(tır)mak, yoğunlaş(tır)mak; ⊕ sıvılaştırmak; özetlemek, kısaltmak; **conˈdens.er** *n.* ⚡, ⊕ kondansatör.
con.de.scend [kɔndiˈsend] *vb.* tenezzülde bulunmak, lütfetmek; **con.deˈscend.ing** □ tenezzül eden; **con.deˈscen.sion** *n.* tenezzül, alçak gönüllülük gösterme.
con.dign □ [kənˈdain] lâyık, müstahak, hak etmiş *(cezayı)*.
con.di.ment [ˈkɔndimənt] *n.* yemeğe çeşni veren şey.
con.di.tion [kənˈdiʃən] **1.** *n.* koşul, şart, kayıt; durum, hal, vaziyet; medenî hal; sağlık; ~s *pl.* şartlar; on ~ that... şartı ile; out of ~ sağlık yönünden iyi durumda olmayan, bedenen uygun olmayan; **2.** *vb.* ayarlamak, uygun bir hale getirmek, eğitmek; düzenlemek; şart koşmak, kayıt altına sokmak; havalandırmak; **conˈdi.tion.al** □ şartlı, şarta bağlı, şart..., bağlı (on, upon *-e*); ~ (mood) *gr.* şart kipi; **con.di.tion.al.i.ty** [~ˈnæliti] *n.* şarta bağlılık; **conˈdi.tion.al.ly** [~əli] *adv.* şartlı olarak; **conˈdi.tioned** *adj.* şarta bağlı; uygun durumda olan; **conˈditioned re.flex** *psych.* şartlı refleks, şartlı davranış.
con.dole [kənˈdəul] *vb.* taziyede bulunmak, *(üzüntüye)* ortak olm., başsağlığı dilemek (with *-e*); **conˈdo.lence** *n.* taziye, başsağlığı.
conˈdo.min.i.um [ˈkɔndəˈminiəm] *n.* bir ülke üzerinde birkaç devletin ortak hâkimiyeti; *Am.* kat mülkiyeti.
con.do.na.tion [kɔndəuˈneiʃən] *n.* göz yumma, görmezden gelme; telâfi, yerini doldurma; **con.done** [kənˈdəun] *v/t.* göz yummak, affetmek, görmezden gelmek; karşılamak, telâfi etm.
con.dor *orn.* [ˈkɔndɔː] *n.* büyük akbaba.
con.duce [kənˈdjuːs] *vb.* yardım etm., katkıda bulunmak, sebep olm., vesile olm. (to *-e*); **conˈdu.cive** *adj.* yardım eden, sebep *veya* vesile olan (to *-e*).
con.duct 1. [ˈkɔndʌkt] *n.* davranış, tavır, hareket; idare, yönetim; **2.** [kənˈdʌkt] *vb.* yol göstermek, önderlik etm., rehberlik etm.; idare etm., yürütmek, yönetmek; *phys.* nakletmek, geçirmek, iletmek; davranmak, hareket etm.; ♪ orkestra idare etm.; ~ o.s. davranmak, hareket etm.; para toplamak *(yolcudan)*; **con.duct.i.bil.i.ty** [kɔndʌktiˈbiliti] *n. phys.* iletkenlik; **conˈduct.i.ble** [~təbl] *adj. phys.* ...iletebilen, ...geçirebilen; **con.duct.ing** *adj.* iletken...; **conˈduc.tion** *n.* iletme, geçirme, nakletme; **conˈduc.tive** □ [~tiv] *phys.* iletken..., ...geçirici; **con.duc.tiv.i.ty** [kɔndʌkˈtiviti] *n. phys.* iletkenlik; **con.duc.tor** [kənˈdʌktə] *n.* biletçi, kondüktör; ♪ orkestra şefi; ⚡ iletken madde; rehber, kılavuz; **conˈduc.tress** *n.* kadın biletçi.
con.duit [ˈkɔndit] *n.* oluk, su yolu, kanal; [ˈ~djuit] ⚡ elektrik borusu.
cone [kəun] *n.* koni, mahrut; ♣ kozalak.
co.ney [ˈkəuni] *n.* tavşan; tavşan kürkü.
con.fab F [ˈkɔnfæb] **1.** = **con.fab.u.late** [kənˈfæbjuleit] *v/i.* sohbet etm., çene çalmak; **2.** = **con.fab.uˈla.tion** *n.* sohbet, hoşbeş.
con.fec.tion [kənˈfekʃən] *n.* şekerleme, bonbon; hazırlama, imalât; konfeksiyon, hazır giyim; **con.fec.tion.er** [~ˈfekʃnə] *n.* şekerci, pastacı; **conˈfec.tion.er.y** *n.* şekerlemeler; *part. Am.* şekerci dükkânı, pastane.

con.fed.er.a.cy [kənˈfedərəsi] *n.* birlik, konfederasyon; the ♀ *Am.* 1860-1861 yıllarında onbir Güney Eyaletin oluşturduğu konfederasyon; **conˈfed.er.ate** 1. [~rit] *adj.* müttefik, birleşmiş; 2. [~rit] *n.* müttefik kimse *veya* devlet; suç ortağı; 3. [~reit] *v/t.* & *v/i.* birleş(tir)mek, ittifak et(tir)mek; **con.fed.erˈa.tion** *n.* birlik, konfederasyon.

con.fer [kənˈfəː] *v/t.* vermek, bahşetmek (on *-e*); *v/i.* danışmak, görüşmek (with *ile;* about, upon *hususunda*); **con.fer.ence** [ˈkɔnfərəns] *n.* müzakere, konferans, toplantı.

con.fess [kənˈfes] *vb.* itiraf etm., ikrar etm.; doğrulamak; ~ to *eccl.* günah çıkar(t)mak; **conˈfess.ed.ly** [~sidli] *adv.* itiraf edildiği gibi, kendi itirafı ile; **conˈfes.sion** [~ʃən] *n.* itiraf, ikrar, doğrulama; *eccl.* günah çıkar(t)ma; **conˈfes.sion.al** [~ʃənl] 1. *adj.* itiraf *veya* günah çıkar(t)ma ile ilgili, itiraf...; 2. *n.* günah çıkar(t)ma hücresi; **conˈfes.sor** [~sə] *n.* itiraf eden kimse; *eccl.* günah çıkartan papaz.

con.fet.ti [kənˈfetiː] *n. pl.* konfeti.

con.fi.dant [kɔnfiˈdænt] *n.* sırdaş, dert ortağı; **con.fiˈdante** [~] *n.* kadın dert ortağı.

con.fide [kənˈfaid] *v/t.* emanet etm., teslim etm., sır vermek, gizlice söylemek (to s.o. *b-ne*); güvenmek, itimat etm. (in *-e*).

con.fi.dence [ˈkɔnfidəns] *n.* güven, emniyet, itimat (in *-e*); gizlilik, mahremiyet; ~ **game** = confidence trick; ~ **man** dolandırıcı, üçkâğıtçı; ~ **trick** dolandırıcılık, üçkağıtçılık; **ˈcon.fi.dent** □ emin, güvenli (of *-den*); **con.fi.den.tial** □ [~ˈdenʃəl] gizli, mahrem; güvenilir; güvenen, inanan; ~ clerk özel kâtip.

con.fig.u.ra.tion [kənfigjuˈreiʃən] *n.* şekil, suret, görünüş; gruplaşma.

con.fine 1. [ˈkɔnfain] *n. mst* ~s *pl.* sınır, hudut; 2. [kənˈfain] *v/t.* sınırlamak, sınırlar içinde tutmak, toplamak, hasretmek (to *-e*); hapsetmek, evde *veya* yatakta tutmak; be ~d to bed yatakta yatmak; lohusa olm.; be ~d (of) doğurmak; **conˈfine.ment** *n.* hapsedilme, kapalı tutulma; lohusalık.

con.firm [kənˈfəːm] *v/t.* teyit etm., saptamak, sağlama bağlamak, kuvvetlendirmek, tasdik etm., onaylamak; **con.fir.ma.tion** [kɔnfəˈmeiʃən] *n.* tasdik, teyit, doğrulama, belgeleme; **con.firm.a.tive** □ [kənˈfəːmətiv], **conˈfirm.a.to.ry** [~təri] teyit edici, doğrulayıcı, sağlamlaştırıcı; **conˈfirmed** *adj.* kökleşmiş, yerleşmiş, müzmin (*part.* ⚕); düşkün, müptela, tiryaki; ✝ teyitli, onaylı.

con.fis.cate [ˈkɔnfiskeit] *v/t.* müsadere etm., haczetmek, el koymak *-e;* istimlâk etm., kamulaştırmak; **con.fisˈca.tion** *n.* müsadere, haciz, el koyma; istimlâk, kamulaştırma; **conˈfis.ca.to.ry** [~kətəri] *adj.* müsadereye ait, hacze ait.

con.fla.gra.tion [kɔnfləˈgreiʃən] *n.* büyük yangın.

con.flict 1. [ˈkɔnflikt] *n.* kavga, çekişme, mücadele, çarpışma, zıtlaşma, çatışma; *fig.* ayrılık, fikir ayrılığı, ihtilâf, anlaşmazlık; 2. [kənˈflikt] *v/i.* (with) zıtlaşmak *-le,* ihtilafa düşmek *-le,* çekişmek *-le,* mücadele etm. *-le,* muhalif olm. *-e.*

con.flu.ence [ˈkɔnfluəns], **con.flux** [ˈ~flʌks] *n.* iki akarsuyun birleştiği nokta, kavşak; birlikte akma; **con.flu.ent** [ˈ~fluənt] 1. *adj.* birlikte akarak birleşen; bir araya birikip karışmış; 2. *n.* bir ırmağa karışan akarsu.

con.form [kənˈfɔːm] *v/t.* uydurmak *-e,* ayarlamak *-e,* alıştırmak *-e; v/i.* ~ to uymak *-e,* itaat etm. *-e,* boyun eğmek *-e;* ~ with uymak *-e,* uyum içinde olm. *ile;* **conˈform.a.ble** □ (to) uygun *-e,* yerinde, uyumlu; itaatkâr, uysal, boyun eğen; **con.for.ma.tion** [kɔnfɔːˈmeiʃən] *n.* şekil, yapı, çatı; oluşma; uyma, adaptasyon, uygunluk; **con.form.ist** [kənˈfɔːmist] *n.* toplum kurallarına uyan kimse; uyumlu kimse, uysal kimse; **conˈform.i.ty** *n.* uygunluk, benzeyiş; in ~ with uyarak *-e,* uygun olarak *-e,* mucibince.

con.found [kənˈfaund] *v/t.* şaşırtmak, zihnini karıştırmak, kafasını allak bullak etm., karman çorman etm.; yenmek, mağlûp etm., yıkmak; ~ it! F Allahın cezası!; ~ you! F Allah belânı versin senin!; **conˈfound.ed** □ F Allahın cezası, baş belâsı; şaşırmış, zihni karışmış.

con.fra.ter.ni.ty [kɔnfrəˈtəːniti] n. hayır kurumu, kardeşlik cemiyeti.

con.front [kənˈfrʌnt] *v/t.* karşılaştırmak, yüzleştirmek (with *ile*); karşı durmak, göğüs germek, karşısına çıkmak; karşısında olm. *-in,* bakmak *-e (evin cephesi);* find o.s. ~ed with *k-ni bşle* karşı karşıya bulmak; **con.fron.ta.tion** [kɔnfrʌnˈteiʃən] *n.* yüzleş(tir)me; mücadele, kavga, ihtilâf; karşılaştırma, mukayese.

con.fuse [kənˈfjuːz] *v/t.* karıştırmak, karmakarışık etm.; şaşırtmak; ayırt edememek; zihnini allak bullak etm.; **conˈfused** □ kafası karışmış, zihni allak bullak, şaşkın; ayırt edilemez, seçile-

mez; karışık, karman çorman; **con'fusion** [~ʒən] *n.* karışıklık, düzensizlik; şaşkınlık.
con.fut.a.ble [kən'fjuːtəbl] *adj.* çürütülebilir *(iddia)*; **con.fu.ta.tion** [kɔnfjuː'teiʃən] *n.* tekzip, çürütme *(iddia, fikir)*; **con.fute** [kən'fjuːt] *vb.* tekzip etm., çürütmek *(iddia, fikir)*, yalanlamak, aksini ispat etm.
congé ['kɔːnʒei] *n.* ayrılma izni; yol verme, sepetleme, kovma; referans; give s.o. his ~ *b-nin* gitmesine izin vermek.
con.geal [kən'dʒiːl] *v/t.* & *v/i.* don(dur)mak *(a. fig.)*; pıhtılaş(tır)mak; **con'geal.a.ble** *adj.* donabilir, pıhtılaşabilir.
con.ge.la.tion [kɔndʒi'leiʃən] *n.* donma; pıhtılaşma.
con.gen.ial □ [kən'dʒiːnjəl] uygun, cana yakın (with *ile*); benzer (to *-e*); hoş; **con.ge.ni.al.i.ty** [~ni'æliti] *n.* uygunluk, benzerlik, yakınlık.
con.gen.i.tal [kɔn'dʒenitl] *adj.* doğuştan olan, fıtrî, Tanrı vergisi; **con'gen.i.tal.ly** [~təli] *adv.* doğuştan.
con.ger (eel) *ichth.* ['kɔŋgə(r'iːl)] *n.* büyük yılanbalığı.
con.gest [kən'dʒest] *v/t.* & *v/i.* topla(n)mak; yığ(ıl)mak; tıka(n)mak *(damar, trafik)*; **con'ges.tion** *n.* kan birikmesi; tıkanıklık; izdiham, kalabalık; ~ of population fazla nüfus yoğunluğu; traffic ~ trafik tıkanıklığı.
con.glom.er.ate 1. [kən'glɔmərit] *adj.* küme halinde toplanmış, yığılmış; **2.** [~] *n.* küme, yığın; ✝ holding; **3.** [~reit] *vb.* bir araya toplamak, yığmak, kümelemek; ✝ holdingleşmek; **con.glom.er'ation** *n.* yığın, küme; yığ(ıl)ma.
con.grat.u.late [kən'grætjuleit] *v/t.* tebrik etm., kutlamak (s.o. on *veya* upon s.th. *b-ni bşden dolayı*); **con.grat.u'la.tion** *n.* tebrik, kutlama; **con'grat.u.la.tor** *n.* tebrik eden, kutlayan; **con.grat.u.la.to.ry** *adj.* tebrik..., kutlama...
con.gre.gate ['kɔŋgrigeit] *vb.* topla(n)mak, birleş(tir)mek, biraraya gelmek, biraraya getirmek; **con.gre'ga.tion** *n.* *eccl.* cemaat; toplantı, topla(n)ma; **congre'ga.tion.al** [~ʃənl] *adj.* cemaate ait.
con.gress ['kɔŋgres] *n.* kongre, toplantı; ♀ *Am. pol.* Millet Meclisi *(Senato ve Temsilciler Meclisi)*; **con.gres.sion.al** [~'greʃənl] *adj.* Meclise ait, Meclis...; **'Congress.man, 'Con.gress.wom.an** *n. Am. pol.* Millet Meclisi üyesi, senatör.
con.gru.ence, con.gru.en.cy ['kɔŋgruəns(i)] *n.* = congruity; ⩓ benzeşim; **'congru.ent** *adj.* = congruous; ⩓ benzer;
con.gru.i.ty [~'gruːiti] *n.* uygunluk, uyum; **con.gru.ous** □ ['~gruəs] uygun, münasip (to *-e*); uyumlu, ahenkli (to, *mst* with *ile)*.
con.ic, con.i.cal □ ['kɔnik(əl)] koni şeklinde, konik...; ~ section ⩓ konik kesit eğrisi.
co.ni.fer ['kəunifə] *n.* kozalaklı ağaç; **co'nif.er.ous** *adj.* kozalaklı, kozalak veren.
con.jec.tur.al □ [kən'dʒektʃərəl] tahminî, farazi, varsayılı; **con'jec.ture 1.** *n.* zan, sanı, tahmin, varsayı, farz; **2.** *v/t.* tahmin etm., farzetmek, tasavvur etm., zannetmek, sanmak.
con.join [kən'dʒɔin] *vb.* birleş(tir)mek, bitiş(tir)mek, bağlamak; **con.joint** ['kɔndʒɔint] *adj.* birleşmiş, ortak; **'con.joint.ly** *adv.* birleşmiş olarak.
con.ju.gal □ ['kɔndʒugəl] evlilikle ilgili, karıkocalığa ait, evlilik...; **con.ju.gate 1.** ['~geit] *v/t.* çekmek *(fiil)*; *v/i.* *biol.* birleşmek; **2.** ['~git] *adj.* ⚘ birleşmiş; **conju.ga.tion** [~'geiʃən] *n.* fiil çekimi; birleşme.
con.junct □ [kən'dʒʌŋkt] birleşmiş, bitişik, ortak, müşterek; **con.junc.tion** *n.* birleşme; *ast.* konjonksiyon; *gr.* bağlaç; rastlantı, tesadüf, aynı zamanda olma *(olaylar)*; **con.junc.ti.va** *anat.* [kɔndʒʌŋk'taivə] *n.* konjonktiv; **con.junc.tive** [kən'dʒʌŋktiv] *adj.* birleştiren, bitiştiren; ~ mood şart kipi; **con'junc.tive.ly** *adv.* birleştirerek, bitiştirerek, bağlayarak; **conjunc.ti.vi.tis** ⚕ [~'vaitis] *n.* konjonktivit; **con'junc.ture** [~tʃə] *n.* çeşitli olay *veya* durumların biraraya gelmesi, hal ve şartlar; ✝ konjonktür.
con.ju.ra.tion [kɔndʒuə'reiʃən] *n.* büyü, sihir; sihirbazlık; ruh çağırma; **con.jure** [kən'dʒuə] *v/t.* yalvarmak *-e*, rica etm. *-e*; ['kʌndʒə] *vb.* el çabukluğu ile yapmak; ruh çağırmak; hokkabazlık yapmak, el çabukluğu ile marifet yapmak; ~ up büyü yoluyla çağırmak; **'con.jur.er, 'con.jur.or** *n.* hokkabaz, sihirbaz, büyücü; **'con.jur.ing-trick** *n.* hokkabazlık, el çabukluğu.
conk F [kɔŋk] *vb.* işlememek, çalışmamak, durmak; grev yapmak; bayılmak; ölmek, uyumak; başına vurmak.
con.nate ['kɔneit] *adj.* doğuştan olan, fıtrî; akraba olan, benzer; ⚘ & *anat.* bitişik; **con.nat.u.ral** [kə'nætʃrəl] *adj.* doğuştan, fıtrî, tabii; aynı tabiatta olan.
con.nect [kə'nekt] *v/t.* & *v/i.* bağla(n)mak, bitiş(tir)mek, birleş(tir)mek; aralarında ilgi kurmak; ⚡ cereyana bağlamak, devreyi açmak; **con'nect.ed** □ bağ-

lı, bitişik; anlamca ilgili; be ~ with irtibatta olm. *-le*; bağlı olm. *-le*; akraba olm. *-le*; be well ~ iyi bir çevreden gelmek, yüksek tabakadan olm.; **con'nect-ing** *adj.* bağlayıcı, bağlantı..., bağlama..., irtibat...; ~ rod biyel, krank kolu, bağlama çubuğu; **con'nec.tion** *s.* connexion; **con'nec.tive** □ bağlayıcı, birleştirici; ~ tissue *anat.* katılgan doku.

con.nex.ion [kə'nekʃən] *n.* bağlantı, irtibat, ilgi, alâka, ilişki, münasebet; ⚡ bağlama vasıtası, ekleme; süreklilik, devamlılık; akrabalık, hısımlık; ⚚ müşteriler; ticarî ilişki; iş, görev; sınıf, mezhep, grup, parti.

conn.ing-tow.er ⚓ ['kɔniŋtauə] *n.* harp gemilerinde kumanda kulesi.

cón.niv.ance [kə'naivəns] *n.* göz yumma, suç ortaklığı (at, in, with *-e*); **con'nive** *vb.*: ~ at göz yummak *-e*, suç ortağı olm. *-e*, görmezlikten gelmek *-i*.

con.nois.seur [kɔnə'səː] *n.* (of *veya* in wine *etc.* *şarapta vs.*) erbap, ehil, mütehassıs, uzman ,bir işten iyi anlayan kimse.

con.no.ta.tion [kɔnəu'teiʃən] *n.* çağrışım, diğer anlam, asıl anlamından başka kavram; **con'note** *vb.* akla getirmek, anlamına gelmek, demeye gelmek, ifade etm.

con.nu.bi.al □ [kə'njuːbjəl] evliliğe ait, evlilik..., karı koca...

con.quer ['kɔŋkə] *v/t.* fethetmek, zaptetmek, galip gelmek; *fig.* yenmek *(korku)*; **'con.quer.or** *n.* fatih, galip; F final maçı.

con.quest ['kɔŋkwest] *n.* fetih, zapt; zafer, başarı.

con.san.guin.e.ous [kɔnsæŋ'gwiniəs] *adj.* aynı soydan, aynı ırktan, akraba; **con-san'quin.i.ty** *n.* kan akrabalığı, aynı soydan gelme.

con.science ['kɔnʃəns] *n.* vicdan; in all ~ F doğrusu, vicdanen; mutlaka, elbette; have the ~ to do *bşi* yapmaya vicdanı elvermek; ~ money vicdanı rahatlatmak için verilen para; **'con.science.less** *adj.* vicdansız.

con.sci.en.tious □ [kɔnʃi'enʃəs] vicdanının sesini dinleyen, vicdan sahibi; temiz iş yapan, dürüst, insaflı; ~ objector askerlik hizmetini reddeden kimse; **con.sci-'en.tious.ness** *n.* vicdan, vicdanlılık; dürüstlük.

con.scious □ ['kɔnʃəs] bilinçli, şuurlu, farkında olan; ayık; be ~ of *-in* farkında olm., bilincinde olm.; **'con.scious.ness** *n.* bilinç, şuur, idrak, anlayış, akıl, his.

con.script ⚔ **1.** [kən'skript] *vb.* askere çağırmak, askere almak; **2.** ['kɔnskript] *adj.* askere alınmış; **3.** [~] *n.* askere alınmış nefer, kur'a neferi, acemi asker; **con.scrip.tion** ⚔ [kən'skripʃən] *n.* askere çağırma; mecburi askerlik; savaş zamanında alınan mecburi vergi; industrial ~ bedenen çalışma yükümlülüğü.

con.se.crate ['kɔnsikreit] *v/t.* takdis etm.; Tanrıya adamak, tahsis etm., vakfetmek; **con.se'cra.tion** *n.* takdis merasimi; adama, vakfetme, takdis, ithaf; **'con.se-cra.tor** *n.* kendini adamış kimse; *bş* bağışlayan kimse.

con.sec.u.tive [kən'sekjutiv] *adj.* arka arkaya, birbirini takibeden, art arta gelen; *gr.* ardıl; **con'sec.u.tive.ly** *adv.* birbirini takip ederek, art arta gelerek.

con.sen.sus [kən'sensəs] *n.* umumun fikri, fikir birliği, oy birliği, ittifak.

con.sent [kən'sent] **1.** *n.* (to *-e*) müsaade, izin, rıza, muvafakat; oy birliği, ittifak; age of ~ erginlik yaşı; with one ~ oy birliği ile, tam ittifakla; **2.** *vb.* razı olm., muvafakat etm., rıza göstermek (to, in *-e*); **con.sen.tient** [~'senʃənt] *adj.* razı, muvafık, kabul eden.

con.se.quence ['kɔnsikwəns] *n.* sonuç, netice, akıbet; eser, semere; ehemmiyet, önem; in ~ of neticesinde, sonucu olarak, sebebiyle; **'con.se.quent 1.** *adj.* neticesi olan, sonucu olan, bağlı; **2.** *n.* netice, sonuç; **con.se.quen.tial** □ [~'kwenʃəl] neticesi olan, bağlı olan (on, upon *-e*); **con.se.quent.ly** ['~kwəntli] *adv.* netice olarak, bu sebeple, sonuç olarak, binaenaleyh.

con.ser.va.tion [kɔnsəːveiʃən] *n.* koruma, muhafaza, himaye; doğal kaynakları koruma; **con.serv.a.tism** [kən'səː vətizəm] *n* muhafazakârlık, tutuculuk; **con'serv.a-tive 1.** □ ihtiyatlı, tedbirli, ılımlı, mutedil (of); *pol.* muhafazakâr, tutucu; **2.** *n.* tutucu kimse, muhafazakâr kimse; tedbirli kimse; **con'ser.va.toire** [~twaː] *n.* ♪ konservatuvar; **con'ser.va.tor** *n.* koruyucu, himaye eden kimse, koruma görevlisi; **con'serv.a.to.ry** [~tri] *n.* limonluk, ser; ♪ konservatuvar; **con'serve** *v/t.* muhafaza etm., korumak; şeker ile muhafaza etm., konserve yapmak.

con.sid.er [kən'sidə] *v/t.* düşünmek, göz önünde tutmak; hesaba katmak, dikkate almak; addetmek, saymak, farzetmek, sanmak; hürmet etm.; incelemek, mütalâa etm.; *v/i.* tefekkür etm., durup düşünmek; all things ~ed enine boyuna düşünülürse, herşey göz önünde tutulursa; **con'sid.er.a.ble** □ hayli; çok, epey; büyük; önemli, hatırı sayılır; **con'sid.er.a-**

bly *adv.* epeyce, oldukça; **con'sid.er.ate** [~rit] □ saygılı, nazik, düşünceli, hürmetkâr; **con.sid.er.a.tion** [~'reiʃən] *n.* göz önüne alma; saygı, itibar, nezaket, hürmet; düşünce; faktör, husus; karşılık, bedel, ödül; önem, ehemmiyet; ☨ pey akçesi; be under ~ görüşülmekte olm., tetkik edilmekte olm., gözden geçirilmekte olm.; take into ~ göz önüne almak, hesaba katmak; money is no ~ para önemli değil; on no ~ hiç bir surette, asla; **con'sid.er.ing** 1. *prp.* -*e* göre, -*e* nazaran; -*i* göz önünde tutulursa; yine de, rağmen; 2. *adv.* F şartlar göz önünde tutulursa.

con.sign [kən'sain] *v/t.* göndermek, yollamak; teslim etm., vermek, tahsis etm., adamak; ☨ mal göndermek; **con.sig.na.tion** [kɔnsai'neiʃən], **con.sign.ment** [kən'sainmənt] *n.* gönderme, sevk, teslim, sevkiyat; ☨ gönderilen mallar; **con.sign.ee** [kɔnsai'niː] *n.* kendisine mal gönderilen kimse, alıcı; **con.sign.er, con.sign.or** [kən'sainə] *n.* mal gönderen kimse.

con.sist [kən'sist] *vb.* ibaret olm., mürekkep olm., meydana gelmek, oluşmak (of -*den*); dayanmak, bağlı olm. (in -*e*); uygun olm., uymak (with *ile*); **con'sist.ence, con'sist.en.cy** *n.* birbirini tutma, tutarlık, uyum, ahenk; yoğunluk, kesafet, kıvam, koyuluk; **con'sist.ent** □ birbirini tutan, tutarlı; uygun, aralarında bağ olan (with *ile*); ~ly her zaman, devamlı olarak, mütemadiyen; **con'sis.to.ry** *n.* *eccl.* kilise idare heyeti, kilise yönetim kurulu.

con.sol.a.ble [kən'səuləbl] *adj.* tesellisi mümkün, avutulabilir; **con.so.la.tion** [kɔnsə'leiʃən] *n.* teselli, avunç.

con.sole 1. [kən'səul] *v/t.* teselli etm., avutmak, avundurmak; 2. ['kɔnsəul] *n.* konsol, radyo *veya* televizyon kasası; org klavyesi; ⩓ dirsek; ~ table konsol.

con.sol.er [kən'səulə] *n.* teselli eden kimse.

con.sol.i.date [kən'sɔlideit] *v/t.* & *v/i.* sağlamlaş(tır)mak, pekiş(tir)mek; *fig.* birleş(tir)mek; konsolide etm., vadesini uzatmak; ~d annuities = consols; **con.sol.i'da.tion** *n.* birleş(tir)me, sağlamlaştırma, takviye; borçları birleştirme.

con.sols [kən'sɔlz] *n. pl.* konsolide borçlar; Duyunu Umumiye'de kayıtlı uzun vadeli borç.

con.so.nance ['kɔnsənəns] *n.* uygunluk, uyum, ahenk, ses uygunluğu; **'con.so.nant** 1. □ ♪ ahenkli, uyumlu, aynı seslere sahip olan (with, to -*le*); 2. *n. gr.* konsonant, sessiz harf.

con.sort 1. ['kɔnsɔːt] *n.* eş, karı, koca; ⚓ yoldaş gemi; 2. [kən'sɔːt] (with) *vb.* arkadaşlık etm. -*le*, vakit geçirmek -*le*; uymak -*e*, uygun olm. -*e*.

con.spec.tus [kən'spektəs] *n.* taslak, genel plan, özet.

con.spic.u.ous □ [kən'spikjuəs] göze çarpan, farkedilir, bariz, dikkati çeken, açık seçik; *fig.* çarpıcı, mükemmel, cazip; be ~ by one's absence yokluğunda aranmak, değeri yokluğunda belli olm.; make o.s. ~ dikkat çekmek.

con.spir.a.cy [kən'spirəsi] *n.* fesat dolu gizli anlaşma, suikast; **con'spir.a.tor** [~tə] *n.* suikastçı; **con'spir.a.tress** *n.* kadın suikastçı; **con.spire** [kən'spaiə] *vb.* fesat maksadı ile anlaşmak, suikast hazırlamak, entrika çevirmek; elbirliği ile çalışmak.

con.sta.ble ['kʌnstəbl] *n.* polis memuru; kraliyet ailesinin valisi *veya* muhafızı; **con.stab.u.lar.y** [kən'stæbjuləri] *n.* polis teşkilâtı; jandarma.

con.stan.cy ['kɔstənsi] *n.* değişmezlik, sabitlik; tahammül, dayanıklılık; sadakat, bağlılık; **'con.stant** 1. □ devamlı, sürekli, daimî; sabit, değişmez; sadık, bağlı; 2. *n.* ⩕ konstant, sabite.

con.stel.la.tion *ast.* [kɔnstə'leiʃən] *n.* takımyıldız, burç.

con.ster.na.tion [kɔnstəː'neiʃən] *n.* donup kalma, korku, dehşet, hayret, şaşkınlık.

con.sti.pate ⚕ ['kɔnstipeit] *vb.* kabızlığa sebep olm., sıkmak; **con.sti'pa.tion** *n.* ⚕ kabızlık, peklik.

con.stit.u.en.cy [kən'stitjuənsi] *n.* seçim çevresi, seçim bölgesi; F seçmenler; **con'stit.u.ent** 1. *adj.* anayasayı değiştirme yetkisi olan; seçme hakkı olan; bir bütünü oluşturan; 2. *n.* seçmen; öğe, unsur.

con.sti.tute [kɔnstitjuːt] *v/t.* teşkil etm., oluşturmak, meydana getirmek; tayin etm., atamak; kurmak, tesis etm., kanunî yetki vermek; ~ s.o. judge *b-ni* hakim olarak atamak; **con.sti'tu.tion** *n.* anayasa; bünye, beden yapısı; terkip, bileşim; **con.sti'tu.tion.al** [~ʃənl] 1. □ anayasal, anayasaya uygun; bünyesel, bünyevî, sıhhî, yapısal; ~ law anayasa; 2. *n.* F sağlık için yapılan kısa yürüyüş; **con.sti'tu.tion.al.ist** [~ʃnəlist] *n.* meşrutiyetçi, anayasa taraftarı; **con.sti.tu.tive** □ ['kɔnstitjuːtiv] yapıcı, kurucu, teşkil eden; temelli, köklü, esaslı.

con.strain [kən'strein] *v/t.* zorlamak, mecbur etm., zorla yaptırmak; **con.straint** [~ˈstreint] *n.* zorlama, mecbur etme, sınırlama, tahdit; yapmacıklık, sunilik; ⚖ tehdit, hürriyetin sınırlanması, manevî zorlama.

con.strict [kənˈstrikt] *vb.* sık(ıştır)mak; büzmek; daraltmak; kısaltmak; **conˈstric.tion** *n.* sıkma, büzme, kasılma, kısalma; **conˈstric.tor** *n. anat.* büzgen, sıkıcı adale; *zo. a.* boa ~ boa yılanı.

con.strin.gent [kənˈstrindʒənt] *adj.* büzen, kısaltan.

con.struct [kənˈstrʌkt] *v/t.* inşa etm., yapmak, kurmak; *fig.* düzenlemek, tertip etm.; **conˈstruc.tion** *n.* yapı, bina, inşaat; yorum, mana; under ~ inşa halinde; **conˈstruc.tive** *adj.* yapıcı, olumlu, yapısal; **conˈstruc.tor** *n.* kurucu, yapıcı, inşaatçı.

con.strue [kənˈstruː] *vb. gr.* tercüme etm., mana vermek, yorumlamak; cümleyi tahlil etm.; gramatik olarak cümle kurmak.

con.sue.tu.di.nar.y [kɔnswiˈtjuːdinəri] *adj.* alışılagelen, alışılmış...

con.sul [ˈkɔnsəl] *n.* konsolos; ~ general başkonsolos; **con.su.lar** [ˈkɔnsjulə] *adj.* konsolosa ait, konsolos..., konsolosluk...; **con.su.late** [ˈ~lit] *n.* konsolosluk, konsoloshane; ~ general başkonsolosluk; **con.sul.ship** [ˈkɔnsəlʃip] *n.* konsolosluk.

con.sult [kənˈsʌlt] *v/t.* baş vurmak *-e,* müracaat etmek *-e,* danışmak *-e,* sormak *-e*; göz önünde bulundurmak, hesaba katmak, düşünmek; ~ing engineer danışman mühendis; ~ing physician danışman doktor; *v/i.* istişare etm., görüşme yapmak; danışmanlık yapmak; **conˈsult.ant** *n.* müşavir, danışman; **con.sul.ta.tion** [kɔnsəlˈteiʃən] *n.* başvurma, danışma, müzakere; konsültasyon; ~ hour muayene saati; **con.sult.a.tive** [kənˈsʌltətiv] *adj.* danışmanlıkla ilgili, danışma...

con.sum.a.ble [kənˈsjuːməbl] *adj.* tüketilir, sarfolunur, kullanılır; **conˈsume** *v/t.* yiyip bitirmek, tüketmek, israf etm., ziyan etm., sarfetmek, yoğaltmak; yakıp kül etm.; *fig. k-ni* yemek; deliye dönmek; *v/i.* tükenmek, uçmak, ziyan edilmek, yok olm.; **conˈsum.er** *n.* tüketici, yoğaltıcı; ~ goods *pl.* tüketim maddeleri.

con.sum.mate **1.** □ [kənˈsʌmit] tam, mükemmel, şahane; **2.** [ˈkɔnsəmeit] *v/t.* tamamlamak; mükemmelleştirmek; **con-sum.ma.tion** [~ˈmeiʃən] *n.* tamamlama, yerine getirme; *fig.* son, sonuç.

con.sump.tion [kənˈsʌmpʃən] *n.* tüketim, yoğaltım; ⚕ verem; **con.sump.tive** □ tüketilecek...; veremli.

con.tact **1.** [ˈkɔntækt] *n.* temas, dokunma, değme, sürtünme; ilişki, münasebet; haberleşme; bulaşıcı hastalık geçirebilecek kimse; ⚡ bağlantı; make (break) ~ teması temin etm. (kesmek); elektrik devresini bağlamak (kesmek); **2.** [kənˈtækt] *v/t.* temasa geçmek *-le,* temas kurmak *-le,* konuşmak *-le*; ~ **lens.es** [ˈkɔntækt-ˈlensiz] *n. pl.* kontakt lensler, mercekler.

con.ta.gion ⚕ [kənˈteidʒən] *n.* bulaşma, geçme *(hastalık)*; bulaşıcı hastalık; *fig.* kötü tesir; **conˈta.gious** □ bulaşıcı, sâri; yayılan.

con.tain [kənˈtein] *v/t.* ihtiva etm., içine almak, kapsamak; eşit olm. *-e;* sınırlamak; kontrol altına almak; tam bölünmek *(sayı)*; ✕ tutuklamak; *fig. k-ni* tutmak; ~ o.s. *k-ni* tutmak, geri durmak; **conˈtain.er** *n.* kap; konteyner; **conˈtain-ment** *n.* alıkoyma, kontrol etme; *pol.* bir devletin etki alanını genişletmesini önleme politikası.

con.tam.i.nate [kənˈtæmineit] *v/t.* kirletmek, pisletmek, lekelemek; bulaştırmak, geçirmek *(hastalık, mikrop)*; *fig.* bozmak *(ahlâkını)*; **con.tam.iˈna.tion** *n.* bulaştırma; kirletme, pisletme; pislik.

con.temn *lit.* [kənˈtem] *vb.* hor görmek, küçük görmek, adam yerine koymamak.

con.tem.plate [ˈkɔntempleit] *vb. fig.* seyretmek; düşünmek, tasarlamak, niyetinde olm.; düşünceye dalmak; **conˈtem-ˈpla.tion** *n.* derin düşünce; niyet, maksat; umut, bekleme; düşünme, tasarlama; have in ~ niyetinde olm.; **ˈcon.tem-pla.tive** □ düşünceli, dalgın.

con.tem.po.ra.ne.ous □ [kəntempəˈrein-jəs] aynı zamanda olan; ~ performance ⚖ aynı anda olan icraat; **conˈtem.po-rar.y** **1.** *adj.* çağdaş, modern; aynı anda olan; aynı yaşta olan, **2.** *n. b-le* akran olan kimse, aynı yaşta olan kimse.

con.tempt [kənˈtempt] *n.* nefret, küçük görme, yukarıdan bakma; hürmetsizlik, saygısızlık; kurallara karşı gelme; ~ of court mahkemeye itaatsizlik; hold in ~ hor görmek, hakir görmek; in ~ of önemsemeyerek; karşı gelerek; **conˈtempt.i.ble** □ alçak, rezil, aşağılık, adî; **conˈtemp-tu.ous** □ [~tjuəs] kibirli, küçük gören, hor gören (of *-i*).

con.tend [kənˈtend] *v/i.* çarpışmak, mücadele etm., müsabakaya girmek, çekişmek (for *için*); *v/t.* iddia etm., ileri sürmek, tartışmak, münakaşa etm.

con.tent [kənˈtent] **1.** *adj.* memnun, hoşnut, razı; not ~ memnun değil; **2.** *v/t.* memnun etm., hoşnut etm.; ~ o.s. yetinmek, idare etm. (with *ile*); **3.** *n.* rahatlık; to one's heart's ~ canı istediği kadar, doya doya; [ˈkɔntent] *n.* hacim, istiap, kapasite; öz, esas, içerik, muhteva, gerçek anlam; ~s *pl.* içindekiler; table of ~s fihrist, endeks; **con.tent.ed** □ [kənˈtentid] memnun, hoşnut, rahat, halinden memnun.

con.ten.tion [kənˈtenʃən] *n.* kavga, çekişme, mücadele, münakaşa, iddia; **conˈten.tious** □ kavgacı, münakaşacı; ihtilâflı.

con.tent.ment [kənˈtentmənt] *n.* memnuniyet, rahatlık, gönül huzuru.

con.test 1. [ˈkɔntest] *n.* yarışma, müsabaka; mücadele, çekişme; tartışma, münakaşa; iddia, bahis; **2.** [kənˈtest] *v/t.* itiraz etm. *-e*, karşı koymak *-e*, muhalefet etm. *-e*; ~ s.o.'s right to do s.th. *b-nin bş* yapma hakkına itiraz etm.; *v/i.* müsabakaya girmek, mücadele etm., çekişmek; ~ a borough bir ilçede seçilmek için mücadele etm.; **conˈtest.a.ble** *adj.* itiraz kaldırır, tartışma götürür, münakaşa edilebilir; **conˈtest.ant** *n.* yarışmacı; bir karar *veya* ödüle itiraz eden kimse; **conˈtest.ed** *adj.* münakaşalı, ihtilâflı.

con.text [ˈkɔntekst] *n.* sözün gelişi, münasebet; şartlar ve çevre; **con.tex.tu.al** □ [kənˈtekstjuəl] sözün gelişine göre; **conˈtex.ture** [~tʃə] *n.* yapı, bünye; düzen, tertip; sözün gelişi.

con.ti.gu.i.ty [kɔntiˈgjuːiti] *n.* yakınlık, komşuluk, hemhudutluk; **con.tig.u.ous** □ [kənˈtigjuəs] yakın, komşu, bitişik, hemhudut, sınırdaş (to *-e*).

con.ti.nence [ˈkɔntinəns] *n.* kendini tutma, ölçülülük, kendine hâkim olma; **ˈcon.ti.nent 1.** □ kendine hâkim, ölçülü; **2.** *n.* kıta, anakara; **con.ti.nen.tal** [~ˈnentl] **1.** □ kıtaya ait, kıtasal, karasal (*iklim*); Avrupa kıtasına ait; **2.** *n.* Avrupa kıtasında yaşayan kimse.

con.tin.gen.cy [kənˈtindʒənsi] *n.* ihtimal; beklenmedik olay; **conˈtin.gen.cies** *n. pl.* rastlantı sonucu olan olaylar, kazara olan olaylar; **conˈtin.gent 1.** □ kesin olmayan, şüpheli, olması başka şeye bağlı olan, kazara olan, rastlantı eseri olan, tesadüfî; ~ on bağlı *-e*, dayalı *-e*; **2.** *n.* ⚔ asker grubu, grup.

con.tin.u.al □ [kənˈtinjuəl] devamlı, sürekli, daimî, ardı arkası kesilmez, mütemadî; sık sık; **conˈtin.u.ance** *n.* devam, süreklilik, sürdürme; süre, müddet; erteleme; arta kalan şey; **con.tin.uˈa.tion** *n.* devam (etme), sürme, sürüp gitme; uzantı; ⚖ uzatma, temdit, zeyil; ~ school (*boş zamanları değerlendirmek için gidilen*) akşam okulu; **conˈtin.ue** [~njuː] *v/t.* devam etm. *-e*; uzatmak, sürdürmek; görevde tutmak; ertelemek, tehir etm.; ~ reading okumaya devam etm.; to be ~d arkası var, devamı var; *v/i.* sürmek, devam etm.; dayanmak; kalmak; yeniden başlamak; ~ (in) a business bir işe devam etm., bir işte kalmak; **con.ti.nu.i.ty** [kɔntiˈnjuːiti] *n.* devamlılık, süreklilik, ardı arkası kesilmeyiş; *film:* detaylı senaryo; *radyo:* program metni; **con.tin.u.ous** □ [kənˈtinjuəs] devamlı, sürekli, fasılasız, aralıksız; ~ current ⚡ devamlı cereyan, doğru akım.

con.tort [kənˈtɔːt] *v/t.* burmak, bükmek, eğmek, çarpıtmak; **conˈtor.tion** *n.* bur(ul)ma, bük(ül)me, eğ(il)me; **conˈtor.tion.ist** [~ʃnist] *n.* vücudunu türlü şekillere sokan akrobat, vücudu lastik gibi olan akrobat.

con.tour [ˈkɔntuə] *n.* dış hatlar, çevre; şekil; düzey çizgisi; ~ **line** *surv.* eşyükselti çizgisi; ~ **map** düzey haritası.

con.tra [ˈkɔntrə] *pref.* karşı, zıt, aksi; per ~ ⚖ öbür taraftan.

con.tra.band [ˈkɔntrəbænd] **1.** *adj.* kaçak...; **2.** *n.* kaçak eşya, kaçak mal.

con.tra.cep.tion [kɔntrəˈsepʃən] *n.* gebelikten korunma; **con.traˈcep.tive** *adj.* & *n.* gebeliği önleyici (hap *veya* alet).

con.tract 1. [kənˈtrækt] *v/t.* daraltmak, kısaltmak; büzmek, kasmak; buruşturmak; *hastalık:* tutulmak; çatmak (*kaş*); anlaşma yaparak üstlenmek; girmek (*borca*); *v/i.* mukavele yapmak, anlaşma yapmak; kasılmak, daralmak, büzülmek, buruşmak; ~ for ...için mukavele yapmak; ~ing parties âkit taraflar, sözleşme aktedenler; **2.** [ˈkɔntrækt] *n.* sözleşme, anlaşma, mukavele, akit kontrat; by ~ sözleşmeye dayanan, mukavele ile; under ~ mukaveleli, sözleşmeli; **con.tract.ed** □ [kənˈtræktid] kasılmıs, büzülmüş, kısaltılmış; *fig.* az, kıt, mahdut; ~ form *gr.* kaynaştırılmış şekil; **con.tract.iˈbil.i.ty** *n.* kısaltılabilirlik; **conˈtract.i.ble** *adj.* kısaltılabilir; **conˈtrac.tile** [~tail] *adj.* toplanabilen, kısal(tıl)abilen; **conˈtrac.tion** *n.* büzülme, kasılma; *gr.* kaynaştırma; **conˈtrac.tor** *n.* müteahhit, akdi yapan taraf, mukaveleli kimse *veya* firma: *anat.* doğum anında gerilen rahim adeleleri, büzgen; **conˈtrac-**

tu.al [~tjuəl] *adj.* akitten doğan, mukaveleden doğan, mukavele...

con.tra.dict [kɔntrəˈdikt] *v/t.* yalanlamak, *-in* aksini söylemek, ...ile ters düşmek, ...ile tezat teşkil etm.; **con.traˈdic.tion** *n.* yalanlama; çelişme, aykırılık, tezat; **con.traˈdic.tious** □ aykırı, zıt, aksi, ters; **con.traˈdic.to.ry** [~-təri] □ aykırı, zıt, aksi, ters.

con.tra.dis.tinc.tion [kɔntrədisˈtiŋkʃən] *n.* fark, zıt, aksi, tezat; **con.tra.disˈtin.guish** [~gwiʃ] *vb.* zıddı ile ayırmak, ayırt etm.

con.trap.tion *sl.* [kənˈtræpʃən] *n.* garip alet, cihaz.

con.tra.ri.e.ty [kɔntrəˈraiəti] *n.* zıtlık, tezat, terslik, aksilik; **con.tra.ri.ly** [ˈ~trəlili] *adv.* aksine, bilâkis; **ˈcon.tra.ri.ness** *n.* terslik, zıtlık, aksilik, inatçılık; **con.tra.ri-wise** [ˈ~waiz] *adv.* aksine, bilâkis; ters yönde, aksi yönde; zıt giderek; **ˈcon.tra-ry** **1.** *adj.* ters, zıt, aksi, muhalif, karşı, aykırı; F [kənˈtrɛəri] dik kafalı, aksi, inatçı, asi; ~ to *prp.* *-e* aykırı, *-e* ters; **2.** *n.* aksi, zıt, ters, karşıt; on the ~ aksine, bilakis, tersine; to the ~ aksi yönde, olumsuz yönde, ...rağmen.

con.trast **1.** [ˈkɔntrɑːst] *n.* tezat, zıtlık, fark, ayrılık; *fotoğraf:* açık ve koyu kısımlar arasındaki fark; in ~ to *-e* zıt olarak, *-in* aksine, *-e* ters olarak; by ~ aksine; **2.** [kənˈtrɑːst] *v/t.* karşılaştırmak, mukayese etm. (with *ile*); *v/i.* ters düşmek, tezat teşkil etm., zıt olm. (with *ile*).

con.tra.vene [kɔntrəˈviːn] *vb.* karşı gelmek *-e,* muhalefet etm. *-e;* itiraz etm. *-e;* ihtilâfa düşmek *-le,* zıtlaşmak *-le,* uyumsuz olm. *-le*; **con.tra.ven.tion** [~ˈvenʃən] *n.* karşı gelme, ihlâl (of *-e, -i*).

con.trib.u.te [kənˈtribjuːt] *v/t.* bağışlamak *-e,* katkıda bulunmak *-e,* iane vermek *-e*; *v/i.* yazı vermek (to *-e*); **con.tri.bu.tion** [kɔntriˈbjuːʃən] *n.* yardım, bağış, iane, teberru; makale, yazı; vergi; aidat, prim; ⚔ işgal kuvvetlerinin elkoyması; **con.trib.u.tor** [kənˈtribjutə] *n.* yardım eden kimse, bağış yapan kimse; yazı yazan kimse (to a newspaper *bir gazeteye*); **conˈtrib.u.to.ry** *adj.* yardımcı, sebep olan (to *-e*).

con.trite □ [ˈkɔntrait] pişman, tövbekâr; **con.tri.tion** [kənˈtriʃən] *n.* pişmanlık.

con.triv.ance [kənˈtraivəns] *n.* buluş, icat; hüner; tertibat, cihaz; gizli plan, entrika; **conˈtrive** *v/t.* icat etm., bulmak; başarmak, becermek; *v/i.* plan yapmak (to *inf.* *-mek için*); **conˈtriv.er** *n.* çekip çeviren kimse (*part. ev kadını*); she is a good ~ iyi bir ev kadınıdır.

con.trol [kənˈtrəul] **1.** *n.* kontrol, denetleme; idare, hâkimiyet, egemenlik; ⚖ tasarruf; *attr.* kontrol...; ~ surfaces *pl.* ✈ kumanda sathı, uçak dümen tertibatı; remote *veya* distant ~ uzaktan kontrol; ~ board ⊕ kontrol paneli; ~ column ✈ kumanda kolonu, volanlı lövye; ~ knob ayar düğmesi, kontrol düğmesi; ~ valve *radyo:* ayar supapı; be in ~ yönetici durumda olm., kontrolü elinde bulundurmak, yönetmek (of *-i*); put s.o. in ~ *b-ni* yönetici yapmak, başa geçirmek; **2.** *v/t.* kontrol etm., denetlemek, tetkik etm.; idare etm., hâkim olm.; düzenlemek; ⊕ ayar etm.; ✈ uçak kullanmak; **conˈtrol-la.ble** *adj.* idare edilebilir, yönetilebilir; **conˈtrol.ler** *n.* murakıp, denetleyici, muhasebeci, kontrolör; regulatör.

con.tro.ver.sial □ [kɔntrəˈvəːʃəl] çekişmeli, ihtilâflı; **con.tro.ver.sy** [ˈ~vəːsi] *n.* çekişme, münakaşa, tartışma, ihtilâf, mücadele; **con.tro.vert** [ˈ~vəːt] *vb.* yalanlamak, inkâr etm.; itiraz etm.; **con.troˈvert.i.ble** □ itiraz edilebilir, inkâr edilebilir.

con.tu.ma.cious □ [kɔntjuˈmeiʃəs] inatçı, asi, dik başlı, isyankâr; ⚖ itaatsiz; **con-tu.ma.cy** [ˈkɔntjuməsi] *n.* inat, inatçılık, asilik; ⚖ itaatsizlik, mahkeme emrine uymama.

con.tu.me.li.ous □ [kɔntjuːˈmiːljəs] terbiyesiz, arsız, küstah; utandırıcı, yüz kızartıcı; **con.tu.me.ly** [ˈkɔntjuːmli] *n.* küfür, hakaret, tahkir.

con.tuse ⚕ [kənˈtjuːz] *v/t.* berelemek, çürütmek, ezmek, yaralamak; **conˈtu.sion** [~ʒən] *n.* bere, çürük, ezik.

co.nun.drum [kəˈnʌndrəm] *n.* şaşırtıcı soru, bilmece.

con.ur.ba.tion [kɔnəːˈbeiʃən] *n.* şehirlerin genişleyip birleşmesi.

con.va.lesce [kɔnvəˈles] *vb.* iyileşmek; **con.vaˈles.cence** *n.* iyileşme, nekahet; **con.va.les.cent** **1.** □ nekahet devresi ile ilgili, iyileşme...; **2.** *n.* iyileşen, şifa bulan kimse.

con.vec.tion *phys.* [kənˈvekʃən] *n.* ısı nakletme; **conˈvec.tor** *n.* konvektör.

con.vene [kənˈviːn] *vb.* topla(n)mak, biraraya getirmek, toplantı yapmak, biraraya gelmek; ⚖ dava açmak, mahkemeye celbetmek.

con.ven.ience [kənˈviːnjəns] *n.* uygunluk, rahatlık, kolaylık, elverişlilik; konfor; tuvalet, helâ; at your earliest ~ sizce mümkün olan en kısa zamanda; make

a ~ of s.o. *b-nin* iyi niyetini suiistimal etm.; marriage of ~ maddiyat evliliği, menfaate dayanan evlilik; **con'ven.ient** □ uygun, elverişli, münasip, rahat, müsait (to, for *-e*).
con.vent ['kɔnvənt] *n. (part. rahibelerin olduğu)* manastır; **con.ven.ti.cle** [kən'ventikl] *n.* gizli dinî toplantı, gizli dinî toplantının yapıldığı bina; **con'ven.tion** *n.* toplantı, kongre; anlaşma, mukavele; âdet, gelenek; **con'ven.tion.al** [~ʃənl] *adj.* göreneksel, geleneksel, âdetlere uygun; ~ weapons *pl.* nükleer silahlar dışındaki silahlar; **con'ven.tion.al.ism** [~ʃnəlizəm] *n.* âdetlere bağlılık; **con.ven.tion.al.i.ty** [~ʃə'næliti] *n.* toplum geleneklerine bağlılık; **con'ven.tu.al** [~tjuəl] □ manastır ile ilgili, manastır...
con.verge [kən'vəːdʒ] *vb.* bir noktada birleşmek; ⩚ birbirine yaklaşmak *(doğrular)*; **con'ver.gence, con'ver.gen.cy** *n.* birleşme; birbirine yaklaşma; **con'vergent, con'verg.ing** *adj.* birleşen; birbirine yaklaşan.
con.vers.a.ble [kən'vəːsəbl] *adj.* hakkında konuşulabilir; sohbeti tatlı; **con'ver.sant** (with) *adj.* iyi bilen, bilgisi olan, erbap; **con.ver.sa.tion** [~və'seiʃən] *n.* konuşma, sohbet; **con.ver'sa.tion.al** [~ʃənl] *adj.* konuşma..., konuşulabilir..., konuşma diline ait; **con.verse 1.** □ ['kɔnvəːs] zıt, aksi, ters; **2.** [~] *n.* ters fikir, ters ifade; ⩚, *phls.* evirtim, akis; **3.** [kən'vəːs] *vb.* konuşmak, görüşmek, sohbet etm. (with *ile*); **con'ver.sion** *n.* değiş(tir)me; ⊕, ⚡ çevirme; *phls.* evirme, evirtim; *eccl.* ihtida, din değiştirme; *pol.* başka bir görüşü benimseme; ⚚ borçların tahvili, tahvil.
con.vert 1. ['kɔnvəːt] *n.* dönme, muhtedi, din değiştiren kimse; **2.** ['kɔn'vəːt] *vb.* değiştirmek, tahvil etm., döndürmek, çevirmek; ⊕, ⚡ şeklini değiştirmek; *eccl.* *b-nin* inançlarını değiştirmek (to *-e*); ⚚ paraya çevirmek; **con'vert.er** *n.* değiştiren şey; ⊕, ⚡ konverter, çevirgeç; **convert.i.bil.i.ty** [~ə'biliti] *n.* değiştirilebilme; ⚚ konvertibilite, çevrilebilme; **con'vert.i.ble 1.** □ değiştirilebilir; ⚚ tahvili mümkün, çevrilebilir; **2.** *n. mot.* üstü açılıp kapanabilen spor araba; değiştirilebilen şey.
con.vex □ ['kɔn'veks] dışbükey, konveks; **con'vex.i.ty** *n.* dışbükeylik.
con.vey [kən'vei] *v/t.* taşımak, götürmek, nakletmek; ifade etm.; *phys.* nakletmek, iletmek; ⚖ devretmek; **con'vey.ance** *n.* taşıma, nakil, taşıt; ⚖ feragatname, terk, temlik, ferağ; ⚡ geçirme, iletme, transmisyon; public ~ toplu taşıma aracı; **con'vey.anc.er** *n.* ⚖ temlik ve ferağ muamelelerini hazırlayan avukat; **con.vey.or** ⊕ *a.* ~ belt taşıma bandı.
con.vict 1. ['kɔnvikt] *n.* mahkûm, suçlu; **2.** [kən'vikt] *v/t.* ikna etm., inandırmak (of *-e*); suçlandırmak, suçlamak, mahkûm etm. (of *ile*); **con'vic.tion** *n.* ⚖ suçlandırma, mahkûmiyet, hükümlülük; inanç, katiyet, kesinlik, kanaat (of *-e*); previous ~ sabıka.
con.vince [kən'vins] *v/t.* inandırmak, ikna etm. (of *-e*); **con'vinc.ing** *adj.* inandırıcı, ikna edici.
con.viv.i.al [kən'viviəl] *adj.* neşeli..., şen...; eğlenceye düşkün...; **con.viv.i.al.i.ty** [~-'æliti] *n.* neşe, eğlence, şamata.
con.vo.ca.tion [kɔnvəu'keiʃən] *n.* toplantı, meclis; kilise temsilcileri meclisi.
con.voke [kən'vəuk] *v/t.* toplantıya çağırmak.
con.vo.lu.tion [kɔnvə'luːʃən] *n.* büklüm, kıvrım; sarılma, dürülme.
con.vol.vu.lus ⚘ [kən'vɔlvjuləs] *n.* kahkahaçiçeği.
con.voy ['kɔnvɔi] **1.** *n.* konvoy; koruma, himaye; **2.** *v/t.* rehberlik etm., korumak.
con.vulse *fig.* [kən'vʌls] *vb.* sarsmak, sıkıntı vermek, rahatsız etm., kıvrandırmak; be ~d with laughter gülmekten katılmak; **con'vul.sion** *n.* ihtilâç, kıvranma, çırpınma, katılma; ~s of laughter gülmekten katılma; **con'vul.sive** □ ihtilâç gibi, çırpınma...
co.ny ['kəuni] *n.* tavşan; tavşan kürkü.
coo [kuː] *vb.* ötmek *(kumru)*; kumru gibi ses çıkarmak; mırıldanmak.
cook [kuk] **1.** *n.* aşçı; **2.** *v/t. & v/i.* piş(ir)mek; *fig.* uydurmak *(hikâye)*; F üzerinde oynamak *(hesaplar)*; **'~.book** *n. Am.* yemek kitabı; **'cook.er** *n.* soba, ocak; F uydurukçu; **'cook.er.y** *n.* aşçılık, mutfak işleri; ~ book yemek kitabı; **'cook-house** *n.* dışarıda olan mutfak; ⚓ gemi mutfağı; **cook.ie** *Am.* ['~i] *n.* kurabiye, çörek, bisküvi; *Am. sl.* şahıs; *Am. sl.* güzel kadın; **'cook.ing** *n.* pişirme (sanatı); **cook.y** ['~i] = cookie.
cool [kuːl] **1.** □ serin, soğuk; *fig.* soğukkanlı, sakin, kayıtsız, kendine hâkim; *b.s.* yüzsüz, küstah; *sl.* hoş, güzel, iyi, mükemmel; ~ a thousand pounds F abartmasız bin pound; **2.** *n.* serinlik; serin hava *veya* yer; sükûnet, soğukkanlılık; **3.** *v/t. & v/i.* soğu(t)mak, serinle(t)mek; yatışmak, geçmek *(sinir)*; let him ~ his heels bırak beklesin; **'cool.er** *n.* soğutma

cihazı, soğutucu; *sl.* hapishane, kodes; **ˈcool-ˈhead.ed** *adj.* soğukkanlı, serinkanlı.
coo.lie [ˈkuːli] *n.* hamal.
cool.ing ⊕ [ˈkuːliŋ] *n.* soğutma; *attr.* soğutucu...; **ˈcool.ness** *n.* serinlik; *fig.* soğukkanlılık.
coomb [kuːm] *n.* derin vadi.
coon *Am.* F [kuːn] *n. zo.* ayıya benzer bir hayvan türü; zenci; a gone ~ ümitsiz durumda olan kimse; ~ song zenci şarkısı.
coop [kuːp] **1.** *n.* kümes; **2.** *vb.* ~ up *veya* in kümese sokmak; tıkmak, sokmak.
co-op F [ˈkəuɔp] *n.* = co-operative (store) kooperatif.
coop.er [ˈkuːpə] *n.* fıçıcı; **ˈcoop.er.age** *n.* fıçıcılık; fıçı imalathanesi.
co-op.er.ate [kəuˈɔpəreit] *v/i.* işbirliği yapmak, beraber çalışmak; **co-op.erˈa-tion** *n.* işbirliği; **co-ˈop.er.a.tive** [~rətiv] **1.** *adj.* işbirliği yapan, işbirliğine ait; ~ society tüketim kooperatifi; ~ store kooperatif; **2.** = ~ store; **co-ˈop.er.a.tor** [~reitə] *n.* iş arkadaşı.
co-opt [kəuˈɔpt] *vb.* oy ile seçmek, atamak, tayin etm.; **co-opˈta.tion** *n.* oy ile seçme, atama.
co-or.di.nate **1.** □ [kəuˈɔːdinit] eşit, aynı derecede; **2.** [~neit] *v/t.* ayarlamak, ahenk kazandırmak, alıştırmak, düzeltmek; **co-or.diˈna.tion** *n.* tanzim, ayarlama, düzenleme, tertip, koordinasyon.
coot [kuːt] *n.* su tavuğu, sakarmeki; F zararsız kimse, beceriksiz kimse; **cootie** ⚔ *sl.* [ˈ~i] *n.* bit.
cop *sl.* [kɔp] **1.** *vb.* yakalamak, kapmak; çalmak, aşırmak; ~ it cezalandırılmak, dövülmek; **2.** *n.* polis memuru, aynasız.
co.pal [ˈkəupəl] *n.* bir reçine türü, kopal.
co.part.ner [ˈkəuˈpaːtnə] *n.* ortak; **ˈcoˈpart.ner.ship** *n.* ortaklık.
cope[1] [kəup] **1.** *n.* papaz cüppesi; *fig.* örtü; **2.** *vb.* örtmek.
cope[2] [~] *vb.*: ~ with başa çıkmak, uğraşmak.
Co.per.ni.can [kəuˈpəːnikən] *adj.* Kopernik'e ait ,Kopernik...
cope.stone [ˈkəupstəun] *n.* mst *fig.* taç, süsleme.
co-pi.lot [kəuˈpailət] *n.* ikinci pilot.
cop.ing ⚠ [ˈkəupiŋ] *n.* duvar tepeliği *veya* üstlüğü **ˈ~-stone** *n. fig.* taç, süsleme.
co.pi.ous □ [ˈkəupjəs] bol, çok, mebzul, bereketli; **ˈco.pi.ous.ness** *n.* bolluk, bereket.
cop.per[1] [ˈkɔpə] **1.** *n.* bakır; bakır para; kazan; **2.** *adj.* bakıra benzer; bakır...; **3.** *vb.* bakır kaplamak.
cop.per[2] *sl.* [~] *n.* polis memuru, aynasız.
cop.per.as ⚗ [ˈkɔpərəs] *n.* demir sulfat, zaç.
cop.per...: ~ **beech** ⚘ kızıl kayın ağacı; **ˈ~.plate** *n.* işlemeli bakır tabak; bir tür ince el yazısı; **ˈ~-smith** *n.* bakırcı.
cop.pice [ˈkɔpis], **copse** [kɔps] *n.* küçük koru, ağaçlık, çalılık.
cop.u.late *zo.* [ˈkɔpjuleit] *vb.* çiftleşmek *(hayvanlar)*; **cop.uˈla.tion** *n.* çiftleşme; **cop.u.la.tive** [ˈ~lətiv] **1.** *adj.* birleştiren, bağlayıcı; **2.** *n. gr.* bağlaç.
cop.y [ˈkɔpi] **1.** *n.* kopya, nüsha, suret, numune, örnek; müsvedde; metin, yazı; fair *veya* clean ~ temiz kopya; rough *veya* foul ~ müsvedde, karalama, eskiz; **2.** *v/t.* kopya etm., *-in* suretini çıkarmak; taklit etm.; kopya çekmek *(imtihanda)*; ~ fair temiz kopyasını çıkarmak; ~ing stand *phot.* kopya masası; **ˈ~-book** *n.* defter; **ˈ~-hold** *n.* zeamet, tımar; **ˈcop.y.ing-ink** *n.* kopya çıkarma mürekkebi; **ˈcop.y.ing-press** *n.* kopya presi: **ˈcop.y.ist** *n.* kopya eden, taklitçi; **ˈcop.y.right** *n.* telif hakkı; *attr.* telif hakkı saklı olan.
co.quet [kɔˈket] *vb.* cilve yapmak, flört etm.; **co.quet.ry** [ˈ~kitri] *n.* işve, cilve, işvebazlık; **co.quette** [~ˈket] *n.* cilveli kadın, oynak kadın, koket, yosma; **coˈquet.tish** □ cilveli, oynak, şuh.
cor.a.cle [ˈkɔrəkl] *n.* bez *veya* deri kaplı bir çeşit kayık.
cor.al [ˈkɔrəl] **1.** *n.* mercan; **2.** *adj. a.* **cor.al.line** [ˈ~lain] mercana benzer, mercan...
cor.bel ⚠ [ˈkɔːbəl] *n.* dirsek.
cord [kɔːd] **1.** *n.* ip, sicim, kaytan, şerit, tel; *fig.* manevî bağ; *anat.* ribat, veter, kiriş; = corduroy; **2.** *v/t.* iple bağlamak; iple süslemek; yığmak *(kütükleri)*; **ˈcord.ed** *adj.* iple bağlı; gergin *(adale)*; kabarık çizgili; **ˈcord.age** *n.* geminin halat takımı.
cor.dial [ˈkɔːdjəl] **1.** □ samimi, candan, yürekten, içten; **2.** *n.* likör; **cor.dial.i.ty** [~diˈæliti] *n.* samimiyet, içtenlik.
cord-mak.er [ˈkɔːdmeikə] *n.* ipçi, urgancı, halatçı.
cor.don [ˈkɔːdn] **1.** *n.* ⚠ kordon; ⚔ süslü bant, kordon; *(asker, polis araç vs.)* kordon; **2.** *vb.* ~ off kordon oluşturarak uzak tutmak.
cor.do.van [ˈkɔːdəvən] *n.* bir çeşit ince deri.
cor.du.roy [ˈkɔːdərɔi] *n.* fitilli kadife; ~s

pl. kadife pantolon; ~ road bataklık üzerindeki kütüklerden yapılmış yol.
core [kɔː] **1.** *n.* ⚘ göbek, meyvaların çekirdek kısmı; *fig.* iç, öz, esas, nüve; **2.** *vb.* içini çıkarmak *(meyvanın)*; **ˈcor.er** *n.* oyma bıçağı.
co-re.li.gion.ist [ˈkəuriˈlidʒənist] *n.* dindaş, aynı dinden olan kimse.
Co.rin.thi.an [kəˈrinθiən] *adj.* Korint üslûbu.
cork [kɔːk] **1.** *n.* mantar, tapa, tıpa; **2.** *v/t.* mantarla kapamak, tıpalamak; *fig. a.* ~ up saklamak *(duygularını)*; **ˈcork-age** *n.* lokantada müşterilerin beraberinde getirdiği şarap için verilen açma ve servis ücreti; **ˈcorked** *adj.* mantar kokusuyla bozulmuş *(şarap)*; *sl.* körkütük sarhoş; **ˈcork.er** *n. sl.* olağanüstü şey, muazzam şey; tıpalayan kimse *veya* şey; **ˈcork.ing** *adj. Am.* F fevkalâde, mükemmel, nefis.
cork...: ~**-jack.et** *n.* can kurtaran yeleği; **ˈ~.screw 1.** *n.* tirbuşon, tıpa burgusu; **2.** *adj.* helezonî; **3.** *vb.* vidalamak, dön(dür)mek; **ˈ~-tree** *n.* ⚘ mantar meşesi; **ˈcork.y** *adj.* mantara benzer, mantar gibi; F hayat dolu, canlı.
cor.mo.rant *orn.* [ˈkɔːmərənt] *n.* karabatak kuşu.
corn¹ [kɔːn] **1.** *n.* hububat, buğday, tahıl; *a.* Indian ~ *Am.* mısır; *Am.* ~ bread mısır ekmeği; **2.** *v/t.* tuzlayıp kurutmak; ~ed beef konserve sığır eti.
corn² ⚕ [~] *n.* nasır.
corn...: **ˈ~-chan.dler** *n.* mısırcı, tohumcu; **ˈ~-cob** *n. Am.* mısır koçanı.
cor.ne.a *anat.* [ˈkɔːniə] *n.* kornea, gözün dış tabakası.
cor.nel ⚘ [ˈkɔːnəl] *n.* karaniya.
cor.nel.ian *min.* [kɔːˈniːljən] *n.* akik taşı.
cor.ne.ous [ˈkɔːniəs] *adj.* boynuzdan yapılmış, boynuz gibi.
cor.ner [ˈkɔːnə] **1.** *n.* köşe, köşebaşı; gizli yer; bölge, bucak; *fig.* sıkıntı, çıkmaz; ⚚ piyasayı ele geçirme; ~ kick köşe vuruşu, korner atışı; **2.** *v/t.* çıkmaza sokmak, köşeye sıkıştırmak *(a. fig.)*; ⚚ ele geçirmek *(piyasayı)*; **ˈcor.nered** *comb.* ...köşeli.
corner...: **ˈ~-house** *n.* köşebaşı evi; **ˈ~-stone** *n.* temel taşı; *fig.* temel, esas.
cor.net [ˈkɔːnit] *n.* ♪ kornet; kağıt külâh.
corn...: **ˈ~-ex.change** *n.* tahıl borsası; **ˈ~.field** *n.* buğday tarlası; *Am.* mısır tarlası; ~ **flakes** *n. pl.* mısır gevreği; **ˈ~-flour** = corn-starch; **ˈ~-flow.er** *n.* peygamberçiçeği.
cor.nice [ˈkɔːnis] *n.* ⚠ korniş, geniş silme.
Cor.nish [ˈkɔːniʃ] *adj.* Kelt diline ait.
corn...: **ˈ~-juice** *n. Am. sl.* mısır viskisi; ~ **pone** *Am.* kızartılmış mısır ekmeği; **ˈ~-pop.py** *n.* ⚘ gelincik çiçeği; **ˈ~-stalk** *n.* buğday sapı; *Am.* mısır sapı; **ˈ~-starch** *n. Am.* mısır nişastası.
cor.nu.co.pi.a *poet.* [kɔːnjuˈkəupjə] *n.* sanatçılar tarafından bolluk sembolü olarak kullanılan ve içinden meyva, çiçek ve tahıl taşan boynuz şeklinde süslü kap.
corn.y [ˈkɔːni] *adj.* eskimiş, basmakalıp; *sl.* adî, bayağı; *part.* Am. ♪ çok duyulan *veya* tekrarlanan.
co.rol.la ⚘ [kəˈrɔlə] *n.* taçyapraklar, korol; **corˈol.la.ry** *n.* sonuç, netice; *fig.* akıbet.
co.ro.na [kəˈrəunə] *n., pl.* **coˈro.nae** [~niː] *ast.* hale, ağıl, ayla; ⚠ damlık, sıçan oluğu; **coˈro.nal** *adj. anat.* kafatasının üst düzeyine ait; **cor.o.na.tion** [kɔrəˈneiʃən] *n.* taç giyme töreni; **ˈcor.o.ner** *n.* şüpheli ölüm vakalarını tahkik eden memur; **cor.o.net** [ˈ~nit] *n.* asillerin giydiği küçük taç.
cor.po.ral [ˈkɔːpərəl] **1.** ☐ bedenî, cismanî, gövdesel; **2.** *n.* ⚔ onbaşı; **cor.po.rate** [ˈ~rit] ☐ anonim şirkete ait, ortaklığa ait; birlik olmuş, toplu; ~ body birlik, özel hukuk tüzel kişisi; **cor.po.ra.tion** [~ˈreiʃən] *n.* birlik; tüzel kişi; *Am.* anonim ortaklık; F şiş göbek; ~ tax kurumlar vergisi; **cor.po.ra.tive** [ˈ~rətiv] *adj.* anonim ortaklık...; korporatif...; **cor.po.re.al** ☐ [~ˈpɔːriəl] bedenî, maddî, cismanî; **cor.po.re.i.ty** [~pəˈriːiti] *n.* bedenen var oluş, mevcudiyet.
corps [kɔː] *n., pl.* **corps** [kɔːz] kolordu, müfreze, kıta; topluluk, heyet; Diplomatic ♀ kordiplomatik.
corpse [kɔːps] *n.* ceset, ölü.
cor.pu.lence, cor.pu.len.cy [ˈkɔːpjuləns(i)] *n.* şişmanlık; **ˈcor.pu.lent** *adj.* şişman, etli butlu.
cor.pus [ˈkɔːpəs] *n., pl.* **cor.po.ra** [ˈ~pərə] bir yazarın tüm eserlerini içeren yapıt, külliyat; esas; ana para, sermaye; ♀ Christi [ˈkristi] bir katolik yortusu; **cor-pus.cle** [ˈkɔːpʌsl] *n.* hücre, yuvar, kan küreciği.
cor.ral *part. Am.* [kɔːˈrɑːl] **1.** *n.* ağıl; **2.** *vb.* ağıla kapamak; *fig.* yakalamak.
cor.rect [kəˈrekt] **1.** ☐ doğru, sahih, yanlışsız, tam; dürüst; münasip, uygun; be ~ doğru, dürüst olm.; **2.** *v/t.* düzeltmek, ayarlamak, doğrultmak; cezalandırmak; ⚗ yumuşatmak; **corˈrec.tion** *n.* düzeltme, tashih, ıslah, ayarlama; cezalandırma; ⚗ yumuşatma; house of ~ ıslaha-

ne; hapishane; I speak under ~ yanlışlarım olduğunu bilerek konuşuyorum; **cor'rect.i.tude** [~titju:d] *n.* doğruluk, dürüstlük; **cor'rec.tive** 1. *adj.* düzeltici, ıslah edici; ⚕ yumuşatıcı; 2. *n.* ıslah eden *veya* düzelten şey, çare; **cor'rec.tor** *n.* düzletici, düzeltmen; ⚕ yumuşatıcı.

cor.re.late ['kɔrileit] 1. *vb.* karşılıklı ilişkisi olm.; aralarında uygunluk sağlamak; aralarında ilişki kurmak; 2. *n.* aralarında ilişki olan şeylerden her biri; **cor.re'la.tion** *n.* karşılıklı ilişki; bağlantı; **cor.rel.a.tive** □ [~'relətiv] karşılıklı; bağlantılı, ilişkili.

cor.re.spond [kɔris'pɔnd] *vb.* (with, to *-e, ile*) uymak, uygun gelmek, benzemek, aynı olm.; mektuplaşmak (with *ile*); **cor.re'spond.ence** *n.* uygunluk, benzerlik; mektuplaşma, yazışma, muhabere; **cor.re'spond.ent** 1. □ karşılıklı, uygun; 2. *n.* mektup arkadaşı; muhabir; my ~s mektup arkadaşlarım; **cor.re'spond.ing** *adj.* uyan, yerini tutan, aynısı; mektuplaşan, muhabere eden.

cor.ri.dor ['kɔridɔ:] *n.* koridor, geçit, dehliz; ~ train bir vagondan diğerine geçilebilen tren, koridorlu tren.

cor.ri.gi.ble □ ['kɔridʒəbl] düzeltilebilir; ıslah edilebilir *(kimse)*.

cor.rob.o.rant [kə'rɔbərənt] 1. *adj.* kuvvetlendirici, destekleyici; 2. *n.* kuvvetlendirici şey; **cor'rob.o.rate** [~reit] *v/t.* doğrulamak, teyit etm., desteklemek *(fikir)*; **cor.rob.o'ra.tion** *n.* doğrulama, onaylama, destekleme; **cor'rob.o.ra.tive** [~rətiv] *adj.* doğrulayan, destekleyen.

cor.rode [kə'rəud] *v/t. & v/i.* aşın(dır)mak, çürü(t)mek, paslan(dır)mak; **cor'ro.dent** 1. *adj.* aşındırıcı, çürütücü, paslandırıcı; 2. *n.* aşındırıcı madde, paslandırıcı madde; **cor'ro.sion** [~ʒən] *n.* paslanma, aşınma, çürüme; ⊕ asitlenme, korozyon; **cor'ro.sive** [~siv] 1. □ çürütücü, aşındırıcı, kemirici; *fig.* yıpratıcı; 2. *n.* çürütücü madde; **cor'ro.sive.ness** *n.* çürütücülük, aşındırıcılık.

cor.ru.gate ['kɔrugeit] *vb.* kırıştırmak, buruşturmak; ⊕ yiv açmak, oluk açmak; ~d cardboard oluklu mukavva; ~d iron oluklu demir levha.

cor.rupt [kə'rʌpt] 1. □ namussuz, fırsatçı, rüşvet almaya alışkın; kötü, pis; bozuk, çürük; ~ practices *pl. pol.* rüşvet alma *veya* verme; 2. *v/t. & v/i.* boz(ul)mak, çürü(t)mek; ahlâkını bozmak, ayartmak, baştan çıkartmak; rüşvet vermek; **cor'rupt.er** *n.* rüşvet yiyen kimse; **cor.rupt.i.bil.i.ty** [~tə'biliti] *n.* rüşvet yeme; **cor'rupt.i.ble** □ rüşvet yiyen; **cor'rup.tion** *n.* çürü(t)me; rüşvet yeme; ahlâk bozukluğu, fesat; **cor'rup.tive** □ çürütücü.

cor.sage [kɔ:'sa:ʒ] *n.* kadın elbisesinin üst kısmı, korsaj; *Am.* göğse takılan çiçek buketi.

cor.sair ['kɔ:sɛə] *n.* korsan; korsan gemisi.

corse [kɔ:s] *poet.* = corpse.

cors(e).let ['kɔ:slit] *n.* zırh *(yalnız gövdeyi örten)*.

cor.set ['kɔ:sit] *n.* korse; **'cor.set.ed** *adj.* korseli.

cor.tège [kɔ:'teiʒ] *n.* kortej, merasim alayı; maiyet.

cor.tex ⚘, *zo., anat.* ['kɔ:teks] *n., pl.* **cor.ti.ces** ['~tisi:z] kabuk, korteks, kışır.

cor.ti.cal ['kɔ:tikəl] *adj.* kabuk...; *fig.* harici, dış.

co.run.dum *min.* [kə'rʌndəm] *n.* korindon; zımpara.

cor.us.cate ['kɔrəskeit] *vb.* parıldamak, ışıldamak *(a. fig.)*.

cor.vette ⚓ [kɔ:'vet] *n.* korvet, ufak torpido muhribi; kadırga.

cor.vine ['kɔ:vain] *adj.* karga gibi, karga...

cosh *sl.* [kɔʃ] 1. *n.* cop; 2. *vb.* cop ile vurmak; '~-**boy** *n. sl.* genç haydut.

cosh.er ['kɔʃə] *vb.* şımartmak, pohpohlamak.

co-sig.na.to.ry ['kəu'signətəri] 1. *adj.* birlikte imzalayan; 2. *n.* müşterek imza atan kimse.

co.sine ⩚ ['kəusain] *n.* kosinüs.

co.si.ness ['kəuzinis] *n.* rahatlık, konfor.

cos.met.ic [kɔz'metik] 1. *adj.* makyaja ait, kozmetik..., güzelleştirici; 2. *n.* makyaj malzemesi; **cos.me.ti.cian** [kɔzme'tiʃən] *n.* güzellik uzmanı.

cos.mic, cos.mi.cal □ ['kɔzmik(əl)] evrensel, kâinata ait, kozmik; cosmic rays *pl.* kozmik ışınlar.

cos.mo.naut ['kɔzmənɔ:t] *n.* kozmonot.

cos.mo.pol.i.tan [kɔzməu'pɔlitən], **cos.mop.o.lite** [~'mɔpəlait] 1. *adj.* kozmopolit; 2. *n.* kozmopolit kimse.

cos.mos ['kɔzmɔs] *n.* acun, evren, kâinat, kozmos; düzen, sistem.

Cos.sack ['kɔsæk] *n.* Kazak.

cos.set ['kɔsit] 1. *n.* evde beslenen kuzu; 2. *vb.* şımartmak, çok iyi davranmak.

cost [kɔst] 1. *n.* fiyat, değer, paha, kıymet; zarar, ziyan; masraf, bedel; ~s *pl.* mahkeme harcı, dava masrafları; first *veya* prime ~ maliyet fiyatı; ~ of living hayat pahalılığı, geçim masrafı; at all

~s ne pahasına olursa olsun; to my ~ benim zararıma; as I know to my ~ başıma geldiği için bilirim; 2. (irr.) vb. mal olm., para tutmak; çok tutmak (zaman); ✝ -in fiyatı olm., mal olm.; hesap etm.; ~ dearly pahalıya mal olm.
cos.ter F ['kɔstə] n. = '~.**mon.ger** seyyar satıcı.
cost.ing ['kɔstiŋ] n. fiyat tesbiti.
cos.tive □ ['kɔstiv] kabız.
cost.li.ness ['kɔstlinis] n. değer, kıymet, paha; '**cost.ly** adj. değerli, pahalı, kıymetli; fig. pahalıya malolan.
cost-price ✝ ['kɔstprais] n. maliyet fiyatı.
cos.tume ['kɔstjuːm] n. kostüm, elbise, kıyafet, giysi; **cos'tum.i.er** [~miə] n. kostümleri hazırlayan kimse.
co.sy ['kəuzi] 1. □ rahat, konforlu, sıcacık, keyifli; 2. = tea.cosy.
cot [kɔt] n. çocuk karyolası; ⚓ gemi ranzası; portatif karyola.
cote [kəut] n. kulübe, sığınacak yer (hayvanlar için).
co.te.rie ['kəutəri] n. zümre, grup, heyet.
cot.tage ['kɔtidʒ] n. küçük ev, kulübe; yazlık ev, sayfiye evi; ~ cheese Am. süzme peynir; ~ piano küçük piyano; '**cot.tag.er** n. rençper; Am. sayfiye evinde oturan kimse.
cot.ter ⊕ ['kɔtə] n. anahtar, kama.
cot.ton ['kɔtn] 1. n. pamuk, pamuk bezi, pamuk ipliği; 2. adj. pamuklu...; ~ wool ham pamuk, hidrofil pamuk; 3. vb. F yaltaklanmak, yağcılık yapmak (to s.o. b-ne); ~ to s.th bşi anlamak, çakmak; ~ up geçinmek, anlaşmak (with, to ile); '~-**grass** n. pamuk otu; '~-**seed** n. ⚘ çiğit; '~-**wood** n. ⚘ bir nevi kavak ağacı; '**cot.ton.y** adj. pamuk gibi, pamuklu, pamuk...
cot.y.le.don ⚘ [kɔti'liːdən] n. tohumdan çıkan ilk yaprak, katiledon.
couch [kautʃ] 1. n. yatak, divan, sedir, kanepe; 2. v/t. yatırmak; indirmek; ifade etm., arz etm.; v/i. yatmak; çömelmek; pusuya yatmak; '~-**grass** n. ⚘ ayrıkotu.
cou.gar zo. ['kuːgə] n. puma.
cough [kɔf] 1. n. öksürük; 2. v/i. öksürmek; ~ down öksürerek duyulmasını önlemek; ~ up öksürerek çıkarmak; sl. nazlanarak söylemek, zorla vermek.
could [kud] pret. of can.
couldn't ['kundt] = could not.
coul.ter ['kəultə] n. sapan demiri.
coun.cil ['kaunsl] n. meclis, divan, konsey, encümen, şura, danışma kurulu;
coun.ci(l).lor ['~silə] n. meclis üyesi, encümen üyesi.
coun.sel ['kaunsəl] 1. n. danışma, fikir, düşünce, öğüt, nasihat; ✝ avukat, dava vekili; ~ for the defence savunma avukatı; ~ for the prosecution iddia makamı, dava avukatı; keep one's (own) ~ fikirlerini kendine saklamak; take ~ with -e başvurmak, danışmak; 2. v/t. öğüt vermek -e, akıl vermek -e; **coun.se(l).lor** ['~slə] n. müşavir, danışman, müsteşar; avukat, dava vekili; s. coun.ci(l)lor.
count[1] [kaunt] 1. n. sayma, hesap; ⚖ şikâyet fıkrası, madde; boks: birden ona kadar sayma; a. ~-out parl. yeterli üye olmadığından meclisi başka bir tarihe erteleme; lose ~ hesabı şaşırmak, sayısını unutmak (of -in); take no ~ of what s.o. says b-nin söylediklerine kulak asmamak; 2. v/t. saymak, hesap etm.; hesaba katmak, göz önünde tutmak; fig. addetmek, ... gözü ile bakmak; be ~ed out boks: nakavt olm.; v/i. sayılmak; güvenmek, itimat etm. (on, upon -e); değeri olm. (for little az).
count[2] [~] n. kont.
count.a.ble ['kauntəbl] adj. sayılabilen.
count-down ['kauntdaun] n. hazırlık devresi; geriye doğru sayma.
coun.te.nance ['kauntinəns] 1. n. yüz, çehre, sima, görünüş, ifade; destek, onay; put s.o. out of ~ b-ni utandırmak, mahcup etm.; 2. vb. desteklemek, tasvip etm.
count.er[1] ['kauntə] n. tezgâh; sayaç; marka, fiş.
coun.ter[2] [~] 1. adv. (to -e) karşı, aykırı, zıt, ters; 2. n. karşıt şey; karşılık (to -e); 3. v/t. karşılamak, önlemek; karşı koymak; boks: bertaraf etm. (yumruk).
coun.ter.act [kauntə'rækt] v/t. karşılamak, önlemek, karşı koymak, tesirsiz hale getirmek; **coun.ter'ac.tion** n. karşı hareket.
coun.ter-at.tack ['kauntərətæk] n. karşı hücum, kontra atak.
coun.ter.bal.ance 1. ['kauntəbæləns] n. karşılık, eş ağırlık; 2. [~'bæləns] v/t. eşit kuvvetle karşı koymak; ✝ denkleştirmek.
coun.ter.blast ['kauntəblaːst] n. sert cevap.
coun.ter.charge ['kauntətʃaːdʒ] n. karşı suçlama.
coun.ter.check ['kauntətʃek] n. engel, mani, zorluk.

coun.ter-claim ⚖ [ˈkauntəkleim] *n.* karşı dava.
coun.ter-clock.wise [ˈkauntəˈklɔkwaiz] *adv.* saat yelkovanının ters yönünde, sola doğru.
coun.ter-cur.rent [ˈkauntəˈkʌrənt] *n.* anafor, ters akıntı.
coun.ter-es.pi.o.nage [ˈkauntərespiəˈnɑːʒ] *n.* karşı casusluk.
coun.ter.feit [ˈkauntəfit] **1.** □ sahte, kalp; **2.** *n.* taklit; **3.** *v/t.* taklit etm.; sahte para basmak; **ˈcoun.ter.feit.er** *n.* kalpazan.
coun.ter.foil [ˈkauntəfɔil] *n.* makbuz koçanı.
coun.ter.fort ⚠ [kauntəfɔːt] *n.* payanda.
coun.ter-ir.ri.tant ⚕ [kauntərˈiritənt] *n.* panzehir.
coun.ter.mand [kauntəˈmɑːnd] **1.** *n.* iptal emri; **2.** *vb.* yeni bir emir ile eski emri iptal etm.; siparişi iptal etm.
coun.ter.march [ˈkauntəmɑːtʃ] **1.** *n.* geri yürüyüş; **2.** *vb.* geri yürümek.
coun.ter.mark [ˈkauntəmɑːk] *n.* karşı marka.
coun.ter.mine **1.** [ˈkauntəmain] *n.* savunma mayını; **2.** [~main] *vb.* savunma mayını ile durdurmak; savunma mayını dökmek; *fig.* karşı tedbir almak.
coun.ter-move [ˈkauntəmuːv] *n. fig.* karşı hareket; tedbir.
coun.ter-or.der [ˈkauntərɔːdə] *n.* karşı emir.
coun.ter.pane [ˈkauntəpein] *n.* yatak örtüsü.
coun.ter.part [ˈkauntəpɑːt] *n.* akran, emsal; karşılık; kopya, suret, ikinci suret.
coun.ter.point ♪ [ˈkauntəpɔint] *n.* kontrpuan, polifoni.
coun.ter.poise [ˈkauntəpɔiz] **1.** *n.* mukabil ağırlık; denge; **2.** *vb.* dengede tutmak, denkleştirmek *(a. fig.)*.
coun.ter-rev.o.lu.tion [ˈkauntərevəluːʃən] *n.* karşı devrim.
coun.ter.scarp ⚔ [ˈkauntəskɑːp] *n.* karşı siper.
coun.ter.shaft ⊕ [ˈkauntəʃɑːft] *n.* ara mili, transmisyon mili.
coun.ter.sign [ˈkauntəsain] **1.** *n.* ikinci imza; ⚔ parola; **2.** *vb.* ikinci olarak imzalamak.
coun.ter.sink ⊕ [ˈkauntəsiŋk] *vb.* havşa açmak.
coun.ter-stroke [ˈkauntəstrəuk] *n.* karşı darbe.
coun.ter-ten.or ♪ [ˈkauntəˈtenə] *n.* kontrtenor.
coun.ter.vail [ˈkauntəveil] *vb.* eşit kuvvetle karşı koymak; karşılamak, denkleştirmek.
coun.ter.weight [ˈkauntəweit] *n.* eş ağırlık, karşılık (to *-e*).
count.ess [ˈkauntis] *n.* kontes.
count.ing-house [ˈkauntiŋhaus] *n.* muhasebe dairesi.
count.less [ˈkauntlis] *adj.* sayısız, hesapsız, pek çok.
coun.tri.fied [ˈkʌntrifaid] *adj.* kırsal, köye ait, köylümsü; basit, sade.
coun.try [ˈkʌntri] **1.** *n.* memleket, yurt, vatan, milet, ulus; taşra, kır, sayfiye, şehir dışı; jüri; taşrada oturanlar; seçmenler; appeal *veya* go to the ~ seçime gitmek; **2.** *adj.* taşra..., sayfiye...; ülke...; ~ **club** şehir dışındaki spor kulübü; **ˈ~-dance** *n.* eşlerin karşılıklı sıralandıkları İngiliz köy dansı; ~ **gen.tle.man** sayfiyede oturan zengin; **ˈ~-ˈhouse** *n.* yazlık, sayfiye evi; **ˈ~.man** *n.* yurttaş, vatandaş; taşralı; **ˈ~-side** *n.* kır, kırlık, kırsal alan; sayfiye; **ˈ~.wom.an** *n.* vatandaş, yurttaş, taşralı kadın.
coun.ty [ˈkaunti] *n.* kontluk; vilayet, il; *Am.* ilçe, kaza; ~ **coun.cil** il komisyonu; ~ **seat** *Am.* = ~ **town** ilçe merkezi.
coup [kuː] *n.* askerî darbe, darbe, hükümet darbesi; ~ d'état hükümet darbesi.
cou.pé [ˈkuːpei] *n. mot.* iki kapılı dört kişilik otomobil, kupa arabası.
cou.ple [ˈkʌpl] **1.** *n.* çift, eş, karı koca; a ~ of iki, F bir iki, bir kaç; **2.** *v/t. & v/i.* birleş(tir)mek, bitiş(tir)mek, eklemek, ilave etm.; çiftleş(tir)mek; cinsi münasebette bulunmak; ⊕ bağlamak; *radyo:* devreye sokmak; **ˈcou.pler** *n. radyo:* bağlama kolu; devreye sokup çıkarma kolu; **ˈcou.ple-skat.ing** *n. spor:* çiftli buz pateni; **cou.plet** [ˈkʌplit] *n.* beyit, çift mısra.
cou.pling ⊕ [ˈkʌpliŋ] *n.* kavrama; *radyo:* bağlama; *attr.* bağlama..., ekleme...
cou.pon [ˈkuːpɔn] *n.* kupon; faiz koçanı; müracaat kuponu.
cour.age [ˈkʌridʒ] *n.* cesaret, mertlik, yiğitlik, yüreklilik; take *veya* muster up *veya* pluck up ~ cesur olm., yiğit olm., cesaretini toplamak; **cou.ra.geous** □ [kəˈreidʒəs] cesur, yiğit, yürekli, mert.
cour.i.er [ˈkuriə] *n.* haberci, kurye; turist rehberi.
course [kɔːs] **1.** *n.* yön, cihet, istikamet; ⚓ rota, yol, pist; saha, alan; rayiç; *univ.* ders, kurs; kap, tabak, servis; † vade, zaman; in due ~ zamanı gelince, sırası gelince, vadesi gelince; of ~ tabii, elbette; matter of ~ tabiilik, doğal oluş;

~ of exchange kambiyo rayici; stay the ~ sonuna kadar devam etm., vaz geçmemek; 2. *v/t.* kovalamak *(av)*; *v/i.* hızla akmak *(kan, gözyaşı)*.

cours.er *poet.* [ˈkɔːsə] *n.* süvari atı.

cours.ing [ˈkɔːsiŋ] *n.* tazıyla tavşan kovalama.

court [kɔːt] 1. *n.* avlu, iç bahçe, saha, meydan, kort; mahkeme; hükümet sarayı, saray; kralın maiyeti; kur; at ~ mahkemede; pay (one's) ~ *b-ne* kur yapmak; 2. *v/t.* aramak, davet etm. *(hastalık)*; kur yapmak *-e*; flört etm. *ile*; yol açmak *-e (hastalığa, tehlikeye)*; **ˈ~-card** *n.* resimli iskambil kâğıdı *(kız, vale veya papaz)*; ~ **cir.cu.lar** saray genelgesi; **ˈ~-day** *n.* duruşma günü; **cour.te.ous** □ [ˈkəːtjəs] nazik, kibar, saygılı, ince; **cour.te.san,** *a.* **cour.te.zan** [kɔːtiˈzæn] *n.* zenginlerle düşüp kalkan fahişe, orospu; **cour.te.sy** [ˈkəːtisi] *n.* nezaket, saygı, kibarlık, incelik, hürmet; **court-guide** [ˈkɔːtgaid] *n.* liste, cetvel, katalog; **court-house** [ˈkɔːthaus] *n.* adliye sarayı, mahkeme salonu; *Am. a.* ilçe hükümet binası; **cour.ti.er** [ˈkɔːtjə] *n.* saraylı, padişahın nedimi; **ˈcourt.li.ness** *n.* nezaket, saygı, kibarlık; **ˈcourt.ly** *adj.* nazik, kibar.

court...; **ˈ~-ˈmar.tial** ✕ 1. *n.* askerî mahkeme; 2. *vb.* askerî mahkemede yargılamak; **ˈ~-ˈplas.ter** *n.* yapışkan bant; **ˈ~.room** *n.* mahkeme salonu; **ˈ~.ship** *n.* kur yapma; **ˈ~.yard** *n.* avlu, iç bahçe.

cous.in [ˈkʌzn] *n.* kuzen, kuzin, amca *(veya* dayı, hala, teyze) çocuğu; first ~, ~ german amca *veya* teyze çocuğu; **cous-in.hood** [ˈ~hud], **ˈcous.in.ship** *n.* kuzenlik; **ˈcous.in.ly** *adj.* kuzene yakışır..., kuzen...

cove¹ [kəuv] 1. *n.* koy, küçük körfez; *fig.* sığınak, barınak; △ kemer; 2. *vb.* üstünü kubbe ile örtmek.

cove² P [~] *n.* herif, adam.

cov.e.nant [ˈkʌvənənt] 1. *n.* ⚖ sözleşme, anlaşma, mukavele, akit, ahit, söz; 2. *v/t.* vadetmek, söz vermek, ahdetmek; *v/i.* anlaşmak, uyuşmak, uzlaşmak (with s.o. for s. th. *b-le bş için*).

Cov.en.try [ˈkɔvəntri]: send s.o. to ~ *b-le* arkadaşlığı kesmek, *b-nin* yüzüne bakmamak.

cov.er [ˈkʌvə] 1. *n.* kap, kapak, örtü, kılıf; cilt; zarf; sığınak, barınak, siper; çalılık, ağaçlık; sofra takımı; † karşılık, kuvertür; sigorta; ~ charge *(lokantada)* giriş ücreti, duhuliye; under separate ~ ayrı bir zarfta (*veya* pakette); 2. *v/t.* kaplamak, kapamak, örtmek (with *ile*); korumak, müdafaa etm.; *(yol)* almak, katetmek; hâkim olm; silah ile tehdit etm.; † karşılamak, kâfi olm.; *fig.* kapsamak, içine almak; saklamak, gizlemek; yazmak; ~ed button kapalı düğme; ~ed court *tenis:* üstü kapalı kort; ~ed wire sarılı tel; **ˈcov.er.age** *n.* olayın takip edilip yazılması (of); **ˈcover girl** kapak kızı; **ˈcov.er.ing** *n.* kaplama, muhafaza, örtü, perde; kat, tabaka; floor ~ taban döşemesi, taban halısı; **cov.er.let** [ˈ~lit] *n.* yatak örtüsü.

co.v.ert 1. [ˈkʌvət] □ gizli, saklı, örtülü; ⚖ kocanın himayesi altında; 2. [ˈkʌvə] *n.* hayvan barınağı, sığınak; kuşların kanat örtü tüyleri.

cov.et [ˈkʌvit] *vb.* şiddetle arzu etm., gıpta etm., imrenmek, göz dikmek; **ˈcov.et-ous** □ hırslı, açgözlü (of); **ˈcov.et.ous-ness** *n.* açgözlülük.

cov.ey [ˈkʌvi] *n.* aynı kuluçkadan çıkan yavruların hepsi; keklik *veya* bıldırcın sürüsü.

cov.ing △ [ˈkəuviŋ] *n.* sundurma.

cow¹ [kau] *n.* inek; dişi manda, dişi fil, dişi balina.

cow² [~] *vb.* korkutmak, gözünü korkutmak, yıldırmak.

cow.ard [ˈkauəd] 1. □ korkak, yüreksiz, ödlek; 2. *n.* korkak kimse, ödlek kimse; **cow.ard.ice** [ˈ~dis], **ˈcow.ard.li.ness** *n.* korkaklık, alçaklık, namertlik; **ˈcow.ard-ly** *adj.* korkak, ödlek, yüreksiz; korkakça..., alçakça...

cow.boy [ˈkaubɔi] *n.* kovboy, sığırtmaç; **ˈcow-catch.er** *n.* 🚂 *Am.* lokomotif mahmuzu.

cow.er [ˈkauə] *v/i.* çömelmek, korkudan yere çökmek, korkup çekilmek, büzülüp saklanmak, sinmek (from *den*).

cow.herd [ˈkauhəːd] *n.* kovboy, çoban, sığırtmaç; **ˈcow.hide** 1. *n.* sığır derisi, inek derisi; 2. *vb.* kamçılamak, kamçı ile dövmek; **ˈcow-house** *n.* ahır.

cowl [kaul] *n.* başlıklı rahip cüppesi; kukuleta, başlık; baca şapkası.

cow...: **ˈ~.man** *n.* sığırtmaç; *Am.* hayvan yetiştiricisi, çiftlik sahibi; **ˈ~-pox** *n.* ineklerde çiçek hastalığı; **ˈ~-punch.er** *n. Am.* F kovboy, sığırtmaç.

cow.rie [ˈkauri] *n.* eskiden para yerine geçen küçük tropikal deniz hayvanı kabuğu.

cow...: **ˈ~-shed** *n.* ahır; **ˈ~.slip** *n.* ⚘ çuha-çiçeği.

cox F [kɔks] 1. = **coxswain**; 2. *vb.* dümen kullanmak.

cox.comb [ˈkɔkskəum] *n.* züppe adam, hoppa kimse; **coxˈcomb.i.cal** □ züppe, hoppa.

cox.swain [ˈkɔkswein, ⚓ ˈkɔksn] *n.* dümenci, filika *veya* kik serdümeni.

coy [kɔi] □ çekingen, ürkek, utangaç, mahcup; cilveli, nazlı; **ˈcoy.ness** *n.* mahcubiyet, çekingenlik; cilve, naz.

coy.ote *zo.* [ˈkɔiəut] *n.* kır kurdu.

coy.pu *zo.* [ˈkɔipuː] *n.* kürkü için beslenen bir çeşit kemirgen hayvan.

coz.en *lit.* [ˈkʌzn] *vb.* aldatmak, dolandırmak, kandırmak; **ˈcoz.en.age** *n.* dolandırıcılık, hilekârlık.

co.zy [ˈkəuzi] = cosy.

crab[1] [kræb] *n.* yengeç, pavurya; *ast.* yengeç burcu; ⊕ vinç, palan, kriko; catch a ~ kürek çekerken sandalın dengesini bozmak.

crab[2] [~] **1.** *n.* ⚘ yaban elma ağacı; bu ağacın meyvası; F şikâyet, homurdanma, tenkit; **2.** *vb.* homurdanmak, şikâyet etm., tenkit etm.; bozmak, mahvetmek; yengeç avlamak; **ˈcrab.bed** □ ters, aksi, huysuz, sert; okunması *veya* anlaşılması güç *(yazı).*

crab-louse [ˈkræblaus] *n.* kasık biti.

crack [kræk] **1.** *n.* çatlak, yarık; çatırtı, şaklama, keskin ses; F kuvvetli darbe; *spor: sl.* top; kurnazca cevap; deneme, teşebbüs, girişim; have a ~ at s.th. zor olan *bşi* yapmayı denemek; **2.** *adj.* F birinci sınıf, en iyi kalite; usta; **3.** *int.* çatır!; **4.** *v/t.* & *v/i.* kır(ıl)mak, çatla(t)mak, yar(ıl)mak; şakla(t)mak; çatırda(t)mak; çatallaşmak *(ses)*; açmak *(kasa)*; ⚗ ayrıştırmak *(petrol)*; ~ a bottle bir şişe içkiyi içip bitirmek; ~ a crib *sl.* zorla eve girmek *(hırsız)*; ~ a joke şaka yapmak, takılmak; ~ down on *sl.* sıkı tedbirler almak; ~ up F elden ayaktan düşmek, bunamak; get ~ing ...ile meşgul olm.; **ˈ~-brained** *adj.* saçma, aptalca, acayip; kaçık; **ˈ~-down** *n. sl.* sıkı tedbir; **ˈcracked** *adj.* çatlak, çatlamış; F kaçık, deli, **ˈcrack.er** *n.* patlangaç; fındık *veya* ceviz kıracağı; *Am.* gevrek bisküvit, kraker; **ˈcrack.er-bar.rel** *Am.* F *attr.* samimi...; **ˈcrack.er-jack** *adj. Am.* F mükemmel, kabiliyetli; **ˈcrack.ers** *adj.* F deli, çatlak; **ˈcrack-jaw** *n.* şaşırtmaca; **crack.le** [ˈkrækl] *v/i.* çatırdamak, hışırdamak; **ˈcrack.ling** *n.* çıtırtı, çatırdama, hışırtı; jambon rostosunun kızarmış kısmı; **crack.nel** [ˈ~nl] *n.* gevrek bisküvi; **ˈcracks.man** *n. sl.* hırsız; **ˈcrack-up** *n.* sinir krizi, şok; ✈ feci uçak kazası; **ˈcrack.y** = cracked.

cra.dle [ˈkreidl] **1.** *n.* beşik *(a. fig.)*; *teleph.* ahize yatağı; ⚓ gemi kızağı; **2.** *v/t.* beşiğe yatırmak, ihtimamla tutmak; yerine koymak.

craft [krɑːft] *n.* hüner, el sanatı, zanaat; tekne, gemi; *coll.* gemiler; esnaf; hile, şeytanlık, üçkâğıtçılık, kurnazlık; the gentle ~ olta ile balık avlama; **ˈcraft.i.ness** *n.* kurnazlık, şeytanlık; **ˈcrafts.man** *n.* sanat erbabı, sanatkâr, usta, zanaatçı; **ˈcrafts.man.ship** *n.* hünerli iş, ince iş; **ˈcraft.y** □ kurnaz, şeytan, hilekâr.

crag [kræg] *n.* sarp kayalık, uçurum; **ˈcrag.gy** *adj.* sarp; **ˈcrags.man** *n.* sarp kayalıklara tırmanmakta usta kimse.

crake *orn.* [kreik] *n.* su yelvesi.

cram [kræm] **1.** *v/t.* doldurmak, tıkmak; çiğnemeden yutmak, alelacele yemek; imtihana hazırlamak *(öğrenciyi)*; *v/i.* tıkabasa yemek yemek, tıkınmak; imtihana çalışmak; **2.** *n.* kalabalık, izdiham; **ˈ~-ˈfull** *adj.* dopdolu, ağzına kadar dolu; **ˈcram.mer** *n.* öğrencileri imtihana hazırlayan okul, öğretmen *veya* kitap; imtihana hazırlanan öğrenci.

cramp [kræmp] **1.** *n.* kramp, adale kasılması; şidetli karın ağrısı; ⊕ mengene, kenet ,krampon; *fig.* engel, mani; **2.** *v/t.* ⊕ kenetlemek; adale kasılmasına sebep vermek, krampa neden olm.; *fig.* engel olm., mani olm., kısıtlamak; **ˈcramped** *adj.* okunması zor *(yazı)*; kasılmış; **ˈcramp-frame** *n.* ⊕ vida mengenesi, işkence; **ˈcramp-i.ron** *n.* mengene, mandal, kopça.

cram.pon [ˈkræmpən] *n.* krampon, mengene, kanca, kenet, perşin çivisi.

cran.ber.ry ⚘ [ˈkrænbəri] *n.* kırmızı yaban mersini.

crane [krein] **1.** *n.* turna kuşu; ⊕ maçuna, vinç; **2.** *v/t.* uzatmak *(boynunu)*; ⊕ vinç ile kaldırmak; ~ at tereddüt etm., bir türlü karar verememek; **ˈcrane.fly** *n. zo.* sivrisinek; **ˈcrane's-bill** *n.* ⚘ sardunya çiçeği, turna gagası.

cra.ni.um *anat.* [ˈkreinjəm] *n.* kafatası, kafa kemiği.

crank [kræŋk] **1.** *adj.* ⊕ gevşek, burkulmuş; ⚓ kolayca yan yatabilen; neşeli, şen; kendini beğenmiş, kendine güvenen; **2.** *n.* manivela, krank, dirsek, kol; garip huylu *veya* sabit fikirli *b-i*; starting ~ *mot.* krank kolu; fresh air ~ temiz hava hastası *b-i*; **3.** *v/t.* ~ off krankla hareket ettirmek; ~ up *mot.* harekete getirmek, çalıştırmak; krankla hareket etm. *(a. v/i.)*; **ˈ~-case** *n.* motor karteri, krank karteri; **ˈcrank.i.ness** *n.* gariplik, tuhaflık; delilik, kaçıklık; ˈ**crank-shaft** *n.* ⊕ krank mili; ˈ**crank.y** *adj.* garip, acayip, tuhaf; budala, aptal, bön; güvenilmez *(makine)*; çok virajlı *(yol)*.

cran.nied [ˈkrænid] *adj.* yarık..., çatlak...; ˈ**cran.ny** *n.* yarık, çatlak.

crape [kreip] **1.** *n.* krepon, krep; yas tutarken giyilen siyah tül; **2.** *vb.* siyah tül ile örtmek.

craps *Am.* [kræps] *n. pl.* çift zarla oynanan bir oyun.

crap.u.lence [ˈkræpjuləns] *n.* sarhoşluk, mide fesadı; içkiye aşırı düşkünlük; F sarhoşluktan gelen mahmurluk, akşamdan kalmış olma.

crash¹ [kræʃ] **1.** *n.* çatırtı, gürültü, şangırtı, şiddetli ses; ✈ düşme *(hisse)*; iflâs, topu atma; ✈ kaza; **2.** *v/t.* & *v/i.* parçala(n)mak; kır(ıl)mak; çökmek, yıkılmak; çarpmak, bindirmek; ✈ düşüp parçalanmak, kaza geçirmek; bir yere davetsiz olarak girmek; geceyi bir yerde geçirmek; **3.** *adj.* *Am.* F şimşek gibi, çok süratli.

crash² [~] *n.* havlu yapımında kullanılan kaba bez.

crash...: ˈ**~-dive** ⚓ **1.** *n.* birden dalma, ani dalış *(denizaltı)*; **2.** *vb.* aniden dalmak; ˈ**~-hel.met** *n.* motosikletçi miğferi, kask; ˈ**~-land** *vb.* ✈ mecburî iniş yapmak; ˈ**~-land.ing** *n.* ✈ mecburi iniş.

crass *lit.* [kræs] *adj.* hissiz, duygusuz; dangalak, bön, aptal; çok aşırı.

crate [kreit] *n.* kafesli sandık, küfe, kasa; *sl.* külüstür araba.

cra.ter [ˈkreitə] *n.* krater; huni şeklinde çukur, bombanın açtığı çukur.

cra.vat [krəˈvæt] *n.* fular, kravat, boyunbağı.

crave [kreiv] *v/t.* yalvarmak, rica etm., çok ihtiyacı olm.; *v/i.* şiddetle arzu etm. (for -*i*).

cra.ven [ˈkreivən] **1.** *adj.* korkak, namert; **2.** *n.* korkak kimse.

crav.ing [ˈkreiviŋ] *n.* şiddetli arzu, özlem.

craw [krɔː] *n.* kursak, hayvan midesi.

craw.fish [ˈkrɔːfiʃ] **1.** *n.* kerevides, karavide, istakoza benzer bir deniz hayvanı; **2.** *vb.* *Am.* F geri çekilmek; tutmamak *(sözünü)*, caymak.

crawl [krɔːl] **1.** *n.* sürünme, çok yavaş ilerleme.; **2.** *vb.* sürünmek; çok yavaş ilerlemek; emeklemek; kaynıyor olm. (with *ile*) *(göl balık kaynıyordu)*; tüyleri ürpermek; krol yüzmek; it makes one's flesh ~ insanın tüylerini ürpertiyor; ˈ**crawl.er** *n.* *fig.* dalkavuk, yağcı; **~s** *pl.* bebek tulumu.

cray.fish [ˈkreifiʃ] *n.* kerevides, istakoza benzer bir deniz hayvanı.

cray.on [ˈkreiən] **1.** *n.* renkli kalem, mum boya, kreyon; blue ~, red ~ mavi, kırmızı boya kalemi; **2.** *vb.* mum boya ile resim yapmak.

craze [kreiz] *n.* geçici moda, geçici heves; delilik, çılgınlık (for -*için*); be the ~ moda olm.; ˈ**crazed** *adj.* çılgın, kaçık, çıldırmış (with -*den*); ˈ**cra.zi.ness** *n.* delilik, çılgınlık; ˈ**cra.zy** □ çılgın, deli; deli olan, düşkün; âşık (for, about -*e*); çökecek gibi, emniyetsiz *(yapı)*; gelişigüzel.

creak [kriːk] **1.** *n.* gıcırtı; **2.** *vb.* gıcırdamak; ˈ**creak.y** □ gıcırtılı.

cream [kriːm] **1.** *n.* krema, kaymak; krem; *fig.* kalbur üstü, en iyisi; krem rengi; cold ~ yağlı krem; ~ of tartar krem tartar; **2.** *vb.* -*in* kaymağını almak; kaymak bağlamak; krema haline getirmek; *fig.* kaymağını yemek, en iyi kısmını almak; ˈ**cream.er.y** *n.* sütçü dükkânı; yağ ve peynir imalâthanesi; ˈ**cream.y** *adj.* kaymaklı, kaymak gibi.

crease [kriːs] **1.** *n.* kırma, pli, kat; çizgi; buruşuk; ütü çizgisi, kat yeri; *kriket:* sahadaki beyaz çizgi; **2.** *v/t.* & *v/i.* buruş(tur)mak, katla(n)mak.

cre.ate [kriːˈeit] *v/t.* yaratmak, meydana getirmek; *thea.* yaratmak; bırakmak, uyandırmak *(izlenim)*; atamak, tayin etm., paye vermek; **creˈa.tion** *n.* yaradılış, yaratma; atama, tayin; evren, acun, kozmos, âlem; **creˈa.tive** *adj.* yaratıcı; **creˈa.tor** *n.* yaratıcı kimse, mucit, meydana getiren kimse; **creˈa.tress** *n.* kadın mucit; **crea.ture** [ˈ~tʃə] *n.* yaratık, varlık, mahlûk; insan; kul, köle, kukla; ~ comforts *pl.* yiyecek, içecek gibi maddî ihtiyaçlar.

crèche [kreiʃ] *n.* kres, çocuk yuvası.

cre.dence [ˈkriːdəns] *n.* güven, itimat; give ~ to inanmak, güvenmek -*e*; letter of ~ tavsiyename, bonservis; **cre.dentials** [kriˈdenʃəlz] *n. pl.* itimatname.

cred.i.bil.i.ty [krediˈbiliti] *n.* güvenirlik;

cred.i.ble □ [ˈkredəbl] inanılabilir, güvenilir, itimada şayan.

cred.it [ˈkredit] **1.** *n.* güven, itimat, emniyet; itibar, şeref, ün; ✝ kredi; ✝ borç; *Am. school:* ders kredisi; ~ note ✝ kredi bildirim belgesi; do s.o. ~ ününü arttırmak, ününe ün katmak; get ~ for s.th. -*den* dolayı şeref kazanmak; give s.o. ~ for s.th. *b-ni...* sanmak; letter of ~ ✝

akreditif; on ~ veresiye; put *veya* place *veya* pass to s.o.'s ~ *b-nin* matlubuna geçirmek, alacağına kaydetmek **2.** *v/t.* inanmak *-e*, itimat etm. *-e;* ✝ matluba geçirmek *-i*; ~ s.o. with s. th. *b-ni* ...sanmak; **ˈcred.it.a.ble** ☐ şerefli, beğenilen, takdir edilen, şeref kazandıran (to *-e*); **ˈcred.i.tor** *n.* alacaklı.

cred.it...: ~ **squeeze** ✝ kredi darlığı; ~ **titles** *pl.* filmde oynayan ve yönetenlerin isimleri.

cre.du.li.ty [kriˈdjuːliti] *n.* herşeye inanma, saflık; **cred.u.lous** ☐ [ˈkredjuləs] herşeye inanan, saf.

creed [kriːd] *n.* iman, itikat, dinî inanç.

creek [kriːkl] *n.* koy; *Am.* çay, dere.

creel [kriːl] *n.* balık sepeti.

creep [kriːp] **1.** *(irr.)* *vb.* sürünmek, emeklemek, yavaşça hareket etm.; nüfuz etm., sokulmak, yavaş yavaş etkilemek; sarılmak, dal sürmek; ürpermek; it makes my flesh ~ tüylerimi ürpertiyor; **2.** *n.* sevilmeyen, yaramaz adam; ~s *pl.* tüyleri diken diken olma, ürperme; it gave me the ~s tüylerimi diken diken yaptı; **ˈcreep.er** *n.* sürüngen; ⚘ sürüngen bitki; **ˈcreep.y** *adj.* tüyler ürpertici.

creese [kriːs] *n.* kama, hançer, bıçak.

cre.mate [kriˈmeit] *v/t.* *(ölüyü)* yakmak; **creˈma.tion** *n.* ölüyü yakma; **crem.a.to-ri.um** [kreməˈtɔːriəm], *part. Am.* **cre.ma-to.ry** [ˈ~təri] *n.* ölülerin yakıldığı yer, krematoryum.

cren.el.(l)at.ed [ˈkrenileitid] *adj.* mazgallı.

cre.ole [ˈkriːəul] **1.** *n.* Fransız asıllı kimse; **2.** *adj.* bunların konuştuğu dile ait.

cre.o.sote ⚗ [ˈkriəsəut] *n.* kreozot, katran ruhu.

crêpe [kreip] *n.* krep; ~ **pa.per** krepon kâğıdı; ~ **rub.ber** krepsol, tırtıklı taban lâstiği.

crep.i.tate [ˈkrepiteit] *vb.* çatırdamak; **crep.iˈta.tion** *n.* çatırdama.

crept [krept] *pret. and p.p. of* creep.

cre.pus.cu.lar [kriˈpʌskjulə] *adj.* alaca karanlığa ait, alaca karanlık...

cres.cen.do ♪ [kriˈʃendəu] *n.* kreşendo; *fig.* zirveye doğru yükselme.

cres.cent [ˈkresnt] **1.** *adj.* hilâl şeklinde; büyüyen, gelişen; **2.** *n.* hilâl, dilim ay, ayça; ♀ City *Am.* New Orleans kenti.

cress ⚘ [kres] *n.* tere.

cres.set [ˈkresit] *n.* demir kandil, meşale, fener.

crest [krest] *n.* ibik, taç; tepe; miğfer püskülü; tepe, zirve, doruk; family ~ aile arması; **ˈcrest.ed** *adj.* armalı; tepeli, ibikli; ~ lark tepeli toygar; ~ note-paper armalı kağıt; **ˈcrest.fall.en** *adj.* üzgün, yılgın, başı önünde.

cre.ta.ceous [kriˈteiʃəs] *adj.* tebeşirli.

cre.tin [ˈkretin] *n.* kreten; **ˈcre.tin.ous** *adj.* kretenli.

cre.tonne [kreˈtɔn] *n.* üstü desenli pamuklu kumaş, kreton.

cre.vasse [kriˈvæs] *n.* buzul yarığı; *Am.* su bendi.

crev.ice [ˈkrevis] *n.* çatlak, yarık.

crew¹ [kruː] *n.* takım, grup, kitle; ⚓, ✈ tayfa, mürettebat.

crew² [~] *pret. of* crow 2.

crew.el ✝ [ˈkruːil] *n.* gevşek bükülmüş iplik.

crib [krib] **1.** *n.* yemlik, ambar; kulübe, odacık; ahır; kopya malzemesi; anahtar kitap; F kopya; *part. Am.* çocuk karyolası; crack a ~ *sl.* zorla içeri girmek; **2.** *vb.* kapamak, bir yere tıkmak; F kopya çekmek; F çalmak, aşırmak; **ˈcrib-bage** *n.* bir tür iskambil oyunu; **crib.ble** [ˈ~bl] *n.* iri delikli kalbur.

crick [krik] **1.** *n.* adale kasılması, boyun tutulması; ~ in the neck boyun tutulması; **2.** *vb.* adalesi kasılmak, boynu tutulmak.

crick.et¹ *zo.* [ˈkrikit] *n.* cırcır böceği, küçük çekirge.

crick.et² [~] **1.** *n.* kriket oyunu; not ~ F adil olmayan, sportmenliğe aykırı, oyun kurallarına aykırı; **2.** *vb.* kriket oynamak: **ˈcrick.et.er** *n.* kriket oyuncusu.

cri.er [ˈkraiə] *n.* ağlayan kimse; tellâl; mübaşir.

crime [kraim] *n.* cinayet, suç, cürüm; günah, ayıp.

Cri.me.an War [kraiˈmiənˈwɔː] *n.* Kırım savaşı.

crim.i.nal [ˈkriminl] **1.** *adj.* ağır cezalarla ilgili, kanuna karşı gelen..., cinayet...; **2.** *n.* suçlu, cani; **crim.i.nal.i.ty** [~ˈnæliti] *n.* suç, kabahat; suçluluk; **crim.i.nate** *lit.* [ˈ~neit] *vb.* suçlamak, itham etm.; **crim-iˈna.tion** *n. lit.* suçlama, itham.

crimp¹ ⚓, ⚔ [krimp] **1.** *n.* zorla *veya* kandırarak asker *veya* denizci toplayan kimse; **2.** *vb.* zorla askere almak.

crimp² [~] **1.** *vb.* kıvırmak, kıvırcık yapmak *(saçı)*; **2.** *n.* ~ cut dalgalı, kıvırcık saç.

crim.son [ˈkrimzn] **1.** *adj.* koyu kırmızı, fes rengi; **2.** *n.* koyu kırmızı renk; **3.** *v/t.* & *v/i.* kırmızılaş(tır)mak, koyu kırmızıya boyamak; kıpkırmızı olm.

cringe [krindʒ] **1.** *v/i.* korkuyla çömelmek, sinmek; *fig.* yaltaklanmak, köpeklenmek (to -*e*); **2.** *n.* çömelme, sinme; *fig.* yaltaklanma.

crin.kle [ˈkriŋkl] **1.** *n.* kırışık, buruşuk; **2.** *vb.* buruş(tur)mak, kırış(tır)mak.

crin.o.line [ˈkrinəliːn] *n.* kaba bir kumaş; eskiden kadınların eteklerinin içine geçirdikleri çember.

crip.ple [ˈkripl] **1.** *n.* sakat, topal, kötürüm; **2.** *v/t.* sakatlamak; *fig.* hasar vermek, bozmak.

cri.sis [ˈkraisis] *n., pl.* **cri.ses** [ˈ~siːz] buhran, kriz; dönüm noktası.

crisp [krisp] **1.** *adj.* gevrek; serin, kuru *(hava)*; kıvırcık *(saç)*; kesin, katî, kararlı; kırışık, buruşuk; temiz, bakımlı; **2.** *vb.* gevre(t)mek; kıvırcıklan(dır)mak; **3.** *n. a.* potato ~s *pl.* cips, patates kızartması.

criss.cross [ˈkriskrɔs] **1.** *n.* birbirini kesen çapraz doğrular; **2.** *adj.* çapraz, çaprazvari; **3.** *vb.* çapraz doğrular çizmek; çaprazvarî hareket et(tir)mek.

cri.te.ri.on [kraiˈtiəriən] *n., pl.* **criˈte.ri.a** [~ə] ölçüt, kriter, değer birimi, mikyas.

crit.ic [ˈkritik] *n.* eleştirmen; tenkitçi kimse, kusur bulan kimse; ˈ**crit.i.cal** □ tehlikeli, kritik, vahim, nazik; tenkitçi, eleştiren; be ~ of -*i* eleştirmek, tenkit etm.; **crit.i.cism** [ˈ~sizəm] *n.* tenkit, eleştiri; yerme, kınama (of -*i*); **crit.i.cize** [ˈ~saiz] *v/t.* eleştirmek, tenkit etm.; yermek, kınamak, kusur bulmak -*de*; **cri.tique** [kriˈtiːk] *n.* eleştiri yazısı, tenkit yazısı.

croak [krəuk] **1.** *vb.* vak vak diye bağırmak, kurbağa gibi bağırmak; F ölmek, nalları dikmek; **2.** *n.* boğuk ses; vaklama; ˈ**croak.er** *n.* *fig.* herşeyden şikâyet eden kimse; ˈ**croak.y** □ boğuk sesli.

Cro.at [ˈkrəuət] *n.* Hırvat.

cro.chet [ˈkrəuʃei] **1.** *n.* tığla işlenen dantel, kroşe; **2.** *vb.* tığ ile işlemek, kroşe yapmak.

crock [krɔk] **1.** *n.* çanak, çömlek, toprak tencere; F yaşlı at; F âciz *veya* beceriksiz kimse; F külüstür araç; **2.** *vb.* mst ~ up *sl.* kuvvetten düş(ür)mek; ˈ**crock.er.y** *n.* çanak çömlek.

croc.o.dile [ˈkrɔkədail] *n.* *zo.* timsah; F törende ikişer ikişer yürüyen öğrenciler; ~ tears *pl.* *fig.* yalancıktan ağlama, sahte gözyaşları.

cro.cus ⚘ [ˈkrəukəs] *n.* çiğdem.

Croe.sus *fig.* [ˈkriːsəs] *n.* çok zengin adam, para babası kimse.

croft [ˈkrɔft] *n.* etrafı çevrili küçük tarla, küçük çiftlik; ˈ**croft.er** *n.* bir tarlayı kiralayan ve işleten kimse, tarla sahibi.

crom.lech [ˈkrɔmlek] *n.* dolmen.

crone F [krəun] *n.* kocakarı, ihtiyar kadın.

cro.ny F [ˈkrəuni] *n.* yakın arkadaş, samimi dost, kafadar.

crook [kruk] **1.** *n.* kanca; değnek, sopa, asa; dönemeç, dirsek, viraj; *sl.* dolandırıcı, hırsız, sahtekâr; on the ~ namussuzca, dolandırıcılıkla, üçkâğıtla; **2.** *vb.* bükmek, kıvırmak, eğmek; **crook.ed** [~kt] *adj.* eğri, çarpık; [ˈ~kid] □ *fig.* namussuz, alçak, dolandırıcı, sahtekâr.

croon [kruːn] *vb.* mırıldanmak, alçak sesle şarkı söylemek; ˈ**croon.er** *n.* duygulu şarkılar söyleyen popüler şarkıcı.

crop [krɔp] **1.** *n.* ekin, ürün, mahsul, rekolte; kursak; kırbaç sapı; çok kısa saç; *fig.* hasılat, kazanç, kâr; **2.** *v/t.* kesmek, biçmek, kırpmak, kırkmak, kesip kısaltmak *(saç)*; ekmek, dikmek; *v/i.* ürün vermek; ~ up meydana çıkmak, doğmak *(sorun)*; ˈ~-**dust.ing** *n.* uçakla ekini ilâçlama; ˈ~-**eared** *adj.* kesik kulaklı; çok kısa saçlı; ˈ**crop.per** *n.* kırkma aleti *veya* makinesi; mahsul veren bitki; F bozgun, yıkım, sukut; *Am. sl.* kiracı olup ekine ortak olan tarımcı; come a ~ F bozguna uğramak, yıkılmak; *fig.* başarısızlığa uğramak.

cro.quet [ˈkrəukei] **1.** *n.* tahta topla oynanan bir oyun, kroke; **2.** *vb.* kroke oynamak.

cro.quette [krɔˈket] *n.* bir tür köfte, kroket.

cro.sier [ˈkrəuʒə] *n.* piskopos âsası.

cross [krɔs] **1.** *n.* çapraz işareti; çarmıh; istavroz; haç, salip, put; keder, gam, elem, cefa, dert; dörtyol ağzı, kavşak; melez; *sl.* alçak kimse, hilekâr kimse; **2.** □ karşıdan gelen *(rüzgâr)*; F huysuz, ters, aksi, öfkeli, kızgın (with, at -*e*); çapraz...; karşılıklı..., mütekabil...; melez...; namussuz..., alçak...; **3.** *v/t.* geçmek, aşmak; üstüne çizgi çekmek, iptal etm., çıkarmak; karıştırmak; üst üste atmak *(bacak)*; kavuşturmak *(kollarını)*; *fig.* karşı durmak, engellemek, işini bozmak; *fig.* aldatmak; boydan boya geçmek; ulaşmak, varmak; çapraz koymak; melez olarak yetiştirmek; ~ o.s. istavroz çıkarmak; ~ out çizmek, silmek, çıkarmak; keep one's fingers ~ed şans dilemek; *v/i.* karşıdan karşıya geçmek; birbirine çapraz olm.; karşılaşmak; melez elde etm.; karışmak; ˈ~-**bar** *n.* *futbol:* kalenin üst direği; ˈ~-**beam** *n.* kiriş; ˈ~-**bench** *n.* *parl.* Avam Kamarasında bağımsızlara ait koltuk; **'~.bones** *n. pl.* tehlike işareti olan *veya* korsan bayraklarında bulunan çapraz kemikler; **~-bow** ['krɔsbəu] *n.* tatar yayı, arbalet, yaylı tüfek; **'~-breed** *n.* melez; **'~-'country** *adj.* ülkeyi baştan başa geçen...; ülke çapında...; ~ runnig kır koşusu; **'~cut saw** *n.* testere, ince dişli bıçkı; **'~-ex.am-i'na.tion** *n.* sorgu; **'~-ex'amine** *vb.* sorguya çekmek; **'~-eyed** *adj.* şaşı; ~ **fire** yaylım ateşi, çaprazlama ateş; *fig.* soru yağmuru; **'~-grained** *adj.* damarları ters olan *(tahta)*; *fig.* ters, huysuz, aksi; **'cross.ing** *n.* geçiş; geçit, geçiş yeri; **'cross-legged** *adv.* bacak bacak üstüne atarak; *adj.* bacak bacak üstüne atmış; **'cross.ness** *n.* hırçınlık, aksilik, terslik.

cross...: **'~-patch** *n.* F ters ve huysuz kimse; ~ **pur.pos.es** *pl.* birbirini yanlış anlama, ayrı gaye; be at ~ birbirini yanlış anlamak, amaçları ayrı olm.; ~ **refer.ence** kitapta bakılması gereken yeri gösteren not; **'~-road** *n.* yan yol, ara yol; **'~-roads** *n. pl. veya sg.* dörtyol ağzı, kavşak; *fig.* dönüm noktası; **'~-'sec.tion** *n.* enine kesit; **'~-stitch** *n.* kanaviçe işi; **'~.wise** *adv.* çapraz, birbirini keserek; **'~.word puz.zle** *n.* çapraz bilmece.

crotch [krɔtʃ] *n.* çatal, gövde ile dalın birleştiği yer; **crotch.et** ['~it] *n.* garip fikir, akıl almaz düşünce; ♪ dörtlük; **'crotch.et.y** *adj.* F garip fikirli; aksi, ters, huysuz.

cro.ton ⚘ ['krəutən] *n.* kroton.

crouch [krautʃ] **1.** *vb.* çömelmek, yere çökmek, eğilmek, sinmek; **2.** *n.* çömelme vaziyeti.

croup¹ [kru:p] *n.* hayvanın but kısmı.

croup² ⚕ [~] *n.* krup hastalığı.

crou.pi.er ['kru:piə] *n.* krupiye, kumar masasını idare eden kimse.

crow [krəu] **1.** *n.* karga; horoz ötüşü; eat ~ *Am.* F küçük düşürücü *bş* yapmak zorunda olm., yaltaklanmak; have a ~ to pick with *b-le* paylaşılacak kozu olm.; in a ~ line, as the ~ flies kuş uçuşu; **2.** *(irr.) v/i.* horoz gibi ötmek; *fig.* sevinmek, havalara uçmak (over *-e; -den dolayı*); **'~-bar** *n.* kaldıraç, manivela.

crowd [kraud] **1.** *n.* kalabalık, izdiham; kitle, yığın; halk; F arkadaş grubu; bir sürü şey, yığın; **2.** *v/t.* doldurmak (with *ile*), sıkıştırmak; *v/i.* toplanmak, birikmek; ~ out *b-ni* bir yerden atmak, çıkarmak; ~ on sail ⚓ bütün yelkenleri açmak; **'crowd.ed** *adj.* kalabalık..., dolu..., tıkış tıkış...

crow.foot ⚘ ['krəufut] *n.* düğünçiçeği, kazayağı.

crown [kraun] **1.** *n. mst* taç; hükümdarlık; hükümdar; başa takılan çiçek demeti; kuron; beş şilinlik eski İngiliz parası; baş, tepe; dişin görünen kısmı; taça benzer süs; **2.** *v/t.* taç giydirmek *-e*; ödüllendirmek; tepesinde olm.; süslemek, tamamlamak; *(dişe)* kron takmak; to ~ all üstelik, bu da yetmiyormuş gibi; **'crown.ing** *adj fig.* tamamlayıcı..., en son...; **'crown-jew.els** *n. pl.* saray mücevherleri.

crow's... [krəuz]: **'~-feet** *n. pl.* göz kenarlarındaki kırışıklıklar; **'~-nest** *n.* ⚓ direk üstündeki gözcü yeri.

cru.cial ☐ ['kru:ʃəl] kesin, önemli, kritik, can alıcı; **cru.ci.ble** ['kru:sibl] *n.* pota, maden eritme kabı; *fig.* zorlu deneme; **cru.ci.fix** ['~fiks] *n.* üzerinde İsa'nın resmi olan haç *veya* heykel; **cru.ci-fix.ion** ['~fikʃən] *n.* çarmıha ger(il)me; **'cru.ci.form** *adj.* haç şeklinde; **cru.ci.fy** ['~fai] *v/t.* çarmıha germek; *fig.* azap çektirmek.

crude ☐ [kru:d] ham, rafine edilmemiş *(petrol)*; kaba; yarım yamalak, tamamlanmamış; **'crude.ness, cru.di.ty** ['~diti] *n.* hamlık; *fig.* kabalık, terbiyesizlik.

cru.el ☐ ['kruəl] zalim, gaddar, insafsız, merhametsiz, acımasız; *fig.* dayanılmaz, çetin, müşkül; **'cru.el.ty** *n.* zulüm, gaddarlık.

cru.et ['kru:it] *n.* küçük şişe, küçük sirke *veya* yağ şişesi; **'~-stand** *n.* şişelik, şişelerin konulduğu kap.

cruise ⚓ [kru:z] **1.** *n.* deniz gezintisi; **2.** *v/i.* gemi ile gezmek; seyrüsefer etm.; cruising speed normal sürat, ekonomik sürat; **'cruis.er** *n.* ⚓ kruvazör; *Am.* telsizli devriye arabası; ~ weight *boks:* yarı ağır siklet.

crumb [krʌm] **1.** *n.* ekmek kırıntısı, parça, zerre; *fig.* biraz, azıcık; ekmek içi; *sl.* değersiz kimse; **2.** *vb.* ufalamak; sofradan kırıntıları temizlemek; = **crum.ble** ['~bl] *v/t. & v/i.* ufala(n)mak, parçala(n)mak; *fig.* harap olmak, çökmek; suya düşmek *(ümit)*; **'crum.bling, 'crum.bly** *adj.* kolayca ufalanan; **crumb.y** ['krʌmi] *adj.* ufalanabilen.

crump *sl.* [krʌmp] *n.* çatırtı, ses; ⚔ bomba, patlama sesi; mermi kovanı.

crum.pet ['krʌmpit] *n.* bir nevi pasta; *sl.* kafa, baş; *sl.* seksi kız *veya* kadın; be off one's ~ aklı başında olmamak.

crum.ple ['krʌmpl] *v/t. & v/i.* buruş(tur)mak; *fig.* çökmek, düşmek.

crunch [krʌntʃ] *vb.* çiğnemek, çatır çutur yemek, ezmek; çatırdatmak.
crup.per [ˈkrʌpə] *n.* at sağrısı; kuskun, eyer kayışı.
cru.ral *anat.* [ˈkruərəl] *adj.* bacağa ait, bacak...
cru.sade [kruːˈseid] **1.** *n.* Haçlı seferi; *fig.* kampanya, mücadele; **2.** *vb.* mücadeleye katılmak; **cruˈsad.er** *n.* Haçlı; mücadeleye katılan kimse.
crush [krʌʃ] **1.** *n.* kalabalık; izdiham; ezme, baskı; sıkma meyva suyu; F geçici aşk, tutku; have a ~ *sl.* tutulmak, aşık olm. (on *-e*); **2.** *v/t.* & *v/i.* ez(il)mek; tık(ıştır)mak; *fig.* yenmek, mahvetmek; kırışmak; kalabalığı yararak ilerlemek; sarılmak, kucaklamak; *Am. sl.* flört etm.; ~ out *fig.* suyunu çıkarmak, ezmek; ~ **bar.ri.er** izdihamı önlemek için kurulan barikat; **ˈcrush.er** *n.* sıkma makinesi; F darbe, vuruş; **ˈcrush-room** *n. thea.* fuaye.
crust [krʌst] **1.** *n.* ekmek kabuğu; kabuk, dış tabaka; şarap tortusu; *Am. sl.* yüzsüzlük, arsızlık; **2.** *v/t.* & *v/i.* kabukla kapla(n)mak, kabuklanmak, kabuk bağlamak.
crus.ta.cean *zo.* [krʌsˈteiʃjən] *n.* kabuklular sınıfından bir hayvan.
crust.ed [ˈkrʌstid] *adj.* kabuklu; yaşlı, saygıdeğer, muhterem; sabit, içine işlemiş; ~ snow buz tutmuş kar; **ˈcrust.y** □ kabuklu; kabuk gibi; huysuz, aksi, ters.
crutch [krʌtʃ] *n.* koltuk değneği; manevî destek; çatal; **crutched** *adj.* koltuk değnekli...
crux [krʌks] *n. fig.* çözülmesi zor mesele, pürüzlü nokta, zor kısım; püf noktası; çetin ceviz.
cry [krai] **1.** *n.* ağlama; bağırma, feryat; ses, nida; nara, avaz; rica, yalvarma; parola; genel düşünce, istek; uzaklık, mesafe; kovalama, takip; a far ~ from... to ...den çok uzak; *fig.* ...den çok farklı; within ~ (of) duyulabilecek uzaklıkta; **2.** *v/i.* ağlamak; feryat etm.; bağırmak; *v/t.* yalvarmak, rica etm.; reklamını yapmak, bağırarak bildirmek; ~ for istemek, arzu etm. *-i*; ~ off vazgeçmek, caymak; ~ out haykırmak, bağırmak (against *-e*); ~ up göklere çıkarmak, çok övmek; **ˈ~-ba.by** *n.* mızmız çocuk; **ˈcry.ing** *adj. fig.* dikkat gerektiren; acele, ivedi, mübrem; iğrenç.
crypt [kript] *n.* yeraltı kemeri *veya* türbesi; **ˈcryp.tic** *adj.* gizli, örtülü, kapalı; gizli anlamlı; **cryp.to-** [ˈ~təu] *prefix* gizli-, saklı-, kapalı-.
crys.tal [ˈkristl] **1.** *n.* kristal, billûr; *part. Am.* kol saati camı; **2.** *adj.* billûr, şeffaf, berrak, kristale benzer; **ˈ~-gaz.ing** *n.* billûr küre ile fal bakma; **crys.tal.line** [ˈ~təlain] *adj.* kristal gibi, parlak, temiz, şeffaf; kristal...; **crys.tal.liˈza.tion** *n.* billûrlaşma; **ˈcrys.tal.lize** *v/t.* & *v/i.* billûrlaş(tır)mak; kesinleş(tir)mek *(fikir)*; şekerle kaplamak; ~d şekerlenmiş, şekerli *(meyve)*.
cub [kʌb] **1.** *n.* hayvan yavrusu; genç kimse; tecrübesiz kimse, çırak; **2.** *vb.* yavrulamak; **ˈcub.bing** *n.* av.
cu.bage [ˈkjuːbidʒ] *n.* kübik hacim.
cub.by-hole [ˈkʌbihəul] *n.* kapalı ufak yer; rahat yer; masa gözü.
cube ⩑ [kjuːb] **1.** *n.* küp; **2.** *vb.* küp çıkarmak; sayıyı kendiyle iki kere çarpmak; ~ root küp kök; **ˈcub.ic, ˈcub.i.cal** □ küp şeklinde, kübik.
cu.bi.cle [ˈkjuːbikl] *n.* odacık, kabin.
cu.bit [ˈkjuːbit] *n.* 45-56 cm. arası eski bir uzunluk ölçüsü.
cub.hood [ˈkʌbhud] *n. pl.* büyüme çağı.
cuck.old [ˈkʌkəuld] **1.** *n.* boynuzlanan erkek, karısı tarafından aldatılan adam; **2.** *vb.* kocayı aldatmak, boynuz taktırmak.
cuck.oo [ˈkukuː] **1.** *n.* guguk kuşu; guguk kuşunun ötüşü; **2.** *adj. sl.* kafadan çatlak, kaçık.
cu.cum.ber [ˈkjuːkʌmbə] *n.* hıyar, salatalık; as cool as a ~ *fig.* kendine hâkim, soğukkanlı.
cu.cur.bit [kjuˈkəːbit] *n.* kabakgillerden bir bitki.
cud [kʌd] *n.* geviş; chew the ~ geviş getirmek; *fig.* derin derin düşünmek.
cud.dle [ˈkʌdl] **1.** *n.* F kucaklama, sarılma; **2.** *v/t.* kucaklamak, bağrına basmak, sarılmak; *v/i.* sarılıp yatmak.
cudg.el [ˈkʌdʒəl] **1.** *n.* sopa, değnek, çomak; take up the ~s ...in tarafını tutmak, savunmak, müdafaa etm.; **2.** *v/t.* sopa ile dövmek, dayak atmak; ~ one's brains kafa patlatmak ,hatırlamaya çalışmak (about *-e*; for *-i*).
cue [kjuː] *n.* isteka, bilardo sopası; *part. thea.* aktörün sözü arkadaşına bırakmadan önceki son sözü; işaret, üstü kapalı söz, ima; take the ~ from s.o. *b-ni k-ne* örnek almak.
cuff¹ [kʌf] **1.** *n.* sille, tokat, yumruk; **2.** *vb.* tokat atmak.
cuff² [~] *n.* kolluk, yen, kol ağzı, manşet; **ˈ~-links** *n. pl.* kol düğmesi.
cui.rass [kwiˈræs] *n.* göğüs zırhı.

cui.sine [kwi:ˈzi:n] *n.* yemek pişirme usulü, mutfak.
cul-de-sac [ˈkuldəˈsæk] *n.* çıkmaz sokak.
cu.li.nar.y [ˈkʌlinəri] *adj.* yemek pişirme ile ilgili, mutfağa uygun.
cull *lit.* [kʌl] *vb.* koparmak, devşirmek *(çiçek)*; seçmek, ayırmak.
cul.len.der [ˈkʌlində] = colander.
culm [kʌlm] *n.* kömür tozu.
cul.mi.nate [ˈkʌlmineit] *vb. ast.* neticelenmek, sonuçlanmak, sona ermek, bitmek; *fig.* zirvesine ermek, doruğuna yükselmek; **cul.miˈna.tion** *n. ast.* netice, son, bitme; *fig.* zirve, doruk.
cul.pa.bil.i.ty [kʌlpəˈbiliti] *n.* suç, kabahat, kusur; **ˈcul.pa.ble** □ kusurlu, kabahatli.
cul.prit [ˈkʌlprit] *n.* suçlu, sanık, mücrim.
cult [kʌlt] *n.* ibadet, tapınma, inanç; mezhep, çığır.
cul.ti.va.ble [ˈkʌltivəbl] *adj.* ekilebilir; ✓ ziraate elverişli.
cul.ti.vate [ˈkʌltiveit] *v/t.* işlemek, sürüp ekmek, yetiştirmek; *fig.* terbiye etm.; *b-ni* kendine bağlamaya çalışmak; **ˈcul-ti.vat.ed** *adj.* ekili; *fig.* görgülü, terbiyeli, kültürlü, münevver; **cul.ti.va.tion** *n.* tarım; toprağı işleme; yetiştirme; **ˈcul.ti-va.tor** *n.* çiftçi, ekici, yetiştirici; tırmık makinesi.
cul.tur.al □ [ˈkʌltʃərəl] kültürel...; uygarlığa ait.
cul.ture [ˈkʌltʃə] *n.* kültür; terbiye, irfan; medeniyet, uygarlık; yetiştiricilik; ⚕ kültür; **ˈcul.tured** *adj.* kültürlü, görgülü, kibar, münevver; **ˈcul.ture-me.di.um** *n. biol.* kültür maddesi; **ˈcul.ture-pearl** *n.* üretilmiş inci, kültüve inci.
cul.vert [ˈkʌlvət] *n.* yeraltı kanalizasyonu, su yolu, ark; *(yolun altında elektrik kablolarının geçtiği)* tünel.
cum.ber [ˈkʌmbə] *vb.* engel olm., mâni olm.; yükle(n)mek, yük olm., ağırlık vermek; **~.some** [ˈ~səm], **cum.brous** □ [ˈ~brəs] hantal, ağır; külfetli, sıkıntı verici; 📯 havaleli.
cum.in ⚘ [ˈkʌmin] *n.* kimyon.
cu.mu.la.tive □ [ˈkju:mjulətiv] birikken..., birikmiş..., birikerek çoğalan...; **cu.mu.lus** [ˈ~ləs] *n., pl.* **cu.mu.li** [ˈ~lai] yığın, bulut yığını; höyük.
cu.ne.i.form [ˈkju:niifɔ:m] *adj.* çivi şeklinde..., kama şeklinde..., çivi yazısı...
cun.ning [ˈkʌniŋ] **1.** □ kurnaz, açıkgöz, şeytan, hilekâr; *Am.* sevimli, şirin, cazibeli; **2.** *n.* kurnazlık; şeytanlık; marifet, hüner.
cup [kʌp] **1.** *n.* fincan, kâse, bardak, kadeh; *spor:* kupa; deneyim, tecrübe; ⚘ çanak; **2.** *vb.* fincan şekline sokmak; şişe çekmek, vantuz çekmek; **~.board** [ˈkʌbəd] *n.* dolap, yüklük; **~ love** *fig.* bir çıkar uğruna gösterilen sevgi; **~-ful** [ˈ~ful] *n.* fincan dolusu ölçek.
Cu.pid [ˈkju:pid] *n.* eski Roma'da aşk tanrısı.
cu.pid.i.ty [kju:ˈpiditi] *n.* açgözlülük, hırs.
cu.po.la [ˈkju:pələ] *n.* küçük kubbe; kubbe tavanı; ⚔, ⚓ zırhlı kule.
cup.ping-glass ⚕ [ˈkʌpiŋglɑ:s] *n.* şişe, vantuz.
cu.pre.ous *min.* [ˈkju:priəs] *adj.* bakırlı, bakır gibi; **cu.pric** [ˈ~prik] *adj.* içinde bakır bulunan, bakır...
cur [kə:] *n.* sokak köpeği, azgın köpek; alçak adam, it.
cur.a.bil.i.ty [kjuərəˈbiliti] n. tedavi edilebilme, iyileştirilebilme; **ˈcur.a.ble** *adj.* tedavisi mümkün.
cur.a.cao [kjuərəˈsəu] *n.* portakal likörü.
cu.ra.cy [ˈkjuərəsi] *n.* papazlık; **cu.rate** [ˈ~rit] *n.* papaz; **cu.ra.tor** [~ˈreitə] *n.* müze *veya* kütüphane müdürü.
curb [kə:b] **1.** *n.* atın suluk zinciri; *fig.* engel, mâni, fren; kaldırım taşı *(a.* ~stone); **2.** *vb.* atı kontrol altına almak; *fig.* hâkim olm., yenmek, tutmak, durdurmak; **ˈ~-ˈmar.ket** *n. Am. borsa:* tahvil borsası; **ˈ~-roof** *n.* tavanarası çatısı.
curd [kə:d] **1.** *n.* kesilmiş süt, lor peyniri; **2.** *mst* **cur.dle** [ˈ~dl] *v/t.* & *v/i.* kes(il)mek *(süt)*; pıhtılaş(tır)mak.
cure [kjuə] **1.** *n.* tedavi, çare, derman, şifa, ilaç, kür; **~ of souls** papazlık, imamlık; **2.** *vb.* tedavi etm., iyi etm., çare bulmak, şifa vermek; tuzlamak; tütsülemek.
cur.few [ˈkə:fju:] *n.* eskiden gece ışıkları mecburî söndürme zamanı; *pol.* sokağa çıkma yasağı.
cu.ri.o [ˈkjuəriəu] *n.* nadir ve pahalı sanat eseri; **cu.ri.os.i.ty** [~ˈɔsiti] *n.* merak, tecessüs; az bulunan *veya* tuhaf şey; **ˈcu.ri.ous** □ meraklı, mütecessis; garip, tuhaf, acayip; dikkati çeken.
curl [kə:l] **1.** *n.* büklüm, bukle, kıvrım, saç lülesi, kıvırcık saç; **2.** *v/t.* kıvırmak, bukle yapmak, lüle lüle yapmak, bükmek; *v/i.* kıvrılmak, bükülmek.
cur.lew *orn.* [ˈkə:lju:] *n.* çulluk.
curl.ing [ˈkə:liŋ] *n. spor:* buz üzerinde ağır taşlarla oynanan bir İskoç kış oyunu; **ˈ~-i.ron, ˈ~-tongs** *n. pl.* saç maşası; **ˈcurl.y** *adj.* kıvırcık..., kıvrımlı...
cur.mudg.eon [kə:ˈmʌdʒən] *n.* huysuz

adam, aksi kimse; tamahkâr kimse.

cur.rant [ˈkʌrənt] *n.* frenk üzümü; *a.* dried ~ kuşüzümü.

cur.ren.cy [ˈkʌrənsi] *n.* revaç, geçerlik; † nakit para; *fig.* değer, önem; **ˈcur-rent 1.** □ bugünkü, geçerli, hali hazırdaki; † tedavülde olan, cari; ~ events *pl.* günlük olaylar, aktüalite; ~ account † cari hesap; **2.** *n.* akım, cereyan *(a.* ⚡*)*; akıntı; *fig.* gidişat *(olayların)*; ~ impulse ⚡ akımın ani artışı; ~ junction elektrik bağlantısı.

cur.ric.u.lum [kəˈrikjuləm] *n., pl.* **curˈric-u.la** [~lə] müfredat programı; ~ **vi.tae** [ˈvaiti:] *n.* hal tercümesi, özgeçmiş.

cur.ri.er [ˈkʌriə] *n.* deriyi işleyen kimse, sepici.

cur.rish □ [ˈkə:riʃ] *fig.* it gibi, serseri.

cur.ry¹ [ˈkʌri] **1.** *n.* baharatlı yemek türü; ~-powder *n.* Hint mutfağında kullanılan baharat; **2.** *vb.* baharatlı yemek yapmak.

cur.ry² [~] *vb.* tabaklamak, sepilemek, işlemek *(deri)*; tımar etm., kaşağılamak *(at)*; dövmek, dayak atmak, pataklamak; ~ favour with *b-ne* yaltaklanmak, *b-nin* gözüne girmeye çalışmak; **ˈ~-comb** *n.* kaşağı.

curse [kə:s] **1.** *n.* lânet, beddua, küfür; belâ, felâket; **2.** *vb.* lânetlemek, beddua etm., sövmek, küfretmek; belâ getirmek, cezalandırmak (with *ile*); **curs.ed** □ [ˈkə:sid] lânetli, Allahın cezası, başbelâsı.

cur.sive [ˈkə:siv] *adj.* el yazısı...

cur.so.ry □ [ˈkə:səri] gelişigüzel, aceleyle yapılan, itinasız, üstünkörü, yarımyamalak.

curt □ [kə:t] kısa, sert *(söz veya davranış)*.

cur.tail [kə:ˈteil] *v/t.* kısaltmak, azaltmak, kısmak *(a. fig.)*; *fig.* kısıtlamak, sınırlamak (of *-i*); **curˈtail.ment** *n.* kısal(t)ma, azal(t)ma.

cur.tain [ˈkə:tn] **1.** *n.* perde; tiyatro perdesi; *fig.* maske, örtü; ⚔ siper, koruma; draw a ~ over s.th. *fig.* konuyu bırakmak, artık konuşmamak; **2.** *vb.* perde takmak, perdelemek; ~ off perdeyle ayırmak; **ˈ~-call** *n. thea.* alkışlayarak sanatçıyı tekrar sahneye çağırma; **ˈ~-fire** *n.* ⚔ baraj ateşi; **ˈ~-lec.ture** *n.* F yalnızken kadının kocasını haşlaması; **ˈ~-rais-er** *n. thea. & fig.* asıl piyesten önce oynanan kısa oyun.

curt.s(e)y [ˈkə:tsi] **1.** *n.* reverans, diz bükerek selâmlama; drop a ~ reverans yapmak; **2.** *vb.* reverans yapmak (to *-e*).

cur.va.ture [ˈkə:vətʃə] *n.* eğilme, bükülme, kavislenme, eğrilik; ~ of the spine ⚕ belkemiği kayması.

curve [kə:v] **1.** *n.* kavis, eğri, kıvrım; viraj, dönemeç; *Am. beysbol:* topun vurulduktan sonra havada eğri çizmesi; **2.** *v/t. & v/i.* eğ(il)mek, bük(ül)mek, kavis oluşturmak.

cush.ion [ˈkuʃən] **1.** *n.* yastık, minder; bilardo masasının lastikli iç kenarı; **2.** *v/t.* kıtıkla doldurmak, minderlemek, minderle hızını kesmek; *fig.* korumak, etkisini azaltmak; ⊕ beslemek, doldurmak.

cush.y *sl.* [ˈkuʃi] *adj.* rahat, kolay, hafif *(iş)*.

cusp [kʌsp] *n.* sivri uç; uç nokta; zirve; dilim.

cus.pi.dor *Am.* [ˈkʌspidɔ:] *n.* tükürük hokkası.

cuss *Am.* F [kʌs] **1.** *n.* küfür; lânet; *co.* herif; **2.** *vb.* küfretmek, sövmek, lânetlemek; **cuss.ed** [ˈkʌsid] *adj.* inatçı, dik kafalı, ters.

cus.tard [ˈkʌstəd] *n.* süt ve yumurtadan yapılan bir çeşit tatlı; **ˈ~-pow.der** *n.* muhallebi tozu.

cus.to.di.an [kʌsˈtəudjən] *n.* muhafız, koruyucu, nezaret eden kimse; kapıcı; **cus-to.dy** [ˈ~tədi] *n.* muhafaza, koruma, himaye, nezaret, hapis.

cus.tom [ˈkʌstəm] *n.* âdet, örf, görenek, gelenek, anane; alışkanlık; † alışveriş, müşterisi olma; ⚖ gelenek hukuku; ~s *pl.* gümrük; **ˈcus.tom.ar.y** □ alışılmış, âdet olan, geleneksel; **ˈcus.tom.er** *n.* müşteri; **ˈcus.tom-house** *n.* gümrük dairesi; ~ officer gümrük memuru; **ˈcus.tom--ˈmade** *adj. Am.* ısmarlama yapılmış, ısmarlama...; **ˈcus.toms clear.ance** gümrük muayene belgesi.

cut [kʌt] **1.** *n.* kesim, kesme, kesiş; kesit; tenzilât, iskonto, kesinti; kesik kısım; parça, dilim, bölüm; ⚡ elektrik kesintisi; sert vuruş; biçki; *fig.* incitici söz, taş; *iro.* küçük parça, parçacık; *typ.* klişe; oyulmuş geçit; *oyun kağıdı:* kesme; short-cut kestirme yol; cold ~s *pl.* soğuk et yemekleri; give s.o. the ~ (direct) F *b-ni* görmezden gelmek; **2.** *(irr.) v/t.* kesmek, biçmek, kısaltmak; selam vermemek; dilimlemek; sansür etm. *(film)*; azaltmak, kesintiye uğratmak; açmak *(yol, kanal)*; F asmak *(okul, ders)*; kesmek *(doğru, çizgi)*; kenarına vurmak *(topun)*; durdurmak *(film çekimini)*; ~ one's finger parmağını kesmek; ~ teeth diş çıkarmak *(çocuk)*; ~ a figure F şekil vermek; ~ and come again bol bol, çokça almak; ~ it fine F ucu ucuna yetişmek; ~ short kısa kesmek; lafını yarıda kesmek; to ~ a long story short uzun lafın kısası; ~ and run F sıvışmak, tüymek; ~ back budamak; azaltmak; ~ down kesmek *(ağaç)*; öldürmek, yaralamak; azaltmak; fiyatını indirmek; kısaltmak *(elbise)*; ~ off kesmek, kesip koparmak; *teleph.* kesilmek *(hat)*; mahrum etm. (from *-den*); *Am.* ayırmak, ayıklamak; ⚡ tecrit etm.; *radyo:* kapamak; ~ out kesip çıkarmak; *fig.* yer açmak *-e*; F bırakmak *(içki, sigara v.b.)*; kesmek *(konuşma vs.)*; sürüden ayırmak; be ~ out for istenilen nitelikte olm.; have one's work ~ out (for one) F yapılacak dünya kadar işi olm.; ~ it out! *sl.* bırakın kavgayı!, kesin artık!; ~ up doğramak; tahrip etm.; çok etkilemek, sarsmak; *fig.* şiddetle eleştirmek, taş atmak; *v/i.* ~ in arabanın önüne dalmak; dahil etm.: lafını kesmek; **3.** *adj.* kesik, kesilmiş, biçilmiş; *sl.* sarhoş; ~ flowers *pl.* kesilmiş çiçekler; ~ glass billûr, kristal; ~ and dry *veya* dried sabit, yerleşmiş *(fikir vs.)*; önceden hazırlanmış.

cu.ta.ne.ous [kjuːˈteinjəs] *adj.* deriye ait, deri..., cilt...

cut-a.way [ˈkʌtəwei] *a.* ~ coat *n.* frak, bonjur.

cut-back [ˈkʌtbæk] *n. film:* tekrar oynatma.

cute □ F [kjuːt] zeki, kurnaz, açıkgöz; *Am.* F zarif, hoş, sevimli, şirin.

cu.ti.cle *anat.*, ⚘ [ˈkjuːtikl] *n.* epiderma, üst deri, tırnakları çevreleyen ölü deri; ~ scissors *pl.* tırnak makası, et makası.

cut-in [ˈkʌtin] *n. film:* kesilen parça.

cut.lass [ˈkʌtləs] *n.* ⚓ bahriye kılıcı; kesici alet, pala.

cut.ler [ˈkʌtlə] *n.* bıçakçı; ˈ**cut.ler.y** *n.* sofra takımı, çatal bıçak takımı; bıçakçılık.

cut.let [ˈkʌtlit] *n.* pirzola, kotlet.

cut...: ˈ**~-off** *n. Am.* kestirme yol; kesici alet; kesilen herhangi birşey; *bşin* sona erme tarihi; ˈ**~-out** *n. mot.* arıza; ⚡ devre kesici; *Am.* mahrumiyet, yoksunluk; ˈ**~-purse** *n.* yankesici; ˈ**cut.ter** *n.* kesici; ⚓ tek direkli gemi; filika; kotra; *film:* montajcı; ⚒ çukur açan alet; ⊕ kesici alet, bıçak, freze; *Am.* hafif kızak; ˈ**cut-throat** **1.** *n.* katil, cani; **2.** *adj.* zalim, acımasız; amansız, kıyasıya *(mücadele)*; ˈ**cut.ting** **1.** □ iğneleyici, acı *(söz)*; ⊕ kesici..., keskin...; dondurucu *(soğuk)*: bıçak gibi, müthiş *(ağrı)*; ~ edge keskin kenar; ~ nippers *pl.* kesici kıskaç, kerpeten; **2.** *n.* kesme; gazete küpürü; ⚘ daldırma, çelik; kesim, kayıt; 🚂 yol, pasaj; ⊕ kesme.

cut.tle *ichth.* [ˈkʌtl] = ~-fish; ˈ**~-bone** *n.* mürekkep balığının cilacılıkta kullanılan kabuğu; ˈ**~-fish** *n.* mürekkep balığı.

cy.a.nide ⚗ [ˈsaiənaid] *n.* siyanür; ~ of potassium potasyum siyanür.

cy.ber.net.ics [saibəːˈnetiks] *n. sg.* ayarlama-yönleme bilgisi, sibernetik.

cyc.la.men ⚘ [ˈsikləmən] *n.* siklamen, tavşankulağı, buhurumeryem çiçeği.

cy.cle [ˈsaikl] **1.** *n.* devre, dönem; ⊕ devir, dönme, dönüş; bisiklet, motosiklet; † dalgalanma, konjonktür; four-~ engine *mot.* dört zamanlı motor; **2.** *v/i.* bisikletle gitmek, bisiklete binmek; ˈ**cy.clic**, ˈ**cy.cli.cal** □ devirli; † devresel...; **cy-cling** [ˈsaikliŋ] **1.** *n.* bisiklete binme; **2.** *adj.* devreden..., dönen...; ˈ**cy.clist** *n.* bisikletçi.

cy.clone [ˈsaikləun] *n.* siklon, kiklon; kasırga; **cy.clon.ic** [~ˈklɔnik] *adj.* siklon..., kiklon...

cy.clo.pae.di.a [saikləuˈpiːdjə] *n.* ansiklopedi.

Cy.clo.pean [saiˈkləupjən] *adj.* dev gibi, muazzam, büyük, heybetli; eski Yunan mitolojilerindeki deve ait.

cy.clo.style [ˈsaikləustail] *n.* teksir makinesi; **cy.clo.tron** *phys.* [ˈsaiklətrɔn] *n.* siklotron.

cyg.net [ˈsignit] *n.* kuğu yavrusu.

cyl.in.der [ˈsilində] *n.* silindir; **cyˈlin.dric**, **cyˈlin.dri.cal** □ [~drik(əl)] silindir şeklinde.

cym.bal ♪ [ˈsimbl] *n.* büyük zil.

cyn.ic [ˈsinik] **1.** *a.* ˈ**cyn.i.cal** □ toplum törelerini hor gören, kötü gözle gören, kinik, sinik; alaycı; **2.** *n.* toplum törelerini hor gören kimse; alaycı kimse; **cyn.i-cism** [ˈ~sizəm] *n.* toplum törelerini hor görme, kinizm.

cy.no.sure *fig.* [ˈsinəzjuə] *n.* dikkati çeken şey *veya* kimse.

cy.press ⚘ [ˈsaipris] *n.* servi.

Cyp.ri.an [ˈsipriən], **Cyp.ri.ot** [ˈsipriət] **1.** *n.* Kıbrıslı kimse; **2.** *adj.* Kıbrıs'a ait, Kıbrıslı..., Kıbrıs...

cyst [sist] *n.* ⚕ kist; ˈ**cyst.ic** *adj.* kiste ait, kist...; **cys.ti.tis** ⚕ [sisˈtaitis] *n.* sidik torbası iltihabı, sistit.

Czar [zaː] *n.* Rus çarı, çar.

Czech [tʃek] **1.** *n.* Çek; **2.** *adj.* Çek'lere ait; Çek diline ait.

Czech.o-Slo.vak [ˈtʃekəuˈsləuvæk] **1.** *adj.* Çekoslavakyalı; **2.** *n.* Çek; Çek dili.

D

dab [dæb] **1.** *n.* hafif vuruş, *bşe* temas, *bşe* değme; *ichth.* bir tür yassı balık; be a ~ (hand) at s. th. *bşin* ustası olm.; **2.** *v/t.* hafifçe vurmak *-e,* dokunmak *-e;* *(boya)* hafifçe sürmek.

dab.ble [ˈdæbl] *v/t.* & *v/i.* hafifçe ıslatmak, su serpmek; *(amatörce)* meşgul olm., uğraşmak (in, at *ile*); **ˈdab.bler** *n.* amatör, üstünkörü iş gören adam; şarlatan.

dace *ichth.* [deis] *n.* bir tür tatlısu balığı.

dac.tyl *poet.* [ˈdæktil] *n.* bir açık ve iki kapalı heceden oluşan mısra.

dad F [dæd], **dad.dy** F [ˈ~di] *n.* baba, babacık.

dad.dy-long.legs F *zo.* [ˈdædiˈlɔŋlegz] *n.* tipula sineği.

daf.fo.dil ⚘ [ˈdæfədil] *n.* nergis, zerrin, fulya.

daft □ F [da:ft] kaçık, ahmak, saçmasapan.

dag.ger [ˈdægə] *n.* hançer, kama; be at ~s drawn kanlı bıçaklı olm. (with *ile*).

dag.gle [ˈdægl] *v/t.* & *v/i.* çamura sür(ün)mek, çamurlamak.

da.go *Am. sl.* [ˈdeigəu] *n. contp.* İspanyol *veya* İtalyan asıllı kimse.

dahl.ia ⚘ [ˈdeiljə] *n.* dalya, yıldızçiçeği.

Dail Eir.eann [dailˈɛərən] *n.* İrlanda millet meclisi.

dai.ly [ˈdeili] **1.** *adj.* gündelik, günlük; **2.** *adv.* her gün; **3.** *n.* gündelik gazete; gündelikçi *(hizmetçi).*

dain.ti.ness [ˈdeintinis] *n.* zarafet, incelik; titizlik; **ˈdain.ty 1.** □ narin, zarif, ince, sevimli; titiz; **2.** *n. (yemek)* nefis şey, leziz şey.

dair.y [ˈdɛəri] *n.* süthane, mandıra; sütçü dükkânı; ~ **cat.tle** süt veren hayvan; **ˈ~-farm** *n.* süt üretilen çiftlik, mandıra; **ˈ~.maid** *n.* sütçü kız; **ˈ~.man** *n.* sütçü.

da.is [ˈdeiis] *n.* kürsü, salonun baş tarafında yükseltilmiş zemin.

dai.sy [ˈdeizi] **1.** *n.* papatya; **2.** F *adj.* hoş, sevimli.

dale [deil] *n.* vadi, dere.

dal.li.ance [ˈdæliəns] *n.* tembellik, üşeniklik; oynaşma, cilveleşme; **ˈdal.ly** [ˈ~li] *vb.* cilveleşmek, oynaşmak (with *ile*); boşuna vakit geçirmek, oyalanmak (about, over *ile*).

dam[1] [dæm] *n.* ana hayvan.

dam[2] [~] **1.** *n.* set, baraj, su bendi; **2.** *v/t.* set yapmak, bentle durdurmak; *fig.* durdurmak, engellemek, kapatmak, geri tutmak (in, up *bşi*).

dam.age [ˈdæmidʒ] **1.** *n.* zarar, hasar; ~s *pl.* ⚖ tazminat; **2.** *v/t.* zarar vermek *-e,* bozmak *-i;* **dam.age.a.ble** *adj.* bozulabilir, hasara uğrayabilir.

dam.a.scene [ˈdæməˈsi:n] **1.** *adj.* damasko ile ilgili, kakma işi ile ilgili; **2.** *v/t.* *bşi* kakma işi ile süslemek; **dam.ask** [ˈdæməsk] **1.** *n. (kumaş)* damasko; Şam çeliği; koyu pembe renk; **2.** *adj.* Şam işi; damasko; gül rengi, pembe; **3.** *v/t.* *(çelik)* kakma ile süslemek; *(kumaş)* damasko ile döşemek; gül rengi vermek.

dame [deim] *n.* hanım, bayan *(a. unvan); sl.* kadın.

damn [dæm] **1.** *v/t.* lânetlemek, beddua etm.; mahkûm etm.; *thea.* reddetmek; kınamak; ~ it! kahrolası!; Allah belâsını versin!; **2.** *n.* lânet, beddua; *fig.* değersiz şey; I don't care a ~! umurumda değil!; **dam.na.ble** □ [ˈdæmnəbl] melûn, lânetlenmeyi hak eden; **damˈna.tion** *n.* lânet, kargıma, belâ, mahkûm etme; **dam.na.to.ry** □ [ˈ~nətəri] lânete *(veya* bedduaya) neden olan; **damned** [dæmd] *adj.* veya *adv.* lânetli, melûn *(a. = ziyade, çok fazla);* **damn.ing** [ˈdæmiŋ] *adj.* şiddetle karşı olan.

Dam.o.cles [ˈdæməkli:z] *n.:* sword of ~ Demoklesin kılıcı, insanı her an bekleyen tehlike.

damp [dæmp] **1.** □ rutubetli, nemli; **2.** *n.* rutubet, nem; *fig.* cesaretini kırma, ak satma; ⚒ madenlerde oluşan tehlikeli bir gaz; **3.** *a.* **ˈdamp.en** *v/t.* & *v/i.* ıslatmak, ıslanmak, nemlen(dir)mek; *(ateş,* *şevk)* bastırmak, azaltmak; *fig.* neşesini kaçırmak; **ˈdamp.er** *n.* ♪ yastık; pedal; soba borusu kapağı; *fig.* sevinci, heyecanı vs. yi azaltma; *mot.* ses titreşimini azaltan araç, damper; **ˈdamp.ish** *adj.* rutubetli, nemli; **ˈdamp-proof** *n.* nem geçirmeyen şey.

dam.sel † [ˈdæmzəl] *n.* genç kız, küçük hanım.

dam.son ⚘ [ˈdæmzən] *n.* mürdümeriği; ~ cheese erik reçeli.

dance [dɑːns] **1.** *n.* dans; balo; lead s.o. a ~ *b-ni* üzmek, *b-ne* eziyet etm.; **2.** *v/t.* & *v/i.* dans et(tir)mek, oyna(t)mak; **ˈ~-band** *n.* dans orkestrası; **ˈ~-hall** *n.* dans salonu; **ˈ~-hos.tess** *n.* beraber dansetmek için ücretle tutulan kız; **ˈdanc.er** *n.* danseden; dansöz.

danc.ing [ˈdɑːnsiŋ] *n.* dans etme; dans; **~-girl** *n.* danseden, dansöz; **ˈ~-les.son** *n.* dans dersi; **ˈ~-room** *n.* dans salonu.

dan.de.li.on ⚘ [ˈdændilaiən] *n.* kara hindiba.

dan.der *sl.* [ˈdændə] *n.* öfke, hiddet; get s.o.'s ~ up *b-ni* kızdırmak, öfkelendirmek.

dan.dle [ˈdændl] *v/t.* *(çocuk)* kolda veya dizde hoplatmak.

dan.druff [ˈdændrʌf] *n. pl.* *(saçta)* kepek, konak.

dan.dy [ˈdændi] **1.** *n.* züppe, bobstil; F şık; **2.** *part. adj.* F klâs, şık, en iyi nitelikte; **dan.dy.ish** [ˈ~diiʃ] *adj.* züppece; **ˈdan.dy.ism** *n.* züppelik.

Dane [dein] *n.* Danimarkalı.

dan.ger [ˈdeindʒə] *n.* tehlike; **ˈ~-list**: be on the ~ F ölüm tehlikesi içinde olm.; ~ **mon.ey** tehlikeli iş için ödenen ek para; **ˈdan.ger.ous** □ tehlikeli; **ˈdan.ger-~sig.nal** 🚂 *n.* tehlike işareti.

dan.gle [ˈdæŋgl] *v/t.* & *v/i.* ası(lı)p salla(n)mak; *fig.* sallanmak, sendelemek; ~ about, after, round s.o. *b-nin, bşin* peşinden koşmak; **ˈdan.gler** *n.* çapkın, hovarda.

Dan.ish [ˈdeiniʃ] **1.** *n.* Danimarka dili; **2.** *adj.* Danimarkalı.

dank [ˈdæŋk] *adj.* nemli, ıslak.

Da.nu.bi.an [dæˈnjuːbjən] *adj.* Tuna nehri'ne ait.

daph.ne [ˈdæfni] *n.* ⚘ defne ağacı.

dap.per □ F [ˈdæpə] minyon, zarif; atik, çevik.

dap.ple [ˈdæpl] *v/t.* & *v/i.* benekle(n)mek; **ˈdap.pled** *adj.* benekli, lekeli; **ˈdap.ple-ˈgrey** *adj.* & *n.* bakla kırı rengi (at).

dare [dɛə] *v/i.* cesaret etm.; kalkışmak *-e*; I ~ say diyebilirim ki, sanırım herhalde; *v/t.* cesaretli olm.; meydan okumak *b-ne*; **ˈ~dev.il** *n.* & *adj.* gözüpek, yiğit, atılgan; **ˈdar.ing** □ **1.** cüretkâr, pervasız; cesur; **2.** *n.* cesaret, yiğitlik.

dark [dɑːk] **1.** □ *mst* karanlık, koyu; esmer; anlaşılması güç olan; esrarlı; üzüntülü; **2.** *n.* karanlık; before (after) ~ güneş batmadan önce (sonra); leap in the ~ körü körüne veya bilmeden bir işe atılma, cüretli iş; ♀ **A.ges** *pl.* ortaçağın ilk yarısı; **ˈdark.en** *v/t.* & *v/i.* karar(t)mak; *fig.* karanlıklaş(tır)mak; karıştırmak; never ~ s.o.'s door *b-nin* eşiğine bir daha ayak basmamak; **dark horse** *n.* favori olmayan yarış atı; *fig.* sürpriz aday; **ˈdark.ish** *adj.* siyahımsı; **dark.ling** [ˈ~liŋ] *adj.* karanlık; **ˈdark.ness** *n.* karanlık; koyuluk; **ˈ~.room** *n.* karanlık oda; **dark.some** [ˈ~səm] *poet.* = dark 1; **ˈdark.y** *n.* F zenci.

dar.ling [ˈdɑːliŋ] **1.** *n.* sevgili, şirin; **2.** *adj.* sevgili, gözde; sevilen.

darn¹ *sl.* [dɑːn] = damn.

darn² [~] **1.** *n.* gizli yama örgüsü; **2.** *v/t.* & *v/i.* örerek tamir etm., yamamak; **ˈdarn.er** *n.* örgü yumurtası.

darn.ing [ˈdɑːniŋ] *n.* örülmesi gereken şeyler; **ˈ~-cot.ton** *n.* örme ipliği; **ˈ~-nee.dle** *n.* örme iğnesi.

dart [dɑːt] **1.** *n.* kargı, cirit, kısa mızrak; sıçrayış, hamle, fırlayış; ~s *pl.* küçük okları numaralı, daire şeklinde bir hedefe atarak oynanan bir oyun; **2.** *v/t.* fırlatmak; atmak; *v/i. fig.* fırlamak, atılmak; hızla atılmak (at, on *-e*).

Dar.win.ism [ˈdɑːwinizəm] *n.* Darwin kuramı, Darvincilik.

dash [dæʃ] **1.** *n.* kısa mesafe koşusu; canlılık, enerji; gösteriş; darbe, vuruş; *fig.* hamle, atılış, saldırma, hızla atılma (for *-e, için*); *fig.* az miktar; bir tutam *(tuz vs.)*; bir yudum *(içki vs.)*; çizgi, tire, hat *(a.* ♪, *tel.)*; *typ.* uzun çizgi; cut a ~ caka yapmak, çalım satmak; at a ~ çabuk, seri; **2.** *v/t.* fırlatmak, atmak, savurmak; *mst* ~ to pieces paramparça etm.; kırmak *(ümit)*; üstüne su vs. sıçratmak; karıştırmak; dolaştırmak; ~ down, ~ off karalamak, çiziktirmek *(mektup vs.)*; ~ it! *sl.* Allah belâsını versin!; *v/i.* çarpmak; atılmak, fırlamak (at *-e*); seğirtmek; küplere binmek, çılgınlık etm.; ~ off süratle uzaklaşmak, fırlamak, acele gitmek; çiziktirmek; ~ through yarmak, delmek, *(su vs.)* içinden yürümek; ~ up acele gelmek; **ˈ~-board** *n. mot.* kontrol paneli; tekerlek çamurluğu *(at arabasında)*; **ˈdash.er** *n*

F şık, modaya uygun giyimli; **'dash.ing** □ cesur, atılgan; F atik; şık.

das.tard ['dæstəd] *n.* korkak, zorba, kötü niyetli kimse; **'das.tard.ly** *adj.* korkak, hain, alçak.

da.ta ['deitə] *n. pl., Am. a. sg.* bilgi, haber; veriler; ayrıntılar; personal ~ kişiye ait bilgi; ~ **pro.cess.ing** *komputer:* bilgi toplayıp aktarma işlemi.

date[1] [deit] *n.* hurma.

date[2] [~] **1.** *n.* tarih; zaman; randevu; flört edilen kimse; ⚖, † vade, önel, mühlet, mehil; *esp. Am.* F randevulaşma, sözleşme; make a ~ randevu tayin etm., sözleşmek; out of ~ modası geçmiş, eski; to ~ şimdiye kadar; up to ~ modern, modaya uygun; **2.** *v/t.* tarih koymak *-e*; *esp. Am.* F randevulaşmak (with *ile*); ~ back to, ~ from *bşden* ileri gelmek, sebebi ... olm.; that is ~d modası geçmiş; **'~-block** *n.* yapraklı takvim; **'~.less** *adj.* tarihsiz; **'~-line** *n.* gün değişim meridyeni *(Greenwich'in 180° karşısındaki)*; **'~-stamp** *n.* postalanma tarihi, posta damga tarihi.

da.tive ['deitiv] *adj. & n. a.* ~ case *gr.* -e hali, datif.

da.tum ['deitəm] *n.* haber; ayrıntı; veri, bilinen.

daub [dɔ:b] **1.** *n.* harç, çamur; acemice yapılmış resim, karalama; üstünkörü görülen iş; **2.** *v/t.* bulaştırmak, kirletmek; *paint.* karalamak; **daub.(st)er** ['~(st)ə] *n.* boyacı; acemi ressam.

daugh.ter ['dɔ:tə] *n.* kız evlât; **~-in-law** ['dɔ:tərinlɔ:] *n.* gelin; **'daugh.ter.ly** *adj.* kız evlâda yakışır.

daunt [dɔ:nt] *v/t.* cesaretini kırmak, yıldırmak; nothing ~ed *adj.* korkmamış, pervasız; **'~.less** □ cesur, korkusuz, yürekli.

dau.phin ['dɔ:fin] *n.* eski Fransa krallığında veliaht.

dav.en.port ['dævnpɔ:t] *n.* dolaplı yazı masası; sedir, divan.

dav.it ⚓ ['dævit] *n.* matafora.

da.vy[1] ⚒ ['deivi] *a.* ~-lamp *n.* bir tür emniyetli madenci feneri.

da.vy[2] *sl.* [~] *n.* yemin, ant; take one's ~ yemin etm., andiçmek.

daw *orn.* [dɔ:] *n.* küçük karga.

daw.dle F ['dɔ:dl] *v/i.* tembellikle vaktini harcamak; dolaşmak, oyalanmak; **'daw.dler** *n.* F haylaz, avare; *fig.* uykucu, üşengeç, miskin, tembel.

dawn [dɔ:n] **1.** *n.* şafak, gün ağarması, tan; *fig.* başlangıç, uyanma; **2.** *v/i.* şafak sökmek, gün ağarmak; it ~ed upon (on) him nihayet anladı ki.

day [dei] *n.* gün; gündüz; zaman, devir; *usu.* ~s *pl. (esp. yaşam)* zaman, süre; ~ off boş gün; carry *veya* win the ~ *b-ne* galebe çalmak, kazanmak; the other ~ geçenlerde; this ~ week gelecek hafta bugün; bundan bir hafta evvel; let's call it a ~ bu günlük bu kadar iş yeter; pass the time of ~ with s.o. *b-le* günaydınlaşmak; **'~.book** *n.* † yevmiye defteri; **'~-boy** *n.* yatısız (*veya* gündüzcü) öğrenci; **'~-break** *n.* şafak, tan; **'~-dream 1.** *n.* hülya, hayal; **2.** *v/i.* hayal kurmak, dalmak; **'~-fly** *n.* günü birliğine uçakla yolculuk; **'~-la.bo(u)r.er** *n.* gündelikçi; **'~.light** *n.* gün ışığı, aydınlık; ~-saving time *n.* yazın saatleri ileri alarak kazanılan zaman, yaz saati; **'~-long** *adj. & adv.* gün boyu; **'~-'nur.se.ry** *n.* ana okulu; **'~-star** *n.* sabah yıldızı; **'~-time** *n.* gündüz; **'~-to-'day** her günkü, sürekli.

daze [deiz] *v/t.* kamaştırmak; sersemletmek; **dazed** *adj.* uyuşuk ,sersem, şaskın.

daz.zle ['dæzl] *v/t.* -*in* gözünü kamaştırmak *(a. fig.)*; ⚓ gizlemek, kamuflaj yapmak.

D-Day ['di:dei] *n.* İkinci Dünya Savaşı sırasında İngiliz ve Amerikan askerlerinin kuzey Fransa'ya çıktıkları gün *(6 Haziran 1944)*.

dea.con ['di:kən] *n.* diyakoz, hasta ve fakirleri gözeten papaz; **'dea.con.ess** *n.* hastabakıcı hemşire; **'dea.con.ry** *n.* diyakozluk.

dead [ded] **1.** *adj.* ölü, ölmüş; duygusuz (to *-e*); ıssız; sakin, durgun *(su,* †*)*; mat, soluk *(renk)*; sönük *(ateş vs.)*; tatsız, tuzsuz *(içecek)*; derin *(uyku)*; işlemeyen, ölü *(para, kapital vs.)*; ⚡ tamamiyle, büsbütün; ani; ~ bargain çok ucuz mal, eşya; at a ~ bargain çok ucuz fiyata; ~ calm *fig.* ölüm sessizliği, ıssızlık; ~ centre, ~ point ölü nokta; ~ heat birden fazla kişinin aynı anda bitirdiği yarış; ~ letter *fig.* uygulamaya konmamış yasa; sahibi bulunamayıp postanede kalan mektup; ~ load boş, kendi ağırlığı; ~ loss tam kayıp, zarar; ~ march cenaze marşı; ~ set kararlı; karşıt olma, ters davranma (against *-e*); a ~ shot keskin nişancı; ~ wall ses geçirmez duvar; ~ water durgun su; dümen suyu; ~ weight net ağırlık; *fig.* külfet, ağır gelen yük; ~ wood çalı çırpı; *Am.* eski püskü şey, pılıpırtı; **2.** *adv.* büsbütün; tamamen; harfi harfine; kati; ~ against tamamen karşısında; ~ asleep derin uykuda; ~ drunk körkütük sarhoş; ~ sure hiç kuşkusuz; ~ tired bitkin, yorgun argın; **3.** the ~ ölüler; ıssızlık, sessizlik; in the ~ of winter karakışta; in the ~ of night gecenin ortasında; **ˈ~-aˈlive** *adj.* ölü gibi, yarı ölü; can sıkıcı, monoton; **ˈ~-ˈbeat** **1.** *adj.* bitkin, perişan; **2.** *n. Am. sl.* avantacı, otlakçı, bedavacı *(beleşçi)* kimse; **ˈdead.en** *v/t.* körletmek, azaltmak, hafifletmek; *fig.* öldürmek; zayıflatmak, *bşe* gem vurmak; ⊕ parlaklığını gidermek.

dead...: ~ **end** çıkmaz sokak; *fig.* çıkmaz; **ˈ~-end** *n.* çıkmaz yol; *fig.* umutsuz; ~ kids *pl.* sokak çocuğu; ~ street çıkmaz yol; **ˈ~-head** *n.* kaçak yolcu; serbest giriş kartı sahibi; **ˈ~-line** *n. Am.* yasak bölge sınırı *(hapishane)*; son teslim tarihi; **ˈ~lock** *n.* durgunluk; tıkanıklık, çıkmaz; *fig.* olduğu yerde sayma; **ˈdead.ly** *adj.* öldürücü; ölüm derecesinde; ölüm gibi; ~ pale sapsarı; ~ enemy can düşmanı; ~ sin büyük günah; **ˈdead-ness** *n.* uyuşukluk; duyarsızlık *(duygusuzluk)*; durgunluk; bitkinlik; ⚓ rüzgârın kesilmesi.

dead...: **ˈ~ˈnet.tle** ⚘ *n.* ballıbaba; **ˈ~-ˈpan** *Am. sl. adj.* & *n.* sönük, cansız *(yüz, çehre)*.

deaf □ [def] sağır; ~ and dumb sağırdilsiz; turn a ~ ear işitmemezlikten gelmek (to *-i*); **ˈdeaf.en** *v/t.* sağır etm., sağırlaştırmak; **ˈdeaf-ˈmute** *n.* sağır-dilsiz; **ˈdeaf.ness** *n.* sağırlık.

deal¹ [diːl] *n.* çam tahtası; laden ağacı.

deal² [~] **1.** *n.* parça, kısım; miktar; oyun kağıdını dağıtma; F alış veriş; iş, meşguliyet; *Am. mst* uzlaşma, anlaşma; a good ~ çok; a great ~ bir hayli, oldukça çok; give a square ~ to *b-ne* dürüst davranmak; **2.** *(irr.)* *v/t.* paylaşmak; oyun kağıdını dağıtmak; dayak atmak, tokat aşketmek (at s.o. *b-ne*); *v/i.* alış veriş etm., ticaret yapmak; davranmak; ~ with uğraşmak, meşgul olm. *ile*, iştigal etm. *ile*; muamele etm. *-e*; have ~t with s.o. *b-le* artık hiç bir alâkası kalmamak; **ˈdeal.er** *n.* satıcı, tüccar; oyun kağıdını dağıtan; plain ~ samimi, doğru; sharp ~ kurnaz, hilekâr, pişkin; **ˈdeal.ing** *n. mst* **deal.ings** *pl.* ilişkiler, muamele, usul; *(esp. ticaret)* alış veriş.

dealt [delt] *pret.* & *p.p. of* deal² 2.

dean [diːn] *n.* dekan; **ˈdean.er.y** *n.* dekanlık.

dear [diə] **1.** □ pahalı; aziz, sevgili, kıymetli; **2.** *n.* sevgili, gözde; sevimli, hoş; **3.** F o(h) ~!, ~ me! aman tanrım!; sübhanallah!; vah vah, yazık!; **ˈdear.ness** *n.* pahalılık, kıymet; sevgi, muhabbet.

dearth [dəːθ] *n.* pahalılık; yokluk, kıtlık; **dear.y** F [ˈdiəri] *n.* sevgili, favori; sevgilim, nonoşum, kuzum.

death [deθ] *n.* ölüm, vefat; ~s *pl.* ölüm hali, vefat; ~ penalty ölüm cezası; tired to ~ yorgun argın, bitkin; **ˈ~-bed** *n.* ölüm döşeği; **ˈ~-blow** *n.* öldürücü darbe; **ˈ~-du.ty** *n.* veraset vergisi; **ˈ~.less** □ ölümsüz; **ˈ~.like** *adj.* ölüm gibi; öldürücü; **ˈdeath.ly** *adj.* öldürücü; **ˈdeath-rate** *n.* ölüm oranı; **ˈdeath-roll** ⚔ *n.* şehit düşenler listesi; **ˈdeathˈs-head** *n.* kuru kafa; **ˈdeath-trap** *n.* ölüm tuzağı *(a. fig.)*; **ˈdeath-war.rant** *n.* idam kararı; *fig.* ölüm fermanı.

dé.bâ.cle [deiˈbɑːkl] *n.* felâket, musibet, yıkım, çökme, mağlûbiyet.

de.bar [diˈbɑː] *v/t.* yoksun bırakmak, mahrum etm. (from *-den*); men etm. (from *-den*).

de.bar.ka.tion [diːbɑːˈkeiʃən] *n.* gemiden karaya çık(ar)ma.

de.base [diˈbeis] *v/t.* itibarına halel getirmek, alçaltmak, indirmek; *bşin* içine başka bir şey katarak değerini, kalitesini düşürmek; **deˈbase.ment** *n.* değerini düşürme, kötüleştirme.

de.bat.a.ble □ [diˈbeitəbl] tartışma götürür; ihtilâflı; **deˈbate** **1.** *n.* tartışma, müzakere; **2.** *v/t.* tartışmak; danışmak; *bşi* düşünüp taşınmak (on s.th., with s.o. *ile*); **deˈbat.er** *n.* tartışmacı; becerikli, eli çabuk.

de.bauch [diˈbɔːtʃ] **1.** *n.* sefahat, ayyaşlık, ahlâksızlık; **2.** *v/t.* ahlâkını bozmak; ayartmak, baştan çıkarmak; **deb.au.chee** [debɔːˈtʃiː] *n.* zevk ve eğlenceye düşkün, ahlâksız, ayyaş; **de.bauch.er.y** [diˈbɔːtʃəri] *n.* sefahat, ayyaşlık.

de.ben.ture [diˈbentʃə] *n.* tahvil, borç senedi.

de.bil.i.tate [diˈbiliteit] *v/t.* *b-ni* kuvvetten düşürmek, zayıflatmak; **de.bil.iˈta-tion** *n.* zayıflatma; **deˈbil.i.ty** *n.* zayıflık, kuvvetsizlik.

deb.it † [ˈdebit] **1.** *n.* borç, zimmet, açık; to one's ~ *b-nin* hesabına; **2.** *v/t.* *-in* zimmetine geçirmek; *b-nin* borç hanesine yazmak (against *veya* to s.o.).

deb.o.nair [debəˈnɛə] *adj.* neşeli, güler yüzlü, nazik.

de.bouch [diˈbautʃ] *v/t.* & *v/i.* dar bir yerden açığa çık(ar)mak; dökülmek, akmak, üzerine yayılmak.

de.bris [ˈdeibriː] *n.* yıkıntı, enkaz, moloz, süprüntü.

debt [det] *n.* borç; active ~ ödenmemis alacak; owe s.o. a ~ of gratitute şükran borcu olm. *-e*; pay the ~ of nature, pay one's ~ to nature ölmek; **'debt.or** *n.* borçlu.
de.bunk F ['di:'bʌŋk] *v/t. fig. (yüceltilmiş)* bir kişi, düşünce *veya* kuruluş hakkındaki yanlış kanıları, inanışları kaldırmak, gerçeği göstermek.
de.bus [di:'bʌs] *v/t.* yük boşaltmak *(kamyon vs.'den)*; *v/i.* inmek *(kamyon vs.'den)*.
dé.but ['deibu:] *n.* ilk ortaya çıkış, görünüş *(esp. bir genç kızın ilk olarak parti vs.'de görünmesi; sanatçıların ilk sahneye çıkışları)*; **dé.butan.te** ['debju:ta:nt] *n.* sosyeteye ilk kez takdim olunan genç kız.
dec.ade ['dekeid] *n.* onluk; on yıl.
de.ca.dence ['dekədəns] *n.* düşkünlük, çöküş, gerileme; **'de.ca.dent** *adj.* düşkün, çökmüş, yozlaşmış.
Dec.a.log(ue) ['dekələg] *n.* Musa peygambere bildirilen (*veya* inen) on emir, evamiri aşere.
de.camp [di'kæmp] *v/i.* kampı bozup çekilmek; kaçmak, sıvışmak; **de'campment** *n.* yola koyulma, hareket.
de.cant [di'kænt] *v/t.* kaptan kaba boşaltmak *(şarap)*; **de'cant.er** *n.* sürahi.
de.cap [di:'kæp] *v/t. (bomba vs.)* etkisiz hale getirmek.
de.cap.i.tate [di'kæpiteit] *v/t.* *-in* başını kesmek, boynunu vurmak; *Am.* işten çıkarmak, azletmek; **de.cap.i'ta.tion** *n.* başını kesme, boynunu vurma.
de.car.bon.ize *mot.* [di:'ka:bənaiz] *v/t.* karbonu temizlemek.
de.car.tel.i.za.tion [di:ka:təlai'zaiʃən] *n.* kartelleşmeyi önleme.
de.cath.lon [di'kæθlɔn] *n. spor:* dekatlon.
de.cay [di'kei] **1.** *n.* çökme, gerileme, çürüme, bozulma, zeval bulma; **2.** *v/i.* çürümek, bozulmak, zeval bulmak; *fig.* azalmak, eksilmek, zayıflamak; ~ed with age eli ayağı tutmaz olmuş, takatten düsmüş.
de.cease *esp.* ⚖ [di'si:s] **1.** *n.* ölüm, vefat; **2.** *v/i.* ölmek, vefat etm.; the ~ed *adj.* ölmüş, merhum.
de.ceit [di'si:t] *n.* hile, yalan; aldatma, hilekârlık; **de'ceit.ful** □ hilekâr; yalancı, aldatıcı; **de'ceitful.ness** *n.* hilekârlık, yalancılık.
de.ceiv.a.ble [di'si:vəbl] *adj.* kolay aldanan, saf, kanan; **de'ceive** *v/t.* aldatmak; yalan söylemek *-e*; be ~ed aldanmak; yanılmak; **de'ceiv.er** *n.* hilekâr, dubaracı.
de.cel.er.ate [di:'seləreit] *v/t. & v/i.* yavaşla(t)mak.
De.cem.ber [di'sembə] *n.* aralık ayı.
de.cen.cy ['di:snsi] *n.* terbiye, iffet; **'de.cen.cies** *pl.* âdabı muaşeret, davranış töresi.
de.cen.ni.al [di'senjəl] *adj.* on yıllık, on yılda bir olan; **de'cen.ni.um** [~jəm] *n.* on yıllık süre.
de.cent □ ['di:snt] edepli, terbiyeli, kibar; F makûl, kabul edilebilir.
de.cen.tral.i.za.tion [di:sentrəlai'zeiʃən] *n.* bir merkezden idare edilmeyiş, ademi merkeziyet sistemi; **de'cen.tral.ize** *v/t.* bir merkezden idare etmemek, ademi merkeziyetleştirmek.
de.cep.tion [di'sepʃən] *n.* aldatma, hile; aldanış; **de'cep.ti.ve** □ aldatıcı.
dec.i.bel *phys.* ['desibel] *n.* desibel, ses yüksekliğini ölçme birimi.
de.cide [di'said] *v/t.* kararlaştırmak (in favour of, on, upon); karar vermek *(hakkında)*; bitirmek, *bşe* son vermek; karar almak; **de'cid.ed** □ kesin, kararlaştırılmış; tereddütsüz; kesin fikirli, inatçı; **de'cid.er** *n. spor:* final, son maç.
de.cid.u.ous ♀, *zo.* □ [di'sidjuəs] *(her sene)* dökülen, düşen; ~ tree yapraklı ağaç.
dec.i.mal ['desiməl] *n.* & □ ondalık, ondalık...; ~ point ondalık nokta *(ondalık kesirde)*; ~ system ondalık sistem; go ~ ondalık sisteme girmek; **dec.i.mate** ['~meit] *v/t.* onda birini *veya* daha büyük bir kısmını öldürmek *veya* ortadan kaldırmak; *fig.* tırpan atmak; **dec.i'ma.tion** *n.* öldürme, yok etme, imha.
de.ci.pher [di'saifə] *v/t.* *-in* şifresini çözmek; **de'ci.pher.a.ble** [~rəbl] *adj.* deşifre edilebilir; **de'ci.pher.ment** *n.* deşifre etme.
de.ci.sion [di'siʒən] *n.* karar, hüküm; ⚖ ilâm, emir; sebat; take a ~ *bşi* karara bağlamak; bir karar vermek; **de.ci.sive** □ [di'saisiv] kati, kesin; azimkâr.
deck [dek] **1.** *n.* ⚓ güverte; *esp. Am.* bir deste oyun kâğıdı; on ~ güvertede; *Am.* F hazır, âmade, tetikte, müteyakkız; **2.** *lit. v/t.* süslemek, güzelleştirmek; ⚓ güverte kaplamak; **'~-chair** *n.* şezlong; **'~-hand** ⚓ *n.* tayfa, deniz eri.
deck.le-edged ['dekl'edʒd] *adj.* kenarları kesilip düzlenmemiş *(kâğıt)*.
de.claim [di'kleim] *v/t. & v/i.* bir koşuk veya edebî parçayı yüksek sesle ve etkileyici üslupla okumak; sövüp saymak (against *-e*).

dec.la.ma.tion [deklə'meiʃən] *n.* söz söyleme sanatı; resmî nutuk; **de.clam.a.to.ry** [di'klæmətəri] *adj.* coşturucu, şatafatlı; hitabete ait.
de.clar.a.ble ['di'klɛərəbl] *adj.* gümrük vergisine tabi; **dec.la.ra.tion** [deklə'reiʃən] *n.* beyanname; bildiri: make a ~ demeç vermek; **de.clar.a.to.ry** [di'klɛərətəri] *adj.* açıklayıcı; sarih, katî; **de'clare** *v/t.* bildirmek, ilân etm.; *(gümrükte)* beyan etm., deklare etm.; ~ o.s. iddia etm., savunmak; ~ off geri almak; feshetmek; bozmak; *v/i. bş* hakkında fikir beyan etm.; *b-nin* lehinde söz söylemek; *bşi* önermek; well, I ~! F *(şaşkınlık ifadesi)* yapma yahu!; ey!; **de'clared** □ katî, belirgin.
de.class.i.fy ['di:'klæsifai] *v/t.* *(artık gizliliği kalmayan askerî veya politik bir sırrı)* açıklamak, ilân etm.
de.clen.sion [di'klenʃən] *n.* meyil ,iniş; çöküş; *gr.* isim çekimi.
de.clin.a.ble [di'kainəbl] *adj.* çekilebilir; **dec.li.na.tion** [dekli'neiʃən] *n.* meyil, eğim; *ast.*, *phys.* açılım, sapma; **de.cline** [di'klain] **1.** *n.* azalma; *fig.* çöküş, gerileme; ⚕ zayıflama, kuvvetten düşme; **2.** *v/t.* eğmek, eğriltmek; *gr.* çekmek; reddetmek, kabul etmemek; *v/i.* eğilmek; çökmek, gerilemek; azalmak, kuvvetten düşmek.
de.cliv.i.ty [di'kliviti] *n.* iniş, meyil; **de'cliv.i.tous** *adj.* meyilli, inişli.
de.clutch *mot.* ['di:klʌtʃ] *v/i.* debriyaj yapmak.
de.coct [di'kɔkt] *v/t.* kaynatmak; **de'coction** *n.* kaynatma; *esp. pharm.* kaynatarak hazırlanan öz.
de.code *tel.* ['di:'kəud] *v/t.* *bşin* şifresini çözmek.
dé.colle.té(e) [dei'kɔltei] *adj.* dekolte.
de.col.o(u)r.ize [di:'kʌləraiz] *v/t.* rengini gidermek, ağartmak.
de.com.pose [di:kəm'pəuz] *v/t.* parçalara ayırmak; ayrıştırmak; *v/i.* çürümek, bozulmak; **de.com.po.si.tion** [di:kɔmpə'ziʃən] *n.* ayrışma; çürüme.
de.con.tam.i.nate ['di:kən'tæmineit] *v/t.* *bşi veya* bir yeri zararlı maddelerden arıtmak, dezenfekte etm.
de.con.trol ['di:kənt'trəul] **1.** *v/t.* alış verişte kontrolu kaldırmak, ticareti serbest bırakmak; **2.** *n.* kontrolu kaldırma.
dé.cor *thea.* ['deikɔ:] *n.* sahne dekoru, mizansen.
dec.o.rate ['dekəreit] *v/t.* süslemek, donatmak; nişan vermek; **dec.o'ra.tion** *n.* süs; nişan, madalya; 2 **Day** *Am.* Birleşik Amerika'da harpte ölenlerin anıldığı gün *(30 Mayıs)*; **dec.o.ra.tive** ['dəkərətiv] *n.* süsleyici, süs, ziynet; **dec.o.ra.tor** ['~reitə] *n.* süsleyen, dekoratör.
dec.o.rous □ [dekərəs] terbiyeli; uygun.
de.cor.ti.cate ['di'kɔ:tikeit] *v/t.* kabuğunu soymak.
de.co.rum [di'kɔ:rəm] *n.* edebe uygun olma; uygun davranış.
de.coy [di'kɔi] **1.** *n.* tuzak, yem; *a.* ~ bird, ~ duck çığırtkan, pırlak, avcı kuş, tuzakçı *(a. fig.)*; **2.** *v/t.* tuzağa düşürmek, hile ile cezbetmek.
de.crease **1.** ['di:kri:s] *n.* azalma, eksilme; on the ~ azalmakta olan; **2.** [di:'kri:s] *v/t.* & *v/i.* azal(t)mak.
de.cree [di'kri:] **1.** *n.* kararname; emir; tâmim; ⚖ hüküm, karar; takdiri ilâhi; **2.** *v/t.* karara bağlamak; emretmek; ~ **ni.si** ⚖ [~'naisai] *n.* belirli bir süre geçtikten sonra kesin hüküm haline gelen geçici boşanma hükmü.
dec.re.ment ['dekrimənt] *n.* eksilme, azalma; kayıp.
de.crep.it [di'krepit] *adj.* dermansız, zayıf; **de'crep.i.tude** [~tju:d] *n.* dermansızlık, çökmüşlük.
de.cres.cent ['dikresnt] *adj.* küçülen; azalan.
de.cry [di'krai] *v/t. b-ni* rezil rüsva etm.; *b-ni* haşlamak; yermek.
dec.u.ple ['dekjupl] **1.** *adj.* on misli; on kat; **2.** *n.* on kez tekrarlanan rakam; **3.** *v/t.* on misli yapmak, onla çarpmak.
ded.i.cate ['dedikeit] *v/t.* vakfetmek, adamak, ithaf etm. (to *-e*); **ded.i'ca.tion** *n.* tahsis, ithaf; feda etme; açılış töreni; **'ded.i.ca.tor** *n.* vakfeden, adayan, tahsis eden; **ded.i.ca.to.ry** ['~kətəri] *adj.* ithaf kabilinden.
de.duce [di'dju:s] *v/t.* anlamak; sonuç çıkarmak (from *-den*); **de'duc.i.ble** *adj.* anlaşılabilir.
de.duct [di'dʌkt] *v/t.* hesaptan çıkarmak; sonuç çıkarmak; **de'duc.tion** *n.* çıkarılan miktar; sonuç; † iskonto; çıkarma; **de'duc.tive** *adj.* tümdengelimli, istidlâli.
deed [di:d] **1.** *n.* iş, eylem; kahramanlık; hareket; belge; senet; **2.** *v/t. Am.* senetle devretmek (to *-e*).
deem [di:m] *vb.* zannetmek; saymak; düşünmek; fikrinde olm.; hüküm vermek (of ...*hakkında*).
deep [di:p] **1.** □ derin; detaylı; kurnaz; zekî; samimî; dalgın; tok *(ses)*; koyu *(a. fig.)*; gizli: ~ hit *boks:* favullü vuruş; in ~ water(s) *fig.* zor durumda; **2.** *n.* derinlik; *poet.* deniz; '~-'**breathing** *n.*

nefes egzersizi; **'deep.en** *v/t. & v/i.* derinleş(tir)mek; koyulaş(tır)mak; art(ır)mak.

deep...: '~-'freeze 1. *v/t. (yiyecek)* dondurmak; **2.** *n.* dipfriz, dondurucu; **'~-'laid** *adj.* özenle ve gizlice plânlanmış; **'deepness** *n.* derinlik; tokluk *(ses).*

deep...: '~-'root.ed *adj.* köklü; **'~-sea** *n.* açık deniz; **'~-'seat.ed** *adj.* kök salmış, yerleşmiş; **'~-set** *adj.* çukur *(göz).*

deer [diə] *n.* geyik, karaca; **'~-lick** *n.* geyiğin su içtiği tuzlu su kaynağı; **'~-shot** *n.* saçma, dum dum kurşunu; **'~-skin** *n.* güderi; **'~-stalk.er** *n.* geyik avcısı; **'~-stalk.ing** *n.* geyik avcılığı.

de.face ['di'feis] *v/t.* şeklini bozmak, silmek, çirkinleştirmek; **de'face.ment** *n.* bozma; silme; silinti, kazıntı.

de.fac.to [di:'fæktəu] *adj. & adv.* bilfiil, gerçekte, fiilen.

de.fal.ca.tion [di:fæl'keiʃən] *n.* zimmete geçirme; para asırma, suiistimal.

def.a.ma.tion [defə'meiʃən] *n.* iftira; lekeleme; **de.fam.a.to.ry** [di'fæmətəri] *adj.* iftira kabilinden; iftiralı; **de.fame** [di'feim] *v/t.* iftira etm. *-e*; *b-nin* şeref ve haysiyetine leke sürmek; *b-nin* adını kötüye çıkarmak; **de'fam.er** *n.* iftiracı.

de.fault [di'fɔ:lt] **1.** *n.* bulunmama *(duruşmada)*; ihmal; gecikme; gıyab; judgement by ~ ⚖ gıyabî hüküm; in ~ of which hazır bulunmadığı için; aksi halde; **2.** *v/t.* görevini, sözünü yerine getirmemek; ihmal etm.; ⚖ gıyabında hüküm vermek; **də'fault.er** *n.* ihmalkâr; töhmetli; ⚔ suçlu er; borçlarını ödemeyen kimse; ⚖ gaip, hazır bulunmayan.

de.fea.sance [di'fi:zəns] *n.* iptal, fesih, lağvetme.

de.feat [di'fi:t] **1.** *n.* yenilgi, bozgun, hüsran; **2.** *v/t.* ⚔ yenmek, yok etm., başarısızlığa uğratmak; *parl.* düşürmek; **de'feat.ist** *n.* bozguncu.

de.fect [di'fekt] *n.* kusur, eksiklik, hata; **de'fec.tion** *n.* ayrılma (from *-den*); ihanet; **de'fec.tive** ☐ kusurlu, eksik; *gr.* bazı çekim şekilleri kullanılmayan.

de.fence, *Am.* **de.fense** [di'fens] *n.* müdafaa, savunma; witness for the ~ savunma şahidi; **de'fence.less** *adj.* himayeden yoksun, desteksiz; ⚔ savunmasız.

de.fend [di'fend] *v/t.* müdafaa etm.; savunmak (against *-e karşı*); korumak (from *-den*); **de'fen.dant** ⚖ *n.* davalı; **de'fend.er** *n.* savunucu; koruyucu.

de.fen.si.ble [di'fensəbl] *adj.* savunulabilir; **de'fen.sive 1.** ☐ korumada olan, savunan; **2.** *n.* savunma; be on the ~ savunmada olm.; act *veya* stand on the ~ savunmada kalmak.

de.fer[1] [di'fə:] *v/t.* ertelemek; *Am.* ⚔ tecil etm.; payment on ~red terms taksitle ödeme.

de.fer[2] [~] **(to)** *v/i.* itaat etm., hürmet etm. *-e*; **def.er.ence** ['defərəns] *n.* uyma, itaat; hürmet; in ~ to, out of ~ to hürmeten *-e*, uyarak *-e*; **def.er.en.tial** ☐ [~'renʃəl] saygılı, hürmetkâr.

de.fer.ment [di'fə:mənt] *n.* önel, vade, erteleme; *Am.* ⚔ tecil etme.

de.fi.ance [di'faiəns] *n.* meydan okuma; karşı koyma; bid ~ to *b-ne* karşı durmak; meydan okumak; in ~ of *b-ne* nispet için, göze alarak; **de'fi.ant** ☐ meydan okuyan, karşı gelen, serkeş.

de.fi.cien.cy [di'fiʃənsi] *n.* eksiklik, noksan; açık; **de'fi.cient** ☐ eksik, noksan; be ~ in *bşde* eksik olm.

def.i.cit ['defisit] *n. (bütçe, hesap)* açık; noksan; dezavantaj.

de.fi.er [di'faiə] *n.* meydan okuyan; hakir gören.

de.file[1] 1. ['di:ʃail] *n.* geçit, boğaz; **2.** [di'fail] *v/i.* birerli kolda yürümek; resmi geçit yapmak.

de.file[2] [di'fail] *v/t.* kirletmek, pisletmek; ırzına geçmek; bir yerin kutsallığını bozmak; **de'file.ment** *n.* kirletme; pislik.

de.fin.a.ble [di'fainəbl] *adj.* tanımlanabilir; **de'fine** *v/t.* tanımlamak; açıklamak; sınırlamak; **def.i.nite** ['definit] ☐ kesin; açık; belirli; sınırlı; **def.i'ni.tion** *n.* tanım; açıklama; *opt.* netlik; **de.fin.i.tive** ☐ [di'finitiv] kesin; son; sınırlandıran.

de.flate [di'fleit] *v/t.* havasını boşaltmak *-in*; enflasyonu ortadan kaldırmak; gururunu kırmak; **de'fla.tion** *n.* boşaltma; deflasyon; fiyatların düşmesi; **de'fla.tion.a.ry** *adj.* deflasyonal, deflasyon doğurucu.

de.flect [di'flekt] *v/t.* saptırmak, çevirmek; **de.flec.tion,** *mst* **de.flex.ion** *n.* sapma, dönme.

de.flow.er [di:'flauə] *v/t.* çiçeklerini koparmak; bekâretini bozmak; *fig.* ırzına geçmek.

de.form [di'fɔ:m] *v/t.* şeklini bozmak, çirkinleştirmek; deforme etm.; **~ed** *adj.* çirkin, biçimsiz, şekli bozulmuş; sakat; **de.for.ma.tion** [di:fɔ:'meiʃən] *n.* çirkinleştirme, şeklini bozma; sakatlık; **de-form.i.ty** [di'fɔ:miti] *n.* biçimsizlik, sakatlık; fazlalık *(a. fig. vücutta ur vs.)*; hilkat garibesi.

de.fraud [di'frɔ:d] *v/t.* *b-ni* dolandırmak (of); aldatmak.

de.fray [di'frei] *v/t.* masrafı *b-ne* ait olm.; karşılamak, ödemek.
de.freez.er *mot.* [di:'fri:zə] *n.* anti-friz perde.
de.frost ['di:'frɔst] *v/t.* buzlarını çözmek *-in*; **de.frost.er** *mot.* ['di:'frɔstə] *n.* *(otomobil camı, buzdolabı vs. de)* buzları eritme düzeni.
deft □ [deft] çevik, eli çabuk, becerikli.
de.funct [di'fʌŋkt] **1.** *adj.* ölmüş, merhum; *fig.* eskimiş, modası geçmiş; **2.** *n.* ölü.
de.fy [di'fai] *v/t.* *b-ne* meydan okumak, kafa tutmak, karşı koymak; *bşi* hiçe saymak; aldırış etmemek *-e*; alnını karışlamak *-in*; dayanmak *-e*.
de.gen.er.a.cy [di'dʒenərəsi] *n.* soysuzluk, ahlâk bozukluğu; yozlaşma, dejenere olma; **de'gen.er.ate 1.** [~reit] *v/t.* yozlaşmak; soysuzlaşmak; **2.** □ [~rit] yozlaşmış, soysuzlaşmış, dejenere; **de.gen.er.a.tion** [~'reiʃən] *n.* yozlaşma, soysuzlaşma, bozulma; **de'gen.er.a.tive** [~rətiv] *adj.* yozlaş(tır)an; soysuzlaş(tır)an.
deg.ra.da.tion [degrə'deiʃən] *n.* indirme; alçal(t)ma; azletme; **de.grade** [di'greid] *v/t.* alçaltmak; *-in* rütbesini indirmek; aşağılamak; *fig.* azaltmak, kısaltmak; *v/t.* gerilemek; düşmek, derecede alçalmak; bozulmak.
de.gree [di'gri:] *n.* derece *(a. geogr., gr.,* ⚗, *phys., univ.)*; akrabalık derecesi; *fig.* basamak, adım (to *-e*); rütbe; seviye; by **~s** gittikçe, aşama aşama; in no **~** katiyen; to a **~** bir dereceye kadar; take one's **~** bir üniversiteden mezun olm.
de.hu.man.ize [di:'hju:mənaiz] *v/t.* insanlıktan çıkarmak, canavarlaştırmak.
de.hy.drat.ed [di:'haidreitid] *n.* susuz, kurumuş şey; **~** eggs *pl.* yumurta tozu; **~** potatoes *pl.* kurutulmuş patates; **~** vegetables kurutulmuş sebze.
de.ice ✈ ['di:'ais] *v/t.* buzlanmayı önlemek, buzu eritmek; **de'ic.er** *n.* buzlanmayı önleyen *veya* buzu eriten aygıt *veya* madde.
de.i.fi.ca.tion [di:fi'keiʃən] *n.* tanrılaş(tır)ma; **de.i.fy** ['di:ifai] *v/t.* tanrılaştırmak; tapmak.
deign [dein] *vb.* tenezzül etm. (to *-e*); alçak gönüllü olm.
de.ism ['di:izəm] *n.* yaradancılık, bir dine bağlı olmadan tanrıya inanma; **'de.ist** *n.* yaradancı, tanrıya inanan; **de'is.tic, de'is.ti.cal** □ bu inanışa ait.
de.i.ty ['di:iti] *n.* tanrı(ça);tanrılık.
de.ject [di'dʒekt] *v/t.* cesaretini kırmak, keyfini kaçırmak, karamsar kılmak; **de'ject.ed** □ kederli, karamsar; **de'ject.edness, de'jec.tion** *n.* keder, umutsuzluk, neşesizlik.
de jure [di:'dʒuəri] *adj.* & *adv.* haklı olarak; yasal...
de.lay [di'lei] **1.** *n.* gecikme, tehir, erteleme; **2.** *v/t.* geciktirmek, ertelemek; *b-ni* oyalamak; *v/i.* gecikmek; tereddüt etm; zaman kaybetmek.
de.le *typ.* ['di:li:] **1.** *n.* silme işareti; **2.** *v/t.* **silmek.**
de.lec.ta.ble *usu. iro.* □ [di'lektəbl] hoş, nefis, leziz; **de.lec.ta.tion** [di:lek'teiʃən] *n.* zevk, eğlence, haz.
del.e.ga.cy ['deligəsi] *n.* delegasyon; üyelik; **del.e.gate 1.** ['~geit] *v/t.* üye atamak *veya* göndermek; yetki vermek, devretmek (to s.o. *-e*); **2.** ['~git] *n.* temsilci, mümessil, elçi, delege, raportör; **del.e.gation** [~'geiʃən] *n.* delegasyon; *Am. parl.* kongre üyesi; atama.
de.lete [di'li:t] *v/t.* çizmek, silmek, kazımak; **del.e.te.ri.ous** □ [deli'tiəriəs] zararlı, bozucu, sıhhate dokunur; **de.le.tion** [di'li:ʃən] *n.* silip çıkarma; kazıma, bozma.
delf(t) [delf(t)] *n.* Hollanda porseleni.
de.lib.er.ate 1. [di'libəreit] *v/t.* düşünmek, tartmak; *v/i.* düşünüp taşınmak; danışmak, istişare etm. **(on); 2.** □ [~rit] tedbirli, dikkatli; iyi düşünülmüş; kasti, kasıtlı; **de'lib.er.ate.ness** *n.* dikkatlilik, tedbirli olma; **de.lib.er.a.tion** *n.* düşünüp taşınma; tartışma, görüşme; tedbirli olma; **de'lib.er.a.tive** □ [~rətiv] düşünceli, ihtiyatlı; üzerinde düşünülmüş.
del.i.ca.cy ['delikəsi] *n.* lezzetli şey; nefaset; zarafet, hassasiyet, kibarlık, incelik, nezaket; **del.i.cate** □ ['~kit] nazik, narin, ince *(a. fig.)*; hassas, nefis, titiz; **del.i.ca.tes.sen** [delikə'tesn] *n.* mezeci dükkânı; meze, hazır yemekler.
de.li.cious □ [di'liʃəs] nefis, hoş, leziz, lezzetli.
de.light [di'lait] **1.** *n.* zevk, sevinç, haz; take **~** in *-den* zevk almak; eğlenmek; **2.** *v/t.* sevindirmek, zevk vermek *-e*; *v/i.* sevinmek, zevk almak (in); **~** to *bşden* hoşlanmak; **de'light.ful** □ [~ful] hoş, zevkli.
de.lim.it [di:'limit], **de.lim.i.tate** [di'limiteit] *v/t.* sınırlandırmak; tahdit etm.; **de.lim.i'ta.tion** *n.* sınırlandırma.
de.lin.e.ate [di'linieit] *v/t.* taslak çizmek; tarif etm., tasvir etm., betimlemek; **de.lin.e'a.tion** *n.* resim, kroki, tasarı; **tarif**, betim.
de.lin.quen.cy [di'liŋkwənsi] *n.* kusur, ka-

bahat, hata; suçluluk; **de'lin.quent** 1. *adj.* kabahatli, suçlu, savsakçı; 2. *n.* kabahatli kimse, suçlu kimse.
del.i.quesce [deli'kwes] *v/i. (havadan rutubet kapıp)* sıvı hale gelmek, erimek.
de.lir.i.ous □ [di'liriəs] sayıklayan; şaşkın, cinnet getirmiş, çılgına dönmüş (with *-den, ile*); **de'lir.i.ous.ness** *n.* cinnet, çılgınlık, delilik; **de'lir.i.um** [~əm] *n.* sayıklama, hezeyan; çılgınlık, taşkınlık; ~ tremens [~əm'tri:menz] içki alışkanlığından ileri gelen hezeyan.
de.liv.er [di'livə] *v/t.* kurtarmak (from *-den*); *a.* ~ up teslim etm., haber iletmek; bildirmek; konferans vermek; ⚕ doğurtmak (of a child *-i*); teslim etm. *(eşya vs.)*; 📯 vermek, dağıtmak; tokat atmak; fırlatmak *(top vs.)*; **de'liv.er.a.ble** *adj.* dağıtılabilir, teslim edilebilir; **de'liv.er.ance** *n.* kurtarış; kurtuluş; ileri sürme; **de'liv.er.er** *n.* kurtaran; dağıtan; **de'liv.er.y** ⚕ doğurma; teslim; 📯 dağıtım; konferans; fırlatma *(top vs.)*; special ~ ekspres, özel postacı ile; on ~ of tesliminde; **de'liv.er.y-note** *n.* teslim kâğıdı; **de'liv.er.y-truck, de'liv.er.y-van** *n.* dağıtım arabası.
dell [del] *n.* küçük vadi, dere.
de.louse ['di:'laus] *v/t.* *b-ni* bitlemek, bitten temizlemek; **de'lous.ing cen.tre** bitleri temizlemeye mahsus buğuevi.
del.ta ['deltə] *n.* Yunan alfabesinin dördüncü harfi; delta.
de.lude [di'lu:d] *v/t.* aldatmak; ayartmak (into).
del.uge ['delju:dʒ] 1. *n.* tufan, sel, su baskını; 2. *v/t.* (with) su basmak, tufana boğmak *(a. fig.)*.
de.lu.sion [di'luʒən] *n.* aldatma, aldanma; vehim; **de'lu.sive** [~siv] □, **de'lu.so.ry** [~səri] aldatıcı, hayalî.
delve [delv] *vb.* kazmak; araştırmak.
dem.a.gog.ic, dem.a.gog.i.cal [demə'gɔgik(əl)] *adj.* demagojiye dayanan; **dem.a.gogue** ['~gɔg] *n.* demagog, halk avcısı; **'dem.a.gog.y** *n.* demagogluk, demagoji.
de.mand [di'ma:nd] 1. *n.* talep, istem, istek (on); gereksinim (for); ✝ talep, rağbet; ⚖ talep, dava, hak iddiası (on); in ~ çok aranılan, rağbet gören; on ~ talep vukuunda; 2. *v/t.* istemek, talep etm. (of); gerektirmek; ⚖ hak talep etm.; *b-den (veya b-ne) bşi* sormak; ~ note ödeme talebi.
de.mar.ca.tion [di:ma:'keiʃən] *n.* sınır saptama, ayırma; *mst* line of ~ sınır çizgisi.
dé.marche *pol.* ['deima:ʃ] *n.* diplomatik girişim.
de.mean[1] [di'mi:n] *v/t.* *mst* ~ o.s. kendini alçaltmak, küçültmek.
de.mean[2] [~] *v/t.:* ~ o.s. davranmak, hareket etm.; **de'mean.o(u)r** *n.* davranış, tavır.
de.ment.ed [di'mentid] □ deli, çılgın.
de.mer.it [di:'merit] *n.* kusur, hata; sakınca.
de.mesne [di'mein] *n.* mülk; arazi, toprak; malikâne.
demi... ['demi] *prefix* yarım, buçuk, yarı...
dem.i.god ['demigɔd] *n.* yarı tanrı yarı insan; **'dem.i.john** *n.* damacana, hasırlı büyük şişe.
de.mil.i.ta.ri.za.tion ['di:militərai'zeiʃən] *n.* askerden arındırma; **'de'mil.i.ta.rize** *v/t.* askerden arındırmak.
dem.i.mon.daine ['demimɔn'dein] *n.* yüksek sosyeteye zengin birini bularak girmeye çalışan kadın; **dem.i.monde** ['~'mɔ:nd] *n.* dömimond.
de.mise [di'maiz] 1. *n.* ölüm; devir; ferağ; kiralama; kira haddi; 2. *v/t.* geçirmek, *bşi* vasiyetle devretmek, icar etm.
de.mist *mot.* [di:'mist] *v/t.* buğulanmayı önlemek; **de'mist.er** *n.* buğulanmayı önleyen aygıt.
demo F ['deməu] *n.* ispat; göster(il)me; gösteri.
de.mob *sl.* [di:'mɔb] = demobilize; **de.mo.bi.li.za.tion** ['di:məublai'zeiʃən] *n.* seferberliğin sona ermesi, terhis; **de'mo.bi.lize** ⚔ v/t. terhis etm.
de.moc.ra.cy [di'mɔkrəsi] *n.* demokrasi; **dem.o.crat** ['deməkræt] *n.* demokrat, demokrasi yanlısı; **dem.o'crat.ic, dem.o'crat.i.cal** □ demokratik, halkçı; **de.moc.ra.tize** [di'mɔkretaiz] *vb.* demokratlaş(tır)mak.
dé.mo.dé [dei'məudei] *adj.* modası geçmiş, demode.
de.mog.ra.phy [di:'mɔgrəfi] *n.* demografi, sayısal nüfus bilgisi *(doğum, ölüm vs. oranı)*.
de.mol.ish [di'mɔliʃ] *v/t.* yıkmak; *fig.* yok etm.; çekip indirmek; F silip süpürmek *(yemek)*; **dem.o.li.tion** [demə'liʃən] *n.* tahrip, yık(ıl)ma; yok olma.
de.mon ['di:mən] *n.* şeytan, iblis, cin; he is a ~ for work F kendini işe kaptırır, deli gibi çalışır; **de.mo.ni.ac** [di'məuniæk] 1. *a.* **de.mo.ni.a.cal** □ [di:məu'naiəkəl] şeytanî, çılgın; 2. *n.* çılgın kimse, cinli kimse; **de.mon.ic** [di:'mɔnik]

adj. doğaüstü; cin *veya* şeytanlara ait.
de.mon.stra.ble □ [ˈdemənstrəbl] gösterilebilir, kanıtlanabilir; **dem.on.strate** [ˈ~-streit] *v/t.* kanıtlamak, göstermek; *v/i.* gösteri yapmak; **dem.onˈstra.tion** *n.* kanıt, ispat, göster(il)me; nümayiş, gösteri; *pol.* gösteri, tezahürat; ⚔ manevra, tatbikat; **de.mon.stra.tive** [diˈmɔnstrətiv] **1.** □ açıkça gösteren, *bşi* işaret eden (of); inandırıcı; gösteri şeklinde; *gr.* bir noktaya işaret eden; anlamlı; göze çarpan; coşkun; **2.** *n. gr.* işaret zamiri; **dem.on.stra.tor** [ˈdemənstreitə] *n.* ispat eden, anlatan; *anat.* laboratuvar asistanı; *pol.* gösteri yapan, nümayişçi.
de.mor.al.i.za.tion [dimɔrəlaiˈzeiʃən] *n.* karamsarlık; ahlâk bozulması; **deˈmor.al-ize** *v/t.* ahlâkını bozmak *-in*; karamsar kılmak.
de.mote *Am.* [diːˈməut] *v/t.* rütbesini indirmek; *okul:* bir aşağı sınıfa indirmek; **deˈmo.tion** *n.* indirme vs.
de.mur [diˈməː] **1.** *n.* itiraz; **2.** *v/i.* karşı koymak, itiraz etm. (to, a -*e*).
de.mure □ [diˈmjuə] ciddî, temkinli; hassas; uslu, ağır başlı; **deˈmure.ness** *n.* ciddiyet; duyarlılık, alçak gönüllülük.
de.mur.rage ⚓, 🚂 [diˈmʌridʒ] *n.* süristarya, istarya müddeti, yükleme süresini geçirme ve bu süre için ödenen para; **deˈmur.rer** *n.* ⚖ itiraz.
den [den] *n.* in, mağara; *sl.* küçük özel oda.
de.na.tion.al.ize [diːnæʃnəlaiz] *v/t.* devlet tekelinden çıkarmak, serbest bırakmak; ulusal haklarından yoksun kılmak -*i*.
de.na.ture ⚗ [diːˈneitʃə] *v/t.* özelliklerini değiştirmek, doğal halinden çıkarmak.
de.ni.a.ble [diˈnaiəbl] *adj.* yadsınabilir, inkâr olunabilir; **deˈni.al** *n.* inkâr, yadsıma, yalanlama; ret.
de.ni.er[1] [diˈnaiə] *n.* yadsıyan, yalanlayan; reddeden.
de.nier[2] [ˈdeniəi] *n.* ipek, naylon vs. ipliğinin kalitesini ölçmekte kullanılan eski bir Fransız ölçü birimi.
den.i.grate [ˈdənigreit] *v/t.* iftira etm. -*e*; kara çalmak.
den.im [ˈdenim] *n.* kaba pamuklu kumaş.
den.i.zen [ˈdenizn] *n.* sakin, oturan, ora ahalisinden, yerleşmiş.
de.nom.i.nate [diˈnɔmineit] *v/t.* ad vermek (to -*e*); tefrik etm., ayırmak, belirtmek; **de.nom.iˈna.tion** *n.* ad(landırma); sınıf, derece; mezhep; nominal değer; **de.nom-i.na.tion.al** [~ˈneiʃənl] *adj.* bir mezhebe bağlı; ~ school mezhep okulu; **deˈnom-i.na.tive** [~nətiv] *adj.* ad veren, ad gibi kullanılan; **deˈnom.i.nator** ⚗ [~neitə] *n.* payda; common ~ ortak payda.
de.no.ta.tion [diːnəuˈteiʃən] *n.* işaret; anlam; **de.no.ta.tive** [diˈnəutətiv] *adj.* karakteristik, ayırt eden; önemli (of); **deˈnote** *v/i.* göstermek, delâlet etm., nitelendirmek.
de.nounce [diˈnauns] *v/t.* bildirmek, ihbar etm.; suçlamak; *(anlaşmanın)* sona erdiğini bildirmek; **deˈnounce.ment** *n.* açıklama, ihbar.
dense □ [dens] sık, yoğun, kalabalık; anlayışı kıt; **ˈdense.ness** *n.* sıklık, yoğunluk, kalınlık, yakınlık; *fig.* darlık, sıkışıklık; **ˈden.si.ty** *n.* yoğunluk, sıklık, koyuluk; *phys.* yoğunluk, sıklık.
dent [dent] **1.** *n.* çentik, basınç *veya* darbe sonucu olan çökük; **2.** *v/t.* çentmek, göçürmek.
den.tal [ˈdentl] **1.** *adj.* diş ya da dişçiliğe ait; ~ surgeon diş doktoru; **2.** *n.* dişsel ünsüz; **den.tate** [ˈ~teit] *adj.* ⚘ kenarı dişli, tarak şeklinde; **den.ti.frice** [ˈ~tifris] *n.* diş temizleme tozu *veya* macunu; **ˈdentist** *n.* diş doktoru, dişçi; **ˈden.tist.ry** *n.* dişçilik; **denˈti.tion** [ˈ~tʃə] *n.* diş çıkarma; diş yapısı; **den.ture** *n.* takma dişler.
den.u.da.tion [diːnjuːdeiʃən] *n.* soyulma, açma, çıplak etme; *geol.* aşındırma, erözyon; **de.nude** [diˈnjuːd] *v/t.* (of) açmak, çıplak hale koymak; *fig.* soymak.
de.nun.ci.a.tion [dinʌnsiˈeiʃən] *n.* ihbar, ifşa, itham, uyarma; feshetme; **deˈnun-ci.a.tor** muhbir, ithamcı; **deˈnun.ci.a.to.ry** [~ətəri] *adj.* suçlayıcı, itham edici; gammazlayıcı; küçük düşürücü.
de.ny [diˈnai] *v/t.* yadsımak, inkâr etm.; reddetmek; esirgemek; yalanlamak, tanımamak; ~ o.s. s.th. *k-ni bşden* yoksun bırakmak; ~ o.s. (to a visitor) evde iken yok dedirtmek.
de.o.dor.ant [diˈəudərənt] *n.* hoş olmayan kokuları gideren madde, deodoran; **deˈo.dor.ize** *v/t.* kokusunu gidermek; **deˈo-dor.iz.er** *n.* koku giderici şey.
de.part [diˈpɑːt] *vb.* ayrılmak, gitmek; hareket etm. (for -*e*); F ayırmak (from); uzakta durmak, uzaklaşmak, sapmak, ayrılmak (from -*den*); vefat etm.; the ~ed merhum, vefat edenler; ~ this life bu dünyadan göçmek; **deˈpart.ment** *n.* kısım, bölüm, şube, daire; ✝ branş, şube; *Am.* bakanlık; State ♀ Dış İşleri Bakanlığı; ~ store büyük mağaza; **de-part.men.tal** [diːpɑːtˈmentl] *adj.* bir şube *veya* daireye ilişkin; **de.par.ture** [diˈpɑːtʃə] *n.* gidiş, 🚂, ⚓ hareket, kalkış

(from *-den*); a new ~ yeni bir akım, yenilik; ~ platform hareket peronu.
de.pend [di'pend] *v/i.* bağlı olm., tabi olm.; *b-nin* elinde olm. (on, upon); *b-ne, bşe* güvenmek (on, upon); ⚖ karar bağlanmamış olm.; it ~s F belli olmaz, duruma göre; **de'pend.a.ble** *adj.* güvenilir, emin; **de'pend.ant** *n.* bağlı (on, upon *-e*); hizmetçi, uşak; taraftar; aile bireylerinden olan; **de'pend.ence** *n.* bağlılık (upon *-e*); sınırlı olma (on); güven, inanç (on); **de'pend.en.cy** *n.* bağımlılık; sömürge, müstemleke; ek bina; **de'pend.ent** **1.** □ bağımlı (on); muhtaç; güvenen; **2.** *s.* dependant.
de.pict [di'pikt] *v/t.* göstermek, betimlemek, anlatmak; resmetmek, çizmek.
de.pil.a.to.ry [de'pilətəri] **1.** *adj.* kıl dökücü; **2.** *n.* kıl döken ilaç.
de.plane [di:'plein] *v/i.* uçaktan inmek.
de.plete [di'pli:t] *v/t.* azaltmak, boşaltmak, dökmek; *fig.* tüketmek; **de'ple.tion** *n.* tüketme, azaltma, boşalt(ıl)ma; **de'ple.tive** *adj.* boşaltıcı.
de.plor.a.ble □ [di'pɔ:rəbl] acınacak, acıklı, perişan; **de'plore** *v/t.* acımak *-e*; beğenmemek.
de.ploy ⚔ [di'plɔi] *vb.* açmak, yaymak, yanaşık düzenden dağınık düzene geçmek; **de'ploy.ment** *n.* açılma, yayılma.
de.po.nent [di'pəunənt] *n.* ⚖ yazılı ifade veren şahit, tanık; *gr.* kipi pasif, anlamı aktif olan fiil.
de.pop.u.late [di:'pɔpjuleit] *v/t.* nüfusunu azaltmak; **de.pop.u'la.tion** *n.* nüfusunu azaltma.
de.port [di'pɔ:t] *v/t.* yurt dışı etm., sürgün etm.; ~ o.s. davranmak, hareket etm.; **de.por.ta.tion** [di:pɔ:'teiʃən] *n.* yurt dışı etme; **de.port'ee** *n.* sürgün, hudut harici edilen kimse; **de.port.ment** [di'pɔ:tmənt] *n.* davranış, hareket.
de.pos.a.ble [di'pəuzəbl] *adj.* azledilebilir; **de'pose** *v/t.* azletmek; ⚖ yeminle yazılı ifade vermek (to s.th., that).
de.pos.it [di'pɔzit] **1.** *n.* *geol.* çöküntü (*a.* ⚕); maden yatağı; ⚗ tortu; ✝ depo, ambar; mevduat, teminat akçesi; rehin; ✝ pey, avans; *attr.* depozito; **2.** *v/t.* yatırmak, tevdi etm.; depo etm.; çökeltmek; **de'pos.i.ta.ry** *n.* depo, emanetçi; **dep.o.si.tion** [depə'ziʃən] *n.* çöküntü; şahidin ifadesi, delil; azil (from *-den*); **de'pos.i.tor** [di'pɔzitə] *n.* mudi, para yatıran; emanet eden; **de'pos.i.to.ry** *n.* depo; *fig.* zengin kaynak, depo.
de.pot ['depəu] *n.* depo, ambar, antrepo; toplanma yeri; *Am.* tren istasyonu.
dep.ra.va.tion [deprə'veiʃən] = depravity;
de.prave [di'preiv] *v/t.* ayartmak, ahlâkını bozmak; **de'praved** *adj.* ahlâkı bozuk; **de.prav.i.ty** [di'præviti] *n.* ahlâk bozukluğu; fesat.
dep.re.cate ['diprikeit] *v/t.* onaylamamak, hoş görmemek, reddetmek; **dep.re'ca.tion** *n.* ayıplama, hoşnutsuzluk, beğenmeyiş, ret; **dep.re.ca.to.ry** ['~kətəri] *adj.* küçümseyen, beğenmeyen; olumsuz.
de.pre.ci.ate [di'pri:ʃieit] *v/t.* değerini düşürmek, azaltmak, fiyatını kırmak, ucuzlatmak; *fig.* *b-ne, bşe* hor bakmak; *v/i.* değer kaybetmek; **de.pre.ci'a.tion** *n.* alçaltma, kötüleme; indirim; ✝ değerin azalması; aşınma payı, amortisman; **de'pre.ci.a.to.ry** [~ʃjətəri] *adj.* değerini düşürücü, küçümseyici.
dep.re.da.tion [depri'deiʃən] *n.* yağmalama; tahribat; ~s *pl.* yıkıp bozma; **'dep.re.da.tor** *n.* yağmacı, çapulcu; **dep.re.da.to.ry** *adj.* yağmacılık türünden; F müthiş, korkunç, feci.
de.press [di'pres] *v/t.* indirmek, alçaltmak (*fiyat, ses*); basmak *-e*; *fig.* sıkıştırmak, eziyet vermek; **de'pressed** *fig.* *adj.* kederli, karamsar; **de.pres.sion** [di'preʃən] *n.* çökme, depresyon; keder; indir(il)me; ✝ durgunluk, ekonomik kriz; ⚕ yorgunluk, kuvvetten düşme; ⊕, *phys., ast.* düşme, alçalma; *geogr.* arazi çöküntüsü, çukur; *meteor.* alçak basınç bölgesi.
dep.ri.va.tion [depri'veiʃən] *n.* yoksunluk, mahrumiyet; kayıp; **de.pri.ve** [di'praiv] *v/t.* yoksun bırakmak (of *-den*); ~ s.o. of s.th. elinden *bşi* almak; *b-ni bşden* yoksun bırakmak; *bşe* katılmamak.
depth [depθ] *n.* derinlik (*a. fig.*); derin yer; ~ bomb, ~ charge su altı bombası; ~ of focus *phot.* odak derinliği; go beyond one's ~ (*suda*) ayağı yerden kesilmek; be out of one's ~ *fig.* bilgisinin ötesinde.
dep.u.ta.tion [depju'teiʃən] *n.* murahhas hevet, delegasyon; delegelik; **de.pute** [di'pju:t] *v/t.* atamak (*temsilci*), göndermek (*delege*); çıkarmak (*milletvekili*);
dep.u.tize ['depjutaiz] *v/t.* delege tayin etm.; ~ for *v/i.* *b-ne* vekalet etm.; **'dep.u.ty** *n.* vekil; milletvekili; delege; ⚖ temsilci; yardımcı, muavin.
de.rac.i.nate [di'ræsineit] *v/t.* kökünden çıkarmak, ayırmak (*a. fig.*).
de.rail 🚂 ['direil] *v/t.* & *v/i.* raydan çık(ar)mak; **de'rail.ment** *n.* raydan çıkma.
de.range [di'reindʒ] *v/t.* karıştırmak, *bşi*

bozmak; (mentally) ~d aklı bozuk; **deˈrange.ment** *n.* düzensizlik; geçimsizlik; çılgınlık, aklî dengesizlik.

de.rate [diːˈreit] *v/t.* *(yerel vergileri)* hafifletmek.

Der.by [ˈdɑːbi] *spor:* İngiltere'de geleneksel at yarışı; **ˈder.by** *Am.* melon şapka.

der.e.lict [ˈderilikt] **1.** *adj.* terkedilmiş, sahipsiz; *esp. Am.* savsak, kayıtsız; **2.** *n.* sahipsiz mal; gemi enkazı; **der.eˈlic-tion** *n* terketme; savsaklama; ~ of duty kayıtsız kalma, görevin ihmali.

de.ride [diˈraid] *v/t. b-le, bşle* alay etm.; **deˈrid.er** *n.* alaycı.

de ri.gueur [dəriˈgəː] *adj.* mutlaka gerekli.

de.ri.sion [diˈriʒən] *n.* alay, hor görme; **de.ri.sive** □ [diˈraisiv], **deˈri.so.ry** [~səri] alaylı, istihza kabilinden; gülünç; önemsiz.

de.riv.a.ble □ [diˈraivəbl] çıkarılabilir, türetilebilir; **der.i.va.tion** [deriˈveiʃən] *n.* türetme; başka tarafa çevirme; kaynak, asıl; **de.riv.a.tive** [diˈrivətiv] **1.** □ türetilmiş; **2.** *n.* türetme *(sözcük vs.)*; ikincil, talî; **de.rive** [diˈraiv] *v/t.* çıkarmak, türetmek (from *-den*); ~ from, be ~d from *b-nin* neslinden olm., gelmek.

der.ma.tol.o.gist [dəːməˈtɔlədʒist] *n.* cilt doktoru, dermatolog; **derˈma.tol.o.gy** *n.* cildiye, dermatoloji, cilt hastalıkları ilmi.

der.o.gate [ˈderəugeit] *v/i.* zarar vermek; saygınlığını bozmak (from); küçültmek; değerinden düşürmek (from); **der.oˈga-tion** *n.* küçültme (from); ket vurma; **de-rog.a.to.ry** □ [diˈrɔgətəri] zararlı (to *-e*); ket vurucu.

der.rick [ˈderik] *n.* ⊕ döner vinç; ⚓ vinç kolu; ⚒ petrol sondaj kulesi.

der.ring-do [ˈderiŋˈduː] *n.* atılganlık, cüret, gözüpeklik.

derv [dəːv] *n.* dizel motor yakıtı.

der.vish [ˈdəːviʃ] *n.* derviş.

de.scale [diːˈskeil] *v/t.* *(kaplarda oluşan kireç taşını)* çıkarmak.

des.cant [disˈkænt] *v/t.* bir konu üzerinde uzunca bir söylev vermek (upon); daha yüksek sesle çalmak *veya* söylemek.

de.scend [diˈsend] *v/i.* inmek, alçalmak; *k-ni* küçültmek, düşmek; ⚒ maden ocağına inmek; ✈ yere inmek; ~ (up)on üzerine atılmak, sökün etm., çullanmak; ~ to miras kalmak; *bşe* yanaşmak; ~ from, be ~d from *b-nin* soyundan gelmek, nesebi olm.; **deˈscend.ant** *n.* torun, oğul.

de.scent [diˈsent] *n.* iniş; yokuş; soy, nesil; baskın, istilâ; ⚒ iniş, geçit; alçalma, düşme; meyilli yüzey; karaya çıkma; ⚖ miras kalması, tevarüs.

de.scrib.a.ble [disˈkraibəbl] *adj.* tanımlanabilir; **deˈscribe** *v/t.* tanımlamak, nitelendirmek; anlatmak.

de.scrip.tion [diˈskripʃən] *n.* tanımlama, tarif; F cins, çeşit; **deˈscrip.tive** □ tanımlayıcı, açıklayıcı.

de.scry [disˈkrai] *v/t.* görmek, seçmek, keşfetmek.

des.e.crate [ˈdesikreit] *v/t.* bir yerin kutsallığını bozmak; **des.eˈcra.tion** *n.* kutsallığa saygısızlık, kirletme.

de.seg.re.gate *Am.* [ˈdiːˈsegrigeit] *v/t.* & *v/i.* ırk ayırımını kaldırmak; **ˈde.seg-reˈga.tion** *n.* ırk ayırımına son vermek.

des.ert¹ [ˈdezət] **1.** *adj.* ıssız, boş; **2.** *n.* çöl.

de.sert² [diˈzəːt] *v/t.* bırakmak, terketmek; *v/i.* askerlikten kaçmak; sıvışmak.

de.sert³ [diˈzəːt] *mst* ~s *n. pl.* eder, ücret; hakedilen ceza.

de.sert.er [diˈzəːtə] *n.* firarî, asker kaçağı; **deˈser.tion** *n.* terketme; firar; ⚖ terk; askerden kaçma; ıssızlık.

de.serve [diˈzəːv] *v/t.* hakkı olm.; *bşe* lâyık olm. (of); **deˈser.ved.ly** [~vidli] *adv.* haklı olarak; **deˈserv.ing** *adj.* lâyık (of), değerli.

des.ha.bille [ˈdezæbiːl] = dishabille.

des.ic.cate [ˈdesikeit] *vb.* kuru(t)mak; **des.icˈca.tion** *n.* kuru(t)ma; kuruluk; **ˈdes.ic.ca.tor** *n.* kurutucu aygıt.

de.sid.er.ate [diˈzidəreit] *v/t.* arzu etm., istemek; eksikliğini duymak; **de.sid.er-a.tum** [~ˈreitəm] *n.* gereksinim, koşul.

de.sign [diˈzain] **1.** *n.* plan, resim, proje, taslak, model; tasarım, niyet; *b.s.* entrika; maksat, kasıt; ⊕ resmini yapma; desen, şekil; by ~ kasıtlı olarak; with the ~ of amacıyla; protection of ~s, copyright in ~s alâmeti farikaların korunması; **2.** *vb.* keşfetmek; taslak çizmek; tasarlamak, hazırlamak; çizmek; amaçlamak; kastetmek.

des.ig.nate **1.** [ˈdezigneit] *v/t.* belirtmek, işaretlemek (as); seçmek, atamak (for); **2.** [ˈ~nit] *adj.* geçici olarak atanmış; **des.ig.na.tion** [~ˈneiʃən] *n.* atama, tayin, tahsis; isim, ünvan, sıfat.

de.sign.ed.ly [diˈzainidli] *adv.* kasıtlı olarak; **deˈsign.er** *n.* düzenleyen kimse; modelist, teknik ressam; *fig.* dalavereci; **deˈsign.ing** *adj.* düzenci, entrikacı.

de.sir.a.bil.i.ty [dizaiərəˈbiliti] *n.* arzu edilir olma, hoşa gitme; **deˈsir.a.ble** □ istenilir; makbul; hoş; sempatik; beğenilir;

de.sire [diˈzaiə] **1.** *n.* arzu, istek (for, to

için, -e), emel; at s.o.'s. ~ *b-nin* arzusu üzerine; **2.** *vb.* arzulamak; arzu etm., istemek; what do you ~ me to do? ne yapmamı arzu edersiniz?; **de.sir.ous** □ [di'zaiərəs] istekli (of, to do).

de.sist [di'zist] *v/i.* vazgeçmek, çekilmek (from *-den*).

desk [desk] *n.* kürsü, yazı masası; okul sırası.

des.o.late 1. ['desəleit] *v/t.* boş bırakmak; perişan etm., tahrip etm., harabeye döndürmek; **2.** □ ['~lit] tenha, ıssız; harap, perişan; **des.o.la.tion** [~'leiʃən] *n.* harap etme; ıssızlık; viranlık, perişanlık.

de.spair [dis'pεə] **1.** *n.* ümitsizlik, üzüntü, keder; **2.** *v/i.* ümidi kesmek (of *-den*); **de'spair.ing** □ ümitsiz, çaresiz.

des.patch [dis'pætʃ] = dispatch.

des.per.a.do [despə'rɑːdəu] *n.* gözü dönmüş haydut.

des.per.ate □ ['despərit] *adj.* & *adv.* ümitsiz, deliye dönmüş; F çok; müthiş; aşırı; **des.per.a.tion** [~'reiʃən] *n.* ümitsizlik, çaresizlik; her şeyi göze alma.

des.pi.ca.ble □ ['despikəbl] alçak, aşağılık; küçümsenen.

de.spise [dis'paiz] *v/t.* hor görmek, küçümsemek, yukarıdan bakmak; nefret etm.

de.spite [dis'pait] **1.** *n.* kin, kötülük, nefret; in ~ of *-e* rağmen; ile beraber; **2.** *prp. a.* ~ of *-e* rağmen; **de'spite.ful** □ *poet.* [~ful] garazkâr, kinci, fena, kötü.

de.spoil [dis'pɔil] *v/t.* soymak, yağmalamak (of); **de'spoil.ment** *n.* soygun, çapulculuk.

de.spond [dis'pɔnd] *v/i.* ümitsizliğe kapılmak, cesaretini kaybetmek; *bşden* ümidini kesmek (of); **de'spond.en.cy** *n.* ümitsizlik; **de'spond.ent** □, **de'spond.ing** □ ümitsiz, cesaretsiz.

des.pot ['despɔt] *n.* despot, zorba hükümdar; **des'pot.ic** *adj.* (~ally) despotlukla, zorbalıkla; **des.pot.ism** *n.* despotluk, zorbalık, istibdat.

des.qua.ma.tion [deskwə'meiʃən] *n.* derinin pul pul dökülmesi, soyulması.

des.sert [di'zəːt] *n.* yemek sonunda yenen tatlı, yemiş vs.; *Am.* tatlı; ~ powder tatlı kabartma tozu; **des'sert-spoon** *n.* tatlı kaşığı.

des.ti.na.tion [desti'neiʃən] *n.* amaç, hedef; gidilecek yer; **des.tine** ['~tin] *v/t.* ayırmak, tahsis etm. (to, for *-e*); be ~d to do alın yazısı olm.; **'des.ti.ny** *n.* kader, yazgı; şans, talih.

des.ti.tute □ ['destitjuːt] yoksul, mahrum; *bşden* yoksun (of); **des'ti.tu.tion** *n.* yoksulluk.

de.stroy [dis'trɔi] *v/t.* yıkmak, ortadan kaldırmak; öldürmek; **de'stroy.er** *n.* yok edici; ⚓ destroyer, muhrip.

de.struct.i.bil.i.ty [distrʌkti'biliti] *n.* bozulma niteliği; **de'struct.i.ble** [~təbl] *adj.* yok edilebilir; **de'struc.tion** *n.* yıkım, imha, tahrip; âfet; **de'struc.tive** □ yıkıcı, tahrip edici (of, to); zararlı, öldürücü; **de'struc.tive.ness** *n.* yıkıcılık; **de'struc.tor** *n.* yakma fırını; yok eden.

des.ue.tude [di'sjuːitjuːd] *n.* kullanılmama durumu; fall into ~ yürürlükten kalkmak, kullanılamamak.

des.ul.to.ri.ness ['desəltərinis] *n.* düzensiz olma, tutarsızlık; maymun iştahlılık; **'des.ul.to.ry** □ düzensiz, daldan dala atlayan.

de.tach [di'tætʃ] *v/t.* ayırmak, çıkarmak, çözmek, sökmek; ⚔ bir göreve atamak; **de'tach.a.ble** *adj.* yerinden sökülebilir, ayrılabilir; **de'tached** *adj.* ayrı, bağımsız, tarafsız; **de'tach.ment** *n.* ayırma; ⚔ müfreze, kol; tarafsızlık, bağımsız olma.

de.tail ['diːteil] **1.** *n.* teferruat, ayrıntı, ayrıntılı plan; ⚔ müfreze, komando birliği; ~s *pl.* ayrıntılar; in ~ ayrıntılı; go into ~s ayrıntılara girmek; **2.** *v/t.* ayrıntılariyle anlatmak; ⚔ bir göreve atanmak; **'de.tailed** *adj.* mufassal, ayrıntılı.

de.tain [di'tein] *v/t.* alıkoymak; geciktirmek; ⚖ *b-ni bşden* yoksun bırakmak; hapsetmek, gözaltına almak; **de.tain'ee** *n.* gözaltına alınmış, hapsedilmiş; **de'tain.er** *n.* alıkoyma; ⚖ tutukluluk süresini uzatma emri.

de.tect [di'tekt] *v/t.* ortaya çıkarmak, keşfetmek; **de'tect.a.ble** *adj.* ortaya çıkarılabilir; **de'tec.tion** *n.* keşif, bulma, ortaya çıkarma; **de'tec.tive** *n.* gizli polis, hafiye, sivil polis, dedektif; ~ force cinayet masası görevlileri; ~ story, ~ novel polis romanı; **de'tec.tor** *n.* ortaya çıkaran; *radyo:* dedektör.

de.tent ⊕ [di'tent] *n.* çalar saat vs.'de tutma mandalı.

dé.tente *pol.* [dei'tɑ̃ːt] *n.* yumuşama.

de.ten.tion [di'tenʃən] *n.* alıkoyma; tutuklama; *(okulda)* izinsizlik, cezaya kalma.

de.ter [di'təː] *v/t.* caydırmak, vazgeçirmek (from *-den*).

de.ter.gent [di'təːdʒənt] **1.** *adj.* temizleyici; **2.** *n.* temizleme maddesi, deterjan.

de.te.ri.o.rate [di'tiəriəreit] *v/t.* & *v/i.* fenalaş(tır)mak; kötüleş(tir)mek; **de.te.ri-**

o'ra.tion *n.* fenalaşma, bozulma; soysuzlaşma.

de.ter.ment [di'tə:mənt] *n.* korkutma vasıtası.

de.ter.mi.na.ble □ [di'tə:minəbl] saptanabilir; **de'ter.mi.nant 1.** *adj.* belirleyici; **2.** *n.* belirleyici etken; **de'ter.mi.nate** □ [~nit] sınırlı, belirli, kesin; **de.ter.mi.na.tion** [~'neiʃən] *n.* saptama; tesbit, sınırlama; azim; hüküm, yargı, karar; **de'ter.mi.na.tive** [~nətiv] *adj.* & *n.* niteleyici, sınırlayıcı; **de'ter.mine** [~min] *vb.* sınırlamak, belirtmek; azmetmek; saptamak; özendirmek (to *-e*); *esp.* ⚖ karara bağlamak; be ~d kararlı olm.; kararlaştırmak; tasarlamak (on, to); **de'ter.mined** *adj.* azimli, kararlı; kesin.

de.ter.rent [di'terənt] **1.** *adj.* caydırıcı; **2.** *n.* caydıran, vazgeçiren; nuclear ~ *pol.* nükleer caydırıcı.

de.test [di'test] *v/t.* nefret etm., iğrenmek *-den*; **de'test.a.ble** □ iğrenç, berbat; **de.tes.ta.tion** [di:tes'teiʃən] *n.* nefret, tiksinme (of *-den*).

de.throne [di'θrəun] *v/t.* tahttan indirmek *(a. fig.)*; **de'throne.ment** *n.* düşürülme, tahttan indirilme.

det.o.nate ['detəuneit] *vb.* patla(t)mak; infilâk et(tir)mek; **'det.o.nat.ing** *n.* patlama, ateş alma; ~ cap kapsol; **det.o'na.tion** *n.* patlama, infilâk; **'det.o.na.tor** *n.* 🚂 sis işareti; ✕ kav, kapsol, fitil, funya.

de.tour ['di:tuə], **dé.tour** ['deituə] *n.* dolambaçlı yol, sapak; make a ~ dolambaçlı yoldan gitmek.

de.tract [di'trækt] *vb.* ~ from s.th. azaltmak, eksiltmek; yermek; **de'trac.tion** *n.* eksiltme; yerme; **de'trac.tive** *adj.* yerici; iftiralı; **de'trac.tor** *n.* yeren, kara çalan.

de.train [di:'trein] *vb.* trene bin(dir)mek *ya da* in(dir)mek.

de.trib.al.i.za.tion [di:traibəlai'zeiʃən] *n.* eritme; dağıtım; arıtma; **de'trib.al.ize** *v/t.* aşiret üyesi olarak saymamak.

det.ri.ment ['detrimənt] *n.* zarar, ziyan, hasar (to); **det.ri.men.tal** □ [~'mentl] zarar veren, zararlı (to *-e*).

de.tri.tus *geol.* [di'traitəs] *n.* hayşat, döküntü taş, kum vs.

de.tune [di'tju:n] *v/t.* *radyo:* yayın metresini bozmak.

deuce [dju:s] *n.* ikili *(kart, zar vs.)*; *tenis:* düs, beraberе; F kör talih; the ~! şeytan!; Allah belâsını versin; **deu.ced** F [dju:st] □ berbat. Allahın belâsı.

de.val.u.a.tion [di:vælju'eiʃən] *n.* devalüasyon, para değerinin düşürülmesi; **de.val.ue** [di:'vælju:] *v/t.* *-in* değerini düşürmek.

dev.as.tate ['devəsteit] *v/t.* harap etm., mahvetmek; **dev.as'ta.tion** *n.* yakıp yıkma.

de.vel.op [di'veləp] *vb.* geliş(tir)mek; genişle(t)mek; *phot.* develope etm., banyo etm.; işlenecek hale getirmek; *Am.* görünmek, meydana çıkmak; meşhur olm.; **de'vel.op.er** *n.* *phot.* revelâtör, develope eden ilaç; **de'vel.op.ing** *n.* *phot.* develope etme; **de'vel.op.ment** *n.* gelişme; genisletme; meydana çıkma; *phot.* developman.

de.vi.ate ['di:vieit] *v/i.* sapmak, yoldan çıkmak *(a. fig.)* (from *-den*); **de.vi'a.tion** *n.* sapma; ⚓ pusulanın sapması; **de.vi'a.tion.ism** *n.* *pol.* partiden ayrılma; **de.vi'a.tion.ist** *n.* *pol.* partiden ayrılan, politik düşüncelerinde sapma olan kimse.

de.vice [di'vais] *n.* buluş; alet, aygıt; hile, oyun; arma, nişan; slogan; leave s.o. to his own ~s *b-nin* işine karışmamak, kendi haline bırakmak.

dev.il ['devl] **1.** *n.* şeytan, iblis *(a. fig.)*; şeytan herif; ⚖ avukat yardımcısı; *fig.* yamak; ⊕ lehimci ocağı; the ~! Allah belâsını versin!; between the ~ and the deep sea aşağı tükürsen sakal, yukarı tükürsen bıyık; **2.** *v/t.* bol baharatla kızartmak; ⊕ bez, kâğıt vs.'yi paçavra etm.; rahatsız etm., canını sıkmak; *v/i.* yamak olarak çalışmak; **'dev.il.ish** □ şeytanca; F müthiş; kahrolası; **'dev.il-may-'care** *adj.* pervasız, kayıtsız; **'dev.il.ment** *n.* şeytanlık, muziplik; **'dev.il(t)ry** *n.* şeytanlık; kötülük; yaramazlık.

de.vi.ous □ ['di:vjəs] dolaşık, sapa, eğri büğrü; hatalı *(a. fig.)*; dürüst olmıyan; ~ step yanlış adım.

de.vis.a.ble [di'vaizəbl] *adj.* tasavvur edilebilir; vasiyet olunabilir; **de'vise 1.** ⚖ *n.* *bşi* vasiyetle bırakma, vasiyet; **2.** *v/t.* tasarlamak; icat etm.; ⚖ vasiyet etm.; **dev.i.see** ⚖ [devi'zi:] *n.* mirasçı, varis; **de.vis.er** [di'vaizə] *n.* mucit; **de.vi.sor** ⚖ [devi'zɔ:] *n.* vasiyet eden.

de.vi.tal.ize [di:'vaitəlaiz] *v/t.* cansızlaştırmak, şevkini kırmak.

de.void [di'vɔid] *adj.* (of) boş, hali; ...siz; ...sız, *-den* yoksun.

dev.o.lu.tion [di:və'lu:ʃən] *n.* ⚖ miras kalması; havale; *parl.* görevi devretme; *biol.* gerileme; **de.volve** [di'vɔlv] (upon, to) *v/t.* *b-ne* devretmek; yuvarlamak;

v/i. b-ne, bşe geçmek, hissesine düşmek, kalmak.

de.vote [diˈvəut] *v/t.* vakfetmek, adamak (to *-e*); **deˈvot.ed** □ sadık, bağlı (to *-e*); **dev.o.tee** [devəuˈti:] *n.* düşkün, hayran; sofu; **de.vo.tion** [diˈvəuʃən] *n.* derinden bağlılık (to s.o. *-e*), fedakârlık, özveri; adayış, tapma; **~s** *pl.* ibadet, dua; **deˈvo.tion.al** □ [~ʃənl] ibadete ilişkin, dindar.

de.vour [diˈvauə] *v/t.* tıkınmak, yutmak *(a. fig.)*; yok etm., bitirmek; **~ed** with hırs ve istekli; **deˈvour.ing** □ yiyip bitiren, son derece üzücü, içini kemiren.

de.vout □ [diˈvaut] dindar; sadık; samimi; **deˈvout.ness** *n.* dindarlık.

dew [dju:] **1.** *n.* çiy, şebnem; **2.** *v/t.* çiyle ıslatmak, nemlendirmek; **~-drop** *n.* çiy damlası; **ˈ~-lap** *n. (öküz vs.)* boynun altında sarkan deri; **ˈdew-pond** *n.* çiyden oluşmuş ufak ve sığ göl; **ˈdew.y** *adj.* çiyle kaplı.

dex.ter [ˈdekstə] *adj.* sağ, sağa ilişkin, sağda olma.

dex.ter.i.ty [deksˈteriti] *n.* beceri, ustalık; **dex.ter.ous** □ [ˈ~tərəs] becerikli, usta.

di.a.be.tes [daiəˈbi:ti:z] *n.* şeker hastalığı, diyabet.

di.a.bol.ic, di.a.bol.i.cal □ [daiəˈbɔlik(el)] şeytanca.

di.a.dem [ˈdaiədem] *n.* taç; *(çiçek veya yapraklardan)* baslık.

di.ag.nose [ˈdaiəgnəuz] *v/t.* teşhis etm.; **di.agˈno.sis** [~sis] *n. pl.,* **di.agˈni.ses** [~si:z] *n.* teşhis, tanılama.

di.ag.o.nal [daiˈægənl] **1.** □ çapraz, diyagonal; **2.** *n.* köşegen, çapraz örgü.

di.a.gram [ˈdaiəgræm] *n.* diyagram, değişimi gösteren grafik; şema, plân; **di-a.gram mat.ic** [daiəgrəˈmætik] *adj.* (**~ally**) şematik, grafiksel.

di.al [ˈdaiəl] **1.** *n.* kadran; güneş saati; taksimatlı daire; *teleph.* diks, kurs; *radyo:* dereceli disk; **~** light kurs lâmbası; **2.** *v/t. teleph.* numaraları çevirmek.

di.a.lect [ˈdaiəlekt] *n.* lehçe, şive, ağız; **di.aˈlec.tic, di.aˈlec.ti.cal** □ lehçeye ait; mantık ve münazaraya ait; **di.aˈlec.tic-(s)** *sg n.* diyalektik, eytişim; mantıksal konuşmaları yürütme sanatı.

di.a.logue *Am. a.* **di.a.log** [ˈdaiəlɔg] *n.* diyalog, biriyle konuşma; **~** track *film:* ses şeridi.

di.al...: **ˈ~-sys.tem** *teleph. n.* otomatik telefon sistemi; **ˈ~-tone** *teleph.* çevir sesi.

di.am.e.ter [daiˈæmitə] *n.* çap.

di.a.met.ri.cal □ [daiəˈmetrikəl] çapla ilgili.

di.a.mond [ˈdaiəmənd] **1.** *n.* elmas; eşkenar dörtgen şekil; *Am .beysbol:* oyun sahası; oyun kartı; karo; **~** cut **~** dinsizin hakkından imansız gelir; he is a rough **~** kaba fakat iyi kalpli kimsedir; **2.** *adj.* kareli, baklava şeklinde; **ˈ~-ˈcut-ter** *n.* elmastraş; **~ wed.ding** evliliğin altmışıncı yıldönümü.

di.a.pa.son ♪ [daiəˈpeisn] *n.* uyum, armoni; ölçü; orgun ana sesleri, sekizinciden itibaren boruları; diyapazon.

di.a.per [ˈdaiəpə] **1.** *n.* baklava desenli keten bezi, *Am.* kundak bezi; **2.** *v/t.* baklava şeklinde desenlemek; *Am.* bebeğin bezini değiştirmek.

di.aph.a.nous [daiˈæfənəs] *adj.* şeffaf.

di.a.phragm [ˈdaiəfræm] *n. anat.* diyafram; ⊕ bölme, ara duvarı; *opt.* mercek perdesi; *teleph.* diyafram.

di.a.rist [ˈdaiərist] *n.* günlük tutan; **ˈdi.a-rize** *vb.* günlük tutmak.

di.ar.rhoe.a ⚕ [daiəˈriə] *n.* ishal, amel.

di.a.ry [ˈdaiəri] *n.* hatıra defteri, günlük, takvimli defter *(ajanda).*

Di.as.po.ra [daiˈæspərə] *n.* Yahudilerin sürgünden sonra dünyanın her yanına dağılmaları.

di.a.ther.my ⚕ [ˈdaiəθə:mi] *n.* elektrikle vücuda ısı vererek tedavi.

di.a.tribe [ˈdaiətraib] *n.* hiciv, hakaret.

dib.ble [ˈdibl] **1.** *n.* fide kazığı; **2.** *v/t.* fide dikmek; fide kazığı ile çukur açmak.

dibs *sl.* [dibz] *n. pl.* mangır, mangiz.

dice [dais] **1.** *n. pl.* oyun zarları; **2.** *vb.* zar oynamak, zar atmak (for *için*); zar şeklinde parçalara kesip ayırmak; **ˈ~-box** *n.* zar atmaya yarar meşin kap; **ˈdic.er** *n.* zar oyuncusu.

dick[1] *Am. sl.* [dik] *n.* dedektif, hafiye, sivil polis.

dick[2] *sl.* [~] *n.* açıklama; take one's **~** yemin etm.

dick.ens F [ˈdikinz] *n.* şeytan.

dick.er *Am.* [ˈdikə] *v/i.* pazarlık etm. (with, for *b-le, ... için*).

dick.(e)y [ˈdiki] **1.** *sl. adj.* kötü, adî, çürük, zayıf; **2.** *n.* F araba arkasında uşak yeri; takma gömlek yakası; *a.* **~**-bird *n. (çocuk dilinde)* kuş.

dic.ta.phone [ˈdiktəfoun] *n.* diktafon.

dic.tate 1. [ˈdikteit] *n.* dikte; emir; **2.** [dikˈteit] *vb.* yazdırmak; dikte etm.; *fig.* zorla kabul ettirmek; emretmek; **dicˈta-tion** *n.* emir; dikte; dikte etme; **dicˈta-tor** *n.* diktatör; **dic.ta.to.ri.al** □ [diktəˈtɔ:riəl] diktatörce, zorbaca, otokratik; **dic.ta.tor.ship** [dikˈteitəʃip] *n.* diktatörlük, zorbalık.

dic.tion ['dikʃən] *n.* anlatım şekli, diksiyon; **dic.tion.ar.y** ['~ri] *n.* sözlük, lügat.
dict.um ['diktəm], *pl.* **dic.ta** ['~tə] *n.* yetkili söz; özdeyiş; ⚖ mütalâa.
did [did] *pret. of* do.
di.dac.tic [di'dæktik] *adj.* (~ally) öğretici, didaktik, öğretsel.
did.dle *sl.* ['didl] *v/t.* aldatmak, dolandırmak, kandırmak.
didn't ['didnt] = did not; *s.* do.
die[1] [dai] *v/i.* ölmek, vefat etm. (of, from *-den*); mahvolmak; yavaş yavaş ölmek; F özlemini duymak, şiddetle arzu etm. (for s.th., to *inf. -i*); ~ away yavaş yavaş ölmek, kesilmek *(rüzgâr)*; yavaş yavaş sönmek *(ses)*; yavaş yavaş uçmak *(renk)*; sönmek *(ışık, ateş)*; ~ down kaybolmak, küçülmek, sönmek; ~ off yavaş yavaş ölmek, kurumak; ~ out nesli tükenmek, ortadan kalkmak; ~ hard direnmek, *(eski inanç, âdet vs.)* ortadan kalkması çok zaman almak; never say ~! umudunu yitirme!; cesaretini kaybetme!
die[2] [~], *n. pl.* **dice** [dais] zar; *pl.* dies [daiz] ⊕ kalıp; mühür; lower ~ matris, harf kalıbı; upper ~ zımba; as straigh as a ~ dimdik; the ~ is cast ok yaydan çıktı.
die...: '~-a'way *adj.* azalıp kaybolan, zayıf, süzgün; uzaklaşan *(ses vs.)*; '~-**casting** *n.* ⊕ basınçlı döküm; '~-**hard** *n.* inatçı, gerici, eski kafalı, tutucu kimse.
di.e.lec.tric [daii'lektrik] *adj.* elektrik geçirmez, izolatör, yalıtkan.
Die.sel en.gine ['di:zl'endʒin] *n.* dizel motoru.
die-sink.er ['daisiŋkə] *n.* pafta kalıpçısı.
die-stock ⊕ ['daistɔk] *n. el* paftası.
di.et ['daiət] **1.** *n.* perhiz, rejim; gıda, yiyecek; ulusal meclis, diyet; **2.** *v/t.* & *v/i.* perhiz et(tir)mek; rejim yap(tır)mak; '**di.e.tar.y** **1.** *n.* beslenme rejimi; perhiz kuralları; **2.** *adj.* perhize ait; **di.e.tet.ics** [daii'tetiks] *n.* diyet bilimi; **di.e.ti.cian, di.e.ti.tian** [~'tiʃən] *n.* diyet uzmanı.
dif.fer ['difə] *v/i.* farklı olm., ayrılmak (with, from *-den*); uygun bulmamak, anlaşamamak (about, on, over *-de*); they agreed to ~ anlaşamadıklarını kabul ettiler; **dif.fer.ence** ['difrəns] *n.* ayrılık, fark; ihtilâf, anlaşmazlık; A & † fark; split the ~ farkı paylaşmak; '**dif.fer.ent** □ farklı (from, to *-den*), ayrı, başka; çeşitli; değişik; **dif.fer.en.ti.a** [difə'renʃiə] *n.* alâmeti farika, karakteristik; **dif.fer'en.tial** [~əl] **1.** *adj.* farklı, farklılık gösteren; ~ calculus diferensiyel hesap; **2.** *mot. n.* diferansiyel dişlisi; **dif.fer'en.ti.ate** [~ʃieit] *vb.* ayırt etm.; değişiklik göstermek; farklılaşmak; **dif.fer.en.ti'a.tion** *n.* ayırma, ayırt etme, fark.
dif.fi.cult □ ['difikəlt] zor, güç; titiz; inatçı; '**dif.fi.cul.ty** *n.* zorluk, güçlük; be in difficulties parasız kalmak, sıkıntıda olm.
dif.fi.dence ['difidəns] *n.* çekingenlik, utangaçlık; '**dif.fi.dent** □ çekingen, utangaç.
dif.frac.tion *phys.* [di'frækʃən] *n.* elektromanyetik dalgaların *ya da* ışınların kırılarak ışık tayfını *(gökkuşağını)* oluşturması.
dif.fuse **1.** [di'fju:z] *fig. v/t.* & *v/i.* yay(ıl)mak, dağıtmak; dağılmak; ⚗ *bşe* nüfuz etm.; **2.** □ [~s] ayrıntılı; yayılmış, yaygın, dağılmış, geniş; **dif'fused** [~zd] *adj.* yayılmış *(ışık)*; **dif'fu.sion** [~ʒən] *n.* yayılma; ⚗ dağılma; **dif'fu.sive** □ [~siv] yayılmış, fazla açıklamalı, uzun uzadıya.
dig [dig] **1.** *vb.* kazmak; kazı yapmak; kafa yormak; *bşi* deşelemek (in); F itip kakmak; dürtmek; ~ for eşeleyerek aramak; ~ in gömmek; ✕ siper kazmak; ~ into kazıp delmek; yemeğe girişmek, yumulmak; ~ up kazıp çıkarmak; ortaya çıkarmak; **2.** *n.* kazı, hafriyat; F dürtme, kinaye; ~s *pl.* F oda, pansiyon.
di.gest **1.** [di'dʒəst] *v/t.* & *v/i.* düzenlemek; hazmetmek, sindir(il)mek *(a. fig.)*; **2.** ['daidʒest] *n.* özet, derleme, seçme; ⚖ yasalar toplamı; **di.gest.i.bil.i.ty** [didʒestə'biliti] *n.* sindirebilme; **di'gest.i.ble** *adj.* hazmı kolay, sindirilebilir; **di'ges.tion** *n.* hazım, sindirim; **di'gestive** **1.** *n.* sindirici ilâç; **2.** *adj.* hazmettirici, midevi.
dig.ger ['digə] *(esp. altın) n.* kazıcı, arayıcı; toprak kazan kimse; *sl.* Birinci Dünya Savaşı'nda Avustralyalı ya da Yeni Zelandalı asker; **dig.gings** F ['~giŋz] *pl.* pansiyon; *Am.* altın madeni.
dig.it ['didʒit] *n.* parmak; A rakam; bir parmak genişliği; '**dig.it.al** *adj.* parmağa ait.
dig.ni.fied ['dignifaid] *adj.* ağırbaşlı, vakur; **dig.ni.fy** ['~fai] *v/t.* değer vermek, yükseltmek, şeref vermek; *fig.* asilleştirmek.
dig.ni.tar.y *esp. eccl* ['dignitəri] *n.* yüksek rütbeli kimse, ruhani; '**dig.ni.ty** *n.* ağırbaşlılık, vakar, değer; stand (up)on one's ~ kendisine saygılı davranılmasında ısrar etm.
di.graph *gr.* ['daigra:f] *n.* tek sesi temsil

eden iki harf (*örneğin* **«heat»** *sözcüğündeki* **«ea»**).

di.gress [dai'gres] *v/i.* konunun dışına çıkmak, ayrılmak (from *-den*); **di'gression** *n.* konudan ayrılma, sapma; **di'gressive** □ yersiz, gereksiz, konu dışı.

dike [daik] **1.** *n.* set, bent; hendek; **2.** *vb.* bentle kapatmak; hendek açmak, kazmak.

di.lap.i.date [di'læpideit] *v/t.* harap etm.; *v/i.* harap olm.; **di'lap.i.dat.ed** *adj.* harap, yıkılmaya yüz tutan; **di.lap.i'da.tion** *n.* harap olma; viranlık.

di.lat.a.bil.i.ty *phys.* [daileitə'biliti] *n.* genleşme yeteneği; **di'lat.a.ble** *adj.* genişliyebilir, uzayabilir; **dil.a'ta.tion** *n.* genleşme, genişleme, yayılma; **di'late** *v/t.* & *v/i.* genişle(t)mek; ~ upon ayrıntılara girmek; **di'la.tion** = dilatation; **dil.a.to.ri.ness** ['dilətərinis] *n.* tembellik, işini sonraya bırakma; **'dil.a.to.ry** □ tembel, ağırdan alan, yavaş, *b-ni* oyalayıcı.

di.lem.ma [di'lemə] *n.* dilem, ikilem; *fig.* kötü durum, sıkıntı.

dil.et.tan.te, *pl.* **dil.et.tan.ti** [dili'tænti, *pl.* ~'tænti:] *n.* güzel sanatlara meraklı; amatör; *adj.* yüzeysel merakı olan.

dil.i.gence ['dilidʒəns] *n.* gayret, çalışkanlık; **'dil.i.gent** □ gayretli, çalışkan.

dill ⚘ [dil] *n.* dereotu.

dil.ly-dal.ly F ['dilidæli] *v/i.* boş vakit geçirmek, oyalanmak, *bşi* yapmağa üşenmek.

dil.u.ent ['diljuənt] **1.** *n.* sulandırıcı madde; **2** *adj.* sulandırıcı, çözücü; **di.lute** [dai'lju:t] **1.** *v/t.* sulandırmak; *fig.* ruhsuzlaştırımak; **2.** *adj.* sulandırılmış; *fig.* ruhsuz; **di'lu.tion** *n.* sulandırma, çözme; *fig.* ruhsuzlasma, heyecanını yitirme.

di.lu.vi.al [dai'lu:vjəl], **di'lu.vi.an** *adj. geol.* sel sonucu oluşmuş.

dim [dim] **1.** □ bulanık, donuk; loş; F anlayışsız; **2.** *v/t.* & *v/i.* bulan(dır)mak; karar(t)mak *(ışık)*; *mot., film:* donuklaş(tır)mak.

dime *Am.* [daim] *n.* on sentlik para; ~ novel ucuz roman; ~ store tek fiyatla ucuz satış yapan mağaza.

di.men.sion [di'menʃən] *n.* boyut, ebat; ~s *pl.* buut; uzaklık.

di.min.ish [di'miniʃ] *v/t.* & *v/i.* azal(t)mak; küçül(t)mek; eksil(t)mek; **dim.i.nu.tion** [dimi'nju:ʃən] *n.* azal(t)ma; eksil(t)me; ⚠ küçül(t)me; **di'min.u.tive** [~njutiv] **1.** □ *gr.* küçültme eki; ufak; **2.** *n.* küçültme eki almış sözcük.

dim.ness ['dimnis] *n.* donukluk, matlık.

dim.ple ['dimpl] **1.** *n.* çene *veya* yanak çukuru, gamze; **2.** *v/t.* & *v/i.* çukur oluş(tur)mak; **'dim.pled** *adj.* gamzeli.

din [din] **1.** *n.* gürültü, patırdı, şamata; **2.** *v/t.* & *v/i.* gürültü ile sersemletmek; gürültü etm.; ~ s.th. into s.o.('s ears) tekrar tekrar söyleyerek *bşi b-nin* kafasına sokmak, hatırlatmak.

dine [dain] *v/i.* akşam yemeğini yemek; *v/t.* ağırlamak, yedirip içirmek, ziyafet vermek *-e*; ~ out akşam yemeğini dışarda yemek; **'din.er** *n.* akşam yemeği yiyen; akşam yemeğine gelen misafir; 🚃 *esp. Am.* vagon restoran, vagon restoran şeklinde düzenlenmiş lokanta; **'diner-'out** *n.* dışarıda akşam yemeğine çok davet edilen kimse; **di.nette** [dai'net] mutfağa açılan küçük yemek odası.

ding [diŋ] *v/i.* tınlamak, çınlamak; ~**-dong** ['~'dɔŋ] **1.** *n.* çan, zil vs. sesi, dan dan; **2.** *adj.* çekişmeli bir oyun veya mücadelede önce bir tarafın sonra öteki tarafın üstün gelmesi şeklinde.

din.gey, din.ghy ['diŋgi] *n.* küçük sandal, bot; rubber ~ lastik sandal.

din.gle ['diŋgl] *n.* ağaçlık küçük vadi.

din.gus *Am. sl.* ['diŋgəs] *n.* şey.

din.gy □ ['dindʒi] bulanık, rengi solmuş, kirli görünen.

din.ing... ['dainiŋ]: **'~-'al.cove** *n.* duvarda yemek koymak için girinti; **'~-car** *n.* 🚃 vagon restoran; **'~-room** *n.* yemek odası.

dink.ey *Am.* ['diŋki] *n.* küçük manevra lokomotifi .

dink.y F ['diŋki] *adj.* küçük ve zarif, sevimli, cici bici.

din.ner ['dinə] *n. (öğleyin veya akşam yenen)* esas yemek; akşam yemeği; ziyafet; **'~-jack.et** *n.* smokin; **'~-pail** *n. Am.* sefertası; **'~-par.ty** *n.* yemek davetleri; **'~-serv.ice, '~-set** *n.* sofra takımı.

di.no.saur *zo.* ['dainəusɔ:] *n.* çok büyük ve nesli tükenmiş sürüngen, dinazor.

dint [dint] **1.** *n.* çizgi, iz, ufak oyuk; bere; by ~ of vasıtasiyle, *-den* ötürü, kuvvetiyle; **2.** *v/t.* berelemek, yamrı yumru etm.

di.o.ce.san *eccl.* [dai'ɔsisən] **1.** *adj.* piskoposluğa ait; **2.** *n.* piskopos; **di.o.cese** ['daiəsis] *n.* piskoposluk ruhanî dairesi.

di.op.tric *opt.* [dai'ɔptrik] **1.** *adj.* ışınları kırıcı; **2.** *n.* ışık kırılması ile ilgili bilim dalı.

di.ox.ide ⚗ [dai'ɔksaid] *n.* molekülde bir diğer elemente bağlanan iki oksijen atomlu oksit, dioksit.

dip [dip] **1.** *v/t.* daldırmak, batırmak; ⚓ selâm amacıyla sancağı yarıya indirmek; *(kumaş)* boyamak; su çekmek (out of, from *-den*); *mot.* farları kısmak; *(bir hayvanı)* antiesptik suya batırmak; *v/i.* dalmak, batmak; eğilmek; *geol.* meyletmek; çökmek; ~ into göz gezdirmek; **2.** *n.* dal(dır)ma; bat(ır)ma; dezenfektan banyo *(hayvanlar için)*; F deniz banyosu; yokuş, iniş; bayrak gibi bir şeyi indirip kaldırma.

diph.the.ri.a [difˈθiəriə] *n.* difteri.

diph.thong [ˈdifθɔŋ] *n.* iki ünlünün bir hece oluşturması, diftong.

di.plo.ma [diˈpləumə] *n.* diploma; **diˈplo.ma.cy** *n.* diplomasi, diplomatlık; görüşmelerde ustalık, incelik; **dip.lo.mat** [ˈdipləmæt] *n.* diplomat, Dışişleri Bakanlığı memuru; görüşmelerde incelik gösteren kimse; **dip.loˈmat.ic, dip.loˈmat.i.cal** ☐ diplomatik, uluslararası siyasete ait; ilişkilerinde usta, siyasî; **dip.loˈmat.ics** *n. sg.* eski resmî belgeleri çözme ve gerçekliğini saptama ilmi; **di.plo.ma.tist** *n.* diplomat, siyaset adamı.

dip.per [ˈdipə] *n.* kepçe, maşrapa; *Am.* Big ♀ *ast.* Büyükayı; **ˈdip.py** *sl. adj.* deli.

dip.so.ma.ni.a [dipsəuˈmeinjə] *n.* içki tutkunluğu, ayyaşlık; **dip.soˈma.ni.ac** [~niæk] *n.* alkolik, ayyaş.

dip-stick [ˈdipstik] *n. (esp. mot)* daldırma çubuk ölçek.

dire [ˈdaiə] *adj.* korkunç, müthiş, dehşetli; uğursuz.

di.rect [diˈrekt] **1.** ☐ doğru, vasıtasız; açık, belirgin; içten, samimi, dürüst; tam; ~ current doğru akım; ~ hit tam isabet; ~ speech konuşmacının gerçek sözleri, dolaysız söz; ~ tax vasıtasız vergi; ~ train aktarmasız tren; **2.** *adv.* doğrudan doğruya; hemen, derhal; açıkça; = ~ly **1**; **3.** *v/t.* doğrultmak, yöneltmek (to, towards, at *-e*); yol göstermek, idare etm.; düzenlemek; emretmek (to *-i*); zarfa adres yazmak; ~ to ulaştırmak; **diˈrec.tion** *n.* yön, cihet, taraf; emir; düzenleme; idare, nezaret; **diˈrec.tion.al** [~ʃənl] *adj. radyo:* yön saptamaya ait; **diˈrec.tion-find.er** *n. radyo:* yön bulucu alet; sinyal alıcı alet; **diˈrec.tion-find.ing** *n. radyo:* yön, sinyal bulma; ~ set yön bulma aleti; **diˈrec.tion in.di-ca.tor** *mot.* yol, yön göstergesi; ✈ rota göstergesi; **directions** *n. pl.* tarifname, kullanış tarzı; **diˈrec.tive** *adj.* idare edici, yönlendirici; **diˈrect.ly** **1.** *adv.* doğrudan doğruya; **2.** *cj.* yapar yapmaz; **diˈrect.ness** *n.* doğru gidiş; *fig.* doğruluk, dürüstlük.

di.rec.tor [diˈrektə] *n.* direktör, müdür; *film:* rejisör; idare kurulu üyesi; board of ~s idare kurulu; **diˈrec.to.rate** [~rit] *n.* idare kurulu; müdürlük; *a.* **diˈrec.tor.ship** müdürlük, direktörlük; **diˈrec.to.ry** *n.* adres defteri; telephone ~ telefon rehberi.

di.rec.tress [diˈrektris] *n.* müdire, kadın direktör.

dire.ful ☐ [ˈdaiəful] korkunç, dehşet veren.

dirge [dəːdʒ] *n.* ağıt, mersiye.

dir.i.gi.ble [ˈdiridʒəbl] **1.** *adj.* yönlendirilebilir; **2.** *n.* güdümlü balon *veya* hava gemisi.

dirk [dəːk] **1.** *n.* bir çeşit kama; **2.** *v/t.* hançerlemek.

dirt [dəːt] *n.* kir, pislik, çamur *(a. fig)*; treat s.o. like ~ *b-ni* hiçe saymak, hor görmek; fling *veya* throw ~ at s.o. *b-ni* çamura bulamak, iftira atmak; **ˈ~-ˈcheap** F *adj.* sudan ucuz, bedava; **ˈ~-track** *n. spor:* yarış yapılan toprak yol; **ˈdirt.y** **1.** ☐ kirli *(a. fig.)* pis, bulanık; iğrenç, alçak; **2.** *v/t.* kirletmek, pisletmek, lekelemek.

dis.a.bil.i.ty [disəˈbiliti] *n.* kuvvetsizlik, yetersizlik; sakatlık; yetkisizlik.

dis.a.ble [disˈeibl] *v/t. (esp. savaşta)* sakatlamak, kuvvetten düşürmek, kullanılmaz hale getirmek; **disˈa.bled** *adj.* sakat, malul; **disˈable.ment** *n.* sakatlık; yetkisizlik.

dis.a.buse [disəˈbjuːz] *v/t.* yanlış düşünceyi düzeltmek, *b-nin* gözünü açmak, aklını başına getirmek (of).

dis.ac.cord [disəˈkɔːd] *v/i.* anlaşmazlık halinde olm. (with *ile*); *n.* anlaşmazlık, ihtilâf.

dis.ac.cus.tom [ˈdisəˈkʌstəm]: ~ s.o. to s.th. *v/t.* bir alışkanlıktan vazgeçirmek.

dis.ad.van.tage [disədˈvaːntidʒ] *n.* mahzur, sakınca, aleyhte oluş; sell to ~ zararına satış; **dis.ad.van.ta.geous** ☐ [disædvaːnˈteidʒəs] sakıncalı, mahzurlu, zararlı; elverişsiz.

dis.af.fect.ed ☐ [disəˈfektid] (to, towards *-e*) muhalif, aykırı, hoşnutsuz; **dis.afˈfec.tion** *n.* antipati, isteksizlik, hoşnutsuzluk.

dis.af.firm ⚖ [disəˈfəːm] *v/t.* reddetmek, bozmak.

dis.af.for.est [disəˈfɔrist] *v/t.* ormanları tahrip etm. ormansız bırakmak.

dis.a.gree [disəˈgriː] *v/i.* uyuşamamak, anlaşamamak (with *ile*); araları açık olm. (on); uygun gelmemek (with *-e*); *(yiyecek)* dokunmak; **dis.a.gree.a.ble** ☐ [~ˈgriəbl] nahoş, cansıkıcı, hoş olmayan *(a. fig.)*; **dis.a.gree.ment** *n.* anlaşmazlık, uyuşmazlık, çekişme.

dis.al.low [ˈdisəˈlau] *v/t.* müsaade etmemek, engel olm.; reddetmek.

dis.ap.pear [disəˈpiə] *v/i.* gözden kaybolmak; yok olmak; **dis.ap.pear.ance** [~ˈpiərəns] *n.* gözden kaybolma; yok olma.

dis.ap.point [disəˈpɔint] *v/t.* hayal kırıklığına uğratmak; ümidini boşa çıkarmak, yarı yolda bırakmak; **dis.apˈpoint-ment** *n.* hayal kırıklığı, hüsran; ~ in love karşılık görmeyen aşk.

dis.ap.pro.ba.tion [disæprəuˈbeiʃən] *n.* beğenmeyiş, uygun görmeyiş, onaylamama.

dis.ap.prov.al [disəˈpruːvl] *n.* beğenmeyiş, ayıplama, onaylamama; **dis.apˈprove** *v/t.* beğenmemek, uygun görmemek (of *-i*).

dis.arm [disˈɑːm] *v/t.* silahsızlandırmak; zararsız hale getirmek *(a. fig.)*; *v/i.* silahları bırakmak, azaltmak; **disˈar.ma-ment** *n.* silahsızlanma, silahların sınırlandırılması, silahları bırakma.

dis.ar.range [ˈdisəˈreindʒ] *v/t.* karıştırmak, *-in* düzenini bozmak; **disarˈrange-ment** *n.* karışıklık, düzensizlik.

dis.ar.ray [ˈdisəˈrei] **1.** *n.* karışıklık; düzensiz kıyafet; **2.** *v/t.* karıştırmak.

dis.as.sem.bly ⊕ [disəˈsembli] *n.* sökme, parçalara ayırma; dağılma.

dis.as.ter [diˈzɑːstə] *n.* felâket, belâ, facia; **disˈas.trous** □ felâket getiren, uğursuz, talihsiz, feci, dehşetli, korkunç.

dis.a.vow [ˈdisəˈvau] *v/t.* inkâr etm., onaylamamak, tanımamak, tekzip etm., yalanlamak; **dis.aˈvow.al** *n.* inkâr, tanımama, onaylamama, tekzip.

dis.band [disˈbænd] *v/t.* terhis etm., dağıtmak; *v/i.* dağılmak; **disˈband.ment** *n.* dağılma; terhis.

dis.bar [disˈbɑː] *v/t.* barodan ihraç etm.

dis.be.lief [ˈdisbiˈliːf] *n.* imansızlık; güvensizlik; şüphe (in); **dis.be.lieve** [ˈdisbiˈliːv] *v/t.* inanmamak *-e*; şüphe etm.; **dis.beˈliev.er** *n.* inanmayan kimse, şüpheci.

dis.bud [disˈbʌd] *v/t.* meyve ağaçlarının tomurcuklarını seyreltmek.

dis.bur.den [disˈbəːdn] *v/t.* *b-nin* yükünü hafifletmek; kurtarmak (of); kalp ferahlatmak *(a. fig.)*.

dis.burse [disˈbəːs] *v/t.* ödemek; *b-nin* hesabına para vermek; **disˈburse.ment** *n.* ödeme; harcama; ödenen para.

disc [disk] = disk.

dis.card **1.** [disˈkɑːd] *v/t.* atmak, ihraç etm., azletmek; ıskartaya çıkarmak; *kâğıt oyunu:* boş kâğıt atmak; **2.** [ˈdiskɑːd] *n. oyun kâğıdı:* ıskarta, boş kâğıt; *esp. Am.* çöp.

dis.cern [diˈsəːn] *v/t.* ayırt etm., *bşin* farkına varmak, anlamak, kavramak; **disˈcern.i.ble** □ farkedilebilir, görülebilir; **disˈcern.ing** **1.** □ anlayışlı, zeki; **2.** *n.* anlama, kavrama; **disˈcern.ment** *n.* idrak, kavrama, muhakeme; görüş, seziş.

dis.charge [disˈtʃɑːdʒ] **1.** *v/t.* boşaltmak, tahliye etm.; terhis etm.; ⚓ yük boşaltmak; ⚡ cereyanı boşaltmak; *bşden* affetmek; ateş etm.; ödemek *(borç)*; yerine getirmek *(görev)*; işten çıkarmak; öfkesini *b-den* çıkarmak; *v/i.* boşalmak, dökülmek; akmak (in); **2.** *n.* boşaltma *(a.* ⚡ *)*; ⚓ yük indirme; salıverme; terhis; işten çıkarılma; ateş etme; ödeme, ifa; makbuz; görev; cerahat; **disˈcharg.er** *n.* boşaltma işini yapan kişi *ya da* alet.

dis.ci.ple [diˈsaipl] *n.* öğrenci, mürit; İsa paygamberin öğütlerini yaymakla görevlendirdiği oniki çömezi, havari; **disˈci-ple.ship** *n.* öğrencilik; havarilik.

dis.ci.pli.nar.i.an [disipliˈnɛəriən] *n.* sert amir, disiplini sağlayan kimse; he is a poor ~ disiplini sağlayamayan kimsedir; **ˈdis.ci.pli.nar.y** *adj.* disipline ait, eğitimsel; **ˈdis.ci.pline** **1.** *n.* disiplin, terbiye; eğitim; cezalandırma; bilim dalı; **2.** *v/t.* disiplin altına almak, terbiye etm.; cezalandırmak.

dis.claim [disˈkleim] *v/t.* inkâr etm.; vazgeçmek *-den*; **disˈclaim.er** *n.* vazgeçme, feragat; tekzip, yalanlama.

dis.close [disˈkləuz] *v/t.* ifşa etm., açmak; açığa çıkarmak; **disˈclo.sure** [~ʒə] *n.* ifşa, açma.

dis.col.o(u)r [disˈkʌlə] *v/t.* *-in* rengini bozmak, soldurmak, rengini değiştirmek; **dis.col.o(u)rˈa.tion** *n.* rengini bozma, soldurma, solma.

dis.com.fit [disˈkʌmfit] *v/t.* yenmek, mağlûp etm.; sinirlendirmek; bozmak; **disˈcom.fi.ture** [~tʃə] *n.* yenilgi; şaşkınlık; bozgun.

dis.com.fort [disˈkʌmfət] **1.** *n.* rahatsızlık, sıkıntı, huzursuzluk; **2.** *v/t.* rahatsız etm., sıkıntı vermek, üzmek.

dis.com.pose [diskəmˈpəuz] *v/t.* şaşırtmak, rahatını bozmak, düzenini bozmak; **dis.comˈpo.sure** [~ʒə] *n.* rahatsızlık, kaygı, telaş.

dis.con.cert [diskənˈsəːt] *v/t.* şaşırtmak; karıştırmak, telaşlandırmak.

dis.con.nect [ˈdiskəˈnekt] *v/t.* ayırmak, bağlantısını kesmek (from, with *-den, -le*); ⊕ durdurmak; birbirinden ayırmak; ⚡ fişi çekmek; **ˈdis.conˈnect.ed** □ bağlantısız; **ˈdis.conˈnec.tion** *n.* ayrılma; ⊕ bağlantının kesilmesi.

dis.con.so.late □ [diskɔnsəlit] teselli kabul etmez, çok kederli.

dis.con.tent [ˈdiskənˈtent] **1.** ⚒ = ~ed; **2.** *n.* hoşnutsuzluk; **ˈdis.conˈtent.ed** □ hoşnutsuz.

dis.con.tin.u.ance [diskənˈtinjuəns] *n.* ara, duraklama, kesilme; vazgeçme; **ˈdis.conˈtin.ue** [~njuː] *v/t.* kesmek, devam etmemek *-e*; vazgeçmek *-den*; *gazete:* aboneyi kesmek; **ˈdis.conˈtin.u.ous** □ [~njuəs] düzensiz, fasılalı, aralıklı, ayrılmış.

dis.cord [ˈdiskɔːd], **disˈcord.ance** *n.* anlaşmazlık, uyuşmazlık; ♪ ahenksizlik; **disˈcord.ant** □ uyumsuz; farklı (to, from, with); aralarında anlaşmazlık bulunan; ♪ ahenksiz.

dis.count [ˈdiskaunt] **1.** *n.* ✝ iskonto, tenzilât; at a ~ iskonto ile, değerinden ucuza; **2.** *v/t.* iskonto etm., hesaptan indirmek; çıkarmak *(a. fig.)*; kır(dır)mak *(senet, bono)*; **disˈcount.a.ble** *adj.* iskonto edilebilir; **disˈcoun.te.nance** [~tinəns] *v/t.* utandırmak; onaylamamak; cesaretini kırmak.

dis.cour.age [disˈkʌridʒ] *v/t.* *-in* cesaretini kırmak, gözdağı vermek, yıldırmak, vazgeçirmek (from *-den*); **disˈcour.age.ment** *n.* cesaretsizlik, hevesin kırılması; güçlük, zorluk.

dis.course [disˈkɔːs] **1.** *n.* söylev, nutuk; karşılıklı konuşma; bilimsel araştırma; **2.** *v/t.* (on, upon, about) *bş.* hakkında konuşmak, söylev vermek, konferans vermek; *bşle* ilgili görüşmek.

dis.cour.te.ous □ [disˈkeːtjəs] saygısız, kaba; **disˈcour.te.sy** [~tisi] *n.* saygısızlık, kabalık.

dis.cov.er [disˈkʌvə] *v/t.* keşfetmek, bulmak, ortaya çıkarmak; **disˈcov.er.a.ble** □ keşfedilebilir, ortaya çıkarılabilir; **disˈcov.er.er** *n.* bulucu, kâşif, ortaya çıkaran; **disˈcov.er.y** *n.* keşif, buluş, ortaya çıkarma; keşfedilen şey, bulgu.

dis.cred.it [disˈkredit] **1.** *n.* güvensizlik; şüphe; saygınsızlık, itibarsızlık; **2.** *v/t.* kötülemek, itibardan düşürmek, güvenini sarsmak ,şüpheye düşürmek; **disˈcred.it.a.ble** □ ayıplanıacak, onur kırıcı, küçük düşürücü.

dis.creet □ [disˈkriːt] ketum, ağzı sıkı, sır saklayan; tedbirli, akıllı, denli.

dis.crep.an.cy [disˈkrepənsi] *n.* ayrılık, anlaşmazlık ,zıtlık.

dis.crete □ [disˈkriːt] ayrı, farklı, ayrılmış.

dis.cre.tion [disˈkreʃən] *n.* ağzı sıkılık, ketumluk; akıllılık; naziklik; yetki; banker's ~ bankanın hesabı gizli tutması; at one's ~ isteği doğrultusunda, istediği kadar, isteğe bağlı; age *veya* years of ~ cezaî ehliyet, aklın hakim olduğu yaşlar; surrender at ~ koşulsuz teslim; **disˈcre.tion.ar.y** [~ʃnəri] *adj.* isteğe bağlı, ihtiyarî.

dis.crim.i.nate [disˈkrimineit] *vb.* ayırmak, ayırt etm.; ayırım yapmak, ayrı tutmak, fark gözetmek; ~ against farklı davranmak *-e*, daha kötü davranmak *-e*; **disˈcrim.i.nat.ing** □ ayırt eden; zevk sahibi olan, en iyiyi seçen, görüş sahibi olan; temyiz hakkı olan; **dis.crim.iˈna.tion** *n.* aleyhte davranma, ayırım, fark gözetme, temyiz; **disˈcrim.i.na.tive** [~nətiv] □ ayırt edici, fark gözeten; **disˈcrim.i.na.to.ry law** olağanüstü hal yasası.

dis.cur.sive □ [disˈkəːsiv] konudan konuya geçen, tutarsız; F daldan dala konan; *phls.* içeren, sonuca varan.

dis.cus [ˈdiskəs] *n.* *spor:* disk; disk atma oyunu.

dis.cuss [disˈkʌs] *v/t.* görüşmek, müzakere etm., tartışmak; F *(yemek veya içki)* tadına bakmak; **disˈcuss.i.ble** *adj.* tartışılabilir, müzakere edilebilir; **disˈcussion** *n.* görüşme, müzakere, tartışma.

dis.dain [disˈdein] **1.** *n.* hakaret, küçük görme; **2.** *v/t.* aşağısamak, hafifsemek, hor görmek; **disˈdain.ful** □ [~ful] hafifseyen, hor gören (of), küçümseyen, mağrur.

dis.ease [diˈziːz] *n.* hastalık, rahatsızlık, illet, maraz; **disˈeased** *adj.* hasta.

dis.em.bark [ˈdisimˈbaːk] *v/t.* & *v/i.* gemiden karaya çık(ar)mak; **dis.em.bar.kation** [disəmbaːˈkeiʃən] *n.* karaya çık(ar)ma.

dis.em.bar.rass [ˈdisimˈbærəs] *v/t.* rahatlatmak; mahcubiyetten kurtarmak (of).

dis.em.bod.y [disimˈbɔdi] *v/t.* bedenden ayırmak; ⚔ terhis etm.

dis.em.bogue [disimˈbəug] *v/t.* & *v/i.* *(nehir)* denize dök(ül)mek; ak(ıt)mak.

dis.em.bow.el [disimˈbauəl] *v/t.* bağırsaklarını çıkarmak.

dis.em.broil [disimˈbrɔil] *v/t.* karışık ve zor durumdan kurtarmak.

dis.en.chant [ˈdisinˈtʃaːnt] *v/t.* büyüden kurtarmak; ayıltmak, aklını başına getirmek.

dis.en.cum.ber [ˈdisinˈkʌmbə] *v/t.* *b-ni* yük *veya* sıkıntıdan kurtarmak (of, from).

dis.en.gage [ˈdisinˈgeidʒ] *v/t.* ayırmak; çözmek; ⊕ kavramayı gevşetmek; *mot.* debriyaj yapmak; **dis.enˈgaged** *adj.* ser-

best, boş; ˈ**dis.enˈgage.ment** *n.* ilgiyi kesme; salıverme, serbest bırakma.
dis.en.tan.gle [ˈdisinˈtæŋgl] *v/t.* & *v/i.* çıkarmak, çöz(ül)mek, kurtulmak (from *-den*); *fig.* serbest bırakmak (from *-den*); ˈ**dis.enˈtan.gle.ment** *n.* çözülme, serbest kalma.
dis.en.tomb [disinˈtuːm] *v/t.* kazmak, hafriyat yapmak, mezardan kazıp çıkarmak.
dis.e.qui.lib.ri.um [ˈdisekwiˈlibriəm] *n.* dengesizlik, denksizlik.
dis.es.tab.lish [ˈdisisˈtæbliʃ] *v/t.* *(kilise)* devletten ayırmak, ilişkisini kesmek; **dis.esˈtab.lish.ment** *n.* devletle olan ilişkisini kesme.
dis.fa.vo(u)r [ˈdisˈfeivə] **1.** *n.* gözden düşme; *b-nin* hoşuna gitmeme; isteksizlik; **2.** *v/t.* gözden düşürmek, istememek; hoşlanmamak; onaylamamak.
dis.fig.ure [disˈfigə] *v/t.* çirkinleştirmek, şeklini bozmak; **disˈfig.ure.ment** *n.* çirkinleştirme, şekilsizlik.
dis.fran.chise [ˈdisˈfræntʃaiz] *v/t.* oy verme *veya* vatandaşlık hakkından yoksun bırakmak; **dis.fran.chise.ment** [disˈfræntʃizmənt] *n.* vatandaşlık haklarından yoksun etme, oy verme hakkını elinden alma.
dis.frock [disˈfrɔk] *v/t.* papazlık hakkını elinden almak.
dis.gorge [disˈgɔːdʒ] *v/t.* kusmak; boşaltmak; çalınan *bşi* geri vermek.
dis.grace [disˈgreis] **1.** *n.* gözden düşme; yüz karası, utanç; **2.** *v/t* gözden düşürmek; rezil etm.; be ~d rezil olm.; **disˈgrace.ful** □ [~ful] ayıp, yüz kızartıcı, rezil.
dis.grun.tled [disˈgrʌntld] *adj.* üzgün, canı sıkılmış.
dis.guise [disˈgaiz] **1.** *v/t.* & *v/i.* kıyafet değiştirmek; ses vs. tanınmaz hale getirmek; gizle(n)mek, sakla(n)mak; **2.** *n.* kıyafet değiştirme, gizlenme; blessing in ~ gizli ama gerçek.
dis.gust [disˈgʌst] **1.** *n.* nefret, tiksinme, iğrenme (at, for *-den*); **2.** *v/t.* tiksindirmek, bıktırmak; be ~ed with nefret etm., kızmak, bıkmak *-den*; **disˈgust.ing** □ iğrenç, tiksindirici, nefret uyandırıcı.
dish [diʃ] **1.** *n.* tabak, çanak; yemek; *sl.* güzel kız; the ~es *pl.* sofra takımı *(tabak, çatal, kaşık vs.)*; standing ~ *fig.* hep güncel olan konu, temcid pilavı; **2.** *v/t.* tabağa koymak; *mst* ~ up sofraya koymak; sunmak için hazırlamak *(a. fig.)*; *sl.* aldatmak; berbat etm.
dis.ha.bille [disæˈbiːl] *n.* sabahlık, ev elbisesi; yarı giyinik olma.
dish-cloth [ˈdiʃklɔθ] *n.* tabak yıkama *veya* durulama bezi.
dis.heart.en [disˈhɑːtn] *v/t.* cesaretini kırmak, ümidini kırmak.
di.shev.el(l)ed [diˈʃevəld] *adj.* *(saç, giyim)* darmadağınık, düzensiz; *fig.* pasaklı.
dis.hon.est □ [disˈɔnist] namussuz, haysiyetsiz, şerefsiz; **disˈhon.est.y** *n.* namussuzluk, sahtekârlık.
dis.hon.o(u)r [disˈɔnə] **1.** *n.* namussuzluk, yüzkarası, leke, ayıp, alçaklık; **2.** *v/t.* *-in* namusuna leke sürmek; *-in* ırzına geçmek; *poliçe:* kabul etmemek, ödememek; **disˈhon.o(u)r.a.ble** □ namussuz, haysiyetsiz .
dish...: ˈ**~-pan** *n. Am.* bulaşık kabı; ˈ**~.rag** *Am.* = dish-cloth; ˈ**~-wash.er** bulaşıkçı, bulaşık yıkama makinesi; ˈ**~-wa.ter** *n.* bulaşık suyu.
dis.il.lu.sion [disiˈluːʒən] **1.** *n.* hayal kırıklığı, gözünü açma; **2.** *v/t.* hayal kırıklığına uğratmak, gerçekleri göstermek; *fig.* aklını başına getirmek; **dis.ilˈlu.sion-ment** = disillusion 1.
dis.in.cen.tive [disinˈsentiv] *n.* yıldırma, gözünü korkutma.
dis.in.cli.na.tion [disinkliˈneiʃən] *n.* isteksizlik, gönülsüzlük (for, to *-e*); **dis.in.cline** [ˈ~ˈklain] *v/t.* *bşden, b-den* soğutmak, caydırmak; ˈ**dis.inˈclined** *adj.* isteksiz (for, to *-e*).
dis.in.fect [disinˈfekt] *v/t.* dezenfekte etm.; **dis.inˈfect.ant** *n.* antiseptik ilaç, dezenfektan; **dis.inˈfec.tion** *n.* dezenfekte etme.
dis.in.fla.tion [disinˈfleiʃən] *n.* enflasyondan fiyat ve ücretlerin çok değişmediği duruma geçme, paranın satın alma gücünün yükseltilmesi.
dis.in.gen.u.ous □ [disinˈdʒenjuəs] samimi olmayan, iki yüzlü.
dis.in.her.it [ˈdisinˈherit] *v/t.* mirastan yoksun bırakmak, reddetmek; **dis.inˈher-it.ance** *n.* mirastan yoksunluk.
dis.in.te.grate [disˈintigreit] *v/t.* parçalara ayırmak, ayrıştırmak; *v/i.* parçalanmak, ayrışmak; **dis.in.teˈgra.tion** *n.* ayrılıp dağılma.
dis.in.ter [ˈdisinˈtəː] *v/t.* kazıp çıkarmak, eşmek.
dis.in.ter.est.ed □ [disˈintristid] tarafsız, önyargısız, çıkar gözetmeyen.
dis.join [disˈdʒɔin] *v/t.* ayırmak; **dis.joint** [~ˈdʒɔint] *v/t.* düzenini bozmak; ayırmak; sökmek; **disˈjoint.ed** *adj.* ayrılmış; düzensiz, tutarsız *(söz)*.
dis.junc.tion [disˈdʒʌŋkʃən] *n.* ayrılma;

dis'junc.tive □ [~tiv] ayıran; *gr.* bağlaç.
disk [disk] *n.* yuvarlak levha, disk, kurs; plâk; ~ **brake** *mot.* fren diski; ~ **clutch** *mot.* kavrama diski, debriyaj diski; '~-**har.row** *n.* keskin çarklarla işleyen tırmık; ~ **jock.ey** plâk sunucusu, diskcokey.
dis.like [dis'laik] **1.** *n.* beğenmeyiş, antipati (for, of, to *-e*); **2.** *v/t.* beğenmemek, sevmemek; *bşden, b-den* hoşlanmamak; ~d *adj.* sevilmeyen.
dis.lo.cate ['disləukeit] *v/t.* yerinden çıkarmak, yerinden oynatmak; *fig.* altüst etm., şaşırtmak; **dis.lo'ca.tion** *n.* ⚕ çıkık; yer değiştirme *(esp.* ⚔*)*; *geol.* yeryüzü tabakasını delip açma; *fig.* şaşırtma.
dis.lodge [dis'lɔdʒ] *v/t.* yerinden çıkarmak; defetmek; siperden çıkarmak; evden taşınmak.
dis.loy.al □ ['dis'lɔiəl] sadık olmayan, vefasız; '**dis'loy.al.ty** *n.* sadakatsizlik, vefasızlık, hıyanet.
dis.mal ['dizməl] **1.** □ *fig.* kederli, sıkıntılı, kasvetli, sönük; **2. the** ~**s** *pl.* F melankoli, kuruntu.
dis.man.tle [dis'mæntl] *v/t.* sökmek; *(kale)* yerle bir etm.; ⚓ armasını soymak; *(ev)* eşyasını boşaltmak; ⊕ parçalara ayırmak; ⊕ makinaları sökmek; **dis'man.tling** *n.* sökme; boşaltma; parçalara ayırma.
dis.mast ⚓ [dis'mɑːst] *v/t.* gemi direğini çıkarmak.
dis.may [dis'mei] **1.** *n.* korku, dehşet, şaşkınlık, endişe; **2.** *v/t.* korkutmak, ürkütmek, yıldırmak.
dis.mem.ber [dis'membə] *v/t.* parçalamak; uzuvları gövdeden ayırmak; **dis'mem.ber.ment** *n.* parçala(n)ma.
dis.miss [dis'mis] *v/t.* işten çıkarmak, yol vermek *-e*; reddetmek; gitmesine izin vermek; *(konu, fikir)* vazgeçmek; ⚖ davayı reddetmek; **be** ~**ed the service** işten atılmak; *v/t.* ⚔ saftan çıkmak; **dis'miss.al** *n.* yol verme, azledilme; izin; ⚖ davanın reddi.
dis.mount ['dis'maunt] *v/t. (bisiklet veya attan)* indirmek; ⊕ parçalara ayırmak; sökmek; *v/i.* attan inmek.
dis.o.be.di.ence [disə'biːdjəns] *n.* itaatsizlik; **dis.o'be.di.ent** □ itaatsiz (to *-e*); '**dis.o'bey** *v/t.* itaat etmemek *-e*; söz dinlememek.
dis.o.blige ['disə'blaidʒ] *v/t.* hatırını kırmak, ricasını kabul etmemek, gücendirmek; '**dis.o'blig.ing** □ nezaketsiz, hatır kıran, aksi; '**dis.o'blig.ing.ness** *n.* nezaketsizlik, kabalık.
dis.or.der [dis'ɔːdə] **1.** *n.* karışıklık; rahatsızlık; ⚕ hastalık; **mental** ~ aklî dengesizlik; **2.** *v/t.* düzenini bozmak, rahatsız etm.; **dis'or.dered** □ düzensiz, karışık; bozuk *(mide)*; **dis'or.der.ly** *adj.* düzensiz; itaatsiz; çapaçul; rahatsız.
dis.or.gan.i.za.tion [disɔːgənai'zeiʃən] *n.* düzensizlik, karışıklık; **dis'or.gan.ize** *v/t.* düzenini bozmak *-in*; karıştırmak *-i*.
dis.or.i.en.tate [dis'ɔːrienteit] *v/t. b-nin* yolunu şaşırtmak, zihnini karıştırmak; **he was** ~**d** yönünü şaşırdı.
dis.own [dis'əun] *v/t.* inkâr etm., yadsımak, tanımamak, reddetmek.
dis.par.age [dis'pæridʒ] *v/t.* kötülemek *-i*, hor görmek *-i*, *b-nin* şeref ve onuruna leke sürmek, küçük düşürmek *-i*; **dis'par.age.ment** *n.* kötüleme, aşağılama; **dis'par.ag.ing** □ aşağılayıcı, hor gören.
dis.pa.rate ['dispərit] **1.** □ eşit olmayan, farklı; **2.** ~**s** *n. pl.* kıyaslanamayacak ölçüde farklı şeyler; **dis.par.i.ty** [dis'pæriti] *n.* eşitsizlik, farklılık.
dis.part [dis'pɑːt] *v/t.* ikiye ayırmak; *v/i.* ikiye ayrılmak; ⊕ çapını ayar etm.
dis.pas.sion.ate □ [dis'pæʃnit] tarafsız, soğukkanlı, sakin.
dis.patch [dis'pætʃ] **1.** *n.* acele; gönderme; rapor, haber; telgraf; öldürme, idam etme; **mentioned in** ~**es** savaştaki kahramanlığı raporda belirtilmiş; **happy** ~ harakiri; **2.** *v/t.* süratle tamamlamak *(a.* = öldürmek*)*; göndermek; **dis'patch-box** *n.* resmî evrak çantası; **dis'patch-goods** *n. pl.* ekspresle gönderilen eşya; **dis'patch-rider** *n.* ⚔ haberci.
dis.pel [dis'pel] *v/t.* defetmek, uzaklaştırmak, dağıtmak *(a. fig.)*.
dis.pen.sa.ble [dis'pensəbl] *adj.* vazgeçilebilir, zorunlu olmayan; **dis'pen.sa.ry** *n.* dispanser; eczane; **dis.pen.sa.tion** [dispen'seiʃən] *n.* dağıtma, bölme; takdiri ilahî; dışında bırakma.
dis.pense [dis'pens] *v/t.* dağıtmak; hazırlamak *(ilâç reçetesi)*; üstesinden gelmek; ~ **from** muaf tutmak, *bşden* affetmek; *b-ne* işten el çektirmek; *v/i.* ~ **with** vazgeçmek *-den; bşe* muhtaç olmamak; **dis'pens.er** *n.* ilâç hazırlayan kimse; dağıtıcı.
dis.per.sal [dis'pəːsəl] = **dispersion**; **dis'perse** *v/t.* dağıtmak, yaymak; *v/i.* ayrılmak, dağılmak; **dis'per.sion** *n.* dağıtma *(a. opt.)*, dağılma, dağıtım, yayılma.
dis.pir.it [di'spirit] *v/t.* cesaretini kırmak, keyfini kaçırmak; **dis'pir.it.ed** □ cesaretsiz ,yüreksiz, keyifsiz.
dis.place [dis'pleis] *v/t.* yerinden çıkar-

mak, götürmek; yerine başka *bşi (b-ni)* geçirmek; *b-ni* azletmek; ~d person ülkesini terketmeye zorlanan kimse; **dis'place.ment** *n.* yerinden çıkar(ıl)ma; bir geminin boşalttığı suyun ağırlığı; yer değişme.

dis.play [dis'plei] **1.** *n.* gösteriş, nümayiş, teşhir; **2.** *v/t.* göstermek, teşhir etm., göz önüne sermek, vurgulamak.

dis.please [dis'pli:z] *v/t. b-nin* hoşuna gitmemek; *fig.* gücendirmek; **dis'pleased** □ dargın, kızgın (at, with *-e*); **dis'pleasing** □ can sıkıcı, hoş olmayan; **dis.pleasure** [~'pleʒə] *n.* gücenme, hoşnutsuzluk, can sıkıntısı (at, over).

dis.port [dis'pɔ:t] *vb.:* ~ o.s. neşe içinde koşuşturmak; eğlenmek, oyna(ş)mak.

dis.pos.a.ble [dis'pəuzəbl] *adj.* elde hazır bulunan; gerektiğinde kullanılabilen; bir kez kullanılıp atılan; **dis'pos.al** *n.* tertip, düzen; bertaraf etme, tasarruf hakkı (of); satma, satış, başkasına verme, elden çıkarma; at one's ~ *b-nin* emrine âmade, hizmetinde; **dis'pose** *vb.* düzenlemek; dağıtmak; idare etm.; *bşe* sebep olm. (for, to); ~ of *-in* tasarrufunda olm.; kullanmak *-i*; bertaraf etm. *-i*; satmak; *k-ni* yiyip bitirmek; **dis'posed** □ hazır (to, for *-e*); well (ill) ~ towards s.o. *b-ne* arkadaşça (düşmanca) davranış, yaklaşım; **dis.po.si.tion** [~pə'ziʃən] *n.* düzen; eğilim; tabiat, huy; tasarruf hakkı (of).

dis.pos.sess ['dispə'zes] (of) *v/t.* malına mülküne el koymak, yoksun bırakmak; evden çıkarmak; *fig.* bir alışkanlıktan vazgeçmek; **dis.pos.ses.sion** [~'seʃən] *n.* mal ve mülke el konulması; evden çıkar(ıl)ma.

dis.praise [dis'preiz] **1.** *n.* kötüleme, azarlama, ayıplama; **2.** *v/t.* kötülemek, azarlamak; *b-ne, bşe* hor bakmak.

dis.proof ['dis'pru:f] *n.* aksini kanıtlama; ret.

dis.pro.por.tion [disprə'pɔ:ʃən] *n.* oransızlık; **dis.pro'por.tion.ate** □ [~ʃnit] oransız, gereğinden fazla, aşırı; **dis.pro'portion.ate.ness** *n.* oransızlık; **'dis.pro'portioned** [~ʃənd] = disproportionate.

dis.prove [dis'pru:v] *v/t.* yanlış olduğunu göstermek, aksini kanıtlamak.

dis.pu.ta.ble [dis'pju:təbl] *adj.* yadsınabilir, inkâr edilebilir, tartışılır; **dis'pu.tant** *n.* tartışmacı; **dis.pu'ta.tion** *n.* tartışma, münakaşa; **dis.pu'ta.tious** □ münakaşacı, kavgacı; **dis'pute 1.** *n.* münakaşa, kavga, tartışma; in ~ münakaşalı, ihtilâflı; beyond (all) ~, past ~ tartışma götürmez, apaçık; **2.** *v/t.* tartışmak, kabul etmemek; *v/i.* münakaşa etm., kavga etm. (about).

dis.qual.i.fi.ca.tion [diskwɔlifi'keiʃən] *n.* yetkisizlik, ehliyetsizlik; *spor:* oyundan çıkarma cezası; engel; **dis'qual.i.fy** [~fai] *v/t.* yetkisiz kılmak (for); *spor:* oyundan atmak, diskalifiye etm.

dis.qui.et [dis'kwaiət] **1.** *n.* merak, endişe; **2.** *v/t.* huzurunu kaçırmak, endişe vermek, üzmek; **dis.qui.e.tude** [~'kwaiitju:d] *n.* rahatsızlık, üzüntü.

dis.qui.si.tion [diskwi'ziʃən] *n.* araştırma, tetkik; nutuk, söylev (on).

dis.re.gard ['disri'gɑ:d] **1.** *n.* ihmal, kayıtsızlık, saymayış; **2.** *v/t.* ihmal etm., saymamak, aldırmamak, önemsememek.

dis.rel.ish [dis'reliʃ] **1.** *n.* tiksinme, beğenmeyiş, nefret (for); **2.** *v/t.* hoşlanmamak, tiksinmek.

dis.re.pair ['disri'pεə] *n.* tamire muhtaç olma, viranlık, bakımsızlık; fall into ~ bakıma muhtaç hale gelmek.

dis.rep.u.ta.ble □ [dis'repjutəbl] rezil; itibarsız; **dis.re.pute** ['~ri'pju:t] *n.* kötü şöhret, itibarsızlık.

dis.re.spect ['disris'pekt] *n.* saygısızlık, kabalık; **dis.re'spect.ful** [~ful] □ saygısız, kaba, hürmetsiz.

dis.robe ['dis'rəub] *v/t.* & *v/i.* soy(un)mak; elbisesini çıkarmak.

dis.root [dis'ru:t] *v/t.* kökünden sökmek.

dis.rupt [dis'rʌpt] *v/t.* yarmak, ayırmak; **dis'rup.tion** *n.* parçalama, kırılma, ayrılma, engel olma.

dis.sat.is.fac.tion ['dissætis'fækʃən] *n.* hoşnutsuzluk, tatminsizlik; **dis.sat.is.fac.tory** ['~'fæktəri] *adj.* uygun olmayan, hoşnutsuz kılan, tatmin etmeyen; **'dis'sat.is.fied** [~faid] *adj.* hoşnutsuz, memnun olmayan; **'dis'sat.is.fy** [~fai] *v/t.* memnun etmemek, tatmin etmemek, *b-nin* hoşuna gitmemek.

dis.sect [di'sekt] *vb.* parçalara ayırmak; *anat.* kadavrada çalışmak; *fig.* bir konuyu en ince ayrıntılariyle anlatmak, açımlamak; **dis'sec.tion** *n.* parçalama; *anat.* otopsi; *fig.* analiz, tahlil.

dis.sem.ble [di'sembl] *v/t.* gizlemek, saklamak; görmezlikten gelmek; *v/i. b-ne* karşı sahte tavır takınmak, iki yüzlülük etm.

dis.sem.i.nate [di'semineit] *v/t.* saçmak, yaymak; **dis.sem.i'na.tion** *n.* saç(ıl)ma; yay(ıl)ma.

dis.sen.sion [di'senʃən] *n.* ihtilâf, çekişme.

dis.sent [di'sent] **1.** *n.* ihtilâf, ayrılık, reddetme; **2.** *v/i.* bir konuda ayrılmak (from *-den)*; aynı görüşte olmamak (with *-le*);

Anglikan kilisesinden ayrılmak; **dis'sent.er** *n.* muhalif; kiliseden ayrılan; **dis'sen.tient** [~ʃiənt] **1.** *adj.* muhalif olan; **2.** *n.* muhalif.

dis.ser.ta.tion [disəː'teiʃən] *n.* bilimsel araştırma; nutuk, söylev (on).

dis.serv.ice ['dis'səːvis] *n.* (to) kötülük, zarar.

dis.sev.er [dis'sevə] *v/t.* tamamen ayırmak, kesip ayırmak; **dis'sev.er.ance, dis'sev.er.ment** *n.* ayrılık, ayrılma.

dis.si.dence ['disidəns] *n.* fikir ayrılığı, karşı koyma, muhalefet; **'dis.si.dent** **1.** *adj.* muhalif, karşı koyan; **2.** *n.* muhalif, karşı gelen kimse.

dis.sim.i.lar □ ['di'similə] farklı (to, from *-den*); **dis.sim.i.lar.i.ty** [~'læriti] *n.* başkalık, farklılık, benzemeyiş (to).

dis.sim.u.late [di'simjuleit] = dissemble; **dis.sim.u'la.tion** *n.* iki yüzlülük, sahte tavır.

dis.si.pate ['disipeit] *v/t.* dağıtmak; israf etm., har vurup harman savurmak; *v/i.* dağılmak; müsrif olm.; harcanmak; **'dis.si.pat.ed** *adj.* müsrif; sefih; hovarda; **dis.si'pa.tion** *n.* zevk ve eğlenceye düşkünlük, sefahat.

dis.so.ci.ate [di'səuʃieit] *v/t.* ayırmak; ~ o.s. *bşden* ilgisini kesmek, ayrı tutmak ayrılmak (from *-den*); **dis.so.ci.a.tion** [~si'eiʃən] *n.* ayırma, ayrılma; *psych.* düşüncelerin duygulardan ayrıldığı anda ortaya çıkan müdafaa mekanizması, şahsiyetin çözülmesi.

dis.sol.u.bil.i.ty [disɔlju'biliti] *n.* çözülebilirlik, ayrılabilirlik; **dis'sol.u.ble** [~jubl] *adj.* erir, eritilebilir; çözülür; feshedilebilir.

dis.so.lute □ ['disəluːt] ahlâksız, sefih, çapkın; **dis.so'lu.tion** *n.* eri(t)me; sona erme; ölüm.

dis.solv.a.ble [di'zɔlvəbl] *adj.* erir, eritilebilir; çözülebilir; feshedilebilir; **dis'solve** **1.** *v/t.* eritmek; feshetmek; çözmek, halletmek *(a. fig.)*; *v/i.* erimek; *fig.* eriyip gitmek; **2.** *n. Am. film:* resmi yeni bir resim ile yavaş yavaş ortadan kaldırma; **dis'solv.ent** **1.** *adj.* eritici, çözücü; **2.** *n.* eritici madde.

dis.so.nance ['disənəns] *n.* ♪ ahenksizlik, uyumsuzluk; akortsuzluk; **'dis.so.nant** *adj.* ♪ ahenksiz; akortsuz; *fig.* farklı olan (from *-den*).

dis.suade [di'sweid] *v/t.* vazgeçirmek, caydırmak (from *-den*); **dis'sua.sion** [~ʒən] *n.* vazgeçirme; **dis'sua.sive** [~siv] □ caydırıcı.

dis.taff ['distɑːf] *n.* öreke, yün eğirmekte kullanılan bir ucu çatal değnek; *fig.* kadın işi; ~ side ailenin kadın tarafı.

dis.tance ['distəns] **1.** *n.* mesafe; uzaklık; ara; menzil; at a ~ uzakta; belirli bir mesafede; in the ~ uzakta; a great ~ away oldukça uzak; striking ~ vurulabilecek uzaklık; tesir sahası; keep one's ~ mesafe bırakmak, sokulmamak; keep s.o. at a ~ fazla samimi olmamak; **2.** *v/t.* geride bırakmak *(a. fig.)*; **'dis.tant** □ uzak, ırak; soğuk, mesafeli; ~ control uzaktan kontrol.

dis.taste ['dis'teist] *n.* tiksinme, nefret (for); hoşlanmayış; *fig.* antipati (for); **dis'taste.ful** □ iğrenç, nahoş, antipatik.

dis.tem.per¹ [dis'tempə] **1.** *n.* su ile inceltilebilen bir tür boya; **2.** *v/t.* bu boya ile boyamak.

dis.tem.per² [~] *n.* bir tür köpek hastalığı; *pol.* rahatsızlık; **dis'tem.pered** *adj.* çılgın, hasta, deli.

dis.tend [dis'tend] *v/t.* & *v/i.* şiş(ir)mek; yay(ıl)mak; ger(il)mek; **dis'ten.sion** *n.* şişme, yayılma, gerilme.

dis.tich ['distik] *n.* beyit, iki mısra.

dis.til(l) [dis'til] *vb.* imbikten çek(il)mek; ⚗ damıtmak; *fig.* sızdırmak; damla damla ak(ıt)mak; *(kitap, fikir, konu)* özünü çıkarmak *veya* almak; **dis.til.late** ['~lit] *n.* damıtılmış sıvı, öz; **dis.til.la.tion** [~'leiʃən] *n.* damıtma, öz; **dis'till.er** *n.* viski, rakı gibi alkollü içki imal eden kimse; **dis'till.er.y** *n.* içki imal edilen yer.

dis.tinct □ [dis'tiŋkt] ayrı, farklı; belli, açık; **dis'tinc.tion** *n.* ayırma, ayırt etme, temayüz, üstünlük; nişan; draw a ~ between arasında farklılık yaratmak; have the ~ of üstünlük veya farklılığa sahip olm.; **dis'tinc.tive** □ ayıran, özellik belirten, orijinal, karakteristik (of); **dis'tinct.ness** *n.* fark, çeşitlilik; açıklık.

dis.tin.guish [dis'tiŋgwiʃ] *v/t.* ayırmak, ayırt etm.; anlamak; sivrilmek, temayüz etm.; **dis'tin.guish.a.ble** *adj.* ayırt edilebilir, farkedilebilir; **dis'tin.guished** *adj.* seçkin, mümtaz, kibar, meşhur.

dis.tort [dis'tɔːt] *v/t.* bükmek, burkmak; *fig.* yanlış anlam vermek, saptırmak; bozmak, tahrif etm.; ~ing mirror eğlence aynası, dev aynası; **dis'tor.tion** *(söz)* ters anlam verme; çarpıklık, bozukluk.

dis.tract [dis'trækt] *v/t.* *(kişi veya aklını)* başka yöne çekmek; rahatsız etm.; şaşırtmak; deli etm.; **dis'tract.ed** □ şaşırmış, deli, çılgın; *k-den* geçmiş (with *ile*); **dis'tract.ing** □ deli eden, çıldır-

tan; **dis'trac.tion** *n.* karışıklık; eğlence; çılgınlık; dikkati başka yöne çekme.
dis.train [dis'trein] *v/i.* haczetmek (on, upon); **dis'train.a.ble** *adj.* haczolunabilir; **dis.traint** [~'treint] *n.* haciz, el koyma.
dis.traught [dis'trɔːt] *adj.* aklı başından gitmiş, çılgın.
dis.tress [dis'tres] **1.** *n.* sıkıntı, zaruret, dert, ıstırap; tehlike; = distraint; ~ ~ rocket ⚓ tehlike işareti; **2.** *v/t.* sıkıntıya sokmak, rahatsız etm., canını sıkmak, ıstırap çektirmek; **dis'tressed** *adj.* endişeli; sıkıntı çeken (for *için*); ~ area işsizliğin yoğun olduğu bölge; **dis'tress-ful** □ [~ful] *lit.* ıstıraplı, keder verici, acıklı; **dis'tress.ing** □ eziyetli; acıklı.
dis.trib.ut.a.ble [dis'tribjutəbl] *adj.* dağıtılabilir, yayılabilir; **dis'trib.ute** [~juːt] *v/t.* dağıtmak, yaymak (among, to); bölüştürmek, taksim etm. *(mal)*; *typ.* yazı harflerini yerlerine dağıtmak; **dis.tri'bu.tion** *n.* dağıtım; yayılma; taksim etme; **dis'trib.u.tive** *adj.* dağıtan, yayan; *gr.* «her», «her bir» gibi sıfatların anlamını ifade eden **dis'trib.u.tor** *n.* dağıtan; ⊕ distribütör; † satıcı, dağıtım yeri.
dis.trict ['distrikt] *n.* bölge; ilçe, kaza, mahalle.
dis.trust [dis'trʌst] **1.** *n.* güvensizlik, şüphe (of); **2.** *v/t.* inanmamak, güvenmemek *-e*); **dis'trust.ful** □ [~ful] şüpheci, kuşkulu: ~ (of o.s.) çekingen, utangaç.
dis.turb [dis'təːb] *v/t.* karıştırmak, düzenini bozmak; rahatsız etm.; **dis'turb.ance** *n.* karışıklık; rahatsızlık; ~ of the peace ⚖ *b-nin* hak ve hukukuna saldırı, güvenliğin bozulması; **dis'turb.er** *n.* huzuru bozan.
dis.un.ion ['dis'juːnjən] *n.* ayrılma; anlaşmazlık, ara bozukluğu; **dis.u.nite** ['~'nait] *vb.* ayrılmak; aralarını bozmak, ayırmak.
dis.use **1.** ['dis'juːs] *n.* kullanılmayış; fall into ~ kullanılmaz olm.; **2.** ['dis'juːz] *v/t.* *bşi* artık kullanmamak; **dis.used** *adj.* eski, vaktini doldurmuş.
di.syl.lab.ic ['disi'læbik] *adj.* (~ally) iki heceli; **di.syl.la.ble** [di'siləbl] *n.* iki heceli sözcük.
ditch [ditʃ] **1.** *n.* hendek; die in the last ~ sonuna kadar dayanmak; **2.** *v/t.* hendeğe yuvarlamak; *v/i.* hendek açmak; hendekle çevirmek; *Am. sl.* kurtulmak, kaçmak *-den*; **'ditch.er** *n.* hendek açan kimse *ya da* makine.
dith.er ['diðə] *v/i.* titremek; şaşırıp kalmak.
dith.y.ramb ['diθiræmb] *n.* coşkulu ve duygulu bir deyişle yazılmış yazı, şiir.
dit.to ['ditəu] *adj.* yukarıdaki gibi; aynen; *adv.* keza, aynı veçhile, gibi; (suit of) ~s aynı tip elbise, üniforma.
dit.ty ['diti] *n.* şarkı sözü.
di.ur.nal □ [dai'əːnl] günlük; gündüze ait, gündüz olan.
di.va.ga.tion [daivə'geiʃən] *n.* sapma, ayrılma, konu dışına çıkma.
di.van [di'væn] *n.* sedir, divan; ~**-bed** ['daivænbed] *n.* divan, yatak.
di.var.i.cate [dai'værikeit] *v/i.* çatallaşmak; *biol.* kollara, şubelere ayrılmak.
dive [daiv] **1.** *v/i.* dalmak (into *-e*); ✈ pike yapmak; F başını eğmek, sinmek; ~ into elini daldırmak; **2.** *n.* yüzme: dalış, balıklama dalma *(a. fig.)*; batakhane; pike uçuşu, baş aşağı dalış; *Am.* F *boks:* rakibin kasıtlı olarak yenmesini sağlama; **'~-bomb** *v/t.* dalış yaparak bombalamak; **'div.er** *n.* dalgıç.
di.verge [dai'vəːdʒ] *v/i.* birbirinden ayrılmak, farklı olm.; **di'ver.gence, di'ver-gen.cy** *n.* ayrılma, uzaklaşma; **di'ver-gent** □ birbirine karşı, muhalif, farklı.
di.vers ['daivəːz] *adj.* muhtelif, çeşitli.
di.verse □ [dai'vəːs] çeşitli, değişik; **di-ver.si.fi.ca.tion** [~fi'keiʃən] *n.* çeşitlilik, değişkilik; **di'ver.si.fy** [~fai] *v/t.* çeşitli ve değişik şekle sokmak; **di.ver.sion** [dai'vəːʃən] *n.* başka tarafa çevirme, saptırma; eğlence; **di'ver.sion.a.ry** *n.* ⚔ şaşırtma hareketi, taktikler; **di'ver.si.ty** [~siti] *n.* fark, başkalık, çeşit, tür.
di.vert [dai'vəːt] *v/t.* saptırmak; *(trafik)* başka yöne çevirmek; eğlendirmek.
di.vest [dai'vest] *v/t.* soymak, çıkarmak; mahrum etm.; ~ o.s. of *bşden* özveride bulunmak, *k-ni* yoksun bırakmak; **di'vest.ment** *n.* soy(ul)ma; yoksun ol(un)ma.
di.vide [di'vaid] **1.** *v/t.* *usu.* ~ up bölmek, ayırmak, taksim etm. (among); dağıtmak; aralarını açmak; 𝔄 bölmek (by); ~ the house *parl.* *bşi* oya koymak; *v/i.* ayrılmak, bölünmek; 𝔄 bölünmek (by); kesirsiz bölünmek (into); *parl.* oy vermek; **2.** *n.* su bölümü çizgisi; **div.i.dend** ['dividend] *n.* † kâr hissesi; temettü; 𝔄 bölünen; **'div.i.dend-war.rant** † kupon *(esham ve tahvilat)*; **di.vi.ders** [di'vaidəz] *n. pl.* pergel; **di'vid.ing** bölen...; ~ ridge su bölüm çizgisi; çatı sırtı.
div.i.na.tion [divi'neiʃən] *n.* fal açma, kehanette bulunma; **di.vine** [di'vain] **1.** □ ilahi *(a. fig.)*, kutsal; ~ service ibadet; **2.** *n.* imam, papaz; **3.** *vb.* sezmek, hissetmek; fala bakarak kehanette bulunmak;

di'vin.er *n.* falcı, önceden haber veren kimse; değnekle su *veya* maden damarı arayan kimse.

div.ing ['daiviŋ] *n. yüzme:* tramplenden atlama; *attr.* dalgıç...; **'~-bell** *n.* dalgıç fanusu, haznesi; **'~-board** *n.* tramplen; **'~dress, '~-suit** *n.* dalgıç elbisesi.

di.vin.ing-rod [di'vainiŋrɔd] *n.* yeraltında su *ya da* maden damarı aramakta kullanılan çatal şeklinde çubuk; **di.vin.i.ty** [di'viniti] *n.* tanrılık niteliği; ilâhiyat.

di.vis.i.bil.i.ty [divizi'biliti] *n.* bölünebilme; **di'vis.i.ble** □ [~zəbl] bölünebilir; **di'vi-sion** [~ʒən] *n.* böl(ün)me, taksim; ayırma; bölüm; ayrılma; kısım, daire; bölge; kaza, nahiye; ⚔ tümen; ⚒ bölme; *parl.* oylamada ikiye ayrılma; ~ of labo(u)r işbölümü; **di'vi.sion.al** [~ʒənl] *adj.* bölme *veya* bölünme ile ilgili; ⚔ kıta...; birlik...; **di.vi.sive** [di'vaisiv] *adj.* bölen; anlaşmazlık çıkaran; **di'vi.sor** ⚒ [~zə] *n.* bölen.

di.vorce [di'vɔːs] **1.** *n.* boşanma; *fig.* ayrılış, ayrılma; **2.** *v/t. & v/i.* boşa(n)mak; ayrılmak; ilgisini kesmek; **di'vor.cee** [diːvɔ'siː] *n.* boşanmış kadın; **di.vorc.er** [di'vɔːsə] *n.* boşanmaya neden olan.

di.vulge [dai'vʌldʒ] *v/t.* ifşa etm., açığa vurmak, söylemek, yaymak.

dix.ie ⚔ *sl.* ['diksi] *n.* karavana; ♀ *Am. pl.* Amerika Birleşik Devletleri'nin güney eyaletleri; ♀crat *Am. pol.* bu eyaletlerdeki muhalefet; demokrat partililer.

diz.zi.ness ['dizinis] *n.* baş dönmesi, sersemlik; **'diz.zy** **1.** □ *(kişi)* baş döndürücü; *(nesne)* baş döndüren; **2.** *v/t.* baş döndürmek, sersemletmek.

do [duː] *(irr.)* (*s. a.* done) **1.** *v/t.* yapmak; etmek; hazırlanmak; bitirmek; mesafe katetmek; pişirmek; *(rol)* oynamak; F dolandırmak, kafese koymak; uygun gelmek, yakışmak; ~ London F Londra'yı gezmek; ~ s.o. F *b-ne* bakmak, beslemek; what is to be done? yapılacak ne var?; ~ the polite *etc.* nezaket taslamak; have done reading okumayı bitirmiş olm.; ~ a room odayı toplamak; ~ (over) again bir kere daha yapmak; ~ down üstesinden gelmek, alt etm.; ~ in F öldürmek; ~ into tercüme etm.; ~ out süpürmek ,temizlemek; ~ over *(boya vs.)* üzerine sürmek; ~ up tamir etm., yenileştirmek; ambalaj yapmak; bağlamak, iliklemek; güzelleştirmek *-i*; F benzetmek, sakatlamak; **2.** *v/i.* davranmak; bulunmak, olmak; kâfi gelmek, yetmek; elverişli olm., uymak; that will ~ yeter, yetişir; that won't ~ yetmez; how ~ you ~? nasılsınız?; ~ well işi iyi gitmek, iyi para kazanmak; ~ badly işini becerememek; have done! yetişir!, sus!; ~ away with feshetmek, kaldırmak; öldürmek; ~ for *b-ne* bakmak; ~ with *bşde* rolü olm.; ...le ilgili olm.; ihtiyacı olm. *-e*; I could ~ with... ...olsa fena olmaz; have done with bitirmek, son vermek; ~ without muhtaç olmamak *-e*; **3.** *v/aux. soru:* ~ you know him? onu tanıyormusunuz?; *olumsuz:* I ~ not know him onu tanımıyorum; *vurgulama:* I ~ feel better kendimi gerçekten iyi hissediyorum; ~ come and see me ne olur gel ve beni gör; ~ be quick acele etsene; *bir önceki fiilin yerine:* ~ you like London? — I do. Londra'yı severmisiniz? — Evet; you write better than I ~ benden daha iyi yazıyorsunuz; I take a bath every day. — So ~ I her gün banyo yaparım. — Ben de; **4.** F *n.* dalavere; büyük olay; şenlik; ziyafet, parti.

doc F [dɔk] = doctor.

doc.ile ['dəusail] *adj.* uslu, uysal, yumuşak başlı; **do.cil.i.ty** [~'siliti] *n.* usluluk, uysallık, yumuşak başlılık.

dock¹ [dɔk] *v/t.* *(kuyruk vs.)* kısaltmak, kırpmak; *(ücret)* azaltmak (off).

dock² ⚘ [~] *n.* kuzukulağı otu.

dock³ [~] **1.** *n.* ⚓ havuz, dok; *esp. Am.* rıhtım; ⚖ sanık yeri; dry ~, graving ~ kuru havuz; floating ~ yüzer havuz; wet ~ su bentli havuz; **2.** *vb.* ⚓ havuza çekmek; rıhtıma yanaşmak; **'~-dues** *n. pl.* havuz *veya* rıhtım ücreti; **'dock.er** *n.* liman işçisi.

dock.et ['dɔkit] **1.** *n.* yafta, yapılacak işler listesi, gündem; sipariş listesi; etiket; adres etiketi; ⚖ bekleyen davalar listesi; **2.** *v/t.* listeye kaydetmek, özetlemek; etiketlemek.

dock.yard ['dɔkjaːd] *n.* tersane.

doc.tor ['dɔktə] **1.** *n.* doktor, hekim; **2.** *vb.* F *b-ni* tedavi etm.; tamir etm.; tahrif etm., üzerinde değişiklik yapmak, hile karıştırmak; **doc.tor.ate** ['~rit] *n.* doktora.

doc.tri.naire [dɔkri'nɛə] **1.** *n.* kuramcı, nazariyeci, doktriner; **2.** *adj.* kuramsal, nazarî; **doc.tri.nal** □ [~'trainl] kuram *veya* doktrine ait; **doc.trine** ['~trin] *n.* doktrin, öğreti.

doc.u.ment **1.** ['dɔkjumənt] *n.* belge, vesika, senet, delil; **2.** ['~ment] *v/t.* belgelerle kanıtlamak, belgelemek; **doc.u'men-ta.ry** **1.** □ dökümanter, belgelere dayanan, yazılı, belgesel; ~ film = **2.** *n.* belgesel film; **doc.u'men.ta.tion** *n.* belgeleme, belgelerle kanıtlama.

dod.der [ˈdɔdə] **1.** *n.* ⚘ küsküt; **2.** *v/i.* yaşlılık nedeniyle titremek, sallanmak, sendelemek.

dodge [dɔdʒ] **1.** *n.* oyun, kurnazlık; kurtulma, yana kaçış; **2.** *v/t.* atlatmak; bertaraf etm.; *v/i.* kaçamak bulmak, kenara sıçramak; kaçınmak *-den*; *fig.* dolambaçlı yoldan gitmek, ağız yapmak; *bşden* sıyrılmak; **dod.gem** F [ˈdɔdʒəm] *n.* *(esp. pl.)* çarpışan otomobil; **ˈdodg.er** *n.* hilekâr kimse, madrabaz, vurguncu; *Am.* küçük el ilânı; *Am.* mısır unundan yapılan bir tür kek.

do-do *orn.* [ˈdəudəu] *n.* nesli tükenmiş ve güvercin cinsinden uçmayan bir tür kuş.

doe [dəu] *n. zo.* dişi geyik *veya* tavşan.

do.er [ˈduːə] *n.* yapan, eden kimse, fail.

does [dʌz] (he, she, it) yapmak (*s.* **do**).

doe.skin [ˈdəuskin] *n.* dişi geyik *veya* karaca derisi.

doesnˈt F [ˈdʌznt] = does not (*s.* **do**).

dog *[dɔg]* **1.** *n.* köpek, it; kurt; ⊕ mandal; sac ayağı; maşa, raptiye; kanca; ⚒ kömür vagonu; F herif; *Am.* F fazla naz, tafra; go to the ~s sefalete düşmek, mahvolmak; **2.** *v/t.* *b-nin* peşine takılmak, izini araştırmak; **ˈ~-bis.cuit** *n.* köpek bisküviti; **ˈ~-cart** *n.* arka arkaya iki kişilik oturacak yeri olan tek atlı araba, büyük bir köpek tarafından çekilen hafif araba; **ˈ~-cheap** *adj.* sudan ucuz; **ˈ~-days** *n. pl.* yılın en sıcak günleri.

doge [dəudʒ] *n.* eski Venedik ve Cenova Dükası.

dog...: ˈ~-eared = dog's-eared; **ˈ~-fight** *n.* F hava savaşı; **ˈ~.fish** *n. zo.* bir kaç tür küçük köpekbalığı.

dog.ged □ [ˈdɔgid] inatçı, bildiğinden şaşmaz.

dog.ger.el [ˈdɔgərəl] *n. a.* ~ rhymes *pl.* edebî değeri olmayan şiir.

dog.gish [ˈdɔgiʃ] *adj.* köpek gibi; homurdanan; huysuz, ters; **dog.go** *sl.* [ˈdɔgəu] *adv.:* lie ~ sessizce ve hareket etmeden saklandığı yerde durmak; **ˈdog.gy** **1.** *n.* *(çocuk dilinde)* köpek; **2.** *adj.* köpeksever, köpeğe düşkün; köpeğe ait; **ˈdog-ˈLat.in** *n.* kötü ve yanlış Latince; **ˈ~-like** *adj.* köpek gibi sadık.

do.gie *Am.* [ˈdəugi] *n.* annesiz buzağı.

dog.ma [ˈdɔgmə] *n.* dogma, inak, doktrin; akide; **dog.mat.ic, dog.mat.i.cal** □ [~ˈmætik(əl)] dogmatik, kesin; iman ve itikada ait; öğretici; kestirip atan, başına buyruk; **dogˈmat.ics** *n. sg.* dini dogmaların sistematik olarak incelenmesi; **dog.ma.tism** [ˈ~mətizəm] *n.* dogmatizm, inakçılık; fikir açıklamada kesinlik; **ˈdog.ma.tist** *n.* dogmatik kimse, kesin fikir beyan eden kimse; **dog.ma.tize** [ˈ~mətaiz] *v/i.* kesin olarak fikrini söylemek, kestirip atmak.

dog's-bod.y *sl.* [ˈdɔgzbɔdi] *n.* köle gibi çalışan; rençber, hamal; **ˈdog's-ear** *n.* *(kitap)* sayfanın kıvrılan köşesi; **ˈdog's-eared** *adj.* köşesi kıvrık *(sayfa)*.

dog...: ˈ~-tired *adj.* çok yorgun, bitkin; **ˈ~.tooth** *n.* *(kumaş)* kareli desen *(ekose)*, ⚠ taş oymacılığında küçük piramit şeklinde süsleme; **ˈ~.trot** *n.* yavaş koşma; **ˈ~-watch** ⚓ akşam üzeri 4-6 *ya da* 6-8 nöbeti; **ˈ~.wood** ⚘ *n.* kızılcığa benzer bir tür ağaç.

doi.ly [ˈdɔili] *n.* tabak *ya da* süs eşyası altına konan dantel *veya* işlemeli küçük örtü.

do.ing [ˈduːiŋ] **1.** *p. pr. of* do **1.** *vb.* nothing ~ ağzınla kuş tutsan bile nafile; † iş güç yok; **2.** *n.* eylem, hareket, iş; **~s** *pl.* yapılan işler, olan şeyler; davranış.

doit [dɔit] *n.* metelik, mangır; eski Avusturya kronunun yüzde biri.

dol.drums [ˈdɔldrəmz] *n. pl.* ümitsizlik, kasvet, durgunluk, canı sıkkın olma; ⚓ okyanusun rüzgârsız olan ekvatora yakın kısımları.

dole [dəul] **1.** *n.* teberru, sadaka, muhtaç kimselere yiyecek, giyecek vs. dağıtımı; F işsizlere verilen haftalık hükümet yardımı; be *veya* go on the ~ hükümetten işsizlik parası almak; **2.** *v/t.* *mst* ~ out azar azar dağıtmak (to *-e*).

dole.ful □ [ˈdəulful] üzüntülü, mahzun, melânkolik; **ˈdole.ful.ness** *n.* hüzün, üzüntü, keder, gam.

doll [dɔl] **1.** *n.* bebek, kukla *(a. fig.)*; **2.** *vb.* ~ up F süsle(n)mek, şık giyinmek, giydirmek.

dol.lar [ˈdɔlə] *n.* dolar, 100 sent karşılığı olan Amerikan para birimi.

dol.lop F [ˈdɔləp] *n.* topak, toparlak parça, bir miktar.

doll.y [ˈdɔli] *n.* *(çocuk dilinde)* bebek; iki tekerlekli yük taşıyıcısı; film *veya* televizyon kamerasını taşıyan tekerlekli araç.

dol.o.mite *min.* [ˈdɔləmait] *n.* kalsiyum, magnezyum ve karbonattan ibaret bir tür beyaz mermer, dolomi.

dol.o(u)r *mst poet., co.* [ˈdəulə] *n.* keder, elem, dert, azap; **dol.o.rous** [ˈdɔlərəs] *adj.* kederli, elemli, üzüntülü.

dol.phin *ichth.* [ˈdɔlfin] *n.* yunusbalığı.

dolt [dəult] *n.* ahmak, budala, kalın kafalı kimse; **ˈdolt.ish** □ kafasız, budala, ahmak.

do.main [dəuˈmein] *n.* mülk, arazi, alan; *fig.* nüfuz sahası, çevre, muhit.

dome [dəum] *n.* kubbe; ⊕ kapak, dosya gömleği, kitap kabı; **domed** *adj.* kubbeli, kemerli.

Domes.day Book [ˈdu:mzdeiˈbuk] *n.* 1086'da İngiltere'de Kral I. William'ın emri ile hazırlanan tapu sicili.

do.mes.tic [dəuˈmestik] **1.** *adj.* (~ally) eve ait, ehlî, evcil; yerli; ~ animal evcil hayvan; ~ coal ev için kullanılan kömür; ~ science ev idaresi bilimi; **2.** *n. a.* ~ servant hizmetçi kız; ~s *pl.* evde kullanılan eşyalar; **doˈmes.ti.cate** [~keit] *v/t.* evcilleştirmek, ehlîleştirmek, alıştırmak; **do.mes.tiˈca.tion** *n.* alıştırma, evcilleş(tir)me; **do.mes.tic.i.ty** [~ˈtisiti] *n.* aile hayatı; evcimenlik.

dom i.cile [ˈdɔmisail] **1.** *n. esp.* ⚖ daimî ikametgah yeri, mesken, oturma yeri, konut; **2.** *vb.* † *(kambiyo)* tediye etm., ödemek; oturmak, ikamet etm., yerleş(tir)mek; **ˈdom.i.ciled** *adj.* yerleşmiş, mukim, sakin; **dom.i.cil.i.ar.y** [~ˈsiljəri] *adj.* eve ait; ~ visit arama, ev araştırması; ⚕ hasta ziyareti, vizita.

dom.i.nance [ˈdɔminəns] *n.* hâkimiyet, selâhiyet, tahakküm, üstünlük; **ˈdom.i.nant** **1.** *adj.* hâkim ,üstün; **2.** *n.* ♪ dominant, sol notasına ait; **dom.i.nate** [ˈ~neit] *v/t. & v/i.* idaresi altına almak, hakim olm. -*e*; üstün olm.; **dom.iˈna.tion** *n.* egemenlik, hükmetme; **ˈdom.i.na.tor** *n.* hükümdar; **dom.i.neer** [dɔmiˈniə] *v/t.* tahakküm altında tutmak; zorbalık etm.; ~ over *b-ne* zulmetmek, gaddarlık etm.; **domiˈneer.ing** □ otoriter, despotça davranan, zalim.

do.min.i.cal [dəˈminikəl] *adj.* pazar (*veya* Rab [İsa]) gününe ait; ~ prayer Hıristiyanların fatihaya benzetilebilen duası.

Do.min.i.can [dəˈminikən] *n.* Sen Dominik papazı.

do.min.ion [dəˈminjən] *n.* hüküm, hakimiyet, dominyon; *usu.* ~s *pl.* arazi, ülke; nüfuz sahası *(a. fig.)*; ♀ *pol.* dominyon, müstemleke *(İngiliz milletler topluluğu içinde)*.

dom.i.no [ˈdɔminəu] *n.* domino taşı; maskeli kostüm; **dom.i.noes** [ˈ~z] *n. pl.* domino oyunu.

don¹ *univ.* [dɔn] *n.* öğretim görevlisi.

don² [~] *v/t.* giydirmek.

do.nate *Am.* [dəuˈneit] *v/t.* bağışlamak -*e*, hediye etm. -*e*, iane vermek -*e*; **doˈnation, don.a.tive** [ˈ~nətiv] *n.* bağış, iane, hibe.

done [dʌn] **1.** *p.p. of* do; be ~ *usu.* yapılmak; bitkin olm.; **2.** *adj.* tamamlanmış, bitmiş; *a.* ~ up bitkin; hazır; well ~ *(yemek)* iyi pişmiş; he is ~ for mahvolmuş, bitkin; **3.** *int.* tamam!, kabul!.

do.nee ⚖ [dəuˈni:] *n.* bağışta bulunan kimse *veya* kurum.

don.jon [ˈdɔndʒən] *n.* eski zaman şatolarındaki muazzam kule, burç.

don.key [ˈdɔŋki] *n.* eşek; eşek adam, inatçı kimse; *attr.* yardımcı...; **ˈ~-en.gine** *n.* yardımcı motor, palamar çekmek için kullanılan küçük yardımcı makine.

don.na [ˈdɔnə] *n.* hanım.

do.nor [ˈdəunə] *n.* veren; *(kan, böbrek vs.)* verici.

do-noth.ing F [ˈdu:nʌθiŋ] **1.** *n.* tembel, haylaz kimse; **2.** *adj.* tembel.

donˈt [dəunt] **1.** = do not; ~! Yapma!; **2.** *n.* yasak, memnuiyet.

doom [du:m] **1.** *n. mst b.s.* kötü kader, kötü talih; kıyamet; **2.** *v/t.* mahkûm etm. (to -*e*); hüküm giydirmek; **dooms.day** [ˈdu:mzdei] *rel. n.* kıyamet günü.

door [dɔ:] *n.* kapı; next ~ (to) kapı komşu; *fig.* yakın, iki adımlık yer; two ~s off iki ev ötede; (with) in ~s içerde, evde; out of ~s dışarda, açık havada; show s.o. the ~ *b-ni* kovmak, kapıyı göstermek; turn out of the ~s *b-ni* kapı dışarı etm.; lay s.th. to *veya* at s.o.'s ~ *b-ne* kabahat yüklemek; **ˈ~-bell** *n.* kapı zili; **ˈ~-case, ˈ~-frame** *n.* kapı çerçevesi; **ˈ~-han.dle** *n.* kapı mandalı; **ˈ~-keep.er, ˈ~.man** *n.* kapıcı; **ˈ~-mat** *n.* paspas; **ˈ~-nail** *n.* eskiden kullanılan iri başlı kapı çivisi; dead as a ~ ölmüş gitmiş; **ˈ~-plate** *n.* isim yazılı kapı tabelâsı; **ˈ~-post** *n.* kapı pervazı; **ˈ~step** *n.* eşik; **ˈ~.way** *n.* kapı yeri, giriş; **ˈ~.yard** *n. Am.* ev avlusu.

dope [dəup] **1.** *n.* yağlı ve yapışkan madde; *esp.* ✈ vernik, cilâ; sinir uyarıcı, uyusturucu madde, esrar, afyon; *Am. sl.* haber, malumat; budala; baş dönmesi; **2.** *v/t.* cilâlamak, verniklemek; ilaçla sersemletmek; *spor:* doping yapmak, uyarıcı ilaç vermek; *Am. sl.* halletmek; **ˈdope.y** *adj. Am. sl.* budala, uyuşuk.

Dor.ic [ˈdɔrik] *adj.* Dorlara ait; ~ order en eski ve basit Yunan mimari tarzı.

dorm F [dɔ:m] = dormitory.

dor.mant [ˈdɔ:mənt] *adj. mst fig.* uyuyan, uyuşuk, cansız, uykuda gibi hareketsiz; ~ partner özel ortak, komanditer.

dor.mer(-win.dow) [ˈdɔ:mə(ˈwindəu] *n.* çatı penceresi.

dor.mi.to.ry [ˈdɔːmitri] *n.* yatakhane, koğuş; *esp. Am.* öğrenci yurdu.
dor.mouse [ˈdɔːmaus] *n., pl.* **dormice** [ˈdɔːmais] sincaba benzer bir tür küçük orman faresi.
dor.sal □ [ˈdɔːsəl] sırta ait; arkada, arka tarafa ait.
do.ry ⚓ [ˈdɔːri] *n.* bir tür yassı kayık; bir tür büyük deniz balığı.
dose [dəus] **1.** *n.* doz; **2.** *v/t. a.* ~ with belirli miktarda ilaç vermek; *(şarap vs.)* su katmak *-e.*
doss-house *sl.* [ˈdɔshaus] *n.* ucuz kalacak yer *(han).*
dos.si.er [ˈdɔsiei] *n.* evrak dosyası.
dost † [dʌst, dəst] you **do** (*s.* **do**).
dot [dɔt] **1.** *n.* nokta, benek, ufak leke; on the ~ tam vaktinde; **2.** *v/t.* noktalamak, benek benek yapmak; *a.* ~ about *fig.* dağıtmak, oraya buraya saçmak; ~ted *adj.* noktalı, benekli.
dot.age [ˈdəutidʒ] *n.* bunaklık, ikinci çocukluk; aşırı düşkünlük, iptilâ; **do.tard** [ˈ~təd] *n.* bunak kimse; **dote** [dəut] *v/t. & v/i.* bunamak; düşkün olm., aşırı sevmek, çılgınca sevdalanmak (on, upon *-e*).
doth † [dʌθ, dəθ] = **does** (*s.* **do**).
dot.ing [ˈdəutiŋ] □ çılgınca seven (on *-i*).
dot.ty *sl.* [dɔti] *n.* sarsak, aptal, budala.
dou.ble [ˈdʌbl] **1.** □ çift, iki misli, iki kat; bükülmüş, katlı; iki kişilik. **2.** *n.* iki kat, çift; aynı, eş; dublör, tam benzeri; hile, oyun, ⚔ koşar adım; **3.** *v/t.* ikilemek, iki kat etm., duble etm.; *a.* ~ up eğmek, kıvırmak, iki büklüm etm., *(bilek)* bükmek; ~d up *adj.* eğilmiş, iki büklüm olmuş; be ~d up with eğilmek, iki büklüm olm.; *v/i.* iki misli olm.; *a.* ~ back aynı yoldan geri dönmek; ⚔ koşar adım ilerlemek; *kâğıt oyunu:* duble etm., kontr etm.; ~ up bükülmek, ikiye katlanmak; ˈ~-**bar.relled** *adj.* çift namlulu; *fig.* iki anlamlı, şüpheli *(söz)*; ~ name iki addan oluşan soyadı; ˈ~-ˈ**bass** ♪ *n.* kontrbas; ˈ~-**bed.ded** *n.* çift yataklı; ˈ~-ˈ**breast.ed** *adj.* çift düğmeli, kruvaze *(ceket)*; ˈ~-ˈ**croos** *sl. v/t.* (ortak) kazık atmak, al datmak; ˈ -ˈ**deal.er** *n.* iki yüzlü kimse, dolandırıcı; ˈ~-ˈ**deal.ing** *n.* iki yüzlülük, dolandırıcılık; ˈ~-ˈ**deck.er** *n.* iki katlı *(yatak, tekne, otobüs, sandviç)*; ˈ~-ˈ**dyed** *adj. fig.* ıslah olmaz, kaşarlanmış *(hırsız, yalancı)*; ˈ~-ˈ**edged** *adj.* iki taraflı *(a. fig.)*; ˈ~-ˈ**en.try** ⚓ n. muzaaf kayıt, muhasebede çift defter tutma usulü; ˈ~-**faced** *adj.* iki yüzlü, iki taraflı; ˈ~-ˈ**fea.ture** *n. Am.* iki film birden *(sinema)*; ˈ~-ˈ**head.er** *n. Am. beysbol:* iki takım arasında üst üste yapılan iki karşılaşma; ˈ~-ˈ**line** 🚃 *n.* çift ray; ˈ**dou.ble-ness** *n.* çift olma durumu; *fig.* iki anlamlılık; ˈ**dou.ble- park** *vb.* kaldırıma paralel park etmiş bir arabanın yanına park etm.; ˈ**dou.ble-**ˈ**quick** ⚔ *n.* hızlı yürüyüş.
dou.blet [ˈdʌblit] *n.* eş, çift, aynısı; *hist.* ceket; ~s *pl.* çift gelen zarlar.
dou.ble...: ˈ~-**talk** *n.* lastikli söz; ˈ~-**time** *sl. v/t.* dolandırmak, kafese koymak; ˈ~-ˈ**track** *n.* çift hat.
doub.ling [ˈdʌbliŋ] *n.* ikileme, duble etme; katlama; geminin burnu dolaşması; ˈ**doub.ly** *adv.* çifte, iki kat.
doubt [daut] **1.** *v/i.* kuşkulanmak, şüphelenmek (about *-den*); *v/t.* şüphe etm.; tereddüt etm.; **2.** *n.* şüphe, tereddüt, endişe; güvensizlik; no ~ hiç şüphesiz, elbette; ˈ**doubt.er** *n.* şüpheci, septik; **doubt-ful** □ [ˈ~ful] şüpheli, kararsız, karanlık, muğlak, belirsiz; be ~ kestirememek, bir türlü bilememek; ˈ**doubt.ful.ness** *n.* şüpheli durum, tereddüt; ˈ**doubt.less** *adv.* şüphesiz, muhakkak.
douche [duːʃ] **1.** *n.* duş; ⚕ şırınga; **2.** *vb.* duş yapmak, sudan geçirmek; şırınga etm.
dough [dəu] *n.* hamur; *sl.* para; ˈ~.**boy** *n. Am.* F piyade; ˈ~.**nut** *n.* çörek.
dough.ty *co.* [ˈdauti] *adj.* yiğit, cesaretli.
dough.y [ˈdəui] *adj.* hamurumsu, iyice pişmemiş.
dour *Scots.* [ˈduə] *adj.* asık suratlı, ters, aksi, haşin.
douse [daus] *s.* dowse.
dove [dʌv] *n.* güvercin, kumru; *fig.* barış taraftarı kimse, masum ve iyi huylu kimse; ˈ~-**col.o(u)red** *adj.* pembemsi kurşuni; ~-**cot(e)** [ˈ~kɔt] *n.* güvercinlik; ˈ~.**tail** **1.** *n.* ⊕ lambalı erkek tahta; **2.** *v/t.* bu tahta ile birleştirmek; *v/i. fig.* iki şeyi uydurmak, telif etm.
dow.a.ger [ˈdauədʒə] *n.* ölen kocasından *k-ne* ünvan ve mal mülk kalan dul kadın.
dow.dy F [ˈdaudi] **1.** *adj.* derbeder, üstü başı dökülen, kılıksız; **2.** *n.* pasaklı kadın.
dow.el ⊕ [ˈdauəl] *n.* ağaç çivi, takoz, kama.
dow.er [ˈdauə] **1.** *n.* kadının ölen kocasının terekesi üzerindeki kanuni hissesi; *fig.* drahoma; **2.** *v/t.* çeyiz *veya* ağırlık vermek.
down[1] [daun] *n.* ince kuş tüyü, pufla; ayva tüyü, hav.
dow[2] [~] = dune; ~s ağaçsız tepeler, dağ sırtları, eksibe, kumul.

down³ [~] **1.** *adv.* aşağı(ya); aşağıda; ~ and out *fig.* bitkin, argın, hayatta yenilgiye uğramış; be ~ *(fiyat)* düşmek, azalmak; be ~ upon F *b-ne* acımasız davranmak; ~ in the country şehir dışında, köyde, taşrada; ~ under F Avustralya *veya* Yeni Zelanda'da; **2.** *prp.* aşağı(ya); ~ the river ırmağın aşağısına doğru; ~ (the) wind rüzgâr yönünde; **3.** *int.* alçak!; **4.** *adj.* ~ train Londra'dan kalkan tren; **5.** F *v/t.* indirmek; yenmek *-i*; ~ tools grev yapmak; **6.** *s.* up 4; **'~.cast** *adj.* üzgün; **'~-'draft, '~-'draught** *n.* aşağı doğru giden hava akımı; **~-'East.er** *n. Am.* New England'dan olan *(esp. Maine'den)*; **'~.fall** *n.* düşüş, yıkılış, gerileme; düşüşün nedeni olan şey *veya* kişi; *(yağmur)* boşanma; **'~.grade** *v/t.* alçaltmak, derecesini indirmek; **'~-'heart.ed** *adj.* cesareti kırılmış, kederli; **'~-'hill 1.** *adv.* yokuş aşağı; **2.** *adj.* inişli, meyilli; **'~pour** *n.* şiddetli yağmur, sağanak; **'~right 1.** *adv.* tamamiyle, büsbütün, kesin olarak; **2.** *adj.* tamam; kesin, kati; çok; **'~.right.ness** *n.* açıklık, samimiyet, doğruluk, dürüstlük; **'~'stairs 1.** *adv.* aşağıda, aşağıya; **2.** *adj.* aşağıda olan, aşağı, alt; **'~'stream** *adv.* akıntı yönünde; **'~stroke** *n.* alt çizgi; ⊕ pistonun inişi; **'~'town** *n. esp. Am.* şehrin merkezi; **'~.trod.den** *adj.* haksızlığa uğramış, ezilmiş; **~.ward** ['~wəd] **1.** *adj.* aşağı doğru olan; *fig.* kötüye doğru olan; **2.** *adv. a.* ~s aşağı(ya) doğru; **'~.wash** *n.* ✈ hava akımının aşağı sapması.

down.y ['dauni] *adj.* ince tüylü, havlı; *fig.* kurnaz, şeytana külahını ters giydiren; pişkin.

dow.ry ['dauəri] *n.* çeyiz, drahoma; *fig.* Allah vergisi, yetenek.

dowse ['dauz] **1.** *v/t.* sulamak; söndürmek; **2.** *v/i.* değnekle yeraltında su *veya* maden damarı aramak; **'dows.er** *n.* değnekle su *veya* maden damarı araştıran; **'dows.ing-rod** *n.* yeraltında su aramak için kullanılan ucu çatal şeklinde değnek.

doze [dəuz] **1.** *v/i.* uyuklamak, (~ away) dalmak; **2.** *n.* hafif uyku, şekerleme.

doz.en ['dʌzn] *n.* düzine; talk nineteen to the ~ hiç durmadan konuşmak, çene çalmak.

drab [dræb] **1.** *adj.* sarımtrak kurşuni; *fig.* monoton, usandırıcı; **2.** *n.* bu renk kumaş; fahişe, orospu; *fig.* monotonluk.

drachm [dræm] *n.* dirhem; = **drach.ma** ['drækmə] *n.* Yunan drahmisi.

draff [dræf] *n.* tortu, posa.

draft [drɑːft] **1.** *n.* tasarı, taslak, müsvedde, kroki; ✝ poliçe, çek; ⚔ mecburi askerliğe alma; = draught; ~ agreement mukavele taslağı; **2.** *v/t.* tasarlamak, çizmek; ⚔ ifraz etm., bir işe ayırmak; *Am.* askere almak, silah altına çağırmak; **draft'ee** *n.* ⚔ *Am.* askere çağrılan; **'drafts.man** *n.* teknik ressam.

drag [dræg] **1.** *n.* sürükleme; sürüklenen şey; tırmık; takoz, engel *(a. fig.)*; tomruk vagonu; hava direnci; *sl.* sıkıcı şey *veya* kimse; **2.** *v/t.* sürüklemek, çekmek; ↙ tırmıklamak; *(tekerlek)* durdurmak; = dredge 2; ~ along sürüklemek; ~ out *bşi* uzatmak; bir yere sürüklemek; ~ one's feet kasıtlı olarak yavaş hareket etm. *veya* çalışmak; ~ up a child gelişi güzel yetiştirmek, terbiye etmemek; *v/i.* sürüklenmek, sürünmek; ağla suyun dibini taramak (for); ✝ durgun gitmek.

drag.gle ['drægl] *v/t. & v/i.* çamur içinde sürükleyerek ıslatıp kirletmek *veya* kirlenmek; bulaş(tır)mak; **'~-tail** *n.* pasaklı kadın.

drag.o.man ['drægəumən] *n.* Orta Doğu'da tercüman, rehber.

drag.on ['drægən] *n.* ejderha; **'~-fly** *n. zo.* yusufçuk.

dra.goon [drə'guːn] **1.** *n.* ağır süvari; *fig.* vahşi, hayvani; **2.** *v/t.* zorlamak, mecbur etm. (into *-e*).

drain [drein] **1.** *n.* lağım, su yolu, kanalizasyon, kanal; F yudum, damla; alıp götürme (on); ~s *pl.* kanalizasyon şebekesi; **2.** *v/t.* akıtmak, kurutmak, akaçlamak, drenaj yapmak; *(şişe)* boşaltmak; *a.* ~ off içip bitirmek, tüketmek; süzmek; *v/i.* süzülmek, suyu süzülmek; **'drain.age** *n.* akaçlama, drenaj; kanalizasyon; çekilen su; **'drain.ing** *n.* boşaltma, süzme, drenaj; ~s *pl.* kanalizasyon şebekesi; **'drain.ing-board** *n.* yıkanmış bulaşıkların süzüldüğü oluklu kab; **'drain-pipe** *n.* suyu ve artıkları dışarı akıtan boru, oluk.

drake [dreik] *n.* erkek ördek.

dram [dræm] *n.* dirhem; yudum; sert içki.

dra.ma ['drɑːmə] *n.* dram, tiyatro eseri, oyun; tiyatro edebiyatı; **dra.mat.ic** [drə'mætik] *adj.* (~ally) dramatik; heyecanlı; tiyatro ile lgili; **dra'mat.ics** *n. mst sg.* tiyatro, sahne faaliyeti; **dram.a.tist** ['dræmətist] *n.* oyun yazarı, piyes yazarı; **dram.a.tis per.so.nae** ['drɑːmətispə'səunai] *n. pl.* oyundaki karakterler, oyuncu listesi; **dram.a.tise** ['dræmətaiz] *v/t. & v/i.* dram şekline sokmak, tiyatro oyunu şeklinde ifade etm.; **dram.a-tur.gy** ['~tə:dʒi] *n.* tiyatro eseri yazma sanatı.

drank [dræŋk] *pret. of* drink 2.

drape [dreip] *v/t.* kumaşla kaplamak; -in kıvrımlarını düzeltmek; asarak süslemek *veya* donatmak; **'drap.er** *n.* kumaşçı; **'dra.per.y** *n.* çuhacılık, kumaşçılık; perdelik kumaş, manifatura; kıvrımların düzeltilmesi.

dras.tic ['dræstik] *adj.* (~ally) şiddetli; açık, kesin.

draught [dra:ft] *Am.* draft *n.* çekme, içme, yudum; hava cereyanı; ⚓ su çekimi; büyük kabtan verilen *(bira vb.)*; ~s *pl.* dama oyunu; *s.* draft; ~ beer fıçı birası; at a ~ bir yudumda; '~-board *n.* dama tahtası; '~-horse *n.* koşum atı; **'draughts.man** *n.* teknik ressam; = draftsman; **'draught.y** *adj.* cereyanlı.

draw [drɔ:] **1.** *(irr.) v/t.* çekmek; uzatmak; çekip çıkarmak; sürüklemek, celbetmek, cezbetmek; *(silah)* çekmek; *(para)* bankadan çekmek; *(eşya vs.)* taşımak; *(kümes hayvanı)* içini temizlemek; *(faiz)* getirmek; çizmek, taslağını çizmek *-in*; *(belge, evrak)* ele geçirmek; berabere kalmak; su çekmek; *(hava, sıvı)* emmek, çekmek; germek; *(perde)* kapamak; ~ away *v/t. & v/i.* çekilmek, kendini çekmek (from *-den*); ~ down *v/t.* indirmek; ~ forth *v/t.* çekip çıkarmak; ~ near *v/i.* sokulmak, yaklaşmak; ~ on *v/t. bşe* sebep olm.; ~ out *v/t.* uzatmak; taslağını çizmek; ~ up *v/t.* tasarlamak, hazırlamak; dimdik durmak; *v/i.* yaklaşıp durmak; yerini almak; ~ (up)on † *(senet, plan)* düzenlemek, çekmek, keşide etm.; *fig.* talebetmek, istemek; **2.** *n.* çekme; *(kur'a, piyango)* çekiliş; *spor:* berabere biten oyun; F cazibe, çok rağbetli şey; F para sızdırma; **'~.back** *n.* engel, sakınca; bilinmeyen tarafı *-in*; † reddi rüsum; vergi iadesi, ihraç primi; *Am.* tazminat; **'~.bridge** *n.* iner kalkar köprü; **draw'ee** *n.* † poliçe keşidesinde ödeyecek olan, muhatap kişi; **'draw.er** *n.* ressam; [*mst* drɔ:] çekmece, göz; † keşideci, çeken kimse; (pair of) ~s *pl.* don, külot; *mst* chest of ~s konsol, şifoniyer.

draw.ing ['drɔ:iŋ] *n.* resim; çizim; kroki, plan; piyango, çekiliş; † keşide; out of ~ kötü çizilmiş; ~ instruments *pl.* çizim takımı, pergel takımı; **'~-ac'count** *n.* açık hesap, vadesiz hesap ve mevduat; **'~-board** *n.* resim tahtası, plançete; **'~-pen** *n.* cetvel kalemi; **'~-pin** *n.* raptiye, pünez; **'~-room** *n.* misafir odası, salon, kabul resmi salonu.

drawl [drɔ:l] **1.** *vb. a.* ~ out ağır ağır söylemek, konuşmak; **2.** *n.* ağır ağır konuşma.

drawn [drɔ:n] **1.** *p.p. of* draw 1; **2.** *adj.* berabere; karara bağlanmamış; *(çehre)* süzük, gergin.

draw-well ['drɔ:wel] *n.* kuyu.

dray [drei] *n. a.* ~-cart yük arabası, kızak; **'~.man** *n.* arabacı.

dread [dred] **1.** *n.* korku, dehşet; çekinme; **2.** *v/t.* korkmak *-den,* endişe duymak *-den*; **dread.ful** □ ['~ful] **1.** korkunç, dehşetli, tüyler ürpertici; **2.** penny ~ ucuz korku romanı; **dread.nought** ['~nɔ:t] *n.* kalın yünlü palto; ⚓ eskiden kullanılan bir tür zırhlı.

dream [dri:m] **1.** *n.* rüya; hülya; rüya görme; hedef, amaç; F mükemmel *(rüya gibi)* şey *veya* kişi; **2.** *(irr.) vb.* rüya görmek (of), *bşi* rüyasında görmek; ~ away vaktini hayal kurarak geçirmek; **'dream.er** *n.* rüya gören kimse; hayalperest kimse; **'dream-land** *n.* rüyalar ülkesi; **'dream-like** *adj.* rüya gibi; **'dream--read.er** *n.* rüya yorumcusu; **dreamt** [dremt] *pret. & p.p. of* dream 2.; **'dream-y** □ dalgın; hayalperest; rüya gibi; belirsiz, müphem; yatıştırıcı.

drear *poet.* [driə] = dreary.

drear.i.ness ['driərinis] *n.* hüzün, üzüntü, keder, melânkoli; **'drear.y** □ mahzun, üzüntülü, melânkolik; can sıkıcı, ıssız.

dredge[1] [dredʒ] **1.** *n.* tarak makinesi; ağlı kepçe, ekskavatör; **2.** *v/t. a.* ~ up, ~ out deniz dibini taramak, tarakla temizlemek *(liman, nehir).*

dredge[2] [~] *v/t.* üzerine serpmek *(un, kum, şeker vs.)* (over); bulamak (with *-e*).

dredg.er[1] ['dredʒə] *n.* tarak dubası; tarak makinesi.

dredg.er[2] [~] *n. (un, şeker, tuz, biber, kum vs.)* serpmeğe yarayan kap, tuzluk, şekerlik vs.

dregs [dregz] *n. pl.* tortu, telve, posa, cüruf; drink *veya* drain to the ~ son damlasına kadar içmek.

drench [drentʃ] **1.** *n.* sağanak; hayvanlara zorla içirilen ilaç, posyon; **2.** *v/t.* ıslatmak, sırılsıklam etm.; hayvana ilaç içirmek; *fig.* iliklerine kadar ıslatmak; **'drench.er** *n.* F fena ıslatan sağanak; hayvanlara ilaç içirilen alet.

dress [dres] **1.** *n.* kadın elbisesi, giysi, kıyafet; *fig.* üstbaş; full ~ frak, tören elbisesi; **2.** *vb.* giydirmek, giyinmek; ✕ hizaya getirmek, sıralamak; hazırlamak;

düzenlemek; süslemek, donatmak, tezyin etm.; *(yara)* sarmak; *(kütük)* biçmek, yontmak; *b-nin* saçını tarayıp düzeltmek; ✓ ekip biçmek ,gübrelemek; ~ s.o. down *b-ni* paylamak, sövüp saymak, pataklamak; ~ it *thea.* kostümlü prova yapmak; ~ up giyinip süslenmek; *(çocuklar)* büyüklerin kıyafetini giymek; **'~-'cir.cle** *n. thea.* protokol yeri; **'~-'coat** *n.* frak; **'dress.er** *n.* giydiren kimse, *b-nin* giyinmesine yardım eden kimse; dekoratör; asistan doktor; pansumancı; dresuvar; *Am.* tuvalet masası; mutfak dolabı.

dress.ing ['dresiŋ] *n.* giy(in)me; giydirme; pansuman, sargı; apre; mutfak harcı *(esp. salata ve hindi dolması için sirke, salça, mayonez vs.)*; ✓ gübre; temiz bir dayak; **~s** *pl.* sargı malzemesi; ~ down şiddetli azarlama; **'~-case** *n.* makyaj çantası; ilk yardım çantası; **'~-cub-ic.le** *n.* soyunma kabinesi; **'~-glass** *n.* tuvalet aynası; **'~-gown** *n.* sabahlık; **'~-jack.et** *n.* ropdöşambr, sabahlık; ~ **room** giyinme odası, gardırop; **'~-ta.ble** *n.* tuvalet masası.

dress...: '~.mak.er *n.* kadın terzisi; **'~-pa-rade** *n.* defile; ⚔ üniformalı geçit töreni; ~ **re.hears.al** *thea.* kostümlü prova; **'~-shield** *n.* subra, koltukluk; **'~-'shirt** *n.* frak gömleği; **'~-'suit** *n.* frak takım; **'dress.y** *adj.* F giyimine özen gösteren, şık, gösterişli giyinen.

drew [dru:] *pret. of* draw 1.

drib.ble ['dribl] *vb.* damla damla ak(ıt)mak, damla(t)mak; salyası akmak; *futbol:* topu zıplatarak ileri götürmek.

drib.let ['driblit] *n.* ufak tefek şey; nebze; damla(cık).

dried [draid] *adj.* kurutulmuş...; kuru...; ~ fruit kuru meyve.

dri.er ['draiə] *n.* kurutan kimse; kurutucu makine; çabuk kuruması için boyaya katılan madde.

drift [drift] **1.** *n.* sürüklenme, kar; kum vs. yığıntısı; hedef; ⚓ geminin akıntı ve rüzgâr ile sürüklenmesi; *fig.* eğilim, tandans; *geol.* birikinti, moren; ⚒ kanal, geçit; **2.** *v/t. & v/i.* sürükle(n)mek; yığ(ı)lmak, birik(tir)mek; **'~-ice** *n.* yüzer buz kütleleri, aysberk; **'~-net** *n.* balık tutmada kullanılan büyük ağ; **'~-wood** *n.* su üstünde sürüklenen odun parçaları.

drill¹ [dril] **1.** *n.* delgi, matkap; sapan izi, tohum dizisi; ✓ mibzer, tohum ekme makinesi; ⚔ talim *(a. fig.)*; alıştırma; ~ ground talim alanı; **2.** *v/t. & v/i.* delmek; ⚔ talim et(tir)mek *(a. fig.)*; alıştırma yap(tır)mak; ✓ tohum ekmek.

drill², drill.ing [dril, '~iŋ] *n.* çuval bezi.

drink [driŋk] **1.** *n.* içki, içecek; içme; *sl.* deniz; in ~ sarhoş; **2.** *(irr.) vb.* içmek; ~ s.o.'s health *b-nin* sıhhatine içmek; ~ away varını yoğunu içkide bitirmek; ~ in zevk duyarak doya doya seyretmek *veya* dinlemek; ~ to *b-nin* şerefine kadehini kaldırıp içmek; ~ off *veya* out *veya* up içip bitirmek; **'drink.a.ble** *adj.* içilebilir; **'drink.er** *n.* içki içen kimse; sarhoş, ayyaş, bekri.

drink.ing ['driŋ kiŋ] *n.* içme; içki içme alışkanlığı; **'~-bout** *n.* içki alemi; **'~-foun.tain** *n.* su içilen fıskiye; **'~-song** *n.* içki âlemlerinde söylenen şarkı; **'~-wa-ter** *n.* içecek su.

drip [drip] **1.** *n.* damlama, su sızma; **2.** *v/t. & v/i.* damla(t)mak, damla damla akmak; **~ping** wet sırsıklam; **'~-'dry shirt** *n.* buruşmaz, ütü gerektirmeyen gömlek; **'drip.ping** *n.* kızartılan etten damlayan yağ, erimiş yağ; **~s** *pl.* damlayan şey; ~ pan damlayan su *veya* yağı toplamaya yarayan kap.

drive [draiv] **1.** *n.* gezinti, araba gezintiti; araba yolu; *tenis vs.:* topa vuruş; *mot.* işletme mekanizması; *fig.* canlılık, neşe ;işleme; teşebbüs, gayret; hamle; dürtü; *(hayvan)* gütme; sürgün avı; **2.** *(irr.) v/t.* sürmek; kullanmak; götürmek; sevketmek; zorlamak (to, into *-e*); *usu.* ~ away sürüp götürmek; kovmak; *v/i.* sürülmek *(a.* ⚓ *& hunt.)*; araba ile gitmek, araba kullanmak; acele etm.; ~ at s.th. amaçlamak, demek istemek; ~ on gitmeğe devam etm.; ~ out kovmak, çıkarmak; ~ up arabasiyle *b-nin* kapısı önüne gelmek.

drive-in *Am.* ['draivin] **1.** *adj. mst attr.* müşterilerine araba içinde servis yapan...; ~ cinema bu tür sinema; **2.** *n.* seyircilerin arabada oturarak film seyrettikleri açık hava sineması; müşterilere araba içinde servis yapılan lokanta.

driv.el ['drivl] **1.** *v/t. & v/i.* ağzından salya ak(ıt)mak; saçmasapan söylemek, saçmalamak; **2.** *n.* salya; saçmasapan söz.

driv.en ['drivn] *p.p. of* drive 2.

driv.er ['draivə] *n.* şoför, sürücü, 🚂 makinist; † arabacı; ⊕ işletme *(hareket)* kasnağı, çarkı; **'drive.way** *n. Am.* bahçe kapısından eve kadar olan özel oto yolu.

driv.ing ['draiviŋ] **1.** *n.* sürme, kullanma; araba gezintisi; **2.** *adj.* hareket ettiren, çeviren; enerjik, canlı, şiddetli; **'~-belt**

n. çark kayışı; transmisyon kayışı; **ˈ~-gear** *n.* makine tertibatı; **~ li.cence** şoförlük ehliyetnamesi; **~ mir.ror** dikiz aynası; **~ school** şoförlük okulu; **ˈ~-wheel** *n.* işletme dişlisi, ana çark.

driz.zle [ˈdrizl] **1.** *n.* çiseleme; **2.** *v/i.* çiselemek, ince ince yağmak, serpiştirmek *(yağmur)*; **ˈdrizz.ly** *adj.* çiseleyen.

droll [drəul] *adj.* (*adv.* drooly) tuhaf, gülünç; **ˈdroll.er.y** *n.* mizah; tuhaf kimse, maskara, soytarı.

drom.e.dar.y *zo.* [ˈdrʌmədəri] *n.* hecin devesi, tek hörgüçlü binek devesi.

drone¹ [drəun] **1.** *n. zo.* erkek arı; *fig.* tembel, asalak kimse; uzaktan kumandalı uçak *veya* gemi; **2.** *vb.* tembellik, haylazlık etm.

drone² [~] **1.** *n.* vızıltı, çınlama; ♪ telli ve nefesli çalgıların pes tonu; **2.** *vb.* vızıldamak; monoton, pes bir ses tonuyla konuşmak.

drool [dru:l] **1.** *v/i.* ağzı sulanmak, ağzının suyu akmak; **2.** *n. Am.* F boş laf.

droop [dru:p] *v/t. & v/i.* indirmek; sark(ıt)mak; bükülmek; halsiz olm., süngüsü düşük olm., cesareti kırılmak; solmak, tazeliğini kaybetmek; **ˈdroop.ing** □ sarkık; yorgun, bitkin; soluk; ümitsiz.

drop [drɔp] **1.** *n.* damla; düşme, sukut; bonbon şekeri, draje; tavanda *veya* yerde bulunan kapak şeklinde kapı; *thea.* perde; düşüş uzaklığı; paraşütle atılan şey; *(mektup vs.)* bırakıldığı yer; get *veya* have the ~ on *Am.* atik davranarak birinden önce silah çekmek; **~ light** asma lamba; in ~s, ~ by ~ damla damla *(a. fig.)*; **2.** *v/t.* düşürmek, atmak; damlatmak; *(mektup)* posta kutusuna atmak; *(bomba)* atmak; *(gözyaşı)* akıtmak; *(söz, mevzu)* sarfetmek; *(yolcu)* indirmek; *(ses)* alçaltmak; *(surat)* asmak; *(reverans)* yapmak; ~ s.o. a few lines *b-ne* birkaç satır mektup yazmak; ~ it! F yapma!, bırak bunu!; *v/i.* damlamak, sızmak *(fıçı)*; düşmek; inmek; azalmak; düşüp ölmek; ~ behind geri kalmak; ~ in uğramak (at, on, upon *-e*); ~ off yavaş yavaş azalmak; uykuya dalmak; düşmek; ~ out ayrılmak *(üyelikten)*; okulu bitirmeden ayrılmak; çıkmak; **ˈdrop.ping** *n.* damlama; düşme; ~s *pl.* gübre, hayvan tersi; **ˈdrop.scene** *n. thea.* son perde.

drop.si.cal □ [ˈdrɔpsikəl] su toplanması ile ilgili; **ˈdrop.sy** *n.* deri altında *veya* organlarda çeşitli hastalıklar yüzünden su toplanması, hidropizi.

dross [drɔs] *n.* cüruf, tortu, maden posası.

drought [draut], **drouth** [drauθ] *n.* kuraklık, susuzluk; kıtlık; **ˈdrought.y, ˈdrouth.y** *adj.* kurak, susuz; kıt.

drove [drəuv] **1.** *n.* sürü, sığır sürüsü, *fig.* kalabalık; **2.** *pret. of* drive 2; **ˈdro-ver** *n.* davar sürücüsü, çoban, celep.

drown [draun] *v/t.* suda boğmak; bir yeri su basmak; *fig.* susturmak, sesiyle bastırmak, boğmak; be ~ed boğulmak: *v/i.* suda boğulmak.

drowse [drauz] *v/i.* uyuklamak, pineklemek; **ˈdrow.si.ness** *n.* uykulu olma, uyuşukluk; **ˈdrow.sy** *adj.* uykusu basmış, uyku gözünden akan; uyuşuk; uyutucu.

drub [drʌb] *v/t. b-ne* sopa çekmek, dayak atmak; adamakıllı yenmek *-i*; *v/i.* parmakların ucuyla tıkırdatmak *(masayı)*; **ˈdrub.bing** *n.* dayak, kötek.

drudge [drʌdʒ] **1.** *n. fig.* esir, köle, yük eşeği, hamal, ağır ve kötü işlerde çalışan kimse; **2.** *v/i.* ağır işler yapmak; **ˈdrug.er.y** *n.* ağır ve sıkıcı iş.

drug [drʌg] **1.** *n.* ilaç, tıbbî ecza; uyuşturucu madde; esrar; ~ on the market satılmayan mal; **2.** *v/t.* ilaçla uyutmak; ilaç vermek, uyuşturucu vermek; *v/i.* uyuşturucu almak; **ˈdrug.gist** *n.* eczacı; bakkal; **ˈdrug.store** *n. Am.* bakkaliye; eczane.

dru.id *hist.* [ˈdrui:d] *n.* Hıristiyanlıktan önce İngiltere, İrlanda ve Fransa'da Kelt rahibi.

drum [drʌm] **1.** *n.* davul, trampete, darbuka; ⊕ tambura, kasnak; *anat.* kulak zarı; **2.** *vb.* davul çalmak; davul sesi çıkarmak; davul çalarak biraraya toplamak, çağırmak; **ˈ~.fire** *n.* ✕ aralıksız şiddetli ateş; **ˈ~.head** *n.* davul derisi; ~ court-martial ✕ harp divanı; **ˈ~-ˈma.jor** *n.* ✕ bando şefi; **ˈdrum.mer** *n.* davulcu, trampeteci, batarist; *esp. Am.* F gezgin satıcı; **ˈdrum.stick** *n.* davul tokmağı, trampet sopası, baget; *(kümes hayvanı)* budun alt kemiği.

drunk [drʌŋk] **1.** *p.p. of* drink 2.; **2.** *adj.* sarhoş; get ~ sarhoş olm.; **drunk.ard** [ˈ~əd] *n.* ayyaş, sarhoş; **drunk.en** *adj. attr.* sarhoş, ayyaş; **ˈdrunk.en.ness** *n.* sarhoşluk; içki tutkunluğu.

drupe ⚘ [dru:p] *n.* tek çekirdekli ve etli meyve.

dry [drai] **1.** □ kuru, kurak; susuz; yavan, can sıkıcı; ince ve düşündürücü *(mizah)*; sek *(içki)*; süt vermez *(inek)*; F susamış; F içki yasağı uygulanan; ~ cell kuru pil; ~ goods *pl.* F *Am.* tuhafi-

ye, manifatura; **2.** *n.* *Am.* F içki yasağı yanlısı; **3.** *v/t.* kurutmak, kurulamak; *v/i.* kurumak; ~ up tamamen kuru(t)-mak; ~ up F kes sesini!
dry.ad ['draiəd] *n. myth.* orman perisi.
dry...: ~ bat.ter.y kuru pil; **~ bulb ther-mom.e.ter** atmosferdeki nemi ölçmekte kullanılan biri ıslak biri kuru olan iki termometreden biri; **'~-'clean** *v/t. (elbise vs.'yi)* su yerine benzen, trikloretilen vs. kullanarak temizlemek; **'~-'clean.ing** *n.* kuru temizleme.
dry.er ['draiə] = drier.
dry...: '~-'nurse 1. *n.* çocuğu emzirmeyen dadı; **2.** *v/i. b-ne* dadılık etm., candan bakmak; **'~-'rot** *n.* kerestenin içindeki «ev süngeri» denilen toz gibi çürüklük; *fig.* yozlaşma; **'~-'shod** *adv.* ayaklarını ıslatmadan; **'~-'wall.ing** *n.* harçsız duvar örme.
du.al □ ['dju:əl] iki kat, iki misli, çifte; çift...; **'du.al.ism** *n.* ikilik, dualizm.
dub [dʌb] *v/t. b-nin* omuzuna kılıçla dokunarak şövalye yapmak; *b-ne* yeni bir isim *veya* unvan vermek; dublaj yapmak; *(kösele)* yağlayıp yumuşatmak; **'dub.bing** *n.* vidala yağı.
du.bi.e.ty [dju:'baiəti] *n.* şüpheli olma; şüpheli şey *veya* durum.
du.bi.ous □ ['dju:bjəs] şüpheli, belirsiz, müphem; be ~ kestirememek, şüphe etm., bir türlü bilememek (of, about, over *-i, -den, -i*); **'du.bi.ous.ness** *n.* şüphe, belirsizlik.
du.cal ['dju:kəl] *adj.* düke ait.
duc.at ['dʌkət] *n.* Avrupa'da eskiden bazı ülkelerde kullanılan değişik değerlerde altın para.
duch.ess ['dʌtʃis] *n.* düşes.
duch.y ['dʌtʃi] *n.* dükalık.
duck¹ [dʌk] *n.* ördek; ördek eti; *Am. sl.* herifin biri, adam.
duck² [~] **1.** *n.* başını eğme, eğilme; sinme; dalış; **2.** *v/t. & v/i.* dal(dır)mak; başını eğmek, sinmek *(a. fig.)*; *b-den, bşden* sakınmak için yana çekilmek, gizlenmek; *Am. b-le* karşılaşmamağa çalışmak; F sıvışmak.
duck³ F [~] *n.* sevgili, yavru.
duck⁴ [~] *n. (yelken)* keten bezi.
duck...: '~-bill *n. zo.* Avustralya'ya mahsus perde ayaklı, gagalı, vücudu kunduza benzeyen bir hayvan; **'~-boards** *n. pl.* lata, ızgara.
duck.ling ['dʌkliŋ] *n.* yavru ördek.
duck.weed ⚘ ['dʌkwi:d] *n.* su mercimeği.
duck.y F ['dʌki] **1.** = duck³; **2.** *adj.* sevgili, güzel, zarif.
duct [dʌkt] *n.* guddelerden sıvı maddeleri, salgıları akıtan kanal, boru, tüp, damar *(bitki)*.
duc.tile □ ['dʌktail] *(metal)* genişleyebilir, uzayabilir; *(çamur)* şekil verilebilir; *fig.* uysal, yumuşak; **duc.til.i.ty** [~'tiliti] *n.* uzayıp genişleyebilme özelliği; uysallık.
dud *sl.* [dʌd] **1.** *n.* patlamayan mermi *veya* bomba; *fig.* kendisinden bekleneni yapamayan, başarıya ulaşamayan kimse *veya* şey; ~s *pl.* kişisel eşya; **2.** *adj.* sahte, kalp; yararsız.
dude *Am.* [dju:d] *n.* züppe, giyimine aşırı düşkün erkek; ~ ranch tatil köyü olarak düzenlenmiş çiftlik.
dudg.eon ['dʌdʒən] *n.* öfke, hiddet; in high ~ çok öfkeli, çok gücenmiş.
due [dju:] **1.** *adj.* gerekli; ödenmesi gerekli; uygun; süresi dolan; *bşe* layık; in ~ time tam vaktinde, zamanı gelince; the train is ~ at... trenin saat ...te gelmesi bekleniyor; in ~ course zamanı gelince; zamanında; be ~ to yüzünden, *-den* dolayı; be ~ to *inf.* zorunda olm.; yapması istenilmek; *Am.* ...mak üzere olm.; fall ~ † vadesi gelmek; ~ date ödeme günü, vade bitimi; **2.** *adj.* ⚓ doğru; ~ east tam doğuya doğru; **3.** *n.* hak; alacak, istihkak; *mst* ~s *pl.* vergi, resim; üye aidatı.
du.el ['dju:əl] **1.** *n.* düello; **2.** *v/i.* düello etm.; **'du.el.list** *n.* düellocu.
du.et(.to) [dju:'et(əu)] *n.* ♪ düet, iki kişi tarafından söylenen şarkı.
duf.fel ['dʌfəl] *n.* kalın havlı ve kaba bir tür yünlü kumaş; ~ coat bir tür kapşonlu *(başlıklı)* kaban.
duff.er F ['dʌfə] *n.* ahmak herif, eşek kafalı.
dug [dʌg] **1.** *pret. & p.p. of* dig; **2.** *n.* inek memesi, emcik; **'~-out** *n.* ⚔ sığınak; *sl.* göreve çağırılan emekli subay; *Am. beysbol:* üzerinde oyuncuların oturduğu üstü kapalı sıra *veya* yer.
duke [dju:k] *n.* dük, düka; **duke.dom** *n.* dükalık.
dul.cet ['dʌlsit] *adj.* tatlı, hoş, lâtif, ahenkli; **'dul.ci.mer** ♪ ['~simə] *n.* simbalom, santur.
dull [dʌl] **1.** □ aptal, budala, kalın kafalı; ağır, hantal; *(göz, renk)* donuk, sönük; *(ses)* cansız; can sıkıcı; hissiz, alâkasız; kör, kesmez; *(ağrı, sızı)* belirsiz, pek hissdeilmeyen; *(hava)* kapalı, kasvetli; *(ticaret)* durgun, kesat; ⚓ sakin, sütliman; **2.** *v/t. & v/i.* körleş(tir)mek, *fig.* duygusuzlaş(tır)mak, hayvanlaş-

(tır)mak; donuklaş(tır)mak; sersemle(t)mek; **dull.ard** [ˈ~əd] *n.* ahmak kimse; **ˈdull.ness** *n.* ahmaklık, hantallık; donukluk, matlık; sıkıcılık; monotonluk; ilgisizlik, lâkaytlık; dert, keder, sıkıntı; durgunluk.
du.ly [ˈdjuːli] *adv. s.* due; uygun olarak, gereğince; tam zamanında.
dumb □ [dʌm] dilsiz; dili tutulmuş, sessiz, konuşmayan; *Am.* F aptal, budala, deaf and ~ sağır ve dilsiz; *s.* show 2; strike ~ hayretten dondurmak, şaşırtmak; ˈ~-**bell** *n.* jimnastik güllesi; *Am. sl.* aptal adam; ~ˈ**found** *v/t.* F susturmak, serseme çevirmek; ~ˈ**founded** *adj.* hayretler içinde; ˈ**dumb.ness** *n.* dilsizlik; dili tutulma; ˈ**dumb-ˈwait.er** *n.* seyyar masa; *Am.* mutfak asansörü.
dum.my [ˈdʌmi] *n.* aldatmaca; *fig.* kulis; *fig.* kukla adam, figüran; manken *(elbise)*; emzik; *attr.* taklit...; uydurma...; ~ whist üç kişi ve hayali bir dördüncü ile oynanan bir iskambil oyunu.
dump [dʌmp] **1.** *vb.* boşaltmak, atmak *(moloz. süprüntü)*; *bşden* kurtulmak *(a. fig.)*; *(mal)* ucuza ihraç etm., damping yapmak, fiyatları düşürmek, düşmek; **2.** *n.* çöp, moloz vs. yığını; çöplük, mezbele; ⚔ cephanelik; = ~ing; ˈ**dump.ing** † *n.* ucuza ihraç etme, damping, ucuzluk, fiyat indirme; ˈ**dump.ing-ground** *n.* çöplük, mezbele; ˈ**dump.ling** bir tür meyvalı hamur tatlısı; F kısa boylu ve tombul kimse; ˈ**dumps** *n.* F *pl.*: (down) in the ~ keyifsiz, ümitsiz; ˈ**dump.y** *adj.* tıknaz, bodur.
dun[1] [dʌn] **1.** *adj.* boz, kurşunî; **2.** *n.* boz at.
dun[2] [~] **1.** *n.* sıkıştıran alacaklı; **2.** *v/t.* borçluyu sıkıştırmak; ~ning letter *n.* ihbarname.
dunce [dʌns], **dun.der.head** [ˈdʌndəhed] *n.* aptal kimse.
dune [djuːn] *n.* kumul, eksibe.
dung [dʌŋ] **1.** *n.* hayvan tersi, gübre; **2.** *v/t.* gübrelemek.
dun.ga.ress [dʌŋgəˈriːz] *n. pl.* kaba pamuklu kumaştan dikilmiş tulum.
dun.geon [ˈdʌndʒən] *n.* zindan.
dung.hill [ˈdʌŋhil] *n.* gübre yığını.
dunk [ˈdʌŋk] *vb.* suya dal(dır)mak; *(çay, çorba vs.'ye)* batırmak, banmak.
du.o [ˈdjuːəu] *n.* düet; çift, eş.
du.o.dec.i.mal [djuːəuˈdesiməl] *adj.* on iki veya on ikinciye ait; on ikişer on ikişer; *n.* on ikide bir kısım; **du.oˈdec.i.mo** [~məu] *n. typ.* bir kitap boyu, oniki yapraklı forma; *fig.* bücür, bacaksız.
du.o.de.nal *anat.* [djuːəuˈdiːnl] *adj.* onikiparmak bağırsağı...; **du.oˈde.num** [~nəm] *n.* onikiparmak bağırsağı.
dupe [djuːp] **1.** *n.* kolayca aldatılabilen, ahmak kimse; **2.** *v/t.* aldatmak, dolandırmak; ˈ**dup.er.y** *n.* aldatma, hile, işletme.
du.plex [ˈdjuːpleks] **1.** *adj.* çift..., dubleks...; *tel.* karşılıklı aynı anda iki gönderme sistemi olan; **2.** *n. Am.* iki katlı apartman dairesi.
du.pli.cate **1.** [ˈdjuːplikit] *adj.* çift, eş, aynı, kopya; **2.** [ˈ~kit] *n.* eş, kopya, ikinci nüsha, suret; in ~ iki nüsha olarak; **3.** [ˈ~keit] *v/t.* -*in* suretini çıkarmak, ikilemek; iki misline çıkarmak; **du.pliˈca.tion** *n.* teksir etme, teksir suret; **du.pli.ca.tor** *n.* teksir makinesi; **du.plic.i.ty** [djuːˈplisiti] *n.* iki yüzlülük, düzenbazlık, hile.
du.ra.bil.i.ty [djuərəˈbiliti] *n.* dayanıklılık, sağlamlık; sürekli oluş; ˈ**du.ra.ble** □ dayanıklı, sağlam, devamlı; ˈ**dur.ance** *n.* † tutukluluk, mahpusluk; **du.ra.tion** [~ˈreiʃən] *n.* devam, süre, süreklilik.
du.ress ⚖ [ˈdjuəˈres] *n.* cebir, ikrah, tehdit, şantaj; zorlama, baskı.
du.ring [ˈdjuəriŋ] *prp.* esnasında, müddetince, zarfında.
durst [dəːst] *pret. of* dare.
dusk [dʌsk] *n.* akşam karanlığı, alacakaranlık; ˈ**dusk.y** □ oldukça karanlık *(a. fig.)*; koyu esmer, siyahımsı.
dust [dʌst] **1.** *n.* toz; çiçek tozu; toprak; çöp; küçültücü durum; **2.** *v/t.* -*in* tozunu silkmek, tozunu almak; *v/i.* toz serpmek, tozlanmak; ˈ~-**bin** *n.* çöp tenekesi; ˈ~-**bowl** *n. Am.* A.B.D.'nin batısında kum fırtınaları etkisinde olan bölge; ˈ~-**cart** *n.* çöp kamyonu; ˈ~-**cloak**, ˈ~-**coat** *n.* elbiseyi tozdan korumak için giydirilen örtü, kaşpusiyer; ˈ**dust.er** *n.* toz bezi, toz alan şey, kuş tüyü; *Am.* kaşpusiyer; ˈ**dust.i.ness** *n.* tozluluk, toz; ˈ**dust.ing** *n. sl.* bir iki dayak; ˈ**dust-ˈjack.et** *n.* kitap cildini tozdan koruyan kitap kabı; ˈ~.**man** *n.* çöpçü; ˈ~.**pan** *n.* faraş; ˈ**dust-ˈup** *n.* patırtı, şamata; ˈ**dust.y** □ tozlu, toz gibi.
Dutch [dʌtʃ] **1.** *adj.* Hollandalı, Felemenkli; *hist.* & *Am. sl.* Almanyalı; ~ treat *Am.* F yemekte hesabı paylaşma, eşit ödeme *(Alman usulü)*; **2.** *n.* Felemenkçe, Hollanda dili; the ~ *pl.* Hollanda halkı; double ~ çetrefil lisan; ~ **auc.tion** *(mezat)* fiyat indirimi; ~ **courage** çakır keyifliliğin verdiği cesaret; ˈ~.**man** *n.* Hollandalı; *hist.* & *Am. sl.* Alman, ˈ~.**wom.an** *n.* Hollandalı kadın.

du.te.ous [ˈdjuːtjəs] = dutiful; **du.ti.a.ble** [ˈ~tjəbl] *adj.* gümrüğe tabi, **du.ti.ful** □ [ˈ~tiful] görevini bilen, vazifeşinas; itaatli, saygılı.

du.ty [ˈdjuːti] *n.* ödev, görev, hizmet, sorumluluk, vazife (to); gümrük resmi, vergi; on ~ hizmette, vazife başında; off ~ izinli, serbest; ~ call resmî ziyaret, nezaket ziyareti; in ~ bound vazifesine uygun olarak; do ~ for *bşin, b-nin* yerini almak, işlevini görmek; *fig. b-nin* yanında çalışmak, hizmetçilik etm.; ˈ~-ˈfree *adj.* gümrüksüz, gümrük resmi ödemeden.

dwarf [dwɔːf] **1.** *n.* cüce, bodur *(insan, ağaç, hayvan)* **2.** *v/t.* büyümesini önlemek, cüceleştirmek; kıyaslayarak küçük göstermek, gölgede bırakmak; ~ed *adj.* dumura uğramış, körelmiş; **ˈdwarf-ish** □ cüceyi andıran, bodurca; **ˈdwarf-ish.ness** *n.* cücelik.

dwell [dwel] *(irr.) v/i.* oturmak, durmak (on, upon *üzerinde*); ~ up(on) bir konu üzerinde durmak, ısrar etm.; **ˈdwell.er** *n.* oturan, mukim, sakin, ora ahalisinden; **ˈdwell.ing** *n.* ev, mesken, oturma yeri; **ˈdwell.ing-house** *n.* ev, mesken, konut; **ˈdwell.ing-place** *n.* ikametgâh, konut.

dwelt [dwelt] *pret. & p.p. of* dwell.

dwin.dle [ˈdwindl] *v/i.* yavaş yavaş azalmak *veya* küçülmek *veya* ufalmak; **ˈdwin.dling** *n.* azalma, ufalma, küçülme.

dye [dai] **1.** *n.* boya; of deepest ~ *fig.* en kötü şekilde; **2.** *v/t. & v/i.* boya(n)mak; **ˈdy.er** *n.* boyacı; **ˈdye-stuff** *n.* boya ilacı; **ˈdye-works** *n. pl.* boyahane.

dy.ing □ [ˈdaiiŋ] (*s.* die¹) **1.** *adj.* ölmekte olan; ölen...; lie ~ can çekişmek; **2.** *n.* ölüm, ölme.

dyke [daik] = dike.

dy.nam.ic [daiˈnæmik] **1.** *a.* **dyˈnam.i.cal** □ dinamik, kuvvetli, faal, enerjik; **2.** *n.* devitken güç, muharrik kuvvet; **dyˈnam-ics** *mst sg.* dinamik birimi; **dy.na.mite** [ˈdainəmait] **1.** *n.* dinamit; **2.** *v/t.* dinamitle havaya uçurmak; **ˈdy.na.mit.er** *n.* dinamitle uçuran kimse; **dy.na.mo** [ˈ~məu] *n.* dinamo.

dy.nas.tic [diˈnæstik] *adj.* (~ally) hanedana ait; **dy.nas.ty** [ˈdinəsti] *n.* hanedan, soy.

dyne *phys.* [dain] *n.* din *(güç birimi).*

dys.en.ter.y ⚕ [ˈdisntri] *n.* dizanteri, kanlı basur.

dys.pep.sia ⚕ [disˈpepsiə] *n.* hazımsızlık, dipepsi; **dysˈpep.tic** [~tik] **1.** *adj.* (~ally) hazımsızlığa ait; **2.** *n.* hazımsızlık çeken kimse.

E

each [iːtʃ] *adj.* her, beher, her bir; *adv.* her biri, tanesi; ~ other birbiri(ni); they cost a shilling ~ tanesi bir şilin.

ea.ger □ [ˈiːgə] hevesli; istekli (about, after, for), sabırsız; *fig.* gayretli; şevkli, hararetli; **ˈeager.ness** *n.* istek, gayret, şevk.

ea.gle [ˈiːgl] *n.* kartal, karakuş; on dolarlık madeni para; **ˈ~-ˈeyed** *adj.* keskin gözlü; **ea.glet** [ˈ~lit] *n.* kartal yavrusu.

ea.gre [ˈeigə] *n.* şiddetli met hareketi.

ear[1] [iə] n. başak.

ear[2] [~] *n.* kulak; işitim; müziğin inceliklerini sezebilme yeteneği; kulp, sap; kulak verme, dikkat; be all ~s kulak kesilmek, can kulağı ile dinlemek; keep an ~ to the ground *esp. Am.* yeni haberleri almak *veya* gelişmeleri bildirmek; up to the ~s *fig.* fazla meşgul *(çalışma)*; set by the ~s birbirine karşı kışkırtmak; **~-ache** [ˈiəreik] *n.* kulak ağrısı; **~-deaf-en.ing** [ˈ~defniŋ] *adj.* kulakları sağır edecek kadar gürültülü; **ˈ~-drum** *n.* kulak zarı.

earl [əːl] *n. (İngiliz)* kont; ♀ Marshal *n.* protokol başkanı; **ˈearl.dom** *n.* kontluk.

ear.li.ness [ˈəːlinis] *n.* erken olma.

ear.ly [ˈəːli] *adj. & adv.* erken(den), erken...; başlangıçta...; eski; ilk; yakında; ~ life gençlik (zamanı); as ~ as ...kadar erken; earlier on evvelce, eskiden.

ear-mark [ˈiəmaːk] **1.** *n.* hayvanların kulağına takılan marka, işaret; *fig.* alâmet, karakteristik; **2.** *v/t.* kulağa işaret koymak; *fig.* karakterize etm.; belirli bir amaç için kenara koymak *(para vs.)*.

earn [əːn] *v/t.* kazanmak, hak etm.; ~ed income hak edilmiş, çalışarak kazanılmış gelir.

ear.nest[1] [əːnist] *a.* ~money *n.* pey akçesi, kaparo, pey, avans; temiant; *fig.* tadımlık, ilk tat; delil.

ear.nest[2] [~] **1.** □ ciddi, ağırbaşlı; istekli, samimi; gerçek, hakiki; **2.** *n.* ciddiyet; be in ~ ciddi olarak, samimiyetle; **ˈear.nest.ness** *n.* ciddiyet; istekli olma.

earn.ings [ˈəːniŋz] *n. pl.* kazanç, kâr, gelir.

ear...: **ˈ~-phones** *n. pl. radyo, teyp vs.:* kulaklık; **ˈ~.piece** *n. teleph.* işitme cihazı; **ˈ~-pierc.ing** *adj.* kulakları sağır edici *(ses)*; **ˈ~-ring** *n.* küpe; **ˈ~.shot** *n.* kulak erimi, kulak menzili; **ˈ~-split.ting** *adj.* kulakları sağır edici.

earth [əːθ] **1.** *n.* dünya; toprak; kara; yeryüzü; *(tilki vs.)* in; *a.* ~-connection *n. radyo:* toprak bağlantı; **2.** *v/t.* ⚡ toprağa bağlamak; ~ up toprak ile örtmek; **ˈearth.en** *adj.* topraktan yapılmış; **ˈearth-en.ware** **1.** *n.* çanak çömlek; **2.** *adj.* toprak işi; **ˈearth.ing** *n.* ⚡ toprak bağlantı; **earth.li.ness** *n.* dünyevî oluş, maddilik; **ˈearth.ly** *adj.* dünyaya ait, dünyevî; F düşünülebilir, olası; no ~ ... hiç bir ...yoktu; **ˈearth.quake** *n.* deprem; **ˈearth.worm** *n. zo.* yer solucanı; *fig.* yaltakçı *b-i*; **ˈearth.y** *adj.* dünyevî, madde ile ilgili; topraklı, toprağa benzer; *fig.* zevk düşkünü, ruhsuz, kaba.

ear...: **ˈ~-trum.pet** *n.* eskiden ağır işiten kimselerin kullandığı kulak borusu; **ˈ~-wax** *n.* kulak kiri; **ˈ~.wig** *n. zo.* kulağakaçan.

ease [iːz] **1.** *n.* rahat, konfor, huzur, refah; kolaylık; at ~ rahat, hoş; teklifsiz; be *veya* feel at ~ içi rahat olm.; ill at ~ huzursuz, endişeli; stand at ~! ✕ yerinde rahat!, rahat!; take one's ~ rahat etm., dinlenmek, yangelmek; with ~ kolayıkla; live at ~ rahat koşullarda yaşamak; **2.** *v/t.* hafifletmek; *(ağrı)* yatıştırmak; *b-nin* rahat ve huzurunu sağlamak; *(halat vs.)* gevşetmek; kurtarmak (of *-den*); gerginliğini kaybetmek *(koşullar)*; ~ nature hacet görmek, tuvalete gitmek; hafiflemek; **ease.ful** □ [ˈ~ful] rahat, hoş; sakin.

ea.sel [ˈiːzl] *n.* ressam sehpası, şövale.

eas.i.ly [ˈiːzili] *adv.* kolaylıkla, kolayca; rahat rahat; şüphesiz; **ˈeas.i.ness** *n.* kolaylık, rahatlık, doğal davranma, tabiilik; ~ of belief safdillik, kolay aldatılma.

east [i:st] **1.** *n.* doğu, şark; the ♀ *Am.* A.B.D.'de doğu eyaletleri; **2.** *adj.* doğu..., doğu ile ilgili; **3.** *adv.* doğuya doğru.

East.er [ˈi:stə] *n. rel.* Paskalya yortusu; ~ egg paskalya yumurtası.

east.er.ly [ˈi:stəli] *adj.* & *adv.* doğuda; doğu...; doğuya doğru, doğudan; **east-ern** [ˈ~tən] = easterly; doğu(da); doğululara ait, oryantal; **ˈeast.ern.er** *n.* doğulu *b-i;* ♀ *Am.* A.B.D.'de doğu eyaletlerinden olan *b-i;* **east.ern.most** [ˈ~məust] *adj.* en uzak doğu.

east.ing ⚓ [ˈi:stiŋ] *n.* doğu yönünde hareket; doğuya doğru giderek katedilen mesafe.

east.ward(s) [ˈi:stwəd(z)] *adj.* & *adv.* doğuya doğru (olan).

eas.y [ˈi:zi] **1.** □ kolay, rahat, sıkıntısız; sakin; uysal; doğal davranışları olan; rahat *(elbise);* ⚚ durgun; in ~ circumstances hali vakti yerinde, varlıklı; on ~ street iyi koşullarda; on ~ terms ⚚ uygun koşullarda, uygun taksitlerle; make o.s. ~ rahatına bakmak; take it ~ *k-ni* fazla yormamak, yangelmek; take it ~! acele etmeyiniz!, telaşlanmayınız!, darılmayınız!; **2.** *n.* kısa mola; **ˈ~-ˈchair** *n.* koltuk; **ˈ~-go.ing** *adj. fig.* kayıtsız, kaygısız.

eat [i:t] **1.** *(irr.) v/t.* yemek; aşındırmak (away *-i*); ~ up hepsini yemek, silip süpürmek, yiyip bitirmek *(a. fig.)*; *v/i.* yemek yemek; lezzetli olm.; aşındırmak (into, through); biriktirileni yemeğe başlamak; **2.** ~s *n. pl. Am. sl.* yemek, yiyecek(ler); **ˈeat.a.ble** *adj.* yenilebilir; **ˈeat-a.bles** *n. pl.* yiyecek, gıda; **ˈeat.en** *p.p. of* eat 1; **ˈeat.er** *n.* yiyen *b-i;* be a great (poor) ~ çok (az) yiyen *b-i* olm.; **ˈeat.ing** *n.* yemek yeme; **ˈeat.ing-house** *n.* aşevi, lokanta.

eau-de-Co.logne [ˈəudəkəˈləun] *n.* kolonya.

eaves [i:vz] *n. pl.* çıkıntı, saçak; **ˈ~-drop** *v/i.* kulak kabartmak, gizlice dinlemek; **ˈ~-drop.per** *n.* kulak misafiri, gizlice dinleyen *b-i.*

ebb [eb] **1.** *n.* cezir, deniz sularının çekilmesi; *fig.* bozulma, düşüş, başarısızlık; at a low ~ harap, perişan, zor durumda; **2.** *v/i.* çekilmek *(deniz)*; *fig.* bozulmak; azalmak; zor durumda olm.; **ˈ~-ˈtide** *n.* cezir, inik deniz; *fig.* suyunu çekme.

eb.on *poet.* [ˈebən] *adj.* abanozdan yapılmış; abanoz gibi siyah; **eb.on.ite** [ˈ~nait] *n.* ebonit, bir tür siyah sert kauçuk; **ˈeb-on.y** *n.* abanoz (ağacı).

e.bri.e.ty [i:ˈbraiəti] *n.* sarhoşluk.

e.bul.li.ent [iˈbʌljənt] *n.* taşkın, coşkun, içi içine sığmayan; *fig.* fıkır fıkır (with);

eb.ul.li.tion [ebəˈliʃən] *n.* taşkınlık, coşkunluk; kaynama.

ec.cen.tric [ikˈsentrik] **1.** *a.* **ecˈcen.tri.cal** □ eksantrik; *fig.* garip, tuhaf; delişmen, kaçık; **2.** *n.* ⊕ dışmerkezli, eksantrik; kendi bildiğini okuyan kimse; **ec-cen.tric.i.ty** [eksenˈtrisiti] *n.* tuhaflık; dışmerkezlilik; *fig.* delişmenlik, eksantrik olma.

ec.cle.si.as.tic [ikli:ziˈæstik] *n.* papaz, rahip; **ec.cle.siˈas.ti.cal** □ kiliseye at, dinî.

ech.e.lon ⚔ [ˈeʃələn] **1.** *n.* kademe, mevzi; **2.** *v/t.* & *v/i.* kademelen(dir)mek.

e.chi.nus *zo.* [eˈkainəs] *n.* deniz kestanesi.

ech.o [ˈekəu] **1.** *n.* yankı, aksiseda; **2.** *v/t.* & *v/i.* yansı(t)mak; *(ses)* akset(tir)mek; *fig.* taklit etm., tekrarlamak; **ˈ~-sound.er** *n.* ⚓ sesli iskandil.

e.clat [ˈeikla:] *n.* büyük başarı, herkesin övgüsünü kazanan mükemmel sonuç.

ec.lec.tic [ekˈlektik] **1.** *adj.* *(insan, yöntem, fikir)* bir sistem *ya da* düşünceye bağlanmayan fakat hepsinden yararlanan; seçme şeylerden oluşmuş, derlenmiş; **2.** *n.* felsefe ve sanatta belirli bir düşünceye değil fakat çeşitli düşünce ve yöntemlerden *k-ne* uygun olanı seçen kimse; **ecˈlec.ti.cism** [~sizəm] *n.* seçip toplama eğilimi.

e.clipse [iˈklips] **1.** *n.* ay tutulması, güneş tutulması; *fig.* şöhretini kaybetme; **2.** *v/t.* karartmak; gölgede bırakmak *(a. fig.)*; *b-nin* yıldızını söndürmek; **eˈclip-tic** *ast.* [~tik] *n.* ekliptik, güneşin sabit yıldızlara göre bir yılda takip ettiği dairesel yol.

ec.logue [ˈeklɔg] *n.* karşılıklı konuşma şeklinde pestoral şiir.

e.col.o.gy [i:ˈkɔlədʒi] *n.* çevrebilim, canlıların çevreleriyle olan ilişkilerini inceleyen biyoloji dalı.

e.co.nom.ic [i:kəˈnɔmik], **e.coˈnom.i.cal** □ iktisadî, ekonomik; idareli, tutumlu; iktisat...; **e.coˈnom.ics** *n. sg.* iktisat bilimi; **e.con.o.mist** [i:ˈkɔnəmist] *n.* iktisatçı, ekonomist; **eˈcon.o.mize** *vb.* idareli kullanmak (in, on, with *-i*), *bşden* tasarruf etm.; **eˈcon.o.my** *n.* iktisat, ekonomi; tutum, idare; ekonomik sistem; economies *pl.* tasarruf, tutum; ekonomik önlem; political ~ ekonomi politik, iktisat bilimi.

ec.sta.size [ˈekstəsaiz] *v/t.* & *v/i.* coş-(tur)mak, kendinden geç(ir)mek; hayran bırakmak, hayran olm.; **ˈec.sta.sy** *n.* coşkunluk, kendinden geçme, vecit, esrime; go into ~ coşkuyla övmek; **ec.stat.ic** [eks'tætik] *adj.* (~ally) coş(tur)an, vecde düşmüş; ~ fit coşkunluk hali, ulu *bş* karşısında heyecan duyma.

ec.ze.ma ⚕ ['eksimə] *n.* egzama, mayasıl.

e.da.cious [i'deiʃəs] *adj.* obur, açgözlü, pisboğaz.

ed.dy ['edi] **1.** *n.* girdap, anafor; **2.** *v/t.* & *v/i.* şiddetle dön(dür)mek; *fig.* velveleye getirmek.

e.den.tate *zo.* [i'denteit] *adj.* dişsiz; dişsiz memeli hayvanlara ait.

edge [edʒ] **1.** *n.* kenar, sırt; uç; bıçak ağzı; kıyı, sınır; *(kitap)* kenar; *(dağ)* sırt; şiddet, sertlik; be on ~ sinirli olm.; have the ~ on s.o. *sl. b-den* üstün olm.; put an ~ on bilemek, keskinleştirmek, zağlamak; lay on ~ yanlamasına koymak *(alanı geniş, ince şeyler için: madenî para vs. gibi)*; set s.o.'s teeth on ~ *b-ni* sinirlendirmek; dişbilemek; **2.** *vb.* bilemek, keskinleştirmek; kenar geçirmek, teyellemek, kenarını süslemek (with *ile*); yan yan ve yavaşça ilerle(t)mek, sokulmak, sürmek, çekmek, **edged** *adj.* keskin;... kenarlı.

edge...: '~.less *adj.* kör, keskin olmayan; *fig.* yavan; '~-tool *n.* kesici alet; '~.ways, ~.wise ['~waiz] *adv.* yandan, kenardan; dolaylı olarak; yana doğru; get a word in ~ fırsat bulup konuşabilmek.

edg.ing ['edʒiŋ] *n.* kenarlık, şerit, dantelâ; bordür; '~-shears *n. pl.* çim biçme makası.

edg.y ['edʒi] *adj.* keskin kenarlı; F sinirli.

ed.i.ble ['edibl] *adj.* yenir, yenilebilir; '**ed.i.bles** *n. pl.* yiyecek(ler).

e.dict ['i:dikt] *n.* emir, ferman, buyrultu, kararname.

ed.i.fi.ca.tion *fig.* [edifi'keiʃən] *n.* yüksek duygulara ulaşma, karakter ve düşünce gelişimi; **ed.i.fice** ['~fis] *n.* büyük bina, yapı; bünye, yapılış *(a. fig.)*; **ed.i.fy** *fig.* ['~fai] *v/t.* yüksek duygular ilham etm.; öğretmek; doğru yolu göstermek; duyguca yüceltmek; '**ed.i.fy.ing** □ yüksek duygulara ulaştıran; iyi bir örnek olan.

ed.it ['edit] *v/t.* *(metin, konu)* yayımlamak, başkasının yazdığı bir yazıyı basılmak için hazırlamak, telif etm.; *(gazete)* idare etm.; **e.di.tion** [i'diʃən] *n.* baskı, *(kitap)* yayım; **ed.i.tor** ['editə] *n.* yayımlayan; yazı işleri müdürü; **ed.i.to.ri.al** [~'tɔ:riəl] **1.** *adj.* yazı işleri müdürlüğüne ait; **2.** *n.* başyazı; **ed.i.tor.ship** ['~təʃip] *n.* yazı işleri müdürlüğü, editörlük; redaksiyon.

ed.u.cate ['edju:keit] *v/t.* eğitmek, yetiştirmek, *bşi* öğretmek; ~ed *adj.* okumuş, aydın; **ed.u'ca.tion** *n.* eğitim, öğretim, maarif; Ministry of ♀ Milli Eğitim Bakanlığı; **ed.u.ca.tion.al** □ ['~keiʃənl], **ed.u.ca.tive** ['~kətiv] *adj.* eğitimsel, pedagojik; eğitim...; eğitici; educational film öğretici film; **ed.u.ca.tion(.al)-ist** [~'keiʃn(əl)ist] *n.* pedagog, eğitimci; '**ed.u.ca.tor** *n.* eğitmen, öğretmen.

e.duce [i:dju:s] *v/t.* sonuca varmak, tümevarım; *fig.* hedefinden çevirmek; ⚗ bir karışımdan bir elemanı ayırmak.

e.duc.tion [i'dʌkʃən] *n.* *(anlam, sonuç)* çıkarma, çıkan şey; ⊕ egzos; istim salıverme; **e'duc.tion-pipe** *n.* istim borusu, egzos borusu.

eel [i:l] *n.* yılanbalığı.

e'en [i:n] = even.

e'er [ɛə] = ever.

ee.rie, ee.ry ['iəri] *adj.* tekin olmayan, endişe verici, korkutucu, tüyler ürpertici.

ef.face [i'feis] *v/t.* silmek, bozmak *(yüzey)*, üstünden sünger geçirmek; *fig.* yok etm., imha etm.; *fig.* unutturmak; ~ o.s. bir köşeye çekilmek; **ef'face.a.ble** *adj.* silinebilir; **ef'face.ment** *n.* silme, yok etme; sinme.

ef.fect [i'fekt] **1.** *n.* etki, sonuç; gösteriş; ⚖ meriyet, yürürlük; ⊕ randıman, verim; ~s *pl.* menkul kıymetler, taşınır mallar, eşya; ✝ alacak, matlup; bring to ~, carry into ~ gerçekleştirmek, realize etm.; tahakkuk ettirmek; take ~, be of ~ yürürlüğe girmek; işlemek; of no ~ etkisiz, faydasız, tesirsiz; in ~ hakikaten, gerçekten, aslında; halen yürürlükte; to the ~ genel olarak, anlamında; to this ~ bu anlamda; **2.** *v/t.* etkilemek; başarmak; be ~ed etkili olm.; **ef'fective 1.** □ etkili, tesirli; ⚖ yürürlükte, geçerli; ⚔, ⚓ muharebeye elverişli, hizmete hazır; ⊕ verimli, randımanlı; ~ capacity ⊕ verimli kapasite; ~ date geçerli tarih, yürürlüğe girdiği tarih; ~ range etkili top menzili; ~ use kullan(ıl)ma; **2.** *n.* ⚔ *mst* ~s *pl.* hazır güç; ✝ efektif, nakit para; **ef'fec.tive.ness** *n.* etki, geçerlilik, itibar; **ef'fec.tu.al** [~tʃuəl] *adj.* *(davranış)* etkili, sonuç veren, geçerli; **ef'fec.tu.ate** [~tjueit] *v/t.* yapmak, yerine getirmek, sonuçlandırmak, becermek, başarmak.

ef.fem.i.na.cy [i'feminəsi] *n.* kadınca davranış, erkekçe olmayan durum; **ef'fem.i.nate** [~nit] □ kadınımsı, kadın tavırlı, yumuşak.

ef.fer.vesce [efə'ves] *v/i.* *(sıvı)* köpürmek, kabarmak; *fig.* coşmak, taşmak, neşelenmek; **ef.fer'ves.cence** *n.* köpürme, kabarma; coşma; **ef.fer'ves.cent** *adj.* köpüren, kabaran; coşkun; ~ powder kabartma tozu.
ef.fete [e'fi:t] *adj.* bitkin, yıpranmış, güçsüz; kısır, verimsiz.
ef.fi.ca.cious □ [efi'keiʃəs] etkili, tesirli *(esp. ilaç, tedavi)*; **ef.fi.ca.cy** ['~kəsi] *n.* etki, yarar, fayda.
ef.fi.cien.cy [i'fiʃənsi] *n.* kifayet, yeterlik, uzluk, etki; ⊕ verim, randıman; ~ expert rasyonalizasyon uzmanı; **ef'fi-cient** □ etkili, yeterli, uz, ehliyetli; verimli.
ef.fi.gy ['efidʒi] *n.* resim, tasvir, şekil, portre; burn s.o. in ~ *(halkın nefret ifadesi olarak b-nin)* resim *veya* modelini yakmak .
ef.flo.resce [eflɔ:'res] *v/i.* ⚘ çiçek açmak; *fig.* çiçek gibi açılmak; ⚗ su kaybederek toz haline gelmek; **ef.flo'res.cent** *adj.* çiçeklenen; hava ile temas edince tozlanan.
ef.flu.ence ['efluəns] *n.* *(sıvı, gaz, ışık)* dışarı akma, dökülme; **'ef.flu.ent** 1. *adj.* dışarı akan, akıp giden; 2. *n.* akıntı, dökülme; fabrika vs.'den dökülen artık sıvı *vs.*
ef.flux ['eflʌks] *n.* dışarı akış, akıntı.
ef.fort ['efət] *n.* gayret, çaba, uğraş (at); F elde edilen başarı; **'ef.fort.less** □ zahmetsiz, çaba sarfetmeyen; kolay.
ef.fron.ter.y [i'frʌntəri] *n.* küstahlık, yüzsüzlük, hayasızlık.
ef.ful.gence [e'fʌldʒəns] *n.* parlaklık, parıltı; debdebe, görkem, şaşaa, ihtişam; **ef'ful.gent** □ parlak, ışıyan; şaşaalı, görkemli.
ef.fuse [e'fju:z] *v/t.* dışarı akıtmak, dökmek, sızdırmak; **ef.fu.sion** [i'fju:ʒən] *n.* dökme, içini boşaltma *(a. fig.)*; akma; dökülen, akan *veya* sızan sıvı *veya* gaz; **ef'fu.sive** □ [~siv] taşkın, taşan, bol, coşkun; **ef'fu.sive.ness** *n.* taşkınlık, coşkunluk, bolluk.
eft *zo.* [eft] *n.* ufak semender *veya* kertenkele.
egg¹ [eg] *mst* ~ on *v/t.* *b-ni bşi* yapması için sıkıştırmak, tahrik etm., gayrete getirmek.
egg² [~] *n.* yumurta, tohum; in the ~ ilk aşamada, başlangıç devresinde; bad ~ F ciğeri beş para etmez adam; put all one's ~ in one basket varını yoğunu tek bir şeye bağlayarak tehlikeye atmak, tüm sermayesini bir işe yatırmak; as sure as ~s is ~s F hiç şüphesiz, kaçınılması olanaksız; **'~-cup** *n.* yumurta kabı; **'~-flip** *n.* yumurtalı içki; **'~.head** *n.* *Am. sl.* entellektüel, aydın *b-i*; **'~-nog** = egg-flip; **'~-plant** *n.* ⚘ patlıcan; **'~-shell** *n.* yumurta kabuğu; **'~-whisk** *n.* yumurta çırpma teli.
eg.lan.tine ⚘ ['egləntain] *n.* bir tür kokulu gül, yaban gülü.
e.go ['egəu] *n.* benlik, mevcudiyet, varlıkı, varoluş, ben, ego; **'e.go.ism** *n.* bencilik, egoizm, yalnız kendi öz varlığını düşünme ve sevme, hodbinlik; **'e.goist** *n.* egoist, bencil, hodbin, yalnız kendi çıkarını düşünen *b-i*; **e.go'is.tic, e.go'is.ti.cal** □ egoist, bencil, kendi çıkarını düşünen, hodkâm, menfaatperest; **e.go.tism** ['~tizəm] *n.* kendini beğenme, hodpesentlik; **'ego.tist** *n.* kendinden çok bahseden kimse, benbenci; *k-ni* beğenmiş *b-i*; **e.go'tis.tic, e.go'tis.ti.cal** □ *k-ni* beğenmiş, *k-ni* dev aynasında gören.
e.gre.gious *iro.* □ [i'gri:dʒəs] fevkalâde kötü, çok kötü, işitilmemiş.
e.gress ['i:gres] *n.* çıkış, çıkılacak yer; *fig.* çıkar yol, çare.
e.gret ['i:gret] *n.* *orn.* bir tür küçük beyaz balıkçıl; sorguç, kuş tepeliği.
E.gyp.tian [i'dʒipʃən] 1. *adj.* Mısır'a ait; 2. *n.* Mısırlı.
eh [ei] *int.* nasıl?; ya?; Vay!; Ey!
ei.der ['aidə] *n.* *a.* ~-duck *orn.* pufla, kuzey kutbuna yakın yerlerde yaşayan bir tür ördek; ~ down pufla tüyünden yapılan yastık, yorgan vs.
eight [eit] 1. *adj.* sekiz; 2. *n.* sekiz rakamı; ⚓ sekiz kişilik skif; behind the ~ ball *Am.* sıkıntıda, zor durumda; **eight-een** ['ei'ti:n] *n.* & *adj.* onsekiz; **'eight-'eenth** [~θ] *n.* & *adj.* onsekizinci; **eight-fold** *adj.* & *adv.* sekiz misli; **eighth** [eitθ] 1. *adj.* sekizinci; 2. *n.* sekizde bir; **'eighth-ly** *adv.* sekizinci olarak; **eight-'hour day** sekiz saatlik çalışma günü; **eight.i.eth** ['~iiθ] *adj.* sekseninci; **'eight.some** [~səm] *n.* *(8 dansçı ile yapılan)* bir İskoç dansı; **'eight.y** *n.* & *adj.* seksen.
eis.tedd.fod [ais'teðvɔd] *n.* Gal ülkesinde müzisyenler, edebiyatçılar ve saz şairlerinin yıllık yarışması.
ei.ther ['aiðə] 1. *adj.* & *pron.* ikisinden biri, ya o ya bu, her iki; 2. *cj.* ~ ... or ...ya ...yahut...
e.jac.u.late [i'dʒækjuleit] *vb.* birdenbire söyleyivermek; atmak, fışkırtmak; **e.jac-u'la.tion** *n.* ünlem, nida; dışarı atma, fışkırtma.

e.ject [i:dʒekt] *v/t.* dışarı atmak, kovmak (from *-den*), çıkarmak, fışkırtmak; *(görev)* azletmek; **e'jec.tion** *n.* çıkarma, kovma, azil; fışkıran şey; **e'ject.ment** *n.* ⚖ boşaltma, tahliye, çıkarma; **e'jec.tor** *n.* ⊕ tırnak, tüfekten boş kovanları atan mekanizma; **~-seat** *n.* ✈ fırlatma koltuğu.

eke [i:k]: **~ out** *v/t.* tamamlamak, ikmal etm. (with, by *ile*), *(maaş)* katkı sağlamak, idareli kullanmak, idare etmek; **~ out a miserable existence** kıt kanaat geçinmek.

el *Am.* F [el] = **elevated railroad.**

e.lab.o.rate **1.** □ [i'læbərit] dikkatle işlenmiş, özenilmiş, kusursuz; komplike, detaylı; **2.** [~reit] *vb.* incelikle işlemek, ayrıntılı olarak hazırlamak; **e'lab.o.rateness** [~ritnis], **e.lab.o.ra.tion** [~'reiʃən] *n.* özenli işleme; detay.

e.lapse [i'læps] *v/i.* *(zaman)* geçmek, akmak.

e.las.tic [i'læstik] **1.** *adj.* (**~ally**) elâstiki, esnek *(a. fig.)*, eski şeklini alan; hoşgörü sahibi, kendini çabuk toparlayan; **2.** *n.* lastik bant; **e.las.tic.i.ty** [elæs'tisiti] *n.* elastikiyet, esneklik; *fig.* takat, kudret.

e.late [i'leit] *v/t.* sevindirmek, mutlu etm., gurur vermek; **e'lated** *adj.* sevinçli, mutlu, gururlu (**at, with**); **e'la.tion** *n.* sevinç, kıvanç, gurur.

el.bow ['elbəu] **1.** *n.* dirsek; kavis, dönemeç, viraj; ⊕ dirsek, açı; **at one's ~** elinin altında yardıma hazır; **out at ~s** kılıksız, pejmürde; *fig.* sefil, perişan; **2.** *v/t.* dirsekle dürtmek; **~ one's way through** ite kaka *k-ne* yol açmak; **~ out** *b-ni* bir yerden atmak, defetmek; **'~-chair** *n.* koltuk; **'~-grease** *n.* F *(parlatma, temizleme)* el emeği; **'~-room** *n.* hareket serbestliği olan yer.

eld.er¹ ['eldə] **1.** *adj.* daha yaşlı, büyük; **2.** *n.* ihtiyar; kilise mütevelli heyeti üyesi; **my ~s** ailedeki büyüklerim.

el.der² ⚘ [~] *n.* mürver ağacı.

eld.er.ly ['eldəli] *adj.* yaşlı(ca), geçkin.

eld.est ['eldist] *adj.* en yaşlı, en büyük; **the ~ born** ilk doğan çocuk.

e.lect [i'lekt] **1.** *adj.* seçilmiş, seçimi kazanmış; *eccl.* cennete gidecek; **bride ~** nişanlı; **2.** *vb.* seçilmek; karar vermek (**to do**); **3.** *n. pl. eccl.* **the ~s** cennete gidecek olanlar; **e'lec.tion** *n.* seçim; **e.lection.eer** [~ʃə'niə] *v/i.* seçim propogandası yapmak; **e.lec.tion'eer.ing** *n.* seçim propagandası; **e'lec.tive** **1.** □ seçimle getirilen; seçme yetkisi olan; seçim...; *Am.* isteğe bağlı, ihtiyarî; **2.** *n.* *Am.* seçmeli ders; **e'lec.tive.ly** *adv.* seçimle, seçim yoluyla; **e'lec.tor** *n.* seçmen, seçme yetkisi olan *b-i*; *hist.* kutsal Roma imparatorunu seçen altı seçiciden *b-i*; **e'lec.tor.al** *adj.* seçim...; seçmen...; seçimle ilgili; **~ address** seçim nutku; **~ college** *Am.* seçmenler kurulu; **~ roll** seçmen listesi; **e'lec.tor.ate** [~tərit] *n.* seçmenler; **e'lec-trees** *n. hist.* kutsal Roma imparatorunu seçen altı seçiciden kadın olanı; kadın seçmen.

e.lec.tric [i'lektrik], **e'lec.tri.cal** □ elektrik(li); elektro...; *fig.* elektriklen(dir)ilmiş; **e'lec.tri.cal en.gi.neer** elektrik mühendisi.

e.lec.tric...; ~ blue çelik mavisi; **~ chair** elektrikli sandalye.

e.lec.tri.cian [ilek'triʃən] *n.* elektrik teknisyeni, elektrikçi; **e.lec'tric.i.ty** [~siti] *n.* elektrik; elektrik akımı; **e.lec.tri.fi'cation** *n.* elektrikle(n)me; **e'lec.tri.fy** [~fai], **e'lec.trize** *v/t.* elektrikle(ndir)mek *(a. fig.)*; elektrikleştirmek; heyecana getirmek, coşturmak.

e.lec.tro [i'lektrəu] *prefix* elektrikle işleyen, elektro...; **e'lec.tro.cute** [~trəkju:t] *v/t.* elektrikli sandalyede idam etm., elektrik akımı vererek öldürmek; **e.lectro'cu.tion** *n.* elektrikle idam *veya* ölüm; **e'lec.trode** [~trəud] *n.* elektrot; **e'lec.tro-dy'nam.ics** *n. mst sg.* elektrodinamik; **e.lec.tro.lier** [~'liə] *n.* elektrikli avize; **e'lec.tro.lyse** [~laiz] *v/t.* elektrikle ayrıştırmak; **e.lec.trol.y.sis** [ilek'trɔlisis] *n.* elektroliz; **e.lec.tro.lyte** [i'lektrəulait] *n.* elektrolit; **e.lec.tro.lyt.ic** [~'litik] *adj.* elektrolitik; **e'lec.tro'mag.net** *n.* elektrikli mıknatıs; **e'lec.tro'met.al.lur.gy** *n.* madenleri alaşımlarından ayırmada kullanılan elektrikli yöntem bilimi; **e'lec.tro'mo.tive** *adj.* elektrik akımının geçmesini sağlayan; **e'lec.tro'mo.tor** *n.* elektromotor.

e.lec.tron [i'lektrɔn] *n.* elektron; *attr.* elektron...; **e.lec'tron.ic** *adj.* elektronik...; **e.lec'tron.ics** *n. sg.* elektronik bilimi.

e.lec tro.plate [i'lektrəupleit] **1.** *v/t.* elektroliz usulü ile kaplamak; **2.** *n.* bu şekilde kaplanmış eşya; **e'lec.tro type** *n.* galvanize klişe, elektrikle yapılmış klişe.

el.ee.mos.y.nar.y [elii:'mɔsinəri] *adj.* sadaka olarak verilmiş.

el.e.gance ['eligəns] *n.* zarafet, şıklık, incelik; **'el.e.gant** □ zarif, şık, ince, kibar, nazik, *Am.* birinci sınıf.

el.e.gi.ac [eli'dʒaiək] **1.** *adj.* hüzünlü, elemlı, hazin, mersiye tarzında; **2.** *n.* mersiye tarzında yazılmış şiir.
el.e.gy ['elidʒi] *n.* ağıt, mersiye, eleji.
el.e.ment ['elimənt] *n.* öğe, unsur, eleman; cüz, esas *(hava, ateş, toprak, su gibi)* dört ana unsurdan her biri; ⚡ pil; ⚗ element; ~s *pl.* esaslar, elementer bilgiler; kötü hava şartları; **el.e.men.tal** [~ment] □ temel, ilkel, basit, elemanter, esas(lı); doğaya ait; **el.e'men.ta.ry** □ basit, öz, başlangıç; ilk...; ~ school ilkokul; elementaries *pl.* esaslar, unsurlar.
el.e.phant ['elifənt] *n.* *zo.* fil; white ~ değerli fakat işe yaramayan mal, mülk; **el.e.phan.tine** [~'fæntain] *adj.* fil gibi..., hantal, kaba.
el.e.vate ['eliveit] *v/t.* yükseltmek; *fig.* sesini yükseltmek, yaygara koparmak; **'el.e.vat.ed** **1.** *adj.* yüksek, yüce, ulu; F çakırkeyf; ~ railroad = **2.** *n.* *Am.* F şehir içinde yapılmış sütunlar üzerinden geçen demiryolu; **el.e'va.tion** *n.* yükseltme, yüceltme; yükseklik, yücelik, irtifa, rakım, altıtüt; yüksek yer, tepe; *ast.* yıldızların yüksekliği; ⊕ dikey kesit; **'el.e.va.tor** *n.* ⊕ kaldırma mekanizması; *Am.* asansör; ✈ irtifa dümeni; (grain) ~ *Am.* tahıl ambarı; bucket ~ ⊕ tahılı üst katlara nakleden makine.
e.lev.en [i'levn] **1.** *adj.* onbir; **2.** *n.* onbir rakkamı; ~-'plus **ex.am.i.na.tion** *n.* İngiltere'de 11 yaşına gelen çocuğun girdiği ortaokul giriş sınavı; **e'lev.enth** [~θ] *adj.* onbirinci; at the ~ hour son dakika, son anda.
elf [elf] *n., pl.* **elves** [elvs] peri, cin; cüce; **elf.in** ['~in] *adj.* cin gibi, ele avuca sığmaz; **'elf.ish** *adj.* yaramaz, şirret.
e.lic.it [i'lisit] *v/t.* *(bilgi vs.)* sağlamak; *(gerçek)* aydınlığa kavuşturmak.
e.lide *gr.* [i'laid] *v/t.* hızlı konuşurken atlamak, telaffuz etmemek *(harf, hece).*
el.i.gi.bil.i.ty [elidʒə'biliti] *n.* uygunluk, tercih; **'el.i.gi.ble** □ seçilebilir, uygun, elverişli; evlilik için uygun *(koca).*
e.lim.i.nate [i'limineit] *v/t.* ayırmak, bertaraf etm.; ortadan kaldırmak, çıkarmak *(esp.* ⚗, ⚕, ⚙); **e.lim.i'na.tion** *n.* çıkarma, ayırma.
e.li.sion *gr.* [i'liʒən] *n.* çıkarma, şiirde özellikle sözcük sonundaki harf *ya da* hecenin okunmaması.
é.lite [ei'li:t] *n.* seçkin kimseler, elit tabaka.
e.lix.ir [i'liksə] *n.* iksir.
E.liz.a.be.than [ilizə'bi:θən] **1.** *adj.* İngiltere'de kraliçe I. Elizabeth devrine ait; **2.** *n.* o devirde yaşamış kimse.
elk *zo.* [elk] *n.* iri boynuzlu bir geyik türü.
ell *hist.* [el] *n.* endaze, arşın.
el.lipse ⚕ [i'lips] *n.* elips; **el'lipsis** [~sis] *n., pl.* **el'lipses** *gr.* [~si:z] bir tümcenin anlamı bozulmaksızın öğelerinden birinin atılması; **el'lip.tic, el'lip.ti.cal** □ [~tik(əl)] oval, eliptik, beyzi; anlatılmak isteneni tam açıklamayan, dolambaçlı *(söz).*
elm ⚘ [elm] *n.* karaağaç.
el.o.cu.tion [elə'kju:ʃən] *n.* söz söyleme sanatı, hitabet; **el.o'cu.tion.ar.y** [~ʃnəri] *adj.* hitabete ait; **el.o'cu.tion.ist** *n.* hatip, belagat sahibi *b-i.*
e.lon.gate ['i:lɔŋgeit] *v/t.* gerip uzatmak; **e.lon'ga.tion** *n.* uza(t)ma ,uza(n)mış kısım; *ast.* bir gezegenin güneş *ya da* uydusu arasındaki açı farkı.
e.lope [i'ləup] *v/i.* aşığı ile kaçmak, evlenmek için evden kaçmak; **e'lope.ment** *n.* *b-le* kaçma.
el.o.quence ['eləukwəns] *n.* belâgat, güzel söz söyleme sanatı; **'el.o.quent** □ beliğ, dokunaklı, belâgatli.
else [els] *adj. & adv.* yoksa; başka, daha; başka yer, başka zaman, başka şekilde: all ~ başka herşey; anyone ~ başka herhangi *b-i*; what ~? bundan başka ne var?; or ~ yoksa, aksi halde; **else'where** başka yer(de).
e.lu.ci.date [i'lu:sideit] *v/t.* açıklamak, izah etm., *(güçlük, sır)* aydınlatmak; **e.lu.ci'da.tion** *n.* açıklama, izah; **e'lu.ci.da.to.ry** *adj.* aydınlatıcı, açıklayıcı.
e.lude [i'lu:d] *v/t.* sakınmak, sıyrılmak, paçayı kurtarmak *-den.*
el.lu.sion [i'lu:ʒən] *n.* kaçıp kurtulma, sıyrılıma, sakınma; kaçamaklı söz; **e'lu.sive** [~siv] *adj.* tutulmaz, ele geçmez; **e'lu.sive.ness** *n.* yakalanmayış, sakınma, kaçamak; **e'lu.so.ry** *adj.* aldatıcı, yanıltıcı.
elves [elvz] *pl. of* elf.
E.lys.ian [i'liziən] *adj.* cennete ait, cennet gibi; semavî, ilahî; **E'lys.ium** [~iəm] *n.* cennet, mutluluk bahçesi.
em [em] *n.* *typ.* katrat, harfler arasına konan yazısız maden parçası.
e.ma.ci.ate [i'meiʃieit] *v/t.* çok zayıflatmak, bir deri bir kemik bırakmak; **e.ma.ci.a.tion** [imeisi'eiʃən] *n.* çok zayıflatma.
em.a.nate ['eməneit] *vb.* çıkmak, yayılmak (from *-den*); **em.a'na.tion** *n.* çıkma, yayılma.
e.man.ci.pate [i'mænsipeit] *v/t.* serbest bırakmak, özgür kılmak; **e.man.ci'pa.tion** *n.* serbest bırakma, eşit hakları ver-

me; e'man.ci.pa.tor *n.* serbest bırakan, azat eden *b-i.*
e.mas.cu.late 1. [i'mæskjuleit] *v/t.* hadım etm., iğdiş etm.; kuvvetten düşürmek; *(metin)* sansür ederek hafifletmek; 2. [~lit] *adj.* kuvvetten düşmüş; efemine, kadın tavırlı; **e.mas.cu.la.tion** [~'leiʃən] *n.* hadım etme *veya* edilme; kuvvetten düş(ür)me; *(metin)* sansür etme.
em.balm [im'bɑːm] *v/t.* mumyalamak, tahnit etm.; anmak, anısını yaşatmak; be ~ed unutulmamak; **em'balm.ment** *n.* mumyalama, tahnit.
em.bank [im'bæŋk] *vb. (toprak, taş vs. ile)* etrafına set yapmak; **em'bank.ment** *n.* set, bent; rıhtım; set yapma.
em.bar.go [em'bɑːgəu] 1. *n.* ambargo, ticareti sınırlama, yasaklama; 2. *vb.* ambargo koymak, müsadere etm.
em.bark [im'bɑːk] *v/t.* & *v/i.* gemiye bin(dir)mek (for); *(para)* yatırmak; *bşe* girişmek, yanaşmak (in, on, upon); **em.bar-ka.tion** [embɑː'keiʃən] *n.* gemiye bin(dir)me; girişim.
em.bar.rass [im'bærəs] *v/t.* şaşırtmak; utandırmak, mahcup etm., sıkmak; engellemek, mani olm.; ~ed *adj.* mahcup, sıkılgan, çekingen, şaşkın; *(para)* sıkıntıda; **em'bar.rass.ing** ☐ utandırıcı; nahoş, sıkıntılı; **em'bar.rass.ment** *n. (para)* sıkıntı; sıkılganlık, utanma, şaşkınlık.
em.bas.sy ['embəsi] *n.* büyük *veya* orta elçilik; sefarethane.
em.bat.tle [im'bætl] *vb.* meydan savaşına hazırlamak; harp düzeninde mevzilemek; mazgal yapmak.
em.bed [im'bed] *v/t.* gömmek, yerleştirmek.
em.bel.lish [im'beliʃ] *v/t.* süslemek, güzelleştirmek; *(hikâye)* gerçek olmayan ayrıntılar ekleyerek ilginç hale sokmak; **em'bel.lish.ment** *n.* süsleme, güzelleştirme, süs.
em.ber-days ['embədeiz] *n .pl.* bazı hıristiyan kiliselerinde dua ederek ve oruç tutarak *(et yemeyerek)* geçirilen üçer günlük dört mevsim perhizi.
em.bers ['embəz] *n. pl.* sönmekte olan ateş, kor, köz; *fig.* kıvılcım.
em.bez.zle [im'bezl] *vb.* zimmetine geçirmek; **em'bez.zle.ment** *n.* zimmetine geçirme; **em'bez.zler** *n.* zimmetine para geçiren *b-i.*
em.bit.ter [im'bitə] *v/t.* acılaştırmak; gücendirmek, öfkelendirmek.
em.bla.zon [im'bleizən] *vb.* aileye ait armalarla süslemek; *fig.* ayyuka çıkarmak; **em'bla.zon.ry** *n.* arma ressamlığı; süsleme.
em.blem ['embləm] *n.* sembol, simge, amblem, işaret; **em.blem.at.ic, em.blem-at.i.cal** ☐ [embli'mætik(əl)] sembolik.
em.bod.i.ment [im'bɔdimənt] *n.* cisimlenme, şekil alma; düzenleme; **em.bod.y** *v/t.* cisimlendirmek, temsil etm., ifade etm., belirtmek; içermek; düzenlemek; *(ülke)* ilhak etm.
em.bold.en [im'bəuldən] *vb.* cesaret vermek, teşvik etm.
em.bo.lism ⚕ [embəlizəm] *n.* amboli, damar tıkanması.
em.bos.om [im'buzəm] *v/t.* kucaklamak, bağrına basmak; ~ed with etrafı ... ile çevrili.
em.boss [im'bɔs] *vb.* kabartma işleri yapmak, kakmak, çekiçle dövmek; **em'bossed** *adj.* kabartmalı; ~ note-paper kabartma simgeli kağıt.
em.bow.el [im'bauəl] *vb. (ölen hayvanın)* bağırsaklarını çıkarmak.
em.brace [im'breis] 1. *v/t.* & *v/i.* kucakla(ş)mak, kolları arasına almak; (meslek) seçmek, tutmak; kabul etm., benimsemek; 2. *n.* kucakla(ş)ma, sarılma.
em.bra.sure [im'breiʒə] *n.* bir kapı *veya* pencerenin meyilli pervazı, mazgal eğimi.
em.bro.cate ['embrəukeit] *v/t.* ovmak, friksiyon yapmak; **em.bro'ca.tion** *n.* ovuşturma, friksiyon.
em.broi.der [im'brɔidə] *v/t. -in* üzerine nakış işlemek; *fig.* abartmak, ballandırmak; **em'broi.der.y** *n.* nakış işleme; *fig.* abartı, mübalâğa.
em.broil [im'brɔil] *vb.* ara bozmak, karmakarışık etm., dallandırıp budaklandırmak, karıştırmak; **em'broil.ment** *n.* karışıklık, anlaşmazlık.
em.bry.o ['embriəu] *n.* cenin, dölüt; in ~ gelişmemiş halde, tasarı halinde; **em-bry.on.ic** [~'ɔnik] *adj.* cenine ait; gelişmemiş, ilkel *(a. fig.).*
em.bus [im'bʌs] *vb.* (motorlu araca) bin(dir)mek.
e.mend [iːmend] *v/t.* (metin) düzeltmek, tashih etm.; **e.men'da.tion** *n.* tashih, düzeltme; **'e.men.da.tor** *n. (metin)* tashihçi, düzelten; **e'mend.a.to.ry** [~dətəri] *adj.* düzeltme kabilinden, tashihî.
em.er.ald ['emərəld] 1. *n.* zümrüt; 2. *adj.* zümrüt yeşili rengi.
e.merge [i'məːdʒ] *v/i.* ortaya çıkmak (from, out of *-den*); *fig.* sökün etm.; görünmek, doğmak, gözükmek; hasıl olm.; **e'mer.gence** *n.* çıkma, zuhur.

e.mer.gen.cy [iˈməːdʒənsi] *n.* olağanüstü durum, tehlike; **~ brake** imdat freni; **~ call** istimdat, imdat isteme; **~ decree** geçici yasa, kararname; **~ ex.it** ihtiyat, imdat kapısı; **~ land.ing** ✈ zorunlu iniş; **~ man** *spor:* yedek oyuncu.

e.mer.gent [iˈməːdʒənt] *adj.* çıkan, zuhur eden; **~ countries** *pl.* fakir ve bağımlı durumdan zengin ve bağımsız duruma geçen devletler.

e.mer.sion [iˈməːʃən] *n.* yeniden görünme; *ast.* bir gök cisminin tam *veya* yarım tutulmadan sonra yeniden görünmesi.

em.er.y [ˈeməri] *n.* zımpara; **ˈ~-cloth** *n.* zımpara bezi; **ˈ~-pa.per** *n.* zımpara kağıdı.

e.met.ic [iˈmetik] **1.** *adj.* kusturucu; **2.** *n.* kusturucu ilaç.

em.i.grant [ˈemigrənt] **1.** *adj.* göç eden; **2.** *n.* göçmen; **em.i.grate** [ˈ~greit] *v/i.* göçmek, göç etm.; **em.iˈgra.tion** *n.* göç, hicret; **em.i.gra.to.ry** [ˈ~greitəri] *adj.* göçmen...

em.i.nence [ˈeminəns] *n.* yükseklik; yüksek yer, tepe; yüksek rütbe, itibar; **ˈem.i.nent** ☐ *fig.* seçkin, yüksek, mümtaz, güzide (in, for); **ˈem.i.nent.ly** *adv.* pek, gayet, fevkalade.

e.mir [eˈmiə] *n.* emir; **e.mir.ate** [eˈmiərit] *n.* emirlik.

em.is.sar.y *n.* kurye, özel bir görevle gönderilen memur, gizli ajan; **e.mis.sion** [iˈmiʃən] *n.* yayma, çıkarma, neşretme; çıkarılan şey; *phys.* yayılma; *fig.* sonuç, tesir; ✝ tahvil çıkarma.

e.mit [iˈmit] *v/t.* çıkarmak, neşretmek, dışarı vermek, fışkırtmak, yaymak; ✝ tedavüle çıkarmak; *fig.* söylemek.

e.mol.u.ment [iˈmɔljumənt] *n.* ücret, bir hizmet karşılığı alınan para; **~s** *pl.* gelir, irat, varidat.

e.mo.tion [iˈməuʃən] *n.* heyecan, duygu, his; **eˈmo.tion.al** [~ʃənl] ☐ duygulu, heyecanlı, hassas, duygusal, dokunaklı, hislerine kolay kapılan; **e.mo.tion.al.i.ty** [~ʃəˈnæliti] *n.* duygunluk, hassasiyet, duyarlık; **eˈmo.tion.less** *adj.* hissiz, duyarsız, soğuk neva; **eˈmo.tive** *adj.* duygusal, hissî.

em.pan.el [imˈpænl] *vb.* *(jüri heyeti)* adını listeye yazmak.

em.pa.thy *psych.* [ˈempəθi] *n.* duyarlık, *b-nin* duygularını seziş inceliği.

em.per.or [ˈempərə] *n.* imparator.

em.pha.sis [ˈemfəsis] *n., pl.* **em.pha.ses** [ˈ~siːz] şiddet, vurgu, kuvvet; önem; **em.pha.size** [ˈ~saiz] *v/t.* önem vermek *-e*; vurgulamak *-i*; **em.phat.ic** [imˈfætik] *adj.* (**~ally**) etkili; vurgulu, önemli; **be ~ that** kesinlikle ...ki .

em.pire [ˈempaiə] *n.* imparatorluk; **the British** 2 Büyük Britanya İmparatorluğu.

em.pir.ic [emˈpirik] **1.** *n.* bilginin kitaplardan değil, deneyle edinileceğine inanan *b-i*; şarlatan; **emˈpi.ri.cal** ☐ edinilen deneyimlere göre, deneysel, ampirik; **emˈpir.i.cism** [~sizəm] *n.* bilginin esasının deneye dayandığını ileri süren felsefî görüş, görgücülük; şarlatanlık; **emˈpir.i.cist** *n.* bu görüşe inanan *b-i*; şarlatan.

em.place.ment ⚔ [imˈpleismənt] *n.* top mevzii, tabya.

em.plane [imˈplein] *v/t.* & *v/i.* uçağa bin(dir)mek.

em.ploy [imˈplɔi] **1.** *v/t.* kullanmak, istihdam etm., çalıştırmak *-i*, iş vermek *-e*; *(vakit, enerji)* sarfetmek, vermek; **2.** *n.* görev, hizmet; **in the ~ of** hizmetinde; **em.ploy.é, em.ploy.ée** [ɔmˈplɔiei], **em.ploy.ee** [emplɔiˈiː] *n.* işçi, müstahdem, işalan; **em.ploy.er** [imˈplɔiə] *n.* işveren, patron; **emˈploy.ment** *n.* iş verme, memuriyet, istihdam; **~ agency** iş ve işçi bulma kurumu; **place of ~** işyeri; 2 **Exchange** iş ve işçi bulma bürosu.

em.po.ri.um [emˈpɔːriəm] *n.* alışveriş merkezi, dükkân, bonmarşe, ticaret merkezi.

em.pow.er [imˈpauə] *v/t.* yetki vermek *e*, ehil kılmak *-i*.

em.press [ˈempris] *n.* imparatoriçe.

emp.ti.ness [ˈemptinis] *n.* boşluk; **ˈemp.ty 1.** ☐ boş; anlamsız; *fig.* kof; F aç; **2.** *vb.* boşal(t)mak, dökmek, akıtmak, tahliye etm.; **3.** *n.* içi boş şey; **empties** *pl.* ✝ bos *(sandıklar, şişeler vs.)*.

em.pur.ple [imˈpəːpl] *v/t.* mor renge boyamak, morartmak.

e.mu *orn.* [ˈiːmjuː] *n.* Avustralya'da yaşayan devekuşuna benzer bir tür kuş.

em.u.late [ˈemjuleit] *v/t.* rekabet halinde bulunmak, yarışmak, *b-ni k-ne* örnek almak, aynı başarıları elde etm.; **em.uˈla.tion** *n.* rekabet, yarışma gayreti; **em.u.la.tive** [ˈ~lətiv] *adj.* rekabet edici (of); **em.u.la.tor** [ˈ~leitə] *n.* *b-ni k-ne* örnek alan *b-i*; **ˈem.u.lous** ☐ (of) *b-ne* benzemeye çalışan, gıpta eden, *b-ni* kıskanan.

e.mul.sion ⚗ [iˈmʌlʃən] *n.* emulsiyon, sübye, mustahlep.

en.a.ble [ˈineibl] *v/t.* muktedir kılmak, kuvvet vermek *-e*, yetki vermek, imkân vermek *-e*; izin vermek.

en.act [iˈnækt] *v/i.* kararlaştırmak, hükmetmek; *(yasa)* çıkarmak; *thea.* temsil etm., oynamak; be ~ed oynana oynana aşınmak; **en'act.ment** *n.* yasalaştırma; yasa, kararname.

en.am.el [i'næməl] **1.** *n.* emay, *(diş)* mine, sır; **2.** *vb.* mine ile kaplamak, sırlamak; *poet.* süslemek.

en.am.o(u)r [i'næmə] *v/t.* aşık etm.; be ~ed of aşık, tutkun *-e.*

en.cage [in'keidʒ] *v/t.* kafese koymak, kafese kapamak.

en.camp ⚔ [in'kæmp] *v/i.* ordugâh kurmak, kamp kurmak; **en'camp.ment** *n.* ordugâh, karargâh, kamp.

en.case [in'keis] *v/t.* kılıflamak, örtmek; **en'case.ment** *n.* kılıf, mahfaza, örtü.

en.cash.ment ✝ [in'kæʃmənt] *n.* tahsil etme, paraya çevirme, ahzu kabz.

en.caus.tic [en'kɔːstik] **1.** *adj.* renkli mumlar ısıtılarak boyanmış *(kiremit, çini vs.)*; **2.** *n.* renkli mumları bir yüzeye sürüp ısı ile sabitleştirerek yapılan bir boyama metodu.

en.ceph.a.li.tis ⚕ [enkefə'laitis] *n.* beyin iltihabı, ansefalit.

en.chain [in'tʃein] *v/t.* zincirlemek, zincire vurmak (in, with, by); *k-ne* bağlamak, celbetmek.

en.chant [in'tʃɑːnt] *v/t.* büyülemek, *k-ne* bağlamak; *fig.* aklını başından almak, çıldırtmak; **en'chant.er** *n.* büyüleyen kimse, büyücü; **en'chant.ment** *n.* büyü, sihir, cazibe; **en'chant.ress** *n.* büyücü kadın; büyüleyen kadın, dilber.

en.chase [in'tʃeis] *vb.* kalemle kazımak *(çizmek, oymak)*; *(kıymetli taş)* yerleştirmek, oturtmak; *fig.* süslemek.

en.cir.cle [in'səːkl] *v/t.* (by, with, in) kuşatmak, etrafını çevirmek, sarmak; **en'cir.cle.ment** *n.* kuşatma, ihata; *pol.* kuşatma politikası.

en.close [in'kləuz] *v/t.* (by, in) çitle etrafını çevirmek, kuşatmak, katmak, ilâve etm.; ilişikte göndermek; **en'clo.sure** [~ʒə] *n.* çit; çit *veya* duvarla çevrili arazi; ilişik kağıt, ilişikte gönderilen şey.

en.co.mi.ast [en'kəumiæst] *n.* methiye yazan kimse, kaside yazarı; **en'co.mi.um** [~mjəm] *n.* methiye, övücü nutuk.

en.com.pass [in'kʌmpəs] *v/t. -in* etrafını çevirmek, kuşatmak.

en.core [ɔŋ'kɔː] **1.** *int.* bir daha!, tekrar!; **2.** *v/i.* gelsin diye bağırmak; *v/t.* bir şarkı vs.'nin tekrarlanmasını istemek; **3.** *n.* tekrar etme; program dışı parçası, bis.

en.coun.ter [in'kauntə] **1.** *n.* karşılaşma, rastlantı, tesadüf, karşı karşıya gelme; çarpışma; **2.** *v/t.* karşılamak; *b-ne, bşe* birdenbire rastlamak, karşı karşıya gelmek; çarpışmak.

en.cour.age [in'kʌridʒ] *v/t.* teşvik etm., cesaret vermek *-e*; **en'cour.age.ment** *n.* teşvik, cesaret verme; **en'cour.ag.er** *n.* teşvik eden, cesaret veren *b-i.*

en.croach [in'krəutʃ] *v/i.* tecavüz etm., el uzatmak (on, upon *-e*); sokulmak, nüfuz etm.; halel getirmek *-e*; ~ upon s.o.'s kindness *b-nin* iyiliğini suistimal etm.; **en'croach.ment** *n.* tecavüz, müdahale, karışma (on, upon, in *-e*).

en.crust [in'krʌst] *vb.* kabuk bağlamak, sert bir tabaka oluşturmak (with *ile*); ⊕ üstüne katıca bir kabuk çekmek.

en.cum.ber [in'kʌmbə] *v/t.* yüklemek; tıkabasa doldurmak; mani olm., engel olm. *-e*; tıkamak *(yol)*; **en'cum.brance** *n.* yük; *fig.* engel, mani; ipotek, borçlar yükü; without ~ çocuksuz; ipoteksiz.

en.cyc.li.cal *eccl.* [en'siklikəl] *n.* Papanın Katolik piskoposlara gönderdiği mektup, tamim.

en.cy.clo.p(a)e.di.a [ensaikləu'piːdjə] *n.* ansiklopedi; **en.cy.clo'p(a)e.dic** *adj.* ansiklopedik.

end [end] **1.** *n.* son; amaç, gaye; sonuç, âkıbet; be at an ~ bitmiş tükenmiş olm.; no ~ of sonsuz, pek çok, sayısız; have s.th. at one's finger's ~s hükmetmek; in the ~ sonunda; on ~ dik, ayakta; aralıksız, arka arkaya, biteviye; stand on ~ *(tüyleri)* ürpermek; dikine koymak; to the ~ that ...amacı ile, böylece, bu suretle; to no ~ nafile, boşuna; to this ~ bu amaçla; come to an ~ son bulmak, bitmek; go off the deep ~ *fig.* kontrolunu kaybetmek ,öfkelenmek; make an ~ of, put an ~ to son vermek, bitirmek; make both ~s meet *(para)* geçinebilmek, iki yakasını bir araya getirmek; **2.** *v/t.* & *v/i.* bit(ir)mek, son vermek, son bulmak.

en.dan.ger [in'deindʒə] *v/t.* tehlikeye düşürmek.

en.dear [in'diə] *v/t.* sevdirmek (to *-e*); **en'dear.ing** *adj.* cazip, çekici, alımlı, edalı; şefkatli, müşfik; **en'dear.ment** *n.* okşama; sevgi dolu söz *ya da* davranış.

en.deav.o(u)r [in'devə] **1.** *n.* emek, çaba, gayret; **2.** *vb.* çalışmak, çabalamak, gayret etm., *bşi* elde etmeğe çalışmak (after).

en.dem.ic ⚕ [en'demik] **1.** *a.* **en'dem.i.cal** ☐ bir bölge *veya* zümreye ait, yöresel; **2.** *n.* yöresel hastalık.

end.ing ['endiŋ] *n.* son, nihayet; *gr.* sonek.

en.dive ⚘ ['endiv] *n.* hindiba, andilya.

end.less □ ['endlis] sonsuz, ebedî; ⊕ *(kayış, zincir vs.)* uçları birleştirilmiş, dairevi.

en.dorse [in'dɔːs] *v/t.* ☨ ciro etm.; kloz koymak; onaylamak; **endorsing ink** ıstampa mürekkebi; **en.dor.see** [endɔːsiː] *n.* *k-ne* ciro edilen kimse; lehdar; **endorse.ment** [in'dɔːsmənt] *n.* onay; ☨ ciro; **en'dors.er** *n.* ciro eden kimse, ciranta.

en.do.sperm ♀ ['endəuspəːm] *n.* besidokı, endosperm, tohumun içindeki besleyici doku.

en.dow [in'dau] *v/t.* donatmak; bahşetmek, *(bir hayır kurumu vs.'ye)* bağış yapmak; **en'dow.ment** *n.* bağış, teberru; vakıf, tahsisat; yetenek; Allah vergisi.

en.due *mst fig.* [in'djuː] *vb.* giy(dir)mek; *b-ni bşle* donatmak, teçhiz etm. (**with**); bahş ve ihsan etm., nasip etm.

en.dur.a.ble [in'djuərəbl] *adj.* dayanılabilir, tahammül edilebilir; **en'dur.ance** *n.* tahammül, sabır, metanet; **past ~** tahammül edilmez, çekilemez; **~ flight** havada kalış süresi; **~ run** mukavemet koşusu; **en'dure** *v/t.* tahammül etm., dayanmak *-e*; **en'dur.ing** *adj.* sürekli; sabırlı; dayanıklı.

end.way(s) ['endwei(z)], **end.wise** ['~waiz] *adv.* dik, dikine; uzunluğuna.

en.a.ma ⚕ ['enimə] *n.* lavman, tenkiye, şırınga.

en.e.my ['enimi] **1.** *n.* düşman, hasım; **the** ♀ şeytan, iblis; **2.** *adj.* düşmanca, hasmane.

en.er.get.ic [enə'dʒetik] *adj.* (**~ally**) enerjik, faal; etkili; **'en.er.gize** *vb.* ⚡ enerji, güç vermek; harekete geçmek; **'en.er.gy** *n.* enerji, güç, erke, kuvvet *(a. phys.)*, gayret, azim; faaliyet, hareket.

en.er.vate ['enəːveit] *v/t.* kuvvetten düşürmek, zayıflatmak; **en.er'va.tion** *n.* kuvvetten düşürme, zayıflatma.

en.fee.ble [in'fiːbl] *v/t.* kuvvetten düşürmek; **en'fee.ble.ment** *n.* kuvvetten düşürme; zayıflatma.

en.feoff [in'fef] *vb.* tımar *veya* zeamet şeklinde vermek; **en'feoff.ment** *n.* tımar *veya* zeamet fermanı.

en.fi.lade ⚔ [enfi'leid] **1.** *n.* yan ateşi; **2.** *vb.* yan ateşi ile taramak.

en.fold [in'fəuld] *v/t.* sarmak, katlamak; bağrına basmak, kucaklamak.

en.force [in'fɔːs] *vb.* zorlamak, zorla yaptırmak; zorla kabul ettirmek (**upon s.o.** *-e*), sözünü geçirmek (**upon s.o.** *-e*); ısrar etm.; yasaları uygulamak, icra etm., yürütmek; **en'force.a.ble** *adj.* uygulanabilir; **en'force.ment** *n.* uygulama, tatbik.

en.fran.chise [in'fræntʃaiz] *vb. pol.* seçim hakkı vermek *-e*; *(köle)* özgür kılmak, azat etm.; **en'fran.chise.ment** [~-ʃizmənt] *n.* oy verme hakkı, vatandaşlık haklarının tanınması; özgür kılma, azat etme.

en.gage [in'geidʒ] *v/t.* hizmete almak, tutmak, işe koymak, angaje etm.; işgal etm.; ilgi çekmek; ⚔ saldırmak, taarruz etm.; **be ~ed** nişanlı olm. (**to** *ile*); meşgul olm. (**in** *ile*); dolu olm.; **~ the clutch** tutturmak, kavramak; *v/i.* meşgul olm. (**to** *ile*); söz vermek, garanti etm.; meşgul olm. (**in** *ile*); ⚔ çarpışmak; ⊕ birbirine geçmek; **en'gage.ment** *n.* söz, vaat; angajman, hizmete alma; nişanlanma; randevu; ⚔ çarpışma; ⊕ *(dişli, çark vs.)* birbirine geçme; **en.gage.ment ring** nişan yüzüğü.

en.gag.ing *fig.* □ [in'geidʒiŋ] cazip, alımlı, sempatik.

en.gen.der *fig.* [in'dʒendə] *v/t.* meydana getirmek, oluşturmak, yaratmak, sebep olm.

en.gine ['endʒin] *n.* makine, motor; 🚂 lokomotif; yangın tulumbası; *fig.* vasıta, çıkar yol; alet edevat; **...'en.gined** ...motorlu; **'en.gine-driv.er** *n.* makinist.

en.gi.neer [endʒi'niə] **1.** *n.* mühendis; makinist; makineci; ⚔ istihkamcı; ⚓ çarkçı; *Am.* makinist; **2.** *vb.* mühendislik yapmak, inşa etm.; F becermek, başarmak; idare etm.; **en.gi'neer.ing** *n.* mühendislik, makinistlik; F hünerle kullanma; *attr.* teknik.

en.gine...: **'~-fit.ter** *n.* tesviyeci; **'~.man** *n.* makinist.

en.gird [in'gəːd] *(irr. gird) v/t.* kemer gibi sarmak; *fig.* kuşatmak.

Eng.lish ['iŋgliʃ] **1.** *adj.* İngiliz, İngilizce; **2.** *n.* İngilizce; **the ~** *pl.* İngilizler, İngiltere halkı; İngilizce tercüme; **in plain ~** *fig.* sözünü esirgemeden, dobra dobra; **the Queen's (King's) ~** temiz İngilizce; **'~.man** *n.* İngiliz erkeği; **'~.wom.an** *n.* İngiliz kadını.

en.gorge [in'gɔːdʒ] *vb.* oburca yemek, tıka basa doldurmak.

en.graft [in'grɑːft] *v/t.* aşılamak (**into, on, onto** *-e*); *fig. b-nin* hafızasına iyice yerleştirmek (**in**); dikmek (**on** *-e*).

en.grain [in'grein] *vb.* boyayı iyice emdirmek; *fig. (alışkanlık, zevk)* aşılamak; **en'grained** *adj.* ıslah olmaz, akıllanmaz; kök salmış, iyice yerleşmiş.

en.grave [in'greiv] *v/t.* hakketmek, oymak; *fig. b-nin* kafasına iyice yerleştirmek; **en'grav.er** *n.* hakkâk, oymacı; ~ on copper bakır hakkâkı; **en'grav.ing** *n.* hakkâk işi, ksilografi.

en.gross [in'grəus] *v/t.* zaptetmek, meşgul etm., işgal etm.; *(yazı)* temize çekmek; ~ed in dalmış -*e*, dalgın; meşgul; ~ing *adj.* ilginç, cezbedici *(kitap vs.)*; ~ing hand büro yazısı; **en'gross.ment** *n.* yığma, stok *(mal)*; *bşle* meşgul olma (of, with); temize çekilmiş yazı.

en.gulf [in'gʌlf] *fig. vb.* yutmak, içinde kaybolmak; girdap içine çekip yutmak.

en.hance [in'hɑːns] *v/t.* artırmak, yükseltmek, ziyadeleştirmek, çoğaltmak *(değer, güç, güzellik)*; **en'hance.ment** *n.* artma, çoğalma; artırma.

e.nig.ma ['inigmə] *n.* bilmece, muamma; **en.nig.mat.ic, e.nig.mat.i.cal** □ [enig'mætik(əl)] akıl ermez, muammalı, anlaşılmaz.

en.join [in'dʒɔin] *v/t.* emretmek, tembih etm. (on, upon s.o. -*e*); yasaklamak, menetmek (from, -*den*).

en.joy [in'dʒɔi] *v/t.* sevmek, hoşlanmak -*den*, *bşden* dolayı sevinmek, *bşden* zevk, lezzet almak; did you ~ it? hoşunuza gitti mi?; ~ o.s. zevk almak, hoşça vakit geçirmek; **en'joy.a.ble** *adj.* zevkli, enfes, eğlenceli, hoş, tatlı; **en'joy.ment** *n.* eğlence, zevk, haz.

en.kin.dle [in'kindl] *v/t.* tutuşturmak, alevlendirmek; uyandırmak, tahrik etm. *(a. fig.)*.

en.lace [in'leis] *v/t.* sarmak, dolamak.

en.large [in'lɑːdʒ] *v/t.* & *v/i.* büyü(lt)mek, genişle(t)mek *(a. phot.)*; *fig.* yayılmak (on, upon); **en'large.ment** *n.* büyü(lt)me; agrandisman; **en.larg.er** *n. phot.* agrandisör.

en.light.en [in'laitn] *v/t. fig.* aydınlatmak, bilgi vermek; ~ed *adj.* aydın; **en'light.en.ment** *n.* aydınlatma, aydınlanma; açıklama.

en.list [in'list] *v/t.* askere almak, kaydetmek; bir yardım sağlamak (in); ~ed man ⚔ asker; *v/i.* asker olm., gönüllü olm.; ~ in *b-ne* sahip çıkmak, kayırmak; **en'list.ment** *n.* ⚔ kaydetme, kaydedilme; *fig.* kazanma.

en.liv.en [in'laivn] *v/t.* canlandırmak, gayrete getirmek, teşvik etm.

en.mesh [in'meʃ] *v/t.* ağa düşürmek, *b-ni* kendi tuzağına düşürmek.

en.mi.ty ['enmiti] *n.* düşmanlık.

en.no.ble [i'nəubl] *v/t.* asilleştirmek *(a. fig.)*, yükseltmek, kıymetlendirmek.

e.nor.mi.ty [i'nɔːmiti] *n.* alçaklık, büyük kötülük; büyüklük, **e'nor.mous** □ kocaman, iri, muazzam.

e.nough [i'nʌf] **1.** *adj.* yetişir, elverir; **2.** *int.* yeter!, kâfi!; **3.** *n.* yeterince, gerekli miktar; **4.** *adv.* kâfi derecede; sure ~ elbette!, şüphesiz!; well ~ fena değil, oldukça iyi; be kind ~ to *inf.* ...mek lûtfunda bulunmak.

en.plane [in'plein] = emplane.

en.quire [in'kwaiə] = inquire.

en.rage [in'reidʒ] *v/t.* kızdırmak -*i*, öfkelendirmek -*i*; **en'raged** *adj.* kızgın, öfkeli (at, by).

en.rap.ture [in'ræptʃə] *v/t.* kendinden geçirmek, sonsuz hazlara boğmak -*i*.

en.rich [in'ritʃ] *v/t.* zenginleştirmek, zengin etm.; süslemek (by, with *ile*); **en'rich.ment** *n.* zenginleş(tir)me; süs, dekor.

en.rol(l) [in'rəul] *vb. b-ni veya k-ni* kaydetmek *(liste)*; ⚔ askere almak, yazmak; asker olm.; üyeliğe kaydetmek *(dernek)*; sicile kaydetmek; ~ (o.s.) yazılmak, kaydedilmek; askere yazılmak; **en'rol(l).ment** *n.* kaydolma; kaydedilenlerin sayısı.

en.san.guined [in'sæŋgwind] *adj.* kana bulanmış, kan lekeli.

en.sconce [in'skɔns] *v/t.* yerleştirmek; yataklık etm.; *mst* ~ o.s. F rahat bir şekilde oturmak, koltuğa gömülmek.

en.sem.ble [ãːn'sãːmbl] *n.* genel tesir, izlenim, parçaların tümünün bir arada algılanması; *thea.* topluluk; ♪ küçük topluluk; küçük orkestra için yazılmış eser; koro *(opera)*; piyesteki oyuncuların tümü; bir müzik topluluğunun birlik, denge ve başarı derecesi; takım *(elbise)*, döpiyes, iki *veya* daha fazla parçadan ibaret kadın kostümü.

en.shrine [in'ʃrain] *v/t.* mabede koymak; kutsal olarak kabul etm.

en.shroud [in'ʃraud] *v/t.* kefenlemek; örtmek, gizlemek.

en.sign ['ensain] *n.* bayrak, sancak, bandıra, alem; alâmet, nişan; ⚓ *Am.* ['ensn] teğmen.

en.si.lage ['ensilidʒ] **1.** *n.* siloya doldurma *(yem)*; **2.** = **en.sile** [in'sail] *v/t.* siloya depolamak *(yem)*.

en.slave [in'sleiv] *v/t.* köle yapmak, esir etm. (to -*e*), *k-ne* kul etm.; **en'slave.ment** *n.* köleleş(tir)me, esaret, kölelik; **en'slav.er** *n. k-ne* köle eden, boyunduruk altına alan *b-i*.

en.snare [in'snɛə] *v/t.* (by, in, into) tuzağa düşürmek; *fig.* baştan çıkarmak, ayartmak -*i*.

en.sue [in'sjuː] *v/i.* ardından gelmek; hasıl olm., gelmek, meydana çıkmak (from, on -den).

en.sure [in'ʃuə] *v/t.* sağlamak, temin etm., sağlama almak, garanti etm., korumak (against, from -den).

en.tab.la.ture ⩓ [en'tæblətʃə] *n.* saçaklık, direk üstü tabanı, sütun pervazı.

en.tail [in'teil] **1.** *v/t.* *bşe* neden olm., gerektirmek; *b-ne* bir mülkü başkasına devredilmemek üzere miras bırakmak; **2.** *n.* devredilemez mülk.

en.tan.gle [in'tæŋgl] *v/t.* dolaştırmak, karıştırmak; *fig.* *b-ni* bir işe karıştırmak, *b-nin* başını derde sokmak; **en'tan.gle-ment** *n.* karışıklık, dolaşıklık; ✕ engel, mania *(dikenli tel).*

en.tente [ã:n'tã:nt] *n.* anlaşma, ittifak, uyuşma, itilâf.

en.ter ['entə] *v/t.* girmek; dahil olm., yazılmak, katılmak; ayak basmak; *bşe* girişmek *(iş)*; sokulmak, zorla girmek; söze karışmak; yazmak, kaydetmek; ✝ deftere geçirmek; *(itiraz)* koymak; *b-ne bşi* bildirmek; *hayvan, motor:* alıştırmak, hazırlamak *(koşum, yarış)*; it ~ed his head kafasına girdi, anladı; ~ s.o. at school *b-ni* okula kaydettirmek; ~ up ✝ hesap defterine geçirmek; *v/i.* girmek (into *-e*); girişmek *-e*; ismini yazmak; *spor:* müsabakaya girmek, yazılmak (for); işe koyulmak; ~ Machbeth *thea.* Makbet sahneye girer; ~ into unsuru olm. *-in*; söze karışmak; *fig.* incelemek *(teklif)*; *fig.* taahhüt altına girmek *(anlaşma)*; eşelemek *(konu)*; ~ (up)on *bşe* başlamak, girişmek *(konu, iş)*; ⚖ mirasa konmak.

en.ter.ic ☤ [en'terik] *adj.* bağırsaklarla ilgili, bağırsak...; **en.ter.i.tis** [~tə'raitis] bağırsak iltihabı, anterit.

en.ter.prise ['entəpraiz] *n.* girişim, teşebbüs, iş, yatırım; girişkenlik; **'en.ter.pris-ing** □ müteşebbis, girişken, uyanık, açıkgöz; pervasız, cesur.

en.ter.tain [entə'tein] *vb.* eğlendirmek, ağırlamak, misafirliğe kabul etm.; göz önünde bulundurmak; hatırda tutmak; they ~ a great deal misafirleri eksik olmaz *(sık sık parti verirler)*; ~ s.o. to supper *b-ni* akşam yemeğine davet etm.; **en.ter'tain.er** *n.* prezantatör, eğlendiren aktör *(veya aktris)*; davet veren kimse; **en.ter'tain.ing** □ eğlenceli, hoşsohbet, eğlendiren; **en.ter'tain.ment** *n.* eğlence; ağırlama, davet; ~ tax eğlence vergisi.

en.thral(l) [in'θrɔ:l] *v/t.* *fig.* büyülemek, cezbetmek, hayran bırakmak.

en.throne [in'θrəun] *v/t.* tahta çıkarmak; *b-ni* gönlünde yüceltmek, yüksek yer vermek; **en'throne.ment, en.thron.i.za.tion** [enθrəunai'zeiʃən] *n.* tahta oturtma; tahta çıkma, cülûs *(hükümdar).*

en.thuse F [in'θju:z] *vb.:* ~ over *bşe* bayılmak, *b-ne* hayran kalmak, coşmak.

en.thu.si.asm [in'θju:ziæzəm] *n.* coşkunluk; can atma, heves, istek; **en'thu.si.ast** [~æst] *n.* *bşin* hayranı, aşırı taraftar (for, of); şevkli kimse; **en.thu.si'as.tic** *adj.* (~ally) heyecanlı, coşkun, hislerine kapılan, şevkli, hevesli (at, about).

en.tice [in'tais] *v/t.* ayartmak, vaatlerle baştan çıkarmak *-i*; **en'tice.ment** *n.* ayartma, kandırma, baştan çıkarma; cazibe, alımlılık; **en'tic.er** *n.* ayartan, baştan çıkaran, iğfal eden *b-i*; **en'tic.ing** □ ayartıcı, kandırıcı, cazip, çekici; işveli, fettan.

en.tire □ [in'taiə] tam, bütün, tamam, eksiksiz, bölünmemiş; iğdiş edilmemiş *(hayvan)*; **en'tire.ly** *adv.* büsbütün, tamamen; **en'tire.ness** *n.* bütünlük, tamamlık, yekparelik; **en'tire.ty** *n.* bütünlük, mükemmellik, tamamiyet.

en.ti.tle [in'taitl] *v/t.* yetki vermek *-e*, hak kazandırmak (to *-e*); ad vermek; be ~d to hakkı, yetkisi olm.

en.ti.ty ['entiti] *n.* varlık, mevcudiyet; legal ~ tüzelkişi, hukuki varlık.

en.tomb [in'tu:m] *v/t.* gömmek, defnetmek; mezar olm.; **en'tomb.ment** *n.* defin töreni, mezara koyma.

en.to.mol.o.gy *zo.* [entə'mɔlədʒi] *n.* entomoloji, böcek ilmi.

entr'acte *thea.* ['ɔntrækt] *n.* perde arası, antrakt.

en.trails ['entreilz] *n. pl.* bağırsaklar, iç uzuvlar *(hayvan).*

en.trance[1] ['entrəns] *n.* giriş, duhul, girme; giriş yeri, antre, giriş kapısı; vazifeye giriş (into *veya* upon office); *thea.* sahneye çıkış, sahneye giriş; *(liman)* boğaz, ağız.

en.trance[2] [in'tra:ns] *v/t.* kendinden geçirmek *-i*, coşturmak *-i*, büyülemek *-i*, hayran bırakmak *-i*.

en.trance... ['entrəns]: ~ **ex.am.i.na.tion** giriş sınavı; ~ **fee,** ~ **mon.ey** girmelik, duhuliye, giriş ücreti.

en.trant ['entrənt] *n.* giren, başlayan *b-i*; *spor:* müsabık, yarışmacı.

en.trap [in'træp] *v/t.* tuzağa düşürmek, avlamak, yakalamak; ayartmak (into, to *-e*).

en.treat [in'tri:t] *v/t.* ısrarla rica etm. *-den*, yalvarmak, dilemek (of); **en'treat.y** *n.* yalvarma, rica, dilek, niyaz.

en.trée [ˈɔntrei] *n.* giriş, giriş izni, giriş hakkı; ziyafetlerde balık ile asıl yemek arasında verilen yemek.

en.trench [inˈtrentʃ] *vb.* ✕ hendek *veya* siper kazmak, istihkâma yerleştirmek; *fig.* kök salmak; *fig.* *bşin* arkasına gizlenmek; **enˈtrench.ment** *n.* istihkâma yerleşme; istihkâm, siper.

en.tre.pre.neur [ɔntrəprəˈnəː] *n.* müteahhit, müteşebbis; müzikaller hazırlayan kimse, emprezaryo.

en.trust [inˈtrʌst] *v/t.* emniyet etm., emanet etm. (s.th. to s.o. *b-ne bşi*).

en.try [ˈentri] *n.* girme, giriş, girilecek yer, antre, methal; ⚖ mülke giriş (on, upon -*e*); kayıt, not; gümrüğe giriş kaydı yaptırma; *(para)* tahsil, alınma; *spor:* iştirak için kaydolunma, müsabakaya katılma; ~ permit giriş müsaadesi; make an ~ of s.th. hesap defterine geçirmek, giriş yapmak *(tahsilat)*; book-keeping by double (single) ~ çifte (tek taraflı) defter tutma yöntemi.

en.twine [inˈtwain], **en.twist** [inˈtwist] *v/t.* etrafını *bşle* çevirmek, sarmak, birbirine geçirmek, bükmek, dolaştırmak.

e.nu.mer.ate [iˈnjuːməreit] *v/t.* birer birer saymak, sıralamak; **e.nu.merˈa.tion** *n.* sayma, sayım, tadat.

e.nun.ci.ate [iˈnʌnsieit] *vb.* bildirmek, ilan etm; *(dogma, dava)* ileri sürmek, iddia etm.; *(akıcı ve kesin)* telâffuz etm.; **e.nunciˈa.tion** *n.* telaffuz; bildirme; ileri sürme, ifade ve beyan tarzı.

en.vel.op [inˈveləp] *v/t.* *bşi bşe* sarmak, örtmek; ✕ kuşatmak; **en.ve.lope** [ˈenvələup]. *Am. a.* **en.vel.op** [inˈveləp] *n.* zarf; ⚘ örtü; kılıf *(balon)*; **en.vel.op.ment** [inˈveləpmənt] *n.* örtü; sarma, kuşatma.

en.ven.om [inˈvenəm] *v/t.* zehirlemek, zehir katmak -*e*; *fig. a.* şiddetlendirmek, kin aşılamak.

en.vi.a.ble □ [ˈenviəbl] gıpta edilir, mesut, talihli, başarılı, fevkalâde iyi; **ˈen.vi.er** *n.* gıpta eden *b-i*, kıskanan *b-i*; **ˈen.vi.ous** □ kıskanç, hasut, gıpta eden (of -*e*).

en.vi.ron [inˈvaiərən] *vb.* etrafını çevirmek, kuşatmak, içine almak; **enˈvi.ron.ment** *n.* muhit, çevre, etraf; **~al** *adj.* çevresel, etrafındaki çevre...; **~al pollution** çevre kirlenmesi; **en.vi.rons** [ˈenvirənz] *n. pl.* civar, havali, etraf, dolay.

en.vis.age [inˈvizidʒ] *v/t.* hiçe saymak, göze almak *(tehlike)*; planlamak *(amaç)*; tasavvur etm., düşünmek, ...gibi telâkki etm.

en.voy¹ [ˈenvɔi] *n.* (orta) elçi, delege, murahhas.

en.voy² [~] *n.* düzyazı *veya* şiirde yazar *veya* şairin özellikle ithaf şeklindeki ve parçanın ana fikrini açıklayan son sözü.

en.vy [ˈenvi] **1.** *n.* kıskançlık, haset, gıpta, imrenme (of s.o. *b-ne*; of *veya* at s.th. *bşe*); his car is the ~ of his friends arabası arkadaşlarını kıskandırıyor,: **2.** *v/t.* kıskanmak, gıpta etm.; imrenmek -*e*, haset etm., çekememek (s.o. s.th. *b-ni, bşi*).

en.wrap [inˈræp] *v/t.* sarmak, örtmek.

en.zyme *biol.* [ˈenzaim] *n.* enzim, ferment, organizmada kimyasal reaksiyonları hızlandıran madde.

e.on [ˈiːən] = aeon.

ep.au.let(te) [ˈepəulet] *n.* apolet.

e.pergne [ˈipəːn] *n.* yemek masası ortasına çiçek, meyve vs. koymak için konan süs tabak *veya* kâse.

e.phem.er.a *zo.* [iˈfemərə] *n.*, **eˈphem.er.on** [~rɔn] *pl. a.* **eˈphem.er.a** [~rə] kısa ömürlü böcekler sınıfı; **eˈphem.er.al** *adj.* kısa ömürlü, bir gün yaşayan, geçici, süresiz.

ep.ic [ˈepik] **1.** □ destan tarzında, destan gibi; **2.** *n.* destan, epope.

ep.i.cure [ˈepikjuə] *n.* düşkün, zevk, lezzet alan *b-i* *(yemek, içki)*; **ep.i.cu.re.an** [~ˈriːən] **1.** *adj.* zevk ve sefaya düşkün; **2.** = epicure.

ep.i.dem.ic [epiˈdemik] **1.** *adj.* (~ally) salgın, yaygın, genel; ~ disease =**2.** *n.* salgın *(hastalık)*, epidemi.

ep.i.der.mis *anat.* [epiˈdəːmis] *n.* üst deri, dış zar.

ep.i.gram [ˈepigræm] *n.* nükteli kısa şiir, hicivli söz, nükte; **ep.i.gram.mat.ic, ep.i.gram.mat.i.cal** □ [~grəˈmætik(əl)] nükteli, hicivli, vecizeli.

ep.i.lep.sy ⚕ [ˈepilepsi] *n.* sara, tutarak, yilbik, peri hastalığı; **ep.iˈlep.tic** ⚕ **1.** *adj.* sara ile ilgili; **2.** *n.* saralı *b-i.*

ep.i.logue [ˈepilɔg] *n.* sonsöz, hatime.

E.piph.a.ny [iˈpifəni] *n.* Mecusilerin Hazreti İsa'yı görmek için Bethlehem'e gelmelerini kutlayan yortu *(6 Ocak)*.

e.pis.co.pa.cy [iˈpiskəpəsi] *n.* kiliseyi piskoposlar vasıtasıyla idare yöntemi; piskoposluk; **eˈpis.co.pal** *adj. rel.* piskoposa ait; piskoposlarca idare edilen; **e.pis.co.pa.li.an** [~-kəuˈpəiljən] **1.** *n.* piskoposlarca yönetilen kilise hükümeti taraftarı *b-i*; **2.** *adj.* piskoposlarca yönetilen kilise hükümeti ile ilgili; **eˈpis.co.pate** [~-kəupit] *n.* piskoposluk; piskoposlar sınıfı.

ep.i.sode [ˈepisəud] *n.* olay, hadise, vaka; fıkra, bölüm, parça *(roman, hikâye vs.)*; **ep.i.sod.ic, ep.i.sod.i.cal** □ [~ˈsɔdik(əl)]

hadise kabilinden; bölümler halinde olan.
e.pis.tle *n.* çok uzun ve önemli mektup, name, risale; sirküler, tamim; **eˈpis.to-lar.y** [~-tələri] *adj.* mektup (yazma) ile ilgili; mektuplaşma ile yürütülen; mektup türünde.
ep.i.taph [ˈepitaːf] *n.* mezar kitabesi.
ep.i.thet [ˈepiθet] *n.* sıfat, lâkap, vasıf; hakaret *veya* hoşnutsuzluk belirten söz.
e.pit.o.me [iˈpitəmi] *n.* özet, öz, hülâsa; örnek, tüm özellikleri gösteren *b-i veya bş*; **eˈpit.o.mize** *v/t.* özetlemek, hülâsa etm.; örnek teşkil etm.
ep.och [ˈiːpɔk] *n.* devir, çağ, çığır; **ˈ~-mak-ing** *adj.* çok önemli, çığır açan.
Ep.som salts [ˈepsəmˈsɔːlts] *n. pl.* müshil olarak kullanılan magnezyum sülfat, İngiliz tuzu.
eq.ua.bil.i.ty [ekwəˈbiliti] *n.* ılımlılık, yeknesaklık, soğukkanlılık, yumuşaklık; **ˈeq-ua.ble** ☐ yeknesak, düzenli, ılımlı, sakin; *fig.* istifini bozmayan, soğukkanlılığını yitirmeyen.
e.qual [ˈiːkwəl] **1.** ☐ eşit, denk, aynı; eşdeğerli; dengeli, düzenli, düzgün; aynı haklara sahip olan; yeterli; ~ to emsal -*e*; yeterli -*e*; *b-nin, bşin* üstesinden gelmek, yeterli olm.; **2.** *n.* eş, emsal; my ~s *pl.* yaşıtlarım; **3.** *v/t.* eşit olm. -*e*, eşdeğerde olm.; not to be ~led eşi emsali *(veya* misli menendi) olmamak; **e.qual.i.ty** [iːˈkwɔliti] *n.* eşitlik, aynılık; akranlık; **e.qual.i.za.tion** [iːkwəlaiˈzeiʃən] *n.* eşitle(n)me, aynı olma, uyuşma; **ˈe.qual.ize** *v/t.* eşitlemek (to, with -*e, ile*); *v/i. spor:* beraberliği sağlamak.
e.qua.nim.i.ty [ekwəˈnimiti] *n.* ılım, vakar, soğukkanlılık.
e.quate [iˈkweit] *v/t.* eşitlemek; eşit saymak, kıyaslamak (to, with -*e, ile*); **eˈqua-tion** *n.* eşitleme; ⩚ denklem; **eˈqua.tor** *n. geo.* ekvator; **e.qua.to.ri.al** ☐ [ekwəˈtɔːriəl] ekvator ile ilgili, ekvatoral.
eq.uer.ry [iˈkweri] *n.* imrahor, ahır bakıcısı; İngiliz Kraliyet ailesinden birinin özel hizmetinde bulunan kimse.
e.ques.tri.an [iˈkwestriən] **1.** *adj.* biniciliğe ait; atlı; **2.** *n.* süvari, atlı; at cambazı.
e.qui.dis.tant [iːkwiˈdistənt] *adj.* eşit uzaklıkta olan.
e.qui.lat.er.al ☐ [ˈiːkwiˈlætərəl] eşkenar (üçgen).
e.qui.li.brate [iːkwiˈlaibreit] *v/t.* denge sağlamak, denk kılmak *(ağırlık, güç vs.)*; *v/i.* dengede olm., denk olm.; **e-quil-i.brist** [iːkwilibrist] *n.* akrobat, ip cambazı; **e.quiˈlib.ri.um** [~əm] *n.* denge, muvazene.
e.quine *zo.* [ˈiːkwain] *adj.* at ile ilgili, ata benzer; at gibi...
e.qui.noc.tial [iːkwiˈnɔkʃəl] *adj.* gece ile gündüzün eşit olduğu zamanla ilgili; **e-qui.nox** [ˈ~nɔks] *n.* gündönümü, gün-tün eşitliği.
e.quip [iˈkwip] *v/t.* donatmak, teçhiz etm.; silahlandırmak; **eq.ui.page** [ˈekwipidʒ] *n.* harp levazımatı; konak arabası *(atlı)*; **e.quip.ment** [iˈkwipmənt] *n.* teçhizat, donatım, levazım; *fig.* bir amaca ulaşmak için gerekli olan araçlar.
e.qui.poise [ˈekwipɔiz] **1.** *n.* muvazene, denge; karşıt ağırlık; **2.** *vb.* muvazene sağlamak, dengeyi korumak.
eq.ui.ta.ble ☐ [ˈekwitəbl] âdil, insaflı, tarafsız; **ˈeq.ui.ty** *n.* insaf, adalet; ⚖ *(esp. İngiliz dilinin konuşulduğu ülkelerde)* örf ve âdet hukukundan ayrı olarak gelişen ve farklı prensiplere dayanan hakkaniyet hukuku; equities *pl.* hisse senedi.
e.quiv.a.lence [ˈikwivələns] *n.* eşitlik, eşdeğerlik, denk olma; **eˈquiv.a.lent 1.** *adj.* muadil, eşit (to -*e*); **2.** *n.* bedel, karşılık, eşit miktar.
e.quiv.o.cal ☐ [iˈkwivəkəl] iki anlamlı, iki anlama gelebilen *(sözcük)*; şüpheli, belirsiz, müphem *(davranış, olay)*; **eˈquiv-o.cal.ness** *n.* şüpheli olma, belirsizlik, iki anlamlılık; **eˈquiv.o.cate** [~keit] *v/i.* kaçamaklı dil kullanmak, iki anlama gelecek söz söylemek; **e.quiv.oˈca.tion** *n.* kaçamak, iki anlamlı sözle aldatma, müphem davranma.
eq.ui.voque, eq.ui.voke [ˈekwivəuk] *n.* kelime oyunu; belirsizlik, çift anlam, kaçamak.
e.ra [ˈiərə] *n.* devir, çağ; tarih.
e.rad.i.cate [iˈrædikeit] *v/t.* yok etm., kökünü kurutmak *(hastalık, suç, kötü alışkanlık vs.)*; **e.rad.iˈca.tion** *n.* yok etme, imha.
e.rase [iˈreiz] *v/t.* silmek, çizmek, bozmak, kazımak; *fig.* yok etm., öldürmek; **eˈras.er** *n.* lastik, silgi, yazı kazımağa mahsus çakı; **eˈra.sure** [~ʒə] *n.* silme, bozma; silinen yerde kalan iz, silinti.
ere *poet.* [ɛə] *cj. & prp.* evvel, önce, -den önce: ~ this evvelce, bundan önce; ~ long yakında, neredeyse, birazdan; ~ now bundan önce, vaktiyle.
e.rect [iˈrekt] **1.** ☐ dik, doğru, dik duran, dikili, dikilmiş *(saç)*; **2.** *v/t.* kurmak, inşa etm., dikmek *(anıt vs.)*; **eˈrec.tion** *n.* dikme, kurma; yapı, bina; kalkma, dikilme, penis dokusunun kan dolması ile sertleşmesi, ereksiyon; **eˈrect.ness** *n.* doğruluk, dik duruş; **eˈrec.tor** *n.* kaldı-

ran, diken *veya* inşa eden *b-i veya bş.*
er.e.mite [ˈerimait] *n.* inzivaya çekilmiş kimse, keşiş; **er.e.mit.ic** [~ˈmitik] *adj.* bir köşeye çekilmiş, insandan kaçan, inziva kabilinden.
erg *phys.* [əːg] *n.* erg, enerji birimi.
er.got ⚕ [ˈəːgət] *n.* çavdar mahmuzu *(çavdar başağı üzerinde türeyen bir tür askh mantar).*
er.mine [ˈəːmin] *n. zo.* kakım, as; kakım kürkü; *fig.* hakim edasıyla.
e.rode [iˈrəud] *v/t. & v/i.* azar azar yiyerek kemir(il)mek, aşın(dır)mak.
e.ro.sion [iˈrəuʒən] *n.* aşın(dırma); *geol.* erozyon; **eˈro.sive** [~siv] *adj.* aşındırıcı, kemirici.
e.rot.ic [iˈrɔtik] **1.** *adj.* aşka ait, şehvanî; cinsel arzu uyandıran, erotik, şehvetli; **2.** *n.* âşıkane şiir, erotik şiir; şehevî *b-i*; **eˈrot.i.cism** [~sizəm] *n.* şehvet, erosallık, şehvetperestlik.
err [əː] *v/i.* yanılmak, yanlış yapmak; günah işlemek.
er.rand [ˈerənd] *n. iş,* sipariş; habercilik; fool's ~ yararsız çaba, boşuna gayret; go (on) ~s bir haber götürmek *veya* bir iş için bir yere gitmek; **ˈ~-boy** *n.* ayak işlerine koşulan çocuk, çırak.
er.rant □ [ˈerənt] maceraperest, doğru yoldan sapan, serseri, delâlete düşen; *s.* knight-~; **ˈer.rant.ry** *n.* serserilik, avarelik, maceraperestlik *(şövalye).*
er.rat.ic [iˈrætik] *adj.* (~ally) seyyar, dolaşan; düzensiz; sebatsız, ne yapacağı belirsiz, *sl.* osuruğu cinli; ~ fever belirli aralıklarla gelen ateş; **er.ra.tum** [eˈrɑːtəm] *n., pl.* **erˈra.ta** [~tə] dizgi hatası, sehiv.
er.ro.ne.ous □ [iˈrəunjəs] hatalı, yanlış.
er.ror [ˈerə] *n.* hata, yanlışlık; ~ of judgement muhakemede usul hatası; ~s excepted *(hesap)* olası yanlışlar müstesna, hatalar kabul edilir.
Erse [əːs] **1.** *adj.* İrlanda diline ait; **2.** *n.* İrlanda dili.
erst.while [ˈəːstwail] *adj.* eski, sabık, evvelce olan.
e.ruc.ta.tion [iːrʌkˈteiʃən] *n.* geğirme.
er.u.dite □ [ˈeruːdait] çok bilgili, âlim, bilgin; **er.u.di.tion** [~ˈdiʃən] *n.* âlimlik, bilginlik.
e.rupt [iˈrʌpt] *v/i.* indifa etm. *(volkan),* fışkırmak, püskürmek; çıkmak *(diş)*; **eˈrup.tion** *n.* indifa *(volkan),* fışkırma, püskürme, patlama *(a. fig.)*; ⚕ isilik, kızartı; diş çıkması; **eˈrup.tive** *adj.* patlayan, indifa eden, püsküren, fışkıran; kızartı ile ilgili.
er.y.sip.e.las ⚕ [eriˈsipiləs] *n.* yılancık.
es.ca.la.tion *pol.* [eskəˈleiʃən] *n.* kızışma, gerginlik, artış, yükseliş.
es.ca.la.tor [ˈeskəleitə] *n.* yürüyen merdiven.
es.ca.pade [eskəˈpeid] *n.* haylazlık, yaramazlık, gençlik çılgınlığı; *fig.* hoppalık, yoldan çıkma; **es.cape** [isˈkeip] **1.** *v/t.* -den çıkmak *(ses, sözcük)*; gözünden kaçmak, hatırından çıkmak *(olay vs.)*; -den kaçmak, kurtulmak, *bşden* sakınmak; *v/i.* kaçmak, kurtulmak (from, out of *-den*); *(gaz)* sızmak (from *-den*); **2.** *n.* kaçma, kurtuluş; akma, sızma, sızıntı; have a narrow ~ güçbelâ kurtulmak; **es.ca.pee** [eskeiˈpiː] *n.* firarî, kaçak; **es.cape.ment** ⊕ [isˈkeipmənt] *n.* saat çarklarının çalışmasını sağlayan maşa; **esˈcap.ism** *n.* hoş olmayan hayatın gerçeklerinden kaçma; hayal kurma; **esˈcap.ist** **1.** *adj.* gerçeklerden kaçan, hayal kuran; **2.** *n.* gerçeklerden kaçan kimse.
es.carp [isˈkɑːp] **1.** *a.* **esˈcarp.ment** *n.* az meyilli yüzey, şev, bayır; **2.** *v/t.* meyillendirmek, şev şeklini vermek.
es.cheat ⚖ [isˈtʃiːt] **1.** *n.* mirasçısız ölen kimsenin mülkünün devlete geçişi; **2.** *v/i.* devlete kalmak *(mülk)*; *v/t.* müsadere etm., zoralımına çarptırmak.
es.chew [isˈtʃuː] *v/t. bşden* kaçınmak, vazgeçmek, sakınmak.
es.cort **1.** [ˈeskɔːt] *n.* muhafız; maiyet; kavalye; refakatçı; **2.** [isˈkɔːt] *v/t.* refakat etm. *-e.*
es.cri.toire [eskriːˈtwɑː] *n.* yazı masası, yazıhane.
es.cu.lent [ˈeskjulənt] **1.** *adj.* yenilebilir; **2.** *n.* gıda maddeleri, yiyecekler.
es.cutch.eon [isˈkʌtʃən] *n.* arma, armalı levha, ad tabelası; anahtar deliği çevresindeki süslü madenî çerçeve.
Es.ki.mo [ˈeskiməu] *n.* Eskimo; Eskimo dili.
e.soph.a.gus [iːˈsɔfəgəs] = oesophagus.
es.o.ter.ic [esəuˈterik] *adj.* gizli, anlaşılması güç; belirli bir grup tarafından anlaşılan.
es.pal.ier ✓ [isˈpæljə] *n.* meyve ağacı dallarının bir duvar vs. boyunca gelişmesini sağlayan çerçeve; böyle yetişmiş ağaçlar sırası.
es.pe.cial [isˈpeʃəl] *adj.* özel, mahsus, hususî; fevkalâde; seçkin; **esˈpe.cial.ly** *adv.* özellikle, bilhassa
Es.per.an.to [espəˈræntəu] *n.* Esperanto dili.
es.pi.al [isˈpaiəl] *n.* gözetleme, keşfetme

es.pi.o.nage [espiə'nɑːʒ] *n.* casusluk.
es.pla.nade [esplə'neid] *n.* gezinti yeri, deniz kenarında piyasa yapılan yer, kordonboyu.
es.pous.al [is'pauzəl] *n.* benimseme, bir düşünceyi destekleme (of), kabullenme; evlenme *veya* evlenme sözü, nişan; **es'pouse** *v/t. b-le* evlenmek; *bşi* benimsemek, desteklemek.
es.pres.so [es'presəu] *n.* İtalyan usulü kahve, espreso kahve; ~ **bar,** ~ **ca.fé** bu tür kahve içilen yer.
es.py [is'pai] *v/t.* uzaktan görmek, gözüne ilişmek.
es.quire [is'kwaiə] *n.* mülk sahibi; *(mektup)* kısaltılmış şekilde ad ve soyadından sonra yazılan ve beyefendi, bay anlamına gelen unvan: John Smith, Esq. Bay John Smith.
es.say **1.** [e'sei] *v/t.* denemek, tecrübe etm., prova etm.; **2.** ['esei] *n.* makale, yazı; deneme, tecrübe (at); **'es.say.ist** *n.* deneme yazarı.
es.sence ['esns] *n.* öz, esas, cevher, asıl, öz varlık, nitelik; ⚗ esans; **es.sen.tial** [i'senʃəl] **1.** □ (to) esaslı, karakteristik, önemli; elzem, gerekli; ~ likeness özü, esası bir olma; ~ oil uçucu yağ; **2.** *n.* esas özellik; esas mesele; gerekli olan şey, esas; **es'sen.tial.ly** *adv.* esasen, esas itibariyle, aslında.
es.tab.lish [is'tæbliʃ] *v/t.* kurmak, tesis etm.; saptamak; atamak *(memur vs.); b-ne* iş bulmak, *b-ni* işe yerleştirmek; tanıtmak; ~ o.s. yerleşmek; ꝸed Church resmi (*veya* ulusal) kilise; **es'tab.lish.ment** *n.* kurma, kurum, tesis, müessese, teşkilat; egemen çevreler, ileri gelenler, kodamanlar; ⚔, ⚓ erler, mürettebat; military ~ sürekli ordu.
es.tate [is'teit] *n.* mal, mülk, arsa, gayrımenkul; çiftlik, yalı; miras, tereke; durum, hal; tabaka, sınıf, mevki; itibar, yüksek mertebe; personal ~ taşınabilir, menkul mallar; real ~ taşınamaz, gayrımenkul mallar; housing ~ iskân bölgesi, bahçeli evler; industrial ~ endüstri bölgesi; ~ **a.gen.cy** emlâk bürosu; ~ **agent** emlâk simsarı, emlâk komisyoncusu; ~ **car** pikap; ~ **du.ty** intikal vergisi, veraset vergisi.
es.teem [is'tiːm] **1.** *n.* saygı, takdir, itibar (with); **2.** *v/t.* takdir etm. *-i*; hürmet etm. *-e*; zannetmek, telâkki etm., sanmak.
es.ter ⚗ ['estə] *n.* ester, asitlerin alkollere etkisiyle elde edilen organik bileşik.
es.thet.ic [iːs'θetik] = aesthetic.
Es.tho.ni.an [es'təunjən] **1.** *n.* Estonyalı; Estonya dili; **2.** *adj.* Estonya'ya özgü.
es.ti.ma.ble ['estiməbl] *adj.* saygıdeğer, itibarlı, değerli, hürmete lâyık, takdire değer.
es.ti.mate **1.** ['estimeit] *vb.* takdir etm., tahmin etm., değer biçmek (at); **2.** *n.* hesap; tahmin, takdir, değer biçme the ꝸs *pl. parl.* bütçe; **es.ti.ma.tion** [~'meiʃən] *n.* hesap etme; itibar, hürmet; fikir, tahmin, görüş, rey; **'es.ti.ma.tor** *n.* değer biçen, maliyet hesabını yapan *b-i.*
es.trange [is'treindʒ] *v/t.* soğutmak, uzaklaştırmak (from s.o. *-den*), yabancılaştırmak; **es'trange.ment** *n.* yabancılaş(tır)ma, soğu(t)ma, bozuşma.
es.tu.ar.y ['estjuəri] *n. geol.* nehir ağzı, haliç.
et.cet.er.as [it'setrəz] *n. pl.* ufak tefek çeşitli şeyler.
etch [etʃ] *vb.* kezzapla hakkatmek, madeni bir levhayı asitle yakarak resim kalıbı çıkarmak.
e.ter.nal □ [iːtəːnl] ebedî, sonsuz; ezelî, öncesiz; **e'ter.nal.ize** [~nəlaiz] *v/t.* ebedîleştirmek; **e'ter.ni.ty** *n.* ebediyet, sonsuzluk, ezeliyet; ölümsüzlük; **e'ter.nize** [~naiz] *v/t.* ebedileştirmek, ölümsüzleştirmek.
e.ther ['iːθə] *n.* esir, evreni ve atomlar arasındaki boşluğu dolduran ve ağırlığı olmayan bir töz, değişmeden kalan varlık; ⚗ eter, lokman ruhu; **e.the.re.al** □ [iː'θəriəl] dünyevî olmayan aydınlık ve hassayiyet; ruh gibi, peri gibi; **'e.ther.ize** *v/t.* eterle bayıltmak, sersemletmek, uyuşturmak.
eth.i.cal □ ['eθikəl] ahlâki, manevî, törel; **'eth.ics** *n. mst sg.* ahlâk (ilmî).
E.thi.o.pi.an [iːθi'əupjən] **1.** *adj.* Habeşistan'a ait, Habeş...; **2.** *n.* Habeşistanlı, Habeş.
eth.nic ['eθnik] *adj.* etnik, ırka ait, ırksal.
eth.nog.ra.phy [eθ'nɔgrəfi] *n.* etnografya, budunbetim, kavimler ilmi; **eth'nol.o.gy** [~lədʒi] *n.* etnoloji, (kıyaslamalı) budunbilim.
eth.yl ['eθil; ⚗ 'iːθail] *n.* etil; *(arabada motor sesini azaltmak için)* benzine konulan kurşunlu bir bileşim; **eth.yl.ene** ['eθiliːn] *n.* etilen (gazı), hidrokarbon.
e.ti.o.late ['iːtiəuleit] *v/t.* ışıksızlıktan soldurmak *(bitki)*; *fig.* zayıflatmak, kuvvetten düşürmek.
e.ti.ol.o.gy ⚕ [iːti'ɔlədʒi] *n.* hastalıkların nedenlerini araştırma ilmi.
et.i.quette ['etiket] *n.* görgü kuralları, adabımuaşeret, topluluk töresi, protokol.
E.ton crop ['iːtn'krɔp] *n.* alagarson saç.

erkek saçı gibi kısa kesilmiş saç *(kadın)*.
E.trus.can [iˈtrʌskən] **1.** *adj.* eski İtalya'da Etrurya'ya ait; **2.** *n.* Etrurya'lı; Etrurya dili.
et.y.mo.log.i.cal □ [etiməˈlɔdʒikl] etimolojik, iştikaka ait, türeme ile ilgili; **et.y-mol.o.gy** [~-ˈmɔlədʒi] *n.* etimoloji, iştikak, sözcük türetme; sözcük kökü bilgisi.
eu.ca.lyp.tus ⚘ [juːkəˈliptəs] *n.* okaliptüs, sıtma ağacı.
Eu.cha.rist [ˈjuːkərist] *n.* Hıristiyan kilisesine ait Aşai Rabbanî *(şarap ve ekmek yeme)* ayinî; bu ayin için kutsanan şaarp ve ekmek.
Eu.clid ⩓ [ˈjuːklid] *n.* Öklit geometri.
eu.gen.ic [juːdʒenik] *adj.* (~ally) insan ırkının soyaçekim yoluyla mükemmelleştirilmesine ait; gelecek nesillerin ıslahına ait; **euˈgen.ics** *n. pl.* insan ırkının soyaçekim yoluyla ıslahına çalışan bilim dalı.
eu.lo.gist [ˈjuːlədʒist] *n.* methiye yazan ve söyleyen kimse, kaside yazarı; **eu.lo.gize** [ˈ~dʒaiz] *v/t.* övmek, methetmek, sitayişle bahsetmek; **eu.lo.gy** [ˈ~dʒi] *n.* methiye, kaside, senakâr nutuk.
eu.nuch [ˈjuːnək] *n.* hadım, harem ağası.
eu.phe.mism [ˈjuːfimizəm] *n.* kaba sayılan sözcükler kullanmayıp kavramı üstü örtülü olarak anlatan başka sözcükler kullanma; **eu.pheˈmis.tic, eu.pheˈmis.ti.cal** □ bu tür sözcükler içeren, bu tür sözcüklerle ilgili.
eu.phon.ic, eu.phon.i.cal □ [juːˈfɔnik(əl)] ahenkli, armonik, öfonik, kulağa hoş gelen; **eu.pho.ny** [ˈjuːfəni] *n.* ahenk, armoni, öfoni.
eu.phor.ia [juːˈfɔːriə] *n.* öfori, *k-ni* aşırı derecede mutlu ve zinde hissetme hali.
eu.phu.ism [ˈjuːfjuːizəm] *n.* yapmacık, zor ve tumturaklı edebî dil *(16 yy.'da İngiltere'de)*.
Eur.a.sian [juəˈreiʒjən] **1.** *n.* bir Avrupalı ile bir Asyalı'nın evlenmesinden doğan çocuk; **2.** *adj.* Avrupa ile Asya'ya ait.
eu.re.ka [juəˈriːkə] *int.* buldum!
Eu.ro.pe.an [juərəˈpiːən] **1.** *adj.* Avrupa ile ilgili; **2.** *n.* Avrupalı.
eu.tha.na.si.a [juːθəˈneizjə] *n.* acısız ölüm; ümitsiz durumda *veya* çok yaşlı olan hastaların acılarını dindirmek için hayatlarına son verme.
e.vac.u.ate [iˈvækjueit] *v/t.* boşaltmak, dökmek, tahliye etm., terketmek *(toprak)*; ⚕ ishal, amel vermek, vücuttan çıkarmak; **e.vac.uˈa.tion** *n.* boşaltma, tahliye; **e.vac.uˈee** *n.* tehlike yerinden uzaklaştırılan *b-i*.
e.vade [iˈveid] *v/t.* sakınmak *-den*, kaçınmak *-den*, *bşden* çekinmek, kaçamaklı yol aramak.
e.val.u.ate *esp.* ⩓ [iˈvæljueit] *v/t.* değerini *veya* derecesini hesap etm. *-in*, değerlendirmek *-i*, sayısını tahmin etm. *-in*; **e.val.uˈa.tion** *n.* değerlendirme, paha biçme.
ev.a.nesce [iːvəˈnes] *v/i.* ortadan kaybolmak, yok olm., yavaş yavaş gözden kaybolmak, unutulmak; **ev.aˈnes.cence** *n.* yok olma, gözden kaybolma; **ev.aˈnes-cent** □ yok olan, gözden kaybolan, unutulan.
e.van.gel.ic, e.van.gel.i.cal □ [iːvænˈdʒelik(əl)] protestan; dört İncil'de yazılanlara göre İsa'yı tanıtma ve öğretme ile ilgili; **e.van.ge.list** [iˈvændʒilist] *n.* gezici vaiz; dört İncili yazanlardan biri; **eˈvan.ge.lize** *v/t.* & *v/i.* İncil'i va'zetmek, Hıristiyanlığa sevketmek.
e.vap.o.rate [iˈvæpəreit] *v/t.* & *v/i.* buharlaş(tır)mak, uç(ur)mak; *fig.* uçup gitmek, yok olm.; **~ed milk** kondanse süt, kısmen suyu alınmış süt; **e.vap.oˈra.tion** *n.* buharlaş(tır)ma, buğulan(dır)ma.
e.va.sion [iˈveiʒən] *n.* kaçınma, sakınma; kaçamak, bahane; **eˈva.sive** □ [~siv] kaçamaklı (of), baştan savma; **be ~** *fig.* yan çizmek.
eve [iːv] *n.* arife; arife gecesi; *poet.* gece; **on the ~ of** arifesinde *-in*.
e.ven¹ [ˈiːvən] **1.** *adj.* □ düz, pürüzsüz, müstevi, düzlem; eşit, müsavî; düzgün, muntazam, düzenli; çift, tam *(sayı)*; paralel, denk, aynı seviyede; tarafsız; **make ~ with the ground** yerle bir etm., yıkıp yok etm.; **be ~ with s.o.** *b-le* alacağı vereceği kalmamak, ödeşmek; **get ~ with s.o.** *b-le* hesaplaşmak, *b-den bşin* acısını çıkarmak, intikam almak; **odd or ~** tek mi çift mi; **of ~ date** ⚖ aynı tarihte; **break ~** F kârsız *veya* zararsız kapamak *(hesap)*, ancak masrafını karşılamak; **2.** *adv.* hatta, bile, dahi; tamamiyle, tıpkı; **not ~** hatta ...bile değil; **~ though, ~ if** her ne kadar... ise de, olsa bile, (olmasına) rağmen; **3.** *v/t.* düzlemek, düzeltmek, tesviye etm.; kıyas etm. (to, *-e*), benzetmek.
even² *poet.* [~] *n.* akşam.
e.ven-hand.ed [ˈiːvənˈhændid] *adj.* tarafsız, bitaraf.
eve.ning [ˈiːvniŋ] *n.* akşam; suvare; **~ dress** gece elbisesi, tuvalet, smokin *veya* frak.
e.ven.ness [ˈiːvənnis] *n.* doğruluk, dürüst-

lük, tarafsızlık; eşitlik; düz oluş; kalp huzuru; sükûnet.
e.ven.song [ˈiːvənsɔŋ] *n.* akşam duası.
e.vent [iˈvent] *n.* olay, hadise, vaka; hal; *fig.* sonuç, âkıbet; müsabaka, maç, turnuva *(sportif)*; numara *(program)*; athletic **~s** *pl.* atletizm yarışmaları; table of **~s** festival *(şenlik, ziyafet)* programı; at all **~s** mutlaka, behemehal, her halde, ne olursa olsun; in any **~** zaten, esasen, haddizatında; in the **~** of şayet, ...olduğu takdirde.
e.ven-tem.pered [ˈiːvəntempəd] *adj.* sakin, soğukkanlı.
e.vent.ful [iˈventful] *adj.* olaylarla dolu.
e.ven.tide *poet.* [ˈiːvəntaid] *n.* akşam, akşam vakti.
e.ven.tu.al □ [iˈventʃuəl] muhtemel, olası; nihaî, sonuncu, sonraki; **~ly** sonunda, nihayet, ilerde **e.ven.tu.al.i.ty** [~tjuˈæliti] *n.* ihtimal, olasılık; **eˈven.tu.ate** [~tjueit] *v/t.* sonuçlanmak; çıkmak, oluşmak.
ev.er [ˈevə] *adv.* herhangi bir zamanda; hiç, asla; daima, her zaman, tekrar tekrar; **~** so pek, çok; as soon as **~** I can elimden geldiğince çabuk; **~** after, **~** since -den beri; **~** and anon arada sırada; for **~**, for **~** and **~**, for **~** and a day ilelebet, daima, ebediyete kadar; liberty for **~** sonsuza dek özgürlük; **~** so much pek çok; I wonder who **~** kim olabilir, kim olduğunu merak ediyorum; the best **~** *F* en iyisi; yours **~** daima senin... *(mektup sonunda)*; **ˈ~.glade** *n. Am.* bataklık alan; **ˈ~.green 1.** *adj.* yaprağını dökmeyen; **2.** *n.* yaprağını dökmeyen ağaç; **~ˈlast.ing 1.** □ sonsuz; devamlı; ölümsüz; **2.** *n.* ebediyet, sonsuzluk; ⚘ kuruduğu zaman rengini ve şeklini koruyan bir tür çiçek; **ˈ~ˈmore** *adv.* daima, ebediyen, sürekli.
ev.er.y [ˈevri] *adj.* her, her bir, her biri; **~** bit as much tam onun kadar; **~** now and then arasıra; **~** one of them istisnasız hepsi; **~** other day iki günde bir, gün aşırı; **~** twenty years her yirmi yılda bir; her **~** movement her hareketi; **ˈ~.bod.y** *pron.* herkes; **ˈ~.day** *adj.* her günkü, günlük, olağan; **ˈ~.one** *pron.* herkes; **ˈ~.thing** *pron.* herşey; **ˈ~.way** *adv.* her bakımdan; **ˈ~.where** *adv.* her yer(d)e.
e.vict [iˈvikt] *v/t.* kapı dışarı etm., tahliye et(tir)mek; **eˈvic.tion** *n.* tahliye etme *veya* edilme, geri al(ın)ma.
ev.i.dence [ˈevidəns] **1.** *n.* delil, ispat, tanıt, tutanak; ⚖ şahitlik, şahadet, tanıklık; şahit, tanık; be in **~** göze çarpmak, kendini göstermek; furnish **~** of, be **~** of kanıtlamak, ispat etm., göstermek, belirtmek, açığa vurmak; give **~**, bear **~** tanıklık etm., şahadet etm. (of, for, against *-e*); **2.** *v/t.* kanıtlamak, göstermek, belirtmek, -e delâlet etm.; **ˈev.i.dent** □ aşikâr, belli, açık, sarih; **ev.i.den.tial** □ [~ˈdenʃəl] delile dayanan, kanıt *veya* tanık türünden.
e.vil [ˈiːvl] **1.** □ fena, kötü, kem; the **~** eye kem göz, nazar değme; the ♀ One Şeytan, İblis; **2.** *n.* fenalık, kötülük, bela, dert; **ˈ~-ˈdo.er** *n.* muzır, şerir, kötülük eden b-*i*; **ˈ~-ˈmind.ed** *adj.* kötü niyetli, suiniyet sahibi, kötü yürekli, kötücül.
e.vince [iˈvins] *v/t.* ortaya koymak, göstermek, izhar etm., açığa vurmak, kanıtlamak.
e.vis.cer.ate [iˈvisəreit] *v/t.* *(vurulan hayvanın)* karnını yarıp temizlemek, bağırsaklarını çıkarmak.
ev.o.ca.tion [evəuˈkeiʃən] *n.* aklına getirme *-i*, zihinde canlandırma *i-*; **e.voc.a.tive** [iˈvɔkətiv] *adj.* hatırlatan, andıran, uyandıran.
e.voke [iˈvəuk] *v/t.* uyandırmak, mucip olm., davet etm., hissettirmek, neden olm., doğurmak.
ev.o.lu.tion [iːvəˈluːʃən] *n.* gelişme, inkişaf, evrim; ♃ kök alma; ⚔ manevra, tatbikat; **ev.oˈlu.tion.a.ry** [~ʃnəri] *adj.* evrimsel, gelişme ile ilgili.
e.volve [iˈvɔlv] *v/t. & v/i.* aç(ıl)mak, yay(ıl)mak, geliş(tir)mek, evrim geçirmek.
ewe [juː] *n. zo.* dişi koyun.
ew.er [ˈjuːə] *n.* ibrik.
ex [eks] *prefix* ✝ -de teslim; -den dışarı *(fabrika, liman vs.)*; *(borsa)* -siz, olmadan; sabık, eski, önceki; ex-minister *n.* sabık bakan.
ex.ac.er.bate [eksˈsæsəːbeit] *v/t.* kötüleştirmek, vahimleştirmek, şiddetlendirmek, kızdırmak, öfkelendirmek.
ex.act [igˈzækt] **1.** □ tam, doğru; kati, kesin; fiilî, hakiki; tamamen; aynen; dakikası dakikasına; **2.** *v/t.* tahsil etm., talep etm., ödeme zorunda bırakmak; icbar etm.; **exˈact.ing** *adj.* titiz, müşkülpesent, kibirli, hoşgörüsüz; fazla dikkat ve güç gerektiren; **exˈaction** *n.* zorla alma, haraç kesme; zorla yaptırılan iş *veya* alınan para; **exˈact.i.tude** [~titjuːd] *n.* sıhhat, doğruluk, hatasızlık, tam ve doğru olma; **exˈact.ly** *adv.* *(cevap)* tamamen, aynen; not **~** tam olarak değil, tamamen öyle değil; **exˈactness** = exactitude.
ex.ag.ger.ate [igˈzædʒəreit] *vb.* mübalağa

etm., abartmak; **ex.ag.ger'a.tion** *n.* mübalağa, abartma, aşırılık.
ex.alt [ɪg'zɔ:lt] *v/t.* yükseltmek, yüceltmek; övmek, göklere çıkarmak; **ex.al-ta.tion** [egzɔ:l'teiʃən] *n.* heyecan, aşka gelme, coşkunluk, esrime; yüksel(t)me; yükseklik, ululuk; **ex.alt.ed** [ig'zɔ:ltid] *adj.* yüce, ulu, yüksek, ulvî; coşkun.
ex.am *okul: sl.* [ig'zæm] *n.* sınav, imtihan.
ex.am.i.na.tion [igzæmi'neiʃən] *n.* sınav, imtihan; muayene, yoklama, teftiş, tetkik; **ex'am.ine** *v/t.* sınava tabi tutmak, imtihan etm.; yoklamak, muayene etm., teftiş etm., tetkik etm. *(a.* ~ into s.th.); sorguya çekmek; **ex'am.i'nee** *n.* sınava giren *b-i*; **ex'am.in.er** *n.* sınav yapan *b-i*, ayırtman; muayene eden *b-i*; sorgu hâkimi; müfettiş.
ex.am.ple [ig'zɑ:mpl] *n.* örnek, misal, numune; beyond ~ emsalsiz, eşsiz; for ~ örneğin, meselâ; make an ~ of başkalarına ders olsun diye *b-ni* cezalandırmak; set an ~ örnek olm.
ex.as.per.ate [ig'zɑ:spəreit] *v/t.* kızdırmak, sinirlendirmek, çileden çıkarmak, şiddetlendirmek; **ex.as.per'a.tion** *n.* öfke, hiddet, sinirlenme, dargınlık (of).
ex.ca.vate ['ekskəveit] *v/t.* kazmak, hafriyat yapmak, kazıp açmak; **ex.ca'va-tion** *n.* kazı, hafriyat, çukur; **'ex.ca.va-tor** *n.* ekskavator, kazma makinesi; toprak işçisi.
ex.ceed [ik'si:d] *vb.* aşmak, geçmek; *b-ne* üstün gelmek (in); aşırıya kaçmak, ileri gitmek; **ex'ceed.ing** *adj.* aşırı, müfrit, ölçüsüz; **ex'ceed.ing.ly** *adv.* son derece, fazlasıyla, gayet fevkalâde.
ex.cel [ik'sel] *vb.* geçmek, üstün olm. *-den*; *k-ni* göstermek, temayüz etm., sivrilmek (in, at); **ex.cel.lence** ['eksələns] *n.* üstünlük, seçkin oluş, mükemmel oluş, fazilet; **'Ex.cel.len.cy** *n.* ekselans *(ünvan)*; **'ex.cel.lent** □ mükemmel, çok iyi, kusursuz, mümtaz, üstün.
ex.cept [ik'sept] **1.** *vb.* hariç tutmak, müstesna kılmak, ayrı tutmak; itiraz etm., karşı çıkmak; present company ~ed sizden iyi olmasın; hatırınız kalmasın; **2.** *cj.* haricinde, meğer ki, olmadıkça; **3.** *prp.* -den başka, -den maada; ~ for bir yana, hariç; olmasaydı; **ex'cept.ing** *prp.* -den başka, in dışında, müstesna, hariç (olmak üzere); **ex'cep.tion** *n.* istisna; itiraz (to *-e*); take ~ to *bşi* sakıncalı bulmak, hoş görmemek, itiraz etm.; **ex-'cep.tion.a.ble** [~ʃnəbl] *adj.* itiraz olunabilir, yakışıksız, ahlâka aykırı; **ex-'cep.tion.al** *adj.* müstesna; olağan üstü, fevkalâde, harikulâde; **ex'cep.tion.al.ly** *adv.* müstena olarak, fevkalâde olarak bir defaya mahsus olmak üzere.
ex.cerpt 1. [ek'sə:pt] *vb.* aktarmak, iktibas etm., almak (from *-den*) *(yazı, kitap vs.)*; **2.** ['eksə:pt] *n.* seçme parça, pasaj, alıntı (from *-den*).
ex.cess [ik'ses] *n.* ifrat, aşırılık, fazlalık, taşkınlık, ölçüsüzlük; *attr.* fazla...; in ~ of -den daha çok, -i geçen; carry to ~ ifrat dereceye vardırmak; ~ fare bilet ücretine yapılan zam, ücret farkı; ~ luggage fazla bagaj; ~ postage taksa, pulsuz gönderilen mektup için alıcının ödediği posta ücreti; ~ profit fazla kazanç; **ex'ces.sive** □ aşırı, fazla müfrit.
ex.change [iks'tʃeindʒ] **1.** *vb.* değiştirmek, mübadele etm., trampa etm. (for), bozmak *(para)*; **2.** *n.* değişme, trampa; kambiyo; *a.* bill of ~ ticaret senedi, poliçe; *a.* ♀ borsa; telefon santralı; *a.* foreign ~s *pl.* döviz; in ~ for *-e* bedel olarak; ~ control döviz kontrolu, kambiyo denetimi; ~ list kur cetveli; par of ~ kambiyo paritesi, borsa değeri; (rate of) ~ döviz kuru, kambiyo rayici; **ex'change.a.ble** *adj.* değiştirilebilir, mübadele edilebilir (for); ~ value mübadele değeri.
ex.cheq.uer [iks'tʃəkə] *n. pol.* devlet hazinesi; bir kimsenin kişisel gelirinin tümü; Chancellor of the ♀ *(İngiltere)* Maliye Bakanı; ~ bond hazine bonosu.
ex.cise¹ [ek'saiz] **1.** *n.* vasıtalı vergi, ülkede üretilip kullanılan mallardan alınan vergi; **2.** *vb.* vergi koymak.
ex.cise² [~] *v/t.* kesip almak, kesip çıkarmak; oymak, temizlemek *(ur)*; budamak; **ex.ci.sion** [ek'siʒən] *n.* kesip alma, kesip çıkarma; kesip alınan, çıkarılan şey.
ex.cit.a.bil.i.ty [iksaitə'biliti] *n.* kolay heyecanlanma, telaşlanma; **ex'cit.a.ble** *adj.* kolay heyecanlanır, aşırı derecede hassas, çabuk kızan; **ex.cit.ant** ['eksitənt] *adj.* uyarıcı, uyandırıcı; **ex.ci.ta.tion** [~'teiʃən] *n.* heyecanlandırma, tahrik, uyarma; **ex.cite** [ik'sait] *v/t.* *b-ni bşe* kışkırtmak, tahrik etm.; heyecanlandırmak; uyandırmak, uyarmak; ~d *adj.* heyecanlı; get ~d heyecanlanmak, sinirlenmek; **ex'cite.ment** *n.* heyecan; telaş; tahrik, uyarı; **ex'cit.er** *n.* ⚕ uyarıcı, münebbih; ⚡ dinamonun sabit sarmalarına akım veren yardımcı dinamo; **ex'cit.ing** *adj.* heyecanlı, meraklı, ilginç, enteresan.
ex.claim [iks'kleim] *vb.* bağırmak, hay-

ret ifade etm., haykırmak, çağırmak; sövüp saymak (against -e).

ex.cla.ma.tion [eksklə'meiʃən] *n.* ünlem, nida, ani olarak söylenen söz; bağırış, çığlık; ~s *pl.* yaygara, şamata, bağrışma; note of ~, point of ~, ~ mark *gr.* ünlem işareti; **ex.clam.a.to.ry** □ [~'klæmətəri] sevinç, hayret *veya* keder belirten.

ex.clude [iks'klu:d] *v/t.* hariç tutmak (from *-den*), dahil etmemek, engel olm.; kabul etmemek; yoksun bırakmak.

ex.clu.sion [iks'klu:ʒən] *n.* hariç tutma; *spor:* diskalifikasyon *veya* boykot; ret, ihraç. tart; to the ~ of -i hariç tutarak, dışında bırakarak; **ex'clu.sive** □ [~siv] has, özgü; tek, yalnız, hariç tutan; özel, sırf; ~ of -siz, -den hariç, müstesna.

ex.cog.i.tate [eks'kɔdʒiteit] *v/t.* düşünüp bulmak, tasar(ım)lamak, icat etm. *(plan, fikir, vs.)*; **ex.cog.i'ta.tion** *n.* düşünme, tasarım, icat, buluş.

ex.com.mu.ni.cate [ekskə'mju:nikeit] *v/t.* kiliseden aforoz etm.; **'ex.com.mu.ni'ca.tion** *n.* aforoz.

ex.co.ri.ate [eks'kɔ:rieit] *v/t.* sıyırmak, yüzmek *(deri)*; *fig.* şiddetle eleştirmek, suçlamak.

ex.cre.ment ['ekskrimənt] *n.* dışkı, pislik, ters.

ex.cres.cence [iks'kresns] *n.* ur, şiş, yumru gibi cisim, fazlalık *(bitki, hayvan vs.' de)*; **ex'cres.cent** *adj.* normalden fazla büyüyen, gereğinden fazla, gereksiz.

ex.crete [eks'kri:t] *vb.* ifraz etm., salgılamak, çıkarmak *(vücuttan)*; **ex'cre.tion** *n.* ifrazat, salgı; ifraz etme, boşaltım; **ex'cre.tive, ex'cre.to.ry** [~təri] *adj.* ifraz eden, salgı çıkaran, salgı...

ex.cru.ci.ate [iks'kru:ʃieit] *v/t.* azap vermek, eziyet etm., ıstırap vermek, işkence etm., cefa çektirmek; **ex'cru.ci.at.ing** □ ıstıraplı, eziyetli, cefalı, işkenceli, dayanılmaz.

ex.cul.pate ['ekskʌlpeit] *v/t.* mazur göstermek, haklı çıkarmak, aklamak, beraatine karar vermek (from); **ex.cul'pa.tion** *n.* beraat, aklanma, af.

ex.cur.sion [iks'kə:ʃən] *n.* gezinti, kısa süreli seyahat; ~ train özel indirimli tren; **ex'cur.sion.ist** [~ʃnist] *n.* gezinti yapan *b-i.*

ex.cur.sive □ [eks'kə:siv] belirli bir çizgi izlemeyen, dolaşan, kararsız.

ex.cus.a.ble □ [iks'kju:zəbl] affedilebilir, affolunacak, mazur; **ex'cuse 1.** *v/t.* affetmek, mazur görmek; ~ s.o. s.th. *b-ni bşden* affetmek, muaf tutmak; be ~d from s.th. *bşden* muaf tutulmak, affedilmek; ~ me affedersiniz, kusuruma bakmayın; **2.** [iks'kju:s] *n.* özür, mazeret; bahane.

ex.e.at ['eksiæt] *n. okul vs.:* izin.

ex.e.cra.ble □ ['eksikrəbl] iğrenç, menfur, tiksindirici, berbat, kötü, lânet, melun; **ex.e.crate** ['~kreit] *v/t.* lânet etm., tel'in etm., beddua etm., belâ okumak; *bşden, b-den* nefret, ikrah etm.; **ex.e'cra.tion** *n.* nefret, istikrah, tiksinme, lânet, beddua.

ex.e.cu.tant ♪ [ig'zekjutənt] *n.* icra eden *b-i*; resital veren *b-i*; **ex.e.cute** ['eksikju:t] *v/t.* icra etm., tatbik etm., yerine getirmek ,yapmak; idam etm.; ♪ resital vermek; ⚖ hükmü infaz etm.; yürürlüğe koymak, geçerli kılmak; *(vasiyet)* icra, tenfiz etm.; **ex.e'cu.tion** *n.* icra, ifa, tatbik, yapma; infaz, idam; *(belge)* verme, tevdi; *(vasiyet)* cebrî icra, zorlayışlı yerine getirme; ♪ resital; teknik, yapış tarzı; a man of ~ azimkâr kimse; take out an ~ against. *b-nin* malına haciz koymak, malını haczetmek; do ~ tesir etm.; put *veya* carry a plan into ~ bir planı gerçekleştirmek; **ex.e.cu.tion.er** [~'kju:ʃnə] *n.* cellat, idam hükmünü yerine getiren kimse; **ex.ec.u.tive** [ig'zekjutiv] **1.** □ icra eden, idare eden; yetki sahibi; ~ committee idare heyeti; ~ editor başyazar; **2.** *n.* yetkili kimse, idareci; icra gücü; yürütme organı; *Am.* devlet başkanı; † sevk ve idare eden kimse, müdür; **ex'ec.u.tor** *n.* vasiyeti tenfiz memuru, yerine getiren kimse; **ex'ec.u.to.ry** *adj.* icraî; idarî...; ⚖ bir süre sonra *veya* beklenmedik bir olayda geçerli olması planlanan; müeccel, ertelenen **ex'ec.u.trix** [~triks] *n.* vasiyet hükümlerini yerine getiren kadın.

ex.e.ge.sis [eksi'dʒ:sis] *n.* yorum, tefsir, şerh *(esp. kutsal kitap)*.

ex.em.plar [ig'zemplə] *n.* örnek, numune, model; **ex'em.pla.ri.ness** *n.* örnek olma, kusursuzluk; **ex'em.pla.ry** *adj.* örnek verici, numune olarak; ibret verici.

ex.em.pli.fi.ca.tion [igzemplifi'keiʃən] *n.* örnek, misal; örnekleme, açıklama; izah; ⚖ onaylı kopya, resmî suret; **ex'em.pli.fy** [~fai] *v/t.* örnek olarak vermek; izah etm., anlatmak; canlandırmak; ⚖ onaylı kopyasını çıkarmak.

ex.empt [ig'zempt] **1.** *adj.* muaf, bağışık, ayrı tutulan (from *-den*); imtiyazlı; **2.** *v/t.* muaf tutmak, hariç tutmak, müstesna kılmak (from *-den*); **ex'emp.tion** *n.* muafiyet, bağışıklık (from *-den*).

ex.e.quies [ˈeksikwiz] *n. pl.* cenaze alayı, merasimi.

ex.er.cise [ˈeksəsaiz] **1.** *n.* uygulama, tatbik, yerine getirme, kullanma; talim, idman, jimnastik, beden eğitimi; egzersiz, alıştırma; take ~ talim, spor yapmak; ~s *pl. Am.* merasim, tören; ⚔ manevra; **2.** *v/t. (beden)* talim ve terbiye etm.; *(güç vs.)* kullanmak; antrene etm.; talim yaptırmak; sinirlendirmek, rahatsız etm. *-i*; *v/i.* idman yapmak, talim, spor yapmak.

ex.ert [igˈzəːt] *v/t.* sarfetmek, kullanmak *(güç, hak, nüfuz vs.)*; ~ o.s. çabalamak, uğraşmak; zahmete girmek, yorulmak; **exˈer.tion** *n.* kullanma, sarfetme; çaba, gayret, zahmet, çabalama, uğraşma.

ex.e.unt *thea.* [ˈeksiʌnt] *vb.* sahneden çıkarlar.

ex.fo.li.ate [eksˈfəulieit] *v/t.* yaprakları yolmak, koparmak; *v/i.* yaprak dökmek.

ex.ha.la.tion [ekshəˈleiʃən] *n.* koku *(buhar, ter vs.)* çıkarma, nefes verme; çıkış; çıkan buhar, koku vs.; **ex.hale** [~ˈheil] *v/t. & v/i.* koku vs. çık(ar)mak, nefes vermek; can vermek; ölmek; *(duygu)* açığa vurmak.

ex.haust [igˈzɔːst] **1.** *v/t.* tüketmek, bitirmek *(a. fig.)*; bitap düşürmek, yormak; boşaltmak, dökmek (of); *(hava)* tulumba ile çekmek, boşaltmak; **2.** *n.* ⊕ çürük gaz, çürük istim; egzoz, egzoz borusu; ~ box susturucu; ~ pipe egzoz borusu; **exˈhaust.ed** *adj.* bitkin, yorgun; tükenmiş *(a. fig.)*; satılıp bitmiş *(kitap vs.)*; **exˈhaust.i.ble** *adj.* tükenir, biter; **exˈhaust.ing** □ yorucu, zahmetli; ⊕ boşaltıcı...; **exˈhaus.tion** [~tʃən] *n.* bitkinlik; **exˈhaus.tive** □ = exhausting; ayrıntılı, detaylı, etraflı.

ex.hib.it [igˈzibit] **1.** *vb.* teşhir etm., sermek, göstermek; ⚖ ibraz etm., arzetmek; **2.** *n.* ⚖ delil olarak ibraz edilen şey; sergilenen şey; **ex.hi.bi.tion** [eksiˈbiʃən] *n.* sergi; gösterme, teşhir; burs; make an ~ of o.s. elâleme gülünç olm.; on ~ sergilenmekte; **ex.hiˈbi.tion.er** [~ʃnə] *n.* burslu öğrenci; **ex.hiˈbi.tion-ism** *n. psych. k-ni* teşhir merakı, teşhir hastalığı; **ex.hiˈbi.tion.ist** *n. k-ni* teşhir eden kimse, teşhir meraklısı.

ex.hil.a.rate [igˈziləreit] *v/t. b-ni* neşelendirmek, keyiflendirmek, canlandırmak; **ex.hil.aˈra.tion** *n.* neşe, canlılık; keyiflenme.

ex.hort [igˈzɔːt] *v/t. bşe* teşvik etm.; *b-ni bşi* yapması için uyarmak, ihtar etm.;

ex.hor.ta.tion [egzɔːˈteiʃən] *n.* teşvik, nasihat, öğüt; uyarı.

ex.hu.ma.tion [ekshjuːˈmeiʃən] *n.* mezardan çıkarma; **exˈhume** *v/t.* mezardan çıkarmak *(ceset)*.

ex.i.gence, ex.i.gen.cy [ˈeksidʒəns(i)] *n.* ivedi gereksinim, ihtiyaç; ivedi önlem almayı gerektiren endişe verici durum; koşul, zaruret; lüzum; **ex.i.gent** *adj.* ivedi, acele, gecikme kabul etmez; zorunlu, elzem; zorlayıcı; be ~ of gerektirmek, icabetmek, istemek.

ex.ile [ˈeksail] **1.** *n.* sürgün, sürülme; **2.** *v/t.* sürmek, sürgüne göndermek.

ex.ist [igˈzist] *v/i.* var olm., mevcut olm.; bulunmak, olmak; yaşamak, geçinmek; **exˈist.ence** *n.* varlık, mevcudiyet; vücut, oluş, hayat; be in ~ var olm.; in ~ = **exˈist.ent** *adj.* mevcut, bulunan, var olan; **ex.is.ten.tial.ism** *phls.* [egzisˈtenʃəlizəm] *n.* varoluşluk, egzistansializm.

ex.it [ˈeksit] **1.** *n.* çıkış; çıkış yeri, çıkış kapısı; sahneden çıkış; ölüm; make one's ~ sahneden çıkmak; ~ permit çıkış izni; ~ visa çıkış vizesi; **2.** *thea.* sahneden çıkar.

ex.o.dus [ˈeksədəs] *n.* çıkış, özellikle Musa peygamber zamanında Musevilerin Mısır'dan çıkışları; *fig.* toplu çıkış, panik; ♀ Eski Ahit'te ikinci İncil'in adı.

ex of.fi.ci.o [eksəˈfiʃiəu] *adj. & adv.* resmî, resmen; memuriyeti nedeniyle.

ex.on.er.ate [igˈzɔnəreit] *v/t. fig. b-nin* yükünü hafifletmek, *b-ne* yardım etm.; *bşden* affetmek, muaf tutmak (from *-den*); suçsuzluğunu kanıtlamak, temize çıkarmak; **ex.on.erˈa.tion** *n.* beraat, temize çıkarma; muafiyet, azadoluş.

ex.or.bi.tance, ex.or.bi.tan.cy [igˈzɔːbitəns(i)] *n.* aşırılık, fazlalık; **exˈor.bi.tant** □ aşırı, müfrit, ölçüsüz, fahiş *(fiyat)*.

ex.or.cism [ˈeksɔːsizəm] *n.* dualarla cin, şeytan, kötü ruh vs.'yi defetme; **ex.or-cist** *n.* cinci hoca, böyle dua okuyan kimse; **ex.or.cize** [ˈ~saiz] *v/t.* efsunla ruhları defetmek, cinleri defetmek (from *-den*); kurtulmak (of).

ex.ot.ic [igˈzɔtik] *adj.* dışardan gelen, yabancı; yabancı iklimden gelen, egzotik; garip, alışılmamış.

ex.pand [iksˈpænd] *v/t. & v/i.* genişle(t)mek, yay(ıl)mak, aç(ıl)mak (into *-e*); büyü(t)mek; kısaltmadan tam olarak yazmak; (samimi, konuşkan) güleryüzlü olm.; **exˈpand.er** *n.* yayılan, genişleyen şey; **ex.panse** [iksˈpæns] *n.* genişlet(il)me, yay(ıl)ma; genişlik, en, enginlik; geniş yüzey; **ex.pan.si.bil.i.ty** [~sə-

ˈbiliti] *n.* genişleyebilirlik, yayılabilirlik; **exˈpan.si.ble** *adj.* yayılabilir, genişleyebilir, uzatılabilir; **exˈpan.sion** *n.* yayılma, genişleme, genleşme, uzama; genişlik, uzam; *pol.* yayılma, genişleme; **exˈpan.sive** □ geniş, engin; yay(ıl)ıp genişle(t)meye uygun; *fig.* duygu ve düşüncelerini belli etmekten hoşlanan, konuşkan; **exˈpan.sive.ness** *n.* yayılma, genişleme; konuşkanlık; coşma.

ex.pa.ti.ate [eksˈpeiʃieit] *v/t.* detaylı olarak anlatmak *veya* yazmak (on); **ex.pa-tiˈa.tion** *n.* detaylı olarak görüşme, anlatma; boş lâkırdı, gevezelik.

ex.pa.tri.ate [eksˈpætrieit] *v/t.* vatandaşlıktan çıkarmak, memleket dışına sürmek; ~ o.s. göç etm., göçmek; **2.** *n.* ülkesini terkedip başka ülkeye yerleşen *b-i*; **ex.pa.triˈa.tion** *n.* vatandaşlıktan çıkarılma; başka ülkeye yerleşme.

ex.pect [iksˈpekt] *v/t.* beklemek (of, from); F sanmak, farzetmek, düşünmek; ummak, ümit etm.; **exˈpect.an.cy** *n.* bekleyiş, ümit; adaylık; ⚖ beklenen haklar; **exˈpect.ant** **1.** *adj.* bekleyen, sabırsızlanan, uman; be ~ bebek bekliyor olmak; ~ mother hamile kadın; **2.** *n.* aday, namzet, bekleyen *b-i*; **ex.pec.ta.tion** [ekspekˈteiʃən] *n.* bekleme, umma, ümit, olasılık, şans; contrary to ~ umulanın aksine; beyond ~ umulanın ötesinde; on *veya* in ~ of olasılığına karşı; ~ of life yaşanılacağı ümit edilen süre; **exˈpect.ing** = expectant.

ex.pec.to.rate [eksˈpektəreit] *vb.* öksürerek balgam, tükürük vs.'yi çıkıarmak, atmak; **ex.pec.toˈra.tion** *n.* tükürme; balgam, tükürük.

ex.pe.di.ence, ex.pe.di.en.cy [iksˈpiːdjəns(i)] *n.* amaca uygunluk, yararlılık; kişisel çıkar; **exˈpe.di.ent** **1.** □ yararlı, uygun; her davranışında kendi çıkarlarını düşünen; **2.** *n.* çare, tedbir, önlem, vasıta; **ex.pe.dite** [ˈekspidait] *v/t.* çabuklaştırmak, hızlandırmak, kolaylaştırmak; **ex.pe.di.tion** [~ˈdiʃən] *n.* acele, çabukluk, sürat; ⚔ sefer *(keşif)*; gezi; sevkiyat; sefer, hareket; **ex.peˈdi.tion.ar.y** [~ʃnəri] *adj.* sürat *veya* gezi vs. ile ilgili, gönderilen, sevkedilen; **ex.peˈdi-tious** □ süratli, çabuk, seri, eli çabuk, işbilir; acelesi olan.

ex.pel [iksˈpel] *v/t.* kovmak, çıkarmak, defetmek (from *-den*); ~ from school *b-ni* okuldan tardetmek, kovmak.

ex.pend [iksˈpend] *v/t.* sarfetmek *(para)*, harcamak (on, in *-e*) *(zaman, emek)*; **exˈpend.a.ble** *adj.* harcanabilen, sarfedilebilir...; **exˈpend.i.ture** [~ditʃə] *n.* harcama, masraf, sarfiyat (of); masraflar; **ex.pense** [iksˈpens] *n.* masraf, gider, harcamalar; harcanan şey *(para, zaman, emek vs.)*; ~s *pl.* masraflar; at my ~ kendi hesabıma; at the ~ of -in zararına, pahasına; at great ~ çok masraflı; go to the ~ of masrafa girmek, para sarfetmek; put s.o. to great ~ *b-ni* masrafa sokmak; **exˈpense ac.count** masraf (*veya* gider) hesabı; **exˈpen.sive** □ masraflı, pahalı.

ex.pe.ri.ence [iksˈpiəriəns] **1.** *n.* tecrübe, deneme, görgü; **2.** *v/t.* *bşi* görmek, geçirmek, tatmak; *bşe* maruz kalmak, uğramak, tecrübe etm., denemek; *(kayıp, zayiat v.b.)* vermek; **exˈpe.ri.enced** *adj.* tecrübeli, deneyimli, görgülü, görmüş geçirmiş.

ex.per.i.ment **1.** [iksˈperimənt] *n.* tecrübe, deney, deneme; **2.** [~ment] *vb.* tecrübe etm., denemek; deney yapmak (on, with); **ex.pe.ri.men.tal** □ deneysel..., tecrübeye dayanan, ampirik, görgül; **ex.per.i.menˈta.tion** *n.* deney yapma; deneme, deneyim, tecrübe; **ex.per.i.ment.er** [iksˈperimentə] *n.* deney yapan, deneyen, tecrübe eden *b-i*.

ex.pert [ˈekspəːt] **1.** □ [*pred.* eksˈpəːt] usta, mahir, becerikli (at, in *-de*); uzman, ihtisas..., bilirkişi...; ~ opinion (report) ekspertiz; **2.** *n.* uzman, eksper, mütehassıs (at, in), bilirkişi; **ex.per.tise** [~ˈtiːz] *n.* bilirkişi raporu, ekspertiz; ihtisas, ehliyet, eksperlik; **ˈex.pert.ness** *n.* ustalık, mahir olma, uzmanlık.

ex.pi.a.ble [ˈekspiəbl] *adj.* kefaret edilebilir, cezası çekilebilir; **ex.pi.ate** [ˈ~pieit] *v/t.* kefaret etm., cezasını çekmek, gönül onarımında bulunmak; **ex.piˈa.tion** *n.* kefaret, tarziye, gönül onarımı; **ex.pi.a-to.ry** [ˈ~piətəri] *adj.* kefaret olarak.

ex.pi.ra.tion [ekspaiəˈreiʃən] *n.* nefes verme; son, hitam, nihayet; at the time of ~ ♰ vade bitiminde; **ex.pir.a.to.ry** [iksˈpaiərətəri] *adj.* nefes vermekle ilgili; **exˈpire** *v/i.* nefes vermek, ölmek; son bulmak *(zaman, mukavele vs.)*; ♰ vadesi gelmek; sönmek, bitmek *(ateş, dava vs.)*; **exˈpi.ry** *n.* vade bitimi, sona erme; ölüm.

ex.plain [iksˈplein] *v/t.* & *v/i.* açıklamak *-i*, anlatmak *-i*, izah etm. *-i*; beyan etm., belirtmek; ~ away örtbas etm., tevil etm., sözü çevirmek; **exˈplain.a.ble** *adj.* açıklanabilir, izah edilebilir.

ex.pla.na.tion [ekspləˈneiʃən] *n.* izah, açıklama, beyanat; **ex.plan.a.to.ry** □ [iks-

ˈplænətəri] izahlı, açıklayıcı, izahat olarak.

ex.ple.tive [eksˈpliːtiv] **1.** □ dolduran, tamamlayıcı, yazımla ilgili; **2.** *n.* tamamlayıcı, anlamı kuvvetlendirici söz; heyecan ifade eden söz, küfür.

ex.pli.ca.ble [ˈeksplikəbl] *adj.* anlatılabilir; anlaşılabilir; **ex.pli.cate** [ˈ~keit] *v/t.* yorumlamak, detaylı olarak açıklamak; *(fikir)* açıklamak.

ex.plic.it □ [iksˈplisit] açık, kesin, kat'î, sarih; *fig.* alenî.

ex.plode [iksˈpləud] *v/t.* & *v/i.* patla(t)mak, infilâk et(tir)mek; patlamak (in, with) *(kızgınlık, gözyaşı, kahkaha vs.)*; *(kuram)* çürütmek, yanlışlığını kanıtlamak; devirmek, altüst etm.; açığa vurmak, ortaya çıkarmak; **exˈplod.ed view** ⊕ parçaları ayrı ayrı fakat birbiriyle ilişkisini anlatan grafik *veya* model.

ex.ploit 1. [iksˈplɔit] *v/t.* sömürmek, istismar etm., kullanmak, işletmek, *k-den* yana yontmak; **2.** [ˈeksplɔit] *n.* kahramanlık, yiğitlik; macera; **ex.ploiˈta.tion** *n.* sömürü, istismar, kendi çıkarına kullanma; işletme, kullanım.

ex.plo.ra.tion [eksplɔːreiʃən] *n.* araştırma, keşif, inceleme; **exˈplor.a.to.ry** [~rətəri] *adj.* araştırma ile ilgili, araştırma...; **ex.plore** [iksˈplɔː] *v/t.* araştırmak, keşfetmek, incelemek, tetkik etm., yoklamak; **exˈplor.er** *n.* kâşif, bulucu; araştırmacı kimse.

ex.plo.sion [iksˈpləuʒən] *n.* patlama, infilâk; galeyan, feveran, parlama, hiddetlenme; **exˈplo.sive** [~siv] **1.** □ patlayıcı...; **2.** *n.* patlayıcı madde; *gr.* patlama sesi.

ex.po.nent [eksˈpəunənt] *n.* ⩚ üs; açıklayan, destekleyen kimse; temsil eden kimse; örnek, misal.

ex.port 1. [eksˈpɔːt] *vb.* ihraç etm., yurt dışına mal satmak, ihracat yapmak; **2.** [ˈekspɔːt] *n.* ⚓ ihraç malı; ihracat, dışsatım ~s *pl.* ihraç edilen mallar; **exˈport.a.ble** *adj.* ihraç edilebilir; **ex.porˈta.tion** *n.* ihraç, ihracat, dışsatım; **ex.port.er** *n.* ihracatçı, yurt dışına mal satan kimse.

ex.po.sé [eksˈpəuzei] *n.* suçu ortaya koyma, gizli bir şeyi açığa vurma; *(esp. utanç verici gerçekleri açıklayan)* makale *veya* kitapçık.

ex.pose [iksˈpəuz] *vb.* açığa vurmak, ifşa etm.; meydana koymak, teşhir etm.; *phot.* film üzerine çıkarmak, almak; poz vermek; maruz bırakmak, karşı karşıya getirmek; terk etm., bırakmak *(çocuk)*; *fig.* maskesini düşürmek, foyasını ortaya çıkarmak; **ex.po.si.tion** [ekspəuˈziʃən] *n.* sergi, fuar; açıklama, ortaya koyma *(fikir)*; **exˈpos.i.tor** *n.* yorumlayan, açıklayan *b-i.*

ex.pos.tu.late [iksˈpɔstjuleit] *v/i.* *bşi* protesto etm., *bşe* itiraz etm. (with, about, on); ~ with s.o. *b-ne* sitem etm., *b-ne* serzeniş ve ihtarda bulunmak; **ex.pos.tuˈla.tion** *n.* sitem, ihtar, ikaz, uyarma; **exˈpos.tu.la.to.ry** [~lətəri] *adj.* tenkit, ihtar olarak.

ex.po.sure [iksˈpəuʒə] *n.* maruz olma, açık olma; açığa vurma; keşfetme, açma; teşhir; *phot.* poz; cephe *(ev)*; ~ meter *phot.* ışıkölçer, pozometre; death from ~ soğuktan ölme.

ex.pound [iksˈpaund] *v/t.* açıklamak, izah etm., yorumlamak.

ex.press [iksˈpres] **1.** □ açık, sarih, belli, kesin; özel, mahsus; süratli, hızlı, ekspres...; ~ company *Am.* nakliye şirketi; ~ highway ekspres yol; **2.** *n.* ekspres; sürat postası; *a.* ~ train ekspres, sürat postası; by ~ = **3.** *adv.* ekspresle, sürat postası ile; **4.** *v/t.* *(fikir vs.)* ifade etm., beyan etm., anlatmak, söylemek, göstermek; sıkarak çıkarmak *(suyunu vs.)*; be ~ed ifade edilmek; **exˈpress.i.ble** *adj.* ifade edilebilir; **ex.presˈsion** [~ˈpreʃən] *n.* ifade, deyim *(lisan, yüz, ♪, boya, ⩚)*; **exˈpres.sion.ism** *n. sanat:* ekspresyonizm, dışavurumculuk; **exˈpres.sion.less** *adj.* sönük, cansız; ifadesiz, anlamsız; **exˈpres.sive** □ açık, sarih; anlamlı (of); etkileyici; canlı; **exˈpress.ly** *adv.* açık açık, kesinlikle; özellikle; **exˈpress.way** *n. Am.* otoyol.

ex.pro.pri.ate [eksˈprəuprieit] *v/t.* kamulaştırmak, istimlâk etm., elinden almak (s.th. *bşi*; s.o. *b-nin*; s.o. from s.th. *bşi b-nin*) **ex.pro.priˈa.tion** *n.* kamulaştırma, istimlâk.

ex.pul.sion [iksˈpʌlʃən] *n.* kov(ul)ma, çıkar(ıl)ma, ihraç; **exˈpul.sive** *adj.* ihraç edici, defedici.

ex.punge [eksˈpʌndʒ] *v/t.* çıkarmak, silmek (from *-den*); *fig.* üstünden sünger geçirmek.

ex.pur.gate [ˈekspəːgeit] *vb.* *(kitap vs.)* sansürden geçirmek, silip çıkarmak; temizlemek, arıtmak; **ex.purˈga.tion** *n.* temizleme, arıtma, tasfiye, ıslah; **exˈpur.ga.to.ry** [~gətəri] *adj.* ıslah edici, ıslah kabilinden.

ex.qui.site □ [ˈekskwizit] ince, seçkin, zarif, enfes, mükemmel; şiddetli, sert, keskin *(soğuk, acı vs.)*; **ˈex.qui.site.ness**

n. mükemmellik, zariflik, incelik, kibarlık, duyarlılık; sertlik, keskinlik.

ex-serv.ice.man ⚔ [ˈeksˈsəːvismən] *n.* terhis edilmiş asker.

ex.tant [eksˈtænt] *adj.* hâlâ mevcut, günümüze dek gelen.

ex.tem.po.ra.ne.ous □ [ekstempəˈreinjəs], **ex.tem.po.ra.ry** [iksˈtempərəri], **ex.tem-po.re** [eksˈtempəri] düşünülmeden, hazırlıksız, irticalen, doğaçtan, ani olarak yapılan *veya* söylenen; **ex.tem.po.rize** [iksˈtempəraiz] *v/i.* düşünmeden, hazırlıksız söy söylemek, irticalen söylemek; **exˈtem.po.riz.er** *n.* hazırlıksız söyleyen, çalan, yazan *veya bşi* yapan kimse.

ex.tend [iksˈtend] *v/t.* yaymak, büyütmek, uzatmak *(el vs.)*; genişletmek *(arazi vs.)*; uzatmak, temdit etm. *(süre)*; çekmek *(çizgi, tel vs.)*; *bşe* devam etm.; *steno:* detaylı yazmak; göstermek *(lütuf)*; *(yardım)* el uzatmak; sunmak *(yardım, dostluk vs.)*; ⚔ avcı hattına yayılmak; *spor:* tüm gücünü kullanmak; ~ed order avcı hattı, açılma düzeni; *v/i.* uzanmak, genişlemek, büyümek, sürmek (to *-e*); **exˈtend.ed** *adj.* uzatılan, uzayan, genişletilmiş, büyütülmüş.

ex.ten.si.bil.i.ty [ikstensəˈbiliti] *n.* uza(tıl)ma kabiliyeti; **exˈten.si.ble** *adj.* uzatılabilir; **exˈten.sion** *n.* uzatma; uzanma; yay(ıl)ma, genişle(t)me *(a. gr.)*; büyütme, yetiştirme; *teleph.* tâli hat, munzam telefon, dahilî numara; † vadenin uzatılması; ~ cord ⚡ uzatma kordonu; University 2 üniversite derslerinin devam edemeyenlere verilmesi, öğretilmesi; **exˈten.sive** □ geniş, yaygın; şumüllü; uzatılmış; **exˈten.sive.ness** *n.* genişlik; şümul.

ex.tent [iksˈtent] *n.* derece, had, ölçü, nisbet; büyüklük, saha; mesafe, uzunluk, boy; kapsam, şümul; to the ~ of derecede; to a certain ~ bir dereceye kadar; to a great ~ büyük ölçüde; to some ~ kısmen, oldukça, bir ölçüde; to that ~ o derecede; grant ~ for süre vermek *-e.*

ex.ten.u.ate [eksˈtenjueit] *v/t.* hafifletmek, gevşetmek, yumuşatmak, mâzur göstermek, ayıbını örtmek; hafiften almak; **ex.ten.uˈa.tion** *n.* hafifletme, azaltma; hafiften alma.

ex.te.ri.or [eksˈtiəriə] **1.** □ dış, haricî, zahiri; dışardan gelen, yabancı; **2.** *n.* dış taraf, dış, hariç; görünüş; *film:* açık havada çekilen resim.

ex.ter.mi.nate [iksˈtəmineit] *v/t.* imha etm., yok etm., kökünü kurutmak; **ex-ter.miˈna.tion** *n.* imha, izale; **exˈter.mi.na-tor** *n.* imha eden ilâç *veya* kimse.

ex.ter.nal [eksˈtəːnl] **1.** □ dış, zahiri, haricî; gözle görülen; dıştan gelen, haricî; yabancı ülkelerle ilgili, dış...; haricen kullanılan *(ilâç)*; **2.** *n.* ~s *pl.* dış görünüş, dışta kalan olaylar, durumlar; *fig.* formalite(ler).

ex.ter.ri.to.ri.al [ˈeksteriˈtɔːriəl] *adj.* bulunduğu ülkenin yasalarına bağlı olmayan.

ex.tinct [iksˈtiŋkt] *adj.* sönmüş, sönük; nesli tükenmiş, yok olmuş *(a. fig.)*; **exˈtinc.tion** *n.* sön(dür)me *(a. fig.)*; bir neslin tükenmesi.

ex.tin.guish [iksˈtiŋgwiʃ] *v/t.* söndürmek *(a .fig.)*, bastırmak, yok etm., imha etm., kökünü kurutmak; *(görev, iş)* lağvetmek, feshetmek; *(kusur)* silmek; *(düşman)* susturmak, bertaraf etm.; **exˈtin-guish.er** = fire-~.

ex.tir.pate [ˈekstəːpeit] *v/t.* imha etm., yok etm., kökünü kurutmak; ⚕ kesip almak; **ex.tirˈpa.tion** *n.* imha, yok etme; ⚕ kesip alma.

ex.tol [iksˈtəul] *v/t.* övmek, yüceltmek; ~ s.o. to the skies *fig. b-ni* överek göklere çıkarmak.

ex.tort [iksˈtɔːt] *v/t.* zorla almak, şantajla almak (from *-den*), gaspetmek; **exˈtor-tion** *n.* zorla alma, gasp; **exˈtor.tion.ate** [~ʃnit] *adj.* fahiş; zorbalığa ait; şantaj; **exˈtor.tion.er** *n.* zorba *b-i*, görevini kötüye kullanan *b-i.*

ex.tra [ˈekstrə] **1.** *adj.* fazla, gereksiz, ziyade, zait; ekstra, alâ, fevkalâde..., seçkin, ayrı...; ~ pay ücret zammı, fazla ödeme; **2.** *adv.* -den başka, ilâveten, ek olarak, ayrıca, bir de; **3.** *n.* ilâve, ek, zam, katma; fevkalâde nüsha, ikinci, üçüncü vs. baskı *(gazete)*; *thea., film:* figüran *(kız veya kadın).*

ex.tract **1.** [ˈekstrækt] *n.* özet, hülâsa *(a.* ⚗ *)*; ruh, esans; kupür *(gazete)*; † ekstre, hesap hülâsası; **2.** [iksˈtrækt] *v/t.* çıkarmak, çekip çıkarmak; *(metin,* ⚗*)* özetini *veya* özünü çıkarmak; A *(kök)* almak, çıkarmak; itiraf ettirmek; seçmek; koparmak; **exˈtrac.tion** *n.* çıkarma, çekme *(diş vs.)*; nesil, soy, sülâle; öz, hülâsa, özet.

ex.tra.dit.a.ble [ˈekstrədaitəbl] *adj.* iade edilebilir *(suçlu)*; **ˈex.tra.dite** *v/t.* *(suçlu)* iade et(tir)mek; **ex.tra.di.tion** [~ˈdiʃən] *n.* suçluları iade.

ex.tra...: **ˈ~.juˈdi.cal** *adj.* mahkeme dışı, yasaların dışında; **ˈ~ˈmu.ral** *adj.* şehir *veya* okul duvarları dışında, okullarara-

sı *(karşılaşma)*; ~ student misafir öğrenci.
ex.tra.ne.ous [eksˈtreinjəs] *adj.* ikincil, talî (to -*e*); konu dışı; dıştan gelen, yabancı.
ex.traor.di.nar.y [iksˈtrɔːdnri] *adj.* olağanüstü, fevkalâde, müstesna, garip, seçkin; envoy ~ yetkili temsilci, murahhas.
ex.tra.sen.so.ry per.cep.tion *psych.* [ˈekstrəˈsensəri pəˈsepʃən] altıncı his.
ex.tra.ter.ri.to.ri.al [ˈekstrəteriˈtɔːriəl] = exterritorial.
ex.trav.a.gance [iksˈtrævigəns] *n.* israf; aşırılık, ifrat, taşkınlık, delibozukluk; **exˈtrav.a.gant** □ tutumsuz, müsrif; delibozuk; aşırı, müfrit, bol bol; **ex.trav.a.gan.za** *thea.* [ekstrævəˈgænzə] *n.* zengin dekorlu piyes, büyük mizansenli piyes, fantezi.
ex.treme [iksˈtriːm] **1.** □ son derece, fevkalâde; aşırı, müfrit; en uçta *veya* en kenarda olan; son; ~ unction *eccl.* Katolik kilisesi geleneğine göre ölüm halindeki kişiye mukaddes yağ sürülmesi; **2.** *n.* sınır, uç; ifrat; go to ~s aşırıya kaçmak; in the ~ aşırı derecede; **exˈtrem.ist** *n.* aşırı giden *b-i*; **ex.trem.i.ty** [~ˈtremiti] *n.* uç; sınır, had; son; aşırı tehlike; son çare; ıstırap; **exˈtrem.i.ties** [~z] *n. pl. anat.* eller ve ayaklar.
ex.tri.cate [ˈekstrikeit] *v/t.* kurtarmak, çıkarmak; açmak, ayırmak; ⚗ ayrıştırmak; **ex.triˈca.tion** *n.* kurtarma, kurtulma, çıkarma, ayırma.
ex.trin.sic [eksˈtrinsik] *adj.* (~ally) haricî, dıştan gelen (to -*e*).
ex.tro.vert [ˈekstrəuvəːt] *n.* dışa dönük karakter, kendi düşünce ve duygularıyla ilgilenmek yerine vaktini başkaları ile geçiren kimse.
ex.trude [eksˈtruːd] *v/t.* çıkarmak, ihraç etm., dışarı çıkarmak, sıkıp çıkarmak; *b-ni* bir yerden atmak.
ex.u.ber.ance [igˈzjuːbərəns] *n.* coşkunluk, taşkınlık; bolluk; **exˈu.ber.ant** *adj.* coşkun, heyecanlı, taşkın; aşırı; bol, bereketli.
ex.u.da.tion [eksjuːˈdeiʃən] *n.* sızıntı, sızan şey, ifrazat, ter; **ex.ude** [igˈzjuːd] *vb.* sızıntı yapmak, sızdırmak, ifraz etm.
ex.ult [igˈzʌlt] *vb.* çok sevinmek (at *veya* in s.th *bşe*), *(bir zafer sonucu)* coşmak, övünmek, hakkından gelip sevinmek (over s.o. *b-nin*); **exˈult.ant** *adj.* sevinçli, coşkun, neşeli; **ex.ul.ta.tion** [egzʌlˈteiʃən] *n.* sevinç, coşku; övünme.
eye [ai] **1.** *n.* göz *(a. fig.* & ⚘*)*; bakış, nazar; delik ,iğne deliği (*veya* gözü, kulağı), ilik, dişi kopça; budak; have an ~ for *bşin* iyisini seçebilmek, *bşden* iyi anlamak; my ~s! *sl.* vay iki gözüm benim!, yok canım!; it's all my ~! *sl.* zırva, boş lâkırdı; make ~s at s.o. *b-ne* aşıkâne bakmak, *b-ne* sevgiyle bakmak, F *b-ne* kaş göz etm.; up to the ~s in work başını kaşıyacak vakti yok, işi başından aşkın, çok meşgul; mind your ~! dikkatli ol!, gözünü aç; with an ~ to göz önünde tutarak, hesaba katarak; **2.** *v/t.* göz atmak -*e*, gözden geçirmek *(şaşkınlıkla)*, incelemek, bakmak; **ˈ~.ball** *n.* göz küresi; **ˈ~.brow** *n.* kaş; **ˈ~-catch.er** *n.* göz alan, dikkati çeken şey; **eyed** [aid] *comb.* ...gözlü.
eye...: **ˈ~-glass** *n.* tek gözlük, oküler; (pair of) ~es *pl.* gözlük; **ˈ~.hole** *n.* gözçukuru; gözetleme deliği; **ˈ~.lash** *n.* kirpik; **eye.let** [~ˈlit] *n.* küçük delik, göz deliği; teknelere açılan küçük delik, matafyon; kopça iliği.
eye...: **ˈ~.lid** *n.* gözkapağı; **ˈ~-o.pen.er** *n.* aydınlatan *veya* şaşırtan haber *veya* olay; sürpriz olay; insanın gözünü açan şey; sabahları mahmurluk gideren ilk içki; **ˈ~-piece** *n. opt.* dürbün *vs.*'nin göz camı, oküler; **ˈ~.shot** *n.* görüş mesafesi; **ˈ~.sight** *n.* görme kuvveti, görüm; **ˈ~.sore** *n.* göze çirkin görünen şey; **ˈ~-tooth** *n.* köpekdişi, gözdişi; **ˈ~-wash** *n. sl.* göz boyama, aldatma; **ˈ~-ˈwit.ness** *n.* ⚖ görgü tanığı, şahit.
ey.rie, ey.ry [ˈaiəri] = aerie.

F

Fa.bian ['feibjən] **1.** *adj.* ihtiyatlı, tedbirli, işi ağırdan alan, sürüncemede bırakan, ağır *(kimse)*; ~ policy işi ağırdan alma politikası, sürüncemede bırakma politikası; **2.** *n.* *(İngiltere'de)* ılımlı sosyalist bir derneğe mensup kişi.

fa.ble ['feibl] *n.* masal, özellikle hayvanları anlatan hikâye, fabl, efsane, mit; yalan, sahte.

fab.ric ['fæbrik] *n.* kumaş, bez, dokuma; bünye, yapı; **fab.ri.cate** ['~keit] *v/t.* imal etm., yapmak, biraraya getirmek; *fig.* yalan söylemek, uydurmak, sahtesini yapmak; **fab.ri'ca.tion** *n.* imal etme, yapma, biraraya getirme; *fig.* yalan, uydurma, sahte; **'fab.ri.ca.tor** *n.* imalatçı; uydurukçu.

fab.u.list ['fæbjulist] *n.* hayal ürünü hikâyeler yazan kimse; yalancı, uydurukçu; **'fab.u.lous** □ hayal mahsulü, uydurma, efsanevî; inanılmaz, olması imkânsız, abartılmış; F harika, şahane, müthiş, mükemmel, fevkalâde.

fa.çade ⩓ [fə'sa:d] *n.* binanın ön yüzü, cephe; *fig.* dış görünüş, sahte görünüş.

face [feis] **1.** *n.* yüz, çehre, surat, sima; görünüş, ifade; yüzey, satıh, *(binanın)* cephesi; yüzsüzlük; in (the) ~ of karşısında, rağmen; ~ to ~ with yüz yüze *ile*; save one's ~ onurunu kurtarmak, kabahatini örtbas etm.; lose ~ itibarını kaybetmek, saygınlığını yitirmek; on the ~ of it görünüşe bakılırsa, görünüş itibariyle; set one's ~ against karşı çıkmak *-e*, engel olm. *-e*; **2.** *v/t.* & *v/i.* yüzüne bakmak, bakmak, yönelmek, cesaretle karşılamak; *-in* karşısında olm.; *-in* kenarını çevirmek; kaplamak, astarlamak; be ~d with karşısında olm.; karşı çıkmak *-e*; ~ about ters yöne dönmek; left ~! ✕ sola dön!; about ~! geriye dön!; ~ **card** *iskambil:* resimli iskambil kağıdı *(papaz, kız veya vale)*; **'~-cloth** *n.* yüz havlusu; **faced** *comb.* ... yüzlü, yüzü olan; **'face-lift.ing** *n.* ⚕ yüzü ameliyatla gerdirme, yüz estetik ameliyatı; **'fac.er** *n.* aniden karşılaşılan ciddi zorluk, beklenmedik engel.

fac.et ⊕ ['fæsit] *n.* kıymetli taşın bir yüzeyi, faseta; *fig.* yön, görünüş; **'fac.et.ed** *adj.* yüzlü, fasetalı.

fa.ce.tious □ [fə'si:ʃəs] uygunsuz şaka yapan, alaycı, nükteli, esprili, şakacı.

face val.ue ['feis'vælju:] *n.* † itibarî kıymet, üzerindeki değer, nominal değer; *fig.* dış görünüşündeki değer *veya* önem; take s.th. at its ~ *bşi* dış görünüşüne göre değerlendirmek.

fa.ci.a ['feiʃə] = fascia.

fa.cial ['feiʃəl] **1.** □ yüz ile ilgili, yüze ait; **2.** *n.* yüz masajı.

fac.ile ['fæsail] □ kolay, basit; herşeyi kolayca yapan *(kimse)*, becerikli; kolay yapılan; uysal; **fa.cil.i.tate** [fə'siliteit] *v/t.* kolaylaştırmak; **fa.cil.i'ta.tion** *n.* kolaylaştırma; **fa'cil.i.ty** *n.* kolaylık, rahatlık; *pl.* vasıta, imkânlar, bina, tesis.

fac.ing ['feisiŋ] *n.* ⊕ kaplama, astar; ✕ dönüş; ~s *pl.* volan, süs.

fac.sim.i.le [fæk'simili] *n.* faksimile, kopya, suret, aynısı, tıpkısı; resim *veya* yazının radyo *veya* telgrafla gönderilmesi.

fact [fækt] *n.* gerçek, hakikat; durum; ~s *pl.* (of the case) olayın unsurları; after the ~ suç işlendikten sonra; before the ~ suç işlenmeden önce; in (point of) ~, as a matter of ~ gerçekten, hakikatte, işin doğrusu; know for a ~ kesinlikle bilmek, adı gibi bilmek; **'~-find.ing** *n.* gerçekleri ortaya çıkarma.

fac.tion ['fækʃən] *n.* grup, bölünme, çekişme, hizip, ihtilâf, ayrılık; **'fac.tion.ist** *n.* ihtilafçı, partizan, arabozucu, bölücü, fitneci.

fac.tious □ ['fækʃəs] ihtilafçı, partizan, arabozucu, fitneci; **'fac.tious.ness** *n.* fitnecilik, ihtilafçılık, hizipçilik.

fac.ti.tious □ [fæk'tiʃəs] yapmacık, suni, tabii olmayan.

fac.tor ['fæktə] *n.* ⩓ çarpılanlardan biri; âmil, sebeplerden biri, faktör; † komisyonla satış yapan kimse; **ˈfac.to.ry** *n.* fabrika, atölye, imalathane.

fac.to.tum [fækˈtəutəm] *n.* kâhya, uşak, hizmetçi.

fac.tu.al [ˈfæktʃuəl] *adj.* gerçeklere dayalı, olaylarla ilgili.

fac.ul.ty [ˈfækəlti] *n.* yetenek, kabiliyet; güç, iktidar; ⚖ öncelik hakkı, ayrıcalık, imtiyaz; *univ.* fakülte, üniversite dalı, branş.

fad F [fæd] *n.* geçici merak, heves, ilgi; **ˈfad.dish, ˈfad.dy** *adj.* geçici heves kabilinden; **ˈfad.dist** *n.* geçici hevesleri olan kimse.

fade [feid] *vb.* rengini soldurmak, solmak, sararıp solmak, canlılığını kaybetmek; gözden kaybolmak, hafızadan silinmek; *radyo:* şiddetini artırmak *veya* azaltmak, şiddeti artmak *veya* azalmak; ~ away, ~ out gözden kaybolmak, duyulmamak; ~ in sesi yavaş yavaş yükseltmek; ~ out sesi yavaş yavaş azaltmak; **ˈfade.less** *adj.* solmaz; **ˈfad.ing** ☐ geçici, süreksiz, fanî; *radyo:* zayıflama, kaybolma, feding.

fae.ces *physiol.* [ˈfiːsiːz] *n. pl.* tortu, posa, pislik, dışkı.

faer.ie, faer.y [ˈfeiəri] *n.* † periler ülkesi; *attr.* hayalî.

fag F [fæg] **1.** *n.* yorucu iş; *(İngiltere'de)* üst sınıftaki öğrenciye hizmet eden öğrenci; *sl.* sigara; homoseksüel erkek; **2.** *v/t. & v/i.* didinmek, çalışıp yor(ul)mak, uşak gibi çalış(tır)mak; **ˈ~-ˈend** *n.* işe yaramaz kısım, artık; izmarit.

fag.ot, fag.got [ˈfægət] *n.* ince odun demeti, çubuk demeti; ⊕ demir çubuk demeti; *Am.* F homoseksüel erkek.

Fahr.en.heit [ˈfærənhait] *n.* fahrenhayt; ~ thermometer fahrenhayt termometresi.

fail [feil] **1.** *v/t. & v/i.* başaramamak (in -*i*), başarısız olm., kalmak *(sınavda)*, boşa çıkmak; bırakmak *(sınavda)*; yetersiz olm., bitmek, zayıflamak; ihmal etm., iflâs etm.; yoksun olm. (in -*den*); he ~ed to do *veya* in doing ... ...yapmayı başaramadı; he cannot ~ to *inf.* ...yapmadan bırakmaz; his heart ~ed him cesareti kırıldı, cesaret edemedi; **2.** *n.* without ~ elbette, mutlaka, şüphesiz; **ˈfail.ing 1.** *n.* kusur, zayıflık, zaaf; **2.** *prp.* yokluğunda, olmadığı takdirde; ~ which olmadığı takdirde; **fail.ure** [ˈ~jə] *n.* başarısızlık; başarısız kimse; başarısızlıkla sonuçlanan şey *veya* teşebbüs; bitme, tükenme; iflâs; ihmal, yetersizlik.

fain *poet.* [fein] *adv.* seve seve, isteyerek, memnuniyetle.

faint [feint] **1.** ☐ zayıf, cılız *(ses)*, silik, belirsiz, başı dönmüş, baygın; **2.** *v/i.* bayılmak; solmak; gevşemek, zayıflamak; **3.** *n.* baygınlık, bayılma; **ˈ~-ˈheart.ed** ☐ yüreksiz, korkak; çekingen, mahcup; **ˈ~-ˈheart.ed.ness** *n.* korkaklık, çekingenlik; **ˈfaint.ness** *n.* baygınlık, halsizlik, zayıflık.

fair¹ [fɛə] **1.** *adj.* dürüst, adil, doğru, haklı; orta, vasat, iyi; açık *(hava)*; elverişli *(rüzgâr)*; tatminkâr, bol, çok; sarışın, kumral; hoş, güzel; iyi seçilmiş *(kelime)*; temiz, açık, lekesiz; ~ copy temiz kopya; ~ name iyi nam, şöhret; ~ play temiz oyun, tarafsızlık; the ~ sex kadınlar, cinsi lâtif; **2.** *adv.* dürüstce, adilane, tam, temiz olarak; write s.th out ~ hatasız yazmak.

fair² [~] *n.* pazar, panayır, fuar, sergi.

fair-haired [ˈfɛəˈhɛəd] *adj.* sarışın.

fair.ly [ˈfɛəli] *adv.* dürüstçe, adilane; tamamen; âdeta; oldukça; **ˈfair.ness** *n.* doğruluk, dürüstlük, güzellik; **ˈfair-ˈspoken** *adj.* nazik, tatlı dilli; **ˈfair.way** *n.* ⚓ serbest geçit, gemilerin seyredebildiği geçit; **ˈfair-weath.er friend** iyi gün dostu.

fair.y [ˈfɛəri] **1.** *n.* peri; *sl.* homoseksüel erkek; **2.** *adj.* peri gibi, perilere ait; **ˈFair-y.land** *n.* periler ülkesi, büyülü yer, güzel yer; **ˈfair.y.like** *adj.* peri gibi; **ˈfair.y--tale** *n.* peri masalı; yalan, uydurma hikâye.

faith [feiθ] *n.* inanç, itikat, iman; itimat, güven; din; söz, vaat; sadakat, vefa; have ~ in s.th. itimadı, güveni, inancı olm. -*e*; in good ~ iyi niyetle, samimiyetle, dürüstlükle; **ˈ~-cure** = faith-healing; **faith.ful** ☐ [ˈ~ful] iman sahibi; sadık, vefakâr, güvenilir, doğru; the ~ *pl.* müminler, inananlar; yours ~ly saygılarımla, saygılarımızla; **ˈfaith.ful.ness** *n.* sadakat, iman; **ˈfaith-heal.ing** *n.* itikatla iyileşme, şifa bulma; **ˈfaith.less** ☐ güvenilmez, sadakatsiz, hain; imansız, dinsiz; **ˈfaith.less.ness** *n.* güvensizlik; imansızlık.

fake *sl.* [feik] **1.** *n.* sahte, yapma; uydurma; sahtekâr, şarlatan; *Am. a.* **ˈfak.er** *n.* sahtekâr, dolandırıcı; **2.** *a.* ~ up *v/t.* sahtesini yapmak, uydurmak.

fal.con [ˈfɔːlkən] *n.* şahin, doğan; **ˈfal.con.er** *n.* şahin *veya* doğanla avlanan avcı, şahinci, doğancı; **ˈfal.con.ry** *n.* doğancılık, kuşçuluk.

fall [fɔːl] **1.** *n.* düşme, düşüş, çöküş, çökme; yağış; şelâle, çağlayan; *Am.* sonbahar, güz; yıkılma; düşüş mesafesi; ucuzlama; dökülme; *(güreşte)* düşüş;

elbise fırfırı; the ♀ (of Man) Hz. Adem ve Havva'nın işlediği günah ve sonuçları; have a ~ düşmek; **2.** *v/i.* düşmek, yağmak, dökülmek; doğmak *(hayvan)*; inmek; uzanmak; azalmak, kesilmek *(rüzgâr)*; vaki olm.; çökmek, düşmek *(kale)*; meyletmek *(toprak)*; rastlamak *(tarih)*; his countenance fell suratı asıldı; ~ asleep uykuya dalmak; ~ away terketmek, çekilmek, ortadan kaybolmak; ~ back geri çekilmek; ~ back (up)-on yeniden müracaat etm., başvurmak *(güvenilen bşe)*; ~ behind geri kalmak, yetişememek; ~ between two stools iki cami arasında beynamaz olm., iki seçenek arasında tereddütten dolayı bir fırsatı kaçırmak; ~ down düşmek; çökmek, yıkılmak; ~ due vadesi dolmak; ~ for F çok beğenmek, bayılmak, kesilmek; aldatılmak, tongaya basmak; ~ from düşmek *-den*; ~ ill *veya* sick hastalanmak; ~ in çökmek, yıkılmak; ✕ sıraya girmek, dizilmek; ~ in with uymak, kabul etm.; rast gelmek; ~ in love with aşık olm. *-e*; ~ into başlamak; bölünmek, ayrılmak; ~ into line with diğerlerinin yaptığına uymak; ~ off eksilmek, azalmak; düşmek *(a .fig.)* (from *-den*), düşüş göstermek; ~ on saldırmak, hücum etm.; gelmek düşmek; ~ out ✕ sıradan çıkmak; vaki olm., meydana gelmek; kavga etm., bozuşmak, bırakmak; ~ short kısa düşmek, ulaşamamak (of *-e*); ~ short of umduğu gibi çıkmamak, yetersiz olm.; ~ to başlamak, girişmek; ~ under altına düşmek, altında toplanmak, altında sınıflandırmak.

fal.la.cious □ [fəˈleiʃəs] yanıltıcı, aldatıcı, yanlış, hatalı, boş.

fal.la.cy [ˈfæləsi] *n.* yanlış fikir, aldatıcı kavram; aldatma, hile, yanlışlık.

fall.en [ˈfɔːlən] *p.p. of* fall 2.

fall guy *Am. sl.* [ˈfɔːlˈgai] *n.* kolayca aldatılan kimse, keriz, başkalarının cezasını ve sorumluluğunu yüklenen kimse.

fal.li.bil.i.ty [fæliˈbiliti] *n.* yanılma payı;

fal.li.ble □ [ˈfæləbl] yanılabilir, hataya düşebilir, yanlış olabilir.

fall.ing [ˈfɔːliŋ] *n.* düşüş, çöküş; ~ **off** azalma, eksilme; ~ **sick.ness** sara, epilepsi; ~ **star** göktaşı.

fal.low [ˈfæləu] **1.** *adj.* açık sarı, deve tüyü; ↙ ekilmemiş, nadasa bırakılan; **2.** *n.* nadasa bırakılan arazi, nadas; nadas etme; ˈ~**-deer** *n. zo.* geyik; ˈ**fal.low.ness** *n.* nadasa bırakma.

false □ [fɔːls] sahte, yanlış, yapma, taklit, hatalı, yalan, takma *(saç, diş)*, sözde; ~ imprisonment haksız yere hapis, sözde mahkûmiyet; ~ key maymuncuk; play s.o. ~ ihanet etm., aldatmak; **false-hood** [ˈ~hud] *n.* yalan; ˈ**false.ness** *n.* yalan, sahtelik.

fal.set.to ♪ [fɔːlˈsetəu] *n.* çok ince ses *(erkekte)*; bu sesle şarkı söyleyen kimse, kontrtenor.

fal.si.fi.ca.tion [ˈfɔːlsifiˈkeiʃən] *n.* tahrif, taklit, sahtesini yapma, uydurma; **fal-si.fi.er** [ˈ~faiə] *n.* yalancı, düzenbaz, tahrifçi, kalpazan; **fal.si.fy** [ˈ~fai] *v/t.* tahrif etm., bozmak; taklit etm.; yalan olduğunu söylemek; **fal.si.ty** [ˈ~ti] *n.* yalan; yanlışlık, hata; hainlik.

fal.ter [ˈfɔːltə] *v/t.* & *v/i.* sendelemek, yalpalamak; kekelemek, tutuk konuşmak, titremek *(ses)*, duraklamak, tereddüt içinde söylemek, kısık sesle söylemek.

fame [feim] *n.* şöhret, ün, şan, nam;

famed *adj.* ünlü, meşhur.

fa.mil.iar [fəˈmiljə] **1.** □ bilen *-i*, malûmatı olan, haberdar olan, bilinen, her zaman görülen *veya* duyulan, alışılmış; lâubali, senli benli; alışkın (with *-e*); be ~ with bilmek, tanımak; samimi, yakın, teklifsiz olm.; **2.** *n.* samimi arkadaş; **fa-mil.i.ar.i.ty** [~liˈæriti] *n.* iyi bilme, aşinalık, teklifsizlik, alışkanlık; *pl.* lâubalilik, serbestlik, teklifsizlik; **fa.mil.iar.i.za.tion** [~ljəraiˈzeiʃən] *n.* tanıtma, alıştırma, tanıma; **faˈmil.iar.ize** *v/t.* tanıtmak, alıştırmak; ilişki kurmak.

fam.i.ly [ˈfæmili] *n.* aile, çoluk çocuk, ecdat, akraba; soy, cins; ⚘ familya; in the ~ way F hamile, gebe; ~ allowance çocuk zammı; ~ doctor aile doktoru; ~ man aile babası; ~ planning aile planlaması; ~ tree soy ağacı, şecere.

fam.ine [ˈfæmin] *n.* kıtlık, açlık.

fam.ish [ˈfæmiʃ] *v/t.* & *v/i.* çok acıkmak, açlıktan öl(dür)mek, aç bırakmak, aç kalmak.

fa.mous □ [ˈfeiməs] ünlü, meşhur, tanınmış; F mükemmel, çok iyi, tatminkâr.

fan[1] [fæn] **1.** *n.* yelpaze, vantilatör, yelpaze kanadına benzeyen şey; ⚓ pervane; **2.** *v/t.* yelpazelemek, hava vermek, körüklemek serinletmek; ~ out ✕ yelpaze gibi açılmak, yayılmak.

fan[2] [~] *n. spor, etc.*: *bşin* hayranı, meraklısı, delisi, hastası, tiryakisi.

fa.nat.ic [fəˈnætik] **1.** *a.* **faˈnat.i.cal** □ mutaassıp, fanatik, aşırı meraklı, çok düşkün, aşırı fikirli; **faˈnat.i.cism** [~sizəm] *n.* tutuculuk, aşırılık, taassup.

fan.ci.er [ˈfænsiə] *n.* meraklısı, düşkünü, seven *b-i*.

fan.ci.ful □ [ˈfænsiful] hayalperest, gerçeklerden uzak, kaprisli; **ˈfan.ci.ful.ness** *n.* hayalî olma.

fan.cy [ˈfænsi] **1.** *n.* hayal, düş, kapris, geçici arzu, beğeni, düşkünlük, merak, kuruntu; take a ~ to beğenmek, hoşlanmak, sevmek; **2.** □ süslü, parlak renkli; aşırı; iyi kalite *(mal)*; hayale dayalı; ~ apron aşırı bağ; ~ dress karnaval kıyafeti, maskeli balo kıyafeti; ~-dress ball maskeli balo; ~ fair yardım pazarı; ~ goods fantezi eşya, iyi kalite mallar; ~ man sevgili; *sl.* pezevenk; ~ price fahiş fiyat; **3.** *v/t.* hayal etm., tasavvur etm., zannetmek, sanmak; istemek, arzu etm., beğenmek, sevmek; just ~! hayret doğrusu!; **ˈ~-work** *n.* ince el işi.

fane *poet.* [fein] *n.* mabet, kilise.

fan.fare [ˈfænfɛə] *n.* ♪ merasim borusu, nefesli çalgıların çaldığı parça, fanfar;

fan.fa.ron.ade [~færəˈnɑːd] *n.* yüksekten atma, palavra, martaval, övünme.

fang [fæŋ] *n.* azı dişi *(köpek veya kurtların)*; yılanın zehirli dişi; ⊕ pençe, tırnak.

fan.ner ⊕ [ˈfænə] *n.* vantilatör, havalandırma tertibatı, üfleç, hamlaç.

fan.tail *zo.* [ˈfænteil] *n.* bir çeşit evcil güvercin; yelpaze şeklinde kuyruk.

fan.ta.sia ♪ [fænˈteizjə] *n.* fantezi; **fan.tas.tic** [~ˈtæstik] *adj.* hayali; garip, acayip, tuhaf, saçma; F harika, şahane, fevkalâde; **fan.ta.sy** [ˈ~təsi] *n.* hayal, garip fikir; ♪ fantezi.

far [fɑː] *adj.* uzak, uzun; daha uzak; ilerlemiş; *adv.* uzağa, uzakta, daha, oldukça, epeyce, çok; ~ better çok daha iyi; ~ the best en iyisi; as ~ as -*e* kadar, -*e* kalırsa; by ~ hatırı sayılır derecede, büyük farkla; ~ from hiç, hiç mi hiç,... bir yana; in so ~ as bir dereceye kadar, -*den* dolayı, olduğuna göre; ~ and near, ~ and wide her yerde; **~-a.way** [ˈfɑːrəwei] *adj.* uzak, uzakta; dalgın *(bakış)*.

farce *thea.* [fɑːs] *n.* komik tiyatro oyunu, fars; saçma, yararsız şey; **far.ci.cal** □ [ˈ~sikəl] tuhaf, komik, gülünç.

fare [fɛə] **1.** *n.* yol parası, bilet ücreti; yolcu; yiyecek; **2.** *v/i.* olmak, yaşamak; başından geçmek, gitmek, gelişme göstermek; how did you ~? nasıl gitti?; ~ well! güle güle!; ~ stage kıta, iki durak arası; **ˈ~ˈwell 1.** *int.* uğurlar olsun, güle güle!; **2.** *n.* ayrılma, gitme, veda, uğurlama; **3.** *adj.* veda, son; ~ party veda partisi.

far... [fɑː]: **ˈ~ˈfetched** *adj. fig.* zoraki, **ˈ~ˈflung** *adj.* çok yaygın; *fig.* uzak; ~ gone F çok ilerlemiş *(hastalık, delilik, sarhoşluk, borç v.b.)*.

far.i.na.ceous [færiˈneiʃəs] *adj.* nişastalı, un gibi.

farm [fɑːm] *n.* çiftlik; chicken ~ tavuk çiftliği; **2.** *vb.* ekip biçmek, çiftçilik yapmak; işletmek; *a.* ~ out kiraya vermek, ekip biçmek; çocuğun bakımı için anlaşmak; **ˈfarm.er** *n.* çiftçi; çiftlik sahibi; **ˈfarm.hand** *n. Am.* rençber; **ˈfarm-house** *n.* çiftlik evi; **ˈfarm.ing** *n.* çiftçilik; **farm-stead** [ˈ~sted] *n.* çiftlik ve içindeki binalar; **ˈfarm.yard** *n.* çiftlik avlusu.

far.o [ˈfɛərəu] *n.* kağıdı dağıtana karşı oynanan kumar oyunu.

far-off [ˈfɑːrˈɔːf] *adj.* uzak.

far.ra.go [fəˈrɑːgəu]*n.* karışım, karmakarışık şey.

far-reach.ing [ˈfɑːˈriːtʃiŋ] *adj.* geniş kapsamlı.

far.ri.er [ˈfæriə] *n.* nalbant.

far.row [ˈfærəu] **1.** *n.* bir batında doğan domuz yavruları; **2.** *v/i.* yavrulamak *(domuz)*.

far-see.ing [ˈfɑːˈsiːiŋ], **ˈfar-ˈsight.ed** *adj. fig.* uzağı gören, basiretli.

far.ther [ˈfɑːðə], **far.thest** [ˈ~ðist] *comp. & sup. of* far.

far.thing [ˈfɑːðiŋ] *n.* çeyrek peni; not worth a ~ beş para etmez.

fas.ci.a *mot.* [ˈfeiʃə] *n.* arabada kontrol paneli; uzun tabelâ.

fas.ci.nate [ˈfæsineit] *v/t.* büyülemek, cezbetmek, teshir etm., hayran bırakmak; **fas.ciˈna.tion** *n.* cazibe, çekicilik, büyüleme, teshir.

fas.cine [fæˈsiːn] *n.* çalı demeti.

Fas.cism *pol.* [ˈfæʃizəm] *n.* faşizm; **ˈfas-cist** *n.* faşist; **faˈscis.tic** *adj.* (~ally) faşistliğe ait.

fash.ion [ˈfæʃən] **1.** *n.* moda, şekil; tarz, usül; rank and ~ yüksek zümre; in (out of) ~ moda ol(may)an; set the ~ modada öncülük etm.; **2.** *v/t.* yapmak; şekil vermek; **ˈfash.ion.a.ble** □ [ˈfæʃnəbl] modaya uygun, şık; zenginler arasında tutulan; **ˈfash.ion.a.ble.ness** *n.* modaya uygunluk, şıklık; **ˈfash.ion-paˈrade** *n.* defile; **ˈfash.ion-plate** *n.* elbise modeli; son modayı izleyen kimse.

fast[1] [fɑːst] **1.** *adj.* çabuk, tez, hızlı, süratli; seri; ileri *(saat)*; sıkı, sabit; solmaz *(renk)*; sadık, yakın *(arkadaş)*; zevke düşkün; ahlâksız *(kadın)*; ~ to light ışığa dayanıklı; ~ train süratli tren, ekspres; my watch is ~ saatim ileri gitmiş; **2.** *adv.* çabuk, süratle; sıkıca; derin bir şekilde; ~ asleep derin uykuda.

fast² [~] **1.** *v/i.* oruç tutmak, perhiz etm.; **2.** *n.* oruç; **'~-day** *n.* oruç günü, perhiz günü.

fas.ten ['fɑːsn] *v/t.* & *v/i.* bağlamak, tut(tur)mak, sürmelemek; dikmek, ayırmamak; birleştirmek; ~ (up)on dikmek, ayırmamak *(gözünü)*; ~ upon kavramak, iyice anlamak; **'fas.ten.er** *n.* tutacak, bağ, bağlayan şey, toka kıskacı, çıtçıt; **'fas.ten.ing** *n.* sürgü, toka.

fas.tid.i.ous □ [fəs'tidiəs] titiz, müşkülpesent, memnun edilmesi güç; **fas'tid.i.ous-ness** *n.* titizlik.

fast.ness ['fɑːstnis] *n.* sağlamlık; sürat; solmazlık, solmama *(renk)*; ✕ kale, istihkâm.

fat [fæt] **1.** □ şişman, semiz, yağlı, kalın, dolu; bereketli, verimli *(toprak)*; **2.** *n.* yağ; live on the ~ of the land herşeyin iyisiyle geçinmek; the ~ is in the fire kıyamet kopacak, iş patlak verecek; **3.** *v/t.* semirtmek, beslemek.

fa.tal □ ['feitl] öldürücü, mahvedici, yok edici; mukadder, alında yazılı; ~ accident öldürücü kaza; **fa.tal.ism** ['~təlizm] *n.* herşeyi kadere bağlama inancı, kadercilik, fatalizm; **'fa.tal.ist** *n.* herşeyi kadere bağlayan kimse, fatalist; **fa.tal.i.ty** [fə'tæliti] *n.* felâket, talihsizlik, akıbet, belâ, afet.

fate [feit] *n.* kader, kısmet, talih; ecel; akıbet; the 2s *pl.* üç Yunan kader tanrıçası; **'fat.ed** *adj.* kadere bağlı; **fate.ful** □ ['~ful] kaderi tayin eden, önemli; tarihi önem taşıyan *(karar)*; mukadder.

fa.ther ['fɑːðə] **1.** *n.* baba; *pl.* ata, soy; kurucu; tanrı; papaz; **2.** *v/t.* icat etm., yaratıcısı olm., babası olm.; to ~ an article on s.o. bir yazıyı birine atfetmek; **fa.ther.hood** ['~hud] *n.* babalık; **'fa.ther-in-law** *n.* kayınpeder; **'fa.ther.land** *n.* anavatan; **'fa.ther.less** *adj.* babasız, yetim; **'fa.ther.ly** *adj.* baba gibi, babacan, babaya ait.

fath.om ['fæðəm] **1.** *n.* anlama, kavrama; ⚓ kulaç; **2.** *v/t.* ⚓ iskandil etm., derinliğini bulmak, derinliğine inmek; *fig.* -*in* içyüzünü anlamak, kavramak; **'fath-om.less** *adj.* çok derin, dibine erişilemeyen; anlaşılmaz.

fa.tigue [fə'tiːg] **1.** *n.* yorgunluk, bitkinlik; ✕ kışla hizmeti; ~s *pl.* ✕ kışla hizmeti sırasında askerlerin giydiği üniforma; **2.** *v/t.* yormak, yorgunluk vermek; **fa'tigue-par.ty** *n.* ✕ kışla hizmeti verilen askerler.

fat.ling ['fætliŋ] *n.* kesim için beslenen genç hayvan; **'fat.ness** *n.* şişmanlık, semizlik; **'fat.ten** *v/t.* & *v/i.* şişmanla(t)mak, semir(t)mek; gübrelemek; **'fat.ty** **1.** *adj.* yağlı, şişman, semiz; gübreli; ~ degeneration yağ dejenerasyonu, aşırı şişmanlık; **2.** *n.* F şişko, dobiş.

fa.tu.i.ty [fə'tjuːiti]*n.* anlamsızlık, ahmaklık, budalalık; **fat.u.ous** □ ['fætjuəs] aptal, budala, salak, ahmak.

fau.cet *part. Am.* ['fɔːsit] *n.* musluk.

faugh [fɔː] *int.* püf!, pöf!, ne kötü!

fault [fɔːlt] *n.* faul, hata *(a. tennis)*; ⚡ hata, yanlış, kusur; ⊕ hata, bozukluk; *geol.* fay, çatlak; find ~ with kusur bulmak -*de*; be at ~ yanılmış olm., şaşırmış olm.; kabahatli olm.; to a ~ *fig.* aşırı derecede; **'~-find.er** *n.* tenkitçi, kusur bulan kimse; **'~.find.ing** *n.* tenkit, eleştiri; **'fault.i.ness** *n.* kusurlu olma, bozukluk; **'fault.less** □ kusursuz, mükemmel; **'faults.man** *n. teleph.* tamirci; **'fault.y** □ hatalı, kusurlu, bozuk.

faun [fɔːn] *n. myth.* yarısı keçi yarısı insan olan ilâh.

faun.a ['fɔːnə] *n.* fauna, direy, bir bölgeye *veya* çağa ait tüm hayvanlar.

fa.vo(u)r ['feivə] **1.** *n.* dostça bakış, teveccüh, güleryüz; yardım, destek, kayırma, iltimas, iyilik, rica, lütuf, nişan; in ~ of -*in* lehinde, -*in* taraftarı; ✝ lehine, emrine *(çek)*; I am (not) in ~ of it onun lehindeyim (değilim); under ~ of night gecenin karanlığından yararlanarak; do s.o. a ~ *b-ne* bir iyilikte bulunmak; **2.** *v/t.* kayırmak -*i*; iltimas geçmek -*e*, tercih etm. -*i*, destek olm. -*e*, lütuf göstermek -*e*, -*in* tarafını tutmak; müsaade etm. *(hava)*; **fa.vo(u)r.a.ble** □ ['~vərəbl] taraf tutan, öven; olumlu, memnuniyet verici, uygun, elverişli, müsait, münasip; **'fa.vo(u)r.a.ble.ness** *n.* taraf tutma, övme, elverişli olma; **fa.vo-(u)red** ['~vəd] *adj.* avantajlı, belli bir özelliği olan, iltimas geçilen; most-~ nation clause ✝ bir ülkenin en düşük ithalat vergisini ödeyeceğini belirten özel hüküm; **fa.vo(u)r.ite** ['~vərit] **1.** *adj.* daha çok sevilen, gözde; **2.** *n.* kayırılan kimse; *spor:* favori, kazanması beklenen; **'fa.vo(u)r.it.ism** *n.* taraf tutma, adam kayırma.

fawn¹ [fɔːn] **1.** *n. zo.* geyik *veya* karaca yavrusu; açık kahverengi; **2.** *vb.* doğurmak, yavrulamak *(geyik)*.

fawn² [~] *v/i.* kuyruk sallamak *(köpek)*; *fig.* yaltaklanmak, dalkavukluk etm. (upon -*e*); **'fawn.er** *n.* yağcı, yaltakçı, dalkavuk; **'fawn.ing** *n.* dalkavukluk, yağcılık, yaltaklanma.

fay *poet.* [fei] *n.* peri.
faze *part. Am.* F [feiz] *v/t.* telaşa düşürmek, sıkıntı vermek, iki ayağını bir pabuca sokmak.
fe.al.ty [ˈfiːəlti] *n.* sadakat.
fear [fiə] **1.** *n.* korku, dehşet; endişe, kuruntu; through *veya* from ~ of korkusuyla, korkusundan; for ~ of doing yapma korkusuyla, korkusundan, endişesiyle; in ~ of one's life hayatından endişe ederek, ölüm tehlikesiyle; **2.** *vb.* korkmak *-den,* çekinmek *-den,* endişe etm. *-den,* korkuyla bakmak *-e;* **fear.ful** □ [ˈ~ful] korkunç, dehşetli; berbat, can sıkıcı; korkan, endişeli; be ~ that korkmak, endişelenmek *-den;* **ˈfear.ful.ness** *n.* korkaklık; **ˈfear.less** □ korkusuz, gözü pek; **ˈfear.less.ness** *n.* korkusuzluk.
fea.si.bil.i.ty [fiːzəˈbiliti] *n.* tatbik edilebilme, uygulanabilme, mümkün olma; **ˈfea.si.ble** *adj.* yapılabilir, mümkün, tatbik edilebilir, makûl, münasip.
feast [fiːst] **1.** *n.* bayram, festival, yıldönümü, yortu; ziyafet; **2.** *v/t. & v/i.* (on, upon) ziyafete katılmak; ziyafet vermek, ziyafette vakit geçirmek; yiyip içmek; hissi zevk vermek; ~ one's eyes on doya doya bakmak *-e.*
feat [fiːt] *n.* yapılması beceri, güç *veya* cesaret isteyen şey; başarı.
feath.er [ˈfeðə] **1.** *n.* tüy; *a.* ~s *pl.* kuşun tüyleri; show the white ~ F korkaklık göstermek; that is a ~ in his cap gurur duyabileceği bir başarıdır; in high ~ neşesi yerinde; **2.** *vb.* tüy takmak *-e;* tüylenmek, tüyleri bitmek; ⚓ pala çevirmek *(kürek);* ~ one's nest küpünü doldurmak, zenginleşmek, *k-ne* emanet edilen şeyden pay çıkarmak; **ˈ~-bed 1.** *n.* kuştüyü yatak; **2.** *v/t. (bir gurup insana)* cömertçe avantaj sağlamak; **ˈ~-brained, ˈ~-head.ed** *adj.* kuş beyinli, aptal; **ˈfeath-ered** *adj.* tüylü; **ˈfeath.er-edge** *n.* ⊕ kolayca kırılan *veya* bükülen çok ince uç; **ˈfeath.er.ing** *n.* tüy; **ˈfeath.er.stitch** *n. terzilik:* zikzak, civankaşı dikiş; **ˈfeath.er--weight** *n. boks:* tüysiklet; **ˈfeath.er.y** *adj.* tüylü; tüy gibi hafif ve yumuşak.
fea.ture [ˈfiːtʃə] **1.** *n.* yüz organlarından biri; *pl.* yüz, surat, çehre; özellik, hususiyet; makale; asıl film; **2.** *vb.* özelliği olm.; önem vermek; baş rolde oynamak; a film featuring N.N. N.N.'nin başrolde oynadığı film; ~ **film** asıl film; **ˈfea.ture-less** *adj.* hiç bir özelliği olmayan, çekici olmayan.
feb.ri.fuge [ˈfebrifjuːdʒ] *n.* ⚕ ateş düşürücü ilaç.
fe.brile [ˈfiːbrail] *adj.* ateşli, hummalı.
Feb.ru.ar.y [ˈfebruəri] *n.* şubat.
feck.less [ˈfeklis] *adj.* bir işe yaramayan, yetersiz, beceriksiz, zayıf, sorumsuz.
fe.cun.date [ˈfiːkəndeit] *v/t.* gebe bırakmak, döllemek; bereketlendirmek; **fe-cunˈda.tion** *n.* dölleme; bereketlendirme; **fe.cun.di.ty** [fiˈkʌnditi] *n.* verimlilik; doğurganlık, üreyebilme.
fed [fed] *pret. & p.p. of* feed 2.
fed.er.al [ˈfedərəl] *adj.* federal, federasyona ait, federe; **ˈfed.er.al.ism** *n.* federalizm; **ˈfed.er.al.ist** *n.* federalist, federal sistem taraftarı; **ˈfed.er.al.ize** *v/t.* devletleri birleştirmek, federal sistem altında toplamak; **fed.er.ate 1.** [ˈ~reit] *v/t. & v/i.* federasyon halinde birleş(tir)mek; **2.** [~ˈrit] *adj.* birleşik, müttefik; **fed.er.a.tion** [~ˈreiʃən] *n.* federasyon, birlik; **fed.er.a.tive** [ˈ~rətiv] *adj.* federasyon esasına dayalı, federatif.
fee [fiː] **1.** *n.* ücret; giriş ücreti; vizite; ⚖ mülk; ~ simple mülk, şartsız veraset; **2.** *v/t.* ücretini ödemek, ücretle tutmak.
fee.ble □ [fiːbl] zayıf, kuvvetsiz, dermansız, takatsiz, cılız; **ˈ~-ˈmind.ed** *adj.* geri zekâlı, aptal, iradesiz, kararsız; **ˈfee.ble.ness** *n.* zayıflık, kuvvetsizlik.
feed [fiːd] **1.** *n.* yemek, yiyecek, gıda, yem; ⊕ malzemeyi makineye veren boru; ⊕ makineye verilen malzeme; ⚔ yük; **2.** *v/t. & v/i.* beslemek (on, with *-le*), yemlemek, yiyeceğini vermek; ihtiyacını temin etm.; desteklemek; otlamak, yemlenmek; yemek yemek; ~ o.s. yemek yemek; ~ off *veya* down besini bir yerden almak; ~ up fazla yiyecek vermek, besleyici yiyecek vermek, semirtmek; be fed up with *sl.* bıkmak, usanmak, bezmek *-den;* well fed iyi beslenmiş; **ˈ~.back** *n. radyo:* geri itilim; eleştiri; **ˈfeed.er** *n.* besleyici; beslenen; biberon; mama önlüğü; ana yola bağlı hat; ⊕ elektrik taşıyan hat; radyo vericisinden antene giden hat; **ˈfeed.er line** 🚂 ana demiryoluna bağlı hat; **ˈfeed.er road** besleme hattı; **ˈfeed.ing** *n.* besleme, yiyecek verme, yemleme; ⊕ besleme; high ~ lüks hayat, zevk ve sefa hayatı; **ˈfee.ding-bottle** *n.* biberon; **ˈfeed-ing-stuff** *n.* yem, yiyecek maddesi.
feel [fiːl] **1.** *(irr.) v/t & v/i.* hissetmek, duymak, dokunmak, elle yoklamak; anlamak, kavramak; fikrinde olm.; ⚔ keşif yapmak, araştırma yapmak; ~ bad about s.th. acımak *-e;* ~ cold üşümek; ~ like doing canı yapmak istemek; ~ for acımak *-e; -in* üzüntüsünü paylaşmak;

2. *n.* his, duygu; temas, dokunarak anlama; **ˈfeel.er** *n.* dokunan şey; hisseden kimse; *zo.* anten *(a. fig.)*; dokunaç; ⚔ gözleyici, casus; **ˈfeel.ing** *n.* his, duygu, duyu, dokunma; dokunma hissi; his dünyası; merhamet, hassasiyet; good ~ nezaket, iltifat, teveccüh.

feet [fiːt] *pl. of* foot.

feign [fein] *v/t.* yapar gibi görünmek, taklit etm., uydurmak; ~ illness hasta numarası yapmak; ~ to do yapar gibi görünmek; ~ o.s. mad deli numarası yapmak; **feigned** *adj.* sahte, yapmacık; **feign.ed.ly** [ˈ~idli] *adv.* sahte olarak, yapmacıklı.

feint [feint] *n.* sahte, yapmacık; bahane, hileli söz; gösteriş, caka, fiyaka; ⚔ savaş hilesi; **2.** *v/i.* sahte taarruzda bulunmak, yanıltıcı harekette bulunmak.

feld.spar *min.* [ˈfeldspɑː] *n.* feldispat.

fe.lic.i.tate [fiˈlisiteit] *v/t.* *bşi* kutlamak, tebrik etm. (on); **fe.lic.iˈta.tion** *n.* kutlama, tebrik; **feˈlic.i.tous** □ mutlu; münasip, iyi seçilmiş, yerinde *(kelime)*; **feˈlic-i.ty** *n.* mutluluk, saadet; etkileyici yazı *veya* konuşma; iyi seçilmiş deyim.

fe.line [ˈfiːlain] *adj.* kedi gibi, kedilere ait.

fell¹ [fel] **1.** *pret. of* fall 2; **2.** *v/t.* yere düşürmek, devirmek, kesmek *(ağaç)*.

fell² *poet.* [~] *adj.* vahşî, korkunç, zalim; öldürücü.

fell³ [~] *n.* hayvan derisi *veya* postu.

fel.loe [ˈfeləu] *n.* ispit, jant.

fel.low [ˈfeləu] *n.* adam, kişi, herif; arkadaş, dost, hemcins, akran; *univ.* hoca; akademi üyesi; dernek üyesi; bir çift şeyin teki *(ayakkabı vs.)*; old ~ F eski dost; the ~ of a glove eldivenin teki; be ~s arkadaş olm.; he has not his ~ akranı, arkadaşı yok; **ˈ~-ˈbe.ings** *pl.* aynı türden insanlar; **ˈ~-ˈcit.i.zen, ˈ~-ˈcoun.try.man** *n.* vatandaş, yurttaş; **ˈ~-ˈcrea.ture** *n.* hemcins, aynı türden yaratık; **ˈ~-ˈfeel.ing** *n.* ortak duygu, halden anlama; **ˈ~-ˈpas.sen.ger** *n.* yol arkadaşı; **ˈ~.ship** *n.* arkadaşlık, dostluk; cemiyet, dernek; üyelik; ~ **sol.dier** askerlik arkadaşı; **ˈ~-ˈstu.dent** *n.* okul arkadaşı; **ˈ~-ˈtrav.el.ler** *n.* yol arkadaşı, yoldaş; *pol.* Komünist parti sempatizanı.

fel.ly [ˈfeli] *n.* ispit, jant.

fel.on [ˈfelən] *n.* ⚖ mücrim, suçlu; ⚕ tırnak etrafında oluşan yara; **fe.lo.ni.ous** □ ⚖ [fiˈləunjəs] caniyane, suç unsuru olan; **fel.o.ny** ⚖ [ˈfeləni] *n.* cinayet, silahlı soygun, kundakçılık gibi ağır suç.

fel.spar [ˈfelspɑː] = feldspar.

felt¹ [felt] *pret. & p.p. of* feel 2.

felt² [~] **1.** *n.* keçe; fötr; **2.** *vb.* keçeyle kaplamak; keçe yapmak; keçelenmek.

fe.male [ˈfiːmeil] **1.** *adj.* dişi, dişil, kadın cinsine ait; ~ child kız çocuk; ~ screw dişi vida; **2.** *n.* kadın; dişi hayvan *veya* bitki.

fem.i.nine □ [ˈfeminin] kadın gibi, kadınımısı, kadına ait; *gr.* dişil; **fem.iˈnin.i.ty** *n.* kadınlık; **ˈfem.i.nism** *n.* kadın haklarını tanıtma mücadelesi, feminizm; **ˈfem-i.nist** *n.* kadın hakları savunucusu, feminist; **fem.i.nize** [ˈ~naiz] *v/t. & v/i.* kadınlaş(tır)mak, kadın gibi olm.

fe.mur *anat.* [ˈfiːmə] *n.* kalça kemiği, uyluk kemiği.

fen [fen] *n.* bataklık.

fence [fens] **1.** *n.* parmaklık, çit, tahta perde; *sl.* çalıntı malların satıldığı yer; çalıntı mal alıp satan kimse; sit on the ~ kararsız olm., tarafsız olm.; **2.** *v/t. a.* ~ in *-in* etrafını çitle çevirmek; korumak (from *-den*); *v/i.* eskrim yapmak; *fig.* kaçamaklı konuşmak, direk cevap vermekten kaçınmak; *sl.* çalıntı mal almak; **ˈfence.less** *adj.* kararsız; korunmasız.

fenc.ing [ˈfensiŋ] *n.* eskrim; çit *veya* parmaklık malzemesi; çit, parmaklık; **ˈ~-foil** *n.* eskrim kılıcı; **ˈ~-mas.ter** *n.* eskrim antrenörü.

fend [fend] *vb.*: ~ off kendini korumak *-den*; uzak tutmak, defetmek; ~ for geçindirmek *-i*; **ˈfend.er** *n.* şömine önündeki paravana; araba çamurluğu; koruyucu herhangi bir şey; lokomotif mahmuzu; ⚓ çarpışmanın şiddetini azaltan iki gemi arasındaki lastik, usturmaça.

Fe.ni.an [ˈfiːnjən] *n.* M.S. 2. ve 3. yüzyıllarda İrlanda'yı savunan savaşçılar; İrlanda'daki İngiliz yönetiminin yıkılmasına kendilerini adamış 19. yüzyıl İrlanda ve İrlanda-Amerikan gizli örgüt üyesi.

fen.nel ⚘ [ˈfenl] *n.* rezene.

fen.ny [ˈfeni] *adj.* bataklıklı; bataklık gibi.

feoff [fef] *n.* tımar, fief; feodal emlâk; **feoff.ee** [feˈfiː] *n.* tımar sahibi, zaim; **ˈfeoff.ment** *n.* arazi bağışlama; **feof.for** [feˈfɔː] *n.* arazi bağışlayan kimse.

fer.ment **1.** [ˈfəːmənt] *n.* maya; mayalanma; *fig.* telaş, galeyan, heyecan; **2.** [fəːˈment] *v/t. & v/i.* mayalan(dır)mak; *fig.* heyecanlan(dır)mak, galeyana getirmek; **ferˈment.a.ble** *adj.* mayalanabilir, maya tutabilen; **fer.menˈta.tion** *n.* mayalanma, fermantasyon; *fig.* heyecan, galeyan; **ferˈment.a.tive** [~tətiv] *adj.* mayalanan; mayalayan.

fern ⚘ [fəːn] *n.* eğreltiotu.

fe.ro.cious □ [fəˈrəuʃəs] vahşi, yırtıcı, zalim, yabanî, canavar ruhlu; **fe.roc.i.ty** [fəˈrɔsiti] *n.* vahşilik, vahşet, saldırganlık, zalimlik, canilik.

fer.ret [ˈferit] **1.** *n. zo.* tavşan ve sıçan tutmakta kullanılan kır sansarı, mustela; *fig.* araştırmacı; **2.** *v/i.* bu hayvanlarla avlanmak; ~ out araştırıp bulmak, araştırmak.

fer.ric ⚗ [ˈferik] *adj.* demirli, içinde demir olan, demire ait; **fer.rif.er.ous** [feˈrifərəs] *adj.* demirli; **fer.ru.gi.nous** [feˈru:dʒinəs] *adj.* demirli, pas renginde; **fer.ro-con.crete** ⊕ [ˈferəuˈkɔŋkri:t] *n.* betonarme; **fer.rous** ⚗ [ˈferəs] *adj.* demirli.

fer.rule [ˈferu:l] *n.* demir halka, yüzük.

fer.ry [ˈferi] **1.** *n.* feribot; **2.** *vb.* vapurla karşı tarafa geçirmek; *fig.* götürüp getirmek; ˈ~**-boat** *n.* feribot; ˈ**fer.ry.man** *n.* feribot kullanan kimse.

fer.tile □ [ˈfə:tail] verimli, bereketli; *fig.* yaratıcı *(kimse veya zekâ)*; **fer.til.i.ty** [fə:tiliti] *n.* verimlilik, bereket; *fig.* yaratıcılık; **fer.ti.li.za.tion** [~laiˈzeiʃən] *n.* gübreleme, verimini artırma; ˈ**fer.ti.lize** *v/t.* gübrelemek; *biol.* döllemek, tohumlamak; verimini artırmak; ˈ**fer.ti.liz.er** *n.* (kimyevî) gübre.

fer.ule [ˈferu:l] *n.* öğrencinin eline vurmaya yarayan sopa.

fer.ven.cy [ˈfə:vənsi] *n. mst fig.* tutku, aşk, aşırı heves, şevk; ˈ**fer.vent** □ sıcak, hararetli; *fig.* deli gibi seven, kara sevdalı, şiddetli, ateşli.

fer.vid □ [ˈfə:vid] = fervent.

fer.vo(u)r [ˈfə:və] *n.* şiddetli arzu, şevk, gayret, istek.

fes.tal □ [ˈfestl] bayrama ait, festivalle ilgili; şen, eğlenceli.

fes.ter [ˈfestə] **1.** *v/i.* iltihaplanmak, azmak; *fig.* kuruntu etm.; **2.** *n.* iltihap.

fes.ti.val [ˈfestəvəl] *n.* bayram, yortu, festival, şenlik, eğlence; **fes.tive** □ [ˈ~tiv] festivale ait, bayramla ilgili; neşeli; **fesˈtiv.i.ty** *n.* şenlik, eğlence; *pl.* bayram, yortu, festival.

fes.toon [fesˈtu:n] **1.** *n.* çiçek, yaprak *veya* kurdeladan yapılmış kordon; **2.** *v/t.* çiçek *veya* kurdelayla süslemek.

fetch [fetʃ] *v/t. & v/i.* gidip getirmek, alıp getirmek; çıkarmak *(inilti)*; çekmek *(iç)*; F para getirmek, para kazandırmak; F vurmak *(tokat, yumruk)*; ~ and carry for s.o. *b-ne* hizmet etm., onun için koşuşturmak; ~ up dur(dur)mak; varmak; kusturmak; ˈ**fetch.ing** F □ çekici, alımlı, cazibeli.

fête [feit] **1.** *n.* açık hava eğlencesi; ~-day bir azizin yortusu; **2.** *v/t.* ziyafet vermek *-e*, ağırlamak *-i*, saygı göstermek *-e*.

fet.id □ [ˈfetid] pis kokan, kokmuş, kokuşmuş.

fe.tish [ˈfi:tiʃ] *n.* tılsım, putperestlerin taptığı şey, fetiş *(a. fig.)*.

fet.lock [ˈfetlɔk] *n.* atın topuk kılları; topuk mafsalı.

fet.ter [ˈfetə] **1.** *n.* pranga, zincir, köstek, bukağı; *pl. fig.* engel, mani, ayak bağı; **2.** *v/t.* ayağını zincire vurmak; *fig.* engel olm., mani olm., ayak bağı olm.

fet.tle [fetl] *n.* durum, şart, şekil; in fine ~ iyi durumda, neşesi yerinde.

feud [fju:d] *n.* kavga, kan davası, çekişme; **feu.dal** □ [ˈ~dl] derebeyliğe ait; feodal; **feu.dal.ism** [ˈ~dəlizəm] *n.* derebeylik; **feu.dal.i.ty** [~ˈdæliti] *n.* derebeylik; **feu.da.to.ry** [ˈ~dətəri] **1.** *adj.* hizmet borcu olan; **2.** *n.* hizmetli, köle, vasal.

fe.ver [ˈfi:və] *n.* ateş, humma, hararet, sıcaklık; *fig.* heyecan, sinirlilik; ˈ**fe.vered** *adj. part. fig.* ateşli, heyecanlı; ˈ**fe.ver.ish** □ ateşli, hummalı, hararetli; *fig.* heyecanlı, telaşlı.

few [fju:] *adj.* az; a ~ birkaç; quite a ~, a good ~ birçok, pek çok; the ~ azınlık.

fez [fez] *n.* fes.

fi.an.cé(e) [fiˈã:nsei] *n.* nişanlı.

fi.as.co [fiˈæskəu] *n.* başarısızlık, hezimet, bozgun, fiyasko.

fi.at [ˈfaiæt] *n.* emir, karar; ~ money *Am.* hükümetin kararına dayanarak çıkarılan kağıt para, karşılıksız para.

fib F [fib] **1.** *n.* yalan, palavra; **2.** *v/i.* yalan söylemek, uydurmak, atmak; ˈ**fibber** *n.* yalancı, palavracı.

fi.bre [ˈfaibə] *n.* lif, tel; iplik; yapı; karakter; ˈ~**.board** *n.* liften yapılmış tahta; ˈ~**.glass** *n.* cam elyafı, fiberglas; **fi.brin** [ˈ~brin] *n.* fibrin; ˈ**fi.brous** □ lifli, telli; ~ material dokuma maddesi.

fib.u.la *anat.* [ˈfibjulə] *n.* kamış kemik, fibula.

fick.le [ˈfikl] *adj.* değişken, dönek, kararsız; ˈ**fick.le.ness** *n.* döneklik, kararsızlık.

fic.tion [ˈfikʃən] *n.* roman; roman ve hikâye edebiyatı; hayal; uydurma; yalan; ⚖ varsayım; **fic.tion.al** □ [ˈ~ʃənl] roman edebiyatına ait; hayalî.

fic.ti.tious □ [fikˈtiʃəs] hayalî, uydurma; ˈ**fic.tive** *adj.* hayalî, uydurma, sahte.

fid.dle [ˈfidl] **1.** *n.* keman; **2.** *v/i.* keman çalmak; *v/t. sl.* dalavere yapmak, tevil etm.; ~ away israf etm., boşa harcamak; **fid.dle.de.dee** [ˈ~diˈdi:] *int.* saçma!, zırva!; **fid.dle.fad.dle** F ['~fædl] *n.* saçma söz; ~! saçma!; **2.** *vb.* tembellikle vaktini israf etm.; **'fid.dler** *n.* kemancı; *sl.* vergi kaçakçısı; **'fid.dle.stick** *n.* keman yayı; ~s! saçma!; **'fid.dling** *adj.* önemsiz ,değersiz.

fi.del.i.ty [fi'deliti] *n.* vefa, sadakat (to -*e*); doğruluk.

fidg.et F ['fidʒit] **1.** *n.* *oft.* ~s *pl.* huzursuzluk, rahatsızlık, sinirlilik; yerinde duramayan kimse; have the ~s yerinde duramamak; **2.** *v/t.* rahat oturamamak, yerinde duramamak; **'fidg.et.y** *adj.* yerinde duramayan, kıpır kıpır.

fi.du.ci.ar.y [fi'dju:ʃjəri] *adj.* güvene dayanan, itimat kabilinden; ☨ itibarî; **2.** *n.* emin, kendisine güvenilen kimse, mutemet.

fie [fai] *int.* ayıp!, yuh!

fief [fi:f] *n.* zeamet, tımar.

field [fi:ld] **1.** *n.* çayır, kır, otlak, mera, tarla; meydan, alan; *spor:* saha; *pl.* bir yarışmaya katılanlar; hold the ~ yerini muhafaza etm.; take the ~ sefere çıkmak; **2.** *vb.* *kriket:* topu yakalamak *veya* durdurmak; **'~-day** *n.* ⚔ askeri harekât ve manevraların yapıldığı gün; *fig.* önemli gün; *Am.* spor bayramı; *Am.* beklenmedik başarı; **'field.er** *n.* *kriket:* dış meydan oyuncusu.

field...: ~ **e.vents** *pl.* atlama ve atma yarışları; **'~.fare** *n.* ardıçkuşu; **'~-glass.es** *n. pl.* çifte dürbün; **'~-gun** *n.* ⚔ hafif top; **'~-'hos.pi.tal** *n.* ⚔ sahra hastanesi; **'~-'mar.shal** *n.* mareşal; **'~-of.fi.cer** *n.* binbaşı *veya* albay; **'~-sports** *n. pl.* açık hava sporları.

fiend [fi:nd] *n.* iblis, şeytan, canavar, zalim; *fig.* tiryaki; **'fiend.ish** □ şeytanî, vahşi, zalim, gaddar.

fierce □ [fiəs] vahşi, azgın, şiddetli, sert; öfkeli, hiddetli, hararetli; **'fierce.ness** *n.* şiddet, sertlik, vahşet.

fi.er.i.ness ['faiərinis] *n.* hararet, şiddetli sıcaklık; hiddet; **'fi.er.y** □ hararetli; ateşli, alevli, kızgın.

fife [faif] **1.** *n.* fifre, küçük flavta; **2.** *vb.* düdük çalmak; **'fif.er** *n.* düdük çalan kimse.

fif.teen ['fif'ti:n] *n.* & *adj.* on beş; **'fif'teenth** [~θ] *n.* & *adj.* on beşinci; **fifth** [fifθ] **1.** *adj.* beşinci; **2.** *n.* beşte bir; **fifth col.umn** *pol.* beşinci kol; **'fifth.ly** *adv.* beşinci olarak, beşinci sırada; **fif.ti.eth** ['~tiiθ] **1.** *adj.* ellinci; **2.** *n.* ellide bir; **fif.ty** *n.* elli; **'fif.ty-'fif.ty** F yarı yarıya; go ~ yarı yarıya bölüşmek.

fig¹ [fig] *n.* incir; a ~ for...! ... Allah belâsını versin!; I don't care a ~ for him Allah onun belâsını versin, o hiç umurumda bile değil.

fig² [~] **1.** *n.* F donanım; hal; in full ~ giyimli, tam teçhizatlı; **2.** *vb.* ~ out F telleyip pullamak.

fight [fait] **1.** *n.* dövüş, kavga, savaş, mücadele; make a ~ for ...için mücadele etm.; put up a good ~ cesaret ve azimle mücadele etm.; show ~ mücadeleye hazır olm.; **2.** *v/t.* & *v/i.* mücadele etm., dövüşmek, kavga etm.; defetmek, yapmak, uğraşmak; ⚔ savaşmak; ~ off püskürtmek, defetmek, mücadele etm.; ~ one's way mücadele ederek ilerlemek; ~ against s.th. *bşle* mücadele etm.; ~ back püskürtmek; ~ shy of kaçınmak -*den*, uzak durmak -*den*, karışmamak -*e*; **'fight.er** *n.* savaşçı; ⚔ avcı uçağı; ~ pilot avcı uçağı pilotu; **'fight.ing** *n.* kavga, mücadele, savaş; ~ chance büyük çabalar sonucunda kazanılabilecek başarı şansı.

fig.ment ['figmənt] *n.* icat, hayal, uydurma.

fig-tree ['figtri:] *n.* incir ağacı.

fig.u.rant(e) ['figjurənt; (~'rã:nt)] *n.* balede figüran; figüran.

fig.u.ra.tion [figju'reiʃən] *n.* şekil verme, şekle sokma; şekil, tasvir; **fig.ur.a.tive** □ ['~rətiv] mecazî, sembolik, simgesel; süslü.

fig.ure ['figə] **1.** *n.* rakam, şekil (*a.* A); endam, boy bos, vücut yapısı; şahsiyet, şahıs; mecaz; *dans:* figür; fiyat; ~ of speech mecaz, istiare, kinaye; what's the ~? kaç para?; at a high ~ pahalı, yüksek fiyata; be good at ~s matematiği kuvvetli olm.; **2.** *v/t.* & *v/i.* temsil etm.; desenlerle süslemek; tasavvur etm., hayal etm., resmetmek, zihinde canlandırmak; *a.* ~ to o.s. hayal etm.; ~ on güvenmek -*e*, hesaba katmak -*i*; ~ up *veya* out hesaplamak; anlamak; ~ out at ...miktarına erişmek; **'~-head** *n.* ⚓ gemi pruvasındaki şekil; *fig.* gerçek yetkisi olmayan kimse, mostralık, kukla; **'~-skat.ing** *n.* figür yaparak paten kayma.

fig.u.rine ['figjuri:n] *n.* heykelcik.

fil.a.ment ['filəmənt] *n.* tel, lif; ⚘ ercik sapı; ⚡ lamba teli.

fil.a.ture ['filətʃə] *n.* iplik fabrikası.

fil.bert ⚘ ['filbə:t] *n.* fındık.

filch [filtʃ] *v/t.* çalmak, aşırmak, yürütmek (from -*den*).

file¹ [fail] **1.** *n.* dosya dolabı; dosya, klasör; ⚔ dizi, küme; on ~ dosyalanmış; **2.** *v/t.* & *v/i.* dosyalamak, dosyaya koy-

mak, tasnif etm.; vermek *(dilekçe vs.)*; ⚔ sırayla yürümek; ~ in (out) sırayla, arka arkaya yürümek.
file[2] [~] 1. *n.* eğe, törpü; 2. *v/t.* eğelemek, törpülemek.
fil.i.al □ [ˈfiljəl] evlâda ait, evlâda yakışır; **fil.i.a.tion** [filiˈeiʃən] *n.* birinin evlâdı olma, aynı soydan gelme, menşe, nesep.
fil.i.bus.ter [ˈfilibʌstə] 1. *n. Am.* uzun uzun konuşarak bir kanunun kabulünü engelleme; engelleyici konuşma; isyana teşvik eden kimse; 2. *vb. Am.* engellemek.
fil.i.gree [ˈfiligriː] *n.* telkâri iş; filigran.
fil.ings [ˈfailiŋz] *n. pl.* eğe talaşı.
fill [fil] 1. *v/t. & v/i.* dol(dur)mak; doyurmak; kabarmak; işgal etm.; şişirmek; tatmin etm.; *Am.* yapmak, icra etm., tamamlamak; ~ in doldurmak *(eksiklik, form, çek vs.)*; ~ out büyü(t)mek; şiş(ir)mek; doldurmak *(fiş vs.)*; ~ up tamamen dol(dur)mak; 2. *n.* doyumluk, dolumluk, dolduracak miktar; eat (drink) one's ~ doyana kadar yemek (içmek), doymak (of *-e*), gına gelmek (of *-den*).
fill.er [ˈfilə] *n.* astar verniği; huni; dolgu maddesi.
fil.let [ˈfilit] 1. *n.* fileto, dilim; saça takılan bant; pervaz, silme, tiriz *(part.* ⚓*)*; kitap kapağına basılan süs çizgisi; 2. *v/t.* dilimlemek, (fileto) çıkarmak.
fill.ing [ˈfiliŋ] *n.* doldurma, dolgu; ~ **station** *Am.* benzin istasyonu.
fil.lip [filip] 1. *n.* fiske; 2. *v/t.* fiske vurmak; teşvik etm.
fil.ly [ˈfili] *n.* kısrak; *fig.* genç kız.
film [film] 1. *n.* zar, ince tabaka; film; take *veya* shoot a ~ film çekmek, çevirmek; 2. *v/t. & v/i.* film çevirmek, filme geçirmek; ince örtüyle kaplanmak, zarla kaplamak; **ˈfilm.y** □ zarlı, ince tabaka ile kaplı; puslu, dumanlı, bulanık.
fil.ter [ˈfiltə] 1. *n.* filtre, süzgeç; 2. *v/t. & v/i.* süzgeçten geç(ir)mek, süz(ül)mek; sızmak, duyulmak; ~ in *mot.* trafik kırmızı ışıkta durduğunda sola dönmek; **ˈfil.ter.ing** *n.* süzme; **ˈfil.ter tip** sigara filtresi; filtreli sigara.
filth [filθ] *n.* kir, pislik *(part. fig.)* **ˈfilth.y** □ pis, kirli; iğrenç, çirkin.
fil.trate [ˈfiltreit] *v/t. & v/i.* süz(ül)mek; **filˈtra.tion** *n.* süzme.
fin [fin] *n. zo.* yüzgeç, yüzgece benzeyen şey; ✈ kanatçık; *mot.* kanatçık, kulak, pancur.
fi.nal [ˈfainl] 1. □ son, nihaî; kesin, ka-
2. *n* ·: ~s *pl.* sömestr sonu sınavı; *spor:*
fi.nal [ˈfainl] 1. □ son, nihaî; kesin, katî; final, son yarış; *gazete:* son baskı; **fi.nale** [fiˈnɑːli] *n.* ♪ final, bitiş; **fi.nal.ist** [ˈfainəlist] *n. spor:* finale kalan yarışmacı, finalist; **fi.nal.i.ty** [~ˈnæliti] *n.* kelinlik, katiyet; son olma.
fi.nance [faiˈnæns] 1. *n.* maliye; ~s *pl.* malî durum, gelir; 2. *v/t. & v/i. -in* masraflarını karşılamak, finanse etm. -i; malî işleri idare etm.; **fiˈnan.cial** □ [~ʃəl] malî; **finˈan.cier** [~siə] *n.* maliyeci; sermayedar.
finch *orn.* [fintʃ] *n.* ispinoz.
find [faind] 1. *(irr.) v/t.* bulmak, keşfetmek; ulaşmak; rastlamak *-e*; öğrenmek; tedarik etm., sağlamak; ⚖ karar vermek, hüküm vermek, hükmüne varmak; ~ o.s. kabiliyetlerini keşfetmek, kendini bulmak; kendine gelmek; all found ücretsiz yemek ve kalacak yer; ~ out öğrenmek; keşfetmek, ortaya çıkarmak; I cannot ~ it in my heart gönlüm elvermiyor, bu kadar zalim olamam; 2. *n.* bulunmuş şey; keşif, buluş; bulgu; **ˈfind.er** *n.* bulucu, bulan; *opt.* vizör; **ˈfind-ing.** *n.* bulgu, bulunan şey; *a.* ~s *pl.* sonuç, netice; ⚖ karar.
fine[1] [fain] 1. □ ince; güzel, zarif; hoş, nazik; açık *(hava)*; hassas; halis, saf; şatafatlı *(konuşma veya yazı)*; sağlıklı; you are a ~ fellow! *iro.* sen yaramaz adamsın!; ~ arts *pl.* güzel sanatlar; 2. *adv.* çok iyi, güzel, hoş; cut ~ ucu ucuna hesabetmek *(para, zaman)*; 3. *n. meteor.* güzel hava; 4. *vb.* berraklaş(tır)mak; ~ away, ~ down, ~ off incel(t)mek, saflaş(tır)mak; azalmak.
fine[2] [~] 1. *n.* para cezası; in ~ kısaca, özetle; 2. *v/t.* para cezasına çarptırmak; ~ s.o. 5 sh. ceza olarak 5 şilin almak.
fine-draw [fainˈdrɔː] *v/t.* inceltmek.
fine.ness [ˈfainnis] *n.* incelik, zarafet, güzellik; saflık.
fin.er.y [ˈfainəri] *n.* gösteriş, süslü giyim, şıklık; şık elbiseler.
fi.nesse [fiˈnes] *n.* incelik, ustalık; *iskambil:* fines; kurnazlık, hile.
fin.ger [ˈfiŋgə] *n.* parmak; have a ~ in the pie işe karışmak, bir işte parmağı olm.; *s.* end 1; 2. *v/t.* parmakla dokunmak; belirtmek, teşhis etm.; göstermek; ♪ parmakla çalmak; **ˈ~-al.pha.bet** *n.* işaretlerle anlaşma; **ˈ~-board** *n.* ♪ çalgı aletinin sapı; **ˈ~-bowl** *n.* eltası; **ˈfin.gered** *comb.* ...parmaklı; **ˈfin.ger.ing** *n.* parmakla dokunma; ♪ parmakları kullanma usulü.
fin.ger...: **ˈ~-lan.guage** *n.* işaret dili; ˈ~-

-**mark** *n.* parmak izi; **ˈ~-nail** *n.* tırnak; **ˈ~-plate** *n.* kilit aynası, parmak izini önlemek için kapıya takılan plaka; **ˈ~-post** *n.* işaret direği, yön gösteren levha; **ˈ~-print** 1. *n.* parmak izi; 2. *v/t.* *-in* parmak izini almak; **ˈ~-stall** *n.* sargı.

fin.i.cal □ [ˈfinikəl], **fin.ick.ing** [ˈ~iŋ], **fin.i.kin** [ˈ~kin] titiz, müşkülpesent, kılı kırk yaran.

fin.ish [ˈfiniʃ] 1. *v/t.* & *v/i.* bit(ir)mek, tamamlamak; sona er(dir)mek; cilâlamak; *a.* ~ off, ~ up bitirmek; ⊕ apre yapmak; ~ed goods *pl.* fabrika ürünü, mamûl eşya; ~ing touch son cilâ, rötuş; have ~ed bitmiş olm.; 2. *n.* son; son iş; cilâ, rötuş; ⊕ apre; **ˈfin.ish.er** *n.* bitiren, tamamlayan; ⊕ apre yapan.

fi.nite □ [ˈfainait] sınırlı, mahdut; ölümlü; ~ verb *gr.* çekimli fiil; **ˈfi.nite.ness** *n.* fanilik.

fink *Am. sl.* [fiŋk] *n.* ihbar eden işçi, grevi bozan işçi; sevilmeyen kimse.

Finn [fin] *n.* Finlandiyalı, Finli.

Finn.ish [ˈfiniʃ] 1. *adj.* Finlandiya'ya ait; 2. *n.* Fin dili.

fin.ny [ˈfini] *adj.* yüzgeçleri olan, yüzgeçli; yüzgeçlerle ilgili.

fiord [fjɔːd] *n.* fiyord.

fir [fəː] *n.* çam ağacı, köknar; Scotch ~ sarı çam; **ˈ~-cone** *n.* köknar kozalağı.

fire [ˈfaiə] 1. *n.* ateş; yangın; soba, ocak; şevk, ihtiras; cehennem, cehennem azabı; on ~ tutuşmuş ,yanan, alevler içinde; lay a ~ ateş yakmak; set ~ to ateşe vermek, tutuşturmak; 2. *v/t.* & *v/i.* tutuş(tur)mak, yakmak, ateşe vermek; patlatmak, ateş etm.; pişirmek, fırınlamak; *fig.* tahrik *veya* teşvik etm.; *a.* ~ off ateşlemek, ateş etm.; F işinden çıkarmak, koymak; ~ up sinirlenmek, parlamak; ateş etm. (at, upon *-e*); ~ away! F haydi başla!; **ˈ~-a.larm** *n.* yangın işareti (*veya* alarmı); **ˈ~-arms** *n. pl.* ateşli silahlar; **ˈ~-ball** *n.* atom bombasının merkezi; akanyıldız; **ˈ~-bomb** *n.* yangın bombası; **ˈ~-box** *n.* ⊕ lokomotifin yakıt bölümü; **ˈ~-brand** *n.* alevli odun parçası; *fig.* tahrikçi, fesatçı; **ˈ~-break** *n.* ağaçsız orman yolu, yangın duvarı; **ˈ~-brick** *n.* ateş tuğlası; **ˈ~-bri.gade** *n.* itfaiye; **ˈ~.bug** *n. Am.* F kundakçı; **ˈ~.clay** *n.* ateş tuğlası yapımında kullanılan kil, çamur; **ˈ~-con.trol** *n.* ✕ top ateşini idare sistemi; **ˈ~-crack.er** *n.* kağıt fişeği; **ˈ~-damp** *n.* ⚒ grizu; **ˈ~-de.part.ment** *n. Am.* itfaiye; **ˈ~-dog** *n.* ocağın demir ayaklığı; **ˈ~-eat.er** *n.* ateş yutan hokkabaz; çabuk sinirlenen kimse, kavgacı kimse; **ˈ~-en.gine** *n.* ⊕ yangın tulumbası, itfaiye arabası; **ˈ~-es.cape** *n.* yangın merdiveni; **ˈ~-ex.tin.guish.er** *n.* yangın söndürme aleti; **ˈ~-fly** *n.* ateşböceği; **ˈ~-guard** *n.* şömine pervazı; **ˈ~-in.sur.ance** *n.* yangın sigortası; **ˈ~-irons** *n. pl.* şömine takımı; **ˈ~-light.er** *n.* ateş yakmak için çalı çırpı; **ˈ~.man** *n.* itfaiyeci; ateşçi; **ˈ~-of.fice** *n.* yangın sigortası bürosu; **ˈ~-place** *n.* ocak, şömine; **ˈ~-pow.er** *n.* ✕ ateş gücü; **ˈ~-plug** *n.* yangın musluğu; **ˈ~.proof** *adj.* ateşe dayanır, yanmaz; **ˈ~-screen** *n.* ateş siperi; **ˈ~.side** *n.* ocak başı; ev (hayatı), yurt; **ˈ~-sta.tion** *n.* yangın istasyonu, itfaiye merkezi; **ˈ~.wood** *n.* odun; **ˈ~.works** *n. pl.* donanma fişekleri; *fig.* çıngar.

fir.ing [ˈfaiəriŋ] *n.* yakma, ateşleme; ✕ ateş etme; **ˈ~-line** *n.* ✕ ateş hattı; **ˈ~-party**, ~ **squad** *n.* ✕ idam mangası; cenazede saygı gösterisi olarak ateş eden bölük.

fir.kin [ˈfəːkin] *n.* ufak fıçı.

firm [fəːm] 1. □ sabit, metin, bükülmez, katı, sıkı, sert; kararlı; 2. *n.* firma.

fir.ma.ment [ˈfəːməmənt] *n.* sema, gökkubbe, asuman.

firm.ness [ˈfəːmnis] *n.* sağlamlık, metanet.

first [fəːst] 1. *adj.* birinci, ilk; temel; at ~ hand doğrudan doğruya, aracısız; at ~ sight ilk görüşte, ilk bakışta; 2. *adv.* önce, başta, evvelâ, ilk kez, öncelikle; tercihen; at ~ ilk önce, evvelâ; ~ of all herşeyden önce; ~ and last genelde; 3. *n.* başlangıç; birinci; birincilik; ~ of exchange ⚓ ilk poliçe; from the ~ baştan itibaren; go ~ önce gitmek, önde gitmek; için birinci mevkiyle seyahat etm.: **ˈ~-ˈaid post** *n.* ilk yardım istasyonu; **ˈ~-born** 1. *adj.* ilk doğan; 2. *n.* ilk çocuk; ~ **class** birinci mevki; **ˈ~-ˈclass** *adj.* birinci sınıfa ait, mükemmel; **ˈ~-fruits** *n. pl.* ilk sonuç, ilk hasılat; **ˈ~-ˈhand** *adj.* & *adv.* dolaysız, vasıtasız, direk olarak, doğrudan doğruya; **ˈfirst.ly** *adv.* evvelâ, ilkin, ilk olarak, en başta.

first...: ~ **name** isim, ad; ~ **pa.pers** *pl. Am.* vatandaşlığa kabul için yapılan ilk müracaat; **ˈ~-ˈrate** *adj.* birinci sınıf, en iyi cinsten; = first-class.

firth [fəːθ] *n.* haliç, dar körfez.

fis.cal [ˈfiskəl] *adj.* malî.

fish [fiʃ] 1. *n.* balık; balık eti; 🚂 sağlamlaştırma tahtası; F adam, herif; odd ~ garip herif; have other ~ to fry daha önemli bir işi olm.; a pretty kettle of ~ karmaşık durum; 2. *v/t.* & *v/i.* balık tutmak, balık avlamak; ağız aramak (for);

🚂 sağlamlaştırmak; ~ out çekip çıkartmak; ~ in troubled waters *fig.* bulanık suda balık avlamak, karışık bir durumdan çıkar sağlamaya çalışmak; **'~-bone** *n.* kılçık.

fish.er ['fiʃə], **fish.er.man** ['~mən] *n.* balıkçı; **'fish.er.y** *n.* balıkçılık; balık tarlası.

fish-hatch.er.y ['fiʃhætʃəri] *n.* balık yetiştirme (*veya* üretme).

fish-hook ['fiʃhuk] *n.* olta.

fish.ing ['fiʃiŋ] *n.* balık avı, balıkçılık; **'~-boat** *n.* balıkçı kayığı *veya* gemisi; **'~-line** *n.* olta (ipi); **'~-rod** *n.* olta kamışı; **'~-tack.le** *n.* balıkçı takımı.

fish...: '~-liv.er oil *n.* balıkyağı; **'~.monger** *n.* balıkçı, balık satan kimse; **'~-wife** *n.* balıkçı kadın; küfürbaz kadın; **'fish.y** *adj.* balık gibi; F şüpheli, inanılmaz.

fis.sion ['fiʃən] *n.* ortadan ikiye bölünme; *s.* atomic; **fis.sure** ['fiʃə] **1.** *n.* yarık, çatlak; **2.** *v/t. & v/i.* çatla(t)mak, yarmak, ayrılmak.

fist [fist] *n.* yumruk; F el yazısı; **fist.i.cuffs** ['~ikʌfs] *n. pl.* yumruk yumruğa kavga.

fis.tu.la ⚕ ['fistjulə] *n.* fistül.

fit¹ [fit] **1.** □ uygun, yaraşır, münasip; lâyık; hazır; doğru; zinde, sıhhatli; it is not ~ yakışık almaz, uygun değildir; ~ as a fiddle çok iyi, zinde, sağlıklı, turp gibi; **2.** *v/t. & v/i.* uymak, yakışmak; yerleştirmek; donatmak; üstüne olm. *(elbise)*; takmak; prova etm.; uygun hale getirmek (for, to *-e*); ⊕ ~ in takmak; ~ on prova etm.; takmak, uydurmak, uymak (with *-e*); ~ out donatmak; ~ up kurmak, hazırlamak; **3.** *n.* biçim, vücuda uyma; it is a bad ~ iyi oturmuyor *(elbise)*.

fit² [~] *n.* tutarak, hastalık nöbeti, sara; hal, ruh durumu; by ~s and starts arasıra, düzensiz olarak, kısa aralıklarla; give s.o. a ~ *b-ni* şaşırtmak, kızdırmak.

fitch.ew *zo.* ['fitʃu:] *n.* kokarca.

fit.ful □ ['fitful] düzensiz, kesik kesik; *fig.* kararsız, daldan dala konan; **'fitment** *n.* mobilya parçası; ~s *pl.* takım *(mobilya)*; **'fit.ness** *n.* uygunluk, sağlık; **'fit-out** *n.* teçhizat; mobilya; **'fit.ter** *n.* boru işlerine bakan kimse, tesisatçı, montajcı; **'fit.ting** **1.** □ uygun, münasip, yerinde; **2.** *n.* prova; takma, montaj; ~s *pl.* tertibat; bağlantı parçaları; eşya, mobilya; **'fit-up** *n.* F geçici, kısa süreli tiyatro; *a.* ~ company seyyar tiyatro.

five [faiv] **1.** *adj.* beş; **2.** *n.* beş sayısı; ~s *sg.* bir çeşit top oyunu; **'five.fold** *adj.* beş misli, beş kat; **fiv.er** F ['~və] *n.* beş dolar *veya* pound.

fix [fiks] **1.** *v/t. & v/i.* takmak; yerleş(tir)mek; otur(t)mak; sabitleştirmek; kararlaştırmak; hazırlamak; tamir etm.; çekmek *(dikkat)*; hile *veya* rüşvete başvurarak satın almak; hakkından gelmek; *part. Am.* F düzene sokmak, tamir etm.; hazırlamak; *phot.* tesbit banyosu yapmak; gözlerini dikmek (on *-e*); ~ o.s. *k-ni* bir yere yerleştirmek; ~ up kurmak, düzeltmek, ayarlamak; tedarik etm.; ~ on seçmek, karar vermek **2.** *n.* F güç durum, çıkmaz; yön bulma; **fix'ation** *n.* tesbit; sabit fikir, gelişmemiş ve anormal bağlılık; **fix.a.tive** ['~ətiv], **fix.ature** ['~ətʃə] *n.* koruma maddesi, tesbit maddesi; **fixed** *adj.* sabit, bağlı *(a.* ⚗*)*; **fixed i.de.a** *psych.* sabit fikir; **fix.ed.ly** ['fiksidli] *adv.* değişmeden; gözlerini dikerek; **'fix.ed.ness** *n.* sabitlik, hareketsizlik *(a. fig.)*; **fixed star** durağan yıldız; **'fix.er** *n. phot.* fiksatif, tesbit maddesi; **'fix.ing** *n.* bağlama, sağlamlaştırma, tesbit; ~s *pl. Am.* tertibat, teçhizat; garnitür; **'fix.i.ty** *n.* sabitlik, karar, sebat; **fix.ture** ['~tʃə] *n.* sabit *bş*, demirbaş *(a. fig. person)*; *spor:* fikstür; ~s *pl.* teçhizat; lighting ~ elektrik teçhizatı.

fizz [fiz] **1.** *v/i.* fışırdamak, fıslamak; **2.** *n.* fışırtı, tıslama, vızıltı; F köpüklü içki; **fiz.zle** ['fizl] **1.** *v/i.* vızlamak, cızırdamak; *mst* ~ out vızlayıp sönmek; başarısızlığa uğramak; **2.** *n.* vızıltı; fışırtı; başarısızlık, fiyasko.

flab.ber.gast F ['flæbəga:st] *v/t.* şaşırtmak; be ~ed şaşırmak, hayrete düşmek.

flab.by □ ['flæbi] gevşek, yumuşak, sarkık; zayıf, iradesiz.

flac.cid □ ['flæksid] gevşek, yumuşamış, sarkmış.

flag¹ [flæg] **1.** *n.* bayrak, sancak, bandıra, flama; black ~ korsan bayrağı; **2.** *v/t.* bayraklarla donatmak; bayrakla işaret vermek.

flag² [~] **1.** *n.* kaldırım taşı; **2.** *v/t.* bu taşlarla döşemek.

flag³ ⚘ [~] *n.* zambak, süsen.

flag⁴ [~] *v/i.* sarkmak, bükülmek, eğilmek; kuvvetten düşmek, canlılığını kaybetmek.

flag-cap.tain ⚓ ['flæg'kæptin] *n.* amiral gemisi süvarisi.

flag-day ['flægdei] *n.* yardım toplama günü; *Am.* Flag Day Amerikan bayrağının 1777'de resmen kabulünün yıldönümü *(14 Haziran)*.

flag.el.lant ['flædʒilənt] *n. k-ni* kırbaçla-

yan kimse; **flag.el.late** [ˈ~dʒəleit] *v/t.* kırbaçlamak; **flag.elˈla.tion** *n.* kırbaçlama; dövünme.
flag.eo.let ♪ [flædʒəuˈlet] *n.* küçük flüt.
fla.gi.tious □ [fləˈdʒiʃəs] alçakça, kötü, iğrenç; cinaî.
flag.on [ˈflægən] *n.* büyük şişe, bir çeşit sürahi.
flag.post [ˈflægpəust] *n.* bayrak direği, gönder.
fla.grant □ [ˈfleigrənt] iğrenç, çirkin, rezalet kabilinden; bariz, göze batan.
flag...; **ˈ~.ship** *n.* amiral gemisi; **ˈ~-staff** *n.* bayrak direği, gönder; **ˈ~-stone** *n.* kaldırım taşı.
flail ✓ [fleil] *n.* harman döveni.
flair [flɛə] *n.* yetenek, kabiliyet, Allah vergisi; seziş, anlayış.
flake [fleik] **1.** *n.* kuşbaşı, lapa; ince tabaka; **2.** *v/i.* tabaka tabaka ayrılmak; lapa lapa yağmak; **ˈflak.y** *adj.* lapa lapa, kat kat.
flam F [flæm] *n.* yalan, hile, saçma, martaval.
flam.beau [flæmbəu] *n.* fener.
flame [fleim] **1.** *n.* alev, ateş, yalaz; *fig.* hiddet, hırs; aşk ateşi; **2.** *v/i.* alevlenmek, alev alev yanmak; parlamak *(a. fig.)*; ~ out, ~ up alevlenmek, tutuşmak; **ˈflam.ing** *adj.* yanmakta, tutuşmuş, alevler içinde; çok sıcak, ateşli *(a. fig.)*.
fla.min.go *orn.* [fləˈmiŋgəu] *n.* flamingo.
flan [flæn] *n.* meyvalı pasta, kek.
flange ⊕ [flændʒ] *n.* yanak, halka, kenar, yaka, kulak, flanş.
flank [flæŋk] **1.** *n.* böğür; yan, yan taraf, kanat; **2.** *v/t.* bitişik olm. *-e*, yan tarafında olm.; kanadı geçmek; kanada hücum etm.; yandan kuşatmak.
flan.nel [ˈflænl] *n.* fanila, pazen; sabunlama bezi, mutfak bezi; **flan.nel.ette** [~ˈet] *n.* fanilaya benzer pamuklu kumaş, pazen; **ˈflan.nels** *n. pl.* fanila, fanila pantolon, fanila ceket.
flap [flæp] **1.** *n.* sarkık parça, kapak; kanat; vuruş; aşırı heyecan; **2.** *v/t. & v/i.* hafifçe vurmak *-e*, çarp(tır)mak, çırpmak; **ˈflap.jack** *n.* bir tür börek, gözleme; **ˈflap.per** *n.* sineklik, balığın geniş yüzgeci; *sl.* (1920'lerde) son moda giyinen genç kız.
flare [flɛə] **1.** *v/t. & v/i.* alevlen(dir)mek; ~ up birden alevlenmek, parlamak; *fig.* öfkelenmek, parlamak; **2.** *n.* ışık, parlaklık; işaret fişeği; **ˈ~-ˈup** *n.* alevlenme, parlama; *fig.* ani öfke, parlama, hiddet.
flash [flæʃ] **1.** *adj.* gösterişli fakat sahte, göz boyayan; **2.** *n.* ışıltı, parıltı; *fig.* an; ani alev; gösteriş, fiyaka, hava; *part. Am.* bülten; in a ~ hemen, derhal, kısa sürede; ~ of wit aniden akla esen fikir; ~ in the pan kısa sürede neticesiz kalan teşebbüs; **3.** *vb.* parlamak; birden gelmek; birden parıldamak; radyo *veya* TV ile haber yayınlamak; it ~ed on me birden aklıma geldi; **ˈ~-back** *n. film:* geri dönme; **ˈ~-light** *n. phot.* flaş; el feneri, fener; **ˈ~-point** *n.* yanma ısısı; **ˈflash.y** □ parıltılı, alevli; gösterişli, frapan, göze çarpan.
flask [flɑːsk] *n.* küçük şişe; matara; termos; ⚗ boynuzlu imbik.
flat [flæt] **1.** □ düz, yassı; tatsız, yavan; inik *veya* patlak; sıkıcı, monoton; kesin; mat; zayıflamış *(akü)*; yüzüstü, sırtüstü; † durgun, kesat; ♪ bemol; ~ price tek fiyat; fall ~ başarısızlığa uğramak, sonuç vermemek; sing ~ ♪ bemolden okumak; **2.** *n.* apartman dairesi; yüzey; ⚓ sığlık kumsal; ♪ bemol; F basit; *mot.* patlak lastik; **ˈ~-boat** *n.* ⚓ altı düz gemi; **ˈ~-foot** *n.* düztaban; *Am. sl.* polis; denizci; **ˈ~-ˈfoot.ed** *adj.* düztaban; *Am.* F açık açık, dobra dobra, kesin; **ˈ~.i.ron** *n.* ütü; **ˈflat.ness** *n.* düzlük, yassılık; tatsızlık, yavanlık; † durgunluk, kesatlık; **ˈflat.ten** *v/t. & v/i.* yassılatmak, yassılaşmak, düzleş(tir)mek; ~ out düzleş(tir)mek, açmak yassılaş(tır)mak; dalıştan sonra uçağı yerle paralel duruma getirmek.
flat.ter [ˈflætə] *v/t.* pohpohlamak, göklere çıkarmak, yağ çekmek; **ˈflat.ter.er** *n.* dalkavuk, yağcı; **ˈflat.ter.ing** *n.* pohpohlama, yağ çekme; **ˈflat.ter.y** *n.* dalkavukluk, yağcılık, övgü.
flat.u.lence, flat.u.len.cy [ˈflætjuləns(i)] *n.* gaz, şişkinlik; **ˈflat.u.lent** □ midede gaz yapan; gaza ait; şişkin.
flaunt [flɔːnt] *vb.* gösteriş yapmak, hava atmak, kibirle göstermek; dalgalanmak *(bayrak)*.
fla.vo(u)r [ˈfleivə] **1.** *n.* tat, lezzet, çeşni, koku; **2.** *v/t.* tat *veya* lezzet vermek *-e*; **ˈfla.vo(u)red** *comb.* ...lezzetinde; **ˈfla.vo(u)r ing** *n.* baharat, tat veren *bş;* **ˈfla-vo(u)r-less** *adj.* tatsız, lezzetsiz.
flaw [flɔː] **1.** *n.* çatlak, yarık; noksan, kusur *(⚖, ⊕)*, defo; ⚓ kısa süreli şiddetli rüzgâr; **2.** *v/t. & v/i.* çatla(t)mak; defolu olm.; kusurlu olm.; *fig.* hasara uğratmak; zarara sokmak; **ˈˈflaw.less** □ kusursuz.

flax ⚘ [flæks] *n.* keten; **ˈflax.en, ˈflax.y** *adj.* keten; ketene benzer; soluk sarı.
flay [flei] *v/t.* derisini yüzmek; *fig.* azarlamak, haşlamak; **ˈflay.er** *n.* hayvan derisi yüzen.
flea [fliː] *n.* pire; **ˈ~.bane** *n.* ⚘ pireotu; **ˈ~-bite** *n.* pire ısırması; *fig.* hafif rahatsızlık.
fleck [flek] **1.** *n.* nokta, benek, leke, zerre; **2.** *v/t.* beneklemek; lekelemek.
flec.tion [ˈflekʃən] *s.* flexion.
fled [fled] *pret. and p.p. of* flee.
fledge [fledʒ] *v/t.* & *v/i.* tüylenmek; tüy takmak; tüyleninceye kadar beslemek; **fledg(e).ling** [ˈ~liŋ] *n.* yeni tüylenmiş yavru kuş; *fig.* acemi çaylak.
flee [fliː] *(irr.) v/t.* & *v/i.* kaçmak, tüymek, firar etm. (from *-den*); *a.* ~ from sakınmak, kaçınmak *-den.*
fleece [fliːs] **1.** *n.* yapak, yünlü, koyun postu; **2.** *v/t.* kırkmak *(koyun)*; *b-ni* soymak, çok parasını almak, kazıklamak, yolmak; **ˈfleec.y** *adj.* yün gibi.
fleer [fliə] **1.** *n.* alay, eğlenme, dalga geçme; **2.** *v/i.* alay etm., dalga geçmek (at).
fleet [fliːt] **1.** □ *poet.* çevik, süratli, hızlı, çabuk, atik; **2.** *n.* donanma, filo; ♀ Street basın, Londra basını; **3.** *v/t.* & *v/i.* çabuk geçmek; yok olm.; hızla uçmak; hareket etm.; yerini değiştirmek; **ˈfleet.ing** □ çabuk geçen, kısa süren, ömürsüz.
Flem.ing [ˈflemiŋ] *n.* Flaman; **ˈFlem.ish** **1.** *adj.* Flamanlar bölgesine ait; **2.** *n.* Flaman dili.
flesh [fleʃ] **1.** *n.* et; vücut, ten; meyvenin etli kısmı; beden; *fig.* şehvet duygusu; make s.o.'s ~ creep tüylerini ürpertmek, tüylerini diken diken yapmak; **2.** *v/t.* & *v/i.* kan dökmek *(a. fig.)*; eti sıyırmak; etle beslemek; etle kaplamak; şişmanlamak; **ˈ~-brush** *n.* masaj fırçası; **ˈflesh.ings** *n. pl.* ten renginde külotlu çorap; **ˈflesh.ly** *adj.* etli, şişman; vücuda ait, bedene ait; **ˈflesh.y** *adj.* şişman, etli butlu; ete ait.
flew [fluː] *pret. of* fly[1] 2.
flex ⚡ [fleks] *n.* esnek kablo; **flex.i.bil.i.ty** [~əˈbiliti] *n.* esneklik, elastikiyet; *fig.* uysallık, yumuşak başlılık; **ˈflex.i.ble** □ bükülebilir, esnek; uysal; **flex.ion** [ˈflekʃən] *n.* bükülme, esneme; *gr.* çekim; dirsek; **flex.or** [ˈ~ksə] *n.* fleksör kas; **flex.ure** [ˈflekʃə] *n.* bükülme, katlanma; dirsek.
flib.ber.ti.gib.bet [ˈflibətiˈdʒibit] *n.* dedikoducu kimse.
flick [flik] **1.** *v/t.* hafifçe vurmak, fiske vurmak (at *-e*); **2.** *n.* hafif vuruş, fiske; ~s *n. pl. sl.* sinema.
flick.er [ˈflikə] **1.** *v/i.* titremek, oynamak, titrek yanmak; ileri geri oynamak; **2.** *n.* titrek ışık; *Am.* ağaçkakan.
flick-knife [ˈfliknaif] *n.* sustalı bıçak.
fli.er [ˈflaiə] *s.* flyer.
flight [flait] *n.* uçuş, uçma; uçak yolculuğu; çabuk geçme; yükselme; sıra; *a.* ~ of stairs bir kat merdiven; ✈, ⚔ hava filosu; firar, kaçış; put to ~ kaçırtmak; take (to) ~ kaçmak, *sl.* tüymek; **ˈ~-comˈmand.er** *n.* uçuş pilotu; **ˈ~-deck** *n.* ⚓ *(uçak gemisi)* uçuş güvertesi; pilot mahalli; **ˈ~-lieuˈten.ant** *n.* pilot yüzbaşı; **ˈflight.y** □ dönek, kararsız; hafifmeşrep, havaî; sorumsuz; budala.
flim.sy [flimzi] **1.** *adj.* ince, gevşek, seyrek; sudan *(bahane)*; kolayca yırtılabilen; **2.** *n.* pelür, kopya kâğıdı; *sl.* kâğıt para; telgraf.
flinch [flintʃ] *v/i.* sakınmak, kaçınmak, ürkmek, çekinmek (from *-den*).
fling [fliŋ] **1.** *n.* fırlatma, atma, atış; fırlayış; *fig.* taş, iğneli söz; hareketli dans; have one's ~ dilediğince eğlenmek, kurtlarını dökmek; have a ~ at teşebbüs etm., denemek; **2.** *(irr.) v/t.* & *v/i.* at(ıl)mak, fırlatmak, savurmak *(küfür)*; sallamak; hışımla çıkmak; *a.* ~ out *fig.* kıyameti koparmak, gürültü yapmak; ~ o.s. hızla atılmak; ~ away kaldırıp atmak; ~ forth atmak, savurmak; ~ open hızla açmak.
flint [flint] *n.* çakmaktaşı; **ˈflint.y** *adj.* çok sert; *fig.* katı yürekli, haşin.
flip [flip] **1.** *n.* fiske, hafif vuruş; ✈ *sl.* uçakla zevk için yapılan kısa gezinti; takla; bir içki çeşidi; **2.** *vb.* fiske vurmak; parmakla havaya fırlatmak; öbür yüzünü çevirmek *(plak vs.)*; sinirlenmek.
flip-flap [ˈflipflæp] *n.* takla, perende.
flip.pan.cy [ˈflipənsi] *n.* küstahlık, düşüncesizlik; **ˈflip.pant** □ küstah, kendini bilmez.
flip.per [ˈflipə] *n.* balık kanadı; palet.
flirt [fləːt] **1.** *n.* flört eden; işvebaz *b-i*; ani hareket; **2.** *v/i.* flört etm.; fırlamak; **flirˈta.tion** *n.* flört; **flirˈta.tious** *adj.* flörtçü, işvebaz, F fındıkçı.
flit [flit] *v/i.* geçmek; çırpınmak; oradan oraya dolaşmak.
flitch [flitʃ] *n.* domuz döşü.
flit.ter [ˈflitə] *v/i.* kanat çırpmak, çırpınmak.
fliv.ver *Am.* F [ˈflivə] **1.** *n.* külüstür otomobil; **2.** *vb.* başarısızlığa uğramak.
float [fləut] **1.** *n.* olta mantarı; şaman-

dıra, duba; ⊕ flotör; ⚓ pervane tahtası; *thea.* ön sahne ışıkları; geçit resminde kullanılan araba; meyvalı gazoz; **2.** *v/t. & v/i.* yüz(dür)mek; suyun yüzünde durmak; hava akımına kapılıp sürüklenmek; *fig.* başlatmak, harekete geçirmek; kurmak; ⚚ satışa arzetmek *(hisse senedi, tahvil)*; yaymak; **ˈfloat.a.ble** *adj.* yüzebilen, su üstünde durabilen; **ˈfloat.age** *n.* yüzen şey; **floatˈa.tion** *s.* flotation; **ˈfloat.ing** *adj.* yüzen, değişen, seyyar; ~ bridge tombaz köprü, dubalı köprü; ~ capital döner sermaye; ~ ice suda yüzen buz kütlesi; ~ kidney yer değiştiren böbrek; ~ light fener dubası, fenerli şamandıra; **ˈfloat-plane** *n.* deniz uçağı.

flock¹ [flɔk] **1.** *n.* sürü; küme; kalabalık, yığın; cemaat; **2.** *v/i.* toplanmak, başına üşüşmek.

flock² [~] *n. (part. yün)* yumak, saç yumağı; yün artığı.

floe [fləu] *n.* buz kitlesi.

flog [flɔg] *v/t.* kamçılamak, dövmek; ~ a dead horse boşuna çaba sarfetmek; **ˈflog.ging** *n.* dayak, kamçılama.

flood [flʌd] **1.** *n. a.* ~-tide sel, seylap, taşkın; tufan; met ,kabarma; the ♀ Nuh tufanı; **2.** *v/t. & v/i.* coşmak, taşmak, su basmak, sel basmak; istilâ etm.; **ˈ~-dis-as.ter** *n.* sel felâketi; **ˈ~-gate** *n.* set, bent kapağı; **ˈ~.light** **1.** *n.* projektör; **2.** *v/t.* projektörle aydınlatmak.

floor [flɔː] **1.** *n.* döşeme, zemin; kat; dip; asgarî ücret; ✓ harman yeri; *parl.* meclis salonunun üyelere ayrılmış kısmı; mecliste konuşma hakkı; *sl.* borsa binası; ~ leader *Am. (yasama meclisi)* grup başkanı; ~ price asgarî ücret, taban ücret; ~ show eğlence programı; hold the ~ *parl.* mecliste konuşma yapmak; be kept on the ~ ortaya atılmak, ileri sürülmek; take the ~ mecliste söz almak; **2.** *v/t.* tahta *veya* parke döşemek *-e*; yere yıkmak *-i*; şaşırtmak *-i*; yenmek *-i*; **ˈ~-cloth** *n.* tahta bezi; **ˈfloor.er** *n.* döşemeci; **ˈfloor.ing** *n.* döşemelik; **ˈfloor-lamp** *n.* ayaklı abajur; **ˈfloor-walk.er** *n. Am.* mağazada müşterilere yardım eden görevli; **ˈfloor-wax** *n.* döşeme cilası.

flop F [flɔp] **1.** *v/t. & v/i.* çırpınmak; çöküvermek; düşürmek; devrilmek; *sl.* başarısızlığa uğramak, tutmamak *(kitap, piyes)*; **2.** *n.* çarpma; çarpma sesi; başarısız teşebbüs; başarısızlık; çökme; ~ house *Am. sl.* ucuz otel; **ˈflop.py** *adj.* yumuşak; gevşek; başarısız.

flo.ra [ˈflɔːrə] *n.* flora, bitey, bir bölgede yetişen bitkilerin tümü; **ˈflo.ral** *adj.* çiçeklere ait; ~ design çiçek deseni.

flo.res.cence [flɔːˈresns] *n.* çiçek açma, çiçeklenme devresi.

flor.id □ [ˈflɔrid] çok süslü; kırmızı *(yüz)*; yüzüne ateş basmış; **ˈflor.id.ness** *n.* süslülük; kırmızılık; canlılık.

flor.in [ˈflɔrin] *n.* iki şilin kıymetinde İngiliz parası; Hollanda florini.

flo.rist [ˈflɔrist] *n.* çiçekçi.

floss [flɔs] *n.* bükülmemiş ham ipek, floş; kısa ipek telleri; ~ silk ham ibrişim; **ˈfloss.y** *adj.* ince tüylü; ipeğe ait; süslü.

flo.ta.tion [fləuˈteiʃən] *n.* yüzme; su üzerinde durma; ⚚ sermaye temini, mali destek temini.

flo.til.la ⚓ [fləuˈtilə] *n.* küçük filo, flotilla.

flot.sam ⚖ [ˈflɔtsəm] *n.* gemi enkazı.

flounce¹ [flauns] **1.** *n.* fırfır, volan; **2.** *v/t.* fırfırla süslemek, volan koymak.

flounce² [~] *v/i.* yerinden fırlayıp yürümek; fırlamak; sabırsızlıkla hareket etm.

floun.der¹ *ichth.* [ˈflaundə] *n.* pisibalığı.

floun.der² [~] *v/i.* boşuna çabalamak; zorluk çekmek; bata çıka yürümek.

flour [ˈflauə] **1.** *n.* un; **2.** *v/t.* una bulamak, un serpmek.

flour.ish [ˈflʌriʃ] **1.** *n.* gösterişli hareket; paraf. gösteriş, süs; sallama, savurma; ♪ coşkulu parça, fanfar; **2.** *v/t. & v/i.* sallamak, savurmak; gelişmek; bayındır olm.; sağlıklı olm.; gözde olm.; ortaya çıkmak.

flout [flaut] *v/t. & v/i.* karşı koymak, itaat etmemek; alay etm., eğlenmek; küçümsemek.

flow [fləu] **1.** *n.* cereyan, akıntı; met, kabarma; ~ of spirits neşe; neşe dolu; **2.** *v/i.* akmak; dalgalanmak; sallanmak; sarkmak; kabarmak; ~ from *-in* sebebi olm., *-den* gelmek.

flow.er [ˈflauə] **1.** *n.* çiçek; *fig.* seçkin ve güzide *bş*; olgunlaşmış *bş*; en iyi kısım; say it with ~s süslü bir şekilde söylemek; **2.** *v/i.* çiçeklenmek, çiçek açmak; **flow.er.et** [ˈ~rit] *n.* küçük çiçek; **ˈflow.er-i.ness** *n.* gösteriş *(a. fig.)*; **ˈflow.er-pot** *n.* saksı; **ˈflow.er.y** *adj.* çiçekli; süslü, gösterişli.

flown [fləun] *p.p. of* fly¹ 2.

flu F [fluː] = influenza.

flub.dub *Am. sl.* [ˈflʌbdʌb] *n.* boş laf; palavra. saçmalık, saftasa.

fluc.tu.ate [ˈflʌktjueit] *v/i.* değişmek, düzensiz olm., dalgalanmak; **fluc.tuˈa.tion** *n.* değişme, dalgalanma.

flue [fluː] *n.* baca, boru.

flu.en.cy ['flu:ənsi] *n.* akıcılık, ifade düzgünlüğü; **'flu.ent** □ akıcı *(söz)*, düzgün, pürüzsüz.

fluff [flʌf] **1.** *n.* tüy, hav; kuştüyü; kırpıntı; yumuşak kürk; *fig.* acemice yapılan atılım; **2.** *v/t.* silkinip tüylerini kabartmak; sallamak, kabartmak *veya* yaymak; söyleyeceği sözü unutmak *veya* yanlış söylemek; **'fluff.y** *adj.* tüy gibi yumuşak, yumuşacık; kabarık.

flu.id ['flu:id] **1.** *adj.* akıcı, sıvı, akışan; *fig.* sabit olmayan *(fikir)*; **2.** *n.* sıvı madde; **flu'id.i.ty** *n.* akıcılık.

fluke [flu:k] *n.* gemi demirinin tırnağı; F şans, rastlantı, tesadüf.

flume [flu:m] *n.* suni kanal.

flum.mer.y ['flʌməri] *n.* bir çeşit yemek; bir tatlı çeşidi; boş laf.

flum.mox F ['flʌməks] *v/t.* şaşırtmak.

flung [flʌŋ] *pret. & p.p. of* fling 2.

flunk *Am.* F [flʌŋk] *v/t. & v/i.* başaramamak, çakmak, kalmak *(sınavda)*; sınavda bırakmak.

flunk.(e)y ['flʌŋki] *n.* üniformalı uşak, hizmetçi; dalkavuk, yağcı; **'flunk.ey.ism** *n.* uşaklık.

flu.o.res.cence *phys.* [fluə'resns] *n.* fluoresans, flüorışı; **flu.or'es.cent** *adj.* fluoresans, flüorışıl; ~ lamp fluoresan lambası.

flur.ry ['flʌri] **1.** *n.* ani rüzgâr; sağanak; telaş; heyecan; acele; **2.** *v/t.* telaşlandırmak, telaşa sokmak, sinirlendirmek.

flush [flʌʃ] **1.** *adj.* ⊕ bir seviyede, düz; bol parası olan; *fig.* bol, dopdolu, çok; 2. *n.* kızarma; taşkınlık; galeyan; akıtma; *iskambil:* floş; **3.** *v/t. & v/i.* birden akmak; yüzü kızar(t)mak; cesaretlendirmek; bol suyla yıkamak; taşmak; kanatlanıp uçmak; ürkütüp kaçırmak; düzlemek, bir seviyeye getirmek.

flus.ter ['flʌstə]**1.** *n.* telaş, şaşkınlık; **2.** *v/t.* telâşa düşürmek, şaşırtmak; *v/i.* şaşırmak, telâş etm.

flute [flu:t] **1.** *n.* ♪ flavta, flüt; ⚓ yiv, oluk; **2.** *v/t. & v/i.* flüt çalmak; *fig.* ötmek; oluk *veya* yiv açmak; **'flut.ist** *n.* flütçü.

flut.ter ['flʌtə] **1.** *n.* çırpınma; telaş, heyecan; kanat sarsıntısı; F bahis; have a ~ bahse girmek; **2.** *v/t. & v/i.* çırpınmak; kanat çırpmak; telaşa düşürmek; telaşlanmak; düzensiz hareket etm.

flux [flʌks] *n. fig.* akış; akıntı; değişme; eritici madde; ⚕ akıntı; ~ and reflux gelgit, meddücezir.

fly¹ [flai] **1.** *n.* sinek; uçuş; fermuar; pantolonun düğmeli ön kısmı; çadırdaki bez kapı; bayrak ucu; *Am. beysbol:* havaya atılan top; flies *pl. thea.* sahne yukarısındaki dekor değiştirme teçhizatı; **2.** *(irr.) v/t. & v/i.* uçmak; uçakla gitmek; uçakla taşımak; çabuk gitmek; fırlamak; atılmak; uçurmak; dalgalandırmak; *-den* kaçmak; ~ high hırslı olm.; ~ at üstüne saldırmak; ~ in the face of açıkça karşı gelmek; ~ into a passion *veya* rage öfkelenmek, sinirlenmek; ~ off uçup gitmek; ~ blind *veya* on instruments körüçuş yapmak, sadece aletler yardımıyla uçmak; ~ out at karşı çıkmak; ~ open hızla açılmak; send s.o. ~ing vurup düşürmek, kaçırtmak.

fly² *sl.* [~] *adj.* uyanık, kurnaz, haberdar, aldatması güç.

fly...: **'~-blow 1.** *n.* sinek yumurtası; sinek kurdu istilası; **2.** *v/t.* -e yumurta bırakmak; *fig.* kirletmek; bozmak; **'~-blown** *adj.* bozulmuş, kurtlanmış; *fig.* kötü durumda; **'~-catch.er** *n.* sinekcil; sinek kapanı.

fly.er ['flaiə] *n.* hızlı giden *bş, (part.* ✈*)*, pilot, havacı; take a ~ *Am.* F riskli bir işe girmek; ~s *pl.* ⚓ dış merdiven.

fly-flap ['flaiflæp] *n.* sinek raketi.

fly.ing ['flaiiŋ] **1.** *n.* uçma, havacılık, uçuş; **2.** *adj.* uçan; havacılıkla ilgili; ~ boat deniz uçağı; ~ buttress ⚓ duvar dirseği; ~ deck uçuş güvertesi; ~ field havaalanı; ~ jump koşarak atlama; ~ machine uçak, tayyare; ~ school uçuş okulu; ~ squad hızlı polis ekibi; ~ start hızlı başlangıç; ~ visit kısa ziyaret, kapıdan uğrama; **'~-of.fi.cer** *n.* üsteğmen.

fly...: **'~-leaf** *n. typ.* bir kitabın başında ve sonundaki boş sayfa; **'~-o.ver** *n.* üstgeçit; ✈ = **'~-past** *n.* hava geçit resmi; **'~-weight** *n. boks:* sineksıklet; **'~-wheel** *n.* volan, düzenteker.

foal [fəul] **1.** *n.* tay, sıpa; in ~, with ~ gebe *(kısrak)*; **2.** *v/i.* tay doğurmak.

foam [fəum] **1.** *n.* köpük; **2.** *v/i.* köpürmek *(a. fig.)*; **'~-rub.ber** *n.* sünger; **'foam.y** *adj.* köpüklü.

fob¹ [fɔb] *n.* saat cebi; saat köstegi.

fob² [~] *vb.*: ~ off *fig.* hile yapmak, kazık atmak, aldatmak.

fo.cal ['fəukəl] *adj.* odaksal; ~ length, ~ distance *phot.* odak uzaklığı; ~-plane shutter *phot.* yarıklı diyafram.

fo'c'sle ['fəuksl] = forecastle.

fo.cus ['fəukəs] **1.** *n. pl. a.* **fo.ci** ['fəusai] odak, mihrak; *fig. a.* merkez; **2.** *v/t. & v/i.* bir noktaya getirmek; biraraya gelmek; ayar etm.; dikkatini toplamak;

konsantre olm.; **ˈfo.cus.(s)ing screen** *phot.* buzlu cam.
fod.der [ˈfɔdə] **1.** *n.* yem; **2.** *v/t.* yemlemek, beslemek.
foe *poet.* [fəu] *n.* düşman; **ˈ~.man** *n.* † düşman.
foe.tus ⚕ [ˈfiːtəs] *n.* cenin, dölüt.
fog [fɔg] **1.** *n.* sis; *fig.* bunaklık, zihin karışıklığı; *phot.* donukluk; **2.** *vb. mst fig.* şaşırtmak; *phot.* bulanıklaşmak, donuklaşmak; **ˈ~-bank** *n.* kalın sis tabakası; **ˈ~-bound** *adj.* ⚓ sise yakalanmış; sis yüzünden hareket edemeyen.
fo.gey F [ˈfəugi] *n.*: old ~ geri kafalı kimse.
fog.gy □ [ˈfɔgi] sisli; *fig.* bulanık, belirsiz; **ˈfog-horn** *n.* sis düdüğü; **ˈfog-sig.nal** *n.* 🚂 sis işareti.
fo.gy *Am.* [fəugi] = fogey.
foi.ble *fig.* [ˈfɔibl] *n.* kusur, zaaf.
foil¹ [fɔil] *n.* ince yaprak, foya, yaldız kâğıdı; ayna sırı; *fig.* engel.
foil² [~] **1.** *v/t.* engellemek, işini bozmak, boşa çıkarmak; **2.** *n. fenc.* kılıç.
foist [fɔist] *vb.*: ~ s.th. (off) on s.o. hile ile kabul ettirmek, yutturmak.
fold¹ [fəuld] **1.** *n.* ağıl; sürü; *fig.* cemaat; **2.** *v/t.* ağıla kapamak.
fold² [~] **1.** *n.* kat, kıvrım, büklüm; **2.** *v/t. & v/i.* bükmek; katla(n)mak; karıştırmak; *(elleri)* kavuşturmak; *a.* ~ up sarmak; ~ down bükmek, katlamak, kıvırmak; ~ in one's arms kollarını kavuşturmak; ~ up F çökmek, sona ermek; **ˈfold.er** *n.* dosya, klasör; broşür; kutu, kap.
fold.ing [ˈfəuldiŋ] *adj.* katlama; katlanabilir; kırma; **ˈ~-bed** *n.* katlanır karyola; **ˈ~-boat** *n.* sökülüp takılabilen kayık; **ˈ~-door(s** *pl.*) katlanır kapı; **ˈ~-screen** *n.* katlanır paravana; **ˈ~-seat** *n.* katlanır sandalye.
fo.li.age [ˈfəuliidʒ] *n.* ağaç yaprakları.
fo.li.o [ˈfəuliəu] *n.* kitap yaprağı; sayfa numarası; hesap defterindeki karşılıklı iki sayfa; iki yapraklık kâğıt tabakası; büyük boy kitap, cilt.
folk [fəuk] *n. pl.* halk, insanlar, ahali; ~s *pl.* F ev halkı; aile; akrabalar; **ˈ~-dance** *n.* halk oyunu; **~.lore** [ˈ~lɔː] *n.* folklor; **ˈ~-song** *n.* halk şarkısı, türkü.
fol.low [ˈfɔləu] *v/t. & v/i.* takip etm., izlemek; anlamak; mesleğinde çalışmak; riayet etm., uymak; örnek almak; sonucu çıkmak; to ~ arkadan, geriden; it ~s that ...sonucu çıkıyor, ...demektir; ~ out sonuna kadar götürmek; ~ the sea denizci olm.; ~ up kovalamak; **ˈfol.low.er** *n.* taraftar, F hayran; **ˈfol.low.ing 1.** *n.* taraftarlar, tabi olanlar; the ~ şunlar, aşağıdakiler; **2.** *adj.* izleyen; ertesi, müteakip; ~ wind arkadan esen rüzgâr.
fol.ly [ˈfɔli] *n.* aptallık, ahmaklık; aptalca şey.
fo.ment [fəuˈment] *v/t.* ⚕ pansuman yapmak; *fig.* kışkırtmak; **fo.menˈta.tion** *n.* pansuman; pansuman için kullanılan şey; tahrik, kışkırtma; **foˈment.er** *n. fig.* kışkırtıcı, tahrikçi.
fond □ [fɔnd] seven (of -*i*); düşkün -*e*; be ~ of düşkün olm. -*e*, hoşlanmak -*den*; be ~ of dancing dansa düşkün olm.
fon.dant [ˈfɔndənt] *n.* bir çeşit tatlı, fondan.
fon.dle [ˈfɔndl] *v/t.* okşamak, sevmek.
fond.ness [ˈfɔndnis] *n.* sevgi, düşkünlük.
font *eccl.* [fɔnt] *n.* vaftiz kurnası.
food [fuːd] *n.* yiyecek, besin, yemek, gıda; yem; **ˈ~-stuff** *n.* gıda maddesi.
fool¹ [fuːl] **1.** *n.* budala, enayi, aptal, ahmak, alık kimse; make a ~ of s.o. enayi yerine koymak, küçük düşürmek; make a ~ of o.s. rezil olm., kepaze olm.; ~'s paradise geçici mutluluk, aylaklık; **2.** *adj. Am.* F sersem, şaşkın; **3.** *v/t. & v/i.* aldatmak; boşuna vakit geçirmek; aptalca davranmak; ~ about aptalca davranıp durmak; ~ (a)round *part. Am.* aylak aylak dolaşmak, boşuna vakit geçirmek; ~ away F tembellikle vakit geçirmek, israf etm.
fool² [~] *n.* kremalı meyve.
fool.er.y [ˈfuːləri] *n.* aptalca hareket, budalalık, ahmaklık; **ˈfool.hard.y** □ delice cesur; **ˈfool.ish** □ aptal, akılsız, budalaca; **ˈfool.ish.ness** *n.* enayilik, akılsızlık; **ˈfool-proof** *adj.* ⊕ emniyetli, sağlam; kusursuz; **fool.scap** [ˈfuːlskæp] *n.* kâğıt ölçüsü.
foot [fut] **1.** *n. pl.* **feet** [fiːt] ayak; kadem *(30.48 cm)*; adım; dip, *(dağ)* etek; en alçak kısım; temel, esas; ⚔ piyade; *poet.* vezin tef'ilesi; on ~ yaya, yürüyerek; be on one's feet ayakta olm.; *fig.* hastalıktan sonra ayağa kalkmak, iyileşmek; put one's ~ down ayak diremek, kararlı olm., karşı çıkmak; I have put my ~ into it F pot kırdım, çam devirdim; set on ~ başlatmak, yürütmek; **set ~ on** ayak basmak; **2.** *v/t. & v/i.* ayak kısmını örmek; dansetmek; yaya gitmek; seyretmek *(gemi)*; **ödemek**; **yekûnunu çıkarmak**; *mst* ~ **up toplamak, yekûn çıkarmak**; ~ **it yaya gitmek**; ~ **the bill hesabı ödemek**; **ˈfoot.age** *n.* **uzunluk**.
foot...: ˈ~-and-ˈmouth dis.ease bir sığır

hastalığı; **ˈ~.ball** *n.* futbol; **ˈ~.board** *n.* ayakları dayayacak tahta; **ˈ~.boy** *n.* belboy, *(otelde)* uşak; **ˈ~-brake** *n.* ayak freni; **ˈ~-bridge** *n.* yaya köprüsü, köprü geçit.

foot.ed [ˈfutid] *comb.* ...ayaklı; **ˈfoot.er** *n.* F futbol.

foot...: ˈ~.fall *n.* ayak sesi; **ˈ~-gear** *n.* ayak giyecekleri; ♀ **Guards** *pl.* ✕ piyade muhafız alayı; **ˈ~-hills** *n. pl.* dağ eteklerindeki tepeler; **ˈ~.hold** *n.* ayak basacak yer; *fig.* sağlam yer.

foot.ing [ˈfutiŋ] *n.* ayak basacak yer; mevki; ilişki; ✕ hal, durum, vaziyet; be on a friendly ~ with s.o. ...ile arası iyi olm.; upon the same ~ as ... ile aynı durumda; get a ~ yer edinmek; lose one's ~ ayağı kaymak, tökezlemek.

foo.tle F [ˈfuːtl] *vb.* boşuna vakit geçirmek, maskaralık etm., aptalca konuşmak *veya* hareket etm.; **2.** *n.* ahmaklık, budalalık.

foot.lights *thea.* [ˈfutlaits] *n. pl.* sahne önündeki bir sıra ışık; sahne hayatı.

foot.ling [ˈfuːtliŋ] *adj.* önemsiz, değersiz, ufak tefek.

foot...: ˈ~.man *n.* üniformalı uşak; **ˈ~-mark** *n.* ayak izi; **ˈ~-note 1.** *n.* dipnot; **2.** *vb.* dipnot koymak; **ˈ~.pad** *n.* eşkiya, haydut; **ˈ~-pas.sen.ger** *n.* yaya; **ˈ~-path** *n.* keçi yolu, patika; **ˈ~.print** *n.* ayak izi; **ˈ~-race** *n.* koşu; **ˈ~-rule** *n.* *(tahta veya madenî)* metre; **ˈ~-slog** *v/i. sl.* bata çıka yürümek, zorlukla yürümek; **ˈ~-sore** *adj.* yürümekten ayakları şişmiş; **ˈ~.stalk** *n.* ⚘ çiçek sapı, yaprak sapı; **ˈ~.step** *n.* adım; ayak sesi; ayak izi; **ˈ~.stool** *n.* ayak taburesi; **ˈ~.wear** = foot-gear; **ˈ~.work** *n. spor:* ayak hakimiyeti.

fop [fɔp] *n.* züppe; **ˈfop.per.y** *n.* züppelik; **ˈfop.pish** □ züppece.

for [fɔː; fə; f] **1.** *prp. mst* için; hususunda; amacıyla; *-e* karşı; *-e* göre; yerine; adına; lehinde, taraftarı; *-den* dolayı; sebebiyle; sonucu olarak; *-e* rağmen; zarfında; *-den* beri; come ~ dinner yemeğe gelmek; the train ~ London Londra'ya gidecek tren; it is ~ you to decide karar vermek size kalmış; were it not ~ that o olmasaydı; he is a fool ~ doign that onu yaptığı için aptaldır; ~ three days üç gündür, üç günden beri; I walked ~ a mile bir mil yürüdüm; I ~ one kendi hesabıma; ben de; ~ sure! şüphesiz!, elbette!; it is good ~ us to be here burada olmamız iyi olur; the snow was too deep ~ them to go on kar devam edemeyecekleri kadar kalındı; **2.** *cj. -den* dolayı, *-diği* için, çünkü, zira.

for.age [ˈfɔridʒ] **1.** *n.* ot, saman, hayvan yemi, arpa; **2.** *v/i.* yiyecek peşinde koşmak, yiyecek aramak.

for.as.much [fərəzˈmʌtʃ] *cj.*: ~ as madem ki, *-den* dolayı, sebebiyle.

for.ay [ˈfɔrei] **1.** *n.* çapul, akın, yağma; **2.** *v/i.* yağma etm.

for.bade [fəˈbæd] *pret. of* forbid.

for.bear¹ [ˈfɔːbɛə] *n.* ata, cet.

for.bear² [fɔːˈbɛə] *(irr.) v/t. & v/i.* kaçınmak, sakınmak, çekinmek (from *-den*); sabretmek; **forˈbear.ance** *n.* sabır, tahammül; sakınma, kaçınma.

for.bid [fəˈbid] *(irr.) v/t.* yasak etm., yasaklamak, menetmek; God ~! Allah esirgesin!; **forˈbid.den** *p.p. of* forbid; ~ fruit yasak meyve, ahlak dışı zevk; **forˈbid-ding** □ sert, haşin, ürkütücü, nahoş.

for.bore, for.borne [fɔːˈbɔː(n)] *pret. & p.p. of* forbear².

force [fɔːs] **1.** *n. mst* güç, kuvvet, kudret; şiddet, zor, baskı, tazyik; otorite, nüfuz; the ~ polis; armed ~s *pl.* silahlı kuvvetler; by ~ zorla; come (put) in ~ yürürlüğe girmek (koymak); **2.** *v/t.* zorlamak, mecbur etm.; sıkıştırmak; zorla almak; kırıp açmak; turfanda sebze ve meyve yetiştirmek; zorla yapmak; ~ back geri sürmek, püskürtmek; ~ down ✈ inişe zorlamak; ~ s.o.'s hand *b-ne* istemiyerek *bş* yaptırmak, bir işi yapmaya zorlamak; ~ on harekete geçirmek; kışkırtmak; ~ open kırıp açmak; **forced** (*adv.* **forc.ed.ly** [ˈ~idli]) mecburî; ~ loan mecburî borçlanma; ~ landing mecburî iniş; ~ march mecburî yürüyüş; ~ sale mecburî satış; **force.ful** □ [ˈ~ful] güçlü, etkili, tesirli, kuvvetli; **ˈforce.meat** *n.* baharatlı kıyma.

for.ceps ⚕ [ˈfɔːseps] *n. sg. & pl.* pens, kıskaç, forseps.

force-pump [ˈfɔːspʌmp] *n.* tazyik pompası.

forc.er ⊕ [ˈfɔːsə] *n.* piston.

for.ci.ble □ [ˈfɔːsəbl] zora dayanan, mecburî; etkili; ikna edici.

forc.ing-house [ˈfɔːsiŋhaus] *n.* limonluk, ser.

ford [fɔːd] **1.** *n.* nehir geçidi, sığ geçit; **2.** *v/t.* *(nehir vs.)* sığ yerden geçmek; **ˈford.a.ble** *adj.* yürüyerek geçilebilir.

fore [fɔː] **1.** *adv.* ön tarafta, baş tarafta, önde; ~ and aft ⚓ baştan kıça kadar; **2.** *n.* ön; baş taraf, pruva; to the ~ elde mevcut, hazır bulunan; önemli; come (bring) to the ~ başa geç(ir)mek, öne geç(ir)mek; **3.** *adj.* ön taraftaki, öndeki; ilk; **ˈ~.arm¹** *n.* önkol; **~ˈarm²** *v/t.* önceden silahlandırmak; **~ˈbode** *v/t.* işareti olm.; önceden haber vermek; önceden hissetmek; **~ˈbod.ing** *n.* önsezi; **ˈ~.cast 1.** *n.* hava tahmini, tahmin; **2.** (*irr.* cast) *v/t.* önceden söylemek; önceden tahmin etm.; **ˈ~.cas.tle** ⚓ [ˈfəuksl] *n.* baş kasarası; **~.close** [fɔːˈkləuz] *v/t.* & *v/i.* engel olm.; ipotekli malı sahibinin elinden almak; **~ˈclo.sure** [~ʒə] *n.* ipotekli malı sahibinin elinden alma; **ˈ~.court** *n.* ön avlu, ön bahçe; **~ˈdate** *v/t.* önceden tarih koymak; **~ˈdoom** *v/t.* önceden hüküm vermek; önceden belli etm.; **ˈ~.fa.ther** *n.* ata, cet; **ˈ~.fin.ger** *n.* işaret parmağı; **ˈ~.foot** *n.* önayak; **ˈ~.front** *n.* en ileri taraf; en ileri yer; **~ˈgo** (*irr.* go) *v/t.* & *v/i.* önce gitmek; ~ing daha önce belirtilen; **~ˈgone** *adj.* geçmiş, bitmiş, önceki; ~ conclusion kaçınılmaz sonuç; **ˈ~.ground** *n.* ön plan; **ˈ~.hand 1.** *n.* *tenis:* sağ vuruş; **2.** *adj.* evvelki, önceden yapılan; **~.head** [ˈfɔrid] *n.* alın.

for.eign [ˈfɔrən] *adj.* yabancı, ecnebi; dış; ilgisi olmayan; ~ body yabancı cisim; ~-born yabancı ülkede doğmuş; **ˈfor.eign.er** *n.* yabancı, ecnebi; **ˈfor.eign.ness** yabancılık, ecnebilik.

for.eign...: ♀ **Of.fice** Dışişleri Bakanlığı; ~ **pol.i.cy** dış politika; ~ **trade** dış ticaret.

fore...: **~ˈjudge** *v/t.* önceden hüküm vermek; **~ˈknow** (*irr.* know) *v/t.* önceden bilmek; **ˈ~ˈknowl.edge** *n.* önceden bilme; **~.land** [fɔːlənd] *n.* burun, çıkıntı; **ˈ~.leg** *n.* ön ayak; **ˈ~.lock** *n.* kâkül, perçem; take time by the ~ fırsatı kaçırmamak, fırsatı hemen kullanmak; **ˈ~.man** *n.* ⚖ jüri başkanı; ⚒ ustabaşı; **ˈ~.mast** *n.* ⚓ baş direği, pruva direği; **ˈ~.most 1.** *adj.* başta gelen; ana, en tanınmış; **2.** *adv.* başta, ilkönce; **ˈ~.name** *n.* birinci isim; **ˈ~.noon** *n.* öğleden önceki zaman, sabah.

fo.ren.sic [fəˈrensik] *adj.* mahkemeye ait, adlî, kazai.

fore...: **ˈ~.orˈdain** *v/t.* önceden takdir etm.; önceden tayin etm.; **ˈ~.paw** *n.* ön ayağın pençesi; **ˈ~.run.ner** *n.* haberci, müjdeci; öncü; **~.sail** [ˈ~seil; ⚓ ˈ~sl] *n.* trinketa yelkeni; **~ˈsee** (*irr.* see) *v/t.* önceden görmek, ileriyi görmek, önceden bilmek; **~ˈsee.a.ble** *adj.* önceden bilinebilen; **~ˈshad.ow** *v/t.* önceden belirtmek, önceden haber vermek; **ˈ~.shore** *n.* deniz kıyısı, sahil; **~ˈshort.en** *v/t.* orantılı olarak küçültmek; **ˈ~.sight** *n.* basiret, önceden görme; **ˈ~.skin** *n.* sünnet derisi.

for.est [ˈfɔrist] **1.** *n.* orman (*a. fig.*); **2.** *v/t.* ağaçlandırmak.

fore.stall [fɔːstɔːl] *v/t.* önüne geçmek; önce davranıp önlemek; önce davranmak.

for.est.er [ˈfɔristə] *n.* ormancı; **ˈfor.est.ry** *n.* ormancılık; orman.

fore...: **ˈ~.taste** *n.* önceden tadına varma; önceden alınan tat; **~ˈtell** (*irr.* tell) *v/t.* önceden haber vermek, kehanette bulunmak; **ˈ~.thought** *n.* basiret; önceden düşünme.

for.ev.er [fəˈrevə] *adv.* devamlı olarak, edebiyen, daima; durmadan.

fore...: **~ˈwarn** *v/t.* önceden uyarmak; **ˈ~.wom.an** *n.* kadın ustabaşı; **ˈ~.word** *n.* önsöz.

for.feit [ˈfɔːfit] **1.** *adj.* ceza olarak kaybedilen; **2.** *n.* ceza, *bşin* ceza olarak kaybedilmesi; † & *spor:* cayma, vazgeçme; ~s *pl.* bir oyun çeşidi; **ˈfor.feit.a.ble** *adj.* kaybedilebilir; **for.fei.ture** [ˈ~tʃə] *n.* kaybetme, hakkın kaybedilmesi.

for.gath.er [fɔːˈgæðə] *v/i.* toplanmak, bir araya gelmek, içtima etm.; rastlamak.

for.gave [fəˈgeiv] *pret. of* forgive.

forge¹ [fɔːdʒ] **1.** *n.* demirhane, demirci ocağı; **2.** *v/t.* demiri kızdırıp işlemek, dövmek; *fig.* kurmak; sahtesini yapmak, uydurmak.

forge² [~] *mst* ~ ahead *v/i.* ilerlemek, öne geçmek.

forg.er [ˈfɔːdʒə] *n.* sahtekâr; demirci; **ˈfor.ger.y** *n.* sahte *bş*; kalpazanlık; sahtekârlık, sahte imza atma.

for.get [fəˈget] (*irr.*) *vb.* unutmak; ihmal etm.; I ~ F unuttum; **forˈget.ful** □ [~ful] unutkan, ihmalci; **forˈget.ful.ness** *n.* unutkanlık, ihmal; **forˈget-me-not** *n.* ⚘ unutmabeni.

for.give [fəˈgiv] (*irr.*) *v/t.* affetmek, bağışlamak; **forˈgiv.en** *p.p. of* forgive; **forˈgive.ness** *n.* af, bağışla(n)ma; **forˈgiv.ing** □ affeden, bağışlayan, merhametli.

for.go [fɔːgəu] (*irr.* go) *v/t.* vazgeçmek.

for.got [fəˈgɔt], **forˈgot.ten** [~tn] *pret.* & *p.p. of* forget.

fork [fɔːk] **1.** *n.* çatal; bel; **2.** *vb.* çatallaş(tır)mak; ayrılmak; çatalla kaldırmak; bellemek; **forked** *adj.* çatallı; **ˈfork-lift** *n.* çatallı kaldırıcı.

for.lorn [fəˈlɔːn] *adj.* kimsesiz, terkedilmiş, sahipsiz; ümitsiz; ~ hope boş ümit; ümitsiz bir girişim; ⚔ fedailer takımı.

form [fɔːm] **1.** *n.* şekil, biçim, suret; hal; üslup, tarz; *typ.* forma; formül, kâğıt; *okul:* sınıf; in (good) ~ *spor:* formda;

good (bad) ~ iyi (kötü) durum, davranış; 2. *v/t.* teşkil etm., kurmak; şekil vermek *-e*; geliştirmek; düzenlemek; ⚔ tertiplemek; *v/i.* şekil almak, oluşmak.

for.mal □ [ˈfɔːməl] resmî, usule uygun; biçimsel, şeklî; **ˈfor.mal.ism** *n.* şekilcilik, biçimselcilik; dış görünüşüne önem verme; **ˈfor.mal.ist** *n.* biçimci kimse; resmiyet taraftarı; **for.mal.i.ty** [fɔːˈmæliti] *n.* usül, formalite; resmiyet; **for.mal.ize** [ˈfɔːməlaiz] *v/t.* şekillendirmek; resmileştirmek.

for.mat [ˈfɔːmæt] *n.* kitabın genel düzeni, kitabın şekli ve boyutları; düzenleme, tertip.

for.ma.tion [fɔːˈmeiʃən] *n.* teşkil, kurma; şekillendirme; oluşum, formasyon; *esp.* ⚔ & *geol.* düzen, tertip, oluşum; ~ flying ✈ filo uçuşu; **form.a.tive** [ˈfɔːmətiv] *adj.* şekil vere(bile)n; geliştirici, öğretici; ~ years *pl.* gelişme yılları.

form.er¹ ⊕ [ˈfɔːmə] kalıp; şablon; bobin şablonu; *fig.* biçimlendirici şey *veya* kimse.

for.mer² [~] *adj.* önceki, eski, sabık; ilk bahsedilen; **ˈfor.mer.ly** *adv.* eskiden.

for.mic [ˈfɔːmik] *adj.*: ~ acid karınca asidi, formik asid.

for.mi.da.ble □ [ˈfɔːmidəbl] heybetli, korkulur; müthiş, çok zor; çok büyük.

form.less □ [ˈfɔːmlis] şekilsiz, biçimsiz.

For.mo.san [fɔːˈməusən] *n.* Formaza'lı kimse.

for.mu.la [ˈfɔːmjulə] *n. pl. mst* **for.mu.lae** [ˈ~liː] formül; usül, kaide; ℞ reçete, tertip; **for.mu.lar.y** [ˈ~ləri] *n.* formüler; kodeks; **for.mu.late** [ˈ~leit] *v/t.* hazırlamak *(plan, öneri vs.)*; açıkça belirtmek; **for.muˈla.tion** *n.* formülleştirme; kesin ve açık ifade.

for.ni.ca.tion [fɔːniˈkeiʃən] *n.* evlilik dışı cinsel ilişki.

for.rad.er F [ˈfɔrədə] *adv.* daha ileriye.

for.sake [fəˈseik] *(irr.) v/t.* terketmek, bırakmak; vazgeçmek *-den*; **forˈsak.en** *p.p. of* forsake; **for.sook** [~ˈsuk] *pret. of* forsake.

for.sooth *iro.* [fəˈsuːθ] *adv.* gerçekten, hakikaten.

for.swear [fɔːˈswɛə] *(irr.* swear) *v/t.* yeminle bırakmak, vazgeçmek *-den*; ~ o.s. yalan yere yemin etm.; **forˈsworn** *adj.* yalan yere yemin etmiş.

fort ⚔ [fɔːt] *n.* kale, hisar; istihkâm.

forte *fig.* [fɔːt] *n.* özel yetenek, bir kimsenin asıl hüneri.

forth [fɔːθ] *adv.* ileri, dışarı, açığa; sonra; from this day ~ bugünden itibaren; **~ˈcom.ing** *adj.* gelecek, çıkacak; hazır, mevcut; F kolaylık gösteren, yardımsever; be ~ kolaylık göstermek; güleryüz göstermek; **ˈ~.right** *adj.* açık, doğru sözlü, içten; **ˈ~ˈwith** *adv.* derhal, hemen, vakit kaybetmeden.

for.ti.eth [ˈfɔːtiiθ] 1. *adj.* kırkıncı; 2. *n.* kırkta bir.

for.ti.fi.ca.tion [fɔːtifiˈkeiʃən] *n.* tahkim, kuvvetlendirme; ⚔ istihkâm; **for.ti.fy** [~ˈfai] *v/t.* ⚔ takviye etm., kuvvetlendirmek; *fig.* canlandırmak, zindelik vermek; **for.ti.tude** [ˈ~tjuːd] *n.* metanet, sabır, tahammül.

fort.night [ˈfɔːtnait] *n.* iki hafta; this day ~ iki hafta sonra bugün; this ~ bu iki hafta; **ˈfort.night.ly** *adj. & adv.* iki haftada bir.

for.tress [ˈfɔːtris] *n.* kale, hisar, istihkâm.

for.tu.i.tous □ [fɔːˈtjuːitəs] rastlantı sonucu olan, tesadüfî; **forˈtu.i.tous.ness**, **forˈtu.i.ty** *n.* tesadüf, rastlantı.

for.tu.nate [ˈfɔːtʃnit] *adj.* talihli, şanslı; **ˈfor.tu.nate.ly** *adv.* iyi ki, çok şükür, Allahtan, bereket versin, hamdolsun.

for.tune [ˈfɔːtʃən] *n.* baht, talih, şans; kader, kısmet; servet; uğur; good ~ iyi şans; bad ~, ill ~ kötü talih; marry a ~ zengin bir kadınla evlenmek; tell ~s fal bakmak; **ˈ~-hunt.er** *n.* servet avcısı; **ˈ~-tel.ler** *n.* falcı.

for.ty [ˈfɔːti] 1. *adj.* kırk; ~-niner *Am.* F 1849'da Kaliforniya'ya altın aramaya giden kimse; ~ winks *pl.* kısa uyku, şekerleme, kestirme; 2. *n.* kırk; the forties 40 ile 49 yılları arası.

fo.rum [ˈfɔːrəm] *n.* Eski Roma'da meydan, forum.

for.ward [ˈfɔːwəd] 1. *adj.* öndeki, ilerdeki, önde olan; gelişmiş; küstah; aşırı; ✝ ilerideki...; ~ planning ilerisi için planlama; 2. *adv.* ileri, ileri doğru; from this time ~ bundan böyle; 3. *n. futbol:* forvet; 4. *v/t.* sevketmek, göndermek (to *-e*); yeni adrese göndermek; ilerlemesine yardımcı olm.; please ~ 📯 lütfen yeni adrese gönderin; **ˈfor.ward.er** *n.* nakliyeci, sevkiyatçı.

for.ward.ing [ˈfɔːwədiŋ] *n.* gönderme, sevkiyat, nakliye; ~ **a.gent** sevkiyat acentesi.

for.ward.ness [ˈfɔːwədnis] *n.* ilerleme; düşüncesizlik, küstahlık, cüret; **for.wards** [ˈfɔːwədz] *adv.* ileriye doğru, ileri; itibaren.

fosse [fɔs] *n.* ⚔ hendek; *anat.* çukur.

fos.sil [ˈfɔsl] 1. *adj.* fosilleşmiş, taşlaşmış; *fig.* eski kafalı, zamana uymayan; **2.** *n.* fosil, taşıl; eski kafalı kimse.

fos.ter [ˈfɔstə] *v/t. fig.* beslemek, bakıp büyütmek, bakmak; teşvik etm.; ~ up büyütmek, yetiştirmek; **2.** *adj.* süt..., evlatlık...; ˈ**fos.ter.age** *n.* evlatlık büyütme; bakım, besleme, teşvik; ˈ**fos.ter-child** *n.* evlâtlık, evlât gibi büyütülmüş çocuk; **fos.ter.ling** [ˈ~liŋ] *n.* evlâtlık, manevi evlât.

fought [fɔːt] *pret.* & *p.p. of* fight 2.

foul [faul] **1.** □ pis, kirli; bozuk; iğrenç; *fig.* çirkin, ayıp, bayağı, kaba, kötü, fırtınalı *(hava)*; müstehcen, açık saçık; dolaşmış, karışmış; tıkalı, tıkanık; ⚓ bozuk, arızalı, çaparız; ~tongue kötü lisan, küfürlü konuşma; fall ~ of başı derde girmek; ⚓ çarpmak, çarpışmak; **2.** *n.* çarpışma, bindirme *(gemi)*; *spor:* faul; through fair and ~ iyi veya kötü zamanlarda; **3.** *v/t.* & *v/i.* kirletmek, kirlenmek, pisletmek; rezil etm.; dolaş(tır)mak, karışmak; faul yapmak; **~-mouthed** [ˈ~mauðd], ˈ**~-spo.ken** *adj.* ağzı bozuk, küfürbaz.

found[1] [faund] *pret.* & *p.p. of* find 1.

found[2] [~] *v/t.* kurmak, temelini atmak, tesis etm. *(a. fig.)*.

found[3] ⊕ [~] *v/t.* kalıba dökmek, eritmek.

foun.da.tion [faunˈdeiʃən] *n.* kurma, tesis; vakıf, kuruluş; temel, esas, dayanak *(a. fig.)*; ~ **cream** makyaj kremi; ~ **gar.ment** korse; **~-stone** *n.* temel taşı.

found.er[1] [ˈfaundə] *n.* kurucu.

found.er[2] ⊕ [~] *n.* dökmeci.

found.er[3] [~] *v/i.* ⚓ su dolup batmak; *fig.* batmak, iflas etm.; sakatlanmak; tökezlenmek; çökmek; olmamak, suya düşmek; *v/t.* suyla doldurup batırmak; yıkmak.

found.ling [ˈfaundliŋ] *n.* sokakta bulunmuş çocuk, buluntu; ~ **hos.pi.tal** kimsesiz çocuklar yurdu.

found.ress [ˈfaundris] *n.* kadın kurucu.

found.ry ⊕ [ˈfaundri] *n.* dökümhane.

fount [faunt] *n. poet.* pınar, kaynak, memba; *typ.* [*a.* fɔnt] baskı harfleri takımı, hurufat takımı.

foun.tain [ˈfauntin] *n.* çeşme, pınar, kaynak, memba; fıskiye; ⊕ döküm kanalı; ˈ**~-ˈhead** *n.* kaynak *(a. fig.)*; ˈ**~-pen** *n.* dolmakalem.

four [fɔː] **1.** *adj.* dört; **2.** *n.* dört rakamı; *spor:* dört kişilik takım; ˈ**~-ˈflush.er** *n. Am. sl.* blöfçü, blöf yapan kimse; ˈ**~.fold** *adj.* & *adv.* dört kat, dört kez; ˈ**~-in-ˈhand** *n.* dört katlı araba; kravat; ˈ**~-part** *adj.* ♪ dört sesli; ˈ**~.pence** *n.* dört penilik madeni para; ˈ**~-ply** *adj.* dört katlı, dörtkat; ˈ**~-ˈpost.er** *n.* dört direkli karyola; ˈ**~ˈscore** *adj.* & *n.* seksen; **~.some** [ˈfɔːsəm] *n. golf:* dörtlü grup oyunu; ˈ**~-ˈsquare** *adj.* dört köşe, kare; *fig.* metin, sağlam; ˈ**~-ˈstroke** *adj. mot.* dört zamanlı...

four.teen [ˈfɔːˈtiːn] *adj.* & *n.* on dört; ˈ**fourˈteenth** [~θ] **1.** *adj.* on dördüncü; **2.** *n.* on dörtte bir; **fourth** [fɔːθ] **1.** *adj.* dördüncü; **2.** *n.* dörtte bir; ˈ**fourth.ly** *adv.* dördüncü olarak; ˈ**four-ˈwheel.er** *n.* dört tekerlekli atlı araba.

fowl [faul] **1.** *n.* kuş, tavuk; kümes hayvanı; bu hayvanların eti; **2.** *vb.* yabanî kuş avlamak; ˈ**fowl.er** *n.* yabani kuş avcısı.

fowl.ing [ˈfauliŋ] *n.* yabanî kuş avı; ˈ**~-piece** *n.* av tüfeği.

fowl-run [ˈfaulrʌn] *n.* kümes.

fox [fɔks] **1.** *n.* tilki; tilki kürkü; kurnaz adam; **2.** *vb.* aldatmak, şaşırtmak, zihnini karıştırmak; ˈ**~-brush** *n.* tilki kuyruğu; ˈ**~-earth** *n.* tilki ini; **foxed** *adj.* lekeli, sararmış.

fox...: ˈ**~.glove** *n.* ⚘ yüksükotu; ˈ**~-hole** *n.* ⚔ askerin sığınacağı çukur; ˈ**~.hound** *n.* tilki avında kullanılan köpek; ˈ**~-hunt** *n.* tilki avı; ˈ**~-ˈter.ri.er** *n. zo.* tilki teriyeri; ˈ**~.trot** *n.* fokstrot, bir dans müziği; ˈ**fox.y** *adj.* kurnaz, şeytani görünüşlü; cazibeli, çekici; tilki renginde.

foy.er *thea.* [ˈfɔiei] *n.* fuaye, giriş salonu.

fra.cas [ˈfrækɑː] *n, pl.* ~ [ˈ~z] gürültü, kavga, velvele.

frac.tion [ˈfrækʃən] *n.* ⩓ kesir; parça; kır(ıl)ma; oran; ~ line kesir çizgisi; **frac.tion.al** [ˈ~ʃənl] □ kesri, cüzi, az, azıcık.

frac.tious [ˈfrækʃəs] *adj.* ters, aksi, huysuz, kavgacı.

frac.ture [ˈfræktʃə] **1.** *n. (esp. kemik)* kırık; kır(ıl)ma; **2.** *v/t.* & *v/i.* kır(ıl)mak; çatla(t)mak.

frag.ile [ˈfrædʒail] *adj.* kolay kırılır, kolay bozulur; kolay yok olan; *fig.* zayıf, nazik; **fra.gil.i.ty** [~ˈdʒiliti] *n.* kolay kırılma, narinlik.

frag.ment [ˈfrægmənt] *n.* kırılmış parça, kısım, eksik parça; ˈ**frag.men.tar.y** □ eksik kalmış, parça parça, kısım kısım, tamamlanmamış.

fra.grance [ˈfreigrəns] *n.* güzel koku; ˈ**fra.grant** □ güzel kokulu, mis kokulu.

frail[1] [freil] *n.* küfe, sepet.

frail[2] □ [~] zayıf, narin, kolay kırılır, kolay bozulan; *(esp. ahlakı)* zayıf; ˈ**frail.ty** *n. fig.* zayıflık, manevi zaaf; hata.

frag.ment [ˈfrægmənt] *n.* kırılış parça, kı-

frame [freim] **1.** *n.* çerçeve, gergef; beden, vücut; yapı; kafes; düzen; ⚓, ✈ kaburga, gövde; *phot.* poz; ✓ limonluk, sera; ~ of mind mizaç, hal, ruhsal durum; **2.** *vb.* şekil vermek *-e*, uydurmak *-i*; çerçevelemek *-i*; düzenlemek, tertip etm.; *a.* ~ up *sl.* yalan yere suçlamak; ~ **aer.i.al** çerçeve anten; ~ **house** ahşap ev; ˈ**fram.er** *n.* çerçeveleme sistemi; ˈ**frame-up** *n. esp. Am.* F hileli düzen, iftira, yalan yere suçlama; ˈ**frame.work** *n.* ⊕ şasi; ⚠ çatı, iskelet; *fig.* yapı, bünye.

franc [fræŋk] *n. (Fransa, Belçika, İsviçre)* frank.

fran.chise ⚖ [ˈfræntʃaiz] *n.* oy verme hakkı; *esp. Am.* imtiyaz, özel hak.

Fran.cis.can *eccl.* [frænˈsiskən] *n.* Fransiskan mezhebine mensup rahip.

Fran.co- [ˈfræŋkəu] *prefix* Fransız.

fran.gi.ble [ˈfrændʒibl] *adj.* kırılabilir.

Frank[1] [fræŋk] *n.* Ortaçağda German kavimlerinden birine mensup kimse; Frenk.

frank[2] [~] **1.** □ açık sözlü, samimi, içi dışı bir, dobra; **2.** *v/t.* posta ücretinin ödendiğini göstermek için mektuba damga vurmak.

frank.furt.er [ˈfræŋkfəːtə] *n.* bir tür baharatlı sosis.

frank.in.cense [ˈfræŋkinsens] *n.* günlük, buhur, tütsü.

frank.ing-ma.chine [ˈfræŋkiŋməʃiːn] *n.* pul yapıştırma makinesi, damgalama makinesi.

frank.ness [ˈfræŋknis] *n,* açık sözlülük, samimiyet.

fran.tic [ˈfræntik] *adj.* (~ally) çılgınca heyecanlanmış, çılgın, çileden çıkmış.

fra.ter.nal □ [frəˈtəːnl] kardeşçe; **fraˈter.ni.ty** *n.* kardeşlik; kardeşlik cemiyeti; *univ. Am.* erkek öğrenci birliği; **frat.er.ni.za.tion** [frætənaiˈzeiʃən] *n.* arkadaşlık; ˈ**frat.er.nize** *v/i.* arkadaş olm., kardeş gibi olm.

frat.ri.cide [ˈfreitrisaid] *n.* kardeş katili; kendi kardeşini öldürme.

fraud [frɔːd] *n.* hile; F dolandırıcılık, sahtekârlık; F hilekâr, sahtekâr, dolandırıcı kimse; **fraud.u.lence** [ˈ~juləns] *n.* hilekârlık; ˈ**fraud.u.lent** □ hilekâr, sahtekâr, dolandırıcı; hile ile kazanılan.

fraught *poet.* [frɔːt] *adj.* dolu, yüklü (with *ile*).

fray[1] [frei] *v/t.* yıpratmak; *v/i.* yıpranmak *(kumaş vs.)*.

fray[2] [~] *n.* kavga, karışıklık, mücadele, çekişme.

fraz.zle *esp. Am.* F [ˈfræzl] **1.** *n.* tamamen yıpranma; yorulma; beat to a ~ bitkin, çok yıpranmış; **2.** *v/t.* yıpratmak, eskitmek; *v/i.* yıpranmak, eskimek.

freak [friːk] *n.* acayiplik, kapris; hilkat garibesi, eksantrik kimse; ~ of nature şeklen anormal olan insan, hayvan *veya* bitki; ˈ**freak.ish** □ acayip, garip, anormal, kaprisli.

freck.le [ˈfrekl] **1.** *n.* çil; leke, benek; *fig.* kusur; **2.** *v/i.* çillenmek, çil basmak; **freck.led** [ˈ~ld] *adj.* çilli.

free [friː] **1.** □ *com.* serbest; özgür, hür, azat, kurtulmuş (from, of *-den*); bağımsız; açık; bedava, parasız; ⚗ terkipsiz; muaf; ...sız, ...meyerek; *bşin* dışında; boş; eli açık, cömert; teklifsiz, rahat; ~ of debt borçtan kurtulmuş; he is ~ to *inf.* ...mekte serbesttir; ~ and easy teklifsiz, laubali, gayrı resmî; have a ~ hand hareketlerinde bağımsız olm.; give *veya* allow s.o. a ~ hand istediğini yapmakta serbest bırakmak; have one's hands ~ *fig.* serbest olm., istediğini yapmak; make ~ with laubali olm., yüzgöz olm.; kendi malı gibi kullanmak; make ~ of ayrıcalığa ortak olmak hakkını vermek; make s.o. ~ of the city fahri hemşeri sıfatını vermek; set ~ serbest bırakmak, azat etm. **2.** *v/t.* serbest bırakmak, kurtarmak (from, of *-den*); tahliye etm.; ~**.boot.er** [ˈ~buːtə] *n.* korsan, haydut; ˈ**free.dom** *n.* özgürlük, hürriyet, serbestlik (from *-den*); açık sözlülük; aşırı samimiyet, laubalilik; ~ of the city şehrin fahrî hemşerilik sıfatı; ~ of movement davranış özgürlüğü; ~ of speech konuşma özgürlüğü.

free...; ~ **en.ter.prise** serbest teşebbüs; ~ **fight** serbest dövüş; ˈ~**-for-all** *n.* herkese açık yarış, tartışma *veya* kavga; = free fight; ˈ~-ˈ**hand.ed** *adj.* cömert, eli açık; ˈ~**.hold** *n.* ⚖ mülkiyet, mülk, sahiplik hakkı; ˈ~**.hold.er** *n.* mülk sahibi; ~ **kick** *spor:* serbest vuruş, frikik; ~ **la.bo(u)r** sendikaya bağlı olmayan işçiler; ˈ~-ˈ**lance** **1.** *n.* serbest çalışan yazar, gazeteci *vs.*; **2.** *v/i.* serbest çalışmak; ˈ~-ˈ**list** *n.* gümrüksüz giren eşya listesi; bir yere parasız girenlerin listesi; ~ **liv-er** herşeyden bol bol yiyip içen kimse, boğazına düşkün, zevkperest; ˈ~**.man** *n.* hür kimse, fahri hemşeri; ˈ~**.ma.son** *n.* mason; ˈ~**.ma.son.ry** *n.* masonluk; ~ **port** serbest liman; ~ **speech** serbest konuşma hakkı; ˈ~ˈ**spo.ken** *adj.* açık sözlü, düşündüğünü söyleyen, sözünü esirgemeyen; ~ **state** bağımsız devlet; **'~-stone** *n.* kolay yontulan taş, kumtaşı, kireçtaşı; **'~-think.er** *n.* serbest düşünür; **'~-'think-ing, '~-thought 1.** *n.* serbest düşünce; **2.** *adj.* serbest düşünceli; ~ **trade** serbest ticaret; **'~-'trad.er** *n.* serbest ticaret taraftarı; **'~-'wheel 1.** *n.* pedal çevirmeden gitme; **2.** *v/i.* pedal çevirmeden gitmek.

freeze [fri:z] **1.** *(irr.) v/i.* donmak, buz kesmek, buz tutmak; çok üşümek; ~ to death donarak ölmek; soğuktan ölmek; *v/t.* dondurmak; fiyatları dondurmak; ~ out *sl.* işten *veya* toplumdan uzaklaştırmak, iş *veya* toplumun dışına itmek; 2. *n.* donma, don; wage-~ ücretleri dondurma; **'freez.er** *n.* dondurucu; dondurma makinesi; 🚃 soğuk hava vagonu; **'freez.ing** □ dondurucu, donmakta; çok soğuk; ~ mixture *phys.* soğutucu karışım, dondurucu karışım; ~ point donma noktası.

freight [freit] **1.** *n.* navlun, nakliye ücreti; hamule, yük; *attr. Am.* yük...; ~ out (home) dönüş yükü (*veya* hamulesi); **2.** *v/t.* yüklemek; nakletmek, göndermek, taşımak; **'freight.age** = freight 1.; **'freight-car** *n.* 🚃 *Am.* yük vagonu; **freight.er** *n.* ⚓ şilep, yük vapuru; ✈ nakliye uçağı; **freight train** *Am.* yük treni, marşandiz.

French [frentʃ] **1.** *adj.* Fransa'ya *veya* Fransızlara ait; ~ beans *pl.* taze fasulye; ~ fried potatoes *pl.* yağda kızarmış patates; take ~ leave izinsiz sıvışmak, izin almadan çekip gitmek; ~ window balkona *vs.* giden camlı kapı; **2.** *n.* Fransızca; the ~ *pl.* Fransızlar, Fransız halkı; ~ **horn** ♪ Fransız kornosu; **'~.man** *n.* Fransız *(erkek)*; **'~.wom.an** *n.* Fransız *(kadın)*.

fren.zied ['frenzid] *adj.* çılgın; **'fren.zy** *n.* çılgınlık, taşkınlık.

fre.quen.cy ['fri'kwənsi] *n.* sık sık olma, çok meydana gelme; ⚡ frekans; ~ **mod-u.la.tion** ⚡ frekans modülasyonu; **fre-quent 1.** □ ['~kwənt] sık sık olan, alışılmış, daimi; 2. [fri'kwent] *v/t.* sık sık gitmek *-e*, çok uğramak *-e*; **fre.quen.ta-tion** *n.* bir yere sık gitme; **fre.quent.er** [fri'kwentə] *n.* devamlı müşteri, müdavim.

fres.co ['freskəu] *n., pl.* **fres.co(e)s** ['~z] fresk, yaş sıva üzerine yapılan duvar resmi.

fresh [freʃ] **1.** □ *com.* taze, yeni; dinç; acemi; yeni toplanmış *(çiçek)*; yeni gelmiş; yeni büyümüş; yeni ayrılmış; tatlı *(su)*; temiz, serin *(hava)*; parlak, canlı *(renk)*; *Am. sl.* küstah, yüzsüz; break ~ ground *fig.* bir şeye yeni başlamak; yeni gerçekler bulmak; yepyeni *bşe* başlamak; ~ water tatlı su; **2.** *n.* serinlik; taşma, kabarma; **'fresh.en** *v/t.* & *v/i.* canlan(dır)mak; tazelemek *(içki)*; sertleşmek *(rüzgâr)*; serinle(t)mek; **fresh.et** ['~it] *n. fig.* kabarma, taşma, seyelân; **'fresh.man** *n. univ.* birinci sınıf öğrencisi; **'fresh.ness** *n.* tazelik; acemilik; **'fresh-wa.ter** *adj.* tatlı suya ait, tatlı su...; ~ college *Am. sl.* ufak kolej.

fret¹ [fret] **1.** *n.* üzüntü, sıkıntı, öfke; **2.** *v/t.* & *v/i.* üz(ül)mek; sık(ıl)mak; aşın(dır)mak; ye(n)mek; sinirlen(dir)mek; rahatsız etm.; kız(dır)mak; ~ away, ~ out yıpratmak, aşındırmak, yenmek.

fret² [~] **1.** *n.* ⚠ kabartma, oyma; **2.** *v/t.* kabartma yapmak, oymak.

fret³ [~] *n.* ♪ telli sazlarda perde.

fret.ful □ ['fretful] sinirli, huysuz, aksi, ters.

fret-saw ['fretsɔ:] *n.* kıl testere.

fret.work ['fretwə:k] *n.* oyma işi.

fri.a.bil.i.ty [fraiə'biliti] *n.* gevreklik, çabuk ufalanma; **'fri.a.ble** *adj.* kolay ufalanabilir, gevrek.

fri.ar [fraiə] *n.* bazı katolik örgütlerinde rahip, keşiş; **'fri.ar.y** *n.* manastır.

frib.ble ['fribl] **1.** *vb.* eğlenmek, oynamak; tembel davranmak; boşa harcamak; **2.** *n.* uçarı, hoppa, hafifmeşrep.

fric.as.see [frikə'si.] **1.** *n.* yahni; **2.** *v/t.* *-in* yahnisini yapmak.

fric.tion ['frikʃən] *n.* sürtme, sürtünme, friksiyon; sürtüşme *(a. fig.)*; *attr.* = **fric.tion.al** ['~ʃənl] *adj.* sürtünme...

fridge F [fridʒ] *n.* buzdolabı.

Fri.day ['fraidi] *n.* cuma.

friend [frend] *n.* dost, arkadaş, ahbap; yardımcı; ♀ Kuveykır mezhebine mensup kimse; make ~s with *b-le* arkadaş olm.; *b-le* tanışmak; **'friend.less** *adj.* dostu olmayan; **'friend.li.ness** *n.* dostça duygu ve hareket; **'friend.ly** *adj.* dostça, samimi, arkadaşça, dostane; ♀ Society yardımlaşma cemiyeti; **'friend.ship** *n.* dostluk, arkadaşlık.

frieze [fri:z] *n.* duvar süsü *(kumaş veya* ⚠*)*.

frig.ate ⚓ ['frigit] *n.* savaş gemisi, firkateyn.

frig(e) F [fridʒ] = fridge.

fright [frait] *n.* dehşet, korku; *fig.* çirkin kılıklı kimse *veya* şey; **'fright.en** *v/t.* korkutmak, ürkütmek, korkutup kaçırmak, dehşete düşürmek; be ~ed of F *bşden* korkmak, ürkmek; **fright.ful** ☐ [ˈ~ful] korkunç, müthiş, berbat; **ˈfright.ful.ness** *n.* korkunçluk, dehşet.

frig.id ☐ [ˈfridʒid] soğuk; buz gibi *(a. fig.)*; *psych.* cinsel bakımdan soğuk *(kadın)*; **friˈgid.i.ty** *n.* soğukluk *(a. psych.)*; duygusuzluk.

frill [frill] **1.** *n.* fırfır, volan; farbala; put on ~s F *fig.* aşırı süslemek; **2.** *vb.* farbala yapmak, kıvırmak.

fringe [frindʒ] **1.** *n.* saçak; kenar; kâkül; *a.* ~s *pl.* yele, püskül; **2.** *v/t.* saçak *veya* kenar takmak; çevrelemek, sınır oluşturmak.

frip.per.y [ˈfripəri] **1.** *n.* elbisede gereksiz süs, cicili bicili şeyler, değersiz süs; **2.** *adj.* kıymetsiz, değersiz...

frisk [frisk] **1.** *n.* sıçrama; oyun, neşe; üstünü arama, silah arama; **2.** *v/t.* & *v/i.* sıçramak, oynamak; üstünü aramak, üstünde silah aramak; **ˈfrisk-i.ness** *n.* neşe, canlılık; **ˈfrisk.y** ☐ neşeli, oynak.

frith [friθ] = firth.

frit.ter [ˈfritə] **1.** *n.* gözlemeye benzer börek; **2.** *vb.* ~ away boşuna sarfetmek, ziyan etm., israf etm.

fri.vol [ˈfrivəl] *vb.* sarfetmek, vakit öldürmek, israf etm.; **fri.vol.i.ty** [~vɔliti] *n.* hoppalık, hafifmeşreplik; saçmalık, manasızlık; **friv.o.lous** ☐ [ˈ~vələs] önemsiz, ehemmiyetsiz, anlamsız; uçarı, zevk düşkünü.

frizz [friz] *v/t.* kıvırmak, bukle yapmak; **friz.zle** [ˈ~l] *a.* ~ up *v/t.* & *v/i.* kıvırmak, kıvrılmak, kıvrım kıvrım olm., bukle yapmak; **ˈfriz.z(l)y** *adj.* kıvır kıvır, kıvırcık, bukle bukle.

fro [frou] *adv.*: to and ~ öteye beriye, ileri geri.

frock [frɔk] *n.* kadın elbisesi, rop; rahip cüppesi; cüppe; iş elbisesi; ˈ~-ˈ**coat** *n.* redingot.

frog [frɔg] *n.* kurbağa; 🚂 makas göbeği; ✕ kılıç kayışı; ˈ~.**man** *n.* kurbağa adam, balıkadam; ˈ~-**march** *v/t.* el ve ayaklarını tutarak (mahkûmu) yüzükoyun taşımak.

frol.ic [ˈfrɔlik] **1.** *n.* neşe, eğlence, coşma; **2.** *v/t.* oynamak, gülüp eğlenmek; **frol.ic.some** ☐ [ˈ~səm] eğlenceyi seven, şen, neşeli.

from [frɔm, frəm] *prep.* -den, -dan; -den itibaren; -den dolayı; defend ~ *-den* korumak; draw ~ nature doğaya bakarak çizmek; hide ~ *-den* saklamak; ~ above yukarıdan, tepeden; ~ amidst arasından; ~ before *-den* evvel.

frond ⚘ [frɔnd] *n.* eğreltiotu yaprağı; hurma ağacı yaprağı.

front [frʌnt] **1.** *n.* ön, yüz; ön taraf; ön saf; ✕ cephe; yol kenarı; birleşik hareket, cephe; paravan kişi *veya* kurum; *poet.* alın, yüz; in ~ önde; in ~ of *-in* önünde; come to the ~ *fig.* göze çarpmak, tanınmak, meşhur olm.; **2.** *adj.* öndeki...; **3.** *vb. a.* ~ on, ~ towards *-e* bakmak; **ˈfront.age** *n.* △ bina cephesi, cephe; **ˈfron.tal 1.** *adj.* alna ait; ön...; **2.** *n.* △ cephe; **front door** sokak kapısı, ön kapı; **fron.tier** [ˈ~tiə] *n.* sınır, hudut; yerleşilmemiş bölge, boş bölge; **ˈfron.tiers-man** *n.* sınırda oturan adam; *fig.* öncü; **fron.tis.piece** [ˈ~tispiːs] *n.* △ binanın yüzü; *typ.* kitabın başındaki resimli sayfa; **front.let** [ˈfrʌntlit] *n.* alın bağı; **front.man** *fig.* gizli maksatları örtmek için kullanılan kimse; **ˈfront-page** *n.* baş sayfa; **ˈfront-ˈwheel drive** *mot.* önden çekişli.

frost [frɔst] **1.** *n.* don, ayaz, *a.* hoar ~, white ~ kırağı; F başarısızlık; black ~ don; **2.** *v/t.* & *v/i.* don(dur)mak; kırağı tutmak; buz tutmak; şekerle kaplamak; ~ed glass buzlucam; ˈ~-**bite** *n.* soğuk ısırması, soğuğun yakması; **ˈfrost.bit.ten** *adj.* donmuş; **ˈfrost-bound** *adj.* buz tutmuş, donmuş; **ˈfrost.i.ness** *n.* soğuk, don; **ˈfrost.ing** *n.* pastaya sürülen şekerli karışımı; **ˈfrost.y** ☐ ayazlı; buz tutmuş; soğuk *(a. fig.)*.

froth [frɔθ] **1.** *n.* köpük; *fig.* boş laf, saçmalık; **2.** *v/i.* köpürmek; **ˈfroth.i.ness** *n.* köpük; *fig.* boş laf, saçmalık; **ˈfroth.y** ☐ köpüklü; *fig.* yavan, tatsız.

fro.ward † [ˈfrəuəd] *adj.* ters, aksi, inatçı, asi, serkeş.

frown [ˈfraun] **1.** *n.* kaş çatma, hiddetli bakış; **2.** *vb.* kaşlarını çatmak; hiddetle bakmak; ~ at, ~ (up)on uygun görmemek, tasvip etmemek, hoş görmemek.

frowst F [fraust] *n.* küf kokusu, küflülük, havasızlık; **ˈfrowst.y** ☐, **frowz.y** [ˈfrauzi] küf kokulu, havasız; dağınık, pasaklı, şapşal.

froze [frəuz] *pret. of* freeze 1; **ˈfro.zen 1.** *p.p. of* freeze 1; **2.** *adj.* donmuş, buz kesilmiş; buz gibi, soğuk davranışlı; ☤ donmuş *(kıymetler)*; ~ meat dondurulmuş et.

fruc.ti.fi.ca.tion [frʌktifiˈkeiʃən] *n.* verimlilik, bereket; **fruc.ti.fy** [ˈ~fai] *v/t.* meyve verir hale getirmek, verimli hale getirmek; *v/i.* meyve vermek, verimli olm., bereketli olm. *(a. fig.)*.

fru.gal ☐ [ˈfruːgəl] tutumlu, idareli, eko-

nomik; ucuz; **fru.gal.i.ty** [~ˈgæliti] ***n.*** tutumluluk, idareli olma.
fruit [fruːt] **1.** ***n.*** meyve, yemiş; ***fig.*** verim, sonuç; semere; **2.** ***v/i.*** meyve vermek; **ˈfruit.age** ***n.*** meyve verme; meyve; sonuç, netice; **frui.ta.ri.an** [fruːˈtɛəriən] ***n.*** meyve ile beslenen kimse; **ˈfruit-cake** ***n.*** meyveli pasta, kek; **ˈfruit.er** ***n.*** meyve veren ağaç; meyve taşıyan gemi; **ˈfruit.er.er** ***n.*** manav, yemişçi; **fruit-ful** □ [ˈ~ful] meyve veren, yemiş veren, verimli *(a. fig.)*; **ˈfruit.ful.ness** ***n.*** verim, bereket *(a. fig.)*; **fru.i.tion** [fruːˈiʃən] ***n.*** gerçekleşme, muradına erme, istediğini elde etme; **fruit knife** meyve bıçağı; **fruit-less** □ meyvesiz; *fig.* verimsiz; faydasız, nafile; **ˈfruit-ma.chine** ***n.*** F kumar makinesi; **fruit sal.ad** meyve salatası; **ˈfruit-y** ***adj.*** meyve lezzetinde; meyveli; F çatlak; dolgun, yumuşak *(ses)*; süslü.
frump [frʌmp] ***n.*** ***fig.*** derbeder kılıklı kimse, üstü başı dökülen kimse; **ˈfrump.ish, ˈfrump.y** ***adj.*** derbeder kılıklı, üstü başı dökük, demode, rüküş.
frus.trate [frʌsˈtreit] ***v/t.*** önlemek, engel olm., işini bozmak; hüsrana uğratmak, hayal kırıklığına uğratmak; **frusˈtra.tion** ***n.*** önleme, engel olma; *psych.* hüsran, hayal kırıklığı.
fry [frai] **1.** ***n.*** kızartma; yeni doğmuş balık; small ~ F çocuklar, çoluk çocuk; önemsiz kimse; **2.** ***v/t.*** & ***v/i.*** kızar(t)mak; fried potatoes *pl.* kızarmış patates; **ˈfry.ing-pan** ***n.*** tava; get out of the ~ into the fire yağmurdan kaçıp doluya tutulmak.
fuch.sia ⚘ [ˈfjuːʃə] ***n.*** küpeçiçeği.
fud.dle [ˈfʌdl] **1.** ***v/t.*** şaşırtmak, sersemletmek, sarhoş etm; **2.** ***n.*** sersemlik, şaşkınlık, sarhoşluk.
fudge F [fʌdʒ] **1.** ***vb.*** ileri gitmek; umulduğu gibi başaramamak; tahrif etm., uydurmak; abartmak, yalan söylemek, aldatmak; **2.** ***n.*** yumuşak bir şekerleme; saçma, boş laf; ~! saçma!.
fu.el [ˈfjuəl] **1.** ***n.*** yakacak, yakıt, akaryakıt; *mot.* benzin; ~ oil mazot, akaryakıt; **2.** ***vb.*** yakıt sağlamak, yakıt yüklemek; desteklemek, teşvik etm.; *mot.* benzin almak.
fug [fʌg] **1.** ***n.*** havasızlık; **2.** ***v/i.*** havasız bir yerde dolaşmak; ***v/t.*** havasını kirletmek.
fu.ga.cious [fjuːˈgeiʃəs] ***adj.*** çabuk uçan, uçucu; kısa süreli, geçici.
fu.gi.tive [ˈfjuːdʒitiv] **1.** ***adj.*** geçici, muvakkat, kısa süreli, fani *(a. fig)*; **2.** ***n.*** kaçak ,firarî; mülteci.
fu.gle.man [ˈfjuːglmæn] ***n.*** talimli asker; şef.
fugue ♪ [fjuːg] ***n.*** füg, çok sesli müzikte beste.
ful.crum [ˈfʌlkrəm] ***n.*** ⊕ dayanak noktası, dayanma noktası, manivela dayanağı.
ful.fil(l) [fulˈfil] ***v/t.*** yerine getirmek, yapmak, icra etm.; tamamlamak, bitirmek; **fulˈfill.er** ***n.*** yerine getiren, yapan, icra eden, görevini tamamlayan *b-i*; **fulˈfil(l)-ment** ***n.*** icra, yapma, yerine getirme, tamamlama.
ful.gent *poet.* [ˈfʌdʒənt] ***adj.*** göz kamaştıracak derecede parlak.
full¹ [ful] **1.** □ *com.* dolu; dolgun, tombul; bol ,geniş; meşgul; tam; bütün; tok; olgun; at ~ length etraflıca, tafsilatıyla, uzun uzadıya; tam boy *(resim)*; of ~ age reşit, ergin; ~ stop *gr.* nokta; ~ up tamamen dolu, dopdolu; ~ house *thea.* her yerin dolu olması; **2.** ***adv.*** tam, tamamen; fazlasıyla, pek çok; doğru; **3.** ***n.*** son had, aşırı derece doluluk; in ~ tam olarak, eksiksiz; pay in ~ tamamen ödemek; to the ~ tamamiyle, son haddine kadar.
full² ⊕ [~] ***v/t.*** büzüp kalınlaştırmak; bollaştırmak, genişletmek.
full...: **ˈ~-ˈback** ***n.*** *futbol:* bek, defans oyuncusu; **ˈ~-ˈblood.ed** ***adj.*** safkan; kuvvetli, dinç; **ˈ~-ˈblown** ***adj.*** tamamen açmış *(çiçek)*; **ˈ~-ˈbod.ied** ***adj.*** cüsseli, kapı gibi; önemli; kuvvetli derecede *(içki)*; ~ **dress** resmi elbise, merasim elbisesi; **ˈ~-dress** ***adj.*** ayrıntılı; ~ debate geniş kapsamlı müzakere, tartışma; ~ rehearsal *thea.* kostümlerle yapılan prova, genel prova.
full.er ⊕ [ˈfulə] ***n.*** çırpıcı; demirci çekici.
full...: **ˈ~ˈfledged** ***adj.*** *orn.* kanatları olan, uçabilen; **ˈ~-ˈgrown** ***adj.*** olgun, kemale ermiş, reşit, ergin.
full-ing-mill ⊕ [ˈfuliŋmil] ***n.*** çırpıcı dibeği.
full-length [ˈfulˈleŋθ] ***adj.*** tam boy *(portre)*; standart uzunlukta.
ful(l).ness [ˈfulnis] ***n.*** dolgunluk; bolluk, çokluk; şişmanlık; olgunluk, kemal; bütünlük.
full...: **ˈ~-ˈpage** ***adj.*** tam sayfa; **ˈ~-ˈscale** ***adj.*** orijinal boyutta; tam; eldeki bütün kaynakları kullanarak yapılan; **ˈ~-ˈtime** ***adj.*** bütün günlük.
ful.ly [ˈfuli] ***adv.*** tamamen, bütünüyle; en azından, hiç olmazsa; ~ two hours en azından iki saat; **ˈ~-ˈfash.ioned** ***adj.*** vücuda tam uyacak şekilde yapılmış *(kadın çorabı vs.)*.

ful.mar *orn.* [ˈfulmə] *n.* martıya benzer bir tür deniz kuşu.

ful.mi.nate *fig.* [ˈfʌlmineit] *v/i.* ateş püskürmek, karşı çıkmak; patlamak, gürlemek (against *-e*); **ful.miˈna.tion** *n.* patlama, ateş püskürme, lânet okuma.

ful.some □ [ˈfulsəm] aşırı, fazla; samimiyetsiz, yalancı, dalkavukça.

fum.ble [ˈfʌmbl] *v/i.* el yordamıyla aramak (for *-i*), elleri beceriksizce kullanmak; *v/t.* tutamamak; becerememek; (oyunda topu) düşürmek; **ˈfum.bler** *n.* beceriksiz kimse.

fume [fjuːm] **1.** *n.* duman, buhar, pis kokulu duman; öfke, hiddet; in a ~ hiddetle, öfkeyle; **2.** *v/t.* tütsülemek; *v/i.* kızmak, öfkelenmek; duman çıkarmak.

fu.mi.gate [ˈfjuːmigeit] *v/t.* buharla dezenfekte etm.; **fu.miˈga.tion** *n.* buharla dezenfekte etme.

fum.ing □ [ˈfjuːmiŋ] hiddetli, kızgın; duman çıkaran.

fun [fʌn] *n.* eğlence; şaka, lâtife, alay; make ~ of *ile* alay etm., eğlenmek.

func.tion [ˈfʌŋkʃən] **1.** *n.* görev, vazife, iş; tören, merasim; *physiol*, ⚕ fonksiyon; **2.** *v/i.* iş görmek, işlemek, çalışmak, görevini yapmak; **func.tion.al** □ [ˈ~ʃənl] görevsel, vazifeye ait, işlevsel; vücut organlarının görevine ait; ⚕ fonksiyonel; pratik; **func.tion.ar.y** [ˈ~ʃnəri] *n.* görevli memur.

fund [fʌnd] **1.** *n.* stok; sermaye, kapital; fon; ~s *pl.* para, sermaye, fon; in ~s eldeki para; **2.** *vb.* sermaye bulmak, para temin etm.; kısa vadeli bir borcu uzun vadeli borca çevirmek.

fun.da.men.tal [fʌndəˈmentl] **1.** □ esaslı, önemli, mühim, temele ait, temel...; **2.** *n.* ~s *pl.* kurallar, prensipler.

fu.ner.al [ˈfjuːnərəl] **1.** *n.* cenaze töreni, cenaze alayı, gömme merasimi, defnetme; **2.** *adj.* cenaze törenine ait, cenaze...; ~ pile üzerinde cesetlerin yakıldığı odun yığını; **fu.ne.re.al** □ [~ˈniəriəl] cenaze...; kasvetli, sıkıcı, hazin.

fun.fair [ˈfʌnfɛə] *n.* lunapark.

fun.gous [ˈfʌŋgəs] *adj.* mantara benzer, mantara ait, mantardan oluşan; **fun.gus** [ˈ~gəs] *n., pl. mst* **fun.gi** [ˈ~gai] ♣ mantar; ⚕ yara etrafındaki mantar, ur.

fu.nic.u.lar [fjuːˈnikjulə] **1.** *adj.* kablolu...; **2.** *n. a.* ~ railway kablolu demiryolu, füniküler.

funk F [fʌŋk] **1.** *n.* korku, dehşet; korkak kimse; **2.** *v/t. & v/i.* çok korkmak; korkup kaçmak; **ˈfunk.y** *adj.* F duygulu ve ritmik *(müzik)*; korkak.

fun.nel [ˈfʌnl] *n.* huni; boru; ⚓, 🚢 baca.

fun.nies *Am.* [ˈfʌniz] *pl.* = comics.

fun.ny □ [ˈfʌni] eğlenceli, komik, gülünç; garip, acayip, tuhaf; **ˈ~-bone** *n.* dirsekteki çok duyarlı bir sinirin geçtiği yer.

fur [fəː] **1.** *n.* kürk, post; kürk manto; pas, kir; ~s *pl.* kürklü giyecekler; make the ~ fly ortalığı birbirine katmak, olay çıkarmak; **2.** *v/t.* kürkle kaplamak, kürkle süslemek; *v/i.* paslanmak, kirlenmek; ~red paslı *(dil)*.

fur.be.low [ˈfəːbiləu] *n.* elbisede gereksiz süs, fırfır, farbala.

fur.bish [ˈfəːbiʃ] *v/t.* parlatmak, yeni gibi yapmak; tazelemek.

fur.ca.tion [fəːˈkeiʃən] *n.* çatallanma, dallanma.

fu.ri.ous □ [ˈfjuəriəs] öfkeli, kızgın, küplere binmiş, tepesi atmış; şiddetli, sert.

furl [fəːl] *v/t. & v/i.* sar(ıl)mak, katla(n)mak.

fur.long [ˈfəːlɔŋ] *n.* bir milin sekizde biri, 201 metrelik mesafe.

fur.lough [ˈfəːləu] **1.** *n.* sıla (izni); **2.** *v/t.* sıla izni vermek *(part.* ⚔*)*.

fur.nace [ˈfəːnis] *n.* ocak, kalorifer ocağı.

fur.nish [ˈfəːniʃ] *v/t.* döşemek; tedarik etm., sağlamak, teçhiz etm., vermek (with *ile*); **ˈfur.nish.er** *n.* mobilyacı; **ˈfurnish.ings** *n. pl.* mobilya, eşya, takım, teçhizat.

fur.ni.ture [ˈfəːnitʃə] *n.* mobilya, eşya, malzeme; ⊕ matbaa yazılarının arasını doldurmak için kullanılan parçalar.

fu.ro.re [fjuəˈrɔːri] *n.* taşkınlık, heyecan, kızgınlık, velvele.

fur.ri.er [ˈfʌrəu] **1.** *n.* kürkçü; **ˈfur.ri.er.y** *n.* kürkçülük.

fur.row [ˈfʌrəu] **1.** *n.* saban izi, tekerlek izi; yüz ve alındaki kırışıklık; **2.** *vb.* saban izi yapmak; yüzde kırışıklık oluşturmak.

fur.ry [ˈfəːri] *adj.* kürk kaplı, kürke benzer; kürk...

fur.ther [ˈfəːðə] **1.** *adj. & adv.* daha fazla, daha öteye, daha ileriye; ayrıca, bundan başka; daha çok; **2.** *v/t.* ilerletmek, ilerlemesine yardımcı olm.; **ˈfur.ther.ance** *n.* ilerleme; yardım; **ˈfur.ther.er** *n.* ilerleten; yardım eden; **ˈfur.therˈmore** *adv.* ayrıca, bundan başka, ilaveten; **ˈfur.thermost** *adj.* en ilerideki.

fur.thest [ˈfəːðist] *s.* furthermost; at (the) ~ en fazla; en ileride; en son.

fur.tive □ [ˈfəːtiv] gizli, sinsi.

fu.ry [ˈfjuəri] *n.* kızgınlık, öfke, hiddet; şiddet; sinirli kadın *veya* kız, şirret kadın.

furze ⚘ [fə:z] *n.* katırtırnağına benzer bir bitki.

fuse [fju:z] **1.** *v/t.* & *v/i.* eri(t)mek; eriyip kaynaşmak; eritip kaynatmak; sigorta atmak; sigorta takmak; birleştirmek; ⚔ tapa koymak; **2.** *n.* ⚡ sigorta; ⚔ tapa; patlama cihazı; time-~ saniyeli tapa.

fu.se.lage [ˈfju:zilɑ:ʒ] *n.* uçak gövdesi, gövde.

fu.si.bil.i.ty [fju:zəˈbiliti] *n.* erime kabiliyeti; **fu.si.ble** [ˈfju:zəbl] *adj.* eritilebilir.

fu.sil.ier ⚔ [fju:ziˈliə] *n.* *(Bazı İngiliz alaylarında)* eski tip tüfekli asker.

fu.sil.lade [fju:ziˈleid] *n.* yaylım ateşi.

fu.sion [ˈfju:ʒən] *n.* eri(t)me; birleş(tir)me; ~ **bomb** ⚔ hidrojen bombası.

fuss F [fʌs] **1.** *n.* telaş, yaygara, karışıklık; itiraz, şikâyet; tartışma; aşırı övgü; make a ~ about mesele yapmak; make a ~ of s.o. *b-ne* aşırı itina göstermek; **2.** *v/t.* & *v/i.* titiz davranmak, aşırı itina göstermek; ufak ayrıntılarla uğraşmak; yakınmak; sinirlen(dir)mek; telaşa vermek; ˈ**fuss.y** □ F titiz, kılı kırk yaran, telaşçı; sinirli, huysuz; çok süslü, cicili bicili.

fus.tian ✝ [ˈfʌstiən] *n.* kalın ve kaba yünlü kumaş, dimi; *fig.* laf bolluğu, saçma konuşma.

fust.i.ness [ˈfʌstinis] *n.* küflülük, kokmuşluk, çürük kokma; demodelik, geri kafalılık; ˈ**fust.y** □ küflü, kokmuş; *fig.* modası geçmiş, demode, eski kafalı.

fu.tile □ [ˈfju:tail] beyhude, boş, sonuçsuz, nafile; değersiz; **fu.til.i.ty** [~ˈtiliti] *n.* yararsızlık, faydasızlık, sonuç vermeyiş, abes oluş.

fu.ture [ˈfju:tʃə] **1.** *adj.* gelecekteki, istikbalde olan, müstakbel; ~ tense *gr.* gelecek zaman; **2.** *n.* gelecek, istikbal; ~s *pl.* ✝ vadeli alım satım; ˈ**fu.tur.ism** *n. paint.* fütürizm; **fu.tu.ri.ty** [fju:ˈtjuəriti] *n.* istikbal, gelecek; ileride olacak olay.

fuzz [fʌz] **1.** *n.* tüy, hav; kabarık *veya* kıvırcık saç; **2.** *v/i.* tüylenmek; *v/t.* tüylerle kaplamak; bulanıklaştırmak; ˈ**fuzz.y** □ tüy gibi; bulanık, donuk, belirsiz; kabarık *(saç)*.

G

gab F [gæb] *n.* gevezelik, boş laf, konuşma; the gift of the ~ konuşkanlık, konuşma yeteneği, çenebazlık.
gab.ar.dine [ˈgæbədiːn] *n.* gabardin.
gab.ble [ˈgæbl] **1.** *n.* gevezelik, boş laf, anlamsız söz, anlaşılmaz konuşma; **2.** *vb.* çok hızlı konuşmak; gevezelik etm.; anlamsız şeyler söylemek; ˈ**gab.bler** *n.* geveze, boşboğaz, lakırdıcı; ˈ**gab.by** *adj.* F konuşkan, geveze, boşboğaz, çenebaz.
gab.er.dine [ˈgæbədiːn] *n.* palto, aba; iş elbisesi; Ortaçağda Musevilerce giyilen kaba ve bol cüppe; = gabardine.
ga.ble [ˈgeibl] *n.* çatı altındaki üç köşeli duvar; ˈ**ga.bled** *adj.* böyle duvarı olan.
ga.by [ˈgeibi] *n.* ahmak *veya* budala kimse.
gad F [gæd]: ~ about *v/i.* başıboş dolaşmak, aylak aylak gezmek; ⚘ üremek, türemek; ˈ**gad.a.bout** *n.* F avare kimse, başıboş kimse.
gad.fly *zo.* [ˈgædflai] *n.* atsineği.
gadg.et *sl.* [ˈgædʒit] *n.* küçük alet, hünerli alet, cihaz.
Gael.ic [ˈgeilik] *n.* İskoçya Keltlerinin dili; Gal dili.
gaff [gæf] *n.* balıkçı zıpkını; döğüş horozunun ayağına geçirilen madenî mahmuz; ⚓ randa yelkeninin üst sereni; *sl.* hile, oyun, dolap; blow the ~ *sl.* sırrı söylemek, gizli planı açıklamak.
gaffe F [gæf] *n.* gaf (yapma), pot kırma, çam devirme.
gaf.fer F [ˈgæfə] *n.* yaşlı adam, ihtiyar, taşralı yaşlı kimse; ustabaşı.
gag [gæg] **1.** *n.* ağız tıkacı *(a. fig.)*; *parl.* mecliste serbest konuşmayı engelleme; *thea.* sahnede oyuncu tarafından eklenen söz *veya* hareketler; şaka, latife; **2.** *vb.* ağzını tıkamak, susturmak; *thea.* oyuna söz *veya* hareketler eklemek; *fig.* serbest konuşmasını önlemek, *b-nin* ağzını tıkamak.
ga.ga *sl.* [ˈgɑːgɑː] *adj.* bunak, deli, kaçık.
gage¹ [geidʒ] **1.** *n.* rehin; pey; düelloya davet için yere atılan eldiven; **2.** *vb.* *bşi* rehin vermek, pey vermek.
gage² [~] = gauge.
gag.gle [ˈgægl] *n.* kaz sürüsü; *fig.* çenebaz kadınlar grubu.
gai.e.ty [ˈgeiəti] *n.* neşe, şenlik, eğlence; parlak görünüş, gösteriş.
gai.ly [ˈgeili] *adv.* of gay.
gain [gein] **1.** *n.* kâr, kazanç, gelir; yarar; artma, artış *(part.* † ~s *pl.)*; **2.** *vb.* kazanmak, elde etm., arttırmak, eklemek, kâr etm.; ileri gitmek *(saat)*; varmak *-e*; ~ in kilo almak, şişmanlamak; ~ on yaklaşmak, aradaki mesafeyi kapatmak; ˈ**gain.er** *n.* kazanan kimse *veya* şey; **gain.ful** □ [ˈ~ful] kazançlı, kârlı; ~ employment para karşılığı yapılan iş, kazançlı iş; ~ly occupied para ile tutulmuş *b-i*, meslek sahibi; ˈ**gain.ings** *n. pl.* kazanç, kâr, gelir.
gain.say *lit.* [geinˈsei] *(irr.* say) *v/t.* inkâr etm., reddetmek.
gainst *poet.* [geinst] = against.
gait [ˈgeit] *n.* yürüyüş, gidiş, yürüme *veya* koşma şekli.
gai.ter [ˈgeitə] *n.* tozluk, getir.
gal *Am. sl.* [gæl] *n.* kız.
ga.la [ˈgɑːlə] *n.* gala, bayram, şenlik.
ga.lac.tic *ast.* [gəˈlæktik] *adj.* gökadaya ait, gökada...
gal.an.tine [ˈgæləntiːn] *n.* galantin, haşlanmış söğüş et.
gal.ax.y [ˈgæləksi] *n. ast.* gökada; samanyolu; *fig.* seçkin kimseler topluluğu.
gale [geil] *n.* bora, fırtına; *fig.* kahkaha tufanı.
ga.le.na *min.* [gəˈliːnə] *n.* kükürt kurşunu, galen.
gall¹ [gɔːl] *n.* safra, öd; *fig.* acı duygu; *part. Am. sl.* yüzsüzlük, arsızlık, terbiyesizlik.
gall² ⚘ [~] *n.* mazı, ağaç uru.
gall³ [~] **1.** *n.* yara, acı veren şişkinlik, sürtünmekten açılmış yer; *fig.* duyguları incitme, utandırma; **2.** *v/t.* sürterek yara etm.; üzmek, incitmek.

gal.lant [ˈgælənt] **1.** □ cesur; gösterişli; nazik, kibar; **2.** *n.* çapkın adam; kadınlara karşı hep nazik olan delikanlı; centilmen delikanlı; moda budalası kimse; **3.** *vb.* kadınlara kur yapmak; kadınlara nezaket göstermek; modaya uygun giyinmek; **ˈgal.lant.ry** *n.* cesaret, kahramanlık, yiğitlik; kadınlara karşı nezaket; âşıkane söz *veya* davranış.

gal.leon ⚓ [ˈgæliən] *n.* kalyon.

gal.ler.y [ˈgæləri] *n.* galeri; tiyatroda en ucuz yerlere oturan kimseler; üstü kapalı balkon; dehliz, koridor, tünel; ⚒ galeri; play to the ~ halkın sempatisini kazanmaya çalışmak.

gal.ley [ˈgæli] *n.* ⚓ kadırga; ⚓ gemi mutfağı; *typ.* dizilmiş harflerin konulduğu tekne, gale; ~ **proof** ilk düzeltme; **ˈ~-slave** *n.* kürek mahkûmu, forsa.

Gal.lic [ˈgælik] *adj.* Galya ile ilgili; *co.* Fransa'ya ait; **Gal.li.can** [ˈ~kən] *adj.* Galya *veya* Fransa'ya ait; **gal.li.cism** [ˈ~sizəm] *n.* Fransızca'dan alınmış terim.

gal.li.vant [gæliˈvænt] *v/i.* başıboş dolaşmak, aylak aylak gezmek, gezip tozmak, zevk peşinde koşmak, gününü gün etmeye bakmak.

gall-nut [ˈgɔːlnʌt] *n.* mazı, yumru.

gal.lon [ˈgælən] *n.* galon *(4,54 litre, Am. 3,78 litre).*

gal.lop [ˈgæləp] **1.** *n.* dörtnala gidiş; **2.** *vb.* dörtnala gitmek; koşuşturmak; acele etm.; hızla gelişmek.

gal.lows [ˈgæləuz] *n. sg.* darağacı; **ˈ~-bird** *n.* asılmaya layık herif, ip kaçkını.

Gal.lup poll [ˈgæləpˌpəul] *n.* kamuoyu yoklaması.

ga.lore [gəˈlɔː] *adv.* bol bol, bol miktarda.

ga.losh [gəˈlɔʃ] *n.* kaloş, şoson, yağmurlu havada giyilen lastik.

ga.lumph [gəˈlʌmf] *v/i.* çalım atarak yürümek, fiyakalı biçimde yürümek.

gal.van.ic [gælˈvænik] *adj.* (~ally) galvanik, galvanizme ait; **gal.va.nism** [ˈgælvənizəm] *n.* galvanizm, kimyasal güçle üretilen elektrik; **ˈgal.va.nize** *v/t.* galvanizlemek, galvanizle kaplamak; harekete geçirmek (into *-e*); **gal.va.no.plas.tic** [~nəuˈplæstik] *adj.* galvanoplastik.

gam.bit [ˈgæmbit] *n. satranç:* gambit, daha iyi bir mevki kazanmak için taş feda etme; *fig.* ilk hareket, başlangıç, ilk söz, açış.

gam.ble [ˈgæmbl] **1.** *v/i.* kumar oynamak *(a .fig.)*; **2.** *n.* F kumar, riskli iş *(mst fig.)*; **ˈgam.bler** *n.* kumarbaz; **ˈgam.bling-den, ˈgam.bling-house** *n.* kumarhane.

gam.boge [gæmˈbuːʒ] *n.* sanatçıların kullandığı turuncu madde, Hint zamkı, gomagota.

gam.bol [ˈgæmbəl] **1.** *n.* sıçrama, zıplama, hoplama; **2.** *v/i.* sıçrayıp oynamak, hoplayıp zıplamak.

game¹ [geim] **1.** *n.* oyun, eğlence; oyun aleti; spor; atletizm yarışmaları; oyun partisi; plan, tertip, hile; av; av eti; parti; beat s.o. at his own ~ *b-ni* kendi oyunuyle yenmek; play the ~ usule uygun oynamak, kurallara uymak; *fig.* açık sözlü ve dürüst olm.; be off one's ~ formda olmamak, oynayacak durumda olmamak; make ~ of s.o. *b-le* alay etm.; *b-ni* küçük düşürmek; **2.** *adj.* F cesur, yiğit, gözüpek; die ~ ölesiye dayanmak, sebat etm.; **3.** *vb.* kumar oynamak.

game² [~] *adj.* topal, sakat, kötürüm.

game...: ˈ~-cock *n.* dövüş horozu; **ˈ~.keeper** *n.* avlak bekçisi; **ˈ~-laws** *n. pl.* av hukuku, avlanma kuralları; **ˈ~-li.cence** *n.* avcı tezkeresi; **ˈgames-mas.ter** *n.* beden eğitimi öğretmeni; **game.ster** [ˈ~stə] *n.* kumarbaz; **ˈgam.ing-house** *n.* kumarhane.

gam.ma rays *phys.* [ˈgæməˈreiz] *n. pl.* gamma ışınları.

gam.mon [ˈgæmən] *n.* tütsülenmiş jambon; F zırva, saçma, boş laf.

gamp *co.* [gæmp] *n.* büyük şemsiye.

gam.ut [ˈgæmət] *n.* ♪ gam; *fig.* *bşin* tümü.

gam.y [ˈgeimi] *adj.* cesur, yiğit, gözüpek; av eti kokulu.

gan.der [ˈgændə] *n.* erkek kaz.

gang [gæŋ] **1.** *n.* takım, ekip, güruh; *b.s.* çete; **2.** *vb.* ~ up karşı gelmek, saldırmak (against, on *-e*); **ˈ~-board** *n.* ⚓ iskele tahtası; **gang.er** [ˈgæŋə] *n.* işçi ekibinin başı.

gan.gli.on [ˈgæŋliən] *n. anat.* sinir düğümü, ganglion, lenfa bezi; *fig.* kavuşma noktası, ilgi merkezi.

gang-plank ⚓ [ˈgæŋplæŋk] *n.* iskele tahtası.

gan.grene ⚕ [ˈgæŋgriːn] *n.* kangren.

gang.ster *Am.* [ˈgæŋstə] *n.* gangster.

gang.way [ˈgæŋwei] *n.* geçit, yol, pasaj; ⚓ borda iskelesi; ⚓ iskele tahtası.

gan.net *orn.* [ˈgænit] *n.* bir tür deniz kuşu.

gan.try [ˈgæntri] *n.* 🚂 sinyal köprüsü; ⚓ yükleme iskelesi.

gaol [dʒeil], **ˈ~-bird, ˈgaol.er** *s.* jail *etc.*

gap [gæp] *n.* yarık, çatlak, boşluk, aralık, açıklık; eksiklik; geçit; *fig.* ayrılık *(fikir).*

gape [geip] **1.** *v/i.* açık olm., açılmak, yarılmak; ~ at esnemek; ağzını açmak; hayretten ağzı açık kalmak; ağzı açık bir şekilde bakakalmak; **2.** *n.* the ~s *pl.* kümes hayvanlarının ölünceye kadar gagalarının açık kaldığı bir hastalık; esneme nöbeti.

ga.rage [ˈgærɑːʒ] **1.** *n.* garaj; *Am.* benzin istasyonu; **2.** *v/t.* *(oto)* garaja koymak, garaja sokmak.

garb [gɑːb] **1.** *n.* kıyafet, kılık, üst baş; **2.** *v/t.* giydirmek.

gar.bage [ˈgɑːbidʒ] *n.* çöp, süprüntü; ~ can *Am.*, ~ pail çöp kutusu.

gar.ble [ˈgɑːbl] *v/t.* tahrif etm., bozmak, bazı parçaları seçip kötü bir maksada alet etm.

gar.den [ˈgɑːdn] **1.** *n.* bahçe; ~s *pl.* park; bostan; lead s.o. up the ~ path *b-ni* kötü yola sevketmek; **2.** *v/i.* bahçıvanlık etm., bahçe işiyle uğraşmak; **ˈgar.den.er** *n.* bahçıvan.

gar.de.nia ⚘ [gɑːˈdiːnjə] *n.* gardenya.

gar.den.ing [ˈgɑːdniŋ] *n.* bahçıvanlık; **ˈgar.den-par.ty** *n.* garden parti, bahçede verilen parti.

gar.gle [ˈgɑːgl] **1.** *v/t.* gargara etm.; **2.** *n.* gargara.

gar.goyle △ [ˈgɑːgɔil] *n.* çirkin insan *veya* hayvan şeklindeki oluk ağzı.

gar.ish □ [ˈgɛəriʃ] aşırı parlak, çok süslü, rengârenk, cafcaflı, gösterişli.

gar.land [ˈgɑːlənd] **1.** *n.* çelenk; **2.** *v/t.* çelenkle süslemek.

gar.lic ⚘ [ˈgɑːlik] *n.* sarmısak.

gar.ment [ˈgɑːmənt] *n.* elbise, giysi.

gar.ner [ˈgɑːnə] **1.** *n.* tahıl ambarı; *fig.* biriktirilen şey; **2.** *v/t.* toplamak, biriktirmek.

gar.net *min.* [ˈgɑːnit] *n.* lâl taşı, grena, kıymetli bir kırmızı taş.

gar.nish [ˈgɑːniʃ] *vb.* süslemek, donatmak; yemeği süslemek; garnitür katmak; **gar.nish.ing** *n.* süsleme, garnitür.

gar.ret [ˈgærit] *n.* çatı arası, tavan arasındaki oda.

gar.ri.son ✕ [ˈgærisn] **1.** *n.* garnizon; **2.** *vb.* garnizon kurmak; bir yere asker yerleştirmek.

gar.ru.li.ty [gæˈruːliti] *n.* gevezelik, boşboğazlık; **gar.ru.lous** □ [ˈgæruləs] geveze, boşboğaz.

gar.ter [ˈgɑːtə] *n.* çorap bağı; *Am.* jartiyer; Order of the ♀ dizbağı nişanı.

gas [gæs] **1.** *n.* gaz, havagazı; F boş laf, anlamsız konuşma, övünme; *Am.* = gasoline; step on the ~ gaza basmak, süratlendirmek; **2.** *vb.* gazla zehirlemek; F saçmalamak, boş boş konuşmak; **ˈ~-bag** *n.* ✈ gaz zarfı, uçakta gaz tutmaya yarayan torba; F laf ebesi, geveze; **ˈ~-brack.et** *n.* gaz kolu; **ˈ~-burn.er** *n.* bek, havagazı memesi; **ˈ~-cham.ber** *n.* gaz odası; **ˈ~-en.gine** *n.* gaz motoru, gazla işleyen makine; **gas.e.ous** [ˈgeizjəs] *adj.* gazlı, gaz gibi, gaz...

gas...: **ˈ~-fire** *n.* gaz ocağı; **ˈ~-fit.ter** *n.* havagazı tesisatçısı; **ˈ~-fit.tings** *n. pl.* havagazı aletleri.

gash [gæʃ] **1.** *n.* uzun ve derin yara, kesik; **2.** *vb.* yaralamak, derin yara açmak.

gas.ket [ˈgæskit] *n.* ⚓ kalçeta, sarılı yelkeni serene bağlamaya yarayan küçük ipler, salmastra; ⊕ conta.

gas...: **ˈ~-light** *n.* gaz ışığı; **ˈ~-mask** *n.* gaz maskesi; **ˈ~-me.ter** *n.* gaz saati, gaz sayacı; **gas.o.lene, gas.o.line** *Am. mot.* [ˈgæsəuliːn] *n.* benzin; **gas.om.e.ter** [gæˈsɔmitə] *n.* gazometre; **ˈgas-oven** *n.* havagazı fırını.

gasp [gɑːsp] **1.** *n.* soluma, nefes; **2.** *v/i.* solumak; soluyarak konuşmak; *a.* ~ for breath nefes nefese kalmak, nefesi kesilmek.

gas-pok.er [ˈgæsˈpəukə] *n.* ocak demiri; **ˈgas-ˈproof** *adj.* gaz geçirmez; **ˈgas-range** *n.* havagazı ocağı; **ˈgas-ring** *n.* bek; **gassed** *adj.* gazlanmış, gazlı; gazdan zehirlenmiş; **ˈgas-stove** *n.* gaz ocağı, fırın; **ˈgas.sy** *adj.* gaz..., gaz gibi, gazla dolu; **ˈgas-tar** *n.* kömür katranı.

gas.tric ⚕ [ˈgæstrik] *adj.* mideye ait, midevî, mide...; **gas.tri.tis** [gæsˈtraitis] *n.* mide iltihabı, gastrit.

gas.tron.o.my [gæsˈtrɔnəmi] *n.* iyi yemek seçme, pişirme ve yeme sanatı.

gas-works [ˈgæswəːks] *n. mst sg.* havagazı üretilen yer, gazhane.

gat *Am. sl* [gæt] *n.* tabanca.

gate [geit] *n.* kapı, giriş, kanal kapağı, su yolu kapağı; dağ geçidi, patika; *spor:* seyirci sayısı; = ~-money; **ˈ~-crash.er** *n. sl.* parasız *veya* davetiyesiz giren kimse; **ˈ~-house** *n.* kapıcı odası, bekçi kulübesi; **ˈ~-leg(ged) ta.ble** açılır kapanır ayaklı kanatları olan masa; **ˈ~.man** *n.* 🚂 geçit bekçisi; **ˈ~-mon.ey** *n. spor:* hâsılat; **ˈ~-post** *n.* kapı direği; between you and me and the ~ laf aramızda, aramızda kalsın; **ˈ~.way** *n.* giriş yeri, kapı, geçit; *fig.* geçiş.

gath.er [ˈgæðə] **1.** *v/t.* toplamak, biraraya getirmek; devşirmek, seçmek; yavaş yavaş kazanmak; anlamak, kavramak, sonuç çıkarmak (from *-den*); büzmek: ~ speed hızlanmak; *v/i.* toplanmak, çoğalmak, biraraya gelmek; cerahat toplamak; *a.* ~ to a head ⚕ iltihaplanıp şişmek; **2.** *n.* ~s *pl.* kıvrım, büzük; **ˈgath-er.ing** *n.* toplantı, toplanma; ☤ cerahat, apse, iltihap.

gauche [gəuʃ] *adj.* beceriksiz, acemi; kaba; patavatsız; savruk; **gau.che.rie** [ˈ~əriː] *n.* beceriksizlik; kabalık, münasebetsizlik.

gaud.y [ˈgɔːdi] **1.** □ zevksizce süslenmiş, aşırı süslü, cicili bicili; **2.** *n. univ.* yıllık ziyafet.

gauge [geidʒ] **1.** *n.* ölçü, mikyas, ayar, miktar; kalibre; geyç, ölçme aleti; 🚂 raylar arasındaki açıklık; ⊕ enine kesit, çap; ⚚ dokunmuş kumaşın inceliği; **2.** *v/t.* ayar etm., ölçüsünü bulmak, ölçmek; *fig.* tahmin etm.; **ˈgaug.er** *n.* ölçü aleti, ayar aleti.

Gaul [gɔːl] *n.* Gal; Galya; Gal'li; *co.* Fransız.

gaunt □ [gɔːnt] zayıf, ince, kuru, cılız, gıdasızlıktan kurumuş, bir deri bir kemik; tenha, ıssız, korkunç, kasvetli.

gaunt.let¹ [gɔːntlit] *n.* zırh eldiveni; uzun eldiven, kolçak; *fig.* meydan okuma; throw down (pick up, take up) the ~ meydan okumak (düelloyu kabul etm., meydan okumayı kabul etm.).

gaunt.let² [~]: run the ~ sıra dayağı yemek; *fig.* şiddetli eleştirilere maruz kalmak.

gauze [gɔːz] *n.* tül, gazlı bez; tül kafes; pus, duman; silk ~ ipek tül; **ˈgauz.y** *adj.* tül gibi, hafif, şeffaf.

gave [geiv] *pret. of* give 1 & 2.

gav.el *Am.* [ˈgævl] *n.* açık arttırmacı *veya* hakimlerce kullanılan çekiç, tokmak.

gawk F [gɔːk] *n.* beceriksiz *veya* utangaç kimse; ahmak kimse, budala kimse, hantal kimse; **ˈgawk.y** *adj.* beceriksiz; utangaç, ahmak; hantal.

gay □ [gei] neşeli, şen, keyifli, neşe dolu, mutlu, neşe saçan; zevk düşkünü; parlak, canlı *(renk)*; *Am. sl.* homoseksüel; **gay.e.ty** [ˈgeiəti] = gaiety.

gaze [geiz] **1.** *n.* dik bakış; **2.** *v/i.* dik dik bakmak, gözünü dikip bakmak (at *-e*); **ˈgaz.er** *n.* dik dik bakan kimse.

ga.zelle *zo.* [gəˈzel] *n.* ceylan, ahu, gazal.

ga.zette [gəˈzet] **1.** *n.* (resmi) gazete; **2.** *v/t.* resmi gazetede ilan etm.; **gaz.et.teer** [gæziˈtiə] *n.* coğrafî isimler indeksi.

gear [giə] **1.** *n.* ⊕ dişli (takımı); *mot.* şanjman, vites; donanım, tertibat, teçhizat; elbise, eşya, giyim; in ~ viteste; out of ~ boşta; landing-~ ✈ iniş takımı; steering-~ ⚓ dümen makinesi; *mot.* direksiyon dişli mekanizması; hunting-~ av malzemesi; **2.** *vb.* vitese takmak; ⊕ birbirine geçmek; *fig.* uydurmak (to *-e*); ~ up (down) vites büyültmek (küçültmek); **ˈ~-box** *n.* dişli kutusu, vites kutusu; **ˈgear.ing** *n.* şanjman, mekanizma, dişli takımı; **ˈgear-le.ver** *n., part. Am.* **ˈgear-shift** vites kolu.

gee [dʒiː] **1.** *n.* g harfi; **2.** *int.* deh!; *Am.* vay canına!, Allah Allah!, ya!, öyle mi?

geese [giːs] *pl. of* goose.

Gei.ger [ˈgaigə]: ~ counter radyoaktivite ölçme aracı, geyger sayacı.

gei.sha [ˈgeiʃə] *n.* geyşa.

gel.a.tin(e) [dʒeləˈtiːn] *n.* jelatin; **ge.lat.i-nize** [dʒiˈlætinaiz] *vb.* jelatin yapmak, jelatinle kaplamak; **geˈlat.i.nous** *adj.* jelatinli, jelatin gibi.

geld [geld] *(irr.) v/t.* hadım etm., kısırlaştırmak, iğdiş etm.; **ˈgeld.ing** *n.* kısırlaştırılmış hayvan *(mst at)*.

gel.ig.nite [ˈdʒelignait] *n.* gelignit, jelatinli dinamit.

gelt [gelt] *pret. & p.p. of* geld.

gem [dʒem] **1.** *n.* kıymetli taş, cevher, mücevher; *fig.* kıymetli şey, pahalı şey; **2.** *v/t.* kıymetli taşlarla süslemek, donatmak.

Gem.i.ni [dʒenimai] *n.* İkizler burcu.

gen.darme [ˈʒãːndaːm] *n.* jandarma.

gen.der *gr.* [ˈdʒendə] *n.* cins, ismin cinsi.

gene *biol.* [dʒiːn] *n.* gen.

gen.e.a.log.i.cal □ [dʒiːnjəˈlɔdʒikəl] soy *veya* şecereye ait, soy...; ~ tree şecere, soy ağacı; **gen.e.al.o.gy** [dʒiːniˈælədʒi] *n.* nesep, şecere, soy, silsile.

gen.er.a [ˈdʒenərə] *pl. of* genus.

gen.er.al [ˈdʒenərəl] **1.** □ genel, umumî, genel...; şef, amir, reis; ~ election genel seçim; as a ~ rule, in ~ genellikle, ekseriya; ~ knowledge genel bilgi; **2.** *n.* ⚔ general; F *a.* ~ servant hizmetçi kız; **gen.er.al.i.ty** [~ˈræliti] *n.* genel kural, genellik, umumiyet; şüpheli söz; **gen.er.al-i.za.tion** [~rəlaiˈzeiʃən] *n.* genelleştirme, umumileştirme, genellik, umumilik; genel bir sonuç çıkarma; **ˈgen.er.al.ize** *vb.* genelleştirmek, umumileştirmek, genel bir sonuç çıkarmak, genel olarak ifade etm.; **ˈgen.er.al.ly** *adv.* genellikle, ekseriya, geniş ölçüde; detaylara inmeden, genel olarak; **ˈgen.er.al.ship** *n.* generallik; liderlik, başkanlık, önderlik, müdürlük, şeflik.

gen.er.ate [ˈdʒenəreit] *v/t.* husule getirmek, doğurmak, üretmek, meydana getirmek, oluşturmak *(a. fig.)*; **ˈgen.er.at-ing sta.tion** elektrik santralı; **gen.erˈa-tion** *n.* meydana getirme, üretme; nesil, döl, soy; ortalama olarak insan nesli sayılan otuz yıl; batın; **gen.er.a.tive** ['~rətiv] *adj.* üretken; doğuşa ait; üreme kabiliyeti olan; **gen.er.a.tor** ['~reitə] *n.* üreten kimse, doğuran kimse, meydana getiren kimse; ⊕ jeneratör; *part. Am. mot.* dinamo.

ge.ner.ic [dʒi'nerik] *adj.* cinse ait; genel, umumî; geniş kapsamlı.

gen.er.os.i.ty [dʒenə'rɔsiti] *n.* cömertlik, eli açıklık; gönlü yücelik; **'gen.er.ous** □ cömert, eliaçık; yüce gönüllü, asil; bol, bereketli, verimli.

gen.e.sis ['dʒenisis] *n.* başlangıç, başlama noktası, menşe, yaradılış; ♀ *İncil ve Tevrat:* İlk kitap; **ge.net.ic** [dʒi'netik] *adj.* (~**ally**) bir şeyin aslına ait; genetiğe ait, genetik...; **ge'net.ics** *n. pl.* genetik, soyaçekim olaylarını inceleyen biyoloji dalı.

gen.ial □ ['dʒi:njəl] güler yüzlü, hoş, sempatik, arkadaş canlısı; elverişli, müsait, uygun *(iklim)*; **ge.ni.al.i.ty** [~ni'æliti] *n.* sempatiklik, sevimlilik, nezaket, güler yüzlülük.

ge.nie ['dʒi:ni] *n.* cin, peri *(Arap hikâyelerinde).*

ge.ni.i ['dʒi:niai] *pl. of* genius.

gen.i.tals ['dʒenitlz] *n. pl.* tenasül (*veya* üreme) organları.

gen.i.tive *gr.* ['dʒenitiv] *n. a.* ~ **case** -in hali.

gen.ius ['dʒi:njəs] *n., pl.* **ge.ni.i** ['~niai] deha; üstün kabiliyet, istidat, yetenek; dâhi; cin, ruh, iblis, peri, doğaüstü yaratık; **gen.ius.es** ['~njəsiz] *n.* deha, dâhilik.

gen.o.cide ['dʒenəsaid] *n.* soykırım, katliam.

Gen.o.ese [dʒenəu'i:z] **1.** *n.* Cenovalı kimse; **2.** *adj.* Cenovalı, Cenevizli.

genre [ʒã:ŋr] *n.* tarz, tür, nevi; ~**-painting** günlük hayatı anlatan üslup.

gent F [dʒent] *n.* kibar adam, beyefendi, centilmen.

gen.teel □ *sl. veya iro.* [dʒen'ti:l] soylu, kibar, nazik, terbiyeli; yüksek tabakaya mensup.

gen.tian ⚘ ['dʒenʃiən] *n.* yılanotu.

gen.tile ['dʒentail] **1.** *adj.* Musevî olmayan; **2.** *n.* Musevi olmayan kimse.

gen.til.i.ty *mst iro.* [dʒen'tiliti] *n.* kibarlık, asalet, soyluluk.

gen.tle □ ['dʒentl] nazik, kibar; yumuşak; tatlı; ılımlı, mutedil; dikkatli; soylu, asil; '~**.folk(s** *pl.*) soylu kişiler, yüksek tabaka; '~**.man** *n.* centilmen, kibar adam, beyefendi; **gentlemen!** baylar! efendiler!; '~**.man.like,** '~**.man.ly** *adj.* centilmence, beyefendiye yakışır şekilde; '~**.man's a.gree.ment** centilmen anlaşması, söz anlaşması, kontratsız anlaşma; **'gen.tle.ness** *n.* kibarlık, nezaket; **'gen.tle.wom.an** *n.* hanımefendi, kibar kadın.

gen.try ['dʒentri] *n.* küçültücü soyluluk; *contp.* orta sınıf.

gen.u.flec.tion, gen.u.flex.ion [dʒenju:'flekʃən] *n.* diz çökme *(ibadet ederken).*

gen.u.ine □ ['dʒenjuin] hakiki, gerçek, taklit olmayan; içten, samimi.

ge.nus ['dʒi:nəs] *n., pl.* **gen.er.a** ['dʒenərə] cins, nevi, çeşit, tür, sınıf.

ge.o.cen.tric [dʒi:əu'sentrik] *adj.* yeryüzünün merkezine ait.

ge.od.e.sy [dʒi:'ɔdisi] *n.* yeryüzü düzlemini ölçme bilgisi, jeodezi.

ge.og.ra.pher [dʒi'ɔgrəfə] *n.* coğrafyacı, coğrafya uzmanı; **ge.o.graph.ic, ge.o.graph.i.cal** □ [~ə'græfik(əl)] coğrafî, coğrafyaya ait; **ge.og.ra.phy** [~'ɔgrəfi] *n.* coğrafya; coğrafya konusunda bilimsel inceleme.

ge.o.log.ic, ge.o.log.i.cal □ [dʒiə'lɔdʒik(əl)] jeolojiye ait, jeolojik; **ge.ol.o.gist** [~'ɔlədʒist] *n.* jeolog; **ge'ol.o.gy** *n.* jeoloji, yerbilim.

ge.om.e.ter [dʒi'ɔmitə] *n.* geometri uzmanı; bir tür tırtıl; **ge.o.met.ric, ge.o.met.ri.cal** □ [dʒiə'metrik(əl)] geometrik; **geometrical progression** geometrik artma *veya* eksilme; **ge.om.e.try** [~'ɔmitri] *n.* geometri.

ge.o.phys.ics [dʒi:əu'fiziks] *n. sg.* jeofizik.

ge.o.pol.i.tics [dʒi:əu'pɔlitiks] *n. sg.* jeopolitik; siyasi ve iktisadi coğrafya.

geor.gette [dʒɔ:'dʒet] *n.* ince ipekli kumaş, jorjet.

ge.ra.ni.um ⚘ [dʒi'reinjəm] *n.* ıtır, sardunya çiçeği.

ger.i.at.rics ⚕ [dʒeri'ætriks] *n. pl.* yaşlıların tıbbi bakımı, yaşlılarla ilgili tıp ihtisası.

germ [dʒə:m] **1.** *n.* mikrop; tohum; başlangıç, başlama noktası *(bir fikrin)*; **2.** *vb.* çimlenmek, topraktan fışkırmak, filiz vermek *(a. fig.).*

Ger.man¹ ['dʒə:mən] **1.** *adj.* Almanya *veya* Almanlara ait; **2.** *n.* Alman(ca).

ger.man² [~]: **brother** *etc.* ~ öz kardeş *vs.*; **ger.mane** [dʒə:'mein] *adj.* (**to**) *b-le* ilgili, alâkalı, ilişkili.

Ger.man.ic [dʒə:'mænik] *adj.* Almanya, Almanca *veya* Almlanlarla ilgili; German dil ailesine ait; **Ger.man.ism** ['dʒə:mənizəm] *n.* Alman dili (özelliği);

Almanya *veya* Alman geleneklerine karşı özel sevgi.

germ-car.ri.er [ˈdʒəːmkæriə] *n.* portör, mikrop taşıyıcı b-*i*.

ger.mi.cide [ˈdʒəːmisaid] *n.* mikrop öldürücü madde, antiseptik dezenfektan.

ger.mi.nal [ˈdʒəːminl] *adj.* oluşum safhasında; mikrop...; **ger.mi.nate** [ˈ~neit] *v/t.* & *v/i.* filizlen(dir)mek; **ger.miˈna.tion** *n.* filizlenme, sürme, filiz verme.

germ...: ˈ**~-proof** *adj.* mikrop geçirmez; **~ war.fare** ✕ savaşta mikrop kullanılması.

ger.on.tol.o.gy ⚕ [dʒerɔnˈtɔlədʒi] *n.* yaşlılıkla ilgili bilim dalı.

ger.ry.man.der *pol.* [ˈdʒerimændə] *n.* seçim bölgesini bir siyasî partinin çıkarına göre ayarlama.

ger.und *gr.* [ˈdʒerənd] *n.* fiilimsi, eylemsi, ulaç, isim-fiil.

ges.ta.tion [dʒesˈteiʃən] *n.* gebelik (süresi), hamilelik (süresi).

ges.tic.u.late [dʒesˈtikjuleit] *v/i.* konuşurken el hareketleri yapmak; el hareketleri yaparak konuşmak, jestler yapmak; **ges.tic.uˈla.tion** *n.* konuşurken el hareketleri yapma; konuşurken yapılan el hareketi.

ges.ture [ˈdʒestʃə] *n.* hareket, jest.

get [get] *(irr.)* **1.** *v/t.* almak, elde etm., ele geçirmek; olmak; sağlamak, hazırlamak, tedarik etm.; başlamak; yaptırmak; ikna etm.; sebep olm.; kazanmak; yakalanmak *(hastalığa)*; ceza yemek, hapse mahkûm edilmek; anlamak, kavramak; şaşırtmak; *b-ni* sıkıştırmak; başarmak; *-mek* fırsatı bulmak, *-mek* fırsatına erişmek; have got sahip olm., ...si olm.; you have got to obey F itaat etmeye mecbursun, itaat etmelisin, itaat etmen gerekir, itaat etmek zorundasın; ~ one's hair cut saçını kestirmek; ~ me the book! kitabı bana getir!; ~ by heart ezberlemek; ~ with child hamile bırakmak, gebe bırakmak; ~ away kaçmak, kurtulmak; ~ down masadan kalkmak; canını sıkmak, moralini bozmak; yutmak; yazmak, not etm.; aşağı inmek; ~ in varmak; içeri girmek; seçilmek; toplamak; tedarik etm.; kaldırmak *(ürün)*; ~ s.o. in *b-ni* eve çağırmak; ~ off inmek *(araçtan)*; başlamak; göndermek; cezadan kurtarmak; çıkarmak; ~ on binmek *(araca)*; uyuşmak, anlaşmak, geçinmek; ~ out dışarı çıkmak; açığa çıkmak, ortaya çıkmak *(sır)*; güçlükle söylemek; yayınlamak; dağıtmak; kaç(ın)mak; yavaş yavaş bırakmak *(kötü alışkanlık)*; çıkarmak; ~ over unutmak; üzerinden atmak *(öfke, şok)*; yenmek anlaşılmasını sağlamak; ~ through geçmek *(imtihanı)*; bitirmek; anlamasını sağlamak; geçirmek *(imtihanda öğrenciyi, tasarıyı, kanunu)*; ~ up binmek; yataktan kaldırmak; düzenlemek; ~ up steam kuvvetini toplamak; heyecanlanmak *veya* öfkelenmek; hızlanmak, istim kaldırmak; **2.** *v/i.* gelmek; varmak; ulaşmak; ~ ready hazırla(n)mak; ~ about dolaşmak, ayağa kalkmak *(hastalıktan sonra)*; yayılmak *(söylenti)*; ~ abroad yurt dışına çıkmak; ~ ahead geçmek, geride bırakmak, üstün olm.; ilerlemek; ~ along geçinmek; idare etm.; başarmak, ilerleme kaydetmek; ~ along with *b-le* geçinmek, anlaşmak, uyuşmak, araları iyi olm; ~ around to s.th. *bşi* geç yapmak, *bşe* eli geç değmek; ~ at ulaşmak, yanına varmak; rüşvet vermek; azarlamak; açığa çıkarmak, ortaya çıkarmak *(gerçekleri)*; ~ away kurtulmak, kaçmak; ~ away with alıp kaçmak, yakayı ele vermemek, şüphe uyandırmadan atlatmak; ~ by geçmek; geçinmek; yaşamak; ~ down to uğraşmak, kendini vermek; F işe koyulmak; ~ in içeri girmek; varmak; seçilmek; binmek; ~ into giymek; girmek; edinmek, sahip olm.; ~ off yakayı kurtarmak, paçayı kurtarmak, kaçmak, sıvışmak; ⚓ yola çıkmak; ~ off with s.o. *b-le* tanışmak; hissi *veya* cinsel ilişkiye girmek; ~ on ilerlemek, gelişme kaydetmek; geçmek *(zaman)*; ~ over atlatmak *(hastalık)*; ~ through temas kurmak; çıkarmak *(telefonda)*; ~ to hear *veya* know *veya* learn duymak *veya* bilmek, tanımak *veya* öğrenmek; ~ up yataktan kalkmak; ayağa kalkmak; yükselmek, yukarı çıkmak; sertleşmek *(hava)*; **get-at-a.ble** [getˈætəbl] *adj.* yanına girilebilir, ulaşılabilir; **get-a.way** [ˈgetəwei] *n. spor:* start; kaçış, kaçıp kurtulma; kaçan şey; make one's ~ kaçmak; ˈ**get.ter** *n.* alan, kazanan, elde eden *b-i*; gaz giderici şey; ˈ**get.ting** *n.* elde etme, kazanma, geçim, kazanç; ˈ**get-up** *n.* tertip, düzen; *Am.* F garip kıyafet.

gew.gaw [ˈgjuːgɔː] *n.* süslü değersiz şey, biblo, kıymetsiz şey, oyuncak; ~s *pl.* süs müs, cici bici, değersiz şeyler.

gey.ser [ˈgaizə] *n. geogr.* gayzer, aralıklarla sıcak su fışkırtan kaynak; [ˈgiːzə] şofben.

ghast.li.ness [ˈgɑːstlinis] *n.* ölü gibi olma, soluk olma; korku, dehşet; ˈ**ghast.ly** *adj.* ölü gibi, sapsarı, solgun, beti benzi atmış; korkunç, dehşetli.

gher.kin ['gə:kin] *n.* turşuluk salatalık, ufak hıyar.

ghet.to ['getəu] *n.* eskiden bazı ülkelerdeki Musevi mahallesi; azınlık mahallesi.

ghost [gəust] *n.* hayalet, hortlak; cin; iz, gölge; ruh; = ~ writer; **'ghost.like** *adj.* hortlak gibi; **'ghost.ly** *adj.* hayalet gibi; manevî; **ghost writ.er** başkasının adına çalışan yazar.

ghoul [gu:l] *n.* gulyabani; mezar hırsızı; *fig.* korkunç zevk ve alışkanlıkları olan kimse, canavar ruhlu kimse.

gi.ant ['dʒaiənt] **1.** *adj.* dev gibi, iri, kocaman, muazzam; **2.** *n.* dev; anormal ölçüde insan, hayvan *veya* bitki; olağanüstü yetenekli kimse; **'gi.ant.ess** *n.* dişi dev, dev gibi kadın.

gib.ber ['dʒibə] *v/i.* çok hızlı ve anlaşılmaz biçimde konuşmak; **gib.ber.ish** ['~riʃ] *n.* anlaşılmaz söz, karışık söz.

gib.bet [dʒibit] **1.** *n.* darağacı; ⊕ maçuna kolu; **2.** *v/t.* asmak, idam etm., darağacına asmak; *fig.* rezil etm., teşhir etm.

gib.bon *zo.* ['gibən] *n.* uzun kollu bir maymun cinsi.

gib.bos.i.ty [gi'bɔsiti] *n.* dışbükeylik; kamburluk; **gib.bous** *adj.* dışbükey; kambur.

gibe [dʒaib] **1.** *v/i.* alay etm., eğlenmek, dalga geçmek (*a.* at s.o. *b-le*); **2.** *n.* alay, pis şaka, eşek şakası.

gib.lets ['dʒiblits] *n. pl.* tavuğun yenebilen iç kısımları, tavuk sakatatı.

gid.di.ness ['gidinis] *n.* baş dönmesi, sersemleme; *fig.* hoppalık, uçarılık, havaîlik; **'gid.dy** □ baş döndürücü, sersemletici; başı dönen, başı dönmüş; *fig.* hoppa, uçarı, havaî.

gift [gift] **1.** *n.* hediye, armağan; Allah vergisi, doğuştan kabiliyet, hüner; verme hakkı, hibe; ~ shop hediyelik eşya satan dükkân; *s.* horse; **2** *.vb.* hediye vermek, hibe etm.; **'gift.ed** *adj.* hünerli, kabiliyetli.

gig [gig] *n.* iki tekerlekli tek katlı hafif araba; ⚓ kik, hafif filika.

gi.gan.tic [dʒai'gæntik] *adj.* (~ally) kocaman, dev gibi, aşırı ölçüde.

gig.gle ['gigl] **1.** *vb.* kıkır kıkır gülmek; kıkırdayarak belirtmek; **2.** *n.* kıkırdama, kıkır kıkır gülme.

gig.o.lo ['ʒigələu] *n.* jigolo, tokmakçı.

gild [gild] (*irr.*) *v/t.* yaldızlamak, altın rengine boyamak, süslemek, parlak göstermek, altın kaplamak; ~ the pill *fig.* göz boyamak; ~ed youth zengin ve moda düşkünü gençlik; **'gild.er** *n.* yaldızcı; **'gild.ing** *n.* yaldız, altın kaplama.

gill[1] [dʒil] *n.* litrenin sekizde biri kadar bir sıvı ölçü birimi.

gill[2] [gil] *n. ichth.* solungaç; *fig.* insanlarda çene altındaki kısım; ⚘ ince yaprak.

gill[3] [dʒil] *n.* kız, sevgili.

gil.lie ['gili] *n.* avcı *veya* balıkçı yardımcısı.

gilt [gilt] **1.** *pret.* & *p.p.* of gild; **2.** *n.* yaldız; **'~-edged** *adj.* kenarı yaldızlı; † emin, sağlam, çok güvenilir; † *sl.* en iyi kalite, birinci sınıf, mükemmel.

gim.bal ['dʒimbəl] *n. mst* ~s *pl.* pusula yalpalıkları, yalpa çemberleri.

gim.crack ['dʒimkræk] **1.** *n.* işe yaramaz süs, değersiz süs, süslü adi şey; **2.** *adj.* değersiz, adi, kıymeti olmayan, kötü yapılmış.

gim.let ⊕ ['gimlit] *n.* burgu, delgi, matkap.

gim.mick *Am. sl.* ['gimik] *n.* hile, tertip, dalavere; hileli alet; bit yeniği.

gin[1] [dʒin] *n.* cin, ardıç rakısı.

gin[2] [~] **1.** *n.* tuzak, kapan; ⊕ çiğidi pamuktan ayıran makine, çırçır; **2.** *vb.* tuzağa düşürüp yakalamak; ⊕ pamuk çekirdeklerini çıkarmak.

gin.ger ['dʒindʒə] **1.** *n.* zencefil (kökü); canlılık, enerji; **2.** *vb.* ~ up canlandırmak, hareketlendirmek; **3.** *adj.* koyu kahverengi, kızılımsı; ~ **ale,** ~ **beer** zencefilli alkolsüz içki, gazoz; **'~.bread** *n.* zencefilli çörek *veya* bisküvi; **'gin.ger.ly** *adj.* & *adv.* ihtiyatlı, tedbirli; yavaşça, ihtiyatla, dikkatle; **'gin.ger-nut** *n.* zencefilli bisküvi.

ging.ham ['giŋəm] *n.* çizgili *veya* kareli pamuklu kumaş.

gip.sy ['dʒipsi] *n.* çingene.

gi.raffe *zo.* [dʒi'rɑ:f] *n.* zürafa.

gird[1] [gə:d] **1.** *n.* iğneli söz, alaycı söz; **2.** *v/t.* alay etm.; küçümsemek (at -*i*).

gird[2] [~] (*irr.*) *vb.* kayışla bağlamak; kuşak sarmak; bağlamak; sarmak, kuşatmak, çevrelemek; hazırlanmak; giydirmek, teçhiz etm.

gird.er ⊕ ['gə:də] *n.* kiriş, direk.

gir.dle ['gə:dl] **1.** *n.* kemer, kuşak; korsa; kuşak gibi saran herhangi birşey; **2.** *vb.* çevrelemek, sarmak, kuşatmak; kabuğunu soyarak ağacı kurutmak.

girl [gə:l] *n.* kız; kız evlât; genç kadın; sevgili; hizmetçi kız; ~-friend kız arkadaş ,sevgili; ♀ **Guide** kız izci; **girl.hood** ['~hud] *n.* kızlık (çağı); **girl.ie** ['~i] *adj.* açık saçık kızları gösteren; **'girl.ish** □ kızlara ait, kız gibi, kıza yakışır; **'girl-**

ish.ness *n.* genç kızlık hali; **ˈgirl.y** *adj. Am.* F açık saçık kızları gösteren *(dergi, program).*
girt [gəːt] **1.** *pret. & p.p. of* gird[2]; **2.** *n.* ⊕ çevre, daire çevresi; genişlik.
girth [gəːθ] *n.* kolan, çevre; kuşak.
gist [dʒist] *n.* ana fikir, meselenin esası, özet, öz, sadet.
git *sl.* [git] = get.
give [giv] **1.** *(irr.) v/t.* vermek; emanet etm., teslim etm.; hak vermek; sağlamak, temin etm.; kaynağı olm.; geçirmek, bulaştırmak *(hastalık)*; bağışlamak. hibe etm. ,adamak; ~ attention to dikkat etm.; ~ battle savaş vermek, savaşmak; ~ birth to doğurmak; ~ chase to kovalamak; ~ credit to kredi açmak; ~ ear to kulak vermek, dinlemek; ~ one's mind to dikkatini vermek; ~ it to s.o. *b-ni* cezalandırmak, azarlamak, haşlamak; ~ away feda etm.; hediye etm.; vermek; dağıtmak; F ele vermek, belli etm., sırrını açığa vurmak; ~ away the bride düğünde gelini damada teslim etm.; ~ back geri vermek, geri göndermek; geri çekilmek; ~ forth dışarı vermek, çıkartmak, yaymak, salmak *(koku, duman)*; ~ in vermek, teslim etm.; ~ out dağıtmak, göndermek; ~ over vazgeçmek, kesmek, bırakmak; teslim etm.; ayrılmak; ~ up vazgeçmek; pes etm.; ümidi kesmek; terketmek, bırakmak; ~ o.s. up teslim olm.; **2.** *v/i. mst* ~ in vazgeçmek, teslim olm., boyun eğmek, kabul etm.; ~ into, ~ (up)on bakmak *-e*; *bşi* küçümsemek, hor görmek; ~ out bitmek, tükenmek; kuvveti kesilmek; ~ over durmak, vazgeçmek, kesmek; **3.** *n.* elastikiyet, esneklik; kabullenme; ~ **and take** [ˈgivənˈteik] *n.* karşılıklı fedakârlık; uzlaşma, uyuşma; elbirliği; **~-a.way** [ˈ~əwei] *n.* hediye, armağan; açığa vurma, belli etme, istemeyerek ağzından kaçırma; ~ show, ~ program *radyo, TV:* hediyeli, ödüllü yarışma, program; **ˈgiv-en** *p.p. of* give 1 & 2; ~ to *bşe* düşkün, müptelâ, meyilli; **ˈgiv.er** *n.* veren, hediye eden kimse; saçan kimse *(neşe)*; ~ of a bill keşideci.
giz.zard *orn.* [ˈgizəd] *n.* taşlık, boğaz, kursak; it sticks in my ~ çok gücüme gidiyor, hazmedemiyorum, bana ağır geliyor.
gla.ci.al □ [ˈgleisjəl] buza ait, buzlu; buz devrine ait; buz gibi; buz..; ~ era buzul devri; **gla.ci.a.tion** *geol.* [glæsiˈeiʃən] *n.* buzul ile kaplanma; **gla.cier** [ˈglæsjə] *n.* buzul; **gla.cis** [ˈglæsis] *n.* hafif meyilli; kaleden inen bayır; tampon devlet, tampon bölge.
glad □ [glæd] memnun, mutlu, sevinçli (of, at *-den*); mutluluk veren; güzel...; give s.o. the ~ eye F *b-ne* âşıkane bakmak, göz etm.; ~ rags *pl. sl.* bayramlık giysi, en süslü elbise; **glad.den** [ˈ~dn] *v/t.* memnun etm., sevindirmek.
glade [gleid] *n.* ormanda açıklık yer; *Am.* bataklık bölgesi.
glad.i.a.tor [ˈglædieitə] *n.* gladyatör.
glad.i.o.lus ⚘ [glædiˈəuləs] *n.* kılıççiçeği, glayol, kuzgunkılıcı, kuzgunotu, keklik çiğdemi.
glad.ly [ˈglædli] *adv.* memnuniyetle, seve seve; **ˈglad.ness** *n.* memnunluk, sevinç; **glad.some** [ˈ~səm] *adj.* memnun, sevinçli, neşeli, şen.
Glad.stone [ˈglædstən] *n. a.* ~ bag bir çeşit seyahat çantası, bavul, valiz.
glair [glɛə] **1.** *n.* yumurta akı; yumurta akına benzer yapışkan madde; **2.** *vb.* böyle bir madde sürmek.
glam.or.ous [ˈglæmərəs] *adj.* göz alıcı, cazibeli, çekici, cazip, büyüleyici; **glam.our** [ˈ~mə] **1.** *n.* parlaklık, cazibe, çekicilik, göz alıcılık; ~ girl cazibeli kız, çekici kız, seksî kız; **2.** *vb.* büyülemek, cezbetmek.
glance [glɑːns] **1.** *n.* bakış; göz atma; parıltı; **2.** *vb.* göz gezdirmek (over *-e*); ~ at göz atmak *-e*, bakmak *-e*; parlamak; *mst* ~ off sıyırmak, sıyırıp geçmek; ~ over göz gezdirmek *-e*.
gland *anat.*, ⚘ [glænd] *n.* bez, gudde, salgı hücresi, salgı bezi; **glan.dered** *vet.* [ˈ~dəd] *adj.* ruamlı, sakağı hastalığına tutulmuş; **glan.ders** *vet.* [ˈ~dəz] *n. sg.* bir çeşit at hastalığı, sakağı, ruam; **glan.du.lar** [ˈ~djulə] *adj.* gudde gibi, guddeye ait, gudde...
glare [glɛə] **1.** *n.* göz kamaştırıcı ışık, parıltı; dargın bakış, öfkeli bakış, sabit bakış; **2.** *v/i.* parıldamak, göz kamaştıracak şekilde parlamak; ters ters bakmak, yiyecekmiş gibi bakmak (at *-e*); **glar.ing** □ [ˈ~riŋ] göz kamaştırıcı, çok parlak; hemen göze çarpan, apaçık, bariz; aşırı parlak *(renk)*; *fig.* kızgın, hiddetli, öfkeli.
glass [glɑːs] **1.** *n.* cam; bardak; camdan yapılmış herhangi *bş*; bir bardak dolusu; ayna; teleskop; barometre; *pl.* dürbün; (a pair of) ~es *pl.* gözlük; mercek; cam eşya; **2.** *adj.* camdan yapılmış cam...; **3.** *v/t.* camla kaplamak; cam takmak; cam kaba koymak; cam gibi yapmak; *v/i.* cam gibi olm.; **ˈ~-blow.er** *n.* üfleyerek cam ve şişe yapan kimse;

ˈ~-case *n.* küçük vitrin, cam dolap; ˈ~-cut.ter *n.* cam kesen kimse; camcı elması; **glass.ful** [ˈ~ful] *n.* bir bardak (dolusu); ˈ**glass-house** *n.* limonluk, ser; ✕ *sl.* askeri hapishane; ˈ**glass.i.ness** *n.* cam gibi olma; çarşaf gibi olma *(deniz)*; donukluk, anlamsızlık; ˈ**glass.ware** *n.* züccaciye; ˈ**glass.y** *adj.* cam gibi; dümdüz, çarşaf gibi *(deniz)*; donuk, anlamsız, dalgın *(bakış)*.

glau.co.ma ⚕ [glɔːˈkəumə] *n.* bir göz hastalığı, gözde karasu hastalığı, glokom; ˈ**glau.cous** *adj.* mat grimsi yeşil *veya* mavi; üstü toza benzer beyaz bir maddeyle kaplı *(yaprak, üzüm)*.

glaze [gleiz] **1.** *n.* cam gibi sır, cila, perdah; **2.** *v/t.* cilalamak; cam geçirmek *-e*, cam takmak; sırlamak; cam gibi bir tabakayla kaplamak; ~d paper parlak kâğıt, cilalı kâğıt; ~d(-in) veranda camlı taraça; *v/i.* donuklaşmak, anlamsızlaşmak, dalmak; **gla.zier** [ˈ~jə] *n.* camcı; ˈ**glaz.ing** *n.* cam takma; camcılık; sır, mine, cila, emaye; ˈ**glaz.y** *adj.* cam gibi, cama benzer; donuk, dalgın.

gleam [gliːm] **1.** *n.* parıltı; ışın, şua, hafif ve geçici ışık; **2.** *v/i.* parıldamak, ışın saçmak.

glean [gliːn] *v/t.* hasattan sonra toplamak; azar azar toplamak *(bilgi)*; ortaya çıkarmak; *v/i.* hasattan sonra ekin toplamak; azar azar bilgi toplamak; ˈ**glean.er** *n.* ekinci; *fig.* bilgi toplayan kimse; ˈ**glean.ings** *n. pl.* çeşitli kaynaklardan toplanmış bilgi.

glebe [gliːb] *n.* vakıf arazisi, papazlığa ait arazi; *poet.* yer, toprak.

glee [gliː] *n.* neşe; birkaç sesle söylenen şarkı; ~ club koro kulübü, koro birliği; **glee.ful** □ [ˈ~ful] şen, neşeli, sevinçli.

glen [glen] *n.* küçük vadi, dere.

glib □ [glib] *fig.* süratli konuşan; içten olmasa da kolayca söylenen; kayıtsız; çevik; üstün körü, yarım yamalak; ˈ**glib.ness** *n.* çabuk konuşma, akıcılık; kayıtsızlık, hareketlerde serbestlik.

glide [glaid] **1.** *n.* kayma; ✈ havada süzülme; *gr.* sesin yavaş değişmesi; **2.** *v/i.* kaymak, kayıp gitmek, akmak, süzülmek; motoru işletmeden inmek; ˈ**glid.er** *n.* planör; ~ pilot planörcü; ˈ**glid.ing** *n.* planörcülük; kayma, süzülme, akış.

glim.mer [ˈglimə] **1.** *n.* parıltı, hafif ışık, cılız ışık, donuk ışık; nebze, zerre, azıcık olan şey; *min.* mika; **2.** *v/i.* parıldamak, hafif ışık vermek, sönük sönük parıldamak.

glimpse [glimps] **1.** *n.* kısa bakış, bir an için görme, gözüne ilişme; **2.** *v/t.* bir an için görmek, gözüne ilişmek; *v/i.* parlayıp sönmek; ~ at bir an için bakmak.

glint [glint] **1.** *v/i.* parlamak, parıldamak; **2.** *n.* parıltı, parlaklık.

glis.sade *mount.* [gliˈsɑːd] **1.** *v/i.* kaymak; buzlu dağ eteğinde kaymak; **2.** *n.* kayma.

glis.ten [ˈglisn], **glis.ter** † [ˈglistə], **glitter** [ˈglitə] *v/i.* parlamak, parıldamak, pırıldamak; ˈ**glit.ter.ing** *adj.* parlak, cezbedici, göz alıcı, şaşaalı; ~ personality mükemmel kişilik.

gloam.ing [ˈgləumiŋ] *n.* akşam karanlığı, alaca karanlık.

gloat [gləut]: ~ (up)on, ~ over *v/i.* şeytanca bir zevk duymak, şeytani bir zevkle seyretmek; başkalarının başarısızlığını zevkle seyretmek.

glob.al [ˈgləubəl] *adj.* tüm dünyayı kapsayan; küresel; dünya çapında; **globe** *n.* küre, top, yuvarlak; dünya; dünya küresi modeli; lamba karpuzu; ˈ**globe-fish** *n. ichth.* kirpibalığı; ˈ**globe-trot.ter** *n.* durmadan dünyayı dolaşan kimse; **globose** [ˈ~bəus], **glob.u.lar** □ [ˈglɔbjulə] küre şeklinde, küresel; küreciklerden meydana gelen; **glo.bos.i.ty** [gləuˈbɔsiti] *n.* küresellik, yuvarlak olma; **glob.ule** [ˈglɔbjuːl] *n.* kürecik, küçük yuvarlak; küçük damla.

gloom [gluːm] **1.** *n.* (yarı) karanlık; belirsizlik, çapraşıklık; üzgünlük, hüzün, kasvet; ümitsizlik; **2.** *v/i.* ümitsiz *veya* hüzünlü bakmak *veya* davranmak; surat asmak; kararmak; uzakta hayal gibi gözükmek; *v/t.* canını sıkmak; kasvetlendirmek; karartmak; ˈ**gloom.i.ness** *n.* karanlık, kasvet; sıkıcılık; ümitsizlik; mahzunluk, hüzün; ˈ**gloom.y** □ karanlık, kapanık; kederli, endişeli; üzüntülü; kasvetli, sıkıcı; ümitsiz.

glo.ri.fi.ca.tion [glɔːrifiˈkeiʃən] *n.* övme, ululama, yüceltme; tapma; fazlasıyla büyültme; **glo.ri.fy** [ˈ~fai] *v/t.* yüceltmek, methetmek, göklere çıkarmak, büyültmek, yükseltmek; tapmak; ululamak, şereflendirmek; F güzelleştirmek, olduğundan daha muhteşem göstermek; ˈ**glo.ri.ous** □ şanlı, şerefli, parlak, muhteşem, mükemmel, fevkalâde; eğlenceli.

glo.ry [ˈglɔːri] **1.** *n.* şan, şeref, ihtişam; övgü, medih; tapınma; şaşaa; **2.** *v/i.* iftihar etm., övünmek, şeref duymak, gururlanmak (in *ile*).

gloss[1] [glɔs] **1.** *n.* açıklama *(dipnot veya kitap sonudaki)*, yorum; **2.** *v/t.* açıklamak; açıklayıcı yazı eklemek; yorumlamak; açımlamak.

gloss² [~] 1. *n.* cilâ, perdah; parlaklık; parlak ve düzgün yüzey; aldatıcı görünüş, dış güzellik; 2. *v/t.* parlatmak, cilâlamak; ~ over sahte bir biçimde gizlemek, kusurlarını örtmek, hatalarını örtbas etm.

glos.sa.ry [ˈglɔsəri] *n.* ek sözlük, özel kelimelerin açıklamaları.

gloss.i.ness [ˈglɔsinis] *n.* parlaklık; ˈ**gloss-y** □ parlak, cilâlı; ~ periodical iyi kalite parlak kâğıda basılmış mecmua, *part.* moda mecmuası.

glot.tis *anat.* [ˈglɔtis] *n.* nefes borusunun ağzı, glotis.

glove [glʌv] *n.* eldiven; *s.* hand 1; ˈ**glov.er** *n.* eldivenci.

glow [gləu] 1. *n.* kızıllık, kızartı, parlaklık; hararet, ısı; şevk ve gayret; 2. *v/i.* parıldamak; ısı vermek; kızarmak; yanakları al al olm.; kor haline gelmek ,kızıllaşmak; yüzü kızarmak; coşmak, şevklenmek.

glow.er [ˈglauə] *v/i.* dik dik bakmak, öfkeyle bakmak, yiyecekmiş gibi bakmak.

glow-worm [ˈgləuwəːm] *n.* ateşböceği.

gloze [gləuz]: ~ over *v/t.* örtbas etm.

glu.cose [gluːkəus] *n.* glikoz.

glue [gluː] 1. *n.* tutkal, yapışkan; 2. *v/t.* tutkallamak, yapıştırmak; *fig.* iyice yaklaştırmak, gözünü dikmek (to -*e*); ˈ**glue.y** *adj.* tutkal gibi, yapışkan, yapış yapış.

glum □ [glʌm] asık suratlı, somurtkan; hüzünlü, üzgün; kasvetli.

glut [glʌt] 1. *n.* bolluk, tokluk; 2. *v/t.* piyasaya fazla sürmek *(mal)*; tıka basa doyurmak; ağzına kadar doldurmak; tam manasıyla memnun etm.

glu.ten [ˈgluːtən] *n.* glüten, nişasta çıkarıldıktan sonra geri kalan albuminli madde; **glu.ti.nous** □ [ˈ~tinəs] yapışkan, yapış yapış; yapışkan gibi, tutkal cinsinden.

glut.ton [ˈglʌtn] *n.* obur, boğazına düşkün kimse, pisboğaz, açgözlü kimse (of, for, at); *zo.* kutup porsuğu; ˈ**glut.ton.ous** □ obur, açgözlü, pisboğaz; ˈ**glut.ton.y** *n.* oburluk, pisboğazlık, açgözlülük.

glyc.er.in [ˈglisərin], **glyc.er.ine** [~ˈriːn] *n.* gliserin.

G-man *Am.* F [ˈdʒiːmæn] *n.* Federal soruşturma Bürosu (FBI) memuru.

gnarl [naːl] *n.* budak, yumru, boğum; **gnarled**, *a.* ˈ**gnarl.y** *adj.* budaklı, boğumlu, boğum boğum; yıpranmış, şekli bozuk *(el, parmak)*.

gnash [næʃ] *v/t.* gıcırdatmak *(diş)*.

gnat [næt] *n.* tatarcık, sivrisinek.

gnaw [nɔː] *vb.* kemirmek; azap çektirmek, eziyet vermek; aşındırmak; ˈ**gnaw-er** *n.* kemirgen hayvan, kemiren hayvan *veya* insan.

gnome [nəum] *n.* yeraltındaki hazinelerin bekçileri farzolunan yaşlı cüce; [ˈnəumiː] vecize, atasözü; **gnom.ish** [ˈnəumiʃ] *adj.* cüce gibi.

go [gəu] 1. *(irr.) vb. com.* gitmek *(s.a.* going, gone); ayrılmak; hareket etm., kalkmak; yeri olm.; sığmak; ulaşmak, uzanmak, erişmek; olmak; işlemek, çalışmak; ilerlemek, gelişmek; mevcut olm.; satılmak; harcanmak; elden gitmek, kaybolmak; devam etm.; çökmek, düşmek, kırılmak; iflas etm.; ölmek; sonuçlanmak; uymak; ses çıkarmak; bahse girmek; başlamak; çıkmak; gezmek; ~ bad kötüye gitmek; bozulmak, çürümek; *s.* mad; *s.* sick; the dog must ~ köpeğin gitmesi lâzım, köpeği satmalıyız; the story ~es deniliyor ki..., söylendiğine göre; here ~es! *sl.* hadi! yürü! başla!; ~ it *sl.* bir işe koyulmak; ~ it! *sl.* atıl! durma yürü!; as men, *etc.* ~ diğer kişilere göre, diğerleri gözönüne alınırsa; let ~ bırakmak, salmak; ~ shares bölüşmek, paylaşmak; ~ to see, ~ and see görmeye gitmek, gidip görmek; just ~ and try! bir denesenize!, bir deneyiverin!; ~ about gezmek; dolaşmak *(söylenti)*; tiramola etm.; ~ abroad yurt dışına çıkmak; ~ ahead ilerlemek, gelişmek, ileri gitmek; başlamak; ~ at saldırmak; üzerinde çalışmak, *bşi* ele almak; ~ back geri dönmek; eskiye uzanmak; ~ back from, F on vazgeçmek, caymak *(sözünden)*; ~ behind aslını araştırmak; ~ between araya girmek, aralarını bulmak; ~ by geçmek; -*e* göre davranmak; ~ by the name of ... ...ismiyle tanınmak, ...ismini kullanmak; ~ down batmak; yutulmak; üniversiteden mezun olm.; sakinleşmek, durulmak, kesilmek *(deniz, rüzgâr)*; ucuzlamak, azalmak, düşmek *(fiyat)*; yenilmek (before *tarafından)*; geçmek *(tarihe)*; yazılı, kayıtlı olm.; kabul edilmek, beğenilmek, benimsenmek (with *tarafından)*; ~ for almaya gitmek, gidip getirmek; saldırmak; sayılmak, geçerli olm.; beğenmek; kabul etm.; ~ for a walk yürüyüşe çıkmak; ~ in girmek, sığmak; bulutlarca engellenmek *(güneş)*; *kriket:* vuruş yapmak; katılmak *(yarışmaya)*; ~ in for girmek, katılmak *(imtihana, yarışmaya)*; meraklısı olm., ilgi duymak; ~ in for an examination imtihana girmek; ~ into girmek; araştırmak, soruşturmak, incelemek; tutulmak *(hastalık)*; ~ off patlamak. ateş almak; bozulmak, kalitesi düşmek; ekşimek; uyumak; fenalaşmak, bayılmak; satılmak; elden çıkmak; iyi gitmek; çıkmak *(sahneden)*; ~ on geçmek *(zaman)*; devam etm; olmak; sahneye çıkmak; *kriket:* topu savurmak; ~ on! devam et!; sana inanacağımı sanma!; ~ out dışarı çıkmak; gezip tozmak, sosyal faaliyetlere katılmak; sönmek; modası geçmek; görevden ayrılmak; iktidardan çekilmek *(hükümet)*; grev yapmak; bitmek, sona ermek *(yıl)*; ~ over başarı kazanmak, tutmak *(oyun)*; etkilemek; tetkik etm., incelemek; prova etm., gözden geçirmek; karşı tarafa geçmek, partisini değiştirmek; ~ through kabul edilmek *(tasarı)*; neticelenmek, sonuca bağlanmak; gözden geçirmek, incelemek; aramak, araştırmak, yoklamak; yapmak; atlatmak *(zorluk)*; geçirmek *(hastalık, tecrübe)*; satılmak; harcamak, sarfatmek, yiyip bitirmek; ~ through with *bşi* sonuca bağlamak, bitirmek, tamamlamak, yarım bırakmamak; ~ to katkıda bulunmak; ~ up yükselmek, çıkmak, artmak; havaya uçmak, patlamak, infilâk etm.; üniversiteye girmek; şehre inmek; tırmanmak; ~ with eşlik etm., beraber gitmek; aynı görüşte olm.; uymak, yakışmak; flört etm.; ~ without *-siz* olm., mahrum kalmak, yoksun olm.; **2.** *n.* F gitme, gidiş, hareket; moda; olay, vaka; gayret, enerji; başarı; sefer, sıra; hamle, teşebbüs; izin, müsaade, başlama işareti; ⚕ nöbet, tutulma; little ~ *univ. sl.* ilk imtihan; great ~ ana imtihan; on the ~ meşgul, aktif, faal, hareket halinde; it is no ~ olacak iş değil, hayret edilecek şey; faydasız; in one ~ bir seferde; have a ~ at s.th. *bşe* teşebbüs etm., *bşi* denemek.

goad [gəud] **1.** *n.* üvendire, davarı dürtmeye yarayan değnek; *fig. b-ni* harekete geçiren şey; **2.** *v/t. fig.* dürtmek, harekete geçirmek, kışkırtmak, isteklendirmek, teşvik etm.

go-a.head F [ˈgəuəhed] **1.** *adj.* ilerleyen, gelişen, gelişmekte olan; gelişme ümidi gösteren; başlama...; **2.** *n. part. Am.* F enerji, canlılık; izin, müsaade; izni olan kimse; başlama işareti.

goal [gəul] *n.* hedef, amaç, gaye; *futbol:* gol; kale; **ˈ~-keep.er** *n. futbol:* kaleci.

goat [gəut] *n. zo.* keçi, teke; Oğlak burcu; zampara adam, çapkın kimse; başkalarının günah ve sorumluluğunu yüklenen kimse; get s.o.'s ~ *sl. b-ni* kızdırmak, sinirlendirmek, *b-nin* sinirine dokunmak; seperate the sheep from the ~s *fig.* iyileri kötülerden ayırmak; play the giddy ~ kaba ve budalaca davranmak, aptal aptal hareket etm.; **goatˈee** *n.* keçi sakalı, sivri sakal; **ˈgoat.ish** *adj.* keçi gibi; kaba, pis; **ˈgoat.skin** *n.* keçi derisi, keçi postu.

gob [gɔb] *n. sl.* büyük miktar, çok; parça, küme; ağız; *Am.* F denizci, deniz eri; **gob.bet** [ˈgɔbit] *n.* parça, külçe, küme.

gob.ble [ˈgɔbl] *v/i.* hindi gibi ses çıkarmak, glu glu etm.; *v/t.* çabuk çabuk yemek, oburca yutmak; kapmak; hızlı hızlı okumak; **gob.ble.dy.gook** *Am. sl.* [ˈgɔbldiguk] *n.* karışık ve anlamsız söz; **ˈgob.bler** *n.* baba hindi, erkek hindi.

go-be.tween [ˈgəubitwiːn] *n.* aracı, arabulucu; simsar, tellal.

gob.let [ˈgɔblit] *n.* kadeh.

gob.lin [ˈgɔblin] *n.* gulyabani, cin.

go-by [ˈgəubai] *n.*: give s.o. the ~ *b-ni* görmezden gelmek, tanımazlıktan gelmek, *b-ne* yüz vermemek.

go-cart [ˈgəukaːt] *n.* hafif el arabası; çocuğu yürümeye alıştırmakta kullanılan tekerlekli sandalye; portatif bebek arabası; hafif araba, motorlu küçük yarış arabası.

god, *eccl.* **♀** [gɔd] *n.* Tanrı, Allah, Cenabı Hak; ilâh; put, sanem; *fig.* çok sevilen kimse, herkesin hayran olduğu kimse; çok nüfuzlu kimse; çok önem verilen şey; the gods *pl. thea.* balkonda oturan seyirciler; **ˈgod.child** *n.* vaftiz evlâdı; **ˈgod.dess** *n.* tanrıça, ilâhe; çok cazip kadın; **ˈgod.fa.ther** *n.* vaftiz babası, manevi baba; **ˈgod.fear.ing** *adj.* dindar; **ˈgod-head** *n.* Allah, Tanrı, mabut; **ˈgod.less** *adj.* Allahı tanımayan, Allahsız, dinsiz; günahkâr; **ˈgod.like** *adj.* Allah gibi, tanrısal; **ˈgod.li.ness** *n.* dindarlık; **ˈgod.ly** *adj.* dindar, Allaha saygı duyan; **ˈgod-moth.er** *n.* vaftiz anası; **ˈgod.send** *n.* beklenmedik anda gelen ve ihtiyaç duyulan şey, Hızır gibi gelen yardım; **ˈgodˈspeed**: bid *veya* wish s.o. ~ *b-ne* iyi yolculuklar dilemek, 'yolun açık olsun' demek, 'Tanrıya emanet ol' demek, 'uğurlar olsun' demek.

go.er [ˈgəuə] *n.* giden kimse.

gof.fer [ˈgəufə] *v/t.* kırma yapmak, kırmak, kıvırmak.

go-get.ter *Am.* F [ˈgəuˈgetə] *n.* girişken kimse, uyanık kimse, açıkgöz kimse, çok faal kimse.

gog.gle [ˈgɔgl] **1.** *v/i.* şaşı bakmak, gözlerini devirmek; gözlerini faltaşı gibi açarak bakmak; **2.** *n.* ~s *pl.* gözlük *(pilot, motosiklet yarışçısı, balıkadam)*; **ˈ~-eyed** *adj.* patlak gözlü.

go.ing [ˈgəuiŋ] **1.** *adj.* işleyen, hareket eden; yaşayan, hayattaki; şu anki; be ~ to *inf.* *-mek* üzere olm., ... yapacak olm; keep ~ devam etm., durmadan yürümek; set ~ kurmak *(saat)*; a ~ concern başarılı iş; ~, ~, gone! satıyorum, satıyorum, sattım! *(açık arttırmada)*; **2.** *n.* gidiş, ayrılış; yol durumu; gidişat; gidiş hızı, sürat; **ˈgo.ings-ˈon** *n. pl.* F olup bitenler; gidişat; hal ve hareket.

goi.tre ⚕ [ˈgɔitə] *n.* guatr; **goi.trous** [ˈgɔitrəs] *adj.* guatrı olan; guatra ait, guatr...

go-kart *mot.* [ˈgəukɑːt] *n.* motorlu küçük yarış arabası.

gold [gəuld] **1.** *n.* altın; servet, zenginlik; altın rengi, sarı renk; değerli herhangi *bş*; **2.** *adj.* altın, sırmalı, yaldızlı; altından yapılmış; **ˈ~-bear.ing** *adj.* altınlı, altın madeni ihtiva eden; **ˈ~.brick** **1.** *n. fig.* kıymetli görünen değersiz şey; görevden kaçınan kimse; **2.** *v/t.* aldatmak; *v/i.* görevden kaçmak, işten kaçınmak; **ˈ~.dig.ger** *n. Am.* altın arayıcısı; *sl.* erkeklerden para sızdırmaya çalışan kadın, fındıkçı; **ˈgold.en** *adj. mst fig.* altın gibi; altından yapılmış; altın renkli; çok kıymetli; şahane, fevkalade; önemli; **ˈgold.en.rod** *n.* ⚘ uzun saplı sarı bir çiçek.

gold...: **ˈ~.finch** *n. orn.* saka kuşu; **ˈ~.fish** *n. ichth.* havuz balığı, kırmızı balık; **ˈ~.mine** *n.* altın madeni; *fig.* servet kaynağı; ~ **plate** altın kaplama eşya; **ˈ~-rush** *n.* altına hücum; **ˈ~.smith** *n.* kuyumcu.

golf [gɔlf] **1.** *n.* golf oyunu; **2.** *vb.* golf oynamak; **ˈ~-course** = golf-links; **ˈgolf.er** *n.* golf oyuncusu; **ˈgolf-links** *n. pl.* golf alanı.

gol.li.wog(g) [ˈgɔliwɔg] *n.* siyah yüzlü acayip oyuncak bebek, zenci oyuncak bebek; *fig.* garip kimse, umacı.

go.losh [gəˈlɔʃ] *n.* kaloş, şoson, yağmurlu havada giyilen lastik.

gon.do.la [ˈgɔndələ] *n.* ⚓ gondol; altı düz mavna; üstü açık yük vagonu; ✈ uçağın alt kısmına takılan ek kısım; **gon.do.lier** [~ˈliə] *n.* gondolcu.

gone [gɔn] **1.** *p.p. of* go; **2.** *adj.* geçmiş; ilerlemiş *(hastalık)*; âşık olmuş, sevdalanmış; hamile; ölmüş; F mahvolmuş; kaybolmuş; F ümitsiz; büyük, çok iyi, fevkalade; be ~!, get you ~! kaybol gözümden!, gözüm görmesin seni!; ~ on s.o. *sl.* *b-ne* abayı yakmış, aşık olmuş; **ˈgon.er** *n. sl.* hayatından ümit kesilmiş kimse, yolcu, mahvoılmuş kimse, bedbaht kimse.

gong [gɔŋ] *n.* gong; *sl.* madalya.

good [gud] **1.** *adj. com.* iyi, güzel, âla, hoş; uygun, münasip, yerinde; faydalı, sağlığa yararlı; yetenekli, kompetan; memnuniyet verici; nazik, kibar, hayır sahibi; kuvvetli, sağlıklı, sağlam; eğlenceli, komik; taze, bozulmamış; güvenilir, sağlam, emin; † ödeme kabiliyeti olan, ticari yönden sağlam; uslu, edepli, iyi huylu; faziletli, kerim; çok, hayli, fazla; tam; the ~ Samaritan merhametli kimse, hayır sahibi, yardıma muhtaçlara yardım eden kimse; ~ at *bşde* becerikli, başarılı; in ~ earnest çok ciddi olarak, gayet samimiyetle; **2.** *n.* iyilik; fayda, yarar; doğruluk; iyi ve hayırlı şey; kâr; ~s *pl.* eşya, mallar, emtia; *pl. (the ile kullanıldığında)* iyi insanlar; *pl.* suçun kanıtları; that's no ~ yararı yok, faydalı değildir; it is no ~ talking konuşmanın yararı yok; for ~ temelli olarak, daimi olarak; piece of ~s F kadın, parça; ~s in process işleme konulmuş mallar, yarı mamûl; **~-bye**, *Am. a.* **~-by** **1.** [ˈgudˈbai] *n.* veda; **2.** [ˌgudˈbai] *int.* Allahaısmarladık!, hoşça kal!, güle güle!, selâmetle!; **ˈ~-for-ˈnoth.ing** **1.** *adj.* bir işe yaramaz; **2.** *n.* hiç bir işe yaramayan kimse, serseri; ♀ **Fri.day** Paskalyadan önceki Cuma; **ˈ~ˈhu.mo(u)red** *adj.* şakacı, şen, hoş, sevimli; **ˈgood-li.ness** *n.* iyilik, iyi huyluluk; **ˈgood-look-ing** *adj.* yakışıklı, güzel; **ˈgood.ly** *adj.* güzel, hoş görünüşlü; *fig.* büyük, çok; **ˈgood-ˈna.tured** *adj.* iyi huylu, yumuşak huylu, halim, nazik, kibar; **ˈgood.ness** **1.** *n.* iyilik, erdem, fazilet; faydalı kısım; **2.** *int.* Allah!, Tanrım!, Yarabbim!; *s.* gracious; **goods train** yük treni, marşandiz; **ˈgood.wife** *n.* ev kadını, karı, eş; **ˈgoodˈwill** *n.* iyi niyet, hüsnüniyet, hayırhahlık, dostça duygu (towards *-e karşı*); † prestij; † firma itibarı ve değeri.

good.y¹ [ˈgudi] *n.* şekerleme, bonbon.

good.y² [~], *a.* **ˈgood.y-ˈgood.y** **1.** *adj.* aşırı iyi, melek gibi, yapmacık iyilik gösteren; **2.** *n.* aşırı iyi görünen kimse, yapmacık iyilik yapan kimse.

goof.y *sl.* [ˈguːfi] *adj.* aptal, ahmak, budala, akılsız.

goon *Am. sl.* [guːn] *n.* ahmak kimse, budala kimse, beecriksiz kimse; *part. grev:* işverenin grevcilere karşı şiddet kullanan adamı.

goose [guːs] *n., pl.* **geese** [giːs] kaz *(a. fig.)*; cook s.o.'s ~ *b-nin* işini bozmak; *pl.* **'goos.er** *n.* terzi ütüsü; *sl.* parmaklama, parmak atma.
goose.ber.ry ['guzbəri] *n.* bektaşi üzümü; play ~ F iki sevgiliye eşlik etm.
goose...: **'~-flesh** *n.* tüyleri ürpermiş deri; **'~.herd** *n.* kaz çobanı; **~ıpim.ples** *pl. Am.* = goose-flesh; **'~-step** *n.* kaz adımı, dizleri kırmadan atılan adım; **'goos.ey, 'goos.ie** *n.* F kaz kafalı kimse.
go.pher *part. Am.* ['gəufə] *n.* Kuzey Amerika'da yaşayan sıçana benzer bir hayvan.
Gor.di.an ['gɔːdjən]: ~ knot kördüğüm; zor iş.
gore¹ [gɔː] *n.* pıhtılaşmış kan.
gore² [~] **1.** *n.* peş, apışlık; **2.** *vb.* kumaşı üç köşeli kesmek, apışlık koymak.
gorge [gɔːdʒ] **1.** *n.* boğaz, dar geçit, koyak, vadi; gırtlak; mide içindeki şeyler; tiksinti; my ~ rises midem bulanıyor, tiksiniyorum; **2.** *vb.* oburcasına yemek yemek; tıka basa doldurmak, yutmak, tıka basa yemek; ağzına kadar doldurmak.
gor.geous □ ['gɔːdʒəs] parlak, tantanalı, muhteşem, harikulâde, debdebeli, göz kamaştırıcı; zevk veren, güzel; **'gorgeous.ness** *n.* ihtişam, parlaklık.
go.ril.la *zo.* [gə'rilə] *n.* goril.
gor.mand.ize ['gɔːməndaiz] *vb.* oburca yemek, çok yemek, yiyip yutmak, mideye indirmek.
gorse ⚘ [gɔːs] *n.* katırtırnağına benzer bir bitki.
gor.y □ ['gɔːri] kanlı; kan dondurucu, korkunç, ürpertici.
gosh P [gɔʃ] *int.* aman Yarabbi!, hay Allah!
gos.hawk *orn.* ['gɔshɔːk] *n.* atmaca.
gos.ling ['gɔzliŋ] *n.* kaz yavrusu, kaz palazı.
gos.pel ['gɔspəl] *n.* İncil; *fig.* doğru söz, hakikat; **'gos.pel.(l)er** *n.* İncil okuyan kimse.
gos.sa.mer ['gɔsəmə] *n.* havada uçan ince örümcek ağı; yumuşak, hafif, ince kumaş.
gos.sip ['gɔsip] **1.** *n.* dedikodu; gevezelik, çene çalma, boş laf; dedikoducu kimse; **2.** *v/i.* dedikodu etm.; gevezelik etm., çene çalmak.
got [gɔt] *pret. & p.p. of* get.
Goth [gɔθ] *n. hist.* Got, Got kavminden biri; *fig.* kaba adam, barbar kimse; **'Goth.ic** *adj.* Got'lara ait, Gotik; Gotik tarzına ait; Gotik diline ait; Gotik yazıya ait; *fig.* barbarlık, yıkıcılık.
got.ten *Am.* ['gɔtn] *p.p. of* get.
gouge [gaudʒ] **1.** *n.* ⊕ oluklu keski, marangoz kalemi, heykeltıraş kalemi; **2.** *vb. mst* ~ out kalemle işlemek, kesmek, şekil vermek; gözünü oymak; *Am.* F kazıklamak, fazla para almak.
gou.lash ['guːlæʃ] *n.* tas kebabı, biberli haşlanmış et ve sebze.
gourd ⚘ [guəd] *n.* sukabağı, kabak.
gour.mand ['guəmənd] **1.** *adj.* obur, pisboğaz, boğazına düşkün; **2.** *n.* obur kimse, boğazına düşkün kimse.
gout ⚕ [gaut] *n.* gut, nıkris; **'gout.y** □ gut hastalığına tutulmuş.
gov.ern ['gʌvən] *v/t.* yönetmek, idare etm.; hâkim olm. *-e (a. fig.)*; kontrol etm.; kontrol altında tutmak; almak, *ile* kullanılmak; *v/i.* hükümet sürmek; hüküm sürmek; **~ing** body idare, yönetim, hükümet; **'gov.ern.ess** *n.* mürebbiye; **'gov.ern.ment** *n.* hükümet; idare, yönetim, hüküm; yönetme, hükümet sürme; **gov.ern.men.tal** [~'mentl] *adj.* devlet..., devletle ilgili; **'gov.er.nor** *n.* vali, eyalet reisi; yönetim kurulu üyesi; F patron, şef, baba; ⊕ düzengeç, regülatör; **gov.er.nor gen.er.al** genel vali; **'gov.er.nor.ship** *n.* valilik; idarecilik, yöneticilik.
gown [gaun] **1.** *n.* rop; cüppe; kadın elbisesi, kadın geceliği; resmi elbise; **2.** *v/t.* elbise giydirmek; **'gowns.man** *n.* cüppe giyme hakkı olan kimse; üniversiteli; ⚔ sivil.
grab F [græb] **1.** *v/t.* kapmak, ele geçirmek, zorla almak, gaspetmek, çabucak yakalamak; **2.** *n.* kapma, kapış, gasp, el koyma; ⊕ eşya kaldırmaya mahsus kıskaçlı alet; ~-bag *Am.* eşya piyangosu torbası; **'grab.ber** *n.* herşeyi kapmak isteyen kimse, aç gözlü kimse, hayatta tek amacı servet yapmak olan kimse.
grace [greis] **1.** *n.* zarafet; lütuf; fazilet, erdem, iyi niyet; sofrada şükran duası; rahmet, kerem, merhamet; borç ertelemesi, mühlet, vade; ♪ asıl notaların yanına eklenen ufak nota; ~s *pl.* cazibe; 2s *pl. myth.* çeşitli güzellikleri temsil eden üç ilahe; act of ~ genel af; with (a) good (bad) ~ isteyerek (istemeyerek, nazlanarak); Your 2 Yüce Başpiskoposum; Yüce Düküm *veya* Düşesim; good ~s *pl.* iltimas, teveccüh; tasvip, beğeni; period of ~ bekleme müddeti, borcun vadesinden sonra tanınan süre; *s.* say 1; **2.** *v/t.* süslemek; lütuf göstermek; şeref vermek; **grace.ful** □ ['~ful] zarif, lâtif, na-

zik; **ˈgrace.ful.ness** *n.* zarafet, incelik, nezaket; **ˈgrace.less** ☐ kötü, nahoş, hoşa gitmeyen, ahlâksız.

gra.cious ☐ [ˈgreiʃəs] cana yakın, şirin; merhametli; nazik, kibar, ince; cömert; good ~!, goodness ~!, ~ me! Allah Allah!, olacak iş değil!, yok canım!; **ˈgracious.ness** *n.* zarafet; sıcakkanlılık, cana yakınlık; merhamet.

grack.le *orn.* [ˈgrækl] *n.* sığırcık *veya* ona benzer kuş.

gra.da.tion [grəˈdeiʃən] *n.* derece, basamak, sıralama; bir durumdan diğerine yavaş yavaş geçiş; yavaş değişim; *gr.* sesli harfi yavaş yavaş değiştirme.

grade [greid] **1.** *n.* derece; rütbe; mertebe; sınıf; basamak; cins; *part. Am.* = gradient; *Am. okul:* sınıf, dönem; not; make the ~ *Am.* F başarmak, muvaffak olm.; ~ crossing *Am.* hemzemin geçit; ~(d) school *Am.* ilkokul; **2.** *v/t.* sınıflandırmak, tasnif etm.; derecelere ayırmak; tesviye etm., aynı seviyeye getirmek *(yol)*; neslini ıslah etm. *(at, davar)*; 🚂 *etc.* düzleştirmek, aynı seviyeye getirmek.

gra.di.ent [ˈgreidjənt] *n.* 🚂 *etc.* yokuş, meyil, irtifa.

grad.u.al ☐ [ˈgrædʒuəl] derece derece, tedricî, kademeli, yavaş yavaş olan; **ˈgrad.u.al.ly** *adv.* derece derece, tedricen, yavaş yavaş; **grad.u.ate 1.** [ˈ~djueit] *v/i.* mezun olm., diploma almak; derecelere ayrılmak; *v/t.* derecelere ayırmak *-i*; sınıflarına göre ayırmak *-i*; mezun etm., diploma vermek *-e*; **2.** [ˈ~dʒuit] *n.* mezun, diplomalı *(üniversiteden etc.)*; **grad.u.a.tion** [~djuˈeiʃən] *n.* mezuniyet, mezun olma, diploma alma; diploma töreni; ölçü bardağındaki derece işareti.

graft[1] [grɑːft] **1.** *n.* ✓ ağaç aşısı; **2.** *v/t.* & *v/i.* aşıla(n)mak (in, upon); ⚕ ameliyatla doku yerleştirmek, transplante etm.

graft[2] *Am.* [~] **1.** *n.* rüşvet; para yeme; yolsuzluk, suiistimal; **2.** *v/i.* F rüşvet almak, para yemek; **ˈgraft.er** *n.* F *part. pol.* menfaatçi kimse, rüşvetçi.

gra.ham [ˈgreiəm]: ~ bread buğday ekmeği.

Grail [greil] *n.* son akşam yemeğinde Hz. İsa'nın kullandığı farzolunan sahan *veya* kâse.

grain [grein] *n.* tane, habbe, tohum, zerre; damar, doku; hububat; 0,065 gram; *fig.* huy, mizaç; in ~ esaslı, inceden inceye, natürel; dyed in the ~ iyice boyanmış; against the ~ *fig.* tabiatına zıt, hoşuna gitmeyen; **grained** *adj.* taneli, damarlı.

gram [græm] = gramme.

gra.mer.cy † [grəˈməːsi] *int.* çok teşekkür!, sağolun!, minnettarım!; Allah Allah!, nasıl olur!

gram.i.na.ceous [greimiˈneiʃəs], **gra.mine.ous** [greiˈminiəs] *adj.* ota benzer, ot gibi, ot...

gram.ma.logue [ˈgræməlɔg] *n. stenografi:* kısaltma, özet.

gram.mar [ˈgræmə] *n.* gramer, dilbilgisi; gramer kitabı; gramatik kurallara göre hazırlanmış konuşma *veya* yazı; **grammar.i.an** [grəˈmɛəriən] *n.* gramer uzmanı, dilbilgisi kitabı yazarı, gramerci; **ˈgram.mar-school** *n.* İngiltere'de üniversiteye hazırlık okulu; *Am. a.* ilk ve orta okul; **gram.mat.i.cal** ☐ [grəˈmætikəl] gramatik, gramere ait, dilbilgisi kurallarına uygun.

gramme [græm] *n.* gram.

gram.o.phone [ˈgræməfəun] *n.* gramofon; ~ record gramofon plağı.

gran.a.ry [ˈgrænəri] *n.* tahıl ambarı; çok tahıl yetiştiren bölge.

grand [grænd] **1.** ☐ *fig.* muhteşem, fevkalade, enfes, mükemmel, depdebeli, saltanatlı; heybetli, muazzam; büyük, ulu, baş; tam; ≗ Duchess grandüşes; ≗ Duke grandük; ≗ Old Party *Am.* Cumhuriyetçi parti; ~ stand tribün; **2.** *n. a.* ~ piano ♪ kuyruklu piyano; *Am. sl.* bin dolar; miniature ~ kısa kuyruklu piyano; **grandad** F [ˈgrændæd] *n.* büyükbaba, dede; **gran.dam(e)** [ˈ~dæm] *n.* nüfuzlu yaşlı kadın; **ˈgrand.child** *n.* torun; **ˈgrand.daughter** *n.* kız torun; **gran.dee** [grænˈdiː] *n.* ekâbir, itibarlı kimse; İspanyol *veya* Portekiz soylusu; **gran.deur** [ˈgrændʒə] *n.* büyüklük, azamet, ihtişam, güzellik; **ˈgrand.fa.ther** *n.* büyükbaba, dede; ~ clock sarkaçlı büyük dolap saati.

gran.dil.o.quence [grænˈdiləkwəns] *n.* tantanalı, süslü kelimeler kullanma; tumturak; **granˈdil.o.quent** ☐ süslü, tantanalı, tumturaklı.

gran.di.ose ☐ [ˈgrændiəus] heybetli, muhteşem, göz alıcı, tantanalı, gösterişli.

grand.moth.er [ˈgrænmʌðə], F **grand.ma** [ˈgrænmɑː] *n.* anneanne, babaanne, nine; **ˈgrand.ness** = grandeur.

grand...: ˈ~.pa [ˈgrænpɑː] = grandfather; **ˈ~-par.ents** *n. pl.* büyükanne ve büyükbaba, dede ve nine **~.sire** [ˈ~saiə] *n.* † büyükbaba, dede; yaşlı adam; **ˈ~.son** *n.* erkek torun.

grange [greindʒ] *n.* binalarıyla birlikte

çiftlik; *Am.* çiftçi birliği; **ˈgrang.er** *n.* çiftçi; çiftçi birliği üyesi.
gran.ite [ˈgrænit] *n.* granit; **gra.nit.ic** [~ˈnitik] *adj.* granit cinsinden, granit...
gran.ny F [ˈgræni] *n.* babaanne, anneanne, nine; titiz kadın; ebe.
grant [grɑːnt] **1.** *n.* bağış, teberru; tahsisat; bahşedilen arazi *veya* para; ⚖ ferağ, terk, hibe; **2.** *v/t.* vermek, ihsan etm., bahşetmek; kabul etm., onaylamak, tasdik etm., farzetmek; ⚖ devretmek, ferağ etm., hibe etm.; take for ~ed doğru olarak kabul etm., muhakkak olacak gözüyle bakmak, olmuş gibi kabul etm.; ~ing this (to) be so bunun böyle olduğunu farzederek; God ~ ...! inşallah...!; **granˈtee** *n.* ⚖ kendisine birşey hibe edilen kimse; **grant-in-aid** [ˈgrɑːntinˈeid] *n.* para yardımı, iane, tahsisat; **grant.or** ⚖ [~ˈtɔː] *n.* devreden, temlik eden, hibe eden kimse.
gran.u.lar [ˈgrænjulə] *adj.* taneli, tane tane olan, granüle; **gran.u.late** [ˈ~leit] *v/t.* & *v/i.* tanele(n)mek; **ˈgran.u.lat.ed** *adj.* taneli; ~ sugar tozşeker; **gran.uˈla.tion** *n.* taneleme; **gran.ule** [ˈ~juːl] *n.* tanecik, zerre, habbe; **gran.u.lous** [ˈ~juləs] *adj.* üstü taneli, granüle.
grape [greip] *n.* üzüm; asma; **ˈ~.fruit** *n.* ⚘ greyfrut; **ˈ~-shot** *n.* ⚔ top mermisi; **ˈ~-sug.ar** *n.* glikoz, desktroz, levüloz, üzüm şekeri; **ˈ~-vine** *n.* asma; dedikodu yoluyla haber alma; *a.* ~ telegraph ağızdan duyma, dedikodu yoluyla duyma.
graph [græf] *n.* grafik; **ˈgraph.ic, ˈgraph.i-cal** ☐ resim *veya* yazıya ait, şeklî, çizgili; tam tasvir edilmiş, canlı; graphic arts *pl.* grafik sanatlar; **graph.ite** *min.* [ˈ~fait] *n.* grafit; **graph.ol.o.gy** [~ˈfɔlədʒi] *n.* grafoloji; **graph pa.per** çizgili kâğıt.
grap.nel ⚓ [ˈgræpnəl] *n.* filika demiri; dört tırnaklı demir; borda kancası.
grap.ple [ˈgræpl] **1.** *n.* ⚓ borda kancası, filika demiri; yakalama, sıkıca sarılma; göğüs göğüse savaşma; ⊕ kanca, tırnaklı demir; **2.** *vb.* yakalamak, kavramak, sıkıca tutmak; göğüs göğüse mücadele etm.; kanca ile tutmak; uğraşmak; ~ with sıkıca tutmak, kavramak, yakalamak.
grasp [grɑːsp] **1.** *n.* tutma, yakalama, yakalayış, kavrama, kavrayış; anlama, idrak; **2.** *vb.* tutmak, kavramak, yakalamak; kavramak, idrak etm.; yakalamayı denemek, istekle kabul etm. (at -*i*); **ˈgrasp.ing** ☐ haris, açgözlü, cimri, pinti.
grass [grɑːs] **1.** *n.* ot, çimen, çim, yeşillik; çayır, otlak; *sl.* haşiş; at ~ otlamakta *(hayvan)*; *fig.* izinli; emekliye ayrılmış; send to ~ = **2.** *v/t.* & *v/i.* otla(t)mak; otla kaplamak; *sl.* ispiyon etm. on -*i*); **ˈ~.hop.per** *n.* çekirge; **ˈ~-ˈplot** *n.* çimenlik; ~ **roots** *pl. Am.* taşra halkı *veya* seçmenleri; yüzeye yakın toprak; **ˈ~-wid.ow(.er)** *n.* eşinden bir süre ayrı kalmış kadın *(veya* erkek); **ˈgrass.y** *adj.* otlu, çimenli, yeşillikli.
grate¹ [greit] *n.* demir parmaklık, ızgara; *fig.* hapishane, kodes.
grate² [~] *v/t.* rendelemek; gıcırdatmak, sürterek ses çıkarmak; *v/i.* sürtünerek ses çıkarmak; ~ (up)on *fig.* sinirine dokunmak, sinirlendirmek; gıcırdamak.
grate.ful ☐ [ˈgreitful] minnettar, müteşekkir; hoş, güzel, rahatlatıcı.
grat.er [ˈgreitə] *n.* rende.
grat.i.fi.ca.tion [grætifiˈkeiʃən] *n.* memnuniyet, haz, zevk; **grat.i.fy** [ˈ~fai] *v/t.* memnun etm., hoşnut etm.; tatmin etm.; **ˈgrat.i.fy.ing** *adj.* memnuniyet verici, hoş, güzel; tatminkâr.
grat.ing [ˈgreitiŋ] **1.** ☐ tiz, cırlak, kulakları tırmalayan; **2.** *n.* demir parmaklık, pencere kafesi; ızgara.
gra.tis [ˈgreitis] *adv.* & *adj.* bedava, parasız, ücretsiz.
grat.i.tude [ˈgrætitjuːd] *n.* minnettarlık, şükran.
gra.tu.i.tous ☐ [grəˈtjuːitəs] bedava, parasız, ücretsiz; sebepsiz; **graˈtu.i.ty** *n.* hediye, teberru; bahşiş.
gra.va.men ⚖ [grəˈveimen] *n.* suçun esasını oluşturan şey, suçlamanın ağırlık merkezi.
grave¹ ☐ [greiv] ciddi, ağır, vahim, önemli; ~ accent *gr.* sesli harf üzerindeki aksan işareti.
grave² [~] **1.** *n.* mezar, kabir; **2.** *(irr.) v/t. mst fig.* oymak, hakketmek, işlemek *(hafızaya)*; **ˈ~-dig.ger** *n.* mezarcı.
grav.el [ˈgrævəl] **1.** *n.* çakıl; ⚕ kum, idrar taşı; **2.** *v/t.* çakıl döşemek; F şaşırtmak, aklını karıştırmak; **grav.el.ly** [ˈgrævəli] *adj.* çakıllı; kalın ve kaba ses.
grav.en [ˈgreivən] *p.p. of* grave² 2.
grav.er ⊕ [ˈgreivə] *n.* hakkâk, oymacı (kalemi).
grave...: ˈ~.side: at his ~ bir ayağı çukurda; **ˈ~.stone** *n.* mezar taşı; **ˈ~.yard** *n.* mezarlık, kabristan.
grav.ing dock ⚓ [ˈgreiviŋˈdɔk] *n.* kalafat havuzu, kuru havuz.
grav.i.tate [ˈgræviteit] *vb.* çekilmek, yer çekimi ile hareket etm.; cezbedilmek,

meyletmek (towards -*e doğru*); **grav.i'ta.tion** *n.* yerçekimi; *fig.* cazibe; **grav.i'ta.tion.al pull** [~ʃənl'pul] yerçekimi kuvveti.
grav.i.ty ['græviti] *n.* yerçekimi; ağırlık; önem, ciddiyet, ehemmiyet; centre of ~ ağırlık merkezi; specific ~ özgül ağırlık.
gra.vy ['greivi] *n.* etsuyu, sos, salça; kolay kazanılan para; '~**-boat** *n.* sosluk.
gray *part. Am.* [grei] *adj.* gri, kurşuni, boz, kır *(saç)*; gri giysili; F neşesiz, kasvetli; **gray.ish** *part. Am.* ['~iʃ] *adj.* grimsi, grimtrak.
graze [greiz] **1.** *v/t.* & *v/i.* otla(t)mak; sıyırmak, sıyırıp geçmek; **2.** *n.* sıyrık, bere.
gra.zier ['greizjə] *n.* çoban.
grease 1. [gri:z] *v/t.* yağlamak, yağ sürmek; ~ s.o.'s palm *fig. b-ne* rüşvet vermek; **2.** [gri:s] *n.* yağ, et yağı, kuyruk yağı; makine yağı; '~**-cup** *n.* ⊕ gres kabı, yağlama kutusu, yağdanlık; '~**-gun** *n. mot.* gres pompası; '~**-proof** *adj.* yağ geçirmez; **greas.er** ['gri:zə] *n. Am. sl.* Meksikalı; gemide makine yağcısı.
greas.y □ ['gri:zi] yağlı, yağlanmış.
great □ [greit] **1.** *adj. com.* büyük, kocaman, iri, heybetli, cüsseli, azametli; *fig.* kabiliyetli, yetenekli, usta, mahir; F mükemme,l şahane, harikulâde, fevkalâde; önemli; meşhur; yüksek; çok iyi; *s.* deal[2] 1, many; **2.** *n.* the ~ *pl.* kodamanlar, büyükler; ~s *pl.* gözde kimseler, önemli kişiler; '~**.coat** *n.* palto; '~-'**grand.child** *n.* evlâdının torunu; '~-'**grand.fa.ther** *n.* büyük dede; '**great.ly** *adv.* çokça, pek çok; '**great.ness** *n.* büyüklük; şöhret; önem.
Gre.cian ['gri:ʃən] *adj.* Yunan...
greed [gri:d], '**greed.i.ness** *n.* açgözlülük, oburluk, hırs; '**greed.y** □ obur, açgözlü; hırslı, haris; hevesli, arzulu.
Greek [gri:k] **1.** *adj.* Yunanistan, Yunanlı *veya* Yunanca'ya ait; **2.** *n.* Yunanlı, Grek, Rum; Yunanca; that is ~ to me hiç birşey anlayamıyorum, anlıyorsam arap olayım.
green [gri:n] **1.** □ yeşil; ham, olmamış; yaş, taze; F tecrübesiz, toy, acemi, cahil; **2.** *n.* yeşil renk; ~s *pl.* yeşil yapraklı sebzeler; yeşillik, çimen, çayır; ortak arazi; mera; golf oyununda hedef deliğinin etrafındaki çimen; '~**.back** *n. Am.* arkası yeşil banknot; **green.er.y** ['~nəri] *n.* yeşillik, çimen, botanik.
green...: ~ **fin.gers** *pl.* bahçıvanlıktan anlama; '~**.gage** *n.* ⚘ frenkeriği, bardakeriği; '~**.gro.cer** *n.* manav, yemişçi; '~**gro.cer.y** *n.* manavlık; '~**.horn** *n.* acemi *veya* toy kimse; '~**.house** *n.* limonluk, ser; '**green.ish** *adj.* yeşilimsi, yeşilimtrak.
Green.land.er ['gri:nləndə] *n.* Grönland Adası'nda yaşayan kimse.
green light ['gri:n'lait] *n.* yeşil ışık (F *fig.* = *izin, salâhiyet, yetki)*; '**green.ness** *n.* yeşillik.
green...: '~**-room** *n. thea.* oyuncuların dinlenme odası; '~**.sick.ness** *n.* ⚕ kloroz, genç kızlarda demir eksikliğinden oluşan hastalık; ~**.sward** ['~swɔ:d] *n.* çimen.
Green.wich ['grinidʒ]: ~ time Greenwich saat ayarı.
green.wood ['gri:nwud] *n.* yemyeşil orman.
greet [gri:t] *v/t.* selâmlamak, selâm vermek; karşılamak; '**greet.ing** *n.* selâm.
gre.gar.i.ous [gri'gɛəriəs] *adj.* toplu halde yaşayan, topluluğu seven.
gre.nade ⚔ [gri'neid] *n.* el bombası;
gren.a.dier [grenə'diə] *n.* eskiden el bombası atan asker; İngiliz piyade alayında er.
grew [gru:] *pret. of* grow.
grey [grei] **1.** □ gri, kurşunî, kül rengi, kır, boz, ağarmış *(saç)*; ♀ Friar Fransiskan mezhebine ait rahip; **2.** *n.* gri renk, kurşuni renk; **3.** *v/t.* & *v/i.* ağar(t)mak; '~**.beard** *n.* yaşlı adam, ak sakallı adam;
grey.cing ['~siŋ] *n.* tazı yarışı.
grey...: '~-'**head.ed** *adj. fig.* eski; yaşlı; '~**.hound** *n.* tazı; '**grey.ish** *adj.* grimsi, grimtrak; **grey mat.ter** *anat.* gri madde; *fig.* beyin, akıl.
grid [grid] *n. part. radyo:* valfta kontrol voltajı taşıyan ızgara; şebeke; haritada kesişen dikey ve yatay hatlar sistemi; ray şebekesi; *Am. futbol:* saha.
grid.dle ['gridl] *n.* (alçak kenarlı) tava.
grid.i.ron ['gridaiən] *n.* ızgara; *Am. futbol:* saha.
grief [gri:f] *n.* keder, acı, ıstırap, dert, elem; felâket, belâ.
griev.ance ['gri:vəns] *n.* keder verici şey, dert; **grieve** *v/t.* & *v/i.* kederlen(dir)mek, üz(ül)mek, eseflen(dir)mek; '**griev.ous** □ kederli, acıklı, üzücü, keder verici, elem verici; şiddetli; '**griev.ous.ness** *n.* acıklı durum, dert, keder; şiddet, tehlike.
grif.fin ['grifin] *n.* yarısı aslan yarısı kartal farzolunan garip yaratık.
grig [grig] *n.* hayat dolu kimse, neşeli kimse, şen şakrak kimse.
grill [gril] **1.** *v/t.* & *v/i.* ızgarada pişir(il)mek, çok ısıtmak, çok sıcağa maruz bırakmak; *sl.* soru yağmuruna tutmak.

sorguya çekmek; **2.** *n.* ızgara, tava; ızgarada pişmiş et; *a.* ~-room otel *veya* lokantada ızgaraların pişirildiği yer.

grim □ [grim] haşin, vahşi, gaddar, zalim, merhametsiz, korkunç, çetin; ~ facts *pl.* acı gerçekler; ~ humour uğursuz, meşum neşe.

gri.mace [griˈmeis] **1.** *n.* yüz buruşturma, surat ekşitme; **2.** *v/i.* yüz buruşturmak, surat ekşitmek.

grime [graim] **1.** *n.* kir, pislik, pasak; **2.** *v/t.* kirletmek, pisletmek; **ˈgrim.y** □ kirli, pis.

grin [grin] **1.** *n.* sırıtma, sırıtış; **2.** *v/i.* sırıtmak, dişlerini göstererek gülmek; *v/t.* sırıtarak belirtmek.

grind [graind] **1.** *(irr.) v/t.* öğütmek, ufalamak; bilemek; ezmek; sürterek parlatmak; gıcırdatmak *(diş)*; *fig.* eziyet vermek; *sl.* ineklemek, hafızlamak *(ders)*; döndürerek çalıştırmak; ~ out durmadan üretmek *(esp. yazı veya müzik)*; *v/i.* öğütülmek; sürtünmeden dolayı parlamak; gıcırdamak; *sl.* dersini ineklemek, hafızlamak; seksi biçimde kalçalarını kıvırmak *(striptizci)*; **2.** *n.* bitip tükenmek bilmeyen iş, uzun ve monoton iş, sıkıcı iş; öğütme, ezme; *sl.* inek, hafız *(öğrenci)*; kalça kıvırma; **ˈgrind.er** *n.* öğütücü, bileyici; ~s *pl.* dişler; büyük sandviç; *sl.* inek, hafız; **ˈgrind.ing** *n.* öğütme, çekme *(kahve)*; bileme; parlatma, cilalama; **ˈgrind.stone** *n.* bileği taşı; keep s.o.'s nose to the ~ *b-ni* durmadan çalıştırmak, köle gibi çalıştırmak.

grip [grip] **1.** *v/t.* sıkı tutmak, sarılmak, kavramak *(a. fig.)*, yakalamak; etkilemek, *-in* dikkatini çekmek, tesir etm.; **2.** *n.* sıkı tutma, kavrama; kabza, sap; ⊕ kıskaç, kenet; *Am.* = gripsack; get to ~s with *bşle* uğraşmak.

gripe [graip] **1.** *n.* tutma, yakalama; kontrol, yönetme; şikâyet, sızlanma; sap, kabza; tutan alet *(fren)*; ~s *pl.* F sancı, karın ağrısı; *part. Am.* sıkıntı, dert; **2.** *v/t.* tutmak, yakalamak; keder vermek, ıstırap çektirmek, sıkıntı vermek; kızdırmak, sinirlendirmek; sancı vermek *(karın)*; *v/i. part. Am.* F mızmızlanmak, sızlanmak.

grip.sack *Am.* [ˈgripsæk] *n.* yolcu çantası.

gris.ly [ˈgrizli] *adj.* korkunç, dehşetli, tüyler ürpertici.

grist [grist] *n.* öğütülecek zahire, hububat; bring ~ to the mill *fig.* ele geçen her şeyden yararlanmak; all is ~ that comes to his mill eline geçen her şeyden istifade eder.

gris.tle [ˈgrisl] *n. anat.* kıkırdak; **gris.tly** *adj.* kıkırdaklı, kıkırdaktan ibaret.

grit [grit] **1.** *n.* çakıl, iri taneli kum; *fig.* metanet, cesaret, yiğitlik; **2.** *v/t.* çakıl döşemek, kum döşemek; gıcırdatmak *(diş)*; cesaret göstermek; **ˈgrit.ty** *adj.* kumlu; cesur, yiğit.

griz.zle F [ˈgrizl] *v/i.* sızlanmak, homurdanmak, halinden şikâyet etm.; **ˈgriz.zled** = grizzly 1; **ˈgriz.zly** **1.** *adj.* gri, kurşuni, boz; ~ bear = **2.** *n.* boz ayı.

groan [grəun] **1.** *n.* inilti, figan; **2.** *v/i.* inlemek, ah etm., figan etm.; *v/t.* *bşi* inleyerek belirtmek, inleyerek söylemek, üzülerek anlatmak.

groat [grəut]: not worth a ~ beş para etmez.

groats [grəuts] *n. pl. (part. yulaf)* dövülmüş hububat.

gro.cer [ˈgrəusə] *n.* bakkal; **gro.cer.ies** [ˈ~riz] *n. pl.* bakkaliye, bakkalın sattığı şeyler; **ˈgro.cer.y** *n.* bakkal dükkânı.

grog [grɔg] *n.* su katışmış içki; **ˈgrog.gy** *adj.* sallanan, düşecek gibi, sersemlemiş.

groin [grɔin] **1.** *n. anat.* kasık; ⚘ iki kemerin birleştiği kenar; **2.** *v/t.* böyle kenarlarla donatmak.

groom [grum] **1.** *n.* seyis; güvey; = bridegroom; **2.** *v/t.* tımar etm.; çekidüzen vermek; bir işe hazırlamak; *Am. pol.* aday göstermek; well ~ed iyi giyimli, şık; **grooms.man** [ˈ~zmən] *n.* sağdıç.

groove [gruːv] **1.** *n.* oluk, yiv, saban izi; *fig.* alışkanlık, âdet; in the ~ *fig.* keyfi yerinde, neşeli; **2.** *v/t.* oluk açmak; F *bşe* kendini vermek; **ˈgroov.y** *adj. Am.* son modaya uygun, şık, mükemmel.

grope [grəup] *v/t. & v/i.* el yordamıyla aramak; körü körüne araştırmak; ~ one's way el yormadıyla yürümek, yolunu bulmak.

gross [grəus] **1.** □ kaba, çirkin, kötü; iğrenç, tiksindirici, adi; hantal, şişko; göze batan, bariz; bereketli; bol; toptan; ✝ brüt...; **2.** *n.* on iki düzine; in the ~ toptan, bütünüyle; genel olarak; **ˈgrossness** *n.* kabalık; toptancılık; hantallık, iri yarılık.

gro.tesque □ [grəuˈtesk] acayip, tuhaf, garip; kaba.

grot.to [ˈgrɔtəu] *n., pl.* **ˈgrot.to(e)s** mağara; yapay yeraltı odası.

grouch *Am.* F [grautʃ] **1.** *v/i.* şikâyet etm., homurdanmak, söylenmek, mırıldanmak; **2.** *n.* suratsızlık, homurdanma; söylenme, şikâyet; suratı asık kimse, memnun olmamış kimse, şikâyetçi kimse; ˈ**grouch.y** *adj.* suratsız, asık suratlı, somurtkan.

ground[1] [graund] *pret.* & *p.p. of* grind 1; ~ glass kristal cam; *phot.* buzlucam.

ground[2] [~] **1.** *n.* *mst* yer, zemin; toprak, arsa; yeryüzü; meydan, saha, alan; ⚡ toprak; *paint.* astar boya, üstüne desen çizilen düz satıh; ~s *pl.* bahçe; dip, denizin dibi; kahve telvesi, dibe çöken kısım, tortu; neden, sebep; on the ~(s) of sebebiyle, *-den* dolayı, ...yüzünden; fall to the ~ düş(ür)mek; *fig.* suya düşmek *(plan)*; give ~ geri çekilmek; avantajını koruyamamak; stand *veya* hold *veya* keep one's ~ ayak diremek, boyun eğmemek, davasından vazgeçmemek; **2.** *v/t.* yere oturtmak, kurmak; esaslı olarak öğretmek; bir esasa dayandırmak; ⚡ toprağa bağlamak; ✈ kalkışa izin vermemek; ⚓ karaya oturtmak; ⊕ zemin boyası sürmek; *v/i.* temeli olm.; karaya oturmak; topa vurmak; well ~ed temeli iyi; sağlam temeller üzerine kurulmuş; ˈ**ground.age** *n.* ⚓ demirleme için ödenen ücret, liman resmi.

ground...: ˈ**~-con.nex.ion** *n.* ⚡ toprak hattı; ~ **crew** = ground-staff; ~ **floor** zemin katı; ˈ**~-ˈhog** *n.* *zo.* *part.* *Am.* dağsıçanı; ˈ**~.less** □ temelsiz, yersiz, sebepsiz, asılsız; **ground.ling** [ˈ~liŋ] *n.* *thea.* ayakta duran seyirci; basit zevkleri olan kimse; toprağa yakın çalışan *veya* yaşıyan bitki *veya* hayvan.

ground...: ˈ**~-nut** *n.* yerfıstığı; ˈ**~-ˈplan** *n.* binanın zemin planı; ˈ**~-rent** *n.* arsa kirası.

ground.sel ⚘ [ˈgraunsl] *n.* kanaryaotu.

ground...; ~ **speed** ✈ yer sürati; ˈ**~-staff** *n.* ✈ hava meydanı ekibi, yer mürettebatı; ~ **swell** soluğan, uzakta esen rüzgârdan oluşan ölü dalga; ˈ**~-wire** *n.* ⚡ toprak teli; ˈ**~.work** *n.* temel, esas.

group [gruːp] **1.** *n.* grup, küme, öbek; heyet, topluluk; **2.** *v/i.* gruplaşmak, grup halinde toplanmak; bir gruba ait olm.; *v/t.* toplamak; gruplara ayırmak.

grouse[1] *orn.* [graus] *n.* ormantavuğu.

grouse[2] F [~] *v/i.* homurdanmak, söylenmek, sızlanmak, şikâyet etm.

grove [grəuv] *n.* koru, ormancık, ağaçlık.

grov.el [ˈgrɔvl] *v/i.* *mst fig.* yerde sürünmek; ayaklarına kapanmak; kendini alçaltmak; yaltaklanmak; ˈ**grov.el.(l)er** *n.* alçalmış kimse, hor görülen kimse; dalkavuk; ˈ**grov.el.(l)ing 1.** *adj.* dalkavuk, alçalmış, rezil; **2.** *n.* dalkavukluk, kendini küçük düşürme.

grow [grəu] *(irr.)* *v/i.* büyümek, gelişmek; olmak; serpilmek; çoğalmak, artmak, genişlemek; kökleşmek, yerleşmek *(alışkanlık)*; çekici olm.; ~ out of çok büyük gelmek; içine sığmamak *(elbise)*; bırakmak *(kötü alışkanlık)*; ~ (up)on s.o. *b-nin* içine yerleşmiş olm.; ~ up büyümek, olgunlaşmak; gelişmek; *v/t.* büyütmek, yetiştirmek, üretmek; geliştirmek; ˈ**grow.er** *n.* yetiştirici, üretici; belirli şartlarla büyüyen bitki.

growl [graul] **1.** *n.* homurtu, homurdanma, hırlama; **2.** *v/i.* hırlamak, homurdanmak; guruldamak *(mide)*; gümbürdemek *(şimşek)*; *v/i.* homurdanarak söylemek; ˈ**growl.er** *n.* *fig.* homurdanan kimse; *Am.* *sl.* bira kabı; küçük buzul.

grown [grəun] **1.** *p.p. of* grow; **2.** *adj.* büyümüş, yetişkin, olgun; ˈ**~-up 1.** *adj.* yetişkin, olgun, büyümüş; **2.** *n.* yetişkin kimse, olgun kimse; **growth** [grəuθ] *n.* büyüme, gelişme; artma, yükselme, çoğalma; mahsul, ürün; hastalıklı durum; of one's own ~ kendi eliyle yetiştirmiş.

groyne [grɔin] *n.* set, erozyonu önlemek için yapılmış duvar.

grub [grʌb] **1.** *n.* tırtıl, kurtçuk; *sl.* yiyecek; *contp.* meşe odunu; köle gibi çalışan kimse; **2.** *v/t.* kazmak, eşelemek, kökünden sökmek, kökünden sökerek temizlemek; *sl.* yedirmek *(yemek)*; ~ up kökünden sökmek; *mst* ~ out yuvasından çıkarmak; *v/i.* toprağı kazmak (for *için*); didinmek, çalışıp yorulmak (for *için*); ˈ**grub.by** *adj.* pis, kirli, yıkanmamış; kurtlu.

grudge [grʌdʒ] **1.** *n.* kin, garez, diş bileme; **2.** *v/t.* isteksizce vermek, çok görmek, kıskanmak, gözü kalmak, vermek istememek; diş bilemek; ~ no pains özen göstermek, itina etm., hiçbir zahmetten kaçınmamak; ˈ**grudg.er** *n.* kıskanç, *bşde* gözü kalan kimse; ˈ**grudg.ing.ly** *adv.* isteneye istemeye, istemeyerek, isteksizce.

gru.el [ˈgruəl] *n.* pişirilmiş yulaf ezmesi; get *veya* have one's ~ *sl.* cezasını bulmak, hak ettiğini bulmak; ˈ**gru.el.(l)ing** *adj.* çok yorucu, bitap düşürücü; şiddetli.

grue.some □ [ˈgruːsəm] korkunç, dehşetli, ürkütücü; iğrenç.

gruff [grʌf], ˈ**gruff.y** *adj.* kaba, ters, aksi; sert; boğuk *(ses)*; boğuk sesli.

grum.ble [grʌmbl] *v/i.* mırıldanmak; şikâyet etm. (at *-den*); homurdanmak; guruldamak; gürlemek; *v/t.* mırıldanarak söylemek, homurdanarak söylemek; ˈ**grum.bler** *n.* *fig.* homurdanan kimse, halinden şikâyetçi kimse.

grump.y □ F [ˈgrʌmpi] aksi, ters, kaba, kötü huylu.

Grun.dy.ism [ˈgrʌndiizəm] *n.* iffet taslama, dar görüşlülük.

grunt [grʌnt] **1.** *n.* homurtu, hırıltı; **2.** *vb.* domuz gibi hırıldamak; homurdanmak; homurdanarak söylemek; **ˈgrunt.er** *n.* domuz.

guar.an.tee [gærənˈtiː] **1.** *n.* garanti, kefalet, teminat; kefil; = guaranty; **2.** *v/t.* garanti etm.; kefil olm.; **guar.an.tor** [~tɔː] *n.* kefil; **ˈguar.an.ty** *n.* garanti, kefalet.

guard [gɑːd] **1.** *n.* koruma, muhafaza, himaye, müdafaa; gardiyan; koruyucu alet; ⚔ nöbet; nöbetçi; muhafız; 🚂 tren memuru, frenci; ≈s *pl.* ⚔ muhafız alayı; be on (off) ones ~ hazırlıklı (hazırlıksız) olm., dikkatli olm., (gafil avlanmak); mount ~ ⚔ nöbet tutmak; relieve ~ ⚔ nöbet değiştirmek, nöbeti devralmak; **2.** *v/t.* korumak, muhafza etm., himaye etm. (from *-den*; against *-e karşı*); beklemek; göz altına almak; *v/i.* uyanık bulunmak; nöbet tutmak; korunmak (against *-e karşı*); **ˈ~-boat** *n.* ⚓ karakol gemisi; **ˈguard.ed** □ uyanık, tetikte; korunan, muhafazalı; tedbirli; **ˈguard.house** *n.* askerî karakol; **ˈguard.i.an** *n.* koruyucu, muhafız, gardiyan; ⚖ vasi, veli; ~ angel koruyucu melek; ~ of the poor fakirlerin koruyucusu, fakir babası; **ˈguard.i.an.ship** *n.* muhafızlık; vasilik, velilik; **guards.man** ⚔ [ˈgɑːdzmən] *n.* muhafız askeri.

gudg.eon [ˈgʌdʒən] *n. ichth.* yem için kullanılan ufak tatlı su balığı; *fig.* saf kimse, bön kimse; ⊕ mil, pin, menteşe kovanı, çengel, kanca.

guer.don *lit.* [ˈgəːdən] **1.** *n.* ödül, mükâfat; **2.** *v/t.* ödüllendirmek, mükâfat vermek.

guer(r).ril.la [gəˈrilə] *n.* gerilla, çeteci; ~ war çete harbi, gerilla savaşı.

guess [ges] **1** *.n.* tahmin, zan; at a ~ tahminen; **2.** *v/t.* tahmin etm., sanmak, zannetmek, farzetmek; inanmak; *v/i.* tahminde bulunmak (at *-e hakkında*); *part. Am.* zannetmek, farzetmek, sanmak; **ˈguess.work** *n.* tahmin, varsayı.

guest [gest] *n.* misafir, davetli, konuk, otel *veya* pansiyon müşterisi; paying ~ pansiyoner; **ˈ~-house** *n.* pansiyon; **ˈ~-room** *n.* misafir yatak odası.

guf.faw [gʌˈfɔː] **1.** *n.* kaba gülüş, kahkaha **2.** *v/i.* kabaca kahkaha atmak.

guid.a.ble [ˈgaidəbl] *adj.* yönetilebilir, idare edilebilir; **guid.ance** [ˈ~dəns] *n.* rehberlik, yol gösterme, liderlik; yönetme; eğitim sırasında çocuğa verilen öğüt.

guide [gaid] **1.** *n.* rehbet, kılavuz; yönetmelik; *s.* ~-book; ⊕ yatak, kızak, ray; **2.** *v/t.* yol göstermek *-e*; sevketmek, idare etm. *-i*; ~d missile ⚔ güdümlü roket; **ˈ~-book** *n.* seyahat rehberi; ~ **dog** körlere yol gösteren köpek; **ˈ~-post** *n.* yol işareti; **ˈ~-rope** *n.* ⚓ kılavuz ipi.

gui.don ⚔ [ˈgaidən] *n.* tabur sancağı, flama; sancak taşıyan er.

guild [gild] *n.* esnaf birliği, lonca, hayır kurumu; **ˈguild.er** *n.* Hollanda para birimi; **ˈGuildˈhall** *n.* esnaf birliği merkez binası; Londra belediye dairesi.

guile [gail] *n.* aldatma, hile, kurnazlık, şeytanlık; **guile.ful** □ [ˈ~ful] hilebaz, düzenbaz, şeytan gibi, kurnaz; **ˈguile.less** □ saf, bön, samimi, temiz kalpli; **ˈguile-less.ness** *n.* samimiyet, saflık.

guil.lo.tine [giləˈtiːn] **1.** *n.* giyotin; ⊕ kağıt bıçağı; *pol.* tartışma sınırlaması; **2.** *v/t.* giyotinle idam etm.

guilt [gilt] *n.* suç, kabahat; **ˈguilt.i.ness** *n.* suçluluk; **ˈguilt.less** □ masum, suçsuz (of *-den*); **ˈguilt.y** □ suçlu, kabahatli; plead ~ suçu kabul etm.

guin.ea [ˈgini] *n.* 21 şilin değerindeki eski İngiliz parası; **ˈ~-fowl** *n.* Afrika tavuğu, beç tavuğu; **ˈ~-pig** *n.* kobay; *fig.* üzerinde deney yapılan insan.

guise [gaiz] *n.* elbise; aldatıcı görünüş, maske, kisve.

gui.tar ♪ [giˈtɑː] *n.* gitar.

gulch *Am.* [gʌlʃ] *n.* küçük ve derin dere.

gulf [gʌlf]*n.* körfez; uçurum, derin yarık; *fig.* ayrılık *(fikir)*.

gull[1] *orn.* [gʌl] *n.* martı.

gull[2] [~] **1.** *n.* hile, oyun, aldatma; kolay aldatılan kimse, saf kimse; **2.** *v/t.* aldatmak, dolandırmak, hile yoluyla almak.

gul.let [ˈgʌlit] *n.* boğaz, gırtlak.

gul.li.bil.i.ty [gʌliˈbiliti] *n.* kolay aldanma, saflık, bönlük; **gul.li.ble** □ [ˈ~ləbl] kolay aldanır, saf, ahmak, bön.

gul.ly [ˈgʌli] *n.* sel ve yağmur suyunun oluşturduğu dere; su kanalı.

gulp [gʌlp] **1.** *n.* yudum, yutma; **2.** *v/t.* yutmak, yutuvermek.

gum[1] [gʌm] *n. a.* ~s *pl.* dişeti.

gum[2] [~] **1.** *n.* zamk; sakız, çiklet; jelatinli şekerleme; sakız ağacı; ~s *pl. Am.* lastik ayakkabı; **2.** *v/t.* zamklamak, yapıştırmak.

gum.boil ⚕ [ˈgʌmbɔil] *n.* dişeti iltihabı.

gum.my [ˈgʌmi] *adj.* yapışkan, sakız gibi, yapış yapış.

gump.tion F ['gʌmpʃən] *n.* girişkenlik, cesaret, beceriklilik.

gun [gʌn] **1.** *n.* top, tüfek, silâh; *part. Am.* tabanca, revolver; big *veya* great ~ F kodaman, nüfuzlu kimse; stick to one's ~ ayak diremek, davasından vazgeçmemek; **2.** *vb. Am.* tüfekle ateş etm.; tüfekle avlanmak; **'~.boat** *n.* ⚓ gambot; **'~-car.riage** *n.* ⚔ top arabası; **'~-cot.ton** *n.* pamuk barutu; **'~-li.cence** *n.* silah taşıma ruhsatı; **'~.man** *n. part. Am.* silahlı kimse, silahlı gangster, silahlı soyguncu; **'~-met.al** *n.* top dökümü, kızıl döküm; **'gun.ner** *n.* ⚔, ⚓ topçu (subayı); **'gun.ner.y** *n.* ⚔ topçuluk (tekniği).

gun.ny ['gʌni] *n.* çuval bezi, çul.

gun...; **'~.pow.der** *n.* barut; 2 Plot *hist.* 5 Kasım 1605'te Parlamento binasını havaya uçurmayı amaçlayan suikast; **'~-room** *n.* ⚓ subaylara ait oda; **'~-run.ning** *n.* silah kaçakçılığı; **'~.shot** *n.* silah atışı; top menzili; **'~-shy** *adj.* silah sesinden ürken *(esp. köpek, at)*; **'~.smith** *n.* silahçı, tüfekçi; **'~-tur.ret** *n.* taret, zırhlı kule.

gun.wale ⚓ ['gʌnl] *n.* filika küpeştesi, borda tirizi.

gur.gle ['gə:gl] **1.** *n.* çağıltı, gurultu, fokurtu; **2.** *v/i.* çağıldamak, guruldamak, fokurdamak; çağıltı gibi ses çıkarmak.

gush [gʌʃ] **1.** *n.* fışkırma, taşma; *fig.* coşku, hayranlık; **2.** *v/i.* fışkırmak (from *-den*); *fig. b-ne* hayran kalmak, bayılmak; **'gush.er** *n. fig.* hayran olmuş kimse; petrol kuyusu; **'gush.ing** □ coşkun, taşkın, heyecanlı.

gus.set [gʌsit] *n.* elbiseleri bollaştırmak için yanlarına eklenen kumaş parçası, üç köşeli peş.

gust [gʌst] *n.* ani rüzgâr, bora; coşku.

gus.ta.to.ry ['gʌstətəri] *adj.* tatma duyusuyla ilgili, tatma...

gus.to ['gʌstəu] *n.* zevk alma, haz, kişisel arzu, istek (for *-e*).

gus.ty □ ['gʌsti] rüzgârlı, fırtınalı.

gut [gʌt] **1.** *n.* bağırsak; ♪ bağırsaktan yapılan çalgı teli; ~s *pl.* bağırsaklar; *sl.* cesaret, azim, kararlılık; **2.** *v/t.* bağırsaklarını dışarı çıkarmak *(ölü hayvanın)*; içini tamamen tahrip etm., yağma etm.

gut.ta-per.cha ['gʌtə'pə:tʃə] *n.* gutaperka, Malezya'da bazı ağaçlardan elde edilen kauçuğa benzer bir madde.

gut.ter ['gʌtə] **1.** *n.* oluk, suyolu, hendek; *fig.* bayağılık, sefalet; **2.** *v/t.* hendek açmak, oluk açmak, su yolu kazmak; *v/i.* oluk gibi akmak; eriyip akmak *(mum)*; ~ **press** müstehcen hikâyelere veya skandallara daha çok yer veren gazeteler; **'~-snipe** *n.* sokak çocuğu, köprüaltı çocuğu, kenar mahalle çocuğu.

gut.tur.al ['gʌtərəl] **1.** □ gırtlağa ait, gırtlak...; **2.** *n. gr.* gırtlaktan çıkarılan ses.

guy[1] [gai] **1.** *n.* F acayip kılıklı herif; *part. Am.* F herif, adam; **2.** *v/t.* alay etm., dalga geçmek.

guy[2] [~] *n. bşi* yerinde tutan halat *veya* zincir; ⚓ gemi direklerini yerinde tutan halat.

guz.zle ['gʌzl] *vb.* obur gibi yemek, çok ve hızlı içmek.

gym F [dʒim] = gymnasium, gymnastics.

gym.kha.na [dʒim'ka:nə] *n.* atletizm yarışması; araba yarışı.

gym.na.si.um [dʒim'neizjəm] *n.* spor salonu; **gym.nast** ['~næst] *n.* beden eğitimi öğretmeni *veya* uzmanı; **gym'nas.tic 1.** *adj.* (~ally) beden eğitimine ait, atletizm...; ~ competition jimnastik müsabakası; **2.** ~s *n. pl.* jimnastik, idman, beden eğitimi; **'gym-shoes** *n. pl.* F beden ayakkabısı, jimnastik ayakkabısı.

gyn.ae.col.o.gist [gaini'kɔlədʒist] *n.* jinekolog, kadın-doğum hastalıkları mütehassısı; **gyn.ae'col.o.gy** *n.* jinekoloji, kadın-doğum hastalıkları bilgisi.

gyp [dʒip] *n. (Cambridge Üniversitesi'nde)* öğrencilere hizmet eden erkek hizmetçi; hilebaz, dolandırıcı; give s.o. ~ *b-ni* acımasızca azarlamak *veya* cezalandırmak, dövmek.

gyp.se.ous ['dʒipsiəs] *adj.* alçı gibi; alçılı.

gyp.sum *min.* ['dʒipsəm] *n.* alçıtaşı.

gyp.sy *part. Am.* ['dʒipsi] = gipsy.

gy.rate [dʒaiə'reit] *v/i.* dönmek, deveran etm., devretmek; **gy'ra.tion** *n.* dönüş, dönme, deveran; **gy.ra.to.ry** ['~rətəri] *adj.* dönen..., devreden...

gy.ro-com.pass *phys.* ['dʒaiərəu'kʌmpəs] *n.* giroskoplu pusula, topaç pusulası; **gy.ro.scope** ['gaiərəskəup] *n.* giroskop, topaç; **gy.ro.scop.ic sta.bi.liz.er** [gaiərəs'kɔpik'steibilaizə], **gy.ro'sta.bi.liz.er** *n.* giroskopik stabilizatör.

gyve *poet.* [dʒaiv] **1.** *n.* ~s *pl.* ayak zinciri, pranga; **2.** *v/t.* prangaya vurmak.

H

h [eitʃ]: drop one's h's h harfini söylememek.

ha [hɑː] *int.* ha!, vay!, ya!, oh!

ha.be.as cor.pus ⚖ [ˈheibjəsˈkɔːpəs] *n.* *a.* writ of ~ bir suçluyu hakim huzuruna çıkarma emri, ihzar emri.

hab.er.dash.er [ˈhæbədæʃə] *n.* tuhafiyeci; *Am.* erkek giyimi satan mağaza; **ˈhab-er.dash.er.y** *n.* tuhafiye dükkânı; tuhafiye (eşyası); *Am.* erkek giyim eşyası.

ha.bil.i.ments [həˈbilimənts] *n. pl.* elbise, kıyafet, kılık; teçhizat, tertibat.

hab.it [ˈhæbit] **1.** *n.* âdet, alışkanlık, huy, tabiat; iptilâ, düşkünlük; zihni yapı; yaradılış; din adamlarının giydiği özel kıyafet; fall *veya* get into bad ~s kötü huylar edinmek; get out of a ~ bir alışkanlıktan kurtulmak, bir alışkanlığı bırakmak; get into the ~ of smoking sigara içmeye alışmak, sigara içmeyi alışkanlık haline getirmek; be in the ~ of ...alışkanlığında olm., alışmak *-e*; **2.** *vb.* giydirmek; **ˈhab.it.a.ble** *adj.* oturmaya elverişli, oturulabilir; **hab.i.tat** ⚘, *zo.* [ˈ~tæt] *n.* bir hayvan *veya* bitkinin büyüdüğü yer; **hab.iˈta.tion** *n.* ikamet, oturma; ikametgâh, mesken, ev.

ha.bit.u.al ☐ [həˈbitjuəl] âdet olmuş, alışılmış; daimî...; **haˈbit.u.ate** [~eit] *vb.* alıştırmak (to *-e*); **hab.i.tude** [ˈhæbitjuːd] *n.* âdet, alışkanlık; eğilim, istidat; **ha-bit.u.é** [həˈbitjuei] *n.* müdavim, daimi ziyaretçi, gedikli müşteri.

hack¹ [hæk] **1.** *n.* vuruş, darbe; madenci kazması; kesici alet, çentik aleti; çentik, kertik, diş; kuru öksürük; *futbol:* tekme yarası; **2.** *v/t.* çentmek, yarmak, yontmak; kıymak, doğramak; keserek temizlemek; becermek; *futbol:* tekme atmak; ~ing cough kuru öksürük.

hack² [~] **1.** *n.* kira beygiri; yaşlı at; kiralık at arabası; taksi; taksi şoförü; *a.* ~ writer değersiz yazılar yazan kalitesiz yazar **2.** *adj.* kiralık...; *fig.* âdi, bayağı, basmakalıp; bayatlamış; **3.** *vb.* yıpratmak, eskitmek, âdileştirmek; rahvan yürüyüşle ata binmek; araba kullanmak; taksi şoförlüğü yapmak.

hack.le [ˈhækl] **1.** *n.* ⊕ kendir *veya* keten tarağı; *orn.* horozun boynundaki uzun tüyler; get s.o.'s ~ up *fig.* *b-ni* kızdırmak, öfkelendirmek; **2.** *vb.* keten tarağı ile taramak; olta ucuna sunî sinek yemi takmak; yarmak, yontmak, çentmek, parçalamak.

hack.ney [ˈhækni] *n.* binek *veya* koşum atı; ~ **car.riage,** ~ **coach** kiralık at arabası; **ˈhack.neyed** *adj. fig.* adi, bayağı; eskimiş, yıpranmış; basmakalıp; kaşarlanmış.

hack-saw ⊕ [ˈhæksɔː] *n.* demir testeresi.

had [hæd, həd] *pret. & p.p. of* have.

had.dock *ichth.* [ˈhædək] *n.* mez(g)it balığı.

Ha.des [ˈheidiːz] *n.* ölülerin ruhlarının bulunduğu yer, ölüler diyarı.

h(a)e.mal [ˈhiːməl] *adj.* kanla *veya* damarlarla ilgili, kan...

h(a)em.a.tite *min.* [ˈhemətait] *n.* hematit.

h(a)e.mo... [ˈhiːməu] *prefix* kan...

h(a)e.mo.glo.bin ⚕ [hiːməuˈgləubin] *n.* hemoglobin; **h(a)e.mo.phil.i.a** [~ˈfiliə] *n.* hemofili, kanın pıhtılaşmaması.

h(a)em.or.rhage [ˈhemərid ʒ] *n.* kanama;

h(a)em.or.rhoids [ˈ~rɔidz] *n. pl.* basur, emeroit.

haft [hɑːft] *n.* balta *veya* bıçak sapı, kılıç kabzası.

hag [hæg] *n. mst fig.* acuze, cadı, çirkin kadın, kocakarı, büyücü kadın.

hag.gard ☐ [ˈhægəd] bitkin görünüşlü, çökmüş, çelimsiz, bir deri bir kemik.

hag.gle [ˈhægl] *vb.* sıkı pazarlık etm.; çekişmek, münakaşa etm.; doğramak, parçalamak.

hag.i.ol.o.gy [hægiˈɔləd ʒi] *n.* azizlerin hayatı ile ilgili edebiyat.

hag.rid.den [ˈhægridn] *adj.* bitkin, yorgun, usanmış.

hah [hɑː] *int.* ha!, vay!, ya!, oh!

ha-ha [hɑːˈhɑː] *n.* alçak çit.

hail¹ [heil] **1.** *n.* dolu; dolu gibi yağan

şey; **2.** *vb.* dolu yağmak; yağdırmak *(küfür)*; hızlı ve şiddetli gelmek *(yumruk)*.

hail² [~] **1.** *vb.* çağırmak; demek; alkışlarla karşılamak, selâmlamak; ~ from ...limanından kalkmak; ...li olm.; **2.** *n.* selâmlama, seslenme; ~! selâm!; within ~ duyulacak mesafede, yakın; be ~-fellow -well-met with *b-le* samimi dost olm., yakın arkadaş olm. canciğer olm.

hail.stone [ˈheilstəun] *n.* dolu tanesi; **ˈhail-storm** *n.* dolu fırtınası; *fig.* yağmur *(soru, küfür, mermi)*.

hair [hɛə] *n.* saç, kıl, tüy; kıl payı mesafe; keep your ~ on! *sl.* sakin ol!; not turn a ~ kılını kıpırdatmamak; ~'s breadth = **ˈ~-breadth** *n.* kıl payı mesafe, ucuz kurtulma; by *veya* within ~ az kaldı, ramak kaldı; **ˈ~-cut** *n.* saç kesme, saç traşı; saç kesilme biçimi; **ˈ~-do** *n. Am.* saç tuvaleti; **ˈ~.dress.er** *n. (part. kadın)* ku(v)aför, berber; **ˈ~-dri.er** *n.* saç kurutma makinesi; **haired** *comb.* ...saçlı; **ˈhair-i.ness** *n.* tüylülük, kıllılık; tehlike, risk.

hair...: **ˈ~.less** *adj.* saçsız, kel, saçlara dökülmüş; **ˈ~.pin** *n.* firkete, saç tokası; ~ bend keskin viraj; **ˈ~-rais.ing** *adj.* tüyler ürpertici, korkunç; **ˈ~-shirt** *n.* sert hayvan kılından yapılmış gömlek; **ˈ~--split.ting** *n.* kılı kırk yarma; **ˈ~-spring** *n.* ⊕ saat içindeki kıl yay; **ˈhair.y** *adj.* kıllı, tüylü; kıldan yapılmış; kıl gibi; *sl.* tehlikeli, riskli.

ha.la.tion *phot.* [həˈleiʃən] *n.* resmin sürekspoze kısmı.

hal.berd ✕ [ˈhælbəːd] *n.* Ortaçağda kullanılan baltalı kargı.

hal.cy.on [ˈhælsiən] **1.** *n.* yalıçapkını, iskelekuşu, emircik; **2.** *adj.* durgun, sakin, dingin.

hale [heil] *adj.* sağlam, dinç, zinde; ~ and hearty dinç ve canlı.

half [hɑːf] **1.** *adj.* yarımbuçuk; ~ a crown iki buçuk şilin değerindeki eski İngiliz parası; a pound and a ~ bir buçuk pound; not ~ *sl.* hem de nasıl; çok fazla; adamakıllı; **2.** *n. pl.* **halves** [hɑːvz] yarı; eş; yarım saat; *okul:* sömestr, dönem; yarım dolar; *s.* ~-back; too clever by ~ gereğinden fazla akıllı; by halves yarımyamalak, tamamlanmamış; go halves yarı yarıya bölüşmek -*i*; **ˈ~-ˈback** *n. futbol:* hafbek; **ˈ~-ˈbaked** *adj. fig.* acemi, deneyimsiz, toy; aptalca, iyi düşünülmemiş; iyi pişmemiş; **ˈ~-bind.ing** *n.* arkası ve köşeleri daha iyi kalite bezle kaplı cilt; **ˈ~-blood** *n.* melez, yarım kan; **ˈ~-ˈbound** *adj.* arkası ve köşeleri daha iyi kalite bez kaplı; **ˈ~-bred** *adj.* melez...; **ˈ~-breed** *n.* melez; **ˈ~-calf** *n.* kitabın arkasını ve köşelerini kaplama derisi; **ˈ~-caste** *n.* melez; **ˈ~-ˈcrown** *n.* iki buçuk şilin değerindeki eski İngiliz parası; **ˈ~-ˈheart.ed** □ isteksiz, gayretsiz; **ˈ~-ˈhol.i.day** *n.* yarım günlük tatil; **ˈ~-ˈhour** **1.** *n.* yarım saat; **2.** *adj.* yarım saatlik; **ˈ~-ˈhour.ly** *adj. & adv.* yarım saatte bir; **ˈ~-ˈlength** *n.* vücudun yukarı kısmını gösteren resim; **ˈ~-life (pe.ri.od)** *n. phys.* yarıla(n)ma süresi; **ˈ~-ˈmast:** (at) ~ yarıya indirilmiş *(bayrak)*; **ˈ~-ˈmoon** *n.* yarımay; **ˈ~-ˈmourn.ing** *n.* yarı matem elbisesi; **ˈ~-ˈpay** *n.* yarım maaş; açıkta bekleme maaşı; **~.pen.ny** [ˈheipni] *n.* yarım peni; **~-seas-o.ver** F [ˈhɑːfsiːzˈəuvə] *adj.* çakırkeyf; **ˈ~ˈtime** *n. spor:* haftaym, yarı devre; **ˈ~-tone proc.ess** ⊕ resmi hafif noktalarla gösterme işlemi; **ˈ~-track** *n.* yarısı paletli askeri araç; **ˈ~-ˈway** *adj.* yarı yolda; yetersiz; ~ house yarı yolda bulunan otel *veya* han; *fig.* akıl hastası *veya* uyuşturucu madde kullananları toplum hayatına alıştıran yer; **ˈ~-ˈwit** *n.* aptal (*veya* ahmak, budala) kimse; **ˈ~-ˈwit.ted** *adj.* aptal, ahmak, budala.

hal.i.but *ichth.* [ˈhælibət] *n.* kalkana benzer yassı bir balık.

hall [hɔːl] *n.* salon; resmi bina; hol; koridor; *univ.* yemek salonu; ~ of residence yurt, lojman.

hal.le.lu.jah [hæliˈluːjə] *n.* Tanrıya şükretme.

hall...: **ˈ~-mark** **1.** *n.* altın *veya* gümüşte ayar damgası; *fig.* kalite işareti; **2.** *vb.* ayar damgası basmak; **ˈ~-ˈstand** *n.* portmanto.

hal.lo(a) [həˈləu] *int.* alo!, hey!, yok ya!, bana bak!.

hal.loo [həˈluː] **1.** *int.* hadi yavrum! *(köpeklere)*; **2.** *n.* avda köpekleri saldırtma ünlemi; **3.** *v/i.* 'saldır' diye bağırmak; *v/t.* saldırtmak, tahrik etm.

hal.low [ˈhæləu] *vb.* kutsallaştırmak; kutsamak, takdis etm.; **Hal.low.mas** [ˈ~mæs] *n.* Azizler yortusu.

hal.lu.ci.na.tion [həluːsiˈneiʃən] *n.* varsanı, sanrı, kuruntu, vehim.

hall.way [ˈhɔːlwei] *n.* koridor; hol.

ha.lo [ˈheiləu] *n. ast.* ağıl, hale, ışık halkası.

halt [hɔːlt] **1.** *n.* duruş; durma, duraklama; mola; ara istasyon; **2.** *v/t.* & *v/i.* dur(dur)mak; *mst fig.* tereddüt etm., duraksamak, duraklamak; **3.** *adj.* topal, aksak.

hal.ter [ˈhɔːltə] *n.* yular; idam ipi.
halve [hɑːv] *v/t.* yarıya bölmek; yarıya indirmek; **halves** [~z] *pl. of* half 2.
hal.yard ⚓ [ˈhæljəd] *n.* bayrak *veya* seren ipi, kandilisa, abli.
ham [hæm] *n.* jambon, domuz budu; *sl.* amatör radyocu; amatör; *a.* ~ actor *sl.* amatör oyuncu.
ham.burg.er *Am.* [ˈhæmbəːgə] *n.* hamburger, köfteli sandviç; sığır kıyması; köfte.
ham-hand.ed [ˈhæmhændid] *adj.* eli ağır, beceriksiz.
ham.let [ˈhæmlit] *n.* küçük köy.
ham.mer [ˈhæmə] **1.** *n.* çekiç, tokmak; çekiç kemiği; tüfek horozu; ~ and tongs F büyük gürültü ve gayretle; **2.** *v/t.* çekiçle işlemek, çekiçle vurmak, çekiçle çakmak, çekiçlemek; yumruklamak; ~ at didinmek, uğraşıp durmak, durmadan çalışmak; ~ out düzeltmek, şekil vermek, plan yapmak.
ham.mock [ˈhæmək] *n.* hamak; ~ **chair** şezlong.
ham.per [ˈhæmpə] **1.** *n.* büyük sepet, sandık, çamaşır sepeti; **2.** *v/t.* engel olm. *-e*, mâni olm. *-e*.
ham.ster *zo.* [ˈhæmstə] *n.* sıçan türünde bir hayvan.
ham.string [ˈhæmstriŋ] **1.** *n. anat.* diz arkasındaki iki büyük kirişten biri; **2.** (*irr.* string) *vb.* bu kirişleri kesmek, kötürümleştirmek, sakatlamak; *fig.* gücünü kesmek, etkinliğini azaltmak, kolunu kanadını kırmak.
hand [hænd] **1.** *n.* el; kuvvet, etki; elleri kullanmadaki hüner; *zo.* ön ayak; işçi, amele; gemi tayfası; işe karışma, parmak; akrep, ibre; F adam, herif, biri; el yazısı; imza; *iskambil:* el, oyun; *pl.* sorumluluk, yetki, salahiyet; sahip olma; alkış; at ~ yakında, yakın, yanında; be at ~ yakın olm., yakında olm.; at first ~ doğrudan doğruya, ilk elden; at s.o.'s ~s ...den; a good (poor) ~ at ...de becerikli (beceriksiz); ~ and glove el ele, yardımlaşarak; bear a ~ yardım etm. *-e*; by ~ el ile; elden *(mektup)*; change ~s el değiştirmek; sahip değiştirmek; have a ~ in ...de parmağı olm.; in ~ elde, mevcut, hazırda; bitirilmek üzere; ✝ nakit para; lay ~s on el atmak *-e*; şiddet kullanmak *-e*; bulmak *-i*; kutsamak, takdis etm. *-i*; lend a ~ yardım etm. *-e*; off ~ derhal, hemen, doğrudan doğruya; ~s off! elini sürme!, dokunma!; on ~ elde; ✝ mevcut, stokta; *part. Am.* hazır, rezerve edilmiş; on one's ~s ...nin elinde; on all ~s her tarafta, her yerde; on the one ~ bir taraftan; on the other ~ diğer taraftan; out of ~ derhal, hemen, gecikmeksizin; bitirilmiş; kontrolden çıkmış, çığrından çıkmış, elden çıkmış; ~ over fist süratle ve başarıyla; take a ~ at *(oyun v.b.)* katılmak *-e*; to (one's) ~ ...nin eline, ...nin elinde, eline geçmiş; ~ to ~ göğüs göğüse, yumruk yumruğa; come to ~ varmak, ele geçmek; you can feed him out of your ~ *fig.* onu kendine kul köle yapabilirsin; ona kendi fikirlerini kabul ettirebilirsin; get the upper ~ of ...in kontrolünü ele geçirmek, üstünlük sağlamak; put one's ~ to el koymak *-e*; he can turn his ~ to anything on parmağında on marifet var; ~s up! eller yukarı!; *s.* high 1; **2.** *v/t.* el ile vermek, uzatmak; yardım etm.; teslim etm.; ~ down nesilden nesile devretmek; ~ in teslim etm.; ~ out dağıtmak; sadaka olarak vermek; ~ over vermek, teslim etm., devretmek (to *-e*); **ˈ~-bag** *n.* kadınların el çantası; para cüzdanı; **ˈ~-bar.row** *n.* el arabası; **ˈ~.bill** *n.* el ilanı; **ˈ~.book** *n.* el kitabı, rehber; **ˈ~-brake** *n.* ⊕ el freni; **ˈ~.cart** *n.* el arabası, çekçek; **ˈ~.clap** *n.* alkış; **ˈ~.cuff 1.** *n.* kelepçe; **2.** *v/t.* kelepçe vurmak; **ˈhand.ed** *comb.* ...elli; **hand.ful** [ˈ~ful] *n.* avuç dolusu; F avuç kadar miktar, çok az miktar; F ele avuca sığmayan kimse; **ˈhand-glass** *n.* saplı küçük ayna.
hand.i.cap [ˈhændikæp] **1.** *n.* engel, mâni, sekte, ket *(a. fig.)*; handikap, elverişsiz durum; engelli koşu; **2.** *v/t.* sakatlamak; engel olm. *-e*, mâni olm. *-e*; *fig. a.* ket vurmak *-e*, sekte vurmak *-e*.
hand.i.craft [ˈhændikrɑːft] *n.* el sanatı, el hüneri; **ˈhand.i.crafts.man** *n.* zanaatçı, küçük esnaf; **ˈhand.i.ness** *n.* beceri, maharet, ustalık; **ˈhand.i.work** *n.* iş, elişi.
hand.ker.chief [ˈhæŋkətʃif] *n.* mendil.
han.dle [ˈhændl] **1.** *n.* sap, kulp, tokmak, kabza, tutamaç, tutamak; *fig.* vasıta, imkân, bahane; F ünvan, paye, rütbe; fly off the ~ F tepesi atmak, küplere binmek; **2.** *v/t.* ellemek, ele almak, el sürmek, dokunmak, kullanmak; idare etm., muamele etm., davranmak; alıp satmak; **ˈ~-bar** *n.* gidon *(bisiklette)*.
hand...: **ˈ~.loom** *n.* el dokuma tezgâhı; **ˈ~-lug.gage** *n.* elde taşınabilir bagaj; **ˈ~-ˈmade** *adj.* elişi, el yapımı; **ˈ~-maid(.en)** *n. fig.* hizmetçi kız, besleme, kız evlâtlık; **ˈ~-me-downs** *n. Am.* F *pl.* kullanılmış herhangi *bş (part. elbise)*; **ˈ~-organ** *n.* latarna, kollu çalgı aleti; **ˈ~-out** *n.* F sadaka; bildiri; **ˈ~-rail** *n.* trabzan,

merdiven parmaklığı; **'~.saw** *n.* el testeresi; **hand.sel** ['hænsəl] *n.* uğur getirsin diye verilen hediye; siftah; pey; ilk taksit; **hand.shake** ['hændʃeik] *n.* el sıkma; **hand.some** □ ['hænsəm] yakışıklı, güzel; cömert; iyi; bol.

hand...: **'~.work** *n.* elişi, el yapımı; **'~.writing** *n* el yazısı; **'hand.y** □ yakın, el altında; eli işe yatkın, becerikli, usta, mahir; kullanışlı, elverişli, faydalı; ~ man elinden her iş gelen kimse.

hang [hæŋ] **1.** *(irr.) v/t.* asmak; asarak idam etm. (*pret. & p.p. mst* ~ed); takmak; yapıştırmak; sarkıtmak; eğmek *(baş)*; galeride sergilemek *(resim)*; I'll be ~ed if ... F ...irsem kahrolayım; ~ it! F lânet olsun!; ~ fire zamanında ateş almamak; yavaşlamak, gecikmek; ~ out asmak *(çamaşır)*; sarkıtmak; *sl.* yaşamak, oturmak; ~ up kapamak *(telefonu)*; asmak; *fig.* ertelemek, tehir etm., geri bırakmak; *v/i.* asılı olm. (on *-de*); asılmak, sallanmak; üstünde dolaşmak; sallantıda olm., muallakta olm.; sarkmak; ~ about aylak aylak dolaşmak, başıboş gezerek beklemek, avare dolaşmak; ~ back tereddüt etm., çekinmek; ~ on sıkı tutmak, yapışmak; *fig.* peşini bırakmamak, azimle devam etm., bağlı olm. *-e*; ~ by a hair, ~ by a single thread *fig.* pamuk ipliğine bağlı olm.; let things go ~ F olayları gidişatına bırakmak, hiç aldırış etmemek; **2.** *n.* duruş *(elbise, perde)*; F anlam, mana, kullanış şekli; get the ~ of s.th. F *bşin* nasıl çalıştığını öğrenmek, anlamını kavramak; I don't care a ~ *sl.* vız gelir tırıs gider, hiç umurumda değil, iplemem.

hang.ar ['hæŋə] *n.* hangar.

hang.dog ['hæŋdɔg] **1.** *n.* sinsi adam, alçak adam; **2.** *adj.* sinsi, kurnaz, alçak, adi...

hang.er ['hæŋə] *n.* askı, kanca, çengel; **'~-'on** *n. contp. fig.* beleşçi, çanak yalayıcı, asalak.

hang.ing ['hæŋiŋ] *adj.* asılı..., sarkan...; idama layık; ~ committee *paint.* asılacak tablo seçimi yapan jüri; **'hang.ings** *n. pl.* oda duvarlarına asılan kumaş.

hang.man ['hæŋmən] *n.* cellat.

hang-nail ⚕ ['hæŋneil] *n.* şeytantırnağı.

hang.out F ['hæŋ'aut] *n.* ev, mesken, sık gidilen yer.

hang-over ['hæŋəuvə] *n. sl.* içkiden gelen baş ağrısı, içkinin verdiği mahmurluk; *Am.* eski zamandan kalmış şey, kalıntı.

hank [hæŋk] *n.* çile; kangal.

han.ker ['hæŋkə] *vb.* arzulamak, özlemek, istemek (after, for *-i*); **'han.ker.ing** *n.* özlem, istek, arzu.

han.kie, han.ky F ['hæŋki] *n.* mendil.

han.ky-pan.ky F ['hæŋki' pæŋki] *n.* hilekârlık, üçkâğıtçılık, dümen, dolap.

Han.sard ['hænsɑːd] *n.* parlamento tutanağı *(İngiltere'de)*.

Hanse [hæns]: the ~ *hist.* tüccar loncası.

han.sel ['hænsəl] = handsel.

han.som ['hænsəm] *n. a.* ~-cab iki tekerlekli ve tek atlı araba.

hap ✝ [hæp] *n.* şans, talih; **hap'haz.ard** **1.** *n.* şans, rastlantı; at ~ rasgele, şansa, gelişigüzel; **2.** *adj.* rasgele, gelişigüzel; **'hap.less** □ şanssız, talihsiz, bahtsız; **'hap.ly** *adv.* † şansa, belki, muhtemelen.

ha'p'orth F ['heipəθ] = halfpennyworth.

hap.pen ['hæpən] *vb.* olmak, vuku bulmak, meydana gelmek, vaki olm.; he ~ed to be at home bereket versin ki evdeydi, Allahtan evdeydi; ~ on, ~ upon rast gelmek *-e*, şans eseri bulmak *-i*; ~ in *Am.* F pat diye çıkıp gelmek; ~ to *inf.* rasgele olm.; **'hap.pen.ing** *n.* olay, vaka, hadise.

hap.pi.ly ['hæpili] *adv.* mutlulukla, sevinçle.

hap.pi.ness ['hæpinis] *n.* mutluluk, saadet, bahtiyarlık.

hap.py □ ['hæpi] *com.* mutlu, mesut, bahtiyar, memnun, sevinçli, neşeli; şanslı, talihli; yerinde, uygun, münasip; **'~-go-'luck.y** *adj.* F kaygısız, gamsız, bir şeye aldırmaz, vurdumduymaz.

ha.rangue [hə'ræŋ] **1.** *n.* uzun konuşma, tirad, nutuk; **2.** *v/t.* nutuk çekmek *-e*; *v/i.* uzun uzun konuşmak, tirad söylemek.

har.ass ['hærəs] *v/t.* taciz etm. *-i*, tedirgin etm. *-i*, üzmek *-i*, rahat vermemek *e*, canını sıkmak; aralıksız saldırmak *-e*.

har.bin.ger ['hɑːbindʒə] **1.** *n.* haberci, müjdeci; **2.** *vb.* olacağını önceden söylemek, haber vermek, müjdelemek.

har.bo(u)r ['hɑːbə] **1.** *n.* liman; sığınak, barınak; **2.** *v/t. & v/i.* barın(dır)mak, korumak, saklamak, gizlemek; beslemek; akılda tutmak; sığınmak; yaşamak, oturmak; **'har.bo(u)r.age** *n.* barınak, sığınak; **har.bo(u)r dues** ⚓ *pl.* liman ücreti.

hard [hɑːd] **1.** *adj. com.* sert, katı; zor, güç, ağır, müşkül; çetin; kötü, acı; merhametsiz, acımasız, gaddar, kalpsiz; kuvvetli ve adaleli; *gr.* kalın sesli *(harf)*; *part. Am.* sert *(içki)*, alkol derecesi yüksek; the ~ facts *pl.* kesin deliller; ~ of hearing kulağı ağır işiten; ~ to deal with uğraşması zor; be ~ (up)on s.o. *b-ne* haşin davranmak, acımasızca muamele etm.; **2.** *adv.* sıkıca, zorla, kuvvetle, kuvvetlice, hızla; güçlükle, zorlukla, acıyla, mücadeleyle; katı, sıkı; ~ by pek yakın, yanıbaşında; ~ up parasız, eli dar, muhtaç (for *-e*); be ~ put to it büyük güçlükle karşılaşmak, zor durumda olm.; ride ~ atı çatlatırcasına sürmek; **3.** *n.* F çalışma yükümlülüğü; ~ **and fast** değişmez, kati *(kanun)*; **ˈ~-back** *n.* ciltli kitap; **ˈ~-ˈbit.ten** *adj.* inatçı, bildiğini okuyan; **ˈ~-ˈboiled** *adj.* lop, katı *(yumurta)*; *part. Am.* sert, katı; eski kurt, pişkin; ~ **cash** madeni para; nakit para; **ˈ~-cov.er** = hard-back; ~ **cur.ren.cy** sağlam döviz, sağlam para; **ˈhard.en** *v/t.* & *v/i.* katılaş(tır)mak, sertleş(tir)mek, pekiş(tir)mek, kuvvetlen(dir)mek, don(dur)mak; *fig.* hissizleştirmek; ✝ yükselmek *(fiyat)*.

hard...: **ˈ~-ˈfea.tured** *adj.* sert ifadeli; **ˈ~-ˈfist.ed** *adj.* eli sıkı, cimri, pinti; bileği kuvvetli; **ˈ~-head.ed** *adj.* makûl düşünen, gerçekçi; inatçı, dik kafalı; **ˈ~-ˈheart.ed** □ taş yürekli, kalpsiz, vicdansız, acımasız.

har.di.hood [ˈhɑːdihud] *n.* yiğitlik, cesaret; cüret; arsızlık, küstahlık; **ˈhar.di.ness** *n.* dayanıklılık, mukavemet, tahammül; ⚒ cesaret, yiğitlik.

hard.ly [ˈhɑːdli] *adv.* hemen hiç; ancak; güçlükle, güçbelâ; az bir ihtimalle; **ˈhard-ˈmouthed** *adj.* inatçı, dik kafalı; azimkâr, azimli; **ˈhard.ness** güçlük, zorluk; sertlik *(a. fig.)*; terslik, aksilik.

hard...: **ˈ~.pan** *n. Am.* sert toprak, killi toprak; *fig.* sağlam temeller, temel ilkeler; **ˈ~-ˈset** *adj.* donmuş *(çimento vs.)*; sert, katı, sabit; acıkmış; **ˈ~.shell** *adj.* sert kabuklu; *fig.* sabit fikirli; **ˈhard.ship** *n.* sıkıntı, güçlük, zorluk, meşakkat, cefa; **ˈhard.ware** *n.* madeni eşya, hırdavat; silah; *kompütür:* mekanik aksam; **ˈhard-wood** *n.* sert tahtalı ağaç (kerestesi); **ˈhard-working** *adj.* çok çalışkan.

har.dy □ [ˈhɑːdi] dayanıklı, tahammüllü, mukavim; cesur, yiğit, gözüpek; küstah, arsız, yüzsüz; soğuğa dayanıklı *(bitki)*.

hare [hɛə] *n.* tavşan; ~ **and hounds** yola kâğıt parçaları saçarak oynanan tavşantazı oyunu; **ˈ~.bell** *n.* çançiçeği, yaban sümbülü; **ˈ~-brained** *adj.* aptal, kuş beyinli, kafasız; **ˈ~ˈlip** *n.* ⚕ tavşandudağı, yarık dudak.

ha.rem [ˈhɛərəm] *n.* harem (dairesi).

har.i.cot [ˈhærikəu] *n.* fasulye; *a.* ~ bean kuru fasulye.

hark [hɑːk] *v/i.* dinlemek (to *-i*); ~! dinle!, kulağını aç!; ~ back *hunt.* geri çağırmak *(tazı)*; *fig.* sadede gelmek, aynı konuya değinmek (to); **ˈhark.en** = hearken.

har.lot [ˈhɑːlət] *n.* fahişe, orospu; **ˈhar-lot.ry** *n.* fahişelik, orospuluk.

harm [hɑːm] **1.** *n.* zarar, ziyan, hasar; kötülük; felâket; out of ~'s way emin yerde, emniyette, kötülükten uzak; **2.** *v/t.* zarar vermek *-e*, kötülük etm. *-e*; **harm.ful** □ [ˈ~ful] zararlı, kötü, fena; **ˈharm.less** □ zararsız, masum, suçsuz.

har.mon.ic [hɑːˈmɔnik] *adj.* (~ally) uyumlu, ahenkli; harmonik, kulağa hoş gelen; **harˈmon.i.ca** ♪ [~kə] *n.* armonika, ağız mızıkası; **har.mo.ni.ous** □ [hɑːˈməunjəs] ahenkli, uyumlu *(a. fig.)*; düzenli, muntazam; iyi geçinen; tatlı sesli, hoş sesli; **har.monize** [ˈhɑːmənaiz] *v/t.* akord etm., harmonisini yapmak, düzen vermek; *v/i.* ahenkli çalmak *veya* şarkı söylemek; uymak *-e*, uyum sağlamak *-e*; **ˈhar.mo.ny** *n.* uyum, ahenk; harmoni, ses uyumu.

har.ness [ˈhɑːnis] **1.** *n.* koşum; iş donanımı; işbaşı; zırh; die in ~ iş başında ölmek, çalışırken ölmek; **2.** *v/t.* koşmak *(atı)*, koşum takımını vurmak; boyunduruk vurmak; kullanmak, yararlanmak; istifade etm.

harp ♪ [hɑːp] **1.** *n.* harp; **2.** *vb.* harp çalmak; ~ (up)on *bşin* üzerinde çok durmak, *bşi* defalarca anlatmak; be always ~ing on the same string hep aynı telden çalmak; **ˈharp.er, ˈharp.ist** *n.* harpçı.

har.poon [hɑːˈpuːn] **1.** *n.* zıpkın; **2.** *v/t.* zıpkınlamak, zıpkınla öldürmek.

harp.si.chord ♪ [ˈhɑːpsikɔːd] *n.* eski tip piyano, harpsikord.

har.py [ˈhɑːpi] *n. myth.* yüzü kadına, kanatları kuşa benzeyen vahşi yaratık; *fig.* zalim kadın, merhametsiz kadın.

har.ri.dan [ˈhæridən] *n.* huysuz kocakarı.

har.ri.er [ˈhæriə] *n. hunt.* tavşan tazısı; kros koşucusu.

har.row ↙ [ˈhærəu] **1.** *n.* sürgü, tapan, tırmık; **2.** *vb.* sürgü geçirmek *-e*, tırmık çekmek *-e*, kesek kırmak; *fig.* sinirlendirmek *-i*, keder vermek *-e*; ~ing üzücü.

har.ry [ˈhæri] *vb.* yağma etm., talan etm., soymak; saldırmak; üzmek, canını sıkmak, rahat vermemek.

harsh □ [hɑːʃ] sert, haşin, merhametsiz, gaddar, ters, huysuz; kalın, kaba, kulağı tırmalayan *(ses)*; **ˈharsh.ness** *n.*

kabalık, haşinlik, terslik, gaddarlık.

hart *zo.* [hɑːt] *n.* erkek karaca; **harts-horn** ⚗ [ˈhɑːtshɔːn] *n.* amonyum karbonatı, nişadır kaymağı.

har.um-scar.um F [ˈhɛərəmˈskɛərəm] **1.** *adj.* patavatsız, pervasız, kayıtsız, dünyayı umursamayan; **2.** *n.* düşüncesizce hareket eden kimse, delidolu kimse.

har.vest [ˈhɑːvist] **1.** *n.* hasat (mevsimi); ürün, mahsül, rekolte; *fig.* semere, sonuç, netice; ~ festival, ~ thanksgiving hasattan sonra yapılan şenlik; **2.** *v/t.* toplamak *(ürün)*; biçmek *-i*, hasat etm. *-i*; **ˈhar.vest.er** *n.* orakçı, hasatçı; orak makinesi, biçerdöver; **ˈhar.vest-ˈhome** *n.* harman sonunda verilen ziyafet.

has [hæz, həz] *s.* have; **ˈ~-been** *n.* F eski özelliği kalmamış şey *veya* kimse, modası geçmiş şey *veya* kimse.

hash [hæʃ] **1.** *n.* kıymalı yemek; *Am.* F haşiş; *fig.* karmakarışık şey, karman çorman şey; make a ~ of F *bşi* karman çorman etm., yüzüne gözüne bulaştırmak; settle s.o.'s ~ F *b-nin* defterini dürmek; **2.** *v/t.* doğramak *-i*, kıymak *-i*.

hasp [hɑːsp] **1.** *n.* asma kilit köprüsü, kenet; **2.** *vb.* kenetlemek, kopçalamak.

has.sock [ˈhæsək] *n.* diz dayayacak minder; *eccl.* kilisede üstünde diz çökülüp dua edilen minder.

hast † [hæst] *2nd sg. of* have.

haste [heist] *n.* acele, hız, sürat, telaş, ivedilik; make ~ acele etm.; çabuk davranmak; more ~ less speed, make ~ slowly acele işe şeytan karışır; **has.ten** [ˈheisn] *v/t. & v/i.* acele et(tir)mek, hızlan(dır)mak, sıkış(tır)mak; **hast.i.ness** [ˈheistinis] *n.* acelecilik, telaş; **ˈhast.y** ☐ acele, çabuk, ivedi, süratli, tez; üstünkörü.

hat [hæt] *n.* şapka; my ~! *sl.* hayret doğrusu!, vay canına!; hang up one's ~ F devam etmemek, noktalamak; talk through one's ~ aptal aptal konuşmak, palavra atmak.

hatch¹ [hætʃ] **1.** *n.* kuluçka, civcivler; yumurtadan çıkan hayvancıklar; ⚓, ✈ ambar ağzı, ambar kapağı, kaporta; üstü açık kapı; under ~es güverte altında; **2.** *v/t. & v/i.* yumurtadan çık(ar)mak; *fig.* kurmak *(plan)*, tasarlamak *(entrika)*.

hatch² [~] *vb.* ince çizgilerle süslemek *-i*, paralel çizgiler çekmek *-e*.

hatch.er.y [ˈhætʃəri] *n.* üretme çiftliği *(esp. balık)*.

hatch.et [ˈhætʃit] *n.* küçük balta; bury the ~ barışmak, dost olm.; **ˈ~-face** *n.* ince yüz.

hatch.way ⚓ [ˈhætʃwei] *n.* lombar ağzı, ambar ağzı.

hate [heit] **1.** *n. poet.* nefret, kin, garez, düşmanlık (to, towards *-e karşı*); **2.** *v/t.* nefret etm. *-den*; kin beslemek *-e karşı*; F üzülmek *-e*, pişman olm. *-e*; **hate.ful** ☐ [ˈ~ful] nefret verici, iğrenç, kötü; **ˈhat.er** *n.* kinci kimse.

ha.tred [ˈheitrid] *n.* kin, nefret, düşmanlık (of *-e karşı*).

hat.ter [ˈhætə] *n.* şapkacı; as mad as a ~ zırdeli.

haugh.ti.ness [ˈhɔːtinis] *n.* gurur, kurum, kibir, kendini beğenmişlik; **ˈhaugh.ty** ☐ kibirli, mağrur, kendini beğenmiş.

haul [hɔːl] **1.** *n.* çekme, çekiş; bir ağda çıkarılan balık miktarı, foroz; *Am.* taşıma mesafesi; çalınmış mal; çekici alet; yük; **2.** *vb.* çekmek (at *-i*); ⚓ geminin yönünü değiştirmek; ⚒ çıkarmak, taşımak; ⚓ çekerek taşımak; ~ down one's flag bayrağını indirmek; *fig.* teslim olm.; **ˈhaul.age** *n.* taşıma, nakliye; nakliye ücreti; ⚒ çıkarma, çekme; **haul.ier** [ˈ~jə] *n.* nakliye şirketi; nakliyeci.

haulm [hɔːm] *n.* ekin sapı, saman; bitki sapı.

haunch [hɔːntʃ] *n.* kalça, but; sağrı.

haunt [hɔːnt] **1.** *n.* uğrak, sık sık gidilen yer; **2.** *v/t.* sık sık uğramak *-e*; sık görünmek *-de*, sık sık ziyaret etm. *-i (hortlak olarak)*; akıldan çıkmamak, devamlı aklına gelmek; the house is ~ed ev perilidir; ~ed house perili (*veya* tekin olmayan) ev; **ˈhaunt.er** *n.* devamlı müşteri, müdavim.

haut.boy ♪ [ˈəubɔi] *n.* obua.

hau.teur [əuˈtəː] *n.* kibir, gurur, azamet.

Ha.van.a [həˈvænə] *n. a.* ~ cigar Havana purosu.

have [hæv, həv] **1.** *(irr.) v/t.* malik olm., sahip olm. *-e*; olmak; fikir taşımak, fikri olm.; izin vermek *-e*; ettirmek; almak, elinde tutmak; yemek; çekmek, katlanmak *-e*, geçirmek; aldatmak, üç kağıda getirmek; yenmek, alt etm., mat etm. *-i*; yaptırmak *-i*; ~ to *inf.* -meğe mecbur olm.; I ~ my hair cut saçımı kestiririm; he had his leg broken ayağı kırıldı, düşüp bacağını kırdı; I would ~ you know bilmeni isterim ki, şunu bilesin ki; he will ~ it that... ...diğini iddia ediyor, iddia ediyor ki; I had better (best) go gitsem iyi olur (en iyisi ben gideyim); I had rather go gitmeyi tercih ederim; let s.o. ~ it *b-ni* cezalandırmak, dövmek; ~

about one üzerinde bulundurmak *(para vs.)*; ~ at him! saldır ona!; ~ on taşımak, üzerinde giyiyor olm.; *fig.* kastetmek, niyetinde olm.; kandırmak, oyun oynamak; ~ it out with *b-le bşi* tartışarak *veya* kavga ederek çözümlemek; ~ s.o. up F *b-ni* misafir olarak ağırlamak; mahkemeye çıkarmak (for *için*); **2.** *v/aux. (yardımcı fiil olarak bileşik fiil şekillerine katılır)* I ~ come geldim; **3.** *n.* F dolandırıcılık, dalavere, yalan dolan, düzen, hile.

ha.ven [ˈheivn] *n.* liman; sığınak, barınak *(a. fig.)*.

have-not [ˈhævnɔt] *n.* fakir kimse, yoksul kimse.

haven't [ˈhævnt] = have not.

hav.er.sack [ˈhævəsæk] *n.* ⚔ asker çantası, kumanya torbası.

hav.ing [ˈhæviŋ] *n.* ~s *pl.* mal, mülk, servet, zenginlik.

hav.oc [ˈhævək] *n.* zarar, ziyan, hasar, tahribat; make ~ of, play ~ with *veya* among harabeye çevirmek *-i*, çok zarar vermek *-e*, tahrip etm. *-i*, yerle bir etm. *-i*.

haw¹ ⚘ [hɔː] *n.* alıç.

haw² [~] **1.** *vb.* 'hım' demek, kaçamaklı konuşmak; kekelemek; hafifçe öksürmek; **2.** *n.* kekeleme, kaçamaklı konuşma, hafifçe öksürme.

Ha.wai.ian [hɑːˈwaiiən] **1.** *adj.* Hawaii'ye ait, Hawaii...; **2.** *n.* Hawaii'li kimse.

haw.finch *orn.* [ˈhɔːfintʃ] *n.* flurcun.

haw-haw [ˈhɔːˈhɔː] *vb.* şiddetli kahkaha atmak.

hawk¹ [hɔːk] **1.** *n. orn.* şahin, doğan, atmaca; **2.** *vb.* doğan şahin *veya* atmacayla avlamak (at *-i*).

hawk² [~] *vb.* 'öhö öhö' diye öksürmek; balgam çıkarmak.

hawk³ [~] *vb.* seyyar satıcılık yapmak, işportacılık yapmak, sokak sokak dolaşıp öteberi satmak; **hawk.er** *n.* seyyar satıcı, işportacı.

hawk-eyed [ˈhɔːkaid] *adj.* keskin bakışlı; **ˈhawk.ing** *n.* doğancılık, doğanla avlanma.

hawse ⚓ [hɔːz] *n. a.* ~-hole loça deliği.

haw.ser ⚓ [ˈhɔːzə] *n.* palamar, yoma, kablo.

haw.thorn ⚘ [ˈhɔːθɔːn] *n.* yabani akdiken, alıç.

hay [hei] **1.** *n.* kuru ot, saman; make ~ of karmakarışık etm. *-i*; **2.** *vb.* kuru ot biçmek; samanla beslemek *-i*, saman yedirmek *-e*; **ˈ~-box** *n. a.* ~ cooker yemek pişirme kutusu; **ˈ~.cock** *n.* ot yığını; tınaz; **ˈ~.fe.ver** *n.* ⚕ saman nezlesi; **ˈ~.loft** *n.* otluk, samanlık; **ˈ~.mak.er** *n. sl.* kuvvetli darbe, oturaklı yumruk; **ˈ~.rick** = haycock; **ˈ~.seed** *n. part. Am.* F hödük kimse, budala kimse, ahmak kimse; **ˈ~.stack** = haycock; **ˈ~.wire:** go ~ sapıtmak, kafayı üşütmek.

haz.ard [ˈhæzəd] **1.** *n.* riziko, tehlike; talih, baht, şans; run a ~ tehlikeye atılmak, riske girmek; **2.** *v/t.* talihe bırakmak *-i*, şansa bırakmak *-i*; tehlikeye atmak *-i*; **ˈhaz.ard.ous** □ tehlikeli, rizikolu; şansa bağlı.

haze¹ [heiz] *n.* hafif sis, pus; *fig.* belirsizlik, çapraşıklık, şüphe.

haze² ⚓ & *Am.* [~] *vb.* zulmetmek *-e*, fazla çalıştırarak yormak *-i*; eşek şakası yaparak üzmek *-i*.

ha.zel [ˈheizl] **1.** *n.* ⚘ fındık (ağacı); **2.** *adj.* elâ *(göz)*; **ˈ~-nut** *n.* fındık.

ha.zy □ [ˈheizi] sisli, dumanlı, puslu; *fig.* belirsiz, şüpheli, bulanık, kararsız; be ~ kararsız olm., şüpheli olm.

H-bomb ⚔ [ˈeitʃbɔm] *n.* hidrojen bombası.

he [hiː; hi] **1.** *pron.* o, kendisi, kimse *(erkek)*; ~ who o ki; **2.** *prefix* erkek...

head [hed] **1.** *n. com.* baş, kafa, kelle; *fig.* akıl, zihin, zekâ; tura, madeni paranın resimli yüzü; kişi, adam başı; üst kısım ;baş taraf, ön taraf; zirve, doruk; ekin başı, başak; *(pl. değişmez)* baş, adet, tane *(= elli baş sığır)*; başkan, şef, amir, reis, yönetici; *geogr.* burun; suyun düşme yüksekliği; birikmiş basınç; başlık, manşet, konu; bira köpüğü; ~ and shoulders above the rest diğerlerinden üstün; bring to a ~ sonuçlandırmak, karar noktasına getirmek; come to a ~ bitmek, sona ermek, doruğa ulaşmak; baş vermek *(sivilce, çıban)*; gather ~ yayılmak, çoğalmak; get it into one's ~ that... ...kafasına koymak, ...sanmak; keep one's ~ soğukkanlılığını korumak, kendine hâkim olm.; ~(s) or tail(s)? yazı mı tura mı?; ~ over heels havada perende atma; adamakıllı, tamamen; over ~ and ears aklının almadığı *veya* duymadığı; I can't make ~ or tail of it hiçbir şey anlayamıyorum, anlıyorsam Arap olayım; take the ~ idareyi eline almak, yönetmek, başa geçmek; **2.** *adj.* başa ait; başta olan; baş...; şef...; **3.** *v/t.* başında olm. *-in*, önünde olm. *-in*, birinci sırasında gelmek *-in*; başını kesmek *-in*, budamak *-i*; baş takmak *-e*; baş olm. *-e*; başına geçmek *-in*, lider olm. *-e*; önüne geçmek *-in* *(yarışta)*; başa koymak *-i (listede)*; başını çevirmek *(ge* *mının)*; *futbol:* kafa vurmak *(topa)*; be ~ed gidiyor olm. *-e*; ~ off yolunu kesmek *-in*; *v/i.* baş vermek *(lahana, turp)*; ⚓ başı bir yöne doğru olm., gitmek, yönelmek (for *-e doğru*); meydana çıkmak, olmak; *Am. futbol:* topa kafa atmak; **ˈhead.ache** *n.* baş ağrısı; *fig.* dert, sorun; **ˈhead.ach.y** *adj.* başı ağrıyan; **ˈhead-band** *n.* saç bantı; **ˈhead-boy** *n.* okul temsilcisi erkek; **ˈhead-dress** *n.* başlık; saçın taranış şekli; **ˈhead.ed** *comb.* ...başlı, ...kafalı; **ˈhead.er** *n.* ⚒ bağlantı taşı; F balıklama (suya dalış); *futbol:* kafa vuruşu; **ˈhead-gear** *n.* başlık, şapka, baş örtüsü; dizgin, yular; **ˈhead-girl** *n.* okul temsilcisi kız; **ˈhead-hunt.er** *n.* kelle avcısı; F teknik eleman avcısı; **ˈhead.i.ness** *n.* sabırsızlık, acelecilik, düşüncesizlik; haşinlik, sertlik, zorbalık, dikkafalılık; baş döndürücülük, çarpıcılık *(içki)*; **ˈhead.ing** *n.* serlevha, başlık; *spor:* kafa atma; **ˈhead.land** *n.* burun, çıkıntı; **ˈhead-less** *adj.* kafasız *(a. fig.)*; başkansız, amirsiz.

head...: **ˈ~.light** *n. mot.* ön ışık, far; **ˈ~.line** *n.* başlık, serlevha; ~s *pl. radyo:* haberlerden özetler; he hits the ~s F afişte ismi baştadır; **ˈ~.long** **1.** *adj.* düşüncesiz, kayıtsız, aceleci; **2.** *adv.* düşüncesizce, aceleyle, paldır küldür, önünü ardını düşünmeden; başı önde olarak; **ˈ~ˈman** *n.* kabile reisi; muhtar; cellat; idareci, ustabaşı; **ˈ~ˈmas.ter** *n.* okul müdürü; **ˈ~ˈmis.tress** *n.* okul müdiresi; **ˈ~.most** *adj.* en ilerideki, en baştaki; **ˈ~-ˈon** *adj.* baştan, önden, kafadan; ~ collision kafadan çarpışma; **ˈ~-phone** *n. radyo:* kulaklık; **ˈ~-piece** *n.* baş zırhı, miğfer; F akıl, kafa, zekâ; *typ.* bölüm başlarına konan süs; **ˈ~ˈquar.ters** *n. pl.* ⚔ karargâh; merkez büro; **ˈ~-room** *n.* araç üzerinde bırakılan güvenlik boşluğu, boş yer; **ˈ~-set** *n. radyo:* kulaklık; **ˈhead.ship** *n.* müdürlük, başkanlık, reislik, amirlik; **ˈheads.man** *n.* cellat.

head...: **ˈ~.stone** *n.* mezar taşı; **ˈ~.strong** *adj.* dikkafalı, inatçı, kafasının dikine giden, bildiğini okuyan; **ˈ~.wa.ters** *n. pl.* ırmağı besleyen kaynak; **ˈ~.way** *n.* gelişme, ilerleme; make ~ gelişmek, ilerlemek; **ˈ~.wind** *n.* karşıdan esen rüzgâr; **ˈ~word** *n. (sözlükte)* madde başı sözcük; **ˈ~.work** *n.* kafa işi; **ˈhead.y** □ inatçı, dik başlı; sert, çarpıcı *(içki)*.

heal [hiːl] *v/t. & v/i.* iyileş(tir)mek, kapanmak *(yara)*; tedavi etm. (of *-i*), şifa vermek *-e*; bitirmek, sonuçlandırmak, sona erdirmek; ~ up kapanmak *(yara)*; **ˈ~-all** *n.* her derde deva; **ˈheal.er** *n.* iyileştiren kimse *veya* şey, doktor; time is a great ~ zaman en iyi tedavi yoludur; **ˈheal.ing** **1.** □ iyileştirici..., tedavi edici, faydalı; **2.** *n.* iyileşme, şifa.

health [helθ] *n.* sağlık, sıhhat; Ministry of ♀ Sağlık ve Sosyal Yardım Bakanlığı; **health.ful** □ [ˈ~ful] sıhhat için faydalı, sıhhî, sağlıklı; **ˈhealth.i.ness** *n.* sıhhat, sağlık; **ˈhealth-re.sort** *n.* ılıca; **ˈhealth.y** □ sağlıklı, sıhhatli, sağlam; sıhhî, sıhhate yarar.

heap [hiːp] **1.** *n.* yığın, küme, öbek; F çok miktar, kalabalık, izdiham; all of a ~ darmadağınık; struck *veya* knocked all of a ~ şaşırmış, sersemlemiş; **2.** *v/t. a.* ~ up yığmak *-i*, kümelemek *-i*.

hear [hiə] *(irr.) v/t.* işitmek, duymak, dinlemek, kulak vermek; mektup almak (from *-den*); haber almak (of *-den*); öğrenmek (about *-i*); ~ s.o. out *b-ni* sonuna kadar dinlemek; **heard** [həːd] *pret. & p.p. of* hear; **hear.er** [ˈhiərə] *n.* dinleyici; **ˈhear.ing** *n.* işitme (duyusu), işitim, dinleme; ⚖ celse, duruşma, oturum, sorgu; ses erimi; **heark.en** [ˈhɑːkən] *vb.* dinlemek (to *-i*); **hear.say** [ˈhiəsei] *n.* söylenti, dedikodu.

hearse [həːs] *n.* cenaze arabası.

heart [hɑːt] *n. com.* kalp, yürek, gönül, sevgi, can; göğüs; vicdan; merkez, can damarı, orta yer; verimlilik; *iskambil:* kupa; cesaret; sevilen kimse; *a.* dear ~ sevgili; ~ and soul tamamen, canı gönülden, seve seve; at ~ içten; hakikatte, aslında, içyüzünde; I have a matter at ~ çok ilgilendiğim bir konu var; by ~ ezbere, ezberden; for one's ~ kendi canı için; in good ~ iyi durumda; in his ~ (of ~s) kalbinin derinliklerinde; out of ~ kötü durumda, verimsiz; speak from one's ~ samimi olarak konuşmak; cut to the ~ yüreğine inmek; with all my ~ tüm kalbimle; lose ~ cesaretini yitirmek, cesareti kırılmak; take ~ cesaretlenmek; take *veya* lay to ~ içine işlemek, çok etkilenmek; **ˈ~.ache** *n.* ıstırap, keder, kalp ağrısı; **ˈ~-beat** *n.* kalp atışı; **ˈ~-break** *n.* keder, büyük acı, kalp kırıklığı; **ˈ~-break.ing** □ son derecede keder verici; **ˈ~-bro.ken** *adj.* kalbi kırık, acılı, kederli; **ˈ~.burn** *n.* mide ekşimesi; **ˈ~-burn-ing** *n.* kıskançlık, imrenme, kin; **ˈ~-com-plaint,** **ˈ~-dis.ease** *n.* kalp hastalığı; **ˈheart.ed** *comb.* ...kalpli; **ˈheart.en** *v/t.* yüreklendirmek, cesaretlendirmek, canlandırmak, memnun etm., neşelendirmek; **ˈheart-fail.ure** *n.* kalp yetmezliği;

ˈheart.felt *adj.* samimi, içten, yürekten, candan.

hearth [hɑːθ] *n.* ocak *(a. fig.)*, şömine; aile ocağı, yurt; **ˈ~-rug** *n.* ocağın önüne yayılan halı; **ˈ~-stone** *n.* ocak taşı; ocak, yuva, yurt.

heart.i.ness [ˈhɑːtinis] *n.* içtenlik, samimiyet; dinçlik, sıhhatlilik (*s.* **hearty**); **ˈheart.less** ☐ kalpsiz, merhametsiz, acımasız, zalim, vicdansız; **ˈheart.rend.ing** *adj.* yürekler acısı, yürek parçalayıcı, çok acıklı.

heart...: ˈ~'s.ease *n.* ⚘ viola; **ˈ~-sick** *adj. fig.* kederli, üzgün, acı dolu; **ˈ~-strings** *n. pl. fig.* kalbin en kuvvetleri hisleri; **~ trans.plant** kalp nakli; **ˈ~-whole** *adj.* âşık olmayan, kalbi boş; samimi, içten; **ˈheart.y 1.** ☐ içten, samimi, yürekten, candan; sağlam, sıhhatli, dinç; bol, çok; **~ eater** obur, çok yemek yiyen kimse, iştahı açık kimse; **2.** *n.* ⚓ denizci; *univ.* sporcu.

heat [hiːt] **1.** *n. com.* hararet, sıcaklık, ısı, vücut ısısı; sıcak yer; tav, ısıtma; cinsi heyecan *(dişi hayvanlarda)*; yarışın tek ayağı; eleme yarışı, final koşusu; *sl.* baskının artması; *sl.* polis; baskı; **dead ~** iki *veya* daha çok atletin aynı anda ipi göğüslediği yarış; **2.** *v/t.* ısıtmak *-i*; kızdırmak *-i*; *fig.* heyecanlandırmak *-i*; *v/i.* ısınmak, kızmak; **ˈheat-ed** ☐ heyecanlı, hararetli, öfkeli, kan beynine sıçramış; **ˈheat.er** *n.* ⊕ ısıtıcı, soba, ocak, radyatör; **ˈheat-flash** *n.* radyasyon.

heath [hiːθ] *n.* çalılık, fundalık; ⚘ funda, süpürgeotu.

hea.then [ˈhiːðən] **1.** *n.* dinsiz kimse, kâfir kimse, putperest kimse; **2.** *adj.* dinsiz, kâfir, putperest; **ˈhea.then.dom** *n.* putperestler ülkesi; **ˈhea.then.ish** ☐ *mst fig.* barbar; **ˈhea.then.ism** *n.* putperestlik, dinsizlik.

heath.er ⚘ [ˈheðə] *n.* süpürgeotuna benzer bir çalı; **ˈ~-bell** *n.* kara süpürgeotu.

heat.ing [ˈhiːtiŋ] *n.* ısıtma; *attr.* ısıtıcı...; **~ battery** ısıtma batarya; **~ pad** elektrik yastığı.

heat...: ~ light.ning *Am.* gök gürlemesi olmadan çakan şimşek; **ˈ~-stroke** *n.* güneş çarpması, sıcak çarpması; **ˈ~-val.ue** *n.* ısı değeri; **ˈ~-wave** *n.* sıcak dalgası.

heave [hiːv] **1.** *n.* kaldırma; fırlatma, kaldırıp atma; **2.** *(irr.) v/t.* kaldırmak, çekmek; atmak, fırlatmak; güçlükle çıkarmak *(inilti)*; yükseltmek, kabartmak, şişirmek; **~ the anchor** demir almak; **~ down** ⚓ karina etm.; **~ out** atmak, fırlatmak; *v/i.* yükselmek, kabarıp inmek, şişmek; solumak; öğürmek; vira etm.; **~ for breath** nefes nefese kalmak; **~ in sight** ⚓ aniden görünmek; **~ to** ⚓ dur(dur)mak *(gemi)*.

heav.en [ˈhevn] *n.* cennet; gök, sema; ♀ Tanrı, Cenabı Hak; mutluluk, saadet; **~s** *pl.* gök kubbe, asuman; **move ~ and earth** elinden geleni yapmak, mümkün olan herşeyi yapmak; **ˈheav.en.ly** *adj.* göksel..., tanrısal...; *fig.* çok güzel, nefis; **heav.en.ward(s)** [ˈ~wəd(z)] *adj.* & *adv.* cennete doğru (giden).

heav.er [ˈhiːvə] *n.* manivela, kaldıraç.

heav.i.ness [ˈhevinis] *n.* ağırlık, siklet; *fig.* yavaşlık; sıkıcılık.

heav.y ☐ [ˈhevi] *com.* ağır; güç, zor *(iş)*; şiddetli, kuvvetli *(yağmur)*; kederli, üzgün; sert *(toprak)*; berbat *(yol)*; bulutlu, kapalı *(hava)*; dalgalı *(deniz)*; hazmı güç *(yemek)*; ciddi, önemli; uyuşuk, tembel, mıymıntı; kasvetli, sıkıcı; uyku basmış, ağırlaşmış *(göz)*; sıkışık *(trafik)*; kalın, kaba *(kumaş, elbise)*; ağır *(koku)*; dik, sarp; vurgulu; ⚔ tepeden tırnağa silahlı; **~ cur.rent** ⚡ kuvvetli akım; **ˈ~-ˈhand.ed** *adj.* eli ağır, beceriksiz, sakar; **ˈ~-ˈheart.ed** *adj.* kederli, üzgün; **ˈ~-ˈlad.en** *adj.* ağır yüklü; *fig.* kalbi kırık, kederli; **ˈ~-weight** *n. boks:* ağır sıklet.

heb.dom.a.dal ☐ [hebˈdɔmədl] haftalık, haftada bir olan.

He.bra.ic [hiˈbreiik] *adj.* (**~ally**) İbrani...; İbranice...

He.brew [ˈhiːbruː] **1.** *adj.* İbranilere ait, İbrani...; İbraniceye ait, İbranice...; Musevi...; **2.** *n.* İbrani; Yahudi; İbranice.

hec.a.tomb [ˈhekətuːm] *n.* katliam; 100 öküzlük kurban.

heck.le [ˈhekl] *vb.* sözünü kesip soru sormak, soru yağmuruna tutmak, sıkıştırmak; **ˈheck.ler** *n.* konuşmacının sözünü kesip soru soran kimse.

hec.tic ⚕ [ˈhektik] **1.** *adj.* veremli, hummalı; *sl.* heyecanlı, telaşlı; **2.** *n.* verem kızartısı; *mst* **~ fever** humma.

hec.tor [ˈhektə] *v/t.* gözünü korkutmak, yıldırmak, sindirmek; *v/i.* kabadayılık etm., zorbalık etm.

hedge [hedʒ] **1.** *n.* çit, çalı; *fig.* mânia, engel; tedbir; **2.** *v/t.* çit ile çevirmek, kuşatmak, sarmak; engel olm., önlemek; **~ off** etrafını çit ile çevirmek; **~ up** önlemek, engel olm.; **~ a bet** iki taraf için bahse girişmek; *v/i.* etrafına çalı dikmek; dolaylı konuşmak; önlem almak, tedbir almak; **ˈ~.hog** *n. zo.* kirpi; *Am.*

oklu kirpi; **'~-hop** *v/i. sl.* ✈ alçaktan uçmak; **'~.row** *n.* çit; **'~-spar.row** *n. orn.* çit serçesi.

heed [hi:d] **1.** *n.* dikkat, özen, ihtimam; take ~ of, give *veya* pay ~ to -*e* dikkat etm., kulak asmak, önemsemek; **2.** *v/t.* dikkat etm., kulak vermek -*e*, önemsemek -*i*; **heed.ful** □ ['~ful] dikkatli, önem veren (of -*e*); **'heed.less** □ dikkatsiz, düşüncesiz, önem vermeyen (of -*e*).

hee-haw ['hi:'hɔ:] **1.** *n.* eşek anırması; *fig.* kaba kahkaha; **2.** *v/i.* anırmak; *fig.* kabaca gülmek.

heel¹ ⚓ [hi:l] *v/t.* & *v/i.* bir yana yat(ır)mak *(gemi)*.

heel² [~] **1.** *n.* topuk, ökçe; *part. Am. sl.* alçak herif, namussuz kimse, aşağılık adam; at *veya* on *veya* upon s.o.'s **~s** hemen ardında, peşi sıra; down at ~ topukları çok eskimiş; *fig.* perişan kılıklı, hırpani, pejmürde; take to one's ~s, show a clean pair of ~s kaçmak, tüymek, sıvışmak, tabanları yağlamak; lay s.o. by the ~s *b-ni* hapsetmek, kodese tıkmak; come to ~ çağrılınca gelmek *(köpek)*; uslanmak; **2.** *vb.* ökçe takmak; dizinin dibinden ayrılmamak *(köpek)*; *a.* ~ out *futbol:* topukla geri pası vermek; **heeled** *adj. Am.* F ensesi kalın, para babası; **'heel.er** *n. Am. sl. pol.* bir politikacının adamı.

heel-tap ['hi:ltæp] *n.* içki artığı; no ~! artık bırakmak yok! *(içki)*.

heft [heft] **1.** *n.* ağırlık, siklet; *Am.* F önem, etki, tesir; **2.** *v/t.* kaldırmak; kaldırarak ağırlığını bulmak; **'heft.y** *adj.* F güçlü, kuvvetli, tesirli.

he.gem.o.ny *pol.* [hi:'geməni] *n.* üstünlük, egemenlik, hakimiyet, hegemonya.

he.goat ['hi:gəut] teke, erkeç.

heif.er ['hefə] *n.* düve, doğurmamış genç inek.

heigh [hei] *int.* hey!, bana bak!; **~-ho** ['~'həu] *int.* a!, ya!, yazık!, tüh be!

height [hait] *n.* yükseklik, irtifa, yükselti; tepe, dağ; doruk, zirve, en yüksek nokta; what is your ~? boyunuz kaç?; **'height.en** *v/t.* & *v/i.* yüksel(t)mek, art(tır)mak, çoğal(t)mak.

hei.nous □ ['heinəs] iğrenç, kötü, berbat, çirkin, tiksindirici; **'hei.nous.ness** *n.* iğrençlik, tiksindiricilik.

heir [ɛə] *n.* vâris, mirasçı; be ~ to -*e* vâris olm.; ~ apparent, ~ at law kanuni vâris; ~ presumptive muhtemel vâris; **'heir.dom** *n.* vârislik, mirasçılık; miras; **'heir.ess** *n.* kadın vâris; **'heir.less** *adj.* vârissiz, mirasçısı olmayan; **heir.loom** ['~lu:m] *n.* evlâdiyelik, nesilden nesile intikal eden değerli şey.

held [held] *pret.* & *p.p. of* hold 2.

hel.i.bus *Am.* F ['helibʌs] *n.* helikopter.

hel.i.cal ['helikəl] *adj.* helezonî, spiral, sarmal.

hel.i.cop.ter ['helikɔptə] *n.* helikopter.

he.li.o... ['hi:liəu] *prefix* güneş...; **he.li-o.graph** ['~əugra:f] *n.* güneş ışığı yansıtılarak sinyal gönderen alet, helyosta, pırıldak; **he.li.o.trope** ['heljətrəup] *n.* ⚘ güneş çiçeği.

he.li.um ⚗ ['hi:ljəm] *n.* helyum.

he.lix ['hi:liks] *n., pl. mst* **hel.i.ces** ['helisi:z] helis; *zo.* sümüklüböcek, salyangoz; ⚠ sarmal eğri; *anat.* dışkulak kıvrımı.

hell [hel] *n.* cehennem; *attr.* cehennem...; like ~ çok, son derecede, müthiş; hiç; oh ~! Allah kahretsin!; go to ~! canın cehenneme!; what the ~ ...? F Allahaşkına ne...?; a ~ of a noise çok fazla gürültü; raise ~ kıyameti koparmak; ride ~ for leather mümkün olduğu kadar hızlı at sürmek, dolu dizgin gitmek; **'~-'bent** *adj. Am. sl.* istekli, şevkli, azimli; **'~-cat** *n. fig.* öfkeli kimse; cadı; şirret kadın.

hel.le.bore ⚘ ['helibɔ:] *n.* çöpleme.

Hel.lene ['heli:n] *n.* Helen, Yunanlı; **Hel'len.ic** [he'li:nik] *adj.* Helen, Yunanlı; Yunan...

hell.ish □ ['heliʃ] korkunç, dehşetli, şeytani; cehennemi.

hel.lo [he'ləu] *int.* merhaba!, selâm!, günaydın!; alo!

helm ⚓ [helm] *n.* dümen; *fig.* idare.

hel.met ['helmit] *n.* miğfer, tolga; kask; **'hel.met.ed** *adj.* miğferli; kasklı.

helms.man ⚓ ['helmzmən] *n.* dümenci.

hel.ot *hist.* ['helət] *n.* esir, köle; *fig.* kul, köle.

help [help] **1.** *n. com.* yardım, imdat; çare, çözüm; yardımcı, hizmetçi, uşak; by the ~ of -*in* yardımı ile; **2.** *v/t.* yardım etm. -*e*; rahatlatmak, ferahlaştırmak; kurtarmak, imdadına yetişmek, çare bulmak; faydası olm. -*e*, yararı dokunmak *e-*; kendini tutmak, kendini almak -*den*; önlemek, önüne geçmek; ikram etm. *(yemek)*; ~ o.s. kendi kendine servis yapmak, yemeğe buyurmak; ~ o.s. to s.th *bşden* almak, *bşe* buyurmak *(yemek)*; I could not ~ laughing gülmemek elimde değildi, gülmekten kendimi alamadım; that cannot be ~ed ne yapalım, elden bir şey gelmez; *v/i. bşe* faydası dokunmak, işe yaramak; **'help.er** *n.* yardımcı, muavin, çırak; hizmetçi, uşak;

help.ful □ [ˈ~ful] yardımsever; yardımcı, faydalı, yararlı, işe yarar; **ˈhelp.ing** *n.* porsiyon *(yemek)*; **ˈhelp.less** □ âciz, çaresiz, kendini idare edemeyen, beceriksiz, kabiliyetsiz, gücü yetmez; **ˈhelp-less.ness** *n.* âcizlik, beceriksizlik, güçsüzlük; **ˈhelp.mate, help.meet** [ˈ~miːt] *n.* arkadaş, eş, yardımcı; karı *veya* koca.

helter-skel.ter [ˈheltəˈskeltə] *adv.* aceleyle, telâşla, alelacele, apar topar.

helve [helv] *n.* sap, tutamak.

Hel.ve.tian [helˈviːʃjən] **1.** *adj.* İsviçreli...; İsviçre...; **2.** *n.* İsviçreli *(kimse)*.

hem¹ [hem] **1.** *n.* kenar *(elbise)*, baskı; **2.** *v/t.* *-in* kenarını kıvırıp dikmek, bastırmak; ~ in kuşatmak, etrafını ıçevirmek, içine almak.

hem² [~] **1.** *v/i.* hafifçe öksürmek; 'hım' demek; tereddütlü konuşmak; **2.** *int.* hım!

he-man *sl.* [ˈhiːmæn] *n.* erkek adam, yiğit adam, güçlü kuvvetli erkek.

hem.i.sphere [ˈhemisfiə] *n.* yarımküre.

hem-line [ˈhemlain] *n.* etek ucu *(elbise)*; lower (raise) the ~ elbisenin boyunu uzatmak (kısaltmak).

hem.lock ⚘ [ˈhemlɔk] *n.* köknara benzer bir çam ağacı.

he.mo... [ˈhiːməu] *s.* haemo...

hemp [hemp] *n.* kenevir, kendir; **ˈhemp.en** *adj.* kendir gibi, kendirden yapılmış, kendir...

hem.stitch [ˈhemstitʃ] **1.** *n.* ajur, antika, gözenek; **2.** *vb.* kenarına ajur yapmak.

hen [hen] *n.* tavuk; dişi kuş; ~'s egg tavuk yumurtası.

hen.bane ⚘ [ˈhenbein] *n.* banotu.

hence [hens] *adv.* *usu.* from ~ buradan, bundan, bu zamandan itibaren; bu sebeple, bundan dolayı; ~! defol!, yıkıl karşımdan!; a year ~ bundan bir yıl sonra; **ˈ~ˈforth, ˈ~ˈfor.ward** *adv.* bundan böyle, şu andan itibaren ,gelecekte.

hench.man *pol.* [ˈhentʃmən] *n.* kendi çıkarı için taraf tutan kimse; bir kimsenin sağ kolu, hizmetkâr.

hen...: **ˈ~-coop** *n.* tavuk kümesi; **ˈ~-ˈpar.ty** *n.* F kadınlar toplantısı; **ˈ~.pecked** *adj.* kılıbık *(koca)*; **ˈ~-roost** *n.* tavuk tüneği.

hep *Am. sl.* [hep]: be ~ to *-in* farkında olm., *-den* haberi olm.

he.pat.ic *anat.* [hiˈpætik] *adj.* karaciğere ait, karaciğer...

hep.cat *Am. sl.* [ˈhepkæt] *n.* caz hastası *(veya* delisi).

hep.ta... [ˈheptə] *adj.* yedi...; **hep.ta.gon** [ˈ~gən] *n.* yedigen, yedi kenarlı çokgen.

her [həː, hə] *adv.* & *adj.* *(dişil)* onun; ona, onu.

her.ald [ˈherəld] **1.** *n.* haberci, müjdeci; **2.** *v/t.* ilân etm., haber vermek, müjdelemek; selâmlamak; ~ in tanıtmak, takdim etm.; **he.ral.dic** [heˈrældik] *adj.* (~ally) hanedan armacılığına ait; **her-ald.ry** [ˈherəldri] *n.* hanedan armacılığı.

herb [həːb] *n.* ot, bitki; **her.ba.ceous** [~ˈbeiʃəs] *adj.* ot cinsinden; **ˈherb.age** *n.* yeşillik, ot; ⚖ başkasının merasında hayvan otlatma hakkı; **ˈherb.al** **1.** *adj.* otlara ait, ot..., bitkisel...; **2.** *n.* şifalı bitkiler kitabı; **ˈherb.al.ist** *n.* şifalı bitki satan kimse; **her.bar.i.um** [~ˈbɛəriəm] *n.* kurutulmuş bitki koleksiyonu; kurutulmuş bitki koleksiyonu saklanan yer; **her.biv-o.rous** [~ˈbivərəs] *adj.* otçul *(hayvan)*; **her.bo.rize** [ˈ~bəraiz] *vb.* bitki yetiştirmek.

Her.cu.le.an [həːkjuˈliːən] *adj.* Herkül'e ait, Herkül...; çok güçlü, çok zor...

herd [həːd] **1.** *n.* sürü, davar sürüsü; *fig.* avam, ayak takımı; **2.** *v/t.* & *v/i.* sürü gibi biraraya topla(n)mak; sürüyü gütmek; sürüye kat(ıl)mak; ~ together biraraya topla(n)mak; **ˌherd.er, ˌherds.man** *n.* çoban, sığırtmaç.

here [hiə] **1.** *adv.* buraya; burada; şu anda, şimdi; bu noktada; bu dünyada, bu hayatta; **2.** *int.* ~! bana bak! baksana!, dur!; ~'s to...! ... *-in* şerefine!

here.a.bout(s) [ˈhiərəbaut(s)] *adv.* buralarda, bu yakınlarda, bu civarda; **here-aft.er** [hiərˈɑːftə] **1.** *adv.* ileride, gelecekte, bundan sonra; **2.** *n.* gelecek; öbür dünya, ahiret; **ˈhereˈby** *adv.* bu vesile ile, bundan dolayı.

he.red.i.ta.ble [hiˈreditəbl] *adj.* kalıtsal, irsî; **her.e.dit.a.ment** ⚖ [heriˈditəmənt] *n.* miras yoluyla kalan mal; **he.red.i.tar.y** [hiˈreditəri] *adj.* kalıtsal, irsî, miras yoluyla kalan...; **heˈred.i.ty** *n.* kalıtım, irsiyet, soyaçekim.

here.in [ˈhiərˈin] *adv.* bunda, bunun içinde; **here.of** [hiərˈɔv] *adv.* bununla ilgili olarak.

her.e.sy [ˈherəsi] *n.* bir akideye aykırı mezhep.

her.e.tic [ˈherətik] **1.** *n.* kabul olunmuş doktrinlere karşı olan kimse; **2.** = **he-ret.i.cal** □ [hiˈretikəl] kabul olunmuş doktrinlere karşı olan.

here.to.fore [ˈhiətuˈfɔː] *adv.* şimdiye dek, bundan önce; **here.up.on** [ˈhiərəˈpɔn] *adv.* bunun üzerine; **ˈhereˈwith** *adv.* bununla, ilişikte, beraberce.

her.it.a.ble [ˈheritəbl] *adj.* miras yoluyla

intikali mümkün; **'her.it.age** *n.* miras, tereke.
her.maph.ro.dite [hə:'mæfrədait] *n.* çift cinsiyetli bitki *veya* hayvan.
her.met.ic, her.met.i.cal □ [hə:'metik(əl)] hava geçirmez, sımsıkı kapalı.
her.mit ['hə:mit] *n.* yalnız kalmayı seven kimse, münzevi; **'her.mit.age** *n.* yalnız kalmayı seven kişi *veya* kişilerin hücresi, inziva yeri.
her.ni.a ⚕ ['hə:njə] *n.* fıtık, kasık yarığı, kavlıç; **'her.ni.al** *adj.* fıtıklı, fıtık...
he.ro ['hiərəu] *n., pl.* **he.roes** ['~rəuz] kahraman, yiğit; baş karakter; **he.ro.ic** [hi'rəuik], **he'ro.i.cal** *adj.* kahramanca, cesur; gerçek boyutundan büyük *(heykel)*; kahramanlıklar anlatan, destansı, epik *(şiir)*; abartmalı sözlere ait.
her.o.in *pharm.* ['herəuin] *n.* eroin.
her.o.ine ['herəuin] *n.* kadın kahraman; **'her.o.ism** *n.* kahramanlık, cesaret.
her.on *orn.* ['herən] *n.* balıkçıl; **'her.on.ry** *n.* balıkçılların yumurtladığı yer.
her.ring *ichth.* ['heriŋ] *n.* ringa; **'her.ring--bone** *n.* ringa kemiğine benzer dikiş, çapraz dikiş.
hers [hə:z] *pron.* onun(ki) *(dişil)*.
her.self [hə:'self] *pron.* kendisi *(dişil)*.
Hertz.i.an ⚡ ['hə:tsiən] *n.*: ~ waves elektromanyetik dalgalar, radyo dalgaları.
he's [hi:z] = he is; he has.
hes.i.tance, hes.i.tan.cy ['hezitəns(i)] *n.* tereddüt, duraksama; **hes.i.tate** ['~teit] *v/i.* tereddüt etm., duraksamak (about, over *-de*); kem küm etm., kekelemek (to *inf. -mekte*); **hes.i'ta.tion** *n.* tereddüt, duraksama, şüphe; kekeleme.
Hes.sian ['hesiən] **1.** *adj.* Almanya'nın Hesse eyaletine ait; Hesse'li; **2.** *n.* Hesse'li kimse; ♀ çuval bezi.
het.er.o.dox ['hetərəudɔks] *adj.* kabul edilmiş dini esaslara aykırı olan; **'het.er.o.dox.y** *n.* kabul edilmiş doktrinlere karşı çıkma; **het.er.o.dyne** ['~dain] *adj. radyo:* gelen sinyali devamlı bir frekansa karıştıran...; **het.er.o.ge.ne.i.ty** [~dʒi'ni:iti] *n.* farklı oluş; **het.er.o.ge.ne.ous** □ ['~rəu'dʒi:njəs] heterogen, ayrı cinsten.
hew [hju:] *(irr.) vb.* yontmak, yarmak, kesmek, çentmek; ⊕ yontarak şekil vermek; **'hew.er** *n.* baltacı, oduncu; ⚒ kömür madencisi; **hewn** [hju:n] *p.p. of* hew.
hex.a... ['heksə] *prefix* altı...; **hex.a.gon** ['~gən] *n.* altıgen; **hex.ag.o.nal** □ [hek'sægənl] altıgen, altı kenarlı; **hex.am.e.ter** [hek'sæmitə] *n.* altı ayaklı mısra.
hey [hei] *int.* hey!, haydi!, a!
hey.day ['heidei] **1.** *int.* yaşasın!, yok ya!; **2.** *n. fig.* en enerjik çağ, altın çağ.
hi [hai] *int.* hey!; selam!, merhaba!
hi.a.tus [hai'eitəs] *n.* aralık, açıklık, boşluk; *gr.* hemze.
hi.ber.nate ['haibəneit] *v/i.* kış uykusuna yatmak; **hi.ber'na.tion** *n.* kış uykusu.
hi.bis.cus ⚘ [hi'biskəs] *n.* amberçiçeği.
hic.cup, *a.* **hic.cough** ['hikʌp] **1.** *n.* hıçkırık; **2.** *v/i.* hıçkırmak, hıçkırık tutmak.
hick F [hik] *n.* taşralı, kaba köylü; *attr.* taşralı...
hick.o.ry ['hikəri] *n.* Kuzey Amerika'da bulunan bir tür ceviz ağacı.
hid [hid] *pret. of* hide²; **hid.den** ['hidn] *p.p. of* hide².
hide¹ [haid] **1.** *n.* hayvan derisi, post; F insan derisi, cilt; **2.** *v/t.* F pataklamak, dayak atmak.
hide² [~] *(irr.) v/t. & v/i.* sakla(n)mak, gizle(n)mek (from s.o. *b-den*); örtbas etm.; **'hide-and-'seek** *n.* saklambaç oyunu; play (at) ~ saklambaç oynamak.
hide.bound *fig.* ['haidbaund] *adj.* dar görüşlü, geri kafalı.
hid.e.ous □ ['hidiəs] çirkin, iğrenç, korkunç; **'hid.e.ous.ness** *n.* iğrençlik, çirkinlik, korkunçluk.
hid.ing¹ F ['haidiŋ] *n.* dayak, kötek.
hid.ing² [~] *n.* sakla(n)ma, gizle(n)me; in ~ saklı, gizli; **'~-place** *n.* gizlenecek *(veya* saklanacak) yer.
hie *poet.* [hai] *vb.* *(p. pr.* hying) çabucak gidivermek.
hi.er.arch.y ['haiərɑ:ki] *n.* hiyerarşi.
hi.er.o.glyph ['haiərəuglif] *n.* hiyeroglif, resimlerden oluşan yazı; **hi.er.o'glyph.ic,** *a.* **hi.er.o'glyph.i.cal** □ hiyerogliflere ait, hiyeroglif...; **hi.er.o'glyph.ics** *n. pl.* hiyeroglif.
hi-fi *Am.* ['hai'fai] = high fidelity.
hig.gle.dy-pig.gle.dy ['higldi'pigldi] *adj. & adv.* karmakarışık, karman çorman, altüst.
high [hai] **1.** *adj.* □ *(s. a.* ~ly) *com.* yüksek, yukarı; önemli *(mevki)*, yüce, baş; tiz, cırlak *(ses)*; aşırı, şiddetli; fahiş *(fiyat)*; kibirli, kendini beğenmiş; kızgın, öfkeli; coşkun, taşkın *(neşe)*; lüks; asil, soylu; kokmuş *(et, yemek)*; sarhoş, kafayı bulmuş; esrarın etkisinde; dolgun; ~ and dry karaya oturmuş *(gemi)*; suyun dışında; çaresiz, terkedilmiş; be on one's ~ horse, ride the ~ horse kendini beğenmiş olm., kibirli olm., yukarıdan bakmak; with a ~ hand kibirle, küstahça; in ~ spirits neşeli, keyfi yerinde; a ~ Tory aşırı tutucu kimse; ~ colo(u)r,

~ complexion koyu kırmızı renk; ~ life sosyete hayatı; ~ words *pl.* ağır sözler, öfkeli sözler; ~ time tam vakit; **2.** *n. meteor.* yüksek basınç bölgesi; *Am.* F = high school; ~ and low toplumun her kesimi, zengin fakir; her yerde; on ~ yüksekte, gökte; hızla, süratle ;**3.** *adv.* yükseğe, yüksekte; pahalı olarak; lüks içinde; **ˈ~.ball** *n. Am.* sodalı viski; **ˈ~-born** *ajd.* soylu olarak doğmuş; **ˈ~-bred** *adj.* asil, soylu; **ˈ~-brow** F **1.** *n.* entelektüel kimse, fikir adamı; **2.** *adj.* entelektüel; **ˈ~-class** *adj.* birinci sınıf, kaliteli, **ˈ~-ˈcol-o(u)red** *adj.* parlak renkli..., kırmızı...; ♀ **Com.mis.sion.er** büyükelçi ayarındaki temsilci; **ˈ~-exˈplo.sive** *n.* kuvvetli patlayıcı madde; **~-fa.lu.tin(g)** [ˈ~fəˈluːtin, ˈ~fəˈluːtiŋ] **1.** *n.* şatafat, gereksiz süs; **2.** *adj.* şatafatlı, aşırı süslü; **ˈ~-fiˈdel.i.ty** *adj.* sesi çok tabii şekilde veren... Hi-Fi; **ˈ~.fli-er** = highfiyer; **ˌ~-flown** *adj.* şatafatlı, çok süslü *(söz, yazı)*; **ˈ~.fly.er** *n.* hırslı kimse, ihtiraslı kimse; **ˈ~-grade** *adj.* üstün kaliteli; **ˈ~-ˈhand.ed** *adj.* amirlik taslayan, küstah; **ˈ~-ˈhat** *sl.* **1.** *n.* züppe kimse; **2.** *adj.* züppe; **ˈ~-ˈheeled** *adj.* yüksek ökçeli; **ˈ~.land.er** *n.* dağlı kimse; **ˈ~.lands** *n. pl.* dağlık bölge; **ˈ~-ˈlev.el** *adj.* yüksek seviyeli *(konferans)*; **ˈ~.light** *v/t.* dikkati çekmek *-e*; önem vermek *-e*; **ˈ~-lights** *n. pl. fig.* ilgi çekici olay; ~ **liv.ing** lüks hayat; **ˈhigh.ly** *adv.* yüksek derecede, çok, fazlasıyla; speak ~ of s.o. *b-den* övgüyle bahsetmek; ~ descended asil, soylu; **ˈhigh-ˈmind.ed** *adj.* âlicenap, yüce gönüllü; **ˈhigh-ˈnecked** *adj.* balıkçı yakalı, dik yakalı; **ˈhigh.ness** *n.* yükseklik; *fig.* yücelik; His *veya* Your ♀ Ekselansları.

high...: **ˈ~-ˈpitched** *adj.* çok tiz *(ses)*; dik *(çatı)*; **ˈ~-ˈpow.er:** ~ station yüksek güçlü santral; ~ radio station güçlü radyo istasyonu; **ˈ~-ˈpow.ered** *adj.* güçlü, dinamik, enerjik *(kimse)*; **ˈ~-ˈpriced** *adj.* pahalı; ~ **road** anayol; ~ **school** lise; **ˈ~-ˈspir.it.ed** *adj.* neşeli, şen; oynak, yerinde duramayan *(at)*; **ˈ~-ˈstrung** *adj.* çok sinirli, sinir küpü.

hight *poet. veya co.* [hait] *adj.* isminde, adında, denilen.

high...: ~ **tea** ikindi kahvaltısı; **ˈ~-ˈtoned** *adj.* kaliteli, sosyetik; ~ **wa.ter** taşkın, kabarma; **ˈ~.way** *n.* anayol, karayolu; *fig.* en kolay ve kısa yol; ~ code karayolları nizamnamesi; **ˈ~.way.man** *n.* eşkiya, soyguncu.

hi.jack [ˈhaidʒæk] *v/t.* kuvvet zoru ile çalmak, kaçırmak; **ˈhi.jack.er** *n.* uçak korsanı; yol kesici.

hike F [haik] **1.** *v/i.* yürümek, yürüyüşe çıkmak; **2.** *n.* uzun yürüyüş; *part. Am.* F artış, yükselme; **ˈhik.er** *n.* uzun yürüyüşe çıkan kimse.

hi.lar.i.ous □ [hiˈlɛəriəs] çok şamatalı, neşeli ve gürültülü.

hi.lar.i.ty [hiˈlæriti] *n.* neşe, kahkaha.

Hil.a.ry [ˈhiləri]: ~ term ⚖, *univ.* ocak ayında başlayan devre.

hill [hil] *n.* tepe; bayır, yokuş; küme, yığın; **~.bil.ly** *Am.* F [ˈ~bili] *n.* çiftçi, orman köylüsü; ~ **climb** *mot.* tırmanma yarışı; **hill.ock** [ˈhilək] *n.* tepecik, tümsek; **ˈhill.side** *n.* yamaç, dağ eteği; **ˈhill-top** *n.* tepe doruğu; **ˈhill.y** *adj.* tepelik.

hilt [hilt] *n.* kabza; up to the ~ *fig.* tamamiyle, tamamen.

him [him] *pron.* onu, ona *(eril)*.

him.self [himˈself] *pron.* kendi(si), bizzat *(eril)*; of ~ kendinden; by ~ yalnız başına; kendisi, kimsenin yardımı olmaksızın.

hind[1] [haind] *n.* dişi geyik.

hind[2] [~] *adj.* arkadaki, geride olan, arka...; ~ leg arka bacak; ~ wheels *pl.* arka tekerlekler.

hind.er[1] [ˈhaində] *adj.* arkadaki, gerideki, arka...

hin.der[2] [ˈhində] *v/t.* engellemek, mâni olm. *-e*, alıkoymak (from *-den*).

hind.most [ˈhaindməust] *adj.* en arkadaki, en gerideki.

hin.drance [ˈhindrəns] *n.* engel, mâni (to *-e*).

Hin.du, *a.* **Hin.doo** [ˈhinˈduː] *n.* Hintli, Hindu.

Hin.du.sta.ni [hinduˈstaːni] *adj.* Hindistan'a ait, Hindistan...; Hintli...

hinge [hindʒ] **1.** *n.* menteşe, reze; *fig.* dayanak noktası, esas; off the ~s *fig.* dayanağı olmayan; **2.** *vb.* ~ upon *fig.* dayanmak, bağlı olm.

hin.ny [ˈhini] *n. (at ile dişi eşekten hasıl olan)* katır.

hint [hint] **1.** *n.* ima, üstü kapalı söz, çıtlatma; **2.** *v/i.* ima etm., çıtlatmak, dokundurmak (at *-i*).

hin.ter.land [ˈhintəlænd] *n.* iç bölge, arka bölge, hinterland.

hip[1] [hip] *n.* kalça, kaba et; *attr.* kalça...

hip[2] ⚘ [~] *n.* kuşburnu.

hip[3] [~] *int.:* ~, ~, hurra(h)! şa! şa! şa!

hip...: **ˈ~-bath** *n.* yarım banyo *(küvet)*; **ˈ~-flask** *n.* cebe konan küçük yassı şişe.

hip.po F [ˈhipəu] = hippopotamus.

hip-pock.et [ˈhippɔkit] *n.* arka cep.

hip.po.pot.a.mus [hipəˈpɔtəməs] *n., pl. a.* **hip.poˈpot.a.mi** [~mai] suaygırı.

hip.py [ˈhipi] *n. a.* **hippie** hipi.
hip-roof ⌂ [ˈhipru:f] *n.* ortası kabarık çatı.
hip-shot [ˈhipʃɔt] *adj.* çıkık kalçalı.
hire [ˈhaiə] **1.** *n.* kira, ücret; kiralama; **on ~** kiralık; **2.** *vb.* kiralamak, ücretle tutmak; ücretle çalışmak; **~ out** kiraya vermek; **hire.ling** *contp.* [ˈ~liŋ] **1.** *n.* ücretli adam, uşak; **2.** *adj.* kiralık; **ˈhire-ˈpur.chase** *n.* taksit; **by ~** taksitle.
hir.sute [ˈhə:sju:t] *adj.* kıllı, tüylü, saçlı.
his [hiz] *adj. & pron.* onun(ki) *(eril).*
hiss [his] **1.** *n.* tıslama, yılan sesi; ıslıklama; **2.** *vb.* tıslamak; ıslık çalmak; *a.* **~ off** ıslık çalarak yuhalamak, ıslıklamak.
hist [s:t] *int.* hişt!, dur!, sus!
his.to.ri.an [hisˈtɔ:riən] *n.* tarihçi, tarih bilgini; **his.tor.ic, his.tor.i.cal** ☐ [~ˈtɔrik(əl)] tarihî, tarihsel; önemli, mühim; **his.to.ri.og.ra.pher** [~tɔ:riˈɔgrəfə] *n.* tarihçi, tarih yazarı; **his.to.ry** [ˈ~təri] *n.* tarih, tarihi olaylar; **make ~** tarihe geçmek.
his.tri.on.ic [histriˈɔnik] *adj.* sahneye ait, oyuna ait, sahne..., tiyatro..., oyunculuk...; dramatik..., yapmacık, suni, sahte.
hit [hit] **1.** *n.* vuruş, vurma, darbe; başarı; şans, talih; isabet; *fig.* iğneli söz, taş; *thea.*, ♪ başarı kazanmış eser; **2.** *(irr.) vb.* vurmak, çarpmak *-e*; isabet et(tir)mek *-e*; tesir etm. *-e*; *Am.* F ulaşmak, varmak, erişmek *-e*; gitmek *-e*; bulmak *-i*; uymak *-e*; çok içmek *(içki)*; yumruk atmak; olmak, vuku bulmak; uygun olm.; **~ s.o. a blow** *b-ne* yumruk atmak; **~ at** vurmak; **~ or miss** rasgele, şansa, tesadüfî; gayesiz, amaçsız; **~ off** F kısaca tarif etm.; süratle yapmak; **~ it off with** F *ile* uyuşmak, anlaşmak, geçinmek; **~ out** yumruklamak, saldırmak; **~ (up)on** rastgele bulmak *-i*; **he ~ his head against a tree** başını bir ağaca çarptı; **ˈ~-and-ˈrun driv.er** *mot.* çarpıp kaçan şoför.
hitch [hitʃ] **1.** *n.* ani çekme *veya* itme, çekiş; ⚓ adi düğüm; *fig.* engel, arıza, mâni, pürüz; **2.** *v/t. & v/i.* çek(iştir)mek; bağla(n)mak, iliştir(il)mek, tak(ıl)mak (**on** *-e*); topallamak, aksamak; evlen(dir)mek; otostop yapmak; **~ up** yukarı çekmek *(pantolon)*; **ˈ~-hike** *v/i.* F otostop yapmak.
hith.er *lit.* [ˈhiðə] *adv.* buraya, buraya doğru; **hith.er.to** [ˈ~ˈtu:] *adv.* şimdiye kadar, bu zamana kadar; **hith.er.ward(s)** [ˈ~wəd(z)] = **hither**.
hive [haiv] **1.** *n.* kovan; kovandaki arı kümesi; *fig.* çok hareketli yer, arı kovanı gibi kaynaşan yer; **~s** *pl.* ⚕ kurdeşen, ürtiker; **2.** *v/t.* kovana doldurmak, kovanda biriktirmek, toplamak; **~ up** toplamak, biriktirmek; *v/i.* kovana girmek; birarada oturmak.
ho [həu] *int.* ya!, yok ya!, hadi canım!
hoar [hɔ:] *adj.* kır, ak, ağarmış *(saç)*; kır saçlı.
hoard [hɔ:d] **1.** *n.* saklanan stok, biriktirilmiş şey; **2.** *v/t. a.* **~ up** saklamak, biriktirmek, istif etm.; **ˈhoard.er** *n.* istifçi, biriktirip saklayan kimse.
hoard.ing [ˈhɔ:diŋ] *n.* geçici tahta perde; ilan tahtası.
hoar.frost [ˈhɔ:ˈfrɔst] *n.* kırağı.
hoar.i.ness [ˈhɔ:rinis] *n.* ak saç, kırlık.
hoarse ☐ [hɔ:s] boğuk, kısık *(ses)*; boğuk sesli; **ˈhoarse.ness** *n.* boğukluk, boğuk seslilik.
hoar.y [ˈhɔ:ri] *adj.* kır, ak, ağarmış, ak düşmüş; eski.
hoax [həuks] **1.** *n.* şaka, muziplik; hile, oyun; **2.** *v/t.* aldatmak, oyun etm., işletmek, gırgır geçmek.
hob¹ [hɔb] *n.* şömine pervazı.
hob² [~] = **hobgoblin**; **raise ~** *part. Am.* F yaramazlık yapmak.
hob.ble [ˈhɔbl] **1.** *n.* topallama, aksama; F engel, mâni, köstek; **2.** *v/i.* topallamak, aksamak *(a. fig.)*; *v/t.* kösteklemek; topal etm.; bukağı vurmak *(ata)*; engel olm., mâni olm.
hob.ble.de.hoy F [ˈhɔbldiˈhɔi] *n.* beceriksiz delikanlı.
hob.by *fig.* [ˈhɔbi] *n.* merak, özel zevk, hobi; **ˈ~-horse** *n.* sallanan oyuncak at; atlıkarınca atı; çocuğun at diye bindiği değnek; bir kimsenin hoşlandığı konu.
hob.gob.lin [ˈhɔbgɔblin] *n.* gulyabani, ifrit.
hob.nail [ˈhɔbneil] *n.* iri başlı kısa çivi, ayakkabıların altına vurulan çivi, kabara.
hob.nob [ˈhɔbnɔb] *v/i.* arkadaşlık etm., sıkıfıkı olm., araları iyi olm.
ho.bo *Am. sl.* [ˈhəubəu] *n.* serseri, aylak, boş gezenin boş kalfası.
Hob.son's choice *fig.* [ˈhɔbsnzˈtʃɔis] *n.* tek çözüm yolu, yapılacak tek şey.
hock¹ [hɔk] **1.** *n. zo.* hayvanların içdizi; **2.** *v/t.* topal etm. *(at)*.
hock² [~] *n.* Ren şarabı, beyaz Alman şarabı.
hock³ [~] **1.** *n.* rehin; **2.** *v/t.* rehine koymak; **ˈ~-shop** *n.* rehinci dükkânı.
hock.ey [ˈhɔki] *n. spor:* hokey oyunu.
ho.cus [ˈhəukəs] *v/t.* aldatmak, kandırmak; uyuşturucu vererek sersemletmek; **~-po.cus** [ˈ~ˈpəukəs] *n.* hokus pokus;

hokkabazlık, hile; sihirbazın sözleri; aldatıcı hareketler.

hod [hɔd] *n.* harç *veya* tuğla teknesi.

hodge-podge [ˈhɔdʒpɔdʒ] = hotchpotch.

hod.man [ˈhɔdmən] *n.* yamak, el ulağı.

hoe ✓ [həu] **1.** *n.* çapa; **2.** *vb.* çapalamak, çapa kullanmak.

hog [hɔg] **1.** *n.* domuz; *fig.* obur ve pis kimse; go the whole ~ *sl.* bir işi tam yapmak; **2.** *v/t.* açgözlülükle kapmak; hakkından fazlasını almak; *v/i. mot.* yolun ortasında gitmek; **hogged** *adj.* açgözlü; ˌ**hog.gish** □ açgözlü ve bencil; ˌ**hog.gishness** *n.* açgözlülük, bencillik.

hog.ma.nay *Scots* [ˈhɔgmənei] *n.* yılbaşı arifesi.

hogs.head [ˈhɔgzhed] *n.* büyük fıçı; 240 litrelik sıvı ölçü birimi; ˈ**hog.skin** *n.* domuz derisi; ˈ**hog.wash** *n.* çerçöp, artık şey; F saçma şey, atmasyon.

hoi(c)k [hɔik] *v/t.* birden çekmek, aniden yukarıya doğru döndürmek *(uçak).*

hoi pol.loi [hɔiˈpɔlɔi] *n. pl.* halk yığını, ayak takımı, avam.

hoist [hɔist] **1.** *n.* kaldıraç; yük asansörü; itme *veya* çekme; **2.** *v/t.* yükseltmek, kaldırmak; çekmek *(bayrak).*

hoi.ty-toi.ty F [ˈhɔitiˈtɔiti] **1.** *adj.* kibirli, kendini beğenmiş; **2.** *int.* yok yahu!, deme!

ho.kum *Am. sl.* [ˈhəukəm] *n.* boş laf, palavra; seyircinin ilgisini çekmek için başvurulan oyunlar.

hold [həuld] **1.** *n.* tutma, tutuş; nüfuz, hüküm, otorite; dayanak, destek; tutunacak yer; kale, istihkam; hapis; hapishane, kodes; kavrama, anlama, idrak; ♪ uzatma işareti; ⚓ gemi ambarı; catch, get, lay, take, seize ~ of yakalamak, tutmak, kavramak; have a ~ of *veya* on ...üzerinde etkisi olm., otoritesi olm.; keep ~ of *-i* kontrol altına almak; **2.** *(irr.) v/t. com.* tutmak; kavramak; dayanmak *e*; malik olm. *-e*, sahip olm. *-e*, elinde tutmak *-i*; zapt etm., işgal etm., ele geçirmek *-i*; kontrol atına almak, hükmetmek *-e*; alıkoymak, salıvermemek, durdurmak *-i*; kanunen bağlamak, mecbur etm.; germek *(kas)*; çekmek, tartmak, tasımak *(ağırlık)*; hapsetmek, gözaltına almak *-i*; içine almak, kapsamak *-i*; stok etm. *-i*; desteklemek *(teori)*; düzenlemek *(toplantı)*; çevirmek, yöneltmek, doğrultmak *(silah)*; ⚖ hüküm vermek, karara bağlamak; ~ a job down F bir işi yürütmek; ~ one's ground, ~ one's own ayak diremek, yerini korumak, dayanmak, durumunu muhafaza etm.; ~ the line *teleph.* telefonu açık tutmak, telefonda beklemek, kapatmamak; ~ water su kaldırmak; *fig.* makul olm., mantıklı olm., geçerli olm.; ~ off uzak tutmak, uzaklaştırmak; ⚓ rotasında gitmek; ~ on devam etm., dayanmak; beklemek; yerinde tutmak; ~ out dayanmak, karşı koymak; yetmek; tutmak; ileri sürmek; ~ over ertelemek, tehir etm.; *-i* silah olarak kullanmak; ~ up geciktirmek, durdurmak, engel olm., tutmak; **3.** *(irr.) v/i.* durumunu korumak, dayanmak, karşı koymak; sürmek, devam etm.; bağlı olm.; geçerli olm.; doğru gitmek, ilerlemek; durmak, ara vermek; uyuşturucu maddesi olm.; ~ forth nutuk atmak, gururla konuşmak; ileri sürmek, teklif etm.; ~ good *veya* true geçerli olm.; ~ hard! F sıkı tut!; ~ in tutmak, zapt etm., kontrol altına almak; ~ off uzakta kalmak, uzak durmak; ~ on devam etm.; *teleph.* durmak, beklemek; ~ on! F dur!, bekle!; ~ to devam etm.; sadık kalmak, tutmak; yönelmek; ~ up yolunu kesip soymak; ˈ**hold-all** *n.* valiz, çanta, bavul; ˈ**hold.er** *n.* ⚓ sahip, hamil; kulp, tutacak, tutamak, sap; ~ of shares hisse senedi sahibi; ˈ**hold.fast** *n.* kenet, mandal, çengel, kanca; ˈ**hold.ing** *n.* holding; mülk, mal; arazi; tutma; small ~ ekilip biçilen küçük arazi; ~ company holding; ˈ**hold.o.ver** *n. Am.* artık, posa; bakiye, geriye kalan kısım; ˈ**hold-up** *n.* gecikme; yol kesme, soygun.

hole [həul] **1.** *n.* delik, çukur, boşluk, oyuk, gedik; F *fig.* güç durum, çıkmaz; hayvan ini, barınağı, yuvası; pis yer; golf çukuru; pick ~s in kusur bulmak, ince eleyip sık dokumak; **2.** *vb.* delik açmak; *golf:* topu deliğe sokmak; ˈ**hole-and-ˌcor.ner** *adj.* gizli, el altından.

hol.i.day [ˈhɔlədi] *n.* tatil günü; bayram günü; ~s *pl.* tatil; ˈ**~-mak.er** *n.* tatile çıkmış kişi.

ho.li.ness [ˈhəulinis] *n.* kutsallık, kutsiyet.

hol.la [ˈhɔlə] **1.** *int.* haydi! *(köpeklere)*; **2.** *vb.* bağırmak, seslenmek *(köpeğe).*

hol.land [ˈhɔlənd] *n. a.* brown ~ ağartılmamış keten bezi; ♀s *sg.* ardıç suyu, cin.

hol.ler *Am.* F [ˈhɔlə] **1.** *vb.* bağırmak, haykırmak; **2.** *n.* bağırış, haykırış.

hol.lo(a) [ˈhɔləu] = holla.

hol.low [ˈhɔləu] **1.** □ içi boş, oyuk; derin, boşluktan gelen *(ses)*; yalan, sahte, aldatıcı; çökük, çukurlaşmış; **2.** F *adv. a.* all ~ tamamen, büsbütün; sahte, aldatıcı; çökük; çukurlaşmış; **3.** *n.* çukur, boşluk; küçük dere; ⊕ oyuk, yiv; **4.** *vb.* oy(ul)mak, çukurlatmak, içini oymak; **ˈhol.low.ness** *n.* boşluk, oyukluk; *fig.* sahtelik, aldatıcılık.

hol.ly ⚘ [ˈhɔli] *n.* çobanpüskülü.

hol.ly.hock ⚘ [ˈhɔlihɔk] *n.* gülhatmi.

holm [həum] *n. a.* **ˈ~-ˈoak** ⚘ pırnal.

hol.o.caust [ˈhɔləkɔːst] *n.* tahribat, büyük yıkım, yangın felâketi.

hol.ster [ˈhəulstə] *n.* deri tabanca kılıfı.

ho.ly [ˈhəuli] **1.** *adj.* kutsal, mukaddes, kutsî, mübarek; ♀ Week paskalyadan önceki hafta; **2.** *n.* ~ of holies *İncil:* en kutsal yer; Musevi tapınağının en iç kısmı; **ˈ~.stone** *n.* ⚓ maltataşı.

hom.age [ˈhɔmidʒ] *n.* hürmet, saygı; biat, *b-nin* egemenliğini tanıma; do *veya* pay *veya* render ~ saygı göstermek, hürmet etm. (to *-e*).

home [həum] **1.** *n.* ev, yuva, aile ocağı, mesken; vatan, yurt, memleket; bazı oyunlarda hedef; at ~ evde; memleketinde; *spor:* kendi sahasında; make o.s. at ~ rahatına bakmak, kendi evindeymiş gibi davranmak; be at ~ evde bulunmak; *b-ni* evinde kabul etm.; **2.** *adj.* eve ait; memleketine ait; yerli; ♀ Office İçişleri Bakanlığı; ♀ Rule muhtariyet, özerklik; ♀ Secretary İçişleri Bakanı; ~ trade iç ticaret; **3.** *adv.* evde, eve; kendi ülkesine, ülkesinde; tam yerine; be ~ evde olm.; bring *veya* drive s.th. ~ to s.o. *bşi b-nin* kafasına sokmak, *bşi* iyice anlamasını sağlamak; come ~ eve gelmek; come ~ to s.o. *fig.* tamamiyle farkına varmak; *b-ni* çok etkilemek; that comes ~ to you onu iyice anlıyorsunuz; hit *veya* strike ~ *fig.* tam yerine vurmak; **4.** *v/i.* eve gitmek *veya* dönmek; yuvasına dönmek *(hayvan)*; dikkatini bir yöne çevirmek; evi olm.; **ˈ~-ˈbrewed** *adj.* evde yapılma *(içki)*; **ˈ~-com.ing** *n.* eve *veya* yurda dönüş; mezunlar günü; ♀ **Coun.ties** *pl.* kontluklar; ~ **e.coˈnom.ics** *mst sg. Am.* ev idaresi bilgisi, ev ekonomisi; **ˈ~-felt** *adj.* kendini evindeymiş gibi hisseden; **ˈ~-ˈgrown** *adj.* ülkede yetişen; **ˈhome.less** *adj.* evsiz barksız, yurtsuz; **ˈhome.like** *adj.* ev gibi, rahat; **ˈhome.li.ness** *n.* basitlik, sadelik, gösterişsizlik; *Am.* cazibesizlik, çirkinlik; **ˈhome.ly** ☐ *fig.* basit, sade, gösterişsiz, süssüz; ev gibi, evi andıran; *Am.* cazibesiz, çirkin.

home...: **ˈ~-ˈmade** *adj.* evde yapılmış; **ˈ~.mak.er** *n.* ev kadını; **ˈ~.sick:** be ~ yurt hasreti çekmek, sıla hasreti çekmek; **ˈ~.sick.ness** *n.* sıla hasreti; **ˈ~.spun** **1.** *adj.* evde dokunmuş; temiz, saf; **2.** *n.* evde dokunmuş kumaş; **ˈ~.stead** *n.* ev ve eklentileri; çiftlik evi; ~ **team** *spor:* ev sahibi takım; **~.ward(s)** [ˈ~wəd(z)] *adj. & adv.* eve doğru (giden); **ˈ~.work** *n.* ev ödevi.

hom.i.cide [ˈhɔmisaid] *n.* adam öldürme; adam öldüren kimse, katil.

hom.i.ly [ˈhɔmili] *n.* vaız, uzun ve sıkıcı konuşma.

hom.ing [ˈhəumiŋ] *adj.* salıverildiğinde tekrar yuvaya dönebilen *(güvercin)*; ~ instinct tekrar yuvayı bulabilme içgüdüsü; ~ pigeon posta güvercini.

hom.i.ny [ˈhɔmini] *n.* mısır lapası.

ho.m(o)e.o.path [ˈhəumjəupæθ] *n.* hastalığı benzeri ile tedavi eden doktor; **ho-m(o)e.oˈpath.ic** *adj.* (~ally) benzeri ile tedavi olunan hastalığa ait; **ho.m(o)e.op.a.thist** [~miˈɔpəθist] *n.* hastalığı benzeri ile tedavi eden doktor; **ho.m(o)eˈop.a.thy** *n.* hastalığı benzeri ile tedavi etme usulü.

ho.mo.ge.ne.i.ty [hɔməudʒeˈniːiti] *n.* aynı cinsten olma, cinsdeşlik, türdeşlik; **ho-mo.ge.ne.ous** ☐ [~ˈdʒiːnjəs] aynı cinsten olan, cinsdeş, türdeş, homojen; **hom.o-graph** [ˈhɔməugrɑːf] *n.* yazılışı aynı fakat anlam *veya* telaffuzu farklı olan kelime; **ho.mol.o.gous** [hɔːmɔləgəs] *adj.* birbirine benzer *veya* eşit; **hoˈmol.o.gy** [~dʒi] *n.* benzeşim, benzeyiş; eşitlik; **hom.o.nym** [ˈhɔmənim] n. eşsesli, anlamları farklı fakat telaffuzu aynı olan kelime; **hom.o.phone** [ˈ~fəun] = homonym; **ho.mo.sex.u.al** [ˈhəuməuˈseksjuəl] *adj.* homoseksüel, eşcinsel.

hom.y F [ˈhəumi] = homelike.

hone ⊕ [həun] **1.** *n.* bileğitaşı; **2.** *v/t.* bilemek.

hon.est ☐ [ˈɔnist] doğru, dürüst, namuslu, güvenilir, doğru sözlü, açık kalpli; **ˈhon.es.ty** *n.* namusluluk, dürüstlük, doğruluk, iffet.

hon.ey [ˈhʌni] *n.* bal; F tatlılık; sevgili; canım; **ˈhon.ey-bee** *n.* bal arısı; **ˈhon.ey-comb** **1.** *n.* bal peteği; **2.** *v/t.* delikler açmak; **hon.eyed** [ˈhʌnid] *adj.* tatlı *(söz)*; **ˈhon.ey.moon** **1.** *n.* balayı; **2.** *vb.* balayı geçirmek; **ˈhon.ey.suck.le** *n.* ⚘ hanımeli.

honk *mot.* [hɔŋk] **1.** *n.* klakson sesi; **2.** *v/i.* klakson çalmak.

honk.y-tonk *Am. sl.* [ˈhɔŋkitɔŋk] *n.* ucuz gece kulübü ,batakhane.

hon.o.rar.i.um [ɔnəˈrɛəriəm] *n.* ücret; **hon-or.ar.y** [ˈɔnərəri] *adj.* onursal, fahrî; ücretsiz.

hon.o(u)r [ˈɔnə] **1.** *n.* şeref, onur, namus, itibar, saygıdeğerlik; şöhret, nam; ün;

şeref kaynağı, yüz akı; yargıçlara verilen ünvan; ayrıcalık; imtiyaz; iskambilde en yüksek kart; ~s *pl.* üstün başarılı üniversite öğrencilerine verilen şeref payesi; Your ♀ Sayın Yargıç; in ~ of s.o. *b-nin* şerefine; do the ~s of the house ev sahipliği yapmak, misafir ağırlamak; **2.** *v/t.* şereflendirmek, şeref vermek, saygı göstermek; ⚚ *-in* karşılığını ödemek.

hon.o(u)r.a.ble ☐ [ˈɔnərəbl] şerefli, namuslu, itibarlı; muhterem, sayın; Right ♀ pek muhterem, çok saygıdeğer *(markizin altındaki kişilere söylenir)*; **ˈhon-o(u)r.a.ble.ness** *n.* şeref, itibar, namus.

hooch *sl.* [huːtʃ] *n.* içki.

hood [hud] *n.* kukuleta, başlık, kapşon; kukuletaya benzer herhangi bir şey; *mot.* arabanın üst kısmı; *Am.* motor kapağı; ⊕ kapak; *univ.* rütbe göstermek için cüppelere takılan başlık şeklindeki parça; gangster, azılı katil, serseri; **ˈhood-ed** *adj.* başlıklı, kukuletalı, kapşonlu.

hood.lum *Am.* F [ˈhuːdləm] *n.* serseri, kabadayı, gangster, azılı katil.

hoo.doo *part. Am.* [ˈhuːduː] **1.** *n.* uğursuz kimse *veya* şey; **2.** *v/t.* uğursuzluk getirmek.

hood.wink [ˈhudwiŋk] *v/t.* aldatmak, hile yapmak, oyuna getirmek.

hoo.ey *Am. sl.* [ˈhuːi] *n.* saçma şey, zırva, saçmalık; martaval, dümen.

hoof [huːf] *n., pl.* **hoofs** *veya* **hooves** [huːvz] *at. vs.* tırnağı, toynak; **ˈ~-beat** *n.* toynak sesi; **hoofed** [huːft] *adj.* toynaklı.

hook [huk] **1.** *n.* çengel, kanca, kopça; orak; *boks:* kroşe; ~s and eyes erkek ve dişi kopçalar; by ~ or by crook şu veya bu şekilde; ~, line, and sinker F tamamen tümüyle; **2.** *v/t.* kıvırmak, bükmek, eğmek; kancayla yakalamak, tutmak, çekmek, bağlamak; *sl.* çalmak, araklamak, aşırmak; ~ it *sl.* kaçmak, tüymek; ~ up birleştirmek, bağlamak; *v/i. a.* ~ on kanca şeklini almak; takılmak, asılmak.

hook.a(h) [ˈhukə] *n.* nargile.

hooked [hukt] *adj.* çengelli; çengel şeklinde; tığ ile örülmüş; müptelâ, düşkün; **ˈhook.er** *n.* ⚓ tek direkli balıkçı gemisi; eski ve hantal gemi; fahişe, orospu; **ˈhook.ey** = hooky; **ˈhook-up** *n.* birleşme, bağlantı; birkaç elektrik devresinin birbirine bağlanması; *radyo:* birkaç radyo istasyonunu birleştirme; **ˈhook.y** *n.* okul kaçağı; play ~ *Am. sl.* okulu asmak, okulu kırmak.

hoo.li.gan [ˈhuːligən] *n.* serseri, külhanbeyi, kabadayı.

hoop [huːp] **1.** *n.* kasnak, çember; kadınların eteklerinin içine geçirilen çember; ⊕ tasma kelepçe; **2.** *v/t.* çemberlemek, çemberle bağlamak; **ˈhoop.er** *n.* fıçıcı, varilci.

hoop.ing-cough [ˈhuːpiŋkɔf] *n.* boğmaca.

hoo.poe *orn.* [ˈhuːpuː] *n.* çavuşkuşu, ibibik, hüthüt.

hoot [huːt] **1.** *n.* baykuş sesi; klakson sesi; vapur düdüğü; bağırma, azarlama; yuhalama; **2.** *v/i.* yuhalamak, yuha çekmek; bağırmak ,azarlamak; baykuş gibi ötmek; ötmek *(baykuş)*; *mot.* klakson çalmak; *v/t. a.* ~ at, ~ out, ~ away ıslıklamak, yuhalamak; **ˈhoot.er** *n.* fabrika düdüğü, siren; *mot.* klakson.

Hoov.er [ˈhuːvə] **1.** *n.* elektrik süpürgesi; **2.** *v/t.* elektrik süpürgesiyle temizlemek.

hop¹ [hɔp] **1.** *n.* ⚘ şerbetçiotu; ~s *pl.* şerbetçiotu *(biraya katılan ve ona lezzet veren)*; ~-picker şerbetçiotu toplayan kimse *veya* makine; **2.** *v/t.* yetiştirmek *(şerbetçiotu)*; *v/i.* şerbetçiotu toplamak.

hop² [~] **1.** *n.* sekme, sıçrama, zıplama; ✈ uçak seferi; F dans partisi; **2.** *vb.* sıçramak, sekmek, zıplamak, seke seke yürümek; uçakla seyahat etm.; ~ it *sl.* yaylanmak, gidivermek; ~ off ✈ havalanmak, kalkmak.

hope [həup] **1.** *n.* umut, ümit (of *-den*); umut kaynağı; of great ~s umut veren; **2.** *vb.* ummak, ümit etm., beklemek (for *-i*); ümitle aramak; umutla beklemek; ~ in güvenmek, itimat etm. *-e*; ~ against ~ ümidini kesmeyerek beklemek; **hope-ful** ☐ [ˈ~ful] ümitli, ümit verici; be ~ that *bşden* ümitli olm.; **ˈhope.less** ☐ ümitsiz.

hop-o'-my-thumb [ˈhɔpəmiˈθʌm] *n.* cüce.

hop.per [ˈhɔpə] *n.* ⊕ besleme hunisi; tahıl ambarı; büyük kova; sıçrayan herhangi bir böcek.

horde [hɔːd] *n.* göçebe aşiret; kalabalık, izdiham; çokluk, fazlalık.

ho.ri.zon [həˈraizn] *n.* ufak, çevren; **hor-i.zon.tal** ☐ [hɔriˈzɔntl] yatay, ufkî, ufka paralel.

hor.mone [ˈhɔːməun] *n.* hormon.

horn [hɔːn] *n.* ♪ boru; *zo.* boynuz; *mot.* korna, klakson; boynuz şeklindeki herhangi *bş*; draw in one's ~s *fig.* korkup geri çekilmek, yelkenleri suya indirmek; (stag's) ~s *pl.* geyik boynuzları; ~ of plenty bolluk (sembolü); **ˈ~.beam** *n.* ⚘ gürgen; **~.blende** [ˈ~blend] *n. min.* hornblent; **horned** [ˈ~id] *adj.* boynuzlu.

hor.net *zo.* [ˈhɔːnit] *n.* eşekarısı, büyük sarı arı.

horn.less [ˈhɔːnlis] *adj.* boynuzsuz, boynuzları olmayan; ˈ**horn.pipe** *n. a.* sailor's ~ gemici dansı; bu dansın müziği; ˈ**horn-rimmed:** ~ spectacles *pl.* bağa gözlük, boynuzdan yapılma gözlük; **horn.swog-gle** *Am. sl.* [ˈ~swɔgl] *v/t.* faka bastırmak, aldatmak, dolandırmak, işletmek; ˈ**horn.y** □ boynuzlu; boynuzdan yapılmış; sert, nasırlaşmış, nasır tutmuş *(el)*; şehvetli, tahrik olmuş.

ho.rol.o.gy [hɔˈrɔlədʒi] *n.* vakit ölçme ilmi; saatçilik; **hor.o.scope** [ˈhɔrəskəup] *n.* zayiçe, yıldız falı; cast a ~ yıldız falına bakmak.

hor.ri.ble □ [ˈhɔrəbl] dehşetli, korkunç, müthiş, iğrenç; kötü, berbat; **hor.rid** □ [ˈhɔrid] korkunç, dehşetli, iğrenç; kötü; berbat; **hor.rif.ic** [hɔˈrifik] *adj.* dehşetli, korkunç; **hor.ri.fy** [ˈ~fai] *v/t.* korkutmak, dehşete düşürmek; **hor.ror** [ˈhɔrə] *n.* dehşet, korku, yılgı; nefret, tiksinme (of *-den*); chamber of ~s mumyalar müzesi; ~ fiction (film) korku romanı (filmi); ˈ**hor.ror-strick.en** *adj.* korkudan donakalmış.

horse [hɔːs] **1.** *n.* at, beygir; aygır; *coll.* süvari birliği; ⊕ sehpa, kasa; look a gift ~ in the mouth *fig.* bahşiş atın dişine bakmak, bir armağanı beğenmeyip kusur bulmak; a ~ of another colo(u)r tamamiyle farklı bir konu, apayrı bir mesele; (straight) from the ~'s mouth asıl kaynağından öğrenilmiş *veya* alınmış; **2.** *vb.* ata bin(dir)mek, at koşmak; hayvan gücüyle hareket ettirmek; *sl.* eşek şakası yapmak; ˈ**~.back:** on ~ ata binmiş at üstünde; atla; go on ~ atla gitmek; ˈ**~-bean** *n.* ⚘ bakla; ˈ**~-box** *n.* at taşımak için kullanılan kapalı araç; ˈ**~-break.er** *n.* at terbiyecisi; ~ **chest.nut** *n.* ⚘ atkestanesi; ˈ**~-col.lar** *n.* hamut; ˈ**~-deal.er** *n.* at satıcısı; ˈ**~-flesh** *n.* at eti; *coll.* atlar, at sınıfı; ˈ**~-fly** *n. zo.* atsineği; ♀ **Guards** *n. pl.* atlı muhafız bölüğü; ˈ**~.hair** *n.* at kılı; ˈ**~-laugh** *n.* F kaba kahkaha; ˈ**~.man** *n.* binici, süvari; ˈ**~.man.ship** *n.* binicilik; ~ **op.er.a** *Am.* kovboy filmi; ˈ**~-play** *n.* eşek şakası; ˈ**~-pond** *n.* at sulama *veya* yıkama havuzu; ˈ**~.pow.er** *n.* beygir gücü; ˈ**~-rad.ish** *n.* ⚘ yabanturbu, acırga; ˈ**~-sense** *n.* sağduyu; ˈ**~.shoe** *n.* at nalı; ˈ**~.whip** *n.* kamçı, kırbaç; ˈ**~.wom.an** *n.* kadın binici.

hors.y [ˈhɔːsi] *adj.* ata ait, at...; at yarışları...; ata benzeyen...; binici...

hor.ta.tive □ [ˈhɔːtətiv], **hor.ta.to.ry** [ˈ~təri] teşvik edici, gayret verici, yüreklendirici; nasihat verici, öğütleyici.

hor.ti.cul.tur.al [hɔːtiˈkʌltʃərəl] *adj.* bahçıvanlığa ait, bahçıvanlık...; ˈ**hor.ti.cul-ture** *n.* bahçıvanlık, bahçecilik, çiçekçilik; **hor.tiˈcul.tur.ist** *n.* bahçıvan, bahçecilik uzmanı.

ho.san.na [həuˈzænə] *n.* şükretme *(Tanrıya)*

hose [həuz] **1.** *n.* hortum; *coll.* çorap; **2.** *v/t.* hortumla sulamak *veya* yıkamak.

ho.sier [ˈhəuziə] *n.* çorapçı ve iç çamaşırcı; ˈ**ho.sier.y** *n.* çorap ve iç çamaşırı, mensucat.

hos.pice [ˈhɔspis] *n.* misafirhane; darülaceze, düşkünler evi.

hos.pi.ta.ble □ [ˈhɔspitəbl] misafirperver, konuksever; açık (to *-e*).

hos.pi.tal [ˈhɔspitl] *n.* hastane; ⚔ askeri hastane; **hos.pi.tal.i.ty** [~ˈtæliti] *n.* konukseverlik, misafirperverlik; **hos.pi.tal.ize** [ˈ~təlaiz] *v/t.* hastaneye yatırmak; ˈ**hos-pi.tal-train** *n.* ⚔ askeri hastane treni.

host[1] [həust] *n.* ev sahibi *(erkek)*, mihmandar; otelci, hancı; *zo.*, ⚘ bir asalağı besleyen organizma; reckon without one's ~ güçlükleri düşünmeden plan yapmak; ilgili kişilere danışmadan hesap yapmak.

host[2] [~] *n. fig.* kalabalık, çokluk; ordu; Lord of ~s *İncil:* ordulara zafer veren Allah; he is a ~ in himself bir çok adama bedeldir.

Host[3] *eccl.* [~] *n.* okunmuş ekmek, takdis edilen fodla.

hos.tage [ˈhɔstidʒ] *n.* rehine, tutak.

hos.tel [ˈhɔstəl] *n.* han; *univ.* talebe yurdu; ˈ**hos.tel.(l)er** *n.* handa kalan kimse; ˈ**hos.tel.ry** [ˈ~ri] *n.* han, otel.

host.ess [ˈhəustis] *n.* ev sahibesi; hancı kadın; konsomatris; hostes.

hos.tile [ˈhɔstail] *adj.* düşmanca; saldırgan; düşmana ait, düşman...; **hos.til.i.ty** [~ˈtiliti] *n.* düşmanlık (to *-e*); ~s *pl.* savaş, çarpışmalar.

hos.tler [ˈɔslə] *n.* seyis.

hot [hɔt] **1.** □ sıcak, kızgın; acı, yakıcı, biberli; hiddetli, öfkeli; yeni, taze *(iz, haber)*; ritmik, hareketli *(müzik)*; *Am. sl.* elden çıkarması güç *(çalıntı mal)*; şiddetli, sert, hararetil; şehvetli; istekli; şevkli; inanılmaz, imkânsız; yüksek gerilim taşıyan *(tel)*; radyoaktif; çalıntı *(mal)*; polisçe aranan; hızlı, süratli *(araç)*; ~ air F boş laf, atmasyon, martaval; go like ~ cakes kapışa kapışa satın alınmak, çok hızlı gitmek; ~ stuff *sl.* birinci sınıf şey; değerli kimse; get into ~ water başını belâya sokmak; **2.** *v/t.* & *v/i. mst* ~ up F ısıtmak; heyecanlan(dır)mak; ısınmak; ˈ**hot.bed** *n.* camlık, ısıtılmış gübreli toprak; *fig*. huzursuzluk (*veya* kötülük) kaynağı, yuvası, yatağı; **ˈhot-ˈb.ood.ed** *adj*. hiddetli, kan beynine sıçramak üzere olan.

hotch.potch F [ˈhɔtʃpɔtʃ] *n*. karmakarışık şey, karman çorman şey; düzensizlik, intizamsızlık; türlü *(yemek)*.

hot dog F [ˈhɔtˈdɔg] *n*. sosis, sıcak sosisli sandviç.

ho.tel [həuˈtel] *n*. otel.

hot...: **ˈ~.foot** **1.** *adv*. aceleyle, telaşla; **2.** *vb*. aceleyle gitmek; **ˈ~.head** *n*. öfkeli (*veya* çabuk kızan, ateşli) kimse; **ˌ~.house** *n*. limonluk, ser, camlık; **ˈhot-ness** *n*. sıcaklık, hararet; heyecan; hiddet, öfke; acılık, yakıcılık.

hot...: **ˈ~-plate** *n*. küçük elektrik ocağı; **ˈ~-pot** *n*. güveç; **ˈ~-press** *vb*. sıcak saç ütüsüyle ütülemek *(kağıt, kumaş)*; **~ rod** *mot. Am. sl.* takviyeli külüstür araba; **ˌ~.spur** *n*. çabuk öfkelenen adam; **~-water bot.tle** sıcak su torbası.

hough [hɔk] = hock[1].

hound [haund] **1.** *n*. av köpeği, tazı; *fig*. it herif, adi adam, aşağılık herif; **2.** *v/t*. tazı ile avlamak (*veya* kovalamak); peşini bırakmamak, izlemek, takip etm.

hour [ˈauə] *n*. saat *(60 dakika)*; vakit, zaman; **~s** *pl*. belirli süre; mesai (*veya* iş) saatleri; *eccl*. dua vakti; *s*. eleventh; **ˈ~-glass** *n*. kum saati; **ˈ~-hand** *n*. akrep *(saatteki)*; **ˈhour.ly** **1.** *adv*. saatte bir, saat başı; herhangi bir saatte; **2.** *adj*. her saat başı olan; devamlı, sürekli.

house **1.** [haus] *n*., *pl*. **hous.es** [ˈhauziz] *com*. ev, mesken, hane; *parl*. hükümet meclis binası; ☨ ticarethane, müessese; *parl*. meclis; ev halkı, aile; soy; hanedan; tiyatro; *thea*. seyirciler; the ♀ borsa; Avam Kamarası, Lordlar Kamarası; ~ and home ev bark; keep ~ ev idare etm., ev işlerini görmek; on the ~ masrafı patrona *veya* şirkete ait; **2.** [hauz] *v/t*. barındırmak, evinde misafir etm.; yerleştirmek, yığmak; eve koymak; korumak, muhafaza etm.; *v/i*. evde oturmak, barınmak; **~-a.gent** [ˈhauseidʒənt] *n*. ev komisyoncusu; **~ ar.rest** evde göz hapsi; **ˈ~-boat** *n*. yüzen ev; **ˈ~.break.er** *n*. ev hırsızı; **ˈ~-flag** *n*. ⚓ gemi bayrağı; **ˌ~-fly** *n*. karasinek; **ˌ~.hold** *n*. ev halkı, aile; *attr*. eve ait, ev...; King's ~ Kral'ın saray hayatı; ~ troops *pl*. hassa askeri; ~ word hergün kullanılan kelime; **ˈ~.hold-er** *n*. ev sahibi; aile reisi; **ˈ~.keep.er** *n*. kâhya kadın, evi idare eden kadın; **ˈ~.keep.ing** **1.** *n*. ev idaresi; **2.** *adj*. ev..., aile...; **ˈ~.less** *adj*. evsiz barksız, evi olmayan; **ˈ~.maid** *n*. orta hizmetçisi; **ˈ~.mas.ter** *n*. yatılı okulda bir binayı idare eden öğretmen; **~ of cards** çocuğun iskambil kağıtlarından yaptığı ev; *fig*. sallantılı iş; **♀ of God** tapınak, kilise; **~ of ill fame** genelev; **ˈ~-paint.er** *n*. badanacı, boyacı; **ˈ~-phy.si.cian** *n*. revir doktoru; **ˈ~-room** *n*. bir evde barınacak yer, bir evdeki boş yer; give s.o. ~ *b-ni* evine kabul etm., *b-ne* evinde oda vermek; **ˈ~-to-ˈhouse** *adj*. kapı kapı; ~ collection kapı kapı dolaşarak toplama; **ˈ~-top** *n*. dam; proclaim from the ~s herkese ilan etm., *fig*. davul çalmak, sağır sultana bile duyurmak; **ˈ~-train.ed** *adj*. evcil, ehli, uysal *(hayvan)*; **ˈ~-warm.ing** *n*. yeni eve taşınanların verdikleri ziyafet; **~.wife** [ˈ~waif] *n*. ev kadını; [ˈhʌzif] *n*. dikiş kutusu; **~.wife.ly** [ˈhauswaifli] *adj*. ev kadınına ait, ev kadınının...; **~.wif.er.y** [ˈ~wifəri] *n*. ev kadınlığı; **ˈ~.work** *n*. ev işi; **ˈ~-wreck.er** *n*. *Am*. ev yıkıcısı.

hous.ing[1] [ˈhauziŋ] *n*. iskân; evler; barınacak yer; ~ conditions *pl*. yaşam şartları; ~ shortage evsizlik sorunu.

hous.ing[2] [~] *n*. eyer bellemesi, süslü koşum takımı.

hove [həuv] *pret*. & *p.p. of* heave 2.

hov.el [ˈhɔvəl] *n*. açık ağıl; harap kulübe.

hov.er [ˈhɔvə] *v/i*. havada durmak *(helikopter)*; etrafında dolaşıp durmak *(kuş)*; dolaşmak, sallanmak; *fig*. tereddüt etm., arada kalmak; ~ing accent şüpheli konuşma; **ˈ~.craft** *n*. basınçlı hava üzerinde gidebilen taşıt, hoverkraft.

how [hau] *adv*. nasıl, ne, kadar; ne derecede, ne durumda; ~ do you do? nasılsınız?; ~ large a room! ne geniş bir oda!; ~ about... ?... ne dersin?; **~.be.it** † F [ˈ~ˈbiːit] *cj*. bununla beraber, yine de; **~-d'ye-do** *sl*. [ˈ~djəˈduː] *n*. sıkıntılı durum; **~ˈev.er**, *a*. **howe'er** [~ˈɛə] *adv*. & *cj*. ne kadar... olursa olsun; F nasıl oldu da...?; mamafih, bununla beraber.

how.itz.er ⚔ [ˈhauitsə] *n*. havan topu, obüs.

howl [haul] **1.** *v/i*. ulumak; inlemek, feryat etm.; kahkaha atmak; uğuldamak *(rüzgâr)*; *v/t*. bağırmak *-e*, yuhalayarak susturmak; **2.** *n*. uluma; inleme, inilti, feryat, bağırma; uğultu; *radyo:* vınlama; **ˈhowl.er** *n*. uluyan hayvan; bağıran kimse; *sl*. gülünç hata, budalaca yanlışlık; **ˈhowl.ing** **1.** *adj*. uluyan; uğuldayan; ıssız, tenha, vahşi *(yer)*; F çok büyük, göz kamaştırıcı; **2.** *n*. uluma; feryat, inleme.

how.so.ev.er [ˈhausəuˈevə] *adv.* her nasıl olursa olsun, her ne kadar olursa olsun, her ne derecede olursa olsun.

hoy [hɔi] **1.** *int.* hey! *(dikkat çekmek için)*; ho! *(hayvanları uzaklaştırmak için)*; **2.** *n.* ⚓ direksiz *veya* tek direkli mavna *veya* duba.

hoy.den [ˈhɔidn] *n.* kaba ve arsız kız, erkek Fatma.

hub [hʌb] *n.* tekerlek poyrası, tekerlek göbeği; *fig.* merkezi yer.

hub.ble-bub.ble [ˈhʌblbʌbl] *n.* nargile.

hub.bub [ˈhʌbʌb] *n.* gürültü, velvele.

hub(.by) F [ˈhʌb(i)] *n.* koca.

hub.ris [ˈhjuːbris] *n.* kibir, gururlanma, kasılma.

huck.a.back [ˈhʌkəbæk] *n.* havluluk bir çeşit kumaş.

huck.le [ˈhʌkl] *n.* kalça, but; **ˈ~.ber.ry** *n.* ⚘ Kuzey Amerika'da yetişen bir cins ufak ve siyah meyve; **ˈ~-bone** *n.* kalça kemiği.

huck.ster [ˈhʌkstə] **1.** *n.* seyyar satıcı, işportacı; reklamcı; **2.** *vb.* sıkı pazarlık etm.; *bşi* dolaşa dolaşa satmak.

hud.dle [ˈhʌdl] **1.** *v/t.* & *v/i.* *a.* ~ together sıkı halde topla(n)mak, biraraya sıkış(tır)mak, karmakarışık tık(ıştır)mak; ~ (o.s.) up *b-ne* sokulup sarılmak; **2.** *n.* karışıklık, düzensizlik, yığın; go into a ~ F baş başa verip konuşmak.

hue¹ [hjuː] *n.* renk (tonu).

hue² [~] *n.*: ~ and cry çığlık, bağrışma; protesto, karşı çıkma.

huff [hʌf] **1.** *n.* huysuzluk, surat asma, dargınlık, içerleme; **2.** *vb.* şişirmek; kabadayılık etm.; zulmetmek; öfkelendirmek, kızdırmak; solumak; püfür püfür esmek; tehdit etm., göz dağı vermek; kızmak, öfkelenmek; **ˈhuff.ish** □ çabuk kızan; öfkeli, darılmış, gücenmiş, içerlemiş; **ˈhuff.i.ness, ˈhuff.ish.ness** *n.* öfke, kızgınlık, dargınlık; **ˈhuff.y** □ çabuk kızan ,parlamaya hazır; öfkeli, sinirli, dargın, gücenmiş, içerlemiş.

hug [hʌg] **1.** *n.* kucaklama, sarılma; **2.** *v/t.* kucaklamak, sarılmak *-e*; bağrına basmak *-i*; *fig.* benimsemek *-i*, bağlı olm. *-e*; ~ o.s. *k-ni* kutlamak, tebrik etm., kendi halinden memnun olm. (on *-den dolayı*).

huge □ [hjuːdʒ] pek büyük, kocaman, cüsseli, heybetli, muazzam; **ˈhuge.ness** *n.* irilik, kocamanlık, büyüklük, muazzamlık.

hug.ger-mug.ger F [ˈhʌgəmʌgə] **1.** *adj.* gizli; karışık, düzensiz; **2.** *v/t.* gizli tutmak, örtbas etm., sır olarak saklamak; *v/i.* gizlice, sinsice, çaktırmadan hareket etm. *veya* görüşmek; **3.** *n.* gizlilik; düzensizlik, karışıklık; ağzı sıkılık.

Hu.gue.not *hist.* [ˈhjuːgənɔt] *n.* *(16 ve 17. yüzyıllarda)* Fransız Protestan.

hu.la [ˈhuːlə] *n.* Hawaii dansı.

hulk ⚓ [hʌlk] *n.* kullanılmaz hale gelmiş gemi teknesi, hurda gemi, eskiden hapishane olarak kullanılan gemi; *fig.* büyük ve kaba gemi; iri ve hantal kimse *veya* şey; **ˈhulk.ing** *adj.* hantal, eli ağır, beceriksiz, sakar.

hull [hʌl] **1.** *n.* ⚘ kabuk; çanak; ⚓ tekne, gövde; ~ down yalnız direk, yelken ve bacası görünecek kadar uzakta; **2.** *v/t.* *-in* kabuğunu soymak; ⚓ geminin teknesine gülle isabet ettirmek.

hul.la.ba.loo [hʌləbəˈluː] *n.* gürültü, velvele, yaygara.

hul.lo [ˈhʌˈləu] *int.* merhaba!, selam!; hey!; hadi canım!; alo!

hum [hʌm] **1.** *n.* vızıltı; mırıltı; uğultu; **2.** *int.* hım!, ya!, öyle mi?; **3.** *vb.* mırıldanmak; vınlamak, vızıldamak; faaliyette olm., harıl harıl çalışmak; *sl.* kötü kokmak, kokuşmak; mırıldanarak söylemek *(şarkı)*; mırıldanarak belirtmek *veya* etkilemek; ~ and haw kem-küm etm., mırın kırın etm.; make things ~ F faaliyete geçirmek, harıl harıl çalıştırmak.

hu.man [ˈhjuːmən] **1.** □ insana ait, insanî, beşerî; **~ly** insanca, insanın yapabileceği kadar, insanın yeteneği dahilinde; **~ly** possible insanın elinden geldiği kadar; **~ly** speaking beşeri bakımdan; **2.** *n.* F insan; **hu.mane** □ [hjuːˈmein] insancıl, merhametli, şefkatli, müşfik; uygarlaştırıcı; ~ killer hayvanları acı vermeden öldürmeye yarayan alet; ~ learning beşeriyet kültürü; **hu.man.ism** [ˈhjuːmənizəm] *n.* insanlık çıkarlarına bağlılık, hümanizm; edebi kültür; **ˈhu-man.ist** *n.* insan tabiatı *veya* toplumsal olay dalında okuyan öğrenci; Hümanizm görüş ve felsefesini tutan kimse (*veya* düşünce, davranış), hümanist kimse; **hu-man.i.tar.i.an** [hjuːmæniˈtɛəriən] **1.** *n.* yardımsever kimse; **2.** *adj.* hayırsever, yardımsever, insancıl, insaniyetperver; **hu-ˈman.i.ty** *n.* beşeriyet, insanlık; insan, beşer; merhamet, şefkat; the humanities *pl.* klasik Yunan ve Latin edebiyatı üzerine çalışma; konusu insan olan bilimler, hümaniter bilimler; **hu.man.i.za.tion** [hjuːmənaiˈzeiʃən] *n.* insanlaştırma; insanileştirme; **ˈhu.man.ize** *v/t.* & *v/i.* insanlaş(tır)mak; insanîleş(tir)mek; **hu.man-**

kind [ˈhjuːmənˈkaind] *n.* insanoğlu, beşeriyet.

hum.ble [ˈhʌmbl] **1.** □ alçak gönüllü, mütevazi; önemsiz; fakir, yoksul; vasat, orta; saygılı, hürmetkâr; my ~ self bendeniz, kulunuz; your ~ servant âciz kulunuz; eat ~ pie kibri kırılmak, burnu sürtülmek, kabahatini kabul edip özür dilemek, tükürdüğünü yalamak; **2.** *v/t.* kibrini kırmak, burnunu sürtmek, aşağılamak, boyun eğdirmek.

hum.ble-bee [ˈhʌmblbiː] *n.* bir çeşit iri gövdeli arı.

hum.ble.ness [ˈhʌmblnis] *n.* alçak gönüllülük, tevazu.

hum.bug [ˈhʌmbʌg] **1.** *n.* şarlatanlık, yalan, hile, dolap, dümen, martaval; yalancı kimse; üçkağıtçı kimse; **2.** *v/t.* aldatmak, kazıklamak, hile yapmak.

hum.ding.er *Am. sl.* [hʌmˈdiŋə] *n.* olağanüstü şey *veya* kimse.

hum.drum [ˈhʌmdrʌm] **1.** *adj.* can sıkıcı, tekdüzen, monoton, yavan; âdi, bayağı, değersiz, sıradan; **2.** *n.* can sıkıcı şey *veya* kimse; monoton şey; boş ve sıkıcı söz.

hu.mer.al *anat.* [ˈhjuːmərəl] *adj.* kol kemiği *veya* omuza ait, kol kemiği..., pazı kemiği...

hu.mid [ˈhjuːmid] *adj.* rutubetli, nemli, yaş; **huˈmid.i.ty** *n.* rutubet, nem.

hu.mil.i.ate [hjuːˈmilieit] *v/t.* küçültmek, *-in* kibrini kırmak, aşağılamak, utandırmak, rezil etm.; **hu.mil.iˈa.tion** *n.* küçültme, kibrini kırma, aşağılama, rezil etme ,utandırma.

hu.mil.i.ty [hjuːˈmiliti] *n.* alçak gönüllülük, tevazu; boyun eğme.

hum.mer [ˈhʌmə] *n.* cızırtı yapan alet *(part. teleph.)*; *sl.* harıl harıl çalışan kimse.

hum.ming F [ˈhʌmiŋ] *adj.* vızıldayan, uğuldayan, mırıldanan; **ˈ~-bird** *n. orn.* sinekkuşu; **ˈ~-top** *n.* Alman topacı.

hum.mock [ˈhʌmək] *n.* yuvarlak tepe, tümsek yer, tepecik.

hu.mor.ist [ˈhjuːmərist] *n.* şakacı kimse, nüktedan kimse; mizahçı, güldürü yazarı.

hu.mor.ous □ [ˈhjuːmərəs] komik, gülünç, mizahî; **ˈhu.mor.ous.ness** *n.* komiklik, gülünçlük; şakacılık.

hu.mo(u)r [ˈhjuːmə] **1.** *n.* güldürü, mizah, komiklik, nükte; huy, mizaç, tabiat; out of ~ canı sıkkın, keyifsiz; **2.** *v/t.* memnun etm., hoşnut etm., kaprisine boyun eğmek; **ˈhu.mo(u)r.less** *adj.* keyifsiz, canı sıkkın; **hu.mo(u)r.some** □ [ˈ~səm] somurtkan, huysuz, ters, kaprisli.

hump [hʌmp] **1.** *n.* hörgüç; kambur; tümsek, tepe; *sl.* huzursuzluk, iç sıkıntısı; give s.o. the ~ *b-nin* canını sıkmak, içini karartmak; **2.** *vb.* kamburlaştırmak; ~ o.s. *Am. sl.* gayret sarfetmek, çabalamak, uğraşmak; **ˈhump.back, ˈhump-backed** *s.* hunchback.

humph [mm; hʌmf] *int.* hım! *(şüphe veya tereddüt belirtmek için dudakları hareket ettirmeden çıkarılan ses).*

hump.ty-dump.ty F [ˈhʌmptiˈdʌmpti] *n.* düşüp kırılınca tamir edilemeyen şey.

hump.y [ˈhʌmpi] *adj.* kambur, girintili çıkıntılı.

hu.mus [ˈhjuːməs] *n.* humus.

hunch [hʌntʃ] **1.** *s.* hump; iri parça; *Am.* F önsezi; **2.** *v/t. a.* ~ out, ~ up kamburlaştırmak; eğmek, bükmek; omuzlamak, itmek, dürtmek; **ˈhunch.back** *n.* kambur kimse; **ˈhunch.backed** *adj.* kambur.

hun.dred [ˈhʌndrəd] **1.** *adj.* yüz; **2.** *n.* yüz sayısı, yüz rakamı; **hun.dred.fold** [ˈ~fəuld] *adv.* yüz misli, yüz kat; **hun.dredth** [ˈ~θ] **1.** *adj.* yüzüncü; **2.** *n.* yüzde bir; **ˈhun.dred.weight** *n.* 50.8 kilo, *Am.* 45.4 kilo.

hung [hʌŋ] **1.** *pret. & p.p. of* hang **1.**; **2.** *adj.* asılmış, asılı.

Hun.gar.i.an [hʌŋˈgɛəriən] **1.** *adj.* Macar, Macaristan halkından; **2.** *n.* Macar; Macar dili, Macarca.

hun.ger [ˈhʌŋgə] **1.** *n.* açlık; *fig.* arzu, özlem, kuvvetli istek (for *-e*); **2.** *v/i.* acıkmak; şiddetle arzulamak (for, after *-i*); *v/t.* aç bırakmak.

hun.gry □ [ˈhʌŋgri] aç, karnı acıkmış; pek istekli, arzulu (for *-e*); kıraç, verimsiz *(toprak)*; ~ work zahmetli iş, acıktıran iş.

hunk F [hʌŋk] *n.* iri parça; **ˈhun.kers** *n. pl.* kalça, popo.

hunks F [hʌŋks] *n.* cimri (*veya* pinti) kimse.

hunt [hʌnt] **1.** *n.* av, avlanma, avcılık; avcı grubu; avlanma bölgesi; *fig.* arama; **2.** *v/t.* avlamak; kovalamak; peşine düşmek, aramak; ~ out *veya* up aramak, arayıp bulmak; *v/i.* avlanmak; bulmaya çalışmak (for, after *-i*); **ˈhunt.er** *n.* avcı; av atı; **ˈhunt.ing 1.** *n.* avcılık; **2.** *adj.* avcı...; **ˈhunt.ing-box** *n.* avcı kulübesi; **ˈhunt.ing-ground** *n.* avlanma bölgesi; **ˈhunt.ress** *n.* kadın avcı; **ˈhunts.man** *n.* avcı; av köpekleri bakıcısı.

hur.dle [ˈhəːdl] *n.* çit, engel *(a. fig.)*; **ˈhur.dler** *n.* çit yapan kimse; engelli yarış koşucusu; **'hur.dle-race** *n.* engelli koşu.

hur.dy-gur.dy ['hə:digə:di] *n.* latarna, kolu çevrilerek çalınan müzik sandığı.

hurl [hə:l] **1.** *n.* fırlatma, savurma; **2.** *v/t.* hızla atmak, fırlatmak, savurmak.

hurl.y-burl.y ['hə:libə:li] *n.* gürültü, karışıklık, velvele.

hur.ra(h) [hu'rɑ:], **hur.ray** [~'rei] *int.* yaşa!, hura!

hur.ri.cane ['hʌrikən] *n.* kasırga, bora; ~ **lamp** gemici feneri, rüzgâr feneri.

hur.ried □ ['hʌrid] aceleyle gelen, acele ile yapılmış, telaşlı.

hur.ry ['hʌri] **1.** *n.* acele, telaş; in a ~ acele ile, telâşla; isteyerek; kolayca, kolay kolay; be in a ~ acelesi olm; is there any ~? aceleye gerek var mı?, telaşa lüzum var mı?; **2.** *v/t.* aceleleştirmek, çabuklaştırmak, hızlandırmak; acele ile göndermek; dürtmek, tahrik etm., sıkıştırmak; ~ on, ~ up acele ettirmek; *v/i.* acele etm., acele ile gitmek; *a.* ~ up acele etm., çabuk olm.; ~ over s.th. *b-şi* acele ile yapmak; **'~-'scur.ry 1.** *n.* karışıklık, koşuşturma, telâş; **2.** *adv.* telâşla, acele ile.

hurt [hə:t] **1.** *n.* yara, bere; zarar, hasar; acı, sızı, ağrı; **2.** *(irr.) v/t. (a. fig.)* yaralamak, incitmek, acıtmak; zarar vermek, hasara uğratmak; engel olm.; *v/i.* ağrımak, acımak; F incinmek; **hurt.ful** □ ['~ful] zararlı (to *-e*).

hur.tle ['hə:tl] *v/i.* fırlamak, uçup gitmek; *v/t.* savurmak, fırlatıp atmak.

hus.band ['hʌzbənd] **1.** *n.* koca, eş; **2.** *v/t.* idareli kullanmak; **'hus.band.man** *n.* çiftçi; **'hus.band.ry** *n.* ziraat, tarım, çiftçilik; idarecilik; good *etc.* ~ iyi *vs.* ev idaresi.

hush [hʌʃ] **1.** *adj.* durgun, sessiz; **2.** *n.* susma, sessizlik, sukût; **3.** *v/t. & v/i.* sus(tur)mak; yatış(tır)mak, sakinleş(tir)mek; ~ up örtbas etm., gizli tutmak; **'~-'hush** *adj.* gizli, örtülü, gizli kapaklı; **'~-mon.ey** *n.* sus payı.

husk [hʌsk] **1.** *n.* ⚘ kabuk; kılıf; *fig.* işe yaramayan dış kısım; **2.** *v/t.* *-in* kabuğunu soymak; **'husk.i.ness** *n.* boğukluk, kısıklık *(ses)*.

husk.y¹ ['hʌski] **1.** □ kabuklu; kabuk gibi *(kuru)*; boğuk, kısık *(ses)*; F dinç, gürbüz, sağlıklı, kuvvetli, dayanıklı; **2.** *n.* F dinç (*veya* gürbüz) kimse.

hus.ky² [~] *n.* Eskimo köpeği; Eskimo.

hus.sar ⚔ [hu'zɑ:] *n.* süvari eri.

hus.sy ['hʌsi] *n.* adı çıkmış kadın; şirret kız.

hus.tings ['hʌstiŋz] *n. pl.* seçim hazırlığı.

hus.tle ['hʌsl] **1.** *v/t.* itip kakmak; acele ettirmek; hile ile satmak *veya* almak; *v/i.* itişip kakışmak, itişmek; acele etm.; fahişelik yapmak; **2.** *n.* itişip kakışma, acele, telaş; ~ and bustle telaş, koşuşma; **'hus.tler** *n.* eline çabuk kimse, çok faal kimse; fahişe.

hut [hʌt] **1.** *n.* kulübe, baraka; ⚔ asker barakası; **2.** *v/t.* barakaya yerleştirmek *veya* koymak.

hutch [hʌtʃ] *n.* tavşan kafesi; dolap; kümes; kulübe, baraka.

hut.ment ⚔ ['hʌtmənt] *n. a.* ~ camp karargâh, ordugâh.

huz.za [hu'zɑ:] *int.* yaşa!, varol!

huz.zy ['hʌzi] = hussy.

hy.a.cinth ⚘ ['haiəsinθ] *n.* sümbül.

hy.ae.na *zo.* [hai'i:nə] *n.* sırtlan.

hy.brid ['haibrid] **1.** *n.* melez hayvan *veya* bitki; iki ayrı dilden alınmış kelimelerden oluşan bileşik kelime; **2.** *adj.* melez...; karışık...; **'hy.brid.ism** *n.* melezlik; **hy'brid.i.ty** *n.* melezlik; **'hy.brid.ize** *v/t. & v/i.* melez olarak yetiş(tir)mek.

hy.dra ['haidrə] *n.* Herkül tarafından öldürülen çok başlı yılan.

hy.dran.gea ⚘ [hai'dreindʒə] *n.* ortanca.

hy.drant ['haidrənt] *n.* yangın musluğu.

hy.drate ⚗ ['haidreit] **1.** *n.* hidrat; **2.** *vb.* su ile karıştırmak; su ile karıştırarak bileşik meydana getirmek.

hy.drau.lic [hai'drɔ:lik] **1.** *adj.* (~ally) hidrolik, su kuvvetiyle işleyen; su altında sertleşen; **2.** *n.* ~s *sg.* hidrolik bilmi.

hy.dro ['haidrəu] *n.* ılıca, kaplıca.

hy.dro... ['haidrəu] *prefix* su...., hidro-; **'~'car.bon** *n.* hidrokarbon; **'~'chlo.ric ac.id** hidroklorik asit, tuzruhu; **'~.dy'nam.ics** *n. sg.* hidrodinamik; **'~-e'lec.tric** *adj.* hidroelektrik; ~ generating station hidroelektrik santralı; **hy.dro.gen** ⚗ ['haidridʒən] *n.* hidrojen; **hy.dro.gen.at.ed** [hai'drɔdʒineitid] *adj.* hidrojenle birleştirilmiş; **'hy.dro.gen bomb** hidrojen bombası; **hy.drog.e.nous** [hai'drɔdʒinəs] *adj.* hidrojenli; **hy'drog.ra.phy** [~grəfi] *n.* hidrografi; **hy.dro.path.ic** ['haidrəu'pæθik] **1.** *adj.* hidropatik, su kürü ile yapılan; **2.** *n. a.* ~ establisment hidroterapi müessesesi; **hy.drop.a.thy** [hai'drɔpəθi] *n.* hidropati, su kürü.

hy.dro...: **~.pho.bi.a** ['haidrəu'fəubjə] *n.* kuduz; sudan korkma hastalığı; **'~.plane** *n.* deniz uçağı, suya inebilen uçak; **~.po.nics** *n. sg.* ilaçlı suda bitki yetiştirme bilimi; **~'stat.ic 1.** *adj.* hidrostatik...; ~

press hidrostatik basınç; 2. *n.* ~s *sg.* hidrostatik.

hy.e.na *zo.* [hai'i:nə] *n.* sırtlan.

hy.giene ['haidʒi:n] *n.* sağlık bilgisi, hıfzıssıhha; **hy'gien.ic** *adj.* (~ally) sağlıkla ilgili; ~s *sg.* = hygiene.

hy.grom.e.ter [hai'grɔmitə] *n.* higrometre.

Hy.men ['haimen] *n.* evlilik tanrısı; kızlık zarı; **hy.me.ne.al** [~'ni:əl] *adj.* evlenme (*veya* düğün) ile ilgili, evlilik..., düğün...

hymn [him] 1. *n.* ilahi; 2. *v/t.* ilahi okuyarak kutlamak *veya* ifade etm.; **hymnal** ['~nəl] 1. *adj.* ilahi ile ilgili; 2. *n. a.* **'hymn-book** ilahi kitabı.

hy.per.bo.la ⩓ [hai'pə:bələ] *n.* hiperbol; **hy'per.bo.le** *rhet.* [~bəli] *n.* abartma, büyütme, mübalağa; **hy.per.bol.ic** ⩓ [~'bɔlik] *adj.* hiperbolik; **hy.per'bol.i.cal** □ *rhet.* çok abartılmış; **hy.per.crit.i.cal** □ ['~'kritikəl] aşırı eleştiri niteliğinde; **'hyper'mar.ket** *n.* büyük süpermarket; **hy'per.tro.phy** [~trəufi] *n.* bir organın anormal irileşmesi.

hy.phen ['haifən] 1. *n.* tire, çizgi; 2. *v/t.* tire ile birleştirmek; **hy.phen.at.ed** ['~eitid] *adj.* tire ile birleştirilmiş; ~ Americans *pl.* yarı Amerikalılar.

hyp.no.sis [hip'nəusis] *n., pl.* **hyp'no.ses** [~si:z] ipnoz, suni uyutma.

hyp.not.ic [hip'nɔtik] 1. *adj.* (~ally) uyutucu; 2. *n.* uyuşturucu madde; **hyp.no.tism** ['~nətizəm] *n.* hipnotizma, suni uyutma; **'hyp.no.tist** *n.* hipnotizmacı; **hyp.no.tize** ['~taiz] *v/t.* hipnotize etm., uyutmak.

hy.po *phot.* ['haipəu] *n.* fotoğrafçılıkta kullanılan sabitleştirici ilaç.

hy.po.chon.dri.a [haipəu'kɔndriə] *n.* hastalık kuruntusu; **hy.po'chon.dri.ac** [~driæk] 1. *adj.* kuruntulu...; 2. *n.* kuruntulu kimse; **hy.poc.ri.sy** [hi'pɔkrəsi] *n.* ikiyüzlülük. riyakârlık; **hyp.o.crite** ['hipəkrit] *n.* ikiyüzlü kimse; **hyp.o.crit.i.cal** □ [hipəu'kritikəl] ikiyüzlü; **hy.po.der.mic** ⚕ [haipəu'də:mik] 1. *adj.* deri altına ait; ~ injection = 2. *n.* şırınga, iğne; **hy.pot-e.nuse** ⩓ [hai'pɔtinju:z] *n.* hipotenüs; **hy'poth.e.cate** [~θikeit] *v/t.* ipotek etm.; rehin olarak vermek; **hy'poth.e.sis** [~θisis] *n., pl.* **hy'poth.e.ses** [~θisi:z] varsayım, hipotez, kuram, faraziye; **hy.po-thet.ic, hy.po.thet.i.cal** □ [haipəu'θetik(əl)] kuramsal, nazari.

hys.sop ⚘ ['hisəp] *n.* zufa otu, çördük.

hys.te.ri.a ⚕ [his'tiəriə] *n.* isteri, peri hastalığı; **hys.ter.ic,** *mst* **hys.ter.i.cal** □ [his'terik(əl)] isterik, isteriye ait; **hys'ter.ics** *n. pl.* isteri nöbeti; go into ~ isterikleşmek, sinir buhranına girmek.

I

I [ai] *pron.* ben.

i.am.bic [aiˈæmbik] **1.** *adj.* bir kısa bir uzun vezinle yazılmış...; **2.** *n. a.* **iˈam.bus** [~bəs] bir kısa bir uzun vezin.

i.bex *zo.* [ˈaibeks] *n.* kıvrık boynuzlu dağ keçisi.

i.bi.dem [iˈbaidem] *adv.* evvelce bahsedilen yerde, aynı kitapta.

ice [ais] **1.** *n.* buz; meyveli dondurma; dondurma; buza benzeyen şey; pırlanta, mücevher; cut no ~ F önemi *veya* etkisi olmamak; **2.** *v/t.* buz ile kaplamak, soğutmak, dondurmak, buz gibi yapmak; krema ile kaplamak *(pasta)*; *v/i.* buzlanmak; *a.* ~ up buzla kaplanmak, buz tutmak; buz gibi soğumak; **ˈ~-age** *n.* buzul devri; **ˈ~-axe** *n.* dağcıların kullandıkları buz baltası; ~ **bag** ⚕ buz torbası; **ice-berg** [ˈ~bəːg] *n.* aysberk, buz adası, buzdağı *(a. fig.)*.

ice...: **ˈ~-boat** *n.* yelkenli kızak; **ˈ~-bound** *adj.* her tarafı donmuş *(liman)*; etrafı buzla çevrilmiş *(gemi)*; **ˈ~-box** *n.* buzluk; *Am. a.* buzdolabı; **ˈ~-break.er** *n.* ⚓ buzkıran; **ˈ~-cap** *n.* buzul; **ˈ~-ˈcream** *n.* dondurma; **ˈ~.fall** *n.* donmuş şelâle; **ˈ~-field** *n.* büyük buz kitlesi, buzul; **ˈ~-floe** *n.* buzul, denizde yüzen geniş buz kitlesi; **ˈ~-free** *adj.* buzsuz; **ˈ~-hock.ey** *n.* buz hokeyi; **ˈ~-house** *n.* buz deposu, buzhane.

Ice.land.er [ˈaisləndə] *n.* İzlandalı; **Ice-lan.dic** [~ˈlændik] *n.* İzlanda dili.

ich.thy.ol.o.gy [ikθiˈɔlədʒi] *n.* zoolojinin balıklar bölümü; balıklar üzerine tez.

i.ci.cle [ˈaisikl] *n.* buz parçası, buz saçağı, buz salkımı.

i.ci.ness [ˈaisinis] *n.* soğukluk, buz gibi olma, çok soğuk olma.

ic.ing [ˈaisiŋ] *n.* şekerli krema.

i.con [ˈaikɔn] *n.* Ortodoks kiliselerinde azizlerin resmi, ikon.

i.con.o.clast [aiˈkɔnəuklæst] *n.* yerleşmiş gelenekleri hiçe sayan kimse; putkıran, azizlerin resimlerini parçalayan kimse.

i.cy □ [ˈaisi] **buz gibi soğuk** *(a. fig.)*; **buz**lu, buz kaplı.

I'd [aid] = I had; I would.

i.de.a [aiˈdiə] *n.* fikir, düşünce; sanı, tahmin; plan, tasarı; kavram, idrak, anlayış; düşünme şekli, kafa, akıl; form an ~ of *-in* hakkında kafada bir fikir oluşturmak; **iˈde.al 1.** □ ideal; ülküsel; istenilen...; hayali...; mükemmel; şahane...; **2.** *n.* ülkü, ideal; örnek alınacak kimse; amaç, gaye, erek; **iˈde.al.ism** *n.* idealizm, ülkücülük; **iˈde.al.ist** *n.* idealist, ülkücü; **i.de.alˈis.tic** *adj.* (~ally) ülkücü..., idealizme ait; kamu yararına çalışan...; **iˈde.al.ize** [~laiz] *vb.* idealleştirmek, mükemmel olarak görmek.

i.den.ti.cal □ [aiˈdentikəl] aynı, bir, tıpkı, özdeş; **iˈden.ti.cal.ness** = identity; **i.den-ti.fiˈca.tion** *n.* hüviyet, kimlik tesbiti; ~ card = identity card; ~ mark *mot.* marka, alâmeti farika; **iˈden.ti.fy** [~fai] *vb.* *-in* hüviyetini göstermek, teşhis etm., ispatlamak *(hüviyetini)*; bir tutmak, fark gözetmemek (with *ile*); desteklemek; **iˈden-ti.ty** *n.* aynılık, özdeşlik; hüviyet, kimlik; ~ card kimlik cüzdanı, hüviyet kartı; ~ disk ⚔ üzerinde askerlerin kimliği yazılı olan madalyon.

id.e.o.gram [ˈidiəugræm], **ˈid.e.o.graph** [ˈ~grɑːf] *n. gr.* ideogram, bir fikri ifade etmek için harf yerine kullanılan şekil.

id.e.o.log.i.cal □ [aidiəˈlɔdʒikl] ideolojik; **id.e.ol.o.gy** [~ˈɔlədʒi] *n.* ideoloji.

ides [aidz] *n. pl.* eski Roma takviminde mart, mayıs, temmuz, ekim'in 15'i *veya* diğer ayların 13'ü.

id.i.o.cy [ˈidiəsi] *n.* ahmaklık, bönlük, aptallık; aptalca hareket.

id.i.om [ˈidiəm] *n.* şive, lehçe; deyim, tabir; **id.i.o.mat.ic** [~ˈmætik] *adj.* (~ally) deyimsel; dilin anlatım özelliklerini belirten.

id.i.o.syn.cra.sy [idiəˈsiŋkrəsi] *n.* kişisel özellik, hususiyet; mizaç, huy.

id.i.ot [ˈidiət] *n.* anadan doğma deli, geri zekâlı kimse; **aptal, salak, bön kimse**; **id.i.ot.ic** [idi'ɔtik] *adj.* (~ally) ahmak, bön, aptal, salak.

i.dle ['aidl] **1.** □ aylak, işsiz güçsüz, başıboş; tembel; işlemeyen; boş; aslı esası olmayan, değersiz, işe yaramaz; faydasız, yararsız, nafile; ~ hours *pl.* boşa geçen zaman; **2.** *v/t.* *mst* ~ away boşa harcamak *(zaman)*; sarfetmek; *v/i.* oyalanmak, boş şeylerle meşgul olm.; boş gezmek; boşa zaman harcamak; ⊕ boşta çalışmak; **'i.dle.ness** *n.* tembellik, işsizlik, aylaklık; **'i.dler** *n.* boş gezen kimse, başıboş kimse, tembel kimse, aylak kimse.

i.dol ['aidl] *n.* put, sanem, mabut; *fig.* tapılan kimse, çok sevilen kimse *veya* şey; **i.dol.a.ter** [ai'dɔlətə] *n.* putperest kimse; taparcasına seven kimse, hayran; **i'dol.a.tress** *n.* putperest kadın; **i'dol.a.trous** □ putperestlik...; **i'dol.a.try** *n.* putperestlik; çılgınca sevgi; hayranlık; **i.dol.ize** ['aidəlaiz] *v/t.* tapınmak *-e*, aşırı derecede sevmek *-i*; putlaştırmak *-i*.

i.dyll ['idil] *n.* idil, pastoral şiir *veya* düzyazı; **i.dyl.lic** [ai'dilik] *adj.* (~ally) pastoral; saf ve sevimli.

if [if] **1.** *cj.* eğer, şayet, ise, rağmen; **2.** *n.* şart, madde; **'if.fy** *adj.* *Am.* F şüpheli.

ig.loo ['iglu:] *n.* Eskimo evi.

ig.ne.ous ['igniəs] *adj.* volkanik; ateş gibi, kızgın; ateş...

ig.nit.a.ble [ig'naitəbl] *adj.* kolay tutuşan; **ig'nite** *v/t.* & *v/i.* tutuş(tur)mak, ateşlemek, yakmak; ateş almak, yanmak; ⚗ ısıtmak; **ig.ni.tion** [ig'niʃən] *n.* ateşleme, tutuş(tur)ma, ateş alma, yakma; *mot.* marş; ⚗ ısıtma.

ig.no.ble □ [ig'nəubl] alçak, âdi, şerefsiz, haysiyetsiz; utanç verici, çirkin, yüzkarası.

ig.no.min.i.ous □ [ignəu'miniəs] alçakça, namussuzca, şerefsizce, haysiyetsizce; **ig.no.min.y** ['ignəmini] *n.* rezalet, kepazelik; alçaklık, şerefsizlik; namussuzca davranış.

ig.no.ra.mus F [ignə'reiməs] *n.* cahil kimse; **'ig.no.rance** *n.* cahillik, cehalet; **'ig.no.rant** *adj.* cahil, bilgisiz, bilmez; habersiz (of *-den*); **ig.nore** [ig'nɔ:] *vb.* önem vermemek *-e*, bilmezlikten gelmek, anlamazlıktan gelmek; ⚖ reddetmek, kabul etmemek, tanımamak.

i.gua.na *zo.* [i'gwa:nə] *n.* büyük kertenkele.

i.kon ['aikɔn] = icon.

i.lex ⚘ ['aileks] *n.* çobanpüskülü.

Il.i.ad ['iliəd] *n.* Homer'in 'İlyada' adlı destanı.

ill [il] **1.** *adj.* hasta, rahatsız, keyifsiz; fena, kötü; uğursuz; ahlâka aykırı, ahlâksız, edepsiz; zor, güç; düşmanca; haşin, sert, zalim, gaddar; **2.** *adv.* düşmanca; keyifsizce; haşince; sertçe; aleyhinde; güç belâ, zar zor; uğursuzca; fall ~, be taken ~ hastalanmak, yatağa düşmek; *s.* ease; **3.** *n.* fenalık, kötülük, zarar; uğursuzluk; acı, belâ, dert, sıkıntı; hastalık, rahatsızlık.

I'll [ail] = I will *veya* I shall.

ill...: **'~-ad'vised** *adj.* tedbirsiz, ihtiyatsız; **'~-af'fect.ed** *adj.* kötü niyetli (to *-e*, *-e karşı*); **'~-'bred** *adj.* terbiyesiz, kaba; ~ **breed.ing** kötü davranışlar; **'~.con'di-tioned** *adj.* kötü durumda; **'~-dis'posed** *adj.* kötü niyetli; karşı (to *-e*).

il.le.gal □ [i'li:gəl] kanuna aykırı, kanunsuz, yolsuz; **il.le.gal.i.ty** [ili:'gæliti] *n.* kanunsuzluk, kanuna aykırılık, yolsuzluk.

il.leg.i.ble □ [i'ledʒəbl] okunmaz, okunaksız *(yazı)*.

il.le.git.i.ma.cy [ili'dʒitiməsi] *n.* gayrı meşruluk, yolsuzluk; kanuna aykırılık; piçlik; mantıksızlık; **il.le'git.i.mate** □ [~mit] kanuna aykırı; gayrı meşru, evlilik dışı doğan; mantıki olmayan, saçma.

ill...: **'~-'fat.ed** *adj.* talihsiz, bahtsız; uğursuz, nahoş; **'~-'fa.vo(u)red** *adj.* çirkin; **'~-'got.ten** *adj.* kötülükle *veya* kanunsuzlukla elde edilmiş; **'~-'hu.mo(u)red** *adj.* aksi, huysuz, fena huylu, sinirli, alıngan.

il.lib.er.al □ [i'libərəl] cimri, pinti, eli sıkı, hasis; dar görüşlü; hoşgörüsüz; kültürsüz, bilgisiz; **il.lib.er.al.i.ty** [~'ræliti] *n.* cimrilik; dar görüşlülük; hoş görmeme; bilgisizlik.

il.lic.it □ [i'lisit] kanuna aykırı, caiz olmayan, yasaklanmış; ~ trade karaborsa, kanunsuz ticaret.

il.lim.it.a.ble □ [i'limitəbl] hudutsuz, sınırsız, limitsiz, sınır tanımayan, sonsuz.

il.lit.er.a.cy [i'litərəsi] *n.* cehalet, okumamışlık, cahillik, okuma yazma bilmeme, kara cahillik; **il'lit.er.ate** [~rit] **1.** *adj.* okumamış, kara cahil, okuma yazma bilmeyen; **2.** *n.* kara cahil kimse, okumamış kimse.

ill...: **'~-'judged** *adj.* tedbirsiz, düşüncesiz; **'~-'man.nered** *adj.* terbiyesiz, kaba; **'~-'na.tured** □ huysuz, ters, serkeş.

ill.ness ['ilnis] *n.* hastalık, rahatsızlık, keyifsizlik.

il.log.i.cal □ [i'lɔdʒikəl] mantıksız, mantığa aykırı.

ill...: **~-o.mened** [ˈilˈəumend] *adj.* uğursuz; **ˈ~-ˈstarred** *adj.* bahtı kara, talihsiz, şanssız; **ˈ~-ˈtem.pered** *adj.* huysuz; **ˈ~-ˈtimed** *adj.* vakitsiz, zamansız; **ˈ~-ˈtreat** *v/t.* kötü davranmak, kötü muamele etm. *-e.*

il.lume *poet.* [iˈljuːm] *v/t.* aydınlatmak *(a. fig.).*

il.lu.mi.nant [iˈljuːminənt] **1.** *adj.* parlak; **2.** *n.* aydınlatıcı alet *veya* madde, lamba; **ilˈlu.mi.nate** [~neit] *v/t.* aydınlatmak *(a. fig.)*; ışıklarla donatmak, süslemek; renkli resim ve harflerle süslemek; anlatmak, açıklamak, izah etm.; **~d advertising** ışıklı reklam; **ilˈlu.mi.nat.ing** *adj.* aydınlatıcı; *fig.* açıklayıcı; **il.lu.miˈna.tion** *n.* aydınlatma, tenvir; kitaptaki süslemeler; **ilˈlu.mi.na.tive** [~nətiv] *adj.* aydınlatıcı; **ilˈlu.mi.na.tor** *n.* aydınlatıcı kimse *veya* şey; kitap yaldızcısı; **ilˈlu.mine** = illuminate.

ill-use [ˈilˈjuːz] *v/t.* kötü muamele etm., kötü davranmak *-e.*

il.lu.sion [iˈluːʒən] *n.* hayal, kuruntu, aldanma, hulya; yanlış görüş, hata; **ilˈlu.sive** □ [~siv], **ilˈlu.so.ry** □ [~səri] aldatıcı, yanıltıcı, asılsız.

il.lus.trate [ˈiləstreit] *v/t.* tasvir etm., anlatmak, tanımlamak, izah etm., açıklamak, tarif etm.; resimlerle süslemek, resimlemek; **il.lusˈtra.tion** *n.* resim, şema, diyagram, çizelge; izah, açıklama; örnek, misal; **ˈil.lus.tra.tive** □ tarif eden, tanımlayan, tasvir edici; **be ~ of** izah etm., açıklamak *-i*; **ˈil.lus.tra.tor** *n.* tasvir eden kimse *veya* şey; kitap *veya* dergilere resim çizen kimse.

il.lus.tri.ous □ [iˈlʌstriəs] ünlü, meşhur, şöhretli; şanlı, şerefli.

ill will [ˈilˈwil] *n.* kötü niyet, düşmanlık, garez, kin.

I'm [aim] = **I am.**

im.age [ˈimidʒ] **1.** *n.* şekil, suret, tasvir, heykel; fikir, hayal; teşbih, mecaz; yansıma, akis; **2.** *vb.* tasvirini yapmak, tanımlamak, tarif etm.; yansıtmak, aksettirmek; hayal etm., zihinde canlandırmak; **ˈim.age.ry** *n.* betim, betimleme, tasvir, tanımlama; düş, imge, hayal.

im.ag.i.na.ble □ [iˈmædʒinəbl] hayal edilebilir, göz önüne getirilebilir; **imˈag.i.nar.y** *adj.* hayali, hayal mahsulü; **im.ag.i.na.tion** [~ˈneiʃən] *n.* hayal gücü, yaratıcılık, yaratma kabiliyeti; hayal, kuruntu; **imˈag.i.na.tive** □ [~nətiv] yaratıcı, hayal gücü kuvvetli...; **imˈag.ine** *v/t.* hayal etm., tasavvur etm., tasarımlamak; düşünmek, sanmak, farzetmek.

im.bal.ance [imˈbæləns] *n.* dengesizlik; oransızlık.

im.be.cile [ˈimbisiːl] **1.** □ ahmak, budala, bön, aptal; **2.** *n.* ahmak kimse, aptal kimse; **im.be.cil.i.ty** [~ˈsiliti] *n.* ahmaklık, aptallık, budalalık.

im.bed [imˈbed] = **embed.**

im.bibe [imˈbaib] *vb.* içmek, içine çekmek; emmek; *fig.* öğrenmek, kapmak.

im.bro.glio [imˈbrəuliəu] *n.* karmakarışık küme; karışık durum, dolambaçlı mesele; ciddi anlaşmazlık.

im.brue [imˈbruː] *vb.* ıslatmak, sırılsıklam etm., batırmak *(sıvıya)* (**in, with** *ile*).

im.bue [imˈbjuː] *vb.* boyamak, iyice ıslatmak, emdirmek; *fig.* doldurmak *(his, fikir vs. ile).*

im.i.ta.ble [ˈimitəbl] *adj.* taklit edilebilir;

im.i.tate [ˈ~teit] *v/t.* taklit etm., benzetmek, taklidini yapmak; *b-ni* örnek almak ⊕ taklidini yapmak, kopya etm.; **im.i.ta.tion** *n.* taklit, sahte şey; taklit etme, benzetme; ⊕ yapma; *attr.* taklit..., suni..., yapma...; **~ leather** suni deri; **im.i.ta.tive** □ [ˈ~tətiv] talkit eden, örnek alan (**of** *-i*); **~ word** sesi taklit eden sözcük; **im.i.ta.tor** [ˈ~teitə] *n.* taklitçi.

im.mac.u.late □ [iˈmækjulit] saf, tertemiz, lekesiz, pak; kusursuz.

im.ma.nent [ˈimənənt] *adj.* her yerde mevcut, hazır ve nazır; içinde olan, tabiatında olan.

im.ma.te.ri.al □ [iməˈtiəriəl] önemsiz, ehemmiyetsiz (**to** *için*); maddî olmayan, manevi, cisimsiz, tinsel.

im.ma.ture [iməˈtjuə] *adj.* olgunlaşmamış, ham, olmamış; kemale ermemiş, toy, gelişmemiş, pişmemiş; **im.maˈtu.ri.ty** *n.* hamlık; toyluk.

im.meas.ur.a.ble □ [iˈmeʒərəbl] ölçülemez; sınırsız, hudutsuz, çok geniş.

im.me.di.ate □ [iˈmiːdjət] doğrudan doğruya, vasıtasız, en yakın; şimdiki, hazır, derhal olan, elde mevcut; **imˈme.di.ate.ly** **1.** *adv.* derhal, hemen, doğrudan doğruya; **2.** *cj.* ...ir ...irmez.

im.me.mo.ri.al □ [imiˈmɔːriəl] hatırlanamayacak kadar çok eski; **from time ~** çok eskiden beri, ezelden beri.

im.mense □ [iˈmens] çok büyük, engin, geniş, hudutsuz; *sl.* harika, şahane, fevkalade; **imˈmen.si.ty** *n.* genişlik, enginlik, uçsuz bucaksız olma; çok büyük şey.

im.merse [iˈməːs] *v/t.* daldırmak, sokmak, suya batırmak; **~ o.s. in** *fig.* dalmak *-e*; **~d in** *-e* dalmış; **imˈmer.sion** *n.* daldırma; bat(ırıl)ma; bütün vücudu suya daldırarak vaftiz etme; *fig.* dalma;

~ heater elektrikli su ısıtıcısı, daldırma ısıtıcı.

im.mi.grant [ˈimigrənt] *n.* göçmen, muhacir; **im.mi.grate** [ˈ~greit] *v/i.* göç etm., hicret etm.; *v/t.* göçmen olarak yerleştirmek (into *-e*); **im.miˈgra.tion** *n.* göç, hicret; göçmenlik.

im.mi.nence [ˈiminəns] *n.* yakında olabilecek durum, tehdit eden şey; **ˈim.mi.nent** □ yakında olan, hemen olacak olan, yakın.

im.mit.i.ga.ble □ [iˈmitigəbl] hafifletilemez, yatıştırılamaz, bastırılamaz.

im.mo.bile [iˈməubail] *adj.* hareketsiz; kımılda(tıla)maz; **im.mo.bil.i.ty** [~ˈbiliti] *n.* hareketsizlik, yerinden kımıldamama; **imˈmo.bi.lize** [~bilaiz] *v/t.* hareketsizleştirmek, yerinde tutmak, tesbit etm., kımıldamaz hale getirmek; askeri kuvvetleri savaşamaz hale getirmek; piyasadaki parayı tedavülden çekmek.

im.mod.er.ate □ [iˈmɔdərit] ölçüsüz, ifrata kaçan, aşırı, çok fazla; **imˈmod.er.ateness** *n.* aşırılık, ölçüsüzlük, ifrat.

im.mod.est □ [iˈmɔdist] açık saçık, utanmaz, arsız, yüzsüz; haddini bilmez, terbiyesiz, küstah; **imˈmod.es.ty** *n.* küstahlık, haddini bilmezlik; utanmazlık, arsızlık.

im.mo.late [ˈiməleit] *v/t.* kurban etm., kurban olarak kesmek; **im.moˈla.tion** *n.* kurban etme, kesme.

im.mor.al □ [iˈmɔrəl] ahlâkı bozuk, ahlâksız, terbiyesiz, edepsiz; **im.mo.ral.i.ty** [iməˈræliti] *n.* ahlâksızlık, edepsizlik.

im.mor.tal [iˈmɔːtl] **1.** □ ölümsüz, ölmez, ebedî, sonsuz, baki; **2.** *n.* ölümsüz varlık, ebedî varlık, unutulmayan şey; **immor.tal.i.ty** [~ˈtæliti] *n.* ölmezlik, ölümsüzlük, ebedilik; **imˈmor.tal.ize** [~təlaiz] *v/t.* ebedileştirmek, ölümsüzleştirmek.

im.mov.a.ble [iˈmuːvəbl] **1.** □ kımıldamaz, yerinden oynamaz, sabit; değişmez, dönmez; **2.** *n.* ~s *pl.* gayrımenkul, taşınmaz mallar.

im.mune [iˈmjuːn] *adj.* ⚕ & *fig.* bağışık; muaf (from *-den*); **imˈmu.ni.ty** *n.* muafiyet (from *-den*); bağışıklık (from *-e karşı*); dokunulmazlık; **im.mu.nize** [ˈ~naiz] *v/t.* muaf kılmak; bağışık kılmak.

im.mure [iˈmjuə] *v/t.* hapsetmek; kendini vermek; duvara gömmek.

im.mu.ta.bil.i.ty [imjuːtəˈbiliti] *n.* değişmezlik; **imˈmu.ta.ble** □ değişmez, sabit.

imp [imp] *n.* küçük şeytan; şeytanın çocuğu; afacan (*veya* haşarı, yaramaz) çocuk.

im.pact [ˈimpækt] *n.* vuruş, vur(uş)ma, çarpışma; etki, tesir.

im.pair [imˈpɛə] *v/t.* bozmak, zayıflatmak; eksiltmek, azaltmak.

im.pale [imˈpeil] *v/t.* kazığa sokarak öldürmek.

im.pal.pa.ble □ [imˈpælpəbl] dokunulunca hissedilemeyen; *fig.* kolayca kavranılmayan.

im.pan.el [imˈpænl] = empanel.

im.part [imˈpɑːt] *v/t.* vermek; bildirmek, söylemek.

im.par.tial □ [imˈpɑːʃəl] tarafsız, bitaraf; **im.par.ti.al.i.ty** [ˈ~ʃiˈæliti] *n.* tarafsızlık.

im.pass.a.ble □ [imˈpɑːsəbl] geçil(e)mez, aşılamaz, geçit vermez.

im.passe [æmˈpɑːs] *n.* çıkmaz (*a. fig.*); *fig.* içinden çıkılmaz durum, kördüğüm.

im.pas.si.ble □ [imˈpæsibl] hissiz, duygusuz (to *-e karşı*); ağrı duymaz, acı çekmeyen.

im.pas.sion [imˈpæʃən] *v/t.* hırslandırmak, kızdırmak, çileden çıkarmak; heyecanlandırmak; **imˈpas.sioned** *adj.* ateşli, hararetli, heyecanlı.

im.pas.sive □ [imˈpæsiv] duygusuz, hissiz, vurdumduymaz, kayıtsız, soğuk; **imˈpas.sive.ness** *n.* vurdumduymazlık, kayıtsızlık.

im.pa.tience [imˈpeiʃəns] *n.* sabırsızlık, tahammülsüzlük; **imˈpa.tient** □ hoşgörüsüz, müsamaha etmeyen (at, of *-e*); **be** ~ of s.th. *bşe* anlayış göstermemek, müsamaha etmemek; ~ for çok arzu eden *-i*; sabırsız, tahammülsüz.

im.peach [imˈpiːtʃ] *v/t.* suçlamak (of, with *ile*); şüphe etm. *-den*; mahkemeye sevketmek (*devlet memurunu*); **imˈpeach.a.ble** *adj.* suçlanabilir; **imˈpeachment** *n.* suçlama; devlet memuruna karşı dava açma.

im.pec.ca.bil.i.ty [impekəˈbiliti] *n.* hatasızlık, kusursuzluk; **imˈpec.ca.ble** □ hatasız, kusursuz; günahsız.

im.pe.cu.ni.ous [impiˈkjuːnjəs] *adj.* parasız, züğürt, fakir.

im.pede [imˈpiːd] *v/t.* engellemek, mâni olm.

im.ped.i.ment [imˈpedimənt] *n.* mania, engel (to *-e*); ~ in one's speech pelteklik; **im.ped.i.men.ta** ⚔ [~ˈmentə] *n. pl.* levazım.

im.pel [imˈpel] *v/t.* sevketmek, tahrik etm., harekete geçirmek, zorlamak, sürmek, mecbur etm.; **imˈpel.lent** **1.** *adj.* sevkeden, harekete geçiren; **2.** *n.* tahrik edici unsur.

im.pend [im'pend] *v/i.* asılı olm., dolaşmak (over *üzerinde*); olmasına az kalmak, meydana gelmesi yakın olm.; tehdit etm.; **im'pend.ence** *n.* asılı olma; vukuu yakın olma; **im'pend.ent, im'pend.ing** *adj.* olması yakın.

im.pen.e.tra.bil.i.ty [impenitrə'biliti] *n.* içine girilememe, nüfuz edilememe; *fig.* anlaşılamama; **im'pen.e.tra.ble** □ nüfuz edilemez, delinmez, içine girilemez, geçilemez (to, by *-e*); *fig.* anlaşılmaz, kestirilemez; idrak edilemez; *fig.* kabul edilemez, uygun düşmez (to *-e*).

im.pen.i.tence [im'penitəns] *n.* pişmanlık duymama, pişman olmama; **im'pen.i.tent** □ pişman olmayan, pişmanlık duymayan.

im.per.a.tive [im'perətiv] **1.** □ mecburi, zorunlu, zarurî; gerekli, lüzumlu, âcil; emredici, buyurucu; *gr.* emir belirten; ~ mood = **2.** *n. gr.* emir kipi.

im.per.cep.ti.ble □ [impə'septəbl] hissolunamaz, görülemez, seçilemez, farkedilemez, algılanamaz.

im.per.fect [im'pə:fikt] **1.** □ eksik, kusurlu, tamam olmayan, noksan, bitmemiş; ~ tense = **2.** *n. gr.* bitmemiş bir eylemi gösteren zaman; **im.per.fec.tion** [~pə'fekʃən] *n.* kusur, eksiklik, noksan, hata.

im.pe.ri.al [im'piəriəl] **1.** □ imparator(luğ)a ait; şahane, görkemli, haşmetli, muhteşem; İngiliz ölçü standartlarına uygun; **2.** *n.* keçi sakalı; çok büyük şey; görkemli şey; imparator; **im'pe.ri.al.ism** *n.* emperyalizm, sömürgecilik; imparatorluk sistemi; **im'pe.ri.al.ist** *n.* emperyalist, sömürgecilik taraftarı; imparator(luk) taraftarı; **im.pe.ri.al'is.tic** *adj.* emperyalizme ait, sömürgeci.

im.per.il [im'peril] *v/t.* tehlikeye düşürmek, tehlikeye atmak.

im.pe.ri.ous □ [im'piəriəs] zorba, zalim, hükmeden; kibirli, küstah; zaruri, mecburi; âcil.

im.per.ish.a.ble □ [im'periʃəbl] ölümsüz, yok olmaz; bozulmaz, çürümez.

im.per.ma.nent [im'pə:mənənt] *adj.* sürekli olmayan, devam etmeyen.

im.per.me.a.ble □ [im'pə:mjəbl] *(su veya hava)* geçirmez; nüfuz edilemez.

im.per.son.al □ [im'pə:snl] kişisel olmayan, şahsî olmayan; *gr.* yalnız üçüncü tekil şahsı kullanılan *(fiil)*; **im.per.son.al.i.ty** [~sə'næliti] *n.* kişisel olmama, şahsi olmama.

im.per.son.ate [im'pə:səneit] *v/t.* kişilik kazandırmak; *thea.* temsil etm.; taklit etm.; **im.per.son'a.tion** *n.* şahıslandırma, kişilik kazandırma; *thea.* temsil etme, oynama; taklit etme.

im.per.ti.nence [im'pə:tinəns] *n.* küstahlık, arsızlık, saygısızlık, münasebetsizlik, laubalilik, sululuk; **im'per.ti.nent** □ terbiyesiz, arsız, saygısız, küstah, münasebetsiz, laubali, sulu, sırnaşık; ⚖ konuyla ilgisi olmayan, tali, ikincil.

im.per.turb.a.bil.i.ty ['impə:tə:bə'liti] *n.* ağırbaşlılık, soğukkanlılık, sakinlik; **imper'turb.a.ble** □ ağırbaşlı, soğukkanlı, sakin, nefsine hakim.

im.per.vi.ous □ [im'pə:vjəs] *(su veya hava)* geçirmez, dayanıklı (to *-e*) *(a. fig.)*; nüfuz edilemeyen, kapalı.

im.pe.ti.go ⚕ [impi'taigəu] *n.* impetigo, bir çeşit deri hastalığı.

im.pet.u.os.i.ty [impetju'əsiti] *n.* tez canlılık, atılganlık, acelecilik, coşkunluk; **im'pet.u.ous** □ coşkun, atılgan, aceleci, düşünmeden hareket eden; zorlu, sert, şiddetli; **im.pe.tus** ['impitəs] *n.* hız, güç, zor, şiddet; güdü, hızlandırıcı güç, dürtü.

im.pi.e.ty [im'paiəti] *n.* saygısızlık, hürmetsizlik *(esp. dinsel)*; saygısız söz *veya* davranış.

im.pinge [im'pindʒ] *v/i.* çarpmak (on, upon, against *-e*); ~ on tecavüz etm. *(b-nin hakkına)*; **im'pinge.ment** *n.* çarpma (on, upon *-e*); *fig.* tecavüz etme *(b-nin hakkına)*.

im.pi.ous □ ['impiəs] kâfir, Allahın varlığını tanımayan, dine karşı hürmetsiz.

imp.ish □ ['impiʃ] cin gibi, şeytan gibi, afacan, yaramaz.

im.pla.ca.bil.i.ty [implækə'biliti] *n.* amansızlık, affetmezlik; **im'pla.ca.ble** □ yatıştırılamaz, bastırılamaz, teskin edilemez, amansız, affetmez.

im.plant [im'pla:nt] *v/t. mst fig.* aşılamak (in *-e*), aklına sokmak; dikmek, ekmek.

im.plau.si.ble [im'plɔ:zəbl] *adj.* inanılmaz, inanılması güç, makul olmayan.

im.ple.ment 1. ['implimənt] *n.* alet, araç; **2.** ['~ment] *v/t.* yerine getirmek, tamamlamak, yürütmek; **im.ple.men'ta.tion** [~men'teiʃən] *n.* yürütme, yerine getirme.

im.pli.cate ['implikeit] *v/t.* sokmak, karıştırmak, bulaştırmak (in *-e*); dokundurmak, ima etm.; **im.pli'ca.tion** *n.* bulaştırıma, karıştırma *(suç)*; ima, üstü kapalı söyleme; what are the ~s ? anlatılmak istenilen nedir?

im.plic.it □ [im'plisit] ima edilen, zımnî, altık; aslında olan; tam, kesin, katî; **im'plic.it.ly** *adv.* zımnen, dolayısıyla, üs-

tü kapalı olarak; tamamiyle, kesinlikle.
im.plied □ [im'plaid] ima edilen, demek istenen, kastedilen.
im.plore [im'plɔː] *v/t.* yalvarmak, istirham etm., dilemek, rica etm. *-e*; **im'ploring** □ [~riŋ] yalvaran, yakaran, rica eden.
im.ply [im'plai] *v/t.* ima etm., demek, belirtmek, ifade etm.; içine almak, kapsamak; do you ~ that...? ...mi demek istiyorsunuz?
im.po.lite □ [impəˈlait] nezaketsiz, terbiyesiz, kaba.
im.pol.i.tic □ [im'pɔlitik] siyasete aykırı, politik olmayan; uygun olmayan, uygunsuz, isabetsiz, münasip olmayan.
im.pon.der.a.ble [im'pɔndərəbl] **1.** *adj.* tartılamayan...; ölçülemeyen...; **2.** *n.* ~s *pl.* önceden etkisi ölçülemeyen şeyler.
im.port 1. ['impɔːt] *n.* anlam, mana; önem, ehemmiyet; ☨ ithal, ithalat, dışsatım; ~s *pl.* ithal malları; **2.** [im'pɔːt] *vb.* ithal etm.; belirtmek, ifade etm., ima etm., demek istemek; önemi olm., hükmü olm.; **im'por.tance** *n.* önem, ehemmiyet; etki, tesir, nüfuz, itibar; **im'por.tant** □ önemli, ehemmiyetli, mühim; etkili, nüfuzlu, itibarlı; **im.por.ta.tion** [~'teiʃən] *n.* ithal (malı), ithalat, dışsatım; **im'port.er** *n.* ithalatçı.
im.por.tu.nate □ [im'pɔːtjunit] ısrarla isteyen, defalarca talep eden; acil; **im'portune** [~tjuːn] *vb.* sıkıştırmak, ısrarla istemek, tekrar tekrar istemek; **im.por'tu.ni.ty** *n.* usandırıcı ısrar, tekrar tekrar isteme, sıkıştırma.
im.pose [im'pəuz] *v/t.* koymak, yüklemek *(vergi)* (on *-e*); zorla kabul ettirmek (on, upon *-e*); dizilmiş sayfaları sıraya koymak, düzenlemek; hile ile kabul ettirmek; *v/i.* ~ upon *-den* yararlanmak, istifade etm.; aldatmak *-i*, kazıklamak *-i*; **im'pos.ing** □ heybetli, muhteşem, görkemli; **im.po.si.tion** [impəˈziʃən] *n.* üzerine koyma, yükleme; vergi; yük; ceza; istenmeyen misafir; hile, aldatma.
im.pos.si.bil.i.ty [impɔsəˈbiliti] *n.* olanaksızlık, imkânsızlık; **im'pos.si.ble** □ imkânsız, olanaksız; çekilmez, dayanılmaz.
im.post ['impəust] *n.* vergi, gümrük resmi; **im.pos.tor** [im'pɔstə] *n.* sahtekâr (*veya* hilekâr) kimse, dolandırıcı; **im'posture** [~tʃə] *n.* hile, sahtekârlık, dolandırıcılık.
im.po.tence ['impətəns] *n.* güçsüzlük, etkisizlik, tesirsizlik; *physiol.* iktidarsızlık; **'im.po.tent** *adj.* kudretsiz, âciz, zayıf, etkisiz; iktidarsız.
im.pound [im'paund] *v/t.* haczetmek, kanunen el koymak; ağıla kapamak.
im.pov.er.ish [im'pɔvəriʃ] *v/t.* fakirleştirmek, yoksullaştırmak; kuvvetini kesmek, tüketmek, bitirmek.
im.prac.ti.ca.bil.i.ty [impræktikəˈbiliti] *n.* elverişsizlik, pratik olmama, kullanışsızlık; **im'prac.ti.ca.ble** □ yapılamaz, uygulanamaz; kullanışsız, elverişsiz, pratik olmayan; geçilmez, geçit vermez *(yol)*.
im.prac.ti.cal [im'præktikəl] *adj.* elverişsiz, kullanışsız, pratik olmayan.
im.pre.cate ['imprikeit] *v/t.* lânet okumak, beddua etm. (upon *-e*); **im.pre'ca.tion** *n.* lânet, beddua; **im.pre.ca.to.ry** ['~keitəri] *adj.* lânet..., beddua...; lânet kabilinden.
im.preg.na.bil.i.ty [impregnəˈbiliti] *n.* zaptedilememe, ele geçirilememe; **im'preg.na.ble** □ zaptedilemez, ele geçirilemez, dayanıklı; **im.preg.nate 1.** ['~neit] *v/t.* hamile bırakmak, gebe bırakmak; ⚘ döllemek; ⚗ emdirmek, doyurmak *(a. fig.)*; *fig.* zihnini doldurmak; ⊕ emprenye etm.; **2.** [im'pregnit] *adj.* gebe, hamile; dolu; doymuş; **im.preg.na.tion** [~'neiʃən] *n.* dölleme, hamile bırakma; doyurma, emdirme; emprenye etme.
im.pre.sa.ri.o [impreˈsaːriəu] *n.* tiyatro temsillerini düzenleyip yöneten kimse, impresario.
im.pre.scrip.ti.ble [imprisˈkriptəbl] *adj.* hükmü geçmez; sürekli, daimi.
im.press 1. ['impres] *n.* damga, basma, nişan, iz, eser, işaret; *fig.* etkileme; **2.** [im'pres] *v/t.* basmak (on s.th. *veya* s.th. with *-e*); etkilemek, aklına sokmak (on, upon *-i*); izlenim bırakmak, yer etm. (on *-de*); ~ s.o. with s.th. *b-ni bşle* etkilemek; ⚓ çalışmaya zorlamak; sıkıştırmak; **im'press.i.ble** *adj.* etkilenebilir, hassas; **im'pres.sion** [~ʃən] *n.* basma; baskı; tabetme; damga; *fig.* izlenim, intiba, tesir, etki; *typ.* kopya, nüsha; be under the ~ that ...izleniminde olm., ...zannetmek, ...gibi gelmek; **im'pres.sion.a.ble** [~ʃnəbl] *adj.* aşırı duygulu, çok hassas; kolay etkilenen; kolay kalıplanır; **im'pres.sion.ism** *n.* empresyonizm, izlenimcilik; **im'pres.sion.ist** *n.* empresyonist, izlenimci; **im'pres.sion.is.tic** *adj.* empresyonistik, izlenimciliğe ait; **im'pres.sive** □ [~siv] etkili, tesirli, müessir; **im'press.ment** *n.* ⚓ sıkıştırma.
im.print 1. [im'print] *v/t.* basmak *(damga, mühür)* (on *-e*); *fig.* etkilemek, tesir etm., zihnine sokmak (on, in); **2.**

['imprint] *n.* damga; baskı; *typ.* bir kitaptaki yayınevi ve basımevinin adları; *fig.* etki, tesir, izlenim, intiba.

im.pris.on [im'prizn] *v/t.* hapsetmek, zındana kapamak, içeri atmak; **im'pris.on.ment** *n.* hapis, tutukluluk, mahpusluk.

im.prob.a.bil.i.ty [imprɔbə'biliti] *n.* ihtimal dahilinde olmama, olasılığı olmama; ihtimal dahilinde olmayan şey; **im'prob.a.ble** □ ihtimal dahilinde olmayan.

im.pro.bi.ty [im'prəubiti] *n.* şerefsizlik, iffetsizlik, haysiyetsizlik.

im.promp.tu [im'prɔmptjuː] **1.** *n.* ♪ empromptü, küçük parça; **2.** *adj.* hazırlıksız; **3.** *adv.* hazırlıksız olarak.

im.prop.er □ [im'prɔpə] yersiz, yakışıksız, uygunsuz, münasebetsiz, yakışık almaz, çirkin; yanlış, hatalı; ~ fraction A payı paydasından büyük olan kesir; **im.pro.pri.e.ty** [imprə'praiəti] *n.* uygunsuzluk, yersizlik, münasebetsizlik; yanlışlık; uygunsuz söz *veya* hareket.

im.prov.a.ble □ [im'pruːvəbl] düzeltilmesi mümkün, ıslah edilebilir, yoluna girebilir; tarıma elverişli *(toprak)*.

im.prove [im'pruːv] *v/t. & v/i.* düzel(t)mek; geliş(tir)mek; değerlen(dir)mek, kıymeti(ni) art(tır)mak; yoluna koymak; ıslah etm.; yola girmek; ıslah olm.; ~ upon mükemmelleştirmek; **im'prove.ment** düzelme, ıslah; gelişme, ilerleme (on, upon *-de*); **im'prov.er** *n.* ıslahatçı, reformcu.

im.prov.i.dence [im'prɔvidəns] *n.* tedbirsizlik, ihtiyatsızlık; israf, ziyankârlık; **im'prov.i.dent** □ tedbirsiz, ihtiyatsız; savurgan, müsrif.

im.pro.vi.sa.tion [imprəvai'zeiʃən] *n.* önceden düşünmeden şiir söyleme *veya* şarkı besteleme; o anda uydurma; **im.pro.vise** ['~vaiz] *vb.* doğaçtan söylemek *veya* yapmak, önceden düşünmeden söylemek *veya* bestelemek; o anda uydurmak; **'im.pro.vised** *adj.* uydurma, eğreti.

im.pru.dence [im'pruːdəns] *n.* tedbirsizlik, ihtiyatsızlık, düşüncesizlik; **im'pru.dent** □ tedbirsiz, ihtiyatsız, düşüncesiz, sağgörüsüz.

im.pu.dence ['impjudəns] *n.* yüzsüzlük, arsızlık, küstahlık, terbiyesizlik; **'im.pu.dent** □ arsız, edepsiz, saygısız, terbiyesiz, yüzsüz, küstah.

im.pugn [im'pjuːn] *v/t.* dil uzatmak, aksini iddia etm., aleyhinde olm., yalanlamak, yalancı çıkarmak; **im'pugn.a.ble** *adj.* inkâr edilebilir, yalanlanabilir.

im.pulse ['impʌls], **im'pul.sion** *n.* dürtme, itme, dürtü, itici kuvvet, sevk, tahrik; *fig.* içtepi, güdü; **im'pul.sive** □ tahrik edici, itici; *fig.* atılgan, düşüncesizce hareket eden; **im'pul.sive.ness** *n.* düşünmeden hareket etme.

im.pu.ni.ty [im'pjuːniti] *n.* cezadan muaf olma; with ~ cezasız.

im.pure □ [im'pjuə] pis, kirli *(a. fig.)*; karışık, katışık; **im'pu.ri.ty** [~riti] *n.* pislik, kirlilik; pis (*veya* kirli) şey.

im.put.a.ble [im'pjuːtəbl] *adj.* başkasının üstüne atılabilir; başkasına yüklenebilir; **im.pu.ta.tion** [~'teiʃən] *n.* suçlama; başkasına yükleme, başkasının üstüne atma; **im'pute** *v/t.* itham etm., suçlamak (to *ile*), üstüne yıkmak, yüklemek.

in [in] **1.** *prp.* içinde, içine, dahilinde, -de, -e, -(y)e; esnasında, sürecinde, zarfında; giy(in)miş, kılığında, bürünmüş; düzenlenmiş; vasıtasıyla; olarak; bakımından, yönünden; ile meşgul; -den yapılmış; halinde, durumunda, vaktinde, mevsiminde; ~ 1983 1983'de; there is nothing ~ it temelsiz, asılsız, boş; F önemsiz; it is not ~ her içinde yok; he hasn't it ~ him o yaradılışta değil; ~ that... ...den dolayı, ...yüzünden, ...için; **2.** *adv.* içeriye, içeride, içine; evde; varmakta; hasat edilmekte; mevsimi gelmiş; moda; iktidarda, seçilmiş; yanmakta; be ~ evde olm.; varmak; hasat edilmek, toplanmak *(ürün)*; mevsimi olm. *(yiyecek)*; moda olm.; iktidarda olm.; görevde olm.; yanıyor olm.; be ~ for başına gelecek olm., *bşle* karşı karşıya olm.; *-e* katılmayı kabul etmiş olm.; be well ~ with F *b-le* araları iyi olm., arkadaş olm.; **3.** *adj.* dahilî, iç; görevdeki; iktidardaki; yürürlükteki; içeri doğru gelen; yanmakta olan; son derece moda olan...; **4.** *n. su.:* the ~s *pl. parl.* iktidardaki parti; the ~s and outs *pl.* bir işin bütün ayrıntıları, girdisi çıktısı.

in.a.bil.i.ty [inə'biliti] *n.* yetersizlik, kifayetsizlik, iktidarsızlık, beceriksizlik, âcizlik.

in.ac.ces.si.bil.i.ty ['inæksesə'biliti] *n.* erişilmezlik, yanına varılamama; **in.ac'ces.si.ble** □ erişilemez, yanına varılamaz.

in.ac.cu.ra.cy [in'ækjurəsi] *n.* yanlışlık, hatalı olma; kusur, hata, yanlış; **in'ac.cu.rate** □ [~rit] yanlış, kusurlu, hatalı.

in.ac.tion [in'ækʃən] *n.* hareketsizlik, faaliyetsizlik; tembellik, avarelik.

in.ac.tive □ [in'æktiv] hareketsiz; tembel, üşengeç; † durgun, atıl, kesat; ⚗ tesirsiz, etkisiz; **in.ac'tiv.i.ty** *n.* hareketsizlik; tembellik; durgunluk; tesirsizlik.

in.ad.e.qua.cy [in'ædikwəsi] *n.* yetersizlik,

kifayetsizlik, yetmezlik, eksiklik, noksanlık; **in'ad.e.quate** □ [~kwit] yetersiz, kifayetsiz, eksik, noksan.

in.ad.mis.si.bil.i.ty ['inədmisə'biliti] *n.* kabul olunmama, uygun görülmeme; **inad'mis.si.ble** □ kabul olunmaz, uygun görülmez.

in.ad.vert.ence, in.ad.vert.en.cy [inəd'və:təns(i)] *n.* dikkatsizlik; kasıtsızlık; **in.ad'vert.ent** □ dikkatsiz; kasıtsız; ~ly istemeyerek, kasıtsız olarak.

in.ad.vis.a.ble □ [inəd'vaizəbl] tavsiye edilmez; akla yakın olmayan, makul olmayan.

in.al.ien.a.ble □ [in'eiljənəbl] geri verilemez, devrolunamaz, satılamaz.

in.al.ter.a.ble □ [in'ɔ:ltərəbl] değiş(tirile)mez.

in.am.o.ra.ta [inæmə'rɑ:tə] *n.* sevgili, sevilen kadın, âşık olunan kadın; **in.amo'ra.to** [~təu] *n.* âşık kadın.

in.ane □ [i'nein] *mst fig.* boş, anlamsız, aptalca; budala, ahmak.

in.an.i.mate □ [in'ænimit] cansız, ruhsuz, ölü; *fig.* donuk, sönük, sıkıcı.

in.a.ni.tion ⚕ [inə'niʃən] *n.* zafiyet; boşluk.

in.an.i.ty [i'næniti] *n.* anlamsızlık; boş laf, anlamsız söz (*s.* inane).

in.ap.pli.ca.bil.i.ty ['inæplikə'biliti] *n.* uygun olmama, tatbik edilememe; **in'ap.pli.ca.ble** *adj.* uymaz, tatbik edilemez (to *-e*); ilgisiz, alâkasız.

in.ap.po.site □ [in'æpəzit] uygunsuz, münasebetsiz.

in.ap.pre.ci.a.ble □ [inə'pri:ʃəbl] takdir edilemez; azıcık, cüzî.

in.ap.pre.hen.si.ble □ [inæpri'hensəbl] anlaşılmaz, idrak edilemez.

in.ap.proach.a.ble [inə'prəutʃəbl] *adj.* yaklaşılamaz, erişilemez.

in.ap.pro.pri.ate □ [inə'prəupriit] münasebetsiz, uygunsuz, yakışmaz.

in.apt □ [in'æpt] beceriksiz, yeteneksiz, hünersiz; uygunsuz, yakışıksız; **in'apt.i.tude** [~titju:d], **in'apt.ness** *n.* yeteneksizlik, kabiliyetsizlik; uygunsuzluk.

in.ar.tic.u.late □ [inɑ:'tikjulit] anlaşılmaz, açık seçik olmayan, belirsiz; iyi birleşmemiş; derdini anlatmaktan âciz; mafsalsız. oynak yeri olmayan; açıkça konuşmayan; **in.ar'tic.u.late.ness** *n.* derdini anlatamama; anlaşılmazlık, belirsizlik.

in.as.much [inəz'mʌtʃ]: ~ as madem ki, çünkü, *-i* göz önünde bulundurarak.

in.at.ten.tion [inə'tenʃən] *n.* dikkatsizlik, ihmal; **in.at'ten.tive** □ [~tiv] dikkatsiz, ihmalkâr, dikkat etmeyen (to *-e*).

in.au.di.ble □ [in'ɔ:dəbl] işitilemez, duyulamaz.

in.au.gu.ral [i'nɔ:gjurəl] **1.** *adj.* açılışa ait, açılış...; ~ lecture açılış konuşması; **2.** *n.* açılış konuşması; açılış töreni; **in'au.gu.rate** [~reit] *v/t.* açmak; törenle göreve getirmek; törenle başlamak *-e*; başlatmak; **in.au.gu'ra.tion** *n.* resmen göreve başlama; açılış (töreni); ♀ Day *Am.* Amerika Cumhurbaşkanı'nın resmen göreve başladığı gün.

in.aus.pi.cious □ [inɔ:s'piʃəs] uğursuz.

in.board ⚓ ['inbɔ:d] **1.** *adj.* geminin içindeki; **2.** *adv.* geminin içinde, bordalarında.

in.born ['in'bɔ:n] *adj.* doğuştan, fıtrî, tabii, yaradılıştan.

in.bred ['in'bred] *adj.* tabii, yaradılıştan, fıtrî, doğuştan, tanrı vergisi; aynı soydan gelen hayvanların dölünden elde edilmiş.

in.breed.ing ['in'bri:diŋ] *n.* aynı soy ve cinsten hayvan ve bitkilerin çiftleştirilmesi.

in.cal.cul.a.ble □ [in'kælkjuləbl] hesap edilemez, hesaplanamaz, hesap edilemeyecek kadar; belirsiz, kararsız, dönek, değişken.

in.can.des.cence ['inkæn'desns] *n.* akkorluk; **'in.can'des.cent** *adj.* akkor; ~ light akkor ışık; ~ mantle akkor gaz fitili.

in.can.ta.tion [inkæn'teiʃən] *n.* büyü, sihir; sihirli söz.

in.ca.pa.bil.i.ty [inkeipə'biliti] *n.* güçsüzlük, yetersizlik, âcizlik, ehliyetsizlik; kabiliyetsizlik, iktidarsızlık; **in'ca.pa.ble** □ güçsüz, yeteneksiz, kabiliyetsiz, kudretsiz, iktidarsız, ehliyetsiz, âciz (of *-den*);

in.ca.pac.i.tate [inkə'pæsiteit] *v/t.* kudretsizleştirmek, kuvvetten düşürmek, zayıflatmak (for, from *-de*); **in-ca'pac.i.ty** *n.* kabiliyetsizlik, güçsüzlük, yetkisizlik, ehliyetsizlik, salahiyetsizlik (for *için, -de*).

in.car.cer.ate [in'kɑ:səreit] *v/t.* hapsetmek, kapatmak; **in.car.cer'a.tion** *n.* hapsetme, hapsedilme.

in.car.nate 1. [in'kɑ:nit] *adj.* vücudu olan, vücutlu, vücut bulmuş, insan şekline girmiş; *fig.* şahıslanmış, cisimlenmiş; **2.** ['inkɑ:neit] *v/t.* vücut kazandırmak, canlandırmak; *fig.* cisimlendirmek; **in.car'na.tion** *n.* belirme, canlanma, vücut bulma; *fig.* cisimlenme.

in.case [in'keis] = encase.

in.cau.tious □ [in'kɔ:ʃəs] düşüncesiz, tedbirsiz, dikkatsiz, ihtiyatsız; **in'cau.tious.ness** *n.* düşüncesizlik, tedbirsizlik, dikkatsizlik.

in.cen.di.ar.y [in'sendjəri] **1.** *adj.* yangın çıkarıcı, kasten yangın çıkaran; çok ısı meydana getirebilen; *fig.* tahrik edici, ortalığı karıştırıcı; ~ (bomb) yangın bombası; **2.** *n.* kundakçı; ortalığı karıştıran kimse.
in.cense[1] ['insens] **1.** *n.* tütsü, buhur, günlük; **2.** *v/t.* tütsülemek; günlük yakmak.
in.cense[2] [in'sens] *v/t.* öfkelendirmek, kızdırmak, darıltmak (with *hususunda*).
in.cen.tive [in'sentiv] **1.** *adj.* teşvik edici; harekete geçirici; **2.** *n.* dürtü, saik, güdü.
in.cep.tion [in'sepʃən] *n.* başlama, başlangıç; **in'cep.tive** [~tiv] *adj.* başlayan..., başlayıcı...; *gr.* bir hareketin başladığını gösteren *(fiil).*
in.cer.ti.tude [in'səːtitjuːd] *n.* belirsizlik, kararsızlık; şüphe, tereddüt.
in.ces.sant □ [in'sesnt] sürekli, devamlı, daimî, ardı arkası kesilmeyen.
in.cest ['insest] *n.* akraba arasında cinsi temas, akraba ile zina; **in.ces.tu.ous** □ [in'sestjuəs] akrabası ile cinsi temasta bulunmuş; akraba ile zina kabilinden.
inch [intʃ] *n.* pus *(2,54 cm),* inç; *fig.* az miktar; ~es *pl.* boy; by ~es yavaş yavaş, ağır ağır, azar azar, kıl payı; every ~ tepeden tırnağa, tamamiyle, tam manasıyla; **inched** *comb.* ...inçlik.
in.cho.a.tive ['inkəueitiv] *adj.* başlayan, başlayıcı; *gr.* bir hareketin başladığını gösteren *(zaman, kip).*
in.ci.dence ['insidəns] *n.* isabet, tesadüf etme; tekrar oranı; oluş derecesi; angle of ~ geliş açısı; **'in.ci.dent 1.** *adj.* bağlı, tabi (to *-e*); **2.** *n.* olay, vaka, hadise; önemsiz olay; *thea.* perde; **in.ci.den.tal** □ [~'dentl] tesadüfi..., rastlantıya bağlı...; küçük ve önemsiz; doğal olarak takip eden...; be ~ to *-e* bağlı olm., ait olm.; ~ly tesadüfen, şans eseri, şansa; aklıma gelmişken.
in.cin.er.ate [in'sinəreit] *v/t.* yakıp kül etm.; **in.cin.er'a.tion** *n.* yakıp kül etme; **in'cin.er.a.tor** *n. (işe yaramaz maddelerin yakıldığı)* fırın, ocak.
in.cip.i.en.cy [in'sipiənsi] *n.* başlangıç; **in'cip.i.ent** *adj.* başlangıç halinde, yeni başlayan...
in.cise [in'saiz] *v/t.* oymak, hakketmek; **in.ci.sion** [~'siʒən] *n.* yarma, deşme, kesme; ⚕ ensizyon, yarık; **in.ci.sive** □ [~'saisiv] sivri, keskin; zeki, açıkgöz; açık seçik; **in.ci.sor** [~'saizə] *n.* ön diş, kesici diş.
in.ci.ta.tion [insai'teiʃən] = incitement; **in'cite** *v/t.* teşvik etm., tahrik etm., kışkırtmak; **in'cite.ment** *n.* teşvik, tahrik, kışkırtma.
in.ci.vil.i.ty [insi'viliti] *n.* kabalık, nezaketsizlik; kaba davranış *veya* söz.
in.clem.en.cy [in'klemənsi] *n.* fırtınalı, *(veya* sert, şiddetli, soğuk) hava; **in'clem-ent** *adj.* sert, fırtınalı, şiddetli, soğuk *(hava).*
in.cli.na.tion [inkli'neiʃən] *n.* meyil, eğilim, yatma; bayır, yokuş, eğiklik; *fig.* istek, rağbet, heves; **in.cline** [~'klain] **1.** *v/t. & v/i.* eğ(il)mek, meylet(tir)mek, yat(ır)mak; ~d plane eğri yüzey; ~ to *fig. -e* meyletmek, eğilim göstermek; **2.** *n.* eğri yüzey; yokuş, meyil, eğilme.
in.close [in'kləuz], **in'clos.ure** [~ʒə] = enclose, enclosure.
in.clude [in'kluːd] *v/t.* içine almak, dahil etm., kapsamak, ihtiva etm., hesaba katmak.
in.clu.sion [in'kluːʒən] *n.* dahil olma, dahil etme, kapsama, hesaba kat(ıl)ma; **in'clu.sive** [~siv] *adj.* kapsayan, dahil, ihtiva eden, içine alan; be ~ of dahil olm., katılmış olm.; ~ terms *pl.* herşey dahil olan fiyatlar.
in.cog F [in'kɔg], **in'cog.ni.to** [~nitəu] **1.** *adv.* takma adla; kıyafet değiştirerek; **2.** *n.* takma ad.
in.co.her.ence, in.co.her.en.cy [inkəu'hiərəns(i)] *n.* anlaşılmazlık, manasızlık, tutarsızlık; **in.co'her.ent** □ anlaşılmaz, manasız, tutarsız, abuk sabuk.
in.com.bus.ti.ble □ [inkəm'bʌstəbl] yanmaz, ateş almaz, tutuşmaz.
in.come ['inkʌm] *n.* gelir, irat, kazanç; **'in.com.er** *n.* yeni gelen; muhacir; ⚖ yerine geçen, halef, ardıl; **in.come-tax** ['inkəmtæks] *n.* gelir vergisi.
in.com.ing ['inkʌmiŋ] **1.** *n.* girme, geliş, varış; ~s *pl.* gelir, kazanç; **2.** *adj.* gelen, varan; yeni gelen; göreve yeni başlayan.
in.com.men.su.ra.bil.i.ty ['inkɔmenʃərə'biliti] *n.* nisbetsizlik, kıyas kabul etmezlik, ölçülemezlik, karşılaştırılamaz olma; **in.com'men.su.ra.ble** □ oransız, nisbetsiz, kıyaslanamaz, ölçülemez, orantı kabul etmez; **in.com'men.su.rate** [~rit] *adj.* orantısız, nisbetsiz, kıyaslanamaz (with, to *ile*); = incommensurable.
in.com.mode [inkə'məud] *v/t.* rahatsız etm., zahmet vermek, tedirgin etm.; **in-com'mo.di.ous** □ [~djəs] rahatsız, kullanışsız; zahmetli, işe yaramaz.
in.com.mu.ni.ca.ble [inkə'mjuːnikəbl] □ ifade edilemez, söylenilemez; nakledile-

mez; **in.com.mu.ni.ca.do** *part. Am.* [~ˈkɑːdəu] *adj.* kimseyle görüştürülmeyen *(hapiste)*; **in.comˈmu.ni.ca.tive** □ [~kətiv] fikrini başkasına açıklamayan, ağzı sıkı, ağzı pek.

in.com.mut.a.ble □ [inkəˈmjuːtəbl] değiş(tirile)mez.

in.com.pa.ra.ble □ [inˈkɔmpərəbl] emsalsiz, eşsiz; kıyas kabul etmez, karşılaştırılamaz.

in.com.pat.i.bil.i.ty [ˈinkəmpætəˈbiliti] *n.* uygunsuzluk, birbirine uymama, tutarsızlık; **in.comˈpat.i.ble** □ birbirine uymayan, birbirine zıt, tutarsız, bir diğerine uymayan.

in.com.pe.tence, in.com.pe.ten.cy [inˈkɔmpitəns(i)] *n.* ehliyetsizlik, yetersizlik, işinin ehli olmama; **inˈcom.pe.tent** □ ehliyetsiz, yetersiz, kifayetsiz, işinin ehli olmayan.

in.com.plete □ [inkəmˈpliːt] tam olmayan, eksik, noksan, bitmemiş, kusurlu.

in.com.pre.hen.si.bil.i.ty [inkɔmprihensəˈbiliti] *n.* anlaşılmazlık; **in.com.preˈhen-sible** □ anlaşılamaz, kavranmaz, akıl ermez; **in.com.preˈhen.sion** *n.* anlayışsızlık, akıl erdirememe, kavrayamama.

in.com.press.i.ble [inkəmˈpresəbl] *adj.* sıkıştırılamaz; sert ve dayanıklı.

in.con.ceiv.a.ble □ [inkənˈsiːvəbl] tasavvur olunamaz, anlaşılamaz, inanılmaz; idrak edilemez, kavranamaz.

in.con.clu.sive □ [inkənˈkluːsiv] sonuçsuz, neticesiz, bir sonuca varmayan, ikna edici olmayan, kifayetsiz, yetersiz; **in.conˈclu.sive.ness** *n.* sonuçsuzluk, neticesizlik, bir sonuca varmama.

in.con.gru.i.ty [inkɔŋˈgruːiti] *n.* uyuşmazlık, uyumsuzluk; uyuşmayan şey; **inˈcon.gru.ous** □ [~gruəs] uymayan, uyuşmaz. bağdaşmaz, uyumsuz, aykırı (with *ile*); uygunsuz, yersiz, münasebetsiz.

in.con.se.quence [inˈkɔnsikwəns] *n.* mantıksızlık; irtibatsızlık, birbirini tutmama; **inˈcon.se.quent** □ mantıksız, birbirini tutmaz, irtibatsız; **in.con.se.quen.tial** [~ˈkwenʃəl] *adj.* önemsiz; = inconsequent.

in.con.sid.er.a.ble □ [inkənˈsidərəbl] önemsiz, ehemmiyetsiz, düşünmeye değmez; ufak, küçük, az; **in.conˈsid.er.ate** □ [~rit] düşüncesiz, saygısız, terbiyesiz (towards *-e karşı*); tedbirsiz, ihtiyatsız; **in.conˈsid.er.ate.ness** *n.* düşüncesizlik, saygısızlık, tedbirsizlik.

in.con.sist.en.cy [inkənˈsistənsi] *n.* tutarsızlık, uyuşmazlık, uyumsuzluk; zıtlık, tezatlık; **in.conˈsist.ent** □ kararsız, sebatsız; uyuşmaz, uyumsuz, aykırı, tutarsız.

in.con.sol.a.ble □ [inkənˈsəuləbl] teselli edilemez, avutulamaz.

in.con.spic.u.ous □ [inkənˈspikjuəs] önemsiz, ehemmiyetsiz; göze çarpmayan, farkedilemeyen.

in.con.stan.cy [inˈkɔnstənsi] *n.* kararsızlık, değişkenlik, döneklik; vefasızlık; **inˈconstant** □ kararsız, dönek, değişken; vefasız.

in.con.test.a.ble □ [inkənˈtestəbl] malûm, bilinen, su götürmez, inkâr edilemez, muhakkak, itiraz kaldırmaz.

in.con.ti.nence [inˈkɔntinəns] *n.* kendini tutamama, nefsine hâkim olamama; ~ of urine ⚕ idrarını tutamama; **inˈcon.ti.nent** □ kendini tutamayan, nefsine hâkim olamayan; iradesiz; idrarını tutamayan; ~ly kendini tutamayarak; hemen, derhal.

in.con.tro.vert.i.ble □ [ˈinkɔntrəˈvəːtəbl] itiraz kabul etmez, tartışma götürmez, su götürmez, muhakkak.

in.con.ven.ience [inkənˈviːnjəns] **1.** *n.* zahmet, rahatsızlık, güçlük, zorluk; uygunsuzluk, münasebetsizlik; **2.** *v/t.* zahmet vermek, rahatsız etm.; **in.conˈven.ient** □ zahmetli, müşkül, güç, zor, çetin; uygunsuz, elverişsiz, münasebetsiz (to *için, -e*).

in.con.vert.i.bil.i.ty [ˈinkənvəːtəˈbiliti] *n.* değiştirilemezlik; † altına çevrilemez olma; **in.conˈvert.i.ble** □ değiştirilemez; † altına çevrilemez *(para)*.

in.con.vin.ci.ble □ [inkənˈvinsəbl] inandırılamaz, kandırılamaz, ikna edilemez.

in.cor.po.rate 1. [inˈkɔːpəreit] *v/t. & v/i.* birleş(tir)mek (into *-e*); ⚖ anonim şirket haline getirmek; biraraya getirmek; biraraya gelmek; **2.** [inˈkɔːpərit] *adj.* anonim...; birleşik, birleşmiş...; **inˈcor-po.rat.ed** [~reitid] *adj.* anonim; **in.cor-poˈra.tion** *n.* birleş(tir)me; şirket, tüzel kişi.

in.cor.po.re.al □ [inkɔːˈpɔːriəl] tinsel, manevî, ruhanî, cisimsiz.

in.cor.rect □ [inkəˈrekt] yanlış, hatalı, kusurlu; uygunsuz, yakışıksız, yakışmaz, münasebetsiz; **in.corˈrect.ness** *n.* hata, kusur, yanlış.

in.cor.ri.gi.bil.i.ty [inkɔridʒəˈbiliti] *n.* yola getirilemez olma, ıslah edilememe, düzeltilememe; **inˈcor.ri.gi.ble** □ düzelmez, ıslah edilemez, değiştirilemez, yerleşmiş.

in.cor.rupt.i.bil.i.ty [ˈinkərʌptəˈbiliti] *n.* dürüstlük, rüşvet yememe; bozulmazlık, çürümezlik; **in.corˈrupt.i.ble** □ dürüst, rüşvet yemeyen; bozulmaz, çürümez, kokuşmaz.

in.crease 1. [inˈkri:s] *v/t. & v/i.* art(tır)-mak, çoğal(t)mak, büyü(t)mek, geliş(tir)mek, verimlen(dir)mek; **2.** [ˈinkri:s] *n.* çoğalma, artma, büyüme; üreme, yavrulama, döl; **inˈcreas.ing.ly** *adv.* gittikçe artarak; ~ difficult gittikçe zorlaşan.

in.cred.i.bil.i.ty [inkrediˈbiliti] *n.* inanılmazlık, inanılmaz hal; **inˈcred.i.ble** □ [~dəbl] inanılmaz.

in.cre.du.li.ty [inkriˈdju:liti] *n.* inanılmazlık, kuşku, şüphecilik; **in.cred.u.lous** □ [inˈkredjuləs] inanmaz; güvenmez, kuşkulu, kuşkusu olan.

in.cre.ment [ˈinkrimənt] *n.* artma, çoğalma, kâr, fazlalık.

in.crim.i.nate [inˈkrimineit] *v/t.* suçlamak, suç yüklemek *-e*; **inˈcrim.i.na.to.ry** [~nətəri] *adj.* suçlayıcı.

in.crust [inˈkrʌst] = encrust; **in.crusˈta.tion** *n.* üstü kabuk bağlama, kabuk tutma, kabuklanma; ⊕ kaplama.

in.cu.bate [ˈinkjubeit] *v/t.* üstüne oturarak *veya* suni ısı ile çıkarmak *(civciv)*; uygun şartlarda geliştirmek *(bakteri)*; *v/i.* kuluçkaya yatmak; **in.cuˈba.tion** *n.* kuluçkaya yatma; *biol.*, ⚕ bir hastalığın vücuda girmesiyle ilk belirtilerinin ortaya çıkması arasındaki zamanda mikropların gelişmesi; **ˈin.cu.ba.tor** *n.* kuluçka makinesi; kuvöz; **in.cu.bus** [ˈiŋkjubəs] *n.* kâbus, karabasan, ağırlık basması; kâbus gibi şey.

in.cul.cate [ˈinkʌlkeit] *v/t.* iyice kafasına sokmak, telkin etm., aşılamak (upon); **in.culˈca.tion** *n.* telkin.

in.cul.pate [ˈinkʌlpeit] *v/t.* suçlamak, suç yüklemek; **in.culˈpa.tion** *n.* suçlama, itham; **inˈcul.pa.to.ry** [~pətəri] *adj.* suçlayıcı.

in.cum.ben.cy [inˈkʌmbənsi] *n.* görev, vazife, ödev; görev süresi; **inˈcum.bent 1.** *adj.* zorunlu, mecburi, yükümlü, görevli; be ~ on s.o. *b-ne* düşmek, *b-nin* vazifesi olm.; **2.** *n. eccl.* görevli kimse, memur.

in.cu.nab.u.la [inkju:ˈnæbjulə] *n. pl.* 1501 yılından önce basılmış kitaplar; eskiden kalma sanat eserleri.

in.cur [inˈkə:] *v/t.* uğramak *-e*, girmek *-e*, yakalanmak *-e*, tutulmak *-e*, maruz kalmak *-e*.

in.cur.a.bil.i.ty [inkjuərəˈbiliti] *n.* tedavi edilemezlik, çaresizlik, şifa bulmazlık; **inˈcur.a.ble 1.** □ şifa bulmaz, devasız, tedavi edilemez, iyileşmez; **2.** *n.* şifasız hasta, tedavi edilemeyen hasta.

in.cu.ri.ous □ [inˈkjuəriəs] meraksız, meraklı olmayan; kayıtsız, lâkayt, ilgisiz, dikkatsiz.

in.cur.sion [inˈkə:ʃən] *n.* akın, hücum, baskın, saldırı; *fig.* tecavüz, el atma.

in.cur.va.tion [inkə:ˈveiʃən] *n.* eğme, bükme; **ˈinˈcurve** *v/t.* eğmek; bükmek.

in.debt.ed [inˈdetid] *adj.* borçlu (to *-e*); *fig.* minnettar, müteşekkir (to *-e*); **inˈdebt.ed.ness** *n.* borçluluk; borç miktarı.

in.de.cen.cy [inˈdi:snsi] *n.* ahlâksızlık; **inˈde.cent** □ utanmaz, yüzsüz; edepsiz, ahlâksız, çirkin, kaba; ⚖ toplum töresine aykırı.

in.de.ci.pher.a.ble [indiˈsaifərəbl] *adj.* okunmaz, çözülmez, sökülmez, anlaşılmaz, karışık.

in.de.ci.sion [indiˈsiʒən] *n.* kararsızlık; tereddüt, duraksama; **in.de.ci.sive** □ [~ˈsaisiv] kararsız; kesin olmayan.

in.de.clin.a.ble *gr.* [indiˈklainəbl] *adj.* çekilmez, kipsiz.

in.dec.o.rous □ [inˈdekərəs] edebe aykırı, ayıp, yakışmaz, çirkin, utandırıcı, uygunsuz, yakışık almaz; **inˈdec.o.rous-ness** = **in.de.co.rum** [indiˈkɔ:rəm] *n.* edebe aykırı hareket, uygunsuz davranış, terbiyesizlik.

in.deed [inˈdi:d] **1.** *adv.* gerçekten, hakikaten, doğrusu; **2.** *int.* öyle mi?

in.de.fat.i.ga.ble □ [indiˈfætigəbl] yorulmaz, yorulmaz bilmez.

in.de.fea.si.ble □ [indiˈfi:zəbl] feshedilemez, iptal edilemez *(hak)*.

in.de.fect.i.ble □ [indiˈfektəbl] çürümez, bozulmaz; hatasız, kusursuz.

in.de.fen.si.ble □ [indiˈfensəbl] savunulamaz, savunmasız, müdafaasız; affedilemez, mazur görülemez.

in.de.fin.a.ble □ [indiˈfainəbl] tarif edilemez, tanımlanamaz, anlatılamaz.

in.def.i.nite □ [inˈdefinit] belirsiz, bellisiz, şüpheli, bulanık; *gr.* belgisiz.

in.del.i.ble □ [inˈdelibl] silinmez, çıkmaz; ~ ink silinmez mürekkep; ~ pencil kopya kalemi.

in.del.i.ca.cy [inˈdelikəsi] *n.* kabalık, uygunsuzluk; kaba davranış *veya* söz; **inˈdel.i.cate** □ [~kit] kaba, nezaketsiz, terbiyesiz.

in.dem.ni.fi.ca.tion [indemnifiˈkeiʃən] *n.* tazminat; **inˈdem.ni.fy** [~fai] *v/t.* *-in* zararını ödemek (from, against *-e karşı*); geri ödemek, tazmin etm.; **inˈdem.ni.ty** *n.* tazminat; kefalet, teminat, güvence.

in.dent 1. [inˈdent] *v/t.* *-in* kenarını oymak, diş diş oymak; çentmek, kertmek; içerden başlamak, içerlek yazmak *(satır)*; ⚖ senede bağlamak; ✝ ısmarlamak, sipariş etm. (upon s.o. for s.th. *b-ne bş*); ~ed coastline girintili çıkıntılı sahil; *v/i.* anlaşma yapmak; çentik açmak; **2.** [ˈindent] *n.* çentik, kertik, bere; † yabancı ülkeden alınan sipariş; ✕ resmi emir; içerlek yazma; = indenture; **in·denˈta.tion** *n.* çentik, kertik, diş; çentme, kertme; içerlek yazma; girinti, oyuntu; **inˈden.tion** *n. typ.* içerlek yazma; **inˈden·ture** [~tʃə] **1.** *n.* sözleşme, senet, mukavele, iki taraflı kontrat; **2.** *v/t.* sözleşmeye bağlamak.

in.de.pend.ence, in.de.pend.en.cy [indiˈpendəns(i)] *n.* bağımsızlık, hürriyet, istiklâl; Independence Day *Am.* Birleşik Amerika'da Bağımsızlık Günü *(4 Temmuz)*; **in.deˈpend.ent 1.** □ bağımsız, hür, özgür (of *-den*); başlı başına, ayrı, serbest; ~ means özel imkânlar; **2.** *n. pol.* bağımsız (*veya* parti üyesi olmayan) kimse.

in.de.scrib.a.ble □ [indisˈkraibəbl] tanımlanamaz, anlatılmaz, nitelendirilemez.

in.de.struct.i.ble □ [indisˈtrʌktəbl] yıkılmaz, tahrip edilemez, yok edilemez, bozulmaz, çok dayanıklı.

in.de.ter.mi.na.ble □ [indiˈtəːminəbl] çözümlenemez, halledilemez, karara bağlanamayan, kararlaştırılamaz; **in.deˈter·mi.nate** □ [~nit] belirsiz, bellisiz, bilinmeyen, şüpheli, belli olmayan; **in.deˈter·mi.nate.ness, in.de.ter.mi.na.tion** [ˈ~ˈneiʃən] *n.* belirsizlik, bilinmezlik.

in.dex [ˈindeks] **1.** *n.*, *pl. a.* **in.di.ces** [ˈindisiːz] indeks, fihrist; gösterge, işaret, ibre; işaret parmağı; *eccl.* okunması yasak kitaplar listesi; ⚗ üs; *a.* ~ number indeks sayı; **2.** *v/t.* *-in* indeksini yapmak, indeks içine koymak.

in.di.a.man [ˈindjəmən] *n.* ⚓ eskiden Hindistan ile yapılan ticarette kullanılan gemi.

in.di.an [ˈindjən] **1.** *adj.* Hindistan'a ait, Hindistan...; Amerika kızılderilisine ait; **2.** *n.* Hintli, Hint; Amerikan kızılderilisi; *a.* Red ~ kızılderili; ~ **club** lobut; ~ **corn** mısır; ~ **file**: in ~ tek sıra *(yürüyüş)*; ~ **ink** çini mürekkebi; ~ **pud.ding** *Am.* mısır muhallebisi; ~ **sum.mer** pastırma yazı.

India...: ~ **paper** ince Çin kağıdı, pelür kağıdı; ˈ2**rub.ber** kauçuk, lastik.

in.di.cate [ˈindikeit] *v/t.* göstermek, işaret etm., belirtmek; **in.diˈca.tion** *n.* belirti, delil, kanıt; bildirme, belirtme, gösterme, işaret etme; **in.dic.a.tive** □ [inˈdikətiv] belirten, gösteren, bildiren (of *-i*); ~ mood *gr.* bildirme kipi; **in.di.ca.tor** [ˈ~keitə] *n.* gösteren şey *veya* kimse, işaret eden şey, delil, belirti; ⊕ müşir, ibre, gösterge; *tel.* kayıt ibresi; **inˈdi.ca·to.ry** [~kətəri] *adj.* gösteren (of *-i*); belirtici..., işaret edici.

in.di.ces [ˈindisiːz] *pl. of.* index.

in.dict [inˈdait] *v/t.* suçlamak (for, on charge of *-den*); **inˈdict.a.ble** *adj.* suçlanabilir; **inˈdict.er** *n.* şikâyetçi, davacı; **inˈdict.ment** *n.* suçlama; iddianame.

in.dif.fer.ence [inˈdifrəns] *n.* aldırmazlık, kayıtsızlık, tasasızlık; hissizlik, duygusuzluk (to, towards *-e, -e karşı*); **inˈdif·fer.ent** □ kayıtsız, tasasız, aldırmaz, lakayt, umursamaz (to *-e*); şöyle böyle, orta derecede, vasat.

in.di.gence [ˈindidʒəns] *n.* fakirlik, yoksulluk, züğürtlük.

in.di.gene [ˈindidʒiːn] *n.* yerli insan, hayvan *veya* bitki; **inˈdig.e.nous** [~dʒinəs] *adj.* yerli; doğuştan ait (to *-e*).

in.di.gent □ [ˈindidʒənt] yoksul, fakir, züğürt.

in.di.gest.ed [indiˈdʒestid] *adj.* iyice düşünülmemiş; düzensiz, biçimsiz, intizamsız; sindirilmemiş, hazmolunmamış; **in·diˈgest.i.ble** □ sindirilemeyen, hazmı güç, hazmolunmaz; **in.diˈges.tion** *n.* hazımsızlık, mide fesadı.

in.dig.nant □ [inˈdignənt] dargın, öfkeli, kızgın, hiddetlenmiş (at *-e*); **in.digˈna·tion** *n.* dargınlık, öfke, kızgınlık, hiddet (with *hususunda*); ~ meeting bir haksızlığı protesto için yapılan toplantı; **inˈdig·ni.ty** [~niti] *n.* hürmetsizlik, saygısızlık, hakaret; kaba muamele *veya* söz.

in.di.go [ˈindigəu] *n.* çivit; ~ blue çivit mavisi.

in.di.rect □ [indiˈrekt] dolaşık, dolambaçlı, dolaylı, dolayısıyla olan; *gr. a.* dolaylı.

in.dis.cern.i.ble [indiˈsəːnəbl] *adj.* ayırt edilemez, seçilemez, farkına varılamaz.

in.dis.ci.pline [inˈdisiplin] *n.* disiplinsizlik, itaatsizlik.

in.dis.creet □ [indisˈkriːt] boşboğaz, patavatsız, geveze, ağzı gevşek, düşüncesiz, sağgörüsüz; **in.dis.cre.tion** [~ˈkreʃən] *n.* boşboğazlık, patavatsızlık, düşüncesizlik; düşüncesiz söz *veya* davranış.

in.dis.crim.i.nate □ [indisˈkriminit] gelişigüzel, rastgele, tesadüfi; karışık, karmaşık, karman çorman; = **in.disˈcrim.i·nat.ing** □ [~neitiŋ], **in.disˈcrim.i.na.tive** [~nətiv] farkı göremeyen, ayırt edemeyen, ayıramayan; *fig.* kör; **in.dis.crim.i·na.tion** [ˈ~ˈneiʃən] *n.* ayırt edememe, farkı görememe, birbirinden ayıramama.

in.dis.pen.sa.ble □ [ˌindisˈpensəbl] zaruri, zorunlu, elzem, mecburi, kaçınılmaz.

in.dis.pose [indisˈpəuz] *v/t.* soğutmak, caydırmak, hevesini kırmak (towards, from *-e karşı, -den*); elverişsizleştirmek (for s.th, to *inf. bş için, -mek için*); **in-disˈposed** *adj.* rahatsız, keyifsiz; isteksiz (to *-e karşı*); **in.dis.po.si.tion** [indispəˈziʃən] *n.* rahatsızlık, keyifsizlik; isteksizlik, gönülsüzlük (to *-e karşı*).

in.dis.pu.ta.ble □ [ˈindisˈpjuːtəbl] söz götürmez, su götürmez, tartışma götürmez, şüphe götürmez, muhakkak.

in.dis.so.lu.bil.i.ty [ˈindisɔljuˈbiliti] *n.* erimezlik, çözülmezlik; *fig.* bozulmazlık, ayrılmazlık, daimilik, süreklilik; **in.dis.so.lu.ble** □ [~ˈsɔljubl] erimez, çözülmez; *fig.* bozulmaz, ayrılmaz, sabit, sürekli, daimi.

in.dis.tinct □ [indisˈtiŋkt] iyice görülmez, seçilmez, ayırt edilmez, bulanık, belirsiz, sönük; **in.disˈtinct.ness** *n.* belirsizlik, bulanıklık.

in.dis.tin.guish.a.ble □ [indisˈtiŋgwiʃəbl] ayırt edilemez, seçilemez, fark edilemez.

in.dite [inˈdait] *v/t.* kaleme almak, yazıya dökmek, yazmak; bestelemek.

in.di.vid.u.al [indiˈvidjuəl] **1.** □ bireysel, ferdî; tek, yalnız; ayrı, başlı başına, kendine özgü; **2.** *n.* birey, fert, kimse, şahıs; **in.diˈvid.u.al.ism** *n.* ferdiyetçilik, bireycilik; bencillik, kendini beğenmişlik, egoizm; **in.diˈvid.u.al.ist** *n.* bireyci, ferdiyetçi, erkinci, liberal; **in.di.vid.u.al.i.ty** [~ˈæliti] *n.* ferdiyet, hususiyet, kendine özgülük; erkinlik; **in.diˈvid.u.al.ize** [~əlaiz] *v/t.* bireyleştirmek, ferdileştirmek; tek tek ele almak.

in.di.vis.i.bil.i.ty [ˈindiviziˈbiliti] *n.* bölünmezlik; **in.diˈvis.i.ble** □ bölünmez, taksim olunmaz.

In.do... [ˈindəu] *prefix* Hintli, Hint...

in.doc.ile [inˈdəusail] *adj.* yola gelmez, adam olmaz, inatçı, serkeş; **in.do.cil.i.ty** [~ˈsiliti] *n.* kolay yola getirilememe, adam edilememe.

in.doc.tri.nate [inˈdɔktrineit] *v/t.* aşılamak *(fikir)*, telkin etm., kafasını doldurmak (with *ile*).

In.do-Eu.ro.pe.an [ˈindəujuərəˈpiːən] *n.* Hint-Avrupa dillerinden birini konuşan kimse.

in.do.lence [ˈindələns] *n.* tembellik, üşengeçlik; **ˈin.do.lent** □ tembel, üşengeç; ⚕ ağrısız, acısız.

in.dom.i.ta.ble □ [inˈdɔmitəbl] boyun eğmez, itaat etmez, direngen, inatçı, ayak direyici.

in.door [ˈindɔː] *adj.* ev içinde olan, ev içinde yapılan; *spor:* ev içinde oynanan...; ~ aerial oda anteni; ~ game ev içinde oynanan oyun; ~ swimming-bath ev içindeki yüzme havuzu; **ˈinˈdoors** *adv.* ev içinde, evde; ev içine, eve.

in.dorse [inˈdɔːs], **inˈdorse.ment**, *etc* = endorse, *etc.*

in.du.bi.ta.ble □ [inˈdjuːbitəbl] şüphe edilmez, kuşku duyulmaz, kati, kesin.

in.duce [inˈdjuːs] *vb.* teşvik etm., kandırıp yaptırmak, ikna etm.; sebep olm. *-e*, meydana getirmek, oluşturmak; ⚡ indüklemek; ~d current ⚡ indüksiyon cereyanı; **inˈduce.ment** *n.* neden, sebep, vesile, dürtü, güdü; ikna, teşvik, tahrik.

in.duct [inˈdʌkt] *v/t. eccl.* resmen göreve getirmek; üye olarak kabul etm.; askere almak; **inˈduct.ance** *n.* ⚡ indüktans; ~ coil indüktans bobini; **inˈduc.tion** *n.* göreve getirme; başlama; askere alma; *phls.* tümevarım; *phys.* indüksiyon; **inˈduc.tive** □ *phls.* tümevarımsal, tümevarımlı...; *phys.* indüksiyon yapan, indüksiyon...

in.due [inˈdjuː] = endue.

in.dulge [inˈdʌldʒ] *v/t.* müsamaha etm. *-e*, anlayış göstermek *-e*, hoşnut etm.; boyun eğmek *-e (istek, kapris)*; şefkatle muamele etm. *-e*; *v/i.* düşkün olm., müptelâ olm., kapılmak (in *-e*); ~ with *bşle* sevindirmek, memnun etm.; ~ (o.s.) in s.th. *-e* kapılmak, *-in* müptelâsı olm.; **inˈdul.gence** *n.* müsamaha, hoşgörü, göz yumma; düşkünlük, iptilâ (of, in *-e*); *eccl.* kilise tarafından cezanın affedilmesi; **inˈdul.gent** □ müsamahakâr, hoşgörülü.

in.du.rate [ˈindjuəreit] *v/t. & v/i.* katılaş(tır)mak, sertleş(tir)mek; sağlamlaş(tır)mak; **in.duˈra.tion** *n.* katılaş(tır)ma, sertleş(tir)me; sağlamlaş(tır)ma.

in.dus.tri.al [inˈdʌstriəl] **1.** □ sınai, endüstriyel, endüstri ile ilgili...; ~ area endüstri alanı, sanayi sahası; ~ estate endüstri bölgesi; ~ school teknik okul; çocuk suçlular için sanayi okulu; **2.** = **inˈdus.tri.al.ist** *n.* sanayici, fabrikatör; **inˈdus.tri.al.ize** [~laiz] *v/t. & v/i.* sanayileş(tir)mek; **inˈdus.tri.ous** □ çalışkan, gayretli.

in.dus.try [ˈindəstri] *n.* sanayi, endüstri; çalışkanlık, gayret; heavy industries *pl.* ağır sanayi.

in.dwell [ˈinˈdwel] (*irr.* dwell) *vb.* oturmak, ikamet etm.; *fig.* içinde olm.

in.e.bri.ate **1.** [iˈniːbrieit] *v/t.* sarhoş etm., mest etm., kafayı buldurmak; **2.** [~briit] *adj.* sarhoş, mest; 3. [~briit] *n.* sarhoş kimse; **in.e.bri'a.tion, in.e.bri.e.ty** [~'braiəti] *n.* sarhoşluk, ayyaşlık.

in.ed.i.ble [in'edibl] *adj.* yenmez.

in.ed.it.ed [in'editid] *adj.* yayınlanmamış.

in.ef.fa.ble □ [in'efəbl] tarif olunamaz, anlatılamaz; söylenemez, ağıza alınmaz.

in.ef.face.a.ble □ [ini'feisəbl] silinemez.

in.ef.fec.tive [ini'fektiv], **in.ef'fec.tu.al** □ [~tʃuəl] etkisiz, tesirsiz; başarısız; *(part.* ✕*)* kabiliyetsiz, beceriksiz, âciz.

in.ef.fi.ca.cious □ [inefi'keiʃəs] etkisiz, tesirsiz, yetersiz; **in'ef.fi.ca.cy** [~kəsi] *n.* tesirsizlik, etkisizlik, yetersizlik.

in.ef.fi.cien.cy [ini'fiʃənsi] *n.* etkisizlik, tesirsizlik, verimsizlik, randımansızlık; **in.ef'fi.cient** □ etkisiz, tesirsiz, verimsiz, randımansız.

in.el.e.gance [in'eligəns] *n.* zarafetsizlik, çirkinlik, incelikten yoksunluk; **in'el.e.gant** □ zarafetsiz, çirkin, incelikten yoksun.

in.el.i.gi.bil.i.ty [inelidʒə'biliti] *n.* uygun olmama, münasip olmama, yeterli niteliği olmama; **in'el.i.gi.ble** □ uygun olmayan, yeterli niteliği olmayan; *part.* ✕ hizmete yaramaz, çürük.

in.e.luc.ta.ble [ini'lʌktəbl] *adj.* kaçınılamaz.

in.ept □ [i'nept] yersiz, uygunsuz, aptalca; hünersiz, beceriksiz, toy; **in'ept.i.tude** [~titju:d], **in'ept.ness** *n.* beceriksizlik; yersizlik; yersiz söz *veya* davranış.

in.e.qual.i.ty [ini:'kwɔliti] *n.* eşitsizlik, farklılık; düzensizlik, intizamsızlık.

in.eq.ui.ta.ble □ [in'ekwitəbl] insafsız, haksız, adaletsiz; **in'eq.ui.ty** *n.* insafsızlık, haksızlık, adaletsizlik.

in.e.rad.i.ca.ble □ [ini'rædikəbl] sökülemez, kökünden çıkarılamaz, giderilmesi olanaksız.

in.ert [i'nə:t] □ hareketsiz, süreduran; tembel, uyuşuk, ağır; tesirsiz; **in.er.tia** [i'nə:ʃiə], **in'ert.ness** *n.* atalet, süredurum; tembellik, uyuşukluk.

in.es.cap.a.ble [inis'keipəbl] *adj.* kaçınılamaz.

in.es.sen.tial ['ini'senʃəl] *adj.* gereksiz, lüzumsuz (to *-e*).

in.es.ti.ma.ble □ [in'estiməbl] hesaplanamaz, hesaba sığmaz; çok kıymetli, paha biçilmez.

in.ev.i.ta.ble □ [in'evitəbl] kaçınılamaz, sakınılamaz, çaresiz; **in'ev.i.ta.ble.ness** *n.* kaçınılmazlık; **in'ev.i.ta.bly** *adv.* kaçınılmaz surette.

in.ex.act □ [inig'zækt] doğru olmayan, yanlış, hatalı; **in.ex'act.i.tude** [~titju:d], **in.ex'act.ness** *n.* tam doğru olmama, yanlışlık, hata.

in.ex.cus.a.ble □ [iniks'kju:zəbl] affedilemez, bağışlanamaz, mazur görülemez.

in.ex.haust.i.bil.i.ty ['inigzɔ:stə'biliti] *n.* yorulmazlık; bitmeme, tükenmeme; **in.ex'haust.i.ble** □ tükenmez, bitmez; yorulmaz.

in.ex.o.ra.bil.i.ty [ineksərə'biliti] *n.* merhametsizlik, amansızlık, insafsızlık; boyun eğmezlik, direngenlik; **in'ex.o.ra.ble** □ merhametsiz, insafsız; boyun eğmez, direngen.

in.ex.pe.di.en.cy [iniks'pi:djənsi] *n.* uygunsuzluk, münasebetsizlik; **in.ex'pe.di.ent** □ uygunsuz, münasebetsiz.

in.ex.pen.sive □ [iniks'pensiv] ucuz, masrafı az.

in.ex.pe.ri.ence [ineks'piəriəns] *n.* tecrübesizlik, deneyimsizlik, acemilik; **in.ex'pe.ri.enced** *adj.* tecrübesiz, deneyimsiz, acemi.

in.ex.pert □ [in'ekspə:t] acemi, tecrübesiz, deneyimsiz.

in.ex.pi.a.ble □ [in'ekspiəbl] kefaretle ödenemez *(suç)*; yatıştırılamaz, bastırılamaz *(öfke)*.

in.ex.pli.ca.ble □ [in'eksplikəbl] izah edilemez, açıklanamaz.

in.ex.press.i.ble □ [iniks'presəbl] ifade edilemez, anlatılamaz, tarif edilemez.

in.ex.pres.sive □ [iniks'presiv] anlatımsız, ifade etmeyen; **in.ex'pres.sive.ness** *n.* anlatımsızlık.

in.ex.tin.guish.able □ [iniks'tiŋgwiʃəbl] söndürülemez; bastırılamaz, yatıştırılamaz *(öfke)*.

in.ex.tri.ca.ble [in'ekstrikəbl] sökülemez, içinden çıkılmaz, çözümlenemez; kaçınılmaz; karmaşık, karman çorman.

in.fal.li.bil.i.ty [infælə'biliti] *n.* yanılmazlık; şaşmazlık; **in'fal.li.ble** □ yanılmaz, şaşmaz.

in.fa.mous □ ['infəməs] ahlâkı bozuk, rezil, kepaze, adı çıkmış; utanç verici, ayıp; **'in.fa.my** *n.* rezalet, kepazelik; utanç verici davranış.

in.fan.cy ['infənsi] *n.* çocukluk, bebeklik, küçüklük; ⚖ ergin olmama, reşit olmama; başlangıç; in its ~ başlangıcında; **in.fant** ['infənt] 1. *n.* küçük çocuk, bebek; ⚖ ergin (*veya* reşit) olmayan kimse; ~ school anaokulu, çocuk yuvası; 2. *adj.* çocuksu, çocuk...; başlangıç safhasında olan.

in.fan.ta [in'fæntə] *n.* Portekiz *veya* İspanya prensesi; **in'fan.te** [~ti] Portekiz

veya İspanya prensi.
in.fan.ti.cide [in'fæntisaid] *n.* çocuk öldürme; istenmeyen yeni çocukları öldürme; çocuk katili; **in.fan.tile** ['infəntail] *adj.* çocuğa ait, çocukça, çocuk...; ~ paralysis çocuk felci; **in.fan.tine** ['~tain] = infantile.
in.fan.try ⚔ ['infəntri] *n.* piyade, yaya asker; '**in.fan.try.man** *n.* piyade, yaya er.
in.fat.u.ate [in'fætjueit] *v/t.* çıldırtmak, aklını çelmek, kara sevdaya düşürmek; ~d meftun, deli gibi âşık (with *-e*); **in-fat.u'a.tion** *n.* delicesine sevdalanma, kara sevdaya düşme (for *için*).
in.fect [in'fekt] *v/t.* bulaştırmak, geçirmek *(a. fig.)*; become ~ed yakalanmak *(hastalık)*; **in'fec.tion** *n.* bulaş(tır)ma, geç(ir)me; **in'fec.tious** □, **in'fec.tive** [~tiv] bulaşıcı, bulaşık...; başkalarına hemen geçen *(gülme, neşe)*.
in.fe.lic.i.tous [infi'lisitəs] *adj.* açıklaması zor, anlaşılması güç, beceriksizce yapılmış, münasebetsiz; **in.fe'lic.i.ty** *n.* uygunsuz söz *veya* davranış, talihsizlik, hoşnutsuzluk.
in.fer [in'fəː] *v/t.* anlamak, çıkarmak, sonuca varmak (from *-den*); **in'fer.a.ble** *adj.* anlaşılır; **in.fer.ence** ['infərəns] *n.* sonuç çıkarma; netice, sonuç; **in.fer.en.tial** □ [~'renʃəl] sonuç olarak çıkarılabilir; **in-fer'en.tial.ly** *adv.* dolayısiyle anlayarak, sonuca vararak.
in.fe.ri.or [in'fiəriə] **1.** *adj.* aşağı, alt; ikinci derecede, adi, bayağı; ast; önemi az; **2.** *n.* aşağı derecede olan kimse *veya* şey; **in.fe.ri.or.i.ty** [~ri'ɔriti] *n.* aşağılık, adilik, bayağılık; ~ complex aşağılık duygusu.
in.fer.nal □ [in'fəːnl] cehenneme ait, cehennemi...; şeytanca..., şeytani...; F iğrenç, berbat; ~ machine suikast bombası; **in'fer.no** [~nəu] *n.* cehennem; cehennem gibi yer.
in.fer.tile [in'fəːtail] *adj.* verimsiz, kısır, kıraç, çorak; **in.fer.til.i.ty** [~'tiliti] *n.* verimsizlik; kıraçlık.
in.fest [in'fest] *v/t.* zarar vermek *-e*; *fig.* sarmak, istilâ etm. *(bit, kurt, fare)*; **in-fes'ta.tion** *n.* istilâ *(bit, kurt, fare)*.
in.fi.del ['infidəl] **1.** *adj.* kâfir, imansız; **2.** *n.* kâfir kimse; **in.fi.del.i.ty** [~'deliti] *n.* sadakatsizlik, hıyanet (to *-e*); zina; imansızlık, kâfirlik.
in.field ['infiːld] *n. kriket, beysbol:* dört esas çizgi dahilindeki saha; bu saha oyuncuları.
in.fight.ing ['infaitiŋ] *n. boks:* yakın dövüş.
in.fil.trate ['infiltreit] *v/t.* & *v/i.* süz(ül)mek; girmek; içeri süzülmek, nüfuz etm.; **in.fil'tra.tion** *n.* süz(ül)me.
in.fi.nite □ ['infinit] sonsuz, nihayetsiz, hudutsuz, bitmez, tükenmez, pek çok, sayısız; **in.fin.i.tes.i.mal** [~'tesiməl] *adj.* bölünemeyecek kadar küçük, parçalara ayrılamayan; **in'fin.i.tive** *n. gr. a.* ~ mood mastar; **in'fin.i.tude** [~tjuːd], **in'fin.i.ty** *n.* sonsuzluk, nihayetsizlik.
in.firm □ [in'fəːm] zayıf, kuvvetsiz, halsiz, hastalıklı; ~ of purpose amaçsız; kararsız; **in'fir.ma.ry** *n.* hastane; revir; **in-'fir.mi.ty** *n.* zayıflık, hastalık, sakatlık; *fig.* kusur, hata, zaaf.
in.fix [in'fiks] *v/t.* tutturmak, bağlamak (in *-e*); kelimenin ortasına yerleştirmek; *fig.* telkin etm., aşılamak.
in.flame [in'fleim] *v/t.* & *v/i.* tutuş(tur)mak, alevlen(dir)mek; *fig.* kızdırmak, öfkelen(dir)mek; ⚕ iltihaplan(dır)mak.
in.flam.ma.bil.i.ty [inflæmə'biliti] *n.* tutuşabilme; **in'flam.ma.ble** **1.** □ tutuşur, yanar, alev alır; parlar, çabuk kızar; **2.** *n.* ~s *pl.* yanabilen maddeler; **in.flam.ma-tion** [infləˈmeiʃən] *n.* iltihap(lanma), yangı, kızarıklık; alevlenme, tutuşma; **in.flam.ma.to.ry** [in'flæmətəri] *adj.* tahrik edici; iltihaplı...
in.flate [in'fleit] *v/t.* şişirmek; piyasaya çok sürmek *(para)*; suni olarak yükseltmek *(fiyat)*; *fig.* gururlandırmak; **in-'flat.ed** *adj.* şiş(iril)miş; abartmalı, süslü; **in'fla.tion** *n.* şişkinlik; şiş(iril)me; † enflasyon; *fig.* kendini beğenmişlik; **in-'fla.tion.ar.y** † [~ʃnəri] *adj.* enflasyon..., enflasyona neden olan; ~ spiral enflasyon sonucu ücretlerin artması.
in.flect [in'flekt] *v/t.* değiştirmek *(ses tonu)*; kıvırmak, eğmek; *gr.* çekmek; **in-'flec.tion** = inflexion.
in.flex.i.bil.i.ty [infleksə'biliti] *n.* eğilmezlik; *fig.* azim, kararlılık; **in'flex.i.ble** □ eğilmez, bükülmez; sarsılmaz; *fig.* azimli, kararlı; **in'flex.ion** [~ʃən] *n.* bükülme, eğilme, eğrilik; *gr.* çekim.
in.flict [in'flikt] *v/t.* getirmek, uğratmak, vermek *(ağrı, ceza)*, atmak *(yumruk)* (on, upon s.o. *b-ne*); *fig.* yüklemek, yamamak (on *-e*); **in'flic.tion** *n.* ceza; sıkıntı, eziyet.
in.flo.res.cence ⚘ [inflɔː'resns] *n.* çiçeklenme; çiçeklerin sapları üzerindeki duruşu.
in.flow [infləu] = influx.
in.flu.ence ['influəns] **1.** *n.* nüfuz, etki, tesir (with, on, upon *-e*); baskı, hüküm (on, upon *-e*); **2.** *v/t.* etkilemek, tesir etm, sö-

zünü geçirmek; **in.flu.en.tial** □ [~ˈenʃəl] sözü geçer, nüfuzlu.
in.flu.en.za ⚕ [influˈenzə] *n.* grip, enflüanza.
in.flux [ˈinflʌks] *n.* içeriye akma; *fig.* akın *(turist vs.).*
in.fold [inˈfəuld] = enfold.
in.form [inˈfɔːm] *v/t.* haber vermek *-e,* bilgi vermek *-e* (of, about hakkında); bildirmek *-i,* söylemek *-i;* haberdar etm. (s.o. of s.th. *b-ni bşden*); şekil vermek *-e,* şekillendirmek *-i;* canlandırmak *-i;* well **~ed** bilgili; herşeyden haberi olan; keep s.o. **~ed** *b-ni* haberdar etm., *b-ne* bilgi vermek; *v/i.* ihbar etm., şikâyet etm. (against s.o. *b-ni*); **inˈfor.mal** □ resmi olmayan, gayri resmi, teklifsiz, merasimsiz, formalitesiz; **in.for.mal.i.ty** [~ˈmæliti] *n.* teklifsizlik, resmiyetsizlik; **inˈform.ant** [~mənt] *n.* bilgi veren kimse, ihbarcı; = informer; **in.for.ma.tion** [infəˈmeiʃən] *n.* bilgi, haber, malûmat; danışma; ⚖ iddia; gather **~** bilgi toplamak (about *hakkında*); **in.form.a.tive** [inˈfɔːmətiv] *adj.* aydınlatıcı, bilgi verici, eğitici; **inˈform.er** *a.* common **~** muhbir, jurnalcı, ele veren kimse.
in.fra [ˈinfrə] *adv.* aşağıda, altta; see **~** aşağıya bakınız *(kitap).*
in.frac.tion [inˈfrækʃən] *n.* suç, kuralı bozma, kanuna karşı gelme.
in.fra...: ~ dig F [ˈinfəˈdig] *adj.* şanına yakışmaz; **ˈ~-ˈred** *adj. phys.* kızılötesi.
in.fre.quen.cy [inˈfriːkwənsi] *n.* seyreklik; **inˈfre.quent** □ seyrek, nadir, az bulunur.
in.fringe [inˈfrindʒ] *vb. a.* **~** upon tecavüz etm. *(hak)*; bozmak, ihlâl etm., çiğnemek *(kanun, kural, yemin)*; **inˈfringement** *n.* tecavüz *(hak)*; bozma, ihlâl, çiğneme *(kanun, kural, yemin).*
in.fu.ri.ate [inˈfjuərieit] *v/t.* çıldırtmak, çileden çıkartmak, küplere bindirtmek.
in.fuse [inˈfjuːz] *v/t.* aşılamak, telkin etm. (into *-e*); ⚗, *pharm.* suya batırmak; demlendirmek *(çay)*; **inˈfu.sion** [~ʒən] *n.* suya batır(ıl)ma; demlendirme; demlenmiş *veya* kaynamış sıvı *(çay, ilâç)*; karıştırma, katma; *fig.* telkin, aşılama; **infu.so.ri.a** *zo.* [~ˈzɔːriə] *n. pl.* haşlamlılar; **in.fuˈso.ri.al** *adj.* haşlamlı...
in.gath.er.ing [ˈingæðəriŋ] *n.* hasat *(veya* ürün) toplama.
in.gen.ious □ [inˈdʒiːnjəs] hünerli, marifetli, becerikli; usta; zeki; yaratıcı; ustaca yapılmış; **in.ge.nu.i.ty** [indʒiˈnjuːiti] *n.* hüner, marifet, maharet, yaratıcılık; **in.gen.u.ous** □ [inˈdʒenjuəs] açık, samimi, candan; masum, saf; doğal, tabii.
in.gle [ˈiŋgl] *n.* alev, ateş; şömine; köşe; **ˈ~.nook** *n.* baca kenarı, ocak başı.
in.glo.ri.ous □ [inˈglɔːriəs] utanç verici, yüz kızartıcı; alçakça, şerefsiz; tanınmamış, belirsiz.
in.go.ing [ˈingəuiŋ] **1.** *n.* içeri girme; başlama; **2.** *adj.* içeri giren; başlayan.
in.got [ˈingət] *n.* külçe; **ˈ~-steel** *n.* akma çelik.
in.grain [ˈinˈgrein] *adj.* kökleşmiş; ham iken boyanmış; *fig. a.* **~ed** kökleşmiş, yerleşmiş, tam.
in.gra.ti.ate [inˈgreiʃieit]: **~** o.s. *v/t.* çıkarı için yaltaklanmak, yağcılık yaparcasına sokulmak (with *-e*); **in.grat.i.tude** [inˈgrætitjuːd] *n.* nankörlük.
in.gre.di.ent [inˈgriːdjənt] *n.* cüz, parça, harç; *fig.* unsur.
in.gress [ˈingres] *n.* giriş, girme; girme yetkisi.
in.grow.ing [ˈingrəuiŋ] *adj.* içe doğru büyüyen.
in.gui.nal *anat.* [ˈiŋgwinl] *adj.* kasığa ait; kasık...
in.gur.gi.tate [inˈgəːdʒiteit] *v/t.* oburcasına yutmak.
in.hab.it [inˈhæbit] *v/t.* oturmak, ikamet etm., sakin olm. *-de;* **inˈhab.it.a.ble** *adj.* oturulabilir, oturmaya elverişli; **inˈhabit.an.cy** *n.* oturma, ikamet, sakin olma; **inˈhab.it.ant.** *n.* oturan, sakin, ikamet eden kimse.
in.ha.la.tion [inhəˈleiʃən] *n.* nefes alma, solukla içeri çekme, teneffüs, enhalâsyon; ⚕ solukla içeri çekilen ilâç; **in.hale** [inˈheil] *v/t.* ⚕ içine çekmek; *v/i.* nefes almak, teneffüs etm., solumak; **inˈhal.er** *n.* ⚕ enhalâsyon aleti.
in.har.mo.ni.ous □ [inhɑːˈməunjəs] uyumsuz, ahenksiz.
in.here [inˈhiə] *v/i.* içinde. olm., tabiatında olm. (in *-in*); **inˈher.ence, inˈher.en.cy** [~rəns(i)] *n.* içinde olma, tabiatında olma; **inˈher.ent** □ içinde olan, tabiatında olan (in *-in*).
in.her.it [inˈherit] *v/t.* miras almak, kalıt almak; vâris olm. *-e;* **inˈher.it.a.ble** □ miras kalması mümkün olan; irsî, kalıtsal; **inˈher.it.ance** *n.* miras, kalıt; veraset; *biol.* kalıtım, irsiyet, soyaçekim; **inˈher.i.tor** *n.* vâris, mirasçı; **inˈher.i.tress, inˈher.i.trix** [~triks] *n.* kadın vâris.
in.hib.it [inˈhibit] *v/t.* engel olm. *-e,* mâni olm. *-e;* bırakmamak, geri tutmak, alıkoymak (s.o. from s.th. *b-ni bşden*); **in.hibi.tion** [~ˈbiʃən] *n.* yasak; alıkoyma, engelleme durdurma; **inˈhib.i.to.ry** [~təri] *adj.* yasaklayıcı; engelleyici...

in.hos.pi.ta.ble □ [inˈhɔspitəbl] misafir sevmez; barınılmaz *(yer)*; **in.hos.pi.tal.i.ty** [ˈ~ˈtæliti] *n.* misafir sevmezlik, soğuk muamele.

in.hu.man □ [inˈhjuːmən] gaddar, kıyıcı, zalim, şefkatsiz, merhametsiz, insanlık dışı; **in.hu.man.i.ty** [~ˈmæniti] *n.* insaniyetsizlik; zalim davranış.

in.hu.ma.tion [inhjuːˈmeiʃən] *n.* ölüyü gömme, defin.

in.hume [inˈhjuːm] *v/t.* gömmek, defnetmek.

in.im.i.cal □ [iˈnimikəl] düşman, zarar verici; zıt, karşı, ters, aksi.

in.im.i.ta.ble □ [iˈnimitəbl] emsalsiz, eşsiz; taklit edilemez, aynı yapılamaz.

in.iq.ui.tous □ [iˈnikwitəs] günahkâr; kötü; haksız, kanunsuz, adaletsiz; **inˈiq.ui.ty** *n.* günah; kötülük; haksızlık, adaletsizlik.

in.i.tial [iˈniʃəl] **1.** □ ilk baştaki, birinci; evvelki; **2.** *n.* ilk harf; büyük harf; **3.** *v/t.* adının baş harfleriyle imzalamak, parafe etm.; **in.i.ti.ate** **1.** [iˈniʃiit] *n.* yeni üye (in *-de*); **2.** [~ʃieit] *v/t.* başlatmak *-i*; başlamak *-e*; *pol.* sunmak, teklif etm.; kabul etm. (into *-e*); göstermek, bilgi vermek, alıştırmak; **in.i.tiˈa.tion** *n.* başla(t)ma; üyeliğe kabul (töreni); *part. Am.* ~ fee kayıt ücreti; **inˈi.ti.a.tive** [~ətiv] **1.** *adj.* başlatan, ilk, ön; **2.** *n.* öncecilik, inisiyatif; ilk adım, ilk hareket; girişim, kişisel teşebbüs; on one's own ~ kendi kararıyla, kimseden emir almadan; take the ~ ilk adımı atmak; **inˈi.ti.a.tor** [~eitə] *n.* önayak olan kimse; **inˈi.ti.a.to.ry** [~ətəri] *adj.* tanıtıcı, başlatan, başlangıç türünden.

in.ject [inˈdʒekt] *v/t.* şırınga etm., enjeksiyon yapmak, iğne yapmak (into *-e*); iğne ile içine sokmak, zerk etmek (with *-e*); **inˈjec.tion** *n.* içeri atma; içeri atılan şey; ⚕ enjeksiyon, iğne yapma, zerk.

in.ju.di.cious □ [indʒuːˈdiʃəs] akılsız, tedbirsiz, düşüncesiz, basiretsiz.

in.junc.tion [inˈdʒʌŋkʃən] *n.* uyarı, ihtar, nasihat, öğüt; yasaklama; mahkeme emri.

in.jure [ˈindʒə] *v/t.* incitmek *-i*, zarar vermek *-e*, dokunmak *-e*; bozmak *-i*, ihlâl etm. *-i*; rencide etm. *-i*, haksızlık etm. *-e*; **in.ju.ri.ous** □ [inˈdʒuəriəs] zararlı, zarar verici, dokunur; yerici, aşağılayıcı, onur kırıcı *(söz)*; rencide edici, haksız; **in.ju.ry** [ˈindʒəri] *n.* zarar ziyan, hasar; haksızlık, adaletsizlik; yara, bere.

in.jus.tice [inˈdʒʌstis] *n.* haksızlık, adaletsizlik; haksız davranış.

ink [iŋk] **1.** *n.* mürekkep; mürekkep balığının çıkardığı sıvı; *mst* printer's ~ matba mürekkebi; *attr.* mürekkep...; **2.** *v/t.* mürekkep bulaştırmak, üzerinden mürekkeple geçmek; ~ in *veya* over *-i* mürekkeplemek.

ink.ling [ˈiŋkliŋ] *n.* ima, işaret, iz, ipucu; seziş, kuşku.

ink...: ˈ~-**pad** *n.* ıstampa; ˈ~-**pen.cil** *n.* mürekkepli kalem; ˈ~.**pot** *n.* mürekkep hokkası; ˈ~.**stand** *n.* yazı takımı; ˈ**ink.y** *adj.* mürekkepli, mürekkep gibi, simsiyah, zifiri *(karanlık)*.

in.laid [ˈinleid] *adj.* kakma, işlemeli...; ~ floor parke döşeme.

in.land **1.** [ˈinlənd] *adj.* iç, dahili, ülkenin iç kısmında olan; ♀ Revenue vergilerden elde edilen devlet geliri; **2.** [~] *n.* ülke içi, dahil; **3.** [inˈlænd] *adv.* içeriye doğru, içerilerde, denizden uzakta; **in.land-er** [ˈinləndə] *n.* ülkenin iç kısmında oturan kimse.

in.lay **1.** [ˈinˈlei] (*irr.* lay) *v/t.* kakma ile süslemek, kakma işlemek, içini kakmak; **2.** [ˈinlei] *n.* kakmacılık; kakmacılık malzemesi; kakma deseni; dolgu *(diş)*.

in.let [ˈinlet] *n.* giriş yolu; koy; ⊕ giriş, giriş deliği.

in.mate [ˈinmeit] *n.* oturan, sakin; başkası ile aynı yerde oturan kimse *(esp. hastane, hapishane)*.

in.most [ˈinməust] *adj.* en içerideki, dahili; çok özel *veya* gizli.

inn [in] *n.* otel, han; ♀s *pl.* of Court Londra Barosu.

in.nards F [ˈinədz] *n. pl.* iç organlar; mide ve bağırsaklar; iç kısımlar *(makine)*.

in.nate □ [ˈiˈneit] fıtrî, doğuştan olan, Tanrı vergisi; tabii, yaradılıştan olan.

in.ner [ˈinə] *adj.* iç, içerideki, dahilî; manevî, ruhanî; ~ tube iç lastik; the ~ man insan ruhu *veya* aklı; *co.* mide, iştah; **in.ner.most** [ˈ~məust] *adj.* en içerideki, en içteki.

in.ner.vate [ˈinəːveit] *v/t.* kuvvetlendirmek *(sinir)*; canlandırmak; cesaret vermek.

in.nings [ˈiniŋz] *n. sg. spor:* bir oyuncu *veya* takımın atış yaptığı zaman; iktidar devresi; have one's ~ atış yapmak; *fig.* uzun ve mutlu yaşamak; uzun süre iktidarda kalmak.

inn.keep.er [ˈinkiːpə] *n.* otelci, hancı.

in.no.cence [ˈinəsns] *n.* suçsuzluk, masumiyet; saflık; **in.no.cent** [ˈ~snt] **1.** □ suçsuz, masum, günahsız (of *-den*); zararsız; saf, aklı ermez; ~ of F -sız, -siz,

-sızın; 2. *n.* masum kimse *veya* çocuk; saf kimse, aptal kimse.
in.noc.u.ous □ [iˈnɔkjuəs] zararsız *(esp. hareket, söz vs.).*
in.nom.i.nate [iˈnɔminit] *adj.* adsız, isimsiz.
in.no.vate [ˈinəuveit] *v/t.* yenilik yapmak, değişiklik yapmak; **in.noˈva.tion** *n.* yenilik, icat, buluş; **ˈin.no.va.tor** [~tə] *n.* yenilikçi.
in.nox.ious □ [iˈnɔkʃəs] zararsız.
in.nu.en.do [injuːˈendəu] *n.* ima, kinaye; imleme, dolayısıyla söyleme.
in.nu.mer.a.ble □ [iˈnjuːmərəbl] sayısız, pek çok, bir sürü.
in.nu.tri.tious [injuːˈtriʃəs] *adj.* gıdasız, yeterli beslenmeyen.
in.ob.serv.ance [inəbˈzəːvəns] *n.* (of) dikkatsizlik; yerine getirememe.
in.oc.cu.pa.tion [ˈinɔkjuˈpeiʃən] *n.* işsizlik.
in.oc.u.late [iˈnɔkjuleit] *v/t.* ⚕ & *fig.* aşılamak (with *ile,* for *-e karşı*); ✓ aşı yapmak *(ağaç)*; **in.oc.uˈla.tion** *n.* aşı(lama).
in.o.dor.ous [inˈəudərəs] *adj.* kokusuz.
in.of.fen.sive □ [inəˈfensiv] zararsız, incitmez, dokunmaz; **in.ofˈfen.sive.ness** *n.* zararsızlık.
in.of.fi.cial [inəˈfiʃəl] *adj.* resmi olmayan, gayri resmi.
in.op.er.a.ble [inˈɔpərəbl] *adj.* ⚕ ameliyat edilemez *(ur)*; işlemez, çalışmaz.
in.op.er.a.tive [inˈɔpərətiv] *adj.* tesirsiz, etkisiz; işlemeyen; boş, hükümsüz, geçersiz.
in.op.por.tune □ [inˈɔpətjuːn] vakitsiz, zamansız, uygunsuz, sırasız, münasebetsiz, mevsimsiz.
in.or.di.nate □ [iˈnɔːdinit] aşırı, haddinden fazla; düzensiz, intizamsız.
in.or.gan.ic [inɔːˈgænik] *adj.* cansız, inorganik.
in-pa.tient [ˈinpeiʃənt] *n.* hastanede yatan hasta.
in.put [ˈinput] *n.* ⊕ *part.* ⚡ giriş, besleme; emiş gücü; elektronik beyne verilen bilgi; ☨ girdi.
in.quest ⚖ [ˈinkwest] *n.* resmi soruşturma (on *hakkında*); coroner's ~ nedeni bilinmeyen ölümlerle ilgili resmi soruşturma.
in.qui.e.tude [inˈkwaiitjuːd] *n.* endişe, kaygı, tasa.
in.quire [inˈkwaiə] *v/t.* & *v/i.* ara(ştır)mak, tahkikat yapmak, sor(uştur)mak (about, after, for *-i*; of *-e*); ~ into araştırmak, soruşturmak *-i*; **inˈquir.er** *n.* soruşturan kimse, araştıran kimse; **inˈquir.ing** □ soruşturan, araştıran, meraklı;
inˈquir.y *n.* sorgu, soruşturma, araştırma; make inquiries soruşturma yapmak (of *-i hakkında*; on, about *hakkında)*; **inˈquir.y-ˈof.fice** *n.* soruşturma bürosu.
in.qui.si.tion [inkwiˈziʃən] *n.* soruşturma, araştırıma, tahkikat; sorgu, sorguya çekme *(a.* ⚖*)*; ♀ *hist.* Engizisyon mahkemesi; **inˈquis.i.tive** □ [~tiv] çok sual soran; meraklı; **inˈquis.i.tive.ness** *n.* meraklılık; **inˈquis.i.tor** *n.* soruşturmacı, tahkikat yapan kimse; *hist.* Engizisyon mahkemesi üyesi; **in.quis.i.to.ri.al** □ [~ˈtɔːriəl] soruşturma..., araştırma...; Engizisyona ait, Engizisyon...
in.road [ˈinrəud] *n.* akın, baskın, saldırı (in, on *-e*).
in.rush [ˈinrʌʃ] *n.* içeriye hücum, akın. baskın.
in.sa.lu.bri.ous [insəˈluːbriəs] *adj.* sağlığa zararlı, sıhhate dokunur.
in.sane □ [inˈsein] deli, çıldırmış; delice, manasız, anlamsız; ~ asylum tımarhane, akıl hastanesi; **in.san.i.tar.y** □ [inˈsænitəri] sağlığa zararlı, pis; **inˈsan.i.ty** *n.* akıl hastalığı, delilik, cinnet.
in.sa.ti.a.bil.i.ty [inseiʃjəˈbiliti] *n.* doymazlık, açgözlülük; **inˈsa.ti.a.ble** □, **inˈsa.ti.ate** [~ʃiit] çok obur, doymak bilmez, hiç kanmaz (of *-e*).
in.scribe [inˈskraib] *v/t.* kaydetmek, yazmak (with *-i*); hakketmek; ☨ tescil etm.; ⩓ içine çizmek; *fig.* iz bırakmak (in, on *-de*); ithaf etm. (to *-e*); ~d stock *pl.* müseccel hisse senedi.
in.scrip.tion [inˈskripʃən] *n.* kayıt; yazıt, kitabe, yazı; ithaf; ☨ tescil.
in.scru.ta.bil.i.ty [inskruːtəˈbiliti] *n.* anlaşılmazlık; esrarengizlik; **inˈscru.ta.ble** □ anlaşılmaz, esrarengiz *(insan veya davranışlar).*
in.sect [ˈinsekt] *n.* böcek, haşere; **inˈsec.ti.cide** [~tisaid] *n.* haşarat ilâcı; **in.sec.tiv.o.rous** [~ˈtivərəs] *adj.* böcek yiyen, böcekçil.
in.se.cure □ [insiˈkjuə] emniyetsiz, sağlam olmayan, garantisiz, güvenilmez; endişeli; korumasız; **in.seˈcu.ri.ty** [~riti] *n.* emniyetsizlik, güvenilmezlik.
in.sem.i.nate *biol.* [inˈsemineit] *v/t.* tohum ekmek, tohumlamak; döllemek; *fig.* aşılamak *(fikir)*; **in.sem.iˈna.tion** *n.* dölleme.
in.sen.sate [inˈsenseit] *adj.* hissiz, duygusuz; insafsız, merhametsiz; cansız; **in.sen.si.bil.i.ty** [~səˈbiliti] *n.* duygusuzluk, hissizlik; aldırmazlık, ilgisizlik (of, to *-e karşı*); **inˈsen.si.ble** □ hissiz, duygusuz (of, to *-e karşı*); baygın, şuursuz, kendinden geçmiş; farkına varılamaz, hissedi-

lemez; aldırış etmeyen, ilgisiz, lâkayt, kayıtsız; farkında olmayan; yavaş, az; anlamsız; ~ of *veya* to s.th. *bşin* farkında olmayan; **inˈsen.si.tive** [~sitiv] *adj.* duygusuz, hissiz (to *-e karşı*).

in.sen.ti.ent [inˈsenʃənt] *adj.* cansız; duygusuz, hissiz; farkında olmayan.

in.sep.a.ra.bil.i.ty [insepərəˈbiliti] *n.* ayrılmazlık; **inˈsep.a.ra.ble** ☐ ayrılmaz.

in.sert 1. [inˈsəːt] *v/t.* sokmak, sıkıştırmak, arasına koymak; vermek *(ilân)*; **2.** [ˈinsəːt] *n.* ortaya eklenen şey; kitap ortasına eklene sayfalar; **inˈser.tion** *n.* ekleme; eklenen şey; ilân.

in.set [ˈinset] *n.* ilâve, ek; kitabın ortasına konan ilâve sayfalar.

in.shore ⚓ [ˈinˈʃɔː] *adj.* kıyıya yakın, kıyı..., sahil...

in.side [ˈinˈsaid] **1.** *n.* iç, iç taraf, dahil, iç yüz; F mide, karın; turn ~ out ters yüz etm., içini dışına çevirmek; altüst etm.; **2.** *adj.* iç..., içteki, dahilî; ~ information içeriden sızan haberler; ~ left *futbol:* solaçık; ~ right sağaçık; **3.** *adv.* içerde, içeriye; ~ of F icinde, süresinde, zarfında; **4.** *prp.* *-in* içerisinde, içerisine; **ˈinˈsid.er** *n.* bilgi elde edebilecek durumda olan kimse, içerideki kimse.

in.sid.i.ous ☐ [inˈsidiəs] sinsi, gizlice zarar veren, görünmez; hain, hilekâr.

in.sight [ˈinsait] *n.* bilgi, iyice anlama, öğrenme; ~ into idrak, anlayış, kavrama *-i*.

in.sig.ni.a [inˈsigniə] *n. pl.* nişanlar; rütbe işaretleri.

in.sig.nif.i.cance, *a.* **in.sig.nif.i.can.cy** [insigˈnifikəns(i)] *n.* önemsizlik; anlamsızlık, manasızlık; **in.sigˈnif.i.cant** *adj.* önemsiz, ehemmiyetsiz; anlamsız, manasız; değersiz, değmez; cüzî, pek az.

in.sin.cere ☐ [insinˈsiə] ikiyüzlü, riyakâr, samimiyetsiz, vefasız, sadakatsiz; **in.sin.cer.i.ty** [~ˈseriti] *n.* samimiyetsizlik, vefasızlık, ikiyüzlülük.

in.sin.u.ate [inˈsinjueit] *v/t.* ima etm., üstü kapalı söylemek, çıtlatmak; yavaş yavaş girmek; ~ o.s. into sokulmak, yavaş yavaş girmek *-e*; **inˈsin.u.at.ing** ☐ üstü kapalı, imalı; **in.sin.uˈa.tion** *n.* ima, üstü kapalı itham, çıtlatma; göze girmeye yöneltilmiş söz *veya* hareket.

in.sip.id ☐ [inˈsipid] yavan, lezzetsiz, tatsız; sönük, cansız; **in.siˈpid.i.ty** *n.* yavanlık, tatsızlık; sönüklük, cansızlık.

in.sist [inˈsist]: ~ on, ~ upon *v/i.* üzerinde ısrar etm., diretmek, direnmek; ~ that ...konusunda ısrar etm.; **inˈsist.ence** *n.* ısrar (on, upon *üzerinde*); at his ~ ısrarı üzerine; **inˈsist.ent** ☐ ısrarlı, inatçı, direngen (on, upon *-de*); zorlayıcı, âcil.

in.so.bri.e.ty [insəuˈbraiəti] *n.* sarhoşluk, içkiye düşkünlük, ayyaşlık.

in.so.la.tion [insəuˈleiʃən] *n.* güneşe bırakma, güneşlendirme; güneş çarpması.

in.sole [ˈinsəul] *n.* ayakkabının iç tabanı; taban astarı, keçe.

in.so.lence [ˈinsələns] *n.* küstahlık, terbiyesizlik, arsızlık; **ˈin.so.lent** ☐ küstah, terbiyesiz, arsız.

in.sol.u.bil.i.ty [insəljuˈbiliti] *n.* erimezlik *(sıvı)*; çözülemezlik *(problem)*; **inˈsol.u.ble** ☐ [~jubl] erimez *(sıvı)*; çözülemez, halledilemez, açıklanamaz *(problem, sorun)*.

in.sol.ven.cy [inˈsɔlvənsi] *n.* iflâs; **inˈsol.vent 1.** *adj.* iflâs etmiş, borcunu ödeyemez; **2.** *n.* müflis.

in.som.ni.a [inˈsɔmniə] *n.* uykusuzluk, uyumama.

in.so.much [insəuˈmʌtʃ] *adv.:* ~ that o kadar ki.

in.spect [inˈspekt] *v/t.* teftiş etm., denetlemek; muayene etm., yoklamak, bakmak; **inˈspec.tion** *n.* teftiş, denetleme, yoklama, muayene; for ~ † örnek olarak, denenmek üzere; **inˈspec.tor** *n.* müfettiş, tetkik memuru, enspektör; kontrol memuru; **inˈspec.tor.ate** [~tərit] *n.* müfettişlik.

in.spi.ra.tion [inspəˈreiʃən] *n.* ilham, esin; ilham kaynağı; parlak fikir; vahiy; nefes alma; **in.spire** [inˈspaiə] *v/t.* ilham etm., esinlemek; içine çekmek *(nefes)*; sevketmek; etkilemek; sebep olm., vesile olm.; yaymak *(dedikodu)*; *fig.* telkin etm., aklına sokmak (s.th. in s.o., s.o. with s.th. *bşi b-ne, b-nin*); *v/i.* nefes almak; **in.spir.it** [inˈspirit] *v/t.* canlandırmak, şevklendirmek, neşelendirmek.

in.spis.ate [inˈspiseit] *v/t.* kalınlaştırmak, koyulaştırmak, yoğunlaştırmak.

in.sta.bil.i.ty [instəˈbiliti] *n.* dayanıksızlık; *part. fig.* kararsızlık, sebatsızlık.

in.stall [inˈstɔːl] *v/t.* yerleştirmek (in *-e*); makamına getirmek; ⊕ kurmak, tesis etm., takmak; **in.stal.la.tion** [instəˈleiʃən] *n.* yerleştirme; ⊕ tesisat, tertibat, donanım; ⚡ kurma, montaj; askeri üs.

in.stal(l).ment [inˈstɔːlmənt] *n.* taksit; kısım, bölüm; by ~s taksitle, taksit taksit; payment by ~s taksitle ödeme; ~ **plan** taksit usulü.

in.stance [ˈinstəns] **1.** *n.* misal, örnek; rica, istek; defa, kere, sefer; ⚖ dava; aşama, basamak, durum; for ~ örneğin, meselâ; in the first ~ ilk olarak, öncelikle; at the ~ of *-in* isteği üzerine; **2.** *v/t.* örnek olarak göstermek; örnek ile belirtmek.

in.stant [ˈinstənt] **1.** □ hemen olan, derhal olan; âcil; şimdiki, şu anki; cari, içinde bulunulan ayda olan; çabuk ve kolay hazırlanabilen *(yiyecek, içecek)*; ~ coffee sıcak su *veya* süt katılarak yapılan toz kahve; on the 10th ~ bu ayın onunda; **2.** *n.* an, dakika; the ~ you call sen telefon eder etmez; **in.stan.ta.ne.ous** □ [~ˈteinjəs] ani, bir anlık, bir anda olan...; **in.stant.ly** *adv.* hemen, derhal.

in.state [inˈsteit] *v/t.* yerleştirmek, koymak (in *-e*); yatırmak, vermek *(para)*; bağışlamak, hediye etm.

in.stead [inˈsted] *adv.* yerine, karşılık olarak, yerinde ~ of *-in* yerine; ~ of going gitmek yerine.

in.step [ˈinstep] *n.* ayağın üst kısmı; ayakkabı *veya* çorabın üst kısmı; be high in the ~ F burnu havada olm.

in.sti.gate [ˈinstigeit] *v/t.* kışkırtmak, tahrik etm., teşvik etm., ayartmak; **in.stiˈga.tion** *n.* kışkırtma, tahrik, teşvik, ayartma; at the ~ of *-in* teşvikiyle; **ˈin.sti.ga.tor** *n.* kışkırtıcı.

in.stil(l) [inˈstil] *v/t.* damla damla akıtmak *(ilâç)*; *fig.* aşılamak *(fikir)* (into *-e*); **in.stilˈla.tion, inˈstil(l).ment** *n.* damla damla akıtma; fikir aşılama.

in.stinct **1.** [ˈinstiŋkt] *n.* içgüdü, insiyak; sezgi, içe doğma; **2.** [inˈstiŋkt] *adj.* dolu; ~ with life hayat dolu; **inˈstinc.tive** □ içgüdülü, içgüdüsel.

in.sti.tute [ˈinstitjuːt] **1.** *n.* enstitü, okul; kuruluş, müessese; kurum, cemiyet; **2.** *v/t.* kurmak, tesis etm.; atamak, tayin etm. (to into *-e*); **in.stiˈtu.tion** *n.* kuruluş, müessese, kurum, tesis; yerleşmiş gelenek *veya* kanun; kurma, yerleştirme; atama, tayin etme; **in.stiˈtu.tion.al** [~ʃənl] *adj.* kuruluş..., kurum...; geleneksel...; care ~ huzurevi, yetimhane, ıslahane *vs.* bakımı; **in.stiˈtu.tion.al.ize** [~ʃnəlaiz] *v/t.* müesseseleştirmek, kurum haline getirmek; gelenekselleştirmek, âdet haline getirmek; F düşkünler evine yatırmak.

in.struct [inˈstrʌkt] *v/t.* eğitmek, öğretmek, okutmak, ders vermek; talimat vermek *-e*, emir vermek *-e*, direktif vermek *-e*; bilgi vermek *-e*; **inˈstruc.tion** *n.* eğitim, talim, öğrenim, öğretim; bilgi verme; ~s *pl.* emir, talimat, direktif; **inˈstruc.tion.al** [~ʃənl] *adj.* eğitici..., öğretici...; ~ film eğitici film; **inˈstruc.tive** □ öğretici, eğitici; **inˈstruc.tor** *n.* eğitmen, okutman, öğretmen; *Am. univ.* doçent; **inˈstruc.tress** *n.* kadın okutman, öğretmen.

in.stru.ment [ˈinstrumənt] *n.* alet; ♪ enstruman, saz, çalgı; *fig.* maşa, alet; ⚖ belge; ~ board *mot.*, ✈ dağıtım *(veya* kontrol) tablosu; fly on ~s ✈ aletler yardımıyla uçmak, kör uçuş yapmak; **in.struˈmen.tal** □ [instruˈmentl] yardımcı, aracı olan; ♪ enstrumental; faydalı, yararlı, tesirli, etkili; be ~ to *-e* yardımcı olm.; be ~ in *-de* aracı olm.; **in.struˈmen.tal.ist** ♪ [~təlist] *n.* çalgıcı; **in.stru.men.tal.i.ty** [~ˈtæliti] *n.* vasıta, araç.

in.sub.or.di.nate [insəˈbɔːdnit] *adj.* itaatsiz, asi, baş kaldıran, kafa tutan, isyankâr; **in.sub.or.di.na.tion** [ˈ~diˈneiʃən] *n.* itaatsizlik, baş kaldırma, asilik.

in.sub.stan.tial [insəbˈstænʃəl] *adj.* gerçek olmayan, hayalî; zayıf, temelsiz, esassız, asılsız.

in.suf.fer.a.ble □ [inˈsʌfərəbl] tahammül olunamaz, çekilmez, katlanılmaz; çok gururlu, fazla kibirli.

in.suf.fi.cien.cy [insəˈfiʃənsi] *n.* yetersizlik, yetmezlik, eksiklik, kifayetsizlik; **in.sufˈfi.cient** □ eksik, yetersiz, kifayetsiz.

in.su.lar □ [ˈinsjulə] adaya özgü, ada..., adada yaşayan; *fig.* dar görüşlü; **in.su.lar.i.ty** [~ˈlæriti] *n.* adalı olma; *fig.* dar görüşlülük; **in.su.late** [ˈ~leit] *v/t.* ayırmak, izole etm., yalıtmak, tecrit etm. *(a.* ⚡); **ˈin.su.lat.ing** *adj.* izole eden, izole...; ~ tape izole bant; **in.suˈla.tion** *n.* tecrit, izolasyon, yalıtım *(a. phys.)*; **ˈin.su.la.tor** *n.* ⚡ izolatör, fincan.

in.su.lin ⚕ [ˈinsjulin] *n.* insülin.

in.sult **1.** [ˈinsʌlt] *n.* hakaret, onur kırma, aşağılama, hor görme; **2.** [inˈsʌlt] *v/t.* hakaret etm., hor görmek, aşağılamak, şerefini kırmak.

in.su.per.a.bil.i.ty [insjuːpərəˈbiliti] *n.* başa çıkılmazlık, yenilemezlik; geçilemezlik, aşılmazlık; **inˈsu.per.a.ble** □ başa çıkılmaz, yenilemez; geçilemez, aşılamaz.

in.sup.port.a.ble □ [insəˈpɔːtəbl] çekilmez, dayanılmaz, tahammül edilemez; haksız, yersiz.

in.sup.press.i.ble [insəˈpresəbl] *adj.* bastırılamaz, söndürülemez, önlenemez.

in.sur.ance [inˈʃuərəns] *n.* sigorta, sigorta etme; sigorta parası, sigorta taksidi; sigorta poliçesi; *attr.* sigorta...; ~ **pol.i.cy** sigorta poliçesi; **inˈsur.ant** *n.* sigorta primi ödeyen kimse; **inˈsure** *v/t.* sigorta etm.; temin etm., sağlamak; *v/i.* sigorta olm.; **inˈsured** *n.* sigortalı kimse; **inˈsur.er** *n.* sigorta şirketi; sigortacı.

in.sur.gent [inˈsəːdʒənt] **1.** *adj.* asi, baş

kaldıran, kafa tutan; **2.** *n.* ihtilâlci, asi kimse.

in.sur.mount.a.ble □ [insəːˈmauntəbl] yenilemez, başa çıkılmaz, üstesinden gelinemez, seçilemez.

in.sur.rec.tion [insəˈrekʃən] *n.* isyan, ayaklanma, ihtilâl; **in.surˈrec.tion.al** [~ʃənl] *adj.* isyan kabilinden; **in.surˈrec.tion.ist** [~ʃnist] *n.* asi kimse, isyan taraftarı, ihtilâlci.

in.sus.cep.ti.ble [insəˈseptəbl] *adj.* duygusuz, hissiz, vurdumduymaz (of, to *-e karşı*).

in.tact [inˈtækt] *adj.* bozulmamış, dokunulmamış, el sürülmemiş, tam, eksiksiz.

in.take [ˈinteik] *n.* giriş, ağız; içeri giren miktar, alınan miktar; tarıma uygun hale getirilen arazi.

in.tan.gi.bil.i.ty [intændʒəˈbiliti] *n.* tutulamazlık, dokunulamazlık; kavranamazlık; **inˈtan.gi.ble** □ tutulamaz, dokunulamaz; *fig.* kavranamaz, idrak edilemez; manevî *(değer)*.

in.te.ger [ˈintidʒə] *n.* ⩚ tam sayı; bütünlük, tam mevcudiyet; **in.te.gral** [ˈ~grəl] **1.** □ gerekli, lüzumlu; tam, bütün, yekpare; ⩚ tam sayılardan oluşan, tam sayı...; **2.** *n.* ⩚ integral; **in.te.grant** [ˈ~grənt] *adj.* bir bütünü oluşturan, bütünleyici; **in.te.grate** [ˈ~greit] *v/t.* tamamlamak, bütünlemek; katmak, ilâve etm., eklemek (into, in *-e*); kaldırmak *(ırk ayırımını)*; **in.teˈgra.tion** *n.* *mst pol.* ırk ayırımını kaldırma; bütünleme, tamamlama; **in.teg.ri.ty** [inˈtegriti] *n.* bütünlük; dürüstlük, doğruluk.

in.teg.u.ment [inˈtegjumənt] *n.* deri, zar, kabuk, gömlek *(a.* ⚘, *anat.)*.

in.tel.lect [ˈintilekt] *n.* akıl, zihin, idrak; anlık; **in.telˈlec.tu.al** [~tjuəl] **1.** □ akla ait, aklî, zihnî; bilgili, akıllı, zekâ sahibi, okumuş, âlim, münevver; **2.** *n.* entelektüel (*veya* münevver) kimse; **in.tel.lec.tu.al.i.ty** [ˈ~tjuˈæliti] *n.* münevverlik, zihnî kabiliyet.

in.tel.li.gence [inˈtelidʒəns] *n.* akıl, zekâ, anlayış; haber, bilgi, malûmat; ~ department istihbarat bölümü; **inˈtel.li.genc.er** *n.* casus, gizli ajan; muhbir, muhabir.

in.tel.li.gent □ [inˈtelidʒənt] akıllı, zeki, anlayışlı; becerikli, maharetli, kabiliyetli, usta; **in.tel.li.gent.si.a** [~ˈdʒentsiə] *n.* aydınlar sınıfı, münevver sınıf; **in.tel.li.gi.bil.i.ty** [~dʒəˈbiliti] *n.* anlaşılabilme, açıklık; **inˈtel.li.gi.ble** □ anlaşılır, açık (to *için*).

in.tem.per.ance [inˈtempərəns] *n.* aşırılık, taşkınlık; düşkünlük, ayyaşlık; **inˈtem.per.ate** □ [~rit] taşkın, aşırı; şiddetli, sert, bozuk, fırtınalı *(hava)*; ayyaş.

in.tend [inˈtend] *v/t.* niyet etm., niyetlenmek, tasarlamak, zihninde kurmak; kastetmek, demek istemek (by *ile*); ~ for *-e, için* niyet etm.; **inˈtend.ant** *n.* idare memuru; **inˈtend.ed** **1.** *adj.* tasarlanmış, amaçlı; müstakbel; ~ husband müstakbel koca; **2.** *n.* F nişanlı kimse.

in.tense □ [inˈtens] şiddetli, kuvvetli, hararetli, ateşli, gergin; **inˈtense.ness** *n.* şiddet, kuvvet, hararet, gerginlik.

in.ten.si.fi.ca.tion [intensifiˈkeiʃən] *n.* kuvvetlendirme, koyulaştırma *(a. phot.)*; **inˈten.si.fy** [~fai] *v/t. & v/i.* şiddetlen(dir)mek; *-in* şiddetini arttırmak, koyulaştırmak.

in.ten.sion [inˈtenʃən] *n.* keskinlik, şiddet; koyuluk, yoğunluk; **inˈten.si.ty** = intenseness; **inˈten.sive** □ = intense; şiddetli, kuvvetli.

in.tent [inˈtent] **1.** □ gayretli, şevkli, istekli, arzulu (on *-e*); meşgul, niyetli, dalmış, kendini vermiş (on *ile, -e*); **2.** *n.* niyet, maksat, amaç, gaye, kasıt, meram; to all ~s and purposes esas itibariyle, her bakımdan, tamamiyle; with ~ to kill öldürmek amacıyla; **inˈten.tion** *n.* niyet, maksat, amaç; meram, kasıt; evlenme niyeti; önem, ehemmiyet; yaranın kapanması; **inˈten.tion.al** □ [~ʃənl] kasıtlı, maksatlı, mahsus; **inˈten.tioned** *comb.* ...niyetli; well-~ iyi niyetli; **inˈtent.ness** *n.* büyük dikkat, gayret, şevk, istek, arzu.

in.ter [inˈtəː] *v/t.* gömmek, defnetmek, toprağa vermek.

in.ter... [ˈintə] *prefix* arasında, ortasında; karşılıklı, birbiriyle.

in.ter.act **1.** [ˈintərækt] *n. thea.* perde arası, antrakt; **2.** [~ˈækt] *v/i.* birbirini etkilemek; **in.terˈac.tion** *n.* birbirini etkileme.

in.ter.breed [ˈintəbriːd] (*irr.* breed) *v/i.* melez elde etm.; *v/t.* melezleştirmek.

in.ter.ca.lar.y [inˈtəːkələri] *adj.* takvime eklenen *(ay, gün)*; ilâve edilmiş ay *veya* günü olan *(yıl)*; **inˈter.ca.late** [~leit] *v/t.* araya eklemek *(gün)*; ortasına ilâve etm.; **in.ter.caˈla.tion** *n.* araya ekleme; ortaya ilâve etme.

in.ter.cede [intəˈsiːd] *v/i.* aracılık etm., arasına girmek (with *ile*); **in.terˈced.er** *n.* aracı.

in.ter.cept [intəˈsept] *v/t.* durdurmak, engellemek; *-in* yolunu kesmek, yolda iken yakalamak; **in.terˈcep.tion** *n.* durdurma, yolunu kesme, engelleme; **in.terˈcep.tor** *n.* yol kesen kimse *veya* şey; ⚔ süratli avcı uçağı.

in.ter.ces.sion [intəˈseʃən] *n.* iltimas, şefaat; başkaları için yalvarma, rica; **in-ter.ces.sor** [~ˈsesə] *n.* iltimasçı kimse, başkaları için yalvaran kimse; **in.terˈces-so.ry** *adj.* başkaları için yardım isteyen.

in.ter.change 1. [intəˈtʃeindʒ] *v/t. & v/i.* değiş(tir)mek, mübadele etm., değiş tokuş etm.; **2.** [ˈ~ˌtʃeindʒ] *n.* mübadele, değiştirme, değiş tokuş etme; **in.ter-ˈchange.a.ble** *adj.* birbiriyle değiştirilebilir.

in.ter.com.mu.ni.cate [intəkəˈmjuːnikeit] telefon sistemi.

in.ter.com.mu.ni.cate [intəkəˈmjuːnikeit] *v/i.* birbiriyle haberleşmek; **ˈin.ter.com-mu.niˈca.tion** *n.* birbiriyle haberleşme; ~ system = intercom; **in.ter.comˈmun.ion** [~njən] *n.* karşılıklı münasebet.

in.ter.con.nect [ˈintəˈkəˈnekt] *v/t.* birbiriyle birleştirmek.

in.ter.con.ti.nen.tal [ˈintəkɔntiˈnentl] *adj.* kıtalararası.

in.ter.course [ˈintəkɔːs] *n.* münasebet, ilişki; ticaret, iş, alışveriş; cinsi münasebet.

in.ter.de.pend.ence [intədiˈpendəns] *n.* karşılıklı dayanışma; **in.ter.deˈpend.ent** *adj.* birbirine bağlı olan, birbirine muhtaç.

in.ter.dict 1. [intəˈdikt] *v/t.* yasak etm., yasaklamak, menetmek (s.th. to s.o. *bşi b-ne*; s.o. from doing *b-ni bş yapmaktan)*; kilise ayinlerinden menetmek; **2.** [ˈintədikt], **in.terˈdic.tion** *n.* yasak(lama).

in.ter.est [ˈintrist] **1.** *n.* ilgi, merak; alâka, hobi, özel zevk; hisse, pay; ✝ faiz; ~s *pl.* kâr, kazanç; menfaat, çıkar; ~s *pl.* iktisadi hayatta hâkim grup; in the ~ of *-in* menfaatine, çıkarı için; be of ~ to *-in* çıkarına olm.; take an ~ in *-e* ilgi duymak, merak duymak; return a blow with ~ daha kuvvetli bir yumrukla karşılık vermek; banking ~s *pl.* banka faizleri; **2.** *v/t. com.* ilgilendirmek, alâkadar etm.; merakını uyandırmak (for s.o. *b-nin*); be ~ed in *ile* ilgilenmek, ilgili olm.; *-e* merak duymak, meraklı olm.; ~ o.s. in *ile* ilgilenmek; **ˈin.ter.est.ed** □ ilgili, alâkalı (in *ile*); meraklı *-e*; **ˈin.ter.est.ing** □ ilgi çekici, ilginç, enteresan.

in.ter.face [ˈintəfeis] *n.* ortak yüzey.

in.ter.fere [intəˈfiə] *vb.* karıştırmak, kurcalamak (with *-i*); karışmak, müdahale etm., burnunu sokmak (in *-e*); mâni olm., engel olm. (with *-e*); **in.terˈfer.ence** *n.* karışma. müdahale; parazit; *phys.* girişim, karışım; engel, mâni; *spor:* obstrüksiyon.

in.ter.flow [intəˈfləu] (*irr.* flow) *vb.* içine akmak.

in.ter.fuse [intəˈfjuːz] *v/t.* karıştırmak, katmak; kaplamak, istilâ etm., nüfuz etm.

in.ter.im [ˈintərim] **1.** *n.* aralık, fasıla; in the ~ arada, aradaki zamanda; **2.** *adj.* geçici, muvakkat...; ~ report geçici rapor.

in.te.ri.or [inˈtiəriə] **1.** □ içerdeki, içe ait, dahili; kıyıdan *veya* sınırdan uzak; manevî; ~ decorator iç dekoratör; **2.** *n.* iç, dahil; iç kısımlar; *pol.* içişleri; Department of the ♀ *Am.* İçişleri Bakanlığı.

in.ter.ja.cent [intəˈdʒeisənt] *adj.* ortasında bulunan.

in.ter.ject [intəˈdʒekt] *vb.* arasına katmak *(söz)*; **in.terˈjec.tion** *n.* ünlem, nida; söz arasına koyma; **in.terˈjec.tion.al** □ [~ʃənl] araya konulan *(söz)*; ünlem şeklinde.

in.ter.lace [intəˈleis] *v/t. & v/i.* birbiriyle ör(ül)mek, beraber doku(n)mak, karış(tır)mak.

in.ter.lard [intəˈlɑːd] *v/t. fig.* doldurmak *(süslü sözlerle)*; içine karıştırmak *(yabancı kelime)*.

in.ter.leave [intəˈliːv] *v/t.* kitabın yaprakları arasına eklemek *(boş sayfa)*.

in.ter.line [intəˈlain] *v/t.* orta astarı koymak *(elbiseye)*; *typ.* yazının satırları arasına koymak *(başka yazı)*; **in.ter.lin-e.ar** [~ˈliniə] *adj.* satır aralarına yazılmış; **in.ter.lin.e.a.tion** [ˈ~liniˈeiʃən] *n.* satır aralarına yazılan yazı.

in.ter.link [intəˈliŋk] *v/t. & v/i.* birleş(tir)mek. birbirine bağla(n)mak.

in.ter.lock [intəˈlɔk] *v/t. & v/i.* birbirine bağla(n)mak, kenetle(n)mek.

in.ter.lo.cu.tion [intələuˈkjuːʃən] *n.* konuşma; **in.ter.loc.u.tor** [~ˈlɔkjutə] *n.* konuşan kimse, konuşmacı *(tartışmada)*; **in.ter-ˈloc.u.to.ry** *adj.* konuşmaya ait, konuşma...; ⚖ geçici...

in.ter.lope [intəˈləup] *v/i.* başkasının işine burnunu sokmak; ✝ başkalarının hakkına tecavüz etm.; **ˈin.ter.lop.er** *n.* başkasının işine burnunu sokan kimse; ✝ başkasının hakkına tecavüz eden kimse.

in.ter.lude [ˈintəluːd] *n.* ara faslı; perde arası, antrakt; ara, fasıla; ~s of bright weather geçici güzel hava.

in.ter.mar.riage [intəˈmæridʒ] *n.* değişik aile, kabile, millet *vs.* arasında evlenme; **ˈin.terˈmar.ry** *v/i.* değişik aileden, kabileden, milletten *vs.* birisi ile evlenmek.

in.ter.med.dle [intəˈmedl] *v/i.* karışmak, müdahale etm. (with, in *-e*); **in.terˈmed-dler** *n.* herşeye burnunu sokan kimse.

in.ter.me.di.ar.y [intəˈmiːdjəri] **1.** *adj.* aracılık eden, vasıta olan, arada bulunan; **2.** *n.* vasıta; ortada olan şey; ✝ aracı; **in.ter.me.di.ate** □ [~ˈmiːdjət] ortadaki, aradaki; orta..., ara...; ~ landing ✈ ara iniş; ~-range ballistic missile orta menzilli roket; ~ school *Am.* ortaokul; ~ stage orta kademe, ara safha; ~ trade komisyonculuk.

in.ter.ment [inˈtəːmənt] *n.* ölüyü gömme, defnetme; defin.

in.ter.mez.zo [intəˈmetsəu] *n.* küçük fasıl, aranağme.

in.ter.mi.na.ble □ [inˈtəːminəbl] sonsuz, nihayetsiz, bitmez, tükenmez, sonu gelmez.

in.ter.min.gle [intəˈmiŋgl] *v/t.* & *v/i.* birbirine karış(tır)mak.

in.ter.mis.sion [intəˈmiʃən] *n.* aralık, fasıla, ara; antrakt; mola.

in.ter.mit [intəˈmit] *v/t.* & *v/i.* dur(dur)mak; ara vermek, tatil etm.; tatil olm.; **in.terˈmit.tent** **1.** □ arada kesilen, aralıklı, kesik kesik; ~ fever = **2.** *n.* ⚕ sıtma; **in.terˈmit.tent.ly** *adv.* ara ara, kesik kesik, zaman zaman durarak, aralıklı.

in.ter.mix [intəˈmiks] *v/t.* & *v/i.* birbirine karış(tır)mak; **in.terˈmix.ture** [~tʃə] *n.* birbirine karış(tır)ma; karışım, karışmış şey; alaşım.

in.tern[1] [inˈtəːn] *v/t.* enterne etm., gözaltına almak, hapsetmek, alıkoymak.

in.tern[2] [ˈintəːn] *n.* stajyer doktor, stajını yapan tıp öğrencisi.

in.ter.nal □ [inˈtəːnl] iç, içe ait, dahilî, içinde bulunan; içilir *(ilâç)*; bir ülkenin içişlerine ait; ~-**comˈbus.tion en.gine** içten yanmalı motor.

in.ter.na.tion.al [intəˈnæʃənl] **1.** □ uluslararası, milletlerarası, beynelmilel, enternasyonal; ~ law milletlerarası hukuk; **2.** *n. pol.* ♀ uluslararası 4 sol kanat kurumundan herhangi biri; **in.ter.na.tion.al.i.ty** [~ˈnæliti] *n.* beynelmilellik, enternasyonellik; **in.terˈna.tion.al.ize** [~nəlaiz] *v/t.* beynelmilel kılmak, milletlerarası kontrole sokmak, enternasyonelleştirmek.

in.terne [ˈintəːn] = intern[2].

in.ter.ne.cine war [intəˈniːsainˈwɔː] *n.* iki tarafa da büyük kayıplar verdiren savaş.

in.tern.ee [intəːˈniː] *n.* gözaltındaki (*veya* enterne edilmiş) kimse; tutuklu, **inˈtern-ment** *n.* enterne edilme, gözaltına alınma, hapsedilme; ~ camp toplama kampı.

in.ter.pel.late [inˈtəːpəleit] *v/t.* gensoru açmak; **in.ter.pelˈla.tion** *n.* gensoru.

in.ter.phone [ˈintəfəun] *n.* ✈ *Am.* dahili telefon.

in.ter.plan.e.ta.ry [intəˈplænitri] *adj.* gezegenlerarası.

in.ter.play [ˈintəˈplei] *n.* karşılıklı etkileme.

in.ter.po.late [ˈintəːpəleit] *v/t.* katmak, ilâve etm., eklemek *(metne)*; **in.ter.poˈla-tion** *n.* ekleme, ilâve etme, metni değiştirme.

in.ter.pose [intəˈpəuz] *v/t.* arasına koymak, araya sokmak; ortaya atmak; *v/i.* araya girmek, karışmak, müdahale etm.; arabuluculuk yapmak; **in.ter.po.si.tion** [intəpəˈziʃən] *n.* araya girme, karışma, müdahale.

in.ter.pret [inˈtəːprit] *v/t.* *-in* anlamını açıklamak, izah etm.; yorumlamak; tercüme etm.; *v/i.* tercümanlık yapmak; **in-ter.preˈta.tion** *n.* yorum, tefsir, izah, açıklama, mana; **inˈter.pre.ta.tive** [~tətiv] *adj.* açıklayıcı, yorumlayıcı (of *-i*); **inˈter.pret.er** *n.* tercüman, çevirmen.

in.ter.ra.cial [intəˈreiʃjəl] *adj.* ırklararası.

in.ter.reg.num [intəˈregnəm] *n.* hükümetin kanunen çalışmadığı devre; ara, fasıla.

in.ter.re.la.tion [ˈintəriˈleiʃən] *n.* karşılıklı münasebet.

in.ter.ro.gate [inˈterəgeit] *v/t.* sorguya çekmek; **in.ter.roˈga.tion** *n.* sorgu, sorguya çekme; note *veya* mark *veya* point of ~ soru işareti; **in.ter.rog.a.tive** [intəˈrɔgətiv] **1.** □ sorulu..., soru sorar gibi, soru ifade eden..., soru...; **2.** *n. gr.* soru kelimesi; **in.terˈrog.a.to.ry** [~təri] **1.** *adj.* soru belirten, soru türünden; **2.** *n.* yazılı olarak bildirilen resmi soru.

in.ter.rupt [intəˈrʌpt] *vb.* kesmek, ara vermek *-e*, durdurmak, engellemek; *b-nin* sözünü kesmek; **in.terˈrupt.ed.ly** *adv.* aralıkarla; **in.terˈrupt.er** *n.* ⚡ devre kesici, şalter; **in.terˈrup.tion** *n.* ara, fasıla, kesilme, kesiklik.

in.ter.sect [intəˈsekt] *v/t.* & *v/i.* kes(iş)mek, ikiye bölmek; **in.terˈsec.tion** *n.* kes(iş)me, kavşak; 🚂 kesişme hattı.

in.ter.space [ˈintəˈspeis] *n.* ara, aralık, fasıla.

in.ter.sperse [intəˈspəːs] *v/t.* arasına serpmek, serpiştirmek; değişik hale sokmak (with *ile*).

in.ter.state *Am.* [ˈintəˈsteit] *adj.* eyaletlerarası.

in.ter.stice [inˈtəːstis] *n.* yarık, çatlak, küçük aralık; **in.ter.sti.tial** □ [~ˈstiʃəl] çatlağa ait, çatlak..., yarık...

in.ter.tri.bal [intəˈtraibəl] *adj.* kabilelerarası.

in.ter.twine [intəˈtwain], **in.ter.twist** [~ˈtwist] *v/t. & v/i.* birbiriyle ör(ül)mek, birbirine sar(ıl)mak.
in.ter.ur.ban [intərˈəːbən] *adj.* şehirlerarası.
in.ter.val [ˈintəvəl] *n.* ara, fasıla, aralık; müddet, zaman; ♪ es, enterval, aralık.
in.ter.vene [intəˈviːn] *v/i.* araya girmek, karışmak, müdahale etm.; arada bulunmak; diğer olaylar arasında olm.; **in.ter.ven.tion** [~ˈvenʃən] *n.* araya girme, müdahale, karışma; aracılık.
in.ter.view [ˈintəvjuː] **1.** *n.* görüşme, mülâkat; röportaj; **2.** *v/t.* görüşmek, röportaj yapmak **ˈin.ter.view.er** *n.* röportajcı, mülâkat yapan kimse.
in.ter.weave [intəˈwiːv] (*irr.* weave) *v/t.* beraber dokumak, birbirine dokumak, birbirine karıştırmak *(a. fig.)*.
in.tes.ta.cy ⚖ [inˈtestəsi] *n.* vasiyetsiz ölme; **inˈtes.tate** ⚖ [~tit] **1.** *adj.* vasiyetname bırakmadan ölmüş; **2.** *n.* vasiyetname bırakmadan ölmüş kimse.
in.tes.ti.nal *anat.* [inˈtestinl] *adj.* bağırsaklara ait, bağırsak...; **inˈtes.tine 1.** *adj.* iç..., içe ait; **2.** *n.* bağırsak; ~s *pl.* bağırsaklar.
in.ti.ma.cy [ˈintiməsi] *n.* samimiyet, yakın dostluk, sıkı dostluk, içlidışlı olma, teklifsizlik; **in.ti.mate 1.** [ˈ~meit] *v/t.* ima etm., üstü kapalı anlatmak, dolayısiyle anlatmak; açıklamak, ilan etm., bildirmek; **2.** □ [ˈ~mit] sıkı fıkı, içten, candan, samimi, içlidışlı; gizli, mahrem; **3.** [ˈ~mit] *n.* yakın dost, samimi arkadaş; **in.ti.ma.tion** [~ˈmeiʃən] *n.* ima, dolayısiyle anlatma; bildirme, haber verme; teklif, öneri.
in.tim.i.date [inˈtimideit] *v/t.* korkutmak, sindirmek, yıldırmak, gözdağı vermek; **in.tim.iˈda.tion** *n.* gözdağı verme, yıldırma, korkutma.
in.to [ˈintu] *prp.* -e, -ye, içeri, -in içerisine.
in.tol.er.a.ble □ [inˈtɔlərəbl] tahammül olunmaz, çekilmez, dayanılmaz; **inˈtol.er.ance** *n.* hoş görmeme, taassup; **inˈtol.er.ant** □ hoşgörüsüz, müsamahasız; tahammülsüz.
in.to.na.tion [intəˈneiʃən] *n.* düz bir sesle okuma; ♪ doğru ses perdesi, seslem, tonötüm; *gr.* ses tonunun yükselip alçalma şekli, tonlama; **in.to.nate** [ˈ~neit], **inˈtone** *vb.* monoton bir makamla okumak; monoton bir sesle konuşmak.
in.tox.i.cant [inˈtɔksikənt] **1.** *adj.* sarhoş edici; **2.** *n.* sarhoş edici içki; **inˈtox.i.cate** [~keit] *vb.* sarhoş etm., mest etm. *(a. fig.)*; **in.tox.iˈca.tion** *n.* sarhoşluk, mest olma *(a. fig.)*.
in.trac.ta.bil.i.ty [intræktəˈbiliti] *n.* kolayca yola getirilememe, kolay kontrol edilememe; **inˈtrac.ta.ble** □ kolay yola getirilemeyen, kolay kontrol edilemeyen, ele avuca sığmaz.
in.tra.mu.ral [ˈintrəˈmjuərəl] *adj.* bir bina içinde olan *veya* yapılan; okul içinde olan *veya* yapılan.
in.tran.si.gent [inˈtrænsidʒənt] *adj.* uzlaşmaz, uzlaşması olanaksız.
in.tran.si.tive [inˈtrænsitiv] □ *gr.* geçişsiz, nesnesiz *(fiil)*.
in.tra.state *Am.* [intrəˈsteit] *adj.* eyaletlerarası.
in.trench [inˈtrentʃ], **inˈtrench.ment** = entrench *etc.*
in.tre.pid □ [inˈtrepid] yılmaz, korkusuz, cesur, yiğit, gözüpek; **in.tre.pid.i.ty** *n.* yiğitlik, korkusuzluk, cesurluk, gözüpeklik.
in.tri.ca.cy [ˈintrikəsi] *n.* karışıklık, anlaşılmazlık; şaşırtıcılık; **in.tri.cate** □ [ˈ~kit] karışık, anlaşılması zor, çapraşık; şaşırtıcı.
in.trigue [inˈtriːg] **1.** *n.* entrika, hile, dolap, desise, dalavere; gizli aşk macerası; **2.** *v/i.* entrika çevirmek, dalavere yapmak, dolap çevirmek; *v/t.* merakını uyandırmak, ilgisini çekmek; **inˈtri.guer** *n.* hilekâr (*veya* dalavereci, entrikacı, düzenbaz) kimse.
in.trin.sic, in.trin.si.cal □ [inˈtrinsik(əl)] aslında olan, esasi, asıl, hakiki; yaradılıştan.
in.tro.duce [intrəˈdjuːs] *v/t.* teklif etm., sunmak, öne sürmek, tanıştırmak, tanıtmak, takdim etm. (to *-e*); ortaya çıkarmak, ortaya koymak, getirmek *(yeni fikir)*; öğretmek; sokmak, arasına koymak; **in.tro.duc.tion** [~ˈdʌkʃən] *n.* takdim, tanıştırma; önsöz; başlangıç, giriş; letter of ~ tavsiye mektubu; **in.troˈduc.to.ry** [~təri] *adj.* tanıtıcı, tanıtma maksadiyle yapılan.
in.tro.spect [intrəˈspekt] *vb.* kendi düşünce ve hislerini tahlil etm.; **in.troˈspec.tion** *n.* kendi düşünce ve hislerini tahlil etme; iç gözlem; **in.troˈspec.tive** □ [~tiv] kendi kendini tetkik kabilinden.
in.tro.vert 1. [intrəˈvəːt] *v/t.* içeri doğru çevirmek, kendi üzerine çevirmek *(düşünce)*; **2.** [ˈintrəvəːt] *n.* içine kapanık (*veya* içedönük) kimse.
in.trude [inˈtruːd] *v/t. & v/i.* zorla sok(ul)mak (into *-e*); davetsiz olarak girmek, izinsiz dalmak; kendini zorla kabul ettirmek (upon s.o. *b-ne*); ihlâl etm., boz-

mak (upon *-i*); **in'trud.er** *n.* davetsiz misafir; zorla sokulan kimse *veya* şey; *a.* ~ aircraft düşman uçağı.

in.tru.sion [in'tru:ʒən] *n.* içeri sokulma, zorla içeri girme; davetsiz olarak girme.

in.tru.sive □ [in'tru:siv] zorla içeri giren, izinsiz içeri giren; davetsiz olarak giren.

in.trust [in'trʌst] = entrust.

in.tu.i.tion [intju:'iʃən] *n.* sezgi, içine doğma, sezi; **in'tu.i.tive** □ [~tiv] sezgi yolu ile öğrenilen; sezgili.

in.un.date ['inʌndeit] *v/t.* sel basmak, su ile kaplamak; garketmek, boğmak; **in-un'da.tion** *n.* sel, tufan; garketme, boğma.

in.ure [i'njuə] *v/t.* alıştırmak (to *-e*); **in'ure.ment** *n.* alıştırma.

in.u.til.i.ty [inju:'tiliti] *n.* faydasızlık, lüzumsuzluk, yararsızlık.

in.vade [in'veid] *vb.* saldırmak, hücum etm. *-e*, istilâ etm. *-i*; *fig.* tecavüz etm. *(hak)*; ihlâl etm. *-i*; **in'vad.er** *n.* saldırgan; istilâcı.

in.val.id[1] ['invəli:d] **1.** *adj.* hasta, sakat, yatalak, zayıf; **2.** *n.* hasta kimse; ⚔, ⚓ sakat (*veya* malûl) kimse; **3.** *v/t.* ⚔, ⚓ çürüğe çıkarmak, hastaneye göndermek; hasta diye memleketine göndermek.

in.val.id[2] [in'vælid] *adj.* hükümsüz, geçersiz; **in.val.i.date** *v/t.* zayıflatmak, kuvvetten düşürmek; ⚖ hükümsüz kılmak, geçersiz saymak; **in.val.i'da.tion** *n.* hükümsüz kılma, geçersiz sayma; **in.va.lid-i.ty** [invə'liditi] *n.* hükümsüzlük, geçersizlik.

in.val.u.a.ble □ [in'væljuəbl] paha biçilmez, çok kıymetli.

in.var.i.a.ble □ [in'vɛəriəbl] değişmez, sabit, daimi, sürekli, devamlı; **in'var.i.a.bly** *adv.* değişmeyerek, aynı şekilde, mütemadiyen, devamlı, her zaman.

in.va.sion [in'veiʒən] *n.* akın, saldırı, hücum, istilâ; ⚖ ihlâl, tecavüz (of *-i, -e*); ⚕ nöbet, kriz; **in'va.sive** [~siv] *adj.* saldıran...; ihlâl eden, bozan (of *-i*); yayılan.

in.vec.tive [in'vektiv] *n.* küfür, sövüp sayma, hakaret, aşağılama.

in.veigh [in'vei] *vb.* çatmak, çıkışmak, sözle saldırmak (against *-e*).

in.vei.gle [in'vi:gl] *vb.* kandırmak, ayartmak, baştan çıkarmak, aldatmak, cezbetmek, çekmek (into *-mesi için, -e*); **in'vei.gle.ment** *n.* aldatma, kandırma, baştan çıkarma.

in.vent [in'vent] *v/t.* icat etm., bulmak, keşfetmek; uydurmak, düzmek, atmak; **in'ven.tion** *n.* icat, buluş, keşif; uydurma, atma, yalan; **in'ven.tive** □ [~tiv] yaratıcı; **in'ven.tive.ness** *n.* yaratıcılık; **in'ven.tor** *n.* mucit, türeten kimse, yaratıcı kimse; **in.ven.to.ry** ['invəntri] **1.** *n.* envanter, mal stoku, mevcut; mal sayımını gösteren defter *veya* liste, envanter defteri; **2.** *v/t.* envanterini çıkarmak.

in.verse □ ['in'və:s] ters, ters çevrilmiş, tersyüz edilmiş; **in'ver.sion** *n.* ters dönme, altüst olma; ters çevirme; tersine dönmüş şey; değişim, değişme; homoseksüellik; *gr.* cümledeki kelime sırasının değişmesi.

in.vert **1.** [in'və:t] *v/t.* tersine çevirmek, tersyüz etm.; sırasını değiştirmek; ~ed commas *pl.* tırnak işareti; ~ed flight ✈ sırtüstü (*veya* ters) uçuş; **2.** ['invə:t] *n.* homoseksüel, sevici.

in.ver.te.brate [in'və:tibrit] **1.** *adj.* omurgasız, vertebrasız; *fig.* zayıf iradeli, dayanıksız, kuvvetsiz; **2.** *n.* omurgasız hayvan; *fig.* kuvvetsiz kimse.

in.vest [in'vest] *v/t.* yatirmak *(para)* (in *-e*); sarfetmek *(para, güç, zaman)*; giydirmek; süslemek, donatmak (with *ile*); vermek *(yetki)*; kaplamak, sarmak (with *ile*); ⚔ kuşatmak *-i*, çevirmek *-i*; *v/i.* ~ in F satın almak *-i*.

in.ves.ti.gate [in'vestigeit] *vb.* araştırmak, incelemek, tetkik etm., gözden geçirmek, teftiş etm., tahkik etm.; **in.ves.ti'ga.tion** *n.* araştırma, tetkik, inceleme, tahkik, teftiş; **in'ves.ti.ga.tor** [~geitə] *n.* araştırmacı.

in.ves.ti.ture [in'vestitʃə] *n.* resmen görevine getirme, tayin; **in'vest.ment** *n.* yatırma, para koyma, yatırım; resmen göreve getirme; yatırılan sermaye; ⚔ kuşatma, muhasara, çevirme; **in'vest.or** *n.* sermayedar, yatırım yapan kimse.

in.vet.er.a.cy [in'vetərəsi] *n.* yerleşme, kökleşme *(alışkanlık, duygu)*; tiryakilik; **in'vet.er.ate** □ [~rit] kökleşmiş, yerleşmiş *(alışkanlık, duygu)*; tiryaki, düşkün, müptelâ.

in.vid.i.ous □ [in'vidiəs] kıskandırıcı; kıskanç; iğrenç, tiksindirici, çirkin.

in.vig.i.late [in'vidʒileit] *vb.* gözcülük etm., nezaret etm.; **in'vig.i.la.tor** *n.* gözcü, nezaretçi.

in.vig.or.ate [in'vigəreit] *v/t.* kuvvet vermek, kuvvetlendirmek, cesaret vermek, cesaretlendirmek, canlandırmak, zindelik vermek; **in.vig.or'a.tion** *n.* kuvvetlendirme, canlandırma.

in.vin.ci.bil.i.ty [invinsi'biliti] *n.* yenilmezlik, yılmazlık; **inˈvin.ci.ble** □ yenilmez, yılmaz.

in.vi.o.la.bil.i.ty [invaiələˈbiliti] *n.* dokunulmazlık; bozulmazlık; **inˈvi.o.la.ble** □ dokunulmaz; bozulamaz, ihlâl edilemez; **inˈvi.o.late** [~lit] *adj.* şeref ve haysiyetine dokunulmamış; bozulmamış, ihlâl edilmemiş; kutsal sayılmış.

in.vis.i.bil.i.ty [invizəˈbiliti] *n.* görülmezlik; **inˈvis.i.ble** □ görülmez, görünmez; ~ mending dokuma kumaşları gözle farkedilemeyecek kadar iyi onarma.

in.vi.ta.tion [inviˈteiʃən] *n.* davet, çağrı, çağırma; davetiye; **in.vite** [inˈvait] *v/t.* davet etm., çağırmak; istemek; cezbetmek, celbetmek; **inˈvit.ing** *adj.* çekici, davetkâr, cezbedici.

in.vo.ca.tion [invəˈkeiʃən] *n.* dua, niyaz, Tanrı'ya yakarış; **in.voc.a.to.ry** [inˈvɔkətəri] *adj.* dua kabilinden.

in.voice ✝ [ˈinvɔis] **1.** *n.* fatura; gönderilen mal; **2.** *v/t.* faturasını çıkarmak, fatura etm.

in.voke [inˈvəuk] *v/t.* yalvarmak *-e*, yakarmak *-e*, dua etm. *-e*; çağırmak *-i*, davet etm. *-i*; istemek *-i*, rica etm. *-i*; yerine getirmek *-i*, yürütmek *-i*; sebep olm. *-e*.

in.vol.un.tar.y □ [inˈvɔləntəri] tasarlanmamış, istenilmeden yapılan; bilinçsizce yapılan.

in.vo.lute [ˈinvəluːt] *adj.* dolaşık, karışık, karmaşık, çapraşık, girift, girişik; girintili çıkıntılı *(dişli)*; helezonî kıvrılmış; **in.voˈlu.tion** *n.* kıvırma, sarma; kıvrılmış şey; karışıklık, dolaşıklık, karmaşıklık; karışık herhangi bir şey; eski haline dönme.

in.volve [inˈvɔlv] *v/t.* sarmak, kuşatmak; içine almak, ihtiva etm., kapsamak; sokmak, karıştırmak, bulaştırmak (in *-e*); gerektirmek, icap ettirmek; etkilemek, tesir etm.; **inˈvolved** *adj.* karmaşık, karışık, çapraşık, anlaşılması güç; **inˈvolve.ment** *n.* ilgi, alâka, bağlılık; sarılma; karıştırılma, bulaştırılma.

in.vul.ner.a.bil.i.ty [invʌlnərəˈbiliti] *n.* yaralanamazlık, incitilemezlik; zaptedilemezlik; **inˈvul.ner.a.ble** □ yaralanamaz, incitilemez; zaptedilemez, fethedilemez; *fig.* sağlam *(mevki)*.

in.ward [ˈinwəd] **1.** *adj* içerde olan, iç, dahilî *(a. fig.)*; manevî, ruhsal; içe kıvrık; **2.** *adv.* = inwards; **3.** *n. fig.* maneviyat; ~s *pl.* iç organlar; **ˈin.ward.ly** *adv.* içte, içeride; akıl yoluyla, manen *(a. fig.)*; **ˈin.ward.ness** *n.* içyüz, gerçek durum; maneviyat; **in.wards** [ˈ~z] *adv.* içe doğru; ruhun derinliğine doğru.

i.od.ic ⚗ [aiˈɔdik] *adj.* iyot..., iyotlu...; **i.o.dide** [ˈaiədait] *n.* iyodür; **i.o.dine** [ˈ~diːn] *n.* iyot.

i.o.do.form ⚗ [aiˈɔdəfɔːm] *n.* iyodoform.

i.on *phys.* [ˈaiən] *n.* iyon.

I.o.ni.an [aiˈəunjən] **1.** *adj.* İyonya *veya* İyonyalılara ait; **2.** *n.* İyonyalı.

I.on.ic[1] [aiˈɔnik] *adj.* İyonik; İyonya'ya ait.

i.oni.c[2] *phys.* [~] *adj.* iyon...; **i.on.ize** *phys.* [ˈaiənaiz] *v/t.* & *v/i.* iyonlaş(tır)mak.

i.o.ta [aiˈəutə] *n.* Yunan alfabesinin dokuzuncu harfi, yota; çok küçük herhangi bir şey.

I O U [ˈaiəuˈjuː] (= I owe you) size olan borcum; borç senedi.

ip.so fac.to [ˈipsəuˈfæktəu] *adv.* yalnız bu sebeple.

I.ra.ni.an [iˈreiniən] **1.** *adj.* İran'a ait; **2.** *n.* İranlı.

i.ras.ci.bil.i.ty [iræsiˈbiliti] *n.* kızgınlık, huysuzluk, çabuk parlama; **iˈras.ci.ble** □ [~sibl] çabuk öfkelenir, sinirli, huysuz, çabuk parlar.

i.rate [aiˈreit] *adj.* öfkeli, kızgın, hiddetli.

ire *poet.* [ˈaiə] *n.* öfke, hiddet, kızgınlık.

ire.ful □ [ˈaiəful] öfkeli, kızgın, tepesi atmış.

ir.i.des.cence [iriˈdesns] *n.* yanardönerlik;

ir.iˈdes.cent *adj.* yanardöner, oynadıkça renk değiştiren, gökkuşağı gibi renkleri olan.

i.rid.i.um [iˈridiəm] *n.* iridyum.

i.ris [ˈaiəris] *n. anat.* iris tabakası; ⚘ iris; ~ diaphragm *phot.* iris diyaframı, ayarlı diyafram.

I.rish [ˈaiəriʃ] **1.** *adj.* İrlanda'ya ait; İrlanda diline ait; **2.** *n.* İrlandalı; İrlanda dili, İrlanda şivesiyle konuşulan İngilizce; the ~ *pl.* İrlanda halkı, İrlandalılar; **ˈI.rish.ism** *n.* İrlandalılara özgü kelime, deyim *veya* ifade; **ˈI.rish.man** *n.* İrlandalı erkek; **ˈI.rish.wom.an** *n.* İrlandalı kadın.

irk [əːk] *v/t.* bıktırmak, usandırmak, canını sıkmak, bezdirmek.

irk.some □ [ˈəːksəm] bıktırıcı, usandırıcı, sıkıcı, bezdirici.

i.ron [ˈaiən] **1.** *n.* demir; *fig.* kuvvet, dayanıklılık; *a.* flat-~ ütü; ~s *pl.* pranga, zincir; strike while the ~ is hot *fig.* demir tavında dövülür; **2.** *adj.* demirden yapılmış; demir gibi; *fig.* sağlıklı, dinç, sapasağlam; değişmez, sabit; merhametsiz, zalim, katı yürekli, taş kalpli; **3.** *v/t.* & *v/i.* ütüle(n)mek; demir kaplamak; zincirle bağlamak, prangaya vurmak;

ˈ~-bound *adj.* engebeli, girintili çıkıntılı *(kıyı)*; katı *(gelenek)*; sert, haşin, şiddetli, kuvvetli; sabit; demirle takviye edilmiş; **ˈ~.clad 1.** *adj.* demir kaplı, zırhlı; kuvvetli, bozulmaz *(yemin, söz)*; katı *(kural)*; **2.** *n.* zırhlı gemi; **~ cur.tain** *pol.* demirperde **ˈi.ron.er** *n.* ütücü; **ˈi.ron-found.ry** *n.* dökümhane, demirhane; **ˈi-ron-ˈheart.ed** *adj. fig.* taş kalpli, zalim, insafsız.

i.ron.ic, i.ron.i.cal □ [aiˈrɔnik(əl)] alay eden, alaylı, cinaslı.

i.ron.ing [ˈaiəniŋ] **1.** *n.* ütüleme, ütü işi; ütülenen *veya* ütülenecek elbiseler; **2.** *adj.* ütü...; **~-board** ütü tahtası.

i.ron...: ~ lung ⚕ suni akciğer; **ˈ~.mas.ter** *n.* demirci ustası; **ˈ~.mon.ger** *n.* demirci, hırdavatçı, nalbur; **ˈ~.mon.ger.y** *n.* demircilik, hırdavatçılık, nalburluk; demir eşya; **ˈ~.mould** *n.* pas lekesi; **ˈ2.sides** *n. pl.* Cromwell'in süvari askerleri; **ˈ~.work** *n.* demir eşya; **ˈ~.works** *n.* ⊕ *mst sg.* demirhane, dökümhane.

i.ro.ny¹ [ˈaiəni] *adj.* demirden yapılmış, demire benzer.

i.ro.ny² [ˈaiərəni] *n.* alay, istihza; kötü tesadüf, cilve *(kaderin)*.

ir.ra.di.ance, ir.ra.di.an.cy [iˈreidjəns(i)] *n.* parlaklık, aydınlık; *fig.* şaşaa; **irˈra.di-ant** *adj.* ışık saçan, ışıldayan, parlayan (with *ile*).

ir.ra.di.ate [iˈreidieit] *v/t.* ⚕ röntgen ışınlarına tutmak; aydınlatmak, parlatmak (with *ile*); *fig.* aydınlığa kavuşturmak *(bir konu)*; **ir.ra.diˈa.tion** *n.* aydınlatma, parlaklık; *phys.* röntgen ışınlarına tutma; *fig.* aydınlığa kavuşturma.

ir.ra.tion.al □ [iˈræʃənl] akla uymaz, akılsız, mantıksız; yersiz, sebepsiz, münasebetsiz, saçma; Å yadrasyonel; **ir.ra-tion.al.i.ty** [~ˈnæliti] *n.* mantıksızlık, saçmalık, yersizlik.

ir.re.claim.a.ble □ [iriˈkleiməbl] ıslah olmaz, akıllanmaz, yola gelmez.

ir.rec.og.niz.a.ble □ [iˈrekəgnaizəbl] tanınamaz.

ir.rec.on.cil.a.ble □ [iˈrekənsailəbl] uzlaştırılamaz, barıştırılamaz; uyuşmaz *(fikir, tutum)*.

ir.re.cov.er.a.ble □ [iriˈkʌvərəbl] geri alınamaz, telâfi edilemez; düzeltilemez; tahsili mümkün olmayan, tahsil edilemeyen.

ir.re.deem.a.ble □ [iriˈdiːməbl] ıslah olunamaz, çaresiz, düzeltilemez; nakde tahvil olunamaz; bedeli ödenerek kurtarılamaz.

ir.re.duc.i.ble [iriˈdjuːsəbl] *adj.* azaltılamaz, küçültülemez, ufaltılamaz (into, to *-e*).

ir.ref.ra.ga.bil.i.ty [irefrəgəˈbiliti] *n.* aksi iddia edilemezlik, inkâr edilemezlik; değişmezlik, sabitlik; kırılmazlık; **irˈref.ra-ga.ble** □ aksi iddia edilemez, inkâr edilemez, itiraz kabul etmez; değişmez, sabit *(kural)*; kırılmaz, sert.

ir.ref.u.ta.ble □ [iˈrefjutəbl] inkâr edilemez, reddedilemez, itiraz kaldırmaz, su götürmez.

ir.reg.u.lar [iˈregjulə] **1.** □ düzensiz, kuralsızı, nizamsız, intizamsız; usule aykırı, yolsuz, usulsüz; *gr.* kural dışı; çarpık, düz olmayan, eğri; başıbozuk *(asker)*; **2.** *n.* **~s** *pl.* başıbozuk asker, çeteci; **ir.reg.u.lar.i.ty** [~ˈlæriti] *n.* düzensizlik, intizamsızlık, karışıklık, yolsuzluk, aykırılık .

ir.rel.a.tive [iˈrelətiv] *adj.* ilgisi olmayan, ilgisiz, alâkasız, konu dışı (to *ile*).

ir.rel.e.vance, ir.rel.e.van.cy [iˈreliv əns(i)] *n.* konu dışı olma; konu dışı olan şey; **irˈrel.e.vant** □ konu dışı, ilgisiz, alâkasız (to *ile*).

ir.re.li.gion [iriˈlidʒən] *n.* dinsizlik; din aleyhtarlığı; **ir.reˈli.gious** □ dinsiz, dine karşı olan.

ir.re.me.di.a.ble □ [iriˈmiːdjəbl] çaresiz, telâfi olunamaz, düzeltilemez; tedavisi mümkün olmayan.

ir.re.mis.si.ble □ [iriˈmisəbl] affolunamaz, bağışlanamaz; zorunlu, mecburi, kaçınılmaz.

ir.re.mov.a.ble □ [iriˈmuːvəbl] sabit, oynamaz; yerinden atılamaz, azlonulamaz.

ir.rep.a.ra.ble □ [iˈrepərəbl] tamir olunamaz, çaresiz, düzeltilemez, telâfisi imkânsız.

ir.re.place.a.ble [iriˈpleisəbl] *adj.* yeri doldurulamaz; yenisi tedarik edilemez.

ir.re.press.i.ble □ [iriˈpresəbl] söndürülemez, bastırılamaz, baskıya gelmez; önüne geçilemez; kontrol edilemez, ele avuca sığmaz, zaptolunamaz.

ir.re.proach.a.ble □ [iriˈprəutʃəbl] hatasız, kusursuz; **ir.reˈproach.a.ble.ness** *n.* kusursuzluk, hatasızlık.

ir.re.sist.i.bil.i.ty [ˈirizistəˈbiliti] *n.* karşı konulamazlık; **ir.reˈsist.i.ble** □ karşı konulamaz, dayanılmaz, çok çekici, pek cazip.

ir.res.o.lute [iˈrezəluːt] *adj.* kararsız, mütereddit, zayıf; **irˈres.o.lute.ness, ir.res-oˈlu.tion** *n.* kararsızlık, tereddüt, zayıflık.

ir.re.solv.a.ble [iriˈzɔlvəbl] *adj.* çözümlenemez, tahlil edilemez, analiz edilemez.

ir.re.spec.tive □ [iriˈspektiv] (of) *-e* bakmaksızın; *-i* düşünmeden, *-i* hesaba katmayan, *-i* göz önünde bulundurmadan.

ir.re.spon.si.bil.i.ty [ˈirispɔnsəˈbiliti] *n.* sorumsuzluk, güvenilmezlik; **ir.reˈspon.si.ble** □ sorumsuz, mesuliyetsiz, güvenilmez.

ir.re.triev.a.ble □ [iriˈtriːvəbl] telâfi edilemez, bir daha ele geçmez, yeri doldurulamaz, karşılanamaz.

ir.rev.er.ence [iˈrevərəns] *n.* saygısızlık, hürmetsizlik; **irˈrev.er.ent** □ saygısız, hürmetsiz.

ir.re.verš.i.ble □ [iriˈvəːsəbl] ters çevrilemez; değiştirilemez, geri döndürülemez, geri alınamaz, kesin, katî *(karar).*

ir.rev.o.ca.bil.i.ty [irevəkəˈbiliti] *n.* geri alınamazlık, değiştirilemezlik, feshedilemezlik; **irˈrev.o.ca.ble** □ değiş(tirile)mez, geri alınamaz, feshedilemez, gayri kabili rücu.

ir.ri.gate [ˈirigeit] *v/t.* sulamak; tazelendirmek; ⚕ antiseptik su ile yıkamak *(yara)*; **ir.riˈga.tion** *n.* sulama.

ir.ri.ta.bil.i.ty [iritəˈbiliti] *n.* alınganlık, titizlik, havadan nem kapma, çabuk öfkelenme; **ˈir.ri.ta.ble** □ çabuk kızan, alıngan, titiz, sinirli; **ˈir.ri.tant** **1.** *adj.* sinirlendirici, öfkelendirici; tahrik edici; tahriş edici; **2.** *n.* tahriş edici madde; sinirlendirici herhangi bir şey; **ir.ri.tate** [ˈ~teit] *v/t.* gücendirmek, kızdırmak, sinirlendirmek; tahrik etm.; tahriş etm.; **ˈir.ri.tat.ing** □ sinirlendirici, sinir bozucu, kızdırıcı; tahrik edici; tahriş edici; **ir.riˈta.tion** *n.* sinirlilik, dargınlık, öfke, hiddet.

ir.rup.tion [iˈrʌpʃən] *n.* içeriye baskın, hücum, akın, istilâ; **irˈrup.tive** [~tiv] *adj.* baskın kabilinden.

is [iz] -dir, -dır, -tir, -tur (*s.* be).

i.sin.glass [ˈaiziŋglɑːs] *n.* balık tutkalı; mika.

Is.lam [ˈizlɑːm] *n.* İslâm; İslâm âlemi; İslâmiyet, Müslümanlık.

is.land [ˈailənd] *n.* ada, ada gibi yer; refüj; **ˈis.land.er** *n.* adalı (*veya* adada oturan) kimse.

isle [ail] *n. poet.* ada; **is.let** [ˈailit] *n.* adacık.

ism *mst contp.* [ˈizəm] *n.* özel bir doktrin *veya* meslek.

isn't [ˈiznt] = is not.

i.so... [ˈaisəu] *prefix* aynı..., eşit...

i.so.bar *meteor.* [ˈaisəbɑː] *n.* izobar, eşbası.

i.so.late [ˈaisəleit] *v/t.* ayırmak, tecrit etm., yalıtmak, izole etm.; karantinaya almak; **ˈi.so.lat.ed** *adj.* tek, ayrı, ayrılmış, kendi başına olan, tecrit edilmiş, ücra, yalıtılmış; **i.soˈla.tion** *n.* ayırma, tecrit, yalıtma, izole etme; karantinaya alma; ~ ward karantina odası; **i.soˈla.tion.ist** *Am. pol.* [~ʃnist] *n.* tecrit politikası taraftarı, kendi memleketinin diğerlerinden ayrı hareket etmesi taraftarı.

i.sos.ce.les ⟁ [aiˈsɔsiliːz] *adj.* ikizkenar...

i.so.therm *meteor.* [ˈaisəθɔːm] *n.* eşsıcak, izoterm, eşsıcağı gösteren çizgi.

i.so.tope ⚗ [ˈaisətəup] *n.* izotop.

i.so.type [ˈaisəutaip] *n.* diyagram, grafik.

Is.ra.el.ite [ˈizriəlait] *n.* İsrail kavminden bir kimse; **ˈIs.ra.el.it.ish** *adj.* İsrail kavmine ait.

is.sue [ˈiʃuː] **1.** *n.* boşalma, çıkış, gidiş; çıkış kapısı, boşalma yeri, yol, ağız, delik; ⚖ füru, çocuklar, torunlar, nesil, soy, döl; *fig.* sonuç, netice, son, nihayet, akıbet; ⚖ dava konusu olan ihtilâf, münakaşalı mesele, tartışma konusu, sorun; boşalma, akıntı, akış, cerahat; ⚕ ihraç, emisyon, tedavüle çıkarma *(para)*; yayınlama, yayın, basım; sayı *(dergi)*; dağıtım, tevzi, donatma; ~ of fact asıl sorun; ~ of law kanun konusu, hukuk meselesi; force an ~ zorla karar ver(dir)mek; join (the) ~ tartışmak, münakaşa etm. (on *konusunda*); join ~ with s.o. *b-le* tartışmak, münakaşa etm.; be at ~ tartışma konusu olm., üzerinde konuşulmak; point at ~ tartışma konusu, bahis konusu; **2.** *v/i.* çıkmak, dışarı akmak (from *-den*); meydana gelmek, ortaya çıkmak, doğmak, hâsıl olm.; basılıp yayınlanmak; hak olarak hissesine düşmek; sonuç vermek, sonuçlanmak, neticeye varmak, bitmek (in *içinde*); *v/t.* çıkarmak, dağıtmak; yayınlamak; vermek, ihraç etm.; ⚕ tedavüle çıkarmak *(para)*; dağıtmak, tevzi etm. (with *-i*); **ˈis.sue.less** *adj.* çocuksuz, torunsuz.

isth.mus [ˈisməs] *n.* kıstak, berzah.

it [it] **1.** *pron.* o, onu, ona *(cinssiz)*; *edattan sonra:* onun... (= by it *onun ile*; for it *onun için*); how is ~ with...? ...nasıl?, ...den ne haber?; *s.* lord 2, foot 2; go ~ F cesaret etm., yapmağa kalkmak, yeltenmek; go ~! hadi!, yürü!, atıl!; we had a very good time of ~ doya doya tadını çıkardık; **2.** *n. oyun:* ebe; *sl.* önemli nokta.

I.tal.ian [iˈtæljən] **1.** *adj.* İtalya, İtalyanlar ve İtalyanca ile ilgili; **2.** *n.* İtalyan; İtalyanca.

i.tal.ics *typ.* [iˈtæliks] *n. pl.* italik; **iˈtal.i.cize** [~saiz] *vb.* italik harflerle basmak.

itch [itʃ] **1.** *n.* ⚕ kaşıntı, kaşınma; uyuz hastalığı; şiddetli arzu, özlem (for *için, -e*; to *inf. -meye*); **2.** *vb.* kaşınmak; *fig.* şiddetle arzu etm., özlem duymak, can atmak; be ~ing to *inf. -meye* can atmak; have an ~ing palm paraya düşkün olm., para canlısı olm.; **ˈitch.ing** *n.* kaşıntı, kaşınma; *fig.* şiddetli arzu, özlem; **ˈitch.y** *adj.* kaşıntılı, kaşınan.

i.tem [ˈaitəm] **1.** *adv.* keza, dahi; **2.** *n.* parça, kalem, adet; bent, madde, fıkra; **3.** *vb.* not etm., kaydetmek; **i.tem.ize** [ˈ~maiz] *vb.* ayrıntıları ile yazmak.

it.er.ate [ˈitəreit] *vb.* tekrarlamak, tekrar tekrar söylemek; **it.erˈa.tion** *n.* tekrarla(n)ma, tekerrür; **it.er.a.tive** □ [ˈitərətiv] mükerrer, tekrarlanmış, yinelemeli.

i.tin.er.ant □ [iˈtinərənt] dolaşan, gezgin, seyyar...; **i.tin.er.ar.y** [aiˈtinərəri] **1.** *n.* yol; yolcu rehberi; seyahat kitabı, seyahatname; seyahat programı; **2.** *adj.* yola (*veya* seyahate) ait, yol..., seyahat...; **i.tin.er.ate** [iˈtinəreit] *vb.* yolculuk etm., seyahat etm.; gezici vaizlik etm.

its [its] *adv.* onun(ki) *(cinssiz).*

it's F [its] = it is, it has.

it.self [itˈself] *adv.* bizzat, kendi(si); of ~ kendi kendine, kendiliğinden; in ~ haddi zatında, aslında, başlı başına; by ~ kendi kendine, otomatikman; yalnız başına, tek başına.

I've F [aiv] = I have.

i.vied [ˈaivid] *adj.* sarmaşık kaplı, sarmaşıklarla örtülü.

i.vo.ry [ˈaivəri] **1.** *n.* fildişi; fildişi rengi; fildişinden yapılmış eşya; **2.** *adj.* fildişi...; fildişi renginde...

i.vy ⚘ [ˈaivi] *n.* sarmaşık.

J

jab F [dʒæb] **1.** *v/t.* dürtmek, itmek; ucu keskin bir şeyle dürtmek; **2.** *n.* dürtme, itme; *boks:* direk; F şırınga, iğne, enjeksiyon.
jab.ber [ˈdʒæbə] **1.** *vb.* hızlı konuşmak, çabuk çabuk konuşmak; anlaşılmaz şekilde söylemek; **2.** *n.* hızlı konuşma; anlamsız söz.
jab.ot [ˈʒæbəu] *n.* kadın elbisesinin önüne takılan süslü fırfır.
Jack[1] [dʒæk] *n.* 'John' ismi; ~ Frost Ayaz Paşa, şiddetli ayaz; before one could say ~ Robinson çok hızlı *veya* ani, apansız.
jack[2] [~] **1.** *n.* kriko; adam, herif; denizci, gemici; hizmetçi, uşak, işçi; bocurgat, kaldıraç; erkek hayvan *(eşek)*; ⚓ cıyadra sancağı; beş taş oyunu; *iskambil:* vale, bacak; pot, ortada biriken para; *sl.* para, mangır; *sl.* polis memuru, aynasız; priz; elma rakısı; çakı; **2.** *v/t. a.* ~ up bocurgat ile kaldırmak, kriko ile kaldırmak.
jack.al [ˈdʒækɔːl] *n. zo.* çakal; *fig.* başkasının hesabına karanlık işler gören kimse.
jack.a.napes [ˈdʒækəneips] *n.* kendini beğenmiş kimse; yaramaz çocuk; **ˈjack.ass** *n.* erkek eşek; *fig.* eşek herif, ahmak adam; **ˈjack.boots** *n. pl.* eskiden süvarilerin giydiği dizi aşan çizme; **ˈjack.daw** *n. orn.* küçük karga.
jack.et [ˈdʒækit] *n.* ceket; ⊕ kaplama, kılıf, gömlek, silindir ceketi; kitap zarfı, ciltli kitabın üstüne geçirilen kağıt kap; dust s.o.'s ~ F *b-ni* dövmek, pataklamak; potatoes in their ~s kabuğu soyulmamış patates.
jack...: **ˈ~-in-of.fice** *n.* kılı kırk yaran ukalâ memur; **ˈ~-in-the-box** *n.* kutu açılınca içinden fırlayan yaylı kukla; ♀ **Ketch** cellât; **ˈ~-knife** *n.* büyük çakı; **ˈ~-of-ˈall-trades** *n.* elinden her iş gelen kimse, becerikli kimse, on parmağında on marifet olan kimse; **~-o'-lan.tern** [ˈdʒækəulæntən] *n.* bataklık yakamozu; içi oyulmuş ve bir tarafına insan çehresi şekli verilmiş kabaktan oyuncak fener; **ˈ~-plane** *n.* kaba planya, marangoz rendesi; **ˈ~.pot** *n. poker:* pot, ortada biriken para; hit the ~ *Am.* F turnayı gözünden vurmak, büyük başarı kazanmak; ~ **pudding** maskara, soytarı, palyaço; ~ **tar** gemici, denizci; **ˈ~-tow.el** *n.* el havlusu.
Jac.o.bin *hist.* [ˈdʒækəubin] *n.* Fransız ihtilâli sırasında örgütlenen ihtilâlci grupların üyesi; **Jac.o.bite** *hist.* [ˈ~bait] *n.* 1685-1688 yılları arasında hüküm süren II. James yanlısı kimse.
jade[1] [dʒeid] **1.** *n.* yaşlı ve işe yaramaz beygir; *contp.* adı kötüye çıkmış kadın, cilveli kız; **2.** *v/t. & v/i.* çok yor(ul)mak, bitkin düş(ür)mek, ağır işler vererek yormak.
jade[2] *min.* [~] *n.* yeşim, yeşil renkte değerli bir taş.
jag [dʒæg] **1.** *n.* diş, sivri uç, ok ucu, kanca; *sl.* sarhoşluk, ayyaşlık; içki âlemi; **2.** *vb.* diş diş etm., çentmek; **ˈjag.ged** □, **ˈjag.gy** dişli, çentikli, kertikli; *part. Am. sl.* jagged sarhoş, ayyaş.
jag.uar *zo.* [ˈdʒægjuə] *n.* jaguar.
jail [dʒeil] **1.** *n.* cezaevi, tutuevi, hapishane, kodes; **2.** *v/t.* hapsetmek, tutuklamak, hapse atmak; **ˈ~-bird** *n.* hapishane gediklisi, mahkûm; ip kaçkını; pranga kaçağı.
jail.er [ˈdʒeilə] *n.* gardiyan.
ja.lop.(p)y *part. Am.* F *mot.*, ✈ [dʒəˈlɔpi] *n.* külüstür otomobil *veya* uçak.
jam[1] [dʒæm] *n.* reçel, marmelat.
jam[2] [~] **1.** *n.* sıkış(tırıl)ma; ⊕ kasılma, tekleme, kilitlenme; *radyo:* yayına karışan parazit; kalabalık, izdiham, sıkışıklık; zor durum, çıkmaz; traffic ~ trafik sıkışıklığı; be in a ~ *sl.* zor durumda olm., hapı yutmak, ayvayı yemek; ~ session caz müzisyenlerinin toplanarak müzik yapmaları; **2.** *v/t. & v/i.* sıkış(tır)mak; tık(ıştır)mak; *radyo:* parazit yapmak; ⊕ kasılmak, sıkışıp durmak, kenetlenmek; bloke etm.; ~ the brakes frenleri kenetlemek, kasmak, kilitlemek.

Ja.mai.ca [dʒəˈmeikə] *n. a.* ~ rum Jamaika romu.
jamb [dʒæm] *n.* kapı *veya* pencere pervazı.
jam.bo.ree [dʒæmbəˈriː] *n. (part. izcilerin yaptığı)* toplantı; *sl.* eğlenti, cümbüş, âlem, şamata, gırgır.
jam-jar [ˈdʒæmdʒɑː] *n.* reçel kavanozu.
jan.gle [ˈdʒæŋgl] **1.** *vb.* kavga etm., çekişmek, ağız münakaşası etm.; ahenksiz ses çıkarmak; ahenksiz bir şekilde söylemek; **2.** *n.* gürültü; ahenksiz ses; **ˈjangling** *adj.* tiz, cırlak, kulakları tırmalayan *(ses)*.
jan.i.tor [ˈdʒænitə] *n.* kapıcı, odacı; *Am.* hademe.
Jan.u.ar.y [ˈdʒænjuəri] *n.* ocak (ayı).
Jap F [dʒæp] *n.* Japon.
ja.pan [dʒəˈpæn] **1.** *n.* laka, parlak ve sert cila, Japon verniği; **2.** *v/t.* Japon lakası ile cilalamak.
Jap.a.nese [dʒæpəˈniːz] **1.** *adj.* Japonya'ya ait; **2.** *n.* Japon(yalı); Japonca; the ~ *pl.* Japon halkı.
ja.pan.ner [dʒəˈpænə] *n.* cilacı, vernikçi, lakacı.
jar¹ [dʒɑː] *n.* kavanoz.
jar² [~] **1.** *n.* sarsıntı, titreşim; şok; çatlak ses, bozuk ses; **2.** *v/t. & v/i.* sars(ıl)mak, titre(t)mek, salla(n)mak; çatlak ses çıkarmak, ahenksiz ses vermek; sinirlendirmek (upon *-i*); dokunmak *(sinirine)*; tırmalamak *(kulak)*; ~ with *ile* uyuşmamak, *-e* uymamak.
jar.gon [ˈdʒɑːgən] *n.* anlaşılmaz dil *veya* söz; teknik lisan.
jas.min(e) ⚘ [ˈdʒæsmin] *n.* yasemin.
jas.per *min.* [ˈdʒæspə] *n.* yeşime benzer bir taş.
jaun.dice [ˈdʒɔːndis] *n.* ⚕ sarılık hastalığı; *fig.* sağduyuyu bozan hissi durum, kıskançlık, haset, gıpta; **ˈjaun.diced** *adj.* sarılık olmuş; *fig.* kıskanç.
jaunt [dʒɔːnt] **1.** *n.* gezinti; **2.** *v/i.* gezmek; **ˈjaun.ti.ness** *n.* neşe; kibarlık; şıklık; **ˈjaunt.ing-car** *n.* iki tekerlekli hafif at arabası; **ˈjaun.ty** □ soylu, kibar; şık, gösterişli, fiyakalı; neşeli, canlı.
Jav.a.nese [dʒɑːvəˈniːz] **1.** *adj.* Cava'ya *veya* Cava diline özgü; **2.** *n.* Cava halkı *veya* dili; the ~ *pl.* Cava halkı, Cavalılar.
jave.lin [ˈdʒævlin] *n.* kargı, mızrak; *spor:* cirit; throwing the ~ cirit atma.
jaw [dʒɔː] **1.** *n.* çene; ~s *pl.* ağız; dar geçit, boğaz; ⊕ sap, çene; F konuşkanlık, gevezelik; sıkıcı konuşma; **2.** *v/i.* çene çalmak, gevezelik etm., laklak etm.; *v/t.* P verip veriştirmek, çıkışmak, dırlanmak; **ˈ~-bone** *n.* çene kemiği; **ˈ~-breaker** *n.* F telaffuzu zor kelime.
jay [dʒəi] *n. orn.* alakarga, kestane kargası; F geveze kimse, lakırdıcı; **ˈ~.walker** *n.* bir caddeyi trafik kurallarını çiğneyerek geçen kimse.
jazz [dʒæz] **1.** *n.* caz; caz müziği parçası; yalan, martaval, dümen; şey, zımbırtı, falan filan; **2.** *adj.* F göz kamaştırıcı, fiyakalı; **3.** *v/t.* caz türünde çalmak *veya* düzenlemek *(şarkı)*; ~ up canlandırmak, hareketlendirmek; **ˈ~-band** *n.* cazbant, caz orkestrası; **ˈjaz.zy** = jazz 2.
jeal.ous □ [ˈdʒeləs] kıskanç, kıskanan (of *-i*); aşırı titiz, dikkatli; şüpheci; **ˈjealous.y** *n.* kıskançlık, haset.
jean [dʒiːn] *n.* bir çeşit kaba pamuklu bez; ~s *pl.* blucin pantolon.
jeep [dʒiːp] *n.* cip.
jeer [dʒiə] **1.** *n.* alay, alaylı söz, taş, yuha; **2.** *v/i.* alay etm., eğlenmek, dalga geçmek (at *ile*); *v/t.* alaya almak, küçümsemek; **ˈjeer.er** *n.* alaycı kimse; **ˈjeering** □ alaylı, iğneli, taşlı.
je.june □ [dʒiˈdʒuːn] yavan, anlamsız, manasız, kuru, sıkıcı, *esp. Am.* çocukça.
jell F [dʒel] *v/t. & v/i.* pelteleş(tir)mek, pelte gibi donmak; *fig.* şekillenmek, şekil almak.
jel.ly [ˈdʒeli] **1.** *n.* pelte, meyve özünden yapılmış jelatinli marmelat; jelatin; **2.** *v/t. & v/i.* pelteleş(tir)mek, pelte gibi donmak; **ˈ~-fish** *n. zo.* denizanası, medüz.
jem.my [ˈdʒemi] *n.* kısa demir çubuk, levye.
jen.ny ⊕ [ˈdʒeni] *n.* pamuk eğirme makinesi, çıkrık; = spinning-~.
jeop.ard.ize [ˈdʒepədaiz] *v/t.* tehlikeye atmak, tehlikeye koymak; **ˈjeop.ard.y** *n.* tehlike.
jer.bo.a *zo.* [dʒəːˈbəuə] *n.* Asya ve Kuzey Afrika'da yaşayan tarla faresi.
jer.e.mi.ad [dʒeriˈmaiəd] *n.* yakınma, figan, feryat, dert yanma, can sıkıcı şikâyet.
jerk [dʒəːk] **1.** *n.* anî çekiş, itme, başlama, duruş, bükme, kaldırma *veya* fırlatma; silk(in)me; büzülme, burkulma, gerilme; *sl.* aptal, ayı; by ~s hamle ile; physical ~s *pl.* F jimnastik hareketleri, idman, beden eğitimi; **2.** *vb.* atmak, fırlatmak; kesik kesik söylemek; uzun parçalar halinde kesip güneşte kurutmak *(et)*; birdenbire çekmek.
jer.kin [ˈdʒəːkin] *n.* dar deri yelek.
jerk.wa.ter *Am.* [ˈdʒəːkwɔːtə] **1.** *n.* banliyö

treni; **2.** *adj.* F taşra...; küçük, önemsiz; **'jerk.y** **1.** □ sarsıntılı; *sl.* aptal, salak, ahmak; **2.** *n. Am.* güneşte kurutulmuş sığır eti.

jer.ry *sl.* ['dʒeri] *n.* ⚔ ♀ Alman askeri; lâzımlık, oturak; **'~-build.er** *n.* kötü malzeme kullanan inşaatçı; **'~-build.ing** *n.* kötü malzeme kullanarak inşa etme; **'~-built** *adj.* kötü malzeme kullanılarak yapılmış; ~ house kötü malzeme ile yapılmış (*veya* derme çatma) ev; **'~.can** *n.* benzin *veya* yağ bidonu.

jer.sey ['dʒə:zi] *n.* jarse; yün kazak; ♀ *n. zo.* Jersey adasında bulunan sütü çok yağlı bir cins inek.

jes.sa.mine ♀ ['dʒesəmin] *n.* yasemin.

jest [dʒest] **1.** *n.* şaka, lâtife, alay; **2.** *vb.* şakaya almak; hafife almak, yabana atmak; alaya almak; şaka söylemek, şaka etm.; alaylı konuşmak; **'jest.er** *n.* şakacı, dalkavuk, soytarı.

Jes.u.it ['dʒezjuit] *n.* Cizvit; **Jes.u'it.ic, Jes.u'it.i.cal** □ Cizvit gibi.

jet[1] *min.* [dʒet] *n.* siyah kehribar, kara amber, Erzurum taşı; simsiyah renk.

jet[2] [~] **1.** *n.* fışkırma, püskürme; tepki; jet uçağı; jet motoru; ⊕ meme; ~ propulsion jetle tepki, jetle çalıştırma; ~ set jet sosyete; **2.** *v/t.* & *v/i.* fışkır(t)mak, püskür(t)mek; jet uçağı ile seyahat etm.

jet-black ['dʒet'blæk] *adj.* simsiyah, kapkara.

jet...: ~ **en.gine** jet motoru; **'~-plane** *n.* jet uçağı, tepkili uçak; **'~-pow.ered** *adj.* tepki ile çalışan, tepkili.

jet.sam ['dʒetsəm] *n.* tehlike anında gemiyi hafifletmek için denize atılan mal; bu şekilde atıldıktan sonra karaya vuran eşya; flotsam and ~ denizin attığı enkaz; *fig.* serseriler, ayaktakımı.

jet.ti.son ['dʒetisn] **1.** *n.* tehlike anında gemiyi hafifletmek için eşyayı denize atma; bu suretle denize atılan mal; **2.** *v/t.* tehlike anında gemiyi hafifletmek için denize atmak (*eşya*); *fig.* feda etm.; **'jet.ti.son.a.ble** *adj.* atılabilir türden, atılabilir...

jet.ty ⚓ ['dʒeti] *n.* dalgakıran, set, mendirek; iskele, rıhtım.

Jew [dʒu:] *n.* Yahudi; *attr.* Yahudi...

jew.el ['dʒu:əl] **1.** *n.* kıymetli taş, mücevher, cevher (*a. fig.*); **2.** *v/t.* kıymetli taşlarla süslemek; **'jew.el(l)er** *n.* kuyumcu; **'jew.el.ry, 'jew.el.ler.y** *n.* kuyumculuk; *pl.* mücevherat.

Jew.ess ['dʒu:is] *n.* Yahudi kadın; **'Jew.ish** *adj.* Musevi..., Yahudi...; **Jew.ry** ['dʒuəri] *n.* Musevi halkı; Yahudilik.

jib [dʒib] **1.** *n.* ⚓ flok yelkeni; ⊕ vinç kolu; the cut of his ~ dış görünüşü; **2.** *v/i.* aniden durmak (*at*); inat edip ileri gitmemek (*at*); *fig.* ayak diremek, dayatmak; ~ at -*e* isteksizlik göstermek, -*i* istememek, beğenmemek; **'jib.ber** *n.* inat edip ileri gitmeyen at; **'jib'boom** *n.* ⚓ bumba, gemi bastonu.

jibe [dʒaib] *vb. Am.* F uy(uş)mak; = gibe.

jif.fy F ['dʒifi] *n.* an; in a ~ hemen, derhal, göz açıp kapayıncaya kadar.

jig [dʒig] **1.** *n.* oynak ve hızlı bir dans, cig dansı; bu dansın müziği; ⊕ delme cihazı, cig; **2.** *v/t.* & *v/i.* cig dansı yap(tır)mak; iki yana salla(n)mak; bir aşağı bir yukarı zıpla(t)mak.

jig.ger ['dʒigə] *n.* pire; kene, sakırga; *Am.* kokteyller için ölçü olarak kullanılan ufak cam bardak.

jig.gered F ['dʒigəd] *adj.*: I'm ~ if ......irse hayret doğrusu.

jig.gle [dʒigl] *v/t.* & *v/i.* salla(n)mak.

jig-saw ['dʒigsɔ:] *n.* makineli oyma testeresi; ~ **puz.zle** oyma testeresi ile kesilmiş tahta parçalarından ibaret bilmece.

jill [dʒil] = gill[3].

jilt [dʒilt] **1.** *n.* sevgilisini reddeden kız; **2.** *v/t.* reddetmek, yüzüstü bırakmak (*sevgili*).

Jim *Am. sl.* [dʒim] *n.*: ~ Crow zenci.

jim-jams *sl.* ['dʒimdʒæmz] *n. pl.* aşırı sinirlilik.

jim.my ['dʒimi] *n.* hırsızların kullandıkları demir çubuk.

jin.gle ['dʒiŋgl] **1.** *n.* çıngırtı, şıngırtı; tekerleme gibi kelimeler; **2.** *v/t.* & *v/i.* çıngırda(t)mak, şıngırda(t)mak; alliterasyon ve kafiyelerle dolu olm. (*mısra*).

jin.go ['dʒiŋgəu] *n.* şoven, savaş taraftarı; by ~! *sl.* ya!, öyle mi!, vallahi!; **'jin.go.ism** *n.* aşırı milliyetçilik.

jinks [dʒiŋks] *n. pl.*: *mst* high ~ eğlence, şamata, gırgır, cümbüş, tantana.

jinn [dʒin] = genie.

jinx *sl.* [dʒiŋks] *n.* uğursuz şey *veya* kimse.

jit.ney *Am. sl.* ['dʒitni] *n.* beş sentlik para; minibüs, dolmuş.

jit.ter F ['dʒitə] **1.** *v/i.* sinirli olm.; sinirli davranmak; **2.** *n.* ~s *pl. sl.* aşırı sinirlilik; have the ~s heyheyleri üstünde olm.; **~.bug** ['~bʌg] **1.** *n. fig.* heyheyleri üstünde (*veya* şaşalamış, şaşkın) kimse; 1940'lı yılların hareketli ve popüler bir dansı; caz müziği delisi; **2.** *v/i.* deli gibi caz dansı yapmak; **'jit.ter.y** *adj. sl.* çok sinirli, heyheyleri üstünde; korkmuş.

jiu-jit.su [dʒuːˈdʒitsuː] *n.* silahsız dövüş sanatı.

jive *Am. sl.* [dʒaiv] *n.* caz müziği; caz müziği argosu; yanıltıcı *veya* aptalca konuşma, gevezelik.

Job¹ [dʒəub] *n.*: ~'s comforter sözde teselli etmeye çalışarak bir kimsenin sıkıntısını arttıran kimse.

job² [dʒɔb] **1.** *n.* iş, görev, vazife, memuriyet; hizmet; soygun; dalavere, hileli iş; ⚚ parti malı; by the ~ götürü usulü; make a good ~ of it *bşi* başarmak, üstesinden gelmek; a bad ~ ümitsiz (*veya* kötü) şey *veya* durum; ~ lot satın alınan çeşitli eşya; ~ printer küçük matbaacı; ~ work götürü iş; **2.** *v/t.* götürü usulü çalıştırmak; kira ile tutmak; aldatmak, dolandırmak; ⚚ kâr amacıyla alıp satmak; kötüye kullanmak, suiistimal etm.; *v/i.* götürü iş yapmak; kişisel çıkarı için resmi işe girmek; komisyonculuk yapmak.

job.ber [ˈdʒɔbə] *n.* komisyoncu, simsar, tellâl; götürü usulü çalışan kimse; resmi görevini suiistimal eden kimse; toptancı; **ˈjob.ber.y** *n.* resmi işlerde dalaverecilik; **ˈjob.bing** *n.* komisyonculuk; götürü usulü çalışma; *s.* jobbery.

jock.ey [ˈdʒɔki] **1.** *n.* cokey; **2.** *vb.* aldatmak, dolandırmak; cokey sıfatıyla binmek *(at)*; işletmek, çalıştırmak; yerini değiştirmek.

jo.cose □ [dʒəuˈkəus] şakacı, latifeci; komik, gülünç; şen, neşeli; **joˈcose.ness** *n.* şakacılık, latifecilik; komiklik.

joc.u.lar [ˈdʒɔkjulə] *adj.* şaka yollu, şaka türünden, şakalı; **joc.u.lar.i.ty** [~ˈlæriti] *n.* şakacılık.

joc.und □ [ˈdʒɔkənd] neşeli, şen, hoş, keyifli, canlı.

Jodh.purs [ˈdʒɔdpuəz] *n. pl.* ata binerken giyilen pantolon, potur.

Joe [dʒəu]: ~ Miller bayat espri.

jog [dʒɔg] **1.** *n.* sarsma, hafifçe itme, dürtme; tırıs yürüyüş; girinti *veya* çıkıntı; keskin viraj; **2.** *v/t.* sarsmak, itmek, dürtmek; canlandırmak *(hafıza)*; tırıs yürütmek *(at)*; *v/i. mst* ~ along, ~ on yavaş yavaş gezinmek, bir tempoda ilerlemek; yavaş yavaş koşmak; **jog.ging** *n.* yavaş yavaş koşma, ağır ağır ilerleme.

jog.gle [ˈdʒɔgl] **1.** *v/t.* & *v/i.* hafifçe sars(ıl)mak, yavaşça salla(n)mak, ⊕ dişlemek, çentik açmak; **2.** *n.* sarsma, sallama; ⊕ geçme, dişli yiv.

jog-trot [ˈdʒɔgˈtrɔt] *n.* tırıs yürüyüş, yavaş yürüyüş; *fig.* lakaytlik, işi oluruna bırakma.

John [dʒɔn]: ~ Bull İngiliz milleti; tipik İngiliz; ~ Hancock *Am.* bir kimsenin kendi el yazısı ile imzası.

join [dʒɔin] **1.** *v/t.* & *v/i.* birleş(tir)mek, bağlan()mak, bitiş(tir)mek, kavuş(tur)mak (to -*e*); ⊕ raptetmek; katılmak -*e* *(kulüp, parti, ordu)*; evlendirmek ~ battle savaşa girmek; ~ company gruba katılmak (with); ~ hands el ele tutuşmak; *fig.* birlik olm.; ~ in katılmak -*e*; ~ up askere yazılmak, orduya katılmak; üye kaydolunmak; I ~ with you ben senden tarafayım, sana katılıyorum; **2.** *n.* bitişim noktası; birleşme, bitişme.

join.er [ˈdʒɔinə] *n.* doğramacı, marangoz; **ˈjoin.er.y** *n.* doğramacılık, marangozluk.

joint [dʒɔint] **1.** *n.* ek; ek yeri; et parçası; batakhane; *anat.* eklem, mafsal; ⚘ nod, düğüm, boğum; *Am. sl.* esrarlı sigara; put out of ~ yerinden oynatmak, burkmak, çıkarmak *(kol, bacak)*; out of ~ çıkık; *fig.* çığrından çıkmış; **2.** □ birleşik, ortaklaşa, müşterek...; ~ heir müşterek vâris; **3.** *v/t.* bitiştirmek, birleştirmek, eklemek; ⊕ raptetmek; **ˈjoint.ed** *adj.* birleştirilmiş, bitiştirilmiş; mafsallı; ~ doll parçalardan yapılmış oyuncak bebek; **joint stock** ana sermaye; **ˈjoint-stock com.pa.ny** anonim şirket; **join.ture** ⚖ [ˈ~tʃə] *n.* bir kadına kocasının ölümünden sonra kalmak şartıyla bağlanan gelir.

joist [dʒɔist] *n.* kiriş.

joke [dʒəuk] **1.** *n.* şaka, latife, nükte; şaka konusu; practical ~ eşek şakası; **2.** *v/i.* şaka yapmak, latife etm.; *v/t.* takılmak, şakadan aldatmak, alaya almak, eğlenmek (about -*e*, -*i*, *ile*); **ˈjok.er** *n.* *iskambil:* koz, joker; şakacı kimse; *Am.* bir kanun tasarısına gizlice eklenen ve anlamını değiştiren madde; herif, adam; **ˈjok.y** □ komik, gülünç, eğlendirici.

jol.li.fi.ca.tion F [dʒɔlifiˈkeiʃən] *n.* eğlence, gırgır, şamata, cümbüş, âlem; **ˈjol.li.ness, ˈjol.li.ty** *n.* neşe, zevk.

jol.ly [ˈdʒɔli] **1.** □ şen, neşeli, keyifli, neşe dolu, sevinçli, memnun, mutlu; F hoş, güzel, sevimli, zarif, cazip; çakırkeyf; **2.** *adv.* F çok, pek çok, fazlasıyla; **3.** *vb.* F *b-nin* gönlünü yapmak, *b-ni* tatlı sözle kandırmak; eğlenmek, alay etm., takılmak.

jol.ly-boat ⚓ [ˈdʒɔlibəut] *n.* küçük filika.

jolt [dʒəult] **1.** *v/t.* & *v/i.* sars(ıl)mak; **2.** *n.* sarsıntı, sarsma; sürpriz, şok; **ˈjolt.y** *adj.* sarsıntılı.

Jon.a.than [ˈdʒɔnəθən]: Brother ~ Amerikalı.
jon.quil ⚘ [ˈdʒɔŋkwil] *n.* fulya, zerrin.
jo.rum [ˈdʒɔːrəm] *n.* büyük içki kabı; bu kabın içindeki içki *(esp. punç).*
josh *Am. sl.* [dʒɔʃ] **1.** *n.* şaka, takılma; **2.** *v/t.* alay etm., takılmak; *v/i.* şaka yapmak.
joss [dʒɔs] *n.* Çin tanrısı; ˈ**~-house** *n.* Çin mabedi, Çin tapınağı.
jos.tle [ˈdʒɔsl] **1.** *vb.* itip kakmak, it(tir)mek, dürtüklemek; **2.** *n.* itip kakma, iteleme.
jot [dʒɔt] **1.** *n.* zerre, pek az şey, az miktar; **2.** *v/t.* ~ down yazıvermek, not almak; ˈ**jot.ter** *n.* not defteri; ˈ**jot.tings** *n. pl.* alınan notlar.
jour.nal [ˈdʒəːnl] *n.* gazete, dergi; ✝ yevmiye defteri; ⚓ seyir defteri; günlük, muhtıra; meclis zabıt defteri; ⊕ mil ucu, mihver mili; **jour.nal.ese** F [ˈ~nəˈliːz] *n.* gazeteci üslubu, gazeteci ağzı; ˈ**jour.nal.ism** *n.* gazetecilik; ˈ**jour.nal.ist** *n.* gazeteci; **jour.nalˈis.tic** *adj.* (~ally) gazeteciliğe ait, gazetecilik...; ˈ**jour.nal.ize** *vb.* ✝ yevmiye defterine geçirmek; ✝ yevmiye defteri tutmak; günlük tutmak; gazetecilik yapmak.
jour.ney [ˈdʒəːni] **1.** *n.* yolculuk, seyahat, gezi, sefer, yol; **2.** *v/i.* yolculuk etm.; ˈ**~.man** *n.* usta, kalfa; ˈ**~-work** *n.* usta işi.
joust [dʒaust] **1.** *n.* at üstünde yapılan mızrak dövüşü; **2.** *v/i.* at üstünde mızrak dövüşü yapmak; polemiğe girmek.
Jove [dʒəuv] *n.* Jupiter, baş tanrı; by ~! Allah Allah!, yok ya!
jo.vi.al □ [ˈdʒəuvjəl] şen, neşeli, keyifli; **jo.vi.al.i.ty** [~viˈæliti] *n.* şenlik, neşe, keyif.
jowl [dʒaul] *n.* çene; gıdık; gerdan; cheek by ~ sıkı fıkı; yana yana.
joy [dʒɔi] *n.* sevinç, neşe, keyif, haz, memnuniyet; **joy.ful** □ [ˈ~ful] neşeli, sevinçli, keyifli, neşe dolu, memnun; ˈ**joy.fulness** *n.* neşelilik, sevinçlilik, keyiflilik; ˈ**joy.less** □ neşesiz, keyifsiz, kederli, üzgün, tasalı; ˈ**joy.ous** □ sevinçli, keyifli, neşeli; ˈ**joy-ride** *n. sl.* çalıntı araba ile zevk için yapılan gezinti; ˈ**joy-stick** *n.* ✈ *sl.* manevra kolu, kumanda levyesi.
ju.bi.lant [ˈdʒuːbilənt] *adj.* büyük neşe içinde, çok memnun, sevinçli, coşkulu; zafer sarhoşu; **ju.bi.late** [ˈ~leit] *v/i.* coşmak, çok sevinmek; **ju.biˈla.tion** *n.* çok sevinme, coşma; **ju.bi.lee** [ˈ~liː] *n.* yıldönümü şenliği; ellinci yıldönümü; neşeli kutlama, jübile.
Ju.da.ism [ˈdʒuːdeiizəm] *n.* Yahudilik.
Ju.das [ˈdʒuːdəs] *n. fig.* hain, asi; *a.* ⁀-hole gözetleme deliği.
judge [dʒʌdʒ] **1.** *n.* hâkim, yargıç; hakem; bilirkişi; Yahudilerde krallardan önce geçici hükümdarlık yetkisi verilen hâkim; **2.** *vb. bş* hakkında fikir edinmek; bir davayı çözmek; hâkimlik yapmak; bir hükme varmak (from, by *-den*; of *hakkında)*; yargılamak, muhakeme etm.; hüküm vermek (by *-den)*; eleştirmek, tenkit etm.; karar vermek *(hakkında).*
judg(e).ment [ˈdʒʌdʒmənt] *n.* hüküm, yargı, karar; mahkeme kararı, bildiri, tebligat; muhakeme, yargılama; fikir, düşünce; Allah tarafından verilen ceza; in my ~ bence, bana kalırsa, kanımca; pronounce ~ kararı bildirmek; sit in ~ duruşma yapmak; come to ~ karara varmak; Day of ⁀, ⁀-Day kıyamet günü, hüküm günü.
judge.ship [ˈdʒʌdʒʃip] *n.* hâkimlik, yargıçlık.
ju.di.ca.ture [ˈdʒuːdikətʃə] *n.* yargılama; hâkimler kurulu; mahkeme; yargılama işlemi.
ju.di.cial □ [dʒuːˈdiʃəl] mahkemeye ait, adlî, hukukî; hâkime ait; şer'î; ~ murder mahkeme kararı ile fakat haksız yere ölüm cezası; ~ system hukuk sistemi.
ju.di.ci.a.ry [dʒuːˈdiʃiəri] *adj.* adlî, hukukî.
ju.di.cious □ [dʒuːˈdiʃəs] akıllı, tedbrli; sağgörülü; **juˈdi.cious.ness** *n.* sağgörülülük, basiretlilik.
ju.do [ˈdʒuːdəu] *n. spor:* judo.
jug [dʒʌg] **1.** *n.* testi, çömlek; *sl.* hapishane, kodes; **2.** *v/t.* çömlekte haşlamak; *sl.* kodese tıkmak; ~ged hare haşlanmış tavşan.
Jug.ger.naut *fig.* [ˈdʒʌgənɔːt] *n.* put, sanem; insanın kendisini körü körüne feda etmesini gerektiren inanç.
jug.gins F [ˈdʒʌginz] *n.* pısırık (*veya* sünepe, sümsük) kimse.
jug.gle [ˈdʒʌgl] **1.** *n.* hokkabazlık; hile, aldatmaca; **2.** *vb.* hokkabazlık yapmak; hile yapmak; aldatmak; *fig.* çarpıtmak, olduğundan değişik göstermek; mahrum etm. (out of *-den*); ˈ**jug.gler** *n.* hokkabaz, jonglör; hilekâr kimse, dolandırıcı; ˈ**juggler.y** *n.* hokkabazlık; hile.
Ju.go.slav [ˈjuːgəuˈslaːv] **1.** *n.* Yugoslav(yalı); **2.** *adj.* Yugoslav...
jug.u.lar *anat.* [ˈdʒʌgjulə] *adj.* boyna ait, boyun...; ~ vein şahdamarı; **ju.gu.late** *fig.* [ˈ~leit] *v/t.* durdurmak, önüne geçmek, önlemek.
juice [dʒuːs] *n.* özsu, usare; sebze, meyve *veya* et suyu; insan vücudunun sıvı

kısımları; *mot. sl.* benzin; ⚡ *sl.* elektrik, cereyan; kuvvet, güç; ˈ**juic.i.ness** *n.* özlülük, sululuk; ˈ**juic.y** □ özlü, sulu; F ilginç, enteresan, merak uyandırıcı.
ju.jube [ˈdʒuːdʒuːb] *n.* ⚘ hünnap; *pharm.* hünnap şekerlemesi.
ju-jut.su [dʒuːˈdʒutsuː] *n.* silahsız dövüş sanatı.
juke-box *Am.* F [ˈdʒuːkbɔks] *n.* para ile çalışan müzik dolabı, otomatik pikap.
ju.lep [ˈdʒuːlep] *n.* ilâca karıştırılan tatlı bir sıvı; *part. Am.* buzlu ve naneli içki.
Ju.ly [dʒuːˈlai] *n.* temmuz.
jum.ble [ˈdʒʌmbl] **1.** *n.* karmaşa, karışıklık, karmakarışık iş; **2.** *vb. a.* ~ up karmakarışık etm.; karmakarışık olm.; ˈ**~-sale** *n.* eski *veya* elden düşme malların birarada satışı *(yardım için).*
jump [dʒʌmp] **1.** *n.* atlama, sıçrama, zıplama; irkilme; fırlama, yükselme, artış *(fiyat)*; ~s *pl.* sinirlilik; high (long) ~ yüksek (uzun) atlama; get (have) the ~ on *Am.* F *-den* önce davranmak; give a ~ korkutmak, ürkütmek; **2.** *v/t.* & *v/i.* atla(t)mak, sıçra(t)mak, zıpla(t)mak, fırla(t)mak, üzerinden atla(t)mak; içine atlamak, binmek *(tren, taksi)*; geçivermek *(konudan konuya)*; küt küt atmak *(kalp)*; *fig.* aniden fırlamak *(fiyat)*; ~ at hemen kabul etm., *-e* dünden razı olm.; ~ to conclusions acele hüküm vermek, hemen karara varmak; ~ on, ~ upon saldırmak; azarlamak, çatmak, paylamak; ~ the queue *bşi* haksız yere elde etm., başkasının sırasını kapmak; ˈ**jump.er** *n.* atlayıcı, sıçrayan kimse, hayvan *veya* böcek; kazak; çocuk önlüğü, göğüslük; ˈ**jump.ing-ˈoff** *n.* başlangıç; ˈ**jump.y** *adj.* sinirli, diken üstünde.
junc.tion [ˈdʒʌŋkʃən] *n.* birleşme, bitişme; birleşme yeri, kavşak; 🚂 makas, iki demiryolunun birleştiği yer; ~ box ⚡ bağlantı kutusu, buat; **junc.ture** [ˈ~tʃə] *n.* birleşme yeri; bitişme, bağlantı; nazik zaman, önemli an; at this ~ bu kritik durumda.
June [dʒuːn] *n.* haziran.
jun.gle [ˈdʒʌŋgl] *n.* orman, cengel.
jun.ior [ˈdʒuːnjə] **1.** *adj.* yaşça küçük; ast; küçük *(babasıyla aynı ismi taşıyanın ismine eklenir)*; *Am. univ.* üçüncü sınıfa ait; ~ high school *Am.* ortaokul *(7.8. ve 9. sınıfları kapsayan)*; ~ partner ikinci derecede ortak; **2.** *n.* yaş, mevki *veya* kıdemce küçük kimse; *Am.* lise *veya* üniversitede üçüncü sınıf öğrencisi; erkek evlât, oğul; F küçük boy *(elbise vs.)*; he is my ~ by four years, he is four years my ~ benden dört yaş küçüktür; **jun.ior.i.ty** [dʒuːniˈɔriti] *n.* yaşça küçüklük; astlık.
ju.ni.per ⚘ [ˈdʒuːnipə] *n.* ardıç.
junk[1] ⚓ [dʒʌŋk] *n.* altı düz ve yelkenli Çin gemisi.
junk[2] [~] *n.* pılı pırtı, çöp; hurda.
jun.ket [ˈdʒʌŋkit] **1.** *n.* kesilmiş sütten yapılmış bir çeşit kaymak; *Am.* ziyafet; piknik; **2.** *vb.* ziyafet vermek; ziyafete katılmak.
jun.ta [ˈdʒʌntə] *n.* cunta; **jun.to** [ˈ~təu] *n.* amaçları ortak olan grup, klik.
ju.rid.i.cal □ [dʒuəˈridikəl] adlî, hukukî, kanunî...
ju.ris.dic.tion [dʒuərisˈdikʃən] *n.* yargılama hakkı; yetki, salâhiyet; nüfuz dairesi, kaza dairesi; **ju.ris.pru.dence** [ˈ~pruːdəns] *n.* hukuk ilmi; ˈ**ju.ris.pru.dent** *n.* hukuk uzmanı, hukukçu.
ju.rist [ˈdʒuərist] *n.* hukuk uzmanı, hukukçu.
ju.ror ⚖ [ˈdʒuərə] *n.* jüri üyesi.
ju.ry ⚖ [ˈdʒuəri] *n.* jüri; ˈ**ju.ry-box** *n.* mahkemede jürinin oturduğu yer; ˈ**ju.ry.man** *n.* jüri üyesi.
ju.ry-mast ⚓ [ˈdʒuərimaːst] *n.* yedek *(veya* geçici) direk.
just [dʒʌst] **1.** *adj.* □ âdil, haklı, insaflı, haktanır, doğru; akla yakın, makûl, mantıkî; **2.** *adv.* sadece, yalnız; tam, tam tamına, kesin olarak; hemen; şimdi, biraz önce, az evvel; neredeyse; güçbelâ, darı darına; çok, epey; ~ now hemen şimdi; az evvel, biraz önce; ~ over (below) hemen yukarıda (aşağıda); ~ let me see! bir bakayım!; it's ~ splendid! harika!
jus.tice [ˈdʒʌstis] *n.* adalet, hak, insaf; hâkim, yargıç; doğruluk, dürüstlük; ♀ of the Peace sulh hâkimi; court of ~ sulh mahkemesi; do ~ to s.o. *b-nin* hakkını gözetmek, *b-ne* âdil davranmak; do o.s. ~ elinden geleni yapmak; ˈ**jus.tice.ship** *n.* hâkimlik.
jus.ti.fi.a.bil.i.ty [dʒʌstifaiəˈbiliti] *n.* haklı olma; ˈ**jus.ti.fi.a.ble** □ doğruluğu ispatlanabilir, haklı çıkarılabilir, savunulabilir.
jus.ti.fi.ca.tion [dʒʌstifiˈkeiʃən] *n.* haklı çık(ar)ma; mazur gösterme; mazeret, sebep; **jus.ti.fi.ca.to.ry** [ˈ~təri] *adj.* haklı çıkaran, mazur gösteren.
jus.ti.fi.er *typ.* [ˈdʒʌstifaiə] *n.* satır düzenleyici; ˈ**jus.ti.fy** *v/t.* haklı çıkarmak, doğrulamak; temize çıkarmak; *typ.* düz olarak ayarlamak *(yazının sağ kenarını).*
just.ly [ˈdʒʌstli] *adv.* haklı olarak.

just.ness ['dʒʌstnis] *n.* hak; haklılık, adalet; doğruluk, dürüstlük (*s.* just 1).

jut [dʒʌt] **1.** *v/i.* *a.* ~ out dışarı çıkmış olm.; çıkıntı yapmak; **2.** *n.* çıkıntı.

Jute[1] [dʒuːt] *n.* beşinci yüzyılda İngiltere'yi istilâ eden bir Germen kabilesinden olan kimse.

jute[2] ⚘ [~] *n.* hintkeneviri; bu bitkiden çıkarılan elyaf.

ju.ve.nes.cence [dʒuːvi'nesns] *n.* gençleşme; **ju.ve'nes.cent** *adj.* gençleşen; gençleştirici; **ju.ve.nile** ['~nail] **1.** *adj.* genç; gençlikle ilgili, gençliğe özgü; ♀ Court çocuk mahkemesi; ~ delinquency çocuğun suç işlemesi; **2.** *n.* genç kimse, çocuk; **ju.ve.nil.i.ty** [~'niliti] *n.* gençlik, gençler; olgunlaşmamış birinin davranışı.

jux.ta.po.si.tion [dʒʌkstəpə'ziʃən] *n.* yan-yana koyma; bitişiklik, bitişme.

K

Ka(f).fir [ˈkæfə] *n.* Afganistan'da Kâfiristan halkından biri; Güney Afrika'da Bantu kabilesinden olan kimse; ~s *pl.* † *sl.* Güney Afrika'ya ait altın madeni hisseleri.

kale [keil] *n.* bir çeşit kıvırcık yapraklı lahana; *Am. sl.* para, mangır.

ka.lei.do.scope *opt.* [kəˈleidəskəup] *n.* çiçek dürbünü, kaleydoskop.

kal.ends [ˈkælendz] = calends.

kan.ga.roo *zo.* [kæŋgəˈruː] *n.* kanguru.

ka.o.lin *min.* [ˈkeiəlin] *n.* arıkil, kaolin.

ka.pok [ˈkeipɔk] *n.* sıcak memleketlere özgü yumuşak pamuksu lif.

ka.put *sl.* [kæˈpuːt] *adj.* mahvolmuş; harap olmuş.

ka.yak [ˈkaiæk] *n.* Eskimo balıkçı kayığı; küçük kano.

keck [kek] *vb.* öğürmek; iğrenmek, tiksinmek (at *-den*).

kedge ⚓ [kedʒ] **1.** *n.* tonoz çapası; **2.** *vb.* tonoz çapasına bağlı yoma ile yürütmek *(gemi)*.

ked.ge.ree [kedʒəˈriː] *n.* balık, yumurta *vs.* ile pişirilen pilav.

keel ⚓ [kiːl] **1.** *n.* gemi omurgası; on an even ~ dengede *(gemi)*; *fig.* muntazam, düzenli; **2.** *v/i.* ~ over alabora olm.; *v/t.* devirmek, yana yatırmak *(gemi)*; **ˈkeel-age** *n.* ⚓ liman resmi; **keel-haul** ⚓ [ˈ~hɔːl] *v/t. b-ni* ceza olarak geminin altından geçirmek; şiddetle azarlamak, haşlamak; **keel.son** ⚓ [ˈkelsn] *n.* geminin iç omurgası.

keen¹ □ [kiːn] keskin, sivri; şiddetli, sert; zeki, akıllı; kuvvetli, canlı, yoğun; hassas; şahane; ~ on F düşkün, meraklı, hevesli *-e*; be ~ on hunting avcılığa meraklı olm.

keen² *Ir.* [~] *n.* ağıt.

keen-edged [ˈkiːnedʒd] *adj.* keskin kenarlı; **ˈkeen.ness** *n.* keskinlik; düşkünlük; akıllılık.

keep [kiːp] **1.** *n.* geçim; *hist.* kale, hisar; zindan, hapishane; himaye; for ~s F temelli olarak, her zaman için, ebediyen; **2.** *(irr.) v/t. com.* tutmak, korumak, himaye etm., saklamak, muhafaza etm.; yerine getirmek; sürdürmek, devam ettirmek; yönetmek, işletmek; beslemek, bakmak, geçindirmek; ücretle tutmak; geri tutmak, alıkoymak; biriktirmek, bir kenara ayırmak; elde tutmak; ~ s.o. company *b-ne* refakat etm.; ~ company with *ile* arkadaşlık etm.; ~ silence susmak; ~ one's temper *k-ne* hâkim olm.; ~ time doğru işlemek, doğru gitmek *(saat)*; ♪ tempo tutmak; ✕ aynı adımlarla yürümek; ~ s.o. waiting *b-ni* bekletmek; ~ away uzak tutmak; ~ down baskı yapmak; kontrol altına almak; kısıtlamak, sınırlamak; ~ s.o. from *b-ni -den* alıkoymak; ~ s.th. from s.o. *bşi b-den* saklamak; ~ in yanmaya devam etm. *(ateş)*; içeride tutmak, alıkoymak, saklamak; ~ in money parayı idare etm.; ~ in view gözönünde bulundurmak; ~ off uzak tutmak (from *-den*); ~ on çıkarmamak *(elbise)*; söndürmemek; devam etm.; ~ out yaklaştırmamak, uzak tutmak, çıkarmak; ~ up korumak; devam ettirmek, sürdürmek; *b-ni* ayakta tutmak; toplamak *(cesaret)*; ~ it up dayanmak; **3.** *(irr.) v/i.* F oturmak, yaşamak; devam etm., sürüp gitmek; kalmak, durmak; açık olm. *(okul)*; geri durmak, *k-ni* alıkoymak; ~ doing yapmaya devam etm.; ~ away uzak durmak; ~ clear of *-den* uzak durmak, kaçınmak, sakınmak; ~ from *-den* uzak durmak; ~ in with *ile* iyi geçinmek, dost kalmak; ~ off uzak kalmak; ~ on devam etm.; ~ on talking konuşmaya devam etm., konuşmayı sürdürmek; ~ on at s.o. *b-ni* sıkboğaz etm.; ~ to *-e* sadık olm., *-e* bağlı kalmak; ~ up ayakta durmak; ~ up with *-de* geri kalmamak, *-e* ayak uydurmak; ~ up with the Joneses komşularıyla rekabet etm.; toplumsal değişmelere ayak uydurmak.

keep.er [ˈkiːpə] *n.* bakıcı; bekçi; gardiyan; **ˈkeep.ing** *n.* koruma, tutma, mu-

hafaza etme, bakım; geçim; be in (out of) ~ with -e uygun ol(ma)mak; **keepsake** ['~seik] *n.* hatıra, andaç, yadigâr.
keg [keg] *n.* küçük fıçı, varil.
kelp ⚘ [kelp] *n.* büyük deniz yosunu, varek.
kel.son ⚓ ['kelsn] = keelson.
ken [ken] *n.* bilgi alanı, görüş açısı, görüş sahası.
ken.nel[1] ['kenl] *n.* su kanalı, oluk.
ken.nel[2] [~] *n.* köpek kulübesi; köpek yetiştirilen yer; köpek sürüsü.
kept [kept] *pret. and. p.p. of* keep 2.
kerb [kəːb], '**~.stone** = curb *etc.*
ker.chief ['kəːtʃif] *n.* başörtüsü, eşarp; boyun atkısı, fular; mendil; '**ker.chiefed** *adj.* başörtülü, eşarplı.
kerf [kəːf] *n.* çentik; yarık; kesilmiş parça.
ker.nel ['kəːnl] *n.* tahıl tanesi; iç; çekirdek; *fig.* öz, cevher, esas, ruh.
ker.o.sene ['kerəsiːn] *n.* gazyağı, gaz.
kes.trel *orn.* ['kestrəl] *n.* kerkenez.
ketch ⚓ [ketʃ] *n.* iki direkli bir çeşit yat, kotra.
ketch.up ['ketʃəp] *n.* keçap, domates sosu.
ket.tle ['ketl] *n.* çaydanlık; kazan; güğüm; tencere; '**~.drum** *n.* ♪ tembal, bir çeşit davul, dümbelek.
key [kiː] **1.** *n.* anahtar; *fig.* çözüm yolu; ⊕ kama, dil; cevap cetveli, şifre cetveli; tercüme, çeviri; ⚡ düğme, buton; ♪ tuş, anahtar (işareti), ses perdesi; *fig.* ton, tel; telgraf maniplesi; **2.** *v/t.* ~ up ♪ perdesini yükseltmek; *fig.* heyecanlandırmak, coşturmak; '**~.board** *n.* klavye; '**~-bu.gle** *n.* ♪ boru, korno; '**~.hole** *n.* anahtar deliği; ~ **in.dus.try** temel endüstri; '**~-man** *n.* kilit adam; '**~.mon.ey** *n.* hava (*veya* anahtar) parası; '**~-note** *n.* esas perde, ana nota; *fig.* temel, ilke, anafikir; '**~.stone** *n.* anahtar taşı, kilit taşı; *fig.* temel, ilke, esas madde.
khak.i ['kɑːki] **1.** *adj.* hâki; toprak rengi; **2.** *n.* bu renk kumaş; bu kumaştan üniforma.
khan[1] [kɑːn] *n.* han, emir, kağan.
khan[2] [~] *n.* kervansaray, han.
kibe [kaib] *n.* el ve ayakta soğuktan oluşan çatlak, yarık.
kib.itz.er *Am.* F ['kibitsə] *n.* iskambil oynayanların arkasında durup ellerini gören seyirci; istenmeyen öğüt veren kimse.
ki.bosh *sl.* ['kaibɔʃ] *n.* zırva, saçma; put the ~ on son vermek -*e,* altüst etm. -*i.*
kick [kik] **1.** *n.* tekme, tepme; F heyecan, zevk, haz; *fig.* kuvvet, enerji, canlılık; silahın geri tepmesi; karşı gelme, yakınma, şikâyet; kuvvet, sertlik *(içki)*; merak, heves; topa vurma; more ~s than halfpence takdirden çok eleştiri; get a ~ out of F *bşin* tadını çıkarmak, *-den* zevk duymak; **2.** *v/t.* tekmelemek, çiftelemek; *sl. -den* yakasını kurtarmak, bırakmak *(uyuşturucu madde)*; F baştan savmak, atlatmak; *futbol:* atmak *(gol)*; ~ the bucket *sl.* nalları dikmek, ölmek, gebermek; ~ one's heels F çok beklemek, ağaç olm.; ~ out F kovmak, defetmek; ~ up a row *veya* fuss *veya* dust F kavga çıkarmak, ortalığı birbirine katmak; *v/i.* tekme atmak, çifte atmak; topa vurmak; geri tepmek *(silah)*; karşı durmak (against, at -e); ~ in with *Am. sl.* para yardımında bulunmak; ~ off *futbol:* oyuna başlamak; '**kick.back** *n. part. Am.* F kârdan hisse, komisyon; '**kick.er** *n.* vuran şey *veya* kimse; vurucu; futbolcu; '**kick-'off** *n. futbol:* başlama (vuruşu); '**kick.shaw** *n.* çerez türünden yiyecek, abur cubur; değersiz şey, ıvır zıvır; '**kick-start.er** *n.* ayakla basılan marş; '**kick-'up** *n. sl.* kavga, gürültü, patırtı.
kid [kid] **1.** *n.* oğlak, keçi yavrusu; oğlak eti; oğlak derisi; *sl.* çocuk; **2.** *vb. sl.* takılmak *-e,* gırgır geçmek *ile,* işletmek *-i*; şaka yapmak; oğlak doğurmak; '**kiddy** *n. sl.* çocukcağız, yavrucak; **kid glove** oğlak derisinden eldiven; *fig.* yumuşaklık; '**kid-glove** *adj.* yumuşak, nazik.
kid.nap ['kidnæp] *v/t.* zorla kaçırmak *(part. çocuk)*; '**kid.nap.(p)er** *n.* zorla insan kaçıran kimse.
kid.ney ['kidni] *n. anat.* böbrek; F soy, tip, huy ,karakter; ~ bean ⚘ fasulye.
kike *Am. sl. contp.* [kaik] *n.* Yahudi.
kill [kil] **1.** *v/t.* öldürmek, katletmek; *fig.* yok etm., mahvetmek; bitirmek, sona erdirmek; *parl.* veto etm., reddetmek; *fig.* yenmek, mağlûp etm., durdurmak; geçirmek, boşa harcamak, öldürmek *(zaman)*; çok yormak; hepsini bitirmek *(içki)*; tesirini yok etm.; çok etkilemek; ~ off hepsini öldürmek, kırıp geçirmek; ~ time vakit öldürmek; **2.** *n.* öldürme; avda öldürülen hayvan, av; '**kill.er** *n.* adam öldüren kimse, katil, cani; '**killing 1.** □ öldürücü; çok yorucu; F komik, gülünç; **2.** *n. Am.* F vurgun, büyük kazanç; '**kill-joy** *n.* neşe bozan kimse.
kiln [kiln, ⊕ kil] *n.* tuğla *veya* kireç ocağı, fırın; '**~-dry** *v/t.* ocakta kurutmak, fırınlamak.

kil.o.cy.cle *phys.* ['kiləusaikl] *n.* kilosikl, kilo elektron volt; **kil.o.gram, kil.o.gramme** ['~græm] *n.* kilo(gram); **kil.o.me.ter, kil-o.me.tre** ['kiləumi:tə] *n.* kilometre; **ki.lo-watt** ⚡ ['kiləuwɔt] *n.* kilovat.

kilt [kilt] **1.** *n.* İskoç erkeklerinin giydiği eteklik; **2.** *v/t.* pli yapmak; etek giydirmek; *v/i.* çevik davranmak.

ki.mo.no [ki'məunəu] *n.* uzun Japon entarisi, kimono.

kin [kin] **1.** *n.* akraba, hısım; soy, nesep; akrabalık; the next of ~ yakın akraba; **2.** *adj.* akraba olan (to *-e*).

kind [kaind] **1.** □ müşfik, iyi kalpli, nazik, iyi, iyi huylu, sevimli; insancı(l); uysal, yumuşak başlı (to *-e, -e karşı*); **2.** *n.* cins, çeşit, tür, nevi; huy, karakter, mizaç, tabiat; people of all ~s her türden insan; different in ~ başka çeşitten; pay in ~ eşya ile borç ödemek, aynıyla ödemek; *fig.* aynen karşılık vermek; I ~ of expected it F biraz da bunu bekliyordum.

kin.der.gar.ten ['kindəga:tn] *n.* anaokulu.

kind.heart.ed ['kaind'ha:tid] *adj.* iyi kalpli.

kin.dle ['kindl] *v/t.* & *v/i.* tutuş(tur)mak, alevlen(dir)mek; aydınlatmak, yakmak; yanmak; *fig.* parlamak, uyan(dır)mak, çekmek *(ilgi)*.

kind.li.ness ['kaindlinis] *n.* şefkat, insancıllık, sevecenlik, yumuşaklık.

kin.dling ['kindliŋ] *n.* *a.* ~s *pl.* çalı çırpı.

kind.ly ['kaindli] **1.** *adj.* müşfik, şefkatli, dostça; **2.** *adv.* doğal olarak; içten, gönülden; şefkatle; nazikçe, kibarca.

kind.ness ['kaindnis] *n.* şefkat, yumuşaklık.

kin.dred ['kindrid] **1.** *adj.* akraba olan; birbirine benzer; **2.** *n.* akraba, hısım; akrabalık; soy, sülâle.

kine † [kain] *pl. of* cow[1].

ki.ne.ma ['kinimə] = cinema.

kin.e.mat.o.graph [kaini'mætəugra:f] = cinematograph.

ki.net.ic [ki'netik] *adj.* devimsel, kinetik; **ki'net.ics** *n. sg.* kinetik bilimi.

king [kiŋ] *n.* kral *(a. fig.)*; *satranç:* şah; başta olan kimse; *iskambil:* papaz; dama olan taş; ~'s evil ⚕ sıraca hastalığı; turn ~'s evidence suç ortağı aleyhinde ifade vermek; **'king.bird** *n. orn.* kral kuşu; **'king.craft** *n.* krallık hüneri; **'king.cup** *n.* ⚘ düğünçiçeği; altıntabak; **'king.dom** *n.* krallık, kraliyet, hükümdarlık; hükümet; saltanat; *part.* ⚘, *zo.* âlem; ~ come F öteki dünya, ahret; **'king.fish.er** *n.* yalıçapkını, iskelekuşu, emircik; **king.let** ['~lit] *n.* küçük kral; **'king.like** *adj.* kral gibi, krala yaraşır; haşmetli, muhteşem, mükellef; **'king.li.ness** *n.* haşmet; **'king.ly** *adj.* krala ait; krala yaraşır; haşmetli, muhteşem, şahane; **'king.pin** *n.* dingil başı pimi, göbek mili; *fig.* çok gerekli kimse *veya* şey, baş ,elebaşı; **'king.post** *n.* ⌂ baba, çatının orta direği; **'king.ship** *n.* krallık, hükümdarlık; **'king-size** *adj.* F normalden büyük, büyük boy.

kink [kiŋk] **1.** *n.* halat, tel *veya* ipin dolaşması; *fig.* kaçıklık, üşütüklük; acayiplik, tuhaflık; *Am.* kapris, garip fikir; have a ~ F tahtası eksik olm.; **2.** *v/t.* & *v/i.* halat gibi dolaş(tır)mak.

kins.folk ['kinzfəuk] *n. pl.* akraba, hısım; **'kin.ship** *n.* akrabalık, hısımlık; benzerlik; **'kins.man** *n.* erkek akraba; **'kins-wom.an** *n.* kadın akraba.

ki.osk ['ki:ɔsk] *n.* küçük kulübe; telefon kulübesi; köşk, sayfiye.

kip.per ['kipə] **1.** *n.* tuzlanmış isli ringa balığı, çiroz; *sl.* delikanlı, adam; **2.** *v/t.* tuzlayıp tütsülemek *veya* kurutmak *(balık)*.

kirk [kə:k] *n.* kilise.

kir.tle † ['kə:tl] *n.* kadın fistanı; erkek ceketi *veya* paltosu.

kiss [kis] **1.** *n.* öpüş, öpücük, buse; *fig.* hafif temas; **2.** *vb.* öpmek; hafifçe dokunmak; ~ the book kutsal kitabı öperek ant içmek, kitaba el basmak; ~ the dust boyun eğmek, mağlûp olm.; vurulup ölmek, öldürülmek; **'~-proof** *adj.* silinmez.

kit [kit] *n.* avadanlık, alet takımı; takım, malzeme *(a.* ⚔ *& spor)*; takım çantası; do-it-yourself ~ monte edilmemiş takım; **'~-bag** *n.* ⚔ asker hurcu, sırt çantası; ⚓ denizci çantası.

kitch.en ['kitʃin] *n.* mutfak; **'kitch.en.er** *n.* mutfak ocağı; **kitch.en.ette** [~'net] *n.* ufak mutfak.

kitch.en...: **'~-'gar.den** *n.* sebze bahçesi; **'~-maid** *n.* aşçı yamağı kız; **'~-range** *n.* ocak, fırın.

kite [kait] *n. orn.* çaylak; uçurtma; *fig.* balon; ☨ *sl.* sahte bono; ~ balloon ⚔ yere bağlı sabit balon; fly a ~ uçurtma uçurmak; *fig.* balon uçurmak, nabız yoklamak.

kith [kiθ] *n.:* ~ and kin dostlar ve akrabalar, hısım akraba.

kit.ten ['kitn] **1.** *n.* yavru kedi; **2.** *v/i.* yavrulamak *(kedi)*; **kit.ten.ish** ['kitniʃ] *adj.* kedi yavrusu gibi; oynamayı seven.

kit.tle *fig.* ['kitl] *adj.* nazik, tehlikeli, korkulur.

kit.ty[1] ['kiti] *n.* yavru kedi, kedicik.

kit.ty² [~] *n. iskambil:* kasa.
ki.wi *orn.* [ˈkiːwiː] *n.* Yeni Zeland'a ait bir kuş, kivi.
Klan *Am.* [klæn] *n. Birleşik Amerika'da iç savaştan sonra güney eyaletlerinde zencilerin siyasi hakları olması aleyhinde kurulan gizli bir cemiyet;* **Klansman** [ˈklænzmən] *n.* bu cemiyetin üyesi.
klax.on *mot.* [ˈklæksn] *n.* otomobil kornası, klakson.
klep.to.ma.ni.a [kleptəuˈmeinjə] *n.* hırsızlık hastalığı, kleptomani; **klep.toˈma.ni.ac** [~niæk] *n.* hırsızlık hastası, kleptoman.
knack [næk] *n.* ustalık, marifet, hüner.
knack.er [ˈnækə] *n.* sakat at alıp kesen ve hayvan maması olarak satan kimse; malzemesi için eski ev *veya* gemi alan kimse; **ˈknack.er.y** *n.* sakat atları kesip satma; malzemesi için eski ev *veya* gemi alma.
knag [næg] *n.* budak.
knap.sack [ˈnæpsæk] *n.* sırt çantası.
knar [nɑː] *n.* budak.
knave [neiv] *n.* herif, düzenbaz kimse, üçkağıtçı; *iskambil:* bacak; **ˈknav.er.y** *n.* hilekârlık, düzenbazlık; **ˈknav.ish** □ hilekâr, dolandırıcı.
knead [niːd] *v/t.* yoğurmak; masaj yapmak.
knee [niː] **1.** *n.* diz; diz yeri; dize benzer şey; ⊕ dirsek, mafsal; bring s.o. to his ~s *b-ni* yola getirmek, dize getirmek; on the ~s of the gods Allaha kalmış, henüz belli olmayan; **2.** *v/t.* diz ile vurmak; **ˈ~-breech.es** *n. pl.* kısa pantolon; **ˈ~-cap** *n.* dizkapağı; **ˈ~-ˈdeep** *adj.* diz boyu derinliğinde; **ˈ~-joint** *n.* diz mafsalı; **kneel** [niːl] *(irr.) v/i.* diz çökmek (to *-in önünde)*; diz üstü oturmak; **ˈkneel.er** *n.* diz çökmüş kimse; **ˈknee-pan** *n.* dizkapağı.
knell [nel] *n.* matem çanı sesi; salâ; ölüm haberi, kara haber.
knelt [nelt] *pret. & p.p. of* kneel.
knew [njuː] *pret. of* know 1.
knick.er.bock ers [ˈnikəbɔkəz] *n. pl.* diz altından büzgülü bol pantolon, golf pantolonu; **ˈknick.ers** *n. pl.* F dizde büzülen kadın donu; = knickerbockers.
knick.knack [ˈniknæk] *n.* ufak süs eşyası, biblo; ~s *pl.* süs müs, cici bici.
knife [naif] **1.** *n., pl.* **knives** [naivz] bıçak, çakı; makine bıçağı; get one's ~ into s.o. *fig. b-ne* karşı kötü niyetler beslemek, diş bilemek; **2.** *v/t.* bıçaklamak; bıçakla kesmek; arkadan vurmak; **ˈ~-grind.er** *n.* bıçak bileyici.
knight [nait] **1.** *n.* silahşör, şövalye; asılzade, soylu kimse; *satranç:* at; *k-ni bşe* adayan kimse; **2.** *v/t. b-ne* şövalyelik payesi vermek; **knight-er.rant** [ˈ~ˈerənt] *n.* kahramanlık göstermek için dolaşan seyyar silahşör; **knight.hood** [ˈ~hud] *n.* silahşörlük payesi, şövalyelik; şövalyeler; **ˈknight.li.ness** *n.* şövalyeye yakışırlık; **ˈknight.ly** *adj.* şövalyeye ait; şövalyeye yakışır; şövalye gibi.
knit [nit] *(irr.) vb.* örmek; birleştirmek; kavuşturmak; kaynatmak *(kemik)*; çatmak *(kaş)*; birbirine yapışmak; kayna(ş)mak *(kemik)*; ~ the brows kaşlarını çatmak; **ˈknit.ter** *n.* örgü ören kimse; = knitting-machine; **ˈknit.ting 1.** *n.* örme; örgü; **2.** *adj.* örgü...; **ˈknit.ting-ma.chine** *n.* örgü makinesi; **ˈknit.ting-nee.dle** *n.* örgü şişi; **ˈknit.wear** *n.* trikotaj eşyası, örme.
knives [naivz] *pl. of* knife.
knob [nɔb] *n.* top, yumru; topuz, tokmak; pürtük; tepecik, yuvarlak tepe; **ˈknobbed, ˈknob.by** *adj.* yumrulu; tokmak gibi; **ˈknob-stick** *n.* topuzlu sopa; grev bozan (*veya* kırıcı) kimse.
knock [nɔk] **1.** *n.* vuruş, vurma, darbe, çalma, kapı çalınması; *mot.* vuruntu; **2.** *v/i.* vurmak, çalmak (at *-e, -i*); çarpışmak; koşuşmak; gezip tozmak; vuruntu yapmak *(motor)*; tenkitçilik yapmak; ~ about F oradan oraya dolaşmak; ~ off *sl.* yüzüstü bırakıp gitmek; ~ under meydana çıkmak; *v/t.* vurmak; çarpmak *e-*; çarpıştırmak; *Am. sl.* kusur bulmak, tenkit etm.; ~ about tekrar tekrar vurmak, şiddetle sarsmak; ~ down vurup yere devirmek, yere sermek, yıkmak; *açık arttırma:* son fiyatı verenin üstüne bırakmak; kazanmak, kırmak *(para)*; ⊕ sökmek, parçalara ayırmak; ~ off aceleyle yapmak; tatil etm., işi bırakmak; indirmek *(fiyat)*; öldürmek; soymak; ~ out *boks:* nakavt etm.; ~ up kapıya vurup uyandırmak; yormak; hamile bırakmak; **~.a.bout** [ˈ~əbaut] **1.** *adj.* kaba ve dayanıklı *(eşya)*; gürültülü; *thea.* güldürücü, komik; **2.** *n.* komedi oyuncusu; kaba ve dayanıklı şey; **ˈ~-ˈdown** *adj.* yıkıcı, yere serici, mat edici; portatif, sökülür takılır; düşük, indirimli *(fiyat)*; **ˈknock.er** *n.* kapı tokmağı; çalan *veya* vuran şey *veya* kimse; *Am. sl.* tenkitçi; **ˈknock-ˈkneed** *adj.* çarpık bacaklı; *fig.* topal, aksak; **ˈ~-out** *n. boks:* nakavt; oyun dışı etme; *sl.* çekici kimse *veya* şey.
knoll¹ [nəul] *n.* tepecik.
knoll² [~] *vb.* matem çanı ile ilân *veya* davet etm.; ağır ağır çalmak *(çan)*.
knot [nɔt] **1.** *n.* düğüm, bağ; güç durum,

zorluk; ⚓ deniz mili; halat cevizi; ⚘ nod; küme; **2.** *v/t.* & *v/i.* düğümle(n)mek, bağla(n)mak *(a. fig.)*; düğüm olm.; **ˈknot.hole** *n.* budak deliği; **ˈknot.ti.ness** *n.* karışıklık, zorluk; **ˈknot.ty** *adj.* düğümlü; budaklı; *fig.* karışık, güç, zor; **ˈknot.work** *n.* düğüm işi.

knout [naut] **1.** *n.* kamçı; **2.** *v/t.* kamçılamak.

know [nəu] **1.** *(irr.) vb.* bilmek; tanımak; seçmek, ayırmak, farketmek; tecrübeyle bilmek; haberdar olm., farkında olm.; ~ French Fransızca bilmek; come to ~ öğrenmek, haber almak; get to ~ bilmek, tanımak; ~ one's business, ~ the ropes, ~ a thing or two, ~ what's what usulünü bilmek, çaresini bilmek, işini bilmek, dünyadan haberi olm.; do you ~ how to play chess? satranç oynamayı biliyor musunuz?; you ought to ~ better than to do that o işi yapmayacak kadar akıllı olmalısınız; I don't ~ one from the other birini diğerinden ayıramıyorum; you ~ biliyorsunuz ki; **2.** *n.* be in the ~ F haberdar olm. (of *-den*); **ˈknow.a.ble** *adj.* bilinmesi mümkün, bilinir; **ˈknow-all 1.** *adj.* herşeyi bilen; **2.** *n.* herşeyi bilen *veya* bildiğini iddia eden kimse; **ˈknow-how** *n.* yaratıcılık; teknik ustalık, maharet, hüner, kabiliyet; **ˈknow.ing 1.** □ bilgisi olan; akıllı, zeki, kurnaz; fikir sahibi, düşünceli; F şeytan, kurnaz, açıkgöz; **2.** *n.* bilgi, malumat; **ˈknow.ing.ly** *adv.* bilerek, bile bile, kasten; **knowledge** [ˈnɔlidʒ] *n.* bilgi, malumat; anlayış; to my ~ bildiğime göre, bildiğim kadarıyla; **ˈknowl.edge.a.ble** *adj.* F bilgili, zeki; **known** [nəun] *p.p. of* know **1**; come to be ~ tanınmak, meşhur olm.; make ~ *b-ni b-le* tanıştırmak; make o.s. ~ *k-ni* tanıtmak.

knuck.le [ˈnʌkl] **1.** *n.* *a.* **ˈ~-bone** parmak orta eklemi, aşık kemiği; **2.** *v/i.* ~ down, ~ under boyun eğmek, pes demek, teslim olm.; işe koyulmak; **ˈ~-dust.er** *n.* muşta.

ko.a.la *zo.* [kəuˈɑːlə] *n.* keseli ayı.

ko.dak *phot.* [ˈkəudæk] *n.* küçük fotoğraf makinesi.

Ko.ran [kɔˈrɑːn] *n.* Kur'an.

Ko.re.an [kəˈriən] **1.** *n.* Koreli; Korece; **2.** *adj.* Kore'ye ait.

kosh.er [ˈkəuʃə] *n.* Musevi şeriatına göre temiz sayılan et, kaşer.

ko.tow [ˈkəuˈtau] **1.** *n.* Çinlilerde diz çöküp alnı yere vurarak yapılan ibadet *veya* hürmet; **2.** *vb.* bu şekilde ibadet *veya* hürmet etm.; *fig.* yaltaklanmak (to *-e*).

Krem.lin [ˈkremlin] *n.* Kremlin, Moskova'da yüksek duvarlı kale.

ku.dos *co.* [ˈkjuːdɔs] *n.* şöhret, şan, şeref, itibar.

Ku-Klux-Klan *Am.* [ˌkjuːˌklʌksˌklæn] *n. Birleşik Amerika'da iç savaştan sonra Güney eyaletlerinde zencilerin siyasi haklara sahip olması aleyhinde kurulan gizli cemiyet.*

Kurd [kəːd] *n.* Kürt.

Kurdish [kəːdiʃ] *adj.* & *n.* Kürt(çe).

L

la ♪ [lɑː] *n.* la notası.
lab F [læb] = laboratory.
la.bel [ˈleibl] **1.** *n.* etiket, yafta; *fig.* sıfat, ünvan; ⚖ sınıf; ⚓ saçak, pervaz; **2.** *v/t.* etiketlemek; † üzerine fiyatını yazmak; *fig.* ...damgasını vurmak (as).
la.bi.al [ˈleibjəl] **1.** *adj.* dudaklarla ilgili; dudaksıl...; **2.** *n.* dudak ünsüzü, dudaksıl ses.
lab.o.ra.to.ry [ləˈbɔrətri] *n.* laboratuvar; ~ assistant laborant, deneme hazırlayıcısı.
la.bo.ri.ous □ [ləˈbɔːriəs] çalışkan, işgüzar; yorucu, zahmetli.
la.bo(u)r [ˈleibə] **1.** *n.* iş, çalışma; emek; işçi sınıfı; ⚕ doğum ağrıları; zahmet, sıkıntı, zorluk; Ministry of ♀ Çalışma Bakanlığı; hard ~ çalışma yükümlülüğü, ağır iş cezası; **2.** *adj.* iş..., çalışma...; **3.** *v/i.* çalışmak, uğraşmak, çabalamak; emek vermek, sıkıntı çekmek; zorlukla ilerlemek; ~ under sıkıntı çekmek, zorluk altında olm., *-in* kurbanı olm.; *v/t.* emekle meydana getirmek; işlemek *(toprak)*; sıkıntı vermek, yüklenmek; detayına girmek; ~ **camp** çalışma kampı; **ˈla.bo(u)red** *adj.* zorlu, zahmetli; şaşaalı, şatafatlı; **ˈla.bo(u)r.er** *n.* işçi, emekçi, rençber; **La.bo(u)r Ex.change** İş ve İşçi Bulma Kurumu; **ˈla.bo(u)r.ing** *adj.* zorlu; yorucu...; ~ breath tıknefes; **la.bo(u)r-ite** [ˈ~rait] *n.* İşçi Partisi üyesi *veya* yandaşı; **La.bour Par.ty** *pol.* İşçi Partisi; **ˈla.bo(u)r-sav.ing** *adj.* işi kolaylaştıran; **la.bor un.ion** *Am.* işçi sendikası.
Lab.ra.dor [ˈlæbrədɔː] *n.:* ~ dog *zo.* Labrador cinsi köpek.
la.bur.num ⚘ [ləˈbəːnəm] *n.* sarısalkım.
lab.y.rinth [ˈlæbərinθ] *n.* labirent, dolambaçlı ve çok karışık yer *veya* iş; **lab.yˈrin.thi.an** [~θiən], *mst* **lab.yˈrin.thine** [~θain] *adj.* çapraşık, karmaşık.
lac [læk] *n.* reçineli sıvı, laka; a ~ of rupees yüz bin rupi.
lace [leis] **1.** *n.* bağ *(ayakkabı)*, şerit; dantel(a); kaytan; kordon; **2.** *v/t.* & *v/i.* bağla(n)mak *(ayakkabı bağı vs.)*; dantel ile süslemek; karıştırmak (with *ile*); ~ (into) s.o. *b-ni* pataklamak, paylamak.
lac.er.ate 1. [ˈlæsəreit] *v/t.* yırtmak, yaralamak; *fig.* kırmak *(kalp)*, incitmek *(his)*; **2.** [ˈ~rit] *adj.* yaralı, yırtık, parçalanmış, ezilmiş; **lac.er.a.tion** [~ˈreiʃən] *n.* yırtma, yaralama, incitme.
lach.es ⚖ [ˈleitʃiz] *n.* hakkını aramakta ihmal.
lach.ry.mal [ˈlækriməl] *adj.* gözyaşına ait, gözyaşı...; **lach.ry.mose** [ˈ~məus] *adj.* sulu gözlü; göz yaşartıcı.
lack [læk] **1.** *n.* noksan, eksiklik, kusur; ihtiyaç, gereksinme; yoksunluk; **2.** *v/t.* muhtaç olm. *-e*; ihtiyacı olm. *-e*; yoksun olm. *-den*; he ~s money paraya ihtiyacı var, para sıkıntısı çekiyor; *v/i.* eksik olm., yetmemek; be ~ing eksikliği olm., mevcut olmamak, bulunmamak; he is ~ing in courage yeteri kadar cesur değil, o kim cesur olmak kim.
lack.a.dai.si.cal □ [lækəˈdeizikəl] canından bezmiş gibi; ilgisiz, uyuşuk.
lack.ey [ˈlæki] **1.** *n.* uşak, erkek hizmetçi; *fig.* dalkavuk; **2.** *vb.* uşaklık etm.
lack.ing [ˈlækiŋ] *s.* lack 1.
lack.land [ˈlæklænd] *adj.* topraksız, arazisiz; **lack.lus.tre,** *Am.* **lack.lus.ter** [ˈ~lʌstə] *adj.* cansız, donuk, sönük.
la.con.ic [ləˈkɔnik] *adj.* (~ally) az ve öz, özlü, veciz; az konuşur.
lac.quer [ˈlækə] **1.** *n.* vernik; **2.** *v/t.* vernik ile kaplamak, verniklemek; ~ed vernikli...
lac.quey [ˈlæki] = lackey.
la.crosse [ləˈkrɔs] *n. spor:* raketle oynanan bir top oyunu.
lac.ta.tion [lækˈteiʃən] *n.* süt salgılama; emzirme.
lac.tic [ˈlæktik] *adj.* süte ait, süt...; ~ acid süt asidi, laktik asit.
la.cu.na [ləˈkjuːnə] *n.* boşluk, aralık, eksiklik.
lac.y [ˈleisi] *adj.* dantel gibi; dantelli...
lad [læd] *n.* genç erkek, delikanlı.

lad.der ['lædə] **1.** *n.* el merdiveni; *fig.* basamak; çorap kaçığı; ⚓ ip merdiven; **2.** *v/i.* kaçmak *(çorap)*; **'~-proof** *adj.* kaçmaz *(çorap)*.
lad.die ['lædi] *n.* genç erkek, delikanlı.
lade [leid] *(irr.)* = load; **'lad.en 1.** *p.p. of* lade; **2.** *adj.* yüklü.
la-di-da ['lɑːdi'dɑː] **1.** *n.* gösterişçi kimse; **2.** *adj.* gösterişçi.
la.ding ['leidiŋ] *n.* hamule, yük, kargo; yükleme.
la.dle ['leidl] **1.** *n.* kepçe; ⊕ büyük kepçe, pota; **2.** *v/t.* ~ out kepçe ile servis yapmak; *fig.* bahşetmek, bol keseden vermek.
la.dy ['leidi] *n.* bayan, hanım(efendi); asilzade kadın, leydi; Ladies *sg.* kadınlar tuvaleti; Ladies and Gentlemen! bayanlar baylar!; ♀ Day 25 Martta kutlanan bir kilise yortusu; ~ doctor kadın doktor; ~'s maid bir hanımın oda hizmetçisi; ~'s *veya* ladies' man kadınlara karşı nazik ve onların hoşlandığı adam, kadın düşkünü, kadıncıl; **'~-bird** *n.* gelinböceği; **'~-in-'wait.ing** *n.* kraliçe nedimesi; **'~-kill.er** *n.* kadın avcısı, çapkın; **'~.like** *adj.* hanıma yakışır, hanım hanımcık; *contp.* kadınsı *(erkek)*; **'~-love** *n.* sevgili, metres; **~ of the bed-cham.ber** kraliçe nedimesi; **'~.ship** *n.* hanımefendilik; her *veya* your ~ hanımefendi.
lag¹ [læg] **1.** *v/i.* oyalanmak; *a.* ~ behind geri kalmak; **2.** *n.* geri kalma, gecikme.
lag² *sl.* [~] **1.** *n.* suçlu, mahkûm; **2.** *v/t.* tutuklamak; hapse atmak.
lag³ [~] *v/t.* kaplamak *(su boruları, kazan vs.)*; tecrit (*veya* izole) etm.
la.ger (beer) ['lɑːgə('biə)] *n.* Alman birası.
lag.gard ['lægəd] *n.* uyuşuk kimse; geri kalan şey *veya* kimse.
la.goon [lə'guːn] *n.* denizkulağı.
la.ic ['leiik] **1.** *a.* **'la.i.cal** □ layik; **2.** *n.* layik kimse; **la.i.cize** ['~saiz] *v/t.* layikleştirmek.
laid [leid] *pret.* & *p.p. of* lay⁴ 2; ~ up biriktirilmiş; yatağa düşmüş (with *-den*).
lain [lein] *p.p. of* lie² 2.
lair [lɛə] *n.* in, yatak *(a. fig.)*.
laird *Scots* [lɛəd] *n.* mülk sahibi.
la.i.ty ['leiiti] *n.* ruhbandan olmayanlar; meslekten olmayanlar.
lake¹ [leik] *n.* göl.
lake² [~] *n.* morumsu kırmızı boya.
lake-dwel.lings ['leikdweliŋz] *n. pl.* göl kıyısındaki kazık temelli evler.
lam *sl.* [læm] *v/t.* dövmek, sopa çekmek, pataklamak; *v/i.* tüymek, sıvışmak; ~ into s.o. *b-ni* adamakıllı dövmek, *b-ne* çıkışmak.
la.ma ['lɑːmə] *n.* Lama, Tibet'li Buda rahibi; **'la.ma.se.ry** ['~səri] *n.* lama manastırı.
lamb [læm] **1.** *n.* kuzu (eti); *fig.* kuzu gibi kimse; like a ~ *fig.* kuzu gibi; **2.** *v/i.* kuzulamak.
lam.baste *sl.* [læm'beist] *v/t.* dövmek, pataklamak; haşlamak, paylamak.
lam.bent ['læmbənt] *adj.* yalayarak yayılan *(alev)*; hafifçe parlayan *(göz, gök)*.
lamb.kin ['læmkin] *n.* kuzucuk; **'lamb.like** *adj.* kuzu gibi; **'lamb.skin** *n.* kuzu derisi.
lame [leim] **1.** □ topal, ayağı sakat, aksak *(a. fig.)*; *fig.* eksik, kusurlu, sudan *(sebep)*; *Am. sl.* dünyadan habersiz; **2.** *v/t.* topal etm.; *v/i.* topallamak; **'lame-ness** *n.* topallık.
la.ment [lə'ment] **1.** *n.* inilti, feryat, figan, keder; **2.** *v/t.* & *v/i.* inlemek; ağlamak, figan etm., matem tutmak (for *için*); **lam.en.ta.ble** □ ['læməntəbl] acınacak, içler acısı; matemli, kederli; **lam.en'ta.tion** *n.* ağlayış, inleme, feryat, figan.
lam.i.na ['læminə] *n., pl.* **lam.i.nae** ['~niː] ince levha; ⚡, ⚘ varak, tabaka; **'lam.i-nar** *adj.* levha şeklinde; **lam.i.nate** ['~neit] *v/t.* ince tabakalara ayırmak; ~d glass katmerli cam.
lamp [læmp] *n.* lamba, ışık *(a. fig.)*; **'~.black** *n.* kandil isi; **'~-chim.ney** *n.* lamba şişesi; **'~.light** *n.* lamba ışığı; **'~.light-er** *n.* fenerleri yakan adam, fenerci; **'~-oil** *n.* gazyağı.
lam.poon [læm'puːn] **1.** *n.* taşlama, yergi, hicviye; **2.** *v/t.* yermek, taşlamak, hicvetmek.
lamp-post ['læmppəust] *n.* sokak feneri direği, elektrik direği.
lam.prey *ichth.* ['læmpri] *n.* yılanbalığına benzer su hayvanı.
lamp.shade ['læmpʃeid] *n.* abajur.
lance [lɑːns] **1.** *n.* mızrak; **2.** *v/t.* neşterle yarmak, deşmek *(a.* ⚕*)*; **'~-'cor.po.ral** *n.* ⚔ geçici onbaşı; **lan.ce.o.late** ⚘ ['lænsiəlit] *adj.* mızraksı, lanseolat; **lanc.er** ⚔ ['lɑːnsə] *n.* mızraklı süvari; ~s *pl.* dörtlü kadril dansı.
lan.cet ['lɑːnsit] *n.* neşter; ~ arch ⚠ sivri kavisli dar kemer; ~ win.dow sivri kavisli pencere.
land [lænd] **1.** *n.* toprak, kara; ülke, memleket; arsa, yer; by ~ karadan, kara yolu ile; ~s *pl.* emlâk, arazi; see how the ~ lies nabzını yoklamak, gidişata bak-

mak; 2. *v/t.* & *v/i.* karaya çık(ar)mak, yere in(dir)mek; elde etm., kazanmak; vurmak, indirmek *(yumruk vs.)*; ⚓ boşaltmak; yakalamak *(balık)*; ~ on one's feet dört ayak üstüne düşmek; ~ up in prison hapsi boylamak; **'~-a.gent** *n.* emlâkçi, emlâk komisyoncusu.

lan.dau ['lændɔː] *n.* landon, dört tekerlekli ve çift körüklü binek arabası.

land.ed ['lændid] *adj.* arazi sahibi; gayrimenkul...

land...: **'~.fall** *n.* ⚓ karanın ilk görünmesi; **'~-forc.es** *n. pl.* kara kuvvetleri; **'~-grab.ber** *n.* hile ile başkasının arazisine tecavüz eden kimse; **'~.hold.er** *n.* mülk sahibi.

land.ing ['lændiŋ] *n.* iniş; karaya çık(ar)ma; iskele; sahanlık; **'~-craft** *n.* ⚓, ✕ çıkartma gemisi; **'~-field** *n.* ✈ havaalanı; **'~-gear** *n.* ✈ iniş takımı; **'~-net** *n.* ağ kepçe; **'~-par.ty** *n.* ✕ çıkartma birliği; **'~-stage** *n.* ⚓ iskele; **'~-strip** = landing-field.

land.la.dy ['lændleidi] *n.* pansiyoncu kadın; ev sahibesi.

land.less ['lændlis] *adj.* arazisiz.

land...: **'~.locked** *adj.* kara ile çevrilmiş; **'~.lop.er** *n.* serseri, derbeder; **~.lord** ['lændlɔːd] *n.* mal sahibi; hancı, otelci, pansiyoncu; **~-lub.ber** ⚓ *contp.* ['lændlʌbə] *n.* deniz ve gemiden anlayan kimse; **'~.mark** *n. part.* ⚓ uzaktan görülebilen işaret; sınır taşı; *fig.* dönüm noktası; **'~-own.er** *n.* arazi sahibi; **~.scape** ['lændskeip] *n.* manzara, peyzaj; **~.slide** ['lændslaid] *n.* toprak kayması, kayşa, heyelân; *pol.* büyük çoğunluğun kazanılması; a Democratic ~ Demokratik partinin zaferi; **'~.slip** *n.* kayşa, heyelân, toprak kayması; **~s.man** ⚓ ['~zmən] *n.* denizci olmayan kimse; **'~-sur.vey.or** *n.* mesahacı, yüzölçümü memuru; **'~-tax** *n.* arazi vergisi; **~.ward** ['~wəd] *adj.* karaya doğru uzanan.

lane [lein] *n.* dar sokak, dar yol, dar geçit; kulvar; *mot.* şerit.

lang syne *Scots* ['læŋ'sain] *n.* & *adv.* eski zaman(da), geçmiş(te).

lan.guage ['læŋgwidʒ] *n.* dil, lisan; konuşma yeteneği; bad ~ küfür; strong ~ sert dil, ağır söz.

lan.guid □ ['læŋgwid] gevşek, cansız, sönük, yavaş, ağır; isteksiz, gayretsiz; † durgun, kesat; **'lan.guid.ness** *n.* cansızlık, yavaşlık; durgunluk.

lan.guish ['læŋgwiʃ] *v/i.* gevşemek, zayıf düşmek, kuvveti kesilmek; isteği kalmamak (for -*e karşı*); † kesat gitmek; **'lan.guish.ing** □ kuvvetsiz, zayıf; † kesat, durgun.

lan.guor ['læŋgə] *n.* gevşeklik, cansızlık, ağırlık, bitkinlik, isteksizlik, halsizlik; **'lan.guor.ous** □ bitkinlik veren, halsiz düşüren.

lank □ [læŋk] uzun ve zayıf, boylu, ince; düz *(saç)*; **'lank.y** □ uzun boylu ve zayıf, sırık gibi.

lan.o.lin ['lænəuliːn] *n.* lanolin.

lan.tern ['læntən] *n.* fener *(a.* ⚠*)*; dark ~ hırsız feneri; **'~-jawed** *adj.* uzun çeneli; **'~-slide** *n.* hayalci feneri, diyapozitif; ~ lecture projeksiyonlu konferans.

lan.yard ⚓ ['lænjəd] *n.* kordon, ince ip, savla.

lap¹ [læp] 1. *n.* kucak; diz üstü; etek; ⊕ örtü, kat, bindirme dikişi; *spor:* tur; 2. *v/t.* & *v/i.* üst üste bin(dir)mek, katla(n)mak, sar(ıl)mak; kuşatmak, çevirmek, örtmek; *spor:* tur bindirmek.

lap² [~] 1. *n.* yalayarak içme; dalga sesi; 2. *v/t.* yalayarak içmek; can kulağı ile dinlemek; *v/i.* hafif hafif çarpmak *(dalga)*.

lap-dog ['læpdɔg] *n.* küçük ev köpeği.

la.pel [lə'pel] *n.* klapa.

lap.i.dar.y ['læpidəri] 1. *adj.* yazıta elverişli...; taşlara ait, taş...; *fig.* özlü; 2. *n.* oymacı, hakkâk, kıymetli taş kesicisi.

lap.is laz.u.li [læpis'læzjulai] *n.* lacivert taş; bu taşın rengi.

lapse [læps] 1. *n.* kusur, yanlış, hata; kayma; ara; geçme, mürur, geçiş, düşme (into -*e*); ⚖ sukut; 2. *v/i.* geçmek; başkasına intikal etm.; gömülmek, sapmak, düşmek, dalmak (into -*e*); ⚖ hükmü kalmamak; yanılmak, hata etm.

lap.wing *orn.* ['læpwiŋ] *n.* kızkuşu.

lar.ce.ny ⚖ ['lɑːsəni] *n.* hırsızlık.

larch ⚘ [lɑːtʃ] *n.* karaçam.

lard [lɑːd] 1. *n.* domuz yağı; 2. *v/t.* domuz yağı ile yağlamak; *fig.* süslemek *(yazı veya söz)*; **'lard.er** *n.* kiler; **'lard.ing-nee-dle, 'lard.ing-pin** *n.* yağlama şişi.

large □ [lɑːdʒ] büyük, geniş, iri; bol, çok; serbest; cömert; sınırsız *(yetki)*; kaba *(dil)*; elverişli *(rüzgâr)*; abartmalı, övüngen; at ~ kontroldan çıkmış, serbest; ayrıntılı olarak, detaylı; genellikle; rasgele; talk at ~ ayrıntılı olarak konuşmak; in ~ büyük ölçüde; **'large.ly** *adv.* büyük ölçüde; başlıca; cömertçe, bol bol, çok; **'large.ness** *n.* büyüklük *(a. fig)*, genişlik; **'large-'mind.ed** *adj.* geniş fikirli, serbest düşünüşlü; **'large-'scale** *adj.* büyük çapta; **'large-'sized** *adj.* büyük boy.

lar.gess(e) † [lɑːˈdʒes] *n.* cömertlik; bağış.
lar.go ♪ [ˈlɑːgəu] **1.** *n.* yavaş çalınan parça; **2.** *adv.* largo.
lar.i.at *Am.* [ˈlæriət] *n.* kement.
lark¹ *orn.* [lɑːk] *n.* tarlakuşu.
lark² [~] **1.** *n.* şaka, eğlence, cümbüş, şamata; **2.** *v/i.* cümbüş yapmak, şamata yapmak, eğlenmek; **lark.some** [ˈ~səm] = larky.
lark.spur ⚘ [ˈlɑːkspəː] *n.* hezaren çiçeği.
lark.y F [ˈlɑːki] *adj.* şamatacı, gırgır.
lar.va *zo.* [ˈlɑːvə] *n., pl.* **lar.vae** [ˈ~viː] tırtıl, kurtçuk, sürfe; **lar.val** [ˈ~vəl] *adj.* tırtıla ait, tırtıl...; tırtıl şeklinde.
lar.yn.gi.tis ⚕ [lærinˈdʒaitis] *n.* larenjit; **lar.ynx** [ˈlæriŋks] *n.* gırtlak, boğaz, hançere.
las.civ.ious □ [ləˈsiviəs] şehvetli.
lash [læʃ] **1.** *n.* kamçı (darbesi); vuruş, vurma; kirpik; acı hiciv, zem; the ~ kamçılama, dövme; **2.** *vb.* kamçılamak, dövmek, çarpmak, vurmak; *fig.* yermek, eleştirmek; sıkıca bağlamak; kışkırtmak, galeyana getirmek; ~ out saldırmak; çifte atmak; *fig.* çatmak, çıkışmak; **ˈlash.ing** *n.* ip, halat; kamçılama, dövme; azarlama; ~s *pl.* çok miktar, bolluk.
lass [læs] *n.* kız; sevgili, kız arkadaş; **las.sie** [ˈlæsi] *n.* kızcağız.
las.si.tude [ˈlæsitjuːd] *n.* yorgunluk, bitkinlik; ilgisizlik.
las.so [ˈlæsəu] **1.** *n.* kement; **2.** *v/t.* kementle yakalamak.
last¹ [lɑːst] **1.** *adj.* son(uncu), en sonraki, en gerideki; geçen, evvelki; eski, sabık; son derece, gayet; ~ but one sondan bir evvelki; ~ night dün gece; **2.** *n.* son, nihayet; my ~ sonuncu *(çocuğum, mektubum vs.)*; at ~ sonunda, nihayet; at long ~ en sonunda; breathe one's ~ son nefesini vermek, ölmek; **3.** *adv.* en sonra, son olarak, nihayet; ~, but not least özellikle, son fakat önemli.
last² [~] *v/i.* devam etm., sürmek; dayanmak, bitmemek, tükenmemek, yetmek.
last³ [~] *n.* kundura kalıbı; stick to one's ~ üstesinden gelemediği şeyi yapmaya kalkışmamak, çizmeden yukarı çıkmamak.
last.ing [ˈlɑːstiŋ] **1.** □ sürekli, devamlı, uzun süreli, dayanıklı; **2.** *n.* dayanma, sürme.
last.ly [ˈlɑːstli] *adv.* son olarak, nihayet.
latch [lætʃ] **1.** *n.* mandal, sürgü; kilit dili; on the ~ sürgülü ,mandallanmış; **2.** *v/t.* & *v/i.* mandalla(n)mak; **ˈ~-key** *n.* kapı anahtarı.
late [leit] *adj.* geç; gecikmiş, geri kalmış; sabık, geçmiş; ölü, rahmetli, merhum; yakında olmuş, yeni; at (the) ~st en geç; as ~ as yesterday ancak dün; of ~ son zamanlarda, yakınlarda; of ~ years son yıllarda; ~r on daha sonra; be ~ geç kalmak, gecikmek; rötar yapmak; keep ~ hours gece geç saatlere kadar yatmamak; eve geç gelmek; **ˈ~-com.er** *n.* geç gelen *veya* kalan kimse.
la.teen ⚓ [ləˈtiːn] *adj.*: ~ sail latin yelkeni.
late.ly [ˈleitli] *adv.* geçenlerde, yakınlarda, bu günlerde.
la.ten.cy [ˈleitənsi] *n.* gelişmemişlik, gözükmezlik, gizli olarak varolma.
late.ness [ˈleitnis] *n.* gecikme, geçlik.
la.tent □ [ˈleitənt] gelişmemiş, gözükmez; gizli kalmış.
lat.er.al □ [ˈlætərəl] yana ait, yan...; yanal, yandan gelen; yana doğru olan.
la.tex ⚘ [ˈleiteks] *n.* lateks; kauçuk hammaddesi.
lath [lɑːθ] **1.** *n.* lata, tiriz; **2.** *v/t.* lata ile kaplamak.
lathe [leið] *n.* torna tezgâhı; çömlekçi çarkı.
lath.er [ˈlɑːðə, ˈlæðə] **1.** *n.* sabun köpüğü; atın köpüklü teri; **2.** *v/t.* & *v/i.* köpür(t)mek; sabunlamak; pataklamak, sopa çekmek.
Lat.in [ˈlætin] **1.** *adj.* Latin(ce)...; **2.** *n.* Latince; ~ **A.mer.i.ca** Latin Amerika; **ˈLat.in.ism** *n.* Latin dili özelliği; **ˈLat.in.ize** *v/t.* Latinceye çevirmek.
lat.i.tude [ˈlætitjuːd] *n.* enlem, arz; *fig.* serbestlik, hoşgörü; genişlik; ~s *pl.* bölge, mıntıka; **lat.iˈtu.di.nal** [~dinl] *adj.* enine...; **lat.i.tu.di.nar.i.an** [ˈ~diˈnɛəriən] **1.** *adj.* serbest fikirli, hoşgörülü; **2.** *n.* serbest fikirli kimse.
la.trine [ləˈtriːn] *n.* helâ çukuru.
lat.ter [ˈlætə] *adj.* son(raki)..., *poet.* daha sonraki...; ~ end son; ölüm; **ˈ~-day** *adj.* çağa uygun, modern..., çağdaş...; **ˈlat.ter.ly** *adv.* bu yakınlarda, son zamanlarda.
lat.tice [ˈlætis] **1.** *n.* *a.* ~-work kafes; **2.** *v/t.* kafesle çevirmek.
Lat.vi.an [ˈlætviən] **1.** *adj.* Letonya...; **2.** *n.* Letonyalı; Letonya dili.
laud [lɔːd] *v/t.* övmek, methetmek, yüceltmek; **ˈlaud.a.ble** □ övgüye değer; **lauˈda.tion** *n.* övme; **laud.a.to.ry** □ [ˈ~dətəri] övücü, öven (of -i).
laugh [lɑːf] **1.** *n.* gülme, gülüş, hande; have a ~ gülmek; raise a ~ güldürmek;

2. *vb.* gülmek (at -*e*); ~ at s.o. *b-le* alay etm.; ~ off gülerek geçiştirmek, gülüp geçmek; ~ out of gülerek meseleyi kapatmak; you will ~ on the wrong side *veya* on the other side of your mouth *veya* face bu kadar gülme pişman olursun; he ~s best who ~s last son gülen iyi güler; *s.* sleeve; **ˈlaugh.a.ble** □ gülünç, komik; **ˈlaugh.er** *n.* gülen kimse; **ˈlaugh.ing** **1.** *n.* gülme, gülüş; **2.** □ gül(dür)en; it is no ~ matter işin şaka götürür yanı yok; **ˈlaugh.ing-gas** *n.* güldürücü gaz; **ˈlaugh.ing-stock** *n.* alay konusu kimse *veya* şey; **laugh.ter** [ˈ~tə] *n.* gülüş, gülme, kahkaha.

launch [lɔːntʃ] **1.** *n.* ⚓ kızaktan suya indirme; işkampaviye; roketi fezaya fırlatma; **2.** *v/t.* kızaktan suya indirmek *(gemi)*; fırlatmak *(roket)*; atmak, fırlatmak, savurmak *(a. fig.)*; *fig.* başlatmak; *v/i.* ~ out başlamak, girişmek; ~ (out) into -*e* girişmek, -*e* başlamak; **ˈlaunch.ing-pad** *n.* fırlatma (*veya* atış) rampası.

laun.der [ˈlɔːndə] *v/t. & v/i.* yıka(n)mak, yıkayıp ütül(en)mek; **laun.der.ette** [lɔːndəˈret] *n.* çamaşırhane.

laun.dress [ˈlɔːndris] *n.* çamaşırcı kadın; **ˈlaun.dry** *n.* çamaşır(hane); çamaşırcılık; **ˈlaun.dry-man** *n.* çamaşırcı.

lau.re.ate [ˈlɔːriit] **1.** *adj.* defne dallarından çelenk giymiş; **2.** *n.* the ♀, the Poet ♀ saray şairi.

lau.rel ⚘ [ˈlɔrəl] *n.* defne ağacı; win ~s *fig.* şöhret kazanmak; **ˈlau.relled** *adj.* defne dallarından çelenk giymiş; şan, şeref kazanmış.

lav F [læv] *n.* helâ, kenef.

la.va [ˈlɑːvə] *n.* lav.

lav.a.to.ry [ˈlævətri] *n.* helâ, tuvalet; lavabo; yıkanma yeri; public ~ umumî helâ.

lave *mst poet.* [leiv] *v/t. & v/i.* yıka(n)mak; banyo yapmak; yanısıra akıvermek *(nehir)*.

lav.en.der ⚘ [ˈlævində] *n.* lavanta.

lav.ish [ˈlæviʃ] **1.** □ savurgan, müsrif, tutumsuz; çok, bol, aşırı; **2.** *v/t.* bol bol harcamak, çarçur etm.; aşırı... göstermek; **ˈlav.ish.ness** *n.* savurganlık.

law [lɔː] *n.* kanun, yasa; kaide, kural; nizam; ⚖ kanunlar; tabiat kanunu; usül, töre; at ~ kanunî, meşru; be a ~ unto o.s. bildiğini okumak; go to ~ mahkemeye başvurmak; dava etm.; have the ~ of s.o. *b-ni* dava etm.; ...-in-law kayın...; necessity knows no ~ ihtiyaç kanun tanımaz; lay down the ~ dediği dedik olm.; practise ~ avukatlık (*veya* hukukçuluk) etm.; **ˈ~-a.bid.ing** *adj.* ⚖ kanuna uyan; **ˈ~-break.er** *n.* kanunu çiğneyen kimse; **ˈ~.court** *n.* mahkeme; **law.ful** □ [ˈ~ful] kanuna uygun, meşru, kanunî; **ˈlaw-giv.er** *n.* kanun yapan kimse; **ˈlaw.less** □ kanuna aykırı, kanun tanımaz; kanunsuz; vahşi, azılı; **ˈlaw.mak.er** *n.* kanun koyucu; meclis üyesi.

lawn¹ [lɔːn] *n.* patiska.

lawn² [~] *n.* çimen(lik), çayır; **ˈ~-mow.er** *n.* çim biçme makinesi; **ˈ~-sprin.kler** *n.* çim sulama aleti; **ˈ~-ˈten.nis** *n.* çim tenisi.

law.suit [ˈlɔːsjuːt] *n.* dava; **law.yer** [ˈ~jə] *n.* avukat, dava vekili.

lax □ [læks] gevşek *(a. fig.)*; ihmalci, kayıtsız, savsak, lâkayt; **lax.a.tive** [ˈ~ətiv] **1.** *adj.* ishal edici *(ilâç)*; **2.** *n.* sürgün ilâcı, müshil; **ˈlax.i.ty, lax.ness** *n.* gevşeklik; kayıtsızlık.

lay¹ [lei] *pret. of* lie² 2.

lay² [~] *n.* türkü, balad; *poet.* şiir, gazel.

lay³ [~] *adj.* layik; işin ehli olmayan...

lay⁴ [~] **1.** *n.* durum, duruş, yatış, mevki; *sl.* iş güç, meşgale; **2.** *(irr.) v/t.* koymak, yatırmak, yaymak, sermek; kurmak *(masa)*; gömmek; yumurtlamak; yatıştırmak; koymak *(vergi)*; yüklemek *(suç)*; hazırlamak *(plan vs.)*; dayamak, yaslamak; *sl. ile* cinsî münasebette bulunmak; ~ aside bir tarafa koymak; biriktirmek *(para)*; terketmek, bırakmak, vazgeçmek; ~ bare açmak; ortaya çıkarmak *(sır vs.)*; ~ before s.o. *b-ne* sunmak, takdim etm., *b-ne* göstermek; ~ by yığmak, biriktirmek *(para)*; ~ down bırakmak; feda etm.; planlamak; yapmak, inşa etm.; yatırmak; saklamak, depo etm.; emretmek; ~ s.o. (fast) by the heels *b-ni* yakalamak, tutuklayıp hapsetmek; ~ in biriktirmek, stoklamak; ~ low yere sermek; yatağa düşürmek; ~ off geçici olarak işten çıkarmak; *Am. sl.* bırakmak, vazgeçmek, kesmek; ~ on sağlamak, temin etm.; saldırmak, yüklenmek; ~ it on (thick) *fig.* abartmak; pohpohlamak, göklere çıkarmak; ~ open ortaya çıkarmak; kesmek, yarmak; ~ (o.s.) open to s.th *k-ni* ...ile karşı karşıya bırakmak; ~ out yaymak, sermek; sergilemek; tasarlamak; düzenlemek, tertiplemek; gömülmeye hazırlamak, kefenlemek *(ölü)*; harcamak, sarfetmek *(para)*; yere sermek *b-ni*; ~ o.s. out *k-ni* paralamak, paralanmak (for *için*); ~ s.o. under an obligation *veya* a necessity *b-ni* mecbur bırakmak; ~ up biriktirmek, saklamak; ⚓ kızağa çekmek; be laid up yatağa düşmek; ~ with ... ile yatmak; *v/i.* yumurtlamak; *a.* ~ a wager bahse girmek; ~ about saldırmak, sağına soluna vurmak; çıkışmak; ~ into s.o. *sl.* *b-ne* girişmek, *b-ni* pataklamak; *b-ne* verip veriştirmek; ~ (it) on F saldırmak, yüklenmek, veriştirmek.

lay.a.bout *sl.* [ˈleiəbaut] *n.* aylak (*veya* serseri) kimse; **ˈlay-by** *n.* yol kenarındaki park yeri.

lay.er 1. [ˈleiə] *n.* kat, tabaka; tavuk; daldırma; **2.** ✓ [ˈlɛə] *v/t.* daldırmak.

lay.ette [leiˈet] *n.* yeni doğmuş bebeğin çamaşır ve elbise takımı.

lay-fig.ure [ˈleiˈfigə] *n.* manken.

lay.man [ˈleimən] *n.* meslek sahibi olmayan kimse.

lay...: ˈ~-off *n.* işçilerin geçici olarak işten çıkartılması; **ˈ~-out** *n.* düzen, tertip; mizanpaj.

laz.a.ret, *mst* **laz.a.ret.to** [læzəˈret(əu)] *n.* karantina merkezi; ⚓ erzak ambarı.

laze F [leiz] *v/i.* ense yapmak; *v/t.* aylak aylak geçirmek *(zaman)*; **ˈlaz.i.ness** *n.* tembellik, uyuşukluk, aylaklık; **ˈla.zy** *adj.* tembel, miskin, uyuşuk, aylak, hantal, ağır; **ˈla.zy-bones** *n.* tembel kimse.

lea *poet.* [liː] *n.* çimenlik, çayırlık, mera.

leach [liːtʃ] *vb.* damıtmak, süzmek.

lead¹ [led] **1.** *n.* kurşun; ⚓ iskandil; *typ.* anterlin; grafit; ~s *pl.* kurşun levha; ~ pencil kurşunkalem; swing the ~ *sl.* temaruz etm., hasta numarası yaparak işten kaçmak; **2.** *v/t.* kurşunlamak; *typ.* anterlin ile açmak *(satır araları)*.

lead² [liːd] **1.** *n.* kılavuzluk, öncülük, rehberlik; tasma kayışı; *thea.* başrol (oyuncusu); ⚡ ana tel; başa geçme; *iskambil:* ilk oynama hakkı; ilk oynayacak kimse; it's my ~ *iskambil:* sıra bende; take the ~ başa geçmek; örnek olm.; **2.** *(irr.) v/t.* yol göstermek *-e*, rehberlik etm. *-e*, götürmek *-i*; kumanda etm. *-i*; idare etm. *-i*, yönetmek *-i*; elinden tutarak götürmek *-i*; sürmek *(hayat)*; önde götürmek *(yarış vs.)*; etkilemek *-i*; ikna etm. *-i*; sebep olm. (to *-e*); *iskambil:* ...ile oyun açmak; ~ on ayartmak, kandırıp yaptırmak; *v/i.* gitmek, çıkmak *(yol)*; başta olm.; ~ off başlamak; *spor:* oyuna başlamak; ~ up to *-e* getirmek, *-e* sebep olm.

lead.en [ˈledn] *adj.* kurşun(dan); kurşun renginde, kurşunî; *fig.* ağır, kasvetli, sıkıcı; hüzünlü.

lead.er [ˈliːdə] *n.* önder, lider, kumandan, baş, önayak; kılavuz, rehber; solo kemancı; orkestra şefi; ⚖ *(çok avukatlı davada)* kıdemli avukat; *gazete:* başmakale; ⚘ filiz, sürgün; *anat.* kiriş, veter; **lead.er.ette** [~ˈret] *n.* *(baş makaleden sonra gelen)* kısa makale; **ˈlead.ership** *n.* önderlik, liderlik, öncülük.

lead-in ⚡ [ˈliːdin] *n.* anten iniş teli.

lead.ing [ˈliːdiŋ] **1.** *adj.* önde olan, baş(lıca), ana, en önemli; yol gösteren; yöneten; ~ article başmakale; † çok tutulan mal; ~ case ⚖ emsal karar; ~ man *thea.* baş aktör; ~ lady baş aktris; ~ question istenilen cevaba götüren soru; **2.** *n.* yol gösterme, rehberlik, öncülük; **ˈ~-strings** *n. pl.* çocuk yürütme kayışları; keep in ~ *b-nin* başına kâhya kesilmek.

lead... [led]: ~ **poi.son.ing** kurşun zehirlenmesi; **ˈ~-works** *n. mst sg.* kurşun dökümhanesi.

leaf [liːf] *n., pl.* **leaves** [liːvz] yaprak; kanat *(kapı, masa)*; in ~ yapraklanmış, yeşermiş; come into ~ yapraklanmak; **ˈleaf.age** *n.* yapraklar; **ˈleaf-bud** *n.* yaprak tomurcuğu; **ˈleaf.less** *adj.* yapraksız; **leaf.let** [ˈ~lit] *n.* yaprakçık; ufak risale, broşür; **ˈleaf.y** *adj.* yapraklı.

league¹ [liːg] **1.** *n.* birleşme, ittifak; birlik, cemiyet; *spor:* lig; ♀ of Nations Milletler Cemiyeti; **2.** *v/t. & v/i.* birleş(tir)mek.

league² *mst poet.* [~] *n.* fersah *(4,8 km.)*.

leak [liːk] **1.** *n.* delik, akıntı, sızıntı *(a. fig.)*; **2.** *v/t. & v/i.* sız(dır)mak; ~ out *fig.* sız(dır)mak *(haber)*; **ˈleak.age** *n.* sızıntı, sızma *(a. fig.)*; † fire; **ˈleak.y** *adj.* sızıntılı, delik.

lean¹ [liːn] **1.** *adj.* zayıf, cılız; yağsız *(yemek)*; verimsiz, kıraç; **2.** *n.* yağsız et.

lean² [~] *(irr.) v/t. & v/i.* daya(n)mak yasla(n)mak (against *-e*); güvenmek (on, upon *-e*); yana yat(ır)mak, eğilmek; meyletmek (to, towards *-e*); **2.** *n. (fig. a.* **ˈlean.ing**) eğilim, meyil.

lean.ness [ˈliːnnis] *n.* zayıflık; yağsızlık.

leant [lent] *pret. & p.p. of* lean² 1.

lean-to [ˈliːntuː] *n.* sundurma.

leap [liːp] **1.** *n.* atlama, sıçrayış; atlanılan mesafe; ani artış; by ~s (and bounds) büyük hızla, çok hızlı; **2.** *(irr.) v/t. & v/i.* atla(t)mak, sıçra(t)mak, fırla(t)mak; he ~t at the opportunity fırsatı kaçırmadı, fırsatı ganimet bildi; **ˈ~-frog 1.** *n.* birdirbir oyunu; **2.** *v/i.* birdirbir oynamak; **leapt** [lept] *pret. & p.p. of* leap 2; **ˈleap-year** *n.* artıkyıl.

learn [ləːn] *(irr.) vb.* öğrenmek; işitmek, haber almak; ezberlemek; *sl.* sormak, göstermek; ~ from *-den* haber almak;

learn.ed □ [ˈ~nid] âlim, bilgili; üstünde çok çalışılmış; **ˈlearn.er** *n.* *bşi* öğrenen kimse, yeni başlayan; **ˈlearn.ing** *n.* bilgi, öğrenme, ilim; **learnt** [ləːnt] *pret. & p.p. of* learn.

lease [liːs] **1.** *n.* kira(lama); kira kontratı; let (out) on ~ kiraya vermek; a new ~ of life yeniden doğma; **2.** *v/t.* kiralamak; kiraya vermek; **ˈ~.hold 1.** *n.* kiralanmış mal; **2.** *adj.* kiralanmış...; **ˈ~.holder** *n.* kiracı.

leash [liːʃ] **1.** *n.* tasma sırımı (*veya* kayışı); hold in ~ *fig.* yuları elden bırakmamak; strain at the ~ *fig.* serbest kalmağa can atmak; **2.** *v/t.* iple bağlamak.

least [liːst] **1.** *adj.* en az, en ufak, en küçük, asgarî; **2.** *adv. a.* ~ of all hiç, zerre kadar; at (the) ~ hiç olmazsa, en azından, bari; at the very ~ en az, en aşağı; not in the ~ hiç; to say the ~ en azından, hiç olmazsa.

leath.er [ˈleðə] **1.** *n.* deri, kösele, meşin; F meşin top; ~s *pl.* deri ürünleri; **2.** *adj.* deriden mamul, deri...; **3.** *v/t.* deri ile kaplamak; kayışla dövmek; **leath.er.ette** [~ˈret] *n.* suni deri; **leath.ern** [ˈleðən] *adj.* deriden yapılmış; **ˈleath.er.neck** *n.* ✕ *Am. sl.* bahriyeli; **ˈleath.er.y** *adj.* kösele gibi (*a. fig.*).

leave [liːv] **1.** *n.* müsaade; *a.* ~ of absence izin; veda, ayrılma; izin süresi; by your ~ izninizle, müsaadenizle; take one's ~ veda etm., ayrılmak; take ~ of *ile* vedalaşmak; *-den* ayrılmak; take ~ of one's senses kafayı üşütmek, aklını kaçırmak; **2.** (*irr.*) *v/t.* bırakmak, terketmek; ayrılmak *-den*; geçmek *-i*; ardında bırakmak; miras olarak bırakmak; vazgeçmek; be left (arta) kalmak; ~ it at that burada bırakmak, burada kesmek, üstelememek; *s.* call; ~ behind geride bırakmak; unutmak; ~ off bırakmak, vazgeçmek; giymemek; takmamak; ~ s.o. to himself *veya* to his own devices *b-ni* kendi haline bırakmak; ~ s.o. *veya* s.th. alone *b-ne veya bşe* karışmamak, dokunmamak; be (nicely) left F üçkağıda getirilmek, şapa oturtulmak; çıkmazda olm.; *v/i.* gitmek, yola çıkmak (for *-e*).

leav.en [ˈlevn] **1.** *n.* maya (*a. fig.*); **2.** *v/t.* mayalamak; *fig.* bozmak, değiştirmek; etkilemek; **ˈleav.en.ing** *n.* mayalama; bozma.

leaves [liːvz] *pl. of* leaf.

leav.ings [ˈliːviŋz] *n. pl.* artık.

lech.er [ˈletʃə] *n.* zampara, çapkın erkek, şehvet düşkünü adam; **ˈlech.er.ous** *adj.* şehvet düşkünü, çapkın; **ˈlech.er.y** *n.* şehvet (düşkünlüğü), çapkınlık.

lec.tern *eccl.* [ˈlektən] *n.* kürsü.

lec.ture [ˈlektʃə] **1.** *n.* konferans; umumî ders; azarlama, paylama; *s.* curtain; read s.o. a ~ *b-ni* azarlamak, paylamak; ~ room konferans salonu; **2.** *v/i.* konferans vermek, ders vermek (on *üzerine, hakkında*); *v/t.* azarlamak, paylamak; **ˈlec.tur.er** *n.* konferansçı; *univ.* doçent; *eccl.* vaiz; **ˈlec.ture.ship** *n.* doçentlik.

led [led] *pret. & p.p. of* lead² 2.

ledge [ledʒ] *n.* düz çıkıntı; kaya tabakası.

ledg.er [ˈledʒə] *n.* † defteri kebir; ⊕ travers; *a.* ~ line ♪ yardımcı çizgi.

lee ⚓ [liː] *n.* rüzgâr altı, boca.

leech [liːtʃ] *n. zo.* sülük (*a. fig.*); stick like a ~ *fig.* sülük gibi yapışmak.

leek ⚘ [liːk] *n.* pırasa.

leer [liə] **1.** *n.* yan gözle bakma; **2.** *v/i.* kötü niyetle bakmak, yan gözle bakmak (at *-e*); **ˈleer.y** □ *sl.* kuşkulu (of *-den*).

lees [liːz] *n. pl.* tortu, posa.

lee.ward ⚓ [ˈliːwəd] *adj. & adv.* boca(ya doğru).

lee.way ⚓ [ˈliːwei] *n.* rüzgâr altına düşme; make ~ bocalamak; *fig.* geri kalmak; make up ~ *fig.* kaybolan zamanı telâfi etm., açığı kapatmak.

left¹ [left] *pret. & p.p. of* leave 2.

left² [~] **1.** *adj.* sola ait, sol(daki)...; **2.** *adv.* sola doğru; **3.** *n.* sol taraf; sol kanat; **ˈ~-hand** *adj.* sol koldaki..., soldaki...; sol elle yapılan; **ˈ~-ˈhand.ed** □ solak; solaklar için yapılmış; *fig.* sakar, beceriksiz, salak; içten olmayan (*iltifat*); ⊕ sağdan sola.

left...: **ˈ~-ˈlug.gage of.fice** eşya dairesi, emanet; **ˈ~.o.vers** *n. pl.* artık yemek.

left-wing [ˈleftˈwiŋ] *adj. pol.* sol kanat.

leg [leg] *n.* bacak; mobilya ayağı; but; pantolon bacağı; ⚼ pergel ayağı; give s.o. a ~ up binmesine *veya* tırmanmasına yardım etm.; *fig. b-ne* kara gününde yardım etm.; be on one's last ~s F ayaklarına kara su inmek; ölüm döşeğinde olm.; pull s.o.'s ~ *b-ne* takılmak; not have a ~ to stand on *fig.* fikrini savunamamak, tutunacak dalı kalmamak.

leg.a.cy [ˈlegəsi] *n.* miras, kalıt; **ˈ~-hunt.er** *n.* miras avcısı.

le.gal □ [ˈliːgəl] kanunî, meşru, kanuna uygun; hukukî; ~ capacity medeni hakları kullanma ehliyeti; ~ entity tüzel kişi, hükmî şahıs; ~ remedy kanunî çözüm; ~ status hukuki durum; *s.* tender; **le.gal.i.ty** [liːˈgæliti] *n.* kanunilik, kanuna uygunluk; **le.gal.i.za.tion** [liːgəlaiˈzeiʃən] *n.*

tasdik, onaylama, kanunlaştırma; **ˈle-gal.ize** *v/t.* kanunlaştırmak, meşru kılmak.

leg.ate [ˈlegit] *n.* Papa elçisi; elçi, sefir.

leg.a.tee ⚖ [legəˈtiː] *n.* vâris, mirasçı, kalıtçı.

le.ga.tion [liˈgeiʃən] *n.* orta elçilik (dairesi).

leg-bail [ˈlegˈbeil] *n.*: give ~ tabanları yağlamak, sıvışmak.

leg.end [ˈledʒənd] *n.* masal, hikâye, efsane; yazı; **ˈleg.end.ar.y** *adj.* efsanevî.

leg.er.de.main [ˈledʒədəˈmein] *n.* el çabukluğu, hokkabazlık.

legged [legd] *adj.* ...bacaklı; **ˈleg.gings** *n. pl.* tozluk; **ˈleg.gy** *adj.* uzun bacaklı.

leg.horn [leˈgɔːn] *n.* legorn, bir çeşit tavuk.

leg.i.bil.i.ty [ledʒiˈbiliti] *n.* okunaklılık; **leg.i.ble** [ˈledʒəbl] □ okunaklı *(yazı).*

le.gion [ˈliːdʒən] *n.* eski Roma alayı; *fig.* kalabalık; birçok; **ˈle.gion.ar.y** **1.** *adj.* alaya ait, alay...; **2.** *n.* alay eri.

leg.is.late [ˈledʒisleit] *v/i.* kanun yapmak; **leg.isˈla.tion** *n.* yasama; yasa, kanunlar; **leg.is.la.tive** □ [ˈ~lətiv] yasamalı; **leg.is.la.tor** [ˈ~leitə] *n.* kanun yapan kimse; **leg.is.la.ture** [ˈ~leitʃə] *n.* yasama kurulu.

le.git.i.ma.cy [liˈdʒitiməsi] *n.* kanuna uygunluk, kanuni olma, yasalılık; **leˈgit.i.mate** **1.** □ [~mit] kanuna uygun, kanunî, meşru; mantıklı, akla yatkın, makûl; meşru doğmuş; **2.** [~meit] *v/t.* kanuna uygun kılmak; onaylamak; **le.git.iˈma.tion** *n.* kanunî kılma; **leˈgit.i.ma.tize** [~mətaiz], **leˈgit.i.mize** = legitimate 2.

leg.ume [ˈlegjuːm] *n.* baklagillerden herhangi bir bitki; **leˈgu.mi.nous** [~minəs] *adj.* baklagillere ait, baklagiller...

lei.sure [ˈleʒə] **1.** *n.* boş vakit; serbestlik; be at ~ serbest olm., boş vakti olm.; acelesi olmamak; at your ~ boş vaktinizde, vaktiniz olduğunda; **2.** *adj.* boş..., serbest...; **ˈlei.sured** *adj.* boş vakti olan; the ~ classes aristokrat sınıfı; **ˈlei.sure.ly** **1.** *adj.* acelesiz iş yapan; acelesiz yapılan; **2.** *adv.* rahatça, acelesiz, yavaş yavaş.

lem.on [ˈlemən] *n.* limon (ağacı); limon sarısı renk; **lem.on.ade** [~ˈneid] *n.* limonata; **ˈlem.on-ˈsquash** *n.* limon suyu; **ˈlem.on-squeez.er** *n.* limonluk.

lend [lend] *(irr.) v/t.* ödünç vermek, borç vermek; vermek; ~ a hand yardım elini uzatmak; ~ o.s. to *-e* yanaşmak; *-e* elverişli olm.; ~ing library ödünç kitap veren kütüphane; **ˈlend.er** *n.* ödünç veren kimse; **ˈLend-ˈLease Act** ödünç verme *veya* kiralama sistemi kanunu *(Am. 1941).*

length [leŋθ] *n.* uzunluk; boy; süre, müddet; mesafe; at ~ nihayet, sonunda; baştan sona kadar; at (great) ~ ayrıntılarıyle, uzun uzadıya; go all ~s sonuna kadar gitmek, her çareye başvurmak; go (to) great ~s ...için çok uğraşmak, her çareye başvurmak; he goes the ~ of saying ...diyecek kadar ileri gider; **ˈlength.en** *v/t.* & *v/i.* uza(t)mak; **ˈlength.ways, ˈlength.wise** *adv.* uzunluğuna, uzunlamasına; **ˈlength.y** □ upuzun.

le.ni.ence, le.ni.en.cy [ˈliːnjəns(i)] = lenity; **ˈle.ni.ent** □ yumuşak huylu, merhametli; kibar; **ˈlen.i.tive** ⚕ **1.** *adj.* yatıştırıcı; **2.** *n.* yatıştırıcı ilâç; **len.i.ty** [ˈleniti] *n.* yumuşaklık; merhamet; kibarlık.

lens [lenz] *n.* mercek, adese, pertavsız; *phot.* objektif; ~ system *phot.* mercek sistemi.

lent[1] [lent] *pret.* & *p.p. of* lend.

Lent[2] [~] *n.* büyük perhiz.

Lent.en [ˈlentən] *adj.* büyük perhize ait, büyük perhiz...

len.tic.u.lar □ [lenˈtikjulə] merceğe ait, mercek...; mercekli...

len.til ⚘ [ˈlentl] *n.* mercimek.

leop.ard [ˈlepəd] *n.* pars, panter.

lep.er [ˈlepə] *n.* cüzamlı kimse.

lep.re.chaun *Ir.* [ˈleprəkɔːn] *n.* cin.

lep.ro.sy ⚕ [ˈleprəsi] *n.* cüzam, miskin hastalığı; **ˈlep.rous** *adj.* cüzamlı; cüzama ait, cüzam...

les.bian [ˈlezbiən] *n.* sevici *(kadın);* **ˈles-bian.ism** *n.* sevicilik.

lese-maj.es.ty ⚖ [ˈliːzˈmædʒisti] *n.* hıyanet, hainlik.

le.sion [ˈliːʒən] *n.* yara, bere.

less [les] **1.** *adj.* & *adv.* daha az, daha küçük; **2.** *prp.* ♈ eksi; † indirimli, çıkarılmak üzere; no ~ than en azından; no ~ a person than ... kadar önemli; none the ~ yine de, bunun birlikte, hal böyle iken.

...less [lis] *suffix* ...sız, ...siz.

les.see [leˈsiː] *n.* kiracı.

less.en [ˈlesn] *v/t.* & *v/i.* küçül(t)mek, azal(t)mak, eksil(t)mek; *fig.* küçümsemek.

less.er [ˈlesə] *adj.* daha az, daha küçük.

les.son [ˈlesn] *n.* ders; ibret *(a. eccl.);* ~s *pl.* dersler, öğretim; teach s.o. a ~ *b-ne* ders vermek; *b-ne* ders olm.

les.sor [leˈsɔː] *n.* kiraya veren kimse.

lest [lest] *cj.* olmasın diye, ...mesin diye; korkusu ile, belki, olmaya ki.

let[1] [let] *(irr.) v/t.* müsaade etm. *-mesine,* izin vermek *-mesine*; bırakmak; kiraya vermek; ~ alone el sürmemek, dokunmamak; *adv.* ...saymazsak, ...bırak, ...şöyle dursun; ~ be dokunmamak, kendi haline bırakmak; ~ down indirmek; kısaltmak; düşürmek; hayal kırıklığına uğratmak, boşa çıkarmak; ~ s.o. down gently *b-ni* hafifçe cezalandırmak, *b-ni* alıştıra alıştıra hayal kırıklığına uğratmak; ~ drive at s.o. *b-ne* girişmek; ~ fly savurmak, fırlatmak, atmak; *fig.* bağırıp çağırmak; ~ go elinden bırakmak, koyvermek, salıvermek; ~ it go at that konuyu burada kesmek; ~ into *-e* ortak etm., *-e* sırdaş etm.; *-e* açmak *(pencere vs.)*; ~ loose salıvermek, serbest bırakmak; ~ off cezasını affetmek, cezasını hafifletmek; patlatmak, ateşlemek; *s.* steam; ~ out boşaltmak; genişletmek, bollaştırmak *(elbise)*; ağzından kaçırmak *(sır)*; salıvermek; kiraya vermek; ~ the cat out of the bag ağzından kaçırmak; *v/i.* kiralanmak (at, for *-e*); ~ on F ağzından kaçırmak; ~ out at *-e* saldırmak, *-e* çifte atmak; *fig.* *-e* çıkışmak; ~ up durmak, dinmek *(yağmur)*.

let² [~] *n. a.* ~ ball *tenis:* net; without ~ or hindrance hiç bir engelle karşılaşmadan.

le.thal □ [ˈliːθəl] öldürücü.

le.thar.gic, le.thar.gi.cal □ [leˈθɑːdʒik(əl)] uyuşuk *(a. fig.)*; **leth.ar.gy** [ˈleθədʒi] *n.* bitkinlik; *fig.* uyuşukluk.

Le.the [ˈliːθiː] *n. myth.* suyundan içenlere geçmişi unutturan nehir.

let.ter [ˈletə] **1.** *n.* mektup; harf; ~s *pl.* edebiyat, ilim; by ~ mektupla; man of ~s edebiyatçı, ilim adamı; to the ~ harfi harfine, harfiyen; **2.** *v/t.* kitap harfiyle yazmak; **ˈ~-bal.ance** *n.* mektup terazisi; **ˈ~-box** *n.* mektup kutusu; **ˈ~-card** *n.* katlanınca zarf olan mektup kağıdı; **ˈ~-car.ri.er** *n. Am.* postacı; **ˈ~-case** *n.* mektup mahfazası, portföy; **ˈ~-cov.er** *n.* mektup zarfı; **ˈlet.tered** *adj.* okumuş, bilgili, tahsilli; **ˈlet.ter-file** *n.* mektup dosyası; **ˈlet.ter-found.er** *n.* harf dökümcüsü; **let.ter.gram** [ˈ~græm] *n.* indirimli telgraf; **ˈlet.ter.head** *n.* mektup başlığı; başlıklı kağıt; **ˈlet.ter.ing** *n.* harflerle yazma, harf sıralama; harfler.

let.ter...: **ˈ~.less** *adj.* kültürsüz; **ˈ~-o.pen.er** *n.* mektup açacağı; **ˈ~-ˈper.fect** *adj. thea.* rolünü harfi harfine ezberlemiş; **ˈ~.press** *n. typ.* kitabın yazılı kısmı; ~ printing tipo baskısı; **ˈ~-press** *n.* linotip; **ˈ~-weight** *n.* kağıdın uçmasını önlemek için üstüne konulan ağırlık, prespapye.

let.tuce ⚘ [ˈletis] *n.* salata, marul.

leu.co... [ˈljuːkəu] *prefix* renksiz, beyaz:

leu.co.cyte [ˈ~sait] *n.* akyuvar, lökosit:

leu.k(a)e.mi.a ⚕ [ljuːˈkiːmiə] *n.* lösemi, kan kanseri.

le.vant¹ [liˈvænt] *v/i.* kaçmak *(esp. alacaklılardan)*.

le.vant² [~] *n.* Akdeniz'in doğusu ve buradaki ülkeler; **le.vant.ine** [ˈlevəntain] **1.** *n.* Yakın Doğulu kimse, Levanten; **2.** *adj.* Yakın Doğu'da ticaret yapan; Yakın Doğu'ya ait.

lev.ee¹ *hist.* [ˈlevi] *n.* kabul merasimi.

lev.ee² *Am.* [~] *n.* set; rıhtım.

lev.el [ˈlevl] **1.** *adj.* düz, düzlem; ufkî, yatay, bir hizada; dengeli, ölçülü; my ~ best elimden ne gelirse; ~ crossing 🚂 hemzemin geçit; ~ stress *gr.* serbest vurgu; **2.** *n.* seviye, hiza, derece; düzlük, düz yer, yüzey; tesviye aleti; *fig.* sosyal norm; ~ of the sea deniz seviyesi: on a ~ with *ile* aynı seviyede *(a. fig)*; dead ~ dümdüz yüzey; *fig.* tekdüzelik, monotonluk; on the ~ F dürüst, doğru sözlü: **3.** *v/t.* düzlemek, tesviye etm.; *surv.* tesviye aletleriyle ölçmek; *fig.* alıştırmak, uydurmak; doğrultmak *(silah)* (at *-e*); ~ with the ground yerle bir seviyeye getirmek; ~ down alçaltarak eşitlemek; ~ up yükselterek eşitlemek; *v/i.* ~ at, ~ against *-i* suçlamak, *-e* suç yüklemek; ~ off ✈ havalandıktan sonra yatay olarak uçmak; **ˈ~-ˈhead.ed** *adj.* sağgörülü, mantıklı; **ˈlev.el.(l)er** *n. surv.* düzlemci; *fig.* sınıf farklarını yok etmek isteyen kimse; **ˈlev.el.(l)ing** *adj.* tesviye etme..., düzeltme...

le.ver [ˈliːvə] **1.** *n.* manivela (kolu); **2.** *v/t.* manivela ile kaldırmak; **ˈle.ver.age** *n.* manivela gücü; *sl.* piston.

lev.er.et [ˈlevərit] *n.* tavşan yavrusu.

le.vi.a.than [liˈvaiəθən] *n.* büyük su hayvanı.

le.vis [ˈliːvaiz] *n. pl.* blucin.

lev.i.tate [ˈleviteit] *v/t.* havaya kaldırmak; *v/i.* havaya kalkmak.

Le.vite [ˈliːvait] *n. İncil:* Levi kabilesinden biri.

lev.i.ty [ˈleviti] *n.* hoppalık; ciddiyetsizlik; hafife alma.

lev.y [ˈlevi] **1.** *n.* toplama, tarh; ⚔ zorla asker toplama; toplanan asker; capital ~ varlık *(veya* sermaye) vergisi; **2.** *v/t.* tarh etm., koymak *(vergi vs.)*; zorla toplamak: haczetmek, el koymak; açmak *(savaş)* (on, against *-e karşı*).

lewd □ [luːd] şehvet düşkünü; müstehcen, açık saçık; **ˈlewd.ness** *n.* şehvet düşkünlüğü; müstehcenlik.

lex.i.cal □ [ˈleksikəl] sözlüğe ait, kelimelere ait, kelime...
lex.i.cog.ra.pher [leksiˈkɔgrəfə] *n.* sözlük düzenleyen kimse, sözlükçü; **lex.i.co-graph.i.cal** □ [~kəuˈgræfikəl] sözlüğe ait, sözlük...; **lex.i.cog.ra.phy** [~ˈkɔgrəfi] *n.* sözlük düzenleme, sözlükçülük; **lex.i.con** [ˈ~kən] *n.* sözlük.
li.a.bil.i.ty [laiəˈbiliti] *n.* sorumluluk, mesuliyet; ⚖ mükellefiyet; *fig.* engel, ayak bağı; liabilities *pl.* borç; ✝ pasif.
li.a.ble □ [ˈlaiəbl] sorumlu (for *-den*); ⚖ mükellef; maruz (to *-e*); ıstırap çeken (to *-den*); meyilli (to *inf. -meğe*); be ~ to *-e* maruz olm.; ~ to duty gümrüğe tabi; ~ to punishment cezalandırılabilir, cezaya tabi.
li.ai.son [liˈeizn] *n.* bağlantı, birleş(tir)me; gizli ilişki *(cinsel)*; ✕ irtibat; ~ officer irtibat subayı.
li.ar [ˈlaiə] *n.* yalancı.
li.ba.tion [laiˈbeiʃən] *n.* Tanrı'nın şerefine içilen içkinin yere dökülmesi; içki, işret.
li.bel [ˈlaibəl] **1.** *n.* hakaret (on *-e*); ⚖ iftira; dava dilekçesi; **2.** *v/t.* -e iftira etm., -e leke sürmek; ⚖ dilekçe vererek dava etm.; **ˈli.bel.(l)ous** □ iftira kabilinden; iftiracı, lekeleyici...
lib.er.al [ˈlibərəl] **1.** □ serbest düşünceli, açık fikirli; *pol.* liberal; cömert, eli açık; bol, pek çok; yüksek *(tahsil)*; serbest; **2.** *n.* liberal; **ˈlib.er.al.ism** *n.* liberalizm, serbest fikirlilik; **lib.er.al.i.ty** [~ˈræliti] *n.* cömertlik; serbest fikirlilik, liberallik.
lib.er.ate [ˈlibəreit] *v/t.* kurtarmak, özgür kılmak (from *-den*); salıvermek, azat etm., serbest bırakmak; **lib.erˈa.tion** *n.* kurtuluş; serbest bırakma, kurtarma; **ˈlib.er.a.tor** *n.* kurtarıcı.
lib.er.tine [ˈlibəti:n] **1.** *n.* şehvet düşkünü kimse, ahlâksız adam; **2.** *adj.* şehvet düşkünü, ahlâksız, hovarda, çapkın; **lib-er.tin.ism** [ˈlibətinizəm] *n.* çapkınlık, hovardalık.
lib.er.ty [ˈlibəti] *n.* hürriyet, serbestlik, özgürlük; ayrıcalık, hak; take liberties küstahlık etm., terbiyesizlik etm.; be at ~ serbest olm., özgür olm.; be at ~ to do *bş* yapmaya hakkı olm.; ~ of conscience vicdan hürriyeti; ~ of speech konuşma özgürlüğü; ~ of the press basın özgürlüğü.
li.bid.i.nous □ [liˈbidinəs] şehvet düşkünü.
li.brar.i.an [laiˈbɛəriən] *n.* kütüphane memuru, kütüphaneci; **li.brar.y** [ˈlaibrəri] *n.* kütüphane, kitaplık; kitaplar serisi.
li.bret.to ♪ [liˈbretəu] *n.* opera güftesi, opera kitabı.
lice [lais] *pl. of* louce.
li.cence [ˈlaisəns] *n.* ruhsat(name), izin (tezkeresi), müsaade, lisans; çapkınlık, serbestlik, riayetsizlik; driving ~ ehliyet.
li.cense [~] **1.** = licence; **2.** *v/t.* ruhsat *veya* yetki vermek *-e*; izin vermek *-e*; licensing hours *pl.* meyhanelerde içki içilebilen saatler; **li.cen.see** [~ˈsi:] *n.* ruhsat sahibi.
li.cen.ti.ate *univ.* [laiˈsenʃiit] *n.* resmen izinli kimse.
li.cen.tious □ [laiˈsenʃəs] şehvet düşkünü, ahlâksız.
li.chen ♣ & ⚕ [ˈlaikən] *n.* liken.
lich.gate [ˈlitʃgeit] = lychgate.
lick [lik] **1.** *n.* yalama, yalayış; *Am.* hayvanların tuz yalama yeri; *sl.* darbe, tokat, sille; F sürat, hız, tempo; **2.** *v/t.* yalamak; F dayak atmak *-e*, pataklamak; yenmek, üstesinden gelmek; *v/i.* hızla gitmek; ~ the dust yenilmek; öldürülmek; yeri öpmek; ~ into shape hazırlamak; adam etm.; **ˈlick.er.ish** *adj.* ahlâksız, hovarda; pisboğaz, obur, açgözlü; **ˈlick.ing** *n.* yalama, yalayış; F dayak, kötek; F yenilgi; **ˈlick.spit.tle** *n.* dalkavuk, yaltakçı kimse, çanak yalayıcı.
lic.o.rice ♣ [ˈlikəris] *n.* meyan(kökü).
lid [lid] *n.* kapak; göz kapağı; *sl.* şapka; put the ~ on it F üzerine tüy dikmek, bardağı taşıran son damla olm.; sonu olm.
li.do [ˈli:dəu] *n.* havuz; plaj.
lie[1] [lai] **1.** *n.* yalan, palavra; give s.o. the ~ *b-ni* yalancılıkla suçlamak; tell a ~ yalan söylemek; white ~ zararsız yalan; **2.** *v/i.* yalan söylemek.
lie[2] [~] **1.** *n.* yatış; yer, mevki; the ~ of the land bir arazinin doğal özellikleri; durum, gidişat; **2.** *(irr.) v/i.* yatmak, uzanmak; durmak, kalmak, olmak; ⚖ kanunen uygun olm.; ~ by istifade edilmemek; istirahat etm., sakin olm.; ~ down yatmak, uzanmak; take it lying down alttan almak, sineye çekmek, ister istemez katlanmak; as far as in me ~s elimden geldiğince; ~ in geç saatlere kadar yatmak; loğusa olm.; ~ in wait for pusuya yatmak; ~ over ✝ sonraya bırakılmak, ertelenmek; ~ to ⚓ rüzgâra karşı giderken (neredeyse) durmak; ~ under -e bağlı olm.; ~ up çok yatmak; gizlenmek, saklanmak; it ~s with you o sizin işiniz, o size kalmış; let sleeping dogs ~ *fig.* uyuyan yılanın kuyruğuna basma.
lie-a.bed [ˈlaiəbed] *n.* uykucu kimse; **lie-ˈdown** *n.* kestirme, şekerleme.
lief *lit.* [li:f] *adv.* seve seve, memnuni-

yetle; ˈlief.er *adv.* daha çok, tercihan.

liege *hist.* [liːdʒ] **1.** *adj.* işini kullarına gördüren; **2.** *n. a.* ~man derebeyi kölesi; *a.* ~ lord derebeylik lordu.

lie-in [laiˈin] *n:* have a ~ sabahleyin geç vakte kadar yatmak.

li.en ⚖ [ˈliən] *n.* ipotek.

lieu [ljuː] *n.*: in ~ of *-in* yerine.

lieu.ten.an.cy [lefˈtenənsi, ⚓ leˈtenənsi] *n.* teğmenlik; ⚓ yüzbaşılık.

lieu.ten.ant [lefˈtenənt, ⚓ leˈtenənt] *n.* teğmen; ⚓ yüzbaşı; vekil, yardımcı; ˈ~-ˈcolo.nel *n.* yarbay; ˈ~-comˈmand.er *n.* kıdemli yüzbaşı; ˈ~-ˈgen.er.al *n.* korgeneral; ˈ~-ˈgov.er.nor *n.* vali muavini.

life [laif] *n., pl.* **lives** [laivz] hayat, yaşam, ömür; can(lılık); biyografi, yaşam öyküsü; yaşam tarzı; ~ and limb hayat; for ~ hayat boyu; for one's ~, for dear ~ bütün gücü ile, canla başla; to the ~ tıpatıp, aynen; ~ sentence müebbet (*veya* ömür boyu) hapis cezası; have the time of one's ~ dilediğince eğlenmek, kurtlarını dökmek; ˈ~-an.nu.i.ty *n.* ömür boyu gelir; ˈ~-as.sur.ance *n.* hayat sigortası; ˈ~-belt *n.* cankurtaran kemeri; ˈ~-blood *n.* yaşam için gerekli olan kan (*a. fig.*); ˈ~-boat *n.* cankurtaran sandalı, filika; ˈ~-buoy *n.* cankurtaran simidi; ˈ~-giv.ing *adj.* canlandırıcı, hayat verici; ˈ~-guard *n.* cankurtaran yüzücüsü; ˈ~-ˈin.ter.est *n.* kaydı hayat şartıyla intifa, yaşadığı sürece mülk hakkı (in *-de*); ˈ~-jack.et *n.* ⚓ cankurtaran yeleği; ˈ~.less □ cansız (*a. fig.*); ölü (gibi); ˈ~.less.ness *n.* cansızlık; ˈ~.like *adj.* canlı gibi görünen; ˈ~-line *n.* cankurtaran halatı; ˈ~-long *adj.* ömür boyu süren; ˈ~-pre.serv.er *n. Am.* cankurtaran yeleği; topuzlu baston, lobut.

lif.er *sl.* [ˈlaifə] *n.* ömür boyu hapse mahkûm kimse.

life...: ˈ~-sav.er *n.* cankurtaran kimse *veya* şey; ˈ~-ˈsize(d) *adj.* doğal büyüklükte (*resim, heykel vs.*); ˈ~-strings *n. pl.* hayat bağları; ˈ~.time *n.* hayat süresi, ömür; ˈ~-ˈwork *n.* tüm hayatın verildiği (*veya* ömür boyu) iş.

lift [lift] **1.** *n.* kaldırma, kaldırış, yüksel(t)me; ⊕ sia; *phys.*, ✈ kaldırma gücü: asansör; *fig.* neşe, canlılık; give s.o. a ~ *b-ni* arabasına almak; **2.** *v/t. & v/i.* kaldırmak (*a. fig.*), yüksel(t)mek; *oft.* ~ up kaldırmak (*masa vs.*); yükseltmek (*ses*); dikmek (*kulaklarını*); kökünden sökmek (*bitki*); *sl.* aşırmak, yürütmek, araklamak; ˈ~-at.tend.ant, ˈ~-boy *n.* asansör görevlisi; ˈlift.er *n.* vinç, kaldırıcı; hırsız, yankesici; ˈlift.ing *adj.* ⊕ kaldırıcı, kaldırma...; ~ power ✈ kaldırma kuvveti; ˈlift-off *n.* kalkış, yükselme (*roket vs.*).

lig.a.ment *anat.* [ˈligəmənt] *n.* bağ.

lig.a.ture [ˈligətʃə] **1.** *n.* bağ(lama); ⚕ kanı durduran bağ; ♪, *typ.* bağ; **2.** *v/t.* tel ile bağlamak.

light¹ [lait] **1.** *n.* ışık (*a. fig.*), aydınlık; ateş; bilgi kaynağı; *fig.* parlaklık, canlılık; gün ışığı, gündüz; görüş; ~s *pl.* yetenekler, cevher; örnek alınacak kimse; pencere, aydınlık; *paint.* resmin aydınlık kısmı; in the ~ of *-in* ışığında, *-e* göre; come (bring) to ~ açığa çık(ar)mak, ortaya çık(ar)mak; will you give me a ~ ateşinizi rica edebilir miyim?, sigaramı yakar mısınız?; put a ~ to yakmak *-i*, tutuşturmak *-i*; see the ~ doğmak, dünyaya gelmek; ortaya çıkmak, meydana gelmek; *fig.* sonunda anlamak; **2.** *adj.* aydınlık; soluk, solgun; açık (*renk*); **3.** (*irr.*) *v/t. & v/i. oft.* ~ up yakmak, tutuş(tur)mak; aydınlatmak; neşelen(dir)mek, gül(dür)mek, canlan(dır)mak; yanmak, alev almak; parıldamak; ~ out *Am. sl.* yola koyulmak (*veya* düzülmek).

light² [~] **1.** □ hafif; eksik; hazmı kolay (*yemek*); vurgusuz (*hece*); önemsiz; hafifmeşrep, mal (*kadın*); neşeli; endişesiz: başı dönmüş, sersemlemiş; çevik; az, küçük; ~ current ⚡ zayıf akım; make ~ of hafife almak *-i*, önemsememek *-i*; **2.** *n. su.* = lights; **3.** *vb.* ~on, ~ upon rastlamak, tesadüfen bulmak.

light-col.o(u)red [ˈlaitkʌləd] *adj.* açık renk (*elbise vs.*).

light.en¹ [ˈlaitn] *v/t.* aydınlatmak (*a. fig.*); *v/i.* aydınlanmak; şimşek çakmak.

light.en² [~] *v/t. & v/i.* hafifle(t)mek, yükü(nü) azal(t)mak; neşelen(dir)mek.

light.er¹ [ˈlaitə] *n.* yakıcı alet; çakmak.

light.er² ⚓ [~] *n.* mavna, salapurya.

light...: ˈ~-fin.gered *adj.* hırsızlığa yatkın, eli uzun; eli yatkın; ˈ~-hand.ed *adj.* eli hafif; *fig.* becerikli; ˈ~-hand.ed.ness *n.* beceriklilik, eli hafiflik; ˈ~-ˈhead.ed *adj.* başı dönen, sersemlemiş; düşüncesiz; kuş beyinli; ˈ~-ˈheart.ed □ neşeli, şen şakrak, mutlu; ˈ~.house *n.* fener kulesi.

light.ing [ˈlaitiŋ] *n.* aydınlatma; yakma; ışıklandırma sistemi; ~ up ışıklandırma.

light.ly [ˈlaitli] *adv.* hafifçe, az; kolayca; iyice düşünmeden; çevikçe; canlılıkla, neşeyle; ˈlightˈmind.ed *adj.* hafif, ciddiyetten yoksun, düşüncesiz; ˈlight.ness *n.* hafiflik.

light.ning [ˈlaitniŋ] *n.* şimşek, yıldırım:

like ~, with ~ speed şimşek (*veya* yıldırım) gibi, çok çabuk; '~-ar'rest.er *n*. elektrik aletlerini yıldırımdan koruyan aygıt; ~ bug *Am*. ateşböceği; '~-con.duc.tor, '~-rod *n*. paratoner, yıldırımsavar, yıldırımkıran.

lights [laits] *n. pl.* hayvan akciğeri.

light.ship ['laitʃip] *n*. fener gemisi (*veya* dubası).

light.some ['laitsəm] *adj*. neşeli, şen şakrak; kaygısız, endişesiz; parlak, ışıklı.

light-weight ['laitweit] **1.** *n. spor:* tüysıklet; **2.** *adj*. hafif; önemsiz; karaktersiz.

lig.ne.ous ['ligniəs] *adj*. odunsu..., oduna benzer; **lig.nite** ['lignait] *n*. linyit.

lik.a.ble ['laikəbl] *adj*. sevimli, hoş; çekici.

like [laik] **1.** *adj. & prp.* gibi, benzer *-e*; eşit *-e*; ~ a man adama yakışır(casına), adam gibi; such ~ böylesi, benzeri, gibi; feel ~ F hoşlanmak, canı istemek, arzulamak *-i*; *s.* look; something ~ ... ...gibi bir şey, takriben; ~ that öyle, böyle, onun gibi; what is he ~? neye benziyor, nasıl biridir?; that's more ~ it bu daha iyi, kulağa daha hoş geliyor; **2.** *n*. benzeri, eşit; ~s *pl*. sevilen şeyler, tercihler; his ~ emsali, eşi, benzeri; the ~ gibi, aynı; the ~(s) of F ...gibi, *-in* benzeri; **3.** *v/t*. sevmek *-i*, beğenmek, hoşlanmak *-den*; istemek, arzu etm. *-i*; ~ best en çok sevmek; how do you ~ London? Londra'yı nasıl buluyorsunuz?; I should ~ to know bilmek istiyorum.

like.a.ble ['laikəbl] = likable.

like.li.hood ['laiklihud] *n*. ihtimal, olasılık; '**like.ly** **1.** *adj*. muhtemel, olası; ...cek gibi; uygun, yerinde; sevimli, çekici; inanılır, güvenilir; **2.** *adv*. muhtemelen, belki de, galiba; as ~ as not olabilir ki, büyük bir olasılıkla; he is ~ to die galiba ölecek.

like-mind.ed ['laik'maindid] *adj*. hemfikir, aynı görüşte; '**lik.en** *v/t*. benzetmek (to *-e*); '**like.ness** *n*. benzerlik; görünüş; resim, tasvir; have one's ~ taken fotoğrafını çektirmek, resmini yaptırmak; '**like-wise** *adv*. aynı şekilde, aynen, aynısı, dahi, keza; ayrıca, bundan başka.

lik.ing ['laikiŋ] *n*. (for) beğenme, meyil, beğeni, düşkünlük, sevme; to s.o.'s ~ *b-nin* istediği gibi, zevkine göre.

li.lac ['lailək] **1.** *adj*. açık mor; **2.** *n*. ⚘ leylâk (rengi); açık mor.

Lil.li.pu.tian [lili'pju:ʃən] **1.** *n*. 'Guliver'in Seyahatleri' adlı kitaptaki adada yaşayan kimse; **2.** *adj*. küçücük, minnacık.

lilt [lilt] **1** *v/i*. kıvrak şarkı söylemek; **2.** *n*. kıvrak şarkı.

lil.y ⚘ ['lili] *n*. zambak; ~ of the valley inciçiçeği; '~-'liv.ered *adj*. ödlek, yüreksiz; '~-white *adj*. bembeyaz.

limb[1] [lim] *n*. uzuv, örgen; ⚘ dal; F haylaz çocuk; out on a ~ F desteksiz.

limb[2] *ast.*, ⚘ [~] *n*. kenar.

limbed [limd] *suffix* ...uzuvlu.

lim.ber[1] ['limbə] **1.** *n*. ⚔ toparlak; **2.** *vb*. *mst* ~ up top arabasına koşum parçasını bağlamak.

lim.ber[2] [~] **1.** *adj*. gevşek, oynak, bükülebilir, esnek; **2.** *v/t. & v/i.* ~ up esne(t)mek, ger(il)mek, ısın(dır)mak (*adale*).

lim.bo ['limbəu] *n*. vaftiz edilmeden ölenlerle İsa'dan önce yaşayanların ruhlarının olduğu yer; *sl.* kodes; *fig.* şüphe, tereddüt.

lime[1] [laim] **1.** *n*. kireç; **2.** *v/t*. kireçlemek.

lime[2] ⚘ [~] *n*. ıhlamur.

lime[3] ⚘ [~] *n*. misket limonu; '~-juice *n* misket limonu suyu.

lime...: '~-kiln *n*. kireç ocağı; '~.light *n*. kireç lambası; in the ~ *fig.* göz önünde, halkın dilinde.

lim.er.ick ['limərik] *n*. beş mısralı nükteli şiir.

lime...: '~.stone *n*. kireçtaşı; '~-tree *n*. ⚘ ıhlamur ağacı; '~.twig *n*. ökse çubuğu.

lim.it ['limit] **1.** *n*. had, sınır, uç, son, hudut; limit; in (off) ~s serbest (yasak) bölge (to *için*); that is the ~! F bu kadarı da fazla!, yetti be!; go the ~ *Am.* F sınıra dayanmak; her şeyi göze almak; **2.** *v/t*. sınırlamak, kısıtlamak; hasretmek, vermek, ayırmak (to *e*); **lim.i'ta-tion** *n*. sınırlama, tahdit, kısıtlama (*a. fig.*); ⚖ sınırlandırma, hudutlandırma; kayıtlama; '**lim.it.ed** **1.** *adj*. mahdut sayılı, sınırlı, az, kısıtlı (to *-e*); ⍑ sınırlı sorumlu, limited; ~ (liability) company sınırlı sorumlu (*veya* limited) şirket; ~ in time zamanı kısıtlı; **2.** *n*. ekspres; '**lim-it.less** □ sınırsız, sayısız, sonsuz, uçsuz bucaksız.

limn † [lim] *v/t*. resmetmek; tasvir etm

lim.ou.sine ['liməzi:n] *n*. (*bölmeli şoför mahalli olan*) lüks otomobil.

limp[1] [limp] **1.** *v/i*. topallamak, aksamak; **2.** *n*. topallama.

limp[2] [~] *adj*. gevşek, yumuşak; zayıf, kuvvetsiz.

lim.pet ['limpit] *n. zo.* denizminaresi; *fig.* sülük gibi kimse.

lim.pid □ ['limpid] berrak, şeffaf; '**lim-pid.ness** *n*. berraklık, şeffaflık.

lim.y [ˈlaimi] *adj.* kireçli; kireç gibi.
lin.age [ˈlainidʒ] *n.* satır sayısı.
linch.pın [ˈlintʃpin] *n.* dingil çivisi.
lin.den ⚘ [ˈlindən] *n.* ıhlamur ağacı.
line¹ [lain] **1.** *n.* sıra, dizi, seri; çizgi, yol, hat; ip, olta, sicim; *teleph.* hat; *fig.* yol, metod; satır, mısra; plan, desen; † mal; ✕ saf, sıra; pusula, not; hiza; ~s *pl.* çevre, şekil, anahat; *thea.* rol; silsile, sıra; soy; çığır, devir; meslek, iş; sınır, hudut; kuyruk; demiryolu hattı; ekvator çizgisi; ~ of battle savaş hattı; ~ of business meslek, branş; ~ of conduct hayat (*veya* hareket) tarzı; ship of the ~ savaş gemisi; hard ~s şanssızlık, kötü talih; all down the ~ tamamen, her yönden; in ~ with uygun *-e*; aynı hizada *ile*; that is not in my ~ bu benim işim değil; stand in ~ sıraya girmek, kuyrukta beklemek; fall into ~ with s.o. *b-ne* uymak, *b-le* hemfikir olm., *b-ne* katılmak; draw the ~ *fig.* *bşi* reddetmek, geri çevirmek; party ~ *pol.* parti siyaseti; party ~, shared ~ *teleph.* birkaç abonenin birden bağlandığı telefon sistemi; toe the ~ *pol.* kanun *veya* kurala uymak; denileni yapmak; hold the ~ *teleph.* telefonu kapatmamak; **2.** *v/t.* dizmek, sıralamak; çizgilerle göstermek; *fig.* kırıştırmak (*yüz vs.*); ~ the streets caddelere dizilmek; ~ out taslağını çizmek; ~ through çizmek, karalamak; ~ up sıraya dizmek; *v/i.* ~ up sıraya girmek.
line² [~] *v/t.* astarlamak; kaplamak; doldurmak.
lin.e.age [ˈliniidʒ] *n.* soy, nesil; **lin.e.al** □ [ˈ~əl] babadan oğula geçen; **lin.e.a.ment** [ˈ~əmənt] *n.* yüz hattı; **lin.e.ar** [ˈ~ə] *adj.* doğrusal, çizgisel.
line.man [ˈlainmən] *n.* demiryolu *veya* telgraf hat memuru, monoton; *Am.* = linesman.
lin.en [ˈlinin] **1.** *n.* keten bezi; iç çamaşır; masa örtüleri ve yatak çarşafları; wash one's dirty ~ in public *fig.* *b-nin* kirli çamaşırlarını ortaya dökmek; **2.** *adj.* keten...; ˈ**~-clos.et,** ˈ**~-cup.board** *n.* çamaşır dolabı; ˈ**~-drap.er** *n.* bez satıcısı.
lin.er [ˈlainə] *n.* transatlantik; yolcu uçağı; makyaj kalemi; astar; **lines.man** [ˈlainzmən] *n.* *spor:* yan hakem; ˈ**line-up** *n.* sıraya girme; sıra; program; *spor:* oyuncuların yerini alması, diziliş.
ling¹ *ichth.* [liŋ] *n.* morinaya benzer bir balık.
ling² ⚘ [~] *n.* süpürgeotu.
lin.ger [ˈliŋgə] *v/i.* gecikmek, ayrılamamak, oyalanmak (over, upon *başında*); ölüm döşeğinde yatmak; kolayca geçmemek (*ağrı vs.*); ~ at, ~ about oyalanarak gitmek.
lin.ge.rie [ˈlænʒəriː] *n.* kadın iç çamaşırı.
lin.ger.ing □ [ˈliŋgəriŋ] uzun süre geçmeyen.
lin.go [ˈliŋgəu] *n.* (yabancı) dil, lisan; anlaşılması güç deyimlerle dolu konuşma.
lin.gua.fran.ca [ˈliŋgwəˈ fræŋkə] *n.* ortak dil.
lin.gual [ˈliŋgwəl] *adj.* dile ait, dil...
lin.guist [ˈliŋgwist] *n.* dil uzmanı, dilci; çok dil bilen kimse; **linˈguis.tic** *adj.* (~ally) dile at, dil...; dilbilime ait, dilbilim...; **linˈguis.tics** *n. sg.* dilbilim, lengüistik.
lin.i.ment ⚕ [ˈlinimənt] *n.* liniment, merhem.
lin.ing [ˈlainiŋ] *n.* astar(lama); every cloud has a silver ~ her işte bir hayır vardır.
link¹ [liŋk] **1.** *n.* zincir halkası; *fig.* bağ(lantı), ilişki; ~s *pl.* kol düğmesi; **2.** *v/t.* & *v/i.* bağla(n)mak, birleş(tir)mek; zincirlemek.
link² *hist.* [~] *n.* meşale, fener.
link.man [ˈliŋkmən] *n.* fenerci.
links [liŋks] *n. pl.* kumullar; *a.* golf-~ golf oyunu alanı.
lin.net *orn.* [ˈlinit] *n.* ketenkuşuna benzer bir kuş.
li.no [ˈlainəu] = linoleum; ˈ**~-cut** *n.* linolyum gravürü.
li.no.leum [liˈnəuljəm] *n.* linolyum, mantarlı taban muşambası.
lin.o.type *typ.* [ˈlainəutaip] *n.* linotip.
lin.seed [ˈlinsiːd] *n.* ketentohumu; ~ oil beziryağı, ketentohumu yağı.
lin.sey-wool.sey [ˈlinziˈwulzi] *n.* yarı keten kumaş.
lint ⚕ [lint] *n.* keten tiftiği.
lin.tel ⩓ [ˈlintl] *n.* üst eşik, lento.
li.on [ˈlaiən] *n.* aslan (*a. ast. & fig.*); *fig.* tanınmış şahsiyet, şöhretli kimse; place *veya* put one's head in the ~'s mouth tehlikeye atılmak, kellesini koltuğuna almak; the ~'s share aslan payı; ˈ**li.on.ess** *n.* dişi aslan; ˈ**lion-heart.ed** *adj.* aslan yürekli; ˈ**~-hunt.er** *n. fig.* ünlü kişi avcısı; ˈ**li.on.ize** *v/t.* *b-ni* el üstünde tutmak.
lip [lip] *n.* dudak (*a.* ⚘); kenar, uç; *sl.* küstahlık, yüzsüzlük; curl one's ~ dudak bükmek; none of your ~! yüzsüzlüğün lüzumu yok!, gevezelik istemez!; ˈ**~-serv-ice** *n.* sözde bağlılık; ˈ**~.stick** *n.* ruj.

liq.ue.fac.tion [likwiˈfækʃən] *n.* sıvılaş(tır)ma, eri(t)me; ˈ**liq.ue.fi.a.ble** [ˈ~faiəbl] *adj.* eritilebilir; ˈ**liq.ue.fy** *v/t. & v/i.* sıvılaş(tır)mak, eri(t)mek; ˈ**liq.ues.cent** [liˈkwesnt] *adj.* eriyebilir, eriyen.

li.queur [liˈkjuə] *n.* likör; alkollü içki.

liq.uid [ˈlikwid] **1.** □ sıvı..., akıcı..., akışkan...; sulu, ıslak; berrak, şeffaf; net, tatlı *(ses)*; † likit, kolayca paraya çevrilebilen; **2.** *n.* sıvı, mayi; *gr.* yarım sesli harf.

liq.ui.date [ˈlikwideit] *v/t.* † tasfiye etm., likide etm.; ortadan kaldırmak; gebertmek, temizlemek; **liq.uiˈda.tion** *n.* tasfiye, likidasyon; ˈ**liq.ui.da.tor** *n.* tasfiye memuru.

liq.uor [ˈlikə] **1.** *n.* alkollü içki, sert içki; sıvı madde; et suyu; in ~, the worse for ~ çakırkeyf, sarhoş; **2.** *v/t. & v/i. a.* ~ up *sl.* içki iç(ir)mek, kafayı çekmek.

liq.uo.rice ⚘ [ˈlikəris] *n.* meyan(kökü).

li.ra [ˈliərə] *n., pl.* **li.re** [ˈ~ri] lira; liret.

lisp [lisp] **1.** *n.* peltek konuşma; **2.** *v/i.* peltek konuşmak.

lis.som(e) [ˈlisəm] *adj.* kıvrak, çevik, atik.

list¹ [list] **1.** *n.* liste, cetvel, dizin, fihrist; **2.** *v/t.* listeye yazmak, kaydetmek; *-in* listesini yapmak; *v/i.* askere yazılmak.

list² ⚓ [~] **1.** *n.* yan yatma; **2.** *v/i.* yan yatmak.

list.en [ˈlisn] (to) dinlemek *-i*, kulak vermek *-e*; ~ in *teleph., radyo:* gizlice dinlemek; ~ in to *radyo:* dinlemek *-i*; ˈ**listen.er** *n.* dinleyici.

lis.ten.ing [ˈlisniŋ] *adj.* dinleme...; ~ apparatus dinleme aleti; ˈ**~-post** *n.* dinleme noktası.

list.less □ [ˈlistlis] halsiz, bitkin; kayıtsız, kaygısız; ˈ**list.less.ness** *n.* halsizlik; kayıtsızlık.

lists [lists] *n. pl.* dövüş meydanı; enter the ~ *fig.* mücadeleye girişmek, yarışa katılmak.

lit [lit] **1.** *pret & p.p. of* light¹ 3; **2.** *adj.* ~ up *sl.* küfelik, sarhoş.

lit.a.ny *eccl.* [ˈlitəni] *n.* münacaat; tekrar, nakarat.

li.ter *Am.* [ˈliːtə] = litre.

lit.er.a.cy [ˈlitərəsi] *n.* okuryazarlık; ˈ**lit.er.al** **1.** □ harfi harfine, kelimesi kelimesine; kelime ile ilgili, kelime...; kesin, doğru, gerçek; *fig.* alelade, bayağı; kuru fikirli; **2.** *n. a.* ~ error basım hatası; ˈ**lit.er.al.ism,** ˈ**lit.er.al.ness** *n.* harfiyen uyma; gerçekçilik.

lit.er.ar.y □ [ˈlitərəri] edebiyatla (*veya* yazınla) ilgili, edebî...; ~ man edip, yazıncı, edebiyatçı; edebiyat meraklısı; **lit.er.ate** [ˈ~rit] **1.** *adj.* okuryazar; kültürlü, çok okumuş; **2.** *n.* okuryazar kimse; **lit.e.ra.ti** [litəˈrɑːtiː] *n. pl.* edebiyatçılar, yazıncılar; **lit.eˈra.tim** [~tim] *adv.* kelimesi kelimesine; **lit.er.a.ture** [ˈlitəritʃə] *n.* edebiyat, yazın; edebî eserler; broşür.

lithe(.some) [ˈlaið(səm)] *adj.* elâstikî, esnek, kıvrak.

lith.o.graph [ˈliθəugrɑːf] **1.** *n.* taşbasması resim, litograf; **2.** *v/t. & v/i.* taşbasması ile (resim) yapmak; **li.thog.ra.pher** [liˈθɔgrəfə] *n.* litografyacı; **lith.o.graph.ic** [liθəuˈgræfik] *adj.* (~ally) litografiye ait, litografi...; **li.thog.ra.phy** [liˈθɔgrəfi] *n.* taşbasması, litografi, litografya.

Lith.u.a.ni.an [liθjuːˈeinjən] **1.** *adj.* Lituanya diline ve halkına ait; **2.** *n.* Lituanyalı; Lituanya dili.

lit.i.gant ⚖ [ˈlitigənt] **1.** *adj.* davacı...; **2.** *n.* davacı; **lit.i.gate** [ˈ~geit] *v/i.* mahkemeye başvurmak; dava açmak; *v/t.* mahkemeye sunmak; **lit.iˈga.tion** *n.* dava (etme); **li.ti.gious** □ [liˈtidʒəs] dava seven; ⚖ davaya ait, dava...; çekişmeli, kavgalı.

lit.mus ⚗ [ˈlitməs] *n.* turnusol; ˈ**~-pa.per** *n.* turnusol kâğıdı.

li.to.tes *rhet.* [ˈlaitəutiːz] *n.* bir fikri olumsuz şekilde ifade etme.

li.tre [ˈliːtə] *n.* litre.

lit.ter [ˈlitə] **1.** *n.* çöp, süprüntü, çerçöp; düzensizlik, karışıklık; tahtırevan; sedye, teskere; *zo.* bir batında doğan yavrular; hayvanlar için yataklık saman; **2.** *v/t.* karman çorman etm., karmakarışık etm., saçmak, dağıtmak; doğurmak; ~ down altına yataklık saman sermek; ~ up altüst etm., karmakarışık etm.; ˈ**~-bas.ket,** ˈ**~-bin** *n.* çöp kutusu.

lit.tle [ˈlitl] **1.** *adj.* küçük, ufak; önemsiz, değersiz; kısa, az, biraz; a ~ one ufaklık, çocuk; a ~ house küçük bir ev; my ~ Mary F midem; his ~ ways onun garip usulleri, şeytanlıkları; ~ people periler; **2.** *adv.* az miktarda, birazcık, hemen hiç, nadiren, seyrek olarak; a ~ red hafif kırmızı; **3.** *n.* ufak miktar; az zaman; ~ by ~, by ~ and ~ azar azar, yavaş yavaş; for a ~ kısa bir süre; not a ~ çok; ˈ**~-go** *n.* F *univ.* ön imtihan; ˈ**lit.tle.ness** *n.* küçüklük.

lit.to.ral [ˈlitərəl] **1.** *adj.* sahile yakın...; **2.** *n.* sahil boyu.

lit.ur.gy *eccl.* [ˈlitəːdʒi] *n.* dua usulü.

liv.a.ble [ˈlivəbl] *adj.* F içinde yaşanabilir; yaşamaya değer; çekilir, tahammül edilir; *mst* ~-with F geçimli *(kimse)*.

live **1.** [liv] *v/t. & v/i. com.* yaşamak;

oturmak, ikamet etm.; geçirmek, sürmek *(hayat)*; geçinmek (on *ile*); ~ to see *bşi* görecek kadar yaşamak; ~ s.th. down *bşi* unutturmak; üstesinden gelmek; ~ in (out) çalıştığı yerde (çalıştığı yer dışında) yatıp kalkmak; ~ through güçlüklere rağmen yaşamaya devam etm., geçirmek; ~ up to ulaşmak *-e*, *bşi* doğrulayacak şekilde yaşamak; ~ and learn yaşadıkça öğrenmek; ~ and let ~ hoşgörülü olm.; **2.** [laiv] *adj.* diri, canlı, zinde; hayat dolu; gerçek; yanan *(kömür)*; sönmemiş *(kor)*; direkt, doğrudan; ⚔ patlamamış *(bomba)*; ⚡ akımlı, cereyanlı *(tel)*; *radyo:* canlı *(yayın)*; ~ wire *fig.* enerjik kimse; ~ broadcast canlı yayın; **live.a.ble** [ˈlivəbl] *s.* livable; **lived** *comb.* ...ömürlü; **live.li.hood** [ˈlaivlihud] *n.* geçim, geçinme; rızk; **ˈlive.li.ness** *n.* canlılık, zindelik; parlaklık; **live.long** [ˈlivlɔŋ] *adj.:* the ~ day *poet.* bütün gün; **live.ly** [ˈlaivli] *adj.* canlı, neşeli, şen, keyifli; hayat dolu; parlak *(renk)*; zıplayan *(top)*; gerçekmiş gibi; make things ~ for s.o. *b-nin* başına iş açmak, başını derde sokmak.

liv.en [ˈlaivn] *v/t.* & *v/i. mst* ~ up F canlan(dır)mak, neşelen(dir)mek.

liv.er¹ [ˈlivə] *n.* yaşayan kimse; fast ~ hızlı yaşayan, hovarda; good ~ zevkperest, iyi yaşamayı seven.

liv.er² [~] *n.* karaciğer; **ˈliv.er.ish** *adj.* F karaciğerinden rahatsız, hasta.

liv.er.y¹ [ˈlivəri] = liverish.

liv.er.y² [~] *n.* hizmetçi üniforması; özel üniforma; *fig.* kılık, kıyafet; = ~-stable; ~ **com.pa.ny** Londra'da bulunan özel üniformalı loncalardan biri; **ˈ~.man** *n.* Londra'da lonca üyesi; **ˈ~-sta.ble** *n.* kiralık at ahırı.

lives [laivz] *pl. of* life; **ˈlive-stock** *n.* çiftlik hayvanları; **ˈlive-weight** *n.* ücrete tabi yük *(uçak vs.'de)*.

liv.id [ˈlivid] *adj.* mavimsi, morumsu; solgun, soluk; kanı beynine sıçramış, tepesi atmış; **liˈvid.i.ty** *n.* kurşun rengi; solgunluk.

liv.ing [ˈliviŋ] **1.** □ hayatta, canlı, yaşayan, diri, sağ; tıpkı; zinde, kuvvetli; the ~ image of *-in* tıpkısı, hık demiş burnundan düşmüş; the ~ theatre tiyatro; the ~ *pl.* yaşayanlar; in ~ memory yaşayanların hafızalarında; **2.** *n.* yaşayış; yaşama, geçim, geçinme; gelir; meslek; *eccl.* maaşlı papazlık makamı; **ˈ~-room** *n.* oturma odası; **ˈ~-space** *n.* hayat sahası.

liz.ard [ˈlizəd] *n. zo.* kertenkele.

Liz.zie *Am. co.* [ˈlizi] *n.* T model Ford otomobil.

lla.ma [ˈlɑːmə] *n.* lama.

Lloyd's [lɔidz] *n.* Lloyd sigorta şirketi.

lo † [ləu] *int.* bak!, işte!

loach *ichth.* [ləutʃ] *n.* çoprabalığı.

load [ləud] **1.** *n.* yük *(a. fig.)*, hamule; ⚡ şarj; endişe, üzüntü; ağırlık; ⊕ mukavemet; ~s of F dünya kadar, kucak dolusu; **2.** *v/t.* & *v/i.* yükle(n)mek, yükletmek; doldurmak *(silah)*; yığmak; makineye koymak *(film)*; tıka basa doldurmak *(mide)*; *fig.* gark etm., boğmak (with *-e*); ~ test dayanıklılık deneyi; ~ed yüklü, dolu; *sl.* küfelik, sarhoş; şaşırtıcı *(soru)*; F ensesi kalın; ~ed dice *pl.* hileli zar; ~ the dice against s.o. *fig. b-nin* şansını azaltmak; *b-nin* aleyhine *bş* yapmak; **ˈload.er** *n.* yükleyici; **ˈload.ing 1.** *adj.* yükleme...; yük...; **2.** *n.* yükleme; yük; **ˈload-line** *n.* ⚓ geminin yükleme sınırını gösteren çizgi; **ˈload.stone** *n.* mıknatıs taşı.

loaf¹ [ləuf] *n., pl.* **loaves** [ləuvz] bütün bir ekmek, somun; *sl.* kafa, kelle; use your ~ kafanı kullan.

loaf² [~] *v/i.* vaktini boş geçirmek, aylak aylak vakit geçirmek; **ˈloaf.er** *n.* haylaz *(veya* aylak) kimse.

loaf-sug.ar [ˈləufʃugə] *n.* kesmeşeker.

loam [ləum] *n.* balçık, lüleci çamuru; verimli toprak; **ˈloam.y** *adj.* balçık gibi; balçığa ait, balçık...

loan [ləun] **1.** *n.* ödünç verme; ödünç alma, borçlanma; ödünç verilen şey; on ~ ödünç olarak; ask for the ~ of s.th. *bşi* ödünç istemek; put out to ~ ödünç vermek; **2.** *v/t. part. Am.* ödünç vermek.

loath [ləuθ] *adj.* isteksiz; be ~ for s.o. to do s.th. *b-nin bş* yapmasına karşı isteksiz olm.; nothing ~ isteyerek, seve seve.

loathe [ləuð] *v/t.* iğrenmek, nefret etm., tiksinmek *-den;* **ˈloath.ing** *n.* nefret; **loath.some** □ [ˈ~səm] iğrenç, nefret verici, tiksindirici; **ˈloath.some.ness** *n.* iğrençlik.

loaves [ləuvz] *pl. of* loaf¹.

lob [lɔb] *tenis:* **1.** *n.* havaya vurulan top; **2.** *v/t.* havaya vurmak *(top)*.

lob.by [ˈlɔbi] **1.** *n.* koridor; antre; *parl.* kulis faaliyeti; *thea.* fuaye; *parl.* kulis yapanlar; bekleme salonu, lobi; **2.** *v/i. parl.* meclis üyelerini etkilemek; kulis yapmak; *v/t.* kulis yaparak geçirtmek *veya* reddettirmek *(tasarı)*; **ˈlob.by.ist** *n. parl.* kulis yapan kimse.

lobe *anat.*, ⚘ [ləub] *n.* kulak memesi; lop; ~ of the ear kulak memesi.

lob.ster [ˈlɔbstə] *n.* ıstakoz.
lo.cal [ˈləukəl] **1.** □ mahalli, yöresel, yerel, bölgesel, lokal; kısmi; *s.* branch; ~ call *teleph.* şehiriçi telefon konuşması; ~ colour yöresel özellikler; ~ government mahallî idare; **2.** *n. gazete:* yerel haber; *a.* ~ train 🚋 banliyö treni; F semt meyhanesi; ~s *pl.* semt sakinleri; **lo.cale** [ləuˈkɑːl] *n.* mahal, yer, yöre, olayın geçtiği yer; **lo.cal.ism** [ˈ~kəlizəm] *n.* belirli bir yere duyulan ilgi; yöresel şive *veya* töre; **lo.cal.i.ty** [~ˈkæliti] *n.* yer, yöre, mevki; semt, mahalle; **lo.cal.ize** [ˈ~kəlaiz] *v/t.* sınırlamak; yerini bulmak.
lo.cate [ləuˈkeit] *v/t.* yerleştirmek; bulmak; *Am.* yerini tayin etm., be ~d bulunmak, yerleştirilmek; *v/i.* oturmak; **loˈca.tion** *n.* yerleş(tir)me; yer, mahal; ⚖ kiraya verme; *film:* stüdyo dışındaki çekim yeri; on ~ stüdyo dışında film çekme.
loch *Scots* [lɔk] *n.* göl, haliç, körfez.
lock[1] [lɔk] **1.** *n.* kilit; yükseltme havuzu; ⊕ kilitlenme; tekerlek turu; silah çakmağı; ~, stock and barrel tamamen, ne var ne yok hepsi; **2.** *v/t.* & *v/i.* kilitle(n)mek, kapa(n)mak, kenetle(n)mek; ⊕ bloke etm.; ~ s.th. away *bşi* kitleyip kaldırmak; ~ s.o. in *b-nin* üzerine kapıyı kilitlemek; ~ s.o. out *b-ni* dışarda bırakmak; lokavt yapmak; ~ up kilitleyip kaldırmak, kilit altında saklamak; kapıları kilitlemek; hapsetmek; yatırmak, bağlamak *(para).*
lock[2] [~] *n.* bukle, lüle; ~s *pl. co.* saç.
lock.age [ˈlɔkidʒ] *n.* gemiyi kanal havuzundan geçirme; havuzdan geçme parası; **ˈlock.er** *n.* dolap; go to Davy Jones's ~ denizin dibini boylamak, boğulmak; **lock.et** [ˈlɔkit] *n.* madalyon.
lock...: **ˈ~-gates** *n. pl.* kanal kapıları; **ˈ~-jaw** *n.* tetanos; **ˈ~-keep.er** *n.* kanal görevlisi; **ˈ~-nut** *n.* ⊕ kilit somunu; **ˈ~-out** *n.* lokavt; **ˈ~.smith** *n.* çilingir; **ˈ~-stitch** *n.* mekik dikişi; **ˈ~-up** **1.** *n.* tutukevi; † sermayenin dondurulması; **2.** *adj.* kilitlenebilen.
lo.co *Am. sl.* [ˈləukəu] *adj.* deli, kaçık.
lo.co.mo.tion [ləukəˈməuʃən] *n.* hareket; **lo.co.mo.tive** [ˈ~tiv] **1.** *adj.* harekete ait, hareket...; hareket edebilen; **2.** *n. a.* ~ engine lokomotif.
lo.cust [ˈləukəst] *n.* çekirge; *a.* ~-tree ⚘ salkım (*veya* akasya) ağacı.
lo.cu.tion [ləuˈkjuːʃən] *n.* konuşma şekli, tabir, terim.
lode ⚒ [ləud] *n.* maden damarı; **ˈ~.star** *n.* Çobanyıldızı, Kutupyıldızı; *fig.* yol gösterici ilke; **ˈ~.stone** *n.* mıknatıs taşı.
lodge [lɔdʒ] **1.** *n.* kulübe; in; masonlar *veya* toplanma yeri, loca; küçük ev; kapıcı odası; **2.** *v/t.* & *v/i.* yerleş(tir)mek, barın(dır)mak; misafir etm.; emaneten vermek; sunmak; arzetmek; kirada oturmak; misafir olm.; **ˈlodge.ment** *s.* lodgment; **ˈlodg.er** *n.* misafir, kiracı; **ˈlodg.ing** *n.* kiralık oda; geçici konut; ~s *pl.* pansiyon; **ˈlodg.ing-house** *n.* pansiyon; **ˈlodg.ment** *n.* ⚖ arzetme, sunma, emaneten verme; sığınak, barınak; ikamet etme, yerleşme.
lo.ess [ˈləuis] *n.* lös, verimli sarımtırak toprak.
loft [lɔft] *n.* çatı arası (odası), tavan arası; samanlık; kilise balkonu; **ˈloft.i.ness** *n.* yükseklik; *fig.* yücelik; kibirlilik; **ˈloft.y** □ yüksek; yüce, asil; üstün, mükemmel; gururlu, kibirli, çalımlı.
log [lɔg] *n.* kütük; ⚓ parakete, geminin süratini ölçme aleti; = log-book; sleep like a ~ külçe gibi uyumak.
lo.gan.ber.ry ⚘ [ˈləugənbəri] *n.* yarı böğürtlen yarı ağaççileği türünden bir çeşit meyve.
log.a.rithm ⩘ [ˈlɔgəriθm] *n.* logaritma.
log...: **ˈ~-book** *n.* ⚓ rota (*veya* seyir) defteri; gemi jurnalı; *mot.* ruhsatname; ✈ rota defteri; ~ **cab.in** kütüklerden yapılmış kulübe; **logged** *adj.* ağırlaşmış *(su ile)*; **log.ger.head** [ˈlɔgəhed] *n.:* be at ~s kavgalı olm. (with *ile*).
log.gia [ˈlɔdʒə] *n.* kemeraltı, sundurma, kenarı açık sıra kemerler.
log.ging [ˈlɔgiŋ] *n.* kerestecilik; **log house, log hut** kütüklerden yapılmış kulübe.
log.ic [ˈlɔdʒik] *n.* mantık, eseme; **ˈlog.i.cal** □ mantıkî, makûl, uygun, mantıklı, esemeli; **lo.gi.cian** [ləuˈdʒiʃən] *n.* mantıkçı, mantık ilmi uzmanı.
lo.gis.tics ⚔ [ləuˈdʒistiks] *n. oft. sg.* lojistik.
log.roll *part. pol.* [ˈlɔgrəul] *v/i* karşılıklı birbirini desteklemek.
log.wood [ˈlɔgwud] *n.* bakkam ağacı.
loin [lɔin] *n.* bel; fileto; gird up one's ~s harekete geçmeye hazırlanmak; **ˈ~-cloth** *n.* peştamal, kuşak.
loi.ter [ˈlɔitə] *v/i.* gezmek, yolda sık sık durarak gitmek, aylak aylak dolaşmak; ~ away *v/t.* boşa geçirmek *(zaman)*; **ˈloi.ter.er** *n.* aylak (*veya* avare) kimse.
loll [lɔl] *v/i.* sallanmak; aylaklık etm.; ~ about avare dolaşmak; ~ out dışarı sark(ıt)mak *(dil).*
lol.li.pop F [ˈlɔlipɔp] *n.* lolipop, şekerleme

lol.lop F ['lɔləp] *v/i.* ayağını sürüyerek yürümek.
Lom.bard ['lɔmbəd] *n.*: ~ Street Londra para piyasası.
Lon.don.er ['lʌndənə] *n.* Londralı.
lone [ləun] *adj.* yalnız, kimsesiz; ıssız, tenha; **lone.li.ness** ['~linis] *n.* yalnızlık, kimsesizlik; **'lone.ly, lone.some** □ ['~səm] yalnız, kimsesiz; ıssız, tenha; sıkıcı, kasvetli.
long¹ [lɔŋ] **1.** *n.* uzun zaman; uzun hece; before ~ çok geçmeden, yakında; for ~ uzun süre; take ~ uzun sürmek; the ~ and the short of it uzun lâfın kısası, doğrusu; **2.** *adj.* uzun; yorucu; uzak *(tarih)*; at ~ date ⚓ uzun vadeli; in the ~ run eninde sonunda; zamanla, uzun vadede; be ~ uzun sürmek; take the ~ view ileriyi görmek; **3.** *adv.* çok, pek; süresince, boyunca; çoktan; geç; as ~ ago as 1960 1960'dan beri; so ~! Allaha ısmarladık!, hoşça kal!; ~er daha uzun; daha çok; no ~er ago than ...den çok önce değil.
long² [~] *v/i.* can atmak (for -*e*), özlemek (for -*i*), özlemini çekmek (for -*in*), çok istemek (to *inf.* -*meği*).
long...: '~.**boat** *n.* ⚓ yelkenli geminin en büyük sandalı; ~-**bow** ['~bəu] *n. hist.* uzun yay; draw the ~ *fig.* atıp tutmak, tıraş etm., palavra atmak; '~-'**dated** *adj.* uzun vadeli (*veya* süreli); '~-'**dis.tance** *adj.* şehirlerarası; uzun mesafe...; ~ flight uzun mesafe uçuşu; ~ race uzun mesafe yarışı; '~-**drawn-'out**, *a.* '~-'**drawn** *adj.* uzun süren; **lon.gev.i.ty** [lɔn'dʒeviti] *n.* uzun ömür(lülük); **long firm** dolandırıcılar, dolandırıcı takımı; '**long.hair** *n.* F profesör tipli kimse; hippi; klasik müzik düşkünü; '**long.haired** *adj.* F münevver, bilgili, entelektüel; hippi; uzun saçlı; '**long.hand** *n.* el yazısı; '**long-'head.ed** *adj. fig.* ileriyi gören; zeki, akıllı.
long.ing ['lɔŋiŋ] **1.** □ özlem dolu, arzulu; **2.** *n.* özlem, hasret, iştiyak.
long.ish ['lɔŋiʃ] *adj.* uzunca, upuzun.
lon.gi.tude *geogr.* ['lɔndʒitju:d] *n.* boylam, tul; **lon.gi'tu.di.nal** □ [~dinl] uzunlamasına...; boylama ait.
long...: '~-'**lived** *adj.* uzun ömürlü; '~-'**range** *adj.* uzun vadeli; ✕ uzun menzilli...: ✈ büyük hareket sahası olan...; '~-**shore-man** *n.* dok işçisi; '~-**shot** *n.* *film:* telefotografi; '~-'**sight.ed** *adj.* presbit, uzağı iyi gören; *fig.* ileriyi görebilen, basiretli, sağgörülü; '~-'**stand.ing** *adj.* eskisi gibi, uzun süren; '~-'**suf.fer.ing** **1.** *adj.* cefakâr, cefakeş, sabırlı; **2.** *n.* cefa, sabır, tahammül; '~-'**term** *adj.* uzun vadeli; ~ **waves** *pl.* ⚡ uzun dalga; '~.**ways** *adv.* uzunlamasına; '~-'**wind.ed** □ sözü bitmez, kafa ütüleyen.
loo¹ [lu:] *n.* bir çeşit iskambil oyunu, lû.
loo² F [~] *n.* tuvalet.
loo.fah ⚘ ['lu:fa:] *n.* lif kabağı.
look [luk] **1.** *n.* bakış, nazar, bakma; *oft.* ~s *pl.* görünüş, güzellik, yüz ifadesi; new ~ yeni çehre (*veya* moda); have a ~ at s.th. *bşi* gözden geçirmek, *bşe* göz atmak; I don't like the ~ of it onu beğenmiyorum, onu gözüm tutmadı; **2.** *v/i.* bakmak (at, on -*e*), görmek; görünmek, gözükmek, benzemek; it ~s like rain yağmur yağacağa benziyor; he ~s like winning kazanacağa benziyor; ~ about bakınmak, araştırmak, kollamak, aramak (for -*i*); ~ after bakmak -*e*, gözetmek -*i*; ~ at seyretmek -*i*, bakmak -*e*; göz önüne almak -*i*, düşünmek -*i*; kontrol etm. -*i*; not much to ~ at yüzüne bakılmaz, görünüşü kötü; ~ down on tepeden bakmak -*e*, küçük görmek -*i*; ~ for aramak -*i*; beklemek -*i*; ~ forward to beklemek, ummak -*i*, iple çekmek -*i*, dört gözle beklemek -*i*; ~ in uğramak (on -*e*); ~ into araştırmak -*i*, soruşturmak -*i*, incelemek -*i*; içine bakmak -*in*; ~ on seyretmek, bakıp durmak; bakmak -*e* (as *gözüyle*); ~ on to bakmak -*e*; my bedroom ~s to the garden yatak odam bahçeye bakıyor; ~ out dikkat etm., sakınmak; seçmek, çıkarmak; ~ out for aranmak, bakınmak -*e*; ~ over s.th. *bşi* gözden geçirmek, incelemek, yoklamak, *bşe* göz gezdirmek; ~ round iyi düşünmek, enine boyuna düşünmek; kafasını çevirip bakmak; gezmek, dolaşmak; ~ through gözden geçirmek -*i*, incelemek -*i*; ~ to dikkat etm. -*e*, önem vermek -*e*, bakmak -*e*; ~ to s.o. to *inf.* *b-nin* ...ceğine güvenmek; ~ up yukarıya bakmak, başını kaldırıp bakmak; gelişmek ,düzelmek, iyileşmek; bulup ziyaret etm.; ~ up to s.o. *b-ne* saygı göstermek, *b-ni* saymak; ~ (up)on *fig.* bakmak -*e* (as *gözüyle*); *v/t.* ~ s.o. in the face (sıkılmadan) *b-nin* gözünün içine bakmak; ~ one's age yaşını göstermek; ~ disdain tepeden bakmak, hor görmek; ~ over gözden geçirmek -*i*, incelemek -*i*, yoklamak -*i*; ~ up sözlükte aramak; ziyaret etm. -*i*, uğramak -*e*, arayıp sormak -*i*.
look.er-on ['lukər'ɔn] *n.* seyirci.
look-in ['luk'in] *n.* kısa bakış; kısa ziyaret, uğrama; F kazanma şansı.
look.ing-glass ['lukiŋgla:s] *n.* ayna.
look-out ['luk'aut] *n.* gözetleme (yeri); ola-

sılık, ümit; gözleyici; be on the ~ gözetlemek, araştırmak, tetikte olm.; that is my ~ o benim bileceğim iş; **ˈlook-o.ver** *n.* gözden geçirme, tetkik; give s.th. a ~ *bşi* gözden geçirmek.

loom¹ [luːm] *n.* dokuma tezgâhı.

loom² [~] *v/i.* karaltı gibi görünmek, uzakta hayal gibi görünmek, belirmek; ~ large *fig.* kafasını kurcalamak, gözünde büyümek.

loon¹ *Scots* [luːn] *n.* işe yaramaz (*veya* serseri) kimse.

loon² *orn.* [~] *n.* gerdanlı dalgıç.

loop [luːp] **1.** *n.* ilmik, düğüm, ilmek; kıvrık sap; doğum kontrolü için kullanılan cihaz, spiral; ~ aerial *radyo:* çerçeve anten; **2.** *v/t.* ilmiklemek, düğümlemek; ~ up iğne ile tutturmak *(elbise)*; firkete ile toplamak *(saç)*; ~ the ~ ✈ takla atmak; *v/i.* ilmik yapmak; ilmik olm., ilmikle tutulmak; **ˈ~-hole** *n.* gözetleme deliği; *fig.* kaçamak, açık *(kapı)*; ⚔ mazgal; **ˈ~-line** *n.* 🚂 & *tel.* ana hattan ayrılıp tekrar birleşen hat, şube hattı.

loose [luːs] **1.** □ *com.* çözük, gevşek; sallantılı; boş, serbest; hafifmeşrep, başıboş; bol, dökümlü *(elbise)*; şüpheli; seyrek, dağınık; dikkatsiz; ~ connection ⚡ gevşek bağlantı; at a ~ end yapacak işi olmayan, boşta; play fast and ~ with aldatmak, kandırmak; **2.** *v/t.* gevşetmek, çözmek, açmak; *a.* ~ off salıvermek, serbest bırakmak *(esir)*; atmak, fırlatmak *(ok)*; ateşlemek *(silah)*; ~ one's hold on s.th. *bşi* serbest bırakmak, *bş* üzerindeki baskıyı kaldırmak, gevşek bırakmak; *v/i.* ateş etm.; atış yapmak; **3.** *n.* give (a) ~ to gevşetmek, salıvermek; **ˈ~-leaf** *adj.* sayfaları çıkarılıp yeniden takılabilen; ~ book, ~ ledger sayfaları çıkarılıp takılabilen defter; **loos.en** [ˈluːsn] *v/t.* & *v/i.* gevşe(t)mek, çöz(ül)mek; **ˈloose-ness** *n.* gevşeklik; düzensizlik; kararsızlık; ⚕ ishal.

loot [luːt] **1.** *v/i.* yağma etm.; **2.** *n.* yağma, ganimet, çapul.

lop¹ [lɔp] *v/t.* budamak, kesmek *(ağaç)*; *mst* ~ away, ~ off budamak; kaldırmak, durdurmak.

lop² [~] *v/i.* sarkmak.

lope [ləup] **1.** *v/i.* seke seke koşmak; **2.** *n.* sekme, koşuş.

lop...: **ˈ~-ears** *n. pl.* sarkık kulaklar; **ˈ~-ˈsid.ed** *adj.* bir tarafa yatkın; dengesiz, orantısız.

lo.qua.cious [ləuˈkweiʃəs] *adj.* konuşkan, çenebaz, dilli, geveze; **lo.quac.i.ty** [ləuˈkwæsiti] *n.* konuşkanlık, çenebazlık.

lo.ran ✈, ⚓ [ˈlɔːrən] *n.* radyo sinyalleri ile uçağın *veya* geminin yerini tesbit eden sistem.

lord [lɔːd] **1.** *n.* sahip, efendi; mal sahibi; lord; hükümdar; *co.* koca; nüfuzlu kimse; the ♀ Allah, Tanrı; Hazreti İsa; my ~ efendim, lord hazretleri; the ♀'s Prayer İsa'nın öğrettiği dua; the ♀'s Supper Aşai Rabbanî ayini, kudas, liturya; as drunk as a ~ kör kütük sarhoş; live like a ~ krallar gibi yaşamak; **2.** *vb.* ~ it amirlik taslamak (over s.o. *b-ne*); **ˈlord.li.ness** *n.* haşmet, heybet, görkem; *b.s.* gurur, kibir; **ˈlord.ling** *n.* değersiz lord, küçük lord; **ˈlord.ly** *adj.* lorda yaraşır; görkemli, haşmetli; gururlu, kibirli; **ˈlord.ship** *n.* lordluk; üstünlük, egemenlik.

lore [lɔː] *n.* bilgi, ilim, bilim.

lor.gnette [lɔːˈnjet] *n.* saplı gözlük.

lor.ry [ˈlɔri] *n.* üstü açık yük arabası; kamyon; 🚂 furgon, dekovil vagonu.

lose [luːz] *(irr.) v/t.* & *v/i.* kaybet(tir)mek, yitirmek, kaçırmak; geri kalmak *(saat)*; şaşırmak; kaybolmak; yenilmek; ~ o.s. kendini kaybetmek, kendinden geçmek; yolunu kaybetmek; dalmak, kendini vermek (in *-e*); ~ sight of gözden kaybetmek *-i*; dikkate almamak *-i*, unutmak *-i*; **ˈlos.er** *n.* kaybeden (*veya* yenik) kimse; come off a ~ yenik düşmek; **ˈlos.ing** **1.** *adj.* kazançlı olmayan, zarar gören...; yenilen; **2.** *n.* ~s *pl.* kayıplar, zayiat.

loss [lɔs] *n.* kayıp; zarar, ziyan, hasar; at a ~ şaşırmış, afallamış; zararına *(satış)*; be at a ~ for words söyleyecek kelime bulamamak; be at a ~ what to say ne diyeceğini bilememek; **ˈ~-lead.er** *n.* † müşteri çekmek için zararına satılan mal.

lost [lɔst] *pret.* & *p.p. of* lose; be ~ kaybolmak; *fig.* kendini kaptırmak, dalmak (in *-e*); this won't be ~ on me o beni etkilemez, o bana vız gelir; be ~ upon s.o. *b-nin* gözünde bir hiç olm.; **ˈ~-ˈprop.er.ty of.fice** kayıp eşya bürosu.

lot [lɔt] **1.** *n.* kur'a, adçekme; hisse, pay; arazi parçası, yer; *fig.* şans, talih, kısmet, kader; † parti *(mal)*, kısım, parça; nevi, tip, cins; F çok miktar, çokluk; *Am. film:* film stüdyosu; a ~ of people F pek çok (*veya* bir sürü) kimse; draw ~s kur'a çekmek, adçekmek (for *için*); fall to s.o.'s ~ *b-nin* payına düşmek; throw in one's ~ with *ile* şansını denemek, *ile* alın yazısı birleştirmek; he is feeling a ~ better F kendini çok daha iyi

hissediyor; **2.** *v/t.* bölüştürmek, taksim etm., paylaştırmak.
loth [ləuθ] = loath.
lo.tion [ˈləuʃən] *n.* losyon.
lot.ter.y [ˈlɔtəri] *n.* piyango, lotarya; talih, kader.
lo.tus ⚘ [ˈləutəs] *n.* nilüfer çiçeği; **ˈ~-eater** *n.* hayal âleminde yaşayan kimse.
loud [laud] **1.** □ yüksek *(ses)*; gürültülü, patırtılı; çiğ *(renk)*; kaba; **2.** *adv.* yüksek sesle, gürültü ile; **ˈ~-ˈhail.er** *n.* ⚓ megafon; **ˈloud.ness** *n.* gürültü; *radyo:* ses şiddeti; **ˈloud-ˈspeak.er** *n.* hoparlör.
lough *Ir.* [lɔk] *n.* göl, haliç.
lounge [laundʒ] **1.** *v/i.* tembelce uzanmak, yayılıp oturmak; avare dolaşmak; **2.** *n.* dinlenme salonu, hol; bekleme salonu: şezlong; avarelik; *thea.* fuaye; **ˈ~-ˈchair** *n.* şezlong; **ˈ~-liz.ard** *n. sl.* jigolo, salon züppesi; **ˈloung.er** *n.* avare (*veya* aylak) kimse; **ˈlounge-ˈsuit** *n.* günlük (takım) elbise.
lour [ˈlauə] *v/i.* surat asmak, kaşlarını çatmak, kötü kötü bakmak; kararmak *(hava)*; **lour.ing** □ [ˈ~riŋ] somurtkan; kapalı *(hava)*.
louse **1.** [laus] *n., pl.* **lice** [lais] bit, kehle; *sl.* ciğeri beş para etmez adam; **2.** [lauz] *v/t.* -in bitlerini ayıklamak; **lous-y** [ˈlauzi] *adj.* bitli; alçak; berbat, rezalet; he is ~ with money *sl.* denizde kum onda para.
lout [laut] *n.* kaba adam, *sl.* eşek; **lout.ish** *adj.* kaba..., maskara...
lov.a.ble □ [ˈlʌvəbl] sevimli, cana yakın, hoş, çekici.
love [lʌv] **1.** *n.* sevgi (of, a. for, to, towards *-e karşı*); aşk; sevgili; F sevimli kimse *veya* şey, şeker kimse *veya* şey; ♀ aşk tanrısı, Küpid; *spor:* sıfır; *attr.* aşk...; for the ~ of God Allah aşkı için; play for ~ zevk için oynamak; four (to) ~ sıfıra karşı dört; give *veya* send one's ~ to s.o. *b-ne* selâm yollamak (*veya* söylemek); in ~ with *-e* âşık; fall in ~ with aşık olm. *-e*, vurulmak *-e*; make ~ sevişmek; make ~ to kur yapmak *-e*; neither for ~ nor money hiç bir surette; **2.** *vb.* sevmek, âşık olm. *-e*; tapmak *-e*; düşkün olm. *-e*; ~ to do yapmayı sevmek; **ˈ~-af.fair** *n.* aşk macerası; **ˈ~-bird** *n.* muhabbetkuşu; **ˈ~-child** *n.* aşk meyvesi, piç; **ˈlove.less** *adj.* sevgisiz, aşksız, sevgiden yoksun; sevilmeyen; **ˈlove-let.ter** *n.* aşk mektubu; **ˈlove-li.ness** *n.* güzellik, sevimlilik; **ˈlove.lock** *n.* kâkül, zülüf, lüle; **love.lorn** [ˈ~lɔːn] *adj.* aşk acısı çeken, sevgilisi dönmemiş; **ˈlove.ly** *adj.* sevimli, güzel, hoş, çekici; eğlenceli; **ˈlove-mak.ing** *n.* sevişme; aşk dolu kelimeler; **ˈlove-match** *n.* aşk evliliği; **ˈlove-phil.tre, ˈlove-po.tion** *n.* aşk iksiri; **ˈlov.er** *n.* sevgili, dost, metres, yâr, âşık *(a. fig.)*; a ~ of art sanat âşığı; **~s** *pl.* sevgililer; pair of ~s sevişen çift; **ˈlove.set** *n. spor:* sıfıra karşı alınan set; **ˈlove.sick** *adj.* sevdalı; **ˈlove-to.ken** *n.* aşk hatırası.
lov.ing □ [ˈlʌviŋ] seven, sevgi gösteren, sevgi dolu; **ˈ~-ˈkind.ness** *n.* şefkat, merhamet, iyilik.
low¹ [ləu] **1.** (□ ↖) aşağı, alçak; bayağı, adi, ucuz; düşük (⚕ *nabız vs.*); yavaş, zayıf *(ses)*; kuvvetsiz, halsiz; neşesiz, üzgün; *fig.* karamsar; gelişmemiş; basit; alçak gönüllü; ufka yakın; kısa, bodur; **~est** bid en düşük teklif; be brought ~ burnu sürtülmek; mahvolmak; lay ~ yıkmak, mahvetmek; burnunu sürtmek; lie ~ saklanmak; susup beklemek; **2.** *n. meteor.* düşük basınç bölgesi; *part. Am.* düşük şey *(fiyat, seviye vs.)*.
low² [~] **1.** *v/i.* böğürmek; **2.** *n.* böğürme.
low...: **ˈ~-ˈborn** *adj.* aşağı tabakadan; **ˈ~-ˈbred** *adj.* soysuz, kaba, terbiyesiz; **ˈ~-brow 1.** *adj.* kültürsüz, basit; **2.** *n.* kültürsüz (*veya* basit) kimse; **~ co.me.di.an** *mst fig.* maskara, soytarı; **~ com.e.dy** konusu hafif güldürü; fars; **~ coun.try** ova, düz arazi; **ˈ~-down 1.** *adj.* F alçak(ca), âdi(ce); **2.** *n. sl.* gerçek, *bşin* içyüzü.
low.er¹ [ˈləuə] **1.** *adj.* daha aşağı, daha alçak (*s.* low¹); ~ case *typ.* küçük harf, minüskül; **2.** *v/t.* & *v/i.* in(dir)mek, alçal(t)mak, düş(ür)mek, azal(t)mak, eksil(t)mek; küçük düşürmek, rezil etm.; zayıflatmak; ~ one's voice sesini alçaltmak.
low.er² [ˈlauə] *s.* lour.
low.er.most [ˈləuəməust] *adj.* en düşük, en alçak, en aşağı; **ˈlow.land** *n.* ova, düz arazi; **ˈlow.land.er** *n.* ovalı kimse; **ˈlow.li.ness** *n.* alçak gönüllülük; **ˈlow.ly** *adj.* & *adv.* ikinci derecede, aşağı; alçak gönüllü; **ˈlow-ˈnecked** *adj.* dekolte *(elbise)*; **ˈlow.ness** *n.* düşüklük, alçaklık; ♪ peslik; ~ of spirits üzgünlük, ümitsizlik, neşesizlik; **ˈlow-ˈpres.sure** *adj.* alçak basınçlı; **ˈlow-ˈspir.it.ed** *adj.* kederli, üzgün, neşesiz, mutsuz; **low wa.ter** cezir, inik deniz; in ~ *fig.* züğürt, cebi delik.
loy.al □ [ˈlɔiəl] sadık, vefalı; **ˈloy.al.ist** *n.* krala sadık kalan kimse; **ˈloy.al.ty** *n.* sadakat, bağlılık, vefa.
loz.enge [ˈlɔzindʒ] *n.* eşkenar dörtgen; *pharm.* pastil.

£.s.d F [ˈelesˈdiː] *n.* para.
lub.ber [ˈlʌbə] *n.* acemi kimse; **ˈlub.ber.ly** *adj.* acemi, bön.
lu.bri.cant [ˈluːbrikənt] *n.* yağ(layıcı madde); **lu.bri.cate** [ˈ~keit] *v/t.* yağlamak; **lu.briˈca.tion** *n.* ⊕ yağlama; **ˈlu.bri.ca.tor** *n.* ⊕ yağdanlık; yağcı; **luˈbric.i.ty** [~siti] *n.* ⊕ kayganlık, yağlılık; *fig.* kaypaklık; zamparalık, şehvete düşkünlük.
lu.cerne ⚘ [luːˈsəːn] *n.* kabayonca.
lu.cid □ [ˈluːsid] *mst poet.* açık, kolay anlaşılır, berrak, vazıh, şeffaf, parlak; ~ interval ⚕ hastanın aklı başına geldiği ara; **luˈcid.i.ty, ˈlu.cid.ness** *n.* açıklık, berraklık, şeffaflık, sağduyu.
Lu.ci.fer [ˈluːsifə] *n.* şeytan, İblis; Venüs, sabah yıldızı.
luck [lʌk] *n.* şans, talih, baht, uğur; good ~ iyi şans; bad ~, hard ~, ill ~ aksilik, talihsizlik, fena talih, kötü şans; be down on one's ~ F şansı yaver gitmemek; worse ~ maalesef, ne yazık ki; **ˈluck.i.ly** *adv.* Allahtan, bereket versin ki, iyi ki; **ˈluck-i.ness** *n.* şanslılık; **ˈluck.less** *adj.* şanssız, talihsiz, bahtsız; **ˈluck.y** □ şanslı, talihli, uğurlu; be ~ şanslı olm.; **ˈluck.y-bag, ˈluck.y-dip** *n.* piyango torbası.
lu.cra.tive □ [ˈluːkrətiv] kazançlı, kârlı;
lu.cre [ˈluːkə] *n.* para, servet, kazanç.
lu.cu.bra.tion [luːkjuːˈbreiʃən] *n.* emekle ortaya çıkarılmış eser; *mst* ~s *pl.* emek isteyen işler.
lu.di.crous □ [ˈluːdikrəs] gülünç, komik; saçma, aptalca.
luff ⚓ [lʌf] **1.** *n.* orsa seyiri; **2.** *v/i.* *a.* ~ up orsa etm.
lug.[1] [lʌg] **1.** *v/t.* çekmek, sürüklemek; ~ in *fig.* *b-ni* saçlarından sürüklemek; **2.** *n.* kulp, sap; kulak (memesi).
lug[2] [~] = lugsail.
luge [luːʒ] **1.** *n.* kızak; **2.** *v/i.* kızakla kaymak.
lug.gage [ˈlʌgidʒ] *n.* bagaj; **ˈ~-car.ri.er** *n.* portbagaj; **ˈ~-of.fice** *n.* 🚂 eşya bürosu; **ˈ~-rack** *n.* bagaj filesi; üst bagaj; **ˈ~-tick-et** *n.* bagaj bileti; **ˈ~-van** *n.* 🚂 furgon, eşya vagonu.
lug.ger ⚓ [ˈlʌgə] *n.* bir *veya* daha çok aşırmalı yelkenli küçük gemi.
lug.sail ⚓ [ˈlʌgseil, ˈlʌgsl] *n.* aşırmalı (*veya* hasır) yelken.
lu.gu.bri.ous □ [luːˈguːbriəs] dokunaklı, hazin, acıklı, kederli.
luke.warm [ˈluːkwɔːm] *adj.* ılık; *fig.* kayıtsız, ilgisiz; **ˈluke.warm.ness** *n.* ılıklık; kayıtsızlık.
lull [lʌl] **1.** *v/t.* & *v/i.* uyuş(tur)mak, sakinleş(tir)mek, yatış(tır)mak; uyutmak (*bebek*); **2.** *n.* ara, fasıla; geçici sükûnet, dinginlik.
lull.a.by [ˈlʌləbai] *n.* ninni.
lum.ba.go ⚕ [lʌmˈbeigəu] *n.* lumbago, bel ağrısı.
lum.ber [ˈlʌmbə] **1.** *n.* lüzumsuz eşya, ıvır zıvır; kereste; **2.** *v/t.* *a.* ~ up lüzumsuz eşya ile (*veya* ıvır zıvırla) doldurmak; *v/i.* kereste kesmek; hantal hantal yürümek, ağır ağır ilerlemek; **ˈlum.ber.er, ˈlum.ber.man** *n.* keresteci, bıçkıcı; **ˈlum-ber.ing** *adj.* hantal; gürültülü; **ˈlum.ber-jack** *n.* ormanda ağaç kesen kimse, keresteci; **ˈlum.ber-mill** *n.* hızarhane, bıçkıhane; **ˈlum.ber-room** *n.* sandık odası; **ˈlum.ber-yard** *n.* kereste deposu.
lu.mi.nar.y [ˈluːminəri] *n.* ışık veren cisim (*yıldız, ay veya güneş*); *fig.* aydın kimse; **lu.mi.nos.i.ty** [~ˈnɔsiti] *n.* parlaklık; açıklık; **ˈlu.mi.nous** □ parlak, aydınlık; *fig.* açık, anlaşılır, berrak; ~ dial ışıklı kadran; ~ paint fosforlu boya.
lump [lʌmp] **1.** *n.* toprak, yumru, küme; öbek; şiş(kinlik); *fig.* ahmak kimse; in the ~ toptan, hep birden; ~ sugar kesmeşeker; ~ sum toptan ödenen para, götürü; have a ~ in the throat *fig.* boğazı düğümlenmek; **2.** *v/t.* yığmak (into, in -*e*); bir araya toplamak; *fig.* tahammül etm., katlanmak; if you don't like it you can ~ it istesen de istemesen de; ~ together bir araya getirmek; *v/i.* yığılmak; hantal hantal dolaşmak; **ˈlump.ish** *adj.* sakar; aptal, kalın kafalı; mıymıntı, tembel; **ˈlump.y** □ yumru yumru, topak topak; şapşal; çırpıntılı (*su*).
lu.na.cy [ˈluːnəsi] *n.* delilik, cinnet, kaçıklık; lunacies *pl.* deli deli hareketler.
lu.nar [ˈluːnə] *adj.* aya ait, ay...; ~ caustic ⚗ cehennemtaşı, gümüş nitrat; ~ module ay modülü.
lu.na.tic [ˈluːnətik] **1.** *adj.* deli..., akıl hastası...; saçma sapan; delice...; **2.** *n.* deli kimse, akıl hastası; ~ a.sy.lum tımarhane, akıl hastanesi; ~ fringe garip fikirli taşkın kimseler topluluğu.
lunch [lʌntʃ] **1.** *n.* öğle yemeği; **2.** *v/t.* & *v/i.* öğle yemeği ye(dir)mek; **lunch.eon** [ˈ~tʃən] = lunch 1; **ˈlunch-hour** *n.* öğle tatili.
lu.nettes [luːˈnets] *n. pl.* dalgıç (*veya* sualtı) gözlüğü.
lung [lʌŋ] *n.* akciğerlerin her biri; the ~s *pl.* akciğer.
lunge [lʌndʒ] **1.** *n.* *fenc.* hamle, saldırış; **2.** *v/i.* ileri atılmak, hamle etm., saldırmak (at -*e*); *v/t.* itmek, kakmak.
lung.er *sl.* [ˈlʌŋə] *n.* ciğerlerinden rahat-

sız kimse, veremli; ˈ**lung-pow.er** *n.* ses gücü.
lu.pin(e) ⚘ [ˈluːpin] *n.* acı bakla.
lurch¹ [ləːtʃ] **1.** *n.* ⚓ birden sallanma *veya* silkinme; *fig.* sendeleme; **2.** *v/i.* ⚓ sallanmak, silkinmek; *fig.* sendelemek, sendeleyerek yürümek.
lurch² [~] *n.*: leave in the ~ yüzüstü bırakmak.
lurch.er [ˈləːtʃə] *n.* zağar, kopoy, bir cins melez av köpeği.
lure [ljuə] **1.** *n.* yem; *fig.* cazibe, tuzak; **2.** *v/t.* cezbetmek, çekmek.
lu.rid [ˈljuərid] *adj.* parlak, pırıl pırıl; dehşetli, korkunç, tüyler ürpertici.
lurk [ləːk] *v/i.* gizlenmek, saklanmak, gizli gizli dolaşmak, kol gezmek *(tehlike)*; ˈ**lurk.ing-place** *n.* pusu yeri.
lus.cious □ [ˈlʌʃəs] pek tatlı, nefis, bal gibi; çekici, güzel; olgun *(meyva)*; süslü; *b.s.* yapmacık; ˈ**lus.cious.ness** *n.* lezzetlilik, pek tatlılık.
lush [lʌʃ] **1.** *adj.* bereketli, verimli, bol; lezzetli, leziz; çok sulu; şatafatlı, konforlu; **2.** *n.* *Am. sl.* ayyaş kimse.
lust *lit.* [lʌst] **1.** *n.* şehvet; *fig.* hırs, arzu; **2.** *v/t.* şehvetle arzu etm. (after, for *-i*); **lust.ful** □ [ˈ~ful] şehvetli.
lust.i.ness [ˈlʌstinis] *n.* dinçlik, kuvvet, canlılık.
lus.tre [ˈlʌstə] *n.* parlaklık, parıltı; perdah, cilâ; görkem, ihtişam; avize; şöhret, ün; ˈ**lus.tre.less** *adj.* donuk, mat; parıltısız.
lus.trous □ [ˈlʌstrəs] pırıl pırıl, parlak.
lust.y □ [ˈlʌsti] dinç, kuvvetli, gürbüz; *fig.* canlı; şehvetli.
lu.ta.nist [ˈluːtənist] *n.* udî, kopuzcu.
lute¹ ♪ [luːt] *n.* ut, lavta, kopuz.
lute² [~] **1.** *n.* macun; **2.** *v/t.* macunlamak, sıvamak.
Lu.ther.an [ˈluːθərən] **1.** *adj.* Martin Luther'e ait; **2.** *n.* Lüteriyen, Martin Luther taraftarı; ˈ**Lu.ther.an.ism** *n.* Martin Luther taraftarlığı, Luther doktrini.
lut.ist [ˈluːtist] = lutanist.
lux.ate [ˈlʌkseit] *v/t.* ⚕ mafsaldan çıkarmak, burkmak.
lux.u.ri.ance [lʌgˈzjuəriəns] *n.* bolluk; **luxˈu.ri.ant** □ bol, bereketli; şatafatlı; **luxˈu.ri.ate** [~rieit] *v/t.* büyük bir zevk almak (in *-den*), tadını çıkarmak *-in*; *v/i.* lüks içinde yaşamak; **luxˈu.ri.ous** □ lüks, konforlu; pahalı; zevk verici; F süslü, tantanalı; **luxˈu.ri.ous.ness** *n.* rahatlık, konfor; **lux.u.ry** [ˈlʌkʃəri] *n.* lüks, konfor; süs.
ly.ce.um [laiˈsiəm] *n.* *part. Am.* konferans salonu; lise.
lych.gate [ˈlitʃgeit] *n.* üstü damlı kilise kapısı.
lye [lai] *n.* kül (*veya* boğada) suyu.
ly.ing [ˈlaiiŋ] **1.** *p.pr. of* lie¹ 2 & lie² 2; **2.** *adj.* yalancı...; yanıltıcı...; ˈ~-ˈin *n.* loğusalık; ~ hospital doğumevi.
lymph [limf] *n.* ⚕ lenfa, akkan; *poet.* pınar, kaynak; **lym.phat.ic** [~ˈfætik] **1.** *adj* (~ally) lenfatik...; lenfe ait, lenf...; *fig* mıymıntı, tembel; **2.** *n.* lenf damarı.
lynch [lintʃ] *v/t.* linç etm.; ˈ**~-law** *n.* linç kanunu.
lynx *zo.* [liŋks] *n.* vaşak, karakulak; ˈ**~-eyed** *adj. fig.* keskin gözlü.
lyre [laiə] *n.* çenk, harp; ˈ**~-bird** *n. orn.* kuyruğu çenk şeklinde bir cins kuş.
lyr.ic [ˈlirik] **1.** *adj.* lirik; **2.** *n.* lirik şiir; ~s *pl.* güfte; ˈ**lyr.i.cal** □ liriğe ait, lirik...; heyecanlı, hevesli, gayretli.
ly.sol *pharm.* [ˈlaisɔl] *n.* lizol.

M

ma F [mɑː] *n.* anne.
ma'am [mæm] *n.* majeste; [məm] F *s.* madam.
mac F [mæk] = mackintosh.
ma.ca.bre [məˈkɑːbr] *adj.* ölümü hatırlatan, dehşetli, meş'um; danse ~ ölüm dansı.
mac.ad.am [məˈkædəm] *n.* şose, makadam; kırma taş, balast; **macˈad.am.ize** *vb.* yol yüzeyini makadam ile kaplamak; şose yapmak.
mac.a.ro.ni [mækəˈrəuni] *n.* (düdüklü) makarna.
mac.a.roon [mækəˈruːn] *n.* bademli kurabiye.
mace¹ [meis] *n. hist.* gürz, topuz; süslü tören asası.
mace² [~] *n.* kurutulmuş küçük hindistancevizi kabuğundan yapılan baharat.
Mac.e.do.ni.an [mæsiˈdəunjən] **1.** *n.* Makedonyalı; Makedonya dili; **2.** *adj.* Makedonya ile ilgili.
mac.er.ate [ˈmæsəreit] *vb.* katı maddeyi sıvıda yatırarak yumuşatmak; zayıfla(t)mak; **mac.erˈa.tion** *n.* yumuşama; zayıflama.
Mach *phys.* [mæk] *n.:* ~ number Mah sayısı; ~ two ses hızının iki katı.
ma.che.te [məˈtʃeiti] *n.* Latin Amerika'da kullanılan bir çeşit mala.
Mach.i.a.vel.li.an [mækiəˈveliən] *adj.* Makyavelce.
mach.i.na.tion [mækiˈneiʃən] *n.* entrika, kumpas kurma; ~s *pl.* düzen, dolap; **mach.i.na.tor** [ˈ~tə] *n.* düzenbaz kimse; **ma.chine** [məˈʃiːn] **1.** *n.* makine; alet; bisiklet; motorlu araç, araba; parti kontrol organizasyonu; mekanizma *(a. fig.)*; **2.** *vb.* şekil vermek *veya* makine ile imal etm.; **maˈchine-gun** *n.* ✕ makineli tüfek, mitralyöz; **maˈchine-made** *adj.* makine yapımı; **maˈchin.er.y** *n.* mekanizma *(a. fig.)*; makinenin işleyen bölümleri; makineler; **maˈchine-shop** *n.* torna, makine atölyesi; **maˈchine-tool** *n.* torna, planya makinesi; imalat aleti; **maˈchin.ist** *n.* makinist; makine yapımcısı.
mack F [mæk] = mackintosh.
mack.er.el *ichth.* [ˈmækrəl] *n.* uskumru.
mack.i.naw *Am.* [ˈmækinɔː] *n.* yünlü kısa kruvaze palto, kaban.
mac(k).in.tosh [ˈmækintɔʃ] *n.* yağmurluk.
mac.ro... [ˈmækrəu] *prefix* büyük..., uzun...; **~.cosm** [ˈ~kɔzəm] *n.* kâinat, evren.
mad □ [mæd] deli, çılgın, çıldırmış; kuduz; öfkeli, çok kızmış, kudurmuş (with, at *-den, -den dolayı*); deli, çok düşkün (about, for *-e*); go ~ çılgına dönmek; drive ~ *b-ni* çileden çıkar(t)mak, çıldırtmak.
mad.am [ˈmædəm] *n.* madam, bayan, hanımefendi.
mad.cap [ˈmædkæp] **1.** *adj.* vahşi, tehlikeli, zıpır; **2.** *n.* delişmen (*veya* kudurgan) kimse; **mad.den** [ˈmædn] *vb. b-ni* çıldırtmak, sinirlendirmek.
mad.der ⚘, ⊕ [ˈmædə] *n.* boya kökü; parlak kırmızı boya; kökboyası.
made [meid] *pret. & p.p. of* make 1.
made-up [ˈmeidˈʌp] *adj.* uydurma; makyajlı, yüzü boyalı; tamamlanmış; zararı ödenmiş; ~ clothes *pl.* konfeksiyon; ~ of *-den* teşekkül etmiş, *-den* yapılmış.
mad.house [ˈmædhaus] *n.* akıl hastanesi; **ˈmad.man** *n.* deli (*veya* mecnun) kimse; **ˈmad.ness** *n.* delilik, çılgınlık; *vet.* kuduz hastalığı; *Am.* kızgınlık (at *-e*).
Ma.don.na [məˈdɔnə] *n.* Meryem Ana, Hazreti Meryem; Meryem Ana resmi *veya* heykeli; ~ **li.ly** ⚘ beyaz zambak.
mad.ri.gal ♪ [ˈmædrigəl] *n.* çalgı eşliği olmadan söylenen çok sesli yarı şarkı.
mad.wom.an [ˈmædwumən] *n.* deli, çılgın, mecnun *(kadın)*.
mael-strom [ˈmeilstrəum] *n.* girdap.
ma.es.tro [ˈmaistrəu] *n.* usta, üstat *(esp. virtüöz, mayestro, orkestra şefi)*.
maf.fick [ˈmæfik] *v/i.* çılgınca eğlenmek.
mag.a.zine [mægəˈziːn] *n.* dergi, mecmua;

ambar, depo, kiler; ✕ cephanelik; şarjör.
mag.da.len [ˈmægdəlin] *n.* tövbekâr kimse.
ma.gen.ta ⚗ [məˈdʒentə] *n.* parlak koyu kırmızı boya.
mag.got [ˈmægət] *n.* kurt, sürfe; *fig.* kuruntu; **ˈmag.got.y** *adj.* kurtlu; kaprisli, şımarık.
Ma.gi [ˈmeidʒai] *n. pl.* gördükleri yıldız aracılığı ile Hazreti İsa'yı ziyaret eden ve ona hediye sunan üç müneccim.
mag.ic [ˈmædʒik] **1.** *a.* **ˈmag.i.cal** □ sihirli, büyülü..., cazip; **2.** *n.* sihirbazlık, büyücülük; *fig.* sihir, büyü; **ma.gi.cian** [məˈdʒiʃən] *n.* sihirbaz, büyücü; **mag.ic lan.tern** projektör.
mag.is.te.ri.al □ [mædʒisˈtiəriəl] hükümeti ilgilendiren; devletçe, hükümetçe, resmî; yetkili, otoriter; *b.s.* âmirane, sert; **mag.is.tra.cy** [ˈ~trəsi] *n.* hâkimlik, yargıçlık; yargıçlar; **mag.is.trate** [ˈ~treit] *n.* sulh yargıcı.
mag.na.nim.i.ty [mægnəˈnimiti] *n.* yüce gönüllülük; **mag.nan.i.mous** □ [~ˈnæniməs] yüce gönüllü, âlicenap.
mag.nate [ˈmægneit] *n.* patron, sermayedar, kodaman.
mag.ne.sia ⚗ [mægˈniːʃə] *n.* magnezyum oksit, manyezi; **magˈne.si.um** ⚗ [~zjəm] *n.* magnezyum.
mag.net [ˈmægnit] *n.* mıknatıs; **mag.net.ic** [~ˈnetik] *adj.* (~ally) manyetik, mıknatısla çekilen; ~ tape teyp bandı; **mag.net.ism** [ˈ~nitizəm] *n.* manyetizma; **mag.net.i.za.tion** [~nitaiˈzeiʃən] *n.* mıknatıslama; **ˈmag.net.ize** *v/t.* manyetize etm., mıknatıslamak; *fig.* cezbetmek, çekmek; **ˈmag.net.iz.er** *n.* manyetizmacı; **mag.ne.to** [mægˈniːtəu] *n.* *mot.* manyeto.
mag.nif.i.cat *eccl.* [mægˈnifikæt] *n.* Meryem Ana'nın Tanrı'ya övgü sunma ilâhisi; *fig.* methiye, övgü.
mag.nif.i.cence [mægˈnifisns] *n.* azamet, ihtişam, görkem; **magˈnif.i.cent** *adj.* muhteşem, görkemli; fevkalâde, harika; **mag.ni.fi.er** [ˈ~faiə] *n.* büyük gösteren şey, büyüteç; **ˈmag.ni.fy** *v/t.* büyütmek *(a. fig.)*; ~ing glass büyüteç, pertavsız; **mag.nil.o.quence** [mægˈniləukwəns] *n.* tantanalı söz söyleme; **magˈnil.o.quent** *adj.* şatafatlı, abartmalı *(söz)*; **mag.ni.tude** [ˈ~tjuːd] *n.* büyüklük; önem, ehemmiyet; star of the first ~ birinci kadirden olan yıldız.
mag.no.lia ⚘ [mægˈnəuljə] *n.* manolya.
mag.pie *orn.* [ˈmægpai] *n.* saksağan; *fig.* geveze kimse.
Mag.yar [ˈmægjaː] *n. & adj.* Macar; Macarca.
mahl.stick *paint.* [ˈmɔːlstik] *n.* ressamın çalışırken fırçayı tutan elini dayadığı değnek.
ma.hog.a.ny [məˈhɔgəni] *n.* mahun, maun; kırmızımsı kahverengi.
maid [meid] *n. lit.* kız; † kız oğlan kız, bakire; kadın hizmetçi; old ~ gençliği geçmiş kız, kız kurusu; ~ of hono(u)r kraliçe *veya* prenses nedimesi; bir tür küçük kek.
maid.en [ˈmeidn] **1.** *prov. veya co.* = maid; **2.** *adj.* evlenmemiş; el değmemiş, bakir; *fig.* ilk...; ~ name kızlık adı, evli kadının bekârlık soyadı; ~ speech *(milletvekili tarafından parlamentoda yapılan)* ilk konuşma; **ˈ~.hair** *n.* ⚘ baldırıkara; **ˈ~.head** *n.* bikir; **ˈ~.hood** *n.* kızlık, bakirelik, erdenlik; **ˈ~.like, ˈmaid.en.ly** *adj.* genç kız gibi; mahçup, iffetli.
maid-of-all-work [ˈmeidəvˈɔːlwəːk] *n.* her işe bakan hizmetçi kız; **ˈmaid.serv.ant** *n.* kız hizmetçi.
mail[1] *hist.* [meil] *n.* zırh.
mail[2] [~] **1.** *n.* posta arabası; posta; **2.** *v/t. part. Am.* postaya vermek, posta ile göndermek; **ˈmail.a.ble** *adj. Am.* posta ile gönderilebilir.
mail...: **ˈ~-bag** *n.* posta torbası; **ˈ~-box** *n. part. Am.* mektup kutusu; ~ **car.ri.er** *Am.* postacı; **ˈ~.man** *n. part. Am.* postacı; **ˈ~-or.der firm**, *part. Am.* **ˈ~-or.der house** posta ile sipariş alan mağaza; **ˈ~-train** *n.* posta treni.
maim [meim] *v/t.* sakatlamak, sakat etm. *-i.*
main [mein] **1.** *adj.* asıl, esas, başlıca..., ana...; ~ chance kişisel çıkar; ~ station *teleph.* esas irtibat hattı, santral; by ~ force var gücüyle, kuvvetle; ~ plane unit ✈ ana uçak ünitesi, uçak kanadı; **2.** *n.* güç, kuvvet; ana su boru hattı; *poet.* derya, açık deniz; ~s *pl.* ⚡ şebeke; ~s aerial ışık ağlı anten; in the ~ çoğu, ekseriyetle; *s.* might 1; **ˈ~.land** *n.* (ana)kara; **ˈmain.ly** *adv.* başlıca, esasen.
main...: ~.**mast** [ˈ~maːst, ⚓ ˈ~məst] *n.* ana gemi direği; ~.**sail** [ˈ~seil, ⚓ ˈ~sl] *n.* mayistra yelkeni; **ˈ~.spring** *n.* ana yay, büyük zemberek; *fig.* asıl neden; **ˈ~.stay** *n.* ⚓ grandi çanaklarını pruva direğinin altına bağlayan payanda; *fig.* direk, başlıca dayanak; ≗ **Street** *Am.* kasabanın çarşısındaki cadde; taşra gelenekleri.
main.tain [meinˈtein] *v/t.* sürdürmek; korumak, muhafaza etm.; bakmak, besle-

mek, geçindirmek; iddia etm.; ~ that öyle olduğunu iddia etm. ;**main'tain.a.ble** *adj.* tutulabilir; müdafaası mümkün; **main'tain.er** *n.* gözeten (*veya* koruyan, destekleyen) kimse.

main.te.nance ['meintənəns] *n.* bakım; müdafaa; muhafaza; iddia; nafaka.

main.top ⚓ ['meintɔp] *n.* grandi çanaklığı.

mai.son.(n)ette [meizə'net] *n.* küçük daire *veya* ev; dublex daire.

maize ⚘ [meiz] *n.* mısır, darı.

ma.jes.tic [mə'dʒestik] *adj.* (~ally) muhteşem, heybetli, şahane; **maj.es.ty** ['mædʒisti] *n.* heybet, haşmet, azamet.

ma.jor ['meidʒə] **1.** *adj.* daha büyük, daha önemli; iri; başlıca, asıl; ♪ majör; A ~ Do majör; ~ third tiyers majör; ~ key majör perdesi; ~ league *Am. beysbol:* en büyük iki ligden biri; **2.** *n.* binbaşı; reşit olan kimse; *phls.* büyük terim, önerme; *Am. univ.* ana ders; **3.** *v/i. Am.* üniversite öğrenimini belirli bir konuda yoğunlaştırmak, belirli bir konuyu izlemek; '~-'**gen.er.al** *n.* tümgeneral; **ma.jor.i.ty** [mə'dʒɔriti] *n.* çoğunluk, ekseriyet; erginlik, reşitlik; join the ~ çoğunluğa katılmak; '**ma.jor road** anayol.

make [meik] **1.** *(irr.) v/t. com.* yapmak, yaratmak, meydana getirmek; teşkil etm.; sağlamak; kazanmak, elde etm.; yazmak *(şiir)*; inşa etm.; hazırlamak, düzeltmek; karıştırmak *(oyun kâğıdı)*; etmek, çıkarmak; atamak; yerine getirmek; koymak *(fiyat)*; kapatmak *(devre)*; zorlamak, yaptırmak; ulaşmak, varmak; olmak; girmek *(takıma)*; dahil etm., içine almak; yakalamak, yetişmek; anlamak, kavramak; göstermek; katetmek, almak *(yol)*; ~ believe that gibi görünmek, taklit etm.; ~ the best of it *bşden* en iyi biçimde yararlanmak; ~ capital out of *bşden* istifade etm., *bşi* istismar etm., kendi çıkarına kullanmak, kötüye kullanmak; ~ do with yetinmek *ile*, idare etm. *ile*; ~ good başarılı olm.; telâfi etm, karşılamak; refaha erişmek; ~ it F başarmak, kazanmak; zamanında varmak; ~ (the) land ⚓ karayı görmek; ~ or mar s.o. *b-ni* ya yüceltmek ya da batırmak; do you ~ one of us? bize katılır mısınız?; ~ port ⚓ limana uğramak; ~ shift idare etm., yetinmek (with *ile*); ~ way ilerlemek; ~ way for yol vermek *-e.*; ~ into dönüştürmek *-e*, çevirmek *-e*; ~ out yazmak; doldurmak; anlamak, çözmek, sökmek; görebilmek; iddia etm.; ~ over çevirmek, dönüştürmek, değiştirmek; devretmek; ~ up uydurmak; teşkil etm., hazırlamak; telâfi etm., tamamlamak (for *-i*); † ödemek *(borç)*; kapatmak, örtmek; dikmek *(elbise vs.)*; toplamak, bir araya getirmek; düzenlemek; hazırlamak, meydana getirmek, oluşturmak; yapmak *(yatak vs.)*; ~ up one's mind karar vermek (to *inf. -meğe)*; **2.** *(irr.) v/i.* davranmak, hareket etm.; yola koyulmak; yükselmek, kabarmak *(met)*; ~ as if yapar gibi görünmek, ...miş gibi davranmak; ~ after peşinden gitmek *-in*, kovalamak *-i*; ~ against zarar vermek *-e*, zararı dokunmak *-e*; ~ at üstüne yürümek *-in*, atılmak; ~ away F tüymek, sıvışmak; ~ away with F öldürmek; yok etm.; çalmak, yürütmek; ~ for gitmek *-e*, yolunu tutmak *-in*; koşmak *-e*, üşüşmek *-e*, saldırmak *-e*; sağlamak *-i*, katkıda bulunmak *-e*; ~ off sıvışmak, tüymek; ~ up barışmak; makyaj yapmak; ~ up to s.o. *b-nin* gözüne girmeye çalışmak; **3.** *n.* şekil; yapı, biçim; marka; verim, randıman; ⚡ devrenin kapanması; of poor ~ düşük kaliteli; on the ~ *sl.* kendi çıkarı peşinde; cinsî münasebet peşinde; '~-**be.lieve** **1.** *n.* yalandan yapma, taklit; hile, bahane; **2.** *adj.* sahte, samimiyetsiz; '**mak.er** *n.* yapan, fabrikatör; ♀ Allah, Tanrı.

make...: '~.**shift** **1.** *n.* eğreti tedbir, geçici çare; **2.** *adj.* eğreti, geçici...; '~-**up** *n.* mizanpaj, tertip; makyaj; *fig.* mizaç, tabiat; '~.**meight** *n.* tartı tam gelsin diye eklenen ağırlık; *fig.* bir açığı dolduran önemsiz kimse *veya* şey.

mak.ing ['meikiŋ] *n.* başarı nedeni; yapma, etme; ~s *pl.* F nitelikler; in the ~ yapılırken; yapılmakta; that was the ~ of him başarılı olmasının nedeni o oldu; have the ~s of ...olmak için gerekli niteliklere sahip olm.

mal.a.chite *min.* ['mæləkait] *n.* bakırtaşı, malakit.

mal.ad.just.ed *psych.* ['mælə'dʒʌstid] *adj.* *k-ni* çevreye, topluma uyduramayan, uyumsuz; '**mal.ad'just.ment** *n.* uyumsuzluk.

mal.ad min.is.tra.tion ['mælədminis'treiʃən] *n.* kötü yönetim, idare.

mal.a.droit ['mælə'drɔit] *adj.* beceriksiz, sakar.

mal.a.dy ['mælədi] *n.* hastalık, dert.

ma.laise [mæ'leiz] *n.* huzursuzluk, rahatsızlık.

mal.a.prop.ism ['mæləprɔpizəm] *n.* sözcükleri yanlış yerde kullanma; **mal.a.pro.pos** ['~'æprəpəu] **1.** *adj.* uygunsuz, münasebetsiz; 2. *adv.* uygunsuzca, münasebetsizce; 3. *n.* münasebetsizlik, yakışıksızlık, yersizlik, vakitsizlik.

ma.lar.i.a ⚕ [məˈlɛəriə] *n.* sıtma; **maˈlar.i.al** *adj.* sıtmalı, malarya...

Ma.lay [məˈlei] 1. *n.* Malaya dili; Malayalı; 2. *adj.* Malaya'ya *veya* halkına ait.

mal.con.tent [ˈmælkəntent] 1. *adj.* memnun olmayan, hoşnutsuz; 2. *n.* tatmin olmayan kimse.

male [meil] 1. *adj.* erkek, erkekçe; ~ child erkek çocuk; ~ screw vida; 2. *n.* erkek.

mal.e.dic.tion [mæliˈdikʃən] *n.* lânet, kargış, beddua; iftira.

mal.e.fac.tor [ˈmælifæktə] *n.* suçlu (*veya* kötülük eden) kimse.

ma.lef.i.cence [məˈlefisns] *n.* kötülük; **maˈlef.i.cent** *adj.* kötü, başkalarına zarar veren.

ma.lev.o.lence [məˈlevələns] *n.* kötü niyet; **maˈlev.o.lent** □ kötü niyetli, hain.

mal.for.ma.tion [ˈmælfɔːˈmeiʃən] *n.* sakatlık, kusurlu oluşum.

mal.ice [ˈmælis] *n.* garaz, kötü niyet; muziplik; ⚖ suiniyet, suç işleme kastı.

ma.li.cious □ [məˈliʃəs] kötü niyetli, garazkâr; muzip; ⚖ kasten, taammüden; **maˈli.cious.ness** *n.* kötü niyetlilik, kötülük.

ma.lign [məˈlain] 1. □ zararlı; ⚕ habis, kötü, ağır; 2. *v/t.* iftira etm.; **ma.lig.nan.cy** [məˈlignənsi] *n.* habislik; ⚕ habis tümör; **maˈlig.nant** 1. □ kötü yürekli, garazkâr, kötücül; ⚕ habis *(tümör)*; 2. *n.* kötü niyet; **maˈlig.ni.ty** *n.* kötülükçülük; şiddetli nefret; *part.* ⚕ habaset, kötülük.

ma.lin.ger [məˈliŋgə] *v/i.* hasta pozu yapmak, *k-ni* hasta gibi göstermek; **maˈlin.ger.er** *n.* hasta pozu yaparak görevden kaçan kimse.

mall [mɔːl] *n.* gezinti yolu.

mal.lard *orn.* [ˈmæləd] *n.* bir tür yaban ördeği.

mal.le.a.ble [ˈmæliəbl] *adj.* dövülür *(metal)*; *fig.* uysal, yumuşak huylu.

mal.let [ˈmælit] *n.* lastik *veya* tahta başlı çekiç; *spor: (kriket, polo)* sopa.

mal.low ⚘ [ˈmæləu] *n.* ebegümeci.

malm.sey [ˈmɑːmzi] *n.* tatlı şarap.

mal.nu.tri.tion [ˈmælnjuːˈtriʃən] *n.* gıdasızlık, yetersiz *veya* kötü beslenme.

mal.o.dor.ous □ [mæˈləudərəs] kötü kokulu.

mal.prac.tice [ˌmælˌpræktis] *n.* yolsuzluk; ⚕ yanlış tedavi; ⚖ görevi kötüye kullanma, görevde ihmal *veya* suiistimal.

malt [mɔːlt] 1. *n.* bira yapılan çimlendirilmiş arpa, malt; ~ liquor malttan mayalanma ile yapılan içki, *part.* bira; 2. *vb.* arpa *veya* başka tahıldan malt yapmak.

Mal.tese [ˈmɔːlˈtiːz] 1. *adj.* Maltız; Malta dili; 2. *n.* Maltalı, Maltız.

mal.treat [mælˈtriːt] *v/t.* kötü davranmak *-e*, eziyet etm. *-e*; **malˈtreat.ment** *n.* kötü davranma.

malt.ster [ˈmɔːltstə] *n.* malt imalâtçısı.

mal.ver.sa.tion [mælvəˈseiʃən] *n.* rüşvet yeme, suiistimal, zimmete para geçirme.

ma.ma, mam.ma [məˈmɑː] *n.* anne.

mam.mal [ˈmæməl] *n.* memeli hayvan; **mam.ma.li.an** [məˌmeiljən] *adj.* memeli hayvanla ilgili, memeli hayvan...

mam.mon [ˈmæmən] *n.* hırs ve ihtirasın esiri olan servet.

mam.moth [ˈmæməθ] 1. *n. zo.* mamut; 2. *adj.* dev gibi, iri.

mam.my F [ˈmæmi] *n.* anne; *Am.* zenci sütnine, Arap dadı.

man [mæn, mən] 1. *n., pl.* **men** [men] erkek, adam; er, asker; insan; uşak; erkek işçi; koca; satranç *veya* dama taşı; şahıs, kişi; to a ~, to the last ~ son kişiye kadar, hepsi birden; ~ on leave ⚔ izinli er; be one's own ~ dilediğince hareket edebilmek, özgür olm.; 2. *vb.* ⚔, ⚓ *(kadro, kuvvet, tayfa)* koymak *-e*; ~ o.s. cesaretlenmek.

man.a.cle [ˈmænəkl] 1. *n.* kelepçe; 2. *v/t.* kelepçelemek, kelepçe takmak.

man.age [ˈmænidʒ] *v/t.* kullanmak; becermek; yönetmek, idare etm., çekip çevirmek *(ticarethane vs.)*; terbiye etm. *(hayvan)*; *-in* yolunu bulmak; ~ to *inf.* *-meği* başarmak; *v/i.* müdür olm.; *bşle* geçinmek, yet(iş)mek; işini uydurmak, işin içinden sıyrılmak; **ˈman.age.a.ble** □ idare edilebilir; kullanışlı; **ˈman.age.ment** *n.* idare, yönetim; müdürlük; yönetim kurulu; **ˈman.ag.er** *n.* müdür, direktör, yönetmen, idareci, yönetici; good (bad) ~ iyi (kötü) yönetici, idareci; **ˈman.ag.er.ess** *n.* müdire, kadın direktör, kadın yönetici; **man.a.ge.ri.al** □ [~əˈdʒiəriəl] yönetimsel, idarî...

man.ag.ing [ˈmænidʒiŋ] *adj.* idareci, yöneten; sevk..., idarî...; ~ clerk büro şefi.

man-at-arms [ˈmænətˈɑːmz] *n.* † asker, zırhlı süvari neferi.

Man.ches.ter [ˈmæntʃistə] *n.*: ~ goods *pl.* pamuklu mensucat.

Man.chu [mænˈtʃuː], **Man.chu.ri.an** [~ˈtʃuəriən] 1. *adj.* Mançulara *veya* dillerine ait; 2. *n.* Mançuryalı, Mançu; Mançurya dili.

man.da.mus ⚖ [mænˈdeiməs] *n.* daha yüksek bir mahkemeden alt mahkemeye verilen yazılı emir.
man.da.rin [ˈmændərin] *n.* mandalina likörü; mandalina rengi; F tutucu ve eyyamcı politikacı; *a.* **ˈman.da.rine** *n.* ⚘ mandalina.
man.da.tar.y ⚖ [ˈmændətəri] *n.* vekil, temsilci; **man.date** [ˈ~deit] **1.** *n.* manda, bir ulusun diğer bir ulus üzerindeki egemenliği; ferman, emir; vekillik; **2.** *v/t.* egemenlik altına almak *-i*; **manˈda.tor** *n.* müvekkil; **man.da.to.ry** [ˈ~dətəri] **1.** *adj.* emredici; *Am.* zorunlu, gerekli; **2.** *n.* vekil; mandater.
man.di.ble *anat.* [ˈmændibl] *n.* çene kemiği, alt çene.
man.do.lin ♪ [ˈmændəlin] *n.* mandolin.
man.drag.o.ra [mænˈdrægərə], **man.drake** ⚘ [ˈ~dreik] *n.* muhabbetotu, kankurutan, adamotu.
man.drel ⊕ [ˈmændril] *n.* toka dili, mil, mandrel.
man.drill *zo.* [~] *n.* bir tür iri ve yırtıcı maymun.
mane [mein] *n.* yele; **maned** *adj.* yeleli.
man-eat.er [ˈmæni:tə] *n.* yamyam; insan eti yiyen hayvan.
ma.nes [ˈmɑ:neiz] *n. pl.* ölmüş kişilerin ruhları.
ma.neu.ver [məˈnu:və] = **manoeuvre.**
man.ful □ [ˈmænful] erkekçe, mert; **ˈman.ful.ness** *n.* mertlik, yiğitlik.
man.ga.nese ⚗ [mæŋgəˈni:z] *n.* manganez; **man.gan.ic** [~ˈgænik] *adj.* manganez...; manganez türünden.
mange *vet.* [meindʒ] *n.* uyuz hastalığı.
man.ger [ˈmeindʒə] *n.* yemlik; dog in the ~ F *k-ne* yararı olmayan *bşden* başkasının yararlanmasını istemeyen kimse.
man.gle¹ [ˈmæŋgl] **1.** *n.* sıkma makinesi; ütü cenderesi; **2.** *v/t.* cendereden geçirmek, silindirli makine ile ütülemek.
man.gle² [~] *v/t.* vurarak ezmek, parçalamak, yırtmak; *fig.* sakatlamak; **ˈmangler** *n.* iki silindirli ütü makinesi.
man.go ⚘ [ˈmæŋgəu] *n.* Hint kirazı, mango.
man.grove ⚘ [ˈmæŋgrəuv] *n.* tropikal bölgelerde yetişen bir bitki türü.
man.gy [ˈmeindʒi] *adj.* uyuz; yırtık pırtık; âdi, bayağı.
man...: **ˈ~-han.dle** *v/t. bşi* insan gücüyle hareket ettirmek; kabaca itmek; *sl.* itip kakmak; **ˈ~-hat.er** *n.* insanlardan kaçan kimse; **ˈ~.hole** *n.* ⊕ baca, yeraltında boru, kablo yapmak için caddelerdeki üstü kapaklı delik; **ˈ~.hood** *n.* erkeklik; mertlik; insanlık; **ˈ~-ˈhour** *n.* bir saatlik çalışma.
ma.ni.a [ˈmeinjə] *n.* tutku, mani, manya; delilik, cinnet, çılgınlık; **ma.ni.ac** [ˈ~niæk] **1.** *n.* manyak, çılgın; **2.** *a.* **ma.ni.a.cal** □ [məˈnaiəkəl] çılgın, deli.
man.i.cure [ˈmænikjuə] **1.** *n.* el ve tırnak tuvaleti, manikür; **2.** *v/t.* manikür yapmak; **ˈ~-case** *n.* manikür kutusu; **man.i.cur.ist** [ˈ~rist] *n.* manikürcü.
man.i.fest [ˈmænifest] **1.** □ belli, açık, anlaşılır; **2.** *n.* ⚓ manifesto, gümrük beyannamesi; **3.** *v/t.* açıkça göstermek, belirtmek, ortaya koymak; işaret etm.; eliyle *b-ni, bşi* göstermek; beyan etm., bildirmek; *v/i. k-ni* göstermek, belli etm.; **man.i.fesˈta.tion** *n.* gösteri, izhar; **man.iˈfes.to** [~təu] *n.* bildiri, beyanname.
mani.fold [ˈmænifəuld] **1.** □ türlü türlü, çok; **2.** *v/t.* teksir etm., çoğaltmak; **3.** *n.* ⊕ birçok giriş ve çıkışı olan ana boru, kollektör; intake ~ *mot.* ana emme borusu; ~ **writ.er** teksir makinesi.
man.i.kin [ˈmænikin] *n.* ufak adam, cüce; manken, insan şekli.
Ma.nil.(l)a [məˈnilə] *n. a.* ~ cheroot Manila purosu; *a.* ~ hemp kenevir muzu; Manila keneviri; ~ paper Manila kenevirinden yapılan bir cins ambalaj kağıdı.
ma.nip.u.late [məˈnipjuleit] *v/t.* becermek; beceriyle kullanmak, idare etm.; hünerle kullanmak; el ile idare etm., işletmek; *bşe* hile karıştırmak; *b-ni, k-nin* çıkarı için kullanmak, dalavere yapmak; **ma.nip.uˈla.tion** *n.* el ile işletme, beceriyle kullanma; suiistimal, hile, dalavere; **maˈnip.u.la.tive** [~lətiv] *adj.* el ile işletilebilir; dalavereci; **maˈnip.u.la.tor** [~leitə] *n.* yöneten kimse; *phys.* manipülatör; maniple.
man.kind [mænˈkaind] *n.* insanlık, beşeriyet: [ˈ~] erkekler; **ˈman.like** = manly; mannish; **ˈman.li.ness** *n.* mertlik, yiğitlik; **ˈman.ly** *adj.* mert, yiğit, erkekçe.
man.na [ˈmænə] *n.* kudret helvası.
manned [mænd] *adj.* içinde insan bulunan, insanlı...
man.ne.quin [ˈmænikin] *n.* manken; ~ parade defile.
man.ner [ˈmænə] *n.* tavır, yol, usül *(a. lit.)*; *paint.* çeşit, stil; ~s *pl.* terbiye, görgü; üslûp; no ~ of doubt hiç şüphe yok; in a ~ belli bir düzeyde, bir bakıma, bir anlamda; in such a ~ that o derece ki, şöyle ki; **ˈman.nered** *adj.* yapma tavırlı, ... tavırlı; **ˈman.ner.ism** *n.* yapmacık; *(sanatçıya ait)* özellik; **ˈman.ner.li.ness** *n.*

görgülülük, nezaket; 'man.ner.ly 1. *adj.* terbiyeli; 2. *adv.* nazikçe.

man.nish ['mæniʃ] *adj.* erkeksi, erkek gibi *(esp.* ~*kadın)*; erkeğe yakışır.

ma.noeu.vra.ble, *Am. a.* **ma.neu.ver.a.ble** [mə'nuːvrəbl] *adj.* manevralı, manevra yeteneği olan; **ma'noeu.vre,** *Am. a.* **ma'neu.ver** [~və] 1. *n.* manevra *(a. fig.)*; ~s *pl.* F *fig.* bahane, kaçamaklı söz, ağız yapma, hile, dolap; 2. *vb.* manevra yapmak; sokmak (into -*e*); tedbir almak; dolap çevirmek.

man-of-war ['mænəv'wɔː] *n.* savaş gemisi.

ma.nom.e.ter *phys.,* ⊕ [mə'nɔmitə] *n.* manometre, basıölçer.

man.or ['mænə] *n.* tımar; malikâne; lord of the ~ derebeyi; malikâne sahibi; '~-house *n.* şato; **ma.no.ri.al** [mə'nɔːriəl] *adj.* malikâneye ait, malikâne...

man.pow.er ['mænpauə] *n.* el emeği, insan gücü; işçi sayısı, personel; işgücü.

manse *Scots* [mæns] *n.* papaz konutu.

man.serv.ant ['mænsəːvənt] *n.* erkek hizmetçi, uşak.

man.sion ['mænʃən] *n.* konak, büyük ve güzel ev; ~s *pl.* evler bloku.

man.slaugh.ter ['mænslɔːtə] *n.* tasarlamadan adam öldürme, kasıtsız adam öldürme.

man.tel.piece ['mæntlpiːs], **'man.tel.shelf** *n.* şömine rafı.

man.til.la [mæn'tilə] *n.* şal.

man.tle ['mæntl] 1. *n.* kolsuz üstlük, harmani, pelerin; örtü *(a.* ⩓, *anat., zo.)*; *fig.* perde, örtü; *a.* incandescent ~ *(lamba)* lüks gömleği; 2. *v/t.* üstünü örtmek; *fig.* örtbas etm., gizlemek; ~ on üstüne *bşi* örtmek, yaymak; *v/i.* kızarmak *(yüz)*; ~ with *bşle* kapla(n)mak.

man.trap ['mæntræp] *n.* tuzak.

man.u.al ['mænjuəl] 1. □ ele ait, el ile yapılan...; ~ exercises *pl.* ⚔ tüfek talimi; ~ training elişi eğitimi; 2. *n.* elkitabı, talimname; *(org)* klavye, tuş düzeni.

man.u.fac.to.ry [mænju'fæktəri] *n.* fabrika, yapımevi.

man.u.fac.ture [mænju'fæktʃə] 1. *n.* imal, yapım; yapılmış şeyler, mamulât; 2. *v/t.* imal etm., yapmak; *fig.* uydurmak; ~d goods *pl.* fabrika mamulâtı; **man.u'fac.tur.er** *n.* fabrikatör; **man.u'fac.tur.ing** *n.* imalât; *attr.* imalât...

ma.nure [mə'njuə] 1. *n.* gübre; 2. *v/t.* gübrelemek.

man.u.script ['mænjuskript] 1. *n.* el yazması; müsvedde; yazma; 2. *adj.* elle yazılı.

Manx [mæŋks] 1. *adj.* Man adasına mensup; 2. *n.* Man adası halkı.

man.y ['meni] 1. *adj.* çok, birçok; ~ a sayıca çok; ~ a one birçoğu; as ~ as ...kadar çok; one too ~ gereğinden bir fazla; lüzumundan fazla, fuzuli; be one too ~ for s.o. *b-den* daha kurnazca davranmak; *b-ni* yenecek kadar akıllı olm.; 2. *n.* bir çoğu; a great ~, a good ~ hayli, pek çok, büyük sayıda; '~-'sid.ed *adj.* çok taraflı, çok cepheli.

map [mæp] 1. *n.* harita; off the ~ F ortadan kaybolmuş; on the ~ F önemli; 2. *v/t.* *bşin* haritasını yapmak; not etm., kaydetmek, geçirmek; ~ out ayrıntılarıyle planlamak, düzenlemek.

ma.ple ⚘ ['meipl] *n.* akçaağaç.

map.per ['mæpə] *n.* harita ve plan yapan *veya* çizen kimse, haritacı.

ma.quis ['mækiː] *n. II.* Dünya savaşında Nazilere direnen Fransız örgütü.

mar [mɑː] *v/t.* zarar vermek, halel getirmek, bozmak, ihlâl etm.

mar.a.bou *orn.* ['mærəbuː] *n.* büyük Güney Afrika leyleği.

mar.a.schi.no [mærə'skiːnəu] *n.* siyah kirazdan yapılan tatlı likör.

mar.a.thon ['mærəθən] *n. a.* ~ race uzun yol koşusu, maraton.

ma.raud [mə'rɔːd] *vb.* çapulculuk etm.; **ma'raud.er** *n.* yağmacı, çapulcu.

mar.ble ['mɑːbl] 1. *n.* mermer; mermerden yapılmış eser; bilya, zıpzıp; 2. *adj.* mermerden yapılı; *fig.* katı yürekli, hissiz, merhametsiz; 3. *v/t.* ebrulamak, harelemek.

mar.cel [mɑː'sel] 1. *n. a.* ~ wave perma *(saç)*; 2. *v/t.* perma yapmak *(saç)*.

March[1] [mɑːtʃ] *n.* mart.

march[2] [~] 1. *n.* yürüyüş; marş; ilerleme, terakki; ♪ marş; ~ past ⚔ geçit töreni; steal a ~ on s.o. daha çabuk davranarak *b-ne* karşı üstünlük kazanmak; 2. *vb.* yürümek, yürüyüş yapmak; zorla yürütmek; *fig.* ilerlemek; ~ off ⚔ götürmek, posta etm.; ~ past önünden yürüyüp geçmek.

march[3] [~] 1. *n. mst* ~es *pl. hist.* hudut, sınır, hudut bölgesi; 2. *vb.* hemhudut *(veya* sınırdaş) olm. (with *ile*).

march.ing ['mɑːtʃiŋ]: ~ order askeri araçların dizilişi; ~ orders *pl.* askere verilen yürüyüşe başlama emri, yürüyüş emri; in heavy ~ order seferî.

mar.chion.ess ['mɑːʃənis] *n.* markiz.

march.pane ['mɑːtʃpein] *n.* acıbadem kurabiyesi.

mare [mɛə] *n.* kısrak; ~'s nest *fig.* uydur-

ma haber, değersiz *veya* uydurma buluş.
mar.ga.rine [maːdʒəˈriːn] *n.*, F *a.* **marge** [maːdʒ] margarin.
mar.gin [ˈmaːdʒin] *n.* kenar, ara, marj, sınır, hudut; hareket serbestliği; *a.* ~ of profit kâr marjı; ~ of safety güvenlik payı; ˈ**mar.gin.al** ☐ kenarda olan; kenarda bulunan..., marjinal; ~ note çıkma, derkenar, haşiye.
mar.grave [ˈmaːgreiv] *n.* Roma İmparatorluğunda prenslere verilen bir ünvan; **mar.gra.vine** [ˈ~grəviːn] *n.* Roma İmparatorluğunda prens eşi.
mar.gue.rite ⚘ [maːgəˈriːt] *n.* çayır papatyası, margrit.
Ma.ri.a [məˈraiə] *n:* Black ~ F cezaevi arabası.
mar.i.gold ⚘ [ˈmærigəuld] *n.* kadife çiçeği.
mar.i.jua.na [mæriˈhwaːnə] *n.* haşiş.
ma.ri.nade [mæriˈneid] **1.** *n.* şarap, sirke, yağ ve baharat karışımı salamura; salamuraya yatırılmış et *veya* balık; **2.** = **ma.ri.nate** [~ˈneit] *v/t.* salamuraya yatırmak.
ma.rine [məˈriːn] **1.** *adj.* denize ait, deniz..., okyanus...; deniz kuvvetlerine ait, bahriye...; gemi...; **2.** *n.* silahendaz; deniz kuvvetleri; denizcilik, bahriye; *paint.* deniz tablosu; tell that to the ~s! külahıma anlat!; **mar.i.ner** *poet. veya* ⚖ [ˈmærinə] *n.* gemici, denizci, bahriyeli.
mar.i.o.nette [mæriəˈnet] *n.* kukla.
mar.i.tal ☐ [ˈmæritl] evliliğe ait; ~ status medeni hal.
mar.i.time [ˈmæritaim] *adj.* deniz(ciliğ)e ait; denize yakın; deniz..., sahil...; gemicilik...; ~ power donanması olan devlet.
mar.jo.ram ⚘ [ˈmaːdʒərəm] *n.* mercanköşk.
mark[1] [maːk] *n.* Alman parası, mark.
mark[2] [~] **1.** *n.* nişan, alâmet, marka, işaret; † etiketleme, damga; yara izi; yer, nokta, benek; şöhret; iz, eser, delil, emare; numune, örnek, norm, standart; *okul:* not, derece, numara; *spor:* başlama çizgisi; nişan, hedef; *vet.* damga; a man of ~ meşhur (*veya* önemli) adam; up to the ~ *fig.* istenilen düzeyde, derecede; hit the ~ hedefi bulmak, nişanı vurmak; miss the ~ hedefe isabet ettirememek; *fig.* konu dışı olm.; beside the ~, wide of the ~ doğru olmayan, yanlış; **2.** *v/t.* işaretlemek, markalamak, etiketlemek, nişan koymak, damgalamak; etiketlere yazmak *(fiyat)*; not vermek *-e*; beyan etm.; nazarı dikkate almak *-i*, hesaba katmak *-i*, dikkat etm. *-e*; *bşi* zihinde tutmak; ~ down fiyat indirmek, azaltmak; *bşi* not etm., kaydetmek, yazmak; ~ off ayırmak, tecrit etm., hudutlarını çizmek *ile*; ~ out işaretlemek, *-in* sınırlarını çizmek; seçip ayırmak; ~ time ⚔ yerinde saymak *(a. fig.)*; **3.** *v/i.* *bşe* dikkat etm.; ~! dikkat!; **marked** *adj.* işaretlenmiş; göze çarpan; hissolunabilecek; belli, aşikâr, meydanda; **mark.ed.ly** [ˈmaːkidli] *adv.* belirgin bir şekilde; ˈ**mark.er** *n. bilardo: esp.* sayıları işaret eden *b-i*; işaretleyen *veya* belli eden *bş.*
mar.ket [ˈmaːkit] **1.** *n.* pazar (yeri), çarşı (meydanı); alışveriş, ticaret; piyasa; sürüm, revaç; in the ~ piyasada; satın almaya hazır; come into the ~ piyasada satışa çıkmak; play the ~ *Am. sl.* borsada alışveriş yaparak para kazanmak; **2.** *v/t.* satışa çıkarmak, çarşıda *veya* piyasada satmak; *v/i.* alışveriş etm., satın almak; ˈ**mar.ket.a.ble** ☐ † satılabilir, revaçlı, sürümlü; satılık; **mar.ket.eer** [~ˈtiə] *n.:* black ~ karaborsacı, karapazarcı; ˈ**mar.ket-gar.den** *n.* bahçe, bostan; ˈ**mar.ket.ing** *n.* pazarlama; alışveriş etme; ˈ**mar.ket-place** *n.* çarşı (meydanı); ˈ**mar.ket-town** *n.* pazarı olan kasaba; ˈ**mar.ket-value** *n.* piyasa rayici (*veya* değeri).
mark.ing [ˈmaːkiŋ] *n.* işaret, marka, etiket; nişan; ˈ~**-ink** *n. (çamaşırlarda markayı belirtmeye yarayan)* mürekkep.
marks.man [ˈmaːksmən] *n.* nişancı, atıcı; ˈ**marks.man.ship** *n.* atıcılık, nişancılık.
marl [maːl] **1.** *n. min.* marn, pekmez toprağı, kireçli toprak; **2.** *v/t.* ✓ kireçli toprakla gübrelemek.
mar.ma.lade [ˈmaːməleid] *n.* portakal marmelatı, reçel.
mar.mo.re.al ☐ *poet. & rhet.* [maːˈmɔːriəl] mermer gibi beyaz, soğuk ve cilalı; mermerden yapılmış.
mar.mot *zo.* [ˈmaːmət] *n.* marmot, dağ sıçanı.
ma.roon[1] [məˈruːn] *adj.* kestane renginde.
ma.roon[2] [~] *v/t.* terketmek, *b-ni* ıssız bir kıyıya çıkarıp bırakmak.
ma.roon[3] [~] *n.* uyarı sinyali niteliğinde kullanılan patlayıcı fişek.
mar.plot [ˈmaːplɔt] *n.* meclisbozan.
mar.quee [maːˈkiː] *n.* büyük çadır, otağ.
mar.quess, *mst* **mar.quis** [ˈmaːkwis] *n.* marki.
mar.que.try [ˈmaːkitri] *n.* mobilyacılıkta kakma işi, marketri.
mar.riage [ˈmæridʒ] *n.* evlenme, izdivaç, nikâh, evlilik; evlilik hali; civil ~ mede-

nî nikâh; by ~ evlenme suretiyle elde edilmiş; related by ~ sıhrî hısım; take in ~ evlenmek, almak; **ˈmar.riage.a.ble** *adj.* evlenmeye ehil, gelinlik, evlenecek çağda.

mar.riage...: ~ **ar.ti.cles** *n. pl.* evlenme sözleşmesi; ~ **lines** *pl.* evlenme kâğıdı (*veya* cüzdanı); ~ **por.tion** drahoma, çeyiz.

mar.ried [ˈmærid] *adj.* evliliğe ait; evli. evlilik...; ~ couple karıkoca.

mar.row [ˈmærəu] *n.* ilik; *fig.* öz, esas, asıl; vegetable ~ ⚘ sakızkabağı; ˈ~.**bone** *n.* ilikli kemik; ~s *pl.co.* çapraz iki kemik; **ˈmar.row.y** *adj.* ilik gibi, ilik dolu; özlü, kuvvetli.

mar.ry [ˈmæri] *v/t. & v/i.* evlenmek *(a. fig.)* (s.o. *ile*); evlendirmek (s.o. to -*i ile*), nikâh kıymak; birleş(tir)mek; get married evlenmek.

marsh [maːʃ] *n.* batak(lık); *attr.* bataklık...; ~ fever bataklık humması, sıtma, malarya; ~ gas bataklıkta oluşan metan gazı.

mar.shal [ˈmaːʃəl] **1.** *n.* mareşal, müşür; *hist.* saray nazırı; protokol sorumlusu, şenlik görevlisi; *Am.* polis müdürü; **2.** *v/t.* sıralamak, tertip etm., tanzim etm., dizmek; sevketmek, yerleştirmek; **marshal.ling-yard** [ˈ~ʃliŋjaːd] *n.* 🚂 manevra istasyonu.

marsh mal.low [ˈmaːʃmæləu] *n.* ⚘ hatmi; hafif yuvarlak şekerleme; **marsh mar.i.gold** sarı çuhaçiçeği; **ˈmarsh.y** *adj.* bataklığa ait, bataklık gibi.

mar.su.pi.al *zo.* [maːˈsjuːpjəl] **1.** *adj.* keseli...; **2.** *n.* keseli hayvan.

mart [maːt] *n.* pazar(yeri); çarşı; ticaret merkezi.

mar.ten *zo.* [ˈmaːtin] *n.* zerdeva.

mar.tial □ [ˈmaːʃəl] harbe ait, savaşa özgü; askerî; savaşkan, savaşçı; ~ law örfî idare, sıkıyönetim; state of ~ law sıkıyönetim hali; ~ music askeri mızıka.

Mar.tian [ˈmaːʃjən] **1.** *n.* Merihli; **2.** *adj.* Mars..., Merih...

mar.tin¹ [ˈmaːtin] *n.* kırlangıç.

Mar.tin² [~] *n.*: St. ~'s summer pastırma yazı.

mar.ti.net [maːtiˈnet] *n.* eziyetçi; katı (*veya* sert) kimse.

mar.ti.ni [maːˈtiːni] *n.* martini, cin ve vermut karışımı bir içki.

Mar.tin.mas [ˈmaːtinməs] *n.* 11 Kasım'da yapılan St. Martin günü.

mar.tyr [ˈmaːtə] **1.** *n.* şehit, bir amaç uğrunda ölen kimse; **2.** *v/t.* şehit etm.; işkence etm.; **ˈmar.tyr.dom** *n.* şehitlik; **ˈmar.tyr.ize** *vb.* eziyet *veya* işkence etm.; şehit etm.; şehit olm.

mar.vel [ˈmaːvəl] **1.** *n.* mucize, harika; şaşkınlık; **2.** *vb.* hayret etm., şaşmak (at -*e*).

mar.vel.(l)ous □ [ˈmaːvələs] hayret verici; şaşılacak nitelikte; fevkalâde; **ˈmar.vel.(l)ous.ness** *n.* acayiplik, gariplik.

Marx.ian [ˈmaːksjən] **1.** *n.* Marksizm taraftarı; **2.** *adj.* Marks'ın kuramına ait; **ˈMarx.ism** *n.* Marksizm; **ˈMarx.ist** = Marxian.

mar.zi.pan [maːziˈpæn] *n.* acıbadem kurabiyesi.

mas.ca.ra [mæsˈkaːrə] *n.* kirpikleri koyulaştırmak için kullanılan madde, rimel, maskara.

mas.cot [ˈmæskət] *n.* tılsım, muska, maskot, uğur bebeği.

mas.cu.line [ˈmæskjulin] **1.** □ erkeğe ait; erkeksi; **2.** *n. gr.* eril, müzekker.

mash [mæʃ] **1.** *n.* lapa, karışım; biracılıkta kullanılan arpa eziği ile su karışımı; ✓ ezme; **2.** *v/t.* ezmek; püre yapmak; ezilmiş arpayı su ile karıştırmak; *sl.* baştan çıkarmak, teshir etm.; ~ed potatoes *pl.* patates ezmesi, patates püresi; be ~ed on *sl. b-ne* asılmak; **ˈmash.er** *n.* ezen *b-i veya bş; sl.* çapkın erkek; sahte âşık.

mask [maːsk] **1.** *n.* maske; yüz kalıbı; *s.* masque; **2.** *vb.* maske ile örtmek, maskelemek *(a. fig.)*, gizlemek; maske takınmak, kılık değiştirmek; **masked** *adj.* gizli, belli olmayan; maskeli...; ~ ball maskeli balo; **ˈmask.er** *n.* maske takan kimse.

ma.so.chism *psych.* [ˈmæzəukizəm] *n.* mazoşizm.

ma.son [ˈmeisn] *n.* taşçı, duvarcı; ♀ (far)mason; **ma.son.ic** [məˈsɔnik] *adj.* mason *veya* farmasonluğa özgü; **ma.son.ry** [ˈmeisnri] *n.* duvarcılık; duvarcı işi; masonluk.

masque [maːsk] *n.* 16 ve 17. yüzyıllarda İngiltere'de maske giyilerek oynanan konuşmasız dram türünde yapıt; **mas.quer.ade** [mæskəˈreid] **1.** *n.* maskeli balo; maskeli balo giysisi; **2.** *v/i. fig.* maskelenmek, olduğundan değişik görünmek.

mass¹ *eccl.* [mæs] *n.* kuddas âyini; High ♀ *(Katoliklerde)* kuddas; Low ♀ kuddas âyininin basit düzeni.

mass² [~] **1.** *n.* kütle, küme, yığın; çokluk; the ~es *pl.* halk kütlesi, avam takımı; in the ~ bütün olarak; **2.** *vb.* yığın olarak topla(n)mak.

mas.sa.cre [ˈmæsəkə] **1.** *n.* katliam, kırım; **2.** *v/t.* katletmek, kırıp geçirmek.

mas.sage [ˈmæsɑːʒ] **1.** *n.* masaj, ovma; **2.** *v/t.* masaj yapmak, ovmak.
mass com.mu.ni.ca.tions [ˈmæskəmjuːniˈkeiʃənz] *n. pl.* = mass media.
mas.seur [mæˈsəː] *n.* masajcı, masör;
mas.seuse [mæˈsəːz] *n.* kadın masajcı.
mas.sif [ˈmæsiːf] *n.* dağ kitlesi.
mas.sive □ [ˈmæsiv] som, masif, kütle halinde; ağır; esaslı, derin; kuvvetli, kudretli; **ˈmas.sive.ness** *n.* irilik, ağırlık.
mass...: ~ **me.di.a** *pl.* kitle iletişim; ~ **meeting** halka açık toplantı; **ˈ~-pro.duce** *vb.* seri halde üretmek; ~ **pro.duc.tion** seri üretim.
mas.sy [ˈmæsi] *adj.* cüsseli, iri yapılı; ağır; sağlam, dayanıklı.
mast[1] ⚓ [mɑːst] **1.** *n.* gemi direği; **2.** *v/t.* direk dikmek.
mast[2] [~] *n. (domuzlar için)* palamut, kayın kozalağı, kestane gibi ağaç yemişi.
mas.ter [ˈmɑːstə] **1.** *n.* üstat, usta *(a. fig.)*; efendi *(a. fig.)*; sahip, patron, âmir: erkek öğretmen; kaptan, süvari; dinî lider; *univ.* rektör; ² of Arts üniversite mezuniyeti ile doktora arasında bir derece; ² of Ceremonies teşrifatçı, protokol görevlisi; be one's own ~ başına buyruk olm.; **2.** *adj. fig.* mümtaz, ileri gelen; baş, esas, temel, asıl; **3.** *v/t.* yenmek, hakkından gelmek; hükmetmek, idare etm.
mas.ter-at-arms ⚓ [ˈmɑːstərətˈɑːmz] *n.* güvenlik görevlisi; **mas.ter build.er** kalfa; mimar; **mas.ter.ful** □ [ˈ~ful] zorba, gaddar; üstatça; **ˈmas.ter-key** *n.* ana anahtar; **ˈmas.ter.less** *adj.* sahipsiz; yönetimsiz; **ˈmas.ter.ly** *adj.* ustaca, hünerli.
mas.ter...: **ˈ~.piece** *n.* şaheser; harika; **ˈ~.ship** *n.* ustalık, üstatlık; şampiyonluk; yöneticilik, yönetim; *okul:* müdürlük; **ˈ~-stroke** *n.* maharetli iş, çok ustalıklı iş; **ˈmas.ter.y** *n.* hüküm, hakimiyet, hükümdarlık, saltanat, otorite; üstünlük; üstün gelme; ustalık, üstatlık, şampiyonluk; maharet, hüner.
mast-head [ˈmɑːsthed] *n.* çanaklık, direk ucu.
mas.tic [ˈmæstik] *n.* macun; sakız rakısı, mastika.
mas.ti.cate [ˈmæstikeit] *vb.* çiğnemek; **mas.tiˈca.tion** *n.* çiğneme.
mas.tiff [ˈmæstif] *n.* avcılıkta ve gözetlemede kullanılan köpek, mastı.
mas.to.don *zo.* [ˈmæstədɔn] *n.* mamuta benzer fil.
mas.toid ⚕ [ˈmæstɔid] *n.* kulak arkası kemiği.
mat[1] [mæt] **1.** *n.* hasır; minder; paspas; altlık; **2.** *vb.* hasır ile örtmek; keçeleş(tir)mek; birbirine dolaşmak.
mat[2] ⊕ [~] *adj.* donuk, mat.
match[1] [mætʃ] *n.* kibrit.
match[2] [~] **1.** *n.* oyun, maç, müsabaka, turnuva; evlenme, izdivaç; eş, benzer, denk *bş;* be a ~ for ...e denk olm., eş olm., ayak uydurabilmek; meet one's ~ rakibi ile karşılaşmak, üstesinden gelebileceği *b-ni* bulmak; **2.** *v/t.* uydurmak, intibak ettirmek; mukayese etm., kıyaslamak, karşılaştırmak (with *ile*); uymak, benzemek, denk olm. *-e;* well ~ed uygun, münasip, yerinde; *v/i.* uymak; ~ with birbirine yakışmak, birbirini tutmak.
match-box [ˈmætʃbɔks] *n.* kibrit kutusu.
match.et [ˈmætʃet] = machete.
match.less □ [ˈmætʃlis] eşsiz, emsalsiz, rakipsiz; **ˈmatch.mak.er** *n.* çöpçatan.
match.wood [ˈmætʃwud] *n.* kibritlik odun, kıymık.
mate[1] [meit] *vb. satranç:* mat etm.
mate[2] [~] **1.** *n.* arkadaş, dost; koca, eş, karı, zevce; çiftin erkek *veya* dişisi *(hayvan)*; yardımcı, muavin; ⚓ ikinci kaptan; **2.** *v/t.* & *v/i.* evlen(dir)mek, çiftleş(tir)mek; eşlemek; **ˈmate.less** *adj.* yalnız, tek.
ma.ter *sl.* [ˈmeitə] *n.* anne.
ma.te.ri.al [məˈtiəriəl] **1.** □ maddi, cismanî; bedenî, bedensel; esaslı, mühim, önemli, etkili (to *için*); **2.** *n.* malzeme, levazım, harç, materyel, madde, cevher, unsur; dokuma, kumaş; *coll. veya* ~s *pl.* levazım, malzeme; bileşik unsur; working ~ iptidaî madde; writing ~s *pl.* yazı malzemesi; **maˈte.ri.al.ism** *n.* materyalizm, maddecilik; **maˈte.ri.al.ist** *n.* materyalist, maddeci; **ma.te.ri.alˈis.tic** *adj.* (~ally) materyalist, maddeci; **ma.te.ri.al.i.za.tion** [~riəlaiˈzeiʃən] *n.* maddileş(tir)me, cisimlenme; **maˈte.ri.al.ize** *v/t.* & *v/i.* maddileş(tir)mek, gerçekleşmek; realize etm.
ma.ter.nal □ [məˈtəːnl] anaya mahsus, anneye yakışır; ana..., anne..., valide...; ana tarafından; **maˈter.ni.ty** [~niti] *n.* analık, annelik; *mst* ~ hospital doğumevi; ~ dress hamile elbisesi.
mat.ey [ˈmeiti] *adj.* teklifsiz, samimi, senli benli ,arkadaşça.
math.e.mat.i.cal □ [mæθiˈmætikəl] matematiksel; **math.e.ma.ti.cian** [~məˈtiʃən] *n.* matematikçi; **math.e.mat.ics** [~ˈmætiks] *n. mst sg.* matematik.
maths F [mæθs] = mathematics.
mat.ie [ˈmeiti] *n.* ringa balığının küçüğü.
mat.in [ˈmætin] **1.** *adj. poet.* sabah..., sabahleyin; **2.** *n.* ~s *pl. eccl.* sabaha karşı

yapılan ibadet; *poet.* *(kuşların)* sabah şarkısı.

mat.i.née [ˈmætinei] *n.* matine.

ma.tri.arch [ˈmeitriɑːk] *n.* aile (*veya* kabile) reisi *(kadın)*; **ˈma.tri.ar.chy** *n.* anaerki; **ma.tri.cide** [ˈ~said] *n.* anasını öldürme; anasını öldüren kimse, ana katili.

ma.tric.u.late [məˈtrikjuleit] *v/t.* & *v/i.* üniversiteye öğrenci olarak kaydedilmek; kaydetmek; **ma.tric.uˈla.tion** *n.* öğrenci kaydı.

mat.ri.mo.ni.al □ [mætriˈməunjəl] evliliğe ait, evlilik...; **mat.ri.mo.ny** [ˈ~məni] *n.* evlilik hali, evlilik.

ma.trix [ˈmeitriks] *n.* *fig.* *bşe* şekil veren *veya* onu geliştiren canlı kısım; *geol.* fosilin bulunduğu kaya parçası; ⊕ *a.* [ˈmætriks] matris, hurufat kalıbı.

ma.tron [ˈmeitrən] *n.* ağırbaşlı orta yaşlı evli kadın; ana kadın; amir kadın, başhemşire; **ˈma.tron.ize** *v/t.* *b-ne* analık etm; **ˈma.tron.ly** *adj.* ana gibi; toplu, etine dolgun; *fig.* temkinli, ağırbaşlı, ciddi *(kadın)*.

mat.ter [ˈmætə] **1.** *n.* madde, cevher, unsur; ⚕ cerahat, irin; şey; konu; içindekiler, muhteviyat; illet, neden; iş, mesele, meşguliyet; *typ.* dizilecek metin, müsvedde; ~s *pl.* hal, ahval, şartlar, vaziyet, durum; postal ~ posta ile gönderilen her şey; printed ~ basma, matbua; in the ~ of ... bakımından, ...in hususunda, *-e* gelince; what's the ~? ne var?; what's the ~ with you? neyiniz var?; no ~ mühim değil, zararı yok; no ~ who her kim olursa olsun; ~ of course kendiliğinden anlaşılan *bş*, doğal *bş*., işin tabii gidişi; as a ~ of course doğal olarak; for that ~, for the ~ of that ona gelince, hatta; ~ of fact hakikat, realite, gerçek; as a ~ of fact işin doğrusu, gerçekte, zaten; ~ in hand söz konusu mevzu; that is a hanging ~ cezasını kellen ile ödeyebilirsin, hayatına malolur; no laughing ~ şakaya gelmez; **2.** *v/i.* ehemmiyeti olm., önemi olm. (to *için*); cerahatlenmek; it does not ~ önemi yok, farketmez; ˈ~-of-ˈcourse *adj.* doğal; ˈ~-of-ˈfact *adj.* fiilî, hakiki, gerçek; soğukkanlı, sakin, heyecansız.

mat.ting [ˈmætiŋ] *n.* hasır (örme).

mat.tock [ˈmætək] *n.* kazma.

mat.tress [ˈmætris] *n.* döşek, şilte.

ma.ture [məˈtjuə] **1.** □ olgun, ergin; reşit; dikkatli, ölçüp biçen; † vadesi gelmiş; **2.** *v/t.* & *v/i.* olgunlaş(tır)mak, kemale er(dir)mek; erginleşmek; † vadesi gelmek; **maˈtu.ri.ty** *n.* olgunluk, erginlik; † vade.

ma.tu.ti.nal □ [mætjuːˈtainl] sabaha ait, sabah...; erken.

maud.lin □ [ˈmɔːdlin] aşırı duygusal, aşırı duygulanan.

maul [mɔːl] *v/t.* dövmek, berelemek, ezmek, hırpalamak; *fig.* *b-ni* fena halde hırpalamak.

maul.stick *paint.* [ˈmɔːlstik] *n.* resim çizerken dayanılan değnek.

maun.der [ˈmɔːndə] *v/i.* anlaşılmaz şekilde konuşmak, mırıldanarak söylenmek; düzensiz hareket etm.

Maun.dy Thurs.day [ˈmɔːndiˈθəːzdi] *n.* Paskalya öncesi Perşembe günü.

mau.so.le.um [mɔːsəˈliəm] *n.* türbe, mozole.

mauve [məuv] *n.* & *adj.* leylâk rengi.

mav.er.ick *Am.* [ˈmævərik] *n.* damgalanmamış dana; *pol.* & *fig.* disipline uymayan, tek başına hareket eden kimse.

maw [mɔː] *n.* *(hayvanlarda)* kursak, mide; ağız.

mawk.ish □ [ˈmɔːkiʃ] tiksindirici; **ˈmawk.ish.ness** *n.* tiksindiricilik.

maw.worm [ˈmɔːwəːm] *n.* bağırsak kurdu.

max.il.lar.y [mækˈsiləri] *adj.* çene kemiğine ait, çene kemiği...

max.im [ˈmæksim] *n.* vecize, ata(lar) sözü; kural; **max.i.mum** [ˈ~məm] **1.** *n.* en yüksek derece, maksimum; **2.** *adj.* azami..., en çok...; ~ wages *pl.* en yüksek ücret, tavan ücreti.

May[1] [mei] *n.* mayıs (ayı); ♀ ⚘ yabani akdiken.

may[2] [~] *v/aux.* *(irr.)* -edebilmek, muhtemel olm., -meğe izinli olm.

may.be [ˈmeibiː] *adv.* belki, olabilir.

may-bee.tle *zo.* [ˈmeibiːtl] *n.*, **ˈmay-bug** mayısböceği.

May Day [ˈmeidei] *n.* bahar bayramı ve işçi bayramı olarak kutlanan gün.

may.fly *zo.* [ˈmeiflai] *n.* mayıssineği.

may.hap † [ˈmeihæp] *adv.* belki, ihtimal ki.

may.on.naise [meiəˈneiz] *n.* mayonez.

may.or [mɛə] *n.* belediye reisi (*veya* başkanı); **ˈmay.or.al** *adj.* belediye başkan(lığ)ına ait; **ˈmay.or.al.ty** *n.* belediye başkanlığı; **ˈmay.or.ess** *n.* belediye başkanının eşi; kadın belediye başkanı.

may.pole [ˈmeipəul] *n.* bahar bayramında etrafında dans edilen çiçeklerle süslü direk.

maze [meiz] *n.* labirent; *fig.* *a.* karışıklık; be ~d, be in a ~ şaşkına dönmek, şaşkınlık içinde olm.; **ˈma.zy** □ dolaşık,

darmadağın, karmakarışık, muğlak.
Mc.Coy *Am. sl* [məˈkɔi] *n.*: the real ~ gerçeği.
me [miː, mi] *pron.* beni; bana; F ben.
mead¹ [miːd] *n.* mayalı bal ve sudan yapılan bir içki.
mead² *poet.* [~] = meadow.
mead.ow [ˈmedəu] *n.* çayır, çimen; **ˈ~-ˈsaf.fron** *n.* ⚘ güzçiğdemi; **ˈmead.ow.y** *adj.* çimenli.
mea.ger, mea.gre □ [ˈmiːgə] zayıf, yavan, cılız, çelimsiz, sıska, kuru *(a. fig.)*; noksan, eksik, az, kıt, kifayetsiz; **ˈmea.gerness, ˈmea.gre.ness** *n.* zayıflık, cılızlık, sıskalık, çelimsizlik; kuruluk; noksanlık, eksiklik, azlık, kıtlık, kifayetsizlik.
meal¹ [miːl] *n.* yemek, öğün.
meal² [~] *n.* un; **meal.ies** [ˈ~iz] *n. pl. Güney Afrika:* mısır (buğdayı).
meal.time [ˈmiːltaim] *n.* yemek vakti.
meal.y [ˈmiːli] *adj.* un gibi, unlu; **ˈ~-mouthed** *adj.* sinsi, samimiyetsiz.
mean¹ □ [miːn] bayağı, alçak, pis, kaba, adi, aşağı; acınacak, zavallı; çirkin; lime lime olmuş, yırtık pırtık; cimri, pinti, hasis; dar kafalı.
mean² [~] **1.** *adj.* orta, alelade; ortalama, vasati; in the ~ time = ~time; **2.** *n.* orta, vasat; aleladelik; ılımlılık; Å ortalama, nicelik; ~s *pl.* para, sermaye, gelir, servet, mali vaziyet, mali durum; imkân, olanak; vasıta, araç; by all ~s kuşkusuz, şüphesiz; by no ~s hiçbir suretle, asla, katiyen; by this ~s bunun üzerine, sonradan; by ~s of vasıtasiyle, yardımıyla; by some ~s or other herhangi bir suretle, herhangi bir usulde, herhangi bir tarzda, ne yapıp yapıp.
mean³ [~] *(irr.) v/t.* söylemek, demek istemek; yapmak niyetinde olm.; ifade etm., mana vermek, kastetmek, amaç gütmek, tasarlamak; uygun olm. (for *-e*); arzuladığını söylemek, istediğini söylemek, niyetinde olduğunu söylemek (by *ile*); ...manasına gelmek, demek; ~ well (ill) niyeti iyi (kötü) olm. (by, *a.* to *ile*).
me.an.der [miˈændə] **1.** *n.* dolambaç, dirsek; ~s *pl.* kıvrım, menderes; **2.** *v/i.* kıvrılmak, yılankavi akmak *(nehir, dere)*; avare dolaşmak *veya* konuşmak.
mean.ing [ˈmiːniŋ] **1.** □ *bşe* delâlet eden, anlamlı; well ~ hüsnüniyet sahibi, iyi kalpli; **2.** *n.* mana, anlam; ⚒ niyet, maksat, hedef, fikir, kasıt; **ˈmean.ing.less** *adj.* ehemmiyetsiz, önemsiz; anlamsız; sönük, cansız.
mean.ness [ˈmiːnnis] *n.* alçaklık, adilik, aşağılık, kabalık.
meant [ment] *pret. & p.p. of* mean³.
mean.time [ˈmiːnˈtaim], **mean.while** [ˈmiːnˈwail] *adv.* bu aralık, bu sırada, aynı zamanda.
mea.sles [ˈmiːzlz] *n. pl.* ⚕ kızamık; *vet.* uyuz; German ~ kızamıkçık; **ˈmea.sly** *adj.* kızamıklı; benekli; *sl.* acınacak, adi, değersiz, zavallı.
meas.ur.a.ble □ [ˈmeʒərəbl] ölçülebilir.
meas.ure [ˈmeʒə] **1.** *n.* ölçü; ♪ usül, ölçü, mezür; tedbir, önlem; ölçüm, ölçme; ~ of capacity istiap ölçüsü; beyond ~ son derece, haddinden fazla; in some ~ bir dereceye kadar, kısmen; in a great ~ ekserisi, en büyük kısmı; made to ~ ısmarlama yapılmış; for good ~ fazladan, ek olarak; set ~s to sınırla(ndır)mak; take s.o.'s ~ *b-nin* karakter ve yeteneklerini sınamak; take ~s önlem almak, hazırlıklı bulunmak; **2.** *vb.* ölçmek, kıymet biçmek, tartmak *(a. fig.)*; ölçüsü ...kadar olm.; ~ up *Am.* yeterli nitelikte olduğunu göstermek (to *-e*); **ˈmea.sure.less** □ ölçüsüz, sınırsız; **ˈmeas.ure.ment** *n.* ölçü, ölçme, tartı, ölçüm; ⚓ tonaj.
meat [miːt] *n. (yenecek)* et; † *veya prov.* yiyecek *(şey)*; *fig.* büyük zevk; butcher's ~ kasaplık et; fresh ~ taze et; preserved ~ konserve et; roast ~ kızartma et, rosto; **ˈ~-fly** *n. zo.* etsineği, kurtsineği; ~ **pie** kıymalı börek; **ˈ~-safe** *n.* yemek dolabı; **ˈmeat.y** *adj.* etli; *fig.* özlü, değerli fikirlerle dolu.
mec.ca.no [miˈkɑːnəu] *n.* bir çeşit oyuncak.
me.chan.ic [miˈkænik] *n.* makinist, makine ustası; *mot.* tamirci; **meˈchan.i.cal** □ makineye ait, mekanik, makine...; ~ engineering makine mühendisliği; **mech.a.ni.cian** [mekəˈniʃən] *n.* makinist, mekanisyen; **me.chan.ics** [miˈkæniks] *n. mst sg.* mekanik, makine ilmi.
mech.a.nism [ˈmekənizəm] *n.* mekanizma; **ˈmech.a.nize** *v/t.* makineleştirmek; ⚔ motörleştirmek, mekanize hale getirmek.
med.al [ˈmedl] *n.* nişan, (hatıra) madalya(sı); **ˈmed.al(l)ed** *adj.* madalyalı; **me.dal.lion** [miˈdæljən] *n.* madalyon; süslü şekil; **med.al.(l)ist** [ˈmedəlist] *n.* madalya kazanan *(veya* yapan) kimse.
med.dle [ˈmedl] *v/i.* karışmak, müdahale etm., burnunu sokmak (in, with *-e*); **ˈmed.dler** *n.* başkalarının işine burnunu sokan kimse; **med.dle.some** [ˈ~səm] □ sırnaşık, usandıran, sıkıcı; herşeye burnunu sokan.

me.di.a [ˈmiːdjə] *n. pl. of* medium.
me.di.ae.val [mediˈiːvəl] = medieval.
me.di.al □ [ˈmiːdjəl], **ˈme.di.an** orta(lama), vasat(i), avaraj.
me.di.ate 1. □ [ˈmiːdiit] bilvasıta, vasıtalı, endirek(t), dolayısıyla olan; 2. [ˈmiːdieit] *vb.* aracılık etm., vasıta olm.; aralarını bulmak; **me.diˈa.tion** *n.* tavassut, aracılık; **ˈme.di.a.tor** *n.* aracı; *eccl.* arabulucu, şefaatçi; **me.di.a.to.ri.al** □ [~əˈtɔːriəl], **me.di.a.to.ry** [ˈ~ətəri] uzlaştırma ile ilgili, uzlaştırıcı; arabulucu...; **me.di.a.trix** [ˈ~eitriks] *n.* aracı kadın.
med.i.cal □ [ˈmedikəl] tedaviye ait, tıbbî; iyileştirici; ~ board sağlık kurulu, sağlık heyeti; ~ certificate doktor raporu; ~ evidence tıbbî delil; ~ jurisprudence adlî tıp; ~ man doktor, hekim, tabip; ~ officer devlet kademesinde tıp sorumluluğu olan kimse; ~ specialist uzman doktor; ~ student tıp öğrencisi; ♀ Superintendent baştabip, başhekim; **meˈdic.a.ment** *n.* ilâç.
med.i.cate [ˈmedikeit] *v/t.* ilâç ile tedavi etm.; *bşin* içine ilâç katmak; **med.iˈca.tion** *n.* ilâçla tedavi; *bşin* içine ilâç katma; ilâç *(esp. yatıştırıcı)*; **med.i.ca.tive** [ˈ~kətiv] *adj.* ilâçla tedavi kabilinden.
me.dic.i.nal □ [meˈdisinl] tıbbî, iyileştirici, tedavi (*veya* teskin) edici, şifalı.
med.i.cine [ˈmedsin] *n.* tıp, hekimlik; ilâç, deva; **ˈ~-ball** *n. spor:* ağır top, sağlık topu; **ˈ~-chest** *n.* ev ecza dolabı; **ˈ~-man** *n.* sihirbaz hekim.
med.i.co F *co.* [ˈmedikəu] *n.* doktor.
me.di.e.val □ [mediˈiːvəl] ortaçağa ait.
me.di.o.cre [miːdiˈəukə] *adj.* orta derecede, olağan; **me.di.oc.ri.ty** [~ˈɔkriti] *n.* orta, vasat olma; ne iyi ne kötü zekâsı olan (*veya* alelade) kimse.
med.i.tate [ˈmediteit] *v/t.* & *v/i.* düşünüp taşınmak, düşünceye dalmak (on *üzerinde*); *bşi* düşünmek, ölçüp biçmek; tasarlamak, planlamak, proje yapmak; **med.iˈta.tion** *n.* düşünüp taşınma, düşünceye dalma; dalgınlık; **med.i.ta.tive** □ [ˈ~tətiv] derin düşüncelere dalmış, düşünceli.
Med.i.ter.ra.ne.an [meditəˈreinjən] *n.* Akdeniz.
me.di.um [ˈmiːdjəm] *n., pl. a.* **me.di.a** [ˈ~djə] orta; çevre, ortam; araç, vasıta; *phys.* & *ispritizma:* medyum; *biol.* mikrop üretilebilir madde; 2. *adj.* orta(lama), vasat(i); **ˈ~-ˈsized** *adj.* orta boylu.
med.lar ⚘ [ˈmedlə] *n.* muşmula, beşbıyık, döngel (ağacı).
med.ley [ˈmedli] *n.* karmakarışıklık; *contp.* karışık insanlar *veya* şeyler; ♪ potpuri.
me.dul.la [meˈdʌlə] *n.* ilik; **medˈul.lar.y** *adj.* ilikli, ilik...; özlü, kuvvetli.
me.du.sa *zo.* [miˈdjuːzə] *n.* denizanası, medüz.
meed *poet.* [miːd] *n.* mükâfat, ödül.
meek □ [miːk] uysal, yumuşak huylu; mütevazı, alçakgönüllü; **ˈmeek.ness** *n.* alçakgönüllülük; uysallık.
meer.schaum [ˈmiəʃəm] *n.* eskişehirtaşı, lületaşı.
meet¹ [miːt] *adj.* uygun, münasip, yerinde, yakışık alır.
meet² [~] 1. *(irr.) v/t.* rast gelmek, rastlamak *-e*; karşılamak *-i*; tanışmak, görüşmek (s.o. *ile*); tediye etm., ödemek *-i*; bitişmek, kavuşmak; tatmin etm., cevap vermek *(ihtiyaca)*; ~ one's death kaza sonucu ölmek; ~ the ear kulağa gelmek; ~ the eye göze ilişmek; ~ s.o.'s eye *b-ne* gözlerini dikmek; *v/i.* rastlamak *-e*; görüşmek, buluşmak; kavuşmak, bitişmek; toplanmak; uğramak (with *-e*); birdenbire *b-ne, bşe* rastlamak, karşılaşmak *-le*; toplantı yapmak *-le*; ~ with an accident kazaya uğramak; make both ends ~ geçinebilmek, ipin iki ucunu biraraya getirebilmek; 2. *n. spor:* karşılaşma, yarışma.
meet.ing [ˈmiːtiŋ] *n.* toplantı, miting; heyet, meclis, cemaat; birleşme; **ˈ~-house** *n.* toplantı evi; kilise; **ˈ~-place** *n.* toplanma yeri.
meg.a.cy.cle ⚡ [ˈmegəsaikl] *n.* megasikl, bir milyon sikl; **meg.a.lith** [ˈ~liθ] *n.* megalit, büyük taş anıt; **meg.a.lo.ma.ni.a** [ˈ~ləuˈmeinjə] *n.* megalomani; **meg.a.phone** [ˈ~fəun] *n.* megafon, ses nakil borusu: **meg.a.ton** [ˈ~tʌn] *n.* büyükton, megaton.
me.grim [ˈmiːgrim] *n.* yarım baş ağrısı, migren, yarımca; ~s *pl.* melankoli, karasevda, bunalım.
mel.an.chol.ic [melənˈkɔlik] *adj* hüzünlü, karasevdalı, melankolik; **mel.an.chol.y** [ˈ~kəli] 1. *n.* karasevda, melankoli; 2. *adj.* melankolik, karasevdalı; hüzünlü, mahzun.
mé.lange [meiˈlɑ̃ːnʒ] *n.* karışık şey.
mê.lée [ˈmelei] *n.* saç saça baş başa dövüşme; kalabalık, izdiham.
mel.io.rate [ˈmiːljəreit] *v/t.* & *v/i.* iyileş(tir)mek, düzel(t)mek.
mel.lif.lu.ent [meˈlifluənt], *mst* **melˈlif.lu.ous** *adj.* bal gibi (tatlı).
mel.low [ˈmeləu] 1. □ olgun, olmuş, ke-

male ermiş; *fig.* görmüş geçirmiş; yıllanmış *(şarap)*; tatlı *(ses, renk)*; yumuşak; *fig.* nazik, ince; *sl.* çakırkeyf; **2.** *vb.* olgunlaş(tır)mak; yumuşa(t)mak; **ˈmel.low.ness** *n.* olgunluk, kemal; yumuşaklık; incelik, zayıflık.

me.lo.di.ous □ [miˈləudjəs] melodik, ahenkli, armonik, hoş sesli; **meˈlo.di.ousness** *n.* ahenk(lilik), armoni **mel.o.dist** [ˈmelədist] *n.* kompozitör, şarkıcı; **ˈmel.odize** *vb.* ahenk vermek; bestelemek, kompoze etm.; **mel.o.dra.ma** [ˈmeləudrɑːmə] *n.* melodram, heyecanlı dram; **me.lo.draˈmat.ic** *adj.* melodrama uygun; aşırı duygusal; **mel.o.dy** [ˈmelədi] *n.* nağme, hava, ezgi, melodi.

mel.on ⚘ [ˈmelən] *n.* kavun.

melt [melt] *v/t.* & *v/i.* eri(t)mek; *fig.* erimek; yumuşa(t)mak *(a. fig.)*; ~ away eriyip kaybolmak *(a. fig.)*; ~ down *(hammadde olarak kullanılmak üzere)* eritmek; ~ into tears göz yaşlarına boğulmak.

melt.ing □ [ˈmeltiŋ] *(esp. ses)* yumuşak, hoş; **ˈ~-point** *n.* erime noktası; **ˈ~-pot** *n.* pota *(a. fig.)*.

mem.ber [ˈmembə] *n.* aza, üye; *parl.* mebus, milletvekili; organ, uzuv; **ˈmem.bership** *n.* azalık, üyelik; üye sayısı, üyeler; ~ fee üye aidatı.

mem.brane [ˈmembrein] *n.* (ince) zar, gışa; **memˈbra.nous, memˈbra.ne.ous** [~jəs] *adj.* zarımsı, zardan ibaret.

me.men.to [miˈmentəu] *n.* hatıra, yadigâr.

mem.o [ˈmeməu] = memorandum.

mem.oir [ˈmemwɑː] *n.* biyografi; inceleme yazısı; ~s *pl.* hatırat, anılar; tutanaklar.

mem.o.ra.ble □ [ˈmemərəbl] anmağa değer.

mem.o.ran.dum [meməˈrændəm] *n.* not, muhtıra, memorandum; *pol.* nota.

me.mo.ri.al [miˈmɔːriəl] **1.** *adj.* hatırlatıcı; **2.** *n.* abide, anıt; muhtıra, dilekçe, önerge; **meˈmo.ri.al.ist** *n.* dilekçe sahibi; **meˈmo.ri.al.ize** *v/t.* anmak *-i*, hatırasını yad etm. *-in*.

mem.o.rize [ˈmeməraiz] *v/t.* ezberlemek.

mem.o.ry [ˈmeməri] *n.* hatıra, andaç; hafıza, zihin, hatır; commit to ~ ezberlemek; within living ~ olayları hatırlanan zaman içinde; in ~ of hatırasına, anısına *-in*.

men [men] *n. pl. of* man.

men.ace [ˈmenəs] **1.** *v/t.* tehdit etm., gözünü korkutmak, yıldırmak; **2.** *n.* tehlike; tehdit.

me.nag.er.ie [miˈnædʒəri] *n.* gösteri için kafeslerde tutulan vahşi hayvan koleksiyonu; bu hayvanların sergilendiği yer, hayvanat bahçesi.

mend [mend] **1.** *v/t.* ıslah etm.; onarmak, tamir etm., yamamak; daha iyi yapmak; ~ the fire ateşe daha fazla yakıt atmak; ~ one's ways davranışlarına dikkat etm.; *v/i.* iyileşmek, ıslah olunmak, düzelmek, şifa bulmak; **2.** *n.* tamir, onarım; tamir olunmuş yer, yama; on the ~ iyileşmekte, gelişen, düzelen.

men.da.cious □ [menˈdeiʃəs] yalan; yalancı, yalana şerbetli; **men.dac.i.ty** [~ˈdæsiti] *n.* yalancılık; yanlışlık; yalan.

mend.er [ˈmendə] *n.* tamirci.

men.di.can.cy [ˈmendikənsi] *n.* dilencilik; **ˈmen.di.cant** **1.** *adj.* dilenen, dilencilik eden; **2.** *n.* dilenci; **menˈdic.i.ty** [~siti] *n.* dilencilik.

men.folk F [ˈmenfəuk] *n.* erkekler, erkek kısmı *(veya* milleti*)*.

men.hir [ˈmenhiə] *n.* abide, büyük taş anıt.

me.ni.al *contp.* [ˈmiːnjəl] **1.** □ hizmetçiye ait; süfli, bayağı; **2.** *n.* uşak, hizmetçi.

men.in.gi.tis ⚕ [meninˈdʒaitis] *n.* beyin zarı iltihabı, menenjit.

men.ses [ˈmensiːz] *n. pl.* âdet, aybaşı *(s.* menstruation*)*; **men.stru.al** [ˈ~struəl] *adj.* âdetle ilgili; âdet (görme)..., aybaşı...; **men.struˈa.tion** *n.* âdet (görme), aybaşı.

men.su.ra.ble [ˈmenʃurəbl] *adj.* ölçülebilir; **men.su.ra.tion** [~sjuəˈreiʃən] *n.* ölçme.

men.tal □ [ˈmentl] akılla ilgili, zihne ait, zihnî...; ~ arithmetic akıldan yapılmış hesap; ~ institution tımarhane, asabiye hastanesi, akıl hastanesi; ~ly ill akıl hastası; **men.tal.i.ty** [~ˈtæliti] *n.* zihniyet, düşünme tarzı.

men.thol *pharm.* [ˈmenθɔl] *n.* mantol, nane ruhu.

men.tion [ˈmenʃən] **1.** *n.* anma, ima, ifade, zikir; **2.** *v/t.* anmak, zikretmek, ima etm.; don't ~ it! estağfurullah!, birşey değil efendim!; not to ~ ..., without ~ing ... ...den başka, üstelik; **men.tion.a.ble** [ˈ~ʃnəbl] *adj.* kayda değer, anılabilir, söylenebilir.

men.tor [ˈmentɔː] *n.* akıllı ve güvenilir danışman, akıl hocası.

men.u [ˈmenjuː] *n.* yemek listesi, mönü.

Meph.is.to.phe.le.an [mefistəˈfiːljən] *adj.* şeytanca, haince.

mer.can.tile [ˈməːkəntail] *adj.* ticarete ait, ticari, ticaret...; ~ marine ticaret filosu.

mer.ce.nar.y [ˈməːsinəri] **1.** □ ücretli; yal-

nız çıkar gözeten, kazanç düşkünü, para canlısı; **2.** *n.* ⚔ ücretli asker.
mer.cer [ˈmɜːsə] *n.* kumaş satıcısı, kumaşçı; **ˈmer.cer.y** *n.* kumaş, dokuma, manifatura.
mer.cer.ize [ˈmɜːsəraiz] *v/t.* ipeğe benzeyecek şekilde işlemek *(pamuklu kumaş).*
mer.chan.dise [ˈmɜːtʃəndaiz] *n.* ticaret eşyası, emtia, mal.
mer.chant [ˈmɜːtʃənt] **1.** *n.* tacir, tüccar; *Am.* perakendeci, satıcı; **2.** *adj.* ticarete ait, ticari...; law ~ ticaret kanunu; **ˈmer.chant.a.ble** *adj.* satılabilir, satışı kolay; sürümlü; **ˈmer.chant.man, mer.chant ship** *n.* ticaret gemisi.
mer.ci.ful □ [ˈmɜːsiful] merhametli, sevecen, şefkatli; **ˈmer.ci.ful.ness** *n.* rahmet, merhametlilik.
mer.ci.less □ [ˈmɜːsilis] acımasız, merhametsiz, amansız; **ˈmer.ci.less.ness** *n.* merhametsizlik.
mer.cu.ri.al [mɜːˈkjuəriəl] *adj.* cıvalı...; ⚗ cıva...; *fig.* bir türlü yerinde durmaz, cıva gibi; değişken.
Mer.cu.ry [ˈmɜːkjuri] *n.* Merkür, Utarit; *fig.* haberci, mesajcı, kurye; ♀ ⚗ civa.
mer.cy [ˈmɜːsi] *n.* merhamet, şefkat; af, rahmet, bereket; be at s.o.'s ~ *b-nin* insafına kalmış olm., *b-nin* elinde olm.; at the ~ of the waves dalgalara karşı güçsüz, dalgaların keyfine bağlı; have ~ upon *b-ne* acımak, merhamet etm.; it is a ~ that... iyi ki...; ~ killing ıstırapsız *(veya* rahat) ölüm.
mere[1] [miə] *n.* küçük göl.
mere[2] [~] *adj.* halis, saf, sade, hakiki, karışıksız, katıksız; önemsiz; ~(st) nonsense son derece saçma; ~ words *pl.* sırf laf, boş söz; **ˈmere.ly** *adv.* sadece, ancak, yalnız.
mer.e.tri.cious □ [meriˈtriʃəs] cicili bicili; *fig.* sırnaşık, usandırıcı, cıvık, lâubali, küstah.
merge [mɜːdʒ] *v/t.* & *v/i.* (in) kaynaş(tır)mak, birleş(tir)mek; içinde kaybolmak; **ˈmerg.er** *n.* ⚖ birleşme, füzyon.
me.rid.i.an [məˈridiən] **1.** *adj.* öğleye ait, öğle...; *fig.* en yüksek; **2.** *n. geogr.* meridyen, boylam dairesi; öğle vakti; *fig.* tepe, zirve, doruk; **meˈrid.i.o.nal** □ boylam dairesine ait; güneye ait; güneyde olan.
me.ringue [məˈræŋ] *n.* yumurta akından yapılan bir tür krema; bir tür kremalı pasta, beze.
me.ri.no [məˈriːnəu] *n.* merinos koyunu; merinos yünü; merinos yününden yapılmış kumaş.
mer.it [ˈmerit] **1.** *n.* liyakat; değer; fazilet; ~s *pl. part.* ⚖ esas, gerçek değer, kıymet; on the ~s of the case davanın esasına göre; on its (own) ~s değerine göre; make a ~ of övgüye değer davranışta bulunmak; **2.** *v/t. fig.* hak etm. *-i,* lâyık olm. *-e;* **mer.i.to.ri.ous** □ [~ˈtɔːriəs] değerli, methedilmeye değer, hürmete lâyık.
mer.maid [ˈmɜːmeid] *n.* denizkızı; **merman** [ˈ~mæn] *n.* belinden aşağısı balık şeklinde olan deniz adamı.
mer.ri.ment [ˈmerimənt] *n.* keyif, neşe, şenlik, cümbüş.
mer.ry □ [ˈmeri] keyifli, neşeli, şen, sevinçli; neşe verici, eğlenceli, güldürücü, eğlendirici; çakırkeyf; make ~ cümbüş *(veya* âlem) yapmak; **~-an.drew** [ˈ~ˈændruː] *n.* maskara, soytarı, paskal, palyaço; **ˈ~-go-round** *n.* atlıkarınca; **ˈ~-mak.ing** *n.* eğlence, şenlik, bayram, cümbüş; **ˈ~.thought** *n.* lades kemiği.
me.sa *geogr.* [ˈmeisə] *n.* küçük plato.
mé.sal.li.ance [meˈzæliəns] *n.* daha düşük seviyeden *b-i* ile olan evlilik.
me.seems † [miˈsiːmz] *vb.* bana öyle görünüyor.
mes.en.ter.y *anat.* [ˈmesəntəri] *n.* bağırsakları karın duvarına bağlayan zar.
mesh [meʃ] **1.** *n.* ağ gözü, file ilmiği; *fig. oft.* ~s *pl.* tuzak; be in ~ ⊕ birbirine geçmek; **2.** *vb.* ağla yakalamak; uygun düşmek *(nitelik, fikir vs.);* ⊕ birbirine geçmek; **meshed** *adj.* ...gözlü, ...ilmikli; **ˈmesh-work** *n.* ağ örgüsü.
mes.mer.ism [ˈmezmərizəm] *n.* ipnoz; **ˈmes.mer.ize** *v/t.* ipnotize etm.; hayrette bırakmak.
mess[1] [mes] **1.** *n.* karmakarışıklık, düzensizlik; kaos, karışık durum; kirlilik, pislik; sofra arkadaşları; sofra arkadaşlarıyla yenen yemek; F sıkıntı, darlık; make a ~ of bozmak, berbat etm. *-i;* **2.** *v/t. a.* ~ up yüzüne gözüne bulaştırmak, bozmak, karıştırmak, berbat etm.; *v/i.* ~ about düzensiz, plansız iş yapmak; tembellik etm.
mess[2] [~] **1.** *n.* porsiyon, tabak; ⚔ subaylara mahsus yemek ve dinlenme salonu; **2.** *vb.* birlikte yemek yemek.
mes.sage [ˈmesidʒ] *n.* haber, mesaj.
mes.sen.ger [ˈmesindʒə] *n.* haberci, ulak; kurye; ~ boy *özel haber vs.* götüren çocuk.
Mes.sieurs, *mst* **Messrs.** [ˈmesəz] *n.* baylar, efendiler *(özellikle firmalar için kullanılır).*
mess...: **ˈ~-jacket** *n.* ⚔ kısa üniforma ceket; **ˈ~.mate** *n.* ⚔, ⚓ sofra arkadaşı;

ˈ~-room *n.* orduevi; **ˈ~-tin** *n.* aş kabı.
mes.suage ⚖ [ˈmeswidʒ] *n.* mesken, müştemilâtlı ev.
met [met] *pret. & p.p. of* meet² 1.
met.a.bol.ic [metəˈbɔlik] *adj.* metabolik; **me.tab.o.lism** *physiol.* [meˈtæbəlizəm] *n.* metabolizma.
met.age [ˈmiːtidʒ] *n.* ölçme ücreti.
met.al [ˈmetl] **1.** *n.* maden, metal; çakıl, kırma taş; camın soğumadan önceki sıvı hali; ~s *pl.* F ray, yol; **2.** *v/t.* çakılla kaplamak; **me.tal.lic** [miˈtælik] *adj.* (~ally) madenî, maden..., metal...; **met.al.lif.er.ous** [metəˈlifərəs] *adj.* madenli; **met.al.line** [ˈ~lain] *adj.* madenî; **ˈmet.al.lize** *v/t.* madene dönüştürmek, maden özelliği vermek; **met.al.log.ra.phy** [~ˈlɔgrəfi] *n.* metalografi; **met.al.loid** [ˈ~lɔid] **1.** *adj.* madene benzer; **2.** *n.* metal olmayan cisim; **met.al.lur.gic, met.al.lur.gi.cal** ☐ [~ˈləːdʒik(əl)] metalurjiye ait; **met.al.lur.gy** [miˈtælədʒi] *n.* metalurji.
met.a.mor.phose [metəˈmɔːfəuz] *v/t. & v/i.* başkalaş(tır)mak; **met.aˈmor.pho.sis** [~fəsis] *n., pl.* **met.aˈmor.pho.ses** [~fəsiːz] metamorfoz, istihale, şekil değişimi, başkalaşım.
met.a.phor [ˈmetəfə] *n.* mecaz; **met.a.phor.ic,** *mst* **met.a.phor.i.cal** ☐ [~ˈfɔrik(əl)] mecazî.
met.a.phys.ic [metəˈfizik] **1.** *mst* **met.aˈphys.i.cal** ☐ metafiziğe (*veya* fizikötesine) ait; **2. met.aˈphys.ics** *n. oft. sg.* metafizik, fizikötesi.
mete [miːt] *v/t.* ölçmek; *mst* ~out hissesini ölçmek; paylaştırmak.
me.te.or [ˈmiːtjə] *n.* akanyıldız, meteor(taşı); **me.te.or.ic** [miːtiˈɔrik] *adj.* meteortaşına benzer, meteortaşı...; *fig.* parlak, göz kamaştırıcı; **me.te.or.ite** [ˈmiːtjərait] *n.* yere düşen meteortaşı; **me.te.or.o.log.i.cal** ☐ [miːtjərəˈlɔdʒikəl] meteorolojik; **me.te.or.ol.o.gist** [~ˈrɔlədʒist] *n.* meteorolog, meteoroloji bilgini; **me.te.orˈol.o.gy** *n.* meteoroloji.
me.ter [ˈmiːtə] *n.* saat, sayaç, ölçü aleti.
me.thinks † [miˈθiŋks] *vb.* (*pret.* methought) sanırım, galiba.
meth.od [ˈmeθəd] *n.* usul, metod, yöntem; düzen; sistem; **me.thod.ic,** *mst* **me.thod.i.cal** ☐ [miˈθɔdik(əl)] yöntemli, düzenli, metodik, metotlu; **Meth.od.ism** *eccl.* [ˈmeθədizəm] *n.* Hıristiyanlıkta ibadet öğretimi ve düzeni; **ˈMeth.od.ist** *n. eccl.* metodist, Protestan mezhebi üyesi; **ˈmeth.od.ize** *v/t.* düzene sokmak, usule uydurmak.
me.thought † [miˈθɔːt] *pret. of* methinks.
meth.yl ⚗ [ˈmeθil] *n.* metil; **meth.yl.at.ed spir.it** [ˈmeθileitidˈspirit] *n.* ısıtma ve ışıklandırma için kullanılan alkol; **meth.yl.ene** [ˈmeθiliːn] *n.* metilen.
me.tic.u.lous ☐ [miˈtikjuləs] titiz, çok dikkatli.
me.tre [ˈmiːtə] *n.* metre; vezin.
met.ric [ˈmetrik] *adj.* (~ally) metre sistemini kullanan, metrik; ~ system metre sistemi; **ˈmet.ri.cal** ☐ metrik; şiir veznine ait, ölçülü.
met.ro F [ˈmetrəu] *n.* metro, şehir çevresinde işleyen demiryolu, tünel; **ˈ~.land** *n.* F banliyö, dış mahalle.
me.trop.o.lis [miˈtrɔpəlis] *n.* başkent, başşehir; büyük şehir; **met.ro.pol.i.tan** [metrəˈpɔlitən] **1.** *adj.* başşehre ait; ♀ Railway şehir çevresinde işleyen demiryolu; **2.** *n.* başpiskopos, metropolit; başkentte oturan kimse.
met.tle [ˈmetl] *n.* cesaret, yiğitlik, yüreklilik, hararetli gayret; be on one's ~ elinden gelenin en iyisini yapmaya hazır olm.; put s.o. on his ~ en iyisini yapmaya teşvik etm.; **ˈmet.tled, met.tle.some** [ˈ~səm] *adj.* canlı, ateşli.
mew¹ *orn.* [mjuː] *n.* martı.
mew² [~] **1.** *n.* miyavlama; **2.** *vb.* miyavlamak.
mew³ [~] *v/t. mst* ~ up kilitlemek, kapa(t)mak.
mewl [mjuːl] *vb.* inlemek, sızla(n)mak.
mews [mjuːz] *n. hist.* dar sokak.
Mex.i.can [ˈmeksikən] **1.** *adj.* Meksikalıya ait, Meksikalı...; **2.** *n.* Meksikalı.
mez.za.nine [ˈmetsəniːn] *n.* asma kat; *Am. thea.* birinci balkon.
mi.aow [miːˈau] **1.** *n.* miyavlama; **2.** *v/i.* miyavlamak.
mi.as.ma [miˈæzmə] *n., pl. a.* **miˈas.ma.ta** [~tə] pis ve zehirli sis; **miˈas.mal** ☐ zehirli, tehlikeli, mikroplu.
miaul [miˈɔːl] *v/i.* miyavlamak.
mi.ca *min.* [ˈmaikə] *n.* mika; **mi.ca.ce.ous** [~ˈkeiʃəs] *adj.* mikalı; mikaya ait; mikamsı.
mice [mais] *n. pl. of* mouse.
Mich.ael.mas [ˈmiklməs] *n.* 29 Eylül'de kutlanan St. Mişel festivali.
mi.cro... [ˈmaikrəu] *prefix* küçük..., ufak..., mikro...
mi.crobe [ˈmaikrəub] *n.* mikrop, bakteri; **miˈcro.bi.al** [~bjəl] *adj.* mikrobik.
mi.cro.cosm [ˈmaikrəukɔzəm] *n.* küçük dünya; insan (*evreni temsil eden*); **mi.cro.film** [ˈ~film] **1.** *n.* mikrofilm; **2.** *v/t.* mikrofilm üzerine film çekmek.

mil.age [ˈmailidʒ] = mileage.

mi.crom.e.ter [maiˈkrɔmitə] *n.* mikrometre; **mi.cro.phone** [ˈmaikrəfəun] *n.* mikrofon; **mi.cro.scope** [ˈ~skəup] *n.* mikroskop; **mi.cro.scop.ic, mi.cro.scop.i.cal** □ [~sˈkɔpik(əl)] mikroskobik; pek ufak; **mi.cro.wave** ⚡ [ˈmaikrəuweiv] *n.* bir çeşit elektromanyetik dalga.

mid [mid] *s.* middle 2; *poet.* = amid arasında, ortasında; in ~ air havada; in ~ winter kış ortasında; ˈ**~.day** 1. *n.* öğle vakti; 2. *adj.* öğle.

mid.den [ˈmidn] *n.* gübre (*veya* çöp) yığını.

mid.dle [ˈmidl] 1. *n.* merkez, orta (yer); bel; ~s *pl.* ☨ orta kalite; 2. *adj.* orta, vasat; aradaki, ortadaki; ♀ Ages *pl.* Ortaçağ; ~ class(es *pl.*) ortahalliler sınıfı, orta sınıf, burjuva; ˈ**~-ˈaged** *adj.* orta yaşlı; ˈ**~-ˈclass** *adj.* orta sınıfa ait, orta...; ~ **dis.tance** *paint.* arka ve ön görüntü arasındaki kısım; ~ **King.dom** *lit.* Çin; ˈ**~.man** *n.* arabulucu; ☨ mutavassıt tüccar, komisyoncu; ˈ**~.most** *adj.* en ortadaki; ~ **name** göbek adı; ˈ**~-of-the-ˈroad** *adj. pol.* ılımlı; ˈ**~-ˈsized** *adj.* orta boy; ˈ**~-weight** *n. boks:* orta sıklet.

mid.dling [ˈmidliŋ] 1. *adj.* orta, alelade; oldukça iyi; şöyle böyle; 2. *adv. a.* ~ly orta halde, şöyle böyle; 3. *n.* ~s *pl.* ☨ orta kalite mahsül.

mid.dy F [ˈmidi] = midshipman.

midge [midʒ] *n.* tatarcık; **midg.et** [ˈmidʒit] *n.* cüce.

mid.land [ˈmidlənd] 1. *adj.* ülkenin iç bölgelerinde bulunan; 2. *n.* the ♀s *pl.* İngiltere'nin iç bölgeleri; ˈ**mid-ˈmorn.ing break** öğleden evvelki büyük ara; ˈ**mid.most** *adj.* tam ortadaki; ˈ**mid.night** 1. *n.* geceyarısı; 2. *adj.* gece yarısı olan, geceyarısı...; **mid.riff** [ˈ~rif] *n. anat.* diyafram; ˈ**mid.ship.man** *n.* deniz okulu öğrencisi; deniz yarsubayı; *Am. (denizci)* asteğmen; ˈ**mid.ships** *adv.* ⚓ geminin ortasın(d)a; **midst** [midst] 1. *n.* orta, merkez; in the ~ of *-in* ortasında; in our ~ aramızda, bizim ile; 2. *prp. poet. s.* amidst arasında, ortasında; ˈ**mid.stream** 1. *n.* nehrin orta yeri; 2. *adv.* nehrin orta yerinde; ˈ**mid.sum.mer** *n.* yaz ortası; yaz dönümü; ♀ Day 24 Haziran; ˈ**mid-ˈway** 1. *n.* yarı yol; *Am.* eğlence yeri, lunapark; 2. *adj.* yarı yolda olan; 3. *adv.* yarı yolda; ˈ**mid.wife** *n.* ebe; **mid.wife.ry** [ˈ~wifəri] *n.* ebelik; ˈ**midˈwin.ter** *n.* karakış, kış ortası.

mien *lit.* [mi:n] *n.* çehre, surat; eda, hal, tavır.

miff F [mif] *n.* dargınlık, bozuşma.

might [mait] 1. *n.* kuvvet, kudret, güç, iktidar, takat; with ~ and main var kuvveti ile, elden geldiğince; 2. *pret. of* may; **might.i.ness** [ˈ~tinis] *n.* güçlülük; ˈ**might.y** 1. *adj.* güçlü, kuvvetli; F muazzam, pek büyük; 2. F *adv.* pek çok, fazla, ziyade, son derecede.

mi.gnon.ette ⚘ [minjəˈnet] *n.* muhabbetçiçeği.

mi.graine [ˈmi:grein] *n.* migren, yarım başağrısı.

mi.grant [ˈmaigrənt] 1. = migratory; 2. *n. a.* ~ bird göçmen kuş.

mi.grate [maiˈgreit] *v/i.* göç etm., hicret etm.; **miˈgra.tion** *n.* göç; **mi.gra.to.ry** [ˈ~grətəri] *adj.* göçebe; göçle ilgili; göçmen.

mike *sl.* [maik] *n.* mikrofon.

mil [mil] *n.* bin; 1/1000 pus.

mil.age [ˈmailidʒ] = mileage.

Mil.an.ese [miləˈni:z] 1. *adj.* Milano'ya ait; 2. *n.* Milanolu.

milch [miltʃ] *adj.* süt veren, sağmal; ~ cow süt ineği, sağmal inek.

mild □ [maild] yumuşak, zarif; hafif; ılımlı; nazik; to put it ~ly en azından, en hafif deyimiyle.

mil.dew [ˈmildju:] 1. *n.* mildiyu; küf; 2. *v/t. & v/i.* küflen(dir)mek.

mild.ness [ˈmaildnis] *n.* yumuşaklık; hafiflik; nezaket; ılımlılık.

mile [mail] *n.* mil *(1609,33 metre)*.

mile.age [ˈmailidʒ] *n.* mil hesabıyla uzaklık; mil başına ödenen ücret.

mil.er [ˈmailə] *n. spor:* bir millik koşuya katılan koşucu *veya* yarış atı.

mile.stone [ˈmailstəun] *n.* kilometre taşı; *fig.* dönüm noktası.

mil.foil ⚘ [ˈmilfɔil] *n.* civanperçemi.

mi.lieu [ˈmi:ljə:] *n.* çevre, muhit.

mil.i.tan.cy [ˈmilitənsi] *n.* saldırganlık; ˈ**mil.i.tant** □ militan, saldırgan; faal; kavgacı; **mil.i.ta.rism** [ˈ~tərizəm] *n.* militarizm, savaşçı politika; askerlik ruhu; ˈ**mil.i.ta.rist** *n.* militarizm yandaşı; ˈ**mil.i.tar.y** 1. □ askerî; askerliğe *veya* savaşa ait; harp...; ~ college harp okulu, harbiye (mektebi); ♀ Government askerî hükümet; ~ map kurmay haritası; 2. *n.* asker, ordu; **mil.i.tate** [ˈ~teit] *v/t.:* ~ in favour of (against) lehine (aleyhine) etkilemek; **mi.li.tia** [miˈliʃə] *n.* milis; yedek askerler; **miˈli.tia.man** *n.* yedek er.

milk [milk] 1. *n.* süt; the ~ of human kindness insanın yapısında olan şefkati; it's no use crying over spilt ~ olan oldu, iş işten geçti, üzülmek için çok geç; 2.

vb. süt sağmak; süt vermek *(inek, koyun vs.)*; almak, çekmek *-den; fig.* sağmak *-i*; faydalanmak *-den,* kötüye kullanmak *-i*; **ˈmilk-and-ˈwa.ter** *adj.* yavan, değersiz, tatsız *(bş veya b-i)*; **ˈmilk-bar** *n.* süt barı *(süt ve sütlü maddelerin satılıp içildiği ve yendiği dükkân)*; **ˈmilk-churn** *n.* süt kabı (*veya* güğümü); **ˈmilk.er** *n.* süt sağan kimse; sağmal inek; **ˈmilk.ing-ma-ˈchine** *n.* süt sağma makinesi.

milk...: ˈ~.maid *n.* süt sağıcı kız; **ˈ~.man** *n.* sütçü; **ˈ~-pow.der** *n.* süttozu; **ˈ~-ˈshake** *n.* dondurma ile karıştırılan süt; **ˈ~.sop** *n.* çıtkırıldım, dandini bebek, muhallebi çocuğu; **ˈ~.weed** *n.* ⚘ sütleğenotu; **ˈ~-white** *adj.* süt gibi beyaz; **ˈmilk.y** *adj.* süt gibi; sütlü; süt...; *fig.* yumuşak, nazik, uysal, ince; ♀ Way samanyolu.

mill¹ [mil] **1.** *n.* değirmen; fabrika, imalâthane; iplikhane; öğütme makinesi; *sl.* dövüşme; go through the ~ *fig. (zorluklar sonucu)* deneyim kazanmak; **2.** *vb.* öğütmek, çekmek; ⊕ frezelemek; kenarını diş diş yapmak *(para)*; çalkalamak.

mill² *Am.* [~] *n.* doların binde biri *(= 1/10 cent)*.

mill.board [ˈmilbɔːd] *n.* kalın karton; **ˈmill.dam** *n.* değirmen barajı.

mil.le.nar.i.an [miliˈnɛəriən], **mil.len.ni.al** [miˈleniəl] *adj.* bininci; bin yıllık devreye ait; **mil.le.nar.y** [ˈ~nəri] **1.** *adj.* bin yıla ait; bin yıllık devreye ait; **2.** *n.* bin yıllık devre; bu devre inanan kimse; **milˈlen.ni.um** [~niəm] *n.* bin yıllık devre; herkes için mutluluk içinde geçeceği düşünülen bin yıllık devre; mutluluk devresi.

mil.le.pede *zo.* [ˈmilipiːd] *n.* kırkayak.

mill.er [ˈmilə] *n.* değirmenci; ⊕ freze tezgâhı.

mil.les.i.mal [miˈlesiməl] *n.* binde bir.

mil.let ⚘ [ˈmilit] *n.* darı.

mill...: ˈ~-girl *n. part.* iplikçi *(kız)*; **ˈ~-hand** *n.* fabrika işçisi.

mil.li.ard [ˈmiljɑːd] *n.* milyar.

mil.li.gram [ˈmiligræm] *n.* miligram.

mil.li.me.tre [ˈmilimiːtə] *n.* milimetre.

mil.li.ner [ˈmilinə] *n.* kadın şapkacısı; **ˈmil.li.ner.y** *n.* kadın şapkacılığı; kadın şapkaları.

mill.ing [ˈmiliŋ] *n.* değirmencilik; ~ cutter ⊕ freze çakısı; ~ machine freze makinesi.

mil.lion [ˈmiljən] *n.* milyon; **mil.lion.aire** [~ˈnɛə] *n.* milyoner; **mil.lionth** [ˈmiljənθ] **1.** *adj.* milyonuncu; **2.** *n.* milyonda bir.

mill...: ˈ~-pond *n.* değirmen havuzu; **ˈ~-race** *n.* değirmen deresi; **ˈ~.stone** *n.* değirmentaşı; *fig.* engel, yük; see through a ~ F ukalâ dümbeleği olm.; **ˈ~-wheel** *n.* değirmen dolabı, değirmen çarkı; **ˈ~.wright** *n.* değirmenci, değirmen yapan ve tamir eden adam.

mi.lord [miˈlɔːd] *n.* lord; zengin, asılzade.

milt¹ [milt] *n.* balık menisi.

milt² ⚕ [~] *n.* dalak.

milt.er *ichth.* [ˈmiltə] *n.* erkek ringa balığı.

mime [maim] **1.** *n.* pandomima; pandomimci; **2.** *vb.* taklidini yapmak; mimiklerle rol oynamak.

mim.e.o.graph [ˈmimiəgrɑːf] **1.** *n.* teksir makinesi; **2.** *v/t.* teksir etm.

mi.met.ic [miˈmetik] *adj.* taklide ait.

mim.ic [ˈmimik] **1.** *adj.* taklit eden; yanıltıcı; **2.** *n.* taklitçi; taklit; **3.** *v/t.* taklit etm., kopya etm; taklidini yapmak; **ˈmim.ic.ry** *n.* taklitçilik; *zo.* benzetme, tatbik.

mi.mo.sa ⚘ [miˈməuzə] *n.* mimoza, küstümotu.

min.a.ret [ˈminəret] *n.* minare.

min.a.to.ry [ˈminətəri] *adj.* tehdit edici, korkutucu.

mince [mins] **1.** *vb.* kıymak; ufaltmak; aşırı nezaketle konuşmak; kırıtarak yürümek; he does not ~ matters dobra dobra konuşur; ~ one's words açıkça söylemek; **2.** *n. a.* ~d meat kıyma; **ˈ~.meat** *n.* tatlı ve etli börek dolgusu; make ~ of hezimete uğratmak *-i,* parça parça etm. *-i*; **ˈ~-ˈpie** *n.* (mincemeat *dolgusu ile*) börek, poğaça; **ˈminc.er** *n.* et kıyma makinesi.

minc.ing □ [ˈminsiŋ] işveli, nazlı; yapmacık, sahte tavırlı; **ˈ~-ma.chine** = mincer.

mind [maind] **1.** *n.* his, duygu; zihin, akıl, beyin; zekâ; düşünce, fikir, kanaat; niyet, maksat, hedef, kasıt; arzu, istek, heves; hafıza; dikkat, itina; to my ~ benim düşünceme göre; ~'s eye düş, hayal; out of one's ~, not in one's right ~ deli, kaçık; since time out of ~ ezelden beri, oldum olası; change one's ~ fikrini değiştirmek, caymak; bear s.th. in ~ *bşi* hatırda tutmak, unutmamak; have (half) a ~ to *bş* yapmaya eğilim göstermek, niyet etm.; have s.th. on one's ~ zihnini işgal eden *bşi* olmak; have in ~ tasavvur etm., düşünmek; (not) know one's own ~ ne istediğini bil(me)mek; make up one's ~ karar vermek; make up one's ~ to s.th. kabullenmek *-i,* sonucuna razı olm. *-in*; put s.o. in ~ of *b-ne bşi* hatırlatmak; speak one's ~ düşündüğünü açıkça söylemek; **2.** *vb.* bakmak, dikkat etm. *-e*; endişe etm., kaygı duymak; saymak; dikkatli olm.; önem vermek *-e*; karşı çıkmak *-e*; ~! dikkat!; never ~! önemi yok!, zararı yok!; ~ the step! önüne bak!, düşme!; I don't ~ (it) aldırmam; zararı yok; do you ~ if I smoke? sigara içmemde sakınca var mı?; would you ~ taking off your hat? lütfen şapkanızı çıkarır mısınız?; ~ your own business! kendi işine bak!, başkasının işine karışma!; **ˈmind.ed** *adj.* niyetli; gönlü yatmış; **ˈmind.er** *n.* *bşe* bakmakla görevli kimse; **mind.ful** [ˈ~ful] *adj.* unutmaz, dikkatli (of *-e*); **ˈmind.ful.ness** *n.* dikkat, itina; **ˈmind.less** □ akılsızca yapılan, aptalca; aldırışsız, lâkayt, pervasız (of *-e*).

mine¹ [main] *pron.* benim(ki); benimkiler.

mine² [~] **1.** *n.* maden ocağı; lağım; *fig.* zengin kaynak, hazine; ⚔ mayın; **2.** *vb.* lağımlamak; kazmak; ⚒ kazıp çıkarmak; ⚔ mayın dökmek; ⚔ tünel kazmak; **ˈ~.field** *n.* ⚔ mayın tarlası; ⚒ maden alanı; **ˈ~.lay.er** *n.* ⚓, ⚔ mayın döken gemi; **ˈmin.er** *n.* madenci, maden işçisi; *part.* ⚔ tünel kazan *veya* mayın döken kimse; ⚓ mayın dökme gemisi.

min.er.al [ˈminərəl] **1.** *n.* mineral, maden; madensel madde; ~s *pl.*, ~ water madensuyu; **2.** *adj.* mineral; madensel; **ˈmin.er.al.ize** *v/t.* mineralleştirmek; taşlaştırmak; **min.er.al.o.gist** [~ˈrælədʒist] *n.* madenler ilmi uzmanı; **min.erˈal.o.gy** *n.* madenler ilmi, mineroloji.

mine.sweep.er ⚓ [ˈmainswiːpə] *n.* mayın temizleme (*veya* tarama) gemisi.

min.gle [ˈmiŋgl] *v/t.* & *v/i.* karış(tır)mak (in *-e*); kat(ıl)mak (with *-e*).

min.gy F [ˈmindʒi] *adj.* cimri.

min.i.a.ture [ˈminjətʃə] **1.** *n.* minyatür; **2.** *adj.* küçük, çok ufak...; çok ufak yapılmış; ~ camera 35 mm'lik *veya* daha dar film kullanılan fotoğraf makinesi.

min.i.kin [ˈminikin] **1.** *adj.* pek ufak, cüzi; yapmacık, yapay, sahte tavırlı; **2.** *n.* bücür, cüce, bodur, bacaksız.

min.im [ˈminim] *n.* ♪ yarım nota; damla; **ˈmin.i.mize** *v/t.* en aza indirgemek; *fig.* önemsememek; **min.i.mum** [ˈ~məm] **1.** *n.* en az miktar; **2.** *adj.* minimum, asgari, en az..., en küçük...

min.ing [ˈmainiŋ] *n.* maden kazma; ⚒ madencilik, maden işletmeciliği; ⚔, ⚓ mayın dökme.

min.ion [ˈminjən] *n.* efendisinin dediklerini körü körüne yapan hizmetçi; *fig.* köle, peyk; *typ.* yedi puntoluk matbaa harfi; ~s of the law polis, zabıta memurları, gardiyan *vs.*

min.is.ter [ˈministə] **1.** *n.* papaz; *fig.* alet ve edevat; *pol.* bakan; devlet vekili; ortaelçi; **2.** *vb.* bakmak, yardım etm., hizmet sunmak (to *-e*); **min.is.te.ri.al** □ [~ˈtiəriəl] *pol.* bakanlığa ait; elçiliğe ait; *eccl.* ruhanî.

min.is.trant [ˈministrənt] **1.** *adj.* hizmet eden; **2.** *n.* *eccl.* destekleyen *veya* yardım eden kimse; **min.isˈtra.tion** *n.* hizmet; yardım, servis (*part. eccl.*); **ˈmin.is.try** *n.* dinsel hizmet, papazlık; *pol.* bakanlık, vekâlet; yardım.

min.i.ver [ˈminivə] *n.* (*süs*) beyaz kürk.

mink *zo.* [miŋk] *n.* vizon.

min.now *ichth.* [ˈminəu] *n.* golyan balığı.

mi.nor [ˈmainə] **1.** *adj.* daha küçük, önemi az, ikinci derecede olan; rüştünü ispat etmemiş; ♪ minör...; A ~ minör; ~ key minör anahtarı; **2.** *n.* rüştünü kanıtlamamış kimse; *phls.* küçük önerme; *Am. univ.* ikinci branş; *spor: Am.* ikinci lig; **mi.nor.i.ty** [maiˈnɔriti] *n.* azınlık; reşit olmama.

min.ster [ˈminstə] *n.* büyük kilise, katedral.

min.strel [ˈminstrəl] *n.* † saz şairi; ~s *pl.* yüzü siyaha boyanmış şarkıcı; **min.strel.sy** [ˈ~si] *n.* saz şairliği; lirik şiir ve baladlar.

mint¹ ⚘ [mint] *n.* nane; ~ sauce naneli sos.

mint² [~] **1.** *n.* darphane; *fig.* zengin kaynak; a ~ of money büyük miktar para; **2.** *adj.* yeni, kirlenmemiş, iyi durumda (*madalya, kitap pul v.b.*); **3.** *v/t.* basmak (*madenî para*); yaratmak, uydurmak (*kelime, deyim vs.*); **ˈmint.age** *n.* para basma ücreti; basılan para; paraya basılan damga.

min.u.et ♪ [minjuˈet] *n.* menuetto, mönüe, gruplar halindeki çiftlerin yaptığı yavaş dans.

mi.nus [ˈmainəs] **1.** *prp.* eksi; F -sız, -siz; **2.** *adj.* eksi; sıfır, hiç; **3.** *n.* eksi işareti; sıfırdan eksik miktar.

mi.nute¹ [maiˈnjuːt] □ çok ufak; dikkatli, titiz.

min.ute² [ˈminit] **1.** *n.* dakika; *fig.* an; ~s *pl.* tutanak; in a ~ yakında, şimdi; to the ~ tam zamanında; dakikası dakikasına; the ~ (that) olur olmaz, yapar yapmaz; **2.** *v/t.* not tutmak; tutanak hazırlamak; **ˈmin.ute-hand** *n.* saat yelkovanı.

min.ute.ly¹ [ˈminitli] *adv.* dikkatle, ince-

den inceye.
mi.nute.ly² [mai'nju:tli] *adj.* sürekli; **mi'nute.ness** *n.* küçük olma.
mi.nu.ti.a [mai'nju:ʃiə] *n., pl.* **mi'nu.ti.ae** [~ʃii:] önemsiz ayrıntılar.
minx [miŋks] *n.* lâubali kız, haspa.
mir.a.cle ['mirəkl] *n.* mucize, harika; to a ~ son derece güzel, enfes; ~ play Hazreti İsa ve havarilerini konu alan dinsel piyes; **mi.rac.u.lous** □ [mi'rækjuləs] mucize gibi, hayret verici, harikulâde; doğa yasalarına aykırı, doğaüstü; **mi'rac-u.lous.ness** *n.* mucize kabilinden oluş.
mi.rage ['mira:ʒ] *n.* ılgım, serap *(a. fig.).*
mire ['maiə] **1.** *n.* çamur, batak; pislik; be in the ~ güçlük içinde olm.; drag s.o. through the ~ *b-ni* rezil etm., ipliğini pazara çıkarmak; **2.** *v/t.* & *v/i.* çamur ile kirletmek; çamura bat(ır)mak *(a. fig.)*; his car was ~d arabası çamurlanmıştı.
mir.ror ['mirə] **1.** *n.* ayna *(a. fig.)*; **2.** *v/t.* yansıtmak *(a. fig.).*
mirth [mə:θ] *n.* neşe, şenlik, cümbüş; **mirth.ful** □ ['~ful] neşeli, şen; **'mirth.less** □ neşesiz.
mir.y ['maiəri] *adj.* çamurlu, pis.
mis... [mis] *prefix* yanlış, kötü, hatalı.
mis.ad.ven.ture ['misəd'ventʃə] *n.* talihsizlik, felâket, kaza.
mis.al.li.ance ['misə'laiəns] *n.* yanlış evlilik.
mis.an.thrope ['mizənθrəup] *n.* insanlardan nefret eden kimse; **mis.an.throp.ic, mis.an.throp.i.cal** □ [~'θrɔpik(əl)] insanlardan nefret eden; **mis.an.thro.pist** [mi'zænθrəpist] *n.* merdümgiriz kimse, mizantrop; **mis'an.thro.py** *n.* insanlardan nefret etme *veya* kaçma.
mis.ap.pli.ca.tion ['misæpli'keiʃən] *n.* yanlış uygulama; **mis.ap.ply** ['~ə'plai] *v/t.* yerinde kullanmamak, yanlış uygulamak.
mis.ap.pre.hend ['misæpri'hend] *v/t.* yanlış anlamak; **'mis.ap.pre'hen.sion** *n.* yanlış anlama.
mis.ap.pro.pri.ate ['misə'prəuprieit] *v/t.* haksız kullanmak, emanete hıyanet etm.; **'mis.ap.pro.pri'a.tion** *n.* emanete hıyanet.
mis.be.come ['misbi'kʌm] *vb.* uygun olmamak, uymamak; **'mis.be'com.ing** *adj.* uygunsuz.
mis.be.got(.ten) ['misbigɔt(n)] *adj.* gayet çirkin, iğrenç; piç.
mis.be.have ['misbi'heiv] *vb.* kötü davranmak; **'mis.be'hav.io(u)r** [~jə] *n.* kötü davranış, yaramazlık.
mis.be.lief ['misbi'li:f] *n.* imansızlık, inançsızlık; **mis.be.lieve** ['~'li:v] *vb.* inanmamak; **'mis.be'liev.er** *n.* imansız *(veya* inançsız) kimse, kâfir.
mis.cal.cu.late ['mis'kælkjuleit] *vb.* yanlış hesap etm.; **'mis.cal.cu'la.tion** *n.* yanlış hesap(lama).
mis.call ['mis'kɔ:l] *v/t.* yanlış isim vermek.
mis.car.riage [mis'kæridʒ] *n.* başarısızlık; yanlış sevkiyat; çocuk düşürme; ~ of justice adlî hata; **mis'car.ry** *v/i.* başaramamak; doğru adrese ulaşamamak *(mektup v.b.)*; çocuk düşürmek.
mis.cast *thea.* [mis'ka:st] *(irr.* cast) *v/t.* yanlış rol vermek.
mis.ce.ge.na.tion [misidʒi'neiʃən] *n.* ırk karışımı, değişik ırklardan kişilerin evlenmesi.
mis.cel.la.ne.ous □ [misi'leinjəs] türlü türlü, çeşitli, muhtelif; **mis.cel'la.ne.ous-ness** *n.* çeşitlilik.
mis.cel.la.ny [mi'seləni] *n.* derleme; **mis'cel.la.nies** *n. pl.* edebî derlemeler.
mis.chance [mis'tʃa:ns] talihsizlik, şanssızlık, kaza.
mis.chief ['mistʃif] *n.* zarar, ziyan, hasar, telef; yaramazlık, haylazlık; fesat; F şeytan, haylaz kimse; make ~ between aralarını bozmak *-in*; get into ~ yaramazlık etm.; **'~-mak.er** *n.* kavga çıkaran *veya* fitnecilik eden kimse.
mis.chie.vous □ ['mistʃivəs] zararlı; arabozucu; yaramaz; **'mis.chie.vous.ness** *n.* arabozuculuk; yaramazlık.
mis.con.ceive ['miskən'si:v] *vb.* yanlış anlamak; **mis.con.cep.tion** ['~'sepʃən] *n.* yanlış anlama, hata.
mis.con.duct **1.** [mis'kɔndʌkt] *n.* kötü davranış; kötü yönetim; zina; suiistimal; **2.** ['~kən'dʌkt] *v/i.* kötü yönetmek; ~ o.s. kötü *(veya* ahlâksızca) davranmak.
mis.con.struc.tion ['miskən'strʌkʃən] *n.* yanlış yorumlama *veya* anlama; **mis.con-strue** ['~'stru:] *v/t.* yanlış yorumlamak, yanlış anlamak.
mis.count ['mis'kaunt] **1.** *vb.* yanlış saymak, yanlış hesap etm.; **2.** *n.* yanlış sayma.
mis.cre.ant ['miskriənt] **1.** *n.* alçak *(veya* kötülükçü) kimse; **2.** *adj.* zalim, gaddar, merhametsiz.
mis.cre.a.ted ['miskri'eitid] *adj.* biçimsiz, çirkin.
mis.date [mis'deit] **1.** *n.* yanlış tarih koyma; **2.** *v/t.* yanlış tarih koymak.
mis.deal ['mis'di:l] *(irr.* deal) *vb. iskambil:* yanlış dağıtmak.
mis.deed ['mis'di:d] *n.* kötülük, ahlâksızca hareket.

mis.de.mean.ant ⚖ [misdiˈmiːnənt] *n.* kabahat türünden bir suçtan dolayı suçlanan kimse; **mis.deˈmean.o(u)r** ⚖ [~nə] *n.* hafif suç, cürum, kabahat.
mis.di.rect [ˈmisdiˈrekt] *v/t.* yanlış yere göndermek; yanıltmak; **ˈmis.diˈrec.tion** *n.* yanlış yere gönderme; yanıltma.
mis.do.ing [ˈmisˈduːiŋ] *n.* *mst* **~s** *pl.* kötü davranma.
mise-en-scène *thea.* [ˈmiːzɑːnˈsein] *n.* mizansen.
mi.ser [ˈmaizə] *n.* hasis (*veya* cimri, pinti) kimse.
mis.er.a.ble □ [ˈmizərəbl] mutsuz, dertli; sefil; hasta; pek kötü; utanmaz; **ˈmis-er.a.ble.ness** *n.* yoksulluk, sefalet.
mi.ser.ly [ˈmaizəli] *adj.* hasis, pinti, cimri.
mis.er.y [ˈmızəri] *n.* yoksulluk, sefalet; bedbahtlık; F yoksulluk çeken *veya* yakınan kimse.
mis.fea.sance ⚖ [misˈfiːzəns] *n.* yolsuzluk, kanunsuzluk.
mis.fire [ˈmisˈfaiə] **1.** *n.* ateş almama (*tabanca*); *mot.* ateşlememe, iştial bozukluğu; **2.** *v/i.* ateş almamak; *fig.* anlaşılmamak (*espri*); hedefine ulaşamamak (*plan*).
mis.fit [ˈmisfit] *n.* iyi uymayan şey, oturmayan elbise; *fig.* pozisyonuna *veya* çevresine uymayan (*veya* uyumsuz) kimse.
mis.for.tune [misˈfɔːtʃən] *n.* talihsizlik; şanssız kaza *veya* olay.
mis.give [misˈgiv] (*irr.* **give**) *v/t.* şüpheye düşürmek; **my heart misgave me** şüpheye düştüm: **misˈgiv.ing** *n.* şüphe, kuşku, endişe, güvensizlik.
mis.gov.ern [ˈmisˈgʌvən] *v/t.* kötü yönetmek; **misˈgov.ern.ment** *n.* kötü yönetim.
mis.guide [ˈmisˈgaid] *v/t.* yanlış bilgi *veya* yön vermek; **ˈmisˈguid.ed** *adj.* yanlış yola yönlendirilmiş; yanlış değerlendirilmiş.
mis.han.dle [ˈmisˈhændl] *v/t.* kötü kullanmak; kötü yönetmek.
mis.hap [ˈmishæp] *n.* talihsizlik, kaza, aksilik.
mish.mash [ˈmiʃmæʃ] *n.* karmakarışıklık.
mis.in.form [ˈmisinˈfɔːm] *v/t.* yanlış bilgi vermek *-e*; **ˈmis.in.forˈma.tion** *n.* yanlış bilgi.
mis.in.ter.pret [ˈmisinˈtəːprit] *v/t.* yanlış yorumlamak, yanlış anlamak *-i*; **ˈmis.in-ter.preˈta.tion** *n.* yanlış yorum.
mis.judge [ˈmisˈdʒʌdʒ] *vb.* yanlış hüküm vermek; yanlış kanaat oluşturmak; **ˈmisˈjudg(e).ment** *n.* yanlış yargı.
mis.lay [misˈlei] (*irr.* **lay**) *v/t.* *bşi* yanlış bir yere koymak, kaybetmek.
mis.lead [misˈliːd] (*irr.* **lead**) *v/t.* yanlış yönlendirmek; yanlış yapmaya neden olm.; aldatmak, yanlış fikir vermek; **misˈlead.ing** *adj.* yanlış etki *veya* izlenim veren, yanıltıcı.
mis.man.age [ˈmisˈmænidʒ] *v/t.* kötü *veya* yanlış yönetmek; **ˈmisˈman.age.ment** *n.* kötü (*veya* yanlış) yönetim.
mis.name [ˈmisˈneim] *v/t.* yanlış isim ile çağırmak.
mis.no.mer [ˈmisˈnəumə] *n.* isim *veya* sözcüğün yanlış kullanımı.
mi.sog.a.mist [miˈsɔgəmist] *n.* evlilikten nefret eden kimse.
mi.sog.y.nist [maiˈsɔdʒinist] *n.* kadın düşmanı, kadınlardan nefret eden kimse; **miˈsog.y.ny** *n.* kadınlardan nefret etme.
mis.place [ˈmisˈpleis] *v/t.* yanlış yere koymak; istismar etm.
mis.print **1.** [misˈprint] *v/t.* yanlış basmak; **2.** [ˈmisˈprint] *n.* baskı hatası.
mis.pro.nounce [ˈmisprəˈnauns] *v/t.* yanlış telaffuz etm.; **mis.pro.nun.ci.a.tion** [ˈ~prənʌnsiˈeiʃən] *n.* yanlış telaffuz.
mis.quo.ta.tion [ˈmiskwəuˈteiʃən] yanlış aktarma; **ˈmisˈquote** *v/t.* yanlış aktarmak.
mis.read [ˈmisˈriːd] (*irr.* **read**) *v/t.* yanlıs okumak; yanlış yorumlamak.
mis.rep.re.sent [ˈmisrepriˈzent] *v/t.* kötü temsil etm.; yanlış anlatmak; **ˈmis.rep-re.senˈta.tion** *n.* kötü temsil etme; yalan.
mis.rule [ˈmisˈruːl] **1.** *n.* kötü yönetim; karışıklık; kanunsuzluk; **2.** *v/t.* kötü yönetmek.
miss¹ [mis] *n.* *mst* ♀ bekâr bayan, genç kız; Bayan.
miss² [~] **1.** *n.* başarısızlık; isabet ettirememe, boşa gitme; **2.** *vb.* vuramamak, isabet et(tire)memek; bulamamak. kaçırmak, yetişememek; göreceği gelmek, özlemek, hasret çekmek; eksik olm.; **~ fire** ateş almamak; **~ one's footing** (ayağı) kaymak, sürçmek; **~ out** atlamak, gözden kaçırmak; kaçırmak, bulunmamak (*şans*).
mis.sal *eccl.* [ˈmisəl] *n.* Aşaî Rabbanî ayini kitabı.
mis.shap.en [ˈmisˈʃeipən] *adj.* deforme olmuş, biçimsiz.
mis.sile [ˈmisail] *n.* mermi; ok; atılan madde; füze.
miss.ing [ˈmisiŋ] *adj.* hazır bulunmayan eksik, nâmevcut; *part.* ✕ kayıp, âkıbeti meçhul kalan; **be ~** yokluğu çok hissedilmek, onsuz yapılamamak.
mis.sion [ˈmiʃən] *n.* görev, misyon, hizmet; görevle bir yere gönderilen kimse-

ler; *eccl.* dinî propaganda; misyon; *pol.* delegasyon; sefarethane, elçilik; hedef, amaç; **mis.sion.ar.y** ['miʃənri] **1.** *n.* misyoner; **2.** *adj.* dinsel görev ile ilgili.
mis.sis F ['misiz] *n.* eş, hanım.
mis.sive ['misiv] *n.* uzun mektup.
mis.spell ['mis'spel] (*irr.* spell) *v/t.* yanlış hecelemek (*veya* yazmak).
mis.spend ['mis'spend] (*irr.* spend) *v/t.* israf etm., heba etm., saçıp savurmak, boş yere sarfetmek.
mis.state ['mis'steit] *v/t.* yanlış ifade etm.; **'mis'state.ment** *n.* yanlış ifade.
mis.sus F ['misəz] *n.* eş, hanım.
miss.y F ['misi] *n.* genç kız.
mist [mist] **1.** *n.* sis, duman; *fig.* karartı, bulanıklık; in a ~ yolunu şaşırmış, şaşkın; **2.** *vb.* sis ile kapla(n)mak.
mis.tak.a.ble [mis'teikəbl] *adj.* yanlış anlaşılabilir; **mis'take 1.** (*irr.* take) *v/t.* tanımamak, teşhis etmemek; benzetmek (for -*e*); kazı koz anlamak, yanlış anlamak, karıştırmak (with); be ~n yanılmak; *v/i.* ⚒ yanılmak, hata etm.; **2.** *n.* yanlış(lık), hata, yanılma; by ~ yanlışlıkla; and no ~ F kesinlikle; **mis'tak.en** □ hatalı, yanlış.
mis.ter ['mistə] *n.* (*abbr.* Mr.) Bay, Efendi.
mis.time ['mis'taim] *v/t.* zamansız söylemek, zamansız yapmak, vaktini yanlış hesaplamak; **'mis'timed** *adj.* vakitsiz, zamansız, yersiz.
mist.i.ness ['mistinis] *n.* sis, pus, duman; *fig.* karanlık.
mis.tle.toe ⚘ ['misltəu] *n.* ökseotu.
mis.trans.late ['mistræns'leit] *v/t.* yanlış tercüme etm., yanlış çevirmek; **'mis-trans'la.tion** *n.* yanlış tercüme (*veya* çeviri).
mis.tress ['mistris] *n.* evin hanımı; (*kadın*) öğretmen; bilgili kadın; metres, dost.
mis.tri.al ⚖ ['mis'traiəl] *n.* geçersiz duruşma.
mis.trust ['mis'trʌst] **1.** *v/t.* güvenmemek, itimat etmemek -*e*; **2.** *n.* güvensizlik, itimatsızlık; **'mis'trust.ful** □ [~ful] kuşkulu, güvensiz, şüpheli.
mist.y □ ['misti] sisli, puslu, dumanlı; *fig.* bulanık, müphem, karanlık.
mis.un.der.stand ['misʌndə'stænd] (*irr.* stand) *vb.* yanlış anlamak, ters anlamak, kazı koz anlamak; **'mis.un.der'stand.ing** *n.* yanlış anlama.
mis.us.age [mis'ju:zidʒ] *n.* yanlış kullanılış; kötü davranma.
mis.use 1. ['mis'ju:z] *v/t.* yanlış kullanmak, suiistimal etm.; kötü davranmak; **2.** ['~'ju:s] *n.* yanlış kullanma, suiistimal.
mite¹ *zo.* [mait] *n.* kene, peynir kurdu, uyuz böceği.
mite² [~] *n.* çok ufak *bş;* a ~ (of a child) yavrucak.
mit.i.gate ['mitigeit] *v/t.* teskin etm., yatıştırmak (*a. fig.*); azaltmak, hafifletmek; **mit.i'ga.tion** *n.* yatıştırma; azaltma.
mi.tre, mi.ter ['maitə] **1.** *n.* piskoposluk tacı; ⊕ gönye; **2.** *vb.* piskoposluk tacı giymek; ⊕ gönye ile ölçmek; **'mi.tre-wheel** *n.* ⊕ konik dişli çark.
mitt [mit] *n.* *beysbol, boks:* eldiven; = mitten.
mit.ten ['mitn] *n.* kolçak, parmaksız eldiven; get the ~ F ret cevabı almak, kovulmak.
mix [miks] **1.** *v/t.* & *v/i.* karış(tır)mak; karmak; katmak; birleşmek; kaynaşmak, uyuşmak, bağdaşmak; ~ in society toplum hayatına katılmak; ~ed karışık, karmaşık (*a. fig.*); karma; ~ed marriage değişik din ve ırklardan kimselerin evlenmesi; ~ed pickles *pl.* karışık turşu; ~ up (zihnini) karıştırmak; be ~ed up with karışmak -*e*, bulaşmak -*e*, atılmak -*e*; ~ with uyum sağlamak *ile*, geçinmek *ile*; **2.** *n.* karış(tır)ma; karışım; **'mix.er** *n.* karıştırıcı kimse *veya* şey; mikser (*a. radyo*); good (bad) ~ girişken (olmayan) kimse; **mix.ture** ['~tʃə] *n.* karışım; karış(tır)ma; kaynaşma (*a. fig.*); **'mix-up** *n.* karışıklık, anlaşmazlık.
miz.en, miz.zen ⚓ ['mizn] *n.* mizana direği (*veya* yelkeni); *attr.* mizana...
miz.zle F ['mizl] *v/i.* serpiştirmek, çiselemek (*yağmur*).
mne.mon.ic [ni:'mɔnik] **1.** *adj.* (~ally) hafızaya yardımcı olan; **2.** *n.* **mne'mon.ics** *pl.* hafızayı kuvvetlendirme sanatı.
mo *co. veya sl.* [məu] = moment.
moan [məun] **1.** *n.* inilti, figan; uğultu (*rüzgâr*); şikâyet; **2.** *v/i.* inlemek, figan etm.; uğuldamak (*rüzgâr*); şikâyet etm., sızlanmak.
moat [məut] *n.* kale hendeği; **'moat.ed** *adj.* hendekli.
mob [mɔb] **1.** *n.* ayaktakımı, avam; izdiham, kalabalık; gangster çetesi; **2.** *v/t.* etrafını sarmak; saldırmak, hücum etm.; doluşmak; **'mob.bish** *adj.* kaba, âmiyane.
mob-cap ['mɔbkæp] *n.* kadın başlığı.
mo.bile ['məubail] **1.** *adj.* oynak, yer değiştirebilen, devingen, hareketli, değişken; ⚔ seyyar (*ordu*); **2.** *n.* ince tellere bağlı parçaları hava akımı ile hareket

eden bir tür süs eşyası *veya* sanat eseri; **mo.bil.i.ty** [~ˈbiliti] *n.* hareketlilik; değişkenlik; **mo.bi.li.za.tion** ✕ [~bilaiˈzeiʃən] *n.* seferberlik; **ˈmo.bi.lize** *v/t.* ✕ seferber etm., silah altına almak.

mob-law [ˈmɔblɔː] *n.* linç kanunu.

mob.oc.ra.cy [mɔˈbɔkrəsi] *n.* avamtakımı yönetimi; **mob.ster** [ˈmɔbstə] *n.* gangster.

moc.ca.sin [ˈmɔkəsin] *n.* mokasen.

mo.cha [ˈmɔkə] *n.* Yemen kahvesi.

mock [mɔk] **1.** *n.* alay, dalga geçme; **2.** *adj.* sahte, taklit, yapmacık...; ~ fight yalandan kavga; **3.** *v/t.* & *v/i.* taklit etm., taklidini yapmak; karşı koymak *-e*; alay etm., dalga geçmek, eğlenmek (at *ile*); **ˈmock.er** *n.* alaycı (*veya* dalgacı) kimse; **ˈmock.er.y** *n.* alay, dalga geçme; taklit; alaya alınan şey; **ˈmock-heˈro.ic** *adj.* destansı taşlama türünden; **ˈmock.ing** **1.** *n.* alay etme, dalga geçme; **2.** □ alaycı..., dalgacı...; **ˈmock.ing-bird** *n.* alaycı kuş.

mock...: **ˈ~-king** *n.* kral müsveddesi, sözde kral; **ˈ~-ˈtur.tle soup** kaplumbağa çorbası tadında et çorbası; **ˈ~-up** *n.* model, kalıp.

mod.al □ [ˈməudl] *part. gr.* kipe ait, kip... **mo.dal.i.ty** [~ˈdæliti] *n.* usül, şekil, tarz.

mode [məud] *n.* tarz, usül, üslup, şekil, moda; *gr.* kip.

mod.el [ˈmɔdl] **1.** *n.* örnek, numune, model; şekil, kalıp; plan, resim; manken; *fig.* örnek alınacak kimse; *attr.* örnek...; model...; act as a ~ modellik yapmak (to *-e*); ~ aircraft model uçak; **2.** *v/i.* *-in* modelini yapmak; örneğine göre yapmak; *v/i.* mankenlik (*veya* modellik) yapmak; *fig.* kendine örnek almak (after, on, upon *-i*); **mod.el.(l)er** [ˈmɔdlə] *n.* modelci.

mod.er.ate **1.** □ [ˈmɔdərit] ılımlı; orta; makûl; **2.** [ˈ~reit] *v/t.* & *v/i.* hafifle(t)mek, azal(t)mak, yatış(tır)mak, yumuşa(t)mak; başkanlık etm.; **mod.er.ate-ness** [ˈmɔdəritnis] *n.* ılımlılık; **mod.er.a-tion** [ˈ~reiʃən] *n.* itidal, ölçülülük, ılımlılık; in ~ ölçülü olarak, aşırıya kaçmadan, kararında; ♀s *pl. univ.* Oxford Üniversitesinde edebiyat fakültesi diploması için ilk genel imtihan; **ˈmod.er.a.tor** *n.* toplantı başkanı; *univ.* imtihan gözcüsü; *phys.* yavaşlatıcı madde.

mod.ern [ˈmɔdən] **1.** *adj.* yeni, modern, çağdaş, çağcıl; ~ languages *pl.* çağdaş diller; **2.** *n.* the ~s *pl.* çağdaş kimseler; modern görüşlü kimseler; **ˈmod.ern.ism** *n.* çağdaşlık, modernlik; yenilik; **ˈmod-ern.ist** *n.* yenilikçi kimse; **mod.ernˈis.tic** *adj.* yenilikçi; **mo.der.ni.ty** [məˈdəːniti] *n.* yenilik, çağdaşlık; **mod.ern.ize** [ˈmɔdənaiz] *v/t.* & *v/i.* modernleş(tir)mek, yenileş(tir)mek.

mod.est □ [ˈmɔdist] alçak gönüllü, mütevazı; gösterişsiz; tutarlı, ılımlı; **ˈmod.es-ty** *n.* tevazu, alçak gönüllülük; tutarlılık.

mod.i.cum [ˈmɔdikəm] *n.* azıcık miktar, nebze.

mod.i.fi.a.ble [ˈmɔdifaiəbl] *adj.* değiştirilebilir; **mod.i.fi.ca.tion** [~fiˈkeiʃən] *n.* değişiklik; değiştirme; **mod.i.fy** [ˈ~fai] *v/t.* değiştirmek; azaltmak, hafifletmek; *gr.* nitelemek, tamlamak.

mod.ish [ˈməudiʃ] *adj.* modaya uygun, son model.

mo.diste [məuˈdiːst] *n.* kadın şapkacısı *veya* terzisi.

mod.u.late [ˈmɔdjuleit] *v/t.* ayarlamak; tatlılaştırmak, yumuşatmak, hafifleştirmek *(ses)*; *radyo:* modüle etm.; **mod-uˈla.tion** *n.* hafifle(t)me; modülasyon, geçiş; **ˈmod.u.la.tor** *n.* modülatör; ~ of tonality *film:* ses modülatörü; **mod.ule** [ˈ~djuːl] *n.* sabit değer; çap, mikyas *(a.* ⚠*)*; *s.* lunar ~; **mod.u.lus** *phys.* [ˈ~djuləs] *n.* modül.

Mo.gul [məuˈgʌl]: the Great *veya* Grand ~ Timur hanedanından Hindistan imparatoru.

mo.hair [ˈməuhɛə] *n.* moher, tiftik yünü; moherden yapılan kumaş.

Mo.ham.med.an [məuˈhæmidən] **1.** *n.* Müslüman kimse; **2.** *adj.* Müslüman.

moi.e.ty [ˈmɔiəti] *n.* yarı(m); kısım, pay.

moil [mɔil] *v/i.* çok çalışmak, didinmek.

moi.ré [ˈmwɑːrei] *n.* hareli (ipek) kumaş.

moist [mɔist] *adj.* nemli, rutubetli; ıslak; yaşlı *(göz)*; **mois.ten** [ˈmɔisn] *v/t.* ıslatmak; *v/i.* ıslanmak, nemlenmek, yaşarmak *(göz)*; **moist.ness** [ˈmɔistnis], **mois-ture** [ˈ~tʃə] *n.* nem, rutubet, ıslaklık.

moke *sl.* [məuk] *n.* eşek.

mo.lar [ˈməulə] *n. a.* ~ tooth azıdişi.

mo.las.ses [məuˈlæsiz] *n.* melas.

mold [məuld], **ˈmold.board** *etc. s.* mould *etc.*

mole[1] *zo.* [məul] *n.* köstebek.

mole[2] [~] *n.* ben, leke.

mole[3] [~] *n.* dalgakıran, mendirek.

mo.lec.u.lar [məˈlekjulə] *adj.* moleküle ait, moleküllü; **mol.e.cule** *phys.* [ˈmɔlikjuːl] *n.* molekül, zerre, tozan.

mole.hill [ˈməulhil] *n.* köstebek tepesi; make a mountain out of a ~ pireyi deve yapmak; **ˈmole-skin** *n.* köstebek derisi; köstebek derisine benzer kumaş.

mo.lest [məˈlest] *v/t.* rahatsız etm.; tecavüz etm., sarkıntılık etm.; **mo.les.ta.tion** [~ˈteiʃən] *n.* rahatsız etme; tecavüz, sarkıntılık.

moll F [mɔl] *n.* gangsterin sevgilisi; fahişe, orospu.

mol.li.fy [ˈmɔlifai] *v/t.* yumuşatmak, yatıştırmak, sakinleştirmek.

mol.lusc *zo.* [ˈmɔləsk] *n.* yumuşakçalar sınıfından bir hayvan; **ˈmol.lusk** = mollusc.

mol.ly.cod.dle [ˈmɔlikɔdl] **1.** *n.* muhallebi çocuğu, hanım evlâdı; **2.** *v/t.* üstüne titremek.

mo.loch [ˈməulɔk] *n.* üstü dikenli Avustralya kertenkelesi.

mol.ten [ˈməultən] *adj.* erimiş; dökme.

mo.lyb.den.um ⚗ [məˈlibdinəm] *n.* molibden.

mo.ment [ˈməumənt] *n.* an; önem; kuvvet; unsur; = ~um; at *veya* for the ~ şimdi, şu anda; to the ~ dakikası dakikasına; **ˈmo.men.tar.y** □ anî, bir anlık...; geçici; **ˈmo.ment.ly** *adv.* her an; bir anlık; **mo.men.tous** □ [məuˈmentəs] önemli, mühim, ciddî; **moˈmentum** *phys.* [~təm] *n.* moment; *fig.* hız, sürat.

mon.a.chism [ˈmɔnekizəm] *n.* manastır hayatı.

mon.ad *phls.* [ˈmɔnæd] *n.* monad.

mon.arch [ˈmɔnək] *n.* kral, hükümdar; **mo.nar.chic, mo.nar.chi.cal** □ [məˈnɑːkik(əl)] monarşiye ait, monarşik; **ˈmon.arch.ism** [ˈmɔnəkizəm] *n.* kraliyetçilik; **ˈmon.arch.ist** *n.* kraliyetçi; **ˈmon.arc.y** *n.* krallık, monarşi, tekerklik.

mon.as.ter.y [ˈmɔnəstəri] *n.* manastır; **mo.nas.tic, mo.nas.ti.cal** □ [məˈnæstik(əl)] manastıra ait, manastır...; **moˈnas.ti.cism** [~sizəm] *n.* manastır hayatı (*veya* sistemi).

mon.au.ral [mɔnˈɔːrəl] *adj.* tek kulaklı; tek kulakla duymaya ait; mono...

Mon.day [ˈmʌndi] *n.* pazartesi.

mon.e.tar.y [ˈmʌnitəri] *adj.* paraya ait, parasal; ~ reform para reformu.

mon.ey [ˈmʌni] *n.* para, nakit; ready ~ nakit, peşin para; out of ~ parasız; ~ down peşin; get one's ~'s worth parasının karşılığını almak; marry ~ zengin biriyle evlenmek; make ~ para kazanmak; **ˈ~-box** *n.* kumbara; **ˈ~-chang.er** *n.* sarraf; **mon.eyed** [ˈmʌnid] *adj.* paralı, para babası.

mon.ey...: **ˈ~-grub.ber** *n.* para canlısı kimse; **ˈ~-lend.er** *n.* tefeci, faizci; **ˈ~-mar.ket** *n.* para piyasası, borsa; **ˈ~-or.der** *n.* para havalesi; **ˈ~-spin.ner** *n.* F iyi para getiren şey.

mon.ger [ˈmʌŋgə] *suffix* ...satıcısı; ...yapan.

Mon.gol [ˈmɔŋgɔl], **Mon.go.lian** [~ˈgəuljən] **1.** *adj.* Moğol ırkına *veya* Moğolcaya ait; **2.** *n.* Moğol(ca).

mon.grel [ˈmʌŋgrəl] **1.** *n.* melez köpek, bitki *veya* insan; **2.** *adj.* karışık soylu, melez...

mo.ni.tion [məuˈniʃən] *n.* ikaz, ihtar; **mon.i.tor** [ˈmɔnitə] *n.* sınıf başkanı; ⚓ ağır toplu savaş gemisi; *radyo:* dinleme servisi görevlisi; monitör; **ˈmon.i.to.ry** *adj.* uyarıcı, ikaz edici, öğüt veren.

monk [mʌŋk] *n.* rahip, keşiş; **ˈmonk.er.y** *n. part. contp.* manastır (hayatı).

mon.key [ˈmʌŋki] **1.** *n.* maymun *(a. fig.)*; ⊕ şahmerdan başı; *sl.* 500 pound *veya* dolar; put s.o.'s ~ up F *b-nin* tepesini attırmak; ~ business *Am. sl.* düzenbazlık; aşk ilişkisi; **2.** *v/i.* F oynamak; ~ about with kurcalamak *-i*, oynayıp durmak *ile*; **ˈ~-en.gine** *n.* şahmerdan motoru; **ˈ~-jack.et** *n.* ⚓ gemici ceketi; **ˈ~-nut** *n.* ⚘ yerfıstığı; **ˈ~-puz.zle** *n.* ⚘ bir tür çam ağacı; **ˈ~-wrench** *n.* ⊕ İngiliz anahtarı; throw a ~ in s.th. *Am. sl. bşi* bozmak, *bşe* çomak sokmak.

monk.hood [ˈmʌŋkhud] *n.* keşişlik, rahiplik; **ˈmonk.ish** *adj. mst contp.* keşiş gibi.

mono... [ˈmɔnəu] *prefix* tek, bir, mono...; **mo.no.chrome** *paint.* [ˈmɔnəkrəum] **1.** *adj.* tek renkli; **2.** *n.* tek renkli resim; **mon.o.cle** [ˈmɔnɔkl] *n.* tek gözlük, monokl; **mo.no.cot.y.le.don** ⚘ [ˈmɔnəukɔtiˈliːdən] *n.* tek çenekli bir bitki, monokotiledon; **mo.noc.u.lar** [mɔˈnɔkjulə] *adj.* tek gözlü; **moˈnog.a.my** [~gəmi] *n.* tekeşlilik, monogami; **mon.o.gram** [ˈmɔnəgræm] *n.* monogram, bir ismin baş harflerinden oluşan desen; **mon.o.graph** [ˈ~grɑːf] *n.* monografi, tekyazım; **mon.o.lith** [ˈmɔnəuliθ] *n.* yekpare taştan abide; **mon.o.logue** [ˈmɔnəlɔg] *n.* monolog; **mon.o.ma.ni.a** [ˈmɔnəuˈmeinjə] *n.* sabit fikir, saplantı; **ˈmon.oˈma.ni.ac** [~niæk] *n.* saplantılı kimse; **mon.o.plane** ✈ [ˈmɔnəuplein] *n.* tek kanatlı uçak; **mo.nop.o.list** [məˈnɔpəlist] *n.* tekelci; **moˈnop.o.lize** [~laiz] *v/t.* tekeline almak *(a. fig.)*; **moˈnop.o.ly** *n.* tekel (maddesi); **mon.o.syl.lab.ic** [ˈmɔnəusiˈlæbik] *adj.* (~ally) tek heceli; **mon.o.syl.la.ble** [ˈmɔnəsiləbl] *n.* tek heceli kelime; **mon.o.the.ism** [ˈmɔnəuθiːzəm] *n.* tektanrıcılık, monoteizm; **mon.o.tone** [ˈmɔnətəun] **1.** *n.* düz ses; in ~ yeknesak, monoton, düz sesle; **2.** *v/t.* tekdüze konuşmak (*veya* okumak *veya* şarkı söylemek); **mo-**

not.o.nous □ [mə'nɔtnəs] monoton, tekdüze, sıkıcı, yeknesak; **mo'not.o.ny** *n.* monotonluk, tekdüzelik, yeknesaklık; **mon.o.type** *typ.* ['mɔnəutaip] *n.* monotip; **mon.ox.ide** ⚗ [mɔ'nɔksaid] *n.* monoksit. **mon.sieur** [mə'sjəː] *n.* bay, bey, efendi, mösyö.
mon.soon [mɔn'suːn] *n.* muson.
mon.ster ['mɔnstə] *n.* canavar, dev *(a. fig.)*; *attr.* koskocaman..., dev gibi...
mon.strance *eccl.* ['mɔnstrəns] *n.* içinde okunmuş ekmek olan kap.
mon.stros.i.ty [mɔns'trɔsiti] *n.* canavar(lık); çirkin şey; **'mon.strous** □ canavar gibi; anormal; koskocaman; ürkünç, korkunç, inanılmaz, hayret verici; saçma sapan.
mon.tage [mɔn'tɑːʒ] *n.* fotomontaj.
month [mʌnθ] *n.* ay; this day ~ önümüzdeki ay bugün; **'month.ly** **1.** *adj. & adv.* aylık, ayda bir (olan); ~ season ticket aylık bilet; **2.** *n.* aylık dergi.
mon.u.ment ['mɔnjumənt] *n.* anıt, abide; eser; tarihî yapı; **mon.u.men.tal** □ [~'mentl] anıtsal, abidevî...; muazzam, şahane; koskocaman.
moo [muː] **1.** *v/i.* böğürmek; **2.** *n.* böğürme.
mooch F [muːtʃ] *v/i.*: ~ about aylak aylak dolaşmak.
mood¹ *gr.* [muːd] *n.* kip.
mood² [~] *n.* mizaç, ruh haleti (*veya* durumu).
mood.i.ness ['muːdinis] *n.* karamsarlık; **'mood.y** □ dargın, küskün; karamsar, umutsuz; sinirli, huysuz, aksi.
moon [muːn] **1.** *n.* ay, kamer; uydu; mehtap; once in a blue ~ F kırk yılda bir; **2.** *v/i. mst* ~ about dalgın dalgın gezinmek; *v/t.* ~ away boşa geçirmek *(zaman)*; **'moon.beam** *n.* ay ışını; **'moon.less** *adj.* aysız, mehtapsız; **'moon.light** *n.* mehtap; **'moon.lit** *adj.* mehtaplı.
moon...: **'~.shine** *n.* mehtap; saçmalık; *Am.* kaçak içki; **'~.shin.er** *n. Am.* F içki kaçakçısı; **'~.struck** *adj.* aysar, deli; **'moon.y** □ aya ait, ay...; hilâl şeklinde; F hayalperest, dalgın, düşünceli; *sl.* aylak.
Moor¹ [muə] *n.* Mağribî; Faslı.
moor² [~] *n.* kır, *part.* avlak; † *veya prov.* bataklık.
moor³ ⚓ [~] *v/t. & v/i.* palamarla bağla(n)mak; **moor.age** ['muəridʒ] *n.* demir atma; gemi bağlama yeri.
moor.fowl ['muəfaul], **'moor.game** ['~geim] *n.* ormantavuğu.
moor.ing-mast ['muəriŋmaːst] *n.* balon bağlama direği.
moo.rings ['muəriŋz] *n. pl.* ⚓ palamar takımı; gemi bağlama yeri; ahlakî değerler.
Moor.ish ['muəriʃ] *adj.* Mağribî; Fas'a ait, Fas...
moor.land ['muələnd] *n.* (boz)kır.
moose *zo.* [muːs] *n. a.* ~-deer bir çeşit geyik.
moot [muːt] **1.** *n.* ~ case, ~ point şüpheli (*veya* tartışmalı) mesele; **2.** *v/t.* tartışmak.
mop [mɔp] **1.** *n.* silme bezi; dağınık saç; **2.** *v/t.* silip süpürmek, temizlemek; ~ up silmek; *sl.* silip süpürmek; *sl.* işini bitirmek; ~ the floor with s.o. *b-ni* alt etm., ezip geçmek, mat etm.
mope [məup] **1.** *n.* sıkıcı kimse; üzüntü; the ~s *pl.* sıkıntı, bunaltı, hüzün; **2.** *v/i.* hüzünlü (*veya* keyifsiz) olm.
mo.ped ['məuped] *n.* moped, motorlu bisiklet.
mop.ing □ ['məupiŋ], **'mop.ish** hüzünlü, kasvetli.
mo.raine *geol.* [mɔ'rein] *n.* buzultaş, moren.
mor.al ['mɔrəl] **1.** □ ahlâki..., törel...; erdemli, faziletli; manevî; doğru ,dürüst; **2.** *n.* ahlâk dersi; ~s *pl.* ahlâk; **mo.rale** [mə'rɑːl] *n. part.* ⚔ maneviyat, manevî güç, moral; **mor.al.ist** ['mɔrəlist] *n.* ahlâkçı; **mo.ral.i.ty** [mə'ræliti] *n.* ahlâk (dersi); *hist. thea.* karakterlerin erdem ve kötülük gibi ahlâki değerleri simgelediği bir dram türü; **mor.al.ize** ['mɔrəlaiz] *v/i.* ahlâk dersi vermek (upon *hususunda*); *v/t.* ahlâki yönden değerlendirmek.
mo.rass [mə'ræs] *n.* batak(lık); engel, güçlük.
mor.bid □ ['mɔːbid] hastalıklı; bozuk, çarpık *(fikir)*; **mor'bid.i.ty, 'mor.bid.ness** *n.* marazi konulara aşırı ilgi duyma; hastalık oranı, morbidite.
mor.dant ['mɔːdənt] **1.** *adj.* iğneleyici, sert, keskin; **2.** *n.* renkleri sabitleştiren madde, mordan.
more [mɔː] **1.** *adj.* daha çok; daha fazla; biraz daha; **2.** *adv.* daha; bir daha; once ~ bir (kez) daha; two ~ iki tane daha; so much ~, all the ~ haydi haydi; no ~ artık ...değil; ~ and ~ gittikçe; **3.** *n.* fazlalık, çokluk.
mo.rel ⚘ [mɔ'rel] *n.* siyah mantar.
mo.rel.lo ⚘ [mə'reləu] *n. a.* ~ cherry vişne.
more.o.ver [mɔː'rəuvə] *adv.* bundan başka, ayrıca, üstelik.
Mo.resque [mɔ'resk] **1.** *adj.* Fas mimari-

si türünde; 2. *n*. Fas mimarisinde süs, arabesk.
mor.ga.nat.ic [mɔːgəˈnætik] *adj*. (~ally) yukarı ve aşağı tabakadan kişilerce yapılan *(evlilik)*.
morgue [mɔːg] *n*. morg.
mor.i.bund [ˈmɔribʌnd] *adj*. ölüm döşeğinde, can çekişmekte *(a. fig.)*; sonu gelmiş.
Mor.mon [ˈmɔːmən] *n*. Mormon.
morn *poet*. [mɔːn] *n*. sabah.
morn.ing [ˈmɔːniŋ] 1. *n*. sabah, seher; *fig*. başlangıç; good ~! günaydın!, iyi sabahlar!; in the ~, during the ~ sabahleyin; this ~ bu sabah; tomorrow ~ yarın sabah; 2. *adj*. sabaha mahsus, sabah ...; ~ **coat** jaketatay; ~ **dress** frak, resmî sabah kıyafeti; ˈ~-ˈ**glo.ry** *n*. ⚘ gündüzsefası, kahkahaçiçeği; ~ **per.form.ance** matine, gündüz seansı.
Mo.roc.can [məˈrɔkən] *adj*. Fas'a ait, Fas...; Faslı...
mo.roc.co [məˈrɔkəu] *n*. *a*. ~ leather maroken.
mo.ron [ˈmɔːrɔn] *n*. doğuştan geri zekâlı kimse; F kuş beyinli kimse.
mo.rose □ [məˈrəus] somurtkan, suratsız, asık suratlı; **moˈrose.ness** *n*. suratsızlık.
mor.phi.a [ˈmɔːfjə], **mor.phine** [ˈmɔːfiːn] *n*. morfin.
mor.pho.lo.gy *biol*., *gr*. [mɔːˈfɔlədʒi] *n*. şekilbilim, morfoloji.
mor.row [ˈmɔrəu] *n*. *mst poet*. sabah; yarın, ertesi gün; the ~ of *-in* ertesi günü.
Morse [mɔːs] *n*. *a*. ~ code Mors alfabesi.
mor.sel [ˈmɔːsəl] *n*. lokma, parça.
mor.tal [ˈmɔːtl] 1. □ ölümlü, fani, geçici; öldürücü, amansız; ölene dek süren; kin dolu; çok uzun *(süre)*; F çok büyük, aşırı; F olası, mümkün; 2. *n*. insan(oğlu);
mor.tal.i.ty [mɔːˈtæliti] *n*. ölümlülük, fanilik; ölüm oranı; ölü sayısı, can kaybı.
mor.tar [ˈmɔːtə] 1. *n*. harç; havan; ⚔ havan topu; 2. *v/t*. harç ile sıvamak; ˈ~-**board** *n*. harç tahtası; *univ*. kep.
mort.gage [ˈmɔːgidʒ] 1. *n*. ipotek; *a*. ~-deed ipotekli borç senedi; 2. *v/t*. rehine koymak; ipotek etm.; **mort.ga.gee** [mɔːgəˈdʒiː] *n*. ipotekli alacak sahibi; **mort.ga.gor** [~ˈdʒɔː] *n*. ipotek yapan borçlu.
mor.tice [ˈmɔːtis] = mortise.
mor.ti.cian *Am*. [mɔːˈtiʃən] *n*. cenaze işleri görevlisi.
mor.ti.fi.ca.tion [mɔːtifiˈkeiʃən] *n*. ⚕ kangren; küçük düşme, rezil olma.
mor.ti.fy [ˈmɔːtifai] *v/t*. alçaltmak, rezil etm., küçük düşürmek; *v/i*. ⚕ kangren olm.
mor.tise ⊕ [ˈmɔːtis] 1. *n*. zıvana, yuva; 2. *v/t*. zıvana ile birleştirmek; *-e* zıvana açmak.
mor.tu.ar.y [ˈmɔːtjuəri] 1. *adj*. ölüme ait, ölüm...; cenazeye ait, cenaze...; 2. *n*. morg.
mo.sa.ic¹ [məuˈzeiik] *n*. mozaik.
Mo.sa.ic² [~] *adj*. Musa'ya ait.
mo.selle [məuˈzel] *n*. beyaz Alman şarabı.
Mos.lem [ˈmɔzləm] 1. *adj*. Müslüman; 2. *n*. Müslüman, Müslim.
mosque [mɔsk] *n*. cami.
mos.qui.to *zo*. [məsˈkiːtəu] *n*., *pl*. **mosˈquitoes** [~z] sivrisinek; **mosˈqui.to-craft** *n*. ⚓ küçük savaş gemileri; **mosˈqui.to-net** *n*. cibinlik.
moss [mɔs] *n*. ⚘ yosun; a rolling stone gathers no ~ yuvarlanan taş yosun tutmaz; ˈ**moss.i.ness** *n*. yosunlu olma; ˈ**moss.y** *adj*. yosunlu, yosunumsu.
most [məust] 1. □ en çok, en fazla; for the ~ part genellikle, çoğunlukla, tamamen; başlıca; 2. *adv*. pek, en çok, son derecede; en çoğu; 3. *n*. çoğunluk, çokluk, en çok miktar; at (the) ~ en fazla, olsa olsa; make the ~ of *-den* sonuna kadar yararlanmak.
...most [məust, məst] *suffix* en...
most.ly [ˈməustli] *adv*. ekseriya, çoğunlukla, çoğu kez.
mote [məut] *n*. zerre; the ~ in another's eye kendi yaptıklarına oranla önemsiz bir hata.
mo.tel [məuˈtel] *n*. motel.
mo.tet ♪ [məuˈtet] *n*. çok sesli kilise ilâhisi.
moth [mɔθ] *n*. güve; pervane; ˈ~-**ball** *n*. yuvarlak naftalin; in ~s *fig*. bir kenara kaldırılmış; ˈ~-**eat.en** *adj*. güve yemiş.
moth.er [ˈmʌðə] 1. *n*. anne, ana, valide; 2. *v/t*. bakmak, annelik etm.; doğurmak; himaye etm.; ~ **coun.try** anayurt, anavatan; **moth.er.hood** [ˈ~hud] *n*. analık, annelik; ˈ**moth.er-in-law** *n*. kaynana, kayınvalide; ˈ**moth.er.less** *adj*. anasız, öksüz; ˈ**moth.er.li.ness** *n*. anaya yakışırlık; ˈ**moth.er.ly** *adj*. ana gibi; anaya yakışır.
moth.er...: ˈ~-**of-**ˈ**pearl** *n*. sedef; ~ **ship** *(diğer gemilerin her türlü ihtiyacını sağlayan)* ana gemi; ~ **tongue** anadili.
moth-proof [ˈmɔθpruːf] 1. *adj*. güve yemez; 2. *v/t*. güve yemez hale getirmek;
ˈ**moth.y** *adj*. güve dolu.
mo.tif [məuˈtiːf] *n*. motif.
mo.tion [ˈməuʃən] 1. *n*. hareket, devinim

(*a.* ⊕); *parl.* teklif, talep, önerge; ⚕ dışkılama; bring forward a ~ teklif sunmak; agree upon a ~ önergeyi kabul etm.; go through the ~s *bşi* yapar görünmek, baştan savma yapmak; set in ~ harekete getirmek, çalıştırmak; **2.** *v/t.* el ile işaret etm. *-e*; **ˈmo.tion.less** *adj.* hareketsiz; **motion pic.ture** sinema filmi.

mo.ti.vate [ˈməutiveit] *v/t.* sevketmek, harekete geçirmek; **mo.tiˈva.tion** *n.* sevketme; saik, güdü, dürtü.

mo.tive [ˈməutiv] **1.** *adj.* hareket yaratan, itici...; devindirici...; güdüsel; ~ power itici güç; **2.** *n.* saik, güdü, dürtü; sebep, neden; motif; **3.** *v/t.* harekete getirmek; **ˈmo.tive.less** *adj.* sebepsiz, nedensiz.

mo.tiv.i.ty [məuˈtiviti] *n.* hareket kuvveti.

mot.ley [ˈmɔtli] *adj.* rengârenk, alaca; ayrı cinsten.

mo.tor [ˈməutə] **1.** *n.* motor; makine; otomobil, araba; ⚕ adele, kas; **2.** *adj.* motorlu; devindirici; makine...; motor...; araba...; hareket kaslarına ait; ~ nerve motor sinir; **3.** *v/i.* otomobille gitmek; **ˈ~-as.sist.ed** *adj.* motor takviyeli; **ˈ~-bi-cy.cle, ˈ~-bike** = motor-cycle; **ˈ~-boat** *n.* deniz motoru, motorbot; **ˈ~-ˈbus** *n.* otobüs; **~.cade** *Am.* [ˈ~keid] *n.* araba korteji, konvoy; **ˈ~-car** *n.* otomobil; **ˈ~-coach** *n.* otobüs; **ˈ~-cy.cle** *n.* motosiklet; **ˈ~-cy-clist** *n.* motosiklet sürücüsü; **mo.to.ri.al** [məuˈtɔːriəl] *adj.* hareket ettiren, işleten; **mo.tor.ing** [ˈməutəriŋ] *n.* otomobilcilik; araba kullanma; **ˈmo.tor.ist** *n.* sürücü, otomobil kullanan; **mo.tor.i.za.tion** [~raiˈzeiʃən] *n.* motorize etme; **ˈmo.tor-ize** *v/t.* motorla donatmak, motörleştirmek, motorize etm.; **ˈmo.tor-launch** *n.* motorbot, çok küçük vapur; **ˈmo.tor.less** *adj.* motorsuz.

mo.tor...: ˈ~.man *n.* makinist; sürücü; vatman; **ˈ~-plough** *n.* motorlu saban; **ˈ~-road, ˈ~.way** *n.* karayolu, otoyolu.

mot.tle [mɔtl] *v/t.* beneklemek; **ˈmot.tled** *adj.* benekli.

mot.to [ˈmɔtəu] *n., pl.* **mot.toes** [ˈ~z] vecize; parola, ilke.

mo(u)ld¹ [məuld] *n.* bahçıvan toprağı, gübreli toprak; küf.

mo(u)ld² [~] **1.** *n.* kalıp; *fig.* yapı, karakter; **2.** *v/t.* kalıba dökmek; şekillendirmek, şekil vermek (on, upon *-e*).

mo(u)ld-board [ˈməuldbɔːd] *n.* saban kulağı.

mo(u)ld.er¹ [ˈməuldə] *n.* kalıpçı, dökmeci.

mo(u)lder² [~] *v/i. a.* ~ away çürümek, çürüyüp gitmek.

mo(u)ld.i.ness [ˈməuldinis] *n.* küflülük.

mo(u)ld.ing [ˈməuldiŋ] *n.* kalıplama; ⚠ tiriz, silme, korniş, pervaz; *attr.* kalıplama...

mo(u)ld.y [ˈməuldi] *adj.* küflü.

moult [məult] **1.** *n.* tüy dökme; **2.** *v/i.* tüylerini dökmek.

mound [maund] *n.* höyük; tepecik, tümsek; burial-~ mezar tümseği.

mount [maunt] **1.** *n.* dağ, tepe; binek; dayanak; top arabası; **2.** *v/t.* & *v/i.* ata bin(dir)mek; çıkmak *-e*, tırmanmak *-e*; asmak; takmak; üzerine koymak, oturtmak; ⊕ kurmak, monte etm. *-i*; üzerine yapıştırmak, çerçeveye geçirmek; girişmek *-e*; *thea.* sahneye koymak; *mst* ~ up yükselmek, artmak, çoğalmak; çiftleşmek *(hayvan)*; ~ed atlı; binmiş; takılı, hazır; kakma; *s.* guard 1.

moun.tain [ˈmauntin] *n.* dağ, tepe; ~s *pl.* dağ silsilesi; *attr.* dağ...; ~ **ash** ⚘ üvez; ~ **chain** dağ silsilesi; ~ **dew** F İskoç viskisi; **moun.tain.eer** [~tiˈniə] *n.* dağlı; dağcı; **moun.tainˈeer.ing** *n.* dağcılık; **mounˈtain.ous** *adj.* dağlık; dağ gibi; **mountain sick.ness** dağ hastalığı.

moun.te.bank [ˈmauntibæŋk] *n.* şarlatan kimse.

mount.ing ⊕ [ˈmauntiŋ] *n.* montaj; dayanak, destek.

mourn [mɔːn] *v/i.* yas tutmak; *v/t.* *-in* matemini tutmak; **ˈmourn.er** *n.* yaslı kimse; ~'s bench *Am.* = anxious bench; **mourn.ful** □ [ˈ~ful] yaslı, matemli; kederli, üzgün; acıklı; **ˈmourn.ful.ness** *n.* yaslılık; üzgünlük.

mourn.ing [ˈmɔːniŋ] **1.** □ yas..., matem...; **2.** *n.* matem, yas; kederlenme, ağıt; ~s *pl.* matem elbiseleri; **ˈ~-band** *n.* matem bandı; **ˈ~-bor.der, ˈ~-edge** n. siyah kenar; **ˈ~-pa.per** *n.* siyah kenarlı mektup kâğıdı.

mouse [maus] **1.** *n., pl.* **mice** [mais] fare, sıçan; **2.** [mauz] *vb.* fare yakalamak; **mous.er** [ˈmauzə] *n.* fare yakalayan kedi; **ˈmouse-trap** *n.* fare kapanı.

mousse [muːs] *n.* bir çeşit dondurma.

mous.tache [məsˈtɑːʃ] *n.* bıyık.

mouth 1. [mauθ] *n., pl.* **mouths** [mauðz] ağız; haliç, boğaz; down in the ~ keyifsiz, karamsar; laugh on the wrong side of one's ~ gülerken ağlamak, hüsrana uğramak; **2.** [mauð] *v/t.* & *v/i.* mırıldanmak, ağzında gevelemek *(laf)*; söylemek; savurmak *(küfür)*; ağıza almak, yemek; ağızla dokunmak; geme alıştırmak *(at)*; surat buruşturmak; atıp tutmak; **mouth.ful** [ˈmauθful] *n.* ağız dolusu; lokma.

mouth...: ˈ~-or.gan *n.* ağız mızıkası, armo-

nika; **'~.piece** *n.* ağızlık; ⊕ zıvana; *fig.* sözcü; **'~-wash** *n.* gargara, ağız çalkalamada kullanılan antiseptik sıvı.
mov(e).a.ble ['mu:vəbl] **1.** *adj.* taşınabilir; kımıldayabilir; ⚖ menkul; **2.** *n.* **~s** *pl.* menkul eşya; **'mov(e).a.ble.ness** *n.* hareketlilik, devingenlik.
move [mu:v] **1.** *v/t. & v/i. com.* hareket et(tir)mek, kımılda(t)mak, oyna(t)mak, harekete getirmek, yürütmek; tahrik etm.; önermek, teklif etm.; teşvik etm., gayretlendirmek; tesir etm., etkilemek; ⚕ işletmek *(bağırsak);* ilerlemek; *a.* ~ house taşınmak; yürümek, gitmek; ~ for s.th. *bş* için öneride bulunmak; ~ heaven and earth her çareye baş vurmak; ~ in eve taşınmak; ~ on ileri gitmek, ilerlemek, yürümek; değiştirmek; ~ out evden çıkmak, taşınmak; **2.** *n.* hareket, kımıldama; göç, nakil, taşınma; *fig.* tedbir; *satranç:* taş sürme, hamle; on the ~ hareket halinde, ilerlemekte; get a ~ on F acele etm., çabuk olm., işe girişmek; make a ~ gitmek; harekete geçmek; **'move.ment** *n.* hareket, kımıldanma; ♪ tempo, usül, ölçü; ⊕ mekanizma; ⚕ bağırsakların işlemesi; ⚔ manevra; **'mov.er** *n.* hareket eden kimse; teklif sunan kimse; nakliyeci.
mov.ie F ['mu:vi] *n.* film; **~s** *pl.* sinema.
mov.ing □ ['mu:viŋ] oynar, hareketli; *fig.* dokunaklı, acıklı; ~ staircase yürüyen merdiven.
mow¹ [mau] *n.* ekin *(veya* ot) yığını.
mow² [məu] *(irr.) v/t.* biçmek; **'mow.er** *n.* biçen kimse *veya* alet; **'mow.ing** *n.* biçme; **'mow.ing-ma.chine** *n.* ekin biçme makinesi; **mown** *p.p. of* mow².
much [mʌtʃ] *adj. & adv.* çok(ça), fazla(ca), hayli(ce); as ~ more, as ~ again bu kadar daha, bir misli daha; as ~ as ...ile aynı, ...kadar; not so ~ as ...bile değil, hatta; nothing ~ hiçbir şey; ~ less ...bırak, ...şöyle dursun; ~ as I would like sevmeme rağmen; I thought as ~ bunu bekliyordum, aklıma gelmedi de değil; make ~ of anlamak *-i*; önem vermek *-e*; I am not ~ of a dancer iyi bir dansöz değilimdir, ben kim dansöz olmak kim; (not) up to ~ iyi (değil); this *veya* that ~ bu *veya* şu kadar; **'much.ness** *n.* F çokluk; much of a ~ hemen hemen aynı.
mu.ci.lage ['mju:silidʒ] *n.* zamk, yapışkan; **mu.ci.lag.i.nous** [~'lædʒinəs] *adj.* zamklı.
muck [mʌk] **1.** *n.* gübre; F pislik *(a. fig.)*; make a ~ of s.th. *bşi* kirletmek; *bşi* bozmak; **2.** *v/t.* gübrelemek; *mst* ~ up kirletmek, pisletmek; bozmak; ~ s.th. up *bşi* kirletmek; *bşi* berbat etm., bozmak; ~ about *sl.* dalga geçmek; aylaklık etm.; **'muck.er** *n. sl.* ayaktakımı, it; come *veya* go a ~ *part. fig.* batmak, başarısızlığa uğramak; **muck-rake** ['~reik] **1.** *n.* gübre yabası; = **~r**; **2.** *vb.* çamur atmak, karalamak; **'muck.rak.er** *n. Am.* skandal yaratan kimse *veya* şey; kötücül kimse; **'muck.y** *adj.* kirli, pis.
mu.cous *physiol.* ['mju:kəs] *adj.* sümüklü; sümüksü; sümük *(veya* balgam) salgılayan; ~ membrane mukoza, salgılı zar.
mu.cus ['mju:kəs] *n.* sümük; balgam.
mud [mʌd] *n.* çamur; throw ~ at s.o. *b-ne* çamur atmak; **'mud-bath** *n.* çamur banyosu; **'mud.di.ness** *n.* çamurluluk; **muddle** ['mʌdl] **1.** *v/t.* karıştırmak; *a.* ~ up, ~ together birbirine karıştırmak, karman çorman etm., birbirinden ayıramamak; F yüzüne gözüne bulaştırmak; *v/i.* kafası karışmak; ~ through F işin içinden başarıyla sıyrılmak; **2.** *n.* karışıklık; şaşkınlık; F arapsaçı; get into a ~ belâya çatmak, işleri karışmak; **'mud.dle-headed** *adj.* sersem, kalın kafalı; **'mud.dy** **1.** □ çamurlu; çamur gibi, bulanık; karışık; **2.** *v/t.* çamurlamak, çamura bulamak.
mud...: **'~.guard** *n.* çamurluk; **'~.lark** *n.* F sokak çocuğu, afacan; **'~-sling.ing** *n.* F çamur atma, karalama.
muff¹ [mʌf] **1.** *n.* F beceriksizlik; beceriksiz kimse; **2.** *v/t.* yüzüne gözüne bulaştırmak; yakalayamamak *(top).*
muff² [~] *n.* manşon; ⊕ boru bileziği.
muf.fin ['mʌfin] *n.* yassı pide; **muf.fin.eer** [~'niə] *n.* tuzluk, şekerlik.
muf.fle ['mʌfl] **1.** *n.* ⊕ mufla; **2.** *v/t. oft.* ~ up sar(ın)mak; boğmak *(ses);* **'muf.fler** *n.* boyun atkısı, fular; ♪ piyano yastığı; *mot.* susturucu.
muf.ti ['mʌfti] *n.* sivil elbise *(part.* ⚔ *)*; in ~ sivil elbiseli.
mug [mʌg] **1.** *n.* maşrapa, bardak; ağız; *sl.* yüz, surat; budala, *(veya* avanak) kimse; gangster, eşkiya; kimlik fotoğrafı; a ~'s game boş iş; **2.** *v/t.* saldırıp soymak; ~ up iyi bilmek; ineklemek.
mug.gy ['mʌgi] *adj.* kapalı, sıkıntılı, sıcak ve rutubetli *(hava).*
mug.wort ⚘ ['mʌgwə:t] *n.* pelin.
mug.wump *Am. iro.* ['mʌgwʌmp] *n.* kendini beğenmiş kimse; *pol.* bağımsız kimse.
mu.lat.to [mju:'lætəu] *n.* beyaz ile zenci melezi kimse.
mul.ber.ry ['mʌlbəri] *n.* dut.
mulch [mʌltʃ] **1.** *n.* bitki köklerini koru-

yucu tabaka; **2.** *v/t.* böyle tabakayla örtmek.
mulct [mʌlkt] **1.** *n.* ⚒ para cezası; **2.** *v/t.* para cezasına çarptırmak; dolandırmak.
mule [mjuːl] *n.* katır; F katır gibi inatçı kimse; şıpıdık, arkalıksız terlik; as stubborn *veya* obstinate as a ~ katır gibi inatçı; = **ˈ~-jenny** *n.* çıkrık makinesi; **mu.le.teer** [~liˈtiə] *n.* katırcı; **ˈmule-track** *n.* katır yolu, patika.
mul.ish □ [ˈmjuːliʃ] katır gibi inatçı.
mull¹ ✝ [mʌl] *n.* ince müslin kumaş.
mull² F [~] *v/t.*: ~ over düşünüp taşınmak.
mulled [mʌld] *adj.*: ~ ale sıcak bira; ~ wine şekerli ve baharatlı sıcak şarap.
mul.le(i)n ⚘ [ˈmʌlin] *n.* sığırkuyruğu.
mul.let *ichth.* [ˈmʌlit] *n.* dubar; red ~ barbunya.
mul.li.gan *Am.* F [ˈmʌligən] *n.* türlü, güveç; **mul.li.ga.taw.ny** [mʌligəˈtɔːni] *n.* *a.* ~ soup etli ve baharatlı çorba.
mul.li.grubs *sl.* [ˈmʌligrʌbz] *n. pl.* karın ağrısı.
mul.lion ⟁ [ˈmʌliən] **1.** *n.* pencere çerçevesinin dikey bölme tirizlerinden biri; **2.** *v/t.* tirizlerle ayırmak.
mul.ti.far.i.ous □ [mʌltiˈfɛəriəs] çeşitli, çeşit çeşit; **mul.ti.form** [ˈ~fɔːm] *adj.* çok şekilli; **mul.ti.lat.er.al** □ [ˈ~ˈlætərəl] çok yanlı, çok taraflı; **mul.ti-mil.lion.aire** [ˈ~miljəˈnɛə] *n.* mültimilyoner; **mul.ti.ple** [ˈmʌltipl] **1.** *adj.* katmerli, çeşitli, çok yönlü, çok kısımlı; ~ choice çok seçenekli; ~ firm, ~ shop firma (*veya* mağaza) şubesi; ~ switchboard ⚡ çok hatlı santral; **2.** *n.* ⚡ çok safhalı akım; ⩓ katsayı; **mul.ti.plex** [ˈ~pleks] *adj.* çok kısımlı, kat kat, katmerli; **mul.ti.pli.cand** ⩓ [~pliˈkænd] *n.* çarpılan; **mul.ti.pli.ca.tion** [~pliˈkeiʃən] *n.* çoğal(t)ma; ⩓ çarpma; compound (simple) ~ bileşik (âdi) çarpım; ~ table çarpım tablosu; **mul.ti.plic.i.ty** [~ˈplisiti] *n.* çokluk, fazlalık; çeşitlilik; **mul.ti.pli.er** [~ˈplaiə] *n.* çarpan; **mul.ti.ply** [ˈ~plai] *v/t.* & *v/i.* çoğal(t)mak; art(tır)mak; çarpmak; üremek; **mul.ti.tude** [ˈ~tjuːd] *n.* kalabalık, izdiham; çokluk; avam; **mul.ti.tu.di.nous** [~ˈtjuːdinəs] □ (pek) çok, bir sürü.
mum¹ [mʌm] **1.** *n.* sessizlik; **2.** *int.* sus!; **3.** *v/i.* kılık değiştirip eğlenceye katılmak.
mum² F [~] *n.* anne.
mum.ble [ˈmʌmbl] *v/t.* & *v/i.* mırılda(n)mak, ağzında gevelemek (*laf*); kemirmek.
Mum.bo Jum.bo [ˈmʌmbəuˈdʒʌmbəu] *n.* anlaşılmaz söz *veya* büyü.
mum.mer *contp.* [ˈmʌmə] *n.* maskeli aktör; **ˈmum.mer.y** *n.* *contp.* maskeli gösteri; anlamsız ayin.
mum.mied [ˈmʌmid] *adj.* mumyalı.
mum.mi.fi.ca.tion [mʌmifiˈkeiʃən] *n.* mumyalama; **mum.mi.fy** [ˈ~fai] *v/t.* mumyalamak; kupkuru yapmak.
mum.my¹ [ˈmʌmi] *n.* mumya; beat to a ~ F eşek sudan gelinceye kadar dövmek, pestilini çıkarmak.
mum.my² F [~] *n.* anneciğim.
mump [mʌmp] *v/i.* dilenmek; **ˈmump.ish** *adj.* asık suratlı, somurtkan; **mumps** [mʌmps] *n. sg.* ⚕ kabakulak.
munch [mʌntʃ] *v/t.* kıtır kıtır (*veya* katır kutur, şapır şupur, hapır hupur) yemek.
mun.dane □ [ˈmʌndein] günlük, olağan, dünyevî...; sıradan...
mu.nic.i.pal □ [mjuːˈnisipl] belediyeye ait, belediye...; şehre ait, şehir...; **mu.nic.i.pal.i.ty** [~ˈpæliti] *n.* belediye.
mu.nif.i.cence [mjuːˈnifisns] *n.* cömertlik; **muˈnif.i.cent** □ cömert, eli açık.
mu.ni.ments [ˈmjuːnimənts] *n. pl.* senet, belgit.
mu.ni.tions [mjuːˈniʃənz] *n. pl.* savaş gereçleri, cephane.
mu.ral [ˈmjuərəl] **1.** *adj.* duvara ait, duvar...; duvar gibi; duvara asılan; **2.** *n.* fresk, duvara yapılan resim.
mur.der [ˈməːdə] **1.** *n.* katil, adam öldürme, cinayet; **2.** *v/t.* öldürmek, katletmek (*a. fig.*); *fig.* berbat etm., rezil etm.; **ˈmur.der.er** *n.* katil, cani; **ˈmur.der.ess** *n.* kadın katil; **ˈmur.der.ous** □ öldürücü; kanlı; *fig.* sert, şiddetli.
mure [mjuə] *v/t.* *mst* ~ up hapsetmek.
mu.ri.at.ic ac.id ⚗ [mjuəriˈætikˈæsid] *n.* tuzruhu.
murk.y □ [ˈməːki] karanlık, kasvetli; yoğun (*sis*); utanç verici.
mur.mur [ˈməːmə] **1.** *n.* mırıltı, mırıldanma; söylenme; uğultu; **2.** *vb.* mırılda(n)mak; homurdanmak, söylenmek (against, at *-e karşı*); çağıldamak, uğuldamak; **ˈmur.mur.ous** □ mırıltılı, homurtulu.
mur.phy *sl.* [ˈməːfi] *n.* patates.
mur.rain [ˈmʌrin] *n.* hayvanlara özgü bulaşıcı bir hastalık.
mus.ca.dine [ˈmʌskədin], **mus.cat** [ˈ~kət], **mus.ca.tel** [~kəˈtel] *n.* misket üzümü *veya* şarabı.
mus.cle [ˈmʌsl] **1.** *n.* adale, kas; **2.** *v/i.* ~ in *Am. sl.* kaba kuvvet kullanmak; **ˈ~-bound** *adj.* adaleli; kas tutukluğu olan; **mus.cu.lar** □ [ˈ~kjulə] adaleye ait,

adale...; adaleli; kuvvetli.
Muse[1] [mju:z] *n.* Müzlerden biri.
muse[2] [~] *v/i.* düşünceye dalmak, dalıp gitmek (on, upon *-e*); **ˈmus.er** *n.* dalgın kimse.
mu.se.um [mju:ˈziəm] *n.* müze.
mush [mʌʃ] *n.* mısır unu lapası.
mush.room [ˈmʌʃrum] **1.** *n.* mantar; *fig.* türedi şey *veya* kimse; **2.** *adj.* mantarımsı...; *fig.* türedi...; *fig.* hızlı...; **3.** *v/i.* mantar gibi yerden bitmek, artmak, çoğalmak; ~ out hızla yayılmak; ~ up göklere yükselmek; go ~ing mantar toplamak.
mu.sic [ˈmju:zik] *n.* müzik, musiki; makam, nota; set to ~ bestelemek; face the ~ F güçlüklere *veya* eleştirilere göğüs germek; **ˈmu.si.cal** **1.** □ müziğe ait, müzik...; müzikal; ahenkli, uyumlu; müziksever; ~ box müzik kutusu; ~ clock müzikli saat; ~ instrument müzik aleti *(veya* enstrumanı); **2.** *n. a.* ~ comedy müzikal komedi.
mu.sic...: **ˈ~-book** *n.* nota kitabı; **ˈ~-box** *n. Am.* müzik kutusu; **ˈ~-hall** *n.* müzikhol; varyete.
mu.si.cian [mju:ˈziʃən] *n.* çalgıcı; müzisyen, bestekâr.
mu.sic...: **ˈ~-pa.per** *n.* nota kâğıdı; **ˈ~-stand** *n.* nota sehpası; **ˈ~-stool** *n.* piyano taburesi.
musk [mʌsk] *n.* misk (kokusu); ⚘ amberçiçeği, miskotu; = **ˈ~-ˈdeer** *n. zo.* misk geyiği.
mus.ket [ˈmʌskit] *n.* asker tüfeği; **mus-ket.eer** *hist.* [~ˈtiə] *n.* tüfekli asker, silahşör; **mus.ket.ry** ⚔ [ˈ~ri] *n.* tüfek atışı; tüfekler.
musk...: **ˈ~-rat** *n. zo.* misk sıçanı; **ˈ~-rose** *n.* ⚘ misk gülü; **ˈmusk.y** *adj.* misk kokulu.
Mus.lim [ˈmʌslim] *s.* Moslem.
mus.lin † [ˈmʌzlin] *n.* muslin.
mus.quash [ˈmʌskwɔʃ] *n.* misk sıçanı kürkü.
muss *part. Am.* F [mʌs] **1.** *n.* karışıklık, arapsaçı; **2.** *v/t.* bozmak, dağıtmak, arapçasına çevirmek.
mus.sel [ˈmʌsl] *n.* midye.
Mus.sul.man [ˈmʌslmən] **1.** *n.* Müslüman; **2.** *adj.* Müslüman...
must[1] [mʌst, məst] **1.** *v/aux. (irr.)* -meli, -malı; I ~ not ...mamalıyım, izinli değilim; **2.** *n.* zorunluluk, şart, gereklilik; this book is a ~ bu kitap mutlaka okunmalıdır.
must[2] [mʌst] *n.* şıra.
must[3] [~] *n.* küf (kokusu).
mus.tache *Am.* [məsˈtɑ:ʃ], **mus.ta.chio** *Am.* [məsˈtɑ:ʃi:əu] *s.* moustache.
mus.tang [ˈmʌstæŋ] *n.* yabani at.
mus.tard [ˈmʌstəd] *n.* hardal (bitkisi): ~ **gas** ⚔ iperit; ~ **plas.ter** ⚕ hardal yakısı.
mus.ter [ˈmʌstə] **1.** *n.* ⚔ içtima, bir araya toplanma; yoklama; toplanan kimseler *veya* sayıları; *mst* ~ roll ⚔ yoklama defteri; pass ~ *fig.* yeterli *(veya* tatminkâr) olm., kabul olunmak; **2.** *v/t.* & *v/i.* ⚔ topla(n)mak; ~ in askere kaydetmek; *mst* ~ up *fig.* toplamak *(cesaret).*
mus.ti.ness [ˈmʌstinis] *n.* küflülük; **ˈmus-ty** *adj.* küflü, küf kokulu; *fig.* demode, bayat, eski.
mu.ta.bil.i.ty [mju:təˈbiliti] *n.* değişebilirlik; **ˈmu.ta.ble** □ değişebilir, değişken;
mu.ta.tion [~ˈteiʃən] *n.* değişme, dönüşme; *gr.* bir ünlü *veya* ünsüzün değişmesi.
mute [mju:t] **1.** □ sessiz, suskun; dilsiz; *gr.* okunmaz *(harf)*; **2.** *n.* dilsiz kimse; ♪ surdin; *gr.* sağır ses, okunmayan harf; **3.** *v/t. part.* ♪ sesini kısmak.
mu.ti.late [ˈmju:tileit] *v/t.* kötürüm etm. *(a. fig.)*; *fig.* bozmak, katletmek; **mu-tiˈla.tion** *n.* kötürüm etme; bozma.
mu.ti.neer [mju:tiˈniə] *n.* isyan eden asker, isyancı, asi; **ˈmu.ti.nous** □ isyankâr, asi; **ˈmu.ti.ny** **1.** *n.* isyan, ayaklanma; **2.** *v/i.* ayaklanmak, isyan etm. (against *-e karşı*).
mutt *sl.* [mʌt] *n.* kuş beyinli kimse.
mut.ter [ˈmʌtə] **1.** *n.* mırıltı; **2.** *v/i.* mırıldanmak, homurdanmak, söylenmek.
mut.ton [ˈmʌtn] *n.* koyun eti; leg of ~ koyun budu; **ˈ~-ˈchop** *n.* koyun pirzolası.
mu.tu.al □ [ˈmju:tʃuəl] karşılıklı; ortak, müşterek; ~ insurance karşılıklı sigorta; **mu.tu.al.i.ty** [~tjuˈæliti] *n.* karşılıklı olma.
muz.zle [ˈmʌzl] **1.** *n.* hayvan burnu; burunsalık; top *veya* tüfek ağzı; **2.** *v/t.* burunsalık takmak *-e*; *fig.* susturmak; **ˈ~-load.er** *n.* ⚔ ağızdan dolma top *veya* tüfek.
muz.zy □ [ˈmʌzi] kafası karışmış; keyifsiz; sersem; bulanık.
my [mai] *pron.* benim.
my.al.gi.a ⚕ [maiˈældʒiə] *n.* kasınç, kas ağrısı.
my.col.o.gy [maiˈkɔlədʒi] *n.* mantarları inceleyen bilim dalı.
my.ope ⚕ [ˈmaiəup] *n.* miyop kimse; **my-o.pi.a** [maiˈəupjə] *n.* miyopluk; **my.op.ic** [~ˈɔpik] *adj.* (~ally) miyop.
myr.i.ad [ˈmiriəd] **1.** *n.* çok sayı; **2.** *adj.* çok, sayısız.

myr.mi.don [ˈmɜːmidən] *n.* *contp.* körü körüne itaat eden kimse.
myrrh ⚘ [mɜː] *n.* mür(rüsafi).
myr.tle ⚘ [ˈmɜːtl] *n.* mersin.
my.self [maiˈself] *pron.* ben, kendim, bizzat.
mys.te.ri.ous □ [misˈtiəriəs] esrarengiz, gizemli, garip; **mysˈte.ri.ous.ness** *n.* esrarengizlik, gizemlilik.
mys.ter.y [ˈmistəri] *n.* gizem, sır; anlaşılmaz şey; *a.* ~ play *hist.* dinî piyes; ˈ~-ship *n.* ✕ tuzak gemi.
mys.tic [ˈmistik] **1.** *a.* ˈ**mys.ti.cal** □ mistik, tasavvufa ait; gizemli; gizli; gizli anlamlı, esrarlı; **2.** *n.* gizemci, mutasavvıf; **mys.ti.cism** [ˈ~sizəm] *n.* gizemcilik, mistisizm, tasavvuf; **mys.ti.fi.ca.tion** [~fiˈkeiʃən] *n.* şaşırtma; **mys.ti.fy** [ˈ~fai] *v/t.* şaşırtmak, hayrette bırakmak.
mys.tique [misˈtiːk] *n.* yetenek, marifet, gizli güç; özellikler.
myth [miθ] *n.* efsane, mit; hayalî kimse *veya* şey; **myth.ic, myth.i.cal** □ [ˈ~ik(əl)] efsanevî, esatirî; hayalî.
myth.o.log.ic, myth.o.log.i.cal □ [miθəˈlɔdʒik(əl)] mitolojik, esatirî; **my.thol.o.gy** [miˈθɔlədʒi] *n.* mitoloji.
myx.o.ma.to.sis [miksəuməˈtəusis] *n.* öldürücü bir tavşan hastalığı.

N

nab *sl.* [næb] *v/t.* yakalamak, enselemek, tutuklamak; almak.
na.bob ['neibɔb] *n.* ensesi kalın (*veya* çok varlıklı) kimse.
na.celle ✈ [næ'sel] *n.* motor yeri.
na.cre ['neikə] *n.* sedef; **na.cre.ous** ['~kriəs] *adj.* sedefli.
na.dir ['neidiə] *n. ast.* ayakucu; *fig.* en düşük nokta.
nag¹ F [næg] *n.* yaşlı at.
nag² [~] *v/i.* dırlanmak, dırdır etm., söylenip durmak; ~ at *-in* başının etini yemek.
Nai.ad ['naiæd] *n.* su perisi.
nail [neil] **1.** *n.* çivi, mıh; *anat.* & *zo.* tırnak; fight tooth and ~ çok şiddetli dövüşmek, dişe diş kavga etm.; on the ~ derhal, hemen; hit the (right) ~ on the head tam üstüne basmak, taşı gediğine koymak; as hard as ~s acımasız, sert; turp gibi; **2.** *v/t.* çivilemek, mıhlamak (to *-e*); F tutmak, yakalamak, esir almak; dikmek *(göz)*; ~ down çivilemek; F garantiye almak; ~ s.o. down to *fig. b-ni* zorla konuşturmak; ~ to the counter teşhir etm., yalancı çıkarmak, yalanlamak; **'~-brush** *n.* tırnak fırçası; **'nail.ing** *adj. sl. oft.* ~ good şahane, emsalsiz; **'nail-scissors.** *n. pl.* tırnak makası; **'nail-var.nish** *n.* tırnak cilâsı, oje.
nain.sook ['neinsuk] *n.* nansuk, bir tür ince ve sık dokunmuş patiska.
na.i.ve □ [na:'i:v] **na.ive** [neiv] saf, bön; deneyimsiz, toy; **na.ïve.te** [na:'i:vtei], **na.ive.ty** ['neivti] *n.* saflık, bönlük; toyluk.
na.ked □ ['neikid] çıplak; *fig.* yalın, açık; örtüsüz; silahsız; *poet.* korumasız, himayesiz; sade; salt *(gerçek)*; **'na.ked.ness** *n.* çıplaklık.
nam.by-pam.by ['næmbi'pæmbi] **1.** *adj.* budalaca duygusal; kararsız; **2.** *n.* budalaca duygusal (*veya* sıkılgan) kimse.
name [neim] **1.** *n.* isim, ad; nam, şöhret, ün; ünvan; meşhur kimse; of *veya* by the ~ of... ...isminde, ...adında; call s.o. ~s *b-ne* sövüp saymak; not have a penny to one's ~ meteliğe kurşun atmak, cebi delik olm.; know s.o. by ~ *b-ni* ismen tanımak; **2.** *v/t.* adlandırmak, isim koymak *-e*; söylemek; vermek *(fiyat)*; tayin etm., atamak; **'~-day** *n. eccl.* isim günü; **'name.less** □ isimsiz, adsız; bilinmeyen; bahsedilmeye değmez; tarifi olanaksız; **'name.ly** *adv.* yani, şöyle ki; **'name-part** *n.* başrol; **'name-plate** *n.* tabela; **'name-sake** *n.* adaş.
nan.cy *sl.* ['nænsi] *n.* çıtkırıldım, hanım evlâdı; homoseksüel.
nan.keen [næŋ'ki:n] *n.* pamuklu kumaş; ~s *pl.* pamuklu kumaştan elbise.
nan.ny ['næni] *n.* dadı; **'~-goat** *n.* dişi keçi.
nap¹ [næp] *n.* tüylü yüz, hav.
nap² [~] **1.** *n.* şekerleme, kestirme, kısa uyku; have *veya* take a ~ şekerleme yapmak, kestirmek; **2.** *v/i.* şekerleme yapmak, kestirmek; catch s.o. ~ping *b-ni* gafil avlamak.
nap³ [~] *n.:* go ~ *fig.* tek bir darbe ile başarıyı elde etmeğe çalışmak.
na.palm ['neipa:m] *n.:* ~ bomb ⚔ napalm bombası.
nape [neip] *n. mst* ~ of the neck ense.
naph.tha ⚗ ['næfθə] *n.* neftyağı.
nap.kin ['næpkin] *n.* peçete; kundak bezi; **'~-ring** *n.* peçete halkası.
Na.po.le.on.ic [nəpəuli'ɔnik] *adj.* Napolyon'a ait.
nap.py F ['næpi] *n.* çocuk bezi.
nar.cis.sism *psych.* [na:'sisizm] *n.* narkislik, narkisizm, kendi kendine aşık olma;
nar.ciss.us ⚘ [~'sisəs] *n.* nergis, zerrin, fulya.
nar.co.sis ⚕ [na:'kəusis] *n.* narkoz.
nar.cot.ic [na:'kɔtik] **1.** *adj.* (~ally) narkotik, uyuşturucu; **2.** *n.* uyuşturucu ilâç, narkotik; uyuşturucu düşkünü kimse;
nar.co.tize ['na:kətaiz] *v/t.* ilâç ile uyuşturmak *veya* uyutmak.
nard [na:d] *n.* hintsümbülü.
nark¹ *sl.* [na:k] *n.* ajan; narkotik ajanı.
nark² F [~] *v/t.* canını sıkmak, tepesini attırmak; *v/i.* sızlanmak, yakınmak.
nar.rate [nə'reit] *v/t.* anlatmak, nakletmek; **nar'ra.tion** *n.* (hikâye) anlatma, anlatım; hikâye; **nar.ra.tive** ['nærətiv] **1.** □

hikâye türünde; hikâye anlatmaya ait; 2. *n.* rivayet, hikâye, anlatı (sanatı);
nar.ra.tor [nəˈreitə] *n.* hikâyeci; anlatan kimse.
nar.row [ˈnærəu] 1. ☐ dar, ensiz; kısıtlı; kesin; darlık içinde; dar fikirli; cimri, pinti; s. escape; 2. *n.* ~s *pl.* dar boğaz; 3. *v/t.* & *v/i.* daral(t)mak; kısmak *(göz)*; kısıtlamak; ˈ~-ˈchest.ed *adj.* dar göğüslü; ˈ~-gauge *n.* dekovil; ˈ~-ˈmind.ed ☐ dar fikirli *(veya* görüşlü); ˈ**nar.row-ness** *n.* darlık *(a. fig.)*.
nar.whal *zo.* [ˈnɑːwəl] *n.* denizgergedanı.
nar.y *Am.* [ˈnɛəri] *adj.* hiç bir.
na.sal [ˈneizəl] 1. ☐ buruna ait, burun...; genzel; 2. *n.* genzel ses; **na.sal.i.ty** [~ˈzæliti] *n.* genzellik; **na.sal.ize** [ˈ~zəlaiz] *v/i.* genizden konuşmak; *v/t. gr.* genizden çıkarmak *(ses)*.
nas.cent [ˈnæsnt] *adj.* oluşmaya *(veya* gelişmeye) başlayan, filizlenen.
nas.ti.ness [ˈnɑːstinis] *n.* iğrençlik; çirkinlik.
nas.tur.tium [nəsˈtəːʃəm] *n.* lâtinçiçeği.
nas.ty [ˈnɑːsti] ☐ pis, kirli, fena kokulu, iğrenç, berbat, tiksindirici, kötü, çirkin; yaramaz; ayıp ,terbiyesiz, edepsiz, açık saçık, ahlâksız; tehlikeli, korkutucu, ürkütücü, şiddetli.
na.tal [ˈneitl] *adj.* doğuşa ait, doğum...; **na.tal.i.ty** [nəˈtæliti] *n.* doğum oranı.
na.ta.tion [nəˈteiʃən] *n.* yüzme (sanatı); **na.ta.to.ri.al** [nætəˈtɔːriəl] *adj.* yüzmeye ait, yüzme...
na.tion [ˈneiʃən] *n.* millet, ulus; budun.
na.tion.al [ˈnæʃənl] 1. ☐ millete ait, ulusal..., millî...; 2. *n.* vatandaş, yurttaş; **na.tion.al.ism** [ˈnæʃnəlizəm] *n.* ulusçuluk, milliyetçilik; ˈ**na.tion.al.ist** 1. *n.* milliyetçi; 2. *adj.* = **na.tion.alˈis.tic** milliyetçiliğe ait, milliyetçilik...; **na.tion.al.i.ty** [næʃəˈnæliti] *n.* milliyet; millet; vatandaşlık; uyrukluk, tabiiyet; **na.tion.al.i.za.tion** [næʃnəlaiˈzeiʃən] *n.* millîleştirme; ˈ**na.tion.al.ize** *v/t.* millîleştirmek, kamulaştırmak, devletleştirmek.
na.tion-wide [ˈneiʃənwaid] *adj.* millet *(veya* ülke) çapında.
na.tive [ˈneitiv] 1. ☐ yerli, doğal; doğma; doğuştan; özgü (to -*e*); Tanrı vergisi *(yetenek)*; saf(i) *(maden)*; ~ land anavatan, anayurt; ~ language anadili; 2. *n.* yerli, yerli mal *veya* hayvan; a ~ of Ireland İrlanda'nın yerlisi; ˈ~-born *adj.* yerli, doğma büyüme.
na.tiv.i.ty [nəˈtiviti] *n.* doğuş, doğum; ♀ Play Hz. İsa'nın doğumunu anlatan oyun.
na.tron [ˈneitrən] *n.* tabiî sodyum karbonat.
nat.ter F [ˈnætə] *v/i.* çene çalmak, laklak etm.
nat.ty ☐ [ˈnæti] şık, zarif.
na.tu.ral [ˈnætʃrəl] 1. ☐ tabiî, doğal; doğuştan; sunî olmayan, normal; ♪ natürel; gayri meşru *(çocuk)*; ~ history tabiat bilgisi; ~ note ♪ tabiî nota; ~ philosopher tabiat bilgini; ~ philosophy tabiat bilgisi; ~ science tabiat bilgisi; 2. *n.* † doğuştan geri zekâlı kimse; ♪ bekar; piyanonun beyaz tuşu; *bşe* tam uygun kimse *veya* şey; ˈ**nat.u.ral.ism** *n.* doğacılık ,natüralizm; ˈ**nat.u.ral.ist** *n.* natüralist, doğacı; tabiat bilgisi uzmanı; **nat.u.ral.i.za.tion** [~laiˈzeiʃən] *n.* vatandaşlığa kabul etme; ˈ**nat.u.ral.ize** *v/t.* vatandaşlığa kabul etm.; lisana almak *(yabancı kelime)*; ⚘, *zo.* yerlileştirmek; tabiîleştirmek; *v/i.* yerlisi gibi olm.; ˈ**nat.u.ral.ness** *n.* tabiîlik; **na.tu.ral se.lec.tion** *biol.* doğal ayıklanma.
na.ture [ˈneitʃə] *n.* tabiat, doğa; mizaç, yaradılış, yapı; çeşit, tür, tip; kâinat, dünya, evren; ˈ**na.tured** *comb.* ...mizaçlı, ...huylu.
naught [nɔːt] *n.* sıfır; † hiç; come (bring) to ~ boşa çık(ar)mak, suya düş(ür)mek; set at ~ aldırmamak, önemsememek;
naugh.ti.ness [ˈ~tinis] *n.* yaramazlık, haylazlık; ˈ**naugh.ty** ☐ yaramaz, haylaz, haşarı; kötü; ahlâksız, açık saçık; münasebetsiz.
nau.se.a [ˈnɔːsjə] *n.* mide bulantısı; deniz tutması; *fig.* iğrenme, tiksinme; **nau.se.ate** [ˈnɔːsieit] *v/t.* & *v/i.* midesi(ni) bulan(dır)mak, iğren(dir)mek, tiksin(dir)mek; be ~d midesi bulanmak; iğrenmek; **nau.seous** ☐ [ˈnɔːsjəs] mide bulandırıcı, iğrenç.
nau.ti.cal [ˈnɔːtikəl] gemiciliğe ait, gemicilik..., deniz(s)el...; ~ mile deniz mili.
naut.i.lus *zo.* [ˈnɔːtiləs] *n.* sedefli deniz helezonu.
na.val ☐ [ˈneivəl] bahriye ile ilgili, deniz(s)el; savaş gemilerine ait; ~ base deniz üssü; ~ staff deniz kurmay subayları.
nave[1] [neiv] *n.* kilisede halkın oturduğu orta kısım.
nave[2] [~] *n.* dingil başlığı, tekerlek poyrası.
na.vel [ˈneivəl] *n.* göbek; *fig.* merkez; ~ **or.ange** bir tür göbekli ve çekirdeksiz portakal.
nav.i.ga.ble ☐ [ˈnævigəbl] gidiş gelişe elverişli; dümen kullanılabilir *(gemi)*;
nav.i.gate [ˈ~geit] *v/i.* gemi ile gezmek,

gemi kullanmak, seyretmek; kaptanlık *(veya* kılavuzluk) etm.; *v/t.* kullanmak *(gemi, uçak)*; **nav.iˈga.tion** *n.* denizcilik; dümencilik, gemicilik; **ˈnav.i.ga.tor** *n.* denizci, gemici, dümenci, ⚓ seyir subayı; ✈ kaptan pilot.

nav.vy [ˈnævi] *n.* işçi, amele.

na.vy [ˈneivi] *n.* deniz kuvvetleri, donanma; deniz filosu; **ˈ~-ˈblue** *adj.* lâcivert, koyu mavi.

nay [nei] **1.** *adv.* † *veya prov.* hayır, yok; hem de, hatta; **2.** *n.* ret oyu (veren kimse).

Naz.a.rene [næzəˈriːn] *n.* Nasıralı; Nasranî.

naze [neiz] *n.* burun, sahil çıkıntısı.

Na.zi [ˈnaːtsi] **1.** *n.* Nazi; **2.** *adj.* Nazi...

neap [niːp] *n. a.* ~-tide alçalma ile yükselmenin en az olduğu gelgit; **ˈneaped** *adj.*: be ~ ⚓ *(gelgit nedeniyle)* kara üzerinde kalmak *(gemi)*.

Ne.a.pol.i.tan [niəˈpɔlitən] **1.** *adj.* Napoli'ye ait, Napoli'ye özgü; **2.** *n.* Napolili.

near [niə] **1.** *adj.* yakın; bitişik; samimi, içlidışlı; soldaki; cimri, eli sıkı; ~ at hand el altında, yakın; a ~ thing ucu ucuna kazanma; darı darına *(veya* ucuz) kurtulma; **2.** *adv.* yakın(da); hemen hemen, az daha, neredeyse; aşağı yukarı; **3.** *prp.* bitişik, yakın; **4.** *v/i.* yaklaşmak -*e*; **near.by** [ˈ~bai] *adj. & adv.* yakın(da); **ˈnear.ly** *adv.* hemen hemen, âdeta, neredeyse; yakından; not ~ hiç te, katiyen; **ˈnear.ness** *n.* yakınlık; **ˈnear-ˈsight.ed** *adj.* miyop.

neat[1] □ [niːt] temiz, düzenli, düzgün, zarif, zevkli; nefis, enfes; zekice, akıllıca; su katılmamış, saf, katışıksız *(içki)*.

neat[2] ✎ [~] *n.* büyükbaş hayvanlar.

neat.ness [ˈniːtnis] *n.* temizlik, düzgünlük.

neat...: ˈ~'s-foot oil sığır paçası yağı; **ˈ~'s-leath.er** *n.* sığır derisi; **ˈ~'s-tongue** *n.* sığır dili.

neb.u.la *ast.* [ˈnebjulə] *n.* nebula; **ˈneb.u.lar** *adj.* nebulaya ait, nebula...; **neb.u.los.i.ty** [~ˈlɔsiti] *n.* bulutluluk; **ˈneb.u.lous** □ bulutlu, dumanlı, bulanık *(a. fig.)*.

ne.ces.sa.ri.ly [ˈnesisərili] *adv.* mutlaka, muhakkak, illâ(ki); **ˈnec.es.sar.y 1.** □ gerekli, zorunlu, lüzumlu, zarurî, lâzım; kaçınılmaz; **2.** *n. mst* necessaries *pl.* gerekli şey; levazım; **ne.ces.si.tate** [niˈsesiteit] *v/t.* gerektirmek, zorunlu kılmak; **neˈces.si.tous** *adj.* fakir, yoksul, muhtaç; elzem; **neˈces.si.ty** *n.* lüzum, zaruret, ihtiyaç, gerekseme, gereksinme; *mst* necessities *pl.* gerekli şey; of ~ zorunlu olarak, mutlaka.

neck [nek] **1.** *n.* boyun, gerdan; şişe boğazı; kıstak, boğaz, dil; elbise yakası; keman sapı; break the ~ of a task bir işin hakkından gelmek; ~ and ~ başa baş, at başı beraber; ~ and crop F tamamen; paldır küldür; pılı pırtıyı toplayarak; ~ or nothing F herşeyi göze alarak, ya hep ya hiç; get it in the ~ *sl.* zılgıt yemek, azar işitmek, canına okunmak; **2.** *v/i. sl.* öpüşmek, cinsî münasebette bulunmadan sevişmek; **ˈ~.band** *n.* dik elbise yakası; **ˈ~.cloth** *n.* fular; **neck.er.chief** [ˈnekətʃif] *n.* boyun atkısı; **neck.lace** [ˈ~lis], **neck.let** [ˈ~lit] *n.* kolye, gerdanlık; **ˈneck.tie** *n.* kravat; **ˈneck.wear** *n.* † boyuna takılan şeyler.

ne.crol.o.gy [neˈkrɔlədʒi] *n.* ölenlerin isim listesi; bir ölü hakkında yazılmış yazı;

nec.ro.man.cy [ˈnekrəumænsi] *n.* ruh çağırma; büyücülük.

nec.tar [ˈnektə] *n.* nektar, abıhayat; **nec.tar.ine** [ˈ~rin] *n.* tüysüz şeftali, durakı.

née [nei] *adj.* kızlık soyadıyle.

need [niːd] **1.** *n.* ihtiyaç, lüzum, gereklik, zorunluluk, gereksinme, gerekseme (for *için)*; fakirlik, darlık, yokluk; one's own ~s *pl. b-nin* gereksinmeleri; if ~ be gerekirse; be *veya* stand in ~ of -*e* muhtaç olm., gereksinme duymak; **2.** *v/t.* ihtiyacı olm. -*e*, gereksemek -*i*, gereksinmek -*e*, istemek -*i*; gerektirmek -*i*; **need.ful** [ˈ~ful] **1.** □ gerekli, lâzım; **2.** *n.* F ihtiyaç *(part. para)*; **ˈneed.i.ness** *n.* fakirlik, yoksulluk.

nee.dle [ˈniːdl] **1.** *n.* iğne; ibre; örgü şişi; tığ; dikilitaş; **2.** *v/t.* iğne ile dikmek, tutturmak, delmek; *part. Am.* kızdırmak; F artırmak *(alkol derecesini)*; ~ one's way through yol bulup geçmek, arasından sıyrılmak; **ˈ~-case** *n.* iğne kutusu; **ˈ~-gun** *n.* iğneli tüfek.

need.less □ [ˈniːdlis] gereksiz, lüzumsuz; **ˈneed.less.ly** *adv.* gereksizce, lüzumsuzca; **ˈneed.less.ness** *n.* gereksizlik, lüzumsuzluk.

nee.dle...: ˈ~.wom.an *n.* dikişçi kadın; **ˈ~.work** *n.* iğne işi, işleme.

needs [niːdz] *adv.* ister istemez, mutlaka; **ˈneed.y** □ muhtaç, fakir, yoksul.

ne'er [nɛə] = never; **~-do-well** [ˈ~duːwel] *n.* bir işe yaramaz kimse.

ne.far.i.ous □ [niˈfɛəriəs] kötü, şeytansı; kanunlara *veya* ahlâk prensiplerine aykırı.

ne.gate [niˈgeit] *v/t.* inkâr etm., reddetmek; etkisini yok etm.; **neˈga.tion** *n.* inkâr, ret; eksiklik; **neg.a.tive** [ˈnegətiv]

1. □ olumsuz; negatif; aksi, ters; 2. *n.* olumsuz söz *veya* yanıt; ret yanıtı; *phot.* negatif; 3. *v/t. a.* answer in the ~ olumsuz yanıt vermek; inkâr etm.; hükümsüz kılmak; çürütmek; tesirini yok etm.; menetmek.
neg.lect [ni'glekt] 1. *n.* ihmal; 2. *v/t.* ihmal etm., savsaklamak; bakmamak, yapmamak; **neg'lect.ful** □ [~ful] ihmalci, savsak, kayıtsız (of *-e karşı*).
nég.li.gé, neg.li.gee ['negli:ʒei] *n.* süslü gecelik.
neg.li.gence ['neglidʒəns] *n.* dikkatsizlik, kayıtsızlık; ⚖ ihmal; **'neg.li.gent** □ kayıtsız, ihmalci, savsak (of *-e karşı*).
neg.li.gi.ble ['neglidʒəbl] *adj.* önemsemeye değmez, az.
ne.go.ti.a.bil.i.ty [nigəuʃjə'biliti] *n.* satılabilme; akdolunma olanağı; **ne'go.ti.a.ble** □ tartışılabilir; akdolunabilir; tedavülü kolay, ciro edilebilir; devredilebilir; aşılabilir *(yol vs.)*; not ~ geçerli değildir, takas *(veya* ciro) edilemez; **ne'go.ti.ate** [~ʃieit] *v/t.* müzakere etm.; ciro etm. *(çek, bono)*; akdetmek; aşabilmek, geçebilmek; başarmak; tamamlamak; *v/i.* görüşme yapmak; **ne.go.ti'a.tion** *n.* müzakere, görüşme; tamamlama; ciro etme; under ~ görüşülmekte, halledilmekte; **ne'go.ti.a.tor** *n.* delege; arabulucu.
ne.gress ['ni:gris] *n.* zenci kadın; **ne.gro** ['ni:grəu] *n., pl.* **ne.groes** ['~z] zenci; **ne.groid** ['ni:grɔid] *adj.* zencilere ait, zenci...; zenciye benzer.
ne.gus ['ni:gəs] *n.* baharatlı ve şekerli sıcak şarap.
neigh [nei] 1. *n.* kişneme; 2. *v/i.* kişnemek.
neigh.bo(u)r ['neibə] 1. *n.* komşu; 2. *v/t.* & *v/i.* yaklaş(tır)mak; komşu olm.; yakın olm.; **neigh.bo(u)r.hood** ['~hud] *n.* komşuluk, yakınlık; komşular; civar, semt, mahalle; in the ~ of *-in* havalisinde, *-in* civarında *(a. fig.* F); **'neigh.bo(u)r.ing** *adj.* yakın, civar; komşu, bitişik; **'neigh.bo(u)r.li.ness** *n.* komşuya yaraşır davranış; **'neigh.bo(u)r.ly** *adj.* dostça, arkadaşça, komşuya yaraşır; komşuluğa ait, komşuluk...
nei.ther ['naiðə] 1. *adj.* & *pron.* hiç biri, ne bu ne öteki; ve ne de; 2. *adv.:* ~ ...nor ne... ne de...; not... ~ bile değil.
nem.e.sis ['nemisis] *n.* hak edilen ceza; kuvvetli rakip *veya* düşman.
ne.o.lith.ic [ni:əu'liθik] *adj.* ikinci taş devrine ait, neolitik.
ne.ol.o.gism [ni:'ɔlədʒizəm] *n.* yeni kelimeler bulma *veya* kullanma; yeni kelime.
ne.on ['ni:ən] *n.* neon; ~ **light** neon ışığı; ~ **sign** ışıklı reklam.
neph.ew ['nevju:] *n.* erkek yeğen.
ne.phri.tis ⚕ [ne'fraitis] *n.* böbrek iltihabı, nefrit.
nep.o.tism ['nepətizəm] *n.* akraba kayırma.
Nep.tune ['neptju:n] *n.* Neptün gezegeni.
Ne.re.id ['niəriid] *n.* su perisi.
nerve [nə:v] 1. *n.* sinir, asap; cesaret, soğukkanlılık; ~s *pl.* duyarlık; ⚘ damar; küstahlık, yüzsüzlük; get on s.o.'s ~s *b-nin* sinirine dokunmak; 2. *v/t.* cesaret vermek *-e* (for *için*); **'~-cell** *n.* sinir hücresi; **'~-cen.tre** *n., Am.* **'~-cen.ter** sinir merkezi; **nerved** *adj.* ⚘ damarlı; **'nerve-less** □ zayıf, cansız, güçsüz, dermansız; cesaretsiz; soğukkanlı; **'nerve-rack.ing** *adj.* sinir bozucu.
nerv.ine ⚕ ['nə:vi:n] 1. *adj.* sinirleri yatıştırıcı; 2. *n.* sinirleri yatıştırıcı ilâç.
nerv.ous □ ['nə:vəs] sinirli, asabî; çekingen, ürkek; sinirsel; **'nerv.ous.ness** *n.* sinirlilik.
nerv.y *sl.* ['nə:vi] *adj.* yüzsüz, küstah; sinirli.
nes.ci.ence ['nesiəns] *n.* bilgisizlik, cehalet; **'nes.ci.ent** *adj.* cahil, bilgisiz, habersiz (of *-den*).
ness [nes] *n.* burun, çıkıntı.
nest [nest] 1. *n.* yuva *(a. fig.)*; haydut yatağı; 2. *v/t.* & *v/i.* iç içe yerleş(tir)mek; yuva yapmak; **'nest.ed** *adj.* iç içe; **'nest-egg** *n.* fol; *fig.* ilerisi için biriktirilen para, ihtiyat akçesi; **'nest.er** *n.* yuva yapan kuş; **'nes.tle** ['nesl] *v/i.* sokulmak (to *-e*); gömülmek; *v/t.* barındırmak, sığındırmak; yaslamak; bağrına basmak; **nest.ling** ['nestliŋ] *n.* yavru kuş.
net[1] [net] 1. *n.* ağ, tuzak; şebeke; hile; 2. *v/t.* ağ ile tutmak; ağ ile örtmek; *fig.* avlamak.
net[2] [~] 1. *adj.* net, kesintisiz; halis, safi, katışıksız; 2. *v/t.* kazanmak, kâr etm.
net.ball ['netbɔ:l] *n.* voleybol türünde bir oyun.
neth.er ['neðə] *adj.* alt(taki); **'~.most** *adj.* en alttaki.
net.ting ['netiŋ] *n.* ağ (örme); örgü.
net.tle ['netl] 1. *n.* ⚘ ısırgan; 2. *v/t.* ⚒ ısırganla yakmak; *fig.* kızdırmak, öfkelendirmek; **'~-rash** *n.* ⚕ kurdeşen, ürtiker.
net.work ['netwə:k] *n.* şebeke; ağ örgüsü; *radyo:* yayın istasyonları şebekesi.
neu.ral ⚕ ['njuərəl] *adj.* sinirlere ait, sinirsel.

neu.ral.gia ⚕ [njuəˈrældʒə] *n.* nevralji; **neu.ras.the.ni.a** ⚕ [njuərəsˈθiːnjə] *n.* nevrasteni; **neu.ras.then.ic** [~ˈθenik] **1.** *adj.* nevrasteniye ait, nevrasteni...; **2.** *n.* sinir hastası, nevrastenik kimse; **neu.ri.tis** ⚕ [njuəˈraitis] *n.* sinir iltihabı; **neu.rol.o.gist** [~ˈrɔlədʒist] *n.* asabiyeci; **neuˈrol.o.gy** *n.* nevroloji, sinirbilim; **neu.ro.path.ic** ⚕ [~rəuˈpæθik] **1.** *adj.* nevropatik; **2.** *n.* nevropat kimse; **neu.ro.sis** ⚕ [~ˈrəusis] *n.* nevroz; **neu.rot.ic** [~ˈrɔtik] **1.** *adj.* nevrozlu, sinir hastalığı olan; evhamlı; **2.** *n.* nevrozlu kimse.

neu.ter [ˈnjuːtə] **1.** *adj.* ⚘, *zo.* cinsiyetsiz; *gr.* cinssiz; geçişsiz *(fiil)*; **2.** *n.* cinsiyetsiz hayvan *veya* bitki; *gr.* cinsiyet belirtmeyen kelime.

neu.tral [ˈnjuːtrəl] **1.** □ yansız, tarafsız; ⚗ nötr; belirli bir özelliği olmayan; rengi belirsiz; tarafsız ülkeye ait; *mot.* boşta *(vites)*; **2.** *n.* tarafsız kimse *veya* ülke; boş vites; **neu.tral.i.ty** [~ˈtræliti] *n.* tarafsızlık; **neu.tral.i.za.tion** [~trəlaiˈzeiʃən] *n.* yansız kılma; ⚗ nötrleme; **ˈneu.tral.ize** *v/t.* etkisiz bırakmak; yansız kılmak; ⚗ nötrlemek.

neu.tron *phys.* [ˈnjuːtrɔn] *n.* nötron.

né.vé *mount.* [ˈnevei] *n.* kar; karlı alan.

nev.er [ˈnevə] *adv.* asla, hiç bir zaman, hiç, katiyen; ~ so hiç de öyle değil; on the ~-~ *sl.* taksitle; the ♀-♀ (Land) hayal beldesi; **ˈnev.erˈmore** *adv.* asla, artık hiç, bundan böyle; **nev.er.the.less** [~ðəˈles] *adv.* bununla beraber, mamafih, yine de.

new [njuː] *adj.* yeni; taze; acemi; yeni keşfedilmiş; görülmemiş, alışılmamış; **ˈ~.born** **1.** *adj.* yeni doğmuş; **2.** *n.* yeni doğmuş bebek; **ˈnew-ˈcom.er** *n.* yeni gelmiş kimse; **New Eng.land.er** kuzey Amerikalı; **new.fan.gled** [ˈ~fæŋgld] *adj.* yeni çıkmış, yeni model; **new look** yeni moda; **ˈnew.ly** *adv.* geçenlerde, yakınlarda, yeni; yeni bir şekilde; **ˈnewly-weds** *n. pl.* yeni evliler; **ˈnew.ness** *n.* yenilik.

news [njuːz] *n.* haber, havadis; what's the ~? ne haber?, ne var ne yok?; he is much in the ~ F herkesin diline düştü; **ˈ~-a.gen.cy** *n.* haber ajansı; **ˈ~-a.gent** *n.* gazeteci; **ˈ~-boy** *n.* gazeteci çocuk; **ˈ~-butch.er** *n. Am. sl.* seyyar gazeteci; **ˈ~.cast** *n. radyo:* haber yayını; **~ cin.e.ma** aktualite filmleri gösteren sinema; **ˈ~.letter** *n.* sirküler, genelge; **ˈ~-mon.ger** *n.* dedikoducu kimse; **ˈ~.pa.per** *n.* gazete; *attr.* gazete...; **ˈ~.print** *n.* gazete kâğıdı; **ˈ~-reel** *n.* film; aktualite filmi; **ˈ~-room** *n.* gazete bayii; *Am. gazete:* haber alma ve derleme bürosu; **ˈ~-stall,** *Am.* **ˈ~.stand** *n.* gazete tezgâhı; **ˈ~-ven.dor** *n.* gazete satıcısı, gazeteci; **news.y** [ˈnjuːzi] *adj.* F haber (*veya* havadis) dolu *(mektup vs.)*.

newt *zo.* [njuːt] *n.* semender, su keleri.

New World [ˈnjuːˈwəːld] *n.* Yeni dünya, Amerika.

new year [ˈnjuːˈjəː] *n.* yılbaşı; ~'s day yılbaşı günü; ~'s eve yılbaşı arifesi; ~'s gift yılbaşı hediyesi.

next [nekst] **1.** *adj.* en yakın, yanı başındaki; bitişik; bir sonraki; gelecek, önümüzdeki, ertesi; ~ but one bir evvelki; ~ door bitişik ev(deki); ~ door to *fig.* hemen hemen, neredeyse; the ~ of kin en yakın akraba; ~ to *-e* bitişik, *-in* yanın(d)a, *-den* sonra; F sıkı fıkı, içlidışlı; ~ to nothing hemen hemen hiç; what ~? başka?; **2.** *adv.* (ondan) sonra, daha sonra.

nib [nib] *n.* kalem ucu.

nib.ble [ˈnibl] *v/t.* & *v/i.* azar azar ısırmak; *a.* ~ at kemirmek *-i*; *fig.* ilgi göstermek *-e*, iyice düşünmek *-i*.

nib.lick [ˈniblik] *n.* golf sopası.

nice □ [nais] güzel, hoş, sevimli; cazip; ince; iyi; kibar, nazik; titiz; *iro.* zor, güç, kötü; ~ and warm sıcacık, oldukça sıcak; **ˈnice.ly** *adv.* F iyi bir şekilde, çok iyi, incelikle; **ˈnice.ness** *n.* incelik; hoşluk, güzellik; **nice.ty** [ˈ~siti] *n.* incelik, titizlik; doğruluk, kesinlik; güzellik, hoşluk; to a ~ tamı tamamına, tam karar; stand upon niceties ayrıntılar üzerinde durmak.

niche [nitʃ] *n.* duvarda hücre (*veya* oyuk); *fig.* uygun yer.

Nick[1] [nik] *n.*: Old ~ şeytan.

nick[2] [~] **1.** *n.* çentik, kertik, diş; *sl.* durum, sağlık; in the (very) ~ of time tam zamanında; **2.** *v/t.* çentmek; kesmek; *sl.* aşırmak, yürütmek; *sl.* enselemek.

nick.el [ˈnikl] **1.** *n. min.* nikel; *Am.* beş sent; ~-in-the-slot machine *Am.* otomatik tevzi makinesi; **2.** *v/t.* nikel ile kaplamak.

nick.el.o.de.on *Am.* [niklˈəudjən] *n.* eskiden beş sente film gösterilen sinema; eskiden para ile çalınan otomatik pikap.

nick-nack [ˈniknæk] = knickknack.

nick.name [ˈnikneim] **1.** *n.* takma isim, lakap, takılmış ad; **2.** *v/t.* lakap takmak *-e*.

nic.o.tine [ˈnikətiːn] *n.* nikotin.

nid-nod [ˈnidnɔd] *v/i.* başını eğmek.

niece [niːs] *n.* kız yeğen.

niff *sl.* [nif] *n.* leş gibi koku.

niff.y *sl.* [ˈnifi] *adj.* leş gibi kokan.
nif.ty *Am.* [ˈnifti] **1.** *adj.* şık; hoş; oturaklı *(darbe)*; *sl.* kokmuş, leş gibi kokan; **2.** *n.* şık *bş.*
nig.gard [ˈnigəd] **1.** *n.* cimri *(veya* eli sıkı) kimse; **2.** □ tamahkâr, cimri; **ˈnig.gard-li.ness** *n.* cimrilik; **ˈnig.gard.ly** *adj.* & *adv.* cimri(ce), tamahkâr(ca).
nig.ger F *mst contp.* [ˈnigə] *n.* zenci; that's the ~ in the woodpile *Am. sl.* işte güçlük orada, işin kazık tarafı bu.
nig.gle [ˈnigl] *v/i.* lüzumsuz ayrıntılarla zaman geçirmek, önemsiz şeylerle uğraşmak; **ˈnig.gling** *adj.* can sıkıcı; dikkat isteyen *(iş)*; gereksiz ayrıntılı.
nigh † *veya prov.* [nai] = near.
night [nait] *n.* gece; akşam; by ~, in the ~, at ~ geceleyin; ~ out izinli gece; make a ~ of it eğlenceli bir gece geçirmek; **ˈ~-bell** *n.* gece kullanılan kapı zili; **ˈ~-bird** *n.* gece kuşu *(a. fig.)*; **ˈ~.cap** *n.* yatarken giyilen bere; yatmadan önce içilen alkollü içki; **ˈ~-club** *n.* gece kulübü; **ˈ~--dress** *n.* gecelik; **ˈ~.fall** *n.* akşam vakti; **ˈ~-gown** = night-dress; **night.in.gale** *orn.* [ˈ~iŋgeil] *n.* bülbül; **ˈnight.ly** *adv.* & *adj.* geceleyin (olan), her gece (olan).
night...: **ˈ~.mare** *n.* karabasan, kâbus; **ˈ~-school** *n.* gece okulu; **ˈ~.shade** *n.* ⚘ itüzümü, köpeküzümü; deadly ~ güzelavratotu, belladon; **ˈ~-shirt** *n.* erkeklerin giydiği gecelik entarisi; **ˈ~.spot** *n.* *Am.* gece kulübü; **ˈ~.stop** *n.* geceleme, gece molası; **ˈ~-stop** *vb.* gecelemek; **ˈ~-time** *n.* gece vakti; **ˈ~-walk.er** *n.* gece dolaşan kimse, uyurgezer; **ˈ~-ˈwatch** *n.* gece nöbeti; gece bekçisi; **ˈ~-ˈwatch.man** *n.* gece bekçisi *(veya* nöbetçisi); **ˈ~.work** *n.* gece işi; **ˈnight.y** *n.* F gecelik.
ni.hil.ism [ˈnaiilizəm] *n.* hiçlik, nihilizm; **ˈni.hil.ist** *n.* nihilizm yanlısı.
nil [nıl] *n. part. spor:* sıfır, hiç.
nim.ble □ [ˈnimbl] çevik, tez, atik; keskin *(zekâ)*; **ˈnim.ble.ness** *n.* çeviklik, çabukluk.
nim.bus [ˈnimbəs] *n.* ayla, hale; yağmur bulutu.
nim.i.ny-pim.i.ny [ˈniminiˈpimini] *adj.* titiz, kılı kırk yaran; çıtkırıldım; fazla resmî.
Nim.rod [ˈnimrɔd] *n.* Nemrud; usta avcı.
nin.com.poop F [ˈninkəmpu:p] *n.* geri zekâlı *(veya* ahmak) kimse.
nine [nain] **1.** *adj.* dokuz; ~ day's wonder kısa süre ilgi çekip sonra unutulan şey; **2.** *n.* dokuz sayısı; dressed up to the ~s F iki dirhem bir çekirdek; **ˈ~.fold** *adj.* & *adv.* dokuz misli; **ˈ~.pins** *n. pl.* kiy oyunu; **nine.teen** [ˈ~ˈti:n] *adj.* on dokuz; talk ~ to the dozen car car konuşmak; **ˈnine-ˈteenth** *adj.* on dokuzuncu; on dokuzda bir; **nine.tieth** [ˈ~tiiθ] **1.** *adj.* doksanıncı; doksanda bir; **2.** *n.* doksanda bir kısım; **ˈnine.ty** *adj.* doksan.
nin.ny F [ˈnini] *n.* ahmak *(veya* budala) kimse.
ninth [nainθ] **1.** *adj.* dokuzuncu; dokuzda bir; **2.** *n.* dokuzda bir kısım; **ˈninth.ly** *adv.* dokuzuncu olarak.
nip¹ [nip] **1.** *n.* çimdik; ⚘ ayaz; **2.** *v/t.* çimdiklemek, kıstırmak; kesmek, budamak; dondurmak, sızlatmak *(soğuk)*; zarar vermek *-e*; *sl.* aşırmak, yürütmek; ~ in the bud dal budak salmadan yok etm., başlarken bastırmak; suya düşürmek *-i (plan vs.)*; *v/i.* hızlı gitmek.
nip² [~] **1.** *n.* azıcık içki; **2.** *v/t.* azıcık içmek, yudumlamak *(içki)*.
nip.per [ˈnipə] *n.* F kırpan *veya* kesen kimse *veya* şey; (a pair of) ~s *pl.* kıskaç; F küçük çocuk *(part. erkek)*.
nip.ple [ˈnipl] *n.* meme başı; şişe emziği; ⊕ nipel, emzik.
nip.py F [ˈnipi] *adj.* çevik, atik, çabuk; yakıcı, soğuk, dondurucu.
nir.va.na [niəˈvɑ:nə] *n.* *Budizm:* aşırı istek ve tutkulardan kurtularak erişilen mutluluk hali.
Ni.sei *Am.* [ˈniˈsei] *n. (a. pl.)* Amerika'da doğup büyüyen Japon asıllı kimse.
Nis.sen hut [ˈnisnˈhʌt] *n.* çelikten yapılmış yarım silindir biçiminde bina, baraka.
nit [nit] *n.* bit yumurtası, sirke.
ni.trate ⚗ [ˈnaitreit] *n.* nitrat.
ni.tre, ni.ter ⚗ [ˈnaitə] *n.* güherçile.
ni.tric ac.id ⚗ [ˈnaitrikˈæsid] *n.* nitrik asit, kezzap.
ni.tro.chalk [ˈnaitrəuˈtʃɔ:k] *n.* çim gübresi.
ni.tro.gen ⚗ [ˈnaitrədʒən] *n.* nitrojen, azot; **ni.trog.e.nous** [~ˈtrɔdʒinəs] *adj.* nitrojene ait, nitrojen...; azotlu.
ni.tro.glyc.er.ine ⚗ [ˈnaitrəuglisəˈri:n] *n.* nitrogliserin.
ni.trous ⚗ [ˈnaitrəs] *adj.* azota ait; azot gibi; azotlu.
nit.wit F [ˈnitwit] *n.* kuş beyinli kimse; **ˈnit.wit.ted** *adj.* F kuş beyinli.
nix [nıks] *n.* küçük su perisi; **nix.ie** [ˈ~i] *n.* dişi su perisi.
no [nəu] **1.** *adj.* hiç (bir); in ~ time çarçabuk, derhal, hemencecik; ~ man's land iki cephe arasındaki sahipsiz arazi; ~ one hiç kimse; **2.** *adv.* hayır, yok, olmaz, öyle değil; **3.** *n.* yok yanıtı, hayır kelimesi; noes *pl.* *bşe* karşı çıkanlar.

nob¹ *sl.* [nɔb] *n.* baş, kafa; ⊕ topuz, tokmak.
nob² *sl.* [~] *n.* asılzade, soylu.
nob.ble *sl.* ['nɔbl] *v/t.* kazanmasını önlemek *(yarış atı)*; *-in* dikkatini çekmek; hile ile kazanmak.
nob.by *sl.* ['nɔbi] *adj.* fiyakalı, afili.
no.bil.i.ar.y [nəu'biliəri] *adj.* asılzadelere ait.
no.bil.i.ty [nəu'biliti] *n.* asalet, soyluluk, asılzadelik; asılzadeler sınıfı.
no.ble ['nəubl] **1.** □ asil, soylu; yüce gönüllü; heybetli, muhteşem, ulu, yüce; kimyasal değişiklik göstermeyen *(maden)*; **2.** *n.* asılzade, soylu kimse; **'~.man** *n.* asılzade; **'~-'mind.ed** *adj.* asil fikirli; **'no.ble.ness** *n.* asalet, soyluluk; **'no.ble-wom.an** *n.* soylu kadın.
no.bod.y ['nəubədi] **1.** *pron.* hiç kimse; **2.** *n.* bir hiç olan kimse.
nock [nɔk] *n.* okun arka ucundaki kertik.
noc.tur.nal [nɔk'tə:nl] *adj.* geceye ait, gece...; geceleyin olan; geceleyin yapılan; geceleri gezen.
noc.turne ['nɔktə:n] *n .paint.* gece manzarası; ♪ tatlı ve duygulu parça.
nod [nɔd] *v/i.* başını sallamak *(kabul ifade etmek için)*; uyuklamak; hata yapmak; sallanmak; **~ding acquaintance** az tanıma (*veya* bilme), tanıdık(lık); pek tanımadık *(veya* sadece selamlaşılan) kimse; **~ off** uyuklamak; *v/t.* başını sallayarak belirtmek; **~ out** dışarıyı işaret etm.; **2.** *n.* baş sallama.
nod.dle F ['nɔdl] *n.* baş, kafa.
node [nəud] *n.* düğüm *(a.* ⚘ *& ast.)*; ⚕ yumru, şiş.
nod.u.lar ['nɔdjulə] *adj.* yumru *veya* düğüme ait; yumrulu, düğümlü.
nod.ule ['nɔdju:l] *n.* yumru, düğüm, boğum; şiş, bezecik.
No.el [nəu'el] *n.* Noel.
nog [nɔg] *n.* *(içinde yumurta bulunan)* alkollü içki; kuvvetli bira; takoz; **nog-gin** ['nɔgin] *n.* kafa, baş; ufak bir içki ölçüsü; **'nog.ging** *n.* ⚠ duvar örme.
no.how F ['nəuhau] *adv.* asla, hiç bir suretle.
noil [nɔil] *n.* *dokumacılık:* tarak döküntüsü.
noise [nɔiz] **1.** *n.* gürültü, patırtı, ses, şamata, yaygara, velvele; parazit; **big ~** *part. Am.* F kodaman, önemli şahıs; **2.** *v/t.* **~ abroad** yaymak, duyurmak, söylemek.
noise.less □ ['nɔizlis] sessiz, gürültüsüz; **'noise.less.ness** *n.* sessizlik.
nois.i.ness ['nɔizinis] *n.* gürültü.
noi.some ['nɔisəm] *adj.* iğrenç, berbat; can sıkıcı; zararlı; **'noi.some.ness** *n.* iğrençlik; zararlılık.
nois.y □ ['nɔizi] gürültülü, sesli; gürültücü, yaygaracı.
no.mad ['nəumæd] *n.* göçebe kimse; **no-mad.ic** [~'mædik] *adj.* (**~ally**) göçebeye ait, göçebe...; göçebe gibi, yersiz yurtsuz; **no.mad.ize** ['~mədaiz] *v/i.* göçebelik etm.
nom de plume ['nɔ:mdə'plu:m] *n.* yazarın takma adı.
no.men.cla.ture [nəu'menklətʃə] *n.* terminoloji.
nom.i.nal □ ['nɔminl] sözde; itibarî, saymaca; önemsiz; değersiz; çok düşük *(fiyat)*; *gr.* isimle ilgili; nominal; **~ value** itibarî kıymet, nominal değer; **nom.i.nate** ['~neit] *v/t.* atamak, görevlendirmek; aday göstermek; **nom.i'na.tion** *n.* aday gösterme; atama, tayin; **in ~** aday olarak; **nom.i.na.tive** *gr.* ['~nətiv] *n. a.* **~ case** yalın hal; **nom.i.na.tor** ['~neitə] *n.* atayan kimse; **nom.i.nee** [~'ni:] *n.* aday, namzet.
non [nɔn] *prefix* -siz, -sız, gayri-.
non-ac.cept.ance ['nɔnək'septəns] *n.* ret, kabul etmeme.
non.age ['nəunidʒ] *n.* küçüklük, çocukluk, rüşte ermemiş olma.
non.a.ge.nar.i.an [nəunədʒi'nɛəriən] *n.* doksanlık kimse.
non-ag.gres.sion ['nɔnə'greʃən] *n.*: **~ pact** saldırmazlık antlaşması.
non-al.co.hol.ic ['nɔnælkə'hɔlik] *adj.* alkolsüz.
non-a.lign.ment *pol.* [nɔnə'lainmənt] *n.* müttefik olmama.
non-ap.pear.ance ⚖ ['nɔnə'piərəns] *n.* hazır bulunmama, gıyap.
non-at.tend.ance ⚖ ['nɔnə'tendəns] *n.* katılmama, gıyap.
nonce [nɔns] *n.*: **for the ~** şimdilik.
non.cha.lance ['nɔnʃələns] *n.* ilgisizlik, soğukkanlılık; **'non.cha.lant** □ ilgisiz, soğuk, kayıtsız; soğukkanlı, sakin.
non.com ⚔ F [nɔn'kɔm] *n.* erbaş.
non-com.mis.sioned ['nɔnkə'miʃənd] *adj.* resmen görevli olmayan; asteğmenden aşağı rütbesi olan; **~ officer** ⚔ erbaş.
non-com.mit.tal ['nɔnkə'mitl] *adj.* tarafsız, yansız; fikrini söylemeyen.
non-com.pli.ance ['nɔnkəm'plaiəns] *n.* itaatsizlik (**with** *-e*).
non com.pos men.tis ⚖ [nɔn'kɔmpɔs'mentis] *adj.* aklî dengesi bozuk, mümeyyiz olmayan.
non-con.duc.tor ⚡ ['nɔnkəndʌktə] *n.* yalıt-

kan madde.
non.con.form.ist [ˈnɔnkənˈfɔːmist] *n.* topluma uymayan kimse; Anglikan kilisesine bağlı olmayan kimse; **non.conˈform.i.ty** *n.* uymama, ayak uydurmama; *eccl.* kiliseye uymama.
non-de.liv.er.y [ˈnɔndiˈlivəri] *n.* ademitesIim, teslim etmeme.
non-de.nom.i.na.tion.al school [ˈnɔndinɔmiˈneiʃənlˈskuːl] *n.* mezhep farkı gözetmeyen okul.
non.de.script [ˈnɔndiskript] **1.** *adj.* kolay tanımlanamaz, alelade; **2.** *n.* tanımlanamayan (*veya* alelade, sıradan) kimse.
none [nʌn] **1.** *pron.* hiç biri, hiç kimse; **2.** *adv.* hiç, asla, hiç bir suretle; ~ the less yine de, bununla birlikte.
non.en.ti.ty [nɔˈnentiti] *n.* önemsiz kimse; var olmayan (*veya* hayali) şey; *fig.* hiçlik, yokluk.
non-es.sen.tial [ˈnɔniˈsenʃəl] **1.** *adj.* gereksiz, önemsiz; **2.** *n.* gereksizlik.
non-ex.ist.ence [ˈnɔnigˈzistəns] *n.* yokluk, varolmayış; **ˈnon.exˈist.ent** *adj.* varolmayan.
non-fic.tion [ˈnɔnˈfikʃən] *n.* kurgusal olmayan düzyazı.
non-in.ter.fer.ence [ˈnɔnintəˈfiərəns], **non-in.ter.ven.tion** [ˈnɔnintəˈvenʃən] *n.* başka devletlerin işine karışmama politikası.
non-lad.der.ing [ˈnɔnˈlædəriŋ] *adj.* kaçmaz (*çorap*).
non-mem.ber [ˈnɔnˈmembə] *n.* üye olmayan kimse.
non-ob.serv.ance [ˈnɔnəbˈzəːvəns] *n.* uymama, çiğneme (*kural vs.*).
non.pa.reil [nɔnpəˈrel] *n.* eşsiz (*veya* emsalsiz) kimse *veya* şey; *typ.* altı puntoluk harf.
non-par.ti.san [nɔnˈpaːtizæn] *adj.* partizan olmayan; tarafsız.
non-par.ty *pol.* [ˈnɔnˈpaːti] *adj.* partisiz.
non-pay.ment [ˈnɔnˈpeimənt] *n.* ödememe.
non-per.form.ance ⚖ [ˈnɔnpəˈfɔːməns] *n.* yerine getirmeme, yapmama.
non.plus [ˈnɔnˈplʌs] **1.** *n.* şaşkınlık, hayret; at a ~ şaşkınlık içinde; **2.** *v/t.* şaşırtmak; ~sed apışıp kalmış, şaşkın.
non-pro.lif.er.a.tion [ˈnɔnprəuləfəˈreiʃən] *n.* nükleer silahların artması ve yayılmasını önleme; istenmeyen şeylerin yayılmasını önleme.
non-res.i.dent [ˈnɔnˈrezidənt] *adj.* görevli olduğu yerde oturmayan.
non.sense [ˈnɔnsəns] *n.* saçma, boş laf; aptalca davranış; **non.sen.si.cal** □ [~ˈsensikəl] saçma, abuk sabuk, ipe sapa gelmez.
non-skid [ˈnɔnˈskid] *adj.* kaymaz (*lastik*).
non-smok.er [ˈnɔnˈsməukə] *n.* sigara içmeyen kimse; sigara içilmeyen kompartıman.
non-stop [ˈnɔnˈstɔp] *adj.* 🚂, ✈ doğru giden, aktarmasız, direkt; aralıksız.
non.such [ˈnʌnsʌtʃ] *n.* eşsiz (*veya* emsalsiz) kimse *veya* şey.
non.suit ⚖ [ˈnɔnˈsjuːt] *n.* davanın reddi; davanın düşmesi.
non-U F [ˈnɔnjuː] *adj.* üst tabakaya ait olmayan.
non-un.ion [nɔnˈjuːnjən] *adj.* sendikaya ait olmayan, sendikasız; sendika kurallarına uymayan; sendikaları tanımayan.
noo.dle¹ F [ˈnuːdl] *n.* ahmak (*veya* sersem) kimse.
noo.dle² [~] *n.* şehriye.
nook [nuk] *n.* bucak, köşe.
noon [nuːn] **1.** *n.* öğle (vakti); **2.** *adj.* öğle vaktinde olan, öğle...; **ˈ~.day, ˈ~.tide** = noon.
noose [nuːs] **1.** *n.* ilmik; **2.** *v/t.* ilmikle tutmak; ilmiklemek.
nope *Am.* F [nəup] *int.* yok!, hayır!, olmaz!
nor [nɔː] *cj.* ne de, ne; ~ do I ben de (*olumsuz anlamda*).
Nor.folk jack.et [ˈnɔːfəkˈdʒækit] *n.* bir çeşit kuşaklı erkek ceketi.
norm [nɔːm] *n.* kural, norm, örnek; ortalama; **ˈnor.mal 1.** □ normal; düzgün, doğal, uygun; düzgülü; ⩘ dikey; ~ school öğretmen okulu; **2.** *n.* normal, standart; ⩘ dikey; **ˈnor.mal.ize** *v/t.* & *v/i.* normalleş(tir)mek, normale dön(dür)mek.
Nor.man [ˈnɔːmən] **1.** *n.* Normandiyalı kimse; Normandiyalıların konuştuğu Fransızca lehçe; **2.** *adj.* Normandiya *veya* Normandiyalılara ait.
Norse [nɔːs] **1.** *adj.* İskandinavya'ya *veya* İskandinavya dillerine ait; **2.** *n.* İskandinavya dili; Norveç dili; **ˈNorse.man** *n.* İskandinavyalı; Norveçli.
north [nɔːθ] **1.** *n.* kuzey; **2.** *adj.* kuzey...; kuzeye bakan; kuzeyden gelen *veya* esen; **ˈ~-ˈeast 1.** *n.* kuzeydoğu; **2.** *adj.* *a.* **~-ˈeast.ern** kuzeydoğuda olan; kuzeydoğudan gelen; **north.er.ly** [ˈ~ðəli] *adj.* & *adv.* kuzeye doğru (olan); kuzeyden (esen); kuzeydeki; **north.ern** [ˈ~ðən] *adj.* kuzeye ait, kuzey...; kuzeyde olan, kuzeyli; **ˈnorth.ern.er** *n.* kuzeyli kimse; ♀ *Am.* kuzey eyaletlerinde oturan kimse; **ˈnorth.ern.most** *adj.* en kuzeydeki; **north.ing** [ˈ~θiŋ] *n.* ⚓ kuzey rotası; *ast.* kuzeye doğru katedilen mesafe; **ˈNorth.man** *n.* İskandinavyalı; **north.ward(.ly)** [ˈ~wəd-

(li)] *adj.* & *adv.*, **north.wards** [ˈ~wədz] *adv.* kuzeye doğru (olan), kuzeyden (esen).

north...: **ˈ~-ˈwest 1.** *n.* kuzeybatı; **2.** *adj.* *a.* **ˈ~-ˈwest.ern, ˈ~-ˈwest.er.ly** kuzeye ait, kuzey...; kuzeyden gelen; karayel yönünden.

Nor.we.gian [nɔːˈwiːdʒən] **1.** *adj.* Norveçli, Norveç'e ait; **2.** *n.* Norveçli; Norveç dili.

nose [nəuz] **1.** *n.* burun; koklama duyusu; uç; ⚓ pruva; cut off one's ~ to spite one's face nispet olsun diye kendi çıkarını zedelemek, gâvura kızıp oruç bozmak; pay through the ~ avuç dolusu para ödemek, ateş pahasına almak; poke *veya* push *veya* thrust one's ~ into s.th. *bşe* burnunu sokmak; turn one's ~ up at *-i* hor görmek, *-e* burun kıvırmak; put s.o.'s ~ out of joint *b-nin* pabucunu dama atmak; *b-nin* ayağını kaydırmak; **2.** *v/t.* *a.* ~ out koklayarak bulmak, arayıp bulmak *-i*; *-in* kokusunu almak; burunla itmek; kıl payı kazanmak; ~ one's way dikkatle ilerlemek; *v/i.* koklamak (after, for *-i*); **ˈ~-bag** *n.* atın yem torbası; **ˈ~-band** *n.* yuların atın burnu üzerinden geçen kısmı; **nosed** *comb.* ...burunlu.

nose...: **ˈ~-dive** *n.* ✈ pike; **ˈ~.gay** *n.* çiçek demeti; **ˈ~-heav.y** *adj.* ✈ pike yapmaya çalışan; **ˈ~-o.ver** *n.* ✈ burun üstüne çakılma; **ˈ~.ring** *n.* burun halkası.

nos.ing ⚠ [ˈnəuziŋ] *n.* basamak çıkıntısı.

nos.tal.gi.a [nɔsˈtældʒiə] *n.* özlem; vatan *(veya* sıla) hasreti; **nosˈtal.gic** [~dʒik] *adj.* sıla hasreti kabilinden.

nos.tril [ˈnɔstril] *n.* burun deliği.

nos.trum [ˈnɔstrəm] *n.* kocakarı ilâcı; her derde deva.

nos.y [ˈnəuzi] **1.** *adj.* meraklı; *b.s.* başkasının işine burnunu sokan; ♀ Parker = **2.** *n.* başkasının işine burnunu sokan kimse.

not [nɔt] *adv.* değil, olmayan; ~ at all asla, hiç; birşey değil, rica ederim.

no.ta.bil.i.ty [nəutəˈbiliti] *n.* şöhret; şöhretli kimse; **ˈno.ta.ble 1.** □ dikkate değer; tanınmış, meşhur; göze çarpan; **2.** *n.* tanınmış *(veya* meşhur) kimse; **ˈno.ta.bly** *adv.* dikkate değer şekilde; özellikle.

no.tar.i.al □ [nəuˈtɛəriəl] notere ait, noter...; **no.ta.ry** [ˈnəutəri] *n.* *oft.* public ~ noter.

no.ta.tion [nəuˈteiʃən] *n.* not; ⚗ rakamlar ve işaretler sistemi; ♪ notalar ile işaretler sistemi; kayıt.

notch [nɔtʃ] **1.** *n.* çentik, kertik; ⊕ diş, yiv; *Am.* dar dağ geçidi; derece, basamak; **2.** *v/t.* çentmek, kertmek; ~ up kazanmak, kırmak *(rekor vs.)*.

note [nəut] **1.** *n.* not, işaret; ♪, *pol.* nota; ✝ senet, pusula; önem; şöhret, itibar; dikkat; banknot; take ~ of *-e* dikkat etm., önem vermek; strike the right ~ lafı gediğine oturtmak; strike *veya* sound a false ~ *k-ni* gözden düşürecek *bş* yapmak *veya* söylemek; **2.** *v/t.* kaydetmek; *a.* ~ down deftere yazmak, not almak; dikkat etm., önem vermek; **ˈ~.book** *n.* not defteri, defter; **ˈnot.ed** *adj.* ünlü, meşhur, tanınmış (for *ile*, as *olarak*); ~ly özellikle, bilhassa; **ˈnote-pa.per** *n.* mektup kâğıdı; **ˈnote.wor.thy** *adj.* önemli, dikkate değer.

noth.ing [ˈnʌθiŋ] **1.** *n.* hiç bir şey; sıfır; önemsiz kimse *veya* şey; hiçlik, yokluk; for ~ ücretsiz, parasız, bedava; boş yere; good for ~ hayırsız, hiç bir işe yaramaz; come (bring) to ~ boşa çık(ar)mak, suya düş(ür)mek; go for ~ boşa gitmek; make ~ of *-i* önemsememek; *-i* anlayamamak; I can make ~ of it anlıyorsam arap olayım; say ~ of bile değil, şöyle dursun; think ~ of *-i* önemsememek; **2.** *adv.* hiç (bir suretle), asla, katiyen; **ˈnoth.ing.ness** *n.* yokluk, hiçlik; boşluk, anlamsızlık, önemsizlik.

no.tice [ˈnəutis] **1.** *n.* haber; ilân, ihbarname; uyarı, ikaz, ihtar; önemseme, dikkat; eleştiri; saygı; at short ~ kısa ihbar süreli, kısa mühletli; give ~ that önceden haber vermek; give a week's ~ bir hafta önceden bildirmek; take ~ of *-i* dikkate almak, *-e* aldırış etm.; until further ~ yeni bir habere kadar; without ~ haber *(veya* mühlet) vermeden, müddetsiz; **2.** *v/t.* farkına varmak *-in*, farketmek *-i*, görmek *-i*; dikkat etm. *-e*; önem vermek *-e*; saygı göstermek *-e*; eleştirmek *(kitap)*; **ˈno.tice.a.ble** □ görülebilir, farkedilir; önemsenmeye değer; **ˈno.tice-board** *n.* ilân tahtası.

mek *-e*; saygı göstermek *-e*; eleştirmek *(kitap)*; **ˈno.tice.a.ble** □ görülebilir, farkedilir; önemsenmeye değer; **ˈno.tice-board** *n.* ilân tahtası.

no.ti.fi.a.ble [ˈnəutifaiəbl] *adj.* bildirilmesi zorunlu; **no.ti.fi.ca.tion** [~fiˈkeiʃən] *n.* bildirme; ihbar.

no.ti.fy [ˈnəutifai] *v/t.* ilân etm.; bildirmek.

no.tion [ˈnəuʃən] *n.* sanı, zan; fikir, düşünce, bilgi; inanç; ~s *pl.* *Am.* tuhafiye; have no ~ of ...hakkında bir fikri olmamak; **ˈno.tion.al** □ hayalî, soyut, kuramsal; itibarî *(değer)*.

no.to.ri.e.ty [nəutəˈraiəti] *n.* kötü şöhret; adı çıkmışlık; **no.to.ri.ous** □ [~ˈtɔːriəs] adı çıkmış, dile düşmüş (for *-den dolayı, için*).
not.with.stand.ing [nɔtwiθˈstændiŋ] **1.** *prp.* *-e* rağmen, yine de; **2.** *adv.* gerçi, her ne kadar, buna rağmen; **3.** *cj.* ~ that ...rağmen, ...ise de.
nou.gat [ˈnuːgɑː] *n.* koz helvası.
nought *part.* ⩚ [nɔːt] *n.* sıfır; hiç.
noun *gr.* [naun] *n.* isim, ad.
nour.ish [ˈnʌriʃ] *v/t.* beslemek *(a. fig.)*, yedirmek; gübrelemek *(toprak)*; *fig.* desteklemek; **ˈnour.ish.ing** *adj.* besleyici; **ˈnour.ish.ment** *n.* yemek, gıda; besle(n)me.
nous [naus] *n.* akıl, zekâ; sebep; sağduyu; idrak, anlayış.
nov.el [ˈnɔvəl] **1.** *adj.* yeni, tuhaf, acayip, alışılmamış; **2.** *n.* roman; short ~ = **novel.ette** [nɔvəˈlet] *n.* kısa roman; **ˈnov.el.ist** *n.* romancı, roman yazarı; **nov.el.ty** [ˈnɔvəlti] *n.* yenilik; yeni *bş*.
No.vem.ber [nəuˈvembə] *n.* kasım (ayı).
nov.ice [ˈnɔvis] *n.* çırak; acemi kimse; *eccl.* rahip *veya* rahibe adayı.
no.vi.ci.ate, no.vi.ti.ate [nəuˈviʃiit] *n.* çıraklık (*veya* acemilik) devresi; papaz adaylığı devresi.
now [nau] **1.** *adv.* şimdi, bu anda; işte; by ~ şimdiye dek; just ~ demin(cek), hemen şimdi; before ~ bundan önce; ~ and again, ~ and then arasıra, bazen, zaman zaman; **2.** *cj. a.* ~ that mademki, artık; **3.** *n.* şu an, şimdiki zaman.
now.a.day [ˈnauədei] *adj.* bugünkü, şimdiki; **now.a.days** [ˈ~z] *adv.* bugünlerde, şimdi, günümüzde.
no.way(s) F [ˈnəuwei(z)] *adv.* hiç bir suretle, asla, olmaz.
no.where [ˈnəuwɛə] *adv.* hiçbir yer(d)e.
no.wise [ˈnəuwaiz] *adv.* hiç bir suretle, asla.
nox.ious □ [ˈnɔkʃəs] zararlı.
noz.zle [ˈnɔzl] *n.* ⊕ ağızlık, meme, burun; hortum başı.
nu.ance [njuːˈlãːns] *n.* nüans, ince fark.
nub [nʌb] *n.* yumru, topak; *Am.* F öz, püf noktası.
nu.bile [ˈnjuːbail] *adj.* evlenecek yaşa gelmiş, gelinlik *(kız)*.
nu.cle.ar [ˈnjuːkliə] *adj.* nükleer...; ~ disintegration çekirdek dağılması; ~ physics *sg.* nükleer fizik; ~ pile atom reaktörü; ~ power plant nükleer elektrik santralı; ~ research nükleer araştırma; ~ station nükleer elektrik santralı; **nu.cle.on** *phys.* [ˈ~kliɔn] *n.* nükleon; **nu.cle.us** [ˈ~kliəs] *n., pl. a.* **nu.cle.i** [ˈ~kliai] çekirdek, cevher, öz.
nude [njuːd] **1.** *adj.* çıplak; **2.** *n.* çıplak insan vücudu; *paint.* nüd; study from the ~ çıplak modelle çalışma.
nudge F [nʌdʒ] **1.** *v/t.* dirsek ile dürtmek; **2.** *n.* dürtme.
nud.ism [ˈnjuːdizəm] *n.* çıplak dolaşma; **ˈnud.ist** *n.* çıplak kimse; *attr.* çıplaklar... *(kampı)*; **ˈnu.di.ty** *n.* çıplaklık.
nu.ga.to.ry [ˈnjuːgətəri] *adj.* önemsiz, değersiz ,ufak tefek, boş; geçersiz.
nug.get [ˈnʌgit] *n.* *(part. altın)* külçe.
nui.sance [ˈnjuːsns] *n.* sıkıcı şey *veya* kimse; sıkıntı, baş belâsı, dert; *fig.* yük, külfet; what a ~! tüh be!, işe bak!, hay Allah!; commit no ~! çöp dökmeyiniz!, işemek (*veya* pislemek) yasaktır!; make o.s. *veya* be a ~ can sıkıcı olm.
null [nʌl] *adj.* ⚖ & *fig.* etkisiz, değersiz; ~ and void hükümsüz, geçersiz; **nul.li.fi.ca.tion** [nʌlifiˈkeiʃən] *n.* hükümsüz kılma; **nul.li.fy** [ˈ~fai] *v/t.* hükümsüz kılmak; etkisiz bırakmak; **ˈnul.li.ty** *n.* hükümsüzlük; iptal; *fig.* hiç.
numb [nʌm] **1.** *adj.* uyuşuk, uyuşmuş (with *-den*); duygusuz, hissiz; **2.** *v/t.* uyuşturmak; azaltmak *(acı)*; ~ed uyuşmuş.
num.ber [ˈnʌmbə] **1.** *n.* sayı, adet, numara, rakam; miktar; nüsha, sayı; ~s *pl.* ⩚ aritmetik; ~s *pl. poet.* şiir; ♪ parça; your ~ is up işin bitik, suyun kaynadı, hapı yuttun, ayvayı yedin; without ~ sayısız, hesapsız; in ~ sayıca; **2.** *v/t.* saymak; numara koymak *-e*, numaralamak; hesaplamak; kapsamak, katmak; ~ among, ~ in, ~ with katmak, saymak; **ˈnum.ber.less** *adj.* sayısız, pek çok; **number one** F insanın kendi çıkarı; bir numaralı kimse; en önemli; look after ~ kendi çıkarını düşünmek; **ˈnum.ber-plate** *n. mot.* plaka.
numb.ness [ˈnʌmnis] *n.* uyuşukluk, duygusuzluk.
nu.mer.a.ble [ˈnjuːmərəbl] *adj.* sayılabilir; **ˈnu.mer.al** **1.** *adj.* sayıya ait, sayı...; **2.** *n.* sayı, rakam, adet; sayı yerini tutan; **nu.merˈa.tion** *n.* numaralama, sayma; **ˈnu.mer.a.tor** *n.* ⩚ pay; sayıcı.
nu.mer.i.cal □ [njuːˈmerikəl] sayıya ait, sayı...
nu.mer.ous □ [ˈnjuːmərəs] birçok, sayısız, dünya kadar, bir hayli; **ˈnu.mer.ous-ness** *n.* çokluk.
nu.mis.mat.ic [njuːmizˈmætik] *adj.* (~ally) paraya ait, para...; **nu.misˈmat.ics** *n. mst sg.* para ve madalya ilmi; **nuˈmis.ma.tist** [~mətist] *n.* para uzmanı.

num.skull F ['nʌmskʌl] *n.* kalın kafalı (*veya* mankafa) kimse.

nun [nʌn] *n.* rahibe; *orn.* mavi iskete kuşu.

nun.ci.a.ture *eccl.* ['nʌnʃjətʃə] *n.* papalık elçisinin görev süresi; **nun.ci.o** *eccl.* ['~ʃiəu] *n.* papalık elçisi.

nun.ner.y ['nʌnəri] *n.* rahibe manastırı.

nup.tial ['nʌpʃəl] **1.** *adj.* evlenmeye *veya* düğüne ait; **2.** *n.* **~s** *pl.* düğün, nikâh.

nurse [nə:s] **1.** *n.* hemşire, hastabakıcı; *a.* **wet ~** sütnine; dadı; **at ~** bakılmakta; **put out to ~** bakmak; emzirmek; **2.** *v/t.* & *v/i.* emzirmek; beslemek; bakmak *-e*; iyileştirmek; hastabakıcılık yapmak; **~ a cold** soğukalgınlığını tedavi etm.; **'~-maid** *n.* dadı.

nurs.er.y ['nə:sri] *n.* çocuk odası; ✓ fidanlık; **~ school** anaokulu; **'~.man** *n.* fidanlık bahçıvanı; **'~-rhymes** *n. pl.* çocuk şiirleri *veya* şarkıları; **~ slopes** *pl. kayak:* yeni öğrenenler için yamaçlar.

nurs.ing ['nə:siŋ] *n.* hastabakıcılık, hemşirelik; **'~-bot.tle** *n.* biberon; **'~-home** *n.* özel sağlık yurdu.

nurs.ling ['nə:sliŋ] *n.* süt çocuğu.

nur.ture ['nə:tʃə] **1.** *n.* büyütme; terbiye; eğitim; **2.** *v/t. a.* **~ up** büyütmek, yetiştirmek; *fig.* eğitmek, geliştirmek.

nut [nʌt] **1.** *n.* fındık, ceviz; ⊕ vida somunu; *sl.* baş, kafa; **~s** *pl.* deli, çılgın, kaçık; **that is ~s to** *veya* **for him** *sl.* onun için deli olur; **be ~s on** *sl. -e* abayı yakmak, *-in* delisi olm.; **drive ~s** *sl.* çıldırtmak; **go ~s** *sl.* keçileri kaçırmak; **2.** *v/i.* **go ~ting** fındık *veya* ceviz toplamak.

nu.ta.tion *ast.* [nju:'teiʃən] *n.* nütasyon, uğrüm.

nut.crack.er ['nʌtkrækə] *n.*, *mst* **(a pair of) ~s** *pl.* fındıkkıran; **'nut-gall** *n.* meşe mazısı; **'nut-house** *n. sl.* tımarhane; **nut.meg** ['~meg] *n.* ufak hindistancevizi ağacı.

nu.tri.a ['nju:triə] *n.* kunduz (kürkü).

nu.tri.ent ['nju:triənt] **1.** *adj.* besleyici...; gıdalı...; **2.** *n.* besin, gıda; **'nu.tri.ment** *n.* gıda, besin, yemek.

nu.tri.tion [nju:'triʃən] *n.* besle(n)me; yiyecek, gıda; **nu'tri.tious** □ besinli, besleyici...; **nu'tri.tious.ness** *n.* besleyicilik.

nu.tri.tive □ ['nju:tritiv] = **nutritious**.

nut.shell ['nʌtʃel] *n.* fındık kabuğu; **in a ~** kısaca, bir iki kelime ile; **'nut.ting** *s.* **nut 2.**; **nut.ty** ['nʌti] *adj.* fındık *veya* ceviz tadında; cevizli *veya* fındıklı; *sl.* çatlak, kaçık, deli.

nuz.zle ['nʌzl] *vb.* burun ile itmek *veya* dokunmak, burun sürtmek; *a.* **~ o.s.** sokulmak.

ny.lon ['nailən] *n.* naylon; **~s** *pl.* naylon çorap.

nymph [nimf] *n.* peri.

O

o [əu] **1.** *int.* o!, ya!; **2.** *n.* *teleph.* sıfır.

oaf [əuf] *n.* budala (*veya* ahmak) kimse, kaba adam; **ˈoaf.ish** *adj.* kaba, sersem, budala.

oak [əuk] **1.** *n.* meşe ağacı; meşe odunu; *s.* sport; **2.** *adj.* meşe...; **ˈ~-ap.ple, ˈ~-gall** *n.* yaş mazı; **ˈoak.en** *adj.* meşeden yapılmış, meşe...

oa.kum [ˈəukəm] *n.* üstüpü.

oar [ɔː] **1.** *n.* kürek; F kürekçi; pull a good ~ iyi bir kürekçi olm.; put in one's ~ F burnunu sokmak; rest on one's ~s işleri yavaşlatmak, bir süre dinlenmek; **2.** *vb.* kürek çekmek; **oared** [ɔːd] *adj.* kürekli...; **oars.man** [ˈɔːzmən] *n.* kürekçi; **ˈoars.man.ship** *n.* kürekçilik; **ˈoars.wom.an** *n.* kadın kürekçi.

o.a.sis [əuˈeisis] *n.*, *pl.* **oˈa.ses** [~siːz] vaha.

oast [əust] *n.* şerbetçiotu kurutma fırını.

oat [əut] *n.* *mst* ~s *pl.* yulaf (tanesi); feel one's ~s *Am.* F *k-ni* zinde hissetmek; *k-ni* beğenmek; sow one's wild ~s gençlikte çılgınlık yapmak; **ˈoat.en** *adj.* yulaftan yapılmış, yulaf...

oath [əuθ] *n.*, *pl.* **oaths** [əuðz] yemin, ant; *b.s.* küfür, lânet; administer *veya* tender an ~ to s.o., put s.o. to *veya* on his ~ *b-ne* yemin ettirmek, ant içirmek; bind by ~ yeminle bağlamak; on ~ yeminli, yemin etmiş; take *veya* make *veya* swear an ~ yemin etm., ant içmek (on, to *üzerine*).

oat.meal [ˈəutmiːl] *n.* yulaf ezmesi, yulaf unu.

ob.du.ra.cy [ˈɔbdjurəsi] *n.* inatçılık, sertlik; **ob.du.rate** □ [ˈ~rit] inatçı, katı kalpli; sert, kırıcı.

o.be.di.ence [əˈbiːdjəns] *n.* itaat (etme), söz dinleme, boyun eğme; in ~ to *-e* itaat ederek; **oˈbe.di.ent** □ itaatli, söz dinleyen, yumuşak başlı, uysal.

o.bei.sance [əuˈbeisəns] *n.* hürmetle eğilme; hürmet, saygı; do *veya* make *veya* pay ~ hürmet etm., saygı göstermek.

ob.e.lisk [ˈɔbilisk] *n.* dikilitaş, abide; *typ.* başvurma işareti.

o.bese □ [əuˈbiːs] çok şişman, şişko; **oˈbese.ness, oˈbes.i.ty** *n.* şişmanlık.

o.bey [əˈbei] *v/t.* itaat etm. *-e*, boyun eğmek *-e*; yerine getirmek; *v/i.* denileni yapmak, söz dinlemek.

ob.fus.cate *fig.* [ˈɔbfʌskeit] *v/t.* şaşırtmak; karartmak.

o.bit.u.ar.y [əˈbitjuəri] **1.** *n.* ölüm ilânı; anma yazısı; **2.** *adj.* *b-nin* ölümüne ait, ölüm...; ~ notice ölüm ilânı.

ob.ject 1. [ˈɔbdʒikt] *n.* şey, madde, nesne, obje; *fig.* amaç, hedef, gaye; *gr.* nesne; komik *veya* acayip kimse *veya* şey; what an ~ you look! ne komik görünüyorsun!; salary no ~ ücret söz konusu değildir; **2.** [əbˈdʒekt] *v/t.* itiraz etm. (to *-e*); *v/i.* razı olmamak, itiraz etm., (to *-e*), karşı gelmek (to *-e*); **~-glass** *opt.* [ˈɔbdʒiktglaːs] *n.* objektif.

ob.jec.tion [əbˈdʒekʃən] *n.* itiraz; kusur, mahzur; there is no ~ (to it) (ona) itiraz yok; **obˈjec.tion.a.ble** □ [~ʃnəbl] itiraz edilebilir; hoşa gitmeyen, tatsız *(söz)*.

ob.jec.tive [ɔbˈdʒektiv] **1.** □ objektif; gerçek; tarafsız; nesnel; **2.** *n.* amaç, gaye, hedef *(a.* ⚔*)*; *opt.* mercek, objektif; *a.* ~ case *gr.* ismin -i hali; **obˈjec.tive.ness, ob.jecˈtiv.i.ty** *n.* tarafsızlık.

ob.ject...: **ˈ~-lens** *n.* *opt.* objektif, mercek; **ˈ~.less** □ gayesiz, amaçsız; **ˈ~-les.son** *n.* uygulamalı ders; *fig.* ibret, ders; **ˈ~-teach.ing** *n.* uygulamalı öğretim; **ob.jec.tor** [əbˈdʒektə] *n.* itirazcı, aleyhtar, muhalif; *s.* conscientious.

ob.jur.gate [ˈɔbdʒəːgeit] *v/t.* azarlamak, paylamak, haşlamak; **ob.jurˈga.tion** *n.* azarlama, paylama, haşlama; **obˈjur.ga.to.ry** [~gətəri] *adj.* azarlayıcı, paylayıcı.

ob.late □ [ˈɔbleit] ⩓ kutupları yassılaşmış; **ˈob.late.ness** *n.* yassılık.

ob.la.tion [əuˈbleiʃən] *n.* adak.

ob.li.gate □ *fig.* [ˈɔbligeit] *v/t.* zorlamak, mecbur etm., zorunda bırakmak; **ob.liˈga.tion** *n.* mecburiyet, zorunluluk, yüküm, ödev, görev, vazife; senet, borç; be under (an) ~ to s.o. *b-ne* minnettar olm., müteşekkir olm.; be under ~ to *inf.* *-meğe* yükümlü olm.; **ob.lig.a.to.ry** □ [ˈ~gətəri] mecburî, gerekli, zorunlu (on için).

o.blige [ə'blaidʒ] *v/t.* zorunlu kılmak, zorlamak, mecbur etm.; minnettar kılmak; memnun etm.; ~ s.o. *b-ni* memnun etm., *b-ne* iyilikte bulunmak; ~ the company with beraberindekilerin eğlencesine ...ile katkıda bulunmak; be ~d minnnettar olm., müteşekkir olm.; mecbur olm., zorunlu olm. (to *inf.* *-meğe*); much ~d çok minnettar, müteşekkir; *v/i.* ~ with a song F eğlenceye bir şarkı ile katkısı olm.; please ~ with an early reply erken vereceğiniz cevap bizi minnettar kılacaktır; **ob.li.gee** [ɔbli'dʒiː] *n.* alacaklı; **o.blig.ing** □ [ə'blaidʒiŋ] nazik, yardımsever, hoş, sevimli, tatlı; **o'blig.ing.ness** *n.* yardımseverlik, nezaket; **ob.li.gor** [ɔbli'gɔː] *n.* borçlu.

ob.lique □ [ə'bliːk] eğri, eğik, meyilli; dolaylı, ima yollu; *gr.* hal; ~ case ismin hitap ve yalın halinden başka herhangi bir hali; **ob'lique.ness, ob.liq.ui.ty** [ə'blikwiti] *n.* meyil, eğilim, eğiklik; ahlâksızlık, yoldan çıkma.

ob.lit.er.ate [ə'blitəreit] *v/t.* silmek, yok etm., bozmak, gidermek; *fig.* tahrip etm., mahvetmek, harap etm.; **ob.lit.er'a.tion** *n.* yok etme, silme; mahvetme.

ob.liv.i.on [ə'bliviən] *n.* unut(ul)ma; *pol.* af; bilinçsizlik, farkında olmama; **ob'liv.i.ous** □ unutkan; bilinçsiz, habersiz; be ~ of *-i* unutmak; *-den* haberi olmamak; be ~ to *-i* önemsememek, nazarı dikkate almamak.

ob.long ['ɔblɔŋ] **1.** *adj.* dikdörtgen şeklinde, boyu eninden fazla; **2.** *n.* dikdörtgen.

ob.lo.quy ['ɔbləkwi] *n.* kötüleme, kınama, iftira etme, yerme, küfretme.

ob.nox.ious □ [əb'nɔkʃəs] iğrenç, tiksindirici; **ob'nox.ious.ness** *n.* iğrençlik, çirkinlik, tiksindiricilik.

o.boe ♪ ['əubəu] *n.* obua.

ob.scene □ [əb'siːn] açık saçık, müstehcen; tiksindirici, iğrenç; ağıza alınmaz *(söz)*; **ob'scen.i.ty** [~niti] *n.* açık saçıklık, müstehcenlik; açık saçık söz.

ob.scu.ra.tion [ɔbskjuə'reiʃən] *n.* karar(t)ma; **ob.scure** [əb'skjuə] **1.** □ çapraşık; *fig.* belirsiz, şüpheli, anlaşılmaz; karanlık, bulutlu; saklı, gizli; tanınmamış, bilinmeyen; **2.** *v/t.* karartmak; örtmek, saklamak, gizlemek; **ob'scu.ri.ty** *n.* çapraşıklık; *fig.* belirsizlik.

ob.se.quies ['ɔbsikwiz] *n. pl.* cenaze törenleri.

ob.se.qui.ous □ [əb'siːkwiəs] dalkavukluk eden, yağcılık eden, aşırı itaatli (to *-e*); **ob'se.qui.ous.ness** *n.* dalkavukluk.

ob.serv.a.ble □ [əb'zəːvəbl] görünür, farkedilir; ölçülür; izlenebilir; izlenmeye değer, incelenmeye değer; **ob'serv.ance** *n.* yerine getirme, yapma; görenek; âdet; tören, usül; **ob'serv.ant** □ dikkatli, dikkat eden (of *-e*); itaatli, uyan, riayetkâr (of *-e*); be ~ of the rules kurallara uymak; **ob.ser.va.tion** [ɔbzə'veiʃən] *n.* gözetleme; dikkatli bakma, inceleme; gözlem, rasat; fikir, yorum; *attr.* gözetleme...; inceleme...; ~ car 🚃 geniş pencereli vagon; ~ post topçu gözleme yeri; **ob.serv.a.to.ry** [əb'zəːvətri] *n.* rasathane, gözlemevi; **ob'serve** *v/t.* gözlemek; *fig.* yerine getirmek, uymak, itaat etm. *(kural)*; incelemek; kutlamak; ileri sürmek, belirtmek; *v/i.* dikkat etm.; gözlem yapmak; fikrini söylemek (on *hakkında)*; **ob'serv.er** *n.* gözleyen kimse, gözlemci, itaat eden kimse; toplantıya gözlemci olarak katılan temsilci.

ob.sess [əb'ses] *v/t.* musallat olm. *-e*, tedirgin etm. *-i*; meşgul etm. *(zihin)*; ~ed by *veya* with musallat *-e*; tedirgin *-den*, endişeli *-den*, kafayı takmış *-e*; **ob.session** [əb'seʃən] *n.* kafayı meşgul eden düşünce; sürekli endişe; sabit fikir; musallat fikir.

ob.sid.i.an *min.* [ɔb'sidiən] *n.* koyu renkli volkanik cam.

ob.so.les.cence [ɔbsə'lesns] *n.* eskime, demode olma, kullanılmama; **ob.so'lescent** *adj.* eskiyen, demode olan, modası geçmekte olan, az kullanılan.

ob.so.lete ['ɔbsəliːt] *adj.* eskimiş, kullanılmayan, modası geçmiş, demode; *biol.* eskilerine oranla az gelişmiş.

ob.sta.cle ['ɔbstəkl] *n.* engel, mâni; ~ **race** engelli yarış.

ob.stet.ric [ɔb'stetrik], **ob'stet.ri.cal** *adj.* ⚕ doğum *veya* gebeliğe ait, çocuk doğum...; gebelik...; **ob.ste.tri.cian** [~'triʃən] *n.* doğum mütehassısı; **ob'stet.rics** [~triks] *n.* *mst sg.* gebelik *veya* doğumla uğraşan tıp dalı.

ob.sti.na.cy ['ɔbstinəsi] *n.* inatçılık, dik başlılık; **ob.sti.nate** □ ['~nit] inatçı, dik kafalı, söz dinlemez; yenmesi güç, direnci kırılmaz *(fig. hastalık)*.

ob.strep.er.ous □ [əb'strepərəs] gürültücü, şamatacı, yaygaracı; ele avuca sığmaz, haylaz.

ob.struct [əb'strʌkt] *v/t.* tıkamak, kapamak *-i*; engel olm., mâni olm. *-e*; zorlaştırmak *-i*; **ob'struc.tion** *n.* engel, mâni(a), set; blokaj; *parl.* engelleme; **ob'struc.tive** □ [~tiv] engelleyici (of *-i*).

ob.tain [əbˈtein] *v/t.* bulmak, almak, ele geçirmek, elde etm.; *v/i.* geçerli olm., süregelmek, yerleşmiş olm. *(gelenek)*; **obˈtain.a.ble** *adj.* bulunabilir, elde edilebilir; † satın alınabilir; **obˈtain.ment** *n.* elde etme, bulma, alma.

ob.trude [əbˈtruːd] *v/t.* zorla kabul ettirmek (on *-i*); *v/i.* *k-ni* zorla kabul ettirmek; **obˈtru.sion** [~ʒən] *n.* *k-ni* zorla kabul ettirme; **obˈtru.sive** □ [~siv] *k-ni* zorla kabul ettiren, sokulup sıkıntı veren, yılışık.

ob.tu.rate [ˈɔbtjuəreit] *v/t.* engellemek, mâni olm., kapamak, tıkamak; **ˈob.tu.ra.tor** *n.* engelleyen kimse *veya* şey, tıkayıcı şey.

ob.tuse □ [əbˈtjuːs] keskin olmayan, kör, küt; ⩓ geniş *(açı)*; *fig.* kalın kafalı, aptal, bön; duygusuz; **obˈtuse.ness** *n.* duygusuzluk; *fig.* bönlük, aptallık.

ob.verse [ˈɔbvəːs] *n.* paranın yüz kısmı, tura; herhangi bir şeyin yüz tarafı; *fig.* eş, karşılık; ters önerme.

ob.vi.ate *fig.* [ˈɔbvieit] *v/t.* önlemek, gidermek, ortadan kaldırmak.

ob.vi.ous □ [ˈɔbviəs] (bes)belli, (ap)açık, aşikâr; **ˈob.vi.ous.ness** *n.* aşikârlık, açıklık, meydanda olma.

oc.ca.sion [əˈkeiʒən] **1.** *n.* fırsat, münasebet, vesile, durum, hal; sebep, neden, gereklilik, lüzum; F olay, hadise; iş; kutlama; on ~ ara sıra, fırsat düştükçe; gerektiğinde; on the ~ of dolayısıyla, vesilesiyle; **2.** *v/t.* vesile olm., sebep olm. *-e*; **ocˈca.sion.al** □ [~ʒənl] ara sıra olan, fırsat düştükçe yapılan; **ocˈca.sion.al.ly** [~ʒnəli] *adv.* ara sıra, bazen.

oc.ci.dent *poet.* & *rhet* [ˈɔksidənt] *n.* batı, batı yarıküresi; **oc.ci.den.tal** □ [~ˈdentl] batılı, batıya ait, batısal, batı...

oc.cult □ [ɔˈkʌlt] gizli, saklı, bilinmez, anlaşılmaz; doğaüstü, büyülü, esrarlı, sihirli; **oc.culˈta.tion** *n. ast.* karartma, gizleme; **oc.cult.ism** [ˈɔkəltizəm] *n.* gizli güçlere inanma; **ˈoc.cult.ist** *n.* gizli güçlere inanan kimse; **oc.cult.ness** [ɔˈkʌltnis] *n.* gizlilik.

oc.cu.pan.cy [ˈɔkjupənsi] *n.* işgal (of *-i*); **ˈoc.cu.pant** *n.* işgal eden kimse; **oc.cuˈpa.tion** *n.* meslek, iş, sanat, meşguliyet; ⚔ işgal; **oc.cuˈpa.tion.al** [~ʃənl] *adj.* iş (*veya* meslek) ile ilgili, iş..., meslek...; işgal kuvvetleri; ~ therapy meşguliyetle tedavi, rehabilitasyon; **oc.cu.pi.er** [ˈɔkjupaiə] *s.* occupant; **oc.cu.py** [ˈ~pai] *v/t.* ...de oturmak, ...de yaşamak; ⚔ işgal etm., zaptetmek; meşgul etm., doldurmak *(süre)*; bulunmak *(görev)*; ~ o.s. *veya* be occupied with *veya* in *ile* meşgul olm.

oc.cur [əˈkəː] *v/i.* olmak, meydana gelmek, yer bulmak; hatıra gelmek, akla gelmek; bulunmak, mevcut olm.; it ~red to me aklıma geldi; **oc.cur.rence** [əˈkʌrəns] *n.* olay, hadise, vaka; olma, meydana çıkma.

o.cean [ˈəuʃən] *n.* okyanus, derya, deniz; ~ liner okyanus gemisi; ~s of time F dünya kadar vakit; **ˈ~-go.ing** *adj.* okyanus..., okyanuslarda işleyen...; **o.ce.an.ic** [əuʃiˈænik] *adj.* okyanusa ait, okyanus...; okyanusta bulunan...

o.chre *min.* [ˈəukə] *n.* toprak boya, aşı boyası; koyu sarı renk.

o'clock [əˈklɔk] *adv.* saate göre; five ~ saat beş.

oc.ta.gon [ˈɔktəgən] *n.* sekizgen; **oc.tag.o.nal** [ɔkˈtægənl] *adj.* sekiz kenarlı.

oc.tane ⚗ [ˈɔktein] *n.* oktan; ~ rating *mot.* oktan sayısı.

oc.tave ♪ [ˈɔktiv] *n.* oktav; sekiz notalık ara; bir sonenin sekiz mısraı; sekiz mısralı şiir; **oc.ta.vo** [ɔkˈteivəu] *n.* yarım fasiküllük kâğıt tabakası *veya* kitap; **octet(te)** [ɔkˈtet] *n.* ♪ sekiz kişi tarafından söylenen *veya* çalınan müzik parçası.

Oc.to.ber [ɔkˈtəubə] *n.* ekim (ayı).

oc.to.ge.nar.i.an [ɔktəudʒiˈnɛəriən] **1.** *adj.* seksen yaşında, seksenlik, sekseninde; **2.** *n.* seksenlik kimse.

oc.to.pus *zo.* [ˈɔktəpəs] *n.* ahtapot; *fig.* yaygın ve yıkıcı örgüt.

oc.to.roon [ɔktəˈruːn] *n.* zenci karışımı beyaz kimse.

oc.u.lar □ [ˈɔkjulə] göze ait, göz...; gözle görülür; ~ demonstration, ~ proof kesin delil; **ˈoc.u.list** *n.* göz mütehassısı, göz doktoru.

odd □ [ɔd] tek, ikiye bölünemeyen *(sayı)*; tek *(ayakkabı, eldiven vs.)*; geriye kalan, küsur; düzensiz, seyrek, ara sıra olan; tuhaf, acayip, garip; 50 ~ 50 küsur; 14 pounds ~ 14 küsur pound; ~ jobs *pl.* düzensiz işler, geçici işler; at ~ times boş vakitlerde, vakit buldukça; ~ man out garip adam, acayip herif; *s.* odds; **ˈodd.i.ty** *n.* tuhaflık, acayiplik, gariplik; F garip kimse; **ˈodd.ments** *n. pl.* ufak tefek şeyler, artık şeyler; † döküntüler, kırıntılar; **odds** [ɔdz] *n. pl. oft. sg.* eşitsizlik, fark, üstünlük; ihtimal (*veya* olabilirlik) oranı; the ~ are against you ihtimaller aleyhinizdedir; the ~ are that ihtimali var ki, muhtemeldir ki; be at ~ with s.o. *b-le* arası açık olm.; ~ and ends *pl.* ufak tefek şeyler, eften püften şeyler; it makes no ~ zararı yok, farket-

mez; what's the ~? ne çıkar?, ne önemi var?
ode [əud] *n.* gazel; övgü, kaside.
o.di.ous □ [ˈəudjəs] tiksindirici, iğrenç, çirkin, nefret verici; **o.di.um** [ˈəudjəm] *n.* nefret, kin; yüz karası, ayıp; iğrençlik.
o.dom.e.ter *mot.* [ɔˈdɔmitə] *n.* kilometre sayacı, mesafe kaydedici, odometre.
o.don.to.lo.gy ⚕ [ɔdɔnˈtɔlədʒi] *n.* diş, diş gelişimi ve diş hastalıkları ile uğraşan ilim.
o.dor.if.er.ous □ [əudəˈrifərəs] hoş kokulu, güzel koku yayan; **ˈo.dor.ous** □ (hoş) kokulu.
o.do(u)r [ˈəudə] *n.* koku; *fig.* şöhret, itibar; **ˈo.dor.less** *adj.* kokusuz.
O.dys.sey [ˈɔdisi] *n.* Odise destanı; *fig.* maceralı uzun yolculuk.
oe.col.o.gy [iːˈkɔlədʒi] *s.* ecology.
oec.u.men.i.cal *eccl.* □ [iːkjuːˈmenikəl] kiliselerin birleşmesine ait; bütün Hıristiyanlarca kabul edilen.
oe.de.ma ⚕ [iːˈdiːmə] *n.* ödem, vücutta su toplanması.
o'er [əuə] = over.
oe.soph.a.gus *anat.* [iːˈsɔfəgəs] *n.* yemek borusu.
of [ɔv, əv, v] *prp. com.* -(n)in *(the works of Shakespeare: Shakespear'in eserleri)*; -den *(proud / ashamed / afraid / glad/ tired of: -den gurur duyan / utanan/ korkan/ memnun olan/ bıkan)*; *-den* yapılmış *(a table of wood: tahtadan yapılmış bir masa)*; -li *(a man ~ honour: şerefli bir adam)*; ~ o.s. kendiliğinden, kendi teşebbüsüyle; kendi hakkında; this world ~ ours bizim bu dünyamız; ~ an evening F akşamları.
off [ɔːf, ɔf] **1.** *adv.* uzakta, ileride, ötede; uzağa, ileriye, öteye *(3 miles ~: 3 mil ötede)*; bitmiş, bozulmuş *(their engagement is ~: nişanları bozuldu)*; kesik *(the water/electricity is ~: su/elektrik kesik)*; görev dışında, izinli *(the manager gave the staff a day ~: müdür personele bir günlük izin verdi)*; kopuk; ~ and on arasıra, bazen; be ~ ayrılmak, terketmek, gitmek; be ~ with s.o. *b-den* ayrı kalmak; right ~, straight ~ derhal, hemen; well etc. ~ hali vakti yerinde, zengin *vs.*; **2.** *prp.* -den, -dan *(fall ~ a ladder/ a tree/ a horse: merdivenden/ ağaçtan/ attan düşmek)*; *-den* uzak *(a house ~ the main road: ana yoldan uzak bir ev)*; ⚓ açıklarında *(a ship anchored ~ the harbour entrance: liman girişi açıklarında demirlemiş gemi)*; bırakmış *(she's ~ smoking: sigarayı bıraktı)*; a street ~ the Strand Strand'den ayrılan sokak; be ~ duty izinli olm.; be ~ smoking sigarayı bırakmak; ~ the point konudan uzak, konu dışı; be ~ one's feed *sl.* hiç iştahı olmamak;; ~ one's head *sl.* kafayı üşütmüş; **3.** *adj.* sağdaki *(the ~ front wheel: sağ ön tekerlek)*; uzak; ⚓ denize doğru açılan; bitmiş, ertenlemiş; çalışmayan, işlemeyen; yanlış, hatalı; normalden aşağı, âdi; izinli, görev dışında; cansız, hareketsiz, ölü *(mevsim, sezon)*; solmuş, soluk; bitmiş, tükenmiş; ~ chance zayıf bir ihtimal; ~ shade ✝ rengi kaçmış, solmuş; **4.** *int.* defol!, çek arabanı!, yaylan!
of.fal [ˈɔfəl] *n.* çerçöp, süprüntü; ~s *pl.* hayvanın yenemeyen iç kısımları; sakatat.
off-beat F [ˈɔfˈbiːt] *adj.* olağandışı, alışılmamış, tuhaf.
of.fence [əˈfens] *n.* suç, kabahat, kusur; hakaret, incitme, gücendirme; hücum, tecavüz, saldırı; no ~! gücenmeyin!, darılmayın!; give ~ gücendirmek, darıltmak; take ~ gücenmek, darılmak (at *-e*).
of.fend [əˈfend] *v/t.* gücendirmek, darıltmak, hatırını kırmak; ihlâl etm., bozmak; kızdırmak; *v/i.* suç işlemek, kabahat işlemek (against *-e karşı*); **ofˈfender** *n.* suçlu; first ~ ilk kez suç işlemis kimse.
of.fense [əˈfens] = offence.
of.fen.sive [əˈfensiv] **1.** □ çirkin, iğrenç; yakışmaz; kötü...; saldırı..., hücum...; **2.** *n.* taarruz, saldırı, hücum.
of.fer [ˈɔfə] **1.** *n.* teklif; sunu; ~ of marriage evlenme teklifi; on ~ satışa sunulmuş; **2.** *v/t.* teklif etm.; vermek *(fiyat)*; takdim etm., arzetmek, sunmak; göstermek; *v/i.* meydana çıkmak, gözükmek, görünmek; **ˈof.fer.ing** *n.* teklif; sunu; kurban.
of.fer.to.ry *eccl.* [ˈɔfətəri] *n.* kilisede ayin esnasında para toplama; para toplanırken çalınan müzik.
off-hand [ˈɔːfˈhænd] *adj.* düşünmeden yapılmış, rasgele yapılmış, hazırlıksız yapılmış; ters *(hareket, söz)*.
of.fice [ˈɔfis] *n.* büro, yazıhane, ofis; daire; bakanlık; hizmet, iş, memuriyet, vazife, görev; iktidar; ~s *pl.* yardım; booking ~, *thea.* box ~ bilet gişesi; Divine ♀ ibadet; dinî ayin; **ˈ~-bear.er** *n.* memur, görevli; **ˈ~-block** *n.* iş hanı; **ˈ~-boy** *n.* yazıhanede ayak işlerine bakan çocuk.
of.fi.cer [ˈɔfisə] *n.* memur; polis memuru; ✕ subay; **ˈof.fi.cered:** ~ by *-in* kuman-

dası altında.

of.fi.cial [əˈfiʃəl] **1.** □ resmî; memuriyete ait; memura yakışır; ⚕ = officinal; **2.** *n.* memur; **ofˈfi.cial.dom** *n.* memur sınıfı, memurlar; **of.fi.cial.ese** [~ˈliːz] *n.* resmî yazı üslubu; **ofˈfi.cial.ism** = officialdom.

of.fi.ci.ate [əˈfiʃieit] *v/i.* resmî bir görevi yerine getirmek.

of.fic.i.nal [ɔfiˈsainl] *adj.* hazır *(ilâç)*; iyileştirici, tedavi edici.

of.fi.cious □ [əˈfiʃəs] her şeye karışan, el sokan, işgüzar, gereksiz yere yardım etmek isteyen.

off.ing ⚓ [ˈɔfiŋ] *n.* sahilden görülen açık deniz; in the ~ *fig.* olması yakın; **ˈoff.ish** *adj.* F uzak duran, soğuk *(davranış)*.

off...: **ˈ~-li.cence** *n.* içki satma ruhsatı; içki satılan dükkân; **ˈ~-print** *n.* ayrı baskı; **ˈ~.scour.ings** *pl.*, **ˈ~.scum** *n.* çerçöp, süprüntü, pislik; **ˈ~.set 1.** *n.* ⩓ düz çıkıntı; ⊕ dirsek; *typ.* ofset; *s.* offshoot: *s.* set-off; **2.** *v/t* dengelemek, denkleştirmek; ofset usulü basmak; **ˈ~.shoot** *n.* dal *(a. fig.)*; **ˈ~-shore** *adj.* kıyıdan uzak; kıyıdan esen *(rüzgâr)*; **ˈ~-ˈside** *adj. spor:* ofsayt; **ˈ~.spring** *n.* döl, evlât; ürün; **ˈ~-the-ˈrec.ord** *adj.* kayda geçmeyecek, yayınlanmayacak, gizli; **ˈ~-time** *n.* boş vakit.

oft *poet.* [ɔft] *adv.* çok kere, sık sık.

of.ten [ˈɔfn] *adv.* çok defa, çoğu kez, sık sık; as ~ as her ne zaman, her; as ~ as not, more ~ than not ekseriya, çok sık; every so ~ arasıra, bazen; **ˈof.ten.times, ˈoft-times** *adv.* † sık sık.

o.gee ⩓ [ˈəudʒiː] *n.* S şeklinde korniş *veya* köşebent, deve boynu.

o.gi.val [əuˈdʒaivəl] *adj.* sivri kemer..., beyzî kemer...; **ˈo.give** *n.* ⩓ sivri tepeli kemer; grafikte bir eğri çeşidi.

o.gle [ˈəugl] *vb.* âşıkane bakmak, göz süzerek bakmak; âşıkane süzmek.

o.gre [ˈəugə] *n.* insan yiyen dev; **o.gress** [ˈəugris] *n.* insan yiyen dişi dev.

oh [əu] *int.* ya!, sahi!, öyle mi?

ohm ⚡ [əum] *n.* om, elektrik direnç birimi.

o.ho [əuˈhəu] *int.* ha!, çaktım!, anladım!, tamam!

oil [ɔil] **1.** *n.* yağ; petrol; zeytinyağı; yağlıboya (resim); F pohpohlama, yağ çekme; burn the midnight ~ geç vakte kadar çalışmak, gecesini gündüzüne katmak; smell of ~ gece geç vakte kadar çalıştığı belli olm.; pour ~ on the flame(s) kızıştırmak, yangına körükle gitmek; pour ~ on the (troubled) waters yatıştırmak; strike ~ petrol bulmak; *fig.* köşeyi dönmek; paint in ~s yağlıboya resim yapmak; **2.** *v/t.* yağlamak; *fig. b-ne* rüşvet vermek; yağ çekmek; ~ s.o.'s palm *b-ne* rüşvet vermek; **ˈ~-burn.er** *n.* yağ brülörü, yağ memesi; **ˈ~-cake** *n.* yağ küspesi; **ˈ~-can** *n.* yağdanlık; **ˈ~.cloth** *n.* muşamba; **ˈ~-col.o(u)r** *n.* yağlıboya; **ˈoil.er** = oil-can; oil tanker; **ˈoil-field** *n.* petrol sahası; **ˈoil.i.ness** *n.* yağlılık; *fig.* kaypaklık, yağcılık, dalkavukluk; **ˈoil-man** *n.* yağ *veya* yağlı boya üreticisi *veya* satıcısı; makine yağcısı; **ˈoil-paint.ing** *n.* yağlıboya resim; **ˈoil-pa.per** *n.* yağlı kâğıt; **ˈoil-skin** *n.* çok ince muşamba; ~s *pl.* bu muşambadan yapılmış elbiseler; **ˈoil-tank.er** *n.* tanker; **ˈoil-well** *n.* petrol kuyusu; **ˈoil.y** □ yağlı *(a. fig.)*; *fig.* yağcı, dalkavuk.

oint.ment [ˈɔintmənt] *n.* merhem.

O.K., o.kay [ˈəuˈkei] **1.** *adj.* & *adv.* peki; doğru; geçer; iyi, makbul; **2.** *v/t.* onaylamak, tasdik etm.

old [əuld] *adj.* eski, köhne, eskimiş, aşınmış; ihtiyar, yaşlı; sabık, önceki; tecrübeli, deneyimli, pişkin; F sevgili *(dost)*; *sl.* çok; harika, fevkalâde; the ~ yaşlılar, ihtiyarlar; young and ~ herkes; ~ age yaşlılık, ihtiyarlık; the ~ man koca; baba; gemi kaptanı; ~ man yaşlı adam; the ~ woman karı, eş; the ~ country göçmenin eski vatanı; an ~ boy eski öğrenci; a high ~ time *sl.* eski güzel günler; the ~ one, the ~ gentleman, ~ Harry *veya* Scratch şeytan; days of ~ geçmiş günler, mazi; **ˈ~-age** *adj.* yaşlılık...; **ˈ~-clothes.man** *n.* eskici; **ˈold.en** *adj.* † *veya poet.* eski; in the ~ days eskiden, eski günlerde.

old...: **ˈ~-ˈfash.ioned 1.** *adj.* modası geçmiş, demode; eski kafalı; sitemkâr *(bakış)*; **2.** *n. Am.* viski ile yapılan bir çeşit kokteyl; **ˈ~-ˈfo.g(e)y.ish** *adj.* eski kafalı; ♀ **Glo.ry** A.B.D.'nin bayrağı; **ˈold.ish** *adj.* oldukça yaşlı *veya* eski; **ˈold-ˈmaid.ish** *adj.* titiz, düzenli, tertipli; **old.ster** [ˈ~stə] *n.* yaşlı adam; **ˈold-time** *adj.* eski; yaşlı; **ˈold-ˈtim.er** *n.* kıdemli kimse; *esp. Am.* yaşlı adam; **ˈold-ˈwom.an.ish** *adj.* titiz, müşkülpesent, kılı kırk yaran; **ˈold-world** *adj.* eski, modası geçmiş.

o.le.ag.i.nous [əuliˈædʒinəs] *adj.* yağlı; yağ çıkaran; şişman; yağlı...

o.le.an.der ⚘ [əuliˈændə] *n.* zakkum, ağıağacı, gül defnesi.

ol.fac.to.ry *anat.* [ɔlˈfæktəri] *adj.* koklamaya ait, koklama..., koku ...

ol.i.garch.y [ˈɔligaːki] *n.* oligarşi.

ol.ive [ˈɔliv] *n.* ⚘ zeytin; zeytin ağacı;

zeytin dalı *veya* çelengi; **ˈ~-branch** *n.* barış sembolü olan zeytin dalı; **ˈ~-tree** *n.* zeytin ağacı.

O.lym.pi.ad [əuˈlimpiæd] *n.* olimpiyat; **Oˈlym.pi.an** [~piən] *adj.* tanrısal; harika, şahane; **Oˈlym.pic games** *pl.* olimpiyat oyunları.

om.e.let, om.e.lette [ˈɔmlit] *n.* omlet, kaygana.

o.men [ˈəumen] *n.* kehanet.

om.i.nous □ [ˈɔminəs] uğursuz; korkutucu; ~ of disaster uğursuz felâket.

o.mis.si.ble [əuˈmisibl] *adj.* atlanabilir, yapılmayabilir; **o.mis.sion** [əˈmiʃən] *n.* atlama, bırakma, yapmama; ihmal; sin of ~ ihmal suçu.

o.mit [əˈmit] *v/t.* bırakmak, atlamak, ihmal etm. *(a.* to *inf. -meği).*

om.ni.bus [ˈɔmnibəs] **1.** *n.* † otobüs; antoloji; **2.** *adj.* çok maddeli...; çok maksatlı...; ~ volume içinde birçok konu olan cilt.

om.nip.o.tence [ɔmˈnipətəns] *n.* herşeye gücü yetme; sonsuz güç; **omˈnip.o.tent** □ her şeye kadir.

om.ni.pres.ence [ˈɔmniˈprezəns] *n.* her yerde bulunma; **ˈom.niˈpres.ent** □ her yerde ve her zaman hazır, her yerde hazır ve nazır.

om.nis.cience [ɔmˈnisiəns] *n.* her şeyi bilme; sonsuz bilgi; **omˈnis.cient** □ her şeyi bilen, âlim.

om.niv.o.rous [ɔmˈnivərəs] *adj.* her şeyi yiyen; *fig.* her çeşit kitabı okuyan.

on [ɔn] **1.** *prp. mst* üzerinde, üstünde *(~ the wall: duvarın üzerinde)*; esnasında, zarfında, sürecinde; hakkında, konusunda, hususunda *(talk ~ a subject: bir konu hakkında konuşmak)*; *-e* doğru *(march ~ London: Londra'ya doğru yürümek)*; *-e* yakın; kenarında *(a house ~ the main road: ana yolun kenarında bir ev)*; halinde; get ~ a train *part. Am.* trene binmek; turn one's back ~ s.o. *b-ne* sırt çevirmek; ~ these conditions bu şartlarda; ~ this model bu modele göre; ~ hearing it onu duyması üzerine; **2.** *adv.* üzerinde, üstünde; ileriye, ileride; aralıksız, durmadan; olmakta; ~ and ~ durmaksızın, ara vermeden, biteviye; ~ to... ...(y)e; from that day ~ o günden itibaren; be ~ olmak, vuku bulmak; *thea.* oynamak; what is ~ tonight? bu gece ne oynuyor?; be a bit ~ *sl.* çakırkeyf olm., kafayı bulmak; **3.** *int.* haydi!

once [wʌns] **1.** *adv.* bir defa, bir kez, bir kere; bir zamanlar, eskiden; hemen, derhal: at ~ derhal, hemen; aynı anda; all at ~ aniden, birden(bire); ~ again bir kez daha; ~ for all (ilk ve) son olarak; for ~ bu seferlik, bir kerelik; ~ in a while arasıra, bazen; this ~ bu sefer; ~ more tekrar, bir kez daha; ~ upon a time there was... evvel zaman içinde bir ... varmış; **2.** *cj. a.* ~ that ...ir ...irmez.

once-o.ver *Am.* F [ˈwʌnsəuvə] *n.* hemen bakma, inceleme, tetkik.

on-com.ing [ˈɔnkʌmiŋ] **1.** *adj.* yaklaşmakta olan, yaklaşan, ilerleyen; **2.** *n.* yaklaşma.

one [wʌn] **1.** *adj. & pron.* bir, tek; biri(si); herhangi biri(si); his ~ care onun tek endişesi, üzüntüsü; ~ day bir gün, günün birinde; ~ of these days bu günlerde; ~ Mr. Miller Mr. Miller isminde bir zat; *s.* any, every, no; take ~'s walk yürüyerek gezmek; a large dog and a little ~ büyük bir köpek ve bir de küçük bir tane; for ~ thing sebeplerden biri, çünkü; ~ and the same tıpkısı, aynı; **2.** *n.* bir tane; biri(si); adam, kimse, kişi; bir rakamı; the little ~s *pl.* küçük çocuklar; ~ another birbir(ler)ini, birbir(ler)ine; at ~ beraber, birleşmiş, uyuşmuş; ~ by ~, ~ after another birer birer, birbiri ardına; it is all ~ (to me) (benim için) hava hoş, farketmez; I for ~ bana kalırsa, bence; ~ with another ortalama olarak; **ˈ~-armed** *adj.* tek kollu; ~ bandit para ile çalışan oyun makinesi; **ˈ~-ˈeyed** *adj.* tek gözlü; *fig.* kısıtlı, az; **ˈ~-ˈhorse** *adj.* tek atlı; *fig. sl.* ikinci derecede, adi; ~ town küçük ve can sıkıcı kasaba; **ˈ~-iˈdea'd** *adj.* sabit fikirli; **ˈone.ness** *n.* birlik, bir olma.

on.er.ous □ [ˈɔnərəs] ağır, zor, külfetli, sıkıntılı.

one...: **~ˈself** *pron.* kendisi, bizzat, kendi kendine; by ~ kendi kendine; **ˈ~-ˈsid.ed** □ tek taraflı; **ˈ~-time** *adj.* sabık, eski; have a ~ mind tek bir şey düşünmek, ak- **ˈ~-ˈtrack** *adj.* tek yollu; ısrarcı, şaşmaz; lında bir tek şey olm.; **ˈ~-way:** ~ street tek yönlü sokak; ~ ticket gidiş bileti.

on.fall [ˈɔnfɔːl] *n.* hücum, taarruz.

on.go.ings [ˈɔngəuiŋz] *n. pl.* olay, hadise, vaka.

on.ion [ˈʌnjən] *n.* soğan; off one's ~ *sl.* kafayı üşütmüş.

on.look.er [ˈɔnlukə] *n.* seyirci.

on.ly [ˈəunli] **1.** *adj.* (bir) tek, biricik, eşsiz; yegâne; **2.** *adv.* yalnız, ancak, sadece, yalnızca, başlı başına; ~ yesterday sadece dün; ~ just ancak, henüz; hemen hemen hiç; ~ think! düşün bir kere!; **3.** *cj.* ~ (that) ne var ki, ...mezse.

on.o.mat.o.poe.ia [ɔnəumætəu'pi:ə] *n.* doğal sesleri yansılayan kelimeleri kullanma.
on.rush ['ɔnrʌʃ] *n.* üşüşme, saldırma.
on.set ['ɔnset], **on.slaught** ['ɔnslɔ:t] *n.* başlama, başlangıç; *part. fig.* şiddetli saldırı, hücum.
on.to ['ɔntu, 'ɔntə] *prep.* *-in* üstün(d)e.
on.tol.o.gy *phls.* [ɔn'tɔlədʒi] *n.* ontoloji.
o.nus *fig.* ['əunəs] *n.* yük, görev, sorumluluk, külfet.
on.ward ['ɔnwəd] **1.** *adj.* ileriye doğru giden, ilerleyen; **2.** *a.* **~s** *adv.* ileri, ileriye doğru, ileride.
on.yx *min.* ['ɔniks] *n.* damarlı akik.
oo.dles *sl.* ['u:dlz] *n. pl.* büyük miktar (of).
oof *sl.* [u:f] *n.* mangır, mangiz.
oomph *sl.* [u:mf] *n.* azim, şevk, gayret; cinsî cazibe.
ooze [u:z] **1.** *n.* çamur, balçık; ⊕ sızıntı; **2.** *v/t.* & *v/i.* sız(dır)mak; dışarı sızmak, duyulmak *(sır, haber)*; dışarı vermek, çıkarmak; **~ away** azalmak, eksilmek.
oo.zy □ ['u:zi] sızıntılı; sızdıran; sulu çamur gibi.
o.pac.i.ty [əu'pæsiti] *n.* donukluk, şeffaf olmama; *fig.* ahmaklık, mankafalık.
o.pal *min.* ['əupəl] *n.* opal, panzehirtaşı; **o.pal.es.cent** [~'lesnt] *adj.* yanardöner, şanjan.
o.paque □ [əu'peik] donuk, şeffaf olmayan, ışık geçirmez, kesif; *fig.* ahmak, mankafa.
ope *poet.* [əup] = open.
o.pen ['əupən] **1.** □ *com.* açık, içine girilir, serbest; üstü açık; açık *(hava)*; açmış *(çiçek)*; aşikâr, meydanda, gizli olmayan; herkese açık, umumî; karar verilmemiş, halledilmemiş *(mesele)*; korumasız, sipersiz; ödenmemiş *(borç)*; kapanmamış *(hesap)*; açık fikirli (to -e); with **~ arms** samimiyetle; with **~ hands** cömertçe; the **~ door** serbest ticaret; keep **~ house** evinin kapısı herkese açık olm.; lay o.s. **~** to -e maruz kalmak; **~ letter** açık mektup; **~ season** *hunt.* serbest sezon; **2.** *n.* in the **~** (air) açık havada; açıkta; come out into the **~** *fig.* açığa çıkmak; **3.** *v/t.* & *v/i.* aç(ıl)mak; umuma açmak; başla(t)mak -e; kesip açmak, yar(ıl)mak, deşmek; gevşe(t)mek; çöz(ül)mek; yay(ıl)mak, ser(il)mek; göz önüne çıkarmak; çatla(t)mak; göstermek, bildirmek; **~ into** içeri doğru açılmak; **~ on to** -e açılmak; **~ out** yaymak; sermek; açılmak; **~ up** açmak; başlamak; geliştirmek; **'~-'air** *adj.* açık hava...; **'~-armed** *adj.* candan, içten, samimi; **o.pen.er** ['əupnə] *n.* açacak; **'o.pen-eyed** *adj.* açıkgöz, dikkatli; şaşkın, afallamış; **'o.pen-'hand.ed** *adj.* eli açık, cömert; **'o.pen-'heart.ed** *adj.* açık kalpli, samimi; **o.pen.ing** ['əupniŋ] **1.** *n.* açıklık, delik; başlangıç; açılış, açılma; fırsat; münhal görev; **2.** *adj.* ilk..., birinci...; **'o.pen-'mind.ed** *adj.* *fig.* açık fikirli; **'o.pen-'mouthed** *adj.* ağzı açık kalmış *(hayretten)*; açgözlü, obur; **o.pen.ness** ['əupnnis] *n.* açıklık.
lü, obur; **o.pen.ness** ['əupnnis] *n.* açıklık.
open...: **~ or.der** ⚔ dağınık savaş düzeni; **~ shop** sendikalı *veya* sendikasız herkesi çalıştıran kuruluş; **~ vow.el** açık sesli harf; **~ work** kafes halinde işlemeli süs.
op.er.a ['ɔpərə] *n.* opera; opera müziği; opera binası; **'~-cloak** *n.* bayanların tuvaletle birlikte giydikleri pelerin; **'~-glass(es** *pl.*) *n.* opera dürbünü; **'~-hat** *n.* katlanabilen silindir erkek şapkası; **'~-house** *n.* opera binası.
op.er.ate ['ɔpəreit] *v/t.* & *v/i.* işle(t)mek, çalış(tır)mak, kullanmak; iş görmek; etkilemek; ☨ borsada alışveriş yapmak; ⚕ ameliyat etm.; ⚔ tatbikat yapmak; ⊕ işletmek, çalıştırmak; be **operating** işler olm.; **op.er.at.ic** [~'rætik] *adj.* operaya ait, opera...; **~ singer** opera şarkıcısı; **op.er.at.ing** ['ɔpəreitiŋ] *adj.* ameliyat...; işletme...; **~ expenses** *pl.* işletme masrafları; **~ instructions** *pl.* işletme talimatı; **~ theatre** ameliyat odası; **op.er'a.tion** *n.* işle(t)me, çalışma (tarzı); iş, fiil; etki, hüküm; ☨ borsada alışveriş; ⚕ ameliyat; ⚔ harekât; be in **~** yürürlükte olm.; come into **~** yürürlüğe girmek; **op.er'a.tion.al** [~ʃənl] *adj.* işletme...; kullanıma hazır...; **op.er.a.tive** ['ɔpərətiv] **1.** □ işleyen, faal, çalışan; etkin, etkili; geçerli, yürürlükte olan; ⚕ ameliyata ait, ameliyat edilebilir; **2.** *n.* usta işçi, teknisyen; **op.er.a.tor** ['~reitə] *n.* ⚕ cerrah, operatör; *film:* gösterici; santral memuru; ⊕ operatör, teknisyen; ☨ spekülatör.
op.er.et.ta [ɔpə'retə] *n.* operet.
oph.thal.mi.a ⚕ [ɔf'θælmiə] *n.* göz iltihabı; **oph'thal.mic** *adj.* göze ait, göz...; **~ hospital** göz hastalıkları hastanesi.
o.pi.ate *pharm.* ['əupiit] **1.** *n.* afyonlu ilâç; **2.** *adj.* afyonlu...; uyuşturucu..., sersemletici...
o.pine [əu'pain] *v/t.* yürütmek *(fikir)*; zannetmek, düşünmek, farzetmek; **o.pin.ion** [ə'pinjən] *n.* fikir, düşünce; zan, tahmin, kanı, görüş; the (public) **~** kamuoyu; I am of the **~** that ...fikrindeyim, görüşündeyim; in my **~** bence, kanımca,

fikrimce, kanaatimce; **o'pin.ion.at.ed** [~eitid] *adj.* inatçı, fikrinden dönmeyen, dik kafalı.

o.pi.um *pharm.* ['əupjəm] *n.* afyon.

o.pos.sum *zo.* [ə'pɔsəm] *n.* opossum, keselisıçangillerden Amerika'ya mahsus memeli bir hayvan.

op.po.nent [ə'pəunənt] **1.** *n.* hasım, düşman, rakip, muhalif; **2.** *adj.* karşı(ki); karşıt, zıt.

op.por.tune □ ['ɔpətjuːn] elverişli, uygun, münasip; tam vaktinde yapılan; **'op.por.tun.ism** *n.* fırsatçılık; **'op.por.tun.ist** *n.* fırsatçı kimse; **op.por'tu.ni.ty** *n.* fırsat, uygun zaman, elverişli durum.

op.pose [ə'pəuz] *v/t.* direnmek, engel olm., mâni olm., karşı koymak, karşı çıkmak *-e*; karşıla(ştır)mak *-i*; **op'posed** *adj.* karşı; karşısında; zıt, aksi; be ~ to *-e* karşı olm.; **op.po.site** ['ɔpəzit] **1.** □ karşı ([to] s.th. *bşe*); karşıdaki, karşıki; zıt, aksi, karşıt, ters; ~ number karşı taraftaki meslektaş, iş arkadaşı; **2.** *prp.* & *adv.* karşı karşıya; karşılıklı; karşıda; karşıya; **3.** *n.* zıt kelime *veya* şey; **op.po'si.tion** *n.* zıtlık, karşıtlık; muhalefet (to *-e*); mücadele; karşı durma, karşı koyma; ✝ rekabet; *parl.* muhalif parti; *ast.* birbirinden 180° uzaklıktaki iki gökcisminin durumu.

op.press [ə'pres] *v/t.* sık(ıştır)mak, baskı yapmak; zulmetmek *-e*, canını yakmak; canını sıkmak, üzerine yüklenmek; **op.pres.sion** [ə'preʃən] *n.* baskı, zulüm, cefa; zulmetme; sıkıntı, güçlük; **op'pres.sive** □ [~siv] ezici, zulmedici; sıkıcı, bunaltıcı; **op'pres.sive.ness** *n.* gaddarlık; sıkıcılık; **op'pres.sor** *n.* zalim (*veya* acımasız) kimse.

op.pro.bri.ous □ [ə'prəubriəs] hakaret dolu, aşağılayıcı; utandırıcı, yüz kızartıcı; **op'pro.bri.um** [~briəm] *n.* hakaret, aşağılama; rezalet, ayıp.

op.pugn [ɔ'pjuːn] *v/t.* karşı koymak *-e*, karşı olm. *-e*.

opt [ɔpt] *vb.* seçmek; karar vermek (for *-e*); **op.ta.tive** *gr.* ['ɔptətiv] *n.* istek kipi, dilek kipi.

op.tic ['ɔptik] *adj.* görme duyusuna ait, göz...; = **'op.ti.cal** □ optikle ilgili; **op'ti.cian** [~ʃən] *n.* gözlükçü; **'op.tics** *n. sg.* optik.

op.ti.mism ['ɔptimizəm] *n.* iyimserlik; **'op.ti.mist** *n.* iyimser kimse; **op.ti'mis.tic** *adj.* (~ally) iyimser.

op.ti.mum ['ɔptiməm] **1.** *n.* en uygun durum, en elverişli ortam; **2.** *adj.* en uygun..., en elverişli..., en ideal...

op.tion ['ɔpʃən] *n.* seçme (hakkı), tercih (hakkı); seçme yetkisi; seçilen şey, şık, seçenek; ✝ satma *veya* satın alma hakkı; **op.tion.al** □ ['ɔpʃənl] isteğe bağlı, zorunlu olmayan, ihtiyarî, seçmeli.

op.u.lence ['ɔpjuləns] *n.* servet, zenginlik; bolluk, bereket; **'op.u.lent** □ zengin; bol, bereketli.

o.pus ['əupəs] *n.* müzik parçası, opus; magnum ~ edebiyat *veya* sanatta şaheser.

or [ɔː] *cj.* veya, yahut; yoksa; ya; either ... ~ ya ... ya da...; ~ else yoksa, aksi takdirde; two ~ three iki veya üç; ~ so aşağı yukarı, tahminen, takriben.

or.a.cle ['ɔrəkl] *n.* kehanet; eski Yunanistan'da gaipten haber veren kâhin; kehanette bulunulan kutsal yer; vahiy, ilham; work the ~ F başarı için kulis yapmak, torpil işletmek; **o.rac.u.lar** [ɔ'rækjulə] *adj.* kehanetle ilgili, kehanet...; *fig.* gizli anlamlı.

o.ral □ ['ɔːrəl] sözlü, ağızdan söylenen; ağızdan alınan...; ağız...

o.rang ['ɔːrəŋ] = orang-outang.

or.ange ['ɔrindʒ] **1.** *n.* portakal; portakal rengi, turuncu; **2.** *adj.* portakal rengindeki; **or.ange.ade** ['~'eid] *n.* portakal şurubu; **or.ange.ry** ['~əri] *n.* iklimi soğuk olan yerlerde portakal yetiştirilen kapalı yer, limonluk.

o.rang-ou.tang *zo.* ['ɔːrəŋ 'uːtæŋ] *n.* orangutan.

o.ra.tion [ɔː'reiʃən] *n.* nutuk, söylev, hitabe; **or.a.tor** ['ɔrətə] *n.* hatip, söyleyici, güzel konuşan kimse; **or.a.tor.i.cal** □ [~'tɔrikəl] hatipliğe ait, hatiplik...; hatibe yakışır; **or.a.to.ri.o** ♪ [~'tɔːriəu] *n.* oratoryo; **or.a.to.ry** ['~təri] *n.* hatiplik, hitabet, güzel konuşma sanatı; *eccl.* küçük mabet, özel tapınak.

orb [ɔːb] *n.* küre; daire; *fig.* gökcismi; *poet.* göz; **or.bic.u.lar** □ [ɔː'bikjulə] küre şeklinde, küresel, yuvarlak, dairemsi;

or.bit ['ɔːbit] **1.** *n.* yörünge; çember; göz çukuru; **2.** *v/t.* & *v/i.* *-in* etrafında dön(dür)mek; yörüngeye sokmak; bir yörüngede dönmek.

or.chard ['ɔːtʃəd] *n.* meyve bahçesi.

or.ches.tra ♪ ['ɔːkistrə] *n.* orkestra; ~ pit *thea.* orkestranın bulunduğu yer, parter; **or.ches.tral** [ɔː'kestrəl] *adj.* orkestraya ait, orkestra...; **or.ches.trate** ♪ ['ɔːkistreit] *v/t.* orkestra için bestelemek.

or.chid ⚘ ['ɔːkid] *n.* orkide, salep; **or.chis** ⚘ ['ɔːkis] *n.* salepotu.

or.dain [ɔː'dein] *v/t.* papazlığa atamak, papaz yapmak; mukadder kılmak, (kaderini) tayin etm.

or.deal [ɔːˈdiːl] *n.* işkence yaparak yargılama usulü; *fig.* büyük sıkıntı.

or.der [ˈɔːdə] **1.** *n.* düzen, nizam, intizam; sıra, dizi; usül, yol, kural; emir; † sipariş, ısmarlama; havale; niyet, amaç, gaye; tabaka, sınıf; tarikat, mezhep; şeref rütbesi; mimarî tarz; çeşit, cins, tür; by ~ emre göre, emir gereğince; ~ of the day gündem; ✕ günlük emir; take (holy) ~s papaz olm.; put in ~ düzene koymak; in ~ to... *-mek* için; in ~ that ...diye; on the ~s of *-in* emrinde; on ~ † ısmarlama, sipariş üzerine; make to ~ sipariş üzerine yapmak, ısmarlama yapmak; standing ~s *pl. parl.* geçerliği süren emirler; **2.** *v/t.* emretmek, buyurmak; † ısmarlamak, sipariş etm.; düzenlemek, intizama sokmak; ~ arms! tüfek çıkar!; ~ about emir yağdırmak; ~ down (up) getirmesini emretmek; **ˈ~-book** *n.* † sipariş defteri; **ˈor.dered** *adj.* muntazam, tertipli, derli toplu; **ˈor.der.li.ness** *n.* intizam, düzenlilik, derli topluluk; **ˈor.der.ly** **1.** *adj.* düzgün, düzenli, intizamlı, derli toplu; itaatkâr, uysal, uslu; ✕ emre ait, emir...; ~ officer nöbetçi subayı; ~ room yazıhane, büro; **2.** *n.* ✕ emir eri; hastane hademesi.

or.di.nal [ˈɔːdinl] **1.** *adj.* sıra *veya* derece gösteren...; **2.** *n. a.* ~ number sıra sayısı.

or.di.nance [ˈɔːdinəns] *n.* emir; düzen, kural; kanun; alın yazısı, yazgı.

or.di.nar.y [ˈɔːdənri] **1.** □ adi, bayağı, alışılmış, alelade; ~ debts *pl.* † adi borçlar; ~ seaman acemi denizci, gemici; *s.* share; **2.** *n.* alışılmış şey; in ~ devamlı olarak, sürekli.

or.di.nate ⩘ [ˈɔːdnit] *n.* ordinat.

or.di.na.tion [ɔːdiˈneiʃən] *n.* papaz atama töreni; papazlığa atama.

ord.nance ✕, ⚓ [ˈɔːdnəns] *n.* savaş gereçleri; ~ map kurmay haritası; ~ survey bir ülkenin resmî haritası; ~-survey map (1:25000) ölçekli harita.

or.dure [ˈɔːdjuə] *n.* pislik, gübre, dışkı.

ore [ɔː] *n.* maden cevheri; *poet.* maden, metal.

or.gan [ˈɔːgən] *n.* ♪ org, erganun; organ, örgen, uzuv; araç, vasıta, alet; haber organı.

or.gan.die, or.gan.dy [ˈɔːgəndi] *n.* ince ve yarı şeffaf muslin; organze.

or.gan-grind.er [ˈɔːgəngraində] *n.* latarna çalan kimse; **or.gan.ic** [ɔːˈgænik] *adj.* (~ally) organik, örgensel; yaşayan, canlı; yapısal; **or.gan.ism** [ɔːgənizəm] *n.* organizma, örgenlik; oluşum; **ˈor.gan.ist** *n.* org çalan kimse; **or.gan.i.za.tion** [~naiˈzeiʃən] *n.* teşkilât, örgüt, kurum, teşekkül, dernek; düzen(leme); organizma, yapı; **ˈor.gan.ize** *v/t.* düzenlemek, örgütlemek, kurmak, tertip etm., teşkil etm., teşkilâtlandırmak; **ˈor.gan.iz.er** *n.* düzenleyici, organizatör.

or.gy [ˈɔːdʒi] *n.* çılgınca eğlenme; içki âlemi; aşırı miktar.

o.ri.el ⩓ [ˈɔːriəl] *n.* cumba, çıkma.

o.ri.ent **1.** [ˈɔːriənt] *adj.* doğuya özgü, doğu...; yükselen, doğan *(güneş)*; **2.** [~] *n.* doğu, şark; doğu memleketleri; **3.** [ˈ~ent] *v/t.* doğuya yöneltmek; **o.ri.en.tal** [~ˈentl] **1.** □ doğu ile ilgili, doğuya özgü, doğusal; **2.** *n.* doğulu kimse; **o.ri.en.tate** [ˈɔːrienteit] *v/t.* doğuya yöneltmek; alıştırmak; **o.ri.enˈta.tion** *n.* yönel(t)me; çevreye uy(dur)ma, alış(tır)ma.

or.i.fice [ˈɔrifis] *n.* delik, ağız.

or.i.gin [ˈɔridʒin] *n.* asıl, köken, kaynak, başlangıç; nesil, soy, doğuş.

o.rig.i.nal [əˈridʒənl] **1.** □ aslî, esasa ait, ilk, birinci; yeni, orijinal, yeni icat olunmuş; yaratıcı *(kimse, zekâ)*; † menşe...; *s.* share; ~ capital ilk sermaye, kuruluş sermayesi; ~ sin yaradılıştan olan günah; **2.** *n.* asıl nüsha; asıl kaynak, köken, menşe; garip kimse; **o.rig.i.nal.i.ty** [~ˈnæliti] *n.* yaratıcılık; orijinallik, özgünlük; **o.rig.i.nal.ly** [əˈridʒnəli] *adv.* aslen, esasında, aslında; orijinal bir biçimde.

o.rig.i.nate [əˈridʒineit] *v/t.* meydana getirmek, sebep olm., çıkarmak, yaratmak, türetmek, icat etm.; *v/i.* meydana gelmek, çıkmak (from, in s.th. *bşden;* with, from s.o. *b-den*); **o.rig.iˈna.tion** *n.* icat etme, icat edilme, meydana gelme; **oˈrig.i.na.tive** □ [~tiv] yaratıcı; **oˈrig.i.na.tor** *n.* yaratıcı kimse.

o.ri.ole *orn.* [ˈɔːriəul] *n.* sarı asma kuşu, sarıcık.

o.ri.son [ˈɔrizən] *n.* dua, yakarış.

or.mo.lu [ˈɔːməluː] *n.* yaldızlı bronz, altın taklidi pirinç.

or.na.ment **1.** [ˈɔːnəmənt] *n.* süs, ziynet; süsle(n)me; *fig.* şan, şeref; **2.** [ˈ~ment] *v/t.* süslemek, donatmak; **or.naˈmen.tal** □ süs kabilinden; **or.na.menˈta.tion** *n.* süs, ziynet; süsle(n)me.

or.nate □ [ɔːˈneit] çok süslü, şatafatlı, gösterişli; dili süslü *(yazı)*.

or.ni.tho.log.i.cal □ [ɔːniθəˈlɔdʒikl] kuşlar bilgisine ait, ornitolojik; **or.ni.thol.o.gist** [~ˈθɔlədʒist] *n.* kuş uzmanı, ornitolog; **or.niˈthol.o.gy** *n.* zoolojinin kuşlarla ilgili

bölümü, ornitoloji.
o.ro.tund [ˈɔrəutʌnd] *adj.* heybetli, muhteşem; dolgun sesli; süslü, tumturaklı.
or.phan [ˈɔːfən] **1.** *n.* öksüz, yetim, kimsesiz *b-i*; **2.** *adj. a.* **ˈ~ed** öksüz, yetim, kimsesiz; **ˈor.phan.age** *n.* öksüzler yurdu, yetimhane.
or.rer.y [ˈɔrəri] *n.* planetaryum, güneş ve gezegenlerin hareketlerini gösteren aygıt.
or.tho.dox □ [ˈɔːθədɔks] ortodoks; dinsel inançlarına sadık; geleneksel, göreneksel; **ˈor.tho.dox.y** *n.* ortodoksluk; inanç sağlamlığı.
or.tho.graph.ic, or.tho.graph.i.cal □ [ɔːθəuˈgræfik(əl)] imlâya ait, imlâ...; **or.thog.ra.phy** [ɔːˈθɔgrəfi] *n.* imlâ·(usulü).
or.tho.pae.dic [ɔːθəuˈpiːdik] *adj.* (**~ally**) ortopedik; **or.thoˈpae.dist** *n.* ortopedi uzmanı, ortopedist; **ˈor.tho.pae.dy** *n.* ortopedi.
or.to.lan *orn.* [ˈɔːtələn] *n.* kirazkuşu.
Os.car [ˈɔskə] *n.* Oskar ödülü *(Amerikan sinemasında).*
os.cil.late [ˈɔsileit] *v/i.* sallanmak, sarsılmak; *fig.* tereddüt etm.; **os.cilˈla.tion** *n.* sallanma, salınma, titreşim; **os.cil.la.to.ry** [ˈ~lətəri] *adj.* sallanan, salınan; **os.cil.lo.graph** [əˈsiləugrɑːf] *n.* osilograf, elektrik akımlarındaki titreşimi kaydeden alet.
os.cu.late *co.* [ˈɔskjuleit] *v/t.* öpmek.
o.sier ⚘ [ˈəuʒə] *n.* sepetçi söğüdü.
os.mo.sis *phys.* [ɔzˈməusis] *n.* geçişme, osmos.
os.prey [ˈɔspri] *n.* balık kartalı, deniz tavşancılı; † şapka tüyü.
os.se.ous [ˈɔsiəs] *adj.* kemikli...; kemik gibi; iskeleti olan; **os.si.fi.ca.tion** [ɔsifiˈkeiʃən] *n.* kemikleşme; **os.si.fy** [ˈ~fai] *v/t.* & *v/i.* kemikleş(tir)mek; kemik gibi sertleş(tir)mek; katılaş(tır)mak; **os.su.ar.y** [ˈɔsjuəri] *n.* kemikhane, kemik saklanan yer.
os.ten.si.ble □ [ɔsˈtensəbl] görünüşteki, görünen.
os.ten.ta.tion [ɔstenˈteiʃən] *n.* gösteriş, fiyaka, caka; **os.tenˈta.tious** □ gösterişli, fiyakalı, afili, cakalı.
os.te.ol.o.gy *anat.* [ɔstiˈɔlədʒi] *n.* osteoloji, kemikbilimi; **os.te.o.path** [ˈɔstiəpæθ] *n.* kemikleri ve kasları düzeltme yoluyla tedavi yapan uzman.
ost.ler [ˈɔslə] *n.* seyis.
os.tra.cism [ˈɔstrəsizəm] *n.* toplum dışında bırakma, ilişkiyi kesme; **os.tra.cize** [ˈ~saiz] *v/t.* toplum dışında bırakmak, toplum dışına itmek.
os.trich *orn.* [ˈɔstritʃ] *n.* devekuşu.
oth.er [ˈʌðə] **1.** *adj.* başka, diğer, gayrı, sair; **2.** *pron.* başka birisi, başka kimse, başkası, diğeri; **3.** *adv.* başka şekilde, başka türlü; the ~ day geçen gün; the ~ morning geçen sabah; every ~ day gün aşırı; each ~ birbirini, birbirine; somebody or ~ herhangi biri, şu veya bu kimse; **ˈ~.wise** *adv.* başka türlü, başka şekilde; yoksa, aksi takdirde; diğer taraftan.
o.ti.ose □ [ˈəuʃiəus] faydasız, yararsız, verimsiz, boş; aylak, tembel, başıboş.
ot.ter *zo.* [ˈɔtə] *n.* susamuru, sarı samur; samur kürk.
Ot.to.man [ˈɔtəmən] *n.* & *adj.* Osmanlı; ♀ divan.
ought [ɔːt] **1.** = aught; **2.** *v/aux. (irr.)* -meli, -malı; I ~ to do it onu yapmalıyım; you ~ to have done it onu yapmalıydın.
ounce[1] [auns] *n.* ons *(28, 35 gram)*; you wouldn't do that if you had an ~ of sense beş paralık aklın olsa bunu yapmazsın.
ounce[2] *zo.* [~] *n.* tekir, kar parsı.
our [ˈauə] *adj.* bizim; **ours** [ˈauəz] *pron.* bizimki; *pred.* bizim; **ourˈselves** *pron.* kendimiz, bizler.
oust [aust] *v/t.* yerinden çıkarmak, defetmek, kovmak, dışarı atmak.
out [aut] **1.** *adv.* dışarı, dışarıda; dışarıya; dışında; yüksek sesle; bütün bütün, tamamen; meydana, ortaya; sonuna kadar; be ~ dışarıda olm.; grevde olm.; mevcut olmamak; alçalmış olm. *(gelgit)*; iktidarda olmamak *(parti)*; modası geçmiş olm., demode olm.; sönmek *(yangın)*; ortaya çıkmak *(sır)*; açmak *(çiçek)*; basılmak *(kitap)*; süresi dolmak *(kontrat)*; hatalı olm., yanlış yapmak; be ~ for s.th. *veya* to do s.th. *sl.* *bşin veya bş* yapmak peşinde olm.; she is not ~ yet henüz dışarı çıkmadı; be ~ with dargın olm. *ile*; ~ and ~ tam manasıyla, tamamen, her yönüyle; ~ and about kalkmış, iyileşmiş *(hasta)*; ~ and away pek çok, büyük bir farkla, fersah fersah; *s.* elbow; have it ~ with s.o. *bşi b-le* tartışarak çözümlemek; voyage ~ gidiş, çıkış, gemiyle dışarı gitme; way ~ çıkış yolu; her day ~ günü boş, serbest; ~ with him! dışarı atın onu!, defedin gitsin!; **2.** *n. typ.* atlanmış kelime; *Am.* F çıkar yol, çözüm yolu; the ~s *pl. parl.* muhalefet; *spor:* oyuncuyu çıkarma; çıkarılan oyuncu; **3.** *adj.* dışarıdaki, dış...; uzakta bulunan; iktidarda olmayan, muhalif; modası geçmiş; imkânsız, olanaksız; † zararda olan; **4.** *prp.* ~ of *-den* dışarı; *-in* dışında; *-den* dolayı; için; *-in* arasından;

-den yapılmış; *-siz, -sız; -in* açığında; *s.* date, drawing, laugh, money; **5.** *v/t.* F kovmak, kapı dışarı etm.; *boks:* nakavt etm.

out...: **~-and-~** [ˈautndˈaut] *adj.* tam..., bütün...; **ˈ~-and-ˈout.er** *n. bşde* aşırıya kaçan kimse; **ˈ~.back 1.** *adj. (Avustralya'da)* nüfusu seyrek olan yerlere ait; **2.** *n.* nüfusu seyrek olan yerler; **~ˈbal.ance** *v/t.* geçmek, daha ağır gelmek *(tartı)*; **~ˈbid** (*irr.* bid) *v/t. (açık arttırmada)* arttırmak *(fiyat)*; **ˈ~.board** *adj.* takma motorlu..., dıştan motorlu...; **~ˈbrave** *v/t.* cesaretle karşı gelmek *-e*, karşı koymak *-e*; **ˈ~.break** *n.* feveran, patlama, patlak verme; yükselme *(ateş)*; fışkırma, çıkma; istilâ *(böcek)*; isyan, ayaklanma, ihtilâl; **ˈ~.build.ing** *n.* ek bina; **ˈ~.burst** *n.* feveran, patlama, patlak verme, fışkırma, tufan *(kahkaha)*; **ˈ~.cast 1.** *adj.* toplumdan atılmış, serseri; **2.** *n.* toplumdan atılmış kimse, serseri kimse; **ˈ~.caste** *n. (Hindistan'da)* kast dışı olan kimse, parya; **~ˈclass** *v/t. spor:* geçmek *-i*, üstün gelmek *-e*; be **~ed** geri kalmak, geçilmek; **ˈ~.come** *n.* sonuç; etki; **ˈ~.crop** *n.* patlama, patlak verme; *geol.* yeryüzüne çıkmış kaya; kayanın yeryüzüne çıkması; **ˈ~.cry** *n.* haykırma, çığlık, feryat, bağırma; açık arttırma; protesto; **~ˈdat.ed** *adj.* modası geçmiş, demode; **~ˈdis.tance** *v/t.* geçmek, arkada bırakmak; **~ˈdo** (*irr.* do) *v/t.* üstün gelmek *-e*, geçmek *-i*; **ˈ~.door** *adj.* dışarıda yapılan..., açık hava...; **~** dress açık hava giysisi; **ˈ~ˈdoors** *adv.* açık havada, dışarıda.

out.er [ˈautə] *adj.* dış(taki), dışarıdaki...; **~** garments *pl.* üste giyilen giysiler; **~** space yıldız ve gezegenlerin bulunduğu boşluk; **ˈ~.most** *adj.* en dıştaki...

out...: **~ˈface** *v/t.* karşı durmak *-e*, meydan okumak *-e*; bakışlarını kaçırıncaya kadar birine dik dik bakmak; *b-ni* utandırmak; **ˈ~.fall** *n.* çıkış yeri, nehir ağzı; **ˈ~.fit 1.** *n. pl.* gereçler, araç gereç, takım taklavat; *Am.* askeri birlik; **2.** *v/t.* donatmak; **ˈ~.fit.ter** *n.* giyim eşyası satan kimse; teçhizatçı; **~ˈflank** *v/t.* ✕ çevirmek *(düşman kanadını)*; **ˈ~.flow** *n.* akış, akma; gönderilme; **~ˈgen.er.al** *v/t. (daha iyi plan yaparak)* yenmek; **~ˈgo 1.** (*irr.* go) *v/t.* geçmek, aşmak; *fig.* yenmek; **2.** [ˈ~] *n. pl.* masraf, gider; **~ˈgo.ing 1.** *adj.* giden, çıkan, ayrılan; sempatik, arkadaş canlısı; **2.** *n.* gidiş, çıkış, ayrılış; **~s** *pl.* masraf, giderler, harcama; **~ˈgrow** (*irr.* grow) *v/t. -den* daha çabuk büyümek; *fig.* zamanla bırakmak *(kötü alışkanlık vs.)*; sığmamak *(elbiselerine)*; **ˈ~.growth** *n.* büyüme, gelişme; sonuç, netice, akıbet; dal; **ˈ~.house** *n. (sundurma, baraka, ahır gibi)* küçük ek bina; *Am.* dışarıda olan tuvalet.

out.ing [ˈautiŋ] *n.* tatil, gezinti.

out...: **~ˈland.ish** *adj.* tuhaf, acayip, garip; yabancı, ecnebi; uzak, ırak; **~ˈlast** *v/t. -den* daha çok dayanmak; *-den* daha çok sürmek; **ˈ~.law 1.** *n.* kanun dışı adam; kanun kaçağı; **2.** *v/t.* kanun dışı etm.; toplum dışı bırakmak; yasaklamak, men etm.; **ˈ~.law.ry** *n.* kanuna karşı gelme; kanun dışı bırakma; **ˈ~.lay** *n.* masraf, giderler; harcama, masraf etme; **ˈ~.let** *n.* çıkış (yeri), kapı; yol, ağız, delik; *fig.* açılma fırsatı; ☨ satış alanı, pazar, mahreç; ⚡ çıkış, fiş; **ˈ~.line 1.** *n.* taslak, plan; **~s** *pl. (resim, harita vs.)* ana hat(lar); **2.** *v/t. -in* taslağını çizmek; *-in* ana hatlarını göstermek; **~ˈlive** *v/t. -den* fazla yaşamak; **ˈ~.look** *n.* görünüş *(a. fig.)*; manzara; bakış açısı, görüş açısı; *pol.* genel görünüş; **ˈ~.ly.ing** *adj.* uzakta bulunan, ücra...; **~.maˈnoeu.vre** *v/t.* rakibinden daha etkili hareket etm., manevra yapmada yenmek; **ˈ~ˈmarch** *v/t.* daha hızlı *veya* daha uzun yürüyerek geçmek *-i*; **~ˈmatch** *v/t.* üstün gelmek *-e*, geçmek *-i*; **~ˈmod.ed** *adj.* modası geçmiş, demode; **ˈ~.most** *adj.* en dışarıdaki; **~ˈnum.ber** *v/t.* sayıca üstün gelmek *-e*; **ˈ~-of-ˈdoor(s)** = outdoor(s); **ˈ~-of-the-ˈway** *adj.* uzak, sapa, ücra, ulaşılması güç; *fig.* garip, acayip; **ˈ~-of-ˈwork pay** işsizlik tazminatı; **~ˈpace** *v/t.* ...den daha çabuk gitmek, geçmek *-i*; **ˈ~-pa.tient** *n.* ayakta tedavi edilen hasta; **~ˈplay** *v/t. -den* daha iyi oynamak, yenmek *-i*; **ˈ~-post** *n.* ileri karakol; **ˈ~.pour.ing** *n.* dökülme, taşma, akma *(a. fig.)*; **ˈ~.put** *n.* verim, randıman; güç, enerji; bilgisayardan alınan bilgi.

out.rage [ˈautreidʒ] **1.** *n.* zorbalık, zulüm (on *-e*); tecavüz (on *-e*); hakaret (on *-e*); rezalet; **2.** *v/t.* kötü davranmak *-e*; hakaret etm. *-e*, sövüp saymak *-e*; tecavüz etm. *-e*, bozmak *-i*; **outˈra.geous** ☐ gaddar, insafsız, zalim; çok çirkin, iğrenç, tiksindirici; terbiyesiz.

out...: **~ˈrange** *v/t. -den* daha iyi menzili olm.; **~ˈrank** *v/t. -den* daha yüksek rütbede olm.

ou.tré [ˈuːtrei] *adj.* alışılagelmişin dışında, garip, acayip, tuhaf.

out...: **~ˈreach** *vb.* aşmak *-i*, geçmek *-i*, *-den* fazla gelmek: **ˈ~-re.lief** *n.* fakirlere evlerinde yapılan yardım; **~ˈride** (*irr.* ride) *v/t. -den* daha hızlı sürmek; ⚓ atlatmak *(fırtına)*; **ˈ~.rid.er** *n.* bir arabanın yanı sıra giden atlı *veya* motosiklet sürücüsü; **ˈ~.rig.ger** *n.* ⚓ avara demiri; **~.right 1.** [ˈautrait] *adj.* tam, bütün; açık, belli; karşılıksız; **2.** [autˈrait] *adv.* açıkça, açık açık; tamamen, bütün bütün; büsbütün; doğrudan doğruya; bir seferde; **~ˈri.val** *v/t.* rekabette geçmek *-i*; **~ˈrun** (*irr.* run) *v/t. -den* daha hızlı koşmak; aşmak *-i*; **ˈ~.run.ner** *n.* bir arabanın yanı sıra koşan uşak; **ˈ~.set** *n.* başlangıç; **~ˈshine** (*irr.* shine) *v/t. -den* daha çok parlamak; *fig.* gölgede bırakmak *-i*; **ˈ~ˈside 1.** *n.* dış (taraf); *fig.* dış görünüş; at the ~ en fazla, taş çatlasa, olsa olsa; **2.** *adj.* dış...; azamî..., en fazla...; dıştan gelen..., haricî...; ~ right *spor:* sağaçık; ~ left solaçık; **3.** *adv.* dışarıda, dışarıya; ~ of = **4.** *prp. -in* dışında, *-den* başka; **ˈ~ˈsid.er** *n.* bir grubun dışında olan kimse; kazanma ihtimali az olan yarışmacı *veya* at; **ˈ~.size** *n.* † büyük boy; **ˈ~.skirts** *n. pl.* kenar, civar, varoş, dış mahalleler; etek (*dağ*); **~ˈsmart** *v/t. Am.* F *-den* daha akıllı olup yenmek; **~ˈspoken** □ sözünü sakınmaz, açık sözlü, dobra dobra konuşan; **ˈ~ˈspread** *adj.* açık, açılmış, yayılmış; **~ˈstand.ing** *adj.* göze çarpan, önemli; *fig.* çıkıntılı, fırlak, kepçe (*kulak*); kalmış (*borç*); **~ˈstay** *v/t. -den* fazla kalmak; ~ one's welcome ev sahibini bıktırıncaya kadar kalmak; **~ˈstretched** = outspread; **~ˈstrip** *v/t.* yarışta geçmek *-i*; *fig. -den* üstün çıkmak; **ˈ~.turn** *n.* verim, randıman; **~ˈvie** *v/t.* yarışta yenmek *-i*; **~ˈvote** *v/t. -den* daha çok oy toplamak.

out.ward [ˈautwəd] **1.** *adj.* dış, haricî; **2.** *adv. mst* **ˈout.wards** görünüşte; dışarıya doğru; **ˈout.ward.ly** *adv.* görünüşte; dışa doğru; **ˈout.ward.ness** *n.* haricî olma; dışa doğru olma.

out...: **~ˈwear** (*irr.* wear) *v/t. -den* daha uzun dayanmak; yıpratmak; tüketmek; **~ˈweigh** *v/t. -den* daha ağır gelmek; *fig.* daha ağır basmak; **~ˈwit** *v/t. -den* daha akıllıca davranıp atlatmak, *-den* daha kurnazca davranmak; **ˈ~.work** *n.* ✕ haricî istihkâm; ⊕ evlerde yapılmak üzere verilen fabrika işi; **ˈ~.work.er** *n.* eve iş getiren kimse; **ˈ~.worn** *adj.* fazla eskimiş; *fig.* modası geçmiş, demode.

ou.zel *orn.* [ˈuːzl] *n.* karatavuk.

o.val [ˈəuvəl] **1.** *adj.* oval..., beyzî...; **2.** *n.* oval biçimde herhangi *bş.*

o.va.ry [ˈəuvəri] *n. anat.* yumurtalık; ⚘ yumurtalık, ovar.

o.va.tion [əuˈveiʃən] *n.* coşkunca alkış.

ov.en [ˈʌvən] *n.* fırın; **ˈ~.bird** *n. orn. Am.* bir tür ötleğen.

o.ver [ˈəuvə] **1.** *adv.* yukarıda; tamamen, baştan başa; tekrar, yine, gene, yeniden, bir daha; karşı taraf(t)a; fazla, artık; bitmiş; geçmiş (*fırtına*); ~ and above *-den* başka, *-den* fazla, *-e* ilâveten; (all) ~ again bir daha, tekrar; ~ against *-in* karşısın(d)a, *-e* karşı; all ~ her tarafında, büsbütün, tamamiyle; ~ and ~ again tekrar tekrar, defalarca; fifty times ~ elli defa daha; read ~ baştan başa okumak; **2.** *prp.* üzerin(d)e, üstün(d)e, yukarısın(d)a; karşıdan karşıya, karşı tarafa, öbür tarafına; boyunca; başında (*yönetimin*); bütün (*zaman*); *-den* fazla; sırasında, esnasında; all ~ the town tüm şehirde; ~ night tüm gece; ~ a glass of wine bir kadeh şaraptan fazla; ~ the way yolun karşısında, karşı tarafta.

o.ver...: **ˈ~ˈact** *v/t. & v/i.* abartmalı bir şekilde oynamak (*rol*); **ˈ~.all 1.** *n.* iş elbisesi; **~s** *pl.* iş tulumu; **2.** *adj.* baştan başa olan..., kapsamlı; **~ˈarch** *v/t. & v/i.* (*üstünde*) kemer oluşturmak; **~ˈawe** *v/t.* çok korkutmak; **~ˈbal.ance 1.** *n.* fazla ağırlık; **2.** *v/t.* dengesini bozmak, devirmek; *-den* fazla gelmek; *v/i.* tartıda ağır gelmek; dengesini kaybetmek; **~ˈbear** (*irr.* bear) *vb.* yenmek, *-den* üstün gelmek; *-den* ağır gelmek; fazla ürün vermek; **~ˈbear.ing** □ buyurucu, küstah, amirlik taslayıcı; zorba tavırlı; **~ˈbid** (*irr.* bid) *vb. -den* fazla fiyat vermek (*açık artırmada*); *-in* değerinden fazla fiyat vermek; *briç:* deklarasyon yapmak; **ˈ~ˈblown** *adj.* tazeliğini kaybetmiş (*çiçek*); heybetli, cüsseli; abartmalı; **~.board** *adv.* ⚓ gemiden denize; **ˈ~ˈbrim** *vb.* üstünden aşmak, taşmak; **~ˈbur.den** *v/t.* fazla yük yüklemek *-e*; fazla sıkıntı vermek *-e*; **ˈ~.cast 1.** *adj.* bulutlu (*hava*); *fig.* kasvetli, sıkıcı; **2.** *n.* bulutlu hava; **ˈ~-ˈcharge 1.** *v/t.* aşırı fiyat istemek *-den*, kazıklamak *-i*; fazla doldurmak *-i*; abartmak *-i*; **2.** *n.* fazla yük; fazla fiyat; **~ˈcloud** *vb.* bulutlarla kaplamak; *fig.* kederlendirmek, tatsızlaştırmak; **ˈ~.coat** *n.* palto; **~ˈcome** (*irr.* come) *vb.* yenmek, alt etm., hakkından gelmek; çaresini bulmak; **ˈ~-ˈcon.fi.dent** □ kendine çok güvenen (of *hususunda*); **~ˈcrowd** *v/t.* fazla kalabalık etm.; **~ˈdo** (*irr.* do) *v/t.* abartmak, şişirmek; abartarak oynamak (*rol*); fazla özenmek *-e*; fazla pişirmek; çok yormak; **~.done** [~ˈdʌn] *adj.* abartmalı; çor yorgun, bitkin; [ˈ~ˈdʌn] çok pişmiş; **ˈ~.draft** *n.* † hesaptan çekilen fazla para; hesaptan fazla para çekme; açık itibar; ˈ~ˈ**draw** (*irr.* draw) *vb.* abartmak; † *(bankadaki hesabından)* fazla para çekmek; ˈ~ˈ**dress** *v/t.* aşırı süslü giydirmek; *v/i.* aşırı süslü giyinmek; ˈ~.**drive** *n. mot.* fazla sürat düzeni; ˈ~ˈ**due** *adj.* ✈ gecikmiş, rötarlı; † vadesi geçmiş; ˈ~ˈ**eat** (*irr.* eat); ~ o.s. *v/i.* aşırı yemekten gına gelmek; ˈ~ˈ**es.ti.mate** *vb.* -*den* fazla tahmin etm.; ˈ~.**exˈpose** *v/t. phot.* fazla poz vermek *(filme)*; ˈ~-**exˈpo.sure** *n. phot.* filme fazla poz verme; ˈ~.**faˈtigue 1.** *adj.* bitkin, çok yorgun; **2.** *n.* bitkinlik, aşırı yorgunluk; ˈ~ˈ**feed** (*irr.* feed) *v/t.* fazla yem vermek; ~.**flow 1.** [~ˈfləu] (*irr.* flow) *v/t.* su basmak; *v/i.* taşmak; **2.** [ˈ~fləu] *n.* taşma; sel; taşkın şey; çok bol şey; ˈ~.**freight** *n.* fazla yük; ˈ~.**ground** *adj.* yer üzerinde yükselen; ˈ~ˈ**grow** (*irr.* grow) *vb.* -*den* daha çok büyümek; hızla büyümek; ˈ~.**growth** *n.* aşırı büyüme; ˈ~.**hand** *adj. spor:* yukarıdan aşağıya inen...; ~.**hang 1.** [ˈ~ˈhæŋ] (*irr.* hang) *vb. (üzerine)* sarkmak; *fig.* tehlikesi olm.; **2.** [ˈ~hæŋ] *n.* çıkıntı; ~ˈ**haul** *v/t.* elden geçirmek, kontrol etm.; yetişmek -*e*; ~.**head 1.** [~ˈhed] *adv.* yukarıda, tepede, üstte, üst katta; **2.** [ˈ~hed] *adj.* † genel masraflarla ilgili; yukarıdan geçen; ~ railway asma demiryolu, havaî demiryolu; ~ wire ⚡ havaî hat; **3.** [ˈ~hed] *n.*: ~s *pl.* † genel masraflar; ~ˈ**hear** *(irr.* hear) *v/t.* rastlantılı olarak işitmek, kulak misafiri olm.; ˈ~ˈ**heat** *v/t.* fazla ısıtmak; *v/i.* fazla ısınmak; ˈ~ˈ**is.sue** *v/t.* fazla basmak *(para)*; ~ˈ**joy** *v/t.* çok sevindirmek; ˈ~.**land 1.** *adj.* kara yolu ile yapılan...; **2.** *adv.* karada(n); ~ˈ**lap** *v/t.* & *v/i.* üst üste kapla(n)mak; üst üste getirmek *veya* gelmek; ~.**lay 1.** [~ˈlei] (*irr.* lay) *v/t.* kaplamak; ⊕ katlamak; **2.** [ˈ~lei] *n.* kaplama; kaplayan şey; ~ mattress katlama yatak; ˈ~ˈ**leaf** *adv.* sayfanın öbür tarafında; ˈ~ˈ**leap** (*irr.* leap) *v/t.* -*in* üstünden atlamak; ~ o.s. *fig.* haddini aşmak, ileri gitmek; ~.**load 1.** [ˈ~ˈləud] *v/t.* fazla yüklemek *veya* doldurmak; **2.** [ˈ~ləud] *n.* fazla yük; ~ˈ**look** *v/t.* gözden kaçırmak, dikkate almamak; göz yummak; muayene *veya* teftiş etm.; yukarıdan bakmak -*e*; ˈ~.**lord** *n.* lordlar lordu; derebeyi; ˈ~.**man.tel** *n.* ocak davlumbazı; ~ˈ**mas.ter** *v/t.* boyun eğdirmek, hakkından gelmek; ~ˈ**match** *v/t.* yenmek; ˈ~ˈ**much** *adj.* & *adv.* pek çok, aşırı, gereğinden fazla; ˈ~ˈ**night 1.** *adv.* gece sırasında, geceleyin, bir gecede; dün gece; **2.** *adj.* geceleyin olan...; bir gece için, bir gecelik...; ˈ~.**pass** *n.* üst geçit; ˈ~ˈ**pay** (*irr.* pay) *v/t.* fazla ödemek; ~ˈ**peo.pled** *adj.* aşırı kalabalık; ˈ~.**plus** *n.* fazlalık; ~ˈ**pow.er** *v/t.* zararsız hale getirmek, yenmek; ˈ~ˈ**print** *vb.* -*in* üstüne yeniden basmak; ˈ~.**proˈduc.tion** *n.* fazla üretim; ˈ~ˈ**rate** *v/t.* fazla önem vermek -*e*, çok önemsemek -*i*; ~ˈ**reach** *v/t.* aldatmak, dolandırmak; yetişip geçmek; ~ o.s. kendi çıkarını zedelemek; ~ˈ**ride** (*irr.* ride) *v/t. fig.* önem vermemek -*e*; ~ˈ**rid.ing** *adj.* ağır basan; ~ˈ**rule** *v/t.* yönetmek, etkili olm.; ⚖ geçersiz kılmak, bozmak, nakzetmek; ~ˈ**run** (*irr.* run) *v/t.* kaplamak, istilâ etm.; geçmek -*i*, aşmak -*i*; *typ.* yeniden dizmek; ˈ~ˈ**sea 1.** *adj. a.* ~s denizaşırı; **2.** *adv.* ~s denizaşırı; yurt dışında; ˈ~ˈ**see** (*irr.* see) *v/t.* yönetmek, idare etm.; ˈ~.**se.er** *n.* ustabaşı; müfettiş, yönetici, denetçi, idareci; ~ˈ**set** (*irr.* set) *v/t.* devirmek; *fig.* perişan etm., sarsmak; ˈ~.**sew** (*irr.* sew) *v/t.* teyellemek; ~ˈ**shad.ow** *v/t.* gölgelemek, gölge düşürmek, küçültmek; ˈ~.**shoe** *n.* şoson, lastik, kaloş; ˈ~ˈ**shoot** (*irr.* shoot) *vb.* ötesine atmak, aşırmak; ~ o.s. aşırılığa kaçmak; ˈ~ˈ**shot** *adj.* suyu üstten alan...; ˈ~.**sight** *n.* kusur, yanlış; gözetim; ˈ~.**sim-plifiˈca.tion** *n.* anlamını yitirecek derecede basitleştirme; ˈ~ˈ**sleep** (*irr.* sleep) *v/i. a.* ~ o.s. uyuya kalıp gecikmek, çok uyumak; ˈ~.**sleeve** *n.* kolluk; ˈ~.**spill** *n.* *(part. nüfus)* fazlalık; ˈ~ˈ**state** *v/t.* abartmak; ˈ~ˈ**state.ment** *n.* abartma, abartı; ˈ~ˈ**step** *v/t.* aşmak, geçmek; ˈ~ˈ**stock** *vb.* *(fazla mal ile)* doldurmak; ~.**strain 1.** [ˈ~ˈstrein] *v/t.* fazla yormak; *fig.* aşırıya kaçırmak; **2.** [ˈ~strein] *n.* fazla yorma; ~.**strung** [ˈ~ˈstrʌŋ] *adj.* çok sinirli; [ˈ~strʌŋ] telleri üst üste gerilmiş *(piyano)*; ˈ~.**subˈscribe** *v/t.* gereğinden fazlasını taahhüt etm.; ˈ~.**supˈply** *n.* talep fazlası.

o.vert [ˈəuvəːt] *adj.* açıkça yapılan.

over...: ˈ~ˈ**take** (*irr.* take) *v/t.* yetişmek -*e*, yakalamak -*i*; ˈ~ˈ**tax** *v/t.* ağır vergi koymak; *fig.* aşırı yüklenmek -*e*; ~.**throw 1.** [~ˈθrəu] (*irr.* throw) *v/t.* devirmek, yıkmak *(a. fig)*; bozmak, yenmek; harap etm.; **2.** [ˈ~θrəu] *n.* devirme, yıkma; ✕ bozgun, yenilgi; ˈ~.**time** *n.* fazla çalışma süresi, mesai; ˈ~ˈ**tire** *v/t.* çok yormak; ˈ~.**tone** *n.* ♪ armonik seslerden biri; ˈ~ˈ**top** *v/t.* -*in* tepesini aşmak; üstün gelmek; ˈ~.**trump** *vb.* -*den* daha yüksek koz oynamak.

over.ture [ˈəuvətjuə] *n.* ♪ uvertür; teklif, öneri.

o.ver...: ~.turn 1. [ˈ~təːn] *n.* devirme; devrilme; **2.** [~ˈtəːn] *v/t.* devirmek, altüst etm., bozmak; *v/i.* devrilmek; **ˈ~ˈval.ue** *v/t.* fazla kıymet takdir etm.; **~ˈween.ing** *adj.* kendinden çok emin, gururlu, kibirli; **~.weight 1.** [ˈ~weit] *n.* fazla ağırlık; **2.** [ˈ~ˈweit] *v/t.* fazla yük koymak *-e*; **~ˈwhelm** *v/t.* yenmek, alt etm.; *fig.* bunaltmak, garketmek, boğmak; **ˈ~ˈwise** □ ukalâ; **~.work 1.** [ˈ~wəːk] *n.* fazla çalışma; **2.** [~ˈwəːk] (*irr.* work) *v/t. & v/i.* fazla çalış(tır)mak; **ˈ~ˈwrought** *adj.* sinirleri bozuk; çok heyecanlı; aşırı süslü, cicili bicili.

o.vi.duct ⚕ [ˈəuvidʌkt] *n.* dölyatağı borusu; **o.vi.form** [ˈ~fɔːm] *adj.* oval, yumurta şeklindeki; **oˈvip.a.rous** *zo.* [~pərəs] *adj.* yumurtlayan; **o.vule** *biol.* [ˈəuvjuːl] *n.* yumurtacık; **o.vum** *biol.* [ˈəuvəm] *n., pl.* **o.va** [ˈəuvə] yumurta(cık).

owe [əu] *vb.* borcu olm., borçlu olm. (s.o. s.th. *-e -den dolayı*); etkisinde olm.; minnettarı olm.; *spor:* avans vermek; ~ s.o. a grudge *b-ne* kin beslemek.

ow.ing [ˈəuiŋ] *adj.* borç olan; ~ to sebebiyle, yüzünden, ...den dolayı; be ~ to ...den dolayı olm.

owl *orn.* [aul] *n.* baykuş, puhu; **owl.et** [ˈaulit] *n.* baykuş yavrusu; **ˈowl.ish** □ baykuşa benzeyen, baykuş gibi...

own [əun] **1.** *adj.* kendi(nin), özel, kendine özgü; öz; my ~ self bizzat ben; ~ brother to s.o. *b-nin* öz kardeşi; she makes her ~ clothes kendi elbiselerini kendi diker; **2.** my ~ kendi malım, benim; a house of one's ~ *b-nin* kendi evi; come into one's ~ lâyık olduğu yere erişmek, *k-ni* göstermek; get one's ~ back F öcünü almak; hold one's ~ dayanmak, karşı koymak, yerini korumak; on one's ~ F yalnız, tek başına; kendi hesabına, kendi başına; üstüne olmayan, bir eşi daha olmayan; **3.** *v/t.* sahip olm., malik olm. *-e*; kabul etm., tanımak, itiraf etm., doğrulamak *-i*; ~ up (to) F açıkça itiraf etm.

own.er [ˈəunə] *n.* sahip, mal sahibi; **ˈ~-ˈdriv.er** *n.* kendi aracını kullanan şoför; **ˈ~.less** *adj.* sahipsiz; **ˈ~-ˈoc.cu.pied** *adj.* sahibinin oturduğu *(ev)*; **ˈown.er.ship** *n.* mülkiyet, sahiplik.

ox [ɔks] *n., pl.* **ox.en** [ˈɔksən] öküz, sığır.

ox.al.ic ac.id ⚗ [ɔkˈsælikˈæsid] *n.* oksalik asit.

Ox.bridge [ˈɔksbridʒ] *n.* Oxford *ve(ya)* Cambridge üniversitesi.

ox-cart [ˈɔkskɑːt] *n.* kağnı, öküz arabası; **ox.en** [ˈɔksən] *n. pl. of* ox; **ˈox-eye** *n.* ⚘ sarı papatya.

Ox.ford shoes [ˈɔksfədˈʃuːz] *n. pl.* bağlı erkek ayakkabısı.

ox.i.da.tion ⚗ [ɔksiˈdeiʃən] *n.* oksitlenme, oksidasyon; **ox.ide** [ˈɔksaid] *n.* oksit; **ox.i.dize** [ˈɔksidaiz] *v/t. & v/i.* oksijen ile birleş(tir)mek; oksitle(n)mek.

ox.lip ⚘ [ˈɔkslip] *n.* çuhaçiçeği.

Ox.o.ni.an [ɔkˈsəunjən] **1.** *adj.* Oxford Üniversiteli...; **2.** *n.* Oxford üniversitesi öğrencisi *veya* öğretim görevlisi.

ox.y.gen ⚗ [ˈɔksidʒən] *n.* oksijen; **ox.y.gen.ate** [ɔkˈsidʒineit] *v/t.* oksijen ile karıştırmak.

ox.y.hy.dro.gen ⚗ [ˈɔksiˈhaidridʒən] *n.* oksihidrojen gazı.

o.yer ⚖ [ˈɔiə] *n.* sorguya çekme, sorgu.

o.yez [əuˈjes] *int.* dinleyin!

oys.ter [ˈɔistə] *n.* istiridye; *attr.* istiridye...; **ˈ~-bed** *n.* istiridye yatağı.

o.zone ⚗ [ˈəuzəun] *n.* ozon; **o.zon.ic** [əuˈzɔnik] *adj.* ozona ait, ozon...

P

P [piː]: mind one's Ps and Qs hareketlerine dikkat etm.
pa F [pɑː] *n.* baba.
pab.u.lum [ˈpæbjuləm] *n.* yiyecek, gıda.
pace [peis] **1.** *n.* adım, yürüyüş (hızı); gidiş; rahvan yürüyüş *(at)*; *fig.* gelişme, ilerleme hızı; keep ~ with ayak uydurmak *-e*; put s.o. through his ~s *b-nin* yeteneğini ölçmek; set the ~ sürati tayin etm., tempoyu ayarlamak; **2.** *v/t.* adımlamak; ayarlamak; *spor:* tayin etm. *(sürat)*; *v/i.* yürümek, gezinmek; eşkin gitmek, rahvan gitmek *(at)*; **paced** *adj.* adımlanmış...; rahvan yürüyüşlü...; **ˈpace-mak.er** *n. spor:* yarışta sürati ayarlayan binici *veya* koşucu; **ˈpac.er** *n.* yaya yürüyen (*veya* ölçülü adımlarla giden) kimse; = pace-maker.
pach.y.derm *zo.* [ˈpækidəːm] *n.* kalın derili ve dört ayaklı bir hayvan *(fil, suaygırı, gergedan v.b.)*.
pa.cif.ic [pəˈsifik] **1.** *adj.* (~ally) barışçı, barışsever, sulhçu, sulhperver; sakin; the ♀ Ocean = **2.** *n.* the ♀ Büyük Okyanus, Pasifik Okyanusu; **pac.i.fi.ca.tion** [pæsifiˈkeiʃən] *n.* barış(tır)ma, uzlaş(tır)ma; barış anlaşması.
pac.i.fi.er [ˈpæsifaiə] *n.* barıştıran kimse; *Am.* emzik; **ˈpac.i.fism** *n.* barışseverlik, sulhperverlik; **ˈpac.i.fist** *n.* barışçı kimse.
pac.i.fy [ˈpæsifai] *v/t.* yatıştırmak, sakinleştirmek; barıştırmak, uzlaştırmak; boyun eğdirmek, baskı altında tutmak *(ülke)*.
pack [pæk] **1.** *n.* bohça, çıkın; sürü, takım; köpek sürüsü; *iskambil:* deste; *Am.* paket *(sigara)*; balya; denk; ⚕ kompres, buz torbası; *a.* ~-ice buz kütlesi; a ~ of nonsense bir sürü saçmalık; **2.** *v/t.* bohçalamak; denk etm.; ambalajlamak, paketlemek, sarmak *(a.* ⚕*)*; istif etm.; tıkıştırmak, sıkıştırmak, tıka basa doldurmak; hazırlamak, toplamak *(bavul)*; bavul, sandık *veya* kutuya koymak; *a.* ~ off defetmek, kovmak, postalamak; *Am.* F taşımak, nakletmek, götürmek; ⊕ kalafatlamak; *v/i. a.* ~ up gitmek, defolmak; birleşmek, bir araya gelmek, sıkışmak; send s.o. ~ing pılıyı pırtıyı toplatıp defetmek; ~ up F durmak; **ˈpack.age** *n.* ambalaj; bohça; *part. Am.* paket; balya; koli; **ˈpack.aged tour** grup turu; **ˈpack-an.i.mal** *n.* yük hayvanı; **ˈpack.er** *n.* ambalajcı, paket yapan kimse *veya* alet; **pack.et** [ˈpækit] *n.* paket, çıkın, bohça, deste; *sl.* dünya kadar para; *a.* ~-boat posta gemisi; catch a ~ *sl.* ağır yaralı olm.; **ˈpack-horse** *n.* yük beygiri.
pack.ing [ˈpækiŋ] *n.* bağlama, paketleme, ambalaj; ⊕ salmastıra, tıkaç, conta, tampon; *attr.* paket...; **ˈ~-box** *n.* 🚂 eşya sandığı; ~ **house** *Am.* büyük mezbaha.
pack.thread [ˈpækθred] *n.* sicim, kınnap.
pact [pækt] *n.* antlaşma, sözleşme, pakt.
pad¹ *sl.* [pæd] *vb. a.* ~ it, ~ along yayan gitmek, taban tepmek.
pad² [~] **1.** *n.* yastık; kâğıt destesi; *spor:* tekmelik; ıstampa; ⊕ rampa; bazı hayvanların yumuşak tabanı; *sl.* yatak, oda, apartman dairesi; **2.** *v/t. -in* içini doldurmak; takviye etm.; şişirmek *(konuşma, yazı vs.)*; ~ out *fig.* şişirmek *(konuşma, yazı vs.)*; ~ded cell duvarları takviyeli hücre; **ˈpad.ding** *n.* vatka; kıtık; *fig.* abartma.
pad.dle [ˈpædl] **1.** *n.* tokaç; nehir vapurunun yan çarkı; ⚓ kısa kürek, pala; **2.** *v/t. & v/i.* kısa kürekle yürü(t)mek; yavaş yavaş kürek çekmek; tokmakla dövmek *(çamaşır)*; el ve ayakları suda oynatmak; sendeleyerek yürümek; suda oynamak; paddling pool sığ havuz; ~ one's own canoe kendi işini kendi görmek; **ˈ~-box** *n.* ⚓ davlumbaz, yandan çark mahfazası; **ˈ~-steam.er** *n.* ⚓ yandan çarklı gemi; **ˈ~-wheel** *n.* geminin yan çarkı.
pad.dock [ˈpædək] *n.* çayırlık, otlak; *spor:* pist; eyerleri tartma yeri; pözaj.
pad.dy¹ ✝ [ˈpædi] *n.* kabuklu pirinç, çeltik; pirinç tarlası.
pad.dy² F [~] *n.* öfke, hiddet, köpürme.
pad.lock [ˈpædlɔk] **1.** *n.* asma kilit: **2.** *vb.* asma kilitle kilitlemek, asma kilit vur-

mak.
pad.re F ⚔ ['pɑ:drei] *n.* papaz, rahip, vaiz.
pae.an ['pi:ən] *n.* şükran *veya* zafer şarkısı.
paed.er.as.ty ['pedəræsti] *n.* oğlancılık, ibnelik, kulamparalık.
pae.di.a.tri.cian [pi:diə'triʃən] *n.* çocuk doktoru; **pae.di.at.rics** [~'ætriks] *n. sg.* çocuk bakımı *veya* tedavisi ilmi.
pa.gan ['peigən] **1.** *adj.* dinsiz, putperest, kâfir; **2.** *n.* putperest kimse; **'pa.gan.ism** *n.* putperestlik.
page[1] [peidʒ] **1.** *n.* otel garsonu; iç oğlanı; *Am.* ulak, uşak; **2.** *v/t. Am.* hoparlör ile çağırmak.
page[2] [~] **1.** *n.* sayfa; *fig.* kayda değer olay; **2.** *v/t. -in* sayfalarını numaralamak *(gazete, kitap vs.)*.
pag.eant ['pædʒənt] *n.* tarihi oyun; alay, tören; gösteri, temsil; **'pag.eant.ry** *n.* görkemli temsil (*veya* gösteri).
pag.i.nate ['pædʒineit] *s.* page[2] 2; **pag.i'nation** *n.* kitap sayfalarını numaralama.
pa.go.da [pə'gəudə] *n.* pagoda, Uzak Doğu'da tapınak.
paid [peid] *pret. & p.p. of* pay 2.
pail [peil] *n.* kova.
pail.lasse ['pæliæs] *n.* ot minder.
pain [pein] **1.** *n.* ağrı, sızı, acı; dert, keder, elem, ıstırap, azap; ~s *pl.* özen, itina, zahmet; doğum sancıları; on *veya* under ~ of death aksi takdirde cezası ölüm; be in ~ acı çekmek; bir yeri ağrımak; be at ~s, take ~s özen göstermek, özenmek, zahmete girmek; **2.** *v/t.* acı vermek *-e*, ağrı vermek *-e*; üzmek *-i*, eziyet etm. *-e*; **pain.ful** □ ['~ful] acı veren, ıstırap çektiren; zahmetli, güç; üzücü; **'pain-kill.er** *n.* ağrı kesici ilâç; **'pain-less** □ acısız, ağrısız; **'pains.tak.ing** **1.** □ özenli, dikkatli; hamarat, çalışkan; **2.** *n.* özenme, itina etme.
paint [peint] **1.** *n.* boya; kozmetik; makyaj; wet ~! yeni boyanmıştır!; **2.** *v/t.* boyamak; boyayarak süslemek; boya ile resim yapmak; *fig.* tasvir etm., resmetmek; ~ out üzerine boya sürerek kapatmak (*veya* gidermek); *v/i.* yağlıboya resim yapmak; makyaj yapmak; **'~-box** *n.* boya kutusu; **'~-brush** *n.* boya fırçası.
paint.er[1] ['peintə] *n.* ressam; boyacı.
paint.er[2] ⚓ [~] *n.* pruva halatı.
paint.ing ['peintiŋ] *n.* ressamlık; resim, tablo.
pair [pɛə] **1.** *n.* çift, iki adet; karı koca; karşı cinsten iki hayvan; a ~ of scissors makas; in ~s ikişer ikişer, çifter çifter; **2.** *v/t. & v/i.* çiftleş(tir)mek; *a.* ~ off çiftlere ayırmak *veya* ayrılmak; ~ off with F evlenmek.
pa.ja.mas [pə'dʒɑ:məz] = pyjamas.
Pa.kis.ta.ni [pɑ:kis'tɑ:ni] *n. & adj.* Pakistanlı.
pal *sl.* [pæl] **1.** *n.* arkadaş, dost, ahbap; **2.** *v/i.* ~ up with s.o. *b-le* arkadaş (*veya* kafadar) olm.
pal.ace ['pælis] *n.* saray; saray gibi bina; lüks eğlence yeri.
pal.ae.o. ['pæliəu] *comb.* eski zaman...; **pal.ae.o.lith.ic** [~əu'liθik] *adj.* taş devrine ait; **pal.ae.on.tol.o.gy** [~ɔn'tɔlədʒi] *n.* paleontoloji.
pal.at.a.ble □ ['pælətəbl] lezzetli, leziz; *fig.* makûl, akla yatkın; **'pal.at.a.ble.ness** *n.* lezizlik.
pal.a.tal ['pælətl] **1.** *adj.* damağa ait; dilin damağa dokunmasıyla çıkarılan *(ses)*; **2.** *n. gr.* dilin damağa dokunmasıyla çıkarılan ses, damak sessizi.
pal.ate ['pælit] *n.* damak; *fig.* ağız tadı, zevk, haz.
pa.la.tial □ [pə'leiʃəl] saray gibi, görkemli.
pa.lat.i.nate [pə'lætinit] *n.* palatinlik, kont *veya* dük'ün yönettiği ülke; the ♀ Palatina.
pal.a.tine ['pælətain] *adj.* Palatinalı, Palatinliğe ait, Palatina...; Count ♀ Palatinlik kontu.
pa.lav.er [pə'lɑ:və] **1.** *n.* görüşme, konuşma; *sl.* boş laf, palavra; **2.** *v/i.* boş laf etm., palavra atmak, atıp tutmak.
pale[1] [peil] **1.** □ soluk, solgun, renksiz, mat, donuk; ~ ale beyaz bira; **2.** *v/t. & v/i.* sarar(t)mak, sol(dur)mak, donuklaş(tır)mak, beti benzi atmak.
pale[2] [~] *n.* kazık; etrafı çevrili yer.
pale-face ['peilfeis] *n.* soluk benizli.
pale.ness ['peilnis] *n.* solgunluk, renksizlik, matlık.
pa.le.o- ['pæliəu] *s.* palaeo-.
pal.ette *paint.* ['pælit] *n.* palet; **'~-knife** *n.* boya malası.
pal.frey ['pɔ:lfri] *n.* binek atı.
pal.imp.sest ['pælimpsest] *n.* önceden yazılan silinerek üzerine yeniden başka yazı yazılmış parşömen.
pal.ing ['peiliŋ] *n.* kazıklardan yapılmış çit.
pal.i.sade [pæli'seid] **1.** *n.* parmaklık, çit; ~s *pl. Am.* kayalık uçurum; **2.** *v/t.* kazıklarla çevirmek *veya* sağlamlaştırmak.
pall[1] [pɔ:l] *n.* tabut örtüsü; *fig.* kasvetli hava.
pall[2] [~] *vb.* yavanlaşmak, tatsızlaşmak, tadı kaçmak; usandırmak, bıktırmak, gı-

na getirmek (upon s.o. *b-ni*).
pal.la.di.um [pəˈleidjəm] *n.* himaye, koruma; koruyucu şey, güvenlik unsuru.
pal.let [ˈpælit] *n.* ot minder.
pal.liasse [ˈpæliæs] = paillasse.
pal.li.ate [ˈpælieit] *v/t.* hafifletmek *(ağrı, hastalık)*, yatıştırmak; örtbas etm., mazur göstermek *(suç)*; **pal.liˈa.tion** *n.* hafifletme, yatıştırma; özür; **pal.li.a.tive** [ˈ~ətiv] *adj. & n.* hafifletici *(şey)*; *fig.* örtbas etme; geçici önlem.
pal.lid □ [ˈpælid] solgun, sararmış, beti benzi atmış, renksiz; **ˈpal.lid.ness, pal.lor** [ˈpælə] *n.* solgunluk.
palm [pɑːm] **1.** *n.* avuç içi, el ayası; ⚘ hurma ağacı; palmiye; have an itching ~ anaforcu olm., para canlısı olm.; **2.** *v/t.* avuç içinde saklamak; avuç içi ile dokunmak *veya* vurmak; ~ s.th. off upon s.o. *b-ne bşi* yutturmak, sokuşturmak; **pal.mer** [ˈpɑːmə] *n.* Kudüs'ten hurma dalı ile dönen hacı; **ˈpalm.ist** *n.* el falına bakan kimse; **ˈpalm.is.try** *n.* el falı; **ˈpalm-oil** *n.* hurma yağı; *co.* rüşvet; **ˈpalm-tree** *n.* hurma ağacı; **ˈpalm.y** *adj.* muhteşem, görkemli, refah içindeki.
pal.pa.ble [ˈpælpəbl] □ hissedilebilir, dokunulabilir; *fig.* açık (seçik), belli, belirgin, bariz.
pal.pi.tate [ˈpælpiteit] *v/i.* küt küt atmak *(kalp)*; heyecandan titremek; **pal.piˈta.tion** *n.* çarpıntı, küt küt atma *(kalp)*.
pal.sy [ˈpɔːlzi] **1.** *n.* felç, inme; *fig.* aciz, kuvvetsizlik; **2.** *v/t. fig.* felce uğratmak, aksatmak.
pal.ter [ˈpɔːltə] *vb.* küçümsemek, yabana atmak, önemsememek (with *-i*).
pal.tri.ness [ˈpɔːltrinis] *n.* değersizlik, önemsizlik; **ˈpal.try** □ değersiz, önemsiz.
pam.pas [ˈpæmpəz] *n. pl.* Güney Amerika'daki ağaçsız geniş ovalar.
pam.per [ˈpæmpə] *v/t.* şımartmak, pohpohlamak, üstüne çok düşmek.
pam.phlet [ˈpæmflit] *n.* broşür, kitapçık, risale; **pam.phlet.eer** [~ˈtiə] *n.* broşür yazarı.
pan [pæn] **1.** *n.* tava; kefe, terazi gözü; eski tüfeklerde falya tavası; *sl.* yüz, surat; sert eleştiri; **2.** *v/t. & v/i.* toprağı yıkayarak çıkarmak *(altın)*; tavada yıkamak; tavaya koymak; *Am.* F şiddetle eleştirmek; bir yandan öbür yana çevirmek *(kamera)*; maden cevherini yıkamak; ~ out başarıya ulaşmak; sonuç vermek, değmek.
pan... [~] *prefix* bütün..., tüm...
pan.a.ce.a [pænəˈsiə] *n.* her derde deva.
pan.cake [ˈpænkeik] *n.* gözleme; ~ landing ✈ uçağın yere yatay durumda çarparak inişi.
pan.cre.as ⚕ [ˈpæŋkriəs] *n.* pankreas.
pan.de.mo.ni.um *fig.* [pændiˈməunjəm] *n.* karışıklık, kargaşa, şamata, kıyamet; cehennem.
pan.der [ˈpændə] **1.** *vb.* hoşnut etm. (to *-i*); pezevenklik etm.; **2.** *n.* pezevenk.
pane [pein] *n.* pencere camı; ⊕ levha, tabaka.
pan.e.gyr.ic [pæniˈdʒirik] *n.* övgü, methiye, kaside; **pan.eˈgyr.ist** *n.* kaside yazarı, methiyeci.
pan.el [ˈpænl] **1.** *n.* ⚠ kapı aynası; pano; *paint.* resim tahtası; elbise eteğine konulan parça; ⚖ jüri heyeti (isim listesi); panel, açık oturum; heyet; **2.** *v/t.* tahta ile kaplamak; **ˈ~-doc.tor** *n.* sigorta doktoru; **ˈpan.el.ist** *n.* açık oturumda konuşmacı; **ˈpan.el.(l)ing** *n.* tahta kaplama.
pang [pæŋ] *n.* anî ağrı, sancı; *fig.* ıstırap, sıkıntı.
pan.han.dle [ˈpænhændl] **1.** *n.* tava sapı; *Am.* ileri doğru uzanan dar kara parçası; **2.** *v/i. Am.* F dilenmek, avuç açmak; **ˈpan.han.dler** *n. Am.* F dilenci.
pan.ic [ˈpænik] **1.** *adj.* yersiz, sebepsiz *(korku)*; **2.** *n.* panik, korku; **3.** *v/t. & v/i. pret. & p.p.* **ˈpan.icked** paniğe uğratmak; korkmak, paniğe kapılmak; *sl.* coşturmak, kahkahadan kırıp geçirmek; **ˈpan.ick.y** *adj.* paniğe kapılmış; **ˈpan.ic-mon.ger** *n.* panik yaratan kimse; **ˈpan.ic-strick.en** *adj.* paniğe kapılmış, panik içinde.
pan.nier [ˈpæniə] *n.* küfe, sepet.
pan.ni.kin [ˈpænikin] *n.* küçük madeni kap.
pan.o.ply [ˈpænəpli] *n.* zırh takımı.
pan.o.ra.ma [pænəˈrɑːmə] *n.* panorama, manzara; devamlı değişen şey; toplu bakış; **pan.o.ram.ic** [~ˈræmik] *adj.* (~ally) panoramik.
pan.sy [ˈpænzi] *n.* ⚘ alaca menekşe, hercai menekşe; *a.* ~-boy homoseksüel erkek.
pant [pænt] *v/i.* solumak, kalmak (for breath *nefes nefese)*; nefesi kesilmek; özlem duymak (for, after *-e*); *v/t.* ~ out nefes nefese söylemek.
pan.ta.loon [pæntəˈluːn] *n.* maskara, soytarı, palyaço; ~s *pl. co. veya Am.* pantolon.
pan.tech.ni.con [pænˈteknikən] *n. a.* ~ van eşya kamyonu.
pan.the.ism [ˈpænθiizm] *n.* panteizm, kamutanrıcılık; **pan.theˈis.tic** *adj.* (~ally) panteizme ait, kamutanrısal.
pan.ther *zo.* [ˈpænθə] *n.* pars, panter, pu-

ma.
pant.ies F [ˈpæntiz] *n. pl.* kadın külotu; kısa çocuk pantolonu.
pan.tile [ˈpæntail] *n.* kiremit.
pan.to F [pæntəu] = pantomime.
pan.to.graph ⊕ [ˈpæntəugrɑːf] *n.* pantograf.
pan.to.mime [ˈpæntəmaim] *n.* pandomima; **pan.to.mim.ic** [~ˈmimik] *adj.* (~ally) pandomima kabilinden.
pan.try [ˈpæntri] *n.* kiler; sofra takımının muhafaza edildiği yer; *(otel, gemi vs.)* soğuk yemeklerin hazırlandığı yer.
pants [pænts] *n. pl.* pantolon; † don, külot.
pant.y [pænti] **hose** *n.* külotlu çorap.
pap [pæp] *n.* lapa *veya* sulu yemek *(çocuklar veya hastalar için).*
pa.pa [pəˈpɑː] *n.* baba *(çocuk dilinde).*
pa.pa.cy [ˈpeipəsi] *n.* papalık (sistemi).
pa.pal □ [ˈpeipəl] papa *veya* papalığa ait.
pa.per [ˈpeipə] **1.** *n.* kâğıt; gazete; *a.* ~ money kâğıt para, banknot; *sl.* paso; hüviyet kartı, kimlik belgesi; imtihan soruları; makale, yazı; duvar kâğıdı; ~s *pl.* evrak; send in one's ~s istifa etm.; **2.** *v/t.* duvar kâğıdı ile kaplamak, kâğıtlamak; **ˈ~.back** *n.* karton kapaklı kitap; ~ **bag** kesekâğıdı; **ˈ~-chase** *n.* tavşan tazı oyunu; **ˈ~-clip** *n.* raptiye; ~ **cred.it** † vadeli senet; **ˈ~-fast.en.er** *n.* tel raptiye, ataş; **ˈ~-hang.er** *n.* duvar kâğıdı yapıştıran kimse; **ˈ~-hang.ings** *n. pl.* duvar kâğıdı yapıştırma; **ˈ~-mill** *n.* kâğıt fabrikası; **ˈ~-weight** *n.* uçmasını önlemek için kâğıt üzerine konan ağırlık, prespapye; **ˈpa.per.y** *adj.* kâğıt gibi, ince.
pa.pier mâ.ché [ˈpæpjeiˈmɑːʃei] *n.* kartonpiyer.
pa.pist *contp.* [ˈpeipist] *n.* katolik.
pap.py [ˈpæpi] *n.* baba.
pap.ri.ka [ˈpæprikə] *n.* kırmızı biber.
pa.py.rus [pəˈpaiərəs] *n.* papirüs; papirüs üzerine yazılmış yazı.
par [pɑː] *n.* † itibarî kıymet, nominal değer; eşitlik, parite; above (below) ~ itibarî kıymetten (*veya* pariteden) fazla (düşük); at ~ paritede, başabaş; be on a ~ with ...ile eşit derece *veya* kıymette olm.
par.a.ble [ˈpærəbl] *n.* mesel, ibret alınacak öykü.
pa.rab.o.la Ꭿ [pəˈræbələ] *n.* parabol; **par.a.bol.ic, par.a.bol.i.cal** □ [pærəˈbɔlik(əl)] benzetme *veya* kıyas yoluyla ifade edilen; Ꭿ parabolik.
par.a.chute [ˈpærəʃuːt] *n.* paraşüt; **ˈpar.a.chut.ist** *n.* paraşütçü.
pa.rade [pəˈreid] **1.** *n.* ✕ geçit resmi, tören; gösteri, nümayiş; tören alanı; mesire yeri; *eccl.* dinî alay; make a ~ of s.th. *bşle* hava atmak; **2.** *v/t.* & *v/i.* ✕ sıraya diz(il)mek; ✕ saflar halinde yürü(t)mek; gösteriş yapmak; kibirle göstermek; **paˈrade-ground** *n.* ✕ tören alanı.
par.a.digm *gr.* [ˈpærədaim] *n.* çekim listesi.
par.a.dise [ˈpærədais] *n.* cennet; cennet bahçesi; cennet gibi yer; büyük mutluluk.
par.a.dis.i.ac [pærəˈdisiæk] *adj.* cennete ait, cennet gibi, cennet...
par.a.dox [ˈpærədɔks] *n.* paradoks, kökleşmiş düşüncelere aykırı olarak ileri sürülen düşünce; **par.aˈdox.i.cal** □ mantığa aykırı görünen.
par.af.fin ⚗ [ˈpærəfin] *n.* mum, parafin; gazyağı.
par.a.gon [pærəgən] *n.* fazilet örneği.
par.a.graph [ˈpærəgrɑːf] *n.* satırbaşı; paragraf, bent, fıkra; paragraf işareti.
par.a.keet *orn.* [ˈpærəkiːt] *n.* muhabbetkuşu, bir çeşit ufak papağan.
par.al.lel [ˈpærəlel] **1.** *adj.* paralel, koşut; *fig.* aynı, benzer; **2.** *n.* paralel doğru; *fig.* benzerlik; karşılaştırma, mukayese; ⚡ paralel bağlantı; without (a) ~ emsalsiz, eşsiz; **3.** *v/t.* kıyaslamak, karşılaştırmak; paralel olm. *-e*; benzer olm. *-e*; ~ **bars** *pl. spor:* barfiks; **ˈpar.al.lel.ism** *n.* paralellik; benzerlik; **par.alˈlel.o.gram** Ꭿ [~ləugræm] *n.* paralelkenar, paralelogram.
par.a.lyse [ˈpærəlaiz] *v/t.* felce uğratmak; *fig.* etkisiz bırakmak; **pa.ral.y.sis** ⚕ [pəˈrælisis] *n.* felç, inme; **par.a.lyt.ic** [pærəˈlitik] **1.** *adj.* (~ally) felçli, inmeli, kötürüm; **2.** *n.* felçli kimse.
par.a.mil.i.tar.y [ˈpærəˈmilitəri] *adj.* yarı askerî.
par.a.mount [ˈpærəmaunt] *adj.* üstün, en önemli, fevkalâde.
par.a.mour *rhet.* [ˈpærəmuə] *n.* gayri meşru karı *veya* koca, metres.
par.a.pet [ˈpærəpit] *n.* ✕ siper; korkuluk duvarı.
par.a.pher.na.li.a [pærəfəˈneiljə] *n. pl.* özel eşya; F teçhizat, takım taklavat.
par.a.phrase [ˈpærəfreiz] **1.** *n.* başka kelimelerle açıklama; **2.** *v/t.* başka kelimelerle açıklamak.
par.a.site [ˈpærəsait] *n.* parazit, asalak *(a. fig.)*; **par.a.sit.ic, par.a.sit.i.cal** □ [~ˈsitik(əl)] asalak olarak yaşayan, parazit..., asalak...

par.a.sol [pærəˈsɔl] *n.* güneş şemsiyesi, güneşlik.

par.a.troop.er [ˈpærətru:pə] *n.* ⚔ paraşütçü; **ˈpar.a.troops** *n. pl.* paraşütçü kıtası.

par.a.ty.phoid ⚕ [ˈpærəˈtaifɔid] *n.* paratifo.

par.boil [ˈpɑ:bɔil] *v/t.* yarı kaynatmak; *fig.* kavurmak.

par.cel [ˈpɑ:sl] **1.** *n.* paket, koli, bohça, çıkın; ⚘ parça, kısım, parsel; *contp.* küme, yığın; **2.** *v/t.* ~ out bölmek, taksim etm.; parsellemek *(arazi)*; ~ **post** paket postası.

parch [pɑ:tʃ] *v/t.* & *v/i.* kavurup kurutmak, kavurmak, yakmak *(güneş)*; kavrulmak, kurumak; ~ing heat kavurucu sıcak.

parch.ment [ˈpɑ:tʃmənt] *n.* parşömen (kâğıdı), tirşe.

pard *sl.* [pɑ:d] *n.* arkadaş, dost.

par.don [ˈpɑ:dn] **1.** *n.* af, bağışlama; ⚖ özel af; *eccl.* günah çıkarma; I beg your ~! affedersiniz!; **2.** *v/t.* affetmek, bağışlamak (s.o. *b-ni*; s.th. *bş için*); **ˈpar.don.a.ble** □ affolunabilir, bağışlanabilir; **ˈpar.don.er** *n. hist.* Orta Çağda günahların affını satmaya yetkili kimse.

pare [pɛə] *v/t.* yontmak; *-in* kabuğunu soymak; ~ away, ~ down *fig.* azaltmak, kısmak *(masraf)*.

par.ent [ˈpɛərənt] *n.* baba; anne; ata, cet; *fig.* sebep, neden, kaynak; ~s *pl.* ana baba, ebeveyn; *attr. fig.* anne...; asıl...; **ˈpar.en.tage** *n.* soy, nesil, ebeveynlik; **paren.tal** □ [pəˈrentl] ana babaya ait, ana baba...

pa.ren.the.sis [pəˈrenθisis] *n., pl.* **paˈrenthe.ses** [~si:z] parantez, ayraç; parantez cümlesi; *typ.* parantez işareti; **paren.the.tic, par.en.thet.i.cal** □ [pærənˈθətik(əl)] parantez gibi; parantez...

par.ent.hood [ˈpɛərənthud] *n.* analık *veya* babalık; **ˈpar.ent.less** *adj.* anasız babasız.

pa.ri.ah [ˈpæriə] *n.* parya; *fig.* toplum dışı bırakılmış kimse.

pa.ri.e.tal [pəˈraiitl] *adj.* parietal...; ~ bone *anat.* kafatasının yan kemiği.

par.ing [ˈpɛəriŋ] *n.* kabuğunu soyma; soyulmuş kabuk; ~s *pl.* kabuk parçaları, kırpıntı; **ˈ~-knife** *n.* ⊕ soyma bıçağı.

par.ish [ˈpæriʃ] *n.* cemaat; bir papazın idaresindeki bölge; go on the ~ kilise yardımıyla geçinmek; *attr.* kilise...; papaz...; ~ clerk kilise kâtibi; papaz muavini; ~ council kilise meclisi; ~ register kilise defteri; **pa.rish.ion.er** [pəˈriʃənə] *n.* kilise cemiyeti üyesi.

Pa.ri.sian [pəˈrizjən] **1.** *adj.* Paris'e ait, Paris...; **2.** *n.* Parisli.

par.i.ty [ˈpæriti] *n.* eşitlik; *borsa:* fiyat birliği, değer eşitliği, parite.

park [pɑ:k] **1.** *n.* park; ⚔ savaş gereçlerinin saklandığı yer; *mst* car-~ otopark; **2.** *v/t. mot.* park etm.; F koymak, yerleştirmek.

par.ka [ˈpɑ:kə] *n.* parka, anorak.

park.ing *mot.* [ˈpɑ:kiŋ] *n.* park yapma; ~ **lot** araba park yeri; ~ **me.ter** otopark sayacı.

par.ky *sl.* [ˈpɑ:ki] *adj.* soğuk, buz gibi *(hava)*.

par.lance [ˈpɑ:ləns] *n.* konuşma şekli; tabir, deyiş, deyim.

par.ley [ˈpɑ:li] **1.** *n.* *(esp. düşman ile yapılan)* toplantı, görüşme; **2.** *v/i.* barış görüşmeleri yapmak; *v/t.* müzakere etm.

par.lia.ment [ˈpɑ:ləmənt] *n.* parlamento, millet meclisi; **par.lia.men.tar.i.an** [~menˈtɛəriən] *n.* parlamenter; **par.lia.menta.ry** □ [~ˈmentəri] parlamentoya ait, parlamento...

par.lo(u)r [ˈpɑ:lə] *n.* oturma odası, salon; makam; beauty ~ *part. Am.* güzellik salonu; ~ car 🚃 *Am.* lüks vagon; **ˈ~-maid** *n.* sofra hizmetçisi kız.

pa.ro.chi.al □ [pəˈrəukjəl] cemaate ait, cemaat...; *fig.* dar, sınırlı; ~ politics *pl.* dargörüşlülük siyaseti.

par.o.dist [ˈpærədist] *n.* hezel *(veya* parodi) yazarı; **ˈpar.o.dy** **1.** *n.* parodi, edebi bir eserin gülünç biçimde taklidi; **2.** *v/t.* gülünç biçimde taklit etm.

pa.role [pəˈrəul] **1.** *n.* ⚔ parola, şeref sözü; mahkûmu şartlı olarak serbest bırakma; put on ~ = 3; **2.** *adj.* ⚖ sözlü, şifahî; **3.** *v/t.* ⚖ *part. Am.* şartlı olarak serbest bırakmak.

par.ox.ysm [ˈpærəksizəm] *n.* anî kriz *veya* boşalma.

par.quet [ˈpɑ:kei] *n.* parke; *Am. thea.* orkestranın olduğu yer ile parter arasındaki kısım; **par.quet.ed** [ˈpɑ:kitid] *adj.* parke...; **ˈpar.quet.ry** *n.* parke (döşeme).

par.ri.cide [ˈpærisaid] *n.* ana baba katili; kendi ana babasını öldürme.

par.rot [ˈpærət] **1.** *n. orn.* papağan *(a. fig.)*; **2.** *v/t.* papağan gibi tekrarla(t)mak.

par.ry *fenc.* [ˈpæri] **1.** *n.* savuşturma, bertaraf etme *(darbe)*; **2.** *v/t.* bertaraf etm. *(darbe)*; *fig.* kaçamak cevaplamak.

parse [pɑ:z] *v/t.* dilbilgisi yönünden incelemek *(kelime, cümle)*.

Par.see [pɑ:ˈsi] *n.* Zerdüşt.

par.si.mo.ni.ous □ [pɑ:siˈməunjəs] aşırı tutumlu; *b.s.* cimri, pinti; **par.siˈmo.ni-**

ous.ness, par.si.mo.ny [ˈ~məni] *n.* cimrilik, pintilik.
pars.ley ⚘ [ˈpɑːsli] *n.* maydanoz.
pars.nip ⚘ [ˈpɑːsnip] *n.* yabanî havuç.
par.son [ˈpɑːsn] *n.* rahip, vaiz, papaz; **ˈpar.son.age** *n.* papaz evi.
part [pɑːt] **1.** *n.* parça, bölüm, kısım; *thea.* rol; ♪ fasıl, parti; ~s *pl.* bölge, semt; görev, vazife; katkı; taraf; pay, hisse; yedek parça; *bşin* esas kısmı; ~ of speech *gr.* sözbölüğü; ~ and parcel of -*in* esas kısmı; a man of ~s yetenekli (*veya* çok yönlü) adam; have neither ~ nor lot in hiç bir kârı olmamak; in foreign ~s dış ülkelerde; play a ~ *fig.* rol oynamak; take a ~ in s.th. katılmak -*e*, iştirak etm. -*e*; take in good (bad) ~ *bşi* iyi (kötü) yönünden almak; for my (own) ~ bence, bana kalırsa, kanımca; for the most ~ çoğunlukla, ekseriya; in ~ kısmen; do one's ~ kendine düşeni yapmak; on the ~ of ...nin tarafından; on my ~ benim tarafımdan; **2.** *adv.* kısmen; **3.** *v/t.* (parçalara) ayırmak, bölmek, taksim etm.; ~ company ayrılmak, bırakmak, terketmek (with -*den*, -*i*); *v/i.* ayrılmak (from -*den*); ~ with bırakmak -*i*, ayrılmak -*den*.
par.take [pɑːˈteik] (*irr.* take) *v/i.* katılmak, iştirak etm. (in *veya* of s.th. *bşe*); ~ of ...niteliğinde olm.; yemeğe buyurmak; **parˈtak.er** *n.* iştirak eden, katılan kimse (of -*e*).
par.terre [pɑːˈtɛə] *n.* çiçek bahçesi; *thea.* parter.
Par.thian [ˈpɑːθjən] *adj.* Partiya'ya *veya* Partlılara ait.
par.tial □ [ˈpɑːʃl] eksik, tam olmayan; taraflı, taraf tutan; kısmî; düşkün (to -*e*); **par.ti.al.i.ty** [pɑːʃiˈæliti] *n.* tarafgirlik, taraf tutma; beğenme, düşkünlük (to, for -*i*, -*e*).
par.tic.i.pant [pɑːˈtisipənt] *n.* katılan kimse, iştirakçi; **parˈtic.i.pate** [~peit] *v/i.* katılmak, iştirak etm., ortak olm. (in -*e*); **par.tic.iˈpa.tion** *n.* katılma, iştirak; **par.ti.cip.i.al** □ [~ˈsipiəl] *gr.* ortaç kabilinden; **par.ti.ci.ple** [ˈ~sipl] *n. gr.* ortaç, sıfat-fiil.
par.ti.cle [ˈpɑːtikl] *n.* cüz, zerre, tanecik; *fig.* azıcık şey; *gr.* edat, takı, ek.
par.ti-col.oured [ˈpɑːtikʌləd] *adj.* rengârenk, alaca.
par.tic.u.lar [pəˈtikjulə] **1.** □ *mst* belirli, muayyen; özel, hususî, has, mahsus; şahsî, kişisel; dikkate lâyık; ayrıntılı, etraflı, detaylı; titiz, müşkülpesent (in, about, as to *hususunda*); **2.** *n.* madde, husus; ~s *pl.* ayrıntılar, detay; in ~ özellikle, bilhassa; **par.tic.u.lar.i.ty** [~ˈlæriti] *n.* özellik, hususiyet; titizlik; **parˈtic.u.lar.ize** [~ləraiz] *v/t.* ayrı ayrı söylemek; ayrıntıları ile anlatmak; *v/i.* ayrıntılara girmek; **parˈtic.u.lar.ly** *adv.* özellikle, bilhassa.
part.ing [ˈpɑːtiŋ] **1.** *n.* ayrılma; veda etme; saçı ayırma çizgisi; ~ of the ways *part. fig.* iki şıktan birini seçme; **2.** *adj.* ayıran..., bölen...; ayrılırken yapılan...
par.ti.san [pɑːtiˈzæn] **1.** *n.* taraftar, partizan; ⚔ gerillacı, çeteci; **2.** *adj.* partizanla ilgili, partizan...; **par.tiˈsan.ship** *n.* partizanlık, taraftarlık.
par.ti.tion [pɑːˈtiʃən] **1.** *n.* taksim; bölme, duvar, tahta perde; bölünme, ayrılma; ~ wall bölme duvar; **2.** *v/t.* ~ off taksim etm., bölmek, ayırmak.
par.ti.tive □ [ˈpɑːtitiv] kısımlara ayıran; bir bütünün parçasını belirten (*kelime*).
part.ly [ˈpɑːtli] *adv.* kısmen, bir dereceye kadar.
part.ner [ˈpɑːtnə] **1.** *n.* eş, karı *veya* koca; dans (*veya* oyun) arkadaşı; ⚚ ortak; **2.** *v/t.* ortak etm.; *v/i.* ortak gibi davranmak; ortak olm.; **ˈpart.ner.ship** *n.* ⚚ ortaklık; enter into ~ with ...ile ortak olm.
part...: **ˈ~-own.er** *n.* hissedar; **ˈ~-pay.ment** *n.* kısmen ödeme; taksit; avans; kaparo.
par.tridge *orn.* [ˈpɑːtridʒ] *n.* keklik.
part...: **ˈ~-song** *n.* birkaç sesle söylenen şarkı; **ˈ~-time** **1.** *adj.* yarım günlük..., **2.** *adv.* yarım gün olarak.
par.ty [ˈpɑːti] *n.* grup; parti, toplantı, şölen, ziyafet, eğlence; *pol.* siyasal parti; ⚖ taraf; ⚔ birlik; *co.* kimse, şahıs; *s.* line¹ 1.
par.ve.nu [ˈpɑːvənjuː] *n.* sonradan görme kimse, türedi.
pas.chal [ˈpɑːskəl] *adj.* Musevilerin Fısıh bayramına ait; paskalyaya ait.
pa.sha [ˈpɑːʃə] *n.* paşa.
pass [pɑːs] **1.** *n.* geçiş, geçme; paso, şebeke; *futbol:* pas; *univ.* sınavda geçme; hokkabazların kaybetme oyunu; *fenc.* hamle; boğaz, geçit; *iskambil:* pas; pasaport; hal, durum; *sl.* kur, flört; free ~ parasız giriş kartı; hold the ~ *fig.* bir fikri savunmak; **2.** *v/i.* ileri gitmek, ilerlemek; gitmek, ayrılmak; geçmek (*zaman*); dönüşmek; karar vermek, hüküm vermek; intikal etm., miras kalmak; olmak, meydana gelmek; kabul edilmek; *fenc.* hamle yapmak; *futbol:* pas vermek, paslaşmak; *iskambil:* pas demek;

bitmek, sona ermek; sayılmak (as, for *olarak*); *a.* ~ away ölmek, vefat etm.; geçmek: ~ for ...olarak sayılmak, ...gözüyle bakılmak; ~ off bitmek, sona ermek; geçmek *(ağrı)*; meydana gelmek, olmak; ~ out F bayılmak, kendinden geçmek; come to ~ olmak, meydana gelmek; bring to ~ sonuçlandırmak; 3. *v/t.* geçmek, aşmak; geçirmek, atlatmak; geçirmek *(zaman)*; kabul ve tasdik ettirmek; devretmek *(hak)*; tedavüle çıkarmak, sürmek *(para)*; vermek, uzatmak; gezdirmek, dolaştırmak; bildirmek, söylemek, açıklamak *(fikir, karar)*; boşaltmak, dışarı atmak; vurmak *(topa)*; ~ s.o. (s.th.) by *b-ni (bşi)* önemsememek; ~ off görmemezlikten gelmek, geçiştirmek, çevirmek *(dikkatini)*; ~ o.s. (s.th.) off as *k-ne* ...süsü vermek, *k-ni* ...diye satmak, ...tavrı takınmak; ~ over göz yummak, görmezlikten gelmek, ihmal etm.; it ~es my comprehension ona benim aklım ermiyor; ~ one's hand across one's forehead eliyle alnını silmek; ~ water işemek; ~ one's word söz vermek; **ˈpass.a.ble** ☐ geçilebilir, geçit verir *(yol)*; oldukça iyi, kabul edilir, geçerli.

pas.sage [ˈpæsidʒ] *n.* geçme, gitme; yol; geçit, boğaz; yolculuk, seyahat; pasaj; koridor, dehliz; bent, parça, paragraf, fıkra; tasarının kabul edilip kanunlaşması; ~s *pl.* tanışıklık, karşılıklı güven; ♪ geçiş; geçiş hakkı (*veya* ücreti); ~ of *veya* at arms mücadele, kavga, çekişme; bird of ~ göçmen kuş; **ˈ~.way** *n.* pasaj, geçit; koridor.

pass-book ⚚ [ˈpɑːsbuk] *n.* hesap cüzdanı.

pas.sé(e) [ˈpɑːsei] *adj.* geçmiş, eski; modası geçmiş, demode.

pas.sen.ger [ˈpæsindʒə] *n.* yolcu, seyyah, gezgin.

passe-par.tout [ˈpæspuːtuː] *n.* ana anahtar.

pass.er-by, *pl.* **pass.ers-by** [ˈpɑːsə(z)ˈbai] *n.* yoldan gelip geçen kimse.

pas.sim [ˈpæsim] *adv.* çeşitli yerlerde *(kitapta)*; sık sık.

pass.ing [ˈpɑːsiŋ] 1. *n.* geçiş, gitme; göçme, ölüm; in ~ antrparantez, sırası gelmişken; geçerken; 2. *adj.* geçen, geçici; rastgele, tesadüfi; olup biten; **ˈ~-bell** *n.* matem çanı.

pas.sion [ˈpæʃən] *n.* hırs, ihtiras, tutku; aşk, cinsel istek, şehvet; hiddet, öfke; ıstırap, elem; aşırı heves; ♀ Hz. İsa'nın çarmıha gerilmesinde çektiği acı; be in a ~ son derece öfkelenmek; in ~ ⚖ şiddetli ve ani heyecan anında; ; ♀ Week paskalyadan bir önceki hafta; **pas.sion-ate** ☐ [ˈ~ʃənit] heyecanlı, ateşli, şiddetli, hararetli; hiddetli; kara sevdalı; **ˈpas-sion-flow.er** *n.* ⚘ çarkıfelek; **ˈpas.sion-less** ☐ soğukkanlı, heyecansız; **ˈpas.sion--play** *n.* Hz. İsa'nın çarmıha gerilmesini canlandıran piyes.

pas.sive ☐ [ˈpæsiv] pasif, hareketsiz, ilgisiz, uysal, eylemsiz, faaliyetsiz; *gr.* edilgen; **ˈpas.sive.ness, pasˈsiv.i.ty** *n.* pasiflik, ilgisizlik, uysallık; dirençsizlik.

pass-key [ˈpɑːskiː] *n.* ana anahtar; kapı anahtarı.

Pass.o.ver [ˈpɑːsəuvə] *n.* Musevilerin Fısıh bayramı.

pass.port [ˈpɑːspɔːt] *n.* pasaport.

pass.word ⚔ [ˈpɑːswəːd] *n.* parola.

past [pɑːst] 1. *adj.* geçmiş, geçen, bitmiş, olmuş, sabık; *gr.* geçmiş zaman...; ~ master usta kimse, erbap; for some time ~ bir süreden beri; 2. *adv.* geçecek şekilde, *-in* yanından geçerek; rush ~ fırlayıp yanından geçmek; 3. *prp.* *-den* daha ilerde *veya* ileriye; ötesinde; half ~ two iki buçuk; it is ~ comprehension akıl almaz; ~ cure tedavi edilemez; ~ endurance tahammül edilemez, dayanılmaz; ~ hope ümitsiz; 4. *n.* geçmiş zaman; bir kimsenin geçmişi.

paste [peist] 1. *n.* macun; çiriş, kola; hamur; lapa; elmas taklidi cam; 2. *v/t.* (kola ile) yapıştırmak; **ˈ~.board** *n.* mukavva; *sl.* kartvizit; iskambil kâğıdı; bilet; *attr.* mukavva...

pas.tel [pæsˈtel] *n.* *paint.* pastel kalemi (ile yapılmış resim); pastel renk; **pas-tel.(l)ist** [ˈ~təlist] *n.* pastel resim yapan kimse.

pas.tern *vet.* [ˈpæstəːn] *n.* atın ayağına bukağı takılan yer.

pas.teur.ize [ˈpæstʃəraiz] *v/t.* pastörize etm.

pas.tille [ˈpæstəl] *n.* pastil.

pas.time [ˈpɑːstaim] *n.* eğlence, oyun, meşgale.

pas.tor [ˈpɑːstə] *n.* papaz; **ˈpas.to.ral** 1. ☐ doğa güzelliklerini anlatan, pastoral...; papazlığa ait, papazlık...; ~ staff papazlık asası; 2. *n.* idil; *paint.* pastoral resim; *eccl.* papazın kendi bölgesindeki kilise görevlilerine yazdığı resmî mektup.

pas.try [ˈpeistri] *n.* hamur işi, pasta; **ˈ~-cook** *n.* pastacı.

pas.tur.age [ˈpɑːstjuridʒ] *n.* ot; otlak; otlatma hakkı.

pas.ture [ˈpɑːstʃə] 1. *n.* çayır, otlak, me

ra; ~ ground otlak; **2.** *v/t. & v/i.* çayırda otla(t)mak.

past.y 1. ['peisti] *adj.* hamur gibi; solgun; **2.** ['pæsti] *n.* etli börek.

pat [pæt] **1.** *n.* el ile hafif vuruş; 'pat' sesi; ufak kalıp *(tereyağ)*; **2.** *v/t.* hafifçe vurmak *-e*; *v/i.* hafif adımlarla koşmak; **3.** *adv.* hemen, anında, tam vaktinde; stand ~ alışkanlığını bozmamak; kararından dönmemek.

patch [pætʃ] **1.** *n.* yama; ⚕ yakı; ⚕ göz sargısı; benek, ben, leke; arazi parçası; strike a bad ~ şanssızlığa uğramak; ~ pocket yama cep; **2.** *v/t.* yamamak, yamalamak, yama vurmak; ~ up tamir etm.; *fig.* halletmek, yoluna koymak.

patch.work ['pætʃwə:k] *n.* yama işi; *fig.* uydurma iş; **'patch.y** *adj.* yamalı; derme çatma yapılmış, uydurma; düzensiz.

pate F [peit] *n.* baş, kafa, kelle; beyin, akıl.

pat.ent ['peitənt] **1.** *adj.* belli, açık, aşikâr, apaçık, meydanda olan...; patent almış, patentli...; letters ~ ['pætənt] *pl.* patent; ~ article patentli mal, tescilli mal; ~ leather güderi; **2.** *n.* patent, imtiyaz; patentli mal; ~ agent patent işleri uzmanı; ~ office patent dairesi; **3.** *v/t.* *-in* patentini almak; **pat.ent.ee** [peitən'ti:] *n.* patent sahibi.

pa.ter.nal □ [pə'tə:nl] babaya ait, babaya yakışır, baba...; babadan kalma; **pa'ter.ni.ty** *n.* babalık; kaynak, köken.

path [pa:θ] *n., pl.* **paths** [pa:ðz] keçi yolu, patika; takip edilen yol, davranış; *spor:* pist.

pa.thet.ic [pə'θetik] *adj.* (~ally) acıklı, dokunaklı, etkileyici, üzücü.

path.less ['pa:θlis] *adj.* patikasız, yolsuz.

path.o.log.i.cal □ [pæθə'lɔdʒikəl] patolojik; **pa.thol.o.gy** [pə'θɔlədʒi] *n.* patoloji, hastalıklar bilimi.

pa.thos ['peiθɔs] *n.* merhamet ve sempati hissi uyandırma gücü.

path.way ['pa:θwei] *n.* patika.

path.y *Am.* ⚕ *contp.* ['pæθi] *n.* tedavi.

pa.tience ['peiʃəns] *n.* sabır, tahammül, dayanma, dişini sıkma; tek başına oynanılan iskambil oyunu; be out of ~ with, have no ~ with sabrı tükenmek; **'pa.tient** **1.** □ sabırlı, tahammüllü, dayanıklı; be ~ of sabırlı olm. *-e karşı; fig.* bşe göz yummak; **2.** *n.* hasta.

pa.ti.o *Am.* ['pætiəu] *n.* avlu, teras, veranda.

pa.tri.arch ['peitria:k] *n.* patrik; yaşlı ve saygıdeğer adam; bir aile *veya* kabilenin başı; **pa.tri'ar.chal** □ patriğe ait; saygıdeğer.

pa.tri.cian [pə'triʃən] **1.** *adj.* soylulara ait, soylu...; **2.** *n.* soylu kimse, asılzade.

pat.ri.mo.ny ['pætriməni] *n.* babadan kalan miras; kilise vakfı.

pa.tri.ot ['pætriət] *n.* vatanperver *(veya* yurtsever) kimse; **pa.tri.ot.eer** [~ə'tiə] *n.* şoven, aşırı milliyetçi kimse; **pa.tri.ot.ic** [~'ɔtik] *adj.* (~ally) yurtsever, vatanperver; **pa.tri.ot.ism** ['~ətizəm] *n.* yurtseverlik, vatanperverlik.

pa.trol ⚔ [pə'trəul] **1.** *n.* devriye, karakol; keşif kolu; devriye gezme; ~ wagon *Am.* polis devriye arabası; **2.** *v/i.* devriye gezmek; **~.man** [pə'trəulmən] *n.* (devriye) polis.

pa.tron ['peitrən] *n.* veli, hami; patron, efendi; daimi müşteri, velinimet; **patron.age** ['pætrənidʒ] *n.* himaye, koruma; *b-ni* göreve atama hakkı; müşteriler; hor görme; iş, ticaret; **pa.tron.ess** ['peitrənis] *n.* koruyan azize *vs.* (*s.* patron); **pa.tron.ize** ['pætrənaiz] *v/t.* korumak, himaye etm.; kanatları altına almak; hor görmek; müşterisi olm.; **'patron.iz.er** *n.* koruyucu, hami.

pat.ter ['pætə] *v/t. & v/i.* hızlı hızlı konuşmak; pıtırdamak; kısa ve süratli adımlarla yürümek; mırıldar gibi söylemek; **2.** *n.* konuşma tarzı; çok hızlı söylenen şarkı; pıtırtı, ses.

pat.tern ['pætən] **1.** *n.* model, örnek *(a. fig)*; numune, mostra; elbiselik kumaş; motif, süs; şablon; döküm kalıbı; elbise patronu; *fig.* şekil, düzen; by ~ post kıymetsiz numune; **2.** *v/t.* örneğe göre yapmak; örnek almak; motiflerle süslemek; **'~-mak.er** *n.* ⊕ modelci.

pat.ty ['pæti] *n.* küçük börek.

pau.ci.ty ['pɔ:siti] *n.* azlık, kıtlık, yetersizlik.

Paul.ine ['pɔ:lain] *adj.* apostol Paul'e ait.

paunch [pɔ:ntʃ] *n.* göbek; **'paunch.y** *adj.* göbekli, şişko.

pau.per ['pɔ:pə] *n.* sadaka ile geçinen fakir kimse, yoksul; *attr.* fakir..., yoksul...; **'pau.per.ism** *n.* fakirlik, yoksulluk; **'pau.per.ize** *v/t.* sadakaya muhtaç hale getirmek, fakirleştirmek.

pause [pɔ:z] **1.** *n.* ara(lık), fasıla, mola, tenefüs; durma; ♪ notanın üzerine *veya* altına konan uzatma işareti; give ~ to s.o. *b-ni* düşündürmek, tereddütte bırakmak; **2.** *v/i.* durmak, duraklamak; tereddüt etm., duraksamak (upon *hususunda*).

pave [peiv] *v/t.* kaldırım döşemek; *fig.* yolu açmak; **'pave.ment** *n.* kaldırım; ~

artist kaldırım ressamı.
pa.vil.ion [pəˈviljən] *n.* büyük çadır; müzikhol; pavyon; köşk.
pav.ing-stone [ˈpeiviŋstəun] *n.* kaldırım taşı.
paw [pɔː] **1.** *n.* pençe; *co.* el; **2.** *v/t. & v/i.* pençelemek; ön ayaklarıyla eşelemek *(at)*; F kabaca ellemek; pençe atmak.
pawn¹ [pɔːn] *n. satranç:* piyon, piyade, paytak; *fig.* maşa, bir işe alet edilen kimse, kukla.
pawn² [~] **1.** *n.* rehin; rehine koyma; in ~, at ~ rehinde; **2.** *v/t.* rehine koymak; *fig.* tehlikeye atmak; **ˈ~.bro.ker** *n.* rehinci, tefeci; **pawnˈee** *n.* rehinli alacaklı, rehinle borç veren kimse; **ˈpawn.er** *n.* malını rehine veren kimse; **ˈpawn.shop** *n.* rehinci dükkânı; **ˈpawn-tick.et** *n.* rehin makbuzu.
pay [pei] **1.** *n.* maaş, ücret; ödeme; bedel, karşılık; *fig.* mükâfat; **2.** *(irr.) v/t.* ödemek, tediye etm.; karşılığını vermek; etmek; yarar sağlamak; getirmek *(kâr)*; ~ attention *veya* heed to dikkat etm. *-e;* ~ away, ~ out ⚓ kaloma etm. *(halat, zincir)*; ~ down peşin ödemek; ~ off tamamen ödemek *(borç)*; ücretini verip kovmak; ~ s.o. out for s.th. misliyle mukabele etm., *bşin* acısını *b-den* çıkarmak, *bşden* dolayı *b-den* öç almak; ~ up tamamını ödemek, kapatmak *(borç)*; ~ one's way borca girmemek; put paid to s.th. F halletmek, yoluna koymak; *v/i.* borcunu ödemek; masrafına *veya* çabasına değmek; ~ for *bş* için para vermek; *-in* cezasını çekmek; **ˈpay.a.ble** *adj.* ödenmesi gereken; ödenebilir; ⚒, ✝ verimli, kârlı; **ˈpay-as-you-ˈearn** *n.* gelir vergisinin gelirin kaynağından kesildiği sistem; **ˈpay-day** *n.* ücretlerin verildiği gün, aybaşı; **pay dirt** *Am.* içinde işletilebilecek kadar maden olan toprak; **payˈee** *n.* ✝ alacaklı kimse; **ˈpay-en.ve.lope** *n.* maaş zarfı; maaş miktarı; **ˈpay.er** *n.* ödeyen kimse; ✝ muhatap, borçlu kimse; **ˈpaying** *adj.* kârlı, kazançlı, verimli; ~ concern kârlı (*veya* verimli) iş; **ˈpay-load** *n.* gelir getiren yük; füze içindeki bomba; uzay aracının mürettebatı *veya* teçhizatı; **ˈpay.mas.ter** *n.* ⚔, ⚓ maaş kâtibi, mutemet; **ˈpay.ment** *n.* ödeme, tediye; ücret maaş; *fig.* ödül; ceza; additional ~ ek ödeme; on ~ of ...ödemek üzere.
pay...: **ˈ~-off** *n.* hesaplaşma *(a. fig.)*; *Am.* F doruk noktası; ödül, kâr; sonuç, netice; **ˈ~-of.fice** *n.* kasa, gişe, vezne dairesi; **ˈ~-pack.et** *n.* maaş zarfı; **ˈ~-roll** *n.* ücret bordrosu; **ˈ~.station** *n. Am.* umumî telefon.
pea ⚘ [piː] *n.* bezelye.
peace [piːs] *n.* barış, sulh; huzur, sükûn(et); asayiş; barış anlaşması; the (King's) ~ huzur, barış, asayiş; be at ~ barış halinde olm., huzur içinde olm.; break the ~ huzuru (*veya* asayişi) bozmak; keep the ~ barışı korumak, asayişi sağlamak; **ˈpeace.a.ble** □ barışsever; sakin; **ˈpeace-break.er** *n.* huzur bozucu kimse; **peace.ful** □ [ˈ~ful] sakin, yumuşak başlı, uysal; barışsever; **ˈpeace.mak.er** *n.* barıştırıcı kimse, arabulucu.
peach¹ [piːtʃ] *n.* ⚘ şeftali (ağacı); şeftali rengi; *sl.* çekici kimse *veya* şey.
peach² *sl.* [~]: ~ (up)on *vb.* ihbar etm., ispiyon etm., ele vermek, gammazlamak; boşboğazlık etm.
pea-chick [ˈpiːtʃik] *n.* yavru tavus.
peach.y [ˈpiːtʃi] *adj.* şeftali gibi; *sl.* mükemmel.
pea.cock [ˈpiːkɔk] *n.* tavus; **ˈpea.fowl** *n.* tavus; **ˈpeaˈhen** *n.* dişi tavus.
pea-jack.et ⚓ [ˈpiːdʒækit] *n.* gemici ceketi.
peak [piːk] **1.** *n.* zirve, tepe, doruk; kasket siperi; *attr.* zirve..., tepe...; ~ hour sıkışık saat *(trafik)*; ~ load azamî yük; ~ power *etc.* azamî güç *vs.*; **2.** *v/i.* F zayıflamak, süzülmek; doruk noktasına ulaşmak; **peaked** [piːkt] *adj.* zayıf düşmüş, bitkin durumda; siperli; ~ cap siperli şapka; **ˈpeak.y** *adj.* sivri tepeli; bitkin durumda.
peal [piːl] **1.** *n.* gürültü; gürültülü çan sesi; çan takımı; ~s *pl.* of laughter kahkaha tufanı; **2.** *v/t. & v/i.* gürültülü çal(ın)mak *(çan)*; ses vermek.
pea.nut [ˈpiːnʌt] *n.* Amerikan fıstığı, yerfıstığı; *fig.* önemsiz kimse.
pear ⚘ [pɛə] *n.* armut (ağacı).
pearl [pəːl] **1.** *n.* inci *(a. fig.)*; inci rengi; sedef; *typ.* beş puntoluk harf; *attr.* inci...; **2.** *v/i.* inci avlamak; *v/t.* incilerle süslemek; inciye benzetmek; **ˈpearl.y** *adj.* inci gibi; incilerle süslenmiş.
pear-tree [ˈpɛətriː] *n.* armut ağacı.
peas.ant [ˈpezənt] *n.* köylü, rençper; *attr.* köylü...; **ˈpeas.ant.ry** *n.* köylüler, köylü sınıfı.
pease [piːz] *n. pl.* bezelye.
pea-shoot.er [ˈpiːʃuːtə] *n.* üfleyerek bezelye atılan oyuncak boru.
pea soup [ˈpiːˈsuːp] *n.* bezelye çorbası; **ˈpea-ˈsoup.er** *n.* F koyu sis.
peat [piːt] *n.* turba, çürümüş bitkilerden elde edilen yakacak; **ˈ~-bog** *n.* turbalık.
peb.ble [ˈpebl] *n.* çakıl taşı; **ˈpeb.bly** *adj.*

çakıllı, çakıl döşeli.

pe.can ⚘ [pi'kæn] *n.* cevize benzer bir ağaç.

pec.ca.ble ['pekəbl] *adj.* günah işleyebilir.

peck[1] [pek] *n.* 9,087 litrelik bir hacim ölçü birimi; *fig.* büyük miktar.

peck[2] [~] *v/t. & v/i.* gaga ile vurmak (at -e); az yemek yemek; ~ at one's food yemeğini iştahsızca yemek; gagalamak; gagalayarak açmak *(delik)*; **'peck.er** *n. sl.* büyük burun; keep one's ~ up neşesini kaybetmemek; **'peck.ish** *adj.* F karnı aç olan, karnı zil çalan.

pec.tin ['pektin] *n.* pektin.

pec.to.ral ['pektərəl] **1.** *adj.* göğüse ait, göğüs...; göğüse takılan...; **2.** *n.* göğüse takılan süs; göğüs hastalıklarına ait ilâç.

pec.u.late ['pekjuleit] *v/t.* zimmetine geçirmek; **pec.u'la.tion** *n.* zimmetine geçirme; **'pec.u.la.tor** *n.* zimmetine para geçiren kimse.

pe.cul.iar □ [pi'kju:ljə] özel, hususî; acayip, garip, tuhaf, alışılmamış; mahsus, özgü, kendine has; **pe.cu.li.ar.i.ty** [~li'æriti] *n.* özellik, hususiyet; gariplik, acayiplik.

pe.cu.ni.ar.y [pi'kju:njəri] *adj.* parayla ilgili, parasal..., maddî...

ped.a.gog.ic, ped.a.gog.i.cal □ [pedə'gɔdʒik(əl)] pedagojik; **ped.a'gog.ics** *n. mst sg.* pedagoji ilmi; **ped.a.gogue** ['~gɔg] *n.* pedagog; F ukalâ *(veya* işgüzar) öğretmen; **ped.a.go.gy** ['~gɔdʒi] *n.* pedagoji.

ped.al ['pedl] **1.** *n.* pedal; **2.** *adj.* ayağa ait, ayak...; **3.** *v/t. & v/i.* ayakla işletmek; pedal kullanmak; bisiklete binmek.

ped.ant ['pedənt] *n.* ukalâ kimse; **pe.dan.tic** [pi'dæntik] *adj.* (~ally) ukalâ, bilgiçlik taslayan; **ped.ant.ry** ['pedəntri] *n.* ukalâlık.

ped.dle ['pedl] *v/t. & v/i.* seyyar satıcılık yapmak; önemsiz şeylerle ilgilenmek; azar azar satmak; **'ped.dling** *adj.* önemsiz, ufak tefek; **'ped.dler** *Am.* = pedlar.

ped.es.tal ['pedistl] *n.* heykel *veya* sütun tabanı, kaide; *fig.* esas, temel; **pe.des.tri.an** [pi'destriən] **1.** *adj.* yürümeye ait, yürüme...; sıkıcı, ağır; **2.** *n.* yaya; ~ crossing yaya geçidi.

ped.i.cab ['pedikæb] *n.* üstü kapalı, üç tekerlekli ve bisiklete benzer bir tür yolcu taşıma aracı.

ped.i.cure ['pedikjuə] *n.* pedikür.

ped.i.gree ['pedigri:] **1.** *n.* soy, nesep, şecere, soy ağacı; **2.** ~d *adj.* soyu sopu belli olan.

ped.i.ment ⌂ ['pedimənt] *n.* alınlık.

ped.lar ['pedlə] *n.* seyyar satıcı; **'ped.lar.y** *n.* seyyar satıcılık.

pe.dom.e.ter [pi'dɔmitə] *n.* pedometre, adımölçer.

peek [pi:k] **1.** *v/i.* gizlice bakmak, dikizlemek; **2.** *n.* gizlice bakma, gözetleme, dikiz; **peek.a.boo** ['pi:kəbu:] *n.* çocuklara «ce» yapılan oyun.

peel [pi:l] **1.** *n. (meyve veya sebze)* kabuk; **2.** *a.* ~ off *v/t. -in* kabuğunu soymak; çıkarmak *(elbise)*; *v/i.* soyulmak *(kabuk)*; *sl.* soyunmak.

peel.er *sl.* † ['pi:lə] *n.* polis.

peel.ing ['pi:liŋ] *n.* soyulmuş kabuk.

peep[1] [pi:p] **1.** *n.* civciv gibi ötme; civciv sesi; **2.** *v/i.* civciv gibi ötmek, «cik cik» etm.

peep[2] [~] **1.** *n.* azıcık bakış, kaçamak (*veya* gizli) bakış; **2.** *v/i.* gizlice bakmak (at -e); röntgencilik etm., dikiz geçmek; *a.* ~ out yavaş yavaş ortaya çıkmak *(a. fig)*; ~ at gizlice bakmak -e; **'peep.er** *n.* röntgenci kimse; *sl.* göz; **'peep-hole** *n.* gözetleme deliği; **'peep-show** *n.* büyüteçle küçük bir delikten seyredilen resim *vs.*

peer[1] [piə] *v/i.* dikkatle bakmak; ~ at yakından bakmak -e.

peer[2] [~] *n.* eş, akran, emsal; asılzade; **'peer.age** *n.* asalet, asılzadelik; **'peer.ess** *n.* kadın asılzade; asılzade karısı; **'peer.less** □ eşsiz, emsalsiz.

peeved F [pi:vd] *adj.* sinirli, hırçın, huysuz.

pee.vish □ ['pi:viʃ] titiz, huysuz, ters, aksi, hırçın, densiz; **'pee.vish.ness** *n.* huysuzluk, aksilik, hırçınlık, densizlik.

pee.wit ['pi:wit] = pewit.

peg [peg] **1.** *n.* ağaç çivi; askı, kanca; küçük kazık; ♪ yaylı çalgılarda akort anahtarı; *fig.* sebep, vesile, bahane; sodalı viski *veya* konyak; F tahta bacak; take s.o. down a ~ or two *b-ni* küçük düşürmek; be a square ~ in a round hole yeteneklerine uygun işte olmamak, bulunduğu mevkiye yakışmamak; **2.** *vb.* ağaç çivi ile mıhlamak; asmak *(çamaşır)*; kısıtlamak, sınırlamak; † *-de* istikrar sağlamak; *a.* ~ out çiviler çakarak işaretlemek; fırlatmak, atmak; *a* ~ away, ~ along F istikrarlı bir şekilde çalışmak; koşuşturmak; ~ out *sl.* ölmek, gebermek.

peg-top ['pegtɔp] *n.* topaç.

peign.oir ['peinwa:] *n.* sabahlık.

pe.jo.ra.tive ['pi:dʒərətiv, pi'dʒɔrətiv] *adj.* küçük düşürücü, alçaltıcı.

pelf *contp.* [pelf] *n.* para, servet.

pel.i.can *orn.* [ˈpelikən] *n.* pelikan, kaşıkçıkuşu.
pel.let [ˈpelit] *n.* küçük topak; ufak kurşun, saçma; hap.
pel.li.cle [ˈpelikl] *n.* ince zar.
pell-mell [ˈpelˈmel] **1.** *adv.* paldır küldür, apar topar, alelacele; karman çorman, allak bullak; **2.** *n.* karmakarışıklık.
pel.lu.cid [peˈljuːsid] *adj.* açık seçik; yarı şeffaf.
Pel.o.pon.ne.sian [peləpəˈniːʃən] *adj.* Moralı, Mora'ya ait.
pelt¹ [pelt] *n.* deri, post, kürk; † işlenmemiş deri.
pelt² [~] **1.** *v/t.* & *v/i.* atmak, fırlatmak; taşlamak; boşanmak *(yağmur)*; koşuşturmak; **2.** *n.* atma, fırlatma; boşanma *(yağmur)*; at full ~ son süratle (koşarak).
pelt.ry [ˈpeltri] *n.* hayvan deri *veya* postları.
pel.vis *anat.* [ˈpelvis] *n.* pelvis, leğen, havsala.
pem.mi.can [ˈpemikən] *n.* dövülüp çöreklere karıştırılan kurutulmuş et.
pen¹ [pen] **1.** *n.* yazı kalemi, tüy kalem; tükenmez kalem; dolmakalem; yazı üslubu; **2.** *v/t.* mürekkepli kalemle yazmak.
pen² [~] **1.** *n.* ağıl, kümes, kafes; ⚓ denizaltı doku; *a.* play-~ çocukların içinde oynadıkları portatif bahçe; **2.** *(irr.) oft.* ~ up, ~ in *v/t.* kapatmak, ağıla koymak.
pe.nal ☐ [ˈpiːnl] cezaya ait, cezaî, ceza...; ~ code ceza kanunu; ~ servitude ağır hapis cezası; **pe.nal.ize** [ˈpiːnəlaiz] *v/t.* cezalandırmak *(a. fig.)*; **pen.al.ty** [ˈpenlti] *n.* ceza; *spor:* penaltı; ~ area *futbol:* ceza sahası; ~ kick penaltı atışı; under ~ of ...cezası ile.
pen.ance [ˈpenəns] *n.* ceza; pişmanlık; kefaret.
pen...: ˈ~-and-ˈink draw.ing *n.* mürekkepli kalemle çizilmiş resim.
pence [pens] *pl. of* penny.
pen.cil [ˈpensl] **1.** *n.* kurşunkalem; makyaj kalemi; **2.** *v/t.* kurşunkalem ile yazmak *veya* çizmek; ˈ~-sharp.en.er *n.* kalemtıraş.
pend.ant [ˈpendənt] *n.* asılı şey; pandantif; avize; flama.
pend.ent [~] *adj.* asılı, sarkık, sarkan; muallâkta olan, karar verilmemiş.
pend.ing [ˈpendiŋ] **1.** *adj.* ⚖ henüz karara bağlanmamış, askıda olan; **2.** *prp.* zarfında, esnasında, -*e* kadar.
pen.du.lous [ˈpendjuləs] *adj.* sarkan, asılı, sallanan; **pen.du.lum** [ˈ~ləm] *n.* rakkas, sarkaç.
pen.e.tra.bil.i.ty [penitrəˈbiliti] *n.* içine nüfuz edilebilirlik; ˈ**pen.e.tra.ble** ☐ delinebilir, nüfuz edilebilir; anlaşılır; **pen.e.tra.li.a** [~ˈtreiljə] *n.* *bşin* en iç kısmı; **pen.e.trate** [ˈ~treit] *v/t.* & *v/i.* delip girmek -*e*, -*in* içine girmek, nüfuz etm.; anlamak, idrak etm.; içeriye sızmak; **pen.eˈtra.tion** *n.* sokulma, nüfuz etme, içine işleme; etki, tesir; anlayış; **pen.eˈtra.tive** ☐ [ˈ~trətiv] delici, nüfuz edici *(a. fig.)*; ~ effect delme etkisi.
pen-friend [ˈpenfrend] *n.* mektup arkadaşı.
pen.guin *orn.* [ˈpeŋgwin] *n.* penguen.
pen.hold.er [ˈpenhəuldə] *n.* kalem sapı.
pen.i.cil.lin *pharm.* [peniˈsilin] *n.* penisilin.
pen.in.su.la [piˈninsjulə] *n.* yarımada; **penˈin.su.lar** *adj.* yarımadaya ait, yarımada...
pen.i.tence [ˈpenitəns] *n.* pişmanlık, tövbe; ˈ**pen.i.tent** **1.** ☐ pişman, tövbekâr; **2.** *n.* tövbekâr kimse; **pen.i.ten.tial** ☐ [~ˈtenʃəl] pişmanlıkla ilgili; **pen.i.ten.tia.ry** [~ˈtenʃəri] *n.* *Am.* hapishane, cezaevi.
pen.knife [ˈpennaif] *n.* çakı.
pen.man [ˈpenmən] *n.* yazar; hattat; he is a poor ~ kötü bir elyazısı vardır; ˈ**pen.man.ship** *n.* yazı yazma sanatı; hattatlık, el yazısı.
pen-name [ˈpenneim] *n.* yazarın takma adı.
pen.nant [ˈpenənt] *n.* ⚓ flama, flandra; *part. Am.* şampiyonluk forsu; *fig.* şampiyonluk.
pen.ni.less ☐ [ˈpenilis] (beş) parasız, meteliksiz, cebi delik.
pen.non [ˈpenən] *n.* ⚔ bayrak, sancak; flama.
pen.ny [ˈpeni] *n.*, *pl.* **pence** [pens] pens, peni; *Am.* sent; a pretty ~ dünya kadar para; in for a ~, in for a pound ne pahasına olursa olsun bitirilmesi gerekir, battı balık yan gider; turn an honest ~ alın teri ile para kazanmak; ~ wise and pound foolish ufak şeylerde tutumlu, büyük şeylerde müsrif olan; ˈ~-a-ˈlin.er *n.* kalitesiz yazar; ˈ~-ˈdread.ful *n.* ucuz fakat tutulan polisiye roman; ˈ~.weight *n.* 1,56 gr. ağırlığında eczacı tartısı; ~.worth [ˈpenəθ] *n.* bir penilik *bş*; a ~ of tobacco bir penilik tütün.
pen.sion [ˈpenʃən] **1.** *n.* emekli aylığı; [ˈpãːŋsiɔːŋ] pansiyon; **2.** *oft.* ~ off *v/t.* emekli aylığı bağlamak; ˈ**pen.sion.ar.y**, ˈ**pen.sion.er** *n.* emekli (aylığı alan kimse)

pen.sive □ [ˈpensiv] dalgın, düşünceli, endişeli, kara kara düşünen; **ˈpen.sive-ness** *n.* dalgınlık, kara kara düşünme.
pent [pent] *pret.* & *p.p. of* pen² 2; **ˈ~-ˈup** *adj.* bastırılmış; kapatılmış, hapsedilmiş.
pen.ta.gon [ˈpentəgən] *n.* beşgen; the ♀ *Am.* Millî Savunma Bakanlığı (binası);
pen.tag.o.nal [~ˈtægənl] *adj.* beş köşeli, beşgen biçiminde.
pen.tath.lon [penˈtæθlɔn] *n.* *spor:* pentatlon.
Pen.te.cost [ˈpentikɔst] *n.* Şavuot; Hıristiyanların Hamsin yortusu; **pen.teˈcos.tal** *adj.* bu yortuya ait.
pent.house [ˈpenthaus] *n.* çatı katı, çekme kat.
pe.num.bra [piˈnʌmbrə] *n.* yarı gölge, yarı karanlık.
pe.nu.ri.ous □ [piˈnjuəriəs] fakir, yoksul; cimri, pinti; az, kıt; **peˈnu.ri.ous.ness** *n.* cimrilik, pintilik; fakirlik, yoksulluk.
pen.u.ry [ˈpenjuri] *n.* yoksulluk, fakirlik; eksiklik.
pe.o.ny ⚘ [ˈpiəni] *n.* şakayık.
peo.ple [ˈpi:pl] **1.** *n.* *coll.* halk, ahali; akrabalar; my ~ ailem; ulus, millet; ırk, kavim; the ~s *pl.* of Asia Asya milletleri; **2.** *v/t.* insanla doldurmak.
pep *sl.* [pep] **1.** *n.* kuvvet, enerji; azim, şevk; **2.** ~ up *v/t.* canlandırmak, hareketlendirmek.
pep.per [ˈpepə] **1.** *n.* biber; kırmızı biber; **2.** *v/t.* biberlemek; *-e* yağdırmak *(taş, soru, mermi)*; **ˈ~-box** *n.* biberlik; **ˈ~.corn** *n.* tane biber; **ˈ~.mint** *n.* ⚘ nane; **ˈpep.per.y** □ biberli; *fig.* sert huylu, geçimsiz.
per [pə:, pə] *prp.* vasıtasıyle, eliyle; tarafından.
per.ad.ven.ture *rhet.* [pə:rədˈventʃə] **1.** *adv.* belki, olabilir, şayet, kazara; **2.** *n.* şüphe, belirsizlik; ihtimal; beyond ~, without ~ şüphesiz.
per.am.bu.late [pəˈræmbjuleit] *v/t.* (etrafını) gezmek; teftiş etm.; *v/i.* gezinmek, dolaşmak; **per.am.buˈla.tion** *n.* gez(in)me, dolaşma; **per.am.bu.la.tor** [ˈpræmbjuleitə] *n.* çocuk arabası.
per.cale [pəˈkeil] *n.* ince ve sık dokunmuş pamuklu bez.
per cap.i.ta [pəˈkæpitə] *adv.* nüfus başına, kişi başına.
per.ceive [pəˈsi:v] *v/t.* görmek, anlamak, idrak etm., farkına varmak.
per cent, *a.* **per.cent** [pəˈsent] *n.* yüzde; **perˈcent.age** *n.* yüzde(lik); oran, nispet; *fig.* hisse, pay, kâr.
per.cep.ti.ble □ [pəˈseptəbl] anlaşılabilir, idrak edilebilir, algılanabilir, duyulur, farkına varılır; **perˈcep.tion** *n.* idrak, algı, anlayış, seziş; **perˈcep.tive** □ [~tiv] idrak edebilen; idrak kabilinden; **perˈcep.tive.ness, per.cepˈtiv.i.ty** *n.* anlayış, idrak kabiliyeti.
perch¹ *ichth.* [pə:tʃ] *n.* tatlı su levreği.
perch² [~] **1.** *n.* 5,029 metrelik uzunluk ölçüsü; tünek; yüksekçe yer; F *fig.* yüksek mevki; **2.** *vb.* tüne(kle)mek; yüksek bir yere oturmak; yüksekte olm.; ~ed *fig.* mevki sahibi.
per.chance [pəˈtʃɑ:ns] *adv.* muhtemelen, belki; şans eseri olarak.
per.cip.i.ent [pəˈsipiənt] **1.** *adj.* anlayışlı, idraki keskin; **2.** *n.* anlayışlı kimse, idraki kuvvetli kimse.
per.co.late [ˈpə:kəleit] *v/t.* & *v/i.* süz(ül)mek, sızmak, filtreden geçirmek; **ˈper.co.la.tor** *n.* süzgeçli kahve ibriği.
per.cus.sion [pəˈkʌʃən] *n.* vurma, çarpma (sesi); ⚕ perküsyon; ~ cap tüfek kapsülü; ~ instruments *pl.* ♪ vurularak çalınan enstrümanlar; **perˈcus.sive** [~siv] *adj.* vuruş kabilinden.
per.di.tion [pə:ˈdiʃən] *n.* mahvolma, harap olma; cehennem azabı.
per.e.gri.nate [ˈperigrineit] *v/t.* & *v/i.* seyahat etm.; yürümek; katetmek, aşmak; **per.e.griˈna.tion** *n.* yolculuk, seyahat.
per.emp.to.ri.ness [pəˈremtərinis] *n.* katilik, kesinlik, mutlaklık; *b.s.* otoriterlik, despotluk; **perˈemp.to.ry** □ katî, kesin, mutlak; *b.s.* otoriter, despot.
per.en.ni.al [pəˈrenjəl] **1.** □ bir yıl süren; daimî, uzun süren; ⚘ iki yıldan fazla yaşayan *(bitki)*; **2.** *n.* ⚘ iki yıldan fazla yaşayan bitki.
per.fect 1. [ˈpə:fikt] □ tam, kusursuz, mükemmel, fevkalâde; iyi öğrenilmiş; oldukça, tamamen; **2.** [~] *n.* *a.* ~ tense *gr.* geçmiş zaman; **3.** [pəˈfekt] *v/t.* tamamlamak, bitirmek; mükemmelleştirmek, geliştirmek; **perˈfec.tion** *n.* kusursuzluk, mükemmellik; bitirme, tamamlama, ikmal; *fig.* zirve, doruk.
per.fid.i.ous □ [pəˈfidiəs] hain, asî, sadakatsiz *(to -e karşı)*; **perˈfid.i.ous.ness, ˈper.fi.dy** *n.* hainlik, hıyanet, sadakatsizlik.
per.fo.rate [ˈpə:fəreit] *v/t.* delmek; sıra sıra delmek *(pul)*; **per.foˈra.tion** *n.* delme; delik; **ˈper.fo.ra.tor** *n.* delgi, zımba.
per.force [pəˈfɔ:s] *adv.* mecburen, ister istemez.
per.form [pəˈfɔ:m] *v/t.* & *v/i.* yapmak, yerine getirmek; ifa etm.; *thea.* oynamak,

sunmak *(oyun)*; canlandırmak; ♪ çalmak, icra etm.; rol yapmak; **per'formance** *n.* yerine getirme, yapma, ifa, icra; *thea.* gösteri, temsil, oyun; ⊕ çalışma, işleme; **per'form.er** *n.* artist, oyuncu; icracı; yerine getiren kimse; **per'form.ing** *adj.* terbiye edilmiş *(hayvan)*.

per.fume 1. ['pəːfjuːm] *n.* güzel koku, ıtır; parfüm, esans; **2.** [pə'fjuːm] *v/t.* lavanta sürmek, parfüm sürmek *-e*; **per'fum.er** *n.* parfüm yapan *veya* satan kimse; **per'fum.er.y** *n.* parfümeri, ıtriyat (dükkânı).

per.func.to.ry □ [pə'fʌŋktəri] baştan savma, dikkatsizce yapılan, yarımyamalak, iş olsun diye yapılan.

per.haps [pə'hæps, præps] *adv.* belki, muhtemelen.

per.i.gee *ast.* ['peridʒiː] *n.* bir gezegenin yeryüzüne en yakın olan noktası.

per.il ['peril] **1.** *n.* tehlike, risk; at my ~ benim sorumluluğumda; **2.** *v/t.* tehlikeye atmak; **'per.il.ous** □ tehlikeli, riskli.

pe.ri.od ['piəriəd] *n.* çağ, devir, devre, dönem, süre, müddet; nokta; *gr.* tam cümle; ~s *pl.* ⚕ âdet, aybaşı; ~ furniture belli bir çağa ait mobilya; **per.i.od.ic** [~'ɔdik] *adj.* belirli aralıklarla yer bulan, peryodik; **pe.ri'od.i.cal 1.** □ belli zamanlarda çıkan; **2.** *n.* dergi, mecmua.

per.i.pa.tet.ic [peripə'tetik] *adj.* (~ally) gezen, gezgin(ci).

pe.riph.er.y [pə'rifəri] *n.* dış sınır çizgisi *veya* yüzeyi.

pe.riph.ra.sis [pə'rifrəsis] *n., pl.* **pe'riph-ra.ses** [~siːz] dolaylı anlatım; **per.i-phras.tic** [peri'fræstik] *adj.* (~ally) dolaylı anlatılmış.

per.i.scope ⚓, ⚔ ['periskəup] *n.* periskop.

per.ish ['periʃ] *v/t. & v/i.* ölmek; mahvolmak, yok olm.; yok etm.; be ~ed with *-den* mahvolmak, *-den* helâk olm.; **'per-ish.a.ble 1.** □ kolay bozulur *(yiyecek)*; **2.** *n.* ~s *pl.* kolay bozulabilen gıda maddeleri; **'per.ish.ing** □ mahvedici, yok edici; F çirkin, iğrenç.

per.i.style ['peristail] *n.* bir binayı çevreleyen sıra sütunlar; sütunlarla çevrili yer.

per.i.wig ['periwig] *n.* peruka, takma saç.

per.i.win.kle¹ ⚘ ['periwiŋkl] *n.* Cezayir menekşesi.

per.i.win.kle² *zo.* [~] *n.* bir cins deniz salyangozu.

per.jure ['pəːdʒə] *v/t.*: ~ o.s. yalan yere yemin etm.; **'per.jured** *adj.* yalan yere yemin eden; **'per.jur.er** *n.* yalan yere yemin eden kimse; **'per.ju.ry** *n.* yalan yere yemin (etme).

perk¹ F [pəːk] = percolate.

perk² F [~] **1.** *mst* ~ up *v/t. & v/i.* neşelen(dir)mek, canlan(dır)mak; kaldırmak *(başını)*; **2.** = ~y; **perk.i.ness** ['~inis] *n.* havaîlik, hoppalık; canlılık.

perks F [pəːks] *pl.* = perquisites.

perk.y □ ['pəːki] hoppa, havaî, canlı; kendinden emin.

perm F [pəːm] **1.** *n.* perma(nant); **2.** *v/t.* perma yapmak.

per.ma.nence ['pəːmənəns] *n.* süreklilik, devam, istikrar; **'per.ma.nen.cy** *s.* permanence; sürekli *bş*; **'per.ma.nent** □ sürekli, devamlı, daimî; ~ wave perma(nant); ~ way 🚂 demiryolu üst yapısı.

per.me.a.bil.i.ty [pəːmjə'biliti] *n.* geçirgenlik, nüfuz edilme kabiliyeti; **'per-me.a.ble** □ geçirgen, nüfuz edilebilen (to *-e*); **per.me.ate** ['~mieit] *v/t. & v/i.* *-den* geçmek, sızmak; nüfuz etm. (into *-e*); yayılmak, yaygınlaşmak (among *arasında*).

per.mis.si.ble □ [pə'misəbl] izin verilebilir, hoş görülebilir, uygun; **per.mis.sion** [pə'miʃən] *n.* izin, müsaade; ruhsat; **per'mis.sive** □ [~siv] izin veren, müsaade eden; ⚖ ihtiyarî, istemli, keyfî.

per.mit 1. [pə'mit] *vb. a.* ~ of izin vermek, müsaade etm.; fırsat vermek, imkân tanımak, bırakmak; kabul etm.; weather ~ting müsait hava; **2.** ['pəːmit] *n.* permi, ruhsatname, izin kâğıdı.

per.ni.cious □ [pə'niʃəs] zararlı, tehlikeli; ⚕ öldürücü, habis.

per.nick.et.y F [pə'nikiti] *adj.* kılı kırk yaran, titiz.

per.o.ra.tion [perə'reiʃən] *n.* konuşmanın özeti ve sonu.

per.ox.ide ⚗ [pə'rɔksaid] *n.*: ~ of hydrogen oksijenli su.

per.pen.dic.u.lar [pəːpən'dikjulə] **1.** □ dik(ey), düşey, amudî, şakulî; ~ style ⌂ Gotik mimari tarzı; **2.** *n.* dikey çizgi, şakulî hat; dik duruş.

per.pe.trate ['pəːpitreit] *v/t.* işlemek *(suç, hata)*; F yapmak *(şaka)*; **per.pe'tra.tion** *n.* işleme *(suç, hata)*; yapma *(şaka)*; **'per.pe.tra.tor** *n.* fail, suçlu kimse.

per.pet.u.al □ [pə'petʃuəl] sürekli, daimî, ebedî, aralıksız, bitip tükenmez; **per'pet.u.ate** [~eit] *v/t.* ebedîleştirmek, ölümsüzleştirmek, daimî kılmak; **per-pet.u'a.tion** *n.* sürdürme, devam (ettirme); **per.pe.tu.i.ty** [pəːpi'tjuːiti] *n.* ebediyet, daimîlik; daimî gelir; in ~ ebediyen, sonsuza kadar.

per.plex [pə'pleks] *v/t.* şaşırtmak, allak

bullak etm. *(zihin)*; anlaşılması güç hale getirmek, karıştırmak; **per'plexed** □ zihni karışmış, şaşırmış; karışık; **per'plex.i.ty** *n.* şaşkınlık; karışıklık; zihni karıştıran şey.

per.qui.sites ['pəːkwizits] *n. pl.* maaştan ayrı gelir.

per.se.cute ['pəːsikjuːt] *v/t.* sıkıştırmak, zorlamak, baskı yapmak; zulmetmek *-e*, eziyet etm. *-e*; **per.se'cu.tion** *n.* zulüm, gaddarlık; zulmetme; ~ mania zulmetme hastalığı; **per.se.cu.tor** ['~tə] *n.* gaddar kimse, zalim.

per.se.ver.ance [pəːsi'viərəns] *n.* sebat, azim; **per.se.vere** [~'viə] *v/i.* sebat göstermek, azimle devam etm. (at, in, with *-de, -e)*; **per.se'ver.ing** □ azimli, sebat eden.

Per.sian ['pəːʃən] **1.** *adj.* İranlı, İran'a ait; Farsça'ya ait; **2.** *n.* İranlı; Farsça.

per.sim.mon ⚘ [pə'simən] *n.* hurma.

per.sist [pə'sist] *v/i.* ısrar etm., üstelemek, sebat etm., inat etm. (in *-de*); kalmak, devam etm.; **per'sist.ence, per'sist-en.cy** *n.* sebat, ısrar, inat, devam etme; **per'sist.ent** □ ısrarlı, inatçı; devamlı.

per.son ['pəːsn] *n.* kimse, adam, kişi, şahıs *(a. gr.)*, fert; şahsiyet, sıfat; *thea.* rol; in ~ şahsen, bizzat; **'per.son.a.ble** *adj.* güzel görünümlü, yakışıklı, cana yakın; **'per.son.age** *n.* şahsiyet, zat, önemli kişi; *thea.* karakter; **'per.son.al** **1.** □ özel, hususi, şahsi, zatî; *gr.* üç şahıstan birine ait; bedensel; ~ property *veya* estate ⚖ *s.* personalty; **2.** *n.* belirli bir kişi hakkında çıkmış gazete yazısı; **per-son.al.i.ty** [pəːsə'næliti] *n.* şahsiyet, kişilik, ferdiyet; şahıs, zat, kimse; personalities *n. pl.* kaba sözler; **per.son.al.ty** ['pəːsnlti] *n.* ⚖ şahsî *veya* menkul (*veya* taşınır) mal; **per.son.ate** ['~səneit] *v/t.* canlandırmak *(karakter)*; *k-ni* ...diye satmak, *k-ne* ...süsü vermek; **per.son'a-tion** *n. k-ni* ...diye satma; canlandırma; **per.son.i.fi.ca.tion** [pəsɔnifi'keiʃən] *n.* cisimlendirme; şahıslandırma, canlandırma; **per.son.i.fy** [pə'sɔnifai] *v/t.* cisimlendirmek; şahıslandırmak, canlandırmak; **per.son.nel** [pəːsə'nel] kadro, personel, takım.

per.spec.tive [pə'spektiv] **1.** □ perspektife göre çizilmiş; **2.** *n.* perspektif (resim); görüş açısı.

per.spex ['pəːspeks] *n.* transparan plastik, mika.

per.spi.ca.cious □ [pəːspi'keiʃəs] keskin zekâlı, anlayışlı; **per.spi.cac.i.ty** [~'kæsiti] *n.* keskin zekâ, anlayış; **per.spi.cu.i.ty** [~'kjuiti] *n.* açıklık, anlaşılırlık; **per.spic-u.ous** [pə'spikjuəs] □ açık, anlaşılır.

per.spi.ra.tion [pəːspə'reiʃən] *n.* ter(leme);

per.spire [pəs'paiə] *v/i.* terlemek.

per.suade [pə'sweid] *v/t.* kandırmak, ikna etm., razı etm. (to *inf.* *-meğe,* into *-e*); inandırmak (of *-e*); **per'suad.er** *n. sl.* tabanca.

per.sua.sion [pə'sweiʒən] *n.* ikna (kabiliyeti), inandırma, kandırma; inanç, kanaat, itikat; mezhep, din; F *co.* cins, nevi, tür.

per.sua.sive □ [pə'sweisiv] kandırıcı, ikna edici; **per'sua.sive.ness** *n.* ikna kabiliyeti.

pert □ [pəːt] sırnaşık, yılışık, arsız, yüzsüz, küstah, şımarık, lâubali.

per.tain [pə'tein] *v/i.* ait olm.; ilgili olm.; uygun olm. (to *-e*).

per.ti.na.cious □ [pəːti'neiʃəs] azimli, kararlı, sebatkâr; inatçı; **per.ti.nac.i.ty** [~'næsiti] *n.* azim, kararlılık, sebat, inatçılık.

per.ti.nence, per.ti.nen.cy ['pəːtinəns(i)] *n.* ilgi, alâka; uyum; **'per.ti.nent** □ ilgili, alâkalı; uygun, uyumlu; be ~ to ilgili olm. *-e*.

pert.ness ['pəːtnis] *n.* arsızlık, küstahlık, lâubalilik.

per.turb [pə'təːb] *v/t.* altüst etm., rahatsız etm., canını sıkmak; **per.tur.ba.tion** [pəːtə'beiʃən] *n.* huzursuzluk, rahatsızlık.

pe.ruke [pə'ruːk] *n.* peruka, takma saç.

pe.rus.al [pə'ruːzəl] *n.* dikkatle okuma; **pe'ruse** *v/t.* dikkatle okumak; *fig.* incelemek, tetkik etm.

Pe.ru.vi.an [pə'ruːvjən] **1.** *adj.* Perulu; Peru'ya özgü; ~ bark ⚘ kınakına kabuğu; **2.** *n.* Perulu kimse.

per.vade [pə'veid] *v/t.* kaplamak, istilâ etm.; yayılmak *-e*; **per'va.sion** [~ʒən] *n.* kaplama; yayılma; **per'va.sive** [~siv] *adj.* yayılmış, kaplayan, geniş.

per.verse □ [pə'vəːs] ters, aksi, zıt; ahlâksız, yoldan çıkmış; ⚕ sapık; **per'verse-ness** = perversity; **per'ver.sion** *n.* (cinsel) sapıklık; ayartma, yoldan çıkarma; ters anlam verme; **per'ver.si.ty** *n.* yoldan çıkma; ahlâksızlık; ⚕ sapıklık; **per'ver.sive** *adj.* yanıltıcı (of).

per.vert **1.** [pə'vəːt] *v/t.* (doğru yoldan) saptırmak, ayartmak, baştan çıkarmak, çelmek *(aklını)*, yanlış yola sürüklemek; yanlış anlam vermek; **2.** ['pəːvəːt] *n.* ⚕ cinsî sapık.

per.vi.ous ['pəːvjəs] *adj.* yanına girilebilir, nüfuz edilebilir *(a. fig.)*; geçirgen *(toprak vs.)*.

pes.ky □ *sl.* [ˈpeski] baş belâsı, sıkıntı veren, sinir bozucu.
pes.si.mism [ˈpesimizəm] *n.* kötümserlik, karamsarlık; **ˈpes.si.mist** *n.* kötümser kimse; **pes.siˈmis.tic** *adj.* (~ally) kötümser, karamsar.
pest [pest] *n. fig.* baş belâsı, sıkıcı şey *veya* kimse, zararlı şey *veya* kimse; veba, taun; **ˈpes.ter** *v/t.* sıkmak, sinirlendirmek, sıkıntı vermek, usandırmak, bıktırmak, baş ağrıtmak.
pest.i.cide [ˈpestisaid] *n.* böcek zehiri; **pesˈtif.er.ous** □ [~fərəs] bulaşıcı; zararlı; ahlâksız; baş belâsı; **pes.ti.lence** [ˈ~ləns] *n.* salgın ve çok tehlikeli hastalık, *part.* veba, taun; **ˈpes.ti.lent** *adj.* bulaşıcı hastalık getiren; tehlikeli; öldürücü; ahlâk bozucu; baş belâsı; **pes·ti.len.tial** □ [~ˈlenʃəl] veba getiren; ahlâk bozucu; sıkıcı; tehlikeli.
pes.tle [ˈpesl] **1.** *n.* havan tokmağı; **2.** *v/t.* havanda dövmek.
pet¹ [pet] *n.* öfke, hiddet, kızgınlık; in a ~ kızgın.
pet² [~] **1.** *n.* evde beslenen hayvan; çok sevilen kimse *veya* şey, sevgili; **2.** *adj.* evcil...; gözde...; ~ dog evcil köpek, ev köpeği; ~ name takma isim; it is my ~ aversion ondan nefret ederim, o benim sinirime dokunuyor; **3.** *v/t.* okşamak, sevmek; F sevişmek, öpüşmek.
pet.al ⚘ [ˈpetl] *n.* çiçek yaprağı, petal.
pe.tard [peˈtɑːd] *n.* † kapı, duvar *vs.* yıkmak için kullanılan bomba.
pe.ter [ˈpiːtə] *v/i.*: ~ out yavaş yavaş azalmak, tükenmek.
pet.i.ole ⚘ [ˈpetiəul] *n.* yaprak sapı, petiol.
pet.it [ˈpeti] *adj.* küçük, ufak; **pe.tite** [pəˈtiːt] *adj.* küçük, ince, narin.
pe.ti.tion [piˈtiʃən] **1.** *n.* dilekçe; rica, istirham, dilek, talep; ~ in bankruptcy ⚖ alacaklı *veya* borçlu tarafından yapılan iflas talebi; ~ for divorce ⚖ boşanma talebi; **2.** *vb.* dilekçe vermek *-e* (for *için;* to *inf. -mek için*); rica (*veya* istirham, talep) etm., dilemek (s.o. *b-ne;* for *için);* **peˈti.tion.er** [~ʃnə] *n.* dilekçe (*veya* müracaat) sahibi.
pet.rel *orn.* [ˈpetrəl] *n.* uzun kanatlı bir çeşit deniz kuşu.
pet.ri.fac.tion *geol.* [petriˈfækʃən] *n.* taşlaşma, taş kesilme *(a. fig.)*; fosil.
pet.ri.fy [ˈpetrifai] *v/t. & v/i.* taşlaş(tır)mak; taş haline getirmek; taş haline gelmek; *fig.* aklını başından almak.
pet.rol *mot.* [ˈpetrəl] *n.* benzin; ~ engine benzin motoru; ~ station benzin istasyonu; ~ tank benzin deposu.
pe.tro.le.um [piˈtrəuljəm] *n.* petrol; ~ jelly vazelin, parafin.
pe.trol.o.gy *geol.* [peˈtrɔlədʒi] *n.* kaya ilmi.
pet.ti.coat [ˈpetikəut] *n.* iç eteklıği, jüpon.
pet.ti.fog.ger [ˈpetifɔgə] *n.* madrabaz avukat; kılı kırk yaran kimse; **ˈpet.ti.fog-ging** *adj.* kılı kırk yaran; gereksiz detaylı *(metod)*.
pet.ti.ness [ˈpetinis] *n.* önemsizlik; aşağılık, küçüklük.
pet.tish □ [ˈpetiʃ] hırçın, huysuz; **ˈpet-tish.ness** *n.* hırçınlık, huysuzluk.
pet.ty □ [ˈpeti] küçük; önemsiz, ehemmiyetsiz, adi, ufak tefek; dar kafalı; ~ cash † küçük kasa; ~ officer ⚓ assubay, erbaş; ~ sessions *pl.* ⚖ adi mahkeme.
pet.u.lance [ˈpetjuləns] *s.* pettishness; **ˈpet-u.lant** *s.* pettish.
pew [pjuː] *n. (kilisede)* oturacak sıra.
pe.wit *orn.* [ˈpiːwit] *n.* kızkuşu.
pew.ter [ˈpjuːtə] *n.* kurşun ve kalay alaşımı; bu alaşımdan yapılan kap; **ˈpew-ter.er** *n.* kurşun ve kalay alaşımı dökümcüsü.
pha.e.ton *hist.* [ˈfeitn] *n.* fayton, payton.
pha.lanx [ˈfælæŋks] *n.* eski Yunanistan'da asker alayı.
phan.tasm [ˈfæntæzəm] *n.* hayalet; hayal, aldanış, fantezi; **phan.tas.ma.go.ri.a** [~məˈgɔːriə] *n.* rüyadaki gibi bir seri tutarsız hayal.
phan.tom [ˈfæntəm] **1.** *n.* hayal(et); aldanış, görüntü; **2.** *adj.* hayalet gibi...
Phar.i.sa.ic, Phar.i.sa.i.cal □ [færiˈseiik(əl)] Ferisîlere ait; ikiyüzlü.
Phar.i.see [ˈfærisiː] *n.* Ferisî; ikiyüzlü kimse.
phar.ma.ceu.ti.cal □ [fɑːməˈsjuːtikəl] eczacılığa ait, eczacılık...; ilâç...; **phar.ma-cist** [ˈ~sist] *n.* eczacı; **phar.ma.col.o.gy** [~ˈkɔlədʒi] *n.* farmokoloji, eczacılık ilmi; **ˈphar.ma.cy** *n.* eczane; eczacılık.
phar.ynx *anat.* [ˈfæriŋks] *n.* farinks, yutak.
phase [feiz] *n.* safha, faz, görünüş; **phased** *adj.* safhalı.
pheas.ant *orn.* [ˈfeznt] *n.* sülün (eti).
phe.nom.e.nal □ [fiˈnɔminl] algılanabilir; fenomen ile ilgili; olağanüstü, hayret verici; **pheˈnom.e.non** [~nən] *n., pl.* **phe-ˈnom.e.na** [~nə] fenomen; *fig.* harika şey, kimse *veya* olay.
phew [fjuː] *int.* öf!, pöf!
phi.al [ˈfaiəl] *n.* ufak şişe.
Phi Be.ta Kap.pa *Am.* [ˈfaiˈbiːtəkæpə] *n.* çok eski üniversiteliler birliği.
phi.lan.der [fiˈlændə] *v/i.* kur yapmak,

flört etm.
phil.an.throp.ic [filən'θrɔpik] *adj.* (~ally) iyiliksever, yardımsever; insan sevgisine ait; **phi.lan.thro.pist** [fi'lænθrəpist] *n.* hayırsever, yardımsever; insancıl kimse; **phi'lan.thro.py** *n.* insanseverlik, insancıllık, hayırseverlik.
phi.lat.e.list [fi'lætəlist] *n.* pul meraklısı; **phi'lat.e.ly** *n.* pul koleksiyonculuğu.
phi.lip.pic [fi'lipik] *n.* tenkit niteliğinde sert konuşma.
Phi.lis.tine ['filistain] *n.* Filistinli; *fig.* kültürsüz (*veya* estetik anlayıştan yoksun) kimse.
phil.o.log.i.cal □ [filə'lɔdʒikəl] filolojik; **phi.lol.o.gist** [fi'lɔlədʒist] *n.* dilbilimci, filoloji uzmanı; **phi'lol.o.gy** *n.* filoloji, dilbilim.
phi.los.o.pher [fi'lɔsəfə] *n.* filozof, felsefeci; kendine hakim (*veya* dengeli, kalender) kimse; ~s' stone herhangi bir madeni altına dönüştürdüğü farzolunan tılsımlı taş; **phil.o.soph.ic, phil.o.soph.i.cal** [filə'sɔfik(əl)] *adj.* felsefî, filozofça; akıllıca, düşünceli; **phi.los.o.phize** [fi'lɔsəfaiz] *v/i.* filozofça konuşmak *veya* düşünmek; **phi'los.o.phy** *n.* felsefe; ağır başlılık, kalenderlik.
phil.tre, phil.ter ['filtə] *n.* aşk iksiri.
phiz F *co.* [fiz] *n.* yüz (ifadesi).
phle.bi.tis ⚕ [fli'baitis] *n.* f(i)lebit.
phlegm [flem] *n.* balgam; kayıtsızlık; kaygısızlık; **phleg.mat.ic** [fleg'mætik] *adj.* (~ally) soğukkanlı, sakin.
phoe.be *orn.* ['fi:bi] *n.* bir çeşit sinekyutan.
Phoe.ni.cian [fi'niʃiən] **1.** *adj.* Fenikeli, Fenike'ye ait; **2.** *n.* Fenike dili; Fenikeli kimse.
phoe.nix *myth.* ['fi:niks] *n.* Anka kuşu.
phone[1] F [fəun] **1.** *n.* telefon; **2.** *v/t.* telefon etm. -*e*.
phone[2] [~] *n.* ses.
pho.neme ['fəuni:m] *n.* fonem; **pho'nemics** *n* fonem bilimi; fonem sistemi.
pho.net.ic [fə'netik] *adj.* (~ally) fonetik, sesçil; ~ spelling fonetik imlâ; ~ transcription transkripsiyon fonetik; **pho.ne.ti.cian** [~ni'tiʃən] *n.* fonetik uzmanı, sesbilimci; **pho.net.ics** [~'netiks] *n. sg.* fonetik, sesbilim.
pho.ney *sl.* ['fəuni] *adj.* sahte, düzme, kalp.
pho.no.graph *Am.* ['fəunəgra:f] *n.* pikap, fonograf.
pho.nol.o.gy [fə'nɔlədʒi] *n.* fonoloji.
pho.ny *Am. sl.* ['fəuni] **1.** *n.* sahtekâr kimse; **2.** = phoney.
phos.phate ⚗ ['fɔsfeit] *n.* fosfat.
phos.pho.resce [fɔsfə'res] *v/i.* fosfor gibi parlamak; **phos.pho'res.cent** *adj.* fosfor gibi parlayan, fosforlu; **phos.phor.ic** ⚗ [~'fɔrik] *adj.* fosforlu...; **phos.pho.rous** ⚗ ['~fərəs] *adj.* fosforlu; **phos.pho.rus** ⚗ ['~fərəs] *n.* fosfor.
pho.to F ['fəutəu] *n.* fotoğraf; **~-en'graving** *n.* fotoğraf vasıtasıyla klişe çıkarma işi; **'~-'finish** *n. Am.* fotofiniş; **'~-flash** *n.* flaş; **~.gen.ic** [fəutəu'dʒenik] *adj.* ışık üreten (*veya* yayan); fotojenik; **~.gram-me.try** [~'græmitri] *n.* fotogrammetri.
pho.to.graph ['fəutəgra:f] **1.** *n.* fotoğraf; take a ~ fotoğraf çekmek; **2.** *v/t.* -*in* fotoğrafını çekmek; **pho.tog.ra.pher** [fə'tɔgrəfə] *n.* fotoğrafçı; **pho.to.graph.ic** [fəutə'græfik] *adj.* (~ally) fotoğraflarla ilgili; ~ print foto baskısı; **pho.tog.raphy** [fə'tɔgrəfi] *n.* fotoğrafçılık.
pho.to.gra.vure [fəutəgrə'vjuə] *n.* fotogravür; **pho.tom.e.ter** [~'tɔmitə] *n.* fotometre, ışıkölçer; **pho.to-play** ['~təplei] *n.* filme alınan piyes; **photo.stat** ['~təustæt] *n.* fotostat; fotokopi; **pho.to.te.leg-ra.phy** [~təti'legrəfi] *n.* telle resim gönderme usulü; **pho.to.type** ['~təutaip] *n.* fotoğraftan yapılan klişe.
phrase [freiz] **1.** *n.* ibare; deyim, tabir; ♪ cümle; **2.** *v/t.* kelimelerle ifade etm.; **'~-mon.ger** *n.* süslü konuşan kimse; **phra-se.ol.o.gy** [~i'ɔlədʒi] *n.* ifade tarzı, cümle dizimi, üslup; **'phras.ing** *n.* deyim kurma tarzı.
phre.net.ic [fri'netik] *adj.* (~ally) coşkun, çok heyecanlı.
phre.nol.o.gy [fri'nɔlədʒi] *n.* frenoloji.
phthis.i.cal ⚕ ['θaisikəl] *adj.* veremli; astımlı; **phthi.sis** ['~sis] *n.* verem.
phut *sl.* [fʌt] *n.*: go ~ suya düşmek (*plan*); hapı yutmak.
phys.ic F ['fizik] **1.** *n.* tıp ilmi, hekimlik; ilâç; **2.** *v/t.* amel vermek; iyileştirmek; **'phys.i.cal** □ fiziksel, fizikî; maddî; bedene ait, bedensel, cismanî ~ condition sağlık durumu; ~ culture vücut bakımı; ~ education, ~ training beden eğitimi; **phy.si.cian** [fi'ziʃən] *n.* doktor, hekim; **phys.i.cist** ['~sist] *n.* fizikçi; **phys.ics** ['fiziks] *n. sg.* fizik.
phys.i.og.no.my [fizi'ɔnəmi] *n.* fizyonomi; dış görünüş; **phys.i.o.log.i.cal** [~ə'lɔdʒikəl] *adj.* fizyolojik, diriksel; **phys.i.ol.o-gist** [~'ɔlədʒist] *n.* fizyolog; **phys.i'ol.o-gy** *n.* fizyoloji.
phy.sique [fi'zi:k] *n.* bünye, vücut, fizik, beden yapısı.
pi.an.ist ['piənist] *n.* piyanist.

pi.a.no¹ ♪ [ˈpjɑːnəu] *adj.* & *adv.* hafif (sesle).

pi.an.o² [ˈpjænəu] *n. a.* **pi.an.o.for.te** [~ˈfɔːti] piyano; grand piano kuyruklu piyano.

pi.as.ter [piˈæstə] *n.* kuruş.

pi.az.za [piˈætsə] *n.* (İtalya'da) şehir meydanı *veya* pazar yeri; *Am.* veranda, taraça.

pi.broch [ˈpiːbrɔk] *n.* gaydalarla çalınan askerî müzik.

pic.a.resque [pikəˈresk] *adj.* külhanbeyler *veya* sabıkalılarla ilgili; ~ novel külhanbeyleri *veya* sabıkalılarla ilgili roman.

pic.a.yune *Am.* [pikəˈjuːn] **1.** *n. mst fig.* önemsiz kimse *veya* şey; **2.** *adj.* önemsiz, küçük, değersiz.

pic.ca.nin.ny *co.* [ˈpikənini] **1.** *n. part.* zenci çocuk; **2.** *adj.* çocukça, çok küçük.

pick [pik] **1.** *n.* seçme; = pickaxe; kürdan; sivri uçlu herhangi bir alet; **2.** *v/t.* & *v/i.* delmek; kazmak; yolmak, koparmak, toplamak *(meyve, çiçek)*; seçmek; aşırmak, çalmak, soymak; sebep olm.; parmaklarla çalmak *(enstruman)*; gagalamak; anahtarsız açmak *(kilit)*; azar azar yemek *(yiyecek)*; kazma ile çalışmak; hırsızlık yapmak; azar azar yemek yemek; ~ s.o.'s pocket *b-nin* cebinden *bş* yürütmek; ~ one's way *k-ne* yol açmak; ~ one's words ağzından çıkanı kulağı duymak; ~ at iştahsızca yemek; *Am.* F rahat vermemek, dır dır etm.; ~ off koparmak, yolmak; silahla vurmak; ~ on seçmek; ~ out seçmek, ayırmak; anlamak; ~ over ayıklamak; ~ up kazmak; kaldırmak, toplamak; kulaktan öğrenmek *(dil)*; hızlanmak; rasgele bulmak; iyileşmek; tanışmak; ayağa kalkmak; beraberinde götürmek; ~ o.s. up ayağa kalkmak; ~ up speed hızlanmak; ~ up with tanışmak, ayarlamak; **~-a-back** [~ˈəbæk] *adv.* omuzda, sırtta; **ˈ~-axe** *n.* kazma; **ˈpick.er** *n.* toplayıcı şey *veya* kimse; pamuk atma makinesi.

pick.er.el *ichth.* [ˈpikərəl] *n.* yavru turnabalığı.

pick.et [ˈpikit] **1.** *n.* kazık; ⚔ ileri karakol; grev gözcüsü; **2.** *v/t.* & *v/i.* kazıklarla etrafını çevirmek; ⚔ nöbetçi *veya* karakol koymak; kazığa bağlamak *(hayvan)*; nöbet beklemek, grev gözcülüğü yapmak.

pick.ing [ˈpikiŋ] *n.* toplama (*s.* pick); *mst* ~s *pl.* aşırma (mallar).

pick.le [ˈpikl] **1.** *n.* turşu, hıyar turşusu, salamura; F haşarı çocuk; F sıkıntılı durum; *s.* mix; **2.** *v/t.* -*in* turşusunu kurmak; ~d herring salamura ringa balığı.

pick...: **ˈ~.lock** *n.* maymuncuk; hırsız; **ˈ~-me-up** *n.* F canlandırıcı içki; **ˈ~.pock.et** *n.* yankecisi; **ˈ~-up** *n.* pikap (kolu); pikap, kamyonet; hızlanma; alıcı cihaz; radyoda mikrofon tertibatı; gelişme; *a.* ~ in prices ✝ borsadaki fiyatların yükselmesi; *sl.* rastgele tanışılan kimse.

pic.nic [ˈpiknik] *n.* piknik; *fig.* kolay *veya* hoşa giden şey; **2.** *v/i.* piknik yapmak.

pic.to.ri.al [pikˈtɔːriəl] **1.** ☐ resimli...; resimlerle ilgili; ~ advertising resimli ilan; **2.** *n.* resimli dergi.

pic.ture [ˈpiktʃə] **1.** *n.* resim, tablo; tasvir, suret, timsal; tanımlama; film; görüntü; ~s *pl.* F sinema; put s.o. in the ~ *b-ni bşden* haberdar etm.; **2.** *v/t.* -*in* resmini yapmak, boyamak; tasavvur etm., hayal etm., canlandırmak; tanımlamak, tasvir etm.; **ˈ~-book** *n.* resim kitabı, resimli kitap; **ˈ~-gal.ler.y** *n.* resim galerisi; **ˈ~-go.er** *n.* sinema tutkunu; ~ **postcard** resimli kartpostal.

pic.tur.esque ☐ [piktʃəˈresk] pitoreks, resme elverişli; canlı, kuvvetli; etkili; güzel; **pic.turˈesque.ness** *n.* pitorekslik; güzellik, canlılık.

pidg.in [ˈpidʒin] *n.*: ~ English Uzak Doğu'da konuşulan İngilizceden bozma karışık dil; that's not my ~ F bu benim işim değil.

pie¹ [pai] *n.* tart, börek, turta; *s.* finger 1.

pie² *orn.* [~] *n.* saksağan.

pie.bald [ˈpaibɔːld] *adj.* alaca, benekli *(at)*.

piece [piːs] **1.** *n.* parça, bölüm, kısım, tane; piyes, oyun; madenî para; numune, örnek; dama taşı; resim; heykel; silah; a ~ of advice bir nasihat; a ~ of news bir haber; ~ by ~ birer birer, parça parça; of a ~ aynı, tıpkısı, benzer; be of a ~ with uygun olm. -*e*, aynı olm. *ile*; give s.o. a ~ of one's mind *b-nin* hakkında ne düşündüğünü açıkça söylemek, *b-ni* paylamak, azarlamak; take to ~s parçalara ayırmak, sökmek; **2.** *v/t. a.* ~ up parçalarını bir araya getirerek tamir etm., parça eklemek, yamamak; ~ together birleştirmek, bir araya getirmek; ~ out parça ekleyerek tamamlamak; **ˈ~-goods** *n. pl.* parça mal, metreyle satılan kumaş *vs.*; **ˈ~-meal** *adv.* & *adj.* parça parça (yapılmış); **ˈ~-work** *n.* parça başı iş.

pied [paid] *adj.* benekli, alaca.

pie.plant *Am.* [ˈpaiplɑːnt] *n.* ravent.

pier [piə] *n.* iskele, rıhtım; kemer *veya*

köprü payandası; iki pencere *veya* kapı arasındaki duvar; **ˈpier.age** *n.* ⚓ rıhtım ücreti.

pierce [piəs] *v/t.* & *v/i.* delmek, delip geçmek, delik açmak; nüfuz etm. -*e*; içine işlemek; etkilemek, tesir etm.; bıçaklamak; zorla girmek; **ˈpierc.ing** □ keskin, tiz *(ses)*; içe işleyen *(soğuk)*.

pier-glass [ˈpiəglɑːs] *n.* boy aynası.

pi.e.tism [ˈpaiətizəm] *n.* softalık; dindarlık.

pi.e.ty [ˈpaiəti] *n.* kendini Tanrıya adama; dindarlık.

pif.fle *sl.* [ˈpifl] **1.** *n.* saçma söz; **2.** *v/i.* saçmalamak.

pig [pig] **1.** *n.* domuz (yavrusu); domuz eti; domuz derisi; domuz gibi herif; *metall.* pik (demiri); kötü yola düşmüş kadın; *sl.* polis, aynasız; buy a ~ in a poke *bşi* görmeden *(veya* körü körüne) almak; **2.** *v/i.* yavrulamak *(domuz)*; F domuz gibi yaşamak, süfli bir hayat sürmek.

pi.geon [ˈpidʒin] *n.* güvercin; *sl.* kolay aldanan kimse, safdil, aval; **ˈ~-ˈbreast.ed** *adj.* çıkık göğüslü; **ˈ~-hole 1.** *n. (yazı masasında vs.)* göz; **2.** *v/t.* göze yerleştirmek; bir yana atmak, hasıraltı etm.; tasnif etm.; **ˈpi.geon.ry** *n.* güvercinlik.

pig.ger.y [ˈpigəri] *n.* domuz ahırı *(veya* ağılı, çiftliği).

pig.gish □ [ˈpigiʃ] domuz gibi; pis; obur, pisboğaz.

pig.gy [ˈpigi] **1.** *n.* küçük domuz; ~ bank domuz şeklinde kumbara; **2.** *adj.* obur.

pig.head.ed [ˈpigˈhedid] *adj.* aksi, inatçı.

pig-i.ron [ˈpigaiən] *n.* pik demiri.

pig.ment [ˈpigmənt] *n.* boya *(veya* renk) maddesi, pigment.

pig.my [ˈpigmi] = pygmy.

pig...: **ˈ~.nut** *n.* bir çeşit ceviz; **ˈ~.skin** *n.* domuz derisi; **~.sty** [ˈ~stai] *n.* domuz ağılı; **ˈ~.tail** *n.* saç örgüsü; **ˈ~.wash** *n.* domuza verilen yiyecek artığı.

pike [paik] *n.* ⚔ kargı, mızrak; *ichth.* turnabalığı; ana yol, asfalt; paralı yol; **ˈpik.er** *n. Am. sl.* az parayla oynayan kumarbaz; *fig.* cimri kimse; **ˈpike.staff** *n.:* as plain as a ~ apaçık, meydanda.

pil.chard *ichth.* [ˈpiltʃəd] *n.* sardalya.

pile¹ [pail] **1.** *n.* yığın, küme; büyük para; kocaman bina; ⚡ pil; atomic ~ atom reaktörü; **2.** *v/t.* & *v/i. oft.* ~ up, ~ on yığ(ıl)mak, birik(tir)mek; üşüşmek, doluşmak; çarpışmak; istif etm., kümelemek; çatmak *(silah)*; doldurmak.

pile² [~] *n.* kazık, direk.

pile³ [~] *n.* tüy, hav.

pile-driv.er ⊕ [ˈpaildraivə] *n.* kazık varyosu, şahmerdan; **ˈpile-dwell.ing** *n.* kazık temelli ev.

piles ⚕ [pailz] *n. pl.* basur memesi, hemoroid.

pil.fer [ˈpilfə] *v/t.* çalmak, aşırmak, yürütmek.

pil.grim [ˈpilgrim] *n.* hacı; yolcu, seyyah; ♀ Fathers *pl.* 1620'de Amerika'ya göç edip «Plymouth» kolonisini kuran İngiliz Püriterleri; **ˈpil.grim.age** *n.* hacca gitme, hac(ılık).

pill [pil] *n.* hap; the ~ doğum kontrol hapı.

pil.lage [ˈpilidʒ] **1.** *n.* yağma, talan, çapulculuk; **2.** *v/t.* yağmalamak, talan etm.

pil.lar [ˈpilə] *n.* direk, sütun; dikme (benzeri şey); destek *(a. fig.)*; **ˈ~-box** *n.* posta kutusu; **ˈpil.lared** *adj.* sütunlu, destekli.

pil.lion [ˈpiljən] *n.* binicinin arkasında oturana mahsus minder; *mot.* motosiklet arkalığı; ride ~ atın terkisine binmek.

pil.lo.ry [ˈpiləri] **1.** *n.* teşhir direği; in the ~ teşhir edilmekte; **2.** *v/t.* teşhir direğine bağlamak; *fig.* elâleme rezil etm., küçük düşürmek -*i*.

pil.low [ˈpiləu] **1.** *n.* yastık; ⊕ yatak kovanı; **2.** *v/t.* yastığa yatırmak; **ˈ~-case, ˈ~-slip** *n.* yastık yüzü.

pi.lot [ˈpailət] **1.** *n.* ⚓ kılavuz; ✈ pilot; *fig.* rehber; ~ instructor öğretmen pilot; ~ officer havacı teğmen; ~ pupil öğrenci pilot; **2.** *adj.* pilot, deney...; ~ plant deney tertibatı; **3.** *v/t.* kılavuzluk etm. -*e*, yol göstermek -*e*; kullanmak *(uçak)*; **ˈpi.lot.age** *n.* kılavuzluk; kılavuz ücreti; **ˈpi.lot-balˈloon** deney balonu; **ˈpi.lot-light** *n.* gaz lambalarında *veya* şofbende devamlı yanan küçük alev.

pi.men.to [piˈmentəu] *n.* yenibahar.

pimp [pimp] **1.** *n.* pezevenk, kadın simsarı; **2.** *v/i.* pezevenklik etm.

pim.ple [ˈpimpl] *n.* sivilce; **ˈpim.pled, ˈpim.ply** *adj.* sivilceli.

pin [pin] **1.** *n.* topluiğne; broş, iğne; askı çivisi; mil; lobut; değersiz şey; ♪ akort anahtarı; ~s *pl. sl.* bacaklar; **2.** *vb.* iğnelemek, iliştirmek, tutturmak; yüklemek *(sorumluluk)*; hareketsiz kılmak; *a.* ~ down *sl. fig.* içyüzünü araştırmak; ~ one's hopes on bel bağlamak -*e*.

pin.a.fore [ˈpinəfɔː] *n.* göğüslük, önlük.

pin.cers [ˈpinsəz] *n. pl.* (a pair of ~) kerpeten, kıskaç.

pinch [pintʃ] **1.** *n.* çimdik; tutam; sıkıntı, ihtiyaç; hırsızlık; tutuklama; at a ~ gerektiğinde, icabında; **2.** *v/t.* çimdiklemek, kıstırmak, sıkıştırmak; sıkıştırıp acıtmak; sıkıntıya düşürmek; F aşırmak, çalmak, yürütmek; *sl.* enselemek, tutuklamak; be ~ed for money eli darda olm.; *v/i.* cimrilik etm.; ıstırap vermek; vurmak *(ayakkabı)*; **pinched** *adj.* az, kıt; *fig.* ince, zayıf.

pinch.beck [ˈpintʃbek] **1.** *n.* ⊕ altın taklidi olarak kullanılan bakır ve çinko alaşımı; *fig.* taklit şey; **2.** *adj.* taklit...

pinch-hit *Am.* [ˈpintʃhit] (*irr.* hit) *v/i.* *beysbol:* vuruş yapmak (for *-in yerine*).

pin.cush.ion [ˈpinkuʃən] *n.* iğne(den)lik.

pine¹ ⚘ [pain] *n.* çam (ağacı).

pine² [~] *v/i.* zayıflamak, bitkinleşmek; hasret çekmek, özlemek (for, after *-i*); ~ away eriyip gitmek, sararıp solmak.

pine...: ˈ**~.ap.ple** *n.* ⚘ ananas; ˈ**~-cone** *n.* çam kozalağı; ˈ**pin.er.y** *n.* ananas seri; ˈ**~-tree** = pine¹.

pin-feath.er [ˈpinfeðə] *n.* yeni biten kuş tüyü.

ping [piŋ] *v/i.* «vız» diye ses çıkarmak *(kurşun)*.

ping-pong [ˈpiŋ pɔŋ] *n.* masa tenisi, pingpong.

pin.ion [ˈpinjən] **1.** *n.* kanat *(a. poet.)*; *a.* ~-feather kanat tüyü; ⊕ dişli çark, pinyon; **2.** *v/t.* uçmasını engellemek için ucunu kesmek *(kanat)*; *fig.* elini kolunu bağlamak.

pink¹ [piŋk] **1.** *n.* ⚘ karanfil; pembe renk; in the ~ *sl.* sapasağlam, demir (*veya* turp) gibi; **2.** *adj.* pembe.

pink² [~] *v/t.* bıçaklamak; küçük delikler açmak; deliklerle süslemek.

pink³ *mot.* [~] *v/i.* vuruntu yapmak.

pink.ish [ˈpiŋkiʃ] *adj.* pembemsi, pembemtırak.

pin.nace ⚓ [ˈpinis] *n.* büyük filika.

pin.na.cle [ˈpinəkl] *n.* ⚠ sivri tepeli kule; *fig.* zirve, tepe, doruk.

pin.nate ⚘ [ˈpineit] *adj.* tüysü.

pi.noc(h).le *Am.* [ˈpi:nʌkl] *n.* 48 kâğıtla oynanan bir iskambil oyunu.

pin...: ˈ**~.prick** *n.* *fig.* iğne, taş, kinaye; ˈ**~-stripe** *n.* çok ince çizgi *(kumaşta)*.

pint [paint] *n.* galonun sekizde biri *(0,57 l. Am. 0,47 l)*.

pin-up [ˈpinʌp] *n.* duvara asılan seksi kadın resmi.

pi.o.neer [paiəˈniə] **1.** *n.* öncü; ⚔ istihkâm eri; **2.** *v/t.* & *v/i.* öncülük etm.; açmak *(yol)*; göstermek *(yeni metodlar)*.

pi.ous □ [ˈpaiəs] dindar.

pip¹ [pip] *n.* *vet.* tavuklarda görülen dilaltı hastalığı, kurbağacık; *sl.* efkâr, öfke, hiddet; have the ~ canı sıkılmak, öfkelenmek; it gives me the ~ o benim kafamı bozuyor, tepemi attırıyor, sinirime dokunuyor.

pip² [~] *n.* meyve çekirdeği; zar üzerindeki nokta; ⚔ teğmenlere takılan yıldız işareti.

pip³ *sl.* [~] *vb.* öl(dür)mek; yenmek; sınavda kalmak, sınavda çak(tır)mak; yumurtadan çıkmak için delmek *(kabuk)*; ~ out ölmek, kuyruğu titretmek.

pip⁴ [~] *n.* radyoda saati belirten vuruşlardan biri.

pipe [paip] **1.** *n.* boru; kaval, düdük; çubuk; pipo; ♪ gayda; ⚓ silistre; nefes borusu; künk; bir çubukluk tütün; 470 litrelik şarap fıçısı; **2.** *v/t.* & *v/i.* düdük çalmak; düdük çalarak kumanda vermek; cırlak sesle konuşmak; silistre ile çağırmak; borularla iletmek; borularla donatmak; ~ one's eye F ağlamak; ~ down F sesini kesmek, susmak; ~ up F söze, şarkıya *veya* çalmaya başlamak; ˈ**~.clay** **1.** *n.* kil; **2.** *v/t.* kil ile beyazlatmak *veya* temizlemek; ˈ**~-lay.er** *n.* boru döşeyen kimse; *Am. pol.* elebaşı, öncü kimse; ˈ**~.line** *n.* petrol borusu (*veya* hattı); ˈ**pip.er** *n.* kavalcı; gaydacı; pay the ~ F masrafı yüklenmek.

pip.ing [ˈpaipiŋ] **1.** *adj.* düdük gibi ses çıkaran; tiz, cırlak, kulak tırmalayıcı *(ses)*; ~ hot çok sıcak, buram buram; dumanı üstünde; **2.** *n.* borular; şerit şeklinde süs *(elbisede, pastada)*; kaval çalma; kaval sesi.

pip.pin ⚘ [ˈpipin] *n.* birkaç çeşit elma.

pip-squeak *sl.* [ˈpipskwi:k] *n.* ciğeri beş para etmez kimse.

pi.quan.cy [ˈpi:kənsi] *n.* mayhoşluk; cazibe; ˈ**pi.quant** □ mayhoş, iştah açıcı; etkileyici, merak uyandırıcı.

pique [pi:k] **1.** *n.* gurur; incinme, darılma, içerleme; **2.** *v/t.* gururunu kırmak, incitmek, darıltmak; kışkırtmak; ~ o.s. upon övünmek *ile*.

pi.ra.cy [ˈpaiərəsi] *n.* korsanlık; izinsiz olarak yayımlama; **pi.rate** [ˈ~rit] **1.** *n.* korsan (gemisi); wireless ~, radio ~, ~ listener kaçak dinleyen kimse; **2.** *vb.* izinsiz yayımlamak *(başkasının eserini)*; korsanlık etm.; **pi.rat.i.cal** □ [paiˈrætikl] korsanca.

pis.ci.cul.ture [ˈpisikʌltʃə] *n.* balık üretimi.

pish [piʃ] *int.* öf!, püf!

piss *sl.* [pis] **1.** *n.* çiş, sidik; **2.** *vb.* işemek, çiş yapmak; ıslatmak *(altını, yatağı)*.

pis.ta.chi.o [pisˈtɑ:tʃiəu] *n.* şamfıstığı (ağacı); şamfıstığı yeşili.

pis.til ⚘ [ˈpistil] *n.* pistil, dişi organ; **pis.til.late** [ˈ~lit] *adj.* dişi organı olan.

pis.tol [ˈpistl] *n.* tabanca, pistol, revolver, piştov.
pis.ton ⊕ [ˈpistən] *n.* piston; **ˈ~-rod** *n.* piston kolu; **ˈ~-stroke** *n.* piston tulû (*veya* siası).
pit [pit] **1.** *n.* çukur (*a.* ⚒); *anat.* koltuk altı; hendek şeklinde tuzak; çiçek hastalığından sonra vücutta kalan küçük çukur; *thea.* parter; parterde oturan seyirciler; *Am.* *bòrsa:* bölüm; pilot kabini; etli meyve çekirdeği; the ~ cehennem; **2.** *vb.* çukurlaştırmak; çukurcuklarla doldurmak; çekirdeklerini çıkarmak; çukura yerleştirmek *veya* gömmek; yüzde çopur bırakmak; ~ against kapıştırmak; ~ted with smallpox çiçek hastalığından dolayı çukur çukur olmuş (*yüz*).
pit-a-pat [ˈpitəˈpæt] *adv.* küt küt (*kalp*); pat pat (*ayak sesi*).
pitch¹ [pitʃ] **1.** *n.* zift; **2.** *v/t.* ziftlemek; ⚓ katranlamak.
pitch² [~] **1.** *n.* fırlatma, atış, atım; yükseklik; ♪ perde; derece; meyil, eğim, yokuş; ⚓ baş kıç vurma; *spor:* saha; işportacının tezgâh yeri; F satıcı ağzı; **2.** *v/t.* kurmak (*çadır*); atmak, fırlatmak; *beysbol:* vurucuya atmak (*top*); ♪ tam perdesini vermek; aşağıya meyletmek; düşürmek; ~ed battle meydan savaşı; *v/i.* ⚔ ordugâh kurmak; ⚓ baş kıç vurmak; düşmek; *beysbol:* atıcı olarak oynamak; ~ upon rasgele seçmek; ~ into F saldırmak; girişmek.
pitch...: **ˈ~-and-ˈtoss** *n.* yazı tura atma oyunu; **ˈ~-ˈblack, ˈ~-ˈdark** *adj.* simsiyah, kapkaranlık, zifiri karanlık.
pitch.er [ˈpitʃə] *n.* testi, sürahi, ibrik; maşrapa.
pitch.fork [ˈpitʃfɔ:k] **1.** *n.* saman tırmığı, diren; ♪ diyapazon; **2.** *v/t.* saman tırmığı ile savurmak; zorla getirmek (into *bir mevkiye*).
pitch-pine ⚘ [pitʃpain] *n.* çıra(lı çam).
pitch.y [ˈpitʃi] *adj.* ziftli, katranlı; simsiyah.
pit-coal ⚒ [ˈpitkəul] *n.* taşkömür, madenkömürü.
pit.e.ous □ *rhet.* [ˈpitiəs] acınacak halde olan, hazin, yürekler acısı.
pit.fall [ˈpitfɔ:l] *n.* tuzak (olarak kazılan çukur), gizli tehlike.
pith [piθ] *n.* yumuşak ve süngerimsi doku; ilik; *fig.* öz, cevher, ruh; güç, kuvvet, enerji.
pith.y □ [ˈpiθi] özlü; kuvvetli, etkili, tesirli; anlamlı.
pit.i.a.ble □ [ˈpitiəbl] acınacak halde olan, acıklı.
pit.i.ful □ [ˈpitiful] acınacak halde olan, merhamet uyandıran; *contp.* değersiz, aşağılık; merhametli, şefkatli.
pit.i.less □ [ˈpitilis] merhametsiz, acımasız, kalpsiz.
pit.man [ˈpitmən] *n.* maden ocağı işçisi.
pit.tance [ˈpitəns] *n.* çok az ücret, az miktarda gelir.
pi.tu.i.tar.y [piˈtju:itəri] *adj.* balgam salgılayan...; ~ gland hipofiz guddesi.
pit.y [ˈpiti] **1.** *n.* merhamet, acıma, şefkat (on *-e*); for ~'s sake! Allah aşkına!; it is a ~ yazık, vah vah, tüh; it is a thousand pities aman ne yazık; **2.** *v/t.* acımak, merhamet etm.; I ~ him ona acıyorum.
piv.ot [ˈpivət] **1.** *n.* ⊕ mil, eksen, mihver; *fig.* önemli kimse *veya* şey; **2.** *v/i.* mil *veya* eksen üzerinde dönmek (on, upon); *v/t.* mil üzerine yerleştirmek; **piv.o.tal** [ˈ~tl] *adj.* mile ait; asıl, esas, en önemli.
pix.i.lat.ed *Am.* F [ˈpiksəleitid] *adj.* kaçık, çatlak, delidolu, bir tahtası eksik.
piz.za [pi:tsə] *n.* pizza.
pla.ca.bil.i.ty [plækəˈbiliti] *n.* kolay yatıştırılabilirlik; **ˈpla.ca.ble** □ kolay yatışır, hoşgörülü, uysal.
pla.card [ˈplækɑ:d] **1.** *n.* afiş, levha, yafta, duvar ilanı, poster; **2.** *v/t.* afiş ile bildirmek; *-in* üzerine afiş yapıştırmak.
pla.cate [pləˈkeit] *v/t.* yatıştırmak, teskin etm.
place [pleis] **1.** *n.* yer, mevki, mahal, mekân, mevzi; semt, şehir, kasaba; alan, meydan; bina; ♗ basamak, hane; memuriyet, görev, vazife; arazi, toprak; ev, yuva; oturacak yer, koltuk; ~ of delivery teslim yeri; ~ of employment işyeri; give ~ to yer vermek; öncelik tanımak; in (out of) ~ yerli yerinde (yersiz); *fig.* uygun(suz); in ~ of *-in* yerine; in his ~ onun yerinde; in the first ~ ilk olarak, ilk etapta; **2.** *vb.* koymak, yerleştirmek; atamak, tayin etm.; bir mevkiye getirmek; yatırmak (*para*); vermek (*sipariş*); ⚔ mevzilemek; be ~d *spor:* ilk üç arasında olm.; **ˈ~-name** *n.* yer ismi; **ˈplac.er** *n.* yerleştiren kimse; derece *veya* yer alan kimse *veya* şey; nehir sularının getirdiği kum, çakıl *vs.* birikintisi.
plac.id □ [ˈplæsid] sakin, halim, yumuşak, uysal; durgun; **plaˈcid.i.ty** *n.* sükûnet, yumuşak başlılık, uysallık.
plack.et [ˈplækit] *n.* giyside fermuar yeri; eteklik cebi.
pla.gi.a.rism [ˈpleidʒjərizəm] *n.* çalıntı (eser); **ˈpla.gi.a.rist** *n.* başkasının eserini kendisininmiş gibi yayımlayan kimse;

ˈpla.gi.a.rize *vb. (bir başkasının eserini)* kendisininmiş gibi yayımlamak, aşırmalar yapmak *-den.*
plague [pleig] **1.** *n.* veba; belâ, musibet, dert; **2.** *v/t.* bezdirmek *-i*, eziyet vermek *-e*, rahatsız etm. *-i*, canını sıkmak *-in*, belâsını vermek; **ˈ~-spot** *n. mst fig.* kötülük kaynağı.
pla.guy [ˈpleigi] *adj.* F sıkıcı, başa belâ olan.
plaice *ichth* [pleis] *n.* pisibalığı.
plaid [plæd] *n.* ekose kumaş; ekose desen; İskoçya dağlılarının giydiği ekose şal.
plain [plein] **1.** □ düz, sade, basit, desensiz, süssüz; açık seçik, basit, kolay anlaşılır, net; sıradan, alelade; yavan, baharatsız *(yiyecek)*; dobra dobra, dürüst; alımsız, çirkin; ~ fare orta hallilerin yedikleri yemek; ~ knitting düz örgü; ~ sewing düz dikiş; **2.** *adv.* açıkça; tamamen; **3.** *n.* ova, düzlük; *part. Am. attr.* çayır...; **ˈ~-clothes man** sivil polis; ~ **deal.ing** dürüstlük; dürüst iş; **ˈplain.ness** *n.* düzlük; sadelik, basitlik, açıklık; **plain sail.ing** *fig.* kolay (*veya* basit) iş.
plains.man [ˈpleinzmən] *n.* ovalı (*veya* ovada yaşayan) kimse; *Am.* çayırlıkta yaşayan kimse.
plaint ⚖ [pleint] *n.* dava (dilekçesi), şikâyet, yakınma; feryat, figan; **plain.tiff** [ˈ~tif] *n.* ⚖ davacı; **ˈplain.tive** □ iniltili, kederli, yakınan, sızlanan.
plait [plæt] **1.** *n.* örgü; = pleat 1; **2.** *v/t.* örmek *(saç vs.)*; = pleat 2.
plan [plæn] **1.** *n.* plan, taslak, kroki; niyet, maksat, fikir; yol, usül, tarz; **2.** *v/t.* planını çizmek; tertiplemek, düzenlemek; *fig.* niyetlenmek, düşünmek, tasarlamak, planlamak; ~ned economy planlı ekonomi; ~ ning board planlama dairesi.
plane[1] [plein] **1.** *adj.* düz, dümdüz; düzlem; yassı; **2.** *n.* A düzlem; düzey, seviye; ✈ uçak; *fig.* derece, kademe, basamak, sınıf; ⊕ planya, rende; elevating (depressing) ~s *pl.* ✈ yükselme (alçalma) dümeni; **3.** *v/t.* & *v/i.* rendelemek, düzeltmek; ✈ uçmak; havada süzülmek.
plane[2] ⚘ [~] *n. a.* ~-tree çınar (ağacı).
plan.et *ast.* [ˈplænit] *n.* gezegen, seyyare.
plane-ta.ble *surv.* [ˈpleinteibl] *n.* plançete.
plan.e.tar.i.um [plæniˈtɛəriəm] *n.* planetaryum; **plan.e.tar.y** [ˈ~təri] *adj.* gezegenlerle ilgili, gezegen gibi; *fig.* seyyar, gezginci.
pla.nim.e.try A [plæˈnimitri] *n.* yüzölçümü ölçme şekli.
plan.ish ⊕ [ˈplæniʃ] *v/t.* parlatmak, perdahlamak.
plank [plæŋk] **1.** *n.* uzun tahta, kalas; *Am. parl.* parti programı ana maddesi; **2.** *v/t.* tahta ile kaplamak; ~ down *veya* out *sl., Am.* F derhal ödemek; ~ **bed** kerevet; **ˈplank.ing** *n.* döşeme tahtası; kaplama.
plank.ton *biol.* [ˈplæŋktən] *n.* plankton.
plant [plɑːnt] **1.** *n.* bitki, nebat, ot; fabrika, atelye; demirbaş; teçhizat; *sl.* hile, oyun, dolap; **2.** *vb.* dikmek, ekmek; kurmak, tesis etm.; *fig.* tohumlarını atmak *(fikir)*; koymak, yerleştirmek; ~ o.s. dikilmek; *sl.* yapıştırmak, aşketmek, indirmek *(tokat, yumruk)*; ~ s.th. on s.o. *b-ne bşi* yüklemek.
plan.tain[1] ⚘ [ˈplæntin] *n.* sinirotu.
plan.tain[2] ⚘ [~] *n.* bir çeşit muz.
plan.ta.tion [plænˈteiʃən] *n.* koru, fidanlık; büyük çiftlik, geniş tarla; **plant.er** [ˈplɑːntə] *n.* ekici, ziraatçı; çiftlik sahibi; tohum serpme makinesi; **ˈplant-louse** *n.* yaprakbiti.
plaque [plɑːk] *n.* levha, plaket.
plash [plæʃ] **1.** *n.* şıpırtı, su sıçratma sesi; **2.** *int.* foş!; **3.** *vb.* su sıçratmak.
plash.y [ˈplæʃi] *adj.* çamurlu, ıslak, bataklık.
plas.ma *biol.* [plæzmə] *n.* (proto)plazma.
plas.ter [ˈplɑːstə] **1.** *n. pharm.* yakı; plaster; ⊕ sıva; *mst* ~ of Paris alçı; ~ cast alçı; **2.** *v/t.* sıvamak, sıva vurmak; yakı yapıştırmak *-e*; **ˈplas.ter.er** *n.* sıvacı; **ˈplas.ter.ing** *n.* sıva; alçı; F acı yenilgi.
plas.tic [ˈplæstik] **1.** *adj.* (~ally) plastik...; naylon...; şekil verilebilen...; ~ arts plastik sanatlar; **2.** *n.* plastik; **plas.ti.cine** [ˈ~tisiːn] *n.* modelci çamuru; **plas.tic.i.ty** [~ˈtisiti] *n.* istenilen şekle sokulabilme; **ˈplas.tics** = plastic 2.
plat [plæt] *s.* plait; *s.* plot[1].
plate [pleit] **1.** *n. com.* tabak; levha; *phot.* fotoğraf camı; *typ.* klişe; plaka; *Am. beysbol:* kale işareti olan levha; kupa, şilt; altın *veya* gümüş sofra takımı; *a.* dental ~ damak, takma diş, protez; *radyo:* anot; ⊕ maden baskı kalıbı; **2.** *v/t.* madenle kaplamak; ⚔, ⚓ zırh levhalarla kaplamak.
pla.teau *geogr.* [ˈplætəu] *n.* plato, yayla.
plate-bas.ket [ˈpleitbɑːskit] *n.* sofra takımı sepeti; **plate.ful** [ˈ~ful] *n.* bir tabak dolusu.
plate...: **ˈ~-glass** *n.* dökme cam; **ˈ~-lay.er** *n.* 🚂 demiryolu işçisi.
plat.en [ˈplætən] *n. typ.* daktilo merdanesi.

plat.er ['pleitə] *n.* ⊕ kaplamacı; *spor:* ikinci sınıf yarış atı.

plat.form ['plætfɔːm] *n.* sahanlık; platform; *geogr.* yayla, plato; 🚂 peron; *Am. part.* kürsü; podyum; *pol.* parti programı; *part. Am. pol.* çalışma programı.

plat.i.num *min.* ['plætinəm] *n.* platin.

plat.i.tude *fig.* ['plætitjuːd] *n.* yavan laf; adilik, bayağılık.

pla.toon ⚔ [plə'tuːn] *n.* takım, müfreze.

plat.ter ['plætə] *n.* düz ve büyük tabak.

plau.dit ['plɔːdit] *n. mst* ~s *pl.* alkış, takdir, tezahürat.

plau.si.bil.i.ty [plɔːzə'biliti] *n.* akla yatkınlık, makûl olma; olasılık.

plau.si.ble □ ['plɔːzəbl] akla sığan, makûl, akla yatkın; olası.

play [plei] **1.** *n.* oyun, eğlence; *thea.* piyes; şaka; oynama; kumar; *fig.* hareket serbestliği; faaliyet (alanı); ⊕ işleme, çalışma; fair (foul) ~ doğru (hileli) oyun; ~ on words kelime oyunu, cinas; bring into ~ kullanmak, harekete geçirmek; make great ~ with vurgulamak, ısrar etm.; **2.** *v/i.* oyun oynamak; eğlenmek; hareket etm., kımıldamak, sallanmak; ♪ çalgı çalmak; rol yapmak; kumar oynamak; ⊕ çalışmak; ~ fast and loose with ikiyüzlü davranmak, oyun etm. *-e*; ~ at cards iskambil oynamak; ~ for time zaman kazanmaya çalışmak; ~ up gayretle oynamak; yaramazlık yapmak; ~ upon istismar etm. *-i*; *v/t.* oyna(t)mak; yapmak *(hile)*; *thea.* temsil etm., canlandırmak; çalmak *(enstruman)*; işletmek, kullanmak; ~ off *fig.* düşürmek (against each other *birbirine*); ~ed out yorgun, bitkin; modası geçmiş, demode; '~-act.ing *n.* temsil etme; *fig.* gösterişçilik; '~-bill *n.* tiyatro afişi; oyun programı; '~-book *n. thea.* libretto; '~-boy *n.* zevk peşinde koşan zengin delikanlı; 'play.er *n.* oyuncu; aktör; çalgıcı; kumarbaz; müzik çalmak için kullanılan alet; 'play.er-pi.an.o *n.* otomatik piyano; 'play.fel.low *n.* oyun arkadaşı; **play.ful** □ ['~ful] oyunbaz, şakacı, eğlenceli, şen; 'play.ful.ness *n.* oyunbazlık; şakacılık.

play...: '~.go.er *n.* tiyatro meraklısı; '~ground *n.* oyun sahası; '~.house *n.* tiyatro; *Am.* çocukların içinde oynadıkları küçük ev.

play.ing...: '~-card *n.* iskambil kâğıdı; '~-field *n.* oyun sahası.

play...: '~.mate *s.* playfellow; '~-off *n. spor:* rövanş maçı; '~.thing *n.* oyuncak *(a. fig)*; '~.wright *n. thea.* piyes yazarı.

pla.za ['plaːzə] *n.* (İspanya'da) meydan, pazar yeri.

plea [pliː] *n.* ⚖ müdafaa, savunma; dava; rica, yalvarma; itiraz; bahane, özür, mazeret; make a ~ itirazda bulunmak, reddetmek; on the ~ of *veya* that ... bahanesiyle.

plead [pliːd] *v/i.* yalvarmak, rica etm., istirham etm.; dava açmak; ~ for savunmak *-i*; *s.* guilty; *v/t.* ileri sürmek, iddia etm.; savunmak; suçlamak; mazeret olarak göstermek; 'plead.a.ble *adj.* davada cevap, delil *veya* özür olarak gösterilebilir; 'plead.er *n.* ⚖ avukat, dava vekili; 'plead.ing *n.* ⚖ dava açma; ~s *pl.* lâyihalar, yazılı savunmalar.

pleas.ant □ ['pleznt] hoş, latif, güzel, tatlı, cana yakın; 'pleas.ant.ness *n.* hoşluk, letafet; 'pleas.ant.ry *n.* şaka(cılık), komiklik; neşe, hoşbeş.

please [pliːz] *v/i.* memnun edici olm.; if you ~ *iro.* ister misin...!; lütfen, rica ederim; isterseniz; ~ come in! lütfen girin!; *v/t.* sevindirmek, hoşnut etm., memnun etm., *-in* hoşuna gitmek; ~ yourself F nasıl isterseniz öyle yapın; be ~d to do seve seve yapmak, yapmaktan memnun ~ *b-ni* memnun etm.; take ~ in *...den* **pleased** *adj.* memnun, hoşnut.

pleas.ing □ ['pliːziŋ] hoş, sevimli, hoşa giden, memnuniyet verici, zevk veren.

pleas.ur.a.ble □ ['pleʒərəbl] zevk veren, hoşa giden; tatminkâr.

pleas.ure ['pleʒə] **1.** *n.* zevk, keyif, memnuniyet, sevinç, sefa, haz, lezzet; emir, irade, istek, arzu; *attr.* zevk veren...; at ~ arzuya göre, istenildiği kadar; give s.o. ~ *b-ni* memnun etm.; take ~ in ...den zevk almak; **2.** *vb.* zevk almak; zevk vermek; '~-ground *n.* lunapark.

pleat [pliːt] **1.** *n.* pli, plise; **2.** *v/t.* pli yapmak.

ple.be.ian [pli'biːən] **1.** *adj. (eski Roma'da)* aşağı tabakadan olan; adi, bayağı; **2.** *n.* aşağı tabakadan kimse.

pleb.i.scite ['plebisit] *n.* plebisit.

pledge [pledʒ] **1.** *n.* rehin; söz, vaat, yemin, ant; güvence, teminat, taahhüt; put in ~ rehine koymak; take out of ~ rehinden kurtarmak; **2.** *v/t.* rehin olarak vermek, rehine koymak; taahhüt etm.; söz verdirmek; *-in* şerefine içmek; he ~d himself vaat etti; pledg'ee *n.* rehinli alacaklı; 'pledg.er *n.* rehinli borçlu, rehin veren.

Ple.iad ['plaiəd] *n., pl.* **Ple.ia.des** ['~diːz] Süreyya burcu, Ülker.

ple.na.ry [ˈpliːnəri] *adj.* tam *(yetki)*, sınırsız, sonsuz, bütün; tüm üyelerin katıldığı *(toplantı)*.
plen.i.po.ten.ti.ar.y [plenipəuˈtenʃəri] **1.** *adj.* tam yetkili *(elçi vs.)*; **2.** *n.* tam yetkili elçi.
plen.i.tude [ˈplenitjuːd] *n.* bolluk, çokluk, doluluk, bütünlük.
plen.te.ous □ *poet.* [ˈplentjəs] çok, bol, bereketli; ˈ**plen.te.ous.ness** *n.* bolluk, çokluk, bereket.
plen.ti.ful □ [ˈplentiful] bol, çok, bereketli, verimli.
plen.ty [ˈplenti] **1.** *n.* bolluk, çokluk, zenginlik; ~ of çok, bol; horn of ~ bolluk (sembolü); **2.** *adj.* F pek çok, bol, bereketli.
ple.o.nasm [ˈpliːənæzəm] *n.* kelime fazlalığı, laf kalabalığı, söz uzatımı.
pleth.o.ra [ˈpleθərə] *n.* dolgunluk, fazlalık; ⚕ kan fazlalığı; **ple.thor.ic** [pleˈθɔrik] *adj.* (~ally) pletorik; *fig.* şişman.
pleu.ri.sy ⚕ [ˈpluərisi] *n.* zatülcenp.
pli.a.bil.i.ty [plaiəˈbiliti] *n.* esneklik, yumuşaklık; *fig.* uysallık.
pli.a.ble □ [ˈplaiəbl] bükülür, esnek, yumuşak; *fig.* uysal.
pli.an.cy [ˈplaiənsi] *n.* esneklik, bükülebilirlik.
pli.ant □ [ˈplaiənt] = **pliable**.
pli.ers [ˈplaiəz] *n. pl.* (a pair of *bir*) kıskaç, pens(e).
plight¹ [plait] **1.** *v/t.* söz vermek, güvence vermek; **2.** *n.* söz, vaat.
plight² [~] *n.* kötü durum, çıkmaz.
plim.solls [ˈplimsəlz] *n. pl.* tenis ayakkabısı.
plinth ⚠ [plinθ] *n.* duvar etekliği, etek tahtası.
plod [plɔd] *vb. a.* ~ along, ~ on ağır ağır yürümek, çalışmak *vs.*; ˈ**plod.ding** □ ağır, hantal.
plop [plɔp] **1.** *int.* cup!; **2.** *n.* 'cup' sesi; **3.** *v/i.* 'cup' diye ses çıkarmak; 'cup' diye düşmek.
plot¹ [plɔt] *n.* arsa, parsel.
plot² [~] **1.** *n.* entrika, suikast, fesat, gizli plan, kumpas, komplo, dolap; romanın konusu; **2.** *v/t. a.* ~ down *-in* haritasını çıkarmak; plan *veya* haritada göstermek; *b.s. -e* karşı entrika çevirmek; *v/i.* kumpas kurmak, kötü niyetlerle plan yapmak; ˈ**plot.ter** *n.* entrikacı, suikastçı, fesatçı.
plough [plau] **1.** *n.* saban, pulluk; ⊕ sabana benzer alet; *univ. sl.* başarısızlık, çakma, kalma *(sınavda)*; the ♀ *ast.* Büyükayı; **2.** *v/t.* sabanla işlemek; yarıp geçmek; ~ back tekrar yatırmak *(para)*; be ~ed *univ. sl.* çakmak, kalmak *(sınavda)*; *v/i.* saban sürmek; ağır ağır ilerlemek; ˈ**~.man** *n.* saban süren kimse; çiftçi, köylü; ˈ**~.share** *n.* saban demiri, saban kulağı.
plov.er [ˈplʌvə] *n. orn.* yağmurkuşu.
plow [plau], **plow.man** *part. Am.* = plough *etc.*
pluck [plʌk] **1.** *n.* cesaret, yiğitlik; koparma, yolma; çekme; **2.** *v/t.* koparmak, yolmak; çekmek, çekip almak (from *-den*); *sl.* soyup soğana çevirmek, yolmak *(kumarda)*; parmakla çalmak *(telli saz)*; *univ. sl.* döndürmek, çaktırmak *(sınavda)*; ~ at tutup çekmek, çekiştirmek *-i*; ~ up courage cesaretini toplamak.
pluck.y F □ [ˈplʌki] cesur, yiğit, yürekli, yılmaz.
plug [plʌg] **1.** *n.* tapa, tıkaç, tampon; ⚡ fiş; *mot.* buji; tütün parçası; *Am. radyo:* durmadan tekrarlanan reklam; F vuruş, vurma; değersiz şey; yaşlı at; yangın musluğu; ~ socket elektrik prizi; **2.** *vb.* tıkamak; *sl.* tabanca ile vurmak; yumruklamak; *Am.* F durmadan reklamını yapmak; ~ in ⚡ prize sokmak; *sl.* eşek gibi çalışmak; ateş etm.; ˈ**plug-ˈug.ly** *n. Am. sl.* gangster, eşkiya, katil.
plum [plʌm] *n.* erik (ağacı); kuru üzüm; arzulanacak şey; F en güzel lokma, kıyak şey; bonbon, şekerleme; *sl.* £ 100.000.
plum.age [ˈpluːmidʒ] *n.* kuşun tüyleri.
plumb [plʌm] **1.** *adv.* düşey olarak, dimdik; tamamen, kesinlikle; **2.** *n.* şakul, iskandil kurşunu; **3.** *vb.* iskandil etm., şakule vurmak, şakullemek; ölçmek, tartmak; doğrultmak, düzeltmek; kurşunla kaplamak; *fig.* araştırmak, kökenine inmek; F tesisatçılık yapmak; **plum.ba.go** [~ˈbeigəu] *n.* kalem kurşunu, grafit; **plumb.er** *n.* lehimci, muslukçu, su tesisatçısı; **plum.bic** [ˈplʌmbik] *adj.* ⚗ kurşun...; **plumb.ing** [ˈ~miŋ] *n.* boru tesisatçılığı, muslukçuluk; su tesisatı; ˈ**plumb-line** *n.* ⊕ şakul (sicimi), çekül; ˈ**plumb-rule** *n.* çekül.
plume [pluːm] **1.** *n.* iri ve gösterişli tüy, sorguç; tüye benzer şey; şeref madalyası; nişan; **2.** *vb.* (gaga ile) düzeltmek *(tüylerini)*; tüylerle süslemek; övünmek; ~ o.s. on *...ile* övünmek, *k-ni* beğenmek.
plum.met [ˈplʌmit] *n.* şakul kurşunu, çekül; ağırlık.
plum.my F [ˈplʌmi] *adj.* iyi, güzel, hoş, çekici, cazip; sahte tavırlı, yapmacık.

plump¹ [plʌmp] **1.** *adj.* dolgun, tombul, tıknaz, şişman, balık etinde; semiz *(hayvan)*; **2.** *v/t.* & *v/i.* şişmanla(t)mak, dolgunlaş(tır)mak.

plump² [~] **1.** *v/t.* & *v/i.* birden düş(ür)mek; «pat» diye oturmak; *parl.* oy vermek (for *-e*); yardım etm. *-e*; **2.** *n.* ani düşüş; **3.** *adv.* F aniden, birden; açıkça, kabaca; **4.** □ F tam, kesin, direkt.

plump.er [ˈplʌmpə] *n. parl.* oy; *sl.* yalan.

plump.ness [ˈplʌmpnis] *n.* dolgunluk, tombulluk; F samimiyet, içtenlik, doğruluk.

plum-pud.ding [ˈplʌmˈpudiŋ] *n.* baharatlı Noel pudingi.

plum.y [ˈpluːmi] *adj.* tüylü, tüy gibi, tüylerle süslenmiş.

plun.der [ˈplʌndə] **1.** *n.* yağma(cılık), çapulculuk; **2.** *v/t.* & *v/i.* yağma etm., soymak, talan etm.; çapulculuk etm.; **ˈplun-der.er** *n.* yağmacı, çapulcu.

plunge [plʌndʒ] **1.** *n.* dalış, dalma; yüzme; F tehlikeli girişim; make *veya* take the ~ tehlikeli bir işe girişmek; **2.** *v/t.* & *v/i.* dal(dır)mak, sokmak; at(ıl)mak (into *-e*); boğmak *(karanlığa)*; batırmak (into *-e*); gir(iş)mek; ileriye atılmak *(at)*; ⚓ baş kıç vurmak; büyük kumar oynamak; borca girmek.

plung.er [ˈplʌndʒə] *n.* piston; dalgıç; *sl.* kumarbaz; vurguncu.

plunk [plʌŋk] *v/t.* & *v/i.* birden düş(ür)mek.

plu.per.fect *gr.* [ˈpluːˈpəːfikt] *n.* geçmiş zamanın hikâye şekli.

plu.ral *gr.* [ˈpluərəl] *n.* çoğul; **plu.ral.i.ty** [~ˈræliti] *n.* çokluk, ekseriyet, çoğunluk; ~ of wives poligami, çokevlilik.

plus [plʌs] **1.** *prp.* fazlasıyle, ilavesiyle; ayrıca, ve; **2.** *adj.* fazla, ilave olan; pozitif; **3.** *n.* artı (işareti); pozitif miktar; fazlalık; **~-fours** F [ˈ~ˈfɔːz] *n. pl.* golf pantolonu.

plush [plʌʃ] *n.* pelüş.

plush.y [ˈplʌʃi] *adj.* pelüş...; *sl.* süslü, gösterişli, lüks.

plu.toc.ra.cy [pluːˈtɔkrəsi] *n.* plütokrasi, zenginler hâkimiyeti; zenginerki; **plu.to-crat** [ˈ~təukræt] *n.* plütokrat.

plu.to.ni.um ⚗ [pluːtəunjəm] *n.* plutonyum.

plu.vi.al [ˈpluːviəl] *adj.*, **ˈplu.vi.ous** yağmurlu, yağmurla ilgili; **plu.vi.om.e.ter** [~ˈɔmitə] *n.* yağmurölçer.

ply [plai] **1.** *n.* kat, katmer, tabaka; *fig.* meyil, eğilim; iplik teli; **2.** *v/t.* işletmek, kullanmak; etmek, yapmak; eğmek; durmadan vermek *(yiyecek, içki)*; tutmak *(soru yağmuruna)*; ~ a trade ticaret yapmak; *v/i.* çalışmak; düzenli seferler yapmak, gidip gelmek.

ply-wood [ˈplaiwud] *n.* kontrplak.

pneu.mat.ic [njuːˈmætik] **1.** *adj.* (~ally) hava basıncı ile ilgili; hava basıncı ile çalışan...; içinde sıkıştırılmış hava olan...; ~ hammer hava çekici; ~ tire şişirilmiş otomobil lastiği; **2.** *n.* şişirilmiş otomobil lastiği, iç lastik.

pneu.mo.ni.a ⚕ [njuːˈməunjə] *n.* zatürree.

poach¹ [pəutʃ] *v/i.* bata çıka yürümek; cıvık cıvık olm. *(toprak)*; gizlice avlanmak, yasak bölgede avlanmak.

poach² [~] *vb. a.* ~ up kazıp karıştırmak.

poach³ [~]: ~ed eggs *pl.* sıcak suya kırılıp pişirilmiş yumurtalar.

poach.er [ˈpəutʃə] *n.* ruhsatsız avlanan kimse, yasak bölgede avlanan kimse; yumurta haşlama kabı.

po.chette [pɔˈʃet] *n.* el torbası, poşet.

pock ⚕ [pɔk] *n.* çiçek hastalığı kabarcığı.

pock.et [ˈpɔkit] **1.** *n.* cep; *geol.* çukur, gedik; para, maddi olanak; ✈ hava boşluğu; bölge, semt; **2.** *v/t.* cebe koymak, cebine atmak, *sl.* iç etmek; *Am. pol.* veto etm.; gizlemek, saklamak, bastırmak; **3.** *adj.* cebe sığan..., cep...; ~ lighter cep çakmağı; ~ lamp cep feneri; **ˈ~.book** *n.* cep kitabı; cüzdan; *Am.* kadın cüzdanı *veya* el çantası.

pod [pɔd] **1.** *n.* ⚘ kabuk, zarf; hayvan sürüsü; **2.** *v/t.* *-in* kabuğunu soymak; *v/i.* tohum zarfı oluşturmak.

po.dag.ra ⚕ [ˈpɔdəgrə] *n.* ayakta görülen gut hastalığı.

podg.y F [ˈpɔdʒi] *adj.* bodur, tıfıl, tıknaz.

po.di.um [ˈpəudiəm] *n.* podyum, platform.

po.em [ˈpəuim] *n.* şiir, koşuk, manzume.

po.e.sy [ˈpəuizi] *n.* şairlik, şiir sanatı; şiirler.

po.et [ˈpəuit] *n.* şair, ozan; **po.et.as.ter** [~ˈtæstə] *n.* şair bozuntusu, kalitesiz şair; **ˈpo.et.ess** *n.* kadın şair; **poˈet.ic, po-et.i.cal** □ [pəuˈetik(əl)] şiire ait, şiir niteliğinde, manzum, şairane; **poˈet.ics** *n. pl.* vezin tekniği; koşuk kural ve usulü; **po-et.ize** [ˈ~itaiz] *vb.* şiir yazmak; **ˈpo.et.ry** *n.* şiir sanatı; *coll.* şiirler.

poign.an.cy [ˈpɔinənsi] *n.* keskinlik, acılık; *fig.* ıstırap; **ˈpoign.ant** □ acı, keskin; kuvvetli; tesirli, şiddetli; *fig.* dokunaklı.

point [pɔint] **1.** *n.* nokta *(a. gr,* ⅍*, phys. etc.)*; uç, burun; puan; sayı; derece; husus, özel bir durum; ⚓ pusula taksimatından biri, kerte; mesele, ana fikir; punto; cihet, bakım; sebep, neden; özellik; ⚡ priz; etki, tesir; ~s *pl.* 🚂 makaslar; *s.* ~-lace; ~ of view görüş noktası.

bakış açısı; the ~ is that... mesele şu ki...; there is no ~ in *ger.* ...mekte bir yarar yok, ...menin bir anlamı yok; make a ~ of s.th. *bşe* özen göstermek; make the ~ that ...dığını göstermek; stretch a ~ ödün vermek, göz yummak, izin vermek; in ~ of hususunda, bakımından; in ~ of fact hakikaten, gerçekten; off *veya* beyond the ~ konu dışında; differ on many ~s birçok noktada ayrılmak; he was on the ~ of coming gelmek üzereydi; win on ~s *boks:* sayı ile kazanmak; to the ~ isabetli, uygun; stick to the ~ konuya bağlı kalmak, konu dışına çıkmamak; **2.** *v/t.* ucunu sivriltmek; doğrultmak, yöneltmek; çimento *veya* harç ile doldurmak; noktalamak; virgülle hanelere ayırmak; *oft.* ~ out göstermek, belirtmek, işaret etm.; ~ at yöneltmek *-e*, doğrultmak *-e*, çevirmek *-e*; *v/i.* göstermek; silahını doğrultmak *-e*; ferma etm. *(köpek)*; yönelmek; ~ at göstermek *-i*; ~ to göstermek *-i*, delâlet etm. *-e*; **ˈ~-ˈblank** *adj.* yatay olarak atılan; yakın menzilden yapılan *(atış)*; açık, kesin, dolaysız; ~ shot yakın menzil atışı; **ˈ~-du.ty** *n.* belli bir noktada yapılan görev *(part. trafik kontrolü)*: **ˈpoint.ed** □ sivri uçlu; *fig.* manalı, anlamlı; keskin, tesirli; **ˈpoint.ed.ness** *n.* sivri uçluluk; anlamlı olma; **ˈpoint.er** *n.* işaret değneği; gösterge, ibre; F anlamlı söz, ima; zağar, bir cins av köpeği; **ˈpoint-ˈlace** *n.* oya işi; **ˈpoint.less** *adj.* uçsuz; anlamsız, manasız; gayesiz, amaçsız; puansız, sayısız *(oyun)*; **ˈpoint-poˈlice.man** *n.* belli bir noktada görev yapan trafik polisi; **ˈpoints.man** *n.* 🚂 makasçı; **ˈpoint-to-ˈpoint race** arazide iki nokta arasında yapılan at yarışı.

poise [pɔiz] **1.** *n.* denge; istikrar; kendine güven; kendine hâkim olma; duruş, hal; **2.** *v/t.* & *v/i.* dengele(n)mek; *-in* dengesini sağlamak; dik tutmak, kaldırmak, havada tutmak; dengeli olm.; asılı olm., sarkmak; havada durmak; be ~d dengede durmak.

poi.son [ˈpɔizn] **1.** *n.* zehir; **2.** *v/t.* zehirlemek *(a. fig.)*; **ˈpoi.son.er** *n.* zehirleyici; zehirle adam öldüren kimse; **ˈpoi.son-ous** □ zehirli; *fig.* fesat; F iğrenç, tiksindirici.

poke [pəuk] **1.** *n.* itme, dürtme; yumruk atma; **2.** *v/t.* dürtmek; saplamak; atmak, vurmak *(yumruk)*; uzatmak, çıkarmak; sokmak; *a.* ~ up karıştırmak; ~ fun at alay etm., dalga geçmek *ile*; ~ one's nose into s.th. *bşe* burnunu sokmak; *v/i.* dürtüklemek (at *-i*); araştırmak (into *-i*); oyalanmak, aylak aylak dolaşmak; çıkıntı yapmak.

pok.er¹ [ˈpəukə] *n.* ocak demiri.

po.ker² [~] *n.* poker oyunu; ~ face *fig.* ifadesiz yüz.

pok.er-work [ˈpəukəwəːk] *n.* pirogravür.

pok.y [ˈpəuki] *adj.* küçük, ufak; sıkıcı, kasvetli, bunaltıcı; çok yavaş.

po.lar [ˈpəulə] *adj.* kutba ait, kutupsal; tamamen birbirine zıt; ~ bear kutup ayısı; **po.lar.i.ty** *phys.* [pəuˈlæriti] *n.* kutbiyet, polarite; **po.lar.i.za.tion** *phys.* [~ləraiˈzeiʃən] *n.* polarma; **ˈpo.lar.ize** *v/t.* & *v/i.* *phys.* polarmak; iki zıt kutba ayırmak *(veya* ayrılmak).

Pole¹ [pəul] *n.* Polonyalı, Lehli.

pole² [~] *n.* kutup *(geogr., ast., phys., fig.)*.

pole³ [~] **1.** *n.* direk, kazık, sırık; 5,029 metrelik bir uzunluk; olta kamışı; **2.** *v/t.* & *v/i.* sırıklamak, sırıklarla donatmak; sırıkla desteklemek; sırıkla itmek; sırıkla kayığı yüzdürmek; **ˈ~-ax(e)** *n.* ⚔ uzun saplı balta; teber; kasap satırı; **ˈ~.cat** *n.* *zo.* kokarca; *Am.* sansar; ~ jump = pole vault.

po.lem.ic [pɔˈlemik] **1.** *a.* **poˈlem.i.cal** □ tartışmalı, münakaşalı, polemiğe ait; **2.** *n.* tartışma, münakaşa; tartışmacı, münakaşacı; **poˈlem.ics** *n. pl.* tartışma sanatı, polemik.

pole-star [ˈpəulstɑː] *n.* Kutupyıldızı; *fig.* önder, yönetici unsur.

pole-vault [ˈpəulvɔːlt] *n.* *spor:* sırıkla yüksek atlama.

po.lice [pəˈliːs] **1.** *n.* polis (teşkilâtı); two ~ iki polis; ~ dossier iyi hal belgesi; **2.** *v/t.* polis kuvvetiyle sağlamak *(düzen ve asayişi)*; idare etm., kontrol etm.; **poˈlice.man** *n.* polis memuru; **poˈlice-of.fice** *n.* karakol; **poˈlice-of.fi.cer** *n.* polis memuru; **poˈlice-sta.tion** *n.* karakol; **poˈlice-surˈveil.lance** *n.* polis gözetimi; **poˈlice-trap** *n.* hız kontrol bölgesi; **poˈlice-wom.an** *n.* kadın polis.

pol.i.cy¹ [ˈpɔlisi] *n.* siyaset, politika, idare, yönetim; takip edilen yol, hareket tarzı.

pol.i.cy² [~] *n.* poliçe; *Am.* bir çeşit lotarya.

po.li.o(.my.e.li.tis) [ˈpəuliəu(maiəˈlaitis)] *n.* çocuk felci; omurilikteki gri maddenin iltihabı.

Pol.ish¹ [ˈpəuliʃ] *adj.* Leh, Polonya *veya* Polonyalılara ait.

pol.ish² [ˈpɔliʃ] **1.** *n.* cilâ, perdah; boya; cilâlama; *fig.* incelik, zarafet, terbiye, nezaket; **2.** *v/t.* & *v/i.* cilâla(n)mak, parla(t)mak; *fig.* terbiye etm., süslemek, zarifleştirmek; ~ off hemen bitirmek, silip süpürmek *(yemek)*; ~ up pırıl pırıl yapmak, iyice cilâlamak; **ˈpol.ish.ing 1.** *n.* cilâ(lama); **2.** *adj.* cilâlı..., parlak...

po.lite □ [pəˈlait] nazik, kibar, terbiyeli, ince; **poˈlite.ness** *n.* nezaket, kibarlık, incelik.

pol.i.tic □ [ˈpɔlitik] siyasî, politik; basiretli, sağgörülü, tedbirli, akıllı; body ~ devlet teşekkülü; **po.lit.i.cal** □ [pəˈlitikəl] siyasî, siyasal, politik; devlet *veya* hükümete ait; **pol.i.ti.cian** [pɔliˈtiʃən] *n.* politikacı, siyasetçi; *contp.* kendi çıkarına siyaset ile uğraşan kimse; **pol.i.tics** [ˈ~tiks] *n. sg.* siyaset, politika; parti entrikaları.

pol.i.ty [ˈpɔliti] *n.* hükümet *veya* idare şekli; devlet, hükümet.

pol.ka [ˈpɔlkə] *n.* polka dansı *veya* müziği; ~ **dot** *Am.* puanlı, benekli *(kumaş)*.

poll¹ [ˈpəul] *n.* seçim, oy verme; oy (sayısı); seçmen sayısı; seçim bürosu; anket; *co.* baş, kelle, kafa; go to the ~s oy vermek; **2.** *v/t.* kesmek, kırkmak, kırpmak; toplamak *(oy)*; seçim listesine kaydetmek; = pollard 2; *v/i.* oy vermek; ~ for oy vermek *-e*.

poll² [pɔl] *n.* papağan.

pol.lard [ˈpɔləd] **1.** *n.* boynuzsuz hayvan; budanmış ağaç; **2.** *v/t.* budamak *(ağaç)*; *-in* boynuzlarını kesmek.

poll-book [ˈpəulbuk] *n.* seçmen kütüğü.

pol.len ⚘ [ˈpɔlin] *n.* çiçek tozu; **pol.li.na.tion** [pɔliˈneiʃən] *n.* tozaklama.

poll.ing...: **ˈ~-booth** *n.* oy verme hücresi; **ˈ~-dis.trict** *n.* seçim bölgesi; **ˈ~-place** *n.* oy atılan yer; **ˈ~-sta.tion** *n.* oy verme yeri.

poll-tax [ˈpəultæks] *n.* kişi başına düşen vergi; baş vergisi; oy kullanmak için ödenen vergi.

pol.lute [pəˈluːt] *v/t.* pisletmek, kirletmek *(a. fig.)*; **polˈlu.tion** *n.* pisletme, kirletme; kirlilik.

po.lo [ˈpəuləu] *n. spor:* polo, çevgen; **water** ~ sutopu; **ˈ~-neck** *adj.* balıkçı yaka...

po.lo.ny [pəˈləuni] *n.* domuz etinden yapılan sosis.

pol.troon [pɔlˈtruːn] *n.* korkak kimse; **polˈtroon.er.y** *n.* korkaklık.

po.lyg.a.my [pəˈligəmi] *n.* çokkarılılık, poligami; **pol.y.glot** [ˈ~glɔt] *adj.* birçok dilde yazılmış olan; birçok dil bilen; **pol.y.gon** [ˈ~gən] *n.* poligon, çokgen; **poˈlyg.o.nal** [~gənl] *adj.* çokköşeli, çokgen...; **pol.y.phon.ic** ♪ [~ˈfɔnik] *adj.* çok sesli, polifonik; **pol.yp** *zo.* [ˈpɔlip] *n.*, **pol.y.pus** ⚕ [ˈ~pəs] polip; **pol.y.syl.lab.ic** [ˈ~siˈlæbik] *adj.* çok heceli; **pol.y.syl.la.ble** [ˈ~siləbl] *n.* üçten fazla heceli kelime; **pol.y.tech.nic** [~ˈteknik] *n.* sanat *veya* fen öğreten okul; **pol.y.the.ism** [ˈ~θiːizəm] *n.* çoktanrıcılık.

po.made [pəˈmaːd] *n.* briyantin, merhem, pomat.

pome.gran.ate ⚘ [ˈpɔmigrænit] *n.* nar.

Pom.er.a.nian [pɔməˈreinjən] **1.** *adj.* Pomeranya'ya ait; **2.** *n.* Pomeranyalı; *a.* ~ dog Pomeranya köpeği.

pom.mel [ˈpʌml] **1.** *n.* eyer kaşı; kılıç kabzasının başı; **2.** *v/t.* yumruklamak, yumrukla dövmek.

pomp [pɔmp] *n.* gösteriş, tantana, ihtişam, azamet, görkem.

pompom [ˈpɔmpɔm] *n.* otomatik uçaksavar top.

pom.pos.i.ty [pɔmˈpɔsiti] *n.* tantana, ihtişam, görkem; **ˈpomp.ous** □ tantanalı, debdebeli, görkemli; azametli, gururlu; süslü.

pon.cho [ˈpɔntʃəu] *n.* baştan geçme kepenek, panço.

pond [pɔnd] *n.* havuz, gölcük.

pon.der [ˈpɔndə] *v/t.* zihninde tartmak, düşünmek; *v/i.* uzun boylu düşünmek (on, over *-i*); **pon.der.a.bil.i.ty** [~rəˈbiliti] *n.* ölçülebilirlik, tartılabilirlik; **ˈpon.der.a.ble** *adj.* ölçülebilir, tartılabilir; **pon.der.os.i.ty** [~ˈrɔsiti] *n.* ağırlık, sıklet; **ˈpon.der.ous** □ ağır, hantal, iri, cüsseli; can sıkıcı; **ˈpon.der.ous.ness** = ponderosity.

pone [pəun] *n.* mısır ekmeği.

pon.iard [ˈpɔnjəd] *n.* kama, hançer.

pon.tiff [ˈpɔntif] *n.* papa, piskopos; **ponˈtif.i.cal** □ papaya *veya* piskoposa ait; gururlu; amirane; **ponˈtif.i.cate** [~kit] *n.* papanın makamı *veya* görev süresi, papalık.

pon.toon ⚔ [pɔnˈtuːn] *n.* duba, tombaz; **ponˈtoon-bridge** *n.* dubalar üstüne kurulan köprü, tombaz köprüsü.

po.ny [ˈpəuni] *n. zo.* midilli; *sl.* 25 İngiliz lirası; **ˈ~-ˈen.gine** *n.* 🚂 manevra lokomotifi; **ˈ~-tail** *n.* at kuyruğu *(saç)*.

pooch *Am. sl.* [puːtʃ] *n.* it, köpek.

poo.dle [ˈpuːdl] *n.* kaniş köpeği.

pooh [puː] *int.* öf!

pooh-pooh [puːˈpuː] *v/t.* küçümsemek, alaya almak.

pool¹ [puːl] *n.* gölcük, su birikintisi; herhangi bir sıvı birikintisi; havuz; bir nehrin derin ve durgun bölümü.

pool² [~] **1.** *n.* ortaya konulan para; toto; † tüccarlar birliği; bir çeşit bilardo oyunu; ~ room bilardo salonu; 2. *v/t.* † ortaklaşa toplamak, birleştirmek.

poop ⚓ [puːp] 1. *n.* pupa; 2. *v/t.* pupadan yemek *(dalga).*

poor □ [puə] fakir, yoksul, muhtaç; zavallı, biçare; fena, adi, bayağı, naçizane; az, biraz, kıt; zayıf, kuru, kuvvetsiz; the ~ yoksullar, fakir fukara; ~ me! zavallı ben!; ~ health bozuk sıhhat; **'~-box** *n.* sadaka kutusu; **'~-house** *n.* darülaceze, düşkünler yurdu; **'~-law** *n.* ⚖ fakirleri koruyan kanun; **'poor.ly** 1. *adj. pred.* hasta, rahatsız; 2. *adv.* kötü bir şekilde, fena, başarısızlıkla; kusurlu olarak; he is ~ off meteliğe kurşun atıyor; **'poor.ness** *n.* fakirlik, yoksulluk; **'poor-rate** *n.* zekât, halktan alınan fakirlere yardım vergisi; **'poor-'spir.it.ed** korkak, ödlek, yüreksiz; çekingen.

pop[1] [pɔp] 1. *n.* patlama sesi; F gazoz; in ~ *sl.* rehinde; 2. *v/t.* & *v/i.* patla(t)-mak, 'pat' diye ses çıkarmak; ateş etm.; *sl.* rehine vermek; *Am.* patlatmak *(mısır)*; hemen sokuvermek; ~ in uğramak; birden sokmak; ~ the question to a lady bir kadına evlenme teklif etm.; ~ up birden gelmek, çıkıvermek; 3. *adv.* aniden, birden; 4. *int.* pat!, çat!

pop[2] F [~] 1. *adj.* sevilen, tutulan, popüler; 2. *n.* pop müziği; pop şarkısı.

pop[3] *Am.* F [~] *n.* baba.

pop-corn *part. Am.* ['pɔpkɔːn] *n.* patlamış mısır.

pope [pəup] *n.* papa; **'pope.dom** *n.* papalık; **'pop.er.y** *n. contp.* papalık sistemi.

pop-eyed ['pɔpaid] *adj.* patlak gözlü.

pop.gun ['pɔpgʌn] *n.* oyuncak mantarlı tüfek, patlangaç.

pop.in.jay ['pɔpindʒei] *n.* züppe kimse.

pop.ish □ ['pəupiʃ] Katolik kiliselerine ait.

pop.lar ⚘ ['pɔplə] *n.* kavak.

pop.lin ['pɔplin] *n.* poplin.

pop.pet ['pɔpit] *n.* ⚓ kızak payandası; ⊕ başlıklı cıvata; *s.* puppet.

pop.py ⚘ ['pɔpi] *n.* gelincik; haşhaş, afyon; **'~.cock** *n. Am.* F saçma, boş laf.

pop.u.lace ['pɔpjuləs] *n.* halk, avam, kitle.

pop.u.lar □ ['pɔpjulə] halka ait; herkesçe anlaşılabilen; halkın kesesine uygun; herkesçe sevilen, popüler, revaçta olan; genel, yaygın; ~ front faşizm ve gericiliğe karşı olan solcu koalisyonu; **pop.u.lar.i.ty** [~'læriti] *n.* halk tarafından tutulma, rağbet, popülerlik; **pop.u.lar.ize** ['~ləraiz] *vb.* halkın beğeneceği şekle sokmak; herkesin anlayacağı şekle sokmak; halka hitap etm.; **'pop.u.lar.ly** *adv.* herkesçe sevilerek; halka hitap eder şekilde.

pop.u.late ['pɔpjuleit] *v/t.* şeneltmek, nüfuslandırmak; bayındırlaştırmak; **pop.u'la.tion** *n.* nüfus, ahali.

pop.u.lous □ ['pɔpjuləs] nüfusu çok, kalabalık, yoğun nüfuslu.

por.ce.lain ['pɔːslin] *n.* porselen (eşya).

porch [pɔːtʃ] *n.* kapı önünde sundurma; *Am.* veranda, taraça.

por.cu.pine *zo.* ['pɔːkjupain] *n.* oklukirpi.

pore[1] [pɔː] *n.* gözenek, mesane.

pore[2] [~] *v/i.* dikkatle bakmak (over -e); derin derin düşünmek (over, on, upon -i).

pork [pɔːk] *n.* domuz eti; **'~-bar.rel** *n. Am. sl.* politik amaçlarla kullanılmak üzere devlet hazinesinden ayrılan para; **'~-butch.er** *n.* domuz kasabı; **'pork.er** *n.* besili domuz; **'pork.y** 1. *adj.* F yağlı, semiz, şişko; 2. *Am.* F = porcupine.

por.nog.ra.phy [pɔː'nɔgrəfi] *n.* pornografi, müstehcen yazı *veya* resimler.

po.ros.i.ty [pɔː'rɔsiti] *n.*, **po.rous.ness** ['pɔːrəsnis] gözenekli olma.

po.rous □ ['pɔːrəs] gözenekli; su *veya* hava geçiren.

por.phy.ry *min.* ['pɔːfiri] *n.* somaki, porfir.

por.poise *ichth.* ['pɔːpəs] *n.* yunusbalığı.

por.ridge ['pɔridʒ] *n.* yulaf lapası; **por.ringer** ['pɔrindʒə] *n.* çorba *veya* lapa kâsesi.

port[1] [pɔːt] *n.* liman (şehri); ~ of call uğranılacak *(veya* ara) liman; ~ of destination gidilecek liman; ~ of trans-shipment aktarma limanı.

port[2] ⚓ [~] *n.* lombar (kapağı).

port[3] [~] 1. *v/t.* ⚔ namlusu sol omuza doğru olmak üzere eğri tutmak *(tüfek)*; 2. *n.* tüfek *veya* başka bir silahın omuzdaki duruşu.

port[4] ⚓ [~] 1. *n.* geminin sol *veya* iskele tarafı; 2. *v/t.* iskeleye kırmak *(dümen).*

port[5] [~] *n.* porto şarabı.

port.a.ble ['pɔːtəbl] *adj.* taşınabilir, portatif; ~ radio set portatif radyo; ~ typewriter portatif daktilo.

por.tage ['pɔːtidʒ] *n.* taşıma, nakletme; nakliyat yolu; *s.* porterage.

por.tal ['pɔːtl] *n.* görkemli kapı, giriş; **'por.tal-to-'por.tal pay** işçinin işyerinde harcadığı zamana göre ödenen para.

port.cul.lis ⚔ [pɔːt'kʌlis] *n.* kaleye girişi önlemek için indirilen demir parmaklık.

por.tend [pɔː'tend] *v/t.* yakında olacağına alâmet olm. *(kötü bir olay)*, delâlet etm. *-e.*

por.tent ['pɔːtent] *n.* kehanet; alâmet, geleceği gösteren işaret; **por'ten.tous** □

[~təs] uğursuz; harikulâde, fevkalâde; olağanüstü.
por.ter[1] [ˈpɔːtə] *n.* kapıcı.
por.ter[2] [~] *n.* hamal; yataklı vagon görevlisi; siyah bira; **ˈpor.ter.age** *n.* hamallık (ücreti), hamaliye; **ˈpor.ter-house** *n.* birahane; *a.* ~ steak bir çeşit biftek.
port.fire [ˈpɔːtfaiə] *n.* barutlu fitil.
port.fo.li.o [pɔːtˈfəuljəu] *n.* evrak çantası; bakanlık (görevi); bir kimseye ait tüm tahviller; minister without ~ sandalyesiz bakan.
port-hole ⚓ [ˈpɔːthəul] = port².
por.ti.co 🏛 [ˈpɔːtikəu] *n.* revak, kemeraltı, sütunlu giriş.
por.tière [ˈpɔːtiɛə] *n.* kapı gibi kullanılan kalın perde.
por.tion [ˈpɔːʃən] **1.** *n.* hisse, pay; parça, kısım; porsiyon; kısmet, talih, kader; çeyiz; **2.** *v/t.* ayırmak, bölmek, taksim etm.; kızına vermek *(çeyiz)*; **ˈpor.tion-less** *adj.* çeyizsiz.
port.li.ness [ˈpɔːtlinis] *n.* şişmanlık, heybet, iriyarılık; **ˈport.ly** *adj.* iri yapılı, iriyarı, cüsseli, şişman; heybetli, gösterişli.
port.man.teau [pɔːtˈmæntəu] *n.* bavul; ~ word *gr.* birleşik *(veya* uydurma) sözcük, kelime.
por.trait [ˈpɔːtrit] *n.* portre, resim, tasvir; kelimelerle yapılan tanım; **ˈpor.trait-ist** *n.* portreci; **por.trai.ture** [ˈ~tʃə] = portrait; resim sanatı; tanımlama.
por.tray [pɔːˈtrei] *v/t.* resmetmek, *-in* resmini yapmak; tanımlamak, tasvir etm.; **porˈtray.al** *n.* resmetme; tanımlama, tasvir etme.
Por.tu.guese [pɔːtjuˈgiːz] **1.** *adj.* Portekiz'le ilgili; **2.** *n.* Portekizce; Portekizli.
pose [pəuz] **1.** *n.* poz, duruş, vaziyet; tavır; yapmacık tavır, numara; **2.** *v/t.* & *v/i.* yerleş(tir)mek; poz vermek; poz almak; ortaya atmak *(soru)*, yaratmak *(sorun)*; tavır takınmak; taslamak (as *-i*) **ˈpos.er** *n.* poz veren kimse; şaşırtıcı soru(n).
posh *sl.* [pɔʃ] *adj.* şık, modaya uygun; lüks, birinci sınıf, en iyi.
po.si.tion [pəˈziʃən] *n.* yer, mevki, mahal *(a. fig.)*; durum, vaziyet; ⚔ mevzi; *ast.*, ⚓ duruş, pozisyon; *fig.* sosyal durum; hal, tavır; iş, görev, vazife, memuriyet; fikir, iddia; tutum; ~ light seyir ışığı, pozisyon ışığı; be in a ~ to do *bşi* yapma yetki ve durumunda olm.
pos.i.tive [ˈpɔzətiv] **1.** □ kesin, katî, mutlak; olumlu, müspet; emin; yapıcı; tam, gerçek; esaslı; gerekli; ⩓, *phls.*, *phys.*, *phot.*, ⚡ pozitif; **2.** *n.* olumlu derece; *phot.* pozitif resim; *gr.* belgin sıfat; kesin şey; **ˈpos.i.tive.ness** *n.* kesinlik.
pos.se [ˈpɔsi] *n.* polis müfrezesi; heyet, takım, grup.
pos.sess [pəˈzes] *v/t.* malik olm., sahip olm. *-e*; hükmetmek; meşgul etm.; kurcalamak *(zihin)*; ~ed deli, çılgın; düşkün (with *-e*); ~ed of sahip olan *-e*, ...si olan; ~ o.s. of ele geçirmek *-i*, sahibi olm. *-in*; **pos.ses.sion** [pəˈzeʃən] *n.* iyelik, sahiplik, sahip olma; cinnet, delilik; sömürge, koloni; tasarruf, kullanma yetkisi; ~s *pl.* mal, mülk, servet; in ~ of elinde, elde etmiş *-i*; **posˈses.sive** *gr.* [~siv] **1.** □ iyelik gösteren, iyelik...; ~ case *-in* hali; **2.** *n.* *-in* hali; **posˈses.sor** *n.* mal sahibi; **posˈses.so.ry** *adj.* sahipliğe ait.
pos.set [ˈpɔsit] *n.* bira *veya* şaraplı baharatlı sıcak süt.
pos.si.bil.i.ty [pɔsəˈbiliti] *n.* imkân, olanak; ihtimal, olabilirlik; **ˈpos.si.ble** **1.** □ mümkün, olası, muhtemel, kabil; makûl, akla yatkın; **2.** *n.* *spor:* rekor; olası *bş*, imkân; **ˈpos.si.bly** *adv.* belki, ihtimal, mümkündür ki, imkân dahilinde; if I ~ can olurda ...bilirsem; how can I ~ do it? onu nasıl yapabilirim acaba?; I cannot ~ do it onu yapmama imkân yok.
pos.sum F [ˈpɔsəm] = opossum; play ~ uyur *veya* ölü taklidi yapmak.
post[1] [pəust] **1.** *n.* direk, kazık, destek; **2.** *v/t.* *mst* ~ up yapıştırmak, asmak *(ilan)*.
post[2] [~] *n.* ⚔ ordugâh, kışla, askeri menzil; † alışveriş merkezi; ⚔ kol, karakol, devriye; polis noktası; iş, görev, memuriyet; atama, tayin; 📯 posta (servisi); atlı postacı; posta arabası; posta kutusu; postane; at one's ~ ⚔ nöbeti başında; by ~ posta ile; **2.** *v/t.* yerleştirmek, koymak; görevlendirmek; postaya vermek, postalamak; † defteri kebire işlemek; *oft.* ~ up † yevmiye defterinden defteri kebire geçirmek; bildirmek, bilgi vermek; keep s.o. ~ed up *b-ni* haberdar etm.; *v/i.* posta atlarıyle seyahat etm.; acele gitmek.
post[3] ⚔ [~] *n.* sinyal, boru; last ~ yat borusu.
post.age [ˈpəustidʒ] *n.* posta ücreti; ~ due eksik ödenmiş posta ücreti; ~ **stamp** posta pulu.
post.al [ˈpəustəl] **1.** □ posta ile ilgili, posta...; ~ order posta havalesi; ♀ Union milletlerarası posta birliği; **2.** *n.* *a.* ~ card *Am.* kartpostal.
post.card [ˈpəustkaːd] *n.* kartpostal, posta kartı.

post.date ['pəust'deit] *v/t.* *-in* üzerine ileri bir tarih atmak.
post.er ['pəustə] *n.* yafta, afiş, poster; *a.* bill-~ afiş yapıştıran kimse.
poste res.tante ['pəust 'resta:nt] *n.* postrestant.
pos.te.ri.or F [pɔs'tiəriə] **1.** □ sonra gelen, sonraki (to *-den*); gerideki; **2.** *n. a.* ~s *pl.* kaba etler, insan kıçı.
pos.ter.i.ty [pɔs'teriti] *n.* gelecek nesiller; döl.
pos.tern ['pəustə:n] *n.* yan kapı, yan giriş; arka kapı.
post-free ['pəust'fri:] *adj.* posta ücretine tabi olmayan; posta ücreti ödenmiş.
post-grad.u.ate ['pəust'grædjuit] **1.** *adj.* üniversite sonrası öğrenime ait; **2.** *n.* üniversite mezunu, doktora talebesi.
post-haste ['pəust'heist] *adv.* büyük bir telaşla, apar topar, alelacele, ivedilikle.
post.hu.mous □ ['pɔstjuməs] ölümden sonra olan; yazarın ölümünden sonra yayınlanan *(eser)*; babasının ölümünden sonra doğmuş *(çocuk)*.
pos.til.(l)ion [pəs'tiljən] *n.* posta arabasını çeken atlardan birine binerek sürücülük eden kimse.
post...: **'~.man** *n.* postacı; **'~.mark** **1.** *n.* posta damgası; **2.** *v/t.* damgalamak; **'~.mas.ter** *n.* postane müdürü; ♀ General posta genel müdürü.
post me.rid.i.em ['pəust mə'ridiəm] *adj.* öğleden sonraya ait; **post-mor.tem** ['~'mɔ:tem] **1.** *adj.* öldükten sonra yapılan; **2.** *n. a.* ~ examination otopsi.
post...: **'~-of.fice** *n.*, *mst* ~ **of.fice** postane; *Am.* öpücük oyunu; general ~ merkez postane; ~ box posta kutusu; ~ order posta havalesi; **'~-paid** *adj. & adv.* posta ücreti ödenmiş (olarak).
post.pone [pəus'pəun] *v/t.* ertelemek, sonraya bırakmak, tehir etm.; **post'ponement** *n.* erteleme, tehir.
post.pran.di.al □ *co.* [pəust'prændiəl] yemek sonrası.
post.script ['pəusskript] *n.* derkenar, (dip)not.
pos.tu.lant ['pɔstjulənt] *n.* namzet, aday;
pos.tu.late **1.** ['~lit] *n.* önerme; kabulü zorunlu olan esas; **2.** ['~leit] *v/t.* istemek, talep etm., dilemek; öneri olarak kabul etm.; var saymak; **pos.tu'la.tion** *n.* talep, istek, dilek; öneri olarak kabul etme.
pos.ture ['pɔstʃə] **1.** *n.* duruş, poz, vaziyet; hal, durum, gidişat; davranış, tutum; **2.** *v/t. & v/i.* poz ver(dir)mek; tavır takınmak.
post-war ['pəust'wɔ:] *adj.* savaş sonrası...
po.sy ['pəuzi] *n.* çiçek demeti.
pot [pɔt] **1.** *n.* çömlek, kavanoz, kap; saksı; F *spor:* gümüş kupa; *Am. sl.* haşiş; büyük miktar; a ~ of money F dünya kadar para; big ~ F kodaman; **2.** *v/t.* saksıya dikmek; kavanozda konserve etm.; rasgele vurmak, avlamak; lâzımlığa oturtmak *(bebek)*; *bilardo:* çukura düşürmek *(top)*; *v/i.* F rasgele ateş etm.
po.ta.ble ['pəutəbl] *adj.* içilebilir.
pot.ash ⚗ ['pɔtæʃ] *n.* potas, kalya taşı, potasyum hidrat.
po.tas.si.um ⚗ [pə'tæsjəm] *n.* potasyum.
po.ta.tion [pəu'teiʃən] *n. mst* ~s *pl.* içki (içme).
po.ta.to [pə'teitəu] *n.*, *pl.* **po'ta.toes** [~z] patates; ~ **bee.tle** *zo.* patates böceği.
pot...: **'~-bel.ly** *n.* göbek; göbekli kimse; **'~-boil.er** *n.* sadece para kazanmak için yazılan kitap *vs.*; **'~-boy** *n.* meyhanede içki servisi yapan garson.
po.ten.cy ['pəutənsi] *n.* güç, kuvvet, kudret; potansiyel; erkeğin cinsel iktidarı; **'po.tent** □ kuvvetli, güçlü, kudretli, etkili, tesirli, nüfuzlu; cinsî iktidarı olan *(erkek)*; **po.ten.tate** ['~teit] *n.* nüfuzlu kimse; hükümdar, kral; **po.ten.tial** [pəu'tenʃəl] **1.** *adj.* kuvvetli; muhtemel, olası; *phys.* potansiyel, gizil; **2.** *n. a.* ~ mood *gr.* yeterlik kipi; ihtimal, olasılık; güç, iktidar; ⚡ potansiyel, gerilim; **po.ten.tial.i.ty** [~ʃi'æliti]*n.* imkân, ihtimal.
poth.er ['pɔðə]**1.** *n.* dert, sıkıntı; gürültü, karışıklık, şamata; **2.** *v/t.* başını ağrıtmak, üzmek, sinirlendirmek; *v/i.* gürültü etm.
pot...: **'~-herb** *n.* yemeğe çeşni veren yeşillik; **'~-hole** *n. mot.* derin çukur; *geol.* kayalarda suyun açtığı çukur; **'~-hook** *n.* tencereyi ateş üstüne asmaya yarayan S şeklinde çengel; ~s *pl.* yazmayı öğrenenlerin S şeklindeki çizgileri; **'~-house** *n.* düşük kaliteli meyhane, birahane.
po.tion ['pəuʃən]*n.* ilâç dozu; iksir.
pot-luck ['pɔt'lʌk] *n.:* take ~ Allah ne verdiyse yemek.
pot.tage ['pɔtidʒ] *n.* koyu sebze çorbası.
pot.ter[1] ['pɔtə] *vb.:* ~ about oyalanmak; ~ away vakit geçirmek.
pot.ter[2] [~] *n.* çömlekçi; ~'s **wheel** çömlekçi çarkı; **'pot.ter.y** *n.* çanak çömlek; çömlek imalâthanesi; çömlekçilik.
pot.ty ['pɔti] **1.** *adj. sl.* önemsiz, ufak tefek; çılgın, deli; **2.** *n.* çocuk lâzımlığı.
pouch [pautʃ] **1.** *n.* torba, kese *(a. zo)*;

göz altlarındaki şişlik; **2.** *vb.* torbaya koymak; torba gibi yapmak; **pouched** *adj.* keseli.

poul.ter.er [ˈpəultərə] *n.* tavukçu.

poul.tice ⚕ [ˈpəultis] *n.* yara lapası.

poul.try [ˈpəultri] *n.* kümes hayvanları.

pounce [pauns] **1.** *n.* saldırma, atılma, hamle; **2.** *v/i.* atılmak (on, upon *-in üzerine).*

pound[1] [paund] *n.* libre *(=453,6 g)*; ~ (sterling) sterlin, İngiliz lirası *(abbr.* £ *= 100 pence).*

pound[2] [~] **1.** *n.* sahipsiz araç *veya* hayvanların muhafaza edildiği yer; **2.** *v/t.* ağıla kapamak.

pound[3] [~] *v/t.* dövmek, vurmak, ezmek; yumruklamak; *sl. borsa:* indirmek *(fiyat)*; *v/i.* küt küt atmak *(kalp)*; ~ away ağır ağır yürümek.

pound.age [ˈpaundidʒ] *n.* sterlin başına alınan komisyon.

pound.er [ˈpaundə] *n.* ... librelik *bş.*

pour [pɔː] *v/t. & v/i.* ak(ıt)mak, dök(ül)mek, boşal(t)mak; koymak *(çay vs.)*; akın etm.; bardaktan boşanırcasına yağmak; ~ out boşaltmak, koymak; *fig.* içini dökmek; ~ with rain bardaktan boşanırcasına yağmak; it never rains but it ~s *fig.* aksilikler üst üste gelir.

pout [paut] **1.** *n.* somurtma, surat asma; **2.** *v/t.* sarkıtmak *(dudaklarını)*; *v/i.* somurtmak, surat asmak; **ˈpout.er** *n. zo.* kursağını şişirebilen bir güvercin.

pov.er.ty [ˈpɔvəti] *n.* yoksulluk, fakirlik; yetersizlik, eksiklik; **ˈ~-strick.en** *adj.* çok fakir, yoksul, muhtaç.

pow.der [ˈpaudə] **1.** *n.* toz; pudra; barut; **2.** *v/t. & v/i.* toz *veya* pudra sürmek *-e*, pudralamak; pudra kullanmak; **ˈ~-box** *n.* pudralık, pudriyer; **ˈ~-puff** *n.* pudra ponponu; **ˈpow.der.y** *adj.* tozlu, toz gibi, toz halinde.

pow.er [ˈpauə] *n.* kuvvet, kudret, güç *(a.* ⊕, ⚡*)*; yetki, salâhiyet; etki, tesir; hâkimiyet, nüfuz, sözü geçerlik; ⚖ vekâlet(name); etkili kişi, otorite, 𝔄 üs; F çok miktar; yetenek, kabiliyet; devlet, hükümet; merceğin büyütme kabiliyeti; in ~ iktidarda; **ˈ~-cur.rent** *n.* yüksek gerilimli akım; **ˈ~-dive** *n.* ✈ pike; **pow.er.ful** [ˈ~ful] □ kuvvetli, güçlü, kudretli; etkili, tesirli; nüfuzlu, yetkili; **ˈpow.er-house** = power-station; **ˈpow.er.less** *adj.* kuvvetsiz, güçsüz, kudretsiz; beceriksiz; **pow.er line** ⚡ elektrik hattı; **pow.er plant** = power-station; **pow.er pol.i.tics** *n. sg.* kuvvet politikası; **ˈpow.er-sta.tion** *n.* elektrik santralı.

pow.wow [ˈpauwau] *n.* toplantı; *Am.* Kızılderililerin yaptığı toplantı; F büyücü hekim.

pox *sl.* [pɔks] *n.* frengi.

pra(a)m ⚓ [prɑːm] *n.* altı düz bir çeşit kayık.

prac.ti.ca.bil.i.ty [præktikəˈbiliti] *n.* pratiklik, kullanışlılık; **ˈprac.ti.ca.ble** □ yapılabilir; elverişli, kullanışlı; **ˈprac.ti.cal** □ uygulamalı, pratik; kullanışlı, elverişli, uygulanabilir; gerçekçi; tecrübeli, deneyimli; işlek; ~ joke eşek şakası; ~ chemistry uygulamalı kimya; **prac.ti.cal.i.ty** [~ˈkæliti] *n.* uygulanabilme, elverişlilik; **prac.ti.cal.ly** [ˈ~kəli] *adv.* pratik olarak; hemen hemen, yaklaşık olarak; gerçekte, fiilen.

prac.tice [ˈpræktis] **1.** *n.* uygulama, tatbikat; alışıklık, alışkanlık, âdet; pratik, egzersiz, idman; müşteriler; meslek icrası; doktorluk, avukatlık; işyeri; out of ~ körlenmiş, körelmiş; put into ~ uygulamaya koymak; sharp ~ dalavere; **2.** *Am.* = practise.

prac.tise [~] *v/t. & v/i.* yapmak; uygulamak, tatbik etm.; talim etm., eğitmek; çalışmak; *k-ni* alıştırmak; pratik yapmak, egzersiz yapmak; bir meslekte çalışmak; *spor:* idman *(veya* antrenman) yapmak; ♪ pratik yapmak; ~ upon *k-ne* yontmak; istifade etm. *-den*; **ˈprac.tised** *adj.* tecrübeli, deneyimli; alışık, talimli; hünerli.

prac.ti.tion.er [prækˈtiʃnə] *n.* pratik yapan kimse; doktor; avukat; *a.* general ~ pratisyen doktor.

prae.tor [ˈpriːtə] *n.* eski Roma'da hâkim.

prag.mat.ic [prægˈmætik] *adj.* (~ally) pratik, amelî; pragmatizme ait.

prai.rie *Am.* [ˈprɛəri] *n.* bozkır, büyük çayırlık; ~ schooner üstü kapalı atlı araba.

praise [preiz] **1.** *n.* övgü; şükür; tapınma; **2.** *v/t.* övmek, methetmek; şükretmek.

praise.wor.thy [ˈpreizwəːði] □ övülmeye değer, takdire lâyık.

pram F [præm] *n.* çocuk arabası.

prance [prɑːns] *v/i.* fırlamak *(at)*; caka satarak yürümek; zıp zıp zıplamak, zıplayan ata binmek; *v/t.* zıplatıp oynatmak *(at).*

pran.di.al □ [ˈprændiəl] yemekle ilgili, yemek...

prang ✕ *sl.* [præŋ] *n.* şiddetli bombardıman.

prank [præŋk] **1.** *n.* kaba şaka, eşek şakası; oyun; **2.** *vb.* ~ out telleyip pullamak, çok süslemek; caka satmak.

prate [preit] **1.** *n.* gevezelik; **2.** *vb.* geve-

zelik etm., çok konuşmak, boş laf etm.; ˈ**prat.er** *n.* geveze kimse.
prat.tle [ˈprætl] = prate.
prawn *zo.* [prɔːn] *n.* büyük karides, deniz tekesi.
pray [prei] *v/i.* dua etm. (to *-e;* for *için):* ibadet etm., namaz kılmak; yalvarmak (to *-e*); *v/t.* çok rica etm. (for *-i*); ~ tell me lütfen bana söyleyin.
prayer [prɛə] *n.* dua, niyaz; duacı, dua eden kimse; ibadet, namaz; *oft.* ~s *pl.* temenni, rica; Lord's ~ Hıristiyanların fatihaya benzetilebilen duası; Book of Common ♀ dua kitabı; ˈ**~-book** *n.* dua kitabı; ˈ**~-rug** *n.* seccade.
pre... [priː, pri] *prefix* önce, evvel, ön.
preach [priːtʃ] *v/t.* & *v/i.* va'zetmek, vaız vermek (to *-e*); nasihat etm., öğüt vermek; ileri sürmek; telkin etm.; ˈ**preacher** *n.* vaiz; ˈ**preach.ing** *n.* vaız; öğüt; ˈ**preach.ment** *n.* vaız; va'zetme.
pre.am.ble [priːæmbl] *n.* önsöz, başlangıç.
pre.ar.range [priːəˈreindʒ] *v/t.* önceden düzenlemek.
preb.end *eccl.* [ˈprebənd] *n.* papaza bağlanan ödenek; ˈ**pre.ben.dar.y** *n.* ödenek alan papaz.
pre.car.i.ous ☐ [priˈkɛəriəs] kararsız, şüpheli; tehlikeli, rizikolu, nazik; güvenilmez, istikrarsız, asılsız; **preˈcar.i.ous.ness** *n.* riziko, tehlikeli durum.
pre.cau.tion [priˈkɔːʃən] *n.* tedbir, önlem, ihtiyat; **preˈcau.tion.ar.y** [~ʃnəri] *adj.* önlem olarak, ihtiyati.
pre.cede [priːˈsiːd] *vb.* *-den* önce gelmek, *-den* önde olm.; *-in* önünden yürümek; *fig.* *-den* daha önemli *(veya* üstün) olm.; **preˈced.ence, preˈced.en.cy** *n.* önce gelme, öncelik, üstünlük; kıdem; **prec.e.dent** [ˈpresidənt] *n.* emsal; örnek, numune; **pre.ced.ing** [priːˈsiːdiŋ] *adj.* önceki, önde olan, takip edilen.
pre.cen.tor *eccl.* [priːˈsentə] *n.* kilisede müziği idare eden kimse.
pre.cept [ˈpriːsept] *n.* emir, hüküm; ilke, ahlâkî kural; talimat, yönerge; ⚖ mahkeme emri; **pre.cep.tor** [priˈseptə] *n.* öğretmen, eğitmen; **preˈcep.tress** [~tris] *n.* bayan öğretmen.
pre.cinct [ˈpriːsiŋkt] *n.* mıntıka, bölge, yöre; *part. Am.* seçim bölgesi; ~s *pl.* havali, çevre; pedestrian ~ sadece yayalara mahsus yol.
pre.cious [ˈpreʃəs] **1.** *n.* kıymetli, değerli; çok sevilen, gözde; aşırı titiz, müşkülpesent; kibar, nazik; F kötü, rezil; **2.** *adv.* F pek, çok; ˈ**pre.cious.ness** *n.* değer, kıymet; pahalılık; aşırı kibarlık.
prec.i.pice [ˈpresipis] *n.* uçurum; sarp kayalık; **pre.cip.i.tance, pre.cip.i.tan.cy** [priˈsipitəns(i)] *n.* acele(cilik), telaş; **preˈcip.i.tate 1.** [~teit] *v/i.* & *v/i.* yüksek bir yerden aşağı at(ıl)mak, düş(ür)mek; zamanından önce meydana getirmek; hızlandırmak; ⚗ çökel(t)mek; yoğunlaştırmak *(buhar)*; yoğunlaşıp yağmur *vs.* şeklinde yağmak; **2.** [~tit] ☐ aceleci; düşüncesiz; acele ile yapılmış; anî; **3.** ⚗ [~tit] *n.* tortu, çökelti; **pre.cip.i.tation** [~ˈteiʃən] *n.* yağış (miktarı); acelecilik, telaş; ⚗ çökelme; **preˈcip.i.tous** ☐ çok dik, sarp, uçurum gibi; aceleci, atılgan; çok hızlı.
pré.cis [ˈpreisiː] *n.* öz(et).
pre.cise ☐ [priˈsais] tam(am), katî, kesin; titiz, dakik; kusursuz; ~ly! elbette!; **preˈcise.ness** *n.* kesinlik; dakiklik; açıklık, vuzuh.
pre.ci.sion [priˈsiʒən] *n.* dikkat, kesinlik, katîlik; dakiklik; doğruluk; *attr.* dakik; hassas *(alet).*
pre.clude [priˈkluːd] *v/t.* önlemek, engel olm., meydan vermemek; ~ s.o. from *ger.* *b-ni bş* yapmaktan alıkoymak.
pre.co.cious ☐ [priˈkəuʃəs] vaktinden önce gelişmiş, *fig.* büyümüş de küçülmüş; **preˈco.cious.ness, pre.coc.i.ty** [priˈkɔsiti] *n.* erken gelişmişlik.
pre.con.ceive [ˈpriːkənˈsiːv] *vb.* peşin hüküm vermek, önyargıda bulunmak; ~d önyargılı.
pre.con.cep.tion [ˈpriːkənˈsepʃən] *n.* önyargı, peşin hüküm.
pre.con.cert.ed [ˈpriːkənˈsəːtid] *adj.* önceden kararlaştırılmış.
pre.cur.sor [priːˈkəːsə] *n.* haberci, müjdeci; işaret, alâmet; **preˈcur.so.ry** *adj.* ön, ilk; önceden haber veren.
pre.date [ˈpriːˈdeit] *vb.* erken tarih atmak; daha önce gelmek.
pred.a.to.ry [ˈpredətəri] *adj.* yağmacılıkla geçinen, çapulcu, talancı; yırtıcı *(hayvan).*
pre.de.cease [ˈpriːdiˈsiːs] *v/t.* *-den* önce ölmek.
pre.de.ces.sor [ˈpriːdisesə] *n.* öncel, selef: ata, cet.
pre.des.ti.nate [priːˈdestineit] *v/t.* önceden nasip etm., alnına yazmak *-in*, önceden mukadder kılmak; **pre.des.tiˈna.tion** *n.* takdir; *eccl.* yazgı, alın yazısı, kader, nasip, kısmet; **preˈdes.tined** *adj.* seçkin, güzide.
pre.de.ter.mine [ˈpriːdiˈtəːmin] *v/t.* önceden tayin etm.; önceden kararlaştırmak.
pred.i.ca.ble [ˈpredikəbl] *adj.* iddia edile-

bilir.

pre.dic.a.ment [priˈdikəmənt] *n. phls.* kötü durum, çıkmaz.

pred.i.cate 1. [ˈpredikeit] *v/t.* doğrulamak; belirtmek, ifade etm., göstermek; dayan(dır)mak (on *-e*); **2.** [ˈ~kit] *n. gr.* yüklem; **pred.i.ca.tion** [~ˈkeiʃən] *n.* hüküm, yükleme; **pred.i.ca.tive** [priˈdikətiv] □ doğrulayıcı; *gr.* yüklemi oluşturan.

pre.dict [priˈdikt] *v/t.* önceden bildirmek, kehanette bulunmak; **pre.dic.tion** [~ˈdikʃən] *n.* önceden haber verme, kehanet.

pre.di.lec.tion [priːdiˈlekʃən] *n.* yeğleme, tercih (for *-i*).

pre.dis.pose [ˈpriːdisˈpəuz] *v/t.* önceden hazırlamak (to *-e*); yetenekli kılmak; **pre.dis.po.si.tion** [ˈ~dispəˈziʃən] *n.* yatkınlık, yetenek, kabiliyet; *part.* ⚕ eğilim (to *-e*).

pre.dom.i.nance [priˈdɔminəns] *n.* üstünlük, ağır basma; **preˈdom.i.nant** □ üstün, ağır basan, hâkim, galip; **preˈdom.i.nate** [~neit] *v/i.* hâkim olm. (over *-e*); üstün olm., galip gelmek.

pre-em.i.nence [priːˈeminəns] *n.* üstünlük, seçkinlik; **preˈem.i.nent** □ üstün, seçkin.

pre-emp.tion [priːˈempʃən] *n.* başkalarından önce satın alma (hakkı).

preen [priːn] *v/t.* gaga ile düzeltmek *(tüy)*; *k-ne* çekidüzen vermek; ~ o.s. on *fig.* övünmek *ile*.

pre-en.gage [priːinˈgeidʒ] *v/t.* önceden taahhüt etm.; önceden tutmak, peylemek; **pre-enˈgage.ment** *n.* önceden taahhüt etme.

pre-ex.ist [ˈpriːigˈzist] *v/i.* daha önce var olm. *veya* yaşamak; **ˈpre-exˈist.ence** *n.* daha önce var olma.; **ˈpre-exˈist.ent** *adj.* daha önce var olan.

pre.fab [ˈpriːfæb] **1.** *adj.* prefabrik...; **2.** *n.* prefabrik yapı; **ˈpreˈfab.ri.cate** [~rikeit] *v/t.* parçalarını önceden hazırlamak *veya* imal etm.

pref.ace [ˈprefis] **1.** *n.* önsöz, başlangıç; **2.** *v/t.* önsöz ile başlamak; *-in* önsözünü yazmak.

pref.a.to.ry □ [ˈprefətəri] önsözle ilgili, önsöz niteliğinde...

pre.fect [ˈpriːfekt] *n.* eski Roma'da vali, yüksek rütbeli memur; Paris polis şefi; *okul:* sınıf mümessili (*veya* başkanı).

pre.fer [priˈfəː] *v/t.* tercih etm., yeğlemek (to *-e*); daha çok beğenmek; sunmak, arzetmek; atamak, terfi ettirmek; *s.* share 1; I should ~ you not to go gitmemenizi yeğlerim, bence gitmeseniz daha iyi; **pref.er.a.ble** □ [ˈprefərəbl] daha iyi (to *-den*), tercih edilir (to *-e*); **ˈpref.er.a.bly** *adv.* tercihen; **ˈpref.er.ence** *n.* yeğleme, yeğ tutma, tercih (hakkı); *part.* ✝ öncelik, üstünlük, rüçhan; *s.* share 1.; **pref.er.en.tial** □ [~ˈrenʃəl] tercihli; tercih ed(il)en...; **pref.erˈen.tial.ly** *adv.* tercihen; **pre.fer.ment** [priˈfəːmənt] *n.* terfi, yükselme; öncelik.

pre.fix 1. [ˈpriːfiks] *n.* önek; ünvan; **2.** [priːˈfiks] *v/t.* koymak *(önek)*.

preg.nan.cy [ˈpregnənsi] *n.* gebelik, hamilelik; *fig.* dolgunluk; derinlik; anlam; **ˈpreg.nant** □ hamile, gebe; *fig.* anlamlı, manalı; dolu, yüklü; verimli.

pre-heat ⊕ [ˈpriːˈhiːt] *vb.* önceden ısıtmak.

pre.hen.sile [priˈhensail] *adj.* kavrayabilen, tutabilen.

pre.his.tor.ic [ˈpriːhisˈtɔrik] *adj.* tarih öncesine ait, tarihöncesi..., tarihten önceki...

pre-ig.ni.tion *mot.* [ˈpriːigˈniʃən] *n.* erken ateşleme.

pre.judge [ˈpriːˈdʒʌdʒ] *v/t.* önceden hüküm vermek.

prej.u.dice [ˈpredʒudis] **1.** *n.* önyargı, peşin hüküm; haksız hüküm; tarafgirlik; without ~ to etki altında kalmadan, zarar vermeksizin *-e*; **2.** *v/t.* haksız hüküm verdirmek *-e* (against *-e karşı*); haksız hüküm *veya* iş ile zarar vermek *-e*; ~d tarafgir; zarar görmüş.

prej.u.di.cial □ [predʒuˈdiʃəl] önyargılı; zararlı (to *-e*).

prel.a.cy [ˈpreləsi] *n.* piskoposluk.

prel.ate [ˈprelit] *n.* piskopos.

pre.lec.tion [priˈlekʃən] *n.* konferans, ders; **preˈlec.tor** *n.* konferansçı.

pre.lim F [priˈlim] *n.* ön sınav, yeterlik sınavı.

pre.lim.i.nar.y [priˈliminəri] **1.** □ hazırlayıcı, ilk, ön, başlangıç niteliğinde; **2.** *n.* ön sınav, yeterlik sınavı; **preˈlim.i.na.ries** [~riz] *n. pl.* ön hazırlık, başlangıç.

prel.ude [ˈpreljuːd] **1.** *n.* ♪ peşrev, fasıl, prelüd; başlangıç, giriş; **2.** *vb.* ♪ peşrevle açmak; bir başlangıçla açmak; peşrev çalmak.

pre.ma.ture □ [preməˈtjuə] *fig.* zamanından evvel olan *veya* gelişen, erken...; erken doğan; vakitsiz, mevsimsiz; ~ delivery erken doğum; **pre.maˈture.ness, pre.maˈtu.ri.ty** [~riti] *n. fig.* zamanından evvel gelişme, mevsimsizlik.

pre.med.i.tate [priːˈmediteit] *v/t.* önceden düşünmek, tasarlamak, amaçlamak; ~d murder ⚖ taammüden cinayet; **pre.medˈi.ta.tion** *n.* tasarlama, kasıt; önceden düşünme.

pre.mi.er [ˈpremjə] 1. *adj.* baştaki, birinci, ilk, baş, asıl; 2. *n.* başbakan.
prem.ière [ˈpremiɛə] *n.* gala.
pre.mi.er.ship [ˈpremjəʃip] *n.* başbakanlık.
prem.ise 1. [ˈpremis] *n.* terim, önerme, öncül; ~s *pl.* mülk, ev ve müştemilâtı; ⚖ ana madde; licensed ~s *pl.* meyhane; on the ~s yerinde, mahallinde, bina müştemilâtı içinde; 2. **pre.mise** [priˈmaiz] *v/t.* açıklayarak önceden belirtmek.
pre.mi.um [ˈpriːmjəm] *n.* prim; mükâfat, ödül; değer; ikramiye; hediye; ücret; † prim, acyo, kâr, temettü; at a ~ fazla fiyatla; çok rağbette, tutulan.
pre.mo.ni.tion [priːməˈniʃən] *n.* önsezi; uyarma; **pre.mon.i.to.ry** □ [priˈmɔnitəri] önsezi kabilinden, haber verici, uyarıcı.
pre-na.tal [ˈpriːˈneitl] *adj.* doğum öncesine ait.
pre.oc.cu.pan.cy *fig.* [priːˈɔkjupənsi] *n.* dalgınlık (in *-e*); **pre.oc.cu.pa.tion** [~ˈpeiʃən] *n.* zihin meşguliyeti (with *ile*); zihni meşgul eden şey, tasa, kaygı; **preˈoc-cu.pied** [~paid] *adj.* zihni meşgul; **pre-ˈoc.cu.py** [~pai] *v/t.* meşgul etm. *(zihin)*; başkasından önce ele geçirmek.
pre.or.dain [ˈpriɔːˈdein] *v/t.* önceden takdir etm., önceden nasip etm.
prep F [prep] = preparation, preparatory school.
pre.paid [ˈpriːˈpeid] *adj.* önceden ödenmiş.
prep.a.ra.tion [prepəˈreiʃən] *n.* hazırlama; hazırlık; hazırlanan şey; hazır ilâç; ev ödevi; **pre.par.a.tive** [priˈpærətiv] *n.* hazırlık, hazırlama; **preˈpar.a.to.ry** [~təri] □ hazırlayıcı, hazırlık; ~ school üniversiteye hazırlayan özel okul; ~ to *-den* evvel, *-meden* önce.
pre.pare [priˈpɛə] *v/t.* & *v/i.* hazırla(n)mak; düzenlemek; donatmak; pişirmek; yapmak; **preˈpared** □ hazır; ~ for hazır *-e*; **preˈpared.ness** *n.* hazırlık, hazır olma (for *-e*).
pre.pay [ˈpriːˈpei] (*irr.* pay) *v/t.* peşin ödemek; **ˈpreˈpay.ment** *n.* peşin ödeme.
pre.pense □ [priˈpens] önceden düşünülmüş, tasarlanmış, kasıtlı; with malice ~ taammüden, kasten, kasıtlı.
pre.pon.der.ance [priˈpɔndərəns] *n.* çoğunluk, üstünlük, fazlalık; **preˈpon.der.ant** □ ağır basan, baskın gelen, hâkim, galip; **preˈpon.der.ate** [~reit] *v/i.* ağır basmak, baskın gelmek, galip gelmek; hâkim olm.; ağır çekmek.
prep.o.si.tion *gr.* [prepəˈziʃən] *n.* edat, ilgeç; **prep.oˈsi.tion.al** □ [~ʃənl] edat niteliğinde, edat...
pre.pos.sess [priːpəˈzes] *v/t.* lehinde fikir hâsıl ettirmek, gönlünü çelmek, etkilemek; meşgul etm. *(zihin)*; **pre.pos-ˈsess.ing** □ cazibeli, çekici, alımlı; **pre-pos.ses.sion** [~ˈzeʃən] *n.* tarafgirlik; zihin meşguliyeti.
pre.pos.ter.ous [priˈpɔstərəs] *adj.* akıl almaz, mantıksız, inanılmaz, saçma.
pre.puce *anat.* [ˈpriːpjuːs] *n.* sünnet derisi.
pre.req.ui.site [ˈpriːˈrekwizit] *n.* önceden gerekli olan şey.
pre.rog.a.tive [priˈrɔgətiv] *n.* ayrıcalık, yetki hak, imtiyaz.
pres.age [ˈpresidʒ] 1. *n.* önsezi; geleceği bildiren belirti; 2. *v/t.* önceden bildirmek *veya* göstermek; kehanet etm.
pres.by.ter [ˈprezbitə] *n.* kilise ileri gelenlerinden biri; **Pres.by.te.ri.an** [~ˈtiəriən] 1. *adj.* İskoç Protestan kilisesine ait; 2. *n.* bu kiliseye ait üye; **pres.by.ter.y** *eccl.* [ˈ~təri] *n.* kilisede sadece papazlara ait kapalı kısım; Presbiteryen kiliselerinde yönetim kurulu.
pre.sci.ence [presiəns] *n.* geleceği görme, önceden bilme, öngörü; **ˈpre.sci.ent** *adj.* geleceği gören, önceden bilen, öngörülü.
pre.scribe [prisˈkraib] *v/t.* & *v/i.* emretmek; ⚕ (salık) vermek *(ilâç)*, reçete yazmak; nizam koymak (for *için*); ⚖ zaman aşımına uğramak.
pre.script [ˈpriːskript] *n.* kanun, emir, yönerge, hüküm; **pre.scrip.tion** [prisˈkripʃən] *n.* emir, talimat; ⚕ reçete; ⚖ zaman aşımına dayanan hak; **preˈscrip-tive** □ [~tiv] emreden, buyuran; yetkili; yapılagelen.
pres.ence [ˈprezns] *n.* huzur, varlık, hazır bulunma; hal, tavır, davranış; hayal, görüntü; ~ of mind serinkanlılık, soğukkanlılık; **ˈ~-cham.ber** *n.* kabul salonu.
pres.ent¹ [ˈpreznt] 1. □ bulunan, hazır, mevcut; şimdiki, şu anki; ~ tense *gr.* şimdiki zaman; ~ company mevcut topluluk; ~ company excepted söz meclisten dışarı; ~ value şu anki değer; ~! burada!; 2. *n.* *gr. a.* şimdiki zaman; halihazır, şimdiki durum; by the ~ †, by these ~s ⚖ bu belge ile, ilişikte; at ~ şimdi, şu anda; for the ~ şimdilik, şu anda.
pre.sent² [priˈzent] *v/t.* sunmak, takdim etm., arzetmek; tanıştırmak; göstermek; doğrultmak *(silah)*; ⚔ selâm vaziyetinde tutmak *(tüfek)*; sağlamak (with *-i*); ~ o.s. görünmek, meydana çıkmak, hazır bulunmak; ~ one's compliments to s.o. *b-ne* kompliman yapmak.
pres.ent³ [ˈpreznt] *n.* hediye, armağan;

make s.o. a ~ of s.th. *b-ne bş* armağan etm.

pre.sent.a.ble [priˈzentəbl] *adj.* sunulabilir; düzgün görünüşlü, prezentabl; is this suit ~? bu elbise iyi görünüyor mu?

pres.en.ta.tion [prezənˈteiʃən] *n.* sunma, takdim; hediye; temsil, oyun; gösterme; ✝ ibraz; ~ copy hediyelik kopya *(kitap).*

pres.ent-day [ˈprezəntdei] *adj.* şimdiki, günümüz...

pre.sen.ti.ment [priˈzentimənt] *n.* önsezi, içe doğuş.

pres.ent.ly [ˈprezntli] *adv.* derhal, hemen; birazdan, yakında; *Am.* şimdi, şu anda.

pre.sent.ment [priˈzentmənt] *n. s.* presentation; ⚖ büyük jüri raporu; *thea.* temsil, oyun.

pres.er.va.tion [prezəˈveiʃən] *n.* sakla(n)ma, koru(n)ma, muhafaza; in good ~ iyi korunmuş; **pre.serv.a.tive** [priˈzəːvətiv] **1.** *adj.* saklayan, koruyan, koruyucu; **2.** *n.* koruyucu madde.

pre.serve [priˈzəːv] **1.** *v/t.* korumak, saklamak, esirgemek (from *-den*); *-in* konservesini yapmak; *-in* reçelini yapmak; dayandırmak, sağlam tutmak; **2.** *n. hunt. oft.* ~s *pl.* av hayvanları için ayrılmış koru; *fig.* alan, saha; *mst* ~s *pl.* reçel; **preˈser.ver** *n.* koruyucu; konserveci.

pre.side [priˈzaid] *v/i.* başkanlık etm. (over *-e*); ~ over an assembly bir toplantıya başkanlık etm.

pres.i.den.cy [ˈprezidənsi] *n.* başkanlık (süresi), reislik; **ˈpres.i.dent** *n.* başkan; baş, reis; rektör; *Am. (şirket, banka)* müdür; **pres.i.den.tial** [~ˈdenʃəl] *adj.* başkanlığa ait, başkanlık...

press [pres] **1.** *n.* baskı, sıkıştırma; basın (mensupları); matbaa, basımevi; pres, cendere, mengene; kalabalık, izdiham; elbise dolabı; ütü *(giyside)*; *a.* printing-~ matbaa makinesi; *fig.* sıkıntı, baskı; ~ of sail ⚓ yelkenlerin rüzgârın elverdiğince açılması; the freedom of the ~ basın özgürlüğü; **2.** *v/t.* sık(ıştır)mak *(a.* ✕*)*; basmak; sıkıp suyunu çıkarmak; *fig.* zorlamak, baskı yapmak, sıkıştırmak; ütülemek; zorla kabul ettirmek (on *-e*); ısrar etm., üstelemek; ~ the button düğmeye basmak *(a. fig.)*; ~ the point that ...konusunda ısrarla durmak; be ~ed for time sıkışmak, vakti dar olm., az vakti olm.; *v/i.* kitle halinde ilerlemek; üşüşmek; koşuşturmak; ~ for ısrarla istemek, sıkıştırmak için; ~ on zorla kabul ettirmek *-e*; ~ (up)on baskı yapmak *-e*, zorlamak *-i*; **ˈ~-a.gen.cy** *n.* basın sözcülüğü; **~ a.gent** basın sözcüsü; **ˈ~-but.ton** *n.* çıtçıt; elektrik düğmesi; **ˈ~-cor.rec.tor** *n. typ.* matbaa provasını düzelten kimse, düzeltmen; **ˈ~-cut.ting** *n.* gazete kupürü; **ˈpress.er** *n.* basımcı, matbaacı; gazeteci; ütücü; **ˈpress.ing 1.** □ acele, âcil, ivedili; sık boğaz eden, sıkıcı; ısrarlı...; **2.** *n.* plak; **ˈpress.man** *n.* basımcı, matbaacı; gazeteci; ütücü; **ˈpress-mark** *n.* kütüphanede kitap numarası; **pres.sure** [ˈpreʃə] *n.* basınç, tazyik; baskı *(a. fig.)*; **pressure cook.er** *n.* düdüklü tencere; **ˈpressure-gauge** *n.* ⊕ basıölçer, manometre; **pres.sur.ize** [ˈ~raiz] *v/t.* basınç altında tutmak; **ˈpress-work** *n. typ.* basım işi, matbaa işi.

pres.ti.dig.i.ta.tion [ˈprestididʒiˈteiʃən] *n.* el çabukluğu, hokkabazlık.

pres.tige [presˈtiːʒ] *n.* ün, şöhret; nüfuz, itibar, prestij, saygınlık.

pres.to [ˈprestəu] *adj. & adv.* çabuk, hızlı; hızla, çabucak.

pre-stressed [ˈpriːˈstrest] *adj.*: ~ concrete öngerilimli beton.

pre.sum.a.ble □ [priˈzjuːməbl] tahmin olunur, farz edilir; **preˈsume** *v/t. & v/i.* tahmin etm., farzetmek; ihtimal vermek; cesaret etm. *-e*; haddini aşmak, cüret etm. (to *-e*); ~ (up)on istismar etm. *-i*; **preˈsum.ed.ly** [~idli] *adv.* tahminen, galiba; **preˈsum.ing** □ haddini aşan, cüretkâr, kendini beğenmiş.

pre.sump.tion [priˈzʌmpʃən] *n.* farz, tahmin, varsayım, ipucu; küstahlık, cüret; **preˈsump.tive** □ [~tiv] muhtemel, olası; tahminî, varsayılı; **preˈsump.tu.ous** □ [~tjuəs] küstah, kibirli, kendine fazla güvenen.

pre.sup.pose [priːsəˈpəuz] *v/t.* önceden farzetmek; koşul olarak gerektirmek, belirtmek; **pre.sup.po.si.tion** [priːsʌpəˈziʃən] *n.* önceden farzetme; önceden farzedilen şey, tahmin.

pre.tence, *Am.* **pre.tense** [priˈtens] *n.* hile, bahane; iddia; gösteriş; false ~ sahte tavır; make ~ yapar gibi görünmek, yalandan yapmak.

pre.tend [priˈtend] *v/t.* yalandan yapmak, *k-ne* ...süsü vermek, taslamak (to *inf.* *-meği*); taklit etm., benzetmek; ~ to be ill hasta numarası yapmak; *v/i.* yapar gibi görünmek; iddia etm. (to *-i*); **preˈtend.ed** □ yapmacık, sözde, sahte, yalan; **preˈtend.er** *n.* hak iddia eden kimse.

pre.ten.sion [priˈtenʃən] *n.* sav, iddia, hak iddiası (to *-e*); haksız iddia; gösteriş.

pre.ten.tious [priˈtenʃəs] *adj.* gösterişçi, kurumlu; **preˈten.tious.ness** *n.* gösterişçilik.

pret.er.it(e) *gr.* ['pretərit] *n.* geçmiş zaman kipi.
pre.ter.mis.sion [pri:tə'miʃən] *n.* ihmal; vaz geçme, cayma.
pre.ter.nat.u.ral □ [pri:tə'nætʃrəl] olağandışı; doğaüstü.
pre.text ['pri:tekst] *n.* bahane, sudan sebep, kulp.
pret.ti.fy ['pritifai] *v/t.* güzelleştirmek.
pret.ti.ness ['pritinis] *n.* güzellik, sevimlilik.
pret.ty ['priti] **1.** □ güzel, sevimli, hoş, latif; iyi, âlâ; F epey büyük, kocaman; a ~ penny F avuç dolusu para; my ~! canım!, tatlım! ;**2.** *adv.* oldukça, hayli, epeyce.
pre.vail [pri'veil] *v/t.* hâkim olm.; yürürlükte olm.; galip gelmek (over, against *-e karşı*); yaygın olm., âdet olm.; başarmak, etkili olm.; ~ (up)on s.o. to do *b-ni bş* yapmaya ikna etm.; **pre'vail.ing** □ en sık esen *(rüzgâr)*; geçerli, yaygın; hâkim olan; galip gelen.
prev.a.lence ['prevələns] *n.* yaygınlık; hüküm sürme, hâkim (*veya* egemen) olma.; **'prev.a.lent** □ yaygın, olagelen, hüküm süren, etkili.
pre.var.i.cate [pri'værikeit] *v/i.* yalan söylemek, yalan ifade vermek, kaçamaklı cevap vermek; **pre.var.i'ca.tion** *n.* kaçamak söz, yalan.
pre.vent [pri'vent] *v/t.* önlemek, engellemek, durdurmak, alıkoymak (from *ger. -mekten*); **pre'vent.a.ble** *adj.* önlenebilir, durdurulabilir; **pre'vent.a.tive** [~tətiv] = preventive; **pre'ven.tion** *n.* önleme, engelleme; **pre'ven.tive** **1.** □ önleyici, engelleyici (of); ~ detention tekrar suç işlemeleri için suçluların yargılanıncaya kadar hapsedilmesi; **2.** *n.* önleyici şey *veya* tedbir.
pre.view ['pri:'vju:] *n. thea., film:* gelecek programdan gösterilen parçalar; bir film, sanat eseri *vs.* nin halka gösterilmeden önce özel olarak gösterilmesi.
pre.vi.ous □ ['pri:vjəs] önceki, evvel(ki), eski, sabık; F vaktinden önce, mevsimsiz; ~ conviction sabıka; ~ to *-den* önce; **'pre.vi.ous.ly** *adv.* önce(den), evvelce.
pre.vi.sion [pri:'viʒən] *n.* basiret, sağduyu; önsezi, öngörü.
pre-war ['pri:'wɔ:] *adj.* savaş öncesi...
prey [prei] *n.* av; *fig.* yem; beast (bird) of ~ yırtıcı hayvan (kuş); be a ~ to kurbanı olm. *-in*, av olm. *-e*, kapılmış olm. *-e*; **2.** *vb.* beslenmek (on *ile*); ~ on; ~ upon soymak, yağma etm. *-i*; *fig.* sıkıntı vermek, içine dert olm.
price [prais] **1.** *n.* fiyat, paha, bedel; değer, kıymet; ödül; rüşvet; at any ~ her ne pahasına olursa olsun; **2.** *v/t.* fiyat koymak *-e*, paha biçmek *-e*; fiyatını sormak *-in*; **'price.less** *adj.* paha biçilmez; gülünç, komik, çok hoş, yaman.
prick [prik] *n.* iğne *veya* diken batması; iğnele(n)me; diken; *sl.* kalleş; *sl.* penis; **2.** *v/t.* *(iğne, diken vs.)* sokmak, delmek; vicdan azabı vermek; *a.* ~ out oymak, açmak *(delik)*; ~ out ✓ toprağa dikmek *(fide)*; ~ up one's ears *(at, köpek)* kulaklarını dikmek; *fig.* kulak kabartmak; *v/i.* batmak; batma acısı duymak; mahmuzla atı dürtmek; ~ up dikmek; **'prick.er** *n.* delen şey *veya* kimse; delgi; **prick.le** ['~l] *n.* diken, sivri uç; karıncalanma; **'prick.ly** *adj.* dikenli; kirpi gibi; karıncalanan; huysuz, çabuk öfkelenen; ~ heat ⚕ isilik; ~ pear ♣ hintinciri, frenkinciri, firavuninciri.
pride [praid] **1.** *n.* kibir, gurur, tafra, azamet, övünme, iftihar; küme, sürü; ~ of place en üstün mevkî; take (a) ~ in gurur duymak *-den*, iftihar etm. *ile*; **2.** *vb.* ~ o.s. (up)on *bşle* övünmek, gurur duymak, iftihar etm.
priest [pri:st] *n.* papaz, rahip; **'~.craft** *n.* papazlık; **'priest.ess** *n.* dinsel tören yöneten kadın; **priest.hood** ['~hud] *n.* papazlık, rahiplik; **'priest.ly** *adj.* papaz gibi; papaza ait, papaza yakışır; **'priest-rid.den** *adj.* papaz (*veya* kilise) yönetimindeki...
prig [prig] *n.* kendini beğenmiş (*veya* ukalâ) kimse; **'prig.gish** □ kendini beğenmiş, ukalâ(ca).
prim □ [prim] düzgün, düzenli, tertipli; fazla resmî, biçimci, formaliteci, kurallara fazla bağlı.
pri.ma.cy ['praiməsi] *n.* öncelik, üstünlük; başpikoposluk; **pri.mal** ['praiməl] *adj.* esasî, aslî; baş(lıca)...; **pri.ma.ri.ly** ['~rili] *adv.* evvela, öncelikle; aslında; **'pri.ma.ry** **1.** □ ilk, birinci, asıl, ana; başlıca, ileri gelen; ilk(s)el; ⚡, ⚕ primer; **2.** *n. a.* ~ meeting *Am.* parti aday seçimi; *s.* share; **'pri.ma.ry school** ilkokul; **pri.mate** *eccl.* ['~mit] *n.* başpiskopos.
prime [praim] **1.** □ birinci, ilk; baş(lıca), asıl, aslî; asal *(sayı)*; en önemli; en iyi, birinci kalite; ~ cost maliyet; ♀ Minister başbakan; ~ number asal sayı; **2.** *n. fig.* en mükemmel devir, her şeyin en iyisi; olgunluk çağı; başlangıç; in the ~ of youth gençliğin baharında; **3.** *v/t.* kullanıma hazırlamak; talimat vermek, (ne diyeceğini) öğretmek; F içirmek *veya* ye-

dirmek; *paint.* astar vurmak.
prim.er¹ [ˈpraimə] *n.* ilk okuma kitabı; *typ.* [ˈprimə]: great ~ on sekiz puntoluk harf; long ~ on puntoluk harf.
prim.er² [ˈpraimə] *n.* astar boya; falya barutu.
pri.me.val [praiˈmiːvəl] *adj.* ilk(s)el, çok eski...
prim.ing [ˈpraimiŋ] *n. paint.* astar boya; ⚔ falya barutu; *attr.* ateşleme...
prim.i.tive [ˈprimitiv] **1.** □ ilkel, iptidaî; basit; kaba; demode; ilk, eski; **2.** *n. gr.* kök kelime; **ˈprim.i.tive.ness** *n.* ilkellik; basitlik.
prim.ness [ˈprimnis] *n.* resmiyet; fazla ciddiyet.
pri.mo.gen.i.ture [praiməuˈdʒenitʃə] *n.* ilk evlât olma; en büyük erkek evlât önceliği.
pri.mor.di.al □ [praiˈmɔːdjəl] başlangıçta var olan, ilk; en eski...
prim.rose ⚘ [ˈprimrəuz] *n.* çuhaçiçeği; ~ path *veya* way *fig.* zevk ve sefa yolu; take the ~ path zevk ve sefa içinde yaşamak.
prince [prins] *n.* prens; kral, hükümdar, emir; ♀ **Con.sort** kraliçenin kocası; **ˈprince.ly** *adj.* prense ait; prense yakışır; cömert, asil, kibar; şahane; **princess** [prinˈses] *n.* prenses.
prin.ci.pal [ˈprinsəpəl] **1.** □ baş(lıca), en önemli, ana, büyük, asıl; *gr.* ~ parts *pl.* İngilizce fiillerin çekim şekilleri; **2.** *n.* müdür, yönetici, başkan; *part. Am.* okul müdürü; ⚖ patron, şef; müvekkil; sermaye, anapara, anamal; asıl sorumlu;
prin.ci.pal.i.ty [prinsiˈpæliti] *n.* prenslik.
prin.ci.ple [ˈprinsəpl] *n.* prensip, ilke; kural; temel sebep, köken; dürüstlük, ahlâk; ⚗ tamamlayıcı unsur; in ~ genel olarak, genelde; on ~ prensip olarak, prensip yönünden, ilke olarak.
prink F [priŋk] *vb.* giydirip kuşatmak, süslemek; ~ oneself (up) süslenip püslenmek.
print [print] **1.** *n.* bası, tabı; basılmış yazı, matbua; damga, kalıp; emprime, basma kumaş; iz; basılı resim; *phot.* negatiften yapılmış resim; *Am.* gazete, dergi; out of ~ baskısı tükenmiş; in cold ~ yazılmış, basılmış; **2.** *v/t.* basmak, yayımlamak; *phot.* negatiften çıkarmak *(resim)*; matbaa harfleriyle yazmak; *fig.* nakşetmek (on *-e*); ~ed form çizelge, cetvel; ~ed matter matbua, basma; *v/i.* matbaacılık yapmak; **ˈprint.er** *n.* basımcı, matbaacı; ~'s devil matbaacı çırağı; ~'s flower çiçek modelli süsleme; ~'s ink matbaa mürekkebi.
print.ing [ˈprintiŋ] *n.* matbaacılık, baskıcılık; *phot.* basma, tabetme; **ˈ~.frame** *n. phot.* kopya şasisî; **ˈ~-ink.** *n.* matbaa *(veya* baskı) mürekkebi; **ˈ~-of.fice** *n.* basımevi, matbaa; **ˈ~-press** *n.* matbaa makinesi.
pri.or [ˈpraiə] **1.** *adj.* önce, evvel(ki) (to *-den)*; sabık; kıdemli; **2.** *adv.* ~ to *-den* önce, *-den* evvel; **3.** *n. eccl.* manastır başrahibi; **ˈpri.or.ess** *n. eccl.* başrahibe;
pri.or.i.ty [~ˈɔriti] *n.* öncelik, kıdem; üstünlük hakkı (to, over *-de*); *s.* share 1;
pri.o.ry *eccl.* [ˈ~əri] *n.* manastır.
prism [ˈprizəm] *n.* prizma, biçme; prizmatik şeffaf cisim; ~ binoculars *pl.* prizmalı dürbün; **pris.mat.ic** [~ˈmætik] *adj.* (~ally) prizma biçiminde, prizmatik, biçmesel; şeffaf prizmadan oluşan *(renk)*.
pris.on [ˈprizn] **1.** *n.* cezaevi, hapishane, tutukevi; **2.** *v/t. poet.* hapsetmek; **ˈprison.er** *n.* tutuklu, hükümlü, mahkûm; esir; ⚖ mevkuf, sanık; be a ~ to *fig.* esiri olm. *-in*, mahkûm olm. *-e*; take s.o. ~ *b-ni* esir almak; ~'s bars, ~'s base köşe kapmaca oyunu.
pris.sy *Am.* F [ˈprisi] *adj.* titiz, kılı kırk yaran.
pris.tine [ˈpristain] *adj.* eski zamana ait, eski...; bozulmamış; taze ve temiz.
prith.ee † [ˈpriðiː] *int.* lütfen, rica ederim.
pri.va.cy [ˈpraivəsi] *n.* özellik; gizlilik, mahremiyet; kişisel dokunulmazlık.
pri.vate [ˈpraivit] **1.** □ özel, hususî, kişisel, şahsî; gizli, mahrem; gözden uzak, yalnız, baş başa; gayri resmi; ~ company özel şirket; ~ member milletvekili; ~ theatre özel tiyatro; ~ view özel açılış; at ~ sale el altından; **2.** *n.* ⚔ nefer, er, asker; ~s *pl.*, *mst* ~ parts *pl.* edep yerleri; in ~ gizlice, özel olarak.
pri.va.teer ⚓ [praivəˈtiə] *n.* özel korsan gemisi (komutanı); **pri.vaˈteer.ing** *n.* korsanlık yapma; *attr.* korsan...
pri.va.tion [praiˈveiʃən] *n.* yoksunluk, sıkıntı, mahrumiyet, ihtiyaç.
pri.va.tive □ [ˈprivətiv] yok eden, mahrum eden, *-den* yoksun bırakan; olumsuz *(a. gr.)*.
priv.et ⚘ [ˈprivit] *n.* kurtbağrı, kurt baharı
priv.i.lege [ˈprivilidʒ] **1.** *n.* ayrıcalık, imtiyaz; özel izin, müsaade, ruhsat; hak; **2.** *v/t.* ayrıcalık vermek; ~d imtiyazlı, ayrıcalıklı.
priv.i.ty ⚖ [ˈpriviti] *n.* ortak çıkarlara dayanan ilişki; gizli bilgi.
priv.y [ˈprivi] **1.** □ ~ to sır ortağı olan

-*e*; ⚖ ortak, hissedar; gizli; özel, kişisel; ♀ Council İngiltere'de kralın danışma meclisi; özel meclis; ♀ Councillor kralın danışma meclisi üyesi; ~ parts *pl.* edep yerleri, cinsel organlar; ~ purse hazineden kralın şahsına ayrılan para; ♀ Seal resmî devlet mührü; Lord ♀ Seal ferman mührü emini; **2.** *n.* ⚖ ortak (to -*e*); tuvalet, helâ, ayakyolu.

prize[1] [praiz] **1.** *n.* ödül, mükâfat, ikramiye; ⚓ ganimet; first ~ *piyango:* en büyük ikramiye; **2.** *adj.* ödül olarak verilen; mükâfata lâyık...; ödül kazanan...; mükemmel; ⚓ ganimet; ~ competition ödüllü yarışma; **3.** *v/t.* değer vermek -*e*; paha biçmek -*e*; ⚓ zaptetmek, el koymak.

prize[2] [~] **1.** *v/t.* *a.* ~ open zorla (*veya* manivela *vs.* ile) açmak; **2.** *n.* kaldıraç.

prize...: **ˈ~fight.er** *n.* profesyonel boksör; **ˈ~-list** *n.* ödül listesi, kazananlar listesi; **ˈ~.man** = prize-winner; **ˈ~-ring** *n.* *boks:* ring; **ˈ~-winner** *n.* ödül kazanan (*veya* birinci gelen) kimse.

pro [prəu] **1.** *prp.* için; *s.* con[3]; **2.** *adv.* lehinde, ...taraftarı; **3.** *n.* profesyonel oyuncu.

prob.a.bil.i.ty [prɔbəˈbiliti] *n.* ihtimal, olasılık; muhtemel şey; **ˈprob.a.ble** ☐ muhtemel, olasılı.

pro.bate ⚖ [ˈprəubit] *n.* vasiyetnamenin resmen onaylanması; vasiyetnamenin onaylı kopyası.

pro.ba.tion [prəˈbeiʃən] *n.* deneme süresi; *part.* ⚖ gözaltında tutma koşuluyle salıverme; ⚖ vasiyetnamenin onaylanması; ~ officer suçluyu gözaltında tutan memur; on ~ denenmekte; ⚖ gözaltında; **proˈba.tion.ar.y** *adj.:* ~ period ⚖ gözaltında bulunma süresi; **proˈba.tion.er** *n.* stajyer hemşire (*veya* doktor *vs.*); deneme devresinde olan kimse; ⚖ gözaltında olan kişi.

pro.ba.tive ⚖ [ˈprəubətiv] *adj.:* ~ force ispat kudreti.

probe [prəub] **1.** *n.* ⚕ cerrah mili, sonda; *fig.* araştırma; insansız uzay roketi; lunar ~ ay araştırması; **2.** *vb.* *a.* ~ into sonda ile yoklamak -*i*, sondaj yapmak -*e*; derinliğine araştırmak, incelemek; **ˈ~-scis.sors** *n.* *pl.* yara makası.

prob.i.ty [ˈprəubiti] *n.* doğruluk, dürüstlük.

prob.lem [ˈprɔbləm] *n.* sorun, mesele; A problem; do a ~ problem çözmek; **prob.lem.at.ic, prob.lem.at.i.cal** ☐ [~bliˈmætik(əl)] şüpheli, belli olmayan.

pro.bos.cis [prəuˈbɔsis] *n.* fil hortumu; böcek hortumu.

pro.ce.dur.al [prəˈsiːdʒərəl] *adj.* yargılama usulüne ait; **proˈce.dure** *n.* işlem, muamele; davaya bakma usulü, yargılama yöntemi; iş görme usulü.

pro.ceed [prəˈsiːd] *v/i.* ilerlemek (*a. fig*); girişimde bulunmak, başlamak *veya* devam etm. (with -*e*); gitmek; dava açmak (against -*e karşı*); *univ.* doktor ünvanını kazanmak; ~ from çıkmak -*den*, doğmak -*den*; ~ on one's journey seyahatine devam etm.; ~ to başlamak -*e*, geçmek -*e*; **proˈceed.ing** *n.* usül, yöntem, muamele, işlem; hareket tarzı, tavır, davranış; ~s *pl.* ⚖ dava işlemleri, yargılama usülleri; ~s *pl.* tutanak, zabıt; take ~s against dava açmak -*e karşı*; **pro.ceeds** [ˈprəusiːdz] *n.* *pl.* kazanç, gelir, hâsılat (from -*den*).

proc.ess [ˈprəuses] **1.** *n.* yöntem, metod, işlem, yol, usül; gidiş, gelişme, ilerleme; ⚖ dava (muamelesi); çağırı kâğıdı, celpname; ⚗ işlem; *anat.*, ⚘ yumru; süreç; in ~ yapılmakta; in ~ of construction inşa halinde; **2.** *v/t.* belli bir işleme tabi tutmak; muamelesini yapmak; ⊕ işlemek; tebliğ etm.; dava açmak; ~ into işlemek; **ˈpro.cess.ing** *n.* ⊕ işleme; **pro.ces.sion** [prəˈseʃən] *n.* alay, tören alayı; geçit töreni; **proˈces.sion.ar.y** [~ʃnəri] *adj.* alay kabilinden, alay...

pro.claim [prəˈkleim] *v/t.* ilan etm.; beyan etm.; göstermek, ele vermek, açığa vurmak.

proc.la.ma.tion [prɔkləˈmeiʃən] *n.* ilan; bildiri, beyanname.

pro.cliv.i.ty [prəˈkliviti] *n.* eğilim, meyil (to -*e*).

pro.con.sul [prəuˈkɔnsəl] *n.* eski Roma'da vali, prokonsül.

pro.cras.ti.nate [prəuˈkræstineit] *vb.* sürüncemede bırakmak, geciktirmek, ağırdan almak; ertelemek; **pro.cras.tiˈna.tion** *n.* geciktirme; erteleme.

pro.cre.ate [ˈprəukrieit] *vb.* döllemek; doğurmak, yaratmak; **pro.creˈa.tion** *n.* dölleme; doğurma; **ˈpro.cre.a.tive** *adj.* dölleyici; doğurgan...

proc.tor [ˈprɔktə] *n.* ⚖ dava vekili, hukuk müşaviri; *univ.* disiplini sağlayan memur.

pro.cum.bent [prəuˈkʌmbənt] *adj.* sürüngen (*sap*); yüzükoyun.

pro.cur.a.ble [prəˈkjuərəbl] *adj.* bulunabilir, elde edilebilir.

proc.u.ra.tion [prɔkjuəˈreiʃən] *n.* tedarik, elde etme, bulma; † vekillik, vekâlet(name); pezevenklik; by ~ temsilen, vekâleten; **ˈproc.u.ra.tor** *n.* vekil.

pro.cure [prəˈkjuə] *v/t.* elde etm., tedarik etm., sağlamak (s.o. s.th., s.th. for s.o. *b-ne bş*); edinmek; sebep olm. *-e*, neden olm. *-e*; *v/i.* pezevenklik etm.; **proˈcure.ment** *n.* tedarik, elde etme; **proˈcur.er** *n.* tedarik eden kimse; pezevenk; **proˈcur.ess** *n.* pezevenk kadın.

prod [prɔd] **1.** *n.* üvendire; dürtme, itme; *fig.* tahrik, teşvik; **2.** *v/t.* dürtmek, itmek; *fig.* tahrik etm., kışkırtmak, özendirmek.

prod.i.gal [ˈprɔdigəl] **1.** □ savurgan, müsrif, tutumsuz, har vurup harman savuran (of *-i*); çok bol; the ~ son mirasyedi *(veya* savurgan) kimse; **2.** *n.* müsrif *(veya* tutumsuz) kimse; **prod.i.gal.i.ty** [~ˈgæliti] *n.* bolluk, bereket; müsriflik, savurganlık.

pro.di.gious □ [prəˈdidʒəs] kocaman, çok büyük; şaşılacak, harika, müthiş; **prod.i.gy** [ˈprɔdidʒi] *n.* olağanüstü şey, mucize, harika; dâhi *(a. fig.)*; *oft.* infant ~ harika çocuk.

prod.uce¹ [ˈprɔdjuːs] *n.* ürün, mahsül; sebze, zerzevat .

pro.duce² [prəˈdjuːs] *vb.* üretmek, yapmak, imal etm.; yetiştirmek; meydana getirmek; (ortaya) çıkarmak, göstermek; doğurmak; sebep olm., neden olm., yaratmak; ⩚ uzatmak *(doğru)*; *film:* sahneye koymak; **proˈduc.er** *n.* üretici; *film:* prodükter, yapımcı; *thea.* rejisör; *radyo:* yayın direktörü; gaz jeneratörü; **proˈduc.i.ble** *adj.* üretilebilir; sahneye konabilir; **proˈduc.ing** *adj.* üretim...

prod.uct [ˈprɔdʌkt] *n.* ürün, mahsül, hâsılat; sonuç, netice; ⩚ çarpım; **pro.duction** [prəˈdʌkʃən] *n.* üretim, imal(ât) ürün; eser, yapıt; *thea.* sahneye koyma; ~ line sürekli iş şeridi; **proˈduc.tive** □ verimli, bereketli; yaratıcı (of *-i*); **proˈduc.tive.ness, pro.duc.tiv.i.ty** [prɔdʌkˈtiviti] *n.* verimlilik.

prof *Am.* F [prɔf] *n.* profesör.

prof.a.na.tion [prɔfəˈneiʃən] *n.* kutsiyetini bozma, kutsal şeylere karşı saygısızlık; **pro.fane** [prəˈfein] **1.** □ dinle ilgisi olmayan, dünyevî, cismanî; kâfir; adî, bayağı; küfürlü; **2.** *v/t.* kutsiyetini bozmak; suiistimal etm.; kirletmek; saygısızca kullanmak; **pro.fan.i.ty** [~ˈfæniti] *n.* hürmetsizlik; ağız bozukluğu; küfür.

pro.fess [prəˈfes] *v/t.* & *v/i.* açıkça söylemek, itiraf etm.; ikrar etm. *(inancını)*; iddia etm., taslamak; icra etm. *(meslek)*, öğretmenlik yapmak; **proˈfessed** □ iddia edilen; açıklanmış, itiraf edilmiş; sözde, güya; **proˈfess.ed.ly** [~sidli] *adv.* iddiaya göre; sözde, güya.

pro.fes.sion [prəˈfeʃən] *n.* uğraş, iş, meslek, sanat; iddia, söz; itiraf; beyan, ikrar; **proˈfes.sion.al** [~ʃənl] **1.** □ mesleğe ait, meslekî; ustalıklı; meslek sahibi; profesyonel; ~ men *pl.* üniversite mezunu kimseler *(doktor, avukat vs.)*; **2.** *n.* mütehassıs, uzman; *part. spor:* profesyonel kimse; **proˈfes.sion.al.ism** [~ʃnəlizm] *n. spor:* profesyonellik.

pro.fes.sor [prəˈfesə] *n.* profesör; **proˈfessor.ship** *n.* profesörlük.

prof.fer [ˈprɔfə] **1.** *v/t.* teklif etm., önermek, sunmak, arzetmek; **2.** *n.* teklif, öneri.

pro.fi.cien.cy [prəˈfiʃənsi] *n.* ehliyet, beceriklilik, ustalık, maharet; **proˈfi.cient** **1.** □ ehliyetli, usta, mahir, becerikli (in, at *-de*); **2.** *n.* uzman, mütehassıs (in *-de*).

pro.file [ˈprəufail] *n.* profil, kesit, yanal görünüş *(a.* ⚠*)*; enine kesit; *fig.* kısa biyografi.

prof.it [ˈprɔfit] **1.** *n.* kâr, kazanç; menfaat, fayda, yarar; **2.** *vb.* kazanç getirmek *-e*, kâr getirmek *-e*; ~ by (from) yararlanmak *-den*, istifade etm. *-den*; **ˈprof.it.a.ble** □ kazançlı, kârlı; faydalı, yararlı; **ˈprof.it.a.ble.ness** *n.* kazançlılık, fayda; **prof.it.eer** [~ˈtiə] **1.** *v/i.* çok para kazanmak, vurgunculuk yapmak; **2.** *n.* vurguncu *(veya* fırsatçı) kimse; war ~ savaş zengini; **prof.itˈeer.ing** *n.* vurgunculuk; **ˈprof.it.less** □ kârsız; faydasız; **prof.it-shar.ing** [~ˈʃɛəriŋ] *n.* kârı bölüşme, kâra katılma.

prof.li.ga.cy [ˈprɔfligəsi] *n.* ahlâksızlık; müsriflik, savurganlık; utanmazlık; hovardalık; **prof.li.gate** [ˈ~git] **1.** □ ahlâksız; müsrif, savurgan; utanmaz; hovarda, uçarı; **2.** *n.* ahlâksız *(veya* edepsiz, savurgan) kimse.

pro.found □ [prəˈfaund] derin; engin; esaslı, adamakıllı, çok büyük; çok bilgili; *fig.* şüpheli; **proˈfound.ness, pro.fun.di.ty** [~ˈfʌnditi] *n.* derinlik *(a. fig.)*, genişlik.

pro.fuse □ [prəˈfjuːs] çok, bol; savurgan, aşırı (in, of *-de*); cömert; verimli; **proˈfuse.ness, pro.fu.sion** [~ˈfjuːʒən] *n.* bolluk; *fig.* savurganlık, aşırılık.

prog *sl. univ.* [prɔg] *n.* disiplini sağlayan memur.

pro.gen.i.tor [prəuˈdʒenitə] *n.* ata, cet, dede; **proˈgen.i.tress** [~tris] *n.* büyükanne, nine; **prog.e.ny** [ˈprɔdʒini] *n.* soy, nesil, torunlar; *fig.* mahsül, ürün.

prog.no.sis ⚕ [prɔgˈnəusis] *n., pl.* **progˈnoses** [~siːz] prognoz, tahmin.

prog.nos.tic [prəgˈnɔstik] **1.** *adj.* önceden gösteren (of -*i*); **2.** *n.* belirti, alâmet; kehanet; **progˈnos.ti.cate** [~keit] *v/t.* önceden haber vermek, kehanette bulunmak; **prog.nos.tiˈca.tion** *n.* önceden haber verme, kehanet, belirti.

pro.gram, *mst* **pro.gramme** [ˈprəugræm] *n.* program; *radyo:* yayın; düzen.

prog.ress¹ [ˈprəugres] *n.* gelişme, ilerleme (*a.* ✕), yükselme; in ~ yapılmakta, ilerlemekte, gelişmekte.

pro.gress² [prəˈgres] *v/i.* ilerlemek, ileri gitmek, gelişmek, kalkınmak; iyiye gitmek, düzelmek; devam etm.; **proˈgression** [~ʃən] *n.* ilerleme, devam; ⩑ dizi; **proˈgres.sion.ist** [~ʃnist], **proˈgress.ist** [~sist] *n. pol.* ilerici, erkinci kimse; **proˈgres.sive** **1.** □ ilerleyen, gelişen; genişleyen, artan; *pol.* ilerici, erkinci; ~ form *gr.* sürekli zaman şekli; **2.** *n. pol.* ilerici, erkinci kimse.

pro.hib.it [prəˈhibit] *v/t.* yasaklamak, yasak etm., menetmek (s.th. *bşi*; s.o. from *ger.* *b-ni -mekten*); mâni olm. -*e*, engel olm. -*e*; **pro.hi.bi.tion** [prəuhiˈbiʃən] *n.* yasak (emri); içki yasağı, içkilerin yasak olması; **pro.hiˈbi.tion.ist** [~ʃnist] *n. part. Am.* içki yasağı taraftarı; **pro-hib.i.tive** □ [prəˈhibitiv] yasaklayıcı; engelleyici; aşırı, fahiş *(fiyat)*; ~ duty yasak gümrüğü.

proj.ect [ˈprɔdʒekt] *n.* plan, proje, tasarı.

pro.ject [prəˈdʒekt] *v/t.* tasarlamak, düşünmek, tasavvur etm.; perdede göstermek *(film, resim)*; -*in* planını çizmek; yansıtmak *(gerçekleri)*; fırlatmak, atmak, savurmak; ⩑ izdüşürmek; ~ o.s. into *k-ni* götürmek -*e*, *k-ni* ...de farz etm.; *v/i.* çıkık olm., çıkıntı oluşturmak; **pro-jec.tile** **1.** [ˈprɔdʒiktail] *n.* mermi, top güllesi, fırlatılan taş *veya* mermi; **2.** [prəuˈdʒektail] *adj.* fırlatıcı..., atıcı...; fırlatılan...; **pro.jec.tion** [prəˈdʒekʃən] *n.* projeksiyon; gösterim; fırlatma, atma, atış; çıkıntı; proje, tasarı; ⩑, *ast.*, *phot.* izdüşüm; ~ room *film:* projeksiyon odası; **proˈjec.tion.ist** [~ʃnist] *n.* film makinisti (*veya* göstericisi); **proˈjec.tor** *n.* proje (*veya* plan) yapan kimse; ✝ kurucu; *opt.* sinema makinesi, projektör, ışıldak.

pro.le.tar.i.an [prəuliˈtɛəriən] **1.** *adj.* ücretle çalışan sınıftan; **2.** *n.* proleter, emekçi; **pro.leˈtar.i.at,** *mst.* **pro.leˈtar.i.ate** [~riət] *n.* proletarya, işçi sınıfı.

pro.lif.ic [prəuˈlifik] *adj.* (~ally) doğurgan; *fig.* bereketli, verimli, semereli (of, in).

pro.lix □ [ˈprəuliks] sözü çok uzatan; yorucu, sıkıcı; uzun, ayrıntılı; **proˈlix.i.ty** *n.* sözü boşuna uzatma, söz uzunluğu.

pro.logue, *Am. a.* **pro.log** [ˈprəulɔg] *n.* prolog, önsöz, başlangıç, giriş; ~ to *fig* -*in* başlangıcı.

pro.long [prəˈlɔŋ] *v/t.* uzatmak, sürdürmek; ✝ temdit etm.; **pro.lon.ga.tion** [~ˈgeiʃən] *n.* uzatma, sürdürme.

prom F [prɔm] = promenade concert.

prom.e.nade [prɔmiˈnɑːd] **1.** *n.* gezinti, gezme (yeri), mesire; büyük balo; **2.** *v/t.* & *v/i.* gez(dir)mek, gezinmek; ~ **concert** ayakta dinlenilen konser.

prom.i.nence [ˈprɔminəns] *n.* ün, şöhret; önem; göze çarpan şey; çıkıntı; *concr.* tümsek, engebe; **ˈprom.i.nent** □ çıkık, çıkıntılı, ileri fırlamış; önemli, mühim; meşhur, şöhretli; göze çarpan; *fig.* seçkin, güzide, ileri gelen.

prom.is.cu.i.ty [prɔmisˈkjuːiti] *n.* (karma)-karışıklık, (darma)dağınıklık; **pro.mis-cu.ous** □ [prəˈmiskjuəs] (karma)karışık, (darma)dağınık; farksız; rasgele; rasgele cinsel ilişkide bulunan.

prom.ise [ˈprɔmis] **1.** *n.* söz, vaat, taahhüt, vaat edilen şey; *fig.* ümit verici şey (of); of great ~ çok ümit verici; **2.** *vb.* söz vermek -*e*, vaat etm. -*e*; belirtisi olm. -*in*, göstermek; temin etm., garanti etm., ümit vermek; I ~ you F sana söz veriyorum; **ˈprom.is.ing** □ ümit verici, geleceği parlak; **prom.is.so.ry** [ˈ~səri] *adj.* vaat (*veya* taahhüt) içeren; ~ note ✝ bono, emre yazılı senet.

prom.on.to.ry [ˈprɔməntri] *n.* dağlık burun.

pro.mote [prəˈməut] *v/t.* ilerletmek; terfi ettirmek, rütbesini yükseltmek; *part. Am. okul:* sınıf geçirmek; *parl.* desteklemek; ✝ kurmak, tesis etm.; *part. Am.* reklâmını yaparak tanıtmak; **proˈmot.er** *n.* destekleyen kimse; ✝ girişim sahibi, kurucu; organizatör; **proˈmo.tion** *n.* terfi, yüksel(t)me; geçme; ✝ tesis; reklâm; mevki, rütbe; teşvik.

prompt [prɔmpt] **1.** □ hemen, çabuk, acele, hazır, seri, tez; dakik; **2.** *adv.* tam, dakikası dakikasına; **3.** *vb.* tahrik etm., sevketmek, teşvik etm., harekete getirmek, kışkırtmak; *thea.* suflörlük etm.; **4.** *n.* ✝ vade; *thea.* oyuncuya hatırlatılan söz, hatırlatma; **ˈ~-box** *n. thea.* suflör hücresi; **ˈprompt.er** *n. thea.* suflör; **promp.ti.tude** [ˈ~titjuːd] *n.*, **ˈprompt.ness** sürat, çabukluk; harekete hazır olma.

pro.mul.gate [ˈprɔməlgeit] *v/t.* resmen ilân etm., duyurmak, bildirmek, neşretmek; yaymak *(fikir)*; yürürlüğe koymak *(kanun)*; **pro.mulˈga.tion** *n.* duyuru; res-

men yürürlüğe koyma.
prone □ [prəun] yüzükoyun (yatmış, yere uzanmış); eğilimli, meyilli; ~ to *fig.* eğimli *-e*; **ˈprone.ness** *n.* eğilim, meyil (to *-e*).
prong [prɔŋ] *n.* çatal dişi; sivri uç(lu alet); boynuz çatalı; **pronged** *adj.* dişli, sivri uçlu.
pro.nom.i.nal □ *gr.* [prəuˈnɔminl] zamire ait, zamir kabilinden.
pro.noun *gr.* [ˈprəunaun] *n.* zamir, adıl.
pro.nounce [prəˈnauns] *v/t.* & *v/i.* resmen bildirmek, beyan etm., ilan etm., açıklamak *(karar vs.)*; telaffuz etm., söylemek; fikrini söylemek (on *hakkında*); **proˈnounced** □ [*adv.* ~idli] katî, kesin; belli, belirgin, bariz; **proˈnounce.ment** *n.* bildiri, duyuru, beyan, tebliğ.
pro.nounc.ing [prəˈnaunsiŋ] *adj.* telaffuz...
pron.to *Am.* F [ˈprɔntəu] *adv.* hemen, derhal, çabuk.
pro.nun.ci.a.tion [prənʌnsiˈeiʃən] *n.* telaffuz, söyleniş, söyleyiş.
proof [pruːf] **1.** *n.* delil, kanıt, tanıt, ispat; imtihan, tecrübe, deneme, test; *typ.* prova; *typ.*, *phot.* ayar; ⚗ sağlama; ⚗ alkol derecesi; in ~ of *-in* delili olarak; **2.** *adj.* dayanıklı, kuvvetli, dirençli (against, to *-e karşı*); geçirmez *(kurşun, su, ses vs.)*; *fig.* karşı çıkan (against *-e*); **3.** *v/t.* *(su, hava vs.)* geçirmez yapmak; **ˈ~-read.er** *n.* *typ.* düzeltmen; **ˈ~-sheet** *n.* *typ.* prova; **ˈ~-spir.it** ⚗ standart dereceli alkol.
prop [prɔp] **1.** *n.* destek *(a. fig.)*, ayak, payanda; çamaşır sırığı; destek olan kimse; *thea. sl.* sahne eşyası, dekor; pit-~s *pl.* maden ocağı direkleri; **2.** *v/t.* *a.* ~ up desteklemek; dayamak, yaslamak.
prop.a.gan.da [prɔpəˈgændə] *n.* propaganda; **prop.aˈgan.dist** *n.* propagandacı; **prop.a.gate** [ˈ~geit] *v/t.* & *v/i.* üre(t)mek, çoğal(t)mak; çiftleştirmek; *fig.* yaymak, dağıtmak; geçirmek, bulaştırmak; nakletmek; yavrulamak, türemek; **prop.aˈga.tion** *n.* üreme, yavrulama; yayım, yay(ıl)ma; **ˈprop.a.ga.tor** *n.* üretici; yayıcı.
pro.pel [prəˈpel] *v/t.* sevketmek, itmek, ileri doğru sürmek; **proˈpel.lant** *n.* ileriye sevkedici şey, muharrik kuvvet; kurşun *veya* uzay gemisini iten kuvvet; yakıt; **proˈpel.lent** = propellant; **proˈpel.ler** *n.* pervane, uskur; ~ shaft kardan mili; **proˈpel.ling** *adj.* itici...; ~ pencil sürgülü kursun kalem.
prop.er □ [ˈprɔpə] uygun, yakışır, münasip, layık (for *-e*); has, hususi, mahsus, ait (to *-e*); F doğru, gerçek, tam; hürmete layık, saygıdeğer; güzel, fevkalâde; F yakışıklı; ~ name özel isim; **ˈprop.er.ty** *n.* mal, mülk, emlâk, arazi; özellik; ⚖ mülkiyet, sahiplik; properties *pl. thea.* sahne donanımı; **ˈprop.er.ty-man** *n. thea.* sahne donanımcısı; **ˈprop.er.ty-tax** *n.* emlâk vergisi.
proph.e.cy [ˈprɔfisi] *n.* önceden haber verme, kâhinlik, kehanet; **proph.e.sy** [ˈ~sai] *v/t.* & *v/i.* önceden haber vermek, kehanette bulunmak; peygamberlik etm.; önceden tahmin etm.
proph.et [ˈprɔfit] *n.* peygamber; kâhin; taraftar; öncü; **ˈproph.et.ess** *n.* kadın peygamber; **pro.phet.ic, pro.phet.i.cal** □ [prəˈfetik(əl)] peygamber *veya* peygamberliğe ait; kehanete ait, kehanet gibi.
pro.phy.lac.tic ⚕ [prɔfiˈlæktik] *adj.* (~ally) hastalıktan koruyan, koruyucu, önleyici.
pro.pin.qui.ty [prəˈpiŋkwiti] *n.* yakınlık; akrabalık; yakın benzerlik.
pro.pi.ti.ate [prəˈpiʃieit] *v/t.* yatıştırmak, sakinleştirmek; *-in* gönlünü almak; *-in* teveccühünü kazanmak; **pro.pi.tiˈa.tion** *n.* yatıştırma; teveccühünü kazanma, telâfi etme *(suç vs.)*; **proˈpi.ti.a.to.ry** □ [~ʃiətəri] yatıştırıcı; gönül alan...
pro.pi.tious □ [prəˈpiʃəs] uygun, elverişli; bağışlayıcı, şefkatli; yardımsever; uğurlu, hayırlı; **proˈpi.tious.ness** *n.* elverişlilik *(hava)*; yardımseverlik; şefkat.
pro.por.tion [prəˈpɔːʃən] **1.** *n.* oran(tı), nispet; hisse, pay; ⚗, ⚗ orantı (kuralı); ~s *pl.* ebat, boyutlar; **2.** *v/t.* oranlamak (to *-e*); **proˈpor.tion.al** **1.** □ orantılı; *s.* proportionate; **2.** *n.* ⚗ orantılı sayı; **proˈpor.tion.ate** □ [~ʃnit] uygun, orantılı (to *-e*); **proˈpor.tioned** *adj.* ... orantılı.
pro.pos.al [prəˈpəuzəl] *n.* önerme, teklif, öneri; evlenme teklifi; **proˈpose** *v/t.* önermek, teklif etm.; sunmak, arzetmek; niyetlenmek; ~ to o.s. *bş* yapmaya niyetlenmek; ~ a motion bir teklifte bulunmak; *v/i.* evlenme teklif etm. (to *-e*); **proˈpos.er** *n.* teklifte bulunan kimse; **prop.o.si.tion** [prɔpəˈziʃən] *n.* teklif, öneri; mesele, sorun; ifade; *phls.*, ⚗ teorem, sav, tez, dava; *sl.* uygunsuz teklif, sevişme teklifi.
pro.pound [prəˈpaund] *v/t.* ileri sürmek, ortaya atmak, arzetmek, önermek.
pro.pri.e.tar.y [prəˈpraiətəri] **1.** *adj.* sicilli, markalı, müseccel; sahipli, hususi; patentli, tescilli; mal sahipliğine ait; ~ name tescilli marka; **2.** *n.* mal sahibi;

mal sahipleri; **pro'pri.e.tor** *n.* mal sahibi, sahip; **pro'pri.e.tress** *n.* mal sahibi kadın; **pro'pri.e.ty** *n.* uygunluk, münasebet, yerindelik, mantıklılık; the proprieties *pl.* töre, adap, görgü kuralları.

props F *thea.* [prɔps] *n. pl.* sahne donanımı.

pro.pul.sion ⊕ [prə'pʌlʃən] *n.* itici güç; sevk, tahrik; **pro'pul.sive** [~siv] *adj.* yürütücü, çalıştırıcı, itici...; tahrik edici...

pro.rate *Am.* [prəu'reit] *v/t.* eşit olarak bölüp dağıtmak.

pro.ro.ga.tion *parl.* [prəurə'geiʃən] *n.* parlementoyu tatil etme; **pro.rogue** *parl.* [prə'rəug] *v/t.* tatil etm.

pro.sa.ic [prəu'zeiik] *adj.* (~ally) *fig.* sıkıcı; adi, bayağı, yavan.

pro.scribe [prəus'kraib] *v/t.* yasaklamak; yasal haklardan yoksun bırakmak.

pro.scrip.tion [prəus'kripʃən] *n.* yasakla(n)ma.

prose [prəuz] **1.** *n.* nesir, düzyazı; **2.** *adj.* nesir...; nesir şeklinde yazılmış; can sıkıcı, yavan **3.** *vb.* nesir yazmak.

pros.e.cute ['prɔsikju:t] *vb.* devam etm. -*e*, sürdürmek -*i*; ⚖ kovuşturmak, cezalandırmak, kanunî takibat yapmak (for *için*); **pros.e'cu.tion** *n.* devam, sürme; takibat, kovuşturma; ⚖ dava(cı); iddia makamı; witness for the ~ sanığın aleyhindeki tanık; **'pros.e.cu.tor** *n.* ⚖ davacı; savcı; public ~ savcı.

pros.e.lyte *eccl.* ['prɔsilait] *n.* din değiştiren kimse, dönme; **pros.e.lyt.ism** ['~litizəm] *n.* başkalarını kendi dinine sokmaya çalışma; **'pros.e.lyt.ize** *vb.* dininden çevirmek.

pros.er ['prəuzə] *n.* nesir yazarı; sıkıcı yazar *veya* konuşmacı.

pros.o.dy ['prɔsədi] *n.* vezin tekniği, prosodi, aruz.

pros.pect **1.** ['prɔspekt] *n.* manzara, görünüş *(a. fig.)*; ümit, umut; gelecek; olasılık, ihtimal; † *part. Am.* muhtemel müşteri; have in ~ ümidi olm.; hold out a ~ of s.th. ümit vermek; **2.** [prəs'pekt] *vb.* ⚒ araştırmak (for -*i*); **pro'spec.tive** □ beklenen, umulan, ümit edilen; müstakbel; muhtemel; ~ buyer muhtemel alıcı; **pros'pec.tor** *n.* ⚒ maden arayıcısı; **pro'spec.tus** [~təs] *n.* prospektüs; tarif(nam)e.

pros.per ['prɔspə] *v/i.* başarılı olm.; gelişmek, büyümek; zenginleşmek; *v/t.* başarısına yardımcı olm., korumak; **prosper.i.ty** [~'periti] *n.* başarı; *fig.* refah, saadet, gönenç; **pros.per.ous** □ ['~pərəs] başarılı; bayındır; uygun, elverişli; şanslı, talihli; *fig.* refah içinde.

pros.ti.tude ['prɔstitju:t] **1.** *n.* fahişe, orospu; **2.** *v/t.* fahişeliğe sevketmek; *fig.* kötüye kullanmak; **pros.ti'tu.tion** *n.* fahişelik, fuhuş; *fig.* kötüye kullanma.

pros.trate **1.** ['prɔstreit] *adj.* yüzükoyun yatmış, yere uzanmış; takati kesilmiş, dermansız; sarsılmış, yıkılmış *(üzüntüden)*; **2.** [prɔs'treit] *v/t.* yıkmak, devirmek, yere sermek; *fig.* halsiz bırakmak; sarsmak *(üzüntü)*; **pros'tra.tion** *n.* yere atılma, kapanma; *fig.* takatsizlik, dermansızlık, bezginlik.

pros.y □ *fig.* ['prəuzi] sıkıcı, ağır, usandırıcı, yavan.

pro.tag.o.nist [prəu'tægənist] *n. thea.* başrol oyuncusu, kahraman; *fig.* öncü.

pro.tect [prə'tekt] *v/t.* korumak, muhafaza etm., saklamak (from -*den*); † yabancı mallara gümrük koyarak (yerli malları) korumak; **pro'tec.tion** *n.* koruma, muhafaza, himaye; yabancı mallara gümrük koyarak yerli malları koruma; koruyucu kimse *veya* şey; **pro'tection.ist** **1.** *n.* ithalât üzerine vergi koyarak yerli sanayii koruma taraftarı; **2.** *adj.* koruyucu...; **pro'tec.tive** *adj.* koruyucu, himaye edici; savunucu; ~ custody koruyucu (*veya* ihtiyatî) tevkif; ~ duty koruyucu gümrük resmi; **pro'tec.tor** *n.* koruyucu, hami; *hist.* kral vekili; **pro'tec.tor.ate** [~tərit] *n.* başka devletin idaresinde olan küçük devlet; **pro'tec.to.ry** *n.* ıslahevi; **pro'tec.tress** *n.* kadın koruyucu.

pro.té.gé ['prəuteʒei] *n.* başkasının himayesinde olan kimse.

pro.te.in ⚗ ['prəuti:n] *n.* protein.

pro.test **1.** ['prəutest] *n.* protesto, itiraz (beyannamesi); in ~ against protesto ederek -*i*; enter *veya* make a ~ itirazda bulunmak, protesto etm.; **2.** [prə'test] *v/t.* & *v/i.* karşı çıkmak, itiraz etm. -*e*; iddia etm.; protesto etm. (against -*i*).

Prot.es.tant ['prɔtistənt] **1.** *adj.* Protestanlara ait; **2.** *n.* Protestan; **'Prot.es.tant.ism** *n.* Protestanlık, Protestan mezhebi.

prot.es.ta.tion [prəutes'teiʃən] *n.* protesto etme, itiraz.

pro.to.col ['prəutəkɔl] **1.** *n.* tutanak; protokol; **2.** *vb.* protokol yapmak.

pro.ton *phys.* ['prəutɔn] *n.* proton.

pro.to.plasm *biol.* ['prəutəuplæzəm] *n.* protoplazma.

pro.to.type ['prəutəutaip] *n.* esas model, ilk örnek, prototip.

pro.tract [prə'trækt] *v/t.* uzatmak; **pro'trac.tion** *n.* uzatma; **pro'trac.tor** *n.* ⩓

iletki, minkale.
pro.trude [prəˈtruːd] *v/t.* & *v/i.* dışarı çık(ar)mak, çıkıntı yapmak, pırtlamak; **proˈtru.sion** [~ʒən] *n.* çıkar(ıl)ma; çıkıntı.
pro.tu.ber.ance [prəˈtjuːbərəns] *n.* tümsek, şiş(kinlik), çıkıntı, bel verme; **proˈtu-ber.ant** *adj.* şiş, tümsek, çıkık, bel vermiş, pırtlak, dışarı uğramış.
proud □ [praud] kıvanç duyan, iftihar eden, gurur duyan (of *-den*; to *inf. -mekten*); kibirli, gururlu, mağrur; görkemli, muhteşem; ~ flesh ⚕ yara etrafındaki şiş; do s.o. ~ F *b-ne* hürmet göstermek.
prov.a.ble □ [ˈpruːvəbl] tanıtlanabilir, ispatı mümkün, ispat edilebilir; **prove** *v/t.* tanıtlamak, ispatlamak, ispat etm, göstermek; denemek, sınamak; *v/i.* olmak, çıkmak; ~ true (false) doğru (yanlış) çıkmak; he has ~d to be the heir onun vâris olduğu ortaya çıktı; the exception ~s the rule istisnalar kaideyi bozmaz; **proven** [ˈ~vən] *adj.* ispatlanmış, tanıtlanmış; sınanmış, denenmiş.
prov.e.nance [ˈprɔvinəns] *n.* kaynak, köken, asıl, menşe.
prov.en.der [ˈprɔvində] *n.* hayvan yemi; F yiyecek.
pro.verb [ˈprɔvəːb] *n.* atasözü; be a ~ atasözü olm. *veya b.s.* adı çıkmış olm. (for *-den dolayı*); **pro.ver.bi.al** □ [prəˈvəːbjəl] atasözüne ait, atasözü gibi; ünlü, herkesçe bilinen.
pro.vide [prəˈvaid] *v/t.* tedarik etm., sağlamak, bulmak (with *-i*); donatmak; şart koşmak; *v/i.* sağlamak (for *-i*); önlem almak, hazırlıklı bulunmak (against *-e karşı;* for *için*); ~ for geçimini sağlamak; ~d (that) *-si, -mek* şartıyle, yeter ki.
prov.i.dence [ˈprɔvidəns] *n.* ilahî takdir; basiret, sağgörü; ♀ Tanrı; **ˈprov.i.dent** □ tedbirli, basiretli; **prov.i.den.tial** □ [~ˈdenʃəl] Allahtan, Tanrıdan gelen *veya* olan; talihli, kısmetli.
pro.vid.er [prəˈvaidə] *n.* tedarik eden kimse; aile geçindiren kimse.
prov.ince [ˈprɔvins] *n.* il, vilâyet; taşra; *fig.* yetki alanı.
pro.vin.cial [prəˈvinʃəl] **1.** *adj.* eyalete ait; taşraya ait, taşra...; taşralı, kaba, görgüsüz, dar düşünceli; **2.** *n.* taşralı kimse, köylü *(a. contp.)*; **proˈvin.cial.ism** *n.* taşralılık, köylülük; taşraya özgü âdet ve ağız.
pro.vi.sion [prəˈviʒən] **1.** *n.* tedarik (olunan şey); hazırlama, hazırlık; ⚖ (kanuni) hüküm; şart, koşul; ~s *pl.* erzak, zahire; make ~ for *bş* için gerekli tedbiri almak; ~ merchant gıda maddeleri satıcısı; **2.** *v/t. -in* erzağını tedarik etm.; **proˈvi.sion.al** [~ʒənl] □ geçici, muvakkat.
pro.vi.so [prəˈvaizəu] *n.* kayıt, şart, koşul; **proˈvi.so.ry** [~zəri] *adj.* şartlı, koşullu.
prov.o.ca.tion [prɔvəˈkeiʃən] *n.* kızdırma, sinirlendirme, gücendirme; kışkırtma; kızılacak şey; **pro.voc.a.tive** [prəˈvɔkətiv] **1.** *adj.* sinirlendirici, kızdırıcı; kışkırtıcı; cazip, çekici; **2.** *n.* tahrik edici kimse *veya* şey.
pro.voke [prəˈvəuk] *v/t.* kızdırmak, sinirlendirmek, öfkelendirmek; kışkırtmak, tahrik etm., dürtmek; sebep olm. *-e*, neden olm. *-e*; **proˈvok.ing** □ sinirlendirici, can sıkıcı, sinir bozucu.
prov.ost [ˈprɔvəst] *n.* bazı üniversitelerde dekan; İskoçya'da belediye başkanı; ⚔ [prəˈvəu] ~ marshal inzibat amiri, adlî subay.
prow ⚓ [prau] *n.* pruva.
prow.ess [ˈprauis] *n.* yiğitlik, cesaret, mertlik; cesaret isteyen iş.
prowl [praul] **1.** *v/t.* & *v/i.* gizli gizli gezinmek; etrafı kolaçan etm.; sinsi sinsi dolaşmak; **2.** *n.* sinsi sinsi dolaşma; ~ car *Am.* polis devriye arabası.
prox.i.mate □ [ˈprɔksimit] en yakın, hemen yanındaki; yaklaşık, takribi; **proxˈim.i.ty** *n.* yakınlık, civar; **prox.i.mo** [ˈ~məu] *adj.* † gelecek ayın...
prox.y [ˈprɔksi] *n.* vekil(lik), vekâlet(name; by ~ vekâleten, adına.
prude [pruːd] *n.* fazilet taslayıcı.
pru.dence [ˈpruːdəns] *n.* ihtiyat, basiret, sağgörü; akıl, sağduyu; **ˈpru.dent** □ ihtiyatlı, tedbirli, basiretli, sağgörülü; tutumlu; **pru.den.tial** □ [~ˈdenʃəl] basiretli, sağgörülü, ihtiyatlı.
prud.er.y [ˈpruːdəri] *n.* aşırı erdem (*veya* iffet) taslama; erdem taslayıcı hareket *veya* söz; **ˈprud.ish** □ aşırı erdem taslayan.
prune¹ [pruːn] *n.* kuru erik, çir.
prune² [~] *v/t.* budamak *(a. fig.)*; *a.* ~ away, ~ off fazla kısımları atmak.
prun.ing...: **ˈ~-hook, ˈ~-knife** *n.* budama bıçağı; **ˈ~-saw** *n.* budama testeresi.
pru.ri.ence, pru.ri.en.cy [ˈpruəriəns(i)] *n.* şehvet (düşkünlüğü); **ˈpru.ri.ent** □ şehvetli; şehvet düşkünü; ⚘ çok üreyen.
Prus.sian [ˈprʌʃən] **1.** *adj.* Prusyalı, Prusya'ya ait; ~ blue koyu lâcivert; **2.** *n.* Prusyalı; Prusya dili.
prus.sic ac.id ⚗ [ˈprʌsikˈæsid] *n.* asit pru-

sik.
pry¹ [prai] **1.** *v/t.* ~ open manivela ile açmak; ~ up kaldırmak; **2.** *n.* manivela, kaldıraç.
pry² [~] *vb.* merakla bakmak, gözetlemek; ~ into burnunu sokmak *-e*; **ˈpry.ing** □ meraklı.
psalm [sɑːm] *n.* ilâhi; **ˈpsalm.ist** *n.* ilâhi yazarı; **psal.mo.dy** [ˈsælmədi] *n.* ilâhi okuma; ilâhiler kitabı.
Psal.ter [ˈsɔːltə] *n.* ilâhiler kitabı.
pseu.do... [ˈsjuːdəu] *prefix* sahte..., yalancı..., takma...; **pseu.do.nym** [ˈ~dənim] *n.* takma ad; **pseu.don.y.mous** □ [~ˈdɔniməs] takma ad altında yazılmış.
pshaw [pʃɔː] *int.* öf!
pso.ri.a.sis ⚕ [psəˈraiəsis] *n.* sedef hastalığı.
psy.che [ˈsaikiː] *n.* insan ruhu; can; akıl.
psy.chi.a.trist [saiˈkaiətrist] *n.* ruh doktoru, psikiyatr; **psyˈchi.a.try** *n.* psikiyatri, ruh hekimliği.
psy.chic, psy.chi.cal □ [ˈsaikik(əl)] ruhsal, ruhî; zihnî; telepati ile ilgili; **ˈpsy.chics** *n. sg.* psikoloji.
psy.cho-a.nal.y.sis [saikəuəˈnæləsis] *n.* psikanaliz; **psy.cho-an.a.lyst** [~ˈænəlist] *n.* psikanalist, ruhsal çözümleme.
psy.cho.log.i.cal □ [saikəˈlɔdʒikəl] psikolojik, ruhbilimsel; ruhî; **psy.chol.o.gist** [saiˈkɔlədʒist] *n.* psikolog, ruh bilgini; **psyˈchol.o.gy** *n.* psikoloji, ruhbilim.
psy.cho.path [ˈsaikəupæθ] *n.* psikopat, ruh hastası.
psy.cho.sis [saiˈkəusis] *n.* psikoz, akıl hastalığı, ruhsal bozukluklar.
psy.cho.ther.a.py [ˈsaikəuˈθerəpi] *n.* psikoterapi, ruhî tedavi.
pto.maine ⚗ [ˈtəumein] *n.* bozulan yiyecekte bulunan bir çeşit zehir.
pub F [pʌb] *n.* birahane, meyhane.
pu.ber.ty [ˈpjuːbəti] *n.* ergenlik çağı, bulûğ, rüşt, erinlik.
pu.bes.cence [pjuːˈbesns] *n.* erginleşme, bulûğa erme; **puˈbes.cent** *adj.* ergin, erin, bulûğa ermiş; ⚘ tüylü.
pub.lic [ˈpʌblik] **1.** □ halka ait, umuma ait; umumî, genel; açık, alenî; herkese mahsus; devletle ilgili; ~ address system hoparlör tertibatı; ~ man halktan biri; ~ spirit yardımseverlik; *s.* utility; works; **2.** *n. sg. & pl.* halk, ahali, umum; seyirciler; in ~ açık açık, açıkça, alenen; **pub.li.can** [ˈ~kən] *n.* meyhaneci, birahaneci; *hist.* vergi tahsildarı; **pub.li.ca.tion** [~ˈkeiʃən] *n.* yayım(lama); yayın; monthly ~ aylık mecmua; **ˈpub.lic house** lokanta, birahane, meyhane; **pub.li.cist** [ˈ~sist] *n.* politika yazarı; reklamcı; **pubˈlic.i.ty** [~siti] *n.* aleniyet, alenîlik; şöhret; tanıtma, reklam; ~ agent reklamcı; **pub.li.cize** [ˈ~saiz] *v/t.* reklamını yapmak; halka duyurmak.
pub.lic...: ~ **li.bra.ry** halk kütüphanesi; **ˈ~-ˈpri.vate** *adj.* karma *(ekonomi)*; ~ **re.la.tions** *pl.* halkla ilişkiler; ~ **school** özel okul; *Am.* parasız resmî okul; **ˈ~-ˈspir.it.ed** □ yardımsever, umumun yararını düşünen.
pub.lish [ˈpʌbliʃ] *vb.* yayımlamak, neşretmek; bastırmak; ilan etm., söylemek, açığa vurmak; **ˈpub.lish.er** *n.* yayınlayıcı, yayımcı; *Am.* yayınevi; **ˈpub.lish.ing** *n.* yayın, basım; *attr.* yayın...; ~ house yayınevi.
puce [pjuːs] *n.* koyu mor renk, koyu kahverengi.
puck [pʌk] *n.* folklorda yaramaz peri; *hokey:* lastik disk.
puck.a [ˈpʌkə] *adj.* gerçek; kaliteli; üstün, lüks, birinci sınıf.
puck.er [ˈpʌkə] **1.** *n.* kırışık, buruşukluk; **2.** *v/t. & v/i. a.* ~ up buruş(tur)mak, kırış(tır)mak, büz(ül)mek.
puck.ish □ [ˈpʌkiʃ] yaramaz.
pud.ding [ˈpudiŋ] *n.* puding, muhallebi; black ~ kan, yulaf ezmesi *vs.* ile doldurulmuş domuz bağırsağı; **ˈ~-face** *n.* tombul surat.
pud.dle [ˈpʌdl] **1.** *n.* su birikintisi, gölcük; ⊕ kumlu harç; **2.** *vb.* ⊕ ocakta tavlamak *(dökme demir)*; sıva haline sokmak *(çamur ve kumu karıştırarak)*; bulamaç yapmak; **ˈpud.dler** *n.* ⊕ dökme demircisi; **ˈpud.dling-fur.nace** *n.* ⊕ tavlama fırını.
pu.den.cy [ˈpjuːdənsi] *n.* utangaçlık, sıkılganlık; **ˈpu.dent** *adj.* utangaç, sıkılgan.
pudg.y F [ˈpʌdʒi] *adj.* tıknaz, bodur, küt.
pueb.lo [puˈebləu] *n.* kızılderili köyü.
pu.er.ile □ [ˈpjuərail] çocukça, çocuksu, aptalca; önemsiz; **pu.er.il.i.ty** [~ˈriliti] *n.* çocukluk; aptallık; çocukça davranış *veya* söz.
puff [pʌf] **1.** *n.* üfleme, püf; üfürük, soluk; hafif yumuşak börek, pufböreği; pudra ponponu; elbisenin büzülmüş ve kabarık yeri; aşırı övgü; yorgan; saç lülesi; abartmalı övgü; **2.** *v/t.* şişirmek; gururlandırmak; abartarak övmek; övērek reklamını yapmak; *a.* ~ at tüttürmek *(pipo vs.)*; *oft.* ~ out, ~ up üfleyerek söndürmek *(mum vs.)*; şişirmek; abartarak övmek; gururlandırmak; ~ up çıkmak *(duman vs.)*; ~ed up *fig.* kendini beğenmiş, kibirli; ~ed eyes *pl.* şişmiş gözler;

~ed sleeve büzgülü kol; *v/i.* üflemek; püflemek; solumak; püfür püfür esmek; **'~-box** *n.* pudra kutusu; **'puff.er** *n.* püfleyen şey *veya* kimse; F lokomotif; kirpi balığı; **'puff.er.y** *n.* aşırı övgü; **'puff.i.ness** *n.* kabartı, şişkinlik; **'puff.ing** *n.* aşırı övme; **puff paste** pufböreği hamuru; **'puff.y** *adj.* nefesi kesilmiş; şişkin, kabarık; abartmalı, görkemli; püfür püfür esen *(rüzgâr).*

pug [pʌg] *n.*, **'~-dog** buldoğa benzeyen bir cins köpek.

pu.gil.ism ['pjuːdʒilizəm] *n.* boksörlük; **'pu.gil.ist** *n.* boksör.

pug.na.cious [pʌg'neiʃəs] *adj.* kavgacı, hırçın, dövüşken; **pug.nac.i.ty** [~'næsiti] *n.* kavgacılık, dövüşkenlik.

pug-nose ['pʌgnəuz] *n.* basık burun.

puis.ne ⚖ ['pjuːni] *adj.* ikinci gelen, küçük...

pu.is.sant ['pjuːisnt] *adj.* güçlü, kudretli, nüfuzlu.

puke *sl.* [pjuːk] *v/t. & v/i.* kus(tur)mak.

pule [pjuːl] *v/i.* ağlam(sam)ak.

pull [pul] **1.** *n.* çekme, çekiş; yudum, fırt; *typ.* prova; cazibe (of); *sl.* torpil, iltimas (with *-den*); gayret; tutamaç, sap; ~ at the bottle *sl.* şişeden alınan yudum, fırt; ~ fastener fermuar; **2.** *v/t.* çekmek; koparmak; yolmak *(tüy)*; sürüklemek; aşırı zorlamak; *typ.* çıkarmak *(prova)*; ⚓ çekmek *(kürek)*; soymak; çalmak; çekmek *(diş, silah)*; ~ one's weight gerekli gayreti göstermek; ~ about oraya buraya sürüklemek, çekiştirmek; ~ down yıkmak, indirmek; *fig.* çökertmek; ~ in içeriye çekmek; durdurmak *(at)*; yakalamak, tevkif etm.; F kazanmak *(para)*; ~ off kenara çekmek *(araç)*; çıkarmak, soymak, kazanmak, başarmak; ~ round iyileştirmek, kendine getirmek; ~ through iyileştirmek; zorluktan kurtarmak; imtihanı kazandırmak; ~ o.s. together kendine gelmek, kendine hâkim olm.; ~ up durdurmak; azarlamak; *v/i.* gelmek; bir yudum içki içmek; ⚓ kürek çekmek; bir nefes çekmek; silah çekmek; tezahürat yapmak (for *-e*); ~ in istasyona girmek *(tren)*; ~ out ayrılmak, çıkmak; ~ round iyileşmek, kendine gelmek; ~ through iyileşmek, kendine gelmek; başarılı olm.; ~ together beraber çalışmak, işbirliği yapmak; ~ up durmak; ~ up with, ~ up to yetişmek *-e*; **'pull.er** *n.* çeken şey *veya* kimse, çekici.

pul.let ['pulit] *n.* piliç.

pul.ley ⊕ ['puli] *n.* makara; kasnak; *a.* set of ~s palanga.

pull-in ['pulin] = pull-up.

Pull.man car 🚃 ['pulmən'kaː] *n.* pulman vagon; yataklı vagon.

pull...: '~-o.ver *n.* kazak, süveter; **'~-up** *n.* mola yeri.

pul.mo.nar.y *anat.* ['pʌlmənəri] *adj.* akciğere ait, akciğer...

pulp [pʌlp] **1.** *n.* meyve *veya* sebze eti; lapa; ⊕ kâğıt hamuru; *a.* ~ magazine *Am.* ucuz dergi; **2.** *v/t. & v/i.* lapalaş(tır)mak; hamurlaş(tır)mak *(kâğıt).*

pul.pit ['pulpit] *n.* mimber, kürsü.

pulp.y □ ['pʌlpi] etli, özlü, yumuşak.

pul.sate [pʌl'seit] *v/t. & v/i.* nabız gibi atmak, yürek gibi çarpmak, nabız gibi kımıldamak, titre(t)mek, titreşmek; **pul.sa.tile** ♪ ['~sətail] *adj.* ritmik...; **pul.sa.tion** [~'seiʃən] *n.* nabız (atışı).

pulse¹ [pʌls] **1.** *n.* nabız (atışı); **2.** *v/i.* nabız atmak, çarpmak.

pulse² [~] *n.* baklagiller, bakliyat.

pul.ver.i.za.tion [pʌlvərai'zeiʃən] *n.* ezme, toz haline getirme; **'pul.ver.ize** *v/t.* ezmek, toz haline getirmek; *fig.* mahvetmek; *v/i.* toz haline gelmek; **'pul.ver.iz.er** *n.* toz haline getiren kimse *veya* alet.

pu.ma *zo.* ['pjuːmə] *n.* puma.

pum.ice ['pʌmis] *n., a.* ~-stone süngertaşı.

pum.mel ['pʌml] *v/t.* yumruklamak, dövmek.

pump¹ [pʌmp] **1.** *n.* tulumba, pompa; *attr.* pompa...; **2.** *v/t.* tulumba ile çekmek; pompa ile şişirmek *(lastik vs.)*; pompa ile basmak *(hava)*; F ağzını aramak; *sl.* zorla sokmak *(kafasına)*; *v/i.* tulumba işletmek.

pump² [~] *n.* iskarpin.

pump.kin ⚘ ['pʌmpkin] *n.* helvacıkabağı.

pump-room ['pʌmprum] *n.* kaplıcada şifalı suyun bulunduğu oda.

pun [pʌn] **1.** *n.* kelime oyunu, söz oyunu, cinas; **2.** *v/i.* kelime oyunu yapmak.

Punch¹ [pʌntʃ] *n.* bodur ve kambur kukla; ~ and Judy show ['dʒuːdi] İngiltere'de kukla oyunu.

punch² [~] **1.** *n.* ⊕ zımba, delgi, matkap, ıstampa; **2.** *v/t.* zımbalamak, zımba ile açmak *(delik)*, ıstampa ile basmak; biz ile delmek.

punch³ [~] **1.** *n.* yumruk, muşta; F etki, tesir; *fig.* enerji, kuvvet; **2.** *vb.* yumruklamak; *Am.* gütmek *(sığır vs.).*

punch⁴ [~] *n.* meşrubat, punç.

pun.cheon ['pʌntʃən] *n.* çatı direği; zımba; şarap fıçısı; 320 litrelik şarap ölçüsü.

punch.er ['pʌntʃə] *n.* zımba; F kavgacı kimse; *Am.* kovboy; **'punch.ing-ball** *n.*

boksörlerin antrenman için kullandıkları torba.

punc.til.i.o [pʌŋkˈtiliəu] *n.* titizlik; formalite ve görgü kurallarına düşkünlük; = punctiliousness; **punc.til.i.ous** [~ˈtiliəs] *adj.* merasime (*veya* resmiyete) düşkün, titiz; **puncˈtil.i.ous.ness** *n.* titizlik.

punc.tu.al □ [ˈpʌŋktʃuəl] tam zamanında gelen, dakik; **punc.tu.al.i.ty** [~ˈæliti] *n.* dakiklik, şaşmazlık.

punc.tu.ate [ˈpʌŋktʃueit] *v/t.* noktalamak; *fig.* kesmek *(sözünü)*; **punc.tuˈa.tion** *n.* noktalama (kuralı).

punc.ture [ˈpʌŋktʃə] **1.** *n.* delik (delme); *mot.* lastik patlaması; patlak; have a ~ lastiği patlamak **2.** *v/t.* & *v/i.* patla(t)mak, delmek.

pun.dit [ˈpʌndit] *n.* Hindu dini bilgini; bilgin, âlim, üstat; F bilgiç, ukalâ kimse.

pun.gen.cy [ˈpʌndʒənsi] *n.* keskinlik, acılık *(a. fig.)*; **ˈpun.gent** *adj.* sert, acı, keskin, tesirli, iğneleyici *(söz)*.

pun.ish [ˈpʌniʃ] *v/t.* cezalandırmak; kötü dövmek, hırpalamak; yola getirmek; azarlamak; F silip süpürmek *(içki, yemek vs.)*; **ˈpun.ish.a.ble** □ cezalandırılabilir; cezayı hak etmiş; **ˈpun.ish.er** *n.* cezalandıran kimse; **ˈpun.ish.ment** *n.* ceza(landırma).

pu.ni.tive [ˈpjuːnitiv] *adj.* cezalandırıcı; ceza...; cezayı gerektirici.

punk[1] *Am.* [pʌŋk] **1.** *n.* çürük tahta; kav; F değersiz şey, boş laf, saçma; *sl.* ciğeri beş para etmez adam; **2.** *adj. sl.* kalitesiz, değersiz; rahatsız, hasta.

punk[2] [~] *n.* «punk rock» hayranı kimse; it, kopuk, serseri; ~ **rock** *s.* pop music.

pun.ster [ˈpʌnstə] *n.* kelime oyunu yapan kimse.

punt[1] ⚓ [pʌnt] **1.** *n.* altı düz kayık; **2.** *v/t.* sırıkla yüzdürmek; kayık ile taşımak; *v/i.* sandalla gitmek.

punt[2] [~] *vb.* yere düşmeden vurmak *(topa)*.

pu.ny □ [ˈpjuːni] çelimsiz, zayıf; önemsiz, ufak.

pup [pʌp] **1.** = puppy; **2.** *v/i.* yavrulamak *(köpek)*.

pu.pa *zo.* [ˈpjuːpə] *n.* krizalit.

pu.pil [ˈpjuːpl] *n. anat.* gözbebeği; öğrenci, talebe; **pu.pil.(l)age** [ˈ~pilidʒ] *n.* öğrencilik; küçüklük.

pup.pet [ˈpʌpit] *n.* kukla *(a. fig.)*; **ˈ~-show** *n.* kukla oyunu.

pup.py [ˈpʌpi] *n.* köpek yavrusu; *fig.* züppe genç.

pur.blind [ˈpəːblaind] *adj.* yarı kör; *fig.* mankafa, ahmak, gabi.

pur.chase [ˈpəːtʃəs] **1.** *n.* satın alma, alım; satın alınan şey; sıkı tutma, kavrama; ⊕ makara; bedel; make ~s alışveriş yapmak, öteberi almak; at twenty years' ~ yirmi yıllık gelirine bedel; his life is not worth an hour's ~ bir saatlik ömrü kaldı; **2.** *v/t.* satın almak; *fig.* gayretle elde etm., kazanmak; ⊕ manivela ile kaldırmak *veya* çekmek; **ˈpur.chas.er** *n.* alıcı, müşteri.

pure □ [pjuə] *com.* saf(i), halis, som, has, temiz; kusursuz, lekesiz; kuramsal, teorik; namuslu, masum; **ˈ~-bred** *adj. Am.* saf kan; **pu.rée** [ˈpjuərei] *n.* püre, ezme; **ˈpure.ness** *n.* safilik, temizlik; iffet; nezaket.

pur.ga.tion [pəːˈgeiʃən] *n. mst fig.* temizleme, paklama, arındırma *(günahtan)*; ⚕ müshil ile bağırsakların temizlenmesi; **pur.ga.tive** ⚕ [ˈ~gətiv] **1.** *adj.* müshil; **2.** *n.* müshil, sürgün ilâcı; **ˈpur.ga.to.ry** *n. eccl.* Araf.

purge [pəːdʒ] **1.** *n.* ⚕ müshil ilâcı; *pol.* tasfiye; **2.** *v/t. mst fig.* temizlemek, paklamak, arındırmak **(of, from** *-den)*; *pol.* tasfiye etm.; ⚕ ishal (*veya* amel) vermek.

pu.ri.fi.ca.tion [pjuərifiˈkeiʃən] *n.* temizleme; tasfiye; **pu.ri.fi.er** [ˈ~faiə] *n.* temizleyici *(part. alet)*; **pu.ri.fy** [ˈ~fai] *v/t.* temizlemek, paklamak (of, from *-den*); ⊕ arıtmak; *fig.* ıslah etm.

Pu.ri.tan [ˈpjuəritən] **1.** *n.* Püriten, mutaassıp Protestan; **2.** *adj.* sofu, mutaassıp; **pu.ri.tan.ic** [~ˈtænik] *adj.* (~ally) sofu; **Pu.ri.tan.ism** [ˈ~tənizəm] *n.* sofuluk.

pu.ri.ty [ˈpjuəriti] *n.* temizlik, haslık, saflık *(a. fig.)*; iffet; nezaket.

purl[1] [pəːl] *n.* dantela için sırma teli; yün örgüsünde ters iğne; pli.

purl[2] [~] **1.** *n.* çağıltı, şırıltı; **2.** *v/i.* çağıldayarak akmak.

purl.er F [ˈpəːlə] *n.* şiddetli düşüş; come a ~ baş aşağı düşmek.

pur.lieus [ˈpəːljuːz] *n.* dış mahalleler, etraf, hudut, civar, çevre.

pur.loin [pəːˈlɔin] *v/t.* çalmak, aşırmak; **purˈloin.er** *n.* hırsız.

pur.ple [ˈpəːpl] **1.** *adj.* mor, erguvanî; ~ passage süslü yazı; **2.** *n.* mor, erguvanî, eflatun renk; **3.** *v/t.* mor renge boyamak; *v/i.* mor rengini almak; **ˈpur.plish** *adj.* morumsu, eflatunî.

pur.port [ˈpəːpət] **1.** *n.* anlam, mana, kavram; **2.** *v/t.* ...anlamında olm., delâlet etm. *-e*, göstermek; iddia etm.

pur.pose [ˈpəːpəs] **1.** *n.* maksat, niyet, meram, murat, amaç; karar; for the ~ of

...maksadıyle; on ~ isteyerek, kasten, mahsus, bile bile; to the ~ isabetli, yerinde, asıl konu ile ilgili; to no ~ faydasızca, boşuna, boş yere; **2.** *v/t.* niyet etm., tasarlamak; istemek; **pur.pose.ful** □ [ˈ~ful] maksatlı; önemli; anlamlı, manalı; **ˈpur.pose.less** □ manasız; amaçsız, maksatsız; **ˈpur.pose.ly** *adv.* bile bile, kasten, mahsus.

purr [pəː] **1.** *v/i.* mırlamak *(kedi)*; *v/t.* mırıldanmak; **2.** *n.* kedi mırlaması.

purse [pəːs] **1.** *n.* para kesesi; *Am.* el çantası; yardım parası, fon; hazine; public ~ devlet hazinesi; **2.** *v/t.* *oft.* ~ up büzmek, bükmek *(dudak)*; keseye koymak; **ˈ~-proud** *adj.* parasına güvenen; **ˈpurs.er** *n.* ⚓ gemi muhasebecisi *veya* veznedarı; **ˈpurse-strings** *n.*: hold the ~ para işini idare etm.; loosen the ~ kesenin ağzını açmak.

pur.si.ness [ˈpəːsinis] *n.* tıknefeslik; şişmanlık.

purs.lane ⚘ [ˈpəːslin] *n.* semizotu.

pur.su.ance [pəˈsjuːəns] *n.* takip etme; devam; ifa; tatbik; in ~ of ifa ederken, yaparken; **purˈsu.ant** □: ~ to uygun olarak -*e*, gereğince.

pur.sue [pəˈsjuː] *v/t.* & *v/i.* takip etm., izlemek, kovalamak, peşine düşmek; devam etm. -*e*, sürdürmek; aramak; *fig.* -*in* peşini bırakmamak *(talihsizlik vs.)*; ardı sıra gitmek; ~ after takip etm., izlemek; **purˈsu.er** *n.* takip eden kimse; ⚖ davacı; **pur.suit** [pəˈsjuːt] *n.* kovalama, takip, izleme, arama (of -*i*); *mst.* ~s *pl.* iş, meşguliyet, uğraş; ~ plane avcı uçağı; **pur.sui.vant** [ˈpəːsivənt] *n.* izleyen kimse; refakatçi, teşrifatçı.

pur.sy¹ [ˈpəːsi] *adj.* şişman; tıknefes.

pur.sy² [~] *adj.* büzülmüş *(dudak vs.)*; buruşuk, kırışık; servetine güvenen.

pu.ru.lent □ [ˈpjuərulənt] cerahatli, irinli.

pur.vey [pəːˈvei] *v/t.* tedarik etm., sağlamak, temin etm.; *v/i.* ~ for erzak temin etm. -*e*; **purˈvey.ance** *n.* sağlama, tedarik etme; **purˈvey.or** *n.* satıcı, temin eden kimse *(part. erzak)*.

pur.view [ˈpəːvjuː] *n.* konu; saha; faaliyet (alanı).

pus [pʌs] *n.* irin, cerahat.

push [puʃ] **1.** *n.* itiş, kakış, dürtüş; girişkenlik, teşebbüs; çaba, güç, gayret; ilerleme, hücum, atak; azim; at a ~ gerekirse, gerektiğinde, icabında; when it comes to the ~ sıkışınca, iş esasa binince; get the ~ *sl.* kovulmak, sebeplenmek; give s.o. the ~ *sl.* *b-ne* yol vermek, kovmak, sepetlemek; **2.** *v/t.* itmek, dürtmek; sürmek, sevketmek, yürütmek; saldırmak; *fig.* sıkıştırmak; basmak *(düğmeye vs.)*; kanunsuz yoldan satmak *(uyuşturucu madde)*; *a.* ~ through çaba harcayarak kabul ettirmek, geçirmek, *(tasarı vs.)*; ~ s.th. on s.o. *bşi b-ne* zorla kabul ettirmek; ~ one's way başarılı olm., yükselmek; ite kaka ilerlemek; be ~ed for time (money) vakti (eli) dar olm.; she is ~ing thirty otuza merdiven dayadı; *v/i.* itişip kakışmak; hücum etm.; uğraşmak (for *için*); ~ along, ~ on, ~ forward devam etm., ileri sürmek; ~ off avara etm. *(kayık)*; F (çekip) gitmek; **ˈ~-ball** *n.* bir çeşit top oyunu; **ˈ~-bike** *n.* bisiklet; **ˈ~-but.ton** *n.* ⚡ pusbuton, elektrik düğmesi; **ˈpush.er** *n.* fırsat düşkünü kimse; uyuşturucu madde satan kimse; *Am.* 🚂 itici lokomotif; **push.ful** □ [ˈ~ful], **ˈpush.ing** □ girişken, enerjik; *b.s.* sırnaşık, küstah; **ˈpush-off** *n.* baş(langıç); **ˈ~-o.ver** *n.* *part. Am.* çok kolay iş, çocuk oyuncağı; kolay aldanır kimse; **ˈpush-up** *n.* şınav.

pu.sil.la.nim.i.ty [pjuːsiləˈnimiti] *n.* çekingenlik, ürkeklik, korkaklık; **pu.sil.lan.i.mous** □ [~ˈlæniməs] korkak, ürkek, yüreksiz, çekingen, pısırık.

puss [pus] *n.* kedi; *fig.* kız; *sl.* surat; **ˈpuss.y** *n.* ⚘ söğüt tırtılsısı; *a.* ~-cat kedi; **ˈpuss.y.foot** *Am.* F **1.** *n.* sır küpü (*veya* fikrini belirtmeyen) kimse; **2.** *v/i.* F fikrini belirtmemek; kedi gibi sessizce yürümek; çok tedbirli davranmak.

pus.tule ⚕ [ˈpʌstjuːl] *n.* sivilce, kabarcık, püstül.

put [put] *(irr.)* **1.** *v/t.* koymak, yerleştirmek, sokmak, takmak (on, to -*e*); maruz bırakmak; söylemek, öne sürmek; oya koymak; kelimelerle ifade etm.; tercüme etm.; uyarlamak; adamak; sevketmek, zorlamak; tahrik etm., kışkırtmak; yatırmak; tahmin etm. (at *olarak*); yazmak; işaretlemek; avucu yukarı doğru tutarak atmak *(gülle)*; ~ about yaymak *(dedikodu)*; ⚓ çevirmek *(geminin başını)*; ~ across *sl.* başarı ile yapmak; yutturmak; ~ away kaldırmak, yerine koymak; biriktirmek, bir kenara ayırmak *(para)*; vazgeçmek; *sl.* öldürmek; F tımarhaneye kapatmak; *sl.* silip süpürmek; ~ back ⚓ geri dönmek; geri koymak, yerine koymak; geri almak *(saat)*; *fig.* geriletmek, sekte vurmak; ~ by biriktirmek, bir kenara ayırmak *(para)*; ~ down indirmek, yere koymak; yerleştirmek; bastırmak *(ayaklanma vs.)*; susturmak; yazmak, kaydetmek (for -*e*);

geçirmek (to -e); yüklemek, vermek (to -e); koymak (as, for yerine); ~ forth ileri sürmek; çıkarmak, yayımlamak; sürmek (tomurcuk); ortaya koymak; ~ forward ileri sürmek, ortaya atmak; ileri almak (saat); ~ o.s. forward k-ni öne sürmek, sokulmak; adaylığını koymak; ~ in başvurmak (for için); sokmak; yerleştirmek; arzetmek, sunmak; vurmak (yumruk); söylemek (söz); yapmak; seçmek; F geçirmek (vakit); ~ in an hour's work bir saatlik iş yapmak; ~ off sonraya bırakmak, tehir etm., ertelemek; çıkarmak (elbise); engellemek; vazgeçirmek; fig. bırakmak, üstünden atmak (korku, şüphe vs.); ~ on giymek (elbise); takınmak (tavır); † eklemek (to -e); açmak; artırmak; koymak (ek sefer vs.); thea. sahneye koymak (oyun); ileri almak (saat); F aldatmak; he is ~ting it on abartıyor; ~ it on thick abartmak, izam etm.; ~ on airs hava atmak, caka satmak; ~ on weight kilo almak, şişmanlamak; ~ out söndürmek (ışık, ateş vs.); çıkarmak; faize vermek (para); üretmek; kovmak; yayınlamak (haber vs.); sinirlendirmek; şaşırtmak; rahatsız etm.; ~ out of action faaliyet dışı bırakmak, işe yaramaz hale sokmak; ~ over başarmak; ertelemek, tehir etm.; ~ o.s. over etkilemek; ~ right düzeltmek, düzene koymak; ~ through teleph. bağlamak (to -e); tabi tutmak (test vs.); F gerçekleştirmek, yapmak, yürütmek (iş vs.); ~ s.o. through it F b-nin yeteneğini ölçmek; ~ to ilâve etm., birleştirmek; sunmak; arzusuna bırakmak; açıklamak; be (hard) ~ to it akla karayı seçmek, çok sıkıntı çekmek; ~ to expense masrafa sokmak; ~ to death öldürmek; ~ to the rack veya torture eziyet etm., işkence etm.; ~ together birleştirmek, biraraya getirmek, monte etm.; kafasında toplamak (fikir, düşünce vs.); ~ up kaldırmak; çekmek (bayrak vs.); kurmak (çadır vs.); inşa etm.; asmak (ilan vs.); artırmak, yükseltmek; ortaya koymak; sağlamak, temin etm. (para); kınına sokmak (kılıç); salıvermek (hayvan); toplamak (saç); misafir etm.; aday göstermek (for için); ~ s.o. up to s.th. b-ni bşe teşvik etm., kışkırtmak; **2.** v/i. acele gitmek; ⚓ yol almak; ~ off, ~ out, ~ to sea ⚓ denize açılmak; ~ in ⚓ limana girmek; ~ up at konaklamak, gecelemek; ~ up for adaylığını koymak -e; ~ up with katlanmak -e, çekmek -i, tahammül etm. -e.

pu.ta.tive [ˈpjuːtətiv] *adj.* farzedilen, varsayılan.

put.log ⊕ [ˈpʌtlɔg] *n.* iskele kirişi.

pu.tre.fac.tion [pjuːtriˈfækʃən] *n.* kokma, çürüme, bozulma; çürümüş şey; **pu.treˈfac.tive** [~tiv] *adj.* çürütücü.

pu.tre.fy [ˈpjuːtrifai] *v/t.* & *v/i.* çürü(t)mek, kok(ut)mak, bozulmak, kokuşmak.

pu.tres.cence [pjuːˈtresns] *n.* çürüklük, bozukluk; **puˈtres.cent** *adj.* çürüyen, çürümekte olan.

pu.trid □ [ˈpjuːtrid] çürük, bozuk, kokmuş; *sl.* iğrenç; **puˈtrid.i.ty** *n.* çürüklük; çürük şey.

putt [pʌt] *golf:* **1.** *vb.* deliğe sokmak için topa hafifçe vurmak; **2.** *n.* topu deliğe sokmak için yapılan hafif vuruş.

put.tee [ˈpʌti] *n.* dolak.

putt.er [ˈpʌtə] *n. golf:* golf sopası.

put.ty [ˈpʌti] **1.** *n. a.* glaziers' ~ camcı macunu; *a.* plasterers' ~ sıva, harç; **2.** *vb.* macunlamak.

put-up job [ˈputˈʌpˈdʒɔb] *n.* hile(li iş).

puz.zle [ˈpʌzl] **1.** *n.* bilmece, bulmaca; mesele, sorun; şaşkınlık, hayret; **2.** *v/t.* & *v/i.* şaşır(t)mak, hayrete düş(ür)mek; düşündürmek; çok düşünmek (over -i); ~ one's brains kafa patlatmak, zihnini yormak; ~ out kafa yorarak çözmek; **ˈ~-head.ed** *adj.* şaşırmış, kafası bulanık; **ˈpuz.zler** *n.* güç durum, karışık mesele; anlaşılmaz kişi.

pyg.m(a)e.an [pigˈmiːən] *adj.* cüce...; **pyg.my** [ˈpigmi] *n.* pigme; *fig.* cüce, bodur kimse; *attr.* cüce...

py.ja.mas [pəˈdʒɑːməz] *n. pl.* pijama.

py.lon [ˈpailən] *n.* pilon, çelik telgraf direği.

py.lo.rus *anat.* [paiˈlɔːrəs] *n.* pilor, mide kapısı.

py.or.rh(o)e.a ⚕ [paiəˈriə] *n.* piyore, dişeti iltihabı.

pyr.a.mid [ˈpirəmid] *n.* piramit, ehram; **py.ram.i.dal** □ [piˈræmidl] piramit şeklinde.

pyre [ˈpaiə] *n.* odun yığını (*part. ölüleri yakmak için*).

py.ri.tes [paiˈraitiːz] *n.*: copper ~ bakır sülfid; iron ~ demir sülfid, pirit.

py.ro... [ˈpaiərəu] *prefix* ateş *veya* ısı ile ilgili, ateş..., ısı...; **py.rog.ra.phy** [paiˈrɔgrəfi] *n.* pirogravür; **py.ro.tech.nic, py.ro.tech.ni.cal** [pairəuˈteknik(əl)] *adj.* fişeklere *veya* fişekçiliğe ait; **py.roˈtech.nics** *n. pl.* fişekçilik; fişek eğlenceleri; *fig.* ortalığı birbirine katan hareket; **py.roˈtech.nist** *n.* fişekçi.

Pyr.rhic vic.to.ry [ˈpirikˈviktəri] *n.* büyük

kayıp verilerek kazanılan başarı.
Py.thag.o.re.an [paiθægəˈriːən] **1.** *adj.* Pitagor'a ait; **2.** *n.* Pitagor taraftarı kimse.
Pyth.i.an [ˈpiθiən] *adj.* Apollon'a ait.
py.thon [ˈpaiθən] *n.* piton yılanı.
pyx [piks] *n.* *eccl.* Katolik kilisesinde kutsal ekmeğin konulduğu kutu.

Q

Q-boat ⚓ [ˈkjuːbəut] *n.* düşman denizaltılarını tuzağa düşüren ticaret *veya* balıkçı gemisi görünümündeki gemi.

quack¹ [kwæk] **1.** *n.* ördek sesi, vak vak; **2.** *v/i.* ördek gibi bağırmak, 'vak vak' etm.

quack² [~] **1.** *n.* doktor taslağı, şarlatan, yalancı doktor; **2.** *adj.* şarlatan...; **3.** *v/i.* şarlatanlık etm.; **quack.er.y** [ˈ~əri] *n.* şarlatanlık.

quad [kwɔd] = quadrangle, quadrat.

quad.ra.ge.nar.i.an [kwɔdrədʒiˈnεəriən] **1.** *adj.* kırk ile elli yaşları arasında olan *(kimse)*; **2.** *n.* kırk ile elli yaşları arasındaki kimse.

quad.ran.gle [ˈkwɔdræŋgl] *n.* dörtgen; avlu, bahçe *(okul vs.)*.

quad.rant [ˈkwɔdrənt] *n.* oktant, yükseklik ölçme aleti; *part.* ⩓ çeyrek daire.

quad.rat *typ.* [ˈkwɔdræt] *n.* katrat; **quad-rat.ic** ⩓ [kwəˈdrætik] **1.** *adj.* dörtgen gibi; ⩓ ikinci dereceden; **2.** *n.*: ~ equation ikinci dereceden denklem; **quad.ra.ture** [ˈkwɔdrətʃə] *n.* kare yapma; ⩓ alan hesabı; *ast.* dördün.

quad.ren.ni.al □ [kwɔˈdrenjəl] dört senede bir olan; dört sene süren.

quad.ri.lat.er.al ⩓ [kwɔdriˈlætərəl] **1.** *adj.* dört kenarlı; **2.** *n.* dörtgen, dörtkenar.

qua.drille [kwəˈdril] *n.* kadril dansı (müziği).

quad.ri.par.tite [kwɔdriˈpɑːtait] *adj.* dört taraflı, dört kısımlı.

quad.ru.ped [ˈkwɔdruped] **1.** *n.* dört ayaklı hayvan; **2.** *adj. a.* **quad.ru.pe.dal** [kwɔˈdruːpidl] dört ayaklı *(hayvan)*; **quad-ru.ple** [ˈkwɔdrupl] **1.** □ dört kısımlı; dört kişilik; *a.* ~ to, ~ of dört misli, dört katı -*in*; **2.** *n.* *bşin* dört misli; **3.** *v/t. & v/i.* dört misli çoğal(t)mak, art(ır)mak; **quad.ru.plet** [ˈkwɔdruplit] *n.* dördüzlerden biri; **quad.ru.pli.cate** **1.** [kwɔˈdruːplikit] *adj.* dört kat, dört misli; **2.** [~keit] *v/t.* dörtle çarpmak; dört misli çoğaltmak.

quaff [kwɑːf] *vb.* (bir yudumda) içmek; ~ off kana kana içmek.

quag [kwæg] = ~mire; ˈ**quag.gy** *adj.* bataklık gibi; gevşek, yumuşak; **quag.mire** [ˈ~maiə] *n.* batak(lık).

quail¹ *orn.* [kweil] *n.* bıldırcın.

quail² [~] *v/i.* yılmak, sinmek, ürkmek, korkmak.

quaint □ [kweint] tuhaf, acayip, antika, orijinal, garip ve hoş; ˈ**quaint.ness** *n.* tuhaflık, antikalık, garip hoşluk.

quake [kweik] **1.** *v/i.* sallanmak, sarsılmak; titremek (with, for -*den*); **2.** *n.* sallantı; zelzele, deprem; titreme, ürperme.

Quak.er [ˈkweikə] *n.* Kuveykır mezhebinin üyesi.

qual.i.fi.ca.tion [kwɔlifiˈkeiʃən] *n.* nitelik, vasıf, meziyet, ehliyet; şart; kayıt, kısıtlama; *gr.* niteleme; **qual.i.fied** [ˈ~faid] *adj.* ehliyetli, vasıflı, kalifiye; şartlı; kısıtlı, sınırlı; **qual.i.fy** [ˈ~fai] *v/t. & v/i.* hak kazan(dır)mak, ehliyetli kılmak; kısıtlamak, sınırla(ndır)mak; hafifletmek; nitelendirmek; tanımlamak, tasvir etm.; *gr.* nitelemek; ehliyet göstermek; qualifying examination eleme sınavı, yeterlilik imtihanı; **qual.i.ta.tive** □ [ˈ~tətiv] niteliğe ait, nitel(eyici); ˈ**qual.i.ty** *n.* kalite; nitelik, vasıf; özellik, hususiyet; üstünlük; çeşit, sınıf, nevi.

qualm [kwɑːm] *n.* vicdan azabı, pişmanlık; bulantı; şüphe, huzursuzluk, kuruntu, kuşku; ˈ**qualm.ish** □ mide bulandırıcı, tiksindirici; midesi çabuk bulanan; vicdanının sesini dinleyen.

quan.da.ry [ˈkwɔndəri] *n.* şüphe, tereddüt, hayret, şaşkınlık; müşkül durum, ikilem.

quan.ti.ta.tive □ [ˈkwɔntitətiv] nicel, niceliğe ait; ˈ**quan.ti.ty** *n.* kemiyet, nicelik *(a.* ⩓*)*; miktar; ~s *pl.* bolluk, çokluk, çok miktar; ~ surveyor yapı malzeme tahmincisi.

quan.tum [ˈkwɔntəm] *n.* miktar, meblağ, tutar; pay, hisse; ~ theory *phys.* kuantum teorisi.

quar.an.tine [ˈkwɔrəntiːn] **1.** *n.* karantina; **2.** *v/t.* karantina altına almak.

quar.rel [ˈkwɔrəl] **1.** *n.* kavga, münakaşa, çekişme, bozuşma; **2.** *v/i.* kavga etm., münakaşa etm., çekişmek, bozuşmak; **quar.rel.some** [ˈ~səm] □ kavgacı, ters,

huysuz.
quar.ry[1] [ˈkwɔri] **1.** *n.* taş ocağı; *fig.* zengin kaynak, maden; **2.** *vb.* taş ocağından kazıp çıkarmak; araştırmak (for -*i*).
quar.ry[2] [~] *n.* av *(a. fig.)*.
quar.ry.man [ˈkwɔrimən] *n.* taş ocağı işçisi.
quart [kwɔːt] *n.* kuart, galonun dörtte biri *(1, 136 l, Am. 0,946 l)*; *fenc.* [kaːt] bir duruş şekli.
quar.ter [ˈkwɔːtə] **1.** *n.* dörtte bir, çeyrek; *part.* çeyrek saat; üç aylık süre; *Am.* 25 sent; ⚓ kıç; ⚓ gemide tayfanın görev yeri; ⚔ aman, hayatını bağışlama; *fig.* hoşgörü, müsamaha; *fig.* yön, istikamet; taraf, civar, bölge, havali, semt, mahalle; ~s *pl.* ⚔ kışla, ordugâh, konak; *fig.* kaynak; dördün; live in close ~s yakında oturmak; at close ~s yan yana, çok yakından; come to close ~s göğüs göğüse dövüşmek; **2.** *v/t.* dörde ayırmak, bölmek; parçalara ayırmak; ⚔ yerleştirmek *(asker)*; **ˈ~.back** *n. Am. spor:* oyunu idare eden oyuncu; **ˈ~-deck** *n.* kıç güvertesi; savaş gemisi *veya* donanmanın subayları; **ˈquar.ter.ly 1.** *adj. & adv.* üç aylık, üç ayda bir (olan); **2.** *n.* üç ayda bir çıkan dergi; **ˈquar.ter.master** *n.* ⚔ levazım subayı; ⚓ serdümen; **quar.tern** [ˈ~tən] *n.* bir ölçünün dörtte biri; *a.* ~-loaf dört librelik ekmek somunu; **ˈquar.ter.staff** *n.* eskiden silah olarak kullanılan sopa.
quar.tet(te) ♪ [kwɔːˈtet] *n.* kuartet, dörtlü müzik topluluğu; dört ses *veya* çalgı ile yapılan müzik parçası.
quar.to [ˈkwɔːtəu] *n.* dört yapraklık forma.
quartz *min.* [kwɔːts] *n.* kuvars; **quartzite** [ˈ~ait] *n.* kuvarsit.
quash ⚖ [kwɔʃ] *v/t.* iptal etm., feshetmek, kaldırmak, bozmak.
qua.si [ˈkwaːziː] *prefix* güya, sanki, sözümona.
qua.ter.na.ry [kwəˈtəːnəri] *adj.* dördüncü; dörtlü; *geol.* son zamana ait.
qua.ver [ˈkweivə] **1.** *n.* titreme; ♪ ses titremesi; ♪ sekizlik; **2.** *vb.* titremek *(ses)*; titrek sesle söylemek *(şarkı vs.)*; **ˈqua.ver.y** *adj.* titrek.
quay [kiː] *n.* rıhtım, iskele; **quay.age** [ˈ~idʒ] *n.* iskele ücreti.
quea.si.ness [ˈkwiːzinis] *n.* bulantı, mide bulanması; **ˈquea.sy** □ mide bulandırıcı *(yiyecek)*; midesi kolayca bulanan; midesi bulanmış, kusacak durumda; titiz, müşkülpesent; kılı kırk yaran; I feel ~ midem bulanıyor.

queen [kwiːn] **1.** *n.* kraliçe; *satranç:* vezir; *iskambil:* kız; *sl.* ibne; ~ bee arı beyi, ana arı; ~'s ware krem renginde bir tür İngiliz çömleği; **2.** *v/t. satranç:* vezir çıkmak; kraliçe olarak saltanat sürmek; *(bir kadını)* kraliçe yapmak; ~ it caka satmak, hava atmak (over -*e*); **ˈqueen.like, ˈqueen.ly** *adj.* kraliçe gibi; kraliçeye yaraşır; haşmetli, muhteşem.
queer [kwiə] **1.** *adj.* acayip, tuhaf, garip, alışılmamış; şüpheli; F rahatsız, hasta; F deli, kaçık; F sarhoş; F sahte, kalp; F homoseksüel; **2.** *v/t.* bozmak; ~ s.o.'s pitch *sl.* *b-nin* planını bozmak, işine engel olm.; **3.** *n.* homoseksüel kimse.
quell *rhet.* [kwel] *v/t.* bastırmak *(ayaklanma vs.)*, ezmek, boyun eğdirmek; yatıştırmak.
quench [kwentʃ] *v/t. fig.* gidermek *(susuzluk, hararet)*; söndürmek *(ateş, yangın)*; son vermek; bastırmak *(ayaklanma vs.)*; su ile soğutmak *(çelik)*; **ˈquench.er** *n.* F içki; **quench.less** □ söndürülemeyen *(ateş, alev vs.)*; giderilemez.
que.rist [ˈkwiərist] *n.* soruşturma yapan kimse.
quern [kwəːn] *n.* el değirmeni.
quer.u.lous □ [ˈkweruləs] yakınan, şikâyetçi, titiz, ters, aksi, huysuz.
que.ry [ˈkwiəri] **1.** *n.* soru (işareti), sual, sorgu; şüphe, kuşku; **2.** *v/t.* sormak -*e*, araştırmak; koymak *(soru işareti)*; şüphelenmek, kuşku duymak -*den*.
quest [kwest]**1.** *n.* ara(ştır)ma; soruşturma; macera; in ~ of ...aramak için, aramaya, -*in* peşinde; **2.** *vb.* ara(ştır)mak; av izini aramak *(köpek)*.
ques.tion [ˈkwestʃən] **1.** *n.* soru, sual; mesele, konu, sorun; şüphe, kuşku; teklif, öneri; ihtimal, imkân, şans; sorgu, soruşturma; ~! *parl.* konuya gelelim!, konu dışına çıkmayalım!; beyond (all) ~ elbette, şüphesiz; in ~ söz konusu olan; come into ~ konu olm., tartışılmak; call in ~ şüphe etm., itiraz etm.; beg the ~ söz konusu meseleyi etkin olarak cevaplandırmamak; the ~ is mesele şu ki; that is out of the ~ bu söz konusu olamaz, imkânsızdır, olanak yok; there is no ~ of *veya* of *ger.* söz konusu değil, sözü edilmez; **2.** *v/t.* sual (*veya* soru) sormak -*e*; sorguya çekmek -*i*; şüphe etm. -*den*, kuşku duymak -*den*; **ˈques.tion.a.ble** □ şüpheli, kuşkulu; kesin olmayan; **ˈques.tion.a.ble.ness** *n.* şüpheli durum; **ˈques.tion.er** *n.* soru soran *veya* sorguya çeken kimse; **ques.tion.naire** [kwestʃəˈnɛə]

n. anket; soru kâğıdı.
queue [kjuː] **1.** *n.* kuyruk, sıra, bekleyen halk *veya* araba dizisi; saç kuyruğu; **2.** *v/i.* *mst* ~ up kuyruğa girmek, kuyruk olm.
quib.ble [ˈkwibl] **1.** *n.* kaçamaklı cevap *veya* söz, yanıltmaca; **2.** *v/i.* kaçamaklı cevap vermek; önemsiz konu üzerinde durmak; ˈ**quib.bler** *n.* safsatacı kimse.
quick [kwik] **1.** *adj.* çabuk, hızlı, tez, süratli, seri; keskin, anlayışlı; işlek, faal; akıllı, zeki, titiz, çabuk kızan; canlı, parlak; ~ march ⚔ hızlı yürüyüş; **2.** *n.* tırnak altındaki hassas et; can alıcı nokta; the ~ *pl.* canlılar; to the ~ tırnak altındaki hassas ete kadar; *fig.* en hassas noktaya kadar; cut s.o. to the ~ *b-ni* can evinden vurmak, duygularını incitmek; **3.** *s.* ~ly; ˈ~**-change ac.tor** kostüm *veya* görünüşünü sık değiştiren aktör; ˈ**quick-en** *v/t.* & *v/i.* hızlan(dır)mak, çabuklaş(tır)mak; canlan(dır)mak, diril(t)mek; neşelen(dir)mek, heveslen(dir)mek; rahimde hayat belirtisi göstermek *(çocuk)*; ˈ**quick-fir.ing** *adj.* ⚔ seri ateşli *(top)*;
quick.ie [ˈ~i] *n.* çok çabuk yapılan şey; F kısa metrajlı ucuz film; ˈ**quick.lime** *n.* sönmemiş kireç; ˈ**quick.ly** *adv.* çabuk(ça), hızlı hızlı, acele; ˈ**quick-match** *n.* ateşleme fitili; ˈ**quick-mo.tion pic.ture** *film:* hızlı çekim film; ˈ**quick.ness** *n.* çabukluk, sürat, hız.
quick...: ˈ~**.sand** *n.* bataklık kumu; ˈ~**.set** *n.* ✓ çit; *a.* ~ hedge köklü bitkilerden oluşan çit; ˈ~**-ˈsight.ed** *adj.* keskin gözlü; ˈ~**.sil.ver** *n.* *min.* civa; ˈ~**.step** *n.* hareketli dans; ⚔ hızlı askerî yürüyüş; ˈ~**-ˈwit.ted** *adj.* çabuk anlayan, zeki, hazırcevap.
quid[1] [kwid] *n.* ağızda çiğnenen tütün parçası.
quid[2] *sl.* [~] *n.* bir sterlin.
quid.di.ty *phls.* [ˈkwiditi] *n.* nitelik, öz; önemsiz konu, safsata.
quid pro quo [ˈkwid prəu ˈkwəu] *n.* karşılık, bedel; ödün, taviz.
qui.es.cence [kwaiˈesns] *n.* sükûn(et), istirahat, hareketsizlik, pasiflik; **quiˈes-cent** □ hareketsiz, pasif, istirahatte, sakin; *fig.* uyuşuk.
qui.et [ˈkwaiət] **1.** □ sessiz, sakin, durgun *(deniz vs.)*; hareketsiz, rahat; nazik, yumuşak huylu, tatlı, uslu *(çocuk)*; gösterişsiz, yumuşak *(renk)*; on the ~ *(sl.:* on the q.t. [ˈkjuːˈtiː]*)* gizlice, çaktırmadan; **3.** *v/i.* *a.* ~ down susmak, yatışmak, sakinleşmek; dinmek; *v/t.* susturmak, yatıştırmak, sakinleştirmek; ˈ**qui.et.en** = quiet 3; **qui.et.ism** [ˈkwaiitizəm] *n.* *eccl.* dünya olaylarından ilgiyi keserek Tanrı düşüncesine dalma felsefesi; ˈ**qui.et.ist** *n.* bu felsefe taraftarı kimse; **qui.et.ness** [ˈkwaiətnis] *n.*, **qui.e.tude** [ˈkwaiitjuːd] sessizlik, sakinlik, durgunluk, sükûnet, rahat.
qui.e.tus [kwaiˈiːtəs] *n.* hesabın ödenip kapanması, aklama, ibra; öldürme; susturma, bastırma.
quill [kwil] **1.** *n.* tüy (kalem); kirpi dikeni; tüy sapı; makara; ♪ mızrap; **2.** *vb.* makaraya sarmak *(iplik)*; fitilli dikmek *(elbise)*; ˈ~**-driv.er** *n.* yazar; ˈ**quill.ing** *n.* farbala, fırfır; ˈ**quill-pen** *n.* tüy kalem.
quilt [kwilt] **1.** *n.* yorgan; **2.** *vb.* yorgan gibi dikmek; içine pamuk doldurup yorgan yapmak; ˈ**quilt.ing** *n.* yorgancılık; yorgan yapma; yorganlık malzeme.
quince ⚘ [kwins] *n.* ayva (ağacı).
qui.nine *pharm.* [kwiˈniːn, *part. Am.* ˈkwainain] *n.* kinin.
quin.qua.ge.nar.i.an [kwiŋkwədʒiˈnɛəriən] **1.** *adj.* elli yaşlarında olan; **2.** *n.* elli yaşlarındaki kimse.
quin.quen.ni.al □ [kwiŋˈkweniəl] beş yılda bir; beş yıl süren.
quins F [kwinz] *n.* *pl.* beşiz.
quin.sy ⚕ [ˈkwinzi] *n.* anjin.
quin.tal [ˈkwintl] *n.* 100 kiloluk ağırlık, kental.
quint.es.sence [kwinˈtesns] *n.* öz, cevher, hulâsa, esas nokta.
quin.tu.ple [ˈkwintjupl] **1.** *adj.* beş kat, beş misli; **2.** *v/t.* & *v/i.* beş misli art(ır)mak; beş misli yapmak *veya* olm.; **quin.tu.plets** [ˈ~plits] *n.* *pl.* beşiz.
quip [kwip] *n.* alaylı şaka, hazır cevap, iğneli söz, saçma cevap.
quire [ˈkwaiə] *n.* 24 tabakalık kâğıt destesi.
quirk [kwəːk] *n.* tuhaflık, acayiplik; garip hareket, delilik; ⌂ kabartmalı süslemede aralık *veya* girinti.
quis.ling [ˈkwizliŋ] *n.* istilâcılarla işbirliği yapan vatan haini.
quit [kwit] **1.** *v/t.* & *v/i.* terketmek, bırakmak, boşaltmak, çıkmak *(ev)*; ayrılmak *(iş)*; ödemek *(borç)*; durmak, kesilmek, dinmek; gitmek; işten çıkmak; vaz geçmek; **2.** *adj.* kurtulmuş, serbest (of *-den*).
quite [kwait] *adv.* tamamen, bütün bütün, tam tamına, tamamiyle, büsbütün, gerçekten, hakikaten; hayli, epey; ~ a lot epeyce; defalarca; ~ (so)!, ~ that! gerçekten öyle!, ya öyle!; ~ the thing F moda olmuş, modaya uygun.
quits [kwits] *adj.* ödeşmiş, fit olmuş, be-

rabere, başabaş (with *ile*); cry ~ yeter artık demek.
quit.tance [ˈkwitəns] *n.* borçtan *veya* yükümden kurtuluş (belgesi); karşılık, bedel, ücret.
quit.ter *Am.* F [ˈkwitə] *n.* işi bırakan kimse; sözünden dönen kimse.
quiv.er[1] [ˈkwivə] **1.** *n.* titreme; **2.** *v/t.* & *v/i.* titre(t)mek, titreş(tir)mek.
quiv.er[2] [~] *n.* ok kılıfı, sadak.
quix.ot.ic [kwikˈsɔtik] *adj.* donkişotvari, dünyadan haberi olmayan, romaneks.
quiz [kwiz] **1.** *n.* küçük imtihan; sorgu, test; alay, eğlence; eşek şakası; garip kimse; **2.** *v/t.* sorguya çekmek; imtihan etm.; alay etm., takılmak; küstahça bakmak; **ˈquiz.zi.cal** □ tuhaf, garip, gülünç; şakacı, alaycı.
quod *sl.* [kwɔd] *n.* kodes, cezaevi.
quoin [kɔin] *n.* duvarın dış köşesi; köşe (taşı); *typ.* harf takozu.
quoit [kɔit] *n.* oyunda atılan çember, halka; ~s *pl.* halka oyunu.
quon.dam [ˈkwɔndæm] *adj.* eski, sabık.
quon.set *Am.* [ˈkwɔnsit] *n. a.* ~ hut çelik baraka.
quo.rum *parl.* [ˈkwɔːrəm] *n.* yetersayı, çoğunluk; have a ~, form a ~ yetersayıyı oluşturmak.
quo.ta [ˈkwəutə] *n.* hisse, pay, kota, kontenjan.
quot.a.ble [ˈkwəutəbl] *adj.* aktarılabilir, aktararak söylenebilir.
quo.ta.tion [kwəuˈteiʃən] *n.* aktarma; aktarılan söz; ☨ fiyat, piyasa rayici, kur; familiar ~s *pl.* vecizeler; **quoˈta.tion-marks** *n. pl.* tırnaklar, tırnak işareti.
quote [kwəut] *vb.* (aktarma yolu ile) söylemek, aktarmak, tekrarlamak *(b-nin sözünü)*; tekrar yazmak; ☨ vermek *(fiyat)* (at *olarak*); tırnak işareti içine almak.
quoth † [kwəuθ] *v/t.*: ~ I, ~ he dedim, dedi.
quo.tid.i.an [kwɔˈtidiən] *adj.* her gün olan, günlük.
quo.tient ⩓ [ˈkwəuʃənt] *n.* bölüm.

R

r [ɑː]: the three R's (= reading, writing, arithmetic) okuma, yazma ve aritmetik.

rab.bet ⊕ [ˈræbit] **1.** *n.* ek yeri, dişli yiv, lamba, zıvana yuvası; **2.** *v/t.* içiçe geçirmek, içine sokmak; yiv açmak.

rab.bi [ˈræbai] *n.* haham, Musevi dinî lider.

rab.bit [ˈræbit] *n. zo.* adatavşanı; F acemi oyuncu; **ˈ~-fe.ver** *n.* bir tür veba, tularemi.

rab.ble [ˈræbl] *n.* ayaktakımı, düzensiz kalabalık; **ˈ~-rous.er** *n.* demagog, halk avcısı.

rab.id □ [ˈræbid] kudurmuş *(hayvan)*; *fig.* aşırı, bağnaz; yabanî, vahşi; hiddetli, gazaplı, öfkeli; **ˈrab.id.ness** *n.* kudurmuşluk, kuduzluk, cinnet, delilik, çılgınlık, kaçıklık.

ra.bies *vet.* [ˈreibiːz] *n.* kuduz (hastalığı).

rac.coon [rəˈkuːn] = racoon.

race¹ [reis] *n.* ırk, soy; nesil, döl, tür, cins; familya, aile.

race² [~] **1.** *n.* yarış, koşu *(a. fig.)*, koşu yarışması; yaşam süresi; akıntı, cereyan; ~s *pl.* at yarışı; **2.** *v/i.* yarışmak, koşmak, seğirtmek; yıldırım kanunu çıkarmak; *mot.* hızlı çalışmak; *v/t.* yarıştırmıak, koşuya sokmak; **ˈ~-course** *n.* yarış pisti, koşu yolu, parkur.

race-ha.tred [ˈreisˈheitrid] *n.* ırklar arasındaki kin ve nefret duygusu.

race-horse [ˈreishɔːs] *n.* yarış atı.

rac.er [ˈreisə] *n.* yarış atı; yarış kayığı (*veya* teknesi); yarış otomobili; yarışçı, koşucu.

ra.cial [ˈreiʃəl] *adj.* ırka ait, ırksal...; **ˈra.cial.ism** *n.* ırkçılık, ırklar arasındaki kin ve nefret duygusu.

rac.i.ness [ˈreisinis] *n.* canlılık, neşe, coşkunluk, zindelik; müsehcenlik; orijinallik.

rac.ing [ˈreisiŋ] *n.* yarış(çılık); *attr.* yarış...; ~ car yarış otomobili.

rack¹ [ræk] **1.** *n.* parmaklık; raf;. portmanto, askılık; eşya filesi *(araba, tren vs.'de)*; yemlik; ⊕ dişli çubuk; işkence sehpası; kerevet; **2.** *v/t.* yormak; germek, (gerip) işkence etm.; *fig.* azap vermek; istismar etm., kendinden yana yontmak; *(fiyat vs.)* yükselterek sıkıntıya sokmak, eziyet etm.; ~ one's brains kafa yormak (*veya* patlatmak) *-e.*

rack² [~] **1.** *n.* sürüklenen hafif bulut; **2.** *v/i.* rüzgârda sürüklenmek *(bulut)*.

rack³ [~] *n.* haraplık, yıkım; go to ~ and ruin tamamiyle mahvolmak, harabeye dönmek.

rack⁴ [~] *v/t. a.* ~ off tortudan bira *veya* şarap çıkarmak, süzmek.

rack.et¹ [ˈrækit] *n. tenis vs.*: raket; ~s *pl.* dört duvarda sektirilerek oynanan bir tür tenis oyunu.

rack.et² [~] **1.** *n.* gürültü, patırdı, velvele, şamata; *fig.* hareket, faaliyet, telaş, heyecan; *Am.* F dolandırıcılık, şantaj, haraç(çılık); F iş, meslek; *sl.* rahat iş, beleş; stand the ~ sınavda başarılı olm.; suçu, masraf vs.'yi üstlenmek, sorumluluğu almak; **2.** *v/i.* gürültü patırtı etm., eğlenmek, şamata yapmak; **racket.eer** *n. esp. Am. sl.* şantajcı, haraççı; **rack.etˈeer.ing** *n. esp. Am. sl.* şantaj yapma, haraç kesme; **ˈrack.et.y** *adj.* haşarı, gürültücü, şamatacı; gürültülü, şamatalı.

rack-rail.way [ˈrækreilwei] *n.* dişli tren.

rack-rent [rækrent] **1.** *n.* fahiş kira; **2.** *vb.* fahiş kira talep etm. *-den.*

ra.coon *zo.* [rəˈkuːn] *n.* Kuzey Amerikada yaşayan et yiyici ve tilkiden büyücek bir tür hayvan, rakun.

rac.y □ [ˈreisi] canlı, dinç, zinde; çeşnili, baharlı, aromatik; açık saçık, orijinal.

ra.dar [ˈreidə] *n.* radar (aygıtı).

rad.dle [ˈrædl] **1.** *n.* kırmızı tebeşir, aşı boyası; **2.** *v/t.* kırmızıya boyamak.

ra.di.al □ [ˈreidjəl] merkezden çevreye doğru düzenlenmiş, yelpazevarî, radyal, yayılan ışın şeklinde; ♗ yarıçapa ait; ~ engine yıldız motor.

ra.di.ance, ra.di.an.cy [ˈreidjəns(i)] *n.* parlaklık, aydınlık; **ˈra.di.ant** □ parlak, parlayan, aydın; şaşaalı, muhteşem *(a. fig.)*: ısı yayan...; ışın yayan...

ra.di.ate **1.** [ˈreidieit] *v/i.* ışın yaymak, neşretmek; yelpazevarî yayılmak; *v/t.*

yaymak, saçmak; **2.** [ˈ~it] *adj.* bir merkezden yayılan, yelpezevarî, ışın...; **radiˈa.tion** *n.* yayılma, ışık ve sıcaklık verme, radyasyon; **ra.di.a.tor** [ˈ~eitə] *n.* radyatör, kalorifer; *mot.* radyatör, soğutucu aygıt.

rad.i.cal [ˈrædikəl] **1.** □ kökten, köke ait, temel...; esaslı, kök salmış, yerleşmiş; radikal *(a. pol.)*; köksel; ~ sign ⚘ kök işareti; **2.** *n. gr.* kök; ⚗ unsur, eleman, anamadde; *part. pol.* aşırılar, müfritler; **ˈrad.i.cal.ism** *n.* radikalizm, köktencilik; radikalizm ilkeleri.

ra.di.o [ˈreidiəu] **1.** *n.* radyo; telsiz telgraf; radyogram, telsiz haberi; radyo alıcı *veya* vericisi, *telsiz* telgraf aygıtı; ~ car telsizli polis arabası; ~ drama, ~ play radyo tiyatrosu, radyofonik piyes; ~ engineering radyo (*veya* telsiz) mühendisliği; ~ set radyo makinesi; **2.** *v/t. & v/i.* yayımlamak, telsizle göndermek; telsiz *veya* telgrafla haberleşmek; **ˈ~-ˈac.tive** *adj.* radyoaktif; **ˈ~-acˈtiv.i.ty** *n.* radyoaktivite; radyo etkinliği; **ra.di.o.gram** [ˈ~græm] *n.* radyogram, radyo telgraf; = **ra.di.o-gram.o.phone** [ˈ~ˈgræməfəun] *n.* pikaplı (*veya* gramofonlu) radyo; **ra.di.o-graph** [ˈ~-gra:f] **1.** *n.* radyografi; röntgen (filmi); **2.** *v/t.* röntgenini almak; radyografisini çıkarmak; **ra.di.o-loˈca.tion** *n.* radarla yerini saptama; **ra.di.ol.o.gy** *phys.* [reidiˈɔlədʒi] *n.* radyoloji; **ra.di.o-tel.e.gram** [ˈreidiəuˈteligræm] *n.* radyogram, telsiz telgraf; **ˈra.di.o-ˈther.a.py** *n.* radyoterapi, röntgen ile tedavi.

rad.ish ⚘ [ˈrædiʃ] *n.* bayır turpu; red ~ kırmızı turp.

ra.di.um [ˈreidjəm] *n.* radyum.

ra.di.us [ˈreidjəs] *n., pl.* **ra.di.i** [ˈ~diai] yarıçap; *anat.* radyus, önkol kemiği; ⊕ tekerlek parmağı; *fig.* çevre, muhit, alan.

raff.ish [ˈræfiʃ] *adj.* ihmalkâr; sefaperest, rezil, hovarda.

raf.fle [ˈræfl] **1.** *n.* piyango, kur'a, çekiliş; **2.** *v/t. bşi* piyangoya koymak, piyango çekmek.

raft [ra:ft] **1.** *n.* sal; **2.** *v/t.* salla taşımak; salla karşıya geçmek; sal yapmak *-i*; *v/i.* sal kullanmak; **ˈraft.er** *n.* ⊕ çatı kirişi, kiriş; **ˈrafts.man** *n.* salcı.

rag¹ [ræg] *n.* paçavra, bez parçası; *cctp.* değersiz gazete, değersiz şey.

rag² *sl.* [~] **1.** *v/t. & v/i. b-ni* kızdırmak, takılmak; muziplik yapmak, kaba şaka yapmak; gürültü ve şamata yapmak, ortalığı velveleye vermek, etrafı gürültüye boğmak; **2.** *n.* muziplik, kaba şaka; gürültü patırdı, yaygara, şamata.

rag.a.muf.fin [ˈrægəmʌfin] *n.* üstü başı perişan sokak (*veya* mahalle) çocuğu.

rag...: ˈ~-bag *n.* paçavra, ufak tefek bez parçaları torbası; **ˈ~-book** *n.* yırtılmaz resimli kitap.

rage [reidʒ] **1.** *n.* öfke, hiddet, gazap; ihtiras, hırs, düşkünlük (for *-e*); heyecan, coşkunluk, cezbe; it is all the ~ çok rağbet görüyor, moda oldu, alıp yürüdü; **2.** *v/i.* hiddetlenmek, kudurmak, azmak, küplere binmek, köpürmek.

rag-fair [ˈrægfɛə] *n.* bitpazarı.

rag.ged □ [ˈrægid] pürüzlü, düzgün olmayan; düzensiz; yırtık pırtık, lime lime.

rag.man [ˈrægmən] *n.* paçavracı, eskici.

ra.gout [ˈrægu:] *n.* yahni.

rag...: ˈ~-tag *n. mst* ~ and bobtail ayaktakımı, avam, olur olmaz adamlar; **ˈ~-time** *n.* ♪ cazda olduğu gibi kesik tempo, kesik tempolu parça.

raid [reid] **1.** *n.* akın, baskın; polis ve gümrük memurları baskını; *(hava)* akın, taarruz; **2.** *vb.* baskın yapmak *-e*; yağma etm., çapulculuk etm.; akın etm.; **ˈraid.er** *n.* akıncı, baskıncı.

rail¹ [reil] **1.** *n. a.* ~s *pl.* parmaklık, korkuluk, tırabzan; 🚂 ray, *fig.* demiryolu; off the ~s yoldan (*veya* raydan) çıkmış; *fig.* yoldan (*veya* çığrından) çıkmış, düzensiz; by ~ demiryolu ile; **2.** *v/t. a.* ~ in, ~ off parmaklıkla çevirmek.

rail² [~] *v/i.* küfretmek, sövüp saymak (at, against *b-ne, bşe*).

rail³ *orn.* [~] *n.* sutavuğu.

rail-car [reilka:] *n.* otomotris.

rail.ing [ˈreiliŋ] *n. a.* ~s *pl.* parmaklık, korkuluk, tırabzan, lata ile yapılan çit.

rail.ler.y [ˈreiləri] *n.* alay, istihza, şaka(cılık).

rail.road *Am.* [ˈreilrəud] **1.** *n.* demiryolu; **2.** *v/t.* yıldırım kanunu çıkarmak; demiryolu ile göndermek; aceleye getirmek.

rail.way [ˈreilwei] *n.* demiryolu; **ˈ~.man** *n.* demiryolcu.

rai.ment *rhet.* [ˈreimənt] *n.* elbise, giysi.

rain [rein] **1.** *n.* yağmur; **2.** *v/t. & v/i.* (yağmur) yağmak; yağmur gibi yağdırmak *(bomba, ok vs.)*; **~.bow** [ˈ~bəu] *n.* alkım, gökkuşağı; **ˈ~.coat** *n. Am.* yağmurluk; **ˈ~.drop** *n.* yağmur damlası; **ˈ~.fall** *n.* yağış miktarı; sağanak; **~.ga(u)ge** [ˈ~geidʒ] *n.* yağış ölçer, yağmur ölçeği; **ˈ~-proof 1.** *adj.* su (*veya* yağmur) geçirmez; **2.** *n.* yağmurluk, muşamba; **ˈrain.y** □ yağmurlu, yağmur...: *a.* ~ day *fig.* sıkıntılı (*veya* darda kalınan)

zaman, kara gün.
raise [reiz] *v/t. oft.* ~ up kaldırmak, yükseltmek; bina etm., dikmek; artırmak, çoğaltmak *(a. fig.)*; sağlamak, ödünç almak *(para)*; toplamak, mevzilemek *(ordu)*; ayağa kaldırmak; yerden kaldırmak; büyütmek, yetiştirmek *(çocuk, hayvan, tahıl)*; ses yükseltmek; öldükten sonra diriltmek; ileri sürmek *(soru vs.)*; neden olm. *-e*, uyandırmak; teşvik etm., harekete getirmek; son vermek *-e*, kaldırmak *(kuşatma)*; **ˈrais.er** *n.* hayvan *veya* bitki yetiştiren *b-i*; kurucu.
rai.sin [ˈreizn] *n.* kuru üzüm.
ra.ja(h) [ˈrɑːdʒə] *n.* raca *(Hindistan Prensi)*.
rake¹ [reik] **1.** *n.* saplı tarak, tırmık; **2.** *v/t.* taramak, tırmıklamak; *a.* ~ up, ~ over *fig.* köşe bucak aramak, araştırmak, taramak; ⚔, ⚓ ateşle taramak; kuşbakışı taramak; ~ off, ~ away ortadan kaldırmak, toparlayıp kaldırmak; *v/i.* taraklamak, tırmıklamak; ara(ştır)mak (for); ˈ~-off *n. Am. sl.* anafor, pay komisyon, kârdan hisse.
rake² ⚓ [~] **1.** *n.* meyil, baca ve direğin kıça doğru meyli; **2.** *vb.* meyletmek, yan yatmak.
rake³ [~] *n.* sefih *(veya* hovarda*)* adam, safa pezevengi.
rak.ish [ˈreikiʃ] **1.** *adj.* şık, zarif, modaya uygun; **2.** □ sefih, ahlâksız, çapkın.
ral.ly¹ [ˈræli] **1.** *n.* toplama, toplantı, miting; istirahat; *tenis:* karşılıklı arka arkaya birkaç vuruş; *mot.* ralli; **2.** *v/i.* düzene girmek; toplanmak; iyileşmek; *v/t.* düzeltmek; toplamak, canlandırmak.
ral.ly² [~] *v/t. b-ne* takılmak, şakalaşmak.
ram [ræm] **1.** *n. zo.* koç; *ast.* Koç takımyıldızı; ⚔ *hist.* mancınık; ⊕, ⚓ şahmerdan; harp gemisi mahmuzu; su terazisi; **2.** *v/t.* vurmak, vurarak yerleştirmek; ⚓ bindirerek batırmak; ~ up barikatlamak.
ram.ble [ˈræmbl] **1.** *n.* gezinme, gezinti; **2.** *v/i.* boş gezinmek; konuyu dağıtmak; enine boyuna gelişip büyümek *(bitki)*; **ˈram.bler** *n.* yaya gezen, dolaşan kimse; ⚘ çardak gülü; **ˈram.bling** **1.** □ avare, dolaşan; sabit olmayan, değişken, kararsız; dağınık; **2.** *n.* avare *(veya* boş gezinen*)* kimse.
ram.i.fi.ca.tion [ræmifiˈkeiʃən] *n.* dallanıp budaklanma; **ram.i.fy** [ˈ~fai] *v/i.* çatallaşmak, dallanıp budaklanmak; *v/t.* kollara, şubelere ayırmak.
ram.jet [ˈræmdʒet] *n. a.* ~ engine dinamik basınçlı jet motoru.
ram.mer ⊕ [ˈræmə] *n.* şahmerdan.
ramp¹ *sl.* [ræmp] *n.* dolandırıcılık, kazık atma.
ramp² [~] **1.** *n.* rampa; **2.** *v/i.* şahlanmak, şaha kalkmak, kudurmak; **ram.page** *co.* [ræmˈpeidʒ] **1.** *v/i.* kudurmak, sağa sola saldırmak; **2.** be on the ~ heyheyleri tutmak, çılgınca davranışlarda bulunmak; **ramp.an.cy** [ˈ~pənsi] *n.* şaha kalkma, şahlanma, azma; **ˈramp.ant** □ şahlanmış; *fig.* dizginlerini koparmış, azgın, başıboş kalmış; ⚠ yukarı çıkan, rampa.
ram.part [ˈræmpɑːt] *n.* sur, kale duvarı, siper.
ram.rod [ˈræmrɔd] *n.* tüfek harbisi; top tomarı.
ram.shack.le [ˈræmʃækl] *adj.* viran, yıkılmaya yüz tutan, harap; cılız, sıska.
ran [ræn] *pret. of* run 1.
ranch [rɑːntʃ] *n.* hayvan çiftliği, büyük çiftlik; **ˈranch.er**, **ˈranch.man** *n.* çiftlik sahibi, çiftçi; kovboy.
ran.cid □ [ˈrænsid] acılaşmış, ağırlaşmış, kokmuş, küflü, ekşimiş *(yağlı yemek vs.)*; **ranˈcid.i.ty**, **ˈran.cid.ness** *n.* acılık, ekşilik, küflülük.
ran.cor.ous □ [ˈræŋkərəs] kinci, garazkâr.
ran.co(u)r [ˈræŋkə] *n.* kin, hınç, garaz.
ran.dom [ˈrændəm] **1.** at ~ rasgele, tesadüfî, körükörüne, gelişigüzel; **2.** *adj.* rasgele, gelişigüzel, ince eleyip sık dokumaksızın.
rang [ræŋ] *pret. of* ring² 2.
range [reindʒ] **1.** *n.* sıra, dizi, seri, † seçme mal, koleksiyon; mutfak ocağı; alan, saha; erim, menzil, tesir sahası; hareket serbestliği; uzaklık; atış yeri; *Am.* otlak; take the ~ mesafeyi tahmin etm.; **2.** *v/t.* dizmek, sıralamak; dolaşmak, gezmek; ⚓ ...boyunca seyretmek; otlatmak; sınıflandırmak; menzile ulaşabilmek, menzili ... olm.; *v/i.* bir sırada olm., sıralanmak, dizilmek; dolaşmak, gezinmek (through); uzanmak, yetişmek (over); ~ along ...boyunca gitmek; **ˈ~-find.er** *n.* telemetre; **ˈrang.er** *n.* korucu, orman memuru; ⚔ komando; **ˈrang.y** *adj.* dağlık; ince, fidan gibi.
rank¹ [ræŋk] **1.** *n.* sıra, dizi, saf; ⚔ rütbe, derece, sınıf, paye, aşama, mevki; *satranç:* yatay kareler; the ~s *pl.*, the ~ and file erat, erler; üyeler, fertler; *fig.* aşağı tabaka, büyük kitle; join the ~s orduya katılmak; rise from the ~s erlikten subaylığa yükselmek; **2.** *v/t.* sırala-

mak, tasnif etm.; saymak, addetmek (with -*i*); *v/i.* sıralanmak, dizilmek; katılmak (among, with -*e*), addolunmak, sayılmak, dahil olm. -*e*; daha yüksek rütbede olm, rütbece -*den* üstün olmak, derecelenmek (above; next to); ~ as sayılmak, addedilmek ,telâkki edilmek .

rank² □ [~] uzun büyümüş, dolgun üreyen; verimli, mümbit *(toprak)*; bozulmuş, kokmuş, bozuk.

rank.er [ˈræŋkə] *n.* alaylı, erbaş.

ran.kle *fig.* [ˈræŋkl] *v/i.* için için yemek, yiyip bitirmek, kemirmek, acısı unutulmak; kaçırımak *(kız)*.

rank.ness [ˈræŋknis] *n.* uzun ve dolgun büyüme; verimlilik; kokmuşluk, bozulmuşluk.

ran.sack [ˈrænsæk] *v/t.* araştırmak, altını üstüne getirmek, üstünü yoklamak; yağma (*veya* talan) etm.

ran.som [ˈrænsəm] **1.** *n.* fidye, kurtulmalık; *eccl.* kefaret; kurtuluş; **2.** *v/t.* fidye ile kurtarmak; halâs etm.

rant [rænt] **1.** *n.* lâf kalabalığı (*veya* bolluğu), tumturak, farfaralık, ağız kalabalığı; **2.** *vb.* lâf kalabalığı etm., yüksekten atmak; yüksek sesle ve aktör gibi mimikler yaparak konuşmak, va'zetmek; **ˈrant.er** *n.* ağız kalabalığı eden, tumturaklı konuşan kimse, palavracı.

ra.nun.cu.lus ⚘ [rəˈnʌŋkjuləs] *n.* düğünçiçeği.

rap¹ [ræp] **1.** *n.* hafif vuruş *veya* darbe; **2.** *v/t.* hafifçe vurmak, çalmak, çarpmak (at -*e*); ~ s.o.'s fingers *veya* knuckles *fig.* *b-nin* parmaklarına vurmak; *b-ne* haddini bildirmek; ~ out şiddetle söylemek *veya* vurmak; ağızdan kaçırmak.

rap² *fig.* [~] *n.* mangır, metelik.

ra.pa.cious □ [rəˈpeiʃəs] haris, açgözlü, doymak bilmez, tamahkâr; yırtıcı, zorba; **ra.pac.i.ty** [rəˈpæsiti] *n.* yırtıcılık hırsı, zorbalık; hırs, açgözlülük.

rape¹ [reip] **1.** *n.* kız kaçırma, dağa kaldırma; ⚖ zorla ırza geçme; ~ and murder ırza saldırı ve öldürme; **2.** *v/t.* -*in* ırzına geçmek; yağma etm., zorla elinden almak; kaçırmak *(kız)*.

rape² ⚘ [~] *n.* kolza, küçük şalgam; ˈ~-oil *n.* kolza yağı; ˈ~.**seed** *n.* kolza tohumu.

rap.id [ˈræpid] **1.** □ çabuk, hızlı, tez, serî, süratli, ani(den); *phot.* aydınlık *(nesne)*; hassas *(film)*; ~ fire serî ateş eden *(silah)*; **2.** *n.* ~s *pl. geo.* ivinti yeri, şiddetli nehir akıntısı; **ra.pid.i.ty** [rəˈpiditi] *n.* sürat, hız.

ra.pi.er *fenc.* [ˈreipjə] *n.* dar ve uzun kılıç, meç.

rap.ine *rhet.* [ˈræpain] *n.* yağma(cılık), çapulculuk.

rap.proche.ment *pol.* [ræˈprɔʃmãːŋ] *n.* uzlaşma.

rapt [ræpt] *adj. fig.* dalgın, esri(k) (in -*e*); meftun, baygın (with -*e*).

rap.ture [ˈræptʃə] *n. a.* ~s *pl.* kendinden geçme, esrilik, vecit, mest olma; in ~s etekleri zil çalan, coşku içinde, mest olmuş; go into ~s *bşe* delice sevinmek, sevinçten deliye dönmek; **ˈrap.tur.ous** □ *k-den* geçmiş, sevinç içinde, vecit halinde; *k-den* geçiren, çok sevindirici, coşku veren.

rare □ [rɛə] seyrek, nadir *(a. fig. harikulâde)*; az bulunur, tek tük; *phys. etc.* az oksijenli, yoğun olmayan *(hava)*.

rare.bit [ˈrɛəbit] *n.*: Welsh ~ kızarmış ekmeğe sürülen peynir.

rar.e.fac.tion *phys.* [rɛəriˈfækʃən] *n.* basıncı azaltma; **rar.e.fy** [ˈ~fai] *v/t. & v/i.* seyrekleş(tir)mek, azal(t)mak; incel(t)mek; **ˈrare.ness, ˈrar.i.ty** *n.* nadirlik; ender rastlanan şey, kıymetli şey; seyreklik; değerlilik.

ras.cal [ˈrɑːskəl] *n.* çapkın, serseri; hain, alçak herif, pezevenk, teres; yaramaz, haşarı kimse; **ras.cal.i.ty** [~ˈkæliti] *n.* alçaklık, hainlik; serserilik, çapkınlık, pezevenklik; **ras.cal.ly** *adj. & adv.* [ˈ~kəli] alçak(ça), hain(ce); yaramaz, müzevir.

rash¹ □ [ræʃ] aceleci, sabırsız, düşüncesiz, ihtiyatsız; gözünü budaktan sakınmaz.

rash² ⚕ [~] isilik, egzama.

rash.er [ˈræʃə] *n.* ince kesilmiş jambon vs. dilimi.

rash.ness [ˈræʃnis] *n.* acelecilik, düşüncesizlik, tedbirsizlik.

rasp [rɑːsp] **1.** *n.* raspa, kaba törpü; **2.** *v/t.* törpülemek, rendelemek; *b-nin* canını acıtmak, ıstırap vermek; *v/i.* cızırdamak, törpü gibi ses çıkarmak.

rasp.ber.ry ⚘ [ˈrɑːzbəri] *n.* ahududu.

rasp.er [ˈrɑːspə] *n.* çamurluk demiri; törpü.

rasp.ing [ˈrɑːspiŋ] *n.* törpüleme; cızırdayan şey; ~s *pl.* törpü, rende artığı, yonga, talaş.

rat [ræt] **1.** *n. zo.* sıçan, iri fare; *pol.* karşı tarafa geçen milletvekili; *sl.* grev bozucu; smell a ~ ortalıkta bir tehlike sezmek; ~s! *sl.* boş lâkırdı!, saçmasapan söz!, zırva!; **2.** *v/i.* fare tutmak; *pol.* karşı tarafa geçmek.

rat.a.ble □ [ˈreitəbl] vergiye tabi, vergi ile yükümlü.

ratch ⊕ [rætʃ] *n.* dişli çark mandalı.
ratch.et ⊕ [ˈrætʃit] *n.* tevkif mandalı, dişli çark mandalı, kastanyola; **ˈ~-wheel** *n.* kilit çarkı, mandallı çark.
rate[1] [reit] **1.** *n.* nispet, oran, ölçü; fiyat, paha, eder; belediye vergisi, mülk vergisi; sınıf, çeşit, derece, *part.* ⚓ mevki; hız, sürat; ücret; at the ~ of oranında, miktarında; hızında; at a cheap ~ † ucuza; at any ~ herhalde, her nasılsa; ~ of exchange ⚓ kambiyo rayici (*veya* sürümdeğeri), döviz kuru; ~ of interest faiz oranı; ~ of taxation vergi oranı; **2.** *vb.* tahmin etm., (kıymet) takdir etm. (at); vergi koymak.
rate[2] [~] *v/t.* azarlamak, haşlamak (for, about); *v/i.* *b-ni* azarlamak (at).
rate-pay.er [ˈreitpeiə] *n.* vergi mükellefi (*veya* yükümlüsü).
rath.er [ˈrɑːðə] *adv.* oldukça, bir hayli, epeyce; daha çok, tercihan, *-e* kalırsa, *-den* ziyade; daha doğrusu; tersine, aksine; ~! [*a.* ˈrɑːˈðəː] *int.* F hem de nasıl!, sorulur mu!; I had *veya* would ~ do yapmayı yeğlerim; I ~ expected it doğrusu bunu umuyordum; ~ than *-den* ziyade.
rat.i.fi.ca.tion [rætifiˈkeiʃən] *n.* onay, tasdik; **rat.i.fy** [ˈ~fai] *v/t.* tasdik etm., onaylamak.
rat.ing[1] [ˈreitiŋ] *n.* değerlendirme, tahmin, takdir; vergi oranı; ⚓ rütbe, hizmet derecesi; ⚓ deniz eri, tayfa.
rat.ing[2] [~] *n.* tekdir, azar(lama).
ra.tio [ˈreiʃiəu] *n.* oran, nispet.
ra.tion [ˈræʃən] **1.** *n.* pay, hisse; tayın; miktar; ~ card (book) *(gıda maddeleri)* vesika, karne; **2.** *v/t.* karneye bağlamak; *b-nin* tayın miktarını saptamak.
ra.tion.al □ [ˈræʃənl] akıl sahibi; akıllı, mantıklı, anlayışlı, rasyonel *(a.* 𝔄*)*; **ra-tion.al.ism** [ˈræʃnəlizəm] *n.* usçuluk, akılcılık, rasyonalizm; **ˈra.tion.al.ist** *n.* rasyonalist, akılcı, usçu; **ra.tion.al.i.ty** [ræʃəˈnæliti] akıl, us, aklıselim; **ra.tion-al.i.za.tion** [ræʃnəlaiˈzeiʃən] *n.* akla uydurma; rasyonalizasyon; modernleşme; **ˈra.tion.al.ize** *v/t.* akla uydurmak, mantıklı kılmak; ölçülü şekle sokmak, modernleştirmek.
rat race [ˈrætreis] *n.* anlamsız mücadele, koşuşturma, hengame.
rat-tat [ˈrætˈtæt] *n.* kapı çalınma sesi.
rat.ten [ˈrætn] *v/t.* sabote etm., baltalamak *-i*; *v/i.* sabotaj yapmak; **ˈrat.ten.ing** *n.* sabotaj, baltalama.
rat.tle [ˈrætl] **1.** *n.* takırtı, çıtırtı; boş lâf, gevezelik; zırıltı; bebek çıngırağı; hırıltı; can çekişme (*veya* hırıltısı); **2.** *v/i.* takırdamak; gevezelik etm.; hırıldamak; *v/t.* takırdatmak; F sinirlendirmek *-i*; ~ off *veya* out ezbere çabucak okumak *-i*; **ˈ~-brain, ˈ~-pate** *n.* zihni darmadağınık, çalçene, geveze kimse; **ˈ~-brained, ˈ~-pat.ed** *adj.* çalçene, geveze; **ˈrat.tler** *n.* geveze, boşboğaz, lâkırdıcı kimse; *sl.* yaman herif, şeytanın art bacağı; *Am.* F = **ˈrat.tle.snake** *n. zo.* çıngıraklı yılan; **ˈrat.tle.trap** **1.** *adj.* cılız, mecalsiz; **2.** *n.* kırık dökük hurda şey *(araba vs.)*.
rat.tling □ [ˈrætliŋ] tıkırdayan; F canlı, vızır vızır işleyen, çalışan; *adv.* çok, gayet; at a ~ pace delice bir süratle.
rat.ty *sl.* [ˈræti] *adj.* sinirli, hiddetli, huysuz.
rau.cous □ [ˈrɔːkəs] boğuk, kısık.
rav.age [ˈrævidʒ] **1.** *n.* tahribat, harap etme; **2.** *v/t.* tahrip etm., harabetmek, kırıp geçirmek, yakıp yıkmak; *v/i.* tahribat yapmak.
rave [reiv] *v/i.* çıldırmak, kudurmak, küplere binmek; hezeyan etm., sayıklamak; bayılmak (about, of *-e*).
rav.el [ˈrævəl] *v/t.* dolaştırmak, karıştırmak; *a.* ~ out sökmek, ayırmak *(teyelleri)*; *v/i. a.* ~ out açılmak, çözülmek, tel tel olm., sökülmek.
ra.ven[1] [ˈreivn] **1.** *n. zo.* kuzgun; **2.** *adj.* kuzgunî *(renk)*.
rav.en[2] [ˈrævn] **1.** *s.* ravin; **2.** *vb.* yağmacılık, çapulculuk etm.; hırslı, açgözlü olm.; oburca yutmak, tıkıştırmak; **rav-en.ous** □ [ˈrævənəs] obur, pisboğaz, hasis, doymak bilmez; **ˈrav.en.ous.ness** *n.* hırslılık; oburluk, pisboğazlık; şiddetli açlık.
rav.in *rhet.* [ˈrævin] *n.* yırtıcılık hırsı; yağma; av.
ra.vine [rəˈviːn] *n.* boğaz, dağ geçidi, çukur, koyak.
rav.ings [ˈreiviŋz] *n. pl.* deli saçması söz(ler).
rav.ish [ˈræviʃ] *v/t.* esritmek, mest etm., çok sevindirmek, coşturmak; *b-nin* ırzına geçmek; *rhet. b-den bşi* gaspetmek, zorla almak; **ˈrav.ish.er** *n.* ırza geçen, alçak kimse; **ˈrav.ish.ing** □ cazip, cazibeli, coşturan, alımlı; **ˈrav.ish.ment** *n.* esrime, kendinden geçme; ırza tecavüz.
raw □ [rɔː] **1.** çiğ, pişmemiş; ham, işlenmemiş; yaralı, bereli, derisi soyulmuş; soğuk ve yağışlı *(hava)*; *fig.* acemi, tecrübesiz; ~ material hammadde; he got a ~ deal *sl.* haksızlığa uğradı; **2.** *n.* yara; hassas nokta, bam teli *(part. fig.)*; **ˈ~-boned** *adj.* zayıf, kuru, çelimsiz, bir deri bir kemik, kemikleri sayılan; **ˈ~.hide**

n. ham deri; **'~raw.ness** n. kabalık, hayvanca davranış; çiğlik; acemilik.
ray[1] [rei] **1.** n. şua, ışın; *fig.* iz, eser, zerre; **2.** v/i. şua (*veya* ışın) salmak, ışımak.
ray[2] *ichth.* [~] n. vatoz; tırpana.
ray.less ['reilis] n. şuasız, ışınsız.
ray.on ['reiɔn] n. sunî ipek.
raze [reiz] v/t. temelinden yıkmak *(ev vs.)*; ~ to the ground yerle bir etm.
ra.zor ['reizə] n. ustura; tıraş makinesi; **'~-blade** n. ustura ağzı; jilet; **'~-'edge** n. *fig.* bıçak ağzı; zor, kritik durum; **'~.strop** n. bileği kayışı.
razz *Am. sl.* [ræz] v/t. alay etm. *ile*, alaya almak *-i*.
raz.zi.a ['ræziə] n. çapul(culuk), yağma(cılık), akın(cılık).
raz.zle-daz.zle *sl.* ['ræzldæzl] n. karmakarışıklık, şamata, gürültü patırtı, cümbüş, alem.
re ⚖, ✝ [ri:] *prep.* hakkında, dair, *-e* ait.
re... [~] *prefix* geri(ye); yeniden, tekrar.
reach [ri:tʃ] **1.** n. uzatma; uzanma, yetişme; menzil, erim; ufuk, görüş sahası; alan, bölge; beyond ~, out of ~ erişilmez, yetişilmez; within easy ~ kolay erişilebilir; **2.** v/t. & v/i. *a.* ~ out uzanmak, erişmek (to, for *-e*); uzamak, yetişmek; ⚓ rüzgâr yönünde seyretmek; uzatmak, *bşi* elden ele geçirmek, *bşi* almak için elini uzatmak; *oft.* ~ out *bşi* uzatmak; vasıl olm., varmak, gelmek; görüşebilmek, temas kurmak.
reach-me-downs F ['ri:tʃmi'daunz] n. *pl.* kalitesiz, ucuz hazır elbise.
re.act [ri:'ækt] v/i. tepkimek, tepki göstermek, karşılık vermek; etkilemek (to), etki etm. (on, upon *-e*); isyan etm., ayaklanmak (against *-e*).
re.ac.tion [ri'ækʃən] n. tepki(me) (to *-e*); aksi tesir, reaksiyon (upon *-e*); *pol.* gericilik, irtica; **re'ac.tion.ar.y** *part. pol.* [~ʃnəri] **1.** *adj.* gerici; **2.** n. gerici, eski kafalı kimse.
re.ac.tive □ [ri:'æktiv] tepkisel, aksi tesir yaratan; **re'ac.tor** n. *phys.* reaktör; kimyasal reaksiyonda kullanılan kap.
read 1. [ri:d] *(irr.)* v/t. okumak *(a. fig.)*, anlam vermek, yorumlamak; göstermek, işaret etm., kaydetmek *(termometre vs.)*; ~ off bir yerden (*veya* bir sayfadan) okumak; ~ out yüksek sesle okumak; sonuna dek okumak; ~ to s.o. *b-ne bşi* okumak; v/i. okumak, anlamak; okunmak; *üniv.* bir konu üzerinde çalışmak; ~ between the lines gizli anlamını keşfetmek; **2.** [red] *pret. & p.p. of* **1**; **3.** [red] *adj.* okumuş, bilgili (in).
read.a.ble □ ['ri:dəbl] okunaklı; oku(n)mağa değer.
re-ad.dress ['ri:ə'dres] v/t. değişik bir adres yazmak, değişik bir adresle göndermek.
read.er ['ri:də] n. okuyucu, okur; *typ.* düzeltmen, musahhih; *üniv.* doçent (in); okuma kitabı; **'read.er.ship** n. okur sayısı; doçentlik, okutmanlık.
read.i.ly ['redili] *adv.* seve seve, gönüllü olarak; kolayca; **'read.i.ness** n. hazır olma; rıza, muvafakat; tezlik, çabukluk, sürat; ~ of mind *veya* wit hazırcevaplık, şaşırmazlık.
read.ing ['ri:diŋ] n. oku(n)ma *(a. parl.)*; göstergenin kaydettiği ölçüm *(termometre vs.)*; bilgi, edebi araştırma; kıraat, okuma (tarzı); anlayış, fikir; **'~-room** n. okuma odası.
re.ad.just ['ri:ə'dʒʌst] v/t. & v/i. tekrar düzenlemek, yeniden ayarlamak, uydurmak; *pol.* yeni bilgi vermek; **'re.ad'just-ment** n. yeni koşullara alış(tır)ma; yeniden düzenleme, reorganizasyon.
re.ad.mis.sion ['ri:əd'miʃən] n. yeniden kabul edilme *(üyelik, öğrencilik vs.)*.
re.ad.mit ['ri:əd'mit] v/t. yeniden kabul etm.; **'re.ad'mit.tance** n. yeniden kabul edilme.
read.y ['redi] **1.** *adj.* □ hazır, amade (to do sth. *-i yapmağa*); istekli, razı; hazır, elde bulunan; *-mak* üzere olan (to *-e*); serî, çabuk, çevik, atik (at, in *-de*); kolay, külfetsiz; yakında, hemen alınıverecek; ✝ nakit *(para)*; ⚓ hazır; ~ reckoner hesap cetveli; barem; ~ for action muharebeye hazır; ~ for take-off ✈ uçuşa hazır; ~ for use kullanılmaya hazır; ~ to serve sofra servisine hazırlanmış; make *veya* get ~ hazırla(n)mak; ~ money hazır para, nakit; **2.** *adv.* önceden hazır(lanmış); **3.** *su.* at the ~ atışa hazır; **'~-'made** *adj.* hazır, konfeksiyon...; *fig.* klişeleşmiş, gündelik, hergünkü; **'~-to-'wear** *adj.* konfeksiyon *(elbise)*.
re.af.firm ['ri:ə'fə:m] v/t. yeniden onaylamak, teyit etm.
re.a.gent ⚗ [ri:'eidʒənt] n. miyar, belirteç.
re.al □ [riəl] gerçek, hakiki; asıl; samimî, içten; ~ es.tate gayrimenkul (*veya* taşınmaz) mal, mülk.
re.a.lign ['ri:ə'lain] v/t. siyasal reorganizasyon yapmak, yeni gruplar oluşturmak; **'re.a'lign.ment** n. siyasal reorganizasyon.
re.a.lism ['riəlizəm] n. gerçekçilik, rea-

lizm; **ˈre.al.ist** **1.** *n.* gerçekçi, realist kimse; **2.** = **re.alˈis.tic** *adj.* (~ally) gerçekçi, realist; gerçeğe uygun; **re.al.i.ty** [riˈæliti] *n.* gerçeklik, realite, hakikat; **re.al.iz.a.ble** □ [ˈriəlaizəbl] gerçekleştirilebilir, realize edilebilir; **re.al.iˈza.tion** *n.* gerçekleştirme; farketme, anlama, idrak; ✝ paraya çevirme; **ˈre.al.ize** *v/t.* anlamak, farkına varmak *-in*; gerçekleştirmek *-i*; ✝ paraya çevirmek, satmak *-i*; kâr etmek; **ˈre.al.ly** *adv.* gerçekten, sahiden, hakikati halde, aslında.

realm [relm] *n.* kırallık; *fig.* alan, saha, ülke; Peer of the ~ Lordlar Kamarası üyesi

re.al.tor *Am.* [ˈriəltə] *n.* emlâkçı; **ˈre.al.ty** *n.* ⚖ gayrimenkul *(veya* taşınmaz) mal, mülk.

ream¹ [riːm] *n.* 480 *veya* 500 tabakalık kâğıt topu.

ream² ⊕ [~] *v/t.* genişletmek *(çukur)*; *mst* ~ out delik açmak, delmek, burgulamak; **ˈream.er** *n.* bıcırgan, rayma; limon sıkacağı.

re.an.i.mate [riːˈænimeit] *v/t.* yeniden canlandırmak, taze hayat vermek, canlılık kazandırmak; **ˈre.an.iˈma.tion** *n.* yeniden hayata kazandırma, diriltme.

reap [riːp] *vb.* biçmek, hasat etm., oraklamak, tırpanlamak; *fig.* kazanmak, semeresini almak; **ˈreap.er** *n.* orakçı, tırpancı; biçerdöver; **ˈreap.ing** *n.* hasat; **ˈreap.ing-hook** *n.* orak; **ˈreap.ing-ma.chine** *n.* biçerdöver.

re.ap.pear [ˈriːəˈpiə] *v/i.* tekrar görünmek, ortaya çıkmak; **ˈre.apˈpear.ance** *n.* yeniden görünme.

re.ap.pli.ca.tion [ˈriːæpliˈkeiʃən] *n.* yeniden uygulama, tatbik etme.

re.ap.point [ˈriːəˈpɔint] *v/t.* yeniden tayin etm.

re.ap.prais.al [ˈriːəˈpreizəl] *n.* yeniden gözden geçirme, inceleme.

rear¹ [riə] *v/t.* yetiştirmek, büyütmek; *rhet.* dikmek, inşa etm.; *v/i.* yükselmek, şahlanmak.

rear² [~] **1.** *n.* arka, geri (taraf); *mot.*, ⚓ kıç, kupa; ⚔ artçı, dümdar, arkadan gelen kıta; kıç, popo; at the ~ of, in (the) ~ of *-in* arkasın(d)a, gerisinde; from the ~ geriden, arkadan; **2.** *adj.* arkadaki, en geri, arka..., geri...; ~ wheel drive *mot.* arkadan itisli; **ˈ~-ˈad.mi.ral** *n.* ⚓ tuğamiral; **ˈ~-guard** *n.* ⚔ artçı, dümdar; **ˈ~-lamp, ˈ~-light** *n. mot.* arka lambası *(veya* feneri).

re-arm [ˈriːˈɑːm] *v/t.* & *v/i.* yeniden silahlan(dır)mak; **ˈre-ˈar.ma.ment** *n.* yeniden silahlan(dır)ma.

rear.most [ˈriəməust] *adj.* en arkadaki.

re.ar.range [ˈriːəˈreindʒ] *v/t.* yeniden düzenlemek.

rear.ward [ˈriəwəd] **1.** *adj.* arkada bulunan; **2.** *adv. a.* ~s arkaya doğru.

re.as.cend [ˈriːəˈsend] *v/i.* yeniden yükselmek, çıkmak, tırmanmak.

rea.son [ˈriːzn] **1.** *n.* akıl, idrak, muhakeme; sebep, neden, illet; insaf, itidal, hak; delil, tanıt; by ~ of nedeniyle, sebebiyle, *-den* dolayı; for this ~ bu nedenle, bu sebeple, bundan dolayı; listen to ~ lâf anlamak; it stands to ~ that... aşikârdır ki..., apaçıktır ki...; **2.** *v/i.* makûl *(veya* mantıklı) olm., anlamak, sonuç çıkarmak, müzakere etm.; kandırmağa çalışmak (with *-e*); *v/t. a.* ~ out düşünmek; hesabetmek kitabetmek, uslamlamak, muhakeme etm.; ~ away münakaşada *(veya* münazarada) bulunmak; ~ s.o. into (out of) s.th. *b-ne bşi* kanıtlar göstererek inandırmak, vazgeçirmek; ~ed *adj.* üzerinde düşünülmüş, mantıklı, akla dayanan; **ˈrea.son.a.ble** □ akla uygun, makûl, mantıklı; orta, vasat; **ˈrea.son.a.bly** *adv.* oldukça, epeyce; makûlce; **ˈrea.son.er** *n.* fikir adamı, mantıklı kimse; **ˈrea.son.ing** *n.* muhakeme, uslamlama, usa vurma, kıyaslama; *attr.* düşünme..., muhakeme...

re.as.semble [ˈriːəˈsembl] *v/t.* & *v/i.* yeniden birleş(tir)mek, topla(n)mak.

re.as.sert [ˈriːəˈsəːt] *v/t.* yeniden iddia etm., ileri sürmek.

re.as.sur.ance [riːəˈʃuərəns] *n.* yeniden temin etme, güven ver(il)me; güven veren şey; **re.asˈsure** *v/t.* tekrar güven vermek *-e*, temin etm. *-i*.

re.a.wak.en [riːəˈweikən] *v/t.* & *v/i.* yeniden uyan(dır)mak.

re.bap.tize [ˈriːbæpˈtaiz] *v/t.* yeniden vaftiz etm.

re.bate¹ ✝ [ˈriːbeit] *n.* iskonto, tenzilat, indirim.

re.bate² ⊕ [ˈræbit] **1.** *n.* dişili yiv, oluk; **2.** *v/t.* içiçe geçirmek; yiv açmak.

reb.el **1.** [ˈrebl] *n.* asi, ihtilâlci; **2.** [~] *adj.* isyan eden, ayaklanan; *fig.* itaatsiz, serkeş, marazacı; **3.** [riˈbel] *v/i.* isyan etm., ayaklanmak; **reˈbel.lion** [~jən] *n.* isyan, ayaklanma; **reˈbel.lious** = rebel 2.

re.birth [ˈriːˈbəːθ] *n.* yeniden doğma, dünyaya gelme; yeniden uyanış, canlanma, rönesans.

re.bound [riˈbaund] **1.** *v/i.* (çarpıp) geri tepmek, sıçramak; **2.** *n.* geri tepme, sıçrama.

re.buff [ri'bʌf] **1.** *n.* ret; ters cevap, azarlama; **2.** *v/t.* reddetmek; ters cevap vermek, azarlamak.

re.build ['riː'bild] (*irr.* build) *v/t.* yeniden inşa etm., kurmak.

re.buke [ri'bjuːk] **1.** *n.* azar, paylama; **2.** *v/t.* azarlamak, paylamak.

re.bus ['riːbəs] *n.* resimli bilmece, sorulan sözcük *ya da* tümcenin kısımlarını ayrı resim *ya da* harflerle göstererek oynanan bir tür bulmaca *(örneğin bir çanak ve bir kale resmi Çanakkale okunacak)*.

re.but [ri'bʌt] *v/t.* yanlışlığını kanıtlamak; **re'but.tal** *n.* yanlışlığını kanıtlama *veya* kanıtlayan şey.

re.cal.ci.trant [ri'kælsitrənt] *adj.* serkeş, aksi, dikkafalı.

re.call [ri'kɔːl] **1.** *n.* geri çağırma; anımsama, hatırlama; geri çağırma işareti *veya* emri; beyond ~, past ~ geri alınamaz, dönülemez; hatırlanamaz; **2.** *v/t.* geri çağırmak; *fig.* (to s.o.'s mind) *bşi b-nin* hatırına getirmek, hatırlatmak; gönderilmesini emretmek *(mal)*; *bşi* hatırlamak, anımsamak; uyandırmak *(duygu, his)*; feshetmek, geri almak; ☨ geri çekmek *(kapital)*; ~ that *-i (b-ne)* hatırlat ki; until ~ed geri çağrılana kadar.

re.cant ['rikænt] *vb.* sözünden dönmek, caymak; **re.can.ta.tion** [riːkæn'teiʃən] *n.* sözünden dönme, cayma.

re.cap¹ F ['riːkæp] = recapitulate; recapitulation.

re.cap² *Am.* ['riː'kæp] *v/t.* taban geçirmek, kaplamak *(lastik tekerlek)*.

re.ca.pit.u.late [riːkə'pitjuleit] *vb.* kısaca yeniden özetlemek; **'re.ca.pit.u'la.tion** *n.* kısa özet.

re.cap.ture ['riː'kæptʃə] **1.** *n.* yeniden ele geçirme (*veya* zaptetme); **2.** *v/t.* yeniden elde etm., geri almak.

re.cast ['riːkaːst] **1.** (*irr.* cast) *v/t.* ⊕ eriterek başka bir kalıba dökmek, kaptan kaba nakletmek, şeklini değiştirmek; *thea.* oyuncuları değiştirmek; **2.** *n.* yeni şekil verme *-e*.

re.cede [riː'siːd] *v/i.* geri çekilmek, gerilemek; ☨ düşmek *(fiyat)*; receding *adj.* basık, içeri kaçık *(alın, çene)*.

re.ceipt [ri'siːt] **1.** *n.* alındı, tesellüm, makbuz; giriş *(mal)*; ☨ alındı makbuzu; reçete; yemek tarifi; ~s *pl.* gelir; **2.** *v/t.* makbuz vermek, alındığına dair imza etm.

re.ceiv.a.ble [ri'siːvəbl] *adj.* kabul edilebilir, alınabilir, elverişli; ☨ tahsil edilecek; **re'ceive** *v/t.* almak *(haber, mektup vs.)*; kabul etm., misafir etm.; maruz kalmak; almak *(radyo, TV yayını)*; teslim almak; *v/i.* ev sahipliği yapmak; **re'ceived** *adj.* teslim alınmış; kabul edilmiş; **re'ceiv.er** *n.* alıcı *(a. tel. & radyo)*; *teleph.* ahize; *a.* ~ of stolen goods çalıntı malı bilerek satın alan şahıs; yatakçı; *a.* official ~ ⚖ iflâs masası görevlisi; *phys.* hava boşaltma tulumbasının cam kavanozu; ⚗ distilasyonda toplama kabı; **re'ceiv.er.ship** *n.* ⚖ davalı malların idaresi; **re'ceiv.ing** *n.* kabul, teslim; *radyo:* alma, ahiz; yataklık; ~ set radyo *veya* TV alıcısı.

re.cen.cy ['riːsnsi] *n.* yenilik, yeni vuku bulma.

re.cen.sion [ri'senʃən] *n.* düzeltme, taşhih; düzeltilmiş metin.

re.cent □ ['riːsnt] yeni (olmuş), yakın geçmişte olan; in ~ years son yıllarda; **'re.cent.ly** *adv.* son zamanlarda, geçenlerde, yakın zamanda; **'re.cent.ness** *n.* yeni vuku bulma.

re.cep.ta.cle [ri'septəkl] *n.* kap, zarf; depo vs.; *a.* floral ~ ⚘ çiçek tablası.

re.cep.tion [ri'sepʃən] *n.* kabul *(a. fig.)*; al(ın)ma *(a. radyo)*; kabul merasimi; resepsiyon *(otel)*; **re'cep.tion.ist** *n.* resepsiyon memuru; **re'cep.tion-room** *n.* kabul odası.

re.cep.tive □ [ri'septiv] çabuk kavrayan, anlayışlı (of); alıcı, kabul eden; **re.cep'tiv.i.ty** *n.* çabuk kavrayış; alma yeteneği *(radyo vs.)*.

re.cess [ri'ses] **1.** *n.* paydos, fasıla verme, teneffüs, ara; *part. parl.* tatil; *arch.* girinti, boşluk *(duvarda dolap vs. için)*; ~es *pl. fig.* iç taraf; **2.** *vb.* girintiye yerleştirmek; girinti yapmak, oymak; ara vermek, paydos yapmak.

re.ces.sion [ri'seʃən] *n.* geri çekilme, gerileme; ☨ fiyat düşüşü; durgunluk; **re'ces.sion.al** [~ʃənl] **1.** *adj. eccl.* son...; *parl.* tatil...; **2.** *n. eccl.* dinî tören sonunda okunan ilâhî; **re'ces.sive** [~siv] *adj.* geri çekilme eğiliminde olan; *biol.* resesif.

re.chris.ten ['riː'krisn] *v/t. b-nin* adını değiştirmek.

re.cid.i.vist [ri'sidivist] *n.* sabıkalı, tövbesini bozan kimse, mükerrir, mutat suçlu.

rec.i.pe ['resipi] *n.* reçete; yemek tarifi.

re.cip.i.ent [ri'sipiənt] *n.* alıcı, verilen *veya* gönderilen *bşi* alan kimse.

re.cip.ro.cal [ri'siprəkəl] **1.** *adj.* karşılıklı, mütekabil; ⅄, *gr., phls.* ortak, karşılıklı; **2.** *n.* ⅄ karşıt, ortak değer; **re'cip.ro.cate** [~keit] *v/t. & v/i. bşin* acısını çıkarmak, misillemede bulunmak, öcünü almak; bir iyiliğin karşılığını vermek; ⊕ bir düzlem içinde ileri geri çalışmak *(piston vs.)*; karşılıklı iyi dileklerini iletmek, değişmek, mukabele etm.; **reciprocating engine** pistonlu motor; **re.cip.ro'ca.tion** *n.* ileri geri çalışma; karşılık, tekabül, değişme, mübadele; karşılıklı etki; **rec.i.proc.i.ty** [resi'prɔsiti] *n.* karşılıklı durum, karşılıklık.

re.cit.al [ri'saitl] *n.* beyan, ifade, birer birer anlatma; hikâye; ezberden okuma; ⚖ ifade, takrir, gerçekleri sergileme; ♪ solist konseri, resital; **rec.i.ta.tion** [resi'teiʃən] *n.* ezberden okuma; ezberden okunan parça, bölüm; *Am.* dersle ilgili soruları yanıtlayarak ders anlatma; **rec.i.ta.tive** ♪ [~tə'ti:v] **1.** *adj.* resital şeklinde, ezber şeklinde; **2.** *n.* konuşur gibi okunan güfte *veya* makam; **re.cite** [ri'sait] *v/t.* & *v/i.* ezberden okumak; nakletmek, ileri sürmek; yüksek sesle ve yakışır bir tavırla okumak; *Am.* ders anlatmak, soruyu yanıtlamak **re'cit.er** *n.* ezberden okuyan (*veya* nakleden, ileri süren) kimse.

reck *poet.* [rek] *vb.* önemsemek, ehemmiyet vermek, *bşe* aldırış etm., *bşin* önemi olm. (of).

reck.less □ ['reklis] pervasız, dikkatsiz, lâkayt (of), saygısız, düşüncesiz; **'reck-less.ness** *n.* pervasızlık, dikkatsizlik, lâkaytlık; saygısızlık.

reck.on ['rekən] *v/t.* hesap etm., saymak; *a.* ~ for, ~ as tahmin etm., takdir etm., farzetmek, sanmak; ~ up saymak, *bşin* hesabını yapmak; *v/i.* sayı saymak; zannetmek, tahmin etm.; ~ (up)on *b-ne*, *bşe* güvenmek, bel bağlamak; ~ with hesaba katmak *-i*; **reck.on.er** ['reknə] *n.* sayan, hesap eden kimse; **'reck.on.ing** *n.* hesap(lama); hesap görme; be out in *veya* of one's ~ *fig.* *b-nin* hesabında yanılmak; tahmininde aldanmak.

re.claim [ri'kleim] *v/t.* geri istemek, tekrar elde etm.; elverişli hale koymak, iyileştirmek, yoluna koymak; ıslah etm.; ehlileştirmek, alıştırmak *(hayvan)*; medenileştirmek; toprağı temizleyerek tarla haline getirmek; ⊕ hurdadan yararlanmak; iadesini talep etm., hak iddia etm.; **re'claim.a.ble** *adj.* ıslah edilebilir, yararlanılabilir.

rec.la.ma.tion [reklə'meiʃən] *n.* ıslah; geri isteme; tarıma elverişli kılma *(toprak)*; hurdadan yararlanma.

re.cline [ri'klain] *vb.* uzanmak (against, on *-e*); dayanmak, istinat etm. (against, on); ~ upon *fig.* *b-ne* sırtını dayamak; **re-clin.ing chair** koltuk.

re.cluse [ri'klu:s] **1.** *adj.* dünyadan elini eteğini çekmiş, münzevi, insanlardan kaçan; **2.** *n.* münzevi kimse; keşiş.

rec.og.ni.tion [rekəg'niʃən] *n.* tanı(n)ma; itiraf, ona(n)ma, kabul, tasdik; **rec.og-niz.a.ble** *adj.* ['~naizəbl] tanınabilir, tanı(n)ması olası, farkedilebilir; **re.cog.ni-zance** ⚖ [ri'kɔgnizəns] *n.* taahhütname, kefalet, teminat; tanıma; **rec.og.nize** ['rekəgnaiz] *v/t.* tanımak; onaylamak, kabul etm., teslim ve itiraf etm., itibar etm., takdir etm.; selâm vermek *(sokakta)*.

re.coil [ri'kɔil] **1.** *v/i.* geri çekilmek; geri tepmek; **2.** *n.* geri tepme; geri çekilme; iğrenme.

rec.ol.lect¹ [rekə'lekt] *v/t.* hatırlamak *-i*.

re.col.lect² ['ri:kə'lekt] *v/t.* yeniden toplamak, yığmak; ~ o.s. *k-ni* toplamak.

rec.ol.lec.tion [rekə'lekʃən] *n.* hatıra (of *-in*), anı, hatırlanan şey.

re.com.mence ['ri:kə'mens] *v/t.* & *v/i.* yeniden başla(t)mak.

rec.om.mend [rekə'mend] *v/t.* tavsiye etm., salık vermek; çekici kılmak; **rec-om'mend.a.ble** *adj.* tavsiye etmeğe değer, salık verilir; **rec.om.men'da.tion** *n.* tavsiye, salık, referans, bonservis; **rec-om'mend.a.to.ry** [~dətəri] *adj.* tavsiye kabilinden, tavsiye...

re.com.mis.sion ['ri:kə'miʃən] *v/t.* yeniden yerleştirmek, tekrar hizmete almak.

re.com.mit ['ri:kə'mit] *v/t.* *parl.* yeniden görüşülmek için *b-ne* havale etm.; ~ to prison yeniden tutuklamak.

rec.om.pense ['rekəmpens] **1.** *n.* mükâfat, karşılık, ikramiye, ödül; ceza; misilleme; **2.** *v/t.* mükâfatlandırmak *veya* cezalandırmak *-i*, zarar ve ziyanı ödetmek, telâfi etm., tazminat vermek.

re.com.pose ['ri:kəm'pəuz] *v/t.* yeniden oluşturmak *(veya* düzenlemek).

rec.on.cil.a.ble ['rekənsailəbl] *adj.* uzlaşma sağlanabilir, barıştırılabilir, teklif edilebilir, birleşmeleri sağlanabilir; **'rec.on.cile** *v/t.* barıştırmak, uzlaştırmak; mutabık kılmak, bağdaştırmak, uydurmak (with, to *ile*); arabuluculuk etm. *(kavga vs.'de)*; ~ o.s. to razı olm. *-e*; *b-le* barışmak, uzlaşmak; alışmak *-e*; **'rec.on.cil.er** *n.* uzlaştırıcı, ara bulan kimse; **rec.on.cil.i.a.tion** [~sili'eiʃən] *n.* uzlaşma, barışma.

re.con.dite □ *fig.* [ri'kɔndait] derin; muğlak, kapalı, anlaşılmaz *(konu, fikir vs.)*.

re.con.di.tion ['ri:kən'diʃən] *v/t.* tamir

edip yenilemek; revizyon yapmak; ⊕ rektifiye etm.

re.con.nais.sance [ˈriˈkɔnisəns] *n.* ✕ keşif, yoklama, istikşaf; *fig.* kavrama, anlayış; ~ **car** ✕ zırhlı keşif arabası.

rec.on.noi.ter, rec.on.noi.tre ✕ [rekəˈnɔitə] *vb.* keşif yapmak, keşfetmek; incelemek, araştırma yapmak.

re.con.quer [ˈriːkɔŋkə] *v/t.* yeniden fethetmek, zaptetmek; **ˈreˈcon.quest** [~kwest] *n.* yeniden fetih, zapt.

re.con.sid.er [ˈriːkənˈsidə] *vb.* tekrar düşünmek, muhakeme etm.; **ˈre.con.sid.erˈa.tion** *n.* tekrar düşünme (*veya* tetkik).

re.con.sti.tute [ˈriːˈkɔnstitjuːt] *v/t.* yeniden oluşturmak (*veya* kurmak); eski haline getirmek; **ˈre.con.stiˈtu.tion** *n.* yeniden oluşturma (*veya* kurma).

re.con.struct [ˈriːkənsˈtrʌkt] *v/t.* yeniden inşa etm., kurmak; yinelemek; **ˈre.conˈstruc.tion** *n.* tekrar inşa; yeniden kalkınma.

re.con.ver.sion [ˈriːkənˈvəːʃən] *n.* yeniden düzenle(n)me, reorganizasyon (*part. savaş sonrası*); reorganizasyon süreci; **ˈre.conˈvert** *v/t.* yeniden düzenlemek, reorganize etm.

rec.ord¹ [ˈrekɔːd] *n.* kayıt, not; ⚖ zabıt, tutanak, tutulga, mazbata; belge, vesika (*a. fig.*); sicil, dosya; şan, şöhret (*part. pol.*); liste, cetvel, katalog; plâk, disk; *spor:* rekor; ~ time rekor süresi; it is on ~ ...gerçekten olmuştur, ...dığı vakidir; place on ~ kaydetmek; beat *veya* break the ~ rekoru kırmak; set up *veya* establish a ~ rekor kırmak (*veya* tesis etm.); ~ Office devlet arşivi; off the ~ gayriresmî; gizli, yayınlanmamak koşuluyla.

re.cord² [riˈkɔːd] *v/t.* kaydetmek, yazmak, not etm.; yazıya dökmek; plağa almak, banda almak, kaydetmek; **reˈcord.er** *n.* kayıt (*veya* sicil) memuru; hâkim, yargıç; kayıt aygıtı, teyp; ♪ blokflüt; **reˈcord.ing** *n. radyo:* plak; bant; kayıt, plağa al(ın)ma; **ˈrec.ord-play.er** *n.* pikap.

re.count¹ [riˈkaunt] *v/t.* anlatmak, hikâye etm., nakletmek.

re-count² [ˈriːˈkaunt] **1.** *v/t.* yeniden saymak (*oy vs.*); **2.** *n.* yeniden sayım.

re.coup [riˈkuːp] *v/t. b-nin* zarar ve ziyanını ödemek, telâfi etm., karşılamak.

re.course [riˈkɔːs] *n.* yardım dileme, başvurma; have ~ to başvurmak *-e, bşden* çare aramak.

re.cov.er¹ [riˈkʌvə] *v/t.* yeniden elde etm., ele geçirmek; telâfi etm.; tahsil etm. (*alacak*); be ~ed eski sağlığına kavuşmak; *v/i.* iyileşmek, şifa bulmak; *k-ne* gelmek; *a.* ~ o.s. *k-ni* toplamak, silkinmek, *k-ne* gelmek; ⚖ (in one's suit) kazanmak (*dava*).

re-cov.er² [ˈriːˈkʌvə] *v/t.* yeniden kaplamak, döşemesini yenilemek.

re.cov.er.a.ble [riˈkʌvərəbl] *adj.* geri alınabilir; tahsil edilebilir; iyileştirilebilir; **reˈcov.er.y** *n.* geri alma; iyileşme; *k-ne* gelme.

rec.re.ant [ˈrekriənt] **1.** □ korkak, ödlek; hain, sadakatsiz, sadık olmayan; **2.** *n.* korkak (*veya* sadakatsiz, hain) kimse.

rec.re.ate [ˈrekrieit] *v/t.* yenilemek, tazelemek (*anı vs.*); canlandırmak, neşelendirmek, dinlendirmek; *v/i. a.* ~ o.s. dinlenmek, istirahat etm.; **rec.reˈa.tion** *n.* dinlenme, istirahat; eğlence, neşelenme; ~ ground spor sahası, oyun sahası; **ˈrec.re.a.tive** *adj.* canlandırıcı, dinlendirici, neşelendirici, eğlendirici.

re.crim.i.nate [riˈkrimineit] *v/t.* şikâyete karşı şikâyet *veya* iftiraya karşı iftirada bulunmak; **re.crim.iˈna.tion** *n.* karşılıklı birbirini suçlama, şikâyet etme.

re.cross [ˈriːˈkrɔs] *v/t.* yeniden geçmek (*nehir vs.*).

re.cru.desce [riːkruːˈdes] *v/i.* nüksetmek (*hastalık vs.*); tekrar şiddetlenmek; açılmak (*yara vs.*) **re.cruˈdes.cence** *n.* nüksetme, yenilenme.

re.cruit [riˈkruːt] **1.** *n.* acemi er; *fig.* acemi, deneyimsiz; **2.** *v/t.* toplamak, oluşturmak (*grup, asker vs.*); ikmal etm., bütünlemek; iyileştirmek (*hasta*); ✕ silah altına çağırmak; *v/i.* iyileşmek; **reˈcruit.ment** *n.* acemi erleri silah altına toplama; iyileş(tir)me.

rec.tan.gle [ˈrektæŋgl] *n.* dik dörtgen; **recˈtan.gu.lar** □ [~gjulə] dik dörtgen şeklinde; dik açılı.

rec.ti.fi.a.ble [ˈrektifaiəbl] *adj.* düzeltilebilir; **rec.ti.fi.ca.tion** [~fiˈkeiʃən] *n.* düzelt(il)me, tashih; tasfiye; ⩑ eğri uzunluğunu ölçme; ⚗ sürekli distilasyonla saflaştırma; **rec.ti.fi.er** [ˈ~faiə] *n.* düzelten *b-i veya bş*; *radyo:* redresör, doğrultmaç; **rec.ti.fy** [ˈ~fai] *v/t.* düzeltmek, tashih etm., doğrultmak; ⩑ uzunluğunu ölçmek (*eğri*); ⚗ saflaştırmak; ⚡, *radyo:* doğru akıma çevirmek; **rec.ti.lin.e.al** [rektiˈlinjəl], **rec.tiˈlin.e.ar** □ [~njə] doğrusal, doğrulu, düz çizgili; **rec.ti.tude** [ˈrektitjuːd] *n.* doğruluk, düzlük; dürüstlük, samimiyet.

rec.tor [ˈrektə] *n.* papaz; *univ.* rektör; (*okul*) müdür; **rec.tor.ate** [ˈ~rit], **ˈrec-**

tor.ship *n.* rektörlük, müdürlük; **ˈrec.to.ry** *n.* papaz ikâmetgâhı (*veya* konutu).

rec.tum *anat.* [ˈrektəm] *n.* rektum, kalın barsağın son kısmı.

re.cum.bent □ [riˈkʌmbənt] uzanan, yatan, dayanmış.

re.cu.per.ate [riˈkjuːpəreit] *v/i.* iyileşmek, sağlığına kavuşmak; **re.cu.perˈa.tion** *n.* iyileşme; **reˈcu.per.a.tive** [~rətiv] *adj.* sıhhatini yeniden kazandıran.

re.cur [riˈkəː] *v/i.* tekrar dönmek (to *-e*); tekrar olm., tekrarlamak *(olay, hastalık vs.)*; ~ to s.o.'s mind *b-nin* hatırına gelmek; ~ring decimal devirli ondalık kesir; **re.cur.rence** [riˈkʌrəns] *n.* dönüş; tekrarlanma, tekerrür, nüksetme; ~ to tekrar bahis konusu olma; **reˈcur.rent** □ tekrar olan; *anat.* tersyöne giden; ~ fever tekrar tekrar gelen nöbet.

re.curve [riːkəːv] *v/t.* & *v/i.* geriye *veya* içe doğru eğ(il)mek.

rec.u.sant [ˈrekjuzənt] *adj.* özellikle kilise kurallarına uymayı reddeden; dikkafalı, serkeş.

red [red] **1.** *adj.* kırmızı, kızıl, al; ♀ Crescent Kızılay; ♀ Cross Kızılhaç; ~ currant *(kırmızı veya siyah)* frenküzümü; ~ deer kırmızı derili bir tür geyik; ~ ensign İngiltere'de ticaret gemileri bayrağı; ~ heat tav *(metal)*; ~ herring ilgiyi başka yöne çekmek için ortaya atılan konu; draw a ~ herring across the trail dikkati başka yöne çevirmek, oyalamak; ~ lead sülüğen; paint the town ~ *sl.* sarhoş olup ortalığı velveleye vermek, gürültü çıkarmak; **2.** *n.* kırmızı renk; *part. pol.* kızıl, komünist; see ~ birden öfkelenmek; be in the ~ *Am.* F borç içinde olm.

re.dact [riˈdækt] *v/t.* telif etm., kaleme almak, neşretmek; **reˈdac.tion** *n.* redaksiyon, düzetilmiş ve düzenlenmiş nüsha, metin; yeni bası.

red.breast [ˈredbrest] *n. a.* robin ~ *zo.* kızıl gerdan, nar bülbülü; kızıl göğüslü kuş; **ˈRed.brick** *n.* Londra dışında kurulmuş üniversite(ler); **ˈred.cap** *n.* askerî polis; *Am.* bagaj hamalı; **red.den** [ˈredn] *v/t.* & *v/i.* kırmızılaş(tır)mak, kızıllaş(tır)mak, kızarmak; **ˈred.dish** *adj.* kırmızımtırak, kızılımsı, kızılca; **red.dle** [ˈ~l] *n.* kırmızı tebeşir (*veya* boya).

re.dec.o.rate [ˈriːˈdekəreit] *vb.* yenileştirmek, yeniden dekore etm.; **ˈre.dec.oˈra.tion** *n.* yeniden dekore etme, redekorasyon.

re.deem [riˈdiːm] *v/t.* fidye vererek kurtarmak, rehinden kurtarmak, bedelini verip geri almak; ✝ amortize etm.; nakit olarak ödemek, tazminat vermek, borçtan kurtarmak; telâfi etm. *(zaman)*; korumak (from *-den*); **reˈdeem.a.ble** *adj.* ✝ paraya çevrilir *(senet)*; fidye ile kurtarılabiilr; amorti edilebilir; **Reˈdeem.er** *n.* Kurtarıcı, Halâskâr; *rel.* Hazreti İsa.

re.de.liv.er [ˈriːdiˈlivə] *v/t.* yeniden teslim etm., dağıtmak; yeniden kurtarmak, halâs etm.

re.demp.tion [riˈdempʃən] *n.* halâs, kurtar(ıl)ma; ✝ amortisman; paraya çevrilme; tazminat; **reˈdemp.tion.er** *n. hist.* Amerika göçmeni; **reˈdemp.tive** *adj.* kurtarıcı, kurtaran.

re.de.ploy [ˈriːdiˈplɔi] *v/t.* daha etken olacak şekilde yeniden düzenlemek *(asker, işçi vs.)*.

red...: **ˈ~ˈfaced** *adj.* kırmızı yüzlü; **ˈ~.haired** *adj.* kızıl saçlı; **ˈ~-ˈhand.ed** *adj.*: catch s.o. ~ *b-ni* suçüstü yakalamak; **ˈ~.head** *n.* kızıl saçlı kimse; **ˈ~-ˈhead.ed** *adj.* kızıl saçlı; **ˈ~-ˈhot** *adj.* kızgın *(metal)*; *fig.* canı tez, kabına sığmayan; kızgın, çok öfkeli; en yeni (*veya* son) *(haber vs.)*.

re.dif.fu.sion [ˈriːdiˈfjuːʒən] *n.* merkezî bir alıcı aygıttan diğer umumî yerlerdeki alıcılara yapılan ses ve televizyon yayım sistemi.

Red In.di.an [reˈdindjən] *n.* Kızılderili.

red.in.te.grate [reˈdintigreit] *v/t.* yeniden eski haline getirmek, iyi hale koymak, yenilemek, tamir etm.; **red.in.teˈgra.tion** *n.* yenileme.

re.di.rect [ˈriːdiˈrekt] *v/t.* düzeltilmiş adresi yazmak *(mektup)*; yeni adresine göndermek.

re.dis.count [riːˈdiskaunt] **1.** *vb.* reeskont etm., senet kır(dır)mak; **2.** *n.* reeskont.

re.dis.cov.er [ˈriːdisˈkʌə] *v/t.* yeniden keşfetmek (*veya* bulmak).

re.dis.trib.ute [ˈriːdisˈtribjuːt] *v/t.* yeniden dağıtmak (*veya* hisselere bölmek).

red-let.ter day [ˈredˈletəˈdei] *n.* yortu günü; *fig.* önemli gün, mutlu bir gün.

red-light dis.trict [ˈredlaitˈdistrikt] *n.* genelev mahallesi.

red.ness [ˈrednis] *n.* kırmızılık, kızıllık.

re.do [ˈriːˈdu] (*irr.* do) *vb.* yeniden yapmak.

red.o.lence [ˈredəuləns] *n.* güzel koku, ıtır, rayiha; **ˈred.o.lent** *adj.* güzel kokulu (of); be ~ of *fig.* hatırlatmak, akla getirmek.

re.dou.ble [riˈdʌbl] *v/t.* tekrarlamak, iki misli yapmak *-i*; *v/i.* iki misli olm.

re.doubt ✕ [riˈdaut] *n.* tabya, palanka, ağaç ve toprakla yapılıp hendekle çevrilmiş küçük hisar; **reˈdoubt.a.ble** *adj. rhet.* müthiş, dehşetli.
re.dound [riˈdaund] *v/t.*: ~ to artırmak, yükseltmek, bahşetmek *(şan, şeref vs.)*; ~ (up)on gözden düşmek, gerilemek *(şeref, şan vs.)*.
re.draft [ˈriːˈdrɑːft] **1.** *n.* yeni müsvedde; ⚚ protesto olan bir senedin masraflarla beraber yeni şekli; **2.** *vb.* yeni müsvedde yapmak.
re.dress [riˈdres] **1.** *n.* çare, düzeltme, telâfi; ⚖ tazminat; legal ~ adlî yardım; **2.** *v/t.* düzeltmek; telâfi etm.
red...: ˈ~**.skin** *n.* kızılderili; ˈ~**.start** *n. orn.* kızılkuyruk; ~ **tape,** ~**-tap.ism** [ˈ~ˈteipizəm] *n.* kırtasiyecilik, bürokrasi; ˈ~**-ˈtap-ist** *n.* bürokrat, kırtasiyeci, evrak adamı.
re.duce [riˈdjuːs] *v/t. fig.* geri getirmek (to *-e*), azaltmak, indirmek, küçültmek (to *-e*); düşürmek *(fiyat)*; ✕ fethetmek; *fig.* zayıflatmak, kuvvetten düşürmek; zorlamak, mecbur etm. (to *-e*); ⚗, ⚗ indirgemek, redüklemek; *phot.* zayıflatmak; ⚕ *(çıkık, kol vs.)* yerine koymak; ⚚ bakıyeyi eşitlemek; F bir deri bir kemik bırakmak; *v/i.* perhiz *vs.* ile zayıflamak; ~ to writing yaz(dır)mak, kaleme almak, kaydetmek; **reˈduc.i.ble** *adj.* indirilir, azaltılabilir (to *-e*); zayıflatılabilir; indirgenebilir; **re.duc.tion** [riˈdʌkʃən] *n.* azaltma, indirme, küçültme; azaltılmış şey; indirim, tenzilat, ıskonto; küçültülmüş harita, resim *vs.*; zaptetme, galibiyet; ⚕ çıkık kol vs.'yi yerine koyma.
re.dun.dance, re.dun.dan.cy [riˈdʌndəns(i)] *n.* fazlalık, bolluk, çokluk; bol bol mevcut olma; işsizlik (oranı), işten çıkarılma; ağdalı ifade; **reˈdun.dant** □ gerekenden fazla, bol bol, kesretli, artakalan; işsiz, işten çıkarılmış; fazla sözle ifade edilmiş, ağdalı, fazla detaylı, uzun uzadıya.
re.du.pli.cate [riˈdjuːplikeit] *v/t.* iki kat yapmak, ikilemek, tekrarlamak, duble etm., iki misline çıkarmak; **re.du.pliˈca-tion** *n.* iki misline çık(ar)ma, tekrarlama.
red.wood [ˈredwud] *n.* kırmızı kereste veren bir tür ağaç; bu ağacın kerestesi.
re.dye [ˈriːˈdai] *v/t.* yeniden boyamak *-i.*
re-ech.o [riːˈekəu] *vb.* aksiseda vermek, tekrar akset(tir)mek, yankıla(n)mak.
reed [riːd] *n.* saz, kamış (sapı); sazlık; kamış düdük *(zurna vs.nin ucuna takılan)*; the ~s *pl.* ♪ ağzında bulunan ince maden *veya* kamış vasıtasiyle ses çıkaran müzik aletleri *(obua, klarnet zurna vs.)*.
re.ed.it [ˈriːˈedit] *v/t.* yeniden basmak, yayımlamak.
re-ed.u.ca.tion [ˈriːedjuˈkeiʃən] *n.* yeniden eğitme.
reed.y [ˈriːdi] *adj.* kamış (*veya* saz) dolu; kamış düdük gibi tiz ses çıkaran.
reef[1] [riːf] *n.* resif, kayalık.
reef[2] ⚓ [~] **1.** *n.* yelkenin bir kat camadanı; yelkeni camadan ile küçültme; **2.** *v/t.* yelken camadanını bağlayarak küçültmek; cıvadıra bastonunu mayna etm.
reef.er[1] *[ˈriːfə] n.* denizci ceketi.
reef.er[2] *Am. sl.* [~] *n.* esrarlı sigara.
reek [riːk] **1.** *n.* duman, buhar, sis; fena koku; **2.** *v/i.* duman çıkmak, tütmek; buğulanmak (with *ile*); kokusunu yaymak (of, with *-in*); **ˈreek.y** *adj.* dumanlı; fena kokulu.
reel [riːl] **1.** *n.* makara, iplik çıkrığı; bobin, masura; film makarası; bant makarası *(teyp)*; olta çubuğunun alt ucuna takılan makara; makaraya sarılmış ip, tel, bant *vs.*; **2.** *v/t.* makaraya sarmak, çile (*veya* tura) yapmak, dolamak; ~ off çıkrıktan geçirmek; ezberden çabucak söylemek, sayıp dökmek; *v/i.* sendelemek, sallanmak; başı dönmek.
re-e.lect [ˈriːiˈlekt] *v/t. pol.* yeniden seçmek; **ˈre-eˈlec.tion** *n.* yeniden seç(il)me.
re-el.i.gi.ble [ˈriːˈelidʒəbl] *adj.* yeniden seçilebilir.
re-en.act [ˈriːiˈnækt] *v/t.* yeniden kararlaştırmak; *thea.* yeniden sahneye koymak.
re-en.force [ˈriːinˈfɔːs] *etc.* = reinforce *etc.*
re-en.gage [ˈriːinˈgeidʒ] *v/t.* yeniden hizmete almak (*veya* tutmak).
re-en.list ✕ [ˈriːinˈlist] *v/t.* yeniden askere almak.
re-en.ter [ˈriːˈentə] *vb.* yeniden girmek *-e* (*veya* kaydetmek, kaydolmak, katılmak); girişmek; **ˈre-ˈent.er.ing, re.en-trant** [riːˈentrənt] *adj.* girintili *(köşe)*.
re-es.tab.lish [ˈriːisˈtæbliʃ] *v/t.* yeniden kurmak, tesis etm., eski haline getirmek, iyileştirmek.
reeve[1] ⚓ [riːv] *v/t.* halatın ucunu bir delik *veya* makaradan geçirmek.
reeve[2] [~] *n. hist.* İngiltere'de vali, idareci, hakim *vs.*
re-ex.am.i.na.tion [ˈriːigzæmiˈneiʃən] *n.* yenilenen sınav; yeniden değerlendirme; **ˈre-exˈam.ine** *v/t.* yeniden sorguya çek-

mek.

re-ex.change [ˈriːiksˈtʃəindʒ] *n.* yeniden değiştirme, trampa etme; ⚘ protestolu senedi masrafları ekleyerek yenileme; retret.

re.fec.tion [riˈfekʃən] *n.* serinlik; hafif yemek (*veya* kahvaltı); hafif yemek *veya* içki ile ferahla(t)ma, serinle(t)me; **reˈfec.to.ry** [~təri] *n.* yemekhane *(okul vs.de).*

re.fer [riˈfəː] *v/t.*: ~ to göndermek, havale etm. *-e, b-ni b-ne* göndermek; müracaat etm., başvurmak, danışmak; *v/i.* ima etm., zikretmek, işaret etm., göstermek (to *-i*); *bşi* içermek, kapsamak, ilgili olm. *ile*; isnat etm., bir nedene bağlamak; **reˈfer.a.ble** *adj.*: ~ to havale edilebilir *-e*, isnat edilebilir *-e*; başvurulabilir *-e*; **ref.er.ee** [refəˈriː] *n.* hakem; *boks:* ring hakemi; *parl.* raportör, eksper; bilirkişi; **ref.er.ence** [ˈrefrəns] *n.* referans, tavsiye; başvuruş; ilgi, münasebet; havale etme *veya* olunma; ima, kinaye; isnat etme (to *-e*); bilgi, malûmat (veren *b-i veya bş*); in *veya* with ~ to ...*e* gelince, ...*le* ilgili olarak, ...hakkında, ait, ... *e* nispetle; terms *pl.* of ~ direktif, talimat; yetki alanı; work of ~, ~ book başvuru kitabı; ~ library araştırmada yararlanılan fakat dışarı kitap alınmayan kütüphane; ~ number dosya (*veya* evrak) numarası; make a ~ to zikretmek *-i*; başvurmak *-e*, bakmak *-e*.

ref.er.en.dum [refəˈrendəm] *n.* referandum, halk oyuna başvurma.

re.fill [ˈriːfil] **1.** *n.* yedek takım, eksilen, biten maddenin yerine konan yedek; yedek kalem içi; yedek kâğıt; **2.** *v/t.* tekrar doldurmak.

re.fine [riˈfain] *v/t.* tasfiye etm., saflaştırmak, arıtmak; inceltmek *(a.* ⊕ & *fig.)*; ⊕ rafine etm.; *fig.* ıslah etm.; *v/i.* incelmek, zarifleşmek; saflaşmak, temizlenmek; kılı kırk yarmak, titizlik etm. (on, upon); ~ (up)on arılaştırmak, ıslah etm., geliştirmek *(yöntem, plan vs.)*; **re.fine.ment** *n.* arıtma, saflaştırma; saflık, halislik, tasfiye; incelik, kibarlık; nezaket, zariflik; **reˈfin.er** *n.* tasfiye eden, arıtan *b-i veya bş*; **reˈfin.er.y** *n.* ⊕ rafineri; şeker fabrikası; *metall.* dökümhane, izabehane.

re.fit ⚓ [ˈriːˈfit] **1.** *v/t.* & *v/i.* yeniden donatmak, yenilemek; yeniden donatılıp sefer için hazır olm.; **2.** *n.* tamir, yeniden donatma.

re.flect [riˈflekt] *v/t.* & *v/i.* aksettirmek *(ısı, ışık, ses vs.) (a. fig)*; ifade etm., beyan etm., açıklamak; ~ (up)on düşünmek *-i*, ölçüp biçmek, düşünüp taşınmak *-i*; suçlayarak düşüncesini söylemek; *b-nin, bşin* kötü yanını göstermek, kusurunu göstermek; şeref kazandırmak; **reˈflec.tion** *n.* yansıma, aksetme; yansıyan (*veya* akseden) şey; düşünme, düşünce, fikir; ayıplama, kınama; leke, kusur, şaibe; **reˈflec.tive** □ yansıtan, aksettiren; yansıyan, akseden; düşünceli, derin düşüncelere dalmış; **reˈflec.tor** *n.* yansıtan yüzey; projektör, ışıldak; yansıtaç *(karayolunda)*; reflektör; aynalı teleskop.

re.flex [ˈriːfleks] **1.** *adj.* yansımalı, geri çevrilmiş, tepkimiş, refleks...; **2.** *n.* refleks, tepke, yansı *(a. physiol.)*; akis, yansımış şekil; **reˈflex.ion** [riˈflekʃən] = reflection; **re.flex.ive** □ [riˈfleksiv] üzerinde tepki yapan; *gr.* dönüşlü (*veya* eylem gösteren).

ref.lu.ent [ˈrefluənt] adj. dönüp geri akan.

re.flux [ˈriːflʌks] *n.* geri(ye) akış, cezir haline geliş.

re.for.est.a.tion [ˈriːfərisˈteiʃən] *n.* yeniden orman haline getirme, ağaçlandırma.

re.form¹ [riˈfɔːm] **1.** *n.* reform, ıslah(at), düzeltme, yenilik; **2.** *v/t.* ıslah etm., düzeltmek, iyileştirmek, geliştirmek; *v/i.* iyileşmek, düzelmek, ıslah olm.

re-form² [ˈriːˈfɔːm] *vb.* yeniden şekil vermek (*veya* teşkil etm.), düzenle(n)mek; ⚔ yeniden dizmek, oluşturmak.

ref.or.ma.tion [refəˈmeiʃən] *n.* gelişme, yenileşme, nefis ıslahı, ıslahat, ıslah olma *veya* etme; ♀ *eccl.* Reformasyon, dinsel devrim; **re.form.a.to.ry** [riˈfɔːmətəri] **1.** *adj.* düzeltici, ıslah edici; ıslahat gerektiren; **2.** *n.* ıslahhane, ıslahevi; **reˈformed** *adj.* ıslah edilmiş, ıslah olmuş; *eccl.* Kalvinist, protestan; **reˈform.er** *n.* ıslahatçı, reformcu; **reˈform.ist** *adj.* reform (*veya* ıslahat) taraftarı olan, reformist.

re.found [ˈriːfaund] *v/t.* kaptan kaba nakletmek, eriterek başka bir kalıba (*veya* bir daha) dökmek.

re.fract [riˈfrækt] *v/t.* kırmak *(ışınları)*; ~ing telescope mercekli teleskop; **reˈfrac.tion** *n.* kırılma; **reˈfrac.tive** *adj. opt.* kır(ıl)an...; **reˈfrac.tor** *n. opt.* mercekli teleskop; **reˈfrac.to.ri.ness** *n.* inatçılık, dikkafalılık; ⚗ ısıya dayanıklılık, kolay ergimezlik; **reˈfrac.to.ry** **1.** □ inatçı, dikkafalı, serkeş; ⊕ ısıya dayanıklı, işlenemez; ⚗ erimez; **2.** *n.* ⊕ ısıya dayanıklı malzeme.

re.frain¹ [riˈfrein] *v/i.* çekinmek, sakınmak (from *-den*), yapmaktan vazgeçmek, *k-ni* tutmak (from *-den*).

re.frain² [~] *n.* ♪ nakarat, şarkı nakaratı.

re.fran.gi.ble *phys.* [ri'frændʒəbl] *adj.* kırılabilir.

re.fresh [ri'freʃ] *v/t.* & *v/i.* canlan(dır)mak, serinlet(t)mek, dinlen(dir)mek; hayat vermek, tazelemek; kuvvetlendirmek *(anı)*; **re'fresh.er** *n.* F içki, serinletici (*veya* canlandırıcı) şey; ⚖ uzayan celse için avukata ödenen ek ücret; ~ course eski bilgileri hatırlayıp yenilikleri öğrenmek için yapılan eğitim çalışması; **re'fresh.ment** *n.* canlan(dır)ma; canlandırıcı şey; ~ room büfe, büvet *(istasyonda)*.

re.frig.er.ant [ri'fridʒərənt] **1.** *adj.* soğutucu, serinletici; **2.** *n.* soğutucu *veya* dondurucu şey *(kimyasal madde)*; **re'frig.er.ate** [~reit] *v/t.* soğutmak, serinletmek, dondurmak; **re'frig.er.at.ing** *adj.* soğutan, buz...; **re.frig.er'a.tion** *n.* soğutma, dondurma, serin tutma; **re'frig.er.a.tor** *n.* buzdolabı, soğutucu; soğuk hava deposu; ~ lorry frigorifik kamyon, soğuk hava vagonu.

re.fu.el [ri:'fjuəl] *vb.* yakıt almak (*veya* ikmal etm.).

ref.uge ['refju:dʒ] *n.* sığınak, barınak, melce; çare; *a.* street-~ refüj; *mount.* sığınak, kulübe, barınacak yer; take ~ in sığınmak, barınacak yer bulmak; **ref.u.gee** [~'dʒi] *n.* mülteci, başka ülkeye sığınan kimse, sığınık; ~ camp mülteci kampı.

re.ful.gence [ri'fʌldʒəns] *n.* parlaklık, parıltı; **re'ful.gent** □ parlak, parlıyan, ışın saçan, ışıl ışıl; görkemli.

re.fund **1.** [ri'fʌnd] *v/t.* parayı geri vermek; **2.** ['ri:fʌnd] *n.* geri ödeme; geri ödenen meblağ.

re.fur.bish ['ri:'fə:biʃ] *v/t.* yeniden cilâlamak, perdahlamak, parlatmak *(a. fig.)*.

re.fur.nish ['ri:fə:niʃ] *v/t.* yeniden döşemek (*veya* tefriş etm.).

re.fus.al [ri'fju:zəl] *n.* ret, kabul etmeyiş *veya* olunmayış, ret cevabı; kabul *veya* reddetme hakkı.

re.fuse¹ [ri'fju:z] *v/t.* & *v/i.* reddetmek, kabul etmemek, istememek; vazgeçmek; ürkmek, hendek *vs.*'den atlamayı istememek *(at)*.

ref.use² ['refju:s] *n.* süprüntü, döküntü, çöp; *fig.* ayaktakımı.

ref.u.ta.ble □ ['refjutəbl] çürütülebilir, cerhedilebilir, yalanlanabilir; **ref.uta.tion** [refju:'teiʃən] *n.* yalanlama, çürütme, tekzip; **re.fute** [ri'fju:t] *v/t.* yalanlamak, çürütmek, cerhetmek, tekzip etm.

re.gain [ri'gein] *v/t.* tekrar ele geçirmek (*veya* kazanmak).

re.gal □ ['ri:gəl] krala ait, krala yakışır, şahane.

re.gale [ri'geil] *v/t.* ağırlama ve ikramda bulunmak, ağırlamak, yedirip içirmek; eğlendirmek, hoşça vakit geçirtmek; *v/i.* zevk ve safa içinde yaşamak (on).

re.ga.li.a [ri'geiljə] *n. pl.* kral tacı ve süsü; nişan ve rütbe alâmetleri.

re.gard [ri'ga:d] **1.** *n.* bakış, nazar; saygı, hürmet, takdir; itibar, sayma; fikir; dikkat, önem; ilişki; ~s *pl.* selâm; have ~ to *bşe* riayet etm., nazarı itibara almak *-i*; with ~ to bakımından, karşısında, nazaran, *-e* gelince; with kind ~s saygılar, selâmlar; **2.** *vb.* dikkatle bakmak *-e*; nazarı dikkate almak, *-i*, hesaba katmak *-i*; itibar etm. *-e*, saymak *-i*; hürmet etm., riayet etm., uymak; ...nazariyle bakmak, ...gibi telâkki etm.; ait olm.; as ~s hakkında, hususunda, *-e* gelince; **re'gard.ful** □ [~ful] saygılı, hürmet eden, göz önünde bulunduran, düşünüp hatırlayan (of); **re'gard.ing** *adj.* hakkında, hususunda, *-e* gelince; **re'gard.less** □ pervasız, lâkayt, aldırış etmeyen, dikkatsiz, saygısız; ~ of *-e* bakmayarak, ne olursa olsun, aldırmayarak.

re.gat.ta [ri'gætə] *n.* kürek *veya* yelken yarışı.

re.gen.cy ['ri:dʒənsi] *n.* hükümdarlık, saltanat (süresi); kral naipliği; naipler kurulu; naiplik süresi.

re.gen.er.ate **1.** [ri'dʒenəreit] *v/t.* & *v/i.* yeniden hayat vermek, yeniden teşkil etm., canlandırmak; ıslah etm. *veya* olm., iyileş(tir)mek; ahlâkî yönden geliş(tir)mek; **2.** *adj.* ahlâk ve davranışları ıslah olmuş; yeniden doğmuş; **re.gen.er.a.tion** [~'reiʃən] *n.* yenileme; *fig.* yeniden hayat verme, doğma; iyileşme, ıslah olma; *part. biol.* yeniden oluşma; **re'gen.er.a.tive** [~rətiv] *adj. radyo:* reaksiyonu harekete geçirici, reaktif.

re.gent ['ri:dʒənt] **1.** *adj.* hükümdarın yokluğu *veya* hastalığında vekillik eden; **2.** *n.* saltanat vekili, kral naibi; **'re.gent.ship** *n.* hükümdarlık; saltanat vekilliği.

reg.i.cide ['redʒisaid] *n.* hükümdarı öldürme; hükümdar katili.

ré.gime, re.gime [rei'ʒi:m] *n.* rejim, sistem, idare (şekli), hükümet şekli; = regimen.

reg.i.men ['redʒimen] *n.* perhiz, rejim; *gr.*

bir sözcüğün kendisiyle ilgili başka bir sözcüğü biçimsel olarak etkilemesi; = régime.

reg.i.ment [ˈredʒimənt] **1.** *n.* ⚔ alay; *fig.* insan sürüsü, kalabalık; **2.** [ˈ~ment] *v/t.* alay oluşturmak; sistematik şekle koymak, organize etm., *(insanları)* kontrol altına almak; **reg.i.men.tal** [~ˈmentl] *adj.* ⚔ alaya ait, alay...; **reg.i.men.tal.ly** [~ˈmentəli] *adv.* alay gibi; **reg.iˈmen.tals** *n. pl.* ⚔ askerî üniforma; **reg.i.menˈta.tion** *n.* sistematik şekle koyma, organize etme, kontrol etme.

re.gion [ˈriːdʒən] *n.* bölge, mıntıka, semt, taraf, yer, çevre, havali, saha; *fig.* muhit, çevre; olasılık alanı; **re.gion.al** [ˈ~dʒənl] **1.** □ bölgesel, mıntıkaya ait, mahallî, lokal, yöresel; *radyo:* ~ station mahalli radyo istasyonu.

reg.is.ter [ˈredʒistə] **1.** *n.* sicil; kayıt, liste, katalog, fihrist, cetvel; kütük, resmî kayıt defteri; ⊕ valf, subap, sürgü; regülatör; ♪ ses perdesi; cash ~ otomatik yazar kasa; parish ~ kilise cemaati sicil kütüğü; **2.** *v/t.* kaydetmek, deftere geçirmek, tescil etm., kütüğe geçirmek; göstermek *(termometre vs.)*; ifade etm. *(yüz ifadesi)*; taahhütlü olarak göndermek *(mektup vs.)*; *v/i.* kaydolunmak, adını sicil *vs.*'ye geçirtmek; **ˈreg.is.tered** *adj.* taahhütlü; kaydolunmuş, kayıtlı; ~ design kullan(ıl)ma kılavuzu.

reg.is.trar [redʒisˈtrɑː] *n.* kayıt tescil memuru, sicil memuru; nüfus memuru; **reg.is.tra.tion** [~ˈtreiʃən] *n.* kayıt, tescil; ~ fee kayıt ücreti; **ˈreg.is.try** *n.* kayıt, tescil; sicil dairesi, evrak kalemi; ~ office evlen(dir)me dairesi, nikâh memurluğu; servants' ~ iş bulma bürosu.

reg.nant [ˈregnənt] *adj.* hükmeden, tahtta olan, saltanat süren n*(part. kraliçe)*.

re.gress [ˈriːgres] *n.* geri dönüş, avdet, eskiye dönüş; *fig.* azalma, düşüş; **re.gres.sion** [riˈgreʃən] *n.* dönüş, avdet; *psych.* gerileme; **reˈgres.sive** □ [~siv] geri giden, tersyön, gerileyen, tepki oluşturan.

re.gret [riˈgret] **1.** *n.* teessüf (at); üzüntü, keder (for); pişmanlık; **2.** *v/t.* teessüf etm., üzülmek *-e*, müteessir olm., kederlenmek; pişman olm. *-e*; özlemini çekmek *-in*, yokluğunu hissetmek *-in*, *bşin* kaybolduğunu farketmek; **reˈgret.ful** □ [~ful] kederli, üzüntülü, esef dolu; ~ly esefle, acınarak, teessüfle; **reˈgret.ta.ble** □ acınacak, şayanı teessüf, üzücü.

reg.u.lar [ˈregjulə] **1.** □ muntazam, düzgün; düzenli, kurallı; aynı zamanda olan; değişken olmayan; ⚔ muvazzaf; *eccl.* manastır sistemine bağlı, tarikat...; **2.** *n. eccl.* bir tarikat *veya* manastır sistemine bağlı imam *veya* papaz; ⚔ muvazzaf asker; F müdavim; devamlı (*veya* gedikli) müşteri; **reg.u.lar.i.ty** [~ˈlæriti] *n.* düzen, intizam, nizam, tertip.

reg.u.late [ˈregjuleit] *v/t.* düzenlemek; yoluna koymak; kurala bağlamak, düzeltmek; ayar etm., tesviye etm., tanzim etm., uydurmak; **ˈreg.u.lat.ing** *adj.* ⊕ ayar..., tanzim...; **reg.uˈla.tion** **1.** *n.* düzen, intizam, nizam; hüküm, kural, emir, karar; ~s *pl.* tüzük; kurallar; contrary to ~s nizama aykırı; **2.** *adj.* talim(at)nameye uygun; ⚔ askerlik...; **reg.u.la.tive** □ [ˈ~lətiv] düzenleyici, ayarlayıcı; **reg.u.la.tor** [ˈ~leitə] *n.* düzenleyici *b-i veya bş*; ⊕ regülator, düzengeç; saat rakkası.

re.gur.gi.tate [riːˈgəːdʒiteit] *v/t.* kusturmak, istifrağ ettirmek; geri dökmek, akıtmak, fışkırtmak, çıkartmak; *v/i.* kusmak; geri akmak, fışkırmak *(su, gaz vs.)*.

re.ha.bil.i.tate [riːəˈbiliteit] *v/t.* yenileştirmek, tamir etm., onarmak *(ev)*; bir hastalıktan, özellikle sıtmadan kurtarmak *(mahalleyi)*; yeniden dahil etm., koordine etm. *(meslek)*; eski hakları iade etm.; yeniden eğiterek eski yaşantılarına kavuşturmak *(savaş malülleri vs.)*; **ˈre.ha.bil.iˈta.tion** *n.* eski hakların iadesi; eski hale gelme, eski yaşama kavuşma; yenileme, onarım.

re.hash *fig.* [ˈriːˈhæʃ] **1.** *v/t.* aynı şeyi *veya* konuyu tekrar gündeme getirmek, tekrar açmak, temcit pilavı gibi sunmak; **2.** *n.* tekrarlama, aynısını sunma; tekrarlanan konu *veya* şey.

re.hears.al [riˈhəːsəl] *n. thea.*, ♪ prova; tekrarlama; **reˈhearse** *vb. thea.* prova etm.; tekrarlamak; ezberden okumak, sayıp dökmek; alıştırmak *(oyuncu)*.

re.heat [riːˈhiːt] *v/t.* yeniden ısıtmak.

reign [rein] **1.** *n.* hükümet, hükümdarlık, saltanat (devri); *fig.* nüfuz, otorite; **2.** *v/i.* hüküm sürmek, hâkim olm., hükümet etm.

re.im.burse [riːimˈbəːs] *v/t.* masrafı geri ödemek; *b-ne* tazminat vermek; parasını geri vermek; ☨ masraflarını kapatmak; **re-imˈburse.ment** *n.* geri ödeme, masrafını iade; tazmin etme.

rein [rein] **1.** *n.* dizgin; yönetim, idare; give ~ to yularını salıvermek, başıboş bırakmak; **2.** *v/t.*: ~ in, ~ up, ~ back bir atın dizginlerini çekmek; *fig.* *bşe* gem

vurmak, *bşi* frenlemek.
rein.deer *zo.* [ˈreindiə] *n.* rengeyiği.
re.in.force [riːinˈfɔːs] **1.** *v/t.* kuvvetlendirmek, takviye etm., sağlamlaştırmak; asker *veya* kuvvet göndererek takviye etm.; ~ed concrete ⊕ betonarme; **2.** *n.* **ˈforce.ment** *n.* takviye (etme), kuvvetlendirme; tahkim *(beton)*; ~s *pl.* ⚔ takviye birliği.
re.in.stall [ˈriːinˈstɔːl] *v/t.* yeniden yerleştirmek, kurmak, eski haline getirmek; **ˈre.inˈstal(l).ment** *n.* yeniden yerleş(tir)me.
re.in.state [ˈriːinˈsteit] *v/t.* eski görevine iade etm.; eski haline getirmek; tamir etm., onarmak; **ˈre.inˈstate.ment** *n.* eski görevine iade edilme; restore etme, onarım.
re.in.sur.ance [ˈriːnˈʃuərəns] *n.* reasürans, yinelenmiş (*veya* mükerrer) sigorta; **re-in.sure** [ˈ~ˈʃuə] *v/t.* yeniden sigorta etm.
re.in.vest [ˈriːinˈvest] *v/t.* yeniden yatırmak (*veya* yatırım yapmak).
re.is.sue [ˈriːˈisjuː] **1.** *v/t.* tekrar çıkarmak (*veya* neşretmek, yayımlamak); **2.** *n.* yeni baskı.
re.it.er.ate [riːˈitəreit] *v/t.* tekrarlamak; **re.it.erˈa.tion** *n.* tekrarlama.
re.ject [riˈdʒekt] *v/t.* reddetmek, kabul etmemek, tanımamak; işe yaramaz diye atmak; **reˈjec.tion** *n.* ret, reddedilme; seçip atma; ~s *pl.* özürlü (*veya* sakat) eşya, mezat malı; **re.jec.tor cir.cuit** *radyo:* kısma devresi.
re.jig [ˈriːˈdʒig] *v/t.* *(fabrika)* yeni makinelerle donatmak.
re.joice [riˈdʒɔis] *v/t.* sevindirmek, hoşlandırmak, memnun etm.; rejoiced at *veya* by memnun, sevinçli, neşeli *-den*; *v/i.* *bşden* dolayı sevinmek, memnun olm. (at, in); **reˈjoic.ing** **1.** □ sevinçli, mutlu; sevindiren; **2.** *n.* *oft.* ~s *pl.* sevinç, neşe, hoşnutluk; şenlik, eğlence.
re.join¹ [ˈriːˈdʒɔin] *v/t.* & *v/i.* tekrar kavuş(tur)mak, birleş(tir)mek (to, with *-e*, *ile*).
re.join² [riˈdʒɔin] *v/t.* cevap vermek *-e*, yanıtlamak *-i*, karşılık vermek *-e*; **reˈjoin.der** *n.* yanıt, cevap karşılık.
re.ju.ve.nate [riˈdʒuːvineit] *v/t.* & *v/i.* yeniden gençleş(tir)mek; canlan(dır)mak; **re.ju.veˈna.tion** *n.* gençleş(tir)me, canlan(dır)ma.
re.kin.dle [ˈriːˈkindl] *v/t.* & *v/i.* yeniden tutuş(tur)mak, yakmak, yanmak, alevlen(dir)mek *(a. fig.)*.
re.lapse [riˈlæps] **1.** *n.* eski hale dönme; nüksetme, yinelenme *(hastalık vs.)*; tekerrür; **2.** *v/i.* tekrar fenalaşmak, nüksetmek *(hastalık)*; tekrar *(kötü yola)* sapmak (into *-e*), aynı hataya tekrar düşmek.
re.late [riˈleit] *v/t.* anlatmak, hikâye etm., nakletmek, söylemek, bildirmek; ilişki (*veya* bağlantı) kurmak (to, with *-(l)e)*; *v/i.* ilgili olm. (to *ile*), ait olm., bağlı olm. (to *-e*); **reˈlat.ed** *adj.* akraba olan (to *-in*); ilgili, ilişik, ilgisi olan; anlatılmış; **reˈlat.er** *n.* anlatan, hikâye eden kimse.
re.la.tion [riˈleiʃən] *n.* ilişki; ilgi, alâka (with *ile*); nispet, oran (to *-e*); akraba(lık), hısım(lık); hikâye (etme), nakil, anlatma; in ~ to hakkında, *-e ilişkin*, *-e* dair, *-e* gelince; *-e* nispetle; **reˈla.tion-ship** *n.* akrabalık; ilgi, alâka, ilişki.
rel.a.tive [ˈrelətiv] **1.** □ göreli, nispî, bağıntılı, izafî; bağlı, ait, ilişkin (to *-e*); *gr.* nispî, izafi; **2.** *n.* *gr.* ilgi adılı (*veya* zamiri); akraba, hısım; **ˈrel.a.tive.ly** *adv.* nispeten, oldukça; **rel.aˈtiv.i.ty** *n.* izafyet, görelik, nispilik; mensubiyet, ilişkili olma, görelilik.
re.lax [riˈlæks] *v/t.* & *v/i.* gevşe(t)mek, hafifle(t)mek, rahatla(t)mak, yumu(şat)mak, dinlen(dir)mek, gerginliğini gidermek *veya* kaybetmek; **re.laxˈa.tion** *n.* gevşeme, rahatlama, dinlenme, rehavet; **reˈlaxed** *adj.* gevşek; rahat, dinlenmiş; teklifsiz, lâubali.
re.lay¹ [riˈlei] **1.** *n.* değiştirme atı, nöbetleşe iş gören hayvan *veya* insan(lar) *veya* şey; ⚡ düzenleyici, röle; *radyo:* naklen yayın; ~ race *spor:* bayrak koşusu; **2.** *v/t.* *radyo:* nakletmek, yaymak.
re-lay² [ˈriːˈlei] (*irr.* lay) *v/t.* *(kablo, halı vs.)* yeniden döşemek (*veya* sermek).
re.lease [ˈriˈliːs] **1.** *n.* kurtarma, salıverme; *fig.* azadetme, azat olunma; serbest bırak(ıl)ma; *film:* *oft.* first ~ ilk temsil, ilk gece, vizyona sokma, gösterme; ⚖ vazgeçme, feragat; ⊕, *phot.* deklanşör; ilk basım *(hikâye vs.)*; **2.** *v/t.* affetmek, kurtarmak; serbest bırakmak, salıvermek (from *-den*); vazgeçmek, feragat etm., devir ve ferağ etm., ibra etm.; *film:* gösterilmesine izin vermek, ilk kez göstermek; yayınlanmasına izin vermek *(kitap, plak vs.)*; ⊕ harekete geçirmek; *phot.* deklanşöre basmak.
rel.e.gate [ˈreligeit] *v/t.* göndermek, sürmek, *b-ni veya bşi* daha aşağı sınıf (*veya* sıraya, yere) indirmek; havale etm. (to *-e*); **rel.eˈga.tion** *n.* sürgün; daha alt seviyeye indirme; havale etme.
re.lent [riˈlent] *v/i.* yumuşamak, acıyıp

merhamete gelmek; şiddetini azaltmak *(rüzgâr)*; **re'lent.less** □ merhametsiz, acımayan, şefkatsiz, amansız, zalim.

rel.e.vance, rel.e.van.cy ['relivəns(i)] *n.* ilgi, alâka; uygunluk (to *-e*); **'rel.e.vant** *adj.* (amaca) uygun, ilgili, alâkalı (to *-e*).

re.li.a.bil.i.ty [rilaiə'biliti] *n.* güvenilir olma; **re'li.a.ble** □ güvenilir, emin.

re.li.ance [ri'laiəns] *n.* güven, itimat, emniyet, inanç (on); *fig.* destek, istinat; **re'li.ant** *adj.* güvenen, inanan, itimat eden, bel bağlayan.

rel.ic ['relik] *n.* kalıntı, bakıye, döküntü, artık; *eccl.* kutsal emanet; anı, yadigâr; ~s *pl.* bir azizin kemikleri; **rel.ict** ['relikt] *n.* dul *(kadın)*; türü tükenmekte olan bir hayvan *veya* bitki.

re.lief [ri'li:f] *n.* ferahlama, iç rahatlaması; teselli, avuntu; ara verme, fasıla; yardım, imdat, bağış; ✕ nöbet değiştirme; ✕ kurtarmaya gelen kuvvetler; ⚖ mağduriyetin giderilmesi, çare, düzeltme; ⏃ kabartma (iş), rölyef; be on ~ yardım almak *(para vs.)*; poor ~ fakirlere yardım (kuruluşu); ~ work sosyal yardım; ~ works *pl.* işsizlere iş sağlamak amacıyla yapılan yol, köprü *vs.*; stand out in ~ against kontrast teşkil etm., iyice belirmek, göze çarpmak.

re.lieve [ri'li:v] *v/t.* hafifletmek, ferahlatmak, yumuşatmak, teskin etm., yatıştırmak, azaltmak; yardım etm. *-e*; ✕ nöbet değiştirmek; ✕ imdada yetişerek kuşatmadan kurtarmak; ⚖ çare bulmak; hariç tutmak, muaf kılmak (of *-den*), *b-ni bşden* kurtarmak, esirgemek (of); çeşni katmak, renklendirmek *(parti vs.)*; ~ nature, ~ o.s. def'i hacet etm., aptes bozmak, dışarı çıkmak.

re.lie.vo [ri'li:vəu] *n.* kabartma, rölyef.

re.li.gion [ri'lidʒən] *n.* din, iman; din duygusu, dindarlık; *fig.* onur meselesi; tapma; ilke edinilen şey.

re.li.gious □ [ri'lidʒəs] dinî, dinsel, din...; dindar; *eccl.* tarikat..., mezhep...; dikkatli, itinalı, vicdanlı, sadakatli; **re'li-gious.ness** *n.* dindarlık.

re.lin.quish [ri'liŋkwiʃ] *v/t.* terketmek, bırakmak; vazgeçmek; *-den*, feragat etm., davasından vazgeçmek; **re'lin.quish.ment** *n.* terk, cayma, vazgeçme, feragat (of).

rel.i.quar.y ['relikwəri] *n.* kutsal emanetler mahfazası.

rel.ish ['reliʃ] **1.** *n.* tat, lezzet, çeşni; lezzet veren şey *(hardal, salça, v.b.)*; *fig.* tadımlık, örnek, mostra; haz, zevk, sevinç, hoşnutluk; **2.** *v/t.* & *v/i.* severek, ağız tadıyla yemek; *bşden* hoşlanmak, zevk almak; lezzet vermek, çeşni katmak; beğenmek; lezzetli olm., çeşnisi olm.; *bş* hoşuna gitmek, *bşi* beğenmek (of); did you ~ your dinner? yemek hoşunuza gitti mi?

re.load ['ri:'ləud] *v/t.* yeniden yüklemek, doldurmak.

re.lo.ca.tion ['ri:ləu'keiʃən] *n.* yeni bir bölgeye yerleştirme *(veya* taşıma, sevketme).

re.luc.tance [ri'lʌktəns] *n.* isteksizlik, gönülsüzlük, rızasızlık; *part. phys.* manyetik mukavemet *(veya direnç)*; **re'luc-tant** □ gönülsüz (olarak), isteksiz(ce), zoraki, istemeyerek; be ~ to do *bşi* yapmak için isteksiz olm., *bşi* yapmayacağım diye dayatmak.

re.ly [ri'lai] *v/t.*: ~ (up)on *b-ne, bşe* güvenmek, bel bağlamak, itimat etm.

re.main [ri'mein] **1.** *v/i.* kalmak(ta devam etm.); geri kalmak; (arta) kalmak; durmak; **2.** *n.* ~s *pl.* kalıntılar *(yemek artığı, posa, harabe vs.)*; cenaze, ceset; **re'main.der** [~də] *n.* bakıye, artan, geri kalan miktar, kalıntı; *kitapçılık: b-nin* ölümünden sonra basılan eserleri; ⚖ tekrar intikal.

re.mand [ri'ma:nd] **1.** *v/t.* *(⚖ tutuklu)* tutukevine geri göndermek; iade etm., geri göndermek; **2.** *n.* *(tutukevine)* geri gönderme; be on ~ tutuklu olm.; prisoner on ~ tutuklu; ~ home tutukevi *(çocuklar için)*.

re.mark [ri'ma:k] **1.** *n.* söz, fikir ve mütalâa beyanı; mülâhaza, düşünce; dikkat (etme), farketme; pass a ~ *b-i veya bş* hakkında fikir beyan etm.; **2.** *v/t.* farkına varmak, farketmek *-i*; söylemek, demek; *v/i.* fikir beyan etm., düşüncesini söylemek (upon); **re'mark.a.ble** □ dikkate değer; olağanüstü, harikulâde; **re'mark.a.ble.ness** *n.* fevkalâdelik, olağanüstü olma; tuhaflık.

re.mar.riage ['ri:'mæridʒ] *n.* yeniden evlenme *(veya izdivaç)*; **'re'mar.ry** *v/t.* & *v/i.* yeniden evlenmek.

re.me.di.able □ [ri'mi:djəbl] çaresi bulunur, iyileştirilebilen; **re.me.di.al** □ [ri'mi:djəl] iyileştiren; çare kabilinden.

rem.e.dy ['remidi] **1.** *n.* çare, vasıta, düzeltme; ilaç, panzehir; yasal yollar; **2.** *v/t.* düzeltmek; çaresini bulmak *-in*, iyileştirmek.

re.mem.ber [ri'membə] *v/t.* *bşi* hatırlamak, anımsamak; unutmamak, hatırda tutmak; saygılarını sunmak *(mektupta)*; *(bahşiş, hediye vs.)* vermeyi unutmamak; anmak, yâdetmek; ~ me to him! ona benden selâm söyleyin!, ona saygılarımı iletin!; re'mem.brance *n.* hatırlama; andaç, yadigâr, hatıra; ~s *pl.* selâm, saygı(lar).

re.mil.i.ta.rize ['riː'militəraiz] *v/t.* yeniden ordu *veya* silahla donatmak *(ulus vs.'yi).*

re.mind [ri'maind] *v/t.* *b-ne bşi* hatırlatmak (of), hatırına getirmek; ~ me to answer that letter bana o mektubu yanıtlamayı hatırlat; **re'mind.er** *n.* hatırlatma; hatırlatan *b-i veya bş*, tekit, üsteleme.

rem.i.nis.cence [remi'nisns] *n.* anımsama, hatırlama *(geçmişi)*; hatıra, hatırlanan şey; **rem.i'nis.cent** □ hatırlatan, anımsatan, andıran (of -*i*); hatırlayan; hatıra...; be ~ of *b-ne bşi* hatırlatmak, anımsatmak.

re.miss □ [ri'mis] üşengeç, miskin, tembel; ihmalkâr, gevşek, kayıtsız; **re'mis.si.ble** *adj.* affedilebilir; **re'mis.sion** *n.* af, bağışlama *(borç vs.)*; günah çıkarma; hafifle(t)me *(humma hastalığı vs.)*; cezasını azaltma; ~ of fees ücretleri eksiltme *(veya* azaltma); **re'miss.ness** *n.* ihmal, kusur, kabahat, özensizlik.

re.mit [ri'mit] *v/t.* & *v/i.* affetmek, bağışlamak; *b-nin* borcunu silmek; *b-ni* bir cezadan affetmek; ara vermek, vazgeçmek -*den*; ⚖ yeniden görüşülmek üzere *b-ne* havale etm., yollamak, göndermek, havale etm. *(para)*; azalmak, eksilmek, inmek, dinmek; **re'mit.tance** *n. (part. para)* gönderme, havale etme; gönderilen para; † poliçe, römiz; **re.mit'tee** *n.* alıcı, adına gönderilen; **re'mit.tent** *adj.* artıp eksilen, azalıp çoğalan; bir iyileşip bir kötüleşen *(humma vs.)*; **re'mit.ter** *n. (para)* gönderen; affeden *veya* bağışlayan; ⚖ *b-ni* eski makamına iade etme kararı; † poliçe eden *(veya* gönderen).

rem.nant ['remnənt] *n.* bakıye, artık, döküntü, kalıntı; kumaş parçası; ~ sale parça *veya* kilo ile kumaş satışı.

re.mod.el ['riː'mɔdl] *v/t.* değişiklikler yapmak -*de*, şeklini değiştirmek -*in*, yeni şekline koymak -*i*.

re.mon.strance [ri'mɔnstrəns] *n.* itiraz, protesto, çıkış, şikâyet, sitem; **re'mon.strant** *n.* itiraz eden kimse; **re.mon.strate** ['remənstreit] *v/i.* protesto etm. (against, on, with -*i*); *v/t.* itiraz etm. (that -*e*).

re.morse [ri'mɔːs] *n.* vicdan azabı, pişmanlık, nedamet; **re'morse.ful** □ [~ful] pişman, tövbeli, nadim; **re'morse.less** □ merhametsiz, katı yürekli, amansız, gaddar, acımayan.

re.mote □ [ri'məut] uzak(ta), ırak; **bambaşka**, büyük farklılıklar gösteren *(teori vs.)*; çok seyrek olan; pek az *(olasılık vs.)*; ~ control uzaktan kontrol (cihazı); **re'mote.ness** *n.* uzaklık.

re.mount 1. [riː'maunt] *vb.* tekrar binmek *(at vs.)*; tırmanmak *(merdiven, tepe vs.)*; dinlenmiş at vermek *(b-ne, orduya)*; çerçevelemek *(resim vs.)*; **2.** ['riː-maunt] *n.* yedek at; ⚔ yedek süvari atları dairesi.

re.mov.a.ble [ri'muːvəbl] *adj.* kaldırılabilir, uzaklaştırılabilir, nakledilebilir; azledilebilir; temizlenebilir; **re'mov.al** [~vəl] *n.* kaldır(ıl)ma; taşınma, nakil; yol verme, ihraç etme (from office *görevden*); ~ van nakliye kamyonu; **re'move 1.** *v/t.* kaldırmak, uzaklaştırmak, ortadan kaldırmak, toparlayıp kaldırmak; yerini değiştirmek, başka yere nakletmek; yol vermek, azletmek (from office); temizlemek, izale etm.; *v/i.* taşınmak, başka yere naklolmak, gitmek; **2.** *n.* uzaklaş(tır)ma; ayrılıp gitme, yer değiştirme; derece, kademe; get one's ~ ara sınıfa alınmak *(İngiltere'de)*; **re'mov.er** *n.* leke *vs.* giderici; nakliyeci.

re.mu.ner.ate [ri'mjuːnəreit] *v/t.* ödüllendirmek, mükâfatını vermek; hakkını vermek, emeğinin karşılığını vermek; **re.mu.ner'a.tion** *n.* ödül, mükâfat; karşılık, hak, ücret; **re'mu.ner.a.tive** □ [~rətiv] kârlı, kazançlı.

Ren.ais.sance [ri'neisəns] *n.* Rönesans.

re.nal *anat.* ['riːnl] *adj.* böbreklere ait.

re.name ['riː'neim] *v/t.* yeni bir ad vermek -*e*.

re.nas.cence [ri'næsns] *n.* yeniden doğma, canlanma, uyanma, yenilenme; the ♀ Rönesans; **re'nas.cent** *adj.* yeniden doğan, canlanan.

rend [rend] *(irr.) v/t.* & *v/i.* yırt(ıl)mak, parçala(n)mak.

ren.der ['rendə] *v/t.* kılmak, yapmak, etmek; iade etm., geri vermek; göstermek *(iyi muamele, teveccüh vs.)*, şükranlarını sunmak *(esp. Tanrıya)*; tercüme etm., çevirmek (into -*e*); teslim etm.; ♪ çalmak, icra etm.; anlatmak, anlamını açıklamak; † tevdi etm., görmek, vermek *(hesap)*; eritmek *(yağ)*; birinci katını sürmek *(sıva)*; **'ren.der.ing** *n.* iade, tediye, ödeme; tercüme, açıklama; ♪ icra; *theat.* temsil, oynama.

ren.dez.vous ['rɔndivuː] *n.* randevu (yeri), buluşma (yeri).

ren.di.tion [ren'diʃən] *n.* tercüme, tefsir;

icra, temsil; teslim, ödeme.

ren.e.gade ['renigeid] *n.* mürtet, dinden dönen kimse; ülkesinden kaçan kimse, firarî.

re.new [ri'nju:] *v/t.* yenile(ştir)mek, yenisi ile değiştirmek; **re'new.al** *n.* yenile(n)me; yenilenen şey.

ren.net ['renit] *n.* yoğurt (*veya* peynir) mayası.

re.nom.i.nate [ri:'nɔmineit] *v/t.* yeniden atamak (*veya* görevlendirmek).

re.nounce [ri'nauns] *v/t.* terketmek *-i*; vazgeçmek *-den*, reddetmek *-i*, tanımamak, yadsımak *-i*; *v/i. iskambil:* başka renkten kâğıt atmak.

ren.o.vate ['renəuveit] *v/t.* yenileştirmek, tazele(ştir)mek; **ren.o'va.tion** *n.* yenileme, onarım; **'ren.o.va.tor** *n.* yenileştiren kimse.

re.nown [ri'naun] *n.* şöhret, ün; **re'nowned** *adj.* ünlü, meşhur.

rent[1] [rent] **1.** *pret. & p.p. of* rend; **2.** *n.* yırtık, yarık, çatlak; bölünme *(a. fig.)*.

rent[2] [~] **1.** *n.* kira (bedeli); **2.** *vb.* kiralamak, kira ile vermek *veya* tutmak; kira getirmek; **'rent.a.ble** *adj.* kiralanabilir; kira getirebilir; **'rent.al** *n.* kira bedeli; ~ value kira değeri (*veya* ederi); **'rent-charge** *n.* kira üzerinden alınan vergi; **'rent.er** *n.* kiracı; film kiraya veren kimse; **'rent-'free** *adj.* kirasız, bedava.

re.nun.ci.a.tion [rinʌnsi'eiʃən] *n.* vazgeçme, feragat, terk (of).

re.o.pen ['ri:'əupən] *v/t. & v/i.* yeniden aç(ıl)mak, yeniden başla(t)mak.

re.or.ga.ni.za.tion ['ri:ɔgənai'zeiʃən] *n.* reorganizasyon, yeniden örgütle(n)me (*veya* düzenleme); ✝ ıslah; **'re'or.gan.ize** *v/t.* düzenlemek, reorganize etm.; ✝ ıslah ederek sağlamlaştırmak.

rep[1] [rep] *n.* koltuk, sandalye döşemesinde kullanılan kalın kumaş.

rep[2] *sl.* [~] *n.* hovarda, çapkın; ün, şöhret, nam.

rep[3] F [~] *n.* repertuvarındaki piyesleri birbiri ardına değişik günlerde oynayan tiyatro topluluğu.

re.pack ['ri:'pæk] *v/t.* yeniden denk yapmak, ambalajını değiştirmek.

re.paint ['ri:'peint] *v/t.* yeniden boyamak, badana etm.

re.pair[1] [ri'pɛə] **1.** *n.* tamir, onarma; ~s *pl.* tamirat, onarım; ~ shop tamir evi; in good ~ iyi durumda, iyi halde bulunan; out of ~ yıkılmağa yüz tutan, kötü durumda; **2.** *v/t.* tamir etm., onarmak, düzeltmek, restore etm., yenilemek; telâfi etm., tazminat vermek *-e*.

re.pair[2] [~] *v/i.*: ~ to gitmek, çekilmek.

rep.a.ra.ble ['repərəbl] *adj.* tamir edilebilir; **rep.a'ra.tion** *n.* onar(ıl)ma, onarım; özür dileme, tarziye; ~s *pl. pol.* tazminat; make ~s *pol. (harp)* tazminat vermek.

rep.ar.tee [repɑ:'ti:] *n.* hazırcevap sözlerle konuşma, hazırcevaplık; be good at ~ hazırcevap olm.

re.par.ti.tion ['ri:pɑ:'tiʃən] *n.* yeniden dağıtım (*veya* bölme).

re.pass ['ri:pɑ:s] *v/i.* geri gitmek, dönmek; *v/t.* yeniden *b-nin* yanından geçmek.

re.past [ri'pɑ:st] *n.* yemek (vakti), öğün.

re.pa.tri.ate **1.** [ri:'pætrieit] *v/t. b-ni* kendi vatanına göndermek *veya* getirtmek; **2.** [~it] *n.* evine (*veya* yurduna) dönen kimse; **re.pa.tri.a.tion** ['~'eiʃən] *n.* kendi vatanına dönme.

re.pay (*irr.* pay) [ri:'pei] *v/t.* geri ödemek; *fig.* karşılık vermek, misilleme yapmak; tazminat vermek; ödüllendirmek, *-in* karşılığını veırmek; **re'pay.a.ble** *adj.* geri ödenebilir, karşılığı verilir; **re'pay.ment** *n.* geri ödeme, tediye; karşılık, mukabele.

re.peal [ri'pi:l] **1.** *n.* iptal, ilga, fesih, yürürlükten kaldırma *(yasa)*; **2.** *v/t.* yürürlükten kaldırmak, feshetmek, iptal etm. *(yasa)*.

re.peat [ri'pi:t] **1.** *v/t. & v/i.* tekrarlamak, bir daha yapmak; bir daha söylemek, yinelemek; ezberden okumak; aynını söylemek *veya* yapmak; yasaya aykırı olarak ikinci kez oy vermek; *(silah)* kesintisiz ateş etm.; tekrarlanmak, yinelenmek; ~ an order for s.th. tekrar ısmarlamak; **2.** *n.* tekrarla(n)ma; tekrarlanan şey; *oft.* ~ an order tekrar sipariş verme; ♪ tekrar (işareti); **re'peat.ed** □ mükerrer, tekrarlanan; **re'peat.er** *n.* tekrarlayan *b-i veya bş*; tekrarlanan ondalık kesir; makineli tüfek; sabıkalı, bir kaç kez hapse girip çıkmış *b-i*; *tel.* bir mesajı zayıf devreden kuvvetli devreye nakleden otomatik röle; çalar saat.

re.pel [ri'pel] *v/t.* püskürtmek, defetmek; reddetmek; *fig.* tiksindirmek, nefret ettirmek; **re'pel.lent** *adj.* uzaklaştırıcı; tiksindirici, iğrenç.

re.pent [ri'pent] *v/t. a.* ~ of pişman olm. *-e*, tövbe etm. *-e*.

re.pent.ance [ri'pentəns] *n.* pişmanlık, nedamet, tövbe; **re'pent.ant** *adj.* pişman (olan), nadim, tövbekâr.

re.peo.ple ['ri:'pi:pl] *v/t.* nüfusu artırmak; yeni insanlar yerleştirmek.

re.per.cus.sion [riːpəːˈkʌʃən] *n.* geri tepme; akis, yankı; *fig.* ters tepki, reaksiyon.

rep.er.toire *thea. etc.* [ˈrepətwɑː] *n.* repertuvar.

rep.er.to.ry [ˈrepətəri] *n. thea.* temsile hazır oyunlar, repertuvar; *fig.* zengin kaynak.

rep.e.ti.tion [repiˈtiʃən] *n.* tekrarla(n)ma; ezberden okuma; ezbere okunan parça; ~ order ✝ tekrar sipariş (etme).

re.pine [riˈpain] *v/i.* yakınmak, hoşnut olmamak, şikâyet etm. *-den*, homurdanmak, mırıldanmak, üzülmek (at *-e*); **reˈpin.ing** ☐ somurtkan, homurdanan, asık suratlı, hoşnutsuz, memnun olmayan.

re.place [riˈpleis] *v/t.* tekrar yerine koymak; *-in* yerini almak; *b-nin* yerine geçmek; ödemek; **reˈplace.ment** *n.* yerine geçen şey *-in*; tekrar yerine koyma; *b-nin* yerine geçen kimse; yedek kuvvet.

re.plant [ˈriːˈplɑːnt] *v/t.* etrafına bitki (*veya* ağaç vs.) dikmek.

re.plen.ish [riˈpleniʃ] *v/t.* tekrar doldurmak; **reˈplen.ish.ment** *n.* tekrar doldur(ul)ma ,ikmal.

re.plete [riˈpliːt] *adj.* dolu, dolmuş (with *ile*), ikmal edilmiş, depolanmış; **reˈple.tion** *n.* çokluk, bolluk, bol bol mevcut olma.

rep.li.ca [ˈreplikə] *n. paint. etc.* kopya, suret; *fig.* tam benzeri, örnek, numune.

rep.li.ca.tion [repliˈkeiʃən] *n.* ⚖ davacının mahkemeye verdiği yanıt; eko, akis; kopya, suret.

re.ply [riˈplai] **1.** *vb.* cevap vermek, yanıtlamak (to *-e, -i*); karşılık vermek, mukabele etm.; **2.** *n.* cevap, yanıt, karşılık; ~ postcard yanıtlı kartpostal.

re.port [riˈpɔːt] **1.** *n.* rapor (on); haber, gazete haberi; bilgi; bildiri; söylenti, rivayet, şayia; (iyi) ün, şöhret; patlama (sesi), infilâk (sesi); not karnesi, diploma; **2.** *v/t.* bildirmek, haber vermek; anlatmak; söylemek; (rapor) vermek *veya* yazmak; raportörlük etm. (on, upon); geldiğini haber vermek (to *-e*); **reˈport.er** *n.* muhabir; raportör; muhbir.

re.pose [riˈpəuz] **1.** *n. com.* rahat, huzur *(a. fig.)*, istirahat, sükûn; ahenk; **2.** *v/t.* yatırmak, dinlendirmek, rahat (*veya* huzur) sağlamak; ~ trust *etc.* in güvenmek *-e*, itimat etm. *-e*; *v/i. a.* ~ o.s. istirahat etm., yatmak, dinlenmek, uyumak; dayanmak (on *-e*); **re.pos.i.to.ry** [riˈpɔzitəri] *n.* mahfaza *(kutu, dolap, oda vs.)*, depo, antrepo; *fig.* zengin kaynak; sırdaş.

rep.re.hend [repriˈhend] *v/t.* azarlamak, tekdir etm.; **rep.reˈhen.si.ble** ☐ [~səbl] azarlanmayı hakeden, kınanacak, kötü; **rep.reˈhen.sion** *n.* ihtar, kınama, azar tekdir.

rep.re.sent [repriˈzent] *vb.* göstermek; cisimlendirmek, şahıslandırmak; *thea. (piyes)* oynamak, rolünü yapmak; anlatmak, tasvir etm.; temsil etm; olduğunu *veya* olacağını söylemek, belirtmek, ifade etm. (as); *b-ni veya bşi* temsil etm., *b-ne* vekâlet etm.; **rep.re.senˈta.tion** *n.* temsil (edilme); göster(il)me; tasvir, anlatım; *thea.* oyun, temsil, piyes; fikir, düşünce; ⚖, *pol.* vekillik, vekâlet; önerme; simge, işaret; **rep.reˈsent.a.tive** ☐ [~tətiv] **1.** temsil eden, numune olan, örnek..., tipik, karakteristik (of *-in*); ~ government seçimle iş başına gelen (*veya* temsile dayanan, temsilî) hükümet; **2.** *n.* vekil; mümessil, temsilci; milletvekili; House of ≗s *Am. parl.* Temsilciler Meclisi.

re.press [riˈpres] *v/t.* bastırmak, baskı altında tutmak; *psych.* ihtibas etm., bilinçdışına itmek *(duygu, istek vs.)*; kontrol altına almak; **reˈpres.sion** *n.* bastır(ıl)ma, baskı altında tut(ul)ma; tutma, zaptetme, ihtibas, ket vurma *(duygu)*; **reˈpres.sive** ☐ bastırıcı, baskı altında tutan, engelleyici, sıkı.

re.prieve [riˈpriːv] **1.** *n.* geçici olarak erteleme, tehir, (ölüm cezasının infazını) geciktirme; **2.** *v/t.* geçici olarak ertelemek, tehir etm., süre tanımak, (ölüm cezasının infazını) geciktirmek.

rep.ri.mand [ˈreprimɑːnd] **1.** *n.* azar, paylama, tekdir; **2.** *v/t.* azarlamak, paylamak *-i*; resmen kınamak *-i*.

re.print [ˈriːprint] **1.** *v/t.* yeni baskısını yapmak, tekrar basmak; **2.** *n.* yeni baskı.

re.pris.al [riˈpraizəl] *n.* misilleme, karşılık, zorunlu önlem.

re.proach [riˈprəutʃ] **1.** *n.* ayıp(lama), serzeniş, tekdir, azar; yüz karası (olan *b-i veya bş*); **2.** *v/t.* ayıplamak, serzenişte bulunmak, *b-ni bşden* dolayı kınamak (with); azarlamak (for *için, -den dolayı*); **reˈproach.ful** ☐ [~ful] sitem dolu, serzenişkâr, ayıplayan; yüz kızartıcı, utanılacak.

rep.ro.bate [ˈreprəubeit] **1.** *adj.* ahlâkı bozuk, sefih, serseri; **2.** *n.* ahlâkı bozuk (*veya* serseri) kimse; **3.** *v/t.* ayıplamak, uygun görmemek, tel'in etm., lânetlemek; **rep.roˈba.tion** *n.* ayıplama, lânet(leme); mahkûmiyet, reddolunma.

re.pro.duce [riːprəˈdjuːs] *v/t.* yeniden meydana getirmek, yaratmak; çoğaltmak; kopya etm., taklit etm., reprodüksiyon yapmak *(resim vs.)*; *thea. (piyes)* yeniden oynamak; *v/i.* çoğalmak, üremek; **re.pro.duc.tion** [~ˈdʌkʃən] *n.* çoğalma, üreme, yayılma *(a. physiol.)*; kopya, reprodüksiyon; **reˈpro.duc.tive** □ üretken, üreyen, çoğalan; kopya etme ile ilgili, reprodüksiyon...

re.proof¹ [riˈpru:f] *n.* azar, paylama, serzeniş.

re.proof² [ˈri:ˈpru:f] *v/t.* yeniden emprenye etm., su geçirmez yapmak *(yağmurluk, çadır vs.)*.

re.prov.al [riˈpru:vəl] *n.* azar(lama), sitem, paylama, tekdir; **reˈprove** *v/t.* ayıplamak, azarlamak, tekdir etm.

rep.tile [ˈreptail] **1.** *n.* sürüngen *(yılan, timsah vs.)*; *fig.* aşağılık kimse, dalkavuk; **2.** *adj.* sürüngenlerle ilgili, sürünen; *fig.* alçak, sefil.

re.pub.lic [riˈpʌblik] *n.* cumhuriyet; **reˈpub.li.can** **1.** *adj.* cumhuriyete ait; **2.** *n.* cumhuriyetçi; **reˈpub.li.can.ism** *n.* cumhuriyetçilik, cumhuriyet idaresi.

re.pub.li.ca.tion [ˈri:pʌbliˈkeiʃən] *n.* yeniden yayınlama (*veya* basma, neşretme); yeni bası.

re.pub.lish [ˈri:ˈpʌbliʃ] *v/t.* yeniden yayınlamak (*veya* neşretmek).

re.pu.di.ate [riˈpju:dieit] *v/t.* tanımamak, reddetmek, kabul etmemek; yadsımak *(çocuğunu, borcunu vs.)*; **re.pu.diˈa.tion** *n.* ret, yadsıma, tanımama.

re.pug.nance [riˈpʌgnəns] *n.* nefret, tiksinme, isteksizlik, antipati (to *-e*); **reˈpug.nant** □ iğrenç, çirkin, tiksinti veren, hoş olmayan, can sıkıcı.

re.pulse [riˈpʌls] **1.** *n.* püskürtme, bozguna uğratma; *fig.* ret, kabul etmeme, defetme; **2.** *v/t.* püskürtmek, kovmak; *fig.* reddetmek, defetmek; **reˈpul.sion** *n.* *phys.* iteleme; *fig.* nefret, tiksinme, tiksinti ve korku (of *-den*); **reˈpul.sive** □ *fig.* iğrenç, tiksindirici, mide bulandıran; *phys.* uzaklaştıran, geri itici, defedici.

re.pur.chase [riˈpə:tʃəs] **1.** *n.* tekrar satın alma; **2.** *v/t.* geri satın almak.

rep.u.ta.ble □ [ˈrepjutəbl] saygıdeğer, muhterem; şerefli, namuslu; **rep.u.ta.tion** [repju:ˈteiʃən] *n.* *(part. iyi)* şöhret, ün, itibar, şeref; **re.pute** [riˈpju:t] **1.** *n.* ün, şöhret, itibar; by ~ ismen, ününden *(tanımak)*; **2.** *v/t.* saymak, kabul etm., farzetmek, itibar etm.; be ~d to be *veya* as ...sayılmak, farzedilmek, addedilmek; be well (ill) ~d iyi (kötü) sanılmak, farzedilmek, bilinmek; **reˈput.ed** *adj.* ünlü, namlı, şöhretli; ...sayılan, farzedilen, sözüm ona, denen, diye; **reˈput.ed.ly** *adv.* sözde, söylenenlere göre, güya.

re.quest [riˈkwest] **1.** *n.* rica, dilek, istek; ☨ talep, rağbet; at s.o.'s ~ *b-nin* ricası üzerine; by ~, on ~ arzu edilirse, istenildiği zaman, rica üzerine; in (great) ~ (çok) aranılan, rağbet gören; ~ stop ihtiyarî durak; (musical) ~ programme dinleyici isteklerinden oluşan (müzik) program(ı); **2.** *v/t.* rica etm., dilemek (from *-den*).

re.qui.em [ˈrekwiem] *n.* ölünün ruhu için okunan dua *(hıristiyanlıkta)*; bu tören için yazılan dinsel müzik.

re.quire [riˈkwaiə] *v/t.* gerektirmek, istemek, talep etm. (of *-i*); muhtaç olm., gereksinimi olm. (of *-e*); ~ (of) s.o. to *b-ne* ...nı emretmek, istemek; **reˈquired** *adj.* gerekli, lüzumlu; **reˈquire.ment** *n.* gereksinim, ihtiyaç; lüzum, koşul; *fig.* talep.

req.ui.site [ˈrekwizit] **1.** *adj.* gerekli, elzem (for); **2.** *n.* gerekli şey, elzem şey; toilet ~s *pl.* tuvalet eşyası; **req.uiˈsi.tion** **1.** *n.* rica, talep, başvuru; ⚔ elkoyma; **2.** *v/t.* ⚔ el koymak, zaptetmek *(resmî olarak)*; istemek, talep etm.

re.quit.al [riˈkwaitl] *n.* misilleme, karşılık; mukabele, bedel.

re.quite [riˈkwait] *v/t.* *b-ni* ödüllendirmek, mükâfatlandırmak; *-in* karşılığını vermek, misilleme yapmak; hak edilen ödül *veya* cezayı vermek.

re-read [ˈri:ˈri:d] (*irr.* read) *v/t.* yeniden okumak.

re.scind [riˈsind] *v/t.* feshetmek, iptal etm.; vazgeçmek.

re.scis.sion [riˈsiʒən] *n.* fesih, iptal, ilga, yürürlükten kaldırma.

re.script [ˈri:skript] *n.* emir, karar(name), tamim.

res.cue [ˈreskju:] **1.** *n.* kurtuluş, kurtarış; (⚖ yasal gözetimden) kurtulma, kurtarılma; **2.** *v/t.* kurtarmak; (⚖ yasal gözetimden) bağışık kılmak, muaf tutmak; **ˈres.cu.er** *n.* kurtarıcı, halâskâr.

re.search [riˈsə:tʃ] **1.** *n.* araştırma, tetkik, inceleme; **2.** *v/i.* araştırma yapmak (into, on *-da*); **reˈsearch.er** *n.* araştırıcı, araştırmacı.

re.seat [ˈri:ˈsi:t] *v/t.* yeni sandalye koymak, oturacak yeni yer sağlamak; yeniden oturtmak.

re.se.da [ˈresidə] *n.* ⚘ muhabbetçiçeği.

re.sell [ˈri:sel] (*irr.* sell) *v/t.* yeniden satmak; **reˈsell.er** *n.* yeniden satan.

re.sem.blance [riˈzembləns] *n.* benzeyiş, benzerlik (to *-e*); bear ~ to ile benzerliği

olm.; **re'sem.ble** [~bl] *v/t.* benzemek *-e,* andırmak *-i.*
re.sent [ri'zent] *v/t. bşden* dolayı *b-ne* gücenmek, darılmak, içerlemek; alınmak *-den;* **re'sent.ful** □ [~ful] gücenik, dargın, alıngan; ~ of darılmış, gücenmiş *-e;* **re'sent.ment** *n.* gücenme, darılma, içerleme, kızma.
res.er.va.tion [rezə'veiʃən] *n.* ⚖ ihtiraz kaydı, çekince; *Am. pol.* yerlilere ayrılmış bölge; yer ayırtma, rezervasyon; ayrılmış yer *(oda vs.)*; kuşku, şüphe.
re.serve [ri'zə:v] **1.** *n.* yedek olarak saklanan şey, stok; ⚘ fon, karşılık, ihtiyat (*veya* yedek) akçesi; yedek, ihtiyat *(a.* ✕*)*; çekingenlik, ağırbaşlılık, açılamama; ağız sıkılığı; † ihtiraz kaydı, çekince, rezerv; *spor:* yedek *(oyuncu)*; bir amaç için ayrılmış arazi; in ~ yedek olarak elde mevcut; with certain ~s belli koşullarla, belli ihtiraz kaydıyla; **2.** *v/t.* saklamak, tasarruf etm., rezerve etm.; ayırtmak, rezerve ettirmek *(yer vs.)*; *(hakkını)* muhafaza etm., sonraya bırakmak *-i;* **re'served** □ *fig.* ağzı sıkı; sesi çıkmaz, çekingen; saklı tutulmuş, mahfuz.
re.serv.ist ✕ [ri'zə:vist] *n.* yedek, ihtiyat.
res.er.voir ['rezəvwa] *n.* su haznesi, rezervuar; havza; *fig.* hazne.
re.set ['ri:set] *(irr.* set) *v/t.* yeniden yerine koymak, yerleştirmek; bilemek, keskinleştirmek *(testere vs.)*; *typ.* yeniden dizmek; ayarlamak *(saat)*.
re.set.tle ['ri:'setl] *v/t. & v/i.* yeni bir ülkeye yerleş(tir)mek, iskân et(tir)mek; **re'set.tle.ment** *n.* yeni bir ülkeye yerleşme, iskân.
re.ship ['ri:'ʃip] *v/t.* yeniden gemi ile nakletmek *(veya* gemiye yüklemek).
re.shuf.fle ['ri:ʃʌfl] **1.** *v/t. & v/i.* değişiklikler yapmak, değiştirmek; *(oyun kâğıtlarını)* yeniden karıştırmak; **2.** *n.* değişiklikler yapma, yeniden kurma.
re.side [ri'zaid] *v/i.* oturmak, ikamet etm.; ~ in *-de* bulunmak; ait olm. *-e (güç, hak vs.)*; **res.i.dence** ['rezidəns] *n.* ikamet(gâh), ev, mesken; bir yerde oturma; ~ permit ikamet tezkeresi; **'res.i.dent 1.** *adj.* oturan, yerleşmiş, sakin, mukim; **2.** *n.* bir yerde oturan kimse, yerli; *(sömürgede)* devlet temsilcisi, genel vali; **res.i.den.tial** [~'denʃəl] *adj.* ikametgâh...; içinde oturulur, oturmaya ayrılmış.
re.sid.u.al [ri'zidjuəl] *adj.* artan, kalan; tortu niteliğinde; **re'sid.u.ar.y** *adj.* artan, geri kalan; **res.i.due** ['rezidju:] *n.* artan miktar, artık; ⚖ ölen *b-nin* borç ve vasiyetinden artan tereke; **re.sid.u.um** [ri'zidjuəm] *n. part.* ⚗ tortu, posa; çöküntü, *(a. fig.)*; ⅄ kalan bakiye.
re.sign [ri'zain] *v/t.* bırakmak, terketmek; vazgeçmek *-den;* (görevden) istifa etm., çekilmek; ~ o.s. to baş eğmek *-e; bşle* yetinmek; *v/i.* istifa etm., çekilmek; tevekkül göstermek; **res.ig.na.tion** [rezig'neiʃən] *n.* istifa, çekilme; tevekkül, uysallık; **re.signed** □ [ri'zaind] baş eğmiş. uysal, teslimiyet göstermiş, mütevekkil, işi oluruna bırakmış; istifa etmiş.
re.sil.i.ence [ri'ziliəns] *n.* elâstikiyet, esneklik, geri fırlama; *fig.* kabiliyet, kuvvet, iktidar; **re'sil.i.ent** *adj.* elâstikî, esnek; *k-ni* çabuk toparlayan *(insan)*; *fig.* kabiliyetli, kuvvetli, takatlı.
res.in ['rezin] **1.** *n.* sakız, reçine; **2.** *v/t.* reçinelemek *-i;* **'res.in.ous** *adj.* reçineli, sakızlı.
re.sist [ri'zist] *v/t.* karşı koymak, direnmek, mukavemet etm. *-e;* dayanmak, tahammül etm. *-e;* **re.sist.ance** *n.* direniş, mukavemet, karşı koyma, rezistans, direnç *(a. phys.,* ⚡; to *-e)*; line of least ~ en kolay yol, çözüm; *attr.* mukavemet...; **re'sist.ant** *adj.* karşı koyan, direnen, dayanıklı, mukavemetli, dirençli (to *-e*); **re'sis.tor** *n.* ⚡ rezistan(s), direnç.
re.sole ['ri:'səul] *v/t.* yeni pençe *(veya* taban) geçirmek.
res.o.lute □ ['rezəlu:t] kararlı, azimli, sebatlı, tereddütsüz; cesur, yiğit; **'res.o.lute.ness** *n.* azim(kârlık), sebat, kararlılık, metanet; cesaret, yiğitlik.
res.o.lu.tion [rezə'lu:ʃən] *n. phys.,* ⅄, ♪ ayrışma, çözme, çözüm; kararlılık, azim; *parl.* önerge; karar; çözüm, açıklama.
re.solv.a.ble [ri'zɔvəbl] *adj.* çözümlenebilir, halledilebilir.
re.solve [ri'zɔlv] **1.** *v/t.* çözmek, ayırmak (into *-e; a.* ⚗, ⅄, ♪); *fig.* halletmek *(soru)*; ortadan kaldırmak *(sorun)*; kararlaştırmak (to *-i*); ~ o.s. (itself) into *-e* dönüşmek, halini almak; ayrışmak; *v/i. a.* ~ o.s. karar vermek, kararlaştırmak, tasarlamak; ~ (up)on azmetmek, *bşe* kesin karar vermek, karara varmak; **2.** *n.* karar, hüküm, tasarlama; *lit.* azim(kârlık); **re'solved** □ azimli, kararlı, tereddütsüz.
res.o.nance ['reznəns] *n.* yankılama, akseda, rezonans; **'res.o.nant** □ yankılayan, *(sesi)* aksettiren; tanınan; tok sesli.
re.sorp.tion *physiol.* [ri'sɔ:pʃən] *n.* em(il)me.
re.sort [ri'zɔ:t] **1.** *n.* dinlenme yeri, mesi-

re; sık sık gidilen, uğranılan yer; barınak, sığınacak yer; çare; yardımına başvurulan kişi *veya* şey; health ~ kaplıca, ılıcalar; seaside ~ plâj (kenti); summer ~ sayfiye, yazlık; in the last ~ son çare olarak; **2.** *v/i.* ~ to sık sık gitmek *-e*, ziyaret etm. *-i (yer)*; başvurmak *-e*, *bşden* çare aramak.

re.sound [riˈzaund] *v/i.* çınlamak, yankılamak (with *ile*).

re.source [riˈsɔːs] *n.* *(doğal)* kaynak, zenginlik; çare, yardım kaynağı, vasıta; halletme yeteneği, kafalılık, iş bilme, beceriklilik; oyalanma; oyalayan, vakit geçirten şey, dinlendiren meşgale; ~s *pl.* olanaklar, imkânlar; **reˈsource.ful** □ [~ful] becerikli, hünerli, mahir; zengin kaynaklı; **reˈsource.ful.ness** *n.* zenginlik, servet; beceriklilik.

re.spect [risˈpekt] **1.** *n.* saygı, hürmet, itibar (to, of *-e*); münasebet, ilgi, alâka, oran, nispet, husus, cihet; takdir, hürmet (for *-e*); ~s *pl.* selâmlar, saygılar, hürmetler; with ~ to *-e* gelince, ... hakkında, ait, nispetle, göre; in ~ of ...bakımından, ...gözönüne alındığında; pay one's ~s on s.o. *b-ne* nezaket ziyaretinde bulunmak, saygılarını sunmak; **2.** *v/t.* *b-ne* saygı göstermek, hürmet etm.; *bşe* riayet etm.; *k-ne* özsaygısı olm.; **re-spect.aˈbil.i.ty** *n.* saygınlık, itibar, saygıdeğer olma; ☦ ekonomik açıdan güçlü, güvenilir olma; respectabilities *pl.* âdabımuaşeret, görgü kuralları; **reˈspect.a.ble** □ namuslu, iffetli, saygın; epeyce, haylî, kayda değer; *part.* ☦ ekonomik itibarı sağlam; **reˈspect.ful** □ [~ful] saygılı, hürmet eden, nazik, terbiyeli; Yours ~ly derin saygılarımı sunarım *(mektupta)*; **reˈspect.ful.ness** *n.* saygılı olma, hürmetkârlık; **reˈspect.ing** *prep.* *-e* bakımından, *-e* gelince, *-e* ilişkin; **reˈspec.tive** □ ayrı ayrı, her biri *k-nin* olan; we went to our ~ places her birimiz kendi evimize gittik; **reˈspec.tive.ly** *adv.* sırası ile, biri birine ve diğeri ötekine ait olmak üzere, biri ... öteki...

res.pi.ra.tion [respəˈreiʃən] *n.* nefes (alma), soluma, teneffüs; soluk.

res.pi.ra.tor [ˈrespəreitə] *n.* gaz maskesi, nefes filtresi, respirator; ⚕ solunum cihazı; **re.spir.a.to.ry** [risˈpaiərətəri] *adj.* solunumla ilgili, solunum...

re.spire [risˈpaiə] *v/i.* teneffüs etm., nefes almak, soluk almak; *fig.* ferahlamak, soluk almak.

res.pite [ˈrespait] **1.** *n.* ⚖ mühlet, mehil, tecil, vâde, süre, geçici erteleme; paydos, ara, fasıla; **2.** *v/t.* ertelemek, tehir etm.; mühlet vermek *-e*.

re.splend.ence, re.splend.en.cy [risˈplendəns(i)] *n.* parlaklık, parıltı; *fig.* şaşaa, ihtişam, debdebe, lüks; **reˈsplend.ent** □ parlak, göz alıcı; şaşaalı, ihtişamlı.

re.spond [riˈspɔnd] *v/i.* cevap vermek, karşılık vermek, mukabelede bulunmak (to *-e*); **reˈspond.ent** **1.** *adj.* ⚖ savunan, dâvalı; ~ to karşılık veren, cevap veren *-e*; **2.** *n.* ⚖ savunan, dâvalı kimse.

re.sponse [risˈpɔns] *n.* cevap (verme), yanıt, karşılık; *fig.* tepki, reaksiyon (to *-e*).

re.spon.si.bil.i.ty [rispɔnsiˈbiliti] *n.* sorumluluk (for, of *-in*); güvenilirlik; ☦ ödeme gücü, sağlamlık; **reˈspon.si.ble** *adj.* sorumlu, mesul (for *-den*, to *-e*); güvenilir; ☦ ödeme gücü olan; be ~ for *bşde* suçu olm., kabahati olm., *bşin* nedeni olm., sorumlusu olm.; **reˈspon.sive** □ cevap veren, karşılık...; *bş* karşısında duygulu, duyarlı, hassas, uyumlu (to *-e*).

rest¹ [rest] **1.** *n.* rahat, huzur, sükûnet, sessizlik; istirahat, dinlenme; uyku; *fig.* ölüm; mesnet, dayanak, destek; ♪ es, fasıla, durak işareti; at ~ hareketsiz; rahatta; ölmüş; **2.** *v/i.* dinlenmek, istirahat etm., mola vermek; uyumak; dayanmak, yaslanmak, istinat etm. *(a. fig.)* (on, upon *-e*); ~ (up)on *fig.* *bşden* ileri gelmek, *bşe* bağlı olm.; it ~s with you bu sizin elinizdedir, size bağlıdır; *v/t.* dinlendirmek, dayamak, yaslamak, koymak (on *-e*); dayandırmak, bir nedene bağlamak *(sav)*; *(gözlerini)* bir yöne dikmek, sabit bakmak; durdurmak *(makine vs.)*.

rest² [~] **1.** *n.* artan, geri kalan miktar, artık, bakiye; diğerleri, ötekileri, devamı; üst yanı; diğer şeyleri; ☦ ihtiyat akçesi; for the ~ belirtilenin dışında, zaten, esasen, herşeyin ötesinde; **2.** *v/i.* olmağa devam etm.; kalmak; ~ assured emin olm., kesinlikle inanmak.

re.state [ˈriːˈsteit] *v/t.* yeniden belirtmek, söylemek, şekillendirmek.

re.stau.rant [ˈrestrɔnt] *n.* restoran, lokanta; ˈ~-car *n.* yemekli vagon, vagon-restoran

rest-cure ⚕ [ˈrestkjuə] *n.* dinlenme tedavisi.

rest.ful [ˈrestful] *adj.* sakin, rahat (verici), huzurlu, dinlendirici.

res.ting-place [ˈrestiŋpleis] *n.* dinlenme yeri, konak yeri; mezar.

res.ti.tu.tion [restiˈtjuːʃən] *n.* çalınan *veya* kaybolan *bşi* sahibine geri verme; zararı ödeme; tazminat; onarma, restore et

me, eski haline getirme; make ~ tazmin etm., zararı ödemek (of -i).
res.tive □ [ˈrestiv] inatçı, dikkafalı, aksi, rahat durmaz; **ˈres.tive.ness** *n.* inatçılık, dikkafalılık.
rest.less [ˈrestlis] *adj.* yerinde durmaz; huzursuz, rahatsız; dalgalı, hareketli *(deniz vs.)*; uykusuz; durup dinlenmeyen, kıpır kıpır; tezcanlı, vesveseli; **ˈrest.less.ness** *n.* huzursuzluk, rahatsızlık; tezcanlılık; yerinde duramama.
re.stock [ˈriːˈstɔk] *v/t. & v/i.* doldurmak, eksikleri tamamlamak; yeniden stok etm. (with *ile*).
res.to.ra.tion [restəˈreiʃən] *n.* yenileme, restore etme, eski haline getirme; eski görevini iade etme (to *-e*); *bşi* geri verme, iade; *bşin* aslını gösteren model; **re-stor.a.tive** □ [risˈtɔrətiv] güçlendiren, düzelten, canlandıran; ayıltan *(ilaç vs.)*.
re.store [risˈtɔː] *v/t.* yenilemek, eski haline getirmek, restore etm.; iade etm., geri vermek; eski yerine koymak; zarar ve ziyanı ödemek, telâfi etm.; yeniden canlandırmak; ~ s.o. to liberty *b-ne* özgürlüğünü geri vermek; ~ to health *veya* life iyileştirmek, sağlığına kavuşturmak, hayata döndürmek; **reˈstor.er** *n.* yenileyen, eski haline getiren, restore eden kimse; hair ~ saç gürleştiren ilaç.
re.strain [risˈtrein] *v/t.* geri tutmak, alıkoymak, tutmak (from *-den*), zaptetmek; bastırmak, sınırlamak, yasaklamak; **reˈstrained** *adj.* kontrollu, zaptedilmiş; **re-straint** [~ˈtreint] *n. k-ni* tutma, sinirlerine hâkim olma; sınırlılık, tahdit, engel; zorunluluk; baskı, tazyik; tutukluluk; çekinme, sıkılma.
re.strict [risˈtrikt] *v/t.* kısıtlamak, sınırlamak *-i*, tahdit koymak *-e*; **reˈstric.tion** *n.* sınırlama, kısıtlama, tahdit (of, on); koşul, kayıt, sınır; **reˈstric.tive** □ sınırlayıcı, kısıtlayıcı, bağlayıcı.
rest room *Am.* tuvalet, helâ.
re.sult [riˈzʌlt] **1.** *n.* sonuç, netice; son; **2.** *v/i.* meydana gelmek, çıkmak (from *-den*); ~ in *bşle* sonuçlanmak, son bulmak; **reˈsult.ant 1.** *adj.* meydana gelen, çıkan; **2.** *n.* ⊕ sonuç, netice.
ré.su.mé [ˈrezjuːmei] *n.* özet, hulâsa; özgeçmiş.
re.sume [riˈzjuːm] *vb.* yeniden başlamak, kalan yerden devam etm. *-e*; geri almak, yeniden elde etm. *-i*; **re.sump.tion** [riˈzʌmpʃən] *n.* yeniden başlama, devam etme; geri alma.
re.sur.face [ˈriːˈsəːfis] *v/t.* yüzeyi yeniden kaplamak *(yol vs.)*; *v/i.* suyun yüzüne çıkmak *(denizaltı)*.
re.sur.gence [riˈsəːdʒəns] *n.* yeniden yükselme, sivrilme, doğma, dirilme, taraftar bulma, canlanma *(fikir, inanış vs.)*; **reˈsur.gent** *adj.* yeniden canlanan, doğan, dirilen, yükselen.
res.ur.rect [rezəˈrekt] *v/t.* yeniden canlandırmak, moda etm., ortaya çıkarmak; F arayıp bulmak, keşfetmek; yeniden kazmak, hafriyat yapmak; yeniden diriltmek, hortlatmak; **res.urˈrec.tion** *n.* yeniden diril(t)me, basübadelmevt; yeniden canlanma, ortaya çıkma; **res.urˈrec.tion-ist** [~ʃnist], **res.urˈrec.tion-man** [~ʃənmən] *n.* ceset hırsızı.
re.sus.ci.tate [riˈsʌsiteit] *v/t. & v/i.* yeniden diril(t)mek, canlan(dır)mak; **re.sus-ciˈta.tion** *n.* yeniden diril(t)me.
re.tail 1. [ˈriːteil] *n.* perakende satış, perakendecilik; by ~ perakende; ~ price perakende fiyat(ı); **2.** [~] *adj.* perakende...; **3.** [~] *adv. s.* by ~; **4.** [riːˈteil] *v/t.* perakende olarak satmak; ayrıntılariyle anlatmak; *v/i.* perakende olarak satılmak (at *-e*); **reˈtail.er** *n.* perakendeci.
re.tain [riˈtein] *v/t.* alıkoymak, zaptetmek; hatırda tutmak, unutmamak; tutmak, elinde bulundurmak; hizmetine almak, ücretle tutmak *(avukat)*; **reˈtain.er** *n. hist.* hizmetkâr, uşak; old ~ yaşlı uşak, kâhya; **reˈtain.ing fee** avans olarak *(avukata)* verilen para.
re.take [riːˈteik] (*irr.* take) *v/t.* geri almak *(savaşta kaybedilen yeri)*; tekrar fotoğrafını çekmek.
re.tal.i.ate [riˈtælieit] *v/t.* dengiyle karşılamak, misillemek; *v/i.* öcünü almak, intikam almak (on, upon *-den*); **re.tal.iˈa-tion** *n.* misilleme, kısas, misliyle karşılık verme; **reˈtal.i.a.to.ry** [~ətəri] *adj.* misilleme kabilinden, misilleme...
re.tard [riˈtɑːd] *v/t.* geciktirmek, sürüncemede bırakmak, tecil, talik etm., alıkoymak; ~ed ignition *mot.* geç ateşleme; mentally ~ed zihnî gelişmesi yavaş olan, geri zekâlı; **re.tar.da.tion** [riːtɑːˈdeiʃən] *n.* gecik(tir)me, alıkoyma; geciktiren şey, engel.
retch [retʃ] *v/i.* öğürmek, kusmağa çalışmak.
re.tell [ˈriːˈtel] (*irr.* tell) *v/t.* tekrar anlatmak, başka bir yol *veya* dilde anlatmak.
re.ten.tion [riˈtenʃən] *n.* alıkoyma, tutma; hatırda tutma; ⚕ idrar tutulması, vücuttan atılamaması; muhafaza etme *(anane, ahlâk vs.)*; **reˈten.tive** □ alıkoyan, tutan, salıvermeyen; hatırda iyi tutan, hafızası kuvvetli olan.

re.think [ˈriːθiŋk] (*irr.* think) *vb.* yeniden etraflıca düşünmek, hesabetmek kitabetmek.
ret.i.cence [ˈretisəns] *n.* ağız sıkılığı, sır saklama, susma, ketumiyet (of); **ˈret.i.cent** *adj.* ağzısıkı, ketum, suskun, sesi çıkmaz.
ret.i.cle [ˈretikl] *n.* optik cihazlarda göz merceğine yerleştirilen ve görüşü kolaylaştıran çizgiler *veya* küçük bir ağ sistemi.
re.tic.u.late □ [riˈtikjulit], **reˈtic.u.lat.ed** □ [~leitid] ağ gibi, ağ şeklinde, ağ..., şebekeli; **ret.i.cule** [ˈretikjuːl] *n.* küçük bayan elçantası; = reticle.
ret.i.na *anat.* [ˈretinə] *n.* ağtabaka, retina.
ret.i.nue [ˈretinjuː] *n.* maiyet, heyet.
re.tire [riˈtaiə] *v/t.* geri çekmek; emekliye ayırmak; *v/i.* geri çekilmek *(a.* ✕*)*; *(bir köşeye)* çekilmek; emekliye ayrılmak; *a.* ~ to bed yatağa yatmak; **reˈtired** □ emekli; münzevî, dünyadan elini eteğini çekmiş; ıssız, uzaklarda *(yer)*; ~ pay emekli maaşı; **reˈtire.ment** *n.* emeklilik; inziva; **reˈtir.ing** □ çekingen, sıkılgan, utangaç, mahcup, sesi çıkmaz; ~ pension emekli maaşı.
re.tort [riˈtɔːt] **1.** *n.* cevap, karşılık; sert, hazır ve çoğu zaman eğlendirici cevap; ⚗ (boynuzlu) imbik; **2.** *v/t.* & *v/i.* *(hakaret vs.)* karşılık vermek, cevap vermek (on, upon *-e*); sert cevap vermek.
re.touch [ˈriːˈtʌtʃ] *v/t.* gözden geçirmek, revizyon yapmak; *phot.* rötuş yapmak.
re.trace [riˈtreis] *v/t.* *(-in izini)* takip ederek kaynağına gitmek; ~ one's steps geldiği yönden geri gitmek.
re.tract [riˈtrækt] *v/t.* & *v/i.* geri çek(il)mek, geri al(ın)mak; ⊕ içeri *veya* geri çekmek; sözünü geri almak; caymak, sözünden dönmek; **reˈtract.a.ble** *adj.* geri çekilebilir, alınabilir *(✈ tekerlekler)*; **re.tracˈta.tion** *n.* cayma, sözünden dönme; sözünü geri alma; **reˈtrac.tion** *n.* geri çek(il)me, geri alma; cayma, vazgeçme.
re.trans.late [ˈriːtrænsˈleit] *v/t.* yeniden tercüme etm.; **ˈre.transˈla.tion** *n.* yeniden tercüme.
re.tread [ˈriːˈtred] **1.** *v/t.* *(lastik tekerlek)* dışını kaplamak; **2.** *n.* kaplanmış lastik *(tekerlek)*.
re.treat [riˈtriːt] **1.** *n.* geri çek(il)me; geri çekilme işareti; sığınak, inziva köşesi, emniyette ve huzur içinde olunacak yer, tenha yer; ✕ ricat borusu; beat a ~ *fig.* geri çekilmek, hoş olmayan bir durumla karşılaşmamak için kaçmak; **2.** *v/i.* geri çekilmek; *fig.* gerilemek, vazgeçmek.
re.trench [riˈtrentʃ] *v/t.* & *v/i.* azaltmak, kısmak, indirmek, küçültmek; çizmek, iptal etm. *(sözcük vs.)*; ✕ tahkim etm.; azalmak, küçülmek, masrafları azaltmak; **reˈtrench.ment** *n.* azaltma, kısma, tasarruf, idare; ✕ savunma hattı.
re.tri.al ⚖ [ˈriːtraiəl] *n.* yeniden dava açma.
ret.ri.bu.tion [retriˈbjuːʃən] *n.* karşılıkta bulunma, misilleme; ceza, günahların bedeli; **re.trib.u.tive** □ [riˈtribjutiv] karşılık olarak, misilleme..., cezalandırıcı, ödüllendirici.
re.triev.a.ble [riˈtriːvəbl] *adj.* tekrar ele geçirilebilir, düzeltilebilir, telâfi edilebilir, geri getirilebilir; **reˈtriev.al** *n.* geri alma, geri getirme, düzeltme, telâfi; beyond ~, past ~ geri getirilemez, düzeltilemez, telâfi edilemez.
re.trieve [riˈtriːv] *vb.* tekrar ele geçirmek; düzeltmek, iyileştirmek, telâfi etm., tazminat vermek; *hunt.* bulup getirmek; **reˈtriev.er** *n.* *hunt.* kapıp getiren av köpeği.
ret.ro... [ˈretrəu] *prefix* geriye doğru, geri(ye), arkada, arkaya...; **~ˈac.tive** *adj.* geriye dönük, evvelce olanı kapsayan *(part. yasa)*; **~ˈcede** *v/i.* geri gitmek, çekilmek, dönmek; geri vermek; **~ˈces.sion** *n.* geri çekilme, gerileme; geri verme, iade; **~.graˈda.tion** *n.* *ast.* doğudan batıya doğru geri gitme; gerileme, geri çekilme; *fig.* gerileme, düşüş; **ˈ~.grade** **1.** *adj.* gerileyen, geri giden, ters yönde giden; giderek kötüleşen; **2.** *v/i.* gerilemek; bozulmak, kötüye gitmek *(a. fig.)*.
ret.ro.gres.sion [retrəuˈgreʃən] *n.* gerileme, geriye gitme; bozulma, yozlaşma;
ret.ro.spect [ˈ~spekt] *n.* geçmişe bakış; in ~ geçmişe bakıldığında; **ret.roˈspec.tion** *n.* geçmişe bakış, geçmişi anma; **ret.roˈspec.tive** □ geçmişle ilgili, geçmişi hatırlayan; geriye dönük, önceyi kapsayan; ~ view geçmişe bakış.
re.trous.sé [rəˈtruːsei] *n.*: ~ nose yukarı kalkık kısa burun.
re.try ⚖ [ˈriːˈtrai] *v/t.* yeniden yargılamak.
re.turn [riˈtəːn] **1.** *n.* (geri) dönüş; *parl.* seçim; seçim mazbatası; seçilme; *oft.* ~s *pl.* kazanç, kâr; ⚕ nüksetme, tekrar olma; iade, geri ver(il)me; ödeme, tediye; misilleme, karşılık, cevap; şükran, teşekkür; resmî rapor, banka raporu; vergi beyanı, beyanname; ⌂ bir binanın yan kısmı; F dönüş bileti; ~s *pl.* istatistik cetveli; many happy ~s of the day!

nice mutlu yıllara! *(b-nin isim gününde söylenir)*; election ~s *pl.* seçim mazbataları, seçim sonuçları; in ~ karşılık olarak; in ~ for *-e* karşılık, *-in* karşılığında; by ~ (of post) ilk posta ile, hemen, acele; ~ match rövanş maçı; ~ ticket gidiş dönüş bileti; *Am.* dönüş bileti; ~ visit iadei ziyaret; 2. *vb.* geri dönmek; tekrar olm.; ~ to *fig.* bir konuya geri dönmek; eski alışıkanlıklarına dönmek; yeniden *b-nin* eline geçmek; geri vermek, iade etm., geri göndermek; cevap vermek, yanıtlamak; geri ödemek; iadei ziyarette bulunmak, şükranlarını sunmak; ⚖ yargılamak, hüküm vermek; resmî rapor vermek; *parl.* seçmek; kâr bırakmak; ~ guilty ⚖ suçlu olduğuna karar vermek; **re'turn.a.ble** *adj.* geri verilmesi *veya* gönderilmesi gereken; geri verilebilir *veya* gönderilebilir; **re'turn.er** *n.* geri ödeyen, geri gönderen; **re'turn.ing-of-fi.cer** *n.* seçim memuru.

re.u.ni.fi.ca.tion ['ri:ju:nifi'keiʃən] *n.* yeniden birleşme, uzlaşma.

re.un.ion ['ri:ju:njən] *n.* tekrar birleşme, bir araya gelme; **re.u.nite** ['ri:ju:'nait] *v/t.* & *v/i.* yeniden birleş(tir)mek, bir araya gelmek, getirmek.

rev *mot.* F [rev] 1. *n.* devir, dönme; 2. *v/t.* & *v/i.* dön(dür)mek; ~ up motorun hızını artırmak.

re.val.or.i.za.tion ['ri:vælərai'zeiʃən], **re-val.u.a.tion** ['ri:væljuieiʃən] *n.* yeniden değerlendirme; **'re'val.or.ize** [~əraiz], **re-val.ue** ['ri:'vælju:] *v/t.* yeniden değerlendirmek, kıymetlendirmek.

re.vamp ⊕ ['ri:'væmp] *v/t.* tamir etm., yenilemek; *Am.* döşemesini değiştirmek *(koltuk vs.)*.

re.veal [ri'vi:l] *v/t.* açığa vurmak, ifşa etm.; göstermek, ortaya koymak; **re-'veal.ing** *adj.* anlamlı, manidar; bir kısmını gösteren *(elbise vs.)*.

re.veil.le ⚔ [ri'væli] *n.* kalk borusu.

rev.el ['revl] 1. *n.* eğlence, şenlik, eğlenti, cümbüş, içki alemi; 2. *v/i.* eğlenmek, cümbüş yapmak; mest olm. (in *-de*); keyiflenmek, zevk almak (in *-den*).

rev.e.la.tion [revi'leiʃən] *n.* açığa vurma, ifşa; *rel.* ilham, vahiy.

rev.el.(l)er ['revlə] *n.* eğlenen, şenlik yapan kimse, sabahçı, sabaha dek eğlenen, akşamcı, eğlence düşkünü kimse; **'rev-el.ry** *n.* gürültülü eğlenti, cümbüşlü eğlence, sefahat taşkınlıkları, âlem, şenlik.

re.venge [ri'vendʒ] 1. *n.* öç, intikam, hınç; rövanş *(oyun)*; 2. *v/t.* intikam almak, hıncını çıkarmak (on, upon *-den*); ~ o.s. on, be ~d on *b-den* intikamını almak, öcünü almak, *bşin* acısını çıkarmak; **re-'venge.full** □ [~ful] kinci, kin tutan; **re-'venge.ful.ness** *n.* intikam hırsı, kincilik; **re'veng.er** *n.* intikam alıcı kimse.

rev.e.nue ['revinju:] *n.* gelir, irat, varidat; ~s *pl.* devletin vergi gelir(ler)i; ~ board, ~ office defterdarlık, maliye tahsilât şubesi; ~ cutter gümrük muhafaza gemisi; ~ officer gümrük memuru; ~ stamp damga pulu, bandırol.

re.ver.ber.ate [ri'və:bəreit] *v/t.* & *v/i.* akset(tir)mek, yankıla(n)mak, yansı(t)mak; **re.ver.ber'a.tion** *n.* yankıla(n)ma, akset(tir)me; **re'ver.ber.a.tor** *n.* yansıtaç, ışıldak.

re.vere [ri'viə] *v/t.* saymak, saygı göstermek *-e*, yüceltmek, ululamak *-i*; **rev.er-ence** ['revərəns] 1. *n.* derin saygı, hürmet; saygı ile eğilme, reverans; Your ♀ † *veya co.* saygıdeğer efendim; 2. *v/t.* saygı göstermek *-e*, yüceltmek *-i*; **'rev-er.end** 1. *adj.* saygıdeğer, muhterem, sayın; Right ♀ muhterem, aziz *(papaz)*; 2. *n.* muhterem *(papazın lakabı)*.

rev.er.ent □ ['revərənt], **rev.er.en.tial** □ [~'renʃəl] saygılı, hürmetkâr, saygıdan ileri gelen.

rev.er.ie ['revəri] *n.* dalgınlık, sayıklama, derin düşünüş; hayal.

re.ver.sal [ri'və:səl] *n.* evirtim, tersine çevirme, akis, ani değişiklik; ⚖ iptal, fesih, geri alma; ⊕ geri dönme, çevirme; **re'verse** 1. *n.* arka, ters taraf, arka yüz; aksi, zıt, ters olan şey; aksilik, başarısızlık; geri tepme; in ~ tersine, sondan başa doğru; ⚔ arkadan hücum; 2. □ ters, aksi, arka, geriye, gerisin geriye; ~ gear *mot.* geri vites; ~ side ters taraf *(kumaşta arka yüz)*; 3. *vb.* ters(ine) çevirmek; tersine dönmek; *(iş)* feshetmek, lağvetmek, kapatmak; ⊕ geri hareket ettirmek; ⚖ iptal etm., hükmü değiştirmek; **re'vers.i.ble** *adj.* tersine çevrilebilir; geri çalıştırılabilir, döndürülebilir; iki taraflı, ters yüz edilebilir *(kumaş, pardesü vs.)*; **re'vers.ing** *adj.* ⊕ geri dönebilen...

re.ver.sion [ri'və:ʃən] *n.* eski konu, durum *veya* alışkanlıklarına dönme, dönüş; ⚖ tekrar intikal, mülkün sahibine geçmesi; veraset hakkı (of *-in*); *biol.* çok uzun süredir görülmemiş ilkel özelliklerin yeniden belirmesi; **re'ver.sion-ar.y** ⚖ [~ʃnəri] *adj.* intikal ile ilgili; **re'ver.sion.er** ⚖ [~ʃənə] *n.* aslî zilyet.

re.vert [ri'və:t] *vb.* eski durumuna *(veya*

alışkanlıklarına) dönmek, geri gitmek (to -e); *fig.* gerilemek, geri kalmak; eski konuya dönmek; ⚖ intikal etm., mülk sahibine geçmek; çevirmek *(bakış)*.
rev.er.y [ˈreveri] = reverie.
re.vet.ment ⊕ [riˈvetmənt] *n.* kaplama duvarı.
re.view [riˈvjuː] **1.** *n.* gözden geçirme, tetkik, resmî teftiş, inceleme; ⚔, ⚓ geçit töreni; eleştiri, tenkit; mecmua, dergi; ders tekrarı; pass s.th. in ~ geçit töreni yapmak; year under ~ denetim yılı; **2.** *v/t.* yeniden incelemek, gözden geçirmek; ⚔, ⚓ teftiş, denetim yapmak; eleştirmek; *v/i.* eleştiri yazısı yazmak; **reˈview.er** *n.* eleştirmen, eleştirici; ~'s copy eleştiri yazısı nüshası.
re.vile [riˈvail] *v/t.* küfretmek, hakaret etm., yermek, sövmek (for -e).
re.vis.al [riˈvaizl] *n.* yeniden inceleme, tetkik, teftiş, revizyon.
re.vise [riˈvaiz] **1.** *v/t.* tekrar gözden geçirip düzeltmek, provaları tashih etm. *(kitap)*; değiştirmek; tekrar çalışmak *(ders)*; **2.** *n. typ.* tashih provası, ikinci prova; = revision; **reˈvis.er** *n. bşi* gözden geçirip düzelten, inceleyen kimse; *typ.* tashih eden, düzeltmen, musahhih.
re.vi.sion [riˈviʒən] *n.* yeniden inceleyip düzeltme, gözden geçirme, tetkik, teftiş; tashih, düzelt(il)me, revizyon.
re.vis.it [ˈriːˈvizit] *v/t.* tekrar ziyaret etm.
re.vi.so.ry [riˈvaizəri] *adj.* düzeltici; tashih...
re.vi.tal.ize [ˈriːˈvaitəlaiz] *v/t.* yeniden canlandırmak, güç katmak, teşvik etm., tazelemek.
re.viv.al [riˈvaivəl] *n.* yeniden canlan(dır)ma, taze hayat bulma, diril(t)me, revaç bulma; yıllar sonra yeniden oynanma *(piyes vs.)*; *fig.* uyanma, uyanış; **re.vive** *v/t.* (yeniden) canlandırmak, ihya etm., diriltmek, taze hayat vermek; yeniden kurmak, tesis etm.; yenilemek; yeniden ilgi gördürmek; yıllar sonra yeniden sahneye koymak *(piyes vs.)*; *v/i.* yeniden canlanmak; yeniden ilgi görmek, revaç bulmak; **reˈviv.er** *n.* yeniden canlandıran, dirilten, ihya eden kimse; canlandıran, kuvvetlendiren ilaç, serinleten *bş*; **re.viv.i.fy** [riːˈvivifai] *v/t.* yeni bir hayat ve sağlık vermek *-e*, canlandırmak.
rev.o.ca.ble ☐ [ˈrevəkəbl] geri alınabilir, feshedilebilir; ⚖ kabili rücu, iptal edilebilir; **rev.o.ca.tion** *n.* geri alınma, iptal, fesih, hükümsüz kılma.
re.voke [riˈvəuk] *v/t.* geri almak, iptal etm.; sözünden dönmek; *v/i. iskambil:* aynı renkten kâğıt atmamak.
re.volt [riˈvəult] **1.** *n.* isyan, ayaklanma, ihtilâl, kıyam; **2.** *v/i.* isyan etm., ayaklanmak; *fig.* tiksinmek (at, against *-den*); *v/t. fig.* tiksindirmek, nefret hissi vermek; **reˈvolt.ing** *adj.* tiksindirici, iğrenç, menfur.
rev.o.lu.tion [revəˈluːʃən] *n.* devrim, yeni bir dönem, ihtilâl; devir, dönme; *pol.* devrim, inkılâp; ~s per minute *mot.* dakikada devir sayısı; **rev.oˈlu.tion.ary** [~ʃnəri] **1.** *adj.* devrimci; ihtlâlci; **2.** *a.* **rev.oˈlu.tion.ist** *n.* devrimci, ihtilâlci kimse; **rev.oˈlu.tion.ize** *v/t.* tamamen değiştirmek; ayaklandırmak, isyan ettirmek; devirmek, devrim yapmak.
re.volve [riˈvɔlv] *v/t.* & *v/i.* dön(dür)mek (about, on, round); *fig.* düşünüp taşınmak *-i*; **reˈvolv.er** *n.* revolver, altıpatlar, tabanca; **reˈvolv.ing** *adj.* dönen..., döner...
re.vue *thea.* [riˈvyuː] *n.* revü, kabare, dans ve şarkılı sahne gösterisi.
re.vul.sion [riˈvʌlʃən] *n. fig.* nefret, tiksinme, ânî reaksiyon, tiksinti; düşünce *veya* duyguda anî değişiklik; ⚕ başka yöne çevirme; **reˈvul.sive** ⚕ [~siv] **1.** ☐ ters etki yapan; **2.** *n.* ters etki yapan ilaç.
re.ward [riˈwɔːd] **1.** *n.* ödül, ikramiye, mükâfat, karşılık; **2.** *v/t.* ödüllendirmek, mükâfat vermek.
re.word [ˈriːˈwəːd] *v/t.* yeni sözcüklerle söylemek *veya* yazmak.
re.write [ˈriːˈrait] (*irr.* write) *v/t.* yeniden değişik ve daha uygun şekilde yazmak.
rhap.so.dist [ˈræpsədist] *n.* eski Yunan'da profesyonel destan anlatıcı; **ˈrhap.so.dize** *v/i. bşi* öve öve bitirememek, *bşden* fazla heyecanla bahsetmek; **ˈrhap.so.dy** *n. fig.* coşkunluk, heyecan, esrime; rapsodi, değişik parçalardan düzenlenmiş eser; heyecanlı konuşma *veya* yazı.
rhe.o.stat ⚡ [ˈriːəustæt] *n.* direnç aygıtı, reosta.
rhet.o.ric [ˈretərik] *n.* hitabet; beyan ve belâgat sanatı; **rhe.tor.i.cal** ☐ [riˈtɔrikəl] retorik, güzel söz söylemeye (*veya* sanatına) ait; **rhet.o.ri.cian** [retəˈriʃən] *n.* güzel konuşma ustası, iyi hatip.
rheu.mat.ic ⚕ [ruːˈmætik] **1.** *adj.* (ally) romatizma ile ilgili, romatizmalı; ~ fever eklem romatizması; **2.** *n.* romatizmalı kimse; ~s F *pl.* = **rheu.ma.tism** ⚕ [ˈruːmətizəm] *n.* romatizma.
rhi.no[1] *sl.* [ˈrainəu] *n.* mangır, mangiz.
rhi.no[2] F [~] = **rhi.noc.er.os** *zo.* [raiˈnɔsərəs] *n.* gergedan.

rhomb, rhom.bus ⩓ [ˈrɔm(bəs] *n.* eşkenar dörtgen, main.

rhu.barb ⚘ [ruːbɑːb] *n.* ravent.

rhyme [raim] **1.** *n.* kafiye, uyak (to *-e*); kafiyeli yazma; beyit, şiir; without ~ or reason mantıksız olarak, anlamsız, saçma, ipsiz sapsız; **2.** *vb.* kafiyeli olarak yazmak; kafiyeli sona ermek; **ˈrhyme·less** □ kafiyesiz, uyaksız; **ˈrhym.er, rhyme.ster** [ˈ~stə] *n.* şair taslağı (*veya* bozuntusu).

rhythm [ˈriðəm] *n.* ritim, kadans, müzikte ahenk, uyum, düzün, düzenlilik, ahenkli hareket; vezin; **rhyth.mic, rhyth.mi.cal** □ [ˈriðmik(əl)] ritmik, ahenkli, uyumlu, düzünlü.

Ri.al.to *Am.* [riˈæltəu] *n.* tiyatroların çok olduğu bölge.

rib [rib] **1.** *n. anat.* kaburga (kemiği); pirzola; ⚘ yaprak damarı; şemsiye teli; gemi iskeleti; **2.** *v/t.* damarlı, yivli desende örnek *(çorap vs.)*; *Am. sl.* takılmak, alaya almak *-i*.

rib.ald [ˈribəld] **1.** *adj.* ağzı bozuk, kaba, sağa sola sataşan, etrafı rahatsız eden; açık saçık, müstehcen; **2.** *n.* ağzı bozuk, küfürbaz kimse; dedikoducu kimse; **ˈrib·ald.ry** *n.* soğuk şaka, küstahça alay etme; kaba dil.

rib.and ⊕ [ˈribənd] *n.* şerit, seri imalatta kullanılan döner bant.

ribbed [ribd] *adj.* yivli, girintili, çıkıntılı, çizgili.

rib.bon [ˈribən] *n.* kurdele, şerit, bant; madalya kurdelesi; daktilo şeridi; çizgi, çubuk *(kumaş)*; ~s *pl.* bez parçası, paçavra; dizgin *(at)*; ~ building, ~ development şehir imarının anayol boyunca şehir dışına doğru gelişmesi.

rice [rais] *n.* ⚘ pirinç.

rich □ [ritʃ] zengin, servet sahibi; bol, fazla, külliyetli (in *-de*); mükellef, muhteşem, değerli, kıymetli; verimli, bereketli; gür, tok, dolgun *(ses)*; yağlı, ağır, hazmı güç *(yemek)*; koyu, canlı, parlak *(renk)*; besleyici, vitaminli; F mükemmel, enfes, şahane *(şaka, nükte)*; the ~ *pl.* zenginler, servet sahipleri; **rich.es** [ˈ~iz] *n .pl.* zenginlik, servet; **ˈrich.ness** *n.* zenginlik, bolluk, verim, bereket; yağlılık; gürlük *(ses)*; parlaklık *(renk)*.

rick¹ ✓ [rik] **1.** *n.* kuru ot yığını, tınaz; **2.** *v/t.* kuru ot yığını yapmak, yığmak.

rick² [~] = wrick.

rick.ets ⚕ [ˈrikits] *n. sg. veya pl.* raşitizm; **ˈrick.et.y** *adj.* raşitizm hastalığına tutulmuş, raşitik; sakat, hastalıklı, sarsık sursuk; çürük, köhne.

rick.shaw [ˈrikʃɔː] *n.* bir *veya* iki kişilik olup insan tarafından çekilen hafif bir Doğu Asya faytonu.

rid [rid] *(irr.) v/t.* kurtarmak (of *-den*); get ~ of başından atmak, defetmek, savmak *-i*; **ˈrid.dance** *n.* kurtuluş, kurtulma, başından atma; he is a good ~ ondan kurtulduğumuz iyi oldu, iyi ki çekip gitti.

rid.den [ˈridn] *p.p. of* ride 2; *comb.* ...ile dolu; ... *in* istilâsına uğramış.

rid.dle¹ [ˈridl] **1.** *n.* bilmece, bulmaca, muamma; **2.** *vb.* anlamını çıkarmak; bilmece çözmek, bilmece ile söylemek; ~ me F tahmin etsene!

rid.dle² [~] **1.** *n.* kalbur; **2.** *v/t.* kalburdan geçirmek, elemek; delik deşik etm., kalbura çevirmek.

rid.dling □ [ˈridliŋ] akıl ermez, muammalı, şaşırtıcı.

ride [raid] **1.** *n.* atla gezinti; gezinti yeri *veya* yolu, ağaçsız orman yolu; binme, biniş; go for a ~ bir araçla gezmeğe çıkmak, atla gezintiye çıkmak; **2.** *(irr.) v/i.* ata binmek, atla gitmek; ata biner gibi oturmak; *part.* bisiklet *veya* araçla gitmek; *fig.* muallâkta kalmak, sürüklenmek; rahat gitmek *(araba)*; ~ at anchor demirli yatmak *(gemi)*; ~ for a fall *fig.* körükörüne bir felâkete sürüklenmek, akılsızca davranmak; *v/t.* binmek *-e*, sürmek *-i (at, bisiklet vs.)*; (bir yeri) atla dolaşmak, gezmek; binip gitmek *-e*; su üstünde gitmek, yüzmek *(gemi)*; bindirmek *-e*; ~ s.o. down *b-ni* atla yetişip yakalamak; *b-ni* atla çiğnemek; ~ (on) a bicycle bisiklete binmek; ~ out ⚓ su yüzünde kalmak *(fırtınada)*, kazasız belâsız atlatmak *(a. fig.)*; **ˈrid.er** *n.* atlı, binici, süvari; ek, ilâve, özel hüküm; ⊕ değişebilen, hareket edebilen ağırlık (*veya* parça).

ridge [ridʒ] **1.** *n.* sırt, bayır, dağ sırtı, dağ sırası; ⌂ çatı sırtı; ✓ tarla kenarı; **2.** *v/t.* evlek açmak, iz bırakmak; kırıştırmak *(alın)*; **ˈ~-pole** *n.* çatının yatay direği.

rid.i.cule [ˈridikjuːl] **1.** *n.* alay, istihza, eğlenme, saraka; hold s.o. up to ~ *b-ni* elâleme rezil etm., herkesin alay konusu etm.; **2.** *v/t. b-le* alay etm., zevklenmek, *b-ni* alay konusu etm.; **riˈdic.u.lous** [~juləs] *adj.* gülünç, gülünecek, alay edilecek, tuhaf, saçma; **riˈdic.u.lous.ness** *n.* maskaralık, soytarılık, gülünçlük, tuhaflık.

rid.ing [ˈraidiŋ] **1.** *n.* biniş; binicilik; **2.** *adj.* binek...; **ˈ~-breech.es** *n. pl.* süvari pantalonu; **ˈ~-hab.it** *n.* kadın için binici elbisesi.

rife □ [raif] yaygın, bol, sık sık olan; dolu olan (with *ile*); ~ with *ile* dolu.

riff-raff [ˈrifræf] *n.* ayak takımı, avam, aşağı sınıf.

ri.fle¹ [ˈraifl] *v/t.* yağma etm., soyup soğana çevirmek.

ri.fle² [~] **1.** *n.* tüfek, karabina; **~s** *pl.* ✕ avcı erleri; **2.** *v/t.* yiv açmak; **ˈ~.man** *n.* ✕ avcı eri; **ˈ~-range** *n.* poligon, atış alanı; atış menzili.

ri.fling ⊕ [ˈraifliŋ] *n.* yiv helezonu *(tüfek)*.

rift [rift] *n.* yarık, açıklık, çatlak.

rig¹ [rig] **1.** *v/t.* *(pazar, piyasa vs.)* hile karıştırmak *-e*, hileli şekilde kurmak; **2.** *n.* (hile)kârlık, dalavere.

rig² [~] **1.** *n.* ⚓ donanım, arma; *fig.* süs, şatafat; elbise; **2.** *vb.* donatmak, teçhiz etm., armasını takmak; ~ s.o. out *b-ne bşi* sağlamak, temin etm.; *b-ni* telleyip pullamak (with *ile*), hazırlamak, giydirmek; ~ s.th. up hemen uydurmak, acele ile geçici olarak *bş* yapmak; **ˈrig.ger** *n.* ⚓ armador; ✈ makinist, mekanisyen; **ˈrig.ging** *n.* ⚓ donanım, geminin arması.

right [rait] **1.** □ doğru, dürüst, hatasız, kusursuz; âdil, insaflı; doğru, sahih; sağlam, sıhhatli; en uygun, münasip; haklı; gereken, aranan; sağ *(taraf)*; ~ angle A dik açı; be ~ haklı olm.; be ~ to *-mekle* iyi etm.; *-mak* üzere olm.; all ~! herşey yolunda!; münasip, uygun, kusursuz; pekalâ, tamam!; peki, hay hay!; on the ~ side of 30 yaşı otuz yoktur; get s.th. ~ *bşi* düzeltmek, yoluna koymak; put *veya* set ~ düzeltmek, ayarlamak, yoluna koymak; **2.** *adv.* sağa doğru; doğru (olarak); hemen; doğruca, dosdoğru; uygun şekilde; tamamiyle; pek, çok, ziyade; ~ away derhal, hemen; haydi!, yürü!; ~ on doğruca; **3.** *n.* sağ (taraf); hak, selâhiyet, yetki (to, of *-e*); *parl.* sağ kanat; *boks:* sağ; the ~s of man insan hakları; in ~ of his mother annesinin tarafında, annesini haklı bulan; in one's own ~ *k-si* hak sahibi olarak; the ~s and wrongs doğru ile eğri; haklı ile haksız, işin doğrusu, gerçeği; by ~(s) usulen, yasal olarak; by ~ of nedeniyle, hak *veya* yetkisiyle; set *veya* put to ~s yeniden düzeltmek, yoluna koymak; on *veya* to the ~ sağ taraf(t)a; **4.** *v/t.* düzeltmek; ⚓ doğrultmak; ayarlamak; **~-an.gled** A [ˈ~ˈæŋgld] *adj.* dik açılı; **ˈ~-down** *adj.* uygun, muntazam, tam, sapına kadar; olumlu; **right.eous** □ [ˈ~ʃəs] dürüst, adil, erdemli, namuslu; **ˈright.eous.ness** *n.* dürüstlük; **right.ful** □ [ˈ~ful] haklı; yasal; gerçek; **ˈright-hand** *adj.* sağdaki, sağdan; sağ elle yapılan; sağa doğru...; güvenilir; **ˈright-ˈhand.ed** *adj.* sağ elini kullanan; sağ elle kullanmak için yapılmış *(makas vs.)*; **ˈright.ly** *adv.* doğru, gerçek olarak; haklı olarak; emin olarak; **ˈrightˈmind.ed** *adj.* dürüst, adil, sağduyu sahibi; **ˈright.ness** *n.* doğruluk, adalete uygunluk; **right of way** önden geçme hakkı, geçiş hakkı.

rig.id □ [ˈridʒid] eğilmez, bükülmez, dimdik, kaskatı; *fig.* sert, haşin, boyun eğmez; **riˈgit.i.ty** *n.* sertlik, bükülmezlik, diklik.

rig.ma.role [ˈrigmərəul] *n.* boş lâf, gevezelik, saçma konuşma.

rig.or [ˈrəigɔː] *n.* sertlik, katılık, eğilmezlik; insafsızlık; ⚕ titreme, ürperme; ~ mortis ölümden sonra kasların katılaşması; **rig.or.ous** □ [ˈrigərəs] sert, şiddetli.

rig.o.(u)r [ˈrigə] *n.* sertlik, şiddet; **~s** kötü koşullar.

rile F [rail] *v/t.* kızdırmak, sinirlendirmek.

rill *poet.* [ril] *n.* küçük dere.

rim [rim] **1.** *n.* kenar; jant, ispit; **2.** *v/t.* kenar çevirmek (*veya* yapmak).

rime¹ [raim] *n.* kafiye, uyak.

rime² *poet.* [~] *n.* kırç, kırağı; **ˈrim.y** *adj.* kırağı ile örtülü; kırağı gibi.

rind [raind] *n.* kabuk, kışır; herhangi *bşin* dış yüzeyi.

ring¹ [riŋ] **1.** *n.* halka, çember; *boks:* ring; kartel, tröst; daire; yüzük; sirk çadırı vs.; at yarışı acentası (*veya* tezgâhı); make ~s round s.o. F *bşi b-den* daha iyi ve daha hızlı yapmak; **2.** *vb.* daire (*veya* yuvarlak) içine almak *-i*, halka takmak *(hayvanın burnuna, ayağına vs)*; halka atmak *(oyunda)*; *mst* ~ in, ~ round, ~ about etrafını sarmak, ortaya almak *-i*.

ring² [~] **1.** *n.* zil sesi, çan sesi, çınlama; zil çalma; give s.o. a ~ *b-ne* telefon etm.; **2.** *(irr.)* *v/i.* çan, zil, saat çal(ın)mak; çınlamak, tınlamak; *oft.* ~ out çınlamak (with *ile*); ~ again yankılanmak; ~ off *teleph.* telefonu kapamak; the bell ~s zil çalıyor; *v/t.* çalmak, çınlatmak; *fig.* tesir bırakmak, çalkanmak *(şöhret)*; ~ the bell zile basmak, çıngırağı çekmek; F başarmak, muvaffak olm.; ~ a bell F *b-ne bş* hatırlatmak, çağrışım yapmak; yabancı gelmemek; ~ s.o. up *b-ne* telefon etm.; **ˈring.er** *n.* çan çalan cihaz; çancı, zangoç; *sl.* *b-nin* tıpatıp benzeri; **ˈring.ing** □ çalan, çınlayan; **ˈring.lead.er** *n.* çete başı, elebaşı; **ring.let** [ˈ~lit] *n.* saç lülesi; **ˈring.worm** *n.* ⚕ mantar hastalığı.

rink [riŋk] *n.* patinaj alanı; buz sahası.

rinse [rins] **1.** *v/t. oft.* ~ out çalka(la)mak; **2.** = **ˈrins.ing** *n.* çalkalama, sudan geçirme; ~s *pl.* bulaşık suyu.

ri.ot [ˈraiət] **1.** *n.* kargaşalık, gürültü, patırtı, velvele; cümbüş, eğlenti; taşkınlık *(a. fig.)*; F çok komik ve başarılı kimse *veya bş*; isyan, ayaklanma, baş kaldırma; run ~ gemi azıya almak, kontrolden çıkmak, kıyameti koparmak; **2.** *v/i.* kargaşalık yaratmak, gürültü patırtı çıkarmak, azmak, kudurmak; ayaklanmak, isyan etm.; *fig.* mest olm. (in *-de*); **ˈriot.er** *n.* asi, ayaklanan; gürültücü kimse; **ˈri.ot.ous** □ gürültülü, karışıklık yaratan, gürültücü; sefih, maceraperest.

rip¹ [rip] **1.** *n.* yırtık, yarık; sökük dikiş; **2.** *v/t.* sökmek, teyelleri ayırmak; ~ up yırtmak, yarmak, çatlatmak *(kereste vs.)*; *v/i.* yırtılmak, yarılmak, dikişleri açılmak; çok hızlı geçip gitmek.

rip² F [~] *n.* uçarı, yaramaz, haylaz, çapkın.

rip-cord [ˈripkɔːd] *n.* paraşüt (*veya* balon vs.) ipi.

ripe □ [raip] olgun(laşmış); kemale ermiş, yetişmiş; **ˈrip.en** *v/t. & v/i.* olgunlaş(tır)mak; yetişmek, erginleşmek; **ˈripe.ness** *n.* olgunluk, kemal, erginlik.

ri.poste [riˈpəust] **1.** *n. fenc.* karşı darbe, hücum, atak; *fig.* çabuk ve zekice verilen yanıt; **2.** *v/i.* çabuk karşı darbe *(veya* atak) yapmak; çabuk ve zekice yanıt vermek.

rip.per [ˈripə] *n.* kesici *b-i veya bş*; *sl.* yaman adam; müstesna bir parça; **ˈripping** □ *sl.* fevkalâde, harikulâde, yaman, muhteşem.

rip.ple [ˈripl] **1.** *n.* ufacık dalga, dalgacık; **2.** *v/t. & v/i.* hafifçe dalgalan(dır)mak, çağıldamak, şırıldamak, kırış(tır)mak.

rise [raiz] **1.** *n.* yükseliş, artış, çıkış, çoğalış *(ses, fiyat, su vs.)*; bayır, tepe, yokuş; *fig.* yükselme; ☀ doğma, çıkış *(güneş vs.)*; başlangıç noktası, kaynak; give ~ to *bşe* neden olm., sebebiyet vermek; take (one's) ~ kaynağından çıkmak, ortaya çıkmak, doğmak; **2.** *(irr.) v/i.* kalkmak, yükselmek, artmak, çıkmak *(fiyat vs.)*; kabarmak, yükselmek *(nehir vs.)*; ayağa kalkmak; doğmak, yükselmek *(güneş vs.)*; toplantıyı bitirmek; kızmak, sinirlenmek (against, on *-e*); doğmak, ortaya çıkımak, hasıl olm. *(nehir vs.)*; ayaklanmak, baş kaldırmak; su yüzüne çıkmak *(balık vs.)*; yukarı doğru meyillenmek *(bayır vs.)*; ~ to *b-nin veya bşin* hakkından gelmek; ~ to the bait yemi ağzıyla kapmaya çalışmak; **ris.en** [ˈrizn] *p.p. of.* rise 2; **ˈris.er** *n.* merdiven basamağının dik olan kısmı; yokuş; early ~ sabah erken kalkan.

ris.i.bil.i.ty [riziˈbiliti] *n.* gülme eğilimi (*veya* isteği); **ris.i.ble** □ [ˈ~ibl] gülme..., gülmeye eğilimi olan; gülünç, komik.

ris.ing [ˈraiziŋ] **1.** *n.* yükselme, yükseliş; kalkma; artma, çoğalma; doğma, çıkış; ayaklanma, isyan; **2.** *adj.* yükselen, artan, çoğalan; yetişen, büyüyen.

risk [risk] **1.** *n.* tehlike, tehlikeli girişim; † risk, riziko; at the ~ of riski göze alarak, tehlikeye atarak; run the ~ zararı göze almak, rizikolu bir işe girişmek; **2.** *v/t.* tehlikeye atmak, göze almak; **ˈrisk.y** □ tehlikeli, riskli.

ris.sole [ˈrisəul] *n. (patates, yumurta vs. ile kızgın yağda pişirilen)* bir tür et *veya* balık yemeği.

rite [rait] *n. rel.* ayin, tören; **rit.u.al** [ˈritʃuəl] **1.** □ törensel, merasimle yapılan; ayine ait; **2.** *n.* dinî ayin ve merasim (kuralları).

ri.val [ˈraivəl] **1.** *n.* rakip, müsabık; **2.** *adj.* rekabet eden, çekişen, yarışan *ile*; † rakip...; **3.** *v/t.* rekabet etm., yarışmak, çekişmek *ile*; **ˈri.val.ry** *n.* rekabet, rakip olma.

rive [raiv] *(irr.) vb,* çatla(t)mak, yar(ıl)mak, yarık açmak.

riv.en [ˈrivn] *p.p. of* rive.

riv.er [ˈrivə] *n.* nehir, ırmak, akıntı *(a. fig.)*; sell s.o. down the ~ *b-ne* ihanet etm.; **ˈ~-horse** *n.* suaygırı; **ˈ~.side** *n.* ırmak (*veya* su) kenarı; *attr.* nehir kıyısı.

riv.et [ˈrivit] **1.** *n.* ⊕ perçin; **2.** *v/t.* perçinlemek; *b-nin* ilgisini çekmek; *b-ne* gözünü dikmek (on, upon).

riv.u.let [ˈrivjulit] *n.* dere, çay.

roach *icht.* [rəutʃ] *n.* çamça balığı.

road [rəud] *n.* yol, sokak, cadde, şose; *Am.* = railroad; *mst* ~s *pl.* ⚓ demirleme sahası, liman ağzı; take the ~ yola düzülmek; main ~ ana cadde, kalabalık yol; **ˈ~.bed** *n.* yol yapı temeli; 🚂 sürekli (*veya* bozulmayan) hat; **ˈ~-block** *n.* barikat, yol maniası; **ˈ~-hog** *n. mot.* süratli, bencil ve dikkatsiz şoför (*veya* sürücü); **ˈ~-mend.er** *n.* yol amelesi; **ˈ~-race** *n.* sokak yarışı; **ˈ~-sense** *n. mot.* trafikte yürür *veya* araba kullanırken kazadan sakınma duyusu; **ˈ~.side** *n.* yol kenarı; **ˈ~.sign** trafik işareti; **ˈ~.stead** *n.*

⚓ liman ağzı, demirleme yeri; **road.ster** ['~stə] *n.* iki kişilik üstü açık araba; **'road.way** *n.* araba yolu.

roam [rəum] *v/i.* dolaşmak, gezinmek, başıboş (*veya* amaçsız) gezinmek; *v/t.* gezmek, dolaşmak; **'roam.er** *n.* yaya gezen; turist; kaldırımları eskiten kimse, serseri, aylak, boş gezen kimse.

roan [rəun] **1.** *adj.* demir kırı donlu (*at, inek vs.*); **2.** *n.* demir kırı donlu at; ⊕ güderi, koyun derisi.

roar [rɔː] **1.** *vb.* gürlemek (*a. fig. konuşma, gülme*), gümbürdemek; gök gürlemek; kükremek (*aslan*); kızıp bağırmak; gürleyerek akıp gitmek; **2.** *n.* gürleme, gümbürdeme, kükreme; çatırdama; kahkaha; **roar.ing** ['~riŋ] **1.** = **roar** 2; **2.** □ gürleyen, gümbürdeyen, kükreyen; gittikçe artan; **be in ~ health** sıhhati çok yerinde olm.

roast [rəust] **1.** *vb.* kızartmak; kavurmak; *sl.* *b-ne* takılmak, *b-ni* alaya almak; **2.** *adj.* kızar(tıl)mış; kavrulmuş; **~ beef** sığır orstosu (*veya* kızartması), rozbif; **~ meat** kebap, kızartma (*et*); **3.** *n.* kebap kızartma; **rule the ~** idare etm., dizginleri elinde tutmak; **'roast.er** *n.* kızartma fırını (*kahve*) kavurma makinesi; henüz süt emen domuz yavrusu; **'roast.ing-jack** *n.* döner yapma cihazı.

rob [rɔb] *vb.* soymak, yağma etm., çalmak, *b-nin* para ve eşyasını alıp soymak; *b-den bşi* gaspetmek; **'rob.ber** *n.* hırsız; soyguncu haydut, karmanyolacı; **'rob.ber.y** *n.* yol kesme, soygun, adam soyma, karmanyolacılık, haydutluk.

robe [rəub] **1.** *n.* rop, cübbe, kisve, biniş; kaftan; *poet.* üstlük giysi, urba; *Am.* penyuvar, ropdöşambr, sabahlık; **~s** *pl.* resmî *veya* tören elbisesi; **gentlemen of the ~** hukukçular; **2.** *v/t. & v/i.* giyinmek, giydirmek, kaftan vs. giydirmek; *fig.* süsle(n)mek.

rob.in *orn.* ['rɔbin] *n.* kızıl gerdan (kuşu).

ro.bot ['rəubɔt] *n.* makine adam, robot (*a. fig.*); otomat; *attr.* otomatik..., mekanik..., robot...

ro.bust □ [rəu'bʌst] dinç, sağlam, güçlü kuvvetli, dayanıklı; **ro'bust.ness** *n.* sağlamlık, dinçlik, güçlülük, dayanıklılık.

rock¹ [rɔk] *n.* kaya(lık), büyük taş parçası; *sl.* kıymetli taş; naneli çubuk şekeri; **get down to ~ bottom** bir konuyu inceden inceye araştırmak; **~ crystal** necef taşı; **~ salt** kayatuzu.

rock² [~] *v/t. & v/i.* salla(n)mak, tartmak, sars(ıl)mak, silkmek; *fig.* müteessir etm., sarsmak.

rock-bottom F ['rɔk'bɔtəm] *adj.* en düşük (*fiyat*).

rock.er ['rɔkə] *n.* beşik vs.'nin altındaki kavisli ayak; *Am.* salıncaklı koltuk; *sl.* çatlak (*veya* deli) kimse.

rock.er.y ['rɔkəri] *n.* kayalık bahçe, taş yığınından yapılmış çiçeklik.

rock.et¹ ['rɔkit] **1.** *n.* roket, füze; havaî fişek; F azarlama, haşlama; **~ plane** füze uçağı; **~ propulsion** roket tahrikî; **2.** *v/i.* F aniden yükselmek, fırlamak (*fiyat*); rüzgâr gibi gitmek.

rock.et² ⚘ [~] *n.* roka.

rock.et-pow.ered ['rɔkitpauəd] *adj.* roket tahrikli; **rock.et.ry** ['~ri] *n.* roket kullanma tekniği.

rock... **'~.fall** *n.* kaya yığını; **'~-gar.den** *n.* kayalık bahçe.

rock.ing... ['rɔkiŋ]: **'~-chair** *n.* salıncaklı koltuk; **'~-horse** *n.* salıncaklı oyuncak at.

rock.y ['rɔki] *adj.* kayalık; kaya gibi; F sallantılı, titrek.

ro.co.co [rəu'kəukəu] *n.* mimarîde rokoko tarzı.

rod [rɔd] *n.* çubuk, değnek; falaka değneği; baston; olta kamışı; ⊕ rot; beş metrelik uzunluk ölçüsü (*= 5 ½ yards*); *Am. sl.* revolver, tabanca; **have a ~ in pickle for s.o.** *b-le* paylaşılacak kozu olm.

rode [rəud] *pret. of* **ride** 2.

ro.dent ['rəudənt] *n.* kemirgen hayvan.

ro.de.o *Am.* [rəu'deiəu] *n.* rodeo.

rod.o.mon.tade [rɔdəmɔn'teid] *n.* övünme, yüksekten atma.

roe¹ [rəu] *n.* *a.* **hard ~** balık yumurtası; **soft ~** balık menisi.

roe² [~] *n.* karaca; **'~.buck** *n.* erkek karaca.

ro.ga.tion *eccl.* [rəu'geiʃən] *n.* yakarış, yalvarma; **~ Sunday** Miraçtan önceki pazar.

rogue [rəug] *n.* çapkın (*veya* derbeder, sefil) kimse; dolandırıcı (*veya* düzenbaz) kimse; yaramaz kimse; azgın fil; **~s' gallery** sabıkalıların resimlerinin olduğu koleksiyon; **'ro.guer.y** *n.* derbederlik, çapkınlık; düzenbazlık; yaramazlık; **'ro.guish** □ çapkın, derbeder; kurnaz; yaramaz; düzenbaz.

roist.er ['rɔistə] *v/i.* şamata (*veya* âlem, cümbüş) yapmak; **'roist.er.er** *n.* şamatacı, cümbüşçü.

role, rôle *thea.* [rəul] *n.* rol (*a. fig.*).

roll [rəul] **1.** *n.* yuvarla(n)ma; top, rulo; sicil, kayıt, liste, defter; ⊕ silindir, merdane, makara; tomar; küçük ekmek; ⚓ yalpa; gümbürtü, gürleme; **2.** *v/t. & v/i.* yuvarla(n)mak, tekerle(n)mek; sar(ıl)-

mak; silindirle düzletmek; *sl.* soymak; atmak *(zar)*; çevirmek, devirmek *(göz)*; kalın sesle söylemek; açmak; dolaşmak, dönmek; inişli yokuşlu uzanıp gitmek; dalgalanmak; gürlemek *(gök)*; geçip gitmek *(zaman)*; gülmekten katılmak; yalpalamak; ⚓ yalpa vurmak; ~ed gold altın kaplama; be ~ing in money para içinde yüzmek; ~ up tomar yapmak, dürmek, sarmak, sıvamak *(kol)*; birikmek, yığılmak, art(tır)mak; gelmek, varmak; durmak *(araç)*; '~-call *n.* yoklama *(a.* ⚔*)*; **'roll.er** *n.* silindir; merdane; büyük dalga; bigudi; *mst* ~ bandage sargı; ~ coaster *Am. (Lunaparklarda)* keskin viraj ve iniş-çıkışları olan tren; ~ skate tekerlekli paten; ~ towel uçları birbirine dikili bir makaraya asılarak kullanılan havlu; **'roll-film** *n. phot.* makaralı film.

rol.lick.ing ['rɔlikiŋ] *adj.* gürültülü, şamatalı, eğlenceli.

roll.ing ['rəuliŋ] **1.** *adj.* inişli yokuşlu *(arazi)*; çok zengin, para babası; **2.** *n.* yuvarlanma; ~ mill ⊕ haddehane; ~ press *typ.* rotatif; **'~-stock** *n.* 🚂 lokomotif ve vagonlar.

roll-on ['rəulɔn] *n. a.* ~ belt korse.

roll-top desk ['rəultɔp'deks] *n.* kapağı kıvrılarak açılıp kapanan yazı masası.

ro.ly-po.ly ['rəuli'pəuli] **1.** *n.* marmelatlı kek; **2.** *adj.* tıknaz, tombul.

Ro.man ['rəumən] **1.** *adj.* Roma'ya *veya* Romalılara ait; Roma mimarîsine ait; **2.** *n.* Romalı; *mst* ♀ *typ.* Latin harfleri.

ro.mance[1] [rəu'mæns] **1.** *n.* macera; aşk macerası; macera romanı; romantiklik; *fig.* martaval, palavra; **2.** *v/i. fig.* atıp tutmak, tıraş etm., palavra atmak.

Ro.mance[2] [rəu'mæns] *adj.:* ~ languages *pl.* Latince kökenli diller.

ro.manc.er [rəu'mænsə] *n.* roman yazarı; palavracı kimse.

Ro.man.esque [rəumə'nesk] *n.* 11. ve 12. yüzyıl Roma mimarî tarzı.

Ro.man.ic [rəu'mænik] *adj.* Latince kökenli; *part.* ~ people *pl.* Latin Milletleri.

ro.man.tic [rəu'mæntik] **1.** *adj.* (~ally) roman gibi; hayalperest, romantik; düssel, gerçek dışı, hayalî; **2.** = **ro'man.ti.cist** [~tisist] *n.* romantik kimse; **ro'man.ti.cism** *n.* romantizm.

Rom.ish *mst contp.* ['rəumiʃ] *adj.* Katolik.

romp [rɔmp] **1.** *n.* ele avuca sığmaz *(veya* haşarı) çocuk; boğuşma; **2.** *v/i.* gürültü ile oynamak, boğuşmak, azmak, kudurmak *(çocuk)*; **'romp.er(s** *pl.)* *n.* çocuk tulumu.

ron.do ♪ ['rɔndəu] *n.* rondo.

rood [ru:d] *n.* haç; bir uzunluk ölçüsü *(10, 117 ar)*; **'-loft** *n.* ⛪ *(kilise)* balkon.

roof [ru:f] **1.** *n.* dam, çatı; ~ of the mouth damak; **2.** *v/t. a.* ~ over çatı ile örtmek; **'roof.ing 1.** *n.* çatı malzemesi; **2.** *adj.* çatı...; ~ felt katranlı mukavva, tavan keçesi; **'roof-tree** *n.* çatı kirişi.

rook[1] [ruk] **1.** *n. orn.* ekinkargası; *fig.* düzenbaz kimse; **2.** *v/t.* dolandırmak, kazıklamak.

rook[2] [~] *n. satranç:* kale.

rook.er.y ['rukəri] ekinkargalarının yuvalarının olduğu yer; ayıbalığı *veya* penguen barınağı; *fig.* çok sefil insanların oturduğu kalabalık ev.

rook.ie *sl.* ['ruki] *n.* ⚔ acemi asker; *fig.* acemi çaylak.

room [rum] *n.* oda; yer, meydan; şans; neden; sebep; ~s *pl.* apartman dairesi; make ~ yer açmak (for -e); ...**room.ed** *comb.* ...odalı; **'room.er** *n. part. Am.* pansiyoner; **'room.ing-house** *n. part. Am.* pansiyon; **'room-mate** *n.* oda arkadaşı; **'room.y** □ geniş, ferah; bol *(elbise)*.

roost [ru:st] **1.** *n.* tünek; **2.** *v/i.* tünemek; *fig.* gecelemek, konaklamak; **'roost.er** *n.* horoz.

root[1] [ru:t] **1.** *n.* kök *(a. fig., anat.,* ⚘*, gr.)*; ~ and branch kökünden, tamamen; take *veya* strike ~ kök salmak; kökleşmek *(fikir)*; ~ idea ana fikir; **2.** *v/t. & v/i.* kökleş(tir)mek, tut(tur)mak; ~ out kökünden sökmek; kökünü kazımak; **'root.ed** *adj.* mıhlanmış; kökleşmiş, sabit *(fikir)*.

root[2] [~] *v/t. a.* ~ up karmakarışık *(veya* altüst) etm.; ~ out *veya* up arayıp bulmak; *v/i.* *bşi* karıştırmak, eşelemek; ~ for *Am. sl.* tezahürat yapmak -e, desteklemek -i; **'root.er** *n. Am. sl.* koyu taraftar.

root.let ['ru:tlit] *n.* kökçük.

rope [rəup] **1.** *n.* halat; ip; ipe çekme, idam; on the ~ birbirine bağlı; be at the end of one's ~ F çaresiz kalmak; know the ~s bir işin yolunu yordamını bilmek; learn the ~s çalışarak öğrenmek; **2.** *v/t.* halatla bağlamak; kementle yakalamak; *mst* ~ in, ~ off, ~ out ip çevirerek sınırlamak, iple çevirmek; *mount.* iple bağlamak; ~ down iple bağlamak; *v/i.* ip haline gelmek; **'~-danc.er** *n.* ip cambazı; **'~-lad.der** *n.* ip merdiven; **'~-mak.er** *n.* ipçi, halatçı, urgancı; **'rop.er.y** *n.* ipçilik, halatçılık, urgancılık; **'rope-walk** *n.* halat bükme yeri; **'rope-way** *n.* asma hat, teleferik.

rop.i.ness ['rəupinis] *n.* kalitesizlik, ber-

batlık.
rop.y ['rəupi] *adj.* kalitesiz, berbat; ip gibi; yapışkan, cıvık; adaleli, kuvvetli.
ro.sa.ry ['rəuzəri] *n. eccl.* tespih; dua kitabı; tespih ile okunan dualar; gül bahçesi.
rose[1] [rəuz] *n.* ⚘ gül (rengi); hortum süzgeci.
rose[2] [~] *pret. of* rise 2.
rose...: '~.**bud** *n.* gül goncası; *Am.* güzel kız; '~-**col.o(u)red** *adj.* gül renginde; *fig.* ümit verici.
ro.se.ate ['rəuziit] *adj.* gül renginde, kırmızı; ümit verici.
rose.mar.y ⚘ ['rəuzməri] *n.* biberiye.
ro.se.ry ['rəuzəri] *n.* gül tarhı.
ro.sette [rəu'zet] *n.* gül şeklinde rozet.
rose.wood ['rəuzwud] *n.* koyu kırmızı sert bir odun.
ros.in ['rɔzin] **1.** *n.* reçine; **2.** *v/t.* reçine sürmek *-e.*
ros.ter ⚔ ['rəustə] *n.* nöbet listesi.
ros.trum ['rɔstrəm] *n.* kürsü.
ros.y □ ['rəuzi] gül gibi; kırmızı, al; *fig.* ümit verici.
rot [rɔt] **1.** *n.* çürüme, bozulma; çürük; çürüme hastalığı; *sl.* saçma(lık), zırva; **2.** *v/t.* & *v/i.* çürü(t)mek, boz(ul)mak; *sl.* bozmak *(plan vs.).*
ro.ta.ry ['rəutəri] *adj.* dönen, dönel, döner...; ~ press *typ.* rotatif; **ro.tate** [rəu'teit] *v/t.* & *v/i.* dön(dür)mek; sıra ile çalış(tır)mak; **ro'ta.tion** *n.* dönme, deveran, tur; ~ of crops ✓ her yıl sıra ile değişik ekinler ekme; **ro.ta.to.ry** ['~tətəri] *s.* rotary; nöbetleşe, sıra ile.
rote [rəut] *n.:* by ~ ezbere.
ro.tor ['rəutə] *n.* ⊕ rotor, döneç; ✈ helikopter pervanesi.
rot.ten □ ['rɔtn] çürük, bozuk; *sl.* berbat, rezalet; '**rot.ten.ness** *n.* çürüklük; berbatlık.
rot.ter *sl.* ['rɔtə] *n.* ciğeri beş para etmez kimse.
ro.tund □ [rəu'tʌnd] yuvarlak, toparlak; dolgun *(ses)*; tumturaklı *(söz, yazı)*; **ro'tun.da** ⩓ [~də] *n.* kubbeli bina *veya* oda; **ro'tun.di.ty** *n.* yuvarlaklık; dolgunluk *(ses).*
rouge [ruːʒ] **1.** *n.* allık; ruj; **2.** *vb.* allık sürmek.
rough [rʌf] **1.** □ pürüzlü; sert; *fig.* kaba, yontulmamış; engebeli; inişli yokuşlu *(yol)*; zor, çetin *(hayat vs.)*; kabataslak; fırtınalı *(hava, deniz)*; müsveddelik *(kâğıt)*; talihsiz, şanssız; tüylü; belâlı *(yer)*; yaramaz, haşarı *(çocuk)*; ahenksiz *(ses)*; ~ and ready konforsuz, basit; çetin; *fig.* eğreti, geçici *(yöntem vs.)*; şöyle böyle; ~ copy taslak, müsvedde; cut up ~ *F* tepesi atmak, sinirlenmek; **2.** *n.* engebeli arazi; pürüzlü yüzey; zorluk, güçlük; nahoşluk; taslak; sokak serserisi, külhanbeyi; kaba herif; **3.** *v/t.* hırpalamak, dövmek, saldırmak; pürüzlendirmek; *-in* taslağını yapmak; dağıtmak *(saç)*; bozmak; ~ it sefalet çekmek, sürünmek; '**rough.age** *n.* selülozu bol yiyecek; kaba madde; '**rough-and-'tum.ble** **1.** *adj.* düzensiz, kuralsız; şiddetli *(kavga, mücadele)*; **2.** *n.* düzensiz durum; '**rough.cast** **1.** *n.* ⩓ kaba sıva; **2.** *adj.* bitmemiş, eksik; **3.** *v/t.* ⩓ kaba sıva vurmak; '**rough.en** *v/t.* & *v/i.* pürüzlen(dir)mek; kabar(t)mak.
rough...: '~-'**hewn** *adj.* kabaca kesilmiş; kaba; '~-**house** *sl.* **1.** *n.* kavga, boğuşma; gürültü patırtı; **2.** *v/i.* boğuşmak; gürültü patırtı çıkarmak; '~-**neck** *n. Am. sl.* serseri, külhanbeyi; kaba saba herif; '**rough.ness** *n.* kabalık, sertlik; '**rough-rid.er** *n.* at terbiyecisi; azgın ata binebilen kimse; '**rough.shod**; ride ~ over kaba davranmak *-e*; başkasının hakkını yemek; aldırmamak *-e*, önemsememek *-i.*
rou.lette [ruː'let] *n.* rulet.
Rou.ma.nian [ruː'meinjən] = Rumanian.
round [raund] **1.** □ yuvarlak, toparlak, küresel, top; tam; dolgun *(ses)*; hayli, çok; yuvarlak *(rakam)*; süratli, hızlı, atik; okkalı *(küfür)*; ~ hand okunaklı el yazısı; ~ table yuvarlak masa toplantısı; ~ trip gidiş dönüş, tur; **2.** *adv.* etrafa, etrafında, civarında; *a.* ~ about civarda; all ~ çepeçevre; *fig.* fark gözetmeksizin, ayırmaksızın; all the year ~ tüm yıl boyunca; 40 inches ~ çevresi kırk inç; **3.** *prp.* *-in* etrafın(d)a, *-in* çevresin(d)e; go ~ the house evi gezmek; ~ about 8 o'clock saat 8 sularında; **4.** *n.* yuvarlak, daire; devir, sefer, posta; sıra; ♪ kanon; ⚔ devriye; *boks:* ravnt; dönem; parti; ⚔ tek atış, bir el; 100 ~s ⚔ yüz el atış; **5.** *v/t.* & *v/i.* yuvarlaklaş(tır)mak ,yuvarlak hale getirmek; büzmek *(dudak)*; dönmek *-den*, dolaşmak; ~ off yuvarlak yapmak *(sayı)*; bitirmek, tamamlamak; ~ up bir araya toplamak; yakalamak *(suçlu)*; yuvarlak yapmak *(sayı).*
round.a.bout ['raundəbaut] **1.** *adj.* dolambaçlı; dolaylı; **2.** *n.* atlıkarınca, dönme dolap; *mot.* yuvarlak kavşak, döner ada.
roun.del ['raundl] *n:* daire içinde kabartma *veya* resim gibi süs; askeri uçağın hangi millete ait olduğunu gösteren yu-

varlak levha; **roun.de.ly** [ˈ~dilei] *n.* nakaratlı basit ve kısa şarkı.
round.ers [ˈraundəz] *n. pl.* beysbola benzer bir oyun; **ˈround.head** *n. hist.* İngiltere iç savaşında cumhuriyetçi; **ˈround-ish** *adj.* yuvarlakça; **ˈround.ness** *n.* yuvarlaklık, toparlaklık; dolgunluk; **rounds-man** † [ˈ~zmən] *n.* dağıtıcı; **ˈround-the-clock** *adj.* gece gündüz, devamlı, 24 saat; **ˈround-ta.ble con.fer.ence** yuvarlak masa konferansı; **ˈround-up** *n.* bir araya toplama; toparlama.
roup *vet.* [ruːp] *n.* bir çeşit tavuk nezlesi.
rouse [rauz] *v/t. & v/i.* uyan(dır)mak; canlandırmak; tahrik etm., kışkırtmak; ~ o.s. bütün gücünü toplamak, canlanmak; **ˈrous.ing** *adj.* heyecan verici; büyük, eşsiz; faal, canlı.
roust.a.bout *Am.* [ˈraustəˈbaut] *n.* gemi *veya* rıhtım işçisi, iskele hamalı; vasıfsız işçi.
rout¹ [raut] *n.* ayaktakımı, izdiham, halk yığını; † serseri takımı; parti, eğlence.
rout² [~] **1.** *n.* bozgun; put to ~ = **2.** *v/t.* bozguna uğratmak.
rout³ [~] = root².
route [ruːt, ✕ *a.* raut] *n.* yol; rota; ✕ yürüyüş yolu; en ~ yolda; **ˈ~-march** *n.* adi adım yürüyüş, uzun talim yürüyüşü.
rou.tine [ruːˈtiːn] **1.** *n.* usül, iş programı; **2.** *adj.* alışılmış, her zamanki; düzenli.
rove [rəuv] *vb.* dolaşmak, gezinmek; **ˈrov-er** *n.* gezen (*veya* avare) kimse.
row¹ [rəu] *n.* dizi, saf, sıra *a.* (*thea.*); a hard ~ to hoe güç iş, zorluklarla dolu hayat.
row² [~] **1.** *v/i.* kürek çekmek; *v/t.* kürek çekerek götürmek; **2.** *n.* kürek çekme; sandal gezintisi.
row³ F [rau] **1.** *n.* kavga, patırtı, münakaşa, kargaşa, gürültü; what's the ~? ne oluyor yahu?; **2.** *vb.* azarlamak, haşlamak; kavga (*veya* münakaşa) etm. (with *ile*).
row.an ⚘ [ˈrauən] *n.* üvez.
row-boat [ˈrəubout] *n.* sandal, kayık.
row.dy [ˈraudi] **1.** *n.* külhanbeyi; **2.** *adj.* zorba, kaba, terbiyesiz.
row.el [ˈrauəl] **1.** *n.* mahmuz; **2.** *v/t.* mahmuzlamak.
row.er [ˈrəuə] *n.* kürekçi, kayıkçı, sandalcı.
row.ing-boat [ˈrəuiŋbəut] *n.* kayık, sandal.
row.lock [ˈrɔlək] *n.* ıskarmoz.
roy.al [ˈrɔiəl] **1.** □ krala (*veya* krallığa) ait; krala yaraşır; şahane, muhteşem, görkemli **2.** *n.* ⚓ kontra babafingo; **ˈroy-al.ism** *n.* kralcılık; **ˈroy.al.ist** **1.** *n.* kralcı; **2.** *adj.* kralcı...; **ˈroy.al.ty** *n.* hükümdarlık, krallık; saltanat; kâr hissesi, işletme payı.
rub [rʌb] **1.** *n.* ovalama, sürt(ün)me; *fig.* güçlük, engel; there is the ~ işin güç yanı asıl bu, işte sorun da orada; **2.** *v/t. & v/i.* sürt(ün)mek, ov(ala)mak; ovarak cilâlamak; ovuşturmak; sürmek; sürtüşmek; ~ along, ~ on, ~ through *fig.* geçinip gitmek; ~ down aşındırmak; zımparalayarak düzeltmek; kurulamak; ~ in ovarak yedirmek (*krem vs.*); *fig.* üzerinde ısrarla durmak; tekrar tekrar söylemek; ~ off çık(ar)mak, dökülmek; sil(in)mek; ~ out sili(n)mek, çık(ar)mak; *Am. sl.* gebertmek, temizlemek; ~ up ovarak cilâlamak, silip parlatmak; tazelemek (*bilgi*).
rub.ber [ˈrʌbə] *n.* lastik, kauçuk; silgi; ⊕ sürtünme levhası; ovan kimse *veya* alet; *Am.* prezervatif, kaput; ~s *pl.* lastik ayakkabı; *attr.* lastik..., kauçuk...; ~ check *Am. sl.* karşılıksız (*veya* sahte) çek; ~ solution lastik solüsyon; **ˈ~.neck** *Am. sl.* **1.** *n.* meraklı kimse, herkese *veya* herşeye dönüp dönüp bakan kimse; turla gezen turist; **2.** *v/i.* merakla bakmak, dönüp dönüp bakmak; geziye çıkmak; ~ stamp lastik mühür, ıstampa; *Am.* F *fig.* taklitçi (*veya* kişiliksiz) kimse; **ˈ~-ˈstamp** *v/t.* düşünmeden onaylamak.
rub.bish [ˈrʌbiʃ] *n.* süprüntü, çöp; *fig.* saçma; **ˈrub.bish.y** *adj. fig.* beş para etmez, tapon.
rub.ble [ˈrʌbl] *n.* moloz (taşı), yapı döküntüsü.
rube *Am. sl.* [ruːb] *n.* yontulmamış (*veya* hödük) kimse.
ru.be.fa.cient ⚕ [ruːbiˈfeiʃjənt] *adj.* deriyi kızartan.
ru.bi.cund [ˈruːbikənd] *adj.* kırmızı, al; yüzünden kan damlayan, sağlıklı.
ru.bric [ˈruːbrik] *n.* kırmızı bölüm başlığı; kural, açıklama, direktif; *eccl.* dinî bir kitapta bölüm başı; **ru.bri.cate** [ˈ~keit] *v/t.* kırmızı renkle yazmak.
ru.by [ˈruːbi] **1.** *n. min.* yakut (rengi), lâl; *typ.* 5 ½ puntolu harf; **2.** *adj.* kırmızı, al.
ruck [rʌk] *n.:* the ~ kalabalık, izdiham, insan yığını; *at yarışı:* geri kalan atların oluşturduğu grup; the (common) ~ *fig.* normal yaşam düzeyi.
ruck(.le) [ˈrʌk(l)] *v/t. & v/i. a.* ~ up buruş(tur)mak, kırış(tır)mak.
ruck.sack [ˈrʌksæk] *n.* sırt çantası.
ruc.tion *sl.* [ˈrʌkʃən] *n.* kargaşa, karışık-

lık, kıyamet.
rud.der ⚓, ✈ [ˈrʌdə] *n.* dümen.
rud.di.ness [ˈrʌdinis] *n.* kırmızılık; **ˈrud-dy** *adj.* kırmızı, al; kırmızı yanaklı; *sl.* kahrolası.
rude □ [ruːd] kaba; terbiyesiz; edepsiz; sert, şiddetli; yontulmamış, kaba saba; ilkel; basit; dinç, kuvvetli, gürbüz; işlenmemiş, ham; vahşî; ayıp; **ˈrude.ness** *n.* kabalık; terbiyesizlik.
ru.di.ment *biol.* [ˈruːdimənt] *n.* gelişmemiş kısım (of *bir organın; a. fig.*); ~s *pl.* ilke, ilk adım; **ru.di.men.ta.ry** [~ˈmentəri] *adj.* temel; gelişmemiş, eksik.
rue[1] ⚘ [ruː] *n.* sedefotu.
rue[2] [~] *v/t.* pişmanlık duymak *-den.*
rue.ful □ [ˈruːful] pişman; acıklı; **ˈrue-ful.ness** *n.* pişmanlık.
ruff[1] [rʌf]*n.* kırmalı yakalık.
ruff[2] [~] *iskambil:* **1.** *n.* kozla alma; **2.** *v/t.* kozla almak.
ruf.fi.an [ˈrʌfjən] *n.* kavgacı (*veya* gaddar, zalim) kimse; **ˈruf.fi.an.ly** *adj.* zalimce, gaddarca, canavarca.
ruf.fle [ˈrʌfl] **1.** *n.* kırma, farbala, fırfır; hafifçe dalgalandırma *(su vs.)*; *fig.* kargaşa, patırtı, gürültü; ~ collar kırmalı yaka; **2.** *v/t.* & *v/i.* kabartmak *(saç, tüy)*; buruşturmak; büzmek, kırma yapmak; *fig.* rahatsız etm.; kız(dır)mak, öfkelen(dir)mek; hafifçe dalgalandırmak, çırpıntılı yapmak *(göl vs.)*.
rug [rʌg] *n.* halı, kilim; örtü.
Rug.by [ˈrʌgbi] *n. a.* ~ football Amerikan futbolu.
rug.ged □ [ˈrʌgid] engebeli, pürüzlü, arızalı; düzensiz; *fig.* sert, haşin; bakımsız; kaba, terbiyesiz; kırışık, buruşuk; kulak tırmalayıcı; sıhhatli, zinde; sağlam, dayanıklı; fırtınalı; **ˈrug.ged.ness** *n.* sertlik; kabalık; zindelik.
rug.ger F [ˈrʌgə] = Rugby.
ru.in [ˈruːin] **1.** *n.* yıkım, yıkılma, harabiyet; tahrip; perişanlık; iflâs; *mst* ~s *pl.* yıkıntı, kalıntı, harabe; lay in ~s harap etm., tahrip etm.; **2.** *v/t.* yıkmak, tahrip etm., harap etm., viraneye çevirmek; perişan etm., mahvetmek, altüst etm.; batırmak, iflâs ettirmek; bozmak; **ru.inˈa-tion** *n.* yık(ıl)ma, yıkım, harabiyet; F felâket; **ˈru.in.ous** □ yıkıcı, felâkete götüren; yıkık, harap, viran.
rule [ruːl] **1.** *n.* yönetim; idare; âdet; alışkanlık; yol, usül; *eccl.* kaide, kural; ⚖ kanun, hüküm; *a.* standing ~ statü, tüzük; ⊕ cetvel, metre; as a ~ genellikle, çoğunlukla; ~(s) of court mahkeme hükümleri; ~(s) of the road yol nizamnamesi, trafik kuralları; ~ of three 𝔄 üçlü kuralı; ~ of thumb göz kararı, pratik usul; make it a ~ alışkanlık haline getirmek, âdet (*veya* prensip) edinmek; work to ~ kurallara uygun çalışmak; **2.** *v/t.* idare etm., yönetmek; *a.* ~ over hükmetmek; (cetvelle) çizmek *(kâğıt vs.)*; dizginlemek, hâkim olm.; buyurmak, emretmek; çok etkilemek; ~ out çıkarmak, silmek; bir kenara bırakmak; önlemek, engellemek; *v/i.* üstün olm.; hüküm (*veya* saltanat) sürmek; † belli bir seviyede olm. *(fiyat)*; **ˈrul.er** *n.* cetvel; hükümdar, yönetici; **ˈrul.ing** *n. part.* ⚖ yargı, hüküm; çizme; çizgi; yönetim, hükümdarlık; ~ price † piyasada günlük fiyat, cari fiyat.
rum[1] [rʌm] *n.* rom; *Am.* alkollü içki.
rum[2] *sl.* □ [~] garip, tuhaf, acayip.
Ru.ma.nian [ruːˈmeinjən] **1.** *adj.* Romen; **2.** *n.* Romanyalı; Romen(ce).
rum.ble[1] [ˈrʌmbl] **1.** *n.* gürleme, gümbürtü, gürültü; guruldama, gurultu; *Am. a.* ~-seat *mot.* arka koltuk; *Am.* F dalaş, sokak kavgası; **2.** *v/i.* gümbürdemek, gürlemek *(gök)*; guruldamak, gurlamak *(mide)*.
rum.ble[2] *sl.* [~] *v/t.* *b-nin* içini okumak.
ru.mi.nant [ˈruːminənt] **1.** *adj.* gevişgetiren; **2.** *n.* gevişgetiren hayvan; **ru.mi-nate** [ˈ~neit] *v/i.* geviş getirmek; *fig.* derin derin düşünmek; **ru.miˈna.tion** *n.* geviş getirme; derin derin düşünme.
rum.mage [ˈrʌmidʒ] **1.** *n.* adamakıllı arama, araştırma; ~ sale fakirlerin yararına yapılan eşya satışı; **2.** *v/t.* araştırmak; didik didik aramak; *v/i.* araştırma yapmak.
rum.mer [ˈrʌmə] *n.* ayaklı içki bardağı.
rum.my[1] *sl.* □ [ˈrʌmi] = rum[2].
rum.my[2] [~] *n.* bir tür iskambil oyunu.
ru.mo(u)r [ˈruːmə] **1.** *n.* söylenti, şayia; dedikodu; **2.** *v/t.* yaymak, çıkarmak *(dedikodu)*; it is ~ed söylentiye göre; **ˈ~-mon.ger** *n.* dedikoducu kimse.
rump [rʌmp] *n. anat.* but; *orn.* kıç; *co.* popo, kıç; artan parça, bakıye.
rum.ple [ˈrʌmpl] *v/t.* buruşturmak; karmakarışık etm., bozmak.
rump.steak [ˈrʌmpsteik] *n.* biftek.
rum.pus F [ˈrʌmpəs] *n.* gürültü, şamata; kavga, münakaşa.
rum-run.ner *Am.* [ˈrʌmrʌnə] *n.* içki kaçakçısı.
run [rʌn] **1.** *(irr.) v/i. com.* koşmak; akmak, dökülmek *(nehir, su vs.)*: gitmek, uzanmak; işlemek, çalışmak; adaylığını koymak (for *için*); dörtnala gitmek *(at)*;

kaçmak, tüymek; arkadaşlık etm. (with *ile*); yarışmak; yuvarlanmak; kaçmak *(çorap)*; dönmek; göç etm. *(balık)*; erimek; irin akıtmak; yönelmek *-e*; devam etm.; oynanmak *(piyes)*; geçmek; yayılmak; ~ across s.o. *b-ne* rast gelmek, rastlamak; ~ after *-in* peşinden koşmak; ~ away kaçmak *(a. fig.)*; akıp gitmek; ~ down bitmek; durmak *(saat)*; çarpmak *-e*; *fig.* kuvvetten düşmek; ~ dry kurumak; ~ for koşmak *-e*; *parl.* adaylığını koymak *-e*; ~ high kabarmak, çok dalgalı olm. *(deniz)*; şiddetli olm. *(his, duygu)*; yükselmek, artmak *(fiyat)*; ~ in akmak *(su vs.)*; *b-ni* arabasıyla bırakmak; yarışmak; that ~s in the blood (family) aile içinde kalıtsal olm., aileden gelmek, kanında olm.; ~ into girmek *-e*; karşılaşmak *ile (güçlük)*; akmak, dökülmek *-e*; *b-ni* arabasıyla bırakmak; çarpmak *-e*; ulaşmak *-e*; ~ into s.o. *b-ne* rast gelmek, rastlamak; ~ low azalmak; ~ mad delirmek; ~ off kaçmak; gitmek; akmak; kaymak; ~ on konuşup durmak; geçmek *(vakit)*; ~ out sona ermek *(süre)*, bitmek, tükenmek; akmak; uzanmak; I have ~ out of tobacco tütünüm bitti; ~ over bir koşu gitmek; *b-ni* arabasıyla götürmek; taşmak; gezinmek; ~ short tükenmek, bitmek, kıtlaşmak; ~ through akmak; dolaşmak *(haber vs.)*; ~ to akmak, dökülmek *-e (nehir)*; *b-ni* arabasıyla götürmek; devam etm. *-e kadar*; uzanmak *-e doğru*; ulaşmak *-e*; F kesesi müsaade etm. *-e*; ~ up artmak, fırlamak *(fiyat)*; birikmek *(borç)*; ~ up to yanaşmak, yaklaşmak *-e*; ulaşmak *-e*; ~ (up)on *ile* meşgul olm. *(zihin)*; çarpmak, bindirmek *-e (gemi)*; ~ with yarışmak *ile*; arkadaşlık *etm. ile*; **2.** *(irr.) v/t.* sürmek, kullanmak; yarıştırmak; aday göstermek; gütmek *(davar)*; *hunt.* kovalamak, takip etm.; yarmak *(abluka)*; batırmak, saplamak; geçirmek; çarpmak; kaçırmak *(mal)*; gezdirmek *(göz)*; işletmek, çalıştırmak; yönetmek, idare etm.; doldurmak; dökmek, akıtmak; tasfiye etm. *(petrol)*; girmek *(riske)*; çizmek; basmak *(kitap vs.)*: taşımak, nakletmek, götürmek; ~ the blockade ablukayı yarmak; ~ down arayıp bulmak; kovalayıp yakalamak; yormak, bitkin düşürmek; gezdirmek *(göz vs.)*; *fig.* yermek, kötülemek; be ~ down bitkin (*veya* yorgun) olm.; ~ errands haber götürmek *veya* bir iş için bir yere gitmek; ~ hard sıkıştırmak *(rakip)*; ~ in *mot.* alıştırmak, açmak; geçirmek *(iplik vs.)*; batırmak, saplamak *(kılıç)*; eklemek, katmak; yarıştırmak; F içeri atmak, hapsetmek; ~ into batırmak, saplamak *(iğne, kılıç)*; sokmak *-e (borç vs.)*; ~ off akıtmak, boşaltmak; kaçırtmak *(davar)*; yazıvermek; basmak; ezbere okumak; etkilememek *-i*, tesir etmemek *-e*; ~ out uzatmak; salıvermek *(ip vs.)*; kovmak, sepetlemek; ~ over ezmek, çiğnemek; göz gezdirmek *-e*, gözden geçirmek *-i*; tekrarlamak *-i*, *-in* üzerinden geçmek; ~ s.o. through *b-ne* kılıç saplamak, *b-ni* süngülemek; ~ up çekmek *(bayrak)*; artırmak, yükseltmek *(borç vs.)*; yapıvermek; toplamak *(sayı)*; denemek *(motor)*; **3.** *n.* koşma, koşuş; koşu *(part. sporda)*; gezi(nti); gidilen mesafe; yol, rota; seri, sıra; oynama (*veya* gösterim) süresi; süre; kümes bahçesi; akış, seyir; gidişat, eğilim; *spor:* sayı; kayma yokuşu; balık sürüsü; ↑ talep, rağbet (on, upon *-e*); *Am.* çay, dere, ırmak; *part. Am.* çorap kaçığı; ♪ sesgeçidi, nağmeleme; ↑ cins, nevi, çeşit, tür; the common ~ alışılmış türden, sıradan; have a ~ of 25 nights *thea.* 25 gece oynamak; have the ~ of s.th. *bşi* serbestçe kullanabilmek; be in the ~ *veya* ~ing kazanma şansı olm.; in the long ~ eninde sonunda, zamanla; in the short ~ kısa vadede; on the ~ kaçmakta; telâş içinde, koşuşturmakta.

run.a.bout *mot.* ['rʌnəbaut] *n.* küçük araba.

run.a.way ['rʌnəwei] **1.** *n.* kaçak, kaçgın, firarî; **2.** *v/i.* kaçmak; **3.** *adj.* kontrolden çıkmış; kaçak...

rune [ru:n] *n.* eski Germen alfabesinin bir harfi.

rung[1] [rʌŋ] *p.p. of* ring[2] 2.

rung[2] [~] *n.* portatif merdiven basamağı; sandalyenin basamak çubuğu; *fig.* kademe.

run.ic ['ru:nik] *adj.* eski Germen alfabesi harfleriyle yazılmış.

run-in ['rʌn'in] *n. spor:* hız alma mesafesi; F çatışma, anlaşmazlık.

run.let ['rʌnlit], **run.nel** ['rʌnl] *n.* çay, dere; su oluğu.

run.ner ['rʌnə] *n.* koşucu, atlet; ✕ haberci, ulak; kızak ayağı; kaçakçı; ♀ yan filiz; uzun masa örtüsü; yol halısı, yolluk; '~-'**up** *n. spor:* ikinci gelen yarışmacı *veya* takım.

run.ning ['rʌniŋ] **1.** *adj.* koşan; akan; koşarak yapılan; sürekli, devamlı, aralıksız; işlek, bitişik *(elyazısı)*; koşuyla ilgili, koşu...; genel; içinde bulunulan *(ay,*

yıl vs.); arka arkaya, peş peşe; cerahatli, akıntılı, sızıntılı; two days ~ peş peşe iki gün; ~ hand bitişik elyazısı; ~ start *spor:* hızlı başlangıç, iyi çıkış; ~ stitch düz dikiş; **2.** *n.* koşu; koşma; **'~-board** *n. mot.*, 🚃 *etc.* marşpiye, basamak.
runt [rʌnt] *n. zo.* çelimsiz hayvan; *fig.* bücür kimse, beberuhi.
run.way ['rʌnwei] *n.* ✈ pist; *hunt.* geçit.
ru.pee [ruː'piː] *n.* rupi.
rup.ture ['rʌptʃə] **1.** *n.* kopma, kır(ıl)ma; kesilme; ⚕ fıtık; *fig.* dostça ilişkilerin sona ermesi; **2.** *v/t.* & *v/i.* kop(ar)mak, kır(ıl)mak; ilişkisini kesmek; fıtık olm.
ru.ral ☐ ['ruərəl] köye ait, kırsal; tarımsal, zirai; köy yaşamına ait; **'ru.ral.ize** *vb.* köylüleştirmek; köyde yaşamak.
ruse [ruːz] *n.* hile, tuzak, oyun.
rush[1] ⚘ [rʌʃ] *n.* saz, hasırotu; *fig.* ıvır zıvır, fasa fiso.
rush[2] [~] **1.** *n* hamle, saldırış, hücum; koş(uştur)ma; telâş; üşüşme; sıkışıklık; hengâme; † büyük talep (for -*e*); ⚡ akım artışı; ~ hour(s *pl.*) işin *veya* trafiğin en yoğun olduğu zaman, kalabalık saatler; ~ order † acele sipariş; **2.** *v/i.* koş(uştur)mak, acele etm.; fırlamak; ~ at saldırmak -*e*; ~ into extremes aşırıya kaçmak; ~ into print yayımlamakta acele etm.; *v/t.* acele ettirmek, koşturmak; püskürtmek; ⚔ & *fig.* hücum etm. -*e*; acele ile yapmak; ~ s.o. off his feet *b-nin* iki ayağını bir pabuca sokmak; ~ through *parl.* acele ile meclisten geçirmek; **'rush.ing** ☐ hararetli.
rusk [rʌsk] *n.* gevrek, peksimet.
rus.set ['rʌsit] **1.** *adj.* koyu kırmızı; **2.** *n.* koyu kırımızı renk; kış elması.
Rus.sia (leath.er) ['rʌʃə('leðə] *n.* Rus meşini, sahtiyan; **'Rus.sian 1.** *adj.* Rus, Rusya *veya* Rusçaya ait; **2.** *n.* Rus(yalı); Rusça.
rust [rʌst] **1.** *n.* pas (rengi); ⚘ pas hastalığı; zehirli mantar; **2.** *v/t.* & *v/i.* paslan(dır)mak *(a. fig.)*.
rus.tic ['rʌstik] **1.** *adj.* (~ally) köye ait, kırsal; *fig.* kaba saba, yontulmamış; **2.** *n.* köylü; basit ve kaba kimse; **rus.ti.cate** ['~keit] *v/t.* & *v/i. univ.* geçici uzaklaştırma cezası vermek; kaba işçilikle yapmak; köyde yaşamak; **rus.ti'ca.tion** *n.* köyde yaşama; *univ.* geçici olarak uzaklaştırma; **rus.tic.i.ty** [~'tisiti] *n.* köylülük; köy yaşamı; kabalık.
rus.tle ['rʌsl] **1.** *v/t.* & *v/i.* hışırda(t)mak; hışırtı çıkararak ilerlemek; *Am.* F davar çalmak; ~ up bulmak, bulup buluşturmak; **2.** *n.* davar *veya* at hırsızı.
rust...: '~.less *adj.* paslanmaz; **'~-'proof, '~.re'sist.ant** *adj.* pas tutmaz; **'rusty** *adj.* paslı, paslanmış *(a. fig.)*; *fig.* unutulmuş, ham, körelmiş; rengi atmış *(siyah kumaş)*.
rut[1] *hunt.* [rʌt] **1.** *n.* azgınlık dönemi, kösnüme; **2.** *v/i.* kösnümek.
rut[2] [~] *n.* tekerlek izi; *part. fig.* alışkı, âdet.
ruth.less ☐ ['ruːθlis] merhametsiz, acımasız, zalim, insafsız; **'ruth.less.ness** *n.* acımasızlık, merhametsizlik.
rut.ted ['rʌtid] *adj.* tekerlek izleriyle dolu *(yol)*.
rut.ting *hunt.* ['rʌtiŋ] *adj.* kösnüme ile ilgili, kösnüme...; ~ season kösnüme mevsimi.
rut.ty ['rʌti] *adj.* tekerlek izleriyle dolu *(yol)*.
rye ⚘ [rai] *n.* çavdar.

S

Sab.bath [ˈsæbəθ] *n.* sebt günü, kutsal dinlenme günü *(Yahudilerin cumartesi, Hıristiyanların pazar günü).*
sab.bat.i.cal □ [səˈbætikəl] sebt gününe ait, tatil...; ~ year *univ.* yedi yılda bir gelen tatil yılı *(öğretim üyesi için).*
sa.ble [ˈseibl] **1.** *n. zo.* samur (kürkü); samur rengi, siyah renk; **2.** *adj. lit.* siyah, çok koyu.
sab.o.tage [ˈsæbətaːʒ] **1.** *n.* sabotaj, baltalama; **2.** *v/t.* baltalamak, sabote etm.
sa.bre [ˈseibə] **1.** *n.* kılıç, suvari kılıcı; **2.** *v/t.* kılıçtan geçirmek, katletmek.
sac *anat., zo* [sæk] *n.* kese, küçük torba.
sac.cha.rin ⚗ [ˈsækərin] *n.* sakarin; **sac.cha.rine** [ˈ~-rain] *adj.* çok tatlı..., şeker...; *fig.* şeker gibi, bal gibi; suni, yapay, yapmacık, doğal olmayan.
sac.er.do.tal □ [sæsəˈdəutl] papazlığa ait, papaz...
sack[1] [sæk] **1.** *n.* çuval, torba, *Am.* kese kâğıdı; bir çuval (dolusu); bol gelen ceket, kadın ceketi; give (get) the ~ F işinden çıkar(ıl)mak, tezkeresini eline vermek, sepetlemek; **2.** *v/t.* torba vs'ye koymak; F işinden çıkarmak, atmak, kovmak.
sack[2] [~] **1.** *n.* yağma, çapul; **2.** *v/t.* yağma etm.
sack[3] [~] *n.* Güney Avrupa'ya mahsus beyaz şarap.
sack.cloth [ˈsækklɔːθ], **sack.ing** *n.* çuval bezi, çul.
sac.ra.ment *eccl.* [ˈsækrəmənt] *n. (Hıristiyanlıkta)* kutsal ayin; **sac.ra.men.tal** □ [~ˈmentl] dinî ayine ait, ayin niteliğinde.
sa.cred □ [ˈseikrid] kutsî, kutsal, mukaddes; dinî, dinsel *(şiir, müzik)*; saygıdeğer, aziz, mübarek; **ˈsa.cred.ness** *n.* kutsiyet, kutsallık, azizlik.
sac.ri.fice [ˈsækrifais] **1.** *n.* kurban; fedakârlık, özveri; at a ~ † zararına, pahasına; **2.** *v/t. & v/i.* kurban etm.; feda etm., gözden çıkarmak; † zararına satmak.
sac.ri.fi.cial [sækriˈfiʃəl] *adj.* kurbanlık, kurbanla ilgili; † zararına, çok ucuza...
sac.ri.lege [ˈsækrilidʒ] *n.* kutsal bir yere *veya* şeye saygısızlık, tecavüz etme;
sac.ri.le.gious □ [~ˈlidʒəs] kutsal şeye saygısız, şerir, günahkâr; tecavüzkârane.
sa.crist, sac.ris.tan *eccl.* [sækrist(ən)] *n.* zangoç, kilise kayyumu, kilisede hizmet eden kimse.
sac.ris.ty *eccl.* [ˈsækristi] *n.* kilisede kutsal eşyaların muhafaza edildiği oda.
sad □ [sæd] kederli, üzgün; acıklı; acınacak, endişe verici; donuk, karanlık, kasvetli *(renk).*
sad.den [ˈsædn] *v/t. & v/i.* kederlen(dir)mek, acınmak, müteessir etm. *veya* olm., üz(ül)mek.
sad.dle [ˈsædl] **1.** *n.* eyer; sırt; break to the ~ talim ve terbiye etm. *(at)*; **2.** *v/t.* eyerlemek; *fig.* ağırlık vermek, ağır gelmek, sıkıntı vermek; yüklemek (upon); **ˈ~-bag** *n.* heybe, hurç, eyer çantası; **ˈ~-cloth** *n.* haşa, çul, teğelti, eyer altına konan çul, **ˈsad.dler** *n.* saraç; **ˈsad.dler.y** *n.* saraçhane; saraçlık; saraciye.
sad.ism [ˈseidizəm] *n.* sadizm.
sad.ness [ˈsædnis] *n.* keder, üzgünlük, hüzün, üzüntü, mahzunluk, melânkoli, kasevda.
sa.fa.ri [səˈfaːri] *n.* safari, *(part.* Afrika'da) av partisi.
safe [seif] **1.** □ *com.* emin (from *-den*), güvenilir, emniyetli, sağlam; tehlikesiz, salim; to be on the ~ side ihtiyatlı davranmak, sonuçtan emin olm.; **2.** *n.* kasa; yemek dolabı, teldolap; ~ deposit kasa dairesi; **ˈ~-blow.er** *n.* kasa hırsızı; ~ **con.duct** geçiş izni, himaye *veya* seyahat belgesi *(savaşta)*; **ˈ~.guard 1.** *n.* koruma, himaye, koruyucu şey; muhafız; **2.** *v/t.* korumak, emniyet altına almak (against *-e karşı*); **~ing** duty koruyucu gümrük vergisi; **ˈsafe.ness** *n.* emniyet, güvenlik.
safe.ty [ˈseifti] *n.* güvenlik, asayiş, emniyet; ~ **belt** *mot.* emniyet kemeri; ~ **curtain** *thea.* yanmaz perde; ~ **is.land** trafik adası, refüj; **ˈ~-lock** *n.* emniyet kilidi; **ˈ~-pin** *n.* çengelli iğne; ~ **ra.zor** traş makinesi.
saf.fron [ˈsæfrən] **1.** *n.* ⚘ safran; bu çiçe-

ğin boya maddesi *veya* baharat olarak kullanılan tohumları; koyu sarı renk; **2.** *adj.* safran renginde, koyu sarı.

sag [sæg] **1.** *v/i.* eğilmek, sarkmak, çökmek; ⊕ bel vermek; ⚓ batmak *(a. fig.)*; rüzgâr altına sürüklenmek; düşmek *(fiyat)*; kaybolmak, kaçmak *(neşe, heves)*; **2.** *n.* çöküntü, eğilme; ⊕ bel verme; düşüş *(fiyat)*.

sa.ga [ˈsɑːgə] *n.* eski İskandinav hikâyesi, saga, efsane; destan.

sa.ga.cious □ [səˈgeiʃəs] akıllı, sağgörülü, zeki, anlayışlı, keskin görüşlü.

sa.gac.i.ty [səˈgæsiti] *n.* akıllılık, zekâ, anlayış, anlak, sağgörü.

sag.a.more [ˈsægəmɔː] *n.* kızılderili kabile reisi.

sage[1] [seidʒ] **1.** □ akıllı; hikmet sahibi, ağırbaşlı, hakim; **2.** *n.* hikmet sahibi kimse, yaşını başını almış akıllı kimse, filozof, bilge.

sage[2] ⚘ [~] *n.* adaçayı.

sage.brush ⚘ [ˈseidʒbrʌʃ] *n.* A.B.D.'de bir tür kokulu çalı.

sa.go [ˈseigəu] *n.* sagu, bir kaç tür hurma ağacından alınan bir tür nişasta.

sa.hib [ˈsɑːhib] *n.* Hindistan'da Avrupalılara verilen ünvan; efendi.

said [sed] *pret. & p.p. of* say **1.**

sail [seil] **1.** *n.* yelken; deniz yolculuğu; yel değirmeni yelpazesi; yelkenli; set ~ yelken açıp denize açılmak; **2.** *v/t. & v/i.* yelkenliyle (*veya* gemiyle) gitmek; (gemi ile) yola çıkmak, ayrılmak; üzerinde seyretmek (*veya* gitmek); uç(ur)mak, süzülmek; yönetmek *(yelkenli)*; **ˈ~-boat** *n.* yelkenli gemi; **ˈ~-cloth** *n.* yelken bezi; **ˈsail.er** *n.* yelkenli gemi; **ˈsailing-ship, ˈsail.ing-ves.sel** *n.* yelkenli, yelken gemisi; **ˈsail.or** *n.* gemici, denizci; tayfa, deniz eri; ~'s knot gemici düğümü; be a good (bad) ~ *k-ni* deniz tut(ma)mak; **ˈsail-plane** *n.* planör.

saint [seint] **1.** *n. & adj.* kutsal, aziz, evliya, eren; *(özel ismin önünde: S., St.)* Ermiş. Aziz; **2.** *v/t.* azizler mertebesine çıkarmak; **ˈsaint.ed** *adj.* aziz; aziz mertebesine ulaşmış, cennete giden, merhum; mukaddes, kutsal; **ˈsaint.li.ness** *n.* azizlik. evliyalık; kutsiyet; **ˈsaint.ly** *adj.* evliya gibi, azizlere yakışır, mübarek.

saith † *veya poet.* [seθ] *3rd sg. person of* say

sake [seik] *n.*: for the ~ of *-in* uğruna, *-in* aşkına, *-in* hatırı için; for my ~ hatırım için, benim için; for God's ~ Allah aşkına.

sal ⚗ [sæl] *n.* tuz: ~ ammoniac nişadır; ~ volatile karbonat amonyum ruhu.

sal.a.ble [ˈseiləbl] *adj.* satılabilir, geçer.

sa.la.cious □ [səˈleiʃəs] şehvani, şehvetli; müstehcen, açık saçık.

sal.ad [ˈsæləd] *n.* salata.

sal.a.man.der [ˈsæləmændə] *n. zo.* semender; ateşte yanmayan efsanevi bir tür hayvan; ocak demiri; salamandra.

sa.la.mi [səˈlɑːmiː] *n.* salam.

sal.a.ried [ˈsælərid] *adj.* maaşlı, ücretli; maaşlı...; **ˈsal.a.ry 1.** *n.* maaş, ücret, aylık; **2.** *v/t.* maaş (*veya* aylık, ücret) vermek; **ˈsal.a.ry.earn.er** maaş (*veya* aylık, ücret) alan kimse.

sale [seil] *n.* satış, satım, satma, satılış; mezat; talep, revaç; indirimli satış; for ~, on ~ satılık; by private ~ el altından satış; **ˈsale.a.ble** *adj.* satılabilir.

sales... [seilz]: **ˈ~.man** *n.* satıcı, tezgâhtar; **ˈ~.man.ship** *n.* satıcılık, satma yeteneği, işin adamı (*veya* eri) olma; **~ resist.ance** alıcının isteksizliği *veya* satıcıyı geri çevirebilmesi; **ˈ~wom.an** *n.* satıcı kadın.

sa.li.ence [ˈseiljəns] *n.* çıkıntı, çıkma, cumba; göze çarpan şey; dikkati çekme;

ˈsa.li.ent 1. □ belirgin, çarpıcı, göze çarpan, dikkati çeken; çıkıntılı, çıkık; *fig.* mükemmel, mümtaz, frapan, birinci kalitede; **2.** *n.* çıkıntı, cumba; ⚔ *(cephe, siper)* dış açı.

sa.line 1. [ˈseilain] *adj.* tuzlu; tuz gibi, tuz...; **2.** [səˈlain] *n.* madensel tuz; tuzla; ⚕ tuzlu eriyik.

sa.li.va *physiol.* [səˈlaivə] *n.* salya, tükürük; **sal.i.var.y** [ˈsælivəri] *adj.* salya ile ilgili; tükürük salgılayan; **sal.iˈva.tion** *n.* tükürük çıkarma (*veya* salgılama).

sal.low[1] ⚘ [ˈsæləu] *n.* bodur söğüt ağacı.

sal.low[2] ⚘ [~] *adj.* soluk yüzlü, benzi sararmış; **ˈsal.low.ness** *n.* solgunluk, sarılık, solukluk.

sal.ly [ˈsæli] **1.** *n.* ⚔ çıkış, çemberi yarma, huruç hareketi; nükteli çıkış, espri; **2.** *v/i.* ⚔ *a.* ~ out dışarı fırlamak, çemberi yarmak; ~ forth, ~ out yola düzülmek, toplu halde geziye çıkmak.

sal.ma.gun.di [sælməˈgʌndi] *n.* *(kıyılmış et, ançüez, yumurta ve sebze karışımı)* bir tür salata; *fig.* karmakarışık şey.

salm.on [ˈsæmən] *n.* som balığı (rengi); **2.** *adj.* som balığı renginde, sarımsı pembe.

sal.on [ˈsælɔn] *n.* ressam ve yazarlar topluluğu; sergi salonu, galeri; güzel sanatlar sergisi; salon, misafir odası.

sa.loon [səˈluːn] *n.* büyük salon; birinci mevki salon *(gemide)*; bar; *Am.* meyhane; = **sa'loon-car** 🚃 *n.* vagon-salon; *mot.* üstü kapalı 4-7 kişilik otomobil, limozin.

salt [sɔːlt] **1.** *n.* tuz; *fig.* tat, tat tuz, lezzet, çeşni; tuzluk; old ~ *fig.* eski deniz kurtlarından; with a grain of ~ hakları kullanabilme koşuluyla; kuşkuyla, ihtiyatla; **2.** *adj.* tuzlu; tuzlanmış; **3.** *v/t.* tuzlamak *-i*, salamura yapmak *-i*; *fig.* heyecan katmak, ilginç göstermek; **'~-cel.lar** *n.* tuzluk; **'salt.ed** *adj.* tuzlu; *sl.* bağışık, pişkin; **salt.pe.tre** ['~piːtə] *n.* güherçile; **'salt-wa.ter** *adj.* tuzlu su(da) ...; **'salt.works** *n. sg.* tuzla, tuz fabrikası; **'salt.y** *adj.* tuzlu; denizi hatırlatan; keskin, nükteli, müstehcene kaçan.

sa.lu.bri.ous □ [səˈluːbriəs] sağlam, salim, sıhhatli, sıhhî; **sa.lu.bri.ty** [səˈluːbriti], **sal.u.tar.i.ness** [ˈsæljutərinis] *n.* sıhhatlilik, yararlılık, sıhhî oluş; **sal.u.tar.y** □ [ˈsæljutəri] = salubrious.

sal.u.ta.tion [sæljuːˈteiʃən] *n.* selâm (verme), hatır sorma; hitap, seslenme; **sa-lu.ta.to.ry** [səlˈjuːtətəri] *adj.* selâm niteliğinde; selâm veren; **sa.lute** [səˈluːt] **1.** *n.* selâm (verme); *co.* öpücük, buse; ⚔ selâmlama; **2.** *vb.* selâmlamak, selâm vermek; ⚔ selâm çakmak; resmî saygıda bulunmak, karşılamak.

sal.vage [ˈsælvidʒ] **1.** *n.* tahlisiye (ücreti), kurtarma ve yardım (ücreti); kurtarılan mal; **2.** *v/t.* kurtarmak, çıkarmak, emniyet altına almak *(eşya)*.

sal.va.tion [sælˈveiʃən] *n.* kurtuluş, kurtar(ıl)ma, kurtarış, selâmet; *fig.* kurtuluş; ♀ Army selâmet ordusu, fakirler için para toplayan bir Protestan grubu; **sal-'va.tion.ist** *n.* selâmet ordusu üyesi.

salve¹ [sælv] *v/t. (kaza, deniz veya yangından)* kurtarmak.

salve² [sɑːv] **1.** *n.* merhem, pomat; *fig.* teselli; **2.** *v/t. mst fig.* merhem sürmek; acısını dindirmek, teskin etm.

sal.ver [ˈsælvə] *n.* tepsi.

sal.vo [ˈsælvəu] *n., pl.* **sal.voes** [ˈ~z] ⚔ salvo, yaylım ateşi; selâm topu; *fig.* alkış, kahkaha vs. tufanı; ~ release ✈ bombardıman; **sal.vor** ⚓ [ˈ~və] *n.* kurtarma gemisi.

Sa.mar.i.tan [səˈmæritn] **1.** *adj.* Samiriye ile ilgili; **2.** *n.* Samiriyeli, Samiriye dili.

same [seim]: the ~ aynı, tıpkı(sı); eşit; adı geçen; all the ~ bununla beraber, mamafih, yine, hal böyle iken; it is all the ~ to me bence hepsi bir, benim için hava hoş; **'same.ness** *n.* ayrılık, monotonluk, tekdüzelik; benzerlik.

samp *Am.* [sæmp] *n.* iri taneli öğütülmüş mısır unu.

sam.ple [ˈsɑːmpl] **1.** *n. part.* † numune, örnek, eşantiyon; mostra; model, tip; **2.** *v/t.* örnek olarak denemek, numune almak; çeşnisine bakmak, kalitesini saptamak; **'sam.pler** *n.* el işi örneği; örnekleri deneyen kimse, çeşnici.

san.a.tive [ˈsænətiv] *adj.* iyileştiren, şifa verici; sıhhi, yararlı; **san.a.to.ri.um** [~ˈtɔːriəm] *n. (part. akciğer)* sanatoryum, sağlık yurdu; temiz havalı yer; **san.a.to.ry** [ˈ~təri] *adj.* şifa verici; yararlı.

sanc.ti.fi.ca.tion [sæŋktifiˈkeiʃən] *n.* kutsama, takdis, tasvip; resmen ibadete tahsis; **sanc.ti.fy** [ˈ~fai] *v/t.* kutsallaştırmak, takdis etm.; tasvip etm., onaylamak; günahlardan arındırmak; **sanc.ti-mo.ni.ous** □ [~ˈməunjəs] kaba sofu, ikiyüzlü, riyakâr; **sanc.tion** [ˈsæŋkʃən] **1.** *n.* onay, tasdik, tasvip; yaptırım, zorunlu önlem; **2.** *v/t.* uygun bulmak, onaylamak; **sanc.ti.ty** [ˈ~titi] *n.* kutsallık, mukaddes olma; **sanc.tu.ar.y** [ˈ~tjuəri] *n.* kutsal yer; tapınak, mabet; sığınak; **sanc.tum** [ˈ~təm] *n.* kutsal yer; inziva yeri, *b-nin* sessiz ve yalnız olabileceği yer.

sand [sænd] **1.** kum; ~s *pl.* kumluk, kumsal, kum çölü; his ~s are running out ömrünün sonuna geldi, ömrü kısalıyor; **2.** *v/t.* üstüne kum serpmek, içine kum atmak, kumla örtmek.

san.dal¹ [ˈsændl] *n.* çarık, sandal.

san.dal² [~], **'~.wood** *n.* sandal ağacı, sandal tahtası.

sand...: **'~.bag** *n.* kum torbası; **'~.bank** *n.* kumsal sığlık, kum bankı *(su altında)*; **'~.blast** ⊕ *n.* kum fışkırtma aleti; **'~.boy** *n.*: as jolly as a ~ çok keyifli; **'~.glass** *n.* kum saati; **'~.hill** *n.* kumul, kum tepesi; **'~.pa.per** **1.** *n.* zımpara kâğıdı; **2.** *v/t.* zımparalamak *-i*; **'~.pip.er** *n. orn.* kum çulluğu; **'~.shoes** *n.* plaj ayakkabısı, lastik tabanlı bez ayakkabı; **'~.stone** *n.* kumtaşı, gre.

sand.wich [ˈsænwidʒ] **1.** *n.* sandviç; **2.** *v/t. a.* ~ in *-in* arasına yerleştirmek, sıkıştırmak; **'~-man** *n.* önünde ve arkasında reklâm yaftaları asılı gezen adam.

sand.y [ˈsændi] *adj.* kumlu; kum...; kumsal; kum renginde, saman sarısı *(saç)*.

sane [sein] *adj.* aklı başında, akıllı; makûl; mantıklı *(cevap vs.)*.

San.for.ize [ˈsænfəraiz] *vb.* çekmesini önlemek üzere özel bir işleme tabi tutmak *(kumaş)*.

sang [sæŋ] *pret. of* sing.

san.gui.nary □ [ˈsæŋgwinəri] kana susamış, kan dökücü, zalim; kanlı; **san.guine** [ˈ~gwin] *adj.* neşeli, kanı sıcak *(mizaçlı)*; iyimser, ümitli, emin; gayretli; kan gibi kırmızı *(cilt)*; **san.guin.e.ous** [~ˈgiwiniəs] *adj.* kan...; = *s.* sanguine.
san.i.tari.an [sæniˈtɛəriən] *n.* sağlık uzmanı, sıhhıyeci; **san.i.ta.ri.um** [sæniˈtɛəriəm] *n. Am. of* sanatorium; **san.i.tar.y** □ [ˈ~təri] sağlıkla ilgili, ⊕ sıhhî...; ~ towel âdet bezi.
san.i.ta.tion [sæniˈteiʃən] *n.* sağlık koruma, hıfzıssıhha; sağlık işleri (örgütü); sıhhî tertibat; **ˈsan.i.ty** *n.* akıl sağlığı, akıllılık, aklı başında olma.
sank [sæŋk] *pret. of* sink 1.
sans *lit.* [sænz] *prp.* -siz.
San.skrit [ˈsænskrit] *n.* Sanskrit dili, Sanskritçe.
San.ta Claus [sæntəˈklɔːz] *n.* Noel baba.
sap¹ [sæp] *n.* ⚘ özsu, usare; *fig.* canlılık, dirilik, hayatiyet, öz, ruh; *sl.* alık, öküz aleyhisselâm; pısırık, sünepe.
sap² [~] **1.** *n.* ⚔ lağım, siper, hendek, sıçanyolu; inek, çok çalışan, hafızlayan kimse; **2.** *v/i.* siper kazmak; *sl.* ineklemek, hafızlamak; *v/t.* altından sıçanyolu kazarak yıkmak -*i*, lağım açmak; kuvvetten düşürmek -*i*, takatini kesmek -*in*.
sap.id [ˈsæpid] *adj.* lezzetli, tadı tuzu yerinde; **sa.pid.i.ty** [səˈpiditi] *n.* lezzet, çeşni, tat.
sa.pi.ence *mst iro.* [ˈseipjəns] *n.* akıl, hikmet, dirayet; **ˈsa.pi.ent** *mst iro.* □ akıllı, hikmetli, dirayetli.
sap.less [ˈsæplis] *adj.* kuvvetsiz, kudretsiz, mecalsiz, takatsiz.
sap.ling [ˈsæpliŋ] *n.* fidan, körpe ağaç; *fig.* delikanlı, genç çocuk.
sap.o.na.ceous ⚗ *veya co.* [sæpəuˈneiʃəs] *adj.* sabunlu, sabun gibi.
sap.per ⚔ [ˈsæpə] *n.* istihkâm eri, sıçanyolu kazan.
sap.phire *min.* [ˈsæfaiə] *n.* safir, gökyakut.
sap.pi.ness [ˈsæpinis] *n.* canlılık, hayatiyet; özlü oluş; toyluk.
sap.py [ˈsæpi] *adj.* özlü; canlı; *fig.* dinç, kuvvetli; *sl.* ahmak, sünepe, alık.
Sar.a.cen [ˈsærəsn] *n.* Haçlı seferleri zamanında müslümanlara verilen ad.
sar.casm [ˈsɑːkæzəm] *n.* dokunaklı alay, acı istihza, şaraka; **sar.cas.tic, sar.cas.ti.cal** □ [sɑːˈkæstik(əl)] iğneleyici, istihzalı, alaylı, dokunaklı, müstehzi, tahkiramiz, sarkastik.
sar.coph.a.gus *n., pl.* **sarˈcoph.a.gi** [sɑːˈkɔfəgəs, gai] lahit, sanduka.
sar.dine *ichth.* [sɑːˈdiːn] *n.* sardalya, ateş balığı.
Sar.din.i.an [sɑːˈdinjən] **1.** *adj.* Sardinya ile ilgili; **2.** *n.* Sardinyalı.
sar.don.ic [sɑːˈdɔnik] *adj.* (~ally) alaycı, hor gören, acı, hakaret dolu, sinik, kelbi.
sar.to.ri.al [sɑːˈtɔːriəl] *adj.* terzi *veya* terziliğe ait.
sash¹ [sæʃ] *n.* pencere çerçevesi.
sash² [~] *n.* geniş kuşak, omuz atkısı.
sash-window [ˈsæʃwindəu] *n.* sürme pencere.
sas.sa.fras ⚘ [ˈsæsəfræs] *n.* kuzey Amerika ve Asya'da yetişen bir tür küçük ağaç.
sat [sæt] *pret. & p.p. of* sit.
Sa.tan [ˈseitən] *n. eccl.* Şeytan, İblis.
sa.tan.ic [səˈtænik] *adj.* (~ally) şeytanî, şeytanca, ibliskârane, hınzırca.
satch.el [ˈsætʃəl] *n.* okul çantası, el çantası.
sate [seit] = satiate.
sa.teen [sæˈtiːn] *n.* satene benzer pamuklu kumaş.
sat.el.lite [ˈsætəlait] *n. (a. suni, yapma)* uydu, peyk, satelit, bir gezegenin uydusu; uydu devlet.
sa.ti.ate [ˈseiʃieit] *v/t.* doyurmak, kandırmak, tok hale getirmek, tıka basa yedirmek, *b-nin* açlığını gidermek; **sa.tiˈa.tion** *n.* doy(ur)ma; **sa.ti.e.ty** [səˈtaiəti] *n.* doymuşluk, usanç, gına, tokluk.
sat.in [ˈsætin] *n.* saten, atlas; **sat.i.net(te)** [~ˈnet] *n.* ince saten *veya* saten taklidi kumaş.
sat.ire [ˈsætaiə] *n.* hiciv, yergi, taşlama; **sa.tir.ic, sa.tir.i.cal** □ [səˈtirik(əl)] yergili, hicivli, satirik; **sat.i.rist** [ˈsætərist] *n.* hicivci, taşlama yazarı; **ˈsat.i.rize** *v/t.* alay etm., istihza etm. hicvetmek.
sat.is.fac.tion [sætisˈfækʃən] *n.* hoşnutluk, memnuniyet; tarziye, hoşnut etme, tatmin; ödeme, tazmin.
sat.is.fac.to.ri.ness [sætisˈfæktərinis] *n.* memnuniyet verici durum, yeterlik; **satisˈfac.to.ry** □ memnuniyet verici, hoşnut kılan; doyurucu, tatminkâr, kâfi, yeterli.
sat.is.fied □ [ˈsætisfaid] memnun, hoşnut, tatmin olmuş, ikna olmuş, inanmış; **satis.fy** [ˈ~fai] *vb. com.* memnun etm. -*i*, hoşnut etm. -*i*; tazmin etm., zararı ödemek; yetmek, kâfi gelmek; koşulları yerine getirmek; *b-ni bşe* inand' mak, ikna etm. (of); doyurmak; ortadan kaldırmak *(şüphe)*.
sa.trap [ˈsætrəp] *n.* eski İran'da vali.
sat.u.rate ⚗ & *fig.* [ˈsætʃəreit] *v/t.* doyurmak, doymuş hale getirmek, içirmek, iş-

ba haline getirmek; **sat.u'ra.tion** *n.* doy(ur)ma, işba.
Sat.ur.day ['sætədi] *n.* cumartesi.
Sat.urn ['sætən] *n.* Satürn, zühal; *myth.* Satürn, ziraat tanrısı; **sat.ur.nine** ['~nain] *adj.* melânkolik, asık yüzlü, sıkıcı, kasvetli.
sat.yr ['sætə] *n.* yarı insan yarı keçi şeklinde bir yarıtanrı; şehvet düşkünü kimse.
sauce [sɔːs] **1.** *n.* *(oft. soğuk)* salça, sos; *Am.* komposto; *fig.* tat, lezzet, çeşni; F yüzsüzlük, küstahlık; **2.** *v/t.* sos ilâve etm., lezzet, çeşni katmak; F *b-nin* tepesine çıkmak, küstahlık etm.; **'~-boat** *n.* salçalık; **'~.pan** *n.* uzun saplı tencere, kaçarula; **'sauc.er** *n.* fincan tabağı.
sau.ci.ness F ['sɔːsinis] *n.* arsızlık, saygısızlık, küstahlık.
sau.cy □ F ['sɔːsi] küstah, cüretli, arsız, saygısız, yüzsüz, utanmaz, pişkin.
saun.ter ['sɔːntə] **1.** *n.* ağır ağır ve amaçsız yapılan yürüyüş, dolaşma, gezinti, gezme; **2.** *v/i.* yavaş yavaş dolaşmak, gezinmek; **'saun.ter.er** *n.* avare, kaldırım mühendisi.
sau.ri.an *zo.* ['sɔːriən] *n.* kertenkele ve timsah türünden eski çağ hayvanı, soryen.
sau.sage ['sɔsidʒ] *n.* sucuk, salam, sosis.
sau.té ['səutei] *adj.* tavada hafif kızartılmış, sote *(az yağda).*
sav.age ['sævidʒ] **1.** □ vahşî, yabanî, medeniyetsiz; yırtıcı, gaddar, merhametsiz, zalim; işlenmemiş, yontulmamış; F gazaplı, şiddetli, hiddetli; **2.** *n.* vahşî, barbar, zalim kimse; medeniyetsiz kimse; **3.** *v/t.* vahşice saldırmak *(hayvan)*; **'sav.age.ness, 'sav.age.ry** *n.* yabanilik, barbarlık, vahşet, gaddarlık, vandalizm.
sa.van.na(h) [sə'vænə] *n.* savana, ağaçsız ova, kır.
sav.ant ['sævənt] *n.* âlim, bilgin, hakim.
save [seiv] **1.** *v/t.* & *v/i.* kurtarmak; *(gemi vs)* çıkarmak, kurtarmak; korumak, saklamak, muhafaza etm. (from *-den*); biriktirmek, tasarruf etm.; sakınmak, esirgemek; kaybını önlemek, kazandırmak; para biriktirmek, tutumlu olm.; **2.** *prp.* & *cj.* *a.* ~ that *-den* başka, maada, müstesna, yalnız.
sav.e.loy ['sævilɔi] *n.* bir tür yağsız pişirilmiş sosis.
sav.er ['seivə] *n.* kurtarıcı; para biriktiren kimse; para ve zaman kazandıran alet.
sav.ing ['seiviŋ] **1.** □ tasarrufkâr, tutumlu, idareli; **2.** *n.* kurtarma; ~s *pl.* biriktirilen paralar, tasarruf, iktisat.
sav.ings... ['seiviŋz]: **'~-bank** *n.* tasarruf sandığı *veya* bankası; **'~-de.pos.it** *n.* tasarruf.
sav.io(u)r ['seivjə] *n.* kurtarıcı, halâskâr. Saviour Hazreti İsa.
sa.vo(u)r ['seivə] **1.** *n.* tat, lezzet, çeşni; *fig.* lezzet, tat tuz; **2.** *v/i.* tadı olm., andırmak (of *-i*), kokmak; *v/t.* tadına bakmak, kokusunu almak *-in*; tadını *(veya* zevkini) çıkarmak *-in*; **sa.vo(u)r.i.ness** ['~rinis] *n.* lezzetlilik, hoş tat; **'sa.vo(u)r-less** *adj.* tatsız (tuzsuz), kokusuz.
sa.vo(u)r.y[1] □ ['seivəri] lezzetli, tadı tuzu yerinde, iştah açıcı; güzel kokulu; baharatlı.
sa.vo(u)r.y[2] ⚘ [~] *n.* kekiğe benzer bir tür kokulu ot.
sa.voy [sə'vɔi] *n.* bir tür kıvırcık kış lahanası.
sav.vy *sl.* ['sævi] **1.** *v/i.* anlamak, idrak etm., kavramak; **2.** *n.* kavrayış, anlayış, anlak, idrak, kafa.
saw[1] [sɔː] *pret. of* see.
saw[2] [~] *n.* vecize, atasözü, özdeyiş, darbımesel.
saw[3] [~] **1.** *n.* testere, bıçkı, hızar; **2.** *vb.* testere ile kesmek, bıçkılamak; **'~.dust** *n.* testere talaşı, bıçkı tozu; **'~-horse** *n.* tahta biçmeye mahsus sehpa; **'~-mill** *n.* kereste fabrikası, hızarhane; **sawn** [sɔːn] *p.p. of* saw[3] 2.; **saw.yer** ['~jə] *n.* bıçkıcı, hızarcı.
Sax.on [sæksn] **1.** *adj.* Saksonya ile ilgili; Sakson...; Cermen...; **2.** *n.* Saksonyalı.
sax.o.phone ♪ ['sæksəfəun] *n.* saksafon.
say [sei] **1.** *(irr.)* *v/t.* söylemek, demek; ezberden söylemek; beyan etm.; bildirmek, haber vermek; ~ grace yemekten önce ve sonra dua etm.; ~ mass kuddas ayini yapmak; that is to ~ yani, demek ki; do you ~ so? sahi mi (diyorsun)?; you don't ~ so! yok canım!, deme!; I ~! *(bir tümce başında dikkati çekmek için kullanılan deyim)* bana bak!, beni dinle!, yaa!; he is said to be... onun *-diği* söyleniyor; no sooner said than done demesiyle yapması bir oldu; **2.** *n.* söz, denilen şey, kelam, kelime; söz sırası; it is my ~ now şimdi söz sırası benim; let him have his ~ bırak söyleyeceğini söylesin; have a *veya* some (no) ~ in s.th. bir meselede söz sahibi ol(ma)mak; **'saying** *n.* söz; atasözü, özdeyiş; it goes without ~ hiç kuşku yok ki, elbette.
scab [skæb] *n.* yara kabuğu; uyuz illeti; *sl.* grev bozan.
scab.bard ['skæbəd] *n.* *(kılıç vs.)* kın.

scab.by □ ['skæbi] yara gibi kabuk kabuk olan, kabuk bağlamış; uyuz, uyuza tutulmuş.
sca.bi.es ⚕ ['skeibii:z] *n.* uyuz illeti.
sca.bi.ous ⚘ ['skeibjəs] *n.* uyuzotu.
sca.brous ['skeibrəs] *adj.* pul pul, kabuk bağlamış, kepekli, pürtüklü; pürüzlü, çapraşık; açık saçık, edepsizce, yakışıksız.
scaf.fold ['skæfəld] *n.* yapı iskelesi, darağacı platformu; **'scaf.fold.ing** *n.* yapı iskelesi kerestesi.
scald [skɔ:ld] **1.** *n.* haşlama, haşlayıp yakma; kaynar sudan ileri gelen yanık *veya* yara; **2.** *vb.* kaynar su ile haşlamak; *a.* ~ out iyice kaynatmak; *(süt)* kaynatmak.
scale¹ [skeil] **1.** *n.* balık pulu; kazan çeperine yapışan kefeki (taşı); diş pası, kefeki, pesek; remove the ~s from s.o.'s eyes *b-nin* gözünü açmak, gerçekleri görmesini sağlamak; **2.** *v/t.* pullarını çıkarmak, derisini yüzmek; üst kısmını kazımak; ⊕ *(kazandaki kefeki taşı)* vurarak düşürmek; *(diş pası)* temizlemek; *v/i. oft.* ~ off pul pul dökülmek.
scale² [~] **1.** *n.* terazi gözü, kefe; (a pair of) ~s *pl.* terazi; ~s *pl. ast.* Mizan, Terazi; **2.** *v/t.* tartmak, ağırlığını ölçmek.
scale³ [~] **1.** *n.* ölçek; dereceli cetvel; ♪ ıskala, gam; derece taksimatı, derece; *fig.* ölçü, mikyas; on a large ~ geniş ölçüde (*veya* çapta); **2.** *v/t. bşe* tırmanmak, çıkmak; ~ up (down) belli oranda büyütmek (küçültmek).
scaled [skeild] *adj.* pullu; kepekli.
scale.less ['skeillis] *adj.* pulsuz; kepeksiz.
scal.ing-lad.der ['skeiliŋlædə] *n.* ⚔ tırmanma merdiveni; yangın merdiveni.
scal.lion ⚘ ['skæljən] *n.* yeşil soğan; pırasa.
scal.lop ['skɔləp] **1.** *n. zo.* tarak; tarak kabuğu şeklinde tabak *veya* tava; tarak kabuğu şeklinde işlenmiş oya, fisto; **2.** *v/t.* tarak kabuuğ şeklinde kesmek *veya* yapmak; yemeğin üstüne sos katarak fırında pişirmek; fisto yapmak.
scalp [skælp] **1.** *n.* kafatasını kaplayan deri; zafer alâmeti; **2.** *v/t. -in* başının derisini yüzmek; karaborsa sinema, tiyatro *vs.* bileti satmak.
scal.pel ⚕ ['skælpəl] *n.* ufak ve düz bıçak, teşrih bıçağı.
scal.y ['skeili] *adj.* pul pul, pullarla kaplı; kabukları pul pul soyulan.
scamp [skæmp] **1.** *n.* yaramaz *(veya* haylaz, çapkın) kimse; **2.** *v/t.* kötü iş görmek, acele ile yüzüne gözüne bulaştırmak; **'scamp.er 1.** *v/i.* acele ve neşeli koşuşturmak, seyirtmek; **2.** *n. fig.* acele kaçış, tüyme, dört nala kaçış.
scan [skæn] *v/t.* incelemek, tetkik etm.; gözden geçirmek; *fig.* göz gezdirmek; *televizyon:* bir resmin tüm noktalarından sıra ile geçmek; *v/i.* vezne göre okumak, vezin analizi yapmak.
scan.dal ['skændl] *n.* rezalet, skandal, ayıp, kepazelik, rüsvaylık; dedikodu, iftira; **'scan.dal.ize** *v/t.* rezalet çıkararak *b-ni* utandırmak; be ~d at *veya* by *bşi* mahzurlu bulmak, hoş görmemek, **'scandal-mon.ger** *n.* geveze (*veya* dedikoducu) kimse; **scan.dal.ous** □ ['~dələs] rezil, iftiralı, dokunaklı, kepaze, ayıp; dedikoducu, boşboğaz; **'scan.dal.ous.ness** *n.* rezalet, kepazelik.
Scan.di.na.vi.an [skændi'neivjən] **1.** *adj.* İskandinavyalı; İskandinavya'ya ait; **2.** *n.* İskandinavyalı; İskandinav dili.
scant *lit.* [skænt] **1.** *adj.* kıt, eksik, az, dar; yetersiz; sınırlı; **2.** *v/t.* cimrilik etm., kısmak, sınırlamak.
scant.i.ness ['skæntinis] *n.* kıtlık, eksiklik, yetmezlik, darlık.
scant.ling ['skæntliŋ] *n.* çatı kirişi; kereste kalınlığı; eşantiyon, numune.
scant.y □ ['skænti] az, kıt, noksan, eksik, dar, yetersiz.
scape.goat ['skeipgəut] *n.* başkalarının suçlarını yüklenen kimse; *fig.* şamar oğlanı.
scape.grace ['skeipgreis] *n.* hiç bir işe yaramayan değersiz ve güvenilmez kimse, hayırsız, yaramaz.
scap.u.lar ['skæpjulə] **1.** *adj. anat.* kürek kemiğine ait; **2.** *n. eccl.* bazı keşişlerin giydiği kolsuz gömlek.
scar¹ [skɑ:] **1.** *n.* yara izi; tırmık, yırtık, yara; *fig.* namus lekesi; leke, kusur, şaibe; tahrip izi; **2.** *v/t. -in* üstünde yara izi bırakmak; hafifçe sıyırmak, tırmıklamak; *v/i.* yara izi oluşmak, kapanmak *(yara).*
scar² [~] *n.* kayalık, çıplak kaya; dik yamaç, sarp yokuş.
scar.ab *zo.* ['skærəb] *n.* bokböceği; eski Mısırlıların kutsal böceği.
scarce [skεəs] *adj.* az bulunur, nadir, seyrek; kıt; make o.s. ~ F ortadan kaybolmak, sıvışmak; **'scarce.ly** *adv.* pek az, hemen hemen hiç; güçlükle; **'scar.ci.ty** *n.* azlık, kıtlık, eksiklik (of); pahalılık, fiyat yüksekliği.
scare [skεə] **1.** *v/t.* korkutmak; *a.* ~ away ürkütmek, kovmak; be ~d korkmak, ürkmek (of *-den*); **2.** *n.* panik, bozgun, anî

(*veya* sebepsiz) korku; **ˈ~.crow** *n.* bostan korkuluğu; **ˈ~.head** *n. Am.* büyük harf manşet, heyecan yaratıcı başlık *(gazetede)*; **ˈ~.mon.ger** *n.* şom ağızlı, bedbin, korkulu söylentiler yayan kimse.
scarf¹ [skɑːf] *n., pl. a.* **scarves** [skɑːvz] boyun atkısı; şal; eşarp, kaşkol; fular, boyunbağı.
scarf² ⊕ [~] **1.** *n.* geçme ek yeri, oyuk yer, yuva; süyek, cebire; **2.** *v/t.* iki kereste, metal *vs.*'nin ucunu birbirine geçirerek eklemek.
scarf...: **ˈ~-pin** *n.* kravat iğnesi; **ˈ~-skin** *n.* üstderi, epiderm.
scar.i.fi.ca.tion [skɛərifiˈkeiʃən] *n.* ⚕ tarama, hacamat; gücendirme *(kırıcı eleştiri)*; **scar.i.fy** [ˈ~fai] *v/t.* hacamat etm., deriyi kazımak ve yer yer hafifçe kesmek; ✓ taramak, sürgü ile eşmek; gücendirmek; incitmek, şiddetle eleştirmek.
scar.la.ti.na ⚕ [skɑːləˈtiːnə] *n.* kızıl.
scar.let [ˈskɑːlit] **1.** *n.* al, kırmızı, erguvanî (renk); **2.** *adj.* al, kırmızı, erguvanî; ~ fever ⚕ kızıl hastalığı; ~ runner ⚘ çalıfasulyesi; ~ woman fahişe.
scarp [skɑːp] **1.** *vb.* dikine kesmek; **~ed** *adj. dik, sarp;* **2.** *n.* uçurum, dik yamaçlar silsilesi.
scarred [skɑːd] *adj.* yara izi olan.
scarves [skɑːvz] *pl. of* scarf¹
scar.y F [ˈskɛəri] *adj.* korku veren; korkak.
scath.ing *fig.* [ˈskeiðiŋ] *adj.* sert, kırıcı; yakıcı.
scat.ter [ˈskætə] *v/t. & v/i.* saç(ıl)mak, dağıtmak, dağılmak, serpmek, yay(ıl)mak; **~ed** dağınık, aralıklı, seyrek; **ˈ~-brain** *n.* zihni darmadağınık kimse; **ˈ~-brained** *adj.* şaşırmış, aklı fikri perişan.
scav.enge [ˈskævindʒ] *v/t. & v/i.* süpürmek, temizlemek *(sokak)*, çöpçülük etm.; çöplükten işe yarar şey aramak; silindirden egzos boşaltmak; **ˈscav.en.ger** *n.* leş yiyen hayvan; çöpleri karıştırarak işe yarar şeyleri arayan kimse; çöpçü.
sce.nar.i.o [siˈnɑːriəu] *n. film:* senaryo, bir film *veya* tiyatro eserinin konusunun ana hatları; **sce.nar.ist** [ˈsiːnərist] *n.* senaryo yazarı, senarist.
scene [siːn] *n.* sahne; olayın geçtiği yer ve koşullar; *thea.* sahne, tablo; sahne dekoru, mizansen; manzara, peysaj; **~s** *pl.* kulis; behind the **~s** perde arkasından, gizlice; **ˈ~-paint.er** *n.* sahne dekoru, ressamı; **scen.er.y** [ˈ~əri] *n.* doğal manzara; *thea.* sahne dekoru, dekor.
sce.nic, sce.ni.cal □ [ˈsiːnik(əl)] manzara ile ilgili, pitoresk, manzara kabilinden; sahneye (*veya* tiyatroya) ait; scenic railway minyatür tren (*veya* demiryolu).
scent [sent] **1.** *n.* güzel koku, rayiha, parfüm, ıtır; *hunt.* koku alma (hassası); *hunt.* iz (kokusu), yol; **2.** *v/t. -in* kokusunu almak, sezmek; koku ile doldurmak *-i*; güzel koku saçmak; koklayarak iz sürmek; **ˈscent.ed** *adj.* güzel kokulu, ıtırlı; **ˈscent.less** *adj.* kokusuz.
scep.tic [ˈskeptik] *n.* şüpheci kimse; **ˈscep.ti.cal** □ şüpheci, septik (about); **scep.ti.cism** [ˈ~sizəm] *n.* kuşkuculuk, şüphecilik.
scep.tre [ˈseptə] *n.* hükümdarlık asası, asa.
sched.ule [ˈʃedjuːl, *Am.* ˈskedjul] **1.** *n.* liste, program; † envanter, bilanço; ⚖ ek, zeyil, ilâve; *part. Am.* hareket cetveli, tarife; on ~ planlandığı zamanda, dakik; **2.** *v/t. -in* listesini yapmak; kararlaştırmak, program yapmak; tarifeye geçirmek *-i*; ⚖ eklemek, ilâve etm. (to *-e*); **~d** for programlanmış *-e*, tarifeye göre.
scheme [skiːm] **1.** *n.* plân, proje, tasarı; entrika; **2.** *v/t & v/i.* tasarlamak, plânlamak; *b.s.* entrika çevirmek (for, against *-e karşı)*; plân yapmak; **ˈschem.er** *n.* plân yapan kimse; dolap (*veya* entrika) çeviren kimse.
schism [ˈsizəm] *n.* hizip(leşme), bölüntü, bölünme; *fig.* ayrılık, bozuşma; **schis-mat.ic** [sizˈmætik] **1.** *a.* **schisˈmat.i.cal** □ hizip yaratan, ayrılık çıkaran, bölücü; **2.** *n.* hizipçi, ayrılıkçı, bölücü.
schist *min.* [ʃist] *n.* tabaka halinde kaya, kayağantaş, şist.
schi.zo.phre.nia *psych.* [skitsəuˈfriːnjə] *n.* şizofreni, kişiliğin ikiye bölünmesi belirtilerini gösteren hastalık.
schol.ar [ˈskɔlə] *n.* alim, bilgin; *univ.* burslu öğrenci; † öğrenci; he is an apt ~ yetenekli bir öğrencidir; **ˈschol.ar.ly** *adj.* alimce, bilgince; çok bilgili; ilmî; **ˈschol-ar.ship** *n.* alimlik, bilginlik; bilim; *univ.* burs.
scho.las.tic [skəˈlæstik] **1.** *adj.* (**~ally**) okul ve öğretime ait, eğitimsel; alimane; ortaçağda felsefe *veya* din okullarına ait, iskolastik; kuru, cansız; **2.** *n.* ortaçağda alim adam; felsefe *veya* dinî konularda ilmi metodlarla çalışan kimse; **scho.las-ti.cism** [skəˈlæstizəm] *n.* iskolastik felsefe.
school¹ [skuːl] = shoal¹ 1.

school² [~] **1.** *n.* okul, mektep *(a. fig.)*; *univ.* fakülte, yüksek okul, ilim şubesi; ekol, aynı tarz, üslup ve düşüncede olan kişilerin oluşturduğu grup *(güzel sanatlarda)*; okul binası; at ~ okulda; put to ~ okula yaz(dır)mak; **2.** *v/t.* alıştırmak, terbiye etm., eğitmek, öğretmek, okutmak; **ˈ~.boy** *n.* erkek öğrenci; **ˈ~.fel.low** *n.* okul arkadaşı; **ˈ~.girl** *n.* kız öğrenci; **ˈ~.house** *n.* okul binası; **ˈschool.ing** *n.* eğitim, öğretim, terbiye; okul ücreti.
school...: **ˈ~-leav.ing age** zorunlu olarak öğrenim görülmesi gereken yaş sınırı; **ˈ~.man** *n.* ortaçağda bilgin; **ˈ~.mate** *n.* okul arkadaşı; **ˈ~.mis.tress** *n.* kadın öğretmen; **ˈ~.teach.er** *n.* öğretmen.
schoon.er [ˈsku:nə] *n.* ⚓ ıskuna, golet, iki *veya* üç direkli ve yelkenleri yandan olan gemi; *Am.* büyük bira bardağı; = prairie-~
sci.at.i.ca ⚕ [saiˈætikə] *n.* siyatik.
sci.ence [ˈsaiəns] *n.* ilim, bilgi, bilim; fen, teknik.
sci.en.tif.ic [saiənˈtifik] *adj.* (~ally) ilmî; bilimsel, fennî; spor: profesyonel(ce).
sci.en.tist [ˈsaiəntist] *n.* ilim adamı; fen adamı.
scim.i.tar [ˈsimitə] *n.* enli kılıç, pala.
scin.til.late [ˈsintileit] *v/t.* & *v/i.* parlamak, pırıldamak, ışıldamak, çıkarmak *(ışık)*; saçmak *(kıvılcım)*; **scin.tilˈla.tion** *n.* parıldama, ışıldama.
sci.on [ˈsaiən] *n.* ✓ aşılanacak *veya* daldırılacak filiz, fidan; *fig.* oğul, evlât.
scis.sion [ˈsiʒən] *n.* kes(il)me, biçme; çatlama, böl(ün)me; **scis.sors** [ˈsizəz] *n. pl.* (a pair of ~) makas.
scle.ro.sis ⚕ [skliəˈrəusis] *n.* doku sertleşmesi, skleroz.
scoff [skɔf] **1.** *n.* alay, istihza; küçümseme; **2.** *v/i.* alay etm., tahkir etm., eğlenmek, zevklenmek (at *ile*); *v/t.* açgözlü gibi çabucak yemek, silip süpürmek; **ˈscoff.er** *n.* alaycı, müstehzi.
scold [skəuld] **1.** *n.* huysuz *(veya* kavgacı) kadın; **2.** *v/t.* *b-ni* azarlamak, tekdir etm., ayıplamak, paylamak, *b-ne* çıkışmak; *bşe, b-ne* sövüp saymak; **scold.ing** *n.* azar, tekdir, paylama.
scol.lop [ˈskɔləp] = scallop.
sconce¹ [skɔns] *n.* aplik, duvar şamdanı.
sconce² *univ. sl.* [~] *v/t.* cezalandırmak; para cezasına çarpmak.
scon(e) [skɔn] *n.* küçük francala, pötipen.
scoop [sku:p] **1.** *n.* kepçe, kürek, kova; ⚕ spatül; F vurgun, büyük kazanç; *gazete:* atlatma *(haber)*; **2.** *vb. mst* ~ out kepçe ile çıkarmak, oymak, kazmak, çukurlaştırmak; *sl.* vurgun vurmak, para kesmek; *gazete:* atlatmak *(haber)*.
scoot [ˈsku:t] *v/i.* F kaçmak, tüymek, fırlamak.
scoot.er [ˈsku:tə] *n.* trotinet; skuler, küçük motosiklet; süratli motor.
scope [skəup] *n.* saha, alan; faaliyet alanı; konu, mevzu; ufuk, fırsat, olanak; çevre, genişlik; have free ~ hareket serbestliği olm.
scorch [skɔ:tʃ] *v/t.* kavurmak, yakmak, alazlamak, ütülemek; *v/i.* kavrulmak, yanmak; F küplere binmek, kudurmak; **ˈscorch.er** *n.* F kavurucu sıcak gün; delice süratle giden şoför.
score [skɔ:] **1.** *n.* çentik, kertik, sıyrık; hesap, masraf, fatura; 20 sayısı; *spor:* puan sayısı; neden, vesile; ♪ partisyon; hınç, hesap; *sl.* hazırcevap karşılık; ~s of pek çok kalabalık; four ~ seksen; run up ~s borçlanmak; on the ~ of *-den, -dan* dolayı, nedeniyle, yüzünden, için; **2.** *v/t.* & *v/i.* çentmek; çetele tutmak, *(puanları)* saymak; hesap etm.; *spor: (puan)* kazanmak, sayı yapmak; kazanmak; ♪ partisyon yazmak, orkestralamak; *Am.* F *bşi* eleştirmek; kaydetmek, not etm.; başarı kazanmak; *fig.* iyi not almak; *futbol:* gol atmak; *spor:* sayı yapmak, puan kazandırmak; *iskambil:* sayı almak; *sl.* şansı yaver gitmek, şanslı olm.; ~ off s.o. F *b-ni* baştan savmak, atlatmak; *b-ni* mat etm., yenmek; **ˈscor.er** *n.* puanları kaydeden kimse; *futbol:* gol atan futbolcu.
sco.ri.a *n., pl.* **sco.ri.ae** ⊕ [ˈskɔ:riə, ˈ~rii:] cüruf, dışık.
scorn [skɔ:n] **1.** *n.* küçümseme, hor görme; tahkir; laugh s.o. to ~ *b-le* alay etm., *b-nin* küçümsenmesine neden olm.; **2.** *v/t.* küçümsemek, *bşe* hor bakarak tenezzül etmemek, reddetmek; **ˈscorn.er** *n.* alaycı, müstehzi; **scorn.ful** □ [ˈ~ful] tahkir edici, hakaret dolu; hor gören, küçümseyen.
scor.pi.on *zo.* [ˈskɔ:pjən] *n.* akrep.
Scot¹ [skɔt] *n.* İskoçyalı.
scot² [~] *n.*: pay ~ and lot tamamen ödemek.
Scotch¹ [skɔtʃ] **1.** *adj.* **İskoçya ile ilgili;** **2.** *n.* İskoçyalı; İskoçyalı lehçesi; İskoç viskisi; the ~ *pl.* İskoçyalı.
scotch² [~] *v/t.* **incitmek, hafifçe yaralamak; yalanlamak -i, son vermek -e.**
Scotch.man [ˈskɔtʃmən] *n.* **İskoçyalı.**
scot-free [ˈskɔtˈfri:] *adj.* **vergiden muaf.**
Scots [skɔts] = scotch¹; **Scots.man** =

scotchman.

Scot.tish ['skɔtiʃ] *adj.* İskoçya halkı ve diline ait; İskoçyalı.

scoun.drel ['skaundrəl] *n.* alçak herif, hain, kötü adam, teres; **'scoun.drel.ly** *adj.* alçak, hain.

scour¹ ['skauə] *v/t.* oyalayarak temizlemek, silmek; su yatağı açmak.

scour² [~] *v/i.* acele etm., seğirtmek, koşuşturmak; ~ about *bşin* peşinden koşuşturup aramak; *v/t.* araştırmak, köşe bucak aramak.

scourge [skəːdʒ] **1.** *n.* kırbaç, kamçı; *fig.* felâket, musibet, afet; **2.** *v/t.* kamçılamak, kırbaçlamak; *fig.* teşhir etm., şiddetle eleştirmek.

scout¹ [skaut] **1.** *n.* casus, keşif eri, gözcü, öncü; ⚓ keşif gemisi; ✈ keşif uçağı; *univ.* hademe; (Boy) ♀ (erkek) izci; ~ party ⚔ keşif kolu; **2.** *vb.* keşfetmek, taramak; gözetlemek; keşfe çıkmak.

scout² [~] *vb.* hor görerek reddetmek; hor görmek.

scout.mas.ter ['skautmaːstə] *n.* izcibaşı, oymak beyi.

scow ⚓ [skau] *n.* salapurya, mavnanın küçüğü.

scowl [skaul] **1.** *n.* kaş çatma, tehditkâr bakış; **2.** *vb.* kaşlarını çatıp bakmak, sert sert bakmak, surat asmak.

scrab.ble ['skræbl] *vb.* sıyırmak, kazımak; hafifçe kaşımak; acele ile yazmak, kargacık burgacık yazmak, karalamak.

scrag [skræg] **1.** *n. fig.* iskelet, çok zayıf (*veya* kuru kemikli) kimse; *a.* ~-end (of mutton) koyun etinin kemikli gerdan tarafı; **2.** *v/t. sl.* boğmak, boğarak öldürmek; boğazını sıkmak; **'scrag.gi.ness** *n.* sıskalık, cılızlık; **'scrag.gy** ☐ kuru, cılız, zayıf, bir deri bir kemik.

scram *sl.* [skræm] *v/t.* sıvışmak, kaçmak, tüymek.

scram.ble ['skræmbl] **1.** *vb.* tırmanmak *-e*; itişip kakışmak (for *için*); karıştırmak *-i*; sinyal *veya* dalgayı değiştirmek (*radyo, telefon vs.*); ~d eggs *pl.* karıştırılıp yağda pişirilmiş yumurtalar; **2.** *n.* tırmanış; itişip kakışma, mücadele; motokros yarışı.

scrap [skræp] **1.** *n.* parça, döküntü, hurda, kırıntı, kırpıntı; kupür; ~s *pl.* artık; erimiş yağdan arta kalan kıkırdak; tortu; ~ of paper kâğıt paçavrası; **2.** *vb.* hurda olarak kullanmak; hurdaya (*veya* çürüğe, açığa) çıkarmak; parçalamak, kırıntı haline getirmek; '~-book *n.* albüm, kolleksiyon defteri.

scrape [skreip] **1.** *n.* kazıma, sıyırma; güçlük, varta, sıkıntı, dert; sürtme; **2.** *vb.* kazımak, sıyırmak; raspa etm.; tırmalamak; sıyırtmak; sürtmek (*ayak*); güçlükle biriktirmek, çok tutumlu olm.; hafifçe dokunmak, sürtünmek; gıcırda(t)mak; ~ away, ~ off kazıyarak silmek, kazıyıp çıkarmak; ~ together, ~ up güçlükle biriktirmek, azar azar toplamak, dişinden tırnağından artırmak; ~ acquaintance with *-in* yanına sokulup tanışmaya gayret etm.; **'scrap.er** *n.* raspa, sistre; demir çamurluk (*kapıda*); kazıma aleti; greyder; **'scrap.ing** *n.* kazıma, sıyırma; ~s *pl.* kazıntılar; *fig.* zar zor bir kenara biriktirilen para.

scrap...: '~-heap *n.* hurda, çöp yığını; '~-i.ron *n.* hurda demir; **'scrap.py** ☐ kırıntı ve parçalardan ibaret, bölük pörçük, yarım yamalak; kavgacı.

scratch [skrætʃ] **1.** *n.* çizik, sıyrık, tırmık, çizgi; cızırtı (sesi); *spor:* başlama çizgisi; karalama; come up to ~ tam zamanında hazır bulunmak; beklenilen sonucu vermek; formda olm.; sonuna kadar dayanmak; up to ~ iyi durumda; start from ~ *fig. bşe* sıfırdan başlamak; **2.** *adj. yarışçılık:* avanssız, handikapsız; gelişigüzel, rastgele, tesadüfi; **3.** *v/t.* kaşımak, tırmalamak, tırnaklamak, tahriş etm.; *parl. & spor:* iptal etm., listeden çıkarmak; ~ out kazıyarak çıkarmak; karalamak, çizmek; ~ the surface *fig.* ilk adımı atmak; *v/i.* kaşınmak; eşelenmek; cızırdamak; *spor:* yarıştan çekilmek; **'scratch.y** *adj.* kaşıntı veren, kaşındıran; gıcırtılı, cızırtılı; karalanmış, çok kötü yazılmış; derme çatma; *spor:* denk olmayan, uyumsuz.

scrawl [skrɔːl] **1.** *v/t.* acele ile yazmak, karalamak, kargacık burgacık yazı ile yazmak; **2.** *n.* dikkatsiz yazı.

scraw.ny *Am.* F ['skrɔːni] *adj.* zayıf, cılız, kemikleri sayılan.

scream [skriːm] **1.** *n.* feryat, çığlık, haykırış; he is a ~ F amma da komik kimse; **2.** *vb.* feryat etm., haykırmak, çığlık atmak, bağırmak; **'scream.ing** ☐ haykıran, çığlık atan; göze çarpan; gülmekten kırıp geçiren, çok komik.

scree [skriː] *n.* dağ yamacında yassı çakıl, kayşat.

screech [skriːtʃ] = scream. '~-owl *n. orn.* cüce baykuş.

screed [skriːd] *n.* uzun ve bıktırıcı konuşma *veya* yazı.

screen [skriːn] **1.** *n.* paravana, bölme, soba paravanı; ⚠ perde, örtü; *fig.* maske; *film:* beyaz perde, ekran, sinema; kalbur, elek; parmaklık, kafes; **2.** *v/t.* gizlemek, korumak, saklamak; elemek, kalburdan geçirmek, seçmek; ✕ örtmek, maskelemek, gizlemek, kamuflâj yapmak; perdeye aksettirmek *(film)*; filme almak; *fig.* araştırmayı derinleştirmek; ~ play senaryo *(film)*; TV filmi.

sceev.er [ˈskriːvə] *n.* kaldırım ressamı.

screw [skruː] **1.** *n.* vida; ⚓ pervane, uskur; ✈ pervane; F *(tütün vs.)* küçük paket; *sl.* gardiyan; *sl.* maaş, ücret; yaşlı ve zayıf at; hehas a ~ loose F tahtası eksik, kaçık; **2.** *vb.* vidalamak, sıkıştırmak, sıkmak; döndürmek, çevirmek, burmak; tehdit ve hile ile almak, sızdırmak, dolandırmak; *sl.* cinsel ilişkide bulunmak *-le*; ~ round tamamen çevirmek; ~ up vidalamak, sıkıştırıp düzeltmek; *sl.* düzensizliğe itmek; ~ up one's courage cesaretlenmek; **ˈ~.ball** *n. Am. sl.* garip herif, deli, kaçık; **ˈ~.driv.er** *n.* tornavida; **ˈ~.jack** *n.* kriko; **ˈ~-proˈpel.ler** *n.* uskur, gemi pervanesi.

scrib.ble [ˈskribl] **1.** *n.* dikkatsiz yazı; **2.** *vb.* dikkatsiz yazmak, karalamak, kargacık burgacık yazı ile yazmak; ~ over çızıktırmak, çizmek; **ˈscrib.bler** *n.* çalakalem yazan kimse; ikinci sınıf yazar, yazar taslağı.

scribe [skraib] *n.* yazan, yazıcı, kâtip, yazman; kopye eden; *İncil:* İsa öncesinde ve zamanında papaz olmayan dinî öğretmen ve hakim.

scrim [skrim] *n.* hafif keten bezi.

scrim.mage [ˈskrimidʒ] *n.* göğüs göğüse çarpışma, saç saça baş başa dövüşme; karışıklık, dağdağa, gürültü; *rugby:* topu ilerletmek için hücum, saldırı.

scrimp [skrimp], **ˈscrimp.y** = skimp etc.

scrip † [skrip] *n.* geçici senet.

script [skript] *n.* yazı, yazış; el yazısı, müsvedde; *thea. & film:* senaryo; ~s *pl.* sınav kâğıdı; ~-writer *n.* radyo ve TV oyun yazarı.

Scrip.tur.al [ˈskriptʃərəl] *adj.* Tevrat ve İncille ilgili; **Scrip.ture** [ˈ~tʃə] *mst* the Holy ~s Kutsal kitap.

scrof.u.la ⚕ [ˈskɔfjulə] *n.* sıraca illeti; **ˈscrof.u.lous** □ sıracalı, sıracası olan.

scroll [skrəul] *n.* tomar *(kâğıt)*; liste, cetvel; ▲ helezoni kıvrım *(sütun, kolon)*; süslü püslü harf, girift yazı.

scro.tum *anat.* [ˈskrəutəm] *n.* haya torbası, safen.

scrounge F [skraundʒ] *v/t. & v/i.* *k-ne* mal etm., gaspetmek, benimsemek, aşırmak, yürütmek.

scrub[1] [skrʌb] *n.* çalılık, fundalık; cüce, bodur bacaksız, beberuhi.

scrub[2] [~] **1.** *v/t.* fırçalayarak yıkamak, temizlemek, silmek; iptal etm.; **2.** *n. spor:* B takımı (oyuncusu).

scrub.bing-brush [ˈskrʌbiŋbrʌʃ] *n.* tahta fırçası.

scrub.by [skrʌbi] *adj.* dik duran *(saç)*; karışık; kaba kıllı, fırça gibi sert; yırtık pırtık, lime lime; sefil, perişan, acınacak.

scruff [skrʌf] *n.*: ~ of the neck ense, boyun.

scrum [skrʌm], **ˈscrum.mage** = scrimmage.

scrump.tious *sl.* [ˈskrʌmpʃəs] *adj.* fevkalâde, harikulâde, emsalsiz, yaman, enfes, mükemmel.

scrunch [skrʌntʃ] *v/t.* ezmek, hurdahaş etm., pestilini çıkarmak; *v/i.* gıcırdamak, çatırdamak.

scru.ple [ˈskruːpl] **1.** *n.* şüphe, tereddüt, kararsızlık; vicdan; endişe; az miktar; 1296 gr.'lık eczane tartısı; make no ~ to do *bşi* yapmakta tereddüt etmemek; **2.** *vb.* tereddüt etm.; vicdan elvermemek;

scru.pu.lous □ [ˈ~pjuləs] dikkatli, titiz, düşünceli (about), vicdanlı, dürüst.

scru.ti.neer [skruːtiˈniə] *n.* seçimde oyları sayan *veya* gözcülük eden resmi görevli; **ˈscru.ti.nize** *v/t.* incelemek, tahkik etm.; **ˈscru.ti.ny** *n.* tetkik, inceleme; seçimde oyların yeniden sayımı.

scud [skʌd] **1.** *n.* hızla gitme, sürüklenme; kısa süren şiddetli rüzgâr; rüzgârda sürüklenen hafif bulutlar; **2.** *v/i.* hızla sürüklenmek, hızla hareket etm.; ⚓ rüzgârın önüne düşüp seyretmek.

scuff [skʌf] *v/t. & v/i.* yürürken *(ayakları)* sürümek; sürüyerek aşındırmak; ayağı sürüyerek yürümek; yürürken aşınmak; şıp şıp yürümek.

scuf.fle [ˈskʌfl] **1.** *n.* dövüşme, boğuşma, itişme; **2.** *v/i.* itişip kakışmak, saç saça baş başa gelmek, çekişmek, dövüşmek.

scull ⚓ [skʌl] **1.** *n.* kısa kürek, boyna küreği; bu kürekle çekilen küçük sandal; **2.** *vb.* kürek çekmek, boyna etm.

scul.ler.y [ˈskʌləri] *n.* *(büyük veya eski evlerde mutfak yanındaki bulaşık kapların yıkanıp muhafaza edildiği)* küçük oda; ~ maid ortalık hizmetçisi; **scul.lion** † [ˈskʌljən] *n.* bulaşıkçı.

sculp.tor [ˈskʌlptə] *n.* heykeltıraş.

sculp.ture [ˈskʌlptʃə] **1.** *n.* heykel(tıraşlık), plastik sanat; **2.** *vb.* oymak, hakketmek; şekil vermek; kalıplamak; heykelini yapmak *-in.*

scum [skʌm] *n.* pis köpük; kir tabakası;

cürüf; *fig.* ayaktakımı.
scup.per ⚓ [ˈskʌpə] *n.* frengi deliği, geminin güvertesinden suyun denize akmasına mahsus delik.
scurf [skəːf] *n.* kepek, konak *(başta)*; **ˈscurf.y** □ kepekli, pullu, kabuklu.
scur.ril.i.ty [skʌˈriliti] *n.* küfür, ağız bozukluğu, kabalık, bayağılık; müstehcenlik; **ˈscur.ril.ous** *adj.* iğrenç, pis, kaba, bayağı, küfürlü; ağzı bozuk, küfürbaz.
scur.ry [ˈskʌri] **1.** *vb.* acele etm., hızlı olm., seğirtmek; kovalamak, takip etm.; **2.** *n.* acele kaçış (*veya* gidiş), seğirtme; kısa at yarışı.
scur.vy[1] ⚕ [ˈskəːvi] *n.* iskorbüt.
scur.vy[2] [~] *adj.* alçak, adi, bayağı, iğrenç.
scut [skʌt] *n.* kısa kuyruk *(tavşan v.b.)*.
scutch.eon [ˈskʌtʃən] = escutcheon.
scut.tle[1] [ˈskʌtl] *n.* kömür kovası.
scut.tle[2] [~] **1.** *n.* ⚓ lomboz, ambar kapağı; **2.** *v/t.* *(gemi)* dibini delerek batırmak.
scut.tle[3] [~] **1.** *n.* seğirtme, sıvışma, tabanları yağlama; **2.** *vb.* seğirtmek, sıvışmak; *fig.* kaçmak *(tehlike, güçlük vs.'den)*.
scythe ✓ [saið] **1.** *n.* tırpan; **2.** *vb.* orak *veya* tırpanla biçmek.
sea [siː] *n.* deniz, okyanus, derya *(a. fig.)*; yüksek dalga; at ~ denizde, gemide; *fig.* şaşkın, çaresiz, ne yapacağını bilmeyen; by the ~ deniz kenarında; go to ~ denizci olm.; deniz yolculuğuna çıkmak, açılmak; *s.* put 2.; **ˈ~.board** *n.* deniz kıyısı, kıyı (bölgesi); ~ **cap.tain** kaptan, süvari; ~ **coast** deniz kıyısı, sahil; **ˈ~-dog** *n.* eski gemici, deniz kurdu, deniz kahramanı, büyük denizci; = seal[1]; **ˈ~.far.ing** *adj.* denizcilikle uğraşan; **~.food** *n. Am.* yenebilen deniz ürünü; **ˈ~.go.ing** *adj.* açık denizlerde kullanmaya elverişli, açık deniz..., okyanus...; **ˈ~-gull** *n. zo.* martı.
seal[1] *zo.* [siːl] *n.* fok, ayıbalığı.
seal[2] [~] **1.** *n.* mühür, damga; teyit, onay, taahhüt, teminat; great ~, broad ~ devlet mühürü; **2.** *v/t.* mühürlemek, damgalamak; *fig.* mühürünü basmak; onaylamak; ~ off *fig.* son vermek; kapatmak, kilitlemek, tıkamak; ~ up sıkıca kapamak; ⊕ contalamak.
seal.er [ˈsiːlə] *n.* fok balığı avcısı *veya* av gemisi.
sea-lev.el [ˈsiːlevl] *n.* deniz seviyesi.
seal.ing [ˈsiːliŋ] *n.* fok balığı avı.
seal.ing-wax [ˈsiːliŋwæks] *n.* mühür mumu.
seal.skin [ˈsiːlskin] *n.* fok balığı derisi.
seam [siːm] **1.** *n.* dikiş (yeri); ⊕ ek yeri; *geol.* tabaka, damar, yatak; yara izi; ⚕ dikiş yeri; burst at the ~s çok dolu, dopdolu *(a. fig.)*; **2.** *vb.* hafifçe yaralamak, sıyırmak, tırmıklamak; evlek açmak; birbirine dikmek *(kumaş)*.
sea.man [ˈsiːmən] *n.* denizci, gemici; bahriyeli, deniz eri; **ˈsea.man.ship** *n.* gemicilik.
sea.mew [ˈsiːmjuː] *n.* martı.
seam.less □ [ˈsiːmlis] dikişsiz; kaynaksız; eksiz.
seam.stress [ˈsemstris] *n.* dikişçi kadın.
seam.y [ˈsiːmi] *adj.* yara izi, çirkin görünüşlü; dikişli; ~ side *fig.* madalyonun tersi.
sea...: **ˈ~-piece** *n. paint.* deniz manzaralı tablo; **ˈ~.plane** *n.* deniz uçağı; **ˈ~.port** *n.* liman, liman şehir; **ˈ~-pow.er** *n.* deniz kuvveti, donanma.
sear [siə] **1.** *adj.* kurumuş, solgun, solmuş, pörsümüş, kuru; **2.** *v/t.* kurutmak; hafifçe yakmak, alazlamak, dağlamak; ⚕ koterize etm.; *fig.* katılaştırmak, sertleştirmek, körletmek.
search [səːtʃ] **1.** *n.* arama, araştırma (for), tetkik, sondaj; in ~ of ara(ştır)makta, peşinde; **2.** *v/t.* ara(ştır)mak, yoklamak, tetkik etm.; ⚕ sondalamak; gedik açmak *(mermi vs.)*; ~ out keşfetmek, ortaya çıkarmak, arayıp bulmak; *v/i.* araştırmak, soruşturmak (for); ~ into iyice incelemek *-i*, içyüzünü araştırmak *-in*; **ˈsearch.er** *n.* arayan, araştıran, arayıcı, kâşif; **ˈsearc.ing** □ araştırıcı, inceden inceye araştıran; araştırıcı, sıkı, tetkik edici *(bakış)*; **ˈsearch-light** *n.* ışıldak, projektör; **ˈsearch-warrant** *n.* ⚖ arama emri.
sea...: **ˈ~-rov.er** *n.* deniz haydutu, korsan (gemisi); **~-scape** [ˈsiːskeip] *n.* deniz manzaralı tablo; **ˈ~-ser.pent** *n.* deniz yılanı; **ˈ~-shore** *n.* sahil; **ˈ~.sick** *adj.* deniz tutmuş; **ˈ~.sick.ness** *n.* deniz tutması; **ˈ~.side** *n.* deniz kıyısı, sahil; ~ place, ~ resort plaj; go to the ~ deniz kıyısına gitmek.
sea.son [ˈsiːzn] **1.** *n.* mevsim; zaman; dönem, devre, sezon; F = ~-ticket; height of the ~ mevsimin en civcivli zamanları; in (good *veya* due) ~ uygun bir zamanda, tam zamanında; cherries are in ~ şimdi kirazın tam mevsimidir *(ucuz, olgun)*; out of ~ vakitli vakitsiz, yersiz; for a ~ mevsimlik, bir süre; with the compliments of the ~ yeni yıl (*veya* bayram *vs.*) için en iyi dileklerimle; **2.** *v/t.*

& *v/i.* çeşnilendirmek; yumuşatmak; alış(tır)mak (to *-e*); kuru(t)mak *(yapı kerestesi v.b.)*; **ˈsea.son.a.ble** ☐ tam vaktinde olan, uygun, zamana uygun; **sea.son.al** ☐ mevsimlik; mevsime uygun; † mevsimlik, mevsime bağlı; **ˈsea.son.ing** *n.* çeşni veren şey, bahar(at); **ˈsea.son-tick.et** *n.* 🚂 abone kartı, karne; *thea.* abone (bileti).

seat [siːt] **1.** *n.* oturulacak yer, iskemle, sandalye, tabure, peyke, kanepe; ikâmetgâh, mesken, köşk, yalı, çiftlik; *pol.* koltuk, mevki; kaba et, makat, kıç; sahne, saha, yer, merkez; mahal; *thea.* koltuk; **2.** *vb.* oturtmak, yerleştirmek *(rütbe veya makama)*; mevki sahibi olm.; oturacak yer temin etm.; yerine oturtmak *(makine parçası vs.)*; ~ o.s. oturmak; be ~ed! oturunuz!; **ˈ~-belt** *n.* ✈ emniyet kemeri; **ˈseat.ed** *adj.* oturmuş, yerleşmiş; **ˈseat.er** *comb. part. mot.*, ✈ belirli sayıda oturacak yeri olan; ...kişilik.

sea-ur.chin [ˈsiːˈəːtʃin] *n.* denizkestanesi; **sea.ward** [ˈ~wəd] *adj.* denize doğru giden; *adv. a.* **sea.wards** [ˈ~wədz] denize doğru.

sea...: **ˈ~.weed** *n.* ⚘ yosun, deniz sazı; **ˈ~.wor.thy** *adj.* denize elverişli (*veya* dayanıklı).

se.ba.ceous *physiol.* [siˈbeiʃəs] *adj.* yağlı..., yağ içeren.

se.cant ⩓ [ˈsiːkənt] **1.** *adj.* birbirini kateden *(veya* kesen); **2.** *n.* sekant.

séc.a.teur ✓ [sekəˈtəː] *n. mst* (a pair of) ~s *pl.* bahçıvan makası.

se.cede [siˈsiːd] *v/i.* çekilmek, ayrılmak *(örgüt, üyelik vs.'den)*; *bşden* vazgeçmek; **seˈced.er** *n.* sadakatsiz, asî; mürtet, dininden dönmüş.

se.ces.sion [siˈseʃən] *n.* ayrılma, vazgeçme, bölünme; **seˈces.sion.ist** [~ʃnist] *n.* ayrılma taraftarı.

se.clude [siˈkluːd] *v/t.* ayırmak, tecrit etm., uzaklaştırmak; **seˈclud.ed** *adj.* tecrit edilmiş; kuytu, tenha, ıssız; dünyadan el çekmiş; **seˈclu.sion** [~ʒən] *n.* inziva, yalnızlık, köşeye çekilme.

sec.ond¹ [ˈsekənd] **1.** ☐ ikinci (derecede), *-den* sonraki, diğer, öteki; he is ~ to none kimseden aşağı kalmaz, o en iyisidir; on ~thoughts iyice düşündükten sonra; **2.** *n.* ikinci kimse *veya* şey; düello şahidi; yardımcı, muavin; saniye; ~s *pl.* † ikinci kalite mal, tapon mal; ~ of exchange † poliçenin ikinci nüshası; **3.** *v/t. b-ne* yardım etm., *b-ni* desteklemek, *b-nin* lehinde olm.; düelloda *b-ne* şahitlik etm.

se.cond² ✕ [siˈkɔnd] *v/t.* bir işe, vazifeye tayin etm., atamak *(usu. belirli bir süre için)*.

sec.ond.ar.i.ness [ˈsekəndərinis] *n.* ikincil (*veya* tali) olma; **sec.ond.ar.y** ☐ ikincil, tali, ikinci derecede; ...yanında; ast, alt aşamada bulunan; **sec.ond.ar.y school** orta dereceli okul; **ˈsec.ond-ˈbest** *adj.* ikinci (kalite); en iyiden hemen sonra gelen; come off ~ F başkası tarafından mağlûp edilmek, alt edilmek; **ˈsec.ond-ˈclass** *adj.* ikinci derece, ikinci kalite(li); 🚂 ikinci mevki; **ˈsec.ond.er** *n.* destekleyen kimse *(part. parl.)*; **sec.ond-hand 1.** [ˈsekəndˈhænd] *adj.* kullanılmış, elden düşme; başkasından öğrenilmiş, ikinci elden; ~ bookseller sahaf; ~ bookshop ikinci elden kitapların satıldığı kitapçı; **2.** [ˈsekəndhænd] *n.* saat kadranında saniyeleri gösteren ibre; **ˈsec.ond.ly** *adv.* ikinci olarak, saniyen; **ˈsec.ond-ˈrate** *adj.* ikinci derecede; † ~ quality ikinci kalite.

se.cre.cy [ˈsiːkrisi] *n.* sır saklama; gizlilik, ketumiyet, saklılık; **se.cret** [ˈsiːkrit] **1.** ☐ gizli, mahrem, saklı; ~ agent gizli ajan; **2.** *n.* sır, gizli şey; in ~ gizlice; be in the ~, be taken into the ~ sırra ortak olm.

sec.re.tar.i.at(e) [sekrəˈtɛəriət] *n.* kalem odası; kâtiplik; müdüriyet (personeli).

sec.re.tar.y [ˈsekrətri] *n.* zabıt kâtibi, sekreter, kâtip, yazman; yazı masası; ♀ of State bakan; *Am.* Dışişleri Bakanı; **ˈsec.re.tar.y.ship** *n.* kâtiplik, sekreterlik, yazmanlık.

se.crete [siˈkriːt] *v/t.* gizlemek, saklamak, örtmek; *physiol.* salgılamak, ifraz etm.; **seˈcre.tion** *n. physiol.* salgı, ifraz(at); **seˈcre.tive** *adj. fig.* kapalı kutu, ağzı sıkı; salgılayan.

sect [sekt] *n. rel.* tarikat, mezhep; **sec.tar.i.an** [~ˈtɛəriən] **1.** *adj.* mezhebe ait; bağnaz, darkafalı; **2.** *n.* mezhep yanlısı; bağnaz yandaş, darkafalı kimse.

sec.tion [ˈsekʃən] *n.* ⚕ operasyon; kesme, kesiş; kesilmiş şey; ⩓ kesit; ⚠ profil; kısım, parça; *typ.* paragraf, fıkra, fasıl; *s.* ~-mark; grup, dal, kol, şube, daire; bölge, kesim; shopping (residental) ~ alış veriş (yerleşim) bölgesi; **sec.tion.al** [ˈ~fənl] *adi* bir bölüme ait, bir bölgeye ait, bölgesel, mahalli; kesit, parça halinde; **ˈsecˈtion.al.ism** *n.* bölgecilik, grupçuluk; **ˈsec-tion-mark** *n.* paragraf işareti.

sec.tor [ˈsektə] *n.* daire kesmesi, daire dilimi; ✕ bölge, mıntıka; sektör, kesim.

sec.u.lar □ [ˈsekjulə] layik; dünyevî, cismanî; manastır *veya* tarikat sistemine bağlı olmayan; yüz yıllık, yüz yılda bir olan; **sec.u.lar.i.ty** [~ˈlæriti] *n.* layiklik; dünyevîlik, cismanîlik; **sec.u.lar.ize** [ˈ~ləraiz] *v/t.* layikleştirmek; dünyevileştirmek.

se.cure [siˈkjuə] **1.** □ güvenli, emin, emniyetli, sağlam (of, against, from *-e* karşı); **2.** *v/t.* sağlamak, temin etm., elde etm.; bağlamak; güven altına almak (from, against); saklamak, muhafaza etm.

se.cu.ri.ty [siˈkjuəriti] *n.* emniyet, güven(lik); sağlam (*veya* kesin) bilgi; rehin, teminat (akçesi), emanet, kefalet, depozito; **seˈcu.ri.ties** *pl.* kıymetli evrak, tahviller, senetler, menkul kıymetler.

se.dan [siˈdæn] *n.* limuzin, kapalı büyük otomobil; *a.* ~-chair *n.* sedye; tahtırevan.

se.date □ [siˈdeit] temkinli, ağırbaşlı, sakin, vakarlı, ciddî, **seˈdate.ness** *n.* temkin, ağırbaşlılık, sükûn(et), sessizlik.

sed.a.tive *mst* ⚕ [ˈsedətiv] **1.** *adj.* teskin edici, rahatlatıcı, yatıştırıcı, hafifletici; **2.** *n.* müsekkin, yatıştırıcı ilaç.

sed.en.tar.i.ness [ˈsedntərinis] *n.* yerleşik, oturgan oluş; **ˈsed.en.tar.y** □ yerleşmiş, mukim, daimi ikametgâhı olan, temelli oturmuş; oturmaya alışmış, evden dışarı çıkmayan; oturularak yapılan.

sedge ⚘ [sedʒ] *n.* saz, kamış, ayakotu.

sed.i.ment [ˈsedimənt] *n.* tortu, telve, posa, rüsup; *geol.* çöküntü, suyun dibinde biriken şey; **sed.i.men.ta.ry** [~ˈmentəri] *adj. geol.* tortul, tortudan oluşmuş; tortulu.

se.di.tion [siˈdiʃən] *n.* ayaklanma(ya teşvik), isyan; kargaşalık; fesat, fitne.

se.di.tious □ [siˈdiʃəs] fesatkârane; arabozucu; fitneci; ayaklandıran.

se.duce [siˈdjuːs] *v/t.* baştan çıkarmak, ayartmak; iğfal etm.; **seˈduc.er** *n.* ayartan (*veya* baştan çıkaran) kimse; iğfal eden kimse; **se.duc.tion** [~ˈdʌkʃən] *n.* baştan çıkarma, ayartma; iğfal; baştan çıkaran şey; **seˈduc.tive** □ ayartıcı, kandırıcı: cazip, çekici.

sed.u.lous □ [ˈsedjuləs] faal, aktıf, gayretli, sebatlı, çalışkan.

see[1] [siː] (*irr.*) *v/i.* görmek; icabına bakmak; *fig.* anlamak, kavramak; I ~ anlıyorum, anladım; ~ about s.th. *bşe* karışmak, *bşi* düşünmek, *bşle* meşgul olm., icabına bakmak *-in*; ~ through s.o. *veya* s.th. *bnin veya bşin* içini okumak, arasından *veya* içinden bakmak *veya* görmek; ~ to bakmak *-e*, dikkat etm. *-e*, meşgul olm. *ile*; ~ for o.s. *bşi* kendi gözüyle görmek; *v/t.* görmek *-i*, bakmak *-e*; göz(et)mek, anlamak, kavramak; (*hasta*) ziyaret etm., vizita yapmak; ~ s.th. done *bşin* yapılmasını sağlamak; go to ~ s.o. *b-nin* ziyaretine gitmek; ~ s.o. home *b-ni* evine götürmek, eşlik etm.; ~ off uğurlamak; ~ out kapıya kadar geçirmek; bitirmek; sonuna kadar beklemek; ~ over s.th. *bşi* gözden geçirmek, incelemek; ~ s.th. through sonuna kadar sabretmek, dayanmak, muradına ermek, bir işi başarmak; ~ s.o. through *b-ne bşi* yapması için sonuna kadar yardım etm.; live to ~ yaşayıp görmek.

see[2] [~] *n.* piskoposluk; Holy ♀ Papalık (makamı).

seed [siːd] **1.** *n.* tohum, tohumluk hububat; (*meyve*) çekirdek; döl, evlât; kaynak, menşe; sperma, meni, bel suyu; go *veya* run to ~ tohuma kaçmak; *fig.* kuvvetten düşmek; **2.** *v/t.* tohum ekmek; (*meyve*) çekirdek çıkarmak; *spor:* (*oyuncu*) *b-ni b-nin* yerine geçirmek; *v/i.* filizlenip tohum vermek; **ˈ~.bed** = seed-plot; **ˈseed.i.ness** *n.* tohuma kaçma; F (*sarhoşluktan gelen*) mahmurluk; **ˈseed-less** *adj.* çekirdeksiz (*meyve*); **ˈseed.ling** *n.* ✓ fide; **ˈseed-plot** *n.* ✓ fidelik; *fig.* menba, ocak, kaynak; **seeds.man** [ˈ~zmən] *n.* tohumcu, tohum satıcısı; **ˈseed.y** *adj.* tohumlu, tohuma kaçmış; havı dökülmüş, lime lime olmuş, yırtık pırtık; F rahatsız, yoksul, sefil.

see.ing [ˈsiːiŋ] **1.** *n.* görme, bakma; worth ~ gör(ül)meğe değer; **2.** *cj.* ~ that madem(ki), *-dığı* için; ...*e* göre, ...karşısında.

seek [siːk] (*irr.*) *v/t.* & *v/i.* *a.* ~ after, ~ for aramak *-i*; araştırmak; istemek, *bşi* çok arzu etm., elde etmeğe çalışmak; **ˈseek.er** *n.* arayıcı kimse *veya* şey.

seem [siːm] *v/i.* görünmek, gözükmek, gelmek (like *gibi*), benzemek; **ˈseem.ing** **1.** □ görünüşte, zahirî, gûya, yalandan; **2.** *n.* görünüş, zevahir, dış (*veya* aldatıcı) görünüş; **ˈseem.li.ness** *n.* uygunluk, yakışık alma, münasebet, edep ve ahlâka uygun olma, terbiye; **ˈseem.ly** *adj.* yakışık alır, uygun, münasip.

seen [siːn] *p.p. of* see[1].

seep [siːp] *v/i.* sızmak, sızıntı yapmak, damlaya damlaya akmak; **ˈseep.age** *n.* sızıntı.

seer [ˈsiːə] *n.* seyirci; resul, peygamber; kâhin.

see.saw [ˈsiːsɔː] **1.** *n.* tahterevalli; ileri

geri hareket, iniş çıkış; **2.** *v/i.* ileri geri *veya* aşağı yukarı hareket etm.; tahterevalliye binmek; *fig.* tereddüt etm., ne yapacağını bilmemek, kararsız olm.

seethe [si:ð] *v/t.* & *v/i.* kayna(t)mak, haşla(n)mak, piş(ir)mek, öfkelenmek, küplere binmek.

seg.ment [ˈsegmənt] *n.* parça, kısım; *part.* ⩘ daire kesmesi.

seg.re.gate [ˈsegrigeit] *vb.* ayırmak, tecrit etm.; bir bütünden ayrılmak; **seg.reˈga.tion** *n.* ayırım, fark gözetme, ırk ayırımı.

seine [sein] *n.* *balıkçılık:* iğrip ağı, büyük ağ.

sei.sin ⚖ [ˈsi:zin] *n.* temellük, tasarruf, mülkiyeti elinde bulundurma.

seis.mo.graph [ˈsaizməgrɑ:f] *n.* depremölçer, sismograf.

seize [si:z] *v/t.* yakalamak, tutmak, kavramak; gaspetmek, zaptetmek, ele geçirmek; haczetmek, el koymak, müsadere etm.; *fikir:* kavramak; etkisi altına almak; ⚓ sicim sarıp bağlamak; *v/i.* ⊕ sıkışıp çalışmamak, takılmak, yapışmak; ~ upon *b-ni veya bşi* emri altına almak, hükmü altına almak; **ˈseiz.ing** *n.* tutma, kavrama, yakalama; *mst* ~s *pl.* ⚓ halat; **sei.zure** [ˈ~ʒə] *n.* yakalama, zapt; ⚖ müsadere, el koyma, haciz; ⚕ anî nöbet, tut(ul)ma, felç.

sel.dom [ˈseldəm] *adv.* nadiren, seyrek.

se.lect [siˈlekt] **1.** *v/t.* seçmek, ayırmak, içinden beğenip almak; **2.** *adj.* seçkin, seçilmiş, güzide, elit, seçme, ilik gibi; **seˈlec.tion** *n.* seçme (şeyler); seçme, ayırma, beğenme; *zo.*, ⚘ doğal ayıklanma; *a.* musical ~ seçme parçalar, potpuri; **seˈlec.tive** □ ayıran, seçici, seçimli; seçme...; *radyo:* selektif, seçici, yayını parazitsiz alan; **se.lecˈtiv.i.ty** *n.* *radyo:* selektivite, seçicilik, yayını parazitsiz alma; **seˈlect.man** *n.* *Am.* belediye meclisi üyesi; **seˈlec.tor** *n.* seçen kimse *veya* aygıt, seçici kimse; *radyo:* selektör, seçici, dalga ayırıcı.

self [self] **1.** *pron.* bizzat, kendi(si), kendi kendine; ✝ *veya* F = myself *etc.*; **2.** *adj.* şahsî; ⚘ düz renkli, üni; **3.** *n.* *pl.* **selves** [selvz] zat, kişi, kendi; karakter, kişilik, şahsiyet, benlik; kişisel çıkar, bencillik; my poor ~ âcizleri, âciz kulları; **ˈ~-aˈbase.ment** *n.* *k-ni* alçaltma, aşağılanma, bayağılanma, yalvarıp yakarma; **ˈ~-ˈact.ing** *adj.* otomatik, mekanik, kendi *k-ne* hakaret eden; **ˈ~-ˈcen.tred**, *Am.* **ˈ~-ˈcen.tered** *adj.* hodperest, hodpesent, hep *k-ni* düşünen, bencil; **ˈ~-ˈcol.o(u)red** *adj.* düz renkli, boyanmamış; **ˈ~-com.mand** *n.* *k-ni* tutma, nefsini yenme; **ˈ~conˈceit** *n.* *k-ni* beğenmişlik, azamet; **ˈ~conˈceit.ed** *adj.* kibirli, mağrur, kurumlu, azametli, hodperest; **ˈ~-ˈcon.fi.dence** *n.* *k-ne* güven, nefse güven; **ˈ~-ˈcon.scious** *adj.* utangaç, sıkılgan; ne yaptığını bilen; **ˈ~-ˈcon.scious.ness** *n.* utangaçlık, mahcupluk, sıkılganlık; **ˈ~-conˈtained** *adj.* kendi *k-ne* yeter; kendi içinde bir bütün oluşturan; az konuşur, çekingen, ağzı sıkı, düşüncelerini başkalarına rahat söyleyemeyen; ~ country kendi *k-ne* yeten ülke; ~ house bir ailelik ev, müstakil daire; **ˈ~-conˈtrol** *n.* *k-ne* hakim olma, *k-ni* yenme, nefsini zaptetme; **ˈ~-deˈfence** *n.* nefis müdafaası, nefsini koruma, *k-ni* savunma; in ~ meşru müdafaa; **ˈ~-deˈni.al** *n.* feragat, özveri, *k-ni* tutma; **ˈ~-de.ter.miˈna.tion** *n.* bir ulusun kendi yönetim şeklini *k-nin* kararlaştırması, hür irade; **ˈ~-emˈployed** *adj.* müstakil, bağımsız, serbest çalışan; **ˈ~-ˈev.i.dent** *adj.* aşikâr, belli; **ˈ~-ˈgov-ern.ment** *n.* kendi *k-ni* yönetme, özerklik, muhtariyet, otonomi; **ˈ~-inˈdul.gent** *adj.* kendi isteklerine düşkün; lâkayt, tembel, istifini bozmayan; **ˈ~-ˈin.ter.est** *n.* kişisel çıkar, bencillik, hodbinlik; **ˈself.ish** □ egoist, bencil, hodbin; **ˈself.ish.ness** *n.* bencillik, egoizm, hodkâmlık.

self...: **ˈ~-ˈmade** *adj.* *k-ni* yetiştirmiş; ~ man kendi *k-ni* yetiştirmiş kişi; **ˈ~-posˈses.sion** *n.* *k-ne* hakim olma, itidal, soğukkanlılık, nefsini yenme; **ˈ~-pre.serˈva.tion** *n.* nefsini idame, mevcudiyetini koruma; **ˈ~-reˈgard** *n.* *k-ni* önemseme; **ˈ~-reˈli.ance** *n.* *k-ne* güven, öz güven; **ˈ~-reˈli.ant** *adj.* *k-ne* güvenir; **ˈ~-reˈspect** *n.* izzetinefis, onur, öz saygısı; **ˈ~-reˈspect.ing:** every ~ nation onurlu ve dimdik ayakta olan her ulus; **ˈ~-ˈright.eous** *adj.* *k-ni* beğenmiş, hodpesent; **ˈ~-ˈsac-ri.fice** *n.* özveri, fedakârlık; **ˈ~.same** *adj.* *lit.* tıpkı, aynı; **ˈ~-ˈseek.ing** *adj.* bencil, menfaatperest, çıkarcı, egoist; **ˈ~-ˈserv-ice res.tau.rant** selfservis lokanta; **ˈ~-ˈstart.er** *n.* *mot.* hareket tertibatı, starter, marş; **ˈ~-sufˈfi.cien.cy** *n.* kendi *k-ne* yetme, başkasına muhtaç olmama; **ˈ~-supˈpli.er** *n.* tüketim mallarını *k-si* üreten; **ˈ~-supˈport.ing** *adj.* kendi *k-ne*, başkasının yardımı olmadan; (ekonomik açıdan) bağımsız; **ˈ~-ˈwill** *n.* dikkafalılık, inatçılık; **ˈ~-ˈwilled** *adj.* inatçı, dikkafalı.

sell [sel] **1.** *(irr.)* *v/t.* satmak (*a. fig.*); *Am.* F önermek, tavsiye etm, methetmek, beğendirmek; ~ (out) F aldatmak, kazıklamak; ~ off ☨ hepsini satmak, satıp kurtulmak; ~ up *b-nin* malını satmaya zorlamak; *v/i.* ticaret yapmak; alıcı bulmak, satılmak; revaç bulmak *(mal)*; ~ off, ~ out ☨ bütün stoku satmak, elden çıkarmak; **2.** *n.* F dolandırıcılık, hilekârlık, dalavere; hayal kırıklığı, fiyasko; **ˈsell.er** *n.* satıcı, bayi; good *etc.* ~ çok *vs.* satılan mal.

selt.zer [ˈseltsə] *n. a.* ~ water soda, maden suyu.

sel.vage, sel.vedge ⊕ [ˈselvidʒ] *n.* kumaş kenarı.

selves [selvz] *pl. of* self 3.

se.man.tics [siˈmæntiks] *n. sg.* semantik, anlambilim.

sem.a.phore [ˈseməfɔː] **1.** *n.* semafor, taşıtlara yolun açık olduğunu göstermek için renkli levha *veya* ışıkla işaret veren dikme *(tren vs.)*; ✕ işaretçi, flamacı; ⛴ işaret direği; **2.** *vb.* işaretlerle bildirmek, haberleşmek, semaforla haberleşmek.

sem.blance [ˈsembləns] *n.* benzerlik; biçim, dış görünüş.

se.mes.ter *univ.* [siˈmestə] *n.* sömestr, ders yılı yarısı.

sem.i... [ˈsemi] *prefix* yarı, yarım, buçuk, yarı...; **ˈ~.breve** *n.* ♪ dörtlük nota, tam nota; **ˈ~.cir.cle** *n.* yarım daire; **ˈ~ˈcir.cu.lar** *adj.* yarım daire şeklinde; **ˈ~ˈco.lon** *n.* noktalı virgül; **ˈ~-deˈtached house** ortak duvarlı iki daireyi içeren ev; **ˈ~-ˈfi.nal** *n. spor:* yarı final, finalden bir önceki müsabaka; **ˈ~man.uˈfactured** *adj.* yarı mamul; yarıda kalmış.

sem.i.nal [ˈsiːminl] *adj.* sonraki gelişmenin tohumlarını içeren; başkalarına yeniliklerle etki eden, yeni ufuklar açan; sperma ile ilgili, meni içeren, spermalı.

sem.i.nar.y [ˈseminəri] *n.* seminer; *fig.* okul; papaz okulu.

sem.i-of.fi.cial [ˈsemiəˈfiʃəl] *adj.* yarı resmî.

sem.i.qua.ver ♪ [ˈsemikweivə] *n.* onaltılık nota.

Sem.ite [ˈsiːmait] *n.* Samî ırkından olan kimse; **Se.mit.ic** [siˈmitik] *adj.* Samî.

sem.i.tone ♪ [ˈsemitəun] *n.* yarım ton.

sem.i.vow.el [ˈsemivauəl] *n.* yarı ünlü ses.

sem.o.li.na [seməˈliːnə] *n.* irmik.

sempˈstress [ˈsempstris] *n.* dikişçi kadın.

sen [sen] *n.* sen *(Japon madenî parası)*.

sen.ate [ˈsenit] *n.* senato.

sen.a.tor [ˈsenətə] *n.* senatör; **sen.a.to.ri.al** □ [~ˈtɔːriəl] senatörlük *veya* senatör ile ilgili; senatörlerden oluşan.

send [send] *(irr.) vb.* yollamak, göndermek; fırlatmak, atmak, savurmak *(top vs.)*; atış yapmak *(kurşun vs.)*; *s.* pack 2; ~ for çağırmak *-i*; getirtmek *-i*, ayağına davet etm. *-i*, celbetmek; ısmarlamak; ~ forth neşretmek, yaymak, salmak *(ışık, koku vs.)*; kamuoyuna bildirmek; ~ in sunmak, arzetmek, takdim etm.; ~ in one's name *b-nin* geldiğini haber vermek; ~ off göndermek, uğurlamak, yolcu etm.; ~ up yukarı göndermek; *fig.* yükseltmek *(fiyat)*; ~ word haber yollamak; *b-ne bş* hakkında bilgi vermek; **ˈsend.er** *n.* gönderen; *tel.* radyo istasyonu, verici; **ˈsend-ˈoff** *n.* yolcu etme, veda, uğurlama (töreni).

sen.e.schal [ˈseniʃəl] *n.* ortaçağda asilzadelerin en güvendikleri yardımcısı (*veya* mutemedi *veya* teşrifatçısı).

se.nile [ˈsiːnail] *adj.* ihtiyarlıkla ilgili; eli ayağı tutmaz olmuş; bunak; **se.nil.i.ty** [siˈniliti] *n.* ihtiyarlık; güçsüzlük; bunaklık.

sen.ior [ˈsiːnjə] **1.** *adj.* yaşça büyük (to); kıdemli; son sınıfa ait; üst...; ~ partner ☨ patron, baş; **2.** *n.* yaşça büyük kimse; kıdemli kimse; son sınıf öğrencisi; oğula nisbetle baba; he is my ~ by a year, he is a year my ~ o benden bir yaş büyüktür; **sen.ior.i.ty** [siːniˈɔriti] *n.* yaşça büyüklük; kıdem(lilik).

sen.sa.tion [senˈseiʃən] *n.* his, duygu, izlenim; heyecan, merak; heyecan uyandıran olay, sansasyon; **senˈsa.tion.al** □ [~ʃənl] duygusal, hissî, sansasyonal, heyecan verici, müthiş, heyecanlı; **senˈsa.tion.al.ism** [~ʃnəlizəm] *n.* göze girmeye çalışma, heyecan uyandırıcı yollara baş vurma, sansasyon hevesi, sansasyonalizm, duyumculuk.

sense [sens] **1.** *n.* duyu, his (of); duyum, duyarlık; akıl; zekâ, anlayış; mana, anlam; fikir, düşünce, kanı; in (out of) one's ~s aklı başında(n gitmiş, deli); bring s.o. to his ~s *b-nin* aklını başına getirmek; make ~ anlamı olm., akla uygun gelmek; talk ~ akıllıca konuşmak, saçmalamamak; **2.** *v/t.* hissetmek, duymak, sezmek; anlamak.

sense.less □ [ˈsenslis] baygın; duygusuz, hissiz, donuk; anlamsız, manasız, abuk-sabuk, saçma; **ˈsense.less.ness** *n.* baygınlık, şuursuzluk; hissizlik, duygusuzluk, saçmalık.

sen.si.bil.i.ty [sensiˈbiliti] *n.* duyarlık, duygunluk, duygululuk, hassasiyet (to, *a.* of); seziş inceliği; sensibilities *pl.* anla-

yış, hassasiyet, nezaket.
sen.si.ble □ ['sensəbl] aklı başında, makûl, mantıklı; farkedilir, hissedilir; akla uygun, yerinde; *bş* karşısında pek hassas, duyarlı (of); be ~ of *bşi* iyice bilmek, sezmek *-i*, farkına varmak *-in*; **'sen.si.ble.ness** *n.* akıllılık, makûl olma; şuurlu olma; hassasiyet.
sen.si.tive □ ['sensitiv] hassas, içli, duygulu (to), alıngan; *phot.* ışığa duyarlı; **'sen.si.tive.ness, sen.si.tiv.i.ty** *n.* duyarlık, hassasiyet, hassaslık; alınganlık.
sen.si.tize *phot.* ['sensitaiz] *v/t.* ışığa duyarlı hale getirmek *(kâğıt, film)*.
sen.so.ri.al [sen'sɔːriəl], *adj.* **sen.so.ry** ['~səri] duygu ile ilgili, duyusal...
sen.su.al □ ['sensjuəl] şehvanî, şehvetli; tensel, duyusal; **'sen.su.al.ism** *n.* duyumculuk; şehevilik, şehvet (düşkünlüğü); **'sen.su.al.ist** *n.* şehvet düşkünü (*veya* zevkine düşkün) kimse; **sen.su.al.i.ty** [~'æliti] *n.* şehvet (düşkünlüğü), kösnü; duyarlık.
sen.su.ous □ ['sensjuəs] duyumsal, hissi, hislere ait.
sent [sent] *pret. & p.p. of* send.
sen.tence ['sentəns] **1.** *n.* ⚖ hâkim kararı, hüküm, yargı; *gr.* tümce, cümle; serve one's ~ ceza süresini (hapiste) doldurmak; *s.* life; **2.** *v/t.* mahkûm etm., hüküm giydirmek (to).
sen.ten.tious □ [sen'tenʃəs] aşırı tatlı dilli, şatafatlı; veciz, anlamlı; anlamlı sözlerle dolu olan.
sen.tient ['senʃənt] *adj.* hisseden, sezgili; duygulu.
sen.ti.ment ['sentimənt] *n.* his, duygu, seziş; düşünce, fikir, kanaat, hüküm; *s.* ~ality; **sen.ti.men.tal** □ [~'mentl] hisli, duygusal, yanık, içli, duygulara kapılarak yapılan; **sen.ti.men.tal.ist** [~'mentəlist] *n.* duygularına aşırı kapılan kimse; **sen.ti.men.tal.i.ty** [~men'tæliti] *n.* aşırı duygusallık (*veya* duyarlık), içlilik.
sen.ti.nel ['sentinl], **sen.try** ['sentri] *n.* ⚔ nöbetçi, gözcü.
sen.try...: '~**-box** *n.* nöbetçi kulübesi; '~**-go** *n.* nöbet.
se.pal ⚘ ['sepəl] *n.* çanak yaprağı, sepal.
sep.a.ra.bil.i.ty [sepərə'biliti] *n.* ayrılabilir olma **'sep.a.ra.ble** □ ayrılabilir; **sep.a.rate 1.** □ ['seprit] ayrı(lmış), müstakil; ~ property ⚖ karı *veya* kocanın şahsî malları; **2.** ['~əreit] *v/t. & v/i.* ayırmak; bölmek; ayrılmak; **sep.a'ra.tion** *n.* ayırma, ayrılma, ayrılış; **sep.a.ra.tist** ['~ərətist] *n. eccl.* tarikat yanlısı; *pol.* partiden ayrılma taraftarı, ayrılık çıkaran; **sep.a.ra.tor** ⊕ ['~əreitə] *n.* ayırıcı, santrifüjör; krema makinesi *(süt)*.
se.pi.a *paint.* ['siːpjə] *n.* sepya, mürekkep balığı salgısından yapılan boya *veya* mürekkep; bu rengin hâkim olduğu fotoğraf *veya* resim.
sep.sis ⚕ ['sepsis] *n.* septisemi, kana mikrop ve toksin karışması.
Sep.tem.ber [sep'tembə] *n.* eylül.
sep.ten.ni.al □ [sep'tenjəl] yedi yıl süren, yedi senelik, yedi yılda bir olan.
sep.tic ⚕ ['septik] *adj.* bulaşık, mikroplu.
sep.tu.a.ge.nar.i.an [septjuedʒi'nɛəriən] *n.* yetmişle yetmişdokuz yaşlar arasında olan kimse.
se.pul.chral [si'pʌlkrəl] *adj.* mezara ait; ölü...; *fig.* loş, kasvetli, hüzünlü; **sep.ul.chre** ['sepəlkə] **1.** *n.* mezar, kabir; **2.** *v/t.* gömmek, defnetmek; **sep.ul.ture** ['~tʃə] *n.* gömme, defin.
se.quel ['siːkwəl] *n.* *bşin* devamı, arkası; son, sonuç, netice; in the ~ sonradan.
se.quence ['siːkwəns] *n.* art arda gelme, sürüp gitme, ardıllık; sıra; *film:* sahne; ~ of tenses *gr.* zaman uyumu.
se.ques.ter [si'kwestə] *s.* sequestrate; ~ o.s. geri çekilmek (from *-den*), tenha bir yere çekilmek; ~ed dünyadan el çekmiş, münzevî, tek başına.
se.ques.trate ⚖ [si'kwestreit] *v/t.* *(mal, mülk)* el koymak, haczetmek; **se.ques.tra.tion** [siːkwes'treiʃən] *n.* inziva, bir köşeye çekilme; ⚖ el koyma, müsadere; **'se.ques.tra.tor** ⚖ yediemin, yasaca güvenilir kimse olarak seçilen kimse.
se.quoi.a ⚘ [si'kwɔiə] mamut ağacı, sekoya.
se.ragl.io [se'rɑːliəu] *n.* sultan sarayı; harem dairesi.
ser.aph ['serəf] *n., pl.* **a. ser.a.phim** ['~fim] melâikeden *b-i*; **se.raph.ic** [se'ræfik] *adj.* (~ally) melek gibi, meleğe ait; çok güzel ve masum.
Serb, Ser.bi.an ['səːb(jən)] **1.** *adj.* sırp, Sırbistan'a ait; **2.** *n.* sırp(lı); Sırp dili, Sırpça.
sere *poet.* [siə] *adj.* kuru, solgun.
ser.e.nade [seri'neid] **1.** *n.* ♪ serenat; **2.** *vb.* *b-nin* penceresi önünde serenat çalmak.
se.rene □ [si'riːn] açık, berrak, belli, aşikâr; sakin, hareketsiz; **se.ren.i.ty** [si'reniti] *n.* sükunet, sessizlik, durgunluk; huzur.
serf [səːf] *n.* serf, köle; *fig.* kul, esir; **'serf.age, 'serf.dom** *n.* kölelik, serflik.
serge [səːdʒ] *n.* serj, yünlü kumaş.

ser.geant ✕ [ˈsɑːdʒənt] *n.* çavuş; *(polis)* komiser muavini; **ˈ~-ˈma.jor** *n.* ✕ başçavuş.
se.ri.al □ [ˈsiəriəl] **1.** seri halinde olan, tefrika halinde yayımlanan; sıra takibeden, seri...; **~ly** tefrika halinde, seri olarak; **2.** *n.* tefrika *(roman vs.)*.
se.ries [ˈsiəriːz] *n. sg. & pl.* sıra, dizi *(a.* ⚘*)*, seri; *biol.* grup; **~ in** ⚡ seri bağlama.
se.ri.ous □ [ˈsiəriəs] ciddî, ağırbaşlı, vakarlı; önemli; ağır, tehlikeli; gerçek, içten; **be ~** ciddiye almak, ciddi söylemek; **ˈse.ri.ous.ness** *n.* ciddiyet, ağırbaşlılık, vakar.
ser.jeant *parl.* [ˈsɑːdʒənt] *n.*: **♀-at-arms** oturumlarda güvenlik görevlisi.
ser.mon [ˈsəːmən] *n.* dinsel konuşma, vaiz; *iro.* şiddetli kınama, ihtar, yüzleme; **ˈser.mon.ize** *vb.* vazetmek, nasihat etm., uzun ve sıkıcı öğütler vermek; azarlamak, haddini bildirmek.
se.rol.o.gy ⚕ [siəˈrɔlədʒi] *n.* seroloji, serom ve etkilerinden bahseden ilim.
se.rous [ˈsiərəs] *adj.* seromla ilgili; ince ve sulu *(sıvı)*.
ser.pent [ˈsəːpənt] *n.* yılan; iblis; hain adam; **ser.pen.tine** [ˈ~tain] **1.** *adj.* yılankavî, yılan gibi kıvrılan, dolambaçlı; **2.** *n. min.* yılantaşı.
ser.rate [ˈserit], **ser.rat.ed** [seˈreitid] *adj.* girintili çıkıntılı, testere dişli *(yaprak)*, serrat; **serˈra.tion** *n.* testere gibi dişli oluş.
ser.ried [ˈserid] *adj.* sıkışık, sıkı sıra halinde.
se.rum [ˈsiərəm] *n.* serom (⚕ *aşı maddesi; physiol. özsu)*.
serv.ant [ˈsəːvənt] *n.* hizmetçi, uşak; *a.* domestic ~ hizmetçi; **ˈ~-girl** *n.* hizmetçi kız.
serve 1. [səːv] *v/t.* hizmet etm. *-e*; yardım etm., yardımcı olm. *-e*; servis yapmak, sofraya koymak *-i*; yararı dokunmak, yaramak *-e*; sağlamak, vermek, ...olarak kullanılmak (with); *(müşteriye)* istediği şeyleri vermek; *(sofraya)* bakmak; *bşden* yararlanmak; idare etm, işlerini çevirmek; *a.* ~ up *(yemek)* sofraya koymak *-i*; amacına uymak *-in*; muamele etm., davranmak *-e*; *tenis:* servis atmak; (it) ~s him right! oh olsun!, bunu hak etti!, yapmasaydı!, söz dinleseydi!; *s.* sentence 1; ~ out dağıtmak, taksim etm.; F hizmetini tamamlamak; ~ a writ on s.o., ~ s.o. with a writ ⚖ *b-ne* bir mahkeme emrini tebliğ etm.; *v/i.* hizmette bulunmak *(a.* ✕ *)*, işini görmek, hizmetçi olm.; yetişmek, elvermek; amaca uymak; yaramak, faydası dokunmak (as, for *-e*); ~ at table sofrada hizmet etm.; **2.** *n. tenis:* servis (yapma sırası); **ˈserv.er** *n. tenis:* servis atan oyuncu; *eccl.* papaz çömezi; tepsi.
serv.ice [ˈsəːvis] **1.** *n.* hizmet; servis; askerlik; görev, iş; hizmetçilik; ✝ müşteriye hizmet; *a.* divine ~ ibadet, ayin, tören; yarar, fayda, istifade; servis takımı; ⚓ palamar kaplama; ⚖ tebliğ, tebligat; *tenis:* servis; be at s.o.'s ~ *b-nin* hizmetinde olm.; **2.** *vb.* candan bakmak; *b-ne* pervane olm., *b-ne* yardım etm., omuz vermek; ⊕ *bşe* bakmak, işleyecek hale koymak; **ˈserv.ice.a.ble** □ işe yarar, faydalı, elverişli; dayanıklı, çok kullanılabilen; **ˈserv.ice.a.ble.ness** *n.* yarar, elverişli olma; dayanıklılık.
serv.ice...: ˈ~-ball *n. tenis:* servis topu; **~ flat** hizmetçili apartman dairesi; **ˈ~-line** *n. tenis:* servis çizgisi; **~ pipe** ⊕ bağlantı borusu; **~ station** benzin istasyonu.
ser.vile □ [ˈsəːvail] kölelere ait, kölelere özgü; köle gibi, gurursuz, hakir, aşağılık; **ser.vil.i.ty** [~ˈviliti] *n.* kölelik; aşağılık, gurursuzluk.
serv.ing [ˈsəːviŋ] *n.* tabak, porsiyon.
ser.vi.tude [ˈsəːvitjuːd] *n.* serflik, esaret, kölelik, kulluk, uşaklık; ⚖ irtifak hakkı, başkasının mal *veya* mülkünden belirli bir yolla yararlanma hakkı; *s.* penal.
ser.vo-brake *mot.* [ˈsəːvəubreik] *n.* servo fren.
ses.a.me ⚘ [ˈsesəmi] *n.* susam.
ses.sion [ˈseʃən] *n.* oturum, celse; toplantı (hali); toplanma süresi, dönem; be in ~ toplantı halinde olm.; **ses.sion.al** [ˈseʃənl] *adj.* oturum..., celse..., oturumla ilgili.
set [set] **1.** *(irr.) v/t.* koymak, yerleştirmek, yerli yerine koymak; dikmek *(bitki)*; kurmak *(çalar saat)*; düzeltmek, tanzim etm.; üzerine saldırtmak *(köpek)* (at, on *-e*); bilemek *(bıçak vs.)*; yerleştirmek, oturtmak *(mücevher)*; tespit etm., kararlaştırmak *(zaman)*; katılaştırmak, pıhtılaştırmak; ⚕ yerine koymak, yerleştirmek *(kırık, çıkık)*; kuluçkaya yatırmak; ~ s.o. laughing *b-ni* güldürmek; ~ an example örnek vermek; ~ the fashion moda çıkarmak; ~ sail rüzgâra yelken açmak; ~ one's teeth azmetmek, dişini sıkmak; karar vermek; ~ against karşısına koymak, karşı koymak; dayamak *-e*; *s.* apart; ~ aside bir

kenara koymak, rezerve etm.; lağvetmek, feshetmek; *fig.* reddetmek, tanımamak; ~ at defiance *b-ne* karşı durmak, meydan okumak; ~ at ease teskin etm., rahatlatmak *-i*; ~ at liberty tahliye etm.; ~ at rest rahatlatmak *-i*; karara bağlamak *(soru)*; ~ store by çok değerli saymak; ~ down indirmek *(yolcu)*; kaydetmek; tespit etm., koymak *(kural, yöntem)*; bir arada yazmak (to s.o. *b-ne)*; ~ forth göstermek, bildirmek, izah etm.; ~ off yola çıkmak; belirtmek; hesaba katmak, göz önüne almak (against *-e karşı)*; eşitlemek, denklemek; ~ on tahrik etm., teşvik etm., ayartmak; ~ out teşhir etm., yaymak, göstermek; anlatmak, izah etm.; daldırmak, dikmek *(bitki)*; ~ up dikmek, kurmak, tesis etm.; koymak, va'zetmek *(fikir)*; çıkarmak *(nida, haykırış)*; yoluna koymak; girişmek, teşebbüs etm. *(iş)*; ~ up in type *typ.* dizmek, tertip etm.; **2.** *(irr.) v/i.* batmak *(güneş vs.)*; pıhtılaşmak, koyulaşmak; akmak *(elektrik akımı, seyelan)*; *hunt.* av grubuna başkanlık etm.; vücuda iyi oturtmak, yakışmak *(elbise)*; ~ about s.th. bir işe koyulmak; ~ about s.o. F *b-nin* üzerine atılmak; ~ forth açılmak, yola düzülmek; ~ forward ilerletmek, yol açmak; ~ in başlamak *(kış, hastalık vs.)*; ~ off yola düzülmek; araba *vs.* ile gitmek (for); ~ (up)on üzerine saldır(t)mak; *fig.* başlamak, azmetmek; ~ to başlamak *-e*, girişmek *e-*; ~ up bir yere konmak, yerleşmek (as); ~ up for sarfolunmak *(para)*, *k-ne* ... süsü vermek, *k-ni* ... diye tanıtmak; **3.** *adj.* sabit, değişmez, hareketsiz; muayyen, belirli; düzenli; ~ up(on) *bşe* düşkün, haris; azimli; ~ with meşgul *ile*; ~ fair *barometre:* sabit, devamlı açık hava; hard ~ büyük ihtiyaç *(veya güçlük vs.)*; ~ piece sanat eseri; ~ speech klişe nutuk, iyi düşünülüp hazırlanmış konuşma; **4.** *n.* sıra, dizi, seri; grup, zümre, takım; sofra takımı; TV, radyo alıcısı; koleksiyon; şirket; cemaat, topluluk, grup, klik; ✓ fide, fidan; *tenis:* set; meyil, eğilim, temayül; heves, istek; yön, yol; kesim, biçim, makas *(elbise)*; *poet.* batma, sukut; *thea.* dekor, mizansen; *(güneş)* batma, gurup; *sinema:* set; make a dead ~ *fig.* üzerine atılmak *-in*, kancayı takmak *-e*, tavlamaya çalışmak *-i*.

set.back [ˈsetbæk] *n. fig.* geri tepme, aksilik; kötüleşme, nüksetme; ⚠ belli bir noktadan geride inşa etme; **ˈset-down** *n.* indirme, azaltma; hiçe sayma, hakir görme; **ˈset-ˈoff** *n.* kontrast, tezat, ayrılık; süs, dekor; † & ⚖ mahsup, karşılık, mukabil talep.

set.tee [seˈtiː] *n.* kanepe.

set.ter [setə] *n.* dizici, mürettip; *hunt.* seter *(av köpeği)*.

set the.o.ry 𝔄 *n.* dizi teorisi.

set.ting [ˈsetiŋ] *n.* yuva *(s.* set 1 & 2); katılaşma, pıhtılaşma; bir defada kuluçkaya yatırılan yumurtalar; *ast.* batma, gurup; yön, seyir *(rüzgâr)*; yerleştirme, oturtma; ortam, çevre, koşullar; *thea.* dekor, mizansen; *fig.* kuşatma; ♪ beste, kompozisyon; sofra takımı; **ˈ~-lo.tion** *n. (saç)* fiksatif, sprey.

set.tle [ˈsetl] **1.** *n.* tahta kanepe, peyke, sıra; **2.** *v/t.* kararlaştırmak; bakmak *(çocuk)*; yerleştirmek, iskân etm.; düzeltmek; halletmek, çözmek; bitirmek, sona erdirmek *(iş)*; bir karara bağlamak *(soru)*; görmek, ödemek *(hesap)*; teskin etm., rahatlatmak; yatıştırmak *(kavga)*; maaş bağlamak (on s.o. *b-ne)*; insan yerleştirmek, iskân etm.; yerine getirmek; *v/i. oft.* ~ down, *a.* ~ o.s. oturmak, yerleşmek; *a.* ~ in evini döşeyip yerleşmek; konmak, tünemek; ⚓ dibe çökmek, batmak; hafiflemek, inmek, yatışmak *(hiddet vs.)*; durulmak *(hava)*; azmetmek, kararlı olm. (on); yetinmek, kanaat etm. (with *ile)*; it is settling for a frost don olacak gibi; ~ down to *k-ni b-şe* vakfetmek, adamak.

set.tled [ˈsetld] *adj.* sabit; devamlı, muntazam; muayyen; katî, kesin; sakin, durgun, değişmez *(rüzgâr)*; ödenmiş *(hesap)*; ~ in life evli (barklı), iş güç sahibi; meskûn, şenelmiş.

set.tle.ment [ˈsetlmənt] *n.* yerleş(tir)me, bir yerde oturma; anlaşma, uzlaşma; yeni koloni; ⚖ ferağ, gelir bağlama; † hesap görme, tasfiye; halletme; yeni iskân edilmiş yer; mülk *(veya* para, hediye vs.) verme; misyon, sosyal faaliyetlerde bulunan cemiyet; ev, mesken; temelin oturması *(bina)*.

set.tler [ˈsetlə] *n.* yeni yerleşen göçmen; *sl.* nihaî darbe, susturucu cevap.

set.tling [ˈsetliŋ] *n.* yerleşme, iskân *(s.* settle 2); † hesaplaşma, tasfiye.

set...: **ˈ~-ˈto** *n.* kavga, dövüş, çarpışma; tartışma, dalaşma; **ˈ~-up** *n.* F durum, vaziyet; yapı, organizasyon; F kazanılması plânlanmış maç; F kolay iş; *Am.* F içki için ikram edilen bardak, buz ve soda.

sev.en [ˈsevn] **1.** *adj.* yedi; **2.** *n.* yedi sayısı; **ˈsev.en.fold** *adj.* yedi kat, yedi misli; **sev.en.teen** ['~'ti:n] *adj.* on yedi; **seventh** ['sevnθ] **1.** □ yedinci; **2.** *n.* yedide bir; ♪ yedili; **se.ven.ti.eth** ['~tiiθ] *adj.* yetmişinci; **'sev.en.ty 1.** *adj.* yetmiş; **2.** *n.* yetmiş sayısı.

sev.er ['sevə] *v/t. & v/i.* ayırmak, ayrılmak, kop(ar)mak; çöz(ül)mek; parçala(n)mak.

sev.er.al □ ['sevrəl] birçok, muhtelif, birkaç; çeşitli, bazı; ayrı, başka; joint and ~ ⚖ müteselsil, müştereken ve münferiden, zincirleme; **'sev.er.al.ly** *adv.* birer birer, ayrı ayrı, teker teker.

sev.er.ance ['sevərəns] *n.* ayrılma, ayrılık, ilişik kesme.

se.vere □ [si'viə] sert, şiddetli, haşin; sert, kasvetli *(hava, kış)*; sert, acı *(eleştiri)*; ciddî; şiddetli *(ağrı)*; keskin, sert *(üslup, güzellik)*; kötü, berbat *(kaza, yara)*; **se.ver.i.ty** [si'veriti] *n.* sertlik, şiddet; ciddiyet.

sew [səu] *(irr.) vb.* dikiş dikmek; dikmek, ciltlemek *(kitap)*; ~ up dikmek, dikerek kapamak.

sew.age ['sju:idʒ] *n.* pis su, lağım suyu; ~ farm lağım sularıyla sulanan tarla.

sew.er[1] ['səuə] *n.* dikici, dikişçi.

sew.er[2] ['sjuə] *n.* lağım; **'sew.er.age** *n.* lağım, kanalizasyon.

sew.ing ['səuiŋ] **1.** *n.* dikiş, iğne işi; **2.** *adj.* dikiş...

sewn [səun] *p.p. of* sew.

sex [seks] *n.* cins; cinsiyet, seks, eşey; cinsel ilişki; *attr.* cinsî...; ~ appeal cinsî cazibe, seksapel; ~ education üreme konusunda aydınlatma, seks eğitimi.

sex.a.ge.nar.i.an [seksədʒi'neəriən] *n.* altmış ile yetmiş yaşları arasındaki kimse;

sex.en.ni.al □ [sek'senjəl] altı senede bir olan, altı sene süren, altı senelik; **sex.tant** ['sekstənt] *n.* sekstant, gemilerde yıldızlar arasındaki açıyı ölçmeye yarayan alet.

sex.ton ['sekstən] *n.* zangoç, kilise kayyumu.

sex.tu.ple ['sekstjupl] *adj.* altı misli, altı kat.

sex.u.al □ ['seksjuəl] cinsî, seksüel, cinsel, eşeysel, cinsî...; ~ desire cinsel arzu; ~ intercourse cinsel ilişki; **sex.u.al.i.ty** [~'æliti] *n.* cinsiyet, cinsellik.

shab.bi.ness ['ʃæbinis] *n.* kılıksızlık; alçaklık, haksızlık; **'shab.by** □ kılıksız, pejmürde, yırtık pırtık, sefil; alçak, adi; cimri, hasis.

shack *part. Am.* ['ʃæk] *n.* baraka, kulübe, salaş.

shack.le ['ʃækl] **1.** *n.* zincir, pranga, boyunduruk *(fig. mst* ~s *pl.)*; engel, mania; ⚓, ⊕ bağlantı demiri *(veya* zincir baklası), kelepçe; **2.** *v/t.* bağlamak, zincire vurmak, kelepçe takmak; kösteklemek, engel olm.

shad *ichth.* [ʃæd] *n.* tirsi balığı *(ringa türü)*.

shade [ʃeid] **1.** *n.* gölge; karanlık, zulmet *(a. fig.)*; abajur, karpuz *(lamba)*; göllgelik *(yer)*, siper; *Am.* bir tür perde; *fig.* kolay iş, çocuk oyuncağı; renk tonu; nüans, ayırtı, çok hafif fark; himaye, koruma; hayalet; tayf; **2.** *vb.* ışıktan korumak (from -*den*); gölgelemek *(a. fig.)*; örtmek, maskelemek *(ışık)*; muhafaza etm.; *paint.* resme gölge vermek; ~ away, ~ off yavaş yavaş değişmek *(renk, durum vs.)* (into -*e*); **'shad.ing** *paint.* resimde gölgeleme; *fig.* nüans, ayırtı.

shad.ow ['ʃædəu] **1.** *n.* gölge, karanlık *(a. fig.)*; hayal, karaltı; eser, iz, alâmet; koruma, himaye; *b-nin* peşinden ayrılmayan *(b-i, köpek)*; rahatsız eden duygu; **2.** *v/t.* gölgelemek, karartmak *(a. fig.)*; örtmek, gizlemek; *mst* ~ forth, ~ out ima etm., sezdirmek; sembolize etm.; gizlice gözetlemek, peşini bırakmamak; **'shad.ow.y** *adj.* gölgeli, karanlık, loş; müphem, şüpheli; belirsiz, hayal gibi.

shad.y ['ʃeidi] *adj.* gölgeli, karanlık; F şüpheli, kötü, namussuz; on the ~ side of forty kırkını aşmış.

shaft [ʃɑ:ft] *n.* sap, kol; sütun, dayak, payanda, destek *(a. fig.)*; *poet.* aydınlık, parıltı, ışın; ⊕ şaft, mil, araba oku; ⚒ kuyu; aydınlık, hava bacası.

shag [ʃæg] *n.* ince kıyılmış sert tütün.

shag.gy ['ʃægi] *adj.* kaba tüylü.

sha.green [ʃæ'gri:n] *n.* sağrı; köpekbalığı derisi.

Shah [ʃɑ:] *n.* İran şahı.

shake [ʃeik] **1.** *(irr.) v/t.* silkmek, silkelemek, sallamak, sarsmak, çalka(la)mak; titretmek; ~ down sarsarak yere düşürmek; küme halinde yığmak *(buğday)*; *sl.* sızdırmak *(para)*; ~ hands el sıkısmak, tokalaşmak; ~ up sallayarak, silkerek gevşetmek, sertliğini gidermek *(yatak vs.)*; *fig.* sarsarak uyandırmak; *v/i.* titremek, sarsılmak, sallanmak (with *ile*); ♪ titreşim halinde olm.; ~ down arkadaşlık, ahbaplık oluşturmak; **2.** *n.* sarsıntı, titreme; ♪ sesi titretme, rulat; çalkalanmış şey; F an, lâhza; *Am.* F deprem; ~ of the hand el sıkma; no great ~s F adi, sıradan, şöyle böyle, pek o kadar değil; **'~'down** *n.* yer yatağı; *Am.*

sl. şantaj, para sızdırma; *Am.* son deneme, tecrübe; ~ cruise ⚓ deney seferi; '~-hands *n.* el sıkışma; '**shak.en** 1. *p.p. of* shake 1; 2. *adj.* sarsılmış; müteessir, etkilenmiş; '**shak.er** *n.* karıştırıcı, içinde *bş* çalkalanan kap; tuzluk vs.
shake-up F ['ʃeik'ʌp] *n.* yeniden düzenleme, personelde değişiklik yapma.
shak.i.ness ['ʃeikinis] *n.* titreklik, sarsaklık; zayıflık, sakatlık; '**s.hak.y** □ *mst* titrek, sarsak, sarsıntılı; zayıf, sakat; şüpheli, sallantıda.
shale *geol.* [ʃeil] *n.* tortulu şist.
shall [ʃæl] *(irr.) v/aux* -ecek; -meli.
shal.lot ⚘ [ʃə'lɔt] *n.* bir tür yabanî sarmısak *veya* ufak soğan.
shal.low ['ʃæləu] 1. *adj.* sığ, yalpık; *fig.* üstünkörü; 2. *n.* sığ yer, kumsal; 3. *v/t.* & *v/i.* sığlaş(tır)mak, düzle(n)mek; '**shal.low.ness** *n.* sığlık, sığ olma; *fig.* yavan (*veya* tatsız) olma.
shalt † [ʃælt] *v/aux.* -eceksin, *s.* shall.
sham [ʃæm] 1. *adj.* yapma, taklit, sahte, suni, yapay; 2. *n.* taklit, yalan, hile, dolap, aldat(ıl)ma; dolandırıcı, hilekâr, dubaracı; 3. *vb.* yalandan yapmak, yapar gibi görünmek; *b-ne* karşı sahte tavır takınmak; sayrımsamak; ~ ill *k-ni* yalandan hasta göstermek.
sham.ble ['ʃæmbl] *vb.* badi badi (*veya* paytak paytak) yürümek.
sham.bles *fig.* ['ʃæmblz] *n.* harp yeri; yıkıntı, moloz.
sham.bling □ ['ʃæmbliŋ] sallanan, oynayan, gevşek, sarsak.
shame [ʃeim] 1. *n.* utanç, ar; ayıp, rezalet; ~!, for ~, ~ on you! tuu!, ayıp!, pöf!, yazıklar olsun!, utan!; cry ~ upon s.o. *b-nin* yüzüne «utan!» diye bağırmak; put to ~ utandırmak, mahcup etm., rezil etm.; 2. *vb.* utandırmak *-i*, mahcup etm. *-i*; *b-nin* namusuna tecavüz etm., lekelemek, namussuzluk etm.
shame.faced □ ['ʃeimfeist] mahcup, utangaç, sıkılgan; '**shame.faced.ness** *n.* utangaçlık, mahcubiyet.
shame.ful □ ['ʃeimful] utandırıcı, ayıp, yüzkarası, utanç verici; alçak, kepaze; '**shame.ful.ness** *n.* utanç verici durum, namussuzluk, alçaklık.
shame.less □ ['feimlis] utanmaz, arsız, edepsiz; '**shame.less.ness** *n.* arsızlık, hayâsızlık, edepsizlik.
sham.my ['ʃæmi] *n.* süet, podösüet, güderi.
sham.poo [ʃæm'pu:] 1. *n.* şampuan; saçı şampuanla yıkama; 2. *v/t.* şampuanla yıkamak *(saç)*.
sham.rock ['ʃæmrɔk] *n.* ⚘ yonca; tirfil yaprağı *(İrlanda'nın ulusal sembolü)*.
shang.hai ⚓ *sl.* [ʃæŋ'hai] *v/t. b-ni* sersemletip *veya* sarhoş edip kaçırarak gemide çalışmaya zorlamak.
shank [ʃæŋk] *n.* incik, baldır; ⚘ sap; ⚓ çapa gövdesi; go on ~'s mare *veya* pony F tabanvayla gitmek; **shanked** *comb.* ... baldırlı.
shan't [ʃɑ:nt] = shall not.
shan.tung [ʃæn'tʌŋ] *n.* şantug *(bir tür ipek)*.
shan.ty ['ʃænti] *n.* kulübe, baraka; = chanty.
shape [ʃeip] 1. *n.* şekil, biçim, tarz, suret, düzen; hal, durum; in bad ~ kötü durumda; 2. *v/t.* şekil vermek *-e*, teşkil etm. *-i*; düzenlemek *-i*; uydurmak (to *-e*); ~ one's course for *b-nin* geleceğini yönlendirmek; *v/i.* gelişmek, ortaya çıkmak, şekillenmek; gibi görünmek, manzara arzetmek; **shaped** *adj.* ... şeklinde; şekilli, biçimli; '**shape.less** *adj.* biçimsiz, şekilsiz; '**shape.ly** *adj.* biçimli, endamlı, yakışıklı.
share[1] [ʃɛə] *n.* saban demiri.
share[2] [~] 1. *n.* pay, hisse, parça, kısım; kontenjan; † hisse senedi, aksiyon; ⚒ itibarî değeri olmayan madencilik hisse senedi; original ~, ordinary ~, primary ~ † adî hisse senedi; preference ~, preferred ~, priority ~ † imtiyazlı hisse senedi; have a ~ in *bşe* iştirak etm.; go ~s paylaşmak, bölüşmek (with s.o.; in s.th.); ~ and ~ alike eşit paylarla; 2. *v/t.* paylaşmak (among, with *arasında, ile*); *bşe* katılmak, *bşe* iştirak etm.; *v/i. b-ne bşden* pay çıkmak, hissesi olm.; ortaklaşa kullanmak; '~.**crop.per** *n. Am.* ortakçı, tarla kiracısı; '~.**hold.er** *n.* † hissedar; '**shar.er** *n.* hissedar, ortak.
shark [ʃɑ:k] *n. ichth.* köpekbalığı; *fig.* hilebaz, dolandırıcı; *Am. sl.* bir işin ehli, otorite.
sharp [ʃɑ:p] 1. □ bilenmiş, keskin *(a. fig.)*; sivri; zeki; sert, şiddetli *(ağrı vs.)*; sek, ekşi, buruk *(şarap vs.)*; tiz, kulakları tırmalayan *(ses)*; canı tez, kabına sığmayan *(mizaç)*; tez, acele, anî; kurnaz, hilekâr, şeytanı şişeye sokan; ♪ yarım ton ince, diyez; 2. *adv.* ♪ yarım ton ince; F dakikası dakikasına, tam; look ~! haydi çabuk!; 3. *n.* ♪ diyez, yarım ton ince nota; hilebaz, dolandırıcı; '**sharp.en** *vb.* bilemek, keskinleştirmek, sivriltmek, yontmak; iştah açmak, teşvik etm., hırslandırmak; şiddetlendirmek, güçlendirmek; acılaştırmak, ekşi-

leştirmek; **ˈsharp.en.er** *n.* kalemtıraş; biley taşı, zağ taşı; **ˈsharp.er** *n.* hilekâr, dolandırıcı; **ˈsharp.ness** *n.* keskinlik (*a. fig.*); şiddet, sertlik; *fig.* şiddetli oluş (*ağrı*); zeki oluş; hilekârlık.

sharp...: **ˈ~-ˈset** *adj.* karnı aç; *bşe* düşkün, haris (on); **ˈ~-shoot.er** *n.* keskin nişancı; **ˈ~-ˈsight.ed** *adj.* keskin bakışlı, keskin görüşlü; **ˈ~-ˈwit.ted** *adj.* zeki.

shat.ter [ˈʃætə] *v/t.* & *v/i.* kır(ıl)mak, parçala(n)mak, tahrip etm., yok etm. (*a. fig.*); bozmak (*sinir*), şirazesinden çıkarmak.

shave [ʃeiv] **1.** (*irr.*) *v/t.* tıraş etm., kazımak; (*part. ağaç*) soymak, yüzmek, rendelemek; çok yakınından sürtünür gibi geçmek; *v/i.* tıraş olm.; ~ through maharetle bir engelden geçmek, *fig. bşden* ucuz kurtulmak; **2.** *n.* tıraş; rende; have a ~ tıraş olm.; by a ~ az kaldı, kıl payı; a close ~, a narrow ~ güçbelâ (*veya* daradar, kılpayı) kurtuluş; **ˈshav.en** *p.p. of* shave 1; *a* ~ head ustura ile kazınmış kafa; **ˈshav.er** *n.* berber; tıraş makinesi; young ~ F acemi çaylak.

shav.ing [ˈʃeiviŋ] *n.* tıraş; ~s *pl.* (*part.* (*rende, planya*) yonga, talaş, kırpıntı; *attr.* tıraş..., berber...; **ˈ~-brush** *n.* tıraş fırçası.

shawl [ʃɔːl] *n.* omuz atkısı, şal.

shawm ♪ [ʃɔːm] *n.* çoban kavalı.

shay † *veya* F [ʃei] *n.* hafif gezinti arabası.

she [ʃiː, ʃi] **1.** *pron.* o (*dişil*); **2.** *n.* kadın, dişi; **she-...** *dişi (hayvanlar için)*.

sheaf [ʃiːf] *n., pl.* **sheaves** [ʃiːvz] demet, deste, bağlam.

shear [ʃiə] **1.** (*irr.*) *v/t.* kırkmak, kesmek, makaslamak; F soymak, yolunmuş tavuğa döndürmek; **2.** *n.* (a pair of) ~s *pl.* büyük makas; **ˈshear.er** *n.* kesen kimse, orakçı, tırpancı; **ˈshear.ing** *n.* kırkım, kırpma, makaslama; ~s *pl.* yapağı, yün.

sheath [ʃiːθ] *n., pl.* **sheaths** [ʃiːðz] kın, kılıf (*a.* ⚘ & *anat.*); *zo.* mahfaza, zarf

sheathe [ʃiːð] *v/t.* içine koymak, sokmak, örtmek; ⊕ kaplamak, donatmak; **ˈsheath.ing** *n.* ⊕ kaplama (malzemesi), zırh, örtü.

sheave ⊕ [ʃiːv] *n.* makara, bobin; yuvarlak levha, disk.

sheaves [ʃiːvz] *pl. of* sheaf.

she.bang *Am. sl.* [ʃəˈbæŋ] *n.* yıkılmak üzere olan, virane baraka; the whole ~ hepsi, tümü.

shed¹ [ʃed] (*irr.*) *vb.* dökmek, akıtmak, boşaltmak (*kan, gözyaşı vs.*); yaymak, neşretmek (*ışık, fikir vs.*) (upon); dökmek, değiştirmek (*kıl, deri vs.*); çıkarıp atmak, kurtulmak *-den.*

shed² [~] *n.* baraka, kulübe, sundurma, odunluk; uçak hangarı.

sheen [ʃiːn] *n.* parlaklık, parıltı (*kumaş*); **ˈsheen.y** *adj.* parlak.

sheep [ʃiːp] *n.* koyun(lar *pl.*) koyun derisi, meşin; *fig.* safdil, budala kimse; **ˈ~-cot** = sheep-fold; **ˈ~-dog** *n.* çoban köpeği; **ˈ~-fold** *n.* koyun ağılı; **ˈsheep.ish** □ sıkılgan, utangaç; sersem, budala; koyun gibi; **ˈsheep.ish.ness** *n.* aptallık, budalalık; mahcubiyet, sıkılganlık.

sheep...: **ˈ~.man** *n. Am.* koyun yetiştiren kimse; **ˈ~-run** = sheep-walk; **ˈ~.skin** *n.* pösteki, koyun postu; *Am.* diploma; **ˈ~-walk** *n.* koyun otlağı.

sheer¹ [ʃiə] *adj.* & *adv.* halis, saf, katışıksız, hakiki; (büs)bütün, tam(amiyle); dik, sarp, dikey; doğru(dan), vasıtasız; çok ince, hafif ve şeffaf (*kumaş*).

sheer² [~] **1.** *vb.* ⚓ rotadan sapmak, yolundan ayrılmak; ~ off *fig.* tüymek, sıvışmak; **2.** *n.* ⚓ borda kavsi; yoldan sapma.

sheet [ʃiːt] **1.** *n.* yatak çarşafı; yaprak, tabaka (*kâğıt*); levha (*cam, metal vs.*); geniş yüzey (*su vs.*); ⚓ ıskota, büyük yelkenleri yönetmek için kullanılan ip; the rain came down in ~s yağmur sağanak halinde indi; ~ iron saç (*demir*); **2.** *v/t.* çarşaf vs. ile örtmek; **ˈ~-an.chor** *n.* ⚓ ocaklık demiri, çapa; *fig.* kurtuluş ümidi; **ˈsheet.ing** *n.* çarşaflık keten bezi, **ˈsheet-light.ning** *n.* ufukta şimşek çakması.

sheik(h) [ʃeik] *n.* şeyh, kabile reisi.

shelf [ʃelf] *n. pl.* **shelves** [ʃelvz] raf, etajer, pervaz; *geol.* resif, şelf, sığlık, kum bankı; on the ~ *fig.* rafa kaldırılmış, kadro dışı; get on the ~ *fig.* dansa davet edilmemek (*kız*).

shell [ʃel] **1.** *n.* kabuk; kaplumbağa kabuğu, bağa; istiridye (*veya* midye) kabuğu; ⊕ iskelet (*bina*); ✕ top mermisi, obüs, bomba; ince uzun yarış kayığı; **2.** *v/t.* & *v/i.* kabuğunu çıkarmak (*veya* soymak, kırımak); koçandan ayırmak (*mısır*); başaktan ayırmak (*buğday*); ✕ borbardıman etm.; kabuktan ayrılmak, sıyrılmak, soyulmak; ~ out *sl.* mangizleri sökülmek, hesabı ödemek.

shel.lac [ʃəˈlæk] *n.* gomalaka, şelak, cilâ yapmakta kullanılan bir tür reçine.

shell-cra.ter [ˈʃelkreitə] *n.* mermi hunisi;

shelled [ʃeld] *comb.* ... kabuklu.

shell...: **ˈ~-fire** *n.* top ateşi; **ˈ~-fish** *n. zo.* kabuklu hayvan; **ˈ~-proof** *adj.* mermi (*veya* bomba) işlemez; **ˈ~-shock** *n.* savaş yorgunluğu, savaşın neden olduğu ruhsal çöküntü.

shel.ter [ˈʃeltə] **1.** *n.* sığınak, barınak, siper, sundurma, saçak; *fig.* himaye, koru(n)ma; **2.** *v/t.* & *v/i.* barın(dır)mak, koru(n)mak, muhafaza etm.; **ˈshel.ter-less** *n.* himayeden yoksun, korunmasız; desteksiz, arkasız.

shelve¹ [ʃelv] *v/t.* (içine) raflar yapmak; rafa koymak; *fig.* rafa kaldırmak, ertelemek, bir kenara koymak; emekliye ayırmak, kadro dışı bırakmak; F *b-ne, bşe* aldırış etmemek.

shelve² [~] *v/i.* (yavaş yavaş) meyletmek.

shelves [ʃelvz] *pl. of* shelf.

shelv.ing [ˈʃelviŋ] **1.** *n.* raf (malzemesi); **2.** *adj.* eğik, meyilli.

she.nan.i.gan *Am.* F [ʃiˈnænigən] *n.* açıkgözlük, dolandırıcılık, dalaverecilik, maskaralık.

shep.herd [ˈʃepəd] **1.** *n.* çoban; **2.** *vb.* otlatmak, çobanlık etm.; rehberlik etm., sevk ve idare etm.; **ˈshep.herd.ess** *n.* kadın çoban.

sher.bet [ˈʃəːbət] *n.* şerbet; karbonatlı limonata, gazoz; dondurma.

sher.iff [ˈʃerif] *n.* şerif; *(ilçe veya bucakta)* polis müdürü.

sher.ry [ˈʃeri] *n.* beyaz İspanyol şarabı.

shew ✎ [ʃəu] = show.

shib.bo.leth [ˈʃibəleθ] *n.* tanıtma işareti, parola; artık fazla anlamı olmayan eski deyim *veya* âdet.

shield [ʃiːld] **1.** *n.* kalkan; siper, koruyucu şey; **2.** *v/t.* korumak, himaye etm. (from *-den*); **ˈshield.less** *adj.* korumasız, himayesiz.

shift [ʃift] **1.** *n.* değiş(tir)me; nöbet; geçici çare; önlem; hile, desise; çalışma grubu, iş devresi, vardiya, posta; taşınma; make ~ çaresini bulmak (to *-e*); işin içinden sıyrılmak (with; without); **2.** *v/t.* yerini değiştirmek; ⚓ dümen kırmak; bir yerden başka bir yere aktarmak; başka yere nakletmek *(yer, sahne)*, yerini değiştirmek; *mot.* vites değiştirmek; *(işletme)* başka işler için ayarlamak (to *-e*); *v/i.* değişmek, başkalaşmak; *(rüzgâr)* dönmek; ⚓ (safra) fazla gelmek; işin içinden sıyrılmak, çare bulmak; ~ for o.s. başının çaresine bakmak, *k-ni* geçindirmek, kendi işine bakmak; **ˈshift.ing** ☐ değişken, değişir; ~ sands *pl.* bataklık kumu; **ˈshift.less** ☐ biçare, çaresiz; *fig.* beceriksiz, uyuşuk, sünepe; **ˈshift.y** ☐ hilekâr, kurnaz, pişkin.

shil.ling [ˈʃiliŋ] *n.* şilin, eski İngiliz gümüş parası; cut off with a ~ mirastan yoksun bırakmak.

shil.ly-shal.ly [ˈʃiliʃæli] *adj.* kararsız, mütereddit.

shim.mer [ˈʃimə] *v/i.* parıldamak, pırıldamak, hafif ışık salmak.

shin [ʃin] **1.** *a.* ~-bone *n.* incik kemiği; **2.** *vb.* ~ up tırmanmak.

shin.dy F [ˈʃindi] *n.* gürültü, patırdı, şamata, arbede, yaygara.

shine [ʃain] **1.** *n.* parlaklık, ışık, ziya; cilâ(lama); give one's shoes a ~ *b-nin* ayakkabılarını boyayıp cilâlamak; rain or ~ hava nasıl olursa olsun; **2.** *v/i.* parıldamak, ışık vermek; *fig.* parlamak, mükemmel olm.; *v/t.* cilâlamak, parlatmak.

shin.gle¹ [ˈʃiŋgl] **1.** *n.* çatı padavrası, ince tahta, tahta kiremit; *Am.* F levha, tabela; **2.** *v/t.* çatıyı padavra ile kaplamak; kısa kesmek *(saç)*.

shin.gle² *coll.* [~] *n.* çakıl(lı sahil).

shin.gles ⚕ [ˈʃiŋglz] *n. pl.* zona (hastalığı).

shin.gly [ˈʃiŋgli] *adj.* çakıllı, çakıl...

shin.y ☐ [ˈʃaini] parlak, cilâlı; açık, berrak.

ship [ʃip] **1.** *n.* gemi, vapur; *Am.* F uçak; ~'s company gemi mürettebatı; **2.** *v/t.* gemiye yüklemek; gemiyle sevketmek, yollamak; yandan su almak *(gemi)*; ~ the oars kürekleri yerine takmak; ~ a sea dalga yemek *(gemi)*; *v/i.* gemi hizmetine yazılmak; gemiye binmek; **ˈ~-board:** on ~ ⚓ gemide **ˈ~-brok.er** *n.* gemi simsarı; deniz sigortası acentası; **ˈ~-build.er** *n.* gemi yapıcısı; **ˈ~-build.ing** *n.* gemi yapımı, gemi inşaatı; **ˈ~-ca.nal** *n.* yapay gemi kanalı; **ˈ~-chan.dler** *n.* gemi levazımatı satan kimse; **ˈ~-chan-dler.y** *n.* gemi levazımatı *veya* kumanyası; **ˈ~.load** *n.* kargo, gemi hamulesi *veya* yükü; **ˈship.ment** *n.* gemiye yükleme; yüklenen eşya, yük, kargo, hamule; **ˈship.own.er** *n.* armatör, gemi sahibi; **ˈship.per** *n.* gemiye yüklenen *veya* yükleten kimse, ihracatçı.

ship.ping [ˈʃipiŋ] **1.** *n.* gemiye yükleme; filo. donanma; tonaj; gemicilik, gemi trafiği; gemi ile mal taşımacılığı, deniz nakliyesi; **2.** *adj.* gemilere *veya* denizciliğe ait, gemi...; deniz...; **ˈ~-a.gent** *n.* deniz nakliyecisi, gemicilik şirketi (*veya* temsilciliği); **ˈ~-of.fice** *n.* sevkiyat bürosu, nakliye şirketi, deniz taşımacılığı bürosu.

ship...: ˈ~.shape *adj.* temiz ve düzenli; **ˈ~-way** *n.* gemi yapı kızağı; **ˈ~.wreck 1.**

n. deniz kazası; gemi enkazı; 2. *v/t.* karaya oturmak; be ~ed kazaya uğramak; '~.wrecked *adj.* kazazede; batık; '~.wright *n.* tersane işçisi; '~.yard *n.* tersane.

shire ['ʃaiə, *in compound word* ...ʃiə] *n.* kontluk; ~ horse bir tür İngiliz kadanası.

shirk [ʃəːk] *vb.* kaçınmak *-den*, yan çizmek, kaytarmak, atlatmak; '**shirk.er** *n.* atlatan, yan çizen kimse, kaytarıcı.

shirt [ʃəːt] *n.* gömlek; *a.* ~-waist *Am.* gömlek şeklinde blûz; keep one's ~ on *sl.* soğukkanlılığını kaybetmemek; '**shirt.ing** *n.* ✝ gömleklik *(kumaş)*; '**shirt-sleeve** 1. *n.* gömlek kolu; 2. *adj.* kollu; ~ diplomacy *part. Am.* açık diplomasi; '**shirt.y** *adj. sl.* hiddetli, şiddetli, kızgın ve kaba.

shiv.er¹ ['ʃivə] 1. *n.* ufak parça, kıymık; break to ~s = 2. *v/t.* & *v/i.* ufak parçalara böl(ün)mek.

shiv.er² [~] 1. *n.* titreme, heyecan; the ~s *pl.* hararet, humma; ürperme; it gives me the ~s tüylerimi ürpertiyor; 2. *v/t.* titremek, (tüyleri) ürpermek; soğuktan titremek; ~ing fit nöbet titremesi; '**shiv.er.y** *adj.* titrek; tüyler ürpertici.

shoal¹ [ʃəul] 1. *n.* oğul, küme, kalabalık, sürü *(balık; a. fig.)*; 2. *vb.* bir araya toplanmak, sürü oluşturmak *(balık)*.

shoal² [~] 1. *n.* sığlık yer, resif; 2. *vb.* sığlaş(tır)mak; 3. = '**shoal.y** *adj.* sığ, kumsal.

shock¹ ✓ [ʃɔk] *n.* ekin yığını, dokurcun.

shock² [~] 1. *n.* sars(ıl)ma, sarsıntı, darbe, vuruş; rezalet, kepazelik, skandal; ⚕ şok, sinir buhranı; elektrik çarpması; 2. *v/t.* & *v/i. fig.* kalbi kır(ıl)mak, darıl(t)mak, hatırlı *b-ni* gücendirmek; sars(ıl)mak; iğrendirmek.

shock³ [~] *n.* (of hair *saç*) demet, perçem; kabarık, kıtık gibi saç.

shock...: '~-**ab.sorb.er** *n. mot.* amortisör; '~-**bri.gade** *n.* çarpışma, hücum tugayı; '~-**proof** *adj.* sarsıntıya dayanır; ~ **ther.a.py**, ~ **treat.ment** elektroterapi, elektro şokla tedavi.

shock.er *sl.* ['ʃɔkə] *n.* heyecanlı roman.

shock.ing □ ['ʃɔkiŋ] korkunç şok etkisi yapan; yakışıksız, müstehcen, iğrenç; kızdırıcı, incitici, gönül kırıcı; tüyler ürpertici.

shod [ʃɔd] *pret.* & *p.p. of* shoe 2.

shod.dy ['ʃɔdi] 1. *n.* kullanılmamış fakat bir kez örülüp sökülerek yeniden örülmüş yün, kumaş tiftiği; *fig.* değersiz şeyler, değersiz eser; 2. *adj.* sahte, taklit, yapay, suni; bayağı, değersiz, fena.

shoe [ʃuː] 1. *n.* kundura, ayakkabı; nal; tekerlek çarığı; fren balatası; 2. *(irr.) vb.* ayakkabı giydirmek; nallamak, nal çakmak; '~.**black** *n.* lostracı, ayakkabı boyacısı; '~.**black.ing** *n.* boyama, parlatma *(ayakkabı)*; '~.**horn** *n.* ayakkabı çekeceği, kerata; '~-**lace** *n.* ayakkabı bağı; '~.**mak.er** *n.* kunduracı, ayakkabıcı; '~-**string** *n.* ayakkabı bağı; on a ~ F çok az parayla.*

shone [ʃɔn] *pret.* & *p.p. of* shine 2.

shoo [ʃuː] *vb.* korkutmak, ürkütmek, kışkışlamak *(kuş, çocuk vs.)*.

shook [ʃuk] *pret. of* shake 1.

shoot [ʃuːt] 1. *n. fig.* atım, atış; av (partisi); av alanı; ✓ filiz, sürgün; 2. *(irr.) v/t.* ateş etm., atış yapmak, ateşlemek; atmak, fırlatmak; silahla vurmak, öldürmek; *film:* filme almak; *(resim)* çekmek; kurşunla delmek; şut çekmek; *golf:* vuruş yapmak; ⚘ sürmek, filizlenmek; sürmek *(sürgü, mandal)*; boşaltmak, dökmek *(çöp, kamyon)*; yuvarlamak *(fıçı vs.)*; ⚕ enjekte etm.; *v/i.* ateş etm. (at *-e*); zonklamak, sancımak *(uzuv)*; bir yerden fırlamak; *a.* ~ forth filizlenmek, sürmek; ⚓ fazla gelmek *(safra)*; ~ ahead ok gibi fırlamak, atılmak; ~ ahead of mesafeyi açmak; ~ down düşürmek; ~ up hızla büyümek, yükselmek; '**shoot.er** *n.* nişancı; avcı.

shoot.ing ['ʃuːtiŋ] 1. *n.* atış; avcılık (hukuku), düzensiz silah atma; *film:* filme alma; 2. *adj.* zonklayan *(uzuv)*; '~-**box** *n.* avcı kulübesi; '~-**brake** *n.* kaptıkaçtı, pikap *(araba)*; '~-**gal.ler.y** *n.* poligon, atış meydanı; *(lunapark)* atış barakası; '~-**range** *n.* poligon; ~ **star** akanyıldız, göktaşı; '~-**war** *n.* sıcak savaş.

shop [ʃɔp] 1. *n.* dükkân, mağaza; atelye, iş yeri, fabrika; set up ~ dükkân açmak, yeni bir iş kurmak; talk ~ iş konusunda konuşmak; 2. *vb. mst* go ~ping alış-veriş yapmak, satın almak; '~-**as.sist.ant** *n.* satıcı tezgâhtar; '~.**keep.er** *n.* dükkâncı, mağaza sahibi; '~.**lift.er** *n.* dükkân hırsızı; '~-**man** *n.* tezgâhtar; '**shop.per** *n.* alıcı, müşteri; '**shop.ping** *n.* alışveriş (etme); ~ centre *Am.* ~ center alış-veriş merkezi, büyük çarşı.

shop...: '~-**soiled** *adj.* uzun süre dükkânda kalıp ellenmekten hasar görmüş *veya* kirlenmiş *veya* vitrinde bekletilmiş *(mal)*; '~-'**stew.ard** *n.* işyeri temsilcisi; '~-**walk.er** *n.* mağazada çalışanlara ve alıcılara yardım eden görevli; '~-'**win.dow** *n.* vitrin.

shore¹ [ʃɔː] *n.* sahil, kıyı, yaka; on ~ karada.

shore² [~] 1. *n.* destek, istinat, payanda; 2. *vb.*: ~ up payanda vurmak, desteklemek.
shore...: '~.**line** *n.* kıyı şeridi; '~.**ward** ['~wəd] *adv.* kıyıya doğru.
shorn [ʃɔːn] *p.p. of* shear 1.; ~ of yoksun *-den.*
short [ʃɔːt] 1. *adj.* kısa; bodur, kısa boylu; az, eksik, yetersiz; iyi pişmiş, gevrek, yumuşak *(çörek, pasta vs.)*; çapaklı, karıncalı *(metal)*; kaba, nezaketsiz *(cevap)*; ✝ kısa vadeli; *s.* circuit; ~ wave *radyo:* kısa dalga; in ~ sözün kısası, kısaca; ~ of *-si* eksik; nothing ~ of *-den* başka bir şey değil; sırf, hepsi; doğrudan doğruya; ~ of London Londra'ya varmadan az önce; come *veya* fall ~ of yetmemek, erişememek, ulaşamamak; cut ~ birden kesmek, *bşe* ara vermek; kısa kesmek; fall *veya* run ~ yetmemek, tükenmek, kıtlaşmak; stop ~ of *bşe* ara vermek; 2. *n. gr.* yarı sesli, kısa hece; kısa metrajlı film; ⚡ kontak, kısa devre; *s.* shorts; ~ circuit; '**short.age** *n.* yokluk, kıtlık, eksiklik.
short...: '~.**cake** *n.* üstüne ezilmiş meyve dökülmüş kek; '~'**cir.cuit** *n.* ⚡ kısa devre; '~-'**com.ing** *n.* kusur; noksan, eksiklik; ~ **cut** kestirme yol; '~-'**dated** *adj.* ✝ kısa vadeli; '**short.en** *v/t. & v/i.* kısal(t)mak; '**short.en.ing** *n.* unla karıştırılan yağ.
short...: '~.**fall** *n.* açık, eksik; '~.**hand** *n.* stnenografi; ~ typist steno daktilo; '~-'**hand.ed** *adj.* yardımcısı az; '~-'**lived** *adj.* kısa ömürlü; '**short.ly** *adv.* kısaca, sözün kısası; birazdan, yakında; '**shortness** *n.* kısalık, eksiklik.
shorts [ʃɔːts] *n. pl.* şort, kısa pantalon, dizlik, külot, kispet.
short... '~-'**sight.ed** *adj.* miyop; *fig.* kısa görüşlü; '~ -'**tem.pered** *adj.* çabuk kızan, öfkeli; '~-**term** *adj.* kısa vadeli; '~-**wave** *adj. radyo:* kısa dalga...; '~-'**wind.ed** *adj.* tık nefes, nefes darlığı olan.
shot¹ [ʃɔt] 1. *pret. & p.p. of* shoot 2; 2. *adj.* şanjan, yanardöner *(kumaş)*.
shot² [~] *n.* atış, atım; gülle, küre, top; erim, menzil; girişim; tahmin; *a.* small ~ av saçması; *pl. mst* ~ saçma tanesi; nişancı, avcı; *spor:* • vuruş *(bilardo)*; şut; *phot., film:* fotoğraf, resim, film; ⚕ şırınga, iğne; *sl.* bir yudum içki; *sl.* cinsel birleşme, boşalma; have a ~ at *bşi* bir kez denemek, şansını denemek; not by a long ~ F katiyen, hiç; within (out of) ~ atış menzili içinde (dışında); like a ~ F mermi gibi; big ~ F önemli şahıs, kodaman, nüfuzlu kimse, make a bad ~ hedefi kaçırmak; *fig.* yanlış tahmin etm.; '~.**gun** *n.* av tüfeği, çifte; ~ marriage *Am.* F zorunlu evlilik; '~-**proof** *adj.* mermi işlemez.
shot.ten her.ring ['ʃɔtn'heriŋ] *n.* yumurtlamış ringa balığı.
should [ʃud] *pret. of* shall.
shoul.der ['ʃəuldə] 1. *n.* omuz *(a. hayvanların)*; *fig.* destek; omuza benzer çıkıntı; dağ kolu *(veya* yamacı); kürek eti; give s.o. the cold ~ *bne* soğuk davranmak; put one's ~ to the wheel çok çaba göstermek, omuz vermek; rub ~s with arkadaşlık etm., temas etm. *ile*; ~ to ~ omuz omuza, birlikte; 2. *vb.* omuzlamak; ⚔ omuz vurmak, yüklenmek; ~ one's way yol açmak; '~-**blade** *n. anat.* kürek kemiği; '~-**strap** *n.* ⚔ apolet; omuz askısı *(elbise)*.
shout [ʃaut] 1. *n.* bağırma, nida, seslenme, çığlık; 2. *v/t. & v/i.* bağırmak, seslenmek, haykırmak, çağırmak, sevinç nidaları çıkarmak, yaygara koparmak.
shove [ʃʌv] 1. *n.* itme, kakma, dürtme; 2. *vb.* itmek, dürtmek, sürmek, itip kakmak.
shov.el ['ʃʌvl] 1. *n.* kürek, faraş; 2. *vb.* kürelemek, kürekle alıp atmak; '~-**board** *n.* gemide oynanan bir tür oyun.
show [ʃəu] 1. *(irr.) v/t.* göstermek; işaret etm.; sergilemek; göstermek *(lûtuf, tenezzül)*; tanıtlamak; kanıtlamak; anlatmak; öğretmek; seyrettirmek; ~ forth göstermek, teşhir etm.; ~ in içeri sokmak; ~ out uğurlamak, kapıya kadar geçirmek; ~ round dolaştırmak, gezdirmek; ~ up meydana çıkarmak, maskesini düşürmek; *v/i. a.* ~ up görünmek, gözükmek; ~ off göstermek; övünmek, palavracılık etm., *k-ni* ... gibi göstermek; 2. *n.* gösteriş, gösterme; görünüş; sergi, teşhir; *thea.* temsil, oyun, gösteri; *sl.* iş, konu, girişim; ~ of hands el kaldırarak yapılan oylama; dumb ~ pandomima; on ~ sergilenmekte; run the ~ *sl.* dükkân, iş *vs.* işletmek, idare etm.; ~ **busi.ness** eğlence sanayii, tiyatroculuk vs.; '~-**card** *n.* ticarî ilân, afiş, pankart; '~-**case** *n.* küçük vitrin; '~-**down** *n.* iskambilde eldeki kâğıtları açma, kozları ortaya koyma *(a. fig.)*; *fig.* güç denemesi.
show.er ['ʃauə] 1. *n.* sağanak; duş; *fig.* dolgunluk, bolluk, çokluk; 2. *v/i.* sağanak halinde yağmak *(a. fig.)*, dökülmek, akmak; *v/t.* bol vermek, yağdırmak; dökmek, üstünden aşağı akıtmak; ~-**bath** ['~bɑːθ] *n.* duş; '**show.er.y** *adj.* yağmur-

lu; yağmur...
show.i.ness [ˈʃəuinis] *n.* gösteriş, debdebe, tantana, saltanat; **ˈshow.man** *n.* oyun, müzikal vs. hazırlayan kimse; şovmen, seyirciyi eğlendiren, oyalayan kimse; sirk, eğlence yeri vs. müdürü; **ˈshowman.ship** *n.* seyircinin ilgisini çekme sanatı; **shown** [ʃəun] *p.p. of* show 1; **ˈshow-place** *n.* görülmeye değer olan yer; **ˈshow-room** *n.* sergi salonu; **ˈshow-window** *n.* vitrin; **ˈshow.y** □ gösterişli, mükemmel, göze çarpan, göz alıcı.
shrank [ʃræŋk] *pret. of* shrink.
shrap.nel ⚔ [ˈʃræpnl] *n.* şarapnel.
shred [ʃred] **1.** *n.* dilim, ufak kesilmiş *veya* yırtılmış parça, kırpıntı, paçavra (*a. fig.*); **2.** (*irr.*) *v/t.* parçalamak, çekip yırtmak, tarazlamak.
shrew [ʃruː] *n.* kavgacı, şirret kadın; *a.* ~-mouse *zo.* sivri burunlu fare, soreks.
shrewd □ [ʃruːd] kurnaz, becerikli, zeki; **ˈshrewd.ness** *n.* kurnazlık, açıkgözlük, cin fikirlilik.
shrew.ish □ [ˈʃruːiʃ] kavgacı, huysuz, şirret.
shriek [ʃriːk] **1.** *n.* feryat, yaygara, çığlık; **2.** *vb.* çığlık koparmak, cıyaklamak, haykırmak.
shrike *orn.* [ʃraik] *n.* örümcekkuşu.
shrill [ʃril] **1.** □ keskin sesli, kulakları tırmalayan; **2.** *vb.* acı ve tiz sesle haykırmak.
shrimp *zo.* [ʃrimp] *n.* karides, deniz tekesi; *fig.* bücür, cüce, çelimsiz kimse.
shrine [ʃrain] *n.* kutsal emanetler mahfazası; türbe.
shrink [ʃriŋk] (*irr.*) *v/i.* küçülmek, büzülmek, çekmek, daralmak (*kumaş*); geri çekilmek; *a.* ~ back ürkerek gerilemek (from, at *-den*); *v/t.* daraltmak, büzmek; ⊕ çektirmek; **ˈshrink.age** *n.* çekme payı, fire, daralma; *fig.* kıymetten düşme, inme, düşüş.
shriv.el [ˈʃrivl] *vb. a.* ~ up büzülmek, buruşmak, pörsümek; *fig.* içi geçmek; âciz duruma düşmek.
shroud¹ [ʃraud] **1.** *n.* kefen; tabut örtüsü; *fig.* örtü. **2.** *v/t.* kefenlemek, kefene sarmak; *fig.* sarmak, örtmek.
shroud² ⚓ [~] *n.* çarmık, ana direkleri ve gabya çubuklarını tutan halatlar; *mst* ~s *pl.* çarmıklar.
Shrove.tide [ˈʃrəuvtaid] *n.* Hıristiyanlarda büyük perhizden önce gelen süre, et kesimi, apukurya; **Shrove Tues.day** büyük perhizin arife günü.
shrub [ʃrʌb] *n.* çalı, küçük ağaç, funda; **ˈshrub.ber.y** *n.* çalılık, fundalık; **ˈshrub.by** *adj.* çalı gibi; çalılık...
shrug [ʃrʌg] **1.** *vb.* omuz silkmek; ~ s.th. off *bşe* aldırmamak, boşvermek; **2.** *n.* omuz silkme.
shrunk [ʃrʌŋk] *p.p. of* shrink; **ˈshrunk.en** *adj.* daral(tıl)mış, çekmiş; çökmüş (*yanak*).
shuck *Am.* [ʃʌk] **1.** *n.* kabuk, kılıf, zarf; ~s! F boş lâf!, saçma!, zırva!; **2.** *vb.* kabuğunu vs. çıkarmak, soymak.
shud.der [ˈʃʌdə] **1.** *v/i.* ürpermek, titremek (at); **2.** *n.* titreme, ürperti.
shuf.fle [ˈʃʌfl] **1.** *v/t.* & *v/i.* karıştırmak, karman çorman etm.; karıştırmak, karmak (*oyun kâğıdı*); yer değiştirmek, elden ele dolaştırmak; kaçamaklı cevap vermek, sözü değiştirmek, ağız yapmak; ayak sürümek; başından atmak, defetmek; ~ away güçlükle ve acemice ilerlemek; ~ off üstünden atmak (*sorumluluk*); ~ through one's work kötü iş görmek; **2.** *n.* kırıştırma (*oyun kâğıdı*); ayak sürüme; bu tür bir dans; *pol.* düzenleme (*kabinede*); **ˈshuffler** *n.* karıştıran kimse (*kâğıt*); ağız değiştiren kimse, dubaracı; **ˈshuf.fling** □ kaçamaklı; hilekâr.
shun [ʃʌn] *v/t.* *bşden* sakınmak, kaçınmak.
shunt [ʃʌnt] **1.** *n.* 🚂 manevra; 🚂 makas; ⚡ paralel devre; **2.** *vb.* 🚂 yan yola geçirmek, manevra yapmak, makas değiştirmek, yolunu değiştirmek; ⚡ paralel bağlamak, akımın bir kısmını başka kablodan geçirmek; *fig.* *b-ni* yerinden oynatmak, *b-nin* yerini değiştirmek; **ˈshunt.er** *n.* 🚂 manevracı; **ˈshunt.ing sta.tion** *n.* 🚂 manevra istasyonu.
shut [ʃʌt] (*irr.*) *v/t.* kapa(t)mak; ~ one's eyes göz yummak, müsamaha etm. *-e*; ~ down tatil etm., faaliyeti durdurmak, kapamak (*iş yeri*); ~ in kapamak, kilitlemek; sıkıştırmak (*parmak*); ~ out dışarıda bırakmak; ~ up kapamak, kilitlemek; ~ up shop dükkânı kapamak, işten vazgeçmek; *v/i.* kapanmak; ~ up! F sus!; kapat çaneni!; **ˈ~.down** *n.* işin tatil olması, faaliyetin durması; **ˈ~.out** *n.* *spor:* sayı vermeden mağlûp etme; **ˈshutter** *n.* kepenk, panjur; *phot.* obtüratör, kapak; put up the ~s kepenkleri indirmek, dükkânı kapatmak; rolling ~ kepenk.
shut.tle [ˈʃʌtl] **1.** *n.* mekik (*a. dikiş makinesinde*); 🚂 kısa mesafede mekik dokuyan tren servisi; ~ train karşılıklı sefer yapan tren; **2.** *vb.* mekik dokumak, mekik gibi işlemek; karşılıklı sefer yapmak; **ˈ~.cock** *n.* raketle oynanan ucu tüy-

lü mantar banminton topu *veya* bu topla oynanan oyun.
shy¹ [ʃai] **1.** □ korkak, ürkek, çekingen, mahçup, utangaç; be *veya* fight ~ of ürkmek, çekinmek *-den veya* sakınmak *-den*; **2.** *v/i. bşden, bden* çekinmek, korkmak, ürkmek (at).
shy² F [~] **1.** *v/t.* fırlatmak, atmak; **2.** n. atış, fırlatma; have a ~ at *bş* üzerinde tecrübe yapmak, bir denemek.
shy.ness [ˈʃainis] *n.* çekingenlik, ürkeklik, korkaklık.
shy.ster *part Am. sl.* [ˈʃaistə] *n.* iyi şöhreti olmayan avukat, hileli iş yürüten kimse.
Si.a.mese [saiəˈmiːz] **1.** *adj.* Siyamlı; Siyam diline ait; **2.** *n.* Siyam halkı *veya* dili.
Si.be.ri.an [saiˈbiəriən] **1.** *adj.* Sibiryalı; **2.** *n.* Sibiryalı kimse.
sib.i.lant [ˈsibilənt] **1.** □ ıslık gibi, vızıltılı; **2.** *n. gr.* ıslık gibi ses veren harf *(s, z, ş, j)*.
sib.yl [ˈsibil] *n.* eski zamanda falcı, kâhin kadın; **sibˈyl.line** [~lain] *adj.* fala, kehanete ait.
Si.cil.ian [siˈsiljən] **1.** *adj.* Sicilyalı; **2.** *n.* Sicilyalı kimse.
sick [sik] *adj.* hasta, keyfisiz (of, with); midesi bulanmış; bıkmış, bezmiş (of *-den*); be ~ for *bşin* hasretini çekmek, *bş* için yanıp tutuşmak; be ~ of bıkmak, tiksinmek, usanmak; go ~, report ~ *k-ni* hasta diye bildirmek; ˈ**~-bed** *n.* hasta yatağı; ˈ**~-ben.e.fit** *n.* hastalık parası; ˈ**sick.en** *v/i.* hastalanmak, hastalıklı (*veya* dertli) olm.; ~ at *bşden* tiksinmek, nefret etm.; ~ of bıkıp usanmak, gına gelmek *-den*; *v/t.* hasta etm.; bıktırmak, usandırmak.
sick.le [ˈsikl] *n.* orak.
sick-leave [ˈsikliːv] *n.* hastalık izni; ˈ**sick.ly** *adj.* hastalıklı, dertli; zayıf bünyeli, hassas; solgun; gayrisıhhi *(iklim)*; tiksindirici, iğrenç *(koku vs.)*; bitkin, yorgun; ˈ**sick.ness** *n.* hastalık; kusma, mide bulantısı.
side [said] **1.** *n. com.* yan, taraf; sahil, kıyı, kenar; *spor:* takım, taraf; grup, hizip; yön; ~ by ~ yan yana; *fig.* yanıbaşında; by one's ~ *b-nin* tarafında; ~ by ~ with yanında *-in*, ... ile beraber; at *veya* by s.o.'s ~ *b-nin* yanında; put on ~ F caka satmak, tafra satmak; **2.** *adj.* yan..., ikinci derecede, ... den başka; **3.** *vb.* taraf tutmak, desteklemek (with, against); ˈ**~-arms** *n. pl.* ✕ kasatura, kılıç vs. gibi yana takılan silahlar; ˈ**~.board** *n.* büfe; ˈ**~-car** *n. mot.* motosiklet yan arabası, sepet; ˈ**sid.ed** *comb.* ... taraflı, cepheli; çevrili.
side...: ˈ**~-face** *n.* yandan görünüş, profil; ~ **is.sue** önemsiz, ikincil soru *veya* konu; ˈ**~-light** *n.* borda feneri; yan pencere; sinyal lambaları; *fig.* önemsiz fakat bir konuyu aydınlatan açıklama; ˈ**~-line** *n.* 🚂 tali hat; ek görev; *spor:* kenar çizgisi; ˈ**~.long** **1.** *adv.* yan (tarafa), yandan; **2.** *adj.* yan, kenardan, meyilli; *fig.* gizli, saklı.
si.de.re.al *ast.* [saiˈdiəriəl] *adj.* yıldızlarla ilgili, yıldızlarla hesaplanan.
side...: ˈ**~-sad.dle** *n.* kadın eyeri; ˈ**~-slip** *v/i.* ✈ yan inişi yapmak; *mot.* patinaj yapmak; **sides.man** [ˈ~zmən] *n.* Anglikan kilisesinde mütevelli yardımcısı.
side...: ˈ**~-split.ting** *adj.* kahkahaya boğan, çok komik; ˈ**~-step** **1.** *n.* yana atılan adım; kaçınma, yan çizme; **2.** *vb.* yana kaçmak, yan çizmek, sorumluluktan kaçmak; ˈ**~-stroke** *n.* yan yüzme; ˈ**~-track** **1.** *n.* 🚂 yan hat; **2.** *v/t.* yan hatta geçirmek; *part. Am. fig.* önemli ve faydalı bir şeyi geri bıraktırıp önemsiz bir şeyle uğraştırmak; ˈ**~-walk** *n. part. Am.* yaya kaldırımı; **side.ward** [ˈ~wəd] **1.** *adj.* yana doğru olan, yan; **2.** *adv.* = **side.wards** [ˈ~wədz], ˈ**side.ways**, ˈ**side.wise** yan tarafa, yana doğru.
sid.ing 🚂 [ˈsaidiŋ] *n.* yan hat, içtinap durağı.
si.dle [ˈsaidl] *vb.* yan yan gitmek.
siege [siːdʒ] *n.* kuşatma, muhasara; lay ~ to kuşatmak, sarmak, ele geçirmeye çalışmak.
si.er.ra [ˈsiərə] *n.* zirveli dağ silsilesi.
sieve [siv] **1.** *n.* kalbur, elek; **2.** *v/t.* elemek, kalburdan geçirmek.
sift [sift] *v/t.* kalburdan geçirmek, elemek; *fig.* incelemek; ayırmak.
sift.er [ˈsiftə] *n.* üstü delikli un, şeker vs. kabı *(tuzluk, şekerlik vs.)*.
sigh [sai] **1.** *n.* iç çekme; **2.** *v/i.* iç çekmek; *bş* için yanıp tutuşmak, hasret kalmak (for, after *-e*).
sight [sait] **1.** *n.* görme, görüm, görüş; *fig.* bakış, nazar; manzara, görünüş, temaşa; nişangâh; F büyük miktar, birçok; çokluk; ~s *pl.* gezip görülecek yerler; second ~ gaipten haber verme, kehanet; at *veya* on ~ görür görmez, derhal, görü(lü)nce; ♪ notaya bakarak; ✝ ibrazında, gösterilince; catch ~ of görüvermek, gözüne ilişmek; lose ~ of gözden kaybetmek, unutmak; within ~ göz önünde, gözle görünür; out of ~ gözden

uzak; çok yüksek, fahiş; take ~ nişan almak; not by a long ~ asla, hiç; know by ~ yüzünden tanımak, göz aşinalığı olm.; 2. *vb.* görmek; nişan almak (along); **ˈsight.ed** *adj.* görebilen, ... görülen; **ˈsight.ing-line** *n.* nişan hattı; **ˈsight.less** *adj.* kör, göremeyen; **ˈsight.li.ness** *adj.* güzellik, yakışıklılık, göze hitap etme; **ˈsight.ly** *adj.* güzel, yüzüne bakılır, kayda değer.

sight...: **ˈ~.see.ing** *n.* seyredecek yerleri görmeğe gitme, gezme; **ˈ~.se.er** *n.* turist; **ˈ~-sing.ing** *n.* ♪ notaya bakarak şarkı söyleme.

sign [sain] **1.** *n.* işaret, ikaz, ima, alâmet; iz, belirti; levha, trafik işaret levhası; *ast.* on iki burçtan biri; in ~ of ... işareti olarak; **2.** *v/i.* işaret vermek; ~ on (off) *radyo:* yayına başlamak *veya* yayını bitirmek; *v/t.* imzalamak; işaret etm. *-e*; ~ on mukavele ile taahhüt altına al(ın)mak.

sig.nal [ˈsignl] **1.** *n.* işaret, sinyal; ihtar, ikaz; ~s *pl.* ⚔ parola; busy ~ *teleph.* meşgul işareti; **2.** ☐ kayda değer, dikkate değer, fevkalâde, harikulâde; **3.** *vb.* işaretle bildirmek, işaret etm.; *b-ne bşi* bildirmek, haber vermek; **ˈ~-box** *n.* 🚂 manevra tertibatı *veya* merkezi; **sig.nal-ize** [ˈ~nəlaiz] *v/t.* dikkati çekerek bildirmek; şöhret kazandırmak, nişan vermek; = signal 3.

sig.na.to.ry [ˈsignətəri] **1.** *n.* imza sahibi, imza eden kimse; **2.** *adj.* imzalayan; powers ~ to an agreement devletler arası anlaşmaları imzalayanlar.

sig.na.ture [ˈsignitʃə] *n.* imza; marka, damga, işaret (*a. typ.*, ♪, ✝); ~ tune *radyo:* tanıtma müziği.

sign.board [ˈsainbɔːd] *n.* tabela, afiş, yafta; **ˈsign.er** *n.* imza sahibi.

sig.net [ˈsignit] *n.* mühür, damga; **ˈ~-ring** *n.* mühür yüzüğü.

sig.nif.i.cance, sig.nif.i.can.cy [sigˈnifikəns(i)] *n.* mana, anlam; önem; **sigˈnif-i.cant** ☐ anlamlı, manidar; önemli; karakteristik (of); **sig.ni.fiˈca.tion** *n.* anlam, mana; **sigˈnif.i.ca.tive** [~kətiv] *adj.* anlamlı, karakteristik (of). manidar, *bş* anlatan, ifade eden.

sig.ni.fy [ˈsignifai] *vb.* belirtmek, ifade etm., işaretle anlatmak; delâlet etm. *-e*, ... anlamına gelmek; it does not ~ önemi yok, farketmez.

si.gnor [ˈsiːnjɔː] *n.* bay, efendi, İtalyanların kullandığı bir ünvan; **siˈgnor.a** [~rə] *n.* bayan, hanım (*evli*); **si.gno.ri.na** [~ˈriːnə] *n.* matmazel, bayan, genç kızlara verilen unvan.

sign...: **ˈ~-paint.er** *n.* tabelacı, levhacı; **ˈ~.post** *n.* yol gösteren levha, işaret direği.

si.lage [ˈsailidʒ] *n.* siloda muhafaza olunan hayvan yemi, ot vs.

si.lence [ˈsailəns] **1.** *n.* sessizlik, sükut, durgunluk, huzur; susma, *bşden* bahsetmeme; ~! sus(unuz)!; put *veya* reduce to ~ = **2.** *v/t.* susturmak, sesini kesmek; **ˈsi.lenc.er** *n.* ⊕ ses azaltıcı, susturucu; *mot.* egzoz borusuna takılan susturucu.

si.lent ☐ [ˈsailənt] sessiz, sakin; suskun, susan, sesi çıkmaz; sessiz (*harf*); ~ film sessiz film; ~ partner *part: Am.* ✝ hususi şerik, komanditer.

Si.le.sian [saiˈliːzjən] **1.** *adj.* Silezyalı; **2.** *n.* Silezyalı kimse.

sil.hou.ette [siluːˈet] **1.** *n.* siluet, gölge (resim); **2.** be ~d against iyice belirmek, kontrast teşkil etm.

sil.i.ca ⚗ [ˈsilikə] *n.* silis(li toprak); **sil.i-cat.ed** [ˈ~keitid] *adj.* silisit asitli; **siˈli-ceous** [~ʃəs] *adj.* silisli; **sil.i.con** [ˈ~kən] *n.* silisyum; **sil.i.cone** [ˈ~kəun] *n.* silikon; **sil.i.co.sis** ⚕ [~ˈkəusis] *n.* silis tozu teneffüs etmekten oluşan bir tür akciğer hastalığı.

silk [silk] **1.** *n.* ipek; ⚖ ipek cüppe; kral(içe) avukatı; ipeğe benzer mısır püskülü; take ~ kral(içe) avukatı olm.; **2.** *adj.* ipekli, ipek...; **silk.en** ☐ ipekli; *s.* silky: **ˈsilk.i.ness** *n.* ipek gibi oluş; yumuşak oluş; **ˈsilk-ˈstock.ing** *n. Am.* kibar, aristokrat, soylu, asil; **ˈ~.worm** *n.* ipekböceği; **ˈsilk.y** ☐ ipek gibi; yumuşacık.

sill [sil] *n.* eşik, pencere tahtası; denizlik.

sil.li.ness [ˈsilinis] *n.* ahmaklık; saçma şey, herze.

sil.ly ☐ [ˈsili] ahmak, budala, aptal, bön; saçma, gülünç; ~ season (*gazete*) haber bakımından kısır dönem.

si.lo [ˈsailəu] *n.* silo.

silt [silt] **1.** *n.* çamur, balçık, mil; **2.** *vb. mst* ~ up çamur *veya* mille dol(dur)mak.

sil.ver [ˈsilvə] **1.** *n.* gümüş (*para, sofra takımı vs.*); **2.** *adj.* gümüşten, gümüş kaplı; gümüş gibi; gümüş...; **3.** *vb.* gümüş kaplamak *-e*; gümüş gibi parla(t)mak; **ˈ~-ˈplate** *n.* ⊕ gümüş kaplama; **ˈ~.ware** *n. Am.* gümüş eşya, gümüş sofra takımı; **ˈsil.ver.y** *adj.* gümüş gibi, parlak; *zo.* & ⚘ gümüş gibi parlak...; yumuşak ve berrak (*ses*).

sim.i.lar ☐ [ˈsimilə] benzer (to *-e*), gibi, ... vari; **sim.i.lar.i.ty** [~ˈlæriti] *n.* benzerlik, benzeşlik.

sim.i.le ['simili] *n.* mecaz, teşbih, kıyas, benzetme.

si.mil.i.tude [si'militju:d] *n.* benzerlik, benzeşme; tam benzeri; kıyas, teşbih, mecaz, benzetme.

sim.mer ['simə] *v/t.* & *v/i.* yavaş yavaş kayna(t)mak; *fig.* galeyana getirmek *veya* gelmek *(duygu)*; ~ down yatışmak, sakinleşmek.

Si.mon ['saimən] *n.* on iki havariden biri; the real ~ Pure F hakikisi; simple ~ F budala, ahmak; **si.mo.ny** ['~ni] *n.* kilise görev *veya* donatımının alım satımı.

si.moom *meteor.* [si'mu:m] *n.* samyeli.

sim.per ['simpə] **1.** *n.* aptalca sırıtma; **2.** *v/i.* aptal aptal sırıtmak.

sim.ple □ ['simpl] basit, sade, gösterişsiz, alçak gönüllü; kolay; bölünmeyen, tek; katışıksız, saf; doğal, yapmacıksız; aptal, budala, safdil; önemsiz, basit *(rütbe, sınıf)*; '~-'heart.ed, '~-'mind.ed *adj.* safdil, temiz yürekli, kolay kanan; **sim.ple.ton** ['~tən] *n.* ahmak, budala.

sim.plic.i.ty [sim'plisiti] *n.* sadelik, berraklık, açıklık; saflık, budalalık; temiz yüreklilik, safdillik; **sim.pli.fi.ca.tion** [~fi'keiʃən] *n.* basitleştirme, sadeleştirme; basitleşme; **sim.pli.fy** ['~fai] *v/t.* kolaylaştırmak, sadeleştirmek.

sim.ply ['simpli] *adv.* basit olarak (*s.* simple); sadece, sırf, ancak; doğrusu, gerçekten.

sim.u.late ['simjuleit] *v/t.* yalandan yapmak, ... gibi görünmek; taklit etm., benzetmek; ... taslamak; **sim.u'la.tion** *n.* taklit; sahte tavır, yapmacık; **'sim.u.la.tor** *n.* herhangi bir eğitimde o ortamın koşullarını hissettiren cihaz.

si.mul.ta.ne.i.ty [siməltə'niəti] *n.* aynı zamanda olma, eşzamanlık.

si.mul.ta.ne.ous □ [siməl'teinjəs] aynı zamanda olan, eşzamanlı; **si.mul'ta.ne.ous.ness** *n.* eşzamanlılık, aynı zamanda olma.

sin [sin] **1.** *n.* günah; suç, kabahat; **2.** *v/i.* günah işlemek.

since [sins] **1.** *prp.* -den beri, -den itibaren, olalı, edeli; **2.** *adv.* o zamandan beri; önce, evvel; long ~ uzun zamandan beri, çok zaman oluyor; how long ~? ne zamandan beri?; a short time ~ geçenlerde; **3.** *cj.* -diğinden beri, olalı, yapalı; madem ki, çünkü, zira.

sin.cere □ [sin'siə] samimî, içten, yalansız, doğal; Yours ~ly saygılarımla *(mektup sonunda)*; **sin.cer.i.ty** [~'seriti] *n.* samimiyet, içtenlik, doğruluk.

sine ⩓ [sain] *n.* sinüs.

si.ne.cure ['sainikjuə] *n.* kolay ve iyi maaşlı iş, arpalık.

sin.ew ['sinju:] *n.* kiriş, veter; sinir; *mst* ~s *pl.* güç, enerji; güçlü kılan şey; **'sin.ew.y** *adj.* kiriş gibi; *fig.* güçlü, dinç, kuvvetli.

sin.ful □ ['sinful] günahkâr; utanç verici, çok kötü; şerir, fena; **'sin.ful.ness** *n.* günahkâr olma, günah(kârlık).

sing [siŋ] *(irr.)* *v/i.* şarkı söylemek; ötmek, şakımak; uğuldamak *(rüzgâr)*; çınlamak *(kulak)*; *v/t.* söylemek, okumak; ~ out bağırmak, seslenmek; ~ small, ~ another song *veya* tune süt dökmüş kedi gibi olm., yelkenleri suya indirmek, aşağıdan almak.

singe [sindʒ] *v/t.* yakmak, ütülemek, alazlamak.

sing.er ['siŋə] *n.* şarkıcı.

sing.ing ['siŋiŋ] *n.* şarkı söyleme, şakıma, ırlama; ~ bird ötücü kuş.

sin.gle [siŋgl] **1.** □ tek, bir, yalnız, ayrı; tek kişilik, özel; münferit...; bekâr; sade, basit, saf; ~ bill ☨ bono; ~ combat teke tek kavga, düello, vuruşma; bookkeeping by ~ entry basit *(veya* tek taraflı) defter tutma usulü; ~ file tek sıra, birbiri ardına; **2.** *n.* *tenis:* tekler; tek kişilik oda; gidiş bileti; **3.** ~ out seçmek, ayırmak; '~-'breast.ed *adj.* tek sıra düğmeli *(ceket vs.)*; '~-'en.gin.ed *adj.* ✈ tek motorlu; '~-'hand.ed *adj.* tek başına; '~-'heart.ed □, '~-'mind.ed □ samimî, içten, doğru dürüst; yolundan şaşmayan, tuttuğunu koparan, azimli; '~-'line *adj.* tek hatlı; **'sin.gle-'seat.er** *n.* tek kişilik *(uçak)*; **'sin.gle.stick** *n.* eskrim değneği; kısa kalın sopa; **sin.glet** ['siŋglit] *n.* fanila, iç gömleği; **sin.gle.ton** ['~tən] *n.* *iskambil:* oyun başında oyuncunun elindeki bir renkten tek kâğıt; **'sin.gle-'track** *adj.* tek yönlü; **'sin.gly** *adv.* yalnız, tek başına; tek tek, birer birer.

sing.song ['siŋsɔŋ] *n.* aynı tonda ve can sıkıcı şarkı söyleme *veya* konuşma.

sin.gu.lar ['siŋgjulə] **1.** □ yalnız, tek, ayrı; eşsiz, müstesna, fevkalâde; acayip, garip, tuhaf; *gr.* tekil **2.** *n.* *gr.* *a.* ~ number tek sayı; tekil sözcük; **sin.gu.lar.i.ty** [~'læriti] *n.* özellik, hususiyet; tuhaflık; eşsizlik, görülmemişlik.

Sin.ha.lese [siŋhə'li:z] **1.** *adj.* Sri Lankalı, Sri Lanka diline ait; **2.** *n.* Sri Lankalı kimse; Sri Lanka dili.

sin.is.ter □ ['sinistə] uğursuz, meşum; endişe verici; tekin olmayan *(yer)*; fesat, kötü.

sink [siŋk] **1.** *(irr.) vb.* batmak *(gemi, güneş vs.)*; ağır ağır inmek; çökmek; çukurlaşmak; alçalmak, azalmak; dalmak *(uyku)*; düşmek *(fiyat)*; kötüleşmek, ölüme yaklaşmak *(hasta)*; batırmak; daldırmak ,gömmek (into *-e*); ⚒ kazmak, açmak *(kuyu)*; yatırmak *(para)*; yavaş yavaş ödemek *(borç)*; uzlaşmak, yatıştırmak, unutmak *(kavga)*; **2.** *n.* fosseptik, lağım çukuru; musluk taşı, bulaşık oluğu; *fig.* bataklık; **ˈsink.er** *n.* ⚒ kuyucu, maden işçisi; iskandil, olta *veya* ağ kurşunu; **ˈsink.ing** *n.* düşüş, batış; ⚕ dermansızlık, zayıflık, halsizlik; ~ fund bir borcu ödemek için oluşturulan fon, itfa fonu, amortisman sandığı.

sin.less [ˈsinlis] *adj.* günahsız, masum, saf.

sin.ner [ˈsinə] *n.* günahkâr kimse.

Sinn Fein [ˈʃinˈfein] *n.* bir İrlanda milliyetçi teşkilâtı.

Sin.o... [ˈsinəu] *comb.* Çin ile ilgili, Çinli; Çin...

sin.u.os.i.ty [sinjuˈɔsiti] *n.* yılankavilik, dolaşıklık, eğilip bükülme; kavis, viraj, dönemeç; **ˈsin.u.ous** □ yılankavi, dolaşık, eğri, çarpık *(a. fig.)*, dolambaçlı.

si.nus *anat.* [ˈsainəs] *n.* sinüs; **si.nus.i.tis** [~ˈsaitis] *n.* sinüzit, sinüs iltihabı.

Sioux [su:] *n., pl.* ~ [su:z] Siyu *(Kuzey Amerika kızılderilileri)*.

sip [sip] **1.** *n.* yudum; yudumlama; **2.** *vb.* yudumlamak, azar azar içmek.

si.phon [ˈsaifən] **1.** *n.* sifon, pipet; **2.** *vb.* sifonla su çekmek (out); emmek, içine çekmek.

sir [sə:] *n.* bay; beyefendi; efendim; ♀ sör (bir asalet ünvanı).

sire [ˈsaiə] *n. mst poet.* baba, peder; cet, ata; *zo.* bir at, köpek vs.'nin babası; † haşmetmeap, efendimiz.

si.ren [ˈsaiərən] *n.* canavar düdüğü, siren.

sir.loin [ˈsə:lɔin] *n.* sığır filetosu.

sir.rah *contp.* † [ˈsirə] herif, adam.

sir.up [ˈsirəp] *n.* şurup; melâs.

sis F [sis] *n.* sister'ın kısaltılmış şekli.

sis.al [ˈsaisəl] *n.* sisal keneviri, dayanıklı bir tür kenevir.

sis.kin *orn.* [ˈsiskin] *n.* karabaşlı iskete.

sis.sy *Am.* [ˈsisi] *n.* çıtkırıldım, muhallebi çocuğu, hanım evlâdı.

sis.ter [ˈsistə] *n.* kızkardeş, hemşire; hastabakıcı, hemşire; rahibe; ~ of charity *veya* mercy hayırsever rahibeler birliği üyesi; **sis.ter.hood** [ˈ~hud] *n.* kızkardeşlik; rahibeler birliği; **ˈsis.ter-in-law** *n.* görümce, baldız, yenge, elti; **ˈsis.ter.ly** *adj.* kızkardeş gibi, kızkardeşe yakışır; müşfik.

sit [sit] *(irr.) v/i.* oturmak; toplanmak, toplantı yapmak ,müzakerede bulunmak *(meclis)*; kuluçkaya yatmak *(tavuk)*; ~ down (yerine) oturmak; tünemek, konmak; ~ (up)on araştırmak, incelemek; F susturmak, yola getirmek; ~ up dik oturmak; yatmamak; doğrulmak; make s.o. ~ up *b-ni* sarsarak uyandırmak; *b-ne* kulak kesilmek, dikkatli dinlemek; *v/t.* oturtmak; *(at vs.'ye)* oturmak, binmek; ~ a horse well ata iyi binmek; ~ s.th. out *bşin* sonuna kadar oturmak; ~ s.o. out *b-ne* uzun süre tahammül etm.; **~-down strike** oturma grevi.

site [sait] **1.** *n.* yer, mahal, mevki, nokta, alan; **2.** *v/t.* yaymak, açmak.

sit.ter [ˈsitə] *n.* oturan *b-i veya bş*; poz veren kimse; kuluçka; *sl.* kolay av, kolay iş, avanta; **ˈ~-ˈin** *n.* anne ve babası evde yokken ücretle çocuğa bakan kimse.

sit.ting [ˈsitiŋ] *n.* oturma, oturuş; oturum, toplantı, celse; at one ~ bir defada; **ˈ~-room** *n.* oturma odası.

sit.u.ate [ˈsitjueit] *vb.* başka bir yere koymak, yerleştirmek; yerini tayin etm. *-in*; **ˈsit.u.at.ed** *adj.* bulunan, olan, vaki; be ~ bulunmak (in *-de*); thus ~ bu *(veya* şu, o) durumda; **sit.uˈa.tion** *n.* yer, mevki; durum, koşullar.

six [siks] **1.** *adj.* altı; **2.** *n.* altı sayısı; be at ~es and sevens tam bir karışıklık ve şaşkınlık içinde olm.; **ˈ~.fold** *adj.* altı kat, altı misli; **ˈ~.pence** *n.* altı peni(lik para); **six.teen** [ˈ~ˈti:n] *adj.* on altı; **six-teenth** [ˈ~ˈti:nθ] **1.** *adj.* on altıncı; **2.** *n.* on altıda bir; **sixth** [~θ] **1.** *adj.* altıncı; **2.** *n.* altıda bir; **sixth.ly** *adv.* altıncı olarak; **six.ti.eth** [ˈ~tiəθ] *adj.* altmışıncı; **ˈsix.ty** **1.** *adj.* altmış; **2.** *n.* altmış sayısı.

siz.a.ble □ [ˈsaizəbl] oldukça büyük, büyücek, oylumlu.

size[1] [saiz] **1.** *n.* hacim, oylum; büyüklük, ebat; beden *(elbise)*; numara *(ayakkabı)*; **2.** *vb.* büyüklüğüne göre düzenlemek; ~ up F *b-ni veya bşi* tartmak, değerlendirmek, takdir, tahmin etm.; **sized** *comb.* ... büyüklüğünde, ... genişliğinde, ... ölçüsünde.

size[2] [~] **1.** *n.* çiriş, tutkal; **2.** *adj.* çirişli, tutkallı.

size.a.ble □ [ˈsaizəbl] = sizable.

siz.zle [ˈsizl] *v/i.* tıslamak, cızırdamak, hışıldamak *(kâğıt, yaprak vs.)*, çıtır çıtır yanmak *(ateş)*; sizzling hot bunaltıcı sıcak.

skate [skeit] **1.** *n.* paten; roller-~ tekerlekli paten; **2.** *v/i.* patinaj yapmak, patenle kaymak; **ˈskat.er** *n.* patinajcı; **ˈskat.ing-rink** *n.* patinuvar, patinaj sahası.
ske.dad.dle F [skiˈdædl] *v/i.* sıvışmak, tüymek, tabanları yağlamak.
skein [skein] *n.* yumak, çile.
skel.e.ton [ˈskelitn] **1.** *n.* iskelet; insan kurusu, çok zayıf kimse; çatı, iskelet, karkas *(bina)*; taslak, müsvedde; ⚔ kadro, çekirdek birlik; **2.** *adj.* iskelete benzer; kaba taslak..., iskelet...; ⚔ kadro..., esas...; ~ key maymuncuk, her kilidi açan anahtar.
skep.tic [ˈskeptik] = sceptic.
sketch [sketʃ] **1.** *n.* taslak, kroki; küçük hikâye, skeç; **2.** *vb.* taslak yapmak, krokisini almak, kabataslak tarif etm.; *-in* taslağını çizmek; **ˈsketch.y** □ kabataslak; noksan, yarım yamalak, yüzeysel.
skew [skjuː] *adj.* meyilli, inişli; eğri, çarpık, eğri büğrü.
skew.er [ˈskuə] **1.** *n.* kebap şişi; şişe benzer *bş*; **2.** *vb.* kebap şişine geçirmek, şişe dizmek.
ski [skiː] **1.** *n. pl. a.* ~ kayak, ski; **2.** *v/i.* kayak yapmak.
skid [skid] **1.** *n.* takoz, köstek, fren çarığı; ✈ kayma kızağı; *mot.* patinaj; (yana) kayma; **2.** *vb.* takoz koymak, kösteklemek; yana kaymak; süzülmek; aşağı kaymak; *mot.* patinaj yapmak.
ski.er [ˈskiːə] *n.* kayakçı.
skiff ⚓ [skif] *n.* hafif yelkenli, filika, kik *(yarış kayığı)*.
ski.ing [ˈskiːiŋ] *n.* kayakçılık, kayak yapma; **ˈski-jump** *n.* kayakçının yaptığı sıçrama *veya* atlama; atlama tepesi; **ˈski-jump.ing** *n.* kayakla atlama.
skil.ful □ [ˈskilful] hünerli, mahir, becerikli, eli yatkın; **ˈskil.ful.ness, skill** [skil] *n.* hüner, ustalık, beceriklilik, maharet.
skilled [skild] *adj.* deneyimli, usta, hünerli; kalifiye; ~ worker kalifiye işçi, vasıflı işçi.
skil.let [ˈskilit] *n.* tava.
skill.ful [ˈskilful] *Am. of* skilful.
skim [skim] **1.** *vb. a.* ~ off kaymağını, yağını almak *(süt)*; *bş* üzerinden kaymak, süzülmek, sıyırıp geçmek; *fig.* göz gezdirmek *-e;* üstünkörü incelemek *-i;* *-den* uçarak geçmek *(uçak)*; su üstünde sektirmek *(taş)*; köpüğünü (*veya* istenmeyen maddeleri) almak *-in*; ~ through kitabın sayfalarını birer birer çevirmek, üstünkörü göz gezdirmek; **2.** *n.* ~ milk kaymağı alınmış süt; **ˈskim.mer** *n.* kevgir, köpük kepçesi.
skimp [skimp] *v/t. & v/i.* cimri davranmak, cimrilik etm., kıt vermek, hesaplı davranmak; **ˈskimp.y** □ kıt, az, eksik, yetersiz; yarım yamalak.
skin [skin] **1.** *n.* cilt, deri; post, pösteki; kabuk; ⚓ dış kaplama; *(balon)* kılıf; *(şarap)* tulum; by *veya* with the ~ of one's teeth güç belâ, daradar, ancak; have a thick (thin) ~ vurdumduymaz (hassas) olm.; **2.** *v/t.* yüzmek, *-in* kabuğunu soymak; F dolandırmak, soyup soğana çevirmek (of); ~ off F *(çorap vs.)* çıkarmak; keep one's eyes ~ned F dikkat etm., gözünü dört açmak; *v/i. a.* ~ over kapanmak *(yara vs.)*; **ˈ~-ˈdeep** *adj.* sathî, yüzeysel; **ˈ~-div.ing** *n. (aletsiz)* suya dalma sporu; **ˈ~.flint** *n.* cimri kimse; **ˈ~-graft.ing** *n.* ⚕ deri transplantasyonu; **ˈskin.ner** *n.* derici, kürkçü; **ˈskin.ny** *adj.* sıska, çelimsiz, bir deri bir kemik; F berbat.
skip [skip] **1.** *n.* sekme, zıplama, sıçrayış; ⚒ kafes; **2.** *vb.* zıplamak, sekmek, sıçramak; ip atlamak; *a.* ~ over atlamak, sıçrayarak geçmek *-i*; **ˈ~-jack** *n.* suyun yüzünde sıçrayan herhangi bir tür balık; *zo.* sıçrayan bir tür böcek.
skip.per¹ [ˈskipə] *n.* sıçrayan *b-i veya bş.*
skip.per² [~] *n.* ⚓ kaptan, süvari; F *spor:* takım kaptanı.
skip.ping-rope [ˈskipiŋrəup] *n.* atlama ipi.
skir.mish ⚔ [ˈskəːmiʃ] **1.** *n.* çatışma, hafif çarpışma; **2.** *v/i.* çatışmak, çekişmek; **ˈskir.mish.er** *n.* avcı, gözcü.
skirt [skəːt] **1.** *n.* etek(lik); *oft.* ~s *pl.* kenar *(kumaş)*; kenar, sınır *(bölge)*, varoş; *sl.* kız, kadın; **2.** *vb.* *bşin* kenarından geçmek, bastırmak; ana konuya temas etmemek, kaytarmak; *a.* ~ along *bşin* kenarı boyunca gitmek *veya* uzanmak; **ˈskirt.ing-board** *n.* süpürgelik.
skit¹ [skit] *n.* dokunaklı söz, iğneleme, hiciv, kinaye (on, upon).
skit² [~] *n.* kalabalık, sürü, yığın.
skit.tish □ [ˈskitiʃ] azgın, serkeş, ürkek *(part. at)*; haşarı, şamatacı, muzip.
skit.tle [ˈskitl] *n.* dokuz kuka, kiy oyunu; play (at) ~s kiy oyunu oynamak; **ˈ~-al.ley** *n.* kiy oyunu sahası.
skiv.vy F *contp.* [ˈskivi] *n.* karı, hizmetçi kız.
skul.dug.ger.y *Am.* F [skʌlˈdʌgəri] *n.* dalavere, hilekârlık alçaklık.
skulk [skʌlk] *v/i.* sessizce yaklaşmak, gizlice sokulmak; gizlenmek, saklanmak, pusuda beklemek; *b-ne* pusu kurmak; sıvışmak, yan çizmek, kaytarmak; **ˈskulk.er** *n.* gizlenen kimse.

skull [skʌl] *n.* kafatası, kafa, beyin; ~ and cross-bones *(tehlike işareti)* kuru kafa; have a thick ~ kalın kafalı, aptal olm.

skunk [skʌŋk] *n. zo.* kokarca (kürkü); F alçak, hain, teres, köpeoğlu köpek kimse.

sky [skai] *oft.* **skies** *n. pl.* gök(yüzü), sema, gök kubbe; praise to the skies *fig.* göklere çıkarmak, öve öve bitirememek; ˈ~-ˈ**blue** *adj.* gök mavisi; ˈ~.**jack** *v/t.* kaçırmak *(uçak)*; ˈ~.**lark** 1. *n. orn.* tarlakuşu; 2. *v/i.* cümbüş yapmak, eğlenmek (about); ˈ~.**light** *n.* dam penceresi, kaporta, vazistas; ˈ~.**line** *n.* ufuk çizgisi; silûet; ˈ~.**rock.et** *v/i.* aniden ve dikine yükselmek; kabarmak; ˈ~ˈ**scrap.er** *n.* gökdelen; **sky.ward(s)** [ˈ~wəd(z)] *adv.* göğe doğru; ˈ**sky-writ.ing** *n.* ✈ uçakla havada yazılan yazı.

slab [slæb] *n.* kalın, dilim, tabaka, levha, plâka, tabla; fayans, çini, tuğla; ⊕ kaplama tahtası.

slack [slæk] 1. *adj.* gevşek, gerilmemiş, sarkık; kayıtsız, miskin, üşengeç, tembel; ✝ durgun; ~ water ⚓ durgun su; 2. *n.* ⚓ halat vs.'nin sarkık, çözük kısmı; ⚓ durgunluk, kesat; kömür tozu; *s.* ~s; 3. *vb.* = ~en; = slake; F tembel davranmak, *bşi* yapmağa üşenmek; ˈ**slack.en** *vb.* tembellik etm., miskin olm.; gevşe(t)mek *(halat vs.)*; hafifle(t)mek, şiddetini kaybet(tir)mek; yavaşla(t)mak; ˈ**slack.er** *n.* F tembel, haylaz kimse; ˈ**slack.ness** *n.* gevşeklik; üşengeçlik, tembellik; **slacks** *n. pl.* bol pantolon *(kadın)*.

slag [slæg] *n.* cüruf, dışık, mucur; ˈ**slaggy** *adj.* cüruflu; ˈ**slag-heap** *n.* cüruf yığını.

slain [slein] *p.p. of* slay.

slake [sleik] *vb.* gidermek *(susuzluk, hasret vs.)*; söndürmek *(kireç)*.

sla.lom [ˈsleiləm] *n. spor:* slalom.

slam [slæm] 1. *n.* patlama, infilâk sesi; hızla ve gürültülü vurma, çarpma; *iskambil:* kaput; mars; şilem; 2. *vb.* kapıyı hızla ve gürültülü çarpıp kapamak; yere vurmak; sözle saldırmak, kalaylamak.

slan.der [ˈslɑːndə] 1. *n.* iftira, karacılık; 2. *v/t. b-ne* iftira etm., karalamak; ˈ**slan.der.ous** □ iftira niteliğinde; karalayıcı havadis yayan.

slang [slæŋ] 1. *n.* argo, külhanbeyi dili, laubali konuşma dili; 2. *v/t.* argo konuşmak, sövüp saymak; ˈ**slang.y** □ argo..., bayağı; argo konuşan.

slant [slɑːnt] 1. *n.* eğim, meyil; meyilli düzey; *Am.* F yan bakış; görüş noktası, tutum; 2. *v/t.* & *v/i.* eğ(il)mek, meyletmek; ˈ**slant.ing** □ *adj.*, ˈ**slant.wise** *adv.* meyilli (olarak), verev.

slap [slæp] 1. *n.* şamar, tokat, hafif sille; ~ in the face hakaret, tokat *(a. fig.)*; 2. *v/t.* avuçla vurmak *-e, b-ne* tokat aşketmek, şaklatmak; 3. *adv.* doğrudan (doğruya), hemen, birdenbire; ˈ~-ˈ**bang** *n.* apansızın, pattadak; ˈ~.**dash** *adj.* aceleci, atılgan, alelacele yapılmış, baştan savma; *adv. a.* dikkatsizce, düşünmeyerek; ˈ~.**jack** *n. Am.* tatlı omlet, krep konfitür; ˈ~.**stick** *n. thea.* güldürü, hokkabaz oyunu; *a.* ~ comedy kaba komedi, maskara; ˈ~-**up** F *adj.* kıyak, iki dirhem bir çekirdek, fevkalâde.

slash [slæʃ] 1. *n.* uzun yara; yarık; kamçı vuruşu; yırtmaç *(elbise)*; 2. *v/t.* & *v/i.* uzunluğuna açmak, yarmak; kamçılamak; *fig.* teşhir etm., şiddetle eleştirmek; F çok indirmek *(fiyat)*; çalakılıç yürümek, yol açmak (at); ˈ**slash.ing** □ keskin, şiddetli, tahripkâr *(eleştiri)*.

slat [slæt] *n.* tiriz, lata, ince varak, levha *(pancur için)*.

slate [sleit] 1. *n.* kayağantaş, arduvaz; taş tahta, kara tahta; *part. Am.* aday listesi; start with a clean ~ yeni bir hayata başlamak; 2. *v/t.* arduvazla kaplamak; şiddetle eleştirmek, kınamak; *Am.* F bir görev *veya* amaç için tayin etm.; ˈ~-ˈ**pencil** *n.* taş kalem; ˈ**slat.er** *n.* arduvaz kaplama; ˈ**slat.ing** *n.* sert eleştiri.

slat.tern [ˈslætəːn] *n.* pasaklı kadın; ˈ**slat.tern.ly** *adj.* pasaklı, şapşal, hırpanî, pis.

slat.y □ [ˈsleiti] aduvazlı *veya* arduvaza benzer.

slaugh.ter [ˈslɔːtə] 1. *n.* kesim *(hayvan)*, kan dökme, katliam; *fig.* katil, katletme; 2. *v/t.* kesmek, boğazlamak, katletmek, kılıçtan geçirmek; ˈ**slaugh.ter.er** *n.* kasap; katil; ˈ**slaugh.ter-house** *n.* mezbaha, salhane, kesimevi; ˈ**slaugh.ter.ous** □ *rhet.* öldürücü, korkunç; katil, kırıp geçiren.

Slav [slɑːv] 1. *n.* İslav ırkından kimse; İslav dili; 2. *adj.* İslav diline ait.

slave [sleiv] 1. *n.* köle, esir, kul, halayık, cariye; *fig.* köle gibi çalışan kimse; 2. *v/i.* köle gibi çalışmak, eşek gibi çalışmak (away).

slav.er[1] [ˈsleivə] *n.* esir tüccarı *veya* gemisi.

slav.er[2] [ˈslævə] 1. *n.* salya; 2. *v/i.* salya akıtmak, salyası akmak *(a. fig.)*.

slav.er.y [ˈsleivəri] *n* kölelik, esirlik, esaret.

slav.ey *sl.* [ˈslævi] *n.* kâhya, orta hizmetçisi.
Slav.ic [ˈslɑːvik] **1.** *adj.* İslav; İslav diline ait; **2.** *n.* İslav ırkından olan kimse.
slav.ish □ [ˈsleiviʃ] dalkavuk, aşağılık, köle gibi, köpek gibi sadık; **ˈslav.ish.ness** *n.* dalkavukluk, körü körüne itaat.
slaw [slɔː] *n.* lahana salatası.
slay *rhet.* [slei] *(irr.) v/t.* öldürmek, katletmek; **ˈslay.er** *n.* katil.
sled [sled] = sledge¹.
sledge¹ [sledʒ] **1.** *n.* kızak, yük kızağı; **2.** *v/i.* kızakla gitmek *veya* yük taşımak.
sledge² [~] *n. a.* ~-hammer balyoz.
sleek [sliːk] **1.** □ düzgün, parlak *(saç vs.,a. fig.)*; **2.** *v/t.* düzlemek, düzeltmek; **ˈsleek.ness** *n.* düzgünlük, parlaklık.
sleep [sliːp] **1.** *(irr.) v/i.* uyumak; ayakta *(veya* hareketsiz) durmak *(topaç)*; ~ up (on) *veya* over bir işin sonucu için istihareye yatmak; *bşi* ertesi güne bırakmak *(daha fazla düşünebilmek için)*; *v/t.* *b-ne* yatacak yer sağlamak; ~ away geç uyanmak; ~ off uyuyarak geçirmek *(sarhoşluk vs.)*; **2.** *n.* uyku; go to ~ yatağa yatmak; **ˈsleep.er** *n.* uyuyan kimse; 🚂 yataklı vagon; travers; be a light (fast) ~ uykusu hafif (derin) olm.; **ˈsleep-i.ness** *n.* uykulu olma, uyuklama.
sleep.ing [ˈsliːpiŋ] *adj.* uyuyan, uykuda, uyku...; **ˈ~-bag** *n.* uyku tulumu; ♀ **Beauty** Uyuyan Güzel; **ˈ~-car, ˈ~-ˈcar.riage** *n.* 🚂 yataklı vagon; **ˈ~-draught** *n.* yatmadan önce içilen uyku getirici madde; ~ **partner** † özel ortak, komanditer; **ˈ~ˈsick-ness** *n.* uyku hastalığı.
sleep.less □ [ˈsliːplis] uykusuz; **ˈsleep-less.ness** *n.* uykusuzluk.
sleep.walk.er [ˈsliːpwɔːkə] *n.* uyurgezer.
sleep.y □ [ˈsliːpi] uykusu gelmiş, uyku basmış, uyku gözünden akan; **ˈ~.head** *n.* F *fig.* uykucu, miskin, üşengeç.
sleet [sliːt] **1.** *n.* sulusepken kar; **2.** *v/i.* sulusepken yağmak; **ˈsleet.y** *adj.* sulusepken gibi.
sleeve [sliːv] **1.** *n.* yen, elbise kolu; ⊕ manşon, rakor, kol, bilezik; have something up one's ~ bir sırrı gelecekte koz olarak kullanmak üzere saklamak; **2.** *vb.* kol takmak; **sleeved** *com.* ...kollu; **ˈsleeve.less** *adj.* kolsuz, yensiz; **ˈsleeve-link** *n.* kol düğmesi.
sleigh [slei] **1.** *n.* kızak *(atlı)*; **2.** *v/i.* kızakla gitmek.
sleight [slait] *n.*: ~ of hand elçabukluğu, hokkabazlık, hüner, marifet.
slen.der □ [ˈslendə] ince (belli), narin, fidan gibi; küçük, ufak, kıt, az; zayıf, dermansız; **ˈslen.der.ness** *n.* incelik, zayıflık; dermansızlık.
slept [slept] *pret. & p.p. of* sleep 1.
sleuth [sluːθ] *n.* **ˈ~-hound** bir tür av köpeği; *fig.* hafiye.
slew¹ [sluː] *pret. of* slay.
slew² [~] *v/t. & v/i. a.* ~ round dön(dür)mek, çevirmek, devret(tir)mek.
slice [slais] **1.** *n.* dilim, parça, kısım; hisse; balık bıçağı; **2.** *vb.* dilimlemek; bıçakla kesmek; topu keserek atmak *(golf)*.
slick F [slik] **1.** *adj.* düz(gün), parlak, kaygan; *fig.* yapmacık kibar, kurnaz, hilekâr, şeytan gibi; **2.** *adv.* ustalıkla, kurnazca; **3.** *n. a.* ~ paper *Am. sl.* klâs mecmua; **ˈslick.er** *n.* muşamba yağmurluk; kurnaz, hilekâr kimse.
slid [slid] *pret. & p.p. of* slide 1.
slide [slaid] **1.** *(irr.) v/t. & v/i.* kay(dır)mak, süzülmek; sessizce ortadan kaybolmak, savuşmak; let things ~ işleri oluruna bırakmak, sermek; **2.** *n.* kayma; ⊕ sürme, sürgü; diyapozitif slayt; *a.* land ~ heyelân, kayşa; **ˈslid.er** *n.* sürgü, sürme; **ˈslide-rule** *n.* hesap cetveli.
slid.ing [ˈslaidiŋ] **1.** *n.* kayma; **2.** *adj.* sürme..., kayıcı; ~ roof açılır kapanır tavan; ~ rule sürgülü hesap cetveli; ~ scale değişebilen değerlendirme oranı; ~ seat *(yarış kayığı)* kızaklı kürekçi oturma yeri.
slight [slait] **1.** □ zayıf, ince, narin, hafif; önemsiz, değersiz, cüzi; **2.** *n.* saygısızlık, küçümseme; **3.** *v/t.* önem vermemek *-e*, hesaba katmamak, küçümsemek *-i*; **ˈslight.ing** □ küçümseyen, hafifseyen; **ˈslight.ly** *adv.* biraz, bir parça; **ˈslight-ness** *n.* zayıflık; önemsizlik.
slim [slim] **1.** □ ince, zayıf, narin, fidan gibi; az, kıt, eksik; *sl.* kurnaz, şeytana çarığı ters giydiren; **2.** *v/i.* incelmek, zayıflamak.
slime [slaim] *n.* sümük, balgam; balçık, çamur.
slim.i.ness [ˈslaiminis] *n.* kayganlık, yapışkanlık; çamurlu ve sümüksel olma.
slim.ness [ˈslimnis] *n.* incelik, narinlik.
slim.y □ [slaimi] çamurlu, balçıklı; sümüksü, pis.
sling [sliŋ] **1.** *n.* sapan, mancınık; (kayış) askı; † bocurgat, yük kaldırmakta kullanılan mekanik aygıt; **2.** *(irr.) v/t.* sapanla atmak; askı ile kaldırmak; *a.* ~ up yukarı kaldırmak.
slink [sliŋk] *(irr.) vb.* sinsi sinsi yürümek, gizlice sokulmak; sıvışmak; vakitsiz yavrulamak, *(hayvan)* yavrusu-

nu düşürmek.

slip [slip] **1.** *v/t.* & *v/i.* kay(dır)mak; ayağı kaymak; kaç(ır)mak; hataya düşmek, yanılmak; salıvermek; *(hayvan)* yavrusunu düşürmek; *oft.* ~ away kaçmak, sıvışmak; geçip gitmek *(zaman)*; ~ in arasına girmek *(lâf)*; ~ into içine koymak, sokmak, tutuşturmak *-e*; ~ on giyivermek, üzerine geçirmek *(elbise vs.)*; **2.** *n.* kayma; yanlış adım *(a. fig.)*, hata, kusur; sürçme, söz kaçırma, dikkatsizlik; *a.* ~ paper pusula, kâğıt; ✓ daldırma, çelik; *fig.* evlât, döl; jüpon, kombinezon; ~s *pl. veya* ~ way ⚓ geminin suya indirildiği *veya* sudan çekildiği kızak; yastık yüzü; ~s *pl.* deniz donu; a ~ of a girl ince, narin bir kız; ~ of a pen yazı hatası; it was a ~ of the tongue dil sürçmesiydi; give s.o. the ~ *b-nin* elinden kurtulmak, sıvışmak; **ˈ~-knot** *n.* ilmik, fiyonk; **ˈ~-on** *n.* kolay giyilip çıkarılan *(elbise vs.)*; **ˈslip.per** *n.* terlik; **ˈslip.per.y** □ kaygan; *fig.* kaypak; **ˈslip--road** *n.* otoyola çıkan yol; **slip.shod** [ˈ~ʃɔd] *adj.* dikkatsiz, kayıtsız, düzensiz, pasaklı, kötü; **slip.slop** [ˈ~ˈslɔp] *n.* dil hatası; **ˈslip-stream** *n.* ✈ motorun arkaya ittiği hava akıntısı; **ˈslip-up** *n.* F hata, kabahat, sürçme.

slit [slit] **1.** *n.* kesik, yarık, çatlak; **2.** *(irr.) v/t.* yarmak, uzunluğuna açmak, kesmek.

slob.ber [ˈslɔbə] **1.** *n.* salya; **2.** *vb.* salya akıtmak, üzerine salya bulaştırmak; abartmalı söz söylemek, gevezelik etm. (over); **ˈslob.ber.y** *adj.* ıslak, cıvık; salyalı.

sloe ⚘ [sləu] *n.* çakaleriği; kara diken.

slog F [slɔg] **1.** *vb.* dövmek, rasgele vurmak; didinmek, ağır ve zahmetli iş görmek, eşek gibi çalışmak; **2.** *n.* vuruş, darbe; uzun gayret.

slo.gan [ˈsləugən] *n. fig.* parola, slogan.

sloop ⚓ [slu:p] *n.* şalopa, büyük sandal.

slop¹ [slɔp] **1.** *n.* sulu çamur, pis su birikintisi; ~s *pl.* bulaşık suyu; hasta çorbası, kalitesiz sulu yemek; **2.** *v/t. a.* ~ over beceriksizce dökmek; *v/i.* dökülmek, taşmak; *fig.* taşkınlık yapmak.

slop² [~] *n.*: ~s *pl.* ucuz konfeksiyon elbise; ⚓ elbise ve yatak takımı.

slop-ba.sin [ˈslɔpbeisn] *n.* tabağa dökülen çay *veya* kahveyi dökmek için kullanılan kap.

slope [sləup] **1.** *n.* bayır, iniş, yokuş; meyilli düzey; **2.** *v/t.* meyillendirmek, meyilli kılmak, eğmek; ⊕ meyilli, şevli kesmek; ~ arms! ✕ tüfek omuza!; *v/i.* meyletmek, meyilli olm., eğilmek; ~ off, *a.* do a ~ *sl.* sıvışmak, tüymek; **ˈslop.ing** □ eğik, eğri, mail.

slop-pail [ˈslɔppeil] *n.* çöp kovası, bulaşık kabı; **ˈslop.py** □ çamurlu, balçıklı, nemli; kirli, pasaklı, pis; sulu, çorba gibi.

slop-shop [ˈslɔpʃɔp] *n.* ucuz konfeksiyon malları satılan mağaza.

slosh [slɔʃ] *vb.* suda *veya* çamurda yürümek; suda çalkalamak; su sıçratmak; *sl.* dayak atmak *-e*.

slot [slɔt] *n. hunt.* iz, yol; delik, kertik, uzun ensiz yarık *(mektup vs. atmak için)*; ⊕ dişili yiv.

sloth [sləuθ] *n.* tembellik, haylazlık; *zo.* Amerika'da ağaçlara tırmanan ve yavaş hareket eden bir kaç tür hayvan; **sloth-ful** □ [ˈ~ful] tembel, yavaştan alan.

slot-ma.chine [ˈslɔtməʃi:n] *n. (mal veya oyun için)* otomatik makine.

slouch [slautʃ] **1.** *v/i.* yorgun, omuzlar düşük, ayakları sürüyerek yürümek; **2.** *n.* yorgun, bitap yürüyüş; tembel, düzensiz kimse; ~ hat geniş ve sarkık kenarlı şapka.

slough¹ [slau] *n.* bataklık.

slough² [slʌf] **1.** *n. zo.* değiştirilip atılan deri *(yılan vs.)*; ⚕ kabuk, ruhya; **2.** *v/t.* & *v/i.* pul pul olm. *(kabuk vs.)*, derisi soyulmak, gömlek değiştirmek; dökmek, değiştirmek *(deri)*.

slough.y [ˈslaui] *adj.* batak, çamurlu.

Slo.vak [ˈsləuvæk] **1.** *n.* Slovakyalı kimse, Slovak; Slovak dili; **2.** = **Sloˈva.ki.an** *adj.* Slovakyalı; Slovak diline ait.

slov.en [ˈslʌvn] *n.* hırpani, şapşal giyinen kimse; **ˈslov.en.li.ness** *n.* hırpanilik, şapşallık; **ˈslov.en.ly** *adj.* hırpani, yırtık pırtık, şapşal.

slow [sləu] **1.** □ ağır, yavaş (of); vakit alan; geri (kalmış) *(saat)*; hantal, üşengeç; yavaş etki eden *(ateş)*; can sıkıcı, monoton; aptal, kalın kafalı; *spor:* yorucu; be ~ to do s.th. *bşi* yaparken yavaş davranmak; my watch is ten minutes ~ saatim 10 dakika geri kalmış; **2.** *adv.* yavaş yavaş, ağır ağır, tembelce; **3.** *v/t.* & *v/i. oft.* ~ down, ~ up, ~ off yavaşla(t)mak; yavaş gitmek, ağırlaşmak; **ˈ~-coach** *n.* hareketleri ağır kimse; eski kafalı kimse; **ˈ~.match** *n.* funya, barutlu fitil; **ˈ~-ˈmo.tion film** yavaşlatılmış, ağır çekim film; **ˈslow.ness** *n.* yavaşlık, ağırlık; **ˈslow.worm** *n. zo.* köryılan.

sludge [slʌdʒ] *n.* sulu çamur, balçık.

slue [slu:] = slew².

slug¹ [slʌg] *n.* işlenmemiş metal parça; *typ.* linotip makinesinin döktüğü bir satır yazı.

slug[2] *zo.* [~] *n.* kabuksuz sümüklü böcek.

slug[3] [~] *Am. of* slog[1].

slug.gard [ˈslʌgəd] *n.* tembel, haylaz kimse; ˈ**slug.gish** □ tembel, haylaz, cansız.

sluice [sluːs] **1.** *n.* savak, kapaklı su bendi; **2.** *v/t.* (out, down) yıkayarak temizlemek, çalkalamak; ˈ**~-ˈgate** *n.* savak kapağı; ˈ**~-ˈway** *n.* savak yatağı.

slum [slʌm] *n. a.* **~s** *pl.* teneke mahallesi, şehrin fakir mahallesi, kenar mahalle, fukara yatağı, gecekondu bölgesi.

slum.ber [ˈslʌmbə] **1.** *n. a.* **~s** *pl.* uyku, uyuklama; **2.** *v/i.* uyumak, uyuklamak.

slum.brous, slum.ber.ous □ [ˈslʌmbrəs, ˈ~bərəs] uykusu gelmiş, uyku gözünden akan; uyku getiren.

slump [slʌmp] *borsa:* **1.** *v/i.* düşmek, değer kaybetmek; **2.** *n.* düşme, ekonomik bunalım, durgunluk.

slung [slʌŋ] *pret. & p.p. of* sling 2.

slunk [slʌŋk] *pret. & p.p. of* slink.

slur [sləː] **1.** *n.* leke, ayıp; *fig.* serzeniş, eleştiri; ♪ bağ işareti; **2.** *v/t. oft.* **~** over dikkate almamak, *b-ne, bşe* itibar etmemek; ♪ bağlama işaretini koymak; birbirine bağlayarak telâffuz etm. *(hece vs.).*

slush [slʌʃ] *n.* eriyen kar; çamur, balçık; F değersiz eser; ˈ**slush.y** *adj.* çamurlu, batak; F zevksiz, zevke hitap etmeyen.

slut [slʌt] *n.* pasaklı kadın; ˈ**slut.tish** *adj.* pasaklı, düzensiz, hırpani, ihmalkâr.

sly □ [slai] kurnaz, şeytan gibi, sinsi; on the **~** gizli(den), sezdirmeden, sinsice; ˈ**~.boots** *n.* F akıl kumkuması; ˈ**sly.ness** *n.* hile, kurnazlık, sinsilik, şeytanlık.

smack[1] [smæk] **1.** *n.* tat, lezzet, hafif çeşni; tutam *(tuz vs.)*; *fig.* zerre, nebze; **2.** *vb.* çeşnisi olm. (of *-in*).

smack[2] [~] **1.** *n.* şapırtı *(öpücük, ağız)*; şaklayış *(kırbaç)*; şamar, tokat; **2.** *vb.* şaplatmak, patlatmak; ağzını şapırdatmak; şapır şupur öpmek; *b-ne* tokat aşketmek; **3.** *int.* şaklama, şakırdama.

smack[3] ⚓ [~] *n.* büyük balıkçı teknesi.

smack.er *Am. sl.* [ˈsmækə] *n.* bir dolar *veya* sterlin; şapırtılı öpücük.

small [smɔːl] **1.** *adj. com.* küçük, ufak; az; önemsiz; *fig.* hasis (ruhlu); alçak, soysuz; **~** eater az yiyen, boğazsız; feel **~**, look **~** utanmak, küçük düşmek; the **~** hours *pl.* gece yarısından sonraki saatler; in a **~** way mütevazi şekilde, alçak gönüllü; **2.** *n.* ufak şey; az miktar; **~s** *pl.* F iç çamaşırı, mendil vs. gibi ufak çamaşırlar; **~** of the back *anat.* sağrı kemiği, kuyruk sokumu; ˈ**~-arms** *n. pl.* tabanca vs. gibi el silahları; **~ beer** hafif bira; think no **~** of o.s. F *k-ne* toz kondurmamak; be **~** önemsiz olm.; **~ change** bozuk para; *fig.* önemsiz söz; ˈ**~ˈhold.er** *n.* küçük çiftçi; ˈ**~ˈhold.ing** *n.* küçük çiftlik; ˈ**small.ish** *adj.* küçükçe, ufakça; ˈ**small.ness** *n.* ufaklık, küçüklük; azlık.

small: ˈ**~.pox** *n. pl.* ⚕ çiçek hastalığı; **~ talk** boş lâflar, önemsiz sohbet; havadan sudan konuşma; ˈ**~.time** *adj. Am.* F önemsiz, ikinci derecede.

smalt ⊕ [smɔːlt] *n.* potas, silis ve kobalt karışımından yapılan mavi cam; bu camdan elde edilen koyu mavi boya maddesi.

smarm.y F [ˈsmaːmi] *adj.* sırnaşık, sulu, dalkavuk.

smart [smaːt] **1.** □ şık, zarif, temiz, pak; yakışıklı, gösterişli; yeni, pırıl pırıl; şiddetli, sert *(savaş vs.)*; çevik, canlı; kurnaz; becerikli, eli yatık; **~** aleck *Am.* ukalâ dümbeleği; **2.** *n.* sızı; acı, elem, keder; **3.** *vb.* ağrımak, sızlamak, sancımak, dert çekmek; you shall **~** for it bunun cezasını çekeceksin; ˈ**smart.en** *vb. mst* **~** up üstünü başını düzeltmek, canlandırmak, telleyip pullamak; ˈ**smart--mon.ey** *n.* manevi zarar için tazminat; ˈ**smart.ness** *n.* şıklık; açıkgözlük; ustalık, beceri.

smash [smæʃ] **1.** *v/t. oft.* **~** up ezmek, parçalamak; **~** in vurup kırmak; *fig.* yok etm., mahvetmek, tahrip etm.; hiddetle yere atmak; *v/i.* ezilmek, parçalanmak; *fig.* kırılmak; düşüp kırılmak; *oft.* **~** up iflâs etm., mahvolmak; **2.** *n.* parçalanma, şangırtı ile kırılma, ezilme; çarpışma, kaza; mahvolma, iflâs; *tenis:* küt inme; ˈ**~-and -ˈgrab raid** camekânı kırarak teşhir malını çalma; ˈ**smash.er** *n. sl.* müthiş *b-i veya bş*; kırıcı eleştiri; ˈ**smash.ing** *adj. fig.* çok güzel; ˈ**smash-up** *n.* şiddetli çarpışma; parçalanma.

smat.ter.ing [ˈsmætəriŋ] *n.* çat pat bilgi, az buçuk bilme.

smear [smiə] **1.** *vb.* bulandırmak, lekelemek, karalamak *(yazı)*; sürmek, yağlamak (on); *fig.* karalamak, pislemek; **~**(ing) campaign iftira kampanyası; **2.** *n.* yağlı ve yapışkan madde, pislik, (bulaşık) leke; iftira.

smell [smel] **1.** *n.* (fena) koku; koklama; ima; **2.** *(irr.) v/t. -in* kokusunu almak, *bşi* koklamak; *v/i.* kokmak (*a.* **~** at; of); ˈ**smell.ing-salt** *n.* amonyak ruhu; ˈ**smell.y** *adj.* (fena) kokulu, pis kokan.

smelt[1] [smelt] *pret. & p.p. of* smell 2.

smelt[2] *ichth.* [~] *n.* çamuka.

smelt[3] [~] *v/t.* eritmek *(maden filizi)*; **ˈsmelt.er** *n.* dökümcü, dökmeci; **ˈsmelt-ing-ˈfur.nace** *n.* izabe fırını, yüksek fırın.
smile [smail] **1.** *n.* gülümseme, tebessüm; **2.** *vb.* gülümsemek (at *-e*); ~ on, ~ at *b-ne* gülümsemek.
smirch *rhet.* [sməːtʃ] *v/t.* leke sürmek, kirletmek; *fig.* karalamak.
smirk [sməːk] **1.** *v/t.* (pişmiş kelle gibi) sırıtmak; **2.** *n.* budalaca sırıtma, yapmacık gülümşeyiş.
smite [smait] *(irr.) vb. poet. veya co.* darbe indirmek, vurmak, çarpmak, kırıp geçirmek; belâ kesilmek; çok etkilemek; pişman etm.; üzmek, rahatsız etm. *(vicdan)*; ~ upon *part. fig.* (kulağında) şaklamak.
smith [smiθ] *n.* demirci, nalbant.
smith.er.eens F [ˈsmiðəˈriːnz] *n. pl.* ufak parçalar; mermi parçaları; paçavra; kıymık; smash to ~ paramparça etm.
smith.y [ˈsmiði] *n.* nalbant dükkânı; demirhane.
smit.ten [ˈsmitn] **1.** *p.p. of* smite; **2.** *adj.* çarpılmış, etkilenmiş, şaşkın; *fig.* âşık, vurgun (with *-e*).
smock [smɔk] **1.** *v/t.* plise yapmak *(elbise)*; **2.** *n. a.* ~ frock iş kıyafeti, gömlek, önlük; **ˈsmock.ing** *n.* bal peteği şeklinde iğne işi.
smog [smɔg] *n.* dumanlı sis.
smoke [sməuk] **1.** *n.* duman; ✕ kamuflaj sisi; F içme *(sigara vs.)*; F tütün, sigara; have a ~ sigara içmek; **2.** *v/i.* tütmek, duman çıkarmak; *v/t.* tütsülemek; içmek, kullanmak *(sigara vs.)*; ✕ sisle karartmak *(hava)*; **ˈ~-bomb** *n.* sis bombası; **ˈ~-dried** *adj.* tütsülenmiş; **ˈsmoke.less** □ dumansız; **ˈsmok.er** *n.* tütün içen; 🚃 tütün içenlere mahsus vagon; **ˈsmoke-screen** *n.* ✕ sis perdesi; **ˈsmoke-stack** *n.* 🚃 & ⚓ baca.
smok.ing [ˈsməukiŋ] **1.** *n.* tütün içme; no ~! sigara içilmez!; **2.** *comb.* tüten...; tütün içen...; **ˈ~-com.part.ment** *n.* 🚃 tütün içenlere mahsus vagon; **ˈ~-room** *n.* tütün içenlere mahsus salon.
smok.y □ [ˈsməuki] dumanlı, tüten; duman renginde koyu füme.
smol.der *Am.* [ˈsməuldə] = smoulder.
smooth [smuːð] **1.** □ düz(gün), pürüzsüz; *fig.* engelsiz; sakin, yumuşak, halim; tatlı dilli, yüze gülen; akıcı, kaygan; sert olmayan *(içki, sigara vs.)*; **2.** *v/t. oft.* ~ out, ~ down düzlemek, düzeltmek; kolaylaştırmak *(a. fig.)*; inceltmek, tesviye etm.; *a.* ~ down yatıştırmak, teskin etm.; *a.* ~ over, ~ away ortadan kaldırmak, kurtulmak *(üzüntü, güç durum vs.)*; ~ down düzlenmek; **ˈsmooth.ing** **1.** *n.* düzle(n)me; **2.** *adj.* düz..., düzgün...; ~ iron ütü; ~ plane plânya; **ˈsmooth.ness** *n.* düzlük, pürüzsüzlük; kayganlık; sokulganlık, tatlılık.
smote [sməut] *pret. of* smite.
smoth.er [ˈsmʌðə] **1.** *n.* kesif duman; boğucu madde; baskı altında kalma; **2.** *v/t.* & *v/i. a.* ~ up boğ(ul)mak *(a. fig.)*.
smoul.der [ˈsməuldə] *v/i.* dumansız yanmak, için için yanmak.
smudge [smʌdʒ] **1.** *v/t.* kirletmek, pislemek, bulaştırmak; *v/i.* kirlenmek, pislenmek, is bulaşmak; **2.** *n.* leke, kir *(veya* pislik, çamur) lekesi; **ˈsmudg.y** □ lekeli, isli, kirli, pis.
smug [smʌg] *adj. k-ni* beğenmiş, hodperest, *k-ni* dev aynasında gören; şıklık meraklısı.
smug.gle [ˈsmʌgl] *vb.* kaçırmak *(gümrükten)*, yurda kaçak mal sokmak *veya* çıkarmak; **ˈsmug.gler** *n.* kaçakçı; **ˈsmug-gling** *n.* kaçakçılık.
smut [smʌt] **1.** *n.* is, kurum, kir, pislik; pis laf, yakası açılmadık söz; ⚘ buğday pası, sürme, bir tür buğday mantar hastalığı; **2.** *v/t.* kirletmek, pisletmek, lekelemek; ⚘ buğday pası ile lekelemek.
smutch [smʌtʃ] **1.** *v/t.* kirletmek, pislemek, lekelemek; **2.** *n.* koyu leke.
smut.ty □ [ˈsmʌti] isli, kirli; müstehcen; ⚘ mantarlı, sürmeli.
snack [snæk] *n.* hafif yemek, kahvaltı, çerez; **ˈ~-bar, ˈ~-coun.ter** *n.* hafif yemek yenen lokanta vs.
snaf.fle[1] [snæfl] *n.* bir tür gem.
snaf.fle[2] *sl.* [~] *v/t.* aşırmak, çalmak.
snaf.fle-bit [ˈsnæflbit] *n.* gem ağızlığı.
sna.fu *Am. sl.* ✕ [snæˈfuː] **1.** *adj.* karmakarışık, allak bullak, talan olmuş; **2.** *n.* karmakarışıklık, dağınıklık.
snag [snæg] *n.* kırık dal; kırık diş; *fig.* pürüzlü nokta, müşkül taraf; *Am.* ağaç gövdesi *(nehirde)*; **snag.ged** [ˈ~gid], **ˈsnag.gy** *adj.* budaklı, çıkıntılı.
snail *zo.* [sneil] *n.* sümüklüböcek, salyangoz.
snake *zo.* [sneik] *n.* yılan *(a. fig.)*; **ˈ~-charm.er** *n.* yılan oynatan; **ˈ~-weed** *n.* ⚘ yılan kökü, kurt pençesi.
snak.y □ [ˈsneiki] yılankavi, yılan gibi kıvrılan, kıvrak; *fig.* hain, kurnaz.
snap [snæp] **1.** *n.* ısırma, ağzıyla kapma; çatırtı, çatlama, şıkırtı, şaklama; *fig.* hamle, coşkunluk; kopça, çıtçıt; *phot.* enstantane; bisküvit, pötibör; cold ~ so-

ğuk dalgası; **2.** *v/i.* aniden ısırmak, dişlemek (at -*i*); kopmak; çatırdayıp kırılmak; birdenbire kapanmak (*kilit*); terslemek, veriştirmek, çıkışmak (at s.o. -*i*, -*e*); ~ into it *Am. sl.* haydi gayret!, çabuk ol!; ~ out of it *Am. sl.* kendine gelmek; *v/t.* kırmak; şaklatmak (*kamçı*, *parmak vs.*); *phot.* enstantane fotoğraf çekmek; ~ one's fingers at s.o. *b-ni* umursamamak, hiçe saymak; ~ out birdenbire söyleyivermek (*söz*); ~ up kapmak, yakalamak; *b-ne* çıkışmak, veriştirmek; *b-nin* sözünü kesmek; **3.** *int.* iki aynı şey görüldüğünde söylenen söz; **'~-drag.on** *n.* ⚘ ağlanağzı; **'~-fas.ten.er** *n.* çıtçıt (*elbisede*); **'snap.pish** □ huysuz, kavgacı, aksi; alaycı, müstehzi; *k-ni* beğenmiş, laübali; **'snap.pish.ness** *n.* huysuzluk, aksilik, *k-ni* beğenmişlik; **'snap.py** = snappish; F atılgan, yaman, çevik, tez, atik; make it ~! elini çabuk tut!, sallanma!; **'snap.shot 1.** *n.* enstantane fotoğraf; **2.** *vb.* enstantane fotoğraf çekmek.

snare [snɛə] **1.** *n.* tuzak, kapan; **2.** *v/t.* tuzağa düşürmek, yakalamak; *fig.* ele geçirmek.

snarl [snɑːl] **1.** *v/i.* hırlamak; homurdanmak, söylenmek; **2.** *n.* hırlama; homurdanma, ters laf.

snatch [snætʃ] **1.** *n.* kapma, kapış, yakalama, anî hareket, birdenbire çekme; an, lahza; *sl.* adam kaçırma; by ~es kesik kesik hareket ederek, hamle ile; **2.** *v/t.* kapmak, koparmak, yakalamak; *k-ne* doğru çekmek; eline geçirmek; ~ at *bşe* el uzatmak, kapmaya çalışmak; ~ from s.o. *bşi b-nin* elinden zorla almak.

sneak [sniːk] **1.** *v/i.* sinsi sinsi dolaşmak, gizlice sokulmak; F ihbar etm., ispiyon etm. (*okulda*); *v/t.* F aşırmak, çalmak; **2.** *n.* sır küpü, yere bakan yürek yakan, sinsi kimse; F gammaz, ispiyoncu; **'sneak.ers** *n. pl.* F hafif lastik tenis ayakkabısı; **'sneak.ing** □ sinsi, gizli (*duygu*), şüpheli.

sneer [sniə] **1.** *n.* alay, istihza; hakaret; **2.** *v/i.* küçümsemek (at -*i*), zevklenmek, alay etm. *ile*, alaycı gülmek; **'sneer.er** *n.* alaycı, müstehzi kimse; **'sneer.ing** □ alaycı.

sneeze [sniːz] **1.** *v/i.* aksırmak, hapşırmak; not to be ~d at F hiç de fena değil, yabana atılmaz; **2.** *n.* aksırma, aksırık.

snick.er ['snikə] *v/i.* kıs kıs gülmek; kişnemek (*at*).

sniff [snif] **1.** *v/i.* burnuna hava çekmek; *bşe* burun kıvırmak (at); *v/t.* *bşi* koklamak; **2.** *n.* koklama; burun kıvırma; **'sniff.y** *adj.* F burnu havada, *k-ni* beğenmiş, kibirli; pis kokan, fena kokulu.

snig.ger ['snigə] *v/i.* kıs kıs gülmek, alaylı gülmek (at -*e*).

snip [snip] **1.** *n.* kesme, biçme; kesilmiş parça; **2.** *v/t.* makasla kesmek (off); zımbalamak (*bilet*).

snipe [snaip] **1.** *n. orn.* çulluk; bekasin, su çulluğu; **2.** *v/i.* ⚔ pusuya yatarak düşmanı vurmak (*çete savaşı*), pusudan ateş etm.; **'snip.er** *n.* ⚔ pusuya yatan nişancı; çeteci, partizan.

snip.pets ['snipits] *n. pl.* kısa, küçük parçalar (*yazı, konuşma vs.*); *fig.* parça, fragman.

snitch *sl.* [snitʃ] *v/i.*: ~ on s.o. *b-ni* ihbar etm., gammazlamak.

sniv.el ['snivl] *v/i.* burnu akmak; ağlayıp sızlamak, burnunu çekerek ağlamak; **'sniv.el.(l)ing** *adj.* çıtkırıldım, ağlayıp sızlayan, çabuk ağlayan; acınacak durumda; sırılsıklam.

snob [snɔb] *n.* snop, züppe, farfara kimse; **'snob.ber.y** *n.* züppelik; **'snob.bish** □ snop, züppe tavırlı, kibarlık taslayan.

snook.er ['snuːkə] **1.** *n.* yirmi bir topla altı delikli masada oynanan bir tür tür bilardo oyunu; **2.** *v/t.* be ~ed F sıkıştırılmak, zor duruma sokulmak.

snoop *Am. sl.* [snuːp] **1.** *vb. fig.* burnunu sokmak (upon -*e*); **2.** *n.* her işe burnunu sokan kimse; casus, ajan.

snoot.y F ['snuːti] *adj.* züppe, *k-ni* beğenmiş.

snooze F [snuːz] **1.** *n.* şekerleme, uyuklama; **2.** *v/i.* şekerleme yapmak, kısaca uyumak.

snore [snɔː] **1.** *n.* horlama, horultu; **2.** *v/i.* horlamak.

snor.kel ⚓ ['snɔːkəl] *n.* şnorkel.

snort [snɔːt] **1.** *n.* horuldama, öfke ile belirtme, hızlı hızlı nefes alma, soluma; **2.** *v/i.* at gibi horuldamak, burnundan solumak.

snot P [snɔt] *n.* mankafa, alçak herif; sümük; **'snot.ty** *adj.* sümüklü; *fig.* alçak, küstah, kibirli.

snout [snaut] *n. zo.* hortum, burun.

snow [snəu] **1.** *n.* kar (yağışı); *sl.* kokain; **2.** *v/i.* kar yağmak; be ~ed under with *fig.* işe boğulmak; ~ed in *veya* up karla kaplanmak, kardan mahsur kalmak; **'~.ball 1.** *n.* kar topu; **2.** *v/i.* çığ gibi büyümek; **'~-bound** *adj.* kardan mahsur kalmış; **'~-capped, '~-clad, '~-covered** *adj.* karla örtülü, karlı; **'~-drift** *n.* kar yığıntısı; **'~.drop** *n.* ⚘ kardelen;

'~.fall *n.* kar yağışı; '~.flake *n.* kar lapası, kar tanesi, kuşbaşı; '~-gog-gles *n. pl.* (a pair of) kar gözlüğü; '~-line *n.* toktağan (*veya* hiç erimeyen) karların hududu; '~-plough, *Am.* '~.plow *n.* kar temizleme makinesi; '~-shoe *n.* kar ayakkabısı; '~.storm *n.* kar fırtınası, tipi; '~-'white *adj.* bembeyaz, kar gibi; 'snow.y □ karlı; kar gibi, beyaz.

snub [snʌb] **1.** *v/t.* hor davranmak, terslemek, küçümsemek, hiçe saymak; **2.** *n.* hiçe sayma, küçümseme; 'snub nose ucu kalkık kısa burun; 'snub-nosed *adj.* kısa ve kalkık burunlu.

snuff [snʌʃ] **1.** *n.* fitilin yanmış yeri *(mum)*; enfiye; up to ~ F keyfi yerinde; kurnaz, açıkgöz, uyanık; **2.** *vb. a.* take ~ enfiye çekmek, buruna çekmek; fitilin yanık ucunu kesmek *(mum)*; '~-box enfiye kutusu; 'snuff.ers *n. pl.* mum makası; snuf.fle ['~fl] *v/i.* burnunu çekmek, solumak; genizden konuşmak; 'snuff.y *adj.* enfiye gibi, enfiyeli; pis kokan; *fig.* rencide olan, dargın, öfkeli, ters.

snug □ [snʌg] rahat, konforlu; kuytu; emniyetli; iyi oturmuş *(elbise)*; 'snug-ger.y *n.* konforlu yer, sıcak yuva; 'snug-gle ['~gl] *v/i. a.* ~ up yerleşmek, sokulmak (to, in *-e*).

so [səu] **1.** *adv.* böyle, öyle, şöyle; bu derece, bu kadar; onun için, bu nedenle, bu münasebetle; o derece, ... kadar; çok, pek; pek çok; dahi, de, da; **2.** *conj.* şartı ile, -ması için, -sin diye; müddetçe; *int.* ya!, Öyle mi?, Tamam!; demek ki; yeter; **3.** *adj.* doğru; I hope ~ umarım öyledir; you are tired, ~ am I yorgunsunuz, ben de; a mile or ~ bir mil kadar; ~ as to ...mak için, ...cek şekilde, maksadiyle; ~ far şimdiye kadar; ~ far as I know bildiğim kadariyle.

soak [səuk] **1.** *v/t.* ıslatmak, suya batırmak, sırsıklam etm.; *sl.* para sızdırmak, kazıklamak; ~ up *veya* in emmek, içine çekmek; *v/i.* (suda) ıslanmak, yumuşamak, içine geçmek (into, in); F içkiyi fazla kaçırmak; **2.** *n.* ıslanma, ıslatma, emme; = 'soak.er F ayyaş kimse.

so-and-so ['səuənsəu] *n.* filanca; Mr. ♀ falanca zat.

soap [səup] **1.** *n.* sabun; soft ~ arap sabunu; F dalkavukluk, yağcılık; **2.** *v/t.* sabunlamak, sabun sürmek; '~-box *n.* sabun sandığı; *fig.* sokakta nutuk çekenlerin üstüne çıktığı sandık; ~ orator sokak konuşmacısı, sokakta nutuk atan kimse; ~ race çocukların kendi yaptığı sandık arabalarla yaptıkları yokuş aşağı yarış; '~-dish *n.* sabun tası; '~-bub.ble *n.* sabun köpüğü; '~-op.er.a *n. Am.* radyo *veya* televizyonda yayınlanan dizi melodram; '~-suds *n. pl., a. sg.* sabun köpüğü; 'soap-y □ sabunlu, sabun gibi; *fig.* yağcı, boyun eğen.

soar [sɔː] *v/i.* yükselmek, yücelmek, havalanmak *(a. fig.)*; ✈ havada süzülmek; aynı yükseklikte uçmak; artmak, fırlamak *(fiyat vs.)*.

sob [sɔb] **1.** *n.* hıçkırık, hıçkırma; **2.** *v/i.* hıçkıra hıçkıra ağlamak, hüngür hüngür ağlamak.

so.ber ['səubə] **1.** □ ayık; temkinli, kendine hakim; makûl, ölçülü, ılımlı; ciddi, ağırbaşlı; sade, gösterişsiz; **2.** *v/t.* & *v/i. oft.* ~ down ciddileş(tir)mek, aklını başına getirmek, ayıl(t)mak; 'so.ber-ness, so.bri.e.ty [~'braiəti] *n.* ayıklık; ağırbaşlılık, ciddiyet; ılımlılık.

sob-stuff F ['sɔbstʌf] *n.* santimantalizm, duygusallık.

so-called ['səu'kɔːld] *adj.* diye anılan, sözde, güya.

soc.cer F ['sɔkə] *n.* futbol (oyunu).

so.cia.bil.i.ty [səuʃə'biliti] *n.* hoşsohbetlik, toplumsal olma, girişkenlik; 'so.cia.ble □ **1.** girgin, arkadaş canlısı; nazik, tatlı dilli, sempatik; **2.** *n.* sohbet toplantısı.

so.cial ['səuʃəl] **1.** □ hoş sohbet, girgin; sosyal, toplumsal, topluma ait; ~ activities *pl.* sosyal faaliyetler; ~ insurance sosyal sigorta; ~ services *pl.* sosyal hizmetler; **2.** *n.* sohbetli toplantı (meclisi); 'so.cial.ism *n.* sosyalizm, toplumculuk; 'so.cial.ist **1.** *n.* sosyalist, toplumcu; **2.** *adj. a.* so.cial'is.tic sosyalizme ait, toplumcu; so.cial.ite F ['~lait] *n.* tüm modaya uygun partilere katılan; 'so.cial.ize *vb.* kamulaştırmak, topluma mal etm.; sosyalleştirmek.

so.ci.e.ty [sə'saiəti] *n.* kurum, şirket, ortaklık; cemiyet, toplum, topluluk; kulüp, dernek; sosyete; arkadaşlık, dostluk; secret ~ gizli cemiyet.

so.ci.o.log.i.cal □ [sousjə'lɔdʒikəl] sosyolojik, toplumbilimsel, sosyolojiye ait; so-ci.ol.o.gist [~si'ɔlədʒist] *n.* sosyolog, toplumbilimci; so.ci'ol.o.gy *n.* sosyoloji, toplumbilim.

sock[1] [sɔk] *n.* kısa çorap, şoset; mantar taban.

sock[2] *sl.* [~] **1.** *n.* dayak, kötek; give s.o. ~s = **2.** *v/t.* *b-ne* dayak atmak, pataklamak.

sock.er F ['sɔkə] = soccer.

sock.et ['sɔkit] *n.* sap deliği, yuva, oyuk

(göz, diş); mafsal oyuğu; ⚡ duy, priz.

so.cle [ˈsɔkl] *n.* kaide, ayaklık, kürsü, temel, destek, taban.

sod [sɔd] **1.** *n.* çimen (parçası), çim; **2.** *vb.* çimen parçaları ile kaplamak.

so.da ⚗ [ˈsəudə] *n.* soda; karbonat, sodyum bikarbonat; **ˈ~-foun.tain** *n.* sifon; büfe, büvet, dondurma salonu; **ˈ~-wa.ter** *n.* maden sodası; gazoz.

sod.den [ˈsɔdn] *adj.* sırsıklam; iyice ıslanmış; hamurumsu *(ekmek)*; ayyaş suratlı.

so.di.um ⚗ [ˈsəudjəm] *n.* sodyum, sut.

so.ev.er [səuˈevə] *adv.* her ne, herhangi, her.

so.fa [ˈsəufə] *n.* kanepe, sedir.

sof.fit ♠ [ˈsɔfit] *n.* kemer, taban, balkon *veya* merdivenin alt yüzü.

soft [sɔft] **1.** □ *com.* yumuşak; yumuşak başlı, mülayim, uysal; ılık, tatlı *(iklim)*; zayıf, gevşek; ince, narin; hafif, kolay, rahat; F aklı kıt, budala; ~ drink F alkolsüz içki, içecek; a ~ thing *sl.* kolay ve paralı iş; *s.* soap 1; **2.** *adv.* yavaşça; **3.** *n.* yumuşak şey; F ahmak, öküz aleyhisselâm, sünepe; **ˈ~-ˈboiled** *adj.* rafadan *(yumurta)*.

soft.en [ˈsɔfn] *v/t.* & *v/i.* yumuşa(t)mak *(a. fig.)*; yatış(tır)mak, teskin etm.; kısmak *(ses)*; sindirmek *(boya)*; ⊕ tavlayıp yavaş yavaş soğutarak sertleştirmek *(metal)*; **ˈsoft.en.er** *n.* yumuşatıcı *(madde)*; **soft-head.ed** [ˈsɔftˈhedid] *adj.* bunak, budala, ebleh; **ˈsoft-ˈheart.ed** *adj.* yumuşak kalpli, yufka yürekli; **ˈsoft.ness** *n.* yumuşaklık, uysallık; **ˈsoft-ˈped.al** *v/t.* ♪ pianoyu pedalla çalmak; *fig.* basitleştirmek, önemsememek, hafifletmek, gevşetmek; **ˈsoft-ˈsaw.der 1.** *v/i.* tatlı dil dökmek, pohpohlamak; **2.** *n.* tatlı dil, yüze gülüş, pohpohlama; **ˈsoft-ˈsoap** *vb.* yağ çekmek, ayartmak, yaltaklanmak; **ˈsoft-ware** *n.* kompütere verilen program; **ˈsoft.y** *n.* F ahmak, sünepe.

sog.gy [ˈsɔgi] *adj.* sırsıklam, iyice ıslanmış, yaş, ıslak.

so.ho [ˈsəuˈhəu] *int.* hey!

soil¹ [sɔil] *n.* toprak, yer; arazi, memleket, ülke.

soil² [~] **1.** *n.* kir, leke, pislik, çöp; gübre, dışkı; **2.** *v/t.* kirletmek, lekelemek; namusuna leke sürmek; *v/i.* kirlenmek, pislenmek, lekelenmek; **ˈsoil-pipe** *n.* künk, boşaltma borusu.

so.journ [ˈsɔdʒəːn] **1.** *n.* konukluk, misafirlik; **2.** *v/i.* kalmak, konaklamak, misafir olarak kalmak; **ˈso.journ.er** *n.* konuk, misafir.

sol ♪ [sɔl] *n.* sol, gamda beşinci nota.

sol.ace [ˈsɔləs] **1.** *n.* avuntu, teselli; **2.** *v/t.* teselli etm., avutmak.

so.lar [ˈsəulə] *adj.* güneşe ait, güneş...

sold [səuld] *pret.* & *p.p. of* sell 1.

sol.der ⊕ [ˈsɔldə] **1.** *n.* lehim; **2.** *v/t.* lehimlemek (up); **ˈsol.der.ing-i.ron** *n.* havya.

sol.dier [ˈsəuldʒə] **1.** *n.* asker, er; **2.** *v/i.* askerlik yapmak; go ~ing asker olm.; **ˈsol.dier.like, ˈsol.dier.ly** *adj.* askerî, askerce, asker gibi; **ˈsol.dier.ship** *n.* askerlik; **ˈsol.dier.y** *n.* askerler, ordu, asker sınıfı; *contp.* düzensiz asker topluluğu.

sole¹ □ [səul] tek, yalnız, biricik, yegâne; ~ agent tek mümessil.

sole² [~] **1.** *n.* taban, pençe; **2.** *v/t.* pençe vurmak *-e.*

sole³ *ichth.* [~] *n.* dilbalığı.

sol.e.cism [ˈsɔlisizəm] *n.* dilbilgisi kurallarının dışına çıkma, deyim hatası; aykırı davranış ve tutum.

sol.emn □ [ˈsɔləm] törenli, merasimle yapılan; ağırbaşlı ,vakur; kutsal; heybetli; **so.lem.ni.ty** [səˈlemniti] *n.* tantanalı tören, kutlama; ağırbaşlılık, vakar; **sol.em.ni.za.tion** [ˈsɔləmnaiˈzeiʃən] *n.* kutla(n)ma, ayin, tören; **ˈsol.em.nize** *vb.* kutlamak, resmî ayin yapmak.

so.lic.it [səˈlisit] *vb.* istemek, rica etm. (s.o.; s.th.; s.o. for s.th. *veya* s.th of s.o.), dilemek; rahatsız etm., huzurunu kaçırmak, balta olm.; **so.lic.iˈta.tion** *n.* rica, talep, müracaat, istek; tahrik, davet; **soˈlic.i.tor** *n.* ⚖ müşavir avukat, dava vekili; *Am.* acenta, propagandist, reklamcı; ♀ General başsavcı, müddei umumi; **soˈlic.it.ous** □ endişeli, meraklı, vesveseli (about, for *için*); ~ of istekli, arzulu *-e*; ~ to dikkatli, gayretli; **soˈlic.i.tude** [~tjuːd] *n.* endişe, kaygı, sıkıntı, korku, vesvese; gayret, çaba(lama), ilgi.

sol.id [ˈsɔlid] **1.** □ katı; sağlam, dayanıklı; som, masif, yekpare; ♠ cisimsel; *fig.* güvenilir, emin; *part.* † ekonomik saygınlığı tam; dayanışık, aralarında dayanışma olan; a ~ hour tam bir saat; ~ geometry ♠ uzay geometri; ~ leather köselenin en iyi kısmı; **2.** *n.* katı madde; üç boyutluluk; **sol.i.dar.i.ty** [~ˈdæriti] *n.* dayanışma, omuzdaşlık, tesanüt; **soˈlid.i.fy** [~difai] *vb.* katılaş(tır)mak, sertleş(tir)mek, kuvvetlendirmek; **soˈlid.i.ty** *n.* katılık; uyuşum, tesanüt; sağlamlık, dayanıklılık; güvenirlik, emniyet.

so.lil.o.quize [səˈliləkwaiz] *vb.* kendi *k-ne* konuşmak; **soˈlil.o.quy** *n.* monolog, kendi *k-ne* konuşma.

sol.i.taire [sɔliˈtɛə] *n.* mücevherde tek

taş; tek kişilik kâğıt oyunu. **sol.i.tar.y** □ [ˈ~təri] tek, yalnız; tenha, ıssız; tek başına; ~ confinement münferit hapis, hücre hapsi; **sol.i.tude** [ˈ~tju:d] *n.* yalnızlık; ıssızlık, boşluk.

so.lo [ˈsəuləu] *n.* ♪ & *iskambil:* solo; iki *veya* üç kişiye karşı tek oynanan oyun; ✈ tek başına uçuş; **ˈso.lo.ist** *n.* solist.

sol.stice [ˈsɔlstis] *n. astr.* gündönümü.

sol.u.bil.i.ty [sɔljuˈbiliti] *n.* eriyebilme yeteneği; **sol.u.ble** [ˈ~bl] *adj.* eriyebilir, çözülebilir.

so.lu.tion [səˈlu:ʃən] *n.* erime, çözünme; çöz(ül)me, çözüm *(a.* ⚕ & ⚗ *)*, çare; ⊕ kauçuk eriyik.

solv.a.ble [ˈsɔlvəbl] *adj.* çözülür, halledilir; **solve** *v/t.* halletmek, çözmek, yanıt bulmak; **sol.ven.cy** ⚖ [ˈ~vənsi] *n.* ödeme gücü; **ˈsol.vent 1.** *adj.* ⚖ borcunu ödeyebilir, ödeme gücü olan; eritici, çözücü; **2.** *n.* eritici sıvı, eritken.

som.bre, *Am.* **som.ber** □ [ˈsɔmbə] loş, karanlık *(a. fig.)*; bulanık, mat.

some [sʌm, səm] **1.** *pron.* & *adj.* bazı; bir, herhangi bir; biraz, bir parça, birkaç, birçok; hayli, epey; bazısı, kimi(si); ~ bread bir parça ekmek; ~ few oldukça; ~ 30 miles yaklaşık 30 mil; in ~ degree, to ~ extent kısmen, bir dereceye kadar; this is ~ speech! konuşma diye buna denir!, öyle bir konuşma ki!; **2.** *adv.* yaklaşık (olarak), biraz; *Am.* klâs, şık; **ˈ~.body** *pron.* biri(si); **ˈ~.day** *adv.* bir gün *(gelecekte)*; **ˈ~.one** *pron.* biri(si); **ˈ~.how** *adv.* her nasılsa, bir yolunu bulup, herhangi bir şekilde; ~ or other her nasıl olursa olsun.

som.er.sault [ˈsʌməsɔ:lt] *n.* taklak, perende; turn a ~ takla atmak.

some...: **~.thing** [ˈsʌmθiŋ] *pron.* bir şey; ~ like daha çok ... e benzeyen; yaklaşık; **ˈ~.time 1.** *adv.* günün birinde, gelecekte; **2.** *adj.* eski, sabık; **ˈ~.times** *adv.* bazen, arasıra; **ˈ~.what** *adv.* bir dereceye kadar; **ˈ~.where** *adv.* bir yer(d)e; **ˈ~.while** *adv.* bir süre, arasıra yapılan.

som.nam.bu.lism [sɔmˈnæmbjulizəm] *n.* uyurgezerlik; **somˈnam.bu.list** *n.* uyurgezer.

som.nif.er.ous □ [sɔmˈnifərəs] uyutucu, uyku getirici; uyuşturucu.

som.no.lence [ˈsɔmnələns] *n.* uyku basması, uyuklama, uykulu hal; **ˈsom.no.lent** *adj.* uykusu gelmiş, uyku basmış, uyuklayan.

son [sʌn] *n.* oğul, erkek evlât.

so.na.ta ♪ [səˈnɑ:tə] *n.* sonat.

song [sɔŋ] *n.* şarkı, türkü, kanto, şan; şiir, manzume; ötme; for a mere *veya* an old ~ yok pahasına, çok ucuza; nothing to make a ~ about F pek o kadar değil, mesele yapmağa değmez; **ˈ~-bird** *n.* ötücü kuş; **ˈ~-book** *n.* şarkı kitabı; **ˈ~-hit** *n.* günün şarkısı; **songs.ter** [ˈ~stə] *n.* şantör, şarkıcı; ötücü kuş; **song.stress** [ˈ~stris] *n.* şantöz, hanende, kantocu.

son.ic [ˈsɔnik] *adj.* ses hızı *veya* dalgalariyle ilgili; ~ bang ses duvarını aşan bir uçağın neden olduğu patlama sesi; ~ barri.er ses duvarı.

son-in-law *n., pl.* **sons-in-law** [ˈsʌn(z)inlɔ:] damat.

son.net [ˈsɔnit] *n.* sone, on dört dizeli bir batı koşuk türü.

son.ny [ˈsʌni] *n.* oğlum, yavrum, evlâdım.

so.no.rous □ [səˈnɔ:rəs] tınlayan, yankılı, ses çıkaran, sesli; **soˈno.rous.ness** *n.* ses bolluğu, dolgun seslilik.

soon [su:n] *adv.* birazdan, biraz sonra; hemen, şimdi, derhal; erken; seve seve, memnuniyetle; as *veya* so ~ as -ince, olur olmaz, yapar yapmaz; **ˈsoon.er** *adv.* daha önce, daha erken; daha çok (*veya* fazla), tercihan; no ~ ... than -ir -mez, olur olmaz; no ~ said than done demesiyle yapması bir oldu.

soot [sut] **1.** *n.* is, kurum; **2.** *v/t.* is(e) bulaştırmak (up).

sooth [su:θ] *n.*: in ~ gerçekte, hakikatte; **soothe** [su:ð] *v/t.* yatıştırmak, teskin etm., rahatlatmak; **sooth.say.er** [ˈsu:θseiə] *n.* falcı (kadın), geleceği söyleyen, kâhin.

soot.y □ [ˈsuti] isli, kurumlu.

sop [sɔp] **1.** *n.* sıvıda yumuşatılmış şey, tirit; *fig.* yumuşatıcı şey, rüşvet, sus payı; **2.** *v/t.* etsuyuna banmak, batırmak; ıslatarak yumuşatmak; ~ up suyu emmek; kurulamak, silmek.

soph.ism [ˈsɔfizəm] *n.* sofizm, bilgicilik, safsata, mantığa uymazlık.

soph.ist [ˈsɔfist] *n.* safsatacı kimse, sofist; **so.phis.tic, so.phis.ti.cal** □ [səˈfistik(əl)] safsatalı, sofistçe; **soˈphis.ti.cate** [~keit] *vb.* safsata karıştırmak; hile ile saflığını bozmak; deneyim kazandırmak; **soˈphis.ti.cat.ed** *adj.* hayata alışmış, kasarlanmış, kurnaz, pişkin; çağdaş, kültürlü, entelektüel; karışık, komplike; yapmacık; **so.phis.tiˈca.tion** *n.* safsata(cılık); çokbilmişlik, kurnazlık; komplike *veya* karışık olma; **soph.ist.ry** [ˈsɔfistri] *n.* safsata(cılık), sofistlik.

soph.o.more *Am.* [ˈsɔfəmɔ:] *n.* kolej *veya* üniversitede ikinci sınıf öğrencisi.

so.po.rif.ic [sɔpəˈrifik] **1.** *adj.* (~ally) uyu-

tucu; uyuşturucu; **2.** *n.* uyutucu ilaç.
sop.ping [ˈsɔpiŋ] *adj. a.* ~ wet sırsıklam; **ˈsop.py** *adj.* çok ıslanmış, sırsıklam; F aptal; duygusal, sentimental *(hikâye vs.).*
so.pran.o ♪ [səˈprɑːnəu] *n.* soprano.
sor.cer.er [ˈsɔːsərə] *n.* büyücü, sihirbaz; **ˈsor.cer.ess** *n.* büyücü kadın, cadı; **ˈsor-cer.y** *n.* büyü(cülük), afsun.
sor.did □ [ˈsɔːdid] alçak, sefil, adi, bayağı *(a. fg.)*; kirli, pis, pasaklı; pinti, hasis, çıkarcı; **ˈsor.did.ness** *n.* alçaklık, sefillik; pintilik, cimriiik.
sore [sɔː] **1.** □ acı veren, azmış *(yara)*, ıstırap veren, ağrıyan, sızlayan; iltihaplı, yaralı; şiddetli, sert; *fig.* vahim, endişe verici; kırgın, küskün; ~ throat boğaz ağrısı; **2.** *n.* ağrıyan yer; yara *(a. fig.)*, bere **ˈsore.head** *n. Am.* F hayal kırıklığına uğramış *veya* asık suratlı, çabuk sinirlenen kimse; **ˈsore.ly** *adv.* şiddetle, pek çok; **ˈsore.ness** *n.* elem, acı(lık).
so.ror.i.ty [səˈrɔriti] *n. Am. univ.* kız öğrenciler birliği (*veya* yurdu).
sor.rel¹ [ˈsɔrəl] **1.** *adj.* kırmızımsı kahverengi *(part. at)*; **2.** *n.* al don, kızıl doru, kula (at).
sor.rel² ⚘ [~] *n.* kuzukulağı.
sor.row [ˈsɔrəu] **1.** *n.* keder, acı, dert, tasa, elem, gam, üzüntü; **2.** *v/i.* kederlenmek, esef etm., kasvet çekmek; **sor.row-ful** □ [ˈsɔrəful] kederli, elemli; keder veren, üzüntülü.
sor.ry □ [ˈsɔri] üzgün, kederli, gamlı, mahzun; acınacak, pişman; (I am) (so) ~! üzgünüm!, maalesef!, pardon!, affedersiniz!; I am ~ for him ona acıyorum, onun için üzülüyorum; we are ~ to say üzülerek söylemek zorundayız, maalesef söylemek zorundayız.
sort [sɔːt] **1.** *n.* çeşit, nevi, tür; usul, tarz, yol; what ~ of nasıl bir; of a ~, of ~s sözüm ona, sıradan; out of ~s F rahatsız, keyifsiz; canı sıkılmış, neşesiz; a good ~ çok iyi bir adam; (a) ~ of peace sözüm ona *(veya* iyi kötü) huzur, barış; **2.** *vb.* sınıflandırmak, ayıklamak; ✝ tasnif etm.; ~ out seçmek, seçip ayırmak, ayıklamak.
sor.tie ✕ [ˈsɔːtiː] *n.* huruç, çıkış hareketi; ✈ bombardıman uçuşu.
sot [sɔt] *n.* ayyaş kimse, bekri.
sot.tish □ [ˈsɔtiʃ] ayyaş, küfelik.
sou [suː] *n.* eski bir ufak Fransız parası; *fig.* mangır, metelik.
souf.flé [ˈsuːflei] *n.* sufle.
sough [sau] **1.** *n.* vızıltı, uğultu; **2.** *v/i.* uğuldamak, hışıldamak *(part. rüzgâr).*
sought [sɔːt] *pret. & p.p. of* seek; **ˈ~-ˈaft-er** *adj.* revaçta olan, çok rağbet gören.
soul [səul] *n.* ruh, can *(a fig.)*; **ˈ~-de-stroy.ing** *adj.* can sıkıcı, monoton; **ˈsoul-less** □ ruhsuz, cansız, duygusuz.
sound¹ □ [saund] *com.* sağlam, esen, salim *(a. fig.)*; mükemmel, inceden inceye, tamamen; akıllı, mantıklı, anlayışlı; derin *(uyku)*; şiddetli *(vuruş, darbe)*; ✝ emin, güvenilir; ⚖ yasal, meşru, muteber, geçerli.
sound² [~] **1.** *n.* ses, sada; ima, anlam; gürültü; ses erimi; **2.** *v/i.* ses çıkarmak, ses vermek, duyulmak, aksetmek; gelmek, görünmek (like *gibi*); *v/t. (ses)* çıkartmak, çalmak *-i*, öttürmek *-i*; sesle ilân etm.; açıkça övmek; ~ the charge ✕ hücum borusu çalmak.
sound³ [~] *n. geol.* boğaz; balığın yüzme kesesi, solungaç.
sound⁴ [~] **1.** *n.* ⚕ sonda; **2.** *v/t.* ⚕ sondalamak *(a. fig.)*; ⚓ iskandil etm.; ⚕ kulaklık ile muayene etm.; ~ s.o. out *b-nin* ağzını aramak, düşüncesini öğrenmeğe çalışmak.
sound...: **ˈ~-box** *n.* gramafon, pikap; diyafram; ~ **broad.cast.ing** sesli radyo yayını; ~ **ef.fects** *pl. (radyo, tiyatro)* efekt, konuşmaların dışındaki sesler; **ˈ~-film** *n.* sesli film.
sound.ing ⚓ [ˈsaundiŋ] *n.* iskandil etme; ~s *pl.* iskandil edilen suyun derinliği.
sound.ing-board [ˈsaundiŋbɔːd] *n.* ses yansıtıcısı; rezonans gövdesi *(keman vs.'-de).*
sound.less □ [ˈsaundlis] sessiz, sedasız.
sound.ness [ˈsaundnis] *n.* sıhhat, sağ(lam)lık, esenlik; doğruluk; metanet.
sound...: **ˈ~-proof, ˈ~-tight** *adj.* ses geçirmez; **ˈ~-track** *n. film:* ses yolu; **ˈ~-wave** *n. phys.* ses dalgası.
soup¹ [suːp] *n.* çorba, etsuyu.
soup² *Am. sl.* [~] **1.** *n.* beygir gücü; **2.** *vb.* ~ up *(motor)* gücünü artırmak.
sour [ˈsauə] **1.** □ ekşi(miş); *fig.* acı, dokunaklı; *fig.* somurtkan, asık suratlı, huysuz; **2.** *v/t.* ekşitmek; asitlendirmek; *fig. b-nin* hayatını zehir etm.; *v/i.* ekşimek, kesilmek *(süt)*; *fig.* somurtkan, surat asmak.
source [sɔːs] *n.* kaynak, memba, pınar; menşe, köken.
sour.ish □ [ˈsauəriʃ] ekşi(ce), mayhoş; **ˈsour.ness** *n.* ekşilik; *fig.* huysuzluk, somurtkanlık, terslik.
souse [saus] **1.** *v/t.* batırmak, banmak, daldırmak, ıslatmak; tuzlamak, salamura yapmak, turşu yapmak; **2.** *n.* güm di-

ye düşme, gümbürtü, «plof» diye ses çıkararak düşme; salamura; **soused** *adj. sl.* sarhoş, ayyaş.
sou.tane *eccl.* [suːˈtɑːn] *n.* papaz cüppesi.
south [sauθ] **1.** *n.* güney, cenup; to the ~ of *-in* güneyinde; **2.** *adj.* güney..., cenubî, güneye doğru; güneyden gelen.
south-east [ˈsauθiːst] **1.** *n.* güney doğu; **2.** *adj. a.* **south-ˈeast.ern** *-in* güneydoğusunda.
south.er.ly [ˈsʌðəli], **south.ern** [ˈ~ən] *adj.* güneye doğru, güney...; **ˈsouth.ern.er** *n. Am.* A.B.D.'nin güneydoğu eyaletlerinden olan kimse, güneyli.
south.ern.most [ˈsʌðənməust] *adj.* en güneyde olan.
south.ing [ˈsauðiŋ] *n.* ⚓ güneye doğru rota.
south...: **ˈ~.land** *n.* güney bölgesi; **ˈ~.paw** *n. Am. beysbol:* solak oyuncu; ♀ **Pole** Güney Kutbu.
south.ward(s) [ˈsauθwəd(z)] *adv.* güneye doğru.
south...: **ˈ~-ˈwest** **1.** *n.* güney batı; **2.** *adj. a.* **~-ˈwest.er.ly** **~-ˈwest.ern** güney(d)e; güneyden esen *(rüzgâr)*, lodos(tan); **~-ˈwest.er** *n.* güney rüzgârı, lodos; = **souˈwest.er** ⚓ [sauˈwəstə] *n.* gemicilerin muşamba başlığı.
sou.ve.nir [ˈsuːvəniə] *n.* hatıra, andaç (of).
sov.er.eign [ˈsɔvriŋ] **1.** □ en yüksek, yüce; mükemmel, şahane; etkili *(ilâç)*; mutlak, bağımsız; hükümran; **2.** *n.* hükümdar, kral(içe); eski altın İngiliz lirası; **sov.er.eign.ty** [ˈ~rənti] *n.* hükümranlık, hâkimiyet, egemenlik; bağımsızlık.
so.vi.et [ˈsəuviət] *n.* Sovyet; idare meclisi.
sow¹ [sau] *n. zo.* dişi domuz; ⊕ erimiş maden oluğu; bu olukta yapılan maden külçesi.
sow² [səu] *(irr.) vb.* ekmek, serpmek, yaymak *(tohum)*; yaymak, neşretmek; **ˈsow.er** *n.* tohum; tohum ekme makinesi; çiftçi; **sown** [səun] *p.p. of* sow².
so.ya ⚘ [ˈsɔiə] *n.* soya; ~ bean soya fasulyesi.
soz.zled *sl.* [ˈsɔzld] *adj.* sarhoş, ayyaş.
spa [spɑː] *n.* kaplıca, içmeler, ılıca *(yeri)*.
space [speis] **1.** *n.* feza, uzay; alan, yer, mevki; aralık, açıklık, mesafe; müddet, süre; *typ.* espas, iki sözcük arasını açmak için kullanılan maden parçası; **2.** *vb. a.* ~ out aralık koymak, fasıla bırakmak; *typ.* aralıklı dizmek; **ˈ~-craft, ˈ~-ship** *n.* uzay gemisi; **ˈ~-suit** *n.* uzay elbisesi; **ˈ~-ˈtime** *n.* yer-zaman ilintisi.

spa.cious □ [ˈspeiʃəs] geniş, engin, bol, pek büyük; ferah, havadar; **ˈspa.cious-ness** *n.* genişlik, enginlik, açıklık.
spade [speid] **1.** *n.* bahçıvan beli, kazma; call a ~ a ~ açıkça, isim vererek söylemek; *mst* ~s *pl. iskambil:* maça, pik; **2.** *vb.* bellemek, bel ile kazmak; **ˈ~-work** *n.* bel işi; bir iş için zahmetli hazırlık.
spa.ghet.ti [spəˈgeti] *n.* çubuk makarna, spageti.
spake † *veya poet.* [speik] *pret. of* speak.
span¹ [spæn] **1.** *n.* karış; süre, aralık; ⩓ kemer *veya* köprü ayakları arasındaki açıklık; *Am.* çift koşum; **2.** *v/t.* ölçmek, karışlamak; boydan boya uzatmak.
span² [~] *pret. of* spin 1.
span.gle [ˈspæŋgl] **1.** *n.* pul, payet, pul gibi pırıldayan süs; **2.** *v/t.* pullarla süslemek.
Span.iard [ˈspænjəd] *n.* İspanyol.
span.iel [ˈspænjəl] *n.* uzun tüylü ve uzun sarkık kulaklı bir tür köpek, spanyel.
Span.ish [ˈspæniʃ] **1.** *adj.* İspanyol, İspanyalı; İspanya *veya* İspanyolca'ya ait; **2.** *n.* İspanyalı; İspanyolca; the ~ *pl.* İspanya halkı.
spank F [spæŋk] **1.** *v/t. -in* kıçına şaplak vurmak; ~ along hızlı gitmek *veya* denizde seyretmek; **2.** *n.* şaplak, hafif vurma; **ˈspank.er** *n.* ⚓ randa yelkeni; **ˈspank-ing** **1.** □ şiddetli, kuvvetli *(rüzgâr)*; tez, çabuk koşan; F inanılmayacak kadar büyük; **2.** *n.* F iyi bir dayak; şaplak atma.
span.ner ⊕ [ˈspænə] *n.* somun anahtarı; throw a ~ into the works *fig.* işe çomak sokmak.
spar¹ [spɑː] *n.* ⚓ seren, direk; ✈ kanat ana kirişi.
spar² [~] *v/i. boks:* hafif boks yapmak (with *ile*); *fig.* ağız kavgası etm. (at), horoz gibi dövüşmek; ~ring partner *boks:* idman arkadaşı.
spar³ *min.* [~] *n.* ispat *(bir tür taş)*.
spare [spɛə] **1.** □ az, yetersiz, seyrek, kıt, dar; pinti, eli sıkı; boş, serbest; fazla, artakalan, kullanılmayan; yedek..., ihtiyat; sıska, zayıf; ~ hours *pl.* boş zaman; ~ room misafir için yatak odası; ~ time boş vakit; **2.** *n.* ⊕ yedek parça; **3.** *v/t.* canını bağışlamak; biriktirmek *(para)*; kazanmak *(vakit)*; zahmetten kurtulmak; esirgemek; tutumlu kullanmak *-i*; vazgeçmek *-den*; enough and to ~ yeter de artar; *v/i.* idareli olm., tutumlu olm.; esirgemek; **ˈspare.ness** *n.* azlık, kıtlık; zayıflık; **spare part** yedek parça; **ˈspare-rib** *n.* az etli domuz pirzolası.
spar.ing □ [ˈspɛəriŋ] tutumlu, idareli (in,

of); az kullanan; **ˈspar.ing.ness** *n.* tutum, tasarruf.

spark¹ [ˈspɑːk] **1.** *n.* kıvılcım *(a. fig.)*; **2.** *v/i.* kıvılcım saçmak; *v/t.* ~ s.th. off *bşi* harekete geçirmek; *b-ni* teşvik etm., kışkırtmak

spark² [~] *n.* şık ve yakışıklı delikanlı, kavalye.

spark.ing-plug *mot.* [ˈspɑːkiŋplʌg] *n.* buji.

spar.kle [ˈspɑːkl] **1.** *n.* kıvılcım; parlayış, parıltı; parıldayan şey; **2.** *v/i.* parıldamak; kıvılcım saçmak *(zekâ)*; köpürmek *(şarap)*; köpüklenmek; sparkling wine köpüklü şarap; **spar.klet** [ˈ~klit] *n.* küçük kıvılcım, zerre *(a. fig.)*.

spark-plug *mot.* [ˈspɑːkplʌg] *n.* buji.

spar.row *orn.* [ˈspærəu] *n.* serçe; **ˈ~-hawk** *n. orn.* atmaca.

sparse [spɑːs] seyrek, sık olmayan.

Spar.tan [ˈspɑːtən] **1.** *adj.* Spartalı; Sparta ile ilgili; güçlüklere dayanan, yılmaz; **2.** *n.* Spartalı kimse.

spasm ⚕ [ˈspæzəm] *n.* kramp, ıspazmoz, sinir kasılması; **spas.mod.ic, spas.mod.i-cal** □ [~ˈmɔdik(əl)] kasılımlı, ıspazmoz kabilinden; sürekli olmayan, düzensiz; *fig.* daldan dala konan.

spat¹ [spæt] *n.* istiridye yumurtası.

spat² [~] *n.* kısa tozluk, dolak.

spat³ [~] *pret.* & *p.p. of* spit² 2.

spatch-cock [ˈspætʃkɔk] *vb.* serpiştirmek, içine katmak *(konuşma, not)*.

spate [speit] *n.* sel, su baskını; *fig.* akın, kütle, kalabalık; be in ~ sele kapılmak.

spa.tial □ [ˈspeiʃəl] mekân, hacim vs. itibariyle, uzaysal.

spat.ter [ˈspætə] **1.** *v/t.* & *v/i.* serpmek, sıçratmak *(su vs.)*; damlalar halinde dökülmek; **2.** *n.* kısa süren sağanak, serpinti; serpme, sıçratma *(a. fig.)*.

spat.u.la [ˈspætjulə] *n.* spatüla, macun malası.

spav.in *vet.* [spævin] *n.* at ayağının oynak yerinin şişmesi.

spawn [spɔːn] **1.** *n.* balık yumurtası; *fig. mst contp.* döl, evlât; **2.** *vb.* yumurta dökmek; üretmek, *fig.* meydana getirmek, yumurtlamak; **ˈspawn.er** *n.* yumurtlayan *(balık)*; **ˈspawn.ing** **1.** *n.* yumurtlama; **2.** *adj.* yumurtlayan...

speak [spiːk] *(irr.)* *v/i.* konuşmak (to *ile*); bahsetmek (about, of *-den*); konuşma yapmak; ♪ tınlamak; ~ing! *teleph.* evet!; Brown ~ing! ben Bay Brown'ım; ~ out yüksek sesle söylemek; açıkça söylemek; ~ to *b-le* konuşmak, *b-ne* söylemek; ~ up çekinmeden açıkça söylemek; ~ up! yüksek sesle konuş!; ~ up against aleyhinde konuşmak, karşısında olm.; that ~s well for him bu onun iyi olduğunu kanıtlar; *v/t.* söylemek, beyan etm. *(düşünce)*, bildirmek; **ˈ~-eas.y** *n. Am. sl.* gizli içki satılan yer; **ˈspeak.er** *n.* konuşan *veya* söyleyen kimse, konuşmacı, sözcü, spiker.

speak.ing [ˈspiːkiŋ] *adj.* konuşan; canlı; açık ve düzgün *(ifade)*; dokunaklı *(tablo, bakış)*; be on ~ terms with selâm vermekten öteye gitmeyen düzeyde tanışıyor olm.; **ˈ~-trum.pet** *n.* ses nakil borusu; megafon.

spear [spiə] **1.** *n.* mızrak, kargı; **2.** *v/t.* mızrakla vurmak *-e*; saplamak; **ˈ~.head** **1.** *n.* mızrak ucu; *fig.* baş, öncü öncüsü; **2.** *v/t.* öncülük etm., önayak olm. *-e.*

spec † *sl.* [spek] *n.* spekülasyon, vurgun.

spe.cial [ˈspeʃəl] **1.** □ özel, hususi, fevkalâde; *k-ne* mahsus, ayrı; **2.** *n. a.* ~ constable yardımcı polis; *a.* ~ edition özel baskı; *a.* ~ train özel tren; *Am.* özel teklif *(iş)*; *Am.* günün özel yemeği *(lokanta)*; **ˈspe.cial.ist** *n.* uzman, mütehassıs; ⚕ mütehassıs hekim; **spe.ci.al.i.ty** [speʃiˈæliti] *n.* özellik, hususiyet; † ihtisas; **spe.cial.i.za.tion** [speʃəlaiˈzeiʃən] *n.* ihtisas sahibi olma; **ˈspe.cial.ize** *vb.* ihtisas yapmak; tek bir konu üzerinde çalışmak; ihtisas sahibi olm. (in *-in*), mütehassıs olm.; **spe.cial.ty** [ˈ~ti] *n. s.* speciality; ⚖ mühürlü sözleşme.

spe.cie [ˈspiːʃiː] *n.* madenî para, sikke; **ˈspe.cies** *n. pl.* & *sg.* tür, çeşit, cins.

spe.cif.ic [spiˈsifik] **1.** *adj.* (~ally) özgü, *k-ne* has; özel, spesifik, hususi, mahsus; belirli, muayyen; kati, kesin; ~ gravity *phys.* özgül ağırlık; **2.** *n.* ⚕ belirli tedavide kullanılan ilâç.

spec.i.fi.ca.tion [spesifiˈkeiʃən] *n.* tayin, belirtme; ⚖ şartname; ~s *pl* ayrıntılı tanımlama; *(teknik)* tarifname; **spec.i.fy** [ˈ~fai] *v/t.* belirtmek, ayrı ayrı göstermek *veya* söylemek.

spec.i.men [ˈspesimin] *n.* örnek, numune, model.

spe.cious □ [ˈspiːʃəs] aldatıcı yanıltıcı *(dış görünüş olarak)*, sahte; samimiyetsiz, güvenilmez; **ˈspe.cious.ness** *n.* dış görünüşün aldatıcı olması.

speck [spek] **1.** *n.* nokta, benek, ufak leke; küçük parça, parçacık; **2.** *vb.* lekelemek; **speck.le** [ˈ~kl] **1.** *n.* ufak benek *veya* leke, çil; **2.** *vb. s.* speck 2.

specs F [speks] *n. pl.* gözlük.

spec.ta.cle [ˈspektəkl] *n.* manzara, görülecek şey, görünüş; (a pair of) ~s *pl.* gözlük; **ˈspec.ta.cled** *adj.* gözlüklü.

spec.tac.u.lar □ [spekˈtækjulə] **1.** görülmeye değer, göz alıcı, olağanüstü, göze çarpan; **2.** *n. Am.* F hayret verici manzara.
spec.ta.tor [spekˈteitə] *n.* seyirci.
spec.tral □ [ˈspektrəl] hayalet kabilinden; hayal gücüne dayanan; hayalî; *opt.* tayfî, ışık dağılımına ait; **spec.tre** [ˈ~tə] *n.* hayal(et); **spec.tro.scope** *opt.* [ˈ~trəskəup] *n.* spektroskop, ışığı yedi renge ayıran alet; **spec.trum** [ˈ~trəm] *n.* tayf.
spec.u.late [ˈspekjuleit] *vb.* zihnini kurcalamak, (kuramsal olarak) düşünmek, mütalâa etm. (on, upon -*i*); ☨ borsada oynamak, spekülasyon yapmak; **spec.uˈla.tion** *n.* kurgu, vehim, işkil; ☨ spekülasyon; **spec.u.la.tive** □ [ˈ~lətiv] spekülatif; kuruntulu, vesveseli; kuramsal, nazarî, teorik; ☨ borsa oyunuyla ilgili, spekülatif; rizikolu, tehlikeli; **spec.u.la.tor** [ˈ~leitə] *n.* ☨ spekülatör, kapatçı, vurguncu.
spec.u.lum ⚕, *opt.* [ˈspekjuləm] *n.* *(metal)* ayna, spekülom.
sped [sped] *pret. & p.p. of* speed 2.
speech [spiːtʃ] *n.* konuşma yeteneği, düzgün ve iyi konuşma yetisi; söz, nutuk, söylev; dil; make a ~ söylev vermek, konuşma yapmak, nutuk çekmek; **ˈ~-day** *n.* *(okul)* diploma töreni; **speech.i.fy** *contp.* [ˈ~ifai] *v/i.* fazla konuşmak, nutuk çekmek, kafa şişirmek; **ˈspeech.less** □ dili tutulmuş, dilsiz; sessiz; sözle anlatılamaz.
speed [spiːd] **1.** *n.* hız, sürat, çabukluk, acele; ⊕ devir sayısı; *phot.* ışığa karşı duyarlık; **2.** *(irr.) v/i.* hızla gitmek, acele etm, çabuk gitmek; ~ up *(pret. & p.p.* ~ed) hızlanmak; *v/t.* hızlandırmak; uğur getirmek; ~ up (*pret. & p.p.* ~ed) hızını arttırmak; **ˈ~-boat** *n.* sürat motoru, yarış kayığı; **ˈ~-cop** *n.* motorlu trafik polisi; **ˈ~-in.di.ca.tor** = speedometer; **ˈ~-lim.it** *n.* azami sürat; **speed.om.e.ter** *n. mot.* hızölçer; **ˈspeed.way** *n.* sürat yolu, hız yolu; **ˈspeed.well** *n.* ⚘ yavşanotu; **ˈspeed.y** □ çabuk, hızlı.
spell¹ [spel] **1.** *n.* nöbet, süre; ⊕ vardiya, posta; **2.** *vb.* nöbeti devralarak *b-ni* serbest kılmak (at), nöbetini almak -*in.*
spell² [~] **1.** *n.* büyü, sihir, tılsım; **2.** *(irr.) vb.* büyülemek; bir sözcüğün hecelerini ayrı ayrı söylemek, hecelemek; ifade etm., belirtmek, söylemek; ~ out heceleyerek okumak *veya* yazmak, deşifre etm.; detaylı açıklamak; **ˈ~.bind.er** *n. Am.* büyüleyici konuşan hatip; **ˈ~.bound** *adj. fig.* büyülenmiş; **ˈspell.er:** he is a bad ~ doğru yazamaz.
spell.ing [ˈspeliŋ] *n.* imlâ, yazım; **ˈ~-book** *n.* yazım kılavuzu.
spelt¹ [spelt] *pret. & p.p. of* spell² 2.
spelt² ⚘ [~] *n.* kaplıca buğday.
spel.ter [ˈspeltə] *n.* çinko.
spen.cer [ˈspensə] *n.* kısa ceket.
spend [spend] *(irr.) v/t.* harcamak (on, upon -*e*), sarfetmek *(para)* (on); israf etm., havaya savurmak; geçirmek *(zaman)*; *(part.* ~ o.s.) *k-ni* tüketmek; ~ the night gecelemek, konaklamak; *v/i.* kuvveti azalmak; sarfolunmak; **ˈspend.er** *n.* müsrif, mirasyedi.
spend-thrift [ˈspendθrift] **1.** *n.* müsrif, mirasyedi kimse; **2.** *adj.* müsrif(ce), mirasyedi.
spent [spent] **1.** *pret. & p.p. of* spend; **2.** *adj.* tükenmiş, bitkin, yorgun; harcanmış, sarfedilmiş.
sperm [spəːm] *n.* sperma, belsuyu, meni;
sper.ma.ce.ti [~məˈseti] *n.* ispermeçet, balinadan çıkarılan bir tür yağ; **sper.ma.to.zo.on** *biol.* [~ətəuˈzəuən] *n.* sperma hayvancığı.
spew [spjuː] *vb.* kus(tur)mak, istifrağ et(tir)mek.
sphere [sfiə] *n.* küre, yuvarlak, yerküre, arzküre; *fig.* muhit, çevre; alan, arazi, saha; sınıf, derece; **spher.i.cal** □ [ˈsferikəl] küresel, yusyuvarlak.
sphinc.ter *anat.* [ˈsfiŋktə] *n.* büzgen kas.
sphinx [sfiŋks] *n.* (i)sfenks; *fig.* anlaşılması güç ve konuşmayan kimse, esrarengiz adam.
spice [spais] **1.** *n.* bahar(at); *fig.* tat, çeşni; **2.** *v/t.* baharat koymak, çeşni vermek -*e*; **ˈspic.er.y** *n.* baharat.
spic.i.ness [ˈspaisinis] *n.* çeşnili, aromatik oluş; *fig.* açık saçık oluş.
spick and span [ˈspikənˈspæn] *adj.* yeni ve temiz, pırıl pırıl.
spic.y □ [ˈspaisi] baharatlı, çeşnili; *fig.* açık saçık.
spi.der *zo.* [ˈspaidə] *n.* örümcek; **ˈspi.der.y** *adj.* örümcek gibi; örümcekli; zarif, çok ince.
spiel *Am. sl.* [spiːl] *n.* konuşma, lafazanlık.
spiff.y *sl.* [ˈspifi] *adj.* güzel, şık.
spig.ot [ˈspigət] *n.* *(fıçı, varil)* tıpa, tıkaç, musluk.
spike [spaik] **1.** *n.* ince başsız çivi, uçlu demir, sivri uçlu şey; *spor:* ayakkabı altına çakılan çivi parçaları, kabara; *mot.* ekser, enser; ⚘ başak; **2.** *v/t.* çivi ile tutturmak, ekserlemek; ✕ topu kör-

letmek için falya deliğini çivi ile tıkamak; çivi ile delmek; **spike.nard** [ˈ~nɑːd] *n.* sümbül yağı; Hint sümbülü; **ˈspik.y** □ sivri uçlu, çivili.

spill¹ [spil] **1.** *(irr.) v/t.* dökmek, döküp saçmak; akıtmak *(kan)*; F üstünden atmak, düşürmek, fırlatmak *(süvari)*; F açığa vurmak, ifşa etm.; *v/i.* dökülmek, saçılmak; **2.** *n.* dökme; F düşüş, düşme *(at vs.'den)*.

spill² [~] *n.* lamba, pipo vs. yakmağa yarıyan kâğıt *veya* tahta parçası.

spill.o.ver [ˈspiləuvə] *n.* taşan şey; nüfus fazlalığı.

spill.way [ˈspilwei] *n.* taşma savağı.

spilt [spilt] *pret. & p.p. of* spill¹ **1.**; cry over ~ milk boşuna üzülmek, iş işten geçtikten sonra dövünmek.

spin [spin] **1.** *(irr.) v/t.* eğirmek, bükmek *(a. fig.)*; döndürmek, çevirmek; tasarlayıp uydurmak; ~ s.th. out *bşi* uzatmak; *v/i.* iplik vs.'yi eğirmek; *a.* ~ round dönmek; ✈ dikine düşmek, vril yapmak; ~ along hızla geçip gitmek; send s.o. (s.th.) ~ning *b-ni (bşi)* fırlatıp yere atmak; **2.** *n.* (fırıl fırıl) dönme, devir; kısa gezinti; ✈ dikine düşüş.

spin.ach ⚘ [ˈspinidʒ] *n.* ıspanak.

spi.nal [ˈspainl] *adj. anat.* belkemiğine ait, omurga...; ~ column belkemiği, omurga; ~ cord, ~ marrow omurilik; ~ curvature kamburluk, omurga eğriliği.

spin.dle [ˈspindl] *n.* iğ, eğirmen; mil, dingil; **ˈspin.dly** *adj.* uzun, ince ve zayıf görünüşlü, leylek bacaklı.

spin-dri.er [ˈspindraiə] *n.* santrifüjlü çamaşır kurutma makinesi.

spin-drift [ˈspindrift] *n.* dalga serpintisi.

spine [spain] *n. anat.* omurga, belkemiği; diken; sırt *(dağ, kitap)*; **ˈspine.less** *adj.* omurgasız *(hayvan)*; *fig.* cesaretsiz, yüreksiz.

spin.et ♪ [spiˈnet] *n.* spinet, bir tür küçük piyano.

spin.na.ker ⚓ [ˈspinəkə] *n.* üç köşe büyük yarış yelkeni.

spin.ner [ˈspinə] *n.* eğiren, iplikçi kimse; eğirme *veya* bükme makinesi; **spin.ner.et** *zo.* [ˈspinərət] *n.* örümcek ve ipekböceğinin iplik salan uzvundaki memeciklerden her biri.

spin.ning...: ~**-jenny** ⊕ [ˈspiniŋˈdʒəni] *n.* iplik eğirme makinesi, çıkrık makinesi; **ˈ~-mill** *n.* iplikhane; **ˈ~-wheel** *n.* çıkrık.

spin.ster [ˈspinstə] *n.* kalık, yaşı geçmiş kız, evde kalmış, evlenmemiş kız.

spin.y [ˈspaini] *adj.* dikenli, iğneli; güçlüklerle dolu.

spi.ra.cle [ˈspaiərəkl] *n.* nefes alıp verme deliği.

spi.rae.a ⚘ [spaiˈriə] *n.* çayırmelikesi, erkeçsakalı.

spi.ral [ˈspaiərəl] **1.** □ helozonî, burmalı, sarmal; **2.** *n.* helis, helezon; *fig.* karışıklık, hercümerç; sarmal hareket; ⚙ spiral; **3.** *vb.* helezon teşkil etm., dönmek.

spire [ˈspaiə] *n.* tepe *(kule, dağ, ağaç)*.

spir.it [ˈspirit] **1.** *n. com.* ruh, can; his, duyarlık; canlılık; cesaret; peri, cin; ⚗ ispirto; alkol; ~s *pl.* huy, karakter; alkollü içikler; ~ of wine şarap ruhu; in (high) ~s keyifli, neşeli; in low ~s kederli, üzgün; **2.** *vb.* ~ away, ~ off gizlice götürmek *veya* göndermek, ortadan yok etm.; ~ up canlandırmak, şenlendirmek; cesaretlendirmek.

spir.it.ed □ [ˈspiritid] cesur, faal, canlı, esprili, nüktedan; **ˈspir.it.ed.ness** *n.* canlılık, şevk, cesaret.

spir.it.ism [ˈspiritizəm] *n.* ispritizma; **ˈspir.it.ist** *n.* ispiritizmaya inanan ve onunla ilgilenen kimse.

spir.it.less □ [ˈspiritlis] ruhsuz, cansız, hevessiz, sıkıcı; üzgün, neşesiz; korkak, yüreksiz.

spir.it-lev.el [ˈspiritlevl] *n.* tesviye ruhu, su terazisi.

spir.it.u.al [ˈspiritjuəl] **1.** □ ruhanî, manevî, ruhî, ruhsal; dinî, kutsal; **2.** *n.* Amerikan zencilerine özgü ilâhi; **ˈspir.it.u.al.ism** *n.* ispritizma, ruhanilik, ruhlara inanma; **spir.it.u.al.i.ty** [~ˈæliti] *n.* ruhanîlik, manevilik, tinsellik, dua, ibadet vs. gibi dinî şeylere düşkünlük; **spir.it.u.al.ize** [ˈ~əlaiz] *v/t.* ruhanileştirmek, manevî değer kazandırmak.

spir.it.u.el(le) [spiritjuˈel] *adj.* zeki, akıllı, nüktedan, espri sahibi.

spir.it.u.ous [ˈspiritjuəs] *adj.* alkollü, ispirtolu.

spirt [spəːt] **1.** *v/t. & v/i.* sıçra(t)mak, fışkır(t)mak *(su)*; anî hamle yapmak; **2.** *n.* anî hamle; fışkır(t)ma *(su)*.

spit¹ [spit] **1.** *n.* kebap şişi; *geogr.* dil; **2.** *v/t.* şiş saplamak, şişlemek.

spit² [~] **1.** *n.* tükürük, salya; be the very ~ of s.o. *b-ne* tıpatıp benzemek, hık deyip burnundan düşmüş olm.; **2.** *(irr.) v/i.* tükürmek (on *-e*); tükürük saçarak konuşmak; *(kedi)* tıslamak; çiselemek, serpiştirmek; ~ at (yüzüne) tükürmek, hakaret etm.; ~ upon (üstüne) tükürmek; *v/t. (mst* ~ out) *bşi* tükürmek, tükürük gibi saçmak; ~ it out! F açıkla!, söyle!

spit³ [~] *n.* bir bel boyu derinlik *(toprak)*.

spite [spait] **1.** *n.* kin, garaz, şer, kötülük; in ~ of -e rağmen; **2.** *v/t.* kindarlık etm. -e, inadına yapmak -i, üzmek; kahretmek -i.
spite.ful □ [ˈspaitful] garazkâr, kinci; **ˈspite.ful.ness** *n.* kötülük, şer, garazkârlık.
spit.fire [ˈspitfaiə] *n.* çabuk öfkelenen, ateş püsküren kimse.
spit.tle [ˈspitl] *n.* tükürük, salya.
spit.toon [spiˈtuːn] *n.* tükürük hokkası.
spiv *sl.* [spiv] *n.* karaborsacı, vurguncu, adi soyguncu.
splash [splæʃ] **1.** *n.* zifos, sıçratılmış çamur *veya* su; su sıçratma (sesi); make a ~ F sükse yapmak, sansasyon yaratmak, dikkat çekmek; **2.** *v/t.* & *v/i.* zifos atmak, su sıçratmak -e; etrafa sıçratarak suya dalmak, suya çarpmak; kötü resim yapmak; *sl.* reklamını yapmak; ~ one's money about *sl.* parasını saçıp savurmak; **ˈ~-board** *n.* çamurluk, siper; **ˈ~.down** *n.* denize inme *(uzay gemisi)*; **ˈsplash.y** □ ıslak, çamurlu, lekeli; F gösterişli.
splay [splei] **1.** *n.* yayvanlık; meyilli kısım *(kapı, pencere vs.)*, eğik kesilmiş kenar; **2.** *vb.* dışa doğru meyletmek; yayılmak, genişlemek; **3.** *adj.* geniş ve yayvan; eğik kesilmiş; **ˈ~-foot** *n.* düztaban.
spleen [spliːn] *n. anat.* dalak; huysuzluk, terslik, kızgınlık, öfke, kin; **spleen.ful** [ˈ~ful], **spleen.y** *adj.* kızgın, aksi, ters, huysuz, somurtkan.
splen.did □ [ˈsplendid] parlak, gösterişli; mükemmel, fevkalâde, enfes; **splen-dif.er.ous** F [~ˈdifərəs] = splendid; **ˈsplen.do(u)r** *n.* parlaklık, parıltı, şaşaa, ihtişam, debdebe, heybet, tantana.
sple.net.ic [spliˈnetik] **1.** *a.* **spleˈnet.i.cal** □ aksi, ters, kızgın, öfkeli; **2.** *n.* hipokondriyak, titiz, merak hastalığı olan kimse.
splice [splais] **1.** *n.* iki ucu birbirine ekleme, dikiş; ⚓ fazla içki alma; **2.** *vb.* iki ucu örerek birbirine eklemek; iki tahtayı birbirine çivileyerek tutturmak; yapıştırarak eklemek *(band, film)*; ⚓ fazla içki hakkını vermek; ⊕ eklemek; *sl.* evlen(dir)mek.
splint ⚕ [splint] **1.** *n.* cebire, süyek, kırık tahtası; **2.** *vb.* kırık tahtası ile çıkık (*veya* kırık) bağlamak; **ˈ~-bone** *n. anat.* incik kemiği.
splin.ter [ˈsplintə] **1.** *n.* kıymık; küçük parça; **2.** *v/t.* & *v/i.* parçala(n)mak, parça parça olm. *veya* etm.; yar(ıl)mak; **ˈsplin-ter-proof** *adj.* mermi parçalarını geçirmeyen; çatlamaz, dağılmaz.
split [split] **1.** *n.* yarık, çatlak; *fig.* bölünme, ikiye ayrılma, hizipleşme; ~s *pl.* ayaklar ayrıkken elleri yere değdirme hareketi; **2.** *adj.* yarılmış, çatlamış, ayrılmış; **3.** *v/t.* yarmak, bölmek; ayırmak, dağıtmak; *v/i.* yarılmak, ayrılmak, çatlamak; ~ hairs kılı kırk yarmak; ~ one's sides with laughter *b-nin* gülmekten kasıkları çatlamak; ~ up bölünmek, taksim olm.; bölüştürmek; *fig.* araları açılmak, bozuşmak; ~ on *sl.* ispiyon etm., *b-ni* ele vermek; **ˈsplit.ting** *adj.* şiddetli, keskin; F delice, çılgınca *(sürat)*.
splotch [splɔtʃ] *n.* leke, benek.
splurge [spləːdʒ] *n.* gösteriş, fiyaka; savurganlık.
splut.ter [ˈsplʌtə] *s.* sputter; *vb.* ✈ cızırdamak, boğulmak *(motor)*.
spoil [spɔil] **1.** *n. oft.* ~s *pl.* yağma, çapul, ganimet, karmanyola; *fig.* hasılat; moloz, süprüntü; **2.** *(irr.) v/t.* zorla elinden almak, *b-den bşi* gaspetmek, yağma etm.; bozmak, mahvetmek; yüz vermek, nazlı alıştırmak *(çocuk)*, şımartmak; *v/i.* bozulmak, çürümek, telef olm.; ~ing for a fight kavgacı, kavga arayan; **ˈspoil-er** *n.* eşkiya, haydut, korsan, karmanyolacı; *bşi* yüzüne gözüne bulaştıran, bozan kimse; **spoils.man** *Am. pol.* [ˈ~zmən] *n.* koltuk avcısı; **ˈspoil-sport** *n.* oyunbozan, mızıkçı; **spoils system** *Am. pol.* çıkar sağlamak için kurulan rüşvet verme sistemi.
spoilt [spɔilt] *pret.* & *p.p. of* spoil 2.
spoke¹ [spəuk] *pret. of* speak.
spoke² [~] *n.* tekerlek parmağı, basamak; ⚓ dümen dolabı parmaklığı.
spo.ken [ˈspəukən] *p.p. of* speak.
spokes.man [ˈspəuksmən] *n.* sözcü, başkası adına konuşan kimse.
spo.li.a.tion [spəuliˈeiʃən] *n.* yağma, çapul, soygun, talan.
spon.dee [ˈspɔndiː] *n.* iki uzun heceli sözcük.
sponge [spʌndʒ] **1.** *n.* sünger; throw up the ~ *boks* & *fig.* havlu atmak, mücadeleden vazgeçmek; **2.** *v/t.* süngerle silmek *veya* suyunu almak (away, off); ~ up emmek, suyu massetmek; *v/i.* tufeylilik (*veya* otlakçılık) etm. (on, from), başkasının kesesinden geçinmek; **ˈ~-cake** *n.* pandispanya; **ˈspong.er** *n.* asalak, tufeyli, *fig.* otlakçı.
spon.gi.ness [ˈspʌndʒinis] *n.* sünger gibi oluş; **ˈspon.gy** *adj.* sünger gibi, mesameli, gözenekli.
spon.sor [ˈspɔnsə] **1.** *n.* vaftiz babası; ke-

fil; hami, koruyucu; reklâm giderlerini üstlenen firma; **2.** *v/t.* desteklemek *-i;* kefil olm. *-e;* korumak, himaye etm. *-i;* **ˈspon.sor.ship** *n.* kefalet, kefillik; destek.

spon.ta.ne.i.ty [spɔntəˈniːiti] *n.* kendiliğinden, ihtiyari olarak yapma *veya* olma, doğrudan doğruya, vasıtasız olma; **spon.ta.ne.ous** □ [~ˈteinjəs] kendiliğinden olan, ihtiyarî, içten gelen; ⚘ hızlı büyüyen; ~ combustion içten yanma, kendiliğinden yanma; ~ generation cansızdan canlı oluşumu.

spoof *sl.* [spuːf] **1.** *v/t. b-ni* alaya almak, *b-ne* yalan yutturmak; **2.** *n.* süprüntü; saçma; yalan, hilekârlık.

spook [spuːk] *n.* hayalet, hortlak; *Am. sl.* casus; **ˈspook.y** *adj.* hayalet gibi; tekin olmayan.

spool [spuːl] **1.** *n.* makara, bobin; **2.** *v/t.* makaraya sarmak.

spoon [spuːn] **1.** *n.* kaşık, kaşık şeklindeki şey; *sl.* deli divane, vurgun kimse; be ~s on *sl. b-ne* abayı yakmak; **2.** *vb.* kaşıklamak; *sl.* zevzeklik etm., oynaşmak *ile;* **ˈ~-drift** *n.* rüzgârın denizden getirdiği su serpintisi; **ˈspoon.er.ism** *n.* ses *veya* heceleri konuşurken şaka olsun diye *veya* yanlışlıkla karıştırma *(örnek: 'gözünü aç' yerine 'açını göz');* **ˈspoon-fed** *adj. fig.* nazlı yetişmiş, şımarık; kaşıkla beslenmiş *(bebek);* **spoon.ful** [ˈ~ful] *adj.* kaşık dolusu; **ˈspoon-meat** *n.* *(çocuk, hasta için)* lapa, bulamaç; **ˈspoon.y** □ F abayı yakmış (on).

spoor *hunt.* [spuə] *n.* vahşî hayvan izi.

spo.rad.ic [spəˈrædik] *adj.* (~ally) tektük, münferit, seyrek.

spore ⚘ [spɔː] *n.* spor.

sport [spɔːt] **1.** *n.* spor; oyun *(a. fig.);* eğlence, eğlenti; alay, şaka, latife; ~s *pl com.* atletik sporlar; spor bayramı, şöleni; *a.* good ~ iyi bir kimse; make ~ of *b-le* alay etm., *b-ni* alaya almak; **2.** *v/i.* takılmak (at, over *-e*); oynamak; şaka söylemek; eğlenmek; *v/t.* övünmek *ile;* ~ one's oak F rahatsız edilmemek için kapıyı kapamak; **ˈsport.ing** □ sporla ilgili. av... spor... sportmence, sportif; ~ chance kazanma olasılığı tanıma; **ˈspor.tive** □ eğlendirici; neşeli; oyun oynamayı seven; **ˈsports-car** *n. mot.* spor araba; **ˈsports-jack.et** *n.* spor ceket; **ˈsports-man** *n.* sporcu, sportmen; avcı; profesyonel kumarbaz; **ˈsports.man.like** *adj.* sportmence, sporcuya yakışır; **ˈsports.man.ship** *n.* sportmenlik, sporculuk; **ˈsports-wear** *n.* spor giysi; **ˈsports-wom.an** *n.* sporcu kadın.

spot [spɔt] **1.** *n. com.* nokta, benek, leke; kusur, şaibe, ayıp; yer, mevki; insan vücudunda leke, ben; sivilce, ergenlik; ~s *pl.* peşin parayla satılan mallar; ~ of F biraz, bir parça; on the ~ yerinde; derhal, hemen, doğrudan doğruya; be on the ~ hazır bulunmak; **2.** *adj.* peşin; rasgele; **3.** *v/t.* lekelemek *(a. fig.),* beneklemek; bulmak, keşfetmek, görmek; *v/i.* lekelenmek, benek benek olm.; F yağmur yağmak; **ˈspot.less** □ lekesiz, temiz; **ˈspot.less.ness** *n.* lekesizlik, temizlik; **ˈspot.light** *n. thea.* sahne projektörü; *mot.* müteharrik projektör; in the ~ *fig.* ön planda, dikkati çeken; **ˈspot.ted** *adj.* noktalı, lekeli, benekli; ~ fever ⚕ lekeli humma, tifüs; **ˈspot.ter** *n.* gözcü, gözetleyici, rasat eden kimse *veya* şey *(özellikle düşman uçaklarını); Am.* kontrolör, murakıp, müfettiş; **ˈspot.ti.ness** *n.* lekelilik; **ˈspot.ty** *adj.* lekeli, benekli, noktalı.

spouse [spauz] *n.* eş, koca, karı.

spout [spaut] **1.** *n.* bir kabın ağzı, ağız; emzik; jet borusu; ⚓ oluk ağzı; fışkıran su; *v/t.* & *v/i.* fışkır(t)mak; F tumturaklı konuşmak.

sprain [sprein] **1.** *n.* burkulma *(mafsal);* **2.** *v/t.* burkmak.

sprang [spræŋ] *pret. of* spring 2.

sprat *ichth.* [spræt] *n.* çaçabalığı.

sprawl [sprɔːl] *v/i.* yerde uzanmak, *fig.* maça beyi gibi kurulmak, terbiyesizce uzanmak; ⚘ üremek, azmak, yayılmak; *v/t.* ~ out uzatmak, germek.

spray[1] [sprei] *n.* yapraklı ve çiçekli ufak dal *(süs için).*

spray[2] [~] **1.** *n.* (toz halinde) serpinti, sprey; çise, çisinti; püskürgeç; = ~er; **2.** *vb.* (toz halinde) serpmek, püskürtmek; **ˈspray.er** *n.* püskürteç, vaporizatör, pülverizatör, sprey.

spread [spred] **1.** *(irr.) v/t. a.* ~ out yaymak, sermek, açmak, genişletmek, uzatmak; neşretmek, yaymak *(söylenti, hastalık vs.);* sürmek *(yağ);* ~ the table sofrayı kurmak; *v/i.* yayılmak *(a. fig.),* genişlemek; **2.** *adj.* ~ eagle kanat ve ayakları gerilmiş durumda, uçan *(arma kartalı);* **3.** *n.* yayılma; genişlik, vüsat, enginlik; saha; kanatların yayılımı; *Am.* örtü, yorgan, çarşaf, sofra örtüsü; F ziyafet; **ˈ~-ea.gle** *adj.* F gösterişçi; şoven; **ˈspread.er** *n.* yayan *veya* süren kimse *veya* şey; **ˈspread.ing** *adj.* geniş, yaygın, engin.

spree F [spriː] *n.* eğlence, cümbüş, âlem: go on a ~ âlem yapmak.

sprig [sprig] 1. *n.* ince dal, fışkın, sürgün; *fig.* delikanlı; ⊕ başsız çivi; 2. *vb.* başsız çivi ile sağlamlaştırmak; budamak; ince dallarla süslemek; ~ged *adj.* çiçekli, dallı, çiçek işlemeli.
spright.li.ness [ˈspraitlinis] *n.* canlılık, neşeli olma; ˈ**spright.ly** *adj.* canlı, pürhayat, neşeli, şen.
spring [spriŋ] 1. *n.* sıçrayış, hamle, fırlama; helezoni yay; yay elastikiyeti; *tech.* yay, zemberek; kaynak, memba, pınar; *fig.* köken, menşe; (ilk)bahar; 2. *(irr.) v/t.* fırlatmak; parçalamak; birdenbire ortaya çıkarmak; av hayvanını yerinden çıkarmak; ~ a leak ⚓ su etmeğe başlamak; ~ s.th. on s.o. *b-ne* sürpriz yapmak; *v/i.* sıçramak, fırlamak; çıkmak (from *-den)*; ⚘ çimlenmek, filiz sürmek; ~ up fırlayıp ayağa kalkmak; doğmak *(fikir)*; baş göstermek; ~ into existence birdenbire doğmak, çıkmak; ˈ~-ˈ**bal.ance** *n.* yaylı terazi, kantar; ˈ~-**board** *n.* tramplen, sıçrama tahtası.
springe *hunt.* [sprindʒ] *n.* ilmekli tuzak, kuş kapancası.
spring gun [ˈspriŋgʌn] *n.* kendiliğinden boşanan atım; ˈ**spring.i.ness** *n.* elastikiyet, yaylılık; **spring mat.tress** yaylı somya; **spring tide** şiddetli met hareketi; ˈ**spring.tide,** ˈ**spring.time** *n.* ilkbahar; ˈ**spring.y** □ yaylı, elastiki, esnek.
sprin.kle [ˈspriŋkl] *vb.* serpmek, ekmek, saçmak; sulamak; çiselemek *(yağmur)*; ˈ**sprin.kler** *n.* sulama tesisatı, püskürgeç, pülverizatör; ˈ**sprin.kling** *n.* az miktar, serpinti, çise; a ~ of *fig.* bir tutam, bir parça.
sprint [sprint] *spor:* 1. *v/i.* (tabana kuvvet) koşmak; 2. *n.* kısa koşu; sürat koşusu; ˈ**sprint.er** *n.* kısa mesafe koşucusu.
sprit ⚓ [sprit] *n.* yan yelkenin sereni.
sprite [sprait] *n.* hayal(et); peri, cin.
sprit.sail ⚓ [ˈspritsl] *n.* yan yelken serenine açılan yelken.
sprock.et-wheel ⊕ [ˈsprɔkitwiːl] *n.* zincir dişlisi.
sprout [spraut] 1. *v/t. & v/i.* filizlenmek, tomurcuklanmak, bitmek; filiz sürdürmek; 2. *n.* ⚘ filiz, fidan, tomurcuk; *a.* Brussels ~s Brüksel lahanası.
spruce[1] □ [spruːs] 1. *adj.* şık, zarif; temiz, pak; 2. *vb.* (up) temiz ve şık giyinmek, çekidüzen vermek, derleyip toplamak.
spruce[2] ⚘ [~] *n. a.* ~ fir ladin ağacı, alaçam.
sprung [sprʌŋ] *pret.* (↖) *& p.p. of* spring 2.
spry [sprai] *adj.* canlı, çevik, faal.
spud [spʌd] *n.* çapa, tirpidin, bahçe malası; F patates.
spume *lit.* [spjuːm] *n.* köpük; ˈ**spu.mous,** ˈ**spum.y** □ köpüklü.
spun [spʌn] *pret. & p.p. of* spin 1.
spunk [spʌŋk] *n.* kav, mantar kavı; alev, kıvılcım; F cesaret, yüreklilik; ˈ**spunk.y** □ cesur, yiğit, mert.
spur [spəː] 1. *n.* mahmuz *(a. zo.)*; ⚘ bazı çiçeklerde mahmuz şeklindeki çıkıntı; *fig.* güdü; saik, teşvik eden şey; çıkıntı, çıkma, cumba; dağ kolu; on the ~ of the moment anında, derhal, hemen; put *veya* set ~s to mahmuzlamak; *fig.* teşvik etm.; win one's ~s liyâkatini kanıtlamak; ~ gear ⊕ alın dişlisi, düz dişli çark; 2. *vb. a.* ~ on kışkırtmak (into *-e*); mahmuzlamak, dürtmek *(a. fig.)*; *poet.* atını dört nala koşturmak.
spurge ⚘ [spəːdʒ] *n.* sütleğenotu.
spu.ri.ous □ [ˈspjuəriəs] sahte, taklit, yapma, suni; ˈ**spu.ri.ous.ness** *n.* taklidi, benzeri olma.
spurn [spəːn] *v/t.* hor bakarak *bşe* tenezzül etmemek, hakaretle reddetmek, hiçe saymak.
spurt [spəːt] 1. *v/i.* ani hamle yapmak, davranmak; son derece artmak *(satış vs.)*; *spor:* finişe kalkmak; *s.* spirt; 2. *n.* ani hamle, kısa süre için gösterilen gayret; *spor:* finiş, ani hamle; *s.* spirt.
sput.nik [ˈsputnik] *n.* Sovyetler Birliği'nin uzaya gönderdiği ilk uydunun adı, sputnik.
sput.ter [ˈspʌtə] 1. *n.* tükürük saçma; kuru gürültü; 2. *vb.* tükürük saçmak; tükürük saçarak konuşmak (at s.o.); *a.* ~ out alelâcele ve anlaşılmaz söylemek; saçmak.
spy [spai] 1. *n.* casus, hafiye, ajan; 2. *v/i.* gözetlemek; casusluk etm.; ~ (up)on s.o. *b-ni* gizlice gözetlemek; ˈ~.**glass** *n.* küçük teleskop; ˈ~.**hole** *n.* gözetleme deliği.
squab [skwɔb] *n.* yavru güvercin.
squab.ble [ˈskwɔbl] 1. *n.* ağız kavgası, çekişme, hırgür; 2. *v/i.* kavga etm., çekişmek, dalaşmak; ˈ**squab.bler** *n.* kavgacı.
squad [skwɔd] *n.* takım, ekip, grup;
squad.ron [ˈ~rən] *n.* ⚔ suvari bölüğü; ✈ uçak bölüğü, uçak filosu; ⚓ filo.
squal.id □ [ˈskwɔlid] kirli, pis, bakımsız, sefil, perişan.
squall[1] [skwɔːl] 1. *n.* yaygara, feryat, haykırış; ~s *pl.* bağrışma; 2. *v/i.* yaygara koparmak, bağrışmak, feryat etm.
squall[2] ⚓ [~] *n.* bora, kasırga, az süren şiddetli rüzgâr; ˈ**squall.y** *adj.* ⚓ fırtınalı, boralı.

squa.lor ['skwɔlə] *n.* kir, pislik, sefalet, bakımsızlık.
squa.mous ['skweiməs] *adj.* pullu, kepekli, pul pul.
squan.der ['skwɔndə] *v/t.* boş yere harcamak, çarçur etm., israf etm., savurmak; **'~'ma.ni.a** *n.* savurganlık tutkunluğu.
square [skwɛə] **1.** □ dördül, kare şeklinde, dört köşeli; dikey, dik açılı (to, with *-e, ile*); uygun, münasip; düzenli; direkt, kesin, açık; tam, eşit (with *ile*); F namuslu, şerefli, dürüst; özlü, doyurucu; *Am.* F modası geçmiş, eski kafalı; ~ measure yüzey ölçü birimi; ~ mile mil kare *(259 hektar)*; (take a) ~ root ⩚ kare kök (almak); ~ sail ⚓ dört köşe seren yelkeni; **2.** *n.* dördül, kare; gönye; ⩚ bir sayının ikinci kuvveti, kare; F bol ve doyurucu yemek; satranç tahtası; ♤ sütun kaidesi; ✕ kale (*veya* kare) nizamı; meydan, alan, saha; *Am.* F darkafalı adam; **3.** *v/t.* dört köşeli yapmak; ⩚ *-in* karesini almak; doğrultmak, düzlemek (with *ile*); ⚚ ödemek, tediye etm. *-i*; rüşvet vermek, para yedirmek *-e*; *v/i.* (with) uymak, muvafık gelmek; **'~-'built** *adj.* iri yapılı, kaba saba; ~ **dance** dört çiftle yapılan bir tür dans; **'~-'rigged** *adj.* ⚓ dört köşe seren yelkeni olan, kabasorto; **'~-toed** *adj.* küt burunlu *(ayakkabı)*; eskiye düşkün, tutucu.
squash¹ [skwɔʃ] **1.** *n.* ezme; şerbet, meyve suyu; ağır ve yumuşak bir şeyin düşmesi; raketle oynanan bir tür oyun; *mst* ~-hat geniş kenarlı şapka; **2.** *vb.* ezmek, sıkmak, bastırmak, son vermek *-e*; *fig.* bunaltmak; F *b-nin* ağzını tıkamak, susturmak *-i*, haddini bildirmek *-e*.
squash² ⚘ [~] *n.* kabak.
squat [skwɔt] **1.** *adj.* çömelmiş; bodur, tıknaz; çok alçak *(bina)*; **2.** *v/i.* çömelmek; boş topraklara yerleşmek; **'squat·ter** *n.* boş bir mülkü işgal eden kimse; sahipsiz bir araziyi işgal eden kimse, gecekonduda oturan kimse; koyun yetiştirici *(Avustralyalı)*.
squaw [skwɔ:] *n.* kızılderili kadın.
squawk [skwɔ:k] **1.** *v/i.* cıyaklamak, acı acı bağırmak *(ördek vs.)*; **2.** *n.* cıyaklama, yaygara.
squeak [skwi:k] **1.** *v/i.* cırlamak; gıcırdamak *(kapı, yay vs.)*; *sl.* ihbar etm., ele vermek; **2.** *n.* cırlama; gıcırtı; a narrow ~ F paçayı güçbelâ kurtarma; **'squeak.y** □ cızırtılı, gıcırtılı.
squeal [skwi:l] *v/i.* domuz gibi ses çıkarmak; vak vak etm., acı acı feryat etm.; *s.* squeak.
squeam.ish □ ['skwi:miʃ] titiz, hassas, çabuk gücenen, müşkülpesent; çabuk tiksinen, midesi hemen bulanan; **'squeam·ish.ness** *n.* aşırı duyu, tiksinti.
squee.gee ['skwi:'dʒi:] *n.* araba cam sileceğine benzer kısa saplı cam, tahta vs. silicisi; *phot.* lastik silindir.
squeez.a.ble ['skwi:zəbl] *adj.* uysal, uslu, munis.
squeeze [skwi:z] **1.** *v/t.* sık(ıştır)mak; *fig.* rahatsız etm., baskı yapmak; **2.** *n.* tazyik, baskı *(a. fig.)*, sıkıştırma; kuvvetli el sıkma; kalabalık, izdiham; **'squeez.er** *n.* sıkıştırma aygıtı, pres *(part. meyve)*.
squelch F [skweltʃ] *vb.* susturmak, bastırmak, son vermek *-e*; pestilini çıkarmak, hurdahaş etm.
squib [skwib] *n.* fişek, kestane fişeği, maytap; hiciv, yergi.
squid *zo.* [skwid] *n.* mürekkepbalığı.
squif.fy *sl.* ['skwifi] *adj.* çakırkeyf.
squill ⚘ [skwil] *n.* adasoğanı.
squint [skwint] **1.** *v/i.* şaşı bakmak; yan bakmak; gözleri kısarak bakmak; **2.** *n.* şaşılık, şaşı bakma; F yan bakış; **'~-eyed** *adj.* şaşı; *fig.* kötü(cül), şerir.
squire ['skwaiə] **1.** *n.* asılzade; geniş arazi sahibi, bey, köy ağası; *Am.* F avukatlık *veya* yargıçlık ünvanı; *hist.* silahtar; *co.* kavalye; **2.** *v/t.* *(bir bayana)* refakat etm.
squir(e).arch.y ['skwaiərɑ:ki] *n.* geniş arazi sahiplerinin hükümranlığı.
squirm F [skwə:m] *v/i.* kıvranmak.
squir.rel *zo.* ['skwirəl] *n.* sincap.
squirt [skwə:t] **1.** *n.* fışkıran su, fıskiye; fışkır(t)ma; F nanemolla, *k-ni* beğenmiş genç; **2.** *v/t.* & *v/i.* fışkır(t)mak.
squish F [skwiʃ] *n.* marmelat.
stab [stæb] **1.** *n.* bıçak yarası; bıçakla yaralama; F deneme; ~ in the back *fig.* arkadan vurma; **2.** *vb.* bıçaklamak; saplamak (at).
sta.bil.i.ty [stə'biliti] *n.* denge; sağlamlık; istikrar, kararlılık, sebat; ✈ dinamik denge.
sta.bi.li.za.tion [steibilai'zeiʃən] *n.* denge tutma, istikrar, stabilizasyon, sabit kılma *veya* olma; sağlamlaştırma.
sta.bi.lize ['steibilaiz] *v/t.* dengelemek, sağlamlaştırmak, sabit kılmak, istikrar kazandırmak, stabilize etm.; ✈ dengeyi sağlamak; **'sta.bi.liz.er** *n.* ✈, ⚓ dengeyi sağlayan aygıt.
sta.ble¹ □ ['steibl] sağlam, dayanıklı, muhkem; sabit, sarsılmaz, devrilmez, değişmez; sürekli, kalıcı.
sta.ble² [~] **1.** *n.* ahır; *Am.* F ekip; **2.** *v/t.*

ahıra bağlamak, ahırda tutmak.
sta.bling ['steibliŋ] *n.* ahır ve ahır malzemesi.
stac.ca.to ♪ [stə'kɑːtəu] *adj.* her ses ayrı ve kesik kesik olarak.
stack [stæk] **1.** *n.* ✓ saman, ot *vs.* yığını, tınaz, istif; baca; ⚔ tüfek çatısı; raf *(büyük kütüphanelerde)*; **~s** *pl part. Am.* kütüphanede kitap deposu; F bolluk, kalabalık, sürü; **2.** *v/t.* yığmak, istif etm.
sta.di.um ['steidjəm] *n. spor:* stadyum, spor sahası, arena.
staff [stɑːf] **1.** *n.* değnek, asa, sopa; direk, gönder *(bayrak)*; destek, dayak, payanda; ⚔ erkânıharbiye, kurmay; personel, kadro, bir kurumun çalışanları; öğretim kurulu; ♪ *pl.* **staves** [steivz] *n.* porte; **2.** *vb.* personel, kadro *vs.'yi* sağlamak.
stag [stæg] *n. zo.* erkek geyik; F *(bir toplantı vs.'de)* bayansız erkek; ✝ piyasaya yeni çıkan hisse senetleri üzerine borsa oynayan kimse.
stage [steidʒ] **1.** *n.* sahne, meydan, saha; tiyatro; tiyatro sahnesi; safha, aşama, merhale; yapı iskelesi; konak; go on the ~ sahne hayatına atılmak; **2.** *vb.* sahneye koymak; sahneye konmaya elverişli olm.; **'~-coach** *n.* posta arabası; **'~-craft** *n.* piyes yazma *veya* sahneye koyma sanatı; **~ di.rec.tion** senaryo; **~ fright** seyirci önünde korku, heyecan hali; **~ man.a.ger** rejisör, sahne âmiri; **'stag.er:** old ~ çok deneyimli kimse; **'stage.y** = stagy.
stag.ger ['stægə] **1.** *v/i.* sallanmak, sendelemek, sersemlemek; *fig.* tereddüt etm., kuşkulanmak; *v/t.* şaşırtmak, sersemletmek, hayrete düşürmek; ⊕ derecelere ayırmak, kademelendirmek; **2.** *n.* sendeleme, sallanma, bocalama, kuşku; ⊕ derecelendirme, kademe; **~s** *pl. vet. (at)* beyin hastalığı.
stag.nan.cy ['stægnənsi] *n.* durgunluk; kesatlık; **'stag.nant** □ durgun *(su)*; atıl; ✝ durgun, kesat; **stag.nate** [~'neit] *v/i.* durgunlaşmak, durgun olm., kesat gitmek; **stag.na.tion** *n.* durgunluk.
stag-par.ty F ['stægpɑːti] *n.* yalnız erkeklere mahsus toplantı, eğlence.
stag.y □ ['steidʒi] gösterişli, sahte tavırlı; aktör gibi, aktörce.
staid □ [steid] sakin, heyecansız, temkinli, ağırbaşlı, ciddi; **'staid.ness** *n.* ağırbaşlılık, ciddiyet, sakin olma.
stain [stein] **1.** *n.* leke *(a fig.)*; boya, vernik; benek; **2.** *v/t.* lekelemek *(a. fig.)*, kirletmek, pisletmek; ⊕ abanoz renginde boyamak, *bşe* renk vermek; *v/i.* kirlenmek, lekelenmek, rengi kararmak; **~ed glass** renkli cam; **'stain.less** □ lekesiz; tertemiz; ⊕ paslanmaz.
stair [stɛə] *n.* basamak; **~s** *pl.* merdiven; **'~-car.pet** *n.* merdiven halısı; **'~.case** *n.* merdiven, binanın merdiven bölümü; **'~.rod** *n.* merdiven halısı çubuğu; **'~.way** = staircase.
stake [steik] **1.** *n.* kazık, direk; işkence direği; işkence direğinde ölüm cezası; kumarda ortaya konan para; çıkar, menfaat; **~s** *pl. (at yarışı)* ödül; koşu, yarış; pull up **~s** *Am.* F defolup gitmek; be at ~ tehlikede olm.; place one's ~ on varını yoğunu *bşe* bağlamak; **2.** *v/t.* tehlikeye koymak, riske sokmak; kumarda para koymak; ~ out, ~ off sınırını kazıklarla işaretlemek.
stal.ac.tite ['stæləktait] *n.* sarkıt, iskalaktit; **stal.ag.mite** ['stæləgmait] *n.* dikit; iskalagmit.
stale[1] □ [steil] taze olmayan, dura dura bozulmuş, tatsız, bozuk *(su, haber vs.)*, bayat *(ekmek)*; bitkin, yorgun, tükenmiş *(güç, hava vs.)*; eski, bayat *(espri)*.
stale[2] [~] **1.** *v/i.* kaşanmak, işemek *(at)*; **2.** *n.* idrar, sidik *(at, sığır)*.
stale.mate ['steil'meit] **1.** *n. satranç:* pata; *fig.* açmaz, çıkmaz, kitlenme; **2.** *v/t. satranç:* pata duruma getirmek; *fig.* durdurmak, çıkmaza sokmak.
stalk[1] [stɔːk] *n.* sap, bitki sapı.
stalk[2] [~] **1.** *v/i.* azametle yürümek; *hunt.* sezdirmeden ava yaklaşmak; *v/t.* sinsice takip etm.; **2.** *n. hunt.* sezdirmeden ava yaklaşma; **'stalk.er** *n.* iz üstündeki avcı; **'stalk.ing-horse** *n. fig.* bahane, ardına gizlenilen şey.
stall [stɔːl] **1.** *n.* ahır (bölmesi); sergi, satış yeri, tezgâh, büfe *(gazete vs.)*; soyunma kabini; *thea.* koltuk; *eccl.* kısmen kapalı koro sandalyeleri; **2.** *v/t.* ahıra kapamak; ✈ hızını düşürmek; *mot.* durdurmak, stop etm.; *v/i. mot.* durmak; ✈ hız kaybedip düşmek; *fig.* oyalamak, ağız yapmak, estek köstek etm.; **'~-feed.ing** *n.* ahırda besleme.
stal.lion ['stæljən] *n.* aygır, damızlık at.
stal.wart ['stɔːlwət] **1.** □ kuvvetli, iri yapılı; cesur, gözüpek; güvenilir; **2.** *n. pol.* sadık, tuttuğu yoldan ayrılmayan kimse, güvenilir taraftar.
sta.men ⚘ ['steimen] *n.* ercik, stamen, erkeklik uzvu; **stam.i.na** ['stæminə] *n.* dayanıklılık, güç, canlılık, tahammül; **stam.i.nate** ⚘ ['~nit] *adj.* ercikli, erkeklik uzvu olan *veya* üreten.
stam.mer ['stæmə] **1.** *v/i.* kekelemek, pe-

pelemek; **2.** *n.* kekemelik; **ˈstam.mer.er** *n.* kekeme.

stamp [stæmp] **1.** *n.* tepinme, ayağını yere vurma; ⊕ tokmak, şahmerdan; damga, mühür, alâmeti farika; ıstampa; zımba; *fig.* alâmet, iz; pul, posta pulu; kabartma şekil; cins, nitelik, tür; **2.** *v/t.* tepinmek, ayağıyle yere vurmak; şekil vermek, kalıba sokmak; zımbalamak; damgalamak, mühürlemek *-i*; pul yapıştırmak *-e*; ~ on the memory hafızasına yerleştirmek; ~ out ayağiyle ezmek, çiğnemek; *fig.* kökünü kurutmak; *v/i.* ayağiyle yere vurup ses çıkarmak; **ˈ~-al.bum** *n.* pul albümü; **ˈ~-col.lec.tor** *n.* filatelist, pul koleksiyoncusu; **ˈ~-deal.er** *n.* pul satıcısı; **ˈ~-du.ty** *n.* damga resmi.

stam.pede [stæmˈpiːd] **1.** *n.* panik, bozgun, izdiham; **2.** *v/t.* & *v/i.* panik halinde kaç(ır)mak

stamp.er [ˈstæmpə] *n.* tokmak, tokaç; damga, mühür, ıstampa, zımba; **ˈstamp(.ing)-mill** *n. metall.* maden filizi kırma makinesi.

stance [stæns] *n. golf:* topa vururken bacakların duruş şekli.

stanch [stɑːntʃ] **1.** *v/t.* durdurmak *(kan)*, alıkoymak; **2.** *adj.* = staunch 1; **stanchion** [ˈstɑːnʃən] *n.* destek, dayak, payanda, kazık.

stand [stænd] **1.** *(irr.) v/i. com.* durmak, olmak, bulunmak, mevcut olm.; sebat etm.; *mst* ~ still yerinde durmak, kımıldamamak, (ayakta) durmak; ~ against karşı koymak, kafa tutmak *-e*; ~ aside bir kenara çekilmek; ~ back, ~ clear geri çekilmek, gerilemek; ~ by yanında durmak, hazır beklemek; *fig.* ilgisiz kalmak, arka çıkmamak; ~ for manası olm.; talip olm., istemek; *Am. parl.* aday olm.; *b-ne* sahip çıkmak, kayırmak; *b-ni* temsil etm.; F hoşgörmek, nazını çekmek; ~ in dublörlük yapmak, *b-nin* yerine iş görmek (for); ⚓ karaya yanaşmak; ~ in with araları iyi olm.; ~ off uzak durmak, gerilemek; ⚓ denize doğru açılmak; ~ off! çekil oradan!; ~ on ısrar etm. *-de*; ~ out fırlamak; *fig.* göze çarpmak; iyice belirmek, kontras teşkil etm. (against); *k-ni* uzak(ta) tutmak; karşı koymak, dayanmak (against); bildiğinden şaşmamak (for); ⚓ denize açılmak; ~ over olduğu yerde hareketsiz kalmak; ertelenmek; ~ pat *Am.* F dikkafalılık etm., düşüncesinde ısrar etm.; ~ to *-in* üzerinde ısrar etm.; *s.* reason; ~ to! ⚔ tüfek as!; ~ up ayağa kalkmak; *fig.* yükselmek; ~ up for taraftarı olm. *-in*, *b-ne* sahip çıkmak; ~ up to cesaretle karşılamak, dayanmak; ~ upon *-in* üzerinde ısrar etm.; *-in* tarafını tutmak; *v/t.* bir yere koymak, dikmek; dayanmak, tahammül etm., katlanmak *-e*; *s.* ground; ~ s.o. a dinner F *b-ne* yemek ikram etm.; *s.* treat; **2.** *n.* durma, duruş; ayaklık, sehpa, askı; satış sergisi; tezgâh; durak; direnme; vaziyet, durum; durma; seyirci tribünü; hatip kürsüsü; *part. Am.* mahkemede tanık yeri; make a *veya* one's ~ against dayanmak, mukavemet etm. *-e*, karşı koymak *-e*.

stan.dard [ˈstændəd] **1.** *n.* sancak, flama, bayrak; standart, model, tekbiçim, norm(a); mikyas, ölçü; düzey, seviye, derece; *(ilkokul)* sınıf; para ayarı; direk, çubuk; ⚘ gövdesi ağaç gibi büyüyen bir tür çalı; ~ lamp ayaklı lamba; ~ of living hayat standardı; **2.** *adj.* standart, genel, herkesçe kabul edilen, normal..., ölçü olarak kabul edilmiş; **ˈ~-bear.er** *n. part. fig.* bayraktar, sancaktar; parti vs. lideri; **ˈ~-ga(u)ge** *adj.* 🚂 standart ray aralığı *(1,435 m)*; **stand.ard-i.za.tion** [~aiˈzeiʃən] *n.* standartlaştırma, standardizasyon, ayarlama, tek tipe indirme; normalleştirme; **ˈstand.ard.ize** *v/t.* belirli bir ölçüye uydurmak, standardize etm., tek tipe indirmek, ayarlamak, kararlaştırmak.

stand-by [ˈstændbai] *n.* yardım, destek, himaye; yedek, hazır bekleyen *b-i veya bş.*

stand.ee [ˈstænˈdiː] *n.* ayakta kalan kimse *(yer olmadığı için)*.

stand.er-by [ˈstændəˈbai] *n.* yanında duran kimse; seyirci.

stand-in [ˈstændˈin] *n. film:* dublör.

stand.ing [ˈstændiŋ] **1.** □ ayakta (duran); sabit, devamlı, değişmez; dayanıklı; ~ committee *pol.* daimî encümen; ~ jump ayakta sıçrayış, atlama; ~ orders *pl. parl.* iç tüzük; **2.** *n.* ayakta durma; durum, vaziyet; mevki, şöhret, şan; süreklilik, devam; of long ~ çoktan beri devam eden, eski; **ˈ~-room** *n.* ayakta duracak yer.

stand...: **ˈ~.off** *n. Am.* karşı kuvvet, etkisiz bırakma; ilgisizlik; erteleme; *(oyun)* denklik, beraberlik; **ˈ~-ˈoff.ish** *adj.* ilgisiz; soğukneva; **~ˈpat.ter** *n. Am.* F *pol.* tutucu, değişikliğe karşı olan kimse; **ˈ~-pipe** *n.* dikme boru; yangın musluğu; **ˈ~.point** *n.* bakım, görüş *(noktası)*; **ˈ~.still** *n.* durma, duraklama; be at a ~ yerinden kımıldanmamak, durgun halde olm.; come to a ~ duraklamak, sekteye uğramak; **ˈ~-up** *adj.*: ~ collar dik yaka;

~ fight kurallara uygun mücadele, müsabaka; ~ supper ayakta yenen soğuk yemekler.

stank [stæŋk] *pret. of* stink 2.

stan.nic ⚗ ['stænik] *adj.* kalay cinsinden, kalaya ait.

stan.za ['stænzə] *n.* şiirde stans denilen kıta şekli, kıta, kesim.

sta.ple¹ ['steipl] **1.** *n.* başlıca ürün; *fig.* başlıca konu, esas; hammadde; elyaf, lif; **2.** *adj.* başlıca, esas, temel...

sta.ple² [~] *n.* U şeklindeki kanca; iki başlı çivi; tel raptiye, zımba.

sta.pler ['steiplə] *n.* zımba.

star [sta:] **1.** *n.* yıldız; yıldız işareti; *fig.* talih, kader; *thea.* sahne yıldızı; ≗s and Stripes *pl. Am.* A.B.D.'nin bayrağı; **2.** *v/t.* yıldızla işaret koymak; *v/i. thea.* başrolde oynamak; *fig.* birinci rolü oynamak; ~ (it) parlamak; *thea.* misafir sanatçı olarak oynamak; ~ring başrolde...

star.board ⚓ ['sta:bəd] **1.** *n.* sancak, geminin sancak tarafı; **2.** *adj.* sancak tarafında olan *(dümen).*

starch [sta:tʃ] **1.** *n.* nişasta; kola; *fig.* katılık, sertlik; ~ flour nişasta; **2.** *v/i.* kolalamak; ~ed *adj. fig.* sert, katı; **'starch-i.ness** *n.* sertlik, katılık; **'starch.y** □ nişastalı; kolalı; sert, katı, soğuk tavırlı.

stare [stɛə] **1.** *n.* sabit bakış, bakışların bir noktaya takılıp kalması; **2.** *v/i.* dik bakmak (at *-e*), uzun uzun bakmak, bakakalmak, hayretle bakmak (at *-e*).

star.fish *zo.* ['sta:fiʃ] *n.* denizyıldızı.

star.ing □ ['stɛəriŋ] sabit, hareketsiz *(bakış)*; göze çarpan, göz kamaştırıcı, çok parlak.

stark [sta:k] *adj.* sert, kaskatı, dik; bütün bütün, tam; sade; *adv.* büsbütün, tamamen; ~ naked çırılçıplak.

star.light ['sta:lait] *n.* yıldız ışığı.

star.ling¹ *orn.* ['sta:liŋ] *n.* sığırcık.

star.ling² [~] *n.* buzkıran *(köprü).*

star.lit ['sta:lit] *adj.* yıldızlarla aydınlanmış.

star.ry ['sta:ri] *adj.* yıldızlı, yıldızlarla dolu.

star-span.gled ['sta:spæŋgld] *adj.* yıldızlarla süslü; Star-Spangled Banner *Am.* A.B.D.'nin bayrağı.

start [sta:t] **1.** *n.* başlangıç, başlama; anî hareket; *spor:* start, çıkış; yola koyulma; kalkış; sıçrama; *fig.* avans, avantaj; get the ~ of s.o. *b-den* önce başlamak; give a ~ ürküp yerinden fırlamak; *(yarış)* avans vermek; *s.* fit²; **2.** *v/i.* ürkmek, sıçramak; ani bir hareket yapmak (at); *spor:* start yapmak, çıkmak; hareket etm., yola çıkmak; yola düzülmek (for *-e*); *fig. (düşünce vs.) -den* yola çıkmak, başlamak (on *-e;* doing *-meğe)* to ~ with her şeyden önce, ilk iş olarak; *v/t.* harekete geçirmek, çalıştırmak *-i,* işletmek *(makine)*; *spor:* başlatmak; vahşi av hayvanını yerinden çıkarmak; *fig.* teşebbüs etm. *-e; bşe* teşvik etm., sevketmek (doing); kurmak, tesis etm. *(iş)*; *ortaya* atmak, yöneltmek *(soru).*

start.er ['sta:tə] *n. spor:* starter, çıkış işareti veren; koşucu, müsabık; *mot.* marş.

start.ing-point ['sta:tiŋpɔint] *n.* başlama noktası, hareket noktası.

star.tle ['sta:tl] *v/t.* ürkütmek, korkutmak; **'star.tling** □ şaşırtıcı, sansasyonel; ürkütücü.

star.va.tion [sta:'veiʃən] *n.* açlık(tan ölme); **starve** *v/t. & v/i.* açlıktan öl(dür)mek; *fig.* mahrum olm., özlemini çekmek (for, of *-den, -in*); **starve.ling** ['~liŋ] **1.** *n.* dilenci, açlıktan ölecek durumda olan *b-i veya bş; fig.* cılız, kavruk kimse; **2.** *adj.* açlıktan ölecek durumda, çok zayıf; *fig.* perişan, yoksul, sefil.

state [steit] **1.** *n.* hal, durum; görkem, ihtişam, debdebe; devlet; *pol. mst* ≗ hükümet; eyalet; ~ of life sosyal mevki; in ~ merasimle yapılan, debdebeli; get into a ~ F heyecanlanmak, sinirlenmek; **2.** *v/t.* beyan etm., belirtmek; tayin etm., saptamak, tesbit etm.; ~ **a.part.ment** gösterişli salon; ~ **coach** büyük merasim arabası; **'~.craft** *n. pol.* devlet idaresi, devletçilik; ≗ **De.part.ment** *Am. pol.* Dışişleri Bakanlığı; **'state.less** *adj.* vatansız, tabiyetsiz; **'state.li.ness** *n.* haşmetli olma; ihtişam, lüks; **'state.ly** *adj.* haşmetli, heybetli; görkemli; **'state.ment** *n.* ifade; demeç; rapor; ⚚ (of account) hesap raporu, hesap hülâsası; ⊕, ⚚ tarife, cetvel; **'state room** *n.* ⚓ tek kişilik kamara; yataklı vagon kompartmanı; merasim odası; **'state.side** *adj. Am.* F A.B.D'de olan, A.B.D...; go ~ *(eve, yurda)* dönmek.

states.man ['steitsmən] *n.* devlet adamı; **'states.man.like** *adj.* devlet adamına yakışır, akıllı ve tedbirli; **'states.man.ship** *n.* siyaset, devlet idaresi sanatı.

stat.ic ['stætik] *adj. phys.* statik, değişmeyen, duruk; sakin...; **'stat.ics** *n. pl. veya sg.* nesneler arasında dengeyi sağlayan güçleri inceleyen bilim, statik ilmi; *radyo:* parazit.

sta.tion ['steiʃən] **1.** *n.* durak; yer, mevki; ⚔, ⚓, 🚂 istasyon, gar; radyo, TV istasyonu; makam, rütbe; sosyal durum, derece; ⚒ meslek, iş; *(TV)* kanal; ⚔, ⚓ özel görev yeri, karakol; **2.** *v/t.* yerleştirmek, bir yere tayin etm.; **sta.tion-ar.y** ☐ [ˈ~ʃnəri] sabit, hareketsiz; ~ engine sabit makine; **ˈsta.tion.er** *n.* kırtasiyeci; ♀s' Hall İngiltere'de bir kitabın telif hakkını almak üzere kaydedilen daire; **ˈsta.tion.er.y** *n.* kırtasiye, yazı malzemesi; **sta.tion-mas.ter** [ˈ~ʃənmaːstə] *n.* 🚂 istasyon müdürü; **sta.tion wag.on** *Am. mot.* pikap, kaptıkaçtı.

sta.tis.ti.cal ☐ [stəˈtistikəl] istatistikî, istatistikle ilgili, istatistiğe dayanan; **stat.is.ti.cian** [stætisˈtiʃən] *n.* istatistik uzmanı; **statˈis.tics** *n. pl.* istatistik (bilimi); vital ~ nüfus istatistiği.

stat.u.ar.y [ˈstætjuəri] **1.** *adj.* heykeltraşlıkla ilgili, heykel...; **2.** *n.* heykeltraşlık; heykeller; heykeltraş; **stat.ue** [ˈ~tʃuː] *n.* heykel; **stat.u.esque** ☐ [~tjuˈesk] heykel gibi; **stat.u.ette** [~tjuˈet] *n.* küçük heykel, heykelcik.

stat.ure [ˈstætʃə] *n.* boy bos, endam, şekil; kişilik.

sta.tus [ˈsteitəs] *n.* durum, hal, vaziyet; sosyal durum, sınıf; medenî hal.

stat.ute [ˈstætjuːt] *n.* kanun, yasa; kural, nizamname, statü; emir, hüküm; **ˈ~-book** *n.* yasalar kitabı, kanunname; ~ **law** yazılı hukuk; ~ **mile** bir mil *(1,609 km.).*

stat.u.to.ry ☐ [ˈstætjutəri] yasal, meşru.

staunch [stɔːntʃ] **1.** ☐ sağlam, kuvvetli; güvenilir, sadık; **2.** *v/t.* durdurmak, akmasını önlemek *(part. kan).*

stave [steiv] **1.** *n.* fıçı tahtası; değnek, çubuk; *poet.* kıta, beyit; **2.** *(irr.) vb. mst* ~ in döşeme vs.'yi kırmak, delmek; ~ off defetmek, savmak, uzaklaştırmak; geciktirmek.

staves ♪ [steivz] *pl. of* staff 1.

stay [stei] **1.** *n.* ⚓ istralya; *fig.* destek, payanda; kalma, ikamet, kalış, durma; oturma, ziyaret; tehir, erteleme; ~s *pl.* † korse; **2.** *v/t. & v/i.* dur(dur)mak, alıkoymak; tehir etm., ertelemek; kalmak; beklemek; dayanmak, devam etm. *-e*; desteklemek; geçici olarak gidermek, bastırmak *(açlık)*; ~ away gelmemek; ~ in evde kalmak, dışarı çıkmamak; ~ for *b-ne* bakmak; ~ (for) supper akşam yemeğine kalmak; ~ put F yerinden kımıldamamak; ~ up yatmamak; ~ the course sonuna kadar dayanmak, sabretmek; ~ing power dayanma gücü, metanet; **ˈ~-at-home** *n.* evinden dışarı çıkmayan kimse, kül kedisi; **ˈ~-ˈdown strike** oturma grevi; **ˈstay.er** *n. spor:* yarışı tamamlayan koşucu *veya* at; be a good ~ sonuna kadar dayanmak, yarışı tamamlamak.

stead [sted] *n.* başkasının yeri; yer, mevki; in his ~ onun yerine; stand s.o. in good ~ *b-ne* yararlı olm., *b-ne* faydası dokunmak.

stead.fast ☐ [ˈstedfəst] sabit, sarsılmaz, metin; sabırlı; sadık; **ˈstead.fast.ness** *n.* sebat.

stead.i.ness [ˈstedinis] *n.* sebat, metanet.

stead.y [ˈstedi] **1.** ☐ devamlı, düzenli, sürekli; sabit, sarsılmaz; sakin, sessiz, ağırbaşlı; † sağlam, sarsılmaz, güvenilir; **2.** *v/t. & v/i.* sabit kılmak; sağlamlaş(tır)mak; yatış(tır)mak, teskin etm. *veya* olm.; **3.** *n. Am.* devamlı çıkılan karşı cinsten arkadaş.

steak [steik] *n.* biftek, fileto, kontrfile.

steal [stiːl] **1.** *(irr.) v/t.* çalmak, aşırmak *(a. fig.)*; ~ a march on s.o. *b-den* önce davranmak; *v/i.* gizlice hareket etm.; ~ into sokulmak, gizlice girmek; **2.** *n. Am.* çalıntı mal; hırsızlık; *sl.* kelepir.

stealth [stelθ] *n.* gizlilik; gizli iş *veya* girişim; by ~ gizlice; **ˈstealth.i.ness** *n.* gizlilik; sinsilik; **ˈstealth.y** ☐ gizli, hırsızlama; sinsi.

steam [stiːm] **1.** *n.* buhar, istim; buğu; F güç, enerji; F öfke, hiddet; let off ~ ⊕ buhar salıvermek, istim boşaltmak; *fig.* içini döküp rahatlamak; **2.** *attr.* buharlı, buhar...; **3.** *v/i.* buhar salıvermek; buharla hareket etm.; ~ up buğulanmak *(cam)*; *v/t.* buharda pişirmek, buğulamak; **ˈ~.boat** *n.* buharlı vapur; **ˈ~-boil.er** *n.* buhar kazanı; **steamed** *adj.* buğulu *(pencere)*; **ˈsteam-en.gine** *n.* buhar makinesi; **steam.er** *n.* ⚓ vapur; ⊕ buharla yemek pişirmeye (*veya* eşya yıkamaya) yarayan kap; **ˈsteam.i.ness** *n.* buharlılık.

steam...: **ˈ~-roller** **1.** *n.* buharlı yol silindiri; *fig.* ezici güç; **2.** *v/t. fig.* zorla elde etm., ezmek; **ˈ~.ship** = steamboat; ~ **tug** ⚓ şilep, romorkör; **ˈsteam.y** ☐ buharlı; buğulu, sisli.

ste.a.rin ⚗ [ˈstiərin] *n.* stearin.

steed *rhet.* [stiːd] *n.* at.

steel [stiːl] **1.** *n.* çelik; çelik bileği, masat; büyük güç; **2.** *adj.* çelik gibi sağlam, çelikten; **3.** *v/t.* çelik gibi sertleştirmek, çelik gibi yapmak, katılaştırmak; **ˈ~-clad** *adj.* çelik zırh giymiş; ~ **en-grav.ing** *n.* çelik levha üzerine gravür; **ˈ~-ˈplat.ed** *adj.* çelik zırhlı; **ˈ~-works** *n.* çelik fabrikası; **ˈsteel.y** *adj. mst fig.* sert, çelik gibi, çelikten; **ˈsteel.yard** *n.* kollu el kantarı.

steep¹ [sti:p] 1. *adj.* dik, sarp, yalçın; F aşırı, yüksek *(fiyat)*; 2. *n. poet.* dik yokuş.
steep² [~] *vb.* suya batırmak, ıslatmak; *fig.* içine dalmak, *bşin* içine gömülmek (in).
steep.en [ˈsti:pən] *v/t. & v/i.* dikleş(tir)mek.
stee.ple [ˈsti:pl] *n.* kilise kulesi, çan kulesi; **ˈ~-chase** *n.* engelli yarış; **ˈ~.jack** *n.* kule *veya* baca işçisi.
steep.ness [ˈsti:pnis] *n.* diklik, sarplık.
steer¹ [stiə] *n.* boğa; öküz.
steer² [~] *v/t.* (dümenle) idare etm., yönetmek; ~ clear of *fig.* sakınmak, uzak durmak; **ˈsteer.a.ble** *adj.* yönetilebilir, idare edilebilir.
steer.age ⚓ [ˈstiəridʒ] *n.* dümen kullanma; ara güverte; **ˈ~-way** *n.* ⚓ geminin dümen dinlemesi için gerekli asgari hız.
steer.ing... [ˈstiəriŋ]: ~ **col.umn** *mot.* direksiyon mili; **ˈ~-gear** *n.* ⚓ dümen donanımı, **ˈ~-wheel** *n.* direksiyon.
steers.man ⚓ [ˈstiəzmən] *n.* dümenci, serdümen.
stein [stain] *n.* büyük bira bardağı *(1 lt. 'lik)*.
stel.lar [ˈstelə] *adj.* yıldızlarla ilgili.
stem¹ [stem] 1. *n.* ağaç gövdesi; sap, kol; sözcük kökü; pipo sapı; 2. *vb.* saplarını koparmak; *Am.* gelmek, çıkmak (from *-den*), *b-nin* neslinden olm.
stem² [~] 1. *n.* ⚓ geminin baş bodoslaması; pruva; 2. *vb.* karşı durmak, dayanmak, mücadele etm.; *(kayak)* göğüs verip ilerlemek; ~(ming) turn eğri duruş.
stench [stentʃ] *n.* pis koku.
sten.cil [ˈstensl] 1. *n.* kalıp, klişe, şablon, model, patron, matris; mumlu kâğıt, stensil; 2. *vb.* kalıpla örneğini çıkarmak; teksir makinesiyle çoğaltmak.
ste.nog.ra.pher [steˈnɔgrefə] *n.* **stenograf; sten.o.graph.ic** [~nəˈgræfik] *adj.* (~ally) stenografik; **ste.nog.ra.phy** [~nɔgrəfi] *n.* stenografi.
step [step] 1. *n.* adım; basamak, eşik; *fig.* kısa yol; ayak sesi; ayak izi; kademe, derece; girişim, eylem; (a pair of) ~s *pl.* evin dışındaki taş merdiven; in ~ with ayak uydurarak *ile*; take ~s *bşe* önlem almak, girişmek, yapmağa kalkmak; 2. *v/i.* adım atmak, girmek (into *-e*), ayak basmak (on *-e*); ~ in *fig. bşe* karışmak, müdahale etm.; ~ on it! *sl.* çabuk ol!; ~ out geniş adımlarla hızlanmak; acele etm.; *v/t.* ~ out, ~ off adımla ölçmek, adımlamak; ~ up arttırmak, hızlandırmak; *fig.* canlandırmak.
step² [~] *prefix* üvey...; **ˈ~.fa.ther** *n.* üvey baba; **ˈ~.moth.er** *n.* üvey ana.
steppe [step] *n.* bozkır, step.
step.ping-stone [ˈstepiŋstəun] *n.* atlama taşı; *fig.* basamak.
ster.e.o [ˈstiəriəu] 1. *n. typ.* klişe; 2. *adj.* ♪ stereo...
ster.e.o... [ˈstiəriə]: **~.phon.ic** [~ˈfɔnik] *adj.* stereofonik, iki ayrı sesli, stereo...; **ˈ~.scope** *n.* stereoskop; **ˈ~.type** 1. *n.* stereotip, sayfa halinde baskı klişesi; *fig.* basmakalıp söz; 2. *vb.* bir kalıba sokmak; stereotipten basmak; ~d stereotip, basmakalıp, klişe.
ster.ile [ˈsterail] *adj.* kısır, ürün vermeyen; verimsiz; mikropsuz; **ste.ril.i.ty** [~ˈriliti] *n.* kısırlık, verimsizlik; **ster.il.i.za.tion** [sterilaiˈzeiʃən] *n.* kısırlaştırma; mikroptan arındırma, sterilize etme; **ˈster.i.lize** *v/t.* kısırlaştırmak; sterilize etm., mikroptan arındırmak.
ster.ling [ˈstə:liŋ] *adj.* kıymetli, değerli; halis, gerçek, hakikî, esaslı; † sterlinle ödenebilen; pound ~ İngiliz lirası; sterlin; ~ **a.re.a** İngiliz lirası kullanılan ülkeler bloku.
stern¹ □ [stə:n] ciddî, ağırbaşlı; acımasız, sert, haşin, katı; şiddetli.
stern² ⚓ [~] *n.* kıç, pupa.
stern.ness [ˈstə:nnis] *n.* sertlik, katılık, haşinlik.
stern-post ⚓ [ˈstə:npəust] *n.* kıç bodoslaması.
ster.num *anat.* [ˈstə:nəm] *n.* göğüs kemiği.
steth.o.scope ⚕ [ˈsteθəskəup] *n.* stetoskop, göğüs dinleme aleti.
ste.ve.dore ⚓ [ˈsti:vidɔ:] *n.* yükleme ve boşaltma işçisi, istifçi.
stew [stju:] 1. *v/t. & v/i.* hafif ateşte kayna(t)mak; 2. *n.* güveç, yahni; F heyecan, telaş, üzüntü.
stew.ard [ˈstjuəd] *n.* kâhya, vekilharç; ⚓ kamarot; ambar memuru, idare memuru; **stew.ard.ess** *n.* ⚓ kadın kamarot; ✈ hostes.
stew...: **ˈ~-pan, ˈ~-pot** *n.* güveç, türlü tenceresi.
stick¹ [stik] 1. *n.* değnek, sopa, çubuk; sap *(süpürge vs.)*; baston; F çam yarması, hantal, kaba kimse; ~s *pl.* ufak odun; the ~s *pl. Am.* F taşra; 2. *vb.* ✓ (kazığa) saplamak, kazıklamak.
stick² [~] *(irr.) v/i.* saplanıp kalmak; yapışmak, takılmak (to *-e*); *fig.* ayağını, başını vs.'yi bir yere çarpmak (at); ~ at nothing hiç *bşden* çekinmemek, korkmamak; ~ out, ~ up çıkıntılı olm., ucu dışarı çıkmak; F dayanmak, karşı koy-

mak; F ısrar etm. (for); ~ to bş üzerinde ısrar etm., ayrılmamak -den; ~ up for s.o. b-nin tarafını tutmak; v/t. saplamak; bıçaklamak; iğneyle tutturmak; yapıştırmak; yafta asmak; F tahammül etm., dayanmak -e; ~ it on sl. fahiş fiyat istemek; ~ out dışarı çıkarmak, uzatmak; ~ it out F dayanmak, katlanmak -e; ~ up sl. (banka vs.) soymak; yolunu kesmek; **ˈstick.er** n. yapışan etiket; etiket yapıştıran kimse; **ˈstick.i.ness** n. yapışkanlık; **ˈstick.ing-plas.ter** n. yara bandı; **ˈstick-in-the-mud** 1. adj. tutucu, gerici; uyuşuk; 2. n. gerici, darkafalı adam, mıymıntı.

stick.le [ˈstikl] vb. titiz davranmak, pürüz çıkarmak, tereddüt etm.; **ˈstick.le-back** n. ichth. dikence balığı; **ˈstick.ler** n. mutaassıp, titizlenen kimse (for).

stick-up [ˈstikʌp] n. a. ~ collar F dik yaka; sl. yol kesme.

stick.y □ [ˈstiki] yapışkan; çamurlu, ağdalı, üstüne başına bulanan; güç, berbat; aksi, huysuz; come to a ~ end sl. kötü akıbete uğramak; be ~ about doing F bşi yapmakta gönülsüz, isteksiz olm.

stiff □ [stif] katı, sert; bükülmez, eğilmez; inatçı, serkeş; yorucu, zahmetli, zor; tutulmuş (adele vs.); resmî, soğuk (gülümseme vs.); sert, alkolü çok (içki vs.); be bored ~ F uzun sıkıcı konuşmadan bıkmak, bezmek; keep a ~ upper lip cesaretini kaybetmemek; **ˈstiff.en** v/t. & v/i. katılaş(tır)mak, sertleş(tir)mek; fig. desteklemek, takviye etm.; **ˈstiff.en-er** n. sertleştirici parça; destekleyici şey; **ˈstiff-ˈnecked** adj. dikkafalı, serkeş.

sti.fle¹ vet. [ˈstaifl] n. diz eklemi.

sti.fle² [~] v/t. & v/i. boğ(ul)mak, nefesi tıka(n)mak.

stig.ma [ˈstigmə] n. cilde vurulan kızgın damga; kötülük izi (veya eseri), leke, ar; ⚘ tepecik; ⚕ araz, belirti, alâmet; **stig.ma.tize** [ˈ~taiz] v/t. fig. damga vurmak, leke sürmek.

stile [stil] n. çit veya duvar basamağı; ⊕ kenar tahtalarından biri (kapı, pencere vs.).

sti.let.to [stiˈletəu] n. ufak hançer; biz.

still¹ [stil] 1. adj. sessiz; sakin; durgun, sütliman, hareketsiz; ~ wine köpüksüz şarap; 2. n. (sinema filmi tanıtan) fotoğraf; sessizlik; 3. adv. hâlâ, henüz; yine, her şeye rağmen; daha (da); 4. cj. bununla beraber, mamafih, yine de, (olduğu) halde; 5. vb. durdurmak; yatış(tır)mak, teskin etm.

still² [~] n. imbik, damıtma aleti.

still...: **ˈ~-born** adj. ölü doğmuş; **ˈ~-hunt** vb. sessizce ve gizlenerek avlamak; **ˈ~-hunt.ing** n. sessizce ve gizlice avlama; ~ **life** natürmort, çiçek ve meyve resmetme; **ˈstill.ness** n. durgunluk, sessizlik, huzur.

still-room [ˈstilrum] n. kiler, depo; imbik odası.

still.y poet. [ˈstili] adj. sakin, durgun, hareketsiz.

stilt [stilt] n. yere basmadan yürümeye yarayan tek basamaklı sırık, ayaklık; **ˈstilt.ed** adj. tumturaklı, tantanalı; sunî, zorlayışlı.

stim.u.lant [ˈstimjulənt] 1. adj. ⚕ uya(ndı)rıcı; 2. n. ⚕ uya(ndı)rıcı ilaç; F alkollü içki; **stim.u.late** [ˈ~leit] v/t. uyarmak, canlandırmak, teşvik etm., tahrik etm., gayrete getirmek; **stim.uˈla.tion** n. uyarım, teşvik; **stim.u.la.tive** [ˈ~lətiv] adj. uyandırıcı, canlandırıcı, muharrik; **stim.u.lus** [ˈ~ləs] n. dürtü (to -e), uyarıcı şey.

sting [stiŋ] 1. n. iğne (arı vs.); sokma, ısırma; fig. iğneleyici söz; acı, sızı; yakıp kavurma; 2. (irr.) v/t. sokmak, yakmak -i, batmak -e; fig. incitmek, gücendirmek; işkence, eziyet etm.; yakmak, kavurmak; v/i. acımak, canı yanmak; yanmak, kavrulmak; be stung sl. kazıklanmak (for); **ˈsting.er** n. F acıtıcı darbe vs.

stin.gi.ness [ˈstindʒinis] n. pintilik, cimrilik.

sting(.ing)-net.tle ⚘ [ˈstiŋ(iŋ)netl] n. ısırgan.

stin.gy □ [ˈstindʒi] pinti, cimri; kıt, az.

stink [stiŋk] 1. n. pis koku; 2. (irr.) v/i. pis kokmak, kokusunu çıkarmak (of -in; sl. a. fig.); v/t. kokutmak.

stint [stint] 1. n. had, sınır, kayıt, limit; belirli bir süre için yapılan görev, iş (askerlik vs.); 2. vb. bşi esirgemek, cimrilik etm., b-ne az para veya yemek vermek; sınırlamak, kayıtlamak, azaltmak, kısmak (masraf).

sti.pend [ˈstaipend] n. ücret, maaş (part. papazlara); **stiˈpen.di.ar.y** [~djəri] 1. adj. ücretli, maaşlı; 2. n. ücretli sulh yargıcı.

stip.ple paint. [ˈstipl] vb. noktalayarak resmetmek.

stip.u.late [ˈstipjuleit] vb. a. ~ for şart koymak; kararlaştırmak, anlaşmak -de; **stip.uˈla.tion** n. şart (koyma).

stir¹ [stəː] 1. n. karıştırma; hareket, kı-

mıldanma; canlılık, heyecan, telâş; gürültü, patırtı; **2.** *v/t.* karıştırmak; harekete geçirmek, tahrik etm.; yerini değiştirmek; ~ up karıştırmak *(sıvı)*; kışkırtmak; *v/i.* kımılda(n)mak, yerinden oynamak.
stir² *sl.* [~] *n.* hapishane, kodes.
stir.ring [ˈstəːriŋ] *adj.* heyecan verici, canlandırıcı, canlı, heyecanlı.
stir.rup [ˈstirəp] *n.* üzengi.
stitch [stitʃ] **1.** *n.* dikiş; ilmik; böğür sancısı; not have a dry ~ on one sırılsıklam, çok ıslanmış olm.; a ~ in time saves nine vaktinde yapılan küçük bir iş insanı büyük zahmetten kurtarır; **2.** *vb.* dikmek, dikiş dikmek; ciltlemek *(kitap)*.
stoat *zo.* [stəut] *n.* kakım, as.
stock [stɔk] **1.** *n.* ağaç gövdesi, kütük; sap, kabza, dipçik; soy, nesil, aile; hammadde; çorba malzemesi *(et, sebze vs.)*; mevcut mal, stok, depo mevcudu; *a.* live ~ hayvan mevcudu, çiftlik hayvanları; *hist.* boyunbağı; ⚘ üzerine aşı yapılan dal; ⚚ esas sermaye, kapital; ~s *pl.* menkul değerler, sermaye hisseleri; hisse senetleri; ~s *pl.* ⚓ yapı kızağı; ~s *pl. hist.* tomruk *(ceza)*; in (out of) ~ mevcut (-du tükenmiş); take ~ ⚚ mal mevcudunu sayarak kontrol etm.; take ~ of *fig.* farkına varmak *-in*, tahmin etm.; **2.** *adj.* stok olarak bulundurulan, stok...; *part. thea.* devamlı; standart...; basmakalıp, alelâde; ~ play repertuvardan seçilen oyun; **3.** *vb.* yığmak, stok etm., mal ile doldurmak; filiz sürmek.
stock.ade [stɔˈkeid] **1.** *n.* lata ile yapılan çit, hatıllı çit, şarampol; **2.** *vb.* şarampolla çevirmek, korumak.
stock...: **ˈ~-breed.er** *n.* büyükbaş yetiştiren çiftçi; **ˈ~-brok.er** *n.* borsacı; **ˈ~-car** *n.* hayvan vagonu; ~ **com.pa.ny** *thea.* daimî tiyatro grubu; ~ **ex.change** borsa; **ˈ~-farm.er** *n.* hayvan yetiştiricisi; **ˈ~.hold.er** *n.* hissedar, hisse senedi sahibi.
stock.i.net [stɔkiˈnet] *n.* triko, jarse.
stock.ing [ˈstɔkiŋ] *n.* uzun çorap.
stock.ist ⚚ [ˈstɔkist] *n.* stokçu.
stock...: **ˈ~-in-ˈtrade** *n.* mevcut mal, sermaye, malzeme, teçhizat, alet ve edevat; **ˈ~.job.ber** *n.* borsa acentası, borsacı; ~ **mar.ket** borsa; **ˈ~-pil.ing** *n.* stok etme; **ˈ~-ˈstill** *adv.* kımıldamadan, hareketsiz; **ˈ~.tak.ing** *n.* stok sayımı, envanter yapma.
stock.y [ˈstɔki] *adj.* bodur, tıknaz.
stock.yard [ˈstɔkjaːd] *n.* hayvanın geçici muhafaza edildiği yer, ağıl.
stodge *sl.* [stɔdʒ] *v/t.* & *v/i.* tıkabasa ye(dir)mek; **ˈstodg.y** □ hazmı güç olan, ağır; *fig.* hantal, can sıkıcı, monoton.
sto.gy, sto.gie *Am.* [ˈstəugi] *n.* ucuz, kalitesiz puro.
sto.ic [ˈstəuik] **1.** *adj.* heyecan, sevinç, üzüntü duygularını göstermeyen, revaki, stoik; **2.** *n.* sevinç, keder duygularını belli etmeyen kimse; **ˈsto.i.cal** □ *fig.* revaki, stoik, metin; **sto.i.cism** [ˈ~sizəm] *n.* stoacılık, stoik felsefe; sevinç ve kedere karşı kayıtsızlık, soğukkanlılık.
stoke [stəuk] *vb.* ateşe kömür atmak; ateş yakmak, ısıtmak; **ˈ~.hold, ˈ~.hole** *n.* ⚓ külhan ağzı; **ˈstok.er** *n.* ateşçi.
stole¹ [stəul] *n.* uzun cüppe.
stole² [~] *pret.*, **ˈsto.len** *p.p. of* steal 1.
stol.id □ [ˈstɔlid] duygusuz, vurdumduymaz, kayıtsız, duygularını belli etmez; **stoˈlid.i.ty** *n.* duygusuzluk, vurdumduymazlık.
stom.ach [ˈstʌmək] **1.** *n.* mide; karın; *fig.* heves, istek (for *-e*); **2.** *v/t.* hazmetmek, sindirmek; *fig. bşe* tahammül etm.; **ˈ~-ache** *n.* mide ağrısı; **sto.mach.ic** [stəuˈmækik] **1.** *adj.* (~ally) mide ile ilgili, mide..., hazmı kolaylaştıran; **2.** *n.* hazmı kolaylaştıran ilaç.
stomp *Am.* [stɔmp] *vb.* tepinmek, ayağını yere vura vura yürümek *veya* dansetmek.
stone [stəun] **1.** *n.* taş; çekirdek *(meyve)*; mesane taşı; *a.* precious ~ kıymetli taş, mücevher; 6.35 kg.'lık bir ağırlık ölçüsü; **2.** *adj.* taştan yapılmış, taş...; **3.** *vb.* taşlamak, taş atmak; *-in* çekirdeğini çıkarmak *(meyve)*; ♀ Age taş devri, **ˈ~-ˈblind** *adj.* tamamen kör; **ˈ~-ˈcold** *adj.* buz gibi soğuk; **ˈ~.crop** *n.* ⚘ damkoruğu, kayakoruğu; **ˈ~-ˈdead** *adj.* ölmüş gitmiş; **ˈ~-ˈdeaf** *adj.* tamamen sağır, duvar gibi sağır; **ˈ~-fruit** *n.* ⚘ çekirdekli meyve; **ˈ~-ma.son** *n.* taşçı, duvarcı; **ˈ~-pit** *n.* taş ocağı; **ˈ~.wall.ing** *n. spor:* kazanmaktansa kaybetmemek için oynama, müdafaa yapma; *pol.* mecliste engelleme ile görüşmeleri yavaşlatma; **ˈ~.ware** *n.* bir tür sert taş içeren topraktan yapılmış çanak çömlek; **ˈ~.work** *n.* taşçı işi.
ston.i.ness [ˈstəuninis] *n.* sertlik, taş gibi oluş.
ston.y [ˈstəuni] *adj.* taşlı(k); *fig.* taş gibi, katı; *a.* ~-broke *sl.* meteliksiz, beş parasız, tırıl, züğürt.
stood [stud] *pret.* & *p.p. of* stand.
stooge *sl.* [stuːdʒ] **1.** *n. thea.* ikili komedyenlerden kendisine gülüneni; *fig.* el ula-

ğı, yamak, yardakçı; **2.** *v/i.* sahnede aptal, *k-ne* gülünen kimse olm.; sarsak sursak yürümek.

stool [stu:l] *n.* tabure, arkalıksız iskemle; ⚕ dışkı, büyük aptes; ⚘ filiz veren kök *veya* kütük; ⚘ kök sürgünü; **'~-pigeon** *n. part. Am.* çığırtkan güvercin; *sl.* polisin kullandığı muhbir, gammaz.

stoop [stu:p] **1.** *v/i.* eğilmek; alçalmak, tenezzül etm.; ikibüklüm yürümek; *v/t.* eğmek *(baş)*; **2.** *n.* kambur duruş; *Am.* veranda.

stop [stɔp] **1.** *v/t.* durdurmak, önlemek, kesmek, engellemek (from *-den*); son vermek *-e*; *a.* ~ up tıkamak, kapa(t)mak; doldurmak *(diş)*; kapa(t)mak, kesmek *(yol)*; bloke etm., durdurmak *(çek)*; kesmek *(ödeme)*; alıkoymak *(ücret, kira vs.)*; ♪ dokunmak *(ses, tel)*; *v/i.* durmak, kesilmek, hareket etmemek; bitmek, sonu olm.; F kısa süre için kalmak; ~ dead, ~ short aniden durmak; ~ at home F evde kalmak; ~ over yolculukta mola vermek; ~ up late F yatmamak; **2.** *n.* dur(dur)ma; durak, mola, ara; ⊕ vurma, çarpma; sonuç; durak yeri, istasyon; *mst* full ~ *gr.* nokta; ♪ org düğmesi; ♪ flavta anahtarı, kle; *gr.* patlama sesi; **'~.cock** n. ⊕ valf, vana; **'~.gap** *n.* geçici önlem *veya* çare; **'~.o.ver** *n.* mola, konaklama; ✈ ara iniş; **'stop-page** *n.* tıkama, durdurma, kes(il)me; maaşa haciz koyma; stopaj; ⊕ işletme arızası; tıkanıklık *(trafik)*; **'stop.per 1.** *n.* tıkaç, tapa; spor: top kesici; ~ circuit ⚡ kapalı devre; **2.** *vb. (tapa, tıkaç vs. ile)* tıkamak; **'stop.ping** *n.* ⚕ dolgu; **'stop--press** *n.* baskı bitmek üzereyken gazeteye eklenen son haber(ler); **'stop-watch** *n.* kronometre, saniye ölçer saat.

stor.age ['stɔ:ridʒ] *n.* depoya koyma, saklama, depolama; ardiye (ücreti); ~ battery akümülatör.

store [stɔ:] **1.** *n.* stok, depo mevcudu; *a.* ~s *pl. fig.* bolluk; ambar, depo, antrepo; *Am.* dükkân, mağaza; ~s *pl.* bonmarşe; ~s *pl.* ⚔, ⚓ mühimmat, savaş gereçleri, levazım, kumanya; in ~ elde, mevcut, depoda; be in ~ for *b-ni, bşi* beklemek; have in ~ for rezerve etm., temin etmiş olm., hazırlamak *-e*; set *veya* put great ~ by *bşe* çok değer vermek; **2.** *v/t.* *a.* ~ up ambara koymak, yığmak, koymak, istif etm., yerleştirmek, depo etm.; saklamak; biriktirmek; doldurmak (with *ile*); **'~.house** *n.* ambar, depo; *mst fig.* hazine; **'~.keep.er** *n.* ambar memuru; *Am.* mağazacı; **'~-room** *n.* ambar, kiler, depo.

sto.rey(ed) ['stɔ:ri(d)] *s.* story², storied².

sto.ried¹ ['stɔ:rid] *adj.* pek çok hikâyeye konu olmuş.

sto.ried² [~] *adj.* ...katlı.

stork [stɔ:k] *n.* leylek.

storm [stɔ:m] **1.** *n.* fırtına, kasırga, bora; ⚔ hücum; *(alkış vs.)* tufan; şiddetli öfke; take by ~ hücum ederek almak; **2.** *v/t.* hücumla zaptetmek *(a.* ⚔*)*; *v/i.* fırtına patlamak, fırtınalı geçmek; hiddetlenmek, kudurmak (at *-e*); **'storm.y** □ fırtınalı.

sto.ry¹ ['stɔ:ri] *n.* hikâye, öykü, masal, roman, efsane; tarih; konu, makale; F yalan, palavra; short ~ kısa hikâye, fıkra.

sto.ry² [~] *n.* bina katı.

sto.ry-tell.er ['stɔ:ritelə] *n.* öykü anlatan, masalcı; F yalancı kimse.

stout [staut] **1.** □ sağlam, kuvvetli, sıhhatli; şişman, göbekli; cesur, yiğit; **2.** *n.* sert bira, siyah bira; **'~'heart.ed** *adj.* yiğit, cesur, yürekli; **'stout.ness** *n.* cesaret, yiğitlik, mertlik; şişmanlık; *spor:* sebat, azim, metanet.

stove [stəuv] **1.** *n.* soba; fırın, ocak; ✔ ser, limonluk; **2.** *vb.* kurutmak; dezenfekte etm. *(ısı ile)*; **3.** *pret. & p.p. of* stove 2; **'~.pipe** *n.* soba borusu; *Am.* F silindir şapka.

stow [stəu] *v/t.* saklamak, istif etm., paketlemek; **'stow.age** *n.* istifleme, yerleştirme; istif yeri; ⚓ istif ücreti; istif olunan şey; **'stow.a.way** *n.* ⚓ kaçak yolcu.

stra.bis.mus ⚕ [strə'bizməs] *n.* şaşılık.

strad.dle ['strædl] *v/t.* & *v/i.* apış(tır)mak, bacaklar açık oturmak, durmak *veya* yürümek, ata biner gibi oturmak; ⚔ hedefin hem önüne hem arkasına ateş ederek hedefi ayarlamak; *Am. fig.* iki tarafı birden idare etm.; ne yapacağını bilmemek.

strafe [stra:f] *v/t.* F cezalandırmak; ⚔ borbardıman etm.; ✈ ağır makineli ile hücum etm.

strag.gle ['strægl] *vb.* yoldan sapmak; sürü *veya* grubun gerisinde kalıp dağınık gitmek, dağınık olm.; dağınık büyümek; *fig.* konu dışına çıkmak; ⚘ üremek, türemek; **'strag.gler** *n.* arkada kalan; ⚔ döküntü er(ler); **'strag.gling** □ dağınık, seyrek.

straight [streit] **1.** *adj.* doğru, müstakim, (düm)düz; *fig.* dürüst, samimi, namuslu; düz *(saç)*; *Am.* saf, halis *(içki)*; *Am.*

pol. sabit yüzdeli; F güvenilir, doğru; ciddî; put ~ düzeltmek, yoluna koymak; 2. *n.* yarışçılık; yarış çizgisi, düz hat; 3. *adv.* doğrudan doğruya, doğruca, sapmaksızın; derhal, hemen; açıkça, dobra dobra; ~ away, ~ off hemen, derhal; ~ out açıkça, dobra dobra; **ˈstraight.en** *v/t.* & *v/i.* doğrul(t)mak, düzel(t)mek; ~ out yoluna koymak; düzeltmek; **straightˈfor.ward** ☐ doğru sözlü, dürüst, samimi; **ˈstraight.way** *adv.* derhal, hemen.

strain¹ [strein] 1. *n.* ⊕ gerginlik, ger(il)me; aşırı zihinsel ve duygusal gerginlik; zorlama, baskı, tazyik (on); ⚕ burkulup incinme, bir veterin fazla gerilmesi; *mst* ~s *pl.* ♪ melodi, makam, nağme; soydan gelen nitelik (of) *(delilik vs.)*; put a great ~ on yük olmak, yük getirmek; 2. *v/t.* germek, zorlamak *(a. fig.)*; zarar vermek, zayıflatmak *(vücut)*; ⊕ zorlamak; işletmek; ⚕ (zorla, hırpalayarak) çekmek; süzgeçten geçirmek, süzmek; *v/i.* gerilmek, zorlanmak; nefsine eziyet etm. (after); çabalamak; süzülmek; çekmek (at); burkulup incinmek.

strain² [~] *n.* nesil, soy, kan, menşe, nesep, soy sop.

strain.er [ˈstreinə] *n.* süzgeç, filtre; elek, kalbur.

strait [streit] 1. *n. geogr.* boğaz *(özel isimlerle* ≗s *pl.)*, dar geçit; ~s *pl.* sıkıntı, zorluk, darlık; 2. *adj.* dar, sıkı; ~ jacket deli gömleği; **ˈstrait.en** *v/t.* sıkıştırmak, daraltmak; ~ed *adj.* sıkıntıda, darlık içinde, çaresiz (for); **strait-laced** [ˈ~leist] *adj.* tutucu, dargörüşlü; **ˈstrait.ness** *n.* darlık, sıkışıklık, eksiklik.

strand¹ [strænd] 1. *n.* sahil, plaj, deniz kıyısı; 2. *v/t.* & *v/i.* karaya otur(t)mak *(gemi)*; *fig.* başarısızlığa uğra(t)mak; ~ed *adj.* zor durumda, sıkıntıda; *mot.* bir yere saplanıp kalmış.

strand² [~] *n.* halat bükümü, kablo örgüsü; iplik, tel *(saç)*.

strange ☐ [streindʒ] yabancı, elâlem *(a. fig.)*; tuhaf, garip, acayip; yeni, acemi; **ˈstrange.ness** *n.* tuhaflık, acayiplik; yabancılık; **ˈstran.ger** *n.* yabancı, el, tanınmayan kimse; yeni gelen kimse (to *-e*).

stran.gle [ˈstræŋgl] *vb.* boğ(ul)mak, boğazlamak; *fig.* bastırmak, zulmetmek; **ˈ~.hold** *n.* boğazı sıkma vaziyeti.

stran.gu.late ⚕ [ˈstrængjuleit] *vb.* boğ(ul)mak, düğümle(n)mek *(bağırsak vs.)*, sıkıştırmak *(damar vs.)*; **stran.guˈla.tion** *n.* boğ(ul)ma; ⚕ düğümlenme.

strap [stræp] 1. *n.* kayış, sırım; şerit, bant, atkı; kayışla döverek cezalandırma; tutunma kayışı *(otobüs, tren vs.'de)*; 2. *v/t.* kayışla bağlamak; kayışla dövmek, kamçılamak; bantlamak; **ˈ~.hang.er** *n.* F ayakta kayışa tutunan yolcu *(otobüste)*; **ˈstrap.less** *adj.* atkısız *(bayan elbisesi)*; **ˈstrap.ping** 1. *adj.* dolgun *(bayan)*; kuvvetli, iriyapılı; 2. *n.* ⚕ bant, yapışkan şerit, plaster.

stra.ta [ˈstrɑːtə] *pl. of* stratum.

strat.a.gem [ˈstræidʒəm] *n.* harp hilesi; desise, kurnazlık.

stra.te.gic [strəˈtiːdʒik] *adj.* (~ally) stratejik; **strat.e.gist** [ˈstrætidʒist], *n.* stratej, strateji uzmanı; **ˈstrat.e.gy** *n.* strateji, bir amaca varmak için eylem birliği sağlama ve düzenleme sanatı.

strat.i.fy [ˈstrætifai] *vb.* tabakalar halinde düzenlemek.

stra.to.cruis.er ✈ [ˈstrætəukruːzə] *n.* stratosfer uçağı.

strat.o.sphere *phys.* [ˈstrætəusfiə] *n.* stratosfer.

stra.tum *geol.* [ˈstrɑːtəm] *n., pl.* **stra.ta** [ˈ~tə] kat, tabaka, katman, zümre *(a. fig.)*.

straw [strɔː] 1. *n.* saman, saman çöpü; *fig.* önemsiz şey, hiç; I don't care a ~ bu bana vız gelir; a man of ~ *fig.* kukla adam; 2. *adj.* saman...; ~ vote *Am. pol.* genel seçimden önceki nabız yoklaması *(veya* kamuoyu araştırması) **ˈ~.ber.ry** *n.* çilek; **ˈstraw.y** *adj.* samanlı, saman gibi.

stray [strei] 1. *v/i.* yoldan sapmak, yolunu şaşırmak, sapmak (from *-den*; *a. fig.*); dolaşmak, gezinmek, avarelik etm.; 2. *adj. a.* ~ed yoldan sapmış; başıboş, dağınık; tesadüfî; 3. *n.* sürüden ayrılmış hayvan; başıboş kimse; ayrı düşmüş *b-i veya bş*; ~s *pl.* ⚡ yıldırım yüzünden oluşan parazitler.

streak [striːk] 1. *n.* çizgi, hat; *fig.* damar; iz, eser; kısa süre; ~ of lightning yıldırım; 2. *vb.* çizgilemek, çizgilerle süslemek; acele etm., çok hızlı hareket etm.; çırılçıplak durumda herkesin önünden hızla geçmek; **ˈstreak.y** ☐ çizgili, çubuklu, yollu.

stream [striːm] 1. *n.* ırmak; çay, dere; akıntı; akım, cereyan; sel; *(okulda)* başarı derecesi; go with the ~ *fig.* ayak uydurmak *-e*; 2. *v/i.* (çağlayarak) akmak, sel gibi akmak; dalgalanmak *(saç, bayrak vs)*; taşmak; *v/t.* akıtmak; **ˈstream.er** *n.* flama, fors; serpantin, renkli kâğıt tekerleği; göğe doğru yükselen ışık sütunu *(kuzey veya güneyde)*; *gazete:* manşet; **stream.let** [ˈ~lit] *n.* küçük çay *veya* dere.

stream.line ['stri:mlain] **1.** *n.* aerodinamik şekil; düzenli akıntı; **2.** *v/t.* aerodinamik şekil vermek, su *veya* hava içinde kolay hareket edebilir hale koymak; kolay ve elverişli duruma getirmek; *fig.* modernleştirmek.

street [stri:t] *n.* sokak, cadde, yol; not in the same ~ with F ...ile kıyaslanamaz; '~-**car** *n. part. Am.* tramvay; '~.**walk.er** *n.* sokak kadını, fahişe, adi orospu.

strength [streŋθ] *n.* kuvvet, güç *(a. fig.)*; ⚔, ⚓ kadro, askerî güç; on the ~ of -e uyarınca, -e dayanarak, güvenerek; '**strength.en** *v/t.* kuvvetlendirmek; desteklemek; *v/i.* kuvvetlenmek, güçlenmek.

stren.u.ous □ ['strenjuəs] faal, gayretli, çalışkan, istekli; '**stren.u.ous.ness** *n.* gayret, çaba, canlılık, çalışkanlık.

stress [stres] **1.** *n.* baskı, tazyik, şiddet; *gr.* vurgu, aksan; ⊕ gerilme, zorlama; önem; *psych.* sıkıntı, gerginlik; lay ~ (up)on *bşi* önemle belirtmek, üzerinde ısrarla durmak *-in*; **2.** *v/t.* üzerinde durmak, vurgulamak; ⊕ tazyik etm., germek, baskı yapmak, zorlamak; üzerine basmak, vurgu koymak.

stretch [stretʃ] **1.** *v/t.* germek, uzatmak; sermek, yaymak; *mst* ~ out uzatmak *(kol vs.)*; kurmak *(yay)*; *fig.* abartmak, aşırıya kaçırmak; *v/i.* uzanmak, gerilmek, genişlemek (into *-e*); *a.* ~ one's powers tüm gücünü kullanmak; **2.** *n.* uzanma, gerilme; gerginlik; abartma; geniş yer, yüzey; süre; at a ~ aralıksız, hiç durmadan, ara vermeden; on the ~ gergin, sıkı; '**stretch.er** *n.* sedye, teskere; ayakkabı kalıbı; *(kayık)* yarım oturak; '**stretch.er-bear.er** *n.* sedye taşıyan hastabakıcı.

strew [stru:] *(irr.) v/t.* serpmek, dağıtmak, yayılarak kaplamak; **strewn** [stru:n] *p.p. of* strew.

stri.ate ['straiit], **stri.at.ed** [~'eitid] *adj.* dar çizgili, şeritli.

strick.en ['strikən] *adj.* müteessir, başına gelmiş, uğramış (with *-e*); yaralı, yaralanmış; ~ in age yaşlı, kocamış.

strict [strikt] *adj.* sıkı, sert, şiddetli; kesin; titiz; tam, harfi harfine olan, mutlak; ~ly speaking doğrusunu söylemek gerekirse; '**strict.ness** *n.* sıkılık, sertlik, disiplin; kesinlik; **stric.ture** ['~tʃə] *n. oft.* ~s *pl.* kınama, yerme, şiddetli eleştiri; ⚕ kanal daralması.

strid.den ['stridn] *p.p. of* stride 1.

stride [straid] **1.** *(irr.) v/t.* yürüyerek bir yerden geçmek, bir yeri aşmak; *v/i. a.* ~ out geniş adımlar atmak; **2.** *n.* (geniş) adım; get into one's ~ harekete gelmek, tam yoluna girmek.

stri.dent □ ['straidənt] gıcırtılı, cıyak cıyak, keskin, tiz *(ses)*.

strife *lit.* [straif] *n.* çekişme, didişme, mücadele, ihtilâf.

strike [straik] **1.** *n.* grev; bulma *(maden filizi, petrol vs.)*; vurma, çarpma; *fig.* beklenmedik başarı, isabet, büyük vurgun; ⚔ hava hücumu *(tek hedefe)*; *Am. beysbol:* topa vuramama; be on ~ grevde olm.; go on ~ greve gitmek, grev yapmak; **2.** *(irr.) v/t.* vurmak, çarpmak, darbe indirmek; beklenmedik bir anda yapmak; çalmak *(saat, nota vs.)*; etkilemek; dehşet salmak; indirmek *(bayrak, yelken vs.)*; yıkmak *(çadır vs.)*; çınlatmak *(ses)*; birden aklına gelmek; bulmak, keşfetmek; kök salmak; akdetmek, anlaşmak *(pazarlık vs.)*; yakmak, tutuşturmak *(ateş, ışık)*; *s.* attitude; ~ a balance hesapları dengelemek, hesap bakiyesini saptamak; ~ oil petrole rastlamak, petrol bulmak; F vurgun vurmak, bahtı açık olm.; ~ off listeden çıkarmak, çizip silmek; ~ out *plan:* taslağını çizmek; çıkarmak, silmek *-den*; ~ through çizmek, karalamak; ~ up şarkı söylemeğe başlamak; başlatmak *(arkadaşlık)*; *v/i.* çarpmak (at); ⚓ karaya oturmak; ⚓, ⚔ fors indirmek; grev yapmak; çalmak *(saat)*; çakmak *(şimşek)*; ateş almak *(kibrit)*; kök tutmak; ~ home etkilemek, tesirli olm.; ~ in vurup saplamak; lâfa karışmak; ~ into *bşe* düşmek; ~ up çalmaya başlamak *(orkestra)*; ~ upon the ear kulağına çalınmak; '~-**bound** *adj.* grev yüzünden felce uğramış; '~-**break.er** *n.* grev kırıcı işçi; '~-**pay** *n.* grevdeyken işçilere ödenen para; '**strik.er** *n.* grevci; ⊕ müsademe *(veya* çarpışma) iğnesi, zil çekici.

strik.ing □ ['straikiŋ] çarpıcı, göze çarpan; şaşılacak, şaşırtıcı.

string [striŋ] **1.** *n.* ip, sicim; kordon, şerit, bağ; *Am.* F koşul, şart, pürüz; veter, kiriş; ⚘ lif, yaprak damarı; ♪ tel, kiriş; sıra, dizi, kol; ~s *pl.* ♪ telli çalgı(lar), yaylı sazlar; harp on the same ~ aynı konuyu tekrarlayıp durmak, diline dolamak; have two ~s to one's bow *b-nin* elinde iki olanak bulunmak; pull the ~s iltimas yaptırmak; there are ~s attached to it F işin altından bir çapanoğlu çıktı; **2.** *(irr.) vb.* dizmek, ipe geçirmek; tel takmak *-e (keman vs.)*; kılçıklarını çıkarmak *(taze fasulye)*; *Am. sl. b-ne* yalan yutturmak; *b-ni* alaya almak; ~ **up** F ipe çekmek, asmak; be strung up çok heyecanlı, sinirli, endişeli vs. olm; ~ **bag** file; ~ **band** ♪ yaylı sazlar orkestrası; ~ **bean** çalı fasulyesi; **stringed** *adj.* ♪ telli...; ...telli.

strin.gen.cy [ˈstrindʒənsi] *n.* sıkılık, sertlık, şiddet; ☨ para darlığı; **ˈstrin.gent** □ sert, şiddetli, zorlu; sıkı; para darlığında olan.

string.y [ˈstriŋi] *adj.* lifli; telli, tel tel olan; kılçıklı.

strip [strip] **1.** *v/t.* soymak (off), *fig.* soyup soğana çevirmek, yağma etm. (off); sıyırmak, soymak *(kabuk vs.)*; ⊕ sökmek, parçalara ayırmak; ⚓ armasını soymak; *a.* ~ off çıkarmak *(elbise vs.)*; *v/i.* F soyunmak; **2.** *n.* şerit, uzun ve dar parça; ~ **car.toon** = comics.

stripe [straip] **1.** *n.* çubuk, kumaş yolu, çizgi; ⚔ sırma, şerit; **2.** *v/t.* çizgilemek, çizgilerle süslemek; **striped** *adj.* çizgili, yollu.

strip-light.ing [ˈstriplaitiŋ] *n.* neon ışığı ile aydınlatma.

strip.ling [ˈstripliŋ] *n.* delikanlı, genç adam.

strip-tease [ˈstriptiːz] *n.* striptiz.

strive [straiv] *(irr.) vb.* uğraşmak, çalışmak (for, after *-meğe*); zahmet etm., yorulmak; mücadele etm. (against, for *-e karşı, için*); **striv.en** *p.p. of* strive 1.

strode [strəud] *pret. of* stride 1.

stroke [strəuk] **1.** *n.* vuruş, çarpma, darbe (etkisi); sars(ıl)ma, şok; ⚕ inme, felç; ⊕ piston siası; fırça darbesi; vuruş sesi *(saat)*; hamlacı; yüzme tarzı, kulaç; okşama; ~ of genius dahiyane bir davranış; ~ of luck şans, iyi tesadüf; **2.** *v/t.* okşamak; *(kürek)* hareket işareti vermek.

stroll [strəul] **1.** *v/i.* gezinmek, dolaşmak; **2.** *n.* gezme; **ˈstroll.er** *n.* gezinen kimse, avare; *Am.* acılır kapanır çocuk arabası.

strong □ [strɔŋ] *com.* kuvvetli, güçlü, dinç; *fig.* yetenekli, ehil; enerjik, istekli, gayretli; sağlam, dayanıklı; basa vuran, sert *(icki, koku vs.)*; şiddetli; *gr.* mastarın ünlü harfinin değismesi ile geçmiş zamanlarını oluşturan *(örnek: sing, sang, sung)*; *s.* language; feel ~(ly) about *bşe* sinirlenmek, heyecanlanmak; *bş* hakkında *k-ne* has düşüncesi olm.; be going ~ F yaşına göre sağlam, güçlü olm.; **ˈ~-box** *n.* çelik kasa; **ˈ~.hold** *n.* kale, müstahkem yer; *fig.* merkez; **ˈ~-ˈmind.ed** *adj.* azimli, bildiğinden şaşmaz, kararlı; **ˈ~-room** *n.* hazine odası; **ˈ~-ˈwilled** *adj.* inatçı, iradeli, kararlı.

strop [strɔp] **1.** *n.* bileği kayışı, ustra kayışı; ⚓ direk sapanı; **2.** *v/t.* kayışa sürterek bilemek *(ustra vs.)*.

stro.phe [ˈstrəufi] *n. (özellikle eski Yunan'da)* koronun okuduğu kıta, bent.

strove [strəuv] *pret. of* strive.

struck [strʌk] *pret. & p.p. of* strike 2.

struc.tur.al □ [ˈstrʌktʃərəl] bina *veya* yapıya ait, yapı...; organik, yapısal; **ˈstruc-ture** *n.* bina, yapı; yapılış, bünye; teşekkül, çatı.

strug.gle [ˈstrʌgl] **1.** *v/i.* çabalamak, mücadele etm., uğraşmak (for, against *ile*); *k-ni* çok yormak, yapmayacağım diye dayatmak, çırpınmak; **2.** *n.* savaş, mücadele (for *için*); çaba, uğraş, gayret; zorluk, zahmet; **ˈstrug.gler** *n.* savaşan, mücadele eden kimse.

strum [strʌm] **1.** *v/t. & v/i.* tıngırda(t)mak *(müzik aleti vs.)*; **2.** *n.* yaylı sazları tıngırdatma.

strum.pet † [ˈstrʌmpit] *n.* fahişe, orospu.

strung [strʌŋ] *pret. & p.p. of* string 2.

strut [strʌt] **1.** *v/i.* baba hindi gibi gezmek, azametle yürümek; *v/t.* ⊕ payanda vurmak, desteklemek; **2.** *n.* azametli yürüyüş; ⊕ bağlama kirişi, destek, payanda.

strych.nine ⚗ [ˈstrikniːn] *n.* striknin, kargabüken özü.

stub [stʌb] **1.** *n.* kütük, kesilmiş ağaç gövdesi; sigara izmariti; *Am.* koçan, kontrol kuponu; **2.** *vb. mst* ~ up kökleri temizlemek, köklemek; ayağını bir yere çarpmak; ~ out söndürmek *(sigara)*.

stub.ble [ˈstʌbl] *n.* ekin anızı; uzamış tıraş.

stub.bly [ˈstʌbli] *adj.* anızlı; sert kıllı.

stub.born □ [ˈstʌbən] inatçı, dikkafalı, aksi, sert, serkeş; azimli, sebatlı; sıkışmış, oynamayan *(kilit vs.)*; **ˈstub.born.ness** *n.* dikkafalılık ,inatçılık.

stub.by [ˈstʌbi] *adj.* kısa ve kalın, küt, güdük.

stuc.co [ˈstʌkəu] **1.** *n.* dış duvar sıvası, alçı vs. **2.** *vb.* karışımla sıvamak, süslemek.

stuck [stʌk] *pret. & p.p. of* stick²; ~ on *Am.* F *b-ne* abayı yakmış, tutkun, âşık; **ˈ~-ˈup** *adj.* F burnu havada, hodpesent.

stud¹ [stʌd] **1.** *n.* duvar çivisi, iri başlı çivi; topuz; yaka düğmesi; saplama; **2.** *v/t.* iri başlı çiviler çakmak, çivilerle donatmak, süslemek.

stud² [~] *n.* hara; damızlık at, aygır; **ˈ~-book** *n.* özellikle yarış atlarının soy defteri.

stud.ding ⚓ [ˈstʌdiŋ] *n.* iskelet, çatı.

stu.dent [ˈstjuːdənt] *n.* öğrenci; araştırıcı, uzman; **ˈstu.dent.ship** *n.* öğrencilik; burs.

stud.ied □ [ˈstʌdid] prova edilmiş, hazırlanmış *(rol)*; sahte, yapmacık, zoraki; kasıtlı, maksatlı.

stu.di.o [ˈstjuːdiəu] *n.* stüdyo, atelye; yayın odası *(radyo, TV)*.

stu.di.ous □ [ˈstjuːdjəs] çalışkan, gayretli; dikkatli (of); çabalayan (to *-e*); kasıtlı, bilerek; **ˈstu.di.ous.ness** *n.* çalışkanlık, gayret, çaba.

stud.y [ˈstʌdi] **1.** *n.* tahsil, öğrenim; tetkik, araştırma; çalışma (odası); taslak *(resim vs.)*; be in a brown ~ çok dalgın, zihni karmakarışık olm.; **2.** *v/i.* incelemek, araştırma yapmak (for); *v/t.* incelemek, araştırmak; öğrenim görmek, tahsil etm.; gayret etm.; hazırlamak.

stuff [stʌf] **1.** *n.* madde; malzeme; kumaş; † yün(lü kumaş); eşya, şey; ilaç; *fig.* zırva, saçma; **2.** *v/t.* doldurmak, tıkıştırmak (into *-e*); ~ up kapa(t)mak, tıkamak; ~ed shirt *Am. sl. k-ni bş* sanan kimse, ukalâ; *v/i.* tıkınmak, çok yemek; **ˈstuff.ing** *n.* dolma (içi); doldurma, şişirme; dolgu; ⊕ fodra, elbisede kumaşı dik tutan kolalı bez; **ˈstuffy** □ havasız, küf kokulu; F alıngan, dargın, öfkeli; F kibirli, soğuk; tıkalı.

stul.ti.fi.ca.tion [stʌltifiˈkeiʃən] *n.* aptallaştırma; ket vurma; **stul.ti.fy** [ˈ~fai] *v/t.* aptallaştırmak; faydasız *veya* aptalca göstermek, maskaraya çevirmek, rezil kepaze etm.

stum.ble [ˈstʌmbl] **1.** *n.* sürçme, sendeleme, tökezleme; hata, yanılgı; **2.** *v/i.* ayağı dolaşmak, sendelemek, sürçmek; kekelemek, dili sürçmek; ~ across, ~ upon rastlamak *-e*; **ˈstum.bling-block** *n. fig.* engel, ket.

stump [stʌmp] **1.** *n.* kütük; kesilen bir şeyin geri kalan parçası; kırık diş kökü; *(sigara)* izmarit; *kriket oyunu:* üç hedef sopasından her biri; F seçim propagandası *veya* propagandanın yapıldığı yer; ~s *pl.* F bacaklar; stir one's ~s F hızlı yürümek, pergelleri açmak; **2.** *v/t. kriket:* hedefi vurarak *b-ni* oyun dışı etm.; F şaşırtmak, afallatmak; *Am.* F *b-ne* meydan okumak; ~ up *sl.* ödemek; ~ the country ülkeyi dolaşarak seçim propagandası yapmak; ~ed for çekingen, mahcup; *v/i.* ağır basarak yürümek, tahta ayaklı gibi yürümek; **ˈ~-ˈor.a.tor** *n.* sokak hatibi, halk hatibi; **ˈstump.y** □ kısa, bodur, tıknaz; küt; güdük.

stun [stʌn] *v/t.* sersemletmek *(a. fig.)*; ~ned *fig.* şaşkın, afallamış, sersem, ağzı açık kalmış.

stung [stʌŋ] *pret. & p.p. of* sting 2.

stunk [stʌŋk] *pret. & p.p. of* stink 2.

stun.ner F [ˈstʌnə] *n.* yaman kimse *veya* şey; çok çekici kimse *(part. kadın)*; **ˈstun.ning** □ F enfes, fevkalâde.

stunt[1] F [stʌnt] **1.** *n.* hüner, ustalık, marifet, dikkati çekmek *veya* reklâm yapmak için yapılan davranış; ✈ akrobasi uçuşu; **2.** *vb.* akrobasi uçuşu (*veya* gösterisi) yapmak.

stunt[2] [~] *v/t.* büyümesini önlemek *-in*, bodur bırakmak *-i*; **ˈstunt.ed** *adj.* bodur kalmış.

stupe ⚕ [stjuːp] **1.** *n.* sıcak kompres; **2.** *vb.* kompres yapmak.

stu.pe.fac.tion [stjuːpiˈfækʃən] *n.* şaşkınlık, hayret; sersemlik; duyumsuzluk;

stu.pe.fy [ˈ~fai] *v/t. fig.* sersemletmek, şaşırtmak, afallatmak; aptallaştırmak.

stu.pen.dous □ [stjuːˈpendəs] şaşılacak, hayret edilecek, muazzam.

stu.pid □ [ˈstjuːpid] budala, aptal, akılsız, alık; saçma; **stuˈpid.i.ty** *n.* aptallık, budalalık.

stu.por [ˈstjuːpə] *n.* uyuşukluk, sersemlik.

stur.di.ness [ˈstəːdinis] *n.* sağlamlık, güçlülük, dayanıklılık; metanet; **ˈstur.dy** *adj.* kuvvetli, güçlü, dayanıklı; metanetli; azimli, sebatlı.

stur.geon *ichth.* [ˈstəːdʒən] *n.* mersin balığı.

stut.ter [stʌtə] **1.** *v/i.* kekelemek, pepelemek; **2.** *n.* kekeleme, kekemelik; **ˈstut.ter.er** *n.* kekeme.

sty[1] [stai] *n.* domuz ahırı.

sty[2] [~] *n. (göz)* arpacık, itdirseği.

style [stail] **1.** *n.* taş kalem; ⚘ pistil, boyuncak; tarz, üslup, usul; çeşit, tip, stil; giyimde moda; takvim usulü; in ~ klas, birinci sınıf; under the ~ of... ⚘ ...ticaret ünvanı altında; **2.** *vb.* ad vermek, demek.

styl.ish □ [ˈstailiʃ] şık, modaya uygun, zarif; üsluba uygun; **ˈstyl.ish.ness** *n.* modaya uygunluk, şıklık.

styl.ist [ˈstailist] *n.* üslupçu; modacı, desinatör.

sty.lo F [ˈstailəu], **sty.lo.graph** [ˈ~grɑːf] *n.* dolmakalem, stilo.

styp.tic [ˈstiptik] *adj.* kan durdurucu *veya* dindirici *(ilaç)*.

sua.sion [ˈsweiʒən] *n.* ikna etme, razı etme.

suave □ [swɑːv] nazik, hoş tavırlı; tatlı *(şarap vs.)*; **ˈsuav.i.ty** *n.* tatlı dillilik, hoş tavır, nezaket.
sub F [sʌb] *abbr. of* subordinate 2; subscription; substitude 2; submarine 2.
sub... [~] *prefix mst* ast-, alt, aşağı; ikincil; yan; biraz (daha)..., hemen hemen...
sub.ac.id [ˈsʌbˈæsid] *adj.* ekşimtrak, mayhoş, buruk; *fig.* hırçın, kavgacı, sert.
sub.al.tern [ˈsʌbltən] *n.* ikincil, ast; ⚔ astsubay.
sub.a.tom.ic [ˈsʌbəˈtɔmik] *adj.* atomdan küçük, atom içindeki.
sub.com.mit.tee [ˈsʌbkəmiti] *n.* alt komisyon.
sub.con.scious □ [ˈsʌbˈkɔnʃəs] bilinçaltındaki.
sub.con.tract [sʌbˈkɔntrækt] *n.* yan mukavele, alt sözleşme.
sub.cu.ta.ne.ous □ [ˈsʌbkjuːteinjəs] deri altındaki, deri altına şırınga edilen.
sub.deb *Am.* F [sʌbˈdeb] *n.* ondört ile onyedi yaş arasındaki genç kız.
sub.di.vide [sʌbdiˈvaid] *v/t. & v/i.* kısımlara ayırmak, parsellemek; **sub.di.vi.sion** [ˈ~viʒən] *n.* parselleme; parsellenmiş toprak; alt bölüm.
sub.due [səbˈdjuː] *v/t.* zaptetmek, boyunduruk altına almak, zorlamak; azaltmak, hafiflemek *(ışık vs.)*.
sub.head(.ing) [ˈsʌbhed(iŋ)] *n.* tâli (*veya* ikincil) başlık; bölüm başlığı.
sub.ja.cent [sʌbˈdʒeisənt] *adj.* altındaki, alttaki.
sub.ject [ˈsʌbdʒikt] **1.** *adj.* bağımlı olan (to *-e*), *b-nin* emri altında olan; maruz, karşı karşıya olan *ile*; be ~ to *bşe* meyletmek, temayül göstermek; ~ to a fee *veya* duty vergiye tabi; **2.** *adv.* ~ to *bşin* kaydı ihtirazisi altında, ...koşulu ile; ~ to change without notice ihbarsız değiştirilebilir; **3.** *n.* tebaa, vatandaş, uyruk; *phls., gr.* özne, fail; *a.* ~ matter esas fikir, konu, mevzu; ♪ tem, esas makam; *paint.* süje, resme konu olan şey; ders (konusu); denek; vesile, neden; **4.** *v/t.* boyunduruk altına almak; ~ to maruz kılmak *-e*; **subˈjec.tion** *n.* hüküm altına alma; boyun eğme, itaat; **sub.jec.tive** □ sübjektif; öznel; kişisel.
sub.join [ˈsʌbˈdʒɔin] *v/t.* ilâve etm., katmak, eklemek.
sub.ju.gate [ˈsʌbdʒugeit] *v/t.* zaptetmek, boyunduruk altına almak; **sub.juˈga.tion** *n.* boyunduruk altına alma.
sub.junc.tive *gr.* [səbˈdʒʌŋktiv] *n. a.* ~ mood şart kipi.
sub.lease [ˈsʌbˈliːs], **sub.let** [ˈ~ˈlet] *(irr. let) vb.* kiracının kiracısı olm.; kiralananı kira ile başkasına devretmek.
sub.li. mate ⚗ **1.** [ˈsʌblimit] *n.* süblime, aksülümen; **2.** [ˈ~meit] *v/t.* süblimleştirmek; arıtmak; **sub.liˈma.tion** *n.* süblimleş(tir)me; arıtma; **sub.lime** [səˈblaim] **1.** □ ulu, yüce, asil; **2.** *n.* the ~ ulviyet; **3.** *v/t.* ⚗ süblimleştirmek; *fig.* yüceleştirmek; **sub.lim.i.ty** [səˈblimiti] *n.* yücelik, asillik, ululuk.
sub-ma.chine gun [ˈsʌbməˈʃiːngʌn] *n.* hafif makineli tüfek.
sub.ma.rine [sʌbməˈriːn] **1.** *adj.* denizaltı...; denizaltında yetişen; **2.** *n.* ⚓ denizaltı.
sub.merge [səbˈməːdʒ] *v/t. & v/i.* bat(ır)mak; *(bir yeri)* su basmak; **sub.mers.i-bil.i.ty** [~səˈbiliti] *n.* su altında kalabilme; **subˈmer.sion** *n.* dal(dır)ma; bat(ır)ma; su baskını.
sub.mis.sion [səbˈmiʃən] *n.* boyun eğme, itaat, teslim olma (to *-e*); alçak gönüllülük, uysallık; arz, sunuş; **subˈmis.sive** □ boyun eğen, itaatkâr, alçakgönüllü.
sub.mit [səbˈmit] *v/t.* teslim etm. (to *-e*); takdirine bırakmak, sunmak *-e*; *part. parl.* ileri sürmek; *v/i. a.* ~ o.s. boyun eğmek, itaat etm. (to *-e*); *fig. k-ni bşe* hasretmek, adamak (to).
sub.or.di.nate **1.** □ [səˈbɔːdnit] ikincil, alt, ast; tabi, bağlı; ~ clause *gr.* yan cümle, bağımlı cümlecik; **2.** *n.* ikinci derecede, ast memur; **sub.or.diˈna.tion** *n.* ikincil olma (to *-e*); itaat, boyun eğme.
sub.orn ⚖ [sʌˈbɔːn] *v/t.* yalancı tanıklığa teşvik etm., kışkırtmak, ayartmak (to *-e*); **sub.orˈna.tion** *n.* yalancı tanıklığa teşvik.
sub.p(o)e.na ⚖ [səbˈpiːnə] **1.** *n.* çağrı kâğıdı, celp, mahkemeye davet; **2.** *v/t.* mahkemeye davet etm. *-i*.
sub.scribe [səbˈskraib] *v/t.* bağış olarak vermek, bağışlamak *(para)* (to *-e*); imzalamak; altına adını yazmak (to *-e*); *v/i. (gazete, dergi vs.)* abone olm. (to *-e*); imzalayarak onaylamak; **subˈscrib-er** *n.* bağış veren (for, to *-e*); abone *(a. teleph.)* olan.
sub.scrip.tion [səbˈskripʃən] *n.* imza; abone; üye aidatı.
sub.sec.tion [ˈsʌbsekʃən] *n.* şube, kol, dal.
sub.se.quence [ˈsʌbsikwəns] *n.* sonradan gelme, arkası gelme; **sub.se.quent** □ sonra gelen, sonraki (to); ~ly sonradan, arkadan.

sub.serve [səbˈsəːv] *vb.* hizmette bulunmak, işe yaramak, ilerlemesine yardım etm.; **subˈser.vi.ence** [~-vjəns] *n.* yararlılık; boyun eğme, itaatkârlık; **subˈser.vi.ent** □ boyun eğen, itaatkâr; faydalı, yararlı.
sub.side [səbˈsaid] *v/i.* inmek, alçalmak; düşmek *(ateş)*; *(toprağa)* yerleşmek, çökmek *(ev)*; yatışmak, sakinleşmek; ~ into *bşe* düşmek, gömülmek *(koltuğa)*: çekilmek, hafiflemek *(sel, rüzgâr vs.)*: **sub.sid.ence** [ˈsʌbsidəns] *n.* çökme; yatışma, hafifleme *(rüzgâr vs.)*; **sub.sid.i.ar.y** [səbˈsidjəri] **1.** □ yardımcı..., ek; bağlı, tabi, yardımcı olarak kullanılan (to *-e*); be ~ to yardımcı olm., bütünleyici olm.; **2.** *n.* bayi, şube; muavin, yardımcı; *a.* ~ company bağımlı ortaklık, yan kuruluş; **sub.si.dize** [ˈsʌbsidaiz] *v/t.* para vermek *-e*, tahsisat bağlamak *-e*, sübvansiyone etm. *-i*; **ˈsub.si.dy** *n.* devlet yardımı, tahsisat, sübvansiyon.
sub.sist [səbˈsist] *v/i.* yaşamak, geçinmek, beslenmek (on *ile*; by *ile*); *v/t.* *bşe* bakmak, beslemek; **subˈsist.ence** *n.* geçinim, rızk, nafaka; ~ wage en düşük geçinme ücreti.
sub.soil [ˈsʌbsɔil] *n.* toprakaltı.
sub.son.ic [sʌbˈsɔnik] *adj.* ses hızından yavaş.
sub.stance [ˈsʌbstəns] *n.* madde, cevher, cisim; öz; *fig.* asıl mesele; içerik, esas; realite, gerçeklik; unsur; varlık, servet.
sub.stan.tial □ [səbˈstænʃəl] gerçek; önemli, esaslı; dayanıklı, mukavim; zengin, varlıklı; **sub.stan.ti.al.i.ty** [~ʃiˈæliti] *n.* gerçek varlık, öz, realite; dayanıklılık.
sub.stan.ti.ate [səbˈstænʃieit] *v/t.* kanıtlamak, neden göstermek.
sub.stan.ti.val □ *gr.* [sʌbstənˈtaivəl] isim, ad olarak kullanılan, isim niteliğinde; **sub.stan.tive** [ˈ~tiv] **1.** □ bağımsız, müstakil; *gr.* isim olarak kullanılan; dayanıklı; tözel; **2.** *n.* isim, ad.
sub.sti.tute [ˈsʌbstitjuːt] **1.** *v/i.* yerine geçmek (for *-in*); *v/t.* yerine koymak (for *-in*); **2.** *n.* vekil, mümessil; bedel; **sub.stiˈtu.tion** *n.* ikame, yerine koyma, başka *bşin* yerine kullanma.
sub.stra.tum [ˈsʌbˈstɑːtəm] *n.* esas, temel; ⊕, *geol.* alt tabaka; cevher, madde, töz.
sub.struc.ture [ˈsʌbstrʌktʃə] *n.* yapı temeli, toprak alt yapı.
sub.ten.ant [ˈsʌbˈtenənt] *n.* kiracının kiracısı, ikinci kiracı.
sub.ter.fuge [ˈsʌbtəfjuːdʒ] *n.* kaçamak, kaçamaklı söz, bahane.
sub.ter.ra.ne.an □ [sʌbtəˈreinjən] yeraltı; gizli.
sub.til.ize [ˈsʌtilaiz] *v/t.* inceltmek, düzeltmek; *v/i.* incelikle, ustalıkla kullanmak.
sub.ti.tle [ˈsʌbtaitl] *n.* ikincil başlık.
sub.tle □ [ˈsʌtl] ince (ruhlu); esrarengiz; çözümü zor, karışık; kurnaz, hilekâr; kılı kırk yaran; mahir, usta; **ˈsub.tle.ty** *n.* incelik, naziklik; kurnazlık, cin fikirlilik.
sub.to.pia [sʌbˈtəupiə] *n.* şehir dışında geniş yerleşim bölgesi.
sub.tract [səbˈtrækt] *v/t.* ♈ çıkarmak, hesaptan düşmek **subˈtrac.tion** *n.* çıkarma, tarh.
sub.trop.i.cal [ˈsʌbˈtrɔpikəl] *adj.* astropikal.
sub.urb [ˈsʌbəːb] *n.* varoş, banliyö, dış mahalle; **sub.ur.ban** [səˈbəːbən] *adj.* kenar mahallede oturan; banliyö..., banliyö ile ilgili; **Subˈur.bia** [~bjə] *n.* dış mahalleler ve buralarda oturanların yaşamı.
sub.ven.tion [səbˈvenʃən] *n.* para yardımı, tahsisat, sübvansiyon, yardım.
sub.ver.sion [sʌbˈvəːʃən] *n.* devirme, devrilme; yık(ıl)ma, tahrip; **subˈver.sive** *adj.* yıkıcı, devirmeyi amaçlayan, tahripkâr (of).
sub.vert [sʌbˈvəːt] *v/t.* devirmeye çalışmak *(hükümeti)*; sarsmak, harap etm.; bozmak, ifsat etm.
sub.way [ˈsʌbwei] *n.* *(part. yaya)* tünel, yeraltı geçidi; *Am.* yeraltı metro, tünel.
suc.ceed [səkˈsiːd] *vb.* muvaffak olm.; başarmak (in *-i*); vâris olm. (to *-e*); *-in* yerine geçmek *(taht vs.)*; başarıyla sonuçlanmak; izlemek, sonra gelmek *-den*; he ~s in *-de* başarılı oluyor.
suc.cess [səkˈses] *n.* başarı(lı sonuç), muvaffakiyet; başarılı kimse; he was a great ~ çok başarılıydı; **sucˈcess.ful** □ [~ful] başarılı, muvaffakiyetli; be ~ başarılı olm.; **suc.ces.sion** [~ˈseʃən] *n.* ardıllık, silsile, sıra, seri; kalıtım; döl, zürriyet; ~ to the throne tahta geçme hakkı, veliaht olma; in ~ ardı ardına; ~ duty veraset ve intikal vergisi; **sucˈces.sive** □ ardıl, müteakip, birbirini izleyen; **sucˈces.sor** *n.* halef, ardıl, vâris; ~ to the throne veliaht.
suc.cinct □ [səkˈsiŋkt] az ve özlü, kısa ve açık olarak.
suc.co.ry ♀ [ˈsʌkəri] hindiba.
suc.co(u)r [ˈsʌkə] **1.** *n.* yardım, imdat; ✕ kurtarmaya gelen kuvvetler; **2.** *v/t.* yardım etm. *-e*; ✕ imdada yetişerek kuşat

madan kurtarmak.
suc.cu.lence [ˈsʌkjuləns] *n.* körpelik, sulu olma, özlülük; **ˈsuc.cu.lent** □ sulu, özlü; lezzetli; dolgun *(meyve)*, etli, kalın *(bitki)*.
suc.cumb [səˈkʌm] *v/i.* dayanamamak (to *-e*); yenik düşmek (to *-e*).
such [sʌtʃ] **1.** *adj.* böyle, şöyle, öyle, bu gibi; bu kadar, o kadar; ~ a man böyle bir adam, öyle biri ki; *s.* another; no ~ thing böyle bir şey yoktur; ~ as gibi, örneğin; ~ and ~ falan filân; ~ is life hayat bu; **2.** *pron.* bu, şu, o gibi; **ˈsuch.like** *adj. & pron.* bu gibi, buna benzer, benzeri, böylesi.
suck [sʌk] **1.** *vb.* emmek, içine çekmek; meme emmek; ~ up to *sl. b-ne* çanak yalayıcılığı, yaltaklık etm.; ~ s.o.'s brains *b-nin* ağzını aramak, bilgi almaya çalışmak; **2.** *n.* emme, emiş, mas; give ~ emzirmek; **ˈsuck.er** *n.* emen *b-i veya bş;* ⊕ tulumba pistonu; *Am.* F saplı şeker; ⚘ kök filizi, fışkın; *Am.* budala, ahmak; **ˈsuck.ing** *adj.* emici; ~ pig henüz süt emen domuz yavrusu; **suck.le** [ˈ~l] *vb.* emzirmek, çocuğa meme vermek; **ˈsuck-ling** *n.* memede çocuk, süt çocuğu.
suc.tion [ˈsʌkʃən] *n.* emme; *attr.* emici...; ~ cleaner, ~ sweeper aspiratör.
sud.den □ [ˈsʌdn] ani, beklenilmeyen, birden; on a ~, (all) of a ~ ansızın, birdenbire; **ˈsud.den.ness** *n.* birdenbire olma.
su.dor.if.ic [sjuːdəˈrifik] *adj.* terletici *(ilâç)*.
suds [sʌdz] *n. pl.* alkalik sıvı, sabun köpüğü; **ˈsuds.y** *adj. Am.* köpüklü, sabunlu.
sue [sjuː] *v/t. b-nin* aleyhine dava açmak; ~ out mahkemeden hüküm çıkartmak; *v/i.* istemek, talep etm. (for *-i*), dava açmak (for).
suède [sweid] *n.* (podü)süet.
su.et [ˈsjuit] *n.* içyağı, donyağı; **ˈsu.et.y** *adj.* içyağlı.
suf.fer [ˈsʌfə] *v/i.* tutulmuş olm. (from *-e*), dert çekmek (from *-den*); *v/t.* katlanmak *-e*, dayanmak, sabretmek; **ˈsuf.fer.ance** *n.* müsamaha, göz yumma; on ~ müsamaha yüzünden (*veya* dolayısiyle); **ˈsuf-fer.er** *n.* dertli, ıstırap çeken kimse; hasta; kazazede; **suf.fer.ing** *n.* acı, ıstırap.
suf.fice [səˈfais] *vb.* kâfi gelmek, yet(iş)mek; ~ it to say yalnız şu kadarını söyleyeyim ki.
suf.fi.cien.cy [səˈfiʃənsi] *n.* yeterlilik, kifayet; geçinecek kadar gelir; a ~ of money yeterli miktar para; **sufˈfi.ci.ent** □ kâfi, yeterli; be ~ kâfi gelmek, yetmek.
suf.fix *gr.* [ˈsʌfiks] **1.** *v/t.* bir sözcüğün sonuna ek koymak; **2.** *n.* sonek, sontakı.
suf.fo.cate [ˈsʌfəkeit] *v/t. & v/i.* boğ(ul)mak; tıka(n)mak; sön(dür)mek; **suf.foˈca.tion** *n.* boğ(ul)ma; sön(dür)me; **suf-fo.ca.tive** □ [ˈ~kətiv] boğucu.
suf.fra.gan *eccl.* [ˈsʌfrəgən] *n.* piskopos yardımcısı; **ˈsuf.frage** *n.* oy kullanma (hakkı); onay, tasvip (oyu); **suf.fra.gette** [~əˈdʒet] *n.* kadınların oy kullanma haklarını savunan kadın.
suf.fuse [səˈfjuːz] *v/t.* dökmek, yayılıp örtmek, kaplamak *(renk, sıvı vs.)*; **sufˈfu.sion** [~ʒən] *n.* yay(ıl)ma; kızartı.
sug.ar [ˈʃugə] **1.** *n.* şeker; *fig.* tatlı söz; **2.** *v/t.* şeker katmak *-e*; tatlı sözle yumuşatmak *-i*; **ˈ~-ba.sin** *n.* şekerlik, şeker kutusu; **ˈ~-beet** *n.* şeker pancarı; **ˈ~-bowl** *n. Am.* şekerlik, şeker kâsesi; **ˈ~-cane** *n.* şekerkamışı; **ˈ~-coat** *v/t.* şekerle kaplamak; tatlılaştırmak; **ˈ~-loaf** *n.* kelle şekeri; **ˈ~-plum** *n.* bonbon, şekerleme; **ˈ~-tongs** *n. pl.* (a pair of) şeker maşası; **sug.ar.y** *adj.* şekerli, şekere benzer, şeker gibi, bal gibi; yüze gülücü.
sug.gest [səˈdʒest] *v/t.* telkin etm.; teklif etm., önermek, sunmak; ileri sürmek, ortaya koymak; ima etm., sezdirmek; **sugˈges.tion** *n.* fikir, teklif; öneri, tavsiye; ima, işaret; telkin, ilham.
sug.ges.tive □ [səˈdʒestiv] manalı, telkin edici, imalı, fikir verici, manidar (of); açık saçık, müstehcen; **sugˈges.tive.ness** *n.* anlamlılık, manalılık; müstehcenlik.
su.i.cid.al □ [sjuiˈsaidl] intiharla ilgili, intihar etme isteğiyle igili, intihara sürükleyen; **su.i.cide** [ˈ~said] **1.** *n.* intihar; kendini öldüren kimse; **2.** *v/i. Am.* intihar etm.
suit [sjuːt] **1.** *n.* takım; erkek elbisesi; tayyör, kostüm; dilek, istek; evlenme teklifi; *iskambil:* takım; ⚖ dava; follow ~ *iskambil:* takıma uymak; *fig.* aynı şeyi yapmak, taklit etm.; **2.** *v/t.* uygun gelmek, yaramak, iyi gelmek, uygun düşürmek, uydurmak; *b-ne* yakışmak, açmak, uymak *(elbise, renk vs.)*; ~ oneself kendi rahatını, gereksinimini, isteklerini sağlamak; ~ s.th. to *bşi* uydurmak, intibak ettirmek; be ~ed uygun olm. (for, to *-e*); *v/i.* uymak, olmak; işine gelmek; **suit-aˈbil.i.ty** *n.* uygunluk, elverişlilik; **ˈsuit.a-ble** □ uygun, elverişli (for, to *-e*); **ˈsuit-a.ble.ness** = suitability; **ˈsuit.case** *n.* bavul, valiz; **suite** [swiːt] *n.* maiyet; takım; ♪ suit; *a.* ~ of rooms daire, takım odalar *(otelde)*; oda takımı *(bir kanepe, iki koltuk)*; **suit.ing** ✝ [ˈsjuːtiŋ] *n.* takım elbiselik kumaş; **ˈsuit.or** *n.* âşık, bir kıza

talip erkek; ⚖ davacı.

sulk [sʌlk] **1.** *v/i.* *a.* be in the ~s somurtmak, gücenmek, surat asmak; **2.** *n.* **sulks** *pl.*, **ˈsulk.i.ness** asık suratlılık, somurtkanlık; **ˈsulk.y 1.** □ somurtkan, asık suratlı, aksi, huysuz; **2.** *n.* *spor:* iki tekerlekli tek kişilik hafif atlı araba.

sul.len □ [ˈsʌlən] can sıkıcı, sinirlendirici, asık yüzlü, somurtkan; kapanık; **ˈsullen.ness** *n.* somurtkanlık.

sul.ly *mst fig.* [ˈsʌli] *v/t.* kirletmek, lekelemek.

sul.pha [ˈsʌlfə] *pl.* = sulphonamides.

sul.phate ⚗ [ˈsʌlfeit] *n.* asit sülfirik tuzu, sülfat; **sul.phide** ⚗ [ˈ~faid] *n.* sülfirik karışımı, sülfit.

sul.pho.na.mides ⚕ [sʌlˈfɔnəmaidz] *n. pl.* sülfonamid.

sul.phur ⚗ [ˈsʌlfə] **1.** *n.* kükürt; **2.** *v/t.* kükürtlemek; **sul.phu.re.ous** [sʌlˈfjuəriəs] *adj.* kükürtlü, kükürt gibi; **sul.phu.ret.ted hy.dro.gen** [ˈ~fjuretidˈhaidridʒən] *n.* sülfit hidrik; **sul.phu.ric** [~ˈfjuərik] *adj.* kükürtlü; ~ acid sülfirik asit, zaçyağı; **ˈsul.phu.rize** *v/t.* ⊕ kükürtlemek, kükürt katmak, vulkanize etm.; **sul.phur.ous** [ˈ~fərəs] *adj.* kükürtlü, kükürt gibi.

sul.tan [ˈsʌltən] *n.* sultan, padişah; **sultan.a** [sʌlˈtɑːnə] *n.* sultan karısı, annesi *veya* kızı.

sul.tri.ness [ˈsʌltrinis] *n.* sıcak ve rutubetli oluş, boğucu oluş; **ˈsul.try** □ boğucu, bunaltıcı, sıkıntılı; *fig.* ateşli, hararetli, heyecanlı.

sum [sʌm] **1.** *n.* tutar, hesap; toplam, yekûn; miktar, meblağ; özet, hülâsa; *fig.* örnek; aritmetik problemi; do ~s *bşin* hesabını yapmak, saymak; in ~ özetle, kısaca; **2.** *vb.* *mst* ~ up özetlemek; *b-i* hakkında hüküm vermek; yekûn toplamak.

su.mac(h) ⚘ [ˈsuːmæk] *n.* sumak, somak.

sum.ma.rize [ˈsʌməraiz] *v/t.* özetlemek; **sum.mar.y 1.** □ kısa, özet halinde; ⚖ seri, basit ve kısa...; jürisiz; **2.** *n.* özet, hülâsa.

sum.mer¹ [ˈsʌmə] **1.** *n.* yaz (mevsimi); ~ resort sayfiye; **2.** *v/t.* & *v/i.* yazı geçirmek; yazın beslemek; **ˈ~-house** *n.* kameriye, çardak.

sum.mer² ⚒ [~] *n.* tabanın ana kirişi, taşıyıcı kiriş.

sum.mer.like [ˈsʌməlaik], **ˈsum.mer.ly** *adj.* yazlık, yaza ait, yaz gibi.

summer...: **ˈ~-school** *n.* yaz okulu; **ˈ.time** *n.* yaz mevsimi; **ˈ~-ˈtime** *n.* yaz saati *(bir saat ileri)*; **ˈsum.mer.y** *adj.* yaza ait, yaz gibi.

sum.mit [ˈsʌmit] *n.* tepe, zirve, doruk, en üst derece *(a. fig.)*.

sum.mon [ˈsʌmən] *v/t.* çağır(t)mak, emirle davet etm.; ⚖ celp etm.; *fig.* *mst* ~ up toplamak *(güç)*; **ˈsum.mon.er** *n.* haberci, kurye, ulak; **sum.mons** [ˈ~z] *n. pl.* ⚖ celpname, çağrı; ✕ teslim ol çağrısı.

sump *mot.* [sʌmp] *n.* çirkef çukuru *(madende)*; ⊕ yağ haznesi.

sump.ter [ˈsʌmptə] *n.* *a.* **ˈ~-horse, ˈ~-mule** † yük beygiri.

sump.ter [ˈsʌmptjuəri] *adj.* sarfiyata ait,

sump.tu.ar.y [ˈsʌmptjuəri] *adj.* sarfiyata ait, masrafla ilgili; masrafları sınırlayan; lüks...

sump.tu.ous □ [ˈsʌmptjuəs] kıymetli, mükellef, tantanalı, çok konforlu, muhteşem; **ˈsump.tu.ous.ness** *n.* görkem, ihtişam, tantana, lüks.

sun [sʌn] **1.** *n.* güneş; **2.** *v/t.* & *v/i.* güneşlen(dir)mek, güneşe sermek; güneş banyosu yapmak; **ˈ~.baked** *adj.* güneşte kurutulup sertleştirilmiş; **ˈ~-bath** *n.* güneş banyosu; **ˈ~-bathe** *v/i.* güneşlenmek, güneş banyosu yapmak; **ˈ~.beam** *n.* güneş ışını; **ˈ~-blind** *n.* güneşlik, güneş tentesi; **ˈ~.burn** *n.* güneşten yanma; güneş yanığı; **ˈ~.burnt** *adj.* güneşten esmerleşmiş.

sun.dae [ˈsʌndi] *n.* üstü ceviz meyve ve şurupla kaplanmış dondurma, peşmelba.

Sun.day [ˈsʌndi] *n.* pazar (günü); ~ school kilisede pazar günleri din dersleri verilen okul.

sun.der *poet.* [ˈsʌndə] *vb.* birbirinden ayırmak, ayrılmak; kop(ar)mak.

sun-di.al [ˈsʌndaiəl] *n.* güneş saati.

sun.down [ˈsʌndaun] *n.* güneş batması, gurup.

sun.dry [ˈsʌndri] **1.** *adj.* çeşitli (şeyler); **2. sun.dries** *n. pl.* *part.* † [ˈ~driz] ufak tefek şeyler, muhtelif parça mallar.

sun.flow.er ⚘ [ˈsʌnflauə] *n.* ayçiçeği.

sung [sʌŋ] *pret.* & *p.p.* *of* sing.

sun...: **ˈ~-glass.es** *n. pl.* (a. pair of) güneş gözlüğü; **ˈ~-god** *n.* güneş tanrısı; **ˈ~-helmet** *n.* tropik güneş ışınından koruyan şapka, kolonyal şapka.

sunk [sʌŋk] *pret.* & *p.p.* *of* sink 1.

sunk.en [ˈsʌŋkən] **1.** ⚓ *p.p.* *of* sink 1; **2.** *adj.* batan, batmış; *fig.* çökmüş, zayıflamış *(yanak)*; çukur *(göz)*; ⊕ içine yerleştirilmiş, gömülmüş.

sun-lamp [ˈsʌnlæmp] *n.* ⚕ ültraviyole lambası; *film:* jüpiter lambası.

sun.less [ˈsʌnlis] *adj.* güneş ışığı almayan, karanlık, kasvetli; **ˈsun.light** *n.* güneş ışığı; **ˈsun.lit** *adj.* güneşle aydınlanmış.

sun.ni.ness ['sʌninis] *n.* güneşlilik, güneşli olma, parlak olma *(a. fig.)*; **'sun.ny** □ güneşli, aydınlık *(a. fig.)*; neşeli.

sun...: **'~.rise** *n.* gün doğuşu, tulu; **'~.room** *n.* camekânlı taraça; **'~.set** *n.* güneş batması; **'~.shade** *n.* güneş şemsiyesi, parasol; **'~.shine** *n.* güneş ışığı; **~** roof *mot.* açılır kapanır tavan; **'~.shin.y** *adj.* güneşli, açık, bulutsuz; neşeli, keyifli; **'~-spot** *n. ast.* güneş lekesi; **'~stroke** *n.* ⚕ güneş çarpması; **'~-up** *n.* gündoğumu.

sup¹ [sʌp] *v/i.* akşam yemeğini yemek (off *veya* on s.th.).

sup² [~] *v/t.* & *v/i.* yudum yudum içmek, yudumlamak; kaşık kaşık içmek.

su.per¹ ['sju:pə] **1.** *n. thea. sl.* figüran; **2.** *adj.* F birinci sınıf, süper, mükemmel; büyük boyda.

su.per² [~] *prefix* üst, üstün(de); fazla.

su.per...: **~.a'bound** *vb.* fazlasiyle bulunmak, *bş* çok bol miktarda bulunmak (in, with); **~.a'bun.dant** □ bol bol, pek çok, bitmez tükenmez; **'~.'add** *v/t.* daha da ilâve etm., eklemek; **~.an.nu.ate** [~'rænjueit] *v/t.* emekliye ayırmak; **~d** emekli, yaşlılık nedeniyle çalışamaz olmuş; eski kafalı; eskimiş, modası geçmiş; **~.an.nu'a.tion** *n.* emeklilik; emekli maaşı; **~** fund emekli sandığı.

su.perb □ muhteşem, görkemli, harikulâde, enfes.

su.per...: **'~.car.go** *n.* ⚓ geminin yük memuru *veya* armatör vekili; **'~.charg.er** *n. mot.* kompresör, üfleç; **su.per.cil.i.ous** □ [~'siliəs] kibirli, gururlu; **su.per'cil.i.ous.ness** *n.* kibir, gurur; **su.per-'dread-nought** *n.* ağır toplu deniz zırhlısı; **su.per.er.o.ga.tion** [~rero'geiʃən] *n.* vazifenin gereğinden fazla iş görme; **su.per.e.rog.a.to.ry** □ [~re'rɔgətəri] vazifesinden fazla olarak; **su.per.fi.cial** □ [~'fiʃəl] sathî, üstünkörü, yüzeysel; **su.per.fi.ci.al.i.ty** [~fiʃi'æliti] *n.* sathîlik, üstünkörü oluş; **su.per.fi.ci.es** [~'fiʃi:z] *n.* satıh, yüz(ey); **'su.per'fine** *adj.* fevkalâde güzel; çok zarif; pek ince; **su.per.flu.i.ty** [~'flu:iti] *n.* bolluk, fazlalık, çokluk (of); **su'per.flu.ous** □ [~fluəs] fazla, lüzumsuz, bol bol; **su.per'heat** *v/t.* ⊕ fazla ısıtmak; **su.per.het** ['~'het] *n. radyo:* gelen sinyali aynı sinyale karıştıran alıcı, cihaz.

su.per...: **~.'high.way** *n. Am.* oto yolu, otoban; **~'hu.man** □ insanüstü; **~.im.pose** ['~rim'pəuz] *v/t. bşin* üzerine koymak *veya* birbiri üzerine koymak; **~.in.duce** ['~rin'dju:s] *v/t.* katmak, eklemek (on, upon *-e*); **~.in.tend** [~rin'tend] *v/t.* kontrol etm., gözetmek; **~.in'tend.ence** *n.* kontrol, gözetim; **~.in'tend.ent** **1.** *n.* müfettiş; müdür; **2.** *adj.* yönetimsel, idarî; yöneten.

su.pe.ri.or [sju:'piəriə] **1.** □ üstün (to), daha yüksek, daha iyi; mükemmel, fevkalâde, olağanüstü; kibirli, üstünlük taslayan; **~** officer üst subay *veya* memur; **2.** *n.* üst, amir; *eccl.* baş rahip; *mst* lady **~** başrahibe; **su.pe.ri.or.i.ty** [~'ɔriti] *n.* üstünlük.

su.per.la.tive [sju:'pə:lətiv] **1.** □ en yüksek; mükemmel, eşsiz; fazla; *gr.* enüstün *(sıfat ve zarfların)*; **2.** *n. a.* **~** degree *gr.* enüstünlük (derecesi); **su.per.man** ['sju:pæmən] *n.* üst insan, fevkalbeşer; **'su.per.mar.ket** *n.* büyük mağaza, süpermarket; **su.per.nal** [sju:'pə:nl] *adj.* göksel, semavî; ulu, yüce; ilâhi; **su.per.nat-u.ral** □ [sju:pə'nætʃrəl] doğaüstü, sürnatürel, harikulâde; **su.per.nu.mer.ar.y** [~'nju:mərəri] **1.** *adj.* fazla, artakalan; **2.** *n.* fazla *b-i veya bş; thea.* figüran; **'su.per'pose** *vb.* başka *bşin* üstüne koymak; birbiri üzerine koymak; **su.per.po-'si.tion** *n.* üstüste koyma; *geol.* katmanlaşma, tabakalaşma; **'su.per'scribe** *vb.* üstüne yazmak, başlığını koymak; adres yazmak, koymak; **su.per.scrip.tion** *n.* yazıt; adres; başlık; **su.per.sede** [~'si:d] *v/t.* yerine geçmek, yerine başka *bşi (veya b-ni)* geçirmek, *b-nin* ayağını kaydırarak yerine geçmek; *fig. b-ni* geçmek, geride bırakmak; **su.per'ses.sion** *n.* yerine geçme; **su.per.son.ic** *phys.* [~'sɔnik] adj. sesten hızlı; **su.per.sti.tion** [~'stiʃən] *n.* bâtıl itikat, boş inan; hurafe; **su.per-sti.tious** □ [~'stiʃəs] boş şeylere inanan; **su.per.struc.ture** ['~-strʌktʃə] *n.* üst yapı; temel üzerine yapılan bina; **su.per.vene** [~'vi:n] *v/i. b-ne* iltihak etm., katılmak; eklenmek, ilâve olunmak (on, upon *-e*), ummadık anda dahil olm., katılmak; **su-per.ven.tion** [~'venʃən] *n.* iltihak, dahil olma, eklenme; **su.per.vise** ['~vaiz] *v/t.* nezaret etm. *-e*, denetlemek *-i*, gözetmek *-i*; idare etm. *-i*; **su.per.vi.sion** [~'viʒən] *n.* nezaret, denetim, gözetim; idare, kontrol; **su.per.vi.sor** ['~vaizə] *n.* murakıp, denetçi, müfettiş; *univ.* danışman.

su.pine **1.** *gr.* ['sju:pain] *n.* Latince'de *-i veya -den* halindeki isim-fiil; **2.** □ [~'pain] sırtüstü yatan, yüz yukarı duran, yatay (duran); kaygısız, üşengeç, miskin, lâkayt; **su'pine.ness** *n.* lâkaytlık, miskinlik.

sup.per ['sʌpə] *n.* akşam yemeği; the (Lord's) ♀ *eccl.* Kudas.

sup.plant [sə'plɑ:nt] *v/t. b-nin* ayağını

kaydırıp yerine geçmek; *fig.* gölgede bırakmak, üstün gelmek.

sup.ple [ˈsʌpl] **1.** □ kolayca eğilir, yumuşak, elâstiki; uysal, muti; **2.** *vb.* yumuşatmak, kolay eğilir hale getirmek.

sup.ple.ment **1.** [ˈsʌplimənt] *n.* ek, zeyil, ilâve *(gazete vs.)*; **2.** *v/t.* [ˈ~ment] ilâve etm., eklemek, tamamlamak (by, with *ile*) **sup.pleˈmen.tal** □, **sup.pleˈmen.ta.ry** *adj.* eklenen, ilâve...; bütünleyici, tamamlayıcı; ~ order ek sipariş.

sup.ple.ness [ˈsʌplnis] *n.* yumuşaklık, esneklik; *fig.* uysallık.

sup.pli.ant [ˈsʌpliənt] **1.** □ yalvarıp yakaran, rica eden; **2.** *n.* dilekçe sahibi; ricacı kimse.

sup.pli.cate [ˈsʌplikeit] *vb. b-ne* yalvarmak, rica etm.; yakarmak; **sup.pliˈca.tion** *n.* yalvarış, niyaz; **sup.pli.ca.to.ry** [ˈ~kətəri] *adj.* yalvarış kabilinden; niyaz eden.

sup.pli.er [səˈplaiə] *n.* gereksinimleri karşılayan kimse *veya* firma *(a.* ☨*)*.

sup.ply [səˈplai] **1.** *v/t. bşi b-ne* sağlamak, temin etm., ihtiyacı karşılamak (with *ile*); çare bulmak; tatmin etm., görevini yerine getirmek; *b-nin* yerini tutmak, telâfi etm.; teçhiz etm.; ikmal etm.; **2.** *n.* gereç, malzeme; tedarik, temin; stok, depo mevcudu; ☨ arz, sunu; mümessil, acenta; *mst* supplies *pl.* ☨ erzak, gereçler, levazım; *parl.* bütçe, tahsisat, ödenek; ⚔ ikmal; in short ~ yetersiz, kıt, az; on ~ *b-ne* vekâleten, *b-nin* yerine; Committee of ~ *parl.* bütçe komisyonu.

sup.port [səˈpɔːt] **1.** *n.* dayanak, destek *(a. fig.)*; ⊕ mesnet, dayak, istinatgâh; destekleme, yardım, geçim; **2.** *v/t.* desteklemek *(a. fig.)*; beslemek *-i*, bakmak, yardım etm. *-e (aile vs.)*; ısrar etm., durmak *(münakaşa)*; arka olm. *-e*, savunmak, müdafaa etm.; ileri sürmek, iddia etm. *(düşünce)*; tahammül etm., dayanmak, katlanmak *-e*; ~ing actor yardımcı oyuncu; ~ing programme *film:* esas filmden başka gösterilen (küçük) film(ler); **supˈport.a.ble** □ katlanılabilir, çekilir, tahammül edilebilir; dayanıklı; **supˈport.er** *n.* taraftar; yardımcı, muavin; jartiyer, askı, korse.

sup.pose [səˈpəuz] *v/t.* farzetmek, zannetmek; he is ~d to do yapması gerekir; ~ *veya* supposing (that)... faraza, farzedelim ki...; ~ we go gitsek nasıl olur?; he is rich, I ~ sanırım zengindir.

sup.posed □ [səˈpəuzd] sözde, sözüm ona, farzedilen, denen; **supˈpos.ed.ly** [~idli] *adv.* güya, muhtemel.

sup.pos.ing [səˈpəuziŋ] *conj.* şayet, faraza.

sup.po.si.tion [sʌpəˈziʃən] *n.* farz, zan, tahmin; varsayım, ipotez, faraziye; **sup.pos.i.ti.tious** □ [səpɔziˈtiʃəs] değiştirilmiş, sahte; varsayılı, ipotetik, **supˈpos.i.to.ry** [~təri] fitil, supozituvar.

sup.press [səˈpres] *v/t.* bastırmak, sindirmek; zaptetmek; basılıp yayınlanmasını önlemek; **sup.pres.sion** [səˈpreʃən] *n.* bastırma, sindirme; baskı, tutma, önleme; örtbas etme; **supˈpres.sive** □ [~siv] bastıran, sindiren; tutan, zapteden; **supˈpres.sor** *n.* ⚡ paraziti önleyici cihaz.

sup.pu.rate [ˈsʌpjuəreit] *v/i.* cerahat toplamak, irinlenmek; işlemek *(yara)*; **suppuˈra.tion** *n.* cerahat, irin.

su.pra-na.tion.al [ˈsjuːprəˈnæʃənl] *adj.* devletlerüstü.

su.prem.a.cy [sjuˈpreməsi] *n.* üstünlük, yücelik, ululuk; egemenlik; **su.preme** □ [sjuːˈpriːm] en yüksek; en yüksek derecede; en yüksek mertebede; kritik; ♀ Court Anayasa Mahkemesi; Yargıtay.

sur.charge [səːˈtʃɑːdʒ] **1.** *v/t.* fazla yüklemek, fazla doldurmak; sürşarj basmak *-e*; posta pulunun üzerine yeni fiyat bastırmak; **2.** *n.* sürşarj; fazla ağır yük; fazla navlun alma, sürtaks.

surd Å [səːd] *adj.* asam, tamsayı ile ifade edilemeyen, irrasyonal *(sayı)*.

sure □ [ʃuə] *com.* güvenilir, emin (of *-den*); kesin; sağlam; şüphesiz, muhakkak; to be ~!, F ~ enough!, *Am.* ~! elbette, muhakkak; I'm ~ I don't know vallahi bilmiyorum; he is ~ to return muhakkak geri gelir; make ~ kanaat getirmek (of); temin, tasdik etm. (of); **ˈ~-foot.ed** *adj.* ayağını sıkı basan, düşmez, kaymaz; **ˈsure.ly** *adv.* elbette, şüphesiz; emniyette olarak, tehlikesizce; **ˈsure.ness** *n.* kesinlik; emin olma, güven; **ˈsure.ty** *n.* emniyet, güvenlik; güvence; kefil, rehine.

surf [səːf] *n.* çatlayan dalgalar; dalgaların kıyıya *veya* kayalara vurup çatlaması.

sur.face [ˈsəːfis] **1.** *n.* yüz, düzey, satıh, dış görünüş ,yüzey; görünüş; ✈ kanatlar; control ~ ✈ kontrol dümeni; below the ~ ⚒ yeraltında; **2.** *v/i.* suyun üstüne çıkmak *(denizaltı)*; kaplamak *(yol)*; düz yapmak; **ˈ~.man** *n.* 🚂 hat amelesi.

surf...: **ˈ~-board** *n. surfing:* kayak; **ˈ~-boat** *n.* dalgaları aşabilen hafif kayık.

sur.feit [ˈsəːfit] **1.** *n.* aşırı doyma; yemekte aşırılık, şişkinlik, tiksinti; **2.** *v/t.* & *v/i.* tıka basa dol(dur)mak; fazlasiyle doy(ur)mak (on, with); *fig.* bıktırmak.

çatlayacak derecede ye(dir)mek.
surf-rid.ing [ˈsəːfraidiŋ] *n. spor:* dalgalar üzerinde tahta ile kayarak yapılan bir tür su kayağı.
surge [səːdʒ] **1.** *n.* büyük dalga; dalgaların çatlaması; dalga gibi sürüklenme; **2.** *vb.* dalgalanmak; kabarmak; sahile *veya* kayalara vurup parçalanmak.
sur.geon [səːdʒən] *n.* cerrah, operatör; ⚔ askerî doktor; ⚓ gemi doktoru; **sur-ger.y** [ˈsəːdʒəri] *n.* cerrahlık (ilmi), operatörlük; muayene(hane); ameliyat(hane); ~ hours *pl.* hasta kabul saati.
sur.gi.cal □ [səːdʒikəl] cerrahî, cerrahlığa ait, ameliyat...
sur.li.ness [ˈsəːlinis] *n.* aksilik, huysuzluk, somurtkanlık; **ˈsur.ly** □ gülmez, ters, aksi, huysuz; sert *(arazi)*.
sur.mise 1. [ˈsəːmaiz] *n.* sanı, zan; kuşku, vesvese; **2.** [səːˈmaiz] *vb.* sanmak, zannetmek, kuşkulanmak; vesvese beslemek, şüphe etm.
sur.mount [səːˈmaunt] *v/t.* üstün gelmek *-e*, üstesinden gelmek *-in (güçlük vs.)*; *b-ni* yenmek, galip gelmek; ~ed by *veya* with *bşin* üstünde olan, üstü ...ile örtülen; **surˈmount.a.ble** *adj.* üstesinden gelinebilir.
sur.name [ˈsəːneim] **1.** *n.* soyadı, aile adı; lakap; **2.** *v/t.* soyadı vermek *-e*; ~d soyadlı.
sur.pass *fig.* [səːˈpaːs] *v/t.* geçmek, aşmak; üstün olm. *-e*; **surˈpass.ing** □ eşsiz, fevkalâde, harikulâde.
sur.plice *eccl.* [ˈsəːpləs] katolik papazların kilisede giydikleri beyaz cüppe.
sur.plus [ˈsəːpləs] **1.** *n.* fazla kısım, artan miktar; **2.** *adj.* artık, fazla(lık); ~ population nüfus fazlalığı; **ˈsur.plus.age** = surplus 1; gerektiğinden fazla olan şey.
sur.prise [səˈpraiz] **1.** *n.* sürpiz, hayret, şaşkınlık; baskın; beklenmedik olay; ⚔ baskınla ele geçirme; take by ~ gafil avlamak; *attr.* sürpriz..., beklenmedik...; **2.** *v/t.* hayrete düşürmek, şaşırtmak; ⚔ baskın yapmak; **surˈpris.ing** □ hayret verici, şaşırtıcı.
sur.re.al.ism [səˈriəlizəm] *n. sanat:* sürrealizm, gerçeküstücülük; **surˈre.al.ist** *n.* sürrealist, gerçeküstücü kimse.
sur.ren.der [səˈrendə] **1.** *n.* teslim(iyet), feragat; bırakma, terk; **2.** *v/t.* teslim etm.; terk etm. *(mülkiyet)*; feragat etm., vermek; *v/i. a.* ~ o.s. teslim olm. (to *-e*); bir duygu ve fikrin esiri olm., kapılmak *-e*.
sur.rep.ti.tious □ [sʌrəpˈtiʃəs] gizli, saklı, el altından.
sur.ro.gate [ˈsʌrogit] *n.* vekil, mümessil *(part. papaz)*, yerine geçen *b-i veya bş.*
sur.round [səˈraund] *v/t.* etrafını sarmak, çevirmek; ⚔ kuşatmak, çember içine almak; **surˈround.ing** *adj.* civarında bulunan; **surˈround.ings** *n. pl.* çevre, muhit, etraf.
sur.tax [ˈsəːtæks] *n.* munzam vergi, ek vergi, katma vergi.
sur.veil.lance [səːˈveiləns] *n.* gözetim, gözaltı(nda tutma).
sur.vey 1. [səːˈvei] *v/t.* teftiş, tetkik etm.; yoklamak, gözden geçirmek; mesaha etm., haritasını çıkarmak; dikkatle *bşin* tümüne göz gezdirmek; **2.** [ˈ~] *n.* teftiş, tetkik; gözden geçirme; *bşe* genel bakış; mesaha, yüzölçümü, yer ölçmesi; rapor, ekspertiz; **surˈvey.or** *n.* sürveyan; mesaha memuru, arazi mühendisi; müfettiş, bilirkişi.
sur.viv.al [səˈvaivəl] *n.* kalım, beka, hayatta kalma, artakalma; **surˈvive** *v/t.* fazla yaşamak *-den*, daha uzun ömürlü olm. *-den; v/i.* hayatta kalmak; **surˈvi-vor** *n.* hayatta kalan, kurtulan kimse.
sus.cep.ti.bil.i.ty [səseptəˈbiliti] *n.* alınganlık, hassasiyet (to *-e*); *oft.* susceptibilities *pl.* hassas nokta(lar); **susˈcep.ti.ble** □, **susˈcep.tive** hassas, alıngan (to *-e*); duygulu; be ~ of elverişli *-e*, kaldırır.
sus.pect 1. [səsˈpekt] *v/t. b-den, bşden* şüphelenmek, kuşkulanmak, *bşe* ihtimal vermek, endişe etm., vesveselenmek; **2.** [ˈsʌspkət] *n.* şüpheli, kuşkulu, zanlı *b-i veya bş*, sanık; **3.** = **susˈpect.ed** *adj.* şüpheli, kuşkulu, zanlı, güvenilmez.
sus.pend [səsˈpend] *vb.* asmak; havada asılmış gibi durmak; ertelemek, tehir etm., askıya almak; tatil etm., geçici olarak durdurmak *(iş)*; ertelemek, tecil etm. *(hüküm)*; bir memura geçici işten el çektirmek; boykot etm. *(sporcu)*; ~ed asılı, muallak; ~ed animation zâhirî ölüm, geçici olarak canlılığını kaybetme; **sus-ˈpend.er** *n.* çorap askısı, jartiyer; ~s *pl. Am.* pantolon askısı.
sus.pense [səsˈpens] *n.* muallak kalma, askıda kalış, şüpheli olma, kararsızlık, tereddüt; merak, heyecan; ~ account ⚲ geçici, muvakkat hesap; **sus.pen.sion** [~ˈpenʃən] *n.* as(ıl)ma; erteleme, sonraya bırakma, tehir, talik; geçici tatil, durdurma; geçici olarak memuriyetten ihraç; boykot *(spor vs.)*; ödemeleri geçici durdurma; **sus.penˈsion bridge** *n.* asma köprü; **susˈpen.sive** □ erteleme kabilinden, geçici...; **sus.pen.so.ry** [~ˈpensəri] *adj.* asmaya yarayan; muallakta bıra-

kan; ~ bandage ⚕ kasık bağı, suspensuvar; asıcı bağ.
sus.pi.cion [səsˈpiʃən] *n.* şüphe(lenme), kuşku(lanma), vehim; *fig.* iz, belirti; **susˈpi.cious** □ şüphelenen, şüpheci; şüphe verici, kuşkulu, vesveseli; şüpheli, güvenilmez; **susˈpi.cious.ness** *n.* şüpheli, kuşkulu oluş; vesveseli duygu *veya* karakter.
sus.tain [səsˈtein] *v/t.* desteklemek, payanda vurmak; beslemek; dayanmak, katlanmak *-e*; ♪ uzatmak; ⚖ teslim ve itiraf etm.; *thea. b-nin* oyun gücünü takdir etm., hakkını teslim etm.; kuvvet vermek *-e*; **susˈtain.a.ble** *adj.* dayanıklı; onaylanabilir, kanıtlanabilir; **susˈtained** *adj.* sürekli, devamlı, aralıksız.
sus.te.nance [ˈsʌstinəns] *n.* besleme; gıda, yiyecek, içecek.
sut.ler ✕ [ˈsʌtlə] *n.* kantinci, orduya gıda maddesi satan seyyar satıcı.
su.ture [ˈsuːtʃə] **1.** *n.* ⚘, *anat.*, ⚕ dikiş (yeri), sutur, derz; **2.** *vb.* dikişle birleştirmek, dikmek.
su.ze.rain [ˈsuːzərein] *n. k-ne* uyruk olunan *b-i veya* devlet; hükümdar.
svelte [svelt] *adj.* narin, ince yapılı, fidan gibi.
swab [swɔb] **1.** *n.* temizleme bezi, tahta bezi; ⚓ denizci, tayfa; ⚕ ilaçlı bez, tampon; **2.** *v/t a.* ~ down silmek, temizlemek.
Swa.bi.an [ˈsweibjən] **1.** *n.* Suebyalı (kadın); **2.** *adj.* Suebyalı, Suebya ile ilgili.
swad.dle [ˈswɔdl] *v/t.* kundaklamak, kundağa sarmak *(bebek)*; **ˈswad.dling-clothes** *n. pl.* kundak (takımı); *fig.* bebeklik çağı.
swag.ger [ˈswægə] **1.** *v/i.* caka satmak, azametle yürümek, horozlanmak; *bşle* övünmek, atıp tutmak; **2.** *adj.* F şık, modaya uygun; **3.** *n.* caka, kurum; kabadayılık, farfaralık; **ˈ~-cane** *n.* ✕ süs için taşınan kamçı vs.
swain *poet. veya* † [swein] *n.* genç köylü, çoban; *co.* âşık.
swale *Am.* [sweil] *n.* çukur (yer); vadi, ova.
swal.low¹ *orn.* [swɔləu] *n.* kırlangıç.
swal.low² [~] **1.** *n.* yutma, yutuş; yudum; **2.** *v/t.* yutmak; içine çekmek, emmek; (*fig. mst* ~ up) yutmak; tükürdüğünü yalamak, sözünü geri almak; sineye çekmek, tahammül etm.; *v/i.* yutkunmak.
swam [swæm] *pret. of* swim 1.
swamp [swɔmp] **1.** *n.* batak(lık); **2.** *vb.* batırmak *(a. fig.)*; ⚓ içine su doldurup batırmak; *fig.* başını kaşıyacak vakti olmamak; **ˈswamp.y** *adj.* bataklık.
swan [swɔn] *n. zo.* kuğu.
swank *sl.* [swæŋk] **1.** *n.* caka, fiyaka, gösteriş; **2.** *v/i.* caka satmak, gösteriş yapmak; **ˈswank.y** *adj.* çalımlı, gösterişli, övünen.
swan-neck [ˈswɔnnek] *n.* kuğu boynu; **ˈswan.ner.y** *n.* kuğuların beslenip muhafaza edildiği yer; **ˈswan-song** *n.* efsaneye göre kuğunun ölmeden önceki son ötüşü; bir sanatçının son eseri.
swap F [swɔp] *vb.* değiş tokuş etm., trampa etm.
sward [swɔːd] *n.* çim, çimen(lik).
sware † [swɛə] *pret. of* swear.
swarm¹ [swɔːm] **1.** *n.* arı kümesi, oğul; *fig.* sürü, küme, kalabalık, kütle; **2.** *v/i.* toplanmak; *(oğul arıları)* kovanı terketmek; kaynaşmak (with *ile*).
swarm² [~] *v/t.*: ~ up tırmanmak *(ip, ağaç vs.'ye)*.
swarth.i.ness [ˈswɔːθinis] *n.* esmerlik, karalık; **ˈswarth.y** □ siyahımsı, siyahımtırak; esmer, yağız.
swash [swɔʃ] **1.** *v/i.* çalkalanmak; övünmek, caka satmak; *v/t.* su sıçratmak, çalkalamak; **2.** *n.* çalkantı (sesi), çalkalama *(su)*; **~.buck.ler** *n.* atılgan, cesur, dövüşken kimse *(part. film ve hikâyelerde)*.
swas.ti.ka [ˈswɔstikə] *n.* gamalı haç, Nazilerin sembolü olan haç.
swat [swɔt] **1.** *v/t.* ezmek, şaklatmak *(sinek vs.)*; **2.** *n.* vuruş, darbe, ezme.
swath ⚒ [swɔːθ] *n.* orakla biçilip yere serilmiş ekin.
swathe [sweið] **1.** *n.* kundak bağı; sargı; *s.* swath; **2.** *vb.* sarmak, çevrelemek, bürümek.
sway [swei] **1.** *n.* sallanma, dalgalanma; nüfuz, tesir, etki; makam, güç, otorite; **2.** *v/t.* sallamak; nüfuz ve etki altında bulundurmak; hükmetmek; *v/i.* sallanmak, sarsılmak.
swear [swɛə] **1.** *(irr.) v/t.* yemin etm., andiçmek (by F *b-ne veya bşe*), yeminle onaylamak (to s.th.); küfretmek, lânet etm. (at *-e*); *v/t.* yeminle işe başlatmak; ~ s.o. *b-ne* yemin ettirmek; **2.** *n. a.* **~-word** F küfür, sövüp sayma; lânet.
sweat [swet] **1.** *n.* ter(leme); terletici iş, angarya; old ~ *sl.* eski kurt; by the ~ of one's brow alnının teriyle; **2.** *(irr.) v/t.* & *v/i.* terle(t)mek; çok sıkı çalış(tır)mak, ağır iş gör(dür)mek; düşük ücretle çalıştırmak, sömürmek; sızıntı yapmak; ⊕ kaynak yapmak *(kablo vs.)*; **ˈsweat.ed** *adj.* az ücretle uzun süre çalışmaya zorlanan; **ˈsweat.er** *n.* kazak, süve-

ter, pulover; işçilerini sömüren işveren; **'sweat-shop** *n.* az ücretle işçi çalıştıran işyeri; **sweat suit** antrenman elbisesi, eşofman; **'sweat.y** *adj.* terli, terlemiş, ter gibi; terletici, güç, ağır *(iş).*

Swede [swi:d] *n.* İsveçli; **Swed.ish** ['swi:diʃ] **1.** *adj.* İsveçli, İsveç ile ilgili; **2.** *n.* İsveç dili, İsveççe.

sweep [swi:p] **1.** *(irr.) v/t.* süpürmek, temizlemek; *fig.* (*mst* with *adv.*) silip süpürmek, ezici çoğunlukla kazanmak; taramak *(a.* ⚔*)*; sürüklemek; temizlemek, yok etm. *(suç vs.); v/i.* geçmek, çok hızla geçip gitmek, azametle geçip gitmek; kavis yaparak dönmek; şiddetle esmek *(rüzgâr)*; sürmek, uzanmak; be swept off one's feet *fig.* üstüne fazla düşmek *-in*; heyecana kapılmak; **2.** *n.* süpürme; hızlı hareket, savlet; ♪ farfar, üflemeli bakır çalgılardan kurulu mızıka takımı; bütün ödülleri kazanma; muhteşem zafer; kavis, dönemeç; alan, saha; etki alanı, hareket serbestliği; ocakçı, baca temizleyicisi; uzun kürek; tulumba kolu; make a clean ~ of bütün bütün temizlemek, ortadan kaldırmak; *(masayı)* silip süpürmek; *b-ni* kapı dışarı etm.; **'sweep.er** *n.* sokak süpürücüsü, çöpçü; **'sweep.ing** □ şümullü, geniş bir alanı kapsayan; umumî, genel *(iddia vs.)*; **'sweep.ings** *n. pl.* süprüntü; **sweep.stakes** ['~-steiks] *n. pl.* bahsimüşterek *(part. at yarışı).*

sweet [swi:t] **1.** □ tatlı, şekerli; sevimli, şirin, hoş; kolay, rahat; güzel kokulu; ⊕ sessiz, gürültüsüz; verimli *(toprak)*; have a ~ tooth tatlı şeyleri sevmek; **2.** *n.* tatlı (şey); sevgili, gözde; tatlılık; ~s *pl.* bonbon, şekerleme; **'~.bread** *n. (part. dana)* uykuluk; **'~'bri.ar** *n.* ⚘ yaban gülü; **'sweet.en** *v/t. & v/i.* tatlılaş(tır)mak; *fig.* cazip hale getirmek *veya* gelmek; **'sweet.heart** *n.* sevgili, gözde; **'sweet.ish** *adj.* tatlımsı; aşırı tatlı; **'sweet.meat** *n.* şekerleme, bonbon; reçel; **'sweet.ness** *n.* tatlılık; sevimlilik, hoşluk; **sweet pea** ⚘ kokulu bezelye çiçeği; **'sweet.shop** *n.* şekerci dükkânı; pastane; **'sweet-'wil.liam** *n.* ⚘ hüsnüyusuf çiçeği.

swell [swel] **1.** *(irr.) v/i.* şişmek, kabarmak (into *-e*) *(a. fig. & yelken vs.); v/t.* şişirmek, kabartmak; büyütmek, yükseltmek; **2.** *adj.* F şık, züppe; *Am. sl.* fevkalâde, güzel, alâ, birinci sınıf; **3.** *n. part.* ♪ kreşendo ve ardından diminuendo; şiddetlenme; şişme, kabarış; ⚓ ölü dalga; yükseklik; tatlı meyil, tümseklik; F züppe, şık kimse; **'swell.ing 1.** *n.* kabarma, şişlik; **2.** □ şiş, kabarık; fazla süslü *(üslup vs.).*

swel.ter ['sweltə] *v/i.* sıcaktan bunalmak, çok terlemek.

swept [swept] *pret. & p.p. of* sweep **1.**

swerve [swə:v] *v/i.* yoldan sapmak; aniden direksiyonu kırmak, çevirmek; *v/t.* yolundan çevirmek, saptırmak; *spor:* kesmek, çelmek *(top).*

swift [swift] **1.** □ çabuk, hızlı, süratli, çevik, atik; **2.** *n. orn.* bir tür kırlangıç; **'swift.ness** *n.* sürat, hız, çeviklik, çabukluk.

swig F [swig] **1.** *n.* yudum; içme; **2.** *vb.* yutmak, bir dikişte içmek; *sl.* kafayı çekmek, çakıştırmak.

swill [swil] **1.** *n.* bulaşık suyu *(a. fig.)*; sulu domuz yemi; *sl.* bir dikişte içilen içki; **2.** *vb.* sudan geçirmek, bol su ile yıkamak, çalkalamak *-i*; fazla içmek, kafayı çekmek.

swim [swim] **1.** *(irr.) v/i.* yüzmek, batmamak, su yüzünde durmak; dönmek; my head ~s başım dönüyor; *v/t.* yüzerek boydan boya geçmek *-i*; sürükleyip götürmek, yüzdürmek; **2.** *n.* yüzme (hareketi); be in the ~ hayatta olup bitenden haberdar olm.; **'swim.mer** *n.* yüzücü.

swim.ming ['swimiŋ] **1.** *n.* yüzme; yüzücülük; baş dönmesi; **2.** *adj.* yüzmeye ait *veya* uygun; yüzme...; dönen *(baş)*; **'~-bath** *n.* yüzme yeri, üstü kapalı yüzme havuzu; **'~-cos.tume** *n.* mayo; **'swim-ming.ly** *adv.* kolaylıkla, rahatlıkla; **'swim.ming-pool** *n.* yüzme havuzu; **'swim--suit** *n.* mayo.

swin.dle ['swindl] **1.** *v/t.* dolandırmak, aldatmak (out of); *v/i.* dolandırıcılık etm., yalan söylemek, uydurmak; **'swin.dler** *n.* dolandırıcı.

swine *only rhet., zo. veya fig. contp.* [swain] *n., pl.* ~ domuz; **'swine.herd** *n.* domuz çobanı.

swing [swiŋ] **1.** *(irr.) v/i.* sallanmak, salınmak; sendelemek; F darağacına çekilmiş olm.; sallana sallana yürümek; dönmek, deveran etm., devretmek *(eksen üzerinde)*; ~ into motion harekete geçmek, işlemeğe başlamak; *v/t.* sallamak; asmak, sallandırmak; idare etm., işletmek; **2.** *n.* salla(n)ma; salıncak; rakkasın bir sallanma mesafesi; hareket sahası *(a. fig.)*; ♪ hızlı ritim; 1930'larda kuvvetli ritimli bir tür caz müziği; *boks:* sving; in full ~ en civcivli anında, tam faaliyette; go with a ~ herşey yolunda gitmek; *attr.* salla(n)ma..., sallanan...; ~ **bridge** açılır kapanır köprü; ~ **door** iki tarafa açılır kapanır kapı.

swinge.ing □ F [ˈswindʒiŋ] çok, pek, gayet, muazzam.
swing.ing □ [sˈwiŋiŋ] neşeli, canlı; ileri görüşlü, modern *(part. seks konusunda).*
swin.gle ⊕ [ˈswiŋgl] **1.** *v/t.* tokmakla döverek temizlemek *(keten)*; **2.** *n.* keten bıçağı;ı **ˈ~.tree** *n.* araba falakası.
swin.ish □ [ˈswainiʃ] domuz gibi, kaba.
swipe [swaip] **1.** *vb.* koluyla hızla vurmak, kuvvetli bir darbe indirmek; *sl.* aşırmak, çalmak; **2.** *n.* kuvvetli darbe; ~s *pl.* hafif bira.
swirl [swəːl] **1.** *vb.* şiddetle dön(dür)mek, girdap gibi dön(dür)mek; **2.** *n.* girdap.
swish [swiʃ] **1.** *vb.* vız diye geçip gitmek; havada hareket ederken ıslık gibi ses çıkarmak, vızlamak, tıslamak *(tırpan)*; hışırdamak; kırbaçlamak; **2.** *n.* hışırtı vs.; **3.** *adj.* F cazip, çekici.
Swiss [swis] **1.** *adj.* İsviçreli, İsviçre ile ilgili; **2.** *n.* İsviçreli; the ~ *pl.* İsviçre halkı.
switch [switʃ] **1.** *n.* ince ağaç dalı, değnek, çubuk; 🚂 makas; ⚡ şalter, düğme, anahtar; takma saç örgüsü; **2.** *vb.* değnekle vurmak, dövmek; sallamak, savurmak; 🚂 makastan geçirmek; ⚡ elektrik düğmesini çevirmek; *(rüzgâr)* yön değiştirmek; *fig.* değiş tokuş etm.; ~ on (off) ⚡ elektrik düğmesini açmak (kapatmak); **ˈ~.back** *n.* iniş çıkışlı tren yolu *(part. lunaparkta)*; **ˈ~.board** *n.* ⚡ telefon santralı; anahtar tablosu, tevzi tablosu; ~ **box** ⚡ anahtar kutusu, tablo.
swiv.el ⊕ [ˈswivl] *n.* fırdöndülü zincir halkası, fırdöndü; *attr.* döner...; ~ **chair** döner iskemle.
swol.len [ˈswəulən] *p.p. of* swell 1.
swoon [swuːn] **1.** *n.* bayılma, baygınlık; **2.** *v/i.* bayılmak.
swoop [swuːp] **1.** *v/i.* = down on *veya* upon üzerine atılmak, çullanmak; **2.** *n.* üstüne çullanma, ani saldırış.
swop F [swɔp] *vb.* değiş tokuş etm., trampa etm.
sword F [sɔːd] *n.* kılıç, pala; **ˈ~-cane** *n.* kılıçlı baston; **ˈ~-play** *n.* eskrim kılıç oyunu; *fig.* söz düellosu.
swords.man [ˈsɔːdzmən] *n.* eskrimci, kılıcı ustalıkla kullanan kimse; **ˈswords.man-ship** *n.* eskrimcilik, kılıç kullanmada ustalık.
swore [swɔː] *pret. of* swear 1.
sworn [swɔːn] **1.** *p.p. of* swear 1.; **2.** *adj.* ⚖ yeminli; ~ expert ⚖ yeminli bilirkişi.
swot *okul sl.* [swɔt] **1.** *n.* inekleme; inekleyen öğrenci; **2.** *v/i.* ineklemek.
swum [swʌm] *p.p. of* swim 1.
swung [swʌŋ] *pret. & p.p. of* swing 1.
syb.a.rite [ˈsibərait] *n.* lüks ve rahatlık içinde yaşayan kimse, muhallebi çocuğu.
syc.a.more ⚘ [ˈsikəmɔː] *n.* firavuninciri; *Am.* çınar ağacı.
syc.o.phant [ˈsikəfənt] *n.* dalkavuk, yaltakçı, parazit, asalak kimse; **syc.o.phan-tic** [~ˈfæntik] *adj.* (~ally) dalkavukluk kabilinden.
syl.lab.ic [siˈlæbik] *adj.* (~ally) hece itibariyle, hecelere ait, hecelerden ibaret, hece...; **syl.la.ble** [ˈsiləbl] *n.* hece.
syl.la.bus [ˈsiləbəs] *n.* müfredat proğramı, plan; hulasa, özet; liste, cetvel.
syl.lo.gism *phls.* [ˈsilədʒizəm] *n.* tasım, kıyas.
sylph [silf] *n.* havada yaşadığı farzedilen peri; ince ve zarif kadın.
syl.van [ˈsilvən] *adj.* ormanlık; ormana ait, orman...
sym.bi.o.sis *biol.* [simbiˈəusis] *n.* birbirinden farklı canlıların ortak yaşayışı, ortak yaşama, sembiyoz.
sym.bol [ˈsimbəl] *n.* sembol, simge, işaret, belirti, nişan, timsel, amblem; **sym-bol.ic, sym.bol.i.cal** □ [~ˈbɔlik(l)] sembolik, simgesel; **sym.bol.ism** [ˈ~bəlizəm] *n.* simgecilik, sembolizm; **ˈsym.bol.ize** *vb.* temsil etm., sembolize etm.; sembolü olm.
sym.met.ri.cal □ [siˈmetrikəl] simetrik, bakışık; uygun, mütenasip; **sym.me.try** [ˈsimitri] *n.* simetri, bakışım.
sym.pa.thet.ic [simpəˈθetik] *adj.* (~ally) sempatik, sevimli, karşısındakinin duygularına katılan, sevgi ve acıma gösteren; uygun, ahenkli; *anat.* sempatik; ~ strike dayanışma grevi; **ˈsym.pa.thize** *v/i.* sempatizan olm., yakınlık duymak (with -*e*); **ˈsym.pa.thiz.er** *n.* sempatizan, yandaş, taraftar; **sym.pa.thy** [ˈ~θi] *n.* sempati; dert ortaklığı, aynı duyguları paylaşma, duygudaşlık, şefkat.
sym.phon.ic ♪ [simˈfɔnik] *adj.* senfonik;
sym.pho.ny ♪ [ˈ~fəni] *n.* senfoni.
sym.po.sium [simˈpəuzjəm] *n.* sempozyum, belirli bir konunun tartışıldığı bilimsel toplantı; aynı konuda yazılmış bilimsel yazılar serisi.
symp.tom [ˈsimptəm] *n.* araz, belirti, alâmet; **symp.to.mat.ic** [~ˈmætik] *adj.* (~ally) arazî; *bşe* delâlet eden, belirti niteliğinde, araz olan (of).
syn.a.gogue [ˈsinəgɔg] *n.* havra, sinagog.
Syn.chro.flash *phot.* [ˈsiŋkrəuflæʃ] *n.* senkronize mağnezyum ışığı.
syn.chro-mesh gear *mot.* [ˈsiŋkrəumeʃˈgiə] *n.* dişlilerin kolay ve sessizce birleşme-

sini sağlayan vites tertibatı.

syn.chro.nism [ˈsiŋkrənizəm] *n.* aynı anda olma, eşzamanlılık, zamandaşlık; **ˈsyn.chro.nize** *v/i.* aynı zamana uymak, aynı zamanda olm.; *v/t.* aynı zamana uydurmak; ayarlarını birbirine uydurmak *(saatler)*; aynı tarihe tesadüf ettirmek; **ˈsyn.chro.nous** □ aynı zamanda olan, zamandaş, eşzaman, senkronize; aynı frekansta olan.

syn.chro.tron *phys.* [ˈsiŋkrəutrɔn] *n.* sinkrotron, elektronları çok hızlı hareket ettiren aygıt.

syn.co.pate [ˈsiŋkəpeit] *v/t.* kısaltmak, sözcüğün ortasında bulunan bir fonemi düşürmek; ♪ senkope etm.; **syn.co.pe** [ˈ~pi] *n.* senkop, sözcüğün ortasında bulunan bir fonemin *(özellikle bir ünlünün)* düşmesi; ⚕ beyine kan gitmemesinden olan baygınlık.

syn.dic [ˈsindik] *n.* mutemet, müşavir, vekil, savunucu; **syn.di.cate** **1.** [ˈ~kit] *n.* sendika; ticarî firmalar birliği, kartel; yazıları gazetelere satan kurum; **2.** [ˈ~keit] *vb.* sendika oluşturmak; şirket *veya* kartel oluşturmak; şirket vasıtasiyle üretmek *(mal)*; kurum aracılığı ile üretmek *veya* satmak *(yazı, seri vs.)*; **ˈsyn.di.cat.ed** *adj.* pek çok gazetede birden yayımlanan.

syn.od *eccl.* [ˈsinəd] *n.* kilise meclisi; **syn-od.al** [ˈ~dəl], **syn.od.ic, syn.od.i.cal** □ *eccl.* [siˈnɔdik(l)] kilise meclisine ait.

syn.o.nym [ˈsinənim] *n. gr.* eşanlam, anlamdaş sözcük; **syn.on.y.mous** □ [siˈnɔniməs] anlamdaş, eş anlamlı.

syn.op.sis [siˈnɔpsis] *n., pl.* **synˈop.ses** [~si:z] özet, hulasa.

syn.op.tic, syn.op.ti.cal □ [siˈnɔptik(əl)] özet halinde olan.

syn.tac.tic, syn.tac.ti.cal □ *gr.* [sinˈtæktik(əl)] sentaksik, sözdizimi kuralları ile ilgili; **syn.tax** *gr.* [ˈsintæks] *n.* sözdizimi, sentaks.

syn.the.sis [ˈsinθisis] *n., pl.* **syn.the.ses** [ˈ~si:z] bireşim, sentez; **syn.the.size** ⊕ [ˈ~saiz] *v/t.* bireşim haline getirmek, sentez yapmak, sentez yoluyla ortaya çıkarmak.

syn.thet.ic, syn.thet.i.cal □ [sinˈθetik(əl)] sentetik, yapay, suni.

syn.to.nize [ˈsintənaiz] *vb. radyo:* birbirine uydurmak *(frekans)*; **ˈsyn.to.ny** *n.* birbirine uyma, seselim, rezonans.

syph.i.lis ⚕ [ˈsifilis] *n.* frengi, sifilis.

syph.i.lit.ic ⚕ [sifiˈlitik] *adj.* sifilitik, frengili.

sy.phon [ˈsaifən] = **siphon.**

Syr.i.an [ˈsiriən] **1.** *adj.* Suriyeli; **2.** *n.* Suriyeli kimse.

sy.rin.ga ⚘ [siˈriŋgə] *n.* leylâk.

syr.inge [ˈsirindʒ] **1.** *n.* şırınga; **2.** *v/t.* şırınga etm. *-i.*

syr.up [ˈsirəp] *n.* şekerli sos, şurup.

sys.tem [ˈsistim] *n.* sistem, usul, düzen, kural, yol, kaide; bünye, organizma; evren, âlem, kâinat; **sys.tem.at.ic** [~ˈmætik] *adj.* (~**ally**) sistematik, sistemli, usul ve kurala göre *veya* uygun, planlı.

T

T [tiː]: to a ~ F aynen, tıpatıp, tıpkı; mükemmel olarak.

tab [tæb] *n.* askı, brit; kayış, şerit, kaytan; etiket, yafta; ayakkabı bağındaki madenî parça; F hesap; keep a ~ on, keep ~s on hesabını tutmak *-in*; *fig.* kontrol etm. *-i*.

tab.ard [ˈtæbəd] *n.* şövalyelerin zırh üzerine giydikleri kolsuz ve kısa cüppe.

tab.by [ˈtæbi] *n., a.* ˈ~-**cat** tekir kedi.

tab.er.nac.le [ˈtæbəːnækl] *n.* (taşınabilen) tapınak.

ta.ble [ˈteibl] **1.** *n.* masa; sofra, sofraya konan yemek; masada oturanların hepsi; liste, cetvel, tablo, çizelge; tarife; *İncil:* tablet, yazılı taş; *s.* ~-land; at ~ sofrada; lay s.th. on the ~ *parl.* *bşi* süresiz ertelemek; turn the ~s durumu aleyhine çevirmek (on *-in*); **2.** *v/t.* listeye geçirmek; masaya koymak; *parl.* tehir etm., ertelemek; müzakereye sunmak *(tasarı, teklif vs.)*.

tab.leau [ˈtæbləu] *n., pl.* **tab.leaux** [ˈtæbləuz] canlı tablo.

ta.ble...: ˈ~-**cloth** *n.* masa örtüsü, sofra bezi; ˈ~-**land** *n.* plato, yayla; ˈ~-**lin.en** *n.* masa örtüsü takımı; ˈ~-**spoon** *n.* yemek kaşığı; ˈ~.**spoon.ful** *n.* bir yemek kaşığı dolusu miktar.

tab.let [ˈtæblit] *n.* levha, kitabe, yazıt; yazı kâğıdı destesi, bloknot; *pharm.* tablet, komprime.

ta.ble...: ˈ~-**talk** *n.* sofra sohbeti; ˈ~-**ten.nis** *n.* masa tenisi, pingpong; ˈ~-**top** *n.* masa üstü.

tab.loid [ˈtæblɔid] *n.* resimli küçük gazete.

ta.boo [təˈbuː] **1.** *adj.* yasak, tabu, dokunulmaz; **2.** *n.* tabu olan şey; **3.** *v/t.* yasaklamak.

ta.bor ♪ [ˈteibə] *n.* dümbelek; zilli tef.

tab.u.lar □ [ˈtæbjulə] cetvel (*veya* çizelge) şeklindeki; masa şeklindeki; cetvele göre hesaplanmış; **tab.u.late** [ˈ~leit] *v/t.* cetvel haline koymak; **tab.uˈla.tion** *n.* cetvel haline koyma.

tac.it □ [ˈtæsit] söylenmeden anlaşılan, kapalı ifade olunan, zımnî; kontratsız yapılan; **tac.i.turn** □ [ˈ~təːn] az konuşur, sessiz, ağzı var dili yok; **tac.iˈtur.ni.ty** *n.* sessizlik, suskunluk.

tack [tæk] **1.** *n.* ufak çivi, pünez; teyel (dikişi); ⚓ kuntra; *fig.* yol, usül; ⚓ yelken durumuna göre gidilen yol; ⚓ yiyecek, gıda; on the wrong ~ yanlış yolda; **2.** *v/t.* çivi ile iliştirmek; teyellemek; *fig.* eklemek (to, on *-e*); *v/i.* ⚓ orsa etm.; *fig.* *bşi* iyi kötü yoluna koymak.

tack.le [ˈtækl] **1.** *n.* tutma, zaptetme; ⚓ halat takımı; ⚓ palanga; ⊕ takım, cihaz; **2.** *v/t.* uğraşmak (s.th. *ile*), çaresine bakmak, üstesinden gelmek; tutmak, zaptetmek; *v/i. Am. futbol:* topu taşıyan rakibini tutup durdurmak.

tack.y [ˈtæki] *adj.* yapışkan, yapış yapış, henüz kurumamış *(boya vs.)*; *Am.* F yırtık pırtık, pejmürde.

tact [tækt] *n.* incelik, nezaket, zarafet; **tact.ful** [ˈ~ful] *adj.* ince(likli), nazik, zarif.

tac.ti.cal □ ⚔ [ˈtæktikəl] taktiğe ait, taktik...; **tac.ti.cian** [~ˈtiʃən] *n.* taktik veren kimse, tabiyeci; **tac.tics** [ˈ~iks] *n. pl., a. sg.* taktik, manevra, tabiye.

tac.tile [ˈtæktail] *adj.* dokunma duyusuna ait, dokunma...

tact.less □ [ˈtæktlis] nezaketsiz, kaba, patavatsız.

tad.pole *zo.* [ˈtædpəul] *n.* iribaş, tetari.

taf.fe.ta [ˈtæfitə] *n.* tafta.

taf.fy *Am.* [ˈtæfi] = toffee; F dalkavukluk, yağcılık.

tag [tæg] **1.** *n.* etiket, fiş; ayakkabı bağı demiri; meşhur söz; sarkık uç; «elim sende» oyunu; **2.** *v/t.* etiketlemek, etiket yapıştırmak (to, onto *-e*); ~ after takılmak *-e*, peşinden gitmek *-in*; ~ together birleştirmek, biraraya getirmek.

tail [teil] **1.** *n.* kuyruk; kuyruğa benzer şey; arka; son; maiyet; *sl.* kıç, popo; *sl.* cinsel ilişki; *sl.* *b-nin* peşine salınan kimse; sayfa altındaki boşluk; saç örgüsü; ~s *pl.* paranın resimsiz tarafı, yazı; F frak; from the ~ of one's eye göz ucuyla; turn ~ gerisin geriye kaçmak; ~s up keyfi yerinde, keyfi kekâ; **2.** *v/t.* ~ after s.o. *b-ni* izlemek, takip etm.; ~

s.o. *Am.* *b-nin* peşini bırakmamak; *v/i.* ~ off, ~ away azalmak, küçülmek; geride kalmak, geride kalarak dağılmak; '~-board *n. mot.* arka kapak; '~-coat *n.* frak; **tailed** *comb.* ...kuyruklu; '~-'end *n.* arka kısım, kıç; son; '**tail.less** *adj.* kuyruksuz; '**tail-light** *n.* stop lambası, kuyruk lambası.

tai.lor ['teilə] **1.** *n.* terzi; **2.** *vb.* terzilik yapmak; biçip dikmek; uydurmak, uyarlamak; ~ed suit ısmarlama elbise; '~-made *adj.* terzi elinden çıkmış, iyi dikilmiş; *fig.* uygun; ~ costume ısmarlama kostüm.

tail...: '~.**piece** *n. typ.* kitap sonundaki süslü şekil; '~-**spin** *n.* ✈ kuyruk çevrintisi.

taint [teint] **1.** *n.* leke, nokta, iz, eser; ayıp, kusur; sirayet, bulaşma; çürüme, bozulma; **2.** *v/t.* & *v/i.* boz(ul)mak; lekelemek; ⚕ bulaştırmak; ahlâkını bozmak.

take [teik] **1.** *(irr.) v/t.* almak; tutmak, yakalamak, kapmak; zaptetmek; esir etm.; kazanmak *(ödül vs.)*; kullanmak; çalmak; yararlanmak *-den*; götürmek; tuzağa düşürmek; yapmak; kiralamak; içmek *(çay vs.)*; yemek; satın almak; kabul etm.; getirmek *(kazanç)*; *phot.* çekmek *(resim)*; F kavramak, anlamak; sanmak, zannetmek (for); üstlenmek, yüklenmek *(sorumluluk, görev vs.)*; seçmek; uymak *(tavsiyeye vs.)*; çıkarmak; *sl.* aldatmak, kandırmak; sürmek; uğramak *-e*; ihtiyacı olm. *-e*; the devil ~ it! Allah kahretsin!, kör şeytan!; I ~ it that sanıyorum ki; ~ breath nefes almak; ~ comfort teselli bulmak, avunmak; ~ compassion on acımak *-e*; *s.* consideration; ~ counsel danışmak; *s.* decision; ~ a drive araba ile gezmek; *s.* effect; *s.* exercise; ~ fire ateş almak; ~ in hand avucunun içine almak, idaresini ele almak; *s.* heart; ~ hold of tutmak, kapmak, yakalamak; ~ it F anlamak; katlanmak; *s.* liberty; *s.* note; *s.* notice; ~ pity on acımak *-e*; ~ place olmak, vuku bulmak; ~ s.o.'s place *b-nin* yerine geçmek, yerini almak; ~ a rest dinlenmek; *s.* rise; ~ a seat oturmak; ~ a walk yürüyüşe çıkmak; ~ my word for it bana inanın, sizi temin ederim; ~ about gezdirmek, dolaştırmak; ~ along beraberinde götürmek; ~ down yazmak, kaydetmek, dikte almak; indirmek; sökmek, parçalara ayırmak; yıkmak; ~ for sanmak, zannetmek; ~ from alıp götürmek; çekip almak, çıkarmak; küçültmek, azaltmak; ~ in (içeriye) almak; daraltmak *(elbise vs.)*; sarmak *(yelken)*; kapsamak; zimmetine geçirmek; talep etm. *(hak)*; anlamak, kavramak; görmek; heyecanla dinlemek *veya* izlemek; kabul etm.; F aldatmak, yutturmak; ~ off çıkarmak *(elbise vs.)*; kesmek *(sakal, bıyık vs.)*; seferden almak, kaldırmak *(tren, uçak vs.)*; çekmek; indirmek *(fiyat)*; götürmek, yol göstermek; kurtarmak; F taklit etm.; be ~n off 🚂 servisten kalkmak; ~ on üstüne almak, üstlenmek, yüklenmek; işe almak; almak *(yolcu)*; ~ out çıkar(t)mak; götürmek, eşlik etm., çekmek *(diş)*; ~ it out of s.o. *fig.* bitkin düşürmek, halsiz bırakmak, perişan etm.; ~ over götürmek, taşımak; devralmak, *-in* idaresini ele almak; ~ to alışmak *-e*; başlamak *-e*; çare olarak kullanmak; sevmek, hoşlanmak; ~ to pieces sökmek, parçalara ayırmak, dağıtmak *(a. fig.)*; ~ up kaldırmak; almak *(yolcu)*; emmek *(sıvı)*; eritmek; başlamak; işgal etm., kaplamak *(yer)*; tutmak, almak *(zaman)*; kabul etm.; arz etm., sunmak (with *-e*); be ~n up with *fig.* ilgilenmek *ile*, yakınlık duymak *-e*; çok hoşuna gitmek; ~ upon o.s. üzerine almak, yüklenmek; **2.** *(irr.) v/i.* yola çıkmak, gitmek; işe yaramak; olmak; yakalanmak *(hastalığa vs.)*; yapışmak; büyüleyici olm.; etkili olm.; ateş almak, tutuşmak; resim çektirmek; ~ after benzemek *-e*; ~ from itibarını bozmak, lekelemek; ~ off yola çıkmak, ayrılmak; ✈ havalanmak, kalkmak; ~ on F rol yapmak; ~ over idareyi ele almak, yönetici olm.; ~ to *bşe* alışmak; *bşe* müracaat etm.; *fig.* *k-ni bşe* vermek; hoşuna gitmek; ~ to *ger.* *bş* yapmaya başlamak; ~ up F açılmak, düzelmek *(hava)*; çekmek, küçülmek, kısalmak; ~ up with arkadaş olm. *ile*; that won't ~ with me o beni etkilemiyor; **3.** *n.* hâsılat; *film:* çekim; alma, alış; tutma, tutuş; bir seferlik av miktarı; tutma *(aşı)*.

take...: '~-**home pay** net maaş; '~-'**in** *n.* F aldatmaca, yutturmaca; '**tak.en** *p.p.* of take; be ~ ele geçmek; be ~ with *bşe* hayran olm., bayılmak; etkilenmek *-den*; be ~ ill hastalanmak; '**take-off** *n.* taklit; karikatür; ✈ kalkış, havalanma; başlama *veya* hareket noktası; '**tak.er** *n.* bahse giren kimse.

tak.ing ['teikiŋ] **1.** □ F cazip, çekici, büyüleyici; **2.** *n.* alma, alış; kötü durum; F heyecan, telâş; ~s *pl.* ✈ hâsılat, gelir.

talc *min.* [tælk] *n.* talk; **tal.cum** ['~kəm] = talc.

tale [teil] *n.* masal, hikâye; rapor; dedikodu; yalan; sayı, adet, toplam; it tells its own ~ kendini bizzat açıklıyor, başka bş söylemeğe gerek yok **'~.bear.er** *n.* dedikoducu kimse.

tal.ent ['tælənt] *n.* kabiliyet, yetenek, hüner, Allah vergisi; **'tal.ent.ed** *adj.* kabiliyetli, hünerli, yetenekli.

ta.les ⚖ ['teili:z] *n. pl.* yedek jüri üyeleri.

tal.is.man ['tælizmən] *n.* tılsım.

talk [tɔ:k] **1.** *n.* konuşma; laf, söz, lakırdı; görüşme, müzakere; boş laf; konuşma şekli, ağız; dedikodu, söylenti; konferans; give a ~ konuşma yapmak; have a ~ konuşmak, görüşmek; **2.** *v/t.* konuşmak, söylemek; görüşmek, tartışmak, müzakere etm.; konuşarak etkilemek; *v/i.* konuşmak, laf (*veya* lakırdı) etm.: dedikodu etm.; ~ to s.o. F *b-ni* terslemek, azarlamak, haşlamak; **talk.a.tive** □ ['~ətiv] konuşkan, çenesi düşük, geveze; **talk.ee-talk.ee** F ['tɔ:ki'tɔ:ki] *n.* gevezelik, boş laf; **'talk.er** *n.* konuşkan, geveze, boşboğaz kimse; konuşan kimse; he is a good ~ iyi konuşur, iyi bir konuşmacıdır; **talk.ie** F ['~i] *n.* sesli film; **'talk.ing** *n.* konuşma; **talk.ing-to** F ['~tu:] *n.* azar(lama), paylama, haşlama.

tall [tɔ:l] *adj.* uzun (boylu); yüksek; F abartmalı; büyük, fahiş, fazla; that's a ~ order F yerine getirilmesi güç bir istek; **'tall.boy** *n.* şifoniyer, konsol; **'tall-ness** *n.* uzunluk, uzun boyluluk; yükseklik.

tal.low ['tæləu] *n.* donyağı; mum yağı; **'tal.low.y** *adj.* yağlı.

tal.ly ['tæli] **1.** *n.* çetele; karşılık, denk (of *-in*); etiket, fiş; çentik, kertik; hesap (tutma); **2.** *v/t.* & *v/i.* uy(dur)mak; çeteleye yazmak; sayı(m) yapmak.

tal.ly-ho ['tæli'həu] **1.** *int.* haydi!, yallah!; **2.** *n. hunt.* köpekleri ileri sürmek için avcının seslenmesi; **3.** *vb.* «Haydi!» diyerek köpekleri koşturmak.

tal.on *orn.* ['tælən] *n.* pençe.

ta.lus¹ ['teiləs] *n.* meyil; *geol.* tepe *veya* uçurum dibinde biriken kaya parçaları, kavşat.

ta.lus² *anat.* [~] *n.* aşık kemiği.

tam.a.ble ['teiməbl] *adj.* evcilleştirilebilir, ehlîleştirilebilir.

tam.a.rind ⚘ ['tæmərind] *n.* demirhindi(nin meyvesi).

tam.a.risk ⚘ ['tæmərisk] *n.* ılgın.

tam.bour ['tæmbuə] **1.** *n.* kasnak, gergef; trampet, ufak davul; ⚠ kasnak işi; **2.** *v/t.* kasnağa gerip işlemek; **tam.bou.rine** ♪ [~bə'ri:n] *n.* tef.

tame [teim] **1.** □ evcil, ehlî; uysal, yumuşak başlı; tatsız, yavan, sıkıcı; zararsız; **2.** *v/t.* evcilleştirmek, ehlîleştirmek, alıştırmak; uysallaştırmak; yumuşatmak; **'tame.ness** *n.* evcillik; uysallık; boyun eğme; **'tam.er** *n.* terbiyeci.

Tam.ma.ny *Am.* ['tæməni] *n.* New York'taki demokratik parti merkez kuruluşu.

tam-o'-shan.ter [tæmə'ʃæntə] *n.* İskoç beresi.

tamp [tæmp] *v/t.* ⚒, ⊕ bastırıp sıkıştırmak.

tam.per ['tæmpə] *v/t.* & *v/i.*: ~ with karış(tır)mak, kurcalamak, oynamak; dokunmak; değiştirip bozmak.

tam.pon ⚕ ['tæmpən] *n.* tampon.

tan [tæn] **1.** *n.* güneş yanığı; tanen, mazı tozu: **2.** *adj.* açık kahverengi; **3.** *v/t.* & *v/i.* karar(t)mak. esmerleş(tir)mek: tabaklamak *(deri);* F kamçılamak. dövmek.

tan.dem ['tændəm] *n.* iki kişilik bisiklet; ~ connexion ⚡ seri bağlantı.

tang¹ [tæŋ] *n.* pırazvana, berazban, bıçağın sapa giren kuyruğu; *fig.* ağızda kalan tat *veya* koku.

tang² [~] **1.** *n.* madenî ses, tangırtı; **2.** *v/i.* madenî ses çıkarmak, tangırdamak.

tan.gent ⩓ ['tændʒənt] *n.* teğet; tanjant; go (*a.* fly) off at a ~ birden fikir *veya* konu değiştirmek, daldan dala konmak; **tan.gen.tial** □ ⩓ [~'dʒenʃəl] teğet şeklinde, teğet halindeki...

tan.ger.ine ⚘ [tændʒə'ri:n] *n.* mandalina.

tan.gi.bil.i.ty [tændʒi'biliti] *n.* tutulabilme;

tan.gi.ble □ ['~dʒəbl] dokunulur, tutulur; anlaşılır, açık; *fig.* gerçek; maddî; duyulur, hissedilir.

tan.gle ['tæŋgl] **1.** *n.* karışıklık; karmakarışık şey, arapsaçı; düğüm; **2.** *v/t.* & *v/i.* karış(tır)mak, dolaş(tır)mak, karmakarışık etm., arapsaçına çevirmek; tartışmak, münakaşa etm. (with *ile*).

tan.go ['tæŋgəu] *n.* tango.

tank [tæŋk] **1.** *n.* depo, sarnıç, tank; havuz, gölcük; ⊕, ⚔ tank; **2.** *v/t.* depo *veya* sarnıca koymak; ~ up arabanın deposunu doldurmak, yakıt almak; **'tank-age** *n.* havuz *veya* depo istiap hacmi; havuz *veya* depoya doldurma; havuz doldurma ücreti.

tank.ard ['tæŋkəd] *n.* içki maşrapası.

tank-car 🚃 ['tæŋkka:] *n.* tanklı vagon; **'tank.er** *n.* tanker.

tan.ner¹ ['tænə] *n.* sepici, tabak.

tan.ner² *sl.* [~] *n.* altı penilik para.

tan.ner.y ['tænəri] *n.* tabakhane.

tan.nic ac.id ⚗ ['tænik'æsid] *n.* tanen asidi.

tan.nin ⚗ [tænin] *n.* tanen, mazı tozu.
tan.ta.lize [ˈtæntəlaiz] *v/t.* hayal kırıklığına uğratmak, boşuna ümit vermek, *bşi* gösterip vermemek, eziyet etm.
tan.ta.mount [ˈtæntəmaunt] *adj.* eşit, aynı (to *-e, ile*).
tan.trum F [ˈtæntrəm] *n.* hiddet (nöbeti), aksilik, terslik.
tap¹ [tæp] **1.** *n.* hafif vuruş; **2.** *v/t.* hafifçe vurmak *-e.*
tap² [~] **1.** *n.* musluk; fıçı tapası, tıkaç; F fıçıdan alınmış içki; ⊕ kılavuz, burgu; F *s.* ~-room; ⚡ bağlantı; on ~ fıçıdan alınıp satılmaya hazır *(içki)*; *fig.* hazır; **2.** *v/t.* akıtmak *-i*; delerek akıtmak *(kauçuk)*; sızdırmak *(para, bilgi vs.)*; ~ the wire(s) ⚡ gizli bağlantı kurmak; *teleph.* gizlice dinlemek.
tap-dance [ˈtæpdɑːns] ayakları yere vurarak yapılan bir çeşit dans.
tape [teip] *n.* şerit, bant, kurdele; metre şeridi; *spor:* varış ipi; *tel.* kâğıt şerit; red ~ bürokrasi, gereksiz resmî muamele, kırtasiyecilik; **ˈ~-meas.ure** *n.* mezûr, mezura, metre şeridi; **tape re.cord.er** *n.* teyp; **tape re.cord.ing** teybe alma.
ta.per [teipə] **1.** *n.* çok ince mum; **2.** *adj.* gittikçe incelen; **3.** *v/t. & v/i.* gittikçe incel(t)mek, sivril(t)mek; azalmak, eksilmek; ~ing = ~ 2.
tap.es.tried [ˈtæpistrid] *adj.* goblenle kaplı; **ˈtap.es.try** *n.* goblen, resim dokumalı duvar örtüsü.
tape.worm [ˈteipwəːm] *n.* bağırsak kurdu, şerit, tenya.
tap.i.o.ca [tæpiˈəukə] *n.* tapyoka.
ta.pir *zo.* [ˈteipə] *n.* tapir.
tap.pet ⊕ [ˈtæpit] *n.* kol, manivela.
tap-room [ˈtæprum] *n.* meyhane, bar.
tap-root ⚘ [ˈtæpruːt] *n.* ana kök.
taps *Am.* ⚔ [tæps] *n. pl.* yat borusu.
tap.ster [ˈtæpstə] *n.* barmen.
tar [tɑː] **1.** *n.* katran; Jack ♀ F deniz kurdu, denizci, gemici; **2.** *v/t.* katranlamak.
ta.ran.tu.la *zo.* [təˈræntjulə] *n.* büyük örümcek.
tar-board [ˈtɑːbɔːd] *n.* katranlı mukavva.
tar.di.ness [ˈtɑːdinis] *n.* gecikme; yavaşlık, ağırlık; **ˈtar.dy** □ yavaş, ağır; geç kalan *veya* gelen, geciken.
tare¹ ⚘ [tɛə] *n. mst* ~s *pl.* delice.
tare² ⚚ [~] **1.** *n.* dara; **2.** *v/t.* *-in* darasını düşmek.
tar.get [ˈtɑːgit] *n.* hedef, nişangâh; *fig.* eleştiriye hedef olan *bş veya b-i*; ulaşılmak istenilen miktar; amaç, gaye; ~ practice atış talimi.
tar.iff [ˈtærif] *n.* gümrük tarifesi; fiyat listesi.
tar.mac [ˈtɑːmæk] *n.* asfalt *(yol veya uçak iniş alanı).*
tarn [tɑːn] *n.* dağ gölü.
tar.nish [ˈtɑːniʃ] **1.** *v/t. & v/i.* ⊕ donuklaş(tır)mak, matlaş(tır)mak, karar(t)mak; *fig.* lekelemek, kirletmek *(şöhret vs.)*; **2.** *n.* donukluk, matlık; leke, kir.
tar.pau.lin [tɑːˈpɔːlin] *n.* ⚓ gemici, denizci; su geçirmez muşamba *veya* örtü.
tar.ry¹ *lit.* [ˈtæri] *v/i.* kalmak, durmak; gecikmek, oyalanmak.
tar.ry² [ˈtɑːri] *adj.* katranlı.
tart [tɑːt] **1.** □ ekşi, mayhoş; keskin, acı; *fig.* ters, sert *(davranış, huy vs.)*; **2.** *n.* turta; *sl.* fahişe, orospu.
tar.tan [ˈtɑːtən] *n.* kareli ve yünlü İskoç kumaşı; ~ plaid İskoç şalı.
Tar.tar¹ [ˈtɑːtə] *n.* Tatar; *fig.* düzenbaz kimse, baş belâsı kimse; catch a ~ belâya çatmak, daha belâlısına çatmak.
tar.tar² [~] *n.* ⚗ kefeki, pesek; şarap tortusu.
task [tɑːsk] **1.** *n.* ödev; iş, görev, vazife; hizmet; külfet; take to ~ (for) azarlamak, paylamak, haşlamak *(-den dolayı)*; **2.** *v/t.* külfet yüklemek *-e*; görevlendirmek, vazifelendirmek; **task force** ⚔ geçici işbirliği; **ˈtask.mas.ter** *n.* angaryacı.
tas.sel [ˈtæsəl] **1.** *n.* püskül; **2.** *v/t.* püsküllerle süslemek.
taste [teist] **1.** *n.* tat, lezzet, çeşni; tat alma duyusu; yudumluk, tadımlık miktar (of *-in*); hoşlanma, zevk, beğeni (for *-e karşı*); there is no accounting for ~s zevkler ve renkler tartışılmaz; to ~ zevkine uygun; **2.** *v/t.* *-in* tadına bakmak, tatmak; denemek *-i*; *v/i.* tadı olm., tat vermek (of); **taste.ful** □ [~ˈful] lezzetli; zevkli; uyumlu, zarif.
taste.less □ [ˈteistlis] tatsız, yavan; zevksiz; uygunsuz; **ˈtaste.less.ness** *n.* tatsızlık; uygunsuzluk.
tas.ter [ˈteistə] *n.* çeşnici *(şarap, çay vs.).*
tast.y □ F [ˈteisti] tatlı, lezzetli, leziz; zevkli.
tat¹ [tæt] *s.* tit¹.
tat² [~] *v/i.* mekik oyası yapmak.
ta-ta [ˈtæˈtɑː] *int.* F *(çocuk dilinde veya co.)* Allaha ısmarladık; güle güle.
tat.ter [ˈtætə] **1.** *v/t. & v/i.* parçala(n)mak, parçalayıp paçavra yapmak; **2.** *n.* ~s *pl.* paçavra, çaput; **tat.ter.de.mal.ion** [~dəˈmeiljən] *n.* pejmürde kimse, üstübaşı dökük kimse.
tat.tle [ˈtætl] **1.** *v/i.* gevezelik etm., çene çalmak, boşboğazlık etm.; *v/t.* *b.s.* fitlemek, gammazlamak; **2.** *n.* boşboğaz-

lık, dedikodu, zevzeklik; *b.s.* fitnecilik, gammazlık; ˌ**tat.tler** *n.* boşboğaz (*veya* zevzek, fitneci, gammaz) kimse.

tat.too[1] [təˈtuː] **1.** *n.* ✕ koğuş borusu; beat the devil's ~ *fig.* parmakları bir yere tıkır tıkır vurmak; **2.** *vb.* *fig.* tıkır tıkır vurmak, tıkırdatmak.

tat.too[2] [~] **1.** *v/t.* dövme yapmak *-e*; **2.** *n.* dövme.

taught [tɔːt] *prep & p.p. of* teach.

taunt [tɔːnt] **1.** *n.* hakaret, alay; iğneli söz; **2.** *v/t.* alay etm. *ile*, sataşmak *-e*; ~ s.o. with s.th. *b-le bş* yüzünden alay etm., başına kakmak *-i*; ˈ**taunt.ing** □ alaylı; iğneli *(söz)*.

taut [tɔːt] *adj.* ⚓ sıkı, gergin *(ip, halat vs.)*; *fig.* gergin *(sinir)*; ˈ**taut.en** *v/t.* & *v/i.* gerginleş(tir)mek, sıkılaş(tır)mak; ⚓ aganta etm.

tau.tol.o.gy [tɔːˈtɔlədʒi] *n.* gereksiz tekrar(lanan ifade).

tav.ern [ˈtævən] *n.* meyhane, taverna; han.

taw[1] ⊕ [tɔː] *v/t.* şaplamak.

taw[2] [~] *n.* bilye (oyunu).

taw.dri.ness [ˈtɔːdrinis] *n.* zevksizlik, bayağılık; ˈ**taw.dry** □ ucuz ve gösterişli, bayağı, zevksiz.

taw.ny [ˈtɔːni] *adj.* sarımsı kahverengi, esmer, koyu kumral.

tax [tæks] **1.** *n.* vergi, resim (on *üzerine*); *fig.* külfet, yük (on, upon *-e*); ~ evasion vergi kaçırma; **2.** *vb.* vergi koymak *-e*, *fig.* külfet olm., yük olm., tüketmek *(sabır)*; ⚖ mahkeme masrafını belirlemek; suçlamak; ~ s.o. with s.th. *b-ni bşden* dolayı suçlamak; ˈ**tax.a.ble** □ vergiye tabi; **taxˈa.tion** *n.* vergi (tarhı); vergilendirme; *part.* ⚖ mahkeme masrafı; ˈ**tax-col.lec.tor** *n.* vergici, tahsildar; ˈ**tax-free** *adj.* vergiden muaf.

tax.i F [ˈtæksi] **1.** *n.* = ˈ~**-cab** taksi; **2.** *v/t.* & *v/i.* taksi ile gitmek *veya* taşımak; ✈ taksile(t)mek; ˈ~**-danc.er** *n.* dansetmek için tutulan kız; ˈ~**-driv.er** *n.* taksi şoförü; ˈ~**.me.ter** *n.* taksimetre.

tax.pay.er [ˈtækspeiə] *n.* vergi mükellefi.

tea [tiː] *n.* çay (fidanı); çay ziyafeti; akşam kahvaltısı; high ~, meat ~ ikindi kahvaltısı, beş çayı; ˈ~**-cad.dy** *n.* çay kutusu.

teach [tiːtʃ] *(irr.)* *v/t.* öğretmek, okutmak, eğitmek, yetiştirmek; ders vermek *-e*; göstermek; I'll ~ you to come home late! eve geç gelmeyi ben sana gösteririm!; *v/i.* öğretmenlik yapmak; ˈ**teach.a.ble** □ çabuk öğrenen, öğrenmeye hevesli; ˈ**teach.er** *n.* öğretmen, hoca; ˈ**teach.er-ˈtrain.ing col.lege** eğitim fakültesi; ˈ**teach-ˈin** *n.* tartışma, münazara; ˈ**teach.ing** *n.* öğretme, öğretim; öğretmenlik; ~**s** *pl.* telkin, talim, öğretilen şey.

tea…: ˈ~**-co.sy** *n.* çaydanlık külâhı; ˈ~**.cup** *n.* çay fincanı; storm in a ~ *fig.* bir bardak suda fırtına; ˈ~**-gown** *n.* ikindide giyilen elbise.

teak ⚘ [tiːk] *n.* tik ağacı (kerestesi).

tea-ket.tle [ˈtiːketl] *n.* çaydanlık.

team [tiːm] *n.* ekip, grup; çift hayvan takımı; *part.* *spor:* takım; ~ **spir.it** ekip halinde çalışma ruhu; **team.ster** [ˈ~stə] *n.* çift hayvan süren kimse; *Am.* kamyon şoförü; ˈ**team-work** *n.* takım halinde çalışma, ekip çalışması *(a. spor)*; *thea.* piyesteki oyuncuların hepsi.

tea.pot [ˈtiːpɔt] *n.* demlik, çaydanlık.

tear[1] [tɛə] **1.** *(irr.)* *v/t.* & *v/i.* yırt(ıl)mak, kop(ar)mak, yar(ıl)mak, çok hırpala(n)mak; açmak *(delik)*; yolmak; F çılgın gibi koşmak; **2.** *n.* yırtık; *s.* wear.

tear[2] [tiə] *n.* gözyaşı.

tear.ful □ [ˈtiəful] gözleri yaşlı, ağlayan.

tear-gas [ˈtiəgæs] *n.* göz yaşartıcı gaz.

tear.ing *fig.* [ˈtɛəriŋ] *adj.* çılgınca, müthiş.

tear.less □ [ˈtiəlis] gözyaşsız, gözleri kurumuş.

tea.room [ˈtiːrum] *n.* kafeterya.

tease [tiːz] **1.** *v/t.* tedirgin etm., rahatsız etm., kızdırmak; *fig.* takılmak *-e*, alay etm. *ile*; liflere ayırmak; kabartmak *(saç)*; **2.** *n.* takılmayı seven kimse, şakacı kimse; **tea.sel** ⚘ [ˈtiːzl] *n.* tarakotu; ⊕ hav kabartma tarağı; ˈ**teas.er** *n.* F *fig.* zor mesele, güç iş.

tea…: ˈ~**-spoon** *n.* çay kaşığı; ˈ~**.spoon.ful** *n.* çay kaşığı dolusu; ˈ~**.strain.er** *n.* çay süzgeci.

teat [tiːt] *n.* meme, emcik.

tea…: ˈ~**-things** *n. pl.* çay takımı; ˈ~**-urn** *n.* semaver.

tech.nic [ˈteknik] *n.* *a.* ~s *pl.* *veya* *sg.* = technique; ˈ**tech.ni.cal** □ teknik…, meslekî…, ilmî; resmî; kurallara uygun; **tech.ni.cal.i.ty** [~ˈkæliti] *n.* teknik ayrıntı, incelik, ilmî nitelik; **techˈni.cian** [~ʃən] *n.* teknisyen, teknikçi, tekniker.

tech.ni.col.or [ˈteknikʌlə] **1.** *adj.* renkli film…; **2.** *n.* renkli film.

tech.nique [tekˈniːk] *n.* teknik, yöntem, yordam, metod, yapma usulü.

tech.no.cra.cy [tekˈnɔkrəsi] *n.* teknokrasi.

tech.nol.o.gy [tekˈnɔlədʒi] *n.* teknoloji; school of ~ teknik üniversite.

tech.y [ˈtetʃi] = testy.

ted.der *Am.* [ˈtedə] *n.* yaş otu harman makinesi.

ted.dy boy F [ˈtedibɔi] *n.* asi genç.

te.di.ous □ [ˈtiːdjəs] usandırıcı, can sıkıcı, yorucu; **ˈte.di.ous.ness** *n.* sıkıcılık, usandırıcılık; can sıkıntısı; monotonluk.

te.di.um [ˈtiːdjəm] *n.* sıkıcılık; can sıkıntısı, bezginlik.

tee [tiː] **1.** *n. spor:* hedef; *golf:* topun konulduğu küçük kum yığını *veya* tahta çubuk; **2.** *vb.* ~ off topa kum yığınının üstünden vurarak oyuna başlamak.

teem [tiːm] *v/i.* dolu olm., kaynamak (with *ile*); boşanmak, çok yağmak *(yağmur).*

teen-ag.er [ˈtiːneidʒə] *n.* on üç on dokuz yaşlar arasındaki kimse, genç, delikanlı.

teens [tiːnz] *n. pl.* on üç ile on dokuz arasındaki yaşlar; in one's ~ 13-19 yaşları arasında.

tee.ny F [ˈtiːni] *adj.* ufak, ufacık, küçük, mini mini.

tee.ter F [ˈtiːtə] *v/i.* sendeleyerek yürümek, sallanmak, bocalamak.

teeth [tiːθ] *pl. of* tooth.

teethe [tiːð] *v/i.* diş çıkarmak; teething troubles *pl.* diş çıkardığı için bebeğin huysuzluğu.

tee.to.tal [tiːˈtəutl] *adj.* içki içmemeye ait; yeşilaycı; **teeˈto.tal.(l)er** *n.* alkollü içki içmeyen kimse.

tee.to.tum [ˈtiːtəuˈtʌm] *n.* el ile çevrilen topaç.

tel.e.cast [ˈtelikɑːst] **1.** *n.* televizyon yayını; **2.** *v/t.* televizyonla yayınlamak.

tel.e.course *Am.* F [ˈtelikɔːs] *n.* televizyonla öğretim.

tel.e.gram [ˈteligræm] *n.* telgraf(name).

tel.e.graph [ˈteligrɑːf] **1.** *n.* telgraf (makinesi); *attr.* telgraf...; **2.** *v/i.* telgraf çekmek; *v/t.* tellemek; **tel.e.graph.ic** [~ˈgræfik] *adj.* (~ally) telgrafla ilgili, telgraf...; **te.leg.ra.phist** [tiˈlegrəfist] *n.* telgrafçı; **teˈleg.ra.phy** *n.* telgraf sistemi, telgrafçılık.

te.lep.a.thy [tiˈlepəθi] *n.* telepati, uzaduyum.

tel.e.phone [ˈtelifəun] **1.** *n.* telefon; by ~ telefonla; be on the ~ telefonda olm.; **2.** *v/t.* telefon etm. *-e*; ~ **booth** telefon kulübesi; **ˈtel.e.phon.ic** [~ˈfɔnik] *adj.* (~ally) telefona ait, telefon...; **te.leph.o.nist** [tiˈlefənist] *n.* santral memuru, telefoncu; **teˈleph.o.ny** *n.* telefonculuk.

tel.e.pho.to *phot.* [ˈteliˈfəutəu] *n. a.* ~ lens teleobjektif, teleskopik mercek; telefotografik resim.

tel.e.print.er [ˈteliprintə] *n.* teleks.

tel.e.scope [ˈteliskəup] **1.** *n. opt.* teleskop, ırakgörür; **2.** *v/t. & v/i.* iç içe geç(ir)mek; kısal(t)mak; iç içe girmek; **tel.e.scop.ic** [~ˈskɔpik] *adj.* teleskopa ait; teleskopik; teleskopla görülebilen; ~ sight nişan dürbünü *(tüfekte).*

tel.e.typ.er [ˈteliˈtaipə] *n.* teleks.

tel.e.vise [ˈtelivaiz] *v/t.* televizyonla yayınlamak; **tel.e.vi.sion** [ˈ~viʒən] *n.* televizyon, uzagörüm; *attr.* televizyon...; watch ~ televizyon seyretmek; ~ set televizyon cihazı; **tel.e.vi.sor** [ˈ~vaizə] *n.* televizyon alıcısı.

telex [ˈteleks] *n.* teleks.

tell [tel] *(irr.) v/t.* söylemek *-e*, anlatmak *-e*, bildirmek *-e*, nakletmek *-e*; ifade etm., belirtmek; emretmek; anlamak; keşfetmek; haber vermek; temin etm.; itiraf etm.; ~ s.o. to do s.th. *b-ne bş* yapmasını söylemek; I have been told bana söylendi; ~ off sayıp ayırmak (for s.th. *bş için*; to do *bş yapmak için*); F paylamak, haşlamak; ~ the world *sl.* yedi mahalleye duyurmak; *v/i.* bahsetmek (of, about *-den*); gammazlamak, ispiyonlamak (on *i-*); ifşa etm., yaymak (on, of *-i*); tesiri olm., tesir etm. *(darbe vs.)*; **ˈtell.er** *n.* veznedar; anlatan kimse; mecliste oyları sayan kimse, sayıcı; **ˈtell.ing** □ etkili, tesirli; **tell.tale** [ˈ~teil] **1.** *adj.* dedikoducu; belli eden; *fig.* ağzında bakla ıslanmayan; **2.** *n.* gammaz kimse, dedikoducu kimse; ⊕ sayaç; ~ clock çalışanların işe gelip gitme zamanını kaydeden saat.

tel.ly F [ˈteli] *n.* televizyon.

tel.pher [ˈtelfə] *n.* teleferik.

te.mer.i.ty [tiˈmeriti] *n.* gözüpeklik, delice cesaret; aşırı cüret, küstahlık.

tem.per [ˈtempə] **1.** *v/t.* yumuşatmak, hafifletmek; ayarlamak; kıvama getirmek; su ile yoğurmak *(balçık)*; ⊕ tavlamak, su vermek *(çelik)*; ♪ gam dizisine göre akort etm.; sertleştirmek; **2.** *n.* ⊕ kıvam, karar, terkip; tabiat, huy, mizaç; öfke, terslik, aksilik; hot ~ öfkelenme, köpürme; lose one's ~ hiddetlenmek, tepesi atmak; **tem.per.a.ment** [ˈ~rəmənt] *n.* mizaç, tabiat, huy, yaradılış; ♪ akort; **tem.per.a.men.tal** □ [~ˈmentl] mizaca bağlı; limonî tabiatlı, değişken mizaçlı; çabuk kızan, öfkesi burnunda, **ˈtem.per.ance 1.** *n.* ölçülülük, ılımlılık; içkiden kaçınma; **2.** *adj.* içkiden kaçınan...; alkolsüz...; **tem.per.ate** □ [ˈ~rit] ılımlı, mutedil; ılıman, ılık; içkiden kaçınan; ~ zone ılıman bölge; **tem.per.a.ture** [ˈtempritʃə] *n.* sıcaklık, ısı, hararet; ısı derecesi; ⚕

ateş; have *veya* run a ~ ateşi olm.; **tempered** [ˈtempəd] *comb.* ... mizaçlı,... huylu; hot-~ sinirli, öfkeli.

tem.pest [ˈtempist] *n.* fırtına, bora; **tem-pes.tu.ous** □ [~ˈpestjuəs] fırtınalı; şiddetli, zorlu.

Tem.plar [ˈtemplə] *n. hist.* şövalye; ♀ *univ.* Londra'da Temple'de oturan hukuk öğrencisi.

tem.ple¹ [ˈtempl] *n.* mabet, tapınak.

tem.ple² *anat.* [~] *n.* şakak.

tem.po [ˈtempəu] *n.* tempo; gidiş(at), tarz.

tem.po.ral □ [ˈtempərəl] geçici; (şimdiki) zamana ait; dünyevî; cismanî; *gr.* zaman belirten; **tem.po.ral.i.ties** [~ˈrælitiz] *n. pl.* dünyevî mülk; **tem.po.ra.ri.ness** [ˈ~rərinis] *n.* geçicilik; ˈ**tem.po.rar.y** □ geçici, muvakkat; ~ bridge geçici köprü; ~ work geçici iş; ˌ**tem.po.rize** *v/i.* zamana ayak uydurmak; uzlaşmak; vakit kazanmaya çalışmak.

tempt [tempt] *v/t.* baştan çıkarmak, ayartmak, kandırmak; çekmek, cezbetmek; teşvik etm.; sinirlendirmek; be ~ed baştan çıkarılmak; **tempˈta.tion** *n.* günaha teşvik; ayartma, baştan çıkarma; cezbedici şey; ˌ**tempt.er** *n.* ayartan kimse, baştan çıkaran kimse; şeytan; ˌ**tempt-ing** □ cezbedici, çekici; ˌ**tempt-ress** *n.* baştan çıkaran kadın.

ten [ten] **1.** *adj.* on; **2.** *n.* on sayısı *veya* rakamı.

ten.a.ble [ˈtenəbl] *adj.* savunması kolay; elde tutulabilen; makûl.

te.na.cious □ [tiˈneiʃəs] yapışkan; tutan, bırakmayan, vazgeçmez (of -*den*); kuvvetli *(hafıza)*; inatçı, direngen; **te.nac.i-ty** [tiˈnæsiti] *n.* yapışkanlık; sebat, direnme; bırakmama, vazgeçmeme (of -*den*); sağlamlık.

ten.an.cy [ˈtenənsi] *n.* kiracılık, kullanım; kira süresi.

ten.ant [ˈtenənt] **1.** *n.* kiracı; *fig.* bir yerde oturan kimse, sakin; ~ right kiracının kirayı ödedikçe kullanma hakkı; **2.** *v/t.* kiralamak; ˈ**ten.ant.ry** *n.* kiracılar; kiracılık.

tench *ichth.* [tentʃ] *n.* kilizbalığı.

tend¹ [tend] **1.** *v/i.* meyletmek, yönelmek, eğinmek (to, towards -*e*); ~ from uzaklaşmaya çalışmak -*den*; ~ upwards yükselmek *(fiyat)*.

tend² [~] *v/t.* bakmak -*e*, dikkat etm. -*e*, göz kulak olm. -*e*; kullanmak *(makine)*; ˌ**tend.ance** *n.* bakım, bakma, göz kulak olma.

tend.en.cy [ˈtendənsi] *n.* meyil, eğilim, eğinme; yönseme; **ten.den.tious** [~ˈdenʃəs] *adj.* belli bir amaç güden, davalı, tezli; meyilli, eğik.

ten.der¹ □ [ˈtendə] nazik, hassas, kolay incinir; müşfik, şefkatli, merhametli; ince, narin, cılız; olgunlaşmamış; sevecen; körpe, gevrek.

ten.der² [~] **1.** *n.* teklif, arz; ⚒ teklif; ihale; legal ~ geçerli para; **2.** *v/t.* sunmak, teklif etm; *v/i.* teklif vermek.

ten.der³ [~] *n.* bakıcı; 🚂, ⚓ tender.

ten.der.foot *Am.* F [ˈtendəfut] *n.* güçlüklere alışık olmayan kimse, acemi; **ten.der-loin** [ˈ~lɔin] *n. part. Am.* fileto; *Am.* her türlü karanlık işin yapıldığı bölge; ˈ**ten-der.ness** *n.* şefkat, yufka yüreklilik.

ten.don *anat.* [ˈtendən] *n.* veter, kiriş, tendon.

ten.dril ♣ [ˈtendril] *n.* asma *veya* sarmaşık filizi.

ten.e.ment [ˈtenimənt] *n.* çok kiracılı ucuz apartman; (kiralık) daire; ⚖ mülk olabilen herhangi *bş*; konut, mesken; ~ house ucuz apartman.

ten.et [ˈtiːnet] *n.* inan, doktrin, akide, prensip, ilke, görüş.

ten.fold [ˈtenfəuld] *adv.* on kat, on misli.

ten.nis [ˈtenis] *n.* tenis; ˈ**~-court** *n.* tenis kortu.

ten.on ⊕ [ˈtenən] *n.* erkek geçme parçası; ˈ**~-saw** *n.* ⊕ zıvana testeresi.

ten.or [ˈtenə] *n.* gidiş(at), akış; yön; anlam, mana; ♪ tenor (sesi), tenor çalgı.

tense¹ *gr.* [tens] *n.* fiil zamanı.

tense² □ [~] gerili, gergin *(a. fig.)*; sinirli; nazik; ˈ**tense.ness** gerginlik; **ten-sile** [ˈtensail] *adj.* geril(ebil)ir; gerilme...; ~ strength gerilme direnci; **ten-sion** [ˈ~ʃən] *n.* gerginlik; ger(il)me; ⚡ gerilim; high ~ ⚡ yüksek gerilim; ~ test germe deneyi.

tent¹ [tent] *n.* çadır, otağ, oba; pitch one's ~s çadır kurmak; *fig.* bir yere yerleşmek.

tent² [~] *n.* bir çeşit siyah şarap.

ten.ta.cle *zo.* [ˈtentəkl] *n.* kavrama uzvu; dokunaç.

ten.ta.tive [ˈtentətiv] **1.** □ deneme..., tecrübe olarak yapılan; ~ly deneme kabilinden; **2.** *n.* deneme, tecrübe.

ten.ter [ˈtentə] *n.* gergef, gergi; ˈ**~hook** *n.* gergi kancası; be on ~s *fig.* endişe içinde olm.

tenth [tenθ] **1.** *adj.* onuncu; onda bir; **2.** *n.* onda bir kısım; onuncu gelen şey; ondalık; ˈ**tenth.ly** *adv.* onuncu olarak.

tent-peg [ˈtentpeg] *n.* çadır kazığı.

ten.u.ous □ [ˈtenjuəs] ince, narin; sey-

rek, hafif.
ten.ure ['tenjuə] *n.* tasarruf (hakkı); görev süresi; kullanım süresi; işinde kalabilme hakkı; ~ of office hizmet süresi.
te.pee ['ti:pi:] *n.* kızılderili çadırı.
tep.id □ ['tepid] ılık; **te'pid.i.ty, 'tep.id-ness** *n.* ılıklık.
ter.cen.te.nar.y [tə:sen'ti:nəri], **ter.cen.ten-ni.al** [~'tenjəl] **1.** *adj.* üç yüzyıla ait; **2.** *n.* üç yüzüncü yıldönümü.
ter.gi.ver.sa.tion [tə:dʒivə:'seiʃən] *n.* döneklik, değişkenlik.
term [tə:m] **1.** *n.* süre, müddet, vade; sömestr; dönem; A, *phls.* had, terim; ⚖ toplantı devresi; anlatım, dil, söz, terim; ~s *pl.* koşullar, şartlar; ~s *pl.* ilişkiler; in ~s of praise överek, övgü ile; be on good (bad) ~s with *b-le* arası iyi (kötü) olm.; come to ~s, make ~s anlaşmak, uzlaşmak; **2.** *v/t.* isim vermek, adlandırmak, demek.
ter.ma.gant ['tə:məgənt] **1.** □ yaygaracı, şirret, cadaloz *(kadın)*; **2.** *n.* şirret kadın, cadaloz kadın.
ter.mi.na.ble □ ['tə:minəbl] sınırlan(dırıl)abilir, süresi tayin edilebilir; **ter.mi.nal** ['~nl] **1.** □ uçta bulunan, uç, son; döneme ait, dönem...; ölümcül, ölümle sonuçlanan; ⚘ dal *veya* sapın ucunda olan; ~ly ölümcül derecede; **2.** *n.* son, uç, nihayet; ⚡ kutup, terminal; 🚂 *etc.* terminal; **ter.mi.nate** ['~neit] *v/t.* & *v/i.* bit(ir)mek, son vermek; sınırlamak; sona ermek; **ter.mi'na.tion** *n.* son, bit(ir)me; sonuç, netice; sınır; *gr.* sonek, çekim eki.
ter.mi.nol.o.gy [tə:mi'nɔlədʒi] *n.* terminoloji; özel anlamlı terimler.
ter.mi.nus ['tə:minəs] *n.*, *pl.* **ter.mi.ni** ['~nai] son, nihayet, hudut, sınır; 🚂 son istasyon; son durak; terminal.
ter.mite *zo.* ['tə:mait] *n.* beyaz karınca, divik.
tern *orn.* [tə:n] *n.* balıkçın, deniz kırlangıcı.
ter.na.ry ['tə:nəri] *adj.* üçlü; üçer üçer giden; üç madenden oluşmuş *(alaşım)*.
ter.race ['terəs] *n.* taraça, teras; set; sıra evler; **'ter.raced** *adj.* teraslı..., taraçalı...; ~ house sıra ev.
ter.ra-cot.ta ['terə'kɔtə] *n.* pişirilmiş tuğla *veya* çömlek.
ter.rain ['terein] *n.* arazi, alan, arsa, yer.
ter.res.tri.al □ [ti'restriəl] dünya ile ilgili, dünyasal; kara ile ilgili, karasal; karadan oluşan; *part. zo.*, ⚘ karada yaşayan.
ter.ri.ble □ ['terəbl] korkunç, dehşetli; aşırı, çok, pek; berbat; **'ter.ri.ble.ness** *n.* korkunçluk; aşırılık; berbatlık.
ter.ri.er *zo.* ['teriə] *n.* teriyer.
ter.rif.ic [tə'rifik] *adj.* (~ally) korkunç, dehşetli, dehşet verici; aşırı, çok, pek; F fevkalâde, harika, çok güzel; **ter.ri.fy** ['terifai] *v/t.* korkutmak, dehşete düşürmek.
ter.ri.to.ri.al [teri'tɔ:riəl] **1.** □ karaya ait; belirli bir bölgeye ait; *Am.* devlet teşkilâtına girmemiş bölgelere ait; ~ waters *pl.* kara suları; ♀ Army, ♀ Force yedek gönüllü ordusu, ana vatan ordusu; **2.** *n.* ⚔ ana vatan ordusu üyesi; **ter.ri.to.ry** ['~təri] *n.* toprak, arazi; memleket, ülke; bölge.
ter.ror ['terə] *n.* terör, tedhiş; korku, dehşet; baş belâsı kimse; çok yaramaz çocuk; **'ter.ror.ism** *n.* tedhişçilik, terörizm; **'ter.ror.ist** *n.* tedhişçi, terörist; **'ter.ror.ize** *v/t.* tedhiş etm., yıldırmak.
terse □ [tə:s] kısa ve öz, veciz *(söz, konuşma)*; **'terse.ness** *n.* kısa ve özlülük.
ter.tian ⚕ ['tə:ʃən] *adj.* & *n.* günaşırı tutan (nöbet); **'ter.ti.ar.y** *adj.* üçüncü (dereceye ait); *geol.* üçüncü zamana ait.
Tery.lene ['terəli:n] *n.* terilen.
tes.sel.late ['tesilet] *v/t.* mozaik taş *veya* parçalarla donatmak; ~d pavement mozaik döşeli kaldırım.
test [test] **1.** *n.* test, imtihan; tecrübe, deney; test, muayene; *fig.* deneme; ⚗ analiz, çözümleme, tahlil; ölçü, ayar; maden potası; put to the ~ denemeye tabi tutmak, sınamak, tecrübe etm.; **2.** *v/t.* denemek, prova etm.; imtihan etm., tecrübe etm.; çözümlemek, tahlil etm.; kontrol etm.
tes.ta.ceous *zo.* [tes'teiʃəs] *adj.* kabuklu...
tes.ta.ment *Mukaddes Kitap,* ⚖ ['testəmənt] *n.* ahit; vasiyetname; **tes.ta.men-ta.ry** [~'mentəri] *adj.* vasiyet kabilinden; vasiyetnamede olan.
tes.ta.tor [tes'teitə] *n.* vasiyetname sahibi, vasiyetçi.
tes.ta.trix [tes'teitriks] *n.* vasiyetname yapan kadın.
test case ['test'keis] *n.* deneme davası.
tes.ter[1] ['testə] *n.* yatak tentesi.
test.er[2] [~] *n.* muayene eden kimse *veya* alet.
tes.ti.cle *anat.* ['testikl] *n.* testis, erbezi, husye, haya, taşak.
tes.ti.fi.er ['testifaiə] *n.* şahit, tanık (to *-e*);
tes.ti.fy ['~fai] *v/t.* kanıtlamak, ispatlamak; açığa vurmak; *v/i.* şehadette bulunmak (on *üzerine*); şahitlik etm. (for *lehte*).
tes.ti.mo.ni.al [testi'məunjəl] *n.* bonservis,

tavsiye mektubu; belge; takdirname;
tes.ti.mo.ny [ˈ~məni] *n.* tanıklık, şahadet, şahitlik (to -e); ifade.
tes.ti.ness [ˈtestinis] *n.* terslik, hırçınlık.
test...: ˈ~**-match** *n. kriket:* uluslararası kriket turnuva maçı; ˈ~**-pa.per** *n.* ⚗ turnusol kâğıdı; ˈ~**-pi.lot** *n.* ✈ deney pilotu; ˈ~**-print** *n. phot.* prova; ˈ~**-tube** *n.* ⚗ deney tüpü.
tes.ty □ [ˈtesti], **tetch.y** □ [ˈtetʃi] ters, hırçın, huysuz, sinirli, alıngan.
teth.er [ˈteðə] **1.** *n.* hayvanı bağlama ipi; *fig.* sınır, had; at the end of one's ~ *fig.* kuvvet *veya* sabrının son haddinde; **2.** *v/t.* iple bir yere bağlamak *(at vs.).*
tet.ra.gon ⩓ [ˈtetrəgən] *n.* dörtgen, dörtkenar; **te.trag.o.nal** [~ˈtrægənl] *adj.* dört açılı.
tet.ter ⚕ [ˈtetə] *n.* temriye.
Teu.ton [ˈtjuːtən] *n.* Germen kabile üyesi; **Teu.ton.ic** [~ˈtɔnik] *adj.* Germen halkına ait.
text [tekst] *n.* metin, parça; konu; asıl kitap *veya* yazı; ˈ~**.book** *n.* ders kitabı.
tex.tile [ˈtekstail] **1.** *adj.* dokumacılıkla ilgili, dokuma..., tekstil...; **2.** *n.* dokuma kumaş; ~s *pl.* mensucat.
tex.tu.al □ [ˈtekstjuəl] metne ait, metin...
tex.ture [ˈtekstʃə] *n.* doku; dokum, dokunuş; bünye, yapı, teşekkül.
than [ðæn, ðən] *cj.* -den (daha), -dan, -e göre; -den başka, -den hariç.
thane *hist.* [θein] *n.* krala hizmet eden asılzade.
thank [θæŋk] **1.** *v/t.* teşekkür etm. -*e*; şükretmek -*e*; ~ you teşekkür ederim; no, ~ you hayır, teşekkür ederim; I will thank you for ... için size minnettar kalırım; ~ you for nothing *iro.* yine de sağol; **2.** *n.* ~s *pl.* teşekkür, şükran, şükür; ~s! teşekkürler!; give ~s şükretmek; ~s to -*in* sayesinde; **thank.ful** □ [ˈ~ful] minnettar, müteşekkir, memnun; ˈ**thank-less** □ nankör, iyilik bilmez; değeri bilinmemiş; **thanks.giv.ing** [ˈ~sgiviŋ] *n.* teşekkür, minnet; şükran duası; ♀ (Day) *part. Am.* şükran yortusu; ˈ**thank.worthy** *adj.* teşekküre lâyık.
that [ðæt, ðət] **1.** *pron.* (*pl.* those) o, şu; ki o; so ~'s ~! hepsi bu kadar!, işte o kadar!; ... and ~ ve bu da; at ~ bundan başka, hem de, artık; **2.** *cj.* ki; -sin diye; -si için; böylece.
thatch [θætʃ] **1.** *n.* dam örtüsü olarak kullanılan saman *veya* saz; **2.** *v/t.* sazla kaplamak *(dam vs.).*
thaw [θɔː] **1.** *n.* erime, çözülme; ısınma; samimileşme; **2.** *v/t.* & *v/i.* eri(t)mek, buzları çözülmek; ısınmak, samimileşmek, kaynaşmak, açılmak.
the [ðə; ðiː] **1.** *definite article, determiner (belirtme edatı)* bu, şu, o; **2.** *adv.* ~ ... ~ ne kadar... o kadar.
the.a.tre, *Am.* **the.a.ter** [ˈθiətə] *n.* tiyatro (binası); amfi(teatr); *fig.* olay yeri, alan, sahne, meydan; ˈ~**-go.er** *n.* tiyatro meraklısı; **the.at.ric, the.at.ri.cal** □ [θiˈætrik(əl)] tiyatroya ait, tiyatro...; yapmacık, sahte *(tavır vs.)*; **theˈat.ri.cals** *n. pl.* amatörlerce oynanan piyesler.
thee † *veya lit.* [ðiː] *pron.* sen(i), sana.
theft [θeft] *n.* hırsızlık.
their [ðεə] *adj.* onların; **theirs** [~z] *pron.* onların(ki).
the.ism [ˈθiːizəm] *n.* Allaha inanma; tektanrıcılık, monoteizm.
them [ðem, ðəm] *pron.* onları, onlara.
theme [θiːm] *n.* konu, mevzu, tema *(a.* ♪*)*; ✎ vazife, ödev, görev; kompozisyon ödevi; *gr.* kök, gövde; ~ **song** müzikal oyunda sık tekrarlanan müzik parçası; film müziği.
them.selves [ðəmˈselvz] *pron.* kendileri (ni, -ne, -nde), bizzat.
then [ðen] **1.** *adv.* o zaman, o vakit; o zamanın; (ondan) sonra, daha sonra; demek (ki); ayrıca, bundan başka; bunun için; sonuç olarak; by ~ o zamana kadar; every now and ~ bazen, arada bir, ara sıra; there and ~ derhal, hemen; now ~ şu halde, öyle ise; **2.** *cj.* öyle ise, o halde, şu halde; **3.** *adj.* o zaman olan.
thence *lit.* [ðens] *adv.* oradan; bundan dolayı; o zamandan.
thence.forth [ˈðensˈfɔːθ] *adv.*, **thence.forward** [ˈ~ˈfɔːwəd] o zamandan beri.
the.oc.ra.cy [θiˈɔkrəsi] *n.* teokrasi, dinci erki (ülke); papazlar idaresi; **the.o.cratic** [θiəˈkrætik] *adj.* (~ally) teokratik, dinerkine dayalı.
the.o.lo.gi.an [θiəˈləudʒjən] *n.* ilahiyatçı, tanrıbilimci; **the.o.log.i.cal** □ [~ˈlɔdʒikəl] ilahiyata ait, tanrıbilimle ilgili; **the.ol.o.gy** [θiˈɔlədʒi] *n.* ilahiyat, tanrıbilim, teoloji.
the.o.rem [ˈθiərəm] *n.* teorem; **the.o.ret.ic, the.o.ret.i.cal** □ [~ˈretik(əl)] kuramsal, nazarî; ˈ**the.o.rist** *n.* nazariyeci, kuramcı; ˈ**the.o.rize** *v/i.* teori kurmak, nazariye yürütmek; ˈ**the.o.ry** *n.* teori, kuram.
the.os.o.phy [θiˈɔsəfi] *n.* teosofi.
ther.a.peu.tic [θerəˈpjuːtik] **1.** *adj.* tedavi edici, iyileştirici, şifa verici; **2.** *n.* ~s *mst sg.* terapi ilmi; ˈ**ther.a.py** *n.* tedavi, terapi; ˈ**ther.a.pist** *n.* terapist; mental ~ psikoterapist.

there [ðɛə] **1.** *adv.* ora(sı); orada; oraya; o noktada, o hususta, o konuda; ~ is, ~ are [ðəˈriz, ðəˈrɑː] var; ~ you are! demedim mi!, buyurun!; **2.** *int.* gördün mü?, işte!, haydi!

there...: **ˈ~.a.bout(s)** *adv.* o civarda, oralarda, o sularda; **~ˈaft.er** *adv.* (ondan) sonra; **ˈ~ˈby** *adv.* o suretle, o münasebetle; **~ˈfor** *adv.* onun için, ona; **ˈ~.fore** *adv.* onun için, bundan dolayı, bu yüzden; **~ˈfrom** *adv.* ondan, oradan; **~ˈin** *adv.* orada, onda, o hususta; **~ˈof** *adv.* ondan; bundan dolayı; **~ˈon** *adv.* onun üzerine; **~ˈto** *adv.* ona, oraya; ilâveten, ayrıca; **ˈ~.upˈon** *adv.* onun üzerin(d)e; bundan dolayı; hemen, derhal; **~ˈwith** *adv.* onunla; **~.withˈal** *adv.* ayrıca, bundan başka.

ther.mal [ˈθəːməl] **1.** ☐ termal, kaplıca kabilinden; *phys.* sıcağa ait; ~ value ısı değeri; **2.** *n.* yükselen sıcak hava kitlesi; **ˈther.mic** *adj.* (~ally) ısıya ilişkin, termik...; **therm.i.on.ic** [~ˈɔnik] *adj. radyo:* ~ valve termiyonik lamba.

ther.mo-e.lec.tric cou.ple *phys.* [ˈθəːməuiˈlektrikˈkʌpl] *n.* termoelektrik kuplesi; **ther.mom.e.ter** [θəˈmɔmitə] *n.* termometre, sıcaklölçer; **ther.mo.met.ric, ther.mo.met.ri.cal** ☐ [θəːməuˈmetrik(əl)] termometreye ait, termometre...; **ther.mo.pile** *phys.* [ˈ~məupail] *n.* termopil; **Ther.mos** [ˈ~mɔs] *n. a.* ~ flask, ~ bottle termos; **ther.mo.stat** [ˈ~məstæt] *n.* termostat.

the.sau.rus [θiˈsɔːrəs] *n.* kavramlar dizini; kelime kitabı; hazine, ambar.

these [ðiːz] *adj. & pron.* (*pl. of* this) bunlar; ~ three years bu üç yıl.

the.sis [ˈθiːsis] *n., pl.* **the.ses** [ˈ~siːz] sav, dava, önerme, iddia; tez, inceleme, araştırma.

they [ðei] *pron.* onlar.

thick [θik] **1.** ☐ *com.* kalın; sık *(saç vs.)*, çok; kesif *(hava vs.)*; koyu *(sis, çorba vs.)*; boğuk, kısık *(ses)*; ahmak, kalın kafalı; samimî, senli benli; aşırı; *oft.* as ~ as thieves F *pred.* aralarından su sızmaz; ~ with kesif, yoğun, dolu *ile*; that's a bit ~! *sl.* bu kadarı da fazla!; **2.** *n.* en kalabalık yer; *bşin* kalın kısmı; *fig. bşin* en yoğun yeri *veya* zamanı; in the ~ of ortasında, en şiddetli anında; **ˈthick.en** *v/t. & v/i.* kalınlaş(tır)mak; koyulaş(tır)mak; bulan(dır)mak; sıklaş(tır)mak; yoğunlaş(tır)mak; **thick.et** [ˈθikit] *n.* çalılık, ağaçlık; **ˈthick-head.ed** *adj.* kalın kafalı; **ˈthick.ness** *n.* kalınlık; sıklık; ⊕, † kat, tabaka; **ˈthick-ˈset** *adj.* tıknaz; sık dikilmiş *(bitkiler)*; **ˈthick-ˈskinned** *adj. fig.* vurdumduymaz, duygusuz.

thief [θiːf] *n., pl.* **thieves** [θiːvz] hırsız; **thieve** [θiːv] *v/i.* hırsızlık yapmak; *v/t.* çalmak; **ˈthiev.er.y** *n.* hırsızlık.

thiev.ish ☐ [ˈθiːviʃ] hırsızlığa alışmış; hırsız gibi; **ˈthiev.ish.ness** *n.* hırsızlık alışkanlığı.

thigh [θai] *n.* uyluk, but.

thim.ble [ˈθimbl] *n.* yüksük; **thim.ble.ful** [ˈ~ful] *n.* yüksük dolusu miktar; azıcık şey.

thin [θin] **1.** ☐ *com.* ince, zayıf; seyrek; az; cılız, çelimsiz, kuvvetsiz; sulu, hafif *(içki vs.)*; sudan *(bahane)*; soğuk *(espri)*; soluk, cansız; eksik, yetersiz; he had a ~ time F çok eziyet çekti, berbat vakit geçirdi; **2.** *v/t. & v/i.* incel(t)mek; seyrekleş(tir)mek, seyrelmek; zayıfla(t)mak; dağılmak *(sis)*.

thine † *veya poet.* [ðain] *pron.* senin(ki).

thing [θiŋ] *n.* şey, nesne; mesele, mevzu, konu; şart, durum; olay; mahlûk, yaratık; ~s *pl.* giyecekler, eşya; such a ~ böyle bir şey; the ~ F doğru (*veya* moda, uygun, gerekli) olan şey; the ~ is mesele şu ki ,önemli olan; know a ~ or two F çok iyi bilmek; of all ~s her şeyden evvel, evvelemirde; ~s are going better durum iyiye gidiyor; I don't feel quite the ~ F biraz keyifsizim.

thing.um(.a).bob F [ˈθiŋəm(i)bɔb] *n.*, **thing.um.my** F [ˈ~əmi] şey, zımbırtı, zırıltı.

think [θiŋk] *(irr.) v/i.* düşünmek (of, about *-i*; to *inf.* *...meyi*); düşünüp taşınmak (about, over *üzerinde*); hatırlamak, ileri sürmek, tavsiye etm. (of *-i*); *v/t.* düşünmek; zannetmek, sanmak; niyet etm., tasarlamak; hatırlamak; tasavvur etm., farz etm.; addetmek; ummak; ~ much *etc.* of çok kıymet vermek *-e*, değer vermek *-e*, sevmek *-i*; ~ out düşünüp çıkarmak; tasarlamak; ~ s.th. over *-in* üzerinde düşünmek; **ˈthink.a.ble** *adj.* düşünülebilir, akla uygun; **ˈthink.er** *n.* düşünür, filozof; **ˈthink.ing** *adj.* düşünceli; akıllı; mantıklı...

thin.ness [ˈθinnis] *n.* incelik; zayıflık.

third [θəːd] **1.** *adj.* üçüncü; ~ degree işkence ile yapılan sorgu; **2.** *n.* üçte bir; ♪ üçlü; **ˈthird.ly** *adv.* üçüncü olarak; **ˈthird-ˈrate** *adj.* kalitesiz, adi.

thirst [θəːst] **1.** *n.* susuzluk; *fig.* özlem, tutku; **2.** *v/i.* susamak (for, after *-e*); **ˈthirst.y** ☐ susuz, susamış; *fig.* çok istekli; F kurak *(toprak vs.)*.

thir.teen [ˈθəːˈtiːn] *adj. & n.* on üç (sayısı); **ˈthirˈteenth** [~θ] **1.** *adj.* on üçüncü;

2. *n.* on üçte bir; **thir.ti.eth** [ˈθəːtiiθ] **1.** *adj.* otuzuncu; **2.** *n.* otuzda bir; **ˈthir.ty** *adj.* & *n.* otuz (sayısı); the thirties *pl.* 30-39 yaşları arası.

this [ðis] *adj.* & *pron.* (*pl.* these) bu; † cari; in ~ country bu ülkede; ~ morning bu sabah; ~ day week haftaya bugün.

this.tle ⚘ [ˈθisl] *n.* devedikeni; ˈ~**-down** *n.* diken pamuğu.

thith.er(.ward) † *veya poet.* [ˈðiðə(wəd)] *adv.* oraya; o yöne.

tho' [ðəu] = though.

thole ⚓ [θəul] *n.* kürek ıskarmozu; ˈ~**-pin** *n. fig.* eksen.

thong [θɔŋ] *n.* sırım.

tho.rax *anat.* [ˈθɔːræks] *n.* göğüs, toraks.

thorn ⚘ [θɔːn] *n.* diken; *fig.* üzüntü, cefa; **ˈthorn.y** *adj.* dikenli; *fig.* sıkıntılı, cefalı.

thor.ough □ [ˈθʌrə] tam, mükemmel; çok dikkatli, titiz; baştan başa; ayrıntılı: ~ly tamamen, adamakıllı; ˈ~**.bred** **1.** *adj.* saf kan; soylu; tam...; **2.** *n.* saf kan hayvan; *fig.* kültürlü kimse; ˈ~**.fare** *n.* cadde, yol, geçit; ˈ~**.go.ing** *adj.* tam, adamakıllı; **ˈthor.ough.ness** *n.* kusursuzluk; dikkatlilik; **ˈthor.ough.paced** *adj.* her türlü yürüyüşe alışkın *(at)*; tam, mükemmel.

those [ðəuz] *adj.* & *pron.* (*pl. of* that 1.) şunlar; onlar; are ~ your parents? şunlar senin ebeveynin mi?

thou † *İncil, poet.* [ðau] *pron.* sen.

though [ðəu] *cj.* gerçi, her ne kadar, ise de; -diği halde, olsa da; as ~ -miş gibi, sanki, güya.

thought [θɔːt] **1.** *pret.* & *p.p. of* think; **2.** *n.* düşünme; düşünce, fikir, görüş, kanaat; düşünce tarzı; endişe; niyet; ümit; give ~ to üzerinde enine boyuna düşünmek; on second ~s yeniden düşününce; take ~ for -*i* düşünmek, tartmak.

thought.ful □ [ˈθɔːtful] dalgın, düşünceli (of); saygılı, nazik (of); dikkatli; **ˈthought-ful.ness** *n.* düşüncelilik; saygı.

thought.less □ [ˈθɔːtlis] düşüncesiz (of), saygısız; dikkatsiz, pervasız; bencil; **ˈthought.less.ness** *n.* düşüncesizlik; dikkatsizlik.

thought-read.ing [ˈθɔːtriːdiŋ] *n.* düşünceleri okuma.

thou.sand [ˈθauzənd] **1.** *adj.* bin; **2.** *n.* bin sayısı; **thou.sandth** [ˈ~zəntθ] **1.** *adj.* bininci; **2.** *n.* binde bir.

Thra.cian [ˈθreiʃjən] **1.** *n.* Trakyalı; **2.** *adj.* Trakya'ya özgü.

thral(l).dom [ˈθrɔːldəm] *n.* kölelik, esaret.

thrall [θrɔːl] *n.* esir, köle(lik), esaret.

thrash [θræʃ] *v/t.* dövmek, dayak atmak; kamçılamak, kırbaçlamak; F yenmek; tartışarak halletmek *(sorun)*; tartışarak varmak *(karara, çözüme)*; yapmak *(plan vs.)*; *v/i.* *b-ni* pataklamak; kıvranmak *(acıdan vs.)*; ⚓ denize karşı seyretmek; = thresh; ˌ**thrash.er** = thresher; ˌ**thrash-ing** *n.* dayak, kötek; yenilgi; = threshing.

thread [θred] **1.** *n.* iplik, tire; tel, lif; ince çizgi; çok ince *bş*; ⊕ yiv; sıra, silsile; **2.** *v/t.* -*den* iplik geçirmek; ipliğe dizmek; yol bulup geçmek; arasına serpmek; takmak *(film vs.)*; ˈ~**.bare** *adj.* eskimiş, yıpranmış, pejmürde *(giyecek)*; *fig.* bayatlamış *(espri vs.)*; **ˈthread.y** *adj.* iplik gibi; tel tel.

threat [θret] *n.* tehdit, gözdağı; tehlike; **ˈthreat.en** *v/t.* tehdit etm., gözdağı vermek, korkutmak; yıldırmak; *v/i.* kötü *bşe* işaret olm.; **ˈthreat.en.ing** *adj.* tehdit edici; endişe verici.

three [θriː] **1.** *adj.* üç; **2.** *n.* üç rakamı; ˈ~**-ˈcol.our** *adj.* üç renkli...; ˈ~**.fold** *adv.* üç misli; ~**.pence** [ˈθrepəns] *n.* üç peni; ˈ~**.pen.ny** *adj.* üç penilik...; *fig.* değersiz; ~**-phase cur.rent** ⚡ [ˈθriːfeizˈkʌrənt] *n.* trifaz akım; ˈ~**ˈscore** *adj.* & *n.* altmış (sayısı).

thresh [θreʃ] *v/t.* dövmek *(harman)*; = thrash; ~ out *fig.* inceden inceye görüşmek *(iş, mesele)*.

thresh.er [ˈθreʃə] *n.* harman dövme makinesi; harmancı; sapanbalığı.

thresh.ing [ˈθreʃiŋ] *n.* harman dövme; ˌ~**-floor** *n.* harman yeri; ˌ~**-ma.chine** *n.* harman dövme makinesi.

thresh.old [ˈθreʃhəuld] *n.* eşik; *fig.* başlangıç.

threw [θruː] *pret. of* throw 1.

thrice ✎ [θrais] *adv.* üç kez, üç kere.

thrift, thrift.i.ness [θrift, ˈ~inis] *n.* idare, tutum, tasarruf, ekonomi; verimlilik; **ˈthrift.less** □ müsrif, idaresiz, tutumsuz, savurgan; **ˈthrift.y** □ tutumlu, idareli; *poet.* verimli, başarılı, hızla büyüyen.

thrill [θril] **1.** *v/t.* & *v/i.* (heyecanla) titremek (with *ile*); heyecanlan(dır)mak; tesir etm., etkile(n)mek; **2.** *n.* titreme, titreşim; heyecan; **ˈthrill.er** *n.* F heyecanlı kitap *veya* piyes.

thrive [θraiv] *(irr.)* *v/i.* iyi gitmek, gelişmek, başarılı olm.; *fig.* zenginleşmek, refaha ermek; büyümek; **thriv.en** [ˈθrivn] *p.p. of* thrive; **thriv.ing** □ [ˈθraiviŋ] başarılı, gelişen, büyüyen.

thro' [θruː] *abbr. of* through.

throat [θrəut] *n. com.* boğaz, gırtlak; clear one's ~ hafifçe öksürmek, «öhö öhö» de

mek; ˈ**throat.y** □ gırtlaktan çıkan *(ses).*
throb [θrɔb] **1.** *v/i.* vurmak, çarpmak, atmak *(nabız, kalp)*; zonklamak *(baş)*; titreşmek; **2.** *n.* nabız artması, kalp çarpması; çarpıntı; titreşme.
throe [θrəu] *n.* sancı, ağrı; elem, dert; ~s *pl.* doğum *veya* ölüm sancısı.
throm.bo.sis ⚕ [θrɔmˈbəusis] *n.* tromboz.
throne [θrəun] **1.** *n.* taht; hâkimiyet, saltanat; kral, hükümdar; **2.** *v/t.* & *v/i.* tahta geç(ir)mek.
throng [θrɔŋ] **1.** *n.* kalabalık, izdiham; **2.** *v/t.* üşüşmek *-e*; *v/i.* toplanmak, kalabalık etm.
thros.tle *orn.* [ˈθrɔsl] *n.* ardıçkuşu.
throt.tle [ˈθrɔtl] **1.** *v/t.* boğmak; bastırmak; ⊕ kısmak; **2.** *n.* = ˈ**~-valve** ⊕ kısma valfı, kelebek.
through [θruː] **1.** *prp.* içinden, bir yandan diğer yana, bir başından diğer başına; başından sonuna kadar; sayesinde; -den (geçerek); her tarafına; her yerin(d)e; -den dolayı, yüzünden; **2.** *adv.* (başından) sonuna kadar; baştan başa; tamamen; **3.** *adj.* engelsiz, direkt *(yol)*; aktarmasız *(tren)*, ekspres; işi bitik; bitirmiş; ~ˈ**out 1.** *prp.* baştan başa, boyunca, *-in* her tarafında, her hususta; ~ the year yıl boyunca; **2.** *adv.* baştan başa, baştan aşağı.
throve [θrəuv] *pret. of* thrive.
throw [θrəu] **1.** *(irr.) v/t. com,* atmak, fırlatmak; üstünden atmak *(at)*; kullanmak *(güç, nüfuz)*; inşa etm., yapmak; şekillendirmek *(çömlek)*; ⊕ büküp ibrişim yapmak *(ipek)*; atmak, savurmak *(yumruk)*; atmak *(zar)*; *Am.* F yere sermek, düşürmek *(rakibini)*; bırakmak, terketmek; giyivermek *(elbise)*; meydana getirmek; şike yaparak kaybetmek *(oyun)*; vermek *(parti)*; çekmek *(ziyafet)*; *(yılan)* değiştirmek *(deri)*; yavrulamak *(hayvan)*; sarsmak, perişan etm.; ~ at fırlatmak, savurmak *-e*; dikkatini vermek *-e*; ~ away kaçırmak *(fırsat)*; ziyan etm., çarçur etm.; vaz geçmek; atmak; ~ in fazladan eklemek, parasız olarak ilâve etm.; birbirine geçirmek *(dişli)*; katmak *(söze)*; oyuna dahil etm. *(top)*; ~ off çıkarmak, üstünden atmak; *-den* kurtulmak; atlatmak; başka tarafa saptırmak, yöneltmek; saçmak, yaymak; çabucak yapıvermek; ~ out söylemek *(söz)*; savurmak *(tehdit)*; *part. parl.* reddetmek, kabul etmemek *(tasarı)*; inşa etm., yapmak; şaşırtmak, kafasını karıştırmak; dışarı atmak; işten kovmak; geçmek, geride bırakmak; yaymak, saçmak *(ışık, koku vs.)*; altüst etm. *(plan)*; ⊕ ayırmak, debreye etm. *(motor)*; ~ over terketmek, (yüzüstü) bırakmak, vaz geçmek; ~ up yukarı atmak; kusmak; *-den* istifa etm., bırakmak *(işini)*; ortaya çıkarmak; acele inşa etm.; yığıvermek; *s.* sponge; *v/i.* fırlatıp atmak, savurmak; ~ off ava başlamak; **2.** *n.* atış, atma; atım; ⊕ sia uzunluğu; risk, tehlike; örtü; atkı, eşarp; birim; ˈ**~-back** *n. part. biol.* atavizm, atacılık; **thrown** [θrəun] *p.p. of* throw; ˈ**throw-ˈoff** *n.* ava başlama; başlangıç.
thru *Am.* [θruː] = through.
thrum¹ [θrʌm] *n. dokumacılık:* kırpıntı; iplik saçağı *veya* püskülü.
thrum² [~] *v/t.* tıngırdatmak *(çalgı)*; monoton bir şekilde söylemek.
thrush¹ *orn.* [θrʌʃ] *n.* ardıçkuşu.
thrush² [~] *n.* ⚕ pamukçuk.
thrust [θrʌst] **1.** *n.* itme, itiş, dürtme; hamle; ⚔ taarruz, hücum; *fig.* çıkışma, sert çıkma; ⊕ itme kuvveti; **2.** *(irr.) v/t.* itmek, dürtmek; saplamak *(bıçak, süngü vs.)*; ite kaka sürmek; zorla getirmek *(bir mevkiye)*; yüklemek *(sorumluluk vs.)*; ~ o.s. into *k-ni* zorla kabul ettirmek *-e*, davetsiz olarak girmek *-e*; ~ out savurmak; uzatmak *(dil)*; ~ upon s.o. *b-ne* zorla kabul ettirmek; *v/i.* saldırmak (at *-e*).
thud [θʌd] **1.** *v/i.* güm diye ses çıkarmak; **2.** *n.* gümbürtü.
thug [θʌg] *n.* katil, cani, eşkiya.
thumb [θʌm] **1.** *n.* başparmak; Tom ♀ parmak çocuk; **2.** *vb.* çevirmek *(sayfa)*; başparmakla tuta tuta aşındırmak *veya* kirletmek *(sayfa)*; ~ one's nose at s.o. *b-ne* nanik yapmak; ~ a lift otostop yapmak; ˈ**~-print** *n.* parmak izi; ˈ**~screw** *n.* parmakla döndürülen vida; ⊕ kelebek başlı civata; ˈ**~-stall** *n.* başparmak kılıfı; ˈ**~.tack** *n. Am.* pünez, raptiye.
thump [θʌmp] **1.** *n.* vuruş; yumruk (sesi), darbe (sesi): güm; ağır düşüş (sesi); **2.** *v/t.* güm güm vurmak *-e*; yumruklamak, dövmek; *v/i.* küt küt atmak *(kalp)*; gümbürdemek; ˈ**thump.er** *sl.* vurucu, katil; ˈ**thump.ing** *adj. sl.* iri, kocaman.
thun.der [ˈθʌndə] **1.** *n.* gök gürlemesi; *fig. oft.* ~s *pl.* gürültü, gümbürtü, tufan *(alkış vs.)*; **2.** *v/i.* gürlemek, gümbürdemek; *v/t.* şiddetle söylemek; ˈ**~.bolt** *n.* yıldırım; *fig.* beklenmedik olay; ˈ**~.clap** *n.* gök gürlemesi; *fig.* kötü olay *veya* haber; ˈ**~.cloud** *n.* fırtına bulutu.
thun.der...: ˈ**~.head** *n.* fırtına bulutu *(a. fig.)*; ˈ**thun.der.ing** *adj. sl.* (kos)kocaman,

muazzam; **ˈthun.der.ous** □ *fig.* gürleyen; ~ applause alkış tufanı; **ˈthun.der.storm** *n.* gök gürültülü yağmur fırtınası; **ˈthun-der.struck** *adj.* hayrete düşmüş, yıldırımla vurulmuşa dönmüş; **ˈthun.der.y** *adj.* gök gürültülü *(hava).*

Thurs.day [ˈθəːzdi] *n.* perşembe.

thus [ðʌs] *adv.* böyle(ce), bu suretle, bunun için, bu nedenle, nitekim.

thwack [θwæk] = whack.

thwart [θwɔːt] **1.** *v/t.* bozmak *(işini vs.)*, önlemek, engellemek; hüsrana uğratmak; **2.** *n.* kürekçinin oturduğu tahta.

thy *Kutsal Kitap, poet.* [ðai] *adj.* senin.

thyme ⚘ [taim] *n.* kekik.

thy.roid *anat.* [ˈθairɔid] **1.** *adj.* kalkansı..., tiroid...; ~ extract kalkanbezi özü; gland = **2.** *n.* tiroid, kalkanbezi.

thy.self *Kutsal Kitap, poet.* [ðaiˈself] *pron.* bizzat kendin.

ti.ar.a [tiˈɑːrə] *n.* papanın üç katlı tacı; taç.

tib.i.a *anat.* [ˈtibiə] *n.* kaval kemiği; incik kemiği.

tic ⚕ [tik] *n.* tik.

tick¹ *zo.* [~] *n.* kene, sakırga.

tick² [~] *n.* kılıf.

tick³ F [~]: on ~ veresiye.

tick⁴ [~] **1.** *n.* tıkırtı; saatin tik tak sesi; doğru işareti (√); F an; to the ~ saatin çalması ile; **2.** *v/i.* tıkırdamak, tıklamak, tik tak etm. *(saat)*; ~ over *mot.* rölantide çalışmak; *v/t.* işaret koymak, çetele çekmek; ~ off işaret koymak, işaretleyerek saymak; *sl.* azarlamak, haşlamak, paylamak.

tick.er [ˈtikə] *n.* özellikle borsa fiyatlarını şeride kaydeden alet; F saat; *sl.* kalp; *sl.* yürek, cesaret; **ˈ~-tape** *n. coll.* eğlencelerde fırlatılan renkli kâğıt şerit.

tick.et [ˈtikit] **1.** *n.* bilet; etiket; *pol.* aday listesi; *(trafik)* para cezası, karakol davetiyesi; ehliyet (kâğıdı); the ~ F doğru olan, münasip şey; ~ of leave ⚖ tahliye izni; **2.** *v/t.* etiketlemek; **ˈ~-col.lec-tor** *n.* biletçi, kondüktör; **ˈ~-in.spec.tor** *n.* bilet kontrolörü; **ˈ~-ma.chine** *n.* bilet makinesi; **ˈ~-of.fice, ˈ~-win.dow** *n. part. Am.* bilet gişesi; **ˈ~-punch** *n.* bilet zımbası.

tick.ing [ˈtikiŋ] *n.* kılıflık kumaş.

tick.le [ˈtikl] *v/t. & v/i.* gıdıkla(n)mak; *fig.* eğlendirmek; **ˈtick.ler** *n.* güç durum; *a.* ~ coil reaksiyon bobini; **ˈtick.lish** □ gıdıklanır; nazik, tehlikeli *(durum, sorun vs.).*

tid.al □ [ˈtaidl] gelgite bağlı; ~ wave met dalgası; *fig.* galeyan.

tid.bit [ˈtidbit] = titbit.

tid.dly-winks [ˈtidliwiŋks] *n.* parmak gücüyle disk atma oyunu.

tide [taid] **1.** *n.* gelgit, meddücezir, (low ~) met ve (high ~) cezir; *fig.* akış, cereyan, eğilim, meyil; mevsim; zaman, vakit; turn of the ~ *fig.* durumun lehe dönmesi, şansın dönmesi; **2.** *v/t. & v/i.* akıntı ile yüz(dür)mek; ~ over *fig.* çıkarmak *(kışı vs.)*, atlatmak *(krizi)*, üstesinden gelmek.

ti.di.ness [ˈtaidinis] *n.* düzen, tertip, intizam.

ti.dings [ˈtaidiŋz] *n. pl. veya sg.* haber, havadis.

ti.dy [ˈtaidi] **1.** *adj.* temiz, düzenli, tertipli, derli toplu, muntazam; F oldukça, epey *(para)*; **2.** *n.* kap; **3.** *vb. a.* ~ up düzeltmek, derleyip toplamak, çekidüzen vermek.

tie [tai] **1.** *n.* bağ *(a. fig.)*, düğüm; fiyonk; kravat, boyunbağı; bağlantı; ♪ bağlı nota işareti; ⚠ kiriş, lata; *fig.* ayak bağı; *spor:* beraberlik, berabere kalma; *parl.* oy eşitliği; 🚂 *Am.* travers; **2.** *v/t. com.* bağlamak *(a. ♪)*, raptetmek; düğümlemek; ⚠ tespit etm.; ~ down *fig.* bağlamak (to -e); ~ up bağlamak *(para vs.)*; şarta bağlamak; *v/i. spor:* berabere kalmak (with *ile).*

tier [tiə] *n. thea.* sıra, kat, dizi.

tierce [tiəs] *n. fenc.* bir vaziyet şekli; *iskambil:* üçlü seri.

tie-up [ˈtaiʌp] *n.* bağ(lantı); † ortaklık; *part. Am.* işin durması, grev; birleşme; tıkanıklık *(trafik)*; kesatlık, durgunluk *(iş)*; ahır.

tiff F [tif] **1.** *n.* münakaşa, hafif tartışma; **2.** *v/i.* münakaşa etm., gücenmek, darılmak.

tif.fin [ˈtifin] *n.* hafif öğle yemeği.

ti.ger [ˈtaigə] *n.* kaplan; *Am.* F kana susamış adam; **ˈti.ger.ish** □ *fig.* vahşî, yırtıcı; kaplan gibi.

tight □ [tait] sıkı, gergin; su geçirmez, akmaz, sızmaz; zor, müşkül; dar, sıkışık; cimri, eli sıkı; tıkalı; ucu ucuna; kesat; F sarhoş, küfelik; be in a ~ place *veya* corner F zor *veya* tehlikeli durumda olm.; hold ~ sık tut(un)mak; it is a ~ fit dar, sıkı; **ˈtight.en** *v/t. & v/i. a.* ~ up sıkış(tır)mak; ger(ginleş)mek; **ˈ~-ˈfist-ed** *adj.* eli sıkı, cimri; **ˈ~-laced** *adj.* sofu; **ˈ~-lipped** *adj.* ağzı sıkı, ağzı pek; **ˈtight.ness** *n.* sıkılık, gerginlik; **ˈtight-rope** *n.* sıkı gerilmiş ip; **tights** [~s] *n. pl.* sıkı giysi; külotlu çorap; **ˈtight.wad** *n. sl.* cimri, pinti kimse.

ti.gress [ˈtaigris] *n.* dişi kaplan.
tile [tail] **1.** *n.* kiremit; tuğla; çini; *sl.* silindir şapka; he has a ~ loose *sl.* kaçık, bir tahtası noksan; **2.** *v/t.* kiremit kaplamak *-e*; **ˈ~-lay.er, ˈtil.er** *n.* kiremitçi.
till¹ [til] *n.* para çekmecesi, kasa.
till² [~] *prp.* & *cj.* -e kadar, -e değin, -e gelinceye kadar, zamana kadar.
till³ ✓ [~] *v/t.* işlemek *(toprak)*; **ˈtill.age** *n.* toprağı işleme, çiftçilik, ziraat; işlenmiş toprak.
till.er¹ [ˈtilə] *n.* çiftçi.
till.er² ⚓ [~] *n.* dümen yekesi.
tilt¹ [tilt] *n.* tente.
tilt² [~] **1.** *n.* eğim, meyil, eğiklik; eğilme; *fig.* çekişme, kavga, atışma; hız; at üstünde yapılan mızrak oyunu; on the ~ meyilli, eğri, devrilmekte; (at) full ~ son süratle, bütün hızı ile; have a ~ at s.o. *b-ne* saldırmak, itiraz etm.; **2.** *v/t.* & *v/i.* eğ(il)mek, devirmek; devrilmek; at üzerinde mızrakla saldırmak (at *-e*); ~ against koşarken çarpmak *e*; **ˈtilt.ing** *adj.* eğik..., meyilli...
tilth [tilθ] *n.* ziraat, çiftçilik, tarım; işlenmiş toprak.
tim.bal ♪ [ˈtimbəl] *n.* dümbelek.
tim.ber [ˈtimbə] **1.** *n.* kereste(lik orman); ⚓ gemi kaburgası (*veya* postası); **2.** *v/t.* kereste ile kaplamak *veya* desteklemek; **~ed** kerestelik, ağaçlık; ahşap *(ev)*; **ˈ~-line** *n.* orman sınırı; **ˈ~-work** *n.* ahşap yapı; **ˈ~-yard** *n.* kereste deposu.
time [taim] **1.** *n.* vakit, zaman; süre, müddet; kere, defa, kez; ♪ tempo; saat, dakika; çağ, devir, devre; vade, mühlet; ecel; kat, misil; ~! *parl.* paydos!; ~ and again tekrar tekrar, defalarca; at ~s ara sıra, bazen, zaman zaman; at a ~, at the same ~ aynı zamanda; yine de, bununla birlikte; at one ~ bir zamanlar, vaktiyle, eskiden; before one's ~ vakitsiz; behind one's ~ gecikmiş, geç kalmış; behind the ~s eski kafalı, zamana ayak uyduramayan; çok eski; by that ~ o zamana kadar; do ~ F hapse girmek; for the ~ being şimdilik; have a good ~ iyi vakit geçirmek, eğlenmek; in (good) ~ tam zamanında, vaktinde; in no ~ bir an evvel; in a month's ~ bir ay sonra; *s.* mean² 1; on ~ tam zamanında, vaktinde; out of ~ temposuz; beat the ~ tempo tutmak; *s.* keep; **2.** *v/t.* ayarlamak; uydurmak; ölçmek; *a.* take the ~ of saat tutmak *için*; the train is ~d to leave at 7 tren saat 7'de hareket edecektir; *v/i.* ♪ tempo tutmak (to *-e*); **ˈ~-bar.gain** *n.* vadeli alışveriş, alivre satış; **ˈ~-ex.po.sure** *n. phot.* poz; uzun pozlu resim; **ˈ~-hon.o(u)red** *adj.* eskiliğinden dolayı saygı duyulan; **ˈ~.keep.er** *n.* çalışma saatlerini tutan kimse *veya* gösterge; saat hakemi; *part.* saat, kronometre; **ˈ~-lag** *n.* ara; **ˈ~-ˈlim.it** *n.* sınırlı zaman; zaman sınırı; **ˈtime.ly** *adj.* yerinde olan, uygun; vakitli; **ˈtime.piece** *n.* saat, kronometre; **ˈtim.er** *n. spor:* kronometre (tutan kimse), saat hakemi; *phot.* deklanşör.
time...: **~-serv.er** [ˈtaimsəːvə] *n.* eyyamcı, zaman adamı, çıkarcı; **ˈ~-sheet** *n.* yoklama cetveli; **ˈ~-sig.nal** *n. part. radyo:* saat ayarı; **ˈ~-ta.ble** *n.* tarife; *okul:* ders programı.
tim.id □ [ˈtimid] sıkılgan, ürkek, çekingen, mahçup, utangaç; **tiˈmid.i.ty** *n.* utangaçlık, çekingenlik.
tim.ing [ˈtaimiŋ] *n.* ayarlama, zamanlama.
tim.or.ous □ [ˈtimərəs] = timid.
tin [tin] **1.** *n.* teneke (kutu); kalay; *sl.* mangır, mangiz; **2.** *adj.* tenekeden yapılmış, teneke...; kalay...; ~ solder kalay lehimi; **3.** *v/t.* kalaylamak; teneke kutulara doldurmak; ~ned meat konserve et.
tinc.ture [ˈtiŋktʃə] **1.** *n.* hafif renk; *fig.* görünüş, sahte tavır; *pharm.* ispirto eriyiği, ruh, mahlul; **2.** *v/t.* hafifçe boyamak; içine katmak; hafifçe etkilemek.
tin.der [ˈtində] *n.* kav.
tine [tain] *n.* çatal dişi; geyik boynuzunun çatalı.
tin.foil [ˈtinˈfɔil] *n.* stanyol, kalay yaprağı.
ting F [tiŋ] = tinkle.
tinge [tindʒ] **1.** *n.* hafif renk, boya; *fig.* az miktar, nebze, cüz; iz, belirti; **2.** *v/t.* hafifçe boyamak; içine katmak; *fig.* hafifçe etkilemek.
tin.gle [ˈtiŋgl] *v/i.* sızlamak; karıncalanmak; çınlamak.
tin...: ~ **god** F put, sanem; ~ **hat** *sl.* miğfer, çelik asker başlığı.
tink.er [ˈtiŋkə] **1.** *n.* tenekeci; lehimci; tamirci(lik); **2.** *v/t.* tamir etm.; *v/i.* üstünkörü çalışmak (at *üzerinde)*; ~ up amatörce çalışmak; kabaca tamir etm.
tin.kle [ˈtiŋkl] **1.** *v/t.* & *v/i.* çıngırda(t)mak, çınlamak; **2.** *n.* çıngırtı.
tin.man [ˈtinmən] *n.* tenekeci; **ˈtin.ny** *adj.* teneke gibi, teneke sesli; teneke tadı veren; **ˈtin-o.pen.er** *n.* konserve açacağı; **ˈtin.plate** *n.* saç, demir levha.
tin.sel [ˈtinsl] **1.** *n.* gelin teli; *fig.* aldatıcı parlaklık, cicili bicili şey; **2.** *adj.* gösterişli fakat değersiz, cicili bicili...; aslı astarı olmayan; **3.** *v/t.* gelin teli ile süslemek; cicili bicili yapmak.

tint [tint] **1.** *n.* hafif renk; renk tonu; **2.** *v/t.* hafifçe boyamak, hafif renk vermek; ~ed paper renkli kâğıt.
tin.tin.nab.u.la.tion [ˈtintinæbjuˈleiʃən] *n.* çıngırdama; çan çalınması; çan sesi.
tin.ware [ˈtinwɛə] *n.* teneke kaplar.
ti.ny □ [ˈtaini] küçücük, ufacık, minicik, ufak tefek.
tip [tip] **1.** *n.* uç, burun; tepe, doruk; ağızlık; bahşiş, sadaka; tavsiye; tiyo; hafif vuruş; çöplük *(a .fig.)*; give s.th. a. ~ *bşi* devirmek; **2.** *v/t.* & *v/i.* eğ(il)mek, bir yana yat(ır)mak; devirmek; devrilmek; ucuna *bş* takmak; dökmek, boşaltmak; hafifçe vurmak; bahşiş vermek -*e*; *a.* ~ off imada bulunmak -*e*; sır vermek -*e*; uyarmak -*i*; **ˈ~-cart** *n.* atlı yük arabası; **ˈ~-off** *n.* ima, ikaz, ihtar, uyarı.
tip.pet [ˈtipit] *n.* boyun atkısı.
tip.ple [ˈtipl] **1.** *vb.* içkiye düşkün olm.; **2.** *n.* içki; **ˈtip.pler** *n.* akşamcı, ayyaş.
tip.si.ness [ˈtipsinis] *n.* çakırkeyflik.
tip.staff [ˈtipstɑːf] *n.* şerif vekili; mübaşir, kavas.
tip.ster [ˈtipstə] *n.* yarış öncesi gizli bilgi veren kimse, tiyocu.
tip.sy [ˈtipsi] *adj.* çakırkeyf.
tip.toe [ˈtiptəu] **1.** *v/i.* ayaklarının ucuna basa basa yürümek; **2.** *n.* on ~ ayaklarının ucuna basarak.
tip.top F [ˈtipˈtɔp] **1.** *n.* en iyi kalite; **2.** *adj.* birinci sınıf, en âlâ.
tip-up seat *thea.* [ˈtipʌpˈsiːt] *n.* açılır kapanır koltuk.
ti.rade [taiˈreid] *n.* tirad; azarlayıcı sert söz.
tire[1] [ˈtaiə] *n.* dış lastik.
tire[2] [~] *v/t.* & *v/i.* yor(ul)mak; usan(dır)mak, bık(tır)mak (of -*den*).
tired □ [ˈtaiəd] yorgun, bitkin, bitap; usanmış, bıkmış (of -*den*); **ˈtired.ness** *n.* yorgunluk.
tire.less □ [ˈtaiəlis] dur durak bilmez, yorulmak bilmez, yorulmaz; bitmez tükenmez.
tire.some □ [ˈtaiəsəm] yorucu, sıkıcı.
ti.ro [ˈtaiərəu] *n.* acemi (*veya* yeni başlayan) kimse.
'tis [tiz] = it is.
tis.sue [ˈtiʃuː] *n.* doku; (ince tül) kumaş; kâğıt mendil; ince kâğıt; *fig.* ağ, şebeke; seri, silsile; ⚕ dokuma; **ˈ~-ˈpa.per** *n.* ince (ipek) kâğıt.
tit[1] [tit] *n.*: ~ for tat yumruğa yumruk; *fig.* kısasa kısas.
tit[2] *Am.* [~] = teat.
tit[3] *orn.* [~] *n.* baştankara.
Ti.tan [ˈtaitən] *n.* Titan; **ˈTi.tan.ess** *n.* süper güçleri olan kadın; **ti.ta.nic** [~ˈtænik] *adj.* (~ally) muazzam, koskocaman.
ti.ta.ni.um ⚗ [taiˈteinjəm] *n.* titan.
tit.bit [ˈtitbit] *n.* lezzetli lokma, cazip kısım.
tithe [taið] *n.* ondalık, öşür; aşar vergisi; *mst fig.* onda bir.
tit.il.late [ˈtitileit] *v/t.* gıcıklamak, gıdıklamak; **tit.ilˈla.tion** *n.* gıdıkla(n)ma, gıcıkla(n)ma.
tit.i.vate F [ˈtitiveit] *v/t.* & *v/i.* süsle(n)mek, şıklaş(tır)mak.
ti.tle [ˈtaitl] **1.** *n.* başlık; ünvan, isim, lakap; hak (to -*e*); senet, tapu; **2.** *v/t.* lakap *veya* ünvan vermek; isimlendirmek; ~d *part.* asil, asılzade; **ˈ~-deed** *n.* ⚖ tapu senedi; **ˈ~-hold.er** *n. part. spor:* ünvan sahibi kimse; **ˈ~-page** *n.* baş sayfa; **ˈ~-role** *n.* başrol.
tit.mouse *orn.* [ˈtitmaus] *n.*, *pl.* **tit.mice** [ˈ~mais] baştankara.
ti.trate ⚗ [ˈtitreit] *vb.* titre etm., derecesini saptamak; **tiˈtra.tion** *n.* titre, titrasyon.
tit.ter [ˈtitə] **1.** *v/i.* kıkır kıkır gülmek, kıkırdamak; **2.** *n.* kıkırdama.
tit.tle [ˈtitl] *n.* nokta; *fig.* zerre, cüz, nebze; **ˈ~-tat.tle 1.** *n.* dedikodu; **2.** *v/i.* dedikodu yapmak.
tit.u.lar □ [ˈtitjulə] hak olarak elde tutulan; ismi var cismi yok; lakaba ait; ünvandan dolayı olan.
to [tuː; tə] **1.** *particle* -mek (için), -mak (için); **2.** *prp.* -e -a, -ye, -ya; -*e* doğru *(a. adv.)*, yönüne doğru, tarafına; -e kadar, -e değin; ile; -e nispetle, -e nazaran, -e göre; -e dair, hakkında; için, maksadıyla; ~ me, ~ you bana, sana; he gave it ~ his friend onu arkadaşına verdi; it happened ~ me başıma geldi; alive ~ s.th. *bşin* farkında, bilincinde; cousin ~ -*in* kuzeni; heir ~ -*in* vârisi, mirasçısı; secretary to -*in* sekreteri; I weep ~ think of it onu düşününce ağlarım; here's ~ you! şerefinize!, sıhhatinize!; ~ and fro öteye beriye, öne ve arkaya.
toad *zo.* [təud] *n.* kara kurbağa; **ˈ~.stool** *n.* zehirli (*veya* şapkalı) mantar.
toad.y [ˈtəudi] **1.** *n.* dalkavuk, yağcı; **2.** *v/i.* dalkavukluk etm., yağ çekmek, yaltaklanmak (to -*e*); **ˈtoad.y.ism** *n.* dalkavukluk, yağcılık.
toast [təust] **1.** *n.* kızartılmış ekmek; sıhhatine içme; sıhhatine içilen kimse; **2.** *v/t.* & *v/i.* kızar(t)mak *(ekmek)*; *fig.* ateşe tutup ısıtmak; çok ısınmak, yanmak; sıhhatine içmek -*in*; **ˈtoast.er** ekmek kızartma makinesi.

to.bac.co [tə'bækəu] *n.* tütün; **to'bac.co-nist** [~kənist] *n.* tütüncü.
to.bog.gan [tə'bɔgən] **1.** *n.* kızak; **2.** *v/i.* kızakla kaymak.
toc.sin ['tɔksin] *n.* alarm zili; *fig.* tehlike işareti.
to.day [tə'dei] *n.* & *adv.* bugün; günümüz; bu günlerde, şimdi.
tod.dle ['tɔdl] *v/i.* sendeleyerek yürümek, tıpış tıpış yürümek; gitmek; **'tod.dler** *n.* yeni yürümeye başlayan çocuk.
tod.dy ['tɔdi] *n.* sıcak su ile karıştırılmış içki; bazı hurma ağaçlarından çıkarılan öz.
to-do F [tə'du:] *n.* gürültü, patırtı, telâş, kıyamet.
toe [təu] **1.** *n.* ayak parmağı; ayak ucu; uç; ayakkabı *veya* çorap burnu; from top to ~ tepeden tırnağa; on one's ~s *fig.* uyanık, tetikte, dikkatli; **2.** *v/t.* ayak parmakları ile vurmak, dokunmak *veya* ulaşmak; ~ the line *spor:* başlama çizgisinde dizilmek; *pol.* söyleneni yapmak, verilen emirlere uymak.
toed [təud] *adj.* ... parmaklı.
toff P [tɔf] *n.* iyi giyimli, şık kimse.
tof.fee, tof.fy ['tɔfi] *n.* bonbon, şekerleme.
tog F [tɔg] **1.** *v/t.* giydirmek; **2.** *s.* togs.
to.ga ['təugə] *n.* toga.
to.geth.er [tə'geðə] *adv.* beraber(ce), birlikte, hep bir yerde, hep bir arada; aralıksız, durmadan, devamlı.
tog.gle ⚓ & ⊕ ['tɔgl] **1.** *n.* kasa çeliği; **2.** *v/t.* kasa çeliği ile bağlamak.
togs F [tɔgz] *n. pl.* elbise, giysi.
toil [tɔil] **1.** *n.* zahmet, emek, yorgunluk; uğraş; **2.** *v/i.* zahmet çekmek, didinmek, çalışmak, yorulmak; zar zor ilerlemek.
toil.er *fig.* ['tɔilə] *n.* ağır işçi.
toi.let ['tɔilit] *n.* tuvalet, apteshane; tuvalet, makyaj, giyinip kuşanma, süslenme; *Am.* banyo odası; make one's ~ giyinip kuşanmak; '~-**pa.per** *n.* tuvalet kâğıdı; '~-**set** *n.* tuvalet takımı; '~-**ta.ble** *n.* tuvalet masası.
toils [tɔilz] *n. pl.* tuzak, ağ *(a. fig.).*
toil.some □ ['tɔilsəm] zahmetli, yorucu, ağır *(iş vs.).*
toil-worn ['tɔilwɔ:n] *adj.* bitkin, yorgun.
to.ken ['təukən] *n.* belirti, iz, işaret, nişan; hatıra, yadigâr, andaç; özellik, hususiyet; jeton; ~ money itibarî para; in ~ of -*in* belirtisi olarak.
told [təuld] *pret.* & *p.p. of* tell; all ~ toplam olarak, tümü.
tol.er.a.ble □ ['tɔlərəbl] dayanılabilir, çekilebilir, hoşgörülebilir, katlanılabilir; orta, ne iyi ne kötü, iyice; **'tol.er.ance** *n.* müsamaha, hoşgörü, tolerans, tahammül; **'tol.er.ant** □ müsamahakâr, hoşgörülü, toleranslı, hoşgörücü, hoşgörü sahibi, tahammüllü, sabırlı (of -*e karşı*);
tol.er.ate ['~reit] *v/t.* müsamaha etm. -*e*, hoş görmek -*i*, tolerans göstermek -*e*; katlanmak -*e*, tahammül etm. -*e*; **tol.er'a.tion** *n.* müsamaha, hoşgörü, tolerans; müsaade; sabır, tahammül.
toll[1] [təul] *n.* yol *veya* köprü parası, resim, geçiş ücreti; giriş ücreti; şehirlerarası telefon ücreti; *fig.* haraç; ~ call *teleph.* şehirlerarası telefon konuşması; ~ of the road trafik kazalarında ölen *veya* yaralananlar; '~-**bar**, '~-**gate** *n.* bariyer, paralı köprü *veya* yol girişi.
toll[2] [~] *v/t.* & *v/i.* çalmak *(çan vs.).*
tom.a.hawk ['tɔməhɔ:k] **1.** *n.* kızılderili baltası; **2.** *v/t.* bu balta ile vurmak, kesmek *veya* öldürmek.
to.ma.to ⚘ [tə'mɑ:təu, *Am.* tə'meitəu] *n.*, *pl.* **to'ma.toes** domates (fidanı).
tomb [tu:m] *n.* kabir, mezar, gömüt, sin; türbe.
tom.boy ['tɔmbɔi] *n.* erkek tavırlı kız, erkek Fatma.
tomb.stone ['tu:mstəun] *n.* mezar taşı.
tom.cat ['tɔm'kæt] *n.* erkek kedi.
tome [təum] *n.* cilt, büyük kitap.
tom.fool ['tɔm'fu:l] **1.** *n.* aptal kimse; **2.** *adj.* aptal; **tom'fool.er.y** *n.* aptallık; aptalca şaka, saçmalık.
tom.my *sl.* ['tɔmi] *n.* İngiliz eri, askeri; ~ gun hafif makineli tüfek; ~ rot saçma.
to.mor.row [tə'mɔrəu] *n.* & *adv.* yarın.
tom.tom ['tɔmtɔm] *n.* tamtam.
ton [tʌn] ton *(1016 kilo, Am. 907 kilo)*; ~s *pl.* F yığın, dünya kadar *(para vs.).*
to.nal.i.ty [təu'næliti] *n.* tonalite, tonculuk; *paint.* renk uyumu.
tone [təun] **1.** *n.* ses, nitelik; ♪ ton, perde; ⚕ beden kuvveti; *paint.* renk tonu; *fig.* tarz, tavır, hal, hava; out of ~ akortsuz, akordu bozuk; **2.** *v/t.* belirli bir ses (*veya* özellik) vermek; *paint.* renk vermek; *phot.* nüanslamak; ~ down tonunu hafifletmek -*in*, yumuşatmak; donuklaştırmak; *v/i.* uymak (with -*e*) *(part. renk)*; ~ down yumuşamak; donuklaşmak.
tongs [tɔŋz] *n. pl.* (a pair of *bir*) maşa.
tongue [tʌŋ] *n. com.* dil; lisan; dil şeklinde *bş*; söz, konuşma (tarzı); broş iğnesi; araba oku; *geogr.* dil; hold one's ~ çenesini tutmak, susmak; speak with one's ~ in one's cheek alaylı ve gerçek niyetini aksettirmeyen türde konuşmak, yarım ağızla söylemek; **'tongue.less** *adj.* dilsiz; *fig.* sessiz, suskun; **'tongue-tied**

adj. dili tutulmuş; *fig.* ağzı var dili yok; ˈ**tongue-twist.er** *n.* tekerleme.
ton.ic [ˈtɔnik] **1.** *adj.* (~ally) ♪ sese ait; ⚕ kuvvet verici; *gr.* vurgulu; ~ chord ♪ ses akordu; **2.** *n.* ♪ ana *veya* baş nota; ⚕ kuvvet ilacı, tonik; soda; *gr.* vurgulu ses.
to.night [təˈnait] *n.* & *adv.* bu gece, bu akşam.
ton.ing so.lu.tion *phot.* [ˈtəuniŋ səˈluːʃən] *n.* viraj (*veya* ton tespit) banyosu.
ton.nage ⚓ [ˈtʌnidʒ] *n.* tonilato, tonaj, taşıma kapasitesi; bir memleketin tüm gemilerinin tonajı; tonaj ücreti.
ton.sil *anat.* [ˈtɔnsl] *n.* bademcik; **ton.sil-li.tis** [~siˈlaitis] *n.* bademcik iltihabı.
ton.sure [ˈtɔnʃə] **1.** *n.* başın tepesini traş etme; başın traş edilmiş tepe kısmı; **2.** *v/t.* *-in* tepesini traş etm.
ton.y *Am. sl.* [ˈtəuni] *adj.* yüksek zümreye ait, lüks.
too [tuː] *adv.* dahi, keza, de, da, ilâveten, ek olarak, hem de, üstelik; (haddinden) fazla, çok.
took [tuk] *pret. of* take.
tool [tuːl] **1.** *n.* alet *(a. fig.)*; **2.** *v/t.* aletle süslemek *veya* şekillendirmek; ˈ**~-bag,** ˈ**~-kit** *n.* takım çantası.
toot [tuːt] **1.** *v/t.* & *v/i.* öt(tür)mek, çalmak *(düdük, korna vs.)*; **2.** *n.* düdük (*veya* boru) sesi.
tooth [tuːθ] *n., pl.* **teeth** [tiːθ] diş; dişe benzer *bş*; etkin güç; ~ and nail canını dişine takarak, var gücüyle; cast s.th. in s.o.'s teeth *bşi b-nin* yüzüne vurmak, yüzüne karşı söylemek; ˈ**~.ache** *n.* diş ağrısı; ˈ**~-brush** *n.* diş fırçası; **toothed** *comb.* ...dişli; ˈ**tooth.ing** *n.* ⊕ diş açma, dişleme; ˈ**tooth.less** □ dişsiz; ˈ**tooth-paste** *n.* diş macunu; ˈ**tooth.pick** *n.* kürdan.
tooth.some □ [ˈtuːθsəm] lezzetli, leziz, tadı güzel *(yiyecek)*.
too.tle [ˈtuːtl] *vb.* yavaş *veya* sürekli çalmak *(nefesli çalgı)*.
top¹ [tɔp] **1.** *n.* üst, zirve, tepe, doruk; baş; *fig.* en yüksek nokta, yer *veya* derece; *mot. Am.* kapak; ⚓ çanaklık; at the ~ üstünde, tepesinde, başında, zirvesinde; at the ~ of *-in* üstünde, tepesinde, başında, zirvesinde; at the ~ of one's speed azamî sürati ile; at the ~ of one's voice avazı çıktığı kadar, bar bar; on ~ tepede, üstte; on ~ of *-in* üstün(d)e; *-e* ilâveten, üstelik, hem de, ...yetmiyormuş gibi; **2.** *adj.* en yüksek, en üst; en iyi, birinci sınıf; önde gelen; the ~ right corner sağ üst köşe; **3.** *v/t.* kapamak, üstünü örtmek; *fig.* üstün gelmek *-den*, geçmek *-i*, üstesinden gelmek; *-in* birincisi olm., *-in* zirvesinde olm.; ✓ tepesini kesmek; *-in* tepesine çıkmak; ~ up doldurmak, tamamlamak.
top² [~] *n.* topaç; sleep like a ~ kütük gibi uyumak, horul horul uyumak.
to.paz *min.* [ˈtəupæz] *n.* topaz.
top...: ˈ**~-ˈboots** *n. pl.* uzun çizme; **~ dog** *sl.* galip, üstün gelen, fatih; efendi, lider, patron.
to.pee [ˈtəupi] *n.* güneş başlığı, kolonyal şapka.
top.er [ˈtəupə] *n.* akşamcı, ayyaş kimse.
top...: ˈ**~.flight** *adj.* F birinci sınıf, üstün, seçkin; **~.gal.lant** ⚓ [~ˈgælənt, ⚓ təˈgælənt] **1.** *adj.* babafingo...; **2.** *n. a.* ~ sail babafingo; **~ hat** silindir şapka; ˈ**~-ˈheav.y** *adj.* havaleli, üstü çok yüklü; ˈ**~-ˈhole** *adj. sl.* birinci sınıf, en iyi kalite, şahane.
top.ic [ˈtɔpik] *n.* konu, mevzu; ˈ**top.i.cal** □ güncel, aktüel; konuya ait; tartışmalı; yöresel; ⚕ lokal.
top...: ˈ**~.knot** *n.* saç topuzu; *orn.* sorguç, tepe, ibik; ˈ**~.mast** *n.* ⚓ gabya çubuğu; ˈ**~.most** *adj.* en üstteki, en tepedeki; ˈ**~-ˈnotch** *adj.* F birinci sınıf, en iyi kalite, seçkin.
to.pog.ra.pher [təˈpɔgrəfə] *n.* topografya uzmanı; **top.o.graph.ic, top.o.graph.i.cal** □ [tɔpəˈgræfik(əl)] topografik; **to.pog-ra.phy** [təˈpɔgrəfi] *n.* topografya.
top.per F [ˈtɔpə] *n.* silindir şapka; ˈ**top-ping** *adj.* F birinci sınıf, şahane, fevkalâde.
top.ple [ˈtɔpl] *v/t.* & *v/i.* *mst* ~ over, ~ down düş(ür)mek; devirmek; devrilmek; yık(ıl)mak.
top.sail ⚓ [ˈtɔpsl] *n.* gabya yelkeni.
top.sy.tur.vy □ [ˈtɔpsiˈtəːvi] altüst, baş aşağı; karmakarışık, karman çorman.
toque [təuk] *n.* sıkı ve kenarsız bir çeşit kadın şapkası.
tor [tɔː] *n.* kayalık tepe (*veya* burun).
torch [tɔːtʃ] *n.* meşale; *a.* electric ~ cep feneri; *Am.* asetilen lambası; ˈ**~.light** *n.* meşale ışığı; ~ procession fener alayı.
tore [tɔː] *pret of* tear¹ 1.
tor.ment 1. [ˈtɔːment] *n.* cefa, eziyet, işkence, elem, azap, dert; **2.** [tɔːˈment] *v/t.* eziyet etm. *-e*, işkence etm. *-e*, azap çektirmek *-e*; *-in* canını sıkmak, *-in* başını ağrıtmak; **torˈmen.tor** *n.* eziyetçi kimse *veya* şey.
torn [tɔːn] *p.p. of* tear¹ 1.
tor.na.do [tɔːˈneidəu] *n., pl.* **torˈna.does** [~z] kasırga, hortum.
tor.pe.do [tɔːˈpiːdəu] *n., pl.* **torˈpe.does**

[~z] 1. *n.* ⚓, ✝ torpil; *a.* toy ~ eğlence fişeği; *a.* ~-fish *ichth.* torpilbalığı, uyuşturanbalığı; 2. *v/t.* ⚓ torpillemek; *fig.* baltalamak, kösteklemek; ~-**boat** *n.* ⚓ torpido(bot); ~-**tube** *n.* torpil kovanı.
tor.pid □ [ˈtɔːpid] uyuşuk, uyuşmuş; ölü gibi; duygusuz; *fig.* durgun, hareketsiz, atıl; **torˈpid.i.ty, ˈtor.pid.ness, tor.por** [ˈtɔːpə] *n.* uyuşukluk, hareketsizlik, cansızlık.
torque ⊕ [tɔːk] *n.* dönme momenti, tork; burma madenden gerdanlık.
tor.rent [ˈtɔrənt] *n.* sel *(a. fig.)*; **tor.rential** □ [tɔˈrenʃəl] sel gibi; selden oluşan; *fig.* sert, şiddetli.
tor.rid [ˈtɔrid] *adj.* çok sıcak, kızgın, yakıcı; tropikal; ~ zone tropikal kuşak, tropika, sıcak bölge.
tor.sion [ˈtɔːʃən] *n.* bur(ul)ma, bük(ül)me, kıvırma, kıvrılma; **tor.sion.al** [ˈ~ʃənl] *adj.* bükülmeye ait, bükülme..., burulma...
tor.so [ˈtɔːsəu] *n.* insan *veya* heykel gövdesi.
tort ⚖ [tɔːt] *n.* haksız muamele *(veya* fiil), haksızlık.
tor.toise *zo.* [ˈtɔːtəs] *n.* kaplumbağa; ~-**shell** [ˈtɔːtəʃel] *n.* bağa, kaplumbağa kabuğu.
tor.tu.os.i.ty [tɔːtjuˈɔsiti] *n.* eğri büğrülük, yılankavîlik; **ˈtor.tu.ous** □ eğri büğrü, yılankavi, dolambaçlı *(a. fig.)*; *fig.* çapraşık, hileli.
tor.ture [ˈtɔːtʃə] 1. *n.* işkence, eziyet, elem, azap; 2. *v/t.* işkence etm. *-e*, eziyet etm. *-e*, azap çektirmek *-e*; **ˈtor.tur.er** *n.* işkence *(veya* eziyet) eden kimse.
To.ry [ˈtɔːri] 1. *n.* tutucu *(veya* muhafazakâr) parti üyesi; 2. *adj.* tutucu..., muhafazakâr...; **ˈTo.ry.ism** *n.* tutuculuk.
tosh *sl.* [tɔʃ] *n.* saçma.
toss [tɔs] 1. *n.* atma, fırlatma; yazı tura için para atma; win the ~ yazı turada kazanmak; 2. *v/t. a.* ~ about atmak, fırlatmak, savurmak, çalkalamak; hafifçe karıştırmak; rahatsız etm.; *a.* ~ up yazı tura için atmak *(para)*; ~ off bir dikişte içmek, yuvarlamak *(içki)*; yapıvermek, kolayca yapmak; *v/i.* yatakta dönüp durmak; oraya buraya çarpmak; çalkalanmak, çalkanmak; silkinmek, sarsılmak; *a.* ~ up yazı tura atmak (for *için*); ˈ~-**up** *n.* yazı tura için para atma; *fig.* şüpheli durum, düşeş, şans işi; it's a ~ şüphelidir.
tot¹ F [tɔt] *n.* minimini yavru, yavrucak, minicik çocuk; bir yudum içki.
tot² F [~] 1. *n.* toplam, yekûn; 2. *v/t.* ~ up toplamak; *v/i.* tutmak, bulmak (to *-i*).
to.tal [ˈtəutl] 1. □ bütün, tam(am), tüm; top yekûn *(savaş)*; 2. *n.* toplam, tutar, yekûn; top, hepsi; 3. *vb.* toplamak, hesaplamak, yekûnunu bulmak; tutmak, etmek; hurdalamış etm. *(araba)*; **to.tal.i.tar.i.an** [~tæliˈtɛəriən] *adj.* totaliter, bütüncül; **to.tal.iˈtar.i.an.ism** *n.* totalitercilik; **toˈtal.i.ty** *n.* bütünlük, tümlük; **to.tal.i.zator** [ˈ~təlaizeitə] *n.* at yarışlarında müşterek bahisleri hesaplayan makine; **to.tal.ize** [ˈ~təlaiz] *v/t.* toplamak; özetlemek.
tote F [təut] *v/t.* taşımak *(part. silah)*.
to.tem [ˈtəutəm] *n.* totem (heykeli), ongun; ˈ~-**pole** *n.* totem heykeli.
tot.ter [ˈtɔtə] *v/i.* sendelemek, yalpalamak; sendeleyerek kalkmak; sallanmak; **ˈtot.ter.ing** □, **ˈtot.ter.y** sarsak (sursak); sallantıdıa olan.
touch [tʌtʃ] 1. *v/t.* dokunmak *-e (a. fig.)*, ellemek *-i*, el sürmek *-e*; koparmak, sızdırmak *(para)*; bitiştirmek; erişmek *-e*, ulaşmak *-e*; teğet geçmek *-e*, değmek *-e*; etkilemek, tesir etm. *-e*; bozmak; *fig.* incitmek, kalbini kırmak; ~ one's hat to s.o. şapkasına dokunarak *b-ni* selamlamak; ~ bottom dibe değmek; çok düşmek *(fiyat)*; *fig.* suya düşmek *(ümit)*; ~ the spot F makbule geçmek; ~ s.o. for *sl. b-den* para dilenmek; a bit ~ed *fig.* kaçık, kafadan çatlak; ~ off ateşlemek *(top vs.)*; *fig.* başlatmak; ~ up yenilemek; *phot.* rötuş yapmak; *v/i.* temas etm.; ~ at ⚓ uğramak; ~ (up)on *fig.* değinmek *(bir konuya)*; 2. *n.* dokunma, dokunuş, temas, değme; iz; dokunma hissi, dokunum; üslûp; rötuş; ♪ tuşlayış; *spor:* taç; *k-den* kolayca para sızdırılan kimse; get in(to) ~ with temas kurmak *ile*, temasa geçmek *ile*; ˈ~-**and-ˌgo** 1. *n.* şüpheli durum; it is ~ şüphelidir, belli değil; 2. *adj.* tehlikeli, riskli, nazik, şüpheli; **ˈtouch.i.ness** *n.* alınganlık; titizlik; **ˈtouch.ing** 1. □ dokunaklı, acıklı; 2. *prp.* ...e dair, ...hususunda, ilgili olarak; **ˈtouch-line** *n.* *futbol:* taç çizgisi; **ˌtouch-stone** *n.* mihenk taşı, denektaşı *(a. fig.)*; **ˈtouch.y** □ alıngan; = testy.
tough [tʌf] 1. *adj.* sert; kopmaz, kırılmaz, dayanıklı; kart; çetin, zor, güç; kuvvetli, direşken, dirençli; belâlı; inatçı, boyun eğmez; a ~ customer F baş belâsı kimse; 2. *n.* külhanbeyi, bıçkın, kabadayı; **ˈtough.en** *v/t.* & *v/i.* sertleş(tir)mek, katılaş(tır)mak; **ˈtough.ie** F [ˈtʌfi] = tough 2; **ˈtough.ness** *n.* dayanıklılık, sertlik; zorluk.

tour [tuə] **1.** *n.* gezi, tur, seyahat; devir; dolaşma; nöbet; turne; conducted ~ rehberli gezi; **2.** *v/t.* & *v/i.* gezmek, seyahat etm.; turneye çıkmak; **ˈtour.ing** *adj.* gezi..., tur..., seyahat...; ~ car *mot.* büyük otomobil; **ˈtour.ist** *n.* turist; ~ agency, ~ office, ~ bureau seyahat acentesi; ~ industry turizm sanayii; ~ season turizm mevsimi; ~ ticket tur bileti.

tour.ma.line *min.* [ˈtuəməlin] *n.* turmalin.

tour.na.ment [ˈtɔːnəmənt] *n.*, **tour.ney** [ˈ~ni] turnuva, yarışma; ortaçağda mızrak oyunu.

tour.ni.quet ⚕ [ˈtuənikei] *n.* sıkı sargı.

tou.sle [ˈtauzl] *v/t.* karıştırmak *(saç)*, karmakarışık etm., arap saçına çevirmek.

tout [taut] **1.** *n.* tiyocu, karaborsacı, simsar; **2.** *v/i.* müşteri aramak, çığırtkanlık etm., simsarlık etm.; tiyo vermek.

tow[1] ⚓ [təu] **1.** *n.* yedekte çek(il)me; take in ~ yedekte çekmek, yedeğe almak; **2.** *v/t.* (yedekte) çekmek.

tow[2] [~] *n.* kıtık.

tow.age ⚓ [ˈtəuidʒ] *n.* yedekte çekme (ücreti).

to.ward(s) [təˈwɔːd(z), tɔːd(z)] *prp.* -e doğru, doğrultusunda, tarafına doğru, yönün(d)e; -e karşı, -e yakın; için.

tow.el [ˈtauəl] **1.** *n.* havlu; **2.** *v/t.* havlu ile kurulamak *veya* silmek; **ˈ~-horse** *n.* havlu asacağı; **ˈ~-rack** = ~-horse.

tow.er [ˈtauə] **1.** *n.* kule, burç; kale, hisar; *fig.* himaye, sığınak, siper; **2.** *v/i.* yükselmek; ~ above *mst fig.* *b-den* daha üstün olm.; **ˈtow.er.ing** □ çok yüksek; *fig.* şiddetli *(öfke)*.

tow(.ing)... [ˈtəu(iŋ)]: **ˈ~-line** *n.* çekme halatı; **ˈ~-path** *n.* kanal *veya* nehir kıyısında gemi çeken atlara ait yol.

town [taun] *n.* şehir (merkezi), kasaba; kasaba halkı; man about ~ sosyete adamı, hovarda kimse; *attr.* şehir..., kasaba...; ~ **cen.tre**, *Am.* ~ **cen.ter** şehir merkezi; ~ **clerk** kasaba sicil memuru; ~ **coun.cil** belediye meclisi; ~ **coun.cil.lor** belediye meclis üyesi; ~ **cri.er** şehir tellâlı; ~ **hall** belediye binası; **ˈ~-ˈplan.ning** *n.* şehir planlaması; **~.scape** [ˈ~skeip] *n.* şehir manzarası.

towns.folk [ˈtaunzfəuk] *n.* şehir halkı.

town.ship [ˈtaunʃip] *n.* kaza, ilçe.

towns.man [ˈtaunzmən] *n.* şehirli, hemşeri; fellow ~ hemşeri; **ˈtowns.people** = townsfolk.

tow...: **ˈ~-path** *n.* kanal *veya* nehir kıyısında gemi çeken atlara ait yol; **ˈ~-rope** *n.* ⚓ çekme (*veya* yedek) halatı.

tox.ic, tox.i.cal □ [ˈtɔksik(əl)] zehirli, zehirden oluşmuş; **tox.in** [ˈtɔksin] *n.* toksin.

toy [tɔi] **1.** *n.* oyuncak; değersiz şey; ~s *pl.* oyuncak eşya; **2.** *adj.* oyuncak gibi, oyuncak...; küçük..., ufak...; **3.** *v/i.* oynamak *(mst fig.)*, eğlenmek; önemsememek; **ˈ~-book** *n.* resimli kitap; **ˈ~-box** *n.* oyuncak kutusu; **ˈ~.shop** *n.* oyuncakçı dükkânı.

trace[1] [treis] **1.** *n.* iz *(a. fig.)*, eser, nişan; zerre, azıcık miktar; işaret; kalıntı; **2.** *v/t.* izlemek; kopya etm.; çizmek; dikkatle yazmak; keşfetmek; ~ back uzanmak, dayanmak (to *-e*); ~ out planını, krokisini yapmak, yolunu çizmek.

trace[2] [~] *n.* koşum kayışı; kick over the ~s *fig.* gemi azıya almak, serkeşlik etm.

trace.a.ble □ [ˈtreisəbl] izlenebilir, izi bulunabilir; **ˈtrac.er** *n.* *a.* ~ ammunition havada iz bırakan mermi; *a.* ~ element *(teşhiste kullanılan)* radyoaktif izotop; **ˈtrac.er.y** *n.* ⩓ ağ şeklinde süs.

tra.che.a *anat.* [trəˈkiːə] *n.* nefes *(veya* soluk) borusu.

trac.ing [ˈtreisiŋ] *n.* kopya (etme); **ˈ~-paper** *n.* kopya (*veya* aydinger) kâğıdı.

track [træk] **1.** *n.* iz *(a. hunt.)*, eser, nişan; 🚂 ray, hat; dümen suyu; keçi yolu, patika; *part. spor:* pist; ⊕ palet, tırtıl; yol; dizi, seri; yörünge; ~ events *pl.* *(koşu pistinde yapılan)* atletizm karşılaşmaları; **2.** *v/t.* izlemek, takip etm., *-in* izini aramak; geçmek *(çöl vs.)*; ayakla içeri taşımak *(çamur vs.)*; ~ down, ~ out izleyerek bulmak; *v/i.* iz bırakmak *veya* yapmak; **ˈtrack.er** *n. part. hunt.* iz süren kimse; **ˈtrack.less** *adj.* izsiz; yolsuz; ⊕ raysız giden.

tract[1] [trækt] *n.* saha, alan, arazi, toprak; *anat.* bölge, nahiye, sistem.

tract[2] [~] *n.* risale, broşür.

trac.ta.bil.i.ty [træktəˈbiliti] *n.*, **ˈtrac.ta.ble.ness** uysallık, yumuşaklık; **ˈtrac.ta.ble** □ uysal, yumuşak başlı, söz dinler; kolay işlenir.

trac.tion [ˈtrækʃən] *n.* çek(il)me, çekiş gücü; ~ engine yük çekme makinesi; **ˈtrac.tive** *adj.* çekici...; **ˈtrac.tor** *n.* ⊕ traktör.

trade [treid] **1.** *n.* ticaret; alışveriş; meslek, iş, sanat; esnaf; müşteriler; değiş tokuş, takas, trampa; Board of ♀ Ticaret Bakanlığı; the ♀s *pl.* ⚓ alize rüzgârları; **2.** *v/i.* ticaret yapmak (with *ile*; in *-de*); alışveriş etm.; iş yapmak; ~ on F *-den* faydalanmak, istifade etm.; *v/t.* takas etm., değiş tokuş etm. (for *ile*); ~ s.th. in fiyat farkı vererek eskisini yenisi ile değiştirmek; ~ **cy.cle** ticaret çarkı; **ˈ~-fair** *n.* † ticaret fuarı; ~ **mark** almeti farika, marka; ~ **name** ticaret ünvanı; ~ **price** ticari (*veya* toptan) fiyat; **'trad.er** *n.* tüccar, tacir; ticaret gemisi; **trade school** sanat okulu; **trades.man** ['~zmən] *n.* dükkâncı, esnaf kimse; **'trades.peo.ple** *n.* esnaf; **trade uni.on** sendika; **trade-'un.ion.ism** *n.* sendikacılık; **trade-'un.ion.ist** **1.** *n.* sendikacı; **2.** *adj.* sendika..., sendikal.

trade wind ⚓ ['treid'wind] *n.* alize rüzgârı.

trad.ing ['treidiŋ] *adj.* ticaretle ilgili, ticarî, alışveriş...

tra.di.tion [trə'diʃən] *n.* gelenek, anane, görenek, âdet; **tra'di.tion.al** □ [~ʃənl], **tra'di.tion.ar.y** [~ʃnəri] geleneksel, ananevî, göreneksel.

traf.fic ['træfik] **1.** *n.* trafik, gidişgeliş; ticaret, trampa, alışveriş, değiş tokuş; yük; yolcu sayısı; iş, muamele; **2.** *v/i.* ticaret yapmak (in *ile*); **traf.fi.ca.tor** ['~keitə] *n. mot* sinyal; **'traf.fick.er** *n.* tüccar; *b.s.* kaçakçı; **traf.fic jam** trafik tıkanıklığı; **traf.fic light** trafik lambası (*veya* ışığı).

tra.ge.di.an [trə'dʒiːdjən] *n.* trajedi yazarı *veya* aktörü; **trag.e.dy** ['trædʒidi] *n.* trajedi *(a. fig.)*; facia, felâket.

trag.ic, trag.i.cal □ [t'rædʒik(əl)] trajik *(a. fig.)*; feci, korkunç, müthiş, hüzünlü, acıklı.

trag.i.com.e.dy ['trædʒikɔmidi] *n.* trajikomedi, güldürülü trajedi; **'trag.i.'com.ic** *adj.* (~ally) hem ağlatıcı hem güldürücü.

trail [treil] **1.** *n. fig.* kuyruk; iz *(a. hunt)*; yol, patika, keçiyolu; (bir) süre, (bir) yığın; ~ of smoke havada uzanan duman; **2.** *v/t.* & *v/i.* peşinden sürükle(n)mek; izlemek, takip etm.; yerde sürünmek *(a.* ⚘*)*; geri kalmak; iz bırakmak; ~ **blaz.er** *Am.* yol açan kimse; öncü; **'trail.er** *n.* römork; treyler; ⚘ sürüngen bitki; *film:* fragman, (gelecek programla ilgili) reklâm filmi.

train [trein] **1.** *n. com.* tren, katar; maiyet, refakatçiler; sıra, silsile, dizi, zincir *(olaylar)*; yerde sürünen uzun etek; barut serpintisi; **2.** *v/t.* & *v/i.* öğretmek, alıştırmak, talim et(tir)mek, yetiştirmek, eğitmek; ehlîleştirmek; *spor:* antrenman (*veya* idman) yapmak; doğrultmak *(top vs.)*; *a.* ~ it F trenle gitmek; **'~-ac.ci.dent, '~-dis.as.ter** *n.* tren kazası (*veya* faciası); **train'ee** *n.* stajyer; **'train.er** *n.* eğitici, antrenör; eğitim uçağı; **'train-'fer.ry** *n.* tren feribotu.

train.ing ['treiniŋ] *n.* talim; *spor:* antrenman, idman; physical ~ beden eğitimi; **'~-col.lege** *n.* öğretmen okulu, eğitim fakültesi; **'~-ship** *n.* okul gemisi.

train-oil ['treinɔil] *n.* balina yağı.

trait [treit] *n.* özellik.

trai.tor ['treitə] *n.* hain, vatan haini (to *-e* karşı); **'trai.tor.ous** □ haince.

trai.tress ['treitris] *n.* hain kadın.

tra.jec.to.ry *phys.* ['trædʒiktəri] *n.* mermi yolu; yörünge.

tram [træm] *n.* ⚒ maden ocağı arabası, dekovil; = ~-car, ~way; **'~-car** *n.* tramvay (vagonu); **'~-line** *n.* tramvay hattı.

tram.mel ['træml] **1.** *n.* ağ; ⊕ elipsograf; ~s *pl. fig.* engel, mânia; **2.** *v/t.* engellemek; güçleştirmek; ağa düşürmek.

tramp [træmp] **1.** *n.* serseri, derbeder, avare (gezme); ağır adım ve sesi; uzun yürüyüş; sürtük; *a.* ~ steamer ⚓ tarifesiz işleyen yük gemisi; on the ~ serserilik etmekte; **2.** *v/i.* avare (*veya* serserice) dolaşmak; ağır adımlarla yürümek; taban tepmek, yayan gitmek; *v/t.* ayak altında çiğnemek, **tram.ple** ['~l] *v/t.* ayak altında çiğnemek, ezmek.

tram.way ['træmwei] *n.* tramvay (hattı).

trance [trɑːns] *n.* dalınç, kendinden geçme, esrime, vecit; (h)ipnotizma.

tran.quil □ ['træŋkwil] sakin, rahat, asude, sessiz, durgun; **tran'quil.(l)i.ty** *n.* sükûn, sessizlik; **tran.quil.i.za.tion** [~lai'zeiʃən] *n.* yatıştırma, sakinleştirme; **'tran.quil.(l)ize** *v/t.* & *v/i.* sakinleş(tir)mek, yatış(tır)mak; **'tran.quil.(l)i.zer** *n.* yatıştırıcı (ilaç), müsekkin.

trans.act [træn'zækt] *v/t.* bitirmek, görmek *(iş)*; ~ business iş yapmak; **trans'ac.tion** *n.* iş (görme), muamele; ~s *pl.* bir kurumun tüm işlemlerini gösteren rapor *veya* kayıtlar.

trans.al.pine ['trænz'ælpain] *n.* & *adj.* Alplerin ötesinde yaşayan (kimse).

trans.at.lan.tic ['trænzət'læntik] *adj.* Atlantik aşırı (giden), transatlantik...

tran.scend [træn'send] *v/t.* geçmek, aşmak, *-in* ötesinde olm.; üstün gelmek; **tran'scend.ence, tran'scend.en.cy** *n.* üstünlük; *phls.* deneyüstülük; **tran'scend.ent** □ üstün, âlâ; *a.* = **tran.scen.den.tal** □ [~'dentl] 𝔄 üstün *(fonksiyon)*; *phls.* deneyüstü; P şüpheli, bellisiz, anlaşılması güç; doğaüstü.

trans.con.ti.nen.tal ['trænzkɔnti'nentl] *adj.* kıtayı kateden.

tran.scribe [træns'kraib] *v/t.* kopya etm., suret çıkarmak; ♪ uyarlamak; *radyo:* kaydetmek.

tran.script ['trænskript] *n.* ikinci nüsha, kopya, suret; **tran'scrip.tion** *n.* kopya etme; transkripsiyon; ♪ uyarlama; *radyo:*

kaydetme, kayıt.
tran.sept ⚠ [ˈtrænsept] *n.* haç şeklindeki kilisenin iki kanadı.
trans.fer 1. [trænsˈfəː] *v/t.* nakletmek, geçirmek (to, in, into *-e*); devretmek *(part.* ⚖, to *-e*); havale etm.; baskı ile kopya etm.; *v/i.* aktarma yapmak; **2.** [ˈ~] *n.* taşıma, nakil, havale, geçirme, devir *(part.* ⚖*)*; ⚒ transfer; aktarma bileti; *spor:* kulüp değiştirme, transfer; **transˈfer.a.ble** *adj.* devredilebilir, nakli mümkün, havale edilebilir; **trans.fer.ee** ⚖ [~fəˈriː] *n.* *k-ne bş* devredilen kimse; **trans.fer.ence** [ˈ~fərəns] *n.* nakletme, nakledilme; **ˈtrans.fer.or** *n.* ⚖ devreden kimse; **trans.fer-pic.ture** [ˈ~fəːpiktʃə] *n.* çıkartma.
trans.fig.u.ra.tion [trænsfigjuəˈreiʃən] *n.* şekil değişimi; **trans.fig.ure** [~ˈfigə] *v/t.* şeklini değiştirmek, başkalaştırmak; yüceltmek.
trans.fix [trænsˈfiks] *v/t.* mıhlamak, delmek; kazığa oturtmak, kazıklamak; hareketsiz bırakmak; **~ed** *fig.* donakalmış (with *-den*).
trans.form [trænsˈfɔːm] *v/t.* başka kalıba sokmak; *-in* şeklini değiştirmek, dönüştürmek; tahvil etm. *-i*; **trans.for.ma.tion** [~fəˈmeiʃən] *n.* dönüş(tür)üm, şekil değişmesi; **trans.form.er** ⚡ [~ˈfɔːmə] *n.* transformatör, trafo.
trans.fuse [trænsˈfjuːz] *v/t.* ⚕ aktarmak, nakletmek *(kan vs.)* (into *-e*); *fig.* ilham etm., esinlemek (with *ile*); **transˈfu.sion** [~ʒən] *n.* *(part.* ⚕ *kan)* nakil, aktarma.
trans.gress [trænsˈgres] *v/t.* bozmak, ihlâl etm., çiğnemek, karşı gelmek *(kanun vs.)*; aşmak; *v/i.* günah işlemek; sınırı aşmak; **transˈgres.sion** *n.* sınırı aşma; suç, günah; ihlâl, karşı gelme; **transˈgres.sor** [~sə] *n.* tecavüz eden kimse, günahkâr kimse.
tran.sience, tran.sien.cy [ˈtrænziəns(i)] *n.* geçicilik.
tran.sient [ˈtrænziənt] **1.** *adj.* geçici, süreksiz, kısa; fani; kalımsız; **2.** *n.* *Am.* kısa zaman kalan misafir.
tran.sis.tor [trænˈzistə] *n.* ⚡ transistor.
trans.it [ˈtrænsit] *n.* geçme; geçiş; taşı(n)ma, nakil; transit; in ~ nakledilirken; transit olarak; **~ camp** transit kampı.
tran.si.tion [trænˈsiʒən] *n.* geçiş, intikal, değişim; **tranˈsi.tion.al** □ [~ʒənl] geçişe ait, geçiş..., değişme...
tran.si.tive □ *gr.* [ˈtrænsitiv] geçişli, nesneli *(fiil)*.
tran.si.to.ri.ness [ˈtrænsitərinis] *n.* geçicilik; fanilik; **ˈtran.si.to.ry** □ geçici, süreksiz; fani, kalımsız.
trans.lat.a.ble [trænsˈleitəbl] *adj.* tercüme edilebilir, çevrilebilir; **transˈlate** *v/t.* çevirmek, tercüme etm.; ölmeden cennete göndermek; nakletmek; *fig.* dönüştürmek, değiştirmek (into *-e*); (başka kelimelerle) açıklamak; *v/i.* tercüme edilmek; tercümanlık yapmak; **transˈla.tion** *n.* çeviri, tercüme; nakil; **transˈla.tor** *n.* çevir(m)en, tercüman, mütercim.
trans.lu.cence, trans.lu.cen.cy [trænzˈluːsns(i)] *n.* yarı şeffaflık; **transˈlu.cent** *adj.* yarı şeffaf; *fig.* açık, belli.
trans.ma.rine [trænzməˈriːn] *adj.* denizaşırı.
trans.mi.grant [ˈtrænzmigrənt] *n.* göçmen;
trans.mi.grate [ˈtrænzmaiˈgreit] *v/t.* & *v/i.* göç et(tir)mek, hicret et(tir)mek; *fig.* göçmek *(ruh)*; **trans.miˈgra.tion** *n.* göç, hicret; ~ of souls ruh göçü, başka bir varlığa geçme *(ruh)*.
trans.mis.si.ble [trænzˈmisəbl] *adj.* geçirilebilir, nakledilebilir, gönderilebilir; **transˈmis.sion** *n.* geçirme, nakil, intikal, gönderme; *biol.* kalıtım; *phys.* iletme, taşıma; ⊕ transmisyon; *mot.* vites; *radyo:* yayım.
trans.mit [trænzˈmit] *v/t.* geçirmek; *tel.*, *radyo:* yayımlamak, göndermek, nakletmek; *biol.* kalıtımla geçirmek; *phys.* iletmek *(ısı vs.)*; **transˈmit.ter** *n.* yayım *(veya* verici) istasyonu; *tel. etc.* nakledici alet; **transˈmit.ting** *adj. radyo:* verici...; **~ station** verici istasyonu.
trans.mog.ri.fy F [trænzˈmɔgrifai] *v/t.* şeklini değiştirmek, garip şekle sokmak.
trans.mut.a.ble □ [trænzˈmjuːtəbl] değiştirilebilir; **trans.muˈta.tion** *n.* değiştir(il)me; **transˈmute** *v/t.* şeklini değiştirmek, dönüştürmek (into *-e*).
trans.o.ce.an.ic [ˈtrænzəuʃiˈænik] *adj.* okyanus aşırı *(veya* ötesi).
tran.som ⚠ [ˈtrænsəm] *n.* vasistas; çapraz kiriş; travers.
trans.par.en.cy [trænsˈpɛərənsi] *n.* şeffaflık, saydamlık; slayt; **transˈpar.ent** □ şeffaf, saydam, berrak; *fig.* açık (seçik), apaçık, kolay anlaşılır.
tran.spi.ra.tion [trænspiˈreiʃən] *n.* terleme; **tran.spire** [~ˈpaiə] *v/i.* terlemek; *fig.* duyulmak, sızmak *(haber, sır vs.)*; *sl.* olmak, meydana gelmek.
trans.plant [trænsˈplɑːnt] *v/t.* başka bir yere dikmek *veya* yerleştirmek; nakletmek *(organ vs.)*; **trans.planˈta.tion** *n.* nakil.
trans.port 1. [trænsˈpɔːt] *v/t.* götürmek,

nakletmek, taşımak; *fig.* coşturmak, heyecanlandırmak; *hist.* sürgüne göndermek; **2.** ['~] *n.* nakil; taşı(n)ma; (askerî) araç, taşıt; ulaştırma, ulaşım; coşku; Minister of ♀ Ulaştırma Bakanı; in ~s coşku içinde; **trans'port.a.ble** *adj.* nakledilebilir, taşınabilir; **trans.por'ta.tion** *n.* nakil, ulaştırma; ulaşım; taşıt, araç; sürgün cezası.

trans.pose [træns'pəuz] *v/t.* sırasını (*veya* yerlerini) değiştirmek; ♪ aktarmak, perdesini değiştirmek; **trans.po.si.tion** [~pə'ziʃən] *n.* yerlerini değiştirme; ♪ aktarma.

trans-ship ⚓, 🚃 [træns'ʃip] *v/t.* aktarmak; *v/i.* aktarma yapmak.

tran.sub.stan.ti.ate [trænsəb'stænʃieit] *v/t.* başka bir cisme dönüştürmek; *eccl.* Hz. İsa'nın et ve kanına değiştirmek (*ekmek ve şarabı*); **'tran.sub.stan.ti'a.tion** *n.* başka bir cisme dönüştürme; *eccl.* ekmek ve şarabın Hz. İsa'nın et ve kanına değiştirilmesi.

trans.ver.sal [trænz'vɜːsəl] **1.** ☐ yanal, çaprazvari, enine; **2.** *n.* ⩘ doğru çizgi; **'trans.verse** ☐ karşıdan karşıya, enine, çaprazvari...; ~ section enine (*veya* profil) kesit; ~ strength ⊕ çapraz kuvvet.

trap¹ [træp] **1.** *n.* tuzak (*a. fig.*), kapan(ca); hile, oyun, dolap; küçük at arabası; *sl.* ağız, gaga; ⊕ boruda U şeklindeki kısım; = ~door; **2.** *v/t.* tuzağa düşürmek (*a. fig.*), yakalamak, tutmak.

trap² *min.* [~] *n.* bir çeşit volkanik siyah taş.

trap.door ['træp'dɔː] *n.* kapak şeklinde kapı; *thea.* sahne kapısı.

trapes F [treips] *v/i.* sürtmek, taban tepmek.

tra.peze [trə'piːz] *n.* *sirk:* trapez; **tra'pe-zi.um** ⩘ [~zjəm] *n.* yamuk; **trap.e.zoid** ⩘ ['træpizɔid] *n.* ikizkenar yamuk.

trap.per ['træpə] *n.* tuzakçı, avcı.

trap.pings ['træpiŋz] *n. pl.* süslü koşum takımı; *fig.* süs, ziynet.

Trap.pist *eccl.* ['træpist] *n.* konuşmanın bile yasak olduğu Katolik manastırda rahip.

trap.py ['træpi] *adj.* fesatçı, kötü niyetli, entrikacı.

traps F [træps] *n. pl.* eşya, pılı pırtı.

trash [træʃ] *n.* çerçöp, süprüntü; *fig.* değersiz (*veya* eski püskü) şey, pılı pırtı; değersiz, ciğeri beş para etmez adam; ayaktakımı, avam; artık; saçma; **'trash.y** ☐ adi, değersiz, beş para etmez.

trav.ail † ['træveil] *n. pl.* doğum sancıları; zahmet.

trav.el ['trævl] **1.** *v/i.* seyahat etm., yolculuk etm. (*a.* ✝); yol almak, gitmek; *v/t.* (gezip) dolaşmak; **2.** *n.* yolculuk, seyahat; ⊕ işleme; ~s *pl.* yolculuk, seyahat; **'trav.el(l)ed** *adj.* çok seyahat etmiş; işlek; **'trav.el.(l)er** *n.* yolcu, seyyah; ✝ satış elemanı, pazarlamacı; ⊕ transbordör; ~'s cheque seyahat çeki; **'trav.el-(l)ing** *adj.* seyahet..., yolculuk...; ⊕ hareketli...; ~ rug yol battaniyesi.

trav.e.log(ue) ['trævəlɔg] *n.* bir seyahati anlatan film *veya* konferans.

trav.erse ['trævəːs] **1.** *n.* çapraz (*veya* kateden) kısım; travers; galeri; engel, mâni(a); çapraz çizgi; *mount.* çapraz geçiş (yeri); ⚖ resmî red; ⚔ top yönünü değiştirme; ⊕ yanal hareket sahası; **2.** *v/t.* & *v/i.* karşıdan karşıya geç(ir)mek; taramak; geçmek, aşmak, katetmek; *fig.* karşı gelmek, engel olm.; resmen reddetmek (*iddia*); incelemek; sağa sola dön(dür)mek; *mount.* çaprazlama geçmek.

trav.es.ty ['trævisti] **1.** *n.* alay, hiciv, karikatür, hezel; **2.** *v/t.* taklit etm.; hicvetmek.

trawl [trɔːl] **1.** *n.* tarak ağı; sürtme ağı; **2.** *v/t.* & *v/i.* tarak ağı ile (balık) tutmak; **'trawl.er** *n.* tarak ağlı balıkçı (gemisi).

tray [trei] *n.* tepsi, sini; tabla; pen-~ kalemlik.

treach.er.ous ☐ ['tretʃərəs] hain, güvenilmez, emniyetsiz; aldatıcı; tehlikeli; **'treach.er.ous.ness, 'treach.er.y** *n.* hainlik, ihanet.

trea.cle ['triːkl] *n.* şeker pekmezi; **'treac-ly** *adj.* şeker pekmezi gibi ağdalı; *fig.* çok hoş.

tread [tred] **1.** (*irr.*) *v/i.* (ayakla) basmak (on, upon -*e*); yürümek; çiftleşmek; *v/t.* çiğnemek -*i*, ezmek -*i*; çiftleştirmek; yürüyerek yapmak (*yol vs.*); **2.** *n.* ayak basışı; yürüyüş; merdiven basamağı; ayak sesi; lastik tırtılı; **trea.dle** ['~dl] **1.** *n.* pedal, basarık, ayaklık; **2.** *v/t.* & *v/i.* pedalla çalış(tır)mak; **'tread.mill** *n.* ayak değirmeni; *fig.* sıkıcı iş.

trea.son ['triːzn] *n.* hainlik, hıyanet, ihanet; **'trea.son.a.ble** ☐ hainlik kabilinden (*part. devlete*).

treas.ure ['treʒə] **1.** *n.* hazine (*a. fig.*); ~s of the soil yeraltı zenginlikleri; ~-house hazine dairesi; ~ trove define, gömü, hazine; **2.** *v/t.* *oft.* ~ up biriktirmek; aklında tutmak; *fig.* değerli tutmak, çok değer vermek -*e*; **'treas.ur.er** *n.* haznedar, veznedar, kesedar.

treas.ur.y [ˈtreʒəri] *n.* hazine; maliye dairesi; fon; bilgi hazinesi *(kimse, kitap vs)*; ≗ (Board), *Am.* ≗ Department Maliye Bakanlığı; ≗ **Bench** *parl.* Avam Kamarası'nda bakanların oturduğu sıra; ~ **bill** hazine bonosu; ~ **note** hazinece çıkarılan kâğıt para, banknot.

treat [triːt] **1.** *v/t.* davranmak *-e*, muamele etm. *-e*; sunmak, *-e*, ikram etm. *-e*; ele almak; kullanmak; tedavi etm. *-i*; işlemden geçirmek; dikkate almak, düşünmek; ~ s.o. to s.th. *b-ne bş* ısmarlamak, ikram etm.; ~ o.s. to s.th *k-ne bş* almak; *v/i.* ~·of bahsetmek *-den*, söz etm. *-den*; ~ with müzakereye girişmek (for *için*); **2.** *n.* zevk (verici şey); ikram; it is my ~ F bu benden, benim ikramım; stand ~ F ısmarlamak, ikram etm.; **treatise** [ˈ~tiz] *n.* risale; bilimsel inceleme, tez; ˈ**treat.ment** *n.* muamele, davranış; tedavi; ˈ**trea.ty** *n.* antlaşma; be in ~ with anlaşmak *ile*; ~ port antlaşma şartı ile dış ticarete açık olan liman, serbest liman.

tre.ble [ˈtrebl] **1.** □ üç kat, üç misli; ♪ tiz...; **2.** *n.* ♪ soprano ses(li çalgı *veya* kimse); **3.** *v/t.* & *v/i.* üç misli art(ır)mak, üç kat etm.

tree [triː] **1.** *n.* ağaç; *s.* family; at the top of the ~ *fig.* mesleğinin zirvesinde; up a ~ F çıkmaza girmiş, şaşkın halde; **2.** *v/t.* ağaca çıkarmak; *fig.* çıkmaza sokmak; ˈ**tree.less** *adj.* ağaçsız; ˈ**tree.top** *n.* ağaç tepesi.

tre.foil [ˈtrefɔil] *n.* ⚘ yonca; ♤ yonca şeklinde süs.

trek [trek] *Güney Afrika:* **1.** *v/i.* kağnı ile seyahat *veya* göç etm.; **2.** *n.* kağnı ile seyahat *veya* göç.

trel.lis [ˈtrelis] **1.** *n.* ✓ kafes işi; **2.** *v/t.* birbirine geçirmek; ✓ dallarını kafese sarmak.

trem.ble [ˈtrembl] **1.** *v/i.* titremek (with *-den*), sallanmak; ürpermek; endişe etm. (for *-den*); **2.** *n.* titreme; ürperme; he was all of a ~ tir tir titriyordu.

tre.men.dous □ [triˈmendəs] (kos)kocaman, çok büyük, muazzam; heybetli; F şahane, görkemli, olağanüstü.

trem.or [ˈtremə] *n.* titreme; ürperme; sarsıntı.

trem.u.lous □ [ˈtremjuləs] titrek; ürkek, ödlek; sinirli; ˈ**trem.u.lous.ness** *n.* titreklik; ödleklik.

trench [trentʃ] **1.** *n.* hendek, çukur; ⚔ siper; ~ warfare siper savaşı; **2.** *v/t.* hendekle çevirmek; ✓ bellemek; *v/i.* ⚔ siper kazmak; ~ (up)on tecavüz etm. *-e*; *fig.* yakın gelmek; ˈ**trench.ant** □ kuvvetli, tesirli, etkin, acı, şiddetli, keskin *(dil vs.)*; **trench coat** trençkot, yağmurluk.

trench.er [ˈtrentʃə] *n.* hendek kazıcısı; *hist.* büyük tahta tabak; ~ **cap** üniversite öğrencilerinin giydiği dört köşeli kasket.

trend [trend] **1.** *n.* yön; *fig.* eğilim, meyil (towards *-e*); **2.** *v/i.* yönelmek, meyletmek (towards *-e*).

tre.pan [triˈpæn] **1.** ⚕ *hist.* yuvarlak, kafatası delme testeresi; **2.** *v/t.* ⚕ cerrah testeresi ile delmek *(kafatası)*; ⊕ burgu ile delmek.

trep.i.da.tion [trepiˈdeiʃən] *n.* korku, dehşet; titreme; ürperme.

tres.pass [ˈtrespəs] **1.** *n.* günah, suç; başkasının arazisine izinsiz girme; ihlâl; **2.** *v/i.* başkasının arazisine izinsiz girmek; tecavüz etm. (on, upon *-e*); ihlâl etm. *-i*, bozmak *-i*, çiğnemek *-i*; günah işlemek; ˈ**tres.pass.er** *n.* başkasının arazisine izinsiz giren kimse; ~s will be prosecuted bu araziye girenler cezalandırılacaklardır.

tress [tres] *n.* saç (örgüsü), bukle, lüle.

tres.tle [ˈtresl] *n.* sehpa; ~ bridge sehpa köprü.

trey [trei] *n.* iskambil *veya* zar üçlüsü.

tri.ad [ˈtraiəd] *n.* üçlü takım.

tri.al [ˈtraiəl] *n.* tecrübe, deneme (of *-i*); *fig.* test, imtihan; ⚖ muhakeme, duruşma, yargılama; baş belâsı kimse *veya* şey, dert; ~ match hazırlık maçı; on ~ deneme için; denenince; imtihan üzerine; yargılanmakta; prisoner on ~ yargılanan mahkûm, hükümlü; ~ of strength kuvvet denemesi; bring to ~ mahkemelik etm., mahkemeye vermek, dava etm. *-i*; give s.o. *veya* s.th. a ~ *b-ni veya bşi* bir denemek; send for ~ duruşmaya çağırmak; he is a ~ to his family ailesi için bir baş belasıdır; ~ **run** deneme, tecrübe.

tri.an.gle [ˈtraiæŋgl] *n.* üçgen; üçlü grup; ♪ üçköşe, triangel; **tri.an.gu.lar** □ [~ˈæŋgjulə] üçgen şeklinde, üç köşeli; üçlü; **triˈan.gu.late** *surv.* [~leit] *v/t.* nirengi yapmak; üçgenlere bölmek.

trib.al □ [ˈtraibəl] kabileye ait, kabile...; **tribe** *n.* kabile, aşiret, boy, oymak, soy; *part. contp.* grup; ⚘, *zo.* takım, familya; **tribes.man** [ˈ~zmən] *n.* kabile üyesi.

trib.u.la.tion [tribjuˈleiʃən] *n.* dert, keder, sıkıntı.

tri.bu.nal [triˈbjuːnl] *n.* mahkeme; hâkimler kurulu; hâkim kürsüsü; ˈ**trib.une** *n.* halkı savunan kimse, halkın koruyucusu; kürsü, platform, tribün.

trib.u.tar.y [ˈtribjutəri] **1.** □ vergi veren; haraç olarak verilen; bağımlı; bir ırmağa karışan *(akarsu)*; **2.** *n.* haraç veren hükümet *veya* hükümdar; ırmak ayağı; **trib.ute** [ˈ~bju:t] *n.* haraç, vergi; takdir, övme; hediye; saygı.

trice¹ [trais] *n.*: in a ~ bir anda, bir çırpıda.

trice² [~] *v/t.*: ~ up kaldırıp bağlamak, hisa etm.

tri.chi.na *zo.* [triˈkainə] *n.* trişin.

trick [trik] **1.** *n.* oyun, hile, düzen, dolap, entrika; şeytanlık, yaramazlık, eşek şakası; marifet, hüner; hokkabazlık, el çabukluğu; garip huy; özellik; *iskambil:* el; ⚓ nöbet; F şirin çocuk; güzel kadın; ~ film miki filmi; **2.** *v/t.* aldatmak, kandırmak, dolandırmak, aldatarak almak (out of *-i)*; faka bastırmak; ayartmak, kafeslemek (into *için*); ~ out, ~ up süslemek, telleyip pullamak; **ˈtrick.er, trickster** [ˈ~stə] *n.* hilekâr, düzenbaz, üçkâğıtçı kimse; **ˈtrick.er.y** *n.* hile(kârlık), düzenbazlık, üçkâğıtçılık; **ˈtrick.ish** □ hile kabilinden.

trick.le [ˈtrikl] **1.** *v/t. & v/i.* damla damla ak(ıt)mak, damla(t)mak; F *fig.* yavaş yavaş çıkmak, gelmek; yavaş yavaş kaybolmak; **2.** *n.* damla(ma).

trick.si.ness [ˈtriksinis] *n.* muziplik, yaramazlık; **ˈtrick.sy** □ muzip, yaramaz, haşarı; = **ˈtrick.y** □ hileli, aldatıcı, üçkâğıtçı; F beceri isteyen *(iş vs.)*; güç, zor; tehlikeli.

tri.col.o(u)r [ˈtrikələ] *n.* üç renkli bayrak; the ♀ Fransız bayrağı.

tri.cy.cle [ˈtraisikl] *n.* üç tekerlekli bisiklet.

tri.dent [ˈtraidənt] *n.* üç çatallı mızrak.

tri.en.ni.al □ [traiˈenjəl] üç yılda bir olan; üç yıl süren, üç yıllık.

tri.er [ˈtraiə] *n.* deneyen kimse; elinden geleni yapan kimse; yargılayan kimse.

tri.fle [ˈtraifl] **1.** *n.* önemsiz şey; az miktar, az para; bir çeşit tatlı: a ~ biraz, azıcık; **2.** *v/i.* oynamak; oyalanmak, vakit öldürmek; boş boş konuşmak; *v/t.* önemsememek, yabana atmak, hafife almak; ~ away harcamak *(güç vs.)*, öldürmek *(vakit)*, çarçur etm. *(para vs.)*; **ˈtri.fler** *n.* işini ciddiye almayan kimse.

tri.fling [ˈtraifliŋ] □ önemsiz, değersiz, ufak tefek, az; saçma, manasız *(konuşma vs.)*; yüzeysel, üstünkörü.

trig¹ [trig] **1.** *v/t.* takozlayarak hareketini engellemek; ~ up düzeltmek, çekidüzen vermek, güzelleştirmek, şıklaştırmak; **2.** *n.* takoz, köstek.

trig² [~] *adj.* şık, temiz giyimli; sağlam, dayanıklı, sıkı; emin; canlı, cıvıl cıvıl.

trig.ger [ˈtrigə] **1.** *n.* tetik; *phot.* deklanşör; **2.** *v/t.* ~ off *fig.* başlatmak, sebep olm.

trig.o.no.met.ric, trig.o.no.met.ri.cal ⩓ [trigənəˈmetrik(əl)] trigonometrik; **trigo.nom.e.try** ⩓ [~ˈnɔmitri] *n.* trigonometri.

tri.lat.er.al □ ⩓ [ˈtraiˈlætərəl] üç yönlü, üç kenarlı, üç taraflı.

tril.by F [ˈtrilbi] *n.* yumuşak keçeli erkek şapkası.

tri.lin.gual [ˈtraiˈliŋgwəl] üç dil konuşan; üç dilli; üç dilde söylenen.

trill [tril] **1.** *n.* ses titremesi; titrek ses; 'r' sesinin titretilerek söylenmesi; **2.** *v/t. & v/i.* sesi titre(t)mek, titrek sesle söylemek *veya* çalmak; titrek sesle ötmek, şakımak *(kuş)*.

tril.lion [ˈtriljən] *n.* trilyon; *Am.* bilyon.

trim [trim] **1.** □ biçimli, şık; düzenli, tertipli, derli toplu; **2.** *n.* nizam, intizam, düzen, tertip; hal, durum, vaziyet; süs; kıyafet; kılık; ⚓ geminin dengesi; in (out of) ~ iyi (kötü) durumda; dengeli (dengesiz) *(gemi)*; idmanlı (idmansız); **3.** *v/t.* düzeltmek, budamak, kırkmak; süslemek; kısaltmak; ✈, ⚓ denkleştirmek, ayar etm.; rüzgâra göre ayarlamak *(yelken)*; azarlamak, paylamak; yenmek; aldatmak, kandırmak; *v/i. fig.* iki parti arasında her ikisine de taraftar görünmek; **ˈtrim.mer** *n.* süslemeci, düzenleyici kimse; ⚓ gemiyi dengeleyen kimse; *pol.* çıkarcı politikacı; **ˈtrim.ming** *n.* süsleme; dayak, yenilgi; mst ~s *pl.* süs, garnitür, kırpıntı; **ˈtrim.ness** *n.* düzgünlük, derli topluluk.

tri.mo.tor [ˈtaiməutə] *n.* üç motorlu uçak; **ˈtri.mo.tored** *adj.* üç motorlu...

Trin.i.ty [ˈtriniti] *n.* teslis.

trin.ket [ˈtriŋkit] *n.* değersiz süs, biblo; ~s *pl.* cici bici.

tri.o ♪ [ˈtri:əu] *n.* üçlü, triyo.

trip [trip] **1.** *n.* gezi(nti), kısa seyahat; tur; takılma, tökezlenme; hata, yanlış; *sl.* uyuşturucu madde etkisi, keyif hali, dalga; *fig.* sürçme; ~ of the tongue dil sürçmesi; **2.** *v/i.* sürçmek *(dil)*; tökezlenmek, takılmak (over *-e)*; seke seke yürümek, koşmak *veya* dans etm.; *fig.* hata yapmak, yanılmak; sekmek, sıçramak; seyahat etm.; uyuşturucu madde etkisinde olm.; catch s.o. ~ing *b-nin* hatasını yakalamak; *v/t. a.* ~ up çelme takmak, düşürmek; *fig.* yalanını yakalamak.

tri.par.tite [ˈtraiˈpa:tait] *adj.* üçlü; üç par-

tili; üç taraf arasında yapılmış (*antlaşma vs.*).
tripe [traip] *n.* işkembe; *sl.* saçma.
tri.phase ['trai'feiz] *adj.* üç fazlı; ~ current ⚡ üç fazlı, trifaze akım.
tri.plane ✈ ['traiplein] *n.* üst üste üç kanatlı uçak.
tri.ple □ ['tripl] üç misli, üç kat, üçlü.
tri.plet ['triplit] *n.* üçlü takım; *poet.* üç mısralı şiir parçası; ♪ triolet, üçlem; üçüzlerden biri, üçüz; ~s *pl.* üçüzler.
tri.plex ['tripleks] *adj.* üç kısımlı, üç katlı; üç kez; ~ glass tripleks, mikalı cam.
trip.li.cate 1. ['triplikit] *adj.* üç kopyadan oluşan; üç kat, üç misli; **2.** ['~keit] *v/t.* üç kopyasını çıkarmak; üç kat yapmak.
tri.pod ['traipɔd] *n.* üç ayaklı sehpa (*a. phot.*).
tri.pos ['traipɔs] *n.* Cambridge Üniversitesinde şeref payesi imtihanı.
trip.per F ['tripə] *n.* gezenti. seyahat eden kimse; '**trip.ping 1.** □ çevik, kıvrak; **2.** *n.* seke seke yürüme.
trip.tych ['triptik] *n.* üç kez katlanan resim.
tri.sect ['trai'sekt] *v/t.* üç (eşit) kısma bölmek.
tris.yl.lab.ic ['traisi'læbik] *adj.* (~ally) üç heceden ibaret, üç heceli...; **tri'syl.la.ble** *n.* üç heceli kelime.
trite □ [trait] basmakalıp, herkesçe bilinen; adi, bayağı; bayat, eski.
trit.u.rate ['tritjureit] *v/t.* ezip toz etm., öğütmek, ezmek; dövmek.
tri.umph ['traiəmf] **1.** *n.* zafer, başarı, galebe, yengi (over *-e karşı*); zafer alayı; **2.** *v/i.* yenmek, zafer kazanmak, galip gelmek (over *-i, -e karşı*) (*a. fig.*); **tri.um.phal** [~'ʌmfəl] *adj.* zafere ait, zafer...; ~ arch zafer takı; ~ procession zafer alayı; **tri'um.phant** □ muzaffer, galip, utkulu.
tri.um.vi.rate [trai'ʌmvirit] *n.* triumvirlik, üç kişiden oluşan yönetim şekli; üçlü grup.
tri.une ['traiju:n] *adj.* birde üç olan.
triv.et ['trivit] *n.* ayaklı destek; nihale, sahan altlığı; as right as a ~ iyi bir durumda, sağlığı yerinde.
triv.i.al □ ['triviəl] ufak tefek, önemsiz; yavan, monoton; bayağı, sıradan, alelade, olağan; üstünkörü, yarımyamalak; değersiz, işe yaramaz; saçma, abes; **triv.i.al.i.ty** [~'æliti] *n.* önemsizlik; aleladelik; saçmalık.
tro.chee ['trəuki:] *n.* biri uzun ve biri kısa iki heceli vezin.
trod [trɔd], *pret.*, '**trod.den** *p.p. of* tread 1.
trog.lo.dyte ['trɔglədait] *n.* mağarada yaşayan kimse.
Tro.jan ['trəudʒən] **1.** *adj.* Truva şehrine *veya* halkına ait; **2.** *n.* Truvalı; work like a ~ çok çalışmak.
troll[1] [trəul] *v/t.* & *v/i.* suda oltayı çekerek (balık) tutmak; bağıra bağıra (şarkı) okumak; döndürmek; gezinmek.
troll[2] [~] *n.* efsanevî cüce *veya* dev.
trol.l(e)y ['trɔli] *n.* el arabası, yük arabası; *a.* tea-~ tekerlekli servis masası; *Am.* tramvay (arabası); '**~-bus** *n.* troleybüs.
trol.lop *contp.* ['trɔləp] *n.* pasaklı kadın; fahişe, orospu, sürtük.
trom.bone ♪ [trɔm'bəun] *n.* trombon.
troop [tru:p] **1.** *n.* takım, sürü, küme, grup; cemaat; süvari bölüğü; erkek izci grubu; ✕ bölük, tabur, alay; ~s *pl.* askerler, askerî kuvvetler; **2.** *v/t.* & *v/i.* bir araya topla(n)mak; ~ away, ~ off yürüyüş yapmak, ilerlemek, gitmek, gidivermek; ~ing the colour(s) ✕ bayrak taşıma töreni; '**~-carri.er** *n.* ⚓, ✈ asker taşıyan uçak *veya* gemi; '**troop.er** *n.* süvari askeri; atlı polis; F polis; swear like a ~ ağzına geleni söylemek.
trope [trəup] *n.* mecaz, kinaye.
tro.phy ['trəufi] *n.* ganimet; hatıra, andaç, yadigâr; ödül, kupa.
trop.ic ['trɔpik] *n.* tropika, dönence; ~s *pl.* sıcak ülkeler, tropical kuşak; '**trop.ic**, '**trop.i.cal** □ tropikal.
trot [trɔt] **1.** *n.* tırıs; hızlı gitme, koşuş; be on the ~ *fig.* koşuşturmak, koşturup durmak; *sl.* ishal olm.; **2.** *v/i.* tırıs gitmek; koşmak; yürümek, gitmek; ~ out F teşhir etm., göstermek; ~ s.o. round *b-ni* gezdirmek, dolaştırmak; *b-ni* beraberinde götürmek.
troth † [trəuθ] *n.* sadakat, bağlılık; gerçek, hakikat; plight one's ~ yemin etm.; evlenmeye söz vermek.
trot.ter ['trɔtə] *n.* tırıs giden koşu atı; ~s *pl.* paça.
trou.ble ['trʌbl] **1.** *n.* sıkıntı, zahmet, üzüntü, ıstırap; dert, keder, belâ; rahatsızlık, hastalık; endişe; mutsuzluk; mesele; ~s *pl. pol.* huzursuzluk, asayişsizlik, kargaşalık; be in ~ başı belâda *veya* dertte olm.; ask *veya* look for ~ belâ aramak, kaşınmak; take (the) ~ zahmete katlanmak, zahmet etm.; **2.** *v/t.* rahatsız etm., tedirgin etm., zahmet vermek, canını sıkmak; endişelendirmek; zahmet etm.; başını ağrıtmak, üzmek, eziyet vermek; ~ s.o. for *b-ne* zahmet vermek; *v/i.* F zahmet çekmek, üzülmek, telâşlanmak; '**~.man**, '**~-shoot.er** *n. Am.* F ara

bulucu, aracı, uzlaştırıcı kimse; makine bakımcısı; **trou.ble.some** [ˈ~səm] *adj.* zahmetli, sıkıntılı, belâlı, üzüntülü; baş belâsı, can sıkıcı; **ˈtroub.lous** *adj.* karışık, kargaşalı, güç, sıkıntılı.
trough [trɔf] *n.* tekne, yalak; oluk; uçurum; ~ of the sea iki dalga arasındaki çukur.
trounce F [trauns] *v/t.* dövmek, pataklamak, dayak atmak; yenmek; azarlamak, haşlamak.
troupe [tru:p] *n.* trup, oyuncu grubu.
trou.sered [ˈtrauzəd] *adj.* pantolonlu; **trou.sers** [ˈ~z] *n. pl.* (a pair of *bir*) pantolon.
trous.seau [ˈtru:səu] *n.* çeyiz.
trout *ichth.* [traut] *n.* alabalık.
tro.ver ⚖ [ˈtrəuvə] *n.* istirdat (*veya* istihkak) davası.
trow † *veya co.* [trau] *vb.* inanmak; sanmak, zannetmek.
trow.el [ˈtrauəl] *n.* mala.
troy (weight) [ˈtrɔi(weit)] *n.* kuyumcu tartısı.
tru.an.cy [ˈtru:ənsi] *n.* dersi asma, okulu kırma; **ˈtru.ant** **1.** *adj.* kaçak, firarî; aylak; **2.** *n.* dersi asan, okulu kıran çocuk; *fig.* işten kaytaran kimse; avare, başıboş kimse; play ~ dersi asmak, okulu kırmak.
truce [tru:s] *n.* ateşkes, mütareke, anlaşma; political ~ siyasi anlaşma.
truck¹ [trʌk] *n.* kamyon; el arabası; üstü açık yük vagonu.
truck² [~] **1.** *v/t.* değiş tokuş etm., takas etm., trampa etm.; **2.** *n.* değiş tokuş, takas, trampa; *mst* ~ system ücretlerin para yerine mal olarak ödenmesi sistemi; garden ~ *Am.* sebze ve meyve.
truck.le¹ [ˈtrʌkl] *v/i.* boyun eğmek, yaltaklanmak (to *-e*).
truck.le² [~] *n. mst* ~-bed karyolanın altına itilebilen tekerlekli portatif yatak.
truck.man [ˈtrʌkmən] *n.* kamyon şoförü, kamyoncu.
truc.u.lence, truc.u.len.cy [ˈtrʌkjuləns(i)] *n.* kavgacılık, saldırganlık, vahşîlik; **ˈtruc.u.lent** □ kavgacı, saldırgan, vahşi, haşin, zalim, gaddar, insafsız.
trudge [trʌdʒ] *v/i.* zahmetle yürümek, yorgun argın yürümek.
true [tru:] *adj.* (*adv.* truly) doğru, gerçek, sahi, hakikî; halis, som, katkısız, safi; sadık, vefakâr, samimî, içten; tam, aynı; iyi yerleştirilmiş; be ~ of gerçek, doğru olm.; it is ~ doğrudur, gerçektir; come ~ gerçekleşmek *(ümit, hayal vs.)*; ~ to life (nature) gerçek hayatta olduğu gibi; prove ~ doğru çıkmak; ˈ~-ˈblue *fig.* **1.** *adj.* çok sadık, sözünün eri; **2.** *n.* sözünün eri kimse; ˈ~-**bred** *adj.* soylu; safkan; ˈ~-**love** *n.* sevgili, âşık; **ˈtrue.ness** *n.* doğruluk, hakikat, gerçeklik; bağlılık, sadakat, vefa; saflık.
truf.fle ⚘ [ˈtrʌfl] *n.* yermantarı, domalan.
tru.ism [ˈtru:izəm] *n.* su götürmez gerçek, apaçıklık, bellilik.
tru.ly [ˈtru:li] *adv.* gerçekten, hakikaten, doğrulukla, sadakatle, içtenlikle, samimi olarak; tamamen, doğru olarak; Yours ~ saygılarımla.
trump [trʌmp] **1.** *n. iskambil:* koz; F yaman adam, iyi adam; **2.** *v/i.* koz çıkarmak, koz oynamak; ~ up uydurmak *(bahane, yalan vs.)*; **ˈtrump.er.y** **1.** *n.* gösterişli fakat adi şey, pılı pırtı; saçma; **2.** *adj.* gösterişli fakat değersiz; uydurma, sudan *(bahane)*.
trum.pet [ˈtrʌmpit] **1.** *n.* ♪ boru (sesi); borazan; blow one's own ~ *fig.* *k-ni* methetmek, övünmek; *s.* ear-~, speaking-~; **2.** *v/t.* (boru çalarak) ilan etm., bildirmek, yaymak; ~ forth *fig.* yedi mahalleye davul zurna ile duyurmak; *v/i.* boru çalmak; boru gibi ses çıkarmak; **ˈtrum-pet.er** *n.* boru çalan kimse, borazan; tellal.
trun.cate [ˈtrʌŋkeit] *v/t.* kısaltmak, budamak, ucunu *veya* tepesini kesmek; **trunˈca.tion** *n.* ucunu *veya* tepesini kesme, kısaltma.
trun.cheon [ˈtrʌntʃən] *n.* sopa, çomak; cop.
trun.dle [ˈtrʌndl] **1.** *n.* çember; **2.** *v/t.* yuvarlamak, çevirmek *(çember)*.
trunk [trʌŋk] *n.* bavul; gövde, beden; hortum *(fil)*; ağaç gövdesi; otomobil bagajı; *Am.* kısa don; *s.* ~-line; ˈ~-**call** *n.* *teleph.* şehirlerarası telefon; ˈ~-**exchange** *n.* *teleph.* şehirlerarası telefon santralı; ˈ~-**line** *n.* 🚂 demiryolu ana hattı; *teleph.* şehirlerarası telefon hattı; **trunks** *n. pl.* erkek mayosu.
trun.nion ⊕ [ˈtrʌnjən] *n.* top muylusu, mil, aks, şaft.
truss [trʌs] **1.** *n.* saman demeti; ⚕ kasık bağı; ⌂ kiriş, destek, makas, dayak **2.** *v/t.* sımsıkı bağlamak; ⌂ kirişle desteklemek; ˈ~-**bridge** *n.* çatkılı köprü.
trust [trʌst] **1.** *n.* güven, itimat, inanç (in *-e*); sorumluluk, mesuliyet; emanet; ⚖ mutemetlik; ⚖ vakıf, tesis; ✝ tröst; ~ company tröst şirketi; in ~ himayesinde, gözetiminde; on ~ güvenerek, güvenle, emniyetle; ✝ kredi ile, veresiye; position of ~ sorumluluk mevkii; **2.** *v/t.* güven-

mek -e, itimat etm. -e; emanet etm., teslim etm., güvenerek vermek (s.o. with s.th., s.th. to s.o. *bşi b-ne)*; inanmak; ~ s.o. to do s.th. *b-nin bşi* yapacağına güvenmek; ümit etm., ummak; kredi vermek; *v/i.* inancı, güveni olm. (in, to *-e*).
trus.tee [trʌsˈtiː] *n.* ⚖ mutemet, vekil, yediemin, mütevelli; ~ security, ~ stock mütevelli senedi (*veya* tahvili); **trusˈtee-ship** *n.* vekillik, mutemetlik.
trust.ful □ [ˈtrʌstful], **ˈtrust.ing** □ güvenen.
trust.wor.thi.ness [ˈtrʌstwəːðinis] *n.* güvenilirlik; **ˈtrust.wor.thy** *adj.* güvenilir, güvene lâyık; **ˈtrust.y** *adj.* güvenilir, emniyetli.
truth [truːθ] *n.*, *pl.* **truths** [truːðz] doğruluk, hakikat, gerçek(lik); sadakat, vefa; samimiyet, içtenlik; dürüstlük; Tanrı; ~ to life hayata bağlılık; to tell the ~ doğruyu söylemek gerekirse, doğrusunu isterseniz.
truth.ful □ [ˈtruːθful] doğru, gerçek; doğru sözlü, doğrucu, içten; **ˈtruth.ful.ness** *n.* doğru(cu)luk, gerçeklik.
try [trai] **1.** *v/t.* denemek *(a. fig.)*, tecrübe etm., imtihan etm., sınamak; teşebbüs etm., kalkışmak; ⚖ yargılamak, muhakeme etm. (for *-den*); elde etmeye çalışmak (for *-i*); yormak; taşırmak *(sabrını)*; göstermek, ispatlamak; arıtmak, tasfiye etm.; eritmek *(yağ)*; araştırmak, tetkik etm.; ~ on prova etm. *(elbise)*; ~ it on with s.o. F *bşi b-de* cüretle denemeye kalkışmak; ~ one's hand at *bşe* el atmak, *bşi* denemek; ~ out denemek; *v/i.* uğraşmak, çalışmak (at *-e*); **2.** *n.* F deneme, tecrübe; çalışma, uğraşma; have a ~ bir deneyivermek; **ˈtry.ing** □ yorucu, sıkıcı, sinirlendirici, sabır tüketici; **ˈtry-ˈon** *n.* prova; F cüretkâr teşebbüs; **ˈtry-ˈout** *n.* deneme; *spor:* yetenek denemesi; **try.sail** ⚓ [ˈtraisl] *n.* yan yelken.
tryst [traist] **1.** *n.* randevu, buluşma (yeri); **2.** *vb.* randevulaşmak.
Tsar [zaː] *n.* çar.
T-shirt [ˈtiːʃəːt] *n.* tişört.
T-square [ˈtiːskwɛə] *n.* T cetveli.
tub [tʌb] **1.** *n.* tekne (dolusu), yayık, fıçı, leğen; banyo; F küvet; F *co.* tekne; *sl.* külüstür otomobil; **2.** *v/t.* & *v/i.* teknede yıkamak; fıçıya dikmek *veya* koymak; F yıka(n)mak, banyo yap(tır)mak; **ˈtub.by** *adj.* fıçı gibi; bıdık, tıknaz; boğuk sesli.
tube [tjuːb] *n.* boru, tüp; *mot.* iç lastik; F metro *(part. Londra'da)*; *sl.* televizyon; radyo lambası.
tu.ber ⚘ [ˈtjuːbə] *n.* yumru kök; **tu.ber.cle** [ˈ~bəːkl] *n. anat., zo.* yumrucuk, tümsecik, türberkül; ⚕ küçük ur, kabarcık, şiş; **tu.ber.cu.lo.sis** ⚕ [~bəːkjuˈləusis] *n.* tüberküloz, verem; **tuˈber.cu.lous** *adj.* ⚕ veremli, tüberkülozlu; **tu.ber.ous** ⚘ [ˈ~bərəs] *adj.* yumrulu.
tub.ing [ˈtjuːbiŋ] *n.* boru şeklinde dokuma; boru takımı.
tu.bu.lar □ [ˈtjuːbjulə] boru şeklinde; borulu...
tuck [tʌk] **1.** *n.* elbise kırması, pli; *sl.* yemek, börek çörek; **2.** *v/t.* katlamak, (içine) sokmak, (içine) tıkmak, altına kıvırmak; sıkıştırmak; ~ in iştahla yemek, tıkınmak; içeri sokmak; ~ up sıvamak, katlamak.
tuck.er *hist.* [ˈtʌkə] *n.* dantel şal.
tuck...: **ˈ~-in** *n. sl.* yemek; **ˈ~-shop** *n. sl.* pastane, kantin.
Tues.day [ˈtjuːzdi] *n.* salı.
tu.fa *min.* [ˈtjuːfə] *n.*, **tuff** [tʌf] süngertaşı.
tuft [tʌft] *n.* küme, öbek, top; tepe, sorguç; püskül; **ˈ~-hunt.er** *n.* otlakçı, bedavacı, asalak kimse; **ˈtuft.y** □ öbek öbek, püsküllü, küme küme.
tug [tʌg] **1.** *n.* kuvvetli çekiş; ⚓ römorkör; *fig.* büyük güçlük, zorluk; ~ of war *spor:* halat çekme oyunu; *fig.* şiddetli rekabet; **2.** *v/t.* (şiddetle) çekmek, çekelemek (at *-i*); ⚓ römorkörle çekmek; sıkıntı çekmek (for *-den*).
tu.i.tion [tjuːiʃən] *n.* eğitim, öğretim, ders; okul taksidi.
tu.lip ⚘ [ˈtjuːlip] *n.* lale.
tulle [tjuːl] *n.* tül.
tum.ble [ˈtʌmbl] **1.** *v/t.* & *v/i.* düş(ür)mek, yık(ıl)mak, yuvarla(n)mak, devirmek; devrilmek; karıştırmak, karman çorman etm., altüst etm.; rastlamak, rast gelmek; ~ to F anlamak, kavramak; **2.** *n.* düşüş, yuvarlanma; karman çorman durum, karmakarışıklık; **ˈ~.down** *adj.* yıkılacak gibi, yıkılmak üzere; **ˈtumbler** *n.* bardak; ⊕ kilidin hareketli kısmı; *orn.* taklakçı güvercin; akrobat, cambaz.
tum.brel [ˈtʌmbrəl] *n.*, **tum.bril** [ˈ~bril] suçluları idama götürmek için kullanılan araba.
tu.mid [ˈtjuːmid] *adj.* şişmiş, şişkin, kabarmış, kabarık; *fig.* abartmalı, şişirilmiş, tumturaklı; **tuˈmid.i.ty** *n.* şişkinlik, kabarıklık.
tum.my F [ˈtʌmi] *n.* mide, karın, göbek.
tu.mo(u)r ⚕ [ˈtjuːmə] *n.* tümör, ur, şiş, yumru.

tu.mult [ˈtjuːmʌlt] *n.* kargaşa(lık), gürültü, karışıklık; isyan, ayaklanma; *fig.* heyecan; **tuˈmul.tu.ous** □ [~tjuəs] gürültülü, kargaşalı, patırdılı; düzensiz.
tu.mu.lus [ˈtjuːmjuləs] *n.* höyük; mezar üzerindeki toprak yığını.
tun [tʌn] *n.* büyük fıçı, varil; 950 litrelik sıvı ölçüsü.
tu.na *ichth.* [ˈtuːnə] *n.* tonbalığı, orkinos.
tun.dra [ˈtʌndrə] *n.* tundura.
tune [tjuːn] **1.** *n.* nağme, melodi, beste, hava; mizaç, huy; ♪ akort; *fig.* ahenk, düzen, uyum; in ~ akortlu; *fig.* uyumlu (with *ile*); out of ~ akortsuz; *fig.* uyumsuz, ahenksiz, düzensiz; to the ~ of $ 200 $ 200'a kadar; change one's ~ *fig.* ağız değiştirmek; **2.** *v/t.* akort etm.; *fig.* ahenk vermek; ~ in *radyo:* frekansı ayarlamak (to *-e*); ~ out *radyo:* istasyonu düzeltmek; ~ up çalgıları akort etm.; *fig.* forma girmek; *mot.* ayarlamak; ♪ şarkı söylemeye başlamak; **tune.ful** □ [ˈ~ful] ahenkli, hoş sesli; **ˈtune.less** □ ahenksiz, makamsız; sessiz, müziksiz; **ˈtun.er** *n.* ♪ akortçu; *radyo:* amplifikatör ve hoparlörsüz radyo.
tung.sten ⚗ [ˈtʌŋstən] *n.* tungsten, volfram.
tu.nic [ˈtjuːnik] *n.* tünik; ✕ asker ceketi; *anat.* tabaka, kılıf; ⚘ gömlek, zar, kılıf.
tun.ing...: **ˈ~-coil** *n.* *radyo:* ayar bobini; **ˈ~-fork** *n.* ♪ diyapazon.
tun.nel [ˈtʌnl] **1.** *n.* tünel; ⚒ yatay yol; **2.** *vb.* tünel açmak.
tun.ny *ichth.* [ˈtʌni] *n.* tonbalığı, orkinos.
tun.y F [ˈtjuːni] *adj.* ahenkli, hoş sesli.
tur.ban [ˈtəːbən] *n.* sarık, turban.
tur.bid [ˈtəːbid] *adj.* koyu, yoğun; çamurlu, bulanık; karmakarışık, allak bullak; **ˈtur.bid.ness** *n.* bulanıklık; koyuluk; karmakarışıklık.
tur.bine ⊕ [ˈtəːbin] *n.* türbin; **ˈ~-ˈpow.ered** *adj.* türbinle işleyen; **tur.bo-jet** [ˈtəːbəuˈdʒet] *n.* türbinli jet motoru ile işleyen uçak; **tur.bo-prop** [ˈ~ˌprɔp] *n.* türbin pervaneli uçak.
tur.bot *ichth.* [ˈtəːbət] *n.* kalkan balığı.
tur.bu.lence [ˈtəːbjuləns] *n.* karışıklık, kargaşalık, düzensizlik; **ˈtur.bu.lent** □ çalkantılı, dalgalı; serkeş, kavgacı, hır çıkaran; sert, şiddetli; karışık, düzensiz.
tu.reen [tjuˈriːn] *n.* derin çorba kâsesi.
turf [təːf] **1.** *n.* çimen(lik), çim; kesek; turba; the ~ hipodrom; at yarışçılığı; **2.** *v/t.* çimen döşemek *-e*, çimlendirmek; ~ out *sl.* kovmak, dışarı atmak; **turf.ite** [ˈ~ait] *n.* at yarış meraklısı; **ˈturf.y** *adj.* kesekle kaplı, çimli; at yarışına ait.

tur.gid □ [ˈtəːdʒid] şişkin, şiş(miş); *fig.* tumturaklı, şatafatlı; **turˈgid.i.ty** *n.* şişkinlik.
Turk [təːk] *n.* Türk.
tur.key [ˈtəːki] **1.** *n.* ♀ carpet Türk halısı; **2.** *n.* *orn.* hindi; *Am. sl. thea., film:* fiyasko.
Turk.ish [ˈtəːkiʃ] *adj.* Türk...; Türkçe...; ~ bath Türk hamamı; ~ delight lokum; ~ towel havlu.
tur.moil [ˈtəːmɔil] *n.* kargaşa, gürültü, karışıklık.
turn [təːn] **1.** *v/t.* döndürmek, çevirmek; altüst etm., bozmak, bulandırmak, ekşitmek; erişmek, ulaşmak, gelmek; torna tezgâhında şekillendirmek; tersyüz etm. *(elbise)*; burkmak; kıvırmak; doğrultmak, yöneltmek; püskürtmek *(düşman vs.)*; yönünü değiştirmek; adamak, vakfetmek; göndermek, nakletmek; takas etm., değiş tokuş etm.; körletmek *(bıçak vs.)*; dönüştürmek (into *-e*); geri döndürmek, caydırmak (from *-den*); tercüme etm., çevirmek (into English *İngilizceye*); he has ~ed 50, he is ~ed (of) 50 ellisini aştı; ~ s.o.'s brain kafasını allak bullak etm., beynini bulandırmak; ~ colour renk değiştirmek; ~ the corner buhranı *(veya* krizi, tehlikeyi) atlatmak; he can ~ his hand to anything elinden herşey gelir, on parmağında on marifet; ~ tail F sıvışmak, tüymek, tabanları yağlamak; ~ s.o. against *b-ni -e* karşı kışkırtmak, düşman etm.; ~ aside bir tarafa çevirmek; ~ away döndürmek, geri çevirmek; kovmak; ~ down kıvırmak, bükmek, katlamak; kısmak; indirmek; reddetmek, geri çevirmek; ~ in içine kıvırmak; teslim etm. *(polise)*; F geri vermek, iade etm.; ~ off kapatmak, kesmek, söndürmek; ~ on açmak; çevirmek; heyecanlandırmak, etkilemek; bağlı olm.; ~ out dışarı doğru döndürmek; söndürmek, kapatmak; boşaltmak; yapmak, üretmek, imal etm., meydana getirmek; toplamak, biraraya getirmek; yataktan kaldırmak; kovmak, defetmek; tersyüz etm.; ~ over çevirmek, devirmek; devretmek, bırakmak; teslim etm.; *fig.* altüst etm.; ✝ alıp satmak; üzerinde düşünmek; ~ over a new leaf yeni bir hayata başlamak; ~ round çevirmek, döndürmek; ~ up yukarı çevirmek, sıvamak; açmak, çevirmek; ortaya çıkarmak; ✓ altüst etm. *(toprağı)*; F kusturmak, iğrendirmek; *v/i.* dönmek; olmak; sersemlemek, başı dönmek; sapmak, yönelmek (to *-e*); bulanmak; başvurmak (to *-e*); *k-ni* adamak

(to -*e*); değişmek, dönüşmek (into -*e*); *a.* ~ sour ekşimek, bozulmak; solmak, renk atmak; eğilmek, yamulmak; körelmek, körlenmek, körleşmek; ~ about diğer tarafa dönmek; ✕ geriye dönmek; ~ away başka tarafa yönelmek; çekip gitmek; ~ back geri dönmek; ~ in içeri kıvrılmak; F yatmak; ~ off sapmak; ~ on zevk almak, heyecan duymak; düşman olm.; saldırmak; ~ out meydana çıkmak, olmak; yukarı doğru bakmak; toplanmak, biraraya gelmek; F yataktan kalkmak; ✕ yola çıkmak, hareket etm.; ~ over devrilmek, dönmek, altüst olm.; ~ round dönmek, çevrilmek; ~ to işe koyulmak; başvurmak, müracaat etm., danışmak; koşmak; ~ up bulunmak, ortaya çıkmak; olmak; gelmek, görünmek; ~ upon saldırmak; **2.** *n.* dönme, dönüş, devir, deveran; sapma, yön değiştirme, yönelme; dönemeç, viraj; sıra; değişiklik, değişim; kabiliyet, yetenek; eğilim, meyil; amaç, gaye, maksat; gezme, dolaşma; nöbet; tarz, nevi; kısa piyes; F sarsıntı, şok; işlem, muamele; büklüm, kıvrım; at every ~ her defasında, her keresinde; by *veya* in ~s nöbetleşe, sıra ile, arka arkaya; do s.o. a good (bad) ~ *b-ne* iyilik (kötülük) etm., *b-ne* yardım et(me)mek; in ~ sıra ile, arka arkaya; in my ~ tarafımdan; it is my ~ sıra bende, sıra benim; take a ~ değişmek; tur atmak; take a ~ at. s.th. payına düşeni yapmak; take a few ~s gezinmek, dolaşmak; take one's ~ sırası gelmek; take ~s nöbetleşerek, sıra ile yapmak (at -*i*); to a ~ tam kararında, kıvamında; does it serve your ~? o işinizi görür mü?; **ˈ~.a.bout** *n.* atlıkarınca; **ˈ~-buck.le** *n.* ⊕ germe donanımı; **ˈ~.coat** *n.* dönek adam; **ˈturn.down collar** devrik yaka; **ˈturn.er** *n.* tornacı; bedeneğitimi uzmanı; **ˈturn.er.y** *n.* tornacılık; tornacı dükkânı.

turn.ing [ˈtəːniŋ] *n.* dönüş, dönme; dönen; dönemeç; take a ~ dönmek; **ˈ~-lathe** *n.* ⊕ torna tezgâhı; **ˈ~-point** *n.* *fig.* dönüm noktası.

tur.nip ⚘ [ˈtəːnip] *n.* şalgam.

turn.key [ˈtəːnkiː] *n.* zindancı, gardiyan; **ˈturn-ˈout** *n.* ⚚ ürün, verim, mahsül; katılanlar, toplantı mevcudu; 🚂, ⚓ yan hat; grev(ci); sapak, dönemeç; malzeme, teçhizat; temizlik; giysi; **ˈturn.o.ver** *n.* ⚚ satış; sermaye devri, ciro; devrilme; meyveli turta; **ˈturn.pike** *n.* bariyer; *Am.* geçiş parası alınan yol; **ˈturn-screw** *n.* tornavida; **ˈturn.spit** *n.* kebapçı, dönerci; **ˈturn.stile** *n.* turnike; **ˈturn-ta.ble** *n.* 🚂 döner levha; **ˈturn-ˈup** **1.** *adj.* katlı; kalkık (*burun, yaka vs.*); **2.** *n.* duble paça.

tur.pen.tine ⚗ [ˈtəːpəntain] *n.* terebentin, neftyağı.

tur.pi.tude *lit.* [ˈtəːpidjuːd] *n.* ahlaksızlık, günahkârlık, kötücülük.

tur.quoise *min.* [ˈtəːkwaːz] *n.* firuze, türkuvaz.

tur.ret [ˈtʌrit] *n.* küçük kule; ✕, ⚓ taret; ✈ uçağın baştarafı; ~ lathe ⊕ torna tezgâhı; **ˈtur.ret.ed** *adj.* kuleli, taretli; kule şeklindeki.

tur.tle¹ *zo.* [ˈtəːtl] *n.* kaplumbağa; turn ~ alabora olm., devrilmek.

tur.tle² *orn.* [~] *n.* *mst* ~-dove kumru.

Tus.can [ˈtʌskən] **1.** *adj.* Toskana'ya ait; **2.** *n.* Toskanalı; Toskana lehçesi.

tush [tʌʃ] *int.* sus!, boş ver!

tusk [tʌsk] *n.* fildişi; azıdişi.

tus.sle [ˈtʌsl] **1.** *n.* itişip kakışma, çekişme, çetin mücadele, kavga; **2.** *v/i.* mücadele etm., uğraşmak, kavga etm.

tus.sock [ˈtʌsək] *n.* ot öbeği, çalı demeti.

tut [tʌt] *int.* yetti be!, kes sesini!, adam sen de!

tu.te.lage [ˈtjuːtilidʒ] *n.* vasilik, vesayet.

tu.te.lar.y [ˈtjuːtiləri] *adj.* vasi olan; vasiye ait, vasi...

tu.tor [ˈtjuːtə] **1.** *n.* özel öğretmen; *univ.* öğretmen; *Am.* *univ.* asistan öğretmen; ⚖ vasi, veli; **2.** *v/t.* -*e* özel ders vermek; *fig.* hükmetmek -*e*, hâkim olm. -*e*; **tu.to.ri.al** [~ˈtɔːriəl] **1.** *adj.* özel öğretmene *veya* vasiye ait; özel öğretmenli...; özel öğretmen...; **2.** *n.* *univ.* özel ders; **tu.tor.ship** [ˈ~təʃip] *n.* özel öğretmenlik; ⚖ vesayet.

tux.e.do *Am.* [tʌkˈsiːdəu] *n.* smokin.

TV [ˈtiːˈviː] *n.* televizyon.

twad.dle [ˈtwɔdl] **1.** *n.* saçma, boş laf; **2.** *v/i.* saçmalamak, boş boş konuşmak.

twain † [twein] *n.* iki.

twang [twæŋ] **1.** *n.* tıngırtı; *mst* nasal ~ genizden çıkan ses, genzel ses; **2.** *v/t.* & *v/i.* tıngırda(t)mak; genizden konuşmak.

'twas [twɔz, twəs] = it was.

tweak [twiːk] *v/t.* çimdikleyip çekmek, bükmek.

tweed [twiːd] *n.* tüvit.

'tween [twiːn] = between.

tween.y [ˈtwiːni] *n.* hizmetçi kız.

tweet [twiːt] *v/i.* cıvıldamak (*kuş*); **ˈtweet.er** *n.* *radyo:* tiz sesler için küçük hoparlör.

tweez.ers [ˈtwiːzəs] *n.* *pl.* (a pair of *bir*) cımbız.

twelfth [twelfθ] **1.** *adj.* on ikinci; **2.** *n.* on ikide bir; **ˈ♀-night** *n.* Noelden on iki gün sonraki gece.

twelve [twelv] *n.* & *adj.* on iki; **~.fold** ['~-fəuld] *adj.* on iki misli; **'~.month** *n.* yıl, sene.

twen.ti.eth ['twentiiθ] **1.** *adj.* yirminci; **2.** *n.* yirmide bir.

twen.ty ['twenti] *n.* & *adj.* yirmi; **~.fold** ['~fəuld] *adj.* yirmi misli.

'twere [twəː] = it were.

twerp *sl.* [twəːp] *n.* hergele, herifçioğlu.

twice [twais] *adv.* iki kere, iki defa, iki kez; ~ the sum iki misli miktar; ~ as much iki misli, iki katı.

twid.dle ['twidl] **1.** *v/t.* döndürmek, döndürüp durmak; *v/i.* oynayıp durmak; **2.** *n.* hafifçe döndürme.

twig¹ [twig] *n.* ince dal, sürgün, çubuk.

twig² F [~] *v/t.* anlamak, farkına varmak, kavramak, çakmak.

twi.light ['twailait] *n.* alaca karanlık; *fig.* karanlık devre; ~ of the gods tanrılarla devlerin birbirlerini mahvettikleri savaş; *attr.* alaca karanlık...; ~ sleep ⚕ ağrıyı kesmek için yapılan hafif anestezi.

twill [twil] **1.** *n.* kabarık ve çapraz dokunmuş kumaş; **2.** *vb.* böyle kumaş dokumak.

'twill [~] = it will.

twin [twin] **1.** *adj.* çift(e)...; **2.** *n.* ikiz; **~-en.gined** ✈ ['~endʒind] *adj.* çift motorlu.

twine [twain] **1.** *n.* sicim; sarma, bükme; **2.** *v/t.* & *v/i.* sar(ıl)mak, dola(n)mak, kıvrılmak; bükmek; *fig.* *b-ni* bir işe bulaştırmak; ~ o.s. sarılmak, çöreklenmek, kıvrılmak.

twinge [twindʒ] *n.* ani ve şiddetli ağrı, sancı.

twin.kle ['twiŋkl] **1.** *v/i.* pırıldamak, parlamak; göz kırpıştırmak; in the twinkling of an eye göz açıp kapayıncaya kadar; **2.** *n.* pırıltı, parıltı; göz kırpıştırma; in a ~ kaşla göz arasında.

twirl [twəːl] **1.** *n.* dönüş, kıvrılış; kıvrım, büklüm; **2.** *v/t.* & *v/i.* dön(dür)mek; çevirmek; fırıldatmak; fırıldanmak; burmak, kıvırmak.

twirp [twəːp] = twerp.

twist [twist] **1.** *n.* bük(ül)me, bur(kul)ma. sar(ıl)ma; sicim, ibrişim; dönüş; dönme; düğüm; kötülüğe eğilim, meyil; **2.** *v/t.* & *v/i.* bük(ül)mek, bur(ul)mak, sar(ıl)mak; dolamak; burkmak; döndürmek, çevirmek; kıvırmak; ters anlam vermek, saptırmak, çarpıtmak; kıvrılmak; bozmak; **'twist.er** *n.* büken şey *veya* kimse; *spor:* yuvarlanarak giden top; F sahtekâr kimse; F zor iş *veya* sorun; *Am.* kasırga, hortum.

twit *fig.* [twit] *v/t.* takılmak, kızdırmak, alaya almak (with *hakkında*).

twitch [twitʃ] **1.** *v/t.* & *v/i.* seğir(t)mek; birden çekmek, kapıvermek; **2.** *n.* seğirme, tik; birden çekme, kapıverme; *vet.* yavaşa; = twinge.

twit.ter ['twitə] **1.** *v/i.* cıvıldamak; kıkırdamak, kıs kıs gülmek; titrek bir sesle konuşmak; **2.** *n.* cıvıltı; kıkırdama; heyecan; be in a ~ titremek, heyecan içinde olm.

'twixt [twikst] = betwixt.

two [tuː] **1.** *adj.* iki, çift; in ~ iki kısma, ikiye; put ~ and ~ together doğru tahmin etm., bağdaştırarak sonuç çıkarmak; **2.** *n.* iki rakamı; in ~s ikişer ikişer; **'~-bit** *adj.* 25 sentlik...; *fig.* ucuz, değersiz, önemsiz, ufak tefek...; **'~-edged** *adj.* iki yüzü de keskin *(kılıç)*; iki anlamlı; **'~-faced** *adj.* ikiyüzlü, riyakâr; **~.fold** ['~fəuld] *adj.* & *adv.* iki kat, iki misli; **'~-hand.ed** *adj.* iki elle kullanılan *(kılıç)*; iki kişi ile kullanılan *(testere vs.)*; **~.pence** ['tʌpəns] *n.* iki peni; **~.pen.ny** ['tʌpəni] *adj.* iki penilik...; **'~-phase** *adj.* ⚡ çift fazlı; **'~-'piece** *n.* iki parçalı giysi; **'~-ply** *adj.* katmerli, iki katlı; **'~-'seat.er** *n.* *mot.* iki kişilik araba; **'~-sid.ed** *adj.* iki taraflı, iki yanlı; **'~-'step** *n.* bir çeşit dans; bu dansın müziği; **'~-'sto.rey** *adj.* iki katlı; **'~-stroke** *adj.* *mot.* iki zamanlı...; **'~-'thirds** *adj.* üçte iki...; **'~-way** *adj.* ⊕ çift taraflı; ~ adapter ⚡ çiftli adaptör; ~ traffic iki yönlü *veya* yollu trafik.

'twould [twud] = it would.

ty.coon *Am.* F [tai'kuːn] *n.* büyük işadamı, sermayedar; kodaman.

tyke [taik] *n.* it, sokak köpeği; kaba saba adam, hödük.

tym.pa.num ['timpənəm] *n.* *anat.* timpan, kulak davulu, orta kulak; △ alın.

type [taip] **1.** *n.* çeşit, tip, cins, nevi, tür, kategori, sınıf; örnek, numune; ⊕ model; *typ.* basma harf, hurufat; in ~ baskıya hazır; ~ area tertip dizisinin boyu; true to ~ tipine uygun; set in ~ dizmek; **2.** = ~write; **'~-found.er** *n.* dizmen, diz(g)ici; **'~-script** *n.* daktilo ile yazılmış yazı; **'~-set.ter** *n.* diz(g)ici, dizmen; dizgi makinesi; **'~.write** (*irr.* write) *v/t.* daktilo etm., daktilo ile yazmak; *v/i.* daktilo yazmak; **'~.writer** *n.* daktilo, yazı makinesi; ~ face daktilo yazısı; ~ ribbon daktilo şeridi; **'~writ.ten** *adj.* daktilo edilmiş, daktiloda yazılmış.

ty.phoid ⚕ ['taifɔid] **1.** *adj.* tifoya benzer;

~ fever = 2. *n.* tifo.

ty.phoon *meteor.* [tai'fu:n] *n.* tayfun.

ty.phus ⚕ ['taifəs] *n.* tifüs.

typ.i.cal □ ['tipikəl] tipik; simgesel, sembolik (of); **typ.i.fy** ['~fai] *v/t.* -*in* simgesi, sembolü olm.; simgesel olarak göstermek; **typ.ist** ['taipist] *n.* daktilo(graf); shorthand ~ stenograf.

ty.pog.ra.pher [tai'pɔgrəfə] *n.* matbaacı, basımcı; **ty.po.graph.ic, ty.po.graph.i.cal** □ [~pə'græfik(əl)] matbaacılığa ait; basımcılık...; **ty.pog.ra.phy** [~'pɔgrəfi] *n.* matbaacılık, basımcılık, tipografya.

ty.ran.nic, ty.ran.ni.cal □ [ti'rænik(əl)] zalim(ce), gaddar(ca); **ty'ran.ni.cide** [~said] *n.* zalimi öldürme; zalimi öldüren kimse; **tyr.an.nize** ['tirənaiz] *vb.* eziyet etm. -*e*, işkence etm. -*e*; ~ over zulmetmek -*e*; '**tyr.an.nous** □ zalim(ce), gaddar(ca); '**tyr.an.ny** *n.* zulüm, gaddarlık, istibdat; zorba hükümet (devresi).

ty.rant ['taiərənt] *n.* zalim, zorba, gaddar, acımasız, yıkıcı; zorba hükümdar, tiran.

tyre ['taiə] *s.* tire[1].

ty.ro ['taiərəu] *s.* tiro.

Tyr.o.lese [tirə'li:z] **1.** *n.* Tirol halkı; Tirollü; **2.** *adj.* Tirol eyalet *veya* halkına ait.

Tzar [zɑ:] *n.* çar.

U

u.biq.ui.tous □ [juːˈbikwitəs] aynı anda her yerde olan, hazır ve nazır; **uˈbiq.ui.ty** *n.* hazır ve nazırlık, aynı anda her yerde hazır olma.

U-boat ⚓ [ˈjuːbəut] *n.* Alman denizaltısı.

ud.der [ˈʌdə] *n.* inek memesi.

ugh [ʌx, uh, əːh] *int.* of!, öf!, ö!

ug.li.fy [ˈʌglifai] *v/t.* çirkinleştirmek.

ug.li.ness [ˈʌglinis] *n.* çirkinlik, iğrençlik.

ug.ly □ [ˈʌgli] çirkin, iğrenç; korkunç, berbat; ters, huysuz; nahoş; fırtınalı; tehlikeli.

U.krain.i.an [juːˈkreinjən] **1.** *adj.* Ukrayna *veya* Ukraynacaya ait; **2.** *n.* Ukraynalı; Ukraynaca, Rutenca.

u.ku.le.le ♪ [juːkəˈleili] *n.* Hawaii adalarına ait dört telli gitar, kitara.

ul.cer ⚕ [ˈʌlsə] *n.* ülser, karha; **ul.cer.ate** [ˈ~reit] *v/t.* & *v/i.* ülsere dönüş(tür)mek, ülser olm.; ülsere sebep olm.; **ul-cerˈa.tion** *n.* ülser(leşme); **ˈul.cer.ous** *adj.* ülserli, ülserleşmiş.

ul.lage ✝ [ˈʌlidʒ] *n.* fıçıda boş kalan kısım; fire.

ul.na *anat.* [ˈʌlnə] *n., pl.* **ul.nae** [ˈ~niː] ulna, dirsek kemiği.

ul.ster [ˈʌlstə] *n.* bol ve uzun palto.

ul.te.ri.or □ [ʌlˈtiəriə] ötedeki, öteyandaki, uzaktaki; *fig.* gizli; sonraki; ~ motive gizli maksat, art niyet.

ul.ti.mate □ [ˈʌltimit] (en) son, nihai, en uzak; esas, temel, asıl; en yüksek, en büyük; aşırı; çözümlenemeyen; **ˈul.ti-mate.ly** *adv.* (eninde) sonunda.

ul.ti.ma.tum [ʌltiˈmeitəm] *n., pl. a.* **ul.tiˈma-ta** [~tə] ültimatom.

ul.ti.mo ✝ [ˈʌltiməu] *adj.* geçen ayın..., geçen ayki, geçen ayda.

ul.tra [ˈʌltrə] *adj.* aşırı, son derece, fazla; **ˈ~ˈfash.ion.a.ble** *adj.* son derece modaya uygun; **~.maˈrine** **1.** *adj.* denizaşırı; **2.** *n.* ⚗, *paint.* lâcivert (boya); **ˈ~ˈmod.ern** *adj.* çok modern; **~.mon.tane** *eccl., pol.* [~ˈmɔntein] **1.** *adj.* Papanın mutlak yetkisinden yana olan; **2.** *n.* Papanın mutlak yetkisinden yana kimse; **ˈ~-ˈred** *adj.* kızılötesi, enfraruj; **ˈ~-ˈshort wave** çok kısa dalga; **ˈ~ˈson.ic** *adj.* sesötesi, yüksek frekanslı *(titreşim, ses)*; **ˈ~-ˈvi.o.let** *adj.* ültraviyole, morötesi.

ul.u.late [ˈjuːljuleit] *v/i.* ulumak; feryat, figan etm.

um.bel ⚘ [ˈʌmbəl] *n.* umbel, şemsiye şeklinde çiçek durumu.

um.ber *min., paint.* [ˈʌmbə] *n.* ombra, aşı boyası.

um.bil.i.cal □ [ʌmˈbilikəl, ⚕ ~ˈlaikəl] göbeğe ait, göbek...; ~ cord göbek kordonu.

um.brage [ˈʌmbridʒ] *n.* gücenme, alınma, içerleme; *poet.* gölge; kuşku, şüphe; ima; **um.bra.geous** □ [~ˈbreidʒəs] gölgeli; *fig.* alıngan.

um.brel.la [ʌmˈbrelə] *n.* şemsiye; *fig.* himaye, koruma; ⚔ koruyucu avcı uçakları; **umˈbrel.la-stand** *n.* şemsiyelik.

um.pire [ˈʌmpaiə] **1.** *n.* hakem; **2.** *v/t.* yönetmek *(maç vs.)*; *v/i.* hakemlik yapmak.

ump.teen [ˈʌmptiːn] *adj.*, **ˈump.ty** *sl.* pek çok, bir sürü, sayısız.

un... [ʌn] *prefix* -siz, -sız, gayri.

'un F [ʌn, ən] = one.

un.a.bashed [ˈʌnəˈbæʃt] *adj.* küstah, arsız, utanmaz, yüzsüz.

un.a.bat.ed [ˈʌnəˈbeitid] *adj.* şiddeti azalmayan, dinmemiş, şiddetini sürdüren *(fırtına vs.)*.

un.a.ble [ˈʌnˈeibl] *adj.* gücü yetmez, yapamaz (to *inf.* *-meyi)*, iktidarsız, âciz; beceriksiz.

un.a.bridged [ˈʌnəˈbridʒd] *adj.* kısaltılmamış, orijinal, tam.

un.ac.cept.a.ble [ˈʌnəkˈseptəbl] *adj.* kabul edilemez.

un.ac.com.mo.dat.ing [ˈʌnəˈkɔmədeitiŋ] *adj.* rahatına düşkün.

un.ac.count.a.ble □ [ˈʌnəˈkauntəbl] anlatılmaz, açıklanamaz, garip; olağanüstü; sorumsuz.

un.ac.cus.tomed [ˈʌnəˈkʌstəmd] *adj.* alışılmamış, garip, tuhaf; ~ to alışmamış *-e*, alışık olmayan *-e*.

un.ac.knowl.edged [ˈʌnəkˈnɔlidʒd] *adj.* kabul edilmemiş, onaylanmamış, cevaplandırılmamış.

un.ac.quaint.ed [ˈʌnəˈkweintid] *adj.*; ~

with tanışmayan *ile*, tanışık olmayan *ile*, bilmez.

un.a.dorned [ˈʌnəˈdɔːnd] *adj.* süslenmemiş, süssüz, sade, donatılmamış.

un.a.dul.ter.at.ed □ [ˈʌnəˈdʌltəreitid] saf(i), halis, katıksız.

un.ad.vis.a.ble □ [ˈʌnədˈvaizəbl] tavsiye edilmez; **ˈun.adˈvised** □ [~zd, *adv.* ~zidli] danışmamış, nasihat almamış; düşüncesiz, patavatsız.

un.af.fect.ed □ [ˈʌnəˈfektid] etkilenmemiş, değişmemiş; *fig.* samimî, içten.

un.a.fraid [ˈʌnəˈfreid] *adj.* korkusuz, cesur, gözü pek.

un.aid.ed [ˈʌnˈeidid] *adj.* yardım görmemiş, yardım edilmemiş, yardımsız.

un.al.ien.a.ble [ˈʌnˈeiljənəbl] *adj.* alınamaz, ayrılamaz, devredilemez.

un.al.loyed [ˈʌnəˈlɔid] *adj.* saf(i), halis, katışıksız; *fig.* tam.

un.al.ter.a.ble □ [ʌnˈɔːltərəbl] değiş(tirile)mez, sabit; **unˈal.tered** *adj.* değiştirilmemiş.

un.am.big.u.ous □ [ˈʌnæmˈbigjuəs] tam, kesin, açık, belli.

un.am.bi.tious □ [ˈʌnæmˈbiʃəs] kanaatkâr, kanık, ihtirası olmayan, yetingen.

un.a.me.na.ble [ˈʌnəˈmiːnəbl] *adj.* dik başlı, asi; sorumsuz.

un-A.mer.i.can [ˈʌnəˈmerikən] *adj.* Amerikan(vari) olmayan.

un.a.mi.a.ble □ [ˈʌnˈeimjəbl] sevimsiz, nahoş.

u.na.nim.i.ty [juːnəˈnimiti] *n.* oy birliği, ittifak; **u.nan.i.mous** □ [juːˈnænimәs] aynı fikirde, hemfikir, oydaş.

un.an.nounced [ˈʌnəˈnaunst] *adj.* duyurulmamış, anons edilmemiş, habersiz (gelen).

un.an.swer.a.ble □ [ʌnˈɑːnsərəbl] cevaplandırılamaz, reddedilemez; **ˈunˌanswered** *adj.* cevaplandırılmamış *(mektup vs.)*; karşılıksız *(aşk)*.

un.ap.palled [ˈʌnəˈpɔːld] *adj.* korkusuz, pervasız.

un.ap.peal.a.ble ⚖ [ˈʌnəˈpiːləbl] *adj.* temyiz edilemez.

un.ap.peas.a.ble □ [ˈʌnəˈpiːzəbl] yatıştırılamaz, amansız.

un.ap.proach.a.ble □ [ˈʌnəˈprəutʃəbl] yanına varılamaz, yaklaşılmaz; uzak; çok üstün, eşsiz.

un.ap.pro.pri.at.ed [ˈʌnəˈprəuprieitid] *adj.* sahipsiz.

un.apt □ [ˈʌnˈæpt] uygunsuz; kalın kafalı; ~ to *inf.* *-meyi* yapacağa benzemeyen; be ~ to learn çarçabuk öğrenememek.

un.armed [ˈʌnˈɑːmd] *adj.* silahsız.

un.a.shamed □ [ˈʌnəˈʃeimd] utanmaz, arsız, yüzsüz.

un.asked [ˈʌnˈɑːskt] *adj.* sorulmamış; davetsiz; istenmemiş.

un.as.sail.a.ble □ [ʌnəˈseiləbl] katî, kesin, muhakkak; saldırılamaz.

un.as.sist.ed □ [ˈʌnəˈsistid] yardım(cı)sız.

un.as.sum.ing [ˈʌnəˈsjuːmiŋ] *adj.* gösterişsiz, mütevazı, alçak gönüllü.

un.at.tached [ˈʌnəˈtætʃt] *adj.* bağımsız, bekâr.

un.at.tain.a.ble □ [ˈʌnəˈteinəbl] elde edilemez; ulaşılamaz.

un.at.tend.ed [ˈʌnəˈtendid] *adj.* yalnız, arkadaşsız; yapılmamış, bakılmamış *(iş vs.)*; sahipsiz.

un.at.trac.tive □ [ʌnəˈtræktiv] gösterişsiz, sade, şatafatsız, cazibesiz, sevimsiz.

un.au.thor.ized [ˈʌnˈɔːθəraizd] *adj.* yetkisiz; gayri resmi.

un.a.vail.a.ble [ˈʌnəˈveiləbl] *adj.* mevcut olmayan; kullanılmaz, işe yaramaz; **ˈun.aˈvail.ing** *adj.* boşuna; başarısız; tesirsiz, faydasız.

un.a.void.a.ble □ [ʌnəˈvɔidəbl] kaçınılmaz, çaresiz.

un.a.ware [ˈʌnəˈwɛə] *adj.* habersiz, farkında olmayan; önemsemeyen; be ~ of *-in* farkında olmamak, *-den* habersiz olm.; **ˈun.aˈwares** *adv.* beklenmedik bir anda, ansızın; farkında olmadan, bilinçsizce.

un.backed [ˈʌnˈbækt] *adj.* desteklenmeyen; üzerine bahse girilmemiş; arkasız; ~ horse üzerine binilmemiş at.

un.bal.ance [ˈʌnˈbæləns] *n.* dengesizlik; **ˈunˈbal.anced** *adj.* dengesiz; aklî dengesi bozuk; birbirini tutmayan.

un.bap.tized [ˈʌnbæpˈtaizd] *adj.* vaftiz edilmemiş.

un.bar [ˈʌnˈbɑː] *v/t.* *-in* sürgüsünü açmak.

un.bear.a.ble □ [ʌnˈbɛərəbl] dayanılmaz, çekilmez, hoşgörülmez.

un.beat.en [ˈʌnˈbiːtn] *adj.* kırılmamış *(rekor vs.)*; yenilmemiş *(takım vs.)*; dövülmemiş; ayak basılmamış.

un.be.com.ing □ [ˈʌnbiˈkʌmiŋ] yakışmamış, yakışıksız, uygunsuz, münasip olmayan (to *veya* for s.o. *b-i için)*.

un.be.friend.ed [ˈʌnbiˈfrendid] *adj.* arkadaşsız, dostsuz.

un.be.known [ˈʌnbiˈnəun] *adj.* meçhul; habersiz; ~ to s.o. *b-nin* haberi olmadan.

un.be.lief [ˈʌnbiˈliːf] *n.* imansızlık, inançsızlık; **un.beˈliev.a.ble** □ inanılmaz; **ˈunbeˈliev.er** *n.* imansız, dinsiz, kâfir; **ˈun-**

be'liev.ing □ imansız; şüpheci.

un.be.loved [ˈʌnbiˈlʌvd] *adj.* sevilmeyen.

un.bend [ˈʌnˈbend] *(irr.* bend) *v/t. & v/i.* gevşe(t)mek *(a. fig.)*, yumuşa(t)mak; dinlen(dir)mek; ⊕ düzel(t)mek, doğrul(t)mak; **ˈunˈbend.ing** □ eğilmez; *fig.* kararlı, sabit, kararından dönmez; boyun eğmez.

un.be.seem.ing □ [ˈʌnbiˈsiːmiŋ] yakışıksız, uygunsuz.

un.bi.as(s)ed □ [ˈʌnˈbaiəst] tarafsız, yansız, bitaraf.

un.bid(.den) [ˈʌnˈbid(n)] *adj.* davetsiz; kendiliğinden gelen.

un.bind [ˈʌnˈbaind] *(irr.* bind) *v/t.* çözmek; gevşetmek; serbest bırakmak, salıvermek.

un.bleached [ˈʌnˈbliːtʃt] *adj.* ağartılmamış.

un.blem.ished [ʌnˈblemiʃt] *adj.* lekesiz; hatasız, kusursuz.

un.blush.ing □ [ʌnˈblʌʃiŋ] utanmaz, arsız, yüzsüz.

un.bolt [ˈʌnˈbəult] *v/t. -in* sürgüsünü açmak; **ˈunˈbolt.ed** *adj.* sürgülenmemiş; elenmemiş *(un vs.)*.

un.born [ˈʌnˈbɔːn] *adj.* henüz doğmamış; gelecek, müstakbel.

un.bos.om [ʌnˈbuzəm] *v/t.* açığa vurmak, ortaya dökmek; ~ o.s. içini dökmek (to s.o. *b-ne*).

un.bound [ˈʌnˈbaund] *adj.* çözük, bağlı olmayan; ciltsiz *(kitap)*.

un.bound.ed □ [ʌnˈbaundid] sınırsız, hudutsuz; sonsuz, ölçüsüz.

un.brace [ˈʌnˈbreis] *v/t.* çözmek; gevşetmek; zayıflatmak.

un.break.a.ble [ˈʌnˈbreikəbl] *adj.* kırılamaz.

un.bri.dled [ʌnˈbraidld] *adj.* gem vurulmamış *(at)*; *fig.* azgın, dizginlenemeyen, önüne geçilmez *(hırs vs.)*.

un.bro.ken [ˈʌnˈbrəukən] *adj.* kırılmamış *(rekor vs.)*; sürekli, aralıksız; ehlileştirilmemiş, alıştırılmamış *(at)*; bütün, tam; bozulmamış; sürülmemiş *(toprak)*.

un.buck.le [ˈʌnˈbʌkl] *v/t. -in* tokasını çözmek.

un.bur.den [ˈʌnˈbəːdn] *v/t. mst fig.* açığa vurmak, dökmek *(içini, derdini)*.

un.bur.ied [ˈʌnˈberid] *adj.* gömülmemiş.

un.burned [ˈʌnˈbəːnd] *adj.*, **un.burnt** [ˈ~ˈbəːnt] yanmamış.

un.busi.ness.like [ʌnˈbiznislaik] *adj.* iş düzenine aykırı.

un.but.ton [ˈʌnˈbʌtn] *v/t. -in* düğmelerini çözmek.

un.called [ˈʌnˈkɔːld] *adj.* çağrılmamış, davetsiz; † talep edilmemiş; **unˈcalled-for** *adj.* lüzumsuz, gereksiz, yersiz.

un.can.did □ [ˈʌnˈkændid] ikiyüzlü, dürüst olmayan.

un.can.ny □ [ʌnˈkæni] tekin olmayan; esrarengiz, acayip, anlaşılmaz.

un.cared-for [ˈʌnˈkɛədfɔː] *adj.* bakımsız, ihmal edilmiş.

un.case [ˈʌnˈkeis] *v/t.* açmak, çözmek.

un.ceas.ing □ [ʌnˈsiːsiŋ] durmayan, aralıksız, sürekli, devamlı; sonsuz, ebedî.

un.cer.e.mo.ni.ous □ [ˈʌnseriˈməunjəs] gayri resmî; teklifsiz, lâubali; kaba, nezaketsiz.

un.cer.tain □ [ʌnˈsəːtn] *com.* şüpheli; kararsız, belirsiz; güvenilmez; değişken, dönek; be ~ of *-den* emin olmamak; **unˈcer.tain.ty** *n.* şüphe, tereddüt, kesin olmayış.

un.chain [ˈʌnˈtʃein] *v/t.* serbest bırakmak, salıvermek.

un.chal.lenge.a.ble [ˈʌnˈtʃælindʒəbl] *adj.* su götürmez, tartışılmaz; **ˈunˈchal.lenged** *adj.* itiraz kabul etmez, tartışılmaz.

un.change.a.ble □ [ʌnˈtʃeindʒəbl], **unˈchang.ing** değişmez; **ˈunˈchanged** *adj.* değişmemiş, eskisi gibi.

un.char.i.ta.ble □ [ʌnˈtʃæritəbl] merhametsiz, katı, sert.

un.chart.ed [ˈʌnˈtʃɑːtid] *adj.* haritada olmayan; meçhul, bilinmeyen, keşfedilmemiş.

un.chaste □ [ˈʌnˈtʃeist] namussuz, iffetsiz; **un.chas.ti.ty** [ˈʌnˈtʃæstiti] *n.* namussuzluk.

un.checked [ˈʌnˈtʃekt] *adj.* durdurulmamış, serbest, kontrolsüz, dizginsiz.

un.chris.tian □ [ˈʌnˈkristjən] Hıristiyan olmayan; Hıristiyanlığa aykırı; medeniyetsiz; yersiz, uygunsuz.

un.civ.il □ [ˈʌnˈsivl] nezaketsiz, kaba; **ˈunˈciv.i.lized** [~vilaizd] *adj.* medeniyetsiz, medenileşmemiş.

un.claimed [ˈʌnˈkleimd] *adj.* sahibi çıkmamış.

un.clasp [ˈʌnˈklɑːsp] *v/t.* bırakmak *(sıkılan el vs.)*, açmak *(toka vs.)*.

un.cle [ˈʌŋkl] *n.* amca, dayı, enişte; *sl.* tefeci.

un.clean □ [ˈʌnˈkliːn] pis, kirli; *fig.* ahlâksız.

un.clench [ˈʌnˈklentʃ] *v/t. & v/i.* aç(tır)mak.

un.cloak [ˈʌnˈkləuk] *v/t. -in* örtüsünü kaldırmak; *fig.* açığa vurmak, ortaya dökmek.

un.close [ˈʌnˈkləuz] *v/t. & v/i.* aç(ıl)mak; açığa vurmak.

un.clothe [ˈʌnˈkləuð] *v/t.* *-in* elbisesini çıkarmak, soymak.
un.cloud.ed [ˈʌnˈklaudid] *adj.* bulutsuz; berrak, parlak *(a. fig.)*.
un.coil [ˈʌnˈkɔil] *v/t.* & *v/i.* çöz(ül)mek, aç(ıl)mak.
un.col.lect.ed [ˈʌnkəˈlektid] *adj.* toplanmamış; *fig.* kendine hâkim olmayan.
un.col.o(u)red [ˈʌnˈkʌləd] *adj.* boyasız; *fig.* abartmasız.
un-come-at-a.ble F [ˈʌnkʌmˈætəbl] *adj.* yanına varılmaz, erişilmez.
un.come.ly [ˈʌnˈkʌmli] *adj.* yakışık almaz, yersiz, uygunsuz.
un.com.fort.a.ble □ [ʌnˈkʌmfətəbl] rahatsız (edici).
un.com.mit.ted [ʌnkəˈmitid] *adj.* taahhüt altına girmemiş; *pol.* bağımsız, hür.
un.com.mon □ [ʌnˈkɔmən] *(a.* F *adv.)* olağanüstü, görülmedik; nadir, seyrek.
un.com.mu.ni.ca.tive [ˈʌnkəˈmju:nikətiv] *adj.* az konuşur, ağzı sıkı.
un.com.plain.ing □ [ˈʌnkəmˈpleiniŋ] şikâyet etmeyen, sabırlı.
un.com.pro.mis.ing □ [ʌnˈkɔmprəmaiziŋ] uzlaşmaz, uyuşmaz; *fig.* eğilmez, sert.
un.con.cern [ˈʌnkənˈsə:n] *n.* ilgisizlik, kayıtsızlık; **ˈun.con.ˈcerned** □ [*adv.* ~idli] endişesiz, kayıtısız, ilgisiz (about *hususunda*); duygusuz, hissiz (with *-e karşı*); ilgisi olmayan, karışmamış (in *-e*).
un.con.di.tion.al □ [ˈʌnkənˈdiʃənl] (kayıtsız) şartsız.
un.con.fined □ [ˈʌnkənˈfaind] kuşatılmamış; sınırsız, hudutsuz, serbest.
un.con.firmed [ˈʌnkənˈfə:md] *adj.* doğrulanmamış; † teyitsiz.
un.con.gen.ial [ˈʌnkənˈdʒi:njəl] *adj.* sıkıcı; uygun olmayan.
un.con.nect.ed □ [ˈʌnkəˈnektid] ilgisiz, alâkasız, birbirini tutmaz.
un.con.quer.a.ble □ [ʌnˈkɔŋkərəbl] zaptedilemez, fethedilemez; **ˈunˈcon.quered** *adj.* fethedilmemiş.
un.con.sci.en.tious □ [ˈʌnkɔnʃiˈenʃəs] vicdansız; mantıksız; aşırı, fazla.
un.con.scion.a.ble □ [ʌnˈkɔnʃnəbl] mantıksız; vicdansız; prensipsiz; F fahiş *(fiyat)*.
un.con.scious [ʌnˈkɔnʃəs] **1.** □ şuursuz, bilinçsiz; baygın; be ~ of *-in* bilincinde olmamak; **2.** *n.* the ~ *psych.* bilinçaltı; **unˈcon.scious.ness** *n.* şuursuzluk, bilinçsizlik.
un.con.se.crat.ed [ˈʌnˈkɔnsikreitid] *adj.* adanmamış; kutsanmamış.
un.con.sid.ered [ˈʌnkənˈsidəd] *adj.* düşüncesizce söylenmiş *(söz)*; önemsenmemiş.
un.con.sti.tu.tion.al □ [ˈʌnkɔnstiˈtju:ʃənl] anayasaya aykırı.
un.con.strained □ [ˈʌnkənˈstreind] serbest, kolay.
un.con.test.ed □ [ˈʌnkənˈtestid] itiraza uğramamış.
un.con.tra.dict.ed [ˈʌnkɔntrəˈdiktid] *adj.* yalanlanmamış.
un.con.trol.la.ble □ [ʌnkənˈtrəuləbl] idare edilemez, yönetilemez; önlenemez; **ˈun.conˈtrolled** *adj.* kontrolsüz, başıboş, idaresiz; *fig.* *k-ne* hâkim olamayan, dizginsiz.
un.con.ven.tion.al □ [ˈʌnkənˈvenʃənl] göreneklere uymayan; garip, acayip; lâubali.
un.con.vert.ed [ˈʌnkənˈvə:tid] *adj.* değiştirilmemiş; † paraya çevrilmemiş.
un.con.vinced [ˈʌnkənˈvinst] *adj.* emin olmayan, inanmamış; **ˈun.conˈvinc.ing** *adj.* inandırıcı olmayan, inanılmaz.
un.cooked [ˈʌnˈkukt] *adj* piş(iril)memiş.
un.cord [ˈʌnˈkɔ:d] *v/t.* *-in* ipini çözmek.
un.cork [ˈʌnˈkɔ:k] *v/t.* *-in* tapasını çıkarmak.
un.cor.rupt.ed □ [ˈʌnkəˈrʌptid] bozulmamış.
un.count.a.ble [ˈʌnˈkauntəbl] *adj.* sayılamayan; **ˈunˈcount.ed** *adj.* sayılmamış; hesapsız, sayılamayacak kadar çok.
un.cou.ple [ˈʌnˈkʌpl] *v/t.* çözmek, ayırmak.
un.couth □ [ʌnˈku:θ] kaba, nezaketsiz, kültürsüz; garip, acayip.
un.cov.er [ʌnˈkʌvə] *v/t.* *-in* örtüsünü kaldırmak, açmak; ortaya, açığa çıkarmak; saldırmak; *v/i.* şapkasını çıkarmak.
un.crit.i.cal □ [ˈʌnˈkritikəl] eleştirmeyen, tenkit etmeyen.
un.crowned [ˈʌnˈkraund] *adj.* taç giymemiş; resmî sıfatı olmayan.
unc.tion [ˈʌŋkʃən] *n.* yağ (sürme); *fig.* aşırı tatlı dillilik, yalancı nezaket; extreme ~ *eccl.* Katoliklerde ölmekte olan birine yağ sürme ayini; **unc.tu.ous** □ [ˈʌŋktjuəs] yağlı; *fig.* aşırı tatlı dilli, yalandan heyecanlı görünen.
un.cul.ti.vat.ed [ˈʌnˈkʌltiveitid] *adj.* işlenmemiş *(toprak)*; *fig.* kültürsüz, yontulmamış.
un.cured [ˈʌnˈkjuəd] *adj.* iyileşmemiş; tedavi edilmemiş.
un.curl [ˈʌnˈkə:l] *v/t.* & *v/i.* aç(ıl)mak *(kıvrım)*.
un.cut [ˈʌnˈkʌt] *adj.* kesilmemiş, makaslanmamış *(film)*, kısaltılmamış *(kitap)*; sayfa kenarları açılmamış *(kitap)*; yontulmamış *(kıymetli taş)*.
un.dam.aged [ˈʌnˈdæmidʒd] *adj.* zarar gör-

memiş, sağlam.

un.damped [ˈʌnˈdæmpt] *adj.* sindirilmemiş; gücenmemiş, kırılmamış.

un.dat.ed [ˈʌnˈdeitid] *adj.* tarihsiz.

un.daunt.ed □ [ʌnˈdɔːntid] korkusuz, gözü pek, yılmaz.

un.de.ceive [ˈʌndiˈsiːv] *v/t.* aldatılmaktan kurtarmak, gözünü açmak (of).

un.de.cid.ed □ [ˈʌndiˈsaidid] kararsız; kararlaştırılmamış; as(k)ıda, sallantıda.

un.de.ci.pher.a.ble [ˈʌndiˈsaifərəbl] *adj.* okunamaz, çözülemez.

un.de.fend.ed [ˈʌndiˈfendid] *adj.* korunmamış, savunulmamış.

un.de.filed [ˈʌndiˈfaild] *adj.* lekelenmemiş, kirlenmemiş, tertemiz.

un.de.fined □ [ˈʌndiˈfaind, *adv.* ~nidli] tarif edilmemiş; bellisiz, belirsiz.

un.de.mon.stra.tive □ [ˈʌndiˈmɔnstrətiv] ağzı sıkı; duygularını belli etmeyen.

un.de.ni.a.ble □ [ʌndiˈnaiəbl] inkâr olunamaz; mükemmel.

un.de.nom.i.na.tion.al □ [ˈʌndinɔmiˈneiʃənl] mezhepsiz, din ayrımı gözetmeyen.

un.der [ˈʌndə] **1.** *adv.* *-in* altın(d)a, dibe; *-den* aşağı(da), altta; alt mevkide, daha aşağı derecede; **2.** *prp.* *-in* altın(d)a; *-in* altı; *-in* altından; *-in* aşağısın(d)a; *-den* eksik, *-den* düşük; *-den* küçük; *-in* himayesinde; *-in* kumandasında, emrinde; *-in* yetkisinde; from ~ ... *-in* altından; ~ sentence of ... ⚖ ...hükmü altında, ...e mahkûm olmuş; **3.** *adj.* alt...; alt(taki), az...; yardımcı, ikinci; iç; **ˈ~ˈact** *v/t.* & *v/i.* *thea.* (rolü) cansız, isteksiz oynamak; **ˈ~ˈbid** (*irr.* bid) *v/t.* *-den* daha düşük fiyat vermek; **ˈ~ˈbred** *adj.* terbiyesiz, kaba; saf kan olmayan; **ˈ~.brush** *n.* çalılık; **ˈ~.car.riage** *n.* ✈ iniş takımı; *mot.* şasi; **ˈ~ˈcharge** *v/t.* *-den* az ücret istemek; **ˈ~.clothes** *n. pl.*, **ˈ~.cloth.ing** iç çamaşır; **ˈ~.cov.er** *adj.* gizli...; **ˈ~-cur.rent** *n.* dip akıntısı; *fig.* gizli eğilim; **ˈ~ˈcut** *v/t.* *-den* daha ucuza fiyat teklif etm., kırmak *(fiyat)*; *-in* altını kesmek; **ˈ~.dog** *n.* ezilen kişi, haksızlığa uğramış zavallı kimse, biçare; **ˈ~ˈdone** *adj.* iyi piş(iril)memiş, az pişmiş; **ˈ~ˈdress** *v/t.* *-in* altına giydirmek; *v/i.* *-in* altına giyinmek; **ˈ~ˈes.ti.mate** *v/t.* gereğinden az değer vermek *-e*, küçümsemek *-i*; **ˈ~-exˈpose** *v/t.* *phot.* karanlık çıkarmak, düşük poza tutmak; **ˈ~ˈfed** *adj.* gıdasız; **ˈ~ˈfeed.ing** *n.* yetersiz beslenme; **~ˈfoot** *adv.* ayak altında; yerde, yolda; **~ˈgo** (*irr.* go) *v/t.* katlanmak, uğramak *-e*, çekmek *-i*; geçirmek *-i*; **~ˈgrad.u.ate** *n.* *univ.* üniversite öğrencisi; **ˈ~.ground** **1.** *adj.* yeraltında olan, yeraltı...; gizli...; ~ movement yeraltı örgütü; go ~ saklanmak; **2.** *n.* *a.* ~ railway metro; yeraltı geçidi; **ˈ~-growth** *n.* çalılık; **ˈ~.hand** *adj.* & *adv.* el altından, gizlice, sinsi sinsi, kurnazca, alçakça; *spor:* aşağıdan atılan (*veya* vurulan); **ˈ~ˈhung** *adj.* alt çenesi çıkık; **~.lay** **1.** [ʌndəˈlei] (*irr.* lay) *v/t.* *-in* altını kaplamak; *-in* altına koymak, beslemek; **2.** [ˈ~] *n.* besleme maddesi *(keçe, lastik vs.)*; **ˈ~ˈlet** (*irr.* let) *v/t.* düşük fiyata kiraya vermek; **~ˈlie** (*irr.* lie) *vb.* *-in* altında olm.; *fig.* *-in* esasını oluşturmak; **~.line** **1.** [ʌndəˈlain] *v/t.* *-in* altını çizmek; *-in* önemini belirtmek; **2.** [ˈ~] *n.* alt çizgi; **ˈ~.lin.en** *n.* iç çamaşır.

un.der.ling [ˈʌndəliŋ] *n.* ast, başkasının emrinde olan kimse; **un.derˈly.ing** *adj.* alttaki; temel, esas; **un.der.manned** [ˈ~ˈmænd] *adj.* personeli yetersiz olan; **un.derˈmine** *v/t.* *-in* altını kazmak (*veya* oymak); *fig.* *-in* temelini çürütmek, zayıflatmak, sarsmak *(otorite vs.)*; **ˈun.der.most** *adj.* & *adv.* en alttaki; **un.der.neath** [~ˈniːθ] *prp.* & *adv.* *-in* altın(d)a; **ˈun.derˈnour.ished** *adj.* iyi beslenmemiş, gıdasız kalmış.

un.der...: **ˈ~.pass** *n.* alt geçit; **ˈ~ˈpay** (*irr.* pay) *v/t.* hakkından az ücret vermek *-e*; **~ˈpin** *v/t.* ⊕ *-in* altını desteklemek, beslemek; *fig.* desteklemek, arka çıkmak; **~ˈpin.ning** *n.* ⊕ destek, ayak; yapı temeli; **ˈ~.plot** *n.* yan aksiyon; **ˈ~ˈprint** *v/t.* *phot.* az basmak; **ˈ~ˈpriv.i.leged** *adj.* temel imkânları kıt olan; **~ˈrate** *v/t.* gereğinden az değer vermek *-e*, küçümsemek *-i*; **~ˈscore** *v/t.* *-in* altını çizmek; *-in* üstünde durmak; **ˈ~-ˈsec.re.tar.y** *n.* müsteşar, müşavir; **ˈ~ˈsell** † (*irr.* sell) *v/t.* fiyat kırarak satmak; **ˈ~ˈshoot** (*irr.* shoot) *v/t.*: ~ the runway ✈ uçağı inişten önce piste değdirerek yeniden havalandırmak; **ˈ~.shot** *adj.* alt dişleri çıkıntılı olan; alttan geçen su ile işleyen; **ˈ~.side** *n.* alt kısım; **~ˈsigned** *adj.* imza sahibi; **ˈ~ˈsized** *adj.* normalden küçük; bodur, cücemsi; **ˈ~ˈslung** *adj.* *mot.* dingile alttan bağlı...; ~ frame alçak şasi; **ˈ~ˈstaffed** *adj.* personeli az olan; **~ˈstand** (*irr.* stand) *v/t.* *com.* anlamak, kavramak, bilmek; öğrenmek; kestirmek; farz etm.; tahmin etm.; *v/i.* anlayışlı olm.; *b-nin* duygularını paylaşmak; make o.s. understood derdini anlatabilmek; it is understood demek (oluyor ki), anlaşılıyor ki; that is understood anlaşıldı; an understood thing anlaşılmış *bş*; **~ˈstand.a.ble** *adj.* anlaşılır, kavranılır; **~ˈstand.ing** **1.** *n.* anlayış, kavrama; anlaşma; açıklama, yorum; duygudaşlık, sempati; on the ~ that ...koşuluyla, ...şartıyla; **2.** *adj.* anlayışlı; **ˈ~ˈstate** *v/t.* olduğundan az *veya* hafif göstermek, küçültmek; **ˈ~ˈstate.ment** *n.* olduğundan hafif gösteren ifade, az gösterme.

un.der...: **ˈ~.strap.per** = underling; **ˈ~.stud-y** *thea.* **1.** *n.* yedek oyuncu, yardımcı oyuncu; **2.** *vb.* başka oyuncunun yerine geçebilmek için onun rolünü ezberlemek; **~ˈtake** (*irr.* take) *v/t.* üzerine almak, yüklenmek, üstlenmek (to *inf.* *-meyi*); girişmek, başlamak; ~ that ...meyi garanti etm., ...meye söz vermek; **ˈ~.tak.er** *n.* cenaze işleri görevlisi, ölü kaldırıcısı; **~ˈtak.ing** *n.* iş, teşebbüs, girişim; garanti, vaat, söz; cenaze işi; **ˈ~ˈten.ant** *n.* ikinci kiracı, kiracının kiracısı; **ˈ~.tone** *n.* alçak ses tonu, fısıltı; donuk *veya* mat renk; in an ~ alçak sesle; **ˈ~ˈval.ue** *v/t.* kıymetinden az değer vermek *-e*; küçümsemek, hafife almak; **ˈ~.wear** *n.* iç çamaşır; **ˈ~-weight** *n.* normalden hafif olan ağırlık; **ˈ~.wood** *n.* çalılık; **ˈ~.world** *n.* ölüler diyarı; kanunsuzlar âlemi, yeraltı dünyası; **ˈ~.write** † (*irr.* write) *v/t.* *-in* masrafını ödemeyi taahhüt etm.; sigorta etm.; imzalamak; **ˈ~.wri.ter** *n.* sigortacı.

un.de.served □ [ˈʌndiˈzəːvd] lâyık olmayan, hak edilmemiş; **ˈun.deˈserv.ing** *adj.* hak etmeyen.

un.de.signed □ [ˈʌndiˈzaind] kasıtsız; önceden tasarlanmamış; önceden bilinmeyen.

un.de.sir.a.ble [ˈʌndiˈzaiərəbl] **1.** □ hoşa gitmeyen, istenilmeyen; itiraz edilebilir, hoş karşılanmayan; **2.** *n.* istenilmeyen kimse.

un.de.terred [ˈʌndiˈtəːd] *adj.* azimli, yılmayan.

un.de.vel.oped [ˈʌndiˈveləpt] *adj.* gelişmemiş; işlenmemiş *(toprak)*.

un.de.vi.at.ing □ [ʌnˈdiːvieitiŋ] yolunu şaşmayan.

un.dies F [ˈʌndiz] *n. pl.* kadın iç çamaşırı.

un.di.gest.ed [ˈʌndiˈdʒestid] *adj.* hazmedilmemiş.

un.dig.ni.fied □ [ʌnˈdignifaid] onursuz, haysiyetsiz; beceriksiz, sakar.

un.di.min.ished [ˈʌndiˈminiʃt] *adj.* azalmamış, eksilmemiş.

un.di.rect.ed [ˈʌndiˈrektid] *adj.* idare altında olmayan; yönlendirilmemiş; adressiz *(mektup)*.

un.dis.cerned □ [ˈʌndiˈsəːnd] ayırt edilmemiş; **ˈun.disˈcern.ing** *adj.* anlayışsız.

un.dis.charged [ˈʌndisˈtʃɑːdʒd] *adj.* boşaltılmamış *(yük)*; ödenmemiş *(borç)*.

un.dis.ci.plined [ʌnˈdisiplind] *adj.* disiplinsiz, terbiye edilmemiş; afacan.

un.dis.cov.ered [ˈʌndisˈkʌvəd] *adj.* keşfedilmemiş, meçhul.

un.dis.crim.i.nat.ing □ [ˈʌndisˈkrimineitiŋ] farkı ayırt edemeyen.

un.dis.guised □ [ˈʌndisˈgaizd] kılığını değiştirmemiş, gizlenmemiş; açık, içten.

un.dis.posed [ˈʌndisˈpəuzd] *adj.* isteksiz, gönülsüz (to *-e*); † satılmamış, elde kalmış.

un.dis.put.ed □ [ˈʌndisˈpjuːtid] karşı gelinmeyen, tartışılmaz.

un.dis.tin.guished [ˈʌndisˈtiŋgwiʃt] *adj.* alelade, silik, önemsiz, hiçten; kaba.

un.dis.tort.ed [ˈʌndisˈtɔːtid] *adj.* bozulmamış, çarpıtılmamış.

un.dis.turbed □ [ˈʌndisˈtəːbd] karıştırılmamış, rahatsız edilmemiş; rahat.

un.di.vid.ed □ [ˈʌndiˈvaidid] bölünmemiş; bütün; devamlı.

un.do [ˈʌnˈduː] (*irr.* do) *v/t.* açmak, çözmek, sökmek, gevşetmek; ⚒ bozmak, mahvetmek; telâfi etm.; **ˈunˈdo.ing** *n.* çözme, açma; yıkım, felâket; feshetme.

un.do.mes.ti.cat.ed [ˈʌndəˈmestikeitid] *adj.* ev işlerine alıştırılmamış, ev işlerine ilgi duymayan.

un.done [ˈʌnˈdʌn] *adj.* açık, bağı çözülmüş; bitirilmemiş, yapılmamış; mahvolmuş, perişan; he is ~ hapı yuttu, yandı; come ~ açılmak, çözülmek.

un.doubt.ed □ [ʌnˈdautid] kesin, şüphesiz.

un.dreamt [ʌnˈdremt] *adj.* ~-of akla hayale gelmez.

un.dress [ˈʌnˈdres] **1.** *v/t.* & *v/i.* soy(un)mak, elbiselerini çıkarmak; **2.** *n.* çıplaklık; ✕ sivil elbise; **ˈunˈdressed** *adj.* çıplak; işlenmemiş *(deri vs.)*; bakımsız.

un.due [ˈʌnˈdjuː] *adj.* uygunsuz, yakışık almaz; aşırı; kanunsuz; gereksiz, yersiz; † vadesi gelmemiş.

un.du.late [ˈʌndjuleit] *v/t.* & *v/i.* dalgalan(dır)mak; dalga dalga olm., inişli çıkışlı olm.; **ˈun.du.lat.ing** □ dalgalı; inişli çıkışlı; **un.duˈla.tion** *n.* dalga(lanma); **un.du.la.to.ry** [ˈ~lətəri] *adj.* dalgalanmaya ait; dalgalı...

un.du.ly [ˈʌnˈdjuːli] *adv.* of undue.

un.du.ti.ful □ [ˈʌnˈdjuːtiful] itaatsiz, saygısız; görevine bağlı olmayan, sorumluluk duygusu taşımayan.

un.dy.ing □ [ʌnˈdaiiŋ] ölmez, ölümsüz, sonsuz, ebedî.

un.earned [ˈʌnˈəːnd] *adj.* çalışarak kaza

nılmamış; *fig.* hak edilmemiş; ~ income havadan gelen gelir.

un.earth [ˈʌnˈəːθ] *v/t.* topraktan çıkarmak; *fig.* ortaya çıkarmak, keşfetmek; **unˈearth.ly** *adj.* doğaüstü; esrarengiz, korkunç, müthiş; F uygunsuz.

un.eas.i.ness [ʌnˈiːzinis] *n.* huzursuzluk, rahatsızlık; endişe; **unˈeas.y** □ huzursuz, rahatsız; üzgün; gergin; endişeli (about *-den*); rahatsız edici.

un.eat.a.ble [ˈʌnˈiːtəbl] *adj.* yen(il)mez.

un.e.co.nom.ic, un.e.co.nom.i.cal □ [ˈʌniːkəˈnɔmik(əl)] ekonomik olmayan; savurgan.

un.ed.i.fy.ing □ [ˈʌnˈedifaiiŋ] eğitici olmayan.

un.ed.u.cat.ed [ˈʌnˈedjukeitid] *adj.* okumamış, cahil.

un.em.bar.rassed [ˈʌnimˈbærəst] *adj.* utanmaz, sıkılmaz.

un.e.mo.tion.al □ [ˈʌniˈməuʃənl] hissiz, duygusuz.

un.em.ployed [ˈʌnimˈplɔid] **1.** *adj.* işsiz (güçsüz); kullanılmayan; **2.** *n.* the ~ *pl.* işsizler; **ˈun.emˈploy.ment** *n.* işsizlik; ~ benefit, ~ pay işsizlik tazminatı.

un.en.cum.bered [ˈʌninˈkʌmbəd] *adj.* ipoteksiz; yüksüz; engelsiz.

un.end.ing □ [ʌnˈendiŋ] sonsuz, bitmez tükenmez.

un.en.dowed [ˈʌninˈdaud] *adj.* bağışlanmamış; doğuştan yeteneksiz (with).

un.en.dur.a.ble [ˈʌninˈdjuərəbl] *adj.* dayanılmaz, çekilmez.

un.en.gaged [ˈʌninˈgeidʒd] *adj.* serbest, hür.

un-Eng.lish [ˈʌnˈiŋgliʃ] *adj.* İngiliz'e yakışmaz *veya* benzemez.

un.en.light.ened [ˈʌninˈlaitnd] *adj. fig.* okumamış; önyargılı; batıl inançlı.

un.en.ter.pris.ing [ˈʌnˈentəpraiziŋ] *adj.* uyanık olmayan, girişken olmayan.

un.en.vi.a.ble □ [ˈʌnˈenviəbl] kıskanılmaya değmez.

un.e.qual □ [ˈʌnˈiːkwəl] eşit olmayan; düzensiz; aynı nitelikte olmayan; haksız, adaletsiz; yetersiz (to *-e*); **ˈun.e.qual(l)ed** *adj.* eşsiz, eşi bulunmaz; üstün, rakipsiz.

un.e.quiv.o.cal □ [ˈʌniˈkwivəkəl] kesin, şüphesiz; tek anlamlı.

un.err.ing □ [ˈʌnˈəːriŋ] tam isabetli, doğru, kesin; yanılmaz, emin.

un.es.sen.tial □ [ˈʌniˈsenʃəl] gereksiz, önemsiz (to *-e*).

un.e.ven □ [ˈʌnˈiːvən] düz olmayan, eğri büğrü, çarpık çurpuk; 𝔄 tek *(sayı)*; gayri muntazam, düzensiz, gelişigüzel; eşit olmayan, eşitsiz; değişken, dengesiz *(karakter vs.)*.

un.e.vent.ful □ [ˈʌniˈventful] olaysız, sakin; be ~ olaysız geçmek.

un.ex.am.pled [ʌnigˈzɑːmpld] *adj.* misli (*veya* eşi) görülmemiş, eşsiz.

un.ex.cep.tion.a.ble □ [ʌnikˈsepʃnəbl] karşı çıkılmaz, itiraz kabul etmez; kusursuz.

un.ex.pect.ed □ [ˈʌniksˈpektid] beklenilmedik, umulmadık.

un.ex.pired [ˈʌniksˈpaiəd] *adj.* süresi dolmamış, vadesi gelmemiş, günü geçmemiş.

un.ex.plained [ˈʌniksˈpleind] *adj.* açıklanmamış, anlaşılmamış.

un.ex.posed *phot.* [ˈʌniksˈpəuzd] *adj.* poz verilmemiş.

un.ex.plored [ˈʌniksˈplɔːd] *adj.* keşfedilmemiş.

un.ex.pressed [ˈʌniksˈprest] *adj.* açıklanmamış.

un.fad.ing □ [ʌnˈfeidiŋ] solmaz, solmayan.

un.fail.ing □ [ʌnˈfeliŋ] (bitmez) tükenmez, sonu gelmez; şaşmaz, doğru, güvenilir; yorulmaz; *fig.* sadık, vefalı.

un.fair □ [ˈʌnˈfɛə] haksız, adaletsiz; hileli; **ˈunˈfair.ness** *n.* haksızlık.

un.faith.ful □ [ˈʌnˈfeiθful] sadakatsiz, vefasız; güvenilmez; yanlış, hatalı; **ˈunˈfaith.ful.ness** *n.* sadakatsizlik.

un.fal.ter.ing □ [ʌnˈfɔːltəriŋ] kararlı, azimli.

un.fa.mil.iar [ˈʌnfəˈmiljə] *adj.* iyi bilmeyen, yabancı (with *-i, -e*); alışılmamış, garip.

un.fash.ion.a.ble □ [ˈʌnˈfæʃnəbl] modaya uymayan; eski moda.

un.fas.ten [ˈʌnˈfɑːsn] *v/t.* açmak, çözmek, gevşetmek.

un.fath.om.a.ble □ [ʌnˈfæðəməbl] dibine ulaşılamaz; *fig.* anlaşılmaz, kavranılamaz, akıl ermez.

un.fa.vo(u)r.a.ble □ [ˈʌnˈfeivərəbl] müsait olmayan; elverişsiz; zıt, ters, aksi; olumsuz; zararlı, sakıncalı.

un.feel.ing □ [ʌnˈfiːliŋ] hissiz, duygusuz; katı yürekli, acımasız, merhametsiz.

un.feigned □ [ʌnˈfeind, *adv.* ~nidli] yapmacıksız, samimî, içten; hakikî.

un.felt [ˈʌnˈfelt] *adj.* hissedilmemiş.

un.fer.ment.ed [ˈʌnfəːˈmentid] *adj.* mayalandırılmamış.

un.fet.ter [ˈʌnˈfetə] *v/t.* kurtarmak, özgür kılmak; **ˈunˈfet.tered** *adj. fig.* serbest, özgür.

un.fil.i.al □ [ˈʌnˈfiljəl] evlada yakışmaz, saygısız.

un.fin.ished [ˈʌnˈfiniʃt] *adj.* bitmemiş, tamamlanmamış.
un.fit 1. □ [ˈʌnˈfit] uymaz, uygunsuz (for s.th. *bşe;* to *inf. -meye*); yetersiz, ehliyetsiz; **2.** [ʌnˈfit] *v/t.* işe yaramaz hale getirmek, kuvvetten düşürmek; **ˈunˈfitness** *n.* uygunsuzluk; **unˈfit.ted** *adj.* ehliyetsiz, uygun nitelikleri olmayan.
un.fix [ˈʌnˈfiks] *v/t.* çözmek, açmak, sökmek; kararsız kılmak; **ˈunˈfixed** *adj.* kararlaştırılmamış.
un.flag.ging □. [ʌnˈflægiŋ] yorulmaz; bitmez tükenmez.
un.flat.ter.ing □ [ˈʌnˈflætəriŋ] yerici, zemmedici.
un.fledged [ˈʌnˈfledʒd] *adj.* tüyleri bitmemiş, uçamayan *(kuş)*; *fig.* toy, acemi çaylak, olgunlaşmamış.
un.flick.er.ing [ˈʌnˈflikəriŋ] *adj.* titrek yanmayan; *fig.* sabit.
un.flinch.ing □ [ʌnˈflintʃiŋ] korkusuz, yiğit, cesur, yılmaz.
un.fly.a.ble [ˈʌnˈflaiəbl] *adj.*: ~ weather ✈ uçuşa elverişli olmayan hava.
un.fold [ˈʌnˈfəuld] *v/t.* & *v/i.* aç(ıl)mak, yaymak; açıklamak, bildirmek, göz önüne ser(il)mek; gelişmek *(hikâye vs.)*.
un.forced □ [ˈʌnˈfɔːst, *adv.* ~sidli] tabiî.
un.fore.seen [ˈʌnfɔːˈsiːn] *adj.* beklenmedik, umulmadık.
un.for.get.ta.ble □ [ˈʌnfəˈgetəbl] unutulmaz.
un.for.giv.ing [ˈʌnfəˈgiviŋ] *adj.* uzlaşmaz; affetmez, bağışlamaz, acımasız.
un.for.got, un.for.got.ten [ˈʌnfəˈgɔt(n)] *adj.* unutulmamış.
un.for.ti.fied [ˈʌnˈfɔːtifaid] *adj.* kuvvetlendirilmemiş.
un.for.tu.nate [ʌnˈfɔːtʃnit] **1.** □ talihsiz, bahtsız, şanssız, bedbaht, biçare, kimsesiz; pişmanlık duyulan; isabetsiz, uygunsuz; **2.** *n.* şanssız kimse; **unˈfor.tu.nate.ly** *adv.* maalesef, (ne) yazık ki.
un.found.ed □ [ˈʌnˈfaundid] temelsiz, asılsız, boş, yalan.
un.fre.quent [ʌnˈfriːkwənt] *adj.* nadir, ender, seyrek.
un.fre.quent.ed [ˈʌnfriˈkwentid] *adj.* seyrek ziyaret edilen, sık sık gidilmeyen; ıssız, tenha.
un.friend.ed [ˈʌnˈfrendid] *adj.* arkadaşsız, dostsuz; **ˈunˈfriend.ly** *adj.* dostça olmayan, samimiyetsiz, düşmanca; soğuk.
un.frock [ˈʌnˈfrɔk] *v/t.* papazlıktan çıkarmak.
un.fruit.ful □ [ˈʌnˈfruːtful] verimsiz, mahsulsüz; semeresiz, başarısız; kısır, dölsüz.
un.ful.filled [ˈʌnfulˈfild] *adj.* yerine getirilmemiş.
un.furl [ˈʌnˈfəːl] *v/t.* açmak, yaymak, sermek.
un.fur.nished [ˈʌnˈfəːniʃt] *adj.* mobilyasız, döşenmemiş; ~ with *ile* donatılmamış.
un.gain.li.ness [ʌnˈgeinlinis] *n.* hantallık, biçimsizlik; sakarlık; kabalık; **unˈgain.ly** *adj.* hantal, biçimsiz; sakar; kaba, inceliksiz.
un.gal.lant □ [ˈʌnˈgælənt] kaba, nezaketsiz (to *-e karşı*).
un.gear ⊕ [ˈʌnˈgiə] *v/t.* birbirinden ayırmak, avaraya almak; boşa almak *(vites)*.
un.gen.er.ous □ [ˈʌnˈdʒenərəs] cömert olmayan, cimri, pinti; merhametsiz, gönlü yüce olmayan.
un.gen.ial □ [ˈʌnˈdʒiːnjəl] suratsız, soğuk, nezaketsiz.
un.gen.tle □ [ˈʌnˈdʒentl] sert, haşin, gaddar, kaba.
un.gen.tle.man.ly [ʌnˈdʒentlmənli] *adj.* nezaketsiz, kaba.
un.get-at-able [ˈʌngetˈætəbl] *adj.* erişilmez, yanına yaklaşılmaz.
un.glazed [ˈʌnˈgleizd] *adj.* sırlanmamış, perdahsız.
un.god.li.ness [ʌnˈgɔdlinis] *n.* dinsizlik, günahkârlık, Allahsızlık; **unˈgod.ly** □ Allahsız, dinsiz, günahkâr; F Allahın cezası, berbat, uygunsuz; F can sıkıcı.
un.gov.ern.a.ble □ [ʌnˈgʌvənəbl] yönetilemez, hâkim olunmaz, asi; **ˈunˈgov.erned** *adj. k-ne* hâkim olamayan.
un.grace.ful □ [ˈʌnˈgreisful] inceliksiz, kaba, nezaketsiz; beceriksiz, hantal.
un.gra.cious □ [ˈʌnˈgreiʃəs] nezaketsiz, kaba; hoşa gitmeyen, nahoş.
un.gramˈmat.i.cal □ [ˈʌngrəˈmætikəl] dil bilgisi kurallarına aykırı olan.
un.grate.ful □ [ʌnˈgreitful] nankör; nahoş, tatsız *(iş)*.
un.ground.ed [ʌnˈgraundid] *adj.* asılsız, yersiz, boş; ⚡ topraklanmamış.
un.grudg.ing □ [ˈʌnˈgrʌdʒiŋ] isteyerek, seve seve yapan; istekli.
un.gual *anat.* [ˈʌŋgwəl] *adj.* toynak..., pençe..., tırnak...
un.guard.ed □ [ˈʌnˈgɑːdid] koruyucusuz; dikkatsiz, tedbirsiz, gafil; ⊕ muhafazasız.
un.guent [ˈʌŋgwənt] *n.* merhem, yağ.
un.guid.ed □ [ˈʌnˈgaidid] rehbersiz.
un.gu.late [ˈʌŋgjuleit] *n. a.* ~ animal toynaklılar familyasından bir hayvan.
un.hal.lowed [ʌnˈhæləud] *adj.* takdis edilmemiş, kutsanmamış; kötü, hayırsız; kâ-

fir; ahlâksız, edepsiz.

un.ham.pered [ˈʌnˈhæmpəd] *adj.* engellenmemiş, serbest.

un.hand.some □ [ʌnˈhænsəm] yakışıklı olmayan, çirkin *(a. fig.)*; uygunsuz, yakışıksız; kaba, nezaketsiz.

un.hand.y □ [ʌnˈhændi] kullanışsız, elverişsiz; acemi, sakar, eli işe yakışmaz.

un.hap.pi.ness [ʌnˈhæpinis] *n.* mutsuzluk, keder; **unˈhap.py** □ mutsuz, kederli, üzüntülü; uygunsuz, münasebetsiz; şanssız, talihsiz; uğursuz.

un.harmed [ʌˈnˈhɑːmd] *adj.* zararsız, sağsalim.

un.har.mo.ni.ous □ [ˈʌnhɑːˈməunjəs] ahenksiz, uyumsuz.

un.har.ness [ˈʌnˈhɑːnis] *v/t.* *-den* koşum takımını çıkarmak.

un.health.y □ [ʌnˈhelθi] sıhhate zararlı; sıhhati bozuk, keyifsiz; tehlikeli; ahlâkı bozan.

un.heard [ˈʌnˈhəːd] *adj.* duyulmamış, işitilmemiş; duyulmayan; **un.heard-of** [ʌnˈhəːdɔv] *adj.* misli görülmemiş, olağanüstü.

un.heed.ed [ˈʌnˈhiːdid] *adj.* önemsenmeyen, aldırış edilmeyen; **ˈunˈheed.ing** *adj.* dikkat etmeyen, önemsemeyen, kayıtsız.

un.hes.i.tat.ing □ [ʌnˈheziteitiŋ] tereddüt etmeyen; **~ly** tereddüt etmeyerek.

un.hin.dered [ˈʌnˈhindəd] *adj.* engellenmeyen.

un.hinge [ʌnˈhindʒ] *v/t.* menteşelerden çıkarmak *(kapı vs.)*; *fig.* dengesini bozmak, oynatmak *(akıl)*.

un.his.tor.ic, un.his.tor.i.cal □ [ˈʌnhisˈtɔrik(əl)] tarihî olmayan.

un.hitch [ˈʌnˈhitʃ] *v/t.* çözmek, açmak.

un.ho.ly [ʌnˈhəuli] *adj.* kutsal olmayan; kötücül, günahkâr; F berbat, iğrenç.

un.hon.o(u)red [ˈʌnˈɔnəd] *adj.* şereflendirilmemiş; ödenmemiş *(çek vs.)*.

un.hook [ˈʌnˈhuk] *v/t.* *-in* çengellerini çıkarmak; çengelden çıkarmak.

un.hoped-for [ʌnˈhəuptfɔː] *adj.* beklenmedik, umulmadık.

un.horse [ˈʌnˈhɔːs] *v/t.* attan düşürmek; üstünden atmak.

un.house [ˈʌnˈhauz] *v/t.* evden atmak, evsiz barksız bırakmak.

un.hung [ʌnˈhʌŋ] *adj.* asılmamış.

un.hurt [ˈʌnˈhəːt] *adj.* zarar görmemiş, incinmemiş, sağlam.

u.ni.corn [ˈjuːnikɔːn] *n.* tek boynuzlu ata benzer hayalî bir hayvan.

u.ni.fi.ca.tion [juːnifiˈkeiʃən] *n.* birleş(tir)me.

u.ni.form [ˈjuːnifɔːm] **1.** □ aynı, değişmez; düzenli; tekdüzen, yeknesak; **~ price** tek fiyat; **2.** *n.* üniforma, resmî elbise; **3.** *v/t.* üniforma giydirmek; aynı şekle sokmak, standartlaştırmak; **u.niˈform.i.ty** *n.* aynılık, değişmezlik; düzen; tekdüzenlik, monotonluk.

u.ni.fy [ˈjuːnifai] *v/t.* birleştirmek.

u.ni.lat.er.al [ˈjuːniˈlætərəl] *adj.* tek taraflı, tek yanlı.

un.im.ag.i.na.ble □ [ʌniˈmædʒinəbl] tasavvur edilemez; **ˈun.imˈag.i.na.tive** □ [~nətiv] yaratma kabiliyeti olmayan, hayal gücü dar.

un.im.paired [ˈʌnimˈpɛəd] *adj.* zarar görmemiş, bozulmamış.

un.im.peach.a.ble □ [ʌnimˈpiːtʃəbl] şüphe götürmez, güvenilir; kusursuz, suçsuz; çürütülemez.

un.im.ped.ed □ [ˈʌnimˈpiːdid] engellenmemiş.

un.im.por.tant □ [ˈʌnimˈpɔːtənt] önemsiz.

un.im.proved [ˈʌnimˈpruːvd] *adj.* geliştirilmemiş; değerlendirilmemiş *(fırsat vs.)*; sürülmemiş *(toprak)*; iyileşmemiş.

un.in.flu.enced [ˈʌnˈinfluənst] *adj.* etkilenmemiş.

un.in.formed [ˈʌninˈfɔːmd] *adj.* haberdar edilmemiş.

un.in.hab.it.a.ble [ˈʌninˈhæbitəbl] *adj.* oturulamaz, yaşanılmaz; **ˈun.inˈhab.it.ed** *adj.* oturulmamış; ıssız, tenha, boş.

un.in.jured [ˈʌnˈindʒəd] *adj.* yaralanmamış, incinmemiş.

un.in.struct.ed [ˈʌninˈstrʌktid] *adj.* talimat verilmemiş.

un.in.sured [ˈʌninˈʃuəd] *adj.* sigorta edilmemiş.

un.in.tel.li.gi.bil.i.ty [ˈʌnintelidʒəˈbiliti] *n.* anlaşılmazlık; **ˈun.inˈtel.li.gi.ble** □ anlaşılmaz.

un.in.tend.ed □ [ˈʌninˈtendid] kasıtsız; niyet edilmemiş.

un.in.ten.tion.al □ [ˈʌninˈtenʃənl] istemeyerek yapılan, kasıtsız.

un.in.ter.est.ing □ [ˈʌnˈintristiŋ] ilginç olmayan.

un.in.ter.rupt.ed □ [ˈʌnintəˈrʌptid] aralıksız, kesilmemiş, devamlı; **~ working hours** *pl.* devamlı çalışma saatleri.

un.in.vit.ed [ˈʌninˈvaitid] *adj.* davet edilmemiş; **ˈun.inˈvit.ing** □ davet edilmeyen.

un.ion [ˈjuːnjən] *n.* birleş(tir)me; anlaşma; *pol.* birlik, ittifak; dernek, sendika; darülaceze, güçsüzler yurdu; evlilik; ⊕ rakor, bilezik; **ˈun.ion.ism** *n. pol. etc.* birlik taraftarı olma; sendikacılık; **ˈun.ion.ist** *n. pol. etc.* birlik taraftarı; sendika yanlısı, sendikacı; **ˈun.ion.ize** *v/t.* birlik

haline getirmek; sendikalaştırmak.
un.ion...: ♀ **Jack** İngiliz bayrağı; ~ **suit** *Am.* kombinezon.
u.nique [juː'niːk] □ tek, biricik, yegâne; eşsiz.
u.ni.son ♪ & *fig.* ['juːnizn] *n.* birlik, ahenk, uyum; in ~ hep bir ağızdan, hep beraber; **u.nis.o.nous** ♪ [juː'nisənəs] *adj.* aynı perdeden; birlikte.
u.nit ['juːnit] *n.* birlik *(a.* ⚔*)*; ⚗, ⊕ birim, ünite; ~ furniture mobilya ünitesi; **U.ni.tar.i.an** [~'tɛəriən] **1.** *n.* teslis doktrinini reddeden bir Hıristiyan mezhebi üyesi; **2.** *adj.* bu Hıristiyan mezhebine ait; **u.ni.tar.y** ['~təri] *adj.* üniteye ait, birimsel..., ünite...; ⚗ bölünmez..., tek...; **u.nite** [juː'nait] *v/t.* & *v/i.* birleş(tir)mek, bağlamak; bitişmek.
u.nit.ed [juː'naitid] *adj.* birleşmiş, birleşik; ahenkli, uyumlu; ♀ **King.dom** Britanya Krallığı; ♀ **Na.tions** *pl.* Birleşmiş Milletler; ♀ **States** *pl.* **of America** Amerika Birleşik Devletleri.
u.ni.ty ['juːniti] *n.* birlik, ittifak; birleşme; ⚗ bir sayısı.
u.ni.ver.sal □ [juːni'vəːsəl] genel, umumî; evrensel, dünya çapında; küllî, tümel; ⊕ üniversal; ~ heir tek vâris; ~ joint ⊕ üniversal kavrama; ~ language evrensel dil; ♀ Postal Union Milletlerarası Posta Birliği; ~ suffrage genel oy hakkı; **u.ni.ver.sal.i.ty** [~'sæliti] *n.* genellik, evrensellik; **u.ni.verse** ['juːnivəːs] *n.* evren, kâinat, âlem; **u.ni'ver.si.ty** *n.* üniversite.
un.just □ ['ʌn'dʒʌst] haksız, adaletsiz; **un'jus.ti.fi.a.ble** □ [~tifaiəbl] gereksiz, yersiz.
un.kempt ['ʌn'kempt] *adj.* taranmamış *(saç)*; *fig.* dağınık, düzensiz, derbeder, hırpani.
un.kind □ [ʌn'kaind] dostça olmayan, sert, zalim, kalp kırıcı.
un.knit *part. fig.* ['ʌn'nit] *(irr.* knit*)* *v/t.* sökmek, çözmek.
un.knot ['ʌn'nɔt] *v/t.* *-in* düğümünü çözmek.
un.know.ing □ ['ʌn'nəuiŋ] habersiz; **'un'known** **1.** *adj.* bilinmez, meçhul, yabancı; **2.** *adv.* ~ to me bana yabancı, benim bilmediğim; **3.** *n.* yabancı, meçhul kimse; ⚗ bilinmeyen.
un.lace ['ʌn'leis] *v/t.* *-in* bağlarını gevşetmek, çözmek, açmak.
un.lade ['ʌn'leid] *(irr.* lade*)* *v/t.* boşaltmak; *v/i.* ⚓ yükünü boşaltmak.
un.la.dy.like ['ʌn'leidilaik] *adj.* hanıma yakışmaz.
un.laid ['ʌn'leid] *adj.* ipleri ayrılmış, örgüsü açılmış.
un.la.ment.ed ['ʌnlə'mentid] *adj.* yası tutulmayan.
un.latch ['ʌn'lætʃ] *v/t.* *-in* mandalını açmak; *v/i.* açılmak.
un.law.ful □ ['ʌn'lɔːful] kanunsuz, gayri meşru, kanuna aykırı.
un.learn ['ʌn'ləːn] *(irr.* learn*)* *v/t.* unutmak *(öğrendiğini)*, bırakmak, vazgeçmek *(alışkanlık vs.)*; **'un'learn.ed** □ [~nid] okuma yazma bilmez, cahil, bilgisiz; çalışarak öğrenilmeyen.
un.leash ['ʌn'liːʃ] *v/t.* tasmasını çıkarmak *(köpek)*; *fig.* serbest bırakmak, koyvermek.
un.leav.ened ['ʌn'levnd] *adj.* mayasız *(ekmek)*.
un.less [ən'les] *cj.* -medikçe, -mezse, meğerki.
un.let.tered ['ʌn'letəd] *adj.* okuma yazma bilmez, cahil, okumamış.
un.li.censed ['ʌn'laisənst] *adj.* ehliyetsiz, ruhsatsız.
un.licked *mst fig.* ['ʌn'likt] *adj.* şekilsiz, biçimsiz, yontulmamış; ~ cub acemi çaylak, ağzı süt kokan genç.
un.like □ ['ʌn'laik] *-e* benzemeyen, farklı (s.o. *b-den*); **un'like.li.hood** [~lihud] *n.* olasısızlık; **un'like.ly** *adj.* umulmaz, olasısız, muhtemel olmayan.
un.lim.it.ed [ʌn'limitid] *adj.* sınırsız, sonsuz, sayısız; *fig.* kısıtsız, kayıtsız, şartsız.
un.lined ['ʌn'laind] *adj.* çizgisiz.
un.liq.ui.dat.ed ['ʌn'likwideitid] *adj.* tasfiye edilmemiş, ödenmemiş.
un.load ['ʌn'ləud] *vb.* boşaltmak *(yük, silah)*; başından savmak; dökmek *(derdini)*; kurtarmak *-den*; rahatlatmak.
un.lock ['ʌn'lɔk] *v/t.* *-in* kilidini açmak; açmak *(kapı)*; *fig.* çözmek, ortaya çıkarmak; **'un'locked** *adj.* açık.
un.looked-for [ʌn'luktfɔː] *adj.* beklenmedik, umulmadık.
un.loose, un.loos.en ['ʌn'luːs(n)] *v/t.* çözmek; salıvermek, serbest bırakmak.
un.lov.a.ble ['ʌn'lʌvəbl] *adj.* sevilmeyen; **'un'love.ly** *adj.* sevimsiz; hoşa gitmeyen; **'un'lov.ing** □ hissiz, sevgisiz.
un.lucky □ [ʌn'lʌki] talihsiz, şanssız, bahtsız; uğursuz.
un.made ['ʌn'meid] *adj.* yapılmamış.
un.make ['ʌn'meik] *(irr.* make*)* *v/t.* bozmak; harap etm.; parçalamak; değiştirmek.
un.man ['ʌn'mæn] *v/t.* cesaretini kırmak; yumuşatmak, gevşetmek; kısırlaştır

mak; adamsız bırakmak.
un.man.age.a.ble □ [ʌnˈmænidʒəbl] idare edilemez.
un.man.ly [ˈʌnˈmænli] *adj.* zayıf, korkak, ödlek; erkeğe yaraşmaz, kadınımsı, erkekçe olmayan.
un.manned [ˈʌnˈmænd] *adj.* insansız; mürettebatsız.
un.man.ner.ly [ʌnˈmænəli] *adj.* kaba, terbiyesiz, saygısız.
un.marked [ˈʌnˈmɑːkt] *adj.* işaretsiz; çizgisiz; not verilmemiş.
un.mar.ried [ˈʌnˈmærid] *adj.* evlenmemiş, bekâr.
un.mask [ˈʌnˈmɑːsk] *v/t.* maskesini çıkartmak; *fig.* ortaya çıkarmak, maskesini düşürmek.
un.matched [ˈʌnˈmætʃt] *adj.* eşsiz, emsalsiz.
un.mean.ing □ [ʌnˈmiːniŋ] anlamsız; ifadesiz; **un.meant** [ˈʌnˈment] *adj.* kasıtsız.
un.meas.ured [ʌnˈmeʒəd] *adj.* sonsuz, sınırsız.
un.meet [ˈʌnˈmiːt] *adj.* uygunsuz, yakışıksız.
un.men.tion.a.ble [ʌnˈmenʃnəbl] **1.** *adj.* sözü edilmez, ağıza alınmaz; **2.** *n.* ~s *pl.* F iç çamaşırları.
un.mer.ci.ful □ [ʌnˈməːsiful] insafsız, merhametsiz, zalim.
un.mer.it.ed [ˈʌnˈmeritid] *adj.* haksız.
un.me.thod.i.cal [ˈʌnmiθɔdikəl] *adj.* sistemsiz, yöntemsiz.
un.mil.i.tar.y [ˈʌnˈmilitəri] *adj.* askerî olmayan.
un.mind.ful □ [ʌnˈmaindful] unutkan; dikkatsiz, düşüncesiz, kayıtsız, aldırmaz (of *-e*).
un.mis.tak.a.ble □ [ˈʌnmisˈteikəbl] açık, belli.
un.mit.i.gat.ed [ʌnˈmitigeitid] *adj.* tam; *fig.* dinmeyen...
un.mixed [ˈʌnˈmikst] *adj.* karış(tırıl)mamış, saf, halis.
un.mod.i.fied [ˈʌnˈmɔdifaid] *adj.* değiştirilmemiş.
un.mo.lest.ed [ˈʌnməuˈlestid] *adj.* rahatsız edilmemiş, rahat bırakılmış.
un.moor [ˈʌnˈmuə] *v/i.* lenger çekmek.
un.mor.al [ˈʌnˈmɔrəl] *adj.* ahlâki değerleri olmayan.
un.mort.gaged [ˈʌnˈmɔːgidʒd] *adj.* ipoteksiz.
un.mount.ed [ˈʌnˈmauntid] *adj.* atsız; çerçevelenmemiş; oturtulmamış; monte edilmemiş.
un.mourned [ˈʌnˈmɔːnd] *adj.* yas tutulmamış.
un.moved □ [ˈʌnˈmuːvd] *mst fig.* hissiz, duygusuz; sarsılmaz; kayıtsız, lâkayt; **unˈmov.ing** *adj.* hareketsiz.
un.mu.si.cal □ [ˈʌnˈmjuːzikəl] ahenksiz, uyumsuz.
un.muz.zle [ˈʌnˈmʌzl] *v/t.* *-in* burunsalığını çıkarmak; ~d burunsalıksız.
un.named [ˈʌnˈneimd] *adj.* isimsiz; bahsedilmeyen.
un.nat.u.ral □ [ʌnˈnætʃrəl] tuhaf, garip, anormal; tabiata aykırı.
un.nav.i.ga.ble [ˈʌnˈnævigəbl] *adj.* gidiş gelişe elverişsiz.
un.nec.es.sar.y □ [ʌnˈnesisəri] lüzumsuz, gereksiz; faydasız.
un.neigh.bo(u)r.ly [ˈʌnˈneibəli] *adj.* komşuya yakışmaz.
un.nerve [ˈʌnˈnəːv] *v/t.* cesaretini kırmak, güvenini sarsmak, sinirlendirmek.
un.not.ed [ˈʌnˈnəutid] *adj.* dikkate alınmamış.
un.no.ticed [ˈʌnˈnəutist] *adj.* gözden kaçmış.
un.num.bered [ˈʌnˈnʌmbəd] *adj.* numarasız; sayılamaz; sayılmamış; *poet.* sayısız.
un.ob.jec.tion.a.ble □ [ˈʌnəbˈdʒekʃnəbl] itiraz edilemez, kusursuz.
un.ob.serv.ant □ [ˈʌnəbˈzəːvənt] dikkatsiz, dikkat etmeyen (of *-e*); ˈ**un.obˈserved** □ dikkat edilmemiş, gözden kaçmış.
un.ob.tain.a.ble [ˈʌnəbˈteinəbl] *adj.* elde edilemez, bulunamaz.
un.ob.tru.sive □ [ˈʌnəbˈtruːsiv] göze çarpmaz; alçak gönüllü.
un.oc.cu.pied [ˈʌnˈɔkjupaid] *adj.* boş, serbest; işsiz, boşta gezen.
un.of.fend.ing [ˈʌnəˈfendiŋ] *adj.* karıncayı ezmez, zararsız, kusursuz.
un.of.fi.cial □ [ˈʌnəˈfiʃəl] resmî olmayan, gayri resmî.
un.o.pened [ˈʌnˈəupənd] *adj.* açılmamış.
un.op.posed [ˈʌnəˈpəuzd] *adj.* karşı çıkılmamış; rakipsiz.
un.or.gan.ized [ˈʌnˈɔːgənaizd] *adj.* örgütlenmemiş, düzenlenmemiş, organize edilmemiş; inorganik; sendikalaşmamış.
un.os.ten.ta.tious □ [ˈʌnɔstenˈteiʃəs] gösterişsiz, dikkati çekmeyen, sade.
un.owned [ˈʌnˈəund] *adj.* sahipsiz.
un.pack [ˈʌnˈpæk] *v/t.* boşaltmak; açmak (*bavul vs.*).
un.paid [ˈʌnˈpeid] *adj.* ödenmemiş; alacaklı; ücretsiz; 📯 pulsuz.
un.pal.at.a.ble [ʌnˈpælətəbl] *adj.* tatsız, yavan; *fig.* hoşa gitmeyen.
un.par.al.leled [ʌnˈpærəleld] *adj.* eşsiz, emsalsiz.

un.par.don.a.ble □ [ʌnˈpɑːdnəbl] affedilemez.
un.par.lia.men.ta.ry □ [ˈʌnpɑːləˈmentəri] parlamento kaidelerine aykırı.
un.pat.ent.ed [ˈʌnˈpeitəntid] *adj.* patentsiz.
un.pa.tri.ot.ic [ˈʌnpætriˈɔtik] *adj.* (~ally) vatanperver olmayan.
un.paved [ˈʌnˈpeivd] *adj.* asfaltlanmamış.
un.per.ceived □ [ˈʌnpəˈsiːvd] kavranılmamış.
un.per.formed [ˈʌnpəˈfɔːmd] *adj.* yerine getirilmemiş.
un.per.plexed [ˈʌnpəˈplekst] *adj.* şaşırmamış, zihni karışmamış.
un.per.turbed [ˈʌnpəːˈtəːbd] *adj.* sakin, soğukkanlı, tasasız.
un.phil.o.soph.i.cal □ [ˈʌnfiləˈsɔfikəl] felsefî olmayan.
un.pick [ˈʌnˈpik] *v/t.* sökmek.
un.pin [ˈʌnˈpin] *v/t.* *-in* iğnelerini çıkarmak; açmak, çözmek.
un.placed [ˈʌnˈpleist] *adj.* *yarışma:* ilk üçe girememiş.
un.pleas.ant □ [ʌnˈpleznt] nahoş, hoşa gitmeyen; **unˈpleas.ant.ness** *n.* nahoşluk, tatsızlık.
un.plumbed [ˈʌnˈplʌmd] *adj.* derinliği ölçülmemiş; su boruları tesisatı olmayan.
un.po.et.ic, un.po.et.i.cal □ [ˈʌnpəuˈetik(əl)] şiirsel olmayan.
un.po.lished [ˈʌnˈpɔliʃt] *adj.* parlatılmamış; *fig.* kaba.
un.polled [ˈʌnˈpəuld] *adj.* seçmen olarak kaydedilmemiş.
un.pol.lut.ed [ˈʌnpəˈluːtid] *adj.* kirletilmemiş.
un.pop.u.lar □ [ˈʌnˈpɔpjulə] rağbet görmeyen, benimsenmeyen, tutulmayan; gözden düşmüş; **un.pop.u.lar.i.ty** [ˈ~ˈlæriti] *n.* tutulmama; gözden düşmüş olma.
un.pos.sessed [ˈʌnpəˈzest] *adj.:* ~ of s.th. *bşi* olmayan.
un.prac.ti.cal □ [ˈʌnˈpræktikəl] elverişli (*veya* kullanışlı) olmayan; **ˈunˈprac.ticed, ˈunˈprac.tised** [~tist] *adj.* acemi, deneyimsiz.
un.prec.e.dent.ed □ [ʌnˈpresidəntid] emsali görülmemiş, eşsiz, yeni.
un.prej.u.diced □ [ʌnˈpredʒudist] önyargısız, peşin hükümsüz, tarafsız, yansız.
un.pre.med.i.tat.ed □ [ˈʌnpriˈmediteitid] kasıtsız; önceden tasarlanmamış.
un.pre.pared □ [ˈʌnpriˈpɛəd, *adv.* ~ridli] hazırlıksız, tedbirsiz.
un.pre.pos.sess.ing [ˈʌnpriːpəˈzesiŋ] *adj.* cazibesiz, albenisiz, alımsız.
un.pre.sent.a.ble [ˈʌnpriˈzentəbl] *adj.* sunulamaz, insan içine çıkarılamaz.
un.pre.tend.ing □ [ˈʌnpriˈtendiŋ], **ˈun.preˈten.tious** □ alçak gönüllü, mütevazı.
un.prin.ci.pled [ʌnˈprinsəpld] *adj.* karaktersiz, ahlâksız, prensipsiz.
un.print.a.ble [ˈʌnˈprintəbl] *adj.* basılmaya elverişsiz.
un.priv.il.eged *Am.* [ʌnˈprivilidʒd] *adj.* ayrılacalıksız.
un.pro.duc.tive □ [ˈʌnprəˈdʌktiv] bereketsiz, kısır (of); ✝ verimsiz, randımansız, kâr getirmeyen.
un.pro.fes.sion.al □ [ˈʌnprəˈfeʃənl] meslek kurallarına aykırı, mesleğine yakışmaz.
un.prof.it.a.ble □ [ʌnˈprɔfitəbl] kârsız, kazançsız, verimsiz; boş, nafile; **unˈprof.it.a.ble.ness** *n.* kârsızlık, verimsizlik.
un.prom.is.ing □ [ˈʌnˈprɔmisiŋ] ümit vermeyen.
un.prompt.ed [ʌnˈprɔmptid] *adj.* ihtiyari, istemli.
un.pro.nounce.a.ble □ [ˈʌnprəˈnaunsəbl] telaffuz edilemeyen.
un.pro.pi.tious □ [ˈʌnprəˈpiʃəs] elverişsiz, uygunsuz.
un.pro.tect.ed □ [ˈʌnprəˈtektid] korunmamış, korunmasız; himaye görmeyen.
un.proved [ˈʌnˈpruːvd] *adj.* ispatlanmamış.
un.pro.vid.ed [ˈʌnprəˈvaidid] *adj.* yoksun (with *-den*); ~ for ihtiyacı karşılanmamış.
un.pro.voked □ [ˈʌnprəˈvəukt] kışkırtılmamış, tahrik edilmemiş.
un.pub.lished [ˈʌnˈpʌbliʃt] *adj.* basılmamış, yayımlanmamış.
un.punc.tu.al □ [ˈʌnˈpʌŋktjuəl] dakik olmayan, tam zamanında gelmeyen; **unpunc.tu.al.i.ty** [ˈ~ˈæliti] *n.* dakik olmayış.
un.pun.ished [ˈʌnˈpʌniʃt] *adj.* cezalandırılmamış; go ~ cezasız kalmak.
un.qual.i.fied □ [ʌnˈkwɔlifaid] ehliyetsiz, yetersiz; şartsız; sınırsız; F tam, kesin, müthiş.
un.quench.a.ble □ [ʌnˈkwentʃəbl] söndürülemez, bastırılamaz (*a. fig.*).
un.ques.tion.a.ble □ [ʌnˈkwestʃənəbl] şüphe götürmez, kesin, muhakkak; **unˈques.tioned** *adj.* kesin, şüphesiz; sorgusuz; **unˈques.tion.ing** □ kayıtsız şartsız.
un.qui.et [ʌnˈkwaiət] *adj.* rahatsız, huzursuz, endişeli.
un.quote [ˈʌnˈkwəut] *vb.* tırnak işaretini kapamak; **unˈquot.ed** *adj.* *borsa:* kayıtlı olmayan.
un.rav.el [ʌnˈrævəl] *v/t.* & *v/i.* sök(ül)mek, çöz(ül)mek.
un.read [ˈʌnˈred] *adj.* okunmamış; cahil;
un.read.a.ble [ˈʌnˈriːdəbl] *adj.* okunmaz.

okunaksız.
un.read.i.ness [ˈʌnˈredinis] *n.* hazırlıksızlık; **ˈunˈread.y** ☐ hazırlıksız, hazır olmayan; yavaş, ağır.
un.re.al ☐ [ˈʌnˈriəl] gerçek olmayan, gerçek dışı, hayalî, asılsız; **un.re.al.is.tic** [ˈʌnriəˈlistik] *adj.* gerçekçi olmayan; gerçeğe uymayan; **un.re.al.i.ty** [ˈ~ˈæliti] *n.* gerçeksizlik; **ˈunˈre.al.iz.a.ble** [~əlaizəbl] *adj.* gerçekleştirilemez; ☨ satılmaz.
un.rea.son [ˈʌnˈriːzn] *n.* mantıksızlık; saçmalık; **unˈrea.son.a.ble** ☐ makûl olmayan, mantıksız; aşırı.
un.re.claimed [ˈʌnriˈkleimd] *adj.* yeniden talep edilmemiş; işlenmemiş *(toprak)*.
un.rec.og.niz.a.ble ☐ [ˈʌnˈrekəgnaizəbl] tanınmaz; **ˈunˈrec.og.nized** ☐ tanınmamış.
un.rec.om.pensed [ˈʌnˈrekəmpenst] *adj.* mükâfatlandırılmamış.
un.rec.on.ciled [ˈʌnˈrekənsaild] *adj.* uzlaşmamış, barışmamış.
un.re.cord.ed [ˈʌnriˈkɔːdid] *adj.* kaydedilmemiş.
un.re.dee.med ☐ [ˈʌnriˈdiːmd] rehinden kurtarılmamış; *fig.* yerine getirilmemiş, tutulmamış *(söz vs.)*.
un.re.dressed [ˈʌnriˈdrest] *adj.* düzeltilmemiş.
un.reel [ˈʌnˈriːl] *v/t.* & *v/i.* makaradan çöz(ül)mek.
un.re.fined [ˈʌnriˈfaind] *adj.* tasfiye edilmemiş, ham; *fig.* inceliksiz, kaba.
un.re.flect.ing ☐ [ˈʌnriˈflektiŋ] yansımasız, aksetmeyen.
un.re.formed [ˈʌnriˈfɔːmd] *adj.* düzeltilmemiş; yola gelmemiş.
un.re.gard.ed [ˈʌnriˈgɑːdid] *adj.* önemsenmemiş; **ˈun.reˈgard.ful** [~ful] *adj.* dikkatsiz (of *-e karşı*).
un.reg.is.tered [ˈʌnˈredʒistəd] *adj.* kaydedilmemiş; taahhütlü gönderilmemiş *(mektup)*.
un.re.lat.ed [ˈʌnriˈleitid] *adj.* ilgisiz, alâkasız (to *-e karşı*).
un.re.lent.ing ☐ [ˈʌnriˈlentiŋ] acımasız, amansız, sert, şiddetli; gevşemeyen.
un.re.li.a.ble [ˈʌnriˈlaiəbl] *adj.* güvenilmez, inanılmaz.
un.re.lieved ☐ [ˈʌnriˈliːvd] hafiflememiş, dinmemiş, rahatlamamış; monoton, tekdüzen.
un.re.mit.ting ☐ [ʌnriˈmitiŋ] sürekli, devamlı, aralıksız.
un.re.mu.ner.a.tive ☐ [ˈʌnriˈmjuːnərətiv] kârsız, kazançsız.
un.re.pealed [ˈʌnriˈpiːld] *adj.* feshedilmemiş.
un.re.pent.ed [ˈʌnriˈpentid] *adj.* pişmanlık duymamış.
un.re.pin.ing ☐ [ˈʌnriˈpainiŋ] halinden memnun.
un.re.quit.ed ☐ [ˈʌnriˈkwaitid] karşılıksız, karşılık görmeyen; ödüllendirilmemiş.
un.re.served ☐ [ˈʌnriˈzəːvd, *adv.* ~vidli] sınırlanmamış; samimî, açık sözlü, serbest.
un.re.sist.ing ☐ [ˈʌnriˈzistiŋ] karşı koymayan, dirençsiz.
un.re.spon.sive [ˈʌnrisˈpɔnsiv] *adj.* tepki göstermeyen (to *-e*).
un.rest [ˈʌnˈrest] *n.* kargaşa, huzursuzluk; rahatsızlık; **ˈunˈrest.ing** ☐ dur durak bilmeyen.
un.re.strained ☐ [ˈʌnrisˈtreind] frenlenmemiş, denetsiz, serbest.
un.re.strict.ed ☐ [ˈʌnrisˈtriktid] sınırsız, kısıtsız; hız sınırı olmayan *(yol)*.
un.re.vealed [ˈʌnriˈviːld] *adj.* açıklanmamış.
un.re.ward.ed [ˈʌnriˈwɔːdid] *adj.* ödüllendirilmemiş.
un.rhymed [ˈʌnˈraimd] *adj.* kafiyesiz.
un.rid.dle [ˈʌnridl] *v/t.* çözmek, halletmek.
un.rig ⚓ [ˈʌnˈrig] *v/t.* *-den* donanımı çıkarmak.
un.right.eous ☐ [ʌnˈraitʃəs] haksız, adaletsiz; günahkâr, kötü.
un.rip [ˈʌnˈrip] *v/t.* dikişlerini sökmek; parçalamak.
un.ripe [ˈʌnˈraip] *adj.* ham; erken gelişmiş; hazırlıksız.
un.ri.val(l)ed [ʌnˈraivəld] *adj.* eşsiz, emsalsiz; rakipsiz.
un.roll [ˈʌnˈrəul] *v/t.* & *v/i.* aç(ıl)mak, yay(ıl)mak; göz önüne sermek.
un.roof [ˈʌnˈruːf] *v/t.* *-in* çatısını *veya* üstünü açmak.
un.rope *mount.* [ˈʌnˈrəup] *v/t.* & *v/i.* çöz(ül)mek.
un.ruf.fled [ˈʌnˈrʌfld] *adj.* sakin, soğukkanlı.
un.ruled [ˈʌnˈruːld] *adj.* *k-ne* hâkim olamayan; çizgisiz *(kâğıt)*.
un.rul.y [ʌnˈruːli] *adj.* azılı; itaatsiz, asi; ele avuca sığmaz.
un.sad.dle [ˈʌnˈsædl] *v/t.* *-in* eyerini çıkarmak; eyerden düşürmek.
un.safe ☐ [ˈʌnˈseif] emniyetsiz, güvensiz, tehlikeli.
un.said [ˈʌnˈsed] *adj.* söylenmemiş, bahsedilmemiş.
un.sal(e).a.ble [ˈʌnˈseiləbl] *adj.* satılamaz.
un.salt.ed [ˈʌnˈsɔːltid] *adj.* tuzlanmamış.
un.sanc.tioned [ˈʌnˈsæŋkʃənd] *adj.* onaylanmamış.
un.san.i.tar.y [ˈʌnˈsænitəri] *adj.* sağlıkla il-

gili olmayan.

un.sat.is.fac.to.ry □ [ˈʌnsætisˈfæktəri] memnuniyet vermeyen; yetersiz, tatmin etmeyen; **ˈunˌsat.is.fled** [~faid] *adj.* giderilmemiş; hoşnut kalmamış; **ˈunˈsat.is.fy.ing** □ [~faiiŋ] = unsatisfactory.

un.sa.vo(u)r.y □ [ˈʌnˈṣeivəri] tatsız, lezzetsiz, yavan; *fig.* çirkin, kötü, rezil.

un.say [ˈʌnˈsei] (*irr.* say) *v/t.* geri almak *(sözünü)*.

un.scathed [ˈʌnˈskeiðd] *adj.* yaralanmamış, incinmemiş.

un.schooled [ˈʌnˈsku:ld] *adj.* cahil, tahsilsiz; doğal.

un.sci.en.tif.ic [ˈʌnsaiənˈtifik] *adj.* (~ally) bilimsel olmayan; bilime aykırı.

un.screw [ˈʌnˈskru:] *v/t.* *-in* vidalarını sökmek; çevirerek açmak *-i*.

un.script.ur.al □ [ˈʌnˈskriptʃərəl] Kitabı Mukaddes'e aykırı.

un.scru.pu.lous □ [ʌnˈskru:pjuləs] vicdansız; prensipsiz.

un.seal [ˈʌnˈsi:l] *v/t.* *-in* mührünü bozmak *veya* açmak.

un.search.a.ble □ [ʌnˈsə:tʃəbl] anlaşılmaz; keşfedilmez.

un.sea.son.a.ble □ [ʌnˈsi:znəbl] mevsimsiz; *fig.* zamansız, vakitsiz; **ˈunˈsea.soned** *adj.* yaş *(tahta)*; *fig.* olgunlaşmamış; baharatsız *(yemek)*.

un.seat [ˈʌnˈsi:t] *v/t.* görevden almak, azletmek; binicisini düşürmek *(at)*; be ~ed görevden alınmak.

un.sea.wor.thy ⚓ [ˈʌnˈsi:wə:ði] *adj.* denize çıkmaya elverişsiz.

un.seem.li.ness [ʌnˈsi:mlinis] *n.* uygunsuzluk; **unˈseem.ly** *adj.* uygunsuz, yakışıksız, yakışık almaz *(davranış vs.)*.

un.seen [ˈʌnˈsi:n] **1.** *adj.* görülmemiş; görünmez, gizli; **2.** *n. okul:* tercüme, çeviri; the ~ ahret, öbür dünya.

un.self.ish □ [ˈʌnˈselfiʃ] kendini düşünmeyen, bencil olmayan, özverili; **ˈunˈself.ish.ness** *n.* kendini düşünmeme, özveri.

un.sen.ti.men.tal [ˈʌnsentiˈmentl] *adj.* hissî olmayan, hissiz, duygusuz.

un.serv.ice.a.ble □ [ˈʌnˈsə:visəbl] işe yaramaz.

un.set.tle [ˈʌnˈsetl] *v/t.* & *v/i.* yerinden çık(ar)mak; tedirgin etm.; düzenini bozmak; tedirgin olm.; **ˈunˈset.tled** *adj.* kararlaştırılmamış; henüz yerleş(il)memiş; belirsiz; boş; değişken, dönek *(hava)*; † ödenmemiş, kapanmamış *(borç)*; kararsız; düzensiz.

un.sex [ˈʌnˈseks] *v/t.* cinsiyetinden yoksun kılmak.

un.shack.le [ˈʌnˈʃækl] *v/t.* *-in* zincirlerini çıkarmak.

un.shak.en [ˈʌnˈʃeikən] *adj.* sarsılmaz, metin; sabit.

un.shape.ly [ˈʌnˈʃeipli] *adj.* biçimsiz, şekilsiz.

un.shav.en [ˈʌnˈʃeivn] *adj.* tıraşı uzamış.

un.sheathe [ˈʌnˈʃi:ð] *v/t.* kınından çıkarmak.

un.shell [ˈʌnˈʃel] *v/t.* *-in* kabuğunu soymak.

un.ship [ˈʌnˈʃip] *v/t.* gemiden çıkarmak, boşaltmak; fora etm. *(kürek)*; F *fig.* *-den* kurtulmak.

un.shod [ˈʌnˈʃɔd] *adj.* yalınayak; nalsız.

un.shorn [ˈʌnˈʃɔ:n] *adj.* saçı kesilmemiş.

un.shrink.a.ble [ˈʌnˈʃriŋkəbl] *adj.* çekmez, büzülmez; **ˈunˈshrink.ing** □ çekinmesiz, sarsılmaz; çekmeyen.

un.sight.ed [ʌnˈsaitid] *adj.* nişangâhsız; **unˈsight.ly** *adj.* çirkin, göz zevkini bozan, göze batan.

un.signed [ˈʌnˈsaind] *adj.* imzalanmamış.

un.skil(l).ful □ [ˈʌnˈskilful] beceriksiz, hünersiz, acemi; **ˈunˈskilled** *adj.* beceriksiz, maharetsiz, ehliyetsiz; hüner gerektirmeyen *(iş)*.

un.skimmed [ˈʌnˈskimd] *adj.* kaymağı alınmamış.

un.sleep.ing [ˈʌnˈsli:piŋ] *adj.* uykusuz.

un.so.cia.ble [ʌnˈsəuʃəbl] *adj.* çekingen, konuşmayan, kaçınık ,çekilgen; **unˈso.cial** *adj.* insandan kaçan, kaçınık, yabani.

un.sold [ˈʌnˈsəuld] *adj.* satılmamış.

un.sol.der [ˈʌnˈsɔldə] *v/t.* *-in* lehimini çıkarmak.

un.sol.dier.ly [ˈʌnˈsəuldʒəli] *adj.* askere yakışmaz.

un.so.lic.it.ed [ˈʌnsəˈlisitid] *adj.* istenilmemiş; davetsiz.

un.solv.a.ble [ˈʌnˈsɔlvəbl] *adj.* çözülemez, halledilemez; **ˈunˈsolved** *adj.* çözülmemiş, halledilmemiş.

un.so.phis.ti.cat.ed [ˈʌnsəˈfistikeitid] *adj.* saf, bön, acemi, tecrübesiz; basit, sade; halis, katkısız.

un.sought [ˈʌnˈsɔ:t] *adj.* araştırılmamış.

un.sound □ [ˈʌnˈsaund] sağlam olmayan, çürük, derme çatma; hastalıklı, sıhhatsiz; hafif *(uyku)*; gerçeksiz; geçersiz; of ~ mind şuuru bozuk.

un.spar.ing □ [ˈʌnˈspɛəriŋ] esirgemeyen (of, in *-i*); bol, çok (of *-i*); acımasız, zalim.

un.speak.a.ble □ [ʌnˈspi:kəbl] kelimelerle anlatılamaz, tarife sığmaz; yakışıksız, ağıza alınmaz.

un.spec.i.fied [ˈʌnˈspesifaid] *adj.* kesinlikle belirtilmemiş.
un.spent [ˈʌnˈspent] *adj.* sarfedilmemiş, harcanmamış.
un.spoiled [ˈʌnˈspɔild] *adj.*, **ˈunˈspoilt** [~t] bozulmamış; şımarmamış.
un.spo.ken [ˈʌnˈspəukən] *adj.* açığa vurulmamış, söylenmemiş.
un.sport.ing [ˈʌnˈspɔːtiŋ] *adj.*, **un.sports-man.like** [ˈʌnˈspɔːtsmənlaik] sportmence olmayan.
un.spot.ted [ˈʌnˈspɔtid] *adj.* lekesiz, beneksiz; *fig.* temiz, pak, arı.
un.sta.ble □ [ˈʌnˈsteibl] sağlam olmayan; kararsız, dönek, gelgeç; düzensiz, değişken.
un.stained *fig.* [ˈʌnˈsteind] *adj.* lekesiz, kusursuz.
un.stamped [ˈʌnˈstæmpt] *adj.* damgalanmamış; 📯 pulsuz.
un.states.man.like [ˈʌnˈsteitsmənlaik] *adj.* devlet adamına yakışmaz.
un.stead.y □ [ˈʌnˈstedi] sallanan, oynak; titrek; düzensiz; değişken, kararsız, güvenilmez.
un.stint.ed [ʌnˈstintid] *adj.* kayıtsız şartsız, sınırsız.
un.stitch [ˈʌnˈstitʃ] *v/t.* -*in* dikişlerini sökmek.
un.stop [ˈʌnˈstɔp] *v/t.* açmak; -*in* tıkacını çıkarmak.
un.strained [ˈʌnˈstreind] *adj.* süzülmemiş; *fig.* tabiî.
un.strap [ˈʌnˈstræp] *v/t.* -*in* kayışını çıkarmak *veya* gevşetmek.
un.stressed [ˈʌnˈstrest] *adj.* vurgusuz.
un.string [ˈʌnˈstriŋ] (*irr.* string) *v/t.* -*in* tellerini çıkarmak *veya* gevşetmek; zayıflatmak, bozmak *(sinir)*; **un.strung** [ˈʌnˈstrʌŋ] *adj.* gevşek; *fig.* sinirleri bozuk, sinirli.
un.stuck [ˈʌnˈstʌk] *adj.*: come ~ açılmak, ayrılmak; *sl.* başarısız olm.; suya düşmek *(plan vs.)*.
un.stud.ied [ˈʌnˈstʌdid] *adj.* tabiî, doğal; çalışılmamış; çalışma ile öğrenilmemiş; plansız.
un.sub.dued [ˈʌnsəbˈdjuːd] *adj.* boyun eğmemiş.
un.sub.mis.sive □ [ˈʌnsəbˈmisiv] itaatsiz, boyun eğmez, serkeş, dik kafalı.
un.sub.stan.tial □ [ˈʌnsəbˈstænʃəl] cisimsiz; hayalî; asılsız.
un.suc.cess.ful □ [ˈʌnsəkˈsesful] başarısız; **ˈun.sucˈcess.ful.ness** *n.* başarısızlık.
un.suit.a.ble □ [ˈʌnˈsjuːtəbl] uygunsuz, yakışıksız; **ˈunˈsuit.ed** *adj.* uymamış, yakışmamış (for, to -*e*).
un.sul.lied [ˈʌnˈsʌlid] *adj.* lekesiz, (ter)temiz.
un.sup.port.ed [ˈʌnsəˈpɔːtid] *adj.* desteksiz.
un.sure [ˈʌnˈʃuə] *adj.* emin olmayan; emniyetsiz.
un.sur.passed [ˈʌnsəːˈpɑːst] *adj.* geçilemez, üstün, eşsiz.
un.sus.pect.ed [ˈʌnsəsˈpektid] *adj.* şüphelenilmeyen; **ˈun.susˈpect.ing** *adj.* masum, saf; *pred.* kuşkulanmayan (of -*den*).
un.sus.pi.cious □ [ˈʌnsəsˈpiʃəs] şüpheci olmayan, kalbi temiz, kuşkusuz.
un.swear [ˈʌnˈswɛə] (*irr.* swear) *v/i.* sözünden *veya* yemininden dönmek.
un.swerv.ing □ [ˈʌnˈswəːviŋ] değişmez; sapmaz.
un.sworn [ˈʌnˈswɔːn] *adj.* yeminli olmayan *(tanık)*.
un.tack [ˈʌnˈtæk] *v/t.* çıkarmak, sökmek.
un.taint.ed □ [ˈʌnˈteintid] lekesiz; *fig.* namuslu.
un.tam(e).a.ble [ˈʌnˈteiməbl] *adj.* evcilleştirilemez; **ˈunˈtamed** *adj.* evcilleştirilmemiş, yabanî.
un.tan.gle [ˈʌnˈtæŋgl] *v/t.* açmak, çözmek.
un.tanned [ˈʌnˈtænd] *adj.* tabaklanmamış.
un.tar.nished [ˈʌnˈtɑːniʃt] *adj.* lekesiz, kararmamış.
un.tast.ed [ˈʌnˈteistid] *adj.* tadılmamış.
un.taught [ˈʌnˈtɔːt] *adj.* cahil, tahsilsiz; doğal, doğuştan olan.
un.taxed [ˈʌnˈtækst] *adj.* vergilendirilmemiş.
un.teach.a.ble [ˈʌnˈtiːtʃəbl] *adj.* söz dinlemez *(kimse)*; öğretilemez.
un.tem.per.a.men.tal [ˈʌntempərəˈmentl] *adj.* cansız, ruhsuz.
un.tem.pered [ˈʌnˈtempəd] *adj.* ⊕ tavlanmamış, su verilmemiş.
un.ten.a.ble [ˈʌnˈtenəbl] *adj.* savunulamaz.
un.ten.ant.ed [ˈʌnˈtenəntid] *adj.* kiralanmamış, şenelmemiş, kiracısız, boş.
un.thank.ful □ [ˈʌnˈθæŋkful] nankör; istenmeyen, hoş karşılanmayan.
un.think.a.ble [ʌnˈθiŋkəbl] *adj.* düşünülemez, akla gelmez, olanaksız; **unˈthinking** □ düşüncesiz; düşüncesizce yapılan.
un.thought [ˈʌnˈθɔːt] *adj.* düşünülmemiş; ~-of beklenmedik, akla hayale gelmedik.
un.thread [ˈʌnˈθred] *v/t.* -*in* ipliğini çıkarmak; *fig.* yolunu bulmak, *k-ne* yol açmak.
un.thrift.y □ [ˈʌnˈθrifti] savurgan, tutumsuz.
un.ti.dy □ [ʌnˈtaidi] düzensiz, tertipsiz, dağınık, şapşal.
un.tie [ˈʌnˈtai] *v/t.* & *v/i.* çöz(ül)mek,

açı(ıl)mak; halletmek.
un.til [ənˈtil] *prp. & cj.* -e kadar, -e değin, e- dek; not ~ -den önce değil.
un.tilled [ˈʌnˈtild] *adj.* işlenmemiş *(toprak).*
un.time.ly [ʌnˈtaimli] *adj.* vakitsiz, zamansız, mevsimsiz; uygunsuz, yersiz.
un.tir.ing □ [ʌnˈtaiəriŋ] yorulmak bilmez.
un.to [ˈʌntu] = to.
un.told [ˈʌnˈtəuld] *adj.* anlatılmamış; hesapsız, sayısız, haddi hesabı olmayan, muazzam.
un.touched [ˈʌnˈtʌtʃt] *adj.* dokunulmamış; *fig.* etkilenmemiş; *phot.* rötuşsuz.
un.to.ward [ʌnˈtəuəd] *adj.* uygunsuz, münasebetsiz; bahtsız, şanssız; aksi, ters, huysuz.
un.trained [ˈʌnˈtreind] *adj.* eğitilmemiş; tecrübesiz, acemi.
un.tram.mel(l)ed [ʌnˈtræməld] *adj.* engellenmemiş, serbest.
un.trans.fer.a.ble [ˈʌntrænsˈfəːrəbl] *adj.* nakledilemez; devredilemez.
un.trans.lat.a.ble [ˈʌntrænsˈleitəbl] *adj.* tercüme edilemez, çevrilemez.
un.trav.el(l)ed [ˈʌnˈtrævld] *adj.* kullanılmayan *(yol)*; dar kafalı *(kimse).*
un.tried [ˈʌnˈtraid] *adj.* denenmemiş; ⚖ yargılanmamış.
un.trimmed [ˈʌnˈtrimd] *adj.* budanmamış; kesilip düzeltilmemiş *(saç vs.).*
un.trod, un.trod.den [ˈʌnˈtrɔd(n)] *adj.* ayak basılmamış, bakir.
un.trou.bled [ˈʌnˈtrʌbld] *adj.* sıkıntısız, dertsiz; durgun, sakin.
un.true □ [ˈʌnˈtruː] yalan, sahte, yanlış; sadakatsiz, hakikatsiz, vefasız.
un.trust.wor.thy □ [ˈʌnˈtrʌstwəːði] güvenilmez, dönek.
un.truth [ˈʌnˈtruːθ] *n.* yalan; sahtelik; vefasızlık.
un.tu.tored [ˈʌnˈtjuːtəd] *adj.* eğitilmemiş, cahil, tahsilsiz, saf, bön.
un.twine [ˈʌnˈtwain], **un.twist** [ˈʌnˈtwist] *v/t. & v/i.* aç(ıl)mak, çöz(ül)mek.
un.used [ˈʌnˈjuːzd] *adj.* kullanılmamış; [ˈʌnˈjuːst] alışık olmayan (to *-e*); **un.u.su.al** □ [ʌnˈjuːʒuəl] görülmedik, nadir; olağandışı, garip, acayip.
un.ut.ter.a.ble □ [ʌnˈʌtərəbl] ağıza alınmaz, söylenmez, anlatılamaz.
un.val.ued [ˈʌnˈvæljuːd] *adj.* değer verilmemiş, önemsenmemiş; paha biçilmemiş.
un.var.ied [ʌnˈvɛərid] *adj.* değişmemiş.
un.var.nished [ˈʌnˈvɑːniʃt] *adj.* cilasız; *fig.* sade, süssüz; dürüst; salt *(gerçek).*
un.var.y.ing □ [ʌnˈvɛəriiŋ] değişmez.
un.veil [ʌnˈveil] *v/t.* *-in* örtüsünü *(veya* peçesini) açmak; açığa vurmak, ortaya çıkarmak.
un.versed [ˈʌnˈvəːst] *adj.* deneyimsiz, acemi (in *-de*).
un.voiced [ˈʌnˈvɔist] *adj.* açıklanmamış, söylenmemiş; *gr.* ünsüz, sessiz.
un.vouched [ˈʌnˈvautʃt] *adj.* *a.* ~-for doğrulanmamış.
un.want.ed [ˈʌnˈwɔntid] *adj.* istenilmez, istenmeyen.
un.war.i.ness [ʌnˈwɛərinis] *n.* gaflet, tedbirsizlik.
un.war.like [ˈʌnˈwɔːlaik] *adj.* barışçı, barışsever.
un.war.rant.a.ble □ [ʌnˈwɔrəntəbl] affedilemez ,haklı sayılmaz; özürsüz; **ˈunˈwarrant.ed** *adj.* haksız, özürsüz.
un.war.y □ [ˈʌnˈwɛəri] gafil, dikkatsiz, tedbirsiz.
un.washed [ˈʌnˈwɔʃt] *adj.* yıkanmamış.
un.wa.tered [ˈʌnˈwɔːtəd] *adj.* sulanmamış.
un.wa.ver.ing [ʌnˈweivəriŋ] *adj.* değişmez, sabit, kararlı.
un.wea.ried [ʌnˈwiərid], **un.wea.ry.ing** □ [ʌnˈwiəriiŋ] yorulmak bilmez, usanmaz; yorulmamış.
un.wel.come [ʌnˈwelkəm] *adj.* hoş karşılanmayan, istenilmeyen; hoşa gitmeyen, tatsız.
un.well [ˈʌnˈwel] *adj.* rahatsız, keyifsiz, hasta.
un.whole.some [ˈʌnˈhəulsəm] *adj.* sıhhate zararlı; sakat, sıhhatsiz; bozuk; iğrenç.
un.wield.y □ [ʌnˈwiːldi] hantal, kaba, koskocaman; 📯 havaleli.
un.will.ing □ [ˈʌnˈwiliŋ] isteksiz, gönülsüz; istemeyerek yapılan *veya* verilen; be ~ to do *bş* yapmaya isteksiz olm.; be ~ for s.th. to be done *bşin* yapılmasına isteksiz olm.
un.wind [ˈʌnˈwaind] (*irr.* wind) *v/t. & v/i.* çöz(ül)mek, aç(ıl)mak, gevşe(t)mek; rahatla(t)mak.
un.wis.dom [ˈʌnˈwizdəm] *n.* akılsızlık; **unwise** □ [ˈʌnˈwaiz] akılsız; makûl olmayan.
un.wished [ʌnˈwiʃt] *adj.* dileğinden vaz geçmiş; ~-for arzu edilmemiş.
un.wit.ting □ [ʌnˈwitiŋ] farkında olmayan, habersiz; kasıtsız.
un.wom.an.ly [ʌnˈwumənli] *adj.* kadına yakışmaz, kadınca olmayan.
un.wont.ed □ [ʌnˈwəuntid] alışılmamış (to *-e*): nadir, olağandışı.
un.work.a.ble [ˈʌnˈwəːkəbl] *adj.* kullanışsız; ⊕ işlenemez.
un.world.ly [ˈʌnˈwəːldli] *adj.* tinsel, ruha-

nî, manevî.
un.wor.thy □ [ʌnˈwəːði] değmez; yakışmaz, uygunsuz; lâyık olmayan (of -e); değersiz.
un.wrap [ˈʌnˈræp] *v/t.* & *v/i.* aç(ıl)mak, çöz(ül)mek.
un.wrin.kle [ˈʌnˈriŋkl] *v/t.* -*in* kırışıklarını gidermek.
un.writ.ten [ˈʌnˈritn] *adj.* yazılmamış; geleneksel; yazısız, boş.
un.wrought [ˈʌnˈrɔːt] *adj.* işlenmemiş, ham...
un.yield.ing □ [ʌnˈjiːldiŋ] boyun eğmez, direngen; sert.
un.yoke [ˈʌnˈjəuk] *v/t.* boyunduruktan kurtarmak; ayırmak; *v/i.* boyunduruktan kurtulmak.
up [ʌp] **1.** *adv.* yukarı(ya); yukarıda; yükseğe; yüksek mevkiye; öne, ileri(ye); ♪ tize doğru; -e kadar; tamamen; kuzeye doğru; come ~ to s.o. *b-ne* yaklaşmak; ~ and about hastalıktan kurtulmuş, ayağa kalkmış; be hard ~ eli darda olm.; ~ against a task bir işle karşı karşıya olm.; ~ to -e kadar; *s.* date² 1; be ~ to s.th. *bşe* eşit olm.; *fig.* dolap çevirmek, halt karıştırmak; it is ~ to me to do yapması bana kalmış; *s.* mark 1; the time is ~ vakit doldu; what are you ~ to there? orada ne halt karıştırıyorsun?; what's ~ *sl.* ne oluyor?, ne var?; ~ with ile aynı hizada; it's all ~ with him hapı yuttu, yandı, ayvayı yedi; **2.** *int.* kalk!; yukarı(ya)!; **3.** *prp.* yukarıya, yukarıda; ileride; içeride; -e, -a; ~ the hill tepeye; **4.** *adj.* yükselmiş; yataktan kalkmış; ayakta; yüksek, kabarık; üstün; hazır, yapılmış; ata binmiş; haberdar; yargılanmakta; ~ train şehir treni; **5.** *n.* the ~s and downs *pl.* iniş çıkışlar, iyi ve kötü günler; **6.** *v/t.* & *v/i.* F yüksel(t)mek; artırmak; ayağa kalkmak; kaldırmak.
up-and-com.ing *Am.* F [ˈʌpənˈkʌmiŋ] *adj.* ümit verici; başarı vadeden, girişken.
up.braid [ʌpˈbreid] *v/t.* azarlamak, paylamak, haşlamak (s.o. with *veya* for s.th. *b-ni bşden dolayı*).
up.bring.ing [ˈʌpbriŋiŋ] *n.* yetiş(tir)me, terbiye.
up.build [ˈʌpˈbild] (*irr.* build) *v/t.* inşa (*veya* bina) etm.
up.cast [ˈʌpkɑːst] *n.* yukarıya at(ıl)ma, yukarıya çevirme *veya* çevrilme; *a.* ~ shaft ⚒ hava bacası.
up-coun.try [ˈʌpˈkʌntri] **1.** *adj.* sahilden uzak, iç taraftaki, iç kesimdeki; **2.** *adv.* iç kesimlere doğru.
up-cur.rent ✈ [ˈʌpkʌrənt] yükselen hava akımı.
up.grade 1. [ˈʌpgreid] *n.* yokuş; artış; on the ~ *fig.* iyileşmekte; gelişmekte; artmakta; **2.** [ʌpˈgreid]*v/t.* -*in* kalitesini artırmak; -*in* rütbesini yükseltmek.
up.heav.al [ʌpˈhiːvəl] *n. geol.* yer kabuğunun kabarması; *fig.* karışıklık, ayaklanma, devrim.
up.hill [ˈʌpˈhil] *adj.* & *adv.* yokuş yukarı (giden); yükselen; *fig.* zor, güç, çetin.
up.hold [ʌpˈhəuld] (*irr.* hold) *v/t.* kaldırmak; tutmak, desteklemek; onaylamak; onamak, uygun bulmak; **upˈhold.er** *n. fig.* destek, savunucu kimse, arka.
up.hol.ster [ʌpˈhəulstə] *v/t.* döşemek, kaplamak *(koltuk vs.)*; **upˈhol.ster.er** *n.* döşemeci; **upˈhol.ster.y** *n.* döşemecilik; döşemelik eşya, mefruşat.
up.keep [ˈʌpkiːp] *n.* bakım (masrafı).
up.land [ˈʌplənd] **1.** *n. oft.* ~s *pl.* yüksek arazi, yayla; **2.** *adj.* yüksek.
up.lift 1. [ʌpˈlift] *v/t. fig.* yüceltmek; **2.** [ˈ~] *n.* arazi çıkıntısı; sütyen; *fig.* yüceltme.
up.most [ˈʌpməust] = uppermost.
up.on [əˈpɔn] = on.
up.per [ˈʌpə] **1.** *adj.* üst(teki); yukarıdaki; the ~ ten (thousand) onbinden fazlası; **2.** *n. mst* ~s *pl.* saya, ayakkabı yüzü; be (down) on one's ~s F meteliğe kurşun atmak, cebi delik (*veya* züğürt) olm.; ˈ~.cut *n. boks:* aparküt, aperkat; ˈ~.most *adj.* en üst, en yukarıdaki; akla ilk gelen, başlıca.
up.pish □ F [ˈʌpiʃ] kibirli, kendini beğenmiş.
up.pi.ty F [ˈʌpiti] *adj.* kibirli, kendini beğenmiş.
up.raise [ʌpˈreiz] *v/t.* yükseltmek, kaldırmak.
up.rear [ʌpˈriə] *v/t.* & *v/i.* yüksel(t)mek; dikmek.
up.right 1. □ [ˈʌpˈrait] dik(ey); *fig.* [ˈ~] dürüst, namuslu, âdil; **2.** [ˈ~] *n.* direk; dik duran şey; = ~ **pia.no** ♪ dik (*veya* düz) piyano.
up.ris.ing [ʌpˈraiziŋ] *n.* ayaklanma, isyan.
up.roar *fig.* [ˈʌprɔː] *n.* şamata, gürültü; kargaşa; **upˈroar.i.ous** □ gürültülü; kahkahadan kırıp geçiren.
up.root [ʌpˈruːt] *v/t.* kökünden sökmek; yerini değiştirmek, uzaklaştırmak; kökünü kazımak, yok etm.
up.set [ʌpˈset] **1.** (*irr.* set) *v/t.* devirmek, altüst etm. *(a. fig.)*; bozmak; sinirlendirmek; hükümsüz kılmak; bozguna uğratmak; düzenini bozmak, karıştırmak;

⊕ döverek kısaltıp kalınlaştırmak; be ~ keyfi kaçmak; *v/i.* devrilmek, altüst olm.; **2.** *n.* devrilme, altüst olma; *spor:* bozgun, sürprizli yenilgi; bozukluk, bozulma; stomach ~ mide bozulması; sarsıntı, şok; ~ **price** açık arttırmada satıcının koyduğu en düşük fiyat.
up.shot [ˈʌpʃɔt] *n.* netice, sonuç, son; in the ~ sonunda.
up.side *adv.* [ˈʌpsaid]: ~ down tepetaklak, tepesi üstü, ters; *fig.* altüst; turn ~ down altüst etm., altını üstüne getirmek.
up.stage F *fig.* [ˈʌpˈsteidʒ] *adj.* kibirli, kendini beğenmiş.
up.stairs [ˈʌpˈstɛəz] **1.** *adj.* üst kattaki, yukarıdaki; **2.** *adv.* üst kat(t)a, yukarıya, yukarıda; **3.** *n.* üst kat.
up.stand.ing [ʌpˈstændiŋ] *adj.* dik; gürbüz, sağlıklı; dürüst.
up.start [ˈʌpstɑːt] **1.** *n.* birden zengin olan kimse; **2.** *adj.* türedi, sonradan görme.
up.state *Am.* [ˈʌpˈsteit] *n.* taşra.
up.stream [ˈʌpˈstriːm] *adv.* akıntıya karşı; nehrin yukarısına doğru.
up.stroke [ˈʌpstrəuk] *n.* *(yazı)* yukarı doğru çekilen kuyruk.
up.surge [ˈʌpsəːdʒ] *n.* kabarma, hızlı artış.
up.swing [ˈʌpswiŋ] *n.* yukarıya sallanma; ilerleme, yükselme, iyileşme.
up.take [ˈʌpteik] *n.* kavrama, anlama; be slow (quick) in *veya* on the ~ F yavaş (çabuk) kavramak, anlamak.
up.throw [ˈʌpθrəu] *n.* yukarıya fırlatma.
up-to-date [ˈʌptəˈdeit] *adj.* modern, asrî, çağcıl, güncel, çağdaş.
up-town [ˈʌpˈtaun] *adj.* & *adv.* şehir merkezinin dışında(ki).
up.turn [ʌpˈtəːn] *v/t.* & *v/i.* yukarı dön(dür)mek.
up.ward [ˈʌpwəd] **1.** *adj.* yükselen, yukarı doğru giden; **2.** *adv.* = **up.wards** [ˈ~z] yukarıya doğru, yukarı; ~ of -den fazla.
u.ra.ni.um ⚗ [juəˈreinjəm] *n.* uranyum.
ur.ban [ˈəːbən] *adj.* şehre ait, şehir...;
ur.bane □ [əːˈbein] görgülü, nazik, kibar; **ur.ban.i.ty** [əːˈbæniti] *n.* nezaket, kibarlık; **ur.ban.i.za.tion** [əːbənaiˈzeiʃən] *n.* kentleşme, şehirleşme; ˈ**ur.ban.ize** *v/t.* kentleştirmek, şehirleştirmek.
ur.chin [ˈəːtʃin] *n.* afacan, haşarı çocuk.
urge [əːdʒ] **1.** *v/t.* *oft.* ~ on ileri sürmek, sevketmek, harekete geçirmek; *fig.* kışkırtmak (to -*e*); zorlamak (to *inf.* -*meye*); dürtmek; sıkıştırmak; ~ s.th. on s.o. *b-ne bşi* ısrarla anlatmak; **2.** *n.* dürtü; zorlama; kışkırtma; özlem, arzu; **ur.gen.cy** [ˈəːdʒənsi] *n.* acele; ısrar; sıkıştırma; zorunluluk; ˈ**ur.gent** □ acele olan, âcil; zorunlu, kaçınılmaz; ısrar eden; be ~ with s.o. to *inf.* *b-ni bş* yapmaya zorlamak.
u.ric ⚗ [ˈjuərik] *adj.* idrara ait, idrar..., ürik...
u.ri.nal [ˈjuərinl] *n.* idrar kabı, sürgü, ördek; pisuar; ˈ**u.ri.nar.y** *adj.* idrara ait, sidik...; **u.ri.nate** [ˈ~neit] *v/i.* işemek; ˈ**u.rine** *n.* idrar, sidik.
urn [əːn] *n.* kap; büyük kavanoz; semaver.
us [ʌs, əs] *pron.* bizi, bize; all of ~ hepimiz.
us.a.ble [ˈjuːzəbl] *adj.* kullanışlı, elverişli, kullanılabilir.
us.age [ˈjuːzidʒ] *n.* kullanış, kullanım; işlem; usül; âdet, gelenek.
us.ance ⚓ [ˈjuːzəns] *n.* yabancı tahvillerin ödenme vadesi; bill at ~ vadeli senet.
use 1. [juːs] *n.* fayda, yarar; kullanma, kullanım; alışıklık, âdet; amaç, gaye; kullanma hakkı; be of ~ yararlı olm.; it is (of) no ~ *ger.* *veya* to *inf.* ...menin yararı yok, ...mek bir işe yaramaz; have no ~ for -*e* hiç tahammülü olmamak; artık ihtiyacı olmamak; *Am.* F -*den* hiç hoslanmamak; put to ~ kullanmak; **2.** [juːz] *v/t.* kullanmak; yararlanmak -*den*; davranmak -*e*; ~ up tüketmek, sarfetmek, harcamak; I ~d [ˈjuːs(t)] to do eskiden yapardım; used [ˈjuːzd] kullanılmış; [ˈjuːst] alışık, alışkın (to -*e*); **use.ful** □ [ˈjuːsful] faydalı, yararlı; ⊕ işe yarar; ˈ**use.ful.ness** *n.* fayda, yarar, kullanışlılık; ˈ**use.less** □ faydasız, yararsız, boş, nafile; bir işe yaramaz; ˈ**use.less.ness** *n.* faydasızlık, yararsızlık; **us.er** [ˈjuːzə] *n.* kullanan.
ush.er [ˈʌʃə] **1.** *n.* mübaşir; kapıcı; *thea.* yer gösteren kimse; *contp.* yardımcı öğretmen; **2.** *v/t.* yer göstermek -*e*; *mst* ~ in bildirmek, haber vermek; *fig.* açmak, başlatmak *(yeni bir devir)*; **ush.er.ette** [~ˈret] *n.* yer gösteren kadın.
u.su.al □ [ˈjuːʒuəl] her zamanki, olağan, alışılagelmiş; as ~ her zamanki gibi; ˈ**u.su.al.ly** *adv.* çoğunlukla, ekseriya, çoğu kere.
u.su.fruct ⚖ [ˈjuːsjuːfrʌkt] *n.* yararlanma hakkı, intifa hakkı; **u.suˈfruc.tu.ar.y** [~tjuəri] *n.* intifa hakkı olan kimse.
u.su.rer [ˈjuːʒərə] *n.* tefeci; **u.su.ri.ous** □ [juːˈzjuəriəs] tefecilik kabilinden, aşırı faizli...
u.surp [juːˈzəːp] *v/t.* gaspetmek -*i*, zorla almak -*i*, el koymak -*e*; **u.surˈpa.tion** *n.*

gasp, zorla alma, el koyma; **uˈsurp.er** *n.* gasp, zorla alan kimse.

u.su.ry [ˈjuːʒuri] *n.* tefecilik; aşırı faiz.

u.ten.sil [juːˈtensl] *n.* kap; alet; **~s** *pl.* malzeme; alet edavat; kap kacak, mutfak takımı.

u.ter.ine [ˈjuːtərain] *adj.* rahme ait, rahim...; anası bir babası ayrı; **~ brother** üvey kardeş; **u.ter.us** *anat.* [ˈ~rəs] *n.* rahim, dölyatağı.

u.til.i.tar.i.an [juːtiliˈtɛəriən] **1.** *n.* faydacıl kimse; **2.** *adj.* faydacıl; **uˈtil.i.ty 1.** *n.* yarar(lık), fayda; işe yarar şey; kamu hizmeti yapan kuruluş; *a.* **public ~** kamu hizmeti; **public utilities** kamu kuruluşları; **2.** *adj.* kullanışlı.

u.ti.li.za.tion [juːtilaiˈzeiʃən] *n.* kullanım, yararlanma; **ˈu.ti.lize** *v/t.* kullanmak; faydalanmak *-den.*

ut.most [ˈʌtməust] *adj.* en uzak, en son; en büyük, olanca, en yüksek, en fazla; azamî, son derece.

U.to.pi.an [juːˈtəupjən] **1.** *adj.* ülküsel, ideal, hayalî, ütopik; **2.** *n.* ütopyacı kimse.

ut.ter [ˈʌtə] **1.** *fig.* tam(amen), bütün bütün; kesin, son; sapına kadar, su katılmadık; **2.** *v/t.* ağza almak, söylemek; ağızdan çıkarmak *(ses)*; piyasaya sürmek *(sahte para vs.)*; **ˈut.ter.ance** *n.* ifade; konuşma şekli; söz; söyleme; **give ~ to** dile getirmek, kelimelerle ifade etm.; **ˈut.ter.er** *n.* konuşan kimse; **ˈut.ter.most** *adj.* azamî; en son, en uzak.

u.vu.la *anat.* [ˈjuːvjulə] *n.* küçükdil; **ˈu.vu.lar** *adj.* küçükdile ait.

ux.ori.ous [ʌkˈsɔːriəs] *adj.* karısına çok düşkün.

V

vac F [væk]* = vacation.

va.can.cy [ˈveikənsi] *n.* boşluk *(a. fig.)*; açık kadro; boş yer, aralık; gaze into ~ boşluğa dalıp bakmak; **ˈva.cant** □ boş *(a. fig.)*; açık; münhal; bön, aptal; ifadesiz; terkedilmiş, sahipsiz; vârissiz.

va.cate [vəˈkeit, *Am.* ˈveikeit] *v/t.* tahliye etm., boşaltmak; boş bırakmak, terketmek; bırakmak; kalkmak *(yerinden)*; lağvetmek, feshetmek; **vaˈca.tion** 1. *n.* tatil; 2. *v/t. Am.* tatilini geçirmek (at, in *-de*); **vaˈca.tion.ist** *n. Am.* tatile çıkan kimse.

vac.ci.nate [ˈvæksineit] *v/t.* aşılamak, aşı yapmak; **vac.ciˈna.tion** *n.* aşı(lama); **ˈvac.ci.na.tor** *n.* aşıcı; **vac.cine** [ˈ~si:n] *n.* aşı (maddesi).

vac.il.late [ˈvæsileit] *v/i.* tereddüt etm., kararsız olm.; sallanmak, sendelemek; **vac.ilˈla.tion** *n.* tereddüt; sendeleme.

va.cu.i.ty [ʌæˈkju:iti] *n.* boşluk *(mst fig.)*; aptallık; düşüncesizlik; budalaca konuşma; işsizlik; **vac.u.ous** □ [ˈvækjuəs] *fig.* boş, anlamsız; aptal; işsiz; **vac.u.um** [ˈ~əm] 1. *n. phys.* boşluk, vakum; ~ brake vakum freni; ~ cleaner elektrik süpürgesi; ~ flask, ~ bottle termos; ~ tube radyo lambası; 2. *v/i.* elektrik süpürgesi kullanmak.

va.de-me.cum [ˈveidiˈmi:kəm] *n.* her zaman yanda taşınılan elkitabı.

vag.a.bond [ˈvægəbɔnd] 1. *adj.* serseri, avare; ⚡ kararsız *(akım)*; 2. *n.* serseri kimse, avare kimse; **ˈvag.a.bond.age** *n.* serserilik.

va.gar.y [ˈveigəri] *n.* garip davranış *veya* fikir; kapris; delilik, çılgınlık.

va.gran.cy [ˈveigrənsi] *n.* serserilik; göçebelik; **ˈva.grant** 1. *adj.* serseri, avare; *fig.* göçebe, yersiz yurtsuz; 2. = vagabond 2.

vague □ [veig] belirsiz, müphem, bulanık, şüpheli, anlaşılmaz; **ˈvague.ness** *n.* belirsizlik, anlaşılmazlık.

vail † *veya poet.* [veil] *v/t.* indirmek *(bayrak)*; çıkarmak *(şapka)*.

vain □ [vein] boş, nafile; *fig.* kendini beğenmiş, kibirli, gururlu; değersiz, verimsiz; faydasız, anlamsız; in ~ (boşu) boşuna, beyhude (yere); **~.glo.ri.ous** □ [~ˈglɔ:riəs] mağrur, gururlu; **~ˈglo.ry** *n.* kendini beğenmişlik, gurur.

val.ance [ˈvæləns] *n.* saçak, farbala, fırfır.

vale [veil] *n. poet.* vadi, dere.

val.e.dic.tion [væliˈdikʃən] *n.* veda; **val.eˈdic.to.ry** [~təri] 1. *adj.* veda...; 2. *n.* veda konuşması.

va.lence ⚗ [ˈveiləns] *n.* valans, değerlik.

val.en.tine [ˈvæləntain] *n.* 14 Şubat Valentine gününde seçilen sevgili(ye gönderilen kart).

va.le.ri.an ⚘ [vəˈliəriən] *n.* kediotu.

val.et [ˈvælit] 1. *n.* uşak, erkek oda hizmetçisi; 2. *v/t.* oda hizmetçiliği yapmak *-e.*

val.e.tu.di.nar.i.an [ˈvælitju:diˈnɛəriən] 1. *adj.* sıhhatsiz, sağlığı bozuk; sağlığına çok düşkün; 2. *n.* hasta kimse; sağlığına çok düşkün kimse.

val.iant □ [ˈvæljənt] yiğit, cesur, yürekli.

val.id □ [ˈvælid] geçerli, yürürlükte olan; doğru, sağlam; kanunî, yasal; be ~ geçerli olm.; **val.i.date** [ˈ~deit] *v/t.* geçerli kılmak; onaylamak; **va.lid.i.ty** [vəˈliditi] *n.* geçerlik; yürürlük; sağlamlık, doğruluk.

va.lise [vəˈli:z] *n.* valiz, küçük bavul; ✕ sırt çantası.

val.ley [ˈvæli] *n.* vadi, dere.

val.or.i.za.tion [vælәraiˈzeiʃən] *n.* hükümetçe fiyat tespiti; **ˈval.or.ize** *vb.* hükümetçe fiyat tespit etm.

val.or.ous □ [ˈvælərəs] cesur, yiğit.

val.o(u)r [ˈvælə] *n.* yiğitlik, cesaret, kahramanlık.

val.u.a.ble [ˈvæljuəbl] 1. □ değerli, kıymetli, pahalı; aziz; 2. *n.* ~s *pl.* değerli şey, mücevherat.

val.u.a.tion [væljuˈeiʃən] *n.* değer (biçme); kıymet; **ˈval.u.a.tor** *n.* istimator, tahminci.

val.ue [ˈvælju:] 1. *n.* değer, kıymet *(a. fig.)*; önem, itibar; gerçek değer; ♪ değer; *paint.* renk tonu; anlam, mana; mal; give (get) good ~ (for one's money)

† parasının tam karşılığını vermek (almak); ~-added tax katma değer vergisi; 2. v/t. takdir etm., saymak, paha biçmek; fig. değer vermek -e; ˈ**val.ued** adj. değerlendirilmiş, değerli; ˈ**val.ue.less** adj. değersiz, beş para etmez.

valve [vælv] n. valf, supap, ventil; ⚘ çenet; anat. kapacık; radyo: radyo lambası.

va.moose Am. sl. [væˈmuːs] v/i. defolmak, çekip gitmek, tüymek.

vamp[1] [væmp] 1. n. saya; 2. v/t. -e saya takmak; uydurmak (bahane); ♪ eşlik etm.

vamp[2] F [~] 1. n. şuh kadın, fındıkçı kadın; 2. v/t. ayartmak (erkeği), baştan çıkarmak.

vam.pire [ˈvæmpaiə] n. vampir, hortlak.

van[1] [væn] n. üstü kapalı yük arabası, karavan; 🚃 furgon.

van[2] ⚔ veya fig. [~] n. keşif kolu, öncü.

Van.dal [ˈvændəl] n. hist. vandal; ♀ fig. barbar, yıkıcı, vahşî kimse; ˈ**van.dal.ism** n. yıkıcılık, vandalizm.

van.dyke [vænˈdaik] n. geniş oymalı yaka; keçisakal; attr. ♀ Van Dyck...

vane [vein] n. rüzgârgülü; fırıldak, yelkovan; pervane kanadı; yeldeğirmeni kanadı.

van.guard ⚔ [ˈvængaːd] n. ileri kol, öncü kolu.

va.nil.la ⚘ [vəˈnilə] n. vanilya.

van.ish [ˈvæniʃ] v/i. gözden kaybolmak, yok olmak, uçup gitmek; ~ into thin air yer yarılıp içine girmek.

van.i.ty [ˈvæniti] n. kendini beğenmişlik, kibirlilik; nafilelik; değersizlik; gösteriş, caka; ~ bag, ~ case makyaj çantası.

van.quish [ˈvæŋkwiʃ] v/t. yenmek, altetmek, hakkından gelmek.

van.tage [ˈvaːntidʒ] n. üstünlük; tenis: düsten sonra gelen puan, avantaj; ˈ~-**ground** n. avantajlı alan.

vap.id ☐ [ˈvæpid] sıkıcı; yavan; tatsız, sönük, cansız.

va.po(u)r.ize [ˈveipəraiz] v/t. & v/i. buharlaş(tır)mak; ˈ**va.po(u)r.iz.er** n. ⊕ püskürteç, vaporizatör (a. ⚕).

va.por.ous ☐ [ˈveipərəs] buharlı, dumanlı; fig. hayalperest; boş, asılsız.

va.po(u)r [ˈveipə] n. buhar, buğu, duman; fig. hayalî şey, kuruntu; ~ bath buhar banyosu; ˈ**va.po(u)r.y** = vaporous.

var.i.a.bil.i.ty [vɛəriəˈbiliti] n. değişkenlik; ˌ**var.i.a.ble** ☐ değişken; kararsız; ˌ**var.i.ance** n. değişiklik; uyuşmazlık, çelişki, ayrılık; be at ~ aykırı olm., araları bozuk olm., uyuşamamak (with ile); set at ~ aralarını bozmak; ˈ**var.i.ant** 1. adj. farklı, değişik; 2. n. varyant; değişik biçim; **var.iˈa.tion** n. değişme, dönme, dönüşme; değişiklik; ♪ çeşitleme, varyasyon.

var.i.cose ⚕ [ˈværikəus] adj. genişlemiş, varisli...; ~ vein varisli damar.

var.ied ☐ [ˈvɛərid] çeşitli, farklı, türlü, değişik; **var.i.e.gate** [ˈ~rigeit] v/t. renklendirmek; çeşitlemek; ˈ**var.i.e.gat.ed** adj. alaca(lı), rengârenk; **var.i.eˈga.tion** n. renklilik, alacalık; çeşitlilik; **va.ri.e.ty** [vəˈraiəti] n. değişiklik, farklılık; karışım; part. † çeşit (a. biol.); cins, nevi, tür; ~ show varyete; ~ theatre varyete tiyatrosu.

va.ri.o.la ⚕ [vəˈraiələ] n. çiçek hastalığı.

var.i.ous ☐ [ˈvɛəriəs] çeşitli, birkaç, muhtelif; değişik, farklı.

var.let † [ˈvaːlit] n. alçak adam; şövalye uşağı.

var.mint sl., co. [ˈvaːmint] n. sefil adam, alçak adam.

var.nish [ˈvaːniʃ] 1. n. vernik, cila; fig. yapmacıklık, dış güzellik; 2. v/t. verniklemek, cilalamak; fig. içyüzünü gizlemek, görünüşte süslemek.

var.si.ty F [ˈvaːsiti] n. üniversite.

var.y [ˈvɛəri] v/t. & v/i. değiş(tir)mek; farklı olm. (from -den); part. ♪ çeşitlemek; değişime uğramak.

vas.cu.lar ⚘, anat. [ˈvæskjulə] adj. damara ait, damar(lı)...

vase [vaːz, Am. veiz] n. vazo.

vas.sal [ˈvæsəl] n. vasal; uyruk; köle, hizmetli; attr. vasal...; ˈ**vas.sal.age** n. vasallık; kölelik, kulluk (to -e).

vast ☐ [vaːst] engin, geniş, vâsi; çok, dünya kadar; koskocaman; ˈ**vast.ness** n. enginlik; büyüklük; çokluk.

vat [væt] 1. n. tekne, fıçı; sarnıç; 2. v/t. fıçıya koymak, fıçılamak.

vat.ted [ˈvætid] adj. fıçılanmış (şarap vs.).

vaude.ville [ˈvəudəvil] n. Am. vodvil, varyete.

vault[1] [vɔːlt] 1. n. tonoz, kemer; mahzen; yeraltı mezarı; (banka) kasa dairesi; gök, sema; 2. v/t. üstünü kemerle çevirmek.

vault[2] [~] 1. v/t. atlamak, sıçramak; 2. n. atlayış, atlama.

vault.ing ⚠ [ˈvɔːltiŋ] n. tonozlu (veya kemerli) yapı.

vault.ing-horse [ˈvɔːltiŋhɔːs] n. jimnastik: kasa, atlama beygiri.

vaunt lit. [vɔːnt] 1. v/t. & v/i. öv(ün)mek; 2. n. övünme; ˈ**vaunt.ing** ☐ övün gen, farfara.

veal [vi:l] *n.* dana eti; roast ~ dana rostosu.

veer [viə] **1.** *v/t.* & *v/i.* dön(dür)mek, yön(ünü) değiştirmek; *fig.* caymak, fikrini değiştirmek; **2.** *n.* dönüş, dönme.

veg.e.ta.ble [ˈvedʒitəbl] **1.** *adj.* bitkilere ait, bitkisel...; **2.** *n.* bitki; *mst* ~s *pl.* sebze, zerzevat; **veg.e.tar.i.an** [~ˈtɛəriən] **1.** *n.* et yemez kimse, otobur; **2.** *adj.* etyemez; yalnız sebzeden oluşan, sebze...; **veg.e.tate** [ˈ~teit] *v/i. fig.* ot gibi yaşamak; **veg.eˈta.tion** *n.* bitkiler, bitki örtüsü; **veg.e.ta.tive** □ [ˈ~tətiv] bitkisel; bitek; ot gibi yaşayan, hareketsiz.

ve.he.mence [ˈvi:iməns] *n.* şiddet, hiddet, ateşlilik; **ˈve.he.ment** □ şiddetli, hiddetli, ateşli.

ve.hi.cle [ˈvi:ikl] *n.* taşıt, araç, vasıta *(a. fig.)*; *pharm.* vehikül, vasıta; **ve.hic.u.lar** □ [viˈhikjulə] taşıtlara ait, taşıt...

veil [veil] **1.** *n.* peçe, yaşmak, perde *(a. phot.)*; örtü, tül; *fig.* bahane, maske; **2.** *v/t.* & *v/i.* ört(ün)mek; *fig.* gizlemek, saklamak; **ˈveil.ing** *n.* peçelik ince kumaş *(a. ✝)*; *phot.* donukluk, vual.

vein [vein] *n.* damar *(a. fig.)*; huy, mizaç; oluk, oyuk; **veined** *adj.* damarlı; **ˈvein.ing** *n.* damar sistemi.

vel.le.i.ty [veˈli:iti] *n.* hafif heves, eğilim.

vel.lum [ˈveləm] *n.* parşömen, tirşe; *a.* ~ paper parşömen kâğıdı.

ve.loc.i.pede [viˈlɔsipi:d] *n. Am.* üç tekerlekli çocuk bisikleti, velespit; *hist.* ön tekerlekten pedallı bisiklet.

ve.loc.i.ty [viˈlɔsiti] *n.* hız, sürat (derecesi).

ve.lour(s) [vəˈluə] *n.* kadife taklidi.

vel.vet [ˈvelvit] **1.** *n.* kadife, velur; *hunt.* kadifemsi deri; *sl.* kolay kazanç; **2.** *adj.* kadife...; kadife gibi; yumuşak; **vel.vet.een** [~ˈti:n] *n.* pamuklu kadife; **ˈvel.vet.y** *adj.* kadife gibi; yumuşak.

ve.nal [ˈvi:nl] *adj.* satın alınır, rüşvetle kandırılır, rüşvet alan, yiyici; **ve.nal.i.ty** [vi:ˈnæliti] *n.* rüşvet yeme.

vend [vend] *v/t.* satmak; **ˈvend.er, ˈvend.or** *n.* satıcı, işportacı; **ˈvend.i.ble** *adj.* satılabilir; **ˈvend.ing ma.chine** para ile çalışan satıcı makine.

ven.det.ta [venˈdetə] *n.* kan davası.

ve.neer [viˈniə] *n.* kaplama tahtası; *fig.* yapma tavır, gösteriş; **2.** *v/t.* kaplamak; *fig.* cilalamak, yaldızlamak.

ven.er.a.ble □ [ˈvenərəbl] muhterem, saygıdeğer; **ven.er.ate** [ˈ~reit] *v/t.* saygı göstermek *-e*, hürmet etm. *-e*; tapmak *-e*; **ven.erˈa.tion** *n.* hürmet, saygı; **ˈven.er.a.tor** *n.* hürmet eden *(veya* tapınan) kimse.

ve.ne.re.al [viˈniəriəl] *adj.* cinsel ilişkiye ait; *a.* ⚕ zührevî; ~ disease zührevî hastalık.

Ve.ne.tian [viˈni:ʃən] **1.** *adj.* Venedik'e ait; ~ blind jaluzi; **2.** *n.* Venedikli.

venge.ance [ˈvendʒəns] *n.* öç, intikam; with a ~ F son derecede, alabildiğine, şiddetle; **venge.ful** □ [ˈ~ful] intikamcı, kinci.

ve.ni.al □ [ˈvi:njəl] affedilir, önemsiz.

ven.i.son [ˈvenzn] *n.* geyik *veya* karaca eti.

ven.om [ˈvenəm] *n.* yılan *vs.* zehiri; *fig.* düşmanlık, kin, garez; **ˈven.om.ous** □ zehirli; kinci, garezkâr, düşman.

ve.nous [ˈvi:nəs] *adj.* toplardamara ait, toplardamar...; ⚘ damarlı...

vent [vent] **1.** *n.* delik, menfez, ağız; kıç; yırtmaç; yarık, çıkak, çıkıt; give ~ to *-i* açığa vurmak, *k-ni* tutamamak; **2.** *v/t.* dışarı salıvermek; *fig.* göstermek, ifade etm., çıkarmak *(öfkesini)* (on *-den*); **ˈ~-hole** *n.* hava deliği.

ven.ti.late [ˈventileit] *v/t.* havalandırmak; *fig.* açığa vurmak, tartışmak; **ven.tiˈla.tion** *n.* havalandırma *(a. ⚒)*; *fig.* açığa vurma; **ˈven.ti.la.tor** *n.* vantilatör.

ven.tral [ˈventrəl] *adj.* karna ait, karın...

ven.tri.cle *anat.* [ˈventrikl] *n.* karıncık; beden *veya* organda boşluk.

ven.tril.o.quist [venˈtriləkwist] *n.* vantrlok; **venˈtril.o.quize** *v/i.* vantrlokluk yapmak.

ven.ture [ˈventʃə] **1.** *n.* tehlikeli iş, şans işi; risk, riziko; at a ~ rasgele; **2.** *v/t.* & *v/i.* tehlikeye atmak; göze almak (to *inf.* *-meyi)*; şansa bırakmak; riske girmek; ~ (up)on girişmek *-e*, atılmak *-e*; cesaret etm.; I ~ to say diyebilirim ki; **ven.ture.some** □ [ˈ~səm], **ˈven.tur.ous** □ atılgan, cesur, atak; tehlikeli, riskli.

ven.ue [ˈvenju:] *n.* olay yeri; yetki dairesi; *fig.* yarışma yeri; F buluşma yeri.

ve.ra.cious □ [vəˈreiʃəs] doğru (sözlü); gerçeğe sadık; **ve.rac.i.ty** [vəˈræsiti] *n.* gerçek(lik); dürüstlük.

ve.ran.da(h) [vəˈrændə] *n.* veranda, camlı taraça.

verb *gr.* [və:b] *n.* fiil; **ˈver.bal** □ fiile ait, fiil...; sözlü; kelimesi kelimesine, harfiyen; **ver.ba.tim** [~ˈbeitim] *adj.* kelimesi kelimesine; **ver.bi.age** [ˈ~biidʒ] *n.* laf kalabalığı; **ver.bose** □ [~ˈbəus] ağzı kalabalık; gereksiz sözlerle dolu; **ver.bos.i.ty** [~ˈbɔsiti] *n.* laf kalabalığı.

ver.dan.cy [ˈvə:dənsi] *n.* yeşillik, tazelik;

fig. toyluk; **ˈver.dant** □ yeşil, taze; *fig* toy, deneyimsiz.
ver.dict [ˈvəːdikt] *n.* ⚖ jüri kurulu hükmü; karar, hüküm; *fig.* fikir, kanaat (on *-de*); bring in *veya* return a ~ of guilty suçlu olduğu kararına varmak.
ver.di.gris [ˈvəːdigris] *n.* jengâr, zencar, bakır pası.
ver.dure [ˈvəːdʒə] *n.* yeşillik, çimen.
verge[1] [vəːdʒ] *n.* değnek, sopa, asa.
verge[2] [~] **1.** *n. mst fig.* kenar, hudut, sınır, eşik; on the ~ of eşiğinde, üzere; **2.** *v/i.* yönelmek; ~ (up)on yaklaşmak *-e*.
ver.ger [ˈvəːdʒə] *n.* piskopos hizmetlisi; zangoç.
ver.i.fi.a.ble [ˈverifaiəbl] *adj.* doğrulanabilir; tetkik edilebilir; **ver.i.fi.ca.tion** [~fiˈkeiʃən] *n.* tahkik, tetkik; doğrulama; **ver.i.fy** [ˈ~fai] *v/t.* doğrulamak, gerçeklemek; tahkik etm., tetkik etm.; **ˈver.i.ly** *adv.* † gerçekten, doğrusu; **ver.i.si.mil.i.tude** [~siˈmilitjuːd] *n.* gerçeğe benzeme; olasılık; **ver.i.ta.ble** □ [ˈ~təbl] gerçek, hakikî; **ˈver.i.ty** *n.* doğru(luk), gerçek(lik).
ver.mi.cel.li [vəːmiˈseli] *n.* tel şehriye; **ver.mi.cide** *pharm.* [ˈ~said] *n.* solucan ilacı; **verˈmic.u.lar** [~kjulə] *adj.* solucana benzer; **ver.mi.form** [ˈ~fɔːm] *adj.* solucan şeklindeki, kurda benzer; **ver.mi.fuge** *pharm.* [ˈ~fjuːdʒ] *n.* solucan ilacı.
ver.mil.ion [vəˈmiljən] **1.** *n.* parlak kırmızı; sülüğen; **2.** *adj.* zincifre kırmızısı, al.
ver.min [vəːmin] *n.* haşarat; *hunt.* zararlı hayvanlar; *fig.* mikrop, ayaktakımı; **ˈver.min.ous** *adj.* haşaratlı; haşarattan olan; alçak, pis.
ver.m(o)uth [ˈvəːməθ] *n.* vermut.
ver.nac.u.lar [vəˈnækjulə] **1.** □ bölgesel; ana diline ait; argoyla ilgili; yaygın; **2.** *n.* günlük dil; anadil; lehçe; argo.
ver.nal [ˈvəːnl] *adj.* ilkbaharda olan; ilkbahar...; *fig.* gençliğe ait, taze.
ver.ni.er [ˈvəːnjə] *n.* ♎, ⊕ verniye.
ver.sa.tile □ [ˈvəːsətail] çok iş bilen, çok yönlü; çok kullanımlı; **ver.sa.til.i.ty** [~ˈtiliti] *n.* çok yönlülük; beceriklilik.
verse [vəːs] *n.* dize, mısra; şiir, koşuk, nazım; beyit, kıta; ayet; **versed** *adj.* bilgili, becerikli, usta (in *-de*).
ver.si.fi.ca.tion [vəːsifiˈkeiʃən] *n.* şiir yazma sanatı; şiir vezni; **ver.si.fy** [ˈ~fai] *v/t.* şiir haline koymak; *v/i.* şiir yazmak.
ver.sion [ˈvəːʃən] *n.* tercüme, çeviri; okunuş tarzı; yorum.
ver.sus *part.* ⚖ [ˈvəːsəs] *prp.* *-e* karşı, *-in* aleyhinde.
vert F *eccl.* [vəːt] *vb.* din değiştirmek.
ver.te.bra *anat.* [ˈvəːtibrə] *n., pl.* **ver.te.brae** [ˈ~briː] omur(ga kemiği), vertebra; **ver.te.bral** [ˈ~brəl] *adj.* vertebral, omur...; **ver.te.brate** [ˈ~brit] **1.** *adj.* omurgalı...; ~ animal = **2.** *n.* omurgalı hayvan.
ver.tex [ˈvəːteks] *n., pl. mst* **ver.ti.ces** [ˈ~tisiːz] zirve, doruk, tepe; **ˈver.ti.cal** □ dikey, düşey...
ver.tig.i.nous □ [vəːˈtidʒinəs] baş döndürücü; **ver.ti.go** [ˈ~tigəu] *n.* baş dönmesi.
verve [vəːv] *n.* şevk, gayret, heves.
ver.y [ˈveri] **1.** *adv.* çok, pek, gayet, ziyadesiyle; gerçekten; tam(amen); **2.** *adj.* tam, ta kendisi; aynı, tıpkısı; bile, hatta; en; katî; belirli; the ~ same tıpkı tıpkısına; in the ~ act suçüstü; to the ~ bone ta iliklerine kadar; the ~ thing biçilmiş kaftan; the ~ thought düşüncesi bile; the ~ stones taşlar bile; the veriest baby bebekler bile; the veriest rascal alçakların alçağı, köpoğlu köpek.
ves.i.ca [ˈvesikə] *n.* torba; mesane, sidik torbası; **ves.i.cle** [ˈ~kl] *n.* kabarcık, kese, kist.
ves.per [ˈvespə] *n. poet.* akşam; ~s *pl. eccl.* akşam duası.
ves.sel [ˈvesl] *n.* kap, tas, leğen; ⚓ gemi, tekne; *anat.* damar.
vest [vest] **1.** *n.* iç gömleği, fanila; † yelek; **2.** *v/t. mst fig. b-ne* vermek (with *-i*); hak vermek (in *-e*); yetki vermek (in s.o. *b-ne*); giydirmek *(cüppe)*; *v/i.* hakkı olm. (in s.o. *b-nin*); ~ed rights *pl.* kazanılmış haklar.
ves.tal [ˈvestl] **1.** *adj.* ocak tanrıçasına ait; namuslu; **2.** *n.* ocak tanrıçasının rahibesi.
ves.ti.bule [ˈvestibjuːl] *n.* giriş, antre; 🚃 *part. Am.* vagonlar arasındaki kapalı geçit.
ves.tige [ˈvestidʒ] *n.* iz, eser, işaret; **vesˈtig.i.al** [~dʒiəl] *adj.* iz bırakmış; artakalan.
vest.ment [ˈvestmənt] *n.* giysi, resmî elbise; cüppe.
vest-pock.et [ˈvestˈpɔkit] *adj.* cebe sığacak kadar küçük, küçücük...
ves.try [ˈvestri] *n. eccl.* giyinme odası; yönetim kurulu; **ˈ~.man** *n.* kilise yönetim kurulu üyesi.
ves.ture *poet.* [ˈvestʃə] **1.** *n.* giysi, kılık kıyafet; örtü; **2.** *v/t.* giydirmek.
vet F [vet] **1.** *n.* veteriner, baytar; *Am.* ⚔ kıdemli asker; **2.** *v/t.* muayene etm.; *fig.* dikkatle incelemek.
vetch ⚘ [vetʃ] *n.* baklagillerden herhangi bir bitki.

vet.er.an [ˈvetərən] **1.** *adj.* kıdemli, deneyimli; emekli; **2.** *n.* kıdemli asker; emekli asker; deneyimli kimse.

vet.er.i.nar.y [ˈvetərinəri] **1.** *adj.* veterinerliğe ait; **2.** *n. a.* ~ surgeon veteriner, baytar.

ve.to [ˈviːtəu] **1.** *n., pl.* **ve.toes** [ˈ~z] veto; put a *veya* one's ~ (up)on = **2.** *v/t.* veto etm., reddetmek.

vex [veks] *v/t.* kızdırmak, canını sıkmak, sinirlendirmek; darıltmak; incitmek; rahatsız etm.; tartışmak; *part.* ✝ eziyet etm.; **vexˈa.tion** *n.* kızma, sinirlenme; sıkıntı, üzüntü; **vexˈa.tious** □ gücendirici, üzücü, sinirlendirici, can sıkıcı: **vexed** □ dargın, kızgın, canı sıkkın (at s.th. *bşe*, with s.o. *b-ne*); ~ question tartışmalı mesele; **ˈvex.ing** □ üzücü, can sıkıcı.

vi.a [ˈvaiə] *prp.* yolu ile, *-den* geçerek.

vi.a.ble [ˈvaiəbl] *adj.* yaşayabilir; uygulanabilir.

vi.a.duct [ˈvaiədʌkt] *n.* köprü, viyadük.

vi.al [ˈvaiəl] *n.* küçük şişe.

vi.and [ˈvaiənd] *n. mst* ~s *pl.* yemek, yiyecek.

vi.at.i.cum *eccl.* [vaiˈætikəm]*n.* ölüm döşeğindeki kimseye verilen Aşai Rabbani.

vi.brant [ˈvaibrənt] *adj.* titrek, titreşimli; canlı; coşkun; gür, tok, yankılı *(ses)*.

vi.brate [vaiˈbreit] *v/t. & v/i.* titre(t)mek, sallan(dır)mak; titreşmek; **viˈbra.tion** *n.* titreşim; titreme, sallanma; **viˈbra.tor** *n.* titreten şey; titreşimli masaj aleti; elektrik zilinin dili; **vi.bra.to.ry** [ˈ~brətəri] *adj.* titretici; titreşimli.

vic.ar *eccl.* [ˈvikə] *n.* papaz; vekil; ~ general piskopos yardımcısı; **ˈvic.ar.age** *n.* papazın evi; **vi.car.i.ous** □ [vaiˈkɛəriəs] başkasının yerine yapılmış; vekâleten yapılan.

vice¹ [vais] *n.* kötü huy, ayıp, kusur, leke.

vice² ⊕ [~] *n.* mengene, sıkmaç.

vice³ [ˈvaisi] *prp.* *-in* yerine.

vice⁴ [vais] **1.** *adj.* muavin, yardımcı, ikinci; **2.** *n.* F vekil, muavin; **ˈ~-ˈad.mi.ral** *n.* koramiral; **ˈ~-ˈchair.man** *n.* başkan yardımcısı; **ˈ~-ˈchan.cel.lor** *n.* başhâkim yardımcısı; *univ.* rektör yardımcısı; **ˈ~-ˈcon.sul** *n.* viskonsül, konsolos yardımcısı; **~.ge.rent** [ˈ~ˈdʒerənt] *n.* vekil; **ˈ~-ˈpres.i.dent** *n.* ikinci başkan, başkan yardımcısı; **ˈ~-ˈre.gal** *adj.* genel valiye ait; **~.reine** [ˈ~ˈrein] *n.* genel vali karısı; kadın genel vali; **~.roy** [ˈ~rɔi] *n.* genel vali.

vi.ce ver.sa [ˈvaisiˈvəːsə] *adv.* tersine; karşılıklı olarak.

vic.i.nage [ˈvisinidʒ] *n.*, **viˈcin.i.ty** civar, çevre, havali, yöre, semt, mahalle; yakınlık (to *-e*); in the ~ of 50 50 civarında, 50 kadar.

vi.cious □ [ˈviʃəs] kötü; kinci, haince; ahlâkı bozuk; huysuz, hırçın *(hayvan)*; kusurlu, bozuk; çirkin; şiddetli, sert; ~ **circle** kısır döngü.

vi.cis.si.tude [viˈsisitjuːd] *n.* değişiklik; ~s *pl.* olaylar.

vic.tim [ˈviktim] *n.* kurban; mağdur kimse; **ˈvic.tim.ize** *v/t.* cezalandırmak; *fig.* aldatmak, faka bastırmak.

vic.tor [ˈviktə] *n.* galip, fatih; **Vic.to.ri.an** *hist.* [vikˈtɔːriən] *adj.* Kraliçe Viktorya zamanına ait; **vicˈto.ri.ous** □ galip, muzaffer; **vic.to.ry** [ˈ~təri] *n.* zafer, yengi, utku, başarı.

vict.ual [ˈvitl] **1.** *v/t. -e* erzak tedarik etm.; *v/i.* erzak almak; yemek yemek; **2.** *n. mst* ~s *pl.* yemek, erzak; **vict.ual.(l)er** [ˈvitlə] *n.* erzakçı; lokantacı; erzak gemisi; licensed ~ meyhaneci, ruhsatlı içki satıcısı.

vi.de [ˈvaidiː] *vb.* bakınız!

vi.de.li.cet [viˈdiːliset] *adv.* *(abbr.* viz.) yani, demek oluyor ki.

vid.e.o [ˈvidiəu] *adj.* televizyonla resim nakline ait, video...

vie [vai] *v/i.* yarışmak, çekişmek, rekabet etm. (with *ile*).

Vi.en.nese [vieˈniːz] **1.** *n.* Viyanalı; **2.** *adj.* Viyana'ya ait.

view [vjuː] **1.** *n.* bakış, nazar; fikir, görüş (alanı); manzara, görünüm *(a. paint., phot.)*; görme fırsatı; amaç, maksat, gaye, emel; at first ~ ilk bakışta; in ~ görünürde; beklenen, umulan; in ~ of *-in* karşısında,... göz önüne alındığında; -den dolayı, ...yüzünden; in my ~ kanımca, bence; on ~ sergilenmekte; out of ~ görünmez; with a ~ to *ger.*, with the ~ of *ger.* amacıyle; ümidiyle, umarak; come into ~ görünmek, ortaya çıkmak; have (keep) in ~ gözü önünde olm. (*veya* tutmak); **2.** *v/t.* bakmak *-e*, görmek *-i*; tetkik etm. *-i*, incelemek *-i*; düşünmek *-i*; **ˈview.er** *n.* seyirci; **ˈview-find.er** *n. phot.* vizör; **ˈview.less** *adj.* fikirsiz; manzarasız; *poet.* görünmez; **ˈ~.point** *n.* görüş noktası, bakış açısı; **ˈview.y** □ F gösterişli; garip fikirli.

vig.il *part. eccl.* [ˈvidʒil] *n.* yortu arifesi; uyanıklık; gece nöbet tutma; **ˈvig.i.lance** *n.* uyanıklık, uyumama; ~ committee *Am. hist.* güvenliği sağlamak için kurulan yasadışı örgüt; **ˈvig.i.lant** □ uyanık,

tetikte, tedbirli; **vig.i.lan.te** *Am.* [~ˈlænti] *n.* «*vigil committee*» üyesi.
vi.gnette *typ., phot.* [viˈnjet] **1.** *n.* süs; **2.** *v/t.* süslemek.
vig.or.ous □ [ˈvigərəs] dinç, kuvvetli, etkin; *fig.* gayretli, enerjik; **ˈvig.o(u)r** *n.* kuvvet, dinçlik; *fig.* gayret, enerji.
vi.king [ˈvaikiŋ] *n.* viking; korsan.
vile □ [vail] kötü, iğrenç, berbat, çirkin, pis, utanç verici; aşağılık, değersiz; alçak, rezil.
vil.i.fi.ca.tion [vilifiˈkeiʃən] *n.* iftira, yerme; **vil.i.fy** [ˈ~fai] *v/i.* iftira etm.; alçaltmak, kötülemek, yermek.
vil.la [ˈvilə] *n.* villa, köşk.
vil.lage [ˈvilidʒ] *n.* köy; ~ **green** köy merası; **ˈvil.lag.er** *n.* köylü.
vil.lain [ˈvilən] *n.* alçak *veya* çapkın adam *(a. co.)*; **ˈvil.lain.ous** □ çirkin, bozuk, habis; F çok fena, kötü; **ˈvil.lain.y** *n.* kötülük, rezalet, alçaklık.
vil.lein *hist.* [ˈvilin] *n.* derebeyi idaresindeki köylü.
vim F [vim] *n.* enerji; gayret.
vin.di.cate [ˈvindikeit] *v/t.* *-in* doğruluğunu ispat etm., haklı çıkarmak; korumak *-i*, savunmak *-i* (from *-den*); **vin.diˈca.tion** *n.* koruma, doğrulama; **vin.di.ca.to.ry** □ [ˈ~təri] koruma kabilinden.
vin.dic.tive □ [vinˈdiktiv] kinci; affetmeyen.
vine ⚘ [vain] *n.* asma (çubuğu); sarılgan herhangi bir bitki; **ˈ~-dress.er** *n.* bağcı; **vin.e.gar** [ˈvinigə] *n.* sirke; hırçınlık, suratsızlık; gayret, enerji; **ˈvin.e.gar.y** *adj. mst fig.* suratsız, asık suratlı; **vine-grow.er** [ˈvaingrəuə] *n.* bağcı; **ˈvine-grow.ing** *n.* bağcılık; **ˈvine-louse** *n.* asma biti; **vine.yard** [ˈvinjəd] *n.* bağ.
vi.nous [ˈvainəs] *adj.* şaraba ait, şarap...; şarap gibi.
vin.tage [ˈvintidʒ] **1.** *n.* bağ bozumu; bir mevsimin bağ ürünü; kaliteli şarap; **2.** *adj.* kaliteli...; eski, klasik, seçkin; demode; ~ car *mot.* eski araba; **ˈvin.tag.er** *n.* üzüm toplayıcısı; **vint.ner** [ˈvintnə] *n.* şarap tüccarı.
vi.ol ♪ [ˈvaiəl] *n.* viyol.
vi.o.la 1. ♪ [viˈəulə] *n.* viyola; **2.** ⚘ [ˈvaiələ] *n.* bir tür hercai menekşe.
vi.o.la.ble □ [ˈvaiələbl] bozulabilir, ihlal edilebilir.
vi.o.late [ˈvaiəleit] *v/t.* bozmak, ihlal etm., çiğnemek, karşı gelmek; tecavüz etm. *-e (a. fig.)*, ırzına geçmek; **vi.oˈla.tion** *n.* ihlal; tecavüz; **ˈvi.o.la.tor** *n.* tecavüz *veya* ihlal eden kimse.
vi.o.lence [ˈvaiələns] *n.* zor(lama), şiddet, tecavüz; zorbalık; bozma; iğfal; do *veya* offer ~ to aykırı olm. *-e*, zorlamak *-i*; **ˈvi.o.lent** □ şiddetli, sert, zorlu, kuvvetli; berbat.
vi.o.let [ˈvaiəlit] **1.** *n.* ⚘ menekşe; **2.** *adj.* mor.
vi.o.lin ♪ [vaiəˈlin] *n.* keman; **ˈvi.o.lin.ist** *n.* kemancı.
vi.o.lon.cel.list ♪ [vaiələnˈtʃelist] *n.* viyolonsel çalan kimse; **vi.o.lonˈcel.lo** [~ləu] *n.* viyolonsel.
VIP *sl.* [ˈviːaiˈpiː] *n.* kodamanlar.
vi.per *zo.* [ˈvaipə] *n.* engerek; *fig.* yılan; **vi.per.ine** [ˈ~rain], **ˈvi.per.ous** □ *mst fig.* zehirli, yılan..., hain...
vi.ra.go [viˈrɑːgəu] *n.* şirret kadın, eli maşalı kadın, cadaloz kadın.
vir.gin [ˈvəːdʒin] **1.** *n.* kız, bakire; **2.** □ bakire...; bakir, el değmemiş, balta girmemiş *(orman)*; bozulmamış, doğal; kullanılmamış; *fig.* & ⊕ işlenmemiş; **ˈvir.gin.al** [ˈvəːdʒinl] **1.** □ bakireye yaraşır; bakireye ait, bakire...; **2.** *n.* ♪ virginal; **Vir.gin.ia** [vəˈdʒinjə] *n. a.* ~ tobacco Virjinya tütünü; ~ creeper frenk asması; **Virˈgin.i.an** *adj.* Virjinya...; Virjinyalı; **vir.gin.i.ty** [vəːˈdʒiniti] *n.* kızlık, bakirelik, bekâret.
vir.ile [ˈvirail] *adj.* erkekçe, yiğit, kuvvetli, enerjik; iktidarlı *(erkek)*; **vi.ril.i.ty** [viˈriliti] *n.* erkeklik, cinsel güç; yiğitlik.
vir.tu [vəːˈtuː] *n.*: article of ~ ince sanat eseri; **vir.tu.al** □ [ˈ~tjuəl] gerçek kuvveti olan; fiilî, esas, asıl; **ˈvir.tu.al.ly** *adv.* aslında; gerçekte; fiilen; **vir.tue** [ˈ~tjuː] *n.* fazilet, iffet, erdem, namus; etki, tesir, yarar, fayda; avantaj, üstünlük; in *veya* by ~ of *-e* dayanarak, *-den* dolayı, ...sebebiyle; make a ~ of necessity zorunlu bir durumdan fazilet hissesi çıkarmak; **vir.tu.os.i.ty** [vəːtjuˈɔsiti] *n.* virtüözlük, büyük ustalık; **vir.tu.o.so** [~ˈəuzəu] *n. part.* ♪ virtüöz; güzel sanatlardan anlayan kimse; **vir.tu.ous** □ iffetli, erdemli; dürüst.
vir.u.lence [ˈviruləns] *n.* zehirlilik, tehlikelilik, öldürücülük; aşırı sertlik; *fig.* kötülük; **ˈvir.u.lent** □ kuvvetli *(zehir)*; öldürücü; zehirli *(hastalık vs.)*; *fig.* kötücül; şiddetli.
vi.rus ⚕ [ˈvaiərəs] *n.* virüs; *fig.* zehir.
vi.sa [ˈviːzə] **1.** *n.* vize; **2.** *v/t. pret. & p.p.* **ˈvi.saed** vize etm.
vis.age *lit.* [ˈvizidʒ] *n.* yüz, surat, sima, çehre.
vis.cer.a *anat.* [ˈvisərə] *n.* iç organlar.
vis.cid □ [ˈvisid] = viscous.
vis.cose ⚗ [ˈviskəus] *n.* viskoz; ~ silk se-

lüloz ipeği; **vis.cos.i.ty** [~ˈkɔsiti] *n.* yapışkanlık; yarı sıvılık, viskozite.

vis.count [ˈvaikaunt] *n.* vikont; **ˈvis.count-ess** *n.* vikontes.

vis.cous □ [ˈviskəs] yapışkan; yarı sıvı, lüzuci.

vise [vais] *Am. for* vice².

vi.sé [ˈvi:zei] = visa.

vis.i.bil.i.ty [viziˈbiliti] *n.* görüş mesafesi (*veya* derecesi); görünürlük, görme olanağı; **ˈvis.i.ble** □ görünebilir, görülür; *fig.* belli, açık.

vi.sion [ˈviʒən] *n.* görme (gücü); görüş; önsezi; *fig.* hayal, kuruntu, evham; **vi-sion.ar.y** [ˈ~nəri] **1.** *adj.* hayalî; meraklı, kuruntulu; düşsel; **2.** *n.* hayalperest kimse.

vis.it [ˈvizit] **1.** *v/t.* ziyaret etm., görmeğe gitmek, uğramak; teftiş etm.; cezalandırmak, çektirmek (upon *-i, -e*); *v/i.* ziyarette bulunmak; ~ with *Am. ile* çene çalmak; kalmak; **2.** *n.* ziyaret, uğrama (to *-e*), görüşmeye gitme; *(doktor)* vizite; misafirlik; **ˈvis.it.ant** *n.* ziyaretçi; *orn.* göçmen kuş; **vis.itˈa.tion** *n.* (resmî) ziyaret; *fig.* felâket; **vis.it.a.to.ri.al** [~təˈtɔ:riəl] *adj.* teftişe ait, teftiş...; **ˈvis.it.ing** *n.* & *adj.* ziyaret (eden); ~ card kartvizit; **ˈvis.i.tor** *n.* ziyaretçi, misafir konuk (to *-e*); müfettiş; turist; ~s' book ziyaretçi defteri.

vi.sor [ˈvaizə] *n.* miğfer siperliği; *mot.* güneşlik.

vis.ta [ˈvistə] *n.* manzara; *fig.* olaylar serisi.

vis.u.al □ [ˈvizjuəl] görmekle ilgili, görme...; görülebilir; optik; **ˈvis.u.al.ize** *v/t.* & *v/i.* gözünde canlan(dır)mak.

vi.tal □ [ˈvaitl] hayatî...; yaşam için gerekli; canlı, yaşayan, dirimsel; esaslı, zarurî, önemli, elzem (to *için*); öldürücü, amansız; ~s *pl.*, ~ parts *pl.* yaşam için gerekli olan organlar *(kalp, ciğer, beyin vs.)*; *s.* statistics; **vi.tal.i.ty** [~ˈtæliti] *n.* dirilik, hayatiyet, canlılık; dayanma gücü; **vi.tal.ize** [ˈ~təlaiz] *v/t.* hayat vermek, canlandırmak *(a. fig.)*, diriltmek.

vi.ta.min(e) [ˈvitəmin] *n.* vitamin; **vi.ta.mi-nized** [ˈ~naizd] *adj.* vitaminli.

vi.ti.ate [ˈviʃieit] *v/t.* kirletmek; (tesirini) bozmak, etkisini azaltmak; iptal etm.; ⚖ hükümsüz kılmak.

vit.i.cul.ture [ˈvitikʌltʃə] *n.* bağcılık.

vit.re.ous □ [ˈvitriəs] camdan yapılma, cam...; cam gibi, camlı...

vit.ri.fac.tion [vitriˈfækʃən] *n.* camlaştırma; **vit.ri.fy** [ˈ~fai] *v/t.* & *v/i.* camlaş(tır)mak.

vit.ri.ol ⚗ [ˈvitriəl] *n.* sülfürik asit, zaç yağı, karaboya.

vi.tu.per.ate [viˈtju:pəreit] *vb.* küfretmek, sövmek; **vi.tu.perˈa.tion** *n.* sövüp sayma, küfretme, hakaret etme; **viˈtu.per.a.tive** □ [~rətiv] küfürbaz.

vi.va (vo.ce) [ˈvaivə(ˈvəusi)] **1.** *adj.* sözlü; **2.** *n.* sözlü imtihan.

vi.va.cious □ [viˈveiʃəs] canlı, neşeli, hayat dolu; **vi.vac.i.ty** [viˈvæsiti] *n.* canlılık, neşelilik.

viv.id □ [ˈvivid] canlı, berrak; parlak; açık, belli; kuvvetli; hayat dolu; **ˈviv.id-ness** *n.* canlılık, parlaklık.

viv.i.fy [ˈvivifai] *v/t.* canlandırmak, canlılık vermek; **viˈvip.a.rous** □ [~pərəs] doğurucu; **viv.i.sec.tion** [~ˈsekʃən] *n.* bilimsel araştırma için canlı hayvanlar üzerinde yapılan deney.

vix.en [ˈviksn] *n.* dişi tilki; cadaloz kadın.

viz. [viz] = videlicet.

vi.zier [viˈziə] *n.* vezir.

vi.zor [ˈvaizə] = visor.

vo.cab.u.lar.y [vəuˈkæbjuləri] *n.* kısa sözlük; kelime bilgisi (*veya* haznesi).

vo.cal □ [ˈvəukəl] sesle ilgili; ses...; sesli; ses gibi, sesle söylenen; kelimelerle açıklanmış; konuşkan, sözünü sakınmaz; ♪ vokal...; *gr.* ünlü, sesli; ~ c(h)ord ses teli; **ˈvo.cal.ist** *n.* şarkıcı, vokalist; **ˈvo-cal.ize** *v/t.* seslendirmek; söylemek; ♪ vokallemek; **ˈvo.cal.ly** *adv.* sesli olarak.

vo.ca.tion [vəuˈkeiʃən] *n.* davet, çağırma; iş, meslek; yetenek, kabiliyet; **voˈca.tion-al** □ [~ʃənl] meslekle ilgili, meslekî...; ~ guidance meslek seçiminde rehberlik.

voc.a.tive *gr.* [ˈvɔkətiv] *n.* bir ismin hitap şekli.

vo.cif.er.ate [vəuˈsifəreit] *v/t.* bağıra bağıra söylemek; *v/i.* bağırmak, haykırmak; **vo.cif.erˈa.tion** *n. a.* ~s *pl.* bağırma, haykırma, feryat; **voˈcif.er.ous** □ gürültülü, bağırtkan, şamatalı.

vogue [vəug] *n.* moda; rağbet, itibar; in ~ moda halinde; rağbette.

voice [vɔis] **1.** *n.* ses; fikir; active (passive) ~ *gr.* etken (edilgen) çatı; in (good) ~ şarkı söyleyebilir *veya* konuşabilir durumda; give ~ to *-i* ifade etm.; **2.** *v/t.* söylemek, ifade etm., belirtmek; *gr.* telaffuz etm.; ♪ akort etm.; **voiced** *comb. gr.* ...sesli; **ˈvoice.less** □ *part. gr.* sessiz.

void [vɔid] **1.** *adj.* boş, ıssız; faydasız, yararsız; ⚖ hükümsüz; ~ of *-den* mahrum, *-den* yoksun, *-siz, -sız*; **2.** *n.* boşluk *(a. fig.)*; **3.** *v/t.* hükümsüz kılmak; boşalt-

mak; çıkarmak; ˈ**void.ness** *n.* boşluk.
voile [vɔil] *n.* ince kumaş, vual.
vol.a.tile [ˈvɔlətail] *adj.* ⚗ buharlaşabilen, uçucu; *fig.* havaî; dönek; **vol.a.til.i.ty** [~ˈtiliti] *n.* uçuculuk; **vol.a.til.ize** [vɔˈlætilaiz] *v/t.* & *v/i.* buharlaş(tır)mak.
vol.can.ic [vɔlˈkænik] *adj.* (~ally) volkanik; **vol.ca.no** [vɔlˈkeinəu] *n., pl.* **volˈca.noes** [~z] yanardağ, volkan.
vo.li.tion [vəuˈliʃən] *n.* irade; on one's own ~ kendi iradesiyle.
vol.ley [ˈvɔli] **1.** *n.* yaylım ateş; *fig.* yağmur; *tenis:* topa yere değmeden geri vurma; vole; **2.** *v/t.* *mst* ~ out *(soru vs.)* yağmuruna tutmak; yere değmeden geri vurmak *(top)*; *v/i.* yaylım ateş etm.; ˌ**vol.ley.ball** *n.* *spor:* voleybol.
vol.plane ✈ [ˈvɔlplein] **1.** *n.* süzülme uçuş; **2.** *v/i.* süzülerek uçmak.
volt ⚡ [vəult] *n.* volt; ˈ**volt.age** *n.* ⚡ voltaj, gerilim; **vol.ta.ic** ⚡ [vɔlˈteiik] *adj.* galvanik.
volte-face *fig.* [ˈvɔltˈfaːs] *n.* tamamen geriye dönüş.
volt.me.ter ⚡ [ˈvəultmiːtə] *n.* voltmetre.
vol.u.bil.i.ty [vɔljuˈbiliti] *n.* dillilik, konuşkanlık; **vol.u.ble** □ [ˈ~bl] dilli, konuşkan, çenebaz.
vol.ume [ˈvɔljum] *n.* cilt; miktar; *phys. etc.* hacim, oylum; ses şiddeti; ~ of sound *radyo:* ses şiddeti; ~ control, ~ regulator potansiyometre, ses (yükseltme) regülatörü; **vo.lu.mi.nous** □ [vəˈljuːminəs] büyük, hacimli, koskocaman; ciltler doldurur; çok kitap yazan, verimli *(yazar)*.
vol.un.tar.y [ˈvɔləntəri] **1.** □ gönüllü, ihtiyarî, istemli; *physiol.* iradeli; iradeye bağlı, îradî; ~ death intihar; **2.** *n.* istemli hareket; ♪ org solosu; **vol.un.teer** [~ˈtiə] **1.** *n.* gönüllü (asker); *attr.* gönüllü...; **2.** *v/i.* gönüllü yazılmak (for -*e*); *v/t.* kendi isteği ile teklif etm. *veya* vermek.
vo.lup.tu.ar.y [vəˈlʌptjuəri] *n.* şehvet düşkünü, şehvestperest kimse.
voˌlup.tu.ous □ [vəˈlʌptʃuəs] şehvetli; duygusal; zevk düşkünü; **voˈlup.tu.ous.ness** *n.* şehvete düşkünlük.
vo.lute ▲ [vəˈljuːt] *n.* kıvrım, sarmal süs; **voˈlut.ed** *adj.* sarmal.
vom.it [ˈvɔmit] **1.** *v/t.* & *v/i.* kus(tur)mak; *fig.* çıkarmak; *(yanardağ)* ağzından fışkırtmak *(lav)*; **2.** *n.* kusmuk; kusma; kusturucu ilaç.
voo.doo [ˈvuːduː] **1.** *n.* zenci büyücü *veya* büyüsü; **2.** *vb.* büyülemek, büyü yapmak.
vo.ra.cious □ [vəˈreiʃəs] doymak bilmez, açgözlü, obur; çok istekli; **voˈra.cious.ness, vo.rac.i.ty** [vəˈræsiti] *n.* açgözlülük; hırs (of).
vor.tex [ˈvɔːteks] *n., pl. mst* **vor.ti.ces** [ˈ~tisiːz] girdap *(mst fig.)*.
vo.ta.ry [ˈvəutəri] *n.* kendini *bşe* adamış kimse, *bşe* düşkün kimse; hararetli taraftar.
vote [vəut] **1.** *n.* oy (hakkı), rey; oy toplamı; ~ of no confidence güvensizlik oyu; cast a ~ oy vermek; put to the ~ oya sunmak; take a ~ on s.th. *bşe* oy vermek; **2.** *v/t.* seçmek; önermek; F söylemek, bildirmek; *v/i.* oy vermek; ~ for -*in* lehine oy vermek; ˈ**vot.er** *n.* seçmen.
vot.ing...: ~**-booth** [ˈvəutiŋbuːð] *n.* oy verme kulübesi; ˈ~**-box** *n.* oy sandığı; ˈ~**-paper** *n.* oy pusulası.
vo.tive [ˈvəutiv] *adj.* adak olarak verilen, adak...
vouch [vautʃ] *v/t.* temin etm., garanti etm.; doğrulamak (for -*i*); *v/i.* ~ for -*e* kefil olm.; ˈ**vouch.er** *n.* belgit, tanıt, vesika, senet, alındı, makbuz; kefil; **vouchˈsafe** *vb.* lütfetmek, vermek; tenezzül etm.
vow [vau] **1.** *n.* adak, yemin, söz; **2.** *v/t.* yemin etm. -*e*; adamak, nezretmek -*i*; ahdetmek.
vow.el [ˈvauəl] *n.* sesli, ünlü harf, vokal.
voy.age [ˈvɔiidʒ] **1.** *n.* yolculuk, seyahat; **2.** *v/i.* yolculuk etm.; **voy.ag.er** [ˈvɔiədʒə] *n.* yolcu, gezmen.
vul.can.ite [ˈvʌlkənait] *n.* ebonit; vulkanit; **vul.can.iˈza.tion** *n.* ⊕ ebonitleştirme, vulkanizasyon; ˈ**vul.can.ize** *v/t.* ⊕ ebonitleştirmek, vulkanize etm.; ~d fibre vulkanize lif.
vul.gar [ˈvʌlgə] **1.** □ kaba, terbiyesiz; aşağılık; bayağı, adi; halka ait, halka özgü; ~ tongue halk dili; **2.** *n.* the ~ avam; ayaktakımı; ˈ**vul.gar.ism** *n.* kabalık, adilik; argo; **vul.gar.i.ty** [~ˈgæriti] *n.* kabalık, terbiyesizlik; **vul.gar.ize** [ˈ~gəraiz] *v/t.* adileştirmek; genelleştirmek, herkesin anlayacağı şekle sokmak.
vul.ner.a.bil.i.ty [vʌlnərəˈbiliti] *n.* yaralanma olasılığı; ˈ**vul.ner.a.ble** □ kolayca yaralanır, zedelenir, incinebilir; *fig.* zayıf *(nokta)*; ˈ**vul.ner.ar.y** **1.** *adj.* şifalı, yarayı iyileştiren; **2.** *n.* yarayı iyileştiren ilaç.
vul.pine [ˈvʌlpain] *adj.* tilki gibi *(a. fig.)*; *fig.* kurnaz.
vul.ture *orn.* [ˈvʌltʃə] *n.* akbaba; *fig.* aç gözlü kimse; **vul.tur.ine** [ˈ~tʃurain] *adj.* akbaba familyasından.
vy.ing [ˈvaiiŋ] *adj.* rekabet eden.

W

wab.ble [ˈwɔbl] = wobble.

wack.y *Am. sl.* [ˈwæki] *adj.* kaçık, sapık, manyak.

wad [wɔd] **1.** *n.* tıkaç, tampon; tutam, tomar, deste; çok miktar; bir tomar para; **2.** *v/t.* pamukla beslemek; tıkamak; **ˈwad.ding** *n.* tıkaç, tampon; pamuk vatkası.

wad.dle [ˈwɔdl] *v/i.* badi badi yürümek, paytak paytak yürümek.

wade [weid] *v/i.* su *veya* çamur içinde yürümek; *fig.* zorla bitirmek, güçlükle ilerlemek; *v/t.* yürüyerek geçmek; **ˈwad.er** *n.* su *veya* çamurda yürüyen kimse; **~s** *pl.* su geçirmez uzun çizme.

wa.fer [ˈweifə] *n.* bisküvi, kâğıt helvası; *a.* consecrated **~** *eccl.* mayasız ince ekmek.

waf.fle [ˈwɔfl] **1.** *n.* boş laf, saçma; **2.** *v/i.* F saçmalamak.

waft [wɑːft] **1.** *v/t.* sürüklemek, yavaşça götürmek; **2.** *n.* hafif koku, esinti; sürükleme.

wag¹ [wæg] **1.** *v/t.* & *v/i.* salla(n)mak; **2.** *n.* salla(n)ma.

wag² [~] *n.* şakacı kimse; play **~** *sl.* okulu kırmak.

wage [weidʒ] **1.** *v/t.* sürdürmek, yürütmek; **2.** *n.* *mst* **~s** *pl.* ücret, maaş, haftalık; **~-earn.er** [ˈ~əːnə] *n.* ücretli kimse, haftalıkçı kimse; **ˈ~-sheet, ˈ~.es-sheet** *n.* ücret bordrosu.

wa.ger *lit.* [ˈweidʒə] **1.** *n.* bahis; **2.** *v/i.* bahis tutuşmak (on *üzerine*).

wag.ger.y [ˈwægəri] *n.* şaka(cılık); **ˈwag-gish** □ şakacı; şaka yollu yapılan.

wag.gle F [ˈwægl] = wag¹ 1; **ˈwag.gly** *adj.* F sallanan.

wag.(g)on [ˈwægən] *n.* yük arabası; yük vagonu, katar; devriye arabası; tekerlekli servis arabası; be *veya* go on the (water) **~** F artık ağzına içki koymamak; **ˈwag.(g)on.er** *n.* arabacı.

wag.tail *orn.* [ˈwægteil] *n.* kuyruksallayan.

waif [weif] *n.* kimsesiz çocuk; başıboş hayvan; **~s** and strays *pl.* evsiz barksız çocuklar.

wail [weil] **1.** *n.* çığlık, figan, feryat; **2.** *v/t.* feryat etm., figan etm.; *v/i.* hayıflanmak (over *-e*).

wain *poet.* [wein] *n.* yük arabası; Charles's ♎, the ♎ *ast.* Büyükayı.

wain.scot [ˈweinskət] **1.** *n.* tahta kaplama, lambri; **2.** *v/t.* lambri kaplamak.

waist [weist] *n.* bel (*a.* ⚓); korsaj; bluz; **ˈ~-band** *n.* bel kuşağı; **~.coat** [ˈweiskəut] *n.* yelek; **~-deep** [ˈweistˈdiːp] *adj.* & *adv.* yarı beline kadar (çıkan).

wait [weit] **1.** *v/i.* beklemek; *a.* **~** at (*Am.* on) table *-e* hizmetçilik (*veya* servis) yapmak; **~** for *-i* beklemek; **~** (up)on s.o. *b-ne* hizmet etm.; *b-ni* ziyaret etm.; keep **~**ing bekletmek; **~** and see bekleyip görmek; **~** in line kuyrukta beklemek; *v/t.* ertelemek, bekletmek; **2.** *n.* bekleme (süresi); gecikme; pusu; **~s** *pl.* Noel'de sokaklarda ilâhiler söyleyen grup; have a long **~** uzun süre beklemek; lie in **~** for s.o. *b-i için* pusuya yatmak; **ˈwait.er** *n.* garson.

wait.ing [ˈweitiŋ] *n.* bekleme; in **~** refakat eden; no **~** bekleme yapılmaz; **ˈ~-maid** *n.* hizmetçi kız; **ˈ~-room** *n.* bekleme salonu.

wait.ress [ˈweitris] *n.* kadın garson.

waive [weiv] *v/t.* vazgeçmek *-den*, feragat etm. *-den* (*a.* ⚖); ertelemek; **ˈwaiv-er** *n.* ⚖ feragat(name).

wake¹ [weik] *n.* ⚓ dümen suyu; ✈ hava çevrisi; *fig.* iz, eser; in the **~** of *-in* peşi sıra; *-in* sonucu olarak.

wake² [~] **1.** (*irr.*) *v/t.* & *v/i.* *a.* **~** up uyan(dır)mak; *fig.* canlan(dır)mak; harekete getirmek; ölü başında beklemek; **2.** *n.* ölüyü bekleme; ölüyü bekleme merasimi sırasında verilen ziyafet; **wake.ful** □ [ˈ~ful] uyanık; uykusuz; **ˈwak.en** *v/t.* & *v/i.* uyan(dır)mak; *fig.* uyarmak.

wale [weil] *part. Am. for* weal².

walk [wɔːk] **1.** *v/t.* & *v/i.* yürü(t)mek, gez(dir)mek; yürüyerek (*veya* yaya) gitmek; yürüyüşe çık(ar)mak; hareket etm., davranmak; yürüyerek eşlik etm.; adımlamak; **~** about dolaşmak; **~** into *sl.* saldırmak; paylamak, haşlamak, azarlamak; açgözlülükle yemek; ~ out F grev yapmak; ~ out on *sl.* terketmek; ~ the hospitals *(tıp öğrencisi)* hastane stajı yapmak; **2.** *n.* yürüyüş; gezme, yürüme; davranış, hareket, gidiş; yürüyüş yeri, kaldırım, yol; go for a ~ yürüyüşe çıkmak, dolaşmak, gezinmek; ~ of life sosyal durum, hayat yolu; meslek; ˈ**walker** *n.* gezen, yürüyen, yaya; *spor:* yürüyücü; be a good ~ ayağına sıkı olm.; ˈ**walk.er-on** *n. thea.* figüran.

walk.ie-talk.ie ✕ [ˈwɔːkiˈtɔːki] *n.* portatif telsiz telefon.

walk.ing [ˈwɔːkiŋ] *n.* gezme, yürüme; *attr.* yürüme..., yürüyüş...; ~ **pa.pers** *pl. Am.* F işten atılma kâğıdı; ˈ~**-stick** *n.* baston, asa; ˈ~**-tour** *n.* gezinti.

walk...: ˈ~**-out** *n. Am.* grev; *(toplantı vs.-'yi)* terketme; ˈ~**-over** *n.* kolay yengi; ˈ~**-up** *adj.* asansörsüz *(bina)*.

wall [wɔːl] **1.** *n.* duvar; sur; give s.o. the ~ *b-ne* kibarca yol göstermek; go to the ~ *fig.* iflâs etm.; çıkmaza girmek; **2.** *v/t.* duvarla çevirmek; *fig.* kapatmak, ayırmak; ~ up duvarla kapamak.

wal.la.by *zo.* [ˈwɔləbi] *n.* küçük kanguru.

wal.let [ˈwɔlit] *n.* cüzdan; † sırt çantası.

wall...: ˈ~**-eye** *n. vet.* akçıl gözbebeği; ˈ~**.flow.er** *n.* ⚘ bahçe şebboyu; *fig.* damsız olduğu için dans edemeyen kimse; ˈ~**-fruit** *n.* espalye ağâcının meyvesi; ˈ~**-map** *n.* duvar haritası.

Wal.loon [wɔˈluːn] **1.** *n.* Valon (dili), Valonca; **2.** *adj.* Valon'a ait.

wal.lop F [ˈwɔləp] **1.** *v/i.* bata çıka yürümek; ses çıkararak kaynamak; *v/t.* eşek sudan gelinceye kadar dövmek; **2.** *n.* ağır darbe; *sl.* bira; ˈ**wal.lop.ing** *adj.* F koskocaman; kuyruklu *(yalan)*.

wal.low [ˈwɔləu] **1.** *v/i.* çamur içinde yuvarlanmak; *fig.* büyük zevk almak (in *-den*); **2.** *n.* hayvanın yuvarlandığı çamurlu yer; çamurda yuvarlanma.

wall...: ˈ~**-pa.per** *n.* duvar kâğıdı; ˈ~**-sock.et** *n.* ⚡ duvar prizi.

wal.nut ⚘ [ˈwɔːlnʌt] *n.* ceviz (ağacı).

wal.rus *zo.* [ˈwɔːlrəs] *n.* mors.

waltz [wɔːls] **1.** *n.* vals; **2.** *v/t. & v/i.* vals yap(tır)mak.

wam.pum [ˈwɔmpəm] *n.* para *veya* süs olarak Amerikan kızılderililerince kullanılan boncuklar; *sl.* mangır, mangiz.

wan □ [wɔn] solgun, soluk, beti benzi atmış, bitkin.

wand [wɔnd] *n.* değnek, çubuk; asa.

wan.der [ˈwɔndə] *v/i.* dolaşmak, gezmek; *a.* ~ about aylak aylak dolanıp durmak; *fig.* ayrılmak (from *-den*); abuk sabuk konuşmak, sayıklamak; ˈ**wan.der.er** *n.* gayesizce dolaşan kimse, avare; ˈ**wander.ing 1.** □ dolaşan, gezginci; *fig.* daldan dala konan; **2.** *n.* ~s *pl.* seyahatler; sayıklama.

wane [wein] **1.** *v/i.* küçülmek *(ay)*; *fig.* azalmak, zayıflamak; solmak; **2.** *n.* azalma; on the ~ azalmakta.

wan.gle *sl.* [ˈwæŋgl] *v/t.* sızdırmak, dalavereyle koparmak; ˈ**wan.gler** *n.* hilekâr kimse.

wan.ness [ˈwɔnnis] *n.* solgunluk; bitkinlik.

want [wɔnt] **1.** *n.* yokluk, azlık, kıtlık (of), sıkıntı, zaruret, fakirlik; ihtiyaç, lüzum, gerek, hacet; arzu, istek; for ~ of ...bulunmadığından,... yokluğundan; **2.** *v/i.* be ~ing eksik olm.; be ~ing in *-den* yoksun olm.; he does not ~ for *-e* ihtiyaç duymuyor, *-e* gereksinmesi yok; it ~s lâzım, gerek; *v/t.* istemek, arzulamak; gereksemek; gerektirmek; it ~s s.th. *bş* gerektiriyor; he ~s energy gayrete gereksinmesi var; you ~ to be careful dikkatli olmanız gerekir; ~ s.o. to do *b-den bş* yapmasını istemek; ~ed aranan, istenen; ˈ~**-ad** *n.* küçük ilan.

wan.ton [ˈwɔntən] **1.** □ zevk düşkünü; şehvet düşkünü, ahlâksız; amaçsız, gayesiz, nedensiz; acımasız, insanlık dışı; sorumsuz, başıboş; **2.** *n.* ahlâksız kadın; **3.** *v/i.* ⚘ çok gelişmek; ˈ**wan.ton.ness** *n.* şehvet.

war [wɔː] **1.** *n.* savaş, harp *(a. fig.)*; *attr.* savaş...; at ~ savaşmakta, savaş halinde; make ~ savaşmak (upon *ile*); ~ criminal savaş suçlusu; **2.** *v/i. lit.* savaşmak; *fig.* mücadele etm.

war.ble [ˈwɔːbl] **1.** *v/i.* ötmek, şakımak; **2.** *n.* ötme, şakıma; ˈ**war.bler** *n.* ötücü kuş; şarkıcı.

war...: ˈ~**-cry** *n.* savaş narası; *fig.* parola.

ward [wɔːd] **1.** *n.* vesayet (altında bulunan kimse); *(hastane, hapishane vs.)* koğuş; bölge, mıntıka; *fenc.* çelme, parad; ⊕ kilit dili; in ~ vesayet altında; **2.** *v/t.* ~ off savuşturmak, geçiştirmek; ˈ**warden** *n.* bekçi, koruyucu; müdür; *univ.* rektör; ˈ**ward.er** *n.* bekçi, koruyucu; gardiyan; ˈ**ward.robe** *n.* giysi dolabı, gardırop; elbiseler; *thea.* kostümler; ~ dealer elbiseci; ~ trunk gardırop bavul; ˈ**ward-room** *n.* ⚓ oyun salonu ve yemekhane; ˈ**ward.ship** *n.* koruyuculuk; vasilik, vesayet.

ware [wɛə] *n.* mal, emtia, eşya.

ware.house 1. [ˈwɛəhaus] *n.* ambar; antrepo; eşya deposu; mağaza; **2.** [ˈ~hauz]

v/t. ambarda saklamak; **~.man** [ˈ~hausmən] *n.* ambarcı; antrepocu; mağaza sahibi.
war...: **ˈ~.fare** *n.* savaş(ma); mücadele; **ˈ~-grave** *n.* asker mezarı; **ˈ~.head** *n.* merminin patlayıcı kısmı, harp başlığı.
war.i.ness [ˈwεərinis] *n.* uyanıklık, ihtiyat.
war.like [ˈwɔːlaik] *adj.* savaşçı; savaşla ilgili, savaş...; askerî.
war-loan [ˈwɔːləun] *n.* savaş borçlanması.
warm [wɔːm] **1.** □ sıcak *(a. fig.)*, hararetli, ılık; sıcak tutan, ısıtan; *fig.* gayretli, şevkli; *fig.* içten, candan; *fig.* sevimli, sempatik; yeni, taze; make things ~ for s.o. *b-nin* anasından emdiğini burnundan getirmek; **2.** *n.* F ısınma; **3.** *v/t.* & *v/i.* *a.* ~ up ısıtmak; ısınmak; kız(dır)mak; *sl.* coş(tur)mak; şevkle sarılmak (to *-e*); **ˈwarm.ing** *n. sl.* pataklama.
war-mon.ger [ˈwɔːmʌŋgə] *n.* savaş kışkırtıcısı; **ˈwar-mon.ger.ing, ˈwar.mon.ger.y** *n.* savaş kışkırtıcılığı.
warmth [wɔːmθ] *n.* sıcaklık, ılıklık; coşkunluk; içtenlik.
warn [wɔːn] *v/t.* ikaz etm., uyarmak (of, against *-e karşı*); tembihlemek (to *inf.* *-meyi)*; ihtar etm. *-e* (of *-i*); öğütlemek (of *-i*); **ˈwarn.ing** *n.* ihtar, ikaz, uyarı; ihbar; give ~ uyarmak, ikaz etm.; take ~ from *-den* ibret almak.
War Of.fice [ˈwɔːrɔfis] *n.* Millî Savunma Bakanlığı.
warp [wɔːp] **1.** *n.* çözgü, arış; ⚓ palamar; *fig.* eğrilik, çarpıklık; **2.** *v/t.* & *v/i.* eğril(t)mek, yamul(t)mak; ⚓ palamarı çekerek yürütmek; ✈ yesarilenmek; saptırmak (from *-den*).
war-paint [ˈwɔːpeint] *n.* savaş işareti olarak vücuda sürülen boya; *fig.* resmî kıyafet; *sl.* kozmetik; in full ~ resmî kıyafetli.
warp.ing ✈ [ˈwɔːpiŋ] *n.* yesarilenme.
war...: **ˈ~-plane** *n.* savaş uçağı; **ˈ~-profitˈeer** *n.* savaş zengini.
war.rant [ˈwɔrənt] **1.** *n.* yetki; ruhsat; makbuz; teminat, garanti, kefalet; arama kâğıdı; ⚖ müzekkere; *a.* ~ of apprehension *veya* ~ of arrest tevkif müzekkeresi; **2.** *v/t.* temin etm.; izin (*veya* ruhsat) vermek *-e*; kefil olm. *-e*; *part.* † garanti etm., teminat vermek; **ˈwar.rant-a.ble** □ garanti edilebilir; *hunt.* avlanabilir; **ˈwar.rant.a.bly** *adv.* uygun bir şekilde; **ˈwar.rant.ed** *adj.* garantili; **war.ranˈtee** *n.* ⚖ *k-ne* teminat verilen kimse; **ˈwar.rant-offi.cer** *n.* ⚓ güverte subayı; ⚔ gedikli, erbaş; **war.ran.tor** ⚖ [ˈ~tɔː] *n.* kefil; **ˈwar.ran.ty** *n.* kefalet(name), garanti, teminat; yetki.
war.ren [ˈwɔrən] *n.* tavşanın bol olduğu yer.
war.ri.or [ˈwɔriə] *n.* savaşçı, cenkçi, asker.
war.ship [ˈwɔːʃip] *n.* savaş gemisi.
wart [wɔːt] *n.* siğil; *part.* ⚘ yumru, şiş; **ˈwart.y** *adj.* siğilli.
war.time [ˈwɔːtaim] **1.** *n.* savaş zamanı; **2.** *adj.* savaştan doğan, savaş...
war.y □ [ˈwεəri] uyanık, ihtiyatlı, açıkgöz.
was [wɔz, wəz] *pret. of* be; he ~ to have come gelmiş olmalıydı.
wash [wɔʃ] **1.** *v/t.* & *v/i.* yıka(n)mak, ıslatmak; yıkanmaya gelmek *(kumaş)*; yalamak *(dalga)*; aşındırarak açmak; ~ed out yağmur nedeniyle ertelenmiş *veya* kapanmış; solgun, soluk; F bitkin, yorgun; ~ up bulaşık yıkamak; elini yüzünü yıkamak; **2.** *n.* yıka(n)ma; çamaşır(hane); çalkantı; dalga sesi; losyon, şampuan; sulu mutfak artığı; ⚓ dümen suyu; *contp.* saçmalık; mouth-~ gargara; *s.* white~; **ˈwash.a.ble** *adj.* yıkanabilir; **ˈwash-ba.sin** *n.* lavabo; **ˈwash-cloth** *n.* sabun bezi, havlu; **ˈwash-draw.ing** *n.* sulu boya resim.
wash.er [ˈwɔʃə] *n.* yıkama makinesi; yıkayıcı; ⊕ pul, rondela; **ˈ~-wom.an** *n.* çamaşırcı kadın.
wash.ing [ˈwɔʃiŋ] *n.* yıka(n)ma; ~s *pl.* çamaşır; *attr.* çamaşır...; **ˈ~-ma.chine** *n.* çamaşır makinesi; ~ **pow.der** çamaşır tozu.
wash.ing-up [ˈwɔʃiˈŋʌp] *n.* bulaşık yıkama.
wash...: **ˈ~-ˈout** *n. sl.* başarısız kimse; fiyasko; **ˈ~.rag** *n. part. Am.* sabun bezi, havlu; **ˈ~-stand** *n.* lavabo; **ˈ~-tub** *n.* leğen; **ˈwash.y** *adj.* sulu; soluk, solgun; cansız, sönük.
was.n't [wɔznt] = was not.
wasp [wɔsp] *n.* yabanarısı; **ˈwasp.ish** □ hırçın, huysuz, dik kafalı.
was.sail † [ˈwɔseil] *n.* içki âlemi; baharlı içki.
wast.age [ˈweistidʒ] *n.* israf, sarfiyat.
waste [weist] **1.** *adj.* boş, ıssız; çorak, kıraç; artık, işe yaramaz, atılmış; viran, harap; ⊕ kullanılmaz; lay ~ harap etm., viraneye çevirmek; ~ paper kullanılmış kâğıt; **2.** *n.* israf, çarçur, savurma, sarfiyat; artık, çöp, süprüntü; boş arazi, ıssız yer; yıkım; go *veya* run to ~ israf olm., ziyan olm., boşa gitmek; **3.** *v/t.* boşuna sarfetmek; israf etm., çarçur etm.; harap etm., viraneye çevirmek; aşındır-

mak; *v/i.* heba olm.; aşınmak; ~ away eriyip gitmek, günden güne zayıflamak; **waste.ful** □ [ˈ~ful] savurgan, ziyankâr; **ˈwaste-pa.per bas.ket** *n.* kâğıt sepeti; **ˈwaste-pipe** *n.* künk; **ˈwast.er** *n.* savurgan kimse; = wastrel.

wast.rel [ˈweistrəl] *n.* savurgan kimse; bir işe yaramaz kimse.

watch [wɔtʃ] **1.** *n.* gözetleme, bekçilik; nöbet *(a.* ⚓*)*; nöbetçi, bekçi; nöbetçilik; devriye; cep *veya* kol saati; uyanıklık; be on the ~ for *-i* gözlemek, yolunu beklemek; *-e* dikkat etm., *için* tetikte olm.; **2.** *v/i.* dikkat etm., göz kulak olm. (with, over *-e*); ~ for *-i* beklemek, gözlemek; ~ out F dikkat etm.; *v/t.* gözetlemek, seyretmek; ~ one's time uygun zamanı beklemek; **ˈ~.boat** *n.* ⚓ devriye botu; **ˈ~-brace.let** *n.* saat bileziği; **ˈ~-case** *n.* saat kutusu; **ˈ~.dog** *n.* bekçi köpeği; **ˈwatch.er** *n.* muhafız, bekçi; bakıcı; gözlemci; **watch.ful** □ [ˈ~ful] uyanık, tetik.

watch...: **ˈ~-mak.er** *n.* saatçi; **ˈ~.man** *n.* bekçi; **ˈ~-tow.er** *n.* gözetleme kulesi; **ˈ~.word** *n.* parola.

wa.ter [ˈwɔːtə] **1.** *n.* su; ~s *pl.* sular; ~s *pl.* kara suları; gölcük, gölet; gözyaşı; salya; *(kumaş)* hare, şanjan; ~ supply su rezervi: su kaynakları; high ~ met, kabarma; low ~ cezir, inme; by ~ deniz yoluyla; drink *veya* take the ~s kaplıcalara gidip şifalı su içmek; of the first ~ en iyi kalite, birinci sınıf; be in hot ~ F başı dertte olm., ayvayı yemiş olm., hapı yutmuş olm.; be in low ~ F meteliğe kurşun atmak, eli darda olm.; hold ~ *fig.* su kaldırmak, tutacak yanı olm.; make ~ su dökmek, işemek; **2.** *v/t. & v/i.* sulamak; sulan(dır)mak; suvar(ıl)mak; *oft.* ~ down sulandırmak; *fig.* hafifletmek, yumuşatmak; ⊕ harelemek *(ipek)*; ⚓ denize inmek; make s.o.'s mouth ~ *b-nin* ağzını sulandırmak; **ˈ~-blis.ter** *n.* ⚕ su kabarcığı; **ˈ~-borne** *adj.* deniz yoluyla nakledilen *(mal)*; **ˈ~-bot.tle** *n.* su şişesi; matara; **ˈ~-buf.fa.lo** *n.* manda; **ˈ~-cart** *n.* su arabası; **ˈ~-clos.et** *n.* hela, tuvalet, apteşhane; **ˈ~-col.o(u)r** *n.* suluboya (resim); **ˈ~-cool.ing** *n.* suyla soğutma; **ˈ~.course** *n.* dere, çay; kanal; nehir yatağı; **ˈ~.cress** *n.* ⚘ suteresi; **ˈ~.fall** *n.* çağlayan, şelale; **ˈ~.fowl** *n. pl.* su kuşu, su kuşları; **ˈ~-front** *n.* sahil arsası; *part. Am.* liman bölgesi; **ˈ~.ga(u)ge** *n.* ⊕ derinlik göstergesi; **ˈ~-glass** *n.* ⚗ sodyum silikat; **ˈ~-hose** *n.* su hortumu; **ˈwa.ter.i.ness** *n.* sululuk; lezzetsizlik; solgunluk.

wa.ter.ing [ˈwɔːtəriŋ] *n.* sulama; **ˈ~-can,** **ˈ~-pot** *n.* emzikli kova, sulama ibriği; **ˈ~-place** *n.* içmeler; plaj; kaplıca; suvarma yeri.

water...: **ˈ~-jack.et** *n.* ⊕ su soğutma gömleği; **ˈ~-lev.el** *n.* su seviyesi; ⊕ tesviye ruhu; **ˈ~-lil.y** ⚘ nilüfer; **ˈ~.logged** *adj.* içi su dolu; **ˈ~-main** *n.* yeraltı su borusu; **ˈ~.man** *n.* kayıkçı; **ˈ~-mark** *n.* filigran; **ˈ~-mel.on** *n.* ⚘ karpuz; **ˈ~-pipe** *n.* su borusu; **ˈ~-plane** *n.* deniz uçağı; **ˈ~-po.lo** *n.* su topu; **ˈ~-pow.er** *n.* su gücü; ~ station hidroelektrik santralı; **ˈ~.proof** **1.** *adj.* sugeçirmez; **2.** *n.* yağmurluk, muşamba; **3.** *v/t.* sugeçirmez hale koymak; **ˈ~-reˈpel.lent** *adj.* su çekmez; **ˈ~.shed** *n.* iki nehir havzası arasındaki set; sınır; **ˈ~.side** **1.** *n.* sahil, kıyı; **2.** *adj.* sahilde olan; sahilde çalışan; sahile özgü, sahil...; **ˈ~-ski** *n.* su kayağı; **ˈ~.spout** *n.* oluk; deniz hortumu; **ˈ~-ta.ble** *n.* yağmur etekliği; su tabakası (seviyesi); **ˈ~.tight** *adj.* sugeçirmez, sızmaz, akmaz; *fig.* hata kabul etmez, göz açtırmaz; **ˈ~-wave** **1.** *n.* ondüle; **2.** *vb.* ondüle yapmak; **ˈ~-way** *n.* su yolu, kanal; **ˈ~.works** *n. pl., a. sg.* su dağıtım tesisatı; gözyaşı; **ˈwa.ter.y** *adj.* sulu *(a. fig.)*; su gibi; soluk *(renk)*; sudan, zayıf.

watt ⚡ [wɔt] *n.* vat.

wat.tle [ˈwɔtl] **1.** *n.* dal *veya* çubuklardan örülmüş yapı; *orn.* sarkık gerdan; ⚘ akasya; **2.** *vb.* ince çubuklarla çit örmek.

waul [wɔːl] *v/i.* miyavlamak.

wave [weiv] **1.** *n.* dalga *(a. phys. & saç)*; el sallama; dalgalanma; hare; **2.** *v/t. & v/i.* dalgalan(dır)mak; salla(n)mak; harelemek; el sallamak (to s.o. *b-ne)*; elle işaret etm.; ondüle yapmak *(saç)*; ~ aside bir kenara bırakmak; reddetmek; **ˈ~-length** *n.* ⚡ dalga boyu (*veya* uzunluğu).

wa.ver [ˈweivə] *v/i.* kararsızlık göstermek, tereddüt etm., duraksamak; sallanmak; sendelemek; titrek yanmak.

wave...: **ˈ~-range** *n. radyo:* dalga gamı; **ˈ~-trap** *n. radyo:* süzme (*veya* süzgeç) devresi.

wav.y [ˈweivi] *adj.* dalgalı, dalga dalga; titreyen, titreşen.

wax¹ [wæks] **1.** *n.* balmumu, mum; parafin; kulak kiri; cila; kızgınlık; ~ candle mum; ~ doll balmumundan bebek; **2.** *v/t.* mum sürmek *-e*, mumlamak; cilalamak.

wax² [~] *(irr.) v/i.* büyümek, artmak, yükselmek; † olmak.

wax.en [ˈwæksn] *adj.* mumdan yapılmış; mum gibi; *fig.* beti benzi atmış, solgun; **ˈwax.work** *n.* balmumu işi; balmumundan yapılmış heykel; ~s *pl.*, ~ show balmumundan yapılmış heykeller (müzesi); **'wax.y** □ mum gibi; mumlu; solgun; öfkeli.

way [wei] **1.** *n.* *mst* yol; F yön, istikamet, taraf, yan, cihet; ⚓ rota; *fig.* hal, durum, gidiş(at); mesafe; tarz, usül; şekil; çare, vasıta; yer; tutum, davranış, huy, âdet; ~ in giriş; ~ out çıkış; *fig.* çıkar yol; ~s and means para bulma (yolları); right of ~ ⚖ irtifak hakkı; *part. mot.* yol hakkı; ~ of life yaşam biçimi; yaşama tarzı; this ~ bu taraftan, buraya; the wrong ~ yanlış yol; in some ~, in a ~ bir bakıma; in no ~ hiç bir suretle, asla, katiyen; go a great ~ towards *ger.*, go a long (some) ~ to *inf.* büyük katkıda bulunmak *-e*; by the ~ aklıma gelmişken, sırası gelmişken; by ~ of ...yolu ile, ...üzerinden; ...niyetiyle; by ~ of excuse özür mahiyetinde; on the ~, on one's ~ yol üstünde, yol(un)da, yoluna; out of the ~ alışılmışın dışında; sapa; yerinde olmayan; under ~ devam etmekte, hareket halinde, ilerlemekte; ⚓ rotasında; give ~ geri çekilmek; kopmak; kırılmak; çökmek, yol vermek (to *-e*); öncelik vermek (to *-e*); *k-ni* vermek (to *-e*); küreklere asılmak; have one's ~ arzusuna kavuşmak, muradına ermek; if I had my ~ istediğim olsa; have a ~ with ikna kabiliyeti olm.; lead the ~ yol göstermek *(a. fig.)*; *s.* make; pay one's ~ kendi masrafını ödemek; kimseye borcu olmamak; see one's ~ to *ger. veya inf.* ...ceğini sanmak; ...i mümkün görmek; **2.** *adv.* uzak; yakın; **'~-bill** *n.* manifesto, nakliye senedi; **'~.far.er** *n.* yaya yolcu; **~'lay** (*irr.* lay) *v/t. -in* yolunu kesmek, pusuya yatıp beklemek *-i*; **'~-leave** *n.* geçit hakkı; **'~.side** **1.** *n.* yol kenarı; by the ~ yol kenarında; **2.** *adj.* yol kenarındaki; ~ **sta.tion** *Am.* ara istasyon; ~ **train** *Am.* dilenci postası, her istasyona uğrayan tren.

way.ward □ ['weiwəd] ters, inatçı, aksi, dik başlı; **'way.ward.ness** *n.* inatçılık, dik başlılık.

we [wi:, wi] *pron.* biz.

weak □ [wi:k] *com.* zayıf, kuvvetsiz, halsiz, takatsiz; dayanıksız; sulu, yavan *(çorba vs.)*; *gr.* vurgusuz; **'weak.en** *v/t.* & *v/i.* zayıfla(t)mak, kuvvetten düş(ür)mek, hafifle(t)mek; **'weak.ling** *n.* zayıf kimse *veya* hayvan; karaktersiz kimse; **'weak.ly** **1.** *adv.* zayıf bir şekilde; **2.** *adj.* hastalıklı; **'weak-'mind.ed** *adj.* zayıf iradeli; **'weak.ness** *n.* zayıflık, kuvvetsizlik; zaaf; hata, kusur.

weal¹ [wi:l] *n.* refah, saadet.

weal² [~] *n.* iz, bere.

wealth [welθ] *n.* servet, zenginlik, varlık, para, mal; *fig.* bolluk; **'wealth.y** □ zengin, varlıklı.

wean [wi:n] *v/t.* sütten (*veya* memeden) kesmek; *fig.* ~ s.o. from *veya* of s.th. *b-ne bşi* bıraktırmak, *b-ni bşden* vazgeçirmek.

weap.on ['wepən] *n.* silah; **'weap.on.less** *adj.* silahsız.

wear [wɛə] **1.** *(irr.) v/t.* & *v/i.* giymek, tak(ın)mak; yıpratmak, yemek; taşımak; dayanmak *-e*; açmak *(delik, yol)*; kabul etm., uygun görmek; kullanmak; yormak; yıpranmak; tükenmek; *a.* ~ away, ~ down, ~ off, ~ out aşın(dır)mak, eski(t)mek; ~ away azaltmak *(direnç)*; tüketmek; tükenmek *(sabır)*; zayıfla(t)mak; geç(ir)mek *(zaman)*; ~ off yavaş yavaş yok olm.; yavaş yavaş geçmek *(ağrı)*; ~ on yavaş geçmek *(zaman)*; ~ out düzelmek *(kıvrım, kırışıklık)*; yormak, tüketmek, yıpratmak; sıkıcı bir şekilde geç(ir)mek *(zaman)*; tükenmek *(sabır)*; giyip eskitmek *(elbise)*; dövmek, pataklamak; kullanmak *(eski deyim)*; **2.** *n.* giysi, elbise; aşınma, yıpranma, eskime; dayanıklılık; gentlemen's ~ erkek elbiseleri; for hard ~ çok dayanıklı; *s.* worse 1; there is plenty of ~ in it yet daha giyilebilir, bu daha çok dayanır; **'wear.a.ble** *adj.* giyilebilir; **wear and tear** aşınma, yıpranma: zararlı etkiler; **'wear.er** *n.* *bş* giyen (*veya* takan) kimse.

wea.ri.ness ['wiərinis] *n.* yorgunluk, bezginlik; *fig.* usanç, bıkkınlık.

wea.ri.some □ ['wiərisəm] usandırıcı, sıkıcı, yorucu, bıktırıcı.

wea.ry ['wiəri] **1.** □ yorgun, bitkin (with); yorucu, bıkkınlık verici, sıkıcı, usandırıcı; *fig.* bıkmış, usanmış (of s.th. *bşden*); **2.** *v/t.* & *v/i.* yor(ul)mak; bık(tır)mak, usan(dır)mak, bez(dir)mek.

wea.sel *zo.* ['wi:zl] *n.* gelincik, samur.

weath.er ['weðə] **1.** *n.* hava; *s.* permit; **2.** *adj.* ⚓ rüzgâr yönündeki...; **3.** *v/t.* havaya göstermek; ⚓ *-in* rüzgâr yönünden geçmek; *a.* ~ out geçiştirmek, savuşturmak *(fırtına)*; *fig.* atlatmak *(güçlük)*; ~ed yıpranmış; meyilli; *v/i.* aşınmak; solmak; **~-beat.en** ['~bi:tn] *adj.* fırtına yemiş; yanık *(yüz, cilt)*; **'~-board** *n.* bindirme, siper tahtası; **'~-board.ing** = **~-board**; **'~.bound** *adj.* kötü hava yüzünden evde kalmış *veya* gecikmiş; **'~-bureau** *n.* meteoroloji bürosu; **'~.chart** *n.* meteoroloji (*veya* hava) haritası; **'~.cock** *n.* rüzgârgülü, fırıldak, yelkovan **'~-fore-**

cast *n.* hava raporu; **'~-proof, '~-tight** *adj.* rüzgâr (*veya* yağmur) geçirmez; **'~-sta.tion** *n.* meteoroloji istasyonu; **'~--strip** *n.* pencere bandı; **'~-vane** *n.* rüzgârgülü, fırıldak; **'~-worn** *adj.* hava etkisiyle bozulmuş *veya* aşınmış.

weave [wi:v] **1.** (*irr.*) *v/t.* dokumak; örmek (*sepet*); *fig.* yapmak, kurmak; *v/i.* zikzak yapmak; **2.** *n.* dokuma; örme; **'weav.er** *n.* dokumacı, çulha; **'weav.ing** *n.* dokuma; *attr.* dokuma...

wea.zen ['wi:zn] *adj.* buruşuk, kırışık.

web [web] *n.* ağ; örümcek ağı; dokuma; *orn.* perde; *anat.* zar; doku; örgü; tomar; **webbed** *adj.* perde ayaklı; **'webbing** *n.* kalın dokuma kayış; **'web.foot.ed** *adj.* perde ayaklı.

wed [wed] *vb.* evlenmek *ile*, kocaya varmak, dünya evine girmek; *fig.* bağlanmak, birleşmek (to *-e*).

we'd F [wi:d] = we had; we should; we would.

wed.ded ['wedid] *adj.* evli; ~ to *fig.* bağlı *-e*, kendini adamış *-e*; **'wed.ding** *n.* evlenme, düğün, nikâh; *attr.* nikâh..., evlilik...; ~ ring nikâh yüzüğü.

wedge [wedʒ] **1.** *n.* kıskı, kama, takoz, çivi; the thin end of the ~ *fig.* büyük değişikliklerin ilk adımı, atılan ilk sağlam adım; ~ heel sivri topuk; **2.** *v/t.* kıskı ile sıkıştırmak; *a.* ~ in sık(ıştır)mak; **'~--shaped** *adj.* kama şeklinde.

wed.lock ['wedlɔk] *n.* evlilik; out of ~ evlilik dışı, gayri meşru.

Wednes.day ['wenzdi] *n.* çarşamba.

wee [wi:] *adj.* küçücük, minnacık, minimini, azıcık; a ~ bit biraz, oldukça.

weed [wi:d] **1.** *n.* yabanı ot, zararlı ot; F tütün, sigara, puro; *sl.* haşiş; bir deri bir kemik kimse; **2.** *v/t.* *-den* yabanî otları temizlemek; ~ out ayıklamak, temizlemek, başından savmak; **'weed.er** *n.* yabanî ot temizleyen kimse *veya* alet; **'weed-kill.er** *n.* yabanî otları öldürmekte kullanılan madde.

weeds [wi:dz] *n. pl.* *mst* widow's ~ matem elbisesi.

weed.y ['wi:di] *adj.* yabanî otlarla dolu; *fig.* çiroz gibi, kara kuru, çelimsiz.

week [wi:k] *n.* hafta; this day ~ haftaya bugün; **'~-day** *n.* iş günü, sair gün, hafta günü; **'~-'end 1.** *n.* hafta sonu; ~ ticket hafta sonu bileti; **2.** *v/i.* hafta sonunu geçirmek; **'~-'end.er** *n.* hafta sonunu evinden uzakta geçiren kimse; **'week.ly 1.** *adj.* haftalık; **2.** *adv.* haftada bir, her hafta; **3.** *n. a.* ~ paper haftalık gazete *veya* dergi.

weep [wi:p] (*irr.*) *vb.* ağlamak, göz yaşı dökmek (for *için*); sızmak, damlamak; **'weep.er** *n.* ağlayan kimse, ağıtçı; ~s *pl.* uzun favori; **'weep.ing 1.** *adj.* gözleri yaşlı; yağmurlu; sarkık dallı; ~ willow ♀ salkımsöğüt; **2.** *n.* ağlama.

wee.vil ['wi:vil] *n.* buğday biti; pamuk kurdu.

weft [weft] *n.* kumaş atkısı, argaç; *poet.* dokuma, örgü.

weigh [wei] **1.** *v/t.* tartmak; *a.* ~ up *fig.* ölçünmek, hesap etm.; anlamak; ~ anchor ⚓ demir almak, vira etm.; ~ down yüklemek; üzmek, kederlendirmek; ~ed down yere eğilmiş; üzgün; yüklü; *v/i.* ...ağırlığında olm., ...gelmek; *fig.* önem taşımak, etkilemek (with *-e göre, -i*); ~ in (out) tartılmak; ~ in with ileri sürmek, ortaya koymak; ~ (up)on üzmek ,kurcalamak (*zihin*); **2.** *n.* get under ~ (= way) ⚓ yola çıkmak; **'weigh.a.ble** *adj.* tartılabilir; **'weigh.bridge** *n.* kantar; **'weigh.er** *n.* tartan kimse; **'weigh.ing-ma.chine** *n.* kantar, baskül.

weight [weit] **1.** *n.* ağırlık (*a. fig.*), sıklet; tartı; dirhem; ağır cisim; *fig.* önem, nüfuz, itibar, etki; *fig.* endişe, sıkıntı, yük; carry great ~ *fig.* büyük önem taşımak; give short ~ eksik gelmek; putting the ~ gülle atma; **2.** *v/t.* ağırlaşıtırmak; *fig.* yüklemek; eklemek; **'weight.i.ness** *n.* ağırlık; önemlilik; **'weight.y** □ ağır; yüklü; sıkıntılı; önemli, etkili, nüfuzlu.

weir [wiə] *n.* su seddi, bent, büğet, bağlağı.

weird [wiəd] *adj.* anlaşılmaz, esrarengiz, tekinsiz; F garip, acayip, olağandışı.

wel.come ['welkəm] **1.** □ sevindirici, istenilen, hoşa giden, makbule geçen; hoş karşılanan; you are ~ to *inf.* kuşkusuz ...ebilirsiniz; you are ~ to it buyurun, alın, denemesi bedava, buyurunuz; (you are) ~! bir şey değil!, rica ederim!; **2.** *n.* karşılama; **3.** *v/t.* hoş karşılamak; hoş geldiniz demek *-e*; *fig.* karşılamak.

weld ⊕ [weld] **1.** *v/t.* & *v/i.* kayna(t)mak (into *-e*), kaynak yaparak birleştirmek; **2.** *n. a.* ~ing seam kaynak yeri; **'weld.ing** *n.* ⊕ kaynak yapma; *attr.* kaynak...

wel.fare ['welfɛə] *n.* refah, sıhhat, afiyet; (yoksullara) yardım; ~ **cen.tre** yardım merkezi; ~ **state** refah devleti; ~ **work** sosyal yardım; ~ **work.er** sosyal yardım uzmanı.

well[1] [wel] **1.** *n.* kuyu; memba, pınar; *fig.* kaynak; ⊕ boru; ⊕ merdiven boşluğu; **2.** *v/i.* kaynamak, fışkırmak.

well[2] [~] **1.** *adv.* iyi(ce), tamamiyle, oldukça, hayli; güzel, hoş; hakkıyle; çok, pek; *s.* as; ~ off zengin, hali vakti yerinde; şanslı, talihli; ~ past fifty ellisini hayli geçmiş; **2.** *pred. adj.* iyi, güzel; sıhhatli, sağlıklı; uygun, yerinde; elverişli; I am not ~ rahatsızım, keyfim yok; that's ~ iyi; **3.** *int.* iyi!; şey!; F pekâlâ!; işte!; neyse!

we'll F [wi:l] = we will; we shall.

well...: **ˈ~-adˈvised** *adj.* akıllı, sağgörülü; inceden inceye düşünülmüş; **ˈ~-ˈbal.anced** *adj.* dengeli; **ˈ~-ˈbe.ing** *n.* saadet, refah, iyilik; **ˈ~-ˈborn** *adj.* kibar, soylu, iyi bir aileden gelmiş; **ˈ~-ˈbred** *adj.* terbiyeli, kibar; **ˈ~-deˈfined** *adj.* açık seçik görülen, belirgin; **ˈ~-disˈposed** *adj.* kibar, yardımsever (to, towards *-e karşı*); **ˈ~-ˈfa.vo(u)red** *adj.* güzel, yakışıklı; **ˈ~-inˈformed** *adj.* çok bilgili, her şeyden haberi olan.

Wel.ling.tons [ˈweliŋtənz] *n. pl.* lastik çizme.

well...: **ˈ~-inˈten.tioned** *adj.* iyi niyetli; **ˈ~-ˈknit** *adj.* adaleli, kuvvetli; **~ known,** **ˈ~-ˈknown** *adj.* tanınmış, meşhur, ünlü, bilinen; ~ **made** endamlı, boyu bosu yerinde; **ˈ~-ˈman.nered** *adj.* terbiyeli; **ˈ~-ˈmarked** *adj.* açık, belirgin; **ˈ~-nigh** *adv.* hemen hemen; **ˈ~-ˈor.dered** *adj.* derli toplu, düzenli; **ˈ~-ˈsea.soned** *adj.* baharatlı; **~-timed** *adj.* uygun, zamanlı; **ˈ~-to-ˈdo** *adj.* hali vakti yerinde, zengin; **ˈ~ˈtrained** *adj.* iyi eğitilmiş; **~ turned** *fig.* güzel ifade edilmiş; **ˈ~-ˌwish.er** *n.* iyiliksever kimse; **ˈ~-ˌworn** *adj.* eskimiş; *fig.* bayatlamış, sıradan.

Welsh¹ [welʃ] **1.** *adj.* Gal eyaletine ait; Gallilere özgü; **2.** *n.* Gal dili; the ~ *pl.* Gallier.

welsh² [~] *v/i.* borcunu ödememek; sözünü tutmamak; **ˈwelsh.er** *n.* borcunu ödemeyen, sözünü tutmayan kimse.

Welsh...: **ˈ~.man** *n.* Galli; ~ **rab.bit** kızarmış ekmeğe sürülen peynir; **ˈ~.wom.an** *n.* Galli kadın.

welt [welt] **1.** *n.* ⊕ kösele şerit; elbisenin kenar şeridi; kamçı izi; **2.** *v/t.* şerit koymak; F vurup iz bırakmak; ~ed kösele şeritli *(ayakkabı)*.

wel.ter [ˈweltə] **1.** *v/i.* yatıp yuvarlanmak, ağnamak; ~ in *fig.* içinde yüzmek *(kan vs.)*; **2.** *n.* karışıklık, kargaşa; **ˈ~-weight** *n. boks:* 62-67 kilo arasındaki boksör.

wen [wen] *n.* ⚕ yağ kisti; *fig.* çok büyük şehir.

wench [wentʃ] *n.* kız, genç kadın; fahişe.

wend [wend] *v/t.:* ~ one's way yönelmek, gitmek (to *-e*).

went [went] *pret. of* go **1.**

wept [wept] *pret. & p.p. of* weep.

were [wə:, wə] *pret. of* be.

we're F [wiə] = we are.

weren't F [wə:nt] = were not.

west [west] **1.** *n.* batı; **2.** *adj.* batı..., batıdaki...; batıya doğru olan; batıdan gelen *(rüzgâr)*; go ~ *sl.* ölmek, gebermek; mahvolmak, bozulmak.

west.er.ly [ˈwestəli] *adj.* batıya doğru olan; batıdaki; batıdan gelen *(rüzgâr)*.

west.ern [ˈwestən] **1.** *adj.* batıya ait, batı...; **2.** *n.* kovboy filmi *veya* romanı; = **ˈwest.ern.er** *n.* batılı; *Am.* batı Amerikalı; **ˈwest.ern.most** *adj.* en batıdaki.

West In.dian [ˈwestˈindjən] **1.** *adj.* Batı Hint adalarına ait; **2.** *n.* Batı Hint adalarında yaşayan kimse.

west.ing ⚓ [ˈwestiŋ] *n.* batı rotası; batıya yönelme.

west.ward(s) [ˈwestwəd(z)] *adv.* batıya doğru.

wet [wet] **1.** *adj.* ıslak, yaş, rutubetli; yağmurlu, yağışlı; *Am.* içki yasağı olmayan *(yer)*; *sl.* isteksiz *(kimse)*; *s.* blanket 1.; ~ through sır(ıl)sıklam; **2.** *n.* yağmur(lu hava); ıslak yer; yaşlık, nem, rutubet; *sl.* içki; **3.** *(irr.)* *v/t.* ıslatmak; F içki içerek kutlamak; *v/i.* ıslanmak; ~ through sır(ıl)sıklam etm.

wet.back *Am. sl.* [ˈwetbæk] *n.* Amerika'ya kaçak giren Meksikalı.

weth.er [ˈweðə] *n.* iğdiş edilmiş koç.

wet-nurse [ˈwetnə:s] *n.* sütnine.

we've F [wi:v] = we have.

whack F [wæk] **1.** *v/t.* dövmek, pataklamak; küt diye vurmak; **2.** *n.* şaklama; deneme, tecrübe; *sl.* hisse, pay; have *veya* take a ~ at denemek *-i*; **ˈwhack.er** *n.* F koskocaman şey; kuyruklu yalan; **ˈwhack.ing** F **1.** *n.* dayak; **2.** *adj.* koskocaman; kuyruklu *(yalan)*.

whale [weil] *n.* balina; a ~ of oldukça, hayli, büyük, çok; a ~ at F bir işin ehli, otorite; **ˈ~.bone** *n.* balina *(elbisede)*; **ˈ~-fish.er, ˈ~.man,** *mst* **ˈwhal.er** *n.* balina avcısı; balina avlama gemisi; **ˈwhale-oil** *n.* balina yağı.

whal.ing [ˈweiliŋ] *n.* balina avı.

whang F [wæŋ] **1.** *n.* şaplak; **2.** *v/t.* dövmek, şak diye vurmak.

wharf [wɔ:f] **1.** *n., pl. a.* **wharves** [wɔ:vz] iskele, rıhtım; **2.** *v/t.* rıhtıma boşaltmak; **ˈwharf.age** *n.* iskele ücreti; **wharf.in.ger** [ˈ~indʒə] *n.* rıhtım müdürü.

what [wɔt] **1.** *pron.* ne, hangi şey; -dığı şey; know ~'s ~ neyin ne olduğunu bilmek; ~ money I had ne kadar param varsa, bendeki para; ... and ~ not ve saire, falan filan; **2.** *int.* ne?, vay!; ~ about ...? ...den ne haber?, ya ...?, ...e ne dersin?; ~ for? niçin?; ~ of it? bana ne!, ne çıkar?, ne olmuş yani?; ~ if ...? ya ...ise?; ~ though ...? ...ise ne olmuş?; what-d'you-call-him, ~'s-his-name adı her neyse, falanca; ~ next? başka?; *iro.* daha neler!, yok canım!; ~ a blessing! ne iyi!, çok şükür!; ~ impudence! bu ne lâubalilik!; **3.** *adv.* ~ with ... ~ with... ... ve ... yüzünden; **what.e'er** *poet.* [wɔtˈɛə], **whatˈev.er** = whatsoever; **ˈwhat.not** *n.* biblo rafı; falan; **what.so.e'er** *poet.* [wɔtsəuˈɛə], **what.soˈever** **1.** *pron.* her ne, her hangi; **2.** *adj.* ne, hangi.

wheat ⚘ [wiːt] *n.* buğday; **ˈwheat.en** *adj.* buğdaydan yapılmış, buğday...

whee.dle [ˈwiːdl] *vb.* tatlılıkla ikna etm. (into -*e*); kandırıp elinden almak; ~ s.th. out of s.o. tatlı sözlerle *b-den bş* almak.

wheel [wiːl] **1.** *n.* tekerlek; deveran, dönme; *part. Am.* F bisiklet; ⚔ çark; *mot.* direksiyon; **2.** *v/t.* & *v/i.* dön(dür)mek; sür(ül)mek ;tekerlekli bir taşıtla götürmek; ⚔ çark etm.; **ˈ~.bar.row** *n.* tekerlekli el arabası; ~ **base** *mot.* dingil mesafesi; ~ **chair** tekerlekli sandalye; **ˈwheeled** *adj.* tekerlekli; **ˈwheel.wright** *n.* tekerlekçi, tekerlek tamircisi.

wheeze [wiːz] **1.** *v/i.* hırıltıyla solumak; **2.** *n.* hırıltılı ses; *thea. sl.* espri; parlak fikir; **ˈwheez.y** □ hırıltılı.

whelk *zo.* [welk] *n.* bir tür deniz salyangozu.

whelp *rhet.* [welp] **1.** *n.* yırtıcı hayvan yavrusu, en(c)ik; *com.* genç kız *veya* delikanlı; terbiyesiz genç; **2.** *v/i.* eniklemek, enciklemek.

when [wen] **1.** *adv.* ne zaman?; **2.** *cj.* -*diği* zaman; iken; sırasında; -*mesine* rağmen ;eğer, şayet.

whence [wens] *adv.* nereden.

when.e'er *poet.* [wenˈɛə], **when.(so.)ev.er** [wen(səu)ˈevə] *adv.* & *cj.* her ne zaman.

where [wɛə] **1.** *adv.* nerede?; nereye?; **2.** *cj.* -*diği* yer(d)e; **~.a.bout,** *mst* **~.a.bouts** **1.** [ˈwɛərəˈbaut(s)] *adv.* nereler(d)e; **2.** [ˈ~] *n.* olduğu (*veya* bulunduğu) yer; **~ˈas** *cj.* halbuki, oysa; ⚖ mademki, ... dayanarak; **~ˈat** **1.** *adv.* neye; **2.** *cj.* bunun üzerine; **~ˈby** *adv.* vasıtasiyle; mademki; **ˈ~.fore** *adv.* niçin, neden; **~ˈin** *adv.* nerede, neyin için(d)e; hangi hususta; **~ˈof** *adv.* -den; **~ˈon** *adv.* üstünde; bunun üzerine; **~.soˈev.er** *adv.* her nerede, her nereye; **~.upˈon** *adv.* & *cj.* bunun üzerine; **wherˈev.er** *adv.* & *cj.* her nereye; her nerede; **whereˈwith** *adv.* (ne) ile, nasıl; **where.with.al** **1.** [wɛəwiˈðɔːl] *adv.* ne ile, nasıl; **2.** F [ˈ~] *n.* araçlar, gereçler; para.

wher.ry [ˈweri] *n.* küçük kayık.

whet [wet] **1.** *v/t.* bilemek; açmak (*iştah*); **2.** *n.* bile(n)me; iştah açıcı şey.

wheth.er [ˈweðə] *cj.* -ip -mediğini, -mi acaba; ~ or no olsa da olmasa da.

whet.stone [ˈwetstəun] *n.* bileğitaşı.

whew [hwuː] *int.* pöf!, püf!, ya! vay be!

whey [wei] *n.* kesilmiş sütün suyu.

which [witʃ] **1.** *adj.* hangi(si) **2.** *pron.* hangisin(i); ki o, ki; ki onu, -dığım; **~ˈev.er** **1.** *pron.* her hangi(si); **2.** *adj.* (her)hangi, hangisi olursa olsun.

whiff [wif] **1.** *n.* esinti; koku; püf; küçük puro; **2.** *v/t.* ağızdan çıkarmak (*tütün dumanı*); *v/i.* kötü kokmak.

Whig [wig] **1.** *n.* İngiliz liberal partisi üyesi; **2.** *adj.* İngiliz liberal partisine ait.

while [wail] **1.** *n.* müddet, zaman, süre, vakit; for a ~ bir süre; worth ~ değer; **2.** *v/t. mst* ~ away geçirmek (*vakit*); **3.** *cj.* *a.* **whilst** [wailst] iken; -*diği* halde, -*e* rağmen; süresince.

whim [wim] = whimsy.

whim.per [ˈwimpə] **1.** *v/i.* ağlamak, inlemek, sızlanmak; **2.** *n.* inleme, sızlanma.

whim.si.cal □ [ˈwimzikəl] tuhaf, acayip, kaprisli, saçma; garip fikirli; havaî; **whim.si.cal.i.ty** [~ˈkæliti], **whim.si.cal.ness** [ˈ~kəlnis] *n.* tuhaflık, saçmalık; kapris.

whim.s(e)y [ˈwimzi] *n.* saçma arzu, kapris; tuhaflık; mizah.

whin ⚘ [win] *n.* katırtırnağına benzer bir bitki.

whine [wain] **1.** *v/i.* sızlanmak, mırıldanmak, zırıldamak; ağlamsamak, mızmızlanmak; **2.** *n.* sızlanma; mızmızlanma; zırıltı.

whin.ny [ˈwini] *v/i.* kişnemek.

whip [wip] **1.** *v/t.* kamçılamak; F dövmek, pataklamak; çalkamak, çırpmak (*yumurta*); yenmek; çalmak, aşırmak, araklamak; çıkarıvermek; sokuvermek; bastırmak (*kumaş*); döndürmek, çevirmek (*topaç*); fırlatmak; ~ away aniden çekmek, çıkarmak; götürmek; ~ in *parl.* bir araya toplamak (*parti üyesi*); ~ off çıkarmak; uçurmak (*çatı vs.*); götürmek; gitmek; ~ on yürütmek, kamçı ile dürtmek; ~ up kışkırtmak; yapıvermek; çırpmak (*yumurta vs.*); kapmak; arttırmak, toplamak; *v/i.* hızla hareket etm., fırlamak; **2.** *n.* kırbaç, kamçı; *hunt.* köpekleri idare eden kimse; *parl.* parti denetçisi; çırpılmış yumurta ile yapılan yiyecek; **ˈ~.cord** *n.* sırım; kalın kumaş; **ˈ~-ˈhand** *n.* üstünlük, idare; have the ~ of s.o. *b-ne* oranla üstünlüğü olm.

whip.per... [ˈwipə]: **ˈ~-ˈin** *n. hunt.* köpekleri idare eden kimse; *parl.* parti denetçisi; **ˈ~-snap.per** *n. k-ni bş* zanneden genç.

whip.pet *zo.* [ˈwipit] *n.* tazı.

whip.ping [ˈwipiŋ] *n.* kamçılama, dövme; dayak; **ˈ~-boy** *n.* başkalarının cezasını yüklenen kimse, şamar oğlanı; *hist.* bir soylunun çocuğunun yerine cezalandırılan çocuk; **ˈ~-post** *n. hist.* kamçılamak üzere suçluların bağlandığı direk; **ˈ~-top** *n.* topaç.

whip.poor.will *orn.* [ˈwippuəwil] *n.* çobanaldatana benzer bir kuş.

whip-saw ⊕ [ˈwipsɔː] *n.* tomruk testeresi.

whir [wəː] = whirr.

whirl [wəːl] **1.** *v/t. & v/i.* hızla dön(dür)mek; hızla götürmek; hızla geçmek; kafası karışmak; başı dönmek; **2.** *n.* hızla dönme; koşuşturma; **whirl.i.gig** [ˈ~ligig] *n.* topaç; fırıldak; atlıkarınca; *fig.* devir, dönüş; **ˈwhirl.pool** *n.* girdap, burgaç; **ˈwhirl.wind** *n.* kasırga, hortum.

whirr [wəː] **1.** *v/i.* vızlamak, pırlamak; **2.** *n.* vızıltı, pırlama sesi; zırıltı.

whisk [wisk] **1.** *n.* yumurta teli; tüy süpürge; **2.** *v/t. & v/i.* çalkamak; fırla(t)mak; çırpmak *(yumurta)*; hafifçe süpürmek; sallamak; götürmek; ~ away ortadan kaldırmak; **ˈwhis.ker** *n. zo.* hayvan bıyığı; *mst* (a pair of) ~s *pl.* favori, bıyık; **ˈwhis.kered** *adj.* favorili.

whis.k(e)y [ˈwiski] *n.* viski.

whis.per [ˈwispə] **1.** *v/i.* fısıldamak; hışırdamak; *v/t.* gizlice söylemek; **ˈwhis.per.er** *n.* dedikoducu kimse; **whis.per.ing cam-paign** *b-nin* aleyhinde dedikodu *veya* iftira yayma.

whist¹ [wist] *int.* sus!

whist² [~] *n.* vist, bir çeşit iskambil oyunu.

whis.tle [ˈwisl] **1.** *v/i.* ıslık çalmak; düdük çalmak; *v/t.* ıslıkla çalmak; ıslıkla çağırmak; **2.** *n.* ıslık; düdük; ~ **stop** *Am.* işaret verildiğinde trenin durduğu istasyon; *pol.* seçim gezisi.

whit¹ [wit] *n.*: not a ~ hiç, asla.

Whit² [~] *n.* pantekot yortusunun pazar günü; ~ week pantekot haftası.

white [wait] **1.** *adj. com.* beyaz, ak; soluk, solgun; sütlü *(kahve)*; saf, lekesiz; F edepli, terbiyeli; boş, yazısız; **2.** *n.* beyaz renk; yumurta akı; beyaz tenli kimse; gözün beyaz kısmı; *typ.* beyaz aralık; ~ **ant** *zo.* beyaz karınca, divik; **ˈ~.bait** *n. ichth.* bir çeşit küçük balık; ~ **book** *pol.* resmî hükümet raporu; **ˈ~-caps** *n. pl.* köpüklü dalgalar; **ˈwhite-col.lar(ed)** *adj.* dairede çalışan, büro...; ~ workers *pl.* masa başında çalışanlar, memur sınıfı; **ˈ~-ˈfaced** *adj.* beti benzi atmış; **ˈ~-ˈhaired** *adj.* ak saçlı; ~ **heat** akkor; **ˈ~ˈhot** *adj.* kızgın, akkor; ~ **lie** zararsız yalan; **ˈ~-liv.ered** *adj.* ödlek, korkak; ~ **man** beyaz tenli adam; **ˈwhit.en** *v/t. & v/i.* ağar(t)mak, beyazlatmak; beyazlanmak; **ˈwhit-en.er** *n.* beyazlatıcı madde; **ˈwhite.ness** *n.* beyazlık; saflık; **ˈwhit.en.ing** *n.* beyazlatıcı madde.

white...: ~ **pa.per** *pol.* resmî hükümet raporu; **ˈ~.smith** *n.* tenekeci; kalaycı; **ˈ~.wash 1.** *n.* badana; örtbas etme; **2.** *v/t.* badana etm., badanalamak; *fig.* örtbas etm., temize çıkarmak; **ˈ~.wash.er** *n.* badanacı.

whith.er *lit.* [ˈwiðə] *adv.* nereye; **whith.er-soˈev.er** *adv.* her nereye.

whit.ing [ˈwaitiŋ] *n.* arıtılmış tebeşir tozu; *ichth.* merlanos.

whit.ish [ˈwaitiʃ] *adj.* beyazımsı, beyazımtırak, akça.

whit.low ⚕ [ˈwitləu] *n.* dolama.

Whit.sun [ˈwitsn] *adj.* pantekot yortusuna ait; ~**.day** [ˈwitˈsʌndi] *n.* pantekot yortusunun pazar günü; ~**.tide** [ˈwitsntaid] *n.* pantekot.

whit.tle [ˈwitl] *v/t.* yontmak; ~ away eksiltmek, azaltmak; ~ down zayıflatmak; kesmek.

whit.y [ˈwaiti] *adj.* beyazımsı...

whiz(z) [wiz] **1.** *v/i.* vızıldamak, vızlamak; yıldırım gibi gitmek; **2.** *n.* vızıltı.

who [huː] **1.** *cj.* o ki, onlar ki; **2.** *pron.* kim?; Who's Who? Kim Kimdir, ünlülerin kimliğini açıklayan yıllık ansiklopedi.

whoa [wəu] *int.* çüş!, dur!

who.dun.(n)it *sl.* [huːˈdʌnit] *n.* dedektif romanı.

who.ev.er [huːˈevə] *pron.* kim olursa olsun, her kim.

whole [həul] **1.** □ bütün, tam, tüm; † sağlıklı; iyi, sağlam; made out of ~ cloth *Am.* F uydurmasyon yapılmış; **2.** *n.* tam şey; toplam; tüm, bütün; the ~ of London Londra'nın tümü; the ~ of them onların hepsi; (up)on the ~ genellikle; çoğunlukla; **ˈ~-ˈheart.ed** □ samimî, içten, candan; **ˈ~-ˈhog.ger** *n. sl.* bir işi sonuna kadar götüren kimse; **ˈ~-ˈlength** *n. a.* ~ portrait tam boy portre; **ˈ~-meal bread** kepekli buğday ekmeği; **ˈ~.sale 1.** *n. mst* ~ trade toptan satış; **2.** *adj.* toptan...; *fig.* çok sayıda; ~ dealer = **ˈ~.sal.er** *n.* toptancı; **whole.some** □ [ˈ~səm] sıhhate yararlı; sıhhatli; yarar-

lı; **ˈwhole.time** *adj.* tüm vakti alan...; **ˈwhole.wheat** *adj.* kepekli buğdaydan yapılmış.
who'll F [huːl] = who will; who shall.
whol.ly [ˈhəulli] *adv.* tamamen, büsbütün, sırf.
whom [huːm, hum] *acc. of* who.
whoop [huːp] **1.** *n.* bağırma, çığlık; boğmaca öksürüğü sesi; **2.** *v/i.* bağırmak, haykırmak, çığlık atmak; ~ it up *Am. sl.* çılgınlar gibi eğlenmek; **whoop.ee** *Am.* F [ˈwupiː] *n.* şamata; make ~ şamata yapmak; **whoop.ing-cough** ⚕ [ˈhuːpiŋkɔf] *n.* boğmaca öksürüğü.
whop *sl.* [wɔp] *v/t.* vurmak, dövmek; yenmek; **ˈwhop.per** *n. sl.* kocaman şey; *part.* kuyruklu yalan; **ˈwhop.ping** *adj.* koskocaman; kuyruklu *(yalan).*
whore [hɔː] *n.* fahişe, orospu.
whorl [wəːl] *n.* ⊕ ağırşak; ⚘ halkadizilişli yapraklar; *zo., anat.* helezonî kabuğun bir halkası.
whor.tle.ber.ry ⚘ [ˈwəːtlberi] *n.* çayüzümü; red ~ kırmızı yabanmersini.
who's F [huːz] = who is.
whose [huːz] *gen. of* who; **who.so.(-ev.er)** [ˈhuːsəu; huːsəuˈevə] *pron.* her kim.
why [wai] **1.** *adv.* niçin?, niye?, neden?; ~ so? neden böyle?; that is ~ işte bu yüzden; **2.** *int.* demek öyle!, ya!, bak sen!
wick [wik] *n.* fitil.
wick.ed □ [ˈwikid] fena, kötü(cül), günahkâr; hayırsız; aşağılık; tehlikeli, şeytansı; kinci, hain; yaramaz; ahlâksız; **ˈwick.ed.ness** *n.* kötülük; günahkârlık.
wick.er [ˈwikə] *adj.* hasır...; ~ basket hasır sepet; ~ chair hasır koltuk; ~ furniture hasır mobilya; **ˈ~.work** **1.** *n.* sepet işi; **2.** = wicker.
wick.et [ˈwikit] *n.* ufak kapı; *kriket:* kale; **ˈ~-keep.er** *n.* top hedefinin arkasında duran oyuncu.
wide [waid] *a.* □ & *adv.* geniş, enli; açık, engin; ferah; uzak; *sl.* üçkâğıtçı; ~ awake tamamen uyanık; 3 feet ~ 3 ayak genişliğinde; ~ difference büyük fark; **ˈ~-an.gle** *adj. phot.* geniş açılı...; **~-a-wake** [ˈwaidəˈweik] *adj.* tamamen uyanık; F zeki, açıkgöz; **ˈ~-ˈeyed** *adj.* gözleri faltaşı gibi açılmış; saf, masum; **ˈwid.en** *v/t.* & *v/i.* genişle(t)mek, aç(ıl)mak, bollaş(tır)mak; **ˈwide.ness** *n.* genişlik; **ˈwide-ˈo.pen** *adj.* ardına kadar açık; *Am. sl.* kanun yönünden gevşek *(şehir)*; **ˈwide.spread** *adj.* yaygın.
wid.ow [ˈwidəu] *n.* dul kadın; *attr.* dul...; **ˈwid.owed** *adj.* dul kalmış; *fig.* boş, tenha; **ˈwid.ow.er** *n.* dul erkek; **wid.ow.hood** [ˈ~hud] *n.* dulluk.
width [widθ] *n.* genişlik, en(lilik).
wield *lit.* [wiːld] *v/t.* kullanmak.
wife [waif] *n., pl.* **wives** [waivz] karı, eş, hanım; **ˈwife.ly** *adj.* eşe yaraşır.
wig [wig] *n.* peruka, takma saç; **wigged** *adj.* perukalı, takma saçlı; **ˈwig.ging** *n.* F azar, haşlama.
wig.gle [ˈwigl] *v/t.* & *v/i.* kıpırda(t)mak, kımılda(t)mak, kıpır kıpır oynamak.
wight † *veya co.* [wait] *n.* insan, kimse.
wig.wag F [ˈwigwæg] *vb.* işaretle (haber) vermek.
wig.wam [ˈwigwæm] *n.* Kuzey Amerika yerlilerinin çadır *veya* kulübesi.
wild [waild] **1.** □ *com.* yabanî, vahşî; şiddetli; sert, fırtınalı; hiddetli, öfkeli; çılgın, deli gibi; düzensiz, dağınık; rasgele; terbiyesiz, arsız; çok hevesli, meraklı; zırzop; dönek; serseri *(kurşun)*; iyi, hoş; kaba *(tahmin)*; run ~ başıboş kalmak; ⚘ yabanîleşmek; talk ~ saçma sapan konuşmak; be ~ for *veya* about s.th. *bşe* bayılmak, *bş* için deli olm.; **2.** *n. mst* the ~s *pl.* çorak ve ıssız yer; **ˈwild.cat** **1.** *n. zo.* yaban kedisi; vaşak; *Am.* huysuz kimse; *part. Am.* verimsiz bir bölgede petrol veren kuyu; **2.** *adj. fig.* düzensiz; rizikolu, çürük *(iş)*; kanun dışı; **wil.der-ness** [ˈwildənis] *n.* kır, sahra; el değmemiş bölge; boşluk; **wild.fire** [ˈwaildfaiə] *n.:* like ~ hızla, süratle, çarçabuk; **ˈwild--goose chase** *fig.* boş iş, aptalca girişim; **ˈwild.ing** *n.* ⚘ yabanî bitki; **ˈwild.ness** *n.* yabanîlik, vahşet.
wile [wail] **1.** *n. mst* ~s *pl.* oyun, hile, kurnazlık; **2.** *v/t.* ayartmak, baştan çıkarmak, cezbetmek; ~ away = while 2.
wil.ful □ [ˈwilful] inatçı; kasıtlı.
wil.i.ness [ˈwailinis] *n.* düzenbazlık.
will [wil] **1.** *n.* istek, arzu, dilek, murat; vasiyet(name), maksat, amaç; at ~ istediği zaman, canı nasıl isterse; of one's own free ~ kendi isteğiyle; **2.** *(irr.) v/aux.:* he ~ come gelecek; I ~ do it onu yapacağım; **3.** *v/t.* vasiyetle bırakmak; amaçlamak; niyet etm., karar vermek; arzulamak; emretmek, buyurmak *(Tanrı)*; **willed** *comb.* ...iradeli.
will.ing □ [ˈwiliŋ] gönüllü; içten; *pred.* razı, istekli, hazır (to *inf.* *-meğe)*; I am ~ to believe inanmak istiyorum; **ˈwill.ing-ly** *adv.* isteyerek, seve seve; **ˈwill.ing.ness** *n.* gönüllülük, isteyerek yapma.
will-o'-the-wisp [ˈwiləðəwisp] *n.* bataklık yakamozu.
wil.low [ˈwiləu] *n.* ⚘ söğüt; ⊕ hallaç makinesi; *attr.* söğüt...; **ˈ~-herb** *n.* ⚘ yakı

otu; **ˈwil.low.y** *adj.* söğüdü çok; *fig.* narin, zarif.
wil.ly-nil.ly [ˈwiliˈnili] *adv.* ister istemez, istense de istenmese de.
wilt[1] † [wilt] *vb.* -eceksin.
wilt[2] [~] *v/t.* & *v/i.* sol(dur)mak; *fig.* bitkin düşmek.
Wil.ton car.pet [ˌwiltənˈkɑ:pit] *n.* bir çeşit halı.
wil.y □ [ˈwaili] düzenbaz, hilekâr, kurnaz.
wim.ple [ˈwimpl] *n.* rahibe başörtüsü.
win [win] **1.** *(irr.) v/t.* kazanmak, yenmek; elde etm., ele geçirmek; doğru tahmin etm.; erişmek, ulaşmak, varmak; çıkarmak *(maden, kömür)*; ⚔ *sl.* organize etm.; ikna etm. (to *inf.* *-meğe*); ~ s.o. over *b-ni* ikna etm., kandırmak; *v/i.* haklı çıkmak; başarılı olm.; ~ through to tüm güçlükleri yenmek; **2.** *n.* *spor:* yengi, galibiyet, zafer, başarı.
wince [wins] **1.** *v/i.* birdenbire ürkmek, ürküp çekinmek; **2.** *n.* ürkme, çekinme.
winch [wintʃ] *n.* vinç, bocurgat.
wind[1] [wind, *poet.* *a.* waind] **1.** *n.* rüzgâr, yel; hava; *fig.* nefes, soluk; ⚕ osuruk; ♪ nefesli çalgılar; koku; boş laf, saçmalık; be in the ~ ortalıkta bir şeyler dönmek; have a long ~ nefesi kuvvetli olm.; throw to the ~s *fig.* *bşe* kulak asmamak, aldırış etmemek; saçıp dağıtmak; raise the ~ *sl.* gerekli parayı sağlamak; get *veya* have the ~ up *sl.* korkmak, endişelenmek; **2.** *v/t.* *hunt.* koklayarak bulmak; nefes nefese bırakmak; nefesini kesmek; be ~ed nefesi kesilmek, nefes nefese kalmak.
wind[2] [waind] *(irr.) v/t.* & *v/i.* çevirmek, dola(ş)mak; döndürmek; sar(ıl)mak; eğrilmek, bükülmek, kıvrılmak; sokulmak; *a.* ~ o.s. sarınmak; ~ one's way kıvrıla kıvrıla uzanmak; ~ up çıkarmak, kaldırmak, açmak *(araba camı)*; kurmak *(saat)*; sarmak *(ip)*; bitirmek, bağlamak *(konuşma vs.)*; † tasfiye (*veya* likide) etm.; olmak; gitmek, varmak; boylamak *(hapsi)*; almak *(ödül vs.)*.
wind... [wind]: **ˈ~.bag** *n.* *contp.* geveze (*veya* çenesi düşük) kimse; **ˈ~-break** *n.* rüzgâr çiti; **ˈ~-cheat.er** *n.* parka, anorak; **ˈ~.fall** *n.* ağaçtan düşmüş meyve; beklenmedik yerden gelen para *vs.*; **ˈ~-ga(u)ge** *n.* rüzgârın gücünü ölçen alet; **ˈwind.i.ness** *n.* rüzgârlılık; gevezelik.
wind.ing [ˈwaindiŋ] **1.** *n.* dön(dür)me; sarmal sargı; ⊕ bobin; dönemeç; dolambaç; **2.** □ dolambaçlı; sarmal; ~ staircase, ~ stairs *pl.* döner merdiven; **ˈ~-sheet** *n.* kefen; **ˈ~-ˈup** *n.* bit(ir)me, son, kapanış; † tasfiye.
wind-in.stru.ment ♪ [ˈwindinstrumənt] *n.* nefesli çalgı.
wind-jam.mer ⚓ F [ˈwinddʒæmə] *n.* yelkenli gemi; *Am.* geveze kimse.
wind.lass ⊕ [ˈwindləs] *n.* ırgat, bocurgat.
wind.mill [ˈwindmil] *n.* yeldeğirmeni.
win.dow [ˈwindəu] *n.* pencere; vitrin; **ˈ~-dress.ing** *n.* vitrin dekorasyonu; *fig.* göz boyama; **ˈwin.dowed** *adj.* pencereli.
win.dow...: **~ en.ve.lope** adresin görüneceği kısmı şeffaf olan zarf, pencereli zarf; **ˈ~-frame** *n.* pencere çerçevesi; **ˈ~-ledge** *n.* pencere eşiği; **ˈ~-pane** *n.* pencere camı; **ˈ~-shade** *n.* *Am.* güneşlik; **ˈ~-shopping** *n.* vitrin gezme; **ˈ~-shut.ter** *n.* pancur, kepenk; **ˈ~.sill** *n.* pencere eşiği.
wind... [wind]: **ˈ~.pipe** *n.* nefes borusu; **ˈ~.screen,** *Am.* **ˈ~-shield** *n.* *mot.* ön cam; **~** wiper silecek, silgiç; **ˈ~-tun.nel** *n.* ✈ hava deneme tüneli.
wind.ward [ˈwindwəd] **1.** *adj.* rüzgâr üstü yönündeki; **2.** *n.* rüzgâr üstü.
wind.y □ [ˈwindi] rüzgârlı; fırtınalı; *fig.* geveze; *sl.* korkmuş; ⚕ gaz yapan.
wine [wain] *n.* şarap; **ˈ~-grow.er** *n.* bağcı; **ˈ~-mer.chant** *n.* şarap tüccarı; **ˈ~.press** *n.* üzüm cenderesi; **ˈ~-vault** *n.* şarap mahzeni.
wing [wiŋ] **1.** *n.* kanat *(a.* ⚔, ⌂*)*; F *co.* kol; *mot.* çamurluk; ✈ kanat; uçuş; ✈, ⚔ kol; *futbol:* kanat (oyuncusu); ~s *pl.* *thea.* kulis; ⌂ ek bina; take ~ uçup gitmek; kanatlanmak; be on the ~ uçuyor olm.; *fig.* ayağı üzengide olm.; **2.** *v/t.* & *v/i.* uç(ur)mak; kanat takmak; kanadından *veya* kolundan yaralamak; kanatlanmak; **ˈ~-case, ˈ~-sheath** *n.* *zo.* böcek kanadının kabuğu; **ˈ~-chair** *n.* koltuk; **winged** *adj.* kanatlı...
wink [wiŋk] **1.** *n.* göz kırpma; an; not get a ~ of sleep gözünü kırpmamak, hiç uyumamak; tip s.o. the ~ *sl.* *b-ni* gizlice uyarmak, haber vermek; *s.* forty; **2.** *v/i.* göz kırpmak; gözle işaret vermek (at *-e*); *fig.* pırıldamak; ~ at göz yummak *-e*, görmezlikten gelmek *-i*; **ˈwink.ing light** *mot.* yanıp sönen ışık.
win.ner [ˈwinə] *n.* kazanan; *spor:* galip.
win.ning [ˈwiniŋ] **1.** □ kazanan; cazip; dostça, sevimli; **2.** *n.* ~s *pl.* kazanç; **ˈ~-post** *n.* *spor:* bitiş direği.
win.now [ˈwinəu] *v/t.* savurup tanelerini ayırmak *(buğday)*; *fig.* ayırmak.
win.some [ˈwinsəm] *adj.* güzel, çekici, alımlı; hoş, sevimli; neşeli, şen.
win.ter [ˈwintə] **1.** *n.* kış; ~ sports kış sporları; **2.** *v/i.* kışlamak, kışı geçirmek.

win.try [ˈwintri] *adj.* kış gibi; *fig.* pek soğuk, buz gibi.

wipe [waip] **1.** *v/t.* silmek, silip kurutmak; ~ off silip gidermek, temizlemek, silmek; ~ out silip yok etm., silmek, temizlemek; *fig.* ortadan kaldırmak; **2.** *n.* silme, temizleme; F darbe, kötek; alay; **ˈwip.er** *n.* silecek.

wire [ˈwaiə] **1.** *n.* tel; F telgraf; *attr.* tel...; pull the ~s *fig.* torpil patlatmak; *s.* live 2; **2.** *v/t.* telle bağlamak; ⚡ elektrik tesisatı döşemek -e; *v/i.* telgraf çekmek -e; ˈ~.**drawn** *adj.* kılı kırk yaran; ˈ~-**ga(u)ge** *n.* ⊕ tel mastarı; ˈ~.**haired** *adj.* tel gibi tüyleri olan *(köpek)*; ˈ**wire-less** **1.** □ telsiz; **2.** *n. a.* ~ set radyo; on the ~ radyoda; ~ station radyo istasyonu; **3.** *v/t.* telsizle göndermek; ˈ**wireˈnet-ting** *n.* tel örgü; ˈ**wire-pull.er** *n. fig.* torpil patlatan kimse; ˈ**wire-wove** *adj.* kaliteli...

wir.ing [ˈwaiəriŋ] *n.* tel çekme; ⚡ tel bağlantı sistemi; ~ diagram ⚡ tel bağlantı şeması, şebeke planı; ˈ**wir.y** □ tel gibi; sırım gibi.

wis.dom [ˈwizdəm] *n.* akıl(lılık), hikmet; bilgece söz; ~ tooth akıl dişi, yirmi yaş dişi.

wise[1] □ [waiz] akıllı; tedbirli; tecrübeli, deneyimli; bilgili; mahir, usta; ~ guy *Am. sl.* ukalâ dümbeleği; put s.o. ~ *b-ne* bilgi vermek (to, on *hakkında*).

wise[2] † [~] *n.* usül, tarz, suret.

wise.a.cre [ˈwaizeikə] *n.* ukalâ; ˈ**wise-crack** F **1.** *n.* espri; **2.** *v/i.* espri yapmak.

wish [wiʃ] **1.** *v/t.* istemek, arzu etm., dilemek, temenni etm.; ~ s.o. joy (of) *b-ne bşden* dolayı başarılar dilemek; ~ for -*i* çok arzulamak, -*e* can atmak; ~ well (ill) iyi şans dile(me)mek (to -*e*); **2.** *n.* istek, arzu, dilek, emel; good ~es *pl.* tebrikler; **wish.ful** □ [ˈ~ful] arzulu, istekli (to *inf.* -*meğe*); ~ thinking hüsnükuruntu; ˈ**wish-(.ing)-bone** *n.* lades kemiği.

wish-wash F [ˈwiʃwɔʃ] *n.* yavan içki; saçmalık; ˈ**wish.y-wash.y** *adj.* F yavan, sulu, hafif; karaktersiz; boş *(fikir)*.

wisp [wisp] *n.* tutam; demet, deste.

wist.ful □ [ˈwistful] hasretli, arzulu, istekli, dalgın.

wit [wit] **1.** *n.* akıl; *a.* ~s *pl.* zekâ, anlayış; nükte(ci); be at one's ~'s end apışıp kalmak, tamamen şaşırmak, ne yapacağını bilememek; have *veya* keep one's ~s about one paniğe kapılmamak, tetikte olm.; live by one's ~s açıkgözlülükle geçimini sağlamak; out of one's ~s çileden çıkmış; **2.** *vb.* to ~ yani, demek ki.

witch [witʃ] *n.* büyücü kadın; cadı, kocakarı; büyüleyici güzellikte kadın; ˈ~-**craft**, ˈ**witch.er.y** *n.* büyü(cülük); **witch hunt** *Am.* düzene baş kaldıranları sindirme avı.

with [wið] *prp.* ile; -den; -*e* karşı; -*e* rağmen; -*den* dolayı; -*in* yanında, *ile* birlikte; it is just so ~ me benim için öyle; ~ it *sl.* zamane, modern.

with.al † [wiˈðɔːl] **1.** *adv.* bununla beraber; ayrıca; **2.** *prp.* ile.

with.draw [wiðˈdrɔː] (*irr.* draw) *v/t.* & *v/i.* geri çek(il)mek; geri almak; çekmek *(para)*; **withˈdraw.al** *n.* geri alma; *part.* ⚔ geri çek(il)me.

withe [wiθ] *n.* söğüt çubuğu, saz.

with.er [ˈwiθə] *v/t.* & *v/i. a.* ~ up, ~ away kuru(t)mak, sol(dur)mak; çürü(t)mek, boz(ul)mak; utandırmak, susturmak; *fig.* kaybolmak, yıkılmak *(umut)*.

with.ers [ˈwiðəz] *n. pl.* cıdağı, cıdağu, atın iki omuzunun arası.

with.hold [wiðˈhəuld] (*irr.* hold) *v/t.* tutmak, saklamak (s.th. from s.o. *b-den bşi)*; vermemek; bırakmamak; kısıtlamak;

withˈin **1.** *lit. adv.* içeride(n), içeriye; from ~ içeriden; **2.** *prp.* -*in* içinde, zarfında, dahilinde; ~ doors evde; ~ a mile of -*e* bir mil kala; ~ call, ~ sight, ~ hearing çağrılabilecek, görülebilecek, duyulabilecek uzaklıkta; **withˈout** **1.** *lit. adv.* dışarıda; from ~ dışarıdan; **2.** *prp.* -siz, -sız, -meyerek, -meden, -meksizin; *lit.* hariç, -*in* dışında; **withˈstand** (*irr.* stand) *v/t.* dayanmak -*e*, karşı koymak -*e*.

with.y [ˈwiði] = withe.

wit.less □ [ˈwitlis] akılsız, kafasız, düşüncesiz.

wit.ness [ˈwitnis] **1.** *n.* tanık, şahit; delil, tanıt; şahitlik, tanıklık; bear ~ tanıklık etm.; kanıtlamak (to -*i*); in ~ of -*in* kanıtı olarak; marriage ~ nikâh şahidi; **2.** *v/t.* şahit olm. -*e*, görmek -*i*; şehadet etm. -*e*; *v/i.* şahitlik (*veya* tanıklık) etm. (for, to *lehte*; against *aleyhte*); ˈ~-**box**, *Am.* ~ **stand** tanık kürsüsü.

wit.ti.cism [ˈwitisizəm] *n.* espri, şaka; ˈ**wit.ti.ness** *n.* espri yeteneği, hazırcevaplık; ˈ**wit.ting.ly** *adv.* bile bile, kasten; ˈ**wit.ty** □ nükteli, esprili, hazırcevap; nükteci, zeki.

wives [waivz] *pl. of* wife.

wiz *Am. sl.* [wiz] *n.* deha; **wiz.ard** [ˈ~əd] **1.** *n.* büyücü, sihirbaz; *fig.* deha; financial ~ çok kolay para kazanan kimse; **2.** *adj. sl.* mükemmel, şahane.

wiz.en(.ed) [ˈwizn(d)] *adj.* pörsümüş, pör

sük.
wo(a) [wəu] *int. atları durdurmak için kullanılan bir ünlem.*
woad ♀, ⊕ [wəud] *n.* çivitotu.
wob.ble [ˈwɔbl] *v/t. & v/i.* salla(n)mak; titremek; tereddüt etm., bocalamak; sendelemek; ⊕ yalpalamak, yalpa vurmak.
wo(e) *rhet. veya co.* [wəu] *n.* keder, dert, elem, acı; ~ is me! vah başıma gelenlere!, eyvahlar olsun; **ˈ~-be.gone** *adj.* kederli, gamlı; **wo(e).ful** ☐ *rhet. veya co.* [ˈ~ful] kederli, hüzünlü; üzücü; **ˈwo(e)-ful.ness** *n.* hüzün, keder.
woke [wəuk] *pret. & p.p. of* wake² 1.
wold [wəuld] *n.* yayla, bozkır.
wolf [wulf] *n., pl.* **wolves** [wulvz] **1.** *n. zo.* kurt; *sl.* zampara, çapkın; cry ~ yalan yere tehlike işareti vermek; **2.** *v/t.* F aç kurt gibi yemek, silip süpürmek *(yemek)*; **ˈwolf.ish** ☐ kurt gibi; F *fig.* aç kurt gibi.
wolf.ram *min.* [ˈwulfrəm] *n.* tungsten, volfram.
wolves [wulvz] *pl. of* wolf.
wom.an [ˈwumən] *n., pl.* **wom.en** [ˈwimin] *n.* kadın; eş, karı; sevgili, metres; kadınlık; kadın cinsi; ~'s rights *pl.* kadın hakları; *attr.* kadın...; ~ doctor kadın doktor; ~ student kız öğrenci; ~ **suffrage** kadınların oy kullanma hakkı; **ˈwom.an--hat.er** *n.* kadın düşmanı; **wom.an.hood** [ˈ~hud] *n.* kadınlık; kadınlar; reach ~ kadın olm.; **ˈwom.an.ish** ☐ kadın gibi, kadınsı; **ˈwom.an.kind** *n.* kadınlar; **ˈwom-an.like** *adj.* kadın gibi; **ˈwom.an.ly** *adj.* kadına yakışır; kadın gibi.
womb [wu:m] *n. anat.* rahim, dölyatağı; *fig.* menşe.
wom.en [ˈwimin] *pl. of* woman; ~'s rights kadın hakları; ~'s team *spor:* bayan takımı; **wom.en.folk(s)** [ˈ~fəuk(s)], **ˈwom-en.kind** *n.* kadınlar, kadın kısmı; kadın akrabalar.
won [wʌn] *pret. & p.p. of* win 1.
won.der [ˈwʌndə] **1.** *n.* harika, şaşılacak şey, mucize; hayret, şaşkınlık; for a ~ hayret; **2.** *vb.* şaşmak, hayret etm. (at *-e*); hayrette kalmak, hayran olm.; merak etm. (whether, if *-ip -mediğini*); düşünmek; şüphe etm.; **won.der.ful** ☐ [ˈ~ful] hayret verici, harika, fevkalâde, şahane; şaşılacak, tuhaf; **ˈwon.der.ing** **1.** ☐ şaşkın, şaşırmış; **2.** *n.* hayret, şaşkınlık; **ˈwon.der-land** *n.* harikalar diyarı; **ˈwon.der.ment** *n.* hayret, şaşkınlık; merak; **ˌwon.der-struck** *adj.* hayretler içinde kalmış; **ˈwon.der-work.er** *n.* harikalar yaratan kimse.
won.drous ☐ *lit.* [ˈwʌndrəs] harikulade, olağanüstü.
won.ky *sl.* [ˈwɔŋki] *adj.* çürük *(a. fig.)*; halsiz, bitkin, zayıf.
won't [wəunt] = will not.
wont [wəunt] **1.** *pred.* alışmış, alışkanlık haline getirmiş; be ~ to do *bşi* yapmak âdetinde olm.; **2.** *n.* âdet, alışkanlık; **ˈwont.ed** *adj.* alışılmış, her zamanki.
woo [wu:] *v/t.* kur yapmak *-e*; kazanmaya çalışmak; kendine çekmek.
wood [wud] *n.* orman, koru; odun, tahta, kereste, ağaç; ♪ tahtadan yapılmış nefesli sazlar; ~s *pl.* orman, koru; touch ~! şeytan kulağına kurşun!, nazar değmesin!; out of the ~ *fig.* tehlikeden uzak, güçlükleri yenmiş; from the ~ fıçıdan; **~.bine**, *a.* **~.bind** ♀ [ˈ~bain(d)] *n.* hanımeli, **ˌ~-carv.ing** *n.* oymacılık; tahta oyma işi; **ˈ~.chuck** *n. zo.* bir çeşit dağ sıçanı; **ˈ~.cock** *n. orn.* çulluk; **ˈ~.craft** *n.* ormancılık; oymacılık; **ˈ~.cut** *n.* tahta basma kalıbı (ile basılmış desen *veya* resim); **ˈ~.cut.ter** *n.* baltacı, oduncu; **ˈwood.ed** *adj.* ağaçlı; **ˈwood.en** *adj.* tahtadan yapılmış, tahta..., ahşap...; *fig.* odun gibi, sert; **ˈwood-en.grav.er** *n.* tahta oymacısı *(veya* hakkâkı); **ˌwood-en.grav.ing** *n.* ağaç oymacılığı; **ˌwood.i.ness** *n.* ağaçlık *(veya* ormanlık) olma; orman bolluğu.
wood...: **ˈ~.land** **1.** *n.* ormanlık, ağaçlık; **2.** *adj.* ormanlık...; orman...; **ˈ~.lark** *n. orn.* ağaççıl tarlakuşu; **ˈ~-louse** *n. zo.* tespihböceği **ˈ~.man** *n.* oduncu, baltacı; orman adamı; **ˈ~.peck.er** *n. orn.* ağaçkakan; **ˌ~.pile** *n.* odun yığını; **ˌ~-pulp** *n.* kâğıt hamuru; **ˈ~.ruff** *n.* ♀ ince otu; **ˈ~-shav-ings** *n. pl.* talaş; **ˈ~.shed** *n.* odunluk; **ˈwoods.man** *Am. for* woodman; **ˈwood--wind** *n., a.* ~ instruments *pl.* ♪ tahtadan yapılmış nefesli sazlar; **ˈ~-work** *n.* doğrama(cılık), dülgerlik *(part.* ⚠); **ˈ~--work.ing ma.chine** marangoz tezgâhı; **ˈwood.y** *adj.* ormanlık, ağaçlık; ağaç cinsinden, ağaçsıl; **ˈwood.yard** *n.* kereste deposu.
woo.er [ˈwu:ə] *n.* âşık, kur yapan kimse.
woof [wu:f] *s.* weft.
woof.er ⚡ [ˈwu:fə] *n.* alçak titreşimli ses hoparlörü.
wool [wul] *n.* yün, yapağı; kıvırcık saç; dyed in the ~ dokunmadan önce boyanmış; *fig.* tam, halis muhlis; koyu; pull the ~ over s.o.'s eyes *b-ni* aldatmak, *b-nin* gözünü boyamak; lose one's ~ F tepesi atmak, kızmak, sinirlenmek; **ˈ~-gath.er-ing** **1.** *n.* aklı başka yerde olma, dalgın-

lık; go ~ aklı başka yerde olm., dalgın olm.; 2. *adj.* dalgın, aklı başka yerde olan; **ˈwool.(l)en** 1. *adj.* yünden yapılmış, yünlü, yün...; 2. *n.* ~s *pl.* yünlüler; **ˈwool(l)y** 1. *adj.* yünlü; yün gibi; yumuşak; *paint.* & *fig.* bulanık, dağınık; flu; 2. *n.* woollies *pl.* F yünlü giyecek, *part.* kazak.
wool...: **ˈ~.sack** *n.* Lortlar Kamarası başkanının meclisteki yün minderi; **ˈ~-sta-pler** *n.* yün tüccarı; **ˈ~-work** *n.* yün işi.
Wop *Am. sl.* [wɔp] *n.* İtalyan.
word [wəːd] 1. *n. mst* kelime, söz(cük); laf; haber, bilgi; vaat, söz; emir, kumanda; ✕ parola; ~s *pl.* konuşma; *fig.* ağız kavgası, münakaşa; by ~ of mouth ağızdan, sözlü olarak, şifahen; eat one's ~s tükürdüğünü yalamak, sözünü geri almek; have ~s ağız kavgası (*veya* münakaşa) etm. (with *ile*); leave ~ haber bırakmak; send (bring) ~ haber göndermek (getirmek); be as good as one's ~ sözünün eri olm.; take s.o. at his ~ *b-nin* sözüne inanmak; 2. *v/t.* ifade etm., söylemek; ~ed as follows şöyle denilmiştir; **ˈ~-book** *n.* sözlük; libretto; **ˈword.i.ness** *n.* çok kelimelilik; **ˈword.ing** *n.* yazılış tarzı, üslup; **ˈword.less** *adj.* kelimesiz, sessiz, suskun; **ˈword-ˈper.fect** *adj. thea.* ezbere bilen; **ˈword-split.ting** *n.* bilgicilik, sofizm.
word.y □ [ˈwəːdi] çok kelimeli; kelimeye ait, kelime...
wore [wɔː] *pret. of* wear 1.
work [wəːk] 1. *n.* iş, çalışma; emek; vazife, görev; eser; ~s *sg.* fabrika, tesis; ~s *pl.* ⊕ mekanizma; ✕ istihkâm; public ~s *pl.* bayındırlık; ~ of art sanat eseri; at ~ iş başında, işte; be in ~ bir işi olm.; be out of ~ işsiz, boşta olm.; make sad ~ of yüzüne gözüne bulaştırmak; make short ~ of çabucak bitirivermek, kısa kesmek; put out of ~ işsiz bırakmak; set to ~, set *veya* go about one's ~ işe koyulmak, başlamak; ~s council yönetim kurulu; 2. *(irr.) v/t.* & *v/i.* çalış(tır)mak; işle(t)mek; oyna(t)mak; çözmek, halletmek; etkilemek; yaratmak, yapmak; zorlamak (into *-e*); uğraşmak, emek sarf etm.; görevli olm.; yürümek; başarılı olm., iyi sonuç vermek; mayalanmak; ~ one's way *k-ne* yol açmak; he is ~ing his way through college hem okuyup hem çalışıyor; ~ one's will istediğini yaptırmak (upon *-e*); ~ it *sl.* becermek, halletmek; ~ at çalışmak, çabalamak; ~ off çık(ar)mak; geç(ir)mek; bitirmek; ✝ çalışarak ödemek *(borç)*; ~ out çık(ar)mak; hesaplamak; halletmek, çöz(ül)mek, çözüm yolu bulmak; anlamak, keştirmek; sonuçlanmak; geliş(tir)mek; başarılı olm., başarı kazanmak; bitirmek *(maden damarı)*; idman yapmak; geçirmek *(vakit)*; çalışarak ödemek *(borç)*; gitmek; bulmak, keşfetmek; ~ up geliş(tir)mek, ilerle(t)mek; artırmak; heyecanlandırmak, kamçılamak, körüklemek; beslemek *(ümit)*; bitirmek, tamamlamak, düzenlemek; sokmak (into ... *haline*).
work.a.ble □ [ˈwəːkəbl] işlenebilir; pratik, elverişli; işletilebilir; **ˈwork.a.day** *adj.* sıradan, alelade, sıkıcı; **ˈwork.day** *n.* işgünü; **ˈwork.er** *n.* işçi, amele; ~s *pl.* işçi sınıfı; **ˈwork.house** *n.* darülaceze; *Am.* ıslahevi.
work.ing [ˈwəːkiŋ] 1. *n.* çalışma; 2. *adj.* iş gören, çalışan; işleyen; işe ait, iş...; ~ knowledge yeterli bilgi; in ~ order çalışır vaziyette, işler durumda; ~ **cap.i.tal** döner sermaye; **ˈ~-class** *adj.* işçi sınıfı...; ~ **day** işgünü; ~ **draw.ing** ⚠ çalışma projesi; ~ **hours** *pl.* iş saatleri; ~ **man** işçi; **ˈ~-out** *n.* uygulama, tatbik; hesaplama; ~ **plan** ⚠ çalışma planı.
work.man [ˈwəːkmən] *n.* işçi; **ˈ~.like** *adj.* ustaya yakışır; **ˈwork.man.ship** *n.* ustalık; usta işi; zanaat.
work...: **ˈ~.out** *n. Am.* F *mst spor:* idman, antrenman; **ˈ~.room** *n.* çalışma odası; **ˈ~.shop** *n.* atelye; **ˈ~-shy** *adj.* tembel, işten kaçan; **ˈ~.wom.an.** *n.* kadın işçi.
world [wəːld] *n. com.* dünya, cihan, âlem; evren; uzay; yer(yüzü); gezegen; hayat, ömür; toplum; a ~ of dünya kadar, pek çok; in the ~ dünyada; yahu, Allah aşkına; what in the ~ are you doing? ne yapıyorsun sen Allah aşkına?; bring (come) into the ~ dünyaya getirmek (gelmek), doğ(ur)mak; for all the ~ like *veya* as if *ile* tıpatıp aynı, hık demiş burnundan düşmüş; a ~ too wide çok geniş; think the ~ of hayran olm. *-e*, çok sevmek *-i;* man of the ~ dünya (*veya* hayat) adamı; **world.li.ness** [ˈ~linis] *n.* dünyevîlik, maddecilik; **ˈworld.ling** *n.* dünyaperest kimse.
world.ly [ˈwəːldli] *adj.* dünyevî; maddî; ~ innocence dünyadan haberi olmama; ~ wisdom görmüş geçirmişlik; **ˈ~ˈwise** *adj.* görmüş geçirmiş, pişkin.
world...: **ˈ~-pow.er** *n. pol.* önemli devlet; **ˈ~-wear.y** *adj.* dünyadan bezmiş; **ˈ~-wide** *adj.* dünya çapında, dünyaya yaygın, âlemşümul.
worm [wəːm] 1. *n.* kurt, solucan; *fig.* aşağılık (*veya* pısırık) kimse; ⊕ vidanın helezonî kısmı; ⊕ sonsuz vida; 2. *v/t.* ~ a secret out of s.o. *b-nin* ağzından us-

talıkla laf almak; ~ o.s. sokulmak; *fig.* girmek (into -*e*); ˈ~-**drive** *n.* ⊕ helezonî dişli; ˈ~-**eat.en** *adj.* kurt yemiş; *fig.* eski, demode; ˈ~-**gear** *n.* ⊕ sonsuz dişli; = ˈ~-**wheel** *n.* ⊕ helezonî tekerlek; ˈ~.**wood** *n.* pelin; *fig.* acılık; acı veren şey; ˈ**worm.y** *adj.* kurtlu; kurt yemiş; kurt gibi.

worn [wɔːn] *p.p. of* wear 1; ˈ~-ˈ**out** *adj.* bitkin, çok yorgun; eskimiş, aşınmış, yıpranmış.

wor.ri.ment F [ˈwʌrimənt] *n.* üzüntü, endişe; **wor.rit** *sl.* [ˈwʌrit] *vb.* canını sıkmak; ˈ**wor.ry** 1. *v/t.* & *v/i.* üz(ül)mek, endişelen(dir)mek; rahatsız etm., canını sıkmak; ısırmak *(köpek)*; merak etm., kaygılanmak, tasalanmak (about -*e*); 2. *n.* üzüntü, endişe, merak, tasa, kaygı, sıkıntı; baş belâsı.

worse [wəːs] 1. *adj.* daha fena, daha kötü, beter; ⚕ daha hasta; ~ luck! maalesef!, ne yazık ki!; he is none the ~ for it ondan ona bir zarar gelmez; the ~ for wear giyile giyile eskimiş; bitkin, çok yorgun; 2. *n.* daha kötü şey, beteri; from bad to ~ daha kötüye; ˈ**wor.sen** *v/t.* & *v/i.* fenalaş(tır)mak, kötüleş(tir)mek.

wor.ship [ˈwəːʃip] 1. *n.* tapınma, ibadet; hayranlık, tapma; Your ♀ zatıaliniz; place of ~ ibadethane; 2. *v/t.* tapmak, tapınmak, hayranlık duymak -*e*; *v/i.* ibadet etm.; **wor.ship.ful** □ [ˈ~ful] saygıdeğer, muhterem; ˈ**wor.ship.(p)er** *n.* tapan, ibadet eden kimse.

worst [wəːst] 1. *adj.* en fena, en kötü; 2. *n.* en kötü şey *veya* durum; at (the) ~ en kötü olasılıkla; do your ~! elinden geleni ardına koyma!; get the ~ of it yenilmek; if the ~ comes to the ~ başka çıkar yol kalmazsa, durum daha da kötü olursa; 3. *v/t.* yenmek, mağlûp etm.

wor.sted [ˈwustid] *n.* bükme ün, yün ipliği; bükme yünden dokunmuş kumaş.

wort[1] ⚘ [wəːt] *n.* bitki, sebze, ot.

wort[2] [~] *n.* bira mayası.

worth [wəːθ] 1. *adj.* değer, lâyık;... değerinde, -lik, ...sahibi; he is ~ a million bir milyonu var; ~ reading okumaya değer; 2. *n.* değer, kıymet; servet, varlık; bedel, -lik; **wor.thi.ness** [ˈwəːðinis] *n.* değer(lilik); **worth.less** □ [ˈwəːθlis] değersiz, işe yaramaz; karaktersiz, ciğeri beş para etmez; ˈ**worth-**ˈ**while** *adj.* (zahmetine) değer, yapmaya değer; faydalı; **wor.thy** [ˈwəːði] 1. □ değerli; layık (of -*e*), reva, müstahak; uygun, yaraşır; *oft. co.* saygıdeğer, muhterem; ~ of s.th. *bşe* lâyık, *bşe* değer; 2. *n.* değerli kimse.

would [wud, wəd] *pret. of* will; -ecek(ti); istedi.

would-be [ˈwudbiː] *adj.* sözde, güya, sözümona; ~ aggressor güya saldırgan; ~ buyer sözümona müşteri; ~ painter sözde ressam; ~ poet şair müsveddesi; ~ politician sözümona politikacı.

wouldn't [ˈwudnt] = would not.

wound[1] [wuːnd] 1. *n.* yara, bere; *fig.* gönül yarası; 2. *v/t.* yaralamak; *fig.* -*in* gönlünü kırmak, incitmek.

wound[2] [waund] *pret.* & *p.p. of* wind[2].

wove *pret.*, **wo.ven** [ˈwəuv(ə)n] *p.p. of* weave 1.

wow *Am.* [wau] 1. *int.* hayret!, deme!; 2. *n. thea. sl.* büyük başarı.

wrack[1] ⚘ [ræk] *n.* deniz yosunu.

wrack[2] [~] = rack[3].

wraith [reiθ] *n.* bir kimsenin ölümünden az önce görülen hayali, tayf; sıska kimse.

wran.gle [ˈræŋgl] 1. *v/i.* kavga etm., çekişmek; ağız dalaşı yapmak, münakaşa etm.; 2. *n.* kavga, ağız dalaşı.

wrap [ræp] 1. *v/t.* & *v/i.* ört(ün)mek; *oft.* ~ up sar(ıl)mak, sarmalamak, paketlemek; bürü(n)mek; bükmek, katlamak; *fig.* bitirmek, bağlamak *(iş)*; be ~ped up in -*e* sarılmış, bürünmüş olm.; -*de* gizli, saklı olm.; *fig.* -*e* dört elle sarılmış, kendini vermiş, dalmış olm.; 2. *n.* örtü; atkı; giysi; ˈ**wrap.per** *n.* sargı; sabahlık; a postal ~ kitap kabı; ˈ**wrap.ping** *n.* ambalaj; sargı; ~ paper paket (*veya* ambalaj) kâğıdı.

wrath *lit.* [rɔθ] *n.* öfke, hiddet, gazap; **wrath.ful** □ [ˈ~ful] öfkeli, küplere binmiş.

wreak [riːk] *v/t.* yapmak, çıkarmak *(hınç, öfke vs.)* (upon -*den*).

wreath [riːθ] *n., pl.* **wreaths** [riːðz] çelenk; **wreathe** [riːð] *v/t.* & *v/i.* sar(ıl)mak; kaplamak; çelenk yapmak; çöreklenmek *(yılan)*; daireler halinde hareket etm. *(duman vs.)*.

wreck [rek] 1. *n.* ⚓ gemi enkazı; harabe, virane, yıkıntı, enkaz *(oft. fig.)*; kazaya uğrama; harabiyet, tahribat; *fig.* harap olmuş kimse; 2. *v/t.* kazaya uğratmak; yıkmak, altüst etm.; be ~ed ⚓ karaya oturmak; kazaya uğramak; ˈ**wreck.age** *n.* enkaz, yıkıntı; **wrecked** *adj.* kazaya uğramış; karaya oturmuş; yıkılmış; ˈ**wreck.er** *n.* ⚓ enkaz temizleyen kimse; *fig.* sabotajcı; *Am.* bina yıkıcısı; *mot.* kurtarıcı, çekici; ˈ**wreck.ing** *n.* enkaz hırsızlığı; ~ company eski binaları yıkan şirket; ~ service *mot.* kurtarma (*veya*

yedeğe alma) servisi.
wren *orn.* [ren] *n.* çalıkuşu.
wrench [rentʃ] **1.** *v/t.* burkmak; burkarak koparmak; zorla almak (from s.o. *b-den*); *fig.* çarpıtmak *(anlam)*; ~ open çekip açmak; ~ out çekip çıkarmak; **2.** *n.* burk(ul)ma; bük(ül)me; *fig.* ayrılık acısı; ⊕ İngiliz anahtarı.
wrest [rest] *v/t.* zorla elde etm., zorla almak (from s.o. *b-den*); çarpıtmak *(anlam, gerçek)*.
wres.tle ['resl] **1.** *v/i.* güreşmek; *fig.* uğraşmak, mücadele etm.; **2.** = wrestling; **'wres.tler** *n.* pehlivan, güreşçi; **'wres-tling** *n.* güreş(me).
wretch [retʃ] *n.* sefil, biçare, zavallı kimse; *co.* herif, alçak adam; poor ~ adamcağız.
wretch.ed □ ['retʃid] alçak, sefil; bitkin, bezgin, üzgün; perişan, acınacak halde; acıklı; kötü, berbat; **'wretch.ed.ness** *n.* sefalet, perişanlık; bitkinlik.
wrick [rik] **1.** *v/t.* burkmak; **2.** *n.* burk(ul)ma.
wrig.gle ['rigl] *v/t. & v/i.* kımılda(t)mak; sıyrılmak, sıyrılıp çıkmak; kıvranmak, sallanmak; kıpır kıpır kıpırdanmak; kıvrılmak; ~ out of *-den* sıyrılıp çıkmak; *-den* yakayı sıyırmak *(güçlük vs.)*.
wright [rait] *n.* işçi; yapımcı; yazar; marangoz.
wring [riŋ] **1.** *(irr.) v/t.* burup sıkmak; burmak, bükmek, sıkmak; ~ s.th. from s.o. *b-den bşi* zorla almak; ~ s.o.'s heart *b-nin* yüreğine işlemek; ~ing wet sırılsıklam; **2.** *n.* burma, sıkma; **'wring.er, 'wring.ing-ma.chine** *n.* çamaşır merdanesi.
wrin.kle¹ ['riŋkl] **1.** *n.* kırışık, buruşuk; yöntem, teknik; **2.** *v/t. & v/i.* kırış(tır)mak, buruş(tur)mak; ~d kırışık, buruşuk.
wrin.kle² F [~] *n.* fikir, öğüt, çıtlatma.
wrist [rist] *n.* bilek; ~ watch kol saati; **'wrist.band** *n.* kol ağzı, manşet; = **wrist-let** ['~lit] *n.* kayış *(part. saat)*; *spor:* bileklik.
writ [rit] *n.* yazı; ferman, ilâm, mahkeme emri; davetiye; Holy ♀ İncil; ~ of attachment ⚖ haciz belgesi; ~ of execution ⚖ icra emri.
write [rait] *(irr.) v/t.* yazmak; kaleme almak; ifade etm.; kaydetmek; doldurmak *(form vs.)*; ~ down yazmak, kaydetmek; ~ in full tam olarak *(veya* ayrıntılarıyla) yazmak; ~ off derhal yazmak, yazıvermek; kapatmak, ödemek *(borç)*; iptal etm.; hurdahaş etm.; † zarara geçmek; ~ out yazıya dökmek; yazmak *(çek vs.)*; ~ up yazıp tamamlamak; değerini yüksek göstermek *(hisse vs.)*; *fig. -den* övgüyle bahsetmek; *v/i.* yazı yazmak; yazarlık yapmak; ~ for ...hesabına yazı yazmak; beste yapmak; mektupla *bş* ısmarlamak; ~ home about *fig.* bahsetmeye değer; **'~-off** *n.* † zarar olarak kabul edilen miktar; a complete ~ F hurdahaş olmuş şey.
writ.er ['raitə] *n.* yazar; kâtip; ~ to the signet *(İskoçya'da)* noter; ~'s cramp, ~'s palsy çok yazı yazmaktan ele giren kramp.
write-up ['raitʌp] *n.* makale; övücü yazı.
writhe [raið] *v/i.* kıvranmak; *fig.* acı çekmek.
writ.ing ['raitiŋ] *n.* yazı; el yazısı; yazı yaz(ıl)ma; yazarlık; ~s *pl.* eser, kitap; *attr.* yazı...; in ~ yazılı; **'~-block** *n.* bloknot; **'~-case** *n.* sumen; **'~-desk** *n.* yazı masası; **'~-pa.per** *n.* yazı kâğıdı.
writ.ten ['ritn] **1.** *p.p. of* write; **2.** *adj.* yazılı.
wrong [rɔŋ] **1.** □ yanlış, hatalı; ters; haksız; uygunsuz, yakışık almaz; bozuk; be ~ yanılmak; hatalı, yanlış olm.; uygunsuz olm.; bozuk olm.; yanlış gitmek *(saat)*; go ~ yanılmak; kötü sonuçlanmak; bozulmak; *fig.* doğru yoldan sapmak; there is something ~ bir bozukluk var; what's ~ with...? F *-in* nesi var?; on the ~ side of sixty altmış yaşını geçmiş; **2.** *n.* hata, kusur; haksızlık; günah; yalan; be in the ~ hatalı, haksız olm.; put s.o. in the ~ *b-ni* haksız çıkarmak; **3.** *v/t.* haksız muamele etm. *-e*, haksızlık etm. *-e*; *-in* hakkını yemek; **'~-do.er** *n.* haksızlık eden *(veya* günahkâr) kimse; **'~do.ing** *n.* haksızlık; günah; **wrong.ful** □ ['~ful] haksız; kanunsuz; gayri meşru; **'wrong-'head.ed** *adj.* inatçı, ters; yanlış; **'wrong.ness** *n.* haksızlık, yanlışlık.
wrote [rəut] *pret. of* write.
wroth *poet. veya co.* [rəuθ] *adj.* öfkeli, hiddetli.
wrought *lit.* [rɔːt] *pret. & p.p. of* work 2; **'~-'i.ron 1.** *n.* dövme demir; **2.** *adj.* dövme demirden yapılmış; **'~-up** *adj.* çok heyecanlı, sinirli.
wrung [rʌŋ] *pret. & p.p. of* wring 1.
wry □ [rai] eğri, çarpık.

X

X ⚓ & **fig.** [eks] *n.* «X» işareti.
Xe.rox [ˈziərɔks] **1.** *n.* fotokopi; **2.** *vb.* fotokopi çekmek.
Xmas [ˈkrisməs] = **Christmas.**
X-ray [ˈeksˈrei] **1.** *n.* **~s** *pl.* röntgen ışını; *attr.* röntgen...; **2.** *v/t.* röntgen ışınları ile muayene *veya* tedavi etm.
X-shaped [ˈeksʃeipt] *adj.* «X» şeklindeki.
xy.log.ra.phy [zaiˈlɔgrəfi] *n.* tahta kalıptan resim basma sanatı.
xy.lo.nite [ˈzailənait] *n.* selüloyt.
xy.lo.phone ♪ [ˈzailəfəun] *n.* ksilofon.

Y

yacht ⚓ [jɔt] **1.** *n.* yat; **2.** *v/i.* yat ile gezmek *veya* yarışmak; **'~-club** *n.* yat kulübü; **'yacht.er, yachts.man** ['~smən] *n.* yat sahibi *veya* yat kullanan kimse; **'yacht-ing** *n.* yatçılık, kotracılık; *attr.* yat...

yah [jɑː] ah!, ya!

ya.hoo [jə'huː] *n.* hayvan gibi herif.

yam ⚘ [jæm] *n.* Hint yerelması.

yank¹ [jæŋk] **1.** *v/t.* birden çekmek; **2.** *n.* birden çekiş .

Yank² *sl.* [~] = Yankee.

Yan.kee F ['jæŋki] *n.* Amerikalı; ABD:'-nin kuzey eyaletlerinde oturan kimse; ~ Doodle Amerikan halk şarkısı.

yap [jæp] **1.** *v/i.* havlamak; F gevezelik etm.; **2.** *n.* havlama; F gevezelik.

yard¹ [jɑːd] *n.* yarda *(0,914 m)*; ⚓ seren.

yard² [~] *n.* avlu; *Am.* bahçe; the ♀ Londra Emniyet Müdürlüğü; marshalling ~, railway ~ manevra istasyonu.

yard...: '~-arm *n.* ⚓ seren cundası; **'~.man** *n.* 🚂 manevracı; **'~-meas.ure, '~.stick** *n.* bir yardalık ölçü (çubuğu).

yarn [jɑːn] **1.** *n.* iplik; ⚓ gemici masalı; F masal, hikâye; spin a ~ hikâye anlatmak; **2.** *v/i.* F hikâye anlatmak.

yar.row ⚘ [j'ærəu] *n.* civanperçemi.

yaw ⚓, ✈ [jɔː] *v/i.* rotadan çıkmak.

yawl ⚓ [jɔːl] *n.* filika; iki yelkenli gemi.

yawn [jɔːn] **1.** *v/i.* esnemek; açılmak, yarılmak; **2.** *n.* esneme.

ye † *veya poet. veya co.* [jiː, ji] *pron.* siz(ler).

yea † *veya prov.* [jei] **1.** *adv.* evet; **2.** *n.* olumlu oy (veren kimse).

year [jiə, jəː] *n.* yıl, sene; yaş; ~ of grace milâdî yıl; he bears his ~s well yaşına göre çok dinç; **'year.ling** *n.* bir yaşında hayvan yavrusu; **'year-long** *adj.* bir yıllık, bir yıl süren; **'year.ly** *adj. & adv.* yıllık, senelik, yılda bir (olan).

yearn [jəːn] *v/i.* arzulamak, çok istemek (for, after *-i;* to *inf. -meği*); **'yearn.ing 1.** *n.* arzu, hasret, özlem; **2.** ☐ hasretli, özlemli.

yeast [jiːst] *n.* maya; **'yeast.y** ☐ mayalı, maya gibi; köpüklü; *fig.* önemsiz, boş, anlamsız.

yegg(.man) *Am. sl.* ['jeg(mən)] *n.* hırsız, kasa hırsızı.

yell [jel] **1.** *v/i.* çığlık koparmak, bağırmak, haykırmak, feryat etm.; **2.** *n.* çığlık, bağırma, haykırma.

yel.low ['jeləu] **1.** *adj.* sarı; F ödlek, korkak; *sl.* şoven; heyecan yaratan *(gazete)*; **2.** *n.* sarı renk; yumurta sarısı; **3.** *v/t. & v/i.* sarar(t)mak; ~ed sararmış, solmuş; **'~.back** *n.* değersiz eski kitap; ~ **fe.ver** ⚕ sarıhumma; **'~-ham.mer** *n. orn.* sarıcık; **'yel.low.ish** adj. sarımsı, sarımtırak; **'yel.low press** olayları heyecanlı bir biçimde veren gazeteler.

yelp [jelp] **1.** *n.* kesik kesik havlama; **2.** *v/i.* kesik hesik havlamak.

yen *Am. sl.* [jen] *n.* hasret, özlem, arzu.

yeo.man ['jəumən] *n.* toprak sahibi; ~ of the guard hassa askeri; **'yeo.man.ry** *n.* küçük toprak sahipleri; ⚔ çiftçilerden oluşan gönüllü süvari alayı.

yep *Am.* F [jep] *adv.* evet.

yes [jes] **1.** *adv.* evet, hay hay; **2.** *n.* olumlu yanıt; olumlu oy (veren kimse); **~--man** *sl.* ['~mæn] *n.* evet efendimci.

yes.ter.day ['jestədi] *n. & adv.* dün; **yes-ter'year** *n. & adv.* geçen yıl.

yet [jet] **1.** *adv.* henüz, daha, hâlâ; bile; yine, nihayet; as ~ şimdiye kadar; not ~ henüz değil; **2.** *cj.* ancak; yine de, bununla birlikte, buna rağmen.

yew ⚘ [juː] *n.* porsukağacı.

Yid.dish ['jidiʃ] *n.* Eskenazi dili.

yield [jiːld] **1.** *v/t.* vermek, meydana çıkarmak; getirmek *(kâr)*; sağlamak; ~ up the ghost ruhunu teslim etm., ölmek; *v/i. part.* ✓ mahsül vermek; razı olm., teslim olm., boyun eğmek (to *-e*); çökmek, kırılmak; **2.** *n.* mahsül, ürün, rekolte, hâsılat, gelir; **'yield.ing** ☐ bükülebilir, eğrilebilir; verimli, bereketli; *fig.* yumuşak, uysal.

yip *Am.* F [jip] *v/i.* acı acı havlamak.

yo.del, yo.dle ['jəudl] **1.** *n.* pesten tize anî geçişlerle söylenen şarkı; **2.** *vb.* böyle şarkı söylemek.

yo.gi ['jəugi] *n.* yogacı.

yo.gurt, yo.ghurt, yo.ghourt ['jɔgət] *n.* yo-

ğurt.
yoicks *hunt.* [jɔiks] *int.* haydi!
yoke [jəuk] **1.** *n.* boyunduruk *(a. fig.)*; çift; omuz sırığı; bağ; **2.** *v/t.* & *v/i.* boyunduruğa koşmak; boyunduruk vurmak; bağla(n)mak; *fig.* evlendirmek (to *ile*); **ˈ~-fel.low** *n.* arkadaş, *part.* hayat arkadaşı, eş.
yo.kel F [ˈjəukəl] *n.* hödük, cahil taşralı.
yolk [jəuk] *n.* yumurta sarısı.
yon † *veya poet.* [jɔn], **yon.der** *lit.* [ˈjɔndə] **1.** *adj.* ötedeki, oradaki, şuradaki; **2.** *adv.* orada, şurada, ötede.
yore [jɔː] *n.*: of ~ eskiden olan.
you [juː, ju] *pron.* sen; siz(ler); sana, seni; size, sizi.
you'd F [juːd] = you had; you would; **you'll** F [juːl] = you will; you shall.
young [jʌŋ] **1.** □ genç, küçük; taze, körpe, yeni; toy; **2.** *n.* yavru(lar); with ~ hamile, gebe; **ˈyoung.ish** *adj.* gepegenç, oldukça genç; **young.ster** [ˈ~stə] *n.* çocuk, yavru, *part.* delikanlı.
your [jɔː, jə] *adj.* senin; sizin; **you're** F [juə] = you are; **yours** [jɔːz] *pron.* seninki; sizinki; **yourˈself,** *pl.* **your.selves** [~ˈselvz] *pron.* kendin(iz); kendi kendinize.
youth [juːθ] *n., pl.* **youths** [juːðz] genç, delikanlı; gençlik; ~ hostel gençlik yurdu, hostel; go ~-hostelling hostellerde gecelemek.
youth.ful □ [ˈjuːθful] genç, dinç, taze; **ˈyouth.ful.ness** *n.* gençlik, dinçlik.
you've F [juːv, juv] = you have.
yuc.ca ⚘ [ˈjʌkə] *n.* avizeağacı.
Yu.go-Slav [ˌjuːgəuˈslaːv] *n.* & *adj.* Yugoslav(yalı).
Yule *lit.* [juːl] *n.* Noel; ~ log Noel gecesi yakılan kütük.

Z

za.ny ['zeini] *n.* soytarı, palyaço, maskara.

zeal [zi:l] *n.* gayret, heves, istek, azim; **zeal.ot** ['zelət] *n.* gayretli kimse; *part. eccl.* fanatik kimse; **'zeal.ot.ry** *n.* fanatizm; **'zeal.ous** □ şevkli, gayretli (for *-e;* to *inf. -meğe*).

ze.bra *zo.* ['zi:brə] *n.* zebra, zebîr; ~ **crossing** çizgili yaya geçidi.

ze.bu *zo.* ['zi:bu:] *n.* hörgüçlü Hint sığırı.

ze.nith ['zeniθ] *n.* başucu; *fig.* zirve, doruk.

zeph.yr ['zefə] *n.* esinti, meltem; ✝ zefir (kumaş).

zep.pe.lin ['zepəlin] *n.* zeplin.

ze.ro ['ziərəu] *n.* sıfır; *fig.* hiç; ~ **hour** ✕ saldırı saati.

zest [zest] **1.** *n.* tat, lezzet, çeşni; *fig.* zevk, haz, heyecan (for *için*); ~ **for life** yaşama coşkusu; **2.** *vb.* çeşni vermek.

zig.zag ['zigzæg] **1.** *n.* zikzak yol; *attr.* zigzag..., dolambaçlı, yılankavî; **2.** *v/i.* zikzak yapmak.

zinc [ziŋk] **1.** *n. min.* çinko, tutya; **2.** *v/t.* çinko kaplamak, galvanizlemek.

Zi.on ['zaiən] *n.* İsrail kavmi; cennet; **'Zi.on.ism** *n.* siyonizm; **'Zi.on.ist** *n. & adj.* siyonist.

zip [zip] **1.** *n.* vızıltı; F gayret, enerji; **2.** *vb.* fermuarı kapatmak; vızıldayarak geçmek *(kurşun)*; **zip code** *Am.* posta bölgesi numarası; **'~-fas.ten.er** = zipper 1; **'zip.per 1.** *n.* fermuar; **2.** *vb.* fermuarlamak; **'zip.py** *adj.* F hareketli, enerjik.

zith.er ♪ ['ziθə] *n.* kanuna benzer bir çalgı aleti.

zo.di.ac *ast.* ['zəudiæk] *n.* zodyak; burçlar kuşağı; **zo.di.a.cal** [zəu'daiəkəl] *adj.* zodyaka ait, zodyak...

zon.al □ ['zəunl] kuşağa ait, kuşak...;

zone *n.* kuşak; *fig.* bölge, mıntıka, yöre.

zoo F [zu:] *n.* hayvanat bahçesi.

zo.o.log.i.cal □ [zəuə'lɔdʒikəl] zoolojik; ~ garden(s *pl.*) hayvanat bahçesi; **zo.ol-o.gist** [~'ɔlədʒist] *n.* zoolog; **zo'ol.o.gy** *n.* zooloji, hayvanlar bilimi.

zoom [zu:m] **1.** *v/i.* ✈ *sl.* dikine yükselmek; *fig.* fırlamak *(fiyat)*; rüzgâr gibi gitmek *(araba)*; *phot.* zum yapmak, mesafeyi ayarlamak; **2.** *n.* dikine yükselme; ~ lens *phot.* mesafeyi ayarlayan mercek.

Zu.lu ['zu:lu:] *n.* Zulu (dili).

zy.mot.ic [zai'mɔtik] *adj.* ⚗ mayalamaya ait, mayalanmadan ileri gelen; ⚕ bulaşıcı hastalığa ait.

Countries of the World

Dünya Ülkeleri

Af.ghan.i.stan [æfˈgænistaːn] Afganistan
Al.ba.ni.a [ælˈbeinjə] Arnavutluk
Al.ge.ri.a [ælˈdʒiəriə] Cezayir
An.dor.ra [ænˈdɔrə] Andorra
Ar.gen.ti.na [ɑːdʒənˈtiːnə] Arjantin
Aus.tra.lia [ɔsˈtreiljə] Avusturalya
Aus.tri.a [ˈɔstriə] Avusturya
Ba.ha.mas [bəˈhɑːməz] Bahama Adaları
Bah.rain [bɑːˈrein] Bahreyn
Ban.gla.desh [bæŋgləˈdeʃ] Bangaldeş
Bar.ba.dos [bɑːˈbeidəs] Barbados
Bel.gium [ˈbeldʒəm] Belçika
Ber.mu.da [bəˈmjuːdə] Bermuda
Bo.liv.i.a [bəˈliviə] Bolivya
Bra.zil [brəˈzil] Brezilya
Bul.gar.i.a [bʌlˈgɛəriə] Bulgaristan
Bur.ma [ˈbəːmə] Birmanya
Cam.er.oon [kæməˈruːn] Kamerun
Can.a.da [ˈkænədə] Kanada
Chad [tʃæd] Çad
Chil.e [ˈtʃili] Şili
Chi.na [ˈtʃainə] Çin
Co.lom.bia [kəˈlɔmbiə] Kolombiya
Cos.ta Ri.ca [kɔstəˈriːkə] Kostarika
Cu.ba [ˈkjuːbə] Küba
Cy.prus [ˈsaiprəs] Kıbrıs
Czech.o.slo.va.ki.a [ˈtʃekəusləuˈvækiə] Çekoslovakya
Den.mark [ˈdenmɑːk] Danimarka
Ec.ua.dor [ˈekwədɔː] Ekvador
E.gypt [ˈiːdʒipt] Mısır
El Sal.va.dor [elˈsælvədɔː] El Salvador
E.thi.o.pi.a [iːθiˈəupjə] Habeşistan
Fin.land [ˈfinlənd] Finlandiya
France [frɑːns] Fransa
Gam.bi.a [ˈgæmbiə] Gambia
Ger.ma.ny [ˈdʒəːməni] Almanya
Gha.na [ˈgɑːnə] Gana
Gi.bral.tar [dʒiˈbrɔːltə] Cebelitarık
Great Brit.ain [ˈgreitˈbritn] Büyük Britanya
Greece [griːs] Yunanistan
Gua.te.ma.la [gwɑːtəˈmɑːlə] Guatemala
Hai.ti [ˈheiti] Haiti

Hol.land [ˈhɔlənd] Hollanda
Hon.du.ras [hɔnˈdjuərəs] Honduras
Hun.ga.ry [ˈhʌŋgəri] Macaristan
Ice.land [ˈaislənd] İslanda adası
In.dia [ˈindjə] Hindistan
In.do.ne.sia [indəˈni:zjə] Endonezya
I.ran [iˈrɑn] Iran
I.raq [ıˈrɑ:k] Irak
Ire.land [ˈaiələnd] İrlanda
Is.ra.el [ˈizreil] Israil
It.a.ly [ˈitəli] İtalya
Ja.mai.ca [dʒəˈmeikə] Jamaika
Ja.pan [dʒəˈpæn] Japonya
Jor.dan [ˈdʒɔ:dn] Ürdün
Ken.ya [ˈkenjə] Kenya
Ko.re.a [kəˈriə] Kore
Ku.weit [kuˈweit] Kuveyt
Leb.a.non [ˈlebənən] Lübnan
Lib.ya [ˈlibiə] Libya
Lux.em.b(o)urg [ˈlʌksəmbə:g] Lüksemburg
Mad.a.gas.car [mædəˈgæskə] Madagaskar Adası
Mal.ta [ˈmɔ:ltə] Malta
Mex.i.co [ˈmeksikəu] Meksika
Mo.na.co [ˈmɔnəkəu] Monako
Mo.roc.co [məˈrɔkəu] Fas
Mo.zam.bique [məuzæmˈbi:k] Mozambik
Neth.er.lands [ˈneðələndz] Hollanda
New Zea.land [nju:ˈzi:lənd] Yeni Zeland
Nic.a.ra.gua [nikəˈrægjuə] Nikaragua
Ni.ge.ri.a [naiˈdʒiəriə] Nijerya
Nor.way [ˈnɔ:wei] Norveç
Pak.i.stan [pɑ:kisˈtɑ:n] Pakistan
Pan.a.ma [pænəˈmɑ:] Panama
Par.a.guay [ˈpærəgwai] Paraguay
Pe.ru [pəˈru:] Peru
Phil.ip.pines [ˈfilipi:nz] Filipinler
Po.land [ˈpəulənd] Polonya
Por.tu.gal [ˈpɔ:tʃugl] Portekiz
Oa'tar [ˈkʌtɑ:] Katar
Rho.de.sia [rəuˈdi:ʒə] Rodezya
Ro.ma.nia [rəˈmeinjə] Romanya
Rus.sia [ˈrʌʃə] Rusya
Sa.u.di A.ra.bi.a [saudiəˈreibiə] Saudi Arabistan
Sen.e.gal [seniˈgɔ:l] Senegal
Sin.ga.pore [siŋgəˈpɔ:] Singapur
Spain [spein] Ispanya
Sri Lan.ka [sriˈlæŋkə] Sri Lanka
Su.dan [su:ˈdɑ:n] Sudan
Swe.den [ˈswi:dn] Isveç
Swit.zer.land [ˈswitsələnd] İsviçre
Syr.i.a [ˈsiriə] Suriye
Tai.wan [taiˈwɑ:n] Tayvan

Tan.za.ni.a [tænzəˈniə] Tanzanya
Thai.land [ˈtailænd] Tayland
Trin.i.dad [ˈtrinidæd] Trinidad
Tu.ni.sia [tju:ˈniziə] Tunus
Tur.key [ˈtə:ki] Türkiye
U.gan.da [ju:ˈgændə] Uganda
Un.ion of So.vi.et So.cial.ist Re.pub.lics [ju:niən əv səuviət səuʃəlist riˈpʌb-liks] Sovyet Sosyalist Cumhuriyetler Birliği, Sovyetler Birliği
U.nit.ed States of A.mer.i.ca [ju:ˈnaitid steits əv əˈmerikə] Amerika Birleşik Devletleri
U.ru.guay [ˈjuərəgwai] Uruguay
Ven.e.zue.la [veniˈzweilə] Venezuela
Vi.et.nam [vjetˈnæm] Vietnam
Yem.en [ˈjemən] Yemen
Yu.go.sla.vi.a [ˈju: gəuˈslɑ:vjə] Yugoslavya
Za.i.re [zɑ:ˈiə] Zaire
Zam.bi.a [ˈzæmbiə] Zambia

The Most Common Forenames in English

İngilizce'de En Yaygın İsimler

Men
Erkek

Abraham ['eibrəhæm]
Adam ['ædəm]
Adrian ['eidriən]
Alan, Allan, Allen ['ælən]
Albert ['ælbət]
Alexander [ælig'za:ndə]
Alex ['æliks]
Alfred ['ælfrid]
Andrew ['ændru:]
Anthony, Antony ['æntəni]
Arnold ['a:nld]
Arthur ['a:θə]
Benjamin ['bendʒəmin]
Bernard ['bə:nəd]
Bill [bil]
Bob [bɔb]
Bruce [bru:s]
Carl [ka:l]
Charles [tʃa:lz]
Christian ['kristʃən]
Christopher ['kristəfə]
Clement ['klemənt]
Clifford ['klifəd]
Colin ['kɔlin]
Cyril ['sirəl]
Daniel ['dæniəl]
David ['deivid]
Dean [di:n]
Dennis, Denis ['denis]
Derek ['derik]
Desmond ['dezmənd]
Dick [dik]
Dominic ['dɔminik]
Douglas ['dʌgləs]
Edmund ['edmənd]
Edward ['edwəd]
Eric ['erik]
Ernest ['ə:nist]
Felix ['fi:liks]
Francis ['fra:nsis]
Frank [fræŋk]
Frederick ['fredrik]
Gary ['gæri]
Geoffrey ['dʒefri]
George [dʒɔ:dʒ]
Gerald ['dʒerəld]
Gerard ['dʒerəd]
Gilbert ['gilbət]
Godfrey ['gɔdfri]
Gordon ['gɔ:dn]
Graham ['greiəm]
Gregory ['gregəri]
Harold ['hærəld]
Harry ['hæri]
Harvey ['ha:vi]
Henry ['henri]
Hilary ['hiləri]
Howard ['hauəd]
Humphrey ['hʌmfri]
Isaac ['aizək]
Jack [dʒæk]
James [dʒeimz]
Jason ['dʒeisn]
Jeffrey ['dʒefri]
Jeremy ['dʒerəmi]
Jerry ['dʒeri]
Jim [dʒim]
Jo, Joe [dʒəu]
John [dʒɔn]
Jonathan ['dʒɔnəθən]
Joseph ['dʒəuzif]
Julian ['dʒu:liən]
Keith [ki:θ]
Ken [ken]
Kevin ['kevin]
Larry ['læri]
Laurence ['lɔrəns]
Leo ['li:əu]
Leonard ['lenəd]
Lewis ['lu:is]
Malcolm ['mælkəm]
Mark [ma:k]
Martin ['ma:tin]
Matthew ['mæθju:]

Max [mæks]
Michael ['maikl]
Mick [mik]
Mike [maik]
Nicholas ['nikələs]
Nick [nik]
Noel ['nəuəl]
Norman ['nɔːmən]
Oliver ['ɔlivə]
Oscar ['ɔskə]
Oswald ['ɔzwəld]
Patrick ['pætrik]
Paul [pɔːl]
Peter ['piːtə]
Philip ['filip]
Ralph [rælf]
Raymond ['reimənd]
Rex [reks]
Richard ['ritʃəd]
Robert ['rɔbət]
Robin ['rɔbin]
Roger ['rɔdʒə]
Ronald ['rɔnld]
Roy [rɔi]
Rudolf ['ruːdɔlf]
Sam [sæm]
Samuel ['sæmjuəl]
Sandy ['sændi]
Sidney ['sidni]
Simon ['saimən]
Stanley ['stænli]
Steve [stiːv]
Stewart ['stjuːət]
Ted [ted]
Thomas ['tɔməs]
Timothy ['timəθi]
Tom [tɔm]
Tony ['təuni]
Victor ['viktə]
Walter ['wɔːltə]
Wayne [wein]
William ['wiljəm]

Women
Kadın

Agatha ['ægəθə]
Alexandra [ælig'zaːndrə]
Alice ['ælis]
Amanda [ə'mændə]
Angela ['ændʒələ]
Ann, Anne [æn]
Barbara ['baːbrə]
Belinda [bə'lində]
Bella ['belə]
Betsy ['betsi]
Betty ['beti]
Brenda ['brendə]
Carol, Carole ['kærəl]
Caroline ['kærəlain]
Carolyn ['kærəlin]
Catherine ['kæθrin]
Celia ['siːliə]
Christine ['kristiːn]
Clare [klɛə]
Constance ['kɔnstəns]
Deborah ['debərə]
Diana [dai'ænə]
Doris ['dɔris]
Darothy ['dɔrəθi]
Elizabeth [i'lizəbəθ]
Emily ['eməli]
Emma ['emə]
Erica ['erikə]
Eve [iːv]
Flora ['flɔːrə]
Florence ['flɔrəns]
Frances ['fraːnsis]
Gloria ['glɔːriə]
Grace [greis]
Harriet ['hæriət]
Helen ['helən]
İngrid ['iŋgrid]
Isabel ['izəbel]
Isabella [izə'belə]
Jane [dʒein]
Janet ['dʒænit]
Jacqueline ['dʒækəlin]
Jennifer ['dʒenifə]
Jenny ['dʒeni]
Jessica ['dʒesikə]
Jill [dʒil]
Joan [dʒəun]
Joanna [dʒəu'ænə]
Josephine ['dʒəuzəfiːn]
Julia ['dʒuːliə]
Julie ['dʒuːli]
Juliet ['dʒuːliət]
Karen ['kærən]
Kate [keit]
Katherine ['kæθrin]
Kay [kei]
Laura ['lɔːrə]
Lily ['lili]
Linda ['lində]
Lisa ['liːsə]
Liz [liz]
Liza ['laizə]
Louise [lu'iːz]
Lucy ['luːsi]
Maggie ['mægi]
Margaret ['maːgrit]

Martha [ˈmɑːθə]
Maria [məˈriə]
Marilyn [ˈmærəlin]
Mary [ˈmɛəri]
Monica [ˈmɔnikə]
Nancy [ˈnænsi]
Natalie [ˈnætəli]
Nelly [ˈneli]
Olive [ˈɔliv]
Pamela [ˈpæmələ]
Patricia [pəˈtriʃə]
Paula [ˈpɔːlə]
Rebecca [rəˈbekə]
Rita [ˈriːtə]
Rose [rəuz]
Rosemary [ˈrəuzməri]
Sally [ˈsæli]
Samantha [səˈmænθə]
Sandra [ˈsaːndrə]
Sarah [ˈsɛərə]
Shirley [ˈʃəːli]
Sheila [ˈʃiːlə]
Stella [ˈstələ]
Stephanie [ˈstefəni]
Susan [ˈsuːzn]
Susie [ˈsuːzi]
Suzanne [suːˈzæn]
Sylvia, Silvia [ˈsilviə]
Tracy [ˈtreisi]
Ursula [ˈəːsjulə]
Veronica [vəˈrɔnikə]
Victoria [vikˈtɔːriə]
Virginia [vəˈdʒiniə]

The Most Common Abbreviations in English

İngilizce'de En Yaygın Kısaltmalar

A

A-bomb atomic bomb atom bombası
A.A. Automobile Association Otomobil Kurumu
A.A.A. Amateur Athletics Association Amatör Atletizm Kurumu; *Am.* American Automobile Association Amerikan Otomobil Kurumu.
A.B. Able Seaman Gemici; *Am.* Bachelor of Arts Edebiyat Fakültesi Mezunu.
A.B.C. Australian Broadcasting Commission Avustralya Radyo, Televizyon Kurumu.
a.c. alternating current alternatif akım.
a/c account hesap.
acc(t) account hesap.
ad(vt) advertisement reklam.
A.D. Anno Domini (*Lat.* = in the year of the Lord) M.S., milattan sonra.
A.D.C. Aide-de-camp emir subayı, yaver.
add(r) address adres.
A.G.M. Annual General Meeting Yıllık Genel Kurul.
a.m. ante meridiem (*Lat.* = before noon) öğleden önce.
amp. ampere(s) amper.
anon. anonymous isimsiz.
appro. approval onaylama.
approx. approximately yaklaşık olarak, takriben.
Apr. April Nisan.
arr. arrival varış, geliş.
asap. as soon as possible mümkün olduğunca çabuk.
asst. assistant asistan, yardımcı
Aug. August Ağustos.
A.V. Audio-Visual Görsel-Işitsel.
Av(e). Avenue Cadde, Bulvar.
A.W.O.L. absent without leave izinsiz kaçan.

B

b born doğmuş, doğumlu.
b & b bed and breakfast yatak ve kahvaltı.
B.A. Bachelor of Arts Edebiyat Fakültesi mezunu; British Airways İngiliz Hava Yolları.
Barr. Barrister avukat.
B.B.C. British Broadcasting Corporation Ingiliz Radyo, Televizyon Kurumu.
B.C. Before Christ M.Ö., milattan önce; British Council İngiliz Konseyi.
B.D. Bachelor of Divinity Ilahiyat Fakültesi mezunu.
bk. book kitap.

B.M. British Museum İngiliz Müzesi.
B.M.A. British Medical Association İngiliz Tıp Kurumu.
Br. Brother erkek kardeş.
Brit. Britain Britanya; British İngiliz.
Bro(s). brother(s) kardeş(ler).
B.S. *Am.* Bachelor of Science Fen Fakültesi mezunu.
B.Sc. Bachelor of Science Fen Fakültesi mezunu.

C

C Centigrade santigrat.
c cent(s) sent; century yüzyıl; circa aşağı yukarı, takriben; cubic kübik.
C.A. Chartered Accountant ayrıcalıklı muhasebeci.
Capt. Captain kaptan.
Cath. Catholic Katolik.
C.B.C. Canadian Broadcasting Corporation Kanada Radyo, Televizyon Kurumu.
c.c. cubic centimetre(s) kübik santimetre.
Cdr. Commander komutan.
Cdre. Commodore komodor.
cert. certificate sertifika, belge; certified onaylı.
c.f. confer karşılaştırınız.
cg. centigram santigram.
c.h. central heating kalorifer.
ch(ap). chapter bölüm, kısım.
C.I.A. *Am.* Central Intelligence Agency Amerikan Merkezi Haberalma Örgütü.
C.I.D. Criminal Investigation Department Cinayet Araştırma Dairesi.
c.i.f. cost, insurance, freight fiyat, sigorta, navlun.
C-in-C Commander-in-Chief Başkomutan.
cl. class sınıf; centilitre(s) santilitre.
cm. centimetre(s) santimetre.
Co. Company şirket.
c/o care of eliyle.
C.O.D. Cash on Delivery ödemeli, teslimde ödeme.
Col. Colonel Albay.
Coll. College Üniversite, Yüksekokul.
Cons. Conservative Muhafazakâr Parti.
Corp. Corporation anonim şirket.
c.p. compare karşılaştırınız.
Cpl. Corporal onbaşı.
C.S. Civil Servant devlet memuru; Civil Service devlet hizmeti.
C.S.E. Certificate of Secondary Education ortaokul diploması.
cu. cubic kübik.

D

d penny *(Lat.* = denarius) peni; died ölmüş, merhum.
dbl double çift.
d.c. direct current doğru akım.
D.D. Doctor of Divinity ilahiyat doktoru.
D.D.T. dichloro-diphenyl-trichloroethane D.D.T.
Dec. December Aralık.
dec. deceased merhum, rahmetli.
deg. degree(s) derece.
Dem. Democrat Demokrat.

dep. departure kalkış, hareket; deputy vekil, yardımcı.
Dept. Department kısım, bölüm, şube.
diag. diagram diyagram.
diff. difference fark; different farklı.
Dip. Diploma diploma.
Dir. Director müdür.
D.J. dinner jacket smokin; disc jockey diskcokey.
DM. Deutschmark Alman Markı.
dol. dollar(s) dolar.
doz. dozen düzine.
Dr. Debtor borçlu; Doctor doktor.
dr. dram(s) dirhem.
dupl. duplicate suret, kopya.
D.V. Deo Volente *(Lat.* = God being willing) inşallah, Allah'ın emriyle.

E

E east doğu.
Ed. editor editör; edition baskı; education eğitim.
E.E.C. European Economic Community A.E.T., Avrupa Ekonomik Topluluğu.
E.F.T.A. European Free Trade Association Avrupa Serbest Ticaret Birliği.
e.g. exempli gratia *(Lat.* = for example, for instance) örneğin.
enc(l). enclosed ilişikte.
Eng. Engineer(ing) mühendis(lik); England İngiltere; English İngiliz.
Esq. Esquire bay, bey, efendi.
etc. et cetera vs., ve saire.
eve. evening akşam.

F

F Fahrenheit fahrenhayt; Fellow akademi üyesi.
f. foot (feet) ayak *(30, 48 cm.)*; female dişil.
F.A. Football Association Futbol Birliği.
F.A.O. Food and Agricultural Organisation Birleşmiş Milletler Gıda ve Tarım Örgütü.
F.B.I. *Am.* Federal Bureau of Investigation Federal Araştırma Bürosu.
Feb. February Şubat.
Fed. Federal federal; Federated federe; Federation federasyon.
fem. female dişil; feminine dişil.
fig. figurative mecazi; figure rakam.
fl. fluid sıvı; floor kat.
fm. fathom(s) kulaç *(1,83 m.)*.
F.M. Frequency Modulation frekans modülasyonu.
F.O. Foreign Office Dışişleri Bakanlığı.
f.o.b. free on board gemide teslim.
for. foreign yabancı.
Fr. Father baba; Franc frank; France Fransa; French Fransız.
Fri. Friday Cuma.
ft. foot (feet) ayak *(30,48 cm.)*.
furn. furnished mobilyalı.

G

g. gram(s) gram.
gal(l). gallon(s) galon.
GATT General Agreement on Tariffs and Trade Gümrük Tarifeleri ve Ticaret Genel Antlaşması.

G.B. Great Britain Büyük Britanya.
Gen. General general.
G.H.Q. General Headquarters genel merkez.
Gk. Greek Yunanlı.
gm. gram(s) gram.
G.M. General Manager genel müdür.
G.M.T. Greenwich Mean Time Greenwich saat ayarı.
gov(t). government hükümet.
Gov. Governor vali.
G.P. General Practitioner pratisyen doktor.
G.P.O. General Post Office merkez postanesi.
gr. grain bir eczacı tartısı *(0,0648 g.)*; gross brüt; group grup.

H

h height yükseklik; hour saat.
ha. hectare(s) hektar.
H-bomb Hydrogen bomb hidrojen bombası.
H.E. high explosive kuvvetli patlayıcı madde; His/Her Excellency Ekselansları.
H.F. High Frequency Yüksek frekans.
H.M. His/Her Majesty Majesteleri, Haşmetmeapları.
Hon. Honorary fahri.
hosp. hospital hastane.
H.P. Horse Power beygir gücü.
H.Q. Headquarters karargâh, merkez.
H.R.H. His/Her Royal Highness Ekselansları.

I

I Island ada.
ib(id). ibidem *(Lat.* = in the same place) aynı yerde.
I.C.B.M. Inter-continental Ballistic Missile kıtalararası balistik mermi.
i.e. id est *(Lat.* = which is to say, in other words) yani.
I.L.O. International Labo(u)r Organisation Uluslararası Çalışma Orgütü.
I.M.F. International Monetary Fund Uluslararası Para Fonu.
in. inch(es) inç *(2,54 cm.)*.
Inc. Incorporated anonim.
incl. including dahil.
info. information bilgi.
Inst. Institute kuruluş, müessese, enstitü.
int. interior dahili; internal dahili; international uluslararası.
I.O.U. I owe you size olan borcum.
I.R.A. Irish Republican Army Irlanda Cumhuriyetçi Ordusu.

J

Jan. January Ocak.
J.C. Jesus Christ Isa Mesih.
J.P. Justice of the Peace sulh hâkimi.
Jul. July Temmuz.
Jun. June Haziran.

K

kg. kilogram(s) kg., kilogram.
km. kilometre(s) km., kilometre.

K.O. knock-out nakavt.
kw. kilowatt(s) kilovat.

L

L lake göl; little küçük; *pol.* Liberal Liberal Parti
l left sol; length uzunluk; line yol, hat.
L.A. Legislative Assembly Yasama Meclisi; Los Angeles Los Angeles.
Lab. Labour Işçi Partisi.
lang. language dil, lisan.
lat. latitude enlem.
lb. pound(s) libre.
L.C. letter of credit akreditif.
Ld. Lord Lord.
lit. literal kelimesi kelimesine; literature edebiyat, yazın.
loc. cit. loco citato (*Lat.* = in the place mentioned) yukarıda belirtilen yerde.
long. longitude boylam.
L.P. long-playing (record) uzunçalar.
Lt. Lieutenant teğmen.
Ltd. Limited limitet.
lux. luxury lüks.

M

M Member üye.
m male erkek; married evli; metre(s) metre; mile(s) mil; million milyon.
M.A. Master of Arts Edebiyat Fakültesi Lisansüstü Derecesi.
Maj. Major binbaşı.
Mar. March Mart.
masc. masculine eril.
math(s) mathematics matematik.
max. maximum maksimum.
M.C. Master of Ceremonies protokol görevlisi, teşrifatçı; *Am.* Member of Congress kongre üyesi.
M.D. Doctor of Medicine tıp doktoru.
mg. milligram(s) miligram.
min. minimum minimum.
ml. mile(s) mil; millilitre(s) mililitre.
mm. millimetre(s) milimetre.
M.O. Medical Officer sağlık memuru; Money Order para havalesi.
Mon. Monday Pazartesi.
M.P. Member of Parliament milletvekili; Military Police askeri inzibat.
m.p.h. miles per hour saat mil.
Mr. Mister bay.
Mrs. Mistress bayan.
Ms. Miss bayan.
MS(S) manuscript(s) el yazması.
Mt. Mount dağ, tepe.

N

N north kuzey.
N.A.A.F.I. Navy, Army and Air Force Institute Deniz, Kara ve Hava Kuvvetleri Kurumu.

NATO North Atlantic Treaty Organisation Kuzey Atlantik Paktı Teşkilatı.
N.C.O. Non-Commissioned Officer assubay.
NE northeast kuzeydoğu.
no number numara, no.
Nov. November Kasım.
nr. near yakın.
N.T. New Testament Yeni Ahit, Incil.
NW. northwest kuzeybatı.
N.Z. New Zealand Yeni Zeland.

O

ob obiit *(Lat.* = died) ölmüş, merhum.
Oct. October Ekim.
OECD Organisation for Economic Co-operation and Development Ekonomik Işbirliği ve Kalkınma Teşkilatı.
OPEC Organisation of Petroleum Exporting Countries Petrol İhraç Eden Ulkeler Teşkilatı.
orch. orchestra orkestra.
O.T. Old Testament Eski Ahit.
oz. ounce(s) ons *(28,35 g.).*

P

P page sayfa; penny peni; pence pens; per herbiri için, başına.
p.a. per annum *(Lat.* = per year) yıllık.
P.A.Y.E. pay as you earn 'kazandıkça öde' sistemi, işverenin personel ücretlerini öderken gelir vergisini kestiği sistem.
pd. paid ödendi.
P.E. physical education beden eğitimi.
PEN International Association of Writers Uluslararası Yazarlar Birliği.
Pk Park park.
pkt packet paket.
P.M. Prime Minister başbakan.
p.m. post meridien *(Lat.* = after noon) öğleden sonra.
P.O. Post Office postane; Postal Order posta havalesi.
P.O. Box Post Office Box posta kutusu.
P.O.W. Prisoner of War savaş esiri.
p.p. per procurationem *(Lat.* = on behalf) adına.
pr. pair çift; price fiyat.
Pres. President cumhurbaşkanı.
Prof. Professor profesör.
P.S. Postscript ek not, dipnot.
pt. part kısım; payment ödeme; point nokta.
Pte. Private asker, er.
P.T.O. Please turn over lütfen sayfayı çeviriniz.
Pvt. Private *Am.* asker, er.
p.w. per week haftalık.
P.X. post exchange *Am.* ordu pazarı.

Q

qt. quart kuart.
Qu. queen kraliçe; question soru.

R

R. River ırmak, nehir.
r. radius yarıçap; right sağ.
R.A. Rear-Admiral tuğamiral; Royal Academy Kraliyet Akademisi.
R.A.F. Royal Air Force Ingiliz Hava Kuvvetleri.
R.C. Red Cross Kızılhaç.
Rd. Road yol, cadde.
rec(d). received alındı.
ref. referee hakem; reference referans.
resp. respectively sırasıyla.
ret(d). retired emekli.
Rev(d). Reverend sayın, muhterem.
RIP requiescat in pace *(Lat.* = may he rest in peace) huzur içinde yatsın.
rly. railway demiryolu.
rm. room oda.
R.N. Royal Navy İngiliz Donanması.
R.S.V.P. repondez s'il vous plaît *(Fr.* = please reply) lütfen cevap verin.
rt. right sağ.

S

S south güney.
s second(s) saniye; shilling(s) şilin.
SALT Strategic Arms Limitation Talks Stratejik Silahların Sınırlandırılması Görüşmeleri.
Sat. Saturday Cumartesi.
s/c self-contained müstakil.
Sch. School okul.
SE southeast güneydoğu.
sec. second ikinci; secretary sekreter.
Sen. Senate senato; Senator senatör; Senior büyük.
Sept. September Eylül.
Sgt. Sergeant çavuş.
Sn(r). Senior büyük.
Sol. Solicitor avukat.
sp. gr. specific gravity özgül ağırlık.
Sq. Square meydan, alan.
S.S. Steamship vapur.
St. Street sokak, cadde.
Sta. Station istasyon.
Str. Strait boğaz; Street sokak, cadde.
Sun. Sunday Pazar.
SW. southwest güneybatı.

T

T temperature ısı, sıcaklık.
t. ton(s) ton.
T.B. Tuberculosis tüberküloz, verem.
tel. telephone telefon.
Thurs. Thursday Perşembe.
TIR Transport International Routier Uluslararası karayolu taşımacılığı.

T.K.O. technical knock-out teknik nakavt.
T.U. Trade Union işçi sendikası.
Tues. Tuesday Salı.
T.V. television TV, televizyon.

U

U.F.O. unidentified flying object uçan daire.
U.H.F. ultra high frequency çok yüksek frekans.
U.K. United Kingdom Büyük Britanya.
U.N. United Nations Birleşmiş Milletler.
UNESCO United Nations Educational, Scientific and Cultural Organisation Birleşmiş Milletler Eğitim, Bilim ve Kültür Orgütü.
UNICEF United Nations Children's Emergency Fund Birleşmiş Milletler Uluslararası Çocuklara Acil Yardım Fonu.
UNIDO United Nations Industrial Development Organization Birleşmiş Milletler Sınai Kalkınma Orgütü.
Univ. University üniversite.
UNO United Nations Organisation Birleşmiş Milletler Teşkilatı.
U.S.A. United States of America Amerika Birleşik Devletleri.
USAF United States Air Force Amerika Birleşik Devletleri Hava Kuvvetleri.
U.S.S.R. Union of Soviet Socialist Republics Sovyet Sosyalist Cumhuriyetler Birliği.

V

V Volt volt.
v very çok; verse mısra, beyit, kıta; versus karşı; vide (*Lat.* = see) bakınız.
V.A. Vice-Admiral koramiral.
V.A.T. Value Added Tax K.D.V., katma değer vergisi.
V.D. Venereal Disease zührevi hastalık.
V.H.F. very high frequency çok yüksek frekans.
V.I.P. very important person çok önemli kişi.
vol. volume cilt.
vs. versus karşı.

W

W west batı.
w watt(s) vat; week hafta; width genişlik, en.
w.c. water closet tuvalet.
wk. week hafta.
wt. weight ağırlık.

X

Xmas Christmas Noel.

Y

YMCA Young Men's Christian Association Genç Hıristiyan Erkekler Birliği.
yr. year yıl; your senin, sizin.
YWCA Young Women's Christian Association Genç Hıristiyan Kadınlar Birliği.

LANGENSCHEIDT'S STANDARD TURKISH DICTIONARY

Second Part

Turkish-English

by

RESUHİ AKDİKMEN

Assistant Lexicographer
EKREM UZBAY

Contents

İçindekiler

Printed in Germany

Foreword

This Turkish-English part of the dictionary includes all words of common Turkish, which are in practical use today.

The base of the vocabulary is colloquial Turkish; in addition all such areas as engineering, medicine, business, botany, chemistry etc., marked by special symbols or abbreviations, have been given due attention.

The pronunciation of Turkish head-words, which present difficulties with respect to long vowels and stress, has been given following the respective head-word in a simplified manner.

This dictionary contains modern, newly-coined and old (not obsolete) words; care has been taken that all entries are still in common use.

Önsöz

Sözlüğün Türkçe-İngilizce olan bu kısmı, Türk dilinin günün pratik gereksinimi için gerekli sözcükleri içine almış bulunmaktadır. Türkçe konuşma dili esas olarak alınmış, bunun yanısıra teknik, tıp, ticaret, botanik, kimya v.s. gibi bir çok dallarına da özel sembol ve kısaltmalarıyle geniş ölçüde yer verilmiştir.

Özellikle hecelerinin uzatılması ve vurgulanmasında güçlük çekilen sözcüklerin okunuşu oldukça basit bir şekilde ilgili sözcükten sonra köşeli parantez içinde gösterilmiştir. Sözcüklerin değişik anlamları da, birbirlerine karıştırılmamaları ve kolayca görülüp anlaşılması için numaralandırılmıştır.

Sözlükte en yeni Türkçe sözcükler ile eski gibi görünmesine rağmen hâlâ kullanılan sözcükler de bulunmaktadır. Bunun yanısıra, Türk dilinin en çok kullanılan deyim ve atasözleri de sözlüğe alınmıştır.

Özellikle Türkçe'den İngilizce'ye çevirilerde büyük bir gereksinimi karşılayacak olan bu sözlüğü sunmaktan kıvanç duymaktayız.

Using the Dictionary

Sözlüğün Kullanımı

1. The tilde (~) replaces the head-word, example:
vadeli ...: ~ hesap = vadeli hesap.

2. The short hyphen (-) preceding declension and conjugation suffixes replaces the head-word and indicates the writing in one word; example:
vade ...: -si gelmek = vadesi gelmek.

3. The *-i* case of Turkish nouns and adjectives is, if necessary, given in an abbreviated form; example:
vahşet, -ti
vakıf, -kfı

4. The present tense (geniş zaman) of a Turkish verb is indicated by means of the suffix of the third person; example:
varmak, (-ır) = varır
yanmak, (-ar) = yanar

5. A long vowel of a head-word is marked by a line placed on top of the respective vowel, which is seperately given in brackets; example:
vahşi [ī]
yani [ā]
suret, -ti [ū]

6. The character of the syllable, whether short, long or stressed, is indicated by the following symbols [.], [-], [x]; example:
vanilya [.x.] (= all syllables are short, the second syllable is stressed).
viran [- -] (= both syllables are long).

7. Phrases and proverbs are registered following the different meanings of the head-word.

8. A voiceless consonant at the end of a verbal root becomes voiced when a suffix beginning with a vowel is added. This change is indicated in this way:
giţ-mek (-der) = gider.

Symbols – Semboller

F	*colloquial language*	*konuşma dili*
P	*provincialism*	*taşra dili*
†	*obsolete*	*eski*
⚒	*rare, little used*	*az kullanılan*
⚘	*botany*	*botanik, bitkibilim*
⊕	*mechanics*	*mekanik*
⚒	*mining*	*madencilik*
⚔	*military term*	*askeri terim*
⚓	*nautical term*	*denizcilik terimi*
☤	*commercial term*	*ticari terim*
🚂	*railway, railroad*	*demiryolu*
✈	*aviation*	*havacılık*
📯	*postal affairs*	*postacılık*
♪	*musical term*	*müzik terimi*
⌂	*architecture*	*mimarlık*
⚡	*electrical engineering*	*elektrik mühendisliği*
⚖	*jurisprudence*	*hukuk*
A	*mathematics*	*matematik*
	agriculture	*ziraat, tarım*
⚗	*chemistry*	*kimya*
⚕	*medicine*	*tıp*
<		*kelimenin aslı*

Abbreviations – Kısaltmalar

a.	*also*	*keza*
abbr.	*abbreviation*	*kısaltma*
abl.	*ablative*	*-den hali*
acc.	*accusative*	*-i hali*
adj.	*adjective*	*sıfat*
adv.	*adverb*	*zarf*
Am.	*Americanism*	*Amerikan dili*
anat.	*anatomy*	*anatomi, yapıbilim*
ast.	*astronomy*	*astronomi, gökbilim*
b-de	*biri(si)nde*	
b-den	*biri(si)nden*	
b-i	*biri(si)*	
biol.	*biology*	*biyoloji, dirimbilim*
b-le	*biri(si)yle*	
b-ne	*biri(si)ne*	
b-ni	*biri(si)ni*	
b-nin	*biri(si)nin*	
b.s.	*bad sense*	*kötü anlamda*
bş	*bir şey*	
bşde	*bir şeyde*	
bşden	*bir şeyden*	

bşe	*bir şeye*	
bşi	*bir şeyi*	
bşin	*bir şeyin*	
bşle	*bir şeyle*	
caus.	*causative*	*ettirgen*
co.	*comical*	*komik*
comp.	*comparative*	*üstünlük derecesi*
contp.	*contemptuously*	*aşağılayıcı olarak*
dat.	*dative*	*-e hali*
eccl.	*ecclesiastical*	*dini*
emph.	*emphatic form*	*kuvvetlendirilmiş*
etc.	*et cetera*	*ve saire*
etm.	*etmek*	
euph.	*euphemism*	*edebikelâm, örtmece*
fig.	*figuratively*	*mecazi olarak*
gen.	*genitive*	*-in hali*
geogr.	*geography*	*coğrafya*
geol.	*geology*	*jeoloji, yerbilim*
geom.	*geometry*	*geometri*
gr.	*grammar*	*gramer, dilbilgisi*
hist.	*history*	*tarih*
hunt.	*hunting*	*avcılık*
ichth	*ichthyology*	*balıklar bilimi*
inf.	*infinitive*	*mastar, eylemlik*
int.	*interjection*	*ünlem*
iro.	*ironically*	*alaylı*
isl.	*Islamic*	*İslami*
k-de	*kendi(si)nde*	
k-den	*kendi(si)nden*	
k-le	*kendi(si)yle*	
k-ne	*kendi(si)ne*	
k-ni	*kendi(si)ni*	
k-nin	*kendi(si)nin*	
lit.	*literary*	*edebi, yazınsal*
loc.	*locative*	*-de hali*
log.	*logic*	*mantık*
metall.	*metallurgy*	*metalurji, metalbilim*
meteor.	*meteorology*	*meteoroloji, havabilgisi*
mf.	*men's forename*	*erkek ismi*
mot.	*motoring*	*otomobilcilik*
myth.	*mythology*	*mitoloji, efsanebilim*
neol.	*neologism*	*yeni kelime*
olm.	*olmak*	
o.s.	*oneself*	*kendi(si); kendi kendine*
paint.	*painting*	*ressamlık*
parl.	*parliamentary term*	*parlamento terimi*
part.	*particularly*	*özellikle*
pass.	*passive*	*edilgen*
pharm.	*pharmacy*	*eczacılık*
phls.	*philosophy*	*felsefe*
phot.	*photography*	*fotoğrafçılık*
phys.	*physics*	*fizik*
physiol.	*physiology*	*fizyoloji*
pl.	*plural*	*çoğul*
poet.	*poetry; poetic*	*şiir sanatı; şiirsel*
pol.	*politics*	*siyaset*
poss.	*possessive*	*iyelik zamiri veya eki*
pr. n.	*proper noun*	*özel isim*

pro.	*proverb*	*atasözü*
pron.	*pronoun*	*zamir*
psych.	*psychology*	*psikoloji, ruhbilim*
refl.	*reflexive*	*dönüşlü fiil*
s.	*see*	*bakınız*
sl.	*slang*	*argo*
s.o.	*someone*	*biri(si)*
s.th.	*something*	*bir şey*
sup.	*superlative*	*enüstünlük derecesi*
syn.	*synonym*	*eşanlam*
tel.	*telegraphy*	*telgrafçılık*
teleph.	*telephony*	*telefonculuk*
thea.	*theatre*	*tiyatro*
typ.	*typography*	*basımcılık*
univ.	*university*	*üniversite*
v.b.	*ve benzeri*	
vet.	*veterinary medicine*	*veterinerlik*
vn.	*verbal noun*	*isim-fiil*
wf.	*women's forename*	*kadın ismi*
zo.	*zoology*	*zooloji, hayvanbilim*

Numerical Expressions

Sayısal İfadeler

Asıl Sayılar
Cardinal Numbers

0 sıfır *nought, zero*
1 bir *one*
2 iki *two*
3 üç *three*
4 dört *four*
5 beş *five*
6 altı *six*
7 yedi *seven*
8 sekiz *eight*
9 dokuz *nine*
10 on *ten*
11 on bir *eleven*
12 on iki *twelve*
13 on üç *thirteen*
14 on dört *fourteen*
15 on beş *fifteen*
16 on altı *sixteen*
17 on yedi *seventeen*
18 on sekiz *eighteen*
19 on dokuz *nineteen*
20 yirmi *twenty*
21 yirmi bir *twenty-one*
22 yirmi iki *twenty-two*
30 otuz *thirty*
31 otuz bir *thirty-one*
40 kırk *forty*
41 kırk bir *forty-one*
50 elli *fifty*
51 elli bir *fifty-one*
60 altmış *sixty*
61 altmış bir *sixty-one*
70 yetmiş *seventy*
71 yetmiş bir *seventy-one*
80 seksen *eighty*
81 seksen bir *eighty-one*
90 doksan *ninety*
91 doksan bir *ninety-one*
100 yüz *a/one hundred*
101 yüz bir *hundred and one*
200 iki yüz *two hundred*
300 üç yüz *three hundred*
572 beş yüz yetmiş iki *five hundred and seventy-two*
1000 bin *a/one thousand*
1066 bin altmış altı *ten sixty-six*
1971 bin dokuz yüz yetmiş bir *nineteen seventy-one*
2000 iki bin *two thousand*
1 000 000 bir milyon *a/one million*
2 000 000 iki milyon *two million*
1 000 000 000 bir milyar *a/one milliard. Am. billion.*

Sıra Sayıları
Ordinal Numbers

1 birinci *first*
2 ikinci *second*
3. üçüncü *third*
4. dördüncü *fourth*
5. beşinci *fifth*
6. altıncı *sixth*
7. yedinci *seventh*
8. sekizinci *eighth*
9. dokuzuncu *ninth*
10. onuncu *tenth*
11. on birinci *eleventh*
12. on ikinci *twelfth*
13. on üçüncü *thirteenth*
14. on dördüncü *fourteenth*
15. on beşinci *fifteenth*
16. on altıncı *sixteenth*
17. on yedinci *seventeenth*
18. on sekizinci *eighteenth*
19. on dokuzuncu *nineteenth*
20. yirminci *twentieth*
21. yirmi birinci *twenty-first*
22. yirmi ikinci *twenty-second*
23. yirmi üçüncü *twenty-third*
30. otuzuncu *thirtieth*
31. otuz birinci *thirty-first*
40. kırkıncı *fortieth*
41. kırk birinci *forty-first*
50. ellinci *fiftieth*
51. elli birinci *fifty-first*
60. altmışıncı *sixtieth*
61. altmış birinci *sixty-first*
70. yetmişinci *seventieth*
71. yetmiş birinci *seventy-first*
80. sekseninci *eightieth*
81. seksen birinci *eighty-first*
90. doksanıncı *ninetieth*
91. doksan birinci *ninety-first*
100. yüzüncü *a/one hundredth*
101. yüz birinci *hundred and first*
200. iki yüzüncü *two hundredth*
300. üç yüzüncü *three hundredth*
572. beş yüz yetmiş ikinci *five hundred and seventy-second*
1000. bininci *a/one thousandth*
1950. bin dokuz yüz ellinci *nineteen hundred and fiftieth*
2000. iki bininci *two thousandth*
1 000 000. bir milyonuncu *a/one millionth*
2 000 000. iki milyonuncu *two millionth*

A

A 1. ✕ = alay; **2.** *phys.* = amper.

a¹ [ā] *int.* O!, Oh!, Ah!, Ha!

a² [ā] *iro.* nonsense!, certainly not!

a³ [ā] *pers. connective in various archaic compounds. e.g.* lebalep, peyapey, *etc.*

a⁴ [ā], **e** *(after 2nd person conditional, imperative with impatient tone)* alsana! there, take it!; baksana! look here!; söylesenize! tell, then!

a⁵ *(emphatic, confirms a statement)* olur a! these things happen!; söyledik a! we told you!

-a *(dative suffix)* to, towards, for.

A.A. *abbr. for* Anatolia News Agency.

aa, aah F no!, impossible!, not at all!, not a bit of it!

ab, -bı [-] † water.

aba 1. coarse woolen material; **2.** coat *or* cloak made of such material; ~ altından değnek göstermek *fig.* to threaten with soft words, to use an iron hand in a velvet glove; ~ gibi coarse and thick *(material);* ~ kebe rough and old clothes, tatters; -nın kadri yağmurda belli olur *pro.* you appreciate the value of s.th. when its necessity arises; *(b-ne)* -yı yakmak to fall desperately in love with *s.o.*, to be gone on *s.o.*

abacı maker *or* seller of aba.

abadi [- - -] kind of valuable yellow glazed paper, Manila paper.

abajur lampshade.

abalı 1. wearing coarse woolen garments (*s.* aba); **2.** *fig.* weak, poor, wretched; vur -ya! hit him when he's down!

abandone *sports:* concession; ~ etm. to concede defeat.

abani [- - -] **1.** a fine cotton material embroidered with yellow silk; **2.** made of this cloth.

abanmak 1. to lean forward, to push forward with one's weight; **2.** *sl. b-ne* to live at s.o.'s expense.

abanoz 1. ebony; **2.** made of ebony; ~ ağacı ebony- tree; ~ gibi **1.** black as ebony; **2.** very hard; ~ kesilmek *fig.* to become as hard as ebony; ~ yürekli hardhearted.

abartı exaggeration.

abartıcı a person who exaggerates; boaster.

abartma exaggeration, overstatement.

abartmak to exaggerate.

Abaza Abkhasia(n).

Abazaca Abkhasian (language).

abazan *sl.* **1.** hungry, craving; **2.** starved for sex.

Abbas *mf.;* ~ yolcudur duramaz *said of s.o. who must leave.*

Abbasi [. - -] Abbaside.

ABD *(abbr. for* Amerika Birleşik Devletleri) U.S.A.

abe P Hey!

abes 1. silly, stupid, useless, vain; **2.** unreasonable; nonsense, absurdity; ~ kaçmak to be improper; -le uğraşmak to exert o.s. in vain, to fool around.

abıhayat, -tı [- . . -] **1.** water of life; **2.** elixer; ~ içmiş *fig.* healthy and young-looking; long-lived.

abıru [-.-] hono(u)r, glory, pride; ~ dökmek to abase o.s., to implore humbly.

abi *(sl. for* ağabey) older brother.

abide monument, memorial, edifice.

abideleşmek *fig.* to be memorialized, to become an hono(u)red symbol.

abidevî [- . . -] monumental.

abis *geogr.* abyss.

abit, -bdi **1.** † servant; **2.** *fig.* slave; **3.** God's creature, human being.

âbit, -di devotee; worshipper.

abla [x .] **1.** older sister; **2.** F Miss!

ablak round, chubby-faced.

ablatya [. x .] large fishing net.

abli [x .] ⚓ vang, gaff-balancer rope on a trisail; -yi bırakmak (*or* kaçırmak) *fig.* to become confused, to lose one's bearings.

abluka [. x .] blockade; ~ bölgesi blockade zone; ~ etm. *or* -ya almak to blockade; -dan kurtarmak to free s.o. *or* s.th. from blockade; -yı kaldırmak to raise a blockade; -yı yarmak to run a blockade.

abone 1. subscriber; **2.** subscription; **3.** subscription fee; ~ bedeli subscription fee; ~ fiyatı price; ~ olm. *(bşe)* to subscribe (to), to become a subscriber

(to); ~ **şeraiti** (*or* **şartları**) terms of subscription; ~ **ücreti** = ~ **bedeli**; ~**yi kesmek** to cancel a subscription.
abonman 1. subscription; **2.** season ticket (*or* pass).
aborda [. x .] ⚓ alongside; ~ **etm.** to come up alongside (*a dock, pier, another ship, etc.*).
abraş 1. speckled, dappled, piebald (*horse*); **2.** having colo(u)rless spots (*face, leaf*); **3.** leprous.
abraşlamak to become spotted.
abse *s.* **apse.**
absorbe absorbed; ~ **etm.** *-i* to absorb.
abstrakt, -tı *s.* **abstre.**
abstre abstract; ~ **sayı** 𝔄 abstract number.
abuk sabuk 1. incoherent, nonsensical; **2.** inconsiderate, rash; ~ **insan** illogical, incoherent person; ~ **konuşmak** to talk nonsense, to talk incoherently.
abullabut *sl.* **1.** boorish; **2.** dunce.
abullabutluk *sl.* boorishness, stupidity.
abur cubur 1. all sorts of food; **2.** haphazard, confused, incongruous; ~ **yemek** to eat greedily (*without regard to kind or quality*).
abus [ū] unfriendly, cross-looking, grim, frowning.
acaba 1. (*in a question*) I wonder (if); ~ **gitsem mi?** I wonder if I should go?; ~ **sonu ne olacak?** I wonder what the outcome is going to be?; **2.** (*showing disbelief*) Indeed!, I wonder!
acaip, -bi [.-.] **1. acaibisebaiâlem** the Seven Wonders of the World; **2.** *s.* **acayip.**
acar 1. clever, cunning; enterprising; **2.** fearless, bold; **3.** new.
acayip, -bi 1. strange, peculiar, curious; **2.** How strange!, Odd!; (*b-nin*) **acayibine gitmek** to find s.th. strange.
acele 1. hurry, haste; **2.** urgent (*telegram, etc.*); **3.** hurriedly, hastily; ~ **etm.** to hasten, to be in a hurry, to hurry up; ~ **ile** in a hurry, hastily; ~ **işe şeytan karışır** *pro.* haste makes waste; haste is the Devil's work; **-si yok** there is no hurry; **-ye boğmak** (*bşi*) to use haste to cloud or confuse an issue; **-ye gelmek** to be done hastily and carelessly; **-ye getirmek 1.** to profit from s.o.'s need for quick action; **2.** to do s.th. sloppily and hastily.
aceleci hustler, impatient person; always on the go.
aceleleştirmek *-i* to hasten, to speed s.th. up.
Acem a Persian; ~ **gömleği** type of shirt, overall; ~ **kılıcı** two-edged sword; ~ **kılıcı gibi** two-faced, double dealing; ~ **mübalağası** excessive exaggeration.
Acemce Persian (language).
acemi 1. untrained, inexperienced, raw; **2.** recruit, beginner; ~ **çaylak** F tyro, clumsy person; ~ **er** ⚔ raw recruit; ~ **oğlanı** *hist.* conscript boy (*selected to be raised as a Janissary*); ~ **öğretmeye vaktim yok** I won't argue with s.o. who doesn't know what he's talking about, I have no time to argue with fools; ~ **şansı** beginner's luck.
acemilik inexperience, lack of experience; ~ **çekmek** to suffer from inexperience.
Acemistan F Persia, Iran.
acenta, acente [. x .] **1.** agent, representative; **2.** agency.
acentalık, acentelik agency; ~ **etm.** to represent.
acep F *s.* **acaba.**
aceze *pl. of* **âciz** the destitute, the needy.
acı 1. bitter, acrid; **2.** hot, peppery; **3.** sharp (*taste, smell or flavour*); **4.** painful; **5.** pitiful, pitiable; **6.** pain, ache; **7.** hurtful, biting (*words*); ~ ~ **bağırmak** to cry out in pain; ~ **bir teessürle haber almak** to regret to learn; ~ **çekmek** to suffer, to feel pain; ~ **çiğdem** ⚘ meadow saffron; ~ **damkoruğu** ⚘ bitter houseleek; ~ **dil** reproach, bitter words; ~ **dülek** *s.* **acıhıyar**; ~ **göl** salt lake; ~ **görmüş** undergone suffering; ~ **ılgın** ⚘ bitter tamarisk; ~ **kahve** coffee made without sugar; ~ **kahve içmek** *fig.* to invite s.o. to one's home; ~ **kök** quassia; ~ **manyak** bitter manioc; ~ **marul** dandelion; ~ **patlıcanı kırağı çalmaz** *pro.* (*lit.* frost doesn't touch bitter eggplants) ill weeds grow apace, only valuable things get lost; ~ **söylemek** to tell the painful truth bluntly; ~ **soğuk** bitter cold; ~ **su** bitter, brackish water; ~ **su sabunu** hard water soap; ~ **süt otu** ⚘ bitter milkwort; ~ **yitimi** ⚕ pain killer, analgesia; **-sı tepemden çıktı** I nearly passed out from pain; **-sı yüreğine çıkmak** (*bşin*) to be overcome with grief; **-sını çekmek** to pay the consequence for; **-sını çıkarmak** to get revenge for, to get back at s.o. for s.th.; **-sını koymamak** *s.* **acısını çıkarmak.**
acıağaç -cı ⚘ bitter wood, quassia.
acıbadem bitter almond; ~ **kurabiyesi** almond cooky.
acıbakla ⚘ white horsebean.
acıelma ⚘ colocynth, bitter apple.
acıhıyar ⚘ **1.** bitter cucumber, colocynth;

2. squirting cucumber.
acık 1. grief, sorrow, tragedy; 2. mourning.
acıklı sorrowful, pathetic, tragic, touching; sentimental.
acıklılık mournfulness, grief.
acıkmak to feel (*or* become) hungry; karnım acıktı I'm hungry.
acıkmış hungry.
acılanmak, acılaşmak 1. to become bitter, rancid, sour *or* hot; 2. to become sorry *or* regretful.
acılı 1. spicy, having a bitter taste; 2. grieved, mourning.
acılık degree of bitterness, spiciness, *etc.*
acıma *vn. of* acımak pity, compassion.
acımak 1. to hurt, to feel pain, to ache; 2. *(b-ne)* to feel sorry for, to take pity on; 3. to become bitter, to turn rancid *(butter, oil, etc.)*; 4. to begrudge; paraya acıyor he can't bring himself to spend the money.
acımasız cruel, merciless, pitiless.
acımış rancid.
acımsı, acımtırak somewhat bitter.
acınacak pitiable, heart-rending; regrettable.
acındırmak to arouse compassion for o.s.
acınmak *-e* to be pitied; to become sorry for, to feel pity for.
acırak *s.* acımsı.
acırga ⚘ horseradish.
acısız 1. painless; 2. not bitter, without pepper, *etc.*
acıtmak 1. to hurt, to cause pain; 2. to make s.th. bitter, *etc.*; to make s.th. go sour.
acıyonca ⚘ bitter clover *(leaves used in certain medicines).*
acibe [ī] strange thing, curiosity.
âcil 1. critical, urgent, requiring immediate attention; 2. swift; 3. transitory, fleeting.
âcilen without delay; urgently.
aciz, -czi 1. inability; 2. helplessness; 3. ⚖ insolvency; ~ kemiği *s.* sağrı kemiği.
âciz weak, incapable, impotent, helpless; ~ kalmak *-den* to be incapable of, to be unable to.
âcizane humbly, modestly.
acul, -lü always in a hurry, very impatient.
acun *ast.* cosmos, universe.
acunsal *ast.* cosmic, universal.
acur 1. ⚘ hairy cucumber; 2. = ajur.
acuze [ū] hag; shrew, vixen.
acyo [x .] agio, premium.
acyocu dealer in agiotage.
acyoculuk agiotage.

aç, -çı 1. hungry; 2. destitute; 3. greedy, insatiable; 4. *(bşe)* hungry (for); ~ ~ ile yatınca arada dilenci doğar when two hungry people marry a beggar is born; ~ -ına on a hungry stomach; ~ ayı oynamaz *pro.* (*lit.* hungry bears won't dance) if you want s.o. to work you must feed him adequately, a discontented man won't work well; ~ bırakmak *(or* koymak) to starve *(a person)*, to let s.o. go hungry, to fail to feed; ~ biilâç starving, utterly destitute; ~ çıplak hungry and naked, destitute; ~ doyurmak to feed the poor *(or* hungry); ~ durmak to go without food, to do without food; ~ gezmektense tok ölmek yeğdir *pro.* it is better to die full than to live hungry; ~ kalmak 1. not to eat, to go hungry, to be left hungry; 2. to be poor; ~ karnına on an empty stomach; ~ kurt aslana saldırır *pro.* (*lit.* a hungry wolf will attack lions.) hunger makes a person desperate; ~ kurt gibi *fig.* like a hungry wolf, with overwhelming greed *or* ambition; ~ susuz without food and water; ~ tavuk k-ni arpa ambarında sanır *pro.* (*lit.* a hungry chicken thinks it's in the barley barn.) wishful thinking; acından ölmek to starve to death.
açacak 1. opener; 2. key; 3. pencil sharpener.
açalya [. x .] ⚘ azalea.
açan 1. opener; 2. *anat.* extensor, tensor.
açar 1. key; 2. aperitif; 3. appetizer.
açgözlü greedy, covetous, avaricious.
açgözlülük greed; ~ etm. to act greedily.
açı 1. A angle; 2. point of view; ~ uzaklığı *ast.* visual angle.
açıcı 1. opener; 2. relieving; 3. customs inspector.
açık 1. open, not closed; 2. uncovered; naked, bare; 3. clear, unoccupied, empty *(space)*; 4. lucid, easy to understand; 5. unhidden, not secret, in the open; 6. clear; 7. light *(colour)*; 8. obscene; 9. audible; 10. blank; 11. clear, cloudless, fine; 12. frank(ly), open(ly); 13. gap; 14. unobstructed, free; 15. open for business; 16. defenseless, unprotected *(city)*; 14. not enclosed; 15. vacancy; 16. deficit, shortage; 17. outskirts; 18. open sea; Marmara açıklarında offshore in the Marmara; Yeşilköy açıklarında off Yeşilköy; ~ ~ openly, frankly; ~ ~ konuşmak to have a heart-to-heart talk, to talk frankly and freely; ~ ağızlı imbecile, stupid; ~ alınlı *fig.* with clear conscience; ~ arazi open country; ~ artırma sale by public

auction; ~ ateş ✕ direct fire; ~ baş 1. bare-headed, bald; 2. *fig.* immoral; ~ bono *a. fig.* blank check; ~ bono vermek to give (a person) a blank check; ~ bulundurmak (*or* tutmak) to keep open, to keep free; ~ ciro blank endorsement, general endorsement; ~ deniz high seas; ~ denize çıkmak to enter the high seas; ~ doru light chestnut *(horse)*; ~ durmak to stand aside, not to interfere; ~ eksiltme public bidding for a contract; ~ elli open-handed, generous; ~ fikirli broad-minded, liberal; ~ gel! *sl.* 1. Stand away!; 2. Come on, out with it!; ~ gelmek *sl.* to stay away, not to come near; ~ hava 1. clear weather; 2. open air, the outdoors; fresh air; ~ hava tiyatrosu (sineması) open air theatre (cinema); ~ hava toplantısı public protest meeting; ~ hece open syllable; ~ imza signature at the bottom of a blank piece of paper *(given to s.o. who can be trusted)*; ~ kalmak to stay open; ~ kalpli open-hearted, guileless; ~ kanat ✕ open wing; ~ kapı open door; ~ kapı bırakmak to leave the door open *(for further opportunities)*; ~ kapı siyaseti open-door policy; ~ konuşmak to talk frankly; ~ kredi open credit, blank credit; ~ liman 1. unprotected port; 2. free port; 3. port subject to bad weather conditions; ~ maaş half pay *(given to an official who has been temporarily removed from office)*; ~ mavi light-blue; ~ mektup open letter; ~ mevzi ✕ exposed position; ~ mukavele open agreement; ~ ordugâh bivouac; ~ oturum panel discussion; ~ oy open vote; ~ öz tok söz *fig.* pure and honest; ~ saçık indecent, immodest, obscene; ~ saçık gezmek to move about too freely, too openly *(of a woman)*; ~ saçık yayın pornography; ~ seçik distinct, clear; ~ söylemek to speak openly, to speak frankly, to speak without leaving anything unclear; ~ şehir ✕ open city; ~ şehir ilân etm. to declare to be an open city; ~ teşekkür public acknowledgement, public thanks; ~ vermek 1. to show a deficit; 2. to lay o.s. open to criticism; ~ vicdanla with free conscience; ~ yer vacancy; ~ yürekle without concealing anything, without deception; ~ yürekli sincere, openhearted; ~ yüzlü fair-faced, with an honest face, undeceitful; ~ zincir serisi ⚗ aliphatic molecular structure; **(açığa):** ~ çıkarmak 1. to remove (*or* fire) from a government office; 2. to bring out into the open; ~ çıkmak 1. to be romoved from office; 2. to become known, to be revealed; ~ satış public sale; ~ vermek (*or* vurmak) to reveal, to disclose; ~ vurmak to become apparent; açığı çıkmak to have a deficit; açığı kapatmak 1. to get rid of a deficit; 2. to close a gap; açıklar livası *co.* brigade of the unemployed; **(açıkta):** 1. in the open air, outdoors, exposed; 2. in the offing, offshore; 3. unemployed; ~ bırakmak 1. to leave s.o. without home *or* employment; 2. to leave s.th. out in the open; 3. to leave out, to exclude *(a person from a privilege)*; ~ kalmak 1. to be without home *or* employment; 2. to be exposed to the elements; 3. to be left out *(of a generally provided benefit)*; 4. to be left outside; ~ olm. *s.* ~ kalmak; ~ yatmak to camp out; **(açıktan):** 1. from a distance; 2. additional, extra; 3. without having worked for it; ~ açığa openly, frankly, puplicly; ~ para kazanmak to get a windfall, to get an unearned and unexpected addition to one's income; ~ satış short sale; ~ tayin edilmek (*or* atanmak) to be transferred from outside an organization, *etc.*

açıkça [. x .] openly, without concealment, clearly; -sı in plain words, in short, frankly speaking, to tell the truth.

açıkçı short seller, bear *(on the Stock Market)*.

açıkgöz(lü) 1. sharp, cunning, clever; 2. trickster.

açıkgöz(lü)lük slyness, cunning, trickery; ~ etm. to be shrewed, to jump at an opportunity.

açıklama 1. explanation, statement; 2. disclosure; 3. announcement; commentary.

açıklamak 1. to explain; 2. to disclose, to reveal; 3. to announce, to make public.

açıklay:cı explanatory.

açıklı: ~ koyulu with light and dark colo(u)rs.

açıklık 1. being open, free *or* clear; 2. opening, aperture; 3. nakedness, nudity, indeceny; 4. lightness *(of colour)*; 5. degree of articulation *or* comprehensibility; 6. space, gap, distance, open space; 7. *ast.* azimuth.

açıkmeşrep, -bi overfree, licentious.

açıksözlü frank, outspoken.

açılama *cinema:* shooting a scene from several angles.

açılır kapanır collapsible, folding; ~ geçit parmaklığı roadway barrier; ~ köprü drawbridge; swing bridge.

açılış 1. opening; **2.** inaguration; ~ töreni opening ceremony.

açılma 1. ✕ deployment; **2.** = açılış.

açılmadık unopened; örtüsü ~ sırlar deep secrets; yakası ~ küfürler heavy curses; yakası ~ usuller completely untried methods.

açılmak 1. *pass. of* açmak; **2.** to open, to open up; **3.** to become clear, to improve *(of the weather, etc.)*; **4.** to open out *(-e* into); **5.** to bloom; **6.** to become relaxed, to be at ease; **7.** *(b-ne)* to confide (in *s.o.)*; **8.** to become wider, etc.; **9.** to become vacant, empty, etc.; **10.** to cheer up; **11.** to cast off, to set sail, to put to sea; açılıp saçılmak to be immodestly dressed.

açıölçer protractor.

açısal angular.

açış opening, inaguration.

açkı 1. burnishing; **2.** smith's tool for widening a hole; **3.** key.

açkıcı 1. polisher; burnisher; **2.** key maker.

açkılamak to polish; to burnish.

açkılı polished, glossy.

açlık 1. hunger; **2.** famine; **3.** poverty; ~ grevi hunger strike; -tan kırılmak to be starving, to be dying of hunger; -tan nefesi kokmak to be poverty-stricken.

açma 1. opening; **2.** clearing; **3.** kind of pastry.

açmak 1. to open; **2.** to construct and open *(a road, etc.)*; **3.** to draw aside, to lift *(a covering, etc.)*; **4.** to open out, to unfold; **5.** to set *(a sail)*; **6.** to unfurl *(a flag)*; **7.** to uncover; **8.** to roll out; **9.** to undo, to untie *(a knot, etc.)*; **10.** to unlock; **11.** to turn on *(switch, light, radio, etc.)*; **12.** to widen *(the space between)*; **13.** to explain fully; **14.** to begin, to open *(a meeting, a conversation, etc.)*; **15.** to disclose; **16.** to make lighter *(colour)*; **17.** to suit, to go well with; **18.** to whet, to sharpen *(one's appetite)*; **19.** to open *(flower)*; **20.** to clear up *(weather)*; açtı ağzını yumdu gözünü he became angry and started cursing wildly, he spoke without reflection.

açmaz 1. will not open; **2.** secretive; **3.** difficult position, impasse, dilemma; **4.** *chess:* pin; -a düşmek (*or* gelmek) to fall into an impasse; -a getirmek to dupe, to entrap, to deceive.

açmazlık 1. difficulty; **2.** secrecy.

ad¹, -dı **1.** name; **2.** first name; **3.** reputation, fame; ~ almak to become well-known; ~ koymak (*or* vermek) to name, to give a name *(-e* to); ~ takmak to nickname, to give a nickname *(-e* to); **(adı):** ~ batası (*or* batsın)! damn!, (may he) be damned!; ~ batmak to become unknown, to pass into oblivion; ~ belirsiz unknown, obscure; ~ bile okunamamak to be a nobody, to be insignificant; ~ bozulmak to lose one's reputation; ~ çıkmak **1.** to get a bad name, to become notorious; **2.** to become noted; ~ geçen above mentioned, the aforesaid; ~ sanı one's name and reputation; ~ şimdi dilime gelmiyor I can't remember his name for the moment; ~ üstünde its name makes everything clear; adını çıkarmak to discredit, to bring into discredit; adını koymak *co.* set the price (*-in* of); adını vermek **1.** *fig.* to broadcast, to advertise, to spread around; **2.** to name *s.o. or* s.th.; adıyle sanıyle *s.* adlı sanlı.

ad², -ddi estimation, esteeming, deeming, considering, *s. a.* addetmek.

ada 1. island; **2.** ward of town, etc.; **3.** lot, plot of land; city block; ~ gibi very large *(ship)*.

adabalığı, -nı *zo.* tench.

adabımuaşeret, -ti [- - . . - . .] etiquette, rules of good behavio(u)r.

adacık islet.

adaçayı, -nı ⚘ garden sage; ~ tütsüsü **1.** fumigation with garden sage; **2.** inhaling the vapo(u)rs of garden sage.

adadiyoz *sl.* shabby, ragged.

adak 1. vow; **2.** votive offering.

Adalardenizi *s.* Ege denizi.

adale *anat.* muscle.

adaleli muscular.

adalet, -ti [. - .] **1.** justice; **2.** the courts; **3.** equity; fairness; righteousness; ♀ Bakanı Minister of Justice; ♀ Bakanlığı Ministery of Justice; ♀ Divanı the International Court of Justice; -in pençesi *fig.* the long arm of the Law.

adaletli just, fair.

adaletsiz unjust, unfair.

adaletsizlik injustice.

adalı islander.

Adalı Aegean islander.

adalı [ī] muscular.

adam 1. man; **2.** human being; **3.** person, individual; **4.** a brave, capable, good, *etc.* person; **5.** man-servant, employee, worker; **6.** minion; **7.** partisan; **8.** agent; **9.** all, everyone; **10.** P husband, man; ~ başına per person, apiece, each; ~ boyu a man's height; ~ etm. **1.** to make a man of; **2.** to raise well; **3.** to turn into s.th.

useful or good, to set s.th. in order; ~ evlâdı well-bred, a person of good family; ~ gibi 1. manly, like a man; 2. correctly, properly; ~ içine gitmek (*or* çıkmak) to mix with important people; ~ kaldırmak ⚖ to kidnap, to abduct; ~ öldürme ⚖ homicide, manslaughter; ~ sarrafı a good judge of character; ~ sen de!, come off it!, don't worry!; ~ sırasına geçmek (*or* girmek) to become an important person; ~ yerine koymak to count as important or of consequence; -dan saymak not to disregard; *s.* ~ yerine koymak.

adamak 1. to devote, to vow, to promise; 2. to dedicate o.s. (*-e* to); -la mal tükenmez *pro.* it costs nothing to make a promise.

adamakıllı 1. proper, duly, as required; 2. thorough(ly).

adamcağız 1. good fellow; 2. poor chap.

adamlık humanness, humanity.

adamsendecilik indifference, callousness.

adamsız 1. alone, without help; 2. without servants; ~ kalmak to be without servants or help.

adamsızlık 1. lack of good help or servants; 2. lack of protection.

adap, -bı (*pl. of* edep) 1. regular customs; 2. accepted ways; ~ erkân customary practice or observance; adaba aykırı contrary to rules of accepted ways; adabı umumiye public morals.

adaptasyon 1. adaptation (*of a play, novel, etc.*); 2. an adapted work.

adapte adapted (*novel or play*); ~ etm. to adapt, to make an adaptation.

adasoğanı, -nı ⚘ squill, sea onion.

adaş namesake, person sharing the same proper name.

adatavşanı, -nı European rabbit, cony.

aday candidate, nominee; ~ adayı candidate for nomination.

adaylık candidacy.

adçekme 1. drawing of lots; 2. drawing straws.

addetmek [x ..] to count, to enumerate; to esteem.

adem 1. non-existance, nothingness; 2. lack, absence; -i emniyet insecurity; -i kabiliyet inability; -i tecavüz nonaggression.

Âdem *pr. n.* Adam; ~ elması Adam's apple; ~ evladı (*or* oğlu) man, mankind, human being.

Aden *pr. n.* Eden; cenneti ~ the garden of Eden; paradise.

adese 1. lens; 2. lenticel.

adet 1. number; 2. unit.

âdet, -ti 1. custom, practice; 2. habit; 3. menstrual period; ~ bezi (*or* bağı) hygenic pad; ~ budur en sonra gelir bezme ekâbir custom preceeds all; ~ çıkarmak to start a new custom; ~ edinmek to form a habit (*-i* of); ~ görmek to menstruate; ~ üzere according to custom; ~ yerini bulsun diye for the sake of custom; -ten kesilmek to reach menopause.

adeta [x . -] 1. nearly, almost; 2. simply, merely; 3. rather, sort of; ~! walk! (*riding command*).

adetçe in number.

adıl pronoun.

adım 1. step; 2. pace; 3. *fig.* step; ~ açmak to increase the pace; ~ ~ step by step; ~ atmak to take the first step, to begin; ~ başın(d)a 1. at every step; 2. everywhere; ~ uydurmak to follow the example (*-e* of).

adımlamak 1. to pace off; 2. to measure by pacing.

adımlık pace, distance; üç ~ a distance of three paces.

adi [- -] 1. customary, usual; 2. ordinary, common; 3. vulgar, base, low, mean, ornery; ~ adım ⚔ break step; ~ hisse senedi common stock; ~ iflas ⚖ non-fraudulent bankruptcy; ~ itiraz ⚖ simple objection; ~ mektup ordinary letter; ~ suç ordinary crime; ~ şirket (*or* ortaklık) ⚖ unincorporated association.

adilik vulgarity, baseness.

âdil just, dealing justly.

âdilâne [- . - .] justly, equitably.

adlandırma 1. naming; 2. classification.

adlandırmak 1. to name; 2. to rate, to classify.

adlanmak 1. to be named; 2. to become famous, to get a bad reputation.

adlı 1. with the name of; named; 2. famous; ~ sanlı well-known, famous, celebrated.

adli [ī] judicial, legal; ~ hata legal error; ~ sicil record of previous convictions; ~ subay provost marshal; ~ tıp forensic medicine; ~ yıl court year.

adliye 1. (administration of) justice; court system; 2. courthouse; ♀ Vekâleti *s.* Adalet Bakanlığı; ~ mahkemeleri ⚖ ordinary courts of justice; ~ sarayı courthouse; -nin pençesi *s.* adaletin pençesi.

adliyeci specialist in judical affairs; a legal authority.

adrenalin adrenalin.

adres address; ~ rehberi directory, address book; ~ sahibi addressee.

Adriyatik (Denizi) *pr. n.* Adriatic (Sea).

adsız 1. nameless; 2. unknown, obscure.
adsızparmak ring finger.
aerodinamik 1. aerodynamics; 2. aerodynamic; ~ biçim streamlined.
af, -ffı 1. pardon, forgiving, forgiveness; 2. amnesty; 3. exemption; 4. discharge of obligation, etc.; 5. liquidation of a debt; ~ dilemek to beg pardon, to apologize; affı umumi *s.* umumi af.
afacan rascal, urchin, wild or restless child.
afakan boredom; -lar basmak to be severely depressed.
afaki [- - -] 1. objective; 2. superficial.
afal 1. stupid; 2. startled; ~ ~ bakmak 1. to look stupidly; 2. to look startled.
afallamak, afallaşmak to be amazed, to be taken aback, to be disconcerted, to be bewildered.
aferin [ā] [x . .] congratulations!, bravo!, well done!, very good!; ~ almak to receive hono(u)rable mention.
afet, -ti 1. calamity, disaster, catastrophe; 2. F bewitching person; 3. ⚕ tissue damage; ~ gibi very beautiful *(woman).*
afetzede victim of a disaster.
affetmek [X . .] 1. to pardon, to excuse, to forgive; 2. to exempt (*-den* from); 3. to release *(from an obligation, etc.)*; affedersiniz! I beg your pardon!, excuse me!
affolunmaz inexcusable, unpardonable.
Afgan *pr. n.* Afghan.
Afganistan *pr. n.* Afghanistan.
Afganlı *pr. n.* Afghani, from Afghanistan.
afif [. -] chaste, uncorrupted.
afili *sl.* swaggering, showy.
afiş poster, placard, bill.
afişe etmek to make a public spectacle (*-i* of).
afiyet, -ti [ā] 1. good health, well-being; 2. appetite; ~(ler) olsun! I hope you enjoy it, good appetite! *(said when offering food to s.o.).*
afiyetlemek to wish s.o. a good appetite.
aforoz excommunication; ~ etm. 1. to excommunicate; 2. *fig.* to put on ice, to relegate to the background.
aforozlamak *s.* aforoz etm.
aforozlu 1. excommunicated; 2. *fig.* shelved.
Afrika *pr. n.* Africa.
Afrikalı *pr. n.* African.
afsun [ū] spell, charm, incantation.
afsuncu spellmaster, charmer, magic user.
afsunculuk spell-weaving, witchcraft, sorcery.
afsunlamak to bewitch, to charm, to enchant.
afsunlu charmed, enchanted, bewitched.
afyon 1. opium; 2. ♀ Karahisar *city in Western Anatolia;* ~ ruhu tincture of opium.
afyonkeş opium addict.
afyonkeşlik opium addiction.
afyonlu *(a. fig.)* containing opium.
agâh 1. informed, aware; 2. vigilant, on guard; ~ etm. to put on guard, to inform, to make aware.
agrandisman *phot.* enlargement.
agrandisör *phot.* enlarger.
agreman agreement.
agu *term of endearment used towards babies;* ~ bebek darling child.
agucuk *s.* agu.
agulamak to make baby-like noises.
ağ 1. net *(a. fig.)*; 2. tailoring gore, gusset; 3. network; 4. *(spider's)* web; -lar the nets *(behind the goal in soccer).*
ağa 1. lord, master, chief, boss, landowner; 2. = -bey; 3. Mister *(used after a proper name when addressing an old and/or illiterate person).*
ağababa 1. *familiar term used to address an old man*; 2. grandfather ,oldest man in the family.
ağabey [ābi] 1. older brother; 2. *familiar term of respect used to address any male somewhat older than o.s.*
ağaç, -cı 1. tree; 2. shrub; 3. timber, wood; 4. wooden support, pillar, piece, part, etc.; 5. wooden; ~ çivi peg; ~ kabuğu bark; ~ kaplama wooden wainscoting; ~ kova wooden bucket; ~ kovuğu hollow of a tree; ~ kurdu wood borer; ~ olmak *sl.* to stand and wait a long time; ~ oyma wood carving; ~ sıpa wood(en) horse; ~ tıpa wooden dowel, peg, stopper; ~ tokmak wooden hammer; ~ yaş iken eğilir *pro.* you cannot teach an old dog new tricks.
ağaçbiti, -ni *zo.* termite.
ağaççileği, -ni ⚘ raspberry.
ağaçkakan *zo.* woodpecker.
ağaçkavunu, -nu ⚘ citron.
ağaçlamak 1. to afforest, to plant trees in an area; 2. to cover with timber.
ağaçlı having trees, wooded.
ağaçlık 1. clump of trees; 2. woods; -lı wooded, forested.
ağalanmak to lord it over, to become overweening.
ağalık 1. being an ağa; 2. generosity, nobility; 3. pride, conceit; 4. territory of an ağa.

ağarmak 1. to get bleached, to whiten; 2. to become visible in the distance; 3. to dawn.
ağartı 1. barely visible shadow in the darkness; 2. milk product.
ağartmak 1. to make s.th. become grey, pale, white, etc.; 2. to bleach, to blanch.
ağda 1. semi-solid sweet, syrup; 2. epilating wax; ~ kullanmak (*or* yapıştırmak) to use ağda to remove hair from the skin.
ağdalanmak, ağdalaşmak 1. to become thick, to begin to thicken; 2. *fig.* to become heavy, slow, cumbersome, pompous.
ağdalı 1. thick as a syrup; 2. *fig.* heavy, pompous, bombastic.
ağı poison, venom.
ağıl 1. pen, sheep fold; 2. halo.
ağılamak to poison.
ağıllanmak 1. to be put in a pen or fold; 2. to be surrounded by a halo (*moon*).
ağım instep.
ağımlı high in the instep.
ağır 1. heavy; 2. heavy, difficult (*work*); 3. significant; 4. weighty; 5. difficult, troublesome; 6. serious, grave (*sickness*); 7. difficult to digest, rich, heavy (*food*); 8. unfavo(u)rable, unhealthy (*climate*); 9. unpleasant, disagreeable; 10. offensive, painful; 10. slow, indolent; 11. slowly-moving; 12. stuffy; smelly; 13. valuable, precious; ~ ~ 1. slowly; 2. (*to weigh*) at the very most; ~ almak (*bir işi*) to work slowly; ~ basmak 1. to have influence; 2. (*b-ni*) to give nightmares (to), to oppress; 3. to be heavy; 4. to be important, to have priority; ~ canlı phlegmatic, lazy, inactive; ~ ceza ⚖ major punishment; ~ ceza işleri ⚖ indictable offenses; ~ ceza mahkemesi ⚖ criminal court for major cases; ~ davranmak 1. to react slowly; 2. to move slowly; ~ ezgi, fıstıki makam F 1. slowly and surely; 2. ponderously; ~ gelmek 1. to be difficult to bear; 2. to offend, to hurt; 3. to be difficult to digest; ~ hapis imprisonment for five years or more; ~ hastalık heavy illness, serious disease; ~ hava 1. unwholesome climate; 2. slow or sad melody; 3. kind of slow folk dance; ~ hıyanet ⚖ high treason; ~ ihmal (*or* kusur) ⚖ gross negligence; ~ iş hard work; ~ işitmek (*a fig.*) to be hard of hearing; ~ kazan geç kaynar *pro.* important things take time; ~ makineli tüfek ⚔ heavy machine gun; ~ ol! 1. slow down!, take it easy!, calm down! 2. get serious!; ~ oturmak *fig.* to behave with dignity, to be costly; ~ sanayi heavy industry; ~ satmak (*k-ni*) to emphasize one's own importance; ~ sıklet *boxing:* heavy weight; ~ söz harsh words; ~ takımdan F distinguished, aristocratic: ~ tutmak *fig.* to be unwilling (to do): ~ yaralı seriously wounded, gravely injured.
ağırayak pregnant, with child; about to give birth.
ağırbaşlı 1. prudent; 2. deserving; 3. sedate, staid; 4. respectable; 5. virtuous (*woman or girl*).
ağırkanlı 1. slow, lazy, indolent; 2. numbed, insensate.
ağırküre barysphere.
ağırlamak 1. to slacken, to slow down; 2. to treat (*a guest*) well, to show hospitality.
ağırlaşmak 1. to become heavy; 2. to become important; 3. to become serious (*illness*); 4. to slow down; 5. *to* spoil (*food*); 6. to get harder, to become more difficult.
ağırlaştırmak *caus. of* ağırlaşmak; ağırlaştıran sebepler (*or* nedenler) ⚖ grievous circumstances.
ağırlık 1. weight, heaviness; 2. significance, importance; 3. prudence; 4. respectability; 5. difficulty; 6. slowness (*of motion or action*); 7. indigestibility; 8. oppressiveness (*of the weather*); 9. drowsiness, lethargy; 10. burden, responsibility; 11. severity (*of a disease*); 12. baggage, luggage; 13. ⚔ munitions, supplies; 14. nightmare; 15. dowry; ~ merkezi *phys.* center of gravity; ağırlığınca altın değmek to be worth its weight in gold; üzerime ~ bastı 1. I had a nightmare; 2. I felt sleepy; 3. I felt uncomfortable.
ağırşak 1. disk; 2. bobbin; 3. round and/or swollen thing; ~ kemiği kneecap.
ağıt 1. dirge, funeral song; 2. wailing, lamentation; ~ yakmak to lament for the dead, to wail.
ağız, -ğzı 1. mouth; 2. snout, muzzle; 3. bill, beak; 4. nozzle; 5. opening; 6. entrance; 7. beginning; 8. outlet; 9. first thick milk (*at birth*); 10. edge, blade (*of a knife, etc.*); 11. crossing point, corner (*of roads*); 12. local style (*of music*); 13. accent; 14. dialect; 15. ♪ key; 16. time; 17. *mst pl.* (-lar) gossip; 18. flattery; 19. rim, brink; ~ açmak 1. to open one's mouth; 2. to abuse; 3. to gape with astonishment; ~ açmamak 1. not to open one's mouth; 2. to stay without saying a

word; ~ ağıza dolu completely full; ~ ağıza vermek to whisper privately; ~ aramak (*or* yoklamak) 1. to get opinions; 2. to learn intentions; ~ armonikası harmonica; ~ atmak to brag, to boast; ~ dalaşı bickering, quarrel; ~ değiştirmek 1. ♪ to change key; 2. to change one's tune; ~ dolusu 1. mouthful; 2. at the top of one's voice; ~ dolusu küfür unrestrained swearing; ~ etm. 1. to speak out freely; 2. to try to persuade; 3. to make boastful speeches; ~ kavafı troublesome chatterbox, one who overinsists with much talking; ~ kavgası = ~ dalaşı; ~ sakızı *fig.* endless chatter; ~ suyu saliva, spittle; ~ şakası joke; ~ tadı *fig.* enjoyment, pleasure, harmony; ~ tadı ile 1. with enjoyment; 2. enjoying the flavo(u)r; -dan kapmak 1. to elicit a secret; 2. to overhear; -dan kulağa söylemek to whisper; -dan sakız avlamak *fig.* to sound out *(a person's opinion)*; -larda bir parmak bal olm. to be talked about; **(ağza):** ~ alınmaz 1. uneatable; 2. unspeakable, obscene, very vulgar; ~ almak to mention; ~ düşmek to be talked about, to be a subject of common gossip; **(ağzı):** ~ açık 1. startled; 2. stupid, idiotic; 3. open, without a cover; ~ bir all telling the same story; ~ bozuk foulmouthed; vituperative; ~ büyük boastful, bragging; ~ gevşek chatterbox; indiscreet; ~ havada 1. proud; 2. exorbitant; 3. thoughtless, negligent; ~ ile aslan tuttuğunu söylemek to be an unbearable chatterbox; ~ ile kuş tutmak to be very capable; ~ örtülü küp covered clay pitcher; ~ pis foulmouthed; ~ sıkı untalkative, secretive; ~ sulandı his mouth watered; ~ süt kokuyor *fig.* he's still wet behind the ears; ~ teneke kaplı *fig.* his mouth is insensitive to hot food, *etc.*; ~ var dili yok close mouthed; ~ varmak *(bşi söylemeğe)* to bring o.s. to say; **(ağzına):** ~ bakmak *(b-nin)* 1. to hang on s.o.'s words; 2. to wait to see what s.o. will say; 3. to act according to s.o.'s instruction; ~ bir parmak bal çalmak 1. to put off with sweet words; 2. to speak with tongue in cheek; ~ kedi ciğere bakar gibi bakıp dinlemek *(b-nin)* to hang on s.o.'s every word *(like a cat with its eye on a piece of liver)*; ~ layık delicious; first-class; **(ağzında):** ~ bakla ıslanmaz (*or* baklayı ~ ıslatmaz) he can't keep a secret; ~ gevelemek *(lakırdıyı, sözü lafı)* to beat around the bush; **(ağzından):** ~ baklayı çıkarmak to say what's really on one's mind, to let the cat out of the bag; ~ çıkanı kulağı işitmemek *fig.* not to even hear what he's saying, to speak without listening to himself; **(ağzını):** ~ açmak 1. to begin to speak; 2. to begin to swear; ~ aramak (*or* yoklamak) to collect opinions; ~ bıçak açmıyor uncommunicative; ~ bozmak to start to swear; ~ havaya (*or* poyraza) açmak to be cut out, to be left out, to be left empty-handed; ~ hayra aç! speak no evil!; ~ kapamak 1. to shut up; 2. to pay not to talk; 3. to cover up, to conceal; ~ öpeyim (*or* seveyim)! well-said!; ~ silmek 1. to wipe one's mouth; 2. to shut up; ~ tıkamak 1. to stop up the mouth; 2. to keep one from speaking; ~ tutmak 1. to keep one's piece; 2. to avoid saying s.th. bad; ~ yormak to waste time talking; **(ağzının):** ~ içine bakmak *(b-nin)* to hang on *s.o.'s* every word; ~ suyu akıyor he wants s.th. very badly, his mouth is watering; ~ suyunu akıtmak to make one's mouth water; ~ tadını almak *(bşden)* to have a bad experience; ~ tadını bilmek to know what one likes; to be a gourmet; ~ tadını bozmak to spoil the enjoyment (*-in* of); ağzınızdan çıkanı kulaklarınız işitsin! mind what you say!; ağzınızı değiştiriniz! I won't have that!; ağzınızı düzeltiniz! I won't listen to that kind of talk; ağzınla kuş tutsan bile nafile! even if you do the impossible, it's useless!

ağızbirliği, -ni agreement on what is to be said.

ağızboşluğu, -nu mouth cavity.

ağızlık 1. cigarette holder; 2. mouthpice *(of a pipe, instrument, etc.)*; 3. muzzle; 4. cover of leaves *(over a basket of fruit)*; 5. circle of stones at the top of a well; 6. funnel.

ağızsız submissive, docile.

ağkepçe landing net

ağlamak 1. to cry, to weep; 2. to grieve; 3. to complain, to whine; 4. *(sap in trees)* to rise, to flow; ağlamayan çocuğa meme vermezler *pro* (*lit.* the baby who doesn't cry isn't fed) the squeaking wheel gets the grease.

ağlama(k)lı tearful, ready to cry.

ağlaşmak 1. to weep together; 2. to cry continuously.

ağnam [. -] flocks; ~ vergisi ⚖ sheep tax.

ağrı 1. ache, pain; 2. travail.

Ağrıdağı, -nı *pr. n.* Mount Ararat.

ağrı(k)lı diseased; painful.

ağrımak to ache, to hurt.

ağrısız painless; without pain.
ağsı *biol.* netlike.
ağtabaka retina.
ağucuk *s.* agucuk.
ağustos August; ~ gülü ⚘ dog-rose; -ta suya girse balta kesmez buz olur *pro.* he's very unlucky, he's always unfortunate.
ağustosböceği, -ni *zo.* cicada.
ağyar [. -] others, strangers.
ağzıpek discreet, rather silent.
ah 1. Ah!, Oh!, Alas!; **2.** sigh, groan; **3.** complaint; **4.** curse; ~ almak to be cursed for one's cruelty; ~ çekmek to sigh; -a gelmek (*or* uğramak) **1.** = ~ almak; **2.** to suffer retribution; -ı çıkmak *(for one's curse)* to take effect; -ı yerde kalmamak to have one's curse take effect; -ı tutuyor *(b-ne)* for one's curse to be realized *(against another).*
aha P here, there.
ahali [. - .] **1.** inhabitant(s); **2.** population; **3.** public; ~ mübadelesi exchange of populations.
âhar † different.
ahbap, -bı **1.** acquaintance; friend; **2.** My friend! *(used to attract the attention of a person);* ~ çavuşlar *co.* inseparable friends, pals.
ahbaplaşmak 1. to become friendly; **2.** to chum up to.
ahbaplık friendship, acquaintance.
ahçı 1. cook; **2.** proprietor of a small restaurant; **3.** *hist. title of a janissary chief;* ~ baltası cleaver; ~ dükkânı low-class restaurant; ~ kadın female cook; ~ yamağı cook's assistance, kitchen boy.
ahçılık 1. cooking; **2.** profession of being a cook; ~ etm. to work as a cook.
ahdetmek [x . .] to swear an oath, to undertake, to promise o.s.
ahenk, -gi [ā] **1.** ♪ harmony; **2.** concord, accord; **3.** musical gathering *(of oriental music);* **4.** *gr.* agreement; ~ kaidesi vowel harmony *(in Turkish phonetics);* ~ tahtası sounding board *(on a stringed instrument).*
ahenkli [ā] **1.** ♪ in tune; **2.** in unison; **3.** good-natured.
ahenksiz [ā] **1.** ♪ out of tune; **2.** inharmonious, discordant.
aheste slow; calm.
ahfeş: -in keçisi gibi ne söyleseler başını sallar he agrees with everything that s.o. says.
ahım şahım 1. beautiful, bright; **2.** *fig.* conspicuous .
ahır stable, shed, barn; ~ gibi filthy and confused *(place)*; -a çekmek to lead to stable; -a çevirmek to mess up.
âhir last; final; latter; ~ vakit last days of one's life.
ahiren [ī] † **1.** lastly; **2.** recently.
ahit, -hdi **1.** vow, resolution; **2.** agreement, pact, treaty; contract; **3.** period, era.
ahitleşmek to enter into solemn agreement.
ahiz, -hzi † **1.** receiving; **2.** reception; ~ kabiliyeti reception sensitivity.
ahize receiver.
ahkâm (*pl. of* hüküm) judgements; dispositions; laws; inferences; ~ çıkarmak to draw arbitrary conclusions, to put forward obsurd suppositions; ~ kesmek to make judgements without restraint; ahkâmı cezaiye (kanunu) † Criminal Law; ahkâmı şahsiye ⚖ personal statute.
ahlak, -kı (*pl. of* hulk) **1.** morals; **2.** *phls.* ethics; **3.** character; ~ düşkünlüğü moral lapse; ~ hocalığı etm. to be a teacher of ethics; ~ âdap ⚖ good morals.
ahlakçı 1. moralist; **2.** teacher of ethics.
ahlakî [ī] moral, ethical; pertaining to morals; ~ zabıta Morals Squad *(police).*
ahlaklı of good conduct, decent.
ahlaksız 1. immoral; **2.** unethical; **3.** amoral, asocial.
ahlamak to sigh, to moan.
ahlat, -tı ⚘ wild pear; ~ ağa boor, fool; -ın (*or* armudun) iyisini ayı yer *pro.* (*lit.* the best pears are eaten by bears) the best things fall to those who don't deserve them.
ahmak fool, idiot; ~ ıslatan F fine drizzle.
ahret, -ti the next world, the future life; ~ evi the other world; ~ suali sormak *(b-ne)* F to ask endless questions, to cross-examine; -i boylamak *sl.* to kick the bucket; -te on parmağım yakasında olacak I'll get even if it's in the next world.
ahretlik 1. adopted girl; **2.** otherworldly.
ahşap, -bı **1.** wooden; **2.** made of wood.
ahtapot, -tu **1.** *zo.* octopus; **2.** ⚕ polyp, cancerous ulcer; **3.** *sl.* parasite, sponger.
ahu [- -] *zo.* gazelle.
ahubaba 1. ghost; **2.** talkative old man.
ahududu, -nu ⚘ raspberry.
ahval, -li [. -] **1.** conditions, circumstances; **2.** incidents, affairs, events, occurrences; ahvali şahsiye ⚖ personal circumstances.
aidat, -tı [- . -] subscription, membership fee; contribution; allowance.
aile 1. family; **2.** F wife; **3.** grouping of people; **4.** grouping by language, cul-

ture, etc.; **5.** animal or plant grouping; ~ efradı members of a family; ~ malları family property; ~ reisi head of the family; ~ sofrası family table; ~ terbiyesi *fig.* well-bred.
ailevî [- . . -] regarding the family, domestic.
ait, -di **1.** concerning, relating to; belonging to, pertaining to; **2.** descended from.
ajan 1. (political) agent; **2.** (commercial) agent, representative; **3.** political representative.
ajanda date book, engagement calendar.
ajans 1. press agency; **2.** press release; **3.** branch office *(of a bank)*; ~ bülteni news bulletin.
ajur 1. mesh, hemstitch; **2.** embroidery frame.
ajurlu 1. with an embroidered edge; **2.** embroidered *(stocking)*.
ak, -kı **1.** white; **2.** clear, unspotted; **3.** white spot; ~ akçe kara gün içindir *pro.* save for a rainy day; ~ arap white Arabian *(horse)*; ~ babaya dönmek to become entirely white: ~ bıyık *fig.* advanced in years, old; ~ düşmek *(saça, sakala)* gradually to become grey or white *(hair, beard)*; ~ pak **1.** completely clean; **2.** aged; ~ yüz ile successfully and hono(u)rably; -ı karayı seçememek to be unable to tell black from white, to have no intelligence at all.
akabinde immediately after.
akademi 1. academy; **2.** picture made from a live nude model.
akademik 1. academic; **2.** in the form of an academy.
akademisyen member of an academy.
akağaç (white) birch.
akaju acajou.
akala a hybrid cotton developed in Turkey.
akamet, -ti [. - .] **1.** sterility; **2.** failure; -e uğramak to fail.
akanyıldız *ast.* meteor.
akar[1] [. -] rental property, real estate.
akar[2] flowing, fluid, liquid; ~ amber **1.** ⚘ amber-tree; **2.** liquid ambergis; **3.** solution of musk; -ı (yok), kokarı yok! F completely blameless!
akarat, -tı, **akaret,** -ti [. - .] property rented out and bringing income.
akarsu 1. *geogr.* flowing stream; **2.** watercourse; **3.** single strand pearl or diamond necklace; ~ pis tutmaz *pro.* water under the bridge.
akaryakıt, -tı fuel oil.
akasma ⚘ white bryony.
akasya [. x .] ⚘ **1.** acacia; **2.** locust.
akbaba *zo.* vulture.
akbasma ⚕ cataract.
akbenek white speck in the eye.
akciğer lung(s).
akça rather white; ~ pakça pretty fair or attractive *(woman)*; completely clean.
akçaağaç, -cı ⚘ maple.
akçakavak ⚘ white poplar.
akçayel southeast wind.
akçe 1. money; **2.** *hist.* a small silver coin; ~ düşkünü greedy, stingy; ~ etmez worthless; ~ farkı premium, agio; ~ ile bohça ile *fig.* by bribery; ~ kesmek *fig.* to be very rich.
Akdeniz *pr. n.* the Mediterranean.
akdetmek [x . .] **1.** to conclude *(a contract)*; **2.** to hold *(a meeting, session, etc.)*; **3.** to negotiate *(a loan)*.
akdiken ⚘ buckthorn.
akgözlü *fig.* mean, low, common.
akgünlük incense.
akgürgen ⚘ white alder.
akı *phys.* flux, flow.
akıbet, -ti **1.** end, consequence, result, outcome; **2.** destiny, fate; **3.** eventuality; -ini tayin etm. to determine the fate of s.th.
akıcı 1. fluid, liquid; **2.** fluent; ~ ünsüz liquid consonant.
akıcılık fluency.
akıl, -klı **1.** reason, intellect, mind; **2.** intelligence; **3.** idea, thought, sense; **4.** *iro.* bright idea; **5.** recollection, remembrance; **6.** wisdom, discretion; ~ almak to get opinions; ~ almaz unbelieveable; ~ bu ya! *iro.* what a story!; ~ danışmak *(b-ne)* to consult *s.o.*; ~ etm. *(bşi)* to think of, to dream up; ~ fikir complete attention; ~ fikir dağıtmak (*or* bırakmamak) to distract totally; ~ hastalıkları mental disorders: ~ hocası **1.** one who gives good advice; **2.** *iro.* one who gives pretentious, pointless, etc. advice; ~ kârı olmamak to be unreasonable (to do); ~ kumkuması (*or* kutusu) trusty adviser, mine of wisdom; ~ melakâtı mental facilities; ~ öğrenmek **1.** to get good advice; **2.** *iro.* to be given useless advice; ~ öğretmek *(b-ne)* **1.** to give good advice; **2.** *iro.* to give pointless, useless advice; **3.** to put idea into s.o.'s head; ~ satmak *iro.* to give useless advice; ~ sormak to inquire, to consult; ~ var, izan (*or* yakın *or* mantık) var **1.** with a little bit of intelligence one can understand it; **2.** *iro.* why don't you wise up?; ~ yaşta değil baştadır *pro.* intelligence does not depend on

age; ~ zayıflığı mental deficiency; **(akla):** ~ hayale sığmayan unthinkable, unimaginable; ~ sığmak to be evident, to be obvious; ~ yakın plausible, reasonable; **(aklı):** ~ almak *(bşi)* **1.** to understand, to grasp; **2.** to believe; ~ başına gelmek **1.** to come to one's senses; **2.** to come to; ~ başında sensible, rational; ~ başından gitmek to be overwhelmed, to be beside o.s.; ~ çalık **1.** light-minded, frivolous; **2.** crazy, out of one's head; ~ durmak to be perplexed, to be dumbfounded; ~ ermek *(bşe)* to understand *s.th.*; ~ kesmek to decide, to judge; ~ kıt (*or* kısa) half-witted; ~ oynamak **1.** to be crazy; **2.** to go insane; ~ sıra *iro.* as one hopes, as one believes; ~ sonradan geldi **1.** it later occured to him; **2.** he was too wise too late; ~ tepesinden yukarı thoughtless, foolish, absent-minded; ~ yatmak *(bşe)* **1.** to understand, to grasp; **2.** to be convinced; **3.** to find reasonable; ~ zıvanasından çıkmış görünüyor he seems to be out of his head; aklı başına yar ise if he knows what's good for him; **(aklına):** ~ gelmek **1.** to come to one's mind; **2.** to recall; ~ getirmek to recollect, to call to mind; ~ koymak **1.** to make up one's mind, to be determined; **2.** to suggest; 3. not to forget; ~ sığdırmak **1.** to comprehend; **2.** to make s.o. understand; **(aklını):** ~ başına almak (*or* toplamak) **1.** to come to one's senses; **2.** to sober up; **3.** to think better of; ~ çelmek (*or* değiştirmek) to change one's mind; ~ çelmek *(b-nin)* **1.** to mislead; **2.** to put *s.o.* off doing.

akılcı **1.** rationalistic; **2.** rationalist.

akılcılık *phls.* rationalism.

akıldışı, -nı irrational.

akıldişi, -ni wisdom tooth.

akıllanmak **1.** to become wiser; **2.** to have learned one's lesson.

akıllı **1.** intelligent, reasonable, wise; **2.** clever, shrewed; ~ davranmak to act wisely; ~ geçinmek to pass for a wise man.

akılsız stupid; unreasonable; ~ başın zahmetini ayak çeker *pro.* little wit in the head makes much work for the feet.

akılsızlık **1.** stupidity; **2.** foolishness.

akım **1.** current; **2.** trend, movement.

akın **1.** sudden rush; **2.** ⚔ (roving) expedition, raid; **3.** *(air)* attack; **4.** run *(of fish)*; ~ ~ wave after wave, surging; ~ etm. **1.** to raid, attack and pillage; **2.** to surge *(of a crowd)*; ~ halinde *s.* ~ ~.

akıncı **1.** raider; **2.** plunderer; **3.** *sports:* forward; **4.** enterprising, energetic.

akıntı **1.** current, flow; **2.** stream; **3.** ⚕ flux; **4.** gradient, fall, descent; -ya kapılmak to get caught in the current; -ya kürek çekmek **1.** to row upstream; **2.** to waste one's efforts.

akış **1.** flow, current, course; **2.** ⊕ outlet, outfall.

akışkan fluid.

akide [ī] **1.** dogma; **2.** confession of faith, creed; **3.** (şekeri) sugar candy; -yi bozmak **1.** to apostatize; **2.** *fig.* to stray from the true path.

akik *geol.* agate.

akim [ī] **1.** sterile; **2.** unsuccessful, ineffective, in vain; ~ bırakmak to thwart, to frustrate; ~ kalmak to be unsuccessful, to be thwarted.

akis, -ksi **1.** reflection; **2.** ⚗ inversion; **3.** *log.* conversion; **4.** echo; **5.** reaction; **6.** reversion.

akit, -kdi **1.** closing, conclusion; **2.** marriage contract; **3.** undertaking *(of a loan)*; **4.** agreement, contract, treaty, arrangement; ~ yapma va'di ⚖ preliminary agreement; akdi nikâh etm. *s.* nikâh kıymak.

akitleşmek to conclude *(a contract, etc.)*.

akkarınca termite, white ant.

akkavak ⚘ white poplar.

akkefal *zo.* bleak.

akkor ⚗, *phys.* **1.** incandescent; **2.** incandescence.

aklamak **1.** to clear one's hono(u)r, to clear s.o. of responsibility; **2.** to make white.

aklan *geogr.* slope, slant.

aklen [x.] rational.

aklı white-spotted; ~ karalı **1.** pepper-and-salt; **2.** spotted.

aklıselim [ī] commonsense.

akli [ī] **1.** intellectual; **2.** mental, rational; ~ denge mental balance; ~ melekât mental faculties.

akliye **1.** mental illnesses; **2.** psychiatric clinic; **3.** *phls.* rationalism; ~ hekimi psychiatrist.

akmak, (-ar) **1.** to flow; **2.** to leak; **3.** to be shed *(blood)*; **4.** to run *(faucet, water)*; **5.** F to slip away; **6.** to unravel *(textile)*; **7.** to fall *(shooting star)*; akacak kan damarda kalmaz *pro.* one can't escape fate; akan sular durur it broaches no argument; akmazsa da damlar *pro.* anything is better than nothing; akmış çorap laddered stocking; akmış kumaş frayed.

akmaz **1.** stagnant, stale; **2.** standing water.

akordeon 1. accordion; 2. accordion pleats.
akort, -du 1. ♪ accord; 2. ♪ being in key; akordu bozuk *fig.* out of tune, out of key, inharmonious.
akortçu (piano) tuner.
akortlamak *(or* akort etm.) to tune *(a musical instrument).*
akraba 1. relative(s); 2. related.
akrabalık kinship, affinity.
akran [. -] equal, peer, match; kendi akraniyle with one's match or equal.
akreditif † letter of credit.
akrep, -bi 1. *zo.* scorpion; 2. hour hand *(of a clock);* 3. ♀ *ast.* Scorpio.
akrobasi 1. acrobatics; 2. stunt flying.
akrobat, -tı 1. acrobat; 2. stunt flier.
akrobatlık 1. acrobatics; 2. stunt flying.
akropol, -lü 1. acropolis; 2. ♀ *pr. n.* The Acropolis *(in Athens).*
aksak 1. lame, limping; 2. crippled; ♀ Timur Tamerlane.
aksakal 1. old, aged; 2. village elder; ~ karasakal *fig.* the high and the low; -dan yok sakala gelmek to become very aged.
aksaklık 1. lameness, limp; 2. lopsidedness; 2. flaw, defect, disturbance, trouble; ~ göstermek not to work right, to run wrong.
aksamak 1. to be lame; to limp; 2. *fig.* not to work right, to run wrong, to develop a hitch.
aksan accent, stress.
akse 1. ⚕ fit, attack; 2. *biol.* reflex.
akselator ⊕ accelerator, gas pedal.
akseptans † acceptance.
aksesuar 1. accessory; 2. stage prop.
aksetmek [x . .] 1. to be reflected; 2. to echo; 3. to reverberate; 4. to resound; 5. to come to one's ear, knowledge or attention.
aksırık sneeze; ~ tozu sneezing powder; -lı tıksırıklı 1. sneezing and coughing; 2. *fig.* old and in bad health.
aksırmak to sneeze.
aksi 1. opposite, contrary, opposed; 2. disagreeable, unpleasant; 3. adverse, untoward; ~ akıntı countercurrent; ~ gibi F unfortunately; ~ halde otherwise; ~ mütalâa *(or* fikir) contrary opinion; ~ olarak on the contrary; ~ takdirde otherwise; ~ tesadüf 1. mischance; 2. unluckily; işlerim aksi gidiyor I'm having a run of bad luck.
aksilik 1. bad luck, misfortune; 2. unpleasantness, disagreeableness; 3. crossness, bad temper, obstinacy; ~ etm. to be obstinate; to raise difficulties.
aksiseda [. . . -] echo, reflection; ~ vermek to give an echo, to reverberate.
aksitesir [. . - -] reaction, opposite effect.
aksiyom axiom.
aksiyon 1. share; 2. activity, occupation, business; 3. stage business.
aksiyoner shareholder.
aksöğüt, -dü ⚘ white willow.
aksu *s.* akbasma.
aksülamel reaction, counter-effect.
aksülümen ⚗ sublimate.
akşam 1. evening; 2. in the evening; 3. last night; 4. the sunset hour, the time of the evening prayer; ~ demez sabah demez 1. all day long; 2. he comes at any time of day or night, considerate; ~ etm. to finish up the day; ~ ezanı 1. evening prayer-call; 2. evening time; ~ gazetesi evening newspaper; ~ olm. to become evening; ~ *(or* -ki) yediğini sabah unutmak to become exceedingly forgetful; ~ yemeği the evening meal, dinner; -a doğru *(or* karşı) towards evening; -dan kalmış *(or* kalma) hung over; -dan sonra merhaba *fig.* to say s.th. too late and thus uselessly; -lar hayrolsun! good evening!
akşamcı 1. one who spends all his evenings drinking; 2. night-worker; 3. one whose turn of duty falls in the evening; 4. night student.
akşamcılık habit of drinking every evening.
akşamgüneşi, -ni 1. setting sun; 2. yellowish-pink; 3. autumn of one's years; ~ gibi rapidly vanishing.
akşamki of the evening, in the evening.
akşamlamak 1. to stay until evening; 2. to spend the evening in a place.
akşamleyin in the evening.
akşamlı sabahlı all the time, morning and evening.
akşamlık intended for evening use.
Akşamyıldızı, -nı evening star, Venus.
aktar haberdasher, mercer; ~ dükkânı haberdasher's shop, mercery.
aktarma 1. *vn. of* aktarmak; 2. transfer; 3. transfer, change *(of trains, etc.):* 4. quotation, plagiarism; 5. plowing a field for the first or second time; 6. *sports:* pass; ~ bileti transfer ticket; ~ eşyası transit goods; ~ etm. 1. to carry over, to transfer; 2. to transpose, to shift *(into another form);* 3. *s.* aktarmak; ~ limanı transit port; ~ merkezi *(or* yeri) ⚔ transfer point; ~ yapmak to change *(trains, etc.).*
aktarmak 1. to transfer; to move; 2. to

transship; 3. to carry over; 4. to quote *(a passage from another book, etc.)*; 5. ⚒ to bring into disorder; 6. to reassign; 7. to reload; 8. to review; 9. to transmit, to convey; 10. *sports:* to pass; 11. to retile *(a roof)*; 12. to plow *(new ground)*; 13. ⚕ to transplant.

aktarmalı having a connection *(flight, etc.)*; ~ bilet transfer ticket.

aktavşan *zo.* jerboa.

aktif 1. active; 2. ✝ assets; 3. effective.

aktör actor.

aktris actress.

aktüalite 1. the news of the day; 2. popular subject; 3. *(film)* newsreel; ~ filmi newsreel; ~ haline gelmek to become a subject for popular discussion.

aktüel actual; present; current.

akuplıman ⊕ coupling, clutch.

akustik acoustic(s).

akü, akümülatör storage battery.

akvam [. -] *pl. of* kavim; ♀ Cemiyeti *hist.* League of Nations.

akvaryum aquarium.

akyuvar *biol.* white blood corpuscle.

akzambak ⚘ Madonna lily.

al[1] 1. scarlet, crimson, vermillion, red; 2. chestnut *(horse)*; 3. bright red; 4. rouge; 5. ⚕ eryspelas; ~ at sorrel *(horse)*; ~ basmak (loğusayı) ⚕ to suffer puerperal fever; ~ kanlar içinde revan *(or* puyan) in a pool of blood; alı alına moru moruna 1. all flushed in the face; 2. out of breath; allar giymek to rejoice.

al[2] deceit, intrigue.

âl, -li 1. family, dynasty; 2. high-born; âli Osman Ottoman Dynasty.

ala 1. colo(u)rful; 2. light brown; 3. *s.* alabalık; ~ kaz white-cheeked goose.

âlâ first-rate, excellent, very good.

alabalık *zo.* trout.

alabanda [. . x .] 1. bulwarks; 2. broadside; 3. *sl.* obtrusive; ~ etm. 1. to put the helm hard over; 2. to tip over; ~ vermek *(b-ne)* to give *s.o.* a real scolding; ~ yemek to get a real scolding.

alabildiğine maximum, extremely, the most possible; ~ şişman bir adam an incredibly fat man.

alabora ⚓ capsizing, overturn; ~ etm. ⚓ to overturn; ~ olm. to capsize, to turn over.

alaca 1. *s.* ala; 2. bad temper(ed); 3. *kinds of variegated cloth;* ~ at piebald *(horse)*; ~ bulaca 1. loud (coloured); 2. incongruously colo(u)red; ~ dostluk insincere friendship; ~ gre speckled sandstone; ~ karanlık twilight; ~ karga *zo.* 1. jackdaw; 2. rook; 3. magpie; ~ kargaya borçlu up to his ears in debt; -sı içinde crafty, deceitful, fraudulent.

alacadoğan *zo.* peregrine falcon.

alacak 1. ⚖ claim, demand; 2. credit; ~ davası ⚖ personal action; ~ olan receiver; ~ senedi promissory note, debenture; alacağı olsun! he'll pay for this! I'll show him; alacağım elli lira I've got fifty liras coming.

alacaklı creditor; ~ bakiye credit balance; ~ taraf credit side.

alacalanmak 1. to become colo(u)rful *or* spotted; 2. to blush.

alacalı *s.* ala 1.; ~ bulacalı loud (colour); ~ kuntaşı *s.* alaca gre.

alacalık 1. motleyness; 2. *fig.* deceit; ~ etm. to be deceitful.

alaçam ⚘ spruce.

aladoğan *s.* alacadoğan.

alafranga [. . x .] in the European style; ~ musiki European music; ~ tuvalet Western style toilet.

alafrangacı follower of European custom.

alafrangacılık preference for European styles.

alafrangalaşmak to adopt Western ways.

alafrangalık European mode of living.

alagarson boyish bob.

alageyik *zo.* fallow deer.

alaimisema [. - . . . -] rainbow.

alaka 1. interest; 2. affection; 3. relation; 4. claim; 5. ⚭ affinity; ~ göstermek to show interest; to take an interest *(-e* in): ~ uyandırmak to arouse interest; ~ verici captivating, fascinating; -sı var there is a connection; he has an interest; -sını kesmek to terminate one's association, to break off relations *(ile* with).

alakadar [. - . -] 1. connected; concerned; 2. interested; 3. responsible; ~ etm. -i 1. to interest *(ile* in): 2. to concern; ~ olm. 1. to be interested *(ile* in); 2. to be concerned *(ile* with).

alakalanmak 1. to be interested *(ile* in); 2. to be enamored *(ile* of, with).

alakalı 1. interested; 2. enamored; 3. authoritative; standard; 4. associated; 5. participating, participant.

alakarga *zo.* 1. spotted crow; 2. jackdaw; 3. magpie; 4. jay.

alakasız 1. disinterested, indifferent; 2. uninteresting; 3. not related.

alakasızlık 1. indifference; 2. lack of interest.

alako(y)mak *s.* alıko(y)mak.

Alaman *s.* Alman.

alamana [. . x .] ⚓ 1. lugger; 2. large trawnet.
alamet, -ti 1. sign, mark, symbol; 2. *a.* ⚔ badge; 3. monstrous, enormous, *(anything conspicuous by its size)*; -i farika 1. trademark; 2. ⚓ emblem.
alan 1. *phys.* field; 2. ⩓ area; 3. *phls.* field, sphere, domain; 4. (public) square; 5. plain, space; 6. airport.
alan talan F in complete confusion; ~ etm. to mess up.
alarga [. x .] 1. ⚓ open sea; 2. F stand off!, keep away!; ~ durmak *sl.* to keep off, to keep away; ~ etm. 1. to enter the high seas; 2. *sl.* to keep one's distance; -da anchored offshore.
alarm 1. alarm; 2. state of emergency; ~ işareti 1. warning sign; 2. ⚔ warning signal.
alaşağı etm. 1. to pull down; 2. to overthrow, to depose.
alaşım alloy.
alaturka [. . x .] in the Turkish style: ~ 1270'te in 1270 *(old calendar)*; ~ müzik Turkish music; ~ yemek Turkish *(or* Oriental) cousine or style of cooking.
alaturkacı F 1. partisan of Turkish style *(esp. old Turkish music)*; 2. performer or singer of Turkish music.
alavere [. . x .] 1. complete confusion; 2. passing or throwing about *(from hand* to *hand)*; 3. coal chute; ~ dalavere dirty tricks; ~ tulumbası suction pump.
alay 1. procession; 2. ⚔ regiment. squadron, group; 3. large quantity, all of *(a group)*; 4. solemnity; 5. mockery, sarcasm. teasing; ~ ~ row upon row, in large crowds; ~ etme! don't mock!; ~ etm. *(b-le)* to make fun (of), to mock; ~ geçmek *sl. s.* ~ etm; ~ malay F the whole outfit; -a almak F to deride, to ridicule, to mock; -ında olm. *(bşin)* not to take *s.th.* seriously, to take *s.th.* as a joke.
alaycı 1. mocking, sarcastic, ironic; 2. mocker.
alayiş [- - .] pomp, show.
alaylı 1. ⚔ from the ranks: 2. *fig.* uneducated, unschooled; 3. mocking; 4. ceremonious.
alaz flame.
alazlanmak 1. to be singed; 2. to get red areas on the skin.
albastı ⚕ puerperal fever.
albatr alabaster.
albatros albatross.
albay 1. ⚔ colonel; 2. ⚓ captain.
albeni charm, attractiveness.
albüm album.
albümin albumen.
alçacık [x . .] very low.
alçak 1. low; 2. vile, mean, low, base, abject; 3. cowardly; ~ basınç low pressure; ~ gönüllü humble, modest, unpretentious; ~ gönüllülük modesty, humility.
alçakça 1. rather low; 2. [. x .] shamefully, viciously.
alçaklık 1. lowness; 2. shamefulness, vileness; ~ etm. to behave viciously.
alçalma 1. decline, descent; 2. ebb tide; 3. degradation.
alçalmak 1. to become low; to decline; to go down; 2. to descend, to lose altitute; 3. to degrade o.s.; to lose esteem.
alçaltıcı degrading.
alçarak somewhat low.
alçı gypsum. plaster of Paris; ~ kalıbı plaster mo(u)ld; -ya koymak to put in a plaster cast.
alçıtaşı, -nı *geol.* gypsum, parget.
aldaç trick. ruse.
aldanç easily fooled.
aldangıç trick, cheat.
aldanmak 1. to be deceived. to be taken in: 2. to be mistaken, to be wrong.
aldatıcı deceptive. misleading.
aldatılmak to be deceived.
aldatma deception, deceiving.
aldatmaca deception, trick.
aldatmak 1. to deceive, to dupe, to cheat; 2. to mislead; 3. to mislead s.o. by appearance; 4. to be unfaithful *(-i* to).
aldırış attention, care; ~ etmemek not to mind, not to pay any attention *(-e* to).
aldırışsız indifferent.
aldırmak 1. *caus. of* almak; 2. to mind, to take notice *(-e* of). to pay attention *(-e* to); aldırmamak *s.* aldırış etmemek.
alegori allegory.
alelacayip very peculiar, odd.
alelacele hastily, in a big hurry.
alelade ordinary, usual, normal.
alelhesap as an advance *(payment)*, on account.
alelumum in general, generally.
alelusul as a formality.
alem 1. flag, banner; 2. peak *(of a minaret)*; 3. † proper name.
âlem 1. world, universe; 2. realm; 3. condition. state (of); 4. field, sphere; 5. the world of people, the public; 6. revel, orgy; ~ yapmak to have a wild party; -i var mı? is it really proper?
alemdar [. . -] 1. standard-bearer; 2. *fig.* leader.

âlemşümul, -lü [ū] worldwide, universal; ~ bir şöhret a worldwide fame.
alenen [x . .] openly, publicly.
alengirli *sl.* showy.
aleni [ī] open, public; ~ müzayede *s.* açık artırma; ~ satış public sale.
aleniyet, -ti publicity.
alerji ⚕ allergy.
alerjik ⚕ allergic.
alert, -ti alert, alarm.
alesta [. x .] **1.** ready!, stand by!; **2.** *sl.* ready; **3.** *sl.* right away, right now; ~ beklemek to stand by.
alet, -ti [ā] **1.** tool, instrument, implement, device; **2.** apparatus, machine; **3.** *fig.* tool, means, instrument, agent; **4.** *anat.* organ; ~ edevat tools, implements; ~ etm *(b-ni)* to make a tool of *s.o.;* ~ olm. to be an istrument *(-e* to), to be a tool *(-e* to), to lend o.s. *(-e* to), to stooge *(-e* for); -li jimnastik apparatus gymnastics.
alev 1. flame; **2.** pennant *(on a lance);* **3.** ♀ *wf.;* ~ almak **1.** to catch fire; **2.** *fig.* to flare up, to blaze up, to flame out, to flare out; ~ cihazı ⚔ flame thrower; ~ kesilmek to blaze up, to flame out; ~ saçağı *(or* bacayı) sardı things have gone too far, danger has gone beyond control; -lere yem olm. to fall a victim to the flames.
Alevi [. . -] partisan of the Caliph Ali; Shiite.
Alevilik Shiism.
alevlendirmek 1. to make *(the fire)* flame up; **2.** *fig.* to inflame, to incite, to exacerbate.
alevlenmek 1. to flare, to blaze up; **2.** *fig.* to flame up, to flare up, to flame out; **3.** to glisten.
alevli 1. flaming, in flames; **2.** *fig.* violent, furious.
aleyh against; -inde, -ine against him; -inde bulunmak to talk against, to backbite, to run down; -te olm. to be in opposition.
aleyhtar opponent.
aleyhtarlık opposition.
aleykümselam peace be upon you *(said in reply to the greeting* selamünaleyküm).
alfabe 1. alphabet; **2.** primer; **3.** *fig.* the ABC (of).
alfabetik alphabetical; ~ sıra alphabetical order.
algı perception; sensation; impression.
algılama perception, comprehension.
algılamak to perceive, to comprehend.
alıcı 1. buyer, customer, purchaser; **2.** ⊕ receiver, recipient; **3.** movie camera; **4.** the Angel of Death *(Azrail);* ~ gözüyle bakmak to look meticulously; ~ kuş bird of prey; ~ radyo makinesi radio receiver, radio set; ~ verici **1.** one who takes back a present he has given; **2.** ⊕ two-way radio.
alık clumsy, stupid, imbecile, silly; ~ ~ stupidly.
alıklaşmak to be astounded, to be taken aback.
alıklık stupidity, imbecility.
alıko(y)mak 1. to hold s.o. in a place; **2.** to keep back, to detain, to restrain, to prevent *(-den* from); **3.** to set aside, to reserve.
alım 1. taking; **2.** purchase, buying; **3.** attractiveness; ~ satım trade, business; purchase and sale.
alımlı attractive, charming; ~ çalımlı eye-catching, charming.
alımsız unattractive.
alın, -lnı **1.** forehead, brow; **2.** ⚒ face; ~ akı hono(u)r, integrity; ~ çatmak to frown, to scowl; ~ damarı shame; ~ damarı çatlamak to lose all sense of shame; ~ karası shame, disgrace; ~ teri *fig.* effort, work, labo(u)r; ~ teri dökmek *fig.* to toil. to sweat (over), to struggle; ~ teri ile kazanmak to turn an honest penny; -dan ter boşanmak *fig.* to sweat blood; alnı açık yüzü ak blameless, irreproachable; alnı davul derisi *fig.* unabashed, shameless; alnında yazılmış olm. to be one's fate, to be destined; alnını karışlarım! **1.** I'll show you!; **2.** I dare you!; alnını karışlayayım! he is no threat; alnının akı ile hono(u)rably, with no shadow of blame, without a blemish.
alındı receipt.
alındılı registered *(mail).*
alıngan touchy, irascible, choleric, testy.
alınganlık touchiness, testiness.
alınlı 1. having a forehead; **2.** *fig.* saucy, cheeky, *Am. sl.* fresh.
alınlık 1. ornament worn on the forehead; **2.** facade, frontal.
alınmak 1. *pass. of* almak; **2.** to take offence *(-e, -den* at), to resent.
alıntı quotation; ~ yapmak to quote.
alınyazısı, -nı *fig.* destiny, ordinance, predestination.
alış 1. taking, receiving; **2.** purchase, buying; ~ fiyatı purchase price; ~ valfı inlet valve.
alışagelmek to be accustomed *(-e* to).
alışık accustomed *(-e* to), used *(-e* to).

alışıklık 1. habit; 2. familiarity.
alışılmış ordinary, usual, accustomed.
alışkan accustomed (*-e* to), used (*-e* to).
alışkanlık 1. habit; 2. force of habit; 3. familiarity.
alışkı habit, practice, usage.
alışkın *s.* alışık.
alışmak 1. to get used (*-e* to), to get accustomed (*-e* to); to become familiar (*-e* with); 2. to accustom o.s. (*-e* to); 3. to come to fit; 4. to become addicted (*-e* to); 5. P to catch fire.
alıştırma 1. exercise; 2. training.
alıştırmak 1. to accustom (*-e* to), to familiarize; 2. to domesticate, to tame; to train; 3. to allow s.o. to become addicted (*-e* to); 4. ⊕ to break in, to make s.th. work smoothly; 5. to set on fire; *b-ne* alıştırarak haber vermek to break the news gently to *s.o.*
alışveriş 1. shopping; buying and selling, trade, business, commerce; 2. *fig.* dealings, relations: ~ yapmak 1. to shop, to go shopping; 2. *(b-le)* to do business with *s.o.*; -i olmamak *(b-le)* to avoid contact with *s.o.*, not to have anything to do with *s.o.*; -ten dönmek to return from shopping; dostlar -te görsün! for the sake of appearances.
Ali *mf.*; ~ paşa vergisi *iro.* a present which is taken back; -nin külahını Veli'ye Veli'nin külahını Ali'ye giydirmek F to rob Peter to pay Paul.
âli † 1. high, exalted, sublime; 2. ♀ *mf.*; zatı âliniz your worship, you; ismi âliniz nedir? what is your name?
âlicenap, -bı noble-hearted, magnanimous.
âlicenaplık magnanimity.
alicengiz oyunu F a dirty trick.
alikıran başkesen F bully, despot.
alim all-knowing, omniscient.
âlim 1. scholar; 2. wise, learned.
alimallah! by God!
âlimlik 1. scholarship; 2. erudition.
alivre ✝ short *(sale)*.
alize trade wind.
alkali ⚗ alkali.
alkaloit ⚗ alkaloid.
alkım *meteor.* rainbow.
alkış applause, clapping; ~ tufanı flood of applause; ~ tutmak 1. to clap (*-e* for); 2. to cheer.
alkışçı *contp.* 1. applauder; 2. flatterer, toady.
alkışlamak to clap (*-i* for), to acclaim, to applaud.
alkışlanmak *pass.* of alkışlamak to be clapped, to be greeted with applause; ayakta ~ to be given a standing ovation.
alkol, -lü alcohol.
alkolik alcoholic.
alkolizm alcoholism.
alkollü 1. alcoholic, spirituous, intoxicating; 2. drunk; 3. while drunk.
alkolsüz non-alcoholic, soft *(drink)*.
Allah [. -] 1. God; 2. o God!; 3. how wonderful!, really!; ~ acısın! may God have pity on him!; ~ afiyet versin! may God give you success!; ~ ~ 1. good Lord!, goodness gracious!; 2. Turkish battle cry; ~ aşkına! 1. for God's sake!, for heaven's sake!; 2. how wonderful!; ~ bağışlasın God bless him; ~ belâsını versin! damn him!; ~ bilir! God knows!; ~ bir kapıyı kaparsa, başka kapıyı açar *pro.* when one door shuts, another opens; ~ canını alsın! God damn you!; ~ cezanı vermesin (*or* ~ cezanı versin) God damn you; ~ dağına göre kar verir *pro.* God tempers the wind to the shorn lamb; ~ derim! all I can say is 'o God'; ~ esirgesin! God forbid!; ~ göstermesin! God forbid!; ~ hakkı için! in God's name; ~ (seni) inandırsın... take it from me that..., take my word...; ~ korusun! God forbid!; ~ layığını versin! damn you (*or* him)!; ~ müstahakını versin! *s.* ~ layığını versin; ~ ömürler versin! may God give you a long life!; ~ rahatlık versin! good night!; ~ rahmet eylesin! may God have mercy on him; ~ rahmetine kavuşmak to meet one's Maker, to die; ~ versin! 1. may Good help you!; 2. may you enjoy it!; **(Allaha)**; ~ ısmarladık good-bye; ~ şükür! thank God!; Allahı(nı) seversen for God's sake; **(Allahın)**: ~ belası nuisance, pest, trial; ~ cezası damn, damned; ~ günü every darn day; ~ ondurmadığını, Peygamber sopa ile kovar *pro.* misfortunes never come singly; ~ tembeli bone-lazy; **(Allahtan)**: 1. luckily, fortunately; 2. from birth: ~ bulsun! let God punish him!; ~ korkmaz cruel, unmerciful, ruthless; ~ umut kesilmez while there is life there is hope.
Allahlık 1. harmless, simpleton, simple man; 2. left to God, unpredictable.
Allahsız 1. atheist; 2. *fig.* unmerciful, merciless.
Allahuekber [. - . . .] God is almighty.
allak 1. untrustworthy, fickle; 2. deceitful.
allak bullak 1. topsy-turvy, pell-mell; 2. in great confusion; ~ etm. 1. to make a mess (*-i* of), to upset; 2. *fig.* to confuse, to bewilder.

allame † **1.** scholar, learned man; **2.** learned.
allasen [. - .] [. x .] = Allahı seversen.
allegretto ♪ allegretto.
allegro ♪ allegro.
allem kallem tricks, dodges; allem etti, kallem etti he tried all sorts of wiles.
allı pullu spangled, showily dressed.
allık **1.** redness; **2.** rouge.
almaç *teleph.* recevier.
almak, (-ır) **1.** to take; **2.** to get, to obtain, to procure; **3.** to buy; **4.** to receive; to accept; **5.** to steal; **6.** to marry *(a girl)*; **7.** to take along, to call for; **8.** to hold, to contain, to take; **9.** to capture, to conquer; **10.** to take in, to shorten *(a dress)*; **11.** to pluck out, to remove, to take away; **12.** to clean, to sweep, to dust; **13.** to have, to take *(a bath)*; **14.** to lead; **15.** to drink; to smoke; **16.** to last, to take *(a period of time)*; **17.** to swallow, to take *(medicine)*; **18.** to cover, to travel *(a distance)*; **19.** to catch *(cold, fire)*; **20.** to employ, to hire, to take on; **21.** to move; **22.** to sense, to smell, to hear; **23.** to put on, to throw over o.s. *(garment)*; **24.** to take *(water)*; **25.** to carry away, to destroy *(flood)*; **26.** to overwelm, to sweep through *(smoke, fear)*; **27.** to begin all at once *(rain)*; al birini vur ötekine tarred with the same brush; alıp satmak to trade, to commerce; alıp vermek **1.** to exchange, to trade; **2.** to have one's heart beat wildly; **3.** to dwell on a matter; alıp yürüdü it has made headway.
Alman German; ~ hükümeti German government.
almanak almanac.
Almanca [. x .] German, the German language; ~ gramer German grammar; ~ öğretmeni teacher of German; ~ sözlü bir film a film in German; bunun -sı nedir? what does it mean in German?
almangümüşü German silver, albata.
Almanya [. x .] *pr. n.* Germany.
Almanyalı German; from Germany.
alo! [x .] *(telefon)* hello!
Alp, Alpler *pr. n.* the Alps.
alpaka *zo.* alpaca.
alpyıldızı ⚘ edelweiss.
alt, -tı **1.** bottom, underside, lower part; **2.** buttocks, rump, bottom; **3.** continuation, the rest; **4.** the farther; **5.** the lower, inferior; **6.** (altına, altında) under, beneath, below; ~ alta one under the other; ~ alta üst üste rough-and-tumble; ~ alta üst üste boğuşma rough-and-tumble fight; ~ aşağı vurmak to cast down, to overthrow, to conquer; ~ başından from the very bottom (of); ~ etm. to beat, to defeat, to overwhelm; ~ kat **1.** downstairs; **2.** first (*or* ground) floor; ~ olm. to be defeated, to be overcome (*-e* by); ~ taraf the lower part; the underside; ~ tarafı çıkmaz sokak F this business is a blind alley; ~ yazı footnote, postscript; -ı alay, üstü kalay gaudy, showy, tawdry; -ı çizilmiş kelime underlined word; -ı kaval, üstü şişhane odd-looking; **(altına):** ~ almak to throw s.o. down; ~ etm. (*or* koyvermek *or* kaçırmak) to wet *or* soil one's clothes a little; -ında kalmak to have no retort. to be unable to reply; -ından girip üstünden çıkmak to squander, to blow, to blue, to play ducks and drakes with *(money)*; -ını üstüne getirmek **1.** to turn upside down; **2.** to search high and low; altta kalanın canı çıksın! woe to the vanquished!, vae victis!, the devil take the hindmost!; altta kalmak to be defeated, to be beaten, to lose.
altbilinç *psych.* the subconscious.
altçene the lower jaw.
altderi *anat.* corium, derma.
alternatif **1.** alternative; **2.** alternate; ~ akım ⚡ alternating current.
alternatör generator, alternator.
altes his highness, her highness.
altgeçit underpass.
altı six; ~ köşe(li) **1.** six-cornered; **2.** ⩓ hexagon; ~ okka etm. *(b-ni)* to carry *s.o.* by having people lift his arms and legs; -da bir one sixth; -nı çizmek *fig.* to underline.
altıgen ⩓ hexagon.
altılı **1.** *cards:* six; **2.** ♪ sextet, sextette.
altın **1.** gold; **2.** gold coin; **3.** golden; ~ adını bakır etm. *fig.* to degrade o.s., to disgrace o.s.; ~ anahtar *fig.* money; ~ anahtar her kapıyı açar money talks; ~ babası moneybags, well-heeled; ~ bilezik **1.** gold bracelet; **2.** *fig.* a skill one can use to support o.s.; ~ çağı golden age; ~ kaplama **1.** gold-plating; **2.** gold-plated; ~ kesmek to be coining (*or* minting) money, to make pots of money; ~ kıymeti şartı ⚖ gold clause; ~ pas tutmaz *pro.* a good character cannot be harmed by slander; ~ sarısı golden blond; ~ varak gold-leaf; ~ yıldönümü golden anniversary (*or* wedding); ~ yumurtlayan tavuk person with a generous income.
altınbaş **1.** gold-headed; **2.** ⚘ muskmelon, cantaloupe; ~ kefal *zo.* golden mullet.
altıncı[1] sixth.
altıncı[2] goldsmith.

altınlamak to gild; to ornament with gold.
Altınordu *pr. n. hist.* Golden Horde.
altınsuyu, -nu ⚗ aqua regia.
altıntop, -pu ⚘ grapefruit.
altıparmak **1.** six-fingered; having six toes; **2.** *zo.* large bonito.
altıpatlar six-shooter, revolver.
altışar six each, six apiece; ~ ~ six by six.
altız sextuplet.
altlık **1.** support, base; **2.** pad, coaster.
altmış sixty.
altmışaltı sixty-six *(a card game)*; -ya bağlamak *sl.* to put s.o. off with promises.
altmışıncı sixtieth.
altmışlık **1.** containing sixty; **2.** sixty years old, sexagenarian.
alto [x .] ♪ **1.** viola; **2.** alto; **3.** alto saxophone.
altşube subbranch.
altulaşım underground transportation.
altuni [. - -] golden, gold colo(u)red.
altüst, -tü topsy-turvy, upside down; ~ etm **1.** to turn topsy-turvy, to mess up, to turn upside down, to upset; **2.** to damage, to ruin, to wreck; ~ olm. *pass. of* ~ etm.
altyapı **1.** substructure; **2.** infrastructure.
altyazı subtitle.
aluvyon alluvium.
alüfte **1.** promiscuous *(woman)*; **2.** prostitute, whore.
alümin ⚗ alumina, alumin.
alüminyum aluminium, *Am.* aluminum.
alyans wedding ring.
alyuvar *anat.* erythrocyte.
am *sl.* cunt, pussy, vulva.
ama [x .] **1.** but, still, yet; **2.** above all; absolutely; **3.** truly, really; -sı maması yok! there are no buts about it!, but me no buts!; amma da yaptın ha! *a. iro.* how can it be!, not really!.
âmâ blind.
amaç aim, goal, target, object, objective, purpose, end; ~ gütmek to pursue a goal; amacına ulaşmak to attain one's object.
amaçlamak to aim (-*i* at), to intend, to purpose.
amaçlı purposeful.
amaçsız purposeless, aimless.
amade [- - .] ready, prepared (-*e* for); emre ~ olm. to be ready; to be at s.o.'s disposal.
amal, -li [- -] † *pl. of* amel works, deeds, actions; amali erbaa † *s.* dört işlem.
aman [. -] **1.** oh!, mercy!, help!; **2.** please; **3.** for goodness sake; **4.** heavens!, my!; **5.** mercy; ~ Allah çağırmak *fig.* to be much distressed; ~ aralık vermemek not to give any respite; ~ dedirtmek *(b-ne)* to make *s.o.* give up, to make *s.o.* yield; ~ demek (*or* dilemek) to ask for mercy; to surrender; ~ vermek to grant one his life, to spare one's life; -a gelmek to come to terms, to give in, to give up and submit; -a getirmek *s.* ~ dedirtmek; -ı zamanı yok there is no trying to get out of it, you must; -ını tüketmek to exhaust.
amanın F oh my!, what now!
amansız **1.** merciless; **2.** inexorable, cruel; **3.** incurable *(disease)*.
amatör amateur.
amazon **1.** amazon; **2.** equestrienne.
ambalaj **1.** packing, wrapping; **2.** package; ~ kâğıdı wrapping paper; ~ yapmak to pack, to wrap up.
ambalajlamak to pack, to wrap up.
ambale olm. to be overwhelmed and confused.
ambar **1.** granary; grain silo; **2.** warehouse, storehouse, magazine; **3.** express company, trucking firm; **4.** hold *(of a ship)*; ~ ağzı ⚓ hatchway; ~ kapağı ⚓ hatch (cover); ~ memuru storekeeper, warehouse official.
ambarcı **1.** trucker, express agent; **2.** *s.* ambar memuru.
ambargo [. x .] embargo; ~ koymak to impose an embargo (-*e* on); -yu kaldırmak to lift the embargo.
ambarlama storage.
amber **1.** ambergris; **2.** *s.* akar amber.
amberbalığı, -nı *zo.* sperm whale, cachalot.
amberbaris [. . - .] ⚘ barberry.
amberçiçeği, -ni ⚘ musk-mallow.
amboli embolism.
ambülans ambulance.
amca [x .] **1.** (paternal) uncle; **2.** sir *(polite form of address to an older man)*; ~ kızı girl cousin; ~ oğlu male cousin.
amcalık **1.** unclehood; **2.** step uncle; ~ etm. to be avuncular (-*e* towards), to act like an uncle.
amcazade cousin.
amel **1.** act, action, deed, work; **2.** performance, practice; **3.** diarrhea; ~ olm. to have diarrhea.
amele worker, workman; ~ çavuşu foreman.
amelebaşı, -nı foreman.
amelelik workmanship.
ameli practical, applied.
amelimanda disabled, retired; invalid.
ameliyat, -tı **1.** practice, performance; **2.** ⚕ surgical operation; ~ etm. ⚕ to operate (-*i* on); ~ olm. to be operated on, to have an operation.

ameliyathane [. . . . - .] operating room (*or* theatre).
ameliye process, procedure, operation.
amenna! [- x -] **1.** we believe!; **2.** admitted!, agreed!; ~ demek F to admit, to accept, to agree.
amentü [ā] I believe; credo.
Amerika **1.** *pr. n.* America; **2.** *sl.* well-heeled, rich, rolling in money; ~ Birleşik Devletleri the United States of America, U.S.A.
Amerikalı **1.** American; **2.** an American.
amerikalılaşmak to become Americanized.
amerikalılaştırmak to Americanize.
Amerikan **1.** American; **2.** an American; ~ bar bar; ~ fıstığı ⚘ peanut; ~ şekeri fine ground sugar.
amerikanbezi, -ni unbleached calico.
amfi amphitheatre, lecture room.
amfibi amphibian.
amfiteatr *s.* amfi.
amigo cheerleader.
amil factor, agent, motive, reason, cause; doing, active.
amin [ā] amen.
amip, -bi *zo.* ameba, amoeba.
amipli amebic; ~ dizanteri ⚕ amebic dysentery.
amir **1.** commander; **2.** superior, chief; ~ hükümler ⚖ imperative provisions.
amiral, -li admiral; ~ gemisi flagship.
amirallik admiralship, admiralty.
amirane [- . - .] ⚔ **1.** imperiously, commandingly; **2.** imperious *(action).*
amirlik **1.** authority, superiority in rank; **2.** air of authority; ~ taslamak to behave arrogantly.
amit ⚗ amide.
amiyane **1.** colloquial; **2.** common, ordinary.
amma *s.* ama.
amme **1.** the public; **2.** public, general; ~ davası ⚖ public prosecution; ~ hizmeti public service; ~ menfaati ⚖ public interest; ~ nizamı public policy.
amonyak ⚗ ammonia (water).
amonyum ⚗ ammonium; ~ karbonatı salt of hartshorn.
amorti **1.** *lottery:* the smallest prize; **2.** redemption of a bond issue; ~ etm. to amortize, to redeem, to pay off.
amortisman **1.** amortization; **2.** the redemption of a bond; ~ akçesi depreciation fund; ~ sandığı sinking-fund.
amortisör ⊕ **1.** shock absorber; **2.** damper.
amper ⚡ ampere.
amperaj amperage.
ampermetre, amperölçer ⚡ ammeter.
ampersaat, -ti ampere-hour.
ampirik empirical.
amplifikasyon ⊕ amplification.
amplifikatör ⊕ amplifier.
ampul, -lü **1.** ⚡ electric bulb; **2.** ⚕ ampule; **3.** *sl.* boob.
amudi [ū, ī] vertical, perpendicular.
amudufıkari [. - . . - -] backbone, spinal column.
amut, -du [ū] perpendicular; amuda kalkmak to do a hand stand.
amyant, -tı asbestos.
an [ā] **1.** moment, instant; **2.** boundary *(between fields).*
ana **1.** mother; **2.** mother animal, dam; **3.** protector, patroness; **4.** principle, main, basic, fundamental; **5.** ✝ capital, stock; principal; ~ akçe principal; ~ baba parents, father and mother; ~ baba bir (kardeş) having the same father and mother; ~ baba eline bakar he depends on his parents for his support; ~ baba evladı beloved child; ~ baba günü pandemonium, tumult; ~ baba sevgisi parental love; ~ defter ledger; ~ demiryolu main railway; ~ direk ⚓ lower mast; ~ fikir central theme; ~ hat main (*or* truck) line; ~ hatlar the main lines, the outline; ~ kısmı kindergarten; nursery-school; ~ kucağı *fig.* mother's bosom; ~ kuzusu **1.** very small baby, dear child; **2.** sissy, milksop, mollycoddle; ~ makinesi incubator; ~ mesele main subject; ~ sermaye original capital; ~ ses *phys.* keynote; ~ şaft ⊕ cardan shaft; ~ tem ♪ main theme; -dan doğduğuna pişman olm. *fig.* to be sorry to have been born, to feel very miserable; -dan doğma **1.** stark naked; **2.** from birth; congenital; -m babam! *sl.* oh dear!, oh my!; -mdan emdiğim süt burnumdan fitil fitil geldi I went through extreme hardship; -n yerinde kadın the woman as old as your mother; -sı danası F his mother and the rest of the family, the whole bunch; -sına bak kızını al, kenarına bak bezini al *pro.* what is bred in the bone will never come out of the flesh, the sack is known by the sample; -sını satayım! I don't care two hoots!, I don't give a damn!; -sının ak sütü gibi helal (olsun)! you are welcome to it!; -sının çocuğu like mother like child; -sının gözü *sl.* sly ,cunning, tricky, shifty; -sının ipini pazara çıkarmış *fig.* wicked, vicious; -sının körpe kuzusu mother's darling (*or* pet); -sının nikâhını istemek *fig.* to charge s.o. an arm and a leg, to make s.o. pay through the nose.

anacık darling mother.
anaç 1. matured *(animal)*; **2.** fruit-bearing, mature *(tree)*; **3.** experienced, shrewd; **4.** tough, huge.
anadil parent language.
anadili mother tongue, native language.
Anadolu *pr. n.* Anatolia; ~ Ajansı *pr. n.* Anatolian Agency; ~ yakası Anatolian quarter.
Anadolulu 1. an Anatolian; **2.** Anatolian.
anaerki matriarchy.
anaerkil matriarchal.
anafor 1. eddy, countercurrent, back current; **2.** *sl.* illicit gain, windfall; -a konmak *sl.* to get s.th. for nothing; ~ *(or* -dan) gelmek *(b-ne) sl.* to fall into one's lap, to come easily.
anaforcu *sl.* **1.** freeloader, parasite, sponger; **2.** opportunist, cheater.
anaforculuk *sl.* **1.** freeloading; **2.** cheating.
anaforlamak *sl.* to pinch, to swipe, to steal.
anahtar 1. key; **2.** spanner, *Am.* wrench; **3.** ⚡ switch; **4.** clef; ~ deliği keyhole; ~ uydurmak to match up a key *(to a lock)*.
anahtarcı 1. locksmith; **2.** *sl.* thief who picks locks.
anahtarlık key ring (*or* holder).
anakara continent.
analı having a mother; ~ kuzu kınalı kuzu *fig.* a child whose mother is alive is clean and well cared for; iki ~ kuzu *fig.* two-job man, dual wage-earner.
analık 1. maternity, motherhood; **2.** stepmother, adoptive mother; **3.** maternal love; **4.** motherliness; ~ etm. *(b-ne)* to be a mother to *s.o.*
analitik analytical; ~ geometri analytical geometry.
analiz analysis; ~ etm. to analyse.
analizlemek ⌒ to analyse.
anamal capital.
anamalcı 1. capitalist; **2.** capitalistic.
anamalcılık capitalism.
ananas pineapple.
anane tradition; -siyle anlatmak *fig.* to tell in detail.
ananeperest, -ti traditionalist.
ananeperestlik traditionalism.
ananet, -ti ⚕ sexual impotence.
ananevi [ī] traditional.
anaokulu kindergarten, infant school, nursery school.
anapara capital.
anarşi anarchy.
anarşist, -ti anarchist.
anarşizm anarchism.
anason 1. aniseed; **2.** anise; -lu containing aniseed.
anatomi anatomy.
anatomik anatomical.
anavatan *s.* anayurt.
anayasa constitution.
anayasal constitutional.
anayol main (*or* trunk) road.
anayön cardinal point *(of the compass)*.
anayurt, -du mother country, homeland.
anbean [ā, ā] with every moment, gradually.
anca [x .]: ~ beraber kanca beraber we will stick together through thick and thin.
ancak [x .] **1.** only, solely, merely; **2.** hardly, just, barely; **3.** but, however, on the other hand; **4.** not until, only.
ançüez anchovy.
andaç souvenir, gift, keepsake, memento.
andavallı *sl.* imbecile, idiot, fool, simpleton.
andetmek [x . .] to swear, to take an oath.
andırışma 1. resembling; **2.** ambiguity.
andırmak 1. to resemble, to be reminiscent (-*i* of); **2.** to bring to mind.
andızotu ♣ elecampane.
andiçmek [x . .] to take an oath, to swear.
andilya [. x .] ♣ endive.
ane [ā] pubic bone; ~ biti *zo.* crab-louse.
anekdot, -tu anecdote.
anestezi ⚕ anesthesia.
angaje 1. occupied, reserved; **2.** hired, employed, engaged; **3.** tied (-*e* to), bound (-*e* to); ~ etm. to employ, to engage.
angajman engagement, employment, undertaking; ~ yapmak to reach a formal agreement (*ile* with).
angarya, angarye [. x .] **1.** forced labo(u)r, corvée; **2.** angary; **3.** drudgery.
angı memory.
angın famous.
angıt 1. *zo.* ruddy, sheldrake; **2.** *sl.* fool, idiot.
Anglikan *pr. n.* Anglican.
Anglosakson *pr. n.* Anglo-Saxon.
angudi [ī] ruddy.
angut *s.* angıt.
anı memory.
anık apt (-*e* to), ready (-*e* to), inclined (-*e* to.
anılmak *pass.* of anmak to be remembered, to be mentioned.
anımsamak to remember, to recall.
anırmak to bray.
anıt, -tı monument.
anıtkabir, -bri **1.** mausoleum; **2.** ≈ *pr. n.* tomb of Atatürk in Ankara.
anıtmezar mausoleum.

anıtsal monumental.
anız stubble.
ani [ī] 1. sudden, instantaneous, unexpected; 2. suddenly, all of a sudden.
aniden suddenly, all of a sudden.
anjin angina.
Anka 1. *pr. n.* phoenix; 2. *sl.* well-heeled, moneybags; ~ gibi nonexistent.
ankesman paying in, collection *(of payment).*
ankesör public call-office, coin telephone.
anket, -ti questionnaire, (opinion) poll, public survey; ~ yapmak to take a poll.
anketçi pollster.
anlak *psych.* intelligence.
anlam 1. meaning, sense; 2. connotation; -ına gelmek to mean, to amount (to).
anlamak 1. to understand, to comprehend, to conceive; 2. to find out; 3. *(bşden)* to know about *s.th.*, to have knowledge of *s.th.*; 4. to deduce; to realize; 5. *(bşden) sl.* to appreciate *s.th.*, to enjoy *s.th.*; 6. *sl.* to try, to sample *(a delicacy)*; anladımsa, Arap olayım! it is all Greek to me, I am unable to make head or tail of it!; Anlayana sivrisinek saz, anlamayana davul zurna az *pro.* a word is enough to the wise.
anlambilim semantics.
anlamdaş 1. synonymous; 2. synonym.
anlamdaşlık synonymy, synonymity.
anlamlandırmak to explain.
anlamlı meaningful, expressive.
anlamsal semantic.
anlamsız meaningless.
anlamsızlık meaninglessness.
anlaşamamazlık 1. disagreement, conflict; 2. misunderstanding.
anlaşılmak *pass. of* anlamak to be understood; anlaşılan... it appears that...
anlaşılmaz incomprehensible, unintelligible.
anlaşma 1. agreement, understanding; 2. pact, treaty; -ya varmak to come to an agreement.
anlaşmak 1. to understand each other; 2. to come to (*or* reach) an agreement.
anlaşmalı arranged by agreement.
anlaşmazlık 1. disagreement, conflict, incompatibility; 2. misunderstanding.
anlatı narration.
anlatım expression, exposition.
anlatımlı expressive.
anlatmak *caus. of* anlamak 1. to explain, to expound; 2. to narrate, to relate, to tell; 3. to describe; 4. to show s.o., to learn s.o.
anlayış 1. understanding, comprehension; 2. intelligence, perceptiveness; 3. sympathy; 4. mind, intellect; ~ göstermek to be tolerant (-*e* towards).
anlayışlı 1. understanding; 2. intelligent.
anlayışsız 1. insensitivite, inconsiderate; 2. lacking in understanding.
anma 1. remembrance; 2. commemoration; ~ töreni commemorative ceremony.
anmak 1. to call to mind, to remember, to think (-*i* of); 2. to commemorate; 3. to call, to name, to distinguish.
anmalık keepsake, souvenir.
anne [x .] mother; ~ olm. to become a mother; -ler günü Mother's Day.
anneanne grandmother.
anneciğim! mum!, mummy!
annelik motherhood; ~ etm. *(b-ne)* to be a mother to *s.o.*
anofel *zo.* anopheles.
anonim 1. anonymous; 2. incorporated; ~ şirket joint-stock company.
anons announcement; ~ etm. to announce; to page *(in a hotel, etc.).*
anorak anorak.
anormal abnormal.
anormalleşmek to become abnormal.
anormallik abnormality.
anot anode.
ansefalit, -ti ⚕ encephalitis.
ansızın suddenly, all of a sudden, without warning.
ansiklopedi encyclopedia.
ansiklopedik encyclopedic.
ant, -dı 1. oath, vow; 2. resolution; ~ içmek to take an oath, to swear; ~ vermek to importune *s.o.* with pleading oaths; andını bozmak to break one's oath.
antant, -tı agreement; ~ kalmak to come to an agreement.
antarktik Antarctic.
anten aerial, antenna *(a. zo.).*
antepfıstığı, -nı pistachio.
antet, -ti letterhead.
antibiyotik antibiotic.
antidemokratik antidemocratic.
antifeding *radio:* antifading.
antifriz ⊕ antifreeze.
antika [. x .] 1. antique; 2. F queer, funny, eccentric; 3. hemstitch.
antikacı antique-dealer.
antikalık 1. antiquity; 2. F queerness, eccentricity.
antikite antiquity; -ler antiques.
antikor *biol.* antibody.
antilop *zo.* antelope.
antimon ⚗ antimony.
antipati antipathy.
antipatik antipathetic; ~ bulmak to dis-

like.
antiseptik ⚕ antiseptic.
antişambr antechamber.
antitez antithesis.
antitoksin *biol.* antitoxin.
antlaşma pact, treaty.
antlaşmak to come to a solemn agreement.
antlı under oath, sworn.
antoloji anthology.
antrakt intermission, interval.
antrasit, -ti anthracite.
antre entrance, doorway, vestibule.
antrenman *sports:* training, exercise, work-out; ~ yapmak to work out, to exercise, to go into training.
antrenör *sports:* trainer, coach.
antrepo bonded warehouse, entrepôt.
antropoloji anthropology.
antrparantez parenthetically, in parenthesis.
anudane [. - - .] stubborn(ly), obstinate(ly).
anus [x .] *anat.* anus.
aort, -tu *anat.* aorta.
apaçık [x . .] as plain as the nose on one's face, clear, evident.
apak [x .] snow-white, pure white, all white.
apandis *anat.* appendix.
apandisit, -ti *anat.* appendicitis; ~ olm. to suffer from appendicitis.
apansız [x . .], **apansızın** [. x . .] at the drop of a hat, suddenly, all of a sudden, out of the blue.
aparmak 1. to carry away; 2. *sl.* to make off (*-i* with).
apartman block of flats, apartment house; ~ dairesi flat, apartment.
apar topar posthaste, pell-mell, headlong, helter-skelter.
apaşikâr as plain as the nose on one's face.
apaydın [x . .] very bright, well lit.
apayrı [x . .] as different as chalk and cheese, as like as chalk to cheese, completely different.
apaz 1. cupped hand; 2. handful.
aperitif apéritif, appetizer.
apış the inner sides of the thighs; ~ açmak to straddle; ~ arası the space between the thighs.
apışık holding its tail between its legs.
apışıklık gore, gusset.
apışmak 1. to spread its legs apart and collapse *(animal)*; 2. *fig.* to give up, to stand helpless; apışıp kalmak to be nonplussed.
apiko [. x .] 1. ⚓ apeak; 2. *sl.* alert, ready, quick; 3. *sl.* handsome, spruce, smart.
apikoluk *sl.* spruceness.
aplik, -ği wall lamp (*or* fixture).
aplikasyon 1. appliqué; 2. *surv.* staking out.
aplike = aplikasyon.
apolet, -ti epaulet.
apostrof apostrophe.
apre 1. size, finish; 2. sizing.
apse ⚕ abscess.
apşak 1. bowlegged; 2. sluggish; fagged out.
aptal silly, stupid, fool, simpleton; ~ oğlu ~ fucker.
aptalca 1. stupid *(act)*; 2. stupidly.
aptallaşmak 1. to become stupid; 2. *fig.* to be taken aback.
aptallık stupidity, foolishness.
aptes 1. ritual ablution; 2. feces; ~ almak to perform an ablution; ~ bozacağı gelmek to be taken short; ~ bozmak to relieve nature, to go to the toilet; ~ etm. = ~ bozmak; ~ vermek *fig.* to scold, to reprimand; -i kaçtı he ceased to need to go to the toilet; -i olm. (*or* gelmek) to be taken short.
apteshane [. . - .] toilet, water closet, latrine.
aptessiz canonically unclean; ~ yere basmamak *fig.* to be very strict in one's religious practices.
apul apul waddlingly.
ar[1] are *(100 m²)*.
ar[2] [ā] shame; ~ damarı sense of shame; ~ etm. to be ashamed.
ara 1. distance; 2. interval; gap; 3. relation; 4. break *(in a game)*; intermission; interlude; 5. space, spacing; 6. intermediate, intermediary; 7. time; 8. arasına, arasında between; among; ~ bozmak to destroy the friendship (between); ~ bulmak to reconcile, to mediate; ~ hattı diving (*or* parting) line; ~ imtihanı intermediate examination; ~ seçimi by-election; ~ sıra sometimes, now and then, from time to time, occasionally; ~ vermek *(bşe)* to take a break, to stop doing *s.th.* for a while, to pause; **(arada):** between; among; ~ bir from time to time, seldom, rarely; ~ gitmek to pass unnoticed; ~ kalmak to be mixed up in an affair; ~ kaynamak to pass unnoticed; ~ sırada *s.* ~ sıra; **(aradan):** ~ çıkarmak to remove; ~ çıkmak not to interfere; görüşmeyeli ~ uzun zaman geçti long time no see; **(araları):** ~ açıktır they are at odds, they are at loggerheads; ~ açıldı they are on bad terms; ~ bozuldu they are on strained terms; ~ iyileşti they be-

came reconciled; ~ soğudu a coolness has arisen in their friendship; ~ şekerrenk their relations are strained; ~ yağ bal they are on good terms, they stand well with each other; -nda dağlar kadar fark olm. to be as different as black and white, to be as different as chalk and cheese; -nda kan olm. to have a blood feud (between); -ndan kara kedi geçmek *fig.* to be cross with each other, to bear resentment against each other; -ından su sızmaz *fig.* they are on intimate terms with each other; -nı açmak to create a rift (between); -nı bulmak to reconcile; -nı düzeltmek to reconcile; **(arası):** ~ geçmeden without delay; ~ soğumak *(bşin)* to lose *its* importance with the passage of time; -nı bulmak to reconcile; **(araya):** ~ girmek to meddle, to interfere; ~ gitmek **1.** to go to waste; **2.** F to be lost in the confusion; ~ koymak *(b-ni)* to ask *s.o.* to mediate, to put in *s.o.* as intermediary.

âra [ā] † *pl. of* rey **1.** votes; **2.** opinions.

araba 1. car, automobile; **2.** cart, carriage; **3.** cartload, wagonload; truckload; ~ devrilince yol gösteren çok olur *pro.* it is easy to be wise after the event; ~ vapuru car ferry, ferry-boat; ~ yolu carriageway; -sını düze çıkarmak *fig.* to overcome difficulties, to put matters straight; -yı çekmek *sl.* to piss off, to clear out, to beat it, to scram.

arabacı 1. driver; coachman; **2.** cartwright.

arabalık 1. coach-house, cart shed; **2.** carload, wagonload; truckload; **3.** garage.

arabesk arabesque.

Arabi [ī] **1.** Arabic, Arabian; **2.** Arabic, the Arabic language.

Arabistan *pr. n.* Arabia; ~ çölü the Arabian desert.

arabozan mischief-maker.

arabozanlık mischief-making.

arabozucu mischief-maker.

arabozuculuk mischief-making.

arabulma mediation, reconciliation.

arabulucu mediator, peacemaker, go-between.

arabuluculuk mediation, intervention; ~ etm. to mediate.

aracı 1. go-between, mediator; **2.** middleman.

aracılık mediation, intervention; ~ etm. to mediate.

araç 1. means; **2.** tool, implement; **3.** vehicle.

araçlı indirect.

araçsız direct.

Araf [- -] *isl. myth.* purgatory.

arakçı *sl.* pilferer, thief.

arakçılık *sl.* pilferage, theft.

arakesit, -ti ⩚ intersection.

arakıye [. - . .] **1.** a soft felt cap; **2.** a small oboe-like instrument.

araklamak *sl.* to pilfer, to pinch, to filch, to walk off (*-i* with), to swipe, to nick, to nip.

aralamak 1. to leave ajar *(door)*; **2.** to open out, to space; **3.** to separate.

aralanmak 1. *pass. of* aralamak; **2.** *sl.* to piss off, to toddle off.

aralık 1. space, interval, gap, opening; **2.** time, moment, interval; **3.** ajar *(door)*; **4.** corridor; passageway; **5.** toilet, loo; ~ ~ now and then, occasionally; ~ ayı December; ~ bırakmak **1.** to leave ajar *(door)*; **2.** to leave a space; ~ etm. to leave ajar, to open part way; ~ hattı dividing *(or* parting) line; ~ vermeden uninterruptedly, on and on; ~ vermek to take a break, to pause, to halt.

aralıklı 1. spaced, having intervals; **2.** at intervals, on and off.

aralıksız 1. continuous; **2.** continuously, on end, on and on.

arama *vn. of* aramak search, exploration; ~ tarama body search; police search; ~ yapmak to search.

aramak 1. to look (*-i* for), to hunt (*-i* for), to seek; **2.** to search; **3.** to miss, to long (*-i* for); **4.** F to look for trouble; **5.** to ask (*-i* for), to demand; **6.** to drop in on; ara ki bulasın! you can never find it!; arama! it is too much to expect; Arayan belasını da bulur, Mevlasını da *pro.* he that seeks finds.

aranjman ♪ arrangement.

aranmak 1. *pass. of* aramak; **2.** to be in demand, to be sought after; **3.** to be missed; **4.** to search one's own clothes and pockets; **5.** F to look for trouble.

Arap, -bı **1.** Arab; **2.** Arabian; **3.** F Negro; ~ aklı primitive thought; ~ Birliği *pr. n.* Arabic League; ~ uyandı F we have learned our lesson.

Arapça the Arabic language, Arabic.

arapsabunu, -nu soft soap.

arapsaçı, -nı **1.** fuzzy hair; **2.** *fig.* tangled affair, mess; -na döndürmek to confound.

arapzamkı, -nı gum arabic.

ararot, -tu ⚘ arrowroot (starch).

Arasat, -tı [. . -] *isl. myth.* the place of the Doomsday.

arasız continuously, on end, on and on.
arasöz digression.
araştırıcı 1. researcher, investigator; **2.** inquisitive, curious; **3.** investigative.
araştırma investigation, research.
araştırmacı researcher.
araştırmak to research, to investigate, to explore; to search.
aratümce *gr.* parenthetical clause.
arayıcı 1. seeker; searcher; searching; **2.** customs inspector; **3.** *ast.* finder.
araz symptoms.
arazi [. - -] land; estate(s); ~ açmak to clear land; ~ olm. *sl.* to take to one's heels, to beat it; ~ sahibi landowner; ~ vergisi land tax; -ye uymak *sl.* to lay low.
arazî accidental, extrinsic.
arbede tumult, riot, uproar, brawl.
arbitraj arbitrage.
arda 1. (marking) stake; **2.** lathe chisel.
ardala 1. camel bell; **2.** pillion, cushion.
ardıç, -cı ⚘ juniper.
ardıçkuşu, -nu *zo.* fieldfare.
ardıl 1. consecutive; **2.** successor.
ardın ardın backwards.
ardınca behind, following, shortly afterwards.
ardışık ⩓ consecutive.
ardiye 1. warehouse; **2.** storage rent.
arduvaz slate.
arena arena.
argaç, -cı woof, weft.
argaçlamak to weave.
argalı argal(i).
argın tired, weak, feeble.
argınlık weakness, feebleness.
argo [x .] **1.** slang, cant; **2.** argot, jargon.
arı¹ *zo.* bee; ~ beyi queen bee; ~ gibi busy as a bee; ~ kovanı **1.** beehive; **2.** ⚘ foxglove; ~ kovanı gibi işlemek to hum with people; ~ sürüsü swarm of bees.
arı² **1.** pure; **2.** clean; **3.** innocent; ~ su pure water.
arıcı beekeeper, apiarist.
arıcılık beekeeping, apiculture.
arık 1. lean, thin; **2.** lean *(meat)*.
arıkuşu, -nu *zo.* bee eater.
arılamak to absolve.
arılaşmak to become pure.
arılaştırmak to purify.
arılık 1. purity; **2.** innocence; **3.** cleanliness.
arındırmak to purify.
arınmak to be purified.
arısütü, -nü royal jelly.
arış 1. warp; **2.** pole *(of a car)*.
arıtımevi refinery.
arıtmak 1. to refine; **2.** to purify, to clean.
arız happening; ~ olm. to happen, to occur, to befall (-*e* to).
arıza 1. breakdown, defect, failure, obstruction; **2.** unevenness, roughness; **3.** ♪ accidental; ~ yapmak to break down.
arızalanmak to break down.
arızalı out of order, defective.
arızi 1. accidental, casual; **2.** temporary.
Ari [ā] Aryan.
ari 1. free (-*den* of); **2.** lacking; **3.** naked, bare.
arif 1. wise, knowing, sagacious; **2.** ♀ *mf.*
arifane wisely.
arife eve.
aristokrasi aristocracy.
aristokrat, -tı **1.** aristocrat; **2.** aristocratic.
aristokratlık aristocracy.
aritmetik 1. arithmetic; **2.** arithmetical.
ariyet, -ti [ā] on loan, lent; ~ almak to borrow; ~ vermek to lend.
ariyeten as a loan.
arizamik [. - . -] thoroughly.
Arjantin *pr. n.* Argentina.
Arjantinli an Argentine; Argentinean.
ark, -kı irrigation trench, canal; ~ lambası arc-lamp.
arka 1. the back; **2.** back part, rear, reverse; **3.** buttocks, rump, fanny; **4.** hind, back, posterior; **5.** *fig.* backer, supporter; pull, influence; **6.** sequel; **7.** arkasına, arkasında behind; ~ -ya one after the other; ~ -ya vermek to back each other, to join forces; ~ -ya beş gün five days in succession, five days running; ~ çantası knapsack, rucksack; ~ çıkmak *(b-ne)* to back *s.o.* up; ~ kapı back door; ~ plan background; ~ sokak back street; ~ taraf back side, reverse; ~ üstü yatmak to lie on one's back; ~ vermek to lean one's back (-*e* against); ~ yüz back side, reverse; -da bırakmak to leave behind, to outstrip; to outdistance; -da kalanlar the bereaved; -da kalmak **1.** to stay behind; to be outdistanced; **2.** *fig.* to be overshadowed; -dan **1.** from behind, in the back; behind the back; **2.** afterwards; -dan -ya under the counter, secretively; -dan söylemek to backbite; **(arkası):** ~ gelmedi it didn't last *(or* continue); ~ kesilmek to run out, to peter out; ~ sıra right after, on one's heels; ~ var to be continued; ~ yere gelmemek not to be defeated; ~ yufka! there is not much to follow!; -na düşmek **1.** to follow up *(a matter)*; **2.** to follow, to dog, to tail *s.o.*; -nı almak to bring to an end; -nı bırakmamak to follow up, to stick to; -nı dayamak *(b-ne)* to build *(or* rely) on *s.o.*; -nı getireme-

dim I was unable to carry through it; -nı kesmek to stop, to cut off; -nı vermek 1. to lean one's back (-e against); 2. *fig.* to rely (*or* build) (-e on).
arkadaş friend, companion; ~ olm. to become friends; -ını söyle, kim olduğunu söyleyeyim *pro.* men are known by the company they keep, birds of a feather flock together.
arkadaşlık friendship; ~ etm. 1. to accompany; 2. to be a friend (*ile* of).
arkaik archaic.
arkalamak 1. to hoist *s.th.* onto one's back; 2. *fig.* to back up, to protect, to support.
arkalanmak 1. *pass. of* arkalamak; 2. to rely (*or* count *or* depend) on.
arkalı *fig.* having a backing, having a friend at court.
arkalık 1. a sleeveless jacket; 2. back (*of a chair)*; 3. porter's back pad; 4. carrier (*of a bicycle).*
arkeolog archeologist.
arkeoloji archeology; ~ müzesi archeological museum.
arkeolojik archeological.
arklı arc...; ~ lamba arc-lamp.
arktik Arctic; ~ kuşak *geogr.* Arctic Zone.
arlanmak to feel ashamed.
arma [x .] 1. coat of arms, armorial bearings; 2. ⚓ rigging; 3. *sl.* jewellery; ~ donatmak ⚓ to rig a ship; ~ soymak ⚓ to unrig a ship.
armador ⚓ rigger.
armağan 1. present, gift; 2. prize, award; ~ etm. to present (-e to).
armatör shipowner.
armatur 1. armature; 2. condenser plate.
armoni ♪ harmony.
armonik(a) 1. harmonica, mouth organ; 2. accordion.
armoz ⚓ seam, joint.
armudi [ū, ī] pear-shaped.
armut, -du 1. ⚘ pear; 2. *sl.* blockhead; ~ piş, ağzıma düş demek to expect things to fall into one's lap without doing anything; armudun sapı var, üzümün çöpü var demek *fig.* there is no garden without its weed.
armuz ⚓ seam, joint.
Arnavut, -du Albanian; ~ biberi red pepper.
arnavutciğeri, -ni fried liver.
Arnavutça Albanian (language).
arnavutkaldırımı rough cobblestone pavement.
Arnavutluk 1. the character of an Albanian; 2. *pr. n.* Albania.
arozöz sprinkler, watering truck.
arpa ⚘ barley; ~ boyu very short distance; ~ boyu kadar gitmek to show little progress; ~ ektim, darı çıktı *fig.* I did not get what I expected.
arpacı[1] seller of barley; ~ kumrusu gibi düşünmek to be in a brownstudy.
arpacı[2] *sl.* thief, pilferer.
arpacık 1. ⚕ sty; 2. front sight *(of a gun).*
arpalık 1. barley field; 2. barley bin; 3. *fig.* sinecure; 4. = başmaklık.
arsa building-ground, building-site, vacant lot.
arsenik ⚗ arsenic.
arsıulusal international.
arsız 1. saucy, cheeky, impudent, insolent, shameless; 2. vigorous *(plant).*
arsızlanmak to act shamelessly, to be saucy.
arsızlık impudence, insolence; ~ etm. to behave shamelessly.
arslan *s.* aslan.
arş[1]: ~! ✕ march!
arş[2] 1. *isl. myth.* the highest heaven; 2. trolley pole.
arşe violin bow.
arşın yard, cubit *(a former Turkish unit of length, 60-70 cm.).*
arşınlamak 1. to measure by the yard; 2. to stride through.
arşidük, -kü archduke.
arşidüşes archduchess.
arşiv archives.
art, -dı 1. back, rear, behind; hind; 2. squel; ~ arda one after another; ~ düşünce hidden intent; ~ niyet *s.* ~ düşünce; ardı arası kesilmeden uninterruptedly; ardı ardına one after another, continually; ardı arkası gelmeyen endless, never-ending; ardı kesilmek to run out; ardı sıra 1. (along) behind; 2. immediately after; ardına düşmek 1. to follow in the steps of; 2. to follow up, to tail, to pursue; ardına kadar açık wide open *(door, window);* ardına koymamak *fig.* to revenge *o.s.* (on); ardınca behind; ardında gezmek *(or* dolaşmak) to run after; ardını almak to complete; ardını bırakmamak to follow up, to stick to; artta kalmak 1. to remain *(or* stay) behind, to be left behind; 2. to survive.
artağan exceptionally fruitful.
artakalan remainder.
artakalmak to be left over, to remain.
artan remaining, left over.
artçı ✕ rear guard.
artdamak hard palate.
arter artery.
artezyen artesian well.

artı ♁ plus.
artık 1. left (over), remaining; **2.** remainder, remnant, residue, leavings; **3.** extra, superfluous, redundant; **4.** now, well then; **5.** finally; from now on; **6.** *(with negative)* any more; ~ başlayalım! let's start!; ~ mal göz çıkarmaz *pro.* a little extra does no harm.
artıkgün *ast.* leap(-year) day.
artıklık superabundancy.
artıkyıl *ast.* leap year.
artırım economy, saving, frugality.
artırma 1. auction; **2.** saving, economizing.
artırmak 1. to increase, to expand, to add (to), to augment, to step up; **2.** to save, to economize *(money)*; **3.** to overbid *(at an auction)*; **4.** to go too far.
artış increase, augmentation, mark-up.
artist, -ti **1.** artist; **2.** actor, actress.
artistik artistic; ~ patinaj artistic skating.
artkafa back of the head, occiput.
artmak, (-ar) **1.** to increase, to go up *(price)*; **2.** to remain, to be left over.
artsız arasız uninterrupted, perpetual.
aruz [ū] prosody.
arya [x .] ♪ aria.
arz¹ the earth.
arz² 1. width; **2.** latitude; ~ dairesi parallel of latitude.
arz³ presentation, representation, demonstration; petition; ~ etm. **1.** to present; **2.** to show; **3.** to offer; ~ ve talep supply and demand; arzı hürmet(ler) (ederim) yours faithfully; arzı veda etm. *(b-ne)* to bid farewell to *s.o.*, to say good-bye to *s.o.*
arzî¹ earthly.
arzî² *geogr.* terrestrial.
arzu [ū] wish, desire, longing; ~ etm. to wish (-*i* for), to want; to desire, to long (-*i* for); ~ üzerine on request; kalmak -sundadır he wishes to stay.
arzuhal, -li [. . -] petition.
arzuhalci scrivener.
arzukeş desirous.
arzulamak to desire, to wish (-*i* for), to long (-*i* for), to want.
arzulu *s.* arzukeş.
as¹ *zo.* ermine, stoat.
as² 1. *cards:* ace; **2.** ace, champion.
as- sub-
asa scepter, stick, baton, staff.
asabi 1. nervous, irritable, on edge; **2.** neural.
asabileşmek to get nervous.
asabilik nervousness, irritability.
asabiye 1. nervous diseases; **2.** neurology, neuropathology.
asabiyeci nerve specialist, neurologist.
asabiyet, -ti nervousness, irritability; -e kapılmak to get nervous.
asal basic, fundamental; ~ sayı ♁ prime (*or* odd) number.
asalak 1. ⚘, *zo.* parasite; **2.** *fig.* hanger-on, sponger, parasite.
asalaklık 1. parasitism; **2.** *fig.* freeloading, sponging.
asalet, -ti [. - .] **1.** nobility, nobleness; **2.** definitive appointment.
asaleten [. - . .] acting as principal.
asaletli [. - . .] noble.
asamble assembly.
asansör lift, *Am.* elevator.
asansörcü liftman, liftboy.
asap, -bı *anat.* nerves; ~ bozukluğu nervous upset; ~ cümlesi *anat.* nervous system; asabı bozulmak to get nervous; asabına dokunmak to get on one's nerves.
asar [ā] † *pl. of* eser monuments, works.
asarıatika antiquities, ancient monuments.
asayiş [- - .] repose, public peace (*or* security).
asayişsiz troubled, insecure, unsafe.
asbaşkan vice-president, deputy chief.
asbest, -ti *geol.* asbestos.
aselbent storax.
asepsi asepsis.
asetat, -tı acetate.
asetilen ⚗ acetylene.
aseton acetone.
asfalt, -tı **1.** asphalt; **2.** asphalt highway, paved road.
asfaltlamak to asphalt.
asgari [ī] minimum, least, smallest; ~ fiyat minimum price; ~ ücret minimum wage.
ashap, -bı [. -] † *pl. of* sahip possessors, masters.
ası¹: -da olm. (*or* kalmak) to be in the air, to hang in the balance, to be in suspense.
ası² profit, benefit.
asık 1. sulky; **2.** hanging; ~ suratlı (*or* yüzlü) sulky, sullen, grouchy.
asıl 1. (the) original; **2.** origin; **3.** truth, reality; basis; **4.** actual, true; real, essential; **5.** main, the most important; **6.** actually, essentially; ~ maksatları their main purpose; ~ sayılar *gr.* cardinal numbers; (aslı): ~ astarı yok it is unfounded, it is not true; ~ çıkmak to prove to be true; ~ faslı yok there is no truth in it; ~ nesli bellisiz whose origin is unknown; ~ var it is true; ~ yok nesli yok *s.* ~ astarı yok; bu söylentinin ~ yok this rumo(u)r is not true.
asılı hanging, suspended.

asılmak 1. *pass. of* asmak; 2. to be hanged; 3. to insist; 4. to pull hard; 5. *(b-ne)* to pester *s.o.*, to bother *s.o.*
asılsız unfounded, groundless *(news, rumour).*
asılsızlık groundlessness.
asılzade [. . - .] 1. nobleman, aristocrat, peer; 2. *sl.* pander, pimp, procurer.
asılzadelik nobility, peerage.
asıntı 1. delay; 2. pestering, bothering; -da kalmak to hang in the air; -ya bırakmak to delay, to postpone.
asır, -srı 1. century; 2. era, epoch, age, time, period.
asırlık a century old.
asi [ī] 1. rebellious, refractory; 2. rebel, insurgent.
aside [ī] dish made of okra with ground meat and flour.
asil 1. noble, aristocrat; 2. hono(u)rable, praiseworthy, noble *(action);* 3. permanent *(official);* 4. ⚖ principal; ~ kan blue blood.
asileşmek to rebel, to be unruly.
asilik 1. rebelliousness; 2. rebellion.
asillik nobility, blue blood.
asistan 1. assistant; 2. assistant doctor.
asistanlık assistantship.
asit, -di ⚗ acid.
asitli containing acid.
asker 1. soldier; troops; 2. military service; 3. militant, valiant; 4. *sl.* tin, dough; ~ kaçağı deserter; ~ olm. to join the army; -den kaçmak to desert; -e alınmak to be drafted; -e çağırmak to draft, to call up; -e çağrılmak to be called up, to be drafted; -e gitmek to go into the army.
askerce soldierly, military.
askeri military; ~ bando military band; ~ fabrika war (*or* armament) factory; ~ hastane military hospital; ~ inzibat military police *(or* policeman); ~ lise cadets school; ~ mahkeme military court, court-martial; ~ mıntıka military zone; ~ müze military museum; ~ öğrenci cadet; ~ zabıta military police.
askerileşmek to become militarized.
askerileştirmek to militarize.
askerlik military service; ~ şubesi local draft office, recruiting office; ~ yoklaması roll call.
askı 1. hook, hanger; 2. braces, *Am.* suspenders; 3. coat rack; 4. ⚕ sling; 5. the posting *(of an announcement)*; 6. necklace *or* gold chain; -da bırakmak to leave in the air, to shelve; -da kalmak to hang in the balance, to remain in suspense; -ya almak 1. to prop up temporarily *(house)*; 2. to lift by lines from other ships; -ya çıkarmak to post *(the banns).*
asla [x -] never, by no means, in no way.
aslan[1] 1. *zo.* lion; 2. *fig.* plucky person, brave man; ~ ağzında olm. *fig.* to be very hard to get; ~ gibi 1. like a lion *(person);* 2. healthy, in the pink; ~ payı the lion's share; ~ terbiyecisi lion-tamer; ~ yürekli *fig.* lion-hearted; -ım! my lad!
aslan[2] *s.* aslen.
Aslan[3] *ast.* Leo.
aslanağzı, -nı ⚘ snapdragon.
aslen fundamentally, essentially, basically, originally.
asli [ī] fundamental, essential, original, principal; ~ adet cardinal number; ~ maaş basic salary; ~ nüsha original text; ~ vazife principal duty.
asliye: ~ mahkemesi ⚖ court of first instance.
asma[1] ⚘ 1. vine; 2. grapevine; ~ kütüğü vine stock; ~ yaprağı vine leaf.
asma[2] 1. hanging, suspended; 2. suspension; ~ kat mezzanine; ~ kilit padlock; ~ köprü suspension bridge; ~ saat wall clock.
asmabahçe hanging garden.
asmak, (-ar) 1. to hang up *(-e* on), to suspend; 2. to hang *(a person);* 3. *sl.* to play truant (*or* hooky), to skip, to cut *(school)*; 4. *sl.* to neglect; 5. *sl.* to skip out (-i on); 6. *sl.* to refuse to pay back *(a debt)*; asıp kesmek to play the tyrant; astığı astık kestiği kestik what he says goes.
asmakabağı, -nı ⚘ long edible squash .
aspiratör 1. exhaust (*or* suction) fan; 2. ⚕ aspirator.
aspirin aspirin.
asri modern, up-to-date.
asrileşmek to be modernized.
asrilik modernity.
assubay ⚔ noncommissioned officer.
asşuur subconscious.
ast, -tı 1. ⚔ sub, under; 2. subordinate.
astar 1. lining; 2. priming, undercoat *(before painting)*; 3. caulking; ~ boyası undercoat, priming; -ı yüzünden pahalı it costs more than it is worth.
astarlamak 1. to line *(a garment)*; 2. to prime.
asteğmen ⚔ second lieutenant.
astım ⚕ asthma.
astigmat ⚕ astigmatic.
astragan astrakhan.
astroloji astrology.
astronomi astronomy.
astronomik astronomical; ~ fiyat astro-

nomical price.
astronot astronaut.
asude [ū] calm, quiet, tranquil.
asuman [ā, ā] sky, the heavens.
Asya *pr. n.* Asia.
Asyalı *pr. n.* Asiatic.
aş cooked food; ~ deliye kalıyor the person who does not get involved in an argument profits; ~ kabı ⚔ mess tin, *Am.* mess kit; -ta (*or* çorbada) tuzu bulunmak (*b-nin*) to make a contribution, however small.
aşağı 1. bottom, the lower part; 2. lower; 3. inferior, low; 4. common, mean, commonplace; 5. down, downstairs; ~ atmak to pay no attention (to), to disregard; ~ görmek to look down (-*i* on), to despise; ~ kalmak to fall short (-*den* of); ~ mal inferior goods; ~ yukarı more or less, about, approximately; -daki below; -dan almak to ingratiate *o.s.*; Mehmet ~ Mehmet yukarı it is 'Mehmet' all the time, nothing but 'Mehmet'.
aşağılamak to run down, to lower, to degrade, to denigrate.
aşağılık 1. coarse, vulgar; 2. vulgarity; ~ duygusu (*or* kompleksi) inferiority complex.
aşama 1. degree, rank, level, position, grade; 2. stage, step.
aşarî [- - -] † ⩚ decimal.
aşçı *s.* ahçı.
aşçılık *s.* ahçılık.
aşevi, -ni 1. restaurant; 2. soup kitchen; 3. temporary kitchen.
aşhane [. - .] *s.* aşevi.
aşı 1. vaccine; 2. vaccination, inoculation; 3. budding, grafting; 4. scion, graft, bud; ~ kâğıdı certificate of vaccination; ~ olm. to be inoculated; ~ yapmak 1. to inoculate, to vaccinate; 2. to graft, to bud.
aşıboyası, -nı 1. red ocher; 2. brick red.
aşıcı 1. vaccinator; 2. grafter (*of trees*).
aşık *anat.* astragalus, talus, anklebone, hucklebone; ~ atmak 1. to play knucklebones; 2. *fig.* to vie, to compete (*ile* with); aşığı bey (*or* çift *or* cuk) oturuyor he is having everything smoothly.
âşık 1. in love (-*e* with); 2. lover, suitor; 3. bard, troubadour; 4. absent-minded person; ~ olm. to fall in love (-*e* with); -lısı lover (of), devotee.
âşıkane 1. amorously; 2. amorous (*act*).
âşıktaş sweetheart.
aşılamak 1. to inoculate (*a. fig.*), to vaccinate; 2. to bud, to graft; 3. to infect; 4. *fig.* to inculcate, to instill, to inoculate (*ideas*) (-*e* in).
aşındırmak 1. to abrade, to wear away; 2. ⚗ to corrode; 3. *fig.* to frequent (*a place*).
aşınma 1. corrosion; 2. wear and tear; 3. erosion.
aşınmak 1. to wear away, to be corroded, to be abraded, to be eroded; 2. to depreciate.
aşırı 1. extreme, excessive; 2. extremely, excessively; 3. beyond, over; 4. every other; ~ gitmek to exceed the limit, to go beyond bounds, to overshoot the mark; ~ solcu extreme leftist; gün ~ every other day.
aşırıdoyma ⚗ supersaturation.
aşırıduyu hyperesthesia.
aşırılık excessiveness.
aşırma 1. *vn. of* aşırmak; 2. theft, pilfering; 3. stolen, pilfered; 4. P bucket; ~ kayış (drive) belt.
aşırmak 1. (*bir yerden*) to pass over (*a place*); 2. F to swipe, to nick, to nip, to pinch; 3. *sl.* to get rid (of); 4. to plagiarize.
aşifte [ā] loose woman.
aşikâr [ā] clear, evident, manifest, open.
aşina [ā, ā] 1. familiar, well-known; 2. acquaintance; 3. knowing, acquainted (-*e* with).
aşinalık acquaintance, intimacy; ~ etm. to bow, to greet by a gesture.
aşiret, -ti [ī] tribe.
aşk, -kı love, passion; ~ etm. to land, to inflict (*a blow*); -a gelmek to go into a rapture, to be enraptured; aşkınıza! to your health!
aşkın 1. more than, over, beyond; 2. excessive; işi başından -dır he is up to his ears in work; yaşı elliyi -dır he is over fifty.
aşkolsun! 1. bravo!, well done!; 2. shame on you!
aşlamak to mix hot water with (*cold water*).
aşlık 1. provisions; 2. wheat.
aşmak, (-ar) 1. to pass (over), to go (beyond); 2. to exceed, to surpass; 3. to cover (*a mare*); 4. *sl.* to slip away, to sneak away.
aşna fişne *sl.* secret love affair.
aşure [ū] *pudding made with cereals, sugar and raisins.*
aşüfte [ā] *s.* aşifte.
at, -tı *zo.* horse; ~ başı beraber (*or* bir) neck and neck; ~ çalındıktan sonra ahırın kapısını kapamak to lock the stable door after the horse has been stolen; ~

hırsızı rustler; ~ koşusu (*or* yarışı) horse-racing; ♀ Meydanı *pr. n.* Hippodrome; -a binmek to ride a horse; -ı alan Üsküdar'ı geçmek to miss the bus (*or* boat); -ı eşkin, kılıcı keskin *fig.* he is powerful.

ata 1. father; **2.** ancestor; **3.** ♀ *pr. n. abbr. for* Atatürk; -lardan kalma ancestral.

atacılık *biol.* atavism, reversion.

ataerki, -ni patriarchy.

ataerkil patriarchal.

atak 1. rash, reckless, boastful *(person)*; **2.** *football:* attack.

ataklık rashness.

atalanı, -nı hippodrome.

atalet, -ti [. - .] **1.** laziness, lassitude; **2.** unemployment; **3.** *phys.* inertia; ~ kanunu *phys.* principle of inertia.

atalık fatherliness.

atamak to appoint (*-e* to).

ataman ataman, hetman.

atanmak to be appointed (*-e* to).

atardamar *anat.* artery.

atasözü, -nü proverb.

ataşe attaché.

Atatürk *pr. n. founder and first president of the Turkish Republic.*

Atatürkçü *pr. n.* Kemalist.

Atatürkçülük *pr. n.* Kemalism.

atavik atavistic.

atçı horse breeder.

atçılık horse breeding.

ateh dotage, senility; ~ getirmek to dote.

ateizm atheism.

atelye 1. workshop; **2.** studio, atelier.

aterina [. . x .] *zo.* silversides, atherine.

ateş 1. fire; **2.** ⚕ temperature, fever; **3.** vehemence, fervo(u)r, zeal, ardo(u)r; **4.** *fig.* vivacity, exuberance; **5.** ⚔ gunfire; artillery fire; **6.** a light *(for a cigarette)*; **7.** danger; catastrophe; ~ açmak ⚔ to open fire (*-e* on); ~ almak **1.** to catch (*or* take) fire; **2.** ⚔ to be fired *(gun)*; **3.** to be alarmed; ~ etm. ⚔ to fire (*-e* on), to shoot (*-e* at); ~ gibi **1.** piping hot; **2.** agile, intelligent; ~ gibi yanmak to run a temperature; ~ hattı (*or* boyu) ⚔ firing line; ~ kesilmek *fig.* to become industrious and active; ~ kesmek to cease fire; ~ koymak to set on fire; ~ olmayan yerden duman çıkmaz *pro.* there is no smoke without fire, where there is smoke there is fire; ~ pahasına very expensive; ~ püskürmek *fig.* to spit fire (*-e* at), to go up in the air; ~ vermek to set on fire, to burn; -e körükle gitmek *fig.* to add fuel to the flames; -e vermek **1.** to set fire (*-i* to); **2.** to panic, to upset; **3.** to ravage, to devastate *(a country)*; -i başına vurmak to blow one's top; -i çıkmak (*or* yükselmek) to run a temperature; -le oynamak to play with fire (*or* edged tools); -ler içinde feverish; -ten gömlek ordeal.

ateşbalığı, -nı sardine.

ateşböceği, -ni *zo.* firefly, glowworm.

ateşçi fireman, stoker.

ateşkes cease-fire, armistice, truce.

ateşleme ⚡ ignition.

ateşlemek 1. to set fire (*-i* to), to ignite, to light; **2.** *fig.* to provoke, to incite.

ateşlendirmek 1. to enliven; **2.** to stir up, to aggravate *(trouble)*.

ateşlenmek 1. *pass. of* ateşlemek; **2.** to run a temperature; **3.** *fig.* to get angry.

ateşli 1. ⚕ feverish; **2.** *fig.* fiery; **3.** *fig.* fervent, vivacious; **4.** ⚔ fire...; ~ silah firearm.

ateşlik 1. firepan; **2.** fit for burning.

atfen [x .] **1.** ascribed (*-e* to); **2.** based (*-e* on).

atfetmek [x . .] **1.** to attribute (*-e* to), to ascribe (*-e* to), to impute (*-e* to); **2.** to direct, to turn (*-e* to) *(one's glance)*.

atıcı 1. marksman; **2.** *fig.* fibber.

atıcılık 1. marksmanship; **2.** *fig.* mendacity, fibbing.

atıf, -tfı attribution.

atıfet, -ti [ā] affection, sympathy.

atık small churn.

atıl 1. lazy; **2.** idle; **3.** *phys.* inert.

atılgan 1. dashing, bold, plucky; **2.** enterprising.

atılganlık 1. audacity, boldness; **2.** enterprise.

atılım, atılış 1. advance, progress; **2.** *sports:* attack.

atılmak 1. *pass. of* atmak; **2.** to attack, to go (*-e* at); **3.** *sl.* to butt in, to cut in; **4.** to begin, to go (*-e* into).

atım range *(of a gun)*.

atımlık the quantity of powder for one charge; iki ~ barut two charges of powder.

atış 1. throwing; **2.** firing, shooting; **3.** beating *(of the heart)*; ~ menzili range.

atışmak 1. *(b-le)* to quarrel with *s.o.*, to have a tiff with *s.o.*; **2.** to try to make up (*-e* with); **3.** to indulge in poetic repartee.

atıştırmak 1. *caus. of* atışmak; **2.** to bolt, to gobble *(food)*; **3.** to drizzle, to spit *(rain, snow)*.

ati the future; -deki in the future.

atik[1] alert, agile.

atik[2], -kı ancient.

Atina *pr. n.* Athens.

Atinalı *pr. n.* an Athenian.

atkafalı dumb, stupid.
atkestanesi, -ni [. . - . .] ⚘ horse chestnut.
atkı 1. shawl, stole; 2. weft, woof; 3. shoe strap; 4. pitchfork; 5. lintel.
atkılamak to weave the woof in.
atkuyruğu, -nu 1. ⚘ mare's-tail; 2. ponytail.
atlama jump; ~ taşı steppingstone; ~ taşı yapmak *fig.* to use as a steppingstone.
atlamak 1. to jump; 2. to jump down (*-den* from), to leap (*-den* from); 3. to jump (*-e* into) *(a taxi)*; 4. to skip, to miss, to leave out; 5. *journalism:* to miss a scoop; 6. to be misled, to be mistaken (*-de* in); 7. *sl.* to screw, to stuff, to fuck.
atlambaç leapfrog.
atlanmak 1. *pass. of* atlamak; 2. to mount a horse; 3. to get a horse.
Atlantik *pr. n.* Atlantic.
atlas 1. atlas, map book; 2. *anat.* atlas; 3. satin.
atlasçiçeği, -ni ⚘ cactus.
atlatmak *caus. of* atlamak 1. to make *s.o.* jump; 2. to overcome, to weather *(crisis, danger, etc.)*; 3. to put off, to get rid of *(a person)*.
atlayış leap.
atlet, -ti 1. athlete; 2. muscular, well-developed; 3. (*a.* ~ fanilası) undershirt, vest.
atletik athletic.
atletizm athletics.
atlı rider, horseman; mounted on horseback; ~ araba horse cart, wagon.
atlıkarınca merry-go-round, carousel, roundabout.
atmaca *zo.* sparrow-hawk.
atmak, (-ar) 1. to throw; 2. to drop; 3. to send away; 4. to put out, to extend; 5. to fire *(a gun, a shot)*; 6. to postpone, to put off; 7. to throw on ,to put on *(a garment)*; 8. to impute, to throw (*-e* on), to put (*-e* on) *(blame)*; 9. to expel *s.o.* (*-den* from); 10. to discard, to throw away; 11. to reject, to expel; 12. to blow up, to demolish; 13. F to lie, to fib; 14. F to drink; 15. to fluff *(cotton)*; 16. to split crack, to come loose; 17. to pulsate, to beat, to throb *(heart, artery)*; 18. to send, to post *(letter)*; 19. to let out *(cry, scream)*; 20 to abandon, to give up; 21. *sl.* to perform *(a dance)*; 22. *sl.* to sing *(a song)*; 23. to land *(a blow)*; 24. to write *(one's signature, the date)*; at martini Debre'li Hasan! don't try to pull my leg!; atıp tutmak (*or* savurmak) 1. to run down; 2. to talk big, to boast; atma Recep, din kardeşiyiz! don't try to pull my leg!; attığı tırnak olamamak *(b-nin) fig.* can't hold a candle to *s.o.*
atmasyon *sl.* 1. lie; 2. false, made up.
atmasyoncu *sl.* 1. liar; 2. mendacious.
atmasyonculuk *sl.* lying, mendacity.
atmosfer atmosphere.
atol, -lü atoll.
atom atom; ~ bombası atomic bomb, A-bomb, *sl.* nuke; ~ çağı atomic age; ~ çekirdeği (atomic) nucleus; ~ enerjisi *or* -lar arası enerjisi atomic energy.
atomal atomic.
atraksiyon number in a floor show, feature.
atsineği, -ni *zo.* horsefly, forest fly.
av 1. hunt(ing), chase; shooting; fishing; 2. game, prey; catch *(fish)*; 3. *fig.* victim, prey; ~ alayı ⚔ fighter wing (*or* group); ~ aramak to look for game; ~ köpeği hound, hunting dog; ~ kuşu 1. fowling hawk; 2. game bird; ~ takımı hunting equipment; ~ tüfeği fowling-piece, shotgun; -a giden avlanır *pro.* the biter is sometimes bit.
avadan ⚒ set of tools.
avadanlık 1. set of tools; 2. *sl.* cock and bollocks.
aval[1], -li 1. endorsement of a bill of exchange by a third party; 2. endorser.
aval[2] *sl.* half-witted, stupid.
aval aval *sl.* stupidly.
avam [. -] *pl. of* amme common people, lower classes; ² Kamarası *pr. n.* the House of Commons.
avanak *sl.* gullible, simpleton.
avanaklık *sl.* gullibility.
avans advance *(of money)*, earnest-(-money); ~ almak to get an advance; ~ vermek to advance money.
avanta [. x .] *sl.* illicit profit; -dan for nothing, gratis.
avantacı *sl.* freeloader, sponger, bum.
avantacılık *sl.* freeloading.
avantaj advantange, profit, gain.
avara [. x .] ⚓ shoving off; ~ etm. to shove off; ~ kolu ⊕ switch lever.
avare vagabond, good-for-nothing, out of work.
avarız [. - .] *pl. of* arıza roughness.
avarya [. x .] ⚓ average.
avaz [. -] shout, cry; ~ ~ bağırmak *or* -ı çıktığı kadar bağırmak to shout at the top of one's voice.
avcı 1. hunter, huntsman; 2. ⚔ rifleman, skirmisher; ~ uçağı fighter; ~ zağarı 1. hound; 2. *fig.* hanger-on.
avcılık 1. hunting, huntsmanship, shooting; 2. *fig.* woman-chasing.

avdet, -ti return; ~ etm. to return.
avene accomplices, gang.
avgın drainhole *(in a wall)*.
avisto [. x .] † at sight.
avize [ī] chandelier.
avizeağacı, -nı ⚘ yucca.
avizo [. x .] ⚓ dispatch boat.
avlak hunting ground.
avlamak 1. to hunt, to shoot; 2. *fig.* to dupe, to deceive.
avlanmak 1. *pass. of* avlamak; 2. to go hunting.
avlu court(yard).
Avrasya *pr. n.* Eurasia.
avrat, -tı *contp., sl. or* P 1. woman; 2. wife.
avret, -ti private parts, genitals.
Avrupa [. x .] *pr. n.* Europe.
Avrupai European (style).
Avrupalı European.
Avrupalılaşmak to become Europeanized.
avt, avut *football:* out.
avuç, -cu 1. the hollow of the hand; 2. handful; ~ açmak to beg, to cadge; ~ ~ 1. handful to each; 2. by the handful, lavishly; ~ dolusu plenty of, a lot of; ~ dolusu para tutmak to cost an arm and a leg; ~ içi kadar 1. skimpy; 2. narrow *(place)*; avucu gidişmek *(or* kaşınmak) *fig.* to anticipate getting money; avucuna saymak to pay in hand *(cash)*; avucunu yalamak to be left empty-handed; avucunun içi gibi bilmek to know like the back of one's hand; avucunun içindedir *fig.* he is at her command.
avuçlamak 1. to grasp; 2. to take by handfuls.
avukat, -tı lawyer, solicitor, advocate, barrister.
avukatlık 1. advocacy, barristership; 2. *fig.* unnecessary defence.
avunç consolation, comfort.
avundurmak to console, to comfort.
avunmak 1. to be consoled *(ile* with), to be cheered up; 2. to be preoccupied *(ile* with); 3. to be bred, to become pregnant *(animal)*.
avuntu consolation.
avurt, -du pouch of the cheek; ~ etm. to put on airs; ~ kesmek to give *o.s.* airs; ~ satmak *(or* şişirmek) to brag, to talk big; ~ zavurt etm. 1. *s.* ~ satmak; 2. to threaten *(or* browbeat) others; avurdu avurduna göçmek to have sunken cheeks.
avurtlamak *s.* avurt etm.
Avustralya [. . x .] *pr. n.* Australia.
Avustralyalı [. . x . .] 1. Australian; 2. an Australian.
Avusturya [. . x .] *pr. n.* Austria.
Avusturyalı [. . x . .] 1. Austrian; 2. an Austrian.
avut *s.* avt.
avutmak 1. to soothe, to distract; to delude, to quieten; 2. to console, to comfort; 3. to attract and amuse.
ay¹ 1. moon; crescent; 2. month *(of the year)*; ~ aydını *(or* aydınlığı) moonlight; ~ dede the moon; ~ ışığı moonlight; ~ modülü moon module; ~ parçası a beauty; ~ tutulması lunar eclipse; ~ yıldız star and crescent *(Turkish emblem)*; -da yılda bir once in a blue moon; -ın on dördü full moon; -ın on dördü gibi very beautiful *(woman)*.
ay² 1. oh!; 2. ouch!
aya palm of the hand.
ayak 1. foot; 2. leg; 3. pedestal, base, footing; 4. outlet *(of a lake)*; 5. step; 6. treadle *(of a sewing machine)*; 7. shaft *(of a loom)*; 8. tributary; 9. pace, gait; 10. rhyme; 11. foot *(measure)*; ~ atmak 1. to go for the first time; 2. to take a step; ~ ~ üstüne atmak to cross one's legs; ~ bağı hindrance, impediment; ~ basmak 1. *(bir yere)* to set foot in *(or* on) *somewhere*; 2. to arrive (-*e* at, in), to enter; ~ bileği 1. ankle; 2. *anat.* tarsus; ~ değiştirmek to get into step by changing one's foot *(in marching)*; ~ diremek to put one's foot down, to insist; ~ işi errands and small deals; ~ kirası messenger's tip; ~ parmakları toes; ~ patırdısı tramping of feet; ~ uydurmak 1. to fall in step; to keep in step (-*e* with); 2. *fig.* to keep pace (-*e* with); ~ üstü in haste, without sitting down; ayağa fırlamak to jump to one's feet; ayağa kaldırmak to incite, to stir up to rebellion; ayağa kalkmak 1. to stand up, to rise to one's feet; 2. to get excited, to be aroused; 3. to get about, to get round, to go about; **(ayağına):** ~ çabuk swift of foot; ~ çağırmak to call into one's presence; ~ kadar gelmek to condescend to visit *s.o.*; ~ gitmek to visit personally *(as an act of deference)*; ~ karasu inmek to be on one's last legs; **(ayağını):** ~ çabuk tut! shake a leg!; ~ çelmek to trip up; ~ denk almak to watch one's step, to keep one's eyes skinned; ~ kaydırmak to cut the ground from under s.o.'s feet; ~ öpeyim! I beg *(or* implore) you!; ~ vurmak *(ayakkabı)* to pinch, to chafe one's foot; ~ yorganına göre uzatmak *pro.* to cut one's coat according to one's cloth; -nın tozu ile having just arrived; ayakta 1. standing, on one's feet; 2. *fig.* excited, aroused; 3. ☞

ambulatory; ayakta durmak to stand; ayakta kalmak 1. to be left without a seat; 2. to remain standing; to have lasted; ayakta tedavi ⚕ ambulatory treatment; ayakta uyumak to be dead on one's feet.

ayakaltı, -nı much frequented place; -nda dolaşmak to get under foot, to be in the way.

ayakkabı, -yı shoe; footwear.

ayakkabıcı 1. shoemaker; 2. shoe-dealer.

ayakkabıcılık 1. shoemaking; 2. shoe trade.

ayaklamak to measure by pacing.

ayaklanma rebellion, mutiny, revolt.

ayaklanmak 1. *pass. of* ayaklamak; 2. to rebel, to revolt; 3. to begin to walk *(child)*.

ayaklı footed, legged; ~ canavar naughty child; ~ kütüphane *fig.* very learned person.

ayaklık 1. pedal, treadle; 2. stilts; 3. place to step on.

ayaktakımı, -nı rabble, mob.

ayakteri, -ni tip given to a messenger.

ayaktopu, -nu football, soccer.

ayakucu, -nu 1. foot *(of a bed)*; 2. tiptoe.

ayakyolu, -nu toilet, water closet, loo.

ayan [. -] clear, evident, plain, manifest; ~ beyan very clear.

âyan [- -] 1. notables; 2. senators; ~ meclisi the senate.

ayar 1. standard *(of time)*; 2. adjustment for accuracy *(watch)*: 3. adjustment, set-up *(machine)*; 4. fineness; karats *(gold, silver)*; 5. *fig.* quality, character *(person)*; ~ etm. to adjust, to fix, to regulate, to set; -ı bozuk 1. out of order; 2. *fig.* of bad character.

ayarlamak 1. to adjust, to fix, to regulate, to set; 2. to arrange, to put in order; 3. to test, to assay, to gauge.

ayarlı 1. regulated *(clock)*; 2. of standard fineness; ~ bomba time bomb.

ayarsız 1. out of adjustment; 2. unassayed; below standard; 3. *fig.* unbalanced *(person)*.

ayartmak to lead astray, to seduce, to tempt, to entice, to pervert.

Ayasofya [. . x .] *pr. n.* Hagia Sophia.

ayaz 1. dry cold, nip in the air; frostiness; 2. cold, frosty *(air, night)*; ~ almak to get nothing; ~ kesmek *fig.* to be exposed to the cold for a long time; ~ olm. to be frosty; ~ paşa kola çıkmış (*or* kol geziyor) F Jack Frost is going the rounds, it is freezing weather; -a kalmak *s.* ~ almak; -a çekmek to turn cold *(weather)*.

ayazlamak 1. to become clear and cold *(weather)*; 2. to become cold in the freeze; 3. *sl.* to wait in vain.

ayazlanmak to be cooled.

ayazma [. x .] *eccl.* sacred spring.

aybaşı, -nı menstruation, menses, the curse.

ayçiçeği, -nı ⚘ sunflower; ~ yağı vegetable oil, sunflower oil.

aydın 1. well lighted; 2. lucid, clear; 3. intellectual, enlightened person; 4. *(in expressions)* joyous, happy.

aydınlanmak 1. to brighten up, to become luminous; 2. to be enlightened, to become informed *(on a subject)*; 3. to become clear.

aydınlatıcı 1. illuminating; 2. informative, enlightening.

aydınlatmak 1. to illuminate, to illumine; 2. to clarify, to explain; 3. to enlighten.

aydınlık 1. light; 2. bright, luminous; 3. clear, brilliant; 4. luminousness; 5. clarity; 6. light shaft.

ayet, -ti [- .] verse of the Koran.

aygın: ~ baygın 1. languid; 2. languishing (*-e* for); 3. languidly.

aygır 1. stallion; 2. *fig.* lout.

aygıt, -tı 1. apparatus, instrument, device; tool; 2. *biol.* system.

ayı 1. *zo.* bear; 2. *fig.* jerk; ~ gibi bearish; -ya dayı demek *fig.* to cajole *s.o.*; -ya kaval çalmak to try in vain to explain *s.th.* to a blockhead.

ayıbalığı, -nı *zo.* seal.

ayıcı 1. bear leader; 2. *fig.* rude, rough, coarse.

ayık 1. sober; 2. *fig.* wide-awake, alert.

ayıklamak 1. to pick over, to clean off, to sort, to select; 2. to shell *(peas, beans)*; ayıkla pirincin taşını! *fig.* that is a fine (*or* pretty) kettle of fish!

ayıklanma *biol.* selection.

ayılmak 1. to sober up; 2. to come to, to come round; 3. to come to one's senses, to see the light; ~ bayılmak *fig.* to be wild (*-e* about), to be nuts (*-e* about, over).

ayıltmak to sober up.

ayıp, -bı 1. shame, disgrace; 2. shameful, disgraceful; 3. defect, fault; 4. shame on you!; ~ etm. (*or* yapmak) to behave shamefully; -tır söylemesi if you will excuse my French.

ayıplamak to condemn, to censure, to blame, to vilify.

ayıplı faulty, defective.

ayıpsız intact, free from defects.

ayırım discrimination; ~ yapmak to discriminate.

ayırmak 1. to separate, to part, to sever (*-den* from); 2. to select, to pick, to

choose; 3. to discriminate (between); 4. to distinguish (*-den* from); 5. to divide, to sunder; 6. to set apart; 7. to save, to spare, to reserve (*-e* for); 8. to isolate (*-den* from).
ayırt etm. to distinguish, to discriminate, to discern (*-den* from).
ayin [ī] 1. rite; 2. ceremony; ayini ruhani church worship.
aykırı 1. contrary; 2. contrary (*-e* to), against, in violation of; 3. diverging, divergent; ~ düşmek to be contrary (*-e* to), to be incongrous (*-e* with); ~ olm. to be contrary, to be opposite (*-e* to).
aykırılaşmak to become contrary.
aykırılık incongruity; difference, disagreement.
aylak idle, unemployed; ~ ~ dolaşmak to fool around (*or* about).
aylakçı casual labo(u)rer.
aylaklık idleness, unemployment.
aylık 1. monthly; 2. monthly salary (*or* pay); 3. ... months old *(baby)*; 4. lasting ... months; 5. enough for ... months; ~ almak to be on salary; ~ bağlamak *(b-ne)* to put *s.o.* on salary.
aylıkçı salaried employee.
aylıklı salaried.
aymak to come to, to awake.
aymaz unaware.
ayn 1. exact copy, counterpart; 2. ⚖ thing, res; 3. *s.* aynı.
ayna 1. mirror, looking glass; 2. telescope: 3. ⚓ sextant: 4. panel *(of a door)*: 5. blade *(of an oar)*; 6. kneecap *(of a horse)*; 7. *sl.* perfect; ~ gibi 1. mirror-like, lustrous; 2. glassy *(water)*.
aynacı 1. maker of mirrors; 2. *fig.* trickster.
aynalı 1. having a mirror; 2. *sl.* beautiful; ~ dolap wardrobe fitted with mirrors.
Aynaroz *pr. n.* Mount Athos.
aynasız 1. *sl.* bad, unpleasant; 2. *sl.* policeman, pig, cop, bobby.
aynen [x .] exactly, likewise, textually.
aynı the same, identical; ~ kapıya (*or* yola) çıkmak to amount (*or* come) to the same thing; ~ şekilde in the same way, likewise; ~ şey it makes no difference; ~ zamanda at the same time, simultaneously; meanwhile.
aynılık sameness, identity.
aynıyle without any change, as it is.
ayni in kind; ~ kıymet ⚖ real value.
ayniyat, -tı goods, property, belongings.
ayniyet, -ti identity.
ayol [x .] well!, hey!, you!
ayraç *gr.* bracket, paranthesis; paranthe-ses.
ayran 1. *a drink made of yogurt and water*; 2. buttermilk; ~ ağızlı (*or* budalası *or* delisi) F stupid, simpleton; -ı kabarmak *sl.* 1. to fly off the handle; 2. to be sexually aroused; -ım ekşi diyen olmaz *pro.* nobody confesses to the shortcomings of his own work.
ayrı 1. different, distinct; 2. separate, apart; 3. exceptional; ~ ~ 1. separate, distinct; 2. individual; 3. one by one, separately; ~ gayrı bilmemek to have all things in common; ~ koymak to put aside; ~ seçi olm. to withdraw one's property. to divide out; ~ seçi yapmak to discriminate; ~ tutmak to discriminate (between); -sı gayrısı olmamak 1. = ~ gayrı bilmemek; 2. to make no discriminations.
ayrıbasım offprint, reprint.
ayrıca [x . .] 1. separately; 2. specially; 3. besides, also, moreover, furthermore, in addition.
ayrıcalı 1. privileged; 2. exceptional.
ayrıcalık privilege.
ayrıcalıklı privileged.
ayrıcinsten heterogeneous.
ayrık 1. separated; 2. exceptional; 3. *log.* disjunctive.
ayrıkotu, -nu ⚘ couch grass.
ayrılanmak 1. to separate out; 2. to be isolated.
ayrılaşmak to become outstanding.
ayrılık 1. separateness; 2. separation, rupture; 3. difference; 4. deviation; 5. ⚖ legal separation; ~ davası ⚖ action for legal separation.
ayrılmak 1. *pass. of* ayırmak; 2. to part, to separate from one another; 3. to split, to crack, to open up; 4. to leave, to depart (*-den* from); 5. to split (*-e* into); 6. ⚖ to divorce.
ayrım 1. difference; 2. differentiation; 3. section, part, chapter; 4. *cinema:* sequence.
ayrımlı 1. different; 2. divided into sections.
ayrıntı detail; -lar details.
ayrıntılı detailed, in details.
ayrışık 1. decomposed; 2. different, various.
ayrışım ⚗ decomposition.
ayrışmak ⚗ to be decomposed.
ayrıştırmak ⚗ to decompose, to analyze.
ayrıt, -tı ⚠ edge.
aysar moonstruck.
aysberk, -ki iceberg.

Ayşe *wf.*; ♀ kadın fasulyesi French (*or* string *or* green) bean.
ayva ⚘ quince; ~ tüyü fuzz on a youth's cheek; -yı yemek *sl.* to be in the soup, to be in hot (*or* deep) waters.
ayvalık quince orchard.
ayvaz 1. footman; **2.** ⚓ hospital aide on a ship; ~ kasap her bir hesap it makes no difference.
ayyaş drunkard, toper, sot.
ayyaşlık dipsomania, drunkenness.
ayyuk, -ku [ū] the highest point of the sky; -a çıkarmak *fig.* to praise to the skies, to vaunt; -a çıkmak **1.** to be very loud *(sound):* **2.** to be widely known *(event).*
az 1. little, small *(amount)*; **2.** few; **3.** seldom, rarely; **4.** less (*-den* than); ~ ~ little by little, gradually; ~ buçuk **1.** scanty, hardly enough; **2.** somewhat, a little; ~ bulmak to consider insufficient; ~ buz şey değil! F it is no small matter!; ~ çok more or less; ~ daha almost, nearly; ~ gelmek not to be enough; ~ görmek to find insufficient; ~ kaldı (*or* kalsın) almost, nearly, all but; ~ maz F more or less; ~ olsun öz olsun! let it be little but good!; ~ tamah çok ziyan getirir *pro.* grasp all, lose all; -a çoğa bakmamak to be satisfied with what one gets; -ı çoğa tutmak *fig.* to take the will for the deed.
aza [- -] **1.** member, participant; **2.** *anat.* limbs, organs.
azade [- - .] **1.** free, untrammeled; **2.** free, released (*-den* from); **3.** ♀ *pr. n. wf.*
azalmak to lessen, to diminish, to be reduced, to be decreased.
azaltmak to lessen, to diminish, to reduce, to decrease, to lower.
âzam † greatest, largest.
azamet, -ti **1.** greatness, grandeur, majesty; **2.** *fig.* conceit, arrogance.
azametlenmek to give *o.s.* airs.
azametli 1. grand, great, august; **2.** *fig.* conceited, haughty, arrogant.
azami [ī] maximum, greatest, utmost; ~ fiyat maximum price; ~ hızla at full (*or* top) speed; ~ sürat top speed.
azap, -bı [. -] pain, torment, torture; ~ çekmek to suffer torments; ~ vermek to torment.
azar reprimand, reproach, scolding; ~ işitmek to get it in the neck, to be scolded.
azar azar little by little.
azarlamak to scold, to reproach, to reprimand, to rebuke, to give what-for.
azat, -dı [- -] **1.** emancipation, liberation, setting free; **2.** dismissal *(from school)*; ~ etm. **1.** to set free, to free; **2.** to dismiss *(from school).*
azatlamak *s.* azat etm.
azca rather little (*or* few).
azcık *s.* azıcık.
azdırmak 1. to irritate, to inflame; **2.** to tease; **3.** to excite sexually; **4.** to spoil, to indulge *(a child)*; **5.** to lead astray, to corrupt.
Azeri [ā] Azerbaijani.
azgelişmiş underdeveloped; ~ ülke underdeveloped country.
azgın 1. wild, mad, furious; fierce, ferocious; **2.** tender, sensitive *(skin);* **3.** naughty, mischievous *(child);* **4.** oversexed; **5.** in heat, in rut *(animal).*
azgınlaşmak 1. to get wild; **2.** to become oversexed, to become lecherous.
azgınlık 1. wildness, fierceness; **2.** naughtiness *(in a child).*
azı *a.* -dişi molar tooth.
azıcık 1. very small *(amount)*; **2.** just a little bit; **3.** for a moment; ~ aşım kaygısız başım! it is good to live simply.
azıdişi, -ni *s.* azı.
azık 1. provisions; **2.** food.
azıklanmak to provide *o.s.* with provisions.
azıklık 1. provisions; **2.** nosebag.
azılı ferocious, wild, savage, inhuman.
azım, -zmı † *s.* kemik.
azımsamak 1. to consider too little; **2.** to underestimate, to undervalue.
azınlık minority; -ta kalmak to be in the minority.
azışmak to grow vehement, to intensify.
azıtmak 1. to get wild, to get out of control; **2.** to drive away; **3.** to make worse, to aggravate, to exacerbate.
azil, -zli dismissal, removal.
azim, -zmi determination, resolution; -le resolutely.
azîm 1. great, immense, vast; **2.** powerful, glorious.
azimet, -ti [ī] departure; ~ etm. to set out on a journey.
azimkâr resolute, determined.
azimli *s.* azimkâr.
aziz [ī] **1.** dear, beloved, precious; **2.** saint; **3.** ♀ [x .] *mf.*
azizlik 1. sainthood; **2.** *fig.* practical joke, trick; ~ etm. to play a trick (*-e* on).
azletmek [x . .] to dismiss from office, to fire.
azlık 1. scarcity; **2.** *s.* azınlık.
azlolunmak to be fired, to be dismissed.
azma 1. *vn. of* azmak; **2.** hybrid, half-bred.
azmak[1] **1.** dry well (*or* pit); **2.** puddle; **3.**

ditch.

azmak[2] **1.** to get wild, to romp, to become unmanageable; **2.** to get rough *(sea)*; **3.** to be on heat, to rut; **4.** to get inflamed *(wound)*; **5.** to be of mixed blood; **6.** to be in flood *(river)*.

azman **1.** overgrown, enormous; **2.** heavy log; **3.** *s.* azma 2.; adam -ı giant, hulk.

azmetmek [x . .] to resolve (-*e* upon), to persevere.

aznavur: ~ gibi terror-inspiring, fierce-faced.

azot, -tu ⚗ nitrogen.

azotik nitrous; ~ asit nitric acid.

azotlamak ⚗ to nitrify, to nitrogenize.

azotlu nitrogenous.

Azrail [. - -] *isl. myth.* Azrael; **-e bir can borcu olm.** *fig.* **1.** to free *o.s.* from debt; **2.** to resign *o.s.* to one's eventual death; -in elinden kurtulmak to be saved from death.

B

B **1.** ♪ = baso; **2.** = bor; **3.** = Bay.

baba **1.** father; **2.** forefathers; **3.** abbot; **4.** benefactor; **5.** venerable man; elderly man; **6.** head of a religious order; **7.** ⚓ bollard; bitt; **8.** newel post; **9.** knob; -larım my forefathers; -larımı ayağa kaldırma! *fig.* don't infuriate me!; -m mezardan kalksa never!; -na rahmet! bravo!, well done!, bless your father!; -sı tutmak **1.** to fly into a rage; **2.** to have an epileptic fit; -sına rahmet okumak *fig.* to have bad intentions toward; -sının hayrına without following one's selfish interest, just for love, in a disinterested manner; -sının oğlu like father like son.

babaanne paternal grandmother, father's mother.

babacan good-natured, fatherly *(man).*

babacanlaşmak to behave in a fatherly way.

babaç **1.** big *(turkey, cock or other fowl);* **2.** swaggering.

babaçko F strong; imposing *(woman).*

babafingo ⚓ topgallant.

babalanmak *s.* babası tutmak **1.**

babalı **1.** having a father; **2.** epileptic; **3.** irascible, irritable.

babalık **1.** fatherhood, paternity; **2.** stepfather; **3.** father-in-law; **4.** adoptive father; **5.** F simple old man; ~ etm. to act as a father (*-e* to); ~ fırın has işler! *iro.* a father's oven produces good bread *(said regarding a young man who spends his father's money).*

babayani [. . - .] **1.** fatherly; **2.** unpretentious, free and easy, plain, simple.

babayiğit, -di brave, virile; brave lad, strong fellow.

Babıâli [- . - .] **1.** *pr. n. hist.* the Sublime Porte; **2.** *name of a quarter in Istanbul where many publishing houses are found.*

Babil [ā] *pr. n.* Babylon, Babel.

baca **1.** chimney; flue; ⚓ funnel; **2.** skylight; smoke hole; **3.** (mine) shaft; ~ başı stone mantelpiece; -sı tütmez olm. *fig.* to be destitute (*or* impoverished *or* impecunious *or* left without resources).

bacak **1.** leg; shank; **2.** *cards:* jack, knave; ~ ~ üstüne atmak to cross one's legs, to sit with one's legs crossed; ~ kadar tiny, shorty, knee-high; ~ kadar boy **1.** smallness; **2.** insignificance; ~ kadar boyuyla *iro.* so small and pretentious.

bacaklı **1.** ... legged; **2.** long-legged; **3.** † Dutch ducat; ~ yazı large, plain and clear handwriting.

bacaksız **1.** without legs; **2.** short-legged, dwarfish; **3.** *iro.* urchin, brat.

bacanak brother-in-law *(husband of one's wife's sister).*

bacı **1.** negro nurse; **2.** F (elder) sister; **3.** F wife.

baç, çı *hist.* **1.** tribute; tax; **2.** toll.

badana whitewash, limewash; ~ etm. (*or* vurmak) to whitewash.

badanacı whitewasher.

badanalamak *s.* badana etm.

badanalı **1.** whitewashed; **2.** over made-up *(woman).*

badaşmak *s.* bağdaşmak.

badem [ā] almond; ~ ezmesi almond paste, marchpane, marzipan; ~ şekeri sugared almonds.

bademcik [ā] *anat.* tonsil.

bademlik [ā] almond orchard.

bademyağı [ā] almond oil.

badi *zo.* duck; ~ ~ bacak short-legged; ~ ~ yürümek to waddle.

badik **1.** duck; gosling; **2.** *sl.* short, tiny.

badiklemek *s.* badi badi yürümek.

badire [ā] unexpected calamity, unforeseen danger.

badya [x .] tub; a wooden *or* glass vessel.

bagaj **1.** luggage, baggage; **2.** *mot.* trunk, boot; ~ dairesi luggage office.

bağ[1] **1.** vineyard; **2.** garden, orchard; ~ bozmak to harvest grapes; ~ budamak to prune a vineyard; ~ kütüğü vine stock.

bağ[2] **1.** tie, cord, string, lace; bandage; **2.** ⚓ knot; **3.** bunch; bundle; **4.** bond, connection, link; affection; **5.** impediment, restraint; **6.** *gr.* conjunction; **7.** *anat.* ligament.

bağa **1.** tortoise-shell; **2.** tumo(u)r; ~

gözlük horn-rimmed spectacles.
bağbozumu, -nu **1.** vintage; **2.** autumn, fall.
bağcı viticulturalist; grape grower.
bağcık cord, string, strap.
bağcılık viniculture, viticulture.
bağdadi [. - -] *(walls or ceiling)* made of lath and plaster.
bağdalamak to trip (up).
bağdamak 1. to intertwine; **2.** to deadlock.
bağdaş sitting cross-legged; ~ kurmak to sit cross-legged.
bağdaşmak 1. to suit, to agree, to get along (*ile* with); **2.** to choose one's partner *(in children's games)*; **3.** † to embrace one another; **4.** P to sit cross-legged.
Bağdat, -dı *pr. n.* Baghdad; ~ haraboldu *co.* I am hungry; Bağdadı tamir etm. *co.* to eat one's meal.
bağı spell, charm.
bağıcı 1. sorcerer, sorceress, witch, magician; **2.** attractive; **3.** seductive; **4.** seducer.
bağıl *phys.* relative.
bağıldak, bağırdak the strap with which a baby is kept safe in its cradle.
bağım dependence.
bağımlaşma interdependence.
bağımlı dependent (-*e* on).
bağımlılık dependence.
bağımsız independent.
bağımsızlaşmak to become independent, to gain one's independence.
bağımsızlık independence.
bağıntı relation(ship) *(-e* to).
bağır, -ğrı **1.** breast, bosom; **2.** heart; **3.** liver, lungs; **4.** middle part *(of an archery bow)*; saddle *(of a mountain)*; ~ yeleği jacket worn under armo(u)r; **(bağrı)**: ~ açık with one's shirt opened; ~ çökük hollow-chested; ~ yanık *fig.* heartsick, distressed; -na basmak **1.** to embrace, to fondle, to hug; **2.** to shelter, to protect, to sponsor; -na taş basmak *fig.* to bear suffering with great patience, to suffer patiently.
bağır bağır bağırmak *s.* bar bar bağırmak.
bağırlar *anat.* viscera.
bağırış shouting, clamo(u)r.
bağırmak to shout, to yell, to cry out; bağırıp çağırmak to clamo(u)r, to make a fuss, to make a lot of noise.
bağırsak *s.* barsak.
bağırtı shout, yell, outcry.
bağış gift, donation, grant.
bağışlama ⚖ donation.
bağışlamak 1. to donate, to give gratis; **2.** to forgive, to pardon; **3.** to spare.
bağlaç *gr.* conjunction.
bağlaçlı having a conjunction; ~ yantümce subordinate clause.
bağlama 1. *vn. of* bağlamak; **2.** folk instrument with three double strings and a long neck; **3.** tied, bound; **4.** ⊕ coupling, connecting; **5.** ⚠ crossbar; ~ borusu connecting tube; ~ limanı home port, port of registry.
bağlamacı 1. a person who makes *or* sells a bağlama; **2.** a person who plays a bağlama.
bağlamak 1. to tie, to fasten, to bind; to connect; **2.** to chain, to tie up, to fetter; **3.** to bandage; **4.** to wrap up; to make a knot, to tie; **5.** to conclude, to finish *(speech, etc.)*; **6.** to make secure, to settle *(by contract, etc.)*; **7.** to appropriate, to assign *(salary, etc.)*; to invest *(capital)*, to engage, to lock up in *(money)*: **8.** to hinder, to obstruct, to paralyze, to frustrate; **9.** to form *(skin, crust, etc.)*; **10.** to form *(seeds, head, fruit)*; **11.** to bind by a charm *or* spell.
bağlan *zo.* ruddy shelduck.
bağlanış ⊕ connecting, coupling.
bağlanmak *pass. of* bağlamak **1.** to be tied *(-e* to); to be obliged *(-e* to); **2.** to be dedicated *(-e* to); **3.** *fig.* to undertake; to engage *or* commit one's self.
bağlantı 1. tie, connection; **2.** liaison; **3.** ⊕ connecting.
bağlaşık allied.
bağlaşmak 1. to agree, to come to terms, to unite; **2.** to harmonize; **3.** to form an alliance (*ile* with); **4.** to be at one, to be agreed.
bağlayıcı 1. connective, connecting; **2.** binding, in force.
bağlı 1. bound (-*e* to), tied (-*e* to), chained, fastened, attached (-*e* to), connected (-*e* with); **2.** dependent (-*e* on); **3.** having ties, strings, *etc.*; **4.** faithful, devoted (-*e* to); **5.** closed, locked; **6.** made impotent.
bağlılık 1. devotion, attachment, loyalty, faithfulness, affection; **2.** dependence; **3.** solidarity; ~ akçesi forfeit.
bağnaz fanatical, bigoted.
bağnazlık fanaticism, bigotry.
bağrışma outcry, shout, yell, scream, shriek.
bağrışmak 1. to cry out together, to yell at each other; **2.** to scold each other noisily.
bahadır [. - .] brave, gallant, valiant; hero, champion.
bahane [. - .] pretext, excuse; ~ etm. to plead, to use as an excuse.
bahar[1] **1.** spring; **2.** flowers, blossoms; **3.**

fig. youth, the prime *(of life)*; ♀ Bayramı the Spring Festival *(1st May)*; ~ noktası *ast.* spring equinox.
bahar² spice.
baharat, -tı [. - -] spices.
baharatçı [. - - .] spice-seller.
baharlı spiced, aromatic, spicy.
bahçe garden; park; ~ mimarisi landscape gardening.
bahçe-sokak *neol.* street with a garden.
bahçeci (landscape) gardener.
bahçecilik horticulture, gardening.
bahçeli having a garden *or* gardens; ~ evler garden city.
bahçelik 1. full of gardens; 2. garden-plot.
bahçıvan gardener; ~ kovası watering can; ~ takımları gardener's tools.
bahçıvanlık gardenig; horticulture.
bahis, -hsi 1. subject, topic; 2. bet, wager; 3. ⚒ inquiry, search, investigation; 4. ⚒ discussion, argument, dispute, debate; ~ açmak to bring up *(a subject)*; ~ konusu theme, subject of discussion; ~ koymak to bet, to wager; ~ tutuşmak *or* bahse girişmek to wager, to bet; bahsi geçen aforementioned, above-mentioned; bahsi müşterek pools.
bahri *zo.* kingfisher.
bahrî maritime, naval, nautical; ~ imparatorluk maritime predominance.
bahriye 1. navy; 2. *zo.* turtle; ~ feriki *hist.* vice-admiral.
bahriyeli sailor; naval officer.
bahsetmek [x . .] *-den* 1. to treat *(of a subject)*, to talk (about), to mention, to speak of; 2. to wager, to bet; 3. ⚒ to discuss.
bahşetmek [x . .] to give, to endow, to grant.
bahşiş 1. tip, bakhshish; 2. ⚒ present, gift; ~ atın dişine bakılmaz *pro.* never look a gift horse in the mouth; ~ vermek to tip.
baht, -tı 1. luck, fortune, destiny; 2. good fortune, good luck; ~ işi a matter of luck, a turn of fortune; ~ yıldızı lucky star; -ı açık lucky, fortunate; -ı kara unlucky, unfortunate; -ın gür olsun! good luck!
bahtiyar [. . -] lucky, fortunate; happy.
bahtsız unfortunate, unlucky, ill-starred.
bahusus [- . -] especially.
baka *s.* beka.
bakadurmak, bakakalmak *s.* bakmak.
bakalit, -ti Bakelite.
bakalorya bachelor's degree.
bakan minister, state secretary; -lar kurulu cabinet, council of ministers.
bakanlık ministry.
bakara baccarat.
bakarkör 1. *a blind person whose eyes appear normal, part.* stone-blind; 2. *fig.* innattentive, careless, absent-minded.
bakaya †, *pl. of* bakıye 1. remnants; 2. arrears, outstanding taxes; 3. ⚔ deserter.
bakı *geogr.* exposure.
bakıcı 1. attendant, guard; nurse; 2. soothsayer, fortuneteller.
bakılmak to be attended to, to be looked after, to be taken care of.
bakım 1. care, attention, upkeep; 2. point of view, viewpoint; 3. glance, look; ~ evi nursing home, dispensary, polyclinic; bir -dan (*or* -a) in one respect; bu -dan from this point of view.
bakımından from the point of view (of).
bakımsız neglected, unkempt, disorderly.
bakıncak the back sight of a gun.
bakındı [x . .] *int.* just look!, gee!
bakınmak 1. to look about, to look around; 2. to be examined *(medically)* (by).
bakır 1. copper; 2. of copper, copper...; 3. copper utensil; ~ çalmak to be contaminated with verdigris *(food)*; ~ pası verdigris.
bakırcak copper vessel.
bakırcı coppersmith.
bakış glance, look; view; care.
bakışık symmetrical.
bakışım symmetry.
bakışımlı symmetric.
bakışımsız asymmetric.
bakışımsızlık asymmetry.
bakışmak to look at one another.
baki [- -] 1. permanent, everlasting, enduring; 2. ⅍ remainder; 3. still valid, not yet ended; 4. remaining; remnant, surplus; 5. ♀ *pr. n. (Turkish poet in 16th century)*.
bâki rain cloud; raining.
bakir [ā] virginal, untouched; ~ orman virgin forest; ~ toprak virgin soil.
bakire [ā] virgin, girl, maiden.
bakiye 1. remainder, remnant, residue; 2. ⚖ arrears *(of a debt)*, balance.
bakkal 1. grocer; 2. grocery.
bakkaliye 1. groceries; 2. grocery shop.
bakkam 1. logwood; 2. fading colo(u)r; ~ boya 1. = bakkam 2; 2. *fig.* spurious, false.
bakla¹ ⚘ broad-bean, horsebean; ~ atmak (*or* dökmek) to throw beans *(for fortune-telling)*, to tell fortunes by beans; ~ kadar big, large *(louse, flea, etc.)*; -yı ağızdan çıkarmak *fig.* to spill the beans, to let the cat out of the bag; -yı ağzında ıslatmaz *fig.* he is an indiscreet talker, he

is a chatterbox.
bakla[2] chain link.
baklaçiçeği, -ni a dirty yellowish white colo(u)r.
baklagiller ⚘ leguminous plants.
baklakırı, -nı dappled gray.
baklava *sweet pastry made of flake pastry, nuts, and honey;* ~ biçimi diamond-shaped.
bakliyat, -tı [. . -] pulses *(peas, beans, etc.).*
bakmak, (-ar) **1.** to look (*-e* at), to pay attention (*-e* to), to consider; **2.** to face, to front (*-e* towards); **3.** to examine, to investigate, to look into; **4.** to look for; **5.** to take care (*-e* of), to look after, to see to, to tend; **6.** to treat; **7.** to be in charge (of); **8.** to depend (on); **9.** to be dependent (on); **10.** to verge *(on another colour);* **11.** to serve *(waiter);* bakadurmak to stare at constantly, to keep looking (at); bakakalmak to stand in astonishment; bakalım (*or* bakayım) **1.** let's see; we'll see; **2.** well now!, oh!; bakar mısın(ız)? hey!, I say!; bakarsın possibly, perhaps; bakıp durmak *s.* bakadurmak; baksan(ız)a! hey!, look here!, I say!, listen to me!
bakraç, -cı copper bucket.
bakteri bacterium.
bakteriyoloji bacteriology.
bal, -lı **1.** honey; **2.** ⚘ nectar; ~ alacak çiçeği bulmak (*or* bilmek) *fig.* to know which side one's bread is buttered; ~ başı the purest honey; ~ dök de yala! *fig.* spick-and-span; ~ gibi **1.** honey-sweet; like honey; **2.** in spite of it all, very well; **3.** all the more; ~ sağmak to take honey *(from the hive);* ~ tutan parmağını yalar *pro. (lit.* one who touches honey licks his finger) one who has *s.th.* to do with a big deal will get some profit out of it.
bala ⚔ child, babe.
balaban 1. husky *(person),* great, huge; **2.** tame bear; **3.** large drum.
balabankuşu, -nu *zo.* bittern.
balabanlaşmak to become very large.
balad ballad.
balak young animal, cub, *part.* buffalo calf.
balalayka balalaika.
balans balance; ~ ayarı *mot.* wheel balance.
balansuvar *(koltuğu)* rocking-chair.
balar shingle, joist, rafter, beam.
balarısı, -nı *zo.* (honey)bee.
balast, -tı ballast.
balastlamak to ballast.
balata *mot.* brake lining.
balayı honeymoon; ~ seyahati honeymoon trip.
balcı dealer in honey.
balcılık apiculture.
balçak guard of a sword hilt.
balçık clay, mud; ~ hurması crushed dates.
baldır *anat.* calf; back of the shank; ~ bacak meydanda showing her bare legs; ~ kemiği tibia, shinbone.
baldırak lower part of a trouser leg.
baldıran ⚘ poison hemlock.
baldırıçıplak rowdy, rough, ruffian.
baldırıkara ⚘ maidenhair fern.
baldırsokan stable fly.
baldız sister-in-law *(sister of the wife).*
bale ballet.
balerin ballerina.
balet, -ti ballet.
balgam mucus, phlegm; ~ atmak *fig.* to drop a malicious hint; ~ çıkarmak (*or* sökmek) to expectorate.
balgamtaşı, -nı meerschaum.
balık 1. fish; **2.** ♀ *ast.* Pisces, the Fishes; ~ ağı fishing-net; ~ avı fishing; ~ avlamak to fish; ~ baştan kokar *pro. (lit.* the fish begins to stink at the head*)* corruption starts at the top; ~ kavağa çıkınca (*or* çıktığı zaman) *fig.* never; ~ nefesi spermaceti; ~ oltası fishing line; ~ pazarı fish market; ~ pulu fish scale; ~ tutmak to fish, to angle; ~ yumurtası hard roe, spawn; ~ yuvası spawn place; balığa çıkmak to go out fishing; balığın belkemiğini bulmak *fig.* to discover.
balıkadam skin diver.
balıkçı 1. fisherman; **2.** fish pedlar, fish-monger; ~ yaka turtle-neck, pole-neck.
balıkçıl 1. piscivorous; **2.** *zo.* heron, egret, bittern.
balıkçılık fishery, fishing.
balıkçın *zo.* tern.
balıketi, -ni **balıketinde, balıketli** plump, matronly.
balıkhane [. . - .] central establishment for the marketing and taxation of fish.
balıklama 1. *vn. of* balıklamak; **2.** header; **3.** headlong; ~ atlamak to take a header.
balıklamak to writhe in agony.
balıklava good fishing ground.
balıklı abounding in fish.
balıksırtı, -nı **1.** camber, ridge; **2.** ridged, hogbacked *(road, roof).*
balıkyağı, -nı **1.** fish oil; **2.** cod-liver oil.
baliğ [ā] **1.** adolescent; adult; **2.** perfect, mature; ~ olm. *-e* to amount to, to reach.
balina [. x .] **1.** whale; **2.** whalebone.
balinagiller whales, dolphins.

balistik ballistics.
balkabağı, -nı **1.** ⚘ winter squash; **2.** *fig.* blockhead, brainless.
balkan thickly wooded mountain rage; ♀ Yarımadası the Balkan Peninsula.
Balkanlar the Balkans.
Balkar Balkar.
Balkarca the Balkar dialect of Turkish.
balkon balcony.
ballandırmak *fig.* to praise extravagantly, to make one's mouth water (for).
ballanmak 1. to become covered with honey, to become thick like honey; **2.** *fig.* to ripen; to get ripe and sweet *(fruit).*
ballı honeyed, containing honey.
ballıbaba ⚘ dead-nettle.
ballıbasra an insect pest on figs.
balmumu, -nu wax; ~ müzesi waxworks; ~ yapıştırmak *fig.* to mark, to notice and remember *(words).*
balo [x .] ball, dance; ~ vermek to give a ball.
balon balloon; ~ uçurmak *fig.* to fly a kite.
baloz low-class cabaret.
balotaj *pol.* ballotage.
balözü, -nü nectar.
balsıra honeydew; mildew.
balta axe, *Am.* ax, hatchet; ~ asmak *fig.* to pester, to annoy; to blackmail; ~ değmemiş (*or* girmemiş *or* görmemiş) orman virgin (*or* untouched) forest; ~ ile girişiyor *fig.* he is like a bull in a china shop; ~ ile yontulmuş *fig.* unpolished, uncouth, rough; ~ olm. *(b-ne) fig.* to pester, to keep on at *s.o.*, to harass; -yı kapıya asmak *fig.* to be tiresome, to bore; -yı taşa vurmak *fig.* to put one's foot in it, to blunder.
baltabaş ⚓ straight-stemmed.
baltaburun 1. *s.* baltabaş; **2.** *sl.* hooknosed.
baltacı 1. maker *or* seller of axes; **2.** woodcutter; **3.** fireman equipped with an axe; **4.** *hist.* halberdier attached to the sultan's palace.
baltalama 1. *vn. of* baltalamak; **2.** *part.* sabotage; -dan gitmek **1.** to act violently; **2.** to pronounce words barbarously.
baltalamak 1. to cut down with an axe, to hew down; to cut away; **2.** *fig.* to sabotage, to paralyze, to torpedo, to block.
baltalı 1. furnished with an axe; armed with a halberd; **2.** = gammalı.
baltalık 1. district in which the inhabitants of a village have the right of woodcutting; **2.** coppice, copse.
Baltık the Baltic; ~ Denizi the Baltic sea; ~ devletleri the Baltic countries.
balya [x .] bale, packet; ~ bezi pack-cloth; ~ yapmak to bale, to make into bales.
balyemez *hist.* long-range battering gun.
balyos *hist.* Bailo.
balyoz sledge-hammer; ~ gibi very heavy.
bambaşka [x . .] utterly (*or* quite) different.
bambu ⚘ bamboo.
bamburuk; -larını sökmek to maul, to batter.
bamteli, -ni **1.** bass-string; **2.** imperial; **3.** *fig.* vital point, sore spot; -ne basmak (*or* dokunmak) *-in fig.* to tread on s.o.'s corns.
bamya [x .] ⚘ gumbo, okra; ~ tarlası *sl.* churchyard, cemetery.
bana (to) me; ~ bak(sana)! look here!, hey!; ~ bakma! don't count on me!, never mind what I do!; ~ gelince as to me, for me; ~ göre hava hoş! F it is all the same to me, it makes no difference to me; ~ kalırsa as far as I am concerned; ~ mısın dememek *fig.* to be thick-skinned; to have no effect, to show no reaction (to).
bandaj bandage; -lı bandaged.
bandıra [x . .] flag, colo(u)rs.
bandıralı having a flag; sailing under the colo(u)rs of.
bandırmak *s.* banmak.
bando [x .] ♪ band.
bandrol, -lü revenue stamp.
bangır bangır sobbingly, at the top of one's voice; ~ ağlamak = hüngür hüngür ağlamak; ~ bağırmak to shout loudly, to bawl.
bangırdamak *s.* bangır bangır bağırmak.
bangoboz *sl.* fool, idiot, simpleton.
bani 1. builder, constructor; **2.** founder.
bank 1. = banka; **2.** bench *(in a public place).*
banka [x .] bank.
bankacı 1. banker; **2.** bank clerk.
bankacılık banking.
bankalık bankable.
banker 1. banker; stockbroker; **2.** *fig.* immensely rich person.
banket, -ti hard shoulder *(of a road).*
bankınot, -tu banknote, paper money.
bankiz ice field, ice pack.
banko [x .] **1.** bench; **2.** counter; **3.** *int. gambling:* bank!
banliyö suburb; ~ treni suburban train, commuter's train.
banmak to dip (*-e* into).
banotu, -nu ⚘ henbane.
bant, -dı **1.** band, tape; **2.** ribbon; **3.** *radio:* wave-band; **4.** *billiards:* cushion; ~ izole ⚡ insulating tape.

banyo [x .] **1.** bath; **2.** bathroom; **3.** bathtub; **4.** spa; **5.** *phot.* developer; ~ etm. to develop *(film)*; ~ yapmak to take (*or* have) a bath; to bathe.
bap, -bı [ā] **1.** = kapı **2.** section, chapter; **3.** theme, subject; bu -ta on this matter; in this respect; in this connection.
bar[1] *name of a folk dance in Eastern Anatolia.*
bar[2] **1.** dirt, tarnish; **2.** fur *(on the tongue)*.
bar[3] bar, night club.
bar bar: ~ bağırmak to shout at the top of one's voice.
baraj **1.** dam; **2.** ⚔ barrage; **3.** *football:* wall; -ı aşmak to pass *(the examination)*; ~ ateşi ⚔ barrage, curtain-fire.
barak **1.** † plush; long-piled cloth; **2.** P long-haired dog.
baraka [. x .] hut, shed.
barbakan barbican.
barbar barbarian; barbarous.
barbarizm barbarism.
barbarlık barbarism, brutality.
barbunya [. x .] **1.** *zo.* red mullet; **2.** ⚘ a kind of bean.
barbut, -tu a kind of dice game.
barda [x .] cooper's adze.
bardacık a fresh fig.
bardak **1.** glass, goblet, cup, mug; **2.** P jug, pitcher.
bardakeriği, -ni egg-plum, greengage.
barem **1.** classification of salaries; **2.** ready reckoner; ~ cetveli fixed schedule of salaries; ~ kanunu law regulating official salaries.
barfiks *sports:* horizontal bar.
bargam fish of the bass family.
barhana **1.** impractically large mansion; **2.** baggage, luggage, movables; ~ gibi colossal *(house)*.
barı P garden wall, fence.
barınak **1.** shelter, refuge, hiding-place; **2.** home.
barınmak **1.** to take refuge (*or* shelter) in; **2.** to get along.
barış peace; reconciliation; ~ görüş olm. to become reconciled, to make peace (*ile* with).
barışçı(l) peace-loving, pacific, peaceable.
barışık reconciled, at peace.
barışıklık mutual peace, reconciliation.
barışmak to make peace (*ile* with), to become reconciled.
barışsever pacifistic, peace-loving.
barıştırmak to reconcile, to conciliate.
bari [ā] at least, for once.
barikat, -tı barricade; -la kapatmak to barricade, to block *or* defend with a barricade.
barikatlamak *s.* barikatla kapatmak.
barisfer barysphere.
bariton ♪ baritone.
bariz prominent, manifest, glaring; clear, obvious.
bark, -kı house, home, dwelling.
barka [x .] ⚓ barge.
barklanmak to have a household, to set up house.
barko [x .] ⚓ bark, barque.
barlam *zo.* hake.
barmen barman, bartender.
baro [x .] bar, the body of lawyers.
barok baroque.
barometre barometer.
baron baron.
barparalel parallel bars.
barsak intestine, bowel, gut, entrail.
barsakçı intestine-dealer.
barsam *zo.* sting fish.
barudi [. - -] slate-colo(u)red.
barut, -du (*or* -tu) gunpowder; ~ ambarı (*or* deposu) gunpowder store; ~ gibi **1.** irascible; **2.** too hot *or* sour; ~ hakkı powder charge; ~ kesilmek (*or* olm.) *fig.* to fly into a rage.
baruthane [. . - .] **1.** powder mill; **2.** powder magazine.
barutluk **1.** powder flask (*or* horn); **2.** powder magazine.
baryum barium.
basamak **1.** step, stair; **2.** tread, round; **3.** running board; **4.** Å order, degree: ~ yapmak *fig.* to use as a stepping-stone.
basarık **1.** treadle; pedal; **2.** bolt *(of a gate)*.
basbayağı [x . .] **1.** quite common(ly), ordinary; **2.** simply, just; without hesitation.
bası printing, impression.
basıcı printer.
basık **1.** low; **2.** flat; **3.** compressed; pressed down.
basılı printed.
basılış printing, impression.
basım printing, impression.
basımcı printer.
basımevi, -ni printing house, press.
basın press, newspapers (*syn.* matbuat); ~ ataşesi press attaché; ~ toplantısı press conference.
basınç, -cı *phys.* pressure (*syn.* tazyik).
basiret, -ti [ī] prudence, understanding, insight, discernment; caution, circumspection, care, attention; -i bağlanmak to become blind *(to a danger)*.
basiretkâr, basiretli prudent, sagacious;

cautious, circumspect.
basiretsiz imprudent.
basit, -ti 1. simple, easy, plain, elementary; 2. common, ordinary.
basitleşmek to be simplified, to become simple.
basitleştirmek to simplify, to make simple.
basitlik simplicity, simpleness.
basketbol, -lü basketball.
baskı 1. press; 2. constraint, restraint, oppression; 3. stamp; 4. printing; 5. edition; 6. hem; 7. circulation *(of a newspaper)*; ~ altında under pressure (*or* discipline); ~ altında tutmak *a.* ⚔ to suppress, to oppress.
baskılık paper-weight.
baskın 1. raid, sudden attack; 2. unexpected visit; 3. overpowering, superior; 4. heavy, oppressing; ~ çıkmak to get the upper hand (*-den* over), to be superior (*-e* to); ~ vermek to be attacked, to be raided; ~ yapmak to raid, to swoop down (*-e* on).
baskıncı raider.
baskül weigh-bridge, scales, weighing machine.
basma 1. *vn. of* basmak; 2. printed goods; printed matter; 3. printed cotton, calico; 4. a card game; 5. *geol.* transgression.
basmak, (-ar) 1. to tread (*-e* on), to stand (*-e* on); 2. to press (*-e* on); to weigh down; 3. to set (the foot on); 4. to enter *(upon a year or age)*; 5. to impress, to stamp; to print; to coin; 6. to swoop down (on), to overwhelm, to overpower; to raid, to surprise; to flood; 7. to crowd in; 8. to set in *(darkness, pain, cold)*; 9. to bring down *(a blow)*; to let out *(cry)*; 10. to settle, to sag; 11. to sit *(on eggs)*; 12. *a.* basıp gitmek *sl.* to go off, to go away, to walk off; 13. *sl.* = faka basmak.
basmakalıp, -bı 1. trite, cliché, conventional; 2. pressure-molded; 3. stereotyped.
basso [x .] ♪ bass.
bastarda [. x .] 1. *hist.* bastard; 2. *hist.* flag-ship; 3. foremast.
bastı vegetable stew.
bastıbacak 1. shortlegged, bandylegged, knock-kneed; 2. gamin, urchin, squat.
bastırmak *caus. of* basmak 1. to have printed, to publish; 2. to suppress, to crush, to extinguish; 3. to appease, to satisfy, to stay *(hunger)*; 4. to hem; 5. to surpass; 6. to quell, to force down *(rebellion)*; 7. to set in, to settle in, to close in *(cold, etc.)*; 8. = baskın çıkmak; 9. to go unannounced, to take *s.o.* unawares; 10. to drown out *(a sound)*; 11. to hide, to hush up *(scandal, etc.)*; 12. ⚓ to splice.
bastika ⚓ a hole in a spar.
baston 1. (walking-)stick, cane; 2. ⚓ jib-boom; ~ yutmuş gibi as stiff as a poker.
basur [- -] ⚕ piles, hemorrhoids; ~ memesi hemorrhoidal swelling.
bâsübadelmevt, -ti [- . - . .] resurrection.
baş 1. head; 2. chief, head, leader; warden; 3. beginning, commencement; first, initial; 4. summit, top; 5. knob; 6. bulb *(of a plant)*; cyme; 7. ⚓ prow, bow, fore-part; 8. lump *(of cheese, crude sugar, etc.)*; 9. head *(of cattle, etc.)*; 10. skein, hank *(of silk, etc.)*; 11. river head, spring; 12. main, chief, principal; 13. ⚒ agio, premium on bills; 14. *wrestling:* first class; 15. end, extremity; ~ ağrısı 1. headache; 2. *fig.* trouble, nuisance; ~ aşağı gelmek (*or* gitmek) to go steadily down; ~ -a 1. face to face, privately; 2. together, tête-à-tête; ~ -a vermek to have a tête-à-tête, to collaborate, to put their heads together; ~ belası trial, pest, nuisance, trouble-maker; ~ edememek *(b-le)* to be unable to cope with *s.o.*; ~ göstermek to appear, to arise; to break out *(revolt, etc.)*; ~ göz yarmak to cause havoc; ~ kaldırmak to rebel (*-e* against); ~ kaldırmamak to keep one's nose to the grindstone; ~ kaldırtmamak *fig.* to suppress; ~ kesmek to bow; ~ korkusu fear for one's life; ~ sallamak to nod, to agree (with); ~ tacı 1. crown; 2. a greatly respected and loved person; ~ taraf beginning, commencement; ~ üstüne! with pleasure!; ~ vurmak 1. to apply (*-e* to), to consult; 2. to bite *(fish)*; **(başı):** ~ açık 1. bare-headed; 2. obvious, evident, clear; ~ açılmak to go bald, to get thin on top *(hair)*; ~ bağlı married, betrothed; ~ bozuk 1. civilian; 2. irregular; ~ sert hard-headed, obstinate; başımla beraber with pleasure, gladly, willingly; başın(ız) sağ olsun! may your life be spared; **(başına):** ~ belâ kesilmek to pester, to annoy; ~ buyruk independent; ~ çıkmak to plague, to become a trial (*-in* to); ~ devlet kuşu konmak to have a stroke of great luck; ~ dikilmek to stand over *s.o.*, to supervise; ~ gün doğmak to have unhoped-for luck; ~ hal gelmek to be in great trouble, to get into hot water; başıma hal geldiği taktirde in case *s.th.* happens to me; ~ kakmak to rub it in, to cast *s.th.* in one's teeth; ~ teller takınmak to

be overjoyed; **(başından):** ~ atmak to get rid (-*i* of); ~ geçmek to happen to *s.o.*, to go through, to undergo; ~ savmak (*or* savuşturmak) to turn away, to get rid (-*i* of); **(başını):** ~ dik tutmak to hold one's head high; ~ ezmek *fig.* to crush; ~ gözünü yarmak **1.** to handle roughly; **2.** to speak badly, to murder *(language, etc.)*; ~ ortaya koymak to challenge death, to risk one's life; ~ sallamak to nod, to agree (with); ~ taşa vurmak to repent greatly, to regret; **(baştan):** **1.** from the beginning; **2.** again, once more; ~ aşağı from top to bottom, from head to foot, from end to end, throughout; ~ aşmak to be too much for *s.o.*; ~ atmak to get rid (of); ~ çıkarmak to tempt, to lead astray, to corrupt, to seduce; ~ çıkmak to be led astray, to be corrupted.

başabaş **1.** only just enough; **2.** † at par.

başak **1.** ear *(of grain)*, spike; **2.** gleanings; ~ bağlamak (*or* tutmak) to come into ear; ~ etm. to glean.

Başak *ast.* Virgo.

başakçı gleaner.

başaklı **1.** with gleanings left; **2.** eared, in ear.

başaltı, -nı **1.** *wrestling:* second class; **2.** steerage.

başarı success; accomplishment; ~ elde etm. to have success, to succeed; ~ göstermek to show success; -lar dilemek to wish success.

başarılı successful.

başarısız unsuccessful.

başarısızlık failure.

başarmak to succeed (-*i* in), to accomplish, to achieve.

başasistan chief intern *(in a hospital)*.

başat dominant.

başatlık dominance, dominancy.

başbakan prime minister, premier.

başbakanlık prime ministry, premiership.

başbuğ ⚔ commander-in-chief.

başçavuş ⚔ sergeant-major.

başçı **1.** foreman; **2.** seller of cooked sheep's heads.

başgedikli ⚔ sergeant-major.

başgöz: ~ etm. to marry; ~ olm. to marry.

başhakem chief referee.

başhekim head doctor *(in a hospital)*.

başıboş **1.** untied, free, independent; **2.** untamed; **3.** uncared-for, neglected *(child)*; ~ bırakmak to allow *s.o.* to run wild, to leave uncontrolled; ~ kalmak to run wild; to be independent.

başıkabak **1.** bald; **2.** bare-headed.

başka **1.** other, another, different (from); **2.** except, apart (-*den* from), other (-*den* than); ~ ~ **1.** separately, one by one; **2.** different; -ları others, the other people; -sı another, someone else.

başkaca **1.** somewhat different; **2.** besides, furthermore, moreover, otherwise.

başkalamak to alter, to change, to vary.

başkalaşım metamorphism.

başkalaşmak **1.** to change, to grow different, to alter; **2.** to metamorphose.

başkalık **1.** difference; **2.** alteration, change, diversity.

başkan president; chief; chairman.

başkanlık presidency; chairmanship; ~ etm. to preside.

başkâtip, -bi head clerk.

başkent capital.

başkomutan commander-in-chief.

başkomutanlık supreme military command.

başkonsolos consul general.

başkonsolosluk consulate general.

başkumandan commander-in-chief.

başlamak to begin, to start, to commence.

başlangıç, -cı **1.** beginning, start, commencement; **2.** preface, foreword; ~ noktası starting point.

başlanmak **1.** *pass. of* başlamak; **2.** to cyme, to bulb *(plant)*.

başlıbaşına separate, independent, in itself; independently, by himself, on one's own.

başlıca main, principal, chief.

başlık **1.** cowl, cap, headgear; crown; helmet; head-harness; **2.** capital *(of a column)*; **3.** truss; **4.** title; headline; crosshead, heading *(of a column)*; **5.** war head *(of a torpedo)*; **6.** heading, superscription; **7.** caption *(of a page)*; **8.** ⊕ hub, nave *(of a wheel)*; **9.** headship, presidency; **10.** money paid by the bridegroom to the bride's family; **11.** hood; ~ atmak to write a headline.

başmak shoe; slipper.

başmakale [. . - .] editorial, leading article, leader.

başmakçı **1.** shoemaker; **2.** person in charge of shoes that are taken off at the door of a mosque.

başmaklık *hist.* fief conferred on the royal women of the sultan's family.

başmuharrir editor, editorial writer.

başmüddeiumumi attorney general.

başmüfettiş chief inspector.

başmühendis chief engineer.

başmüşavir [. . - .] chief counsellor, chief advisor.

başoyuncu co-star, featured actor *or* act-

ress.
başöğretmen (school) principal.
başörtü(sü) head-scarf, kerchief.
başparmak 1. thumb; **2.** big toe.
başpehlivan wrestling champion.
başpiskopos archbishop.
başpiskoposluk archbishopric.
başrol lead, leading role.
başsağı, başsağlığı condolence; başsağı (*or* başsağıları *or* başsağlığı) dilemek to offer one's condolences.
başsavcı attorney-general.
başsız 1. headless; **2.** having no chief.
başsızlık 1. lack of government; **2.** anarchy.
başşehir, -hri capital.
baştanbaşa entirely; from first to last.
baştankara *zo.* great titmouse.
baştarda *s.* bastarda.
başucu, -nu **1.** head end (*of a bed*); **2.** *ast.* zenith; -mda at my bedside; -na dikilmek *fig.* to afflict incessantly.
başvekâlet, -ti *s.* başbakanlık.
başvekil *s.* başbakan.
başyaver [. - .] first aide-de-camp.
başyazar editor, editorial writer.
başyazı editorial, leader, leading article.
başyazman head clerk.
batak 1. bog, marsh, swamp; **2.** marshy, boggy, swampy; **3.** floundering, unstable, unsound; **4.** pond; tank for immersion.
batakçı 1. fraudulent borrower; bankrupt; **2.** swindler, cheat, crook.
batakhane [. . - .] **1.** gambling den; **2.** den of thieves; **3.** *sl.* joint.
bataklık bog, marsh, swamp, fen, moor.
batar P = zatürrie.
batarya [. x .] **1.** ⚡ & ⚔ battery; **2.** ⚓ the guns of one deck.
bateri battery.
baterist drummer (*in a jazz band*).
batı 1. west; western; **2.** west wind; **3.** West, Occident; Western, Occidental; ~ Avrupa(sı) western Europe.
batıcı 1. stinging, pricking, hurting; **2.** Westernizer.
batık 1. sunk(en), hollow; **2.** submerged (*submarine*); **3.** wrecked, ruined.
batıl superstitous, vain, false, useless, non-valid; ~ itikat superstition.
batılı Western(er), Occidental.
batılılaşmak to westernize, to adopt European practices.
batın, -tnı **1.** abdomen; **2.** gestation; **3.** generation; bir -da at a birth.
batırmak 1. to sink, to submerge; **2.** to plunge, to dip; to ruin; **3.** to stick (into). to prick; **4.** to lose (*capital, etc.*); **5.** to speak ill (of), to decry, to run down; **6.** to dirty.
bati [ī] ⚒ slow; slothful, lazy.
batma *vn. of* batmak *part.* breakdown, collapse.
batmak, (-ar) **1.** to sink (-*e* into), to go to the bottom; to be plunged (into); **2.** to set (*sun, etc.*); **3.** to be lost sight (of); **4.** to go bankrupt, to be ruined; **5.** to penetrate; **6.** to hurt. to prick, to sting; **7.** to dirty; **8.** to get on the nerves (of), to irk; **9.** to be lost (*money*), to perish, to go to pieces; **10.** ⚓ to run aground, to founder; **11.** to pass out of existence; bata çıka dragging *o.s.* along; battı balık yan gider in for a penny, in for a pound.
batman batman.
batri ♪ percussion instruments, drums.
batonsale breadstick.
battal 1. useless. worthless; void, non--valid. abrogated, canceled; obsolete, out of use; **2.** over-size, large and clumsy; ~ etm. **1.** to cancel, to render null and void; **2.** to abrogate, to abolish, to do away with.
battaniye [. - . .] blanket.
batur brave; hero.
bavul suitcase, trunk.
Bavyera [. x .] *pr. n.* ⚒ Bavaria.
Bavyeralı Bavarian.
bay 1. gentleman; **2.** Mr., Sir; **3.** P rich.
bayağı 1. ordinary, common, plain; **2.** mean, vulgar, banal, rough, coarse; **3.** quite, simply; ~ gün weekday.
bayağıkesir common fraction.
bayağılaşmak to become vulgar.
bayan 1. lady, madame; **2.** Mrs., Miss; -lar, baylar! ladies and gentlemen!
bayat, -tı **1.** stale. not fresh; **2.** trite, old, insipid, out-of-date.
bayatlamak to get stale.
baygın 1. faint, languid; **2.** fainted, unconscious; **3.** amorous; **4.** drooping (*plant*); **5.** heavy (*smell*).
baygınlık faintness, swoon, fainting.
bayılmak 1. to faint, to swoon; **2.** to fall for, to tumble for. to be enraptured (by); **3.** *sl.* to shell out (*money*); **4.** to droop (*plant*); gülmekten ~ to roll in the aisles; susuzluktan ~ to die of thirst.
bayıltmak 1. to make faint; 2. ⚕ to narcotize, to anesthetize.
bayındır prosperous, developed, cultivated.
bayındırlık prosperity, development, public works; ♀ Bakanlığı Ministry of Public Works.
bayır 1. slope; ascent; **2.** hill; ~ aşağı

downhill.
bayi, -ii **1.** vendor, seller; **2.** supplier, outlet.
baykuş *zo.* owl.
bayrak flag, standard, colo(u)rs; ~ açmak **1.** to unfurl a flag; **2.** to recruit volunteers; **3.** to revolt; -ları açmak to become abusive and insolent; -ları indirmek to lower (*or* dip) the flag; -ları yarıya indirmek to fly the flag at half-mast.
bayraktar standard (*or* flag) bearer.
bayram religious festival, Bayram; holiday; festival, festivity; ~ etm. (*or* yapmak) *fig.* to feast, to be very delighted; ~ haftasını mangal tahtası anlamak to misunderstand completely; ~ tatili festive holiday; -ınız kutlu olsun! happy Bayram!, happy feast!; -dan -a *fig.* once in a blue moon, on occasion.
bayramlaşmak to exchange greetings at a holiday, to celebrate the Bairam together.
bayramlık **1.** fit for a festival; **2.** present given on a festival; **3.** one's best dress, festive dress.
baytar veterinary surgeon, veterinarian.
baz ⚗ base.
bazal ⚗ basic.
bazalt basalt.
bazan, bazen [- .] [x .] sometimes, now and then.
bazı **1.** some, a few, certain; some of; **2.** = bazen; -larınca for some people.
bazilika **1.** basilica; **2.** royal palace.
bazlama(ç) flat bread baked on an iron sheet.
bazu *s.* pazı².
bazubent *s.* pazıbent.
bazuka [. x .] ⚔ bazooka.
be! F hi!, I say!, hey!; ~, çocuk! hey, you! *(to a child).*
bebe P baby.
bebecik little baby, little darling.
bebek **1.** baby; **2.** doll; **3.** *anat.* pupil *(of the eye)*; ~ beklemek to expect a baby, to be pregnant; ~ karyolası cot, crib.
bebeklik babyhood; infancy; ~ etm. to be childish.
beberuhi dwarfish man.
becayiş [ā] exchange of posts between two officials.
becelleşmek to argue, to quarrel.
beceri skill, dexterity, adroitness.
becerik ⚒ skill.
becerikli skillful, adroit, resourceful, capable, clever.
beceriklilik skill, adroitness, dexterity.
beceriksiz clumsy, incapable, maladroit, unskillful.
beceriksizlik clumsiness, unskillfulness, incapability.
becermek **1.** to do skillfully, to carry out successfully, to manage cleverly; **2.** *iro.* to spoil, to ruin, to make a mess (of); **3.** *fig.* to rape.
bed **1.** bad, ill, evil; **2.** ugly, unseemly.
bedahet, -ti [ā] **1.** obviousness; **2.** improvisation.
bedava [x . .] gratis, for nothing, free; -dan ucuz dirt-cheap.
bedavacı F freeloader, sponger, bum.
bedavet, -ti [ā] nomad life, nomadism.
bedbaht, -tı unfortunate, unhappy, unlucky, miserable.
bedbahtlık unhappiness.
bedbin [ī] pessimistic.
bedbinlik pessimism.
beddua curse, malediction, imprecation; ~ etm. to curse, to put a curse (-*e* on); -sını almak to be an object of malediction.
bedel **1.** equivalent (-*e* of); **2.** value, worth; price; **3.** substitute (-*e* for); in lieu of, for, in exchange for; **4.** = bedeli nakdî; -i nakdî ⚖ sum paid for exemption from military service; ~ vermek to pay the government a fee *(in lieu of regular military service).*
bedelsiz free, without charge.
beden **1.** body; **2.** trunk; **3.** wall *(of a castle)*; **4.** size; ~ eğitimi physical education (*or* training).
bedenen physically.
bedeni bodily, corporal, physical, somatic.
bedesten covered market *(for the sale of valuable goods).*
bedevi [ī] **1.** Bedouin; **2.** nomadic.
bedhah malevolent, malicious.
bedihî [i, ī] self-evident, obvious.
bedii **1.** esthetic; **2.** rhetorical.
bedir, -dri (*a.* bedri tam) full moon.
bedmest, -ti intoxicated.
bednam [ā] ill-famed, notorious.
begüm begum.
beğence commendatory preface.
beğendi a dish of aubergines; mashed eggplant.
beğeni affinity, taste, zest, gusto.
beğenmek **1.** to like, to admire; to approve (-*i* of); **2.** to choose; to prefer.
beğenmezlik disapproval.
beha *s.* paha.
behemehal, -li [. x . .] in any case, whatever happens, for sure, absolutely.
beher to each, for each, per; -ine per person *or* piece.

behey *int.* hey!, o!
behimi [ī, ¹] animal *(feelings)*, bestial, brutish.
behre lot, share, portion, part.
beis, -e'si harm; ~ görmemek to see no harm in it; ~ yok never mind!, no harm!, no matter!
bej beige.
bek¹, -ki *soccer:* back.
bek², -ki gas burner.
beka [ā] permanence, eternalness; sequel; lasting; ~ bulmak to last, to be permanent.
bekar ♪ the natural sign.
bekâr 1. unmarried, bachelor, single; 2. grass widower.
bekâret, -ti 1. virginity, maidenhood; 2. hymen, maidenhead; 3. *fig.* purity; -ten almak to deflower.
bekârlık bachelorhood, celibacy; ~ sultanlıktır *fig.* a bachelor is as comfortable and independent as a sovereign.
bekas *zo.* woodcock.
bekçi (night)watchman; sentry, guard; lookout; ~ köpeği watchdog.
bekçilik etm. to stand guard.
bekhent, -di *tennis:* backhand stroke.
bekleme waiting; ~ odası *(or* salonu) waiting room.
beklemek 1. to wait (*-i* for), to await, to hope (*-i* for), to look (*-i* for); 2. to expect (*-den* from); 3. to watch (*-i* over), to attend, to guard.
beklen(il)mek to be expected.
beklenmedik unexpected, unforeseen.
bekletmek 1. to cause to wait; 2. to delay, to postpone.
bekri toper, sot, tippler; ≗ Mustafa *sl. name of a famous drunkard, hero of many anecdotes.*
Bektaşi [ā] dervish of the Bektashi order; ~ sırrı F unfathomable secret.
bektaşiüzümü, -nü ⚘ gooseberry.
bel¹ 1. waist; 2. loins; the small of the back; 3. mountain pass, defile, notch; 4. ⚓ midship body; 5. semen, spunk, come, sperm; ~ bağlamak to rely (*-e* on), to trust; ~ bölgesi *anat.* lumbar region; ~ gevşekliği ⚕ incontinence; ~ vermek to bulge, to sag; -i çökmek to become hump-backed.
bel² spade; digging fork.
bel³: ~ ~ bakmak to stare (*-e* at), to goggle (*-e* at).
bel⁴ mark, sign.
bela trouble, misfortune, calamity, evil, curse; ~ aramak to trail one's coat, to look for trouble; ~ çıkarmak to stir up trouble, to make a scene; -lar mübareki the last straw; -sını bulmak to get one's deserts; to get into trouble; -sını çekmek to suffer for, to pay for; -ya çatmak *(or* girmek *or* uğramak) to run into trouble; -yı satın almak to invite trouble.
belagat -ti 1. eloquence; 2. rhetoric.
belahat, -ti foolishness, stupidity, idiocy.
belalı 1. troublesome, calamitous, tiresome; 2. quarrelsome, brawling; 3. bully, pimp.
Belçika *pr. n.* Belgium.
Belçikalı Belgian.
belde city, town.
beledi 1. municipal, urban; 2. local; town-made; 3. a kind of locally-made cotton material.
belediye municipality; ~ meclisi town council; ~ reisi mayor; ~ seçimi municipal election.
belediyeci municipal officer.
belermek to stare *(eyes)*, to be wide open.
beleş *sl.* gratis, for nothing, free (of charge).
beleşçi *sl.* freeloader, sponger, bum, hanger-on.
belge document, certificate; ~ almak to be expelled from school, to flunk out.
belgelemek to document; to confirm, to prove.
belgeli 1. confirmed, proved; 2. dismissed *(from school)*.
belgesel documentary; ~ film documentary film.
belgin clear.
belgisiz *gr.* indefinite; ~ adıl indefinite pronoun; ~ sıfat nonrestrictive adjective.
beliğ [ī] eloquent.
belirgin clear, evident, prominent, manifest.
belirginlik clarity.
belirlemek to determine, to fix.
belirleyici characteristic, diagnostic.
belirli determined, definite, precise, specific.
belirmek 1. to appear, to become visible, to come into sight; 2. = belermek.
belirsiz 1. indefinite, undetermined, unknown, uncertain: 2. imperceptible.
belirteç *gr.* adverb.
belirten *gr.* modifier, defining word.
belirti symptom; sign, symbol.
belirtmek *caus. of* belirmek to state, to make clear, to expound; to determine.
beliyye trouble, evil, calamity, affliction.
belkemiği, -ni 1. backbone, spine; 2. *fig.* pillar, fundamental part.
belki [x .] perhaps, maybe.

belladon 1. ⚘ deadly nightshade; 2. *pharm.* belladonna, atropine.
bellek memory.
belleme 1. *vn. of* bellemek; 2. horse-blanket, numnah.
bellemek 1. to commit to memory, to learn by heart, to memorize; 2. to suppose, to think; 3. to dig with a spade, to spade.
belleten bulletin, notice.
belletici tutor.
belli 1. evident, clear, obvious, known; visible; 2. certain, definite; ~ başlı 1. clear, definite, proper; 2. eminent, notable, well-known; main, chief; ~ belirsiz hardly visible; ~ etm. 1. to make clear; 2. to show; to be unable to hide; ~ günler certain days.
belsoğukluğu, -nu ⚕ gonorrhea, *sl.* clap.
bembeyaz [x . .] snow-white, pure white.
bemol. -lü ♪ flat; mi ~ E flat.
ben[1] I, me.
ben[2] 1. mole; beauty-spot, birthmark; 2. bait, lure.
bence [x .] in my opinion, as to me, as for me.
bencil selfish; ~ olm. to be selfish.
bencileyin like me.
bencillik egotism; ~ etm. to be selfish.
bende[1] *abl. of* ben[1].
bende[2] ⚒ slave; servant; bondsman; -niz your humble servant, I.
benek spot, speck, freckle; ~ ~ speckled; ~ sakal imperial.
benekli spotted, speckled.
beni[1] *acc. of* ben[1].
beni[2] ⚒ the sons of; ~ İsrail children of Israel, the Jews; ~ nevi mankind.
benim[1] [. x] *gen. of* ben[1] my; mine; ~ için for me; ~ var I have.
benim[2] [x .] I am, it is I.
benimki mine.
benimsemek to adopt, to appropriate to *o.s.*, to make one's own, to identify *o.s.* with, to welcome.
beniz, -nzi colo(u)r of the face; benzi atmak to blanch, to grow (*or* turn) pale; benzi bozuk pale.
benli spotted, freckled.
benlik 1. egotism; 2. personality, ego; 3. conceit; ~ davasında olm. to be self-assertive; ~ sahibi kimse conceited person; benliğinden çıkmak to change one's personality.
bent, -di 1. dam, dike, dyke, weir, barrage, aqueduct; 2. reservoir; 3. paragraph; article; 4. † newspaper article; 5. stanza (*in a poem*).
benzemek to resemble, to be like, to look like, to seem like, to look as if.
benzer similar, like; resembling; -i yok unique.
benzerlik similarity, resemblance.
benzeşmek to resemble each other.
benzetmek *caus. of* benzemek 1. to liken (*-e* to); 2. to compare (*-e* with); 3. to mistake (*-e* for), to mix up (*-e* with); 4. *iro.* to ruin, to bust, to smash, to wreck; 5. F to thrash, to wallop.
benzeyiş resemblance.
benzin petrol, *Am.* gasoline; benzine; ~ borusu petrol pipe; ~ deposu petrol tank; ~ istasyonu petrol station, filling station; ~ pompası pump feeding petrol into carburetor.
beraat, -tı [ā] acquittal, innocence, non-guilt; ~ etm. to be acquitted; ~ ettirmek to acquit.
beraber [ā] 1. together; 2. equal; level, abreast, even, in a line; ~ kalmak to be in company with; ~ olm. 1. to be together (*ile* with); 2. to be on the same level (*ile* with); -e kalmak to draw, to tie; -inde together, with one; bununla ~ nevertheless, however, still, yet; ... olmakla ~ 1. (al)though; 2. ... as well as..., both ... and...
beraberlik [ā] 1. draw, tie; 2. unity, cooperation, solidarity; ~ golü equalising goal.
beraet *s.* beraat.
berat, -tı patent, warrant; ♀ Gecesi (*or* Kandili) *Moslem feast, celebrating the night of the revelation of his mission to Mohammed.*
berbat, -dı 1. ruined, spoilt, injured; 2. filthy, soiled, dirty; dreadful, disgusting; ~ etm. 1. to spoil, to ruin, to corrupt, to make a mess of, to mess up; 2. to dirty, to soil; ~ olm. *pass. of* ~ etm.
berber barber; hairdresser.
Berberi *pr. n.* a Berber.
berdevam [ā] going on, continuing.
berduş vagabond, tramp, vagrant.
bere[1] beret.
bere[2] bruise; dent.
bereket, -ti 1. blessing; 2. abundance, plenty; fruitfulness; 3. fortunately, luckily; 4. P rain; ~ versin! fortunately!, luckily! ,thank God!; God bless you!, thank you!
bereketli fruitful; fertile; abundant; blessed.
bereketsiz infertile; unfruitful; scanty; bringing no good luck.
berelemek to bruise; to dent, to batter, to cause bruises (*-i* on).

bereli bruised; dented, battered.
berhane impractically large mansion, rambling house.
berhava blown up; ~ etm. to blow up; ~ olm. 1. to explode; 2. to go for nothing.
berhayat [. . -] living, alive.
berhudar [ā] happy, prosperous, successful; ~ ol! God bless you!, thank you!
beri 1. the near side. this side, hither, here, hithermost; 2. *-den* since; -de on this side.
beriki the nearest, the nearer one; the last mentioned; this one.
berjer easy chair.
berk hard, firm, strong, solid, tight, fast.
bermuda Bermuda shorts.
bermutat, -dı [ū, ā] as usual.
berrak, -kı *or* -ğı clear, limpid, transparent.
bertaraf aside, apart, out of the way; ~ etm. to put aside, to do away (with), to get rid (of), to remove.
berzah 1. *geogr.* isthmus, neck of land; 2. *fig.* precipice, chasm, abyss.
besbedava [x . - .] dirt cheap.
besbelli [x . .] *emph. of* belli.
besbeter [x . .] *emph. of* beter.
besi 1. nourishing, nutrition; 2. fattening, feeding up; 3. prop, shim; -ye çekmek to fatten *(an animal)*.
besici fattener *(of livestock)*.
besili fat(ted), well-fed, fleshy, plump.
besin nutriment, nourishment, food.
besleme 1. *vn. of* beslemek; 2. foster-child; 3. ⊕ feed(ing); 4. ⊕ base, support.
beslemek 1. to feed, to nourish; 2. to fatten *(animal)*; 3. to support, to keep, to maintain; 4. to rear *(animal)*; 5. to bear *(grudge, etc.)*, to nourish *(hope, etc.)*; 6. ⊕ to prop, to shim up, to reinforce; 7. ⊕ to feed.
besleyici nutritious, nourishing, nutritive.
besmele the formula *bismillahirrahmanirrahim;* ~ çekmek *(or* okumak) to pronounce this formula.
besmelesiz *sl.* bastard; good-for-nothing.
beste musical composition, tune, melody.
besteci, bestekâr composer.
bestelemek to compose, to set to music.
beş five; ~ aşağı ~ yukarı close bargaining; ~ aşağı ~ yukarı aynı almost the same; ~ duyu the five senses; ~ kardeş(ler) *co.* slap; ~ para etmez worthless, rubbishy; ~ parasız broke, penniless, skint; ~ vakit namaz the complete schedule of daily prayers; -i bir yerde ornamental coin worth five Turkish gold pounds; -te bir one fifth.
beşbıyık ⚘ medlar.
beşer[1] five each, five apiece.
beşer[2] man, mankind.
beşeri human; ~ coğrafya anthropogeography.
beşeriyet, -ti 1. human nature; 2. humanity, mankind.
beşgen ⩓ pentagon.
beşibirlik = beşi bir yerde.
beşik cradle *(a. fig.)*; ~ kertme nişanlı *(or* ~ kertiği *or* ~ kertmesi) engaged to one another while yet in the cradle.
beşinci fifth.
beşiz quintuplets.
beşizli fivefold.
beşlemek to quintuple; to raise its quantity to five.
beşli 1. fivefold; 2. ♪ quintain; 3. *card games:* the five.
beşlik 1. five-kurush piece; 2. perception to five.
beşpençe *zo.* starfish.
beşuş smiling; cheerful; merry.
beşyüz five hundred.
beşyüzlük 1. five-hundred lira bill; 2. containing five hundred.
bet, -ti face; ~ beniz colo(u)r of the face; -i benzi atmak to go pale from fear; -i bereketi olmamak to grow scarce, to run out.
beter *(a.* daha beter) worse; -in -i var nothing so bad but might have been worse.
betimlemek to describe.
beton concrete.
betonarme reinforced concrete.
bevil, -vli urine.
bevliye urology.
bevliyeci urologist.
bey 1. gentleman, sir; Mr., bey *(used after the first name)*; 2. chief, head, ruler, master, prince; 3. husband; 4. notable, country gentleman; 5. *card games:* ace; ~ baba father.
beyan [ā] 1. declaration, expression; 2. *gr.* explanation; 3. clearness, distinctness; ~ etm. to declare, to announce, to express; -da bulunmak to give an explanation. to deliver a speech.
beyanat, -tı [. - -] *(pl. of* beyan) statement, declaration; -ta bulunmak *or* ~ yapmak to make a statement.
beyanname [ā, ā] written statement, declaration; ⚓ manifest.
beyarı *s.* arıbeyi.
beyaz 1. white; 2. fair copy; 3. fair-skinned; ~ etm. to make a fair copy (of); ~ harp war of nerves; ♀ Saray *pr. n.* the White House *(in Washington)*; -a çekmek

to make a fair copy (of).
beyazımsı, beyazımtırak whitish.
beyazlatmak to whiten, to bleach.
beyazlık whiteness.
beyazperde 1. movie screen; **2.** the cinema.
beyazpeynir white cheese.
beyefendi sir; Mr. *(after name).*
beygir 1. horse; packhorse, cart horse; **2.** gelding; ~ gibi clumsy, stupid, awkward.
beygirgücü, -nü horsepower.
beyhude [ū] in vain; useless, vain; ~ yere in vain, uselessly.
beyin, -yni **1.** brain; **2.** intelligence, brains; mind; ~ sarsıntısı ⚕ concussion of the brains; ~ sektesi ⚕ cerebral apoplexy; ~ tavası brain fritters, fried brain, baked brains; ~ yıkamak to brainwash; beyni atmak to fly off the handle, to fly into a rage; beyninden vurulmuşa dönmek to be greatly upset.
beyincik *anat.* cerebellum.
beyinli 1. ... brained, having brains; **2.** intelligent, sensible.
beyinsiz *fig.* brainless, stupid.
beyit, -yti **1.** verse, couplet, distich; **2.** † house.
beyiye commission.
beylerbeyi, -ni *hist.* governer-general.
beylik 1. *title or status of* bey; **2.** state-owned; **3.** commonplace, conventional, trite; **4.** principality, district governed by a bey; **5.** thin, small soldier's blanket; ~ lakırdı cliché; ~ satmak to give o.s. airs.
beynamaz person who does not perform the canonical prayers.
beynelmilel international.
beynelmilelcilik internationalism.
beynelmileliyet, -ti international character.
beysbol baseball.
beyyine ⚖ proof, evidence, argument.
beyzi [ī] oval, ellipse; elliptical.
bez¹ cloth, duster, dustcloth, diaper; canvas; -den bebek **1.** rag doll; **2.** *fig.* lazy, useless person; o taraflarda -i yok *fig.* he has nothing to do with that.
bez² *anat.* gland.
bezdirmek *caus. of* bezmek to disgust, to sicken, to weary, to annoy, to plague.
beze 1. gland; **2.** lump of dough.
bezek ornament; decoration.
bezekçi 1. decorator; **2.** lady's maid.
bezelye [. x .] ❦ pea(s).
bezemek to adorn, to deck, to embellish.
bezen *contp.* ornament, embellishment.
bezenmek 1. to decorate o.s.; **2.** to be ornamented.
bezesten *s.* bedesten.
bezgin disgusted, wearied; depressed, discouraged.
bezginlik weariness, lethargy.
bezik bezique.
bezir, -ri zri **1.** flaxseed; **2.** *(yağı)* linseed oil.
bezirgân 1. greedy merchant *(part. Jewish);* **2.** merchant.
bezm banquet; feast.
bezmek *(bşden)* to get tired of *s.th*, to become disgusted with *s.th.*, to become sick of *s.th.*
bıcıl 1. *anat.* knucklebones; **2.** game of dice.
bıçak knife; ~ ağzı the sharp edge of a knife; ~ altına yatmak to go under the knife; ~ çekmek to draw a knife (*-e* on); ~ bıçağa gelmek to be at daggers drawn (*ile* with); ~ kemiğe dayanmak *fig.* to become unbearable, to reach the limit; ~ sırtı kadar fark a hairbreadth's difference; ~ yarası onulur, dil yarası onulmaz words cut more than swords; ~ yemek to get knifed.; bıçağın ağzında olm. *fig.* to be on a razor's edge.
bıçakçı cutler, dealer in knives.
bıçaklamak to stab, to knife.
bıçkı two-handed saw, bucksaw, cross-cut saw.
bıçkıcı sawyer.
bıçkın F rascal, rowdy, bully, vagabond.
bıdık short and tubby.
bıkkın bored, tired, disgusted.
bıkkınlık disgust, boredom.
bıkmak *(bşden)* to tire of *s.th.*, to get bored with *s.th.*, to grow tired of *s.th.*
bıktırıcı tiresome, irksome, annoying, boring.
bıldır *(< bir yıldır)* **1.** last year; **2.** a year ago.
bıldırcın 1. *zo.* quail; **2.** *sl.* plump little woman.
bıllık bıllık buxom, roundish, plump.
bıngıl bıngıl 1. = bıllık bıllık; **2.** well nourished. fat.
bıngıldak *anat.* fontanel.
bıngıldamak to quiver like jelly.
bırakmak, (-ır, ⚒ -ar) **1.** to leave; to quit, to abandon; to desert; **2.** to let, to allow, to permit, to tolerate; **3.** to put down (*or* aside), to lay down; **4.** to put off, to postpone, to defer, to adjourn; **5.** to give up, to relinquish *(habit)*; **6.** to grow *(beard)*; **7.** to let off, to let go, to release, to set free, to liberate, to emancipate; **8.** *(karı)* to divorce; **9.** to fail *(in an examination)*; **10.** to entrust, to confide; to deposit; **11.** to assign (*-e* to), to transfer, to bequeath;

12. to come unstuck, to come away (from) **13.** to yield, to bring *(profit)*.
bıyık 1. moustache, *Am.* mustache; **2.** *zo.* whiskers; **3.** tendril; ~ altından gülmek to laugh up one's sleeve; ~ bırakmak to grow a moustache; ~ burmak **1.** to twist the moustache; **2.** *fig.* to swagger, to put on airs.
bıyıklı having a moustache, moustached.
bızdık nipper.
bızır *anat.* clitoris.
biat, -tı homage; ~ etm. to do (*or* pay) homage (*-e* to).
biber 1. pepper; **2.** paprika; ~ dolması stuffed peppers; ~ ekmek to pepper; ~ tanesi peppercorn; ~ turşusu pickled green pepper.
biberiye ⚘ rosemary.
biberli peppery, peppered.
biberlik pepper pot, pepperbox, pepper shaker.
biberon feeding bottle.
biblo knicknack, trinket, curio.
biçare [ī, ā] poor, wretched, pitiable, helpless.
biçerbağlar reaper, binder, harvester.
biçerdöver combine(-harvester), reaper--thresher.
biçim 1. shape, form; manner, way; **2.** elegant form, well-proportioned shape; **3.** *tailoring:* cut; **4.** harvest; ~ almak to take shape; -e sokmak (*or* ~ vermek) to shape; bu ne ~ iş? this is odd!, what's this?
biçimlendirmek to shape, to put into a form.
biçimlenmek to take shape (*or* form).
biçimli shapely, well-shaped, trim, well--cut.
biçimsel formal.
biçimsiz 1. ill-shaped, ugly; **2.** unlovely; ~ haber F bad news.
biçki cutting out *(clothes)*; ~ dikiş yurdu tailoring school.
biçme 1. *vn. of* biçmek; **2.** ⟁ prism.
biçmek 1. to cut; to cut out (*or* up); **2.** to reap, to mow; **3.** to assess, to fix *(price)*.
bidayet, -ti [ā] beginning, commencement.
bide bidet.
bidon can, drum, barrel.
biftek beefsteak, steak.
bigâne stranger (*-e* to), detached (*-e* from).
bigudi hair curler.
bihaber unaware (*-den* of), ignorant (*-den* of).
bihakkın 1. rightly; **2.** truly, fully.
bikarbonat, -tı ⚗ bicarbonate.
bikes [ī] friendless, destitute; orphan.
bikini bikini.
bikir, -kri virginity, maidenhood; bikrini izale etm. *(bir kızın)* to deflower.
bilahara later, afterwards.
bilaistisna without exception.
bilakaydüşart, -tı unconditionally.
bilakis [x . .] on the contrary.
bilanço [. x .] balance (sheet).
bilardo [. x .] billiards.
bilâvasıta [. - - . .] directly.
bilbedahe [ā] ⚒ extempore, extemporaneously.
bilcümle all, entire; in all; totally, entirely.
bildik 1. known; **2.** acquaintance; bildiğinden şaşmamak to get one's own way; bildiğini okumak to go one's own way; bildiğini yapmak to do what one wants.
bildirge 1. report; **2.** tax report.
bildiri communiqué.
bildirim declaration; announcement, notice.
bildirmek *caus. of* bilmek to notify, to make known (*-e* to), to communicate, to inform.
bile 1. even; **2.** † together; **3.** *s.* bilye.
bileği whetstone, grindstone, hone.
bileğitaşı whetstone.
bilek 1. wrist; **2.** pastern *(in an animal)*; ~ kuvveti brute force (*or* strength); ~ saati wrist watch; bileğine güvenmek to rely on one's fists.
bilemek to sharpen, to whet, to grind.
bileşik 1. composed; **2.** ⚗ compound; ~ faiz compound interest; ~ kesir compound fraction; ~ sözcük compound word.
bileşim ⚗ composition.
bileşke resultant.
bileşmek ⚗ to be compounded (*ile* with), to combine.
bilet, -ti ticket; ~ gişesi ticket window (*or* office), box office, ticket booth.
biletçi conductor, ticket collector, ticket man.
bileyici knife-grinder.
bilezik 1. bracelet; **2.** *sl.* handcuffs, nippers; **3.** ⊕ metal ring.
bilfarz [x .] supposing; supposedly.
bilfiil [x . .] in fact, actually.
bilge learned; wise.
bilgi 1. knowledge; learning; **2.** (branch of) science; **3.** information; ~ edinmek to be informed, to get information.
bilgiç 1. pedant(ic); **2.** † sage.
bilgili learned; well-informed.
bilgin scholar, savant; scientist, learned man, expert.

bilgisayar computer.

bilgisiz ignorant.

bilgisizlik ignorance.

bilhassa [x . .] especially, in particular, particularly; ~ ve ~ above all.

bilim science; knowledge, learning.

bilimkurgu science fiction.

bilimsel scientific.

bilinç the conscious.

bilinçaltı, -nı the subconscious.

bilinçdışı, -nı the unconscious.

bilinçlendirmek to make s.o. conscious of s.th.

bilinçli conscious.

bilinçsiz unconscious.

bilinmek to be known.

bilirkişi expert; ~ raporu expertise.

billah, billahi [x . .] by God!

billur **1.** crystal; **2.** rock crystal; **3.** cut glass.

billuriye cut-glass ware.

billurlaş(tır)mak to crystallize.

bilmece riddle, enigma; puzzle.

bilmedik [x . .] unknown.

bilmek, (-ir) **1.** to know; to be aware (*or* informed); **2.** to understand; **3.** to consider, to deem; to suppose, to think, to believe; **4.** to learn; to hear; to guess; to recognize; **5.** to hold responsible; **6.** to appreciate, to value; to experience; **7.** to be able to *inf.*; görebilmek to be able to see; görmeyebilmek to be unable to see; bile bile on purpose, intentionally, wittingly.

bilmemezlik ignorance; -ten gelmek to feign ignorance, to act innocent, to pretend not to know.

bilmez ignorant.

bilmisil in a like manner.

bilmukabele [ā] in return, in retaliation, in reciprocation.

bilumum [x . .] on the whole, in general; all.

bilvasıta [x - . .] indirectly.

bilvesile [. . - .] taking this opportunity, profiting by the occasion.

bilya, bilye [x .] **1.** marble; **2.** ⊕ ball.

bilyon a thousand million, *Am.* billion.

bin[1] thousand; ~ bir **1.** one thousand and one; **2** *fig.* innumerable, a great many; ~ can ile with heart and soul; ~ dereden su getirmek to beat about the bush; ~ kalıba girmek to change permanently; ~ pişman olm. to regret greatly; ~ tarakta bezi var he has too many irons in the fire; ~ yaşa(sın)! may you live a thousand years!, long live!; -de bir scarcely, once in a blue moon; -i bir para(ya) **1.** dirt-cheap; **2.** worthless; **3.** abundant, numberless, countless; -in yarısı beşyüz *fig.* a penny for your thoughts!; -lerce thousands of.

bin[2] ⚹ son of.

bina [ā] **1.** building, edifice, structure; construction; **2.** chapter on indeclinable words in Arabic grammar; **3.** *gr.* voice; ~ etm. **1.** to build, to construct; **2.** to base (upon).

binaen [ā] in consequence (of), on account (of), based (on); buna ~ consequently, therefore, hereupon.

binaenaleyh [. - . . .] [. x . . .] = buna binaen.

binbaşı ✕ major; commander; squadron leader.

bindallı purple velvet embroidered with silver thread.

bindirme *vn. of* bindirmek *part.* **1.** ✕ loading, shipping; **2.** ⊕ overlapping; joint; ~ iskelesi port of embarkation.

bindirmek *caus. of* binmek **1.** to cause to mount; to load; **2.** to collide (-*e* with), to run (-*e* into), to ram; **3.** to add on; **4.** ⊕ to overlap.

binek saddle beast, mount *(horse)*; ~ atı saddle horse.

biner a thousand each; ~ ~ by thousands.

bingözotu, -nu ⚘ scammony.

binici rider, horseman; equestrian.

binicilik horsemanship, horse-riding; ~ müsabakası equestrian contest.

bininci the thousandth.

biniş **1.** act of riding; **2.** ancient ceremonial riding dress; **3.** long cloak worn by certain dignitaries.

binişmek **1.** to get out of line *(muscles)*; **2.** to get on the same vehicle.

binlik **1.** a thousand-lira note; **2.** large bottle holding 1000 drams.

binme *vn. of* binmek; ~ iskelesi boarding pier.

binmek, (-er) **1.** to mount, to embark, to board, to get on, to go on *(a train, etc.)*; **2.** to ride *(a horse, a bircycle, etc.)*; **3.** to overlap; **4.** to be added (-*e* to); **5.** to rise, to increase *(price)*; bindiği dalı kesmek to cut *(or* slit) one's (own) throat.

biperva [ī, ā] **1.** intrepid, fearless, daredevil; **2.** fearlessly.

bir **1.** one; a, an; **2.** unique; **3.** the same, equal, alike; **4.** once; **5.** mere, only; merely; just; **6.** so, in such a way; günün -inde one day; ~ ağızdan in unison, with one voice; ~ an evvel as soon as possible; ~ arada **1.** all together; **2.** at the same time; ~ araya gelmek to come together;

to clash; ~ aşağı ~ yukarı dolaşmak to walk up and down; ~ avazı yerde ~ avazı gökte *fig.* to shout with all one's might; ~ ayağı çukurda olm. to have one foot in the grave; ~ baltaya sap olm. *fig.* to find a job, to be employed; ~ bardak suda fırtına koparmak *fig.* to raise a tempest in a teapot; ~ cihetten in a way, in one way; ~ çırpıda without interruption, at once; ~ çiçekle bahar (*or* yaz) olmaz *pro.* one swallow does not make a summer; ~ çift söz a word or two; ~ çifte *(kayık, sandal)* rowing-boat; ~ daha **1.** once more, once again; **2.** one more; ~ de also, in addition, furthermore; ~ dediğini iki etmemek *(b-nin)* to dance attendance on *s.o.*, to be at *s.o.'s* beck and call; ~ deri ~ kemik only skin and bones, a bag of bones; ~ düziye continuously, incessantly; ~ elin nesi var, iki elin sesi var *pro.* united we stand, divided we fall; ~ hoş olm. **1.** to feel embarrassed; **2.** to feel sad; ~ hoşluğu olm. to be out of sorts; ~ içim su **1.** a gulp of water; **2.** very pretty *(woman)*; ~ iki one or two, very few; ~ kafada of the same opinion; ~ kalemde in one go; ~ kapıya çıkmak to come to the same thing; ~ kulağından girip öbür kulağından çıkmak to go in at one ear and out at the other; ~ miktar a little, some; ~ nice a good many; ~ parça **1.** a little, a bit; **2.** one piece, a whole; ~ şey değil! not at all!, you are welcome!; ~ şeyler something, several things; ~ şeyler olm. to become strange; to put on airs; ~ tahtası eksik olm. *fig.* to have a screw loose; ~ tarafa koymak **1.** to save, to put aside (*or* away), to lay aside (*or* by); **2.** to overlook, to disregard; ~ taşla iki kuş vurmak *fig.* to kill two birds with one stone; ~ tesadüf eseri by chance; ~ türlü **1.** somehow, in one way or another; **2.** in no way; **3.** just as bad; ~ vakit at one time; ~ varmış ~ yokmuş once upon a time; ~ yana aside from, apart from; ~ yastığa baş koymak to be husband and wife; ~ yiyip bin şükretmek to call o.s. happy, to be very thankful; -e on katmak to exaggerate too much; -e geldi it is one o'clock; -e kadar by one o'clock, till one o'clock.

bira [x .] beer; ~ fabrikası brewery; ~ mayası barm, yeast.

biracı brewer.

birader [ā] **1.** brother; **2.** fellow; hey you!; **3.** Mason.

birahane [. . - .] beer-house.

biraz [x .] a little, some, somewhat; ~ sonra soon after, after a short while.

birazcık [x . .] a little bit.

birazdan [x . .] a little later, after a while; in a little while.

bir(i)biri, -ni one another, each other; ~ ardınca one after the other; -ne düşürmek to set persons by the ears, to play one person off against another, to set at loggerheads, to set at odds; -ne girmek **1.** to start quarrelling; **2.** to be stirred up.

birçok [x .] many, a lot (of); ~ kimse(ler) many people; -ları = ~ kimseler.

birden **1.** suddenly; **2.** at a time, in one lot; together.

birdenbire [. x . .] suddenly, all of a sudden, out of the blue.

birdirbir oynamak to play leapfrog.

birebir most effective *(remedy)*.

birer one each, one apiece; ~ ~ one by one, singly.

birey individual.

bireysel individual.

biri someone, somebody, one person; one of them.

biricik unique, sole, the only.

birikim accumulation, buildup.

birikinti accumulation, heap, mass, assemblage.

birikmek to come together, to accumulate, to assemble, to collect, to form a puddle.

biriktirmek **1.** to gather, to pile up, to assemble, to accumulate, to amass; **2.** to save up *(money)*; **3.** to collect; **4.** ⊕ to store up.

birim unit; -ler Å units.

birinci **1.** the first; **2.** first-class; **3.** champion; ~ elden ☨ at first hand; ~ gelmek to be best; ~ mevki first class *(in a train, bus)*, cabin class *(on a ship)*.

birincil primary.

birkaç, -çı a few, some, several; ~ kitap a few books; -ı some of them.

birkaçıncı umpteenth.

birle [x .] **1.** † with; **2.** = gibi.

birleşik united, joint; ♀ Amerika Devletleri United States of America; ~ oturum joint meeting; ~ sözcük compound word.

birleşme *vn. of* birleşmek *part.* **1.** *biol.*, ⚘ copulation; **2.** ⚗ combination; **3.** ⚖ fusion, amalgamation, merger; ~ noktası (point of) intersection; ~ parçası extension.

birleşmek **1.** to unite, to merge, to join together; **2.** to meet; **3.** to agree; **4.** to converge; Birleşmiş Milletler *pr. n.* United Nations.

birleştirici uniting, unifying.

birleştirme *vn. of* birleştirmek; ~ çizgisi

hyphen.

birleştirmek to unite, to connect, to put together, to merge, to join.

birli 1. *cards:* ace; 2. *dominoes:* the one.

birlik 1. unity, oneness; accord; 2. sameness; equality; similarity; identity; 3. union; association; corporation; 4. ✕ unit; 5. ♪ semibreve.

birlikli common, joint.

birlikte together, in company.

birsam [ā] hallucination.

birtakım some, a certain number of, a quantity ~ kimseler some people.

bis! da capo!, encore!

bisiklet, -ti bicycle, cycle, bike; ~ yolu cycle track; -e binmek to bicycle, to cycle, to bike, to ride a bicycle.

bisikletçi bicyclist, cyclist.

bisküvi, bisküvit, -ti biscuit, cracker.

bismillah in the name of God; ~ demek *fig.* to start an undertaking by invoking the name of God.

bisturi lancet.

bit, -ti louse; ~ sirkesi nit; -i kanlanmak *fig.* to become well off (*or* lousy).

bitap, -bı [- -] exhausted, feeble; ~ düşmek to get exhausted.

bitaraf [ī] neutral; impartial.

bitaraflık [ī] neutrality.

bitek ⤓ fertile.

biteksiz ⤓ infertile.

bitevi [x . .], **biteviye** [x . . .] 1. continuously, incessantly, monotonously, uninterruptedly; 2. all of a piece, whole, complete.

bitey flora.

bitik exhausted, worn out, broken down.

bitim end(ing).

bitirim 1. *vn. of* bitirmek; 2. *sl.* smart, topping, appealing; 3. *sl.* gambling-den.

bitirmek 1. to finish, to complete, to terminate, to bring to an end; to eat up; 2. to accomplish; 3. to exhaust, to use up; to kill; to destroy.

bitirmiş F experienced, versed in all vices; cunning.

bitiş end.

bitişik 1. touching, neighbo(u)ring, contiguous, adjacent, joining; attached; 2. next door.

bitişmek to join, to grow together, to become contiguous; to adhere.

bitiştirmek to join, to unite, to attach.

bitki plant.

bitkimsi plant-like, phytoid.

bitkin exhausted, worn out, dead tired; ~ düşmek to collapse from exhaustion.

bitkinlik exhaustion, fatigue.

bitkisel vegetal, vegetable; ~ yaşam life without consciousness.

bitlemek 1. to delouse, to clear of lice; 2. *sl.* to angle for a quarrel.

bitlenmek 1. to be infested with lice, to get lice, to become lousy; 2. to clear o.s. of lice.

bitli lousy, infested with lice.

bitmek[1] 1. to end, to come to an end, to finish, to terminate; to be settled, to be completed; 2. to be all gone; to be exhausted; 3. to be ruined (*or* destroyed); 4. to fall for, to tumble for; bitmedi to be continued; bitmez tükenmez infinite, endless, vast, never ending.

bitmek[2] to grow, to sprout.

bitnik beatnik.

bitpazarı, -nı flea market, rag-fair.

bittabi [x . .] of course, sure, naturally, certainly.

bitter [x .] 1. a kind of bitter beer; 2. bitter chocolate.

bityeniği -ni *fig.* catch, s.th. fishy.

biyografi biography.

biyokimya biochemistry.

biyoloji biology.

biyopsi biopsy.

biyoşimi biochemistry.

biz[1] we; ~ -e by ourselves, without outsiders.

biz[2] awl.

Bizans *pr. n.* Byzantium.

Bizanslı *pr. n.* Byzantine.

bizar [- -] tired; weary, disgusted, sick (of); ~ olm. to be disgusted (*-den* of).

bizatihi [ā] [. x . .] in himself, in itself, of itself, by itself.

bizce according to us, in our opinion.

bizden 1. *abl. of* biz 1 & 2; 2. *sl.* sly, cunning, crafty, wily.

bizim *gen. of* biz 1 our; ours; ~ için for us.

bizimki 1. ours; 2. my wife, my husband.

bizon *zo.* bison.

bizzat [x .] in person, personally.

blok 1. block; 2. writing pad; 3. *pol.* bloc.

blokaj 1. blockage, blocking; 2. covering.

bloke blocked; stopped; ~ etm. to close, to stop; ~ hesap blocked account.

blokhavs [x .] 1. blockhouse; 2. ✕ bunker, pillbox.

bloklaşmak to form a bloc.

bloknot, -tu [x .] writing pad, memorandum block.

bloküs blockade.

blont, -du blond(e), fair.

blöf bluff; ~ yapmak to bluff.

blöfçü bluffer.

blucin (blue) jeans.

blum a card game.
bluz blouse.
Bn. = bayan.
boa 1. *(yılanı) zo.* boa; 2. feather-boa.
bobin 1. *phys.* reel, spool, bobbin; 2. ⚡ coil; 3. *phot.* roll of film, spool.
bobinaj winding.
bobstil dandy; snob.
boca [x .] 1. ⚓ lee (side); 2. turning over, tilting, canting over; ~ etm. 1. ⚓ to bear away to leeward; 2. to cant over, to tilt, to turn over.
bocalamak 1. ⚓ to veer, to bear away; 2. to falter, to vacillate, to reel, to stagger, to get confused.
bocurgat, -tı capstan, crab.
bodoslama 1. ⚓ stempost; sternpost; 2. *sl.* nose.
bodrum cellar, dungeon; ~ katı basement.
bodur dumpy, squat; dwarf.
boğa 1. bull; 2. *ast.* Taurus; ~ güreşçisi toreador; ~ güreşi *(or* dövüşü) bullfight.
boğaca *s.* poğaça.
boğak ⚕ angina.
boğası thin twill used for linings.
boğaz 1. throat; gullet, esophagus; 2. neck *(of a bottle, etc.)*; 3. mountain pass, defile; 4. strait; 5. ♀ = Boğaziçi; 6. mouth of a river; 7. board, food, maintenance; 8. a mouth to feed; eating, food; appetite; 9. sore throat; ~ açılmak to develop an appetite, to become hungry; ~ -a gelmek to be at each other's throat, to be at daggers drawn; ~ derdine düşmek to struggle for a living; ~ olm. to have a sore throat; ~ tokluğuna çalışmak to work in return for food; -ına dizilmek to stick in one's throat; -ına düşkün gourmet, gastronome, glutton, gourmand; -ına kadar up to one's neck; -ına kadar tok full; -ından geçmemek to stick in one's throat; -ını çıkarmak to earn just enough for one's food; -ını yırtmak to shout at the top of one's voice.
Boğaziçi, -ni *pr. n.* the Bosphorus.
boğazkesen defensive fortress commanding a strait, *part.* Rumeli Hisarı *(on the Bosphorus).*
boğazlamak to cut the throat of, to strangle, to slaughter.
Boğazlar *pr. n.* the straits *(Bosphorus and Dardanelles)*; ~ Rejimi control of the straits.
boğazlaşmak 1. to cut each other's throats; 2. *fig.* to fight violently.
boğazlı gluttonous.
boğmaca ⚕ whooping-cough, pertussis, croup.
boğmak[1] 1. to strangle, to choke; 2. to suffocate; 3. to drown; 4. to overwhelm (with), to swomp (with); 5. to constrict by binding; 6. to conceal *(under a flood of words, jokes, etc.).*
boğmak[2] node, joint, articulation.
boğucu sultry, suffocating; ~ gaz poison-gas; ~ sıcak oppressive heat, stifling heat.
boğuk hoarse, raucous; muffled; ~ ~ hoarsely; with a muffled sound; ~ sesli hoarse-voiced.
boğulmak *pass. of* boğmak 1. to become hoarse *(voice)*; 2. *mot.* to be flooded; 3. *sl.* to be fleeced.
boğum 1. ⚘ knot, joint, node; 2. internode; 3. *anat.* ganglion.
boğuntu 1. profiteering, swindling, cheating. duping; 2. oppression, suffocation; ~ yeri *sl.* gambling-den; -ya getirmek to swindle money out of s.o.
boğuşma scramble, romp, scuffle, fray.
boğuşmak 1. to fly at one another's throats, to be at each other's throats; 2. to romp, to scruffle, to scramble.
bohça 1. wrapping cloth; bundle; 2. small bale of fine tobacco; 3. *sl.* buttocks, ass, arse; ~ etm. to wrap up in a bundle; -sını bağlamak to pack up one's belongings; -sını koltuğuna vermek *fig.* to give s.o. the sack, to fire.
bohçacı woman pedlar of small draperies.
bohçalamak to wrap up in a bundle.
bohem bohemian.
bok, -ku *sl.* 1. shit, crap; excrement, dung, ordure, feces; 2. rubbish, dirt; worthless, shit; ~ atmak *sl.* to throw dirt (-*e* on), to slander, to defame, to blacken, to calumniate; ~ etm. *sl.* to spoil; ~ püsür *sl.* 1. rubbish, nonsense; 2. details; -u çıktı *sl.* it has come to light.
boklamak *sl.* 1. to shit, to crap; 2. to ruin, to louse up, to spoil, to mismanage; 3. to soil, to befoul; 4. to besmirch, to calumniate, to defame, to blacken.
bokluca bülbül 1. *zo.* wren; 2. a pert *(or* saucy) child.
bokluk *sl.* 1. dunghill; 2. filthy place, dump; 3. state of disorder, bad state.
boks boxing; ~ maçı boxing-match; ~ yapmak to box.
boksör boxer.
boktan *sl.* made of rubbish, useless, worthless.
bol[1] 1. wide, loose; loose-fitting; 2. abundant, copious, ample; ~ ağızdan *(or* keseden *or* paçadan) atıp tutmak to scatter promises around, to make extravagant

promises; ~ biçmek *fig.* to estimate lavishly; ~ ~ abundantly, amply, generously; ~ doğramak **1.** to squander, to blow *(money)*; **2.** to be lavish in promises; ~ keseden generously.

bol², -lü [-] bowle, fruit punch, claret cup.

bol³ [-] bowls.

bolca 1. fairly abundant, rather amply; **2.** somewhat wide.

boliçe [. x .] Jewish woman.

bollanmak, bollaşmak 1. to become wide (*or* loose), to widen; **2.** to become abundant (*or* copious).

bollatmak, bollaştırmak 1. to widen; **2.** to make abundant (*or* plentiful).

bolluk 1. wideness, looseness; **2.** abundance, plenty; **3.** plenteous *(country)*.

Bolşevik Bolshevik.

Bolşeviklik Bolshevism.

Bolşevist, -ti, **Bolşevistlik** *s.* Bolşevik(lik).

Bolşevizm *s.* Bolşeviklik.

bom 1. *int.* boom!, bang!; **2.** *sl.* lie, humbug; ~ atmak *sl.* to lie.

bomba [x .] **1.** bomb; **2.** barrel; **3.** bomb-shaped metal container; ~ atmak to throw (*or* drop) bomb(s); ~ gibi F in the pink, in good condition.

bombacı [x . .] **1.** bombardier; **2.** bomb-maker; **3.** bomber.

bombalamak to bomb.

bombardıman bombardment, bombing; ~ etm. to shell, to bombard; ~ uçağı bomber.

bombasalan mortar.

bombe arch.

bombok *sl.* utterly spoiled, very bad, quite useless.

bomboş [x .] quite empty.

bomcu *sl.* liar.

bon: ~ şans! good luck!

bonbon candy, bonbon, sweet-meat.

boncuk 1. bead; **2.** F Negro, Negress; ~ gibi beady *(eyes)*; ~ illeti ⚕ infantile convulsions; fit; ~ mavisi turquoise blue.

bone 1. bonnet, lady's hat; **2.** bathing cap.

bonfile sirloin steak.

bonjur! good morning!

bonmarşe department store.

bono [x .] bond, bill; cheque; -nun vadesi geldi the bill is due.

bonservis testimonial, certificate of good service, written character.

bora [x .] **1.** tempest, hurrican, gale, squall, storm; **2.** *sl.* violent scolding; ~ patlatmak *sl.* to break out in a fury, to storm.

borak barren, sterile *(land)*.

boraks borax.

borani [ā] dish of stewed and fried vegetables with yogurt.

borazan 1. trumpet; **2.** trumpeter; ~ başı first trumpeter; ~ çalmak **1.** to trumpet, to play a trumpet; **2.** *fig.* to let everybody know.

borcetmek [x . .] to get into debt, to become indebted.

borç, -cu **1.** debt; loan; **2.** obligation, duty; **3.** debit; ~ almak to borrow *(money)*; ~ gırtlağa çıkmak (*or* paçadan akmak) *fig.* to be head over heels in debt, to be over head and ears in debt; ~ harç getting money by hook or by crook; ~ vermek to lend; borca girmek to get into debt; borcunu kapatmak to settle one's debt.

borçlanmak to get into debt, to become indebted (-*e* to).

borçlu 1. debtor; **2.** indebted, under obligation (-*e* to).

borda [x .] **1.** board, broadside, ship's side; **2.** beam; **3.** *sl.* = yan.

bordalamak to board.

bordro [x .] payroll; docket; list, register, roll.

bordür bordure, border; edging; frame.

bornoz, bornuz [x .] bath-robe.

borsa [x .] (stock) exchange, bourse; ~ acentesi stockbroker; ~ rayici exchange rate; ~ oyunu speculation.

borsacı stock-broker, speculator.

boru 1. tube, pipe; **2.** trumpet; horn; **3.** speaking trumpet; phonograph horn; **4.** *sl.* nonsense, idle tale, empty talk; **5.** *sl.* boaster, vain; ~ çalmak **1.** to sound a trumpet; **2.** to hoot, to honk *(car)*; ~ değil bu! *sl.* that's no small matter!; -su ötmek *fig.* to be the «big noise», to have a say in. to wear the trousers.

borucu 1. trumpeter; **2.** maker *or* seller of pipes, tubes, horns *or* trumpets; **3.** leader of the pump squad of a fire brigade.

borucuk *anat.* tubule, tubulus.

boruçiçeği, -ni ⚘ downy thornapple; morning-glory.

borumsu *biol.* tubiform.

boruyolu, -nu pipeline.

Bosna [x .] *pr. n.* Bosnia; ~ Saray = Saraybosna.

bostan 1. market garden, truck garden, vegetable garden, truck farm; **2.** melon; watermelon; **3.** melon field; ~ dolabı noria, irrigation water-wheel; ~ korkuluğu **1.** scarecrow; **2.** *fig.* a mere puppet.

bostancı 1. market gardener; **2.** *hist.* member of the Imperial guard; ~ başı commander of the Sultan's bodyguards.

boş 1. empty, empty-handed; blank; hollow; 2. uninhabited; 3. vacant *(post)*; 4. free *(seat)*; 5. futile, frivolous, unfounded; 6. ignorant, superficial *(person)*; 7. unoccupied; unemployed, out of work, idle; 8. neutral *(gear)*; 9. loose, slack *(rope)*; 10. not in use *(machine)*; 11. unsown, uncultivated *(land)*; 12. divorced *(woman)*; 13. *typ.* space; ~ atıp dolu tutmak *fig.* to hit the mark at a venture, to make a lucky shot, to draw a bow at a venture; ~ bulunmak to be taken unawares; ~ çıkmak *(lottery)* to hit a blank; ~ dönmek to come back empty-handed; ~ durmak to be unoccupied, to idle; ~ düşmek (*or* olmak) to be considered as divorced; ~ gezenin boş kalfası *co.* do-nothing, idler, loafer; ~ gezmek to loaf, to laze, to wander about idly; to be unemployed; ~ kafalı silly, empty-headed; ~ vermek *sl.* not to give a damn, to pay no attention; ~ yere 1. in vain: 2. groundlessly; *s. a.* boşta, boşuboşuna, boşuna; -a çıkmak to fall flat, to fall to the ground *(hope, etc.)*; -a gitmek to go for nothing, to come to nothing, to be to no end.

boşalım discharge, release.

boşalmak 1. to be emptied; to empty itself, to run out; 2. to become free, to become vacant; 3. to get loose *(animal)*; 4. to unwind itself, to be unwound *(rope)*; 5. to be discharged *(gun)*.

boşaltım *biol.* excretion; ~ aygıtı excretory organ.

boşaltmak *caus. of* boşalmak 1. to empty, to pour (out); 2. to evacuate; to vacate, to move out *(house)*; 3. to discharge *(gun)*; 4. to unload, to discharge *(cargo, ship)*; 5. to land, to disembark *(troops)*; 6. to unbosom o.s.; 7. to vomit, to bring up.

boşamak to divorce, to repudiate *(one's wife)*.

boşanma divorce(ment); ~ davası ⚖ divorce case (*or* suit).

boşanmak 1. to be divorced (*-den* from); 2. to be loosed, to be set at large; to break loose; 3. to pelt down, to teem *(rain, etc.)*; 4. to burst forth *(tears, blood)*; 5. to rush out; 6. to pour out one's heart.

boşanmış divorced.

boşatmak to make a wife be divorced.

boşboğaz garrulous, indiscreet, blab.

boşboğazlık indiscretion, idle talk; ~ etm. to talk indiscreetly, to blab.

boşlamak *sl.* 1. to ignore, to neglect; to let alone; 2. to let go.

boşluk 1. emptiness; 2. blank; cavity; 3. vacuum.

Boşnak, -kı Bosnian.

Boşnakça Bosnian (language).

boşta 1. unemployed, non-employed, idle; 2. *mot.* in neutral gear, not in gear; ~ kalmak (*or* oturmak) to be unemployed, to loaf.

boşuboşuna in vain, uselessly; ~ gayretler vain efforts.

boşuna in vain, for nothing, uselessly.

bot[1], -tu boat, dinghy.

bot[2], -tu boot.

botanik 1. botany; 2. botanic(al).

botanikçi botanist.

boy[1] clan, tribe; ~ beyi chieftain of a clan.

boy[2] 1. height; stature; 2. length; 3. size; 4. edge *(of a road)*, bank *(of a river)*; 5. *phot.* full-length; ~ almak (*or* atmak) to grow in height; to shoot up; ~ aptesti ritual bathing of the body; ~ aynası cheval-glass, full-length mirror; ~ ~ assorted, of various sizes; of various qualities; ~ göstermek to cut (*or* dash) a figure, to show o.s. off; ~ ölçüşmek to compete (*ile* with); ~ satmak to put on airs; ~ vermek 1. to be above one's head *(water)*; 2. to grow taller; -a çekmek to shoot up *(child)*; -dan -a all over, from end to end; -u beraber as tall as himself; -u bosu yerinde tall and well made; -u devrilsin! may he die!; -unun ölçüsünü almak *fig.* to get one's deserts; to be disappointed (by *s.o.'s indifference)*.

boya 1. paint; 2. dye; colo(u)r; 3. make-up; 4. *fig.* varnish; ~ atmak to fade; ~ tabancası spray-gun; air brush; ~ tutmak 1. to take paint *(wood, etc.)*; 2. to take a dye *(fabric)*; ~ vurmak to paint; -sı atmak to fade.

boyacı 1. shoeblack, shoeshine boy; 2. housepainter; dyer; 3. dealer in paints; ~ küpü dyer's vat; ~ küpü değil ya hemen daldırıp çıkarasın! it is not so easy as all that!

boyahane [. . - .] dye-house, dyer's shop.

boyalamak to cover with paint.

boyalı 1. painted; dyed; colo(u)red; 2. made-up *(woman)*.

boyama 1. action of painting; 2. painted, colo(u)red; dyed; 3. colo(u)red handkerchief.

boyamak to paint, to dye, to colo(u)r.

boyanmak 1. *pass. of* boyamak 2. to make up, to put on make-up.

boyarmadde ⚗ pigment, colo(u)ring matter, dye.

boyasız **1.** unpainted; **2.** undyed, uncolo(u)red; unpolished *(shoe)*; **3.** without make-up *(woman)*.

boyca **1.** as regards height; **2.** lengthwise, longitudinally; ~ akran olm. to be of the same height; ~ evlat a practically grown-up child; ~ günaha girmek to go deep into sin; ~ kefil olm. to vouch fully.

boydaş **1.** of the same height, equal in stature; **2.** equal, peer.

boykot, -tu boycott; ~ etm. to boycott.

boykotaj boycott.

boykotçu boycotter.

boylam *ast.* longitude.

boylamak **1.** traverse lengthwise; **2.** *(bir yeri)* to end up (in), to land up (in); **3.** to measure the length *or* height (of); **4.** to fall prone *(upon the ground)*; **5.** to escape, to run away.

boylanmak **1.** to grow in height, to become taller *or* longer; **2.** to go on, to walk on; **3.** *pass. of* boylamak.

boyler boiler.

boylu **1.** tall, high; long; **2.** of high stature; ~ boslu tall and well-built, handsome; ~ boyuna (*or* boyunca) **1.** at full length; **2.** from end to end.

boynuz **1.** horn, antler; **2.** horn, trumpet; **3.** cupping horn; **4.** antenna *(of insects, etc.)*; ~ taktırmak *sl.* to cuckold; ~ vurmak to gore.

boynuzlamak **1.** to gore; **2.** *sl.* to cuckold.

boynuzlanmak **1.** to grow horns, to become horned; **2.** to be gored; **3.** *sl.* to be cuckold.

boynuzlu **1.** horned; **2.** *sl.* cuckold *(man)*.

boynuzsuz hornless, polled; ~ koyun *fig.* harmless person.

boyotu, -nu ⚘ cumin.

boyskavt, -tı boy scout.

boysuz short, not tall.

boyun, -ynu **1.** neck; **2.** *geogr.* pass, defile; **3.** *fig.* responsibility; ~ borcu honorary obligation, binding duty; ~ çeviren *zo.* wryneck; ~ eğmek to submit; to humiliate o.s.; ~ kesmek to bow the head; ~ vermek to surrender; to submit; **(boynu):** ~ altında kalsın! may he die!; ~ kıldan ince *fig.* ready to accept any decision; -na almak to take upon o.s.; -na atmak to put the blame (on); -na atılmak to fall on s.o.'s neck; -na binmek to pester, to dun; -nu vurmak to behead, to decapitate.

boyuna **1.** lengthwise; longitudinally; **2.** [x . .] incessantly, continually.

boyunbağı, -nı necktie.

boyunca **1.** along; **2.** lengthwise; **3.** throughout, during.

boyunduruk **1.** yoke *(a. fig.)*; **2.** *wrestling:* headlock; ~ altına almak (*or* boyunduruğa vurmak) to put under the yoke, to enslave.

boyut, -tu dimension.

boz **1.** grey; roan; **2.** rough, waste, uncultivated *(land)*.

boza boza *(drink made of fermented millet)*; ~ gibi thick *(liquid)*.

bozacı maker *or* seller of boza.

bozarmak **1.** to turn pale; **2.** to become grey.

bozca **1.** greyish; **2.** uncultivated soil.

bozdoğan **1.** *zo.* merlin; **2.** *(a.* bozdağan) iron war-mace.

bozdurmak **1.** *caus. of* bozmak; **2.** to change *(money)*, to get change for.

bozgun **1.** rout, defeat; **2.** routed, defeated; ~ vermek (*or* -a uğramak) to get clobbered, to be routed; -a uğratmak to clobber, to rout, to defeat.

bozguncu defeatist.

bozgunculuk defeatism.

bozkır steppe, wold.

bozkurt, -du grey wolf.

bozma **1.** *vn. of* bozmak; **2.** made out (*-den* of); **3.** pervert, proselyte; **4.** descendant of mixed blood; **5.** ⚖ cassation, abrogation, quashing.

bozmacı second-hand dealer, junk dealer.

bozmak, (-ar) **1.** to spoil, to ruin, to destroy; **2.** to change *(money)*: **3.** to upset *(stomach, plans, etc.)*; **4.** to undo, to disintegrate; **5.** to take to pieces, to take down *(tent)*, to demolish, to scrap; **6.** to disturb *(peace)*; **7.** to disorganize; **8.** to defeat, to clobber, to rout *(enemy)*; **9.** to deform; to taint, to make putrid; **10.** to adulterate; to deprave, to corrupt; to cause to wither; **11.** to erase, to cross out, to deface, to obliterate; **12.** to break *(oath, custom)*, to cancel *(agreement)*; **13.** ⚖ to quash *(by cassation)*; **14.** to deflower, to violate; **15.** to disconcert; to embarrass, to humiliate; **16.** to break, to change for the worse *(weather)*; **17.** to be crazy (about), to be wild (about).

bozrak grayish, greyish.

bozuk **1.** destroyed, spoilt, broken; gone bad; **2.** out of order, out of repair; **3.** depraved, bad, corrupt; **4.** bad *(weather)*; **5.** (small) change; ~ çalmak to be in a bad mood; ~ para small change; ~ para gibi harcamak to use a person in a demeaning way.

bozukdüzen **1.** irregular, disordered; **2.** unsettled conditions.

bozukluk 1. vice; defeat; 2. small change, coins.
bozulmak 1. *pass. of* bozmak; 2. to be spoilt, to be destroyed, to become tainted (*or* putrid); 3. to become corrupt (*or* depraved); to wither; to become thin and sallow; 4. to break down *(car, etc.)*; 5. to look vexed, to resent, to be humiliated, to be disconcerted; 6. to go bad *(meat, etc.)*; bozulmaz denge *phys.* indifferent (*or* neutral) equilibrium; bozulup kalmak to be discomfited.
bozum 1. *sl.* discomfiture, humiliation, embarrassment; 2. *sl.* pecuniary embarrassment, going broke; ~ etm *sl.* to embarrass; ~ havası *sl.* atmosphere of embarrassment; ~ olm. *sl.* to be embarrassed, to lose face, to be discomfited.
bozumca a kind of lizard.
bozunma ⚗ disintegration, decomposition.
bozunmak ⚗ to disintegrate, to decompose.
bozuntu 1. discomfiture, embarrassment; 2. F caricature (of), mere parody (of); 3. scrap, refuse; -ya vermemek to keep up appearances.
bozuşmak to break with one another, to fall out (*ile* with).
bozuşuk on unfriendly terms, on bad terms.
böbrek *anat.* kidney; ~ iltihabı nephritis.
böbürlenmek to boast, to be arrogant, to strut, to brag, to be puffed up.
böcek 1. *zo.* insect; 2. bug, beetle; worm; 3. louse; 4. lobster; crayfish; 5. *hist.* detectivite; ~ zehiri pesticide.
böcekçil *biol.* insectivorous.
böcekkabuğu, -nu greenish blue with a metallic luster.
böceklenmek to become infested with vermin, to get buggy.
böğür, -ğrü 1. side, flank *(of the body)*; 2. side-piece of a saddle frame.
böğürmek to bellow, to low; to moo.
böğürtlen 1. ⚘ blackberry, bramble; 2. *sl.* = kusmuk.
böğürtü bellow, roar; moo.
bölen ⩚ divisor.
bölge 1. zone, district, region; 2. section; part; line of division.
bölgeci regionalist.
bölgesel regional.
bölme 1. *vn. of* bölmek; 2. partition, dividing wall; 3. ⩚ division; 4. compartment; 5. ⚓ bulkhead.
bölmek 1. to separate; to cut up; 2. ⩚ to divide (*-e* into).
bölmeli partitioned.
bölü ⩚ divided by.
bölücü 1. ⩚ divider; 2. separationist, intriguer, plotter.
bölücülük divisive behavio(u)r.
bölük 1. ⚔ company; squadron; 2. ⩚ order, place; 3. part, division, subdivision; compartment; 4. body, group *(of men)*; 5. one of two braids of hair; 6. *hist.* detachment, squad; ~ ~ in groups; ~ komutanı ⚔ captain; ~ pörçük in bits.
bölüm 1. ⩚ quotient, dividing; 2. portion, slice, division, chapter, part, episode, section.
bölümlemek to classify, to sort out.
bölünebilme ⩚ divisibility.
bölünen ⩚ dividend.
bölünme 1. *vn. of* bölünmek; 2. *biol.* division.
bölünmek to be divided (*-e* into), to be separated.
bölünmez indivisible.
bölüntü part, section.
bölüşmek to divide up, to share out.
bölüştürme division, distribution.
bön naive, silly, imbecile, simple; bakmak to stare foolishly.
bönlük naiveté, imbecility, foolishness.
börek pastry, pie.
börekçi maker *or* seller of börek.
börtmek to boil slightly.
börülce ⚘ cowpea, black-eyed bean.
böyle so, thus, in this way; such; ~ iken (*or* ise de) anyhow, while this is so, notwithstanding the circumstances; bundan ~ henceforth; bunlar kim ~? who on earth are they?; nereden (nereye) ~? where are you coming from? (where are you going?)
böylece [x . .] thus, in this way.
böylelikle [. . x .] = böylece.
böylesi the like, such a one, this kind.
brakisefal, -li brachycephalic.
branda [x .] sailor's hammock; ~ bezi canvas.
branş branch, department, field of work.
bravo! *int.* bravo!, well done!
bre! *int.* P 1. you!, hey!, you chap!, fellow! 2. oh!, ah!, gee!
Brezilya [. x .] 1. *pr. n.* Brazil; 2. ⚘ brazilwood; ~ kestanesi brazil-nut.
briçka [x .] buggy.
briç, -ci *cards:* bridge.
brifing briefing.
brik[1], -gi ⚓ brig.
brik[2], -ki a horse carriage.
briket, -ti briquette.
briyantin brilliantine, pomade.
broderi embroidery.

broderili embroidered.

brokar brocade.

brom **1.** ⚗ bromine; **2.** ⚘ brome grass.

bromür ⚗ bromide.

bronş *anat.* bronchus.

bronşçuk *anat.* bronchiole.

bronşit, -ti bronchitis.

bronz bronze; ~ tel bronze wire.

broş brooch.

broşür brochure, pamphlet.

bröve pilot's licence; testimonial, certificate.

Brüksel *pr. n.* Brussels; ~ lahanası Brussels sprouts.

brülör burner, combustion unit.

brüt gross.

bu this; ~ arada **1.** meanwhile, in the meantime; **2.** among other things, in passing; ~ aralıkta at this moment *(or* instant); ~ cihetten in this respect; from this point of view; ~ cümleden as an instance of this ~ defa this time; and now; ~ gece tonight; ~ gibi like this, such, of this kind; ~ ne perhiz bu ne lahana turşusu! *fig.* what a contrast!, how inconsistent!; ~ sabah (akşam) this morning (evening); ~ sefer *s.* ~ defa; ~ yakınlarda **1.** recently; **2.** in the near future; **3.** hereabouts; -nda bir iş var there is s.th. fishy in it, there is a catch in it; -ndan başka besides, moreover, furthermore, in addition; -ndan böyle from now on, henceforth; -ndan dolayı *(or* ötürü) because of this, for this reason, therefore, that is why; -ndan iyisi sağlık *(or* can sağlığı) this is the best; -ndan sonra *(or* böyle) **1.** henceforth, from now on, in future, from today; **2.** after this.

bucak **1.** corner, nook; **2.** *pol.* sub-district (*syn.* nahiye); ~ ~ here and there, high and low; dünyanın dört bucağına to the four corners of the earth; yurdun her bucağında all over the country.

bucurgat *s.* bocurgat.

buç end, limit.

buçuk half *(after numerals)*; dört ~ **1.** four and a half; **2.** it is half past four.

buçuklu having halves *or* fractions.

budak **1.** knot *(in timber)*, burr; **2.** twig, branch; ~ özü young shoot.

budaklanmak to become knotty; to send forth shoots; dallanıp ~ *fig.* to become complicated.

budaklı kontty, gnarled.

budala **1.** silly, imbecile; foolish; **2.** crazy (about), wild (about), mad (about).

budalalık **1.** stupidity, foolishness; **2.** madness, craze.

budamak **1.** to prune, to lop, to trim; **2.** *fig.* to diminish, to decrease, to lessen.

budanmak **1.** *pass. of* budamak; **2.** to apply o.s. assiduously to s.th.

Budist, -ti Buddhist.

Budizm Buddhism.

budun nation, people.

budunlararası international.

bugün [x .] today; ~ yarın soon, at any time; -den from today; -den tezi yok right away; -e ~ don't forget that; unquestionably, sure enough; -ler these days; -lerde nowadays, in these days; -ün işini yarına bırakma never put off until tomorrow what you can do today.

bugünkü [x . .] of today, today's; ~ günde **1.** today; **2.** under present conditions; ~ tavuk yarınki kazdan iyidir a bird in the hand is worth two in the bush.

bugünlük [x . .] for today; ~ yarınlık that may happen any moment.

buğday wheat; ~ benizli darkskinned.

buğdaygiller ⚘ gramineae, poaceae.

buğdaypası, -nı wheat rust.

buğu **1.** vapo(u)r, steam, fog, mist; **2.** moisture, dew.

buğuevi, -ni fumigating station.

buğulamak to steam up, to mist up.

buğulanmak **1.** *pass. of* buğulamak; **2.** to be steamed up, to mist over.

buğulu steamed up, fogged.

buhar steam, vapo(ur); ~ gemisi steamship; ~ kazanı boiler; ~ makinesi steam engine.

buharlaşma evaporation.

buharlaşmak to evaporate, to vapo(u)rize.

buharlaştırmak to vapo(u)rize.

buharlı steamy, vaporous.

buhran [ā] crisis; mali ~ financial crisis.

buhranlı critical, stressful.

buhur [. -] incense, fumigatory.

buhurdan(lık) = buhurluk.

buhurlamak to fumigate with incense, to cense.

buhurluk **1.** censer; **2.** incense box.

buhurumeryem ⚘ cyclamen.

buji *mot.* spark plug.

bukadar [x . .] **1.** this much, that much, so many; **2.** that's all; **3.** odd; bin ~ yıl önce a thousand odd years ago; -ı da fazla! enough's enough!

bukağı fetter; hobble.

bukağılamak to fetter.

bukağılı fettered.

bukalemun *zo.* & *fig.* chameleon.

buket, -ti bouquet, bunch of flowers.

bukle lock, curl of hair.

bukleli curly.

bulak P spring, fountain, river-head.

bulama **1.** *vn. of* bulamak; **2.** grape-juice *(boiled down to the consistency of honey).*

bulamaç, -cı thick soup *(made with flour, butter and sugar).*

bulamak **1.** to roll *(in flour)*; to besmear, to bedaub (*-e* with); to smear (*-e* on); **2.** to dirty.

bulandırıcı **1.** causing nausea; **2.** agitator, instigator.

bulandırmak **1.** to render turbid (*or* muddy), to muddy, to roil; **2.** to turn *(the stomach).*

bulanık turbid, roily; cloudy, overcast; dim; ~ hava overcast (*or* cloudy) weather; ~ suda balık avlamak *fig.* to fish in troubled waters.

bulanıklık turbidity; dimness.

bulanmak **1.** *pass. of* bulamak; **2.** to become cloudy; to become turpid; **3.** to be stirred, to be upset, to get confused; **4.** to be dimmed; **5.** to become bloodshot (*or* opaque) *(eye)*; midesi ~ to become nauseated.

bulantı **1.** nausea, queasiness; **2.** turbidity.

bulaşıcı infectious, contagious.

bulaşık **1.** smeared, soiled, bedaubed; tainted; **2.** contagious, infected *(disease)*; **3.** dirty dishes, dirty kitchen utensils; **4.** *sl.* saucy, pert *(person)*; **5.** irregular; ~ bezi dish-cloth; ~ deniz dangerous waters; ~ makinesi dishwasher; ~ suyu dishwater; ~ suyu gibi wishywashy *(soup, tea, etc.).*

bulaşıkçı dishwasher.

bulaşkan **1.** sticky, adhesive; **2.** combative *(person).*

bulaşmak **1.** to become dirty, to be smeared; **2.** to soil, to become smeared (*-e* on), to get sticky; **3.** to be spread by contagion, to communicate itself (*-e* to) *(disease)*; **4.** to be involved (*-e* in), to interfere (*-e* in); **5.** to molest, to pester, to annoy; **6.** to take in hand *(work).*

bulaştırmak **1.** to smear, to stick on, to dirty; **2.** to spread, to infect *(disease)*; **3.** to involve (*-e* in).

buldok bulldog.

buldozer bulldozer.

Bulgaristan **[. x . .], Bulgarya [. x .]** *pr. n.* Bulgaria.

bulgu **1.** finding, discovery; **2.** invention; **3.** diagnosis.

bulgur boiled and pounded wheat; ~ pilavı dish of boiled pounded wheat.

bulmaca crossword puzzle.

bulmak, (-ur) **1.** to find; **2.** to discover; to invent; **3.** to hit, to reach; **4.** to meet (with); **5.** to find *(fault)* (*-e* with), to blame (*-e* on); **6.** to amount to *(a sum)*; **7.** to recall; buldu da bunadı he always wishes for more; bulup buluşturmak to be adroit in providing; bulup çıkarmak to find out.

buluğ puberty; -a ermek to reach puberty.

bulundurmak *caus. of* bulunmak to make available, to provide, to have present, to have waiting, to keep in stock.

bulunmak **1.** *pass. or refl. of* bulmak; **2.** to be found, to be discovered; **3.** to be present, to exist, to be; **4.** to take part (*-de* in), to be present (*-de* at), to participate (*-de* in).

bulunmaz unobtainable; rare, choice; ~ Hint kumaşı *fig.* rarity, a very rare thing; bu, bulunmaz Hint kumaşı değil ya! it is not certainly a rarity!

buluntu **1.** a rare find; **2.** foundling.

buluş **1.** invention; discovery; finding; **2.** idea, original thought.

buluşma meeting, rendezvous; ~ yeri rendezvous, meeting place.

buluşmak to meet, to rendezvous, to come together.

bulut, -tu **1.** cloud; **2.** *sl.* pissed as a newt, as drunk as a lord; ~ gibi (sarhoş) = bulut 2; -tan nem almak (*or* kapmak) *fig.* to be very touchy (*or* suspicious).

bulutlanmak to become cloudy.

bulutlu **1.** cloudy, overcast; **2.** opaque, turbid.

bulutsu *ast.* nebular, nebulous.

bulvar boulevard.

bumbar **1.** sausage casing; **2.** sausage *(made of rice and meat stuffed in a large gut)*; **3.** weatherstripping.

bumbulanık **[x . . .]** quite turbid.

bumburuşuk **[x . . .]** very creased, wrinkled all over.

bunak dotard.

bunaklık dotage.

bunalım **1.** crisis; **2.** depression, stupefaction.

bunalmak **1.** to be stupefied, to be suffocated (*-den* with); **2.** to be depressed (*or* bored).

bunaltıcı **1.** sultry, stupefying, suffocating, oppressive, stifling; **2.** depressing, boring.

bunaltmak **1.** to stupefy, to stifle, to oppress; **2.** to depress, to bore.

bunama dotage.

bunamak to dote, to be in one's dotage.

bunca **[x .]** this much, so much; ~ zaman for such a long time.

bunda *loc. of* bu.

bundan *abl. of* bu; ~ başka besides, moreover, furthermore, in addition; ~ böyle henceforth; ~ dolayı therefore, that is why, thereof; ~ ötürü *s.* ~ dolayı; ~ sonra **1.** after this; **2.** from now on, henceforth.
bunlar *pl. of* bu these.
bunsuz without this.
bunu *acc. of* bu.
bunun *gen. of* bu; ~ için therefore, that is why; ~ üzerine thereupon; -la beraber (*or* birlikte) nevertheless.
bura this place, this spot; ~ adamları the men of this place; -da here; -dan from here, hence; -sı neresi? what place is this?; -ya to this spot, here, hither.
burağan *meteor.* whirlwind.
buralı native of this place.
buram buram in whirls *(snow)*, in clouds *(smoke)*, in great quantities *(smell, sweat)*; ~ duman çıkıyor it is steaming; ~ kokmak to smell very much; ~ terlemek to sweat profusely; ~ tütmek to smoke in clouds.
buran *s.* burağan.
burani *s.* borani.
burcu burcu fragrantly, smelling sweetly.
burç, -cu **1.** tower; bastion; **2.** sign of the zodiac; **3.** ⚘ mistletoe.
burçak ⚘ common vetch.
burçin, burçun hind.
burgacık [x . .] *s.* kargacık.
burgaç, -cı whirlpool.
burgu **1.** auger, gimlet, drill; **2.** corkscrew; ~ yapmak ✈ to go into a spin.
burgulamak to drill, to bore.
burjuva bourgeois.
burjuvazi bourgeoisie.
burkmak to sprain, to wrench; to twist.
burkulma sprain, wrench.
burkulmak to be sprained, to be wrenched.
burma [x .] **1.** *vn. of* burmak; **2.** screwed, twisted, spiral; screw, convolution; **3.** castrated by twisting; **4.** cock, tap, faucet; **5.** P bracelet; **6.** gripe of colic; **7.** *s.* sarığı burma.
burmak **1.** to twist, to screw; to wring; **2.** to castrate; **3.** to gripe *(bowels)*; **4.** *(ağzını)* to cause an acrid feeling in the mouth; bura bura sıkmak to wring out.
burnaz hawk-nosed, large-nosed.
burs scholarship, bursary; ~ öğrencisi scholar, bursar.
bursiye = burs öğrencisi.
buruk **1.** acrid, astringent, puckery; **2.** sprained, twisted; **3.** oversensitive, touchy *(person)*.
burukluk **1.** pungency, acridity; **2.** resentment, being upset.
burulmak **1.** *pass. of* burmak; **2.** to writhe; **3.** *(bşe)* to resent *s.th.*, to take offence at *s.th.*
burum burum: ~ burulmak to gripe repeatedly.
burun (*acc.:* burunu; *poss. suffix* burnu) **1.** nose; **2.** bill, beak; **3.** tip; **4.** *geogr.* promontory, cape, headland, point; **5.** *fig.* arrogance, pride; ~ boşluğu nasal cavity; ~ buruna gelmek to run into; ~ burmak to turn one's nose up (-*e* at); ~ deliği nostril; ~ kıvırmak to turn one's nose up (-*e* at), to sniff (-*e* at); ~ maskesi muzzle; ~ silmek to blow one's nose, to wipe one's nose; **(burnu):** ~ bile kanamadan *fig.* with (*or* in) a whole skin; ~ büyük *fig.* conceited, arrogant; ~ havada *fig.* nose-in-the-air; ~ havada olm. to be on one's high horse; ~ kırılmak to eat humble pie, to be humiliated; -na girmek *fig.* to come too close (-*in* to); -nda tütmek *fig.* to long for; -ndan düşen bin parça olur he is very sulky; -ndan düşmüş the spit and image of, the dead spit of; -ndan (fitil fitil) gelmek *fig.* to be spoiled completely, to do penance for; -ndan kıl aldırmamak to be untouchable; to be very conceited and unapproachable; -dan solumak to go up in the air; -nu çekmek **1.** to sniff; **2.** *fig.* to be the loser, to go without, to be bereft of; -nu sokmak to poke one's nose (-*e* into), to meddle (-*e* in), to snoop (-*e* into); -nu sürtmek to eat humble pie; -nun dibinde right under one's (very) nose; -nun dikine (*or* doğrusuna) gitmek to follow one's nose; -nun direği kırılmak *fig.* to be suffocated by bad smell; -nun doğrusundan ayrılmamak to follow one's nose; -nun ucunu görememek *fig. sl.* to be pissed as a newt, to be as drunk as a lord.
burunduruk barnacle.
burunlu **1.** ... nosed; ... pointed; **2.** *fig.* proud, snooty.
burunluk nose-ring *(of a bull)*; iron toe-cap *(of a boot)*.
burunsalık muzzle.
buruntu colic.
buruşmak **1.** to wrinkle, to crease, to pucker up, to crumple; **2.** to have the teeth set on edge.
buruşturmak to crease, to wrinkle, to pucker, to crumple, to contort, to ruffle.
buruşuk wrinkled, puckered, crumpled, ruffled, contorted, shrivelled.
buruşukluk pucker, crease, wrinkle.

buse [ū] kiss.
but, -du thigh, rump, the buttocks.
butik boutique.
butlan [ā] invalidity, nullity, voidness; ~ davası ⚖ action for nullity, action for voidance.
buut, -u'du 1. dimension; 2. distance.
buymak 1. to freeze to death; 2. to freeze, to be chilled to the bone.
buyot, -tu hot-water bottle.
buyruk order, command, decree; başına ~ olm. to be one's own master (*or* man).
buyrultu 1. order, decree; 2. mandate, rescript.
buyurmak 1. to order, to decree; 2. to command, to rule; 3. to come, to enter, to pass; 4. to take, to have, to eat, to drink; 5. to say, to utter; 6. to be so kind as to, to condescend (to *inf.*), to deign; buyurun cenaze namazına! we are done for!
buy(u)run(uz)! 1. please!; 2. come in!; 3. sıt down!; 4. help yourself!
buz 1. ice; 2. frozen, very cold; ~ bağlamak to ice up, to freeze; ~ gibi 1. icy, ice-cold; 2. regular, good and proper; 3. fat and firm (*meat*); ~ kesilmek 1. to freeze; 2. *fig.* to be stunned, to stand aghast (at); ~ kesmek *fig.* to freeze, to feel very cold; ~ tutmak to ice up, to ice over, to freeze; ~ üstüne yazı yazmak *fig.* to write in (*or* on) water, to build on sand.
buzağı calf; fawn.
buzağılamak to calve.
buzdağı, -nı iceberg.
buzdolabı, -nı refrigerator, fridge, ice-box.
buzhane [ā] 1. ice house; ice factory; 2. cold storage plant.
buzkıran ice-breaker.
buzlanmak to ice up (*or* over), to get icy.
buzlu 1. iced, icy; 2. dulled, clouded; 3. frosted, ground (*glass*).
buzlucam frosted (*or* ground) glass.
buzluk 1. = buzhane; 2. ice-box; ice cube tray.
buzul glacier; ~ devri glacial period, ice age.
buzullaşma glaciation.
bücür squat, short, dwarf, stocky.
büfe 1. sideboard; 2. buffet, refreshment stall, bar.
büfeci barkeeper.
büfecilik barkeeping.
büğe, büğelek gadfly.
bühtan [ā] calumny, slander; ~ etm. (*b-ne*) to slander, to calumniate.
büklüm 1. twist, curl, fold, coil; 2. *anat.* plica; 3. bend; ~ ~ curly, in curls.
bükme 1. *vn. of* bükmek; 2. cord, braid, (twisted) thread, twine.
bükmek 1. to bend; 2. to twist, to curl, to contort; 3. to fold; 4. to spin; to twine; 5. to flex (*muscle*).
Bükreş *pr. n.* Bucharest.
bükük twisted, bent, curved.
bükülgen flexible.
bükülme bending, curvature.
bükülmek 1. *pass. of* bükmek; 2. to twist, to curl; to bend; to fold.
bükülü bent, twisted, crooked, curled, spun.
büküm curl, twine, twist, bend, torsion, fold.
bükünmek to writhe (*with pain*).
büküntü 1. bend, fold, twist; 2. colic; 3. hem.
bülbül nightingale; ~ dişi a kind of fine needlework; ~ gibi fluently; ~ gibi okumak to read fluently; ~ kesilmek to spill the beans.
bülent, -di 1. high, elevated; 2. tall, lofty; 3. ♀ *mf.*
bülten bulletin.
bülûğ *s.* buluğ.
bünye 1. structure (*a. gr.*), constitution; 2. edifice, building; 3. construction (*of a building*).
bürç, -cü *s.* burç.
bürçük curl of hair.
bürgü kerchief, scarf; veil; woman's cloak.
bürhan [ā] 1. indisputable argument; 2. evidence, proof.
büro [x .] bureau, office; ~ şefi head clerk.
bürokrasi bureaucracy, red tape.
bürülü wrapped, enfolded, enveloped.
bürüm 1. roll, fold; 2. ⚘ involucre.
bürümcek anything wrapped up like a cocoon.
bürümcük 1. raw silk gauze; 2. ⚘ involucel.
bürümeden superficially.
bürümek 1. to wrap, to enfold; 2. to cover up, to clothe, to infest, to invade, to fill; gözünü kan ~ to see red.
bürünmek *pass. or refl. of* bürümek to wrap o.s. up (*-e* in), to be clothed (*-e* in); to wrap around o.s.; to be filled (*-e* with).
büsbütün [x . .] altogether, quite, completely, wholly.
büst, -tü bust; portrait.
bütan butane.
bütçe budget; ~ yılı budget year.
bütün 1. whole, entire, complete, total;

all; 2. undivided, unbroken; 3. altogether, wholly; 4. Å sum, total; ~ ~ = büsbütün.
bütünleme *vn. of* bütünlemek; ~ sınavı make-up examination.
bütünlemek 1. to complete; to complement; to make up, to supplement; 2. to mend, to repair.
bütünlemeli having a make-up examination.
bütünler supplementary; ~ açı Å supplementary angle.
bütünlük entirety, universality, fullness, wholeness; ~ harbi ⚔ total war.
büve(lek) *zo.* gadfly; ~ sokmuşa dönmek *fig.* to rage as if stung.
büvet, -ti refreshment stall.
büyü magic, spell, incantation, sorcery, charm; ~ bozmak to break a spell; ~ yapmak to cast a spell (-*e* over), to put a spell (-*e* on), to practice sorcery.
büyücek somewhat large.
büyücü sorcerer, witch, magician.
büyücülük sorcery; witchcraft.
büyük 1. big, large; 2. great, high; 3. important, serious, major; 4. elder, older, senior, eldest; ~ aptes feces; ~ atardamar aorta; ♀ çarşı *pr. n.* Grand Bazaar; ~ çizgi dash; ~ harf capital (letter); ~ laf etm. to talk big; ♀ Millet Meclisi *pr. n.* the Grand National Assembly; ~ ölçüde on a large scale; ~ söylemek to dogmatize, to talk big, to boast.
büyükana, büyükanne grandmother.
büyükamiral, -li full admiral, Admiral of the Fleet.
Büyükayı *ast.* Big Dipper, Ursa Major.
büyükbaba grandfather.
büyükbaş cattle.
büyükelçi ambassador.
büyükelçilik embassy.
büyüklü küçüklü everybody, old and young.
büyüklük 1. greatness, largeness; seniority; 2. gravity, importance; 3. size; ~ göstermek to act nobly; ~ taslamak to put on airs.
büyüksemek to overrate, to enlarge; to exaggerate.
büyülemek to bewitch (*a. fig.*); to charm, to fascinate.
büyülenme fascination.
büyültme *phot.* blow-up, enlargement.
büyültmek 1. to lengthen, to prolong, to extend; 2. *phot.* to enlarge, to blow up; 3. to enlarge.
büyülü bewitched, charmed, enchanted, magic.
büyüme growing up, development.
büyümek 1. to grow (up); 2. to prosper, to thrive; 3. to become large: büyümüş de küçülmüş precocious (*child*).
büyüteç magnifying glass.
büyütme 1. *vn. of* büyütmek; 2. foster child; 3. *phot.* blow-up, enlargement.
büyütmek *caus. of* büyümek 1. to bring up (*child*), to rear, to raise; 2. to exaggerate; to magnify; 3. to enlarge.
büzgü smocking, shirr, gather, pucker.
büzgülü smocked, shirred, gathered.
büzme 1. *vn. of* büzmek; 2. drawn together.
büzmek to gather, to constrict, to pucker.
büzük 1. contracted, puckered, constricted; 2. *sl.* asshole, arsehole, anus; 3. *sl.* courage.
büzülmek 1. *pass. of* büzmek; 2. to shrink, to shrivel up; 3. to crouch, to cower; büzülüp oturmak to sit shyly; ezile büzüle cap in hand.

C

caba [x .] 1. free (of charge), gratis, without payment; 2. thrown into the bargain, over and above, on (the) top of it.
cabacı [x . .] F sponger, parasite, toady.
cabadan [x . .] for nothing, gratis, gratuitously, free (of charge).
cacık *a dish consisting of chopped cucumber, garlic and dill in yoghurt.*
cadaloz a spiteful old hag; nagging woman, shrew.
cadde main road, street, avenue; -yi tutmak 1. *sl.* to clear out; 2. to close off the street.
cadı 1. ghost, spectre, vampire; 2. witch; 3. old and ugly woman, hag; ~ kazanı den of intrigue.
cafcaf F 1. ostentatious, showy talk; 2. pompousness, showiness.
cafcaflı pompous, showy.
cahil [ā] 1. ignorant; 2. uneducated, illiterate; 3. untaught; inexperienced; *fig.* greenhorn, beginner; 4. not knowing, ignorant (of).
cahillik [ā] 1. ignorance; 2. a stupid act; 3. inexperience; youth; ~ etm. to act foolishly.
caiz [ā] lawful, permitted; admissible, permissible, allowable, valid.
caize [ā] 1. *hist.* reward, present *(given to a poet for a laudatory poem)*; 2. mark, tick; 3. *pl.* quotation-marks, inverted commas.
caka [x .] *sl.* brag. boast; ostentation, swagger; ~ satmak *sl.* to show off, to boast, to brag, to swagger.
cakacı [x . .] *sl.* boaster, braggart, swaggerer. bounder.
cakalı [x . .] *sl.* boastful; showy, ostentatious. swaggering.
câli [- -] artificial, affected; false, not genuine; insincere.
cam 1. glass; 2. of glass; 3. window *(pane)*; 4. *phot.* plate; 5. optical lens; ~ takmak 1. to glaze, to install panes; 2. to replace lenses.
camadan 1. double-breasted velvet waistcoat; 2. ⚓ reef.
cambaz 1. rope-dancer, tight-rope walker, acrobat; roughrider, circus rider; 2. horse dealer; 3. sly, cunning, crafty, wily, juggler, trick rider, swindler.
cambazhane [. . - .] 1. circus; 2. variety theatre.
camcı glazier.
camcılık glaziery.
camekân 1. shop-window, show-case; 2. glass cupboard; 3. greenhouse, hothouse; 4. dressing room of a Turkish bath; 5. *sl.* specs.
camgöbeği, -ni glass-green.
camgöz 1. *zo.* tope, shark; 2. *fig.* greedy, insatiable, avaricious, stingy, miser; 3. one who has a glass eye.
camız *zo.* water buffalo.
cami -ii *(a. frequently -si)* mosque; ~ yıkılmış ama mihrap yerinde *fig.* there may be snow on the roof but there is still fire in the furnace.
camia [- . .] 1. community, body, group; 2. *phys.* collector.
camlamak to cover with glass.
camlık 1. glassed-in place; 2. small greenhouse, hotbed, hothouse.
camyünü, -nü fiberglass, glass wool.
can 1. soul; 2. life; 3. vitality, energy, zeal, vigo(u)r; 4. darling, love; 5. person, individual; 6. intimate friend, confidant; 7. a member of an order, *eccl. a.* friar; 8. dear, sympathetic; ~ acısı acute pain; ~ acısıyle with fear of death; ~ acıtmak ta pain *(or* hurt*)* *a* person. to cause a person pain; to oppress; ~ alacak yer *(or* nokta*)* 1. tender spot, the most sensitive spot; 2. central point *(or* issue*)*. *key* (of); ~ atmak *(bşe)* to desire passionately, to crave; ~ beslemek to feed o.s. well; ~ çekişme death-struggle, being in the throes of death; ~ damarı vital point; ~ derdine düşmek to struggle for one's life; ~ dostu a very close friend, dear friend; ~ düşmanı deadly enemy, mortal enemy; ~ evi 1. the seat of life *(heart, pit of stomach)*: 2. the vital spot, sensitive point; ~ korkusu fear of death; *fig.* mortal dread; ~ kulağiyle dinlemek to be all ears,

to listen intently (-i to); ~ pazarı a matter of life and death; ~ sıkıntısı 1. boredom, tediousness, ennui, vexation: 2. oppression, anguish, anxiety; ~ vermek 1. to die, to perish; 2. fig. to desire passionately; 3. to grant spiritual strength; 4. to resusciate again, to give life again (-e to); ~ yakmak 1. to do violence to, to violate; 2. to torture, to torment; 3. to cause great injure, to hurt; -a ~ katmak 1. to enhance the joy of life, to refresh, to increase the vitality; 2. to invigorate, to strengthen; 3. to intensify; -a yakın lovable, amiable, sympathetic(ally), likable; aggreable; **(canı):** ~ ağzına gelmek to be half-dead *(from anxiety, fear)*, to be frightened to death; ~ çekmek to desire, to crave for, to long for; ~ çıkmak 1. to die; 2. to be killed, to perish; 3. *fig.* to get very tired; 4. *fig.* to be worn out *(clothes)*; ~ pek tenacious of life, tough, stout; ~ sıkılmak 1. to feel angry, to feel vexed (by); 2. to be restless; 3. to be bored (-*e* by); to be annoyed; ~ yanmak 1. to suffer (-*den* from); 2. to be deeply sad (*or* grieved) (at, about); canım 1. my darling!; 2. my dear; canıma minnet! 1. what more could I want!, so much the better; 2. I do it with great pleasure; **(canına):** ~ kıymak 1. to kill without mercy; 2. to commit suicide; canla başla with heart and soul.

canan [- -] beloved, sweetheart.

canavar 1. wild beast, brute, monster; 2. *fig.* brutish person; 3. *co.* young scamp (*or* rascal), little unruly devil; 4. ✗ dragon; ~ düdüğü (warning) siren; ~ ruhlu brutal, inhuman.

canavarlık savagery, ferocity.

canciğer 1. intimate friendship, very close relation: ~ kuzu sarması *fig.* inseperable friend, intimate friend.

candan 1. sincere, wholehearted, hearty, cordial; 2. sincerely, wholeheartedyl.

caneriği, -ni green plum.

canfes taffeta.

cangıl cungul 1. tinkle, clink; 2. ding-dong.

canhıraş heart-reading, harrowing, bitter.

cani [- -] criminal, murderer.

cankurtaran 1. life-saving remedy; 2. life-saver; 3. *a.* ~ filikası life-boat; 4. *a.* ~ arabası ambulance; ~ yeleği life-belt; ~ yok mu! help!

canlandırmak *caus. of* canlanmak 1. to invigorate, to animate; 2. *thea.* to (im)personate, to perform.-

canlanmak 1. to revive; 2. to come to life; 3. to become active (*or* lively).

canlı 1. alive, living; 2. lively, active; 3. vigorous, powerful; 4. living creature, living being; 5. *(in compounds)* fond of, mad after, bent on; ~ bebek *fig.* charming, lovely: nice, *Am.* cute; ~ canavar naughty and mischievous, urchin; ~ cenaze wan and worn-out person; ~ yayın live broadcast.

canlılık liveliness, vigo(u)r.

cansız 1. lifeless, dead, inanimate; 2. feeble, weak; F lame; 3. stagnant *(market conditions)*: 4. dull, spiritless; 5. listless; ~ düşmek to become poor in health.

cansiperane self-sacrificing *(act)*.

capcanlı vivacious, brisk.

car[1] woman's shawl (*or* cloak).

car[2] *P* cry, wail.

car car noisily.

carcar F chatterbox.

carcur P catridge clip.

cari [- -] 1. flowing, running; 2. ⚘ current; 3. usual, customary; 4. valid; effective; ~ fiyat current price; ~ hesap current account.

cariye [- . .] female slave; concubine.

cartadak! [x . .] bang!

cascavlak [x . .] 1. stark naked; 2. bald-headed; ~ etm. to plunder, to empty; ~ kalmak *fig.* to be in low water, to be on the rocks.

casus [ā] 1. spy; 2. agent.

casuslamak [- . . .] to spy, to explore.

casusluk [ā] espionage, spying.

cavalacoz *sl.* worthless.

cavlak 1. naked, nude, bare; 2. bald (-headed), hairless, featherless; cavlağı çekmek *sl.* to peg out.

caydırmak *caus. of* caymak to dissuade s.o. from s.th., to cause to renounce, to make s.o. change his purpose.

cayır cayır furiously, fiercely: willy-nilly; ~ yanmak to burn in full blaze, to be ablaze; ~ yırtılmak to get torn in rags completely.

cayırdamak to creak, to rattle; to grate voice).

cayırtı creak, rattle, crash; yell, roar, shout; -yı basmak (*or* koparmak) to start shouting furiously.

caymak to retire from an undertaking, to back out to change one's mind, to renounce (-*den* from), to give up.

caz jazz; jazz band.

cazırdamak 1. to crackle *(fire)*; 2. *fig.* to sound off.

cazibe [ā] 1. attractive power, gravitation, the force of gravity; 2. charm, attraction, appeal.

cazibeli [- . . .] charming, attractive.

cazip attractive, attracting; alluring, appealing.
cazzadak whizzing, hissing.
cebbar [ā] 1. violent, brutal; despotic, tyrannical; tyrant; 2. F capable *(woman)*.
cebellezi [. x . .] *sl.* pinch, swipe.
Cebelitarık, -kı [ā] Gibraltar.
ceberut, -tu [ū] 1. omnipotence of God; 2. arrogance, haughtiness, presumption: 3. tyranny; 4. despotic, tyrannical, tyrant.
cebir, -bri 1. force, compulsion, violence; 2. 𝔄 algebra.
cebire [. - .] splint.
Cebrail [. - -] the Archangel Gabriel.
cebren [x .] by force.
cebretmek [x . .] 1. to force, to enforce *(part. legal)*, to compel, to urge; 2. to impose upon forcibly.
cebri 1. forcible, violent, compulsory, forced; 2. 𝔄 algebraic; ~ tedbirler violent measures; ~ yürüyüş ✕ forced march.
cebrinefis, -fsi [. . x .] self-victory, self-control, self-restraint.
cefa [ā] 1. ill-treatment, cruelty, severity, tormenting; *fig.* vexation; 2. pain, suffering; ~ çekmek to suffer, to be subject to suffering; ~ etm. to ill-treat, to abuse, to torment, to inflict pain *(-e* on).
cefakâr long-suffering.
cehalet, -ti [ā] ignorance, inexperience.
cehdetmek [x . .] to exert o.s., to strive, to struggle.
cehennem hell, inferno *(a. fig.)*; ~ azabı hellish torture; ~ ol! go to hell!, clear out!; ~ zebanisi demon, brute, devil.
cehennemlik 1. worthy of hell, deserving hell; 2. furnace, stokehole *(of a Turkish bath)*.
cehennemtaşı, -nı silver nitrate.
cehre spindle, spool, reel.
cehri ♆ 1. dyer's weed, yellow weed; buckthorn.
ceht, -di effort, endeavo(u)r; strain; zeal, eagerness, enthusiasm.
ceket, -ti jacket, sports coat, jacket of a suit.
ceketatay morning coat.
celal, -li 1. glory, majesty of God; 2. ♀ *mf.*
celallenmek to get into a rage.
celbe net bag used by hunters.
celbetmek [x . .] 1. to attract, to pull, to draw; 2. to summon, to cite; ✕ to call up, *Am.* to draft, to induct; 3. to give rise to, to call forth, to cause.
celep, -bi cattle-dealer, drover.
cellat, -dı 1. executioner; 2. *fig.* cruel, pitiless, unmerciless.
celp, -bi 1. ⚖ summons; 2. attraction; 3. ✕ call(ing) up, *Am.* draft, induction.
celpname [ā] ⚖ summons, written citation.
celse 1. session; 2. ⚖ hearing, sitting; -yi açmak to open the session.
cemaat, -ti [. - .] 1. congregation, group, community at divine service; 2. religious community; 3. crowd; -e uymak to conform.
cemal, -li 1. beauty, grace; 2. perfection (of God).
cem'an altogether; ~ yekûn sum total, in all.
cemetmek [x . .] 1. to collect, to gather, to bring together; 2. 𝔄 to add up.
cemi, -m'i 1. collecting, bringing together; 2. 𝔄 sum, addition, total; 3. *gr.* plural.
cemile [ī] kindness, friendliness, courtesy, attentiveness, compliment.
cemilekâr [ī] kind, obliging, amiable, loveable.
cemiyet, -ti 1. society; association; 2. social gathering; 3. union, assembly; 4. ceremony, party, wedding.
cemiyetli 1. full of people, crowded; 2. significant, expressive, meaningful, comprehensive.
cemre 1. † glowing ashes; 2. increase of warmth in February *(a short-time before beginning of spring)*.
cenabet, -ti [ā] 1. ritual impurity, uncleanliness; 2. ritually impure *(person)*; 3. *fig.* nauseous, foul, disgusting; nasty, unpleasant.
cenah [ā] wing *(a.* ✕, ✈, *pol. & sports)*.
cenap, -bı [ā] 1. high personality; excellency, majesty; 2. ♀ [x .] *mf.;* Cenabı Hak God, Lord; Sefir Cenapları His Excellency the Ambassador.
cenaze [ā] 1. corpse, (dead) body; 2. funeral; ~ alayı funeral procession.
cendere 1. (roller) press, cylinder, mangle; press, screw; 2. narrow pass, defile, valley; -ye koymak *(or* sokmak) *fig.* give a person a hard time, to put under pressure, to torture.
Cenevizli a Genoese.
Cenevre [. x .] Geneva.
cengâver 1. warlike, heroic; 2. brave, courageous.
cengâverlik heroism.
cengel jungle.
Cengiz *pr. n.* 1. Genghis Khan; 2. *mf.*
cenin [ī] f(o)etus, embryo; cenini sakıt 1. abortive fruit; 2. miscarriage, abortion.

cenk, -gi fight, battle, combat; war; ~ etm. to fight, to struggle: to make war.
cenkleşmek to fight; to quarrel.
cennet, -ti **1.** † garden, park; **2.** paradise, heaven *(a. fig.)*; ~ gibi heavenly; ~ öküzü simpleton, good-hearted but simple person.
cennetkuşu, -nu bird of paradise.
cennetli late, deceased, defunct, blessed, happy.
cennetlik 1. pious, religious, faithful, believing; deserving of heaven; **2.** defunct.
Cenova [x . .] Genoa.
centilmen (adam) gentleman.
centilmence gentlemanlike; in a gentlemanly way.
centilmenlik gentlemanliness; gentle behavio(u)r.
cenubi [. - -] southern, south...
cenup, -bu **1.** south; **2.** south...; ♀ Amerika(sı) South America; ♀ Kutbu South Pole; cenubu garbi southwest..., south-western; cenubu şarkî south-east, south-eastern.
cep, -bi **1.** pocket; **2.** ⚔ pocket, break-through; ~ harçlığı pocket money; ~ saati pocket watch; ~ sözlüğü pocket dictionary; cebi boş *(or* delik) **1.** beggar; **2.** penniless, broke; cebi para görmek to earn money.
cephane [ā] **1.** ammunition, munitions; **2.** † powder magazine; **3.** *sl.* opium.
cephanelik [ā] ammunition depot, store; arsenal.
cephe 1. front(side), facade; **2.** ⚔ front-line; **3.** *fig.* side, face; ~ almak to turn against, to take sides (-*e* against).
cepken short embroidered jacket.
cepkitabı, -nı pocketbook.
cer, -rri pulling, dragging; ~ atelyesi railway repair shop.
cerahat, -ti [. - .] matter, pus; ~ bağlamak *(or* toplamak) to suppurate.
cerahatlanmak [. - . . .] to suppurate.
cerahatlı [. - . .] suppurating.
cerbeze 1. eloquence, quick-wittedness; **2.** ability to win one's way into favo(u)r.
cerbezeli convincing.
cereme *s.* cerime.
cereyan [ā] **1.** flowing, stream; **2.** ⚡ current; **3.** course; **4.** movement, trend; **5.** draught; ~ etm. **1.** to flow, to run, to pass; **2.** to take place, to happen, to occur.
cerh 1. wounding, hurt, injury; **2.** refutation, confutation; ~ etm. **1.** to wound, to injure; **2.** to refute, to disprove.
ceride [ī] † **1.** newspaper, journal; **2.** diary; daybook, account book; **3.** register.
cerime [ī] **1.** penalty; **2.** ⚖ fine; -sini çekmek to pay the penalty of...
Cermen *hist.* Teuton.
cerrah [ā] **1.** surgeon; **2.** † dresser of wounds.
cerrahi [ā] surgical; ~ müdahale operation.
cerrahlık surgery.
cerrar [ā] obtrusive beggar.
cerretmek [x . .] **1.** to pull through, to drag.
cesamet, -ti [ā] **1.** size, largeness, bulkiness; *(absolute)* greatness.
cesametli huge, bulky.
cesaret, -ti [ā] **1.** courage, daring, boldness; **2.** audacity, daredevilry, impudence; ~ almak to summon up courage, to take heart; ~ bulmak to become bold (*or* impudent *or* audacious); ~ etm. to venture, to dare.
cesaretlenmek [ā] **1.** to take courage, to summon up courage; **2.** to become bold (*or* impudent).
cesaretli [ā] **1.** courageous, brave, bold, daring; **2.** audacious, impudent.
ceset, -di **1.** (dead) body, corpse; **2.** † body.
ceste ceste little by little, gradually; by instalments; piece by piece, bit by bit.
cesur = cesaretli.
cet, -ddi **1.** grandfather; **2.** ancestor, forefather.
cetvel 1. (tahtası) ruler; **2.** scale; **3.** printed form, blank form, list, roll, register, record, schedule; **4.** *typ.* writing frame; **5.** watering canal, trench.
cevaben [ā] in reply (-*e* to).
cevabi [. - -] replying; ~ nota reply note; ~ ziyaret return visit.
cevahir [ā] *(pl. of* cevher) precious stone, gem, jewels, jewel(le)ry; ~ yumurtlıyor *iro.* he speaks wisely and well.
cevap, -bı answer, reply; return *(a. fig.)*; ⚖ defence; ~ vermek -*e* to answer, to reply, to return; ~ ziyareti return visit.
cevaplandırmak to answer.
cevaplı 1. having an answer; **2.** with reply coupon; **3.** reply-paid *(telegram)*.
cevapsız unanswered; without a reply; ~ bırakmak to leave unanswered; to refuse to reply; *fig.* to keep silent.
cevaz [ā] **1.** admissibility; lawfulness; **2.** permission; ~ görmek to be judged as permissible; ~ vermek to allow, to permit.
cevelân 1. circulation *(a.* ⚕); **2.** walk, stroll, drive round *(a town, etc.)*; ~ etm. to circle, to revolve, to rotate, to circulate.
cevher 1. *biol.* substance, matter; **2.** *phls.*

essence, substance; **3.** nature; **4.** talent, ability; **5.** precious stone, gem; **6.** ⚒ ore; -ini tüketmek to be at one's wits' end.
cevherli 1. gifted, talented; **2.** set with jewels.
cevir, -vri maltreatment, cruelty, tormenting.
ceviz 1. ⚘ walnut; **2.** (ağacı) walnut-tree; **3.** walnut...; ~ içi **1.** kernel; **2.** shelled walnuts; ~ kabuğu walnut shell; ~ kabuğu doldurmaz *fig.* ridiculous, very unimportant, insignificant, slight.
cevretmek [x . .] *(b-ne)* to torment, to torture.
cevval, -li [ā] living, alive, lively, brisk, active, quick.
ceylan *zo.* gazelle, antelope; ~ bakışlı having alluring eyes.
ceza [ā] punishment, penalty; fine; ~ almak to be punished; to be fined; ~ çekmek to serve a sentence (*-den* for), to complete one's sentence, to serve one's time; ~ görmek to be fined; to be punished; ~ kanunu criminal code; ~ sahası *sports:* penalty area ~ vermek **1.** to punish; to fine; **2.** ⚖ to pay a fine; ~ vuruşu *sports:* penalty kick; ~ yemek to be fined; to be punished; -sını bulmak to get one's due punishment; -sını çekmek **1.** to do penance (for), to atone (for), to be fined for; **2.** to serve a sentence.
cezaen [ā] † as a punishment.
cezaevi, -ni prison.
cezalandırmak [. - . . .] to punish.
cezalanmak [. - . .] to be punished.
Cezayir *pr. n.* **1.** Algiers; **2.** Algeria; ~ dayısı military governor of Algeria; ~ dayısı (*or* kadısı) gibi kurulmak *co.* to strike an attitude.
cezbe (mystical) ecstacy, rapture.
cezbetmek [x . .] **1.** to draw, to attract, to draw to one, *fig.* to take hold of; **2.** *fig.* to charm, to fascinate, to infatuate; **3.** to absorb, to suck up.
cezir, -zri **1.** ⚘, ⚗, *gr.* root; **2.** 𝍷 radical; **3.** ebb (tide); ~ hareketi ebb.
cezmetmek [x . .] **1.** † to amputate; **2.** to decide, to determine, to resolve.
cezp, -bi **1.** attraction; **2.** charm, grace, allurement; **3.** suction.
cezri 1. radical, fundamental, basic(ally); **2.** 𝍷 basic element.
cezve pot *(for making Turkish coffee).*
cezvit *s.* cizvit.
cıcık: cıcığı çıkmış worn-out, in pieces, old; cıcığını çıkarmak to make useless and wear out, to damage by use.
cıgara [x . .] P cigarette; ~ böreği *a kind of long, thin pastry;* ~ içmek to smoke cigarette; ~ kâğıdı gibi filmy, flimsy; ~ tablası ashtray.
cılız meagre, lean, feeble, weak, thin, undersized, puny, delicate.
cılk 1. rotten *(egg);* **2.** purulent, inflamed, festering *(wound);* ~ çıkmak **1.** to be addled, to be spoiled; **2.** *fig.* to turn out to be a washout, to come to naught *(affair).*
cılkava *fur made of pieces from the neck of wolves or foxes.*
cımbız 1. (a pair of) tweezers; **2.** nap, pile *(cloth);* **3.** *fig.* bitter words.
cırboğa 1. *zo.* jerboa; **2.** *fig.* meagre, weak child.
cırcır annoying chatterbox; babbler; gossip.
cırcırböceği, -ni cricket; cicada.
cırlak 1. creaking, screechy, shrill, squeaking, chirping; **2.** = cırcırböceği; **3.** *zo.* cricket.
cırt! harsh!, screeching sound.
cırtlak 1. = cırlak; **2.** braggart, boaster.
cırtlamak to make a screeching sound.
cıva [x .] mercury, quicksilver; ~ gibi *fig.* very restless.
cıvadra [. x .] ⚓ bowsprit.
cıvata [. x .] **1.** bolt, screw; **2.** ⚓ ring bolt; ~ anahtarı spanner.
cıvık 1. greasy, soft, runny, wet, sticky; **2.** *fig.* importunate, obtrusive, impertinent.
cıvıklanmak 1. to become wet *(or* sticky); **2.** to get impudent.
cıvıl cıvıl 1. twittering; **2.** peeping *(chick).*
cıvıldamak 1. to twitter, to chirp; **2.** to peep.
cıvıltı twittering, chirping sound.
cıvımak 1. to become wet *(or* sticky); **2.** *fig.* to become insipid *(or* tiresome); **3.** *sl.* to become impertinent *(or* obtrusive).
cıyak cıyak with a shrill voice *(cry).*
cıyaklamak to cry with a shrill voice.
cıyırdamak to make a creaking sound when torn *(paper, cloth, etc.).*
cıyırtı sound as of cloth tearing.
cız 1. *baby's language:* fire; **2.** sizzling noise; ~ etm. to make a sizzking noise; to have a pang.
cızbız grilled meat (*part.* köfte).
cızık 1. = çizgi; **2.** grieves; ~ ~ bağırmak to shout with the fear of death *(mice).*
cızıktırmak F to scribble, to scrawl, to smear.
cızır cızır 1. with a sizzling noise; **2.** with a creaking noise *(glass);* **3.** with a scratching noise *(feather).*

cızırdamak 1. to sizzle; 2. to creak; 3. to scratch.
cızırtı sizzling *(or* creaking) noise.
cızlamak 1. = cızırdamak; 2. = cız etm.
cibilli [. . -] natural, innate, inborn.
cibilliyet, -ti disposition, nature, temperament, character.
cibilliyetsiz 1. common, unprincipled; 2. avaricious, stingy, mean, niggardly, ignoble.
cibinlik mosquito-net.
cibre [x .] husks of grapes, residue of fruits after pressing.
cici *baby's language:* good, pretty, nice; toy, plaything; ~ bey a proper man; -m! my darling!, my sweet!, my dear!; -m pilicim! my sweet darling!
cicianne grandma.
cici bici nice, sweet, *Am.* cute.
cicili bicili gaudy, glaringly ornamented, dressed up glaringly.
cicim *light carpet woven on a hand loom.*
cicoz *sl.* 1. not at hand, not present, nothing left; 2. away!, gone!, off!.
cicozlamak *sl.* to beat it, to go away at once.
cidal, -li [ā] 1. fight, combat, battle; 2. quarrel, dispute, argument, discussion.
cidar *anat., phys.* wall, inner side, inside.
cidden [x .] 1. seriously; 2. really, truly, actually, in fact; 3. very, exceedingly, extremely, greatly.
ciddi 1. serious, earnest; 2. true, real, actual; 3. sincere, upright, trustworthy, reliable; ~ mi söylüyorsun? are you serious?; -ye almak to take s.th. seriously.
ciddileşmek 1. to become serious, to become aggravate; 2. to become threatening.
ciddilik seriousness.
ciddiyet, -ti seriousness.
cif † *abbr. for* coast, insurance and freight.
cife [ī] 1. carrion, carcass; 2. *fig.* nauseous, disgusting; nasty.
cigara *s.* cıgara.
ciğer 1. lung(s); 2. liver; 3. vitals, essential parts as heart, lungs and liver; 4. internal parts; 5. courage; 6. darling; 7. = ~ takımı; -i beş para etmez a bad egg. a worthless fellow, despicable; -i yanmak *(or* sızlamak) to feel great compassion *(-e* for); to suffer greatly *(-den* from); -im! my darling!
ciğerci seller of liver and lungs.
ciğerpare [ā] darling.
cihad [ā] holy war.
cihan [ā] world, universe; ~ harbi world war.
cihangir [. - -] 1. world conqueror; 2. ♀ *mf.*
cihanşümul [ā, ū] worldwide, global, mondial; ~ şöhretli world-renowned, world-famed, universally known.
cihar [ā] *dice:* four; -du four and two; -üse four and three; -üyek four and one.
cihaz [ā] 1. = çeyiz; 2. ⚙, *phys.* apparatus, equipment; 3. *biol.* organs, system.
cihazlamak [. - . .] to equip, to provide, to supply *(ile* with).
cihazlandırmak [. - . . .] = cihazlamak.
cihazlanmak [. - . .] *pass. of* cihazlamak.
cihet, -ti 1. side, direction. quarter; 2. aspect, point of view, viewpoint, respect, regard, consideration; 3. cause, on grounds of, based on; 4. modality; ...diği cihetle because, since, in view of, considering.
cila 1. shellac, lacquer. varnish; polish; 2. *fig.* whitewash, varnish; ~ etm. = cilalamak; ~ sürmek (*or* vurmak) to polish, to burnish, to varnish, to lacquer.
cilacı varnisher, finisher.
cilalamak to polish, to varnish, to shine, to finish.
cilalı polished, varnished, finished; shining.
cilasız unpolished, unvarnished, unfinished.
cilasun: ~ gibi tall and handsome, brave, mighty.
cilbent, -di 1. † large pocket-book, portfolio; 2. † set of surgical instruments; 3. ✎ letter-file; 4. large folder *(for drawing, etc.).*
cildiye 1. dermatology; 2. skin disease.
cildiyeci dermatologist.
cilt, -di 1. skin; 2. binding, cover *(of a book)*; 3. volume, tome; ~ hastalığı skin disease.
ciltçi bookbinder.
ciltlemek to bind *(a book).*
ciltevi, -ni bindery.
ciltli bound *(book).*
ciltsiz unbound, in paper cover, stitched.
cilve 1. grace, coquetry, charm; 2. apperance; manifestation, attestation.
cilvelenmek to coquet. to flirt.
cilveleşmek to flirt with each other; 2. to tease mutually, to chaff reciprocally.
cilveli graceful; coquettish, flirtatious.
cim *a letter of the old alphabet;* ~ karnında bir nokta a matter of no importance.
cima, -aı [ā] 1. sexual intercourse, coition; 2. ⚘ copulation. fecundation; ~ etm.

to have (sexual) intercourse with.
cimbakuka [. . x .] thin and ugly, puny: gnomish, gnomelike.
cimcime 1. small and delicious watermelon; 2. small and sweet.
cimnastik 1. gymnastics; 2. practise.
cimnastikhane [.. . - .] 1. gym(nasium); 2. gymnastics hall.
cimri niggardly, stingy, mean, miserly, parsimonious.
cimrileşmek to become stingy.
cimrilik stinginess.
cin[1] gin.
cin[2], -nni *(wicked)* genie, demon, spirit, evil; ~ fikirli clever and crafty; ~ tutmak to lose one's mind, to go mad; ~ yavrusu mischievous. little child, imp, urchin; -ler(i) başına çıkmak *(or* toplanmak *or* üşüşmek) *fig.* to get furious *(or* violent); -ler *(or* in cin *or* ecinniler) top *(or* cirit) oynuyor to be completely deserted.
cinaî [. - -] criminal.
cinas [ā] 1. play on words, pun; 2. personal remark, suggestiveness; equivocal allusion.
cinaslı [ā] suggestive; personal.
cinayet, -ti [ā] crime, murder; ~ işlemek to commit murder.
cingil a stalk of a bunch of grapes.
cingöz = cin fikirli.
cinli haunted.
cinmısırı, -nı popcorn.
cinnet, -ti insanity, madness; ~ getirmek to lose one's mind, to go mad, to become insane.
cinni = cin[2].
cins 1. ⚘, *zo.* race, species, genus; 2. sex; 3. *gr.* gender; 4. category, group, kind, type, sort; 5. thoroughbred, breed *(horse)*; first-class; ~ ~ of various kinds, various; ~ ismi *gr.* common noun.
cinsel, cinsi 1. sexual; 2. generic.
cinsellik sexuality.
cinsiyet, -ti 1. sex; 2. sexuality.
cinslik sex; sexuality.
cinsliksiz asexual.
cip [ī] jeep.
ciranta [. x .] ☨ endorser, indorser.
cirim, -rmi 1. *(inanimate)* body; 2. size, largeness, extention, expansion, dimension, volume; kendi cirmi kadar on his strength of.
cirit, -di 1. javelin, dart *(without head)*; 2. the game of jereed; 3. speer, javelin; ~ atma javelin-throw(ing); ~ oynamak 1. to organize a jereed game; 2. *fig.* to move around freely.
ciro [x .] ☨ endorsement, transfer note; ~ etm. to endorse; to transfer.
cisim, -smi 1. body, substance; 2. material thing, matter, object.
cisimcik 1. corpuscle; 2. particle, atom.
cisimlenmek to take a material form.
cismani [. - -] 1. corporeal; material; 2. *eccl.* wordly; ~ ceza corporal punishment; ~ zarar ⚖ *(grievous)* bodily harm.
cismen [x .] bodily, material; in size.
civan [ā] 1. young, youthful, juvenile; 2. handsome young man.
civankaşı, -nı *embroidery:* zigzag ornamentation.
civanmert, -di [ā] brave, noble(minded), generous, knightly.
civanperçemi, -ni [ā] ⚘ yarrow.
civar [ā] 1. neighbo(u)rhood, vicinity, surroundings, environs; 2. neighbo(u)ring; -ında 1. near; 2. about. approximately.
civciv 1. chick(en); 2. twitter, chirp.
civcivli 1. hen; 2. animated, merry, gay, funny; 3. lively, crowded, busy, intensive.
civelek 1. lively, fresh, playful, vivacious; 2. *hist.* young man in the service of the Janissaries; 3. agricultural labo(u)r, farm hand, day-labo(u)rer.
civeleklik liveliness, vivacity.
cizvit, -ti 1. Jesuit, Jesuitic(al); 2. *fig.* instigator, agitator, tricky, sly.
cizye *hist.* poll tax.
coğrafi geographical.
coğrafya [. x .] geography.
coğrafyacı [. x . .] 1. geographer; 2. F geography teacher.
cokey [x .] jockey.
cokeylik work of a jockey.
conta [x .] ⊕ joint, packing, seal, gasket.
cop, -pu 1. thick stick *(with round head)*; 2. *(rubber)* truncheon, *Am.* club, F billy, nightstick.
coplamak to beat s.o. with a nightstick, to truncheon.
corum shoal, flow together; balık -u shoal of fish.
coşku enthusiasm, strong excitement.
coşkulu enthusiastic.
coşkun 1. fiery, lively, ebullient, exuberant, boiling over, enthusiastic; 2. agitated, animated; 3. overflown its banks *(river)*; 4. very vehement, very violent, very strong, very heavy *(wind, rain)*.
coşkunluk enthusiasm; overflowing.
coşmak 1. to be(come) fiery *(or* enthusiastic), to boil over; 2. to turn out to be a strong movement *(sea)*; 3. to overflow its bank, to rise *(river)*; 4. to become violent *(wind)*.

coşturmak to inspire, to fill with enthusiasm, to excite, to stimulate, to incite.
cömert, -di 1. liberal, generous, munificent 2. fruitful.
cömertleşmek to become generous.
cömertlik generosity, munificence.
cönk, -kü 1. ship, vessel; 2. anthology, collection of poems, collection of various essays.
cudam pitiful simpleton, stupid blunderer, clumsy fool.
cuma Friday.
cumartesi, -ni *or* -yi Saturday.
cumba [x .] 1. bay-window, bay-stor(e)y; 2. lattice-window.
cumbadak [x . .] 1. *int.* plop!, splash!; 2. head over heels; very sudden, abrupt.
cumbalak somersault.
cumbul cumbul 1. gurgling; gargling *(water)*; 2. rumbling, resounding; 3. too watery, diluted *(food)*.
cumbuldamak 1. to make a plopping sound, to make a gurgling sound *(water)*; 2. to rumble, to resound; 3. to plop, to flop, to thud.
cumburlop! *int.* plop!
cumburtu 1. gurgle, gargle *(water)*; 2. flop, plop, thud.
cumhur [. -] 1. the mass of the people, the public, populace; 2. dervish hymn.
cumhurbaşkanı, -nı president of a republic.
cumhuriyet, -ti [. - . .] 1. republic; 2. *sl.* † a paper bank-note; ≗ Bayramı celebration of being a republic *(October 28-30 th.)*; ~ Senatosu (Turkish) Senate.
cumhuriyetçi [. - . . .] republican.
cumhurluk republic.
cunda [x .] ⚓ end of a gaff, peak.
cunta *pol.* junta.
cuntacı *pol.* member of a junta.
cup! plop!, splash!
cuppadak *s.* cumbadak.
cura 1. two *or* three-stringed bağlama; 2. a small, shrill-voiced hawk; 3. *sl.* the last drag on a cigarette.
curcuna [.x .] 1. noisy dance in a drunken revel, carousal; 2. noisy confusion, confused medley; -ya çevirmek (*or* döndürmek *or* vermek) *(bir yeri)* to fill with noise and fuss, to raise an uproar *(in a place)*; -ya kalkmak 1. to behave frolicsome; 2. to start a quarrel.
curnal 1. denunciation; 2. report of an informer; ~ etm. (*or* vermek) to denounce, to inform against, to report *(-e* to).
curnalcı denouncer, informer, police-spy.
curnata an onrush of quail.
cuşiş exuberance.
cüce dwarf.
cücelik 1. dwarfish growth; 2. dwarfishness.
cücük 1. † sweet, tender, tasty; 2. heart of an onion; 3. tuft of beard, imperial.
cücüklenmek to sprout.
cüda [ā] far, distant, remote, separate(d): ~ düşmek to get separated *(-den* from): to long for.
cühela *pl. of.* cahil, ignorant people.
cülus accession *(to the throne)*; ~ etm. to access *(to the throne)*.
cümbür cemaat the whole kit and caboodle.
cümbüş 1. *(music, dance)* pleasure, enjoyment, carousal; 2. kind of mandolin *or* guitar with a metal body; ~ etm. (*or* yapmak) to carouse, to revel, to enjoy, to divert, to amuse *(with music)*.
cümle 1. all (of them), total, whole; 2. *biol.* system; 3. *gr.* phrase, sentence, clause; 4. A group; 5. ⚗ periodical system; ~ kapısı main door; -miz all of us, we all; -si all of; bu -den for example, for instance.
cümlecik *gr.* clause.
cümleten all together.
cümudiye [ū] glacier; iceberg.
cünha [ā] crime, serious offence.
cünun [ū] insanity.
cünüp, -nbü, -mbü canonically unclean *(from sexual act)*.
cüppe robe *(with full sleeves and long skirts)*; ~ gibi long and loose *(garment)*.
cüret, -ti 1. courage, boldness, daring, daredevilry, audacity; 2. *contp.* boldness, impudence, insolence; F sauciness; ~ etm. 1. to venture, to dare, to take the liberty of doing; 2. *contp.* to have the impudence.
cüretkâr, cüretli 1. courageous, brave, audacious, daring; 2. bold, impudent, insolent.
cüretkârlık 1. boldness, bravery; 2. insolence.
cüretsiz timid.
cüruf [ū] slag, dross, scoria.
cürüm, -rmü crime, felony, offence; ~ işlemek to commit a crime: cürmümeşhut halinde ⚖ caught in the act, in flagrante delicto; cürmümeşhut yapmak to set a trap for, to lay a trap to catch s.o. red-handed.
cüsse 1. body *(build, figure)*; 2. big, strong body.
cüsseli big-bodied; huge.
cüz, -z'ü 1. part, section; 2. a thirtieth

part of the Koran; **3.** *(book)* number, single volume, fascicle *(print work)*.

cüzam [ā] ⚕ leprosy.

cüzamlı [ā] ⚕ leprous; leper.

cüzdan [ā] **1.** wallet; **2.** account-book; *(bank)* pass-book; **3.** portfolio.

cüzi 1. very few, very little, trifling; **2.** partial.

Ç

çaba zeal, eagerness, exertion; effort; ~ göstermek to work hard.
çabalamak 1. to strive, to struggle, to do one's best, to flounder; 2. to exert o.s., to try, to put forth effort.
çabalanmak to flounder with one's arms and legs.
çabucacık [x . . .], **çabucak** [x . .] quickly, in all haste, immediately, forthwith.
çabuk 1. quick, fast, swift, hasty, agile; 2. quickly, soon; ~ ~ quickly; ~ olm. 1. to hurry, to make haste; 2. to be finished; ~ parlayan ~ söner *pro.* what flares up fast dies down fast.
çabuklaşmak to accelerate, to hasten, to speed up.
çabuklaştırılmak to get accelerated, to be speeded up.
çabuklaştırma speeding up.
çabuklaştırmak to speed up, to expedite, to hasten.
çabukluk speed, haste; quickness, fastness, rapidity, promptness.
çaça 1. *(balığı) zo.* sprat; 2. old and experienced sailor; 3. the cha-cha; 4. *sl.* madam *(brothel-keeper).*
çaçaron F talkative, garrulous, chatterbox.
çaçaronluk being a chatterbox.
çadır tent; ~ bezi tent canvas; ~ kurmak to pitch a tent.
çadırcı tentmaker.
çadırcılık tentmaking.
çadırçiçeği, -ni ⚘ bindwind.
çadıruşağı, -nı ⚘ gum ammoniacum.
çağ 1. time, date; 2. age, period, epoch; 3. the right time *(for s.th.)*; ~ açmak to open a period; ~ dışı olm. to be dropped from the roll of military reserves because of old age.
çağında in the period (of), at the age (of).
çağanak 1. castanet; 2. small gypsy tambourine.
çağanoz *zo.* crab; ~ gibi crooked and humpbacked *(man).*
Çağatay Jagatai, Chagatai.
Çağatayca the Jagatai language.
çağcıl modern, up-to-date.
çağcılık modernism.
çağcıllaşmak to become modern.
çağcıllaştırmak to modernize.
çağdaş contemporary.
çağdaşlaşmak to become contemporary.
çağdaşlık being contemporary.
çağdışı 1. anachronistic; 2. not of draft age.
çağıl çağıl with a babbling, murmuring *or* crashing sound *(water).*
çağıldamak to bable, to barble, to murmur, to dabble.
çağıltı the babbling sound, the burbling sound, the murmur of running water.
çağırıcı person sent to invite *or* summon s.o.
çağırış way of calling, inviting *or* summoning.
çağırma calling, inviting.
çağırmak 1. to call; to invite (*-e* to); 2. to shout, to call out, to cry; 3. ✕ to call up; *parl.* to convoke; to convene; to sing.
çağırtı call, shout.
çağırtkan 1. decoy bird; 2. decoy whistle.
çağırtmaç town crier.
çağırtmak 1. to have s.o. called; 2. to have s.o. sing.
çağla green almond eaten in the shell; ~ yeşili almond green.
çağlamak to burble, to murmur, to rustle, to roar, to splash, to crash *(falling water).*
çağlar *s.* çağlayan.
çağlayan cascade, small waterfall.
çağlayık bubbling spring; hot spring.
çağmak *(sun)* to beat down (*-e* on).
çağrı 1. invitation, summons, citation, convocation, request (to *accession*); 2. interjection; 3. *gr.* vocative; 4. ✕ call.
çağrıcı summoner.
çağrılı invited *(person).*
çağrılık invitation (card).
çağrılmak to be invited, to be called.
çağrım the reach of a voice.
çağrışım *psych.* association.
çağrışımcılık *psych.* associationism.
çağrışmak 1. to cry out together, to shout

together; 2. ⚒ to sing in unison; 3. to call (out)to one another.

çakal 1. *zo.* jackal; 2. *sl.* helpless, weak; 3. *sl.* cunning, crafty, wily; 4. *sl.* shady person, underhanded person.

çakaleriği, -ni ⚘ sloe, wild plum; unripe plum.

çakaloz *hist.* a swivel gun.

çakar dragnet for catching mackerel; ~ almaz 1. lighter; 2. *sl.* pistol that won't fire; 3. useless, good for nothing.

çakı pocketknife; ~ gibi lively, active, alert, quick by the hands.

çakıl 1. pebble; 2. gravel, grit; ~ döşemek 1. to pave with pebbles; 2. to gravel; ~ taşı rounded pebble.

çakıldak 1. mill clapper; 2. rattle; 3. chatterbox, babbler; 4. ball of dried dung hanging on an animal's tail.

çakıldamak to rattle, to rustle, to clatter.

çakıldatmak to rattle, to shake s.th. noisily.

çakılı fixed, nailed (-*e* to).

çakıllı pebbly.

çakıllık 1. place paved with pebbles; 2. gravel pit.

çakılmak 1. to be driven into place *(nail, peg)*; 2. to be pegged down, to be nailed down.

çakıltı rattle, rustle, clatter.

çakım, çakın 1. lightning; 2. spark.

çakır[1] 1. greyish blue, bluish; 2. = çakırdoğan.

çakır[2] † wine.

çakır[3]: ~ çukur 1. uneven, rough, bumpy; *fig.* stumbling; 2. rattling noise.

çakırdiken ⚘ burdock, burr.

çakırdoğan *zo.* goshawk.

çakırkanat *zo.* teal.

çakırkeyf F half-tipsy, slightly-tipsy, mellow, *Am.* happy.

çakırpençe 1. having a hawk-like grip; 2. greedy, avaricious, stingy, mean.

çakışmak 1. ⚒ to fit into one another; 2. to beat *(or* strike) one after *(or* upon) another; 3. to compete in impromptu verse; 4. ⩓ to be congruent.

çakıştırmak 1. *caus. of* çakışmak; 2. to drink, to carouse, to tipple.

çakma 1. *vn. of* çakmak; 2. nailed on; 3. embossed; 4. mo(u)ld for embossing.

çakmak[1] 1. flash of fire; 2. steel for striking on a flint; 3. (cigarette, pocket) lighter.

çakmak[2] 1. to drive in s.th. with blows; 2. to nail on; 3. to bind, to tie up; 4. *sl.* to palm off s.th. on s.o.; 5. *sl.* to strike, to hit; 6. *sl.* to cotton on, to get the notion *(or* idea), to percieve, to grasp; 7. *sl.* to know *(-den* about); 8. to flash (up) *(lightning)*; 9. *sl.* to drink, to booze; 10. *sl.* to fail *(an examination, a subject).* to be 'ploughed' *(in an examination), Am.* to flunk; 11. to snap (at) all of a sudden; 12. to fire (off), to discharge.

çakmakçı repairer *or* maker of lighters.

çakmaklı flintlock gun.

çakmaklık lighter *(fluid)*.

çakmaktaşı 1. *geol.* flint; 2. artificial flint.

çakşır 1. *(long, wide)* trousers *(with light leather boots at the ankles)*; 2. shank feather.

çakşırlı with feathered shanks *(pigeon)*.

çaktırılmak to be nailed down.

çaktırmak to have (a nail) hammered down.

çalak swift, nimble.

çalakalem: ~ yazmak to write in haste *or* without deliberation, to scribble down.

çalakaşık: ~ yemek F to tuck in.

çalakürek: ~ çekmek to row with all one's might.

Çalap, -bı God.

çalapaça dragging s.o. along by force.

çalar 1. alarm, striking mechanism *(of a clock)*; 2. equipped with an alarm mechanism *(clock)*; ~ saat 1. alarm clock; 2. repeater; 3. musical clock.

çalçene chatterbox, babler, gossip.

çaldırmak 1. *caus. of* çalmak; 2. to lose by theft.

çalgı 1. music; 2. musical instrument; 3. orchestra, band; ~ çağanak with music and noise; ~ çaldırmak to have s.o. *or* a band play musical instrument(s); ~ çalmak 1. to play a musical instrument; 2. to play music.

çalgıcı 1. musician, instrumentalist; 2. producer *or* seller of musical instruments.

çalgıcılık being a professional musician.

çalgıcıotu, -nu ⚘ hedge mustard.

çalgıç plectrum.

çalgılı offering entertainment *(restaurant, etc.)*, with music.

çalı 1. bush, shrub; 2. underwood. scrub, *Am.* brush; thicket; ~ çırpı brushwood; sticks and twigs.

çalıfasulyesi, -ni climbing kidney-beans.

çalık 1. oblique. crooked; 2. cut slanting *(cloth)*; 3. restive *(animal)*; 4. faded *(cloth. etc.)*; 5. whose name is struck off the roll; 6. pock-marked; 7. pock-mark; 8. mange; 9. deranged in the mind.

çalıkkavak ⚘ a kind of poplar whose branches are used in wickerwork.

çalıkuşu, -nu 1. *zo.* goldcrest kinglet; 2. *zo.* wren; 3. *fig.* inconstant, fickle, unstable; 4. *fig.* lively.
çalılık thicket; brushwood.
çalım 1. † blow, stroke; 2. edge *(sabre)*; 3. swagger, boasting, big talk; 4. *soccer:* adroit movements; ~ etm. (*or* satmak) to behave arrogantly, to boast; -ına getirmek *fig.* to find a favo(u)rable time *or* position to achieve *or* obtain.
çalımlamak *soccer:* adroitly to keep the ball from.
çalımlanmak 1. *to* swagger; 2. *soccer:* to be kept away from the ball.
çalımlı 1. pompous; 2. ⚓ narrow-built and with a high bow.
çalınmak *pass. of* çalmak.
çalıntı 1. stolen goods; 2. plagiarized matter, plagiarism.
çalışkan industrious, hard-working, diligent, studious.
çalışkanlık diligence.
çalışma work; study; ♀ Bakanlığı Ministry of Labo(u)r; ~ müsaadesi working permit.
çalışmak 1. to try, to strive; 2. to be in the employ of, to work for; 3. to be in activity; to run *(machine)*; 4. to exert o.s.; 5. to study; çalışıp çabalamak to do one's best, to try hard.
çalıştırıcı trainer, coach.
çalıştırılmak to get run.
çalıştırmak 1. to operate, to use; 2. to make run, to make work; 3. to employ; 4. to tutor; 5. *sl.* to make fun of; 6. *sl.* to shell out *(money)*.
çalkağı cotton gin.
çalka(la)mak 1. to rinse, to wash off *(or* up *or out)*; 2. to shake, to jog; 3. to stir up; 4. to beat, to whip *(egg)*; 5. to churn *(milk)*; 6. to disturb and addle *(an egg of a brooding hen)*; 7. to winnow *(corn, grain)*; süt, çocuğu çalka(la)dı milk turned the baby's stomach.
çalka(la)nmak 1. *pass. of* çalka(la)mak; 2. to be shaked; 3. to be rough *(sea)*; 4. to be talked about everywhere; 5. to be tossed around; 6. to shake o.s.
çalkantı 1. violent shock; 2. remaining chaff; 3. ⚕ diarrh(o)ea, vomitting; 4. strong internal excitement; 5. wave *(sea)*; 6. beaten eggs.
çalkar 1. † anything that upsets the stomach; 2. cotton gin; 3. ⚕ laxative, purgative.
çalma 1. *vn. of* çalmak; 2. stolen; 3. beaten up, shaken; 4. a turban; 5. chiseled *(metal object)*.
çalmak, (-ar) 1. to hit, to strike, to knock on, to give a blow to 2. to add, to mix in; 3. to make *(yoghurt)*; 4. to spread *(butter, honey, etc.)*; 5. to steal, to take away *(-den* from); 6. to spoil, to taint; 7. to play *(a musical instrument)*; 8. to chase, to engrave *(a design on a metal)*; 9. to cut on the bias; 10. to sweep hard; 11. to taste of, to have a flavo(u)r of, to tend to resemble; 12. to ring, to toll, to strike ,to put in action *(clock, bell)*; 13. to strike *(the hour)*; 14. to knock (at *the door*); bunu al da başına çal! *iro.* may it do you no good!; çalmadan oynamak 1. to be very lively and happy; 2. to be always ready *(to do s.th.)*, to be officious; çalıp çırpmak to steal whatever is in sight.
çalpara 1. castanet; 2. *zo.* lady crab; 3. ⊕ guide-box.
çalyaka seizing by the collar; ~ etm. to collar s.o.
çam 1. ⚘ pine; fir; 2. *any of several types of tall tree with thin sharp leaves that do not drop off in winter, found esp. in colder parts of the world*; ~ devirmek F to blunder, to drop a brick, to put one's foot in it; ~ yarması gibi enormous, giant *(person)*.
çamaşır 1. linen, underwear, underclothing; 2. laundry; 3. washing; ~ değiş(tir)mek to change one's underwear; ~ dolabı dresser; ~ ipeği silk embroidery thread; ~ ipi clothesline; ~ makinesi washing machine; ~ yıkamak to wash clothes, to do the laundry.
çamaşırcı washerwoman; laundryman; laundress.
çamaşırevi, -ni, **çamaşırhane** [. - - - .] laundry room, washhouse.
çamaşırlık 1. = çamaşırevi; 2. suitable material for underwear manufacturing.
çamça roach *(small fresh-water fish)*.
çamçak wooden dipper.
çamfıstığı, -nı pine nut, pine kernel.
çamlık pine grove.
çamsakızı, -nı 1. pine resin; 2. *fig.* (*a* ~ gibi) importunate, obtrusive, troublesome, bothersome, annoying *(person)*; ~ çoban armağanı small present.
çamuka [. x .] kind of sardine, sand smelt.
çamur 1. mud. mire; 2. argillaceous earth; 3. dirth, filth; 4. mortar, plaster; 5. mixture of clay; 6. *sl.* brazen. impertinent. obtrusive; ~ atmak 1. to sling mud (*-e* at); 2. *fig.* to calumniate. to defame; *a.* ⚖ to slander; ~ etm. to dirty; *fig.* to

soil; ~ olm. to get muddy; -a bulaşmak F to be down on one's luck; -a yatmak *sl.* **1.** to default on a debt; **2.** not to keep a promise.

çamurcuk a small carp.

çamurcun *zo.* teal.

çamurlamak **1.** to smear with mud; **2.** *fig.* to defame, to calumniate.

çamurlanmak to get muddy.

çamurlaşmak **1.** to turn into mud; **2.** to become aggressive, to begin to pick a quarrel.

çamurlatmak to have s.th. plastered with mud.

çamurlu **1.** muddy, miry; **2.** dirty; ~ yer marsh, slough.

çamurluk **1.** mudguard, *Am.* fender; **2.** running-board, foot-board; **3.** trough; **4.** muddy place; **5.** gaiter, legging; **6.** waterproof boots; **7.** footscraper; **8.** metal fittings.

çan bell, church bell; ~ çalmak **1.** to ring a bell; **2.** *fig.* to trumpet, to noise abroad; **3.** to ring; ~ kulesi belfry, bell tower; -ına ot tıkamak *fig.* to put a spoke in one's wheel.

çanak **1.** eartenware pot; **2.** ⚘ calyx; ~ ağızlı **1.** having a large mouth; **2.** *fig.* blabbermouth; ~ çömlek eartenware pots; ~ tutmak to ask for *(trouble)*; ~ yalamak to flatter; ~ yalayıcı parasite, sponger; toady, sycophant.

çanakçı potter; seller of pottery.

çanakçılık making *or* selling eartenware.

Çanakkale Boğazı *pr. n.* the Dardanelles, the Hellespont.

çanaklık **1.** depository; **2.** ⚓ masthead.

çanaksı *biol.* calyciform.

çanakyaprağı, -nı sepal.

çancı **1.** maker *or* seller of bells; **2.** bell ringer.

çançan F loud and stupid idle talk, twaddle.

çançiçeği, -ni ⚘ bellflower.

çangal branch, limb.

çangallı having branches.

çangıl çungul with a clattering and crashing sound.

çangırdamak to clang, to clatter, to jangle.

çangırtı clattering *(or* crashing) sound.

çanıltı the clanging of a bell.

çanta [x .] **1.** bag; **2** handbag; **3.** briefcase; **4.** purse; **5.** knapsack; **6.** suitcase; -da keklik *fig.* in hand, in the bag; already gained.

çap, -pı **1.** A diameter; **2.** *a.* ⚔ caliber, bore; **3.** size, largeness, scale, extent, volume; **4.** quality, worth; **5.** plan showing the size and boundaries of a plot; -tan düşmek to go downhill, to decline, to be undersized.

çapa [x .] **1.** hoe, mattock; **2.** ⚓ anchor; **3.** bilge plank.

çapacı **1.** hoer; **2.** maker *or* seller of hoes.

çapaçul F disorderly, slovenly, untidy.

çapaçulluk untidiness.

çapak **1.** dried rheum round the eye, crust; **2.** wire edge, burr; fin, beard *(of a casting)*.

çapaklanmak to become gummy *(eye)*.

çapaklı **1.** crusty, having dried rheum round the eye; **2.** with fins *or* burrs *(from casting)*; **3.** *print.* having a flaw in the casting *(letter)*.

çapalamak to hoe up.

çapanoğlu, -nu unpleasent *or* difficult situation that might appear, a hidden difficulty.

çapar **1.** a kind of boat used in the Black Sea; **2.** spotted, mottled; **3.** albino; **4.** *hist.* mounted courier.

çaparı trawl, trotline.

çaparız F **1.** obstacle; **2.** inverted, reversed, upside down, untoward, adverse, inconvenient; **3.** ⚓ being athwarthawse.

çapçak **1.** wooden bowl; **2.** open barrel.

çapkın **1.** † swift *(horse)*; **2.** † vagabond, vagrant, tramp; **3.** womanizer, philanderer, casanova; **4.** young scamp *(or* rascal); **5.** sensual, greedy, covetous *(look)*.

çapkınlaşmak to turn into a skirt-chaser.

çapkınlık profligacy; debauchery.

çapla cold chisel.

çaplamak to gauge, to measure the diameter of, to calibrate.

çaplı **1.** having a diameter (of); calibered; **2.** large sized, of large caliber; **3.** F husky, strapping.

çapmak **1.** to run. to trot, to gallop; **2.** to ride *(horse)* fast; **3.** to raid, to pillage.

çaprak saddle-cloth.

çapraşık **1.** complicated, tangled, intricate; **2.** crosswise.

çapraşıklaşmak to get confused and chaotic.

çapraşıklık confusion, chaos.

çapraşmak **1.** to get complicated; **2.** to cross each other.

çapraz **1.** crossing, transverse, crosswise; **2.** diagonal: **3**. saw set, saw file; **4.** *tailoring:* double-breasted; **5.** *wrestling:* a clinch; ~ kelime bulmacası crossword puzzle.

çaprazlama **1.** diagonally; **2.** chiasmus.

çaprazlamak to cross obliquely, to put

crosswise (-e to).
çaprazlaşmak to become confused and involved.
çaprazlık being in crosswise arrangement.
çaprazölçer set gauge *(for saw teeth)*.
çapul raid, sack, loot, pillage; booty, spoil.
çapulcu looter, marauder, pillager.
çaput, -tu P **1.** rag; **2.** coarse cloth.
çar czar, tsar.
çarçabuk [x . .] as quick as lightning, with lightning speed, very quickly.
çarçur dissipation, waste, squandering; ~ etm. to throw out of the window *(money)*, to squander; ~ olm. to be squandered.
çardak arbo(u)r, hut, pergola.
çare [ā] means, way; solution; remedy, medicament, cure; help; ~ aramak to look for a remedy; -sine bakmak to settle, to see (to); bundan başka çare yok there is no other way out, this is the only thing to do.
çaresiz [ā] **1.** helpless, poor; **2.** unalterable, irrevocable, imperious, commanding; **3.** willy-nilly.
çaresizlik helplessness, lack of means; poverty.
çareviç [x . .] czarevitch, tsarevitch.
çarık 1. rural footwear, rawhide sandal; **2.** brake-shoe, brake-block; **3.** *sl.* wallet; ~ çürük *s.* çürük ~.
çarıklı 1. wearing rawhide sandals; **2.** *fig.* rural, rustic; ~ diplomat (*or* erkânıharp) a sly rustic, a wily rustic.
çariçe czarina, tsarine.
çark, -kı **1.** wheel *(of a machine)*; **2.** wheelwork, gear(ing); **3.** disk, plate; **4.** ⚔ wheel, pivoting manoeuvre; **5.** fate, destiny; **6.** firmament; **7.** ⚓ paddle wheel; **8.** fly-wheel; ~ etm. **1.** ⚔ to turn; **2.** to change one's resoluteness *(a. fig.)*; -a vermek (*or* çektirmek) to put *(a blade)* to the grindstone; -ı bozulmak *fig.* to have one's affairs upset, to meet misfortune; -ına etm. (*or* okumak) F to bungle; to ruin one.
çarkçı 1. machinist, engine operator; **2.** knife-grinder. **3.** ⚓ engineer, mechanic.
çarkçılık 1. ⚓ occupation of an engineer; **2.** knife-grinding.
çarkıfelek 1. sky, heaven; **2.** moonlight; **3.** destiny, fate; **4.** pinwheel; **5.** ⚘ passion flower.
çarlık czardom, tsardom.
çarliston charleston *(dance)*.
çarmıh, çarmık cross *(for crucifying)*; çarmıha germek to crucify.
çarmık ⚓ shrouds.
çarnanar [- - -] willy-nilly.
çarpan ⩲ multiplier.
çarpanbalığı, -nı *zo.* greater weever.
çarpı 1. whitewash; **2.** ⩲ ...times, multiplied by.
çarpık oblique, crooked, distorted, bent; slanting; ~ bacaklı bow-legged; ~ çurpuk crooked and oblique; deformed.
çarpılan ⩲ multiplicand.
çarpılma 1. being hit, collison; **2.** becoming crooked.
çarpılmak 1. *pass. of* çarpmak; **2.** to take s.th. ill *(or* amiss), to take offence at, to resent; cezaya ~ to be punished.
çarpım ⩲ product; ~ tablosu multiplication table.
çarpınma 1. convulsion, spasm; **2.** a struggle to find a way to get s.th. done.
çarpınmak 1. *fig.* to struggle, to try every possible means; to exert o.s.; **2.** to move agitatedly.
çarpıntı 1. violent beating *(or* palpitation*)* of the heart; **2.** strong excitement.
çarpışık 1. collided; **2.** irregular.
çarpışma 1. fight, combat, battle; **2.** collision, clash.
çarpışmak 1. to collide, to strike one another; **2.** to fight; **3.** to be in conflict.
çarpıtmak to distort *(a face)*, to wrench.
çarpma 1. impact, shock *(a.* ⚔*)*; **2.** stroke, blow; **3.** ⩲ multiplication; **4.** embossed; **5.** s.th. produced by beating; **6.** stolen.
çarpmak, (-ar) **1.** to strike, to knock against; **2.** to throw (at); **3.** to strike, to smite, to paralyze, to distort *(evil spirit)*; **4.** *sl.* to steal cleverly; **5.** ⩲ to multiply; **6.** to affect violently *(sun, disease)*; **7.** to go one's head *(wine)*; **8.** to beat, to palpitate *(heart)*; **9.** to slam *(a door)*; **10.** to collide with.
çarptırmak 1. to make *(two things)* collide; **2.** to have one's pocket picked.
çarşaf 1. sheet of a bed; **2.** veiled dress *(formerly worn by Turkish women in public)*; ~ gibi as calm as a millpond, calm *(sea)*; ~ kadar very large *(said for s.th. supposed to be small)*.
çarşaflamak to fasten a sheet.
çarşaflanmak to have a cover fastened on it.
çarşaflı wearing a veiled dress.
çarşamba Wednesday; ~ karısı hag, hell-cat; ~ pazarı gibi a place in disorder and confusion.
çarşı shopping district, permanent market, bazaar, street with shops; ~ pazar dolaşmak to go on a shopping expedition; -ya çıkarmak to (put on the) market; -ya git-

mek to go shopping.
çarşılı tradesman.
çaşıt spy.
çaşıtlamak to spy.
çat, -tı *int.* crash!, bang!; ~ kapı unexpectedly there was a knock at the door; ~ orda ~ burda, ~ kapı arkasında now here now there *(said for s.o. or s.th. always in a different place);* ~ pat **1.** abrupt, disjointed; **2.** very little; now and then, rarely.
çatadak [x . .] with a sudden cracking noise.
çatak 1. valley; **2.** *fig.* complicated, intricate; **3.** twins, double *(fruits);* **4.** nagging, quarrelsome.
çatal 1. forked, bifurcated; **2.** fork; **3.** bifurcation; **4.** *fig.* dilemma; **5.** horns, antlers *(deer)*; **6.** difficult, hard, complicated, intricate; **7.** having a double meaning *(word);* ~ görmek **1.** to squint; **2.** *fig.* to make a mistake; ~ tırnaklı cloven hoofed.
çatalağız, -ğzı delta *(river).*
çatallanmak to bifurcate, to fork.
çatallaşmak 1. ⚒ = çatallanmak; **2.** to get complicated; **3.** to become cracked *(voice).*
çatallı 1. forked, bifurcated; **2.** badly arranged, difficult to survey, complicated; **3.** *gr.* disjunctive; **4.** cracked *(voice).*
çatana [. x .] ⚓ small steam boat.
çatapat, -tı small toy explosive that goes off when stepped on.
çatı 1. roof; **2.** framework of a roof; **3.** attic; **4.** *anat.* pubis; **5.** *gr.* voice; ~ katı *(or* arası *or* altı) attic, penthouse.
çatık 1. frowning, sulky, stern *(face)*; **2.** stacked *(rifles)*; ~ kaşlı beetle-browed, frowning.
çatır çatır 1. with a cracking *(or* crashing) noise; with a crackling and snapping noise *(fire);* with a creaking *(or* popping) noise *(wood, bones)*; **2.** by force; like it or not; **3.** fluently, easily.
çatırdamak 1. to crackle, to snap; to creak, to pop; **2.** to chatter *(teeth).*
çatırtı crackle, snap; clattering, chattering.
çatışık contradictory, clashing.
çatışma 1. ⚔ skirmish; **2.** dispute; argument; **3.** *psych.* state of conflict.
çatışmak 1. to clash, to collide *(ile* with); **2.** to contradict, to clash, to be in conflict *(ideas)*; **3.** to have a quarrel; **4.** *(dogs, camels)* to mate; **5.** to coincide *(ile* with) *(time).*
çatkı 1. stack of rifles; **2.** cloth headband; **3.** frame, skeleton; **4.** basting.
çatkın 1. = çatık; **2.** favo(u)rite, protégé.
çatlak 1. split, slit, fissured; **2.** crack, fissure, crevice; **3.** chapped *(hand)*; **4.** cracked *(voice)*; **5.** *fig.* cracked, not all there; **6.** *fig.* mad, crazy.
çatlaklık 1. crack; **2.** *fig.* craziness.
çatlamak 1. to crack, to split; **2.** to chap *(hand)*; **3.** to burst with impatience; **4.** to die from overeating *(or* exhaustion).
çatlatmak 1. to split, to crack; **2.** F to drive crazy.
çatma 1. *vn. of* çatmak; **2.** framework of a building; **3.** ⚖ picking a quarrel.
çatmak, (-ar) **1.** to stack *(arms)*; **2.** to fit together; **3.** to baste *(or* tack) together; **4.** to tie; **5.** to load (on *an animal); **6.** to inveigh *(-e* against), to lash out *(-e* against, at); **7.** to collide *(-e* with), to knock *(-e* against), to bump up *(-e* against); **8.** to meet (with *trouble),* to come up (against *a difficulty);* **9.** to win favo(u)r of s.o.
çatra patra [x . x .] incorrectly and brokenly *(speaking a language).*
çavdar ⚘ rye; ~ ekmeği rye-bread.
çavdarmahmuzu, -nu ⚘ rye ergot.
çavlan waterfall.
çavlı young untrained hawk.
çavuş 1. ⚔ sergeant; **2.** guard; **3.** herald, messenger.
çavuşkuşu, -nu *zo.* hoopoe.
çavuşüzümü, -nü ⚘ sweet-water.
çay[1] **1.** tea; **2.** tea plant; **3.** tea party, reception; ~ demlemek to steep *(tea).*
çay[2] brook, rivulet, creek, stream; -ı görmeden paçaları sıvamak to count one's chickens before they are hatched.
çaycı 1. seller of tea; tea merchant; **2.** keeper of a teahouse; **3.** drinker of tea.
çaydanlık teapot, teakettle.
çayevi, -ni teahouse.
çayhane [. . -] teahouse.
çayır 1. meadow; pasture; **2.** pasture grass; green *(or* fresh) fodder; -a çıkarmak to pasture, to graze.
çayırkuşu, -nu *zo.* skylark.
çayırlanmak to graze, to pasture.
çayırlık meadowland, pasture.
çayırotu, -nu ⚘ **1.** grass; fodder; **2.** timothy grass.
çaylak 1. *zo.* kite; **2.** *fig.* green, tiro, fledgling.
çeç, -çi heap of winnowed grain.
çeçe *zo.* tsetse fly.
çedik morocco slipper; ~ pabuç lady's house slippers.

çehre 1. face, countenance; 2. aspect, appearance; 3. sour face; ~ asmak (*or* etm. *or* çatmak) to pull a long face; ~ züğürdü ugly-faced.
çek, -ki cheque, *Am.* check; ~ defteri chequebook; ~ yazmak to make out a cheque.
Çek, -ki Czech.
Çekçe Czech.
çekçek small four-wheeled handcart.
çekecek shoehorn.
çekek ⚓ slip.
çekememezlik envy, jealousy.
çeki a weight of 250 kilos; ~ taşı a stone weight of 230 kilos; ~ taşı gibi ponderous; -ye gelmez 1. it is too heavy; it is unbearable; 2. it is disorderly, it is untidy.
çekici *fig.* attractive, charming.
çekicilik *fig.* attractiveness, charm.
çekiç, -ci 1. hammer; 2. *anat.* malleus; ~ atma throwing the hammer.
çekiçhane [ā] steamhammer shop of a factory.
çekiçkemiği, -ni *anat.* hammer, malleus.
çekiçlemek to hammer.
çekidüzen tidiness, orderliness; ~ vermek to tidy up, to put in order.
çekik 1. slanting *(eyes)*; 2. drawn out; 3. drawn in; ~ gözlü slit-eyed.
çekiliş drawing *(in a lottery)*.
çekilmek 1. *pass. of* çekmek; 2. to withdraw, to draw back, to recede; 3. to retreat; 4. to resign; 5. *(oyundan)* to give up; 6. to flex *(muscle)*; çekil oradan! F clear out of there!
çekilmez unbearable, intolerable, unendurable.
çekim 1. *phys.* attraction; 2. *gr.* inflection, declination, conjugation; 3. *cinema:* shot, take; 4. *sl.* sniff *(of snuff)*; ~ eki *gr.* termination.
çekimlemek 1. *gr.* to inflect, to decline, to conjugate; 2. *phys.* to attract.
çekimli 1. attractive, graceful; 2. *gr.* inflectional.
çekimser 1. abstaining; 2. uncommitted.
çekimserlik abstention.
çekince 1. drawback; 2. risk.
çekingen timid, shy, hesitant, bashful.
çekingenlik timidity, shyness.
çekinik *biol.* recessive.
çekinmek 1. to beware (*-den* of), to refrain (*-den* from), to recoil (*-den* from), to hesitate to do, to be timid; 2. to put on *(eye make-up)*.
çekinti hesitation.
çekirdek 1. pip, seed, stone *(of a fruit)*; 2. nucleus; 3. nuclear; 4. kernel *(a. fig.)*; ~ kahve coffee beans; -ten yetişme trained from the cradle.
çekirdeklenmek to from seeds, to seed.
çekirdeksel *phys.* nuclear.
çekirdeksiz seedless.
çekirge 1. *zo.* grasshopper, locust; 2. cricket.
çekişme argument, quarrel.
çekişmek 1. to argue, to quarrel, to dispute; 2. to pull in opposite directions; 3. to draw mutually *(knife)*; 4. to try hard *(as a group)*; çekişe çekişe pazarlık etm. to haggle.
çekişmeli 1. contentious; 2. hard, difficult.
çekiştirmek 1. *caus. of* çekişmek; 2. to backbite, to run down.
çekme 1. *vn. of* çekmek; 2. drawer, tilt; 3. overalls; 4. shapely, well-shaped; 5. plucked *(instrument)*; 6. stunted *(tree)*; 7. chinning-up *(an exercise)*; ~ demir rolled iron; ~ halatı tow rope; ~ taşıtı recovery vehicle.
çekmece 1. drawer; tilt; 2. coffer.
çekmek, (-er) 1. to pull; 2. to draw, to haul, to drag, to tug; 3. to hoist *(flag)*; 4. to pull on *(boots, trousers)*; 5. to drive, to move *(car)*; 6. ⚓ to tow; 7. to draw *(knife, gun)*; 8. to extract, to pull out *(tooth)*; 9. to draw *(magnet)*; 10. to attract, to charm, to fascinate; 11. to absorb; 12. to bear, to suspend *(weight, load)*; 13. to bear, to pay for, to stand *(expense)*; 14. to bear, to endure, to put up with, to go through, to suffer, to undergo *(experience, sorrow, pain)*; 15. to breathe in; to suck in; to sniff; 16. to withdraw, to draw out *(money)*; 17. to withdraw, to draw back *(troops)*; 18. to suck up, to pump out *(liquid)*; 19. to distill; 20. to draw *(chimney)*; 21. to draw *(line)*; 22. to extend, to lengthen; 23. to build *(fence, wall)*; to stretch out, to hang *(curtain)*; 24. to lay *(cable)*; 25. to stretch *(wire, rope)*; 26. to weigh; 27. to draw *(lots)*; 28. to copy; 29. to prepare, to draw up *(protest, policy)*; 30. to send *(telegram)*; 31. to photograph, to take *(photograph)*; 32. to grind *(coffee)*; 33. *(b-ne)* to resemble s.o., to take after s.o.; 34. to shrink *(cloth)*; 35. to paint, to give *(a coat of paint)*; 36. *gr.* to conjugate *(verb)*; 37. *sl.* to drink, to wet one's whistle; 38. to give *(a banquet)*; çek (*or* çek arabanı)! *sl.* clear out!, beat it!, hop it!; çekip çekiştirmek to backbite, to run down; çekip çevirmek to manage; çekip çıkarmak to pull (*or* pluck) out;

çekip gitmek to go away; çekip uzatma prolixity.
çekmekat, -tı penthouse.
Çekoslovak, -kı *pr. n.* Czechoslovakian.
Çekoslovakya *pr. n.* Czechoslovakia.
çekül plumb line.
çelebi 1. educated, well-bred; 2. gentleman; 3. † prince; 4. *title given to men of certain religious orders.*
çelenç *sports:* challenge.
çelenk, -gi wreath; garland; ~ koymak to lay a wreath.
çelik[1] steel; ~ gibi as tough as a leather.
çelik[2] 1. short piece of tapered wood; 2. cat *(in tipcat);* 3. cutting; 4. ⚓ marlinespike; carling.
çelikçomak tipcat.
çelikhane [ā] steel works, steel foundry.
çelikleşmek 1. to become steel; 2. to become as tough as a leather.
çelim stature, form, shape.
çelimsiz puny, misshapen, scraggy, frail.
çelişik contradictory.
çelişki contradiction.
çelişmek *(bşle)* to be in contradiction with *s.th.*
çelme 1. *vn. of* çelmek; 2. tripping; ~ atmak *(or* takmak) to trip up.
çelmek 1. to cut on the bias; 2. to divert, to change another's course; 3. to wipe out, to negate, to void; 4. (aklını *or* zihnini) to pervert, to dissuade, to talk s.o. into doing s.th., to seduce; 5. to be in contradiction (with).
çelmelemek *(b-ni)* to trip *s.o.* with one's foot.
çeltik rice in the husk.
çember 1. ⩑ circle; 2. hoop; rim; 3. child's hoop; barrel hoop; 4. strap; 5. hoop-shaped; 6. *basketball:* basket, hoop; 7. ⚔ encirclement; ~ çevirmek to trundle *(or* roll) a hoop; ~ içine almak ⚔ to encircle; ~ sakal round trimmed beard.
çemberlemek 1. to hoop, to strap; 2. ⚔ to encircle, to surround.
çemberli strapped; hooped.
çemen ⚘ cumin.
çemre(le)mek 1. to tuck up *(one's garments, sleeves, etc.)*; 2. to squeeze the end of s.th. together.
çemrenmek to roll up one's sleeves *(a. fig.).*
çene 1. chin; 2. jaw; 3. jaw bone; 4. *fig.* garrulity, talkativeness; ~ çalmak to chat, to natter, to chatter; ~ kavafı talkative; ~ sakızı *fig.* a saying that is always in one's mouth; ~ yarışı talkfest; -n pırtı! shut up!; -si atmak to drop one's jaw in dying, to die; -si düşük chatter-box, garrulous, chatty; -ye kuvvet by dint of talking.
çenebaz talkative, garrulous.
çenebazlık talkativeness.
çenek 1. ⚘, *zo.* valve; 2. *anat.* mandible.
çeneli *fig.* talkative, chatty.
çengel hook; ~ takmak to get one's claws (-e into), to be a nuisance (-e to).
çengellemek to hook.
çengellenmek 1. *pass. of* çengellemek; 2. to be hung on a hook.
çengelli hooked.
çengelliiğne safety pin.
çengelsakızı, -nı chewing gum *(made from the juice of cardoon).*
çengi dancing girl.
çenk, -gi primitive harp
çentik 1. notch; nick; 2. notched; nicked; 3. incisure.
çentiklemek to notch; to nick.
çentikli notched; nicked.
çentmek 1. to notch; to nick; 2. to chop up *(onions).*
çepçevre [x . .], **çepeçevre** [. x . .] all around.
çepel 1. muddy, dirty, foul; 2. gloomy, dull, disagreeable; 3. rubbish.
çeper 1. bamboo fence; 2. immoral; 3. *biol.* membrane.
çepiç year-old goat.
çepken *s.* cepken.
çerçeve 1. frame; 2. sash, window frame; 3. rim *(of glasses)*; 4. shaft *(of a loom)*; 5. parallel bars; 6. *fig.* framework.
çerçeveci picture-framer.
çerçevelemek to frame, to put in a frame.
çerçi sundries pedlar.
çerçöp 1. twigs; 2. sweepings, rubbish; 3. odds and ends.
çerden çöpten flimsy, jerry-built.
çerez 1. tidbits, nuts, snack; 2. appetizers, hors d'oeuvres.
çerezci seller of appetizers *(or* tidbits).
çerezlenmek 1. to eat appetizers; 2. *fig.* to take advantage of opportunities.
çerge makeshift *(or* gypsy's) tent.
çeri † troops, army.
çeribaşı † 1. gypsy chief; 2. commander of troops.
Çerkez *pr. n.* Circassian; ~ tavuğu chicken with walnut.
çerviş 1. inferior cooking fat; 2. the juicy part of a cooked dish.
çeşit, -di 1. kind, sort, variety *(a. biol.)*; 2. assortment; 3. ⚓ sample; ~ ~ assorted; ~ düzmek *(or* yapmak) to buy various sorts of a thing.

çeşitleme ♪ variation.
çeşitlemek to increase the variety of.
çeşitli different, various, assorted.
çeşitlilik variety, diversity.
çeşme fountain.
çeşni **1.** taste, flavo(u)r; **2.** sample, specimen; **3.** enjoyment, special flavo(u)r; -sine bakmak *(bşin)* to taste *s.th.*, to test the flavo(u)r of *s.th.*
çeşnilemek to make palatable (*or* tasty).
çeşnilik seasoning.
çete [x .] band of rebels, guerrillas *or* brigands; ~ harbi guerrilla warfare; ~ reisi guerrilla leader.
çeteci [x . .] guerrilla, brigand, marauder.
çetecilik brigandage, marauding.
çetele [x . .] tally (stick); ~ tutmak to keep tally.
çetin **1.** hard, difficult, harsh; **2.** perverse, intractable; ~ ceviz *fig.* hard (*or* tough) nut to crack.
çetinleşmek to get difficult; to become intractable.
çetrefil **1.** confused, complicated; **2.** bad, incorrect, ungrammatical *(language)*.
çetrefilleşmek to get complicated.
çevgen **1.** polo stick; **2.** polo.
çevik nimble, agile, swift.
çeviklik agility, nimbleness.
çeviren translator.
çevirgeç *phys.* commutator.
çeviri translation.
çevirici translator.
çevirim filming.
çevirme **1.** *vn. of* çevirmek; **2.** translation; translating; **3.** translated; **4.** meat roasted on a spit; **5.** ⚔ encirclement.
çevirmek **1.** to turn; **2.** to rotate, to turn; **3.** to translate (*-e* into); **4.** to return, to reject, ot refuse, to turn down *(offer, etc.)*; **5.** to manage; **6.** to interpret, to explain *(another's words)*; **7.** to turn inside out *(garment)*; **8.** to surround, to enclose; **9.** to pull *(a trick)*; çevir kazı yanmasın F turn cat in pan.
çevirmen translator.
çevre **1.** surroundings; **2.** circumference; contour, circuit, periphery; **3.** environment, milieu; **4.** embroidered handkerchief.
çevrelemek to encircle, to surround, to enclose; to circumscribe.
çevren *ast.* horizon.
çevresel environmental.
çevri **1.** *geogr.* whirlwind; whirlpool; **2.** forced interpretation.
çevrik **1.** turned (around); **2.** surrounded; **3.** whirlpool; whirlwind; waterspout.
çevrili **1.** bordered, surrounded; **2.** facing, turned towards.
çevrilmek *pass. or refl. of* çevirmek.
çevrim period, cycle.
çevrimsel 𝄐 cyclic, periodic.
çevrinti **1.** rotation, eddy, whirl; **2.** whirlpool; whirlwind.
çevriyazı, -yı *gr.* transcription, transliteration.
çeyiz trousseau; ~ çemen complete trousseau; ~ düzmek to prepare a trousseau.
çeyrek **1.** quarter, one fourth; **2.** quarter *(of an hour)*.
çıban boil, furuncle, abscess; pustule; ~ başı **1.** head of a boil; **2.** *fig.* delicate matter; ~ işlemek to ooze pus *(boil)*; -ın başını koparmak *fig.* to bring matters to a head.
çıdam patience.
çıfıt **1.** *contp.* Jew; **2.** *fig.* miser, stingy; **3.** *fig.* tricky.
çığ avalanche; ~ gibi büyümek *fig.* to snowball.
çığa *(balığı) zo.* sturgeon.
çığıltı confused noise of animal cries.
çığır, -ğrı **1.** track left by an avalanche; **2.** path; track, rut; **3.** *fig.* epoch; ~ açmak to mark a new epoch, to break new (*or* fresh) ground; çığrından çıkmak to go off the rails.
çığırtkan **1.** = çağırtkan; **2.** barker, tout.
çığlık cry, scream, shriek; ~ atmak (*or* basmak *or* koparmak) to shriek, to scream.
çıkagelmek to appear suddenly, to burst in.
çıkar interest, profit, advantage; ~ sağlamak to exploit, to profit by; ~ yol **1.** way out; **2.** *fig.* solution to a difficulty; -ına bakmak to look after number one; -ının nerede olduğunu bilmek to know which side one's bread is buttered.
çıkarcı opportunist, exploiter.
çıkarcılık opportunism, avarice.
çıkarma **1.** 𝔄 subtraction; **2.** ⚔ landing.
çıkarmak **1.** to take out, to get out, to bring out, to push out, to expel, to send out; **2.** to extract, to remove, to take out *(stain)*; **3.** to take out, to obtain, to procure *(patent)*; **4.** to publish; **5.** to omit, to strike out; **6.** to export; **7.** 𝔄 to subtract; **8.** to land, to unload; **9.** *(telefonda)* to get through; **10.** *(b-ni)* to place *s.o.*; **11.** to vomit, to throw up *(food)*; **12.** to take off *(garment)*; **13.** to deduce, to derive; **14.** to make out, to decipher; **15.** to take it out (*-den* on), to vent one's anger (*-den* on); **16.** to cause, to be the source of; **17.**

to offer, to serve; çıkarıp atmak to throw off *(garment)*; sizi çıkaramadım I can't place you.

çıkarsama *log.* inference.

çıkartma sticker, decal.

çıkartmak *caus. of* çıkarmak.

çıkı P small bundle.

çıkık 1. dislocated, out of joint *(bone)*; **2.** dislocation; **3.** projecting, protruding.

çıkıkçı bonesetter.

çıkın knotted bundle.

çıkıntı 1. projecting (*or* salient) part; **2.** marginal note.

çıkış 1. exit; **2.** ⚔ sortie, sally; **3.** *races:* start, **4.** scolding; ~ imtihanı leaving (*or* final) examination; ~ vizesi *pol.* exit visa.

çıkışlı graduate *(of a school)*.

çıkışma reprimand, rebuke.

çıkışmak 1. *(b-ne)* to scold *s.o.*, to rebuke *s.o.*, to chide *s.o.*, to inveigh against *s.o.*; **2.** to be enough, to suffice *(money)*.

çıkma 1. *vn. of* çıkmak; **2.** projection; promontory; **3.** marginal note; **4.** come out; appeared; **5.** separated *(from a group)*.

çıkmak, (-ar) **1.** to come out, to go out, to emerge; **2.** to move out *(of a house)*, to vacate; **3.** to graduate (*-den* from); **4.** to withdraw (*-den* from), to leave, to quit; **5.** to be made (*or* produced) (*-den* from); **6.** to depart (*-den* from), to leave; **7.** to be subtracted (*-den* from), **8.** to turn out to be, to prove, to come true; **9.** to go up, to climb, to ascend, to step on (*-e* to); **10.** to come off; **11.** to break out *(war, fire, etc.)*; **12.** to fall to one's lot; **13.** to cost, to amount (to); **14.** to lead (*-e* to) *(street)*; **15.** to set (*or* start) off; **16.** to run, to come out *(colour)*; **17.** to be dislocated *(limb)*; **18.** to get about *(rumour)*; **19.** to rise, to come out *(sun, moon)*; **20.** to appear, to become visible; **21.** to be published, to come out, to appear *(book)*; **22.** to come out, to be removed *(stain)*; **23.** to be audible; to be detectible; **24.** to come on the market, to become available, to appear; **25.** to sporut; **26.** to be over *(month, season)*; **27.** to go up, to increase *(fever, prices)*; **28.** to be issued *(order, law)*; **29.** to be announced *(promotion)*; **30.** to appear *(before the court)*; **31.** to apply in person *(to a high official)*; **32.** to go out (*ile* with), to date; **33.** to go to the toilet; **34.** *sl.* to fork out, to pay up *(money)*; çıkmadık canda ümit vardır *pro.* while there is life, there is hope.

çıkmaz 1. blind alley, dead-end street, impasse; **2.** *fig.* dilemma, deadlock; ~ ayın son çarşambası F Greek calends; -a sokmak *(b-ni)* to place *s.o.* in a dilemma.

çıkra thick scrub.

çıkrık 1. windlass; **2.** spinning wheel (*or* jenny); **3.** sheave, pulley wheel.

çılbır 1. dish of poached eggs with yogurt; **2.** leading rein.

çıldırasıya madly, passionately.

çıldır çıldır brightly; ~ bakmak to look with bright and shining eyes; ~ yanmak to burn brightly.

çıldırmak 1. to go mad, to lose one's wits, to go off one's head; **2.** *fig. (için)* to be nuts (over), to be wild (obut).

çıldırtmak to drive crazy.

çılgın mad, insane, crazy, raving, frenzied.

çılgınca madly; ~ eğlenmek F to whoop it up.

çılgınlık madness, frenzy, craziness.

çıma [x .] ⚓ hawser, rope's end.

çımacı [x . .] quayside hand.

çımkırık bird's feces.

çın true, real.

çınar *(ağacı)* ⚘ plane tree.

çın çın: ~ ötmek to make a continuous ringing sound.

çıngar *sl.* row, quarrel, brawl; ~ çıkarmak *sl.* to make a scene, to kick up (*or* make) a row.

çıngıl a bunch of undeveloped grapes.

çıngırak 1. small bell; **2.** rattle; çıngırağı çekmek *sl.* to kick the bucket, to die.

çıngıraklıyılan *zo.* rattlesnake.

çıngır çıngır with a rattling sound.

çıngırdak 1. = çıngırak; **2.** rattle.

çıngırdamak to ring, to tinkle.

çıngırtı tinkle.

çınlamak 1. to give out a tinkling sound; **2.** to ring *(ear)*; **3.** to echo.

çıpıldak naked.

çıplak 1. naked, nude; bare; **2.** *fig.* destitute, needy; ~ gözle with the naked eye.

çıplaklık nakedness, nudity.

çıra [x .] pitch-pine.

çırak apprentice; ~ çıkarmak (*or* etm.) to free *(an apprentice)* to work on his own.

çıraklık 1. apprenticeship; **2.** apprentice's fee; ~ etm. to work as an apprentice.

çıralı resinous.

çıramoz torch-holder *(for attracting fish by night)*.

çırçıplak [x . .] stark naked, in the altogether, in one's birthday suit.

çırçır 1. cotton gin; **2.** trickling spring; **3.** *s.* cırcırböceği.

çırçırbalığı, -nı *zo.* wrasse.

çırılçıpıldak [. x . . .], **çırılçıplak** [. x . .] *s.* çırçıplak.

çırpı 1. chip, clipping, shaving; 2. chalk line; ~ ipi 1. carpenter's chalk line; 2. mason's leveling line; ~ vurmak to mark a straight line with the chalk line; -ya getirmek to line up.

çırpınma struggle, fluttering.

çırpınmak 1. to flutter, to struggle; 2. to be all in a fluster; 3. to struggle desperately.

çırpıntı 1. flurry; 2. slight agitation *(of the sea).*

çırpıntılı slightly agitated *(sea).*

çırpışmak to flutter *(birds).*

çırpıştırmak 1. to tap, to beat lightly; 2. F to do superficially.

çırpmak, (-ar) 1. to beat, to strike, to tap, to pat; 2. to beat *(carpet)*; 3. to clap *(hands)*; 4. to flutter *(wings)*; 5. to rinse *(laundry)*; 6. to full *(cloth)*; 7. to trim, to clip; 8. *fig.* to steal, to pilfer; 9. to stir; to beat *(food).*

çırt, -tı irrigation pump powered by an animal.

çıt, -tı crack, cracking sound; ~ çıkmamak to be dead silent; ~ yok there is a dead silence.

çıta [x .] lath.

çıtçıt snap fastener, press-stud, popper.

çıtı pıtı F dainty.

çıtır çıtır with a crackling sound; ~ etm. to crackle.

çıtırdamak to crackle.

çıtır pıtır prattling, babbling sweetly.

çıtırtı crackle.

çıtkırıldım 1. fragile, overdelicate; 2. *fig.* dandy, sissified, effeminate.

çıtlamak to crackle.

çıtlatmak 1. to crack; 2. *fig.* to drop a hint.

çıtpıt, -tı percussion cap *(which goes off when trodden on).*

çıvgar auxiliary animal *(for ploughing).*

çıyan 1. *zo.* centipede; 2. *fig.* disgusting blond person.

çızıktırmak F to dash off, to knock off, to tear off.

çiçek 1. flower, blossom; 2. ⚕ smallpox, variola; 3. *fig.* fickle and tricky person; 4. ⚗ flowers; ~ açmak to blossom, to bloom, to come into flower; ~ aşısı vaccination; ~ çıkarmak (*or* dökmek) ⚕ to have smallpox; ~ gibi açılmak to blossom; ~ tozu pollen; çiçeği burnunda brand new, very fresh.

çiçekbozuğu, -nu 1. pockmark; 2. pock-marked.

çiçekçi florist.

çiçekçilik floriculture, floristry.

çiçeklemek 1. to plant with flowers; 2. to decorate with flowers.

çiçeklenmek to flower, to blossom, to come into flower.

çiçekli flowered, in bloom.

çiçeklik 1. (flower) vase; flower stand; 2. flower bed; 3. flower garden; 4. greenhouse; 5. ⚘ receptacle.

çiçeksimek ⚗ to effloresce.

çiçeksiz without flowers.

çift, -ti 1. pair, couple; double; 2. duplicate; 3. pincers; ~ camlı pencere double-glazed window; ~ ~ by (*or* in) pairs; ~ çubuk farming implements; ~ koşmak to harness to a plough *(horses ,etc.)*; ~ meclis sistemi *pol.* two-chamber system; ~ priz ⚡ two-pin plug; ~ sürmek to plough, *Am.* to plow.

çiftçi farmer, agriculturalist.

çiftçilik agriculture, farming.

çifte 1. double, paired; 2. kick *(of a horse)*; 3. shotgun, double-barreled gun; 4. double-oared boat; ~ atmak to kick *(horse, etc.)*; ~ dikiş *sl.* repeater *(in a class)*; ~ kumrular *fig.* two inseparable chums; ~ şamdan two-branched candlestick.

çiftehane [. . - .] pairing cage *(for birds).*

çifteker bicycle.

çiftelemek to kick.

çifter çifter in pairs.

çiftetelli a kind of solo folk dance.

çiftleşmek 1. to become a pair; 2. to mate.

çiftleştirmek 1. to make a pair; 2. to mate *(two animals).*

çiftlik farm, plantation.

çiftsayı ♙ even number.

çiğ[1] 1. raw, uncooked; 2. green, crude, fresh, soft *(person)*; 3. crude, unfitting *(word, act)*; 4. crude *(colour)*; 5. P immature, unripe *(fruit)*; uncultivated *(land)*; ~ kaçmak *fig.* to be crude; ~ yemedim ki karnım ağrısın! *fig.* I have done nothing that I should be blamed!

çiğ[2] dew.

çiğde ⚘ jujube (tree).

çiğdem ⚘ crocus, meadow saffron.

çiğindirik shoulder yoke.

çiğit cotton seed.

çiğlik 1. rawness; 2. *fig.* crudeness.

çiğnemek 1. to chew; 2. to run over *(a person in car accident)*; 3. to trample down, to tread under foot; 4. *fig.* to violate *(rule, law).*

çiklet, -ti chewing-gum.

çikolata [. . x .] chocolate.

çil[1] *zo.* hazel grouse; ~ yavrusu gibi dağılmak to scatter like a covey of partridges.

çil² 1. freckle; 2. spot *(on a mirror)*; 3. freckled, speckled; 4. root hair; 5. bright, shiny *(coin)*.

çile¹ 1. hank, skein; 2. bowstring.

çile² ordeal, trial, sufferance; ~ çekmek *(or* çıkarmak *or* doldurmak) to pass through a severe trial, to suffer greatly; -den çıkarmak to infuriate, to exasperate; -den çıkmak to lose one's temper.

çilecilik asceticism.

çilek ⚘ strawberry (plant).

çilekeş 1. long-suffering; 2. religious ascetic; 3. ascetical.

çileli 1. suffering, enduring; 2. full of suffering.

çilemek to sing *(nightingale)*.

çilenti drizzle.

çilingir 1. locksmith; 2. *sl.* lockbreaker, burglar; ~ sofrası F small table with raki and light snacks.

çilingirlik locksmithery.

çillenmek to become freckled (*or* speckled).

çilli freckled, speckled.

çim lawn, garden grass.

çimbali, çimbalo ♪ cymbal.

çimdik 1. pinch; 2. a pinch (of); 3. *fig.* an unfriendly remark; ~ atmak (*or* basmak) to pinch.

çimdiklemek 1. to pinch; 2. to crumble.

çimen 1. wild grass; 2. = çemen.

çimenlik 1. grassy; 2. meadow, lawn.

çimento [. x .] cement.

çimentolamak to cement.

çimlemek to plant with grass.

çimlendirmek to grass over.

çimlenmek 1. to sprout, to germinate; 2. to become grassy; 3. *co.* to get pickings.

çimmek to duck under water, to dip down *(in water)*.

Çin *pr. n.* China.

Çinakop, -pu *zo.* young of the bluefish.

Çince *pr. n.* Chinese, the Chinese language.

çinçilya *zo.* chinchilla.

Çingene¹ [x . .] *pr. n.* Gypsy; the Gypsies; ~ borçları petty debts; ~ çergesi 1. Gypsy tent; 2. dump; ~ düğünü 1. Gypsy wedding; 2. *fig.* riotous and disorderly assembly.

çingene² *fig.* miser, stingy person.

Çingenece *pr. n.* the Romany language.

çingeneleşmek to pinch pennies.

çingenelik 1. miserliness, stinginess; 2. paltriness, shabbiness; 3. vagabondage.

çingenepalamudu, -nu *zo.* the young of the bonito.

Çin Halk Cumhuriyeti *pr. n.* People's Republic of China.

çini 1. tile, encaustic (*or* glazed) tile; 2. tile, tiled; 3. porcelain, china; ~ döşemek to tile; ~ mürekkebi India ink.

çinici maker of tiles.

çinicilik the art of tile-making.

çinili tiled.

çinko [x .] 1. zinc; zinc sheet; 2. zincograph; 3. payoff *(in a lotto game)*.

çinkograf zincographer.

çinkografi zincography.

Çinli *pr. n.* 1. Chinese; 2. a Chinese.

çintan, çintaniye, çintiyan wide trousers worn by peasant women.

çipil 1. gummy, bleary, dirty *(eye)*; bleary-eyed; 2. = çepel.

çipo [x .] ⚓ anchor stock.

çipura [. x.] *zo.* gilt-head bream.

çiriş paste, glue; size.

çirişlemek to smear with paste.

çirişli pasted; pasty, gluey; sized.

çirişotu, -nu ⚘ asphodel.

çirkef 1. filthy (*or* foul) water; 2. *fig.* disgusting, loathsome *(person)*.

çirkin 1. ugly; 2. unseemly, unbecoming, ugly, shameful.

çirkinleşmek to get ugly.

çirkinlik ugliness.

çirkinsemek to consider ugly.

çiroz 1. salted and dried thin mackerel; 2. *fig.* a bag of bones.

çis ⚘ manna.

çise drizzle.

çiselemek to drizzle, to spit.

çisenti drizzle.

çiskin 1. wet by a drizzle; 2. drizzle.

çiş urine, pee, peepee; ~ etm. to pee; -i gelmek to want to pee.

çişik leveret, bunny.

çit, -ti 1. hedge; fence; 2. chintz; 3. kerchief.

çitari *zo.* salpa.

çiti rubbing, scrubbing *(laundry)*.

çit(ile)mek to rub together *(clothes)*.

çitili rubbed, scrubbed *(laundry)*.

çitişmek 1. to interlace; 2. to occulude well *(teeth)*.

çitlembik ⚘ nettle tree berry; ~ gibi small and dark *(girl)*.

çitlemek 1. to hedge, to fence; 2. to crack between one's teeth *(dried seeds)*.

çitmik 1. *s.* çıngıl; 2. a pinch.

çitsarmaşığı, -nı ⚘ convolvulus, bindweed, corn lily.

çivi 1. nail; 2. pin, peg; 3. tubercle, stud, knob; ~ çakmak to drive in nails; ~ -yi

söker *pro.* set a thief to catch a thief, an old poacher makes the best keeper: ~ dişi canine tooth; ~ gibi 1. healthy, strong; 2. stiff with cold *(finger)*; ~ kesmek F to freeze, to feel very cold.
çivici 1. seller of nails; 2. *sports:* smasher.
çividi [. - -] *(mavi)* indigo blue.
çivileme 1. *vn. of* çivilemek; 2. feet-first jump; 3. *sports:* smash.
çivilemek 1. to nail; 2. *fig.* F to stab.
çivilenmek 1. *pass. of* çivilemek; 2. *fig. (bir yere)* to be rooted *(to a spot)*.
çivili 1. nailed; 2. having nails.
çivit, -di indigo, blue dye; ~ mavisi indigo
çivitlemek 1. to dye with indigo; 2. to blue *(laundry)*.
çivitli blued *(laundry)*.
çivitotu, -nu ⚘ 1. indigo plant; 2. woad.
çiviyazısı, -nı cuneiform writing.
çiy dew; ~ düşmek (*or* yağmak) to fall *(dew)*.
çiyli dewry.
çizecek scriber.
çizelge chart.
çizem diagram, plan; outline.
çizemsel diagrammatic, schematic.
çizge diagram, curve, graph.
çizgi 1. ⩚ line; 2. stripe; striation; 3. scratch, mark, scar; 4. dash; 5. part *(in a person's hair)*; ~ çekmek (*or* çizmek) to draw a line; ~ ~ striped; ~ hakemi *sports:* linesman; ~ resim drawing.
çizgilemek to mark with lines, to lineate.
çizgili 1. ruled, marked with lines; 2. striped, striated; 3. scratched; ~ çek † crossed cheque; ~ kâğıt ruled paper.
çizgilik straightedge.
çizgisiz unlined; unstriped; unmarked; ~ kâğıt plain-paper.
çizi 1. = çizgi; 2. furrow.
çizik 1. = çizgi; 2. = çizili.
çizikli lined.
çiziktirmek to scrawl.
çizili 1. ruled, lined; 2. scratched, marked; 3. drawn, delineated; 4. cancelled, crossed out; 5. *(altı)* underlined.
çizim ⩚ construction.
çizinti 1. scratch; 2. part crossed off.
çizme 1. *vn. of* çizmek; 2. high (*or* top) boot; -den yukarı çıkmak to be over-wise.
çizmeci bootmaker.
çizmek, (-er) 1. to draw; to mark; to score; 2. to sketch, to draw; 3. to cross out, to strike off, to cancel; 4. to scarify, to scratch.
çizmeli booted.
çoban 1. shepherd, herdsman; 2. *fig.* rustic, boor; ~ armağanı çam sakızı *pro.* a shepherd's present is pine resin *(expression of modesty, in giving a present)*; ~ itikadı simple and firm faith; ~ köpeği sheep dog.
çobanaldatan *zo.* goatsucker, nightjar.
çobanlama *lit.* pastoral.
çobanlık etm. to shepherd.
Çobanyıldızı, -nı *ast.* Venus.
çocuğumsu childish.
çocuk 1. child, infant; 2. childish; ~ aldırmak ⚕ to have an abortion; ~ arabası pram, *Am.* baby carriage; ~ bahçesi 1. children's playground; 2. playpen; ~ bakımevi day nursery, crèche; ~ bezi nappy, *Am.* diaper; ~ büyütmek to bring up children; ~ canlısı fond of children; ~ dili child's language; ~ doğurmak to give birth to a child, to bear a child; ~ doktoru pediatrician; ~ düşürme ⚕ abortion, miscarriage; ~ düşürmek ⚕ to abort, to miscarry; ♀ Esirgeme Kurumu Society for the Protection of Children; ~ felci infantile paralysis, polio; ~ gibi childish(ly); childlike; ~ mahkemesi ⚖ juvenile court; ~ odası nursery; ~ oyuncağı 1. toy; 2. *fig.* child's play, pushover; ~ yuvası nursery school; ~ zammı child allowance; -tan al haberi! *pro.* a child will tell the truth!
çocukbilim pedology, paidology.
çocukbilimci pedologist, paidologist.
çocukça 1. childish *(act)*; 2. childishly.
çocukcağız poor little child.
çocuklaşmak to become childish; to act childishly.
çocukluk 1. childhood; 2. childishness; folly; ~ etm. to act childishly.
çocuksu childish.
çoğalmak to increase, to multiply.
çoğaltım reproduction, copying.
çoğaltmak 1. to increase, to augment; 2. to reproduce.
çoğu, -nu 1. most (of); 2. mostly, usually; ~ zaman usually.
çoğul *gr.* plural; ~ ekleri plural endings.
çoğulcu pluralits.
çoğullaştırmak *gr.* to pluralize.
çoğulluk plural form.
çoğun(ca) often.
çoğunluk majority.
çoğunlukla 1. with a majority of votes; 2. usually.
çok 1. many, much; 2. often, long *(time)*; 3. too; too much; too many; too long; 4. very; ~ çocuklu having many children; ~ ~ at (the) most; ~ defa often; ~ fazla far too much; ~ geçmeden soon, before long; ~ gelmek 1. to be too much (-e for);

2. to become unbearable; ~ görmek 1. to consider to be too much; 2. to begrudge; ~ olm. to go too far, to overstep the limit; ~ şey! how strange!; ~ şükür! thank God!; ~ taraflı ⚖ multilateral; ~ yaşa! long live!, hurrah!; çoğa kalmaz *(or* varmaz *or* varmadan) before long, soon; çoğa oturmak (*or* varmak) to cost dearly.

çoka [x .] *s.* çığa balığı.

çokal plate armo(u)r, coat of mail.

çokayaklılar *zo.* myriapoda.

çokbiçimli polymorphic.

çokbilmiş 1. cunning, sly; 2. precocious.

çokça a good many, somewhat abundant.

çokçuluk *phls.* pluralism.

çokdüzlemli ⩓ polyhedral.

çokevli polygamous.

çokevlilik polygamy.

çokfazlı *phys.* polyphasal.

çokgen ⩓ polygon.

çokkarılı polygynous.

çokkocalı polyandrous.

çokluk 1. abundance; 2. majority; 3. often; mostly.

çoktanrıcılık polytheism.

çoktanrılı polytheist.

çokterimli ⩓ polynomial.

çokyüzlü ⩓ 1. polyhedral; 2. polyhedron.

çolak with one arm; crippled in one hand.

çolpa clumsy, uncouth.

çoluk çocuk 1. wife and children, household, family; 2. (pack of) children; çoluk çocuğa karışmak to get married and have children.

çomak 1. cudgel, truncheon; short thick stick; 2. stick, bat *(in tipcat).*

çomar 1. mastiff, large watchdog; 2. *sl.* old tavern-keeper; 3. P hornless sheep.

çopra 1. backbone *(of a fish);* 2. impenetrable scrub.

çoprabalığı, -nı *zo.* loach.

çopur 1. pock-marked; 2. pockmarks.

çopurina *zo.* picarel.

çor 1. illness, disease; 2. P murrain, anthrax.

çorak 1. arid, barren; 2. brackish, bitter *(water)*; 3. saltpeter bed; 4. an impervious kind of clay.

çoraklaşmak to become arid.

çoraklaştırmak to make arid (*or* barren), to destroy the fertility of *(land).*

çoraklık 1. aridity, barrenness *(of land)*; 2. brackishness *(of water).*

çorap sock, stocking, hose; ~ kaçmak to ladder, *Am.* to run *(stocking)*; ~ örmek 1. to knit stockings; 2. *fig.* to plot (aganist *s.o.),* to get s.o. into trouble; ~ söküğü gibi *fig.* in rapid succession, easily and quickly; ~ şişi knitting needle.

çorapçı hosier.

çorapçılık the hosiery business.

çorba 1. soup; 2. *fig.* mess; ~ içmek to eat soup; ~ etm. *fig.* to make a mess (of); ~ gibi *fig.* in a mess, confused; ~ kaşığı tablespoon; -da tuzu bulunmak *fig.* to participate in a small way; -ya dönmek *fig.* to become a mess.

çorbacı 1. maker *or* seller of soup; 2. *the form of address used by sailors when addressing the ship's owner;* 3. Christian notable in Turkish towns; 4. *sl.* boss.

çorbalık suitable for making soup.

çotira *zo.* triggerfish.

çotra [x .] flat wooden bottle.

çotuk 1. tree stump; 2. stock of a vine.

çöğür 1. lute; 2. seedling.

çökek 1. hollow, low spot; 2. bog.

çökelek 1. cheese made of curds; 2. ⚗ precipitate.

çökelmek ⚗ to precipitate, to settle.

çökelti ⚗ *s.* çökelek 2.

çökeltmek ⚗ to precipitate.

çökertme 1. *vn. of* çökertmek; 2. a kind of fishing-net; 3. ⚔ break-through.

çökertmek 1. to make kneel down *(camel)*; 2. to cause to collapse.

çökkün 1. collapsed, broken down; 2. *psych.* depressed.

çökkünlük breakdown; depression.

çökmek, (-er) 1. to collapse, to fall in (*or* down); to break down; to give way; 2. to sit down suddenly; 3. to come down *(fog, smoke)*; 4. to fall *(darkness)*; 5. *(diz)* to kneel; 6. to cave in, to become sunk and hollow; 7. to settle, to precipitate; 8. to descend on one *(sorrow);* 9. to be prostrated *(by age or fatigue)*, to break down.

çökük 1. collapsed, fallen in; 2. caved in, sunken (in); 3. prostrated *(by age).*

çöküntü 1. debris, wreckage; 2. deposit, sediment; 3. depression; subsidence *(of land).*

çöküş collapse, fall *(a. fig.).*

çöküşmek to sit down together; to gather.

çöl desert; wasteland, wilderness.

çölfaresi, -ni *zo.* jerboa.

çöllük 1. desert tract of country; 2. arid, barren.

çömelmek to squat down.

çömez 1. *boy who works in return for board and lodging;* 2. *fig.* follower, disciple.

çömlek earthen pot; ~ hesabı *fig.* calculation of an illiterate person; crude scheme.

çömlekçi potter; ~ çamuru potter's clay.
çömlekçilik pottery.
çöp, -pü **1.** straw, chip; **2.** matchstick; **3.** stalk, peduncle *(of a fruit)*; **4.** rubbish, litter, trash, garbage, sweepings; ~ arabası garbage truck; ~ atlamaz *fig.* meticulous, punctilious; ~ dökmek to tip, to dump *(rubbish)*; ~ dökmek yasaktır no rubbish to be tipped here; ~ gibi skinny; ~ tenekesi garbage can, dustbin, litterbin; -ten direk *fig.* unsound undertaking.
çöpçatan matchmaker.
çöpçatanlık matchmaking.
çöpçü 1. dustman, street sweeper, scavenger; **2.** garbage collector.
çöpçülük garbage collecting.
çöpleme ⚘ bear's foot.
çöplenmek 1. to pick up scraps for a meal; **2.** *fig.* to get pickings.
çöplüce bülbül *zo.* wren.
çöplük tip, dump *(a. fig.)*; ~ horozu *fig.* debauchee, profligate.
çöpsüz 1. free from rubbish; **2.** seedless.
çörek 1. cookie; **2.** disc.
çöreklenmek 1. to coil itself up *(snake)*; **2.** to settle down and stay.
çöre(k)otu, -nu ⚘ black cumin, seeds of Nigella sativa.
çöven 1. ⚘ soapwort; **2.** polo (stick).
çözelti ⚗ solution.
çözgü warp.
çözgün 1. untied, unfastened; **2.** dissolved, dispersed; gone.
çözme 1. *vn. of* çözmek; **2.** a kind of cotton sheeting.
çözmek, (-er) **1.** to untie, to unfasten; **2.** to unbutton; **3.** to solve *(problem)*; **4.** to unravel, to disentagle, to undo *(knot)*; **5.** ⚗ to dissolve.
çözücü solvent.
çözük 1. untied, loose; **2.** unraveled.
çözülmek 1. *pass. of* çözmek; **2.** to thaw *(ice)*; **3.** to be scattered, to lose its unity; **4.** to become feeble, to lose its strength; **5.** ⚔ to withdraw; to become routed (*or* scattered); **6.** *sl.* to run away.
çözülüm 1. ⚔ disengagement; rout; **2.** *psych.* dissociation.
çözüm solution.
çözümleme analysis.
çözümlemek to analyze.
çözümsel analytic(al).
çözünmek ⚗ to dissolve; to decompose.
çözünüm *psych.* dissociation.
çözüşme ⚗ dissociation.
çözüşmek ⚗ to dissociate.
çubuk 1. rod, bar; **2.** staff, wand; **3.** shoot, twig; sapling; **4.** cigarette holder; **5.** stripe, rib *(in cloth)*; **6.** ⚓ upper mast; çubuğu tellendirmek *fig.* to take it easy.
çubuklamak to beat *(carpet)*.
çubuklu 1. barred; **2.** striped, ribbed *(cloth)*.
çuha broadcloth.
çuhaçiçeği, -ni ⚘ cowslip.
çuhçuh choo-choo *(train)*.
çukur 1. pit, hole, hollow, ditch; dent; cavity; **2.** concave; depressed; low; **3.** dimple; **4.** cesspool; **5.** *fig.* grave; **6.** *sl.* buttocks; ~ açmak to dig a pit; ~ gözlü hollow-eyed; ~ tabak soup-plate; -unu kazmak *(b-nin) fig.* to plot against *s.o.*
çukurlaşmak to become hollowed (*or* bowl-shaped); to be dented.
çukurlatmak 1. to pit; **2.** to depress, to make concave.
çukurlu pitted; dented.
çukurluk 1. concavity, hollowness; **2.** pit, hole.
çul 1. haircloth; **2.** horsecloth; **3.** clothes; ~ çuval haircloth sack; ~ çürütmek *fig.* to sit a long time *(guest)*; ~ tutmaz spendthrift, shiftless; -u tutmak to grow rich.
çulha weaver.
çulhakuşu, -nu *zo.* penduline titmouse.
çullamak to furnish (*or* cover) with a horsecloth.
çullanmak 1. *pass. of* çullamak; **2.** *(b-ne)* to jump on *s.o.*; **3.** *(b-ne) fig.* to pester *s.o.*, to bother *s.o.*
çulluk *zo.* woodcock.
Çulpan *ast. s.* Çobanyıldızı.
çulsuz *fig.* penniless, skint.
çultar quilted saddle-cloth.
çurçur (balığı) *s.* çırçır (balığı).
çuval 1. sack; **2.** *sl.* fat *(person)*; ~ gibi loose, untidy *(clothes)*.
çuvaldız packing needle.
çuvallamak 1. to bag, to put in sacks; **2.** *sl.* to fail the class, to flunk.
çük penis.
çünki *s.* çünkü.
çünkü [x .] because.
çürük 1. rotten, spoilt, decayed; **2.** unstable; **3.** unfounded; untenable; **4.** bruise, discolo(u)ration, black-and-blue spot; **5.** rotten, bad *(egg)*; **6.** carious *(tooth)*; **7.** disabled *(soldier)*; ~ çarık worn out, useless; ~ gaz ⊕ exhaust fumes; çürüğe çıkarmak **1.** to discard as useless; **2.** ⚔ to invalid out *(soldier)*.
çürükçül saprophyte.
çürüklük 1. rottenness, putrefaction; **2.** garbage dump; **3.** *fig.* graveyard.
çürümek 1. to rot, to decay, to putrify; **2.**

to be refuted, to be disproved *(claim, etc.)*; **3.** to be bruised (*or* discoloured); **4.** to become worn out (*or* unsound) *(material)*; **5.** to become infirm *(because of aging)*.

çürütmek *caus. of* çürümek, *part.* **1.** to make decay; **2.** to refute, to disprove *(one's argument)*; **3.** to season, to age *(meat)*.

çüş 1. whoa!; **2.** *sl.* you fool!, you ass!

D

da 1. also, too; 2. and; 3. but; 4. in, at, on, upon; 5. within, in; 6. in the possession of, with; 7. having, of; 8. denominator *(in fractions)*.
-da *particle forming the locative case; s.a.* -de, -ta, -te.
da [ā] † illness, disease.
dadanmak 1. *(bşe) mst contp.* to acquire a taste for *s.th.*; 2. *(bir yere)* to frequent, to visit *(a place)* frequently.
dadaş P 1. brother; 2. pal, comrade; 3. youth, youngster.
dadı nurse(maid), nanny.
dafi, -ii [ā] ⚒ 1. that repels, wards off; 2. God.
dağ¹ 1. stigma, brand; 2. ⚕ cautery, cauterization, mark; 3. branding iron; ~ basmak to brand, to cauterize.
dağ² 1. mountain; 2. mound, heap; 3. wild; ~ adamı 1. mountaineer, highlander; 2. boor; ~ başı 1. summit, mountain top; 2. wilds, remote place; ~ deviren a bull in a china shop; ~ eteği foothills, hillside, skirts of a mountain; ~ harbi mountain warfare; ~ silsilesi mountain range; ~ taş all around, as far as the eye can see, ~ yürümezse, abdal yürür if the mountain will not come to Mohammed, Mohammed must go to the mountain; -a çıkmak to take to the hills; -a kaldırmak to kidnap, to elope (with); -lara taşlara! may such a thing be far from us!; aralarında -lar kadar fark var they are as different as chalk and cheese.
dağarcık 1. leather sack (*or* pouch); 2. *fig.* knowledge.
dağcı alpinist, mountaineer, mountain climber.
dağcılık mountaineering, mountain climbing.
dağdağa tumult, turmoil.
dağdağalı tumultuous.
dağılım 1. dissociation; 2. dispersion; 3. distribution.
dağılış 1. dispersal; 2. fall, collapse.
dağılmak 1. to scatter; to disperse, to separate; 2. to spread, to be disseminated *(rumours)*; 3. to dissolve; to fall to pieces; 4. to become untidy; 5. to be distributed.
dağınık 1. untidy; disorganized; 2. scattered, dispersed.
dağınıklık untidiness; dispersion.
dağıtıcı 1. deliverer, deliveryman; distributor; 2. divisive.
dağıtıcılık delivery; distribution.
dağıtım distribution; delivery.
dağıtımevi, -ni distributor.
dağıtmak 1. to scatter, to disperse; 2. to distribute, to deliver, to serve out; 3. to mess up, to disorder *(room, etc.)*; 4. to break into pieces; 5. to dissolve, to annul *(parliament, business, etc.)*; 6. *(k-ni)* to go to pieces; 7. to divert, to distract *(attention)*.
dağkeçisi *zo.* chamois.
dağlamak 1. to brand; to cauterize, to sear; 2. to burn, to scorch *(sun, wind)*; 3. *fig.* to grieve, to afflict, to take to heart.
dağlı¹ 1. branded; 2. scarred; 3. hurt to the quick, sore.
dağlı² 1. mountaineer, highlander; 2. *cards:* king; 3. unmannerly, uncouth, discourteous, unmannered.
dağlıç a kind of stump-tailed sheep.
dağlık mountainous, hilly.
dağsıçanı, -nı marmot.
daha 1. more (*-den* than), further; and, plus; 2. still, so far, yet; 3. only; ~ neler! how absurd!; -sı var that is not all, to be continued; bir ~ once more.
dahdah gee-gee.
dahi also, too, even.
dâhi genius.
dahil 1. inside, the interior; 2. including; included; ~ etm. to include; to insert; ~ olm. to be included, to join, to participate (*-e* in).
dahilen inwardly, internally.
dahili internal, inner; ~ deniz inland sea; ~ harp civil war; ~ işler internal affairs, domestic affairs; ~ merkez hypocentrum; ~ nizamname ⚖ internal regulations; *pol.* standing orders.
dahiliye [ā] 1. home (*or* internal) affairs;

2. internal diseases; 3. = Dahiliye Vekâleti; 4. department of buildings and grounds; ♀ Vekâleti (*or* Nezareti) Ministry of the Interior.
dâhiyane [- . - .] ingenious, brilliant.
dahletmek [x . .] to interfere (-*e* with), to meddle (-*e* in); to blame.
daima [- . .] always, continually, perpetually.
daimi [- . -] constant, permanent, perpetual; ~ encümen standing comittee; ~ kadro permanent staff.
daimilik [ā] permanency.
dair [ā] concerning, about, relating (-*e* to).
daire [ā] 1. circle; circumference; 2. office, department; 3. limit, range; 4. flat, apartments; 5. ♪ tambourine.
dairesel circular.
dairevi [- . . -] circular.
dakik, -ki [ī] 1. punctual, time-minded, exact, particular, thorough, painstaking; 2. fine, subtle.
dakika, dakka minute; -sı -sına punctually, to the very minute; -sında at once, instantly.
daktilo [x . .] 1. typewriting; 2. typist (*person*); 3. *a.* ~ makinesi typewriter; ~ etm. to type; ~ ile yazılmış typewritten, typed.
daktilograf typist.
daktilografi typewriting, typing.
daktiloskopi fingerprinting.
dal[1] 1. branch, bough, twig; 2. *fig.* branch, subdivision, ramification; ~ budak salmak 1. to shoot out branches; 2. *fig.* to spread, to become wide-spread; ~ gibi slender, graceful; -dan -a atlamak *fig.* to jump from one thing to the other, to ramble; -dan -a konan *fig.* fickle, inconstant.
dal[2] back; shoulder; -ına basmak (*b-nin*) to tread on *s.o.'s* corns (*or* toes); -ına binmek (*b-nin*) to pester *s.o.*, to put pressure on *s.o.*
dal[3] naked, bare.
dalak 1. spleen; milt; 2. honeycomb.
dalalet, -ti heresy, deviation, aberration; -e düşmek to deviate, to go astray.
dalamak 1. to bite; 2. to prick, to sting; to burn, to sear; to scratch; to chafe.
dalaş dogfight, brawl, row.
dalaşmak 1. to fight savagely (*dogs*); 2. *fig.* to wrangle.
dalavere [. . x .] F trick, intrigue, swindle, deception, deceit; ~ çevirmek to intrigue, to plot; -li iş sharp practice.
dalavereci trickster, intriguer, sharper, swindler.
dalbastı big and fine in quality (*cherry*).
dalburun nosy, inquisitive.
daldırma 1. *vn. of* daldırmak; 2. layered (*branch*); layer.
daldırmak *caus. of* dalmak 1. to layer (*a shoot*); 2. to plunge (-*e* into), to dip (-*e* into); 3. *fig.* to disparage.
dalga 1. wave, ripple; undulation, corrugation; 2. watering (*on silk*); 3. wave (*of hair*); 4. ⚡ wave; 5. *sl.* distraction; 6. *sl.* trick, intrigue; 7. *sl.* dope; ~ boyu *phys.* wavelength; ~ ~ 1. in waves; 2. wavy (*hair*); 3. striped. in light and dark (*colours*); ~ geçmek *sl.* 1. to woolgather; 2. (*b-le*) to make fun of *s.o.*, to make mock of *s.o.*
dalgacı 1. F woolgatherer; 2. *sl.* trickster, swindler; ~ Mahmut F dodger.
dalgakıran breakwater, mole.
dalgalanmak 1. to wave, to surge, to billow, to undulate; 2. to fluctuate (*prices*); 3. to get rough (*sea*); 4. to become uneven (*dye*); 5. to get watered (*silk*); 6. ⊕ to get corrugated (*metal sheet*).
dalgalı 1. rough (*sea*); undulated; 2. wavy (*hair*); 3. corrugated (*metal*); 4. watered (*silk*).
dalgıç, -cı 1. diver; 2. *zo.* grebe; ~ elbisesi diving suit (*or* dress).
dalgın 1. absent-minded, contemplative, abstracted, plunged in thought, preoccupied; 2. unconscious (*sick person*), comatose.
dalgınlık 1. absent-mindedness, abstractedness, preoccupation, reverie.
dalkavuk toady, bootlicker, hanger-on, leech, lickspittle; sycophant, parasite.
dalkavukluk flattery, toadyism, fawning; sycophancy; ~ etm. to toady, to fawn, to truckle, to cringe.
dalkılıç with naked sword.
dallandırmak 1. to cause to ramify; 2. to complicate, to render difficult; 3. to exaggerate.
dallanmak 1. to shoot out branches, to branch out, to ramify, to become branched; 2. to spread, to become complicated.
dallı 1. branched, ramified; 2. ornamented with branches; ~ budaklı 1. ramified; 2. *fig.* complicated, intricate, knotty.
dalmak, (-ar) 1. to dive, to plunge (-*e* into); 2. to be intent (-*e* on); 3. to burst (-*e* into), to blow (-*e* into), to plunge (-*e* into); 4. to be lost in thought; 5. to become absorbed (-*e* in); 6. to drop off, to doze off; to become unconscious (*sick person*); dala çıka F sinking or rising, with the greatest

difficulty.
daltaban 1. barefooted; 2. *fig.* destitute, wretched; 3. *fig.* contemptible *(person)*.
dalya dahlia.
dalyan fishing weir; ~ gibi well-built, well set-up.
dalyarak *sl.* booby, boob.
dam[1] 1. roof; 2. outhouse; roofed shed; 3. stable; 4. P house; 5. *sl.* jail, stir, cooler; ~ altı loft, attic, garret; -dan düşer gibi out of the blue, out of a clear (blue) sky.
dam[2] 1. lady partner *(in dance)*; 2. *cards:* queen.
dama [x .] 1. game of draughts, *Am.* game of checkers; 2. *draughts:* king; ~ tahtası draughtboard, *Am.* checkerboard; ~ taşı 1. *draughts:* man; 2. *fig.* one who is often reassigned.
damacana demijohn, large bottle.
damak palate.
damaklı having a palate.
damaksıl palatal.
damalı chequered, *Am.* checkered.
damar 1. *biol.* vein, blood-vessel; 2. *anat.* vessel, vas; 3. *geol.* seam; 4. ⚘ vein; 5. ⚒ vein, streak; lode; 6. *fig.* obstinacy, wil(l)fulness; 7. *fig.* temper, nature, disposition; 8. *fig.* streak; ~ sertliği ⚕ arteriosclerosis; ~ tıkanıklığı embolism; -ına basmak *(b-nin)* to touch *one's* sore spot, to tread on *s.o.'s* corns; -ını bulmak to find the weak spot *(in a person)*.
damarlı 1. veined, veiny; 2. vascular; 3. *fig.* obstinate.
damarsız 1. having no veins; 2. *fig.* docile, biddable.
damasko [. x .] damask.
damat, -dı son-in-law; bridegroom.
damdazlak [x . .] completely bald.
damga 1. stamp, mark; hallmark; 2. (rubber-)stamp; 3. *fig.* stain, stigma; ~ basmak to stamp; ~ pulu revenue stamp; ~ resmi stamp duty; ~ vurmak to stamp.
damgalamak 1. to stamp; 2. *fig.* to brand, to stigmatize.
damgalanmak 1. *pass of* damgalamak; 2. *fig.* to be branded, to be stigmatized.
damgalı 1. stamped, marked; 2. *fig.* branded, stigmatized.
damıtık distilled.
damıtmak to distil(l).
damız stable.
damızlık 1. animal kept for breeding; 2. yeast, ferment.
damla 1. drop; ⚕ drops; 2. bit; 3. medicine dropper; 4. paralytic stroke; 5. gout; ~ ~ drop by drop, little by little, bit by bit; ~ inmek *(b-ne)* to have a stroke.
damlalık 1. ⚕ dropper; 2. eavestrough; 3. dripstone.
damlamak 1. to drip, to tricle; 2. *sl.* to turn up, to show up; damlaya damlaya göl olur *pro.* many a little makes a mickle.
damlatmak to drip, to pour out drop by drop; to distil(l).
damlayakut, -tu fine kind of ruby.
damperli kamyon dump-truck.
damping dumping; ~ yapmak to dump.
-dan[1] 1. from; (out) of; due to, because of; since; 2. than; 3. through, by way of, via, by.
-dan[2] [ā] case of, receptacle of.
-dan[3] [ā] who knows.
dan dun! bang! bang!
dana calf; ~ eti veal; -lar gibi bağırmak to bawl, to shout blue murder; -nın kuyruğu kopacak! *fig.* the crucial moment will come.
danaburnu, -nu *zo.* mole cricket.
dandini [x . .] 1. *expression used when dandling a baby;* 2. in a mess, untidy; ~ bebek childish person.
dangalak F blockhead, boor, dumb, loutish.
dangalaklık F idiocy, stupidity.
dangıl dungul boorish; ~ konuşmak to drivel.
danış consultation; conversation.
danışık 1. = danış; 2. mutual agreement.
danışıklı sham, prearranged; ~ dövüş *fig.* 1. sham fight; 2. put-up job.
danışma information; inquiry; ~ bürosu information office.
danışmak *(bşi b-ne)* 1. to consult *s.o.* about *s.th.;* 2. to confer (about), to discuss.
danışman adviser, consultant, counselor.
Danıştay Council of State.
Danimarka [. . x .] *pr. n.* Denmark.
Danimarkalı Dane; Danish.
daniska [. x .] F the best, the finest; -sı *(bşin) sl.* the best of *s.th.*; o, işin -sını bilir he knows this from A to Z, he knows the A to Z of this.
dank: beynine (*or* kafasına) ~ demek (*or* etmek) to dawn (upon).
dans dance; ~ etm. to dance; ~ salonu ballroom.
dansör dancer *(man)*.
dansöz dancer *(woman)*, belly-dancer, danseuse.
dantel(a) lace(-work).
dantelli ornamented with lace.
dapdaracık [x . . .] *emph. of* dar(acık) very narrow (*or* tight).

dar 1. narrow; tight; 2. scanty, scant; 3. *fig.* straits, difficulty; 4. *fig.* with difficulty, barely, only just; ~ açı ⩓ acute angle; ~ boğaz *fig.* bottle-neck; ~ hat narrow-gauge line; ~ kafalı narrow-minded; ~ yetişmek to cut it fine; -a boğmak 1. to take advantage of s.o.'s difficulties; 2. to rush, to bring pressure (on); -da bulunmak (*or* kalmak) to be in financial straits.

dâr dwelling place, house, habitation.

-dar [ā] that has, possesses, holds.

dara [x .] tare; -sını almak to deduct the tare (-*ın* of).

daraban [. . -] throbbing, palpitation; pulsation.

daracık *emph. of* dar rather narrow (*or* tight).

daradar barely, very narrowly, only just.

darağacı, -nı gallows.

daralmak 1. to narrow, to become narrow (*or* tight); to shrink; 2. to become scanty; to become restricted (*or* difficult); vaktimiz daraldı we are pushed for time.

daraltmak to narrow, to make narrower, to take in (*dress*), to reduce.

darbe blow, stroke; bir ~ indirmek to strike; hükümet -si coup d'état.

darbelemek *mst fig.* to sabotage.

darbetmek [x . .] 1. to strike, to hit; 2. to coin (*money*); 3. to pulsate, to throb, to palpitate.

darbevari [. . - -] ⚔ abrupt.

darbımesel proverb; ~ kabilinden proverbial.

darbuka [. x .] clay drum.

dardağan in utter confusion.

dardarına very narrowly, barely, only just.

dargın angry, irritated, cross, sulky.

dargınlık anger, irritability, sulk.

darı ⚘ 1. millet; 2. P corn, maize; -sı başınıza! may your turn come next!, may you follow suit!.

darılgan easily offended (*or* hurt), huffy.

darılmak 1. to be offended (*-e* with), to take offence (*-e* at), to get cross (*-e* with), to get sulky (*-e* with); 2. to resent; 3. to scold; darılmaca yok! no offence!

darıltmak to give offence (*-i* to), to offend.

darlaşmak 1. to narrow; 2. to become tight; 3. to be limited, to be in straits.

darlaştırmak 1. to narrow, to make narrow; 2. to restrict.

darlatmak *s.* darlaştırmak.

darlık 1. narrowness; 2. *fig.* poverty, need, destitution.

darmadağan, darmadağın in utter confusion, in a terrible mess.

darp, -bı 1. blow; 2. coining (*money*); 3. ♪ stroke; 4. ⩓ multiplication.

darphane mint.

darülaceze [- . . . .] poorhouse, hospice, workhouse.

darülfünun [- . . -] † university.

darülharb [- . .] the countries outside the dominion of Islam.

Darüşşafaka [- . . . -] *pr. n. name of a school for orphans in Istanbul.*

dasnik *sl.* pimp.

-daş *suffix implying fellowship or participation:* dindaş coreligionist.

daülfil [- . -] ⚕ elephantiasis.

daülkelp, -bi [ā] ⚕ rabies, hydrophobia.

daülrakıs, -ksı [- . . .] ⚕ St. Vitus's dance.

daüssıla [- . . .] homesickness, nostalgia.

dava 1. suit, lawsuit, action, case; 2. trial; 3. claim; assertion, allegation; complaint; 4. thesis, preposition; matter, cause, problem, question; 5. ⩓ theorem; problem; ~ başı main argument; ~ eden ⚖ plaintiff, claimant; litigant; ~ edilen ⚖ defendant; litigant; ~ etm. (*b-ni*) to sue for *s.o.*, to bring *s.o.* to court, to go to law against *s.o.*; ~ vekili lawyer, attorney, barrister.

davacı ⚖ plaintiff, claimant; litigant.

davalı ⚖ 1. defendant; 2. litigant; 3. contested, in dispute.

davar 1. sheep *or* goat; 2. sheep *or* goats.

davet, -ti [ā] 1. invitation; 2. party, feast; 3. ⚖ summons; 4. ✝ convocation; 5. call; request; ~ etm. 1. to invite, to call, to summon; to convoke; 2. to provoke; 3. to request; ~ yapmak to give a party, to feast.

davetiye [ā] 1. invitation card; 2. ⚖ summons, citation.

davetli invited (guest).

davetname invitation card.

davetsiz uninvited; gatecrasher.

davlumbaz 1. paddlebox; 2. chimney hood; ~ kılıklı *fig.* dressed up to the nines, dolled up.

davranış behavio(u)r, attitude.

davranmak 1. to behave, to act; 2. to take action, to set about, to bestir o.s.; 3. to make (for), to reach (for); 4. to take pains.

davudi [- - -] bass (*voice*).

davul drum; ~ çalmak (*or* dövmek) 1. to beat the drum; 2. *fig.* to trumpet, to noise abroad; ~ gibi swollen; ~ zurna drum and pipe, with pomp; -un sesi uzaktan hoş gelir *pro.* distance lends enchantment.

davulcu drummer.

Davut, -du *pr. n.* **1.** David; **2.** *mf.*
dayak 1. beating, hiding, cudgeling, thrashing; **2.** ⊕ prop, support, shore; ~ atmak *(b-ne)* to give *s.o.* a beating *(or* hiding *or* thrashing); ~ kaçkını one who deserves a beating; ~ yemek to get a hiding (*or* beating *or* thrashing).
dayaklık 1. deserving a beating; **2.** ⊕ suitable as a prop.
dayalı 1. leaning (*-e* against); **2.** propped up, shored; ~ döşeli furnished *(house).*
dayamak 1. to lean (*-e* against), to rest (*-e* on); to base (*-e* on); to hold (*-e* against); to draw up (*-e* against); **2.** to shore up, to prop up, to support; **3.** to present immediately; **4.** to thrust resolutely, to fling offensively; **5.** *s.* döşemek.
dayanak 1. (noktası) ⚔ base; **2.** support; **3.** *phls.* substratum.
dayanıklı strong, resistant, lasting, enduring.
dayanıksız weak, not lasting, not resistant.
dayanıksızlık weakness.
dayanılmaz 1. irresistable; **2.** unbearable.
dayanışma solidarity.
dayanışmak to act with solidarity.
dayanmak 1. ⚒ *pass. of* dayamak; **2.** to lean (*-e* against, on); to push, to press (*-e* against, on); **3.** to rest, to be based (*-e* on, upon); **4.** to rely (*-e* on, upon), to be backed (by); to confide, to trust (*-e* in); **5.** to resist, to hold out; **6.** to endure, to last; **7.** to bear, to tolerate, to endure, to put up (*-e* with), to support; **8.** (bir yere) to reach, to arrive (*-e* in, at), to get (*-e* to); **9.** to step (*-e* on); **10.** to set about s.th. energetically; **11.** to go a long way, to last, to be enough; **12.** to arrive at the door (of); **13.** to be drawn up (*-e* against).
dayatmak 1. *caus. of* dayamak; **2.** to insist (on).
dayı 1. maternal uncle; **2.** *sl.* policeman, pig, cop; **3.** protector; **4.** pull, protection; **5.** *hist.* dey; -sı dümende he has a friend at court, he has friends in high places.
dayızade [. . - .] cousin.
daz 1. bald(-headed); **2.** bare *(country).*
dazara dazar, dazıra dazır in a great hurry, speedily.
dazlak 1. bald; **2.** bare, barren *(country)*; ~ kafalı bald-headed.
dazlaklık baldness.
de *s.* da; ...se ~ even if, although.
-de *s. a.* -de, ta, -te.
debagat, -ti [. - .] **1.** the trade of a tanner; **2.** tanning.
debarkman ⚔ disembarkation.
debboy depot.
debdebe splendo(u)r, pomp, display.
debdebeli splendid, magnificent, resplendent, showy.
debelenmek 1. to thrash about, to kick about, to fidgit about, to flounder; **2.** *fig.* to struggle desperately.
debriyaj ⊕ clutch; ~ pedalı clutch pedal.
dede 1. grandfather; **2.** ancestor, forefather; **3.** old man; **4.** sheikh.
Dedeağaç, -cı *pr. n.* Alexandroupolis.
dedik (one's) word, promise, what one says; dediği ~ olm. *(b-nin)* to abide by what one says, to be an obstinate fellow.
dedikodu gossip, tittle-tattle; backbiting; ~ etm. (*or* yapmak) to gossip; to backbite.
dedikoducu gossip, gossiper, backbiter.
dedikodulu gossipy *(news).*
dedirgin unsettled, troubled, stirred up.
def 1. *s.* tef; **2.** *s.* defi.
defa time, turn; -larca again and again, repeatedly ,time after time; birkaç ~ on several occasions; çok ~ often.
defalık: bu ~ for this time.
defetmek [x . .] 1. to repel, to repulse, to drive away, to push back, to rebuff; **2.** to expel, to eject, to dismiss; **3.** *phys.* to repel.
defi, -f'i **1.** repulsion, driving away; **2.** *phys.* repulsion; **3.** ⚖ defence; **4.** ⚒ refutation; defi bela kabilinden F so as to ward off an evil; defi hacet etm. to go to the toilet; defi tabii bowel movement, stool.
defile fashion show.
defin, -fni interment, burial.
define [ⁱ] **1.** buried treasure; treasure; treasure-trove; **2.** *fig.* unexpected wealth.
defineci [. - . .] treasure-seeker.
deflasyon deflation.
defne [x .] ⚘ bay-tree, laurel.
defnetmek [x . .] *(bir yere)* to bury, to inter.
defo flaw.
defolmak [x . .] to piss off, to clear out, to go away, to blow; defol! off with you!, piss off!
defolu flawed.
defter 1. notebook, exercise book, copybook; **2.** register, inventory; **3.** (account) book; **4.** -ler the rolls; **5.** list, catalogue; ~ açmak to open a subscription list; ~ tutmak to keep the books; -e geçirmek to enter in the book: defteri âmal *isl. myth.* list of an individual's good and bad acts; defteri kebir ledger.
defterdar [ā] **1.** accountant; **2.** *hist.* minister of finance.

değer **1.** value, worth; **2.** price; ~ biçmek to evaluate, to assess, to assay, to appraise; ~ vermek to esteem, to appreciate, to respect.
değerbilir appreciative.
değerbilmez inapprecative.
değerlemek to esteem highly, to respect.
değerlendirmek **1.** to appraise, to evaluate, to assess; **2.** to estimate; **3.** to utilize, to turn to (good) account, to put to good use.
değerlenmek **1.** *pass. of* değerlemek; **2.** to appreciate, to increase in value.
değerli **1.** valuable, precious; **2.** worthy, talented; **3.** estimable.
değersiz worthless, valueless.
değersizlik worthlessness.
değil **1.** not; **2.** no; **3.** not only, let alone; **4.** not caring.
değin until, till; bugüne ~ until today, up to now.
değinmek to touch (*-e* on).
değirmen **1.** mill; **2.** grinder, grinding machine; **3.** *sl.* watch.
değirmenci miller, millwright.
değirmentaşı millstone.
değirmi **1.** round, circular; **2.** square (*cloth*).
değiş exchange; ~ (*or* ~ tokuş) etm. (*bşi bşle*) to exchange *s.th.* for *s.th.*, to barter *s.th.* for *s.th.*
değişen changeable; ~ hareket (*or* devim) *phys.* irregular motion.
değişici changeable.
değişik **1.** different, changed; **2.** novel, original; **3.** varied; **4.** exchanged, substituted.
değişiklik **1.** difference; **2.** change, variation, amendment, alteration; ~ olsun diye for a change.
değişim variation.
değişken **1.** changeable, changeful, mutable; **2.** ♗ variable.
değişkenlik changeableness, changefulness, mutability.
değişkin modified.
değişmek **1.** to change, to alter, to vary, to be replaced; **2.** to substitute; **3.** to exchange, to barter (*ile* for).
değişmez unchangeable, invariable; constant, stable.
değiştirgeç converter; transformer.
değiştirmek **1.** to change, to alter, to shift, to modify; **2.** to exchange (*ile* for).
değme **1.** contact, touch; **2.** every, any.
değmede [x . .] unlikely.
değmek, (-er) **1.** to touch; **2.** to reach, to hit, to attain; **3.** to be worth, to be worthwhile; **4.** (yüreğine *or* içine) to take to heart, to affect.
değnek **1.** stick, rod, cane, wand; **2.** thrashing, hiding; ~ yemek to get the cane.
değneklemek to cane, to give the cane.
deh! giddap!; ~ deyip salıvermek F to kick out.
deha [ā] genius, sagacity; ~ sahibi ingenious.
dehakâr [. - -] ingenious.
dehalet, -ti [ā] submission.
-de hali *gr.* locative.
dehlemek **1.** to urge on, to drive on (*animal*); **2.** F to send s.o. packing, to fire, to oust, to give s.o. the sack.
dehlenmek **1.** to be urged on (*animal*); **2.** F to be fired, to get the sack.
dehlîz **1.** corridor, entrance-hall; **2.** *anat.* ear-passage; vestibule.
dehşet, -ti **1.** terror, horror, awe, dread; **2.** marvel(l)ous; **3.** wow!, well, I'm blowed!: ~ saçmak to horrify, to terrorize.
dehşetli **1.** terrible, dreadful, horrible, awful; **2.** marvel(l)ous, formidable, tremendous.
dejenere degenerate; ~ etm. to make degenerate; ~ olm. to degenerate.
dejenereleşmek to degenerate.
dek until, as far as.
dekagram ♗ decagram.
dekalitre ♗ decaliter.
dekametre ♗ decameter.
dekan dean (*of a faculty*).
dekanlık **1.** deanship; **2.** dean's office.
dekar measure of land (*0.247 acres*).
dekatlon *sports:* decathlon.
deklanşör *phot.* trigger, shutter release button.
dekolte **1.** low-neck, low-cut, decolleté; **2.** licentious, indecent, immodest; ~ konuşmak *fig.* not to mince matters.
dekont, -tu statement of account, deduction.
dekor décor, setting; scenery.
dekorasyon decoration.
dekoratif decorative.
dekoratör decorator.
dekorcu (set) designer.
dekovil narrow-gauge railroad.
dekupaj *film:* scenario, *Am.* script.
delalet, -ti **1.** guidance; **2.** indication; denotation; signification; **3.** mediation; ~ etm. **1.** to guide (*-e* to); **2.** to show, to indicate, to denote; ... -iyle through, by the agency of; care of (c/o).

deldirmek to have s.th. bored.
delegosyon delegation.
delege delegate, representative.
delgeç punch.
delgi drill, gimlet.
deli 1. mad, insane, lunatic, crazy; 2. whimsical, eccentric; 3. foolish, inconsiderate; rash, foolhardy; ~ alacası motley, variegated; ~ baş obstinate, wil(l)ful; ~ çıkmak 1. to go mad; 2. *fig.* to fly into a rage, to blow one's top; ~ divane crazy (about); wild (about), nuts (over); ~ etm. to drive one out of one's wits, to drive s.o. mad; ~ gibi like mad, madly; ~ ırmak torrential river; ~ olm. 1. to be crazy (-*e* about), to be wild (-*e* about), to be nuts (-*e* over); 2. to fly into a rage; ~ saçması tommy-rot; ~ pazarı in a pickle; -ye dönmek to throw one's hat in the air.
delibozuk unbalanced, fitful; inconstant.
delice 1. somewhat mad, crazy; 2. madly, crazily; 3. crazy, mad *(act)*; 4. wild *(plant)*; 5. (otu) ⚘ darnel, rye grass; ergoted rye.
delicesine 1. madly, crazily; 2. passionately *(love)*.
delidolu indiscreet, inconsiderate, thoughtless, rash, reckless.
deliduman reckless, daredevil, foolhardy.
delifişek unbalanced, flippant, flighty, giddy.
delik 1. hole, opening, orifice; 2. pierced, bored; 3. *anat.* foramen; 4. *sl.* prison, cooler, stir, clink, choky; ~ açmak to hole, to bore, to pierce; ~ deşik full of holes; ~ deşik etm. to riddle; deliğe girmek *sl.* to go to clink; deliğe tıkamak *sl.* to put into clink, to jug.
delikanlı youth, young man, youngster.
delikanlılık youth; youthfulness.
delikli 1. holey; 2. sieve, skimmer, strainer.
delikliler *zo.* foraminifera.
deliksiz 1. without a hole; 2. *fig.* sound *(sleep)*; ~ çıkarmak *fig.* to carry out faultlessly.
delil [ˈ] 1. ⚖ proof, evidence; 2. guide; 3. indication, sign; ~ göstermek to adduce proofs.
delilenmek to become mad, to behave madly, to act crazily.
delilik 1. madness, insanity; mania; 2. folly, foolishness, eccentricity.
delinmek 1. *pass. of* delmek; 2. to be holed (*or* perforated); to become worn through; to burst; 3. to be pierced; 4. to get a puncture, to be punctured.
deliorman a vast and dense forest.
deliotu ⚘ alyssum, madwort.
delirmek to go mad, to become insane.
delirtmek to drive mad.
delişmen madcap, spoiled, over-impulsive, flighty, giddy.
delişmenlik impulsiveness, giddiness.
delk, -ki *phys.* friction.
delme 1. *vn. of* delmek; 2. bored, pierced, perforated, punched; 3. P waistcoat; ~ kudreti ⚔ penetrating power.
delmek, (-er) to hole, to pierce, to bore, to break through *(a.* ⚔*)*; delip geçmek to pierce through, to penetrate.
delta *geogr.* delta.
deltakası *anat.* deltoid muscle.
dem¹ blood, hemorrhage; ~ dökmek to menstruate.
dem² 1. breath; gust, blast; 2. time, moment, instant; 3. alcoholic drink; 4. sip, draught; ~ çekmek 1. *(of birds)* to warble; 2. *co.* to drink; ~ tutmak ♪ to accompany music; ~ vurmak *(bşden)* to talk at random about *s.th.*
dem³ steeping; ~ çekmek to steep *(tea)*; -i çok well steeped, strong *(tea)*.
demagog demagogue.
demagoji demagogy.
deme 1. *vn. of* demek; 2. meaning; -m o ~ değil that is not what I mean, that is not my meaning.
demeç statement; speech; -te bulunmak to make a statement.
demek¹ 1. to say (-*e* to); 2. to tell, to mention (-*e* to); 3. to think, to be of the opinion; 4. to call, to name; 5. to mean; deme yahu! you don't say so!; oh, don't!; dememek not to pay attention, not to heed; demeye kalmamak no sooner than, as soon as; derken 1. while saying; 2. while trying to, when intending to; 3. just at that moment; then; desene, desenize F that means, that is to say, then; deyip geçmek to underrate, to underestimate; diyecek yok *(bşe)* it's fine, it's OK.
demek², demek ki so, thus, in this case, therefore, that means (to say).
demet, -ti 1. bunch, bouquet *(flowers)*; 2. bundle, faggot; 3. sheaf *(of grain)*, wisp; 4. *phys.* bundle *(of rays)*; 5. ⚘ corymb; ~ ~ in bunches, in sheaves.
demetlemek to bunch, to sheaf.
demevî [ˈ] full-blooded; sanguine.
demin [x .] just now, a second ago.
demincek [x . .] *emph. of* demin.
deminden [x . .] = demin.
deminki [x . .] foregoing, of a second ago.
demir 1. iron; 2. anchor; 3. iron part of anything; 4. made of iron; 5. heelplate;

6. irons, fetters; **7.** grille *(of a window)*; **8.** bar *(of a door)*; **9.** ♀ *mf.*; ~ almak **1.** ⚓ to weigh anchor; **2.** F to go away, to hop it; ~ atmak **1.** ⚓ to let go (*or* drop *or* cast) the anchor, to anchor; **2.** *fig.* to overstay one's welcome; ~ gibi **1.** strong, ironlike; **2.** very cold; ~ kırı iron grey *(horse)*; ~ kırıntısı scrap iron; ~ leblebi *fig.* tough (*or* hard) nut to crack; ~ resmi anchorage; ~ taramak ⚓ to drag the anchor; ~ tavında dövülür *pro.* strike while the iron is hot; -de yatmak ⚓ to lie at anchor; -e vurmak to fetter, to chain.

demirbaş **1.** furnishings, inventory, fixtures; **2.** old timer, fixture *(person)*; **3.** inflexible; obstinate.

demirci blacksmith, iron-monger, *Am.* hardware dealer; ~ ocağı smithy, forge.

demircilik **1.** ironworking; **2.** hardware business.

demirhane [ā] ironworks, iron-foundry.

demirhindi **1.** ⚘ tamarind; **2.** *sl.* stingy, mean, niggardly.

demiri iron-grey.

demirkapan magnet.

Demirkazık North Star, Polaris, Polestar.

demirlemek **1.** to bolt and bar *(door)*; **2.** ⚓ to anchor.

demirli **1.** ⚓ anchored, at anchor; **2.** ferriferous, containing iron; **3.** bolted; chained; **4.** barred.

demirlibeton reinforced concrete.

demirpası, -nı iron rust (colour).

demirperde *pol.* Iron Curtain.

demiryeri, -ni berth, anchorage, moorage.

demiryol *s.* demiryolu.

demiryolcu railwayman.

demiryolculuk railwaymanship.

demiryolu, -nu railway, railroad.

demlemek to steep, to brew *(tea)*.

demlendirmek *s.* demlemek.

demlenmek **1.** to be steeped *(tea)*; **2.** *co.* to carouse, to imbibe.

demli well steeped, strong *(tea)*.

demlik teapot.

demode outmoded, out-of-date, old-fashioned, démodé.

demografi demography.

demokrasi democracy.

demokrat, -tı democrat(ic); ♀ Parti Democrat Party.

demokratik democratic.

demokratlaşmak to become democratic.

demokratlık democracy.

demontabl ⊕ demountable.

demontaj ⊕ disassembly, dismantlement.

demonte disassembly, dismantlement; ~ etm. to disassemble, to dismantle.

-den *s.a.* -dan, -tan, -ten.

denaet, -ti [ā] baseness, cowardice, meanness, vileness.

denaetkâr mean, vile.

denden ditto mark.

denek **1.** † proved, tried; **2.** *psych.* subject *(of an experiment)*.

denektaşı, -nı touch-stone.

deneme **1.** trial, test, experiment; **2.** essay.

denemeci essayist.

denemek **1.** to test, to try, to experiment; to attempt; **2.** to tempt.

denenmek *pass. of* denemek.

denet **1.** control, supervision; **2.** inspection; audit; **3.** trial projection *(of a finished film)*.

denetçi controller, supervisor; inspector, auditor.

denetim **1.** control, supervision; **2.** inspection; auditing.

denetlemek to check, to oversee, to supervise, to control.

deney ⚗, *phys.* test, experiment.

deneyim experimentation.

deneykap ⚗ test tube.

deneysel experimental; empirical.

deneyselcilik experimentalism; empiricism.

deneyüstü *phls.* transcendental.

denge balance, equilibrium.

dengelemek to balance, to equilibrate, to stabilize.

dengeli balanced; stable, stabilized.

dengesiz unbalanced, out of balance; unstable.

-den hali *gr.* ablative.

deni [ī] ✎ base, despicable, vile.

denilmek *pass. of* demek **1.** to be said; **2.** to be called. to be named; denilen so-called, would-be.

deniz **1.** sea; ocean; **2.** maritime, marine, naval, nautical; **3.** waves; high sea; swell; **4.** *fig.* expanse, tract; ~ baskını high tide; tidal wave, tsunami; ~ birliği naval unit; ~ buzulu ice floe; ~ feneri lighthouse; ~ kurdu *fig.* old salt, sea dog; ~ kuvvetleri naval forces; ~ mili nautical (*or* sea) mile; ~ sigortası maritime insurance; ~ subayı naval officer; ~ tutmak *(b-ni)* to get seasick; ~ üssü naval base; ~ yolları maritime lines; -de balık *fig.* a bird in the bush; -de kum, onda para he is lousy with money, he has got pots of money; -den bir avuç su gibi like a drop in the bucket (*or* ocean); -den çıkmış balığa dönmek to feel like a fish out of water; -e düşen yılana sarılır *pro.*

a drowning man will clutch at a straw.
denizaltı, -nı 1. submarine; 2. submerged; 3. deep-sea *(current)*.
denizaltıcı submariner.
denizanası *zo*. jellyfish, medusa.
denizaşırı overseas.
denizatı, -nı *zo*. seahorse.
denizayısı, -nı *zo*. manatee, sea cow.
denizbilim *geogr*. oceanography.
denizcöceği *zo*. shrimp.
denizci seaman, sailor.
denizcilik 1. navigation, sailing; 2. seamanship.
denizçakısı, -nı *zo*. razor clam.
denizçulluğu, -nu *zo*. sanderling.
denizdanteli, -ni *zo*. millepore.
denizel *geogr*. marine; naval.
denizgergedanı, -nı *zo*. narwhal.
deniziğnesi, -ni *zo*. European pipefish.
denizineği, -ni *zo*. sea cow.
denizkaplumbağası, -nı *zo*. sea turtle.
denizkestanesi, -ni *zo*. sea urchin.
denizkırlangıcı, -nı *zo*. tern.
denizkızı, -nı *myth*. mermaid, siren, nixie, nymph.
denizkulağı, -nı lagoon.
denizsel *geogr*. maritime.
denizyıldızı, -nı starfish.
denk, -gi 1. bale; 2. in equilibrium, equal, balanced; 3. suitable; match; 4. ⩚ equivalent; 5. counterpoise; trim; ~ etm. 1. to balance, to equilibrate; 2. ⚓ to trim *(a boat)*; ~ gelmek to balance, to be in equipoise; to be suitable, to be timely; dengiyle karşılamak to retaliate, to pay s.o. in his own *(or* the same) coin, to reciprocate.
denklem ⩚ equation.
denklemek 1. to make up in bales, to tie up; 2. to balance.
denkleşmek to become well balanced, to be in equilibrium.
denkleştirmek 1. to bring into balance, to equalize; 2. to find, to put together *(money)*.
denli tractable, tactful; ~ densiz söz söylemek to talk out of turn, to speak offhandedly.
denmek *pass. of* demek.
densiz tactless, lacking in manners.
densizleşmek to become tactless.
densizlik tactlessness.
denyo *sl*. fool, ass, idiot.
deontoloji deontology.
depar flying start.
deplasman: ~ maçı away match.
depo [x .] 1. depot; 2. store, warehouse; ~ etm. to store.
depocu warehouseman; stockman.
depolamak to store.
depozit(o) deposit, security.
deppoy *s*. debboy.
deprem earthquake; ~ bölgesi seismic zone.
deprembilim seismology.
depremyazar seismograph.
depresyon *psych*. depression.
depreşmek to move, to rise, to reappear.
depreştirmek to stir, to reawaken, to renew.
derakap [x . .] instantly, immediately afterwards.
derayman derailment; ~ etm. to derail *(train)*.
derbeder 1. vagrant, tramp, vagabond; 2. untidy, slovenly, disorderly, irregular.
derbederlik vagrancy, vagabondage.
derbent, -di defile, pass.
dercetmek [x . .] to insert, to include.
derç, -ci insertion, inclusion.
derdetmek [x . .] to grieve.
dere 1. brook, runnel, rivulet, stream, creek; 2. valley; ~ tepe up hill and down dale; ~ tepe demeyip over hedge and ditch; -den tepeden konuşmak to have a chitchat, to have a small talk.
derebeyi, -ni 1. feudal lord; 2. *fig*. bully, tyrant.
derebeylik 1. local despotate; 2. feudalism.
derece 1. degree, grade; 2. stage, step, stair, rank; 3. F thermometer; 4. so... (that); ~ ~ by degrees, gradually.
derecelenmek to become graded.
dereceli graded.
dereke ⚒ low stratum.
dereotu, -nu ⚘ dill.
dergâh dervish convent.
dergi magazine, periodical, review.
derhal [x .] at once, immediately, right away.
deri 1. skin, hide; 2. leather; 3. peel, rind; -sine sığmaz *fig*. he is too big for his boots; -sini yüzmek 1. to skin, to flay; 2. *fig*. to strip, to rob; 3. to torture to death.
derialtı, -nı *anat*. subcutaneous.
deribilim dermatology.
derici leather dealer.
dericilik leather trade.
derilenmek to heal up *(wound)*.
derin 1. deep; depth; 2. profound; ~ ~ deeply, soundly *(sleep)*; ~ ~ dalmak to be plunged in thought; ~ ~ düşünmek to be in a brown study; ~ saygılarımı sunarım yours faithfully, very truly yours.
derinlemesine, derinliğine in depth, deeply.

derinleşmek 1. to deepen, to get deep; 2. to specialize (*-de* in); 3. to fade away with distance *(sound)*.
derinleştirmek to deepen *(a. fig.)*.
derinlik 1. depth; deepness; depths; 2. profundity: 3. *phot.* depth of focus.
derişik concentrated.
derk, -ki † comprehension.
derkenar [ā] marginal note, postscript.
derleme 1. compilation, miscellany; 2. collected, selected; 3. anthology.
derlemek to compile, to collect, to gather; ~ toplamak to tidy up, *Am.* to straighten up, to put in order, to clear away.
derlenmek 1. *pass.* of derlemek; 2. to compose o.s., to pull o.s. together; derlenip toplanmak 1. to pull o.s. together, to compose o.s.; 2. to get ready.
derleyici compiler; anthologist.
derli toplu tidy, in order; well coordinated.
derman [ā] 1. strength, energy, power; 2. remedy, cure, medicine; ~ aramak to seek a remedy; ~ bulmak to find a remedy (*-e* for); ~ olm. to be a remedy, to cure (*-e* for); -ım yok I am bushed.
dermansız [ā] 1. exhausted, feeble, weak, bushed; 2. incurable, irremediable.
dermansızlaşmak to get feeble.
dermansızlık 1. exhaustion, feebleness; 2. incurability, debility.
derme 1. *vn.* of dermek; 2. collection; 3. gathered, compiled, collected; ~ çatma 1. hastily put up, jerry-built; 2. scraps, odds and ends.
dermek to pick *(flower)*, to gather, to compile, to pick up.
dermeyan [ā] † in the midst, under discussion; ~ etm. to put forward.
dernek association, club, society.
derpiş etm. [ı] to put forward, to consider, to bear in mind, to take into consideration.
ders 1. lesson, class, lecture; 2. warning, example, moral; ~ almak 1. to take lessons (*-den* from); 2. to learn a lesson (*-den* by); 3. to take warning (*-den* from); ~ anlatmak to give a lesson, to teach, to lecture; ~ çalışmak to study; ~ kitabı textbook, schoolbook; ~ odası classroom; -i asmak to cut a class, to skip class; bu sana ~ olsun let this be a warning to you.
dershane [ā] 1. classroom, schoolroom; 2. private institute offering specialized courses.
dert, -di 1. pain, suffering, disease, illness, malady; 2. trouble, sorrow, grief, cares, worries, affliction, woe; annoyance, grievance; 3. tumo(u)r, boil; ~ çekmek to suffer; ~ dökmek to unbosom o.s.; ~ ortağı confidant, fellow-sufferer; ~ yanmak *fig.* to unbosom o.s.; derde girmek to get into trouble, to get into hot water; derdine düşmek *(bşin)* to be quite taken up with *s.th.*; derdini dökmek to unbosom o.s., to air one's grievances.
dertlenmek to be pained (by), to be sorry (because of), to have troubles.
dertleşmek to have a heart-to-heart talk (*ile* with).
dertli 1. pained; sorrowful, wretched; 2. aggrieved, complaining; 3. troubled.
dertop: ~ etm. to gather together; ~ olm. to roll into a ball.
dertsiz untroubled, free from trouble.
derttaş confidant.
deruhte etm. to undertake, to take upon o.s.
derun [ū] † inside, interior; mind, soul, heart.
deruni [. - -] † 1. internal, inner; 2. cordial, sincere.
derviş 1. dervish; 2. *fig.* humble, contented, tolerant; -in fikri ne ise, zikri de odur he has a bee in his bonnet; sabreden ~ muradına ermiş everything comes to him who waits.
dervişmeşrep, -bı unconventional; tolerant, modest.
derya [ā] 1. sea, ocean; 2. *fig.* very learned man.
desen 1. design; ornament; 2. drawing.
desenli figured.
desigram decigram.
desilitre deciliter.
desimetre decimeter.
desinatör stylist.
desise [ı] trick, intrigue, device, plot; ~ çevirmek to plot, to intrigue, to trick.
despot, -tu despot(ic).
despothane office and residence of a despot.
despotluk despotism.
dessas [ā] trickster, intriguer.
destan [ā] 1. story, legend, epic; 2. ballad, song; ~ olm. *contp.* to become very famous.
destanlaşmak to become legendary.
destar [ā] turban.
deste 1. bunch, bouquet; packet; wisp; 2. a quire of paper; 3. handle, hilt; ~ başı choice specimen put on the top of a package of goods; ~ ~ in bunches; in packets; by dozens.
destek 1. support; 2. prop; beam; 3. ⚓ crutch; 4. ⚔ reinforcement; ~ vurmak to put a prop (*-e* to), to prop up, to shore

up.
desteklemek 1. to support, to prop, to shore up; 2. to root for *(a team).*
destekli supported, propped up.
destelemek to bundle (up).
destroyer [. x .] destroyer.
destur [ū] 1. permission; leave; 2. *int.* by your leave!, make way!, gangway!
desturun [x . .] begging your pardon!
deşarj discharge; ~ olm. 1. to be discharged; 2. *fig.* to unbosom o.s.
deşelemek to scratch up.
deşik 1. pierced, burst open; 2. hole; 3. *s.* delik deşik.
deşilmek 1. *pass. of* deşmek; 2. to be lanced, to open.
deşmek 1. to lance *(boil)*; 2. *fig.* to open up, to rake up *(a painful subjcet)*; 3. to dig up, to dig into.
detay detail.
detektif detective.
detektör ⚡ detector.
deterjan detergent.
determinant ⩚ determinant.
determinizm determinism.
dev 1. ogre; demon, fiend, devil; 2. giant; gigantic; ~ gibi gigantic, huge, enormous.
deva [ā] remedy, cure, medicine.
devali [. - -] ⚕ varicose.
devalüasyon devaluation.
devam [ā] 1. continuation, permanence; 2. duration; 3. attendance, frequenting; 4. constancy, assiduity; 5. *int.* go on!; ~ etm. 1. to go on, to last; to continue, to keep on; to carry on, to go on (-*e* with); 2. to attend, to follow *(classes)*; 3. to extend (*-den, -e kadar* from, to); 4. to persevere; ~ eden on-going; -ı var to be continued.
devamlı [ā] 1. continuous, lasting, steady, unbroken, uninterrupted; 2. constant, assiduous; regular; ~ sulh continuous peace.
devamlılık continuity; assiduousness.
devamsız 1. discontinuous; 2. inconstant; 3. irregular *(in attendance).*
devamsızlık discontinuity; absenteeism.
devasa [. - -] ⚒ gigantic, giant-like.
devaynası, -nı convex *(or* magnifying) mirror.
deve *zo.* camel; ~ gibi huge and awkward; ~ kini *fig.* deep-seated ranco(u)r; ~ olm. F to disappear *(money, etc.)*; ~ yapmak *co.* to embezzle; ~ yürekli coward; -de kulak a drop in the bucket *(or* ocean).
devebağırtan *fig.* steep and stony road.
deveci 1. camel driver, cameleer; 2. camel owner.
devedikeni ⚘ thistle.
devekuşu, -nu *zo.* ostrich.
develope etm. *phot.* to develop.
deveran [ā] 1. rotation, circulation; 2. revolution; ~ etm. to circulate, to rotate.
deveranıdem blood circulation.
devetabanı, nı ⚘ philodendron, monstera.
devetımarı, -nı *fig.* superficial.
devetüyü 1. camel hair; 2. camel colo(u)red.
devim *biol., phys.* movement, motion, flux.
devingen mobile, dynamic, active.
devinim movement, motion, action.
devinmek to move.
devir, -vri 1. period, epoch, era; 2. cycle, rotation; 3. circuit, circumference, periphery; 4. tour, turn, revolution; 5. transfer, turning over; devri âlem seyahati globe-trotting.
devirli periodic.
devirmek 1. to overturn, to knock down, to turn over; 2. to overthrow, to throw down; 3. to upset, to capsize; 4. to tilt to one side; 5. to drink down, to toss off, to drink to the dregs 6. to read from cover to cover *(a book).*
devlet, -ti 1. state; government; power; 2. prosperity, success, good luck; ~ adamı statesman; ~ başkanı president; ~ hazinesi state treasury, Exchequer; ~ hizmeti government *(or* public *or* civil) service; ~ kuşu windfall, unexpected good luck; ~ memuru civil servant, government official; ~ reisi head of state; ~ tahvili state bond; -le! good luck to you!
devletçe on the part of the government.
devletçi partisan of state control, favo(u)ring state control, etatist.
devletçilik etatism, state control.
devletleştirmek to nationalize, to collectivize.
devralmak to take over.
devran [ā] 1. time, age, epoch; 2. fate, wheel of fortune; ~ sürmek to live happily in prosperity.
devre 1. period; term, epoch; 2. session *(of Parliament)*; 3. cycle; 4. ⚡ circuit; 5. *sports:* half time.
devren [x .] as a sublet, as a sublease, by cession, by continuation of the present contract; ~ kiralık subletting.
devretmek [x . .] 1. to turn over, to transfer (-*e* to); 2. to sublet.
devri 1. rotatory; 2. ⚗, ⩚ periodic(al), cyclical.

devrik 1. folded, turned over; 2. inverted *(sentence)* 3. overthrown; ~ yaka turn-down collar.
devrilmek 1. *pass. of* devirmek; 2. to be overturned; to capsize; to be overthrown *(government)*.
devrim 1. revolution; reform; 2. folding; curve, bend.
devrimci revolutionary, revolutionist.
devrimcilik revolutionism.
devrisi = ertesi.
devriye 1. anniversary; 2. beat, patrol, police round; ~ arabası patrol car; ~ gezmek to go the rounds, to walk the beat, to patrol.
devşirmek 1. to collect, to pick, to gather; 2. to fold, to roll up.
devvar [ā] revolving, rotating; ~ köprü swing-bridge.
deyim idiom, phrase, expression.
deyiş 1. way of speaking; 2. a kind of folk song; poem; 3. expression; statement, report.
deyyus [ū] pander, cuckold.
dezenfekte disinfected; ~ etm. to disinfect.
dılı, -l'ı 1. *geom.* side; 2. *anat.* rib.
dımdızlak [x . .] 1. naked, bare, nude; 2. destitute; empty-handed; 3. *sl.* stony-broke.
dırdır grumbling; nagging; ~ etm. to nag, to grumble.
dırdırcı nag, nagger, grumbler, carper.
dırdırlanmak to murmur, to babble, to grouch, to mutter to o.s.
dırıltı 1. grumbling, snarling; 2. squabble; ~ çıkarmak to cause a squabble.
dırlanmak to complain, to talk annoyingly, to gripe.
dırlaşmak to squabble in undertones.
dış 1. outside, exterior; 2. outer space; 3. external, outer; 4. foreign; 5. *geom.* circumscribed; ~ haberler foreign news; ~ hat 1. external line; 2. international line *(a. teleph.)*; ~ kapının dış mandalı *fig.* a very distant relative; ~ lastik *mot.* tyre, *Am.* tire, casing; ~ taraf outside; ~ ticaret foreign trade .
dışadönük *psych.* extrovert.
dışalım importation.
dışarı 1. out; outside, exterior; 2. outdoor; out of doors; 3. provinces; the country; 4. abroad, foreign lands; ~ gitmek 1. to go out; 2. to go abroad; -da outside; abroad; -dan from the outside; from abroad; -ya abroad; towards the outside.
dışbükey convex.
dışderi 1. ectoderm; 2. ⚘ exodermis.
dışık ⚒ scoria.
dışişleri, -ni *pol.* foreign (*or* external) affairs; ♀ Bakanlığı Ministry of Foreign Affairs.
dışkı feces.
dışkılık cloaca.
dışmerkez *geol.* epicenter.
dışmerkezli *geom.* eccentric.
dışplazma *biol.* ectoplasm.
dışsatım exportation.
dız buzz, hum, whizz; ~ etm. to buzz, to hum, to whizz.
dızdız 1. = dız; 2. *sl.* swindling, trickery.
dızlanmak to keep on humming to o.s.
diba [- -] brocade; silk tissue.
dibek large stone *or* wooden mortar; ~ kahvesi coffee ground in a mortar.
Dicle *pr. n.* Tigris.
didaktik 1. didactic; 2. didactics.
didik teased out, pulled to shreds; ~ ~ etm. 1. *s.* didiklemek; 2. to pull to pieces; ~ ~ doğramak to shred, to cut to shreds.
didiklemek 1. to tear to pieces; 2. to pick into fibers and shreds; 3. to put in disorder.
didinmek 1. to toil, to wear o.s. out; 2. to fret.
didişmek to scrap, to scuffle, to quarrel, to bicker (*ile* with).
diferansiyel *mot.* differential gear.
difteri diphtheria.
diftong *gr.* diphthong.
diğer 1. other, another; different; 2. next, succeeding; ~ taraftan on the other hand.
dik 1. perpendicular; 2. upright, straight, stiff; 3. steep; 4. fixed, intent, penetrating *(look)*; 5. *geom.* right; 6. obstinate, contrary; ~ açı ⩓ right angle; ~ aşağı straight down; ~ baş(lı) pig-headed, obstinate; ~ ~ bakmak to stare (*-e* at), to glare (*-e* at), to gaze (*-e* at), to look daggers; ~ ~ cevap vermek to retort, to answer back; ~ dörtgen ⩓ rectangle; ~ kafalı pig-headed, obstinate, cussed; ~ üçgen *geom.* right triangle; -ine dalan uçak dive-bomber; -ine gitmek *(b-nin)* to do just the opposite of what one is asked for; to be pig-headed; -ine tıraş 1. shaving against the grain; 2. F utterly boring talk.
diken 1. thorn; spine; 2. sting; 3. thornbush; 4. *fig.* obstacle, hindrance; ~ üstünde oturmak *fig.* to be on tenterhooks.
dikence *zo.* stickleback.
dikendudu, -nu ⚘ blackberry.
dikenli thorny, prickly; ~ tel barbed wire.
dikensi spinoid, spinelike.
dikensiz without thorns; spineless; ~ gül olmaz there is no rose without a thorn.

dikey *geom.* vertical, perpendicular.
dikici 1. cobbler, shoe-repairer; **2.** tailor.
dikili 1. sewn; stitched; **2.** planted, set; **3.** erected, set up.
dikilitaş obelisk.
dikilmek 1. *pass. of* dikmek; **2.** to stand stiff, to post o.s., to plant o.s.; **3.** to become erect *(penis)*.
dikim *vn. of* dikmek sewing; planting; ~ evi (*or* yurdu) sewing workshop; ~ zamanı planting time.
dikimhane [ā] = dikim evi.
dikine vertically, upright.
dikiş *vn. of* dikmek *part.* **1.** sewing, stitching; seam; **2.** *anat.* suture; **3.** gulp; ~ dikmek to sew; ~ iğnesi sewing needle; ~ kaynağı ⊕ welding seam; ~ kutusu sewing box; ~ makinesi sewing machine; ~ yeri **1.** seam; **2.** ⚕ stitch scars.
dikişçi seamstress, dressmaker.
dikişli sewed, stitched; spliced.
dikişsiz seamless.
dikit *geol.* stalagmite.
dikiz *sl.* peeping, look; ~ aynası rear view mirror; ~ etm. (*or* geçmek) to peep.
dikizci *sl.* peeping Tom, voyeur.
dikizlemek *sl.* to peep.
dikkat, -ti **1.** attention, care; **2.** take care!, look out!; ~ çekmek to attract attention, to call attention (-*e* to); ~ etm. **1.** to pay attention (-*e* to), to note, to notice, to mind; **2.** to be careful (-*e* with); ~ kesilmek to be all ears; -e almak to take note (-*i* of), to take into consideration; -e şayan note-worthy, remarkable; -i çekmek to attract attention.
dikkatle carefully, with care.
dikkatli attentive, careful, painstaking; -ce carefully, attentively.
dikkatsiz careless, inattentive; thoughtless.
dikkatsizlik carelessness, inattentiveness; thoughtlessness.
diklenmek, dikleşmek 1. to become steep; **2.** to get stubborn; **3.** to stand erect.
dikme 1. *vn. of* dikmek; **2.** *geom.* perpendicular; **3.** seedling; **4.** derrick; prop; **5.** pole, post.
dikmek, (-er) **1.** to sew; to stitch; **2.** to set up, to erect; **3.** to plant; **4.** to stare, to fix *(eyes)*; **5.** to prick up *(ears)*; **6.** to drain, to drink off; **7.** to station *(a guard)*; **8.** to build, to construct, to put up; **9.** to set down *(a ball)* for play.
diksiyon diction; intonation.
dikta dictate.
diktafon dictaphone.
diktatör dictator.
diktatörlük dictatorship.
dikte dictation; ~ etm. **1.** to dictate *(letter)*; **2.** *fig.* to dictate to, to force (up)on *(order)*.
dil 1. tongue; **2.** language; dialect; **3.** *geogr.* promontory, spit; **4.** ⊕ bolt *(of a lock)*; **5.** ⊕ tenon *(of a mortise)*; **6.** ⚓ sheave *(of a block or pulley)*; **7.** index *(of a balance)*; **8.** reed *(of a wind instrument)*; **9.** ✕ prisoner of war captured for interrogation; ~ çıkarmak to put one's tongue out; ~ dalaşı quarrel; ~ dökmek to talk s.o. round (*or* over); ♀ Devrimi Language Reform; ~ sürçmesi slip of the tongue; ♀, Tarih ve Coğrafya Fakültesi *pr. n.* the College of Languages, History and Geography; ~ uzatmak to assail (with), to malign, to defame; -e (*or* -lere) düşmek to become a subject of common talk, to be on everyone's tongue; -e düşürmek to set tongues (*or* chins *or* beards) wagging; -e getirmek **1.** to cause to talk; **2.** to express, to give utterance to; -e kolay easier said than done; -e vermek to divulge, to denounce; -i çözülmek to find one's tongue; -i dolaşmak to mumble, to stumble; -i ensesinden çekilsin! may his tongue be pulled out; -i kayıyor he is making a slip of the tongue; -i tutuk tongue-tied; -i uzun impudent, insolent; -imin ucunda on the tip of my tongue; -inde tüy bitmek to talk till one is blue in the face; -inden düşürmemek to keep on and on (-*i* about); -ine dolamak to keep on and on (-*i* about); -ini kesmek to shut up; to silence; -ini tutmak to hold one's tongue (*or* peace); -ini yutmak to have lost one's tongue; -inin altında bir bakla (*or* şey) var there is s.th. he hasn't come out with yet; -inin ucunda olm. to have s.th. on the tip of one's tongue; -lerde dolaşmak to be the subject of common gossip.
dilak *anat.* clitoris.
dilaltı, -nı **1.** sublingual, hypoglossal; **2.** pip *(in fowls)*.
dilbalığı, -nı *zo.* sole.
dilbasan ⚕ spatula.
dilbaz [ā] eloquent.
dilber beautiful, beloved.
dilberdudağı, -nı a kind of Turkish pastry.
dilbilgisi, -ni grammar.
dilbilim linguistics.
dilci linguist.
dilcik 1. ⚘ ligula; **2.** = dilak; **3.** = kurbağacık 4; **4.** pip *(of fowl)*; **5.** P uvula.
dilek 1. wish, desire; **2.** request, petition, demand; ~ kipleri *gr.* optatives; ~ şart

kipi *gr.* conditional optative; -te bulunmak to make a wish.
dilekçe petition, formal request.
dilekçi petitioner.
dilemek 1. to wish (for), to desire, to long (for); 2. to ask (for), to beg, to request; özür ~ to ask pardon, to apologize.
dilenci beggar, cadger; ~ değneğine dönmek to become a bag of bones; ~ vapuru steamer that stops at every port of call; -ye hıyar vermişler de, eğri diye beğenmemiş beggars can't be choosers.
dilencilik begging, beggary, mendicancy.
dilenmek 1. *pass. of* dilemek; 2. to beg, to cadge; 3. to ask (for), to plead (for).
dilhâh ⚘ heart's desire, beloved object.
di'li: ~ geçmiş zaman *gr.* past tense.
dilim 1. slice; strip; 2. leaf *(of a radiator)*; ~ ~ in slices, in strips.
dilimlemek to cut into slices, to slice.
dilinim *geol.* cleavage.
dillemek ⚘ 1. to touch *or* lick with the tongue; 2. *fig.* to backbite, to censure.
dillenmek 1. *pass. of* dillemek 2. to loosen one's tongue, to begin to talk; 3. to become chatty; 4. to be on everyone's tongue.
dilleşmek to chat.
dilli 1. ... tongued; 2. bolted; sheaved; 3. *fig.* talkative, chatty.
dillidüdük 1. talkative, chatterbox, windbag; 2. reed whistle.
dilmek to slice, to cut into slices.
dilsel lingual, linguistic.
dilsiz 1. dumb, mute; 2. *fig.* docile, easy-going; ~ kaval German flute.
dilsizlik dumbness.
dimağ brain, mind; intelligence.
dimağçe *anat.* cerebellum.
dimaği [. - -] cerebral.
dimdik [x .] *emph. of* dik *part.* bolt upright, erect, stiff.
din[1] *phys.* dyne.
din[2] religion; belief, faith; creed; -i bir uğruna for the sake of Islam; -i bütün religious; hay -ine yandığım! the cursed!, damned!
dinamik dynamic(s).
dinamit dynamite.
dinamitlemek to dynamite.
dinamizm dynamism.
dinamo dynamo.
dinar dinar.
dincelmek to become vigorous, to recover one's strength.
dinci [- .] clerical.
dincierki theocracy.
dinç 1. vigorous, robust; 2. calm, untroubled.
dinçleşmek to become robust.
dinçleştirmek to strengthen, to invigorate.
dinçlik vigo(u)r, vivacity, robustness.
dindar [- -] religious, pious, devout, godly, god-fearing.
dindarlık religiousness, devotion, piety, godliness.
dindaş [ˈ] coreligionist.
dindışı secular, temporal, civil.
dindirmek to stop *(pain, etc.)*; to slake *(thirst)*.
dineri [. x .] diamonds.
dingil ⊕ axle, axletree.
dingildemek 1. to rattle, to wooble; to sway; 2. to tremble *(with fear)*.
dingin 1. calm; 2. ⛰ inactive; 3. inactive *(volcano)*; 4. exhausted, bushed.
dinginleşmek to calm down, to get calm.
dinginlik calm, quietness.
dini [- -] religious; pertaining to religion; ~ ayin divine service; ~ nikâh ecclesiastical wedding.
dinleme *vn. of* dinlemek *part.* auscultation; ~ aleti ⚕ stethoscope; ~ hizmeti ✕ listening service.
dinlemek 1. to listen (*-i* to), to hear; 2. to pay attention (*-i* to); to obey, to conform (*-i* to); 3. to auscultate.
dinlence 1. restful thing; 2. holiday, vacation.
dinlendirici relaxing.
dinlendirmek 1. to (let) rest; 2. to leave *(a field)* fallow; 3. to set aside; 4. to put out *(fire, light, etc.)*.
dinlenme rest, relaxation; ~ kampı holiday camp; ~ yeri resort, vacation place; road house; ~ yurdu recreation home.
dinlenmek 1. *pass. of* dinlemek; 2. to rest, to relax; 3. to be set aside *(wine, etc.)*.
dinletmek *caus. of* dinlemek to have s.o. listen *or* obey; k-ni ~ to make o.s. heard.
dinleyici listener; -ler audience.
dinmek, (-er) to stop, to cease, to leave off *(rain, etc.)*; to die down, to get better, to calm down, to pass off *(pain)*.
dinöncesi prereligion, preanimism.
dinsel religious, pertaining to religion.
dinsiz [- .] 1. irreligious, ungodly, impious, unbelieving, atheistic; 2. cruel, tyrant; -in hakkından imansız gelir *pro.* set a thief to catch a thief, take hair of dog that bit you, an old poacher makes the best keeper.
dinsizlik 1. irreligion, atheism; 2. cruelty.
dip, -bi 1. bottom; foot, lowest part; 2. the far end, back; ~ göstermek (*or* sömürmek) to drink to the dregs; dibinden bu-

damak 1. to cut from the bottom; 2. to nip in the bud; dibine darı ekmek to use up, to finish off.
dipçik butt *(of a rifle).*
dipçiklemek to club with a rifle butt.
dipdiri [x . .] 1. full of life, energetic, active; 2. shapely; 3. fresh.
dipkoçanı, -nı stub, counterfoil.
diplemek *sl.* to flunk, to fail *(in school).*
diploma [. x .] diploma, certificate; degree.
diplomalı graduate; qualified.
diplomasız 1. having no diploma; 2. without a licence.
diplomasi diplomacy.
diplomat, -tı diplomat.
diplomatik diplomatic.
dipnot footnote.
dipsiz 1. bottomless; 2. *fig.* unfounded, false; 3. unfathomable; ~ kile boş ambar 1. he spends everything he gets; 2. it will never be of any use; ~ testi *fig.* spendthrift, squanderer.
dirayet, -ti [ā] 1. ability; 2. skillfulness; 3. perception, discernment.
dirayetli 1. capable, effective; 2. skillful; 3. perceptive.
dirayetsiz 1. incapable; 2. unskilled; 3. imperceptive.
direk 1. pole, post; 2. mast; 3. beam, rafter; 4. column, pillar; 5. *football:* goalpost, crossbar; 6. *fig.* pillar, mainstay; ~ ~ bağırmak to shout at the top of one's voice; ailenin direği mainstay of the family.
direksiyon 1. steering-wheel; 2. *fig.* guidance; ~ boşluğu play in the steering; -da at the wheel; -u idare etm. to steer, to drive; -u kırmak to swerve.
direkt, -ti 1. direct, nonstop; 2. directly.
direktif directive, instruction, order.
direktör director; principal.
direktörlük directorship.
diremek 1. to support, to hold up, to sustain; 2. to resist.
diren pitchfork.
direnç *phys.* resistance.
dirençli 1. resistant; 2. tough.
dirençsiz having low resistance.
dirençsizlik low resistance.
direnek *neol.* ✕ bulwark.
direngen stubborn, obstinate.
direngenlik obstinacy.
direniş 1. resistance, opposition; 2. boycott.
direnme 1. resistance; 2. persistence.
direnmek 1. to insist (*-de* on); 2. to resist, to hold out; 3. to put one's foot down.
direşken persistent, determined, insistent.
direşmek P 1. to persevere; to be determined; 2. to resist.
diretmek to put one's foot down, to insist (*-de* on), to show obstinacy.
direy fauna.
dirgen *s.* diren.
dirhem drachma; k-ni ~ ~ satmak to make a great show of reluctance.
diri 1. alive, living; 2. vigorous, lively, energetic; 3. fresh; 4. undercooked; rare.
diriksel animal, physiological.
dirilik 1. life, liveliness; 2. freshness.
diriliş revival, invigoration; resurgence.
dirilmek 1. to come (*or* return) to life; 2. to be revived, to gain fresh vigo(u)r.
diriltmek to revive, to bring to life.
dirim life.
dirlik 1. peace, peaceful coexistence; 2. affluence; ~ düzenlik harmony in social relations, peace; ~ vermemek *(b-ne)* to give *s.o.* no rest.
dirliksiz cantankerous, cross.
dirsek 1. elbow; 2. bend, turn *(in a line, road or river)*; 3. *(pipe)* elbow; 4. ⚓ prop; ~ çevirmek *(b-ne) fig.* to drop *s.o.* socially, to throw *s.o.* over; ~ çürütmek to study long and hard.
dirseklemek to elbow.
disiplin discipline.
disiplinli disciplined.
disiplinsiz undisciplined.
disk, -ki 1. *sports:* discus; 2. record; 3. ⊕ disk; ~ atma throw the discus.
diskalifiye disqualified; ~ etm. to disqualify; ~ olm. to be disqualified.
diskotek, -ği 1. discotheque; 2. collection of recorded music.
dispanser dispensary.
distribütör ⚡ distributor.
diş 1. tooth; 2. tusk; 3. tooth *(of a saw, comb)*; 4. cog *(of a wheel)*; 5. ward *(of a key)*; 6. thread *(of a screw)*; 7. clove *(of garlic)*; 8. head *(of cloves)*; 9. *sl.* dope, hashish; ~ ağrısı toothache; ~ bakımı dental care; ~ bilemek *(b-ne)* to watch for a change to take revenge on *s.o.*; ~ çekmek to extract (*or* pull out) a tooth; ~ çektirmek to have a tooth extracted (*or* pulled out); ~ çıkarmak to cut a tooth, to teethe; ~ doldurmak to fill (*or* stop) a tooth; ~ fırçası toothbrush; ~ geçirmek *fig.* to be able to influence *(a powerful person)*; ~ gıcırdatmak *fig.* to gnash one's teeth; ~ göstermek *fig.* to snow one's teeth; ~ hekimi dentist; ~ hekimliği dentistry; ~ kamaştırmak to set one's teeth on edge; ~ kemiği dentine;

~ kovuğu cavity; ~ macunu toothpaste; ~ pası tartar, scale; ~ siniri dental nerve; ~ tababeti dentistry; ~ tabibi dentist; -e dokunur worthwhile; -inden tırnağından artırmak to pinch and scrape, to scrimp and save; -ine göre within one's power; -ini sıkmak to grit one's teeth, to endure, to bare; -ini tırnağına takmak to work tooth and nail, to try every means.

dişbudak ⚘ ash tree.

dişçi 1. dentist; **2.** *sl.* one who robs graves for gold teeth.

dişçilik dentistry.

dişeti, -ni gum.

dişi 1. female, she; **2.** woman; **3.** feminine; **4.** ⊕ female; **5.** malleable *(metal)*; ~ anahtar hollow key; ~ kopça an eye for a hook.

dişil 1. female; **2.** *gr.* feminine.

dişileşmek to become feminine.

dişilik feminine gender, female sex.

dişiorgan ⚘ pistil.

dişlek bucktoothed, having protruding teeth.

dişlemek 1. to bite, to nibble, to gnaw; **2.** ⊕ to tooth, to serrate.

dişli 1. toothed, serrated; notched, jagged; cogged; **2.** ⊕ cogwheel, gear; **3.** sprocket; **4.** *fig.* formidable, influential; ~ tırnaklı red in tooth and claw, very aggressive and fierce.

dişsel dental.

dişsiz 1. toothless; **2.** unserrated.

ditmek, (-er) **1.** to card, to tease *(cotton, wool)*; **2.** to shred.

divan [- -] **1.** sofa, divan, couch; **2.** collection of stamps; **3.** *pol.* council of state; ~ durmak to stand in a respectful position with hands folded in front; ♀ Edebiyatı classical Ottoman poetry; dıvanı haysiyet, haysiyet dıvanı court of hono(u)r.

divane [- - .] crazy, mad, insane; -si olm. *(bşin)* to be nuts over *s.th.*, to be wild about *s.th.*

divanelik craziness.

divanhane [- - - .] large hall.

divanıharp, -bi court-martial, military court.

divik *zo.* termite, white ant.

divit, -ti a pen-case with an inkholder, ink-and-pen case.

diyabet, -ti diabetes.

diyafram *anat., phys., phot.* diaphragm.

diyagram 1. graph; **2.** diagram.

diyakoz [. x .] deacon.

diyalekt dialect.

diyalektik dialectic(s).

diyalog dialogue.

diyanet, -ti [ā] **1.** piety, devoutness; **2.** religion; ~ işleri religious affairs.

diyanetkâr, diyanetli [ā] religious, pious.

diyani [. - -] religious; ~ tesis ⚖ religious foundation.

diyapazon diapason, tuning fork.

diyar [ā] country, land.

diye (< diyerek) **1.** so that; lest; **2.** because; **3.** by saying; **4.** on the assumption that; by mistake; **5.** named, called.

diyecek s.th. to say; diyeceği olmamak to have no objection; to have nothing to say.

diyet[1], -ti diet.

diyet[2], -ti blood money, wergeld.

Diyet[3], -ti Diet.

diyez ♪ sharp.

diz 1. knee; **2.** lap; ~ boyu knee-deep, up to the knees; ~ çökmek to kneel (down); ~ çöktürmek **1.** to make s.o. kneel down; **2.** to bring s.o. to his knees; ~ kırmak **1.** to bend one's knees; **2.** to curtsy; ~ üstü on one's knees, kneeling; -e gelmek to fall on one's knees; to give up, to surrender; -e getirmek *(b-ni)* to bring *s.o.* to heel; -ini dövmek *fig.* to repent bitteryl; -inin bağı çözüldü *fig.* he is on his last legs.

dizanteri ⚕ dysentery.

dizbağı, -nı garter; ~ nişanı the Order of the Garter.

dizbarko [. x .] ⚖ unloading *(of a ship)*.

dizdirmek 1. to have s.th. typeset; **2.** to have things strung on a cord; **3.** to have things arranged in order.

dize line *(of poetry)*.

dizel diesel engine.

dizgi composition, typesetting.

dizgici typesetter, compositor.

dizgin rein, bridle; ~ vurmak to bridle; -ini çekmek *(or* kısmak) *fig.* to keep a tight rein (on); -leri ele almak to take the reins; -leri ele vermek *(or* başkasına kaptırmak) *fig.* to let another take the reins; -leri salıvermek *fig.* to give the reins (to); -lerini toplamak to rein in, to check off.

dizginlemek 1. to bridle *(a horse)*; **2.** *fig.* to restrain.

dizginsiz *fig.* uncontrolled, unbridled.

dizi 1. string *(of beads)*; **2.** line, row; **3.** series; **4.** ♪ scale; **5.** Ⱥ progression; series; **6.** ✕ file *(of soldiers)*; ~ kol nizamında in single *(or* Indian) file.

dizici *typ.* typesetter, compositor.

dizili 1. strung *(beads)*; **2.** *typ.* set.

diziliş arrangement.

dizilmek 1. to be arranged (-e in); **2.** to be

strung (-e on); 3. to line up; 4. *typ.* to be set.
dizim typesetting, composition.
dizin index.
dizkapağı, -nı kneecap; ~ kemiği *anat.* kneepan, kneecap, patella.
dizlik 1. knee-guard; 2. knee-breeches.
dizmek 1. to line up, to arrange in a row; 2. to string *(beads)*; 3. *typ.* to set.
dizmen typesetter, compositor.
do ♪ 1. do, doh; 2. C.
doanahtarı ♪ key of C.
dobra dobra [x . x .] bluntly, frankly.
doçent, -ti lecturer, assistant professor, associate professor.
doçentlik associate professorship, lectureship.
doğa nature.
doğacı animist.
doğal natural; ~ ayıklanma natural selection; ~ bilimler the natural sciences; ~ kaynaklar natural resources; ~ olarak naturally.
doğallık naturalness.
doğan *zo.* falcon.
doğaötesi, -ni 1. metaphysics; 2. metaphysical.
doğarlık birth-rate.
doğaüstü, -nü supernatural.
doğma 1. *vn. of* doğmak; 2. born; ~ büyüme İstanbullu born and bred in İstanbul.
doğmak, (-ar) 1. to be born; 2. *ast.* to rise *(sun, moon)*; 3. to emerge, to appear, to arise; 4. *(b-ne)* to occor to *s.o.*; doğduğu yer birthplace; doğduğuna pişman tired of life, miserable, unhappy; içime doğdu I felt it in my bones.
doğmalık congenital.
doğram slice; ~ ~ in slices.
doğrama 1. *vn. of* doğramak; 2. woodwork, joinery.
doğramacı joiner, carpenter.
doğramacılık joinery.
doğramak to cut into pieces (*or* slices); to carve, to chop to bits.
doğru 1. straight; 2. true; 3. suitable, proper; 4. honest, good *(person)*; 5. correct, accurate; 6. the truth; 7. ⩚ line; 8. truly, correctly; 9. straight, directly; 10. towards, in the direction of; 11. toward, near the time of; 12. that's true!; 13 F correct answer *(in a test)*; ~ akım ⚡ direct current; ~ bulmak to approve (-*i* of), to see fit; ~ çıkmak to come true, to prove to be right; ~ durmak 1. to stand straignt; 2. to sit still, to keep quiet; ~ dürüst F 1. properly; 2. genuine, proper, real; ~ orantılı ⩚ directly proportional; ~ oturmak to sit still, to behave o.s.; -dan -ya directly.
doğruca [x . .] 1. more or less right; 2. straight, directly.
doğrucu truthful, veracious.
doğrulamak to verify, to confirm, to corroborate.
doğrulmak 1. to straighten out; to be straightened; to become erect (*or* straight); 2. to sit up; 3. to be righted; to be put right; 4. F to be earned; 5. to direct *o.s.* (-*e* towards), to head (-*e* for).
doğrultmak 1. to straighten, to put straight; 2. to correct; 3. to aim, to point (-*e* at), to direct; 4. F to get, to take in *(money)*.
doğrultu direction.
doğruluk 1. truth; honesty, uprightness; 2. straightness; ~ kâğıdı certificate of conduct.
doğrusal linear.
doğrusu the truth of the matter; to speak honestly, to be quite frank about it; -nu isterseniz to tell the truth; daha ~ as a matter of fact, to be more exact.
doğu 1. east; 2. eastern; 3. the East, the Orient; the eastern provinces of Turkey; 4. *ast.* equinoctial sunrise point; ~ Afrika(sı) East Africa.
doğulu 1. easterner; 2. Oriental.
doğum 1. birth; 2. year of birth; 3. = doğarlık; 4. confinement; 5. delivery, parturition; ~ günü birthday; ~ hali nascent condition; ~ kontrol hapı the pill, contraceptive pill; ~ kontrolu birth control; ~ kütüğü birth-register; ~ sancısı 1. labo(u)r pain; 2. *fig.* birth pangs; ~ yapmak to give birth to a child, to bear.
doğumevi, -ni maternity hospital.
doğumlu born in such and such a year; 1940 -lar born in 1940.
doğumsal natal.
doğurgan prolific, fecund.
doğurganlık prolificacy, fecundity.
doğurmak 1. to give birth (to), to bear; 2. *fig.* to give birth to, to cause, to bring about, to bring forth.
doğurtmak to assist *(a mother)* at childbirth.
doğuş 1. birth; 2. *ast.* rise; 3. emergence; -tan innate; from birth; congenital.
dok, -ku ⚓ dock, wharf.
doka *s.* duka.
doksan ninety.
doksanar ninety each.
doksanıncı ninetieth.
doksanlık 1. containing ninety; 2. ninety years old.

doktor 1. doctor, physician; 2. person with a doctorate; ~ çıkmak (*or* olm.) 1. to become a doctor; 2. to take one's degree.
doktora 1. doctorate; 2. doctoral examination; ~ talebesi postgraduate; ~ tezi thesis.
doktorluk 1. = doktora; 2. profession of a doctor; ~ etm. to work as a doctor.
doktrin doctrine.
doku *anat.* tissue.
dokubilim histology.
dokuma 1. *vn. of* dokumak; 2. woven; 3. textile; 4. cotton cloth; ~ makinesi loom.
dokumacı weaver; textile worker.
dokumacılık textile industry.
dokumak 1. to weave; 2. to knock down *(fruit from a tree).*
dokunaklı touching, moving, biting, harmful, harsh, insinuating.
dokundurmak 1. to make s.th. touch another thing; 2. to hint (about).
dokunmak 1. *pass. of* dokumak; 2. to touch, to make contact (-e with); 3. to take in one's hand, to touch; 4. to disturb, to upset, to meddle (-e with); 5. to take and use; 6. to disagree (-e with), to upset *(one's health)*; 7. to affect; 8. to move, to cut (*or* touch) s.o. to the quick; 9. to touch (-e on), to deal (-e with).
dokunulmazlık *pol.* immunity.
dokunum *biol.* sense of touch.
dokurcun 1. stack of hay *or* grain; 2. a game played with nine small stones.
dokuz nine; ~ doğurmak *fig.* to sweat blood, to be on pins and needles; ~ düğüm altında under lock and key; ~ yorgan eskitmek *fig.* to have a very long life.
dokuzar nine each.
dokuzlamak to increase to nine.
dokuzlu 1. containing nine; 2. *cards:* the nine; 3. made up of nine-line stanzas.
dokuztaş a game played with nine small stones.
dokuzuncu ninth.
doküman document; ~ fotoğraf documentary photograph.
dokümanter documentary; ~ film documentary film.
dolak puttee.
dolam 1. one turn of any coiled thing; 2. enough for a turn.
dolama 1. *vn. of* dolamak; 2. dolman; 3. whitlow, felon.
dolamak 1. to twist, to wind (-e on); 2. to wrap around *(one's arms).*
dolambaç 1. curve, bend; 2. *anat.* labyrinth; 3. = dolambaçlı.
dolambaçlı 1. sinuous, winding, meandering; 2. *fig.* tangled, involved, intricate; ~ yollardan gitmek *fig.* to prevaricate, to shuffle, to dodge.
dolamık trap, snare, net.
dolan deception, deceit.
dolandırıcı swindler, embezzler, deceiver, cheat.
dolandırıcılık swindle, fraud, deceit.
dolandırılmak to be swindled.
dolandırmak 1. = dolaştırmak; 2. to cheat, to swindle, to defraud, to deceive.
dolanmak 1. *pass. of* dolamak; 2. to be wrapped (-e around); 3. to be wound on (-e to); 4. to hang about (*or* around), to wander about, to rove, to roam about.
dolap, -bı 1. cupboard; wardrobe; 2. water wheel; 3. treadmill; 4. Ferris wheel; merry-go-round; 5. stall in the Covered Market in İstanbul; 6. ♪ musical box; 7. *fig.* plot, trick, intrigue; ~ çevirmek *fig.* to pull a trick, to set a trap.
dolar dollar.
dolaşık 1. roundabout, indirect, meandering, sinuous *(road, way)*; 2. confused tortuous, tangled, intricate *(matter)*; ~ yol detour, roundabout way.
dolaşıklık 1. entanglement, intricateness, crookedness; 2. indirectness; 3. tortuosity.
dolaşıksız 1. direct; 2. directly.
dolaşım *biol.* circulation.
dolaşlı winding; twining; *fig.* having obstacles.
dolaşmak 1. to stroll, to wander, to walk around; 2. to go the long way round, to make a roundabout way; 3. to be indirect *(road)*; 4. to get tangled *(hair, thread)*; 5. to go around, to get around *(rumour, news)*; 6. to patrol *(soldier)*; 7. to go on the beat *(police)*; 8. to get about, to wander around *(a place).*
dolaştırmak *caus. of* dolaşmak *part.* 1. to take s.o. for a walk, to make s.o. go around; to show s.o. around; 2. to wind (*or* tangle) s.th. around s.th. else.
dolay 1. vicinity, environment, surroundings; 2. suburbs, outskirts; 3. turn, bend *(in a road).*
dolayı 1. = dolay: 2. because of, due to, on account of, thanks to, owing to; 3. as, because; bundan ~ therefore, that's why, for that reason.
dolayısıyle [. . . - .] 1. consequently, so; 2. because of, on account of, owing to, due to.
dolaylı *neol.* 1. indirect; 2. indirectly; ~ tümleç *gr.* indirect object.

dolaysız 1. direct; 2. directly.
doldurma 1. loading, filling; 2. *phys.* charging; ~ makinesi charging machine.
doldurmak 1. to fill (up), to stuff; 2. to complete *(sum or period of time)*; 3. to charge *(a battery)*; 4. to load *(firearm)*; 5. to fill out, to fill in *(a printed form)*; 6. *(b-ni)* to turn *s.o.* against s.o. else.
doldurtmak to have s.th. filled (out).
dolgu 1. act of filling *(out)*; 2. filling, stopping; ~ yapmak to fill, to stop; ~ yaptırmak to have a tooth filled *(or* stopped).
dolgun 1. full, filled, stuffed; 2. plump, buxom; 3. high *(salary)*; 4. abundantly endowed *(with information or knowledge)*; ~ maaşlı high salaried; ~ mide full stomach; ~ yüzlü round-faced.
dolgunlaşmak to get plump.
dolgunluk 1. fullness; 2. plumpness.
dolma 1. *vn. of* dolmak; 2. filled up, reclaimed *(land)*; 3. stuffed *(food)*; 4. *sl.* lie, tall story, humbug; ~ yutmak *sl.* to be duped, to be humbugged; ~ yutturmak *sl.* to dupe, to humbug, to hoax.
dolmak, (-ar) 1. to get full, to become full, to be filled; 2. to be packed (*ile* with); 3. to expire *(term, period)*; 4. *fig.* to be ready to burst *(from anger)*, to be exasperated.
dolmakalem fountain-pen.
dolmuş 1. jitney, shared-taxi, collective-taxi, dolmush *(a taxi which only starts when it is filled up with passengers)*; 2. full, filled, stuffed.
dolmuşçu driver of a shared-taxi.
dolmuşçuluk driving a shared-taxi.
dolu[1] 1. full, filled; 2. abounding in, teeming (*ile* with), alive (*ile* with); 3. loaded *(gun)*; 4. charged *(battery)*; 5. solid; 6. oversensitive; 7. a glass *(containing a drink)*; 8. *fig.* about to blow up *(with anger)*; ~ ~ plentifully, in abundance; ~ tüfek *fig.* choleric person.
dolu[2] hail; ~ tanesi hailstone; ~ yağıyor it is hailing.
doludizgin at full speed, galloping, at a full gallop.
doluk goatskin bottle.
doluluk fullness, plenitude.
dolunay full moon.
doluşmak to crowd *(into a place)*.
domalan ⚘ truffle.
domalıç humped; bulging; bulbous; protruding.
domalika [. . x .] shellac.
domalmak 1. to bulge out, to stand out, to rise; 2. to squat down in a humped position.
domaniç *s.* domalıç.
domaran *s.* domalan.
domates [. x .] ⚘ tomato; ~ suyu tomato juice.
dombalan *s.* domalan.
dombay *zo.* water buffalo.
dombaz *s.* tombaz.
domino 1. dominoes *(game)*; 2. domino *(costume)*.
domuz 1. *zo.* pig, hog, swine; 2. *fig.* obstinate; spiteful, malicious; 3. you fink!, you swine!; ~ derisi pigskin; ~ eti pork; ~ gibi F 1. vicious(ly); 2. for certain; ~ yağı lard; ~ yavrusu pig; bu ~ karı *sl.* this swine broad.
domuzayağı, -nı wormer used for with drawing the charge from a gun.
domuzdamı gallery of a mine supported by wooden props.
domuzlan *zo.* bombardier beetle.
domuzlaşmak to become malicious.
domuzluk 1. viciousness; 2. water wheel casing.
don[1] 1. pair of drawers, underpants; 2. coat, colo(u)r *(of a horse)*; -una etm. (*or* kaçırmak) to wet *or* soil one's underwear; -una yapmak 1. to wet *or* soil one's underwear *(child)*; 2. *fig.* to shake in one's shoes.
don[2] frost, freeze; ~ çözülmek to thaw; ~ tutmak to freeze.
donakalmak, (-ır) to stand aghast (at), to be petrified with horror *or* astonishment.
donamak to decorate, to embellish, to adorn.
donanım ⚓ rigging, tackle.
donanma 1. *vn. of* donanmak; 2. fleet, navy, naval force; 3. fireworks; flags and bunting; 2. illumination; ~ fişeği rocket, skyrocket.
donanmak 1. to dress up; 2. to be decorated; 3. to be equipped; 2. to be illuminated.
donatan rigger.
donatım 1. equipping; 2. equipment, outfit; 3. ⚔ procurement of ordnance; 2. incidental details.
donatımcı progman, property man.
donatmak 1. to dress up; 2. to ornament, to deck out, to illuminate, to decorate; 3. ⚓ to equip *(a ship)*; to rig; 4. to set lavishly *(table)*; 5. *sl.* to insult, to abuse, to swear (at).
dondurma 1. *vn. of* dondurmak; 2. ice-cream; 3. (made) frozen, solidified.
dondurmacı ice-cream vendor, ice-cream seller; maker of ice-cream.
dondurmak to freeze *(a. fig.)*.

dondurucu freezing; cold, chilling.
dondurulmuş **1.** frozen; **2.** fixed.
Donkişotluk quixotism, quixotry.
donma freezing; ~ noktası freezing point.
donmak, (-ar) **1.** to freeze; **2.** to freeze to death; **3.** to freeze, to feel very cold; **4.** to set, to harden, to solidify *(concrete, etc.)*; **5.** to freeze, to remain motionless.
donsuz *fig.* destitute, needy; vagabond.
donuk matt, dull, lusterless, lifeless.
donuklaşmak to be dull, to be lifeless.
donukluk dimness, dullness.
donyağı, -nı **1.** tallow; **2.** *fig.* cold fish, disagreeable person; donyağıyle pekmez *fig.* incompatible.
dopdolu [x . .] chockful, full up.
doru chestnut *(horse)*.
doruk **1.** summit, peak, apex, top; **2.** *fig.* zenith; ~ çizgisi watershed, water parting.
doruklamak to brim, to fill to the brim.
dosa ⚓ gangplank.
dosdoğru [x - .] *emph. of* doğru straight ahead; perfectly correct.
dost, -tu **1.** friend; comrade, confidant, intimate; **2.** friendly; **3.** lover; mistress; ~ devlet friendly state; ~ düşman friend and foe, everybody; ~ edinmek **1.** to make friends (with); **2.** to take a lover *or* a mistress; ~ kara günde belli olur *pro.* a friend in need is a friend indeed; ~ olm. to become friends; -a düşmana karşı in front of everybody; in the eyes of everybody, publicly; -lar başına! may the same befall all my friends!; -lar başından ırak! I wouldn't wish such a thing on my friends!
dostane [ā] friendly.
dostça = dostane.
dostluk friendship; ~ etm. (*or* göstermek) to be friends (-*e* with); ~ kurmak to make friends (*ile* with).
dosya [x .] **1.** file, dossier; **2.** file folder.
dosyalamak to file, to put in a file.
dosyalanmak *pass. of* dosyalamak to be filed.
dosye *s.* dosya.
doyasıya to one's heart's content, to repletion, as much as one can.
doygun **1.** satiated; **2.** saturated.
doygunluk **1.** satiation; **2.** saturation.
doyma saturation *(a.* ⚗*)*.
doymak **1.** to eat one's fill, to be full up, to be satiated; **2.** *(bşe)* to be satisfied with *s.th.*; **3.** ⚗ to be saturated (-*e* with); doya doya to one's heart's content, to repletion.
doymaz greedy, insatiable.
doymazlık greed, insatiability.
doymuş ⚗ saturated.
doyum satiety, satisfaction; buna ~ olmaz one never gets tired of this, one cannot have enough of it.
doyumluk enough to satisfy.
doyurmak **1.** to fill up, to satisfy, to satiate, to allay one's hunger; **2.** ⚗ to saturate.
doyurucu **1.** satisfying, filling *(food)*; **2.** *fig.* convincing, persuasive.
doz ⚕ dose; -unu kaçırmak to overdo, to go too far.
dozer bulldozer.
dökme **1.** *vn. of* dökmek; **2.** poured; **3.** cast *(metal)*; **4.** spilled, scattered; **5.** † in bulk; ~ demir cast iron.
dökmeci foundryman, founder.
dökmecilik foundry work.
dökmehane [ā] foundry.
dökmek (-er) **1.** to pour (out); **2.** to spill; **3.** to throw out; **4.** to scatter; **5.** to shed; **6.** to cast; **7.** to empty; **8.** to let *(one's hair)* hang freely; **9.** to pour out *(one's troubles)*; **10.** to fail, to flunk *(students in a class)*; **11.** to have *(spots, freckles)* break out on one's skin; **12.** (kâğıda) to write down, to commit to paper.
döktürmek **1.** *caus. of* dökmek; **2.** *sl.* to do a swell job.
dökük **1.** nicely hanging *(cloth)*; **2.** loose, free *(hair)*; **3.** F shabby, seedy.
döküksaçık **1.** rough, untidy *(hair)*; **2.** shabby, ragged.
dökülmek **1.** *pass. of* dökmek; **2.** to go out in large numbers *(people)*; **3.** to disintegrate; **4.** to drape, to drop off; **5.** to get ragged; **6.** *sl.* to be dead tired, to be bushed. to be worn out; **7.** to be miserable; dökülüp saçılmak **1.** to unburden o.s. to unbosom o.s., to make a clean breast of it; **2.** to blow, to blue, to squander *(money)*.
döküm **1.** casting, cast; **2.** dropping; **3.** enumeration *(of an account)*; **4.** inventory; **5.** A addition; **6.** mo(u)lting; shedding; **7.** *sl.* ugly *(woman)*; **8.** *sl.* sloppily dressed; ~ kalıbı casting mo(u)ld.
dökümcü foundryman.
dökümcülük foundry work.
dökümevi, dökümhane [ā] ⊕ foundry, ironworks.
dökümlü well-fitting *(clothing)*.
dökünmek *refl. of* dökmek *part.* to throw over o.s. *(water, etc.)*.
döküntü **1.** remains, remnants, leavings, debris, remainder; **2.** stragglers; **3.** skin eruption, exanthema; **4.** drifters; **5.** reef *(of rock)*; ~ erler ⚔ stragglers.

döl 1. seed, germ, semen, sperm; 2. young, offspring, issue, new generation; 3. new plant, seedling; 4. descendants, posterity; 5. generation; 6. race, stock, origin; ~ döş children, family, descendants, progeny; ~ tutmak to become pregnant *(animal)*; ~ vermek to give birth, to bring forth young, to reproduce.
döllemek *biol.* to inseminate, to make pregnant, to fertilize, to fecundate.
döllenme insemination, fecundation, fertilization.
döllenmek *pass. of* döllemek to be inseminated, to be fertilized, to be fecundated.
dölüt *biol.* fetus.
dölyatağı, -nı *anat.* uterus, womb.
dölyolu, -nu *anat.* vagina.
döndürmek 1. to turn round, to reverse, to rotate, to spin; 2. to send back; 3. to drive s.o. *(wild, crazy)*; 4. to fail, to flunk *(a student)*; 5. to pull *(a. trick)*.
döneç *phys.* rotor.
dönek fickle, untrustworthy, inconstant, changeable.
döneklik fickleness, inconstancy; ~ etm. to go back on one's word.
dönem 1. period (of time), era; 2. *parl.* term; 3. school term; 4. *boxing:* round; ~ sonu sınavları end-of-term examinations.
dönemeç bend, curve *(in a road)*.
dönemeçli winding, curved *(road)*.
dönence 1. *ast.* tropic; 2. turning point.
döner turning, revolving; ~ kapı revolving door; ~ kebap pressed lamb roasted on a large vertical spit; ~ koltuk swivel chair; ~ merdiven spiral stairs; ~ sermaye revolving fund, circulating capital.
döngel ⚘ medlar.
döngü circle *(s.* kısır döngü).
dönme 1. *vn. of* dönmek; 2. converted to Islam; ~ dolap 1. Ferris wheel, big wheel; 2. revolving cupboard.
dönmek, (-er) 1. to turn, to revolve, to rotate, to spin: 2. to return, to go back, to come back; 3. to turn (*-e* towards); 4. to turn (*-e* into), to become; 5. to fail; 6. to be converted *(to another religion)*; 7. to change *(weather, etc.)*; 8. to be going on *(s.th. tricky)*; 9. to swerve *(from a course)*; 10. *(sözünden)* to break *(one's promise)*, to go back on one's word; 11. *(kararından)* to change one's mind; döne döne çıkmak to ascend in a spiral; dönüp dolaşıp in the long run, after all; dönüp dolaşmak to walk back and forth.
dönük 1. turned (*-e* to, towards), facing; 2. aimed (*-e* at), addressed (*-e* to).
dönüm 1. a land measure of about 920 m²; 2. turning, returning; 3. rotating, revolving; 4. (round) trip; ~ noktası turning point.
dönüş 1. turning; 2. return(ing); 3. *sports:* pivoting turn.
dönüşlü *gr.* reflective.
dönüşmek 1. to change (*-e* into), to turn (*-e* into), to be transformed (*-e* into); 2. to mutate.
dönüştürmek 1. to change (*-e* into), to transform (*-e* into); 2. to cause a mutation (in).
dönüşüm 1. transformation; 2. metaplasia.
döpiyes two-piece.
dörder four each; ~ ~ by fours.
dördüncü fourth; ~ zaman *geol.* Quaternary.
dördüz quadruplet.
dört, -dü four; ~ ayak üstüne düşmek to land on one's feet, to fall on one's feet; ~ başı mamur *fig.* in perfect condition, prosperous, flourishing; ~ bucakta everywhere, high and low; ~ duvar arasında kalmak to be shut in; ~ elle sarılmak 1. *(bir işe)* to stick heart and soul (*-e* at), to be wrapped up (*-e* in); 2. *(b-ne)* to cling to *s.o.*; ~ gözle beklemek to wait eargerly (*-i* for), to look forward (*-i* to); ~ işlem ⩓ the four operations.
dörtayak 1. quadruped; 2. on all fours.
dörtcihar [ā] *dice:* double four.
dörtgen ⩓ quadrangle, quadrilateral.
dörtkenar *s.* dörtgen.
dörtlemek to quadruplicate.
dörtlü 1. *cards:* four; 2. quartet.
dörtlük 1. ♪ quarter note; 2. quatrain; 3. *ast.* quarter *(of the sky)*; ~ es ♪ crotchet-rest.
dörtnal gallop.
dörtnala at a gallop, galloping.
dörtyol crossroads; ~ ağzı crossroads, junction, intersection.
döş 1. breast, bosom; 2. brisket, breast.
döşek mattress, bed; ~ esiri olm. to be bedridden, to be confined to bed, *Am.* to be bedfast.
döşeli 1. furnished; 2. floored, laid; dayalı ~ completely furnished *(house)*.
döşeme 1. floor(ing), pavement; 2. furniture; 3. upholstery: covering.
döşemeci 1. upholsterer; 2. furniture dealer.
döşemecilik 1. upholstery; 2. furniture trade.
döşemek 1. to spread, to lay down; 2. to floor, to pave; 3. to furnish, to upholster;

dayayıp ~ to furnish completely *(house).*

döşenmek 1. *pass. of* döşemek; 2. *(b-ne)* to scold *s.o.*; 3. *(bş. hakkında)* to write a diatribe against *s.th.*; 4. F to take to one's bed, to be bedridden.

döşeyici installer; fitter; plumber; electrician.

dövdürmek to have s.o. beaten.

döven threshing sled; flail.

döviz 1. foreign currency, foreign exchange; 2. motto, slogan, device; 3. placard; ~ kontrolu exchange control.

dövme 1. *vn. of* dövmek; 2. tattoo; 3. forging; 4. wrought *(iron)*; 5. dehusked wheat.

dövmek, (-er) 1. to beat, to flog, to thrash; 2. to thresh *(grain)*; 3. to hammer, to forge *(hot metal)*; 4. to beat *(laundry)*; 5. to pound to a powder, to crush up; 6. to beat *(eggs)*; 7. to tamp, to pound down; 8. to shell, to bombard; 9. to beat, to pound *(waves, rain).*

dövülgen ⊕ malleable.

dövülgenlik ⊕ malleability.

dövülmek *pass. of* dövmek *part.* to be beaten, to be pounded, to be threshed, to be forged.

dövünmek 1. to beat o.s., to beat one's breast; 2. *fig.* to lament, to be frantic with sorrow.

dövüş 1. beating; 2. fight, brawl, scuffle.

dövüşçü fighter.

dövüşken bellicose, combative, belligerent.

dövüşkenlik bellicosity, pugnacity.

dövüşmek 1. to fight, to struggle; 2. to clash *(armed forces)*; 3. to box.

dövüştürmek to pit *(fighters, animals)* against each other.

drahmi drachma.

drahoma [x . .] dowry.

draje 1. sugar-coated pill; 2. chocolate-coated nuts.

dram 1. *thea.* drama; 2. tragedy, tragic event.

dramatik 1. dramatic; 2. tragic.

drenaj drainage.

dresuvar sideboard.

dretnot, -tu dreadnought.

dua [ā] prayer, blessing; ~ etm. to pray, to bless; -sını almak *(b-nin)* to have the blessing of *s.o.*

duacı well-wisher.

duayen doyen.

duba [x .] pontoon, barge; ~ gibi paunchy, very fat.

dubara [. - .] 1. *dice:* double deuce; 2. *sl.* trick, fraud.

dubaracı *sl.* trickster, cheat.

dublaj dubbing; ~ yapmak to dub.

duble 1. double *(spirits, beer)*; 2. lining *(of a garment)*; 3. slip, underdress; ~ etm. to line *(a garment).*

dubleks duplex *(house).*

dublör stunt-man.

duçar [- -] subject (-*e* to), afflicted (-*e* with), exposed (-*e* to); ~ olm. to be subject (-*e* to), to be exposed (-*e* to), to be afflicted (-*e* with).

dudak lip; ~ boyası lipstick; ~ bükmek to curl one's lip; ~ dudağa lip to lip; ~ sarkıtmak to hang the lip, to sulk; dudağı yarık hare-lipped; dudağını ısırmak to bite one's lip.

dudaksıl labial.

dudu 1. old Armenian woman; 2. *title given to women*; 3. = ~ kuşu; ~ gibi konuşmak to prattle, to chat; ~ kuşu parrot.

duhul, -lü [. -] 1. entering, entrance; 2. penetration; 3. ⚖ a man's consummating the sexual act; ~ hakkı ⚖ right of free entrance; ~ imtihanı † entrance examination.

duhuliye [. - . .] 1. entrance fee; 2. import duty.

duka [x .] 1. † duke; 2. ducat.

dul [ū] 1. widow; widower; 2. widowed; ~ kalmak to be widowed; ~ karı enciği F chatterer.

dulavratotu, -nu ⚘ burdock.

duman 1. smoke; fumes; 2. mist, fog, haze; 3. F bad, hopeless *(condition)*; 4. *sl.* hashish, dope; ~ attırmak *sl.* to intimidate; ~ çökmek to settle down *(smoke or mist)*; ~ etm. *sl.* 1. to spoil, to break up; 2. to clobber, to defeat; ~ olm. *sl.* to be very bad *(situation)*; -a boğmak to smoke up; -ı üstünde *fig.* very fresh, brand new.

dumanlamak 1. to smoke up, to fill with smoke; 2. to smoke, to cure; 3. *(kafayı)* to get fuddled.

dumanlanmak 1. *pass. of* dumanlamak; 2. to get smoky; 3. to become cloudy *(eyes)*; 4. to get confused *(mind)*, to get fuddled; 5. to be smoked, to be cured.

dumanlı 1. smoky; fumy; 2. misty, foggy; 3. *(kafası)* tipsy, fuddled.

dumansız smokeless.

dumdum dumdum bullet.

dumur [. -] atrophy; -a uğramak to be atrophied.

dun [ū] ⚒ lower, inferior.

dupduru crystal clear.

duraç[1], -cı *zo.* francolin.

duraç[2], -cı base, pedestal *(of a statute).*

durağan fixed, stable.
durağanlık stability.
durak **1.** stop; **2.** halt, pause, break; **3.** tonic note; **4.** caesura.
durakı ⚘ nectarine.
duraklama **1.** pause; **2.** hesitation; **3.** ✕ standstill.
duraklamak **1.** to stop, to pause, to halt; **2.** to hesitate.
duraklı *phys.* stationary.
duraksama hesitation.
duraksamak to hesitate.
dural *phls.* static, unchanging.
duralama hesitation, pause.
duralamak **1.** to pause, to halt, to come to a stop; **2.** to hesitate.
durdinlen pause, halt, break; ~ yok there is no time for a break.
durdurmak to stop, to halt, to bring to a halt.
durgun **1.** calm, quiet, still; **2.** stagnant, stationary; **3.** subdued, withdrawn; ~ su standing (*or* stagnant) water.
durgunlaşmak **1.** to get calm, to calm down; **2.** to become dull, to become torpid.
durgunluk **1.** calmness; **2.** dullness, heaviness; **3.** stagnation, standstill.
durmak, (-ur) **1.** to stop, to cease; **2.** to last, to endure, to continue to exist; **3.** to stand; to lie; **4.** to be, to remain *(at a place)*; **5.** to exist as a possession, to (still) have; **6.** to suit, to go, to appear, to look; **7.** to behave *(in a specified way)*; **8.** *(bir nokta üzerinde)* to dwell on *(a subject)*: dur(un)! wait!, stop!; dur! kimdir o? ✕ stop! who goes there?; durakalmak to be taken aback; duracak yer standing-place; durmaksızın *or* durmadan continuously, on end; durmuş oturmuş staid, sedate; durup dururken **1.** suddenly, out of the blue; **2.** with no reason, without provocation.
duru clear, limpid.
durulama *vn. of* durulamak rinsing; ~ suyu rinse water; ~ tesisatı purification plant.
durulamak to rinse.
durulaşmak to become clear (*or* transparent).
durulmak **1.** to become clear and limpid; **2.** to settle down, to quiet down, to calm down.
duruluk clearness, limpidity.
durum **1.** state, condition, situation, circumstances, position, occasion; **2.** behavio(u)r, attitude.
duruş **1.** rest, stop; **2.** posture, attitude.
duruşma ⚖ trial, hearing *(of a case)*.
duruşmak to confront one another.
duş **1.** shower, shower-bath; **2.** shower nozzle; ~ yapmak to have (*or* take) a shower.
dut, -tu, -du **1.** mulberry; **2.** *sl.* tipsy, pissed; ~ gibi olm. *sl.* **1.** to be pissed, to be as drunk as a lord: **2.** to be greatly ashamed; ~ yemiş bülbüle benzemek (*or* dönmek) to be tongue-tied, to become sad and taciturn.
duvak **1.** bridal veil; **2.** large stone lid *(for covering a cistern)*; ~ düşkünü young widow; duvağına doymamak to be widowed *or* die while still young *(bride)*.
duvaklı veiled.
duvar **1.** wall; **2.** barrier *(between two people)*; **3.** *sports:* blocking, defensive barrier; ~ gibi stone-deaf, as deaf as a post; ~ kâğıdı wallpaper; ~ örmek to put up a wall; ~ resmi fresco; ~ saati wall clock; -a yazıyorum! *fig.* mark my words!
duvarcı **1.** bricklayer; stonemason; **2.** *sl.* burglar.
duvarcılık bricklaying; stonemasonry.
duy ⚡ socket.
duyar sensible, sensitive.
duyarga *zo.* antenna.
duyarlı sensitive.
duyarlık sensitiveness; sensitivity.
duygu **1.** feeling, attitude; **2.** emotion; **3.** sensation, sense; perception; **4.** impression; **5.** sentiment.
duygudaş sympathizer.
duygudaşlık sympathy.
duygulamak to affect, to touch, to move.
duygulandırmak to move, to affect, to touch.
duygulanmak to be affected, to be touched, to be moved.
duygulu **1.** sensitive; **2.** impressionable, emotional.
duygululuk sensitivity.
duygun sensitive.
duygunluk sensitivity.
duygusal **1.** emotional; **2.** romantic, sentimental.
duygusuz unfeeling, hardhearted, callous, insensitive, apathetic.
duygusuzluk insensitivity, heartlessness.
duymak, (-ar) **1.** to hear; **2.** to get word of, to learn; **3.** to be aware of; **4.** to feel, to sense, to perceive, to experience; **5.** to have the sensation of; **6.** to feel *(pride, pleasure, etc.)*.
duyu sense.
duyulmak *pass. of* duymak.

duyum sensation; ~ eşiği *psych.* threshold of consciousness.
duyumölçer esthesiometer.
duyumsal sensorial.
duyurmak *caus. of* duymak *part.* to announce, (*b-ne bşi*) to let *s.o.* hear (*or* learn) *s. th.*
duyuru announcement; notification.
duyusal sensorial.
duyuş 1. hearing; 2. perception; 3. impression, feeling.
duziko F raki.
dübeş *dice:* fives.
dübür ✎ the hinder part of anything; F the buttocks; *sl.* the anus, ass, arse.
düçar [ā] *s.* duçar.
düdük 1. whistle, pipe, flute, hooter; 2. *sl.* stupid, empty-headed, brainless; ~ gibi kalmak to be left entirely alone; ~ makarnası 1. macaroni; 2. *sl.* silly, dull, imbecile; düdüğü çalmak 1. to succeed; 2. *fig.* to become happy; -le beraber *football:* with the whistle.
düdüklemek *sl.* to screw, to stuff.
düdüklü having a whistle; ~ tencere pressure cooker.
düello duel; ~ etm. to duel.
düet ♪ duet.
düğme 1. button; 2. ⚡ switch; 3. bud.
düğmeci maker *or* seller of buttons.
düğmelemek to button up.
düğmeli buttoned.
düğüm 1. *a.* ⚘, *phys.* knot, bow; 2. *fig.* knotty problem; 3. *lit.* climax; 4. *phys.* node; ~ atmak to knot, to tie in a knot; ~ istasyonu railway junction; ~ noktası *fig.* crucial (*or* vital) point; ~ olm. to get knotted.
düğümlemek to knot, to tie in a knot.
düğümlenmek *pass. of* düğümlemek, *part.* to get tangled.
düğümlü knotted.
düğün 1. wedding feast; 2. circumcision feast; ~ bayram etm. *fig.* to be as happy as the day is long, to be as happy as a sandboy; ~ dernek, hep bir örnek F it's always the same old thing; ~ yapmak to hold a wedding.
düğünçiçeği, -ni ⚘ buttercup.
dük, -kü duke; ♀ dö Windsor duke of Windsor.
dükkân 1. shop; 2. *sl.* gambling house; ~ açmak to open shop, to set up business.
dükkâncı shopkeeper.
düldül *sl.* 1. nag, broken-down horse; 2. lizzie, jalopy, crate.
dülger carpenter; builder.
dülgerbalığı, -nı *zo.* John Dory, dory.
dülgerlik carpentry.
dümbelek 1. tabor, timbal; 2. *sl.* idiot.
dümbelekçi drummer.
dümdar [ā] ⚔ rear guard; ~ muharebeleri rear guard action.
dümdüz [x .] 1. perfectly smooth, quite level; 2. straight ahead; 3. *sl.* simple, plain (*person*).
dümen 1. rudder, helm; 2. *sl.* trick, humbug; 3. *fig.* control, administration; ~ çevirmek F to play tricks, to humbug; ~ erbaşı steersman; ~ kırmak ⚓ to veer; ~ kolu rudder bar; ~ kullanmak 1. to steer; 2. *fig.* to be on one's guard; ~ neferi *fig.* the last *or* laziest (*person*); ~ suyundan gitmek (*b-nin*) to follow in *s.o.'s* wake; ~ tutmak to steer; ~ yapmak *sl.* to trick, to deceive, to cheat; ~ yekesi ⚓ tiller; -i eğri *co.* walking sideways; -i kırmak *sl.* to slip away, to clear out, to beat it, to make off.
dümenci 1. helmsman, steersman; 2. *sl.* the last *or* laziest (*student*); 3. *sl.* trickster, cheat.
dümencilik 1. steering; 2. *sl.* the tail end; being the last; 3. *sl.* trickiness.
dün 1. yesterday; 2. the past; ~ akşam last night, yesterday evening; ~ bir, bugün iki it is still too soon; ~ değil evvelki gün the day before yesterday.
dünden 1. from yesterday; 2. eagerly; ~ bugüne in a short time, overnight; ~ hazır eager; ~ ölmüş listless, without zest; ~ teşnedir *fig.* he is over-eager.
dünkü 1. yesterday's, of yesterday; 2. *fig.* raw, inexperienced, green, tiro; ~ çocuk greenhorn, tyro.
dünür 1. the father-in-law *or* mother-in-law of one's child; 2. = dünürsü; ~ gezmek to search for a suitable bride for a suitor.
dünürcü woman sent out to see about a prospective bride.
dünürsü, dünüş the mother-in-law of a woman's child.
dünya 1. world, earth; 2. universe; 3. everyone, people; ~ âlem F everyone, all the world; ~ başına yıkılmak *fig.* to be very miserable; ~ durdukça for ever and ever; ~ evine girmek to get married; ~ harbi world-war; ~ kadar a world of, loads of, pots of; ~ şampiyonu *sports:* world champion; ~ yıkılsa umurunda olmamak not to give a damn; -da never in this world; -dan elini eteğini çekmek to go (*or* retire) into one's shell; -nın dört bucağı the four corners of the earth; -ya gelmek to be born, to come into the

world; -ya getirmek to give birth to, to bring into the world; -ya gözlerini kapamak to die, to pass away, to pass on; -ya kazık çakmak (*or* kakmak) *fig.* to live to a ripe old age; -yayı tozpembe görmek to see the world through rose-colo(u)red spectacles.

dünyevi worldly.

düpedüz [x . .] **1.** openly; **2.** sheer, absolute, downright, utter.

dürbün **1.** binoculars, field glasses; **2.** small telescope.

dürmek to roll up, to fold.

dürtmek **1.** to prod, to goad, to nudge; **2.** *fig.* to incite, to stir up, to provoke, to urge on, to instigate.

dürtü *psych.* impulse, compulsion, drive.

dürtüklemek to nudge.

dürtüşmek to push (*or* prod) one another.

dürülmek *pass.* of dürmek.

dürüm roll, fold, pleat.

dürüm dürüm in rolls.

dürüst, -tü **1.** honest, straightforward; **2.** *fig.* flawless.

dürüstlük honesty.

dürüşt, -tü harsh, coarse, severe, brutal.

Dürzi *pr. n.* Druse.

dürzü *sl.* scoundrel.

düse [- .] *dice:* double three.

düstur [ū] **1.** norm; rule; **2.** code of laws; **3.** ⚗, △ formula; **4.** principle.

düş **1.** dream; **2.** aspiration, hope; ~ görmek to have a dream; ~ kırıklığı disappointment; ~ kurmak to daydream.

düşes duchess.

düşeş **1.** *dice:* double six; **2.** *fig.* windfall; bargain.

düşey △ perpendicular, vertical.

düşgelmek to chance (*-e* on), to come across, to come (*-e* upon).

düşkün **1.** addicted (*-e* to), given (*-e* to), devetod (*-e* to); **2.** deeply devoted (*-e* to), wrapped up (*-e* in); **3.** down-and-out, who has seen better days; **4.** worn-out, washed-out; **5.** unchaste, fallen, loose *(woman).*

düşkünleşmek **1.** to come down in the world, to fall upon hard times; **2.** *(of women)* to go on (*or* walk) the streets.

düşkünlük **1.** poverty, decay; **2.** excessive addiction.

düşman enemy, foe, adversary; ~ ağzı calumny; ~ olm. to beocme an enemy (*-e* of).

düşmanca in a hostile manner.

düşmanlık enmity, hostility, animosity.

düşme **1.** *vn. of* düşmek; **2.** *phys.* fall.

düşmek, (-er) **1.** to fall; **2.** to drop, to go down, to decrease, to fall; **3.** to subtract; to deduct; **4.** to be born dead *(fetus)*; **5.** to fall (*-e* into) *(doubt, worry, trouble)*; **6.** to get *(tired, weak)*; **7.** to suit, to match, to go (*-e* with); **8.** to be up (*-e* to), to lie within one's responsibility; **9.** to lie *(in a direction)*; **10.** to fall *(on a certain day)*; **11.** to fall to one's lot; **12.** to come (*-e* to) by chance; **13.** to be left out (*-den* of), to be omitted, to be skipped; **14.** to wind up (*-e* in), to end up (*-e* in), to land up (*-e* in) *(prison, court, hospital)*; **15.** to drop *(in value)*; **16.** to fall *(government, fort)*; **17.** *(birbirine)* to be set by the ears; **18.** to drop *(fever)*; düş önüme! come along with me!; düşe kalka struggling along, with difficulty; düşenin dostu olmaz *pro.* laugh, the whole world will laugh with you; cry, and you will cry alone; düşüp kalkmak *(b-le)* to live with *s.o.*, to live together, to shack up with *s.o.*

düşsel oneiric.

düşük **1.** fallen, drooping; **2.** low *(price, quality)*; **3.** unchaste, fallen, loose *(woman)*; **4.** *gr.* misconstrued *(sentence)*; **5.** ⚕ miscarriage, abortion; ~ etek *fig.* slipshod, sloppy *(woman).*

düşüm fall, decline.

düşümdeşlik *phls.* coincidence.

düşün thought.

düşünce **1.** thought; **2.** idea, opinion, reflection; **3.** anxiety, worry; -ye dalmak to be lost in thought.

düşünceleme *phls.* ideation.

düşünceli **1.** thoughtful, considerate; **2.** worried, anxious, depressed; **3.** pensive, lost in thought.

düşüncesiz **1.** thoughtless, inconsiderate, tactless; careless; **2.** unworried; carefree.

düşüncesizlik thoughtlessness, tactlessness, inconsiderateness.

düşündürmek *caus. of* düşünmek.

düşündürücü thought-provoking.

düşünme **1.** thinking, thought; **2.** *phls.* introspection.

düşünmece problem, brain-twister, *Am.* quiz.

düşünmek **1.** to think (*-i* of); **2.** to consider, to think (*-i* about), to ponder (*üzerinde* over); **3.** to worry (*-i* about); **4.** to remember; düşünüp taşınmak to consider at length, to mull over.

düşünülmek *pass. of* düşünmek.

düşünür thinker, intellectual.

düşünüş mentality, way of thinking, reflection.

düşürmek *caus. of* düşmek *part.* **1.** to drop, to let fall, to bring down; **2.** to reduce; **3.** to miscarry, to abort *(child)*; **4.** to pass *(from the body)*; **5.** to get at a bargain; **6.** to overthrow, to bring down *(goverment)*; **7.** *(birbirine)* to set at loggerheads, to play *one person* off against *another*.
düşüş **1.** fal, falling; **2.** decrease.
düşüt aborted fetus.
düt toot.
düttürü [x . .] **1.** oddly dressed; **2.** odd *or* tight dress.
düve *zo.* heifer.
düven threshing sled; ~ sürmek to thresh.
düyun [ū] *pl.* debts.
düz **1.** smooth, even; flat, level; **2.** straight; **3.** simple, plain; without ornament, plain-colo(u)red; **4.** level area, plain; ~ tümleç *gr.* direct object.
düzayak **1.** without stairs, on one floor; **2.** on a level with the street.
düzce [x .] fairly smooth (*or* level); -si frankly, to tell the truth.
düzelmek **1.** to be put in order, to be arranged; **2.** to improve, to get better; **3.** to straighten out; **4.** to get well, to get about.
düzeltici **1.** corrective; **2.** proofreader.
düzelticilik proofreading.
düzeltme *vn. of* düzeltmek *part.* **1.** proofreading; **2.** correction: **3.** reform; ~ işareti circumflex.
düzeltmek *caus. of* düzelmek **1.** to smooth, to make smooth; to straighten; **2.** to put in order, to repair; **3.** to correct; **4.** to proofread.
düzeltmen proofreader.
düzem ⚗ formula, recipe.
düzen **1.** order, harmony, regularity, orderliness; arrangement; **2.** the social order, the system; **3.** ♪ tuning; **4.** *fig.* trick, swindle; ~ kurmak *fig.* to set a trap, to prepare a trick, to resort to deception; ~ vermek (*or* -e koymak *or* -e sokmak) to put in order, to tidy up.
düzenbaz, düzenci trickster, cheat, humbug.
düzenek **1.** plan; **2.** mechanism.
düzengeç *phys.* regulator.
düzenleme *vn. of* düzenlemek arrangement; preparation.
düzenlemek **1.** to put in order; **2.** to arrange, to hold *(a meeting)*; to prepare.
düzenlenmek *pass. of* düzenlemek.
düzenli **1.** tidy, orderly, in order; **2.** *fig.* systematic.
düzenlilik orderliness, tidiness.
düzensiz **1.** out of order, untidy, disorderly, tumultuous; **2.** *fig.* unsystematic.
düzensizlik disorder, untidiness.
düzenteker *phys.* flywheel.
düzey **1.** level; **2.** rank; **3.** contour line.
düzgün[1] **1.** smooth, level; **2.** orderly, well-arranged, tidy; **3.** correct; **4.** ⩓ regular; **5.** smoothly, regularly.
düzgün[2] a liquid make-up for the face.
düzgünlük order, regularity, smoothness.
düzgüsel *phls.* normative.
düzgüsüz *phls.* abnormal.
düzine **1.** dozen; **2.** dozens of, lots of.
düzlem ⩓ plane; ~ geometri plane geometry.
düzlemek **1.** to smooth, to level, to flatten; **2.** to mill, to machine.
düzlemküre planisphere.
düzleşmek to become smooth (*or* level *or* straight).
düzletmek to smooth, to flatten.
düzlük **1.** smoothness, flatness, levelness; **2.** evenness, uniformity; **3.** plainness; **4.** level (*or* flat) place, plain.
düzme **1.** *vn. of* düzmek; **2.** false, fake; forged.
düzmece = düzme 2.
düzmeci forger, faker, cheat.
düzmecilik forgery; deception, deceit.
düzmek, (-er) **1.** to arrange, to compose; to prepare; **2.** to invent, to fabricate *(a story)*; **3.** to forge, to counterfeit; **4.** *sl.* to rape; düzüp koşmak to arrange, to compose.
düztaban **1.** flat-footed; **2.** *fig.* ill-omened, Jonah; **3.** flatfoot; **4.** rabbet plane.
düztabanlık flat-footedness.
düzülmek **1.** *pass. of* düzmek; **2.** *s.* yola ~.
düzyazı prose.

E

e 1. *(in request or question)* well, all right; **2.** then; **3.** *s.* a (4); **4.** now then, now; **5.** oh! *(surprise).*
-e *(ending of dat).*
-e hali *gr.* dative (case).
ebat [ā] **1.** dimensions; **2.** size.
ebe 1. midwife; **2.** it *(in children's games):* ~ hekim obstetrician; -nin öre-kesi F pack of nonsense.
ebeden [x . .] **1.** ever, eternally; **2.** *(followed by negative verb)* never.
ebedi eternal, without end, never-ending.
ebediyen [ī] [. . x .] **1.** eternally, for ever, in perpetuity; **2.** *(in negative sentences)* not at all, by no means.
ebediyet, -ti eternity.
ebegümeci, -ni ⚘ mallow.
ebekuşağı, -nı rainbow.
ebet eternity without end.
ebeveyn parents.
ebleh stupid, foolish, silly; imbecile.
ebonit, -ti ebonite.
ebru [ū] **1.** marbling *(of variegated paper);* marbled *(paper);* **2.** watering *(of fabrics).*
ebrulamak [. - . .] **1.** to marble *(paper)*; **2.** to water *(a fabric).*
ecdat [. -] ancestors.
ece queen.
ecel 1. ⚖ appointed term; **2.** death, decease, appointed hour of death; ~ teri dökmek to be in mortal fear, to be in a cold sweat, to be in fear and trembling; -i gelmek to have one's fated time of death arrive; -ine susamak to be fool hardy, to be daredevil; -iyle ölmek to die a natural death; eceli kaza accidental death.
ecinli, ecinni P = cin².
ecir, -cri **1.** reward, recompense; **2.** pay, wage, remuneration; ~ sabır dilemek to condole (with).
eciş bücüş 1. out of shape, crooked, distorted, contorted; **2.** eccentric, odd, unusual; **3.** wizened *(person).*
ecnebi 1. foreigner, stranger, alien; **2.** foreign, strange; ~ matbuat (-ı) foreign press.
ecza, -aı [ā] **1.** parts; **2.** ⚗ submultiple; **3.** drugs, medicines, chemicals; **4.** *phot.* developer; **5.** in paper cover, unbound.
eczacı [ā] chemist, druggist, pharmacist.
eczacılık [ā] pharmacy *(profession).*
eczalı [ā] prepared with chemicals; containing chemicals; ~ pamuk medical cotton.
eczane [ā] pharmacy, chemist's shop, drugstore.
eda [ā] **1.** payment; **2.** execution, fulfil(l)-ment, performance; **3.** behavio(u)r, conduct, manner, style, tone, affectation; **4.** arrogance, insolence; **5.** representation, articulation; ~ etm. **1.** to fulfil(l), to perform *(a duty);* **2.** to articulate *(word or letter);* **3.** to represent; **4.** to pay *(a debt).*
edalı [ā] **1.** having an air; **2.** charming, gracious; **3.** arrogant, affected, pretended.
edat, -tı [ā] **1.** instrument, implement; **2.** *gr.* particle, preposition.
edebi literary.
edebikelâm euphemism.
edebiyat, -tı [ā] literature; ~ dekoru rhetorical ornamentation; 2 Fakültesi Faculty of Arts, the College of Literature and Arts; ~ yapmak to use a pompous language.
edebiyatçı [ā] man of letters, literary man, writer.
edep, -bi **1.** good breeding, good manners, politeness, respect, modesty; rule custom; **2.** = ayıp; ~ erkân good manners; etiquette; ~ yeri private parts, genitals; edebini takınmak to behave *o.s.*, to be polite; -tir söylemesi P excuse the expression.
edepli well-behaved, well-mannered, with good manners.
edepsiz ill-mannered, rude, shameless, insolent.
eder price.
edevat, -tı [ā] **1.** tools, instruments, implements; **2.** *gr.* particles; ~ deposu tools store.

edibane [. - - .] **1.** = edepli; **2.** in a literary manner; worthy of a literary man.
edilgen *gr.* passive; ~ fiil *gr.* passive.
edilmek *pass. of* etmek.
edinmek to get, to have, to procure, to acquire.
edip [ī] man of letters, literary man, writer; **2.** = edepli.
Edirne *pr. n.* Edirne, Adrianople.
editör **1.** publisher; **2.** editor.
efe¹ **1.** elder brother; **2.** brave chap, courageous lad; **3.** guer(r)illa, irregular; **4.** village hero, swashbuckling village dandy.
efe² ⚒ effect.
efekt, -ti ⊕ effect.
efektif cash, ready money.
efelik swagger, dash: ~ satmak *(or* yapmak) to swagger, to strut, to boast.
efendi [. x .] **1.** *title given to literate people, members of the Clergy, Ottoman princes, army officers up to major;* **2.** master; Mr. *(after the first name);* **3.** *pej.* strange, odd, peculiar *(person);* **4.** *(a.* -den) gentleman; ~ adam gentleman.
efendim **1.** yes? *(as an answer to a call);* **2.** I beg your pardon?; **3.** sir; ma'am; **4.** *added to a sentence for politeness.*
Efes Ephesus.
Efgan(istan) *s.* Afgan(istan).
efkâr *(pl. of* fikir) **1.** thoughts, ideas, opinions; **2.** intentions; **3.** worry, anxiety; ~ dağıtmak to cheer o.s. up.
efkârıumumiye public opinion.
efkârlanmak F to become wistfully sad.
efkârlı worried, anxious.
Eflâtun [ū] *pr. n.* Plato.
eflâtun [ū] *(renkli)* lilac-colo(u)red.
efor effort, exertion.
efrat, -dı [ā] *(pl. of* fert) **1.** individuals, people; **2.** ⚔ private soldiers. the ranks, rank and file; **3.** members.
efsane [ā] **1.** legend; fable, tale, myth; **2.** *pej.* idle tale.
efsanevi [ā] legendary.
efsun charm, spell, enchantment.
eften püften flimsy.
Ege Aegean Sea; ~ Denizi Aegean Sea; ~ havzası Aegean territory.
ege master guardian.
egemen sovereign, dominant.
egemenlik sovereignty, dominance.
egoist egoist, selfish.
egoistlik egoism, selfishness.
egoizm egoism, selfishness.
egosantrizm egocentricity.
egzama [x . .] eczema.
egzersiz exercise, practice.
egzistansialist, -ti existentialist.
egzos, egzost, -tu ⊕ exhaust; ~ borusu exhaust pipe; ~ gazı exhaust gas.
egzotik exotic.
eğe¹ file.
eğe² *anat.* rib.
eğelemek to file.
eğer [x .] **1.** if, whether; when; **2.** *s.* eyer.
eğik **1.** ⩕ oblique; **2.** inclined, sloping down.
eğilim tendency, inclination, affinity; ~ göstermek to show tendency (*-e* to).
eğilme ⩕, *phys.* inclination, dip.
eğilmek **1.** *pass. of* eğmek; **2.** to bend; to incline; to curve; to warp; **3.** to bow (down), to stoop; **4.** to submit, to yield; **5.** to get down to *(a job)*; eğilip bükülmek to wind.
eğim **1.** slope, declivity; **2.** ⩕ dip, grade, gradient.
eğin, -ğni back, shoulders; eğne binmek *fig.* to bully, to tyrannize.
eğinç, -ci tumo(u)r.
eğinik leaning, inclined.
eğinim inclination, tendency, affinity.
eğinti filings.
eğirmek to spin.
eğirmen spindle, distaff.
eğitbilim pedagogy.
eğitici **1.** pedagogue; **2.** educational, instructive.
eğitim education, training, instruction.
eğitimci educator, educationalist, pedagogue.
eğitimli educated, trained, instructed.
eğitmek **1.** to educate; **2.** to train, to break in.
eğitmen educator; instructor.
eğitsel educational.
eğlemek **1.** to retard, to delay, to hold back; **2.** to amuse.
eğlence **1.** diversion, amusement, enjoyment, entertainment, fun; **2.** butt of derision, laughing-stock, joke; **3.** entertaining party; ~ yeri pleasure ground, amusement park, recreation ground.
eğlenceli amusing, diverting, entertaining.
eğlencelik **1.** titbits, tidbits; **2.** *fig.* laughing-stock.
eğlendirmek to entertatain, to amuse, to divert.
eğlenmek **1.** to be amused, to amuse o.s., to enjoy o.s., to have a good time; **2.** *(b-le)* to make fun of *s.o.*, to joke with *s.o.*, to make a mock of *s.o.*, to ridicule; **3.** to while away, to loaf.
eğlenti blow-out, amusement, feast, party, entertainment.

eğmek to bend, to incline, to curve, to bow.

eğre saddlecloth.

eğrelti, eğreltiotu, -nu ⚘ fern, bracken.

eğreti 1. artificial, false: **2.** borrowed; **3.** provisional, temporary, makeshift; ~ almak *(bşi b-den)* to borrow; ~ ata binen tez iner *pro.* he who rides a borrowed horse must soon dismount; ~ oturmak to sit on the edge of *s.th.*

eğri 1. crooked, bent, curved; **2.** oblique, slanting, inclined, awry, askew; **3.** ⩓ curve, bend, angle; **4.** perverse, wrong, unjust, untrue; **5.** ⚓ rib; ~ bakmak **1.** to look at *s.th.* slantwise; **2.** to leer (-*e* at); ~ gitmek *fig.* to deviate, to go wrong; ~ oturmak to sit informally; ~ söylemek **1.** to say maliciously; **2.** to fib, to tell fibs.

eğribacak bow-legged, bandy-legged, knock-kneed.

eğribüğrü [- . . .] **1.** bent and crooked, contorted, twisted, gnarled, devious; **2.** pitiful, pitiable, miserable.

eğrili ⩓ curvilinear.

eğrilik 1. crookedness; curvature; **2.** dishonesty; **3.** obliquity, slope, incline; **4.** ⩓ bend(ing).

eğrilmek to become bent, to incline, to arch, to slope, to bow.

eğriltmek to make crooked, to bend, to twist.

eh *int.* well, all right, come on, enough.

ehemmiyet, -ti importance, significance; ~ vermek *(bşe)* to attach importance to *s.th.*; -le kaydetmek to render prominently, to emphasize; -le rica etm. to entreat, to beseech, to implore, to adjure.

ehemmiyetli important, significant.

ehemmiyetsiz unimportant, insignificant.

ehil, -hli **1.** community, people; **2.** competent; **3.** gifted, talented; **4.** husband; wife; spouse; **5.** possessor, owner, proprietor; ehli olm. *(bşin)* to be endowed with *s.th.*, to be versed in *s.th.*

ehli tame, domestic(ated).

ehlibeyt, -ti the Prophet's family.

ehlihibre *(sg. or pl.)* expert.

ehliislam Muslim(s).

ehlikeyf self-indulgent, pleasure-seeking.

ehlileştirmek to tame.

Ehlisalip, -bi *hist.* Crusaders; ~ Seferleri *hist.* Crusades.

ehlivukuf *s.* ehlihibre.

ehliyet, -ti **1.** capacity, competence, efficiency; **2.** (= ~ vesikası) driving license, driver's license; ~ sahibi expert, specialist; ehliyeti fenniye vesikası certificate of qualification, certificate of competence.

ehliyetli 1. able, capable; gifted, talented; **2.** competent, qualified; **3.** licensed.

ehliyetname [ā] **1.** driving license, driver's license; **2.** certificate of competence, certificate of qualification.

ehram [ā] **1.** the Pyramids; **2.** Pyramid.

ehven 1. cheap(est), inexpensive; **2.** the better; ehveni şer the lesser of two evils.

ejder, ejderha [ā] dragon.

ek, -ki **1.** addition; appendix; **2.** extension; **3.** supplement; **4.** seam, scar, knot *(tree)*; **5.** wing; **6.** join(t); **7.** *gr.* inflexion-ending; **8.** *gr.* suffix, affix, prefix; ~ pük odds and ends, bits and pieces; ~ yeri seam, scar; body joint; -ini belli etmemek *fig.* to cover up, to dissimulate, to dissemble.

ekâbir the great; important people; VIP's, F bigwig, big shot, big pot.

ekalliyet, -ti minority; -ler hukuku ⚖ Law of Minorities; -te kalmak to be in the minority.

ekber 1. greatest, very great, highest; **2.** older, oldest.

ekici sower.

ekili sown, planted *(field)*.

ekim 1. sowing, planting; **2.** *(ayı)* October.

ekin 1. crops, growing grain; **2.** culture, civilization; ~ biçmek to reap, to harvest.

ekinci 1. sower; cultivator; **2.** farmer.

ekip, -pi team *(a. sport)*, crew, gang, company.

eklem *anat.* joint, articulation.

eklemek 1. to add, to join; **2.** to lengthen; **3.** to put together, to compose, to compound, to assemble; **4.** to combine, to merge, to consolidate, to fuse; **5.** *sl.* to knock down, to fell.

eklenmek to be joined (-*e* to), to be added (-*e* to).

eklenti 1. *gr.* suffix; **2.** annex.

ekler[1] *biol.* annexa.

ekler[2] zip fastener, zip(per).

ekli pieced, put together; ~ püklü patchy.

ekmek[1] **1.** to sow; **2.** to till, to cultivate *(field)*; **3.** to scatter, to sprinkle, to spread; **4.** *sl.* to squander, to blue, to blow *(money)*; **5.** *sl.* to pass, to overtake, to outstrip; **6.** *sl.* to put s.o. off, to get rid of s.o.

ekmek[2] **1.** bread; **2.** bread and butter, bread-winning, living, livelihood; **3.** food; **4.** job; ~ çiğne(n)meden yutulmaz *pro.* you have to chew the bread to swallow it; ~ kabuğu crust of a loaf; ~ kapısı *fig.* the place where one works for one's living; ~ ufağı breadcrumb; ekmeği di-

zinde *fig.* submissive, servile, ungrateful; ekmeğine yağ sürmek *fig.* to play into s.o.'s. hands.
ekmekçi 1. baker; 2. bakery.
ekmeklik 1. breadbasket; 2. suitable for bread making; 3. *sl.* simpleton, dupe, fool, easy victim, easy mark.
ekoloji ecology.
ekonomi economy; ≗ Bakanlığı Ministry of Economy; ~ politik political economy.
ekonomik economic(al); ~ coğrafya economic geography.
ekose plaid, tartan.
ekran 1. screen; 2. *phot.* filter.
eksantrik eccentric; ~ mili ⊕ eccentric rod.
ekselans Excellency.
eksen 1. axis; 2. axle.
ekser[1] large nail, spike; -i oynamış *fig.* mad, nuts.
ekser[2] [x .], **ekseri** [x . .] majority, the greater part; ekser(i) ahvalde mostly, generally; ekserisi usually.
ekseriya [x . .] generally, mostly, usually, often.
ekseriyet, -ti majority; -le generally, usually, mostly.
eksi ♈ minus; yedi ~ üç seven minus three.
eksibe sand dunes.
eksik 1. missing, lacking, absent, defect, wanting; 2. less (than); 3. deficient, incomplete, defective, imperfect; 4. deficit; ~ etmemek to keep always in stock, always to have, never to omit; ~ gedik small necessities, deficiencies; ~ gelmek to be insufficient; ~ olma(-yın)! thank you very much!; ~ olsun! no, thank you!; ~ olmamak always to turn up, always to be available; eksiğini tamamlamak to fill the gap, to make good a deficiency, to complement, to supplement.
eksiklik 1. deficiency, defectiveness; lack, absence; 2. shortcoming, defect, fault.
eksiksiz 1. complete, perfect; 2. permanent; 3. without defect, faultless.
eksilmek 1. to decrease, to lessen, to diminish, to dwindle; 2. to be absent, to disappear.
eksiltme bid, tender.
eksiltmek to diminish, to reduce, to lessen, to decrease.
eksiz 1. seamless (*a.* ⊕); 2. *gr.* without a suffix.
ekskavatör excavator, steam shovel.
eksos *s.* egzos(t).
eksper expert, valuer.
ekspres express train *or* steamer.
ekstra [x .] extra, first quality; ~ ~ the very best, best of all.
ekşi 1. sour, acid, tart; 2. *fig.* sour-faced, unfriendly; ~ surat long (*or* surly *or* sullen) face; -ye çalmak to taste sour.
ekşilik 1. sourness, acidity, tartness; 2. *fig.* unfriendliness.
ekşimek 1. to (become) sour, to turn sour; 2. to ferment; 3. *sl.* to be disgraced, to fall into disgrace, to be disconcerted; 4. to be upset (*stomach*); 5. to become cross (*or* disagreeable).
ekşimik a kind of soft cheese.
ekşimsi, ekşimtırak sourish.
ekşitmek to sour; *part. sl.* to compromise.
ekvator equator.
el[1] 1. hand; 2. forefoot; 3. grip, handle; 4. handful; 5. help, assistance, aid; 6. handwriting; 7. possession; 8. shot, discharge (*of a fire-arm*); 9. hand, deal (*of cards*); 10. power; ~ açmak to beg (for), to go begging; ~ altında handy, on hand, available, ready; ~ altından under the counter, underhandedly, secretly; ~ arabası 1. wheel-barrow, hand-cart, push-cart; 2. *sl. school:* wank; ~ atmak (*bşe*) 1. to lay hands (on), to seize, to usurp; 2. to attempt, to undertake, to take over, to assume; 3. to intervene, to interfere; ~ çekmek (*bşden*) to withdraw, to give up, to relinquish, to leave off, to desist (from); ~ koymak (*bşe*) 1. to take *s.th.* in hand; 2. to seize, monopolize, to confiscate; ~ ulağı 1. messenger boy; 2. helper, assistant; ~ uzatmak 1. to stretch out the hand, to reach (for); 2. (*b-ne*) *fig.* to help *s.o.* (out), to give (*or* lend) *s.o.* a hand; ~ yazısı 1. handwriting; 2. manuscript; -de bulunmak to be available, to be at s.o.'s disposal; -de etm. 1. to get hold of, to obtain, to get, to secure, to achieve, to attain; 2. to win *s.o.* over; -den 1. by oneself, in person; 2. by hand, by a messenger; -den ağıza yaşamak to live from hand to mouth; -den çıkarmak to sell, to dispose (of), to get rid (of); -den düşme secondhand; -den -e from hand to hand; -den geçirmek 1. to review, to go over, to examine, to look through; 2. to ovarhaul; -den gelmek 1. to be able to do, to be within one's capabilities; 2. *sl.* to fork out, to tip, to pay up; -e geçirmek 1. to get hold (of), to obtain, to secure; 2. to conquer; -e vermek to hand over, to give away, to betray, to put the finger on; -i açık open-handed, generous, liberal; -i ağır 1. heavy-handed, slow; 2. heavy-fisted, strong-fisted; -i

ayağı tutmak to be alive and kicking, to be in the pink (of health); -i bayraklı quarrelsome, insolent, shrew, virago, scold, vixen; -i çabuk adroit, nimble-fingered; -i dar(-da) hard up; -i hafif light-handed; -i maşalı shrew, virago, scold, vixen, termagant, amazon; -i sıkı close-fisted; -i uzun light-fingered; -i varmamak not to have the heart (to do s.th.); -i yatkın deft, handy; -i yüzü düzgün presentable; -inde in the hands of, in s.o.'s hands; -inde bulunmak 1. to be at s.o.'s disposal; 2. to be owned (by); -inden tutmak *fig.* 1. to help (out); 2. to patronize, to protect; -ine bakmak 1. to depend (*-in* on), to be dependent (*-in* on), to be supported (*-in* by); 2. to look at s.o.'s hands to see what has been brought; -ine geçmek 1. to earn, to get; 2. to meet, to come across; 3. to find; -ine su dökemez *(b-nin)* can't hold a candle to *s.o.*; -ini çabuk tutmak to hurry up; -ini kolunu bağlamak *(b-nin)* to tie (*or* bind) *s.o.* hand and foot; -ini veren kolunu alamaz *(b-ne)* give him an inch and he'll take a yard; -ini yüzünü yıkamak *(bşden)* to wash one's hands of *s.th.*; -ler yukarı! hands up!; -leri yanına gelmek to die; -lerinizden öperim I kiss your hands.

el² 1. land, country; 2. people; 3. stranger, alien; 4. others; ~ ağziyle çorba yemek to slander s.o.; ~ gün = elalem; ~ kapısı a stranger's house; ~ kapısında çalışmak to work in another's house; ~ oğlu = elalem; -e güne karşı in the eyes of everybody.

ela hazel (eyes).

elado etm *sl.* to snatch away.

elalem people, all the world, everybody, strangers; -e kepaze olm. to become the laughing-stock of people.

elaman 1. ⚔ mercy, pardon; 2. enough!, I am fed up!

el'an [ā] now, at present; still, yet.

elastik(i) elastic.

elastikiyet elasticity.

elbet, -ti [x .], **elbette** [x . .] *or* [. x .] certainly, decidedly, surely.

elbirliği co-operation.

elbise 1. clothes, clothing, garments; 2. dress, suit *(of clothes)*; ~ askısı coat-hanger.

elçi envoy; ambassador.

elçilik embassy; legation.

eldiven glove.

elebaşı 1. *contp.* ringleader; 2. captain *(in a game)*.

elek sieve; -ten geçirmek to sift *(a. fig)*.

elektrifikasyon electrification.

elektrik 1. electricity; 2. † electric; ~ akımı electric current; ~ düğmesi switch; ~ fabrikası (electric) power station.

elektrikçi electrician.

elektrikleştirmek 1. to electrify; 2. to inspire, to thrill.

elektrikli electric; live *(wire)*; ~ koltuk (*or* sandalye) electric chair.

elektrokardiyografi electrocardiography.

elektromanyetik electromagnetic.

elektromıknatıs electromagnet.

elektron electron.

elektronik electronic(s); ~ beyin computer.

elem pain, suffering; sorrow, care; illness, ailment; affliction, grief; ~ çekmek to suffer.

eleman 1. element, part, component; 2. personnel, staff member, performer, worker; 3. ⚡ battery cell.

elemanter elementary.

eleme 1. *vn. of* elemek; 2. sifted, sieved; selected; 3. elimination; ~ imtihanı (*or* sınavı) preliminary examination.

elemek 1. to sift, to sieve; 2. *fig.* to eliminate, to select, to pick out; 3. to wind into hanks *(yarn)*.

element element.

elemli painful, grievous, sorrowful.

Elen 1. Hellene; 2. Greek, Hellenic.

elenika: -sını bilmek *(bşin)* to have *s.th.* at one's fingertips.

eleştiri criticism.

eleştirici 1. critic; 2. critical.

eleştirim criticism.

eleştirimci critic.

eleştirme criticism.

eleştirmek to criticize.

eleştirmen critic.

elfatiha *name of the opening chapter of the Koran.*

elhamdülillah [. x . . -] ⚔ Thank God!

elhasıl in short, in brief, to sum up.

elif *name of the first letter of the Arabic alphabet*; -i -ine exactly, just, sharply; -i görse mertek (*or* direk) sanır he knows not a «B» from a bull's foot.

elifba, elifbe the Arabic alphabet.

elim painful, grievous, deplorable, sorrowful

elinsaf! have a heart!, be reasonable!

elişi 1. handicraft, manual labo(u)r; 2. hand-made.

elkitabı handbook, manual.

elleme 1. *vn. of* ellemek; 2. *part.* hand-picked charcoal.

ellemek to handle, to feel with the hand.

to touch with the hand.
elleşmek *(b-le)* **1.** to push and shove; **2.** to shake hands; **3.** to try one another's strength by hand grips; **4.** to come to blows *(or* grips); **5.** to disturb, to trouble, to molest, to annoy, to bother.
elli¹ ...handed; having hands.
elli² fifty; ~ altı **1.** fifty-six; **2.** *sl.* slap; a beating; ~ dirhem otuz *sl.* pissed, pickled.
ellilik 1. a banknote for fifty liras; **2.** quinquagenarian, fifty years old.
ellinci fiftieth.
ellişer fifty each; fifty at a time.
elma ⚘ apple; ~ ağacı apple tree; ~ kürk *fur made of the cheek pieces of fox skin*; ~ şarabı cider; ~ şekeri candied apple.
elmacık cheekbone, zygomatic bone.
elmalık apple orchard.
elmas 1. diamond; **2.** diamond glass cutter; **3.** diamond...; **4.** precious, beloved.
elmasçı seller *or* cutter of diamonds, diamond-merchant.
elmasiye [ā] fruit jelly.
elmastıraş 1. diamond glass cutter; **2.** cut glass, cut diamond; **3.** diamond-cutter.
eloğlu, -nu stranger.
elti sister-in-law *(relationship between the wives of two brothers).*
eltopu, -nu *sports:* handball.
elulağı, -nı helper.
elveda, -aı [ā] farewell, good-bye; ~ etm. to say good-bye, to bid farewell.
elverişli 1. sufficient; **2.** profitable; **3.** suitable, convenient, useful, well-adapted, handy.
elverişsiz unsuitable, inconvenient.
elverişsizlik inconvenience, unsuitability.
elvermek 1. to suffice, to be enough; **2.** to be suitable, to be convenient.
elyaf fibres, *Am.* fibers.
elyevm † today, at the present time.
elzem indispensable, imperative, essential, most necessary.
em'a entrails, bowels, intestines.
emanet, -ti [ā] **1.** a trust, deposit, anything entrusted to s.o.; **2.** *hist.* government office; **3.** left luggage office, *Am.* baggage room; ~ almak to take over; ~ etm. to entrust, to commit (*-e* to).
emanetçi [ā] depositary, trustee.
emaneten [ā] on deposit; as a trust, for safekeeping.
emare [ā] † sign, mark, token, indication; clue; ⚖ circumstantial evidence.
emaret, -ti *hist.* emirate; chieftainship, leadership.
emaye 1. enameled; **2.** glazed.
embriyon *anat.* embryo.
embube [ū] tube, canal.
emcik P teat; nipple.
emece *s.* imece.
emek 1. work, labo(u)r; **2.** trouble, pains, fatigue; ~ çekmek *or* vermek to labo(u)r, to take great pains; emeği geçmek to contribute efforts.
emekbirliği, -ni co-operation.
emekçi 1. worker, labo(u)rer; **2.** proletarian.
emeklemek 1. to crawl (*or* creep) on all fours; **2.** to attempt, to try *(as a beginner)*; emekliye emekliye with great difficulty.
emekli 1. retired; pensioner; **2.** = emektar; **3.** † troublesome, hard, laborious; **4.** inactive *(sportsman)*; -ye ayırmak to pension off, to retire; -ye ayrılmak to retire, to be pensioned off.
emeklilik retirement.
emeksiz effortless, easy, free from labo(u)r.
emektar [ā] old and faithful; veteran.
emektarlık [ā] loyal service, loyalty.
emel longing, desire, wish, coveting, ambition, ideal; ~ beslemek (*or* edinmek) to long (for), to aspire (to, after).
emeroit, -ti hemorrhoid.
emilmek *pass. of* emmek.
emin [ī] **1.** safe, secure; **2.** sure, certain; firm, strong; **3.** trustworthy; **4.** steward, custodian, trustee; **5.** *hist.* superintendent; **6.** God; **7.** ♀ [x.] *mf.*; ~ olm. to be sure (*-den* of), to be confident (*-den* of).
emir¹, -mri **1.** order, command; decree; **2.** † matter, business; event, case; **3.** *(kipi) gr.* imperative (mood); ~ neferi (*or* eri) ✕ orderly, batman; emre amade (*or* müheyya) ready, at one's service (*or* disposal); emrinde olm. to be at s.o.'s disposal (*or* command); emri ahîre kadar until further notice.
emir² emir, chief, prince, leader, ruler, commander.
emirber ✕ orderly, batman.
emirlik emirate.
emirname [ā] written command, decree.
emisyon 1. † issue; **2.** transmission.
emişkamış olm. F to be familiar, to be intimate.
emlak, -ki *(pl. of* mülk) lands, possessions, real estate; ~ alım vergisi purchase tax on real estate; ~ komisyoncusu estate agent; ~ vergisi property tax.
emme *vn. of* emmek; ~ tulumba suction pump.
emmek 1. to suck; **2.** to absorb; **3.** *sl.* to

swindle money out of s.o.
emniyet, -ti **1.** security, safety; **2.** confidence, belief; **3.** reliance; **4.** safety-catch; **5.** the police, the law; ~ altına almak to secure, to make safe, to ensure; ~ edilir reliable, dependable, trustworthy; ~ etm. **1.** to trust; **2.** to entrust; ~ kemeri safety belt; ~ supabı ⊕ safety valve, bypass valve.
emniyetli 1. safe; **2.** reliable, trustworthy.
emniyetsiz 1. unsafe, insecure; **2.** distrustful, untrustworthy.
emniyetsizlik lack of confidence, untrustworthiness.
emperyalist *pol.* **1.** imperialist; **2.** imperialistic.
emperyalizm *pol.* imperialism.
empresyonizm impressionism.
empoze imposition; ~ etm. to force (up)on, to impose.
emprime print fabric.
emretmek [x . .] to order, to command.
emrihak, -kkı **1.** God's will; **2.** *euph.* death; ~ vaki olm. to die, to pass away.
emrivaki, -ii [ā] fait accompli, accomplished fact.
emriyevmi ⚔ order of the day.
emsal, -li [ā] **1.** similars, equals; **2.** peer, compeer; **3.** precedent; **4.** ⩘ coefficient; -i bulunmaz (*or* görülmedik) matchless, incomparable, unprecedented, unparalleled; -i misillû in the same way.
emsalsiz [ā] peerless, unequalled, matchless.
emtia (*pl. of* meta) ⚒ goods, merchandise, wares.
emval, -li [ā] (*pl. of* mal) goods, property.
emzik 1. baby's bottle, feeding bottle; **2.** nipple, teat; **3.** (*a.* ~ memesi) dummy, *Am.* pacifier; **4.** P spout; **5.** P cigarette-holder.
emzirmek to suckle, to nurse, to breast-feed.
en¹ width, breadth; -i boyu bir as wide as it is long; -i sonu *or* -inde sonunda in the end, at last, eventually; -ine boyuna **1.** tall and well-built, husky, hefty, huge; **2.** in length and breadth; **3.** fully, completely, thoroughly.
en² most (*superlative*); ~ az(dan) at least; ~ başta at the very beginning; ~ birinci first of all; ~ çok **1.** mostly; **2.** at (the) most, at the outside; **3.** at the latest; ~ güzel most beautiful; ~ mühim bir mesele most important matter; ~ önce first of all; ~ sonra finally; ~ yüksek maximum.
en'am [ā] **1.** *pl. of* nimet; **2.** Koran anthology.
enaniyet, -ti [ā] ⚒ self-centredness.
enayi *sl.* sucker, fool, idiot, gullible; ~ dümbeleği a prize idiot.
enayilik foolishness, gullibility.
encam [ā] ⚒ end, conclusion, result, extremity, termination; -ı kâr † finally, at the end.
encek, encik pup, cub, whelp.
encümen council, committee, commission.
endaht, -tı **1.** † a throwing; **2.** a firing, discharge (*of a firearm*); ~ etm. **1.** † to throw; **2.** to fire, to shoot, to discharge.
endam [ā] shape, figure, body, stature; ~ aynası full-length mirror.
endamlı [ā] shapely, well-proportioned, graceful.
endaze [ā] **1.** measure; proportion; **2.** † *linear measure* (= 0,65 m.); -ye vurmak **1.** to measure; **2.** *fig.* to calculate, to consider.
ender (*comp. of* nadir) very rare; rarely.
enderun [ū] ⚒ gynaeceum, women's apartments of a palace.
enderuni [ū, ī] ⚒ inner, interior.
endişe [ī] **1.** anxiety, perplexity, care, disquietude; **2.** worry, fear, suspicion; thought; ~ etm. to worry, to be anxious.
endişelenmek [ī] to become anxious, to be troubled, to feel anxiety (*-den* about); to be thoughtful.
endişeli [. - . .] thoughtful, anxious, troubled, worried.
endişesiz [. - . .] carefree, unworried, calm.
endüstri industry.
endüstrileştirmek to industrialize.
enek P castrated.
enemek to castrate.
enerji energy; ~ santralı power station (*or* plant); -nin sakımı *phys.* preservation of energy.
enerjik energetic.
enfarktüs ⚕ heart attack.
enfes (*comp. of* nefis) delightful, delicious, excellent, wonderful.
enfiye snuff; ~ çekmek to snuff, to take snuff; ~ kutusu sunuff-box.
enflasyon inflation,
enfüsi [ī] subjective.
engebe unevenness of ground; broken ground, rough country.
engebeli *geogr.* steep and broken, uneven, rough.
engebesiz even, smooth.
engel obstacle, difficulty, hindrance, handicap; ~ imtihanı second check; ~ olm. to hinder, to prevent.

engellemek to hinder, to hamper, to prevent.
engelli: ~ koşu (*or* yarış) **1.** hurdles; **2.** steeple-chase.
engerek *zo.* adder, viper.
engin 1. vast, boundless, open, wide; **2.** the high sea, the open sea ,offing; **3.** P ordinary, common, low; cheap; **4.** base, mean; ~ deniz the high seas, the open sea; -lere dalmak to brood, to ponder, to pore (over).
enginar ⚘ artichoke.
enginlik vastness, vastitude, wideness.
engizisyon the Inquisition.
enik P whelp, cub, puppy.
enikonu quite, thoroughly, fully, at length.
enine [x . .] in width, breadthwise, crosswise, transversally.
enişte [x . .] husband of an aunt *or* sister, brother-in-law, uncle.
enjeksiyon injection.
enjektör injector.
enkaz ruins; debris; wreck(age).
enlem parallel, line of latitude.
enli wide, broad.
enlilik breadth, width.
enmuzeç, -ci ⚒ model, sample.
ense 1. back of the neck, nape; **2.** *sl.* buttocks, bottom, rump; ~ kökü nape of the neck; ~ yapmak *sl.* to goof off; -si kalın **1.** willful, obstinate, stiff-necked; **2.** well-to-do, prosperous, well-off, well-heeled; -sinde boza pişirmek *(b-nin) sl.* to drive hard, to over-tire and torment; -sinden gitmek to follow close (upon); -sine binmek *(b-nin)* to persecute *s.o.*, to tyrannize *s.o.*
enselemek *sl.* to nick.
ensiz narrow.
ensizlik narrowness.
enstantane snapshot.
enstitü institute.
enstrüman instrument.
ensülin insulin.
entari [ā] **1.** loose robe; **2.** dress.
entbent F confused, disconcerted, perplexed; ~ olm. to be taken aback.
entelektüel intellectual.
entegrasyon integration.
enteresan interesting.
enternasyonal 1. international; **2.** *pol.* International.
enterne etm. to intern.
enterüptör ⊕ interruptor.
entipüften *sl.* flimsy.
entrika [. x .] intrigue, trick; ~ çevirmek to intrigue, to scheme.
entrikacı schemer, trickster.
enüstünlük *gr.* superlative degree.
envanter 1. inventory; **2.** stock-taking.
envestisman investment.
epeski [x . .] very old, ancient.
epey a good many, a good deal of; pretty well, fairly; ~ zaman long time.
epeyce pretty well, fairly.
epher *anat.* aorta.
epidemi epidemic.
epik epic(al).
epkem † dumb, mute, silent.
er[1] =erken; ~ veya geç = ergeç.
er[2] **1.** man, male; **2.** ⚔ private; **3.** brave man; **4.** capable man, able man; **5.** P husband; ~ oğlu ~ hero, brave man; -e gitmek (*or* varmak) P to marry a man; -e vermek to give in marriage.
eramil [ā] *pl.* ⚒ widows.
erat, -tı ⚔ privates, recruits.
erbap, -bı [ā] expert, specialist.
erbaş ⚔ non-commisioned officer.
erdem virtue.
erdemli virtuous.
erdemsizlik lack of virtue.
erdirmek *caus. of* ermek to cause to reach *or* attain.
erek aim, end, goal.
ereklik *phil.* finality.
erenler 1. those who have arrived at the divine truth; **2.** mode of address among dervishes.
ergeç sooner or later.
ergen 1. marriageable; **2.** unmarried, single, celibate; ~ olm. to be old enough to marry.
ergenlik 1. singleness, bachelorhood; **2.** youthful acne; ~ dişi wisdom-tooth.
ergime fusion.
ergimek to melt.
ergin 1. mature, adult, ripe; **2.** ⚖ major.
erginleşmek to mature.
erginlik maturity, puberty; ⚖ majority.
erguvan [ā] ⚘ **1.** judas-tree, redbud; **2.** purple.
erguvani [. . - -] purple.
erik ⚘ plum.
eril *gr.* masculine.
erim[1] † reach, range.
erim[2]: ~ ~ erimek to pine away.
erimek 1. to melt, to fuse, to dissolve; to pass away; **2.** to wear out *(textiles)*; **3.** to pine away; **4.** to be greatly embarrassed.
erirlik ⚗ solubility.
erişmek 1. *(bşe)* to arrive, to attain, to reach; **2.** to mature, to reach the age of marriage; **3.** to come.
erişte vermicelli.

eritmek 1. to melt, to dissolve; 2. to squander *(money)*.
eriyik ⚗ solution.
erk power, faculty; authority.
erkân *(pl. of* rükün) 1. great men, high officials, pillars of the state; 2. generals; 3. rules of conduct, way, method; -ı harp ⚔ general staff.
erkeç *zo.* he-goat, billy-goat.
erkek 1. man, male; 2. manly, courageous, virile, honest and true; 3. P husband; 4. good, hard *(metal)*; 5. ⊕ male; ~ berberi men's hairdresser, barber; ~ dul widower; ~ kopça hook for an eye.
erkekçe manly; manfully.
erkeklik 1. masculinity; manliness; courage; 2. sexual potency, virility.
erkeksi tomboyish, masculine; ~ kadın amazon, mannish woman.
erkeksiz 1. without husband; 2. alone, lonely *(woman)*.
erken early.
erkence rather early, a little early, somewhat early.
erkenci early riser, early comer.
erkenden early.
erkin 1. free, independent; 2. ♀ *mf.*
erklik power.
erlik 1. manliness, bravery, courage; 2. soldiership.
ermek (-ir) 1. to attain; to reach; 2. to ripen, to mature; 3. to come of age; 4. to reach spiritual perfection.
Ermeni Armenian; ~ gelini gibi kırıtmak 1. to hang back; 2. to be affected, to attitudinize.
Ermenice Armenian (language).
Ermenistan *pr. n.* Armenia.
ermiş saint, holy person.
eroin heroin, junk.
eroinman junky, junkie.
erozyon erosion.
ersiz without husband.
ertak! *sl.* let's go!
erte the next, the following (*s.a.* ertesi).
ertelemek to postpone, to defer, to adjourn, to put off.
ertesi the next, the following; ~ gün the next day, the following day; ~ sene the next year, the following year, the year after.
ervah spirits, souls; -ına yuf olsun! damn him!
erzak [ā] *(pl. of* rızk) provisions, food.
erzats ersatz, substitute.
es ♪ rest; ~ geçmek *sl.* to disregard.
esame [ā] *hist.* muster roll (*or* roster) of the Janissaries.
esameli [ā] 1. registered in esame; 2. previousy convicted; 3. notorious, ill-famed.
esami [. - -] *(†. pl. of* isim); ~ üzerine yoklama ⚔ roll-call; -si okunmamak *fig.* to be disregarded, to be of no consequence.
esans essence, perfume.
esaret 1. slavery; captivity; 2. yoke.
esas 1. foundation, base, basis; 2. basic, fundamental, principle, essential; 3. true state; 4. ⚗ base; ~ itibariyle in principle, as a matter of fact, essentially, basically; ~ nokta main roint; ~ sermaye (original) stock, capital deposit.
esasen [ā] [. x .] 1. fundamentally, in principle, essentially; 2. anyhow.
esasi [.- -] fundamental, essential, basic *(a.* ⚗).
esaslı [ā] 1. based, founded; 2. fundamental, main; 3. real, true, sure, reliable; 4. sound, solid, concrete; ~ bir noktaya dokunmak to hit the mark; ~ malumat thorough information.
esassız [ā] baseless, unfounded, groundless.
esatir [. - -] *pl.* legends, myths, tales, stories.
esatirî [. - - -] mythological.
esbab, -bı [ā] (†, *pl. of* sebep) causes, reasons; -ı mucibe ⚖ motives.
esef regret; ~ etm. to be sorry, to pity, to feel regret (for); -e şayan regretable, deplorable.
esefle regretfully, deplorably.
esefli regretable, deplorable.
eselemek: ~ beselemek to leave no stone unturned, to leave nothing undone.
esen hearty healthy, robust, sound; ~ kal(-ınız) so long!
esenlik health, soundness, welfare.
eser 1. work (of art); 2. trace, sign, mark; 3. remains, monuments; ~ sahibi author.
esermek: ~ besermek to bring about laboriously.
esham [ā] *(pl.* of sehim) share, bonds, securities; ~ ve tahvilât borsası stock exchange.
esinlenmek to be inspired (*-den* by).
esinti breeze.
esintili breezy.
esir [ī] 1. captive, prisoner of war; 2. slave; 3. infatuated with, gone on; ~ almaca prisoners' bas^; ~ almak to take prisoner; ~ düşmek (*or* olm.) *(b-ne)* to be taken prisoner; ~ etm. to enslave, to take prisoner; ~ kampı prison(ers') camp; ~ ticareti slave trade.
esir ether, aether.
esirci slave trader.

esircilik slave trade.
esirgemek 1. to protect (*-den* from), to spare; 2. to grudge; to withhold (*-den* from); Allah esirgesin! may God protect us!, God forbid!
esirlik captivity; slavery.
eski 1. old, ancient; 2. former, ex-; 3. worn out, old; 4. second-hand; 5. out of date; 6. chronic *(disease)*; ~ çamlar bardak oldu (*or* kürek olmuş) *fig.* a lot of water has flowed (*or* passed *or* gone) under the bridge; ~ defterleri karıştırmak to rake over the ashes, to rake up the past; ~ göz ağrısı an old flame; ~ hamam, eski tas the same old thing, just the same as ever; ~ hayratı berbat etmek to make s.th. worse by trying to improve it; ~ kafalı old fogy; ~ kurt old hand; ~ püskü old and tattered things, castoffs, junk; ~ toprak *fig.* old-timer; ~ zaman(-lar) 1. antiquity; 2. olden times, the past; -si gibi as of old, as before.
eskici 1. oldclothes man, ragman; 2. shoe-repairer, cobbler.
eskiçağ prehistoric period.
eskiden formerly, in the past, in old days; ~ kalma handed down, passed down.
eskiler 1. the ancients; 2. castoffs.
eskileşmek 1. to go out (of date); 2. to wear out.
eskilik oldness.
eskime *vn. of* eskimek; ~ ve aşınma ✕ natural attrition, wear and tear.
eskimek 1. = eskileşmek; 2. to become chronic; 3. to become grey-headed.
Eskimo [. x .] Eskimo.
eskişehirtaşı, -nı meerschaum.
eskitmek to wear out, to wear up.
eskiz draft, sketch, model.
eskrim fencing; ~ meçi foil.
eskrimci fencer.
esmek 1. to blow *(wind)*; 2. *fig.* to come into the mind of s.o., to occur to s.o.; esip savurmak F 1. to brag, to boast, to show off, to talk big; 2. to rage, to storm and bluster.
esmer brunette, swarthy, dark complexioned; ~ güzeli dark brown beauty, dark complexioned belle.
esmerleşmek to tan, to get brown.
esna [ā] ⚒ moment, instant, time, course, interval; harb -sında during the war; o -da at that time, meanwhile; -da while; -sında in the course of, during.
esnaf [ā] (*pl. of* sınıf) 1. trades, guilds; 2. tradesmen, artisans; 3. *sl.* prostitute, whore, bitch, tart.
esnek 1. elastic, flexible; 2. ambiguous.
esneklik elasticity, flexibility.
esnemek 1. to yawn, to gape; 2. to bulge, to bend, to give *(board, etc.)*; 3. to stretch *(material)*.
esnetmek *caus. of* esnemek *a.* to vex, to annoy, to bore.
espri wisecrack, witticism, wit; ~ yapmak to wisecrack.
esprili witty.
esrar [ā] (†, *pl. of* sır) 1. secrets; mysteries; 2. hashish; ~ kumkuması (*or* kutusu *or* küpü) secretive *or* mysterious person, a locked door; ~ çekmek to smoke hashish; to take drugs; ~ tekkesi opium den.
esrarengiz [. - . -] mysterious.
esrarkeş [ā] hashish addict; doper.
esrarlı [ā] 1. = esrarkeş; 2. mysterious.
esselamünaleyküm = selamünaleyküm.
estağfurullah [. x . . .] 1. ⚒ God forbid!; 2. don't mention it!, not at all!
estek: ~ köstek etm. *or* ~ etm. köstek etm. to make all sorts of excuses to get out of doing s.th.
ester[1] ⚒ mule.
ester[2] ⚗ ester.
estetik 1. esthetics; 2. esthetic.
esvap clothes; garment; dress; suit.
eş 1. one of a pair, mate, fellow; 2. husband; wife; partner; 3. a similar thing, match; ~ dost friends and acquaintances; ~ tutmak to choose a partner; -i görülmedik peerless, matchless, unique.
eşanlam synonym.
eşanlamlı synonymous.
eşarp, -pı scarf; stole, sash.
eşcinsel homosexual.
eşdeğer equivalence.
eşdeğerli equivalent.
eşek 1. donkey, ass; 2. jackass, boor; ~ başı *fig.* superior without authority; ~ başı mısın? why don't you use your authority?; ~ herif jackass; ~ kadar oldu *sl.* he is big enough to know what's what; ~ sudan gelinceye kadar dövmek to tan s.o.'s hide, to beat the hell out of s.o., to beat to a pulp; ~ şakası practical joke, horseplay; eşeğe ters bindirmek *fig.* to pillory, to brand, to denounce, to show s.o. up.
eşekarısı, -nı *zo.* wasp, hornet.
eşekçe(sine) coarsely; stupidly.
eşekhıyarı, -nı *s.* acıhıyar.
eşeksırtı, -nı gable roof.
eşeksineği, -ni *zo.* horsefly, gadfly.
eşekzeytini, -ni a kind of large olive.
eşelemek *(bşi)* 1. to scrape, to scratch; 2. *fig.* to stir up, to rake up, to rummage, to hunt (for).

eşey sex.
eşeysel sexual.
eşhas [ā] *(pl. of* şahıs) persons; characters *(in a play).*
eşik 1. threshold, doorstep; **2.** bridge *(of a violine, etc.)*; **3.** *fig.* verge, brink; eşiğine gelmek *(b-nin)* **1.** to petition; **2.** to molest, to pester; eşiğini aşındırmak *(b-nin)* to frequent constantly.
eşinmek to scratch, to paw.
eşit 1. equal, eqivalent, match; the same; **2.** ⩚ equals.
eşitlik equality.
eşkâl, -li [. -] **1.** features and appearance, description **2.** shapes, figures.
eşkenar ⩚ equilateral.
eşkıya [ā] *(pl. of* şaki) **1.** brigands; **2.** brigand, thug, bandit; ~ yatağı **1.** den of robbers, hide-out; **2.** accomplice.
eşleme 1. pairing; **2.** cinema; synchronization.
eşlemek 1. to pair, to match; **2.** to synchronize.
eşleşmek 1. to be partners *(in a game)*; **2.** *(animals)* to mate with each other.
eşlik 1. partnership; **2.** ♪ accompaniment; ~ etm. to accompany.
eşmek 1. to dig lightly; to scratch up the ground; **2.** to search and investigate.
eşofman 1. tracksuit; **2.** warming up.
eşeğlu eşek *sl.* silly ass, louse.
eşraf [ā] *(pl. of* şerif) notables *(of a town, etc.).*
eşref *(comp. of* şerif) ⚔ most noble; ~ saati propitious moment, opportune time.
eşsesli homonym.
eşsiz 1. matchless, peerless, unique; **2.** unpaired.
eşya [ā] *(pl. of* şey) **1.** things, objects; **2.** furniture; luggage; belongings; goods.
eşyalı furnished.
eşyasız unfurnished.
eşzamanlı isochronal.
et, -ti **1.** meat; **2.** flesh; **3.** pulp *(of a fruit)*; **4.** skin; ~ bağlamak **1.** to close up, to heal up *(wound)*; **2.** to put on weight, to get fat; ~ but *(or* can) tutmak to put on weight, to get stout; ~ suyu **1.** meat broth, bouillon; **2.** gravy; ~ tırnaktan ayrılmaz *pro.* blood is thicker than water; ~ yığını *fig.* fleshy; -i budu yerinde *or* -ine dolgun plump, buxom, roly-poly, matronly.
etabli settled, naturalized.
etajer dresser, whatnot; shelves, bookcase.
etap *sports:* lag, stage; distance between laps.
etçil *biol.* carnivorous.
etek 1. skirt; **2.** foot *(of a mountain)*, hillside; **3.** fringe; **4.** private parts, genital area; ~ dolusu *or* ~ ~ loads of, plenty of, in abundance; ~ öpmek *fig.* to flatter, to toady; ~ silkmek *(bşden)* to dissociate *o.s.* from *s.th.*; eteği belinde industrious, diligent *(woman)*; eteği düşük slovenly, sloppy, slipshod *(woman)*; -leri tutuşmak to be exceedingly alarmed; -leri zil *(or* ıslık) çalıyor he is up in the air, he is walking on air.
eteklemek 1. to kiss s.o.'s skirt; **2.** to flatter.
eteklik 1. skirt, frock; **2.** material for a skirt.
etelemek: ~ betelemek to treat unfriendly.
eter ⚗ ether.
etıbba [ā] *(pl. of* tabip) doctors.
Eti Hittite.
etiket, -ti **1.** label, ticket; **2.** etiquette.
etiketlemek to label.
etilen ethylene.
etimoloji etymology.
etkafalı blockhead, dumb, dizzy, thick-headed.
etken 1. agent, factor; **2.** effective; **3.** *gr.* active.
etki 1. effect, influence; **2.** impression, impact.
etkilemek to affect, to influence.
etkili effective, influential, effectual.
etkin active, effective.
etkinlik 1. activity; **2.** efficiency, effectiveness.
etlenmek to grow fat.
etli 1. fleshy, plump; **2.** pulpy, fleshy *(fruit)*; **3.** meaty; ~ butlu plump, buxom; ~ kemikli corporeal; ~ yemek meaty dish; -ye sütlüye karışmamak to mind one's own business, to avoid getting involved.
etmek (eder) **1.** to do, to make; **2.** to be worth, to be of value; **3.** to come to, to amount to; **4.** to act, to behave; **5.** to live, to be alive, to exist; **6.** to reach; **7.** to deprive *(or* rob) of; **8.** to do s.th. to s.o.; **9.** to urinate *or* to defecate; eden bulur one pays for what one does; ettiğini yanına bırakmamak not to let s.o. get away with s.th., to get revenge on s.o.
etmen factor.
etnik ethnic.
etoburlar *zo.* carnivorous animals.
etol, -lü stole.
etraf [ā] *(pl. of* taraf) **1.** sides, ends; **2.** surroundings; **3.** relatives; **4.** directions,

regions; **5.** -ına, -ında around; **6.** -ında concerning, with regard to, in respect of; -a haber vermek to trumpet (forth), to noise abroad; -ını almak (*or* çevirmek *or* sarmak) to surround, to encircle; -iyle detailed, in detail; -ta in the neighbo(u)rhood, in the vicinity, around; -tan from all around, from all directions.
etraflı(ca) detailed, in detail, fully.
etsineği, -ni *zo.* blowfly.
etsiz **1.** without meat; fleshless; **2.** thin, weak, puny.
ettahiyat, -tı [. . . -] *nameof a certain Muslim canticle.*
ettirgen *gr.* causative *(verb).*
ettirmek to cause to do.
etüt, -dü **1.** study, essay, research; **2.** ♪ preliminary study; **3.** study hall.
etüv **1.** ⚗ drying-out cupboard; **2.** sterilizer.
etyaran whitlow.
Etyopi, Etyopya [. x .] *pr. n.* Ethiopia.
ev **1.** house, dwelling; **2.** home, household; **3.** office, institution; **4.** *fig.* family, clan; ~ açmak to set up house; ~ bark house and home, household; ~ bark sahibi family man; ~ ekmeği homemade bread; ~ eşyası furniture, effects; ~ halkı household, family; ~ hanımı hostess; ~ idaresi housekeeping; ~ işletmek to run a brothel; ~ işi housework; ~ kadını housewife; ~ kadınlığı housewifery; ~ sahibi **1.** host; **2.** landlord; ~ tutmak to rent a house; ~ yıkmak to break up a home; -de kalmış *fig.* on the shelf; -lere şenlik! happiness to homes!, joy to houses!
evani [. - -] *pl.* ⚒ pots, dishes, vessels.
evce, evcek with the whole family.
evci **1.** homebody; **2.** weekly boarder.
evcil domesticated, tame.
evcilik: ~ oynamak to play mothers and fathers.
evcilleştirmek to domesticate, to tame.
evcimen, evciment, -di home-lover, domesticated.
evedi *s.* ivedi.
evelemek *s.* gevelemek.
evemek to hasten, to hurry.
evermek P to marry off, to give in marriage.
evet, -ti yes, certainly; ~ efendim! yes!, sure!, certainly!; ~ efendimci yes-man; ~ efendim, sepet efendim, güzel efendim demek to say amen.
evetlemek to say 'yes', to okay.
evham [ā] (*pl. of* vehim) delusions, apprehensions, illusions; -a kapılmak to become suspicious, to be hypochondriac.
evhamlı [ā] hypochondriac, suspicious.
evirmek to change, to alter; evire çevire thoroughly, soundly; ~ çevirmek **1.** to turn s.th. over and over; **2.** *fig.* to turn s.th. over in one's mind.
eviye (*pl. of* via) *anat.* vessels.
evkaf (*pl. of* vakıf) **1.** pious foundations; estates in mortmain; **2.** the government department in control of estates in mortmain.
evla ⚒ best, most suitable, preferable, better (than).
evladiyelik heirloom.
evlat, -di [ā] (*pl. of* velet) **1.** child, son, daughter; **2.** children, descendants; ~ acısı grief for one's deceased child; ~ canlısı very fond of his *or* her children; ~ edinmek to adopt a child; ~ sevgisi love for one's children.
evlatlık **1.** adopted child; **2.** foster child; -tan ret (*or* çıkarma) disownment.
evlek **1.** furrow *(in a field)*; **2.** a quarter of dönüm; **3.** *sl.* a ten-lira note; **4.** water-channel, drainage ditch.
evlendirmek *caus. of* evlenmek to marry (off), to give in marriage.
evlenme *vn. of* evlenmek marriage; ~ dairesi registry office; ~ kâğıdı ⚖ marriage certificate (*or* lines).
evlenmek to marry; to get married.
evleviyet, -ti ⚒ preference; -le all the more, so much the sooner.
evli married; ~ hayat married life; ~ kadın married woman.
evlilik marriage; ~ birliği ⚖ conjugal community.
evliya [ā] (*pl. of* veli) saint; ~ gibi saintly, gentle.
evrak, -kı [ā] **1.** †, ⚘ leaves; **2.** documents, papers; ~ çantası brief-case, portfolio; ~ kalemi record office, registry; ~ memuru registrar; -ı müsbite document of proof.
evre phase.
evren **1.** universe; **2.** cosmos; **3.** environment; **4.** time; **5.** great.
evrensel universal.
evrim evolution.
evrimsel evolutionary.
evsaf [ā] (*pl. of* vasıf) ⚒ qualities, qualifications; birinci -ta askerler highly qualified soldiers.
evvel **1.** first; ago; before, earlier, of old; initial; **2.** the first part, the beginning; ~ emirde first of all; ~ zaman içinde once upon a time; bundan ~ before this, previously; iki sene -sine nazaran compared to (*or* in comparison with) the time two years ago.

evvela [x . .] firstly, first of all, to begin with.

evvelce formerly, previously.

evvelden previously, formerly, beforehand; ~ sezmek to foresee, to anticipate.

evveli 1. in the old days; **2.** the previous.

evveliyat, -tı [ā] antecedents, first stages, first principles, beginnings.

evvelki, evvelsi 1. the previous; **2.** the *(year, month, week)* before last; ~ gün the day before yesterday; ~ sene the year before last.

evza [ā] (*pl. of* vazı) ✝ **1.** gestures; **2.** acts, conduct, behavio(u)r; **3.** position, postures.

ey 1. o!; **2.** now see here!; **3.** so?, so what?

eyalet, -ti [ā] province; state.

eyer saddle; ~ takımı saddle and harness; ~ takmak (*or* vurmak) to put a saddle on, to saddle.

eyerci saddler.

eyerlemek to saddle.

eyerli saddled.

eyersiz unsaddled; bareback.

eylem 1. action, deed; **2.** operation; **3.** verb; ~ tümcesi *gr.* verbal sentence; -e geçmek to put into operation.

eylemci activist.

eylemcilik activism.

eylemek *s.* etmek.

eylül, -lü september.

eytam [ā] (*pl. of* yetim) ✝ orphans.

eyvah [ā] alas!; ~ çekmek to sigh; -lar olsun! alas!, what a pity!

eyvallah [x . -] **1.** thank you!, thanks!; **2.** good bye!; **3.** all right!; ~ demek to agree, to accept; ~ etm. **1.** to comply with s.o.'s wish; **2.** to flatter, to adulate; -ı olmamak *(b-ne)* to be obliged to no one.

eyyam [ā] (*pl. of* yevm) **1.** time, period; **2.** better days, prosperous days; **3.** power, influence; **4.** ⚓ favo(u)rable wind; ~ efendisi (*or* ağası *or* reisi) opportunist, timeserver; ~ görmüş (*or* sürmüş) who has seen better days; ~ ola! ⚓ may wind and weather be favo(u)rable to you!; -ı bahur dog-days.

eza [ā] annoyance, vexation; pain, torment, torture.

ezan [ā] call to prayer.

ezani [. - -]: ~ saat the hour as reckoned from sunset.

ezber 1. by heart; **2.** memorization; lesson to be memorized.

ezberci who learns parrot fashion.

ezberden 1. by heart; **2.** without knowing; ~ okumak to recite by heart.

ezbere 1. by heart; **2.** superficially; ~ iş görmek to act without due knowledge, to do s.th. superficially.

ezberlemek to learn by heart, to memorize, to commit to memory.

ezcümle [x . .] **1.** among other things; for instance, for example; **2.** in short; **3.** especially, particularly.

ezel ✝ past eternity; -denberi from eternity, all along.

ezeli without beginning, eternal; ~ ve ebedi eternal; without beginning or end.

ezeliyet, -ti past eternity.

ezgi 1. ♪ tune, note, melody; **2.** *fig.* style, tempo; **3.** worry, anxiety.

ezgin = ezik.

ezici crushing, overwhelming.

ezik 1. crushed, squashed; **2.** worried, anxious; **3.** bruise.

eziklik 1. worry; depression; **2.** feeling of hunger.

ezilmek 1. *pass. of* ezmek to be crushed, to be oppressed; **2.** (*with* mide, yürek *or* iç) to have a sinking feeling; ezildi büzüldü **1.** he was embarrassed; **2.** he felt a great deal of pain, he was racked with pain.

eziyet, -ti injury, pain, torture, torment; hurt, fatigue, suffering; cruelty, ill-treatment; ~ çekmek to suffer fatigue; ~ etm. (*or* vermek) to torment, to torture, to cause pain.

eziyetçi tormentor, torturer.

eziyetli fatiguing, painful, tiring, vexatious.

eziyetsiz easy, untroublesome.

ezkaza [. . -] by chance, accidentally.

ezme 1. *vn. of* ezmek; **2.** purée, paste.

ezmek, (-er) **1.** to crush, to pound, to powder, to bruise, to squash, to mash; **2.** to trample down, to tread down; **3.** to over-exert, to over-strain, to suppress; **4.** to overcome, to overpower, to overwhelm *(enemy)*; **5.** to run over; **6.** F to dissipate *(money)*; **7.** to melt, to dissolve *(sugar)*; **8.** *fig. sport:* to trounce; ezip suyunu iç! it is absolutely worthless!

Ezrail *s.* Azrail.

F

fa ♪ fa.
faal, -li [. -] **1.** active, industrious; **2.** serviceable.
faaliyet, -ti [. - . .] **1.** activity, energy; **2.** serviceableness; ~ göstermek to function; ~ sahası **1.** scope, field of activity; **2.** † line of business; -e geçmek **1.** to begin to operate; **2.** to take action.
faanahtarı, -nı ♪ bass clef.
fabrika [x . .] factory, mill, plant, works; ~ işi machine made; ~ mamulatı manufactured (*or* factory-made) goods *or* article; ~ tesisatı manufacturing plant.
fabrikacı manufacturer, factory owner, industrialist.
fabrikacılık **1.** factory ownership; **2.** industrial production; **3.** manufacture.
fabrikator, fabrikatör *s.* fabrikacı.
facia [- . .] **1.** calamity, disaster, catastrophe; **2.** drama, tragedy.
facialı [- . . .] tragic, terrible, disastrous, catastrophic.
facianüvis [- . . . . -] † dramatist, tragedian.
faça [x .] **1.** ⚓ a ship's facing the wind with the topsail aback; **2.** *sl.* mug, face; **3.** *sl.* the bottommost card, the card at the bottom of a pack; **4.** *sl.* clothing, clothes, dress; -sını almak (aşağıya) *sl.* to ridicule, to make fun (*-in* of).
façeta [. x .] facet.
façuna [. x .] ⚓ the serving *or* whipping *(of a rope)*.
fağfur **1.** *ancient title of the Emperor of China*; **2.** porcelain.
fahim, -hmi great, grand, illustrious, glorious.
fahime intelligence; understanding.
fahiş [ā] **1.** excessive, exorbitant; **2.** ⚒ obscene, immoral.,
fahişe [ā] prostitute, whore, harlot, *sl.* bitch, tart.
fahrenhayt, -tı Fahrenheit.
fahri **1.** honorary; **2.** Fahri [x .] *mf.*; **3.** voluntary, volunteer.
faide *s.* fayda.
faik, -kı [ā] **1.** superior; **2.** ⚒ outstanding, excellent; **3.** ♀ *mf.*
faikıyet, -ti [ā] superiority.
fail [ā] **1.** agent, author; **2.** perpetrator, author *(of a crime)*; **3.** *biol.* effective; **4.** *gr.* subject; -i muhtar free agent, independent.
failiyet, -ti [ā] **1.** ⚒ effect, effectiveness; **2.** efficiency, activity.
faiz [ā] interest; ~ fiyatı (*or* nispeti) rate of interest; ~ yürütmek to calculate interest; -e ~ yürütülmesi calculation of compound interest; -e vermek (*or* yatırmak) to lend at interest; -i işlemek *(bşin)* to yield interest, to bear interest; -i mürekkep (*or* birleşik ~) compound interest.
faizci [ā] usurer, moneylender.
faizcilik [ā] usury.
faizli [ā] interest-bearing, at interest.
faizsiz [ā] interest-free.
fak, -kı P snare, trap; -a basmak to be duped.
fakat, -tı [x .] but, however, only, merely.
fakfon German silver.
fakih **1.** Moslem jurist; **2.** [fakı] learned man.
fakir [ī] **1.** poor, pauper, needy, destitute; beggar; **2.** † your humble servant; ~ düşmek to become poor; ~ fukara the poor.
fakirhane [. - - .] **1.** poorhouse; **2.** my house.
fakirleşmek to become poor.
fakirlik poverty.
faksimile facsimile.
faktör factor.
fakülte faculty *(of a university)*.
fakülteli university student.
fal, -lı [ā] **1.** fortune; omen, augury; **2.** fortune-telling, soothsaying; ~ açmak (*or* atmak) to tell fortunes; ~ çıktı the prophecy was fulfilled; ~ taşı *a pebble or bean from which an omen is taken*; ~ tutmak to have one's fortune told; -a bakmak *s.* ~ açmak.
falaka [x . .] bastinado; -ya çekmek to bastinado.
falan F **1.** so and so, such and such; **2.** and so on; **3.** and such like; about, approximately; ~ festekiz (*or* feşmekan *or* fıstık *or* filan) *mst iro.* = falan 2.
falanca F = falan 1.
falanıncı F the nth, the umpteenth.

falbala furbelow.
falcı fortune-teller.
falcılık fortune-telling.
falçete [. x .] curved shoemaker's knife.
falez precipice.
falihayır [- . . .] good omen.
falname [-⌣ .] oracular book used in fortune-telling.
falso [x .] 1. ♪ discord, dissonance, false note; 2. *fig.* blunder, false step, slip; 3. *billiards:* side, *Am.* English; ~ basmak (*or* etm.) to blunder, to make a slip, F to put one's foot in it; ~ vermek 1. = ~ etm.; 2. billiards: to put English on.
falsolu 1. discordant, dissonant; 2. awkward, clumsy, maladroit; 3. *billiards:* with English on.
familya [. x .] 1. *a.* ⚘, *geol., biol.* family; 2. ⚒ wife.
fanatik fanatic.
fanatizm fanaticism.
fanfan 1. slur; 2. unintelligible *(chatter).*
fani [ⁱ] transitory, perishable; mortal.
fanila [. x .] 1. flannel; 2. undershirt, vest.
fantastik fantastic.
fantaziye [. x . .] phantasy, fancy, imagination.
fantezi 1. ♪ fantasia; 2. fancy, de luxe, pompous; 3. fancy, imagination; ~ yelek fanciful waistcoat.
fanus [ā] 1. lantern; lamp-glass; 2. † lighthouse.
fanya [x .] wide-meshed part of a fishnet.
far 1. *mot.* headlight; 2. eye-shadow.
faraş dustpan.
faraza [x . .] supposing that..., assuming...
farazi [ⁱ] hypothetical.
faraziye hypothesis, supposition, assumption; ~ yürütmek to make supposition.
farbala *s.* falbala.
fare [ā] *zo.* mouse; rat; ~ kapanı mouse-trap; ~ zehiri rat poison.
farfara empty-headed, braggart; windbag.
farfaralık idle brag, frivolity.
farımak 1. to grow old; 2. to weaken; 2. to wear out.
fariğ [ā] ⚒ 1. unemployed, non-employed; 2. exempt (*-den* from), free (*-den* from); 3. ⚖ transferer, assignor.
farik, -kı [ā] ⚒ distinguishing, separating, distinctive.
farika [- . .] 1. typical, distinguishing; 2. A characteristic.
Farisi [- . -] the Persian language; Persian.
fariza sacred duty, obligation.
fark, -kı 1. difference, distinction; 2. discrimination; 3. disparity; ~ etm. 1. to notice, to perceive; to realize, to discriminate, to distinguish, to discern; 2. to differ, to change; 3. to matter; to make a difference; ~ gözetmek to discriminate; -ına varmak *(bşin)* to become aware of *s.th.*, to notice *s.th.*, to perceive *s.th.*; -ında olm. *(bşin)* to be aware of *s.th.*, to notice *s.th.*; -ında olmamak *(bşin)* to be unaware of *s.th.*
farklanmak 1. to differentiate; 2. to rise *(price).*
farklı 1. different, changed; 2. better; dearer; ~ farksız hardly distinguishable; ~ tutmak to discriminate, to differentiate.
farklılık difference.
farksız indistinguishable, without difference, same, equal.
farmakoloji pharmacology.
farmason 1. freemason; 2. F irreligious, ungodly, atheist; ~ locası freemasons' lodge.
farmasonluk freemasonry.
Fars Persian.
Farsça Persian (language).
fart¹, -tı ⚒ excess, overdoing, exaggeration.
fart², -tı: ~ furt brag; empty threats.
farta [x .]: fartafurtasız F tactless, inconsiderate; awkward, clumsy; -sı furtası olmamak to speak inconsiderately.
farz 1. ⚒ supposition, hypothesis; 2. *eccl.* precept; ~ etm. to suppose, to assume, to imagine; farzedelim ki... let us suppose, supposing...
farzımuhal, -li [. . . -] supposing the impossible that...; ~ olarak as a possible example.
Fas *pr. n.* 1. Morocco; 2. Fez.
fasafiso [. . x .] *sl.* trash, twaddle, prattle, nonsense.
fasahat, -ti [. - .] correctness, purity, cleanness, clearness *(of speech)*, eloquence.
fasarya [. x .] *sl.* 1. = fasafiso; 2. coquetry, coquettishness.
fasıl¹, -slı 1. division, chapter, section; 2. solution; 3. † season; 4. *a concert program all in the same* makam; 5. *thea.* act; 6. gossip; slander.
fasıl² ⚒ separating, dividing.
fasıla 1. separation; 2. interval, interruption; ~ vermek to interrupt, to break.
fasılasız continuous, uninterrupted, unceasing.
fasih [ⁱ] correct and clear *(speech)*; eloquent, fluent, lucid.
fasikül fascicle, section *(of a book).*
fasile [ⁱ] ⚘, *zo.* family.
fasit, -di 1. vicious, wicked, evil, corrupt;

2. perverse; ~ daire vicious circle.
faska [x .] wrapper cloth *(for babies).*
fasletmek [x . .] 1. to separate; 2. to divide; 3. to decide; 4. to gossip, to malign, to traduce.
fason 1. fashion, style, cutting; ⊕ trimming, bordering.
fasulye [. x .] ⚘ bean; taze ~ string beans.
faşır faşır in gushes.
faşist Fascist.
faşizm Fascism.
fatih conqueror, victor.
fatiha *the opening chapter of the Koran;* ~ okumak 1. to recite the fatiha; 2. *fig. (bşe)* to give up hope.
fatura invoice; ~ düzenlemek to invoice; ~ kesmek to make out an invoice.
faturalamak to write an invoice for.
faul *sports:* faul.
favori 1. whiskers, side-burns; 2. favorite.
fayans tile.
fayda use, profit, advantage; -sı dokunmak *(bşin)* to come in handy, to come in useful, to be of help.
faydalanmak to profit (*-den* by), to make use (*-den* of), to utilize, to benefit (*-den* from.
faydalı useful, profitable, advantageous; ~ malumat 1. useful information; 2. informative knowledge.
faydasız useless, unprofitable, in vain.
fayrap [x .] ⚓ fire up!; ~ etm. 1. ⚓ to get up steam; 2. *fig.* to speed up.
fayton phaeton.
faytoncu coachman.
faz [ā] *phys.* phase; ~ kalemi circuit-tester.
fazilet, -ti [. -] virtue, grace; merit, superiority.
faziletli virtuous, excellent.
fazla 1. excessive; superfluous; 2. remainder; 3. more (than); 4. too (much); very much; too many; 5. a lot; plenty; ~ gecikmek to be overdue, to be too late; ~ olarak besides, moreover, furthermore; ~ olm. 1. to be superfluous, to be too much; 2. to go too far; ~ tazyik ⊕ over-pressure; -siyle abundantly, amply.
fazlalaşmak to increase.
fazlalık 1. excess; 2. abundance; 3. surplus.
fecaat, -ti [. - .] calamity, tragedy, catastrophe.
feci, -li [ī] painful, tragic, terrible, catastrophic.
fecir, -cri dawn.
feda, -aı [ā] sacrifice; ransom; ~ etm. to sacrifice; ~ olm. (*pass. of* ~ etm.) to be sacrificed; ~ olsun! let it be sacrificed!
fedai [. - -] 1. bodyguard, bouncer; 2. patriot.
fedakâr [. - -] self-sacrificing, devoted, loyal.
fedakârlık [. - - .] 1. self-sacrifice, devotion; 2. great difficulties and expense.
federal federal.
federasyon federation, association.
federatif federative.
federe federate; ~ devlet ⚖ federal state; canton.
feding *radio:* fading.
fehamet, -ti [ā] highness.
fehim, -hmi comprehension, understanding.
fehmetmek [x . .] to understand, to comprehend.
fehva [ā] ⚒ tenor, import, meaning, sense.
fek, -kki ⚒ 1. severing, detaching, separation; 2. solving *(a difficulty)*; 3. ⚖ redemption.
fekketmek [x . .] ⚒ 1. to sever, to detach, to separate; to break open; 2. to undo, to raise.
fekül fecula.
felah 1. prosperity, happiness; 2. deliverance.
felaket, -ti disaster, catastrophe, calamity; ~ haberi bad news; -e uğramak to have a disaster.
felaketli 1. disastrous, fatal, sinister, ominous, calamitous; 2. = felaketzede.
felaketzede victim *(of a disaster).*
felç, -ci ⚕ paralysis; çocuk felci infantile paralysis; felce uğramak to be paralysed *(a. fig.).*
felçli paralytic, paralyzed.
feldmareşal, -li [x . . .] ✕ field marshal.
felek 1. firmament, heavens; 2. fate, destiny; 3. the universe; feleğin çemberinden geçmiş gone through the mill; -ten kâm almak *fig.* to have a very good time.
Felemenk, -gi [x . .] *pr. n.* Holland, the Netherlands.
Felemenkli *pr. n.* Dutch; Dutchman.
felfelek a kind of small butterfly.
fellah 1. fellah, Egyptian farmer; 2. F Negro.
fellek fellek *or* **fellik fellik** running hither and thither: ~ aramak to search high and low (*-i* for).
felsefe philosophy; ~ yapmak (*or* yürütmek) to philosophize.
felsefi philosophical.
feminist, -ti feminist.
fen, -nni 1. natural sciences; 2. technics, art; ~ fakültesi faculty of science; ~ he-

yeti technical commission; -ni harp † the art of war.

fena 1. bad, unpleasant; evil; 2. ill, sick; 3. awful, terrible, miserable; 4. extremely, terribly; ~ değil! not bad!; ~ etm. 1. to treat badly, to ill-treat; 2. to do evil; 3. to make s.o. feel sick; ~ halde badly, extremely; ~ muamele ill-treatment; ~ olm. 1. to feel sick; 2. to be upset; ~ puan bad mark; -sına gitmek *(b-nin)* to be exasperated; -ya çekmek (*or* almak) to take s.th. amiss (*or* ill); -ya sarmak (*or* varmak) to get worse, to take a turn for the worse.

fenâ ✎ death, extinction, annihilation.

fenalaşmak 1. to get worse, to deteriorate; 2. to turn faint; 3. to become more serious.

fenalaştırmak to worsen, to make worse.

fenalık 1. evil, badness; injury, harm; 2. fainting; ~ etm. (*or* yapmak) 1. to do evil; 2. *(b-ne)* to harm *s.o.*; ~ geçirmek to feel faint.

fenci 1. scientist; 2. F science teacher.

fener 1. lantern; street-lamp; 2. lighthouse; 3. coffee tray with handle on top; 4. ⊕ pinion *(of a shaft)*; ~ alayı torchlight procession; ~ resmî lighthouse dues.

fenerbalığı, -nı angler.

fenik pfennig *(unit of German money)*.

Fenike *pr. n.* Phoenicia.

fenlenmiş F early-ripe, precocious *(girl)*.

fenni scientific, technical, expert; ~ terimler technical terms.

fenol, -lü phenol.

fenomen phenomenon.

fent, -di trick, ruse; feint.

feodal feudal.

feodalite feudalism.

fer 1. brightness, radiance, lustre, *Am.* luster, brilliancy; 2. vividness.

ferace [. - .] a kind of overall *(formerly worn by Turkish women)*.

feragat, -ti [. - .] 1. self-sacrifice, abnegation; 2. ⚖ renunciation, abandonment *(of a right)*, cession, waiver; abdication; ~ etm. to renounce, to give up, to abandon, to cede; to abdicate (*-den* from); ~ göstermek to show self-denial, to act altruistically; ~ sahibi altruistic, unselfish.

feragatname [. - . - .] certificate of renunciation.

ferağ [ā] 1. cession *(of property)*, transfer; 2. † leisure, rest, withdrawing from work; ~ etm. to cede, to withdraw (*-den* from).

ferah 1. spacious, open, roomy, wide; 2. joy, pleasure, cheerfulness, gladness; ~ ~ 1. easily, abundantly, amply; 2. at least; içi ~ cheerful, in a good humo(u)r; -a çıkmak to feel relieved.

ferahi [. - -] 1. *hist.* gorget; 2. *crescent-shaped metal collar plate formerly worn by police guards.*

ferahlamak 1. to become spacious *or* airy; to clear up; 2. to become cheerful, to feel relieved.

ferahlık 1. spaciousness, airiness; 2. cheerfulness; relief.

feraset, -ti [ā] 1. † horsemanship; 2. sagacity, intuition; understanding, intelligence.

ferasetli [ā] perceptive.

ferç, -ci vulva.

ferda [ā] ✎ 1. the morrow, the next day; 2. the future; eternity; 3. the Day of Judgement.

ferdasız [ā] *fig.* hopeless.

ferde ✎ bale.

ferdi 1. individual; 2. personal; ~ teşebbüs individual enterprise.

ferdiyet, -ti individuality.

ferdiyetçi individualist.

ferdiyetçilik individualism.

fere P chick of a game bird; chicken.

feri, -r'i 1. branch, subdivision; 2. accessory circumstance, particular point, detail, item.

fer'i derived, secondary; subordinate; accessory.

feribot, -tu [x . .] train *or* car ferry, ferryboat.

ferih [ī] ✎ cheerful, merry; ~ fahur in abundance; in comfort.

ferik 1. pullet; 2. kind of apple.

ferik † ⚔ Divisional General.

ferma [ā] pointing, setting; ~ etm. (*or* durmak) to point, to set *(hound)*.

ferman [ā] 1. firman, imperial edict; 2. ✎ command, order, decree; ~ dinlememek to ignore the law.

fermejüp, -pü snap-fastener, press-stud, popper.

fermene [. x .] short embroidered vest.

fermetür, fermuar zip-fastener, zip(per).

ferraş ✎ 1. mosque sweeper; 2. carpet-layer, servant.

fersah parasang *(5 ½ km)*; ~ ~ greatly, very far.

fersiz lusterless, dull, dim.

fersude [ū] ✎ worn out, old, ragged.

ferş ✎ laying, spreading; ~ etm. to lay down, to spread out *(carpets)*.

ferşiyat, -tı [ā] the laying *(of rails, pipes, etc.)*.

fert, -di 1. person, individual; 2. ⚘ particular specimen.
fertçi individualist.
fertçilik individualism.
fertik [x .]: fertiği çekmek (*or* kırmak) *sl.* 1. to run away, to make off; 2. ✧ to peg out.
fertiklemek *sl.* = fertiği çekmek.
feryat, -dı [ā] 1. cry, wail, scream, yell, shriek; 2. *fig.* complaint; ~ etm. 1. to lament, to cry out, to wail, to yell, to scream, to shriek; 2. to complain.
ferz *chess:* queen.
fes fez; ~ ibiği fez tassel.
fesat, -dı [ā] 1. depravity, corruption, malice, intrigue, duplicity, mischief; 2. mischievous, intriguer; 3. ✧ sedition, disturbance, disorder; 4. *pol.* unrest; 5. rebellion, revolt; 6. ⚖ plot, conspiracy; ~ başı ring-leader, main plotter (*or* intriguer); ~ çıkarmak to cause trouble, to plot mischief, to conspire; ~ kumkuması (*or* kutusu) mischief-maker, conspirator; ~ tohumu saçmak to sow the seeds of intrigue; fesada vermek to plot, to conspire.
fesatçı insurgent, conspirator, rebel, instigator, agitator, mischief-maker.
feshetmek [x . .] 1. to annul, to cancel, to abolish, to rescind, to revoke; 2. to dissolve (*parliament*).
fesih, -shi 1. abolition, cancellation, annulment; 2. dissolution.
fesrengi, -ni deep red.
festekiz *s.* falan.
festival, -li 1. festival; 2. *sl.* fiasco, utter failure.
fesuphanallah [. . - . -] oh my God!
feşafeş ✧ swish, a rustling noise.
feşmekan *s.* falan.
fetha 1. *anat.* opening, orifice; 2. *vowel sign for* a, e *in Arabic script.*
fethetmek [x . .] to conquer.
fethimeyyit, -ti autopsy.
fetih, -thi conquest.
fetihçi 1. ✧ = fatih; 2. imperialist(ic).
fetiş fetish.
fettan [ā] tempting, seductive, alluring; ~ civelek good-for-nothing.
fetva [ā] *eccl.* decision (*on religious matter given by a mufti*); ~ vermek 1. to deliver a fetva; 2. *co* to express an opinion.
fevç, -ci crowd, a stream of people, a flow of people; ~ ~ (*or* fevçafevç) in streams, in crowds.
feveran [ā] 1. boiling, effervescence; 2. flying into a temper, flaring up, rage; 3. excitement; 4. eruption (*volcano*); ~ etm. to boil over with anger, to flare up, to fly off the handle.
fevk, -kı top, upper part, superior to.
fevkalade [x . - .] 1. extraordinary, unusual; 2. unusually, exceptionally, exceedingly, excessively; 3. wonderful, excellent; ~ ağır over-weight; ~ delege special delegate; ~ haller exceptional circumstances; ~ nüsha special edition.
fevkalbeşer [x . . .] superhuman.
fevkattabia supernatural.
fevren [x .] promptly, at once; impulsively, hastily.
fevri 1. speedy, sudden; 2. impulsive.
fevt, -ti ✧ 1. irreparable loss; going by; 2. death; ~ etm. to let slip, to miss, to lose; ~ olm. 1. *pass. of* ~ etm.; 2. to die.
fevz ✧ success, victory, triumph.
feyezan [ā] 1. overflowing, flood, inundation; 2. ✧ abundance.
feyizli abundant; prosperous; bountiful, productive.
feylesof philosopher.
feyyaz [ā] ✧ 1. munificent, generous; 2. overflowing, abounding, flourishing.
feyz 1. abundance; prosperity; bountifulness, fertility; 2. enlightenment; 3. bounteous gift; ~ almak 1. *fig.* to make headway, to get ahead; 2. to be enlightened (*-den* by), to learn (*-den* from); ~ bulmak = ~ almak 1.
feza [ā] space, universe.
fezahat, -ti vulgarity, meanness.
fezleke 1. summary; 2. police report.
fıçı cask, barrel; tub; ~ balığı salted fish in barrels; ~ birası draught beer, *Am.* draft beer; ~ gibi corpulent, squat.
fıçıcı cooper.
fıçılamak to barrel, to put in a barrel.
fıkara *s.* fukara.
fıkı *s.* sıkı fıkı.
fıkıh, -khı Muslim canonical jurisprudence.
fıkır fıkır 1. with a bubbling noise; 2. coquettish.
fıkırdak 1. coquettish; 2. restless, fidget.
fıkırdamak 1. to boil up, to bubble; 2. to behave coquettishly; to giggle.
fıkra 1. anecdote; 2. short column (*in a newspaper*); 3. paragraph; passage; 4. *anat.* vertebra; ~ başı new paragraph.
fıkracı 1. anecdotist; 2. columnist.
fıldır fıldır rolling (*eyes*).
fındık hazel-nut, filbert; ~ altını 1. name of a gold coin; 2. *fig.* small and valuable thing; ~ kabuğunu doldurmaz trifling,

unimportant; nonsensical; ~ kurdu gibi tiny and roly-poly *(woman)*.

fındıkçı 1. seller of nuts; 2. F flirtatious woman.

fındıkfaresi, -ni common house-mouse.

fındıkkıran nutcrackers.

fındıkkurdu, -nu nut maggot.

fır whirr; ~ ~ = fırıl fırıl.

Fırat, -tı *pr. n.* the Euphrates.

fırça 1. brush; 2. paint-brush; ~ çekmek *sl.* to dress down.

fırçalamak to brush, to dust.

fırdolayı [x . . .] all around; round about.

fırdöndü 1. swivel; 2. ⊕ lathe carrier; 3. gambler's top; 4. *fig.* inconstant, fickle, changeable.

fırıl fırıl whirling, around and around.

fırıldak 1. ventilator; 2. weathercock; 3. spinning-top; whirligig; 4. windmill *(child's toy)*; 5. *fig.* intrigue, deception, trick, ruse; ~ çevirmek to intrigue, to be up to some mischief.

fırılda(n)mak to spin around.

fırın 1. oven; 2. bakery; 3. kiln; 4. furnace.

fırıncı baker.

fırınlamak ⊕ to kiln-dry.

fırınlanmış ⊕ kiln-dried.

fırka 1. *pol.* party; 2. ⚔ division; ⚓ squadron; 3. group.

fırlak protruding, sticking out, overhanging.

fırlama *sl.* bastard; brat.

fırlamak 1. to fly off, to fly out; to leap up; 2. to rush; 3. to protrude, to stick out, to overhang; 4. *fig.* to scar, to skyrocket *(price)*.

fırlatmak *caus. of* fırlamak *part. to* hurl, to shoot, to throw, to fling, to cast.

fırsat, -tı opportunity, chance; occasion; ~ bu ~! this is my (your, his) chance!; ~ düşkünü opportunist; -ı ganimet bilmek to seize the opportunity; -ı kaçırmak to miss the opportunity; -tan istifade taking advantage of an opportunity.

fırsatçı opportunist.

fırt fırt continually, incessantly, unremittingly.

fırtına 1. gale, storm, tempest; 2. *fig.* vehemence, violence; ~ kopmak 1. to break suddenly *(storm)*; 2. *fig.* to break out in noisy arguments; -ya tutulmak to be caught in a storm.

fırtınalı stormy *(a. fig.)*.

fıs: ~ geçmek to whisper.

fısı fıs in whispers, in a whisper.

fısıl fısıl = fıs fıs.

fısıldamak to whisper.

fısıltı whisper.

fısır fısır with a crackling noise, with a hissing noise.

fıskıye jet of water, fountain.

fıslamak 1. to whisper; 2. to tip the wink, to tip off.

fıstık[1] pistachio nut; ground nut; peanut; ~ çamı ⚘ pine; ~ gibi F 1. buxom, plump, stout; 2. as pretty as a picture.

fıstık[2] *emph. of* falan *or* filan.

fıstıki [ī] pistachio green, light green; ~ makam *co.* slowly, unhurriedly, ponderously.

fış fış *or* **fışıl fışıl** *or* **fışır fışır** 1. with a rustling noise *(silk clothes)*; 2. with a splashing noise *(water)*.

fışırdamak to gurgle, to rustle.

fışkı horse dung; manure.

fışkılamak to dung *(horse)*.

fışkılık dunghill.

fışkırmak 1. to gush out, to spurt out, to squirt forth, to jet; 2. to spring up *(plant)*.

fışkırtmak to spurt, to splash.

fıta 1. skiff; 2. = futa.

fıtık hernia, rupture; ~ bağı ⚕ truss; ~ olm. 1. to get a hernia; 2. *sl.* to become irritated.

fıtır the ending of a religious fast.

fıtnat, -tı natural intelligence.

fıtrat, -tı 1. † creation; 2. nature, constitution.

fıtraten [x . .] by nature, naturally; by birth, congenitally.

fıtri [ī] 1. natural, innate, congenital; 2. *phls.* native.

fiber fibreboard, *Am.* fiberboard.

fiberglas fibreglass, *Am.* fiberglass.

fidan young plant; sapling; ~ boylu tall and slender; ~ gibi slim *(girl)*.

fidanlık nursery.

fide [x .] seedling plant.

fidelemek to plant out seedlings.

fidelik nursery bed.

fidye, fidyeinecat, -tı [ā] ransom.

fifre [x .] fife.

figan [ā] wail, lamentation; ~ etm. to lament.

figür figure.

figüran extra, supernumerary; *thea.* super.

fiğ ⚘ vetch.

fihrist, -ti index; catalogue, list.

fiil, -li 1. act, action, deed; 2. ⚖, *phls.* activity; 3. *gr.* verb; -e gelmek 1. to be carried out; 2. to become a fact; -e getirmek to carry out, to execute; -i bozuk immoral; -i şeni indecent assault; -i teşemmüs sunstroke.

fiilen 1. actually, really; 2. ⚖ in act; 3. *pol.* de facto.
fiili 1. actual, real; 2. de facto; 3. acting; 4. *gr.* verbal; ~ hizmet active service.
fiiliyat, -tı [ā] 1. *pl.* acts, deeds; 2. practice; -ta in practice, de facto.
fikir, -kri thought, idea; opinion, mind; ~ adamı intellectual, savant, thinker; ~ edinmek to have an idea; to form an opinion (about); ~ işçisi white-collar worker; ~ vermek to give an idea (about); ~ yürütmek to opine; fikre getirmek to recall; fikri dağınık distracted, absent-minded; fikrince in one's opinion; fikrinde tutmak to keep (*or* bear) in mind; fikrine koymak 1. to make up one's mind (about); 2. to put into the mind of; fikri sabit; sabit fikir fixed idea, fixation.
fikirli 1. having ideas; 2. rich in ideas, intelligent, thoughtful.
fikirsiz 1. lacking in ideas; 2. thoughtless, heedless.
fikren [x .] in ideas, in thought, intellectually.
fikri mental, intellectual.
fikriyat, -tı [ā] 1. intellectual aspects *(of a matter)*; 2. ideology.
fikstür *sport:* fixture.
fil 1. elephant; 2. *chess:* bishop; ~ gibi greedy, voracious; huge, enormous.
filan *s.* falan; ~ fıstık and so on, this and that, and so forth.
filanca *s.* falanca.
filandra *s.* flandra.
filanıncı *s.* falanıncı.
filarmonik philharmonic; ~ orkestra(sı) philharmonic orchestra.
fildekos lisle.
fildişi, -ni ivory.
file 1. net (*or* string) bag; 2. netting; 3. hair-net.
fileto [x .] fillet; loin.
filhakika [x . - .] in fact, actually, truly, in truth.
Filibe *pr. n.* Philippopolis, Plovdiv.
filibit, -ti ⚕ phlebitis.
filigran watermark *(in paper)*.
filika [. x .] ⚓ life-boat, ship's boat.
filinta [. x .] carbine, short gun; ~ gibi handsome.
Filipinler *pr. n.* Philippines.
Filistin [. x .] *pr. n.* Palestine.
Filistinli [. x . .] Palestinian.
filiz 1. tendril, young shoot, bud, sprout, scion; 2. *min.* ore; ~ gibi slender.
filizi bright green.
filizlenmek 1. to sprout, to send forth shoots, to shoot; 2. *fig.* to burgeon.
film 1. film *(for a camera)*; 2. film, movie; ~ çekmek 1. to film; 2. to X-ray; ~ çevirmek 1. to make a movie, to film; 2. *sl.* to swagger, to show off; ~ koparmak *sl.* to talk rubbish; ~ makinesi movie camera; ~ oynatmak so show; ~ yıldızı film star; -e çekmek to film; -ini almak 1. to film; 2. to X-ray.
filo [x .] 1. fleet; squadron; 2. ⚓ reef sails!
filoloji philology.
filotilla [. . x .] flotilla.
filozof 1. philosopher; 2. *fig.* philosophical.
filozofi philosophy.
filozofluk the quality of a philosopher; being a philosopher; *part. co.* indifference.
filtraj filtering; ~ tesisatı purification plant.
filtre [x .] filter, sieve; ~ etm. to filter.
filvaki [x - .] in fact, actually.
Fin *pr. n.* Finn; Finnish; ~ hamamı sauna.
final, -li 1. *sports:* final; 2. ♪ finale; -e kalmak *sports:* to go on to the finals.
finalist, -ti *sports:* finalist.
finance finance; ~ etm. to finance.
finansman financing.
fincan 1. cup; 2. ⚡ porcelain insulator; ~ tabağı saucer; ~ zarfı metal cup holder.
fingir fingir coquettishly.
fingirdek coquettish, frivolous.
fingirdemek to behave coquettishly, to coquet.
finiş *sport:* finish.
fink: ~ atmak (*or* atıp gezmek) F to saunter about and enjoy o.s., to flirt around, to gallivant.
Finlandiya [. x . .] *pr. n.* Finland.
fino [x .] pet (*or* lap) dog.
firak, -kı [. -] seperation.
firaklı sad, meloncholy.
firar [ā] flight; ⚔ desertion; ~ etm. 1. to run away, to flee; 2. ⚔ to desert.
firari [. - -] 1. fugitive, runaway; 2. ⚔ deserter.
firavun 1. Pharaoh; 2. *fig.* haughty, despotical *(person)*.
fire [x .] ⚖ loss, decrease, diminution; wastage; shrinkage; ~ vermek to suffer wastage; to diminish; to shrink.
firigo *sl.* disagreeable, unpleasant *(person)*.
firik P roasted unripe wheat.
firkat, -tı separation, absence.
firkateyn ⚓ frigate.
firkete [. x .] hair-pin.
firketelemek [. x . . .] to pin up *(one's hair)*.
firma [x .] 1. firm; 2. trade name.

firuze [ū] turquoise.
fisebilillah [- . - . -] (*lit.* in the way of God) expecting nothing in return.
fiske 1. flick, flip (*with the finger*); 2. pinch; 3. pimple; ~ vurmak = fiskelemek.
fiskelemek to give a flip (to), to flick.
fisket, -ti boatswain's pipe; whistle.
fiskos whispering; gossip.
fistan 1. dress, petticoat, skirt; 2. kilt.
fisto [x .] decorative scalloped ribbon.
fistül fistula.
fiş 1. slip of paper, card; 2. ⚡ plug; 3. form; 4. chip, receipt; 5. counter (*games*); ~ açmak to prepare a file card.
fişek 1. cartridge; 2. rocket; 3. roll of coins; 4. fireworks; ~ atmak 1. to fire (*or* let fly) a rocket; 2. *sl.* to put the cat among the pigeons; 3. *sl.* to have sexual relations (-*e* with); ~ gibi quickly, speedily; ~ gibi girmek to burst in, to blow in.
fişekçi 1. cartridge-maker; 2. pyrotechnist.
fişekhane [ā] cartridge factory.
fişeklik cartridge belt; bandolier; ammunition pouch; cartridge box.
fişlemek 1. to prepare an index card (-*i* on); 2. (*the police*) to open a file (-*i* on).
fit¹ -ti instigation; incitement; ~ çıkarmak (*or* vermek) to instigate, to incite.
fit², -ti 1. ready; consenting; 2. (*bşe*) *sl.* quits; ~ olm. *sl.* to be quits, to settle for.
fit³ -ti [ı] ⊕ feed.
fitçi agitator, instigator, intriguer.
fitil 1. wick; 2. ⚕ seton, tent; 3. ⚔ fuse; 4. piping; 5. a kind of card game; ~ (gibi) as drunk as a lord; ~ vermek to infuriate, to exasperate, to incite, to stir up; -i almak to flare up, to become alarmed.
fitillemek 1. to light (*the fuse of a mine*); 2. to attach a fuse *or* wick to; 3. = fitil vermek.
fitlemek to instigate, to excite, to incite, to denounce, to set one person against another.
fitne 1. instigation; mischief-making; 2. † sedition, disorder, rebellion; 3. = fitneci; ~ basmak (*or* kopmak) to break out (*unrest*); ~ etm. 1. to incite, to intrigue; 2. to revolt; ~ fücur dangerous agitator; ~ kumkuması dangerous intriguer; ~ sokmak (*or* koymak) to set people at loggerheads, to set s.o. against s.o.; ~ vermek 1. to mislead, to lead astray; 2. to make a mischievous suggestion.
fitneci intriguer, agitator.
fitnelemek to calomniate, to inform (on), to denounce, to peach, to betray.
fitre alms (*given at the close of Ramadan*).
fitret, -ti ⚒ interregnum.
fiyaka [. x .] *sl.* showing off, ostentation, swagger, swank, pretension; ~ satmak *sl.* to show off, to swank, to swagger; -yı bozmak to ridicule s.o.'s swagger.
fiyakacı *sl.* swank, swaggerer.
fiyakalı *sl.* showy, nobby, ostentatious.
fiyasko fiasco, washout, failure; ~ vermek to end in fiasco.
fiyat, -tı price; ~ biçmek to estimate a price (-*e* for); ~ farkı price difference; ~ indirimi reduction; ~ kırmak to reduce the price, to discount; ~ koymak to fix the price (-*e* of); ~ vermek to quote a price (-*e* for).
fiyatlanmak to get expensive, to go up in price.
fiyatlı expensive, dear, costly.
fiyonga [. x .], **fiyonk** 1. bow tie; 2. bowknot, bow.
fiyort, -du fiord.
fizik 1. physics; 2. physical; ~ tedavisi physiotherapy.
fizikçi physicist.
fiziki physical.
fizikötesi, -ni 1. metaphysics; 2. metaphysical.
fiziksel physical.
fizyoloji physiology.
fizyolojik physiological.
fizyonomi physiognomy.
flama 1. pennant, streamer, colo(u)rs, banners; 2. stadia (*or* surveyor's) rod.
flamingo, flamankuşu, -nu *zo.* flamingo.
flandra [x .] 1. ⚓ pennant; 2. *zo.* red bandfish.
flaş *phot.* 1. flash; 2. flash bulb.
flavta [x .] † flute.
flebit, -ti ⚕ phlebitis.
flok, -ku ⚓ jibsail.
Floransa [. x .] *pr. n.* Florence.
floresan fluorescent; ~ lamba fluorescent lamp.
florin florin, guilder.
floş 1. floss silk; 2. *cards:* flush.
flöre *fencing:* foil.
flört, -tü 1. flirtation; 2. girl (*or* boy) friend; ~ etm. to flirt.
flû *phot.* blurred, weak.
flüorışı fluorescence.
flüt, -tü flute.
flütçü flutist, flautist.
fob ⚓ f.o.b., free on board.
fobi [x .] phobia.
fodra [x .] lining, padding.
fodul vain, presumptuous.

foga [x .] † fire!; ~ etm. to fire.
fok, -ku *zo*. seal.
fokurdamak to boil up, to bubble.
fokur fokur boiling up, bubbling noisily.
fokurtu bubbling sound.
foküs focus.
fol nest egg.
folklor, -ru [x .] folklore; folk dancing.
folkon ⚓ frame-liner, timber-band *(of a wooden ship)*.
folluk nesting-box.
folya [x .] *zo*. eagle ray.
fon 1. fund, asset; **2.** *paint*. background colo(u)r; **3.** *thea*. décor, setting; ~ müziği background music, accompaniment.
fonda [x .] ⚓ let go the anchor!; ~ etm. to let go the anchor.
fondan fondant; ~ çikolata vanilla chocolate.
fondo [x .] † stock; bond; funds.
fonem *gr*. phoneme.
fonetik 1. phonetics; **2.** phonetic.
fonksiyon function.
fonograf phonograph.
fonojenik phonogenic.
font, -tu cast (*or* pig) iron.
fora ⚓ open it!, unfurl *(the sail)*!; ~ etm. **1.** ⚓ to open, to unfurl; **2.** *sl*. to pull off (*bşi* s.th.).
foravelâ [. . x .] †, ⚓ to make sail.
form form; -a girmek *sports:* to get into shape; -unda olm. *sports:* to be in (good) form.
forma [x .] **1.** forme, folio; **2.** uniform; **3.** form; **4.** colo(u)rs *(of a sporting club)*; **5.** *football:* shirt; ~ ~ in parts.
formalist, -ti formalist.
formalite formality; red tape; ~ düşkünü formalist; ~ gereği as a matter of form.
formasyon 1. formation; **2.** training education.
formika formica.
formsuz *sports:* out of form, off form.
formül 1. *a*. ⚗, ⚘ formula; **2.** = formüler.
formüle: ~ etm. to formulate.
formüler formulary.
foroz haul *(of fish)*.
fors 1. ⚓ admiral's flag at the main; personal flag flown on a ship; **2.** flag (*or* pennant) of office; **3.** F power, esteem, influence, prestige; -u olm. F to have influence.
forsa [x .] **1.** galley slave; **2.** *typ*. pressure.
forseps ⚕ forceps.
forslu influential, powerful.
forsmajör force majeure; compulsion.
forum forum.
forvet, -ti *sports:* forward.
fos *sl*. rotten, putrid, bad, false, shaky, groundless; ~ dalga *sl*. malice, treachery.
fosfat, -tı phosphate.
fosfor phosphorus.
fosforışı phosphorescence.
fosforlu phosphorous; phosphoric.
fosil fossil.
foslamak *sl*. to fail, to be upset, to turn up bad *or* false.
fosseptik cesspool, cesspit.
fosur fosur in puffs.
fota [x .] cask *(for making wine)*.
fotin *s*. potin.
foto 1. photo; **2.** photographer; ~ muhabiri newspaper photographer.
fotografi, fotografya [. . x .] photography.
fotoğraf 1. photograph; **2.** photography; ~ çekmek to take a photograph, to photograph; ~ makinesi camera; -ını çektirmek to have one's photograph taken.
fotoğrafçı 1. photographer; **2.** photographer's studio.
fotoğrafçılık photography.
fotoğrafhane [. . . - .] photographer's studio.
fotojenik photogenic.
fotokopi photocopy, photostat (copy), Xerox; ~ makinesi photocopier, photostat.
fotometre photometer.
fotomontaj photomontage.
fotoroman photo-story.
fotosentez photosynthesis.
foya [x .] **1.** foil *(for setting off a gem)*; **2.** *fig*. eyewash, fraud; ~ vermek *fig*. to give o.s. away; -sı bozuk **1.** deceitful, fraudulent; **2.** charlatan, quack, mountebank; -sı meydana (*or* ortaya) çıkmak to give the show away.
fötr felt; ~ şapka felt hat.
fragman fragment ;*cinema:* trailer.
frak, -kı tail-coat, tails.
francala [x . .] white bread; roll.
frank, -gı franc.
Fransa [x .] *pr. n*. France.
Fransız 1. French; **2.** Frenchman.
Fransızca French (language).
frapan striking, flamboyant.
frekans frequency.
fren brake; ~ ayarı brake adjusment; ~ balatası brake lining; ~ çubuğu brake rod; ~ pedalı brake pedal; ~ tutmadı the brakes failed to grip; ~ yapmak to brake.
frenci brake(s)man.
frengi [x .] syphilis, pox.
Frenk, -gi European.
frenkarpası, -nı pearl barley.
frenkasması, -nı Virginia creeper.

frenkeriği, -ni greengage plum.
frenkgömleği, -ni shirt.
frenksalatası, -nı rampion.
frenküzümü, -nü red currant.
frenlemek 1. to brake; 2. *fig.* to moderate, to check.
frensiz 1. brakeless; 2. *fig.* unrestrained *(person)*.
freze [x .] milling cutter; ~ etm. to mill.
frezeci workman skilled in milling.
frigorifik frigorific, refrigerated.
frijider refrigerator, ice-box.
frikik *football:* free kick.
friksiyon friction, massage.
fuar [. x] fair, exposition.
fuaye *thea.* foyer.
fuhşiyat, -tı [ā] prostitution; obscenities, immoralities; -a tahrik ⚖ soliciting.
fuhuş, -hşu prostitution.
fukara [. . -] 1. the poor; 2. poor, destitute, needy, pauper; 3. dervish.
fukaralık poverty, destitution.
fukaraperver charitable; benevolent.
ful, -lü ⚘ 1. broad bean; 2. syringa.
fular cravat.
fulya [x .] ⚘ jonquil.
funda [x .] 1. thicket, shrub; 2. ⚘ heath; ~ toprağı humus of heath.
fundalık scrub, underwood, brush.
funya [x .] primer.
furgon luggage-van, freight-car.
furş fork of a bicycle.
furta *s.* farta.
furun *s.* fırın.
furya [x .] rush; glut.
fus *biol.* lobe.
futa [x .] 1. loin-cloth; 2. = fıtaı 3. = fota.
futbol, -lu football, soccer; ~ bahsimüştereki football-pools; ~ maçı football match; ~ meraklısı football fan.
futbolcu footballer.
fuzulen [. - .] superfluously; without right; unjustly.
fuzuli [. - -] 1. unnecessary, needless, superfluous; 2. officious; 3. excessive; 4. unnecessarily; ~ gayretkeş over-zealous; ~ tasarruflar ⚖ dispositions *(or* contracts) made without authority.
fücceten [x . .] suddenly; ~ ölmek to die a sudden death.
füme smoked; ~ etm. to smoke.
fümuvar smoking room.
füniküler suspension railway, (aerial) cableway.
fürce 1. *anat.* fissure; 2. ⚒ breach, gap; 3. ⚒ leisure.
füsun [ū] charm, enchantment, spell, magic.
fütuhat, -tı [. - -] victories; conquests.
fütuhatçı [. - - .] conqueror; imperialist.
fütur [. -] languor; abatement; ~ getirmek to get tired (of), to lose zeal.
fütursuz [. - .] 1. indifferent; 2. undeterred.
füze [x .] rocket, missile.
füzen charcoal pencil (*or* drawing).

G

gabardin gabardine.
gabari loading gauge.
gabavet, -ti [. - .] stupidity, obtuseness.
gabi thick-headed, stupid, obtuse.
gabilik *s.* gabavet.
gabin ⚖ fraud, cheating *(on a sale).*
gabro gabbro.
gabya [x .] ⚓ topmast, topsail.
gacırdamak to creak.
gacır gucur producing a continuous creaking noise.
gaco *sl.* woman; sweetheart; ~ eskisi *sl.* English pound.
gaddar [. -] cruel, perfidious, tyrant.
gaddare [. - .] a heavy double-edged scimitar.
gaddarlık cruelty, perfidy, tyranny.
gadir, -dri **1.** cruelty; **2.** injustice; tyranny.
gadolinyum ⚗ gadolinium.
gadretmek [x . .] *(b-ne)* **1.** to do wrong to *s.o.*, to treat unjustly towards *s.o.*; **2.** to treat cruelly towards *s.o.*
gaf blunder, gaffe, faux pas; ~ yapmak to blunder.
gafçı blunderer.
gafil [ā] unaware (*-den* of); careless, inattentive, unmindful; ~ avlamak to catch unawares, to take by surprise; ~ bulunmak (*or* olm.) to take no heed.
gaflet, -ti heedlessness, carelessness; -e düşmek to be careless, to act heedlessly.
gafleten unawares, inadvertently.
gaga 1. beak, bill; **2.** *sl.* mouth, trap; ~ burun hook-nosed, aquiline; ~ -ya vermek to bill and coo; -sından yakalamak *fig.* to catch by the nose; kapa -nı! *sl.* shut your trap!
gagalamak 1. to peck; **2.** *fig.* to scorn, to rebuke.
gagalaşmak 1. to peck one another; **2.** to bill and coo.
gagalı beaked.
gâh *s.* kâh.
gaile [ā] trouble, anxiety, worry, difficulty.
gaileli 1. troubled, worried; **2.** troublesome.
gailesiz 1. untroubled; **2.** trouble-free, carefree.
gailesizlik untroubledness.
gaip, -bi [ā] **1.** absent, invisible; missing, lost; **2.** the invisible world; -ten haber vermek to foretell, to divine.
gaiplik [ā] ⚖ disappearance; ~ kararı ⚖ declaration of death.
gaita [- . .] feces.
gak! caw! *(of a crow).*
gaklamak to caw.
Gal *pr. n.* Wales.
gala [x .] **1.** gala, première; **2.** state dinner; ~ gecesi gala night.
galat, -tı error, mistake; galatı hilkat freak of nature, monster.
galatıhis, -ssi illusion.
galatımeşhur commonly accepted error *(in language).*
galdır guldur with an uneven, heavy, rolling gait.
galebe 1. victory; **2.** supremacy, predominance; ~ çalmak to conquer, to overwhelm; ~ etm. **1.** to get the upper hand; **2.** to overcome, to overwhelm.
galen *geol.* galena.
galeri 1. gallery; **2.** art gallery; **3.** gallery, working drift; **4.** *thea.* gallery, balcony; **5.** showroom (*or* display lot) *(for automobiles, etc.).*
galeta [. x .] bread stick, rusk; ~ tozu bread crumbs; ~ unu fine white flour.
galeyan [. . -] **1.** rage, agitation, excitement; **2.** ebullition; -a gelmek to get worked up, to be agitated.
galiba [- . -] [x . -] **1.** most probably, presumably; **2.** I think so.
galibiyet, -ti [ā] victory, win.
galip, -bi [ā] **1.** victorious; **2.** victor, vanquisher; **3.** overwhelming, superior; ~ çıkmak to emerge victorious (*-den* from); ~ gelmek *(b-ne)* to defeat *s.o.*, to overcome *s.o.*; ~ ihtimale göre = ağlebi ihtimal.
galiz [ī] **1.** filthy, dirty; **2.** obscene, indecent.
galon 1. gallon; **2.** gas can.
galoş galosh.
galsame *anat.* gill *(of a fish).*

galvaniz galvanization.
galvanize galvanized; ~ etm. to galvanize.
galvanizlemek to galvanize.
galvanizli galvanized.
galyum ⚗ gallium.
gam¹ ♪ scale.
gam² grief, anxiety, worry; ~ çekmek to grieve; ~ değil it does not matter; ~ yememek not to worry.
gamalı *hist.* comprising a gamma; ~ haç swastika, gammadion.
Gambiya *pr. n.* Gambia.
gambot, -tu **1.** gunboat; **2.** *ichth.* small mullet.
gamet, -ti *biol.* gamete.
gamlanmak to worry (-e about).
gamlı worried, sorrowful, grieved.
gamma gamma; ~ ışınları gamma rays.
gammaz [. -] sneak, informer, telltale.
gammazlamak to inform (against), to tell on, to tell tales (about), to denounce, to peach (against, on).
gammazlık tale-bearing, spying, informing.
gamsele [x . .] raincoat, oilskin, mackintosh.
gamsız carefree, lighthearted, happy-go-lucky.
gamsızlık lightheartedness, untroubledness.
gamze **1.** dimple; **2.** coquettish glance, twinkle.
Gana *pr. n.* Ghana.
gangster gangster, gunman.
gangsterlik gangsterism.
gani [ⁱ] **1.** abundant; **2.** rich; ~ ~ abundantly; ~ gönüllü generous; -si olm. to have enough, not to be in need of.
ganimet, -ti [ⁱ] **1.** spoils, booty, loot; **2.** windfall, godsend; **3.** ♀ *wf.*; ~ bilmek (*or* görmek) to look on as a godsend; to seize *(an opportunity)*.
Ganj *pr. n.* Ganges.
gant, -tı *sports:* boxing glove.
ganyan the winner *(horse)*; winning ticket.
gar large railway station; ~ şefi station-master.
garabet, -ti strangeness, oddity.
garaip, -bi [. - .] strange things.
garaipten odd, strange, queer.
garaj garage.
garam [. -] passionlove; eager desire.
garami lyric(al).
garanti **1.** guaranty, guarantee; **2.** F sure, certain; certainly, without doubt; ~ etm. to guarantee.
garantilemek **1.** to guarantee; **2.** to make certain, to make sure (-*i* of).
garantili **1.** guaranteed; **2.** *fig.* certain, sure.
garaz **1.** grudge, ranco(u)r, malice, animosity; **2.** aim, object, goal, purpose; ~ bağlamak *(b-ne)* to hold a grudge against *s.o.*; ~ beslemek (*or* tutmak) to nourish a spite; ~ olm. *(b-ne)* to bear a grudge against *s.o.*, to bear *s.o.* malice.
garazkâr rancorous, spiteful.
garazkârlık spitefulness.
garazsız unbiased, unprejudiced, disinterested.
garben [x .] westwards.
garbi [ī] western.
gardenparti [x . . .] garden party.
gardenya ⚘ gardenia.
gardıfren brakeman.
gardırop, -bu **1.** wardrobe, armoire; **2.** cloakroom.
gardiyan gaoler, warder, *Am.* jailer.
garez *s.* garaz.
gargar water jug with a filter.
gargara **1.** gargle; **2.** mouthwash; ~ yapmak to gargle; -ya getirmek *sl.* to deflect on purpose.
gariban pitiable, pathetic *(person)*.
garibe strange thing, curiosity.
garip, -bi [ⁱ] **1.** strange, odd, peculiar, unusual; **2.** destitute, needy; **3.** stranger; garibine gitmek *(b-nin)* to strike as odd, to appear strange to *s.o.*
gariplik strangeness, oddity.
garipsemek **1.** to find strange (*or* curious); **2.** to feel lonely and homesick.
gark, -kı drowning; ~ etm. to overwhelm; ~ olm. to be overwhelmed (-*e* with), to be submerged.
garnitür **1.** garnish, garniture, trimmings *(of a dish)*; **2.** trimmings *(of a dress)*.
garnizon **1.** garrison; **2.** garrison town; ~ komutanı (*or* kumandanı) garrison commander.
garp, -bı **1.** west; **2.** Europe.
garpçı westernizer.
garplı Westerner, Occidental.
garplılık Occidentalism.
garson waiter.
garsoniye service charge.
garsoniyer bachelor's establishment.
gaseyan [. . -] **1.** nausea; **2.** vomiting; ~ etm. to vomit.
gasıp¹, -spı usurpation, seizure by violence.
gasıp² [ā] usurper.
gasil, -sli washing of the dead.
gasletmek [x . .] to wash *(the dead)*.
gaspetmek [x . .] to seize by force, to

usurp.
gassal washer of the dead.
gastrit, -ti gastritis.
gastrula *biol.* gastrula.
gaşiy, -şyi ecstasy, rapture.
gaşyetmek [x . .] to enrapture.
gaşyolmak [x . .] to be enraptured.
gauss *phys.* gauss.
gâvur 1. giaour, unbeliever, non-Moslem, infidel, Christian; 2. *fig.* merciless, cruel; obstinate; ~ etm. F to squander, to blow *(money)*; ~ inadı pigheadedness, obstinacy; ~ ölüsü gibi as heavy as lead.
gâvurca 1. in a European language; 2. heartlessly, cruelly.
gâvurcasına mercilessly.
gâvurluk 1. unbelief; 2. *fig.* cruelty; ~ etm. to act cruelly.
gaybubet, -ti [ū] absence; -inde in the absence of.
gayda [x .] ♪ bagpipe.
gaydacı ♪ bagpiper.
gaye [ā] aim, object, end, goal; ~ edinmek *(bşi)* to aim at *s.th.*; -siyle for the purpose of; -ye ulaşmak to attain the aim, to succeed.
gayet, -ti [ā] very, extremely, greatly.
gaygay with a shrill grating sound.
gaygaylı shrill.
gayr someone else; -e muhtaç olmamak not to be in need of anyone.
gayret, -ti 1. zeal, energy, ardo(u)r, effort, perseverance; 2. solicitude, protectiveness; ~ etm. to endeavo(u)r, to try hard; ~ vermek 1. to encourage; 2. to console; -e gelmek 1. to get into working spirit; 2. to become enthusiastic, to show zeal; -i elden bırakmamak to keep trying, to persist; -ten düşmek to become discouraged.
gayretkeş 1. zealous; 2. zealot; 3. partisan.
gayretlenmek 1. to get into working spirit; 2. to display zeal.
gayretli 1. zealous; 2. hard-working, persevering.
gayretsiz slack, without enthusiasm, lacking zeal.
gayrı 1. now, well then, at length, finally; 2. *emph. of* ayrı; 3. (not) any more, (no) longer.
gayri 1. other (*den* than), besides, apart from; 2. *(before adjectives)* un-, non-; ~ ihtiyari involuntarily; ~ kabil impossible; ~ menkul 1. immovable, real *(property)*; 2. real estate; ~ meşru illegitimate; unlawful; illicit *(gain)*; unjust *(war)*; ~ muntazam 1. irregular(ly); 2. disorderly; ~ müslim non-Moslem; ~ resmi unofficial; informal; ~ safi ✝ gross; ~ tabii unnatural, abnormal, strange.
gayya a well in hell; ~ kuyusu place of confusion.
gayzer geyser, hot spring.
gaz¹ gauze.
gaz² 1. kerosene; 2. *phys.* gas; 3. flatus; ~ bombası gas bomb; ~ hali gaseous state; ~ lambası kerosene lamp; ~ maskesi gas mask; ~ ocağı kerosene cookstove; ~ sobası kerosene heater; -a basmak 1. *mot.* to step on the gas, to accelerate; 2. *sl.* to go away, to scram; -ı kesmek *mot.* to throttle back *(gas)*.
gazal, -li [. -] *zo.* gazelle; antelope.
gazap, -bı wrath, rage; -a gelmek to get in a rage.
gazaplı wrathful, infuriated.
gazdan(lık) oil-can, oiler.
gazel¹ 1. lyric poem of a certain pattern; 2. extemporaneous vocal taksim.
gazel² autumn leaf.
gazete [. x .] newspaper; ~ çıkarmak to publish a newspaper.
gazeteci 1. journalist, newspaperman; 2. newspaper seller, news-vendor, newsboy, paperboy; 3. owner of a newspaper.
gazetecilik journalism.
gazhane [. - .] gasworks.
gazışıl *phys.* luminescent.
gazi [- -] 1. ghazi; 2. fighter for Islam.
Gazi Atatürk.
gazino [. x .] casino, café.
gazlamak 1. to smear (*or* sprinkle) with kerosene; 2. *mot.* to accelerate; 3. *sl.* to run away.
gazlanmak 1. *pass. of* gazlamak; 2. to be flatulent.
gazlaştırmak to gasify.
gazlı 1. gaseous; 2. containing kerosene; ~ bez gauze.
gazoil, gazoyl diesel oil.
gazojen gas generator.
gazolin gasoline.
gazoma [. x .] seam around the edge of a stitched sole.
gazometre gasometer.
gazoz soda pop, fizzy lemonade.
gazozcu seller of gazoz.
gazölçer gas meter.
gazyağı, -nı kerosene.
gebe pregnant, expectant; ~ bırakmak (*or* etm.) to make pregnant; ~ kalmak to fall pregnant, to become pregnant (*-den* by); ~ olm. *(bşe or bş için) fig.* to be pregnant with *s.th.*
gebelik pregnancy; ~ önleyici contracep-

tive.
geberik *contp.* dead.
gebermek *contp.* to die, to croak, to kick the bucket, to perish.
gebertmek *contp.* to kill, to bump off.
gebeş 1. dumpy, squat; 2. *sl.* idiot, blockhead.
gebre[1] haircloth glove *(for grooming horses).*
gebre[2] ⚘ caper.
gece 1. night; 2. at night; last night; tonight; ~ gündüz night and day, continuously; ~ kasası night safe; ~ kuşu 1. bat; 2. *fig.* night owl, night bird, nighthawk; ~ lambası night-light; ~ vakti at night; ~ yarısı midnight; ~ yatısı overnight visit; -ler gebedir nights are pregnant with new events; -niz hayrolsun! good night!; -yi gündüze katmak to work night and day.
gececi worker on a night shift.
geceki nocturnal.
gecekondu shanty; ~ bölgesi shanty-town.
gecelemek to spend the night *(in a place).*
geceleyin [. x . .] by night.
geceli: ~ gündüzlü day and night, continuously.
gecelik 1. nightdress, nightgown, nightshirt; 2. pertaining to the night; lasting the night; 3. fee for the night.
gecesefası, -nı ⚘ four-o'clock.
gecikme delay.
gecikmek to be late, to be delayed.
geciktirmek to delay, to retard.
geç late, delayed; ~ kalmak to be late; ~ vakit late in the evening.
geçe past *(time)*; beşi on ~ 10 minutes past five.
geçeğen temporary, transitory.
geçen past, last; ~ gün the other day; ~ sefer last time; ~ yıl last year.
geçende, geçenlerde lately, recently.
geçenek *neol.* corridor.
geçer 1. current, in circulation; 2. desired, in demand.
geçerli valid.
geçerlik validity, currency.
geçersiz invalid, null; ~ saymak to annul; to cancel.
geçersizlik invalidity.
geçici 1. temporary, transitory, passing; 2. contagious; ~ hükümet caretaker government; ~ madde temporary article; ~ olarak temporarily; ~ tutku passing fad *(or* whim).
geçilmek *pass. of* geçmek 1. to pass, to traverse; 2. to be left aside; geçilmez! no passage!; geçilmemek *(bşden)* to have a great abundance of *s.th.*; to have too much of *s.th.*
geçim 1. livelihood, living; 2. harmony, getting alone with one another; ~ derdi the struggle to make a living; ~ indeksi cost of living indekx; ~ masrafı cost of living; ~ seviyesi the standard of living; ~ yolu means of subsistence.
geçimli affable, easy to get along with.
geçimlik livelihood.
geçimsiz fractious, quarrelsome, shrewish, unsociable.
geçimsizlik fractiousness.
geçindirmek to support *(a person)*, to maintain.
geçinecek 1. income; 2. livelihood, living.
geçinge budget.
geçinim, geçinme subsistence, getting by.
geçinmek 1. to live (*ile* on), to subsist (*ile* on); 2. to rub along (*ile* with), to get on well (*ile* with), to get along (*ile* with); 3. to pretend to be, to pass (for); 4. *(b-den)* to live on *s.o.*, to sponge on *s.o.*; 5. P to die.
geçirgen *phys.* permeable.
geçirgenlik *phys.* permeability.
geçirimli permeable.
geçirimsiz impermeable.
geçirimsizlik impermeability.
geçirmek *caus. of* geçmek *part.* 1. to infect *(s.o. with a disease)*; 2. to fix, to fit, to insert *(glass into a frame)*; 3. to slip on *(a cover on a book, etc.)*; 4. to spend, to pass *(time)*; 5. to enter, to register *(in an account)*; 6. to undergo *(an operation)*; 7. to copy out; 8. to get over *(a disease)*; 9. to accompany s.o., to see s.o. out; 10. to see s.o. off; 11. to have *(an attack)*; 12. to pass *(s.th. through s.th.)*; 13. to transmit *(heat)*; 14. *sl.* to fuck, to screw.
geçiş 1. passing, crossing; 2. change, transfer; 3. ♪ transition; ~ üstünlüğü right of way.
geçişli *gr.* transitive.
geçişmek to intermix, to be diffused.
geçişsiz *gr.* intransitive.
geçiştirmek 1. *caus. of* geçişmek; 2. to pass over lightly; 3. to get over *(an illness)*; 4. to escape with little harm.
geçit, -di 1. mountain pass; 2. passageway, passage; 3. ford; 4. parade; 5. *ast.* transit; ~ resmi *(or* töreni) parade; ~ vermek to be fordable.
geçkin 1. elderly; 2. overripe *(fruit)*; 3. overmatured *(wood)*; otuzu ~ over thirty.
geçkinlik 1. elderliness; 2. overripeness *(fruit).*

geçme 1. *vn. of* geçmek; 2. dovetailed; telescoped; 3. tenon.
geçmek, (-çer) 1. to pass (*-den* over, along), to cross, to traverse; 2. to undergo, to go through; 3. to pass by; 4. to give up on, to renounce; 5. to move (*-e* to); 6. to penetrate, to affect; to influence; 7. to come into *(power)*; 8. *(b-den b-ne)* to spread from *s.o.* to *s.o.*; 9. *(b-den b-ne)* to pass from *s.o.* to *s.o.* through heredity; 10. to be recorded *(in a book)*; 11. *(tarihe)* to go down in history; 12. to exceed, to pass; to cross, to go past; 13. to omit, to skip, to leave out; 14. to pass *(time)*; 15. to be mentioned; 16. to be current, to be in force; 17. to be popular, to be the fad; 18. to pass, to come to an end, to end *(season, period, illness)*; 19. to pass one's class; to pass *(an exam)*; 20. to be overripe *(fruit)*; to spoil, to go stale; 21. to practise *(music)*; 22. *(k-den)* to faint; geç! (*or* geç efendim!) F leave it!, it is not worth talking about!; (gün) geçtikçe as the day goes on, in the course of time.
geçmelik toll.
geçmiş 1. past; 2. the past; 3. overripe, spoiled; ~ ola (*or* olsun)! I wish you a speedy recovery!; ~ olsuna gitmek to visit s.o. who has been ill; ~ zaman *gr.* past tense; -i kandilli (*or* tenekeli) F damned *(for a person)*; -i olm. *(b-le)* to have known *s.o.* in the past.
gedik 1. gap, breach; 2. fault, defect; 3. mountain pass; 4. privilege; ~ açmak to make a breach (*-de* in); ~ kapamak to fill the gap.
gedikli 1. breached; gapped; notched; 2. constant frequenter, patron; 3. ⚔ regular non-commissioned officer (NCO); ~ çavuş ⚔ sergeant; warrant officer.
geğirmek to belch, to burp, to eructate.
geğirti belch, burp, eructation.
gegrek lower (*or* false) rib; ~ batması stitch in the side.
gelberi poker, rake; ~ etm. *sl.* to swipe, to nick, to pilfer.
gele *backgammon:* blank throw.
gelecek 1. future; 2. next, coming; ~ sefer next time; ~ zaman *gr.* future tense; ~ zaman ortacı *gr.* future participle.
gelecekbilim futurology.
gelecekbilimci futurologist.
gelecekçi futurist.
gelecekçilik futurism.
geleğen tributary *(river)*.
gelembe sheepfold.
gelen 1. comer; 2. *phys.* incident; ~ geçen(ler) passer(s)-by; ~ giden(ler) visitor(s), comer(s); ~ gidene rahmet okutur (*or* ~ gideni aratır) *fig.* the new is often worse than the old.
gelenek tradition.
gelenekçi traditionalist.
gelenekçilik traditionalism.
gelenekli, geleneksel traditional.
gelenekselik traditionalism.
geleni *zo.* meadow mouse.
gelgeç fickle, inconstant.
gelgelelim but, only.
gelgit, -ti 1. tide, flood-tide; 2. useless coming and going.
gelin 1. bride; 2. daughter-in-law; ~ alayı bridal procession; ~ güvey olm. *(kendi k-ne)* to build castles in Spain; ~ odası bridal chamber; ~ odası gibi attractive and very tidy *(room)*; ~ olm. to get married *(girl)*; ~ teli silver tinsel.
gelinböceği, -ni *zo.* ladybug.
gelince [. x .] *-e* as for, regarding.
gelincik 1. ⚘ poppy; 2. *zo.* weasel; 3. (illeti) P hectic fever; dropsy; sty.
gelinfeneri, -ni ⚘ winter cherry.
gelinhavası, -nı fine weather.
gelinkuşu, -nu *zo.* pencilled lark.
gelinlik 1. wedding-dress; 2. nubile, marriageable *(girl)*.
gelinsaçı, -nı ⚘ dodder.
gelir income, revenue; ~ dağılımı income distribution; ~ gider income and outgo; ~ vergisi income tax.
geliş coming.
gelişigüzel superficial(ly), by chance, at random; haphazard, desultory.
gelişim development, progress.
gelişme 1. development; 2. growing, maturing.
gelişmek 1. to grow up; to mature; to grow healthy (*or* fat); 2. to develop, to prosper, to thrive; gelişmekte olan ülke developing country.
gelişmiş 1. developed; 2. grown-up *(person)*.
geliştirmek to develop, to improve, to advance.
gelme *vn. of* gelmek *part.* 1. arrival; 2. *optics:* incidence; 3. originating (*-den* from); derived (*-den* from); yeni ~ newcomer.
gelmek, (-ir) 1. to come; 2. *-e* to seem, to appear; 3. *-e* to suit, to fit; 4. to come up to; 5. to cost; 6. to be felt, to come to one; 7. to affect; 8. to come around (*-e* to); 9. *-den* to pretend, to feign; gel gelelim all the same, however, and yet; gele gele eventually, finally; gelip çatmak to

come round at last, to be finally at hand *(a time)*; gelip geçici transient, passing; gel zaman git zaman long afterwards; gelip gitmek to frequent, to come and go.
gem bit *(of a horse)*; ~ almak to take the bit *(horse)*; ~ almaz unbridled; ~ vurmak *-e* to curb; to bridle; -i azıya almak to take the bit between the teeth *(a. fig.)*; -ini kısmak *fig.* to rein in.
gemi ship, boat, vessel; ~ aslanı F stuffed dummy; ~ ızgarası shipway, ways; ~ işletimi cabotage, coasting trade; ~ izi wake; ~ kafilesi convoy; ~ karaya oturmak to go *(or* run) aground; ~ kiralamak to charter a ship; ~ leşi shipwreck; ~ mürettebatı crew; ~ tezgâhı stocks, dockyard; ~ yatağı ship's berth, port of shelter; -de teslim ☨ free on board, f.o.b.; -ye binmek to embark, to go on board.
gemici sailor, mariner; ~ feneri barn lantern.
gemicilik 1. seamanship; 2. navigation; seafaring.
gemilik dockyard, shipyard.
gemlemek to bridle *(a. fig.)*.
gen[1] *biol.* gene.
gen[2] broad, vast; untouched *(ground)*.
gencecik [x . .] very young.
genç, -ci young, youthful; youngster; ~ yaşında in his youth; -ler the young, youth.
gençleşmek to become youthful, to be rejuvenated.
gençleştirmek to rejuvenate.
gençlik 1. youth, youthfulness; 2. the young, youth.
gençten young.
gene [x .] 1. again; 2. still, nevertheless; ~ görüşelim! see you soon!, be seeing you!; -de but still; yet again.
genel general; ~ af amnesty; ~ merkez headquarters; ~ müdür general director; ~ olarak in general, generally; ~ prova dress rehearsal; ~ seçim general election; ~ seferberlik general mobilization; ~ sekreter secretary general.
genelev brothel.
genelge circular, notice.
genelkurmay ✕ general staff.
genelkurul general meeting.
genelleme generalization.
genellemek to generalize.
genelleşme generalization.
genelleşmek to become general.
genelleştirme generalization.
genelleştirmek to generalize.
genellik generality.
genellikle generally, in general, usually.
general, -li ✕ general.
generallik ✕ generalship.
genetik genetics.
gengüdüm ✕ strategy.
geniş 1. wide, broad; 2. extensive, spacious, vast; 3. carefree *(person)*; ~ açı ⩓ obtuse angle; ~ fikirli *fig.* broad-minded, ~ gönüllü *(or* yürekli) *fig.* easygoing, serene; ~ mezhepli very tolerant; ~ ölçüde on a large scale; ~ yapraklı ⚘ broad-leaved; ~ zaman *gr.* simple present tense, aorist; ~ zaman ortacı *gr.* present participle.
genişlemek 1. to widen, to broaden; to expand; 2. to ease up.
genişletmek to widen, to broaden; to expand, to enlarge.
genişlik 1. width, wideness; extensiveness; 2. abundance, wealth, comfort.
geniz, -nzi nasal passages(*or* fossae); -den konuşmak to speak through the nose; -e kaçmak to go down the wrong way *(food)*; genzi yakmak to stifle, to choke on.
genleşme dilatation.
genleşmek to dilate, to be dilated.
genlik 1. comfort; 2. *phys.* amplitude.
genom genome.
gensoru *pol.* interpellation.
genzel nasal.
geometri geometry.
geometrik geometric(al); ~ dizi geometrical progression.
gepegenç very young.
gerçek 1. real, true, genuine; 2. reality, truth; 3. really, in truth; gerçeğe gözlerini yummak to blink the facts.
gerçekçi 1. realist; 2. realistic.
gerçekçilik realism.
gerçekdışı unreal.
gerçeklemek 1. to confirm; 2. to verify.
gerçekleşme realization, fulfillment.
gerçekleşmek to come true, to materialize, to turn out to be true.
gerçekleştirmek to realize; to certify, to verify.
gerçekli real, true.
gerçeklik reality, truth.
gerçekten really, truly.
gerçeküstü surrealistic.
gerçi [x .] although, though, it is true that.
gerdan 1. neck, throat; 2. double chin; dewlap; ~ kırmak *fig.* to put on coquettish airs.
gerdanlık necklace, neckband.
gerdek bridal chamber; ~ gecesi wedding *(or* nuptial) night; gerdeğe girmek to enter the bridal chamber.

gerdel wooden (*or* leather) bucket.
gerdirmek to have *s.o.* make *s.th.* taut.
gereç requisite, material, necessaries.
gereğince in accordance with, following.
gerek 1. necessary, needed; 2. requisite, need, necessity; ~ ... ~ whether ... or; both ... and; gereği gibi as is due, properly; gereği yok it is not necessary.
gerekçe 1. reason, justification; 2. corollary.
gerekçeli justifiable, justified.
gerekçesiz unjustifiable, unjustified.
gerekli necessary, required, needed.
gereklik need, necessity; ~ kipi *gr.* necessitative mood.
gereklilik necessity, need.
gerekmek, (-ir) to be necessary, to be needed, to be required; gerekince when necessary; gerekirse if need be.
gerekseme necessity, need.
gereksemek to need, to consider necessary.
gereksinim, gereksinme necessity, need.
gereksinmek to need, to consider necessary.
gereksiz unnecessary, superfluous.
gerektirmek 1. to necessitate, to require; 2. to imply, to entail.
geren clayey soil.
gergedan *zo.* rhinoceros.
gergef embroidery frame; ~ işlemek to embroider with a frame.
gergi 1. curtain; 2. stretcher.
gergin 1. tight, stretched, taut; 2. tense; strained *(relations)*.
gerginleşmek 1. to get stretched; 2. *fig.* to become tense.
gerginleştirmek 1. to tighten; 2. *fig.* to strain, to make tense.
gerginlik tightness, tension.
geri 1. back, rear; 2. the rest; 3. backward, to the rear; 4. *fig.* backward, reactionary; 5. slow *(clock)*; 6. (go) back!; 7. *sl.* fool; ~ almak 1. to get (*or* take) back; 2. to take back, to withdraw *(word, order)*; 3. to back up; 4. to put back *(clock)*; ~ basmak to back up, to move backwards; ~ bırakmak to postpone, to put off, to defer; ~ çekilmek to withdraw (*-den* from), to back away (*-den* from); ~ çevirmek to turn down, to turn away, to throw out, to toss out *(a request)*; ~ dönmek to come (*or* go) back, to return, to turn back; ~ durmak to refrain, to abstain (*-den* from); ~ gitmek 1. to go back, to return; 2. to be slow, to lose time *(clock)*; 3. *fig.* to take a turn for the worse; ~ göndermek to send back; ~ hizmet ⚔ supply service behind the front; ~ kafalı *fig.* reactionary, fogey, fogy; ~ kalmak 1. to stay (*or* remain) behind; 2. to be slow *(clock)*; 3. = geri durmak; ~ tepmek to recoil, to kick *(gun)*; ~ vermek to give back, to return; ~ vites dişlisi *mot.* reverse (gear); -de bırakmak to leave behind, to pass; to surpass; -den bakmak *fig.* to look from a distance (*-e* at); to be an onlooker; -si aydın havası! *fig.* the rest is of no avail!
gerici reactionary.
gericilik reaction.
geridon round pedestal table.
gerileme *vn. of* gerilemek *part.* regression; retrogression.
gerilemek 1. to regress; to recede; to retreat; 2. to be on the wane *(sickness)*; 3. to fall behind, to be left behind.
gerili stretched, taut, tight.
gerilik backwardness.
gerilim 1. *phys.* tension; 2. ⚡ voltage; 3. ⚕ blood pressure; 4. tension *(vocal cords)*.
gerilimli tense; under tension.
gerilimsiz slack; relaxed.
gerilla guerrilla.
gerillacı guerrilla.
gerilme tension.
gerilmek 1. to be tightened (*or* stretched); 2. to be tensed.
gerinmek to stretch.
gerisingeriye backwards.
geriz sewer.
germanyum ⚗ germanium.
germek, (-er) 1. to tighten, to stretch; 2. to extend *(muscle, limb)*.
germen *biol.* germen.
getir, -tri gaiter, spat.
getirmek to bring, to give, to yield.
getirtmek 1. to send for; 2. to order, to import (*-den* from).
gevelemek 1. to chew, to mumble; 2. *fig.* to hum and haw, to mumble.
geveze talkative, chattering, chatterbox, babbler; indiscreet.
gevezelik 1. chatter, chat, chitchat; 2. chattering, prattling; ~ etm. 1. to chatter, to chat, to babble, to prattle; 2. to blab.
geviş rumination, cud; ~ getirmek to ruminate, to chew the cud.
gevişgetirenler *zo.* ruminants.
gevmek to mumble, to chew.
gevrek 1. crisp, brittle, crackly; 2. crisp cake (*or* biscuit); ~ ~ gülmek to laugh in an easy and lively way.
gevrekçi seller of gevrek.
gevreklik crispness.

gevremek **1.** to become crisp, to be dry (*or* brittle); **2.** P to starve.
gevşek **1.** loose, slack, lax; **2.** *fig.* soft, lax, lacking in backbone; ~ ağızlı indiscreet; ~ davranmak to be lax, to act in a lukewarm manner.
gevşeklik looseness, slack.
gevşemek **1.** to loosen, to slacken; to become lax; **2.** to relax, to become calm *(nerves).*
gevşetici relaxative.
gevşetmek **1.** to loosen, to slacken; **2.** to relax.
geyik **1.** *zo.* deer, stag, hart; **2.** *sl.* pander; ~ etine girmek to take on the physical appearance of a woman *(growing girl)*; -ler kırkımında *co.* on the Greek calends.
geyikdikeni, -ni ⚘ buckthorn.
geyikotu, -nu ⚘ white dittany.
gez[1] **1.** notch *(in an arrow)*; **2.** rear sight *(of a gun).*
gez[2] rope with knots at intervals for measuring ground.
gez[3] plumbline.
gez[4] *(ağacı)* ⚘ tamarisk tree.
gezdirmek *caus. of* gezmek *part.* **1.** to show around, to take about, to take through, to lead about, to conduct; **2.** to sprinkle *(as oil on salad).*
gezegen planet.
gezelemek **1.** to pace up and down; **2.** *fig.* to hesitate.
gezente, gezenti roving, peripatetic *(person).*
gezer mobile.
gezge patrol.
gezgin **1.** wandering, roving; **2.** travel(l)er, tourist; ~ satıcı pedlar, hawker.
gezginci **1.** roving, wanderig; **2.** itinerant *(pedlar).*
gezgincilik travel(l)ing; roving; itinerancy.
gezi[1] **1.** excursion, outing; tour; **2.** promenade; -ye çıkmak to go on a trip.
gezi[2] silk and cotton material.
gezici itinerant; ~ esnaf pedlar(s); ~ kütüphane bookmobile .
gezicilik peddling.
gezim tourism.
gezimsel touristic.
gezinmek **1.** to stroll, to go about; **2.** ♪ to pass slowly from one makam to another while improsiving.
gezinti **1.** stroll, walk, outing; tour; **2.** corridor, floor; **3.** ♪ slowly passing from one makam to another while improvising; ~ yeri promenade.
gezlemek **1.** to measure a place; **2.** to aim (*-i* at).
gezlik **1.** sword edge; **2.** pocketknife.
gezme **1.** *vn. of* gezmek; **2.** patrol; **3.** watchman.
gezmek, (-er) **1.** to stroll, to walk, to get about, to go about, to get round, to take about; **2.** to go out; **3.** to tour *(a place)*; to walk around *(a place)*; **4.** to look round *(a place)*; gezip tozmak to gallivant, to gad about *(or* around); gezmeğe gitmek to pay a visit.
gezmen tourist, travel(l)er.
gıcık **1.** tickling sensation in the throat; **2.** *sl.* pain (in the neck); ~ olm. to be irritated (*-e* by); ~ tutmak to have a tickle in the throat.
gıcıklamak **1.** to tickle; **2.** *fig.* to raise one's suspicion.
gıcıklanmak **1.** to tickle; **2.** *fig.* *-den* to suspect.
gıcır **1.** gum of sarsaparilla used as chewing gum; **2.** *sl.* new.
gıcırdamak to creak, to squeak, to rustle.
gıcırdatmak **1.** to grind, to gnash *(one's teeth)*; **2.** to make creak.
gıcır gıcır **1.** very clean; **2.** brand-new; ~ ~ etm. to creak, to squeak.
gıcırtı creak, squeak.
gıda [ā] food, nourishment; nutriment; ~ maddeleri foodstuffs.
gıdaklamak to cackle.
gıdalı nutritious, nourishing.
gıdasız undernourished; ~ kalmak to be undernourished.
gıdgıd gıdak cackle, cluck *(of a hen).*
gıdık **1.** tickling; **2.** under part of the chin.
gıdıklamak to tickle.
gıdıklanmak to tickle, to have a tickling sensation.
gıgı under part of the chin.
gık: ~ demek to be sick (*-den* of); ~ dedirtmemek to listen to no objections; ~ dememek not to say a word not to object.
gıldır gıldır with a roaring sound.
gına [ā] **1.** wealth; **2.** sufficiency; ~ gelmek *(or* getirmek) to be sick (*-den* of), to be fed up (*-den* with), to be tired (*-den* of).
gıpta envy, longing; ~ etm. *(bşe)* to envy *s.th.*
gır: ~ atmak *(or* kaynatmak) *sl.* to chat; to gossip; ~ geçmek *sl.* to shoot the breeze, to chatter; ~ ~ geçmek *sl.* to make fun *(or* mock) *(ile* of); ~ -a almak *sl.* to hoax, to mock.
gırgır **1.** tiresome noise; **2.** carpet sweeper; **3.** a clay jug for drinking water; **4.**

large bag shaped fishing net; **5.** raucously, annoyingly.
gırgırlamak to use a carpet sweeper (*-i* on).
gırla [x .] F amply, abundantly; incessantly, to the utmost; ~ gitmek F to be abundant.
gırnata ♪ clarinet.
gırt, -tı tearing sound; ~ ~ *or* ~ diye with a tearing sound.
gırtlak throat, larynx; ~ gırtlağa gelmek to be at each other's throat, to be at daggers drawn; ~ kemiği *anat.* Adam's apple; gırtlağına basmak *(b-nin)* to get *s.o.* by the throat; gırtlağına düşkün greedy, gluttonous; gırtlağına kadar borcu olm. to be up to one's neck in debt; gırtlağından kesmek to cut back on one's food expenses.
gırtlaklamak to strangle.
gırtlaklaşmak to be at each other's throats.
gışa [. -] membrane.
gıyaben [ā] [. x .] **1.** in one's absence, in absentia; **2.** by name (*or* repute); **3.** ⚖ by default; ~ tanımak *(b-ni)* to know *s.o.* by name.
gıyabi [. - -] **1.** in absentia; **2.** ⚖ defaulting; ~ hüküm (*or* karar) ⚖ judg(e)ment by default.
gıyap, -bı [ā] absence, default; gıyabında in one's absence.
gıybet, -ti slander, calumny, defamation; ~ etm. to slander, ot calumniate.
gıybetçi slanderer, backbiter.
gibi 1. like, similar; **2.** nearly, almost, somewhat; -sine gelmek to seem, to appear; bunun ~ like this.
gibice somewhat like.
gideğen outlet *(of a lake)*.
gider expenditure, expense, outgo, outlay.
giderayak just before leaving, at the last moment.
giderek gradually.
giderici remover.
gidermek to remove, to exterminate, to eradicate.
gidi 1. pander; **2.** *in the exclamations:* seni ~ seni)! you little rascal!
gidici 1. on his way out, goer; **2.** about to die.
gidiş 1. departure, going, leaving; **2.** conduct, manner of living, way of life; ~ dönüş bileti return ticket, *Am.* round-trip ticket; ~ o ~ that was the last that was seen of him.
gidişat, -tı [ā] **1.** conduct, goings-on, behavio(u)r; **2.** the course of events.
gidişgeliş coming and going; traffic.
gidişmek to itch.
gidon handlebar *(of a bicycle)*.
Gine *pr. n.* Guinea.
girdap, -bı [ā] whirlpool.
girdi input.
girgin sociable, gregarious.
girginlik sociability, gregariousness.
girift, -ti involved, intricate.
giriftar 1. captive (of); **2.** victim (of), afflicted (with).
girilir entrance, way in.
girilmek enter; girilmez no entrance, no admittance.
girim entrance.
girimlik entrance ticket.
girinti indentation, recess.
girintili indented; ~ çıkıntılı wavy, toothed, zigzag.
giriş 1. entrance, entry; **2.** going in; **3.** introduction; ~ çıkış entrance and exit; going in and out; ~ serbesttir admission free; ~ sınavı entrance examination; ~ ücreti price of admission.
girişik intricate; complex; ~ tümce *gr.* complex sentence.
girişim 1. enterprise, iniative; **2.** *phys.* interference.
girişimci entrepreneur.
girişimölçer interferometer.
girişken enterprising, pushing, pushy.
girişkenlik enterprise, initiative.
girişli çıkışlı movable, sliding.
girişlik introduction.
girişmek 1. to interfere, to meddle, to mix up (*-e* in); **2.** to undertake, to attempt; to set about, to go about.
Girit, -ti *pr. n.* Crete.
giritlalesi, -ni ⚘ ranunculus, crowfoot, buttercup.
Giritli Cretan.
girive [. - .] **1.** rocky hill; **2.** ravine; abyss; **3.** *fig.* impasse.
girizgâh [. - -] introduction, prologue.
girmek, (-er) **1.** *-e* to enter, to go in, to come in; **2.** to join, to participate (*-e* in); **3.** to fit (*-e* into); **4.** to begin, to come *(season, time)*; **5.** to spread (*-e* into) *(contagion)*; **6.** to be enrolled; **7.** to become, to turn; **8.** to comprehend, to understand; girdisi çıktısı **1.** the ins and outs (of); **2.** intimacy; girip çıkmak **1.** to pay a flying visit; **2.** to frequent; girmiş çıkmış *fig.* with a screw loose.
girmelik entrance fee.
gişe ticket window, pay desk; cashier's desk; booking office; *thea.* box office.
gitar guitar.

gitarcı, gitarist, -ti guitarist.
gitgide [x . .] more and more, gradually.
gitmek (-der) **1.** to go (*-e* to); **2.** to lead, to go *(road)*; **3.** to suit, to fit, to go well *(-e* with), to harmonize (*-e* with); **4.** to last, to be enough for, to suffice; **5.** *(b-le)* to accompany *s.o.*; **6.** to be spent, to be used up, to go; **7.** to travel, to go; **8.** to go away, to leave; **9.** to work *(machine)*; **10.** to pass, to end; **11.** to turn to, to have recourse to; **12.** to disappear; to die; **13.** to get worn out; git çişini et yat! have a pee and go to bed!; gitti gider he's *(or* it's) gone forever.
gittikçe [. x .] gradually, little by little, by degrees, more and more.
giydirici dresser.
giydirmek *caus. of* giymek *part.* **1.** to dress, to clothe; **2.** *fig.* to dress down, to abuse.
giyecek clothes, clothing, dress.
giyim clothing, dress, attire; ~ eşyası clothing, clothes; ~ kuşam dress and finery, garments, attire; -i kuşamı yerinde carefully dressed, chic.
giyimevi, -ni clothing store.
giyimli dressed.
giyinik dressed.
giyinmek 1. to dress o.s.; **2.** to put on *(hat, clothes, shoes)*; **3.** *fig.* to resent; giyinip kuşanmak to put on one's Sunday best, to dress o.s. up.
giymek 1. to put on, to wear; **2.** *fig.* to listen silently to *(abuse)*.
giyotin guillotine.
giysi garment, dress; clothes, clothing; ~ dolabı wardrobe, armoire.
giz mystery.
gizdüzen conspiracy.
gizem mystery.
gizemci mystic.
gizemcilik mysticism.
gizemli mystical, mysterious.
gizil *phys.* potantial, latent.
gizilçüç *phys.* potential energy.
gizlemek to hide, to conceal, to secrete; to dissemble, to dissimulate *(one's feelings)*.
gizlenmek *pass. or refl. of* gizlemek **1.** to hide o.s.; **2.** to be kept secret *(-den* from).
gizli 1. secret, confidential; **2.** concealed, hidden; **3.** occult; **4.** secretly; ~ celse *(or* oturum) secret session; ~ kapaklı clandestine, obscure; ~ oy secret vote, vote by ballot; ~ pençe half sole; ~ sıtma **1.** dormant malaria; **2.** *fig.* insidious; ~ tutmak *(bşi)* to keep *s.th.* dark; -den -ye in the dark, in all secrecy.
gizlice in the dark, in secrecy, secretly.
gizlilik secrecy, stealth.
gladyatör gladiator.
glase patent leather.
glayöl ⚘ gladiola.
glikojen ⚗ glycogen.
glikol glycol.
glikoz glucose.
glikozit, -ti glucoside.
gliserin glycerine, glycerol.
glokoni *geol.* glauconite.
glüten gluten.
gnays *gol.* gneiss.
goblen gobelin stitch.
gocuk sheepskin cloak.
gocundurmak to offend.
gocunmak to take offence *(-den* at).
godoş *sl.* pimp.
gofre puckered *(material)*.
gofret a waffle-like chocolate cookie.
gogo *sl.* hashish.
gol, -lü *football:* goal; ~ atmak *(or* yapmak) to score *(or* kick) a goal; ~ yemek to let in a goal.
golcü *football:* scorer.
golet, -ti ⚓ schooner.
golf golf; ~ pantolon plus-fours, knickerbockers.
golfstrim Gulf Stream.
gollük *football;* good for making a goal.
gomalak schellac.
gonca bud.
gondol, -lü gondola.
gondolcu gondolier.
gonk, -gu gong.
goril *zo.* gorilla.
gotik Gothic; ~ sanat Gothic art; ~ yazı Gothic.
Gotlar *pr. n.* Goths.
goygoycu blind beggar.
göbek 1. navel; **2.** potbelly, paunch; **3.** the middle, heart, central part; **4.** generation; **5.** hub *(of a bicycle wheel)*; ~ adı *name given to a child when its umbilical cord is cut;* ~ atmak **1.** to belly dance; **2.** *fig.* to be wild with joy; ~ bağı infant's belly band; ~ bağlamak to develop a potbelly; ~ havası music for a belly dance; ~ taşı central massage slab; göbeği çatlamak *fig.* to have a hard time; göbeği sokakta kesilmiş *fig.* **1.** gadabout; **2.** streetwalker, prostitute.
göbeklenmek 1. to get a potbelly, to become paunchy; **2.** to develop a heart *(vegetables)*.
göbekli 1. paunchy, potbellied; **2.** naveled; with a central boss; ~ salata lettuce.
göbel 1. street urchin *(or* arab); **2.** bastard; **3.** mound *(in a field used as a*

marker).
göbelek mushroom.
göbelez terrier.
göç, -çü **1.** migration, emigration, immigration; **2.** transhumance; **3.** goods and chattels of migrating people; ~ etm. **1.** to migrate, to emigrate, to immigrate; **2.** to pass away.
göçebe 1. nomad; wanderer; **2.** nomadic; migrant, migratory.
göçebelik nomadic life; migration, emigration.
göçelge P migrant settlement.
göçer *s.* göçebe.
göçeri, göçerkonar nomadic, wandering.
göçermek to run over, to transfer.
göçertmek to demolish, to knock down.
göçkün dilapidated.
göçmek, (-çer) **1.** to migrate, to move off, to move (-*e* to); to move out; **2.** to migrate seasonaly; **3.** to cave in, to fall down *(building)*; **4.** to pass away, to die.
göçmen immigrant, settler, refugee; ~ hücre *biol.* migratory cell; ~ kuşlar migratory birds.
göçmenlik migration.
göçü 1. migration; **2.** landslip, landslide.
göçük *geol.* subsidence.
göçüm *biol.* taxis.
göçünmek P to pass away, to die.
göçürmek *caus. of* göçmek *part.* **1.** to cause to move off (-*e* to), to make migrate; **2.** to make collapse *(roof, etc.)*; to make subside *(land)*; **3.** F to gobble up (*or* down).
göçürtmek 1. to cause to migrate; **2.** to make collapse.
göçüş 1. migration; **2.** collapse.
göden blind gut, caecum; rectum; large intestine.
gödeş *s.* ödeş.
göğüs, -ğsü **1.** breast, chest; bosom; **2.** ⚓ bow; ~ bağır açık with one's shirt open; ~ cerrahisi thoracic surgery; ~ darlığı asthma; ~ geçirmek to sigh, to groan; ~ germek to face, to stand up (-*e* to, against); ~ göğüse gelmek to come face to face; ~ hastalıkları chest (*or* thoracic) diseases; ~ kafesi rib cage; ~ kemiği *anat.* breastbone, sternum; ~ tahtası **1.** = göğüs kemiği; **2.** ♪ soundboard, belly; göğsü kabarmak to swell with pride, to be proud.
göğüslemek 1. to breast; **2.** to block, to interpose o.s.
göğüslü 1. broad-chested; full-bosomed; **2.** ⚓ having a flared bow.
göğüslük 1. bib, pinafore; apron; **2.** breastplate.
gök, -ğü **1.** sky, heavens, firmament; **2.** azure, (sky) blue; aquamarine; ~ gözlü **1.** blue-eyed; **2.** *fig.* injurious, malevolent; gürlemesi (*or* gürültüsü) (a clap of) thunder; ~ gürlüyor it is thundering; ~ kandil *sl.* dead drunk, pissed; ~ kubbe the sky, the vault of heaven; göklere çıkarmak *fig.* to praise to the skies; göklere çıkmak *fig.* to rise to the sky; gökten zembille inmemiş ya! what's so special about him!
gökada *ast.* galaxy.
gökbilim *ast.* astronomy.
gökbilimci *ast.* astronomer.
gökbilimsel *ast.* astronomical.
gökcismi, -ni celestial (*or* heavenly) body.
gökçe 1. celestial, heavenly; **2.** sky-blue; aquamarine; **3.** pretty, beautiful *(person)*.
gökdelen skyscraper.
Gökhan *ast.* Uranus.
gökkır blue-roan *(horse)*; blue-gray *(hair)*.
gökkuşağı, -nı rainbow.
gökküresi, -ni *ast.* celestial sphere.
gökmen P blue-eyed and blond.
göksel celestial, heavenly.
göktaşı, -nı **1.** *ast.* meteor, meteorite, aerolite; bolide; **2.** turquoise.
Göktürk *pr. n.* Gök Turk.
Göktürkçe *pr. n.* the language of the Gök Turks.
gökyolu, -nu Milky Way.
gökyüzü, -nü sky, firmament.
göl lake; ~ ayağı outlet of a lake; ~ olm. to form a lake.
gölalası *zo.* lake trout.
gölbaşı, -nı inlet.
gölcük pond; small lake.
gölcül lacustrine.
gölek pond; puddle; small lake.
gölermek P to form a pond (*or* puddle).
gölet P **1.** pond; puddle; **2.** tank.
gölge shadow, shade; ~ düşürmek *fig.* to overshadow, to obscure; ~ etm. **1.** to shade, to cast a shadow (-*e* on); **2.** *fig.* to bother, to molest; ~ gibi shadowy; ~ oyunu (*or* tiyatrosu) shadow play; ~ vurmak to shade; -de bırakmak *fig.* to eclipse, to outshine, to overshadow; -sinden korkmak *fig.* to be afraid of one's (own) shadow.
gölgebalığı, -nı *zo.* grayling.
gölgecil ⚘ shade-loving.
gölgelemek 1. to overshadow *(a. fig.)*; **2.** *art.* to shade in.
gölgelendirmek to shade, to overshadow

(a. fig.).
gölgelenmek 1. to be shaded, to grow shadowy; 2. to sit *or* lie in the shade.
gölgeli shady, shaded, shadowy.
gölgelik 1. shady spot; 2. arbo(u)r, bower; 3. awning.
gölgeolay *phls.* epiphenomenon.
göllenmek, göllemek to form a lake (*or* pond *or* puddle).
gölük pack animal.
gömgök [x .] 1. dark blue, quite blue; 2. *fig.* extremely.
gömlek 1. shirt; 2. woman's slip; 3. book jacket; 4. smock; 5. generation; 6. gas mantle; 7. level, degree; 8. shade *(of colour)*; 9. ⊕ sleeve; 10. slough *(of a snake)*; 11. *biol.* coat, covering, tunic; 12. *anat.* integument; ~ değiştirmek 1. *(for a snake)* to cast off its skin, to slough off; 2. *fig.* to change one's opinion, to be changeable; ~ eskitmek *fig.* to live a long life; gömleği kalın *fig.* well-to-do, well-off.
gömlekçi maker *or* seller of shirts.
gömlekçilik making *or* selling of shirts.
gömlekli wearing a shirt.
gömleklik shirting.
gömme 1. *vn. of* gömmek; 2. built-in, set-in, sunken, recessed; buried; embedded, inlaid; ~ banyo sunken bathtub; ~ dolap built-in cupboard; ~ kilit inset lock.
gömmek, (-er) 1. to bury, to inter; 2. to install, to build in, to set in.
gömü buried treasure.
gömük buried.
gömülmek 1. *pass. or refl. of* gömmek, *part.* to be buried; 2. to sink deeply (-*e* into).
gömülü 1. buried, underground; 2. sunk (-*e* into); grown (-*e* into).
gömüt tomb, grave.
gömütlük cemetery.
gön rawhide.
gönder 1. pole, staff; 2. ox-goad.
gönderen sender.
gönderi sendoff.
gönderilmek *pass. of* göndermek, *part.* to be sent (-*e* to).
göndermek, (-ir) 1. to send, to dispatch, to forward; 2. to see off; to send away.
gönen 1. moisture; humidity; 2. moist *(soil)*.
gönence comfort, ease.
gönenceli comfortable.
gönenç prosperity, comfort.
gönençli prosperous.
gönenmek to prosper.
gönül, -nlü 1. heart; mind; 2. affection, inclination, willingness, desire; 3. ♀ *wf.*; ~ acısı pangs of love; ~ almak 1. to please; 2. to apologize and make up; ~ avcısı lady-killer; ~ bağı the ties of love; ~ bağlamak to set one's heart (-*e* on); ~ darlığı distress, foreboding; ~ eğlendirmek to amuse o.s.; ~ eri broad-minded; ~ ferahlığı contentment; ~ hoşluğu ile (*or* ~ rızasiyle) willingly; ~ işi love affair; ~ kırmak to break s.o.'s heart; ~ tokluğu contentment; ~ vermek (*or* bağlamak) to lose one's heart (-*e* to); **(gönlü):** ~ açık 1. openhearted, frank; 2. carefree; ~ alçak modest, unpretentious; ~ bulanmak 1. to be nauseated, to have heartburn; 2. *fig.* to suspect; ~ çekmek to desire; ~ olm. 1. *(bşde)* to be in love with *s.th.*; 2. *(bşe)* to agree to *s.th.*; ~ tez impatient; ~ tok satisfied, contented; ~ yufka soft-hearted, tender-hearted; ~ zengin generous; -nce to one's heart's content; -nden geçirmek to think (-*i* of); -ne doğmak to have a foreboding, to feel it in one's bones, to have a presentiment; -nü etm. (*or* yapmak) *(b-nin)* 1. to please *s.o.*; 2. to win *s.o.'s* assent, to persuade *s.o.*
gönüldeş sympathizer.
gönüllü 1. volunteer; 2. *(bşin)* -sü keen on *s.th.*, eager for *s.th.*; 3. lover; ~ kıtası ⚔ volunteer corps.
gönüllülük willingness.
gönülsüz 1. = alçak gönüllü; 2. unwilling, disinclined.
gönülsüzce unwillingly.
gönülsüzlük unwillingness, disinclination.
gönye [x .] triangle; -sinde olm. to be at right angles.
göre according (-*e* to), as (-*e* to), in respect (-*e* of), considering, regarding, respecting.
görece relative.
göreceli relative.
göreli relative.
görelik *phls.* relation.
görenek custom.
göreneksel customary, conventional.
göresimek to miss, to yearn (-*i* for).
görev 1. duty, obligation; 2. function; 3. office; -den alınmak 1. to be removed from office; 2. to be demoted; -den kaçmak to shirk, to goldbrick.
görevlendirmek to commission, to charge, to entrust (*ile* with).
görevlenmek to be assigned (*or* commissioned).
görevli 1. assigned, commissioned, charged; 2. official, employee, jobhold-

er; **3.** on duty.
görevsel functional.
görevsiz unemployed, out of work.
görgü **1.** etiquette, good manners; **2.** experience; **3.** witnessing; ~ tanığı eyewitness.
görgülü polite, well-mannered.
görgüsüz impolite, rude, ill-mannered.
görgüsüzlük impoliteness, rudeness, lack of manners.
görkem splendo(u)r, magnificence, pomp.
görkemli splendid, magnificient, pompous.
görme **1.** *vn. of* görmek; **2.** vision, sight.
görmek, (-ür) **1.** to see; **2.** to realize, to recognize, to see; **3.** to talk *(-i* with), to see; **4.** to spot; **5.** to regard, to consider, to see, to judge; **6.** to live through, to experience, to undergo, to see; **7.** to take *(lessons)*; **8.** to perform *(a duty)*; **9.** to pay *(an expense)*; **10.** to receive, to get; **11.** to face; göreyim seni! **1.** just you try it! *(threat)*; **2.** let's see if you can; görmüş geçirmiş worldly-wise, experienced.
görmemiş **1.** upstart, parvenu; **2.** = görgüsüz.
görmezlik, görmemezlik pretending not to see; -ten gelmek *(b-ni)* to cut *s.o.* dead, to turn one's blind on to *s.o.*
görmüşlük having seen before; bu adamı görmüşlüğüm var I have seen this man before; ~ duygusu paramnesia.
görsel visual.
görsel-işitsel audio-visual.
görücü matchmaker, female go-between.
görücülük matchmaking.
görüldüğünde † at sight *(draft, etc).*
görülmek *pass. of* görmek to be seen.
görülmemiş never seen before.
görüm **1.** vision; **2.** house call, hospital visit *(of a physician)*.
görümce [. x .] sister of the husband, sister-in-law *(of the wife)*.
görümlük **1.** physician's fee for a house call *or* hospital visit; **2.** display window; **3.** = yüzgörümlüğü.
görünmek **1.** to be seen, to be visible; to appear, to come in sight; **2.** to seem; **3.** *(b-ne) fig.* to scold *s.o.*; göründü Sivas'ın bağları! *iro.* what we feared is starting to happen!
görünmez invisible; unforeseen, unexpected; ~ kaza unforeseen accident; ~ olm. to disappear.
görüntü **1.** phantom, specter; **2.** image.
görüntülemek to project.
görünüm **1.** appearance, view; **2.** *gr.* aspect.
görünür(ler)de in appearance (*or* sight); ~ yok not in sight.
görünüş appearance, sight, view, spectacle; aspect; -e aldanmamalı *pro.* all that glittters is not gold; -e göre (*or* bakılırsa) apparently, as far as can be seen.
görünüşte apparently, on the surface.
görüş **1.** sight; **2.** opinion, point of view; ~ açısı point of view; ~ ayrılığı difference of opinion, conflict; ~ birliği agreement, consensus.
görüşme **1.** *vn. of* görüşmek; **2.** interview; **3.** discussion, negotiation; **4.** meeting.
görüşmeci visitor.
görüşmek **1.** to meet; to converse, to have an interview; **2.** to see (*or* visit) each other; **3.** to talk over, to discuss; görüşeni karışanı olmamak *(b-nin)* to be free from interference.
görüştürmek to arrange a meeting (for).
gösterge **1.** *phys.* indicator; **2.** table, chart, index.
gösteri **1.** show, display; **2.** showing *(of a film)*, performance *(of a play)*; **3.** demonstration; ~ yürüyüşü demonstration march.
gösterici **1.** projector; **2.** demonstrator.
gösterim projection.
gösteriş **1.** showing, demonstrating; **2.** showing off, ostentation; **3.** striking (*or* imposing) appearance; ~ yapmak to show off.
gösterişçi show-off, ostentatious; pretentious.
gösterişçilik showing off, ostentation.
gösterişli stately, imposing, showy.
gösterişsiz unimposing, poor-looking, inconspicuous.
göstermek, (-ir) **1.** to show; to indicate, to denote; **2.** to show, to manifest, to evidence, to evince, to demonstrate; **3.** to teach, to instruct, to show; **4.** to assign, to show; **5.** to expose *(to light, etc.)*; **6.** *(b-ne)* to get even with *s.o.*, to show *s.o.*, to learn *s.o.*; **7.** to appear, to seem to be
göstermelik **1.** specimen, sample, showpiece; **2.** non-functional; **3.** scenery put up before the beginning of Karagöz.
göt, -tü *sl.* **1.** ass, arse; **2.** *fig.* courage, guts; **3.** silly arse; ~ üstü oturmak *sl.* to be in a jam; -üne kına yak! *sl.* kick him now that he's down!; -ünü yalamak *(b-nin) sl.* to lick *s.o.'s* arse; onu yapmaya ~ ister! *sl.* it takes guts to do it!
götlek *sl.* passive pederast.
götün götün *sl.* backwards.
götürmek, (-ür) **1.** to take (away), to carry, to convey; **2.** to remove, to destroy, to

carry off; 3. to accompany; 4. to kill *(illness)*; 5. to bear, to put up with, to stand for; 6. to lead (*-e* to); 7. to take off to gaol.

götürü by the piece (*or* job), in a lump sum; ~ çalışmak to work by the job, to do piecework; ~ fiyat job lot (*or* contract) price; flat rate; ~ iş piecework, job work; ~ pazarlık ⚖ contracting by the job.

gövde 1. body, trunk, stem; 2. *gr.* stem, theme; 3. whole carcass; ~ gösterisi public demonstration; -ye atmak (*or* indirmek) F to gulp down.

gövdebilim anatomy.

gövdebilimci anatomist.

gövdelenmek 1. to get husky; 2. to develop a trunk *(tree)*.

gövdeli husky.

gövdesel corpor(e)al.

gövermek P 1. to turn green; 2. to turn blue.

göynük 1. burnt; 2. rotten, decayed, putrid; 3. overripe.

göynümek to be burned (*or* scorched).

göz 1. eye; 2. sight; 3. eye *(of a needle)*; 4. division, drawer, compartment, cubbyhole; 5. spring *(water)*; 6. *fig.* the evil eye; 7. love; esteem; friendship; 8. bud; 9. pan *(of a balance)*; ~ açıp kapayıncaya kadar in the twinkling of an eye; ~ açtırmamak to give no respite (*-e* to); ~ ağrısı 1. eye-strain; 2. ilk ~ ağrısı first love; ~ alabildiğine as far as the eye can see; ~ alıcı eye-catching, striking, dazzling; ~ almak to dazzle; ~ aşinalığı a slight acquaintance; ~ atmak to scan, to run an eye (*-e* over), to glance (*-e* at); ~ bankası eye bank; ~ boyamak to throw dust in s.o.'s eyes; ~ dikmek (*bşe*) to covet *s.th.*; ~ doktoru oculist; ~ etm. to wink (*-e* at); ~ gezdirmek to cast an eye (*-e* over), to run one's eye (*-e* over); ~ göre (*or* ~ göre göre) openly, publicly; knowingly; ~ görmeyince gönül katlanır *pro.* what the eye doesn't see, the heart doesn't grieve over; ~ hapsi surveillance; ~ kamaştırmak 1. to dazzle; 2. *fig.* to fascinate; ~ kararı by rule of thumb; visual estimation, judgement by the eye; ~ kırpmak to wink (*a. fig.*), to blink; ~ kırpmamak not to sleep a wink, not to have a wink of sleep, not to bat an eyelid; ~ koymak to covet; ~ kulak olm. to keep an eye (*-e* on); ~ önünde in front of one's eyes; ~ önünde bulundurmak (*or* tutmak) to take into consideration (*or* account); ~ önüne getirmek to envisage, to envision; ~ yaşı tear; ~ yaşı dökmek to shed tears, to weep; ~ yummak *fig.* to close one's eyes (*-e* to), to turn a blind eye (*-e* to), to wink (*-e* at); ~ yuvası *anat.* eye socket; -den çıkarmak to sacrifice; -den düşmek to fall out of favo(u)r, to fall into disfavo(u)r; -den geçirmek to scrutinize, to look (*or* go) over; -den ırak olan gönülden de ırak olur *pro.* out of sight, out of mind; -den kaçmak to be overlooked; -den kaybolmak to vanish from sight; -e almak to risk, to venture; -e batmak 1. to be very inappropriate; 2. to attract attention; 3. to be exasperating (*or* maddening); -e çarpmak to stand out, to strike one's eyes; -e girmek to curry favo(u)r; -e ~, dişe diş an eye for an eye a tooth for a tooth, tit for tat; -leri bağlı blindfolded; -leri fal taşı gibi açılmakı to be moon-eyed; -leri yollarda kalmak to wait a long time for s.o. to come; -lerine inanamamak cannot believe one's eyes; -lerinizden öperim kind regards; -ü açık wide awake, shrewd; sharp; -ü bağlı 1. blindfolded; 2. *fig.* unconscious; 3. *fig.* bewitched; -ü dalmak to stare into space, to gaze vacantly; -ü dönmek to see red; -ü gibi sevmek (*b-ni*) to regard *s.o.* as the apple of one's eye; -ü görmeyen blind; -ü ısırmak (*b-ni*) not to be unfamiliar to *s.o.*; -ü kalmak (*bşde*) to long for *s.th.*; -ü keskin sharp-eyed, sharp-sighted; -ü kör olsun! damn it!, curse it!; -ü olm. (*bşde*) to have designs on *s.th.*, to have one's eyes on *s.th.*; -ü pek brave, bold, daring; -ü tok contented; -ü tutmamak (*b-ni*) not to appeal to *s.o.*; -üm! (*or* -ümün nuru!) darling!, beloved!; -ünde tütmek to long for; -üne girmek (*b-nin*) to find favo(u)r in *s.o.'s* eyes, to curry favo(u)r; -ünü açmak 1. to keep one's eye open, to keep one's eyes peeled (*or* skinned); 2. (*b-nin*) to undeceive *s.o.*; -ünü dikmek to fasten (*or* fix) one's eyes (*-e* on); -ünü dört açmak to be all eyes; -ünü kan bürümek to see red; -ünü kapamak 1. to pretend not to see; 2. to die; -ünü korkutmak to daunt, to intimidate; -ünün bebeği gibi sevmek (*b-ni*) to love *s.o.* like the apple of one's eye; -ünün ucuyle bakmak to look out of the corner of one's eye; -ünün yaşına bakmamak *fig.* to have no pity (*-in* on).

gözakı, -nı the white of the eye.

gözaltı, -nı (house) arrest; ~ etm. (*or* -na almak) 1. to put under house arrest; 2. to take into custody.

gözaşısı, -nı ⚘ bud graft.

gözbağı, -nı sleight of hand.
gözbebeği, -ni 1. *anat.* pupil; 2. *fig.* apple of the eye, honey, pet.
gözcü 1. watchman, sentry, observer, scout; 2. oculist.
gözcülük 1. observing, scouting; 2. meddical treatment of the eyes; ~ etm. to watch.
gözdağı, -nı intimidation, threat; ~ vermek to intimidate, to threaten.
gözde favo(u)rite, pet.
gözdemiri, -ni ⚓ bower anchor.
gözdikeği, -ni object, aim, purpose.
gözdişi, -ni eyetooth, canine tooth.
göze 1. *anat.* cell; 2. spring, source.
gözemek 1. to patch, to mend; 2. to embroider with silk thread.
gözenek 1. stoma, pore; 2. window; 3. hemstitch; 4. *ast.* granulation; 5. beekeeper's mask.
gözer coarse sieve.
gözerimi 1. horizon; 2. (range of) sight.
gözetici guard, protector; observer.
gözetim supervision; care, watch.
gözetleme *vn. of* gözetlemek, *part.* ✕ observation; ~ deliği 1. peephole, spyhole *(in a door)*; 2. ✕ observation slit; ~ yeri ✕ observation point, lookout.
gözetlemek to peep (*-i* at), to spy (*-i* on), to observe.
gözetleyici ✕ observer; lookout.
gözetmek, (-ir) 1. to guard, to protect; to mind, to look after, to take care (*-i* of); 2. to consider, to respect; to regard, to observe *(law, rule)*.
gözevi, -ni eye-socket.
gözkapağı, -nı eyelid.
gözlem observation.
gözlemci observer.
gözlemcilik observation.
gözleme 1. *vn. of* gözlemek, *part.* 1. ✕ *or ast.* observation; 3. pancake.
gözlemek 1. to watch (*-i* for), to wait (*-i* for), to keep an eye (*-i* on); 2. to observe; 3. to prick with holes.
gözlemen observer.
gözlemevi, -ni observatory.
gözlemlemek to watch (*-i* for, over).
gözleyici observer.
gözlü 1. -eyed; 2. having drawers *or* pigeonholes.
gözlük (eye)glasses, spectacles; ~ camı spectacle lens; ~ çerçevesi frames (*or* rim) for glasses; ~ takmak (*or* kullanmak) to wear glasses.
gözlükcü optician.
gözlüklü wearing glasses.
gözlüklüyılan *zo.* hooded snake.
gözpınarı, -nı inner corner of the eye.
gözsüz 1. without pigeonholes *or* compartments; 2. blind.
göztaşı, -nı copper sulphate.
gözükmek, (-ür) 1. to appear, to be visible *(or* seen); 2. to show o.s., to turn up.
grado [x .] 1. proof (spirit); 2. degree, grade.
grafik 1. graph, diagram; 2. graphic; ~ sanatlar graphics, graphic arts.
grafit, -ti *geol.* graphite.
grafoloji graphology.
gram gram(me).
gramaj weight in grams.
gramer grammar; ~ yönünden grammatically.
gramerci grammarian.
gramkuvvet, -ti gram force.
gramofon phonograph.
grandi [x .] ⚓ mainmast.
grandük, -kü grand duke.
grandüşes grand duchess.
granit, -ti granite.
granül *anat.* granule.
granüle granulated.
granülit, -ti *geol.* granulite.
gravür engraving.
gravürcü engraver.
gravyer (peyniri) Gruyère cheese.
Grek *pr. n.* Greek.
Grekçe *pr. n.* the ancient Greek language.
grekoromen greco-roman wrestling.
grena *geol.* garnet.
grenadin grenadine.
gres (yağı) ⊕ lubricating grease.
grev strike; ~ gözcüsü picket; ~ hakkı right of strike; ~ yapmak to strike, to go on strike; -i bozmak to break the strike.
grevci striker.
greyder bulldozer.
greyfrut ⚘ grapefruit.
gri grey, *Am.* gray.
grip, -bi influenza, flu, grippe; ~ olm. to have influenza; gribe tutulmak to come down with flu.
grizu firedamp, pit gas, methane; ~ patlaması firedamp explosion.
grogren grosgrain.
gros gros; ~ ağırlık gross weight.
grosa † gross *(= 12 dozen)*.
grup, -bu 1. group; 2. ✕ section; ~ ~ in groups; ~ olm. to form a group.
gruplandırmak to group.
gruplaşmak 1. to separate into groups; 2. to gather into groups.
guano *geol.* guano.
Guatemala *pr. n.* Guatemala.
guatr ⚕ goitre, *Am.* goiter.

guatrlı ⚕ goitrous.
gudde *anat.* gland.
gudubet, -ti like the back (end) of a bus.
gufran [. -] God's mercy (*or* pardon).
guguk *zo.* cuckoo; ~ yapmak *fig.* to make mock (-*e* of).
guguklu having a cuckoo; ~ saat cuckoo clock.
gulfe foreskin, prepuce.
gulu(k) P turkey.
gulyabani [ū, ı] ogre, ogress.
gurbet, -ti **1.** foreign land; **2.** F absence from one's home; ~ çekmek to be homesick, to suffer absence from home; ~ eli (*or* diyarı) foreign land; -e (*or* ~ ellere) düşmek to be in a foreign land.
gurbetçi stranger.
gureba [ā] the poor and destitute; ~ hastanesi hospital for the poor.
gur gur rumling sound; ~ etm. to rumble.
gurk, -ku **1.** broody *(hen)*; **2.** turkey cock; ~ ~ etm. to cluck *(broody hen)*.
gurklamak to be broody *(hen)*.
guruldamak to rumble, to growl.
gurul gurul rumbling sound; karnı ~ ötüyor his stomach is rumbling (*or* growling).
gurultu rumble.
gurup, -bu sunset, sundown.
gurur [. -] **1.** pride; **2.** conceit, vanity; ~ duymak to feel proud (*-den* of), to take pride (*-den* in); ~ gelmek *(b-ne) or* ~ getirmek *(b-i)* to be proud (of); to be conceited (about); -unu kırmak *(b-nin)* to hurt the pride of *s.o.*; -unu okşamak *fig.* to play on s.o.'s pride, to flatter s.o.'s pride.
gururlanmak to pride o.s. (*ile* on), to pique o.s. (*ile* on), to preen o.s. (*ile* on).
gururlu arrogant, vain, haughty, conceited.
gusletmek [x . .] to take a ritual bath.
gusto [x .] gusto, zest; taste.
gusül, -slü *isl.* total ablution of the body; ~ abdesti total ablution; ~ abdesti almak to perform a total ablution.
gusülhane [ā] bathroom for ritual washing.
guşa [x .] *s.* guatr.
gut ⚕ gout.
guvaş gouache.
gübre dung, manure, fertilizer, droppings; ~ şerbeti manure tea, liquid manure.
gübrelemek to manure, to fertilize, to dung.
gübreli manured, fertilized.
gübrelik dunghill.
gücendirmek to offend, to hurt.
gücenik offended, hurt, resentful.
gücenmek to resent, to take offence (-*e* at), to be offended (*or* hurt) (-*e* by).
gücü sley, weaver's reed.
gücün [x .] **1.** just barely, hardly; **2.** by force, forcibly.
güç[1], -cü **1.** strength; **2.** power; **3.** force; **4.** energy; ~ birliği cooperation; -ten düşmek to get weak; gücü yetmek to be strong enough; gücü yettiği kadar as well as he can, with all his might; gücünü yenmek to suppress one's anger.
güç[2], -cü **1.** difficult, hard; **2.** difficulty; ~ gelmek *(b-ne)* to seem difficult to *s.o.*; ~ halle (*or* gücü gücüne) with much effort, with great difficulty; ~ ile with difficulty, with great trouble; güce sarmak to get hard, to become difficult; gücüne gitmek to be offended, to be hurt, to take offence; gücüne koşmak to do s.th. the hard way.
güçbela with great difficulty, hardly.
güçlendirmek to strengthen.
güçlenmek to get strong, to strengthen.
güçleşmek to grow difficult.
güçleştirmek to render difficult, to complicate, to impede.
güçlü strong, powerful; ~ kuvvetli very strong and healthy.
güçlük difficulty, pain, trouble; ~ çekmek to experience difficulty; ~ çıkarmak (*or* göstermek) to make difficulties (-*e* for); güçlüğü yenmek to overcome difficulties.
güçlülük strength, power.
güçsüz weak, feeble, strengthless.
güçsüzlük weakness, feebleness, strengthlessness.
güderi **1.** chamois (leather), chammy, shammy; **2.** made of chamois; ~ eldiven chamois glove.
güdü motive, incentive; drive, push.
güdücü shepherd; cattle drover.
güdük **1.** deficient, incomplete; **2.** docked; tailless; **2.** F thick-set, dumpy, squat; ~ kalmak F to be stunted; ~ tavuk **1.** hen without tail feathers; **2.** *fig.* nobody.
güdükleşmek to become stunted; to become truncated.
güdüleyici incentive.
güdüm guidance, direction, management.
güdümbilim cybernetics.
güdümlü controlled, directed; ~ mermi guided missile.
güfte words of a song, lyrics.
güğüm large jug.
güherçile ⚗ saltpetre, *Am.* saltpeter.
gül **1.** ⚘ rose; **2.** ♀ *wf.*; ~ ağacı rosewood; ~ gibi swimmingly; ~ gibi geçinmek to

get along swimmingly; ~ goncası rosebud; ~ reçeli rose jam; ~ rengi rose pink; ~ üstüne ~ koklamak to be disloyal to one's darling by loving another person; -ü seven dikenine katlanır *pro.* he that would have eggs must endure the cackling of hens, take the rough with the smooth.

güldeste anthology of poems.

güldür güldür with a crashing sound; ~ akmak to brawl *(river)*.

güldürmek *caus. of* gülmek to make laugh, to amuse.

güldürü *thea.* comedy, farce.

güldürücü comic, funny.

güleç smiling, joyful.

gülhatmi ⚘ hollyhock.

gülistan [ā] rose garden.

gülizar *poet.* rosy-cheeked.

gülkurusu, -nu violet-pink.

güllabi(ci) 1. warden *(in a lunatic asylum)*; **2.** *fig.* flatterer, coaxer.

güllaç, -cı starch wafer.

gülle 1. cannon ball; shell; **2.** *sports:* shot; weight; ~ atma *sports:* shot put; ~ atmak *sports:* to put the shot; ~ gibi as heavy as lead; ~ kaldırmak *sports:* to lift weights; ~ yağdırmak to shell, to bombard.

gülleci *sports:* shot-putter.

güllük rose garden (*or* bed); ~ gülistanlık *fig.* a bed of roses.

gülme laughing, laughter; ~ almak to have a fit of laughter.

gülmece F funny story *or* novel.

gülmek, (-er) **1.** to laugh; **2.** *(b-ne)* to laugh at *s.o.*, to deride *s.o.*; **3.** to be pleased; güle güle! **1.** good-bye!; **2.** good luck!; güle güle gidin! have a good trip!; güle güle kullan! enjoy using it!; güle oynaya merrily, joyously; güleceği tuttu he had a fit of laughter; güler yüz cheerful, smiling face; güler yüz göstermek to behave cheerfully and hospitably (*-e* towards); güler yüzlü cheerful, affable, merry; gülmekten çatlamak to split one's sides laughing; gülmekten kırılmak to be doubled up with laughter; gülüp oynamak *fig.* to have a good time.

gülmez sullen, sour-faced; unsmiling.

gülsuyu, -nu rose water.

gülücük smile.

gülümseme smile.

gülümsemek to smile.

gülünç, -cü ridiculous, ludicrous, laughable, funny.

gülünçleştirmek to caricature.

gülünçlü funny, comical.

gülünçlük funniness, comicality.

gülünmek 1. *pass. of* gülmek; **2.** to laugh.

gülüş laughter.

gülüşmek to laugh together; to laugh at each other.

gülyağı, -nı attar of roses.

güm 1. bang!; **2.** *sl.* fishy-story, tall-story; ~ atmak *sl.* to pull a fast one; ~ etm. to boom, to resound, to reverberate; ~ ~ atmak to throb *(heart)*; -e gitmek *sl. or* F **1.** to go for nothing; **2.** to die in vain, to peg out.

gümbedek [x . .] **1.** with a booming sound; **2.** out of the blue, all of a sudden.

gümbürdemek 1. to boom, to thunder, to reverberate; **2.** *sl.* to peg out, to pop off.

gümbür gümbür with a booming noise.

gümbürtü boom, rumble, crash, thunder.

gümeç, -ci honeycomb; ~ balı honey in the comb.

gümlemek 1. to bang, to boom, to rumble; **2.** *sl.* = güme gitmek.

gümrah [ā] abundant, dense, copious.

gümrük 1. customs (house); **2.** duty; tariff; ~ almak to collect duty (*-den* on); ~ kaçağı smuggled *(goods)*; ~ kaçakçısı smuggler; ~ komisyoncusu customs broker; ~ kontrolü customs inspection (*or* control); ~ memuru customs officer; ~ resmi customs charges; ≗ ve Tekel Bakanlığı the Ministry of Customs and Monopolies; -ten muaf duty-free; gümrüğe tabi dutiable, subject to duty.

gümrükçü 1. customs officer; **2.** customs agent.

gümrüklenmek to be cleared through customs.

gümrüklü 1. subject to customs duties; **2.** with customs duties paid.

gümrüksüz duty-free.

gümüş silver; ~ kaplama silver-plated; silver plating; ~ madeni silver mine; ~ takımı silver (plate).

gümüşbalığı, -nı *zo.* sand-smelt, silversides, atherine.

gümüşçü silversmith.

gümüşi [ī], **gümüşü** silvery, silver-grey, silver-colo(u)red.

gümüşlemek to silver-plate.

gümüşlü 1. containing silver; **2.** ornamented with silver.

gümüşservi moonlight shining on water.

gün 1. day; daytime; **2.** period; time; age; **3.** happy (*or* better) days; **4.** lady's at-home day; **5.** sun; light; **6.** date; **7.** feast day; ~ ağarmak to break *(dawn)*; ~ ağarması daybreak; ~ batımı sunset, sundown; ~ bugün! now is the right time!;

~ doğmak 1. to rise, to dawn *(sun)*; 2. *(b-ne) fig.* to give *s.o.* an unexpected opportunity; ~ doğuşu sunrise, sun-up; ~ geçmek *(b-ne)* to get a sunstroke; ~ geçtikçe as the day goes on; ~ görmez sunless *(place)*; ~ görmüş 1. who has seen better days; 2. experienced; ~ tutulması eclipse of the sun; ~ yapmak to give an at-home; -den -e from day to day; -lerce for days; -lerden bir gün once upon a time; -leri sayılıdır his days are numbered; -ü -üne punctually; to the very day; -ün birinde one day, some day; -ünü ~ etm. to enjoy o.s. thoroughly.

günah [ā] 1. sin; 2. isn't it a crime!, shame!; ~ benden gitti it is no longer my responsibility; ~ çıkartmak to confess one's sins *(to a priest)*; ~ işlemek to sin, to commit a sin; ~ olm. to be a crime; -a girmek *s.* ~ işlemek; -a sokmak 1. to tempt; 2. to drive to blasphemy; -ı *(or* vebali) boynuna! the moral responsibility rests upon you *(or* him)!; -ını çekmek to suffer for one's sins; -ını vermez *fig.* he is very miser.

günahkâr 1. sinner; culprit, wrongdoer; 2. sinful, impious; culpable.

günahkârlık sinfulness.

günahlı = günahkâr 1 & 2.

günahsız sinless, innocent.

günahsızlık sinlessness, innocence.

günaşırı every other day.

günaydın good morning.

günbatısı, -nı west.

güncek P umbrella.

güncel current, up-to-date; ~ olaylar current events.

güncelleşmek to become current.

güncelleştirmek to make contemporary, to bring up-to-date.

güncellik currency.

günçiçeği, -ni ⚘ sunflower.

gündelik 1. daily; 2. daily wage *(or* fee); ~ gazete daily (paper); ~ ücret daily wage; -le çalışmak to work by the day.

gündelikçi day labo(u)rer, hired man; ~ kadın charwoman, *Am.* hired woman.

gündelikçilik day labo(u)r.

gündem agenda; -e almak to put on the agenda; -e geçmek to be put on the agenda.

gündeş happening on the same day.

gündoğ(r)usu, -nu 1. ⚓ east; 2. easterly wind.

gündönümü, -nü equinox, solstice.

gündüz 1. daytime; 2. by day *(or* daylight), in the daytime; ~ feneri *co.* Negro; ~ gözüyle by the light of day; ~ vakti in the daytime, during the day; -leri in the daytime, during the day.

gündüzcü 1. on day duty; 2. day student; 3. day drinker.

gündüzlü 1. day *(school)*; 2. = gündüzcü 2.

gündüzsefası, -nı ⚘ bindweed.

gündüzün [x . .] by *(or* during the) day.

günebakan ⚘ sunflower.

güneş 1. sun; 2. sunshine; ~ açmak to become sunny; ~ almak *(or* görmek) to let in the sun; ~ banyosu sun bath(ing); ~ batması sunset, sundown; ~ çarpması sunstroke; ~ doğmak to rise *(sun)*; ~ gözlüğü sunglasses; ~ ışını sunbeam, sunray; ~ saati sundial; ~ sistemi solar system; ~ tutulması solar eclipse; ~ yanığı sunburn; ~ yılı solar year; -e göstermek to expose to the sun; -i balçıkla *(or* çamurla) sıvamak *fig.* to try to hide the truth; -in alnında *(or* altında) in full sun; -te yanmak to be sunburnt; to be tanned.

güneşle(n)mek to sunbathe.

güneşli sunny, sunlit.

güneşlik 1. sunny place; 2. sunshade, sunblind; 3. sun hat; visor *(of a cap)*; 4. sun-visor *(in a car)*; 5. lens cover *(for a camera)*.

güneşsiz sunless.

güney 1. south; 2. southern; 1. south wind; 4. sunny side; ~ kutbu South Pole.

Güney Afrika Cumhuriyeti *pr. n.* Republic of South Africa.

güneybatı southwest.

güneyndoğu southeast.

güneyli 1. southerner; 2. southern.

günlü dated.

günlük[1] 1. daily; 2. ... days old *(baby)*; 3. sufficient for ... days; 4. diary; 5. everyday, usual; ~ emir ⚔ order of the day; ~ gazete daily paper; ~ güneşlik sunny; ~ kur † current rate of exchange; ~ rapor daily report, bulletin; ~ yumurta fresh egg.

günlük[2] incense, frankincense, myrrh.

günlükçü diarist.

günöte *ast.* apogee.

günübirlik, günübirliğine for the day.

güpegündüz [. x . .] in broad daylight.

gür 1. abundant, dense, thick; rank; 2. gushing.

gürbüz sturdy, robust, healthy.

gürbüzlük sturdiness, robustness.

Gürcistan *pr. n.* Georgia.

Gürcü Georgian.

güreş wrestling; ~ etm. *(or* tutmak) to wrestle.

güreşçi wrestler.

güreşçilik wrestling.
güreşmek to wrestle (*ile* with).
gürgen (ağacı) ⚘ hornbeam, horn beech.
gürlemek 1. to thunder; to roar; 2. *fig.* to roar with rage; 3. *sl.* to peg out, to pop off.
gürleşmek to become abundant (*or* dense).
gürlük 1. abundance, luxuriance; 2. bountifulness.
güruh [ū] gang, group, lot, band, mob.
gürüldemek to thunder.
gürül gürül with a brawling sound; ~ ~ akmak to brawl *(river)*.
gürültü 1. noise, uproar; 2. *fig.* brawl, row; ~ çıkarmak (*or* etm. *or* yapmak) to make a row; ~ koparmak to kick up (*or* make) a row; ~ patırtı noise, commotion; -ye boğmak to cause to be lost in the confusion; -ye gelmek to be lost in the confusion; -ye gitmek to be the victim of the confusion; (kuru) -ye pabuç bırakmamak not to be intimidated by mere threats.
gürültücü noisy, troublesome.
gürültülü noisy, tumultuous, clamorous.
gürültüsüz noiseless, quiet.
gürz *hist.* mace.
gütaperka [. . x .] guttapercha.
gütmek, (-der) 1. to herd, to drive *(animal)*; 2. *fig.* to cherish, to nourish, to nurse *(grudge, aim, ambition)*; 3. to impel.
güve *zo.* clothes moth; ~ yemiş moth-eaten; ~ yeniği moth hole.
güveç, -ci casserole; hotpot.
güvelenmek to be moth-eaten.
güven 1. trust, confidence, reliance; 2. security, safety; -i olm. to have confidence (*-e* in); -i sarsılmak to lose confidence (in); -ini kazanmak *(b-nin)* to win *s.o.'s* confidence.
güvence guarantee.
güvenç *s.* güven.
güvenışığı *phot.* safelight.
güvenilir trusty, trustworthy, dependable.
güvenli dependable, trusty.
güvenlik 1. security, safety; 2. confidence; ♀ Konseyi Security Council.
güvenmek to trust (*-e* in), to rely (*-e* on); to confide (*-e* in); güvendiği dağlara kar yağmak *fig.* to be let down.
güvenoyu, -nu vote of confidence; ~ almak to win a vote of confidence; ~ vermek to give a vote of confidence.
güvensiz distrustful.
güvensizlik distrustfulness, lack of confidence.
güvercin *zo.* pigeon; ~ postası pigeon post.
güvercinboynu, -nu multicolo(u)red, shot; dove colo(u)red.
güvercinlik dovecote, pigeon-loft.
güverte [. x .] ⚓ deck.
güvey 1. bridegroom; 2. son-in-law; ~ olmadık, ama kapı dışında bekledik *co.* although we weren't there we know quite a lot about it.
güveyfeneri, -ni ⚘ winter cherry.
güveyotu, -nu ⚘ marjoram.
güvez purplish red.
güya 1. supposedly; 2. as if, as though.
güz autumn, *Am.* fall.
güzçiğdemi, -ni ⚘ autumn crocus, meadow saffron.
güzel 1. beautiful, pretty, nice; 2. beauty, belle; 3. fine!, good!; 4. excellent, good; ~ ~ calmly, gently; ~ hava fine weather; ~ sanatlar fine arts; ~ mi güzel! of breath-taking beauty, very beautiful; ♀ Sanatlar Akademisi *pr. n.* the Academy of Fine Arts; -im 1. darling, honey; 2. that beautiful *(thing or person)*.
güzelavratotu, -nu ⚘ belladonna, deadly nightshade.
güzelce 1. pretty, fair; 2. thoroughly.
güzelleme a kind of folk song of praise for a special person.
güzelleşmek to become beautiful.
güzelleştirmek to beautify.
güzellik 1. beauty, prettiness; 2. gentleness, kindness; ~ kraliçesi beauty queen; ~ salonu beauty-parlo(u)r, beauty-salon; ~ yarışması beauty contest.
güzellikle gently, with gentleness.
güzergâh route.
güzey *geogr.* shady side.
güzide [ī] select, distinguished, outstanding; choice.
güzlük autumn..., *Am.* fall...; ~ ekim autumn (*or* fall) sowing.
güzün [x .] in the autumn, *Am.* in the fall.

H

ha 1. what a...!, wow!; 2. o yes!, I see!; 3. come on now!; 4. look here!; 5. F eh?, huh?; 6. P yes; 7. either, or; 8. on and on; ~ bire uninterruptedly; ~ deyince at a moment's notice.
habaset, -ti [. - .] villainy, wickedness.
habazan F starved, ravenous.
habbe grain, seed, kernel; -yi kubbe yapmak F to make a mountain out of a molehill.
habe [ā] *sl.* bread; ~ etm. (*or* kaymak *or* uçlanmak) *sl.* to get enough to eat.
habeci [ā] *sl.* fool, idiot, fucker.
habeden [ā] *sl.* for nothing, gratis.
haber 1. news, information, word, message; 2. knowledge; 3. *gr.* † predicate; ~ ajansı news agency; ~ alma ✕ intelligence; ~ almak *(bşi)* to learn *s.th.*, to get word of *s.th.*, to hear *s.th.*; ~ göndermek to send a message (*-e* to); ~ kaynağı news source; ~ merkezi 1. news bureau; 2. information bureau; 3. command post; ~ salmak F to send news (*-e* to); ~ sütunu news column; ~ toplamak to gather news; ~ uçurmak to send a message secretly *or* urgently (*-e* to); ~ vermek 1. to let s.o. know; 2. to inform, to announce; -i olm. *(bşden)* to be informed of *s.th.*, to know about *s.th.*; -im var I know about it; -im yok I know nothing about it, I haven't heard it.
haberci herald, harbinger *(a. fig.)*; forerunner, messenger; guguk kuşu baharın -sidir the cuckoo is a harbinger of spring.
haberdar [. . -] informed; ~ etm. *(b-ni bşden)* to inform *s.o.* of *s.th.*; ~ olm. to know (*-den* about); to find out (*-den* about), to possess information (*-den* about.
haberleşme communication.
haberleşmek to communicate (*ile* with), to correspond (*ile* with).
haberli 1. informed; 2. having notified.
habersiz 1. uninformed, ignorant (*-den* of); 2. without warning.
habersizce without warning, secretly.
Habeş *pr. n.* Abyssinian, Ethiopian; ~ maymunu *zo.* sacred baboon.
Habeşi *s.* Habeş.
Habeşistan *pr. n.* Abyssinia, Ethiopia.
habis 1. malicious, evil; 2. malignant *(tumour)*.
hac, -ccı pilgrimage to Mecca; -ca gitmek to go on the pilgrimage to Mecca.
hacamat, -tı 1. bloodletting by cupping; 2. *sl.* stabbing, knifing; ~ şişesi cupping glass.
haccetmek [x . .] to go on the pilgrimage to Mecca.
hacet, -ti [ā] 1. need, necessity, requirement; 2. feces; urine; ~ görmek 1. to deem necessary; 2. F to go to the toilet; ~ kalmamak to be no longer necessary; ~ kapısı (*or* penceresi) door (*or* window) of a saint's tomb; ~ yeri toilet; ~ yok it's not necessary.
hacı hadji; pilgrim; ~ ağa *contp.* parvenu, upstart, nouveau riche; ~ baba 1. elderly hadji; 2. F venerable old man; ~ bekler gibi beklemek to wait impatiently (*-i* for); ~ pintorosa kavuşmak *sl.* to get a good hiding; -sı hocası F everyone.
hacılaryolu, -nu the Milky Way.
hacıyatmaz 1. tumbler, roly-poly *(toy)*; 2. resilient person.
hacim, -cmi 1. volume, capacity; bulk; 2. ⚓ tonnage.
hacimli voluminous, bulky.
hacir, -cri ⚖ putting under restraint.
Hacivat, -tı *pr. n. one of the main characters of the Karagöz shadow play.*
haciz, -czi seizure, sequestration, distraint; ~ altına almak to sequestrate; ~ kararı warrant of distraint; ~ koymak to sequestrate.
hacizli sequestered, sequestrated.
haczetmek to sequestrate, to seize.
haç, -çı the cross, crucifix; ~ çıkarmak to cross o.s.; -ı suya atma yortusu Epiphany.
haçlamak to crucify.
Haçlılar *pr. n. hist.* Crusaders.
Haçlı seferleri *hist.* the Crusades.
had, -ddi 1. limit, boundary, degree, point; 2. ⩓, *log.* term; -di hesabı olmamak to be boundless (*or* bountiful); -di olmamak

(*b-nin*) not to have the right to, not to be up to *s.o.*; -di zatında actually, essentially; -dinden fazla excessive, overmuch; -dini aşmak to go too far; -dini bildirmek (*b-ne*) to put *s.o.* in his place, to tell *s.o.* where to get off; -dini bilmek to know one's place.

hâd, -ddi 1. sharp, pointed; 2. ⚕ acute; 3. *fig.* critical, acute.

hadde 1. wire-drawer's plate; 2. rolling machine; ~ fabrikası rolling mill; -den geçirmek *fig.* to examine minutely.

haddehane [. . - .] rolling mill.

hademe caretaker, *Am.* janitor.

hadım eunuch; ~ etm. to castrate.

hadımağası, -nı *hist.* chief eunuch in the sultan's palace.

hadi *s.* haydi.

hadim 1. manservant; 2. serving.

hadis 1. hadith; 2. the study of hadiths.

hadise event, incident, occurence, happening; ~ çıkarmak to make a scene, to stir up trouble.

hadiseli eventful.

hadisene F come on!

hadisesiz smoothly, eventless.

hadsiz unbounded, unlimited; ~ hesapsız countless, innumerable.

haf *sports:* half-back.

hafakan sudden exasperation; -lar boğmak (*or* basmak) to be bored stiff.

hafazanallah [. . . . -] may God protect us from such a misfortune!

hafız [ā] 1. hafiz; 2. *sl.* fool, silly; 3. *sl.* swot, grind, crammer.

hafıza memory.

hafızıkütüp librarian.

hafızlamak *sl.* to swot up, to mug up, to grind, to cram, to bone up on.

hafızlık 1. being a hafiz; 2. *sl.* swotting; 3. *sl.* stupidity.

hafi [ī] secret, hidden.

hafif 1. light; 2. easy; 3. frivolous, flighty; 4. slight; 5. slightly; 6. insignificant, unimportant; ~ atlatmak to escape (*or* get off) lightly; ~ çay weak tea; ~ giyinmek to dress lightly; ~ ~ gently, slowly; ~ müzik light music; ~ sanayi light industry; ~ tertip 1. small-scale: 2. slightly, a little; -e almak to make light (*-i* of); -ten almak to trifle (*-i* with), to make light (*-i* of).

hafifçe lightly.

hafiflemek 1. to get lighter; 2. to subside, to diminish; 3. to be relieved.

hafifleşmek 1. to get light; 2. *fig.* to become flighty (*or* light-headed).

hafifleştirmek, hafifletmek 1. to lighten; 2. to abate, to diminish; 3. to relieve.

hafifletici 1. extenuating; 2. giving relief; ~ sebepler ⚖ extenuating circumstances.

hafiflik 1. lightness, slightness; 2. relief, ease of mind; 3. *fig.* flightiness.

hafifmeşrep, -bi loose, flighty, frivolous.

hafifsemek to make light (*-i* of), to trifle (*-i* with).

hafifsiklet, -ti welterweight.

hafiften lightly, gently.

hafiye detective, investigator, spy.

hafriyat, -tı [. . -] excavation(s).

hafriyatçı [. . - .] excavator.

hafta week; ~ arasında (*or* içinde) during the week; ~ başı the first day of the week; ~ sonu (*or* tatili) weekend; -larca for weeks; -sına a week later; -sına kalmaz within a week; -ya in a week's time, next week; -ya bugün this day week.

haftalık 1. weekly; 2. weekly wage; 3. lasting ... weeks; ~ mecmua weekly; iki ~ bir çalışma a two-week work.

haftalıkçı wage earner (*paid by the week*).

haftaym [- .] [x .] *sports:* half time.

hah there!, now!, exactly!; ~ şöyle! there, that's good!

haham *eccl.* rabbi.

hahambaşı, -nı *eccl.* the chief rabbi.

hahamhane [. . - .] rabbinate.

hahha [. -], **hahhah** [x .] ha!, haha!

hail [ā] barrier, screen, curtain.

haile [ā] tragedy.

hain [ā] 1. traitor; 2. treacherous. traitorous; 3. malicious; ~ ~ maliciously.

hainleşmek to become (*or* act) treacherous, to become malicious.

hainlik 1. treachery, perfidy; 2. malice; ~ etm. to act treacherously (*-e* towards).

Haiti *pr. n.* Haiti.

haiz [ā] 1. containing, having; 2. provided (*-i* with); ~ olm. to possess, to obtain, to have.

hak[1], -kkı 1. justice; 2. right; due, share; 3. fairness; 4. true, right; 5. remuneration, fee, pay; ~ etm. to deserve, to merit; ~ iddia etm. to claim; ~ kazanmak to deserve, to have a right (*-e* to); ~ sahibi holder of a right; ~ vermek (*b-ne*) to acknowledge *s.o.* to be right; ~ yemek to be unjust; ~ yemez rightful; ...hakkı için for the sake of...; hakkı olm. 1. to have a right to; 2. to be justified; hakkı var he is right; hakkından gelmek 1. to get the better (*-in* of); 2. (*b-nin*) to get even with *s.o.*, to pay *s.o.* back; hakkını almak to get one's due; to take one's share; hakkını vermek to give s.o. his due, to remunerate; hakkını yemek

(*b-nin*) to do an injustice to *s.o.*
hak² -kki **1.** engraving, incising; **2.** erasing by scraping.
Hak, -kkı (*a.* Cenabı Hak) God; Hakkın rahmetine kavuşanlar the dead, the deceased; Hakkın rahmetine kavuşmak to die, to go to meet one's Maker.
hâk, -ki † earth, soil; ~ ile yeksan etm. to raze to the ground, to bring down.
hakan [- .] khan, Turkish ruler; emperor.
hakaret, -ti [. - .] insult, contempt; ~ etm. to insult; ~ görmek *pass. of* ~ etm.
hakça [x .] **1.** truthfully, truly; **2.** justly.
hakem 1. arbitrator; **2.** *sports:* referee, umpire; ~ kararı ⚖ arbitral award, arbitration; ~ kurulu arbitration committee.
hakemlik umpirage; arbitration; ~ etm. **1.** to arbitrate; **2.** *sports:* to umpire, to referee.
hakeza [- . -] [x . -] likewise.
haki [ā] khaki.
hakikat, -ti [ⁱ] **1.** truth, reality; **2.** truly, really; ~ olm. to come true; -te in fact.
hakikaten [ⁱ] [. x . .] truly, really.
hakikatli [. - . .] loyal, faithful.
hakikatsiz [. - . .] disloyal, unfaithful.
hakiki 1. true, real; **2.** genuine; **3.** sincere (*friend*); ~ mermi live cartridge; ~ şahıs ⚖ natural person; ~ Türk tütünü genuine Turkish tobacco.
hakim 1. sage; **2.** philosopher.
hâkim 1. dominating, ruling; **2.** dominant, supreme; **3.** ruler; **4.** ⚖ judge; **5.** overlooking, dominating; ~ olm. **1.** to rule; **2.** to dominate; **3.** to overlook; ~ denize ~ bir ev a house overlooking the sea.
hâkimiyet, -ti sovereignty; rule, domination; hâkimiyeti milliye (*or mst* millî hâkimiyet *or* ulusal egemenlik) sovereignty of the nation.
hâkimlik judgeship.
hakir vile, worthless, mean; ~ görmek to despise.
hakkâk, -ki engraver; ~ kalemi scriber, engraver's chisel.
hakkaniyet, -ti [. - . .] justice, equity; ~ göstermek to do justice (*-e* to).
hakketmek [x . .] **1.** to engrave, to incise (*-e* on); **2.** to scrape away, to erase.
hakkıhıyar ⚖ option.
hakkıhuzur daily allowance, *Am.* per diem.
hakkında about, regarding, concerning; dil ~ yazı an article about language.
hakkısükût, -tu hush money.
hakkıyle 1. thoroughly, properly; **2.** rightfully.
haklamak 1. to overcome, to beat, to suppress, to crush; **2.** F to eat up, to gulp down.
haklaşmak to settle mutual rights *or* claims, to be quits.
haklı 1. right, just; **2.** rightful; ~ çıkarmak to justify; ~ çıkmak to turn out to be right; ~ olm. to be in the right.
haklılık justice, rightfulness.
haksever just.
hakseverlik justness.
haksız 1. unjust, wrong; **2.** unjustifiable, in the wrong; ~ çıkmak to turn out to be in the wrong; ~ fiil ⚖ wrong; ~ rekabet unfair competition; ~ yere unjustly, wrongfully.
haksızlık injustice, wrongfulness; ~ etm. **1.** to act unjustly; **2.** to do an injustice (*-e* to).
hakşinas [.. -] just, fair, rightful.
haktanır just, righteous.
hakuran dove; ~ kafesi gibi F tumble-down (*place*).
hal¹ 1. condition, state; **2.** circumstances, state of affairs; **3.** attitude, behavio(u)r; **4.** *gr.* case; **5.** energy, strength; **6.** *fig.* trouble; **7.** the present time; ~ böyle iken and yet, nevertheless; ~ çaresi remedy; ~ hatır sormak to enquire (*or* inquire) after s.o., to ask after s.o.; ~ tercümesi **1.** biography; **2.** curriculum vitae; -den anlamak to sympathize; -e bak! how terrible!, how strange!; -e yola koymak to put in order; -i duman (*or* harap) olm. to fall into dire straits, to be in hot water; -i kalmamak to be exhausted; -i vakti yerinde (*b-nin*) well-off, wealthy; -im yok I am under the weather: -ine köpekler gülüyor F he is a laughingstock.
hal², -li covered market-place.
hal³, -lli **1.** ⚗ solution, resolution; **2.** melting, dissolving.
hala [x .] paternal aunt.
hâlâ [x -] still, yet.
halas salvation, deliverance; ~ etm. to save, to deliver; ~ olm. (*or* bulmak) to be saved; to escape (*-den* from).
halaskâr savio(u)r, deliverer.
halat, -tı rope, hawser; ~ çekme tug of war.
halavet, -ti sweetness, cuteness.
halay *a folk dance performed by holding hands in a circle*; ~ çekmek to dance the halay.
halayık, -kı concubine.
halazade [. . - .] cousin.
halbuki [x . .] *or* [. x .] whereas, however, but.
haldeş [ā] in the same boat (*another*

person).
haldır haldır speedily and noisily.
hale [ā] **1.** halo; **2.** *anat.* areola; **3.** ♀ *wf.*
halef successor; ~ selef olm. to succeed.
halel harm, injury, damage; ~ gelmek **1.** to be harmed; **2.** to be blemished; ~ getirmek (*or* vermek) to harm, to injure, to spoil.
haleldar [. . -] injured, harmed; ~ etm. to injure, to harm.
halelenmek to form a halo.
halen [ā] [x .] at present, now, presently.
Halep, -bi *pr. n.* Aleppo; ~ çamı ⚘ Aleppo (*or* Jerusalem) pine; ~ orada ise arşın burada! well, prove it!
halet, -ti [ā] condition, situation, aspect; haleti ruhiye mood, state of mind.
haletmek [x . .] to dethrone *(a sultan).*
halfa(otu) ⚘ esparto (grass).
halhal, -li anklet, bangle.
halı carpet, rug; ~ döşemek to lay a carpet.
halıcı carpet maker *or* seller.
halıcılık the rug business.
hali [- -] **1.** empty, vacant; **2.** deserted, uninhabited.
haliç, -ci **1.** inlet, bay, estuary; **2.** ♀ *pr. n.* the Golden Horn.
halife [ⁱ] *hist.* caliph.
halifelik *hist.* caliphate.
halihazır [ā, ā] the present (time); -da at present.
halik, -kı [ā] **1.** creator; **2.** creative; **3.** the Creator, God.
halim mild, gentle; ~ selim docile, biddable.
halis [ā] pure, unmixed, genuine; ~ muhlis genuine, true.
halisane [- . - .] sincere(ly).
halita [ⁱ] ⚗ alloy; ~ yapmak to alloy.
haliyle [- - .] **1.** as it is, without change; **2.** naturally, consequently.
halk, -kı **1.** people, nation; **2.** populace, people; **3.** the common people; ~ ağzı vernacular; ~ dili colloquial language, vernacular; ~ edebiyatı folk literature; ~ müziği folk music; ~ oyunu folk dance; ~ şarkısı folk song, ballad; -a dönük popular.
halka 1. hoop; **2.** circle; **3.** link; **4.** (finger) ring; earring; **5.** ring-shaped biscuit; ~ ~ **1.** in circles; **2.** in rings; **3.** in links; ~ olm. to form a circle; ~ oyunu **1.** round dance; **2.** quoits, hoop-la; -yı burnuna takmak to bring into submission.
halkalamak 1. to encircle; **2.** to fasten with a ring.
halkalı ringed, linked.
halkalıdamar ⚘ annular vessel.
halkavcılığı demagogy.
halkavcısı demagogue.
halkbilgisi, -ni folklore.
halkbilimci folklorist.
halkçı populist.
halkçılık populism.
halkoylaması, -nı referendum.
halkoyu, -nu public opinion.
hallaç, -cı wool *or* cotton fluffer; ~ pamuğu gibi atmak *fig.* to scatter about.
hallenmek [ā] **1.** to acquire a new form *or* condition; **2.** to feel faint; **3.** *sl.* to desire, to want.
halleşmek [ā] to have a heart-to-heart talk.
halletmek [x . .] **1.** to solve, to resolve; **2.** to dissolve; **3.** to finish up, to complete, to settle.
hallice somewhat better (*-den* than).
hallihamur olm. to conform, to accustom o.s. to circumstances.
hallolunmak 1. to be solved; **2.** to be settled; **3.** to be dissolved.
halojen ⚗ halogen; ~ lambası halogen reflector.
halsiz weak, exhausted, tired out; ~ düşmek to be exhausted (*or* tired out).
halsizlik weakness.
halt, -tı **1.** mixup; **2.** impertinence; ~ etm. to do s.th. rude; to say s.th. improper; ~ karıştırmak (*or* yemek) to do s.th. rude, to make a great blunder; ne ~ etmeye oraya gittin? what the dickens did you go there for?; ona ~ düşer he has no right at all to interfere.
halter *sports:* dumbbell, barbell.
halterci weight lifter.
haluk, -ku **1.** good-natured; **2.** ♀ [x .] *mf.*
halvet, -ti **1.** solitude; **2.** a very hot bathing cubicle in a public bath; ~ gibi like an oven; ~ olm. to meet in private; -e dönmek to become like an oven *(room, etc.).*
ham 1. unripe, green; **2.** crude, raw, unrefined; **3.** *fig.* unrefined *(person)*; **4.** unrealistic *(aim, ambition, etc.)*; **5.** *sports:* out of shape (*or* condition); ~ çelik crude steel; ~ deri untanned leather; ~ fikir absurdity; ~ ipek raw silk; ~ meyve unripe fruit; ~ pamuk raw cotton; ~ petrol crude oil; ~ teklif unacceptable suggestion; ~ toprak uncultivated land; ~ ümit unrealizable hope.
hamail [. - .] **1.** baldric; **2.** amulet, charm.
hamak hammock.
hamakat, -ti [. - .] stupidity; ~ etm. (*or* göstermek) to act like a stupid.
hamal porter, carrier; stevedore; ~ camal F mob, rabble; ~ ücreti (*or* parası)

porterage.
hamaliye [. - . .] porterage, porter's fee.
hamallık 1. porterage; **2.** porter's fee, porterage; **3.** *fig.* unnecessary burden; hamallığını etm. *(bir işin)* to do the dull and tiring part of *(a job)*.
hamam 1. Turkish (*or* public) bath; **2.** bathroom; **3.** *fig.* very hot room; ~ gibi like an oven *(room)*; ~ takımı set of supplies for the Turkish bath; ~ yapmak to have a bath.
hamamanası, -nı **1.** manageress in a public bath for women; **2.** *fig.* huge and shrewish woman.
hamamböceği, -ni *zo.* cockroach.
hamamcı 1. proprietor *or* keeper of a public bath; **2.** *eccl.* unclean and in need of a ritual bath; ~ kadın = hamamanası.
hamamotu, -nu depilatory agent.
hamamtası, -nı metal bowl.
hamarat, -tı hard-working, deft, industrious.
hamaratlaşmak to be industrious *(woman)*.
hamaratlık deftness, industriousness.
hamaset, -ti [. - .] heroism, valo(u)r.
hamasi [. - -] heroic. epic *(story, poem)*.
Hamburg *pr. n.* Hamburg.
hamdolsun! [x . .] God be praised!, thanks be to God!
Hamel *ast.* Aries.
hamhalat, -tı rough, boorish, loutish *(man)*.
ham hum F hemming and hawing; ~ etm. F to hem and haw; ~ şaralop *sl.* empty words, a lot of nonsense.
hamız ⚗ acid.
hami [- -] **1.** guardian, protector; **2.** sponsor, patron.
hamil, -mli **1.** ⚚ bearer; **2.** bearing, possessing; **3.** prop, support; ~ olm. to have, to possess; -ine ⚚ (pay) to bearer.
hamile pregnant *(woman)*; ~ bırakmak to impregnate, to make pregnant; ~ elbisesi maternity dress; ~ kalmak **1.** to get pregnant; **2.** *(b-den)* to be with child by *s.o.*; ~ olm. to be pregnant.
hamilelik pregnancy.
haminne [. x .] (< hanım nine) F grandma.
haminto [. x .] *sl.* swindle, ilicit gain.
hamiş postscript.
hamiyet, -ti patriotism.
hamiyetli patriotic.
hamla [x .] ⚓ stroke *(of the oars)*.
hamlaç ⚗ blowpipe.
hamlamak, hamlaşmak to get out of condition, to get rusty, to get out of practice.
hamle 1. attack, assault, onslaught; **2.** dash, élan; **3.** *chess & draughts:* turn; ~ etm. (*or* yapmak) to make an attack; to dash.
hamleci enterprising, venturesome.
hamletmet [x . .] to attribute (-*e* to), to impute (-*e* to), to ascribe (-*e* to).
hamlık 1. unripeness, rawness, greenness; crudeness; **2.** being out of shape.
hammadde raw material.
hampa *s.* hempa.
hamsi *zo.* anchovy.
hamt giving praise to God; ~ olsun! praise be to God!, thank God!
hamule [ū] load, freight; ~ senedi waybill, bill of lading.
hamur 1. dough, paste, leaven; **2.** grade, quality *(of paper)*; **3.** half-cooked *(bread)*; **4.** paper pulp; **5.** clay *(for pottery)*; ~ açmak to roll out dough; ~ ~ gibi **1.** overcooked, soggy, mushy; **2.** doughty, undercooked; **3.** F bushed, done up, worn out, exhausted; ~ işi pastry; ~ olm. to become doughty; ~ tahtası pastry board; ~ teknesi kneading trough.
hamurlamak 1. to cover with dough; **2.** to lute.
hamurlaşmak to get doughy (*or* soggy).
hamursu doughy.
hamursuz unleavened (bread); ♀ Bayramı Passover.
hamurumsu *s.* hamursu.
hamut, -tu horse collar.
han¹ [ā] khan, sovereign, ruler.
han² [ā] **1.** inn; caravansary, caravanserai, khan; **2.** large commercial building; ~ gibi spacious, vast; ~ hamam sahibi a man nof property.
hancı innkeeper.
hancılık innkeeping.
hançer dagger, stab, khanjar.
hançere *anat.* larynx.
hançerlemek to stab, to knife.
handikap handicap.
handiyse [x . .] F **1.** all but, very nearly; **2.** any moment, soon.
hane [ā] **1.** house; **2.** household; **3.** square *(of a chessboard)*; **4.** section, division; **5.** blank *(in a printed form)*.
hanedan [- . -] **1.** dynasty; **2.** generous, hospitable.
Hanefi [. . -] *pr. n.* Hanafi, Hanafite.
haneli [ā] **1.** comprising ... houses; **2.** having ... places *(number)*.
hanelik of ... houses.
hanende [ā] singer.
hangar hangar.
hangi [x .] which; ~ biri? which one?; ~ dağda kurt öldü? fancy your doing it!; ~

rüzgâr attı? fancy seeing you here!, what on earth brought you here?; ~ taşı kaldırsan, altından çıkar he has a finger in every pie.
hangisi which of them, which one.
hanım 1. lady; 2. *(after a first name)* Mrs.; Miss; 3. wife; 4. mistress *(of a household)*; 5. ladylike; ~ abla sister; ~ evladı *sl.* 1. mother's boy, milksop, mollycoddle; 2. bastard; ~ hanımcık ladylike; ~ kızınız your daughter.
hanımböceği, -ni *zo.* ladybug.
hanımefendi 1. lady, gentlewoman; 2. madam, ma'am.
hanımefendilik ladyship, being a lady.
hanımeli, -yi ⚘ honeysuckle, woodbine.
hanımgöbeği, -ni ring-shaped syrupy pastry.
hanımlık ladyship, quality of a lady.
hani[1] *(balığı) zo.* sea bass, cabrilla.
hani[2] [x .] 1. so where is...?; 2. why ... not...?; 3. you know!, you remember...?; 4. let's suppose that...; 5. in fact, besides; 6. actually, to tell the truth; ~ yok mu? 1. if only...; 2. very nearly; -dir for ages, for a long time.
hanlık 1. khanate; 2. sovereignty, rulership.
hanos *zo.* sea bass, cabrilla.
hantal 1. clumsy, coarse; 2. huge, bulky.
hantallaşmak to become clumsy *(or* coarse).
hantallık 1. clumsiness, coarseness; 2. bulkiness.
hant hant ötmek to crave.
Hanya Canea, Khania; -'yı Konya'yı göstermek *(b-ne)* to teach *s.o.* a lesson, to show *s.o.* what's what.
hap, -pı 1. pill; 2. *sl.* dope; -ı yutmak F to be in the soup, to be in hot waters.
hapçı *sl.* 1. drug addict; 2. opium addict, doper.
hapır hapır, hapır hupur: ~ ~ yemek to wolf down, to munch.
hapis, -psi 1. imprisonment, confinement; 2. prison, gaol, *Am.* jail; 3. prisoner, gaoler, *Am.* jailer; 4. imprisoned; ~ cezası prison sentence; ~ giymek *(or* yemek) to be sentenced to prison; ~ hakkı ⚖ right of retention; ~ yatmak to be in prison; hapse tıkmak F to put s.o. in gaol, *Am.* to put s.o. in jail.
hapishane [. . - .] prison, gaol, *Am.* jail; ~ kaçkını 1. criminal still at large; 2. *fig.* scoundrel; -yi boylamak to end up *(or* land up) in gaol.
hapislik imprisonment.
hapsetmek [x . .] 1. to gaol, *Am.* to jail; to imprison; 2. to lock up (-e in); 3. to confine; 4. *fig.* to retain, to detain.
hapşırmak to sneeze.
hapşu! atishoo!, *Am.* achoo!
hapt etm. [x . .] F to silence.
har: ~ gür 1. noisy squabble; 2. tumultuously; ~ ~ violently, strongly; ~ ~ akmak to brawl; ~ hur chaos, confusion; ~ vurup harman savurmak F to play ducks and drakes (-i with), to squander; -ı başına vurmak to go wild; -ı geçmek 1. to calm down, to cool down, to cool off, to simmer down; 2. to lose one's enthusiasm.
hara [x .] stud (farm).
harabat, -tı [. - -] 1. ruins; 2. *Ottoman lit.:* wineshops, taverns.
harabati [. - - -] unkempt, slovenly, untidy.
harabe [. - .] 1. ruins, remains; 2. tumbledown house.
haraç, -cı 1. tribute; 2. protection money; 3. † tax paid by non-Moslems; ~ mezat satmak to auction; ~ yemek *sl.* to sponge on another; haraca bağlamak to lay s.o. under tribute, to force s.o. to pay protection, money; haraca çıkarmak to put up to auction.
haraççı 1. extortioner who exacts protection money; 2. † collector of tribute.
harakiri hara-kiri.
haram [. -] forbidden by religion, unlawful, wrong; ~ etm. *fig.* to take the pleasure out of s.th for s.o.; ~ mal ill gotten gains; ~ olm. *pass. of* ~ etm. to be spoiled; ~ olsun! may you get no benefit from it!; ~ yemek to get illegally *or* illegitimately; -a uçkur çözmek F to live in sin, to commit adultery.
harami [. - -] robber.
haramzade [. - - .] bastard.
harap, -bı [. -] 1. ruined, in ruins, devastated; 2. bushed, done up, worn out, exhausted; ~ etm. to ruin, to destroy, to devastate, to vandalize; ~ olm. 1. to be ruined *(or* destroyed *or* devastated), to fall into ruin; 2. to be bushed, to be worn out *(or* exhausted).
haraplaşmak to fall into ruin.
haraplık ruin, desolation.
harar large haircloth sack.
hararet, -ti [. - .] 1. heat, warmth; 2. temperature, fever; 3. thirst; 4. *fig.* vehemence, fervo(u)r, exaltation; ~ basmak to feel very thirsty; ~ kesmek *(or* söndürmek) to quench one's thirst; ~ vermek to make thirsty.
hararetlendirmek *fig.* to excite.
hararetlenmek [. - . . .] to get warm *(or* ex-

cited *or* heated).
hararetli [. - . .] vehement, excited, lively, heated.
haraşo [. x .] *sl.* Russian woman.
haraza 1. *sl.* quarrel, row; 2. gallstone *(of a cow or ox)*.
harbe short lance.
harbi 1. ramrod; 2. *sl.* correct, straight; ~ konuşmak *sl.* to speak straightforwardly.
harbiye 1. military affairs; 2. ♀ War Academy.
harbiyeli cadet.
harcama 1. *vn.* *of* harcamak; 2. outgo, outlay, expenditure.
harcamak 1. to spend; 2. to use (up); 3. to sacrifice; 4. *sl.* to kill, to finish off.
harcı cheap, affordable, inexpensive.
hacıâlem 1. ordinary, common; 2. unoriginal cliché.
harcırah travel allowance, travelling expenses.
harç[1], -cı 1. mortar; 2. plaster; 3. ingredients; 4. trimming *(of a garment)*; 5. ✓ compost; harcı olm. *(b-nin)* to be within *one's* power.
harç[2], -cı 1. outgo, outlay, expenditure; 2. customs duty; harcını vermek *sl.* to scold, to rebuke.
harçlı 1. containing mortar *or* plaster; 2. trimmed *(garment)*; 3. with the government fee paid; liable to duty.
harçlık pocket-money, allowance.
hardal mustard.
hardaliye [. - . .] grape juice flavo(u)red with mustard.
hare [- .] 1. moiré, water *(of cloth)*; 2. moiréd cloth.
harekât, -tı ⚔ operation(s), campaign.
hareket, -ti 1. movement, motion; 2. act, deed; behavio(u)r, conduct; 3. departure; 4. activity, stir; 5. tremor, earthquake; 6. ♪ tempo; 7. *sports:* exercise(s), exercising; 8. 🚂 traffic; ~ cetveli 🚂 timetable; ~ dairesi dispatcher's office; ~ etm. 1. to move, to act, to stir; 2. to behave, to act; 3 to set out (*or* off); to depart (*-den* from); 4. to leave (*-e* for); ~ kolu starting handle; crank; ~ noktası starting point; -e geçmek to begin (to act), to start; -e getirmek 1. to set in motion; 2. to stir up.
hareketlendirmek to put into motion.
hareketlenmek to get into motion.
hareketli 1. active, moving; 2. animated, vivacious.
hareketlilik 1. activity; 2. vivacity, animation.
hareketsiz motionless, inactive.
hareketsizlik immobility.
harelemek to moiré, to water *(cloth)*.
harelenmek to have a sheen.
hareli [ā] moiréd, watered, wavy; ~ ipek watered silk, moiré.
harem 1. harem, women's apartments; 2. wife; ~ ağası black eunuch in the sultan's palace.
haremlik 1. wifehood; 2. harem; ~ selâmlık olm. *fig.* to sit in two groups, the women being separate from the men.
harf, -fi letter; ~ atmak to pester, to bother; -i -ine word for word, to the letter, literatim.
harfiyen word for word, to the letter, literatim.
harharyas *zo.* man-eater, a kind of shark.
harıl harıl 1. incessantly, continuously; 2. with great effort; ~ çalışmak to work like mad; ~ yanmak to burn furiously.
harıltı roar *(of a fire)*; ~ gürültü din.
harın 1. intractable *(horse)*; 2. *fig.* obstinate, pig-headed.
haricen externally, outwardly.
harici [ā] 1. external, exterior; 2. foreign.
hariciye [ā] 1. foreign affairs; 2. external diseases; ♀ Vekâleti † Ministry of Foreign Affairs; ♀ Vekili † Minister of Foreign Affairs.
hariciyeci [- . . . .] 1. diplomat; 2. ⚕ specialist in external diseases.
hariç, -ci [ā] 1. outside, exterior; 2. abroad; 3. except (for), excluded, apart (from), besides; ~ olm. *(bşden)* to be excluded from *s th.*; -ten gazel okumak (*or* atmak) to butt in.
harika [- . .] 1. wonder, miracle; 2. *fig.* marvelous, extraordinary; ~ çocuk infant prodigy; -lar yaratmak to work miracles, to do wonders.
harikulade [- . . - .] 1. wonderful, marvelous; 2. unusual, extraordinary.
haris [ī] greedy, avaricious, ambitious, acquisitive.
harita map.
haritacı cartographer.
haritacılık cartography.
harlamak 1. to burn furiously; 2. *fig.* to flare up.
harlatmak to poke up *(fire)*.
harlı burning in flames.
harman 1. threshing (floor); 2. harvest (time); 3. stack of grain *(ready for threshing)*; 4. blending; 5. blend *(tea, tobacco)*; ~ çorman mixed up; ~ dövmek to thresh grain; ~ etm. (*or* yapmak) 1. to thresh; 2. to blend *(tea, tobacco)*; ~ makinesi thresher; ~ savurmak to win-

now grain; ~ sonu 1. the end of the threshing season; 2. gleanings; 3. *fig.* remnants *(of a fortune or business)*.

harmancı 1. thresher; 2. blender *(of tea or tobacco)*.

harmancılık 1. threshing; 2. blending.

harmandalı, -nı a folk dance *(in Izmir and vicinity)*.

harmani [. - -], **harmaniye** [. - . .] long cape.

harmanlamak 1. to blend; 2. to go in circles; 3. ⚓ to go in a circle.

harmoni ♪ harmony.

harmonik, **harmonili** ♪ harmonic.

harmonisiz ♪ inharmonious.

harmonyum ♪ harmonium.

harnup ⚘ carob (tree).

harp[1], -pı ♪ harp.

harp[2], -bi war; battle, fight; ~ açmak to start a war; ~ esiri prisoner of war; ~ filosu war fleet; ~ gemisi warship; ~ malulü war casualty; ~ meydanı battlefield; ♀ Okulu the Turkish Military Academy; ♀ Şûrası Supreme War Council; ~ tazminatı war indemnity; ~ zengini war profiteer.

harrangürra [x . x .] in a disorderly and noisy manner.

hars † culture.

hart: ~ diye with a loud crunch.

hartadak, **hartadan** [x . .] with a loud crunch.

hartası hurtası olmamak to show disrespect.

hart hart, **hart hurt** with a crunching sound.

hartuç, -cu cartridge, shell.

harup, -bu *s.* harnup.

has, -ssı [ā] 1. peculiar (*-e* to); belonging (*-e* to); special (*-e* to); 2. royal, belonging to the sultan; 3. pure, unmixed, unadulterated; ~ boya fast dye; ~ işlemek *sl.* to gooble up another's food without permission.

hasa (bezi) heavy cambric.

hasar [. -] damage, loss; ~ görmek (*or* -a uğramak) to suffer damage; ~ yapmak to cause damage.

hasat, -dı harvest, reaping.

hasatçı reaper.

hasatçılık harvesting.

hasbahçe private garden of the sultan.

hasbıhal, -li [. . -] chitchat; ~ etm. to have a chitchat.

hasbi [ˈ] 1 voluntary, volunteer; 2. without reason; ~ geçmek *sl.* not to care at all.

hasebiyle [. . - .] because of, by reason of.

hasep merits, personal qualities.

haset, -ti jealousy, envy; ~ etm. to envy.

hasetçi jealous, envious.

hasetlenmek to feel envy.

hasetlik envy.

hasıl grain still green in the field.

hâsıl resulting; produced; ~ etm. to produce; ~ olm. to result, to be produced, to be obtained (*-den* from).

hâsıla [- . .] result, outcome.

hâsılat, -tı [- . -] 1. products; produce; 2. returns, revenue; proceeds.

hâsılı [x . .] in brief (*or* short), in a word, to sum up; ~ kelam the long and the short of it.

hasıllanmak 1. to grow up; 2. to mature *(crop)*.

hasım, -smı 1. opponent; 2. enemy, adversary.

hasımlık enmity, antagonism.

hasır 1. rush mat; matting; canework; wickerwork; 2. cane..., wicker...; ~ altı etm. to sweep s.th. under the carpet (*or* rug); ~ işi wickerwork; ~ koltuk wicker chair; ~ şapka boater, straw (*or* Panama) hat; -lara sarılmak (*or* yatmak) *sl.* to take a day off *(taxi driver)*.

hasırlamak to cover with matting, to cane.

hasırlı 1. caned, covered with matting; 2. large bottle covered with wickerwork.

hasırotu, -nu ⚘ rush.

hasis [ˈ] 1. miserly, stingy, niggardly; 2. base, low, vile.

hasislik stinginess.

hasiyet, -ti [ā] 1. special virtue (*or* quality); 2. wholesomeness.

hasiyetli wholesome *(food)*.

haslet, -ti trait, virtue.

haspa F minx, baggage.

hasret, -ti longing, yearning; nostalgia, homesickness; ~ çekmek to long (*-e* for), to yearn (*-e* for); ~ gitmek to die longing (*-e* for); ~ kalmak to feel the absence (*-e* of), to miss; -ini çekmek to long to see again; to miss.

hasretli 1. longing, yearning; 2. homesick.

hasretlik 1. longing, yearning; 2. homesickness.

hasretmek [x . .] to devote (*-e* to), to consecrate (*-e* to), to appropriate (*-e* for).

hassa peculiarity; quality; ~ askeri bodyguard.

hassas [. -] 1. sensitive, delicate, responsive; 2. touchy, oversensitive; 3. susceptible (*-e* to).

hassasiyet, -ti [. - . .] 1. sensitivity, sensitiveness; 2. touchiness, oversensitivity.

hassaten [- . .] [x . .] particularly, especially.

hasse *s.* hasa.

hasta 1. sick, ill; **2.** patient; **3.** addicted (to), fond (of); ~ düşmek to get sick, to fall (*or* be taken) ill; ~ etm. to make ill; ~ koğuşu ✕ sickroom; ~ olm. to get sick, to become ill; ~ yatağı sickbed; -sı olm. *(bşin)* F to be a fan of *s.th.*, to be nuts over *s.th.*, to be wild about *s.th.*; -ya bakmak to nurse *(or* look after) a patient.

hastabakıcı nurse's aide.

hastalanmak to fall ill, to get sick.

hastalık 1. illness, sickness; **2.** disease; **3.** addiction; ~ almak (*or* kapmak) to catch a disease; ~ geçirmek to have an illness, to be sick; ~ hastası hypochondriac; ~ sigortası health insurance; hastalığa tutulmak to get sick; hastalığa yakalanmak to fall (*or* be taken) ill.

hastalıklı sickly, ailing.

hastane [. - .] hospital.

hastanelik requiring hospitalization; ~ etm. *(b-ni)* F to wallop *s.o.*

hasut, -du [ū] jealous.

haşa ✕ saddlecloth.

hâşa [x -] God forbid!; ~ huzur(unuz)dan if you'll excuse my French.

haşarat, -tı [. . -] **1.** vermin, insects; **2.** *fig.* the mob, the rabble.

haşarı 1. impish, naughty, mischievous *(child)*; **2.** ungovernable *(animal)*.

haşarılaşmak to become impish *(or* naughty).

haşarılık naughtiness, impishness.

haşat *sl.* **1.** worn-out car; **2.** worn-out; **3.** in the soup, in hot waters.

haşere insect.

haşhaş ⚘ opium poppy.

haşıl sizing *(for cloth)*.

haşırdamak to rustle.

haşır haşır, haşır huşur with a scraping sound.

haşin [ī] rough, harsh, rude.

haşinlik harshness, rudeness.

haşir, -şri doomsday, Last Judg(e)ment; ~ neşir olm. *(b-le)* to be cheek by jowl with *s.o.*

haşiş hashish.

haşiv, -şvi redundancy, padding.

haşiye [ā] footnote, postscript; annotation.

haşlama 1. *vn. of* haşlamak; **2.** boiled.

haşlamak 1. to boil; **2.** to scald; **3.** to sting all over *(insect)*; **4.** F to scold, to rebuke.

haşlanmak *pass. of* haşlamak to be boiled; to be scalded.

haşmet, -ti majesty, pomp, grandeur.

haşmetli 1. majestic, grand, splendid, pompous; **2.** His Majesty.

haşmetmeap [. . . -] His Majesty.

haşyet, -ti fear.

hat, -ttı **1.** line; **2.** contour *(of a face)*; **3.** handwriting; calligraphy; ~ çekmek to install a line; ~ işçisi lineman; trackman.

hata [. -] mistake, error, fault; ~ etm. (*or* işlemek) to make a mistake, to err; ~ yapmak to make a mistake; -ya düşmek to fall into error, to err.

hatalı [. - .] **1.** faulty, defective, erroneous; **2.** at fault, in the wrong.

hatasız [. - .] **1.** flawless, faultless, errorless; **2.** unerring; ~ kul olmaz nobody is perfect.

hatıl crossbeam, horizontal beam.

hatır [ā] **1.** memory, mind; **2.** sake; **3.** feelings, sensitivities; **4.** consideration, influence, weight; ~ almak to please, to delight; ~ gönül personal consideration; ~ senedi accommodation bill; ~ sormak to ask (*or* inquire) after s.o.; ~ yapmak to please, to delight; -a gelmemek not even to occur to one; -ı için for s.o.'s sake; -ı kalmak *(b-nin)* to feel hurt (*or* offended); -ı sayılır **1.** considerable; **2.** respected; -ına bir şey gelmesin as the actress said to the bishop; -ına gelmek to occur to one ,to come to mind; -ında kalmak to remember; -ında olm. to have in mind; -ında tutmak to keep in mind; -ından çıkmak to pass out of one's mind; -ından geçmemek not even to think (of); -ını kırmak to offend, to give offence; -ını saymak *(b-nin)* to show one's respect; -ını yapmak to please, to delight.

hatıra 1. memory, recollection, reminiscence; **2.** keepsake, souvenir, memento, remembrance; ~ defteri diary; -larını yazmak to write one's memoirs; -sı olarak in memory of.

hatıralık *s.* hatıra 2.

hatırat, -tı memoirs.

hatır hatır, hatır hutur crunch crunch, with a crunching sound; hatır hutur yemek to munch, to crunch.

hatırlamak to remember, to recollect, to recall.

hatırlatmak *(b-ne bşi)* to remind *s.o.* of *s.th.*

hatırlı [ā] influential, esteemed.

hatırşinas [- . . -] considerate, obliging, courteous.

hatim, -tmi recitation of the Koran from beginning to end; ~ indirmek to finish repeating the whole Koran.

hatime epilogue.
hatip, -bı [ī] 1. orator; 2. *eccl.* preacher.
hatmetmek [x . .] 1. to recite from beginning to end *(the Koran)*; 2. *co.* to read from cover to cover.
hatmi ⚘ marsh mallow.
hatta [x -] even, to the extent that; besides, moreover.
hattat, -tı [. -] calligrapher.
hattatlık calligraphy.
hattıhareket, -ti way of procedure, line of action.
hatun [ā] 1. woman; 2. lady *(after a given name)*; 3. wife.
hav nap, pile *(of cloth)*.
hava 1. air, atmosphere; 2. weather; 3. climate; 4. the sky; 5. wind, breeze; 6. desire, whim, fancy; 7. ♪ pitch of a note; 8. ⚖ air rights; 9. tune, melody, air; 10. style; 11. (social) environment; 12. airs, affectation; 13. F nothing; ~ açmak *(or* açılmak) to clear up; ~ akımı draught, *Am.* draft; ~ akını air raid (*or* attack); ~ almak 1. to breathe fresh air; 2. to take in (*or* absorb) air; 3. *sl.* to whistle for it; ~ atmak *sl.* 1. to put on airs, to give o.s. airs; 2. to speak claptrap; ~ basıncı atmospheric pressure; ~ basmak = ~ atmak; ~ boşluğu 1. air pocket; 2. air shaft *(in a building)*; ~ bozdu it turned stormy *or* rainy; ~ bulandı (*or* bulutlandı) it turned rainy; ~ cereyanı draught, *Am.* draft; ~ deliği 1. ventilation hole; 2. ventilation conduit *(in a building)*; ~ filosu air fleet; ~ fişeği rocket; ~ freni air (*or* pneumatic) brake; ~ geçirmez airtight; ~ hoş olm. *(b-ne)* to be all the same to *s.o.*; ~ kabarcığı bubble; ~ kaçırmak to lose air; ~ kapanmak to be overcast *(sky)*; ~ karadı it got dark; ~ kirliliği air pollution; ~ korsanı hijacker; ~ köprüsü airlift; ~ kuvvetleri air force; ~ meydanı airport, airfield; ~ oyunu speculative trading in futures; ~ parası lump cash payment *(demanded of a renter before he is given possession)*; ~ raporu weather report; ~ tahmini weather forecast; ~ üssü air base; ~ vermek 1. to give air, to fill with air; 2. to aerate *(s.o.'s lungs)*; -da kalmak 1. to be up too high; 2. to be left in suspense; -dan 1. free, for nothing, as a windfall; 2. empty, worthless; -dan sudan at random, randomly; -dan sudan konuşmak to have a chitchat; -sına uymak to adapt o.s. *(-in* to), to fit in *(-in* with); -sını bulmak to get into a good mood; -ya gitmek to go for nothing; -ya pala (or kılıç) sallamak to beat the air, to plough the sand(s); -ya savurmak to make the money fly.
havaalanı, nı- airport, airfield.
havaaltı, nı- *geol.* subaerial.
havacı airman, pilot, aviator, flyer, flier.
havacılık aviation.
havacıva 1. ⚘ alkanet; 2. *sl.* trivial, nought; 3. *sl.* nonsense, rubbish.
havadar airy, well-ventilated.
havadis news.
havagazı, -nı 1. coal gas; 2. *sl.* rubbish.
havai [. - -] 1. aerial; 2. fanciful, flighty: irresponsible, 3. meaningless, nonsense; 4. (*a.* ~ mavi) sky-blue; ~ fişek skyrocket; ~ hat overhead railway; funicular; ~ sözler idle talk.
havailik flightiness, inconstancy.
havaküre atmosphere.
havalandırma ventilation.
havalandırmak 1. to air, to ventilate; 2. to take up into the air *(airplane)*; 3 to fly *(kite)*.
havalanmak 1. to be aired (*or* ventilated); 2. ✈ to take off; 3. to become frivolous.
havale [. - .] 1. assignment, referral; 2. money order; bill of exchange; 3. ⚕ eclampsia; 4. hoarding; ~ çekmek to fence off; ~ etm. 1. to transfer, to assign; to endorse over (-*e* to); 2. to refer (-*e* to); ~ gelmek ⚕ to have an attack of eclampsia; ~ göndermek (*or* yollamak) to send a money order.
havaleli [. - . .] 1. top-heavy; 2. ⚕ eclamptic; 3. fenced, enclosed.
havalename [. - . - .] money order.
havalı 1. airy; well-ventilated; breezy; 2. eye-catching, showy; swanky; 3. restless; 4. pneumatic; ~ korna (*or* klakson) air (*or* pneumatic) horn.
havali [. - -] vicinity, environs, neighbo(u)rhood.
havalimanı, -nı airport.
havan mortar; ~ dövücünün hınk deyicisi *iro.* flatterer who agrees with all that another says; ~ topu ⚔ (trench) mortar, howitzer; -da dövmek to pestle; -da su dövmek *fig.* to beat the air.
havaneli, -ni pestle.
havaölçer 1. barometer; 2. aerometer.
havari [. - -] 1. apostle, disciple; 2. assistant.
havâs the senses.
havasız 1. airless; 2. stuffy.
havasızlık 1. airlessness; 2. stuffiness.
havasızyaşar 1. anaerobic; 2. anaerobe.
havayolu, -nu airline; ~ ile by air.
havayuvarı, -nı atmosphere.

havhav bow-wow, doggie.
havi including, containing; ~ olm. to include, to contain.
havil, -vli fear; can havliyle fearing for one's life.
havlamak to bark, to bay.
havlı 1. downy, nappy, piled; **2.** *s.* havlu.
havlu towel.
havlucu towel-dealer.
havluluk 1. toweling; **2.** towel rack; **3.** towel cupboard.
havra [x .] **1.** synagogue; **2.** *fig.* bedlam.
havsala 1. *anat.* pelvic cavity, pelvis; **2.** *fig.* intelligence, comprehension; -sı almamak to be unable to comprehend; -sı geniş tolerant, accommodating; -sına sığmamak *(b-nin)* to be hard for *s.o.* to believe.
havşa ⊕ countersink.
havuç, -cu ⚘ carrot.
havut, -tu camel's packsaddle.
havuz 1. pool; pond; **2.** dry dock; ~ balığı *zo.* goldfish; -a çekmek ⚓ to dock *(a ship)*.
havuzcuk *anat.* calyx.
havuzlamak ⚓ to dock *(a ship)*.
Havva [. -] *pr. n.* Eve.
havya [x .] ⊕ soldering iron.
havyar caviar; ~ kesmek *sl.* to idle around, to moon away.
havza *geogr.* river basin, catchment area; sphere, domain.
hay what a...!, alas!; ~ Allah! my God!; ~ anasını! F what a pity!; ~ ~! certainly!, by all means!; ~ lanet kör şeytan! damn it all!; -dan gelen huya gider *pro.* easy come easy go.
haya [-.] testicle.
hayâ shame.
hayal, -li [. -] **1.** image; **2.** imagination, fancy; **3.** *phys.* image; reflection; **4.** daydream; **5.** ghost, spectre, *Am.* specter, phantom; ~ âlemi the realm of the imagination; ~ etm. to imagine; ~ gibi **1.** like a dream; **2.** a bag of bones *(person)*; ~ gücü imaginative power; ~ kırıklığı disappointment, let-down; ~ kırıklığına uğratmak to disappoint, to let s.o. down; kurmak to dream; ~ mahsulü imaginary, fancied; ~ meyal vaguely; ~ oyunu shadow play *(or* show); ~ peşinde koşmak to build castles in the air *(or* in Spain); -e dalmak to daydream; -e kapılmak to build high hopes, to be given to fancy; -inden geçirmek *(bşi)* to dream of *s.th.*, to think of *s.th.*
hayalci [. - .] **1.** unrealistic; **2.** visionary, dreamer; **3.** puppeteer in shadow plays.
hayalet, -ti [. - .] ghost, phantom, apparition, spectre, *Am.* specter.
hayalhane [. - - .] imagination, imaginative power.
hayali [. - -] **1.** imaginary, fantastic, visionary, chimerical; **2.** = hayalci **3.**
hayalifener [. - . . .] *fig.* skinny *(person)*.
hayalperest, -ti **1.** fanciful; **2.** visionary, daydreamer.
hayalperestlik fancifulness, daydreaming.
hayâsız shameless, impudent.
hayat, -tı [. -] **1.** life; **2.** P courtyard *(of a house)*; **3.** P veranda, porch; ~ adamı man of the world; ~ arkadaşı life partner; ~ kadını prostitute, whore; ~ memat meselesi matter of life and death; ~ mücadelesi *(or* kavgası) life struggle; ~ pahalılığı high cost of living; ~ standardı standard of living; ~ sigortası life insurance; ~ sürmek to live a life; ~ vermek to enliven; -a atılmak to begin to work; -a gözlerini yummak *(or* kapamak) to depart this life, to die; -a küsmek to be weary of life; -ı kaymak *sl.* to go to the dogs; -ı zindan etm. *(b-ne) fig.* to make *s.o.'s* life a hell; -ım! my love!, my darling!; -ın baharı the prime of life; -ına mal olm. *(b-nin)* to cost *s.o.* his life; -ını kazanmak *(or* temin etm.) to earn one's living, to make a living; -ını yaşamak to lead a life of ease; -ta olm. to be living *(or* alive).
hayatağacı, -nı **1.** *anat.* arborvitae; **2.** family tree, genealogical chart.
hayati [. - -] **1.** vital; **2.** ♀ *mf.*
hayatiyet, -ti [. - . .] **1.** vitality, vigo(u)r; **2.** liveliness.
haybeci *sl.* sucker.
haybeden *sl.* free, gratis, for nothing.
hayda 1. giddap!; **2.** what on earth!
haydalamak to urge *(or* drive) on *(an animal)*.
haydamak. 1. = haydalamak; **2.** *sl.* to sack, to fire.
haydi [x .], **hadi 1.** come on!; **2.** let's say; **3.** OK, all right; **4.** come off it!, rubbish!; ~ bakalım come on then, hurry up; ~ canım sen de! F **1.** that's bunk!, you're talking crap!; **2.** who do you think you're fooling?; ~ gidelim come along, let's go; ~ git! off with you!; ~ ~ **1.** cut it short!, there are no flies on us!; **2.** easily, amply; **3.** hurry up!; **4.** at the very most; ~ oradan **1.** clear out!, piss off!; **2.** who do you think you're fooling?
haydin [x .] F come on all of you, hurry up!
haydindi F come along!, hurry up!

haydisene [. . x .] F come on!
haydut, -du brigand, bandit, robber; ~ yatağı brigands' den, robbers' roost, bandits' hide-out.
haydutluk brigandage.
hayhay by all means!, certainly!
hayhuy 1. tumult; confusion; 2. *fig.* fruitless struggle.
hayıf, -yfı 1. injustice; 2. what a pity!
hayıflanmak to lament; to regret, to repent.
hayır¹ [x .] no; ~ demek to say no.
hayır², -yrı 1. charity, philanthropy; 2. fortune; 3. use(fulness); ~ etm. to do good (-e to), to be of use; ~ gelmemek to be of no help; ~ görmemek *(bşden)* not to benefit from *s.th.*; ~ işlemek to do good, to be charitable; ~ kalmamak to be of no more use; ~ kurumu charitable foundation, philanthropic institution; ~ ola (*or* hayrola)! what's up?, I hope nothing is wrong; ~ sahibi benefactor, philanthropist; ~ yok *(b-den)* he's of no use; hayra alamet good (*or* auspicious) sign; hayra alamet değil it bodes no good; hayra yormak to interpret favo(u)rably, to regard as auspicious *(dream, omen)*; hayrı dokunmak to be of use (-*e* to), to be a help (-*e* to); hayrı yok it is good for nothing; -dır inşallah! 1. I hope all is well!; 2. I hope the dream is a good sign!; hayrını görün! may it bring you good luck!, enjoy using it!
hayırdua [. . . -] benediction, blessing.
hayırhah [. . -] benevolent, well-wishing.
hayırlaşmak to exchange good wishes after having concluded a bargain.
hayırlı 1. good, auspicious beneficial, advantageous, favo(u)rable; 2. good, happy *(journey)*; ~ haberler good news; ~ yolculuklar have a good trip; -sı (olsun)! let's hope for the best!
hayırperver benevolent.
hayırsever charitable.
hayırsız 1. good for nothing, useless; 2. unfaithful, disloyal.
hayız, -yzı menstruation, period; ~ görmek to menstruate; -dan kesilme menopause.
haykırı 1. outcry, scream; 2. *gr.* exclamation, interjection; ~ işareti exclamation mark.
haykırış shout, cry.
haykırışmak to scream (*or* shout) together.
haykırmak 1. to cry out, to bawl, to scream, to shout; 2. to protest loudly.
haylamak 1. = haydalamak; 2. to shove, to prod *(a person)*; 3. *sl.* to pay attention (to), to heed.
haylaz 1. idle, lazy; 2. loafer, idler, lazybones.
haylazlaşmak 1. to get lazy, to loaf; 2. to make mischief.
haylazlık idleness, laziness; ~ etm. 1. to loaf; 2. to make mischief.
hayli [x .] many, much; a good deal, very; fairly; bir ~ = ~.
haylice considerably, somewhat, much.
haymana prairie, pasture; ~ beygiri gibi dolaşmak to gad (*or* knock) about; ~ mandası (*or* öküzü *or* sığırı) *fig.* hulk, do-nothing, sluggard.
haymatlos stateless.
hayran [. -] 1. admirer, lover, adorer, fan; 2. astonished, perplexed; ~ bırakmak (*or* etm.) *(b-ni)* to charm *s.o.*, to entrance *s.o.*; ~ kalmak (*or* olm.) *(bşe)* to be entranced by *s.th.*, to admire *s.th.*, to be astonished (*or* perplexed).
hayranlık [. - .] admiration, appreciation; adoration.
hayrat, -tı [. -] 1. pious foundation; 2. charities, pious deeds.
hayret, -ti 1. astonishment, amazement, surprise; 2. how surprising!; ~ etm. to be surprised (-*e* at), to be astonished (-*e* at); ~ verici amazing, astonishing; -e düşmek to be astounded; -te bırakmak to astound; -te kalmak to be lost in amazement.
hayrola *s.* hayır ola.
haysiyet, -ti self-respect, dignity, hono(u)r, amour-propre; ~ divanı (*or* kurulu) discipline committee; ~ sahibi self-respecting; -iyle because of.
haysiyetli self-respecting, dignified.
haysiyetsiz without dignity, lacking in self-respect.
hayta [x .] 1. † mercenary cavalryman; 2. *fig.* vagabond; 3. F street urchin.
haytalık *fig.* vagabondage.
hayvan 1. animal; 2. *fig.* beast, brute; ~ alım satımı livestock market; ~ gibi 1. asinine, stupid; 2. brutally, coarsely; ~ hırsızı rustler.
hayvanat, -tı [. . -] 1. animals; 2. † zoology; ~ bahçesi zoo, zoological garden.
hayvanbilim zoology.
hayvanca(sına) bestially, brutishly, brutally.
hayvancık animalcule.
hayvancılık 1. stockbreeding; 2. cattle-dealing.
hayvani [. - -] 1. brutal, brutish, animal-like, bestial; 2. carnal, sensual; ~ kuvvet brute force.

hayvankömürü, -nü boneblack, animal charcoal.
hayvanlaşmak to become bestial (*or* brutal), to be brutalized.
hayvanlık 1. animalism; 2. *fig.* bestiality, brutishness; ~ etm. to act like a turd.
hayvansal animal... *(product).*
haz, -zzı delight, pleasure, gusto, enjoyment; ~ duymak to be greatly gratified (*-den* by).
hâzâ [- -] F perfect, complete.
hazakat, -ti skill, ability.
hazan autumn, *Am.* fall.
hazar peace.
Hazar *pr. n.* Khazar; ~ Denizi Caspian Sea.
hazcı hedonist(ic).
hazcılık hedonism.
hazfetmek [x . .] to remove, to delete.
hazık, -kı [ā] skillful, expert *(doctor).*
hazım, -zmı digestion; hazmı güç indigestible.
hâzım digestive.
hazımlı *fig.* tolerant, patient.
hazımsız *fig.* irritable, touchy.
hazımsızlık ⚕ indigestion.
hazır 1. ready, prepared; 2. ready-made *(garment)*; 3. present, in attendance; 4. seeing that, now that, since; ~ bulunmak (*or* olm.) 1. to be present (*-de* at); 2. to be ready; ~ etm. to prepare, to get ready; ~ giyim ready-made clothing; ~ ol! ✕ attention!; ~ para ready money, cash; ~ yiyici one who lives on his capital; -a konmak *fig.* to enjoy the fruits of others' labo(u)rs; -dan yemek to live on one's capital.
hazırcevap, -bı ready-witted, quick at repartee.
hazırcı seller of ready-made clothing, outfitter.
hazırlamak 1. to prepare, to make ready; 2. ℞ to dispense.
hazırlanmak 1. *pass. of* hazırlamak; 2. to get ready.
hazırlık 1. readiness; 2. preparation; ~ görmek to get things ready, to make preparations; ~ okulu prep (*or* preparatory) school; ~ sınıfı preparatory year; ~ tahkikatı (*or* soruşturması) ⚖ preliminary investigations.
hazırlıklı (well) prepared; ~ olm. to be prepared.
hazırlop, -pu 1. hard-boiled *(egg)*; 2. *fig.* effortless.
hazin [ʹ] sad, tragic, touching, pathetic, melancholic.
hazine [ʹ] 1. treasure *(a. fig.)*; 2. treasury, strongroom; 3. national treasury; 4. treasure-trove; 5. depot; cistern; 6. *anat.* uterus, womb.
hazinedar [. - . -] treasurer.
haziran [ʹ] June.
hazmetmek [x . .] 1. to digest; 2. *fig.* to stomach, to swallow.
hazne *s.* hazine.
haznedar [. . -] *s.* hazinedar.
hazret, -ti 1. Excellency; 2. *co.* old fellow; -leri *(after a title)* His Excellency.
hazzetmek [x . .] to like, to enjoy.
he! P yes!, yeah!; ~ demek *(bşe)* to accept *s.th.*, to consent to *s.th.*; ~ mi? P is that all right?
heba [ā] waste, loss; ~ etm. to waste, to spoil.
hebenneka idiot, fool.
heccav [ā] ✎ satirist.
hece *gr.* syllable; ~ vezni syllabic meter.
hecelemek to spell.
heceli ...syllabled.
hecin [ʹ] *(devesi) zo.* dromedary.
hedef 1. target, mark; 2. *fig.* aim, object, goal; ~ almak to aim (*-i* at); ~ olm. *(bşe)* to be the butt of *s.th.*; -e isabet etm. 1. to hit the target; 2. *fig.* to attain one's object.
heder loss, waste; ~ etm. to waste; ~ olm. to be wasted.
hediye 1. present, gift; 2. price *(of a sacred book)*; ~ etm. to give as a gift (*-e* to).
hediyelik fit for a present.
hegemonya hegemony.
hekim [ʹ] doctor, physician.
hekimlik [. - .] 1. doctorship; 2. medicine, medical science.
hektar hectare.
hektogram hectogram(me).
hektolitre hectolitre, *Am.* hectoliter.
hektometre hectometre, *Am.* hectometer.
hela toilet, loo, water closet, privy.
helak, -ki 1. death; murder; 2. destruction; 3. fatigue, exhaustion; ~ etm. 1. to kill, to finish off; 2. *fig.* to tire out, to exhaust; ~ olm. 1. to perish; 2. *fig.* to be bushed.
helal, -li 1. permissible, canonically lawful; 2. *fig.* F lawful spouse; ~ etm. *(bşi b-ne)* to give up *s.th.* to *s.o.*; ~ olsun! take it with my blessings!, no need to thank!; ~ süt emmiş trustworthy; -ü hoş olsun! let it be yours to have and enjoy!; -inden lawfully ,legitimately, honestly.
helallaşmak to forgive each other mutually.
helalli = helal 2.

helallik † **1.** = helal 2; **2.** waiving *(rights, etc.)*; ~ dilemek to ask forgiveness for an unlawful act.
hele [x .] **1.** especially, above all; **2.** you had better not; **3.** if (only); **4.** look here!; ~ bak! just look!; ~ bir **1.** you had better not...; **2.** let's wait until...; ~ ~ now tell me the truth; ~ şükür! thank goodness!, at last!
helecan palpitation.
Helen Greek, Grecian.
helezon **1.** spiral, helix; helicoid; **2.** ⚕ spiral.
helezoni [ⁱ] spiral, helical; helicoidal; ~ merdiven spiral (*or* winding) staircase; ~ yay spiral spring.
helezonlanmak to form a spiral.
helikoit helicoid.
helikon helicon.
helikopter helicopter.
helis A helix.
helke pail, bucket.
helme thick liquid *(made by boiling starchy substances)*; ~ dökmek to become thick and soupy *(cooking water)*.
helmelenmek = helme dökmek.
helmeli thick and soupy.
helva halva(h); ~ demesini de biliriz, halva demesini de *fig.* I can speak politely, but at a pinch I can also speak rudely.
helvacı maker *or* seller of halva(h).
helvacıkabağı, -nı ⚘ pumpkin.
helvahane [. . - .] shallow pan used for cooking halva(h).
helyosta [. x .] heliostat.
helyum ⚗ helium.
hem **1.** both ... and; **2.** and also, besides, too; **3.** even; (ve) ~ de and besides, moreover, and also, both ... and, as well as; ~ de nasıl! and how!; ~ nalına, ~ mıhına vurmak *fig.* to waver between two sides; ~ suçlu, ~ güçlü offensive though at fault; ~ ziyaret, ~ ticaret it's a combination of business and pleasure.
hematit, -ti hematite.
hematoloji hematology.
hemayar equal; of the same kind.
hemcins equal, fellow; of the same kind.
hemdert, -di fellow sufferer, confidant.
hemen [x .] **1.** right away; right now, immediately, at once; **2.** almost, nearly; about; ~ ~ **1.** almost, very nearly; **2.** pretty soon; ~ sonra **1.** immediately after, right after; **2.** immediately afterwards; ~ şimdi at once, right now.
hemencecik [. x . .] F at once.
hemencek [x . .] F = hemencecik.
hemfikir of the same opinion, like-minded.
hemhal, -li [ā] in the same boat.
hemhudut, -du contiguous.
hemoglobin *biol.* hemoglobin.
hemoroit, -di h(a)emorrhoids, piles.
hempa accomplice, confederate.
hemşeri **1.** fellow townsman (*or* countryman), fellow citizen, compatriot; **2.** hey friend!
hemşerilik citizenship.
hemşire [ⁱ] **1.** nurse; **2.** sister.
hemşirelik **1.** nursing; **2.** sisterhood.
hemşirezade [. - . - .] nephew, niece *(of one's sister)*.
hemze *gr.* hamza.
hendek ditch, trench, dike, dyke, moat.
hendese geometry.
hendesi geometrical.
hengâme tumult, uproar.
hentbol, -lü handball.
henüz [x .] **1.** (only) just, a minute or so ago; **2.** *(in negative sentences)* yet.
hep, -pi **1.** all, the whole; **2.** always; ~ beraber all together; ~ bir ağızdan in unison, with one voice; ~ birlikte all together; -imiz all of us.
hepçil omnivorous.
hepsi, -ni [x .] all of it; all of them.
hepten F entirely.
hepyek, -ki *dice:* double one.
her every, each; ~ an at any moment; ~ bakımdan in every respect; ~ bir each, every single; ~ biri each one, every one (of); ~ daim always; ~ defa (*or* defasında) each time; ~ derde deva cure-all, panacea, nostrum; ~ durumda in any case; ~ gördüğün sakallıyı baban sanma *pro.* all that glistens (*or* glitters *or* glisters) is not gold; ~ gün every day; ~ günkü everyday; ~ günlük everyday clothes; ~ halde **1.** in any case; **2.** in all probability; for sure; ~ horoz kendi çöplüğünde öter *pro.* every cock crows on his own dunghill; ~ hususta in all respects in every way, from all points of view; ~ ihtimale karşı just in case; ~ inişin bir yokuşu, her yokuşun bir inişi vardır *pro.* every flow must have its ebb, and every ebb has its flow; ~ işe burnunu sokmak to poke one's nose into everything; ~ işte bir hayır vardır *pro.* every cloud has a silver lining; ~ kim whoever; ~ kim olursa olsun no matter who it is, whoever it may be; ~ nasılsa somehow or other; ~ ne whatever; ~ ne hal ise anyway, anyhow; ~ ne ise **1.** so anyhow; **2.** anyway; let's forget it; **3.** whatever the cost; ~ ne kadar although however much; ~ ne pahasına olursa olsun at any cost; ~ ne-

rede wherever; ~ ne zaman whenever; ~ nedense somehow, I don't know why; ~ şey everything; ~ şeye burnunu sokmak = ~ işe burnunu sokmak; ~ tarafta (*or* yerde) everywhere, all around; ~ taraftan from everywhere; ~ tarakta bezi olm. to have a finger in every pie; ~ zaman always.

hercai [. - -] **1.** watered, shot (*silk*); **2.** *fig.* fickle, inconstant.

hercailik [. - - .] inconstancy.

hercaimenekşe [. - - . . .] ⚘ pansy.

hercümerç, -ci tumultuous, confused, disordered.

herek, -ki stake, pale.

hereklemek to stake (*vine, plant*).

hergele **1.** unbroken horse; **2.** *fig.* scoundrel, rake, rascal.

herhangi whichever, whatever; (*in negative sentences*) whatsoever, any; ~ bir (just) any; ~ biri anyone, anybody.

herif **1.** *contp.* fellow, rascal; **2.** P man, gent; **3.** P husband, hubby.

herifçioğlu, -nu *sl.* the fellow.

herk, -ki fallow field.

herkes [x .] everyone, everybody.

Herkül Hercules.

herrü: ya herrü ya merrü! we will have to take the consequences!

Hersek *pr. n.* Herzegovina.

heryerdelik omnipresence.

herze nonsense, rubbish; ~ yemek F to make a blunder.

herzevekil busybody, nosy parker.

hesabi [. - -] economical, thrifty, close-fisted.

hesap, -bı [ā] **1.** arithmetic; **2.** account; **3.** calculation, computation; **4.** bill, *Am.* check; **5.** estimate; **6.** expectation, plan; ~ açmak to open an account; ~ bakiyesi balance; arrears; ~ cetveli slide rule; ~ cüzdanı bankbook, passbook; ~ çıkarmak to make out the accounts; ~ etm. **1.** to calculate, to add up, to compute, to count; **2.** to estimate, to reckon, to project; **3.** to expect, to plan; ~ etmek kitap etm. to think twice; ~ görmek **1.** to pay (*or* foot) the bill; **2.** to settle accounts; ~ günü doomsday; ~ istemek to ask for the bill (*or* account); ~ kitap F **1.** after careful calculation; **2.** after full consideration; ~ makinesi calculator, calculating machine, adding machine; ~ müfettişi auditor; ~ sormak (*b-den*) to call *s.o.* to account; ~ tutmak **1.** to keep the books, to do the bookkeeping; **2.** to keep a record; ~ uzmanı trained accountant; ~ vermek (*b-ne*) to give *s.o.* an account; (**hesaba**): ~ almak to take into account; ~ almamak to leave out of account; ~ çekmek (*b-ni*) to call *s.o.* to account; ~ geçirmek to enter in an account; ~ geçmek to debit *s.o.'s* account; ~ gelmez **1.** countless; **2.** unexpected, unforeseen; ~ katmak to take into account (*or* consideration); (**hesabı**); ~ kapa(t)mak to pay one's debt; ~ kesmek **1.** to stop doing business (*ile* with); **2.** *fig.* to cut all relations (*ile* with); ~ kitabı yok *fig.* it has no limits, it is uncontrolled; ~ kuvvetli good at figures; ~ yok innumerable; -na gelmek (*b-nin*) to fit *one's* views (*or* interest), to suit; -nı bilmek *fig.* to be economical; -nı görmek **1.** to pay the bill; **2.** to settle accounts; hesaptan düşmek **1.** to deduct; **2.** to write off (*a person, etc.*).

hesapça [. x .] according to calculation, supposedly.

hesapçı **1.** thrifty; **2.** accountant.

hesaplamak = hesap etm.; ~ kitaplamak = hesap etmek kitap etm.

hesaplaşmak **1.** to settle accounts mutually; **2.** *fig.* to settle (or square *or* balance) accounts (*ile* with), to get even (*ile* with).

hesaplı **1.** economical, affordable; **2.** thrifty (*person*); **3.** well considered (*or* calculated); **4.** *fig.* moderate, rational, reasonable.

hesapsız **1.** undocumented; **2.** innumerable, countless, incalculable; **3.** not properly considered; **4.** excessively; ~ ~ kitapsız **1.** undocumented, unrecorded (*expenses*); **2.** *fig.* thoughtlessly, casually, at random.

heterogen ⚗ heterogeneous.

hevenk, -gi hanging bunch of fruit.

heves **1.** desire, spirit, inclination, enthusiasm; **2.** fad, fancy, passing whim, crush; ~ etm. (*bşe*) to have a desire (*or* fancy *or* liking) for *s.th.*; -i kaçmak to lose interest; -ini almak ta satisfy one's desire; -ini kaçırmak to dishearten, to discourage.

heveskâr *s.* hevesli.

heveslendirmek to arouse s.o.'s interest.

hevesienmek to desire, to long (-*e* for).

hevesli **1.** desirous (-*e* of), eager (-*e* for), enthusiastic (-*e* about, over); **2.** = amatör.

hevessiz uninterested, disinclined.

hey! hey (you)!, look here!; o...!

heyamola [. . x .] ⚓ heave, ho!; ~ ile F with great difficulty.

heybe saddlebag.

heybet, -ti grandeur, majesty, awe.
heybetli awesome, awe-inspiring, grand, majestic, imposing.
heyecan [ā] 1. excitement; 2. enthusiasm; ~ duymak 1. to get excited; 2. to be enthusiastic; -a gelmek (*or* kapılmak) to get excited.
heyecanlandırmak to excite, to thrill.
heyecanlanmak [. . - . .] 1. to get excited, to be enthusiastic; 2. to be upset.
heyecanlı 1. excited, thrilled; 2. excitable; lively; 3. exciting, thrilling.
heyecansız 1. unexcited, calm; 2. unexciting, unemotional.
heyelan landslide.
heyet, -ti 1. committee, commission; delegation; board; 2. † astronomy; -iyle as it is, as a whole; heyeti umumiye the whole.
heyhat, -tı [. -] alas!
heyhey nervous upset, jitters; -ler geçirmek (*or* -leri tutmak) to suffer from nervous fits; -leri üstünde olm. to have the jitters.
heykel statue; ~ gibi statuesque.
heykelci *s.* heykeltıraş.
heykelcilik *s.* heykeltıraşlık.
heykeltıraş sculptor.
heykeltıraşlık sculpture.
heyula [. - -] 1. chaos; 2. specter, bogy.
hezaren [ā] ⚘ 1. rattan palm; 2. larkspur.
hezel parody, burlesque.
hezeyan [ā] 1. nonsensical talk; 2. delirium, raving; ~ etm. to drivel, to piffle.
hezimet, -ti [ˈ] rout; -e uğramak to get clobbered; -e uğratmak to rout, to clobber.
hı F yes.
hıçkıra hıçkıra sobbingly.
hıçkırık 1. hiccup, hiccough; 2. sob; ~ tutmak to have the hiccups (*or* hiccoughs); -la ağlamak to sob.
hıçkırmak 1. to hiccup, to hiccough; 2. to sob.
hıdrellez 1. beginning of summer *(May 6th)*; 2. the half year from May 6th to November 8th.
hıfız, -fzı 1. protection, preservation; 2. memorization.
hıfzetmek [x . .] 1. to protect, to preserve; 2. to memorize.
hıfzıssıhha hygiene.
hık hiccup, hiccough; ~ demiş anasının burnundan düşmüş F he is the spit and image of his mother, he is the spitting image of his mother; ~ mık etm. F to hem and haw.
hılt, -tı *biol.* humo(u)r.
hım F hmm, I see.
hımbıl sluggish, indolent.
hım hım masally; ~ konuşmak to nasalize.
hımhım one who nasalizes.
hımış ⊕ timber construction with brick filling.
hıncahınç [x . .] jammed, packed, chock-a-block.
hınç, -cı grudge, ranco(u)r, hatred; -ını almak to revenge; -ını çıkarmak to vent one's spleen (*-den* on), to take revenge (*-den* on).
hındım *sl.* orgy, carousal.
hındımlamak *sl.* to jump on, to attack.
hınk deyici F one who pretends to be helpful.
hınt *sl.* stupid, crazy.
hınzır F swine.
hınzırlık 1. nastiness; 2. mischief; ~ etm. to behave nastily.
hır *sl.* row, quarrel; ~ çıkarmak *sl.* to kick up a row.
hırbo [x .] *sl.* oafish, loutish.
hırçın 1. ill-tempered, peevish, cross; 2. *fig.* tempestuous *(sea)*.
hırçınlaşmak to show a bad temper.
hırçınlık peevishness, irritability.
hırdavat, -tı 1. hardware; 2. junk.
hırdavatçı 1. hardware-seller; 2. junkdealer, ironmonger.
hırdavatçılık ironmongery.
hırgür F squabble, row; ~ çıkarmak F to make a row (*or* scene).
hırıldamak to wheeze.
hırıltı 1. wheeze; 2. snarl; 3. *fig.* F squabble, row.
hırıltıcı *fig.* F quarrelsome.
hırıltılı wheezy.
hırızma [. x .] nose ring.
Hıristiyan *pr. n.* Christian.
Hıristiyanlaşmak to become a Christian.
Hıristiyanlaştırmak to Christianize.
Hıristiyanlık *pr. n.* 1. Christianity; 2. Christendom.
Hıristo teyeli cross-stitch.
hırka cardigan.
hırlamak 1. to snarl (at), to growl (at); 2. to wheeze; 3. F to rail (at).
hırlanmak to grumble, *Am.* to grouch.
hırlaşmak 1. to snarl at each other *(dogs)*; 2. F to rail at each other.
hırlı: ~ mıdır, hırsız mıdır bilmiyorum I don't know whether he is honest or not.
hırpalamak 1. to buffet; to ill-treat, to misuse; 2. *fig.* to manhandle, to rough up.
hırpani [. - -] F ragged, in tatters, unkempt.
hırs 1. greed; 2. anger, rage, fury; -ını

alamamak to be unable to control one's anger; -ından çatlamak to be ready to burst with anger; -ını çıkarmak *(b-den)* to vent one's spleen on *s.o.*

hırsız thief, burglar, robber; ~ çetesi gang of thieves; ~ gibi stealthily; ~ yatağı **1.** den of thieves; **2.** fence.

hırsızlama stealthily, surreptitiously.

hırsızlık theft, burglary, robbery; ⚖ larceny; ~ etm. (*or* yapmak) to commit theft, to steal; ~ malı stolen goods.

hırslandırmak to infuriate, to anger.

hırslanmak to get angry, to become furious.

hırslı **1.** angry, furious; **2.** *fig.* greedy, avaricious.

hırt, -tı *sl.* conceited blockhead, pretentious fool.

hırtapoz *sl. s.* hırt.

hırtı pırtı F junk rubbish, lumber.

hırtlamba F shabby, dressed in rags; ~ gibi giyinmek to be dressed in several layers of shabby clothes; -sı çıkmış **1.** in rags and tatters; **2.** thin and bony.

Hırvat, -tı *pr. n.* **1.** Croat; **2.** Croatian.

Hırvatça *pr. n.* Croatian, the Croat language.

Hırvatistan *pr. n.* Croatia.

hısım **1.** relative, kin; **2.** in-law; ~ akraba kith and kin.

hısımlık kinship.

hış hış with a rustling sound; ~ etm. to rustle.

hışıldamak to rustle.

hışıltı rustle; froufrou.

hışım, -şmı rage, anger, fury; hışmına uğramak *(b-nin)* to be the object of *s.o.'s* rage.

hışır **1.** unripe melon; **2.** rind of a melon; **3.** *sl.* uncouth; -i çıkmak F **1.** to be worn out (*or* tattered); **2.** to be bushed (*or* worn out).

hışırdamak to rustle, to grate.

hışırdatmak to rustle.

hışır hışır *s.* hış hış.

hışırtı rustle.

hışlamak *s.* hışıldamak.

hıyanet, -ti [ā] **1.** treachery, perfidy, infidelity; **2.** ⚖ treason; **3.** F disloyal, faithless *(person)*.

hıyar[1] **1.** ⚘ cucumber; **2.** *sl.* dolt, blockhead, swine.

hıyar[2] [ā] ⚖ option.

hıyarağa *sl.* swine, dolt.

hıyarcık, hıyarcıl ⚕ bubo, adenoma, glandular tumo(u)r.

hıyarlaşmak *sl.* to begin to act like a swine.

hız **1.** speed; **2.** momentum, impetus; **3.** velocity; ~ almak to get up speed, to take a running start; ~ vermek **1.** *(bşe)* to speed *s.th.* up; **2.** to urge on; -ını alamamak **1.** to be unable to slow down, to be out of control; **2.** to be unable to get up to speed; -ını almak **1.** to slow down; **2.** to calm down, to subside.

hızar ⊕ large (*or* pit) saw.

hızarcı pit sawyer.

Hızır *isl. myth.*: ~ gibi yetişmek to come as a godsend, to be heaven-sent.

hızlandırmak to accelerate, to speed up.

hızlanmak to gain speed (*or* momentum), to be accelerated.

hızlı **1.** speedy, rapid, quick, swift; **2.** loud; **3.** strong *(blow)*; **4.** forcefully, strongly; ~ konuşmayınız, rica ederim! be quiet, please!; ~ yaşamak F to live fast, to live it up.

hızlılık speed, velocity.

hızölçer ⊕ anemometer.

hibe donation, gift; ~ etm. to donate.

hicap, -bı shame, embarrassment; bashfulness; ~ duymak to feel ashamed, to be embarrassed.

Hicaz [ā] *pr. n.* the Hejaz.

hicaz [. -] ♪ a makam.

hicazkâr [. . -] ♪ a makam.

hiciv, -cvi satire; lampoon.

hicivci satirist; lampooner.

hicran [. -] **1.** separation; **2.** sadness.

hicret, -ti **1.** emigration; **2.** *eccl.* the Hegira; ~ etm. to migrate.

hicri of the Hegira; ~ takvim the Moslem calendar.

hicvetmek [x . .] to satirize; to lampoon.

hicviye satirical poem; lampoon.

hiç, -çi **1.** never, not at all; **2.** nothing (at all); **3.** *(in negative sentences and questions)* ever; at all; **4.** ♈ zero, nil; ~ bir not even one; ~ biri none of them; ~ bir surette in no way, by no means; ~ bir şey nothing (at all); ~ bir yerde nowhere; ~ bir zaman never; ~ de not at all; ~ değil no, not at all; ~ değilse at least; ~ kimse nobody, no one; ~ kuşku yok beyond a doubt, undoubtedly!; ~ mi hiç really never; ~ olmazsa at least; ~ öyle şey olur mu? is it possible?, it won't do; ~ yoktan for no reason at all; ~ yoktan iyi better than nothing at all; ~ yoktan kavga çıkarmak to kick up a row for no reason; -e saymak to make light (-i of), to disregard.

hiçleşmek to become insignificant.

hiçlik **1.** nullity, nothingness; **2.** poverty.

hiçten **1.** worthless; **2.** unnecessarily.

hidayet, -ti [ā] **1.** the way to Islam, the right way; **2.** ♀ *mf. or wf.*; **-e ermek** to become a Moslem.
hiddet, -ti anger, fury, rage.
hiddetlendirmek to anger.
hiddetlenmek to get angry (*or* furious).
hiddetli angry, furious.
hidrasit ⚗ hydracid.
hidrat, -tı ⚗ hydrate.
hidrobiyoloji hydrobiology.
hidrodinamik hydrodynamic(s).
hidroelektrik hydroelectric; **~ santralı** hydroelectric power plant.
hidrofil **1.** hydrophilic; **2.** absorbent; **~ pamuk** absorbent cotton.
hidrofobi hydrophobia.
hidrofor pressure tank for a water supply.
hidrojen ⚗ hydrogen; **~ bombası** hydrogen bomb, H-bomb.
hidrokarbon ⚗ hydrocarbon.
hidroklorik asit ⚗ hydrochloric acid.
hidroksil ⚗ hydroxyl group.
hidroksit, -ti ⚗ hydroxide.
hidrolik hydraulic(s); **~ fren** hydraulic brake.
hidroliz hydrolysis.
hidroloji hydrology.
hidromekanik **1.** hydromechanics; **2.** hydromechanical.
hidrometre hydrometer.
hidrosfer hydrosphere.
hidroskopi water-divining, dowsing, rhabdomancy.
hidrostatik hydrostatic(s).
hidroterapi hydrotherapy.
higrometre hygrometer.
higroskop, -pu hygroscope.
hikâye **1.** story, tale, narration; **2.** F tall story, whopper; **~ bileşik zamanı** *gr.* compound tense formed by adding the past tense; **~ etm.** to narrate, to tell, to relate.
hikâyeci **1.** storyteller, narrator; **2.** short story writer.
hikâyecilik **1.** the art of storytelling; **2.** short story writing.
hikâyeleme narration.
hikmet, -ti **1.** wisdom; **2.** philosophy; **3.** hidden (*or* inner) meaning; **4.** purpose, point; **5.** the unknowable intentions of God; **6.** † physics; **7.** ♀ *mf. or wf.*; **-inden sual olunmaz** Heaven only knows why.
hilaf **1.** opposite, contrary; **2.** F lie; **~ olmasın!** F if I'm not mistaken!; **~ söylemek** to tell a lie; **-ına** contrary (**-in** to), in opposition (*or* contravention) (**-in** to).
hilafet, -ti Caliphate.
hilafsız for sure, surely, undoubtedly.
hilal, -li **1.** crescent moon; **2.** crescent; **3.** † pointer *(once used by children learning to read)*; **~ gibi** narrow and arched *(eyebrow)*.
hile [ī] **1.** trick, ruse, deceit, wile, fraud; **2.** adulteration; **~ hurda bilmez** (*or* **-si hurdası yok**) there is nothing tricky about him; **~ yapmak** **1.** to cheat, to swindle, to trick; **2.** to adulterate.
hilebaz, hilekâr *s.* hileci.
hileci [- . .] **1.** deceitful, tricky, dishonest; **2.** swindler, trickster, fraud.
hilecilik trickery, fraud.
hilekârlık *s.* hilecilik.
hileli [- . .] **1.** tricky; ⚖ fraudulent; **2.** adulterated, impure; **~ iflas** ⚖ fraudulent bankruptcy.
hilesiz **1.** honest, upright; **2.** aboveboard, free of fraud (*or* trickery); **3.** unadulterated, pure.
hilkat, -ti **1.** creation; **2.** natural disposition; nature; **~ garibesi** monstrosity, freak.
himaye [ā] **1.** protection, defence; **2.** support, patronage; **~ etm.** to protect; to patronize; **-sinde** *(b-nin)* under the protection of *s.o.*; **-sine almak** *(b-ni)* to take *s.o.* under one's protection, to take *s.o.* under one's wing.
himayecilik [ā] ⚖ protectionism.
himayeli [ā] **1.** protected; **2.** ⚔ escorted *(ship, etc.)*.
himayesiz [ā] **1.** unprotected; **2.** ⚔ unescorted *(ship, etc.)*.
himmet, -ti **1.** auspices, help, favo(u)r; **2.** effort, labo(u)r, zeal; **~ etm.** to help, to exert *o.s.* (**-e** for); **-in var olsun!** all thanks for your help!; **-inizle** thanks to you, by your help.
hindi *zo.* turkey; **~ gibi kabarmak** *fig.* to be full of o.s.
hindiba [ā] ⚘ chicory, succory.
Hindistan [ā] *pr. n.* India.
hindistancevizi, -ni ⚘ **1.** coconut (palm); **2.** nutmeg (tree).
Hindu *pr. n.* Hindu.
hinoğluhin F **1.** devil; shyster; **2.** very sly (*or* tricky).
Hint, -di **1.** Indian; **2.** India; **~ Avrupa dilleri** Indo-European languages; **~ fakiri** fakir; **~ Okyanusu** Indian Ocean.
hintarmudu, -nu ⚘ guave tree.
hintbademi, -ni ⚘ cacao tree.
hintbezelyesi, -ni ⚘ horse grain (*or* gram).
hintdarısı, -nı ⚘ pearl millet.
hinterlant, -dı hinterland.
hintfıstığı, -nı ⚘ physic nut.
hintgüreşi, -ni *sports:* Indian wrestling.

hinthıyarı, -nı ⚘ cassia, drumstick tree.
hinthurması, -nı ⚘ palmyra.
hintkamışı, -nı ⚘ rattan palm.
hintkeneviri, -ni ⚘ (Indian) hemp, bhang, cannabis.
Hintli Indian.
hintyağı, -nı castor oil.
hiperbol, -lü ⩑ hyperbola.
hiperbolik ⩑ hyperbolic.
hiperboloit ⩑ hyperboloid.
hipermetrop, -pu farsighted, hypermetropic.
hipertansiyon ⚕ hypertension, high blood pressure.
hipnotizma hypnosis, hypnotism.
hipnoz hypnosis.
hipodrom hippodrome.
hipofiz the pituitary gland.
hipopotam *zo.* hippopotamus.
hipotansiyon ⚕ low blood pressure.
hipotenüs ⩑ hypotenuse.
hipotez hypothesis.
hippi hippy. hippie.
hippilik hippiness.
his, -ssi **1.** feeling, emotion, perception; **2.** sensation, feeling, sentiment; **3.** sense; -lerine kapılmak to be ruled by one's emotions; -sini vermek to give the impression that.
hisar [ā] **1.** fort, fortress, castle; **2.** ♪ B flat.
hislenmek to be touched (*or* affected *or* moved).
hisli sensitive, sentimental, emotional.
hisse 1. share, lot, part, allotted portion; **2.** *fig.* lesson; ~ çıkarmak to take offence (*-den* at); ~ kapmak to draw a lesson (*-den* from); ~ sahibi shareholder; joint owner; ~ senedi ⚚ share.
hissedar [ā] = hisse sahibi.
hisseişayia [. . . - . .] ⚖ co-ownership.
hisseişayialı [. . . - . . .] ⚖ jointly owned.
hisseli divided into shares; jointly owned.
hisset, -ti miserliness.
hissetmek [x . .] to feel, to sense, to perceive; hissedilir perceptible, noticeable.
hissettirmek *(b-ne bşi)* **1.** to cause *s.o.* to perceive *s.th.*; **2.** to let *s.o.* know about *s.th.*
hissi emotional, sentimental; sensible, sensorial.
hissiselim [. . . -] common sense.
hissiyat, -tı [ā] feelings; emotions; -a kapılmak to be ruled by one's emotions.
hissiz 1. unfeeling, insensitive, callous; **2.** numb, asleep.
hissizlik 1. insensitivity; **2.** numbness.
histeri hysteria.
histoloji ⚕ histology.
hişt, hişt, -ti F hey!, look here!
hitabe [ā] address, speech.
hitaben [ā] addressing, speaking (*-e* to); addressed (*-e* to).
hitabet, -ti [ā] oratory, rhetoric, eloquence.
hitam [ā] end, conclusion, close; completion; ~ bulmak (*or* -a ermek) to come to a conclusion; ~ vermek to bring to an end.
hitap, -bı [ā] address, speech, discourse; ~ etm. to address.
Hitit, -ti *pr. n.* Hittite.
Hititçe *pr. n.* Hittite (language).
hiyerarşi hierarchy.
hiyeroglif hieroglyph.
hiza [ā] line, level; -sına kadar up to level (*-in* of); -ya gelmek **1.** to line up, to form a line; **2.** *fig.* F to get into line, to shape up; -ya getirmek **1.** to line up *(people)*; to straighten, to align; **2.** *fig.* F *(b-ni)* to bring *s.o.* into line.
hizalamak to become aligned.
hizip, -zbi clique, faction *(group)*.
hizipçi factionary.
hizipçilik cliquishness.
hizipleşmek to separate into factions.
hizmet, -ti **1.** service; **2.** duty; employment; **3.** care, maintenance; ~ akdi ⚖ contract of service; ~ eri ⚔ orderly batman; ~ etm. to serve, to render service; ~ görmek to serve, to render service; -e girmek **1.** to be put into service (*or* operation); **2.** to begin working in the civil service; -inde bulunmak *(b-nin)* to be in the service of *s.o.*; -ine girmek *(b-nin)* to be in *s.o.'s* employment.
hizmetçi servant, maid, maidservant; ~ kadın charwoman; ~ kız maidservant; ~ tutmak to put in a maid.
hizmetçilik working as a maid.
hizmetkâr manservant.
hizmetkârlık working as a manservant.
hizmetli caretaker.
hobi hobby.
hoca [x .] **1.** *eccl.* hodja; **2.** teacher; -nın dediğini yap, yaptığını yapma *pro.* do as I say, not as I do.
hocalık 1. *eccl.* rank and duties of a hodja; **2.** teaching.
hodan ⚘ borage.
hodbehot [x . .] of one's own accord.
hodbin [ī] egoistic, selfish.
hodkâm = hodbin.
hodpesent, -ti conceited.
hodri [x .]: ~ meydan! come and try!, I dare you!
hohlamak to breathe (*-e* on), to blow one's breath (*-e* upon).

hokey *sports:* hockey.
hokka 1. inkwell, inkpot, inkstand; 2. pot, cup; ~ gibi oturmak to fit like a glove *(clothes).*
hokkabaz 1. juggler, conjurer; 2. *fig.* shyster, cheat.
hokkabazlık 1. juggling, sleight of hand; 2. *fig.* put-up job; trickery.
hol, -lü entrance hall, vestibule.
holding ⚚ holding company.
Hollanda [. x .] *pr. n.* Holland, the Netherlands.
Hollandalı *pr. n.* Dutchman.
holmiyum ⚗ holmium.
homo F homo, homosexual.
homogen, homojen homogeneous.
homoseksüel homosexual.
homurdanmak to grumble (*-e* at), to mutter to o.s.
homur homur in a muttering way.
homurtu 1. mutter(ing); 2. growl *(of a bear).*
hop, -pu 1. all of a sudden; 2. jump, skip; 3. oops!; ~ ~! stop!, whoa!; ~ ~ sıçramak to jump for joy; ~ oturup ~ kalkmak to be like a cat on hot bricks.
hoparlör loudspeaker.
hoplamak 1. to jump; to skip along; 2. to jump for joy.
hoplatmak *caus. of* hoplamak, *part.* to dandle; to bounce on one's knee *(a child).*
hoppa *flighty,* frivolous *(woman).*
hoppala [x . .] 1. upsy-daisy!; 2. how odd!, what an idea!; 3. that's just it!; 4. baby's play-chair hung by a spring; ~ bebek a childish person.
hoppalık levity, flightiness, frivolity.
hopurdatmak to slurp.
hor contemptible, despicable; ~ bakmak (*or* görmek) to look down on; ~ kullanmak to be hard (*-i* on), to misuse; ~ tutmak to mistreat; -a geçmek to be welcome.
hora [x .] a round dance; ~ tepmek 1. to dance a round dance; 2. *fig.* to stamp noisily.
horan a folk dance of the Black sea region.
horanta [. x .] P household, family.
horda horde.
horgörü contempt.
horhor water flowing noisily.
horlamak 1. to snore; 2. *fig.* to insult, to treat with contempt, to ill-treat.
hormon *biol.* hormone.
hornblent *geol.* hornblende.
horoz 1. *zo.* cock, rooster; 2. hammer *(of a gun),* cock; 3. bridge *(of a lock);* ~ akıllı (*or* kafalı) harebrained, brainless; ~ döğüşü cockfight; ~ şekeri lollipop in the shape of a rooster; -dan kaçmak to avoid the company of men *(woman);* -lar öttü morning has broken; -u çok olan köyde sabah geç olur *pro.* too many cooks spoil the broth.
horozayağı, -nı cartridge extractor.
horozlanmak to swagger, to bluster, to strut about.
horozsıklet, -ti *sports:* featherweight.
hortlak ghost, specter.
hortlamak 1. to rise from the grave and haunt people; 2. *fig.* to rearrise *(trouble, etc.).*
hortum 1. *zo.* trunk, proboscis; 2. ⊕ hose; 3. *meteor.* whirlwind, waterspout; ~ gibi long *(nose);* ~ sıkmak to direct a fire hose (*-e* at).
hortumlu 1. having a trunk; 2. *zo.* proboscidian; 3. ⊕ with a hose attached.
hortumlular *zo.* proboscidea.
horuldamak *s.* horlamak 1.
horul horul snoring loudly.
horultu snore, snoring.
hostes stewardess; air hostess.
hoş 1. pleasant, nice, lovely; 2. for that matter, as far as that's concerned; 3. fine, but...; ~ bulduk! thank you! *(said in reply to a welcoming greeting);* ~ geçinmek *(b-le)* to get on well with *s.o.;* ~ geldiniz! welcome!; ~ görmek to tolerate, to overlook; ~ tutmak *(b-ni)* to treat *s.o.* warmly; -a gitmek to be pleasing; -una gitmek to please, to be agreeable (*-in* to).
hoşaf stewed fruit; ~ gibi bushed, worn-out; -ın yağı kesilmek *(b-de)* to be flabbergasted, to be at a loss for words; -ına gitmek F to please.
hoşbeş small talk; ~ etm. to have small talk, to chitchat.
hoşça [x .] pretty well, somewhat pleasant; ~ kalın! so long!, bye!, cheers!
hoşgörü tolerance.
hoşgörülü tolerant.
hoşgörüsüz intolerant.
hoşgörüsüzlük intolerance.
hoşhoş bow-wow, woof-woof, doggy, doggie.
hoşlanmak to like, to enjoy, to be pleased (*-den* with).
hoşlaşmak 1. to become pleasant and agreeable; 2. to like each other.
hoşluk 1. pleasantness; 2. strangeness.
hoşnut, -du [ū] pleased, satisfied, contented (*-den* with); ~ etm. *(b-ni)* to please

s.o.; ~ olm. to be pleased (*-den* with).
hoşnutluk contentment, satisfaction, pleasure.
hoşnutsuz displeased, discontented.
hoşnutsuzluk discontent, dissatisfaction.
hoşor *sl.* plump and pretty *(woman)*.
hoşsohbet, -ti conversable, conversationalist.
hoşt, -tu shoo!, scram!
hoşur 1. worthless; **2.** uncouth, crude.
hotoz 1. crest, tuft; **2.** bun, topknot *(of hair)*; **3.** † headdress *(for women)*.
hovarda 1. spendthrift, profligate; **2.** womanizer, rake; **3.** womanizing, rakish.
hovardalaşmak 1. to become a spendthrift; **2.** to become a womanizer.
hovardalık 1. profligacy; **2.** womanizing; ~ etm. **1.** to womanize; **2.** to spend money extravagantly.
hoyrat, -tı rough, coarse *(person)*.
hödük boorish, uncouth.
höpürdetmek to slurp.
höpürtü slurp.
hörgüç, -cü *zo.* hump.
hörgüçlü humped.
höst, -tü **1.** whoa!; **2.** *sl.* hey you bastard!
höt, -tü boo!; ~ demek to bark (*-e* at), to speak sharply (*-e* to); ~ zöt browbeating.
höyük tumulus, artificial hill (*or* mound).
hu [-] **1.** hey there!; **2.** He *(God)*.
hububat, -tı [. - -] grain, cereals.
Huda [ā] God.
hud'a trick.
hudayinabit, -ti [ā, ā] wild, self-sown, volunteer *(plant)*.
hudut, -du [. -] **1.** boundary, border, frontier; **2.** end, limit; ~ dışı etm. *(b-ni)* to expel *s.o.* from the country.
hudutlandırmak to limit, to put a limit (to).
hudutlu limited.
hudutsuz unlimited, boundless.
hukuk, -ku [. -] **1.** law, jurisprudence; **2.** ⚖ rights; **3.** friendship; **4.** = Hukuk Fakültesi; ~ davası civil lawsuit; ~ doktoru doctor of law; ≗ Fakültesi law school; ~ mahkemesi civil court; ~ müşaviri legal adviser.
hukukçu jurist.
hukuki [. - -] legal, juridical; ~ muamele legal action.
hukuklu law student.
hulasa 1. summary, résumé; **2.** in short (*or* brief), summing up; **3.** ⚗ extract; ~ etm. to sum up, to summarize.
hulliyat, -tı [ā] valuable jewelry.
hulûl, -lü **1.** penetration; infiltration; **2.** osmosis; **3.** arrival, beginning *(of a season)*.
hulus sincerity, purity of heart; ~ çakmak F *(b-ne)* to curry favo(u)r with *s.o.*
huluskâr 1. sincere, genuine; **2.** flatterer.
hulya [ā] daydream, fancy; -ya dalmak to daydream.
hulyalı [ā] dreamy, romantic; fanciful.
humar [ā] hangover *(from drink)*; logi-ness *(from sleep)*.
humma ⚕ fever.
hummalı ⚕ feverish *(a. fig.)*
humus humus.
hunhar [. -] bloodthirsty.
hunharca [. - .] **1.** cruelly, brutally; **2.** brutal, savage.
hunharlık bloodthirstiness.
huni funnel.
hunnak, -kı [ā] ⚕ quinsy.
hura hurray!, hurrah!
hurafe [ā] superstition.
hurç, -cu large leather saddlebag.
hurda 1. scrap iron (*or* metal), junk; **2.** scrap *(metal)*; **3.** *fig.* worn-out; ~ demir scrap iron; ~ fiyatına very cheaply; -sı çıkmış worn-out.
hurdacı scrap iron dealer, junk dealer, secondhand metal dealer.
hurdahaş [ā] bashed up, crushed; ~ etm. to smash to bits; ~ olm. **1.** to be smashed to bits; **2.** *fig.* to become bushed; araba kazadan sonra ~ oldu the car was a write-off after the accident.
huri [ū] *isl. myth.* houri; ~ gibi as pretty as a picture *(girl)*.
hurma ⚘ date; ~ ağacı ⚘ date palm; ~ tatlısı a date-shaped sweet.
hurmalık date grove.
huruç [. -] departure, exodus.
hurufat, -tı [. - -] *typ.* type(face); ~ dökmek to cast type; ~ kasası type case.
husuf [. -] eclipse *(of the moon)*.
husul, -lü [. -] occurrence, appearance, coming into existence; ~ bulmak (*or* -e gelmek) to occur, to come into existence; -e getirmek to bring about, to accomplish.
husumet, -ti [. - .] hostility, enmity; ~ beslemek to nourish hostility (*-e* towards).
husus [. -] **1.** subject, matter, question; case; **2.** particularity, pecularity; relation, respect; -unda regarding, with reference to, in connection with; bu -ta in this matter (*or* connection).
hususi [. - -] **1.** particular, special, distinctive, characteristic; **2.** personal, private: **3.** reserved *(seat)*; **4.** F privately owned automobile.
hususiyet, -ti [. - . .] **1.** characteristic, peculiarity, trait; **2.** intimacy.
hususuyla [. - - .] [. - x .] particularly, es-

pecially.
husye ♀ testis, testicle.
huş ♀ birch.
huşu, -u [. -] **1.** modesty, humility; **2.** submission to God.
huşunet, -ti [. - .] severity, harshness.
hutbe *eccl.* khutbah *(sermon delivered at the noon prayer on Friday and on certain other occasions).*
huy 1. habit, temper, disposition, temperament; **2.** nature; ~ edinmek (*or* etm. *or* kapmak) to get into the habit (of), to take to; -u suyu *(b-nin)* one's nature and disposition; -una çekmek *(b-nin)* to take after *s.o.*, to resemble *s.o.*; -una suyuna gitmek to humo(u)r, to indulge.
huylandırmak 1. to upset, to molest; **2.** to frighten, to startle *(animal).*
huylanmak 1. to be irritated, to get nervous, to become uneasy; **2.** to get excited; **3.** to shy *(animal).*
huylu 1. ... tempered; **2.** bad-tempered, irritable, touchy, cross; **3.** suspicious.
huysuz bad-tempered, irascible; petulant, peevish.
huysuzlanmak to fuss, to fret *(child).*
huysuzlaşmak to become fretful *(child)*; to become peevish.
huysuzluk fractiousness, bad temper, petulance; ~ etm. to show bad temper; huysuzluğu tutmak to have a fit of bad temper.
huzme *phys.* **1.** bundle, bunch; **2.** light beam.
huzur [. -] **1.** peace of mind, repose, comfort, quiet; **2.** presence, attendance; **3.** presence, access *(of an emperor)*; ~ ve asayiş peace and security; ~ vermek *(b-ne)* **1.** to leave *s.o.* alone, not to bother *s.o.*; **2.** to bring *s.o.* comfort and joy, to soothe *s.o.*; -una çıkmak *(b-nin)* to have access to *s.o.*; -unda in the presence (*-in* of); -unu kaçırmak to trouble, to disturb.
huzurevi, -ni rest home.
huzurlu 1. peaceful, tranquil; **2.** happy, untroubled.
huzursuz troubled, uneasy.
huzursuzluk uneasiness, disquiet.
hüccet, -ti (legal) document; argument, proof.
hücra [. -] remote, solitary *(place).*
hücre 1. *biol.* cell; **2.** cell; chamber, room; **3.** niche, alcove.
hücrelerarası, -nı *biol. & anat.* intercellular.
hücum [ū] **1.** attack, assault; charge; **2.** sudden crowding, rush; **3.** lash of criticism, verbal attack; ~ etm. **1.** to attack, to storm; **2.** *fig.* to mob, to rush to *(a place)*; ~ kıtası (*or* kolu) ⚔ storm troops; -a uğramak to be attacked (*or* assailed).
hücumbot, -tu ⚔ assault boat.
Hüda [. -] God.
hükmen [x .] *sports:* by the decision of a referee; ~ galip *sports:* won by the decision of a referee.
hükmetmek [x . .] **1.** to rule, to govern, to dominate; **2.** to decide, to conclude.
hükmi [ī] **1.** legal; judicial; **2.** nominal; ~ şahıs (*or* şahsiyet) ⚖ legal person.
hüküm, -kmü **1.** judg(e)ment, decision, decree, sentence; **2.** jurisdiction, sovereignty, sway, rule; **3.** opinion, thought, assumption; **4.** legality, validity, authority; **5.** influence, importance, effect; **6.** grip, force, hold; ~ giydirmek to pass sentence (*-e* on); ~ giymek to be condemned (*or* sentenced); ~ sürmek **1.** to reign, to rule; **2.** *fig.* to prevail; ~ vermek **1.** to bring in a verdict; **2.** to pass sentence, to condemn; hükmü geçmek **1.** to have authority (*-e* over), to carry weight (*-e* with); **2.** to expire *(validity)*, to be over with; hükmü kalmadı (*or* yoktur) it is invalid; hükmünde olm. to be considered (as), to be of the same effect (as); hükmünü geçirmek to assert one's authority (*-e* over); hükümden düşmek to be invalid.
hükümat, -tı *sl.* prison warden.
hükümdar [ā] ruler, monarch, sovereign.
hükümdarlık 1. rulership, sovereignty; **2.** empire, kingdom.
hükümet, -ti **1.** government, administration, state; **2.** government building (*or* office); ~ darbesi coup d'état; ~ kapısı government office; ~ konağı government office; ~ merkezi capital, seat of government; ~ sürmek to rule, to reign, to govern; -i devirmek to overthrow the government; -i kurmak to form a government.
hükümlü 1. sentenced, condemned; **2.** convict.
hükümran [ā] sovereign.
hükümranlık [ā] sovereignty.
hükümsüz invalid, null; ~ kılmak to invalidate, to nullify, to annul.
hükümsüzlük nullity.
hülle † interim marriage necessary before a divorced couple could remarry.
hümanist, -ti humanist(ic).
hümanizm humanism.
hümayun [. - -] *hist.* royal, imperial.
hüner skill, talent, ability, dexterity; ~ göstermek to show skill (*or* proficiency)

(*-de* in).
hünerli 1. skillful, talented, dexterous, proficient; 2. done with skill.
hünersiz unskilled.
hüngürdemek to sob violently, to wail loudyl.
hüngür hüngür sobbingly; ~ ağlamak to sob, to blubber, to boohoo.
hüngürtü sob.
hünkâr *hist.* sovereign, sultan.
hünnap, -bı ⚘ jujube.
hünsa [ā] *biol,* ⚘, *zo.* 1. hermaphrodite; 2. hermaphroditic.
hür free; unconstrained, untrammeled; ~ düşünce free thought.
hürmet, -ti respect, regard, veneration; ~ etm. to respect, to hono(u)r, to venerate; -le respectfully; -lerimle respectfully yours, with my respects.
hürmeten [x . .] out of respect.
hürmetkâr respectful.
hürmetli 1. respectful, deferent; respected; 2. *fig.* huge, large, considerable.
hürmetsiz disrespectful.
hürmetsizlik discrespect; ~ etm. to be disrespectful (*-e* to).
hürriyet, -ti freedom, liberty; -i seçmek to throw off the yoke.
hürya [x .] in a rush; ~ etm. to rush out (*or* in).
hüsnühal, -li [ā] good conduct; ~ kâğıdı certificate of good conduct, reference.
hüsnükabul, -lü [. . . -] warmly reception; ~ göstermek *(b-ne)* to receive *s.o.* warmly.
hüsnükuruntu *co.* wishful thinking.
hüsnüniyet, -ti good intention (*or* will *or* faith); ~ sahibi goodwilled.
hüsnütelakki favo(u)rably biased interpretation.
hüsnüyusuf ⚘ sweet william.
hüsran [. -] 1. disappointment, frustration, let-down; 2. loss, damage; -a uğramak to be disappointed (*or* let down).
hüsün, -snü † beauty.
hüthüt, -tü *zo.* hoopoo, hoopoe.
hüviyet, -ti 1. identity (card); 2. *fig.* character, quality; ~ cüzdanı identity card, ID card.
hüzün, -znü sadness, sorrow, grief, melancholy.
hüzünlendirmek to sadden.
hüzünlenmek to feel sad, to sadden.
hüzünlü sad, sorrowful.
Hz. *abbr. of* Hazretleri.

I

ıcık: ıcığını cıcığını çıkarmak F to go over with a fine-tooth comb.
ığıl P still water.
ığıl ığıl slowly; ~ akmak to flow slowly, to gurgle.
ığrıp, -bı trawl (net); ~ çevirmek *fig.* to make the best use of s.th.; ~ kayığı trawler.
ıh! *cry used to make a camel kneel.*
ıhlamak to groan, to moan.
ıhlamur 1. ⚘ linden tree, lime-tree; **2.** linden-flower *(tea).*
ıhmak to kneel down *(camel).*
ıkıl ıkıl in gasps, gaspingly; ~ nefes almak to gasp for breath.
ıkınmak 1. to strain while defecating; **2.** to grunt, to moan; ıkınıp sıkınmak F **1.** to grunt and strain; **2.** to try hard.
ıklamak 1. to huff and puff, to breathe heavily; **2.** to sob; ıklaya sıklaya with the greatest effort.
ıklım tıklım up to the brim; brimful.
ılgar 1. gallop; **2.** cavalry raid; ~ etm. to raid.
ılgarlamak to raid, to foray.
ılgım mirage.
ılgın ⚘ tamarisk.
ılgıt ılgıt gently, lighty.
ılıca hot spring, spa.
ılıcak tepid, warm, lukewarm.
ılık tepid, lukewarm; warmish, mild.
ılıklaşmak to become tepid (*or* lukewarm), to warm up slightly.
ılıklaştırmak to make lukewarm.
ılıklık tepidity, warmness.
ılım moderation.
ılımak *s.* ılıklaşmak.
ılıman temperate; ~ bölge Temperate Zone.
ılımlı moderate, middle-of-the-road.
ılımlılık moderateness.
ılınmak *s.* ılıklaşmak.
ılıştırmak to make lukewarm.
ılıtmak *s.* ılıklaştırmak.
ımızganma 1. dozing; **2.** wavering, indecision; **3.** smoldering; ~ halleri *psych.* hypnagogic images (*or* hallucinations).
ımızganmak 1. to doze, to be half asleep; **2.** to waver *(between two opinions)*; **3.** to die down, to smolder *(fire).*
ıpıslak completely wet, soaked.
ıpıssız very desolate, entirely uninhabited.
ır song; tune.
ıra characteristic, trait.
ırabilim characterology.
ırak far, distant, remote.
Irak, -kı *pr. n.* Iraq.
ırakgörür telescope.
ıraklaşmak to go (*or* move) away.
Iraklı *pr. n.* Iraqi.
ıraklık distance.
ıraksak ⩚ & *phys.* divergent.
ıraksama 1. *vn. of* ıraksamak; **2.** ⩚ & *phys.* divergence.
ıraksamak to consider improbable.
ıralamak to characterize.
ıramak to go (*or* move) away (*-den* from).
ırgalamak 1. to shake, to rock; **2.** *sl.* to interest, to concern.
ırgamak to shift, to move, to budge.
ırgat, -tı 1. day-labo(u)rer, workman; **2.** windlass, winch; ~ başı foreman, overseer; ~ gibi çalışmak *fig.* to sweat blood; ~ pazarı labo(u)r market.
ırgatlık day-labo(u)r.
ırk, -kı 1. race; **2.** lineage, blood; ~ ayrımı racial discrimination.
ırkçı racist.
ırkçılık racialism, racism.
ırki racial.
ırkiyat, -tı ethnology.
ırktaş of the same race.
ırlamak to sing.
ırmak river.
ırz chastity, purity ,hono(u)r; ~ düşmanı rapist; ~ ehli virtuous, chaste, honest; -a geçme (*or* tecavüz) ⚖ rape; -ına geçmek (*or* tecavüz etm.) **1.** *(b-nin)* to rape *s.o.*, to violate *s.o.*; **2.** *fig.* to bastardize, to debase. to adulterate.
ıs (legal) owner.
ısdar [ā] loom.
ısı 1. heat, warm; **2.** temperature; ~ dam Turkish bath; ~ kuşak tropical zone.
ısıalan ⚗ endothermal, endothermic.
ısıdenetir thermostat.

ısıldeğer thermal value.
ısın *phys.* calorie.
ısınma warming; ~ koşusu *sports:* warm-up run.
ısınmak 1. to grow warm; 2. to warm o.s.: 3. *fig.* to warm (*-e* to), to get accustomed (*-e* to).
ısıölçer 1. thermometer; 2. calorimeter.
ısırgan 1. ⚘ stinging nettle; 2. snappish, snappy *(animal)*.
ısırgın heat rash, prickly heat.
ısırıcı 1. biting *(cold)*; 2. snappish *(animal)*; 3. scratchy *(cloth)*.
ısırık 1. bite; 2. a bite (*or* mouthful).
ısırmak 1. to bite; 2. *fig.* to scratch, to irritate *(cloth)*; ısıran it dişini göstermez *pro.* barking dogs seldom bite.
ısıtıcı heater.
ısıtmak to warm, to heat.
ısıveren ⚗ exothermic, exothermal.
ıska *sl.* miss, muff; ~ geçmek *sl.* 1. to miss, to fail to hit; 2. *fig.* to overlook, to ignore.
ıskaça ⚓ step *(of a mast)*.
ıskala [. x .] ♪ scale.
ıskarça [. x .] 1. ⚓ congestion *(in a harbour)*; 2. packed, crowded.
ıskarmoz 1. ⚓ rib; 2. ⚓ oarlock, thole (pin); 3. *zo.* barracuda.
ıskarta [. x .] 1. *cards:* discard; 2. discarded; 3. † waste; ~ etm. (*or* -ya çıkarmak) to discard; ~ mal waste goods; -ya çıkmak to be discarded.
ıskat, -tı 1. dropping; 2. *alms given on behalf of the dead as compensation for their neglected religious duties.*
ıskatçı 1. person receiving alms from mourners; 2. beggar at the graveside.
ıskonto [. x .] 1. † discount; 2. price reduction; ~ etm. (*or* yapmak) 1. to reduce the price of; 2. † to discount.
ıskota [. x .] ⚓ sheet; clew line.
ıskuna [. x .] ⚓ schooner.
ıslah [ā] 1. improvement, correction, reform; 2. amendment, rectification; ~ etm. 1. to amend, to improve; 2. to discipline, to reform; ~ olmaz F incorrigible.
ıslahat, -tı [. - -] reform, improvement, amendment; ~ yapmak to make reforms.
ıslahatçı [. - - .] reformer, reformist.
ıslahevi, -ni [. - . .] reformatory, approved (*or* reform) school.
ıslahhane *s.* ıslahevi.
ıslak wet; damp.
ıslaklık wetness; dampness.
ıslamak *s.* ıslatmak 1.
ıslanmak to get wet, to be wetted.
ıslatmak 1. to wet ;to dampen; to moisten; 2. *sl.* to cudgel, to thrash; 3. F celebrate by a booze-up, to wet.
ıslık 1. whistle; 2. hiss; ~ çalmak 1. to whistle; 2. to hiss *(snake)*; 3. to whistle (*-e* at, to).
ıslıklamak to boo, to give s.o. the bird, to hiss.
ıslıklı whistling, hissing *(sound)*; ~ ünsüz *gr.* sibilant.
ısmarlama 1. *vn. of* ısmarlamak; 2. made-to-order, bespoke, custom made, made-to-measure; 3. slapdash, superficial; ~ elbise tailor-made (*or* custom-made) suit.
ısmarlamak 1. *(b-ne)* to order s.th. from *s.o.*; to have *s.o.* make s.th.; 2. *(b-ne)* to treat *s.o.* to *(drink, food)*; 3. to entrust to s.o.; 4. *(b-ne)* to warn *s.o.* to behave *(in a certain manner)*.
ıspanak 1. ⚘ spinach; 2. *sl.* imbecile, idiot.
ıspavli ⚓ cord, twine.
ıspazmoz convulsion, spasm.
ısrar [ā] insistence, persistence; ~ **etm. to** insist (*-de* on), to persist (*-de* in).
ısrarla [. - .] insistently.
ısrarlı [. - .] insistent.
ıssız desolate, forlorn, solitary.
ıssızlaşmak to become desolate.
ıssızlık desolation, forlornness, solitariness.
ıstakoz *zo.* lobster.
ıstampa [. x .] 1. stamp; 2. ink (*or* stamp) pad.
ıstavroz cross, crucifix; ~ çıkarmak to cross o.s.
ıstıfa, -aı [ā] selection.
ıstılah [ā] technical term.
ıstırap, -bı [ā] 1. pain; anguish, misery; 2. bodily suffering; ~ çekmek to suffer; ~ vermek to make s.o. suffer, to afflict.
ıstıraplı [ā] suffering; miserable, anguished.
ışığadoğrulum ⚘ phototropism.
ışık 1. light; 2. any source of light, *part.* lamp; ~ almak *phot.* to be fogged (*or* exposed); ~ oyunu play of light; ~ saçmak to shine, to give off light; ~ tutmak 1. to light the way (*-e* for); 2. to shine alight (*-e* on); 3. *fig.* to shed (*or* throw) light (*-e* on); ~ yılı light year; ışığı altında in the light of.
ışıkçı *thea.* electrician.
ışıkgöçüm ⚘ phototaxy, phototaxis.
ışıkkesen *phot.* light trap.
ışıkküre photosphere.
ışıklandırma lighting, illumination.
ışıklandırmak to light up, to illuminate.
ışıklı illuminated, lighted up, floodlit;

reklam neon sign.
ışıklılık luminance.
ışıkölçer *phys.* photometer; light (*or* exposure) meter.
ışıkölçümü, -nü photometry.
ışıksız unlit, without light.
ışıkyuvarı, -nı *ast.* photosphere.
ışılamak *s.* ışıldamak.
ışıldak 1. bright, sparkling; **2.** searchlight, spotlight, projector, floodlight.
ışıldamak to shine, to sparkle, to gleam, to twinkle.
ışıl ışıl sparklingly, glitteringly.
ışılküf ⚘ actinomycete.
ışıltı flash, spark, glitter, twinkle.
ışıltılı sparkling, glittering, flashy.
ışıma 1. glowing; **2.** *phys.* radiation.
ışımak 1. to glow, to radiate light; **2.** to become light (*or* illuminated).
ışın ⚗ & *phys.* ray; ~ **demeti** pencil of rays.
ışınetki radioactivity.
ışınetkin radioactive.
ışınım radiation.
ışınımölçer *ast.* bolometer.
ışınlama radiation.
ışınlı 1. radiant; **2.** radiolarian.
ışınölçer radiometer.
ışıtmak to illuminate.
ışkı drawknife, spokeshave.
ışkırlak cap worn by Karagöz.
ıştın clay lamp.
ıtır, -trı attar, essence, perfume; ~ **çiçeği** ⚘ geranium.
ıtırlı fragrant, aromatic.
ıtnap, -bı [ā] verbiage.
ıtri perfumed, fragrant.
ıtriyat, -tı [ā] perfumes, essences, attars.
ıtriyatçı [ā] perfumer, perfumier.
ıttıla, -aı [ā] knowledge, information.
ıvır zıvır 1. bits and pieces, bobs and trinkets, baubles; **2.** F nonsensical, rubbish; junky, trifling; **3.** F nonsense, hooey.
ızbandut huge and terrifying man, hulk; ~ **gibi** burly, strapping (*man*).
ızgara [x . .] **1.** grate, grating; **2.** grill, grid, gridiron; **3.** grilled (*fish, meat, etc.*); ~ **köfte** grilled meat balls; ~ **yapmak** to grill.
ızrar [ā] † harming; ~ **etm.** to harm.

İ

iade [ā] 1. return(ing), giving back; 2. refusal, rejection; 3. restoration, restitution; ~ etm. 1. to return (*-e* to), to give back (*-e* to); 2. to refuse, to reject; 3. to restore; iadei ziyaret etm. *(b-ni)* to return *s.o.'s* call.
iadeli [ā] reply-paid *(letter)*; ~ taahhütlü mektup registered and reply-paid letter.
iane [ā] 1. subsidy, donation; 2. help, aid; ~ toplamak to collect contributions.
iare [ā] loan.
iaşe [ā] feeding, victualing; ~ etm. to feed, to sustain; ~ ve ibate room and board, board and lodging.
ibadet, -ti [ā] worship, prayer; ~ etm. to worship.
ibadethane [ā, ā] temple, sanctuary.
ibadullah [ā, ā] abundant.
ibare [ā] sentence; expression; paragraph.
ibaret, -ti [ā] composed (*-den* of), consisting (*-den* of); ~ olm. to consist (*-den* of), to be composed (*-den* of), to be made up (*-den* of).
ibate [ā] sheltering, giving lodging to; ~ etm. to house, to shelter.
ibda, -aı [ā] creating; ~ etm. to create.
ibibik *zo.* hoopoe.
ibik 1. *zo.* comb *(of a fowl)*; 2. *anat.* crista; 3. red tassel *(of a fez)*.
ibikli crested *(bird)*.
İbiş *name of the foolish servant in certain old Turkish plays*; ~ gibi comically foolish.
iblağ 1. delivery; communication; 2. increase, augmentation; ~ etm. 1. to communicate, to transmit; to deliver; 2. to increase (*-e* to).
iblis [. -] 1. satan, the Devil; 2. *fig.* demon, devil, imp.
ibne *sl.* fag, gay, queen, queer.
ibra [ā] acquittance; ~ etm. to release *(from debt)*; ~ kâğıdı quittance.
ibraname [ā, ā] quittance, release.
İbrani [. - -] *pr. n.* Hebrew.
İbranice [. - - .] [. - x .] *pr. n.* the Hebrew language.
ibraz [ā] presentation, showing; ~ etm. to present, to show *(a document)*.
ibre ⊕ needle, pointer.
ibret, -ti 1. warning, lesson, admonition; 2. P strange, queer; ~ almak *(bşden)* to take warning from *s.th.*, to learn a lesson from *s.th.*; ~ olm. to be a warning (*-e* to); -in kudreti F strange and hideous.
ibrik ewer, pitcher.
ibrişim silk thread; ~ kurdu *zo.* silkworm.
icabet, -ti [ā] acceptance *(of an invitation)*, attendance *(at a gathering)*; ~ etm. 1. to accept *(an invitation)*; 2. to accede *(to a request)*.
icap, -bı [- -] 1. necessity, requirement, demand; 2. *log.* affirmation; ~ etm. to be necessary; -ına bakmak 1. to do what is necessary, to see to; 2. *fig.* F to take care of, to kill; -ında if nedeed, at a push (*or* pinch).
icar [- -] rent; -a vermek to lease, to let.
icat, -dı [- -] invention; ~ etm. 1. to invent; 2. to fabricate, to trump up.
icaz [- -] concision, succinctness.
icazet, -ti [ā] 1. permission; 2. † madrasa diploma.
icazetname [ā, ā] † madrasa diploma.
icbar [ā] compulsion, coercion; ~ etm. to force, to compel, to coerce.
icik F: iciğini ciciğini çıkarmak to go over (*or* through) s.th. with a fine-tooth comb.
icmal, -li [ā] summary; ~ etm. to summarize.
icra [ā] 1. execution, performance, carrying out; 2. *(dairesi)* court for claims; 3. ♪ performance; ~ etm. 1. to carry out, to execute; 2. ♪ to perform; to play; to sing; ~ heyeti 1. executive board (*or* committee); 2. ♪ performers; ~ kuvveti executive power; ~ memuru bailiff; ~ vekili minister, member of the cabinet; -ya vermek *(b-ni)* to take *s.o.* to court.
icraat, -tı [ā, ā] performances; operations, actions.
iç, -çi 1. inside, interior; 2. inner, internal; 3. in; among; 4. internal organs of the body; 5. domestic, home; 6. *fig.* mind, heart, will; ~ açı ⩓ interior angle; ~ açıcı heartwarming; ~ açmak to cheer

up; ♀ Anadolu Inner Anatolia; ~ bezelye shelled peas; ~ bulantısı nausea; ~ çamaşırı underwear; ~ çekmek 1. to sigh; 2. to sob; ~ deniz inland sea; ~ donu underpants; ~ etm. F to swipe, to pocket; ~ geçirmek to sigh; ~ gıcıklamak to arouse one's lust; ~ gömleği slip; ~ hat 1. domestic line; 2. domestic communications; ~ içe 1. one inside the other, nested; 2. one opening into another *(room)*; ~ lastik inner tube; ~ merkez focus *(of an earthquake)*; ~ organlar internal organs, viscera; ~ pazar domestic (*or* home) market; ~ pilav pilaf prepared with currants, pine nuts, spices and liver; ~ piyasa *s.* ~ pazar; ~ savaş civil war; ~ sıkıcı dull, boring, tedious; ~ sıkıntısı boredom; ~ sular inland rivers and lakes; ~ ticaret domestic (*or* home) trade; **(içi):** ~ açılmak to feel relieved, to be cheered up; ~ almamak (*or* kabul etmemek) not to feel like eating; ~ bayılmak to feel faint with hunger, to be starving; ~ bulanmak 1. to feel nauseated; 2. *fig.* to get suspicious; ~ burkulmak to be very unhappy; ~ çekmek *(bşi)* to have a longing for *s.th.*, to desire *s.th.*; ~ çıfıt çarşısı *fig.* evil-minded; ~ dar (*or* tez) impatient, restless *(person)*; ~ daralmak to be depressed (*or* distressed); ~ dışı bir unaffected, sincere; ~ dışına çıkmak to be nauseous; ~ erimek to be greatly grieved; ~ ezilmek to feel hungry, to have a sinking feeling; ~ geçmek 1. to doze; 2. F to be worn out; 3. to become overripe *(fruit)*; ~ geniş *fig.* F easy-going, carefree; ~ gitmek 1. to have diarrhea (*or* the squirts); 2. to starve (*-e* for), to hunger (*-e* for); ~ içine sığmamak to be up in the air; ~ içini yemek (*or* kemirmek) to eat one's heart out; ~ kalkmak to have a feeling of nausea; ~ kan ağlamak to be deeply grieved, to be in great sorrow; ~ kararmak to be dismayed; ~ kazınmak to feel very hungry, to starve; ~ paralanmak to be greatly upset; ~ rahat etm. to be relieved; ~ sıkılmak to feel bored; ~ sızlamak to be very unhappy (*-e* about); ~ sürmek ⚕ to have diarrhea; ~ yağ bağlamak to be filled with joy; ~ yanmak 1. to be very thirsty; 2. *fig.* to be very upset; **(içinde):** ~ yüzmek to be rolling in *(money, etc.)*; **(içinden):** ~ çıkmak to accomplish, to solve, to carry out; ~ geçirmek to think about, to consider; ~ geçmek *(b-nin)* to occur to *s.o.*, to cross *one's* mind; ~ gülmek *(b-ne)* to laugh up one's sleeve at *s.o.*; ~ okumak 1. to read to o.s.; 2. *sl.* to swear under one's breath (*-e* at); ~ pazarlıklı backstabbing, two-faced; **(içine):** ~ almak to contain, to hold; to include, to encompass; ~ atmak 1. to keep to o.s. *(problem)*; 2. to brood over *(an insult)*; ~ çekmek to inhale; ~ doğmak to feel in one's bones, to have a presentiment (*or* hunch); ~ etm. *(bşin) sl.* to make a hash (*or* mess) of *s.th.*; ~ işlemek 1. to cut s.o. the quick; 2. to chill s.o. to the bone *(cold)*; to soak s.o. to the skin *(rain)*; ~ kapanık introverted, withdrawn; ~ kurt düşmek to suspect; ~ sıçmak *s.* ~ etm.; ~ sokacağı gelmek *(b-ni)* to be nuts over *s.o.*, to be wild about *s.o.*; **(içini):** ~ bayıltmak 1. to make s.o. feel sick; 2. to talk s.o.'s head off; ~ boşaltmak *s.* ~ dökmek; ~ çekmek to sigh; ~ dökmek to unburden o.s., to unbesom o.s., to make a clean breast of; **(içinin):** ~ yağı erimek to pine away with anxiety; **içler acısı** heart-rendig, heart breaking; **içten içe** underhandedly, secretly.

içbükey concave.

içderi endoderm(is).

içebakış *psych.* introspection.

içecek 1. beverage, drink; 2. potable, drinkable *(water)*; ~ su drinking water.

içedoğma presentiment.

içedönük introverted.

içek *gr.* infix.

içekapanık 1. schizoid; 2. autistic.

içeri, içerisi, -ni 1. inside, interior; 2. inner; 3. in; ~ atmak (*or* tıkmak) *fig.* F to put in clink; ~ buyurun! please come in!; ~ dalmak to barge in, to burst into; ~ düşmek *sl.* to go to clink; ~ girmek 1. to go in, to enter; 2. F to make a loss; 3. F to go to clink; içerde 1. losing; 2. F in clink (*or* stir); içerde olm. F 1. to lose, to be out, to be to the bad *(money)*; 2. to be in clink (*or* stir).

içerik 1. content(s); 2. *log.* implicit.

içerlek 1. sitting back *(building)*; 2. indented *(line)*.

içerlemek to resent.

içermek 1. to contain, to include, to comprise; 2. *log.* to imply.

içgeçit tunnel.

içgözlem introspection.

içgüdü instinct.

içgüdüsel instinctive.

içgüvey, içgüveyisi, -ni man who lives with his wife's parents; -den (*or* -sinden) hallice *fig.* so so.

içici drunkard, alcoholic.

içim 1. sip; 2. taste, flavo(u)r.
içimli 1. having ... taste *(cigarette, etc.)*; 2. pleasant to the taste *(cigarette, etc.)*.
için 1. for; 2. because; 3. so that, in order that; 4. in order to, so as to, to; 5. concerning, about; bunun ~ for this reason.
içinde 1. in, inside; 2. within, in; 3. under *(circumstances)*; 4. having, full of, all; ~ olm. to be included.
içindekiler contents.
için için 1. internally; 2. secretly; ~ ağlamak to weep inwardly.
içirmek *caus. of* içmek to make s.o. drink.
içişleri, -ni *pol.* internal (*or* home) affairs; ♀ Bakanı Minister of Internal Affairs; ♀ Bakanlığı Ministry of Internal Affairs.
içken tippler, boozer, alcoholic.
içki 1. drink, liquor, booze; 2. drinking; ~ âlemi orgy, booze-up, spree; ~ içmek (*or* kullanmak) to drink, to tipple; ~ yasağı prohibition of alcoholic beverages; -ye düşkün addicted to drink.
içkici 1. liquor dealer; 2. drunkard, tippler.
içkili 1. intoxicated; 2. licensed to sell (*or* serve) alcoholic drinks.
içkin 1. immanent; 2. intrinsic, inherent.
içkulak *anat.* inner ear.
içlem *log.* comprehension, connotation, intension.
içlenmek to be affected (*-den* by), to take to heart.
içli 1. having an inside *(kernel, pulp, etc.)*; 2. oversensitive.
içlidışlı intimate, bosom, cheek by jowl; ~ olm. to be bosom friends, to be on intimate terms.
içlik 1. interior; 2. undergarment.
içme 1. *vn. of* içmek; 2. mineral spring; ~ suyu fresh (*or* drinking) water.
içmek, (-çer) 1. to drink; 2. to smoke; 3. to drink, to tipple; 4. to absorb, to imbibe *(fluid)*; içtikleri su ayrı gitmez *fig.* they are hail-fellow-well-met with each other.
içmeler mineral springs.
içmimar interior decorator.
içplazma *biol.* endoplasm.
içsalgı hormone.
içsel 1. internal, inner; 2. spiritual.
içten 1. from within; 2. sincere, from the heart; ~ gelen sincere; ~ yanmalı *mot.* internal-combustion.
içtenlik sincerity.
içtepi *psych.* compulsion.
içtihat [. . -] opinion, conviction.
içtima, -aı [ā] 1. meeting, gathering; assembly; 2. ⚔ muster; 3. *ast.* conjunction; ~ etm. 1. to meet, to assemble; 2. ⚔ to muster.
içtimai [. . - -] social.
içtimaiyat, -tı [ā, ā] sociology.
içtinap [. . -] abstention, avoidance; ~ etm. to refrain (*-den* from), to abstain (*-den* from), to avoid.
içtüzük bylaws, internal regulations, standing rules.
içyağı, -nı suet.
içyapı internal structure.
içyarıçap, -pı ⩓ apothem.
içyüz the inside story, the hidden side, the real truth, true colo(u)rs.
içzar ⚘ intine.
idadi [- - -] *hist.* senior high school.
idam [- -] 1. capital punishment; 2. execution of a death sentence; ~ cezası death sentence; ~ etm. to execute, to put to death; ~ hükmü (*or* kararı) sentence of death; -a mahkûm etm. to condemn to death.
idame [ā] continuation; ~ etm. to continue.
idamlık 1. capital *(crime)*; 2. condemned to death.
idare [ā] 1. administration, management, direction; 2. thriftiness, economy; ~ amiri chief, head administrator; ~ etm. 1. to manage, to administer, to direct, to conduct, to lead; to govern; to control; 2. to economize, to make ends meet; 3. to be enough, to suffice; 4. F *(b-ni)* to handle *s.o.* with kid gloves; 5. F to hush up, to cover up; 6. to drive, to use *(car)*; 7. to stretch *(resources)*; ~ etmez it doesn't pay; ~ heyeti (*or* meclisi) administrative committee; board of directors; ~ hukuku administrative law.
idareci [ā] 1. manager, administrator, organizer; 2. tactful.
idarecilik [ā] 1. administration; 2. tact.
idarehane [ā, ā] administrative office.
idareimaslahat, -tı [. - . . . . .] muddling through.
idareli [ā] 1. efficient, good at managing; 2. thrifty; 3. economical; ~ kullanmak to economize, to husband.
idaresiz 1. inefficient, incompetent; 2. wasteful, uneconomical.
idareten on a day-to-day basis, temporarily.
idari [. - -] administrative, managerial.
idbar [ā] adversity.
iddia [ā] 1. claim, assertion, thesis; 2. insistence; 3. pretension; 4. bet, wager; ~ etm. 1. to claim; to assert, to allege; 2. to insist; 3. to pretend; ~ makamı ⚖ the public prosecutor; ~ olunan şey ⚖ question at issue; -ya girişmek (*or* tutuşmak) to bet, to wager.

iddiacı obstinate, assertive.
iddialı 1. assertive, presumptuous; 2. disputed.
iddianame [ā, ā] ⚖ indictment.
iddiasız unassertive; unpretentious, simple, modest.
ideal, -li 1. ideal; 2. ideal, perfect.
idealist, -ti idealist(ic).
idealizm idealism.
identik ⩓ identical.
identiklik ⩓ identity.
ideoloji ideology.
ideolojik ideological.
idi 1. *(he, she, it)* was; 2. and so on (*or* forth); like, such as.
idil *lit.* idyl.
idiş 1. gelding; 2. gelded, castrated.
idman [ā] 1. workout, training, exercise(s); 2. fitness; ~ yapmak to work out, to exercise, to train.
idmancı [ā] 1. athlete in training; 2. gymnast, gym teacher.
idmanlı [ā] 1. fit, in good shape; 2. *(bşe)* *fig.* experienced in *s.th.*
idrak, -ki [ā] 1. perception, comprehension, understanding; 2. attainment, reaching; ~ etm. 1. to perceive, to apprehend, to comprehend; 2. to attain, to reach.
idrakli [ā] perceptive, intelligent.
idraksiz dull-witted, unintelligent.
idrar [ā] urine; ~ torbası (urinary) bladder; ~ yolu urethra; ~ zorluğu dysuria.
idrisağacı, -nı ⚘ St. Lucie's cherry, mahaleb (cherry).
İETT (*abbr. for* İstanbul Elektrik, Tünel, Tramvay İşletmesi) the Istanbul Electric Power, Funicular and Streetcar Board.
ifa [- -] fulfil(l)ment, performance; ~ etm. to fulfil(l), to execute, to carry out, to perform.
ifade [ā] 1. expression, explanation; 2. statement; 3. ⚖ deposition; 4. *sl.* affair, business; ~ etm. 1. to be of value (*or* significance); 2. to explain, to express; ~ vermek ⚖ to give evidence, to testify; -sini almak 1. ⚖ to interrogate, to grill, to cross-examine; 2. *sl.* to beat up, to wallop.
ifadelendirmek [ā] to make meaningful (*or* expressive).
iffet, -ti 1. chastity; 2. honesty, uprightness.
iffetli 1. chaste, virtuous; 2. honest, upright.
iffetsiz 1. unchaste; 2. dishonest.
iflâh restoration, recovery; ~ olm. to get well (*or* better); ~ olmaz 1. incorrigible *(person)*; 2. hopeless *(situation)*; -ı kesilmek F to be exhausted (*or* done for); -ını kesmek F to wear down.
iflas 1. bankruptcy, insolvency; 2. *fig.* failure; ~ dairesi bankruptcy office; ~ etm. 1. to go bankrupt; 2. *fig.* to fall flat *(idea, plan)*; ~ kararı decree of bankruptcy, adjudication of insolvency; ~ masası bankrupt's assets.
ifrat, -tı [ā] 1. excess, overdoing; 2. exaggeration; -a kaçmak to overdo.
ifraz [ā] 1. separation; 2. ⚖ allotment; 3. *biol.* secretion; ~ etm. 1. ⚖ to allot; 2. *biol.* to secrete.
ifrazat, -tı *biol.* secretions.
ifrit, -ti [.-] malicious demon; ~ kesilmek (*or* olm.) to fly off the handle.
ifsat, -dı [ā] 1. subversion; 2. corruption.
ifşa [ā] disclosure, divulgence; ~ etm. to disclose, to divulge, to reveal, to expose.
iftar [ā] *eccl.* 1. breaking one's fast; 2. the evening meal during Ramadan; ~ etm. to break one's fast; ~ topu *gun fired at sunset during Ramadan as a signal for breaking the fast.*
iftarlık [ā] 1. snack eaten when breaking the fast; 2. suitable for eating when breaking the fast; 3. *fig.* very little.
iftihar [ā] (laudable) pride; ~ etm. to take pride (*ile* in), to be proud (*ile* of); -a geçmek to get on the hono(u)r roll.
iftira [ā] slander, calumny; ~ etm. (*or* atmak) to slander, to calumniate, to blacken.
iftiracı [ā] slanderer.
iğ spindle.
iğbirar [ā] resentment.
iğde ⚘ oleaster, wild olive.
iğdemir ⊕ carpenter's chisel.
iğdiş 1. gelding; 2. castrated, gelded *(animal)*; ~ etm. to castrate, to geld.
iğfal, -li [ā] rape; ~ etm. to rape.
iğne 1. needle; 2. pin; safety pin; 3. brooch, pin; 4. ⊕ pointer, needle; 5. *zo.* stinger; 6. ⚘ style; 7. fishhook; 8. syringe; 9. ⚕ injection, shot; 10. *fig.* pinprick; ~ atsan yere düşmez *fig.* it is packed-out; ~ deliği the eye of a needle; ~ deliğinden Hindistan'ı seyretmek *fig.* to read between the lines; ~ ile kuyu kazmak *fig.* 1. to do a hard job without proper means; 2. to work on a slow and difficult task; ~ ipliğe dönmek *fig.* to become skin and bones, to be worn away to a shadow; ~ vurmak (*or* yapmak) *(b-ne)* to give *s.o.* an injection; ~ yemiş köpeğe dönmek *fig.* to become a bag of bones; -den ipliğe kadar down to the smallest detail; -yi

kendine batır, sonra çuvaldızı başkasına *pro.* do as you would be done by.
iğneardı, -nı backstitch.
iğnedenlik *s.* iğnelik.
iğnelemek 1. to pin (-*e* to); **2.** *fig.* to speak sarcastically.
iğnelenmek 1. *pass. of* iğnelemek; **2.** to have pins and needles.
iğneleyici biting, sarcastic; ~ söz biting word.
iğneli 1. having a needle (*or* pin *or* thorn *or* sting); **2.** pinned; **3.** *fig.* biting, sarcastic (*words*); ~ fıçı *fig.* hot water; ~ fıçıda olm. to be in hot water; ~ söz sarcastic remark.
iğnelik pincushion.
iğneyapraklılar ⚘ Coniferales.
iğrenç, -ci detestable, repulsive, odious, loathsome, disgusting.
iğrendirmek to disgust.
iğrengen easily disgusted.
iğrenme *s.* iğrenti.
iğrenmek (*bşden*) to feel disgust at *s.th.*, to be disgusted with *s.th.*, to loathe.
iğrenti disgust, loathing.
ihale [ā] tender, bid; ~ etm. to let a contract to.
-i hali *gr.* accusative case.
ihanet, -ti [ā] **1.** treachery; **2.** unfaithfulness, infidelity; ~ etm. **1.** to betray; **2.** to be unfaithful (-*e* to).
ihata [. - .] surrounding, enclosing; **2.** comprehension; ~ etm. to surround.
ihatalı 1. vast; **2.** knowledgeable.
ihbar [ā] denunciation, tip-off; ~ etm. **1.** to denounce, to tip off, to inform (-*i* against); **2.** to inform, to notify.
ihbarcı [ā] informer.
ihbariye [ā] **1.** official notice, notification; **2.** reward for informing against s.o.
ihbarlı informed; ~ konuşma *teleph.* person-to-person call.
ihbarname [ā, ā] = ihbariye 1.
ihdas [ā] creating, invention; ~ etm. to invent, to create, to introduce.
ihlal, -li infringement, violation; ~ etm. to infringe, to violate, to break (*law, treaty, etc.*).
ihmal, -li [ā] negligence, omission; ~ etm. to neglect, to omit.
ihmalci, ihmalkâr [ā] negligent, neglectful.
ihmalkârlık [ā] neglectfulness.
ihracat, -tı [. - -] exportation, exporting; ~ malları exports; ~ yapmak to export.
ihracatçı [ā, ā] exporter.
ihracatçılık [ā, ā] exporting, the export business.
ihraç, -cı [ā] **1.** expulsion; **2.** ✝ exportation, export; ~ bankası bank of issue; ~ etm. **1.** to expel; **2.** ✝ to export.
ihram [ā] **1.** garment worn by pilgrims in Mecca; **2.** Bedouin cloak; **3.** cover (*for a sofa, etc.*); -a girmek to put on the pilgrim's garb.
ihraz [ā] obtainment; ~ etm. to obtain, to attain.
ihsan [ā] favo(ur), kindness, benevolence; ~ etm. to grant, to bestow.
ihsas [ā] **1.** hint, insinuation, indication; **2.** *phys.* perception; ~ etm. to insinuate, to indicate.
ihtar [ā] warning; ~ cezası admonition; ~ etm. to warn, to remind; ~ vermek (*or* -da bulunmak) to warn, to remind.
ihtarname [ā, ā] **1.** official warning; **2.** ⚖ = protesto.
ihtifal, -li commemorative ceremony.
ihtikâr profiteering.
ihtilaç, -cı convulsion.
ihtilaf conflict, difference, disagreement, dispute; -a düşmek to conflict (*ile* with), to disagree (*ile* with).
ihtilaflı controversial.
ihtilal, -li **1.** revolution, rebellion, riot; **2.** disturbance, disorder; ~ yapmak to raise a rebellion.
ihtilalci rebel, revolutionary.
ihtilam [ā] nocturnal emission.
ihtilas embezzlement; ~ etm. to embezzle.
ihtilat, -tı **1.** ⚕ complication; **2.** social intercourse (*or relations*); ~ etm. ⚕ to lead to complication.
ihtimal, -li [ā] **1.** probability; **2.** probably; ~ vermek to consider likely, to regard as possible; -ki probably; her -e karşı just to be safe.
ihtimali [ā] probable.
ihtimam [ā] care, carefulness; ~ etm. (*or* göstermek) to take great pains (-*e* over, with).
ihtimamlı [ā] painstaking, meticulous.
ihtimamsız [ā] careless.
ihtira, -aı [ā] invention; ~ beratı patent (right).
ihtirak, -kı [ā] combustion.
ihtiram [ā] veneration, reverence; ~ bölüğü guard of hono(u)r; ~ duruşu standing at attention.
ihtiras [ā] ambition, greed, passion.
ihtiraslı [ā] ambitious, greedy, passionate.
ihtiraz [ā] avoidance; wariness, caution; ~ kaydı reservation.
ihtisar [ā] abbreviation.
ihtisas [ā] specialization, specialty; ~ yapmak to specialize (-*de* in), to major (-*de* in).

ihtişam [ā] splendo(u)r, magnificence, pomp, grandeur.
ihtişamlı [ā] splendid, magnificent, pompous.
ihtiva [ā] inclusion, containment; ~ **etm.** 1. to contain, to hold; 2. to include, to comprise.
ihtiyaç, -cı [ā] 1. need, necessity, want; 2. poverty; ~ **duymak** to feel the need (-*e* for); -ı **karşılamak** to serve (*or* meet) a need; -ı **olm.** (*bşe*) to need *s.th.*, to be in need (*or* want) of *s.th.*
ihtiyar[1] [ā] 1. old, aged (*person*); 2. old person, *Am.* old-timer ~ **meclisi** (*or* **heyeti**) ⚖ village council.
ihtiyar[2] [ā] selection, choice, option; ~ **etm.** 1. to choose, to select; 2. to endure, to put up with, to bear with.
ihtiyari [. . - -] optional.
ihtiyarlamak to grow (*or* get) old, to age.
ihtiyarlatmak to age.
ihtiyarlık old age, senility; ~ **sigortası** social security, old-age insurance.
ihtiyat, -tı [ā] 1. precaution, caution; 2. reserve; ~ **akçesi** reserve fund, nest egg; ~ **kaydı ile** with some doubt; ~ **kuvvetleri** reserve forces.
ihtiyaten [ā] 1. as a reserve; 2. as a precaution.
ihtiyati [. . - -] precautionary; ~ **haciz** ⚖ provisional distraint; ~ **tedbirler** precautionary measures.
ihtiyatkâr [ā] cautious, prudent, foresighted.
ihtiyatlı *s.* **ihtiyatkâr**; ~ **davranmak** to act prudently.
ihtiyatsız imprudent, incautious, rash; improvident.
ihtizaz [ā] vibration; tremor.
ihvan [ā] 1. friends; 2. brethren, fellow members.
ihya [ā] 1. revitalization, resuscitation; 2. *fig.* revival; ~ **etm.** 1. to revitalize, to enliven; 2. *fig.* to revive, to revivify.
ihzar [ā] preparation.
ihzari [. - -] preparatory.
ikame [ā] 1. substitution; 2. establishment, appointment; 3. opening (*a law case*); ~ **etm.** 1. to substitute; 2. to establish, to appoint; 3. to open (*a law case*).
ikamet, -ti [ā] residence, dwelling; ~ **etm.** to live, to reside, to dwell; ~ **tezkeresi** ⚖ residence permit.
ikametgâh [ā] (place of) residence, legal domicile; ~ **kâğıdı** (*or* **ilmühaberi**) residence paper.
ikaz [- -] warning; ~ **etm.** to warn.
ikbal, -li [ā] 1. prosperity, success; 2. † wish, desire; ~ **düşkünü** person who has fallen from riches to poverty.
iken while, whilst.
iki two; ~ **ahbap çavuşlar** F inseparable friends; ~ **arada kalmak** to be at a loss as to whom to believe; ~ **aslan bir postu sığmaz** *pro.* two stars keep not their motion in one sphere; ~ **ateş arasında kalmak** to be caught between two fires; ~ **ayağını bir pabuca sokmak** F to put in a flurry; ~ **büklüm olm.** *fig.* to double up; ~ **cami arasında kalmış beynamaz** *fig.* fallen between two stools; ~ **çift laf** (*or* **söz**) a word or two; ~ **dirhem bir çekirdek** F dressed to kill, dressed (up) to the nines, dressed up like a dog's dinner; ~ **eli kanda olsa** *fig.* no matter how pressed he is; ~ **elim yanıma gelsin!** I swear I'm telling the truth; **gözü** ~ **çeşme ağlamak** to cry buckets; ~ **günde** in (*or* within) two days; ~ **kat olm.** to double up; ~ **misli** twofold; ~ **nokta** colon; ~ **ucunu bir araya getirememek** to be unable to make both ends meet; ~ **yakası bir araya gelmemek** to be unable to make both ends meet; ~ **zamanlı motor** ⊕ two-stroke engine; -**de bir** (*or* **birde**) frequently, all the time; -**miz** the two of us; -**si aynı kapıya çıkar** it is as broad as it is long; -**ye ayırmak** to halve.
ikianlamlı ambiguous, equivocal.
ikicanlı pregnant.
ikicinsli, ikicinslikli bisexual.
ikideğerli bivalent.
ikidilli bilingual.
ikidüzlemli ✈ dihedral.
ikieşeyli bisexual.
ikikatlı duplex apartment.
ikilem *log.* dilemma.
ikilemek 1. to make two (*or* a pair); 2. to plough twice (*field*).
ikileşmek to become two, to be doubled.
ikili 1. having two parts; 2. double, dual; 3. bilateral; 4. *cards:* two; 5. ♪ duet; 6. ♪ duo; ~ **anlaşma** bilateral treaty.
ikilik 1. discord, disagreement; 2. ♪ half note.
ikinci 1. second; 2. secondary; 3. vice-, sub-; ~ **bir emre kadar** until further notice; ~ **hamur kâğıt** lightly glazed paper; ~ **mevki** (*or* **sınıf**) 1. second-class; 2. the second-class section (*in a boat, etc.*).
ikincil secondary.
ikindi midafternoon; ~ **ezanı** the call to afternoon prayer; ~ **kahvaltısı** afternoon tea, snack; ~ **namazı** *isl.* the afternoon prayer.

ikindiyin [. . x .] F in the afternoon.
ikişekilli dimorphic, dimorphous.
ikişer two at a time; two each; ~ ~ two by two, in twos.
ikiyanlı bilateral.
ikiyaşayışlı *biol.* amphibian, amphibious.
ikiyüzlü 1. *fig.* two-faced, hypocritical; 2. double-faced *(cloth).*
ikiyüzlülük hypocrisy.
ikiz 1. twins; 2. a twin; 3. twinned; ~ doğurmak 1. to twin; 2. *fig.* to have a devil of a hard time.
ikizkenar ⩓ isosceles; ~ üçgen isosceles triangle; ~ yamuk isosceles trapezoid.
ikizler *ast.* the Twins, Gemini.
ikizli 1. having twins; 2. with two handles; 3. of two kinds; 4. *log.* ambiguous.
iklim climate.
iklimleme aygıtı air conditioner.
iklimsel climatic.
ikmal, -li [ā] 1. completion; 2. replenishment, supplying; 3. ✕ reinforcement; supply; 4. *(imtihanı)* make-up examination; ~ etm. 1. to finish, to complete; 2. to replenish, to supply; -e kalmak to have to take a make-up examination.
ikna, -aı [ā] persuasion; ~ etm. to persuade, to convince; ~ olm. to be persuaded.
ikon icon.
ikrah [ā] disgust, detestation, abhorrence; ~ etm. to detest, to loathe, to abhor; ~ getirmek to begin to detest.
ikrahlık = ikrah.
ikram [ā] 1. hono(u)ring; 2. discount; 3. s.th. offered a guest *(food, drink);* ~ etm. 1. to ofter, to serve, to help s.o. to *(food, drink);* 2. to discount.
ikramiye [ā] 1. bonus, gratuity; 2. prize *(in a lottery).*
ikramiyeli [ā] 1. with a premium; 2. with a prize.
ikrar [ā] avowal, declaration, confession; ~ etm. to confess, to declare, to attest.
ikraz [ā] loan; ~ etm. to lend *(money).*
iksir [. -] elixir.
iktibas [ā] quotation; ~ etm. to quote.
iktidar [ā] 1. power, capasity, ability; 2. *pol.* the ruling party, government; 3. potency, virility; ~ mevkii the position of being in power; ~ partisi the party in power; -da olm. *pol.* to be in power.
iktidarlı [ā] powerful, capable.
iktidarsız 1. weak; incompetent; 2. impotent.
iktidarsızlık 1. wekaness; incapacity; 2. impotence.
iktifa [ā] contentment; ~ etm. to be content *(ile* with).
iktisadi [. . - -] 1. economic; 2. economical; ~ devlet kuruluşu (*or* teşekkülü) corporation in which the government is the majority stock-holder; ~ ve ticari ilimler akademisi academy of economic and commercial sciences.
iktisadiyat, -tı [ā, ā] economy, economic state *(of a country).*
iktisap, -bı [ā] acquisition; ~ etm. to acquire.
iktisat, -dı [ā] 1. economics, economy; 2. economy, thrift, saving; ♀ Fakültesi the School of Economics.
iktisatçı economist.
iktiza [ā] necessity, need; ~ etm. to be necessary.
il 1. province; 2. country, nation; ~ genel meclisi provincial assembly; ~ özel idaresi the administration of a province.
ila [. -] from ... to..., between... and...; üç ~ beş kişi between three and five people.
ilaç, -cı 1. medicine, drug; 2. ⚗ chemical; 3. cure, remedy; 4. insecticide, pesticide; ~ içmek to take medicine.
ilaçbilim pharmacology.
ilaçlamak 1. to apply medicine (to); 2. to disinfect; 3. to apply insecticide (to).
ilaçlı 1. medicated; 2. treated *(with pesticide).*
ilah god, deity.
ilahe goddess.
ilahi 1. [. - -] hymn, psalm; 2. [. x .] my God!
ilahî divine, heavenly.
ilahîleştirmek to deify.
ilahiyat, -tı [ā, ā] theology, divinity; ♀ Fakültesi the School of Theology.
ilahiyatçı theologian.
ilam [- -] writ.
ilamaşallah 1. until God knows when; 2. bravo!
ilan [- -] 1. notice; 2. advertisement; 3. proclamation, declaration; ~ etm. 1. to declare, to announce; 2. to advertise; 3. to proclaim, to declare; ~ vermek to insert an advertisement *(in a newspaper);* -ı aşk declaration of love; -ı aşk etm. to declare one's love (-*e* to).
ilancılık advertising.
ilarya *zo.* a kind of mullet.
ilave 1. addition, increase; 2. supplement; ~ etm. to add (-*e* to).
ilaveten in addition, additionally.
ilbay *s.* vali.
ilçe administrative district *(within an* il), borough.
ilçebay *s.* kaymakam.
ile 1. with, together with; 2. and; 3. by

means of, by.
ilelebet forever.
ilenç curse, malediction.
ilenmek to curse, to execrate.
ilerde *s.* ileride.
ileri 1. front part; 2. forward; 3. fore, front, forward; 4. *fig.* advanced, progressive; 5. fast *(clock)*; 6. forward!; ~ almak 1. to move forward; 2. to put forward *(clock)*; 3. to promote *(a person)*; ~ atılmak 1. to rush ahead, to spring forward; 2. *fig.* to act with courage; ~ gelenler notables; ~ gelmek to result (*-den* from), to be due (*-den* to); ~ gitmek 1. to go forward, to advance; 2. to be running fast *(clock)*; 3. *fig.* to go too far; ~ karakol ⚔ advance outpost, outlying picket; ~ kol ⚔ vanguard; ~ sürmek 1. to drive forwards; 2. to put forward *(idea)*; 3. to insist (on); -yi görmek *fig.* to take the long view, to be farsighted (*or* farseeing).
ilerici progressive.
ilericilik progressiveness.
ileride 1. in the future, later on; 2. ahead, further on; 3. in front.
ilerlek advanced, developed.
ilerlemek 1. to go forward, to move ahead, to advance; 2. to improve, to get better; 3. to progress, to develop; 4. to pass, to go by *(time)*.
ileti 1. message; 2. communiqué.
iletim transmission, transmittal.
iletimli transmitted; ~ yayın live broadcast.
iletişim communication.
iletken 1. *phys.* conductor; 2. *phys.* conductive.
iletkenlik *phys.* conductivity.
iletki ∡ protractor.
iletmek 1. to transmit, to convey; 2. *phys.* to conduct.
ilga [ā] 1. annulment, nullification; 2. abolition; 3. repeal; ~ etm. 1. to annul; 2. to abolish; 3. to repeal.
ilgeç *gr.* postposition.
ilgi 1. relation, connection; 2. interest, concern; 3. *gr.* relational, relative; 4. ⚗ affinity; ~ çekici interesting; ~ çekmek to draw attention, to arouse interest; ~ duymak to be interested (*-e* in); ~ göstermek to show an interest (*-e* in); ~ toplamak to arouse interest, to attract attention; ~ zamiri *gr.* relative pronoun.
ilgilendirmek 1. to interest; to concern; 2. to arouse s.o.'s interest *(ile* in).
ilgilenmek *(bşle)* to be interested in *s.th.*, to pay attention to *s.th.*, to show concern for *s.th.*
ilgili 1. interested (*ile* in); 2. concerned (*ile* with), involving; 3. relevant, involved, concerned; ~ olm. to involve, to be concerned (*ile* with); to pertain (*ile* to); -ler those concerned.
ilginç interesting.
ilgisiz 1. indifferent; 2. irrelevant.
ilgisizlik 1. indifference; 2. irrelevance.
ilhak, -kı [ā] annexation; ~ etm. to annex, to add (*-e* to).
ilham [ā] inspiration; ~ almak to be inspired (*-den* by); ~ etm. to inspire; ~ perisi muse; ~ vermek to inspire.
ilhan 1. emperor; 2. ♀ *mf.*
ilik, -ği 1. *anat.* bone marrow; 2. buttonhole; button loop; ~ gibi 1. delicious; 2. *sl.* as pretty as a picture *(girl)*; ~ gibi pişmiş (*or* olmuş) done to a turn; iliğine işlemek (*or* geçmek) 1. to penetrate to one's marrow *(cold)*; 2. to drench to the skin; 3. to touch to the quick; iliğine kadar ıslanmak to be soaked to the skin, to get wet through; iliğini kemirmek *(b-nin)* to affect *s.o.* deeply; iliğini kurutmak *(b-nin) fig.* to wear *s.o.* out.
iliklemek to button up.
ilikli 1. containing marrow; 2. buttoned up.
ilim, -lmi science; ~ adamı scientist.
ilimcilik scientism.
ilinti 1. relevance, connection; 2. distress.
ilintili 1. related, connected; relevant; 2. distressed, upset.
ilişik 1. attached, enclosed; 2. related, connected; 3. connection, relation; ilişiği kalmamak to be through (*ile* with), to have no further connection (*ile* with); ilişiği olm. to be related (*ile* to), to be connected (*ile* with); ilişiğini kesmek 1. to sever one's connection (*ile* with); 2. to dismiss, to discharge (*ile* from).
ilişikli related, concerned, connected.
ilişiksiz unattached, free, independent.
ilişki 1. relation, connection; 2. communications; ~ kurmak to establish relations (*ile* with).
ilişkili related (*ile* to).
ilişkin concerning, regarding, relating (*-e* to).
ilişkisiz unrelated.
ilişmek 1. to graze, to touch; 2. to meddle (*-e* with), to touch; 3. to point out; 4. to bother, to disturb; 5. to perch, to sit on the edge.
iliştirmek to attach, to fasten (*-e* to).
ilk, -ki 1. (the) first; 2. initial; 3. primary; ~ adım first step; ~ ağızda the first time,

at the first attempt; ~ defa for the first time; ~ fırsatta at the first opportunity; ~ görüşte at first sight; ~ göz ağrısı 1. first child; 2. F first love, old flame; ~ tahkikat ⚖ preliminary inquiry; ~ yardım first aid; ~ yardım çantası first aid kit.
ilkah [ā] fertilization, fecundation, insemination; ~ etm. to fecundate, to impregnate.
ilkbahar spring.
ilkçağ antiquity.
ilke 1. principle, tenet; 2. element; 3. postulate, assumption; 4. fundamental, essential.
ilkel 1. primitive; 2. primary.
ilkeleştirmek to adopt as a principle.
ilkelleştirmek to make primitive.
ilkellik primitiveness.
ilkgirişim initiative.
ilkin [x .] 1. in the first place, first; 2. at first.
ilkkânun † December.
ilkokul primary school.
ilköğretim primary education.
ilkönce first (of all).
ilkteşrin † October.
illa [x -], **illaki** 1. whatever happens, come what may; 2. or else; 3. especially, particularly; ~ ve lakin on the other hand, nevertheless.
illallah [x . -] I'm fed up!; ~ demek to be fed up.
ille [x .] s. illa.
illet, -ti 1. illness, disease; 2. defect, fault; 3. addiction; 4. *phls.* reason, cause.
illetli 1. sickly, diseased; 2. faulty, defective.
illiyet, -ti causality.
ilmek[1] 1. to fasten (*or* tie) loosely; 2. to knot; 3. to graze.
ilmek[2] s. ilmik.
ilmen scientifically speaking.
ilmi scientific.
ilmihal, -li [ā] catechism.
ilmik 1. loop; 2. noose; ~ atmak to loop.
ilmiklemek to loop.
ilmühaber 1. certification, certificate of proof; 2. receipt.
iltibas [ā] 1. confusion *(between two similar things)*; 2. ambiguity; -a yol açmak to give rise to confusion.
iltica [ā] taking (*or* seeking) refuge; ~ etm. to take refuge (-e with, in), to seek asylum (-e in); ~ hakkı right of asylum.
iltifat, -tı [ā] 1. favo(u)r; 2. compliment; ~ etm. 1. to compliment; to flatter; 2. to enjoy, to like.
iltihak, -kı [ā] adherence, joining; ~ etm. to join, to attach o.s. (-e to).
iltihap, -bı [ā] ⚕ inflammation.
iltihaplanmak [. . - . .] ⚕ to get inflamed (*or* infected), to fester.
iltihaplı ⚕ inflamed, infected.
iltimas [ā] protection, patronage, favo(u)ritism, pull; ~ etm. to show favo(u)ritism (-e towards), to favo(u)r; -ı olm. to have s.o. at one's back, to have a pull.
iltimasçı [ā] backer, patron, protector.
iltimaslı favo(u)red, privileged.
iltizam [ā] 1. favo(u)ritism, partiality; 2. finding necessary; 3. tax farming; ~ etm. to favo(u)r.
İlyada the Iliad.
im sign, signal; symbol.
ima [- -] hint, allusion, innuendo; ~ etm. to hint (at), to imply, to allude (to).
imaj image.
imal, -li [ā] 1. manufacture, production; 2. product; ~ etm. to manufacture, to produce, to make.
imalat, -tı [- - -] 1. products, manufactured goods; 2. production.
imalatçı manufacturer.
imalathane [- - - - .] workshop, factory, shop.
imalı [- - .] allusive, implicit.
imam 1. imam; 2. religious leader; 3. successor to the Prophet; ~ hatip okulu secondary school for the training of Islamic religious personnel; ~ kayığı *sl.* coffin; ~ nikâhı wedding performed by an imam; ~ suyu *sl.* raki.
imambayıldı *a dish of eggplants with oil and onions.*
imame [ā] junction bead in a string of prayer beads.
iman [- -] 1. faith, belief; 2. religion; ~ getirmek to become a Muslim; ~ sahibi man of faith, believer; ~ tahtası F breastbone; -a getirmek *(b-ni)* 1. to convert *s.o.* to Islam; 2. *fig.* to persuade *s.o.* by force, to subdue *s.o.*; -ı gevremek (*or* ağlamak) F to wear o.s. out; -ı yok! 1. damn him!; 2. the callous swine!; -ım *sl.* hey, you!; -ına kadar up to the brim; -ına yandığım F damned; -ını gevretmek to wear out.
imanlı [- - .] religious, faithful.
imansız [- - .] 1. unbelieving, atheist; 2. unbeliever; 3. *fig.* cruel, unjust, wicked.
imar [- -] public works, development; ~ etm. to improve, to render prosperous; ~ planı zoning and construction plan; ♀ ve İskân Bakanlığı Ministry of Development and Housing.
imaret, -ti [ā], **imarethane** [ā] soup kitchen

(for the poor).

imbat, -tı daytime summer sea breeze.

imbik still, retort; -ten çekmek to distill.

imdat, -dı [ā] **1.** help, assistance, aid; **2.** help!; ~ freni emergency brake; ~ işareti SOS signal; ~ kapısı emergency exit; -ına yetişmek *(b-nin)* to come to *s.o.'s* rescue.

imdi [x .] **1.** therefore, so, thus; **2.** now.

imece cooperation for the community or one of its members.

imge **1.** image; **2.** dream.

imgelemek to imagine.

imgesel imaginary.

imha [ā] destruction, eradication; ~ etm. to destroy, to eradicate, to annihilate, to obliterate.

imik *anat.* throat.

imkân **1.** possibility; **2.** opportunity, chance; ~ dahilinde as far as possible; ~ vermek to give an opportunity, to give a chance, to make possible; -ı yok! it's impossible (*or* out of question)!

imkânsız impossible.

imla **1.** spelling, orthography; **2.** dictation; **3.** filling up; ~ etm. **1.** to dictate; **2.** to fill (up); ~ yanlışı spelling mistake; -sı bozuk **1.** bad at spelling; **2.** misspelled; -ya gelmemek *fig.* to go beyond all reason.

imlemek **1.** to indicate; **2.** to hint (at), to imply.

imparator [. . x .] emperor.

imparatoriçe [. . . x . .] empress.

imparatorluk **1.** empire; **2.** emperorship.

imrendirmek to arouse s.o.'s appetite *(or* desire) (-*e* for).

imrenmek **1.** to long (-*e* for), to feel an appetite (-*e* for); **2.** to desire, to envy, to covet.

imrenti desire, envy.

imsak, -kı [ā] **1.** fasting, abstinence; **2.** hour at which the daily Ramadan fast begins.

imsel symbolic.

imtihan [ā] examination, test, trial; ~ etm. to test, to examine; ~ olm. to take (*or* sit for *or* go in for) an examination; ~ vermek **1.** to pass an examination; **2.** *fig.* to get off scot-free; -da kalmak to fail (*or* flunk) in an examination.

imtina, -aı [ā] avoidance; ~ etm. to avoid, to refrain (-*den* from).

imtiyaz [ā] **1.** privilege; **2.** government concession, franchise; ~ sahibi **1.** concessionaire, concessioner; **2.** licensee; ~ vermek to give s.o. the privilege.

imtiyazlı **1.** privileged; **2.** licensed.

imtizaç harmony, compatibility; ~ etm. **1.** to harmonize; **2.** to get on well together.

imyazım stenography.

imza [ā] signature; ~ atmak (*or* etm.) to sign; ~ sahibi signatory; ~ toplamak to gather signatures.

imzalamak to sign.

imzalı signed.

imzasız unsigned.

in[1] **1.** den, lair; **2.** cave.

in[2]: ~ cin yok (*or* top oynuyor) there is nobody around, there isn't a soul around.

inadına [x - . .] out of obstinacy (*or* spite).

inan **1.** belief; **2.** faith, confidence, trust; ~ olsun! take it from me!, take my word!

inanç, -cı **1.** belief; **2.** trust, confidence.

inançlı believing, faithful.

inançsız unbelieving.

inandırıcı convincing, plausible.

inandırmak to convince, to persuade.

inanılır believable, credible.

inanılmaz unbelievable, incredible.

inanmak **1.** to believe, to trust; **2.** to have faith in *(God).*

inansız faithless.

inat, -dı [ā] **1.** obstinacy, stubbornness; **2.** F obstinate, stubborn, pigheaded; ~ etm. to be obstinate; -ı ~ F as stubborn as a mule; -ı tutmak to have a fit of obstinacy.

inatçı obstinate, stubborn, pigheaded.

inatçılık obstinacy, stubbornness.

inatlaşmak to behave stubbornly towards each other.

inayet, -ti [ā] kindness, benevolence; ~ etm. to do a favo(u)r (-*e* to); ~ ola! may God help you!

inayetli [ā] kind, gracious.

ince **1.** slender, slim; **2.** thin, fine, small; **3.** refined, graceful, subtle; **4.** delicate, intricate; **5.** sensitive, delicate; **6.** dainty; **7.** high-pitched *(voice)*; **8.** front *(vowel)*; ~ elemek to sift fine; ~ eleyip sık dokumak *fig.* to split hairs; ~ görüşlü sharp-witted; ~ kesim small boned; ~ ses high (*or* treble) voice; -den -ye meticulously.

inceağrı twinge.

incebağırsak small intestine.

incecik very slender (*or* thin).

inceleme *vn. of* incelemek, *part.* examination, investigation.

incelemek to examine, to inspect, to scan, to scrutinize.

incelik **1.** thinness, slenderness, slimness; **2.** delicacy, fineness; **3.** tact, finesse, delicacy; **4.** subtlety; **5.** detail.

incelmek **1.** to become thin; **2.** to be thinned *(paint)*; **3.** to lose weight; **4.** F

to try to appear refined.
inceltici thinner.
inceltmek 1. to make thin; 2. to thin *(paint).*
incesaz ♪ *group of musicians who perform classical Turkish music.*
inci pearl; ~ avı pearl fishing; ~ avcısı pearl fisher (*or* diver); ~ gibi pearly *(teeth).*
inciçiçeği, -ni ⚘ lily-of-the-valley.
incik 1. hurt, injured; 2. *anat.* shin; 3. P shinbone; 4. P ankle.
incik boncuk cheap tawdry jewelry.
İncil *pr. n.* 1. the New Testament; 2. Gospel, Evangel.
incili pearly, pearled.
incinmek 1. to be hurt (*or* injured); 2. to be strained *(muscle)*; 3. *fig.* to be offended (*-den* by).
incir ⚘ fig (tree); ~ çekirdeğini doldurmaz *fig.* trifling, insignificant.
incitici painful, offensive.
incitmebeni P cancer.
incitmek 1. to hurt, to injure; to strain; 2. *fig.* to offend.
indeks index.
indi subjective, personal.
indifa, -aı [ā] eruption; ~ etm. to erupt.
indirgeme reduction.
indirgemek Å, ⚗ to reduce.
indirim discount, reduction.
indirimli 1. reduced, discount *(price)*; 2. at a reduced price; ~ satış sale.
indirmek *caus. of* inmek, *part.* 1. to lower, to bring down, to get down, to take down; 2. to land, to deliver, to plant *(slap, blow)*; 3. to reduce *(price, etc.)*; 4. to destroy, to wreck.
indiyum ⚗ indium.
İndonezya *pr. n.* İndonesia.
indükleç ⚡ inductor.
indükleme *phys.* induction.
indüklemek *phys.* to induce.
ineç, -ci *geol.* syncline.
inek 1. *zo.* cow; 2. *sl.* swot, *Am.* grind; 3. *sl.* loose woman, tart.
ineklemek *sl.* to swot up, *Am.* to grind, to bone.
ineklik 1. cowshed; 2. *sl.* imbecility.
infaz [ā] execution, carrying out; ~ etm. to execute, to carry out.
infial, -li [ā] indignation, resentment.
infilak, -kı explosion, ~ etm. to explode, to burst.
İngiliz [x . .] 1. Englishman; Englishwoman; 2. English; ~ anahtarı ⊕ monkey wrench, spanner; ~ lirası pound sterling; ♀ Uluslar Birliği the British Commonwealth of Nations.
İngilizce 1. English, the English language; 2. in English.
İngiltere [. . x .] *pr. n.* 1. England; 2. F Great Britain.
ingin[1] low.
ingin[2] (head) cold.
inginlik 1. lowness; 2. *fig.* weakness.
-in hali *gr.* the genitive case.
inhiraf [ā] deviation deflection; ~ etm. to deviate, to be deflected (*-den* from).
inhisar [ā] 1. restriction, limitation; 2. monopoly; ~ etm. to be restricted (*or* limited) (*-e* to); -a almak to monopolize.
inik 1. pulled down, lowered *(curtain, etc.)*; flat *(tyre)*; 2. *s.* encek; ~ deniz *geogr.* low tide.
inikâs 1. *phys.* reflection; 2. echo; 3. ✝ reaction; ~ etm. *phys.* to echo.
inildemek to groan, to moan, to whimper.
inilti groan, moan, whimper.
inim inim: ~ inlemek to whimper (*or* moan *or* groan) bitterly.
inisiyatif initiative.
iniş 1. *vn. of* inmek; 2. downward slope; ~ aşağı downhill, downwards; ~ çıkış 1. descent and ascent; 2. ✝ rise and fall, fluctuation; ~ takımı ✈ undercarriage, undercart, landing gear.
inişli sloping downwards; ~ çıkışlı (*or* yokuşlu) hilly *(road).*
inkâr denial; ~ etm. to deny.
inkıbaz [ā] constipation.
inkılap, -bı revolution.
inkılapçı revolutionary.
inkıraz [ā] collapse, end, extinction; ~ bulmak collapse, to end, to fall.
inkıta, -aı cessation; -a uğramak to cease.
inkisar [ā] 1. refraction; 2. curse, malediction; ~ etm. to curse.
inkişaf [ā] development (*a.* Å); ~ etm. to develop.
inlemek 1. to groan, to whimper, to moan; 2. to resound.
inletmek 1. *caus. of* inlemek; 2. *fig.* to torture, to torment.
inme 1. *vn. of* inmek; 2. ⚕ stroke, apoplexy, paralysis; 3. *geogr.* ebb tide; ~ inmek ⚕ to have a stroke.
inmek, (-er) 1. to descend, to come (*or* go) down; 2. to get off *(a bus, plane, train, ship)*; to get out of *(a car)*; to dismount from *(a horse)*; 3. to diminish, to decrease, to recode. to die down; 4. to land (*-e* at) *(plane)*; 5. to move down (*-e* to); 6. to stay at *(a hotel)*; 7. ⚕ to be paralyzed; 8. to collapse *(wall, etc.)*; 9. to reduce *(price)*; 10. to fall *(prices)*;

11. *sl.* to hit, to strike.
inmeli ⚕ paralyzed, apoplectic.
inorganik ⚗ inorganic.
insaf [ā] **1.** justice, fairness; **2.** have a heart!; ~ etm. **1.** to take pity (*-e* on); **2.** to have a heart; -ına kalmış it's up to his discretion.
insaflı [ā] equitable, just, fair.
insafsız **1.** unmerciful, merciless; **2.** unjust, unfair.
insan [ā] **1.** person, human being; **2.** person, man; **3.** moral, decent, good; **4.** *fig.* upright (*or* decent) person; ~ doğduğu yerde değil, doyduğu yerde *pro.* not where one is bred, but where he is fed; ~ hakları human rights; ~ müsveddesi inhuman person; ~ sarrafı a good judge of people; -ın adı çıkacağına canı çıksın *pro.* give a dog a bad name (and hang him).
insanbilim anthropology.
insanca [. - .] **1.** humanely, decently; **2.** humane (*act*).
insancıl **1.** humanistic; **2.** domestic (*animal*).
insani [. - -] **1.** human; **2.** humane; **3.** humanely.
insaniyet, -ti [ā] **1.** humanity, mankind; **2.** humaneness, kindness.
insaniyetli humane, kind, benevolent.
insaniyetsiz inhuman.
insanlık [ā] *s.* insaniyet; ~ bilmez inhuman, cruel; -tan çıkmak **1.** to become a bag of bones; **2.** to become inhuman.
insanoğlu, -nu man, human being.
insanüstü, -nü [ā] superhuman.
insicam [ā] consistency, coherence.
insicamlı [ā] consistent, coherent.
insicamsız [ā] inconsistent, incoherent.
insiyak, -kı [ā] instinct.
insiyaki [. . - -] instinctive.
inşa [ā] **1.** construction; **2.** writing, literary composition; ~ etm. to build, to construct.
inşaat, -tı [ā, ā] (*pl. of* inşa) building, construction; ~ mühendisi civil engineer.
inşaatçı [ā, ā] builder, contractor.
inşallah [x . -] **1.** I hope that...; **2.** I hope so.
inşat, -dı [ā] recitation; declamation; ~ etm. to recite; to declaim.
integral 𝔄 integral.
intelek intellect.
intelektüalizm intellectualism.
İnterpol, -lü Interpol.
intıba, -aı [ā] impression; ~ bırakmak to make an impression (*-de* on).
intibak, -kı [ā] **1.** adaptation, adjustment, conformation, accommodation; **2.** suitability; ~ etm. to adjust o.s. (*-e* to), to accustom o.s. (*-e* to); to conform (*-e* to).
intibaksız maladjusted.
intifa, -aı [ā] benefit, advantage, gain; ~ etm. (*bşden*) to profit from *s.th.*; ~ hakkı usufruct; ~ senetleri preferred shares.
intihar [ā] suicide; ~ etm. to commit suicide.
intikal, -li [ā] **1.** transition, passage; **2.** comprehension, grasp; **3.** inference; **4.** transfer (*by inheritance or sale*); ~ devresi transition period; ~ etm. **1.** to pass to another place; **2.** to perceive, to grasp; **3.** to pass by inheritance, to be inherited (by).
intikam [ā] revenge, vengeance; ~ almak to take revenge (*-den* on), to revenge o.s. (*-den* on), to avenge o.s. (*-den* on).
intikamcı [ā] vengeful, vindictive.
intisap, -bı [ā] joining; affiliation; membership; ~ etm. to join, to become a member (*-e* of).
intişar [ā] **1.** diffusion; **2.** publication, dissemination; ~ etm. **1.** to spread, to radiate; **2.** to be published, to come out.
intizam [ā] order, orderliness, tidiness; -a sokmak to tidy up.
intizamlı [ā] tidy, orderly, regular.
intizamsız [ā] untidy, disorderly, irregular.
intizamsızlık [ā] untidiness, disorder.
intizar [ā] **1.** curse; **2.** expectation; ~ etm. to curse.
inzibat, -tı [ā] **1.** military police; **2.** discipline; ~ eri military policeman.
inziva [ā] seclusion; -ya çekilmek to seclude o.s.
ip, -pi **1.** rope, string, cord; **2.** P thread; ~ atlamak to jump rope, to skip; ~ cambazı ropedancer, tightrope walker; ~ kaçkını bad egg, tough; ~ merdiven rope ladder; ~ takmak to try to harm s.o. behind his back; -e çekmek to hang; -e gelesice! damned!; -e sapa gelmez inconsistent, nonsensical; -e un sermek *fig.* to make vain excuses; -i çürük *fig.* undependable; -i kırmak *sl.* to run away, to take to one's heels; -ini çekmek (*b-nin*) *fig.* to keep *s.o.* under control; -ini kırmak *sl.* to get out of hand; -iyle kuyuya inilmez you can't count on him; -le çekmek to look forward (to), to be counting the days until; -leri birinin elinde olm. to pull strings; -ten kazıktan kurtulmuş gallows bird.
ipek **1.** silk; **2.** silken; ~ gibi silky.
ipekböceği, -ni *zo.* silkworm.
ipekböcekçiliği, -ni sericulture.
ipekçilik sericulture.
ipekli **1.** of silk, silk; **2.** silk cloth.

ipince [x . .] very thin (*or* slender).
iplemek *sl.* to heed, to mind.
iplememek *sl.* not to give a damn (for), not to care 2 hoots, not to give a rap (for).
iplik 1. thread; yarn; 2. fiber, filament; 3. string *(in a bean pod)*; ~ eğirmek to spin yarn; ~ ~ o|m. to become threadbare; ipliği pazara çıkmak *(b-nin)* to come to light *(one's faults)*.
iplikhane [ā] spinning mill.
ipnotize hypnotized; ~ etm. to hypnotize.
ipnotizma hypnotism.
ipnotizmacı hypnotizer.
ipnoz hypnosis.
ipotek mortgage.
ipotekli mortgaged.
ipsiz 1. ropeless; 2. *sl.* vagabond; ~ sapsız 1. senseless, meaningless *(words)*; 2. ne'er-do-well; vagabond; shiftless.
iptal, -li [ā] 1. cancellation; 2. ⚖ annulment; ~ etm. 1. to cancel; 2. ⚖ to annul.
iptida [ā] 1. beginning, commencement, start; 2. [x . .] at first, in the beginning.
iptidai [. . - -] 1. primitive; 2. primary, elementary.
iptila addiction.
ipucu, -nu 1. clue; 2. hint, indication; ~ vermek to give a clue.
irade [ā] 1. desire, will; 2. command, decree; 3. *psych.* volition.
iradedışı, -nı *psych.* involuntary.
iradeli [ā] 1. strong-willed, strong-minded, forceful, resolute; 2. voluntary, volitional.
iradesiz [ā] 1. irresolute, weak; 2. involuntary.
iradi [. - -] voluntary, volitional.
İran [- .] *pr. n.* Iran.
İranlı [ı] [x . .] Iranian.
irat, -dı [- -] income, revenue; ~ getirmek to bring in revenue.
irdeleme investigation, examination.
irdelemek to consider at length, to examine, to scrutinize.
irfan [ā] 1. comprehension, understanding, insight; 2. knowledge; 3. ♀ [x .] *mf.*
iri 1. large, huge, big; voluminous; 2. coarse (-grained); ~ kum gravel; ~ taneli large-grained, large berried; coarse-grained.
iribaş *zo.* tadpole.
irice 1. fairly large, largish, siz(e)able; 2. fairly coarse.
iridyum ⚗ iridium.
irikıyım 1. coarsely chopped; 2. *fig.* huge, burly.
irileşme 1. *vn. of* irileşmek; 2. *biol.* hypertrophy.
irileşmek 1. to grow large; 2. *biol.* to hypertrophy.
irili ufaklı big and little.
irilik largeness, bigness.
irin pus; ~ toplamak to suppurate.
irinlenmek to suppurate, to fester.
irinli purulent.
iris [x .] *anat.* iris.
iriyarı burly, strapping, husky, portly.
irkilmek 1. to be startled; to start; 2. ⚕ to be inflamed, to tumefy.
irkinti 1. puddle; 2. start.
İrlanda *pr. n.* Ireland, Eire.
İrlandalı *pr. n.* 1. Irishman; Irishwoman; 2. Irish.
irmik semolina; ~ helvası dessert made of semolina.
irs heredity, inheritance.
irsal, -li [ā] sending, forwarding.
irsaliye [. - . .] † waybill.
irsen [x .] through heredity, by inheritance.
irsi hereditary.
irsiyet, -ti heredity.
irşat, -dı [ā] guidance; ~ etm. to guide.
irtibat, -tı [ā] 1. communications, contact; 2. link, connection; ~ kurmak to get in touch (*ile* with); ~ subayı ⚔ liasion officer.
irtica, -aı [ā] reaction.
irticai [. . - -] reactionary.
irticalen [ā] extempore, extemporaneously.
irtifa, -aı [ā] *ast., geogr.,* ✈ altitude, elevation.
irtifak sharing, access; ~ hakkı easement, right of access.
irtihal, -li [ā] death, passing away; ~ etm. to die, to pass away.
irtikâp bribery, corruption.
is soot; lampblack; ~ kokmak to give off a scorched smell; -e tutmak to blacken with soot.
İsa [- -] *pr. n.* 1. (*a.* Hazreti İsa) Jesus; 2. *mf.*
isabet, -ti [ā] 1. hitting *(the mark)*; 2. happy encounter; 3. falling by chance to; 4. thing done right; 5. well done!; ~ almak to be hit *(by a missile)*; ~ etm. 1. to hit *(the mark)*; 2. to fall to *(one's share)*; ~ ki luckily; ~ oldu it worked out well.
isabetli [ā] very fitting (*or* appropriate).
isabetsiz [ā] inappropriate, ineffective.
ise 1. if; 2. as for; ~ de although; even if.
İsevi [- . -] Christian.
İsevilik [- . - .] Christianity.
isfenks sphinx.
isfilt, -ti ice field.

ishakkuşu, -nu *zo.* short-eared owl.
ishal, -li [ā] diarrh(o)ea, the runs; ~ olm. to have diarrh(o)ea (*or* the runs).
isilik prickly heat, heat rash; ~ olm. to have heat rash.
isim, -smi **1.** name; **2.** title; **3.** *gr.* noun; ~ cümlesi noun clause; ~ hali *gr.* case (*of a noun*); ~ koymak (*or* vermek) to name, to call; ~ takımı *gr.* genitive (*or* possessive) case; ~ takmak to nickname; ~ yapmak *fig.* to make a name for o.s.; ismi geçen aforementioned, above-mentioned; ismi var cismi yok titular; isminiz nedir? what is your name?
isimfiil *gr.* **1.** gerund; **2.** infinitive.
iskambil **1.** playing card; **2.** any card game; ~ kâğıdı **1.** playing card; **2.** deck of cards; ~ oynamak to play cards.
iskân settling, inhabiting; ~ etm. **1.** to settle, to inhabit; **2.** to house.
iskandil **1.** ⚓ sounding, plumb; **2.** sounding line; **3.** *fig.* investigating; ~ etm. **1.** ⚓ to sound, to fathom, to plumb; **2.** to investigate; **3.** *sl.* to put out feelers; **4.** *sl.* to sound out.
İskandinav *pr. n.* Scandinavian.
İskandinavya *pr. n.* Scandinavia.
iskarpela [. . x .] carpenter's chisel.
iskarpin woman's shoe.
iskele **1.** quay, wharf, pier, dock; **2.** gangplank; **3.** port (town); **4.** scaffold(ing); **5.** port side of a ship; ~ babası ⚓ bollard; ~ vermek to lower the gangplank.
iskelekuşu, -nu *zo.* kingfisher, halcyon.
iskelet, -ti **1.** skeleton; **2.** framework; ~ gibi like a skeleton, a bag of bones; -i çıkmak to become skin and bone(s).
iskemle **1.** chair; stool; **2.** coffee (*or* end) table.
İskender *pr. n.* Alexander (the Great).
İskenderiye *pr. n.* Alexandria.
İskenderun [ū] *pr. n.* Iskenderun.
iskete [. x .] *zo.* titmouse.
İskoç, -çu *pr. n.* **1.** Scottish, Scots; Scotch; **2.** Scot, Scotsman.
İskoçya [. x .] *pr. n.* Scotland.
iskonto discount; ~ yapmak to give a discount.
iskorbüt, -tü scurvy.
iskorpit, -ti *zo.* scorpion fish.
İslam *pr. n.* **1.** Islam; **2.** Islamic; **3.** Muslim; -a gelmek to become a Muslim.
İslamiyet, -ti [. - . .] *pr. n.* the Islamic religion.
İslamlaşmak to become a Muslim.
İslav *pr. n.* **1.** Slav; **2.** Slavic, Slavonic.
İslavca *pr. n.* Slavic.
islemek **1.** to soot, to blacken with soot; **2.** to smoke (*fish, etc.*); **3.** to burn slightly (*pudding, etc.*).
isli **1.** sooty; **2.** smoked.
islim steam; ~ arkadan gelsin *fig.* let's do it just any old way.
ismen [x .] by name.
ismet, -ti **1.** chastity, purity; **2.** ♀ *mf.* & *wf.*
isnat, -dı **1.** attribution, ascription; **2.** imputation; ~ etm. **1.** to attribute, to ascribe; **2.** to impute.
İspanya [. x .] *pr. n.* Spain.
İspanyol *pr. n.* **1.** Spanish; **2.** Spaniard.
İspanyolca [. . x .] *pr. n.* **1.** Spanish, the Spanish language; **2.** in Spanish.
ispanyolet, -ti espagnolette.
ispat, -tı [ā] **1.** proof, evidence; **2.** proving; ~ etm. to prove; ispatı vücut etm. to appear in person.
ispati [. x .] *cards:* clubs.
ispatlamak to prove.
ispenç, -ci *zo.* bantam; ~ horozu *fig.* hop-o'-my-thumb and cocky man.
ispinoz **1.** *zo.* chaffinch; **2.** *sl.* gabby, talkative.
ispiralya [. . x .] ⚓ cabin skylight.
ispirto [. x .] grain (*or* ethyl) alcohol; ~ lambası spirit lamp; ~ ocağı spirit stove.
ispirtolu alcoholic, containing alcohol.
ispiyonlamak *sl.* (*b-ni*) to inform on *s.o.*, to squeal on *s.o.*, to peach on *s.o.*, to squeak.
israf [ā] extravance, wastage, dissipation; ~ etm. to waste, to dissipate, to squander.
İsrail [. - -] *pr. n.* **1.** Israel; **2.** Israeli.
İsrailli [. - . .] Israeli.
İstanbul *pr. n.* Istanbul; ~ Boğazı the Bosp(h)orus; ~ kazan ben kepçe *fig.* I left no stone unturned in Istanbul.
İstanbullu *pr. n.* native of Istanbul, Istanbulite.
istasyon (railway) station; ~ şefi stationmaster.
istatistik statistic(s).
istatistikçi statistician.
istavrit, -ti *zo.* horse mackerel, scad; ~ azmanı *zo.* bluefin.
istavroz cross, crucifix; ~ çıkarmak to cross o.s.
istek **1.** wish, desire; **2.** request; **3.** appetite, inclination; ~ duymak to want, to desire, to long (-*e* for); ~ kipi *gr.* optative (mood).
isteka **1.** *billiards:* cue; **2.** *typ.* stick.
isteklendirmek to encourage, to motivate.
istekli desirous, willing.
isteksiz unwilling, reluctant, apathetic.
istem **1.** request, demand; **2.** volition, will.
istemek **1.** to want, to wish, to desire; **2.**

(b-den bş) to ask *s.o.* for *s.th.*; **3.** to be necessary; to require; **4.** *(kız)* to ask for a woman in marriage; **ister istemez** willy-nilly, perforce; **ister... ister...** whether... or...

istemli 1. optional; **2.** voluntary.

istemsiz involuntary.

isten(il)mek 1. to be desired, to be in demand; **2.** to be asked for.

istep, -pi steppe.

istepne *mot.* spare tyre.

isteri ⚕ hysteria.

isterik ⚕ hysterical.

istiap, -bı [ā] holding, containing; ~ **haddi 1.** load limit, capacity; **2.** ⚓ tonnage; **3.** passenger capacity.

istiare [ā] *lit.* metaphor.

istibdat, -dı [ā] despotism.

istida [ā] petition.

istidat, -dı [. - -] aptitude, endowment.

istidatlı [. - - .] apt, capable, talented.

istidatsız [. - - .] inept, incompetent.

istidlal, -li deduction, inference.

istif stowage; ~ **etm.** to stow; **-ini bozmamak** *fig.* to keep up appearances.

istifa [. - -] resignation; ~ **etm.** to resign; **-sını vermek** to hand in one's resignation.

istifade [ā] profit, advantage, gain; ~ **etm.** to benefit (*-den* from), to profit (*-den* from).

istifadeli [ā] advantageous, profitable.

istifçi 1. stacker; stevedore; **2.** *fig.* hoarder.

istiflemek = **istif etm.**

istifrağ [ā] vomit; ~ **etm.** to vomit, to bring up.

istihale [ā] **1.** change of form; **2.** *biol.* & *geol.* metamorphosis; ~ **etm. 1.** to change form; **2.** *biol.* & *geol.* to undergo metamorphosis.

istihbarat, -tı [ā, ā] **1.** news, information; **2.** intelligence; ~ **bürosu** information bureau; ~ **dairesi** intelligence department; ~ **servisi** *newspaper:* news desk; ~ **subayı** intelligence officer; ~ **şefi** news editor.

istihdam [ā] employment; ~ **etm.** to employ.

istihfaf [ā] contempt; ~ **etm.** to despise.

istihkak, -kı [ā] merit, deserts; ration.

istihkâm 1. fortification, stronghold; **2.** military engineering; ~ **subayı** engineer officer.

istihlak, -ki consumption; ~ **etm.** to consume, to use up.

istihsal, -li [ā] production; ~ **etm.** to produce.

istihza [ā] sarcasm, ridicule, irony; ~ **etm.** *(b-le)* to ridicule *s.o.*

istikamet, -ti [ā] **1.** direction; **2.** straightness, integrity; ~ **vermek** to direct.

istikbal, -li [ā] the future.

istiklal, -li independence; ~ **marşı** the Turkish national anthem.

istikrah [ā] aversion; ~ **etm.** to loath.

istikrar [ā] stability, stabilization; ~ **bulmak** to become stabilized.

istikrarlı [ā] stable, stabilized; steady; settled.

istikrarsız [ā] unstable; inconsistent; unsettled; unsteady.

istila [. - -] **1.** invasion, occupation; **2.** infestation; ~ **etm. 1.** to invade; **2.** to infest.

istilacı [. - - .] **1.** invading, occupying *(army)*; **2.** invader.

istim 1. steam; **2.** *sl.* booze.

istimator customs evaluator.

istimbot, -tu steamboat.

istimlak, -ki expropriation, confiscation, condemnation; ~ **etm.** to expropriate, to confiscate, to condemn.

istimna masturbation.

istinaden [ā] based (*-e* on), supported (*-e* by).

istinaf [. - -] ⚖ appeal; ~ **mahkemesi** court of appeals.

istinat, -dı [ā] **1.** resting on, leaning against; **2.** relying on, depending on; ~ **duvarı** retaining *(or* supporting) wall; ~ **etm. 1.** to rest (*-e* on), to lean (*-e* against); **2.** to rely *(or* depend) (*-e* on).

istinkâf abstention; ~ **etm.** to abstain (*-den* from).

istintaç, -cı [ā] deduction, inference.

istirahat, -ti [. . - .] rest, repose; ~ **etm.** to rest, to relax, to repose.

istirdat, -dı [ā] restitution; ~ **davası** ⚖ action for restitution; ~ **etm.** to retake.

istirham [ā] plea, petition; ~ **etm.** to plead, to petition.

istiridye [. . x .] *zo.* oyster.

istismar [ā] exploitation; ~ **etm. 1.** to exploit; **2.** to utilize.

istismarcı [ā] exploiter.

istisna [ā] exception; ~ **etm.** to except, to exclude; **-lar kaideyi bozmaz** the exception proves the rule.

istisnai [. . - -] exceptional.

istisnasız [. . - .] without exception, unexceptionally.

istişare [ā] consultation; ~ **etm.** to consult; ~ **kurulu** advisory council.

istişari [. . - -] consultative, advisory.

istiva [ā] levelness, evenness.

istop stoppage; ~ **etm. 1.** to stop; **2.** *football:* to stop *(the ball)*.

istor 1. roller blind; 2. roller (*or* window) shade.
İsveç, -ci *pr. n.* Sweden.
İsveççe *pr. n.* 1. Swedish; 2. in Swedish.
İsveçli *pr. n.* Swede.
İsviçre [. x .] *pr. n.* Switzerland.
İsviçreli *pr. n.* Swiss.
isyan [ā] rebellion, revolt; mutiny; ~ etm. rebel, to revolt, to mutiny.
isyancı [ā] 1. rebel; 2. rebellious.
isyankâr rebellious.
iş 1. work, labo(u)r; 2. employment, job, work; 3. occupation, (line of) work; 4. duty, job; 5. trade, business, commerce; 6. affair, matter, business; 7. *sl.* trick, swindle; ~ arkadaşı colleague, co-worker, fellow-worker, collaborator; ~ başında 1. on the job; 2. during work time; ~ bilmek to be skilled; ~ bitirmek to complete a job successfully; ~ çıkarmak 1. to do a lot of work; 2. *fig.* to cause trouble; ~ eri skilled worker; ~ görmek 1. to work; 2. to be of use (*or* service); ~ güç occupation; ~ -ten geçti! it is too late!; ~ sahibi employer; ~ yok *fig.* it is no use (*or* good); -e girmek to become employed, to get a job; -e yaramak to be of use, to come in handy; -i azıtmak *fig.* to go too far, to overstep the mark; -i başından aşkın olm. to be up to one's ears in work; -i ~ olm. to go very well; -i olm. 1. to have work to do; 2. to turn out well; -in başı the crux; -in içinde ~ var there are wheels within wheels, there is *s.th.* fishy in it; -inden olm. to lose one's job; -ine gelmek (*b-nin*) to suit *one's* interests; -ini bitirmek (*b-nin*) *fig.* to finish *s.o.* off, to bump *s.o.* off; -ini sağlama (*or* sağlam kazığa) bağlamak to make a matter safe; -ten atmak F to fire, to dismiss, to give the sack; -ten el çektirmek to remove from office.
işadamı, -nı businessman.
işaret, -ti [ā] 1. sign; 2. mark; 3. signal, gesture; ~ etm. to point out, to indicate, to mark; ~ fişeği signal rocket; ~ sıfatı *gr.* demonstrative adjective; ~ vermek to signal, to give a signal; ~ zamiri *gr.* demonstrative pronoun.
işaretçi [ā] signaler, flagger.
işaretlemek [ā] 1. to mark; 2. to point out, to denote.
işaretli [ā] marked, tagged.
işaretparmağı, -nı index finger, forefinger.
işbaşı, -nı hour at which work begins; ~ ~ yapmak to begin work.
işbırakımcı striker.
işbırakımı, -nı strike.
işbıraktırımı, -nı lockout.
işbirliği, -ni cooperation.
işbirlikçi 1. comprador; 2. collaborationist.
işbirlikli cooperative, collective.
işbölümü, -nü division of labo(u)r.
işbu [x .] this.
işçi 1. worker, workman, labo(u)rer; 2. *sl.* trickster, cardsharp; ~ sınıfı working class, proletariat; ~ sigortası worker's insurance; ~ ücreti wages.
işçilik 1. workmanship; 2. worker's pay.
işemek to urinate, to piss, to pee, to spend a penny.
işgal, -li [ā] 1. occupation; 2. distraction; ~ altında under military occupation, occupied; ~ etm. 1. to occupy; 2. to take up, to occupy (*space*); 3. ✕ to occupy, to take over; ~ kuvvetleri ✕ occupation forces.
işgalci [ā] 1. occupier; 2. occupying.
işgücü, -nü † 1. productive power; 2. work force (*of a nation*).
işgüder *pol.* chargé d'affaires.
işgünü, -nü weekday, workday.
işgüzar [ā] officious, obtrusive.
işitme *vn. of* işitmek; ~ aleti hearing aid.
işitmek 1. to hear; 2. to learn (*-i* of).
işitmemezlik not hearing; -ten (*or* -liğe) gelmek to pretend not to hear, to feign deafness.
işitsel auditory.
işittirmek (*b-ne*) to cause *s.o.* to hear s.th.
işkembe 1. *zo.* rumen, paunch; 2. tripe (*food*); ~ çorbası tripe soup; -sini şişirmek F to make a pig of o.s.
işkembeci 1. tripe seller; 2. tripe restaurant.
işkence 1. torture, torment; 2. ⊕ carpenter's clamp; ~ etm. to torture, to torment.
işkil suspicion, doubt.
işkolu, -nu 1. the work force; 2. department.
işlek 1. busy; 2. flowing, cursive (*handwriting*).
işlem 1. ⩓ operation; 2. process; 3. transaction, procedure.
işleme 1. *vn. of* işlemek; 2. embroidery, handwork; 3. embroidered.
işlemeci embroiderer.
işlemek 1. to work up, to process, to treat; 2. to operate, to function, to perform; 3. to embroider; 4. to penetrate, to soak (*-e* into); 5. to cultivate (*land*); 6. to carry traffic (*road*); 7. to ply (*ship, bus. etc.*); 8. to discuss, to treat (*subject*); 9. to be enforced (*or* effective) (*law*); 10. to fester (*boil*); 11. *sl.* to steal, to swipe.
işlemeli embroidered.

işlenmemiş raw, untreated.
işletici operator.
işletme *vn. of* işletmek, *part.* business enterprise; ~ fakültesi school of business administration; ~ malzemesi rolling stock; ~ vergisi 1. excise tax; 2. sales tax.
işletmeci administrator, manager; business executive.
işletmecilik 1. business administration; 2. managership.
işletmek *caus. of* işlemek, *part.* 1. to run, to operate; 2. *sl.* hoodwink, to pull s.o.'s leg, to have s.o. on, to hoax, to kid.
işlev function.
işlevsel functional.
işlevsiz nonfunctional.
işleyim industry.
işli embroidered; ornamented; ~ güçlü 1. having business; 2. very busy.
işmar [ā] signal, gesture; wink; nod; ~ etm. to signal, to gesture; to wink.
işporta [. x .] 1. pedlar's pushcart; 2. basket, box *(used by pedlars)*; ~ malı shoddy goods.
işportacı pedlar, peddler, pitchman.
işportacılık yapmak to peddle.
işret, -ti carousal; ~ etm. to carouse, to booze; ~ meclisi carousal, booze-up.
işsiz unemployed, out of work; ~ güçsüz idle.
işsizlik unemployment; joblessness; ~ sigortası unemployment insurance.
iştah 1. appetite; 2. desire, urge; ~ açıcı appetizing; ~ açmak to whet one's appetite; ~ kapamak (*or* kesmek *or* tıkamak) to spoil (*or* kill) one's appetite; -ı kapanmak (*or* kesilmek) to lose one's appetite; -ım yok I have no appetite; -la yemek to eat hungrily.
iştahlanmak 1. to get pleasantly hungry; 2. to get a craving (*-e* for).
iştahlı 1. having an appetite; 2. *fig.* desirous.
iştahsız without appetite.
iştahsızlık lack of appetite.
işte 1. here!, here it is!; 2. look!, see!, behold!; 3. as you see; ~ böyle such is the matter.
iştigal, -li [ā] occupation; ~ etm. *(bşle)* to occupy o.s. with *s.th.*, to be busy with *s.th.*
iştirak, -ki [ā] 1. participation; 2. partnership; ~ etm. 1. to participate (*-e* in), to join in (*-e* on); 2. to share, to agree (*-e* with).
iştirakçi [ā] participant.
iştiyak, -kı [ā] longing, desire; ~ duymak to long (*-e* for).
işve coquettishness, coquetry.
işveli coquettish, flirtatious.
işveren employer.
işyeri, -ni place of employment, practice.
it, -ti 1. *zo.* dog, cur; 2. *fig.* cur, swine, son of a bitch, bastard, punk; ~ canlı tough and strong; ~ gibi çalışmak to sweat blood; ~ oğlu ~ *sl.* cur, son of a bitch; ~ sürüsü *fig.* rabble.
ita [- -] 1. delivery; 2. payment; ~ etm. 1. to give; 2. to pay.
itaat, -ti [. - .] obedience; ~ etm. to obey.
itaatli obedient.
itaatsiz disobedient.
itaatsizlik disobedience.
italik *typ.* italic.
İtalya [. x .] *pr. n.* Italy.
İtalyan *pr. n.* Italian.
İtalyanca *pr. n.* 1. Italian; 2. in Italian.
itboğan ⚘ autumn crocus, meadow saffron.
itburnu, -nu ⚘ dog rose.
iteklemek F to manhandle, to shove.
itelemek 1. to shove, to nudge; 2. *phys.* to repel.
itenek ⊕ piston.
itfa [ā] 1. extinguishing, putting out; 2. † redemption, amortization; ~ akçesi (*or* bedeli) sinking fund; ~ etm. to pay off *(debt)*, to redeem *(bond)*.
itfaiye [ā] fire brigade, *Am.* fire department; ~ eri fireman.
itfaiyeci [ā] fireman.
ithaf [ā] dedication; ~ etm. to dedicate (*-e* to).
ithal, -li [ā] importation; ~ etm. to import; ~ malı imported goods.
ithalat, -tı [. - -] 1. importation; 2. imports.
ithalatçı [. - - .] importer.
ithalatçılık importation.
itham [ā] accusation, imputation; ~ etm. to accuse.
ithamname [ā, ā] indictment.
ithıyarı, -nı *s.* acıhıyar.
itibar [- . -] 1. esteem, hono(u)r, consideration, regard; 2. † credit; ~ etm. to esteem, to show consideration; ~ görmek 1. to be respected; 2. to be in demand; -a almak to consider; -dan düşmek to fall from esteem; -ı olm. 1. to be held in esteem; 2. to have credit.
itibaren [- . - .] [- . x .] from ... on, beginning from, dating from.
itibarıyla [- . - - .] 1. concerning, considering; 2. as of...
itibarî [- . - -] † 1. nominal; 2. conventional; ~ kıymet nominal value.

itibarlı [- . - .] 1. esteemed, valued; influential; 2. redeemable, acceptable *(bill)*.
itibarsız [- . - .] unesteemed.
itici propulsive.
itidal, -li [- . -] 1. moderation; 2. mildness, sobriety; ~ bulmak to calm down, to become moderate; ~ sahibi calm, composed, self-possessed.
itidalli [- . - .] calm; moderate.
itikat, -dı [- . -] belief, faith, creed; ~ etm. to believe (-*e* in).
itilâf [- . -] entente.
itilim, itilme *psych.* repression.
itimat, -dı [- . -] trust, confidence, reliance; ~ etm. to trust, to rely (-*e* on), to have confidence (-*e* in).
itimatlı [- . - .] trustworthy.
itimatname [- . - - .] letter of credence, credentials.
itimatsızlık [- . - . .] distrust, mistrust.
itina [- . -] care, attention; ~ etm. (*or* göstermek) to take great care (-*e* in), to take pains (-*e* to); ~ ile carefully.
itinalı [- . - .] careful, painstaking.
itinasız [- . - .] careless, inattantive, slipshod.
itiraf [- . -] confession, admission; ~ etm. to confess, to admit, to acknowledge.
itiraz [- . -] 1. objection, disapproval; 2. ⚖ protest; ~ etm. to object (-*e* to); ~ götürmez incontestable.
itirazcı objector.
itirazsız [- . - .] without any objection.
itişmek 1. to push one another; 2. to scuffle, to tussle; itişip kakışmak to scuffle, to push and shove one another.
itiyat, -dı [- . -] habit; ~ edinmek to get into the habit (of), to make a habit.
itizar [- . -] apology; ~ etm. to apologize.
itki *psych.* motive, drive.
itlaf destruction; ~ etm. to destroy, to kill.
itlik *fig.* dirty trick, villainy.
itmam [ā] completion; ~ etm. to complete.
itmek, (-er) 1. to push, to shove; 2. to persuade, to compel; ite kaka pushing and shoving.
itriyum ⚗ yttrium.
ittırat, -dı [ā] regularity.
ittifak, -kı [ā] 1. alliance, agreement; 2. accord, concord; ~ Devletleri *hist.* the Central Powers; ~ etm. to agree, to come to an agreement.
ittifakla [ā] unanimously.
ittihat, -dı [ā] union; ~ etm. to unite; ♀ ve Terakki Cemiyeti *hist.* the Committee of Union and Progress.
itüzümü, -nü ⚘ black nightshade.
ivaz ⚖ consideration.
ivdirmek 1. to accelerate; to hasten; 2. to hurry, to urge on.
ivedi 1. haste; 2. hasty.
ivedileşmek to become urgent.
ivedili urgent.
ivedilik urgency; -le urgently.
ivgi hatchet.
ivinti speed, rapidity; ~ yeri *geogr.* rapids.
ivme 1. haste; 2. *phys.* acceleration.
ivmek to hurry.
iye possessor, owner.
iyelik possession, ownership; ~ eki' *gr.* possessive suffix; ~ zamiri *gr.* possessive pronoun.
iyi 1. good; 2. well, in good health; 3. abundant, plentiful; ~ etm. 1. to heal, to cure; 2. to do well; 3. *sl.* to rob; 4. *(b-ni) sl.* to give *s.o.* his comeuppance, to get even with *s.o.*; ~ gelmek 1. to help, to work *(medicine, etc.)*; 2. to fit, to suit; ~ gitmek 1. to go well; 2. to suit; ~ gün dostu fair-weather friend; ~ hal kâğıdı certificate of good conduct; ~ hoş amma... that's all very well but...; ~ kalpli goodhearted, kind; ~ ki luckily, fortunately; ~ kötü mediocre, not bad; ~ olm. 1. to recover; 2. to go well; 3. to be good (*or* favo(u)rable); ~ saatte olsunlar the djinns; -den -ye completely, thoroughly; -si mi the best thing to do is...
iyice 1. [x . .] rather well, pretty good, fairly good; 2. [. x .] completely, thoroughly.
iyicene [. x . .] F thoroughly.
iyicil well-wishing, benevolent.
iyileşmek 1. to recover *(from illness)*; 2. to improve, to get better.
iyileştirmek 1. to cure; 2. to repair, to improve.
iyilik 1. goodness; 2. favo(u)r, kindness; 3. advantage, benefit; 4. good health; ~ etm. to do a kindness (*or* favour); ~ güzellik (*or* sağlık) everything is all right; -le kindly, gently.
iyilikbilir grateful, thankful.
iyilikçi, iyiliksever kind, benevolent, good.
iyimser optimistic.
iyimserlik optimism.
iyon *phys.* ion.
iyonlaşmak *phys.* to ionize.
iyot, -du ⚗ iodine.
iz 1. footprint, track; 2. *fig.* mark, trace, clue, evidence; 3. ⟁ trace; ~ düşürmek ⟁, *phys.* to project; ~ sürmek to follow a trail; -i belirsiz olm. to leave no trace; -inden yürümek *(b-nin)* to follow in *s.o.'s* footsteps; -ine basmak *(b-nin)* to tail

s.o., to follow *s.o.*; -ine dönmek to change one's mind; -ine uymak *(b-nin) fig.* to tread in *s.o.'s* footsteps.

izaç, -cı [ā] vexation, worry; ~ etm. to vex, to harass.

izafet, -ti [ā] **1.** *gr.* nominal compound; **2.** *phls.* relativity.

izafeten [ā] after, in hono(u)r of.

izafi [. - -] **1.** relative; **2.** *phls.* nominal; **3.** *phys.* specific.

izafiyet, -ti [ā] relativity.

izah [- -] explanation; ~ etm. to explain.

izahat, -tı [- - -] explanations; ~ vermek to give an explanation.

izale [ā] removal; ~ etm. to remove, to wipe out.

izam [- -] exaggeration; ~ etm. to exaggerate.

izan [ā] understanding, intelligence; ~ etm. to be considerate.

izbe **1.** hovel; **2.** out-of-the-way.

izbiro [. x .] rope sling *(used in lifting cargo).*

izci **1.** scout; **2.** boy (*or* girl) scout.

izcilik scouting.

izdiham [ā] throng, crush, crowd.

izdivaç, -cı [ā] marriage, matrimony; ~ etm. to get married; ~ teklifi marriage proposal.

izdüşüm ⩓, *phys.* projection.

izdüşümsel ⩓, *phys.* projectional.

izhar [ā] display, manifestation; ~ etm. to display, to reveal, to show.

izin, -zni **1.** permission; **2.** leave (of absence); vacation; **3.** ⚔ discharge; ~ almak to get permission (*or* leave); ~ koparmak F = ~ almak; ~ vermek **1.** to give permission; **2.** ⚔ to discharge; -e çıkmak to take a vacation, to go on vacation (*or* leave); iznini kullanmak to take one's vacation; to use one's leave.

izinli on vacation (*or* leave).

izinsiz **1.** without permission; **2.** *school:* kept in; **3.** detention.

İzlanda *pr. n.* **1.** Iceland; **2.** Icelandic.

İzlandalı *pr. n.* Icelander.

izlem observation.

izlemci observer.

izlemek **1.** to follow, to trace, to pursue; **2.** to watch, to view; to observe

izlence programme.

izlendirmek to make an impression (on).

izlenim impression.

izlenmek **1.** *pass. of* izlemek; **2.** to get an impression.

izleyici spectator, onlooker; viewer.

izmarit, -ti **1.** cigarette butt (*or* end); **2.** *zo.* sea bream.

izmihlâl, -li destruction, annihilation.

izobar *geogr.* isobar.

izohips *geogr.* contour line.

izolasyon ⚡ insulation.

izole insulated; ~ bant electric (*or* friction) tape; ~ etm. ⚡, *phys.* to insulate, to isolate.

izoterm *geogr.* isotherm.

izotop, -pu *phys.* isotope.

izzet, -ti **1.** glory, might, hono(u)r, excellence; **2.** ♀ *mf.*

izzetinefis, -fsi self-respect, self-esteem amour propre.

J

jaguar *zo.* jaguar.
jaketatay cutaway.
jaluzi Venetian blind.
Jamayka *pr. n.* **1.** Jamaica; **2.** Jamaican.
Jamaykalı *pr. n.* Jamaican.
jambon ham.
jandarma [. x .] **1.** gendarme, police soldier; **2.** gendarmerie, constabulary.
jant, -tı *mot.* rim *(of a wheel)*; ~ **kapağı** hubcap.
Japon *pr. n.* Japanese.
Japonca [. x .] *pr. n.* Japanese.
japongülü, -nü ⚘ camellia.
Japonya [. x .] *pr. n.* Japan.
Japonyalı *pr. n. s.* Japon.
jarse **1.** jersey cloth; **2.** jersey jacket.
jartiyer garter.
jelatin **1.** gelatin(e); **2.** *a.* ~ **kâğıdı** cellophane (paper).
jelatinli gelatinous.
jeneratör *phys.* **1.** generator; **2.** boiler.
jeofizik geophysics.
jeofizikçi geophysicist.
jeolog geologist.
jeoloji geology.
jeolojik geologic(al).
jest, -ti **1.** gesture; **2.** beau geste, gesture.
jet, -ti jet (airplane).
jeton token, slug; ~ **düştü** *sl.* the penny (has) dropped, *Am.* now it is registered; ~ **geç düştü** *sl.* it took a while for me to catch on.
jigolo gigolo.
jile jumper.
jilet, -ti razor blade, safety razor.
jimnastik **1.** gymnastics; **2.** gymnastic.
jimnastikçi gymnast.
jinekolog, -gu gynecologist.
jorjet, -ti georgette, Georgette crepe.
jöle jelly, *Am.* jello.
jön **1.** handsome youngster; **2.** actor playing the role of a young lover.
jönprömiye *s.* jön 2.
Jöntürk *hist.* Young Turk.
judo judo.
judocu judoka.
jurnal report of an informer; ~ **etm.** to denounce, to inform (on), to report.
jurnalcı informer, denouncer.
jübile jubilee.
Jüpiter Jupiter.
jüpon underskirt, slip, petticoat.
jüri jury; ~ **üyesi** juror.
jüt, -tü jute (fiber).

K

kaba 1. puffed up, puffy; 2. *fig*. boorish, coarse, rough, rude; unmannerly, uncouth; 3. *fig*. vulgar, common; 4. crudely made; 5. coarse-grained; 6. buttocks; ~ et(ler) buttocks; ~ iş rough (*or* unskilled) work; ~ saba 1. rough and uneducated; 2. credely made, rough-and-ready ~ sıva roughcast; ~ sofu bigoted; -sını almak 1. to roughhew, to trim roughly; 2. *fig*. to tidy up roughly, to clean up quickly.

kababurun *zo*. a kind of small fish.

kabaca 1. roughly, rather crudely, coarsely, in a rude way; 2. biggish, somewhat grown up.

kabadayı 1. rough fellow, tough, bully, hooligan; 2. intrepid, undaunted fellow; 3. the best (*of anything*).

kabadayılık bravado, swagger; ~ etm. to swagger; ~ taslamak to act as if a tough, to play the tough.

kabahat, -ti [. - .] fault, defect; offence, guilt, sin, transgression, blame; ~ bende it is my fault; ~ bulmak to carp (*or* cavil) (*-de* at), to find fault (*-de* with); ~ işlemek (*or* etm.) to commit an offence, to offend, to do s.th. wrong.

kabahatli guilty, blameworthy, culpable, in the wrong.

kabahatsiz innocent, not guilty, inculpable.

kabahatsizlik innocence.

kabak 1. ⚘ squash, pumpkin, gourd; 2. hashish pipe; 3. *fig*. inexperienced, rude, rough, boorish; 4. unripe (*melon*); 5. *fig*. bald, closeshaven, hairless; 6. without hat; 7. worn out (*tyre*); ~ bastısı stewed vegetable marrow; ~ başına patlamak (*b-nin*) *fig*. to carry the can; ~ çekirdeği pumpkinseed; ~ çıkmak to turn out to be unripe (*melon*); ~ çiçeği gibi açılmak *fig*. to display free and easy behavio(u)r; ~ dolması stuffed squash; ~ gibi bare, naked; ~ kafalı bald, hairless; *fig*. stupid; ~ tadı vermek to become boring gradually, to lose its appeal.

kabakgiller ⚘ Cucurbitaceae.

kabaklamak to prune (*a tree*).

kabaklaşmak to go bald.

kabaklık 1. unripeness (*melon*); 2. baldness; 3. boorishness, rudeness.

kabakulak ⚕ mumps, parotitis.

kabala cabala.

kabalaşmak 1. to become coarse (*or* vulgar); 2. to act rudely.

kabalık rudeness, discourtesy, coarseness, vulgarity, impoliteness; sponginess.

kaballama propping (*in mines*).

kaban hooded (*or* casual) jacket.

kabara [. x .] 1. hobnail; 2. ornamental brass-headed stud.

kabaralı hobnailed.

kabarcık 1. ⚕ bulla, bleb, blister; 2. bubble; 3. pimple, pustule.

kabare cabaret; ~ tiyatrosu revue.

kabarık 1. swollen, blistered, puffy; 2. swelling; ~ deniz high tide.

kabarma *vn. of* kabarmak, *part*. high tide.

kabarmak 1. to swell up, to become fluffy; 2. to rise (*dough, paste*), to bubble up (*liquid*); 3. to increase considerably; 4. to stand on end, to bristle (*hair*); 5. *fig*. to be puffed up (with) (*turkey*); 6. *fig*. to get furious (-*e* at); 7. to increase, to swell (*expences, figures*); 8. to become linty (*or* nappy) (*cloth*); 9. to blister (*paint*); 10. to boast, to be arrogant, to swell; 11. to get rough (*sea*).

kabartı swelling, bulge; blister.

kabartma 1. *vn. of* kabartmak; 2. embossed, (en)chased, stamping, in relief; 3. relief..., embossed...

kabartmak *caus. of* kabarmak.

kabasakal bushy-bearded.

kabataslak roughly sketched out; in outline, without details.

Kâbe *pr. n.* the Kaaba at Mecca.

kabız, -bzı ⚕ 1. constipation; 2. constipated; ~ olm. to be constipated.

kabızlık ⚕ constipation; ~ çekmek to suffer from constipation.

kabil [ā] possible (-*e* for), practicable, cabaple (-*e* of), feasible; gayrikabil impossible.

Kabil [ā] *pr. n.* Cain (*Bible*).

kabil kind, sort, type; bu ~ (*or* -den) such, of such a kind, this sort of.

kabile[1] [ā] midwife.
kabile[2] 1. tribe; 2. ⚘ genus; ~ reisi tribal chieftain.
kabiliyet, -ti [ā] ability, capacity, aptitute, talent, capability, competence, possibility.
kabiliyetli [ā] capable (-*e* of), able (-*e* to), fit (-*e* for), qualified, talented, gifted, skil(l)ful (-*e* at, in), clever (-*e* at), adroit.
kabiliyetsiz [ā] unskil(l)ful, incapable, incompetent, untalented.
kabiliyetsizlik [ā] unskil(l)fulness, incapability, incapacity, incompetence.
kabin 1. cabin (*of an airplane or ship or spacecraft*); 2. changing cubicle (*at a beach*).
kabine 1. cabinet (*a. pol.*), Cabinet Counsil; 2. surgery, consulting room (*of a doctor*); 3. small room; 4. toilet; 5. changing cubicle (*at a beach, in a store*); ~ çekilmek (*for a government*) to resign; ~ düşmek (*for a government*) to fall; ~ reisi prime minister; ~ toplantısı cabinet meeting.
kabir, -bri grave, burial-place, tomb; ~ azabı çekmek to suffer agonies; ~ suali F endless questioning.
kablo [x .] ⚡ cable, cord, line; ~ döşemek to lay down a cable; ~ gemisi cable ship.
kabotaj ⚓ cabotage.
kabristan [. . -] churchyard, cemetery, graveyard.
kabuk -uğu 1. ⚘ bark; skin, shell, rind, peel, pod, husk, cod; 2. ⚕ crust, scab (*wound*); 3. outer covering; ~ bağlamak to form a crust (*or* scab) (*wound*); kabuğuna çekilmek to withdraw o.s. into solitude, to withdraw into one's shell; kabuğunu soymak to peel, to skin.
kabuklanmak 1. to form a crust (*or* scab) (*wound*); 2. to grow bark.
kabuklu 1. barky; 2. ... shelled; crustaceous.
kabuklubit, -ti *zo.* cochineal insect.
kabuklular *zo.* Crustacea.
kabuksuz shelled, peeled; without bark
kabul, -lü [ū] 1. acceptance; 2. reception; 3. confession, consent, admission, avowal; 4. agreement, assent; 5. agreed!; ~ etm. 1. to accept; 2. to receive; 3. to put up with; 4. to admit, to confess, to avow; 5. to approve (of); 6. to agree, to consent to; ~ günü at-home; ~ havzası *geogr.* catchment basin; ~ resmi, resmi ~ official solemn reception; ~ salonu reception room; -ü olm. to accept willingly.
kabullenmek 1. to appropriate, to take away, to seize; 2. to accept unwillingly; 3. = kabul etm.
kaburga 1. rib; 2. *anat.* thorax, chest; 3. skeleton (*or* frame) (*of a ship*); -ları çıkmak (*or* sayılmak) to be only skin and bones.
kâbus [- -] nightmare; ~ çökmek (üzerine) *or* ~ geçirmek to have a nightmare.
kâbuslu [- - .] nightmarish.
kabza 1. grip, grasp, hold; heft, handle; 2. butt (end) (*gun*); 3. *sl.* a handful of hashish.
kabzımal fruit and vegetable wholesaler, middleman in fruit and vegetable.
kaç, -çı 1. how many?; how much?; ~ defa 1. how many times?, how often?; 2. many times, frequently, so often; ~ para eder? what's it good for?, what's the use?; ~ paralık (adam *or* şey) ki! F he (*or* it) is absolutely worthless!, he (*or* it) is good for nothing!; ~ parça olayım? F which of all these jobs can I cope with?; ~ yaşındasın? how old are you?; -a? what is the price?, how much is it?; -ın kur'ası *fig.* crafty, fox, wily fellow, old hand.
kaçaburuk shoemaker's awl.
kaçak 1. runaway, fugitive, truant (*pupil*), deserter; 2. contraband, smuggled (*goods*); 3. leakage, leak, escape (*of gas*); ~ içki F moonshine.
kaçakçı smuggler.
kaçakçılık smuggling; ~ yapmak to smuggle.
kaçaklık 1. desertion, fugitiveness; truancy; 2. tax *or* duty evasion.
kaçamak 1. neglect of duty, 2. evasion, flight, subterfuge, pretext, equivocation; 3. place of refuge, asylum, sheepfold; 4. F having a bit on the side; ~ yapmak 1. to shirk, to dodge, to goldbrick (*a duty*); 2. to prevaricate, to shuffle, to dodge; ~ yolu excuse, pretext; evasion.
kaçamaklı evasive, elusive.
kaçar how many at a time?, how many ... each?, how much per...?, how many to each?
kaçarola, kaçarula frying-pan, casserole.
kaçık 1. batty, mad (on), crazy (for, about), foolish, eccentric; 2. ladder, *Am.* run (*in a stocking*); 3. having a ladder (*stocking*); 4. crooked, warped.
kaçıklık craziness, battiness.
kaçılmak *fig.* to get out of the way.
kaçımsamak to goof off.
kaçımsar evasive.
kaçıncı which ... (*in a series*).
kaçınık reclusive.
kaçınılmaz inevitable, unavoidable, ineluctable.

kaçınmak to abstain (*-den* from), to avoid, to steer clear (*-den* of), to get out of the way, to stand aside, to shirk, to dodge, to shun, to evade.
kaçıntı leakage, leak.
kaçırma *vn. of* kaçırmak, ⚖ abduction, kidnapping; hijacking.
kaçırmak *caus. of* kaçmak, *part.* **1.** to make (*or* let) escape, to get away, to drive away; **2.** to leak *(air, gas, etc.)*; **3.** *fig.* to rob (*or* deprive) s.o. of s.th.; **4.** to conceal, to hide; **5.** to cause s.o. to go away (*or* leave); **6.** to miss *(a vehicle, school, chance)*; **7.** to kidnap, to abduct; to hijack; **8.** to smuggle; **9.** to withhold s.th. from s.o.; **10.** to soil, to wet; **11.** to go mad (*or* crazy); to lose one's mind; **12.** to get overdrunk; **13.** to overlook, to omit, to skip.
kaçış flight, escape, desertion.
kaçışmak to disperse, to flee in confusion, to run away in various directions.
kaçkın fugitive *(a. fig.)*, deserter; truant.
kaçlı 1. from which number? *(card)*; **2.** from which annual set? *(of birth, graduation)*.
kaçlık 1. at what price?; **2.** contains how many?; of what size?; **3.** how old?; bu adamı kaçlık tahmin edersiniz? How old do you think this man is?
kaçmak, (-ar) **1.** to escape, to flee, to run away (*-den* from), to desert, **2.** not to appear, not to show up, to shun; **3.** to avoid, to shirk, to get out of the way, to stand aside, to steer clear; **4.** to leak, to leak out; **5.** to shift, to get out of place, to slip; **6.** to ladder, *Am.* to run *(stocking)*; **7.** to withdraw without noticed; **8.** to make haste, to hurry; **9.** to disappear, to vanish, to come to nothing, to be frustrated; F to go to pot *(rest, joy, etc.)*; **10.** to turn out, to prove, to be *(good, bad, etc.)*; **11.** to draw near; **12.** to slip into, to get into *(water, dust, etc.)*; **13.** to elope (*ile* with); kaçacak delik aramak to look for a place to hide; kaçanın anası ağlamamış safety is in being cautious; -tan kovalamaya vakit olmamak to have no time for lesser things because of important matters.
kaçmaz runproof, non-laddering, *Am.* non-running *(stocking)*.
kadana [. x .] **1.** *name of a kind of horse breed*; **2.** *sl.* huge woman; F dragon.
kadar 1. as much as, as far as, so long as, as big as; **2.** to; up to; **3.** about, say *Am.* around, like; **4.** so much; bir ay öncesine ~ up to a month ago; istediğin ~ al! take as much (*or* many) as you like; gözün görebildiği ~ as (*or* so) long as eye reaches.
kadastro [. x .] cadastration, land survey, land registry; -ya geçmek to be registered in a cadaster.
kadavra [. x .] cadaver, corpse, carcass.
kadayıf dry dough *(for various kinds of sweet pastry)*.
kadeh glass, cup; wineglass, goblet; ~ arkadaşı drinking companion; ~ kaldırmak to raise one's glass in a toast; ~ tokuşturmak to clink glasses.
kadem 1. foot, pace; **2.** good luck, good foreboding; ~ basmak to set foot on (*or* in); ~ getirmek to bring good luck.
kademe 1. stage, level, grade, rank, degree; **2.** ✈, ⚔ echelon, squadron; ~ birliği ✈, ⚔ squadron formation; ~ ~ **1.** step by step, gradually, by degrees; **2.** ⚔ in echelons.
kademelendirmek ⚔ to stagger.
kademeli 1. ⚔ articulated, in echolons; **2.** stepped, graded.
kademhane [. . - .] (water-)closet, lavatory, toilet.
kademli bringing luck, lucky, fortunate.
kademsiz unlucky, fatal, baneful, bringing bad luck.
kademsizlik inauspiciousness, ill omen.
kader destiny, fate, predestination; -in cilvesi the irony of fate; -in sillesi the buffet of fate.
kadercilik fatalism.
kadı Moslem judge, cadi, kadi.
kadın 1. woman; **2.** matron; **3.** *a title used after the names of older women*; **4.** maid, charwoman; ~ berberi ladies' hairdresser; ~ doktoru gynecologist; ~ -a *(meeting, party, etc.)* with only women present; ~ -cık ideal housewoman; ~ milleti F womankind, women; ~ olm. **1.** to lose her virginity; **2.** to be a good housewife; ~ oyuncu actress; ~ sporcu sportswoman; ~ terzisi dressmaker; -lar hamamı gibi *fig.* like a bear garden.
kadınbudu, -nu *meat ball with eggs and rice*.
kadıncık poor woman.
kadıncıl woman-chaser, womanizer.
kadıngöbeği, -ni *sweet dish made with semolina and eggs*.
kadınlık 1. womanhood; **2.** good housekeeping; **3.** womankind, women; ~ gururu womanly pride; ~ hormonları woman hormones; ~ uzvu vagina.
kadınsı womanish, effeminate, sissy.
kadıntuzluğu, -nu ⚘ barberry.

kadırga [. x .] † galley.
kadırgabalığı, -nı *zo.* whale, cachalot.
kadife [ⁱ] velvet; corduroy; ~ gibi velvety.
kadim [i] old, ancient *(times)*, through eternal.
kadir[1], -dri **1.** worth, value; **2.** *ast.* magnitude; ♀ gecesi the Night of Power *(the 27th of Ramadan, when the Koran was revealed)*; ~ gecesi doğmuş **1.** he is married to a very fine woman; **2.** he is a very lucky person.
kadir[2] [ä] able *(-e* to), capable *(-e* of), fit *(-e* for), powerful, mighty *(God)*.
kadirbilir appreciative *(of value or merit)*.
kadirbilirlik appreciation.
kadirşinas [. . . -] appreciative *(of value or merit)*.
kadirşinaslık appreciation.
kadit, -di [ⁱ] **1.** skeleton; **2.** skin and bone, a mere skeleton; **3.** jerked meat; -i çıkmak to turn into skin and bones.
kadmiyum ⚗ cadmium.
kadran 1. ⊕ dial (plate), face; **2.** scale *(radio, etc.)*; **3.** quadrant.
kadril quadrille *(the dance and its music)*.
kadro [x .] **1.** personnel, staff; workers; teaching staff; roll; **2.** ⚔ cadre, establishment; **3.** framework; **4.** a permanent position; ~ dışı not on the permanent staff, temporary; not employed; ~ mevcudu ⚔ authorized strength; -ya dahil on the permanent staff; -ya girmek to be put on the permanent staff.
kadrolu on the permanent staff.
kadrosuz not on the permanent staff; temporarily employed.
kafa 1. head, skull; **2.** sight, view, opinion; **3.** intelligence, understanding; **4.** marble *(children's toy)*; ~ değiştirmek to change one's mind, to change one's way of thinking; ~ dengi like-minded, intimate, kindred spirit; ~ göz yarmak *fig.* to be clumsy; ~ -ya vermek to put their heads together; ~ kalmamak not to be able think because of being worn out; ~ oyunu puzzle; ~ patlatmak to rack one's brain (-e over); ~ sallamak to be a yes-man, to approve everything; ~ şişirmek to talk s.o.'s head off, to talk the pants off one; ~ tutmak **1.** to oppose, to resist, to struggle against, to contradict, to be rebellious, to be contrary; **2.** *(b-ne)* to rebel, to revolt against *s.o.*; ~ ütülemek *sl.* to talk s.o.'s head off, to talk to s.o. to death; ~ yormak to rack one's brains *(-e* over), to ponder; -dan atmak to take a shot in the dark, to shoot off the belly; -dan gayri müsellah *co.* stupid, dull, nutty, obtuse; -dan kontak *sl.* having a screw loose, screwy, nutty; -sı almamak **1.** not to be able to understand *(or* grasp); **2.** not to be receptive any more; **3.** not to be able to believe; -sı bozulmak to get angry; -sı bulanmak to get confused; -sı dönmek *fig.* to get perplexed, to fly into a broad passion; -sı dumanlı **1.** tipsy, in one's cups; **2.** confused and perplexed; -sı durmak to be too tired to think; -sı işlemek to be on the ball; -sı kazan olm. *s.* -sı şişmek; -sı kızmak to blow one's top, to get angry; -sı şişmek to be ringing *(from noise)*; to feel fuddled; -sı taşa çarpmak *fig.* to suffer for one's mistake; -sı yerinde olmamak to woolgather; -sı yerine gelmek to regain self-control, to pull o.s. together; -sına dank etm. to dawn on one at last; -sına koymak to make up one's mind, to be determined to...; -sına sığmamak not to be able to conceive (of), to find unacceptable; -sına vur, ekmeğini elinden al he can't say boo to a goose; -sına vura vura by force; -sında şimşek çakmak to have a brainwave, to dawn on one suddenly; -sını kırmak *fig.* to knock s.o.'s block off; -sını kullanmak to use one's loaf; -sını kurcalamak to obsess; -sını taştan taşa çarpmak to regret bitterly; -sının dikine gitmek to behave stubbornly, to go one's own way; -yı bulmak *sl.* to be in one's cups; -yı çekmek *sl.* to be on the booze; -yı tütsülemek *sl.* to get tight; -yı (yere) vurmak to get laid up in bed; -yı vurup yatmak F to hit the sack.
kafadanbacaklılar *zo.* Cephalopoda.
kafadar like-minded; kindred spirit, buddy.
kafaiçi, -ni *anat.* brain, intercranial.
kafakâğıdı, -nı F identity card, ID card.
kafalı 1. ...headed; **2.** *fig.* intelligent, brainy.
kafasız stupid, dull, obtuse.
kafasızlık stupidity.
kafatasçı racist.
kafatasçılık racism.
kafatası, -nı *anat.* skull, cranium.
kafein caffeine.
kafes 1. cage; coop; **2.** lattice, grating, latticework; **3.** *sl.* clink; **4.** framework *(wooden house)*; **5.** skeleton *(of a ship)*; ~ gibi **1.** a mere skeleton; **2.** (entirely) perforated; ~ ~ full of holes, perforated; ~ tamiri a thoroughly overhauling of a building; -e girmek *sl.* to be duped *(or* tricked); -e koymak *sl.* to trick, to

deceive, to make a dupe (of).
kafesçi 1. maker *or* seller of cages *or* latticework; 2. *sl.* deceiver.
kafeslemek *sl.* to deceive, to trick, to con.
kafesli latticed.
kafeterya cafeteria.
kâfi [- -] sufficient, enough *(-e* for); ~ gelmek (*or* olm.) to be enough *(or* sufficient), to suffice.
kafile [ā] 1. caravan, troop, band; 2. ⚔ convoy, escort; 3. sending, part.
kâfir [ā] 1. unbeliever, infidel, misbeliver, non-Muslim; 2. *fig.* chap, bloke, *Am.* guy; seni ~ seni! you mad chap!
kâfirlik infidelity, impiousness.
kafiye [ā] rhyme.
kafiyeli [ā] rhyming, rhymed.
kafiyesiz [ā] unrhymed.
Kafkas (Dağları), Kafkasya *pr. n.* Caucasus.
Kafkasyalı *pr. n.* Caucasian.
kaftan robe, caftan; ~ giymek to receive a robe of hono(u)r.
kâfur [- -] **kâfuru** [- . .] ⚗ camphor.
kâgir built of stone *or* brick; stone..., brick...
kağan khan, ruler.
kağanlık khanate.
kâğıt, -dı 1. paper; 2. slip (of paper), note; 3. letter; 4. (playing) card; 5. document, report; 6. one lira; 7. paper...; ~ açmak to turn up the trump card; ~ dağıtmak to deal cards; ~ fener Chinese lantern; ~ gibi olm. *(b-nin yüzü)* to turn pale in the face; ~ oynamak to play cards; ~ oyunu card game; ~ para paper money; ~ sepeti waste paper basket; ~ üzerinde kalmak to exist on paper only *(plan, etc.)*; ~ üzerine koymak to commit to paper; kâğıda dökmek to write s.th. down; kâğıdı kim yaptı? who had the deal?
kâğıtbalığı, -nı *zo.* ribbonfish, dealfish.
kâğıtçı stationer.
kâğıthelvası disk-shaped wafers.
kâğıtlamak to paper.
kâğıtlık 1. paper case *(or* chest *or* stand); 2. suitable for making paper.
kağnı two-wheeled ox-cart; ~ gibi (gitmek) (to go) at a snail's pace.
kağşak near to collapse; out of repair, dilapidated.
kağşamak 1. to become shaky, to become tottery; F to come apart *(furniture)*; 2. *fig.* to become old and feeble.
kâh sometimes, now and then, occasionally; ~ ... ~ sometimes ... sometimes.
kahır, -hrı 1. great sorrow, grief; 2. unjust treatment; ~ çekmek to bear difficulties for a long time, to endure, to put up with...; kahrı çekilir bearable; kahrı çekilmez unbearable; kahrından ölmek to die of grief; kahrını çekmek to lump (it), to endure.
kahırlanmak to be grieved *(or* distressed).
kahırlı extremely sad, deeply distressed, wretched.
kâhin soothsayer, seer.
kâhinlik 1. soothsaying; 2. prophecy.
kahir [ā] overwhelming, irresistable, overpowering; ~ ekseriyet overwhelming majority.
Kahire [ā] *pr. n.* Cairo.
kahkaha peal of laughter, loud laughter; ~ atmak (*or* koparmak) to burst out laughing; ~ tufanı peals of laughter.
kahkahaçiçeği, -ni ⚘ morning-glory.
kahpe 1. whore, prostitute; 2. *sl.* fickle, inconstant, faithless, perfidious, base, mean; -nin dölü *sl.* son of a bitch.
kahpelik 1. prostitution, being a whore; 2. villainy, knavish trick; ~ etm. 1. to be a prostitute; 2. to behave villainously.
kahraman 1. hero, gallant; heroine; 2. *fig.* brave, heroic *(affair, etc.)*.
kahramanlık 1. heroism, valo(u)r; 2. heroic deed, exploit.
kahretmek [x . .] 1. to crush (to death), to overcome, to overpower, to overwhelm, to ruin, to destroy, to wreck; 2. *fig.* to be distressed, to torture; 3. to grieve; 4. to curse, to execrate.
kahrolmak [x . .] to grieve, to be depressed; Kahrolsun! damned!, to hell with him!
kahvaltı 1. (*a.* sabah kahvaltısı) breakfast; 2. afternoon coffee; 3. *(cold)* snack; ~ etm. 1. to (have) breakfast; 2. to have a snack.
kahvaltılık 1. ... for breakfast; 2. food for breakfast.
kahve 1. ((*a.* kuru kahve) coffee, coffee-beans; 2. coffee *(as drink)*; 3. Oriental coffee-house, café; ~ çekmek to grind coffee-beans; ~ değirmeni coffee-mill, coffee-grinder; ~ dolabı cylindrical coffee roaster; ~ fincanı coffee cup; ~ ocağı *room where coffee, tea, etc. are made*; ~ parası tip, gratuity.
kahveci 1. grower *or* seller of coffee; 2. the owner *or* lessee of an Oriental coffee-house; 3. coffee-boiler, coffee-maker.
kahvehane Oriental coffee-house, café.
kahverengi, -yi, -ni brown.
kâhya 1. (landowner's) steward, majordomo, bailiff, superintendent; 2. warden of a trade guild; 3. *fig. contp.* overseer;

4. *fig.* busybody; 5. parking lot attendant; (Birinin başına) ~ kesilmek to meddle in affairs.

kâhyalık 1. stewardship; 2. duty of a steward *or* a parking lot attendant; 3. money paid to the parking lot attendant; 4. *fig.* meddling in affairs; ~ etm. 1. to work as a steward *or* a parking lot attendant; 2. *fig.* to meddle in affairs.

kaide [ā] 1. basis, foundation; 2. foot, base, pedestal; 3. rule, principle *(a.* A*)*; 4. norm, standard; 5. *geom.* base-line; 6. cardinal number; 7. doctrine, teaching, theory; 8. *sl.* buttocks, rump.

kaidesiz irregular.

kail [ā] 1. *(bşe)* convinced, positive; 2. agreed! (with); 3. speaker; ~ olm. to convince, to agree.

kaim [ā] 1. extant, lasting, existing, present; 2. taking the place of; ~ olm. 1. to exist, to be extant; 2. to take the place of.

kaime [ā] 1. official list (*or* document); 2. † paper-money.

kâin 1. being, existent; 2. situated.

kâinat, -tı [- . -] 1. the universe, the cosmos; 2. *fig.* everyone, everybody, the whole world.

kak[1], -kı 1. dried fruit; 2. *fig.* meagre, *Am.* meager, skinny.

kak[2], -kı puddle, pool.

kaka *(child's language)* 1. bad, ugly, bratty; 2. dirt, filth, excrement; ~ yapmak to defecate, to go potty *(child)*.

kakalamak 1. to push *or* strike continuously; 2. = kaka yapmak; 3. *fig.* to put across (*or* one over on) *(in shopping)*.

kakao ⚘ cocoa; ~ yağı cocoa butter.

kakavan 1. stuck-up and stupid; 2. *sl.* old and ugly.

kakıç gaff, a kind of harpoon.

kakılmak to be shoved and pushed; kakılıp kalmak to be stuck, to have to wait, to be rooted to (the spot).

kakım *zo.* ermine, stoat.

kakımak to blame, to reprove, to censure, to denounce, to criticize.

kakınç reproach; (başına) ~ etm. to rub it in.

kakırdamak 1. to rattle, to rustle, to crackle, to snap; 2. *sl.* to die, to peg out.

kakırtı crackling sound, crackle, soft crack.

kakışmak to push and shove mutually, to keep nudging (*ile* with).

kakıştırmak to cuff, to thump, to push, to nudge.

kakma 1. *vn.* of kakmak 2. repousse work, chased work, relief work.

kakmacı inlayer.

kakmacılık repoussage, ornamental inlaying.

kakmak, (-ar) 1. to push, to shove, to drive in, to nail, to ram in; 2. to encrust, to inlay; 3. to chase.

kakmalı inlayed.

kaknem *sl.* 1. meagre and misery; 2. ugly, mean, bad-tempered.

kaktüs [ā] ⚘ cactus.

kakule [ā] ⚘ cardamom.

kâkül forelock, bangs, fringe.

kâküllü having forelock.

kal[1] 1. refining, purification *(from metal)*; 2. ⚗ cupellation.

kal[2], -li [ā] word, talk, speech; -e almak to mention, to discuss, to take into consideration; -e almamak to consider insignificant (*or* negligible), to take no notice *(-i* of).

kala -e to *(for time)*; before *(a time)*; saat ona beş ~ at five to ten; köye iki kilometre ~ two kilometers from the village; on gün ~ ten days before.

kalaazar kala-azar, dumdum fever.

kalaba crowd, mass.

kalabalık 1. crowd, throng, press; 2. crowded; 3. numerous *(luggage)*; big *(family)*; 4. overcrowded *(bus)*; overpopulated *(city)*; ~ etm. 1. to crowd, to take up, to occupy *(a place)*, to be in the way *(object)*; 2. F to stand about uselessly.

kalabalıkça a little crowded.

kalabalıklaşmak 1. to get crowded; 2. to get cluttered.

kalafat, -tı 1. ⚓ caulking; 2. turban *(headdress worn by commander-in-chiefs and Janisseries)*; ~ yeri caulking wharf; -a çekmek to careen for caulking.

kalafatçı caulker.

kalafatlamak 1. to caulk, to careen; 2. *fig.* to repair, to restore.

kalafatsız uncaulked, caulkless.

kalak 1. nostril *(of animals)*; 2. winnings stones *(children's game)*.

kalakalmak 1. to be petrified, to be surprised, to be taken aback, to stand perplexed; 2. to have a hard time.

kalamar *zo.* squid, cuttle-fish.

kalan 1. remaining; 2. A remainder; 3. the rest; 4. staying.

kalantor well-heeled and ostentatious man.

kalas beam, plank, timber.

kalastra lifeboat chock on the deck of ships.

kalay 1. tin; 2. *fig.* varnish; 3. *sl.* swear, curse; -ı basmak *sl.* to swear a blue streak, to chew out.
kalaycı tinsmith, tinner; tinker.
kalaylamak 1. to tin; 2. *sl.* to insult, to call s.o. names, to abuse; 3. *fig.* to conceal by sham *(fault, etc.)*.
kalaylı 1. tinned; 2. containing tin; 3. *fig.* sham.
kalaysız 1. untinned; 2. containing no tin.
kalben 1. sincerely, wholeheartedly; 2. ethical, spiritual, mental.
kalbi [. -] sincere, heartfelt, warm, cordial.
kalbur sieve, riddle; ~ gibi riddled, full of holes; ~ kemiği *anat.* ethmoid bone; -a çevirmek to fill with holes, to riddle; -a dönmek to be riddled, to be filled with holes; -dan geçirmek to sieve, to sift, to screen; -la su taşımak *fig.* to exert o.s. to purposeless work, to plough the sand(s).
kalburcu 1. maker *or* seller of sieves; 2. sifter.
kalburlamak to sift, to sieve, to screen.
kalburüstü, -nü *fig.* select, elite, prominent; -ne gelmek (*or* kalmak) to become outstanding.
kalcı refiner of metals.
kalça [x .] *anat.* hip; ~ çevresi hip-measurement; ~ kemiği *anat.* hipbone.
kalçalı 1. hipped; 2. with big hips, broad across the beam.
kalçasız 1. without hips; 2. with narrow hips.
kalçete ⚓ gasket.
kalçın long felt hose.
kaldıraç lever, crowbar.
kaldıran *anat.* levator.
kaldırıcı jack.
kaldırım pavement, *Am.* sidewalk, causeway; ~ çiğnemek *fig.* to be experienced in the ways of the world, to be wordly wise; ~ döşemek to pave; ~ mühendisi *co.* loafer, idler; ~ süpürgesi (*or* yosması) streetwalker, prostitute; ~ taşı paving stone; -a düşmek 1. to lose its value; 2. to be sold cheap in the street.
kaldırımcı 1. paver; 2. *sl.* swindler, crook, pickpocket.
kaldırımsız unpaved.
kaldırımsı *biol.* squamous (epithelium).
kaldırma *vn. of* kaldırmak; ~ cihazı forklift.
kaldırmak *caus. of* kalkmak 1. to lift, to elevate, to raise; 2. to move away, to remove, to clear away; 3. to clear *(table)*; 4. to scare; 5. to abolish, to do away with; 6. to wake; 7. to cause to recover (from); 8. to bear, to endure, to tolerate; 9. to erect, to stand; 10. F to steal, to pinch, to swipe; 11. to start *(a motorcar)*; 12. to buy in bulky quantities; 13. to kidnap; 14. to carry the corpse to grave; 15. to take the ill to hospital.
kale 1. fortress, castle, citadel; 2. ⚔ bunker, pillbox; 3. *fig.* bullwark, bastion; 4. *chess:* castle, rook; 5. *sports:* goal; ~ gibi 1. big, plain and solid *(building)*; 2. trustworthy and strong, portly *(person)*; ~ sahası goal area.
kalebent, -di castle convict.
kaleci goalkeeper.
kalem 1. (lead) pencil, colo(u)red pencil, fountain-pen, writing reed; 2. (government) office, chancellery; 3. style, (im)personation, representation; 4. chisel; 5. carving knife; 6. ⚚ item, entry, sum; 7. ✓ graft; 8. paintbrush; ~ açmak to sharpen a pencil; (üstüne) ~ çekmek to cross out, to cancel; ~ efendisi clerk in a government office; ~ işi 1. hand-painting; 2. hand-carved; ~ kaşlı having thin and long eyebrows; ~ kulaklı having small, upright ears *(horse, deer, etc.)*; ~ oynatmak 1. to write; 2. to correct, to edit; 3. to spoil by altering *(article, etc.)*; ~ parmaklı having long, slim, tapering fingers; ~ sahibi author, writer, man of letters; -e almak to write, to draw up, to indite; -e gelir 1. describable; 2. reasonable; -e gelmemek to be indescribable; -e (*or* kâğıda) sarılmak to take pen in hand, to start to write promptly; (herhangi bir nitelikte) -i olm. to write well on any subject; -inden çıkmak to be written by s.o.; -inden kan damlamak *fig.* 1. to write effectively; 2. to write bitterly and harmfully; -iyle yaşamak (*or* geçinmek) to make a living by writing, to live by one's pen.
kalemaşısı, -nı graft, scion.
kalembek 1. aloes; 2. a kind of maize.
kalemis civet (cat).
kalemkâr [. . -] 1. decorator; 2. engraver, chase-worker.
kalemlik 1. pencil box; 2. penholder, pen rack.
kalemşor *co.* polemical writer.
kalemtıraş pencil sharpener.
kalender 1. wandering, mendicant friar; 2. *fig.* unconventional, easy-going, easily satisfied.
kalenderce 1. unconventional and easy going, bohemian; 2. philosophical.
kalenderleşmek to behave *or* live in an unconventional way.

kalenderlik 1. unconventionality; 2. a bohemian existance.
kalevi alkaline.
kaleydeskop kaleidescope.
kalfa [x .] 1. assistant master; qualified workman; 2. building contractor; 3. chief palace maid-servant; 4. † assistant *(of a primary school teacher).*
kalgımak 1. to leap up, to jump up, to rise, to scar up *(dolphine)*; 2. to rear, to risé, to prance *(horse)*; 3. to jump up angrily.
kalhane [. - .] ⊕ smelter(y).
kalıcı permanent, lasting.
kalıcılık 1. permanence; 2. *phys.* retentivity.
kalıç sickle.
kalık 1. defective, incomplete; 2. spinster.
kalıklık defectiveness, deficiency.
kalım survival, duration, life.
kalımlı everlasting, perpetual, permanent; immortal.
kalımlılık 1. permanence; 2. immortality.
kalımsız transient, impermanent.
kalın[1] 1. thick, stout; 2. viscous, stiff; 3. *sl.* rich, wealthy, well-heeled; 4. † coarse, uneducated; 5. velar; ~ kafalı thickheaded, thickwitted, obtuse, stupid, dull; ~ kafalılık dullness; ~ ses deep voice; ~ ünlü back vowel *(a, ı, o, u).*
kalın[2] *present given by the bridegroom to the bride.*
kalınbağırsak *anat.* great gut, large intestine.
kalınca somewhat thick.
kalınlaşmak to become thick (*or* stout), to thicken.
kalınlaştırmak to thicken, to make s.th. thick.
kalınlatmak = kalınlaştırmak.
kalınlık 1. thickness *(a. A)*; 2. viscousness *(gas, fluid)*; 3. *fig.* coarseness; 4. deepness *(voice).*
kalınmak to stay, to rest, to stop.
kalıntı 1. remnant, remainder, leftovers, leavings; 2. ruin, ruins, debris, relic; 3. mark, trace.
kalınyağ lubricating oil.
kalıp, -bı 1. mo(u)ld, press form; 2. matrix, model; 3. shoemaker last; 4. block *(hat)*; 5. bar, bolt *(cheese or scap)*; 6. external apperance; model, pattern; ~ gibi still, without moving; ~ gibi oturmak to fit like a glove *(suit, dress)*; ~ gibi serilmek (*or* yatmak) to lie stretched out like a log; ~ gibi uyumak to sleep like a log; ~ kesilmek to stand aghast, to be petrified; ~ kıyafet outer appearance; ~ sigarası machine-made cigarette; -a dökmek to cast, to mo(u)ld; -a vurmak to put on a block (*or* last) *(hat, etc.)*; -ı kıyafeti yerinde imposing and well dressed man; -ı değiştirmek (*or* dinlendirmek) *sl.* to die, to pop off; -ını basmak *fig.* to give (*or* provide) security, to stand surety; -ının adamı olmamak not to be the man as expected from his appearance; -tan -a girmek *fig.* to be fickle (*or* inconstant *or* valatile) for one's benefit.
kalıpçı 1. maker *or* seller of mo(u)lds; 2. mo(u)lder, blocker.
kalıplamak to form, to block, to mo(u)ld.
kalıplaşmak to get fixed in one form (*or* type), to become stereotyped.
kalıplaşmış 1. stereotyped; 2. clichéd; ~ iyelik *gr.* stereotyped possessed form.
kalıplı shaped by mo(u)lds.
kalıpsız out of shape.
kalıt, -tı 1. inheritance; 2. inherited characteristic.
kalıtçı heir, inheritor.
kalıtım 1. *biol.* (genetic) heritage; 2. inheritance, heritage.
kalıtımbilim genetics.
kalıtımsal hereditary.
kalıtsal hereditary.
kalibre caliber.
kalifiye qualified, skilled.
kaliforniyum californium.
kalinos *ichth.* a kind of sea bass.
kalite quality, class; ~ kontrolü quality control (*or* test).
kaliteli 1. high-quality, of good quality; 2. of high value, high-class, high-grade.
kalitesiz poor-quality, shoddy.
kalitesizlik lack of quality, shooddiness.
kalkan 1. shield; 2. *zo.* turbot; 3. *fig.* defender.
kalkanbezi, -ni *anat.* thyroid gland.
kalker *geol.* limestone.
kalkerleşmek to calsify.
kalkerli calcareous.
kalkık 1. pointing upwards; 2. upturned *(brim, collar, etc.)*; 3. peeled off *(paint, polish, etc.)*; 4. pulled up *(curtain)*; 5. high *(eyebrow)*; 6. standing on end *(hair)*; 7. retroussé *(nose).*
kalkındırmak to develop, to improve, to cause to recover, to lead towards progress.
kalkınış developing, improving.
kalkınma 1. development, progress improvement; 2. recovery; 3. ascent; ~ hızı rate of economic development; ~ planı development plan.
kalkınmak to develop, to make progress,

to advance.

kalkış 1. rising; 2. departure; **-a geçmek** ✈ to take off.

kalkışmak to attempt, to (dare to) undertake *(-meğe to do s.th.)*, to try *(-meğe to do s.th.)*.

kalkmak, (-ar) 1. to stand up, to rise to go up; 2. to get loose *(polish)*; 3. to get up, to get out of bed; 4. to depart, to leave, to set out (*or* off), to start; 5. to rear *(horse)*; 6. to be taken off *(cloth, lid)*; 7. to recover *(from an illness)*, 8. to be annulled, to be abolished, to be repealed; 9. to be cleared (*or* removed); 10. to set about, to undertake *(to do s.th.)*, to venture; 11. to disappear, to vanish; 12. to rebel; 13. to be reaped (*or* gathered); 14. to move to; 15. to go out of circulation *(money)*; **Kalk borusu** ✕ reveille; **Kalkıp kalkıp oturmak** to show one's anger by movements, to be hopping mad.

kallavi [. - -] 1. ceremonial turban *(formerly worn by viziers)*; 2. F huge, very big.

kalleş F unreliable, treacherous, faithless, perfidious, backstabbing.

kalleşçe treacherously.

kalleşlik treachery, backstabbing, faithlessness, disloyalty, perfidiousness, perfidy; ~ **etm.** to play s.o. a dirty trick.

kalma 1. *vn. of* **kalmak**; 2. remaining, left; 3. handed down, inherited *(-den* from), descended *(-den* from).

kalmak, (-ır) 1. to remain, to be left; 2. to continue to exist, to survive; 3. to dwell, to stay; 4. not to make progress; 5. *(sınıfta)* not to get one's remove, to fail *(a class)*; 6. to be detained, to be put off; 7. to be inherited *(-den* from); 8. to be postponed; 9. to be on s.o.'s duty, to be incumbent on s.o., to rest with s.o.; 10. to be kept from doing *s.th.*; 11. to be contented with; 12. to halt; 13. to cease; 14. to drop *(wind)*; **Kala kala** there only remains, all that is left; **kaldı ki** besides, moreover; **(şundan** *or* **bundan) Kalır yeri yok** it is indistinguishable, it is perfectly the same; **(Şuna** *or* **buna) Kalsa** (*or* **Kalırsa** 1. if you ask *(my, his, etc.)* opinion; 2. if it were left up to *(s.o.)*; **kalsın!** 1. leave it!, forget it!; 2. it is not important any more.

kalmalı locative; ~ **tümleç** *gr.* locative noun phrase with adverbial force.

kaloma [. x .] ⚓ 1. slack of a hawser; 2. loose end of rope.

kalomel calomel.

kalori calorie.

kalorifer 1. central heating; 2. radiator; ~ **dairesi** furnace room; ~ **kazanı** boiler.

kaloriferci 1. furnaceman 2. stoker, fireman.

kalorimetre calorimeter.

kaloş overshoe, galosh.

kalp[1] **-bi** 1. *anat.* heart; 2. heart desease; 3. *fig.* affection; 4. *fig.* feeling, sense; 5. centre, innermost part; ~ **ağrısı** lover's grief, heartache; ~ **atışı** heartbeat; ~ **çarpıntısı** beating (*or* palpitation) of the heart; ~ **kazanmak** (*or* **fethetmek**) to win the heart (of); ~ **kırmak** to hurt s.o.'s feelings, to break s.o.'s heart; ~ **krizi** heart attack from cardiac weakness; ~ **olmamak** *(b-de)* not to have sympathy, to be merciless; ~ **sektesi** heart attack; ~ **yetersizliği** (*or* **kifayetsizliği**) cardiac insufficiency; **-den yaralı** sad, grieved (at, about); **-e doğmak** to have a presentiment; ~ **-e karşıdır** feelings are mutual; **-i çarpmak** 1. to palpitate (*or* beat) fast; 2. to palpitate with excitement; **-i fesat** 1. envious, jealous; 2. suspicious; **-i kırık** broken-hearted; **-ine doğmak** *s.* **-e doğmak**; **-ine girmek** to win s.o.'s heart; **-ine göre** after one's own heart; **-ini açmak** to pour out one's troubles, to let one's hair down, to bare one's soul *(-e* to).

kalp[2] change, transformation.

kalp[3], **-pı** 1. not genuine, spurious, false, forged; 2. *fig.* untrustworthy, liar.

kalpak fur cap.

kalpazan 1. counterfeiter, forger, faker; 2. *fig.* swindler, cheat, crook, liar.

kalpazanlık 1. counterfeiting; 2. swindling, cheating, trickery.

kalplaşmak to lose one's strength (*or* agility *or* diligence).

kalplık 1. falsity, spuriousness; 2. aversion to work.

kalpli having heart disease.

kalpsiz heartless, pitiless, merciless.

kalpsizlik heartlessness, pitilessness.

kalseduan chalcedony.

kalsit, **-ti** calcite.

kalsiyum calcium.

kaltaban 1. swindler, crook, tricky, unreliable; 2. † dishonest, without hono(u)r, pander.

kaltabanlık deceitfulness, dishonesty.

kaltak 1. saddle frame; 2. *sl.* whore, prostitute, slut, hussy.

kaltaklık 1. prostitution; 2. mean behavio(u)r *(of a woman)*.

kalubeladan beri [- - . - x . .] from time immemorial.

kalya 1. potash; 2. *squash or eggplant*

cooked with meat, onion and butter.

kalyon galleon, galley.

kalyoncu 1. armed member of galley; 2. seaman, sailor.

kam shaman.

kâm wish, desire; ~ almak (bşden) to get what one desires.

kama [x .] 1. dagger, dirk; 2. wedge; 3. breechblock; ~ basmak to win a game.

kamacı artillary mechanic (or artificer).

kamalamak 1. to stab (with a dagger); 2. ⊕ to fasten with wedges.

kamanço etm. sl. to burden s.o. with s.th., to exchange, to hand over.

kamara [x . .] 1. ship's cabin; 2. ♀ House (of Lords or Commons); 3. joint edge (sole).

kamarilla [. . x .] camarilla, clique.

kamarot, -tu ship's steward.

kamaşmak 1. to be dazzled, to be blinded, to become dull; 2. to be set on edge (teeth).

kamaştırmak 1. to dazzle; 2. to set on edge (teeth).

Kamber 1. pr. n.; 2. † faithful servant; -siz düğün olmaz he can't be left out.

kambiyo [x . .] † 1. foreign exchange (dealing); 2. foreign exchange or currency (office); ~ kuru foreign exchange rate.

kambiyocu foreign exchange dealer.

kambiyoculuk foreign exchange speculation.

kambur 1. humpback(ed), hunchback(ed); 2. hump(back), hunch(back); 3. bulge, curvature, projection; 4. bulging, projecting; 5. fig. trouble, grief; ~ felek adverse destiny, bad luck, misfortune; ~ üstüne (or ~ ~ üstüne) one trouble after another; ~ zambur (or ~ kumbur) crooked and hunchbacked, bumpy, over hedge and ditch; -u çıkmak 1. to become hunchbacked; 2. fig. to be discredit; 3. fig. to be having been worked very much (at work that requires bending, lifting); -unu çıkarmak to hunch one's back.

kamburlaşmak 1. to become hunchbacked; 2. to become arched, to become warped, to become bulged.

kamburlaştırmak caus. of kamburlaşmak.

kamburluk 1. being hunchbacked; 2. protuberance.

kamçı 1. whip; 2. ⚓ pendant, tail; 3. biol. flagellum; ~ çalmak (or vurmak) to whip; ~ şaklatmak to crack a whip.

kamçılamak 1. to whip, to flog, to flagellate; 2. fig. to stimulate, to whip up.

kamelya ⚘ camellia.

kamer moon; ~ yılı lunar year.

kamera 1. camera; 2. = kameraman.

kameraman cameraman.

kameri [. . -] lunar.

kameriye arbo(u)r, bower.

kamet, -ti [ā] 1. height, stature; 2. muezzin's call signalling the beginning of the namaz; ~ getirmek to recite the kamet.

kamış 1. ⚘ reed; cattail, reed-mace; bamboo; 2. reed...; 3. fishing rod (or pole); 4. penis, prick, dick; ~ kalem reed pen; -ı kırmak sl. to catch gonorrhea.

kamışçık jewel(l)er's blowpipe.

kamışkulak long-eared horse.

kamışlı reedy.

kamışlık reed bed.

kâmil 1. perfect, complete; 2. mature; 3. ♀ mf.

kâmilen [x . .] entirely, fully, completely.

kamineto [. . x .] single-burner.

kamp, -pı 1. camp; 2. camping; 3. campground; ~ kurmak to pitch camp, to camp; ~ yeri campsite, campground; -a girmek sports: to go into camp.

kampana [. x .] bell.

kampanacı sl. quack, charlatan, mountebank.

kampanya [. x .] 1. campaign, drive; 2. cropping season; ~ açmak to start a campaign.

kampçı camper.

kamping campsite, campground.

kamu the public; ~ düzeni public order, the peace; ~ hizmeti public service; ~ kesimi (or sektörü) the public sector; ~ personeli civil servants; ~ yararı the public interest.

kamuflaj camouflage.

kamufle camouflaged; ~ etm. to camouflage.

kamulaştırma nationalization.

kamulaştırmak to nationalize.

kamuoyu, -nu public opinion; ~ yoklaması opinion poll.

kamus [- -] lexicon.

kamusal public.

kamutanrıcılık phls. pantheism.

kamutay joint session of the Turkish National Assembly.

kamyon 1. lorry, Am. truck; 2. sl. prostitute, hooker.

kamyoncu truck driver.

kamyonet pickup (truck).

kan 1. blood; 2. lineage, family; ~ ağlamak fig. to shed tears of blood; ~ akıtmak 1. to sacrifice an animal; 2. fig. to shed blood; ~ akrabalığı blood relationship, consanguinity; ~ alacak damarı bilmek to know which side one's bread is buttered; ~ almak to take blood (*-den* from), to bleed; ~ bağı blood tie; ~ bankası blood bank; ~ beynine sıçramak *fig.* to burst a blood vessel, to blow one's top, to see red; ~ çanağı gibi bloodshot (*eyes*); ~ damarı blood vessel; ~ davası blood feud, vendetta; ~ dolaşımı circulation of the blood; ~ dökmek to shed blood; ~ emici blood-sucking; ~ gelmek to bleed; ~ gölü blood bath; ~ gövdeyi götürmek to be shed (*blood*); ~ grubu blood group (*or* type); ~ istemek to want blood revenge; ~ kaybetmek to lose blood; ~ kaybı loss of blood; ~ kırmızı blood-red, crimson; ~ kusmak 1. to vomit blood; 2. *fig.* to be extremely grieved; ~ lekesi bloodstain; ~ merkezi blood transfusion centre; ~ muayenesi blood test; ~ nakli blood transfusion; ~ revan içinde blood-bespattered; ~ tahlili blood analysis; ~ vermek 1. to give a blood transfusion (*-e* to); 2. to donate blood; -a ~ istemek to want blood revenge; -a susamak to thirst for blood; -a susamış bloodthirsty; -ı donmak *fig.* s.o.'s blood runs cold; -ı kaynamak 1. to be hot-blooded; 2. (*b-ne*) to warm to *s.o.*; -ı kurumak to be exasperated; -ına dokunmak to make s.o.'s blood boil; -ına girmek 1. to have s.o.'s blood on one's hands; 2. to get a girl into trouble; -ına susamak (*kendi*) to court death.

kana ⚓ load line.

kanaat, -ti [. - .] 1. opinion, conviction; 2. satisfaction, contentment; ~ etm. to be satisfied (*or* contented) (*ile* with); ~ getirmek to be of the opinion that; ~ notu mark based on the observation of the teacher; -i olm. to have an opinion; -imce in my opinion.

kanaatkâr, kanaatli contented; satisfied with what he has.

Kanada *pr. n.* Canada.

Kanadalı *pr. n.* Canadian.

kanağan credulous, gullible.

kanaktarım blood transfusion.

kanal 1. canal; 2. *anat.* duct, canal; 3. ⊕ channel; ~ açmak to canalize.

kanalizasyon sewer system, sewerage, drains, sewers; ~ borusu sewer.

kanama bleeding, hemorrhage.

kanamak to bleed.

kanara [. x .] slaughterhouse.

kanarya [. x .] *zo.* canary; ~ sarısı canary yellow.

kanat, -tı [. -] 1. wing; 2. *ichth.* fin; 3. leaf (*of a door*); 4. vane; 5. panel (*of a curtain*); ~ alıştırmak *fig.* to practise; ~ çırpmak to flutter; ~ germek (*b-nin üstüne*) *fig.* to take *s.o.* under one's protection; -ı altına almak (*b-ni*) *fig.* to take *s.o.* under one's wing.

kanata [. x .] mug, tumbler.

kanatlanmak to take wing, to fly away.

kanatlı 1. winged; 2. finned.

kanatmak to make bleed.

kanatsız wingless, apterous.

kanava [. x .], **kaneviçe** embroidery canvas.

kanca [x .] 1. hook; 2. grapnel; -yı takmak (*or* atmak) *fig.* to set one's cap (*-e* at), to get one's hooks (*-e* into).

kancalamak 1. to hook; 2. to grapple.

kancalı hooked; ~ iğne safety pin.

kancık 1. bitch; 2. *fig.* sneaky, low-down; 3. *sl.* woman.

kançılar *pol.* official in a consular *or* embassy secretariat.

kandaş cognate, consanguineous.

kandırıcı 1. deceptive, beguiling; 2. convincing; 3. thirst-quenching.

kandırmaca bluff; ~ yapmak to bluff.

kandırmak 1. to deceive, to fool, to cajole, to take in; 2. to convince, to persuade; 3. to quench (*thirst*).

kandil 1. oil-lamp; 2. kerosene lamp; 3. *isl.* *one of five Islamic holy nights when the minarets are illuminated;* 4. *sl.* pissed, drunk; ~ gecesi *isl.* = ~ 3; ~ yağı poor quality olive oil; -in yağı tükenmek *fig.* to breathe one's last breath.

kandilci tender of oil lamps (*in a mosque*).

kandilli 1. illuminated by an oil lamp; 2. *sl.* pissed; ~ küfür resounding oath; ~ temenna (*or* selam) bowing and scraping.

kanepe[1] sofa, couch, settee.

kanepe[2] canapé.

kangal 1. coil; skein; 2. *anat.* loop, ansa.

kangallamak to coil up.

kangren ⚕ gangrene; ~ olm. to have gangrene.

kanguru *zo.* kangaroo.

kanı opinion, view.

kanık content, satisfied.

kanıksamak, kanıksımak 1. to become inured (*-e* to); 2. to become surfeited (*-e* with), to become sick (*-e* of).

kanırtmak to twist or bend loose.

kanış opinion.

kanıt, -tı evidence, proof.

kanıtlamak to prove.

kani, -ii [ā] convinced; ~ olm. to be convinced (*-e* of).

kaniş poodle.

kankurutan ⚘ mandrake.

kanlamak to blood.

kanlanmak 1. to become bloodstained; 2. to become vigorous; 3. to get bloodshot *(eyes)*.
kanlı 1. bloody, bloodstained; 2. bloodshot *(eyes)*; 3. sanguinary, bloody; 4. blood-guilty; 5. robust, vigorous; ~ basur dysentery; ~ bıçaklı olm. 1. to get into a bloody fight; 2. to be out for each other's blood; ~ canlı robust, vigorous; ~ katil bloodthirsty criminal.
kanmak 1. to be fooled (*or* taken in); 2. to believe; 3. to be contented (*or* satisfied) (*ile* with); 4. to have had one's fill (*-e* of); kana kana içmek to drink thirstily, to quaff, to drink to one's heart's content.
kano canoe.
kanon ♪ canon.
kansa craw, maw, crop.
kanser cancer; ~ olm. to have cancer; to become cancerous.
kanserli cancerous.
kansız 1. bloodless; anemic; 2. *fig.* spineless, cowardly.
kansızlık anemia.
kantar 1. scales, weighbridge; 2. steelyard; 3. kantar, cantar; ~ kavunu a large kind of muskmelon; ~ resmi (*or* parası) weighing fee; ~ topu ball of a steelyard; -a çekmek (*or* vurmak) to weigh *(a. fig.)*; -a gelmek to be weighable; -ı belinde F alert, sly, cunning; -ın topunu kaçırmak *fig.* to overstep the limit, to go to extremes.
kantariye [. - . .] tax levied on weighable things.
kantarlı 1. heavy, severe; 2. resounding oath; ~ küfür resounding oath; -yı atmak (*or* basmak *or* savurmak) *sl.* to cuss a blue streak.
kantaron ⚘ centaury.
kantaşı, -nı 1. bloodstone, heliotrope; 2. alum.
kàntin canteen, snack bar.
kanto [x .] ♪ fin-de-siècle cabaret song.
kantocu fin-de-siècle cabaret chanteuse.
kanton canton.
kanun [- -] 1. law, statute, act; 2. ♪ zither-like instrument; ~ dışı illegal, outlaw; ~ gücü legal force (*or* power); ~ maddesi article of a law; ~ nazarında in the eyes of the law; ~ tasarısı bill, draft of a law; ~ teklifi bill; ~ yapmak to enact a law; ~ yolu ile by legal means; -a aykırı illegal, outlaw; -a uygun legal, licit, lawful; -i esasi ⚖ constitution.
kanunen [- - .] legally, by law, according to law.
kanuni [- - -] 1. legal, lawful, legitimate, statutory; 2. kanun-player; ♀ Sultan Süleyman Suleiman the Magnificent; ~ yollara baş vurmak to take legal steps.
kanuniyet, -ti [- - . .] legality; ~ kesp etm. to become a law.
kanunlaşmak to become a law.
kanunlaştırmak to legalize.
kanunname [- - - .] statute book, code of laws.
kanunsuz illegal, unlawful.
kanunsuzluk illegality, unlawfulness, lawlessness.
kânunuevvel [- - . . .] † December.
kânunusani [- - . - .] † January.
kanyak cognac, brandy.
kanyon canyon.
kaos chaos.
kap, -bı 1. pot, vessel; 2. cover; case; container, receptacle; 3. dish, plate *(of food)*; ~ kacak pots and pans.
Kapadokya *pr. n.* Cappadocia.
kapak 1. lid, cover; 2. tap, stopper; 3. cover *(of a book)*; 4. *anat.* valve; ~ kızı cover girl; kapağı atmak F to escape (*-e* to).
kapakçık *anat.* valvule, valvula.
kapaklanmak 1. to fall flat on one's face; 2. to capsize, to overturn.
kapaklı covered.
kapaksız coverless; lidless.
kapalı 1. closed, shut; covered; 2. roofed, covered; 3. overcast *(sky)*; 4. blocked *(road)*; 5. oblique, indirect *(words)*; 6. secret *(meeting)*; ~ celse closed (*or* executive) session; ~ duruşma closed hearing; ~ geçmek to pass over, to slide over, to slur over *(a point)*; ~ gişe oynamak to play to a full house; ~ kutu *fig.* inscrutable person, pussyfooter; ~ oturum *s.* ~ celse; ~ sözler hints, innuendoes; ~ tribün covered grandstand; ~ zarf usulü ile by sealed tender.
Kapalıçarşı *pr. n.* the Grand Bazaar, the Covered Bazaar.
kapama 1. *vn. of* kapamak; 2. lamb and onion stew; 3. † complete suit of ready-made clothes.
kapamak 1. to close, to shut; 2. to block *(road)*; 3. to stop up, to plug up; 4. to shut down, to close down *(business)*; to abolish, to suppress *(organization)*; 5. to hide, to cover, to conceal, to abscure; to veil; 6. to turn off *(radio, faucet, electricity, etc.)*; 7. to lock up; 8. to pay up, to settle *(account)*; 9. to drop *(matter)*; 10. to hoard, to stockpile; 11. to draw *(curtain)*.

kapan 1. trap; snare; **2.** *fig.* trap, trick; ~ kurmak to set a trap; -a düşmek to fall into a trap; -a düşürmek to entrap; -a kısılmak to be caught in a trap.
kapanık 1. closed, shut; **2.** *fig.* gloomy, oppressive *(place)*; **3.** confined, shut in; **4.** overcast *(weather)*; **5.** unsociable, shy.
kapanış closure; ~ saati closing time.
kapanmak 1. *pass. or refl. of* kapamak; **2.** *(bir yere)* to seclude o.s. in *(a place)*; **3.** to veil herself; **4.** to heal *(wound)*; **5.** to cease; **6.** to become cloudy (*or* overcast) *(sky)*; **7.** *(üstüne)* to hunch down (over).
kapari [x . .] ⚘ caper (plant).
kaparo [. x .] deposit, earnest money.
kaparoz *sl.* swag, pickings, spoils.
kapasite capacity.
kapatma 1. *vn. of* kapatmak; **2.** concubine, mistress; **3.** *basketball:* blocking.
kapatmak 1. *caus. of* kapamak; **2.** to close, to shut; to cover; **3.** to get very cheap; **4.** to keep *(mistress)*; **5.** to close down; to abolish, to suppress; **6.** to hang up *(telephone)*.
kapçak large hook with a long handle.
kapçık 1. small container; **2.** shell; **3.** ⚘ capsule, pod.
kapı 1. door; **2.** gate; **3.** possibility; **4.** *backgammon:* point; ~ açmak to mention, to bring up; ~ almak *backgammon:* to block a point; ~ baca açık *fig.* unprotected *(place)*; ~ dışarı etm. *(b-ni)* to show *s.o.* the door, to throw *s.o.* out; ~ duvar no one answered the door; ~ gibi portly, full-bodied; ~ ~ dolaşmak to go from door to door; ~ kolu door handle; ~ komşu next-door neighbo(u)r; ~ kuzusu wicket; ~ mandalı door latch; ~ numarası street number *(of a house)*; ~ tokmağı (door) knocker; -sı herkese açık olm. to keep open house; -sını çalmak *(b-nin) fig.* to resort to *s.o.*; -ya dayanmak *fig.* to heave into sight; -yı kırıp odun etm. *fig.* to kill the goose that lays the golden egg(s); -yı (*or* -ya) vurmak to knock at (*or* on) the door.
kapıcı doorkeeper, doorman; caretaker, janitor.
kapıkulu, -nu † Janissary guard.
kapılanmak to find a job (-*e* with).
kapılgan 1. susceptible; **2.** easily deceived; **3.** quick to fall in love.
kapılmak 1. *pass. of* kapmak; **2.** to be carried (*or* washed) away (-*e* by); **3.** to be entranced (*or* carried away) (-*e* by).
kapış snatch; ~ ~ gitmek to be sold like hot cakes; ~ ~ yemek to gobble up, to wolf down.
kapışılmak *s.* kapış kapış gitmek.
kapışmak 1. to snatch (at), to scramble (for); **2.** to rush to purchase; **3.** *(b-le)* to get to grips with *s.o.*; **4.** *sl.* to kiss each other, to bill and coo.
kapik kopeck, kopek.
kapital, -li capital.
kapitalist, -ti capitalist.
kapitalizm capitalism.
kapitone quilted *(cloth)*; tufted *(upholstery)*.
kapitülasyon capitulation.
kapkaç purse-snatching.
kapkaççı purse-snatcher; snatch-and-run thief.
kapkara [x . .] pitch-dark; pitch-black.
kapkaranlık completely dark.
kaplam *log.* extension, extent.
kaplama 1. *vn. of* kaplamak; **2.** coat; plate; **3.** coating; plating; **4.** crown; **5.** veneer; **6.** coated, plated, covered; ~ diş crowned tooth.
kaplamacı 1. metal plater; **2.** veneerer.
kaplamak 1. to cover; **2.** to coat, to plate; to veneer; **3.** to bind; to line; **4.** to spread over, to envelop; **5.** to encase, to cover.
kaplan *zo.* tiger.
kaplı 1. covered; plated; coated; **2.** bound *(book)*.
kaplıca 1. hot spring, thermal spring; hot spring resort, spa; **2.** ⚘ einkorn wheat.
kaplumbağa [. x . .] *zo.* turtle, tortoise.
kapma 1. *vn. of* kapmak; **2.** seized, snatched.
kapmak, (-ar) **1.** to snatch, to grasp, to seize, to catch, to snap up; **2.** to grab and devour; **3.** to catch *(disease)*; **4.** to catch and mangle *(machine)*; **5.** to pick up, to get the hang (of); **6.** to get, to develop, to acquire *(habit)*.
kaporta 1. *mot.* bonnet, *Am.* hood; **2.** ⚓ hatch(way), companion, skylight.
kapris caprice, whim, fancy; ~ yapmak to behave capriciously.
kaprisli capricious.
kapsam 1. scope, radius, embrace, sphere; **2.** *log.* extent, extention.
kapsamak to contain, to comprise, to include.
kapsamlı extensive, comprehensive.
kapsız coverless.
kapsol percussion cap.
kapsül ⚘, ⚕, ♏, *anat.* capsule.
kapşon hood.
kaptan captain *(a. sports)*, skipper; ~ köşkü (*or* köprüsü) ⚓ bridge; ~ pilot ✈ chief pilot.

kaptanlık captaincy, captainship; ~ etm. to captain.
kaptıkaçtı 1. minibus; **2.** purse-snatching; **3.** a card game.
kaptırmak 1. *caus. of* kapmak; **2.** to get *(a part of one's body)* caught in *(a machine)*.
kapuska [. x .] cabbage stew.
kaput, -tu **1.** military greatcoat; **2.** condom, contraceptive, sheath, rubber; **3.** bonnet, *Am.* hood; ~ gitmek to flunk all one's exams.
kaputbezi, -ni canvas, sail cloth.
kar snow; ~ fırtınası snowstorm; ~ gibi snowwhite; ~ topu snowball; ~ topu oynamak to have a snowball fight; ~ tutmak to stick *(snow)*; ~ yağmak to snow; -dan adam snowman.
kâr 1. profit; **2.** benefit; ~ bırakmak to yield a profit; ~ etm. to profit, to make a profit; ~ getirmek = ~ bırakmak; ~ haddi profit limit; ~ kalmak to remain as profit; ~ payı dividend; ~ ve zarar profit and loss; -ı olmamak *(b-nin)* not to be up (*or* equal) to; bu, benim kârım değil I am not equal to this; -ını tamam etm. *fig.* to kill, to polish off.
kara[1] **1.** land, shore; **2.** terrestrial; ~ kuvvetleri ⚔ land forces, army; ~ vapuru F train; ~ yolculuğu overland journey; -da on land (*or* shore), ashore; -dan by land; -ya ayak basmak to go ashore, to disembark; -ya çıkmak to land, to go ashore, to disembark; -ya düşmek to run aground; -ya oturmak to run aground; -ya vurmak to run ashore.
kara[2] **1.** black; **2.** swarthy; **3.** *phot.* negative; **4.** *fig.* unlucky; bad; ~ benizli swarthy, dark-complexioned; ~ cahil illiterate; ~ cümle *co.* the four arithmetical operations; ~ çalmak to slander, to calumniate; ~ et lean meat; ~ gün dostu true friend, a friend in need; ~ haber bad news; ~ haber tez duyulur *pro.* bad news travels fast; ~ ~ düşünmek to brood, to be in a brown study; ~ listeye almak to blacklist; ~ mizah black humo(u)r; ~ oğlan **1.** swarthy boy; **2.** gypsy; ~ sürmek *fig.* to slander, to blacken, to calumniate; ~ tahta blackboard; ~ talih bad luck, misfortune; ~ toprak black soil, chernozem; ~ yağız swarthy *(young man)*; -lar bağlamak (*or* giymek) to put on (*or* wear) mourning, to be dressed in black.
karaağaç, -cı ⚘ elm.
karabasan 1. nightmare; **2.** depression.
karabaş 1. monk; **2.** confirmed bachelor; **3.** ⚘ French lavender; **4.** P Anatolian sheep dog.
karabatak *zo.* cormorant.
karabet, -ti [. - .] **1.** affinity; **2.** relationship, kinship.
karabiber 1. ⚘ black pepper; **2.** *fig.* cute brunette.
karabina [. . x .] carbine; blunderbuss.
karaborsa black market; -ya düşmek to go on the black market.
karaborsacı black marketeer.
karaborsacılık black-marketeering.
karaboya sulphuric acid.
karabuğday ⚘ buckwheat.
karabulut, -tu black (*or* rain) cloud, nimbus.
karaca[1] blackish; dark; ~ kemiği *anat.* humerus.
karaca[2] *zo.* roe (deer).
karacı 1. soldier; **2.** *fig.* slanderer; **3** gypsy.
karaciğer *anat.* liver.
karaçalı ⚘ blackthorn.
karaçam ⚘ black pine.
karaçıban ⚕ carbuncle.
Karadağ *pr. n.* Montenegro.
karadamga smirch, stain, blot.
Karadeniz *pr. n.* the Black Sea; -de gemilerin mi battı? why are you in the dumps (*or* doldrums)?, why so worried?
karadut ⚘ black mulberry.
karaduygu melancholia.
karaelmas coal.
karafaki [. . x .] small carafe (*or* decanter).
karafatma *zo.* cockroach, blackbeetle.
karagöz 1. *zo.* sargo; **2.** ♀ Turkish shadow play; **3.** Turkish Punch; ~ oyunu shadow play.
karagül karakul.
karağı 1. poker; **2.** blindness.
karahumma ⚕ typhoid (*or* enteric) fever.
karaiğne *zo.* red ant.
karakaçan black donkey.
karakalem 1. charcoal; **2.** charcoal drawing.
karakehribar black amber, jet.
karakış the dead of winter.
karakol police station; ~ gemisi coast-guard ship, patrol vessel; ~ gezmek to patrol his beat.
karakolluk olm. F to have to be taken to the police station.
karakoncolos 1. bugbear, black bogy, vampire, bugaboo; **2.** *fig.* person like the back (end) of a bus.
karakter character; ~ oyuncusu character actor; ~ rolü character part; ~ sahibi person of firm character.

karakteristik characteristic, distinctive.
karakterli of good character.
karaktersiz characterless.
karakulak *zo.* caracal.
karakuş 1. *zo.* black eagle; 2. farcy.
karalama 1. *vn. of* karalamak; 2. calligraphic exercise; 3. scribble, doodle; 4. (rough) draft; 5. slander; ~ defteri exercise book.
karalamak 1. to scribble, to doodle; 2. to cross out; 3. to draft, to sketch out; 4. *fig.* to slander, to blacken, to calumniate.
karalaşmak to blacken.
karalı spotted with black.
karalık blackness; darkness.
karaltı 1. indistinct figure; 2. silhouette; 3. smudge.
karamak[1] to slander, to run down.
karamak[2] to look after, to take care of.
karaman fat-tailed sheep.
karambol 1. *billiards:* cannon, carom, billiard; 2. F collision, smashup.
karamela [. . x .] caramel.
karamsar pessimistic.
karamsarlık pessimism.
karamsı blackish.
karamuk 1. ⚘ corncockle; 2. ⚕ roseola infantum.
karanfil ⚘ 1. carnation; 2. clove (tree).
karanlık 1. dark; 2. darkness, the dark; 3. bad, wicked; 4. obscure, unclarified; 5. dangerous; ~ basmadan before nightfall (*or* dark); ~ basmak to fall *(darkness)*; ~ etm. to block the light, to stand in s.o.'s light; ~ oda *phot.* darkroom; ~ olm. to get dark; karanlığa kalmak to be benighted; -ta göz kırpmak *fig.* to wink in the dark.
karantina [. . x .] quarantine; ~ bayrağı quarantine flag; -ya almak to quarantine.
karar 1. decision, resolution, determination; 2. stability, predictability; 3. ⚖ verdict; 4. estimate, approximation; ~ almak to make a decision; ~ kılmak *(bşde)* to decide on *s.th.*; ~ vermek 1. to decide (*-e* to); 2. to make a decision; -a bağlamak to make a decision about; -a varmak 1. to arrive at (*or* reach) a decision; 2. ⚖ to bring in a verdict (of).
karargâh ⚔ headquarters.
kararlama 1. *vn. of* kararlamak; 2. estimated by guess, by rule of thumb.
kararlamadan at a guess.
kararlamak 1. to estimate by eye; 2. to make a rough estimate.
kararlaşmak to be decided (*or* agreed on).
kararlaştırmak to decide, to agree (on), to resolve (on); to determine, to fix *(date)*.
kararlı decisive, determined, resolute.
kararlılık 1. decisiveness, determination, resolution; 2. stability.
kararmak 1. to get dark; to turn black, to darken; 2. to fade *(light)*.
kararname [. . - .] decree.
kararsız 1. indecisive, undecided; 2. unstable, changeable; ~ olm. to be indecisive, to shilly-shally.
kararsızlık 1. indecision; 2. instability.
karartı 1. darkness; 2. smudge.
karartma blackout.
karartmak 1. to darken; 2. to black out.
karasaban primitive plough, *Am.* plow.
karasal terrestrial, territorial.
karasevda 1. passionate love; 2. melancholia; -ya düşmek (*or* tutulmak) to be passionately in love.
karasevdalı 1. passionately in love; 2. melancholic.
karasığır *zo.* water buffalo.
karasinek *zo.* housefly.
karasu ⚕ glaucoma.
karasuları, -nı territorial waters.
karatavuk *zo.* blackbird.
karate karate.
karateci karateist.
karavan caravan, trailer.
karavana [. . x .] 1. ⚔ cauldron, mess-tin; 2. ⚔ food, chow; mess; 3. miss; ~ borusu mess call; -dan yemek ⚔ to mess together.
karavanacı ⚔ mess carrier.
karayazı evil fate, ill luck.
karayel northwest wind.
karayıkım disaster.
karayolu, -nu highway, road; overland route.
karbon ⚗ carbon; ~ dioksit carbon dioxide; ~ kâğıdı carbon paper; ~ monoksit carbon monoxide.
karbonat, -tı ⚗ 1. carbonate; 2. sodium bicarbonate.
karbonatlamak ⚗ to carbonate.
karbonhidrat, -tı ⚗ carbohydrate.
karbonik ⚗ carbonic; ~ asit carbonic acid.
karbonlaştırmak ⚗ to carbonize, to char.
karbonlu ⚗ carbonaceous, carboniferous.
karbüratör ⊕ carburet(t)or; ~ ayarı carburet(t)or adjustment; ~ memesi carburet(t)or nozzle.
kardan Cardan (*or* universal) joint; ~ mili Cardan shaft.
kardaş *s.* kardeş.
kardelen ⚘ snowdrop.
kardeş brother; sister; sibling; ~ payı yapmak to go halves.
kardeşçe(sine) 1. in a brotherly manner,

fraternally; in a sisterly manner; **2.** brotherly, fraternal; sisterly.

kardeşlik brotherhood; sisterhood.

kardinal, -li cardinal.

kardinallik cardinalate.

kardiyografi ⚕ cardiography.

kardiyogram cardiogram.

kare square; -sini almak to square.

karekök, -kü square root; -ünü almak to extract the square root (*-in* of).

kareli chequered, *Am.* checkered, checked.

karfiçe [. x .] finishing nail.

karga *zo.* crow; ~ bok yemeden *sl.* bright and early, at (the) crack of dawn; -yı bülbül diye satmak F to swindle.

kargaburnu, -nu ⊕ roundnose pliers.

kargaburun hawknosed.

kargabüken ⚘ nux vomica (tree).

kargacık burgacık **1.** scrawly; **2.** in a scrawl; ~ ~ yazmak to write in a scrawl.

kargaşa **1.** tumult, disorder; turmoil; anarchy; **2.** chaos, confusion, scramble; **3.** hullabaloo, commotion; ~ çıkarmak to kick up a row.

kargaşalı tumultuous.

kargaşalık = kargaşa.

kargatulumba carrying by arms and legs; ~ etm. to carry by arms and legs.

kargı pike; javelin; lance.

kargılık cartridge belt; bandoleer.

kargımak to curse.

kargın large carpenter's plane.

kargo [x .] cargo.

karha ⚕ ulcer.

karı **1.** wife, spouse; **2.** *sl.* broad, woman; ~ almak to marry; ~ kısmı womankind, weaker sex; ~ kızan P wife and children; ~ koca husband and wife, married couple; ~ koca hayatı married life; ~ kocalık matrimeny; ~ milleti = ~ kısmı; -sı ağızlı *co.* henpecked *(husband).*

karık **1.** snow blindness; **2.** snow-blind; **3.** furrow.

karılaşmak to become effeminate.

karılık wifehood; wifeliness.

karın, -rnı **1.** abdomen; **2.** stomach, belly; **3.** womb; **4.** *fig.* mind, head, loaf; **5.** *phys.* loop, antinode; ~ ağrısı 1. stomach ache, colic; **2.** *fig.* a pain in the neck *(person)*; **3.** F what-do-you-call-it, what-youmay jigger; ~ boşluğu abdeminal cavity; **(karnı):** ~ aç hungry; ~ ağrımak to have a stomach ache; ~ burnunda F in the (pudding) club, very much in the family way; ~ geniş easygoing, nonchalant; ~ -na geçmiş skeleton, a bag of bones; ~ tok full; ~ tok, sırtı pek well-off and contented with life; ~ zil (*or* dümbelek) çalmak to growl from hunger, to feel peckish; -ndan söylemek F to make up a yarn; -nı şişirmek *(b-nin)* F to put *s.o.* in the club.

karınca **1.** *zo.* ant; **2.** ⚒ blowhole; ~ asidi ⚗ formic acid; ~ belli wasp-waisted; ~ duası gibi very illegible *(handwriting)*; ~ kararınca (*or* kaderince) as much as one can; ~ yuvası ant nest, anthill; ~ yuvası gibi kaynamak *fig.* to teem (*or* be swarming) with people; -yı bile incitmez he will not say 'boo' to a goose.

karıncalanmak **1.** to be crawling with ants; **2.** to have pins and needles; **3.** ⊕ to develop blowholes.

karınlamak ⚓ to pull up alongside.

karınlı potbellied.

karınmak **1.** to be mixed (together); **2.** to mate *(fowls).*

karınsa molting (season) *(birds).*

karıntı whirlpool.

karınzarı, -nı *anat.* peritoneum; ~ yangısı peritonitis.

karış span, handspan; ~ ~ **1.** every inch *(of a place)*; **2.** with a fine-tooth comb.

karışık **1.** mixed; miscellaneous, assorted, heterogeneous; motley; **2.** adulterated; **3.** disorganized, jumbled, confused; **4.** complex; complicated.

karışıklık **1.** confusion, disorder; **2.** tumult, civic turmoil; ~ çıkarmak to stir up trouble, to kick up a row.

karışım **1.** ⚗ mix, mixture, blend; **2.** ⚕ complication.

karışlamak to span.

karışmak **1.** to mix (*ile* with); to be dispersed (*ile* in); **2.** to interfere (*-e* in), to meddle *-e* in); **3.** to get mixed up, to become confused (*or* jumbled); **4.** to join; **5.** to flow into *(another river)*; **6.** to be in charge (*-e* of), to be responsible (*-e* for).

karıştırıcı **1.** mixer; blender; **2.** *fig.* trouble-maker.

karıştırmak *caus. of* karışmak **1.** to mix, to stir; to blend; **2.** to confuse (*ile* with); **3.** to get confused *(in mind)*; **4.** to rummage through; to thumb through; **5.** *(burnunu)* to pick one's nose.

karides [. x .] *zo.* shrimp; prawn.

karikatür **1.** caricature; **2.** cartoon; comic strip; **3.** takeoff; -ünü yapmak to caricature.

karikatürcü caricaturist.

karikatürist = karikatürcü.

karikatürize etm., karikatürleştirmek **1.** to caricature; **2.** to take off.

karina [. x .] ⚓ bottom *(of a ship)*; ~ etm.

(*or* -ya basmak) to careen *(a vessel)*.
karine 1. evidence, trace; 2. clue; ~ ile anlamak to infer, to conjecture, to deduce from the available information.
kariyer career; ~ yapmak to build a career.
karkas ⊕ concrete skeleton *(of a building)*.
karlamak to snow.
karlı snowy; snow-clad; snow-capped.
kârlı profitable, advantageous; ~ çıkmak to make a profit, to come out ahead; to turn out profitable.
karlık snow-pit.
karma 1. *vn. of* karmak; 2. mixed; 3. coeducational; ~ eğitim coeducation; ~ ekonomi mixed economy; ~ okul coeducational school.
karmak 1. to mix, to blend; 2. *cards:* to shuffle.
karmakarış [x . .], **karmakarışık** [x . . . .] promiscuous, in utter confusion; ~ etm. to mess up.
karman çorman *s.* karmakarışık.
karmanyola [. . x .] robbery; ~ etm. to rob, to mug.
karmanyolacı robber, mugger.
karmaşa 1. complexity, confusion; 2. *psych.* complex.
karmaşık complicated, complex.
karmaşıklık complexity.
karmuk big hook.
karnabahar, karnabit, -ti ⚘ cauliflower.
karnaksı *s.* karın ağrısı.
karnaval carnival.
karne 1. (student's) report card; 2. card.
karnıyarık *dish of aubergines stuffed with mincemeat.*
karni ⚗ retort.
karo *cards:* diamond.
karoser *mot.* body.
karpit ⚗ (calcium) carbide.
karpuz 1. ⚘ watermelon; 2. globe; ~ fener chinese lantern.
karpuzcu watermelon-seller; watermelon-grower.
karsak *zo.* corsac.
kârsız unprofitable, profitless.
karşı 1. opposite; 2. opposing; 3. anti-, counter-; 4. in the direction (-*e* of), facing, towards; 5. against, contrary (-*e* to); 6. in return (-*e* for); 7. in response (-*e* to); 8. as a cure (-*e* for), as a countermeasure (-*e* to), against; ~ çıkmak *(b-ne)* 1. to oppose *s.o.*; 2. to object to *s.o.*; ~ durmak to resist, to oppose; ~ gelmek *(b-ne)* to defy *s.o.*, to go against *s.o.*; ~ görüşlü opponnent; ~ hücum counterattack; ~ hücuma geçmek to counterattack; ~ -ya face to face; ~ koymak to resist, to oppose; ~ olm. to be against; ~ taarruz ⚔ counteroffensive; ~ takım opposing team; ~ taraf opposite side; ~ teklif counterproposal; counteroffer; ~ yaka opposite shore; -dan bakmak *fig.* to watch idly; -dan -ya across; bu ani kaza karşısında in face of this sudden accident.
karşıcasus counterspy.
karşıgelim *biol.* antagonism.
karşıki (the) opposite, facing.
karşılama *folk music played or sung when meeting a bridal procession.*
karşılamak 1. to go to meet, to welcome; 2. to pay, to cover; to be enough (for), to suffice, to meet *(a need)*; 3. to defray *(expenses)*; 4. to respond *(or* react) (to); 5. to prevent; to remedy.
karşılaşma *vn. of* karşılaşmak, *part.* 1. *sports:* game, match; 2. ⚗ reaction.
karşılaşmak 1. to meet; 2. to run (*ile* into), to meet; 3. to face, to be up (*ile* against), to be confronted (*ile* with); 4. *sports:* to play each other.
karşılaştırılabilir comparable.
karşılaştırma 1. comparison; 2. confrontation.
karşılaştırmak *caus. of* karşılaşmak, *part.* 1. to compare (*ile* with); 2. to confront (*ile* with).
karşılaştırmalı comparative; ~ dilbilim comparative linguistics.
karşılık 1. reply, retort, response, answer; 2. reaction, response; 3. equivalent, translation; 4. appropriation; 5. contrary, opposite; 6. in response (-*e* to); 7. in contrast (-*e* to); 8. in payment (-*e* for); ~ olarak 1. in return; 2. in reply (-*e* to); ~ vermek to retort, to answer back, to talk back.
karşılıklı 1. mutual, reciprocal; 2. opposite; ~ olarak mutually; ~ sigorta mutual insurance.
karşılıksız 1. complimentary, gratis; 2. dishono(u)red *(cheque)*; 3. unanswered *(love)*; 4. unreturned, unrequited; ~ çıkmak to bounce *(cheque)*.
karşın in spite (-*e* of).
karşıt, -tı 1. opposite, contrary (-*e* to); 2. anti-, counter-; 3. opposed, in disagreement; ~ anlamlı antonymous.
karşıtdeğerli ambivalent.
karşıtduygu antipathy.
karşıtlı *gr.* adversative.
karşıtlık 1. contrast; 2. disagreement.
kart[1], -tı 1. old; 2. hard, tough; ~ **kız** old maid, spinster.
kart[2], -tı 1. card; 2. visiting (*or* calling)

card; **3.** postcard.
kartal *zo.* eagle; ~ yavrusu eaglet.
kartalağacı, -nı ⚘ eaglewood.
kartaloş, kartaloz *sl.* over the hill, past it.
kartel[1] cartel.
kartel[2] keg.
kartlaşmak to grow old, to get past it.
kartlık 1. oldness; **2.** staleness.
kartograf cartographer.
kartografi cartography.
karton pasteboard; cardboard; ~ kapak cover.
kartonpiyer papier-mâché.
kartpostal postcard.
kartuk large rake.
kartuş cartridge.
kartvizit, -ti visiting (*or* calling) card.
Karun [- -] **1.** *pr. n. a rich man mentioned in the Koran;* **2.** *fig.* Croesus.
karyağdı pepper-and-salt.
karyola bed, bedstead.
kas muscle; ~ kasılması muscular contraction; ~ teli muscular fibre; ~ tutukluğu muscle cramp.
kasa [x .] **1.** safe, strongbox; **2.** cash register, till; **3.** safe-deposit box; **4.** case, crate *(for bottles)*; **5.** ⊕ body; **6.** *games:* the bank; **7.** *gymnastics:* horse; **8.** door frame; window frame; ~ açığı cash shortage, deficit; ~ dairesi strongroom; ~ defteri cashbook; ~ hesabı cash account; ~ hırsızı safecracker, safebreaker; ~ soymak to break (*or* crack) a safe.
kasaba small town.
kasadar cashier, teller.
kasap, -bı **1.** butcher *(a. fig.)*; **2.** butcher shop, butcher's.
kasaphane [. . - .] slaughterhouse.
kasaplık 1. butchery; **2.** fit for slaughter *(animal)*.
kasara [. x .] ⚓ castle; ~ altı steerage; ~ üstü poop deck.
kasatura [. . x .] sword bayonet.
kasavet, -ti [. - .] worry, sorrow.
kasavetlenmek [. - . . .] to become worried.
kasbilim myology.
kasdoku muscle tissue.
kâse 1. bowl; **2.** *sl.* rump.
kasık 1. *anat.* groin; **2.** inguinal; ~ kemiği *anat.* pubis; kasığı çatlamak *(b-nin)* to get a hernia.
kasıkbağı, -nı truss for a hernia.
kasıkbiti, -ni *zo.* crab louse.
kasıksal inguinal.
kasıl *anat.*, ⚕ muscular.
kasılduyumlar *psych.* muscular sensations.
kasılmak 1. *pass. of* kasmak; **2.** to contract, to flex; **3.** to shorten; **4.** *fig.* to put on airs, to swank, to show off, to swagger.
kasım November.
kasımpatı, -nı ⚘ chrysanthemum.
kasınç cramp, spasm.
kasınmak 1. to become cramped *(muscle)*; **2.** *fig.* to give o.s. airs.
kasıntı 1. stitching used to shorten a garment; **2.** *fig.* swagger, swank.
kasır, -srı mansion, pleasure-house.
kasırga whirlwind, tornado; cyclone.
kasıt, -stı **1.** purpose, intention; **2.** evil intent; kastı olm. to harbo(u)r evil intentions (*-e* against).
kasıtlı deliberate, intentional; premeditated.
kaside qasida.
kasis open drainage ditch *(cut across a road)*.
kasiyer cashier.
kaskatı [x . .] as hard as a stone, as hard as nails.
kasket, -ti cap.
kasko automobile insurance.
kaslı muscular, brawny.
kasmak, (-ar) **1.** to take in *(garment)*; **2.** to reduce, to curtail *(amount)*; **3.** to shorten *(tie, etc.)*; **4.** to oppress; kasıp kavurmak **1.** to tyrannize, to terrorize; **2.** *(ortalığı)* to ruin, to destroy.
kasnak 1. rim, hoop; **2.** tambour; **3.** wrestling hold; ~ kayışı ⊕ belt.
kasnaklamak 1. to hoop; **2.** to hug.
kaspanak *sl.* by force, willy-nilly.
kastanyola [. . x .] ⚓ pawl, ratchet, detent.
kastarlamak to bleach.
kasten [x .] on purpose, intentionally, deliberately.
kastetmek [x . .] **1.** to mean; to intend, to purpose; **2.** to have designs (*-e* on, against).
kasti [¹] deliberate, intentional, premeditated.
kastor beaver *(fur)*.
kasvet, -ti gloom, depression.
kasvetli gloomy.
kaş 1. eyebrow; **2.** projection, brow; **3.** pommel *(of a saddle)*; ~ atmak (*or* etm.) to raise one's eyebrows *(as a signal)*; ~ göz etm. to wink (*-e* at); ~ yapayım derken göz çıkarmak *fig.* to aggravate matters while trying to be helpful; -la göz arasında in the twinkling of an eye, in a trice; -larını çatmak to frown, to knit one's brows.
kaşağı currycomb.
kaşağılamak to curry, to groom.
kaşalot 1. *zo.* cachalot; **2.** *sl.* dunce, imbecile.

kaşamak *s.* kaşağılamak.
kaşan urinating, staling.
kâşane [- - .] mansion.
kaşanmak to stop and stale.
kaşar 1. *(peyniri)* sheep cheese; 2. kosher; 3. *sl.* clever, sly *(gambler).*
kaşarlanmak to become hackneyed.
kaşarlanmış hackneyed.
kaşe cachet.
kaşer *s.* kaşar.
kaşık 1. spoon; 2. spoonful; ~ atmak *(or* çalmak) eat heartily; ~ düşmanı *co.* one's wife, the missus; ~ ~ by spoonfuls; -la yedirip sapıyle (gözünü) çıkarmak to spoil a good deed with a bad one.
kaşıkçı elması *the largest diamond in the Ottoman jewel collection.*
kaşıkçıkuşu, -nu *zo.* pelican.
kaşıklamak to spoon out.
kaşımak to scratch.
kaşındırmak to make itch.
kaşınmak 1. to itch, to scratch o.s.; 2. *fig.* to be itching for a beating.
kaşıntı itch, pruritus.
kaşıntılı itchy, pruritic.
kâşif explorer; discoverer.
kaşkariko [. . x .] *sl.* trick, deceit.
kaşkaval 1. yellow cheese; 2. *sl.* dimwitted.
kaşkol scarf, neckerchief.
kaşkorse camisole.
kaşmer, kaşmerdikoz *sl.* clown; oddball.
kaşmir cashmere.
kat, -tı 1. storey, *Am.* story, floor; 2. layer, stratum; fold; 3. coat *(of paint)*; 4. set *(of clothes)*; 5. time(s); 6. presence; 7. ⩝ multiple; ~ çıkmak to add a storey *(to a building)*; ~ ~ 1. in layers; 2. many times more, much more; ~ mülkiyeti condominium; ~ yeri crease, fold.
katafalk, -kı catafalque.
katakofti [. . x .] *sl.* lie.
katakulli [. . x .] *sl.* trick, ruse; ~ yapmak *sl.* to swindle; to dupe; -ye gelmek *sl.* to be taken in.
kataliz catalysis.
katalizatör catalyst.
katalog catalogue.
katana artillery horse; ~ gibi F portly *(woman).*
katar 1. train *(of wagons or animals)*; 2. caravan *(of vehicles)*; 3. convoy *(of military vehicles)*; ~ kılavuzu donkey at the head of a file of camels.
Katar *pr. n.* Qatar.
katarakt, -tı ⚕ cataract.
katarlamak to form into aline *(animals, vehicles).*
katedral, -li cathedral.
kategori category.
katetmek [x . .] 1. to travel (over), to traverse, to cover; 2. to out (off), to terminate; 3. to intersect.
katgüt, tü catgut.
katı[1] 1. hard, rigid, stiff; 2. *fig.* tough, unbending; stern; insensitive; 3. ⚗, *phys.* solid; ~ yumurta hard-boiled egg; ~ yürekli hardhearted.
katı[2] gizzard *(of birds).*
katık anything eaten with bread.
katılaşmak 1. to harden *(a. fig.)*; to stiffen; 2. ⚗, *phys.* to solidify.
katılaştırmak to harden.
katılgandoku *anat.* connective tissue.
katılık 1. hardness; stiffness, rigidity; 2. *fig.* hardheartedness; 3. ⚗, *phys.* solidity.
katılmak[1] 1. *pass. of* katmak; 2. to join *(a group)*; to enter (-*e* into), to participate (-*e* in); 3. *(b-ne)* to agree with *s.o.*
katılmak[2] to be out of breath *(from laughing or weeping)*; katıla katıla ağlamak to choke with sobs; katıla katıla gülmek to split one's sides laughing, to choke with laughter, to be convulsed with laughter.
katım 1. adding, mixing; 2. *s.* koç katımı.
katıntı mixture.
katır 1. mule; hinny; 2. *fig.* mulish, obstinate; ~ gibi inatçı as stubborn as a mule.
katırcı muleteer.
katır kutur; ~ yemek to crunch, to munch.
katırtırnağı, -nı ♀ broom, besome.
katışık mixed.
katışıksız unmixed, pure, unadulterated.
katışmak to join *(a group).*
katıştırmak to add (-*e* to).
katıyağ ⚗ machine *(or* lubricating) grease.
kati definite, absolute, final; decisive; ~ karar unanppealable decision; ~ olarak definitely; ~ suretle absolutely; ~ teklif firm offer.
katil[1], -tli murder, homicide.
katil[2] [ā] 1. murderer; 2. lethal, deadly; ~ kadın murderess.
katileşmek [i] to become definite.
kâtip, -bi clerk; secretary.
kâtiplik clerkship; ~ yapmak to clerk.
katiyen [i] [. x .] 1. never, by no means; 2. definitely, absolutely.
katiyet, -ti definiteness, finality, decisiveness.
katkı 1. help, assistance, aid; 2. contribution, addition, supplement; 3. additive; alloy; -da bulunmak to contribute (-*e* to).

katkılı alloyed.
katkısız unalloyed; pure.
katlamak to fold (up).
katlanır folding, collapsible.
katlanmak 1. *pass. of* katlamak; 2. to endure, to bear, to put up (-e with); ... yapmak zahmetine ~ to take the trouble to do...
katletmek [x . .] to murder *(a. fig.).*
katlı 1. folded; 2. ... storied *(building).*
katliam massacre.
katma 1. *vn. of* katmak; 2. added; ~ **bütçe** supplementary budget; ~ **değer vergisi** value-added-tax.
katmak, (-ar) 1. to add, to mix (-e in); 2. to send with; 3. to annex (-e to); 4. *(birbirine)* to set *a person* against *a person.*
katman *geol, geogr.* layer; stratum; seam, bed.
katmanbulut, -tu *meteor.* stratus.
katmanlaşmak to stratify.
katmer 1. flaky pastry; 2. layer; ~ ~ one on top of the other; one after the other.
katmerleşmek to become layered.
katmerli 1. in layers; 2. double *(flower);* 3. manifold, multiplied; ~ yalan whopping lie.
Katolik *pr. n.* Catholic.
Katoliklik *pr. n.* Catholicism.
katra [x .] drop.
katran tar; ~ gibi tarry.
katranağacı, -nı ⚘ terebinth.
katrançamı, -nı ⚘ Georgia pine.
katranlamak to tar.
katranlı tarry, tarred.
katranruhu, -nu ⚗ (wood) creosote.
katrilyon quadrillion.
katsayı ⅍ coefficient.
kauçuk 1. rubber; caoutchouc; 2. ⚘ rubber plant; ~ ağacı ⚘ rubber tree.
kav tinder, punk.
kavaf cheap, ready-made shoes dealer; ~ işi shoddy; ~ malı shoddy goods.
kavak ⚘ poplar.
kavakinciri, -ni purple fig.
kaval shepherd's pipe, flageolet; ~ kemiği *anat.* tibia; ~ tüfek smoothbored gun.
kavalcı piper.
kavallanmak *sl.* to pester.
kavalye escort, male partner *(in a dance).*
kavalyelik etm. to escort.
kavanço [. x .] 1. ⚓ shifting *(of a sail. etc.);* 2. *sl.* landing *(s.o. with a job).*
kavanoz jar, pot.
kavara [. x .] *sl.* outburst, noise.
kavas *hist.* kavass.
kavata [. x .] 1. ⚘ sour green tomato; 2. large wooden bowl.
kavela [. x .] ⚓ treenail, trunnel.
kavga 1. fight, brawl; row, quarrel; 2. struggle; ~ aramak to look for trouble; ~ çıkarmak to kick up (*or* make) a row, to pick a fight; ~ etm. to fight (*ile* with); to quarrel (*ile* with); ~ kaşağısı instigator, agitator; -ya girişmek (*or* tutuşmak) to take up a quarrel (*ile* with).
kavgacı 1. quarrelsome, pugnacious; 2. puncher.
kavgalı 1. angry (*ile* with); 2. disputed.
kavgasız 1. peaceable, peace-loving; 2. peacefully, without a quarrel.
kavi [ˡ] strong; sound.
kavil, -vli 1. † word; 2. agreement.
kavilleşmek to agree, to reach an understanding.
kavim, -vmi people; tribe.
kavis, -vsi curve, arc.
kavkı *zo.* shell.
kavlak 1. barkless; 2. peeled off *(skin).*
kavlamak 1. to scale off *(bark);* 2. to peel, to desquamate *(skin).*
kavlıç, -cı 1. hernia, rupture; 2. ruptured.
kavmantarı, -nı ⚘ punk, amadou.
kavram[1] *s.* karınzarı.
kavram[2] *log.* concept.
kavrama 1. comprehension, grasp; 2. *mot.* clutch (pedal); 3. crosspiece, strut.
kavramak 1. to grasp, to clutch; 2. *fig.* to comprehend, to grasp.
kavramcılık conceptualism.
kavramsal conceptual.
kavrayış *psych.* comprehension, grasp.
kavrayışlı quick-witted.
kavrayışsız slow-witted.
kavruk 1. scorched; 2. *fig.* undersized, wizened, stunted.
kavrulmak 1. *pass. of* kavurmak; 2. to be scorched.
kavrulmuş roasted; ~ kahve roasted coffee.
kavşak crossroads, junction, intersection.
kavuk 1. turban; 2. bladder; ~ sallamak *(b-ne)* to fawn on *s.o.*, to toady to *s.o.*
kavuklu 1. turbaned; 2. ♀ a character in the ortaoyunu.
kavun ⚘ muskmelon.
kavuniçi, -ni pale (*or* yellowish) orange.
kavurga roasted chickpeas, wheat *or* corn.
kavurma 1. *vn. of* kavurmak; 2. roasted; 3. fried meat.
kavurmaç, -cı roasted wheat.
kavurmak 1. to roast; 2. to scorch, to parch *(sun);* 3. to blight, to blast *(wind, cold).*
kavurucu parching, scorching *(heat).*
kavuşma 1. *vn. of* kavuşmak; 2. ⚘ isogamy.
kavuşmak 1. to be reunited (-e with); 2. to reach, to arrive (-e at); 3. to meet, to

overlap; 4. to join *(roads)*; 5. to flow *(-e* into) *(rivers)*.
kavuşum conjunction.
kay, -yyı vomit.
kaya 1. rock; reef; 2. palisade, rock cliff *(or* precipice); 3. ♀ *mf.*; ~ gibi rocky; -lara bindirmek to run on the rocks.
kayabalığı, -nı *zo.* goby.
kayağan slippery, slick.
kayağantaş *geol.* slate.
kayak 1. ski; 2. skiing; ~ yapmak to ski.
kayakçı skier.
kayakçılık skiing.
kayalık 1. rocky, reefy; 2. rocky place; rock cliff.
kayalifi, -ni asbestos.
kayan mountain torrent.
kayar 1. path, goat trail; 2. reusing an old horseshoe.
kayasa cinch, girth *(of a saddle)*.
kayatuzu, -nu *geol.* rock salt, halite.
kaybetmek [x . .] to lose.
kaybolmak [x . .] to be lost; to vanish, to disappear.
kaydetmek [x . .] 1. to register, to enroll; 2. to enter, to write down, to record *(a.* with a tape recorder); 3. *sports:* to score, to chalk up; 4. to bear in mind.
kaydıhayat, -tı: -la *(or* ~ şartıyle) as long as one lives, for life.
kaydırak 1. slide; 2. skid, stoneboat; 3. hopscotch.
kaydırmak *caus. of* kaymak 2., to slide, to skid.
kaydiye registration fee.
kaygan slippery, slick.
kaygana omelet(te).
kaygı anxiety, worry.
kaygılandırmak to worry.
kaygılanmak to worry, to be anxious.
kaygılı worried, anxious, uneasy.
kaygın slippery, slick.
kaygısız carefree, untroubled.
kaygısızlık untroubledness.
kayık 1. boat, caique, skiff; 2. slipped to one side; ~ salıncak boat-shaped swing; ~ tabak oval dish; ~ yarışı boat race; -la gezmek to go boating.
kayıkçı boatman.
kayıkhane [. . - .] boathouse.
kayın[1] brother-in-law.
kayın[2] ⚘ beech.
kayınbaba = kayınpeder.
kayınbirader brother-in-law.
kayınpeder father-in-law.
kayınvalide [. . - . .] mother-in-law.
kayıp, -ybı 1. loss; losses; 2. ⚔ casualties; 3. lost, missing; ~ eşya bürosu lost property office; ~ listesi casualty list; -lara karışmak *co.* to vanish into thin air, to disappear *(or* go off) into the blue.
kayır sandbank, sandbar.
kayırıcı patron, protector.
kayırıcılık favo(u)ritism.
kayırmak 1. to protect, to sponsor; 2. to favo(u)r.
kayısı ⚘ apricot.
kayış[1] belt, strap, watch band; ~ gibi 1. as tough as leather *(meat)*; 2. heavily sun-tanned *(skin)*; -a çekmek to strop *(a razor)*.
kayış[2] *vn. of* kaymak.
kayışçı 1. strap maker *or* seller; 2. *fig.* trickster, con man.
kayışdili, -ni strong language.
kayıt, -ydı 1. registration, enrollment; 2. entry; 3. recording; 4. restriction, limitation, restraint; 5. giving importance (to); 6. noting down; ~ altında restricted; ~ defteri register, record book; ~ ücreti registration fee; kayda değer noteworthy, remarkable; kayda geçirmek to register; kaydını silmek to delete; to expunge.
kayıtlı 1. registered, enrolled; 2. entered, recorded; noted down; 3. restricted.
kayıtsız 1. unregistered, unrecorded; 2. unrestricted; 3. *fig.* indifferent, carefree, unconcerned; ~ kalmak to be indifferent *(-e* to); ~ şartsız unconditionally; ~ şartsız teslim unconditional surrender.
kayıtsızlık indifference, uncorcern.
kayma 1. *vn. of* kaymak; 2. landslide; 3. *cinema:* misframe.
kaymaç, -cı slanting *(eye)*.
kaymak[1] cream; ~ altı skim milk; ~ bağlamak to form cream; ~ gibi 1. snow-white; 2. creamy and delicious.
kaymak[2], (-ar) to slip, to slide, to skid.
kaymakam kaimakam, head official *(of a district)*.
kaymaklanmak = kaymak bağlamak.
kaymaklı creamy; ~ dondurma (creamy) ice cream.
kaymaktaşı, -nı alabaster, gypsum.
kayme P paper lira.
kaynaç *geol.* geyser.
kaynak 1. source, fountainhead; spring; 2. origin source; 3. ⊕ weld; 4. patch *(on rubber)*; ~ yapmak 1. ⊕ to weld; 2. to patch *(rubber)*.
kaynakça bibliography.
kaynakçı welder.
kaynakçılık welding.
kaynaklamak 1. ⊕ to weld; 2. to patch *(rubber)*.
kaynaklı 1. ⊕ welded; 2. patched *(rubb-*

er).
kaynama *vn. of* kaynamak; ~ noktası boiling point.
kaynamak 1. to boil; 2. to ferment; 3. to teem, to swarm; 4. to knit *(bone)*; 5. to surge up, to seethe; 6. ⊕ to become welded; 7. to fidget; 8. *sl.* to be wasted *(lesson)*.
kaynana mother-in-law.
kaynanadili, -ni ⚘ cactus.
kaynanazırıltısı, -nı clacker, rattle.
kaynar 1. boiling *(water)*; 2. *sl.* hashish.
kaynarca [. x .] 1. hot spring, spa; 2. fountainhead; spring.
kaynaşma *vn. of* kaynaşmak, *part.* uproar.
kaynaşmak 1. to fuse, to join (*ile* with); 2. to go well *(ile* with), to blend (*ile* with); 3. to teem, to swarm; 4. ⚗ to combine; 5. *fig.* to become bosom friends.
kaynata [x . .] father-in-law.
kaynatmak 1. *caus. of* kaynamak; 2. to boil; 3. ⊕ to weld; 4. *sl.* to swipe, to nick, to pinch; 5. *(dersi) sl.* to waste *(a lesson hour)* talking; 6. *sl.* to gad about.
kaypak 1. slippery, slick; 2. *fig.* slippery, shifty.
kayrak 1. ski area (*or* slope); 2. slate.
kayran glade.
kayser [x .] *(Roman)* caesar; *(German)* kaiser.
kayşa landslide.
kayşamak to slide, to slip *(land)*.
kayşat, -tı *geol.* debris.
kaytan cotton *or* silk cord; ~ bıyıklı pointed mustachioed.
kaytarıcı shirker, goldbricker.
kaytarmak 1. to reiect, to turn down; 2. to shirk, to goldbrick *(work)*.
kayyım 1. caretaker of a mosque; 2. ⚖ trustee, administrator.
kaz 1. *zo.* goose; 2. *fig.* dumbbel, dolt; ~ gelen yerden tavuk esirgenmez *pro.* you must lose a fly to catch a trout, throw out a sprat to catch a mackerel; ~ kafalı F dumb, doltish; ~ kazla, daz dazla, kel tavuk topal horozla *pro.* birds of a feather flock together; ~ palazı gosling; -ı koz anlamak to get wrong, to misunderstand; -ın ayağı öyle değil it isn't like that at all.
kaza [. -] 1. accident; misfortune; 2. borough, county; district; 3. *isl.* late performance of an act of worship; ~ geçirmek to have an accident; ~ ile by accident; ~ kurşunu stray bullet; ~ sigortası accident *(or* casualty) insurance; -ya uğramak to have *(or* meet with) an accident.
kazaen [. - .] 1. by accident; 2. by chance.
Kazak[1] Kazakh; Cossack.
kazak[2] pullover, sweater.
kazak[3] dominating, despotic *(husband)*.
Kazakistan *pr. n.* Kazakhstan.
kazalı [. - .] 1. dangerous, unsafe; 2. with ... boroughs.
kazamat, -tı ⚔ casemate.
kazan 1. cauldron; 2. boiler; furnace; ~ dairesi boiler room; İstanbul ~ ben kepçe I left no stone unturned in Istanbul.
kazanç, -cı 1. gain, earnings; profit; 2. benefit, advantage.
kazançlı profitable.
kazançsal economic.
kazançsız unprofitable, profitless.
kazandırmak *caus. of* kazanmak.
kazandibi, -ni *milk pudding slightly burnt on the bottom.*
kazanmak 1. to earn; 2. to win; 3. to acquire, to gain, to get.
kazara [. - .] [. x .] 1. by accident; 2. by chance.
kazasker *hist.* military judge.
kazayağı, -nı 1. ⚘ goosefoot, pigweed; 2. ⚓ three-ended rope.
kazazede [. - . .] 1. victim, casualty *(of an accident)*; 2. shipwrecked; struck *(by an accident)*.
kazboku, -nu chartreuse.
kazein casein.
kazı excavation; ~ yapmak to excavate, to dig.
kazıbilim archeology.
kazıbilimci archeologist.
kazıcı excavator *(person)*.
kazık 1. stake, pale; pile, picket; 2. *sl.* swindle, trick; 3. *sl.* exorbitant *(price)*; ~ atmak F to overcharge, to fleece, to soak, to put it on, to rook; ~ gibi 1. as stiff as a ramrod; 2. as stiff as a board; ~ kadar grown-up; ~ marka too expensive; ~ yemek *sl.* to be rooked (*or* soaked); ~ yutmuş gibi as stiff as a ramrod; kazığa oturtmak *hist.* to impale.
kazıkçı swindler, trickster.
kazıklamak 1. to pile, to picket, to stake; 2. *hist.* to impale; 3. *sl.* to overcharge, to soak, to put it on, to fleece, to rook.
kazıma 1. *vn. of* kazımak; 2. curettage.
kazımak 1. to scrape (off); 2. to shave; 3. to incise, to engrave; 4. *sl.* to clean out, to pluck.
kazınmak 1. to scrape o.s.; 2. to scratch o.s. hard; 3. to give o.s. a very close shave
kazıntı scrapings.
kazıyıcı road grader.

kaziye *log.* proposition.
kazma 1. *vn. of* kazmak; 2. pick, pickax; mattock; 3. excavated, dug; 4. incised, engraved.
kazmacı ⚔ sapper.
kazmaç excavator.
kazmadiş bucktoothed *(person).*
kazmak, (-ar) to dig, to excavate, to trench.
kazmir cassimere, kerseymere.
kazulet, -ti *sl.* grotesque, portly.
kebap, -bı 1. shish kebab; 2. roasted; broiled; ~ şişi *sl.* dagger; ~ yapmak to roast; to broil.
kebe 1. felt jacket; 2. embroidered felt.
kebir 1. big; great; 2. elderly, old.
kebze shoulder blade, scapula.
keçe 1. felt; 2. mat.
keçeleşmek 1. to become matted *(hair, etc.);* 2. *fig,* to become numb.
keçeli made of felt; ~ kalem felt-tip pen, felt-tipped pen.
keçi 1. *zo.* goat; 2. nanny goat, she-goat; 3. *fig.* stubborn, obstinate; ~ ağızlı *fig.* gluttonous; ~ çobanı goatherd; ~ derisi goatskin; ~ yavrusu kid; -leri kaçırmak F to go nuts.
keçiboynuzu, -nu ⚘ carob, St. John's bread; ~ gibi insipid.
keçileşmek F to become mulish (*or* pigheaded).
keçisakal goatee.
keçiyolu, -nu path.
keder sorrow, grief; ~ vermek to grieve, to sadden.
kederlenmek to be grieved.
kederli sorrowful, grieved.
kedersiz free from grief.
kedi *zo.* cat; ~ ciğere bakar gibi bakmak to stare covetously; ~ yetişemediği ciğere pis dermiş *pro.* that's sour grapes; -yi sıkıştırırsan üstüne atılır *pro.* even a worm will turn.
kedibalığı, -nı *zo.* ray, stake.
kedigözü, -nü 1. taillight; 2. cat's-eye.
kediotu, -nu ⚘ valerian.
kefal 1. *zo.* gray (*or* striped) mullet; 2. *sl.* cigarette butt.
kefalet, -ti [ā] bail; -le salıvermek to release on bail.
kefaletname bail bond, guaranty, surety bond.
kefaret, -ti [ā] atonement, expiation; -ini ödemek to expiate, to atone (*-in* for).
kefe[1] pan, scale *(of a balance).*
kefe[2] haircloth bag *(used for grooming horses).*
kefeki 1. travertine, calsinter, scale; 2. tartar, scale *(on teeth).*
kefen shroud, winding sheet; ~ soyucu grave robber; -i yırtmak *fig.* to turn the corner, to pass the danger point safely.
kefenci 1. shroud seller; shroud maker; 2. *sl.* grave robber.
kefenlemek to shroud.
kefere non-Muslims; unbelievers.
kefil [ī] guarantor, sponsor, surety; bondsman; ~ olm. to sponsor.
kefillik sponsorship, suretyship.
kefir kefir, kephir.
kefiye kaffiyeh.
kehanet, -ti [ā] prediction; ~ etm. (*or* -te bulunmak) to predict, to foretell.
kehkeşan [ā] *ast.* the Milky Way.
kehle *zo.* louse.
kehlibar, kehribar [ā] amber; ~ balı clear yellow honey.
kek, -ki cake.
kekâ, kekâh [x-] F: oh ~! this is the life!
keke stammering, stuttering *(person).*
kekelemek 1. to stammer, to stutter; 2. to hem and haw.
kekeme stammering, stuttering *(person).*
kekemelik stutter.
kekik ⚘ thyme.
keklik *zo.* partridge, acrid.
kekre astringent.
kekremsi 1. somewhat acrid; 2. *fig.* sour-faced.
kel 1. bald; 2. ⚕ favus, ringworm; 3. *fig.* bare, denuded; ~ başa şimşir tarak *fig.* out of place luxury; ~ kâhya *fig.* busybody; -i körü toplamak to assemble a band of incompetents.
kelam 1. remark, utterance; 2. the Koran; 3. Islamic theology.
Kelamıkadim [ī] the Koran.
kelebek 1. *zo.* butterfly; moth; 2. ⚕ distomatosis; 3. ⊕ butterfly (*or* wing) nut; 4. ⊕ butterfly valve; ~ cam butterfly window; ~ gözlük pince-nez; ~ kulacı butterfly stroke; ~ somun ⊕ butterfly (*or* wing) nut.
kelek 1. unripe melon; 2. hairless; 3. underdeveloped; 4. *sl.* dunderhead; ~ herif *sl.* a bad hat (*or* egg).
kelepçe [. x .] 1. handcuffs; 2. ⊕ pipe clip; ~ vurmak (*or* takmak) *(b-ne)* to handcuff *s.o.*
kelepçelemek to handcuff.
kelepçeli handcuffed.
kelepir 1. bargain, steal; 2. dirt-cheap.
keler *zo.* lizard.
keleş F 1. beautiful; handsome; 2. bald.
kelime *gr.* word; ~ hazinesi vocabulary; ~ ~ word by word; ~ oyunu pun; kelimei şahadet *isl.* the confession of faith; -si

-sine word for word, literally.

kelle 1. *contp.* head, nut, crumpet, nob; 2. boiled sheep's head; 3. head *(of cabbage)*; 4. ear, head *(of grain)*; ~ götürür gibi helter-skelter; -sini koltuğuna almak *fig.* to take one's life in one's hands; -sini uçurmak *(b-nin)* to behead *s.o.*, to decapitate *s.o.*; -yi vermek to sacrifice one's life; İngiltere kazanırsa kellemi keserim! F I'll eat my hat if England wins!

kelli since, seeing that.

kellifelli well-dressed and dignified *(person)*.

kellik 1. baldness; 2. ringworm, favus.

keloğlan *name of a popular hero of Turkish folk tales.*

Kelt *pr. n.* Kelt, Celt.

kem evil, malicious.

kemal, -li [ā] 1. perfection; 2. maturity; ripeness; 3. the highest price; 4. ♀ [x .] *mf.*; -e ermek 1. to reach perfection; 2. to reach maturity.

Kemalist Kemalist.

Kemalizm Kemalism.

keman [ā] 1. violin; 2. *archery:* bow; ~ çalmak to play the violin; ~ yayı violin bow.

kemancı [ā] violinist.

kemençe [. x .] kemancha, kit.

kement -di lasso.

kementlemek *sl.* to swindle.

kemer 1. belt; 2. arch; vault; 3. waist *(of a garment)*; 4. aqueduct; 5. *anat.* arch; 6. Roman *(nose)*; ~ altı vaulted bazaar; -ini *(or* -leri) sıkmak to tighten one's belt.

kemerli 1. girdled; 2. arched; vaulted.

kemerlik leather belt *(used for holding tools, etc.)*.

kemerpatlıcan long, thin aubergine.

kemgöz evil eye.

kemik 1. bone; 2. osseous; ~ atmak *(b-nin önüne) fig.* to throw *s.o.* a sop; ~ gibi 1. as hard as a bone; 2. bone-dry; ~ iltihabı osteitis; ~ yalayıcı *fig.* bootlicker, toady; -leri sayılmak to be a bag of bones.

kemikbilim osteology.

kemikçik ossicle.

kemikdoku bone tissue.

kemikleşmek to ossify.

kemikli bony.

kemiksiz boneless.

kemircik cartilage, gristle.

kemirdek tail bones.

kemirgen rodent.

kemirgenler *zo.* Rodentia.

kemirici 1. rodent; 2. corrosive.

kemirmek 1. to gnaw, to nibble; 2. to corrode.

kemiyet, -ti quantity.

kem küm etm. to hem and haw.

kenar [ā] 1. edge; border; margin; hem; brink; 2. isolated; 3. suburb; ~ çekmek to edge, to hem, to border; ~ mahalle slums; -a çekilmek to get out of the way; -a çekmek to pull in, to pull over *(or* off) *(vehicle)*; -da kalmak *fig.* to remain aside; -da köşede in nooks and crannies.

kenarlı edged.

kendi 1. self, oneself; 2. own; 3. he; she; 4. in person; ~ başına 1. of one's own accord; 2. by oneself, single-handedly; ~ bildiğini okumak *fig.* to get one's own way; ~ derdine düşmek to be preoccupied with one's own troubles; ~ düşen ağlamaz *pro.* you've made your bed and you must lie on it; ~ halinde innocuous, inoffensive *(person)*; ~ haline bırakmak *(b-ni)* to leave *s.o.* to his own devices; ~ -ne 1. by oneself; 2. to oneself; 3. on one's own accord; ~ -ni yemek to eat one's heart out; ~ kuyusunu ~ kazmak *fig.* to dig one's own grave; ~ payıma as for me, for my part; ~ yağıyle kavrulmak *fig.* to get by on one's own means; -nden geçmek to faint; -ne gel! 1. behave yourself!, come to your senses!; 2. pull yourself together!; -ne gelmek 1. to come to *(or* round); 2. to behave o.s., to pull o.s. together; -ne yedirememek to be unable to stomach; -ni beğenmek to be full of o.s.; -ni bir şey sanmak to be too big for one's boots; -ni dev aynasında görmek to think no small beer of o.s.; -ni göstermek to prove one's worth; -ni gülmekten alamamak can't help laughing; -ni kaptırmak *fig.* to let o.s. get carried away *(-e* by); -ni kaybetmek 1. to lose consciousness; 2. to fly into a rage; -ni vermek *(bşe)* to put one's heart into *s.th.*; -sinden bahsettirmek to make a noise in the world.

kendiliğinden 1. by oneself; 2. automatically; 3. of one's own accord.

kendilik entity.

kendince 1. subjective, personal; 2. in one's opinion.

kendir ⚘ hemp.

kene *zo.* tick; ~ gibi yapışmak *fig.* to stick like a leech.

kenef 1. bog, toilet; 2. filthy.

kenegöz small-eyed *(person)*.

kenet, -di ⊕ metal clamp, cramp iron.

kenetlemek 1. to clamp; 2. to lock *(jaws)*.

kenevir *s.* kendir.

kent, -ti city, town.
kental, -li quintal.
kentbilim urbanology.
kentilyon quintillion.
kentleşmek to become urbanized.
kentli city-dweller.
kentsel urban.
Kenya *pr. n.* Kenya.
kep, -pi **1.** cap; **2.** mortarboard.
kepaze [ā] **1.** ridiculous, vile, contemptible; **2.** disgraceful, shameless; ~ etm. to disgrace; ~ olm. to become a laughing-stock.
kepazelik ignominy, degradation, vileness.
kepbastı double-netted fishing weir.
kepçe 1. ladle; **2.** dip (*or* scoop) net; **3.** butterfly net; **4.** ⚓ buttock; ~ gibi sticking out *(ears)*.
kepçekulak having outstanding ears.
kepçeli having a ladle.
kepek 1. scurf, dandruff; **2.** bran; ~ ekmeği whole-wheat bread; ~ unu whole-wheat flour.
kepeklenmek to become scurfy.
kepekli scurfy *(hair)*.
kepenek 1. *zo.* flour (*or* wheat) moth; **2.** shepherd's felt cloak.
kepenk rolling (*or* roll-down) shutter.
kerahet, -ti [ā] repugnance, nastiness; ~ vakti *co.* drinking-time.
keramet, -ti [ā] miracle, marvel; ~ buyurdunuz your words are wonderful; ~ göstermek to work miracles.
kerametli [ā] holy.
kerata 1. shoehorn; **2.** F cuckold; **3.** F son of a gun, dog.
Kerbela *pr. n.* Karbala; ~ gibi waterless *(place)*.
kere time(s); iki ~ okudum I read it twice, üç ~ beş three times five.
kerecik *diminutive of* kere; bir ~ (only) just once.
kerem beneficence, kindness.
kereste [. x .] **1.** timber, lumber; **2.** *sl.* swine.
keresteci timber (*or* lumber) merchant.
keresteli [. x . .] P portly *(man)*.
kerevet, -ti **1.** plank-bed; **2.** *cinema:* dolly.
kerevides [. . x .] *zo.* crayfish, crawfish.
kereviz 1. *zo.* celery, celeriac; **2.** *sl.* dunce.
kerez *sl.* food or drink offered a guest.
kerhane [ā] brothel, cathouse.
kerhaneci [ā] **1.** brothel keeper; **2.** *sl.* son of a bitch, bastard.
kerhen [x .] **1.** reluctantly, unwillingly; **2.** disgustedly.
kerih [ī] disgusting, detestable.
kerim [ī] **1.** gracious, kind, munificent; **2.** ♀ [x .] *mf.*
kerime [ī] ⚒ daughter.
keriz 1. *s.* geriz; **2.** *sl.* sucker.
kerkenez *zo.* kestrel.
kerki large axe.
kerliferli *s.* kellifelli.
kermes 1. fete, kermis; **2.** festival.
kerpeten pincers, pliers; forceps.
kerpiç, -ci **1.** sundried (*or* mud) brick, adobe; **2.** made of sundried bricks.
kerrake [ā] † a kind of light cloak; şimdi anlaşıldı Vehbi'nin kerrakesi! now all is clear!
kerrat, -tı † times; ~ cetveli times (*or* multiplication) table.
kertan *sl.* risky.
kerte 1. notch, score; **2.** rhumb; **3.** state, degree; -sine getirmek to bring to the very best time.
kerteli gradual.
kertenkele *zo.* lizard.
kerteriz ⚓ bearing.
kertik notch, tally, score, gash.
kertiklemek to notch.
kertikli notched.
kertmek, (-er) **1.** to notch; **2.** to scrape.
kervan caravan; -a katılmak *fig.* to go with the crowd.
kervanbaşı, -nı leader of a caravan.
kervancı organizer or leader of a caravan.
Kervankıran *pr. n. ast.* Venus.
kervansaray caravanserai, caravansary.
kes sneaker.
kesafet, -ti [ā] density.
kesat, -dı [ā] **1.** slack, stagnant, flat; **2.** slackness.
kesatlık *s.* kesat 2.
kesbetmek [x . .] to acquire, to take on, to assume.
kese[1] **1.** moneybag, purse; **2.** *zo.* marsupium, pouch; **3.** ⚕ cyst, sac, bursa; **3.** coarse glove-like cloth; **5.** *fig.* wealth, purse; ~ sürmek to rub with a kese; -nin ağzını açmak to loosen the purse strings; -nin dibi görünmek to run out of money, to be short of money; -sine güvenmek to be able to afford, to be within one's purse; -sine hiç bir şey girmemek not to benefit at all.
kese[2] short cut; ~ yol short cut.
kesecik *anat.* saccule.
kesedar [ā] *hist.* treasurer, keeper of the purse.
kesek clod.
kesekâğıdı, -nı paper bag.
keselemek *s.* kese sürmek.

keselenmek to rub o.s. with a kese.
keseli *zo.* marsupial.
keseliler *zo.* Marsupialia.
kesen *geom.* secant.
kesenek deduction.
kesenkes P absolutely.
keser adze.
kesici **1.** incisive, incisory, cutting; **2.** cutter; **3.** butcher.
kesicidiş incisor.
kesif [ⁱ] dense, thick.
kesik **1.** cut; **2.** off *(electricity, water, etc.)*; **3.** curdled; **4.** *geom.* truncated; **5.** clipping; **6.** interrupted, broken off; ~ ~ gaspingly.
kesikli discontinuous, intermittent.
kesiksiz **1.** uninterrupted, continuous; **2.** continuously, on and on.
kesilme *vn. of* kesilmek, *part.* exhaustion.
kesilmek **1.** *pass. or refl. of* kesmek; **2.** to be tired out (*or* bushed); **3.** to curdle, to sour; **4.** to be cut off *(electricity, water, etc.)*; **5.** to stop, to die down, to let up *(rain, etc.)*; **6.** to lose *(appetite, strength)*; **7.** *sl.* to fall for.
kesim **1.** slaughter; **2.** section *(a.* ⚕*)*, sector; **3.** period *(of time)*.
kesimevi, -ni slaughterhouse.
kesin definite, certain.
kesinleşmek to become definite.
kesinleştirmek to make definite.
kesinlik certainty, certitude.
kesinlikle definitely, certainly.
kesinti **1.** deduction; **2.** interruption; -ye almak *(b-ni)* F to make fun of *s.o.* behind his back.
kesintisiz **1.** uninterrupted, continuous; **2.** without deductions.
kesir, -sri **1.** ⊕ fraction; **2.** ⚕ fracture.
kesirli A fractional.
kesişen *geom.* intersecting.
kesişmek **1.** to intersect, to cross; **2.** to come to an agreement; **3.** to exchange amorous glances.
kesit, -ti A crosscut.
keski **1.** billhook, coulter; **2.** chisel; **3.** hatchet.
keskin **1.** sharp; **2.** acute, keen; **3.** pungent; **4.** severe; ~ gözlü eagle-eyed; ~ nişancı marksman, dead shot; ~ sirke küpüne (*or* kabına) zarar a bad temper harms its possessor most; ~ viraj sharp (*or* hairpin) curve.
keskinleşmek to get sharp.
keskinleştirmek to sharpen.
keskinlik sharpness, keenness.
kesme **1.** *vn. of* kesmek; **2.** tin snips; **3.** cut, faceted; **4.** sector; **5.** *cinema:* cut; **6.** cube-shaped; **7.** fixed *(price)*; ~ almak F to pinch one's cheek; ~ işareti apostrophe.
kesmece **1.** for a lump sum; **2.** at the same price.
kesmek, (-er) **1.** to cut (off); to cut down, to fell *(tree)*; **2.** to slice, to cut up; **3.** to slaughter, to butcher; **4.** to stop, to interrupt; **5.** to turn off *(electricity, water, gas)*; **6.** to determine, to fix; **7.** to deduct; **8.** to cut *(cards)*; **9.** to coin, to issue *(money)*; **10.** to block; to hinder, to impede; **11.** to take away, to kill *(pain, etc.)*; **12.** *sl.* to shut up, to cut the cackle; **13.** *sl.* to shoot the bull; **14.** *sl.* to ogle at *(a girl)*; kesip atmak to settle offhand, to settle once and for all; kesip biçmek to bluster; kestiği tırnak olamamak *(b-nin)* can't hold a candle to *s.o.*
kesmelik quarry.
kesmeşeker lump (*or* cube) sugar.
kesmik **1.** chaff; **2.** curds.
kesret, -ti abundance.
kestane [ā] ⚘ chestnut (tree); ~ kebabı roast chestnuts; ~ şekeri marron glacé, candied chestnuts.
kestaneci [ā] chestnut man.
kestanecik [ā] ⚕ prostate gland.
kestanefişeği, -ni firecracker.
kestanelik [ā] chestnut grove.
kestirme **1.** *vn. of* kestirmek; **2.** estimate; **3.** short cut; **4.** concise, direct *(answer)*; ~ yol short cut; -den gitmek to take a short cut.
kestirmek **1.** *caus. of* kesmek; **2.** to estimate, to guess, to predict; **3.** to take a nap, to nap, to doze off; **4.** to curdle.
keş **1.** dry curd; skim-milk cheese; **2.** *sl.* idiotic; ~ etm. *sl.* to humiliate, to shame.
keşfetmek *[x . .]* **1.** to discover, to explore; **2.** to uncover, to find out *(secret)*; **3.** ⚔ to reconnoitre.
keşide [ī] drawing; ~ etm. to draw.
keşideci [ī] † drawer.
keşif, -şfi **1.** discovery, exploration; **2.** investigation; **3.** ⚔ reconnaissance; ~ kolu reconnaissance patrol; ~ uçağı ⚔ reconnaissance plane.
keşiş monk.
keşişhane [ā] monastery.
keşişleme **1.** southeast wind; **2.** ⚓ southeast point *(of the compass)*.
keşke, keşki [x .] I wish, if only, would that...!; ~ gelseydin if only you'd come!
keşkül milk pudding with coconut.
keşlemek *sl.* to take no notice (*-e* of).
keşmekeş disorder, rush.

keşşaf [ā] † ⚔ military scout.
ket[1] = nişasta.
ket[2], -ti obstacle; ~ vurmak to put back, to handicap, to hinder, to impede.
ketçap ketchup, catchup, catsup.
keten 1. linen; 2. ⚘ flax; ~ bezi linen cloth.
ketenhelvası, -nı cotton candy.
ketenkuşu, -nu *zo.* linnet.
ketentohumu, -nu linseed, flaxseed; ~ yağı linseed oil.
keton ⚗ ketone.
ketum [ū] tightlipped, discreet.
ketumiyet, -ti [ū] reticence, discretion.
kevgir 1. skimmer; 2. colander.
Kevser *isl. myth. name of a river in Paradise*; ~ gibi nectarous.
keyfetmek to enjoy o.s., to have fun.
keyfi arbitrary, discretionary.
keyfiyet, -ti 1. situation; 2. condition, nature; 3. affair matter.
keyif, -yfi 1. pleasure, delight, joy, enjoyment, merriment; 2. humo(u)r, mood, spirits, disposition; 3. high, kef; 4. *psych.* euphoria; ~ çatmak to enjoy o.s., to have a good time; ~ halinde tipsy; ~ için for pleasure (*or* fun); ~ sürmek to live the good life; ~ vermek to make tipsy; keyfi bilmek to do as one pleases; keyfi bozuldu (*or* kaçtı) he is out of spirits; keyfi gelmek to get into a happy mood; keyfi olmamak to feel under the weather; keyfinden dört köşe olm. to be as happy as the day is long; keyfine bakmak to enjoy o.s.; keyfine gitmek *(kendi)* to do as one pleases; keyfini çıkarmak *(bşin)* to get a kick out of *s.th.*
keyiflenmek 1. to become merry; 2. to get tipsy.
keyifli 1. merry, joyous ,in good spirits; 2. tipsy.
keyifsiz 1. indisposed, under the weather; 2. in bad humo(u)r.
keyifsizlik indisposition; depression.
kez time; bu ~ this time; dört ~ four times.
keza [x -], **kezalik** [. x .] [ā] 1. the same, ditto; 2. likewise; 3. also, too.
kezzap, -bı [ā] aqua fortis, nitric acid.
kıble 1. kiblah, the direction of Mecca; 2. south wind; -ye dönmek to turn towards Mecca.
Kıbrıs *pr. n.* Cyprus.
Kıbrıslı *pr. n.* Cyprian, Cypriote.
kıç, -çı 1. buttocks, butt, bottom, rump, behind; 2. ⚓ poop, stern; 3. back, hind; ~ atmak 1. to kick *(animal)*; 2. *fig.* to long (-*e* for); ~ güverte quarter-deck; ~ üstü oturmak F to remain helpless; -ına kına yakmak F to gloat; -ına tekmeyi atmak *sl.* to give s.o. the boot, to boot out; -ını yırtmak *sl.* to rant and rave; -ının kılları ağarmış *sl.* old, past it.
kıçın kıçın backwards; astern.
kıdem 1. seniority, priority, precedence; 2. length of service.
kıdemli senior *(in service)*; ~ onbaşı ⚔ lance corporal.
kıdemsiz junior *(in service)*.
kığ, kığı sheep, goat *or* camel droppings.
kıh dirty.
kıkırdak 1. *anat.* cartilage, gristle; 2. greaves, crackling.
kıkırdakdoku *anat.* cartilaginous (*or* gristly) tissue.
kıkırdaklı cartilaginous, gristly.
kıkırdamak 1. to giggle, to chuckle; 2. to be freezing; 3. *sl.* to croak, to peg out, to pop off.
kıkır kıkır gigglingly.
kıkırtı giggle ,chuckle.
kıl 1. hair; bristle; 2. goat hair; ~ çekmek *sl.* flatter, to soft-soap; ~ çuval haircloth sack; ~ gibi thin as a hair; ~ kaldı ödülü kazanacaktı he was within an ace (*or* inch) of winning the prize; ~ payı 1. hairbreadth; 2. by the skin of one's teeth; ~ payı kalmak to come within an inch (of); ~ şaşmadan painstakingly; ~ testere ⊕ fretsaw, scrollsaw; -ı kıpırdamamak not to turn a hair; -ı kırk yarmak to split hairs; -ını bile kıpırdatmamak = -ı kıpırdamamak.
kılağı burr.
kılaptan silvered cotton thread.
kılavuz 1. guide; 2. ⚓ pilot; 3. matchmaker, go-between.
kılavuzluk 1. guidance; 2. ⚓ pilotage.
kılburun *geogr.* promontory.
kılcal *biol.* capillary; ~ damar *anat.* capillary.
kılçık 1. fishbone; 2. string *(of beans)*; kılçığını çıkarmak 1. to bone *(fish)*; 2. to string *(beans)*.
kılçıklı 1. bony *(fish)*; 2. string *(beans)*.
kılçıksız 1. boneless *(fish)*; 2. stringless *(bean)*.
kılıbık henpecked *(husband)*.
kılıbıklaşmak to become henpecked.
kılıcına edgewise.
kılıç, -cı sword; saber; ~ çekmek to draw one's sword; ~ kabzası sword hilt; ~ kuşanmak to gird on a sword; ~ oynatmak to rule over; -tan geçirmek to put to the

sword.

kılıçbacak bowlegged, bandylegged.

kılıçbalığı, -nı *zo.* swordfish.

kılıççı sword maker *or* seller.

kılıçlama **1.** = kılıcına; **2.** crosswise.

kılıf **1.** case, cover; **2.** holster; **3.** *biol.* sheath; **4.** *anat. zo.* tunic.

kılıflamak to encase.

kılık **1.** appearance, shape; **2.** costume, dress; ~ kıyafet attire, dress; ~ kıyafet düşkünü dressed in shabby clothes.

kılıklı dressed like...; ~ kıyafetli well dressed.

kılıksız shabby.

kılkıran alopecia.

kılkuyruk F shabby and penniless.

kıllanmak to become hairy.

kıllı hairy; bristly; ~ bebek *fig.* big baby.

kılmak, (-ar) **1.** to render, to make; **2.** to perform.

kılsız hairless.

kımılda(n)mak to stir, to budge.

kımıldatmak *caus. of* kımıldamak to move, to shake.

kımıltı **1.** movement, motion, agitation; **2.** facial gesture.

kımız k(o)umiss.

kın **1.** sheath, scabbard; **2.** ⚘ ocrea, stipule; -ına koymak to sheathe; -ından çıkarmak to unsheathe.

kına henna; ~ yakmak (*or* koymak *or* vurmak *or* sürmek) to henna; -lar yakmak *(sevincinden) fig.* to gloat, to rejoice.

kınaçiçeği, -ni ⚘ garden balsam.

kınagecesi, -ni *party during which a bride-to-be has her fingers hennaed.*

kınakına [. . x .] ⚘ cinchona.

kınalamak to henna.

kınalı **1.** hennaed; **2.** henna-colo(u)red.

kınama condemnation, censure.

kınamak to condemn, to censure.

kınamsımak to find fault with, to criticize.

kınnap, -bı twine, string, packthread.

kıpık half-closed *(eyes).*

kıpırda(n)mak to move, to stir, to quiver, to vibrate, to fidget.

kıpırdaşmak to stir, to fidget.

kıpırdatmak to stir, to budge.

kıpır kıpır fidgentingly.

kıpırtı stirring, quiver.

kıpkırmızı [x . . .] crimson, carmine.

kıpkızıl *s.* kıpkırmızı.

kıpmak, (-ar) to wink *(an eye)*; to blink *(one's eyes).*

kır[1] grey, *Am.* gray; ~ düşmek *(saçına, sakalına)* to turn grey.

kır[2] the country, countryside, rural area; ~ çiçeği wildflower; ~ gezisi country outing; ~ koşusu cross-country race.

kıraat, -tı [. - .] **1.** reading; **2.** reading-book, reader; ~ etm. to read.

kıraathane [. . . - .] café.

kıraç **1.** arid *(land)*; **2.** sterile, unproductive, waste *(land).*

kırağı frost, hoarfrost; ~ çalmak to become frostbitten *(plant)*; ~ düşmek (*or* yağmak) to frost.

kırağılı frosty.

kıran **1.** edge; shore; bank; **2.** murrain; pestilence.

kıranta [. x .] grayhead.

kırat, -tı **1.** carat; **2.** *fig.* value, character, quality.

kırba waterskin; ~ olm. to swell up.

kırbaç, -cı whip; ~ vurmak to whip, to flog; ~ yemek to be whipped (*or* flogged).

kırbaçlamak to whip, to flog.

kırcın murrain.

kırçıl graying *(hair, beard).*

kırçıllaşmak to gray.

kırçoz *sl.* = kıranta.

kırgın hurt, offended, resentful.

kırgınlık hurt, offence, resentment.

Kırgız *pr. n.* Kirghiz.

Kırgızistan *pr. n.* Kirghizia.

kırıcı hurtful, offensive *(word, etc.).*

kırık **1.** broken; **2.** ⚕ fracture, break; **3.** hybrid; mongrel; **4.** (broken) piece; **5.** failing grade; **6.** *fig.* hurt, offended, resentful; ~ almak to get a failing grade; ~ dökük **1.** broken, worn out; **2.** odds and ends; ~ ışın refracted ray; ~ not failing grade; ~ tahtası ⚕ splint.

kırıkçı bonesetter.

kırıkkırak breadstick.

kırıklık **1.** brokenness; **2.** fatigue; soreness.

kırılgan **1.** brekable, fragile; **2.** *fig.* touchy.

kırılım refraction.

kırılmak **1.** *pass. of* kırmak; **2.** *(b-ne)* to resent *s.o.*, to be hurt (*or* offended) by *s.o.*; **3.** *phys.* to be refracted; **4.** to die, to perish; kırılıp dökülmek to speak in a flirtatious way.

Kırım *pr. n.* Crimea.

kırım **1.** slaughter, massacre, genocide, carnage; **2.** fold, pleat.

kırım kırım flirtatiously, coquettishly.

kırınım *phys.* diffraction.

kırıntı **1.** fragment, piece; **2.** crumb.

kırışık **1.** wrinkly, wrinkled; **2.** wrinkle, pucker.

kırışmak **1.** to get wrinkled, to pucker, to crumple; **2.** to bet with each other; **3.** to

divide among *or* between themselves; **4.** F to flirt with each other.
kırıştırmak 1. to wrinkle, to crumple, to pucker; **2.** to flirt (*ile* with), to carry on (*ile* with).
kırıtkan coquettish, flirtatious, mincing.
kırıtmak to mince, to coquet.
kırk, -kı forty; ~ bir kere maşallah! touch wood!; ~ (*or* bin) dereden su getirmek to beat about the bush; ~ tarakta bezi olm. to have too many irons in the fire; ~ yılda bir *fig.* once in a blue moon; ~ yılın başında = ~ yılda bir.
kırkambar 1. general store; **2.** *fig.* omniscient person; **3.** ⚓ mixed cargo.
kırkar forty at a time; forty to each.
kırkayak *zo.* **1.** centipede; **2.** millipede; **3.** crab louse.
kırkbayır omasum, manyplies.
kırkı shearing.
kırkım shearing (season).
kırkıncı fortieth.
kırklık 1. fourty-year-old; **2.** layette; **3.** P shears.
kırkmak, (-ar) **1.** to shear, to clip *(animal)*; **2.** to trim.
kırkmerak nosy, inquisitive.
kırkmerdiven *fig.* very steep slope.
kırlağan pestilence, plague.
kırlangıç, -cı **1.** *zo.* swallow; **2.** (house) martin; **3.** *fig.* quack eye doctor; **4.** *hist.* light galley; ~ kuyruğu dovetail.
kırlangıçbalığı, -nı *zo.* red gurnard.
kırlangıçdönümü, -nü early October.
kırlaşmak to turn grey.
kırlık open country.
kırma 1. *vn. of* kırmak; **2.** pleat, fold; **3.** folding, collapsible; **4.** groats; **5.** *zo.* hybrid, mongrel.
kırmak, (-ar) **1.** to break; **2.** to split, to chop *(wood)*; **3.** to fold; **4.** to destroy, to break *(resistance, pride, desire, etc.)*; **5.** to reduce *(price)*; **6.** to offend, to hurt; **7.** *(direksiyon)* to swerve; **8.** to mitigate, to abate, to break; **9.** *sl.* to run away, to clear out; kırıp geçirmek **1.** to wipe out, to slay; **2.** *(gülmekten)* to have people rolling in the aisles.
kırmalı pleated.
kırmataş gravel, ballast.
kırmızı red; crimson; carmine; ~ balık *zo.* goldfish; ~ dut ⚘ red mulberry; ~ oy negative vote.
kırmızıbiber ⚘ red (*or* cayenne) pepper.
kırmızılaşmak to redden, to turn red.
kırmızılık redness, ruddiness; flush.
kırmızımsı, kırmızımtırak reddish.
kırmızıturp, -pu ⚘ radish.
kırpık clipped, shorn.
kırpıntı 1. clippings; **2.** bit, scrap.
kırpıştırmak to blink *(eyes)*.
kırpmak, (-ar) **1.** to shear, to clip; to trim; **2.** to wink *(eye)*.
kırsal rural, rustic, country; pastoral.
kırtasiye [ā] stationery.
kırtasiyeci [ā] **1.** stationer; **2.** pettifogger, bureaucrat.
kırtasiyecilik [ā] **1.** the stationery business; **2.** red tape, bureaucracy.
kırtıpil *sl.* shabby, common, mean.
kısa short; ~ boylu squat, short; ~ dalga *radio:* short wave; ~ devre *phys.* short circuit; ~ geçmek to refer briefly; ~ kesmek to cut short *(talk)*; ~ kollu short-sleeved; ~ ömürlü short-lived, ephemeral; ~ sürmek to take a short time; ~ vadeli short-term.
kısaca 1. squat; **2.** [. x .] in short, shortly, briefly; -sı [. x . .] in a word; in brief.
kısacık very short.
kısalık shortness.
kısalmak 1. to shorten; **2.** to shrink.
kısaltma 1. abbreviation; **2.** abridg(e)ment.
kısaltmak 1. to shorten; **2.** to abbreviate, to abridge, to condense; **3.** to take up *(garment)*.
kısaltmalı shortened, abbreviated.
kısas [ā] retaliation, reprisal; -a ~ an eye for an eye, tit for tat.
kısık 1. hoarse *(voice)*; **2.** turned down *(radio, lamp)*; **3.** slitted, narrowed *(eyes)*.
kısıklık hoarseness.
kısılma 1. *vn. of* kısılmak; **2.** reduction; **3.** ⚕ heart contraction.
kısılmak 1. *pass. of* kısmak; **2.** to get hoarse *(voice)*; **3.** to be caught *(in a trap)*; **4.** to contract *(muscle)*; **5.** to be slitted (*or* narrowed) *(eyes)*.
kısım, -smı **1.** part, section, division, portion; **2.** kind; ~ ~ in parts (*or* sections); kadın kısmı womankind.
kısınmak to refrain (*-den* from), to abstain (*-den* from).
kısıntı reduction, cutback, restriction.
kısır 1. sterile, barren; **2.** unproductive; ~ döngü *log.* vicious circle.
kısırganmak *(bşi)* to grudge *s.th.*
kısırlaşmak to be sterilized, to become barren (*or* unproductive).
kısırlaştırmak ⚕ to sterilize.
kısırlık sterility, barrenness.
kısıt, -tı seizure, distraint.

kısıtlamak to restrict.
kısıtlayıcı restrictive.
kısıtlı restricted.
kıskaç, -cı **1.** pincers, pliers; forceps; **2.** claw, chela, pincer; **3.** stepladder; ~ gözlük pince-nez.
kıskanç, -cı jealous.
kıskançlık jealousy.
kıskandırmak to arouse s.o.'s jealousy.
kıskanmak 1. to be jealous (*-i* of); **2.** *(b-den bşi)* to grudge *s.o. s.th.*, to envy *s.o. s.th.*
kıs kıs gülmek to laugh up one's sleeve, to snicker, to snigger.
kıskıvrak [x . .] very tightly; ~ bağlamak to bind tightly.
kısmak, (-ar) **1.** to lessen,n to reduce; to shorten; **2.** to lower *(voice, sound)*; **3.** to cut *(expenses)*; **4.** to turn down *(lamp, light)*; **5.** to narrow *(eyes)*.
kısmen [x .] partly, partially.
kısmet, -ti **1.** destiny, fate, fortune, luck, kismet; **2.** change of marriage; **3.** perhaps!, if fortune wills it!; ~ ise if fate so decrees; ~ olm. to be on the cards; -i çıkmak to receive a marriage proposal; -inde ne varsa kaşığında o çıkar *pro.* you can't avoid your destiny.
kısmetli lucky, fortunate.
kısmetsiz unlucky, unfortunate.
kısmi [ⁱ] partial; ~ seçim by-election.
kısrak *zo.* mare.
kıssa tale, story; anecdote; -dan hisse almak to draw a moral from a story.
kıstak *geogr.* isthmus.
kıstas [ā] criterion.
kıstelyevm deduction from wages *(for absence)*.
kıstırmak *caus. of* kısmak, *part.* to squeeze, to pinch; parmağımı kapıya kıstırdım I pinched my finger in the doorway.
kış¹ winter; ~ basmak to set in *(winter)*; ~ günü wintery day; ~ kıyamet severe winter; ~ ortasında in the dead of winter; ~ uykusu *zo.* hibernation; ~ uykusuna yatmak *zo.* to hibernate; -ı geçirmek to winter.
kış² shoo!, scat!; ~ ~ etm. to shoo away.
kışın [x .] in (*or* during) the winter.
kışır, -şrı **1.** bark; peel; rind; **2.** *geol.* crust.
kışkırtı instigation, incitement, provocation, agitation.
kışkırtıcı 1. provocative; **2.** instigator, fomenter, agitator.
kışkırtmak 1. to incite, to provoke, to stir, to agitate; **2.** to shoo away *(animals)*.
kışla [x .] ⚔ barracks; ~ hapsi detention in barracks; ~ hizmeti fatigue; -ya yerleştirmek to barrack.
kışlak winter quarters.
kışlamak 1. to set in *(winter)*; **2.** to winter.
kışlık 1. wintery; **2.** winter residence.
kıt, -tı **1.** scarce; **2.** insufficient, inadequate; ~ kanaat geçinmek to live from hand to mouth, to make both ends meet; -ı -ına idare etm. to get by on a shoestring, to scrape by.
kıta 1. *geogr.* continent; **2.** ⚔ detachment; **3.** *lit.* quatrain, stanza; ~ ~ in sections; ~ sahanlığı continental shelf.
kıtık stuffing, tow.
kıtıpiyos *sl.* no-account, good-for-nothing.
kıtır 1. popcorn; **2.** F lie, fib; ~ atmak (*or* yuvarlamak) F to fib.
kıtırbom *sl.* lie.
kıtırdamak to crackle.
kıtır kıtır: ~ doğramak (*or* kesmek) to kill in cold blood; ~ yemek to munch.
kıtırtı crackle.
kıtlaşmak to become scarce, to run short.
kıtlık 1. scarcity, shortage; **2.** famine; kıtlığına kıran girmek to become as scarce as hen's teeth; -tan çıkmış gibi yemek to wade (*or* tuck) into the meal.
kıvam [ā] **1.** thickness, density, consistency; **2.** the right moment (*or* stage); -ında **1.** of the proper consistency; **2.** at the most suitable time; **3.** in top shape.
kıvanç 1. pride; **2.** pleasure, joy; ~ duymak to take pride (*-den* in).
kıvançlı 1. proud; **2.** pleased, glad.
kıvılcım spark; ~ saçmak to spark.
kıvılcımlanmak to spark.
kıvırcık curly; kinky; frizzy; ~ salata lettuce.
kıvır kıvır in curls; ~ yapmak to curl, to frizz.
kıvırmak 1. to curl, to twist, to coil; **2.** to turn up *(cuffs)*; **3.** to fold back; **4.** to crimp; **5.** F to make up, to fabricate *(lies)*; **6.** F to pull off, to bring off.
kıvır zıvır 1. trifling, piddling; **2.** kickshaw, odds and ends, bits and pieces.
kıvracık [x . .] P orderly *(place)*.
kıvrak 1. brisk, supple, agile; **2.** fluent *(speech, writing)*; **3.** neat, elegant, spruce *(clothing, etc.)*.
kıvraklık 1. briskness, agility; **2.** fluency; **3.** neatness.
kıvramak to kink.
kıvranmak to writhe (*-den* with), to double up (*-den* with).
kıvrık 1. curled, twisted; **2.** curly *(hair)*; **3.** cuffed *(trousers)*.
kıvrılmak 1. *pass. of* kıvırmak; **2.** to curl, to

twist; **3.** to curl up; to coil up.

kıvrım 1. curl, twist, undulation, convolution, fold *(a. geol.)*; **2.** bend *(of a road)*; **3.** ringlet *(of hair)*; **4.** *anat.* plica, fold; ~ ~ **1.** very curly *(hair)*; **2.** twisty *(road)*; ~ ~ kıvranmak to be doubled up with pain.

kıvrımlı curled, twisted, folded.

kıvrıntı 1. = kıvrım; **2.** turn, twist *(of a road)*.

kıyafet, -ti [ā] **1.** dress, attire, clothes, costume; **2.** appearance; ~ balosu fancy dress (*or* costume) ball; -ini değiştirmek to change one's clothes.

kıyafetli [ā] dressed in...

kıyafetsiz [ā] ill-dressed, untidy, shabby.

kıyak F great, super, swell.

kıyam [ā] **1.** standing up; **2.** endeavo(u)r, attempt; **3.** rebellion, mutiny, revolt.

kıyamet, -ti [ā] **1.** Doomsday, the Day of Judgement; **2.** *fig.* ruction, tumult, uproar; ~ gibi (*or* kadar) heaps of, pots of; ~ günü Doomsday; ~ kopacak F there will be ructions, there will be hell to pay; ~ mi koptu? what the devil does it matter?; -e kadar till Doomsday, till kingdom come, till hell freezes over; -i (*or* -leri) koparmak to raise hell, to make a hell of a fuss.

kıyas [ā] **1.** comparison; **2.** ♎ analogy; **3.** *log.* syllogism; ~ etm. to compare (*ile* with); ~ kabul etmez incomparable; -la in comparison (-*e* to, with).

kıyasen [ā] by comparison (-*e* to).

kıyasıya 1. cruelly, mercilessly; **2.** murderous, savage.

kıyasi [. - -] **1.** regular; **2.** analogical; **3.** syllogistical.

kıyaslamak to compare.

kıyı 1. shore, coast; bank; **2.** edge, side; **3.** outskirts; ~ balıkçılığı inshore fishing; ~ sıra inshore; -da bucakta (*or* köşede) in nooks and crannies; -ya çıkmak to go ashore, to land.

kıyıcı 1. beachcomber; **2.** cutter; **3.** *fig.* cruel.

kıyılamak to coast.

kıyılmak 1. *pass. of* kıymak; **2.** *fig.* to ache.

kıyım massacre, genocide.

kıyınmak 1. to starve, to feel peckish; **2.** to ache.

kıyıntı 1. languor; **2.** scrap.

kıyışmak 1. to come to an agreement; **2.** to compete (*ile* against).

kıyma 1. *vn. of* kıymak; **2.** mince, mincemeat, minced meat; ~ makinesi mincer.

kıymak, (-ar) **1.** to mince, to chop up; **2.** to part (-*e* with), to spare, to let go (-*e* of); **3.** to slaughter, to massacre, to slay; **4.** to perform *(marriage)*; parayı kıyıp kendime yeni bir elbise alacağım I'll treat myself to a new dress.

kıymalı with mincemeat.

kıymet, -ti value, worth; ~ biçmek to value, to evaluate; ~ koymak (*or* takdir etm.) to value, to appraise, to assess; ~ vermek to value, to esteem; -ini bilmek to appreciate, to value; -ten düş(ür)mek to depreciate.

kıymetlendirmek to raise the value (of), to utilize.

kıymetlenmek to appreciate.

kıymetli valuable, precious.

kıymetsiz worthless, valueless.

kıymık splinter, sliver.

kıymıklanmak to splinter.

kız 1. girl; **2.** daughter; **3.** virgin, maiden; **4.** *cards:* queen; ~ alıp vermek to intermarry; ~ bozmak to deflower; ~ evlât daughter; ~ gibi **1.** girlish, sissy; **2.** brand-new; **3.** shy; ~ kaçırmak **1.** to kidnap a girl; **2.** to elope with a girl; ~ kardeş sister; ~ kurusu old maid, spinster; ~ lisesi girls' high school; ~ oğlan ~ virgin, maiden; ~ tarafı the bride's family; ~ vermek to give a girl in marriage (-*e* to); -ını dövmeyen dizini döver *pro.* spare the rod and spoil the child.

kızak 1. sledge; sled; toboggan; sleigh; bobsled; **2.** skid; **3.** ⚓ stocks, ways; ground (*or* sliding) ways; **4.** ⊕ way; ~ kaymak to slide, to sledge, to sled, to sleigh; ~ yapmak to skid *(vehicle)*; kızağa çekmek **1.** ⚓ to put on the stocks; **2.** *fig.* to put on the shelf; to kick upstairs; -tan indirmek to launch *(ship)*.

kızaklamak to skid *(vehicle)*.

kızamık ⚕ measles, rubeola; ~ çıkarmak to develop measles; ~ olm. to have measles.

kızamıkçık ⚕ German measles.

kızamıklı ⚕ measly.

kızan P **1.** boy, lad; **2.** hellraiser.

kızarmak 1. to redden, to turn red; **2.** to blush, to flush; **3.** to fry; to toast; to roast; **4.** to glow *(coals)*; kızarıp bozarmak to blush as red as a rose; kızarmış ekmek toast.

kızartı red spot (*or* place).

kızartma 1. *vn. of* kızartmak; **2.** fried (food).

kızartmak *caus. of* kızarmak, *part.* to fry; to roast; to toast.

kızböceği, -ni *zo.* dragonfly.
kızdırmak 1. to anger, to irritate, infuriate, to exasperate; **2.** to heat.
kızgın 1. red-hot; **2.** angry; **3.** estral, in heat (*or* rut) *(animal)*; ~ ~ angrily.
kızgınlaşmak 1. to get angry; **2.** to become red-hot.
kızgınlık 1. anger, rage, fury; **2.** rut; heat.
kızıl 1. red; **2.** *fig.* communist, red; **3.** ⚕ scarlet fever, scarlatina; ~ cahil as ignorant as they come; ~ kıyameti koparmak to raise a hell of a row; ~ saçlı redheaded.
Kızılay *pr. n.* the Red Crescent.
kızılca reddish; ~ kıyameti koparmak to raise a hell of a row.
kızılcık ⚘ cornelian cherry; ~ sopası *fig.* hiding, caning; ~ sopası yemek F to get caned.
Kızıldeniz *pr. n.* the Red Sea.
Kızılderili Red (*or* American) Indian.
Kızılhaç, -çı *pr. n.* the Red Cross.
kızıllaşmak to turn red, to redden.
kızıllık 1. redness; **2.** alpenglow.
Kızılordu the Red Army.
kızılötesi, -ni *phys.* infrared.
kızıltı reddish gleam (*or* glow).
kızılyıldız *ast.* Mars.
kızışmak 1. to become fierce; **2.** to become violent (*or* lively); **3.** to beat down *(sun)*; **4.** to go into rut *(animal)*.
kızıştırmak 1. to enliven, to liven up; **2.** to incite, to egg on; **3.** to make red-hot.
kızkuşu, -nu *zo.* lapwing, pewit.
kızlık girlhood, maidenhood, virginity; ~ adı maiden name; ~ zarı hymen, maidenhead.
kızmak, (-ar) **1.** to get angry; **2.** to get hot; **3.** to go into rut (*or* heat) *(animal)*.
kızmemesi, -ni F grapefruit.
ki 1. who, which, that: bir çocuk ki çok yaramaz a child who is very naughty; **2.** so... that, such ... that: öyle pahalı ki alamıyorum it is so expensive that I cannot afford it; **3.** seeing (*or* considering) that; **4.** as, though; **5.** when: henüz televizyonu açmıştım ki telefon çaldı I'd just turned on the television when the telephone rang; **6.** ..., I wonder?: bilmem ki ne desem? what should I say, I wonder?; **7.** in; of: Türkiyede'ki İngilizler the English in Turkey; bugünkü Türkiye Turkey of today.
kibar [ā] polite, courteous, well-bred.
kibarca [ā] politely.
kibarlaşmak [ā] to become polite (*or* courteous).
kibarlık [ā] politeness, courtesy, refinement.
kibir, -bri arrogance, haughtiness; pride; kibrine dokunmak to wound s.o.'s pride; kibrini kırmak to take s.o. down a peg or two, to humiliate.
kibirlenmek to become haughty (*or* arrogant).
kibirli arrogant, haughty; proud.
kibrit, -ti match; ~ çakmak to strike a match; ~ çöpü matchstick; ~ kutusu matchbox.
kibritçi 1. match seller; **2.** *fig.* miserly, niggardly.
kifayet, -ti [ā] sufficiency; ~ etm. **1.** to be enough, to suffice; **2.** *(bşle)* to be satisfied (*or* contented) with *s.th.*
kifayetli [ā] sufficient, adequate, enough.
kifayetsiz [ā] insufficient, inadequate.
kik, -ki **1.** ⚓ gig; **2.** *sl.* nose, snout, conk.
kikirik F beanpole *(person)*.
kiklon cyclone.
kil clay.
kile kileh.
kiler pantry, larder, storeroom.
kilim kilim; -i kebeyi sermek F to settle down *(in a place)*.
kilise [. x .] church.
kilit, -di **1.** lock; padlock; **2.** linchpin; **3.** clevis, shackle; ~ altında under lock and key; ~ noktası key position (*or* point); ~ vurmak to lock.
kilitçi locksmith.
kilitlemek 1. to lock (up); **2.** to dovetail; to interlock.
kilitli 1. locked; **2.** dovetailed; interlocked.
kilitsiz unlocked.
kiliz ⚘ reed, rush.
killi clayey, argillaceous.
kilo [x .] kilo(gram); ~ almak to put on weight; ~ vermek to lose weight.
kilogram kilogram(me).
kilohertz *phys.* kilocycle.
kiloluk weighing ... kilos.
kilometre [. . x .] kilometre, *Am.* kilometer; ~ doldurmak *sl.* to kill time; ~ kare square kilometre; ~ saati **1.** speedometer, odometer; **2.** taximeter; ~ taşı kilometre stone.
kilosikl *phys.* kilocycle.
kilovat, -tı kilowatt; ~ saati kilowatt-hour.
kils limestone.
kim 1. who; **2.** whoever; ~ bilir? who knows?; ~ -e, dum duma nobody knows anything about it; ~ o? who is it?; -i (*or* -isi) some (of them); o ~ kibarlık ~ he is wanting in courtesy.
kimi, -ni some; some people; some things; ~ kez sometimes; ~ köprü bulamaz geçmeye, ~ su bulamaz içmeye *pro.* water

is a boon in the desert, but the drowning man curses it; ~ zaman sometimes; -miz some of us; -si some of them; some people.

kimlik identity (card); ~ cüzdanı identity (*or* ID) card.

kimono kimono.

kimse **1.** somebody, someone; **2.** anyone, anybody; **3.** *(with negative)* nobody, no one.

kimsecik not a soul; -ler yok there's not a soul here.

kimsesiz without relations *or* friends; ~ çocuklar homoless children, waifs and strays.

kimya [ā] chemistry; ~ fakültesi department of chemistry; ~ mühendisi chemical engineer; ~ sanayii chemical industry.

kimyacı [ā] **1.** chemist; **2.** teacher of chemistry.

kimyager [ā] chemist.

kimyasal chemical; ~ madde chemical.

kimyevi [. . -] chemical.

kimyon ⚘ cumin.

kin [ⁱ] grudge, malice, ranco(u)r; ~ beslemek to nurse (*or* bear *or* nourish) a grudge (-*e* against).

kinaye [ā] allusion, hint; innuendo, insinuation.

kinci [- .], **kindar** [- -] vindictive, revengeful, rancorous.

kinetik kinetic(s).

kinin ⚕ quinine.

kinizm Cynicism.

kip, -pi **1.** type; **2.** *gr.* mood; **3.** *log.*, *phls.* mode.

kir dirt, filth; ~ götürmek (*or* kaldırmak) not to show dirt; ~ tutmak to show dirt easily.

kira [ā] rent, hire; ~ bedeli rent; ~ ile tutmak to rent; ~ kontratı lease; -da oturmak to live in a rented flat (*or* house); -ya vermek to let, to rent.

kiracı [ā] renter, lessee; tenant.

kiralamak [. - . .] **1.** *(b-ne)* to rent to *s.o.*, to let to *s.o.*, to lease to *s.o.*; **2.** *(b-den)* to rent from *s.o.*, to lease from *s.o.*; to charter from *s.o.* *(vehicle)*.

kiralık [ā] to let, for rent; ~ kasa safe-deposit box; ~ katil hired gun (*or* assassin), goon.

kiraz ⚘ cherry; ~ dudaklı cherry-lipped.

kirde a kind of maize bread.

kireç, -ci lime; ~ gibi olm. to turn pale; ~ kuyusu lime pit; ~ ocağı limekiln.

kireçkaymağı, -nı bleaching powder.

kireçlemek **1.** to lime; **2.** to whitewash.

kireçlenme **1.** calcification; **2.** ⚕ calcinosis.

kireçlenmek **1.** to be limed; **2.** to calcify.

kireçleşmek to calcify.

kireçli limy, calcareous.

kireçtaşı, -nı limestone.

kiremit tile; ~ kaplamak to tile; ~ ocağı tile kiln; ~ rengi tile (*or* brick) red.

kiremitçi tiler.

kiremitli tiled.

kiriş **1.** joist; rafter; beam; girder; **2.** *geom.* chord; **3.** ♪ string *(of an instrument)*; **4.** bowstring *(of a shooting bow)*: -i kırmak *sl.* to take to one's heels.

kirişli **1.** joisted; **2.** tendinous.

kirizma [. x .] trenching *(the soil)*; subsoiling.

kirlenmek **1.** to (get) dirty, to foul; to become polluted; **2.** *fig.* to be defiled *(or* sullied) *(honour)*; **3.** to menstruate, to have the curse; **4.** to be raped, to lose one's cherry.

kirletmek **1.** to dirty ,to soil, to foul; to pollute; **2.** *fig.* to foul, to sully, to stain, to blot, to besmirch *(honour)*; **3.** to rape.

kirli **1.** dirty, filthy, soiled; polluted; **2.** *fig.* blemished, disreputable *(honour)*; **3.** menstruating *(woman)*; **4.** dirty laundry; ~ çamaşır dirty clothes, laundry; ~ çamaşırlarını ortaya dökmek *fig.* to wash one's dirty linen in public; ~ çıkı(n) *fig.* wealthy niggard; ~ sepeti laundry basket.

kirlikan venous blood.

kirlilik dirtiness, filthiness, foulness; pollution.

kirpi *zo.* hedgehog.

kirpik **1.** eyelash; **2.** *biol.* cilium.

kispet, -ti leather pants *(worn by a greased wrestler)*.

kist, -ti ⚕ cyst.

kisve attire, apparel; dress, garb.

kişi person *(a. gr.)*, human being; one.

kişileştirmek to personify.

kişilik **1.** personality; **2.** individuality; **3.** for ... persons.

kişiliksiz characterless, styleless.

kişioğlu, -nu highborn person.

kişisel personal.

kişizade [ā] highborn.

kişmiş a kind of raisin grape.

kişnemek to neigh, to whinny.

kişniş ⚘ coriander.

KİT *(abbr. for* Kamu İktisadi Teşekkülü) state-owned economic enterprise.

kitabe [ā] inscription, legend; epitaph.

kitabet, -ti [ā] **1.** rhetoric; **2.** secretaryship.

kitabevi, -ni bookstore, bookshop.

kitabi **1.** bookish, book-learned; **2.** stilted.

kitap, -bı book; ~ delisi bibliomaniac; ~ ehli People of the Book; ~ kurdu book

worm; kitaba el basmak to swear on the Koran.
kitapçı 1. bookseller; 2. F bookstore.
kitapçılık bookselling.
kitaplık 1. bookcase; bookstand, bookrack; 2. library.
kitapsarayı, -nı public library.
kitapsız 1. bookless; 2. *F* heathen; pagan.
kitara [. x .] ♪ guitar.
kitle mass; ~ iletişimi mass media.
kilemek *s.* kilitlemek.
kitli *s.* kilitli.
kiyaset, -ti [ā] cleverness.
KKK (*abbr. for* Kara Kuvvetleri Komutanlığı) Commandership of the Ground Forces.
klakson horn; ~ çalmak to hoot.
klan clan.
klapa lapel.
klarnet, -ti clarinet.
klarnetçi clarinetist.
klas F first-rate, ace, A1.
klasik 1. classic; 2. classic(al).
klasman *sports:* rating, classifying.
klasör file.
klavye keyboard; -si kuvvetli skillful *(typist, etc.)*.
kleptoman kleptomaniac.
kleptomani kleptomania.
klik clique.
klima (cihazı) air conditioner.
klinik 1. clinic; 2. clinical.
klips (spring) clip.
klipsli clip-on.
kliring † clearing.
klişe 1. *typ.* cliché, plate; 2. *fig.* trite, hackneyed.
klişeleşmek to become a cliché (*or* hackneyed).
klor chlorine.
klorlamak to chlorinate.
klorlu chlorinated.
klorofil ⚘ chlorophyll.
kloroform ⚗ chloroform.
kloş bell-shaped *(skirt)*.
klüz *geogr.* gap, col.
koalisyon coalition; ~ hükümeti coalition government.
kobalt, -tı ⚗ cobalt.
kobay *zo.* guinea pig, cavy.
koca[1] husband, hubby; ~ bulmak to find a hubby; -ya kaçmak to elope; -ya varmak to marry; -ya vermek to marry off *(a woman)*.
koca[2] 1. large, very big; 2. grand, great; 3. adult; aged, old; ~ herif olm. F to be fully grown; ~ oğlan *co.* bear.
kocakarı *sl.* hag, crone; ~ ilacı nostrum; ~ soğuğu cold spell in mid-March.
kocamak to age.
kocaman huge, enormous.
kocasız husbandless; widowed.
kocatmak to age, to put years on.
koç, -çu 1. ram; 2. *fig.* sturdy youngster; ~ burunlu hook-nosed.
Koç, -çu Aries, the Ram.
koçan 1. corncob; 2. stump; 3. heart (*or* stem) *(of a vegetable)*.
koçu 1. a kind of horse-drawn carriage; 2. granary *(built up on poles)*.
kod, -du code.
kodaman *co.* 1. big cheese (*or* shot *or* pot), bigwig; 2. powerful, influential; -lar *co.* the big pots, the bigwigs.
kodeks codex.
kodes *sl.* clink, jug, cooler, stir, chokey; -e tıkmak *sl.* to throw in the clink.
kodoş *sl.* pimp, pander.
kof 1. hollow; 2. weak; 3. ignorant; ineffectual.
kofana [. x .] *zo.* large bluefish.
koflaşmak 1. to become hollow; 2. to get weak.
kofti [x .] *sl.* lie.
koğuş dormitory; hospital ward.
kok, -ku (*a.* ~ kömürü) coke.
kokain cocaine.
kokak smelly, fetid, whiffy.
kokarca [. x .] *zo.* polecat, skunk.
kokart, -tı cockade.
koket, -ti coquettish.
koklamak to smell, to sniff.
koklaşmak *fig.* to neck, to pet.
koklatmak *caus. of* koklamak; koklatmamak *sl.* not even to give a very tiny bit of.
kokmak, (-ar) 1. to smell; 2. to stink, to putrefy, to whiff; 3. *fig.* to reek (of).
kokmuş 1. smelly, whiffy, putrid; 2. *fig.* bone-idle, bone-lazy.
koko coconut macaroon.
kokoreç, -ci roasted sheep's intestines.
kokoroz 1. ⚘ corn; 2. *sl.* person like the back (end) of a bus.
kokorozlanmak to become defiant.
kokoz *sl.* broke, penniless.
kokteyl cocktail (party).
koku 1. smell, scent, odo(u)r; 2. perfume; 3. *fig.* the tiniest bit of, a mote of; -su çıkmak to be divulged; -sunu almak *(bşin) fig.* to scent *s.th.*, to get wind of *s.th.*
kokulu sweet smelling, fragrant, odoriferous, odorous, perfumed.

kokusuz scentless, odo(u)rless.
kokuşmak to putrefy, to whiff.
kokutmak **1.** to make smell; **2.** to make stink; **3.** to break wind.
kol **1.** arm; **2.** sleeve; **3.** ⊕ handle, bar; lever; **4.** limb *(of a tree)*; **5.** crank; **6.** ♪ neck *(of an instrument)*; **7.** branch, division; **8.** club *(in a school)*; **9.** patrol; **10.** ✕ column; **11.** troupe; gang; **12.** side; ~ askısı ⚕ sling; ~ demiri iron bar; ~ düğmesi cuff link; ~ gezmek **1.** to patrol; **2.** *fig.* to lurk, to prowl around; ~ kanat olm. *fig.* to take under one's wing; ~ kapağı shirt cuff; ~ -a arm in arm; ~ -a girmek to link arms; ~ nizamı ✕ column; ~ saati wristwatch; -larını sıvamak *fig.* to roll up one's sleeves; -u uzun *fig.* powerful, influential; -una girmek *(b-nin)* to take *s.o.'s* arm.
kola [x .] **1.** (laundry) starch; **2.** starch paste; ~ yapmak to starch.
kolaçan etm. to prowl, to have a look-see round.
kolalamak to starch.
kolalı starched, starchy.
kolan **1.** stout band; **2.** cinch, girth; **3.** rope of a swing.
kolay **1.** easy, simple; **2.** easily; ~ gelsin! may it be easy!; ~ ~ easily; -da handy; -ına bakmak *(bir işin)* to look for the easiest way *(of doing s.th.)*; -ını bulmak *(bşin)* to find an easy way to do *s.th.*
kolayca [. x .] **1.** easily; **2.** fairly easy.
kolaycacık [. x . .] very easily.
kolaylamak to break the back of *(a job)*.
kolaylaşmak to get easy.
kolaylaştırmak to facilitate, to ease.
kolaylık **1.** easiness; **2.** facility, means; **3.** convenience, labo(u)rsaving device; ~ göstermek to make things easier (-*e* for).
kolcu guard, watchman.
kolçak **1.** mitten; **2.** armlet, armband; **3.** sleevelet; **4.** chair arm.
koldaş colleague, co-worker.
kolej private high school.
koleksiyon collection; ~ yapmak to collect.
koleksiyoncu collector.
koleksiyonculuk collecting.
kolektif collective, joint; ~ ortaklık unlimited company.
kolektör ⚡ collector.
kolera cholera.
kolesterol ⚕ cholesterol.
koli parcel, packet.
kolibasil coli (*or* colon) bacillus.
kollamak **1.** to watch (*or* look out) for, to be on the alert for; **2.** to look after, to protect; **3.** to scan.
kollu **1.** ... sleeved; **2.** having ... arms; **3.** ✕ of ... columns; **4.** ⊕ handled; kısa ~ short-sleeved.
kolluk **1.** cuff; **2.** sleevelet; **3.** armband, armlet.
Kolombiya *pr. n.* Colombia.
kolon **1.** column; **2.** riser, conduit; **3.** *anat.* colon; **4.** ⊕ (loud)speaker.
koloni colony.
kolonya cologne.
kolordu ✕ army corps.
koltuk **1.** armchair, easy chair; **2.** armpit; **3.** *fig.* flattery; **4.** out-of-the-way spot; **5.** out-of-the-way shop; **6.** *fig.* patronage, pull, favo(u)ritism; **7.** *sl.* brothel; ~ altı armpit; ~ değneği crutch; ~ değneğiyle gezmek to go about on crutches; ~ vermek to flatter to his face; -ları kabarmak to swell with pride; -ta olm. *co.* to sponge on s.o.
koltukçu **1.** maker *or* seller of armchairs; **2.** *fig.* flatterer.
koltuklamak **1.** to tuck under one's arm; **2.** to take s.o.'s arm; **3.** *fig.* to flatter.
koltukluk dress shield.
kolye necklace.
kolyoz [x .] *zo.* chub maçkerel.
kolza [x .] ⚘ rape.
koma [- .] ⚕ coma; -dan çıkmak to come out of a coma; -ya girmek to go into a coma; -ya sokmak *sl.* to beat to a pulp.
komak *s.* koymak.
komalık *sl.* **1.** enraged; **2.** badly beaten up; ~ etm. *sl.* to beat the tar out of s.o.
komandit, -ti (*or* ~ şirket) limited (*or* special) partnership; commandite.
komando commando.
kombine combined.
kombinezon **1.** slip; **2.** scheme, plan, arrangement.
komedi, komedya comedy.
komedyacı [. x . .] faky, charlatanic.
komedyen comedian; comedienne.
komi busboy.
komik **1.** comical, funny; **2.** comedian, comic.
komikleşmek to become comical.
komiklik funniness, comicality.
komiser superintendent of police.
komisyon **1.** commission, committee; **2.** commission, percentage.
komisyoncu **1.** commission agent, middleman, broker; **2.** house agent, *Am.* realtor.
komita revolutionary committee.
komitacı comitadji.
komitacılık activities of an underground revolutionary.
komite committee.

komodin commode, bedstand.
komodor ⚓ commodore.
komot, -du dresser, chest of drawers.
kompartıman compartment.
kompas calipers, caliper compass.
kompetan expert, authority.
komple 1. full, filled up; **2.** complete, full, entire.
kompleks *psych.* complex.
kompleksli *psych.* having a complex.
komplikasyon ⚕ complication.
komplike complicated.
kompliman compliment; ~ yapmak to compliment.
komplo plot, conspiracy; ~ kurmak to plot, to conspire.
komplocu conspirator, plotter.
komposto compote.
kompozisyon composition *(a .art,* ♪*).*
kompozitör ♪ composer.
komprador comprador.
kompres ⚕ compress.
kompresör ⊕ compressor.
komprime tablet.
kompütür computer.
komşu 1. neighbo(u)r; **2.** neighbo(u)ring, adjacent; ~ memleketler neighbo(u)ring countries; ~ olm. to become neighbo(u)rs; -nun tavuğu komşuya kaz görünür *pro.* the grass is greener on the other side of the hill *(or* fence).
komşuluk 1. neighbo(u)rhood; **2.** neighbo(u)rliness.
komut, -tu ✕ order, command; ~ vermek to command.
komuta ✕ command; ~ etm. to command.
komutan ✕ commander.
komutanlık ✕ commandership.
komünist, -ti communist; ~ partisi communist party.
komünistlik, komünizm communism.
komütatör ⊕ commutator.
konak 1. mansion; **2.** stopping place; ~ gibi stately *(house).*
konaklamak to pass *(or* spend) the night, to stay over night.
konca 1. flower bud; **2.** *sl.* good-quality hashish.
konç, -cu leg *(of a boot or stocking).*
konçerto [. x .] ♪ concerto.
kondansatör ⊕ condenser.
kondisyon 1. physical fitness; **2.** condition.
kondurmak 1. *caus. of* konmak; **2.** to tack (-*e* on), to stick (-*e* on); **3.** to label s.o. a... put s.o. down as a...; **4.** suddenly to land (-*e* on) *(blow)*; suddenly to place (-*e* on) *(kiss).*
kondüktör conductor.
konfederasyon confederation.
konfederatif confederal, confederative.
konfedere confederated.
konfeksiyon ready-to-wear clothing.
konferans 1. lecture; **2.** *pol.* conference; ~ salonu lecture theatre, assembly room, auditorium; ~ vermek to give a lecture.
konferansçı lecturer.
konfeti confetti.
konfor comforts, conveniences.
konforlu comfortable, comfy.
kongre [x .] congress.
koni *geom.* cone.
konik *geom.* conic(al).
konjonktür economic situation *(of a country).*
konkasör ⊕ rock crusher.
konkav concave.
konken cooncan, coon king.
konkordato [. . x .] **1.** ⚖ composition of debts; **2.** concordat.
konkur competition, contest.
konkurhipik riding competition.
konmak 1. to stay for the night (-*e* at); **2.** to camp (-*e* in); to bivouac (-*e* in); **3.** to (a)light (-*e* on), to settle (-*e* on), to perch (-*e* on); **4.** F to have s.th. fall in one's lap.
konsantrasyon concentration.
konsantre concentrated; ~ olm. to concentrate (-*e* on).
konsa gizzard.
konsept, -ti concept.
konser concert; ~ vermek to give a concert.
konservatuvar conservatory, conservatoire.
konserve tinned *(or Am.* canned) food.
konsey council.
konsol 1. chest (of drawers); **2.** console, corbel, bracket; **3.** console table; ~ saati bracket *(or* mantel) clock.
konsolidasyon ⚚ consolidation.
konsolide ⚚ consolidated.
konsolit, -ti consol, consolidated annuity.
konsolos consul.
konsolosluk consulate.
konsomasyon food *or* drink.
konsomatris B-girl.
konsorsiyum ⚚ consortium.
konsültasyon ⚕ consultation.
konşimento ⚚ bill of lading.
kont, -tu count; earl; ~ gibi yaşamak to live like a lord.
kontak 1. short (circuit); **2.** *sl.* nutty, cracked; ~ anahtarı car *(or* engine) key; kontağı açmak to start the engine, to switch on the motor; kontağı kapamak

to shut off the engine.
kontenjan quota.
kontes countess.
kontluk countship, earldom.
kontra [x .] 1. counter, against; 2. plywood.
kontrast, -tı contrast.
kontrat, -tı contract.
kontratak *sports:* counterattack.
kontrbas ♪ contrabass.
kontrol, -lü 1. control; inspection; 2. inspector, controller; ~ etm. to control, to check, to inspect; ~ kalemi circuit-tester; ~ kulesi ✈ control tower.
kontrolcu controller, inspector.
kontrplak plywood.
konu topic, subject; matter, theme.
konuk guest.
konukçu host; hostess.
konukevi, -ni guest house.
konuklamak to host, to put up, to entertain *(a guest).*
konu komşu neighbo(u)rhood, the neighbo(u)rs.
konuksever hospitable.
konukseverlik hospitality.
konum location, site.
konuşkan talkative, loquacious, chatty.
konuşkanlık talkativeness, loquacity, chattiness.
konuşma 1. *vn. of* konuşmak; 2. speech, talk, lecture; 3. conversation; discussion; ~ dili colloquial language, everyday speech; ~ yapmak to make a speech.
konuşmacı 1. lecturer; 2. speaker, announcer.
konuşmak 1. to speak (*ile* to), to talk (*ile* to); 2. to converse, to chat; 3. to communicate; 4. to discuss, to talk (-*i* about); 5. to be on speaking (*or* friendly) terms (*ile* with) 6. F to look sharp, to be eye-catching.
konuşturmak *caus. of* konuşmak, *part.* to make talk *(a musical instrument).*
konuşucu lecturer, speaker.
konut, -tu 1. house, dwelling, residence; 2. domicile.
konveks convex.
konvektör convector.
konvoy convoy.
konyak cognac, brandy.
kooperatif cooperative, co-op.
kooperatifçi 1. member of a co-op; 2. manager of a co-op.
kooperatifçilik economic cooperation, cooperative system.
kooperatifleşmek to become a cooperative.
koordinasyon coordination.
koordinat, -tı ⩓ coordinate.
kopanaki bobbin (lace).
koparmak *caus. of* kopmak, *part.* 1. to break (*or* tear) off; 2. to pluck, to pick, to snap off; 3. to let out, to set up *(noise)*; 4. *(b-den bşi)* F to get (*or* wangle) *s.th.* out of *s.o.*
kopça hook and eye.
kopçalamak to hook, to fasten.
kopil *sl.* street Arab, urchin, gamin.
kopkolay [x . .] as easy as pie.
kopmak, (-ar) 1. to break, to snap; 2. to break out *(storm, war, etc.)*; 3. to ache violently.
kopoy hound.
kopsi kefali etm. *sl.* to behead.
kopuk 1. broken (*or* snapped) off; 2. F tramp, bum, punk; ~ alayı band of vagabonds.
kopuz lute-like instrument.
kopya 1. copy; 2. cheating; ~ çekmek to copy, to cheat; ~ defteri copybook; ~ etm. to copy; ~ kâğıdı carbon paper; ~ mürekkebi copying ink; -sını çıkarmak to copy.
kopyacı 1. copier; 2. cheater, cribber.
kor¹ ⚔ corps.
kor² 1. ember; 2. fiery red; ~ dökmek to form a bed of glowing coals; ~ gibi red-hot.
koramiral, -li vice admiral.
kordele ribbon.
kordiplomatik corps diplomatique, diplomatic corps.
kordon 1. cord *(a. ⚡)*, cordon, braid; 2. cord, rope; pull; 3. cordon, stringcourse; 4. cordon *(of police)*; ~ altına almak to cordon off, to isolate.
Kore *pr. n.* Korea.
Koreli *pr. n.* Korean.
Korgeneral, -li lieutenant general, corps commander.
koridor corridor.
korkak 1. cowardly, fearful, timid; 2. coward, poltroon.
korkaklık cowardice, fearfulness.
korkmak, (-ar) to be afraid (*or* scared) (*-den* of), to fear, to dread.
korku fear, dread, terror; phobia; fright; ~ filmi horror film; ~ saçmak to spread terror; ~ vermek to terrorize.
korkulu 1. scary, dreadful; 2. dangerous, perilous.
korkuluk 1. scarecrow; 2. balustrade, banister; parapet; 3. *fig.* figurehead, cipher.
korkunç, -cu 1. terrible, awful, dreadful; 2. tremendous, terrific, rightful; 3. terrifically, awfully.

korkusuz 1. fearless, intrepid; 2. safe.
korkutmak *caus. of* korkmak, *part.* 1. to scare, to frighten, to threaten; to intimidate; 2. to scare off (*or* away).
korna [x .] horn; ~ çalmak to hoot, to honk.
korner *football:* corner (kick).
kornet, -ti ♪ cornet.
korniş cornice.
korno [x .] 1. ♪ French horn; 2. powder horn.
koro [x .] chorus, choir.
koroydo [. x .] *sl.* idiotic, foolish.
korporasyon corporation.
korsa corset; girdle.
korsan pirate, corsair; ~ gemisi pirate ship; ~ radyo pirate radio station.
korsanlık piracy.
korse = korsa.
kort, -tu court.
korta, korte courting; flirting; ~ etm. to court; to flirt (*ile* with).
kortej cortege.
koru grove, coppice, copse.
korucu forest watchman.
korugan *neol.* ⚔ blockhouse.
koruk unripe grape; ~ lüferi small bluefish (*caught in August*).
koruluk grove, coppice, copse.
koruma *vn. of* korumak; ~ görevlisi bodyguard, bouncer; ~ polisi police bodyguard.
korumak 1. to protect, to guard, to watch over, to shield; to defend; 2. to cover (*expense*).
korunak shelter.
koruncak *neol.* case, box.
korunga ⚘ trefoil.
korunmak *pass. or refl. of* korumak, *part.* to safeguard (*or* protect) o.s. (*-den* against); to escape, to avoid.
koruyucu 1. protective; 2. protector, defender.
kosinüs ⩓ cosine.
koskoca [x . .] very big (*or* great).
koskocaman [x . . .] enormous, huge.
kostüm 1. suit; 2. *thea.* costume.
koşaltı yoking *or* harnessing two animals together.
koşmaca tag.
koşmak, (-ar) 1. to run; 2. (*ardından, arkasından, peşinden*) to pursue, to run after, to chase; 3. (*yardımına*) to run to s.o.'s assistance (*or aid*); 4. (*şart*) to make it a condition, to stipulate; 5. to harness, to hitch (*-e* to); 6. to hitch up (*horse*); 7. to put to work; koşar adımlarla at a run; koşar adım marş! run!
koşturmak *caus. of* koşmak, *part.* 1. to send s.o. on (*an errand*); to hurry s.o.; 2. to race (*horse*).
koşu race; ~ alanı hippodrome; ~ atı racehorse; ~ yolu racecourse, racetrack; bir ~ yardım getir run for help.
koşucu runner.
koşuk verse.
koşul condition, stipulation, provision.
koşullandırmak *psych.* to condition.
koşullanmak *psych.* to be conditioned.
koşullu 1. *psych.* conditioned; 2. conditional.
koşulsuz unconditional.
koşum harness.
koşuntu 1. supporters, followers; 2. accomplices.
koşuşmak 1. to run (*or* rush) together; 2. to run hither and thither, to run about.
koşuşturmak to run hither and yon, to bustle about.
koşut, -tu parallel.
kot, -tu (blue) jeans, denims.
kota † quota.
kotarmak 1. to dish up (*food*); 2. *fig.* to finish, to complete.
kotlamak to spell out (*word*).
kotlet, -ti cutlet.
kotletpane breaded cutlet.
kotonperle pearl cotton.
kotra ⚓ cutter.
kova 1. bucket, pail; 2. ♒ *ast.* Aquarius.
kovalamaca tag.
kovalamak to chase, to pursue, to run after.
kovan 1. (bee)hive; 2. cartridge case.
kovboy [x .] cowboy; ~ filmi western, cowboy film.
kovcu 1. backbiting; 2. talebearing.
kovlamak 1. to run down, to disparage; 2. to tell (*or* inform) (on).
kovmak, (-ar) 1. to dismiss, to drive away, to repel; 2. to expel, to get rid of.
kovuk hollow, cavity.
kovuşturma ⚖ prosecution, investigation; ~ yapmak to prosecute.
kavuşturmak ⚖ to prosecute, to investigate.
koy cove, small bay.
koyacak container.
koyak valley.
koymak 1. to put, to place (*-e* in); 2. to let go; 3. *fig.* to upset, to bother, to affect; to move; 4. to set aside, to appropriate.
koyu 1. thick (*liquid*); 2. dense (*fog*); 3. deep, dark (*colour*); 4. *fig.* fervid, extreme, rabid, dyed-in-the-wool; ~ kırmızı dark red; ~ yeşil dark green.

koyulaşmak 1. to thicken *(liquid)*; 2. to darken *(colour)*.
koyulaştırmak 1. to thicken *(liquid)*; 2. to darken *(colour)*.
koyulmak to set to *(or* about), to embark (-*e* upon).
koyuluk 1. thickness *(liquid)*; 2. deepness, darkness *(colour)*; 3. *fig.* extremeness, rabidity.
koyun[1] 1. *zo.* sheep; 2. *F* simpleton; ~ bakışlı silly, simpleton *(in look)*; ~ eti mutton; -un bulunmadığı yerde keçiye Abdurrahman Çelebi derler *pro.* in the country of the blind, the one-eyed man is king.
koyun[2], -ynu 1. bosom, breast; 2. *fig.* arms, embrace; ~ koyuna in each other's arms; koynuna girmek *(b-nin)* to go to bed with *s.o.*, to sleep with *s.o.*; koynunda yılan beslemek *fig.* to nurse a viper in one's bosom, to have a snake in the grass.
koyungözü, -nü ⚘ feverfew.
koy(u)vermek, to set free, to let go.
koz 1. walnut; 2. *cards*; trump *(a. fig.)*; ~ kırmak 1. to play a trump card; 2. *F* to be up to no good; -u kaybetmek *fig.* to come out the loser; -unu oynamak *fig.* to play one's trump *(or* best) card; -unu paylaşmak *fig.* to settle *(or* square *or* balance) accounts *(ile* with).
koza [x .] 1. cocoon; 2. pod; boll.
koza(la)k 1. = koza; 2. cone; 3. unripe fruit.
kozalaklı coniferous.
kozalaklılar ⚘ Coniferae.
kozalaksı pineal; ~ bez pineal gland *(or* body).
kozmetik cosmetic.
kozmik cosmic.
kozmonot, -tu cosmonaut.
kozmopolit, -ti cosmopolitan.
kozmos *ast.* cosmos.
köçek 1. *zo.* foal *(of a camel)*; 2. boy dancer; 3. *fig.* light-minded person.
köfte meatball; croquette.
köfteci maker and seller of meatball.
köftehor *co.* lucky dog.
köfter a kind of grape sweet.
köftün oil meal.
köhne 1. old, ramshackle, dilapidated; 2. outmoded, autdated.
kök, -kü 1. root *(a.* ⩓*)*; 2. origin; 3. ⚗ radical; ~ işareti ⩓ radical sign; ~ salmak to take root *(a. fig.)*; ~ söktürmek *(b-ne)* to make things warm for *s.o.*; -ünden root and branch; -ünü kazımak to root out, to exterminate, to eradicate, to extirpate.
kökboyası, -nı 1. ⚘ madder plant; 2. madder (root); alizarin.
kokçü herbalist.
köken 1. origin, source; 2. homeland, place of origin; 3. *gr.* root (form).
köklemek 1. to uproot; 2. to quilt, to tuft *(mattress)*; 3. to tune (saz).
köklenmek, kökleşmek to take root *(a. fig.)*.
köklü rooted *(a. fig.)*
köknar ⚘ fir (tree).
köksel radicular.
köksüz rootless *(a. fig.)*
kökten radical, fundamental.
köktencilik radicalism.
kökteş cognate *(word)*.
köle slave.
kölelik slavery, servitude, bondage.
kölemen *hist.* Mameluke.
kömür 1. coal; 2. charcoal; 3. coal-black; ~ gibi coal-black; ~ gözlü with coal-black eyes; ~ işçisi collier, coal miner; ~ ocağı coal mine.
kömürcü 1. coal dealer; 2. stoker; ~ çırağına dönmek to get black all over.
kömürleşmek to coalify, to char.
kömürlük 1. coal cellar; coalbin; 2. ⚓ bunker.
köpek 1. *zo.* dog; 2. *sl.* cur; ~ gibi cringingly; köpeği öldürene sürütürler *pro.* it is the guilty one who suffers.
köpekbalığı, -nı *zo.* shark.
köpekdişi, -ni cuspid, canine tooth.
köpeklemek 1. to be dog-tired; 2. *fig.* to be humiliated.
köpeklenmek, köpekleşmek to fawn, to cringe, to grovel.
köpekmemesi, -ni large bubo.
köpoğlu, -nu [x - .] *(a.* ~ köpek) *F* 1. bastard; 2. fox.
köprü 1. bridge; 2. hasp *(of a lock)*; ~ altı çocuğu guttersnipe; ~ başı 1. ⚔ bridgehead; 2. *fig.* foothold.
köprücü 1. bridge builder; 2. ⚔ pontooning *(unit)*.
köprücük *(a.* ~ kemiği) *anat.* collarbone, clavicle.
köpük foam, froth; suds.
köpüklü foamy, frothy; sudsy.
köpürmek 1. to foam, to froth, to spume; 2. *fig.* to foam at the mouth.
kör 1. blind; 2. dull, blunt *(knife, etc.)*; 3. dim *(light)*; 4. *fig.* evil; unlucky; ~ kütük *fig.* pissed, corked, as drunk as a lord; ~ olası! damn it!; ~ talih bad *(or* hard) luck, evil destiny; ~ topal *F* after a fashion; -le yatan şaşı kalkar

pro. the rotten apple injures its neighbo(u)rs, who keeps company with the wolf will learn how to howl; -ü -une blindly, at random.
körbağırsak *anat.* cecum, blind gut.
kördüğüm *fig.* Gordian knot.
körebe blindman's buff.
körelmek 1. *biol.* to atrophy; 2. to get dull *(or* blunt) *(knife, etc.);* 3. to die down *(fire).*
köreltmek to dull, to blunt *(knife, etc.).*
körfez gulf; bay; inlet.
körkandil = kor kütük.
körkuyu dry well.
körlemeden blindly, at random.
körlenmek, körleşmek 1. to become dull *(or* blunt) *(knife, etc.);* 2. to go dry *(well);* 3. *fig.* to decline, to become blunt *(mental power).*
körleştirmek, körletmek 1. to dull, to blunt *(knife, etc.);* 2. to cause to fail *(mental power);* 3. to make go dry *(well).*
körlük 1. blindness; 2. bluntness, dullness *(of a knife, etc.)*
Köroğlu, -nu 1. *pr. n. name of a hero in Turkish folktales;* 2. *F* wife, the missus.
körpe fresh, tender.
körpecik *emph. of* körpe very fresh *(or* tender).
körpelik freshness; tenderness.
körük 1. bellows; 2. accordion coupling *(on a bus or train).*
körüklemek 1. to fan with bellows; 2. *fig.* to incite.
körükleyici *fig.* instigative.
kös big drum; ~ dinlemiş *fig.* thick-skinned, hardened.
köse beardless; ~ sakal very sparse beard.
kösele stout leather; ~ gibi leathery *(food);* ~ suratlı *F* shameless.
köseletaşı, -nı 1. sandstone; 2. lapstone; 3. whetstone.
kösemen lead goat *(or* ram); bellwether.
kös kös looking neither right nor left.
köskötürüm [x . . .] completely paralyzed.
kösnümek to be in heat *(or* rut).
köstebek 1. *zo.* mole; 2. ⚕ scrofula.
köstek 1. hobble; 2. watch *(or* key) chain; 3. *fig.* obstacle, impediment; ~ olm to hinder, to impede; ~ vurmak to hobble *(horse);* köstеği kırmak *fig.* to beat it.
kösteklemek 1. to hobble, to fetter *(horse);* 2. *fig.* to hamper, to impede.
köşe 1. corner; 2. *fig.* nook; ~ başı 1. street corner; 2. corner...; ~ bucak every nook and cranny; ~ kadısı stay-at-home; ~ kapmaca puss in the corner; -sine çekilmek to retire into one's shell; *-yi dönmek *F* to strike it rich.
köşebent ⊕ 1. angle iron; 2. cornerpiece.
köşegen ⩓ diagonal.
köşeleme diagonally.
köşeli cornered, angled; ~ ayraç *typ.* (square) bracket.
köşk, -kü villa, pleasure-house.
kötek beating; ~ atmak to cane; ~ yemek to get the cane.
kötü 1. bad; 2. worthless; 3. wicked, evil; 4. *F* terribly; ~ beslenme malnutrition; ~ günler hard times; ~ huy bad habit; ~ kadın prostitute; ~ kişi olm. to be in s.o.'s bad books; ~ söylemek *(b-i için)* to speak ill of *s.o.;* ~ yola düşmek *(or* sapmak) to go on *(or* walk) the streets; -ye kullanmak to misuse, to abuse.
kötücül Malicious, evil, malevolent.
kötülemek to speak ill (*-i* of), to run down.
kötüleşmek 1. to become bad, to deteriorate; 2. to be on the streets.
kötülük 1. badness, wickedness; 2. harm, wrong; ~ etm. *(b-ne)* to do *s.o.* harm.
kötülükçü evil, wicked.
kötümsemek to belittle, to disparage, to think ill (*-i* of).
kötümser pessimistic.
kötümserlik pessimism.
kötürüm paralyzed, crippled.
kötürümleşmek to become paralyzed.
köy village; ♀ İşleri Bakanlığı Ministry of Village Affairs; ~ muhtarı village headman.
köydeş fellow villager.
köylü villager, peasant; fellow villager.
köyodası, -nı village social room.
köz ashes, embers.
közlemek to broil *(or* roast) over charcoal.
kral 1. king; 2. *fig.* super, A1, top-notch.
kraliçe queen.
kraliçelik queenship, queenhood.
kraliyet, -ti 1. kingdom; 2. kingship; ~ ailesi royal family.
krallık 1. kingdom; 2. kingship.
kramp, -pı ⚕ cramp; ~ girmek *(ayağına)* to be seized with cramp.
krampon screw-in stud.
krank, -kı ⊕ crankshaft.
krater crater.
kravat, -tı (neck)tie.
kredi credit; ~ kartı credit card; ~ mektubu letter of credit.
krem cream.
krema [x .] cream; icing.

kremkaramel crème caramel.
kremlemek to apply cream (-*i* to).
kremşantiyi creme chantilly.
krep, -pi crepe.
krepon crepon; ~ kâğıdı crepe paper.
kreş day nursery, crèche.
kriket, -ti *sports:* cricket.
kriko [x.] jack; -ya almak to jack up.
kriminoloji criminology.
kristal, -li crystal.
kriter criterion.
kritik 1. critique; **2.** critical (*a.* ⚕), crucial.
kriz 1. crisis; **2.** fit, attack; **3.** fit of hysterics; ~ geçirmek to have a fit of hysterics.
krizalit, -ti *biol.* chrysalis.
kroke croquet.
kroki [x.] sketch; -sini almak (*or* yapmak) to sketch, to outline.
krom chrome, chromium.
kromozom *biol.* chromosome.
kronik chronic.
kronoloji chronology.
kronometre [..x.] chronometer, stopwatch.
kros cross-country race.
krosçu cross-country runner.
kroşe *boring:* hook.
krupiye croupier.
kruvaze double-breasted (*garment*).
kruvazör ⚓ cruiser.
kubbe dome, cupola.
kubbeli domed.
kubur 1. drain-hole; drainpipe; **2.** quiver; **3.** holster.
kuburluk 1. holster; **2.** powder flask.
kucak 1. embrace; lap; **2.** armful; ~ açmak (*b-ne*) to receive *s.o.* with open arms; ~ çocuğu babe in arms; ~ dolusu armful; ~ kucağa in each other's arms; ~ ~ by the armloads (*or* armfuls); kucağına düşmek to fall into the midst (-*in* of).
kucaklamak 1. to embrace, to hug; **2.** to surround.
kucaklaşmak to embrace (*or* hug) each other.
kuçukuçu doggy, bow-wow.
kudret, -ti **1.** power, strength, might; **2.** omnipotence (*of God*); **3.** capacity, ability; **4.** the wherewithal; ~ hamamı Turkish bath; ~ helvası manna; -ten natural.
kudretli powerful, mighty.
kudretsiz powerless, incapable.
kudurgan wild, uncontrollable (*person*).
kudurmak 1. to become rabid, to go mad; **2.** *fig.* to be foaming at the mouth, to be beside o.s. with anger; **3.** *fig.* to go wild, to romp.
kuduruk 1. rabid, mad; **2.** *fig.* wild (*person*).
kuduz 1. rabies, hydrophobia; **2.** rabid, hydrophobic.
Kudüs *pr. n.* Jerusalem.
kuğu *zo.* swan.
kuğurmak to coo (*pigeon*).
kuintet, -ti ♪ quintet.
kuka ball.
kukla [x.] **1.** puppet; marionette; **2.** puppet show; **3.** *fig.* puppet, tool; ~ hükümet puppet government.
kuklacı puppeteer.
kuku *zo.* cuckoo.
kukuleta [..x.] hood; cowl.
kukuletalı hooded.
kukulya [.x.] silkworm cocoon; ~ fırtınası *storm occuring about the middle of April.*
kukumav *zo.* owlet; ~ gibi all alone.
kul 1. slave; **2.** mortal, man, human being (*in relation to God*); ~ köle olm. *fig.* to be at s.o.'s beck and call; ~ yapısı manmade.
kula [x.] dun-colo(u)red (*horse*).
kulaç 1. fathom; **2.** *swimming:* stroke; crawl; ~ atmak to crawl; to swim a stroke.
kulaçlamak 1. to fathom; **2.** to crawl.
kulağakaçan *zo.* earwig.
kulak 1. ear; **2.** *zo.* gill (*of a fish*); **3.** ♪ tuning peg; **4.** lug, handle, handgrip; ~ asmak to lend one's ear(s); ~ asmamak *fig.* to turn a deaf ear (-*e* to); ~ dolgunluğu knowledge picked up here and there; ~ erimi earshot; ~ kabartmak to prick up one's ears; ~ kepçesi *anat.* earlap; ~ kesilmek to be all ears; ~ kiri earwax; ~ misafiri olm. to overhear, to eavesdrop; ~ tıkamak to stop one's ears (-*e* to); ~ uğultusu ringing in the ears; ~ vermek to give (*or* lend an) ear (-*e* to); ~ yolu *anat.* auditory canal; kulağı ağır işitmek to be hard of hearing; kulağı delik quick of hearing; kulağı okşamak to be pleasant to the ear; kulağına çalınmak to come to one's ears; kulağına girmek (*b-nin*) to take note (of), to heed; kulağına küpe olm to be a lesson (-*in* to), to serve as a warning (-*in* to); kulağını çekmek (*b-nin*) to pull *s.o.'s* ear; kulağını doldurmak (*b-nin*) to put *s.o.* in the know, to fill *s.o.* in; -ları çınlasın! I hope his ears are burning!; -larına kadar kızarmak to blush to the top of one's ears;

-larını dikmek *fig.* to prick up its ears *(animal);* -tan dolma picked up *(knowledge);* -tan kulağa on the grapevine.
kulakaltı, -nı parotid; ~ bezi parotid gland.
kulakçı ear specialist.
kulakçık *anat.* atrium, auricle.
kulakçın ear(f)lap.
kulaklı eared.
kulaklık 1. earphone, headphone; earpiece; 2. hearing aid; 3. = kulakçın.
kulakmemesi, -ni earlobe.
kulaksız earless.
kulakzarı, -nı eardrum.
kulampara [. x . .] pederast.
kule tower; turret.
kuleli towered; turreted; ♀ Askeri Lisesi Kuleli Military High School.
kulis 1. *thea.* backstage, wings; 2. † curb exchange; ~ yapmak to lobby, to work behind the scenes.
kullanılmış used, secondhand.
kullanım 1. use, using; 2. *gr.* usage.
kullanış using; ~ tarzı usage, way of using.
kullanışlı useful, handy; serviceable.
kullanışsız useless, unhandy; unserviceable.
kullanmak 1. to use; 2. to employ; 3. to drive *(car);* to fly *(plane);* to steer *(ship);* 4. to take, to consume, to use.
kullap, -bı [ā] hasp.
kulluk 1. slavery, servitude; 2. worship, adoration.
kulp, -pu 1. handle; 2. *fig.* pretext; ~ takmak to find a pretext; -unu bulmak *(bir işin)* to find a way out of *s.th.*
kulplu handled; ~ beygir *sports:* pommel horse.
kuluçka [. x .] 1. broody; 2. hen bird; ~ devri incubation period; ~ makinesi incubator; -ya oturmak (*or* yatmak) to brood, to incubate, to set.
kulun newborn foal.
kulunç 1. shoulder pain; 2. colic; 3. cramp.
kulübe 1. hut, shed, cottage; shanty, shack; 2. ⚔ sentry box; 3. telephone box *(or* booth); 4. tollbooth.
kulüp, -bü 1. club; 2. clubhouse.
kulvar lane.
kum 1. sand; 2. ⚕ gravel *(in the kidneys);* ~ çölü sandy desert; ~ gibi loads of; ~ saati hourglass; ~ torbası sandbag; -da oynamak *fig.* to whistle for it.
kuma fellow wife.
kumanda [. x .] ⚔ command; ~ etm. to command, to be in command (-*e* of).
kumandan commander.
kumandanlık commandership.
kumanya [. x .] 1. food *(to be eaten while traveling);* 2. ⚔ soldier's *(or* field) rations.
kumar gambling *(a. fig.);* ~ masası gaming table; ~ oynamak to gamble, to game.
kumarbaz, kumarcı gambler.
kumarhane [. . - .] gaming-house, gambling-house.
kumaş cloth, fabric, material.
kumbara [x . .] 1. piggy bank, money-box; 2. coin *(or* token) box *(of a pay telephone, etc.);* 3. † (bomb) shell.
kumbaracı † bombardier.
kumkuma 1. jug. vase; 2. *fig.* instigator, spreader.
kumlu sandy.
kumluk sandy (place).
kumpanya 1. † company, firm; 2. *thea.* troupe; 3. *fig.* gang, band, bunch.
kumpas *s.* kompas.
kumral 1. brown *(hair);* 2. brown-haired *(person).*
kumru *zo.* (turtle)dove; ~ göğsü iridescent.
kumsal sandy (beach).
kumsallık sandiness.
kumtaşı, -nı sandstone.
kumul (sand) dune.
kunda *zo.* a kind of poisonous spider.
kundak 1. swaddling clothes; 2. gunstock; 3. bundle of rags; ~ sokmak 1. to set fire (-*e* to); 2. to sabotage, to wreck; 3. *(arasına) fig.* to set *persons* by the ears.
kundakçı 1. arsonist, incendiary, firebug; 2. *fig.* mischief-maker.
kundakçılık arson, incendiarism.
kundaklamak 1. to swaddle; 2. to set fire (to); 3. *fig.* to sabotage, to wreck.
kundaklı swaddled.
kundura [x . .] shoe; ~ tamircisi shoe-repairer, cobbler.
kunduracı 1. shoemaker; 2. shoerepairer, cobbler; 3. seller of shoes.
kunduz *zo.* beaver.
kunt, -tu stout, solid.
kupa¹ [x .] 1. cup; 2. *cards:* heart; ~ finali cup final.
kupa² [x .] coupé.
kupkuru [x . .] *emph. of* kuru, bone-dry, as dry as a bone.
kupon coupon.
kupür clipping.
kur¹ 1. † rate of exchange; 2. course *(of studies).*
kur² courtship, flirtation; ~ yapmak *(b-ne)* to court *s.o.*, to pay court to s.o.

kura 1. drawing of lots; 2. lot; 3. ⚔ conscription; ~ çekmek to draw lots; -sı olm. *(bir yılın)* ⚔ to be among those conscripted in *(a certain year)*.
kurabiye [ā] cooky, cookie.
kurak dry, rainless, arid.
kuraklık drought.
kural rule, regulation.
kuraldışı exceptional.
kurallı *gr.* regular.
kuralsız *gr.* irregular.
kuram theory.
kuramcı theorist, theoretician.
kuramsal theoretical.
Kuran *pr. n.* Koran, the Quran; -ı Kerim the Holy Koran.
kurander draught, *Am.* draft.
kurbağa *zo.* frog; ~ adam frogman.
kurbağacık 1. froglet; 2. small monkey wrench; 3. handgrip.
kurbağalama *swimming:* breast stroke.
kurban [ā] 1. sacrifice; 2. victim *(of an accident)*; 3. ♀ *(Bayramı) isl.* the Feast of the Sacrifice, the Greater Bairam; 4. *fig.* martyr; 5. *P* hey!, hello mate!; ~ etm. to sacrifice (-e to); ~ gitmek to fall victim *(or* a prey) (-e to); ~ kesmek to kill an animal as a sacrifice.
kurbanlık sacrificial *(animal)*.
kurcalamak 1. to monkey about *(or* tamper) (-i with); 2. to rub, to irritate, to scratch; 3. *fig.* to delve into, dwell on *(a matter)*.
kurdele ribbon.
kurdeşen (nettle) rash, urticaria.
kurgu 1. knob, winder; clock *(or* watch) key; 2. ⊕ installation; 3. *phls.* speculation; 4. assembly and editing *(of a film)*.
kurgubilim science fiction.
kurgusal theoretical, speculative.
kurlağan ⚕ whitlow, felon.
kurmak, (-ar) 1. to set up, to assemble, to put together; 2. to wind *(clock)*; 3. to set, to lay *(table)*; 4. *to* pitch *(tent)*; 5. to set *(trap)*; 6. to cock *(gun)*; 7. to found, to establish; to form; 8. to plan, to plot; 9. to ponder, to dwell (on); 10. to indulge in *(daydreams)*.
kurmay ⚔ staff; ~ subay staff officer.
kurna [x .] marble basin.
kurnaz cunning, foxy, sly.
kurnazca cunningly, foxily.
kurnazlık cunning, foxiness.
kuron crown.
kurs¹ course; ~ görmek to take a course.
kurs² disk *(a. ast.)*
kursak 1. crop, craw; 2. F maw, stomach.
kurşun 1. ⚒ lead; 2. bullet; 3. lead seal; ~ atmak to fire a gun; ~ dökmek to melt lead and pour it into cold water over the head of a sick person *(in order to break an evil spell)*; ~ gibi as heavy as lead; ~ işlemez bullet-proof; ~ yağdırmak to shower bullets (-e on); ~ yarası bullet wound; -a dizmek to execute by shooting.
kurşuni [. - -] leaden, gray.
kurşunkalem (lead) pencil.
kurşunlamak 1. to lead; 2. to shoot.
kurşunlu leaden.
kurt, -du 1. *zo.* wolf; 2. worm, maggot; 3. *fig.* fox; ~ dökmek to pass worms; ~ dumanlı havayı sever *pro.* a person who is up to no good loves a chaotic situation; ~ gibi *fig.* foxy, shrewd; ~ sürüsü a pack of wolves; ~ yemiş worm-eaten; -larını dökmek to have one's fling, to have the time of one's life; -unu kırmak to satisfy one's whims.
kurtarıcı 1. savio(u)r; 2. *mot.* wrecker, breakdown lorry, tow truck.
kurtarmak 1. to save, to rescue; 2. to extricate from *(trouble)*; 3. to redeem *(s.th. pawned)*; 4. to recover *(losses)*; 5. to be enough to satisfy the seller; daha aşağısı kurtarmaz I can't sell it for less.
kurtçuk larva.
kurtköpeği, -ni Alsatian, German shepherd.
kurtlanmak 1. to get wormy; 2. *fig.* to fidget; 3. *fig.* to go stir crazy.
kurtlu 1. wormy; 2. *fig.* fidgety; ~ peynir *fig.* fidgety child.
kurtmasalı, -nı cock-and-bull story.
kurtulmak 1. to escape; to be saved *(or* rescued); 2. to get *(or* break) loose *(animal)*, 3. to slip *(or* fall) out (of); 4. to be completed *(or* finished); 5. to get rid of *(s.th. or s.o. unpleasant)*; 6. to give birth.
kurtuluş 1. liberation; 2. salvation; 3. escape; ♀ Savaşı the Turkish War of Independence.
kuru 1. dry; dried; 2. bare, unfurnished, unadorned; 3. empty, vain, hollow; 4. dead *(plant)*; 5. thin, emaciated; 6. curt *(utterance)*; ~ fasulye kidney *(or* haricot) bean; ~ gürültü much ado about nothing; ~ hastalık *P* tuberculosis; ~ hava dry air; ~ iftira sheer calumny; ~ incir dried fig; ~ kafes *fig.* skin and bones; ~ meyve dried fruit(s); ~ öksürük dry cough; ~ sıkı 1. blank *(shot)*; 2. *fig.* bluff; ~ soğuk dry cold; ~ temizle-

me dry cleaning; ~ temizleyici dry cleaner; ~ üzüm raisins; ~ yemiş nuts; -nun yanında yaş da yanar *pro.* the innocent suffers with the guilty.
kurucu founder; ~ meclis constitutional assembly (*or* convention).
kurukafa 1. skull; **2.** *fig.* dope.
kurukahve (roasted and ground) coffee.
kurukahveci seller of ground coffee.
kurul committee.
kurulamak to dry, to wipe dry.
kurulanmak *pass. or refl. of* kurulamak, *part.* to dry o.s.
kurulmak 1. *pass. of* kurmak; **2.** to nestle (*or* snuggle) down (*-e* in); **3.** to swagger, to show off.
kurultay general meeting (*or* assembly).
kuruluk dryness.
kuruluş organization, institution, establishment.
kurum 1. institution, foundation, association; **2.** soot; **3.** *fig.* swagger; ~ ~ kurulmak to be stuck-up; ~ satmak to put on airs.
kurumak 1. to dry, to get dry; **2.** to dry up (*stream*); **3.** to die (*plant*); **4.** to become skinny.
kurumlanmak 1. to put on airs; **2.** to get sooty.
kurumlaştırmak to institutionalize.
kurumlu 1. sooty; **2.** *fig.* conceited, stuck-up.
kurumsal institutional.
kurunmak to dry o.s.
kuruntu delusion, illusion, fancy.
kuruntulu neurotic, hypochondriac.
kuruş kurush, piastre, *Am.* piaster.
kuruşlandırmak to itemize.
kurutma kâğıdı blotting paper.
kurutmak 1. to dry; **2.** to wither (*plant*); **3.** to blot; **4.** to dehumidify; to desiccate.
kurye *pol.* courier.
kuskun crupper; -u düşük *fig.* in disgrace, out of favo(u)r.
kuskus couscous.
kusmak, (-ar) to vomit, to throw (*or* bring) up, to spew, to puke.
kusmuk vomit.
kusturmak to puke.
kusturucu emetic.
kusur [. -] fault, defect, flaw; shortcoming; drawback; ~ etm. to be at fault; -a bakmamak to overlook, to pardon, to let it pass; -a bakma! I beg your pardon!, excuse me!
kusurlu 1. faulty, defective; **2.** at fault, in the wrong.
kusursuz flawless, faultless, perfect.
kuş 1. *zo.* bird; **2.** *sl.* wet behind the ears; **3.** *sl.* penis, pecker, cock; ~ beyinli bird-brained, nit-witted, dizzy; ~ gibi as light as a feather (*or* air *or* thistledown); ~ kafesi gibi small and beautiful (*house*); ~ kanadıyle gitmek to go like a bird, to go off at a terrific bat; ~ uçmaz kervan geçmez bir yer desolate place; ~ uçurmamak *fig.* not to allow anyone *or* anything to escape; -a benzetmek to mess up, to spoil.
kuşak 1. sash; girdle, loin-cloth; cummerbund; **2.** generation; **3.** strap; **4.** brace; **5.** *geogr.* zone; **6.** *ast.* Saturn.
kuşaklamak 1. to band, to tie up; **2.** to brace.
kuşam *s.* giyim kuşam.
kuşane [ā] aviary.
kuşanmak 1. to gird (*or* put) on (*sword, etc.*); **2.** *s.* giyinip kuşanmak.
kuşatma *vn. of* kuşatmak, *part.* ⚔ siege.
kuşatmak 1. to gird (*ile* with); **2.** to surround; to besiege (*country*).
kuşbakışı, -nı bird's-eye view.
kuşbaşı, -nı **1.** in small chunks (*meat*); **2.** in big flakes (*snow*).
kuşbilim ornithology.
kuşekâğıdı, -nı glossy paper.
kuşet, -ti berth; couchette.
kuşkonmaz ⚘ asparagus.
kuşku suspicion, doubt; -ya düşmek to feel suspicious.
kuşkucu suspicious, skeptical.
kuşkulanmak to get suspicious.
kuşkulu 1. suspicious, distrustful; **2.** unlikely, doubtful.
kuşkusuz 1. unsuspecting, trusting; **2.** certainly, for sure.
kuşlamak *sl.* to swot up, *Am.* to grind.
kuşlokumu small cookie.
kuşluk midmorning.
kuşmar bird trap.
kuşpalazı, -nı ⚕ diphtheria.
kuşsütü, -nü any unobtainable thing; ~ ile beslemek to nourish with the choicest of food; -nden başka her şey var there's everything you can think of to eat.
kuştüyü, -nü down; ~ yatak feather bed.
kuşüzümü, -nü currant.
kutlama 1. congratulation; **2.** celebration; ~ töreni celebration.
kutlamak 1. to congratulate; **2.** to celebrate.
kutlu lucky; blessed; bayramınız ~ olsun! have a happy Bairam!
kutlulamak = kutlamak.
kutsal holy, sacred; ♀ kitap the (Holy) Bible.

kutsallık holiness, sacredness.
kutsamak to sanctify; to bless; to hallow; to consecrate.
kutsi [ī] = kutsal.
kutu box, case; ~ gibi small but cosy *(house).*
kutup, -tbu **1.** pole; **2.** axle; **3.** *fig.* authority, expert; ~ ayısı polar bear; ~ dairesi polar circle; ~ kuşağı *geogr.* polar *(or* frigid) zone.
kutuplaşmak to be polarized.
Kutupyıldızı, -nı *ast.* North Star, Polaris.
kutur, -tru ⩓ **1.** diameter; **2.** diagonal.
kuvaför hairdresser, coiffeur.
kuvars quartz.
Kuvayı Milliye *hist.* the Nationalist Forces.
Kuveyt, -ti *pr. n.* Kuwait.
kuvöz incubator.
kuvve 1. potential; **2.** ✕ the effective forces and equipment *(of a unit);* -den fiile çıkarmak to put into action.
kuvvet, -ti strength, power *(a.* ⩓*);* force; vigo(u)r; ~ ilacı tonic; ~ macunu aphrodisiac with fruit and nuts; ~ vermek **1.** to strengthen; **2.** to hearten, to encourage; -le **1.** by force; **2.** emphatically; -ten düşmek to weaken.
kuvvetlendirmek to strengthen.
kuvvetlenmek to strengthen, to become strong.
kuvvetli strong, powerful; vigorous; forceful.
kuvvetsiz weak, feeble.
kuyruk 1. tail; **2.** queue, *Am.* line; **3.** *fig.* follower; suite, retinue; **4.** ponytail; **5.** train *(of a dress);* **6.** corner *(of the eye);* ~ sallamak **1.** to wag its tail; **2.** *fig.* to fawn (-*e* over), to play up (-*e* to); kuyruğu kapana kısılmak *F* to have one's back against the wall; kuyruğu titretmek *sl.* to kick the bucket; kuyruğunu kısmak *fig.* to tuck one's tail.
kuyrukkakan *zo.* (stone)chat.
kuyruklu 1. tailed; **2.** *zo.* scorpion; ~ kurbağa tadpole; ~ piyano grand piano; ~ yalan whopper, walloping lie.
kuyrukluyıldız *ast.* comet.
kuyruksallayan *zo.* yellow wagtail.
kuyruksokumu, -nu coccyx.
kuyruksuz tailless.
kuytu 1. snug, remote, secluded; **2.** out-of-the-way.
kuyu 1. well; **2.** pit; **3.** ⚒ shaft; ~ açmak to dig a well *(or* pit); ~ bileziği wellcurb; -sunu kazmak *(b-nin) fig.* to set a trap for *s.o.*
kuyucu well digger *(or* driller).
kuyum † jewel(le)ry.
kuyumcu jewel(l)er.
kuyumculuk jewel(le)ry.
kuzen cousin.
kuzey 1. north; **2.** northern.
kuzeybatı northwest.
kuzeydoğu northeast.
kuzeyli northerner.
kuzgun *zo.* raven; -a yavrusu şahin görünür *pro.* all his geese are swans.
kuzguncuk small iron grate.
kuzguni [. - -] as black as pitch *(or* ink).
kuzgunkılıcı, -nı ⚘ gladiolus.
kuzin cousin.
kuzu lamb; ~ derisi lambskin; ~ dolması stuffed and roasted lamb; ~ gibi *fig.* as meek as a lamb; -m! *F* dear!, honey!
kuzudişi, -ni milk *(or* baby) tooth.
kuzukestanesi, -ni small chestnut.
kuzukulağı, -nı ⚘ sorrel.
kuzulamak 1. to lamb; **2.** to crawl on all fours *(baby).*
kuzulu pregnant *(ewe).*
kuzumantarı, -nı ⚘ a kind of mushroom.
Küba *pr. n.* Cuba.
kübik cubic(al).
küçücük [x . .] tiny, wee.
küçük 1. small, little; **2.** young, little; **3.** petty, small(-minded); **4.** minor, petty; **5.** petite, dainty; **6.** small-scale, miniature; **7.** hey little one!; ~ aptes urination, piss, pee; ~ dağları ben yarattım demek *fig.* to think no small beer of o.s.; ~ düşmek to lose face; ~ düşürmek to disgrace, to mortify, to humiliate; ~ görmek to belittle, to underrate, to underestimate, to undervalue; ~ harf minuscule; ~ köyün büyük ağası *iro.* he thinks he is something!; ~ parmak little finger *or* toe; ~ su dökmek to piss, to pee, to urinate; -ten beri ever since childhood.
Küçükayı *ast.* Ursa Minor, the Little Bear.
küçükbaş sheep, goat, *etc.;* ~ hayvanlar sheep, goats, *etc.*
küçükdil *anat.* uvula; -ini yutmak *fig.* to fall off one's chair.
küçükhindistancevizi, -ni ⚘ nutmeg (tree).
küçüklemek *P* to slight, to despise.
küçükleşmek 1. to grow smaller; **2.** to humiliate o.s.
küçüklü büyüklü 1. big and small; **2.** young and old.
küçüklük 1. littleness, smallness; **2.** childhood; **3.** *fig.* meanness, pettiness.
küçüksemek to despise, to belittle.
küçülmek 1. to shrink; **2.** to be humiliated.
küçültme *vn. of* küçültmek, *part.* **1.**

humiliation; 2. deprecation; ~ eki *gr.* diminutive suffix.
küçültmak *caus. of* küçülmek 1. to make smaller; to shrink, to reduce, to diminish; 2. to deprecate; to underrate; 3. to humiliate.
küçültücü derogatory, deprecatory.
küçümen tiny, peewee.
küçümsemek to despise, to lessen, to look down (-*i* on).
küf mo(u)ld; mildew; ~ bağlamak (*or* tutmak) to mo(u)ld, to get mo(u)ldy; ~ kokmak to smell musty; ~ kokusu musty smell.
küfe 1. pannier; 2. *sl.* fanny, ass.
küfelik 1. basketful; 2. *fig.* blotto, under the table, well-oiled, lit up.
küflenmek 1. to mo(u)ld, to get mo(u)ldy; to mildew; 2. *fig.* to become fogyish (*or* fusty); 3. *fig.* to rot, to get rusty.
küflü 1. mo(u)ldy; musty; mildewy; 2. *fig.* fogyish, fusty, mo(u)ldy.
küfran [ā] ingratitude.
küfretmek [x . .] to swear, to curse.
küfür, -frü 1. cuss, swearword, oath; 2. blasphemy, impiety; ~ etm. (*or* savurmak *or* küfrü basmak) to swear, to cuss.
küfürbaz foulmouthed.
küfürbazlık swearing.
küfür küfür: ~ esmek to puff.
küfüv, -ffü peer, equal, match.
küheylan Arabian horse.
kükremek 1. to roar (*lion*); 2. *fig.* to bellow, to roar.
kükürt ⚗ sulphur, *Am.* sulfur.
kükürtçiçeği, -ni flowers of sulphur.
kükürtlemek to dust with sulphur.
kükürtlü sulphurous, *Am.* sulfurous.
kül¹, -lü ash; ~ etm. *fig.* to ruin; ~ gibi ashen (*face*); ~ tablası ashtray; ~ yutmak *fig.* to get taken for a ride; -ünü savurmak *fig.* to play ducks and drakes with; ben ~ yutmam there are no flies on me.
kül², -lli all, the whole.
külah 1. conical hat; 2. paper cone; 3. *fig.* trick, deceit; ~ kapmak to get an important job by chicanery; -ıma anlat! tell that to the marines!; -ını havaya atmak *fig.* to throw one's hat in the air; Ali'nin -ını Veli'ye, Veli'nin -ını Ali'ye giydirmek to rob Peter to pay Paul.
külbastı grilled cutlet.
külçe 1. nugget, lump; 2. ingot; ~ gibi oturmak *fig.* to flop (*or* plop) down, to plunk o.s. down.
külek tub.
külfet, -ti burden, onus, bother; ... yapmak külfetine katlanmak to be at pains to do...
külfetli burdensome, troublesome.
külfetsiz untroublesome, easy.
külhan stokehole (*of a bath*).
külhanbeyi, -ni rowdy, toughie, hood(lum), hooligan.
küllenmek 1. to become ashy; 2. *fig.* to cool (*or* die) down (*anger, etc.*)
külli [ī] total, complete.
külliyat, -tı [ā] complete works (*of an author*).
külliye complex of buildings (*adjacent to a mosque*).
külliyen entirely, totally.
külliyet, -ti completeness.
külliyetli a good many.
küllü ashy.
küllük ashtray.
külot, -tu 1. (*women's*) panties; (*men's*) underpants, briefs, undershorts; 2. breeches; -lu çorap tights, *Am.* panty hose.
külrengi, -ni ashen; gray.
külte 1. = külçe; 2. bunch; 3. *geol.* rock formation.
kültivatör ⸸ cultivator.
kültür culture; ~ sahibi cultured, cultivated.
kültürel cultural.
kültür fizik free exercise.
kültürlü cultured, cultivated.
kültürsüz uncultured.
külünk pick(ax).
külüstür ramshackle; junky-looking; araba crate, jalopy, rattletrap.
kümbet, -ti dome, cupola.
küme 1. pile, heap, mound; 2. *sports:* league; 3. group; ~ ~ in heaps (*or* groups).
kümebulut, -tu cumulus cloud.
kümelemek to heap (*or* pile) up.
kümelenmek 1. ⚔ to group; 2. to cluster (-*e* around).
kümeleşmek to group.
kümes 1. coop; 2. *fig.* tiny house; ~ hayvanları poultry.
künde 1. hobble, fetter; 2. *wrestling:* hold; -den atmak *fig.* to trip up.
künk, -kü pipe; tile.
künye 1. personal data; 2. identification bracelet; identification (*or* dog) tag; ~ defteri personnel roster; -si bozuk with a blot on one's escutcheon.
küp¹, -pü 1. earthenware jar; 2. *sl.* pissed, lit up; ~ gibi as fat as a pig; -lere binmek *fig.* to go up in the air, to blow one's top; -ünü doldurmak to feather one's nest.

küp² ⩘ **1.** cube; **2.** cubic.
küpe 1. earring; **2.** *anat.* dewlap, wattle.
küpeçiçeği, -ni ⚘ fuchsia.
küpeli earringed.
küpeşte [. x .] **1.** ⚓ rail(ing); gunnel; **2.** banister, handrail.
kür health cure.
kürdan toothpick.
kürdanlık toothpick holder.
küre 1. *geogr.* globe, sphere; **2.** ⚒ smelter; ~ kuşağı zone.
kürecik globule.
kürek 1. shovel; **2.** oar; paddle; **3.** *(baker's)* peel; ~ çekmek to row; ~ kemiği *anat.* shoulder blade, scapula; ~ ~ by the shovelsful; ~ yarışı boatrace, rowing competition.
kürekçi 1. oarsman, rower; **2.** stoker *(on a boat).*
küremek to shovel up.
küresel ⩘ spherical.
küret, -ti ⚕ curette.
kürevi [ī] spherical.
kürk, -kü fur.
kürkçü furrier.
kürklü (be)furred.
kürsü 1. lectern, rostrum, podium; pulpit; **2.** *(teacher's)* desk; **3.** *fig.* professorship, chair.
Kürt, -dü *pr. n.* **1.** Kurd; **2.** Kurdish.
kürtaj ⚕ curettage.
kürtün 1. large packsaddle; **2.** snowdrift.
küs sullen.
küseğen 1. touchy; **2.** ⚘ sensitive plant.
küskü crowbar.
küskün offended, disgruntled, peeved.
küs küs sullenly.
küsküt, -tü ⚘ dodder.
küskütük [x . .] **1.** as stiff as a board; **2.** *fig.* blind, dead *(drunk).*
küsmek, (-er) to sulk, to pout, to be offended (-*e* by).
küspe bagasse; residue.
küstah insolent, impudent, cheeky, pert.
küstahlık insolence, impudence, cheek.
küstere 1. *(carpenter's)* plane; **2.** grindstone.
küstümotu, -nu ⚘ mimosa.
küstürmek to offend.
küsur [ū] **1.** remainder; **2.** odd; beş yüz ~ five hundred odd.
küsurat, -tı remainder.
küsüşmek to get cross with each other.
küt, -tü **1.** stubby; **2.** blunt, dull; ~ diye kapatmak to slam *(door).*
küt küt: ~ atmak to pound, to thump, to throb *(heart).*
kütle mass.
kütleşmek to get blunt *(or* dull).
küttedek [x . .] with a thud *(or* clonk).
kütük 1. trunk; stub stump; **2.** log; **3.** ledger, register.
kütüphane 1. library; **2.** bookcase; **3.** bookshop.
kütüphaneci librarian.
kütürdemek 1. to crunch; **2.** to crack, to snap.
kütürdetmek 1. to crunch; **2.** to crack, to snap.
kütür kütür 1. crunchingly; **2.** crunchy *(fruit).*
kütürtü 1. crunch; **2.** snap, crack.
küvet, -ti **1.** bath(tub); **2.** basin, sink; **3.** *phot.* developing tray; **4.** bedpan.

L

la ♪ la; A.
labada ⚘ patience.
labirent, -ti labyrinth.
laborant, -tı laboratory assistant.
laboratuvar laboratory.
lacivert dark *(or* navy) blue, ultramarine.
laçka 1. ⚓ untying a rope; **2.** *fig.* loose, lax; disorganized; indifferent, careless; ~ etm. to slacken, to cast off; ~ olm. *fig.* to get slack, to slacken off.
laçkalaşmak *s.* laçka olm.
laden ⚘ cistus.
lades a bet with a wishbone; ~ kemiği *anat.* wishbone; ~ tutuşmak to pull a wishbone with one another.
laf 1. word, remark; **2.** empty words, hot air; **3.** talk, chat; **4.** that's bull!; ~ anlamaz thickheaded; obstinate; ~ aramızda between you, me and the gatepost, between you and me; ~ atmak **1.** to chat; **2.** to proposition; ~ etm. **1.** *(b-le)* to chat with *s.o.*; **2.** *(bşi)* to gossip about *s.th.*; ~ işitmek to be on the carpet; ~ -ı açar one topic leads to another; ~ olsun diye just for s.th. to say; ~ söyledi balkabağı! you're talking crap!; -a tutmak *(b-ni)* to engage *s.o.* in conversation; -ını *(or* -ınızı) balla kestim excuse me for interrupting you; -ını bilmek to weigh one's words; -ını etm. *(bşin)* to talk about *s.th.*; -la peynir gemisi yürümez actions speak louder than words.
lafazan, lafçı talkative, windy, chatty.
lafebesi, -ni talkative, garrulous.
lafız, -fzı utterance, word.
lağap *s.* lakap.
lağar skinny *(animal)*.
lağım 1. sewer, drain; **2.** ⚔ mine; underground tunnel; ~ açmak to dig a drain; ~ atmak to explode a mine; ~ çukuru cesspool, sinkhole; ~ kuyusu = ~ çukuru; ~ sıçanı *zo.* brown rat; ~ suları sewage; -la atmak to blast.
lağımcı sewerman.
lağ:v, -ğvı abolition.
lağvetmek [x . .] to abolish, to do away (-*i* with).
lahana [x . .] ⚘ cabbage.
lahavle [- x .] my God!
lahika 1. appendix, addendum; **2.** *gr.* suffix.
lahit, -hdi **1.** sarcophagus; **2.** walled tomb.
lahmacun *a kind of meat pizza.*
lahza instant, moment, trice, second.
lailaheillallah there is no god but God.
lak, -kı *s.* laka.
laka [x .] lac; shellac; lacquer, varnish.
lakap, -bı nickname; ~ takmak to nickname.
lakayt indifferent, unconcerned; nonchalant; ~ kalmak *(bşe or bşe karşı)* to be indifferent towards *s.th.*, to remain unmoved by *s.th.*
lakaytlık indifference, unconcern; nonchalance.
lake lacquered; shellacked.
lakerda salt bonito.
lakırdı 1. word(s), talk; **2.** conversation, chat; **3.** gossip; ~ altında kalmamak to give as good as one gets, to be quick to retort; ~ etm. **1.** to chat, to talk; **2.** to gossip; ~ taşımak to tell tales; -ya boğmak *(bir konuyu)* to drown *a subject* in a flood of words; -yı ağzına tıkamak *(b-nin)* to shut *s.o.* up.
lakırdıcı talkative, chatty.
lakin [x .] but, however.
laklak *fig.* chatter; clatter; ~ etm. to yak, to clatter, to natter, to prattle.
lal, -li **1.** ruby; garnet; **2.** red ink.
lala *hist.* manservant *(who took care of a boy)*.
lalanga [. x .] a kind of pancake.
lale 1. ⚘ tulip; **2.** forked stick; ♀ Devri *hist.* the Tulip Period *(1718-1730)*; ~ soğanı tulip bulb.
lalelik vase.
lalettayin 1. at random, indiscriminately; **2.** any... whatsoever; unexceptional.
lam[1] (micro)slide.
lam[2]: -ı cimi yok I don't want any ifs and

buts.
lama 1. *zo.* llama; **2.** lama.
lamba¹ 1. lamp; **2.** tube; ~ şişesi lamp chimney; -yı açmak to run up the wick *(of a lamp).*
lamba² rabbet.
lambalamak to candle *(eggs).*
lame lamé.
lamise 1. the sense of touch; **2.** *zo.* antenna.
lan 1. hey, you!; **2.** say man!; **3.** listen, buster!
lanet, -ti **1.** curse, imprecation; **2.** damnable, cursed, damned; ~ etm. *(or* okumak) to curse, to damn; ~ olsun! damn!
lanetlemek to curse, to damn.
lanetli = lanet 2.
langır lungur 1. rattling and banging; **2.** brusquely; loutishly.
langırt, -tı **1.** pinball; **2.** fooseball.
langust, -tu *zo.* langouste.
lanolin lanolin(e).
lanse launced; ~ etm. to launch, to introduce.
lantan ⚗ lanthanum.
lap, -pı flop, plop; ~ diye with a flop; ~ ~ with a smacking sound.
lapa porridge; poultice, blister; ~ gibi soft, mushy; ~ ~ kar yağıyor it is snowing in large flakes; ~ koymak *(or* vurmak) to poultice; to blister.
lapacı 1. fond of lapa; **2.** *fig.* flabby, languid.
lappadak with a plop.
largetto ♪ larghetto.
largo ♪ largo.
larp, -pı: ~ diye out of the blue.
larpadak *s.* larp diye.
laser laser.
laskine lansquenet.
laso lasso.
lasta [x .] ⚓ last.
lasteks Lastex.
lastik 1. rubber; **2.** tyre, *Am.* tire; **3.** galosh, rubber, overshoe; **4.** rubber band; elastic band; **5.** rubber, *Am.* eraser; ~ çizme waders, wellington (boot); ~ hortum rubber hose.
lastikli 1. made of rubber; **2.** flexible, elastic; ~ konuşmak *fig.* to speak in double entendres.
lata [x .] lath.
latarna, laterna [. x .] hand *(or* barrel) organ.
latif [. -] nice, pleasant, lovely; amiable; dainty.
latife [. - .] joke, quip, leg-pull; ~ etm. to joke, to wisecrack; ~ latif gerek *pro.* politeness should not be neglected even in a joke.
latifeci witty *(person).*
latilokum *s.* lokum.
Latin *pr. n.* **1.** Latin; **2.** Romance* *(language);* ~ Amerika Latin America; ~ harfleri Latin characters; ~ yelkeni lateen sail.
Latince [x . .] *pr. n.* Latin.
latinçiçeği, -ni ⚘ nasturtium.
laubali [- . - -] saucy, pert, free-and-easy.
laubalileşmek to become saucy.
laubalilik sauciness, pertness.
lav *geogr.* lava.
lava [x .] ⚓ pull! *(on the oars).*
lavabo washbasin, lavatory, *Am.* sink.
lavaj 1. ⚒ washing; sluicing; **2.** ⚕ lavage.
lavanta [. x .] **1.** ⚘ lavender; **2.** lavender water.
lavdanom [x . .] *pharm.* laudanum.
lavman ⚕ **1.** enema; **2.** enemator.
lavta¹ [x .] ♪ lute.
lavta² [x .] ⚕ **1.** obstetrical forceps; **2.** obstetrician.
layık, -ğı **1.** worthy (-e of); fit to be; **2.** suitable, proper, appropriate; ~ görmek *(b-ni bşe)* to deem *s.th.* worthy of *s.o.;* ~ olm. to deserve, to be worthy (-e of). to suit; layığını bulmak **1.** to find a suitable mate; **2.** to get one's deserts.
layıkıyle properly, adequately.
layiha ⚖ proposal, memorandum.
layik, -ki secular, nonclerical.
layikleştirmek to secularize, to laicize.
layiklik secularism, laicism.
layter ⚓ lighter.
Laz *pr. n.* Laz.
laza small trough *(for honey).*
lazım 1. necessary, needed; **2.** *gr.* intransitive *(verb);* ~ olm. *(or* gelmek) to be necessary *(or* needed).
lazımlık potty, (chamber) pot.
leb: ~ demeden leblebiyi anlamak to be able to read s.o.'s **thoughts.**
lebaleb [x - .] brimful.
lebiderya 1. on the sea, seaside *(building);* **2.** seashore.
leblebi 1. roasted chickpeas; **2.** *fig.* bullet.
ledün, -nnü knowledge of the nature of God.
leğen 1. washtub; washbowl; **2.** *anat.* pelvis.
Leh *pr. n.* **1.** Pole; **2.** Polish.
leh in favo(u)r of. for; -inde bulunmak to speak in favo(u)r (-*in* of); -inde olm. to be in favo(u)r (-*in* of); -te oy vermek to vote for; -te ve aleyhte pro and con.

for and against.
Lehçe *pr. n.* Polish.
lehçe dialect.
lehim solder.
lehimci solderer.
lehimlemek to solder.
lehimli soldered.
Lehistan *pr. n.* Poland.
lehtar [ā] ⚖ beneficiary.
leke 1. stain *(a. fig.)*, blot *(a. fig.)*, spot; 2. blemish, fleck, spot; birthmark; ~ etm. to stain; ~ getirmek *(b-ne) fig.* to blacken *s.o.*, to besmirch *s.o.*; ~ olm. to become stained; ~ sürmek *fig.* to blacken, to besmirch; ~ yapmak to stain, to leave *(or* make) a stain (on).
lekelemek 1. to stain; to soil; 2. *fig.* to blacken, to besmirch, to sully.
lekeli 1. stained, spotted; 2. *fig.* of bad repute, dishono(u)red.
lekelihumma typhus.
lekesiz 1. spotless; 2. *fig.* of repute.
leksikografi lexicography.
lenduha [ū] hulking.
lenf(a) lymph.
lenfatik ⚕ lymphatic.
lenger 1. large deep dish; 2. ⚓ anchor.
lengüistik linguistics.
lento 1. lintel; 2. ♪ lento.
leopar *zo.* leopard.
lepiska [. x .] flaxen *(hair)*.
lesepase laissez-passer.
leş carcass; ~ gibi 1. stinking to high heaven; 2. bone-lazy; -ini çıkarmak *(b-nin)* to beat the tar out of *s.o.*; -ini sermek *(b-nin)* to do *s.o.* in, to bum *s.o.* off.
leşkargası, -nı *zo.* hooded crow.
letafet, -ti [ā] charm, grace, winsomeness; delicacy.
Levanten *pr. n.* Levantine.
levazım [ā] impedimenta, supplies, provisions.
levha sign(board); panel, slab.
levye rod, lever, crowbar.
levrek *zo.* sea bass.
leydi lady.
leylak, -kı ⚘ lilac.
leylek *zo.* stork.
leyli boarding; ~ mektep boarding school ~ talebe boarder.
leziz delicious, tasty, tasteful.
lezzet, -ti 1. taste, flavo(u)r; 2. pleasure; ~ almak (*or* duymak) *(bşden)* to enjoy *s.th.*, to find pleasure in *s.th.*
lezzetlenmek to become tasty.
lezzetli delicious, tasty, tasteful.
lezzetsiz tasteless.
lığ *geol.* alluvium.
lığlı *geol.* alluvial, alluvian.
lıkırdamak to glug, to gurgle.
lıkır lıkır with a gurgle.
liberal, -li liberal.
liberalizm liberalism.
libre [x .] 1. pound; 2. libra.
libretto ♪ libretto.
Libya *pr. n.* Libya.
lider [x .] 1. leader; 2. leading, first-rate.
liderlik leadership.
lif [ī] 1. fibre, *Am.* fiber; 2. ⚘ luffa, loofah.
lifli fibrous.
lig, -gi *sports:* league.
lika [x .] lac(ca).
liken ⚘, ⚕ lichen.
likidasyon ⚚ liquidation.
likide etm. ⚚ to liquidate.
likidite ⚚ liquidity.
likit fluid, liquid.
likorinoz smoked fish.
likör liqueur.
liman harbo(u)r; (sea)port.
limanlamak 1. to come into harbo(u)r; 2. to die down *(wind)*.
limanlık 1. suitable for a harbo(u)r; 2. windless; 3. calm *(sea)*.
limba [x .] ⚓ barge.
limbo [x .] *s.* limba.
lime [ī]: ~ ~ in tatters *(or* rags).
limit, -ti limit.
limitet, -ti ⚚ limited; ~ şirket limited company.
limon ⚘ lemon; ~ gibi pale *(face)*; ~ sarısı lemon yellow; ~ sıkmak *fig.* to wet-blanket *(a conversation)*.
limonata [. . x .] lemonade; ~ gibi cool and pleasant *(weather)*.
limonatacı lemonade seller.
limoni [. - -] 1. lemon *(or* pale) yellow; 2. *fig.* bad, sour *(relations)*; 3. *fig.* snappish, fractious.
limonküfü bluish green.
limonluk 1. greenhouse; 2. lemon squeezer; 3. parapet.
limontozu; -nu, **limontuzu**, -nu citric acid.
linç, -çi lynching; ~ etm. to lynch.
link, -ki trot; ~ gitmek to trot.
linolyum linoleum.
linotip, -pi linotype.
linyit, -ti lignite.
lir ♪ lyre.
lira *(Turkish)* lira *(or* pound).
liralık worth... liras.
liret, -ti *(Italian)* lira.
lirik *lit.* lyrical.
lisan language, tongue; -a gelmek to

begin to speak *(for s.th. nonhuman).*
lisans 1. licence, *Am.* license; certificate; 2. bachelor's degree; 3. import *or* export licence; 4. licence to manufacture; ~ yapmak to study for a bachelor's degree.
lisanslı licenced; certified.
lisansüstü (post)graduate.
lise [x .] high school.
liseli high-school student.
liste [x .] list; -ye geçirmek to list.
litografya, litografi lithography.
litre [x .] litre, *Am.* liter.
liva † 1. ✕ brigade; 2. ✕ brigadier general; 3. banner, flag.
livar fishweir, fishgarth.
liyakat, -ti [. - .] merit, worthiness, suitability; competence; ~ göstermek to prove capable.
liyakatli [. - . .] worthy, deserving; competent.
liynet, -ti looseness *(of the bowels).*
lizol, -lü Lysol.
lobi lobby *(a pol.)*
lobut, -tu 1. *sports:* Indian club; 2. club, cudgel.
loca [x .] 1. *thea.* box; 2. Masonic lodge.
lodos 1. southwest wind; 2. south; ~ poyraz *fig.* he blows hot and cold.
logaritma ⩚ logarithm.
loğ roller.
loğlamak to roll with a roller.
loğusa woman in childbed.
loğusalık childbed, confinement.
lojistik ✕ logistics.
lojman lodging *(for workers and employees).*
lokal, -li 1. local headquarters, clubroom; 2. local *(a.* ⚕*)*; 3. rendezvous, haunt.
lokanta [. x .] restaurant.
lokantacı [. x . .] restaurateur.
lokavt, -tı lockout.
lokma 1. morsel, bite; 2. *anat.* condyle; 3. a kind of syrupy friedcake; 4. ⊕ wrench; -sını dökmek *(b-nin)* to make friedcake in memory of *s.o.* who has died.
lokmanruhu, -nu ⚗ ether.
lokomotif 🚂 locomotive, engine.
lokum Turkish delight.
lololo *sl.* nonsense, bull.
lombar ⚓ gunport.
lomboz ⚓ porthole, scuttle.
lonca [x .] guild.
Londra [x .] *pr. n.* London.
Londralı *pr. n.* Londoner.
long-play long-playing record, LP.
lop, -pu 1. round and soft; 2. *anat.* lobe; ~ ~ yutmak to bolt down; ~ yumurta hard-boiled egg.
loppadak [x . .] with a plop.
lopur lopur yemek to bolt down.
lort 1. lord; 2. *F* nabob, moneybags; Lortlar Kamarası the House of Lords.
lostra [x .] shoe polish; ~ salonu shoeshine shop *(or* parlour).
lostracı [x . .] shoeshiner, shoeblack.
lostromo [. x .] ⚓ boatswain, bosun.
losyon lotion.
loş dim, murky, dark, gloomy.
loşluk dimness, murkiness, gloom.
lotarya [. x .] lottery.
Lozan *pr. n.* Lausanne.
lök, -kü 1. awkward, clumsy; 2. male camel.
lökün lute.
lösemi ⚕ leukemia.
lumbago [x . .] ⚕ lumbago.
lunapark, -kı fair, amusement park.
lustur *sl.* shoeshiner.
lutr *zo.* otter (fur).
Lübnan [ā] *pr. n.* Lebanon.
Lübnanlı [ā] *pr. n.* Lebanese.
lüfer *zo.* bluefish.
lügat, -tı 1. dictionary; 2. word; ~ paralamak to use a pompous language.
lügatçe glossary.
lüks 1. luxury; 2. luxurious; 3. lantern; ~ mevki luxury class; ~ vergisi luxury tax; şehrin en lüks otelleri the most luxurious hotels of the city.
Lüksemburg *pr. n.* Luxemb(o)urg.
lüle 1. curl, bob, fold, ringlet, lock *(of hair)*; 2. spout *(of a fountain)*; 3. clay bowl; ~ ~ in curls *(or* ringlets).
lületaşı, -nı *geol.* meerschaum.
lüp, -pü *sl.* 1. windfall; 2. kernel, essence, marrow; ~ diye yutmak to bolt down.
lüpçü *sl.* freeloader, parasite, hanger-on.
lütfen [x .] please.
lütfetmek [x . .] to condescend, to deign, to be so kind as to; to oblige.
lütuf, -tfu kindness, favo(u)r; lütfunda bulunmak to be so good as to, to be so kind as to.
lütufkâr gracious, kind.
lüzum necessity, need; ~ görmek to deem necessary; -unda at a pinch *(or* push), when it's necessary.
lüzumlu necessary, needed.
lüzumsuz unnecessary, unneeded.

M

maada [- . -] **1.** except, apart from; **2.** besides, in addition to; -sı the rest; bundan ~ furthermore.
maaile with the whole family.
maalesef [. x . .] unfortunately.
maarif [. - .] **1.** education, public instruction; **2.** ♀ the Ministry of Education; ~ müdürü superintendent of schools.
maaş salary, stipend, pay; pension; ~ bağlamak to salary, to put on a salary.
maaşlı salaried.
maatteessüf regrettably, I regret to say.
maazallah [. x . -] God forbid!
mabat [- -] continuation, sequel.
mabet temple, place of worship.
mablak spatula; putty knife.
mabut [- -] **1.** God; **2.** god, deity; idol.
Macar[1] *pr. n.* Hungarian; ~ salamı salami.
macar[2] *sl.* louse.
Macarca [. x .] *pr. n.* Hungarian.
Macaristan *pr. n.* Hungary.
macera [- . -] adventure; ~ filmi adventure film; ~ romanı adventure novel; ~ peşinde koşmak to seek adventure; -ya atılmak to get involved in a risky business.
maceracı adventuresome, adventurous.
maceralı adventurous.
maceraperest, -ti *s.* maceracı.
macun [ā] **1.** putty; **2.** paste; **3.** ☤ paste; electuary.
macunlamak [- . . .] to putty.
maç, -çı match; ~ yapmak to hold a match.
maça [x .] *cards:* spade; ~ beyi jack of spades; ~ beyi gibi kurulmak to sprawl; ~ kızı queen of spades.
maçuna [. x .] ⊕ crane.
madalya medal; -nın ters tarafı (*or* yüzü) the other side of the coin.
madalyon locket, medallion.
madam Madame.
madama Ma'am, Lady.
madara *sl.* **1.** worthless; **2.** vulgar, common; ~ olm. *sl.* to feel ashamed.
madde **1.** matter, substance; **2.** article, clause, paragraph; **3.** item, entry; **4.** component, material; **5.** matter, topic, question; ~ ~ article by article, item by item.
maddeci materialist.
maddecilik materialism.
maddesel material.
maddeten [x . .] materially.
maddi [ī] material, physical.
maddiyat, -tı materiality.
madem [x .], **mademki** [. x .] (ā) since, as, seeing that.
maden [ā] **1.** ⚒ mine; **2.** ⚗ metal; **3.** mineral; ~ cevheri ore; ~ damarı lode, vein; ~ işçisi miner; ~ kuyusu mine shaft; ~ mühendisi mining engineer; ~ ocağı mine, pit; ~ ocağı işçisi pitman; ~ yatağı ore bed.
madenci [ā] miner.
madencilik [ā] mining.
madeni [ā] **1.** metal(lic); **2.** mineral; ~ para coin, specie.
madenkırmız ⚗ kermesite.
madenkömürü, -nü hard coal, anthracite.
madensel *s.* madeni.
madensuyu, -nu mineral water.
madik **1.** marbles *(game)*; **2.** *sl.* trick; ~ atmak to pull a fast one (-*e* on).
madrabaz cheat, swindler.
maestro ♪ maestro.
Mafia Maf(f)ia.
mafiş **1.** a kind of fritter; **2.** *F* nothing left, not to be found.
mafsal joint.
mafsallı articulate.
magazin magazine.
magma *geol.* magma.
magnezyum ⚗ magnesium.
Magosa [x . .] *pr. n.* Famagusta.
mağara cave, cavern.
mağaza large store.
mağdur [ū] wronged; ⚖ injured party.
mağduriyet, -ti [ū] unjust treatment.
mağfiret, -ti forgiveness of God.
mağfur [ū] whose sins have been forgiven by God.
mağlubiyet, -ti defeat, beating; -e uğramak to get a beating, to be defeated.
mağlup, -bu defeated, beaten, overcome;

~ etm. to defeat, to beat; ~ olm. to be defeated (*or* beaten).
mağrıp, -bi **1.** the west; **2.** ♀ *pr. n.* the Maghreb.
magrur [ū] **1.** haughty, conceited; **2.** proud.
mahal, -lli place, spot, locality, site; ~ kalmamak to be no longer necessary; -inde on the spot, in situ.
mahalle neighbo(u)rhood, quarter; district, ~ bekçisi night watchman; ~ çapkını timid womanizer; ~ çocuğu urchin, gamin; ~ karısı fishwife.
mahallebi s. muhallebi.
mahalli local; ~ idare local government.
maharet, -ti [. - .] skill, proficiency.
maharetli skillful, proficient.
maharetsiz unskillful.
mahcubiyet, -ti [ū] shyness, bashfulness.
mahcup, -bu [ū] **1.** shy, bashful; **2.** ashamed; ~ etm. to shame, to put to the blush; ~ olm. to be ashamed.
mahcur [ū] ⚖ under interdiction.
mahcuz [ū] ⚖ seized, distrained.
mahdum [ū] ✎ son.
mahdut, -du [ū] **1.** limited, restricted, definite; **2.** bordered (*or* bounded) (*ile* by).
mahfaza case, box, cover.
mahfe howdah.
mahfil † **1.** club, rendezvous; **2.** maksoorah.
mahfuz [ū] **1.** protected, sheltered; **2.** guarded; ~ hisse ⚖ legal (*or* compulsory) portion.
mahfuzen [ū] under guard.
mahıv, -hvı destruction.
mahir [ā] **1.** skil(l)ful, expert; **2.** ♀ *mf.*
mahiyet, -ti [ā] **1.** reality; true nature, character; **2.** the heart (*of a matter*).
mahkeme 1. law court; **2.** trial, hearing; ~ celpnamesi summons, citation; ~ kadıya mülk değil. *pro.* place and power are not everlasting; ~ kararı judg(e)ment, verdict; -de dayısı olm. to have a friend at court, to have friends in high places; -ye düşmek to be taken to court; -ye vermek (*b-ni*) to go to law against *s.o.*, to have the law on *s.o.*, to bring *s.o.* to court.
mahkemelik matter for the courts; ~ olm. to go to court.
mahkûm 1. ⚖ sentenced, condemned; **2.** convict; **3.** forced (*or* obliged) (*-e* to); **4.** destined (*or* doomed) (*-e* to); ~ etm. to sentence (*-e* to), to condemn (*-e* to).
mahkûmiyet, -ti sentence, condemnation.
mahlas pen name, pseudonym.
mahlep, -bi ⚘ mahaleb.
mahluk, -ku creature.
mahlukat, -tı [. - -] creatures.
mahlul, -lü **1.** ⚖ escheated (*property*); **2.** ⚗ solution.
mahmude [ū] ⚘ scammony (resin).
mahmur [ū] **1.** logy, groggy (*from sleep*); **2.** fuddled (*from drink*); **3.** half-closed (*eye*); **4.** heavy-eyed, sleepy-eyed; **5.** lovesick, languishing (*look*).
mahmurluk 1. grogginess, loginess; **2.** listlessness.
mahmuz [ū] **1.** spur; **2.** ⚓ ram, rostrum.
mahmuzlamak to spur.
mahpus [ū] **1.** prisoner; **2.** imprisoned; captive.
mahpushane [ū] prison, gaol, *Am.* jail.
mahpusluk [ū] imprisonment.
mahreç, -ci **1.** outlet; **2.** source, origin; **3.** 𝔄 denominator.
mahrek, -ki *ast.* orbit.
mahrem 1. confidential, secret, intimate, private; **2.** confidant(e).
mahremiyet, -ti confidentiality, intimacy, privacy.
mahrukat, -tı [. - -] fuel; combustibles.
mahrum [ū] deprived (*-den* of), bereft (*-den* of), destitute (*-den* of); ~ etm. (*or* bırakmak) (*b-ni bşden*) to deprive *s.o.* of *s.th.*, to bereave *s.o.* of *s.th.*; ~ kalmak (*or* olm.) (*bşden*) to be deprived (*or* bereft) of *s.th.*; bundan ~ kaldı he was deprived of this.
mahrumiyet, -ti [ū] deprivation, bereavement; ~ bölgesi hardship area.
mahsuben [ū] to the account (*-e* of), reckoning that...
mahsul, -lü [ū] **1.** crop, yield, produce; product; **2.** *fig.* product, result.
mahsup, -bu [ū] entered in an account; ~ etm. to enter in an account.
mahsur [ū] **1.** stuck; **2.** surrounded; **3.** confined (*-e* to), limited (*-e* to); ~ kalmak to be stuck. (*-de* in).
mahsus 1. peculiar (*-e* to), unique (*-e* to), special (*-e* to); **2.** reserved (*-e* for), set aside (*-e* for); **3.** on purpose, intentionally, deliberately; **4.** as a joke, jokingly; **5.** particularly, especially.
mahşer 1. *isl. myth.* the place where people will gather on the Day of Judgment; **2.** *fig.* throng, press; ~ günü Day of Judg(e)ment.
mahşeri tremendous, huge (*crowd*).
mahut [- -] known.
mahvetmek [x . .] to destroy, to ruin; to wipe out, to obliterate.
mahvolmak [x . .] *pass. of* mahvetmek.

mahya *lights strung between minarets during Ramazan to form words or pictures.*
mahzen cellar, underground storeroom.
mahzun [ū] sad, depressed. dejected grieved.
mahzunlaşmak to become sad, to sadden.
mahzunluk sadness.
mahzur [ū] **1.** drawback, objection; **2.** obstacle, snag; ~ görmek to object (*-de* to).
mahzurlu objectionable; ill-advised, unwise.
mail [ā] **1.** slanting, leaning; **2.** with a bent (*-e* for); **3.** fond (*-e* of).
maişet, -ti [ī] livelihood, means of subsistence.
maiyet, -ti **1.** suite, entourage; **2.** employ, service; -inde *(b-nin)* in *s.o.'s* suite, at *s.o.'s* side.
majeste His *(or* Her) Majesty; -leri (His, Her, Your) Majesty.
majör ♪ major.
majüskül majuscule.
makadam macadam.
makale [. - .] article.
makam [. -] office, post, portfolio, position ~ arabası official car; ~ şoförü chauffeur.
makamlı [. - .] harmonious.
makamsız [. - .] inharmonious, discordant.
makara reel; bobbin; spool; pulley; drum, barrel; ~ gibi konuşmak to talk nonstop; -ları koyuvermek to burst into laughter; -ya almak to make fun (*-i* of); -yı takmak *(b-ne)* to pull *s.o.'s* leg.
makarna [. x .] macaroni; spaghetti.
makas 1. scissors; shears; **2.** *mot.* spring; **3.** 🚂 switch, points; **4.** *sl.* pinch *(on one's cheek);* ~ almak *(b-den)* to pinch *s.o.'s* cheek; ~ ateşi ⚔ crossfire; ~ dili switch *(or* point) rail; ~ hakkı the remnants of cloth; ~ vurmak to put the scissors (*-e* to), to cut.
makasçı 1. scissors man; **2.** 🚂 switchman, pointsman.
makaslama 1. *vn. of* makaslamak; **2.** crosswise; **3.** *swimming:* scissors kick.
makaslamak 1. to scissor; **2.** *sl.* to pinch *(s.o.'s cheek).*
makastar cutter.
makat, -tı anus; buttocks, rump.
makber grave.
makbul, -lü [ū] welcome, acceptable; satisfactory, liked; -e geçmek to be welcome, to touch the spot.
makbuz [ū] receipt; ~ kesmek to write a receipt, to receipt.
Makedonya [. . x .] *pr. n.* Macedonia.
maket, -ti maquette.
maki maquis, scrub.
makine [x . .] **1.** machine; **2.** motor, engine; mechanism; **3.** *P* car; **4.** *sl.* pistol; ~ dairesi ⚓ engine room; ~ gibi **1.** efficient; mechanical; **2.** mechanically; ~ gibi adam efficient man; ~ mühendisi mechanical engineer; ~ yağı machine *(or* lubricating) oil; -yi bozmak *co.* to get diarrhea *(or* the squirts).
makineci mechanic, machinist.
makineleşmek 1. to become mechanized; **2.** to become machinelike.
makineleştirmek to mechanize.
makineli [x . . .] fitted with a machine; ~ tüfek machine-gun.
makinist, -ti **1.** engine-driver; **2.** machinist.
makrama 1. tassel; **2.** head scarf.
maksat, -dı purpose, intention, aim, object, end; ~ gütmek to cherish a secret intention.
maksatlı purposeful.
maksi maxi; ~ etek maxi skirt.
maksim place containing a large reservoir.
maksimum maximum.
maksure [ū] maksoorah.
maksut, -du [ū] intention, purpose.
maktu, -uu [ū] **1.** fixed *(price);* **2.** for a lump sum; ~ fiyat fixed price.
maktul, -lü [ū] killed, murdered; ~ düşmek to be murdered *(or* killed).
makul, -lü [ū] sensible, reasonable; ~ konuşmak to talk sense.
makyaj make-up; ~ yapmak to make up, to put on make-up.
mal 1. goods, merchandise; **2.** property, possession; **3.** wealth, riches; assets; **4.** cattle; **5.** *sl.* loose *(woman);* **6.** *sl.* heroin, skag; **7.** *sl.* bastard, scoundrel; ~ beyanı ⚖ declaration of property; ~ bulmuş Mağribi gibi as happy as a king; ~ canın yongasıdır *pro.* it is hard to part with anything one owns; ~ canlısı greedy, avaricious; ~ edinmek **1.** to acquire wealth; **2.** to appropriate; ~ etm. **1.** *(k-ne)* to appropriate for *o.s.;* **2.** to produce (*-e* at); ~ kaçırmak ⚖ to smuggle goods; ~ müdürü head of the finance office *(in a district);* ~ mülk property, goods; ~ olm. to cost; ~ sahibi landlord, landowner, proprietor; ~ sandığı financial office; -ın gözü **1.** tricky, sly, shifty; **2.** loose, promiscuous *(woman).*
mala [x .] trowel.

malak calf.
malalamak to trowel.
malama *sl.* gold lira.
malarya [. x .] malaria.
malca [x .] as far as wealth is concerned, as to goods *(or* property).
Malezya *pr. n.* Malaysia.
mali financial; fiscal; ~ **buhran** financial crisis; ~ **yıl** fiscal year.
malihulya [ā,ā] 1. groundless fear; 2. † melancholy.
malik, -ki [ā] 1. owner, possessor; 2. owning, possessing; ~ **olm.** to possess, to have, to own; **kendine ~ değildir** he is beside himself.
malikâne [ā] stately home, country estate, mansion.
maliye 1. finance; 2. the Exchequer, the Ministry of Finance, the Treasury; ♀ **Bakanı** Chancellor of the Exchequer, Minister of Finance; ♀ **Bakanlığı** the Exchequer, Ministry of Finance.
maliyeci [ā] financier; economist.
maliyet, -ti [ā] cost; ~ **fiyatı** cost price, prime cost.
malkıran *vet.* cattle-plague.
malt, -tı malt.
Malta *pr. n.* Malta.
Maltalı *pr. n.* Maltese.
maltaeriği, -ni ⚘ loquat.
maltahumması, -nı Malta fever.
maltataşı, -nı Malta stone.
Maltız = **Maltalı**.
malul, -lü 1. invalid, disabled; 2. victim *(of war, disease);* ~ **gazi** disabled veteran.
maluliyet, malullük disability, invalidity.
malum [- -] 1. known; 2. *gr.* active *(voice);* ~ **olmak** to feel in one's bones, to sense; ~ **olduğu üzere** as everybody knows; **-unuz** as you know.
malumat, -tı [- - -] information, knowledge; ~ **almak** *(or* **edinmek**) to get information; ~ **sahibi** knowledgeable person; ~ **vermek** to inform (*hakkında* of), to give information (-*e* to); **-ı olm.** *(bşden)* to know about *s.th.*, to be in the know; **-ım yok** I know nothing about it.
malumatfuruş [- - . . -] pedantic.
malumatlı [- - . .] well-informed, knowledgeable.
malumatsız [- - . .] uninformed.
malzeme material, necessaries, supplies; ingredients; equipment.
mama[1] 1. baby food; 2. *(baby talk)* food; ~ **bezi** bib.
mama[2] *sl.* madam *(of a brothel).*
mamafih [- - .] nevertheless, however.
mamaliga [. . x .] dish made of corn flour.
mamul, -lü [- -] 1. product, manufacture; 2. made (-*den* of), manufactured (-*den* from).
mamulat, -tı [- - -] products, manufactures.
mamur [- -] prosperous, flourishing *(place);* well-cultivated *(land).*
mamut, -tu *zo.* mammoth.
mana 1. meaning; sense; significance; 2. expression *(of the face, etc.);* ~ **çıkarmak** to interpret amiss, to misunderstand; ~ **vermek** to interpret, to make sense (-*e* of); **-sına gelmek** to mean, to signify.
manalı 1. meaningful; 2. expressive, allusive, significant.
manasız 1. meaningless, senseless; pointless, 2. out of place, inappropriate.
manastır monastery.
manav 1. greengrocer, fruiterer; 2. greengrocer's, greengrocery.
manca [x .] pet food.
mancana [. x .] ⚓ scuttle.
mancınık catapult; mangonel; ballista.
manda[1] *zo.* water buffalo; ~ **gibi** hulk.
manda[2] *pol.* mandate.
mandal 1. clothes-peg, *Am.* clothespin; 2. latch; tumbler; catch; 3. ♪ tuning peg *(of a violin, etc.);* 4. ⊕ pawl.
mandalina [. . x .] ⚘ tangerine, mandarin.
mandallamak 1. to peg up, *Am.* to pin up *(laundry);* 2. to latch *(door).*
mandapost, -tu postal money order.
mandarin = **mandalina**.
mandater: ~ **devlet** mandatory, mandatary.
mandepsi *sl.* trick, deceit; **-ye basmak** *sl.* to be duped *(or* tricked).
mandıra [x . .] dairy (farm), cheesery.
mandıracı dairyman; dairywoman.
mandolin ♪ mandolin.
manej manège.
manen [x .] spiritually; ~ **ve maddeten** in body and in spirit.
manevi [ī] spiritual, moral; ~ **destek olm.** to give moral support; ~ **evlat** adopted child; ~ **işkence** ⚖ mental cruelty.
maneviyat, -tı [- . . -] morale, spirit; **-ı bozulmak** 1. to feel low; 2. to lose heart.
manevra [. x .] 1. manoeuvre, *Am.* maneuver *(a.* ⚔, ⚓, *fig.);* 2. 🚂 shunting; ~ **fişeği** ⚔ blank (cartridge); ~ **lokomotifi** 🚂 shunting engine, shunter; ~ **yapmak** 1. ⚔ to manoeuvre, *Am.* to maneu-

ver; **2.** 🚂 to shunt.
manga [x .] **1.** ⚔ squad; **2.** ⚓ mess.
mangal brazier; ~ kömürü charcoal; -da kül bırakmamak *sl.* to talk big.
manganez, mangan ⚗ manganese.
mangır *sl.* money, dough, tin.
mangırsız *sl.* penniless, broke, without a bean.
mangiz *sl.* money, dough, tin; ~ tutmak *sl.* to be in funds.
mani[1] [ā] ballad.
mani[2] *psych.* mania.
mâni **1.** obstacle, impediment, hindrance; **2.** hindering, preventing; ~ olm. to prevent, to hinder.
mânia [- . .] obstacle, hindrance, barrier.
mânialı [- . . .] rough, uneven *(country)*; ~ koşu hurdle race; steeplechase.
manidar [- . -] *s.* **manalı.**
manifatura [. . . x .] drapery, *Am.* dry goods.
manifaturacı draper.
manifesto [. . x .] ⚓ manifest.
manikür manicure.
manikürcü manicurist.
maniple [. x] *tel.* sending *(or* signalling) key.
manita [. x .] *sl.* **1.** girlfriend, bird, *Am.* chick; **2.** swindle.
manivela [. . x .] lever, crank, crowbar, handspike; ~ kolu lever-arm.
mankafa [x . .] blockheaded, thickheaded.
manken model; mannequin, manikin, dummy, lay figure.
manolya [. x .] ⚘ magnolia.
manometre manometer.
mansiyon hono(u)rable mention.
Manş Denizi *pr. n.* the English Channel.
manşet, -ti **1.** newspaper headline; **2.** cuff.
manşon muff.
mantar **1.** mushroom; fungus; toadstool; **2.** (bottle) cork; **3.** muzzle, snout; **4.** cork *(for a popgun)*; **5.** *sl.* lie; ~ atmak *sl.* to lie, to fib; ~ gibi yerden bitmek to mushroom; ~ tabancası popgun; -a basmak *sl.* to be duped *(or* taken in).
mantarlı corked *(bottle)*.
mantarmeşesi, -ni ⚘ cork oak.
mantı[1] *a ravioli-like dish served with yogurt.*
mantı[2] ⚓ pulley *(for hoisting the topsail yard).*
mantık logic.
mantıkçı logician.
mantıkdışı, -nı alogical.
mantıki [ī] logical.
mantıklı logical.
mantıksız illogical.
manto [x .] *(woman's)* coat.
manya ⚕ mania.
manyak **1.** ⚕ maniac; **2.** *F* crazy, nutty.
manyaklık *F* craziness, nuttiness.
manyetik magnetic; ~ alan magnetic field.
manyetizma magnetism.
manyeto magneto.
manyezit, -ti magnesium silicate.
manzara **1.** scene, view; scenery, panorama; **2.** appearance.
manzaralı scenic.
manzum *lit.* written in verse.
manzume [ū] **1.** *lit.* poem, verses; **2.** system.
maral *zo.* doe.
marangoz joiner, carpenter, cabinetmaker.
marangozbalığı, -nı *zo.* sawfish.
marangozluk joinery, carpentry.
maraton marathon.
maraz **1.** ⚕ disease, sickness; **2.** *fig.* grouchy, bad-tempered.
maraza [- . .] quarrel, row.
marazi [ī] pathological.
marda cullage, discarded goods.
mareşal, -li ⚔ (field) marshal.
mareşallik ⚔ marshalship.
margarin margarine.
margarit, -ti ⚘ marguerite.
marifet, -ti [ā] **1.** skill, talent, craft; **2.** *iro.* piece of work, little masterpiece.
marifetli [ā] skilled, talented, skil(l)ful.
mariz[1] sick(ly), ill.
mariz[2] *sl.* beating; ~ atmak *(b-ne)* *sl.* to give *s.o.* a beating.
marizlemek *sl.* to beat up, to tan s.o.'s hide.
marj margin.
marjinal, -li ✝ marginal.
mark, -kı mark.
marka [x .] **1.** trademark; **2.** brand, make; **3.** *football:* blocking; **4.** token; **5.** sign, mark.
markalamak **1.** to trademark; **2.** to mark.
markalı **1.** trademarked; **2.** marked.
markasız unmarked.
marki marquis, marquess.
markiz marquise, marchioness.
markizet, -ti marquisette.
Marksist, -ti *pr. n.* Marxist.
Marksizm *pr. n.* Marxism.
Marmara Denizi, -ni *pr. n.* the Sea of Marmara.
marmelat, -tı marmalade.

maroken morocco (leather)
marpuç, -cu tube of a nargileh.
mars etm. *backgammon:* to skunk.
Mars *ast.* Mars.
Marsilya *pr. n.* Marseilles.
marş 1. ⚔ forward, march!; 2. *mot.* starter; 3. ♪ march; ~ ~! 1. ⚔ run!; 2. *F* get going!; -a basmak to press the starter.
marşandiz goods *(or* freight) train.
marşpiye *mot.* footboard.
mart, -tı March; ~ havası changeable *(or* unpredictable) weather; ~ kapıdan baktırır, kazma kürek yaktırır *pro.* cast not a clout ere May be out.
martaval *sl.* humbug, bull, hot air, guff, baloney; ~ atmak (*or* okumak) *sl.* to bullshit, to talk nonsense.
martavalcı *sl.* bullshitter, liar.
martı *zo.* (sea) gull.
martini martini.
maruf [- -] (well-)known, famous.
marul cos, romaine, lettuce.
maruz [- -] exposed *(or* subject) (*-e* to); ~ bırakmak to expose (*-e* to); ~ kalmak to be exposed *(or* subjected) (*-e* to); güneşe ~ kalmak to be exposed to the sun.
maruzat, -tı [- - -] petitions, representations.
marya *zo.* 1. ewe; 2. female animal.
mas, -ssı *ast., phys.* suction; soakage; absorption.
masa [x .] 1. table; 2. desk; ~ başında at table; ~ örtüsü tablecloth.
masaj massage; ~ yapmak to massage.
masajcı masseur; masseuse.
masal 1. story, tale; fable; 2. *fig.* bull, cock-and-bull story; ~ okumak (*or* anlatmak) *F* to give a cock-and-bull story.
masalcı storyteller.
masat *(butcher's)* steel.
masatenisi, -ni table tennis, ping-pong.
mask *(actor's)* mask.
maskara 1. clown, buffoon, laughingstock; 2. silly, ridiculous, ludicrous; 3. droll person; cutup; 4. mascara; ~ etm. *(b-ni)* to make *s.o.* a laughingstock, to pillory; ~ olm. to become a figure of fun; -ya çevirmek *(b-ni, bşi)* to make a fool of *s.o., s.th.*
maskaralanmak to clown around, to play the buffoon.
maskaralık 1. clowning (around), buffoonery; 2. disgrace; ~ etm. to play the buffoon, to clown around.
maske [x .] mask; -sini atmak *fig.* to let one's mask drop, to show one's true colo(u)rs; -sini kaldırmak *(b-nin) fig.* to show *s.o.* up, to expose *s.o.*, to unmask *s.o.*
maskelemek to mask.
maskeli masked; ~ balo masked *(or* fancy dress) ball, masquerade.
maskot, -tu mascot.
maslahat, -tı business, affair.
maslahatgüzar [. . . . -] *pol.* chargé d'affaires.
maslak 1. pipe; 2. stone trough.
masmavi [x - .] very *(or* deep) blue.
mason Freemason, Mason.
masonluk Freemasonry, Masonry.
masör masseur.
masöz masseuse.
masraf 1. expense(s), expenditure(s), outlay, outgoings; ~ etm. to go to expense, to spend money; ~ görmek to shell out some money; ~ kapısı açmak to cause expenses; -a girmek to go to expense; -a sokmak to put to expense; -ı çekmek to bear the expenses; -ı kısmak to reduce *(or* cut) expenses; -tan kaçmamak to avoid expense; -tan kaçmamak to spare no expense.
masraflı expensive, costly, dear.
masrafsız inexpensive, cheap.
massetmek [x . .] to suck *(or* soak) up, to absorb.
mastar 1. *gr.* infinitive; 2. gage, template.
mastika [. x .] mastic.
masturbasyon masturbation; ~ yapmak to masturbate.
masum [- -] 1. innocent, guiltless; 2. little child.
masumane [- - - .] innocently.
masumiyet, -ti [- - . .] innocence.
masun [ū] 1. guarded, protected (*-den* from); safe; 2. ⚖ inviolable.
masuniyet, -ti [ū] 1. safety, security; 2. ⚖ immunity; inviolability.
masura [. x .] 1. bobbin; 2. spout.
maşa 1. (pair of) tongs; 2. *fig.* cat's-paw, tool, dummy, front; ~ gibi dark and thin *(person)*; ~ gibi kullanmak *(b-ni) fig.* to use *s.o.* as a cat's paw; ~ kadar teeny-weeny *(baby)*; ~ varken elini yakmak *fig.* to burn one's fingers; -sı olm. *(b-nin) fig.* to be *s.o.'s* cat's paw *(or* tool).
maşalamak to crimp with a curling iron *(hair)*.
maşallah [- . .] [x . .] 1. may God preserve him from evil!; 2. magnificent!, wonderful!; -ı var he is unusual today.
maşatlık non-Muslim cemetery.
maşlah long and open-fronted cloak.

maşrapa mug; dipper.
mat¹, -tı *chess:* (check)mate; ~ **etm. 1.** to checkmate; **2.** *fig.* to silence; ~ **olm. 1.** to be checkmated; **2.** *fig.* to be silenced.
mat², -tı mat(t), *Am.* matte, dull, lusterless.
matador matador.
matah *contp.* prize package , great shakes.
matara [. x .] canteen, flask, water-bottle.
matbaa printing house, press.
matbaacı printer.
matbaacılık printing.
matbu, -uu [ū] printed *(matter).*
matbua [ū] printed matter.
matbuat, -tı [. - -] the press; ~ **hürriyeti** freedom of the press.
matem [ā] mourning; ~ **havası** (*or* **marşı**) funeral march; ~ **tutmak** to mourn.
matematik mathematics.
matematikçi 1. mathematician; **2.** *F* mathematics teacher.
matemli [ā] **1.** in mourning; **2.** mournful.
materyalist, -ti materialist.
materyalizm materialism.
materyel material, supplies.
matine matinée.
matiz¹ *sl.* dead drunk, pissed, soused.
matiz² ⚓ making a long splice.
matkap, -bı drill; auger; gimlet.
matlaşmak to become dull.
matlaştırmak to dull.
matlup, -bu [ū] † credit, receivable account.
matmazel Miss, Mademoiselle.
matrah category of taxed goods, standard.
matrak *sl.* funny, droll, amusing; ~ **geçmek** *sl.* to make fun (*or* mock) (**ile** of).
matris *typ.*, ⚒ matrix.
matuf [- -] aimed (**-e** at), directed (**-e** towards).
maun ⚘ mahogany.
maval *sl.* cock-and-bull story; ~ **okumak** *sl.* to give a cock-and-bull story.
mavi [- .] blue; ~ **boncuk** blue bead; ~ **kâğıt almak** to get fired; **-ye çalmak** to be bluish.
mavileşmek to turn blue.
mavilik blueness.
mavimsi [ā], **mavimtırak** [- . . .] bluish.
maviş blue-eyed.
mavna [x .] barge, lighter.
mavzer Mauser rifle.
maya 1. yeast, ferment; leaven; **2.** *fig.* origin, essence, marrow, blood; **-sı bozuk** no-good, corrupt *(person).*
mayalamak to yeast, to leaven.
mayalı yeasted; leavened.
mayasıl eczema.
mayasız unleavened, unfermented.
maydanoz ⚘ parsley.
mayhoş 1. sourish, tart; **2.** *fig.* cool *(relations).*
mayın ⚔ mine; ~ **dökmek** to mine, to lay mines (**-e** in); ~ **tarama gemisi** minesweeper; ~ **tarlası** minefield.
mayınlamak ⚔ to mine.
mayıs May.
mayısböceği, -ni *zo.* cockchafer.
mayışmak *sl.* to get drowsy.
mayi [- -] liquid, fluid.
maymun 1. *zo.* monkey; ape; **2.** *fig.* droll *(person);* ~ **gözünü açtı** *fig.* he has learned his lesson; ~ **iştahlı** inconstant, fickle; ~ **suratlı** like the back (end) of a bus.
maymuncuk skeleton key, picklock.
mayo [x .] **1.** bathing suit, swimsuit; trunks; **2.** leotard.
mayonez mayonnaise.
maytap, -bı small fireworks, sparkler; **-a almak** *(b-ni)* to take the mickey out of *s.o.*
mazbata official report, protocol, minutes.
mazbut, -tu [. -] **1.** disciplined, orderly; **2.** well-built, solid *(building);* **3.** recorded.
mazeret, -ti [ā] excuse.
mazeretli [ā] excusable, justifiable.
mazeretsiz unjustifiable, unwarranted.
mazgal crenel, embrasure.
mazhar 1. the object of *(honours, favour, etc.);* **2.** ♀ *mf.;* ~ **olm.** *(bşe)* to be the object (*or* recipient) of *s.th.*
mazı 1. ⚘ arborvitae; **2.** gallnut, gall-apple.
mazi [- -] **1.** the past, bygones; **2.** *gr.* the simple past tense; **-ye karışmak** to belong to bygone days.
mazlum [ū] **1.** oppressed, wronged; **2.** *fig.* inoffensive, compliant; **3.** ♀ [x .] *mf.*
mazmun [ū] *lit.* witticism, pun.
maznun [ū] ⚖ **1.** suspected, accused; **2.** suspect.
mazot, -tu diesel oil (*or* fuel).
mazur [- -] excused; excusable; ~ **görmek** to excuse, to pardon, to hold excused.
meal, -li [ā] meaning, purport.
meblağ amount, sum *(of money).*
mebni [ī] based (**-e** on), because (**-e** of).
mebus deputy, member of parliament.

mebusluk deputyship.
mebzul, -lü [ū] abundant, lavish.
mecal, -li [ā] power, strength; ~ bırakmamak *fig.* to wear out.
mecalsiz [ā] weak, exhausted, powerless.
mecaz [ā] figure of speech, trope; metaphor.
mecazen [ā] figuratively; metaphorically.
mecazi [. - -] figurative; metaphorical.
mecbur [ū] forced (*-e* to), compelled (*-e* to), obliged (*-e* to); ~ etm. to force, to oblige, to compel; ~ olm. (*or* kalmak) to be forced (*or* obliged *or* compelled) (*-e* to).
mecburen [ū] [. x .] compulsorily, out of necessity, perforce.
mecburi [. - -] compulsory, obligatory; ~ iniş ✈ forced landing, crash-landing; ~ istikamet one way.
mecburiyet, -ti [ū] compulsion, obligation; ~ halinde at a push (*or* pinch).
meccanen [ā] free, gratis.
meccani [. - -] free, gratuitous.
mecelle 1. volume, book; **2.** ⚖ civil code.
mecidiye, mecit *hist.* silver coin.
meclis 1. assembly, council; **2.** meeting; Meclisi Mebusan the Ottoman Parliament.
mecmu, -uu [ū] **1.** whole, all; **2.** A sum, total.
mecmua [ū] magazine, periodical.
mecnun [ū] **1.** mad, insane, crackers; **2.** love-crazed.
mecra [ā] **1.** watercourse, conduit; **2.** *fig.* the course (*of events*).
Mecusi [. - -] *pr. n.* Zoroastrain, Mazdean.
meczup, -bu [ū] insane, crazy.
meç *fencing:* foil, rapier.
meçhul, -lü [ū] **1.** unknown; **2.** *gr.* passive.
medar [ā] **1.** *ast.* orbit; **2.** *geogr.* tropic; **3.** support, help; **4.** means; reason, cause; ~ olm. to help, to aid.
meddah [ā] **1.** public storyteller; **2.** eulogist.
meddücezir, -zri ebb and flow, tide.
medeni 1. civilized; **2.** ⚖ civil; ~ haklar civil rights; ~ hal marital status; ~ hukuk civil law; ~ kanun civil code; ~ nikâh civil marriage.
medenileşmek to become civilized.
medenileştirmek to civilize.
medeniyet, -ti civilization.
medeniyetsiz uncivilized.
medet help, aid; ~ Allah! help me, God!; ~ beklemek (*or* ummak) to hope for help (*-den* from).
medih, -dhi prise, eulogy.
medikososyal medico-social.
Medine *pr. n.* Medina.
medrese *hist.* medresseh, madrasa, madrasah.
medreseli student at a medresseh.
medüz *zo.* medusa, jellyfish.
medyum medium.
medyun [ū] indebted.
mefhum [ū] concept.
mefkûre ideal.
mefkûrecilik idealism.
mefluç, -cu paralyzed.
mefruşat, -tı [. - -] **1.** furnishings; **2.** fabrics.
meftun [ū] charmed, captivated; infatuated; ~ olm. to be charmed (*or* captivated) (*-e* by).
megafon megaphone.
megaloman megalomaniac.
megavat, -tı. *phys.* megawatt.
meğer [x .] it seems that..., apparently..., but, however.
meğerki [x . .] unless.
mehil respite, grace period, extension, delay.
Mehmetçik *pr. n.* the Turkish 'Tommy'.
mehtap, -bı [ā] moonlight, moonglow.
mehtaplı [ā] moonlit.
mehter member of a Janissary band; ~ takımı Janissary band.
mekân 1. place; **2.** residence, abode; **3.** *phls.* space.
mekanik 1. mechanics; **2.** mechanical.
mekanizm *phls.* mechanism.
mekanize ⚔ mechanized.
mekanizma [. . x .] mechanism.
mekik shuttle; ~ dokumak to shuttle.
Mekke *pr. n.* Mecca.
mekruh [ū] abominable.
Meksika *pr. n.* Mexico.
Meksikalı *pr. n.* Mexican.
mektep, -bi school; ~ arkadaşı schoolmate; ~ kaçağı truant; ~ medrese görmüş educated; mektebi asmak to play truant (*or* hooky), to cut school.
mektepli student, pupil, schoolkid.
mektup, -bu letter; ~ atmak to mail (*or* post *or* send) a letter; ~ üstü address on a letter.
mektuplaşmak to correspond (*ile* with).
melaike angels.
melal, -li boredom; tedium.
melamin melamine.
melankoli melancholy.
melankolik melancholic.

melce sanctuary, refuge, asylum.
melek 1. angel; 2. ♀ *wf.*
meleke 1. aptitude, knack, bent; 2. faculty; 3. skill.
melemek [- . .] to bleat.
melez 1. hybrid, crossbred; 2. of mixed race (*or* blood).
melezlemek to crossbreed, to hybridize.
melezlik hybridity, hybridism.
melhem *s.* merhem.
melik, -ki 1. sovereign, ruler, king; 2. ♀ *mf.*
melike 1. queen, ruler, sovereign; 2. ♀ *wf.*
melodi melody.
melodik melodic.
melodram melodrama.
melon (şapka) bowler, derby (hat).
melun damned, cursed.
melül, -lü sad, blue, low-spirited.
memba, -aı spring; fountainhead, source (*a. fig.*).
meme 1. breast, boob, *anat.* mamma; 2. dug, udder; 3. ⊕ nozzle; ~ başı (*or* ucu) teat, nipple; ~ çocuğu suckling; ~ emmek to suck, to nurse; ~ vermek to suckle; -den kesmek (*çocuğu*) to wean (*a child*).
memeli *zo.* mammiferous; ~ hayvanlar mammals.
memeliler *zo.* mammals.
memeş slaver, slobber.
memişhane *F* loo, john.
memleket, -ti 1. country, land; 2. home town; 3. fatherland.
memleketli fellow countryman, compatriot.
memnu, -uu [ū] forbidden, prohibited.
memnun [ū] pleased, delighted, glad, contented, satisfied; ~ etm. to please, to satisfy; ~ olm. to be pleased (*or* satisfied), to be glad.
memnuniyet, -ti [ū] pleasure, gladness, gratitude, delight, content, satisfaction; ~ verici satisfactory, pleasurable, delightful.
memnuniyetle [ū] with pleasure, gladly.
memorandum [. . x .] memorandum.
memul, -lü [- -] hoped, expected; ~ etm. to hope, to expect.
memur civil servant, jobholder, official; employee; ~ etm. (*b-ni bşe*) to commission *s.o.* to do *s.th.*, to charge *s.o.* with *s.th.*
memure female civil servant; female employee.
memuriyet, -ti [- - . .] government job, civil service post.
men, -ni prohibition.
menajer manager.
mendebur 1. good-for-nothing (*person*); 2. *F* bastard.
menderes *geogr.* meander.
mendil handkerchief, hanky; ~ sallamak to wave one's handerchief.
mendirek breakwater, mole.
menekşe 1. ⚘ violet; 2. *sl.* asshole.
menenjit, -ti ⚕ meningitis.
menetmek [x : .] to prohibit, to forbid.
meneviş moire, water.
menfaat, -ti advantage, interest, benefit.
menfaatçı self-seeking.
menfaatperest *s.* menfaatçı.
menfez hole, vent.
menfi [ī] negative; ~ cevap negative answer.
menfur [ū] abhorrent, loathsome.
mengel *P* anklet.
mengene [x . .] 1. vice, *Am.* vise; 2. press; 3. clamp.
menhus [ū] unluky, ill-omened.
meni *biol.* sperm, semen.
menkıbe legend, tale.
menkul, -lü [ū] 1. movable, conveyable, transferable; 2. conveyed, transported; ~ kıymetler ⚖ stocks and bonds; ~ mallar ⚖ movable goods.
menolunmak [x . . .] *pass. of* menetmek.
menopoz ⚕ menopause.
mensucat, -tı [. - -] textiles.
mensup, -bu [ū] 1. belonging (-*e* to), connected (-*e* to), related (-*e* to); 2. member; ~ olm. to belong (-*e* to).
mensur [ū] (in) prose.
menşe, -ei place of origin, source; ~ şahadetnamesi † certificate of origin.
menteşe hinge.
mentol, -lü menthol.
mentollü mentholated.
menü menu.
menzil 1. range; 2. stage, leg.
mera [ā] pasture.
merak, -kı [ā] 1. curiosity; 2. worry, anxiety; 3. passion, whim, interest, liking; ~ etme! don't worry!; ~ etm. (*bşi*) 1. to be curious about *s.th.*; 2. to be anxious about *s.th.*; ~ getirmek to suffer from melancholia; -ı kalkmak to become filled with curiosity; -tan çatlamak to be dying of curiosity, to be burning with curiosity.
meraklanmak 1. to worry (-*e* about), to be anxious (-*e* about); 2. to be aroused (*s.o.'s curiosity*).
meraklı 1. curious, inquisitive; 2. interested (-*e* in), fond (-*e* of); 3. scrupulous, particular.

meraksız 1. incurious, uninquisitive; 2. unworried, unanxious.
meram [ā] intention, purpose, goal, aim; ~ etm. to intend, to wish; -ın elinden bir şey kurtulmaz *pro.* where there is a will there is a way; -ını anlatmak to express o.s.
merasim [ā] 1. ceremony; 2. formalities; ~ kıtası ⚔ guard of hono(u)r, hono(u)r guard.
merbut, -tu [ū] 1. devoted (-*e* to); 2. attached (*or* connected) (-*e* to); 3. dependent (-*e* upon).
mercan [ā] *zo.* coral.
mercanada atoll.
mercanbalığı, -nı *zo.* red sea bream.
mercek lens.
merci, -ii reference, recourse; competent authority.
mercimek ⚘ lentil; mercimeği fırına vermek *co.* to carry on with.
merdane [ā] 1. cylinder, roller; 2. mangle, wringer; 3. rolling pin.
merdiven 1. stairs, staircase; steps; 2. ladder; ~ basamağı step, stair; ~ dayamak *fig.* to push *(a certain age)*; ~ sahanlığı landing.
meret, -ti damn.
merhaba [x . .] *F* hello!, hi!; -yı kesmek *(b-le)* to break off with *s.o.*
merhabalaşmak to greet one another.
merhale stage, phase; ~ ~ gradually, by stages.
merhamet, -ti mercy, pity, compassion; ~ etm. (*or* göstermek) to pity, to have mercy (-*e* on); -e gelmek to become merciful.
merhametli merciful, compassionate.
merhametsiz merciless, pitiless.
merhem ointment, salve.
merhum [ū] deceased, the late, the departed; ~ olm. to die, to pass away.
merhume [ū] deceased, the late, the departed *(woman)*.
mer'i [ī] † in force, valid.
meridyen meridian.
Merih [ī] *pr. n. ast.* Mars.
merinos [. x .] *(koyun)* Merino sheep.
meriyet, -ti validity; -e girmek to come into force.
merkep donkey.
merkez 1. centre, *Am.* center; 2. headquarters; 3. police station.
merkezci centralist.
merkezcil kuvvet *phys.* centripetal force.
merkezcilik centralism.
merkezi central.
merkezileşmek to centralize.
merkeziyet, -ti centralism.
merkezkaç kuvvet *phys.* centrifugal force.
mermer marble.
mermi missile, projectile.
merserize mercerized.
mersi! thanks!, cheers!
mersin 1. ⚘ myrtle; 2. *(balığı) zo.* sturgeon.
mersiye elegy.
mert 1. brave, manly; 2. trustworthy.
mertebe 1. stage, step, degree; 2. rank, position.
mertek beam.
Meryem Ana *pr. n.* the Virgin Mary.
mesafe [ā] distance, interval, space.
mesaha [. - .] 1. surveying; 2. area; ~ memuru (land) surveyor.
mesai [. - -] efforts, work, pains; ~ arkadaşı colleague; ~ saatleri working hours; ~ yapmak (*or* -ye kalmak) to work overtime.
mesaj message.
mesame [ā] *biol.* pore.
mesane [ā] *anat.* bladder.
mescit masjid, small mosque.
mesel saying, proverb, parable.
mesela [x . -] for instance, for example.
mesele question, problem, matter; issue; ~ çıkarmak to make a fuss; ~ yapmak *(bşi)* to make a to-do about *s.th.*
meserret, -ti joy.
meshetmek [x . .] to wipe with the wet palm of one's hand.
Mesih [ī] the Messiah, Christ.
mesire [ī] promenade.
mesken dwelling, residence, house; ⚖ domicile; ~ masuniyeti ⚖ domiciliar inviolability.
meskûn inhabited; ~ kılmak to populate.
meslek 1. profession; 2. occupation, line of work; ~ okulu trade (*or* vocational) school; ~ sahibi professional *(person)*.
mesleki 1. professional; 2. occupational, vocational.
mesleksiz having no profession, out of work.
meslektaş colleague, co-worker, associate.
mesnet, -di 1. support, prop; 2. position, office.
mest[1], -ti enchanted, captivated; ~ olm. to be in the seventh heaven.
mest[2], -ti light soleless boot.
mesul, -lü [ū] responsible (-*den* for); ~ tutmak *(b-ni bşden)* to hold *s.o.* responsible for *s.th.*
mesuliyet, -ti [ū] responsibility; ~ kabul etmemek to decline responsibility; ~ si-

gortası ⚖ liability insurance.
mesuliyetli [ū] responsible.
mesut [ū] **1.** happy; **2.** ♀ [x .] *mf.*
meşakkat, -ti trouble, hardship, fatigue; ~ çekmek to suffer hardship.
meşale cresset; torch.
meşe ⚘ oak; ~ odunu **1.** oak wood; **2.** *fig.* blockhead.
meşebüken *fig.* strong, brawny.
meşgale occupation, activity, pastime.
meşgul, -lü [ū] **1.** busy (*ile* with), preoccupied (*ile* with), concerned (*ile* with), **2.** *teleph.* busy, engaged *(line)*; ~ etm. to busy, to occupy; to distract; ~ olm. to be busy, to busy o.s. (*ile* with).
meşguliyet, -ti [ū] occupation, activity, pastime, concern.
meşhur [ū] **1.** famous, well-known; **2.** celebrity; ~ olm. to become famous.
meşhut, -du [ū] witnessed.
meşin leather.
meşk, -ki **1.** practice; **2.** piece of calligraphy; ~ etm. to practise, *Am.* to practice.
meşrep, -bi temperament, disposition.
meşru, -uu [ū] legal, lawful, legitimate.
meşrubat, -tı [. - -] beverages, drinks.
meşruten [ū] conditionally; ~ tahliye ⚖ release on probation.
meşruti [. - -] *pol.* constitutional; ~ krallık constitutional monarchy.
meşrutiyet, -ti [ū] *pol.* constitutional monarchy.
meşum [ū] ill-starred, inauspicious.
meşveret, -ti consultation.
met, -ddi flood *(or* high) tide.
meta, -aı [ā] goods, merchandise.
metabolizma *biol.* metabolism.
metafizik **1.** metaphysics; **2.** metaphysical.
metal, -li metal.
metalurji metallurgy.
metan ⚗ methane.
metanet, -ti [ā] fortitude, backbone.
metanetsiz spineless; weak.
metazori [. . x .] *sl.* by force.
metelik *F* bean, red cent; ~ vermemek *(bşe) fig.* not to give a damn about *s.th.*; meteliğe kurşun atmak *F* not to have a bean *(or* red cent), to be flat broke.
meteliksiz without a bean *(or* red cent), penniless, flat broke.
meteoroloji meteorology.
meteortaşı, -nı *ast.* meteorite.
metfen grave.
metfun [ū] buried.
methal, -li **1.** entrance; **2.** introduction; -i olm. *(b-nin bir işte)* to be involved in *s.th.*, to have a hand in *s.th.*
methaldar [. . -] involved (*-e* in).
methetmek to praise, to extol, to laud.
methiye panegyric.
metin[1], -tni text.
metin[2] **1.** firm, solid, strong; **2.** ♀ [x .] *mf.*
metis *biol.* hybrid.
metodoloji methodology.
metot method.
metrdotel headwaiter.
metre [x .] **1.** metre, *Am.* meter; **2.** metrestick; ~ kare square metre; ~ küp cubic metre.
metres mistress.
metrik metric; ~ sistem metric system.
metris ⚔ breastwork.
metro underground, tube, *Am.* subway.
metronom ♪ metronome.
metruk, -kü [ū] abandoned, deserted.
mevcudat, -tı [. - -] assets.
mevcudiyet, -ti [ū] **1.** existence; **2.** presence.
mevcut, -du [ū] **1.** existing; present, extant; **2.** supply, stock; **3.** ⚔ the strength *(of a unit)*; ~ olm. **1.** to exist, to be; **2.** to be present.
mevduat, -tı [. - -] ⚚ deposits; ~ hesabı deposit account.
mevki, -ii **1.** place, location; **2.** position, portfolio, rank; **3.** class; **4.** situation, position.
mevkuf [ū] under arrest.
mevla † master, patron.
Mevla *pr. n.* God.
Mevlevi [ī] *pr. n.* Mevlevi.
mevlit *the night of the birth of the Prophet Mohammed;* ~ kandili *the religious celebration held on the evening of the Prophet Mohammed's birth;* ~ okumak to chant the mevlit.
mevsim season.
mevsimlik seasonal.
mevsimsiz **1.** untimely, ill-timed; **2.** prematurely.
mevzi, -ii ⚔ position; ~ almak ⚔ to take up a position.
mevzii localized; scattered.
mevzilenmek ⚔ to take up a position.
mevzu, -uu [ū] subject, topic; -a girmek to come to the point.
mevzuat, -tı [. - -] **1.** the laws; **2.** containers.
mevzubahis, -hsi subject under discussion.
mevzun [ū] **1.** shapely, well-proportioned; **2.** *lit.* metrical *(verse)*; rhythmical *(prose)*.
mey wine.

meyan[1] [ā] = meyankökü.
meyan[2] [ā] 1. middle, centre, *Am.* center; 2. interval; bu -da while..., among them.
meyanbalı, -nı licorice extract.
meyancı [ā] go-between, mediator.
meyane [ā] 1. a kind of sauce; 2. correct degree of thickness *(for halvah);* -si gelmek to reach the right degree of thickness.
meyankökü, -nü [ā] ⚘ licorice.
meydan [ā] 1. open space; 2. public square; 3. field; 4. ring; arena; 5. opportunity, occasion; possibility; ~ almak to spread, to advance; ~ bulmak to find an opportunity; ~ dayağı public beating; ~ korkusu ⚕ agoraphobia; ~ okumak to challenge, to defy; ~ savaşı ⚔ pitched battle; ~ vermek to give a chance; -a atmak to bring up, to broach, to suggest; -a çıkarmak 1. to make public, to reveal, to disclose, to divulge; 2. to bring to light; to expose to view; -a çıkmak to come to light, to be revealed; -a gelmek to happen, to occur; to come into existence; -a getirmek to bring forth, to produce; -a vurmak to make public, to reveal; -da 1. in sight, around; 2. obvious, clear, evident; -ı boş bulmak to seize an opportunity to do s.th.
meydanlık open space, square.
meyhane [ā] pub, café, joint, dive.
meyhaneci [ā] publican, barkeep(er).
meyil, -yli 1. slope, slant, incline; 2. *phys.* inclination, tendency; 3. *fig.* penchant, predilection, fondness, liking.
meyletmek 1. to slant, to slope (*-e* towards); to lean (*-e* towards); 2. to be inclined (*-e* to); 3. *fig.* to have a liking (*-e* for).
meymenet, -ti fortune, auspiciousness.
meymenetsiz 1. unlucky, inauspicious; 2. disagreeable *(person).*
meyus [ū] hopeless, desperate.
meyve fruit; ~ bahçesi orchard; ~ suyu fruit juice; ~ vermek to fruit.
meyveli 1. fruit-laden, fruited; 2. fruit...
meyvelik orchard, grove.
meyvesiz fruitless, unfruitful.
meyyal, -li [ā] inclined (*-e* to); fond (*-e* of).
mezalim [ā] cruelties, atrocities.
mezar [ā] grave, tomb; ~ kaçkını *fig.* person with one foot in the grave; ~ kitabesi epitaph.
mezarcı gravedigger.
mezarlık [ā] cemetery, graveyard.
mezat [ā] auction; ~ malı *fig.* bargain; -a çıkarmak to put up for auction.
mezatçı auctioneer.
mezbaha slaughterhouse, abattoir.
mezbele dump, pigsty, pigpen.
meze [x .] snack, appetizer, hors d'oeuvre.
mezgit, -ti *zo.* whitting.
mezhep, -bi denomination, creed, religion; -i geniş too tolerant.
meziyet, -ti virtue, merit, excellence.
meziyetli excellent, superior, virtuous.
mezkûr aforementioned.
mezmur [ū] psalm.
Mezopotamya *pr. n.* Mesopotamia.
mezun [- -] 1. graduate; 2. graduated (*-den* from); 3. authorized (*-meğe* to *inf.);* ~ olm. to graduate (*-den* from).
mezuniyet, -ti [- - . .] 1. graduation; 2. authorization, permission; ~ imtihanı leaving *(or Am.* final) examination.
mezura [. x .] tape measure.
mezzosoprano ♪ mezzo-soprano.
mıcır 1. fine gravel; 2. small bits of coal; 3. *sl.* bad egg *(person)*
mıh nail.
mıhladız *s.* mıknatıs.
mıhlamak 1. to nail; 2. to set, to place *(precious stone);* 3. *sl.* to skewer, to stab.
mıhsıçtı *sl.* very niggardly *(or* stingy).
mıknatıs magnet.
mıknatısî [ī] magnetic.
mıknatısiyet, -ti magnetism.
mıknatıslamak to magnetize.
mıknatıslı 1. magnetic; 2. magnetized; ~ iğne magnetic needle.
mıncıklamak 1. to make squishy; 2. to pinch and squeeze.
mıncık mıncık squashed to a pulp; ~ etm. 1. to squash to a pulp; 2. to pinch *(a cheek).*
mıntıka zone, region, area, district.
mırılda(n)mak to mutter, to murmur, to mumble.
mırıl mırıl with a mutter, in low.
mırıltı mutter, mumble.
mırın kırın etm. *F* to hem and haw, to grumble.
mırlamak to purr.
mır mır with a mutter, in low.
mırnav! meow!
mısır ⚘ maize, corn; ~ buğdayı popcorn; ~ ekmeği corn bread *(or* pone); ~ koçan corncob.
Mısır *pr. n.* Egypt.
Mısırlı *pr. n.* Egyptian.
mısırözü yağı corn oil.
mısıryağı, -nı corn oil.
mıskal syrinx, panpipe.

mısra, -aı [ā] line *(of poetry)*.
mışıl mışıl soundly; ~ uyumak to sleep soundly.
mıymıntı sluggish.
mızıka ♪ 1. harmonica, mouth-organ; 2. brass band.
mızıkacı ♪ harmonica player.
mızıkçı *F* spoilsport, killjoy, bad loser.
mızıkçılık etm. not to play the game.
mızıklanmak = mızıkçılık etm.
mızmız fussbudgety, persnickety, whiny.
mızmızlanmak to whine, to fuss.
mızrak spear, lance; ~ çuvala girmez (*or* sığmaz) *pro.* there are some things which cannot be kept secret.
mızrap, -bı plectrum, quill, pick.
mi[1] (mı, mu, mü) *interrogative particle, sometimes adding emphasis;* cahil mi cahil! he is ignorant beyond words; geldi mi? has he come?; yapar mı yapar you can bet your bottom dollar he'll do it.
mi[2] ♪ mi; E.
miat, -dı 1. wear life *(of an object;* 2. fixed period; 3. deadline; due date; miadı dolmak to expire, to terminate.
mibzer ⚘ sower, seeder.
miço [x.] 1. young deckhand; 2. cabin boy.
mide [ī] stomach, belly; ~ borusu esophagus; ~ bozukluğu (*or* fesadı) indigestion; ~ bulantısı nausea; ~ iltihabı gastritis; ~ kanaması gastric bleeding; -si almamak (*or* kabul etmemek) to have no appetite (-*i* for); -si bozulmak to have indigestion; -si bulanmak 1. to feel nauseated; 2. *fig.* to smell a rat; -si ekşimek to have heartburn; -si kazınmak to feel peckish, to have a sinking feeling; -ye oturmak to lie heavy on the stomach.
midesiz [-..] 1. eating anything; 2. *fig.* having bad taste.
midevi gastric, gastral.
midi midi; ~ etek midi skirt.
midilli [.x.] pony.
midye [x.] *zo.* mussel; ~ dolması stuffed mussel; ~ tavası fried mussel.
migren migraine.
miğfer helmet.
mihenk touchstone, test.
mihmandar [.--] host; hostess.
mihnet, -ti trouble, hardship; ~ çekmek to suffer.
mihrace [.-.] maharaja(h).
mihrak, -kı [ā] *phys.* focus.
mihrap, -bı [ā] mihrab, altar.
mihver axis; axle, pivot.
mika [x.] *geol.* mica.
mikado mikado.
mikâp, -bı *s.* küp.
miki (fare) Mickey Mouse.
mikrofilm microfilm.
mikrofon microphone.
mikrometre micrometer.
mikron micron.
mikroorganizma microorganism.
mikrop, -bu 1. germ, microbe; 2. *fig.* viper, bad lot.
mikroplu germy, contaminated.
mikropsuz germless.
mikropsuzlandırmak to disinfect, to decontaminate.
mikroskobik microscopic.
mikroskop, -pu microscope.
miktar [ā] 1. amount, quantity; 2. portion, part.
mikyas [ā] scale, proportion.
mil[1] ⊕ pivot, pin; axle; shaft; spindle.
mil[2] mile.
mil[3] *geol.* silt.
mil[4] † thousand, mille; ~ mersi! thank you very much!
miladi [---] of the Christian era; ~ takvim the Gregorian calendar.
milat, -dı [--] birth of Christ; -tan önce B.C., before Christ; -tan sonra A.D., anno Domini.
milföy mille-feuille, napoleon.
miligram milligram(me).
milim millimetre, *Am.* millimeter.
milimetre millimetre, *Am.* millimeter.
milis militia; ~ kuvvetleri militia forces, militla.
militan militant.
millet, -ti nation, people; ♀ Meclisi the Turkish National Assembly.
milletlerarası, -nı international.
milletvekili, -ni deputy, M.P.
millî national; ~ bayram national holiday; ♀ Eğitim Bakanı the Minister of Education; ♀ Eğitim Bakanlığı the Ministry of Education; ♀ Güvenlik Kurulu the National Security Council; ♀ İstihbarat Teşkilatı the National Intelligence Organization; ~ marş national anthem; ~ takımı national team.
millîleştirmek to nationalize.
milliyet, -ti nationality.
milliyetçi nationalist.
milliyetçilik nationalism.
milyar milliard, *Am.* billion, a thousand million.
milyarder billionaire.
milyon million.
milyoner millionaire.
mimar [--] architect.

mimari [- - -] architectural.
mimarlık [- - .] architecture.
mimber pulpit, mimbar.
mimik facial expression.
mimlemek to mark down, to blacklist.
mimli marked, blacklisted.
minare [ā] minaret; ~ gibi as tall as a lamp-post; -yi çalan kılıfını hazırlar *pro.* if you venture to do s.th. illegal, you must plan it carefully in advance.
minder cushion; mattress, mat *(a. sports)*; ~ çürütmek to sit idly, to be a bench warmer; ~ sermek to outstay one's welcome.
mine [x .] **1.** enamel; **2.** dial *(of a clock)*; **3.** ♀ *wf.*
minelemek to enamel.
mineli enameled.
mineral, -li mineral.
mini mini; ~ etek miniskirt.
minibüs minibus.
minicik [x . .] teeny, tiny, wee.
minik **1.** tiny and cute; **2.** tot, toddler.
minimini teen(s)y-ween(s)y, itty-bitty.
minimum minimum.
minkale protractor.
minnacık = minimini.
minnet, -ti gratitude, indebtedness, obligation; ~ altında kalmak to be obligated; ~ etm. to grovel, to plead.
minnettar [ā] grateful (-*e* to), indebted (-*e* to), obliged (-*e* to).
minnettarlık [ā] gratitude.
minnoş *F* little darling, honey.
minör ♪ minor.
mintan shirt.
minüskül minuscule.
minval, -li [ā] manner, way.
minyatür miniature.
minyon petite, mignon.
mir leader, chief; -îm! governer!, my dear fellow!
mira surveyor's rod.
miraç, -cı [- -] *the Prophet Mohammed's ascent to heaven.*
miralay ⚔ colonel.
miras [- -] inheritance, legacy; heritage; ~ yemek to inherit; -a konmak to inherit a fortune; -tan ıskat disinheritance; -tan mahrum etm. to disinherit.
mirasçı [- - .] heir, inheritor, legatee.
mirasyedi **1.** one who has inherited a fortune; **2.** *fig.* extravagant.
mis[1] musk; ~ gibi **1.** fragrant; **2.** super, first-rate.
mis[2] **1.** miss; **2.** Miss.
misafir [ā] **1.** guest, visitor; **2.** *anat.* nebula; ~ etm. to put up, to entertain, to have down; ~ gibi oturmak *co.* to sit in a constrained posture; ~ odası drawing-room, guest room; ~ sanatçı guest artist.
misafirhane [ā] **1.** guesthouse; **2.** hostelry, inn.
misafirlik visit; misafirliğe gitmek **1.** to pay a visit (-*e* to); **2.** to go on a visit.
misafirperver [ā] hospitable.
misafirperverlik [ā] hospitality.
misak, -kı [- -] pact, treaty.
misal, -li [ā] example, model, exemplar; precedent.
misil, -sli **1.** equal, like, counterpart; **2.** as much again; misli görülmemiş unique, matchless; misliyle mukabele ⚖ retaliation, retortion.
misilleme retaliation, retortion.
misina fishline.
misk *s.* mis[1].
miskal, -li [ā] † miskal.
misket, -ti **1.** marble; **2.** (grape)shot; shrapnel ball.
miskin **1.** indolent, supine, shiftless; **2.** poor, wretched; **3.** leprous, lazarous.
miskinleşmek to become indolent *(or* supine).
miskinlik supiness, shiftlessness.
mister Mister, Mr.
mistik mystic(al).
misyon mission.
misyoner missionary.
-miş'li geçmiş zaman *gr.* the inferential past tense.
mit, -ti myth.
miting meeting, demonstration; ~ yapmak to hold a meeting.
mitingçi demonstrator.
mitoloji mythology.
mitralyöz machine-gun.
miyar [- -] **1.** ⚗ reagent; **2.** standard.
miyav! meow!
miyavlamak to miaow, *Am.* to meow.
miyop nearsighted, shortsighted, myopic.
miyopluk nearsightedness, shortsightedness, myopia.
mizaç, -cı [ā] disposition, temperament, nature.
mizah [ā] humo(u)r; ~ dergisi humo(u)r magazine.
mizahçı [ā] humorist.
mizahi [. - -] humorous.
mizan [- -] **1.** scales, balance; **2.** 𝔄 proof.
mizana [. x .] ⚓ mizzenmast.
mizanpaj *typ.* **1.** layout; **2.** paging up, make-up.
mizanpli set.
mizansen mise-en-scène.
mobilya [. x .] furniture; ~ mağazası

furniture store.
mobilyacı maker *or* seller of furniture.
mobilyalı furnished.
mobilyasız unfurnished.
moda [x .] **1.** fashion, vogue, style; **2.** fashionable, stylish; ~ olm. to come into vogue, to be in; -sı geçmek to go out of fashion (*or* vogue), to be out, to become démodé; -ya uymak to keep up with fashions.
modacı stylist; couturier.
model 1. model; **2.** pattern; **3.** fashion magazine; **4.** type, model, style; **5.** *F* spitting image; ~ değiştirmek *sl.* to wreck one's car.
modelci patternmaker.
modellik being a model.
modern modern.
modernize modernized; ~ etm. to modernize.
modernleştirmek to modernize.
modistra [. x .] seamstress.
modül module.
modülasyon ♪ modulation.
Moğol *pr. n.* Mongol.
Moğolistan *pr. n.* Mongolia.
moher mohair.
mokasen moccasin.
mola [x .] **1.** break, rest, pause, stopover; **2.** ⚓ ease it off!; ~ etm. ⚓ to ease off *(rope)*; ~ vermek to stop (*or* lay) over.
molekül molecule.
molla † mullah, mollah.
molotofkokteyli Molotov cocktail.
moloz 1. rubble, debris; **2.** *sl.* swine.
moment, -ti *phys.* moment.
monarşi monarchy.
monden pleasure-loving.
monogami monogamy.
monokl, -lü monocle.
monolog monologue.
monopol monopoly.
monoray monorail.
monoton monotonous.
monotonluk monotony.
monşer mon cher.
montaj assembly, mounting.
monte etm. to assemble, to put together.
mor violet, purple; ~ etm. *sl.* to put to the blush; ~ olm. *sl.* to turn red in the face.
moral, -li morale; ~ vermek *(b-ne)* to boost *s.o.'s* morale; -i bozuk low-spirited, down; -ini bozmak *(b-nin)* to get *s.o.* down, to destroy *s.o.'s* morale, to demoralize *s.o.*
morarmak 1. to turn purple; **2.** to turn black-and-blue.
morartı bruise.
moratoryum [. . x .] moratorium.
morfem *gr.* morpheme.
morfin morphine.
morfinoman morphine addict.
morfoloji morphology.
morg morgue.
morlaşmak to turn purple.
morötesi, -ni ultraviolet.
mors[1] *zo.* walrus.
mors[2]: ~ alfabesi Morse code.
mortlamak *sl.* to kick the bucket, to peg out, to pop off.
mortlatmak *sl.* **1.** to bump off, to do in, to kill; **2.** to clean out, to pluck.
morto [x .] *sl.* corpse, stiff; -yu çekmek *sl.* = mortlamak.
mortocu 1. driver of a hearse; **2.** pallbearer.
mortu *s.* morto.
mortucu *s.* mortocu.
moruk *sl.* old man, dotard.
moruklaşmak *sl.* to get old (*or* decrepit).
morumsu, morumtırak purplish.
Moskof *pr. n.* Russian.
Moskova [x . .] *pr. n.* Moscow.
mosmor [x .] **1.** deep purple; **2.** black and blue all over.
mostra [x .] sample, pattern, model; ~ olm. to be caught with one's pants down; -sını bozmak *(b-nin) sl.* to show *s.o.* up.
mostralık [x . .] **1.** sample, model; **2.** prize example (*or* package).
motel motel.
motif motif.
motivasyon motivation.
motopomp, -pu motor-driven pump.
motor 1. motor; engine; **2.** = motorbot; **3.** = motosiklet; **4.** *sl.* loose *(woman)*; **5.** *sl.* dunce, fool; ~ açmak *mot.* to run in.
motorbot, -tu motorboat.
motorcu motorman.
motorin diesel fuel (*or* oil).
motorize ⚔ motorized; ~ etm. to motorize.
motorlu motorized (*a.* ⚔), motor-driven.
motorsuz motorless.
motosiklet, -ti motorcycle.
motör, *s.* motor.
motörcü *s.* motorcu.
motris 🚃 motor car.
mozaik mosaic.
mozole mausoleum.
M.Ö. B.C.
möble furniture.
möbleli furnished.
mönü menu.
mösyö Monsieur.
M.S. A.D.

muadelet, -ti [ā] equality.
muadil [ā] equivalent.
muaf [ā] **1.** exempt (*-den* from), free (*-den* from); **2.** ⚕ immune; ~ tutmak to exempt (*-den* from).
muafiyet, -ti [ā] **1.** exemption; **2.** ⚕ immunity.
muahede [ā] treaty, pact.
muaheze [ā] criticism, censure; ~ etm. to criticize.
muallak, -kı **1.** hung, suspended; **2.** up in the air, undecided; -ta kalmak (*or* olm.) to be in the air, to hang in the balance.
muallim teacher, preceptor.
muallime schoolmistress.
muamele [ā] **1.** transaction, processing, procedure; **2.** conduct, behavio(u)r, treatment; **3.** trading, dealing; **4.** ⚗ reaction; ~ etm. *(b-ne)* to treat *s.o.*
muamma [. x -] **1.** enigma, mystery; **2.** riddle.
muammalı enigmatic.
muare moiré.
muarız [ā] opposed (*-e* to).
muasır [ā] contemporary.
muaşeret, -ti [ā] social intercourse; ~ adabı etiquette.
muavenet, -ti [ā] help, assistance; ~ etm. to help, to assist.
muavin [ā] assistant, helper.
muayene [ā] inspection, examination (*a.* ⚕); ~ etm. to examine, to inspect.
muayeneci [ā] **1.** customs officer; **2.** examiner.
muayenehane [ā, ā] surgery, consulting room.
muayyen fixed, determined, definite.
muazzam **1.** huge, enormous; **2.** *F* terrific, magnificent.
mubah [ā] permissible, fair.
mubayaa [. - . .] buying; ~ etm. to buy, to purchase.
mubayaacı [. - . . .] stockbroker.
mucibince [- . x .] in accordance with, as required by.
mucip, -bi [ū] cause, reason; ~ olm. to necessitate, to entail.
mucit [ū] **1.** inventor; **2.** inventive, creative.
mucize [ū] miracle; -ler yaratmak to work miracles.
mucizevi [- . . -] miracular, miraculous.
mucur **1.** bits of coal; **2.** fine gravel; **3.** trash, debris, rubbish.
muço *s.* miço.
mudi, -ii † depositor.
mufassal detailed.
mufassalan [. x . .] in detail.
muflon *zo.* mouflon.
mugayir [ā] contrary (*-e* to).
muğlak, -kı obscure, abstruse, recondite.
muhabbet, -ti **1.** chat; **2.** love, affection; ~ etm. to chat; ~ tellalı pimp, procurer.
muhabbetçiçeği, -ni ⚘ mignonette.
muhabbetkuşu, -nu *zo.* lovebird, parakeet.
muhabbetli affectionate.
muhaberat, -tı [ā, ā] correspondence, communications.
muhabere [ā] correspondence; communications; ~ etm. to correspond (*ile* with); to communicate (*ile* with); ~ sınıfı Signal Corps.
muhabir [ā] correspondent, reporter.
muhaceret, -ti [ā] immigration.
muhacir [ā] immigrant, emigrant, refugee.
muhafaza [. - . .] protection, care; maintenance, preservation; ~ altına almak to protect, to safeguard; ~ etm. to protect, to preserve, to guard.
muhafazakâr [. - . . -] conservative.
muhafazakârlık conservatism.
muhafız [ā] (body)guard, guardsman; ~ alayı ⚔ troop of guardsmen.
muhakeme [ā] **1.** trial; adjudication; **2.** judg(e)ment, discernment; ~ etm. **1.** ⚖ to try; **2.** to judge, to reason.
muhakkak **1.** certain, sure; **2.** certainly, without doubt, undoubtedly.
muhalefet, -ti [ā] **1.** opposition; **2.** *pol.* the Opposition; ~ etm. to oppose; ~ partisi Opposition party.
muhalif [ā] **1.** contrary (*-e* to), against, adverse; **2.** opposing; Opposition...
muhallebi pudding; ~ çocuğu milksop, namby-pamby, mollycoddle.
muhammen † estimated (*value, etc.*).
Muhammet, -di (*a.* Hazreti ~) Mohammed.
muhammin † appraiser.
muharebe [ā] battle, war, combat; ~ etm. to fight, to battle; ~ meydanı battlefield.
muharip, -bi [ā] ⚔ **1.** warrior, combatant; **2.** belligerent; combat...
muharrem **1.** Muharram; **2.** ♀ *mf.*, *wf.*
muharrik, -ki **1.** moving, motive...; **2.** *fig.* inciter, instigator.
muharrir writer, author.
muhasara [. - . .] ⚔ siege; ~ etm. to besiege, to beleaguer; -yı kaldırmak to raise a siege.
muhasebe [ā] accountancy, bookkeeping; ~ memuru accountant, bookkeeper.
muhasebeci [ā] accountant, bookkeeper.
muhasebecilik [ā] accountancy, bookkeeping.

muhasım [ā] hostile, enemy; opponent.
muhasip, -bi [ā] accountant, bookkeeper.
muhatap, -bı [. - .] 1. collocutor; 2. † drawee.
muhatara [. - . .] danger, risk.
muhataralı [. - . . .] dangerous.
muhavere [ā] conversation, talk; ~ etm. to converse.
muhavvile ↯ transformer.
muhayyel imaginary.
muhayyer 1. † on trial (*or* approval); 2. ♪ a makam.
muhayyile imagination, fancy.
muhbir 1. informer; 2. reporter, correspondent.
muhit, -ti [ī] 1. surroundings, environment, milieu; 2. area, district, neighbo(u)rhood.
muhkem solid, tight, firm.
muhlis 1. sincere; 2. ♀ *mf.*
muhrip, -bi destroyer.
muhtaç, -cı [ā] needy, poor, destitute, indigent; ~ olm. to be in need (*or* want) (-*e* of), to need.
muhtar 1. [. -] autonomous, self-governing; 2. [. .] mukhtar, headman.
muhtariyet, -ti [ā] autonomy, self-government.
muhtarlık 1. being a mukhtar; 2. the mukhtar's office.
muhtasar short, brief, concise.
muhtasaran [. x . .] briefly, concisely.
muhtekir profiteer.
muhtelif various, diverse.
muhtelit, -ti 1. mixed; 2. A complex; ~ mahkeme ⚖ mixed court.
muhtemel likely, probable.
muhtemelen probably.
muhterem respected, hono(u)red, esteemed, venerable.
muhteris passionate.
muhteriz shy, timid.
muhteşem splendid, magnificent, imposing, grand.
muhteva [ā] content(s).
muhtevi [ī] containing.
muhteviyat, -tı [ā] contents.
muhtıra 1. *pol.* note, warning; 2. diary; 3. memorandum; ~ defteri notebook.
mukabele [ā] 1. retaliation, response, reciprocation; 2. comparison; ~ etm. to retaliate, to reciprocate.
mukabil [ā] 1. counter...; 2. counterpart; 3. in return (-*e* for); 4. in response (-*e* to); buna ~ in return for this; ~ dava ⚖ counterclaim; ~ taarruz ✕ counterattack; -inde by way of return.
mukaddeme preface, introduction.
mukadder predestined, fated, foreordained.
mukadderat, -tı [. . . -] destiny, fate.
mukaddes holy, sacred; blessed.
mukaddesat, -tı [ā] sacred things.
mukallit, -di imitator.
mukavele [ā] agreement, contract; ~ yapmak to make a contract.
mukaveleli [ā] bound by contract.
mukavelename [. - . . - .] contract, agreement; deed.
mukavemet, -ti [ā] 1. resistance; endurance; 2. *phls.* nolition; ~ etm. to resist; ~ yarışı long-distance race.
mukavemetçi [ā] *pol.* resistance fighter.
mukavemetli [ā] resistant.
mukavemetsiz [ā] irresisting.
mukavim [ā] resistant.
mukavva cardboard.
mukayese [ā] comparison; ~ etm. to compare.
mukayeseli [ā] comparative.
mukayyet, -di 1. recorded, registered; 2. bound (*ile* by), limited (*ile* by); ~ olm. to mind, to look after.
mukim [ī] who resides (*or* dwells) (-*de* in).
muktedir 1. capable, able; 2. potent, virile; ~ olm. to be able (-*e* to), to be capable (-*e* of).
mulaj 1. moulage (*a.* ⚕); 2. impression, cast.
mum 1. candle; 2. wax; 3. ↯ candlepower; watt; ~ dibine ışık vermez *pro.* one who helps others sometimes is unable to help himself; ~ direk ramrod straight; ~ gibi 1. = ~ direk; 2. well-behaved; ~ ışığı candlelight; ~ olm. 1. to become obedient; 2. *sl.* to be willing to do s.th.; -a döndürmek (*or* çevirmek) to make obedient; -la aramak *fig.* to crave (*or* hanker) for.
mumcu candlemaker, chandler.
mumlamak to wax.
mumlu waxed; ~ kâğıt stencil.
mumya [x .] mummy.
mumyalamak to mummify, to embalm.
mumyalaşmak to be mummified.
munafık, -kı [ā] mischief-maker.
mundar *s.* murdar.
munis [ū] 1. sociable, friendly; 2. well-known, familiar; 3. tame.
munkabız constipated.
muntazam 1. regular, even, uniform; 2. regularly; 3. methodical; orderly.
muntazaman regularly, orderly.
munzam added; supplementary; additional.

murabaha [. - . .] ⚖ usury.
murabba[1], -aı ⩓ square.
murabba[2] [. . -] preserved fruit.
murahhas delegate; ~ heyet delegation.
murakabe [. - . .] 1. inspection, supervision; 2. contemplation; ~ etm. to inspect.
murakıp, -bı [ā] 1. inspector; 2. † auditor.
murat, -dı [ā] 1. desire, wish; aim, intention, goal; 2. ♀ *mf.*; muradına ermek to attain one's desire, to reach one's goal.
murdar dirty, filthy; ~ ilik spinal cord.
Musa [- -] *pr. n.* 1. Moses; 2. *mf.*
musahhih proofreader.
musahhihlik proofreading.
musakka moussaka.
musalla [. . -] 1. public place for prayer; 2. area within a mosque for performing a funeral service, ~ taşı stone on which the coffin is placed during the funeral service.
musallat, -tı worrying, annoying; ~ etm. *(b-ni b-ne)* to set *s.o.* to pester *s.o.*, to cause *s.o.* to plauge *s.o.*; ~ olm. to pester, to bother, to pick on; to infest; to plague.
musandıra [. x . .] large cupboard.
musannif † 1. compiler *(of a book)*; 2. classifier.
Musevi [- . -] 1. Jew; 2. Jewish.
Musevilik [- . - .] Judaism.
Mushaf the Koran.
musibet, -ti (i) 1. calamity, disaster; 2. *F* a pain in the neck, pest; 3. *fig.* ill-omened.
musikar [- . -] 1. panpipe; 2. a kind of mythical bird.
musiki [- . -] music.
musikişinas [- . - . -] 1. musician; 2. lover of music.
muska amulet, charm.
muslin muslin.
musluk 1. tap, faucet, spigot; 2. *F* washbasin, lavatory; ~ taşı stone sink.
muslukçu 1. plumber; 2. *sl.* pickpocket.
muson *meteor.* monsoon.
mustarip, -bi suffering.
muşamba [. x .] 1. oilcloth; oilskin; 2. linoleum; 3. raincoat, slicker; ~ gibi very dirty *(clothes)*.
muşmula [x . .] 1. ⚘ medlar; 2. *sl.* antique, old person; ~ suratlı who has a wrinkled face.
muşta [x .] 1. blow with the fist; 2. brass knucks *(or* knuckles).
muştu good news.
mut, -tu happiness.
mutaassıp, -bı fanatical, bigoted, strict.
mutaassıplık fanaticism, bigotry.
mutabakat, -tı [. - . .] 1. agreement, conformity, correspondence, congruity; 2. ⩓ identity; -a varmak to come to an agreement.
mutabık, -kı [ā] 1. in agreement, agreeing, conformable; 2. appropriate (-*e* to), suited (-*e* to); ~ kalmak to come to an agreement (-*de* on).
mutaf [ū] weaver of goat's-hair articles.
mutarıza bracket, parenthesis.
mutasarrıf 1. ⚖ owner, possessor; 2. *hist.* governer of a sancak.
mutasavvıf Sufi; mystic.
mutat customary, habitual.
mutavassıt, -tı go-between, intermediary.
muteber [ū] 1. valid, in force *(or* effect); 2. esteemed, eminent; 3. trustworthy; believable; ~ olm. to be valid, to be in force *(or* effect).
muteberan [- . . -] big shots, bigwigs.
mutedil [ū] 1. moderate, mild, temperate; 2. ⚗ neutral.
mutekit, -di [ū] religious, pious.
mutemet, -di [ū] 1. paymaster, fiduciary 2. trustworthy.
mutena [- . -] 1. select, refined; 2. delicate; 3. carefully done.
mutfak 1. kitchen; 2. cuisine.
mutlak, -kı 1. absolute, unconditional; 2. absolutely, surely; by all means; ~ ekseriyet absolute majority.
mutlaka [x . -] absolutely, certainly, surely, definitely, undoubtedly; by all means.
mutlakıyet, -ti 1. absolutism; 2. autocracy.
mutlu 1. happy; 2. lucky, fortunate; ne mutlu Türküm diyene! he is a lucky person who can call himself a Turk!
mutluluk happiness.
mutsuz unhappy.
mutsuzluk unhappiness.
muttasıl 1. adjoining; 2. continuously.
muvacehe [ā] confrontation; -sinde in the face (-*in* of).
muvafakat, -ti [. - . .] consent; ~ etm. to consent (-*e* to).
muvaffak, -kı successful; ~ olm. to succeed (-*de* in), to be successful (-*de* in).
muvaffakiyet, -ti success.
muvaffakiyetli successful.
muvaffakiyetsiz unsuccessful.
muvaffakiyetsizlik unsuccess, failure.
muvafık, -kı [ā] suitable, appropriate, fit.
muvahhit monotheist.
muvakkat, -ti temporary, provisional; interim.
muvakkaten [. x . .] temporarily.
muvasala [. - . .] communication.

muvazaa [. - . .] ⚖ collusion.
muvazaalı [. - . . .] ⚖ collusive, collusory.
muvazene [ā] **1.** balance, equilibrium; **2.** ⚕ sense of balance, equilibrium sense.
muvazeneli [ā] balanced, in equilibrium.
muvazenesiz [ā] unbalanced.
muvazi [. - -] parallel.
muvazzaf 1. ✕ regular; **2.** charged (*ile* with); ~ subay ✕ regular (*or* active) officer.
muylu ⊕ hub.
muz ⚘ banana; ~ gibi olm. *sl.* to be rattled.
muzaffer 1. victorious, triumphant; **2.** ♀ *mf.*
muzafferiyet, -ti victory, triumph.
muzır, -rrı **1.** mischievous, naughty; **2.** injurious, harmful.
muzırlık 1. mischievousness; **2.** harmfulness.
muzip, -bi [ū] plaguing, tormenting; mischievous.
muziplik [ū] kidding, teasing; ~ etm. to kid, to tease.
mübadele [ā] exchange, barter, trade; ~ etm. to exchange, to trade, to swap.
mübadil [ā] exchangee.
mübalağa exaggeration; ~ etm. to exaggerate.
mübalağacı exaggerator.
mübalağalı exaggerated, blown-up.
mübarek, -ki [ā] **1.** blessed; sacred, holy; **2.** confounded, blasted; **3.** *F* you son of a gun!; ~ olsun! may it be blessed!
mübaşir [ā] usher, crier.
mübayenet, -ti [ā] conflict.
mübrem inescapable.
mücadele [ā] struggle, fight, contention, fray, combat, strife; ~ etm. to struggle, to fight, to strive, to contend (*ile* with).
mücadeleci [ā] striver, fighter, contender.
mücahit, -di [ā] combatant, fighter, champion.
mücbir compelling; ~ sebepler ⚖ force majeure.
mücehhez 1. equipped (*ile* with) fitted out (*ile* with); **2.** ready, prepared (*ile* with).
mücellit, -di bookbinder.
mücellithane [ā] bookbindery.
mücerret, -di **1.** abstract; **2.** unmarried; **3.** *gr.* the nominative case; **4.** [x . .] *F* only, solely.
mücessem 1. personified; **2.** three-dimensional.
mücevher jewel.
mücevherat, -tı [ā] jewel(le)ry.
mücevherci jewel(l)er.
mücmel concise.
mücrim 1. guilty; **2.** criminal, felon.
mücver croquette.
müdafaa [. - . .] defence, *Am.* defense; ~ etm. to defend; ~ hakkı ⚖ right of defence; ~ hattı ✕ line of defence.
müdafaasız [. - . . .] defenceless, *Am.* defenseless, undefended.
müdafi, -ii [ā] **1.** defender; **2.** *football:* back.
müdahale [. - . .] interference, intervention; ~ etm. to interfere, to intervene, to step in.
müdana [. - -] gratitude, thankfulness.
müdavim [ā] frequenter, habitué.
müddei [ī] ⚖ plaintiff.
müddeiumumi [. . - . - -] ⚖ public prosecutor.
müddeiumumilik public prosecutorship.
müddet, -ti period, duration, space of time, interval, while; bir ~ for a while.
müderris 1. † professor; **2.** *hist.* teacher in a medrese.
müdevver 1. circular, round, spherical; **2.** transferred.
müdire [ī] **1.** headmistress; **2.** manageress, directress.
müdiriyet, -ti [. - . .] *s.* müdürlük.
müdrik, -ki perceiving, comprehending; ~ olm. to perceive, to comprehend.
müdür 1. director, head, chief; manager; **2.** principal, headmaster.
müdürlük 1. directorate; **2.** directorship.
müebbeden [. x . .] forever, eternally.
müebbet, -di **1.** perpetual, eternal, endless; **2.** life, lifelong; ~ hapis ⚖ life (sentence).
müellif writer, author.
müessese [. x . .] institution, foundation, establishment, organization.
müessif regrettable; sad.
müessir 1. touching, heart-moving; **2.** influential, effective; **3.** ⚗ active; ~ fiil ⚖ assault and battery.
müessis founder, establisher.
müeyyide ⚖ sanction.
müezzin *isl.* muezzin.
müfettiş inspector, supervisor.
müfettişlik inspectorship; inspectorate.
müflis bankrupt, insolvent.
müfredat, -tı [ā] items *(of a list)*; ~ programı *(bir okulun)* curriculum.
müfreze ✕ detachment, platoon.
müfrit, -di excessive.
müfsit, -di seditious.
müfteri [ī] slanderer, calumniator.
müftü *isl.* mufti.
müge 1. ⚘ lily of the valley; **2.** ♀ *wf.*

mühendis engineer.
mühendislik engineering.
mühim, -mmi important.
mühimmat, -tı [ā] munitions.
mühimsemek to consider important, to regard as important.
mühlet, -ti period, respite, delay, extension.
mühre 1. stone used for polishing *or* grinding; **2.** decoy.
mührelemek to grind with a mühre.
mühtedi [ī] convert to Islam.
mühür, -hrü **1.** seal, signet; signet ring; **2.** stamp; ~ basmak to seal; to stamp; ~ mumu sealing wax; mührünü basmak *fig.* to vouch (*-e* for); mührünü yalamak *fig.* to go back on one's word.
mühürcü engraver of seals.
mühürdar [ā] *hist.* private secretary of a high official.
mühürlemek 1. to seal; to stamp; **2.** to seal up, to padlock *(a place)*.
mühürlü sealed.
müjde good news; ~ vermek to give a piece of good news.
müjdeci harbinger, herald.
müjdelemek to give a piece of good news.
müjdelik present given to s.o. who brings good news.
mükâfat, -tı [. - -] reward; prize, recompense; ~ almak (*or* kazanmak) to win a prize; ~ vermek *(b-ne)* to give *s.o.* a prize (*or* reward).
mükâfatlandırmak [. - - . . .] to reward, to recompense.
mükâleme 1. conversation; **2.** diplomatic conference, **3.** ⚔ parley; ~ memuru (*or* subayı) ⚔ officer with the flag of truce.
mükellef 1. obliged *(-mekle* to *inf.)*, charged (*ile* with); **2.** elaborate, grand; **3.** taxpayer.
mükellefiyet, -ti obligation, liability.
mükemmel excellent, perfect, superb, consummate.
mükemmeliyet, -ti **mükemmellik** perfection.
mükerrer repeated, reiterated; ~ ıskonto † rediscount; ~ sigorta † reinsurance.
müktesep, -bi acquired; ~ hak ⚖ vested right.
mülahaza consideration; observation; ~ etm. to think twice; -sıyla in consideration of.
mülahazat, -tı [. - . -] observations; thoughts; ~ hanesi blank space; ~ hanesini açık bırakmak *fig.* to reserve comment.
mülakat, -tı [. - -] interview, audience; ~ yapmak to have an interview (*ile* with).
mülayemet, -ti **1.** docility; **2.** looseness in the bowels.
mülayim 1. docile, gentle, mild; **2.** suitable, reasonable.
mülazım 1. † probationer; **2.** ⚔ lieutenant.
mülhem inspired.
mülk, -kü property, real estate, possession; ~ almak to buy landed property; ~ sahibi property owner.
mülki [ī] civil(ian).
mülkiye 1. civil service; **2.** ♀ (Mektebi) the School of Political Science.
mülkiyet, -ti ownership, proprietorship, possession; ~ hakkı ⚖ property right.
mülteci [ī] refugee.
mültefit courteous, attentive.
mültezim *hist.* tax farmer.
multimilyoner multimillionaire.
mümbit, -ti fertile.
mümessil 1. representative, agent; **2.** prefect, monitor.
mümeyyiz 1. examiner; **2.** distinctive.
mümin [- .] *isl.* believer, Muslim.
mümkün possible; ~ kılmak to render possible; ~ mertebe *or* ~ olduğu kadar as far as possible.
mümtaz [ā] **1.** select, distinguished; **2.** privileged, special; **3.** ♀ *mf.*
münakale [. - . .] transport.
münakaşa [. - . .] argument, dispute, debate; wrangle, quarrel; ~ etm. to argue, to dispute; to quarrel.
münasebet, -ti [ā] **1.** relation; **2.** connection, tie-in; **3.** opportunity; **4.** reason; means; **5.** fitness; ~ almaz it isn't fit; ~ kurmak to establish a relationship (*ile* with); -iyle on the occasion of, because of; -te bulunmak **1.** to have relations (*or* dealings) (*ile* with); **2.** to go to bed (*ile* with).
münasebetli [ā] **1.** opportune, favo(u)rable; **2.** appropriate; ~ münasebetsiz without considering whether it is suitable or not.
münasebetsiz [ā] **1.** unfavo(u)rable, inopportune; **2.** inappropriate; unseemly; **3.** tactless, inconsiderate.
münasip 1. suitable, proper, fit; **2.** opportune, reasonable, convenient; ~ görmek to see fit.
münavebe [ā] alternation, turn; ~ ile by turns.
münazaa [. - . .] quarrel, dispute.
münazara [. - . .] debate, discussion.
münderecat, -tı [ā] contents.
münebbih 1. stimulative; **2.** *(saat)* †

alarm clock.
müneccim † astrologer.
münekkit, -di critic.
münevver **1.** enlightened, intellectual, cultivated; **2.** ♀ *wf.*
münfail offended.
münferit, -di separate, alone, isolated; ~ hücre solitary cell.
münfesih **1.** dissolved, broken off; **2.** abolished, annulled.
münhal, -li **1.** vacant, vacated; **2.** ⚗ soluble; **3.** ⚗ dissolved.
münhasır limited (*-e* to), restricted (*-e* to).
Münih *pr. n.* Munich.
münkir **1.** denier; **2.** atheist.
müntahabat, -tı [. . . -] anthology.
müntahap, -bı select, choice.
münteha [ā] end, limit.
münteşir published.
münzevi [ī] reclusive, hermitic.
müphem vague, uncertain, indefinite.
müphemiyet, -ti vagueness.
müptela **1.** addicted (*-e* to); **2.** in love (*-e* with); **3.** afflicted (*-e* with); ~ olm. to become addicted (*-e* to).
müptezel vulgar, common.
müracaat, -tı [. - . .] **1.** application; **2.** reference, recourse; **3.** information desk (*or* office); ~ etm. **1.** to apply (*-e* to); **2.** to resort (*-e* to), to turn (*-e* to).
müracaatçı applicant.
mürai [. - -] two-faced, hypocritical.
mürdolmak [x . .] to die.
mürdümeriği, -ni ⚘ damson (plum).
mürebbiye governess.
müreffeh well-off, well-heeled.
mürekkep[1], -bi ink; ~ hokkası inkwell; ~ lekesi inkstain; ~ yalamış *fig.* well educated.
mürekkep[2] composed (*-den* of), made up (*-den* of).
mürekkepbalığı, -nı *zo.* cuttlefish.
mürekkeplemek to ink.
mürekkepli inky; ink-stained.
mürekkeplik inkwell.
mürettebat, -tı [ā] crew.
mürettebatsız [ā] unmanned.
mürettip, -bi compositor, typesetter.
mürettiphane [ā] *typ.* composing room.
mürit, -di [ī] disciple.
mürşit, -di **1.** guide; mentor; **2.** sheikh.
mürteci, -ii reactionary.
mürtet, -ddi apostate Muslim.
mürur [ū] passage, transit.
müruriye **1.** laissez-passer; **2.** toll.
mürüruzaman [. - . . -] ⚖ prescription; limitation.
mürüvvet, -ti **1.** joy (*felt by parents when they see their children reach certain stages in life*); **2.** generosity; -ini görmek to see *one's children* grow up and do well.
mürver ⚘ elder(berry).
müsaade [. - . .] permission; leave; ~ etm. to permit, to let, to allow; -nizle! with your permission (*or* leave)!
müsabaka [. - . .] contest, competition.
müsabık, -kı [ā] competitor, contestant.
müsademe [ā] **1.** collision, clash; **2.** ⚔ skirmish.
müsadere [ā] ⚖ confiscation, seizure; ~ etm. to seize, to confiscate.
müsait, -di [ā] suitable, favo(u)rable, convenient.
müsamaha [. - . .] tolerance, lenience, indulgence; ~ etm. (*or* göstermek) **1.** (*b-ne*) to be lenient with *s.o.*, to tolerate *s.o.*; **2.** (*bşe*) to overlook *s.th.*, to disregard *s.th.*
müsamahakâr **müsamahalı** tolerant, lenient, indulgent.
müsamere [ā] show.
müsavat, -tı [. - -] equality.
müsavi [. - -] equal.
müsebbip, -bi cause(r).
müseccel registered; ~ marka registered trademark.
müsekkin ⚕ sedative, tranquilizer.
müselles ⩓ **1.** triangle; **2.** triangular.
müshil ⚕ laxative, aperient; purgative, cathartic.
müskirat, -tı alcoholic drinks, intoxicants.
Müslim Muslim.
Müslüman Muslim.
Müslümanlık **1.** Islam; **2.** the Moslem world.
müsmir fruitful, productive.
müspet, -ti **1.** positive, affirmative; **2.** proved, established; ~ cevap positive (*or* affirmative) answer.
müsrif wasteful, extravagant, spendthrift, prodigal.
müsriflik wastefulness, extravagance.
müstacel [ā] urgent.
müstaceliyet, -ti [ā] urgency.
müstahak, -kkı **1.** condign; **2.** worthy (*-e* of), deserving (*-e* of); -ını bulmak to get one's deserts.
müstahdem employee, servant, caretaker, *Am.* janitor.
müstahkem ⚔ fortified.
müstahsil producer.
müstahzar preparation.
müstahzarat, -tı [. . . -] preparations.
müstakbel (the) future.

müstakil, -lli **1.** independent; autonomous; **2.** detached, self-contained, separate; ~ ev detached house.
müstamel [ā] used; secondhand.
müstear [ā] **1.** borrowed; **2.** pseudo.
müstebit, -ddi despotic, tyrannical.
müstebitlik despotism.
müstecir [. - .] tenant, renter.
müstehcen obscene; pornographic, off colo(u)r.
müstehlik, -ki ₸ comsumer.
müstehzi [ī] mocking, sarcastic, ironical.
müstekreh loathsome.
müstemleke colony.
müstemlekeci colonialist.
müstemlekecilik colonialism.
müstenit, -di based *(-e* on), relying *(-e* on).
müsterih [ī] at ease; ~ olm. to be set at ease.
müstesna [ā] **1.** exceptional, extraordinary; **2.** except for, with the exception for.
müsteşar [ā] **1.** undersecretary; **2.** counselor.
müsteşarlık [ā] **1.** undersecretaryship; **2.** counselorship.
müsteşrik, -kı orientalist.
müstevi [ī] **1.** ⩓ plane; **2.** level, flat.
müsvedde 1. draft, rough copy; **2.** manuscript; typescript; **3.** *fig.* parody; ~ defteri notebook.
müşahede [ā] observation; ~ altında under medical observation; ~ etm. to observe, to see.
müşahhas concrete.
müşahit, -di observer.
müşavere [ā] consultation.
müşavir [ā] consultant, adviser.
müşerref 1. hono(u)red, exalted; **2.** ♀ *mf.*, *wf.*; ~ olm. to be *(or* feel) hono(u)red; ~ oldum I am hono(u)red to meet you.
müşfik kind, tender; compassionate.
müşir *s.* müşür.
müş'ir ⊕ gauge, indicator.
müşkül 1. difficult, hard; **2.** difficulty, problem, trouble.
müşkülat, -tı difficulties, problems; ~ çıkarmak *(or* göstermek) *(b-ne)* to raise difficulties for *s.o.*
müşkülpesent, -di fastidious, fussy, hard to please, particular.
müşrik, -ki polytheist.
müştak¹, -kkı derived.
müştak², -kı longing *(or* pining) *(-e* for).
müşteki [ī] complainant.
müştemilat, -tı outbuildings; additions, annexes.
müşterek, -ki common, joint; cooperative, combined; ~ bahis pari-mutuel; ~ duvar party wall; ~ mülkiyet co-ownership.
müştereken [. x . .] in common, jointly.
müşteri customer, buyer, purchaser, client; ~ avlamak to try to attract customers by artifice.
Müşteri *ast.* Jupiter.
müşür (field) marshal.
mütalaa [. - . .] **1.** study; **2.** observation, opinion; ~ etm. **1.** to study, to peruse; **2.** to ponder, to deliberate.
mütareke [ā] armistice, truce.
müteaddit numerous, many.
müteahhit builder, contractor.
müteakiben 1. afterwards, subsequently; **2.** after, following.
mütebessim smiling.
mütecanis [ā] homogeneous.
mütecaviz [ā] **1.** exceeding, over; **2.** aggressive.
mütecessis inquisitive, nosy, curious.
mütedavil [ā] **1.** current, in circulation; **2.** working *(capital)*; ~ sermaye working capital.
müteessif grieved, sorry, regretful; ~ olm. to be grieved, to regret.
müteessir 1. depressed, saddened; pained, hurt; **2.** influenced; affected; ~ olm. *(bşden)* **1.** to be saddened *(or* depressed) by *s.th.*; **2.** to be influenced *(or* affected) by *s.th.*
mütefekkir thinker.
müteferrik, -kı scattered, dispersed; diverse, sundry.
müteferrika petty cash.
müteharrik, -ki **1.** mobile, moving; **2.** powered *(or* driven) *(ile* by).
mütehassıs specialist, expert.
mütehassis touched, moved; ~ etm. to touch, to move; ~ olm. to be touched *(or* moved).
mütehayyir amazed, taken aback.
mütekabil [ā] mutual, reciprocal; ~ dava ⚖ cross action.
mütekabiliyet, -ti [ā] reciprocity.
mütekait, -di [ā] pensioner; retired.
mütekâmil mature.
mütekebbir haughty, arrogant.
mütemadi [. . - -] continuous.
mütemadiyen [ā] [. . x . .] continuously, continually.
mütenahi [. . - -] ⩓, *phls.* finite.
mütenasip, -bi [ā] **1.** proportional; **2.** well-proportioned, shapely.
mütenavip, -bi [ā] alternate.
mütenevvi, -ii various, diverse.

müteradif [ā] synonymous.
müterakim [ā] accumulated.
mütercim translator.
mütereddit, -di hesitant, undecided, indecisive.
müteselsil 1. continuous, successive; 2. ⚖ joint; ~ alacaklılar ⚖ joint creditors; ~ borçlular ⚖ joint debtors; ~ mesuliyet ⚖ joint liability; ~ suç ⚖ crime involving another crime.
müteşebbis 1. enterprising *(person);* 2. entrepreneur.
müteşekkil composed (*-den* of).
müteşekkir grateful, thankful.
mütevazı, -ı modest, humble.
müteveccih 1. aimed (*-e* at), directed (*-e* towards); 2. sympathetic (*-e* to).
müteveccihen [. . x . .] in the direction (*-e* of), headed (*-e* towards), bound (*-e* for).
müteveffa [ā] the deceased.
mütevekkil who puts his trust in God.
mütevelli [ī] trustee *(of a* vakıf), mutawalli; ~ heyeti board of trustees *(of a* vakıf).
mütevellit, -di caused (*-den* by), resulting (*-den* from).
müthiş 1. terrible, awful, dreadful, terrific, frightful; 2. *fig.* amazing, astounding.
müttefik, -ki 1. ally; 2. allied; ~ devletler the allied powers, the allies.
müttehit, -di united.
müvekkil client.
müverrih historian.
müvezzi, -ii 1. distributor; 2. paperboy; postman.
müzakere [ā] 1. discussion, deliberation, negotiation; 2. oral test, recitation; ~ etm. to discuss, to debate, to talk over, to deliberate.
müzakereci [ā] tutor.
müzayede [ā] auction; ~ ile satış sale by auction; -ye koymak to put up for auction.
müze [x .] museum.
müzeci museum curator.
müzecilik museology.
müzehhep, -bi gilded, gilt.
müzelik [x . .] 1. museum...; 2. *fig. co.* ancient, antiquated.
müziç, -ci troublesome, vexatious.
müzik music.
müzikal musical.
müzikçi musician.
müzikhol, -lü music hall.
müziksever 1. music lover; 2. music-loving, fond of music.
müzisyen musician.
müzmin chronic *(disease);* ~ bekâr confirmed bachelor.
müzminleşmek to become chronic.

N

na! *sl.* **1.** take it!; **2.** there it is; ~ kafa! what a fool I was!
naaş, -a'şı corpse, body.
nabız, -bzı pulse; ~ yoklamak *fig.* to put out feelers; nabzına göre şerbet vermek *fig.* to feel one's way with a person; nabzını tutmak to take s.o.'s pulse; nabzını yoklamak *(b-nin) fig.* to sound *s.o.* out.
nacak hatchet.
naçar [- -] **1.** helpless; **2.** hopeless.
naçiz [- -] **1.** insignificant, worthless; **2.** humble.
naçizane [- . - .] **1.** humble *(opinion)*; **2.** humbly; **3.** = naçiz **1.**
nadan [- -] unmannerly, rude, boorish.
nadas fallow; ~ etm. to fallow; -a bırakmak to leave the land fallow.
nadide [- - .] **1.** rare, curious, precious; **2.** ♀ [x . .] *wf.*
nadim regretful; ~ olm. to regret.
nadir [ā] **1.** rare, scarce; **2.** rarely; **3.** ♀ *mf.*
nadirat, -tı [- . -] rarities; -tan olm. to be a rarity.
nadiren [ā] [x . .] rarely.
nafaka 1. ⚖ alimony; **2.** livelihood, living; ~ bağlamak to assign a subsistence.
nafıa [- . .] public works.
nafile [ā] **1.** vain, useless, futile; **2.** in vain, for nothing; ~ namaz *isl.* supererogatory prayer; ~ yere in vain.
nafiz [ā] **1.** *fig.* influential; **2.** ♀ *mf.*
naftalin ⚗ naphthalene.
naftalinlemek to put naphthalene (-*i* among).
nağme 1. tune, melody, air; **2.** tone; **3.** song; **4.** *fig.* sham protestation; -yi değiştirmek *fig.* to change one's tune.
nah *s.* na.
nahak, -kkı unjust; ~ yere unjustly, unjustifiably.
nahif [ī] gaunt, emaciated.
nahiv, -hvi *gr.* syntax.
nahiye [ā] **1.** subdistrict; **2.** region *(a. anat.)*; district; ~ müdürü governer of a subdistrict.
nahoş [ā] unpleasant, nasty, disagreeable; ~ bir sürpriz an unpleasant surprise.
nail [ā] **1.** who receives *(or* gains); **2.** ♀ *mf.*; ~ olm. to obtain, to attain, to acquire.
naip, -bi [ā] regent, viceroy.
naiplik [ā] regency, viceroyalty.
nakarat, -tı [. . -] **1.** ♪ refrain, burden; **2.** *fig.* the same old refrain.
nakavt, -tı *boxing:* knockout; ~ etm. to knock out.
nakden [x .] in cash *(or* ready money).
nakdi monetary, pecuniary; ~ ceza fine; ~ teminat ⚖ pecuniary warrant.
nakıs 1. minus, less; **2.** Å negative *(number)*; **3.** incomplete, deficient.
nakış, -kşı **1.** embroidery, needlework; **2.** miniature; **3.** ♪ a kind of song; ~ işlemek to embroider.
nakışlamak = nakış işlemek.
nakışlı embroidered.
nakız, -kzı **1.** violation, breach; **2.** overthrowing *(of a court decision)*; **3.** abrogation *(of a treaty)*.
nakil, -kli **1.** transport, transfer; **2.** transferring s.o. to a new post; **3.** telling, recounting *(story)*; **4.** moving to *(another residence)*; **5.** ⚕ transplanting; ~ vasıtası transport vehicle.
nâkil 1. transporter; **2.** teller, narrator; **3.** *phys.* conductor.
nakit, -kdi cash, ready money.
nakkaş [. -] **1.** muralist; frescoist; **2.** miniaturist.
naklen [x .] live; ~ yayın live broadcast *(or* telecast).
nakletmek [x . .] **1.** to transport (-*e* to); to convey (-*e* to), to transfer (-*e* to); **2.** to move (-*e* to); **3.** to narrate, to recount, to tell.
nakliyat, -tı [. . -] transport, shipment, freighting, forwarding; ~ şirketi transport *(or* shipping *or* forwarding) company.
nakliyatçı freighter, shipper.
nakliye 1. freight(age); **2.** transport, shipping; ~ gemisi troopship, transport; ~ senedi ⚓ waybill; ~ uçağı troop carrier, transport plane; ~ ücreti freight(age).

carriage.
nakliyeci freighter, shipper; forwarding agent.
nakşetmek [x . .] to engrave *(in one's memory).*
nakzen [x .]: ~ görmek *(davayı)* to reexamine *a case;* ~ iade etm. *(davayı)* to send *a case* back.
nakzetmek [x . .] **1.** to violate, to break; **2.** to annul, to abrogate *(treaty);* **3.** ⚖ to overthrow, to overturn *(the decision of a lower court)*
nal horseshoe; ~ çakmak to shoe *(a horse);* -ları dikmek *sl.* to kick the bucket, to peg out, to pop off.
nalbant, -dı blacksmith, farrier, horseshoer.
nalbur iron-monger, hardwareman, hardware dealer; ~ dükkânı hardware store.
nalburiye hardware store.
nalça metal piece, iron tip *(on a boot).*
naldöken stony *(road).*
nalet, -ti *F* cursed, damned; ~ olsun! God damn him!
nalın bath clog.
nallamak 1. to shoe *(a horse, etc.);* **2.** *sl.* to bump off, to kill.
nam [ā] **1.** name; **2.** reputation, fame, renown; ~ almak (*or* kazanmak *or* vermek) to make a name for o.s.; -ına **1.** on behalf of; in s.o.'s name; **2.** in the way of; -ında named, called; namı diğer alias.
namağlup, -bu undefeated.
namahrem canonically a stranger.
namaz prayer, namaz; ~ kılmak to perform the namaz, to pray; ~ seccadesi prayer rug; ~ vakti time of the namaz, prayer time; -ı kılındı he is dead.
namazgâh open-air prayer place.
namazlık prayer rug.
namazsız *(woman)* who is menstruating.
namdar [- -] famous, celebrated.
name [ā] **1.** (love) letter; **2.** document, certificate.
namert, -di **1.** cowardly; **2.** despicable, contemptible.
namertlik 1. cowardliness; **2.** despicableness.
namlı famous, celebrated.
namlu 1. barrel *(of a rifle, etc.);* **2.** blade *(of a sword).*
namuhesabına *(b-nin)* on *s.o.'s* behalf, on behalf of *s.o.*
namus [- -] **1.** hono(u)r, integrity, probity; **2.** chastity, virtue; ~ borcu debt of hono(u)r; ~ sözü word of hono(u)r; -una dokunmak *(b-nin)* to touch *s.o.'s* hono(u)r; -uyla yaşamak to keep to the straight and narrow, to live honestly.
namuslu [ā] **1.** hono(u)rable, upright; **2.** virtuous, chaste.
namussuz [ā] **1.** dishonest, dishonu(u)rable; **2.** unvirtuous, unchaste; **3.** rotten bastard, damned thing.
namünasip [- . - .] inappropriate; unsuitable; inconvenient.
namütenahi [- . . - -] endless, boundless.
namzet 1. candidate, prospect; nominee; **2.** betrothed, fiancé(e); ~ göstermek to nominate, to put forward as a candidate.
namzetlik candidacy; namzetliğini koymak to put o.s. forward as a candidate (*-e* for); to stand (*-e* for), *Am.* to run (*-e* for).
nanay *sl.* there isn't...; bende para ~ I haven't a bean.
nane [ā] **1.** ⚘ (pepper)mint; **2.** mint tea; ~ suyu peppermint water; ~ yemek *F* to make a blunder.
naneli [ā] (pepper)minty.
nanemolla [- . . .] weak Willy, cream puff.
naneruhu, -nu [- . - .] peppermint oil, essence of peppermint.
naneşekeri, -ni [- . . . .] peppermint drop.
nanik: ~ yapmak to cock a snook (*-e* at), to thumb one's nose (*-e* at).
nankör ungrateful, unthankful, thankless.
nankörlük ungratefulness, ingratitude; ~ etm. to act ungratefully.
nar ⚘ pomegranate; ~ gibi well toasted (*or* roasted).
nara [- .] shout, cry, yell; ~ atmak to shout out, to yell; -yı basmak to let out a yell.
narçiçeği, -ni grenadine red.
narenciye [ā] ⚘ citrus fruits.
nargile hookah, nargileh, water pipe, hubble-bubble.
narh officially fixed price; ~ koymak to put a fixed price (*-e* on).
narin [ā] delicate, slim, slender.
narkotik narcotic.
narkoz narcosis; ~ vermek to anesthetize.
nasbetmek [x . .] to appoint (*-e* to).
nasıl [x .] **1.** how?; **2.** how (much); **3.** what sort of...?; **4.** in the just same way; nasılsınız? how do you do?; ~ ki just as... so...; ~ olsa in any case, somehow or other.
nasılsa [x . .] = nasıl olsa.
nasır corn, clavus; callus, wart; ~ bağlamak to become calloused; -ına basmak *(b-nin) F* to tread on *s.o.'s* toes.
nasırlanmak = nasır bağlamak.

nasırlı calloused, warty; horny.
nasihat, -ti [ī] advice, counsel, admonition; ~ etm. (*or* vermek) to advise, to give advice, to counsel.
nasip, -bi [ī] portion, share, lot; ~ olm. to fall to one's lot; ~ olursa all being well; nasibini almak to enjoy.
Nasrani [. - -] Christian.
naşi [- -] owing (*-den* to), because (*-den* of).
naşir [ā] **1.** publisher; **2.** propagator.
natamam [- . -] incomplete, unfinished.
natıka [- . .] eloquence.
natır female bath attendant.
natokafa *sl.* numskull.
natüralist, -ti naturalist.
natüralizm naturalism.
natürel natural.
natürmort, -tu still life.
navlun freight(age).
naylon [x .] **1.** naylon; **2.** plastic.
naz coyness, reluctance; ~ etm. (*or* yapmak) to feign reluctance; -ını çekmek (*b-nin*) to put up with *s.o.'s* whims.
nazar 1. glance, look; **2.** opinion; **3.** the evil eye; ~ boncuğu blue bead, amulet; ~ değmek to cause misfortune by the evil eye, to hex; ~ değmesin! touch wood!; -ı dikkate almak to take into consideration; -ı dikkatini çekmek to attract s.o.'s attention; -ı itibara almak to take into consideration; -ıyla bakmak to regard as, to consider.
nazaran [x . .] **1.** in comparison (*-e* to); **2.** according (*-e* to).
nazari [ī] theoretical, speculative.
nazariye theory.
nazarlık amulet, charm.
nazenin [- . -] **1.** of delicate build; **2.** hussy, minx; son of a gun; **3.** coy.
nazım, -zmı verse; versification.
nâzım 1. regulatory; **2.** *phys.* regulator; **3.** writer of verse; **4.** ♀ *mf.*
nazır [ā] **1.** overlooking, facing, looking out on; **2.** minister.
Nazi *pr. n.* Nazi.
nazik, -ki [ā] **1.** polite, courteous; **2.** delicate, fragile.
nazikleşmek [ā] **1.** to become polite (*or* courteous); **2.** to become delicate.
naziklik [ā] **1.** politeness, courteousness, courtesy; **2.** delicacy.
nazir [ī] **1.** equal, counterpart; **2.** *ast.* nadir.
nazire [ī] *a poem written to resemble another poem in form and subject.*
nazlanmak *s.* naz etm.
nazlı 1. reluctant; **2.** coy, arch, coquettish; **3.** petted, coddled.
ne 1. what?; **2.** whatever; **3.** what a...!, how...!; ~ âlemdesiniz? how are you?, how are things with you?; ~ buyurdunuz? what did you say?; ~ çıkar? what does it matter?; ~ de olsa nevertheless, still; ~ demek? what does it mean?; ~ dese beğenirsiniz? guess what he said to me!; ~ diye? why...?, for what purpose...?; ~ ekersen onu biçersin *pro.* as you sow, so shall you reap; ~ gibi? what, for example?, like what?; ~ görsem beğenirsiniz? guess what I saw!; ~ haber? what's the news?, how goes it?; ~ hacet? what need is there!; ~ hali varsa görsün let him stew in his own juice; ~ halt etmeye *F* why in the hell...?; ~ hikmetse heaven knows why!; ~ ise in any case, at any rate, anyway; ~ kadar güzel! how beautiful!; ~ karın ağrısı! what a pain in the neck he is!; ~ malum? how do you know?; ~ mümkün! impossible!; ~ münasebet? of course not!; ~ oldu? **1.** what happened?; **2.** what is the matter with...?; ~ oldum delisi parvenu; ~ olur ~ olmaz just in case; ~ pahasına olursa olsun at any costs, at all costs; ~ sinir şey! what a pain in the neck it is!; ~ vakit (*or* zaman) when?, at what time?; ~ var? what's the matter?; ~ var ki only; but; however; ~ yalan söyleyeyim to tell you the truth,...; ~ yapıp yapıp by hook or by crook, in some way or other; ~ yazık! what a pity!; -me lazım? what's it to me?
nebat, -tı [ā] plant.
nebatat, -tı [. - -] **1.** plants; **2.** botany; ~ bahçesi botanical garden.
nebati [. - -] botanical, vegetable; ~ yağ vegetable oil.
nebi [ī] prophet.
nebülöz *ast.* nebula.
nebze bit, particle.
necat, -tı [ā] salvation, safety.
nece [x .] what language...?
neci: o, -dir? what's his job?, what does he do?; sen ~ oluyorsun? what's it to you?
necip, -bi [ī] **1.** noble; **2.** ♀ [x .] *mf.*
nedamet, -ti [ā] regret, remorse; ~ etm. (*or* getirmek) to regret.
nedbe ⚕ scar.
neden 1. why?, what for?; **2.** reason, cause; ~ olm. to cause; -iyle because of, owing to; because; bu -le for this reason, because of this.
nedense for some reason or other, I don't know why, but...

nedensel causal.
nedensellik causality.
nedim [i] **1.** intimate friend; **2.** ♀ [x .] *mf.*
nedime [i] **1.** lady-in-waiting; **2.** ♀ [x . .] *wf.*
nefaset, -ti [ā] excellence, exquisiteness.
nefer **1.** individual, person; **2.** ⚔ private.
nefes **1.** breath; **2.** draw, puff, drag *(on a cigarette);* **3.** moment, instant; **4.** *sl.* hash(ish); ~ aldırmamak *(b-ne)* to give *s.o.* no rest, not to give *s.o.* any respite; ~ almak **1.** to breathe; to inhale; **2.** *fig.* to catch one's breath, to take a short break, to rest; ~ borusu *anat.* trachea; ~ çekmek **1.** to take a puff *(or* draw *or* drag) *(on a cigarette);* **2.** *sl.* to smoke some hash; ~ darlığı **1.** shortness of breath; **2.** asthma; ~ etm. *(b-ne)* to blow one's breath upon *s.o. (to cure him of an ailment);* ~ -e out of breath; ~ -e kalmak to gasp for breath, to pant; ~ tüketmek to waste one's breath; ~ vermek to breathe out, to exhale; -i kesilmek to gasp for breath, to catch one's breath.
nefeslemek *s.* nefes etm.
nefesli **1.** ♪ wind *(instrument);* **2.** long-winded *(person);* ~ çalgı ♪ wind instrument.
nefeslik vent(hole), air hole.
nefis[1], -fsi **1.** self; essence; **2.** the body, the flesh; **3.** soul, life; nefsine uymak to yield to the flesh, to sin; nefsine yediremek to be unable to bring o.s. *(to do s.th.);* nefsini körletmek *(or* öldürmek) **1.** to take the edge off one's desire; **2.** to stave off one's hunger; nefsini yenmek to master o.s.
nefis[2] excellent, choice, exquisite.
nefiy, -fyi **1.** ⚖ banishment, exile; **2.** denial; negation; ~ edatı *gr.* negative (particle).
nefret, -ti hate, hatred, detestation, abhorrence; aversion; ~ etm. to hate, to detest, to abhor, to loathe.
nefrit, -ti ⚕ nephritis.
nefsani [. - -] carnal, fleshly, bodily.
nefsaniyet, -ti [ā] enmity, malice.
neft, -ti *(yağı)* naphtha.
nefyetmek [x . .] **1.** to exile; **2.** *gr.* to negate.
negatif ⚗, *phot.*, ⚡ negative.
neglije negligee.
nehari [. - -] day *(student, school);* ~ mektep day school; ~ talebe day student.
nehir, -hri river; ~ yatağı riverbed.
nehiy, -hyi **1.** prohibition; **2.** *psych.* inhibition.
nehyetmek [x . .] to prohibit, to forbid.
nekahet, -ti [ā] convalescence.
nekes stingy, mean.
nekeslik stinginess.
nekre witty.
nektar ⚘ nectar.
neli what... made of?
nem **1.** damp(ness), moisture; **2.** humidity; **3.** dew.
nema [ā] **1.** growth; **2.** interest.
nemelazımcı indifferent.
nemelazımcılık indifference.
nemlendirici moisturizer; humidifier.
nemlendirmek to moisten; to humidify; to moisturize.
nemlenmek to become damp, to moisten.
nemli damp, humid, moist; dank.
Nemrut, -du [ū] **1.** *pr. n.* Nimrod; **2.** ♀ cruel, grim *(person).*
nenin *s.* neyin.
neogen *geol.* the Neogene.
neolitik *(çağ)* Neolithic.
neon neon; ~ lambası neon lamp *(or* tube).
Neptün *ast.* Neptune.
nere [x .] where...?, what place...?; buranın ~ olduğunu biliyor musunuz? do you know what place this is?; burası neresi? what place is this?
nerede [x . .] where?; wherever...?
nereden [x . .] (from) where?, whence ...?; ~ geliyorsun? where are you coming from?; ~ nereye! what a coincidence!
neredeyse [x . . .] **1.** almost, nearly, all but; **2.** (pretty) soon, before long; ~ gelir he'll come pretty soon.
nereli [x . .] where... from?; siz nerelisiniz? where are you from?; benim nereli olduğumu biliyor musunuz? do you know where I am from?
nereye [x . .] where...?; wherever...?; ~ gidiyorsunuz? where are you going?
nergis ⚘ narcissus.
nesep, -bi ancestry, genealogy, lineage.
nesiç, -sci *(a.* ⚘, ⚕*)* tissue.
nesil, -sli **1.** generation; **2.** race, line; **3.** offspring, progeny; nesli tükenmek to die out.
nesir, -sri prose.
nesne **1.** thing; **2.** *gr.* object.
nesnel objective.
nesneleştirmek to objectify.
nesnelleşmek to become objective.
nesnellik objectivity.
neşe merriment, gaiety, joy; -si yerinde he is in good spirits.

neşelendirmek to render merry, to put s.o. in good spirits.
neşelenmek to become merry.
neşeli merry, cheerful, joyful, joyous.
neşesiz low-spirited, out of sorts *(or* spirits), downcast.
neşet, -ti **1.** origination; emergence; **2.** ♀ *mf.*; ~ etm. **1.** to originate (*-den* from), to arise (*-den* from); **2.** to graduate (*-den* from).
neşetli who graduated in *(a certain year)*.
neşir, -şri **1.** publication; **2.** dissemination, diffusion; **3.** broadcasting.
neşren through the mass media; in print.
neşretmek [x . .] **1.** to publish; **2.** to diffuse, to spread; **3.** to broadcast.
neşriyat, -tı [ā] publications.
neşter ⚕ lancet.
neşvünema [ā] growth, development; ~ bulmak to grow.
net, -ti **1.** clear, sharp; **2.** net.
netameli [ā] **1.** sinister; **2.** accident-prone.
netice [ī] result, consequence, outcome; end; -de in the end; -sinde as a result of...
neticelendirmek to bring to an end, to conclude.
neticelenmek to come to an end, to end; to result (*ile* in).
neticesiz inconclusive, useless, fruitless, futile.
neuzübillah! God help us!
nevale [ā] provisions, food, victuals; -yi düzmek to provide food.
nevazil [ā] (common) cold, catarrh.
nevi, -v'i kind, sort, variety; bu nevi(den) of this kind; nev'i beşer mankind; nev'i şahsına münhasır unique.
nevir, -vri the colo(u)r of s.o.'s face; nevri dönmek to fly off the handle.
nevralji ⚕ neuralgia.
nevresim protective case *(made of sheeting)*.
nevroloji neurology.
nevroz neurosis.
ney reed flute; ~ çalmak (*or* üflemek) to play the ney.
neye why?; ~ doğruyu söylemiyorsun? why aren't you telling the truth?
neyin *gen. of* ne.
neyle = ne ile.
neyse = ne ise.
neyzen ney player.
nezafet, -ti [ā] cleanliness.
nezaket, -ti [ā] courtesy, politeness; tact, delicacy; ~ kesp etm. to become delicate.
nezaketen [ā] [. x . .] as a matter of courtesy, out of politeness.
nezaketli [ā] courteous, polite; tactful.
nezaketsiz [ā] discourteous, impolite.
nezaret, -ti [ā] **1.** superintendence, supervision; **2.** surveillance; **3.** direction, administration; **4.** † ministry; ~ altında **1.** under surveillance; **2.** in police custody; ~ etm. to superintend, to oversee, to supervise; -e almak **1.** to take into custody; **2.** to put under surveillance.
nezarethane [. - . - .] lockup, jail.
nezih [ī] **1.** decent, clean; **2.** ♀ [x .] *mf.*
nezir, -zri vow.
nezle (common) cold, catarrh; ~ olm. to catch cold, to get a cold.
nezretmek [x . .] to vow; to pledge (*-e* to).
nıkris [ī] ⚕ gout.
nısfiye short ney.
nısıf, -sfı half; ~ daire semicircle; ~ kutur radius; ~ küre hemisphere.
nışadır ⚗ salamoniac; ammonia.
nışadırruhu, -nu ⚗ ammonia.
nice [x .] how many...!, many a...!, so many...!; ~ ~ very many, a great many; ~ senelere! many happy returns of the day!
nicel quantitative.
nicelik quantity.
niçin [- .] [x .] why?, what for?
nida [ā] **1.** cry, exclamation, shout; **2.** *gr.* exclamation, interjection; ~ etm. to exclaim; ~ işareti exclamation mark *(or* point).
nifak, -kı [ā] discord, strife, dissension; ~ sokmak to sow the seeds of discord.
nihai [. - -] final, decisive; ~ karar ⚖ final decision.
nihayet, -ti [ā] **1.** end, conclusion; finish; **2.** finally, at last; in the end; ~ bulmak to come to an end, to end, to finish; ~ vermek to conclude, to terminate, to bring to an end.
nihayetlendirmek [ā] to put an end to; to bring to an end.
nihayetlenmek [ā] to come to an end, to end.
nihayetsiz [ā] endless, unending; infinite, vast.
nikâh marriage (ceremony); ~ altına almak to marry; ~ dairesi marriage office; ~ düşmek *(for a marriage)* to be legally possible; ~ etm. *(bir kadını)* to marry *a woman* (*-e* to); to give *a woman* in marriage (*-e* to); ~ kıymak to perform a marriage ceremony; ~ şahidi witness at a marriage.

nikâhlamak 1. = nikâh etm.; 2. = nikâh kıymak.
nikâhlanmak to get married; to marry.
nikâhlı married, wedded.
nikâhsız unmarried, unwed.
nikbin [- -] optimistic.
nikbinlik [- - .] optimism.
nikel nickel.
nikelaj 1. nickeling; 2. nickel plate.
nikotin nicotine.
Nil *pr. n.* the Nile.
nilüfer [ī] 1. ⚘ water lily; 2. ♀ *wf.*
nim [ī] half; semi-.
nimbus [x .] nimbus.
nimet, -ti [ī] 1. blessing; 2. the staff of life, bread; 3. ♀ *mf., wf.*
nimresmi [- . -] semiofficial.
nine 1. grandmother, grandma, granny; 2. old woman.
ninni lullaby; ~ söylemek to sing a lullaby.
nisaiye gynecology.
nisan April.
nisanbalığı, -nı April fool.
nispet, -ti 1. proportion, ratio, rate; 2. relation(ship); 3. spite; ~ etm. 1. to compare; 2. to act spitefully; ~ vermek (*or* yapmak) to say *or* do s.th. out of spite.
nispetçi spiteful.
nispeten [x . .] 1. comparatively, relatively; 2 in comparison (*-e* to), compared (*-e* to).
nispi 1. proportional; 2. relative, comparative.
nişan [ā] 1. sign, indication, mark; 2. target; 3. engagement, betrothal; 4. engagement ceremony (*or* party); 5. *pol.* medal, decoration, order; ~ almak 1. to aim (*-e* at), to take aim (*-e* at); 2. *pol.* to receive a decoration; ~ koymak to make a mark; ~ merasimi (*or* töreni) engagement ceremony; ~ takmak 1. to put an engagement ring (*-e* on); 2. to pin a decoration (*-e* on); ~ vermek to bestow a decoration (*-e* on); ~ yapmak to have an engagement ceremony (*or* party): ~ yüzüğü engagement ring; -dan dönmek to break off an engagement.
nişancı [ā] sharpshooter, marksman.
nişane [ā] = nişan 1.
nişangâh [ā] 1. target; 2. rear sight (*of a gun*).
nişanlamak 1. to engage, to affiance, to betroth; 2. to take aim (*-e* at).
nişanlanma engagement, betrothal.
nişanlanmak 1. *pass. of* nişanlamak, to get engaged; 2. to be marked.
nişanlı engaged, betrothed, intended; fiancé(e).
nişanlılık engagement.
nişasta ⚗ (corn)starch, amylum.
nite [x .] † how?
nitekim [x . .] just as; as a matter of fact; in just the same way.
nitel qualitative.
niteleme *vn. of* nitelemek, qualification; ~ sıfatı *gr.* descriptive adjective.
nitelemek 1. to describe, to characterize; 2. *gr.* to modify, to qualify.
nitelik quality, characteristic, attribute.
nitelikli 1. well-qualified; 2. of... quality.
niteliksiz of poor quality.
nitrat, -tı nitrate.
nitrikasit nitric acid.
nitrojen ⚗ nitrogen.
niyabet, -ti [ā] regency; viceroyalty.
niyaz [ā] entreaty, supplication, plea; ~ etm. to plead, to entreat.
niye why?, what for?
niyet, -ti 1. intention, purpose, aim; 2. fortune (*written on a slip of paper*); ~ etm. to intend, to aim, to mean; ~ tutmak to think of the matter about which one is inquiring when consulting a fortuneteller; -i bozuk having evil intentions; -inde olm. (*bşi yapmak*) to be intent on *doign s.th.*
niyetçi person who lets his rabbit *or* bird draw a niyet 2.
niyetlenmek *s.* niyet etm.
niyetli 1. intent; 2. who intends to fast.
niza, -aı [ā] quarrel, dispute.
nizam [ā] 1. order, arrangement, system, method, organization; 2. regulation, rule; law; -a sokmak (*or* koymak) to put in order.
nizami [. - -] 1. regulative, regulatory; legal; 2. systematic, orderly, methodical.
nizamlı [ā] 1. orderly, organized, systematic; 2. lawful, legal.
nizamname [. - - .] regulations, statutes.
nizamsız [ā] 1. disorderly, disordered, unsystematic; 2. unlawful, illegal.
No. (*abbr. for* numara) No.
nobran harsh, rude, churlish.
Noel Christmas; ~ ağacı Christmas tree; ~ baba Father Christmas, *Am.* Santa Claus.
nohudi [. - -] buff-colo(u)red, manila.
nohut, -du ⚘ chickpea; ~ oda, bakla sofa small house.
noksan [ā] 1. deficient, defective, missing; 2. deficiency, defect, shortcoming; 3. want, lack.

noksanlık 1. deficiency, defect(iveness), shortcoming, 2. lack, want.
noksansız 1. complete; 2. flawless, perfect.
nokta 1. point *(a.* A), dot; 2. speck, spot; 3. *gr.* full stop, *Am.* period; 4. ✕ sentry, post; ~ koymak 1. to put a full stop *(or* period); 2. to wind up, to finish; ~ olm. *sl.* 1. to get lost, to beat it; 2. *(for a dope-taker)* to be so high he cannot move a muscle; -sı -sına exactly, in every way; noktai nazar viewpoint, point of view.
noktalama punctuation; ~ işaretleri punctuation marks.
noktalamak 1. to punctuate; 2. to dot, to mark.
noktalı dotted; speckled; ~ virgül semicolon.
noktasız undotted.
nonoş little darling, honey.
norm norm.
normal, -li normal *(a.* A).
normalleşmek to become normal.
Norveç *pr. n.* Norway.
Norveçli *pr. n.* Norwegian.
nostalji nostalgia, homesickness.
not, -tu 1. note, memorandum; minute; 2. *school:* mark, grade; ~ almak 1. to take *(or* make) notes; 2. to get a grade; ~ atmak to record a grade; ~ defteri notebook; ~ düşmek to write down a note; ~ etm to note down; ~ kırmak to give low grades; ~ tutmak to take notes; ~ vermek 1. to give a grade (-*e* to); 2. to pass judgment (-*e* on).
nota [x .] ♪ & *pol.* note.
noter notary public.
noterlik 1. notary public's office; 2. notaryship.
nöbet, -ti 1. turn *(of duty)*; 2. watch *(of a sentry)*; 3. shift; 4. ⚕ onset, fit, attack; ~ beklemek 1. to stand guard; to keep watch; to be on duty; 2. to await one's turn; ~ değiştirmek to change guard; ~ gelmek *(b-ne)* to have a fit; ~ tutmak *s.* ~ beklemek 1.
nöbetçi 1. sentry, watchman; 2. on duty; ~ eczane pharmacy on night-duty; ~ kulübesi sentry box; ~ subayı ✕ duty officer.
nöbetçilik guard-duty.
nöbetleşe by turns.
nöbetşekeri, -ni sugar-candy.
nöron *biol.* neuron.
nötr 1. neutral; 2. neuter.
nötrlemek to neutralize.
nötrleşmek to become neutral.
nötron neutron; ~ bombası neutron bomb.
Nuh [ū] *pr. n.* Noah; ~ der peygamber demez he is as stubborn as a mule; ~ Nebi'den kalma out of the ark; -un gemisi Noah's Ark.
numara [x . .] 1. number; 2. size, number *(shoe, etc.)*; 3. grade; 4. *sl.* ruse, trick, stratagem; ~ koymak to number; ~ yapmak to fake, to pretend; -sı yapmak to pretend to be, to fake, to pose as; -sını vermek *(b-nin) fig.* to form a bad opinion of *s.o.*
numaracı *sl.* poseur, faker, phony.
numaralamak to number.
numaralı [x . . .] numbered; yerler -dır the seats are numbered; iki numaralı ev the house number two.
numarasız numberless, unnumbered.
numune sample, model, pattern.
numunelik sample, specimen.
nur [ū] 1. light, brilliance; radiance; 2. ♀ *mf., wf.*; ~ içinde yatsın (*or* toprağı ~ olsun)! may he rest in peace; ~ ol! bravo!, well done!; ~ topu gibi very healthy and cute *(child)*; ~ yüzlü benevolent looking *(old man)*.
nurani [- - -], **nurlu** [- .] bright, radiant.
nursuz [- .]: ~ pirsiz *sl.* ugly and unlovely.
nutuk, -tku speech, oration, address; ~ atmak (*or* çekmek) to sermonize, to hold forth; ~ söylemek (*or* vermek) to make a speech; nutka gelmek to begin to speak; nutku tutulmak to be tongue-tied.
nü nude.
nüans nuance.
nüfus [ū] 1. population, inhabitants; 2. people, persons; ~ cüzdanı (*or* kâğıdı) identity card *(or* booklet); ~ dağılımı distribution of the population; ~ fazlalığı overpopulation; ~ kütüğü state register of persons; ~ memurluğu public registration office; ~ sayımı (population) census.
nüfusça as regards persons; ~ kayıp yoktur there is no loss of human life.
nüfuslu 1. having... inhabitants; 2. made up of... persons *(family)*; altı ~ bir aile a family of six persons; 500.000 ~ bir şehir a city of 500.000 people.
nüfuz [ū] 1. influence, power, weight, pull; 2. penetration; permeation; ~ etm. 1. to penetrate; to permeate; 2. to influence; ~ sahibi influential, powerful *(person)*.
nüfuzlu [. - .] influential, powerful, dominant.
nükleer nuclear; ~ silah nuclear weapon.
nüksetmek [x . .] to relapse, to recur

(disease).
nükte witticism, wisecrack; ~ **yapmak** to wisecrack.
nükteci, nüktedan [ā] **1.** witty; **2.** wit, wisecracker.
nükteli witty.
nükûl, -lü withdrawal, abstention; ~ **etm.** *(sözünden)* to withdraw, to go back on *(one's promise).*
nümayiş [ā] **1.** demonstration; **2.** show, pomp.
nümayişçi [ā] demonstrator,
nüsha 1. copy, specimen, transcript, duplicate; **2.** issue, number *(of a magazine, etc.);* **iki** ~ **olarak** in duplicate.
nüve nucleus.
nüzul, -lü [ū] apoplexy, stroke.

O

o¹ [-] ah!, oh!, o!, I say!
o² -nu **1.** he, she, it; **2.** that, those; **3.** the former, previous; ~ **anda** at that moment; ~ **bu** whether this or that; everybody; ~ **denli** so much, that much; ~ **duvar senin, bu duvar benim** to walk along rolling *(drunk)*; ~ **gün bu gün(dür)** since then, from that day on; ~ **halde** in that case, therefore, hence, thus, so, consequently; ~ **kadar** so much, so... that; ~ **kapı senin bu kapı benim dolaşmak** to gallivant, to wander around; ~ **saat 1.** at that hour; **2.** at once, immediately, directly, forthwith, straight, at that very moment, right away; ~ **sırada** at that straight moment; ~ **taraflı olmamak** not to pay attention to; ~ **tarakta bezi olmamak** not to have anything with..., not to be interested in...; ~ **vakit** *(or* **zaman) 1.** then, after that; **2.** at that time; **3.** in that case; ~ **yolda** in that way, like that; ~ **yolun yolcusu 1.** to live immorally; **2.** he is in such a situation that he is going to end up with death; ~**nun için** that's why.
oba 1. large nomad tent; **2.** nomad family; **3.** temporary nomad camp.
obartı exaggeration.
obartıcı exaggerator.
obartılmak to be exaggerated.
obartma exaggeration, hyperbole.
obartmak to exaggerate.
obartmalı exaggerated.
obelisk, -ki obelisk.
obje object, thing.
objektif 1. objective; **2.** *phot.* lens, objective.
objektivist objectivist.
objektivizm objectivism.
obligasyon † bond.
obruk 1. *phys.* concave; **2.** funnel-shaped; **3.** hollow ground.
observatuvar observatory.
obstrüksiyon 1. hindering, preventing, obstruction; **2.** *sports:* blocking.
obua oboe.
obuacı oboist.
obur gluttonous, greedy, voracious.
oburca greedily.
oburlaşmak to become gluttonous *(or* greedy).
oburluk gluttony, voracity.
obüs 1. shell; **2.** howitzer.
ocak¹ January; ~ **ayı** January.
ocak² 1. fireplace, hearth; **2.** forge; **3.** (gas)burner; **4.** cooker, oven, range; **5.** furnace; **6.** distillary; **7.** mine, kiln, pit; **8.** quarry; **9.** bed, plantation; **10.** centre, focus, starting-point; **11.** (local) club, local branch *(of a party, etc.)*; **12.** family, home; **13.** dynasty; **14.** military organization; ~ **kaşı** stone stand for saucepans *etc.* in front of the hearth; **ocağı batmak** to be exhausted, to be ruined; **ocağı tütmek** to keep continuing one's family; **ocağına düşmek** *(b-nin)* to take *s.o.'s* refuge, to plead with *s.o.* for help; **ocağını söndürmek** to destroy the family *(-in* **of)**; to exhaust one's family, to ruin.
ocakçı 1. stoker; **2.** chimney-sweep.
ocakçılık being a stoker *(or* chimney-sweep).
ocaklı 1. with a fireplace; **2.** s.o. who belongs to a specific organization *(Janissary)*.
ocaklık 1. family estate given by the sovereign; **2.** fireplace; **3.** (supporting) beam; **4.** kitchen; **5.** chimney.
od fire; ~ **yok ocak yok** *fig.* he is a poor devil *(or* wretch).
oda 1. room; **2.** board, chamber, association, society; **3.** † office; **4.** room, space, hall; ~ **müziği** chamber music; ~ **takımı** suite of furniture.
odabaşı, -nı s.o. in charge of the rooms in an inn.
odacı servant *(at an office or public building)*.
odak 1. *phys.* focus, focal point; **2.** *fig.* starting-point.
odaklama focusing.
odaklamak to focus.
odaklaşma focalization.
odaklaşmak to focalize.
odaklaştırma focalization.
odaklaştırmak to focalize.
odaklayıcı assistant cameraman, lenser.

odaksız afocal.
odalı which has certain number of rooms.
odalık concubine, odalisque *(up to 1908)*.
oditoryum [. . x .] auditorium.
odun 1. firewood, log; 2. *fig.* *(a. ~ aleyhisselam)* foolish and rough fellow; 3. a sound thrashing; ~ gibi blockhead, rude, rough; ~ kırmak to chop wood, to split firewood; ~ yarıcı woodchopper.
oduncu 1. wood-cutter; 2. seller of firewood.
odunkömürü, -nü charcoal.
odunlaşma lignification.
odunlaşmak 1. to lignify; 2. *fig.* to get rough, to become insensitive to others.
odunluk 1. woodshed; 2. tree ready to be cut and used as firewood; 3. *fig.* rudeness, insensitivity to others.
odyometre audiometer.
odyovizüel audio-visual.
of! 1. oof!; 2. ow!, alas!, ah!, ouch!, oh!
ofis office, department, bureau.
oflamak to say 'ugh'; oflayıp puflamak to moan and groan, to huff and puff.
oflaz excellent, superb.
ofris twayblade.
ofsayt, -dı *sports:* offside.
ofset, -ti 1. *(baskısı)* offset (printing); 2. *(makinesi)* offset printing machine.
oftalmoloji ophthalmology.
oftalmoskop ophthalmoscope.
oğalamak *s.* ovalamak.
Oğan God.
oğdurmak *s.* ovdurmak.
Oğlak 1. *ast.* Capricorn; 2. ♀ *zo.* kid.
oğlan 1, boy, lad; 2. *cards:* knave; 3. catamite.
oğlancı pederast.
oğlancılık pederasty.
oğmaç s. ovmaç.
oğmak *s.* ovmak.
oğul, -ğlu 1. son; 2. *zo.* swarm of bees; ~ balı virgin honey.
oğulcuk 1. dear little son; 2. embryo.
oğulluk 1. sonship; 2. stepson, adopted son.
oğulotu, -nu ⚘ bee balm, lemon balm.
oğunmak *s.* ovunmak.
oğuşturmak *s.* ovuşturmak.
Oğuz 1. an Oghuz Turk; 2. of the Oghuz Turks.
oğuz 1. young bull; 2. honest, sincere; 3. brave, valiant; 4. severe, rigorous; 5. provincial, peasant, villager; 6. ♀ *mf.*
Oğuzca the Turkish spoken by the Oghuz Turks.
oh oh!, ah!, indeed!; ~ çekmek to be malicious *(or* gloating), to rejoice over another's misfortune; ~ demek to (take a) rest, to have a breather; ~ olsun! it serves him right!
oha [x -] 1. *sl.* whoa!, hey you!; 2. whoa *(said to stop cattle)*.
oje fingernail polish.
ojit augite.
ok, -ku 1. arrow; 2. pole, beam; 3. plough-tail; 4. ⩚ sine versus; 5. prick, quill; ~ atmak to shoot an arrow; ~ gibi (yerinden) fırlamak to rush out of *(a place)*; ~ meydanı archery ground; ~ meydanında buhurdan yakmak 1. to try to heat a big place with an inadequate mean of heater; 2. to try to use inadequate facilities to accomplish an important job; ~ yaydan çıktı *fig.* what's done is done, there's no turning back.
okaliptüs ⚘ eucalyptus.
okçu 1. archer; 2. maker *or* seller of arrows.
okçuluk 1. archery; 2. making *or* selling of arrows.
okka † *(Turkish weight measure)* oke, oka *(= 1283 gr. = 400 dirhem)*; ~ çekmek to weigh heavier than it looks; ~ dört yüz dirhem facts are facts; -nın altına gitmek to bear the brunt, to be the victim.
okkalamak 1. to estimate the weight of s.th. by weighing it in hand; 2. *fig.* to flutter.
okkalı 1. heavy; 2. important, profitable; 3. big; 4. significant; ~ kahve big cup of Turkish coffee.
okkalık which weighs ... okes.
oklamak 1. to shoot with an arrow; 2. to dart like an arrow.
oklanmak to get shot with an arrow.
oklava rolling pin; ~ *(or* baston) yutmuş gibi standing as if a stick were swallowed.
okluk quiver.
oklukirpi *zo.* porcupine.
okramak *(for a horse)* to whinny *(for water or food)*.
oksalat ⚗ oxalate.
oksijen 1. oxygen; 2. hydrogen peroxide.
oksijenlemek 1. ⚗ to add oxygen into a compound, to oxygenize; 2. to turn hair yellow with diluted oxygen.
oksijensizlik anoxia.
oksilit chemical substance containing peroxides of sodium and potassium.
oksit oxide
oksitlemek to oxidize.
oksitlenme oxidation.
oksitlenmek to get oxidized.

okşamak **1**. to stroke, to caress, to pat, to fondle; **2**. to touch lightly; **3**. to resemble; **4**. *sl*. to beat up, to trash; **5**. to please, to flatter.
okşanmak to be caressed.
okşantı caress.
okşatmak *caus. of* okşamak.
okşayıcı pleasing *(word, behave, etc.)*.
okşayış **1**. caressing, fondling; **2**. way of caressing; **3**. caress.
oktan octane.
oktant, -tı octant, mariner's quadrant.
oktav octave.
oktruva [x..] octroi, excise, city customs.
okul school.
okuldaş schoolmate.
okullu student, pupil.
okulöncesi, -ni **1**. preschool; **2**. preschool period.
okulsonrası, -nı **1**. post-school; **2**. period relating to post-school.
okuma reading; ~ kitabı primer, reader; ~ yazma reading and writing; ~ yitimi word blindness, alexia.
okumak **1**. to read; **2**. to learn, to study; **3**. to recite; **4**. to sing; **5**. to call, to invite; **6**. to review *(book)*; **7**. *sl*. to curse, to swear; **8**. to ruin *s.o.*; **9**. to decipher; **10**. to exorcise.
okumamış illiterate.
okume okoume, Gaboon mahogany.
okumuş educated, learned.
okumuşluk being educated.
okunaklı legible, readable.
okunaksız difficult to read, illegible.
okunmak **1**. to be read *(or* recited); **2**. to be sung.
okuntu invitation (card).
okunuş way of reading *(or* singing).
okur reader.
okuryazar literate.
okuryazarlık literacy.
okutmak *caus. of* okumak **1**. to have s.o. educate; **2**. to instruct s.o. in s.th.; **3**. to teach s.o. s.th.; **4**. *sl*. to sell, to dispose of.
okutman lecturer, reader.
okuyucu **1**. reader; **2**. singer; **3**. exorcist; **4**. s.o. sent around to invite people to a wedding.
oküler *phys*. ocular, eyepiece.
okyanus *geogr*. ocean.
Okyanusya [..x.] *pr. n.* Oceania.
okyılanı, -nı *zo*. water snake; viper.
ol † = o[2]
olabilir possible.
olabilirlik possibility.
olacak **1**. suitable, appropriate; **2**. which will happen; **3**. inevitable, unavoidable; **4**. so-called; ~ gibi değil impossible, it doesn't look s.th. will happen.
olagelmek to happen now and then *(or* often), to continue, to go on.
olağan **1**. common, usual, ordinary, normal; **2**. frequent, commonly happening.
olağandışı, -nı unusual, exceptional, strange, out of the common, obnormal.
olağanlaşmak to become commonplace.
olağanlık normality.
olağanüstü, -nü **1**. extraordinary; unusual, uncommon; **2**. unexpected, exceptional; **3**. excellent, stunning, wonderful.
olağanüstülük extraordinariness.
olamaz [.x.] impossible, impracticable.
olanak possibility; ~ sağlamak to provide (the) opportunity for *(or* to).
olanaklı possible.
olanaksız impossible.
olanaksızlaşmak to become impossible.
olanaksızlaştırmak to make s.th. impossible.
olanaksızlık impossibility.
olanca [.x.] utmost, all of...; ~ kuvvetiyle with all his might.
olası probable.
olasıcılık *phls*. probabilism.
olasılı based on probability.
olasılık probability.
olay **1**. event, occurrence, indicent; **2**. *phys*. phenomenon; ~ çıkarmak to cause trouble, to provoke an incident.
olayanlatım narration.
olaybilim phenomenology.
olaycılık phenomenalism.
olaylı eventful; marked by unpleasant events.
olaysız uneventful.
olçum **1**. quack doctor; **2**. quack; **3**. skilful.
oldu okey!, all right!, yes!
oldubitti fait accompli; -ye *(or* olupbittiye) getirmek to confront s.o. with a fait accompli.
oldukça [.x.] rather, pretty, to some extent.
oldum olası *s*. olmak.
oldurgan *gr*. causative (verb).
oldurmak **1**. to cause to happen, to be; **2**. to ripen, to mature.
olefin olefin.
oleik oleic.
olein olein.
olgu **1**. *phls*. fact; **2**. case.
olgucu positivist.
olguculuk positivism.

olgun 1. ripe *(fruit)*; mature *(human-being)*; 2. experienced, mature.
olgunlaşma maturation.
olgunlaşmak 1. to become ripe; 2. to become mature.
olgunlaştırmak to mature.
olgunluk ripeness; maturity; ~ çağı *(or* yaşı) age of maturity; ~ sınavı † university entrance examination.
oligarşi oligarchy.
oligoklaz oligoclase.
oligosen oligacene, the period between miocene and eocene.
olijist *geol.* hematite.
olimpiyat the Olympic games, the Olympics.
olivin *geol.* olivine.
olmadık [x . .] 1. unprecedented; 2. incredible, unheard-of; 3. out of place, inappropriate, insulting *(word)*; 4. impossible.
olmak, (-ur) 1. to be, to exist; 2. to become, to happen, to occur, to take place, to come off; 3. to be practicable, to be feasible, to be admissible; 4. to ripen; to mature; 5. to be prepared; 6. to fade (away) *(time)*; 7. to come on *(or* near) *(holiday)*; 8. to have, to possess; 9. to get, to catch *(disease)*; 10. to fit s.o., s.th., to suit s.o.; 11. *various verbal forms of it are used as helping verbs;* 12. *(b-ne bş)* to happen to *s.o.;* 13. *v/aux.* to have, to get; 14. *pass. of* etmek; 15. *sl.* to get drunk; 16. to lose *(opportunity, etc.)*; ola ki let's say...; olan biten *(or* olup biten) everything that took place; olan oldu it is too late now, there is nothing to do; oldu olacak kırıldı nacak it is too late to do anything about s.th.; oldu olanlar all the worst things happened to s.o.; oldum bittim *(or* oldum olası *or* oldum olasıya) as long as s.o. remembers, always; olsa olsa! *(or* olsun olsun) at (the) most; ... olsun, ... olsun both... and..., all..., olup olacağı that's all; olur olmaz 1. ordinary, whatsoever; 2. unnecessary, unimportant, inappropriate.
olmamış 1. unripe, immature; 2. s.th. hasn't been worked out well; 3. s.th. which didn't happen.
olmayacak 1. impossible; 2. inappropriate, unsuitable.
olmaz 1. impossible!, that will not do!; 2. incredible, unheard-of; ~ ~ nothing is impossible.
olmazlı *log.* absurd.
olmazlık *log.* absurdity.
olmuş ripe, mature; ~ *(or* pişmiş) armut gibi eline düşmek to get s.th. without any effort.
olta [x .] fishing line; ~ balığı line-fish ~ iğnesi fish-hook; ~ yemi bait; -ya vurmak 1. to bite *(fish)*; 2. *fig.* to take the bait.
oluk 1. gutter-pipe, eaves; 2. channel, chamfer; groove; 3. transmittal; ~ gibi *(or* ~ ~) akmak to stream out, to flow in abundance *(water, money, etc.)*.
olukçuk 1. small groove; 2. ⚕ sulculus.
oluklu 1. grooved; 2. s.th. which has oluk attached to; ~ kalem gauge, engraver's tool; ~ sac corrugated iron sheet.
olumlama *log.* affirmation.
olumlamak *log.* to affirm.
olumlu 1. positive, affirmative; 2. proved, useful; 3. constructive, supportive; ~ eylem affirmative verb; ~ tümce affirmative sentence.
olumluk curriculum vitae.
olumluluk 1. positiveness; 2. constructiveness.
olumsal *log.* possible.
olumsallık *log.* possibility, contingency.
olumsuz 1. negative; 2. not constructive, negatory; ~ eylem negative verb; ~ tümce negative sentence.
olumsuzluk negativeness; ~ eki negative suffix.
olunmak *pass. of* olmak.
olupbitti *s.* oldubitti.
olur 1. possible, thinkable; 2. all right!; ~ olmaz 1. as soon as..., just after s.th. happens; 2. anybody; 3. any; ~ şey common, ordinary; ~ şey *(or* iş) değil! it is incredible!, it's impossible!; -una bakmak to try to see if s.th. is possible to (be) do(ne); (bir işi) -una bırakmak *(or* bağlamak) to let s.th. take its course; -uyla yetinmek to be contented with, to be satisfied with.
olurluk possibility.
oluş 1. way and nature of becoming; formation, genesis; 2. event, happening.
oluşma formation, organization.
oluşmak to come into being, to be formed.
oluşturma formation, constitution.
oluşturmak to form, to constitute, to organize.
oluşuk *geol.* formation.
oluşum 1. formation, constitution; 2. *geol.* & *ast.* formation period.
om *phys.* ohm.
om, oma 1. protuberance, tubercle; 2. ⚕ coccyx.
omaca 1. = om; 2. stump of a tree.
ombra umber.

omça 1. part of the hip-bone; 2. vinestock.
omlet, -ti omelette.
omur *anat.* vertebra.
omurga 1. *anat.* backbone, spine; 2. ⚓ keel; 3. *fig.* vital part, base.
omurgalılar *zo.* Vertebrata.
omurgasızlar *zo.* Invertebrata.
omurilik *anat.* spinal marrow (*or* cord).
omuz, -mzu shoulder; ~ başı end of the shoulder; ~ çevirmek to cold-shoulder; ~ kaldırmak to pretend not to know; ~ -a 1. shoulder to shoulder; 2. *fig.* supportive, together; ~ öpüşmek to be almost equal; ~ silkmek to shrug the shoulders; ~ vermek 1. to press against s.th. with shoulder; 2. to support, to help; -da taşımak to hono(u)r, to hold in high esteem; -ları çökmek to get exhausted, to get ruined; -una binmek (*b-nin*) to be a burden to *s.o.*
omuzdaş *contp.* accomplice.
omuzdaşlık mutual support, cooperation, solidarity.
omuzlamak 1. to shoulder; 2. to press s.th. with shoulder; 3. *sl.* to steal, to walk off with; 4. *fig.* to support, to help.
omuzluk 1. shoulder strap, epaulet; 2. shoulder yoke; 3. ⚓ quarter.
on ten; ~ kez (*or* defa *or* kere) ten times; ~ (*or* beş) para etmez worthless; ~ paralık etm. (*b-ni*) to insult *s.o.*, to put *s.o.* into a bad position; ~ parasız penniless, flat broke; ~ parmağında ~ hüner (*or* marifet) very skillful, capable, clever; ~ parmağında ~ kara slanderous.
ona to him; to her; to it; ~ buna dil uzatmak to speak tactlessly; ~ sebep *P* for that reason, therefore, that is why.
onaltılık ♪ sixteenth note.
onama approval; certification.
onamak 1. to approve; 2. = onaylamak.
onanizm masturbation.
onanmak to be appoved; to be certified.
onar ten each, ten apiece; ~ ~ ten at a time, in tens, by tens.
onarılmak to be repaired, to be mended, to be fixed, to be restored.
onarım 1. repair(s); 2. restoration.
onarımcı repairer, restorer.
onarma repair; restoration.
onarmak 1. to repair; 2. to restore; 3. *fig.* to make amendments, to make up for, to compensate.
onat, -tı 1. proper; 2. useful; 3. honest, straightforward.
onay 1. suitable, convenient; 2. approval; -ını almak (*b-nin*) to get *s.o.'s* approval (*or* consent).
onayaklılar Decapoda.
onaylama 1. approval; 2. ratification.
onaylamak 1. to approve; 2. to ratify; to certify.
onaylı approved; ratified; certified.
onaysız unapproved; unratified; uncertified.
onbaşı, -yı ⚔ corporal.
onbaşılık 1. being a corporal; 2. corporalship.
onca [x .] 1. according to him (*or* her); 2. so many; so much.
onculayın 1. according to him (*or* her); 2. like him (*or* her).
onda tenth.
ondalık 1. a tenth; ten per cent compensation; 2. *hist.* a tax paid at the rate of ten per cent on crops; 3. ⩲ decimal; ~ kesir decimal fraction; ~ sayı decimal number.
ondalıkçı one who works on a ten per cent commission.
ondurmak 1. to improve; 2. to cure; to heal.
ondüle 1. curly, wavy (*hair*); 2. water-wave, permanent wave, *F* perm.
ogun 1. very productive; 2. developed, prosperous, flourishing; 3. happy; 4. lucky; 5. totem; 6. armorial bearings; ~ besisuyu ⚘ nourishment carried from the leaves to the rest of the plant.
ongunculuk totemism.
ongunluk 1. prosperity; 2. productivity; 3. happiness.
onikiparmakbağırsağı, -nı *anat.* duodenum.
onikitelli twelve-stringed guitar-shaped instrument.
oniks meerschaum.
onlar *pl. of* o, they.
onlu 1. *cards:* the ten; 2. having ten parts.
onluk 1. of ten parts; 2. ten kuruş piece, ten lira bill.
onmak 1. to improve, to get better; 2. to heal (up), to recover (from), to get well; 3. to find happiness.
ons ounce (*28, 35. gramme*).
onsuz without him (*or* her *or* it).
ontoloji ontology.
onu him, her, it.
onulmak *pass. of* onmak.
onulmaz incurable.
onun his, her, its.
onuncu tenth; in the tenth order.
onur 1. hono(u)r; 2. sense of hono(u)r, dignity, pride, self-respect; ~ kurulu discipline committee; ~ üyesi honorary member; -una dokunmak (*b-nin*) to hurt

s.o.'s pride; -una yedirememek not to be able to stomach.
onurlandırmak to hono(u)r, to do hono(u)r to, to hono(u)r s.o. with one's presence.
onurlanmak to acquire hono(u)r, to be hono(u)red; to feel proud.
onurlu self-respecting, dignified, proud.
onursal honorary; ~ başkan honorary president; ~ üye honorary member.
onursuz without dignity, lacking in self-respect.
onursuzluk lack of self-respect.
oosfer oosphere.
oosit, -ti oocyte.
opal, -li opal.
opera [x . .] ♪ **1.** opera; **2.** opera house.
operakomik comic opera.
operasyon **1.** ⚕ operation; **2.** operation.
operatör **1.** ⚕ surgeon; **2.** operator *(of a machine)*; **3.** *typ.* type-setter; **4.** cameraman.
operet, -ti operetta.
oportünist, -ti opportunist.
oportünizm opportunism.
optik **1.** optics; **2.** optical.
optimist, -ti optimist.
optimizm optimism.
optimum optimum; the most suitable *(or* favourable).
opus opus.
ora [x .] that place; ~ senin bura benim dolaşmak *(or* gezinmek) to go around from place to place; -da there; -da burada here and there; -dan from there; -larda there(abouts); -larda olmamak not to listen to; to pretend not to hear *(or* know); -ya there, thither.
oracıkta just over there.
orak **1.** sickle; **2.** *fig.* harvest time.
orakböceği, -ni *zo.* cicada.
orakçı reaper.
oralı [x . .] of that place; ~ olmamak *fig.* not to pay attention, not to take notice of; to feign indifference.
oramiral, -li vice-admiral.
oran **1.** proportion *(a.* ₳); ratio; **2.** indifferent proportion; **3.** estimate; **4.** measure, scale.
orangutan *zo.* orangutan.
oranla relatively, spitefully, in comparison with.
oranlamak **1.** to calculate, to measure; **2.** to estimate; **3.** to compare *(ile* with).
oranlı **1.** proportioned; **2.** symmetrical; **3.** appropriate.
oransız **1.** badly proportioned; **2.** unsymmetrical.
oransızlık lack of proportion.
orantı ₳ proportion.
orantılı **1.** balanced, well-proportioned; **2.** ₳ proportional.
orası, -nı **1.** that place; **2.** that aspect of the matter.
oratoryo [. . x .] oratorio.
ordinaryus [. . x .] senior professor holding a chair in a university, distinguished *(professor)*.
ordinat, -tı ₳ ordinate.
ordino [. x .] delivery order; ✝ certificate of ownership; boarding slip.
ordonat, -tı ⚔ supply service.
ordövr hors d'oeuvres.
ordu **1.** army; **2.** army arrangement; **3.** crowd.
ordubozan **1.** *P* varicose veins; **2.** public enemy; **3.** spoilsport.
ordubozanlık being a spoilsport.
orduevi, -ni officers' club.
ordugâh ⚔ military camp; bivouac.
org, -gu ♪ organ.
organ **1.** *anat.* & *pol.* organ; **2.** publication, organ.
organaktarımı transplantation.
organik organic; ~ kimya organic chemistry; ~ kütle organik rock.
organizasyon organization.
organizatör organizer.
organizma [. . x .] organism.
organlaşmak *biol.* to develop organs, to become an organ.
organze organza.
orgazm climax.
orgeneral, -li ⚔ full general.
orijin source, origin.
orijinal, -li **1.** original *(picture, etc.)*; **2.** *contp.* specific, peculiar; **3.** original *(parts, etc.)*.
orijinallik **1.** originality; **2.** *fig.* unusualness, differentness.
orkestra ♪ orchestra.
orkide [. x .] ⚘ orchid.
orkinos [x . .] *zo.* tuna, tunny-fish.
orkit, -ti orchitis.
orman forest, wood; ~ gibi thick *(hair, eyebrow, etc.)*; ~ kebabı stew *(made of mutton and vegetables)*; ~ kibarı *iro.* rude fellow, boor, ruffian; ~ taşlamak *fig.* to sound s.o.
ormancı **1.** forester; **2.** forestry specialist.
ormancılık **1.** forestry; **2.** being a forester.
ormanhorozu, -nu blackcock.
ormanlaşmak to become forested.
ormanlık woodland; thickly wooded.
ormansıçanı, -nı *zo.* wood mouse.
ormansız forestless.
ornatmak to substitute.

ornitolog ornithologist.
ornitoloji ornithology.
orojeni *geol.* orogeny.
orospu prostitute, whore, harlot; ~ çocuğu *sl.* 1. bastard, son of a bitch; 2. cunning, crafty, wily.
orospuluk 1. prostitution; 2. dirty trick, treachery.
orostopolluk *sl.* trick, ruse.
orsa [x.] ⚓ the weather side, luff; ~ alabanda down with the helm!; ~ etm. to luff up; ~ poca (*or* baca) 1. luffing and falling off; 2. *fig.* struggling along.
orsalamak ⚓ to hug the wind, to luff.
orta 1. middle, centre; 2. *phys.* place, field; 3. ⩓ proportion; 4. environment, culture, medium; 5. middle..., central..., intermediate...; 6. average, medium; ~ boy medium size, medium length; ~ boylu of medium height ~ dalga *phys.* medium wave; ~ dikme ⩓ perpendicular bisector; ~ halli from middle-class; ~ hizmetçisi housemaid; ~ işi housework; ~ karar of middling quality, moderate, somewhat appropriate; ~ malı 1. common property; 2. common, usual; 3. prostitute, whore; ~ şekerli 1. having sugar neither too much nor too little (*coffee*); 2. moderate, so so (*situation*); ~ terim *log.* middle term; ~ yaşlı middle-aged; -da 1. in the middle; 2. seizable, visible, obvious; 3. in public, publicly; -da bırakmak to abandon, to desert, to leave in the lurch; -da fol yok yumurta yok *F* there is no apparent reason whatsoever; -da kalmak 1. to be left without home; 2. to be in a two-alternative situation; -da olm. to have to be considered; -dan kaldırmak 1. to hide; 2. to remove, to abolish, to do away with; 3. *fig.* to kill; -dan kalkmak 1. to disappear, to vanish; 2. to be removed, to be ruined; 3. to get killed; -dan kaybolmak to disappear, to vanish; -dan söylemek to speak in a group without mentioning anyone, to drop hints; -nın sağı *pol.* group which is to the right of centre; -nın solu *pol.* group which is to the left of centre; -ya almak 1. to circle, to surround; 2. *fig.* to press s.o. hard; -ya atılmak 1. to be proposed, to be suggested; 2. to volunteer; -ya atmak to bring up, to throw up, to suggest; -ya bir balgam atmak *b.s.* to throw up a malicious hint that upsets things; -ya çıkarmak to prove, to reveal, to bring to light; -ya çıkmak 1. to arise, to come into being; 2. to appear, to emerge; -ya dökmek 1. to display, to disclose; 2. to explain, to tell; -ya düşmek to become a prostitute; -ya koymak 1. to put forward; 2. to expose, to present for consideration.
ortaağırlık 1. middleweight (*boxer, etc.*); 2. a class in boxing (*between 71-75 kg*); a class in wrestling, weightlifting and shot (*between 72-79 kg*).
ortaç *gr.* participle, verbal adjective.
ortaçağ the Middle Ages.
ortadamar ⚘ the large vein in the middle of a leaf.
ortaderi mesoderm.
ortadirek *fig.* middle class.
Ortadoğu the Middle East.
ortaelçi minister plenipotentiary.
ortak 1. companion, ⚚ partner, associate, copartner; 2. *contp.* accomplice; 3. fellow wife; 4. common; ~ olm. to participate in, to share in; ~ ölçülmez sayılar ⩓ incommensurable numbers; ~ tam bölen ⩓ common divisor.
ortakçı 1. s.o. who assists a farmer in return for a share of the crop; 2. *biol.* commensal.
ortakkat, -tı ⩓ common multiple.
ortaklaşa 1. in common, jointly; 2. joint business; 3. common, joint, shared, collective.
ortaklaşacı collectivist.
ortaklaşacılık collectivism.
ortaklaşmak to enter into partnership with s.o., to become partners.
ortaklık 1. partnership; 2. ⚚ company, firm, corporation.
ortakulak *anat.* middle ear, tympanum.
ortakyapım joint production.
ortakyaşama *biol.* symbiosis.
ortakyaşar *biol.* symbiont.
ortakyönetim coalition.
ortalama 1. average, mean; 2. right through; 3. in the middle.
ortalamak 1. to reach the middle of; 2. to divide in the middle; 3. to put in the midst.
ortalık 1. surroundings, the area around; 2. *phys.* medium; 3. people, world, the public; ~ ağarmak (*for the dawn*) to break; ~ düzelmek to improve, to get better; ~ kararmak to get dark, (*for night*) to fall; ~ karışmak to be upside down, to be topsy-turvy; ~ yatışmak to calm down, to be restored; ortalığı birbirine katmak to cause tumult, to cause confusion and excitement, to make a mess; ortalığı... götürmek to cover the whole place; -ta in sight, around, within view.

ortam 1. environment, surroundings; 2. atmosphere.
ortanca[1] 1. second eldest *(for three brothers or sisters)*; 2. middle, middling.
ortanca[2] ⚘ hydrangea.
ortaokul secondary school, middle shool.
ortaoyunu, -nu a theatrical genre once popular in Turkey.
ortaöğretim secondary education.
ortaparmak middle finger.
ortayuvar mesosphere.
Ortodoks Orthodox.
Ortodoksluk Orthodoxy.
ortoklaz *geol.* orthoclase.
ortopedi orthopedics.
ortopedik orthopedic.
ortopedist orthopedist.
ortoz *s.* ortoklaz.
oruç, -cu *eccl.* fasting, fast, the Moslem daytime fast during the month of Ramazan; ~ açmak to break the fast *(at sunset)*; ~ bozmak to break the fast *(at an improper time, before sunset)*; ~ tutmak to fast; ~ yemek not to fast.
oruçlu fasting.
oruçsuz not fasting.
orun 1. private place; 2. place, abode, office.
orya [x .] *cards:* diamond.
oryantal Oriental.
oryantalist, -ti Orientalist.
Osmanlı 1. an Ottoman (Turk); 2. Ottoman; 3. *fig.* brave and noble.
Osmanlıca the Ottoman Turkish language.
Osmanlılık 1. being an Ottoman; 2. the period of Ottoman empire.
osmiyum ⚗ osmium.
osurgan s.o. who farts a lot.
osurganböceği, -ni *zo.* stag beetle.
osurmak to fart, to break wind.
osuruk *sl.* fart; osuruğu cinli *sl.* ill-humo(u)red, very touchy, easily effervesced.
oşinografi *geogr.* oceanography.
ot, -tu 1. herb, plant; 2. *(a.* yeşil ~) grass; 3. *(a.* kuru ~) hay; 4. weed; 5. poison; 6. medicine; 7. depilatory; 8. *sl.* hashish; 9. stuffed with grass *(pillow, cushion, etc.)*; 10. fodder; ~ tutunmak to rub a depilatory on one's body; ~ yiyenler *zo.* herbivorous; ~ yoldurmak *(b-ne)* to give *s.o.* a hard time, to put *s.o.* to trouble.
otağ, otak pavilion, large nomad tent.
otalamak 1. to poison; 2. to treat medically.
otamak to treat medically.
otantik authentic.
otarmak to pasture.
otarşi autarky.
otçul *zo.* herbivorous.
otel hotel.
otelci hotel-keeper, hotelier.
otelcilik hotel industry; hotel management.
otizm *psych.* autism.
otlak pasture, grassy area, pastureland.
otlakçı *sl.* sponger, parasite.
otlakçılık *sl.* being a sponger.
otlakıye [ā] tax *(paid by those who pasture their animals on government land)*.
otlamak 1. to graze, to pasture; 2. *sl.* to sponge; 3. *sl.* to pitch, to steal.
otlanmak 1. to graze, to pasture; 2. to be grazed over.
otlatılmak *pass. of* otlatmak.
otlatmak to put out to graze.
otlubağa *zo.* toad.
otluk 1. pastureland, grassy area; 2. hayrick, haystack; 3. hay-barn.
oto[1] *prefix* with the meaning of «self».
oto[2] motor-car, car, auto, automobile.
otoban high-way, autobahn.
otobiyografi autobiography.
otobüs bus, motor coach, autobus.
otobüsçü 1. s.o. who owns and runs a line of buses; 2. bus driver.
otodidakt, -tı self-taught person, autodidact.
otoerotizm autoerotism.
otogar bus station.
otokar large motor-car, bus.
otoklav autoclave.
otokrasi autocracy.
otokrat, -tı autocrat.
otokritik self-criticism, autocriticism.
otolit, -ti otolith, ear stone.
otoman 1. ottoman *(a kind of coach)*; 2. ottoman *(fabric)*.
otomasyon automation.
otomat, -tı 1. automaton, robot; 2. flash heater, geyser; 3. system in which electric lights are switched on manually and switched off automatically.
otomatik automatic.
otomatikman automatically.
otomatikleşmek to become automatic.
otomatizm automatism.
otomobil car, automobile.
otomotiv automotive industry.
otonom autonomous.
otonomi autonomy.
otopark, -kı car park; parking lot; parking building.
otoplasti ⚕ autoplasty.
otopsi autopsy, postmortem examina-

tion.

otoray autorail, rail-car.

otorite 1. authority, standing; **2.** authority *(scientifically);* **3.** ⚖ supreme *(or* executive) power.

otoriter authoritarian.

otosist, -ti otocyst.

otostop, -pu hitchhiking; ~ yapmak to hitch-hike.

otostopçu hitchhiker.

otoyol super high-way, autobahn.

otçu, otsul ⚘ herbaceous.

oturacak seat.

oturak 1. chamberpot; **2.** seat, foot, bottom; **3.** residence; **4.** oar-bench, thwart; ~ âlemi a drinking party with belly dancers.

oturaklı 1. solidly constructed, with solid foundation; **2.** *fig.* grave, sober, serious; **3.** striking, appropriate *(word).*

oturaklılık sedateness, dignity, sobriety.

oturma 1. sitting; **2.** residing; ~ belgesi residence permit; ~ grevi slow-down strike; ~ odası living room.

oturmak 1. to sit down on; **2.** to sit; **3.** to live; to dwell in, to reside; **4.** to fit; **5.** to loaf, to laze; **6.** to sink; **7.** ⚓ to run ashore; **8.** ⚗ to precipitate; **9.** to settle; **10.** *F* to cost: **11.** to come to an agreement; **12.** to take up *(a post);* **13.** to take root, to be accepted; oturup kalkmak to act on.

oturmuş *fig.* rooted, settled.

oturtma 1. *vn. of* oturtmak; **2.** *a dish made with ground meat and vegetables.*

oturtmak *caus. of* oturmak **1.** to place, to put *(vase, etc.);* **2.** to seat, to sit s.o. down; **3.** to set, to mount, to emboss; **4.** ⚓ to run aground on.

oturtmalık ⌂ basement, stereobate.

oturulmak *impersonal pass.* **1.** to sit; **2.** to live, to dwell in.

oturum 1. sitting, session; **2.** ⚖ hearing.

oturuş way of sitting.

oturuşmak to calm down; to slow down.

otuz thirty; -bir a card game; -bir çekmek *sl.* to wank off, to jerk off, to masturbate, to beat one's meat.

otuzar A thirty at a time, thirty each.

otuzuncu thirtieth.

ova grassy plain, meadow.

oval, -li oval.

ovalamak 1. to grind, to rub, to powder, to pulverize, to crumble, to press with the hands; **2.** to massage, to knead.

ovalı s.o. who lives in a plain.

ovalık grassy land, plain, level and extensive *(area).*

ovmak 1. to massage, to knead, to rub; **2.** to rub, to scrub, to scour; **3.** to polish.

ovogon ⚘ oogonium.

ovolit, -ti *geol.* oolite.

ovulmak 1. to be kneaded, to be massaged, to be rubbed; **2.** to be scoured, to be scrubbed.

ovuşturmak to massage, to rub, to knead, to wipe one's eyes.

oy 1. opinion, view, sight; **2.** vote; **3.** voting; ~ birliği **1.** unanimity; **2.** unanimous vote; ~ birliğiyle unanimously; ~ çokluğu majority; ~ hakkı the right of voting; ~ sandığı ballot box; ~ vermek to vote for; -a koymak *(bşi)* to put *s.th.* to the vote.

oya pinking, embroidery; ~ gibi fine and dainty.

oyacı maker *or* seller of embroidery.

oyalamak 1. to distract one's attention; **2.** to detain; **3.** to delay, to put off, to hold out, **4.** to keep busy, to amuse; **5.** to pink, to embroider.

oyalanmak 1. *pass of* oyalamak; **2.** to make o.s. merry; **2.** to kill time, to dawdle.

oyalayıcı amusing, keeping busy.

oyalı edged with embroidery.

oydaş of the same opinion, like-minded.

oylama voting, poll.

oylamak to vote on, to put s.th. to the vote.

oylanmak to be voted on.

oyluk thigh; ~ kemiği femur, thighbone.

oylum 1. volume, size; **2.** hollowed out, carved; **3.** depth, three dimensional effect *(painting);* ~ ~ curling *(smoke),* saw-toothed.

oylumlama modeling, giving s.th. three-dimensional shape *(fine arts).*

oylumlu bulk, voluminous; **2.** *fig.* large, great.

oyma 1. *vn. of* oymak; **2.** craving, engraving, wood-carving, fretwork, stamping, sculpture; **3.** carved, engraved, stamped, sculptured, hollowed out.

oymabaskı engraving *(printing process using the engraved plates).*

oymacı sculptor, engraver.

oymacılık the art of engraving *(or* carving).

oymak[1] **1.** to scoop out, to dig out; **2.** to engrave, to carve.

oymak[2] **1.** subdivision, tribe; **2.** troop of boy scouts; ~ beyi scoutmaster.

oymalı carved, engraved, chiselled; ~ yaprak ⚘ lobate leaf.

oynak 1. frisky, restless *(horse);* **2.** play

ful; **3.** unstable; **4.** ⊕ loose, having much play; **5.** capricious, wayward; **6.** coquettish; **7.** *anat.* joint.

oynaklık **1.** liveliness, being restless; **2.** capricious behavio(u)r.

oynamak **1.** to play, to amuse o.s.; **2.** to frisk, to skip *(horse)*; **3.** to be loose *(tooth, etc.)*; **4.** ☦ to fluctuate; **5.** to play *(cards, game, etc.)*; **6.** to dance; **7.** to perform *(a play)*; **8.** *(bşle)* to stake, to jeopardize; **9.** to trifle with, to risk; **10.** to be on *(film, play, etc.)*; **11.** to flicker, to vibrate; **12.** to fool with, to tamper with; **13.** to show differences *(price)*; **14.** to slip *(of the ground)*; Oynama! *(negative)* **1.** do not dawdle! **2.** do not touch that!, do not play with it!; oynaya oynaya with great pleasure, joyfully.

oynaş lover, lovemate.

oynaşmak **1.** to play with one another; **2.** to have a love affair.

oynatmak **1.** *caus. of* oynamak; **2.** to cause to play; **2.** to keep amused *(child)*; **3.** to cause to move, to stir; **4.** to make s.o. dance; **5.** to lose one's mind, to go off one's nut.

oysa(ki) [x..] but, yet, however, whereas.

oyuk **1.** hollowed out; **2.** cave, cavity, hole.

oyulga tacking, basting.

oyulga(la)mak to tack together, to bast together.

oyulgan ulcer.

oyulmak *pass. of* oymak.

oyum **1.** hollowing; **2.** cutting, carving, engraving; **3.** cavity, cave hole.

oyun **1.** game *(a. fig.)*; **2.** *thea.* performance; **3.** (stage) play; **4.** dance; **5.** wrestling *(match)*; **6.** wrestling technic; **7.** cheat, swindle; **8.** gambling; **9.** trick; ~ almak to win a game; ~ çıkarmak *sports:* to play a game; ~ etmek *(or* oynamak) to play a trick on, to fool, to dupe; ~ havası ♪ melody, tone, tune *(folk dances)*; ~ kağıdı playing card; ~ vermek to lose a game; -a çıkmak *thea.* to appear on the stage; -a gelmek to be deceived, to be duped; -a getirmek to deceive, to swindle, to dupe; -u almak to win the game; Bizans -u trick, fraud, wile, intrigue.

oyunbaz **1.** † playful, frollicsome; **2.** swindler; **3.** tricker.

oyunbazlık trickery, deceitfulness.

oyunbozan spoil-sport, kill-joy, intruder, troublemaker.

oyunbozanlık being a spoil-sport; ~ etm. to be a spoil-sport.

oyuncak **1.** toy, plaything; **2.** *fig.* trifle, child's play, easy job; **3.** *fig.* sport, plaything.

oyuncakçı maker *or* seller of toys.

oyuncakçılık the toy business.

oyuncu **1.** player; **2.** actor, player, actress; **3.** dancer; **4.** *s.* oyunbaz; **5.** gambler.

oyunculuk **1.** being a player; **2.** acting, being an actor *(or* actress); **3.** trickery.

oyunevi, -ni theatre, *Am.* theater.

oyuntu hollow, hole, cavity.

ozalit Ozalid.

ozan **1.** poet; **2.** wandering minstrel.

ozanca like a poet, in a peetic manner.

ozanlık **1.** being a poet; **2.** poetic talent.

ozansı poetastrical.

ozon ⚗ ozone.

Ö

ö [-] boo!, ugh!, phew!, oof!

öbek heap, pile, group, crowd; ~ ~ in groups, in heaps, in crowds.

öbür [x .] **1.** the other *(of two)*; **2.** the former; ~ gün the day after tomorrow; ~ dünya the hereafter, the next world; ~ hafta the week after next.

öbürkü *F s.* öbürü.

öbürü, -nü the other one *(person or thing)*.

öcü *(child's language)* bad man, evil, ogre, bogyman.

öç, -cü revenge, vengeance; ~ almak *(or* çıkarmak) *(b-den)* **1.** to revenge *o.s. (or* be revenged) on *s.o.*; **2.** to get revenge.

öd, -dü gall, bile; -ü kopmak *(or* patlamak) to be frightened to death, to be scared out of one's wits; -ünü koparmak *(or* patlatmak) to frighten to death, to scare s.o. out of his wits.

ödağacı, -nı ⚘ agalloch tree.

ödem ⚕ edema.

ödeme payment, disbursement; ~ emri ⚖ default summons, writ of execution; ~ kabiliyeti solvency; -lerin tatili suspension of payment.

ödemek **1.** to pay, to disburse; **2.** to indemnify, to compensate; **3.** † to amortize, to redemp.

ödemeli **1.** cash on delivery payment, *Am.* collect; **2.** *(to send s.th.)* cash on delivery *(c.o.d.)*; **3.** *teleph.* reversed charge.

ödenek appropriations, allotments, allowance.

ödenmek *pass. of* ödemek.

ödenti **1.** membership fee; **2.** proceeds, receipts, income.

ödeşmek to settle *(or* square) accounts with each other.

ödetmek *caus. of* ödemek.

ödev **1.** duty, obligation, liability, task, assignment, job; **2.** homework.

ödevbilim deontology.

ödkesesi, -ni gall bladder.

ödlek **1.** frightened, scared; **2.** cowardly, timid.

ödül **1.** prize; **2.** reward, recompense, premium.

ödüllendirmek to award s.o. a prize, to give s.o. a prize.

ödün compensation, equalization, restitution, amends (for), indemnity; ~ vermek to compensate, to indemnify, to make a concession.

ödünç, -cü **1.** lent, loaned; **2.** borrowed, on loan; ~ almak to borrow; ~ para loan; ~ vermek to lend.

ödünleme compensation, concession.

ödünlemek to compensate, to make up (for).

öf phew!, ugh!, boo!, how nauseous!, how disgusting!, alas!, oh!, oof!

öfke anger, rage, wrath, fury; ~ baldan tatlıdır it is to shout at when you are angry; ~ topuklarına çıkmak *(b-nin)* to fill with great rage; -si burnunda hot-headed; -sini çıkarmak *(or* almak) *(b-den)* to vent one's anger on *s.o.*; -sini yenmek to control one's temper, to get hold of *o.s.*

öfkelendirmek to anger, to bring into a rage, to make angry, to infuriate.

öfkelenmek to get angry, to grow angry (*-e* at).

öfkeli choleric, hotheaded, angry, furious, *Am.* mad (with).

öğe element, component.

öğle noon; ~ paydosu *(or* tatili *or* dinlencesi) lunch break; ~ üstü *(or* üzeri) about noon; ~ yemeği lunch; -(n)den önce *(or* evvel) in the morning, before noon; -(n)den sonra in the afternoon.

öğlen **1.** *F* noon, midday; **2.** *ast.* meridian.

öğlende at noon, about midday.

öğleyin *s.* öğlende.

öğmek *s.* övmek.

öğrenci student, pupil.

öğrencilik being a student.

öğrenim education, study, formation.

öğrenme learning.

öğrenmek **1.** to learn; **2.** to become familiar with; **3.** to hear, to inquire.

öğrenmelik scholarship.

öğreti[1] doctrine, principles.

öğretici educational, didactic, instructive *(film, etc.)*

öğretim instruction, lessons; ~ bilgisi

didactics; ~ görevlisi lecturer; ~ izlencesi curriculum; ~ üyesi university teacher; ~ yardımcıları university teachers who are not lecturers and below in the rank than of associate professors; ~ yılı school year.
öğretmek 1. to teach, to impart, to instruct, to give lessons; 2. to teach, to show *(treat, menace)*.
öğretmen teacher.
öğretmenlik teaching, being a teacher.
öğünmek *s.* övünmek.
öğür 1. of the same age; 2. familiar, intimate; 3. used to, accustomed to; 4. group, class, party; ~ olm. to get used to, to get very familiar with.
öğürmek 1. to retch; 2. to bellow; öğüreceği gelmek *fig.* to feel very disgusted.
öğürtmek *caus. of* öğürmek.
öğürtü 1. retching; 2. retching sound.
öğüt, -dü advice, counsel, admonition, lesson, warning; ~ vermek *(or* -te bulunmak) to advise, to counsel.
öğütlemek to advise, to counsel *(s.o. to do s.th.)*.
öğütmek 1. to grind; 2. *fig.* to digest.
öğütücü 1. grinder; 2. digestive...
öğütücüdiş molar (tooth).
öğütülmek *pass. of.* öğütmek.
öhö coughing sound.
ökçe 1. heel; 2. heel *(of a boot)*; 3. heel leather.
ökçeli heeled, high heeled *(shoe)*.
ökçesiz heelless, flat-soled.
öke genius.
ökse 1. birdlime; 2. *fig.* attractive woman; ~ çubuğu stick smeared with birdlime; -ye basmak to make a mistake *or* to lose carelessly.
ökseotu, -nu ⚘ mistletoe.
öksürmek to cough, to clear one's throat, to have a cough; öksürmek tıksırmak to cough.
öksürtmek to cause to cough.
öksürtücü urgeing to cough, causing cough.
öksürük cough, clearing one's throat.
öksürüklü *s.o.* who has a cough, coughing all the time, coughing slightly; ~ tıksırıklı *F* sickly.
öksürükotu, -nu ⚘ coltsfoot.
öksüz 1. motherless, orphan; 2. *fig.* alone (in the world), single, without friends; ~ babası *fig.* good benefactor; ~ kalmak 1. to lose one's both father and mother; 2. to be left alone; ~ sevindiren a common dawdry thing.
öküz 1. *zo.* ox; 2. *fig.* fool, stupid, *Am.* sap(head), oaf; 3. *sl.* loaded dice, die; ~ arabası ox-cart; ~ arabası gibi very slowly; ~ gibi stupid, fool; ~ gibi bakmak to stare like a fool; ~ trene bakar gibi bakmak to stare like a fool *(or* stupidly); -e boynuzu yük olmaz *(or* ağır gelmez) it is not a burden to help one's friends; -ün altında buzağı aramak to hunt for s.th. in the most unlikely place.
öküzbalığı, -nı *zo.* walrus.
öküzburnu, -nu *zo.* hornbill.
öküzdili, -ni ⚘ bugloss.
öküzgözü, -nü arnica.
öküzlük *fig.* incredible stupidity.
öl moistness, wetness.
ölçek 1. measure, scale, standart; 2. *grain measure equal to four okka.*
ölçer poker, fire-rake.
ölçmek, (-er) 1. to measure; 2. *fig.* to weigh; ölçüp biçmek to consider carefully, to think s.th. over carefully.
ölçü 1. measure; 2. unit of measurement; 3. dimensions; 4. *fig.* in reason; 5. ♪ time, measure; 6. *poet.* metre; 7. *fig.* regard; ~ almak 1. to measure; 2. to compare; ~ vermek to give the measurements of *(dress, shoe, etc.)*; -yü kaçırmak to behave excessively *(or* beyond reason).
ölçülmek to be measured.
ölçülü 1. measured; 2. *poet.* metrical; 3. *fig.* moderate, temperate; 4. proportionally distributed; ~ biçili, elaborated; ~ balon ⚗ gauge glass.
ölçülülük moderation.
ölçüm 1. measuring; 2. measurement; 3. appraisal.
ölçümlemek 1. to reason s.th. out, to consider s.th. carefully; 2. to evaluate.
ölçüsüz 1. unmeasured; 2. immeasurable, immense; 3. excessive; 4. immoderate, excessive, unbridled; 5. without consideration.
ölçüşmek *(b-le)* to compete *(or* grapple) with *s.o.*
ölçüt, -tü criterion.
öldüresiye ruthlessly, murderously.
öldürmek 1. to kill, to murder, to slay *(a. time)*; 2. to remove the strong taste of *(onion, etc.)*; 3. to torture, to treat harshly; 4. to exhaust, to wear out.
öldürtmek *caus. of* öldürmek.
öldürücü 1. mortal, fatal, deadly, lethal; 2. suffocating.
öldürülmek to be killed.
ölesiye excessively, intensely.
ölgün 1. not fresh anymore, faded, withered; 2. tired, exhausted, worn out; 3. calm *(sea)*.

ölmek, (-ür) **1.** to die; **2.** to fade, to wither; **3.** to suffer great grief *(or* anxiety); **4.** to perish; ~ var dönmek yok to come hell or high water; ölüp ölüp dirilmek to sweat blood; ölür müsün, öldürür müsün? to be between the rock and hard place.

ölmez 1. immortal, eternal; **2.** indestructible, tough.

ölmezoğlu, -nu indestructible, tough.

ölmüş 1. dead; **2.** dead *(person).*

ölü 1. dead; **2.** feeble, faint, weak, fatigued, motionless; **3.** dead *(body);* **4.** dead *(person);* **5.** out of fashion, not used any more; **6.** *sl.* marked playing cards, loaded die; ~ açı ⚔ dead angle; ~ dalga low wave, swell; ~ deniz swell; ~ fiyatına dirt cheap; ~ gözü gibi pale, weak *(light);* ~ mevsim dead season; ~ nokta dead point *(a.* ⚔*);* ~ salı wooden bench on which a corpse is washed; ~ veya sag dead or alive; -sü kandilli *(or* kınalı) *sl.* the damned scoundrel, the wretch; -sü ortada kalmak not to be claimed by anybody *(corpse);* -yü güldürür very funny.

ölük weak, exhausted, feeble, faint.

ölüm death, decease, case of death; ~ Allah'ın emri death is the will of God; ~ döşeği deathbed; ~ kalım meselesi matter of life or death; ~ sessizliği deathly silence; ~ var dirim var death is an ever-present contingency; -e bağlı tasarruflar ⚖ testimentary decrees *(or* orders); -le burun buruna gelmek to have a close brush with death; -ü göze almak to act in the face of death; -üne susamak to court death.

ölümcül 1. fatal, mortal; **2.** dying.

ölümlü mortal; ~ dünya (this) mortal world.

ölümsü deathlike, deathly.

ölümsüz immortal.

ölümsüzlük immortality.

ömür, -mrü **1.** life, existence; **2.** duration of life; **3.** happy life; **4.** *fig.* wonderful, marvel(l)ous; ~ adam **1.** a fine fellow; **2.** odd fellow; ~ boyunca all one's life; ~ çürütmek to spend one's time and energy in vain; ~ geçirmek to live, to spend one's life; ~ sürmek to lead a comfortable and happy life; ~ tehlikesi danger of life; ~ törpüsü a long and exhausting job; ömre bedel worth a life *(beautiful, excellent);* -ler olsun! may you live long!; ömrü billah **1.** up to now; **2.** never; ömrü vefa etmemek to die before attaining one's goal; ömründe never *(in one's life);* ömrüne bereket! may you live long!

ömürlü long-lived, long-lasted.

ömürsüz short-lived.

ön 1. front; **2.** front (side), **3.** foremost; **4.** the future; ~ ayak olm. to be (the) pioneer, to be (the) first in doing s.th.; ~ plana geçmek to come to the fore; -de gelmek to be in (the) most important place; -e almak to give preference (to); -e düşmek to march in front, to lead the way; -e sürmek **1.** to propose, to suggest; **2.** to put forward *(idea);* -ü alınmak to be prevented; -ü sıra at a small distance ahead (of); -ünde, -üne in front of; -üne bak! look out!, take care!, be careful!; -üne bakmak to hang one's head in shame; -üne geçmek to prevent, to avert; -üne gelen anybody; -ünü almak **1.** to prevent, to avert, to obviate; **2.** to dam up *(a. fig.),* to embank; -ünü ardını düşünmemek not to act circumspectly; -ünü kesmek to dam up, to embank.

önad *gr.* adjective.

önavurt *anat.* alveolar ridge.

önce [x .] **1.** before, previously; **2.** first, at first, first of all; **3.** the past, pre....

önceden [x . .] in the beginning, at first, beforehand, first of all.

önceki the preceding, the former, the previous.

öncel predecessor, ancestor; ~ düzen *phls.* the theory of preestablished harmony.

önceleri [x . . .] previously, formerly.

öncelik priority.

öncelikle first of all, before all else.

öncesiz eternal, without beginning.

öncesizlik past eternity.

öncü 1. ⚔ vanguard; **2.** advance courier; **3.** avant-garde; **4.** leader.

öncül *phls.* premise.

öncülük leadership.

öndamak *anat.* palate.

öndelik † payment in advance.

önder leader, chief.

önderlik leadership.

öndeyiş prologue.

önek *gr.* prefix.

önel extension, delay, fixed period of time, due date; respite.

önem importance, consequence, significance; ~ vermek to consider important, to esteem, to appreciate.

önemli important, considerable.

önemsemek to consider important.

önemsiz unimportant, insignificant.

önemsizlik unimportance, insignificance.
önerge proposal, motion.
öneri offer, suggestion, proposal.
önermek to propose, to motion, to offer.
önerti *log.* antecedent.
öngörmek 1. to provide for, to foresee; **2.** to consider, to bear in mind.
öngörü far-sightedness, prescience.
öngörülü foresighted, prescient.
öngün eve.
önkol *anat.* forearm.
önlem precaution, measure, action; ~ **almak** to take the necessary measurements.
önlemek 1. to prevent, to avert, to obviate, to guard against; **2.** to stop, to forestall.
önleyici preventive.
önlük 1. apron; **2.** pinafore; **3.** smock.
önseçim primary election.
önsel a priori.
önses *gr.* first sound of a word; ~ **düşmesi** *gr.* ellision of the first sound of a word.
önsezi presentiment, foreboding.
önsöz preface, foreword.
öntasar(ı) preliminary draft.
önyargı prejudice.
önyargılı prejudiced.
önyüz front *(a.* ✕).
önyüzbaşı, -yı ✕ a senior captain, lieutenant commander.
öpmek, (-er) to kiss; ~ **babanın elini!** we are done for!; **-üp te başına koymak** to be thankful for small favo(u)rs, to accept s.th. with pleasure.
öpücük kiss; ~ **göndermek** (*or* **yollamak**) to blow kisses, to cast kisses to.
öpülmek to be kissed.
öpüş kissing.
öpüşmek to kiss one another.
ördek 1. *zo.* duck; **2.** urinal *(for use in bed)*; **3.** *sl.* extra passenger picked up on the way; ~ **yürüyüşü** duckwaddle.
ördekbaşı, -nı greenish-blue.
ördekgagası, -nı reddish-yellow.
ördürmek to have s.th. knitted.
öreke distaff.
ören ruins.
örf custom, convention, common usage, sovereign right.
örfi [ī] conventional, customary, consuetudinary; ~ **idare** ⚖ state of siege, martial law.
örge motif.
örgen *biol.* organ.
örgü 1. plaited *or* knitted work, plait; **2.** knitting; **3.** knitted *or* plaited; **4.** tress, plait (of hair) **5.** *anat.* plexus; **6.** rush mat; ~ **şişi** knitting-needle.
örgün organic.
örgüt, -tü organization.
örgütçü organizer.
örgütlemek to organize.
örgütlendirmek to organize.
örgütlenmek to be organized.
örgütleyici organizer.
örgütlü organized.
örgütsel organizational.
örgütsüz unorganized.
örme 1. *vn. of* **örmek 2.** knitting, plaiting; **3.** plaited, knitted; **4.** braided *(hair)*.
örmek, (-er) **1.** to plait, to knit; **2.** to tie, to knot, to crochet; **3.** to darn, to mend *(linen, etc.)*; **4.** to build, to erect *(wall)*; **5.** to braid, to plait *(hair)*; **6.** *fig.* to make, to execute *(a. thea.)*
örneğin for example, for instance.
örnek 1. sample, design, pattern, specimen; **2.** example, prototype; **3.** equivalent (to), of the same value, like; **4.** type, model; **5.** typical..., model...; **6.** form, blank (form); **7.** copy, *typ.* proof; ~ **almak** *(b-den)* to take *s.o.* as one's model, to take a lesson from *s.o.*; ~ **olmak** to be a model; **örneğini almak** *(bşin)* to draw the design *or* model of *s.th.*; **örneğini çıkarmak** to make a copy of.
örneklemek to give an example of, to illustrate.
örs anvil.
örselemek 1. to use badly, to maul, to batter, to handle roughly, to damage, to spoil, to rumple; **2.** to use s.o. ill, to play *s.o.* a nasty trick; **3.** to exhaust, to weaken *(illness)*.
örselenmek *caus. of* **örselemek.**
örtbas etm. to suppress, to hush up.
örtenek *anat.* mantle.
örtmek, (-er) **1.** to cover (*a.* ✕, ⚓, *boxing*), to veil, to mask, to disguise *(a. fig.)*; **3.** to shut, to close; **4.** to shovel, to cast; **5.** to wrap; **6.** to hush up.
örttürmek *caus. of* **örtmek.**
örtü 1. cover, wrap **2.** blanket; **3.** roof.
örtük covered, closed.
örtülmek 1. to be covered, to be wrapped up; **2.** to be closed; **3.** to be hushed up.
örtülü 1. covered, wrapped up; **2.** roofed; **3.** closed, shut; **4.** hushed up, conceiled; ~ **ödenek** discretionary fund in the government budget *(used to finance secret projects)*.
örtünmek to cover o.s., to veil o.s.
örtüsüz uncovered, unveiled.
örü 1. plaited *or* knitted work; **2.** building.

edifice, **3.** mending, repair; **4.** enclosed place.
örücü **1.** knitter; **2.** darner, mender; **3.** stonemason, bricklayer.
örülü **1.** knitted; **2.** darned, mended; **3.** braided.
örümce *zo.* a fig moth.
örümcek **1.** *zo.* spider; **2.** *(ağı)* cobweb; ~ bağlamak **1.** to get covered with cobwebs; **2.** to be left without being used for a long time; ~ kafalı *pej.* reactioner, stone-conservative, old fashioned; (bir yeri) ~ sarmak to get covered with cobwebs.
örümcekkuşu, -nu *zo.* shrike.
örümceklenmek **1.** to get covered with cobwebs; **2.** *fig.* to be left without being used; **3.** ⚕ to become coated with dry mucous *(around eyes, mouth, nostrils).*
örümcekler *zo.* Araneida.
örümcekli covered with cobwebs; ~ kafa *fig.* old-fashioned, reactioner.
östaki *anat.* Eustachian; ~ borusu Eustachian tube.
öşür, -şrü **1.** ⚖ tenth (part); **2.** tithe.
öşürcü tithe collector.
öte **1.** the farther side; the other side; **2.** other, farther; **3.** the rest; ~ gün a few days ago, the other day, recently; -de beride here and there; -den beri from of old, at all times; -den beriden from here and there, from this and that; -si berisi **1.** one's goods and possessions; **2.** one's various places, various things; -si var mı? stick that in your pipe and smoke it!; -sinde berisinde here and there of...; -sini beri etm. *(bşin)* to leave no stone unturned (to); -ye beriye here and there.
öteberi this and that, various things.
öteki, -ni **1.** the other; **2.** the farther; **3.** the next but one; ~ beriki anybody and everybody.
ötekisi, -ni the other one.
ötleğen *zo.* warbler.
ötleği *zo.* lammergeier.
ötmek (-er) **1.** to sing *(bird),* to crow *(cock);* **2.** to sound, to echo; **3.** to ring, to tinkle, to sound; **4.** *sl.* to speak incessantly; **5.** *sl.* to vomit, to puke.
öttürmek **1.** *caus. of* ötmek; **2.** to boast, to brag (of).
ötücü which sings habitually *(bird).*
ötürü because of, by reason of, on account of.
ötüş way of singing.
ötüşmek to sing at the same time *(birds).*
öveç two or three-year old ram.
övendire oxgoad.
övgü eulogy, panegyric.
övgücü flatterer.
övme praising, laudation.
övmek, (-er) to praise, to extol.
övülmek to be praised.
övünç pride; ~ çizelgesi hono(u)r roll.
övüngen boastful, boasting, braggard, boaster.
övünmek **1.** to boast; **2.** to praise o.s., to boast, to brag, to bluster, to talk big, to show off; ~ gibi olmasın if I do say so myself..., I don't mean to boast but...
öykü story.
öykücü **1.** story-teller; **2.** short-story writer.
öykünme imitating, imitation, mimicing.
öykünmek to imitate, to mimic.
öyle **1.** such, such a, of such a kind; **2.** so, in such a way, like that; ~ ise if so, in that case; *(b-ne)* ~ gelmek it seems to..., to have the impression that...; ~ olsun all right, it is okay; ~ şey *(or* yağma) yok! *(s.o. is)* not going to get away with that, it's out of the question; ~ ya of course, certainly.
öylece [x..], **öylelikle** [x...] in such a manner, thus, in this way, so that, so.
öylesi such..., like...
öz **1.** (one's own) self; **2.** kernel, essence, heart substance; **3.** ⚘ pith; **4.** core; **5.** own, proper; **6.** genuine, real; **7.** essential; **8.** cream; **9.** marrow; **10.** brook, stream; ~ hayat private life; ~ odun heartwood; ~ kardeş full brother *(or* sister); -ü sözü bir decent, sincere, honest, genuine, frank.
özbağışıklık ⚕ autoimmunism.
Özbek **1.** Uzbek; **2.** Uzbek, of the Uzbeks.
Özbekçe the Uzbek language.
Özbekistan Uzbekistan.
özbeöz real, genuine, true.
özdek **1.** material; **2.** goods, merchandise; **3.** *phls.* matter.
özdekçi *phls.* materialist.
özdekçilik *phls.* materialism.
özdeksel *phls.* materialist.
özden **1.** genuine, true, sincere; **2.** *anat.* thymus.
özdeş identical *(a. phls.* & ⚖).
özdeşlemek **1.** to equate; **2.** to identify.
özdeşlik **1.** identity; **2.** identicalness.
özdevim automation.
özdevinim automatism.
özdeyiş epigram, aphorism.
özdışı, -nı *phls.* extrinsic.
özdirenç *phys.* resistivity.
öze *phls.* peculiar to, special.

özek center; ~ ağacı central pole of a four-wheeled cart.
özekdoku parenchyma.
özel *s.* hususi.
özeleştiri self-criticism.
özellik peculiarity, characteristic.
özellikle specially, especially, particularly.
özen care, carefulness, pains, trouble, attention; ~ göstermek to take great care (in), to take pains to.
özenç wishing, longing.
özendirmek *caus.* of özenmek.
özengen amateur.
özenli 1. with particular care, painstaking; 2. careful.
özenmek 1. to take pains about, to desire ardently; 2. to feel like; 3. to imitate, to ape; özene bezene carefully, willingly, painstakingly; özene özene with utmost care; özenip bezenmek to take great pains.
özensiz 1. superficial, casual; 2. careless, negligent.
özenti pretended, alleged, ostensible, pseudo-, swindle, fraut, cheat, false, counterfeit(ed), spurious, not genuine, fake(d), imitation.
özentili very careful, painstaking.
özentisiz 1. careless; 2. casual.
özerk *pol.* autonomous.
özerklik *pol.* autonomy.
özet, -ti 1. summary, résumé, synopsis; 2. subject; 3. extract.
özetlemek to sum up, to summarize, to recapitulate.
özge 1. other (than), apart from; 2. different, distinctive, unusual.
özgeci altruist.
özgecil altruistic, unselfish.
özgecilik altruism.
özgeçmiş biography.
özgü special, peculiar to, unique to.
özgül specific, special; ~ ağırlık specific gravity.
özgün 1. specific, peculiar; 2. original; creative; 3. authentic, genuine.
özgünlük originality.
özgür free, independant.
özgürce freely, independantly.
özgürleşmek to become free.
özgürleştirmek to free.
özgürlük freedom, liberty.
özgürlükçü partisan of freedom, which aims to promote freedom.
özgüven self-confidence.
özışın ⚘ medullary rays.
özindükleme *phys.* self-induction.
özlem 1. longing, yearning; 2. inclination, aspiration, ardent desire.
özlemek to long for, to yearn for, to miss, to wish for.
özleşmek 1. to become purified; 2. to get ripen.
özletmek to make s.o. long for.
özleyiş longing, yearning.
özlü 1. marrowy, pithy; 2. pulpy, substential; 3. having kernel.
özlük 1. nature, character; 2. person, individual, employee; ~ işleri matters pertaining to personnel.
özne *gr.* & *phls.* subject.
öznel *gr.* & *phls.* subjective.
öznelci *phls.* subjectivist.
öznelcilik *phls.* subjectivism.
öznellik subjectivity.
özsaygı self-respect.
özsel essential.
özseverlik narcissism.
özsu 1. ⚘ sap; 2. *biol.* juice.
özümleme *biol.* assimilation.
özümlemedokusu, -nu ⚘ plant issue in which photosynthesis takes place.
özümlemek ⚘ to assimilate.
özümlenmek ⚘ to be assimilated.
özümseme *s.* özümleme.
özümsemek *s.* özümlemek.
özümsenmek *s.* özümlenmek.
özünerosluk autoeroticism.
özünlü intrinsic.
özür, -zrü 1. excuse, apology; 2. defect, shortcoming, infirmity; ~ dilemek 1. to apologize (to *s.o.*; for *s.th.*), to ask pardon; 2. to refuse, to decline; özrü kabahatinden büyük his excuse is worse than his fault.
özürlü 1. defective, flawed; 2. handicapped; 3. having an excuse.
özürsüz 1. flawless, perfect, nondefective; 2. lacking an excuse.
özveren self-sacrificing, self-denying.
özveri self-sacrifice, self-denial.
özverili self-sacrificing, self-denying.
özyaşamöyküsü, -nü autobiography.

P

pabuç, -cu **1.** shoe; **2.** ⚠ base, pedestal; ~ bırakmamak *(bşe) fig.* not to be discouraged by *s.th.*; -tan aşağı despicable, low-down; -u dama atılmak *fig.* to lose favo(u)r, to fall into discredit; -unu eline vermek *(b-nin)* to give *s.o.* the boot *(or* the push).
pabuççu shoemaker, cobbler.
paça 1. lowest part of a trouser leg; **2.** trotter; -sı düşük untidy, down-at-heels; -sından tutup atmak to give s.o. the chuck; -yı kurtarmak to elude, to evade.
paçavra [. x .] **1.** rag; **2.** *fig.* worn-out, worthless thing; ~ hastalığı *F* influenza, flu; -ya çevirmek *(or* döndürmek) to botch, to make a mess of.
paçavracı [. x . .] ragman, ragpicker.
paçoz *sl.* prostitute.
padavra [. x .] shingle; -sı çıkmış *fig.* so thin that you can count his ribs.
padişah [- . -] padishah, sultan, ruler, sovereign.
padişahlık [- . . .] sovereignty, sultanate.
pafta [x .] **1.** section of a map; **2.** ⊕ diestock; **3.** metal decoration *(on a horse's harness).*
pagan pagan.
paha [. -] price, value; ~ biçilmez priceless, invaluable; ~ biçmek to set a value (*-e* on), to price, to evaluate; -sına at the cost of; -ya çıkmak to rise in price, to become expensive.
pahacı who sells at a high price.
pahalanmak *s.* pahalılaşmak.
pahalı expensive, dear, costly; -ya oturmak to cost an arm and a leg.
pahalılanmak *s.* pahalılaşmak.
pahalılaşmak to become expensive, to increase in price.
pahalılık 1. expensiveness, costliness; **2.** dearth.
pak, -ki [ā] **1.** clean, pure; **2.** *fig.* pure-hearted.
paket, -ti **1.** pack(et); **2.** package, parcel; **3.** *sl.* ass. buttocks; ~ etm. to package; to wrap up; ~ postanesi parcel post office.
paketlemek to package, to wrap up.
Pakistan [- . -] *pr. n.* Pakistan.
Pakistanlı [- . - .] *pr. n.* Pakistani.
paklamak [- . .] **1.** to clean, to purify; **2.** *F* to deserve; **3.** *F* to kill, to bump off.
paklık cleanness.
pakt, -tı pact, treaty.
pala 1. scimitar; **2.** blade; ~ çalmak *(or* sallamak) to strive, to try hard.
palabıyık having a handlebar moustache.
palamar ⚓ hawser; ~ parası dockage, buoyage; -ı çözmek *(or* koparmak) *sl.* to show a clean pair of heels, to take to one's heels.
palamut, -tu **1.** *zo.* bonito; **2.** ⚘ valonia oak.
palan a kind of saddle.
palanga [. x .] ⚓ pulley, tackle.
palas 1. sumptuous hotel; **2.** palace.
palaska [. x .] ⚔ bandolier, cartridge belt.
palas pandıras pell-mell, helter-skelter.
palavra [. x .] bunk, palaver, bullshit, baloney, humbug; ~ atmak *(or* savurmak *or* sıkmak) to talk bunk *(or* rot), to be full of bull.
palavracı braggart, bull-shooter.
palaz duckling, gosling, squab.
palazla(n)mak 1. to grow strong *(or* plump); **2.** to grow up *(child)*; **3.** *sl.* to become lousy.
paldır küldür pell-mell, headlong.
paleontoloji paleontology.
palet, -ti **1.** track, caterpillar tread; **2.** flipper; **3.** *(artist's)* palette.
palikarya [. . x .] Greek rowdy.
palmiye ⚘ palm (tree).
palto [x .] (over)coat.
palyaço [. x .] clown, buffoon.
palyoş poniard, stiletto.
pami [x .] *sl.* let's get going!
pamuk ⚘ cotton; ~ ağacı cotton tree; ~ atmak to fluff cotton *(with a bow and mallet)*; ~ barutu guncotton; ~ gibi soft as cotton; ~ ipliği cotton thread; ♀ Prenses Snow White; ~ tarlası cotton field.
pamukbalığı, -nı *zo.* blue shark.
pamuklu 1. cotton...; **2.** cotton (cloth).
panayır fair; ~ yeri fairground.

pancar ⚘ beet; ~ kesilmek (*or* ~ gibi olm.) to turn as red as a beetroot, to go beet red; ~ şekeri beet sugar.
pancur *s.* panjur.
panda *zo.* panda.
pandantif pendant.
pandispanya [. . x .] sponge cake.
pandomima [. . x .] pantomime.
pandûl pendulum.
panel panel discussion.
pangodoz *sl.* drunkard *(old man).*
panik panic; ~ yaratmak to arouse *(or* create) panic; paniğe kapılmak to panic, to be seized with panic; paniğe kapılmış panic-stricken.
panjur shutter.
pankart, -tı placard, banner.
pankreas[1] pancreas.
pankreas[2] a kind of wrestling.
pano 1. wall panel; 2. bulletin *(or* notice) board; panel.
panorama panorama.
pansiyon boarding house, pension, digs, lodgings.
pansiyoner boarder, lodger.
pansuman ⚕ dressing; ~ yapmak to dress *(a wound).*
panter *zo.* panther, leopard.
pantolon trousers, pants.
pantufla [. x .] pantofle, felt slippers.
panzehir antidote.
papa the Pope.
papağan *zo.* parrot.
papalık the Papacy.
papara 1. *dish made from pieces of dry bread and broth;* 2. *F* scolding; ~ yemek *F* to get it in the neck, to cop it, to catch it.
papatya [. x .] ⚘ daisy; camomile.
papaz 1. priest, minister; 2. *cards:* king; -a kızıp perhiz bozmak to cut off one's nose to spite one's face.
papazlık priesthood.
papel *sl.* one Turkish lira.
papirüs papyrus.
papura heavy plough *(drawn by two yoke of oxen).*
papyebuvar blotting paper.
papyekuşe glossy paper.
papyon bow tie.
para money; ~ babası moneybags; ~ bağlamak to lock up (-*e* in); ~ basmak to mint, to print *(money);* ~ bozmak to change money; ~ canlısı money-lover; ~ canlısı olm. to have an itching palm; ~ cezası fine; ~ cüzdanı wallet, billfold; ~ çantası money-bag, purse; ~ çekmek 1. to draw money *(from a bank);* 2. *fig.* to squeeze money out of s.o.; ~ dökmek to pour money (-*e* into); ~ etm. to be worth s.th., to be valuable; ~ içinde yüzmek to be wallowing in money; ~ ile değil *fig.* it is dirt cheap; ~ kesmek 1. = ~ basmak; 2. *fig.* to rake it in; ~ -yı çeker *pro.* money breeds *(or* begets) money; ~ pul money and assets; ~ sızdırmak *(b-den)* to squeeze money out of *s.o.;* ~ tutmak 1. to save money; 2. to cost; ~ yardımı monetary aid, subsidy, donation; ~ yatırmak 1. to invest (-*e* in); 2. to deposit money (-*e* in); ~ yedirmek to bribe, to grease s.o.'s palm; ~ yemek 1. to play ducks and drakes with money; 2. to accept a bribe; -dan çıkmak to have to spend money; -nın üstü change; -yı veren düdüğü çalar *pro.* pay the piper and call the tune.
parabellum Parabellum.
parabol, -lü ⩓ parabola.
parafe initialed; ~ etm. to initial *(a document).*
parafin paraffin (wax).
paragöz money-grubber.
paragraf paragraph.
paraka [. x .] groundline, setline.
paralamak 1. to tear to pieces; 2. to wear to pieces.
paralanmak 1. *pass. of* paralamak; 2. to wear *(or* lay) o.s. out; 3. to strain every nerve; 4. *F* to become lousy.
paralel 1. parallel; 2. *sports:* parallel bars.
paralelkenar parallelogram.
paralı 1. rich, well-heeled, moneyed; 2. requiring payment; ~ asker mercenary; ~ yol turnpike, toll road.
parametre ⩓ parameter.
paramparça [. x . .] in tatters, ragged; smashed to bits; ~ etm. to smash to bits, to tatter, to tear to rags.
parantez parenthesis; ~ açmak *fig.* to digress.
parapet, -ti 1. ⚓ bulwarks; 2. parapet.
parasal monetary.
parasız 1. penniless, poor, moneyless; 2. gratis, free (of charge); ~ yatılı öğrenci boarding student, boarder.
parasızlık pennilessness, poverty.
paraşüt, -tü parachute.
paraşütçü parachutist, parachuter, paratrooper.
paratifo ⚕ paratyphoid.
paratoner lightning rod *(or* conductor).
paravan(a) (folding) screen.
parazit, -ti 1. *biol.* parasite *(a. fig.);* 2. ⊕ interference, static, atmospherics.

parça 1. piece, bit, fragment; 2. *lit.*, ♪ passage; piece; 3. item; 4. *sl.* dope; 5. *sl.* nice piece of goods, pretty woman; ~ başına ücret piece-wage; ~ mal piece goods; ~ ~ 1. in bits and pieces, in smithereens; 2. in rags, tattered; ~ ~ etm. to break (*or* tear) into pieces.

parçacı 1. seller of piece goods; 2. seller of spare parts.

parçalamak to tear (*or* smash *or* break) into pieces.

parçalanmak 1. *pass. of* parçalamak; 2. *fig.* to lay (*or* wear) o.s. out.

parçalı 1. pieced, in parts; 2. patchwork(ed); ~ bulutlu cloudy in patches.

pardesü, pardösü (over)coat.

pardon pardon me, excuse me.

pare [ā] piece, fragment, bit.

parfüm perfume.

parıldamak to gleam, to glitter; to sparkle; to twinkle, to flash.

parıl parıl gleamingly, glitteringly.

parıltı gleam, glitter; sparkle; twinkle, flash.

Paris [ā] [x .] *pr. n.* Paris.

parite ⚚ parity.

park, -kı 1. park (*a.* ⚔); 2. car park, *Am.* parking lot; 3. playpen; ~ etm. (*or* yapmak) to park; ~ sayacı parking meter; ~ yapılmaz no parking.

parka parka, windcheater.

parke 1. parquet(ry); 2. cobblestone pavement; ~ döşeme parquet floor.

parkur (race)course.

parlak 1. bright, brilliant; luminous, radiant; 2. *fig.* brilliant, great; successful; 3. *sl.* sissy, sissified.

parlaklık brightness, brilliance (*a. fig.*).

parlamak 1. to shine, to glisten, to gleam; 2. to flame up, to flare up (*a. fig.*).

parlamenter 1. member of parliament; 2. parliamentary.

parlamento parliament.

parlatmak 1. *caus. of* parlamak, to polish, to rub up, to burnish; 2. *sl.* to toss off, to knock back (*booze*).

parmak 1. finger; 2. toe; 3. spoke (*of a wheel*); 4. inch; 5. rail, bar; ~ basmak 1. to draw attention (-*e* to); 2. to put one's thumbprint (-*e* on); ~ emmek to suck one's finger; ~ hesabı 1. counting on the fingers; 2. *lit.* syllabic meter; ~ ısırmak to be taken aback, to be dumbfounded; ~ izi fingerprint; ~ kadar mere slip of (*a child*); ~ kadar çocuk hop-o'-my-thumb; ~ kaldırmak to raise one's hand; parmağı ağzında kalmak to be astounded, to fall off one's chair; parmağı olm. (*b-nin bir işte*) *fig.* to have a finger in *s.th.*; parmağında oynatmak (*b-ni*) *fig.* to twist *s.o.* round one's little finger.

parmakçı *fig.* agitator, inciter.

parmaklamak 1. to eat with one's fingers; 2. to finger, to goose.

parmaklık railing, balustrade; grating, grate, grill.

parodi parody.

parola [. x .] password, watchword.

pars *zo.* leopard.

parsa [x .] money, collection; -yı başkası toplamak to reap the benefits of your work.

parsal *s.* partal.

parsel plot, lot, parcel.

parsellemek to divide into parcels, to subdivide.

parşömen parchment, vellum.

partal shabby, worn-out.

parter *thea.* parterre.

parti 1. party (*a. pol.*); 2. ⚚ consignment (*of goods*); 3. ♪ part; 4. game, match; ~ vermek to give a party.

partici *pol.* party member.

partisip, -pi *gr.* participle.

partisyon ♪ full score.

partizan partisan.

partizanlık partisanship.

parya outcast, pariah.

pas[1] 1. rust, corrosion, tarnish; 2. fur (*on the tongue*); ~ tutmak to rust, to corrode, to tarnish; ~ tutmaz rustproof.

pas[2] *sports, cards:* pass; ~ geçmek to disregard; ~ vermek *sl.* to give the glad eye (*woman*).

pasaj 1. arcade with shops; 2. passage.

pasak dirt, filth.

pasaklı dirty, filthy; slovenly.

pasaparola [. . . x .] ⚔ password.

pasaport, -tu passport; ~ çıkartmak to have a passport taken out; -unu eline vermek *fig.* to give s.o. the boot (*or* the bullet *or* the chop).

pasavan laissez-passer.

pasif 1. passive; 2. ⚚ liabilities.

paskal funny, clownish.

paskalya [. x .] Easter.

paslanmak 1. to rust, to corrode, to tarnish; 2. to fur (*tongue*); 3. *fig.* to become rusty.

paslanmaz rustproof, tarnishproof, noncorrodible; ~ çelik stainless steel.

paslaşmak 1. *football:* to pass the ball to each other; 2. *sl.* to give each other the glad eye.

paslı rusty.

paso [x .] pass.
paspas doormat.
paspaslamak to mop.
pasta [x .] 1. cake, pastry, tart; 2. fold, pleat.
pastacı maker *or* seller of pastry.
pastane [. - .] pastry shop, bakery.
pastel pastel.
pastırma pastrami-like beef; ~ yazı Indian Summer.
pastil pastille, troche, lozenge.
pastoral 1. pastoral; 2. ♪ pastorale.
pastörize pasteurized; ~ etm. to pasteurize.
paşa 1. pasha; 2. sedate, well-behaved *(child);* ~ ~ sedately.
pat[1], -tı flat, snub *(nose).*
pat[2] bam!, whop!, thud!; ~ diye with a thud; ~ ~ pit-a-pat.
pat[3], -tı ⚘ aster.
patagos *sl.* five-kurush coin.
patak *F* beating, hiding.
pataklamak to beat, to thrash, to give a beating *(or* hiding).
patates [. x .] ⚘ potato.
patavatsız indiscreet, tactless.
paten 1. ice skate; 2. *(a.* tekerlekli ~) roller skate.
patent, -ti 1. patent; 2. ⚓ bill of health.
patentli patented.
patırdamak to patter, to clatter.
patır patır with a pattering sound.
patırtı 1. clatter, patter; noise; 2. tumult, row, disturbance; ~ çıkarmak to make a row, to raise a ruckus; -ya pabuç bırakmamak not to be scared off by empty threats; -ya vermek to put into confusion.
patik bootee.
patika [. x .] path, track, trail.
patinaj 1. ice skating; 2. *mot.* skidding, slipping; ~ yapmak 1. to skate; 2. *mot.* to skid, to slip, to spin; ~ zinciri anti-skid *(or* tyre) chain.
patis a fine kind of batiste.
patiska [. x .] cambric, cotton batiste.
patlak 1. burst; cracked; 2. *mot.* puncture; ~ gözlü popeyed, bug-eyed; ~ vermek 1. to break out *(war, etc.);* 2. to be discovered *(or* divulged) *(secret).*
patlama *vn. of* patlamak, *part.* explosion.
patlamak 1. to explode, to burst, to blow up; 2. to break out *(war, etc.);* 3. to burst *(or* split) open; 4. *fig.* to explode, to burst out *(with anger, etc.);* 5. *F* to cost.
patlamalı: ~ motor ⊕ internal-combustion engine.
patlangaç popgun; peashooter.
patlatmak *caus. of* patlamak, *part.* 1. to blow up, to blast, to explode; 2. to infuriate; 3. to fire *(weapon);* 4. to crack *(joke);* 5. to land, to slap, to plant *(blow).*
patlayıcı explosive.
patlıcan ⚘ aubergine, *Am.* eggplant.
patoloji pathology.
patrik patriarch.
patron 1. boss, employer; 2. *(tailor's)* pattern.
patrona [. x .] *hist.* vice-admiral.
pattadak, pattadan suddenly, all of a sudden.
pavurya [. x .] *zo.* hermit crab.
pavyon 1. night club; 2. pavilion.
pay 1. share, portion, lot; 2. ⩓ numerator; 3. *tailoring:* margin; 4. equal part; ~ biçmek 1. to take as an example; to compare; 2. to deduce, to judge *(-den* from); ~ etm. to share, to divide; ~ vermek to answer back, to sass; -ını almak 1. to get one's share; 2. to be scolded, to get told off.
payanda [. x .] prop, shore, support; ~ vurmak to prop up, to shore; -ları çözmek to run away, to beat it.
payda ⩓ denominator.
paydaş shareholder.
paydos [x .] 1. break, rest; 2. it's break time!; ~ etm. to knock off, to quit work, to stop working.
paye rank, position; ~ vermek to show deference *(-e* to), to esteem.
payidar permanent, constant; ~ olm. to be permanent, to last.
payitaht, -tı † capital (city).
paylamak to scold, to tell off, to rebuke, to reprimand.
paylaşmak to share, to go shares.
paytak 1. knock-kneed; bowlegged, bandy-legged; 2. *chess:* pawn; ~ ~ yürümek to waddle.
payton phaeton.
pazar 1. market (place); bazaar; 2. Sunday; 3. trade; ~ bozmak to close an open-air market; ~ günü on Sunday; ~ kayığı gibi heavily loaded, top-heavy *(vehicle);* ~ kurmak to set up an open market; ~ ola! good luck! *(said to sellers);* ~ tatili Sunday rest; ~ yeri market place; -a çıkarmak to put up for sale, to put on sale.
pazarbaşı, -nı warden of a market.
pazarcı seller in a market.
pazarlama marketing.
pazarlamacı marketing expert, commercial traveller.

pazarlamak to market.
pazarlaşmak to bargain, to haggle.
pazarlık bargain, haggle; ~ etm. to bargain, to haggle.
pazartesi, -yi [. x . .] Monday.
pazen [ā] flannel.
pazı[1] ⚘ chard.
pazı[2] *anat.* biceps; ~ kemiği *anat.* humerus.
pazıbent, -di armband, armlet.
pazval *(shoemaker's)* knee-strap.
pazvant, -tı night watchman.
peçe veil.
peçelemek *fig.* to camouflage.
peçeli veiled.
peçete napkin, serviette.
pedagog pedagogist.
pedagoji pedagogics.
pedal pedal, treadle.
peder father.
pederane fatherly.
pederşahi patriarchal.
pedikür pedicure.
pehlivan wrestler.
pehpeh! bravo!, well done!
pehriz s. perhiz.
pejmürde shabby, worn-out, ragged.
pek, -ki **1.** very, extremely; **2.** a great deal, very much; **3.** firm, hard; **4.** sound, strong; **5.** very fast; ~ çok **1.** quite a few, a lot of, a great many; **2.** very much, a great deal; ~ gözlü courageous, bold; ~ ~ at the very most; — yürekli hardhearted; ~ yüzlü shameless, brazen.
pekâlâ [x - -] **1.** all right, okay, very well; **2.** very good, quite adequate; **3.** most certainly.
peki [x .] **1.** all right, okay; **2.** if that's so, then...
pekin certain.
pekişmek **1.** to harden; **2.** to strengthen.
pekiştirmek **1.** to strengthen, to consolidate, to reinforce, to intensify; **2.** to harden, to stiffen.
peklik constipation; ~ çekmek to be constipated.
pekmez **1.** grape molasses; **2.** *sl.* blood.
peksimet, -ti hardtack, ship biscuit.
pelerin cape, cloak.
pelesenk, -gi balm, balsam.
pelesenkağacı, -nı ⚘ balm of Gilead.
pelikan *zo.* pelican.
pelin ⚘ wormwood.
pelit, -ti ⚘ valonia; camata.
pelte jelly, gelatine.
peltek lisping.
peltekleşmek to lisp.
pelteklik lisp.
peltelenmek, pelteleşmek to gel.
pelür onionskin.
pelüş plush.
pembe pink; ~ görmek *fig.* to see through rose-colo(u)red *(or* rosy) spectacles.
pembeleşmek to turn pink.
pembemsi pinkish.
penaltı, -yı *sports:* penalty.
pencere [x . .] window.
pencüdü a five and a two.
pencüse a five and a three.
pencüyek a five and a one.
pençe **1.** paw, claw; **2.** grip, clutches; **3.** sole *(of a shoe)*; ~ vurmak to sole *(a shoe).*
pençelemek **1.** to paw, to claw, to maul; **2.** to sole *(a shoe).*
pençeleşmek **1.** to paw *(or* claw) at each other; **2.** *fig.* to grapple (*ile* with), to wrestle (*ile* with), to battle (*ile* with), to struggle (*ile* against).
pençeli **1.** having a paw *(or* claw); **2.** resoled *(shoe)*; **3.** *fig.* aggressive; **4.** *fig.* powerful.
pendifrank, -kı *sl.* clout, sock, punch.
penguen *zo.* penguin.
penisilin penicillin.
peniz etm. *sl.* to disclose *(a secret).*
pens[1] **1.** pliers; **2.** pincers; tweezers; nippers; **3.** forceps; **4.** pleat.
pens[2] pence.
pense [x .] pliers.
pentatlon *sports:* pentathlon.
pepe stammerer, stutterer.
pepelemek to stutter, to stammer.
pepelik stutter.
perakende [ā] retail.
perakendeci [ā] retailer.
perçem **1.** bangs; **2.** forelock *(of a horse);* **3.** scalp lock.
perçin rivet, clinch bolt.
perçinlemek **1.** to rivet, to clinch; **2.** *fig.* to consolidate.
perçinli riveted, clinched.
perdah **1.** polish, sheen, finish, glaze; **2.** finishing shave; ~ vurmak to glaze, to polish, to finish, to burnish.
perdahlamak **1.** to finish, to polish, to burnish; to glaze, to buff; **2.** to shave a second time *(beard);* **3.** *sl.* to swear at; **4.** *sl.* to fast-talk.
perdahlı burnished, polished, glazed.
perdahsız unburnished, unpolished, unglazed.
perde **1.** curtain, drape; **2.** *thea.* act; **3.** (movie) screen; **4.** ♪ fret; **5.** pitch; **6.** *zo.* web; **7.** ⚕ cataract *(on the eye);*

~ arası intermission, interval; ~ arkası *fig.* the hidden side *(of a matter)*; ~ arkasından *fig.* behind the scenes, backstage; ~ ayaklı *zo.* web-footed.
perdelemek 1. to curtain; 2. *fig.* to conceal, to veil.
perdeli 1. curtained; 2. *thea.* having... acts; 3. ♪ fretted; 4. *zo.* webbed.
perende [. x .] somersault, flip; ~ atmak to somersault, to turn a somersault; ~ atamamak *(b-nin yanında) fig.* can't hold a candle to *s.o.*
perese 1. plumbline; 2. *fig.* state, condition, -sine getirmek to choose the right moment to do s.th.; -ye almak to take into consideration.
perestiş worship, adoration; ~ etm. to worship, to adore.
performans *sports:* performance.
pergel pair of compasses; -leri açmak *F* to shake a leg, to take long steps.
pergellemek 1. to measure with a pair of compasses; 2. to pace off *(a distance)*; 3. *fig.* to consider all the angles of *(a matter)*.
perhiz 1. diet; 2. Christian *or* Jewish fast; ~ etm. 1. to diet; 2. to fast; -i bozmak to violate one's diet.
perhizli 1. on a diet; 2. fasting.
peri fairy; sprite, pixie; nymph; ~ gibi fairylike; ~ masalı fairy story *(or* tale).
peribacası, -nı 1. fairy chimney; 2. *geol.* earth pillar, demoiselle.
perili haunted; ~ köşk haunted house.
periskop, -pu periscope.
perişan [. - -] 1. perturbed, upset, miserable, wretched, distraught; 2. scattered; untidy, disordered; ~ etm. 1. to upset, to perturb, to ruin; 2. to scatter, to rout; ~ olm. 1. to become miserable *(or* wretched); 2. to be scattered *(or* routed).
periton *anat.* peritoneum; ~ kovuğu *anat.* peritoneal cavity.
peritonit, -ti ⚕ peritonitis.
perma, permanant, -tı perm, permanent (wave).
permanganat, -tı ⚗ permanganate.
permeçe ⚓ small hawser.
permi 1. † permit; 2. 🚂 pass.
peroksit ⚗ peroxide.
peron 🚂 platform.
persenk, -gi refrain.
personel personnel, staff.
perspektif perspective.
perşembe Thursday; -nin gelişi çarşambadan bellidir *pro.* coming events cast their shadows before.
pertavsız magnifying glass.
Peru *pr. n.* Peru.
peruka wig.
perva [ā] 1. fear; 2. attention, heed.
pervane [ā] 1. propeller; 2. screw; 3. fanner; 4. *zo.* moth; ~ olm. *(b-ne)* to be *s.o.'s* shadow.
pervasız [ā] fearless, unafraid, undauntable; unconcerned.
pervaz [ā] 1. cornice, fringe, architrave; 2. border, edging.
peryodik 1. periodic; 2. periodical.
pes[1] 1. this is the last straw!; 2. uncle!; ~ demek to submit, to give in, to say «uncle»; ~ etm. to yield, to submit, to give in.
pes[2] low, soft *(voice)*; ~ perdeden konuşmak *fig.* to speak softly.
pesek tartar *(on teeth)*.
pesimist, -ti pessimist.
pespaye [ā] vulgar, despicable.
pespembe rose-pink.
pestenkerani [ā] [. . . x .] nonsensical, idiotic.
pestil pressed and dried fruit pulp; ~ gibi olm. *fig.* to be too tired to move, to be bushed; -i çıkmak *fig.* to be worn to a frazzle, to be dog-tired; -ini çıkarmak *(b-nin) fig.* 1. to beat *s.o.* to a pulp; 2. to wear *s.o.* a frazzle; 3. *(bşin)* to crush *s.th.* to a pulp.
pesüs oil lamp.
peş the back, the rear; ~ -e one after another; -i sıra right behind; -inde koşmak to run after; -inden gitmek *(b-nin) fig.* to follow in the footsteps of *s.o.*; -ine düşmek 1. to follow s.o. around; 2. to run after, to be after s.th.; -ine takılmak *(b-nin)* to tail after *s.o.*, to follow *s.o.* around; -ini bırakmak to stop following.
peşin 1. paid in advance, ready *(money)*; 2. in advance, beforehand; earlier, in the first place; ~ almak to buy for cash; ~ cevap answer that anticipates a question; ~ hüküm *(or* yargı) prejudgement; ~ para cash, ready money, advance payment; ~ söylemek to tell in advance, to prognosticate.
peşinat [. - -] 1. cash; downpayment; 2. advance payment.
peşinen [ī] *s.* peşin 2.
peşkeş: ~ çekmek *(b-ne bşi)* to make *s.o.* a present of *s.th.* that does not belong to one.
peşkir 1. (table) napkin, serviette; 2. (hand) towel.
peşrev 1. ♪ overture, prelude; 2. the entry

of wrestlers on to the wrestling field.
peştamal loincloth, waist cloth.
peştamallık ⚖ goodwill.
petek honeycomb; ~ **balı** honey in the comb.
petekgöz compound eye *(of insects).*
petrokimya petrochemistry.
petrol, -lü petroleum, crude oil; ~ **hattı** oil pipeline; ~ **kuyusu** oil well; ~ **şirketi** oil *(or* petroleum) company.
petrolcü oilman.
petunya [. x .] ⚘ petunia.
pey deposit, earnest money; ~ **sürmek** *(or* **vurmak**) to make a bid.
peyda [ā] visible, manifest; ~ **etm.** 1. to beget, to give birth to; 2. to produce; ~ **olm.** to appear, to crop up, to spring up.
peydahla(n)mak 1. to give birth to, to sire; 2. to produce; 3. to acquire, to pick up.
peyderpey 1. bit by bit, step by step, little by little; 2. in succession.
peygamber prophet.
peygamberlik prophethood, prophecy.
peyk, -ki 1. *ast., pol.* satellite; 2. *fig.* adherent, follower.
peyke wooden bench.
peyklik being a satellite.
peylemek to reserve, to book, to engage.
peynir cheese.
peynirhane cheesery.
peynirli containing cheese; ~ **sandviç** cheese sandwich.
peyzaj landscape (picture).
pezevenk, -gi 1. procurer, pimp; 2. scoundrel, bastard, son of a bitch.
pezevenklik procuring, pimping; ~ **etm.** to procure, to pimp.
pezo 1. peso; 2. *sl.* procurer, pimp.
pıhtı clot, coagulate, coagulum.
pıhtılanmak, pıhtılaşmak to clot, to coagulate.
pıhtılaştırmak to clot, to coagulate.
pılı pırtı 1. junk, trash, traps; 2. belongings, bag and baggage.
pınar spring.
pır whir; ~ **diye uçtu** it whirred away.
pırasa [. x .] ⚘ leek; ~ **bıyıklı** having a handlebar moustache.
pırıldak signal *(or* dark) lantern; heliograph.
pırıldamak to gleam, to glitter, to shine.
pırıl pırıl 1. gleaming, glittering; 2. spick-and-span.
pırıltı gleam, glitter, sparkle.
pırlak lure, decoy.
pırlamak 1. to whir away, to flutter; 2. *fig.* to take to one's heels.
pırlangıç, -cı humming-top.
pırlanta [. x .] brilliant; ~ **gibi** *F* top-notch, first-rate.
pırnal ⚘ holly *(or* holm) oak.
pırpır tri-car, put-put.
pırpırı womanizer, skirt-chaser.
pırpıt, -tı 1. useless, worn-out; 2. a kind of coarse cloth.
pırtı 1. junk, traps; 2. bag and baggage, belongings.
pırtık torn, ragged.
pısırık fainthearted, pusillanimous, diffident.
pıt, -tı drip!; ~ **yok** you can hear a pin drop.
pıtırdamak to patter.
pıtır pıtır with a patter.
pıtırtı patter.
pıt pıt with a patter, pit-a-pat; ~ **atmak** to go pit-a-pat *(one's heart).*
pıtrak ⚘ burdock.
piç 1. bastard; 2. *fig.* brat, bratty child; ~ **etm.** to ball up, to make a balls-up of s.th.; ~ **kurusu** bratty child, brat; ~ **olm.** to be balled up *(or* spoiled).
piçlik bastardy.
pide [x .] pizza-like bread; ~ **gibi** very flat.
pijama [. x .] pyjamas, *Am.* pajamas.
pik (demir) ⊕ pig *(or* cast) iron.
pikap[1] ♪ record player, gramophone, phonograph.
pikap[2] pickup (truck).
pike[1] piqué.
pike[2] ✈ nosedive; ~ **yapmak** 1. ✈ to nosedive; 2. *billiards:* to make a massé shot.
piknik picnic; ~ **yapmak** to picnic, to have a picnic.
piko picot.
pil ⚡ battery.
pilaki [. x .] 1. *stew of beans or fish with oil and onions;* 2. *sl.* idiot.
pilav rice.
piliç, -ci 1. chick, pullet, fryer, broiler; 2. *sl.* chick, a bit of skirt, babe.
pilot, -tu pilot.
pim ⊕ pin, gudgeon.
pineklemek to doze, to slumber.
pingpong ping-pong, table tennis.
pinti stingy, niggardly, miserly, close-fisted.
pintileşmek to get stingy.
pintilik stinginess, tightness.
pipet, -ti ⚗ pipette.
pipo [x .] pipe; ~ **içmek** to smoke a pipe; ~ **tütünü** pipe tobacco.
pîr [ī] 1. master, patron saint; 2. thoroughly, completely.

piramit, -di pyramid.
pire *zo.* flea; ~ gibi very agile; ~ için yorgan yakmak to cut off one's nose to spite one's face; -yi deve yapmak to make a mountain out of a molehill; -yi nallamak *fig.* to attempt the impossible.
pirelenmek 1. to become flea-ridden; 2. *fig.* to smell a rat.
pirina [. x .] oil cake.
pirinç[1], -ci brass.
pirinç[2], -ci ⚘ rice.
pirit, -ti *geol.* pyrite.
pirüpak, -ki [- . -] spotless, immaculate.
pirzola cutlet, chop.
pis 1. dirty, filthy, foul; 2. nasty, vile, foul; 3. obscene, foul, profane; ~ kokmak to stink; ~ koku stink; ~ ~ bakmak to leer (*-e* at); ~ ~ gülmek to grin, to chuckle; -i -ine for nothing, in vain.
pisbıyık *sl.* scraggly moustache.
pisboğaz greedy.
pisi pussycat, kitty; ~ ~ here kitty, kitty, kitty!
pisibalığı, -nı *zo.* plaice.
pisin swimming pool.
pisipisi 1. pussycat, kitty; 2. here kitty, kitty, kitty!
piskopos bishop.
pislemek 1. to foul; 2. to dirty, to soil.
pislenmek to get dirty.
pisletmek 1. to foul up, to make a balls-up of; 2. to soil, to dirty.
pislik 1. dirt, filth; 2. dirtiness, filthiness.
pissu sewage.
pist[1], -ti scat!
pist[2], -ti 1. running track; 2. ✈ runway; 3. dance floor.
piston 1. ⊕ piston; 2. *fig.* friend at court; ~ kolu *mot.* connecting rod, piston-rod.
pistonlu 1. ⊕ having a piston; 2. *fig.* having a friend at court.
pisuar urinal.
pişik heat rash, prickly heat.
pişirmek 1. to cook, to bake; 2. to ripen, to mature; 3. to fire *(pottery)*; 4. to heat-treat *(metal)*; 5. to learn well.
pişkin 1. well-cooked, well-done; 2. *fig.* experienced, worldlywise; 3. *fig.* brazen; 4. used (*-e* to), accustomed (*-e* to).
pişkinlik 1. indifference to criticism; 2. experience; maturity; pişkinliğe vurmak to brazen out.
pişman [ā] regretful, remorseful, penitent; ~ olm. to regret, to repent.
pişmaniye *candy made of sugar and oil with soapwort whipped into fibers.*
pişmanlık [ā] regret, repentance, remorse, penitence; ~ duymak to feel regret *(or* remorse).
pişmek, (-er) 1. to be cooked; 2. to mature, to ripen; 3. to be fired *(pottery)*; 4. to become worldlywise; pişmiş aşa soğuk su katmak *fig.* to throw *(or* pour) cold water on; pişmiş kelle gibi sırıtmak to grin like a Cheshire cat, to simper.
pişti a card game.
piştov pistol.
piton *zo.* python.
pitoresk, -ki picturesque.
piyade [ā] 1. ⚔ infantry; 2. infantryman, foot soldier; 3. *chess:* pawn.
piyanço [. x .] *sl.* louse.
piyango [. x .] lottery, raffle; ~ bileti lottery *(or* raffle) ticket; ~ çekmek to draw a lottery ticket.
piyanist, -ti pianist.
piyano [. x .] piano; ~ çalmak to play the piano; ~ resitali piano recital.
piyasa [. x .] 1. market; 2. the market, trading; 3. the market price; 4. promenading; ~ etm. to stroll about, to promenade; -ya çıkarmak to put on the market; -ya çıkmak 1. to come on the market; 2. to go out for a stroll; -ya düşmek 1. to be on the market in abundance; 2. *fig.* to go on the streets.
piyata [. x .] dinner plate.
piyaz 1. bean salad; 2. chopped onions; 3. *sl.* flattery.
piyes *thea.* play.
piyiz *sl.* rakı.
piyon *chess:* pawn.
piyoniye *fig.* pioneer.
pizza pizza.
plaçka [x .] loot, plunder, booty.
plaj beach, plage.
plak record.
plaka [x .] 1. *mot.* license plate, number plate; 2. ⊕ plaque, tablet.
plaket, -ti plaquette.
plan plan, scheme, project; ~ kurmak to plan, to scheme.
plançete [. x .] *surv.* plane table.
plankton plankton.
planlamak to plan.
planlı 1. planned; 2. premeditated *(crime)*.
planör glider.
planörcü glider pilot.
planörcülük gliding.
plantasyon plantation.
planya [x .] carpenter's plane.
planyalamak to plane.
plasman ✝ investment.
plaster plaster, band-aid.
plastik plastic; ~ ameliyat plastic sur-

gery; ~ sanatlar the plastic arts; ~ tutkal plastic glue.
platform platform *(a. geogr.)*, rostrum.
platin 1. platinum; 2. *mot.* points.
plato *geogr.* plateau.
platonik platonic.
plazma plasma.
pli 1. pleat; 2. pleated.
plise 1. pleating; 2. pleated; ~ yapmak to pleat.
plonjon *football: dive made by a goalkeeper to block a shoot.*
poca ⚓ leeward.
podüsüet, -ti suede.
podyum podium, dais, platform.
pof sss!; ~ diye with a hiss.
pofurdamak to snort.
pofur pofur in great puffs.
pofyos *sl.* 1. hollow, empty; 2. no-count, worthless.
poğaça [. x .] flaky pastry.
pohpoh flattery, soft soap.
pohpohçu flatterer.
pohpohlamak to flatter, to pamper.
poker poker; ~ çevirmek *F* to play poker.
pokerci poker player.
polarma *phys.*, ⚗ polarization.
polarmak *phys.*, ⚗ to polarize.
polemik polemic; polemiğe girmek to joust.
poliçe 1. ⚖ draft, bill of exchange; 2. insurance policy.
poligami polygamy.
poligon 1. polygon; 2. ⚔ gunnery *(or* artillery) range.
poliklinik polyclinic.
polim *sl.* lie; ~ atmak *sl.* to tell lies.
polis 1. the police; 2. policeman.
polisiye detective...; ~ film detective movie; ~ roman detective novel, whodunit.
polislik policemanship.
politik political.
politika 1. politics; 2. policy.
politikacı 1. politician; 2. *fig.* politic *(person).*
poliüretan polyurethane.
poliyester polyester.
polo polo.
Polonya [. x .] *pr. n.* Poland.
Polonyalı *pr. n.* 1. Pole; 2. Polish.
pomat ⚕ pomade.
pompa [x .] pump.
pompalamak to pump.
pompuruk *sl.* old, decrepit *(man.).*
ponpon 1. pompon, pom-pom; 2. powder puff.
ponza [x .] *(taşı)* pumice.
poplin poplin.
pop (müzik) pop (music).
popo bottom, buttocks, fanny.
popüler popular.
pornografi pornography.
porselen porcelain.
porsiyon helping, portion *(of food).*
porsuk *zo.* badger.
porsukağacı, -nı ⚘ yew (tree).
portakal orange; ~ rengi orange.
portatif portable, movable, collapsible; ~ karyola camp bed, *Am.* cot.
porte 1. scope, range; 2. ♪ stave, staff.
Portekiz *pr. n.* Portugal.
portföy wallet, billfold.
portmanto hallstand, hatstand.
portör ⚕ carrier.
portre portrait.
posa [x .] residue, pulp, bagasse.
posbıyık having a bushy moustache.
post, -tu 1. skin, hide, pelt; 2. *fig.* office, position, post; ~ elden gitmek to be killed *(or* bumped off); ~ kapmak to get an office; ~ kavgası struggle over official positions; -u kurtarmak to save one's skin; -u sermek *fig.* to outstay one's welcome; -una oturmak *fig.* to put on airs.
posta [x .] 1. post, mail; 2. the post office, postal service; 3. ⚔ orderly; 4. mail train; mail truck; mail steamer; 5. crew, team; 6. trip, run; ~ etm. to take to the police station; ~ güvercini carrier pigeon; ~ havalesi (postal) money order; ~ koymak to dupe, to con; ~ pulu postage stamp; ~ yapmak to ply; -ya vermek to post, *Am.* to mail; -yı kesmek *fig.* to cut relationships.
postacı [x . .] postman; postwoman.
postal 1. ⚔ combat *(or* half) boot; 2. *F* hussy, trollop.
postalamak to post, *Am.* to mail.
postane [ā] post office.
postrestant, -tı poste restante, general delivery.
poşet, -ti pochette.
pot[1], -tu the pot, the pool.
pot[2], -tu 1. pucker, wrinkle; 2. blunder, blooper, slip of the tongue; ~ gelmek *(iş)* to go wrong; ~ kırmak to put one's foot in it, to drop a brick, to blunder; ~ yeri *fig.* the sticky part *(of a matter).*
pot[3] -tu raft, punt.
pota [x .] ⚗ crucible.
potansiyel potential.
potas ⚗ potash.
potasyum ⚗ potassium.
potin boot.

potpuri ♪ medley, potpourri.
potur 1. puckered, wrinkled; **2.** Turkish breeches.
poyra [x.] ⊕ hub *(of a wheel)*.
poyraz boreas, northeast wind.
poz 1. pose; **2.** *phot.* exposure; ~ **vermek** to pose.
pozitif positive.
pozometre [..x.] *phot.* exposure *(or* light) meter.
pöf phew!, ugh!
pörsük flaccid, wizened, withered.
pörsümek to wizen, to shrivel up.
pösteki sheepskin, goatskin; ~ **saymak** *fig.* to be engaged in a tedious task; **-sini çıkarmak** (*or* **sermek**) *fig.* to beat to death; **-yi sermek** *fig.* to outstay one's welcome.
prafa [x.] a card game.
pranga [x.] fetters, irons, shackles; **-ya vurmak** to shackle, to fetter.
pratik 1. practical; handy; **2.** practice, application; **3.** applied; ~ **yapmak** to practise, *Am.* to practice.
pratikleşmek to become practical.
pratisyen hekim ⚕ general practitioner.
prelüd ♪ prelude.
prens prince.
prenses princess.
prensip, -bi principle.
prenslik princedom, principate.
pres ⊕ press.
presbit, -ti presbyopic.
prese ⊕ (com)pressed.
prestij prestige.
prevantoryum [..x.] ⚕ preventorium.
prezantabl presentable.
prezante etm. to introduce.
prezervatif condom, rubber.
prifiks † fixed price.
prim 1. premium; **2.** bonus.
priz ⚡ socket, wall plug, power-point, jack.
prizma prism.
problem problem *(a.* A); ~ **çocuk** problem child.
prodüktör producer.
profesör professor.
profesörlük professorship.
profesyonel professional.
profesyonellik professionalism.
profil profile.
program 1. program(me); **2.** schedule.
programcı 1. programmer; **2.** program(me) director.
programlamak to program.
programlı programmed.
proje project.
projeksiyon projection.
projectör projector, searchlight, spotlight.
proletarya proletariat.
prolog prologue.
propaganda propaganda; ~ **yapmak** to propagandize.
propagandacı propagandist.
prospektüs 1. instructions; **2.** prospectus.
prostat, -tı ⚕ prostate.
protein protein.
Protestan *pr. n.* Protestant.
Protestanlık *pr. n.* Protestantism.
protesto [.x.] protest, outcry; ~ **etm.** *(bşi)* to protest against. *s.th.*
protez 1. ⚕ prosthesis; **2.** denture, dental prosthesis.
protokol, -lü protocol.
protoplazma protoplasm.
prototip, -pi prototype.
prova [x.] **1.** rehearsal; **2.** *typ.* proof; **3.** fitting; **4.** *s.* **pruva.**
prömiyer premiere.
Prusya [x.] *pr. n.* Prussia.
pruva [x.] ⚓ bow, head.
psikanaliz psychoanalysis.
psikiyatri psychiatry.
psikiyatrist, -ti psychiatrist.
psikolog psychologist.
psikoloji psychology.
psikolojik psychological.
psikopat, -tı psychopath.
psikoterapi psychotherapy.
puan 1. point; **2.** dot; ~ **almak** to score (points).
puanlamak to grade.
puantiye dotted *(cloth)*.
puding pudding.
pudra powder.
pudralamak to powder.
pudralık compact.
pudraşeker powdered sugar.
pudriyer compact.
puf hassock, pouf, ottoman.
pufla [x.] **1.** *zo.* eider; **2.** (eider)down; ~ **gibi** fluffy, downy.
puflamak to snort.
puhu (kuşu) *zo.* eagle owl.
pul 1. stamp; **2.** *games:* piece, counter; **3.** ⊕ washer; nut; **4.** scale *(of a fish)*; **5.** sequin, spangle; ~ **koleksiyonu** collection of stamps.
pulcu 1. seller of stamps; **2.** philatelist.
pullamak 1. to stamp; **2.** to decorate with spangles.
pullu stamped.
pulluk plough, *Am.* plow.
pulsuz unstamped, stampless.
puluç impotent.

puma *zo.* puma.
punç, çu punch.
punt, -du 1. ⚓ position; 2. appropriate time; ~ tayini ⚓ calculating a ship's position; -una getirmek (*or* -unu bulmak) to find a suitable opportunity.
punto [x .] *typ.* size.
pupa [x .] ⚓ 1. stern; 2. astern; ~ gitmek 1. to sail with the wind directly astern; 2. *fig.* to go straight ahead; ~ yelken gitmek to go in full sail.
puro [x .] cigar.
pus[1] inch.
pus[2] 1. mist, haze; 2. gum; 3. bloom *(on fruit)*; 4. crust *(on the nipple of a ewe)*.
pusarık 1. misty, hazy; 2. mirage.
pusat, -tı 1. equipment, gear; 2. armo(u)r, arms.
puset, -ti stroller.
pusla *s.* pusula.
puslanmak to get misty *(or* hazy).
puslu misty, hazy.
pusmak to crouch down.
pusu ambush; ~ kurmak to lay an ambush; -ya düşürmek to ambush; -ya yatmak to lie in ambush, to lurk.
pusula [x . .] 1. ⚓ compass; 2. memorandum, note; -yı şaşırmak *fig.* to be at a loss what to do, to be at sea.
puşt, -tu son of a bitch, bastard.
put, -tu 1. idol, effigy; 2. the cross; ~ gibi as still as a statue; ~ kesilmek to become as still as a statue.
putperest, -ti idolater, pagan.
putperestlik idolatry, paganism.
putrel iron beam.
puvan *s.* puan.
püf puff, breath; ~ noktası *(bir işin)* the most delicate part *(of a matter)*.
püflemek to blow on.
püfür püfür gently and coolingly; ~ esmek to blow gently, to puff.
pünez drawing pin, thumbtack.
pürçek lock, curl.
püre purée, mash.
pürgatif ⚕ purgative.
pürneşe bright and merry.
pürtük knob.
pürüz 1. unevenness, roughness; 2. *fig.* difficulty, snag, hitch.
pürüzlenmek 1. to get uneven *(or* rough); 2. *fig.* to get snagged up, to go awry.
pürüzlü 1. uneven, rough; 2. *fig.* difficult, marked by snags.
pürüzsüz 1. even, smooth; 2. *fig.* free of snags *(or* hitches).
püskül tassel.
püsküllü tasseled; ~ bela *F* a peck of trouble, damnable nuisance.
püskürgeç, -ci atomizer; sprayer.
püskürmek 1. to spray from one's mouth; 2. to erupt *(volcano)*; 3. to spew out, to spume forth *(lava)*.
püskürteç 1. atomizer; spray gun, sprayer; 2. aerosol (bomb).
püskürtmek 1. *caus. of* püskürmek, to spray; to dust; 2. ⚔ to repel, to drive back, to repulse.
püskürtü lava.
püsür 1. botherment, headache; 2. petty; 3. pain in the neck *(person)*.
pütürlenmek to chap *(skin)*.
pütürlü chapped, cracked.
pütür pütür chapped, cracked *(skin)*.

R

Rab, -bbi God, the Lord.
Rabbena [. . -]: ~ hakkı için by God.
Rabbi(m) my God!
rabıt, -ptı connection.
rabıta [- . .] **1.** relation, connection, tie, bond; **2.** conformity; **3.** system, method, order.
rabıtalı [- . . .] **1.** orderly; well-conducted; **2.** level-headed *(person)*; **3.** coherent, consistent.
rabıtasız [- . . .] **1.** disorderly, untidy; **2.** incoherent, inconsistent.
raca raja(h).
raci, -ii [ā] returning; ~ olm. to concern, to touch.
racon *sl.* **1.** custom, rule; **2.** swagger; ~ kesmek to swagger, to show off.
radar [x .] radar.
radarcı **1.** radar operator; **2.** *sl.* talebearer, sneak.
radde degree, point; -lerinde, -sinde around, about.
radikal radical.
radyasyon *phys.* radiation.
radyatör radiator.
radyo **1.** radio, wireless; **2.** radio (station); ~ dinlemek to listen to the radio.
radyoaktif radioactive.
radyoculuk radiobroadcasting.
radyoevi, -ni broadcasting station.
radyofonik radio...; ~ piyes radio play.
radyofoto radiophotograph.
radyografi radiography.
radyogram radiogram.
radyotelefon radiotelephone.
radyotelgraf radiotelegram.
radyoterapi radiotherapy.
radyum ⚗ radium.
raf shelf; -a koymak (*or* kaldırmak) to shelve *(a. fig.)*.
rafadan **1.** soft-boiled *(egg)*; **2.** *sl.* naive; ~ pişirmek to soft-boil *(egg)*.
rafine refined; ~ etm. to refine.
rafineri refinery.
rağbet, -ti **1.** demand, inclination, desire; **2.** popularity; ~ etm. **1.** to demand, to like; **2.** to esteem; ~ görmek **1.** to be in demand; **2.** to be popular; -ten düşmek **1.** to be no longer in demand; **2.** to be out of favo(u)r.
rağbetli in demand.
rağbetsiz not in demand.
rağmen [x .] in spite (-*e* of).
rahat, -tı **1.** comfort, ease; **2.** peace; **3.** comfortable; **4.** easy, at ease, untroubled; **5.** ✕ at ease!; **6.** easygoing *(person)*; ~ bırakmamak (*or* vermemek) to pester, to annoy, to devil; ~ durmak to behave o.s.; ~ etm. **1.** to be at ease; **2.** to rest, to take it easy; ~ ~ comfortably; easily; ~ yüzü görmemek to have no peace; -ına bakmak to mind one's own comfort, to see to one's pleasures; -ını kaçırmak to annoy, to pester, to molest.
rahatça **1.** easily; **2.** comfortably.
rahatlamak to feel relieved (*or* better); to feel at ease, to cheer up.
rahatlık **1.** peace, quiet; **2.** ease, comfort; **3.** easygoingness.
rahatsız **1.** uncomfortable; **2.** uneasy, anxious; **3.** unwell, under the weather, indisposed; ~ etm. **1.** to annoy, to disturb, to trouble, to bother; **2.** to pay a visit; ~ olm. **1.** to feel uncomfortable; **2.** to be under the weather, to feel indisposed.
rahatsızlanmak to feel ill (*or* unwell).
rahatsızlık **1.** discomfort, uneasiness; **2.** illness, sickness.
rahibe [ā] nun.
rahibelik [ā] nunhood.
rahim, -hmi womb, uterus.
Rahîm the Merciful.
rahip, -bi [ā] **1.** priest, minister, pastor; **2.** monk.
rahle low reading-desk.
Rahman [. -] the Compassionate.
rahmet, -ti **1.** God's mercy (*or* compassion); **2.** *fig.* rain; ~ düşmek (*or* yağmak) to rain; ~ okumak **1.** to pray for the soul (-*e* of); **2.** to regret the loss (-*e* of); ~ okutmak to be a greater nuisance (-*e* than); -ine kavuşmak to pass away, to go to meet one's Maker.
rahmetli(k) the deceased, the late; ~ olm.

to pass away, to die.
rahne fissure, breach.
rahvan amble; ~ gitmek to amble *(horse)*
rakam 1. number, figure; 2. numeral, digit.
raket, -ti 1. racket, racquet; 2. snowshoe.
rakı raki, arrack.
rakım altitude, elevation.
rakıs, -ksı 1. dance; 2. *phys.* oscillation.
rakip, -bi rival.
rakit, -di [ā] still, stagnant *(water)*.
rakkas [. -] pendulum.
rakkase [. - .] belly dancer.
rakor ⚙ joint, union *(of pipes)*.
raksetmek [x . .] to dance.
ralanti *mot.* idling; -de çalışmak *mot.* to tick over, to idle; -ye almak *mot.* to idle.
rali rally.
ram: ~ etm. to master, to subjugate.
ramak, -kı: ~ kalmak to be within an ace *(or* inch) (-e of).
Ramazan 1. Ramazan; 2. *mf.;* ~ bayramı the Ramazan festival.
rampa [x .] 1. slope, incline, grade; 2. loading ramp; ~ etm. 1. to sidle up (-e to); 2. *sl.* to latch (-e onto).
rampalamak *s.* rampa etm.
randevu appointment, rendezvous, tryst, engagement, date; ~ almak to get an appointment *(-den* from); ~ vermek *(b-ne)* to make an appointment with *s.o.*
randevuevi, -ni unlicensed brothel.
randıman output, yield, production.
randımanlı productive.
randımansız unproductive.
rant, -tı ⚚ unearned income.
rantabl ⚚ profitable.
ranza [x .] 1. bunk bed; 2. ⚓, 🚂 berth.
rapido drawing pen.
rapor report.
raporcu reporter.
raporlu on sick leave.
raportör reporter.
rap rap striking the ground smartly.
rapsodi ♪ rhapsody.
raptetmek [x . .] to attach, to fasten.
raptiye drawing pin, *Am.* thumbtack.
raptiyelemek to thumbtack.
rasat, -dı *ast.* observation.
rasathane [. . - .] observatory.
rasgele [x . .] haphazardly, at random; by chance.
rasıt, -dı *ast.* observer.
raspa [x .] 1. scraper; 2. *sl.* gluttony; ~ etm. to scrape.
rast: ~ gelmek 1. to chance (-e upon), to meet by chance; 2. to come (-e across), to meet (-e with), to encounter; 3. to coincide (-e with), to fall (-e on); ~ getirmek 1. to come across *(or* upon); 2. to approach, to collar s.o. *(at the right time);* 3. to hit the target; 4. to cause to succeed *(God);* ~ gitmek to go well, to turn out well.
rastık kohl.
rastlamak *s.* rast gelmek.
rastlantı coincidence, chance, accident.
rastlaşmak 1. to chance upon each other; 2. to coincide.
rasyonalizm rationalism.
rasyonel rational.
raşitizm ⚕ rickets, rachitis.
raunt *s.* ravnt.
ravnt *boxing:* round.
ray rail; track; -dan çıkmak 1. 🚂 to jump the rails, to go off the rails; 2. *fig.* to go awry *(or* haywire); -ına oturtmak to set to rights.
rayiç, -ci ⚚ market *(or* current) value; ~ fiyat market *(or* current) price.
rayiha [- . .] fragrance.
razakı a kind of white grape.
razı [ā] willing, content; ~ etm. *(b-ni bşe)* to get *s.o.* to agree to *s.th.*, to get *s.o.* round to *s.th.;* ~ olm. to consent (-e to), to agree (-e to).
re ♪ re; D.
reaksiyon reaction.
reaktör reactor.
realist, -ti realist(ic).
realite reality.
realizm realism.
Recep, -bi 1. Rajab; 2. *mf.*
reçel jam.
reçete 1. prescription; 2. recipe.
reçine [. x .] resin, rosin.
reçineli resinous.
redaksiyon redaction.
reddetmek [x . .] 1. to refuse, to reject, to refute, to repudiate; 2. to disown, to cast off.
redingot, -tu frock coat.
refah [ā] welfare, prosperity, well-being; ~ içinde yaşamak to live in prosperity, to be in easy circumstances.
refakat, -ti [. - .] accompaniment *(a.* ♪), companionship; ~ etm. to accompany *(a.* ♪*);* to escort; -inde in the company (-*in* of).
refakatçi companion *(who stays with a patient while he is in hospital)*.
referandum [. . x .] *pol.* referendum.
referans reference, letter of recommendation.
refetmek [x . .] to remove, to abolish.

refik, -kı [ī] 1. friend, companion; 2. ♀ [x .] *mf.*
refika [ī] 1. wife; 2. ♀ [x . .] *wf.*
refleks reflex.
reflektör reflector.
reform reform.
reformcu 1. reformer; 2. reformist(ic).
refüj *mot.* (traffic) island, refuge.
refüze etm. to refuse, to turn down.
regaip, -bi [ā]: ~ kandili *the 12 th of Recep. anniversary of the conception of Mohammad.*
regülatör ⊕ regulator.
rehabilitasyon ⚕ rehabilitation.
rehavet, -ti [ā] languor, lassitude.
rehber 1. guide; 2. guidebook; 3. (telephone) directory.
rehberlik 1. guidance; 2. guiding; ~ etm. to guide.
rehin pawn, pledge, security, collateral; -e koymak to pawn, to hock, to pop, to pledge.
rehine hostage.
reis [ī] head, chief, leader; president; chairman; ~ vekili vice-president.
reisicumhur president.
reislik leadership, chieftaincy; presidency; chairmanship; ~ etm. to preside.
reji 1. the Regie; 2. *thea., cinema:* direction.
rejim 1. *pol.* regime; 2. ⚕ diet; ~ yapmak to diet.
rejisör director.
rekabet, -ti [ā] rivalry, competition; ~ etm. *(b-le)* to rival *s.o.*, to compete against *s.o.*, to vie with *s.o.*
rekâket, -ti stammer, stutter.
rekât, -tı *isl. complete act of worship with the prescribed postures.*
reklam advertisement.
reklamcılık advertising.
rekolte [. x .] ⚘ harvest, crop.
rekor record; ~ kırmak to break a record; ~ sahibi record-holder.
rekorcu, rekortmen record-breaker.
rektifiye etm. ⊕ to rectify.
rektör *univ.* rector, president, chancellor.
rektörlük *univ.* rectorship, rectorate.
remil, -mli geomancy.
remiz, -mzi symbol, sign.
remmal, -li [ā] geomancer.
rencide [ī] hurt, offended, wounded; ~ etm. to hurt *(s.o.'s feelings).*
rençper 1. farmer; 2. farmhand.
rende 1. *(carpenter's)* plane; 2. grater.
rendelemek 1. to plane; 2. to grate.
rengârenk, -gi colo(u)rful, multicolo(u)red.
rengeyiği, -ni *zo.* reindeer.
renk, -gi 1. colo(u)r, hue; 2. *fig.* character, colo(u)r; ~ ~ colo(u)rful, multicolo(u)red; ~ vermek (*or* katmak) to enliven, to liven up; ~ vermemek to keep up appearances; -i atmak (*or* uçmak) 1. to fade; 2. to go pale; -i çalık faded, discolo(u)red; -ten -e girmek *fig.* to go all shades of red.
renkgideren decolorant, bleach.
renkkörlüğü, -nü colo(u)r blindness.
renkkörü, -nü colo(u)r-blind.
renklendirmek 1. to make colo(u)rful, to give colo(u)r; 2. *fig.* to enliven, to liven up.
renkli 1. colo(u)red; 2. colo(u)rful, amusing, lively; ~ film colo(u)r film; ~ fotoğraf colo(u)r photograph; ~ işitme *psych.* colo(u)r hearing.
renkseçmezlik colo(u)r blindness.
renksemez achromatic *(lens).*
renksiz 1. colo(u)rless, uncolo(u)red; 2. faded, pale; 3. *fig.* lackluster, non-descript.
repertuvar repertoire, repertory.
replik *thea.* rejoinder.
re'sen [x .] on one's own account, independently.
resepsiyon reception (desk).
reseptör ⚡ receiver.
resif *geogr.* reef.
resim, -smi 1. picture; photograph; drawing; painting; illustration; 2. tax, duty, impost; 3. ceremony; ~ çekmek to take a photograph, to photograph; ~ dersi art lesson; ~ sergisi exhibition of pictures; ~ yapmak to paint; to draw; resmini çekmek to take a picture (-*in* of).
resimci 1. photographer; 2. illustrator; artist; 3. art teacher.
resimlemek to illustrate.
resimli illustrated, pictorial; ~ roman comic (strip).
resimlik 1. photograph album; 2. picture frame.
resital, -li ♪ recital.
resmen [x .] officially, formally.
resmetmek [x . .] 1. to picture, to draw; 2. to depict, to delineate, to describe, to represent.
resmi 1. official, government...; 2. authorized, official; 3. formal, ceremonious, official; ~ dil official language; ~ elbise uniform; ~ gazete official gazette; ~ nikâh civil marriage.
resmiyet, -ti 1. formality, ceremony; 2.

officialism, officiality; -e dökmek to officialize.
ressam painter, artist.
rest, -ti: ~ çekmek 1. to stake all; 2. *fig.* to have the last word.
resto *sl.* stop!, that's enough!
restoran restaurant.
restorasyon restoration.
restore etm. to restore.
resul, -lü [ū] prophet.
resülmal, -li [-.-] ⚚ capital.
reşit, -di [ī] 1. of age, adult; 2. ♀ [x.] *mf.*; ~ olm. to come of age.
ret, -ddi 1. refusal, rejection; 2. repudiation, disownment.
reva [ā] suitable, worthy; ~ görmek to deem proper.
revaç, -cı 1. salability, marketability; 2. current (*or* market) price; ~ bulmak to be in demand; to be in vogue; ~ vermek to cause to be in demand.
revani [. - -] *a sweet made with semolina.*
reverans curts(e)y, bow; ~ yapmak to curtsy (-*e* to); to bow (-*e* to).
revir infirmary, sick bay.
revizyon ⊕ overhaul; -dan geçirmek ⊕ to overhaul.
revolver revolver.
revü *thea.* revue, review.
rey 1. vote; 2. view, opinion; -e koymak to put to the vote.
reye striped (*cloth*).
reyon department.
rezalet, -ti [ā] 1. disgrace, outrage, scandal; 2. disgraceful, scandalous; ~ çıkarmak to create a scandal.
reze 1. pintle hinge; 2. hasp.
rezene ⚘ fennel.
rezerv(e) reserve.
rezervasyon reservation; ~ yapmak to make a reservation.
rezerve reserved; ~ etm. to reserve, to book.
rezervuar reservoir.
rezil [ī] disgraceful, outrageous, scandalous; ~ etm. to disgrace, to pillory; ~ olm. to be disgraced.
rezillik [ī] disgrace, scandal, outrage.
rezistans ⚡ resistance.
rıhtım quay, pier, wharf.
rıza [ā] 1. consent, approval, assent; 2. volition, choice; 3. ♀ [x.] *mf.*; ~ göstermek to consent (-*e* to); -sını almak (*b-nin*) to get *s.o.'s* consent.
rızk, -kı one's daily bread, food; -ını çıkarmak to earn one's daily bread.
riayet, -ti [ā] 1. obedience, compliance, observance; 2. respect, esteem; regard; 3. hospitality; ~ etm. 1. to comply (-*e* with), to obey; to observe; 2. to respect; 3. to show hospitality (-*e* to).
riayetkâr [ā] 1. obedient; 2. respectful.
riayetsiz [ā] 1. disobedient; 2. disrespectful.
riayetsizlik [ā] 1. disobedience, noncompliance; 2. disrespect.
rica [ā] request; ~ ederim! not at all!, please!; ~ etm. (*b-den bşi*) to request *s.th.* of *s.o.*
rical, -li [ā] men of importance; dignitaries.
ricat, -tı ⚔ retreat; ~ etm. to retreat.
rikkat, -ti 1. pity, compassion; mercy; 2. gentleness, tenderness.
rimel mascara.
rina *zo.* stingray.
ring, -gi *sports:* ring.
ringa *zo.* herring.
risale [ā] treatise, pamphlet, booklet.
risk, -ki risk; -e girmek to take (*or* run) a risk.
ritim, -tmi rhythm.
ritmik rhythmic.
rivayet, -ti [ā] rumo(u)r, hearsay; ~ etm. to relate.
riya [ā] hypocrisy, two-facedness.
riyakâr [ā] hypocritical, two-faced.
riyal, -li ri(y)al.
riyaset, -ti [ā] headship, presidency; ~ etm. to preside (-*e* over).
riyaseticumhur presidency.
riyazet, -ti [ā] asceticism.
riyaziye [ā] † mathematics.
riyaziyeci [ā] † mathematician.
riziko [x..] risk.
rizikolu [x...] risky.
roba 1. dress; 2. yoke (*of a garment*).
robdöşambr dressing gown.
robot, -tu robot.
roka ⚘ (garden) rocket.
roket, -ti rocket.
roketatar bazooka.
rokoko rococo.
rol, -lü role, part; ~ almak to have a role (*or* part) (*in a play*); to perform; ~ kesmek *F* to put on an act, to playact; ~ oynamak (*bşde*) to play a part in *s.th.*, to figure in *s.th.*; ~ yapmak = ~ kesmek
rom rum.
Roma [x.] *pr. n.* Rome.
Romalı *pr. n.* Roman.
roman novel.
romancı novelist.
romantik romantic.
romantizm romance, romanticism.
Romanya [.x.] *pr. n.* Rumania.

Romanyalı *pr. n.* Rumanian.
romatizma [. . x .] rheumatism.
romatizmalı rheumatic.
Romen: ~ harfleri *typ.* Roman letters; ~ rakamları Roman numerals.
rondela ⊕ washer.
rop, -bu dress, robe.
rosto [x .] roast.
rot, -tu *mot.* rod.
rota [x .] ⚓ course; -yı değiştirmek to change course (*a. fig.*).
roza [x .] rose (diamond).
rozbif roast beef.
rozet, -ti **1.** rosette; **2.** emblem, badge.
rölöve statistical survey.
rölyef relief.
römork, -ku trailer.
römorkör tug(boat).
rönar fox fur.
Rönesans the Renaissance.
röntgen **1.** X-ray; **2.** *sl.* peeping, voyeurism; -ini çekmek to X-ray.
röntgenci **1.** X-ray specialist; **2.** *sl.* Peeping Tom, voyeur.
röportaj report (*of a newspaperman*).
rötar delay.
rötarlı delayed (*train, bus, etc.*).
rötuş retouching; ~ yapmak to touch up.
rövanş *sports:* return match (*or* game).
ruam [ā] glanders.
rubai [. - -] quatrain.
ruble [x .] ruble.
rugan patent leather.
ruh **1.** soul, spirit; **2.** animation, life, spirit; **3.** *psych.* psyche; **4.** essence, spirit; **5.** heart, essence (*of a matter*); **6.** spirit (*of a dead person*); ~ doktoru psychiatrist; ~ çağırma necromancy; ~ göçü metempsychosis; ~ haleti (*or* hali) mood, state of mind; ~ hastası mental patient; ~ hekimi psychiatrist; ~ hekimliği psychiatry; -unu teslim etm. to give up the ghost.
ruhani [- - -] spiritual.
ruhbilim psychology.
ruhbilimci psychologist.
ruhen [- .] spiritually, in spirit.
ruhi [- -] **1.** psychological, mental; **2.** ♀ [x .] *mf.*
ruhiyat, -tı [- . -] psychology.
ruhlanmak to become animated, to revive.
ruhlu spirited, lively, energetic.
ruhsal psychological, mental.
ruhsat, -tı **1.** permission, authorization; **2.** license, permit; registration (*or* log) book.
ruhsatiye *s.* ruhsatname.
ruhsatlı **1.** authorized, permitted; **2.** licensed.
ruhsatname [. . - .] permit, license; registration (*or* log) book.
ruhsatsız **1.** unauthorized; **2.** unlicensed.
ruhsuz spiritless, lifeless, inanimate.
ruj lipstick.
rulet, -ti roulette.
rulman ⊕ bearing.
rulo roll (*of paper*).
Rum Greek.
rumba r(h)umba.
Rumca [x .] Greek (language).
Rumen Romanian.
rumuz [. -] **1.** symbol, sign; **2.** pseudonym, alias.
Rus Russian.
Rusça [x .] the Russian language, Russian.
Rusya [x .] *pr. n.* Russia.
rutubet, -ti [. - .] humidity, damp(ness).
rutubetlenmek to become humid.
rutubetli [. - . .] humid, damp.
ruva [. x] *cards:* king.
ruzname [- - .] **1.** diary, journal; **2.** agenda.
rücu, -uu [ū] **1.** recision; **2.** withdrawal; ~ hakkı ⚖ right of recovery.
rüçhan [ā] **1.** preference, preemption; **2.** ♀ *mf., wf.*; ~ hakkı ⚖ (right to) preference.
rükün, -knü mainstay, pillar, prop.
rüküş comically dressed.
rüsum [ū] *pl. of* resim, duties, taxes.
rüsup, -bu [ū] sediment.
rüşt, -tü ⚖ majority; -ünü ispat etm. *fig.* to evidence one's maturity.
rüştiye *hist.* junior high school.
rüşvet, -ti bribe, graft; bribery; ~ almak to take (*or* accept) a bribe, to graft; ~ vermek to give a bribe, to bribe; ~ yemek to take bribes, to graft.
rüşvetçi grafter, taker of bribes.
rüşvetçilik bribery.
rütbe ⚔ rank.
rüya dream; ~ görmek to dream, to have a dream; -sında görmek to dream of, to see in one's dreams; -sını tabir etm. to interpret s.o.'s dream.
rüyet, -ti seeing, vision.
rüzgâr wind, breeze; ~ almak to be exposed to the wind; ~ ekip fırtına biçmek to sow the wind and reap the whirlwind; ~ ile gitmek to sail with the wind.
rüzgârgülü, -nü compass rose.
rüzgârlı windy, breezy.
rüzgârlık windbreaker, windcheater.

S

saadet, -ti [. - .] **1.** happiness; **2.** ♀ *wf.*; -le! good luck!

saat, -ti **1.** hour; **2.** watch, clock; **3.** time; **4.** meter; taximeter; speedometer; ~ ayarı time signal; ~ başı on the hour; ~ kaç? what time is it?, what is the time?; ~ kulesi clock tower; ~ on birde **1.** at eleven o'clock; **2.** *fig.* very late in life; ~ tutmak to time; ~ vurmak to strike the hour *(clock)*; -i kurmak to wind a watch *or* clock; -i -ine uymamak to chop and change.

saatçi **1.** watchmaker; watch repairer; **2.** seller of watches *or* clocks.

saatçilik making, selling *or* repairing watches *or* clocks.

saatli fitted with a clock; ~ bomba time bomb.

saatlik lasting... hours.

sabah **1.** morning; **2.** in the morning; ~ akşam all the time; ~ gazetesi morning paper; ~ kahvaltısı breakfast; ~ oldu it's morning, morning's come; ~ ~ early in the morning; -a çıkmamak not to live through the night; -a doğru towards morning; -ın köründe at the crack of dawn; -lar hayrolsun! good morning!; -lardan bir ~ one morning.

sabahçı **1.** person who works on a morning shift; **2.** pupil who goes to school in the mornings; **3.** person who sits up all night.

sabahki morning's.

sabahlamak to sit up *(or* work) all night; hasta çocuğunun başında sabahladı she kept vigil over her sick child.

sabahleyin [. x . .] in the morning.

sabahlı akşamlı mornings and evenings.

sabahlık **1.** dressing gown, housecoat; **2.** enough for... mornings.

saban plough, *Am.* plow; ~ demiri ploughshare, *Am.* plowshare; ~ izi furrow; ~ sürmek to plough, *Am.* to plow

sabık, -kı [ā] previous, former, last, ex-; ~ kral ex-king.

sabıka [- . .] ⚖ previous conviction, past offence.

sabıkalı [- . . .] ⚖ previously convicted; recidivist.

sabır, -brı patience; forbearance; ~ taşı very patient person; sabrı taşmak *(or* tükenmek) *(for one's patience)* to come to an end; sabrın sonu selamettir patience is rewarded.

sabırlı patient; forbearing.

sabırsız impatient.

sabırsızlanmak to grow impatient.

sabırsızlık impatience.

sabit, -ti [ā] **1.** fixed, stationary; constant; stable; **2.** fast *(dye, colour)*; **3.** fixed *(stare)*; **4.** proved; ~ balon captive balloon; ~ fikir fixed idea, crank; ~ fiyat fixed price.

sabitleşmek to become fixed; to stabilize.

sabo clog.

sabotaj sabotage; ~ yapmak to sabotage.

sabotajcı saboteur.

sabote etm. to sabotage.

sabretmek [x . .] to show patience, to be patient; sabreden derviş muradına ermiş *pro.* everything comes to him who waits.

sabuk *s.* abuk sabuk.

sabuklama delirium.

sabun soap; ~ köpüğü lather.

sabuncu soap maker; soap seller.

sabunlamak to soap, to lather.

sabunlanmak to soap o.s.

sabunlu soapy.

sabunluk soap dish.

sac *s.* saç 2.

saçayağı, -nı, **sacayak** trivet.

saç¹, -çı hair; ~ bağı hair band; ~ boyası hair dye; ~ dibi hair bed; ~ filesi hair-net; ~ kurutma makinesi hair drier; ~ örgüsü plait; ~ örmek to braid the hair; ~ -a baş başa gelmek to come to blows; ~ sakal ağartmak to work on s.th. for a long time; -ına ak düşmek to turn grey; -ını başını yolmak to tear one's hair, to beat one's breast; -ını süpürge etm. to exert o.s. *(woman)*; -ları diken diken oldu his hair stood on end; -ları iki türlü olm. to get old.

saç², -cı, -çı ⊕ sheet iron.

saçak **1.** eave(s) *(of a building)*; **2.**

fringe.

saçakbulut, -tu cirrus (cloud).

saçaklı 1. eaved *(building)*; 2. fringed.

saçkıran ⚕ alopecia, loss of hair.

saçlı ... haired.

saçma 1. *vn. of* saçmak; 2. (buck)shot; 3. cast(ing) net; 4. (*a.* ~ sapan) nonsensical, absurd; ~ sapan konuşmak to talk crap, to drivel, to talk nonsense.

saçmak, (-ar) to scatter, to strew; saçıp savurmak to play ducks and drakes with *(money)*, to squander.

saçmalamak to talk nonsense (*or* rot *or* crap), to drivel, to piffle, to ramble, to twaddle.

saçmalık piece of nonsense.

sada *s.* seda.

sadak quiver.

sadaka alms; ~ istemek to beg, to cadge; ~ vermek to give alms.

sadakat, -ti [. - .] loyalty, fidelity, devotion, allegiance; ~ borcu ⚖ loyalty; ~ göstermek to show loyalty (-*e* to); ~ yemini oath of allegiance.

sadakatli [. - . .] loyal, faithful, devoted.

sadakatsiz [. - . .] disloyal, unfaithful.

sadakatsizlik disloyalty, unfaithfulness, infidelity.

sadakor raw silk.

sadalı *s.* sedalı.

sadaret, -ti [. - .] *hist.* grand vizierate (*or* viziership); ♀ Dairesi *hist.* the Sublime Porte.

sadasız *s.* sedasız.

sade [ā] 1. plain, simple; 2. black and unsweetened *(coffee)*; 3. merely, only, solely, just; ~ suya çorba clear soup.

sadece [ā] *s.* sade 3.

sadedil [ā] simplehearted, guileless.

sadeleşmek [ā] to become simple (*or* plain).

sadeleştirmek [ā] to simplify, to purify.

sadelik [ā] simplicity, plainness.

sadet, -di main topic (*or* point); -e gelmek to come to the point; -ten ayrılmak to get off the subject.

sadeyağ clarified (*or* run) butter.

sadık, -kı [ā] 1. loyal, faithful, devoted, fast; 2. true, veracious; 3. ♀ *mf.*; ~ kalmak to remain loyal (-*e* to).

sadist, -ti sadist(ic).

sadistlik, sadizm sadism.

sadme shock (*a. psych*), jolt; collision.

sadrazam [. - .] *hist.* grand vizier.

sadrazamlık *hist.* grand viziership (*or* vizierate).

saf¹, -ffı 1. row, line; 2. ✗ rank, line; ~ bağlamak to form a line; ~ ~ in rows (*or* ranks *or* lines).

saf² 1. pure, unadulterated; 2. credulous, naive, gullible.

safa [. -] 1. ease, peace, untroubledness; 2. delight, enjoyment, pleasure; 3. entertainment, party; 4. ♀ [x .] *mf.*; ~ bulduk! thank you! *(said in reply to the greeting* ~ geldiniz!); ~ geldiniz! welcome!; ~ sürmek to enjoy o.s., to have a good time.

safer safar.

saffet, -ti 1. purity; 2. ♀ *mf., wf.*

safha phase, stage.

safi [- -] 1. pure, unadulterated; 2. net; 3. only, merely, solely.

safir sapphire.

safkan [- .] purebred, thoroughbred *(horse)*.

saflaştırmak [- . . .] to purify; to refine.

saflık 1. purity; 2. credulousness, naiveté.

safra¹ ⚓ ballast; ~ atmak to get rid of troublesome people *or* things.

safra² *anat.* bile, gall; ~ bastırmak to have a snack; ♀ kesesi gall bladder; -sı kabarmak (*or* bulanmak) to be seasick.

safran ⚘ saffron.

safsata sophistry, casuistry.

safsatacı sophist, casuist.

sağ¹ 1. right; 2. *pol.* right-wing; ~ gözünü sol gözünden kıskanmak to be extremely jealous; -a bak! ✗ eyes right!; -a sola hither and thither; -dan gidiniz! keep to the right!; -dan soldan from the right and from the left; -ı solu olmamak *fig.* to chop and change; -ını solunu şaşırmak not to know what to do.

sağ² 1. alive, living; 2. healthy, well; 3. *s.* sağlam; ~ kalanlar the survivors; ~ kalmak to remain alive, to survive; ~ ol! thanks!, cheers!; ~ salim safe and sound, scot-free.

sağaçık *football:* outside right.

sağanak shower, downpour, cloudburst.

sağbek, -ki *football:* right back.

sağcı *pol.* rightist, right-winger.

sağdıç bridesmaid; groomsman.

sağduyu common sense.

sağgörü foresight.

sağgörülü foresighted.

sağhaf [. -] *football:* right halfback.

sağılmak 1. *pass. of* sağmak; 2. to uncoil itself *(snake)*; 3. to fray, to ravel *(cloth)*.

sağın exact, precise.

sağır 1. deaf; 2. blank, blind *(wall etc.)*; 3. muted, muffled *(sound)*; ~ sultan bile duydu everybody from here to China

knows about it.
sağırlaşmak to grow deaf.
sağırlık deafness.
sağiç, -çi *football:* right centre *(or Am.* center).
sağlam 1. strong, sound; well-built, well-made; secure; **2.** healthy, strong; **3.** reliable, trustworthy, dependable; ~ *(or* sağ) ayakkabı değildir he is unreliable; ~ kaba kotarmak *(bşi) fig.* to make *s.th.* profitable; ~ *(or* sağ) kazığa bağlamak *fig.* to make safe *(or* sure).
sağlama 1. *vn. of* sağlamak; **2.** *part.* Ꭿ proof, cross-check.
sağlamak 1. to provide, to get, to find, to obtain; **2.** to guarantee, to ensure; **3.** Ꭿ to prove, to cross-check; **4.** *mot.* to move to the right side *(of the road).*
sağlamlamak to strengthen, to fortify, to reinforce.
sağlamlaşmak to become strong.
sağlamlaştırmak to strengthen, to fortify, to reinforce, to consolidate.
sağlamlık strength, soundness.
sağlı sollu 1. on both sides of; **2.** using first one hand and then the other.
sağlıcakla [. . x .] in good health, happily.
sağlık[1] health; ~ bilgisi hygiene; ~ ocağı village clinic; ~ olsun! never mind!; ~ raporu health report; ≗ ve Sosyal Yardım Bakanlığı the Ministry of Health and Social Services; ~ sigortası health insurance; ~ yoklaması general medical checkup, physical examination; ~ yurdu convalescent home; sağlığında in his lifetime, while he is alive; sağlığınıza! cheers!, to your health!
sağlık[2] *s.* salık.
sağlıklı 1. healthy, in good health; **2.** *fig.* sound, reliable.
sağlıksız sickly.
sağmak, (-ar) **1.** to milk *(an animal);* **2.** to extact from the hive *(honey);* **3.** to unwind, to unravel *(threads);* **4.** *sl.* to mulct, to milk.
sağmal 1. milch *(animal);* **2.** *sl.* fit to be fleeced *(person);* ~ inek milch cow *(a. fig.).*
sağrı rump *(of an animal);* ~ kemiği *anat.* rump bone, sacrum.
sah, -hhı stet; ~ çekmek to stet.
saha [- .] field *(a. sports),* area, zone, region.
sahaf [. -] dealer in secondhand books, bouquiniste.
sahan copper pan; -da yumurta fried egg.
sahanlık 1. landing *(on a staircase);* **2.** platform.
sahi [ī] really, truly.
sahibe [- . .] proprietress; mistress.
sahici genuine, real.
sahiden really, truly.
sahife *s.* sayfa.
sahil [ā] shore, coast; bank; ~ kordonu *geogr.* (sand)bar.
sahip, -bi [ā] owner, possessor, proprietor, master; proprietress, mistress; ~ çıkmak **1.** *(bşe)* to claim *s.th.;* **2.** *(b-ne)* to look after *s.o.,* to see to *s.o.;* ~ olm. **1.** to own, to possess, to have; **2.** to get under control.
sahipsiz ownerless, unclaimed, unappropriated.
sahne 1. stage; **2.** *thea.* scene; ~ olm. to be the scene *(-e* of); -ye çıkmak to appear; -ye koymak to stage, to put on *(a play).*
sahra [. -] **1.** open plain; **2.** desert; **3.** ⚔ field...; ~ topu ⚔ field gun.
sahre *geol.* rock mass.
sahte 1. false, fake, counterfeit, spurious, phony; **2.** feigned, pretended.
sahtekâr forger, faker, falsifier.
sahtekârlık forgery, falsification; imposture.
sahtiyan morocco (leather).
sahur [ū] *isl.* meal before dawn *(during Ramazan).*
saik, -kı [ā] motive.
saika[1] [- . .] motive; incentive.
saika[2] [- . .] † lightning.
sair [ā] other.
saka water seller.
sakakuşu, -nu *zo.* (gold)finch.
sakağı ⚕ glanders.
sakal beard; whiskers; ~ bırakmak *(or* koyuvermek *or* salıvermek *or* uzatmak) to grow a beard; -ı bitmek *(bir işin)* to be in the balance; -ı ele vermek *fig.* to allow o.s. to be led by the nose; -ımı değirmende ağartmadım *fig.* I am not an old fool; -ına gülmek to laugh up one's sleeve.
sakallı bearded; whiskered.
sakalsız beardless.
sakamonya [. . x .] ⚘ scammony.
sakandırık chin strap.
sakar 1. blaze *(on an animal's forehead);* **2.** butterfingered, clumsy, accident-prone.
sakarin saccharin.
sakarlaşmak to become butterfingered.
sakarlık clumsiness, awkwardness.
sakat, -tı **1.** disabled, invalid, handicap-

ped; 2. *fig.* unsound, crippled, defective.
sakatat, -tı [. . -] offal.
sakatlamak to disable, to mutilate, to maim, to cripple.
sakatlanmak to become disabled (*or* crippled).
sakatlık 1. disability, handicap, impairment; 2. *fig.* flaw, defect.
sakın don't, beware!; ~ söylediklerimi unutmayın! don't forget what I said.
sakınca drawback, objection.
sakıncalı objectionable, inadvisable; unwise.
sakıngan cautious, prudent.
sakınma *vn. of* sakınmak; -sı olmamak to be heedless.
sakınmak 1. to avoid, to shun, to keep away (*-den* from), to steer clear (*-den* of); 2. to watch out (*-den* for); to guard (*-den* against); 3. to protect (*-den* from).
sakırga *zo.* tick.
sakıt, -tı 1. falling; fallen; 2. ⚕ stillborn; 3. ⚖ invalid.
Sakıt, -tı *ast.* Mars.
sakız (gum) mastic; ~ gibi 1. sticky; 2. very white and clean; ~ rakısı raki flavo(u)red with mastic.
Sakız Adası, -nı *pr. n.* Chios.
sakızkabağı, -nı vegetable marrow.
saki cupbearer.
sakin [ā] 1. calm, tranquil, quiet, serene; 2. resident, inhabitant, dweller.
sakinleşmek to become calm, to calm down.
sakinleştirmek to calm, to soothe, to tranquilize.
sakinlik calmness, tranquillity, serenity.
sakit, -ti silent.
saklamak 1. to hide, to conceal; 2. to keep dark; 3. to save (*or* keep) (*-e* for), to set aside (*-e* for); 4. to store, to keep (*-de* in).
saklambaç hide-and-seek.
saklanmak *pass. or refl. of* saklamak, to hide (*or* conceal) o.s.
saklı 1. hidden, concealed; 2. ⚖ legally guaranteed (*right*).
saksağan *zo.* magpie.
saksı flowerpot.
saksofon ♪ saxophone.
sal, -lı raft.
sala *isl.* call to prayer *or* to a funeral.
salacak bench on which a corpse is washed.
salah 1. improvement; 2. goodness, soundness; ~ bulmak to improve.
salahiyet, -ti authority, power, authorization; competence; ~ vermek to authorize.
salahiyetli 1. authoritative; competent (*-e* for); 2. authorized (*-meye* to *inf.*).
salahiyetname [. - . . - .] credentials.
salahiyettar [. - . . -] *s.* salahiyetli.
salak silly, doltish, dunderheaded, half-witted.
salaklık silliness, dunderheadedness.
salam salami.
salamura [. . x .] 1. brine, pickle; 2. pickled.
salapurya [. . x .] ⚓ small lighter.
salaş temporary wooden shed.
salat, -tı *isl.* ritual prayer.
salata [. x .] 1. salad; 2. lettuce.
salatalık cucumber.
salavat, -tı [. . -] *s.* salat.
salbetmek [x . .] 1. to hang; 2. † to crucify.
salça [x .] tomato sauce (*or* paste).
salçalı gravied, covered with sauce.
salçalık sauceboat, gravy boat.
saldırgan aggressive, belligerent, truculent.
saldırı attack, assault; aggression.
saldırmak 1. to attack, to assault, to assail; to charge (at); to rush; 2. ⚗ to act (*-e* on); to dissolve.
saldırmazlık nonaggression; ~ antlaşması (*or* paktı) nonaggression treaty.
salep, -bi [ā] salep (*a.* ⚘).
salgı *biol.* secretion.
salgın 1. epidemic (*disease*); 2. epidemic, outbreak (*of a disease*); 3. epidemic invasion (*of insects*); ~ hastalık epidemic disease.
salhane [. - .] slaughterhouse.
salı Tuesday.
salık advice; ~ vermek to advise, to recommend.
salıncak 1. swing; 2. hammock.
salıncaklı: ~ koltuk rocking chair.
salınım 1. *phys.* oscillation; 2. *ast.* libration of the moon.
salınmak 1. *pass. of* salmak; 2. to sway; to oscillate; salına salına yürümek to walk along swaggeringly.
salıntı 1. swaying motion; 2. swell, undulation (*of the sea*).
salıvermek to let go, to release, to set free.
salih [ā] 1. suitable (*or* good) (*-e* for); 2. authorized (*-e* to); 3. ♀ *mf.*
salim [ā] 1. healthy, sound; 2. secure, safe.
salip, -bi [ī] cross.
salkım 1. bunch (*of grapes*); 2. bunch, cluster; 3. ⚘ wisteria; ~ küpe ear pendant; ~ saçak hanging down in rags.
salkımak to hang down loosely.

salkımsı racemose.
salkımsöğüt ⚘ weeping willow.
sallabaş afflicted with an involuntary shaking of the head.
sallamak 1. to swing, to shake, to rock; to wave, to wag; 2. to nod *(one's head)*; 3. to brandish *(sword)*; 4. *fig.* to put off, to postpone.
sallamamak *sl.* to pay no attention (*-i* to), not to care about.
sallandırmak 1. *caus. of* sallanmak; 2. *F* to hang, to make s.o. swing.
sallanmak 1. *pass. or refl. of* sallamak; 2. to sway, to swing; to wobble, to rock, to totter; 3. to be loose *(tooth)*; 4. *fig.* to fool around; 5. *fig.* to be about to get the sack.
sallantı swaying, swinging, rocking; -da bırakmak to leave up in the air.
sallasırt etm. to shoulder, to hoist onto one's shoulder(s).
salma 1. *vn. of* salmak; 2. a kind of stew with rice; 3. *hist.* policeman; 4. loft, cote; 5. running *(water)*.
salmak, (-ar) 1. to let go, to set free, to release; 2. to dispatch, to send; 3. to put forth *(or* out) *(roots)*; 4. to turn an animal out to graze; to direct, to channel (*-e* into); 5. to let attack, to turn loose (*-e* on); 6. to add (*-e* to); 7. to attack *(animal)*.
salmalık pasture.
salmastra [. x .] ⊕ gasket.
salon 1. hall; 2. drawing-room; ~ takımı drawing-room suite.
saloz *sl.* dunderheaded, stupid.
salpa loose, slack.
salt, -tı 1. mere, pure, simple; 2. simply, merely, solely; ~ çoğunluk absolute majority.
salta[1] [x .]: ~ durmak to stand on its hind legs *(dog)*.
salta[2] [x .] bolero.
saltanat, -tı 1. reign, sovereignty, rule, dominion; 2. sultanate; 3. *fig.* pomp, magnificence, splendo(u)r; ~ sürmek 1. to reign; 2. *fig.* to live in great splendo(u)r
saltık absolute.
salvo [x .] salvo.
salya [x .] saliva; slaver, slobber, drool.
salyangoz *zo.* snail.
saman straw; chaff; ~ altından su yürütmek *fig.* to be as sly as a fox; ~ gibi insipid tasteless; ~ nezlesi hay fever; ~ sarısı straw yellow.
samankâğıdı, -nı tracing paper.
samankapan amber.
samanlık hayloft, haymow.
samanrengi, -ni straw (yellow).
samanyolu, -nu *ast.* the Milky Way
samba samba.
Sami [‿] 1. Semite; 2. Semitic.
samia [- . .] ⚕ hearing.
samimi [. - -] 1. intimate, close; 2. sincere, genuine; heartfelt.
samimiyet, -ti 1. intimacy, closeness, 2. sincerity.
samsa a kind of pastry.
samur *zo.* sable; ~ kaşlı having bushy eyebrows; ~ kürk sable fur.
samyeli, -ni samiel, simoom, sirocco.
san 1. repute, fame, reputation; 2. title, appellation.
sana to you; for you; ~ gelince as for you.
sanat, -tı 1. art; 2. trade, craft, skill; 3. craftsmanship, skill, craft; ~ eseri work of art; ~ filmi art film; ~ okulu trade *(or* industrial) school.
sanatçı, sanatkâr 1. artist; 2. craftsman, artisan.
sanatkârlık 1. artistry; 2. craftsmanship, artisanship.
sanatoryum sanatorium.
sanatsever art lover, lover of art.
sanayi, -ii [. - .] industry; ~ odası association of manufacturers.
sanayici industrialist.
sanayileşmek to become industrialized.
sanayileştirmek to industrialize.
sancak 1. flag, banner, standard; 2. ⚓ starboard; 3. *hist.* sanjak, sub-province; ~ açmak to unfurl a flag.
sancakbeyi, -ni *hist.* governer of a sanjak.
sancaktar [. . -] standard-bearer.
sancı 1. pain, gripes, twinge, stitch; 2. labo(u)r pain, travail.
sancılanmak 1. to have a pain; 2. to have labo(u)r pains *(pregnant woman)*.
sancımak to ache, to twinge.
sandal[1] sandal.
sandal[2] sendal, brocade.
sandal[3] sandalwood.
sandal[4] rowboat.
sandalet, -ti sandal.
sandalye 1. chair; 2. *fig.* office, post; ~ kavgası struggle for a post; ~ sazı rush for caning chairs.
sandık 1. chest, trunk; 2. coffer, strongbox; 3. bank; credit union; 4. crate; ~ emini treasurer, cashier; ~ eşyası clothes, *etc. (kept in a hope chest)*; ~ lekesi stain made by mildew; ~ odası lumber room, storeroom; ~ sepet bag and baggage.

sandıklamak to box, to crate.
sanduka sarcophagus.
sandviç, -ci sandwich.
sanem idol.
sangı dazed, confused.
sanı supposition, surmise, imagination.
sanık ⚖ suspect; accused.
sani [- -] second.
saniye [ā] second.
saniyelik [ā] taking a very short time.
sanki [x .] as if, as though; supposing that; sanki Fransızca'yı çok iyi bilirmiş gibi konuşuyor he speaks as if he knew French very well.
sanlı famous.
sanmak, (-ır) to suppose, to think, to imagine.
sanrı hallucination.
sanrılamak to hallucinate.
sansar *zo.* marten; ~ gibi sly.
sansasyon sensation.
sansasyonel sensational.
sansör censor.
sansür censorship; ~ etm. to censor.
sansürlemek to censor.
santigram centigram(me).
santigrat centigrade.
santilitre centilitre, *Am.* centiliter.
santim 1. centimetre, *Am.* centimeter; 2. centime.
santimetre [. . x .] centimetre, *Am.* centimeter.
santra *sports:* centre, *Am.* center.
santrafor *s.* santrfor.
santrahaf *s.* santrhaf.
santral, -lı 1. switchboard, telephone exchange; 2. powerhouse; ~ memuru telephonist, (telephone) operator.
santrfor *sports:* centre forward, *Am.* center forward.
santrfüj 1 centrifuge; 2. centrifugal; ~ kuvvet *phys.* centrifugal force.
santrhaf *sports:* centre halfback, *Am.* center halfback.
santur ♪ dulcimer, santour.
santuri [. - -] ♪ dulcimer player.
sap, -pı 1. handle; 2. ⚘ stem; stalk; 3. peduncle, pedicel; 4. *sl.* prick, cock, dick; -ına kadar to the backbone (*or* core).
sapa out-of-the-way *(place);* ~ düşmek to be off the beaten track.
sapak turning, turnoff.
sapaklık *psych.* abnormality.
sapan catapult, *Am.* slingshot.
sapanorya [. . x .] *sl.* very ugly.
saparta [. x .] ⚓ broadside *(a. fig.).*
sapasağlam [x . . .] in the pink, very strong.
sapık 1. pervert; 2. perverted.
sapıklaşmak to become perverted.
sapıklık perversion.
sapır sapır: ~ dökülmek to rain down from every side; ~ titremek to shiver and shake.
sapıtmak 1. *caus. of* sapmak; 2. to go haywire (*or* nuts); 3. to talk crap, to drivel.
saplamak to stick (-*e* into), to thrust (-*e* into), to pierce (-*e* into).
saplanmak 1. *pass. of* saplamak; 2. to be fixed (*or* rooted) (-*e* to); 3. *fig.* to be obsessed (-*e* by), to be hipped (-*e* on).
saplantı fixed idea; obsession.
saplı 1. ...handled; 2. ⚘ stemmed; stalked.
sapmak, (-ar) 1. to turn (-*e* to), to swerve (*or* veer) (-*e* to); 2. to deviate (*or* depart) (-*den* from); to digress (-*den* from); 3. to resort (-*e* to).
sapsağlam *s.* sapasağlam.
sapsarı [x . .] 1. bright yellow; 2. very pale *(face).*
saptamak 1. to fix, to determine, to establish; 2. to stabilize, to fix.
saptırmak 1. *caus. of* sapmak; 2. *fig.* to wrench, to distort *(facts).*
sara ⚕ epilepsy; -sı tutmak to have an epileptic fit.
saraç, -cı saddler.
sarahat, -ti [. - .] clarity, clearness.
sarahaten [. - . .] clearly.
sarak ⚠ stringcourse.
saraka ridicule, mock; -ya almak to mock, to ridicule.
saralı epileptic.
sararmak 1. to turn yellow; 2. to pale, to grow (*or* turn) pale; sararıp solmak to pine away, to grow pale.
sarartmak to yellow.
saray 1. palace; 2. government house; ~ lokması a kind of sweet.
sardalye [. x .] *zo.* sardine, pilchard.
sardunya [. x .] ⚘ geranium.
sarf 1. expenditure; 2. *gr.* morphology; ~ etm. 1. to spend *(money);* 2. to use up, to consume, to expend *(time, effort);* 3. to use *(words).*
sarfınazar apart from, regardless of; ~ etm. 1. to disregard, to overlook; 2. to relinquish, to give up.
sarfiyat, -tı [. . -] 1. expenditure, expenses, outgo; 2. consumption; wastage.
sargı bandage.
sargılı bandaged.
sarhoş 1. drunk, high, blotto, intoxicated;

2. *fig.* drunk *(with joy, etc.).*
sarhoşluk drunkenness, intoxication.
sarı 1. yellow; 2. blond; 3. yolk, yellow *(of an egg);* 4. ⊕ brass; 5. pale, wan, pallid *(face);* ~ çizmeli Mehmet Ağa *F* some Joe Doakes or other.
sarıçalı ⚘ barberry.
sarıçam ⚘ Scotch pine.
sarığıburma a sweet pastry.
sarıhumma ⚕ yellow fever.
sarık turban (cloth).
sarıklı turbaned.
sarılgan ⚘ climbing, twining *(plant).*
sarılı[1] 1. bandaged; 2. wrapped; 3. surrounded *(ile* by).
sarılı[2] mixed with yellow colo(u)r.
sarılık 1. yellowness; 2. ⚕ jaundice, icterus.
sarılmak 1. *pass. of* sarmak; 2. to embrace, to hug; 3. to coil *(or* twine) *(-e* around); 4. to cling *(-e* to), to hold fast *(-e* to); 5. to take up.
sarımsak *s.* sarmısak.
sarımsı, sarımtırak yellowish.
sarınmak to wrap o.s. up (*-e* in).
sarısabır 1. ⚘ aloe; 2. aloes.
sarışın blond(e).
sari [- -] infectious, contagious *(disease).*
sarih [ī] clear, explicit, evident.
sarkaç pendulum.
sarkık pendulous, flabby.
sarkılmak to hang down.
sarkıntılık molestation; ~ etm. to molest.
sarkıt, -tı *geol.,* ⚠ stalactite.
sarkıtmak 1. *caus. of* sarkmak; 2. to dangle; to lower; 3. *sl.* to hang, to make s.o. swing.
sarkmak 1. to hang (down); to hang out; to lean out of *(a window);* to dangle; 2. to drop by; 3. to be left over.
sarma 1. *vn. of* sarmak; 2. *dish made of rice and meat wrapped up in grape leaves;* 3. *a wrestling maneuver.*
sarmak, (-ar) 1. to wrap up, to wind; to encircle; 2. to surround; 3. to bandage; 4. to wind *(or* coil) up; 5. to embrace; 6. to cover, to envelop; 7. to climb, to twine around *(vine);* 8. to infest *(insects);* 9. *F* to interest, to captivate; sarıp sarmalamak to wrap up.
sarmal spiral, helical.
sarmalamak to wrap up.
sarmaş: ~ dolaş olm. to be locked in a close embrace.
sarmaşık ⚘ ivy.
sarmaşmak to embrace one another.
sarmısak ⚘ garlic.
sarnıç, -cı 1. cistern; 2. tank; ~ gemisi tanker; ~ vagonu tank car.
sarp, -pı 1. steep, precipitous; 2. *fig.* difficult, hard; -a sarmak to become complicated.
sarraf moneychanger; moneylender.
sarsak shaky, quavery.
sarsılmak to be shaken *(or* jolted).
sarsıntı 1. shake, tremor, jolt; 2. *(brain)* concussion; 3. *psych.* shock.
sarsmak, (-ar) 1. to shake, to jolt, to jar; 2. to upset; to weaken *(one's health);* 3. to give a shock, to shock.
sataşmak to annoy, to tease, to provoke, to aggravate.
saten satin.
sathi [ī] superficial, cursory; shallow.
satı sale; -ya çıkarmak to put up for sale.
satıcı seller; salesman; saleswoman; pedlar, *Am.* peddler.
satıh, -thı surface.
satılık for *(or* on) sale; satılığa çıkarmak to put up for sale.
satım sale.
satın almak to buy, to purchase.
satır[1] line.
satır[2] chopper, cleaver; ~ atmak to slay.
satırbaşı, -nı paragraph indentation, head of a paragraph.
satış sale; ~ fiyatı selling price.
satmak, (-ar) 1. to sell; 2. to pretend, to put on a show of; 3. *sl. (b-ni)* to get rid of *s.o.;* satıp savmak to sell all one has.
satranç, -cı chess; ~ ~ checkered, checked; ~ tahtası chessboard; ~ taşı chessman; ~ turnuvası chess tournament.
satrançlı checkered, checked.
Satürn *ast.* Saturn.
sauna sauna.
sav 1. assertion, claim; 2. ⚖ indictment, allegation.
savaş 1. war, battle; 2. struggle, fight; ~ açmak to go to war (*-e* against), to start a war.
savaşçı warrior, combatant, fighter.
savaşmak to fight *(a. fig.),* to battle.
savcı public prosecutor; attorney general.
savlet, -ti assault, onslaught.
savmak, (-ar) 1. to get rid of, to dismiss, to drive away; 2. to get over *(an illness);* 3. to penetrate *(cold).*
savruk 1. inattentive, careless; 2. untidy, messy.
savsak 1. neglectful, negligent; 2. slipshod, careless.
savsaklamak 1. *(bsi)* to neglect *s.th.;* to put off *(doing s.th.);* 2. *(b-ni)* to put *s.o.*

off.
savul! gangway!, get out of the way!
savulmak to draw *(or* stand) aside, to get out of the way.
savunma defence, *Am.* defense.
savunmak to defend.
savurgan extravagant, wasteful, spendthrift, prodigal.
savurganlık extravange, prodigality.
savurmak 1. to throw, to fling, to hurl, to hurtle; 2. to winnow *(grain);* 3. to land *(blow, kick);* 4. to fling, to let fly *(curse);* 5. to brandish *(sword);* 6. to waste, to squander; 7. to bluster, to brag.
savuşmak 1. to slip away, to sneak off; 2. to pass *(illness).*
savuşturmak 1. to get rid of, to ward off; 2. to deflect, to parry *(a blow).*
say effort, work.
saya vamp.
sayaç meter, counter.
saydam transparent.
saydamlık transparency.
saye [ā] 1. shade, shadow; 2. protection, assistance, favo(u)r; -sinde thanks to; bu -de hereby, by this.
sayfa page; -yı çevirmek to turn over the leaf.
sayfiye summer resort *(or* house).
saygı respect, esteem; ~ göstermek to show respect, to pay tribute, to venerate, to revere; -larımla yours faithfully.
saygıdeğer estimable, venerable.
saygılı respectful.
saygın respected, esteemed.
saygınlık respect, esteem.
saygısız disrespectful.
saygısızlık disrespect(fulness).
sayı 1. number; 2. issue, number *(of a magazine);* 3. *sports:* point(s); 4. *basketball:* basket.
sayıklamak 1. to talk in one's sleep, to rave, to wander; 2. to dream *(of s.th. longed for).*
sayılı 1. numbered, counted; 2. limited; few and far between, 3. best, topnotch.
sayım enumeration, census, count.
sayın esteemed, hono(u)rable; dear *(in a letter).*
sayısal numerical.
sayısız countless, numberless, innumerable.
Sayıştay *pr. n.* the Government Accounting Bureau.
saylav *s.* mebus.
saymak, (-ar) 1. to count; 2. to respect, to value; 3. to consider, to take into account; 4. to reckon, to deem, to regard, to look upon as; 5. to enumerate, to list.
sayman accountant.
saz 1. ⚘ rush, reed; 2. ♪ musical instrument; 3. group of musicians; ~ benizli pale-faced; ~ şairi minstrel; ~ takımı group of musicians *(who play traditional Turkish music).*
sazan *(balığı) zo.* carp.
sazlık 1. rushy, reedy *(place);* 2. reedbed.
se *dice:* three.
seans 1. session, sitting; 2. performance *(of a play);* 3. treatment; 4. *cards:* game.
sebat, -tı [ā] perseverance, firmness, constancy; ~ etm. to persevere, to show resolution.
sebatkâr steady, constant, steadfast.
sebebiyet, -ti: ~ vermek to cause, to bring about.
sebep, -bi reason, cause; ~ olm. to bring about, to cause; -iyle because of, owing to.
sebeplenmek to get a share of the pie.
sebepsiz without any reason, causeless.
sebil [ī] 1. free distribution of water; 2. public fountain; ~ etm. 1. to distribute s.th. free; 2. *fig.* to ladle out.
sebze vegetable.
sebzeci vegetable seller.
seccade [ā] prayer rug.
secde prostrating o.s.; ~ etm. *or* -ye kapanmak *or* -ye varmak to prostrate o.s.
seciye character, disposition.
seçenek alternative.
seçi selection.
seçici selector; ~ kurul selection committee.
seçim *pol.* election; ~ bölgesi (*or* çevresi) election district; ~ sandığı ballot box.
seçkin select, choise, prominent.
seçme 1. *vn. of* seçmek; 2. select, choise, distinguished; -ler selections.
seçmek, (-er) 1. to choose, to select; 2. *pol.* to elect; 3. to perceive, to discern, to distinguish; 4. to be particular *(or* choosy) about.
seçmeli optional.
seçmen voter, elector; ~ kütüğü electoral roll.
seda 1. voice; 2. echo.
sedalı voiced, vocal.
sedasız voiceless, unvoiced.
sedef mother-of-pearl, nacre; ~ hastalığı ⚕ psoriasis.
sedefli decorated with mother-of-pearl.
sedir[1] divan.

sedir² ⚘ cedar.
sedrebeki nonsense, rot.
sedye [x .] stretcher, litter.
sefa *s.* safa.
sefahat, -tı [ā] dissipation, debauch.
sefalet, -ti [ā] **1.** poverty; **2.** misery; ~ çekmek to suffer privation; -e düşmek to be reduced to poverty.
sefaret, -ti [ā] *pol.* **1.** ambassadorship, envoyship; **2.** embassy.
sefarethane [ā, ā] embassy, legation.
sefer 1. journay, voyage; **2.** ⚔ campaign, expedition; **3.** time, occasion; bu ~ this time; on ~ ten times.
seferber mobilized *(for war)*; ~ etm. to mobilize.
seferberlik mobilization.
sefertası, -nı travelling food box.
sefih [ī] dissolute, dissipated.
sefil [ī] **1.** poor, miserable, destitute; **2.** *fig.* mean, despicable.
sefir *pol.* ambassador; envoy.
sefire *pol.* ambassadress.
seğirmek to twitch.
seher 1. daybreak, dawn; **2.** ♀ *wf.*
sehpa [ā] **1.** coffee *(or* end) table; **2.** tripod; **3.** gallows; **4.** easel; -ya çekmek to hang, to string up.
sehven [x .] by mistake.
sek, -ki dry, neat *(wine).*
seki 1. stone base; **2.** doorsteps, stoop; **3.** *geol.* terrace, bench.
sekiz eight.
sekizer eight apiece *(or* each); ~ ~ eight at a time.
sekizgen octagon.
sekizinci eighth.
sekizli 1. *cards:* the eight; **2.** ♪ octet.
sekizlik ♪ eighth note.
sekmek 1. to hop; **2.** to skip; **3.** to ricochet.
sekreter secretary.
sekreterlik secretaryship.
seks sex; ~ filmi skin flick.
seksek hopscotch.
seksen eighty.
sekseninci eightieth.
seksenlik octogenarian.
seksoloji sexology.
seksüel sexual.
sekte stoppage, interruption, suspension, cessation; ~ vermek to cease, to come to a halt; ~ vurmak to put back, to interrupt, to impede.
sektirmek to cause to hop *(or* skip).
sektör sector.
sel flood, torrent, inundation.
selam 1. greeting, regards, salutation, hello; **2.** ⚔ salute; **3.** *F* hello!, hi!; ~ dur! ⚔ present arms!; ~ etm. to send one's regards; ~ söylemek *(or* yollamak) to send *(or* give) one's regards (-e to), to say hello (-e to); ~ vermek to greet; -ı sabahı kesmek to break off relations *(ile* with).
selamet, -ti **1.** security, safety; well-being; **2.** healthiness, soundness; **3.** salvation, deliverance; ~ bulmak to reach safety; -le **1.** safe and sound; **2.** God speed!
selamlamak 1. to greet; **2.** ⚔ to salute.
selamlaşmak to exchange greetings, to greet each other.
selamlık 1. the part of a Moslem house reserved for the men; **2.** *hist.* public procession of the sultan to a mosque at noon on Fridays.
selamünaleyküm [. x . . x .] peace be with you; ~ demeden *fig.* without so much as by your leave.
Selanik *pr. n.* Salonika.
selaset, -ti fluency.
Selçuk Seljuk.
sele saddle, seat *(of a bicycle).*
selef predecessor.
selektör 1. selector; **2.** *mot.* dimmer; ~ yapmak *mot.* to dim *(or* blink) the headlights.
selfservis self-service.
selim [ī] **1.** sound, healthy; safe; **2.** ⚕ benign; **3.** ♀ *mf.*
selman etm. *sl.* to beg.
seloteyp Scotch *(or* cellophane) tape.
selp etm. to destroy, to take away.
selüloz cellulose.
selülozik cellulosic.
selvi ⚘ cypress.
sema [ā] **1.** firmament, sky; **2.** ♀ *wf.*
semafor semaphore.
semahat, -ti [. - .] **1.** generosity; **2.** ♀ *wf.*
semai [. - -] a poetic form.
semantik semantics.
semaver [ā] semovar, urn.
semavi [. - -] celestial, firmamental.
sembol, -lü symbol.
sembolik symbolic(al).
sembolleştirmek to symbolize.
semen corpulence, fatness.
semer 1. packsaddle; **2.** stout, pad; **3.** *sl.* buttocks; ~ vurmak to put a packsaddle (-e on).
semere fruit, outcome, consequence.
semereli fruitful.
seminer seminar.
semirgin fat and lazy.
semirmek to get *(or* grow) fat.
semirtmek to fatten.
semiz fat.

semizlemek *s.* semirmek.
semizotu, -nu ⚘ purslane.
sempati 1. attraction, liking; 2. *psych.* sympathy; ~ duymak to take to, to take kindly to; ~ sinirleri *anat.* sympathetic nerves.
sempatik 1. attractive, likable, simpatico; 2. sympathetic.
sempatizan sympathizer.
sempozyum symposium.
semt, -ti 1. neighbo(u)rhood, district, quarter; 2. *ast.* azimuth; ~ ~ in every neighbo(u)rhood; -ine uğramamak to darken s.o.'s door(s).
semtürreis, -e'si *ast.* zenith.
semum [ū] simoom.
sen you; ~ de you too; -ce in your opinion; -den from you.
sena [ā] praise; ~ etm. to praise.
senarist, -ti scenarist, script-writer.
senaryo [. x .] scenario, screenplay, script.
senaryocu *s.* senarist.
senato [. x .] senate.
senatör senator.
senatörlük senatorship.
sendelemek 1. to stagger, to totter, to lurch, to reel; 2. *fig.* to be shocked, to be taken aback.
sendik ☎ receiver.
sendika trade (*or* labour) union.
sendikacı trade unionist.
sendikacılık trade unionism.
sendikalaştırmak to unionize.
sene year; 1961 -sinde in the year 1961.
senelik 1. lasting... years; 2. yearly, annual; 3. annual payment.
senet voucher; security; promissory note; ~ vermek *fig.* to guarantee.
senetli certified.
senevi [ī] yearly, annual.
senfoni symphony.
seni *acc. of* sen, you; ~ it oğlu it! *sl.* you bastard!
senin *gen. of* sen, your; ~ için for you; -le with you.
seninki yours.
senlibenli familiar, intimate, free-and-easy; ~ olm. to be hail-fellow-well-met (*ile* with).
sentaks syntax.
sentetik synthetic.
sentez synthesis.
sepet, -ti 1. basket; 2. sidecar (*of a motorcycle*); ~ havası çalmak (*b-ne*) *sl.* to give *s.o.* the boot.
sepetlemek 1. to basket; 2. *sl.* to send s.o. packing; to fire.
sepettopu, -nu basketball.
sepilemek to tan (*a hide*).
sepmek to sprinkle; to scatter.
septik skeptical.
septisemi ⚕ septicemia.
ser 1. head; 2. summit, top; ~ verip sır vermemek to die rather than disclose a secret.
ser(a) greenhouse, hothouse, conservatory.
seramik 1. ceramics; 2. ceramic.
seramikçi ceramist, ceramicist.
serap, -bı [ā] mirage.
serasker *hist.* Minister of War.
serazat, -dı [. - -] † unrestricted, free.
serbest, -ti 1. free, independent, unrestricted; 2. unconstrained; unconfined; 3. open, unobstructed; ~ bırakmak to set free, to free, to release; ~ bölge free zone; ~ güreş catch-as-catch-can (wrestling); ~ meslek sahibi self-employed person.
serbesti [ī] *s.* serbestlik.
serbestlik 1. freedom; independence; 2. unconstrainedness.
serçe *zo.* sparrow.
serçeparmak little finger.
serdar [ā] commander-in-chief.
serdengeçti who sacrifices his life.
serdetmek [x . .] to put forward, to assert.
serdümen ⚓ 1. helmsman; 2. quartermaster.
seremoni ceremony.
seren ⚓ yard; boom.
serenat serenade.
serencam [ā] 1. conclusion, end; 2. occurrence, adventure.
sereserpe: ~ yatmak to sprawl.
sergi 1. exhibition, show, display; 2. mat, rug.
sergilemek to exhibit, to display, to put on display.
sergin 1. laid (*or* spread) out; 2. bedridden, bedfast; ~ vermek to lie sick in bed.
sergüzeşt, -ti adventure.
serhat, -ddi frontier, border.
seri[1] series; ~ bağlama ⚡ series connection; ~ imalat mass production.
seri[2], -ii [ī] swift, quick, speedy, rapid.
serilmek 1. *pass. of* sermek; 2. to sprawl o.s. out.
serin cool; chill(y).
serinkanlı cool-headed, imperturbable.
serinlemek 1. to cool off, to get cool; 2. *fig.* to feel relieved.
serinleşmek to cool off, to get cool (*or*

chilly).
serinlik 1. coolness; 2. cool(ness), chill(iness).
seri serge.
serkeş rebellious, unruly.
serlevha title, heading.
sermaye [ā] 1. capital; 2. cost price; production cost; 3. *fig.* wealth; 4. *sl.* prostitute; ~ koymak to invest capital (-*e* in).
sermayedar [ā] capitalist.
sermek, (-er) 1. to spread, to lay; 2. *(işi)* to neglect *(one's job);* 3. *(yere)* to beat down to the ground.
sermest, -ti drunk.
serpantin serpentine *(a. geol.)*
serpelemek to sprinkle down.
serpilmek 1. *pass. of* serpmek; 2. *(for a child)* to grow.
serpinti 1. sprinkle, drizzle *(of rain);* 2. spray; 3. vestiges.
serpiştirmek 1. *(yağmur)* to drizzle, to mizzle, to sprinkle down; 2. *(kar)* to spit down; 3. to scatter, to sprinkle.
serpme 1. *vn. of* serpmek; 2. scattered about; 3. cast net.
serpmek 1. to sprinkle, to scatter; 2. *s.* serpiştirmek 1, 2.
serpuş [ū] headgear.
sersefil very miserable.
sersem 1. stunned, dazed; 2. scatterbrained, silly, muddleheaded; ~ etm. *(or* -e çevirmek) to daze, to stupefy.
sersemlemek 1. to become dazed *(or* stupefied); 2. to become muddleheaded.
sersemletmek 1. to daze, to stupefy, to stun; 2. to confuse, to addle.
serseri 1. vagrant, vagabond, tramp, hobo; 2. good-for-nothing, ne'er-do-well, loafer, bum, layabout; ~ kurşun stray bullet; ~ mayın floating mine.
serserilik vagrancy, vagabondage.
sert, -ti 1. hard, tough; 2. harsh, severe, rough; 3. potent, strong; pungent; ~ konuşmak to speak harshly.
sertabip, -bi head doctor.
sertifika certificate.
sertleşmek 1. to harden, to toughen; to harshen; 2. to turn bad *(weather).*
sertleştirmek to harden, to toughen; to harshen.
sertlik 1. hardness, toughness; 2. harshness, severeness.
serum ⚕ serum.
serüven adventure.
servet, -ti 1. wealth, riches, fortune; 2. ♀ *mf., wf.;* -e konmak to come into a fortune.
servetli wealthy.
servi *s.* selvi.
servis 1. service *(a. sports);* 2. service charge; 3. department, section; ~ atmak *sports:* to serve the ball; ~ yapmak 1. to serve food (-*e* to); 2. *sports:* to serve the ball.
serzeniş reproach.
ses 1. sound; 2. voice; 3. noise; ~ çıkarmak 1. to voice one's opinion; 2. to say s.th.; ~ çıkarmamak 1. to raise no objection, to condone; 2. to keep quiet; ~ düşmesi hyphaeresis; ~ etm. to shout (-*e* to), to call; ~ seda yok not a sound is heard; -i ayyuka çıkmak to shout to high heaven; -i çıkmaz taciturn; -ini kesmek 1. *(kendi)* to shut *(or* clam) up; 2. *(b-nin)* to shut *s.o.* up; -ini kısmak to turn down.
sesbilgisi, -ni phonetics.
sesbilim phonology.
sesçil phonetic.
seslemek to give ear, to hearken.
seslendirmek 1. *caus. of* seslenmek; 2. to dub.
seslenmek 1. to call out (-*e* to); 2. to address, to speak (-*e* to).
sesli 1. voiced; 2. *gr.* vowel; ~ film sound motion picture, talkie.
sessiz 1. silent, quiet; 2. taciturn; 3. *gr.* consonant; ~ film 1. silent movie; 2. *F* charades.
sessizlik silence, quietness.
set[1], -ti *sports:* set.
set[2], -ddi dam, dyke, dike, levee; wall; ~ çekmek to dike.
setir, -tri hiding, concealing.
setretmek [x . .] to hide, to conceal; to cover.
sevap, -bı [ā] 1. good deed; 2. merit, reward, credit; ~ işlemek *(or* kazanmak) to acquire merit; sevaba girmek to acquire merit in God's sight.
sevda [ā] love, passion; ~ çekmek to be passionately in love.
sevdalanmak [ā] to fall in love (-*e* with), to lose one's heart (-*e* to).
sevdalı [ā] lovesick.
sevdiceğim my darling.
sevecen compassionate, kind.
sevgi love, affection.
sevgili 1. darling, dear, beloved; 2. sweetheart, beloved; 3. dear *(in a letter).*
sevici lesbian.
sevicilik lesbianism.
sevimli lovable, cute; likable.
sevimsiz unlovable; unlikable.

sevinç, -ci delight, joy, pleasure.
sevinçli joyful.
sevindirmek to please, to delight, to rejoice.
sevinmek to be pleased (-e with), to feel glad, to rejoice.
sevişmek 1. to make love; 2. to love each other.
seviye 1. level, plane; 2. standing, footing, level.
sevk, -kı 1. sending; 2. impulse; 3. dispatch; ~ etm. 1. to send; 2. to ship; to dispatch; ~ ve idare management, conduct.
sevkıyat, -tı [ā] 1. dispatch *(of troops)*; 2. consignment *(of goods)*.
sevkulceyş ⚔ strategy.
sevmek, (-er) 1. to love; to like; 2. to caress, to fondle; seve seve willingly.
seyahat, -ti [. - .] journey, travel, trip; voyage; ~ acentesi travel agency; ~ çeki traveler's cheque; ~ etm. to travel; -e çıkmak to go on a trip.
seyahatname [. - . - .] travel book.
seyek *dice:* three and one.
seyelan flow; ~ etm. to flow.
seyir, -yri 1. course, progress; movement; 2. show, spectacle; 3. onlooking, observation; ~ jurnalı ⚓ log(book); ~ yeri place of amusement; seyre çıkmak to go for a walk *or* ride.
seyirci spectator, onlooker, viewer; ~ kalmak to stand on the sidelines.
seyis stableman, groom, hostler.
Seylan *pr. n.* Ceylon.
seylap, -bı flood.
seyran [ā] 1. outing; promenade; 2. observation, onlooking; ~ etm. to make an excursion.
seyrek 1. widely set; 2. sparse; 3. rare, uncommon, seldom.
seyrekleşmek, seyrelmek 1. to thin out *(or* down); to become sparse; 2. to become infrequent.
seyretmek [x . .] 1. to watch, to look at, to see; 2. to progress, to proceed; 3. to develop *(illness)*.
seyrüsefer traffic.
seyyah [ā] travel(l)er, tourist.
seyyal, -li [ā] fluid.
seyyar [ā] 1. itinerant, peripatetic; 2. movable, portable; mobile; ~ satıcı pedlar, *Am.* peddler, hawker.
seyyare [ā] *ast.* planet.
seyyie 1. wickedness; 2. sin.
Sezar *pr. n.* Caesar; -ın hakkını -a vermek to render to Caesar the things that are Caesar's.
sezaryen ⚕ cesarean.
sezdirmek to cause to sense, to imply.
sezgi intuition.
sezi *s.* sezgi.
sezin(le)mek to sense, to feel, to anticipate.
sezmek, (-er) to sense, to perceive, to discern, to feel, to anticipate.
sezon season.
sfenks sphinx.
sıcacık [x . .] warm and cosy.
sıcak 1. hot, warm *(a. fig.)*; 2. heat; ~ dalgası heat-wave; ~ tutmak to keep warm; sıcağı sıcağına while the iron is hot.
sıcakkanlı 1. warmblooded *(animal)*; 2. *fig.* friendly, companionable, genial.
sıcaklık warmth, heat.
sıçan *zo.* rat; mouse.
sıçandişi, -ni hemstitch.
sıçankırı, -nı mouse-gray.
sıçankuyruğu, -nu rattail file.
sıçanotu, -nu arsenic.
sıçanyolu, -nu sewer.
sıçmak *sl.* to shit.
sıçrama 1. *vn. of* sıçramak; 2. jump; ~ tahtası springboard; diving board.
sıçramak 1. to jump, to leap, to spring; 2. to be startled, to start; 3. to splash; to spatter.
sıçratmak 1. to splash; to spatter, to splatter; 2. to startle.
sıdık, -dkı 1. truth; 2. sincerity; sıdkı sıyrılmak *(b-den)* to lose faith in *s.o.*
sıfat, -tı 1. capacity, position, role; 2. *gr.* adjective; 3. *F* appearance, face; 4. *F* title, honorific; -ıyle in the capacity of, as.
sıfır 1. zero; naught, nil; 2. *fig.* nothing; -dan başlamak to start from scratch *(or* square one).
sığ shallow.
sığa *phys.* capacity.
sığamak to roll up.
sığdırmak *caus. of* sığmak, *part.* to make s.th. fit (-e into).
sığınak shelter, bunker.
sığınmak to take shelter (-e in), to shelter.
sığır cattle; ~ eti beef.
sığırcık *zo.* starling.
sığırtmaç herdsman, herder, drover.
sığışmak to squeeze o.s. (-e into).
sığıştırmak to squeeze (-e into).
sığlık 1. shallowness; 2. shallow.
sığmak, (-ar) to fit (-e into).
sıhhat, -ti 1. health; 2. soundness, correctness; -inize! to your health!, cheers!; -ler olsun! good health to you!; -te bu-

lunmak to be in good health.
sıhhatli healthy.
sıhhi [ī] 1. hygienic, sanitary; health...; 2. wholesome, salubrious, healthful.
sıhhiye sanitary matters.
sıhhiyeci 1. public health official; 2. ⚔ medic.
sıhriyet, -ti affinity.
sık 1. dense, thick; 2. close; 3. frequent; ~ ~ frequently, often.
sıkboğaz etm. *(b-ni)* to keep on at *s.o.*, to push *s.o.*, to importune *s.o.*
sıkı 1. tight; firm; 2. close *(weave)*; 3. tightly; 4. strict; 5. stingy, closefisted; ~ basmak to put one's foot down; ~ çalışmak to work hard; ~ fıkı 1. intimate; 2. on intimate terms, palsy-walsy; ~ tutmak 1. to hold tightly; 2. *fig.* to do with care; -ya koymak *(b-ni)* to urge *s.o.*, to push *s.o.*; -yı yemek to get it in the neck.
sıkıca tightly.
sıkıcı boring, tiresome, irksome, tedious, bothersome, wearisome.
sıkılamak 1. to wad; 2. *fig.* to put pressure on.
sıkılgan shy, timid, bashful.
sıkılganlık shyness, bashfulness.
sıkılık tightness.
sıkılmak 1. *pass. of* sıkmak; 2. to get bored; 3. to feel embarrassed; 4. to be pushed for money.
sıkılmaz shameless, brazen.
sıkım 1. squeeze; 2. fistful.
sıkınmak to restrain o.s.
sıkıntı 1. trouble, difficulty, distress; worry, annoyance; 2. boredom; 3. financial straits; ~ çekmek 1. to have *(or* experience) difficulty; 2. to experience distress; ~ vermek to annoy, to bother; to worry; -da olm. to be in straits, to be on the rocks; -ya gelememek to be unable to stand the gaff.
sıkıntılı 1. troubled; out of sorts; worried; 2. worrisome, difficult.
sıkışık 1. tight; jammed; congested; 2. hard up *(for money)*; 3. pushed *(for time)*.
sıkışmak 1. to be pressed together; to be congested; 2. to be hard up *(for money)*; 3. to be pinched (-*e* in), to get caught (-*e* in); 4. to be taken short.
sıkıştırmak *caus. of* sıkışmak, *part.* 1. to tighten, to compress; 2. to squeeze, to crowd, to jam, to wedge; 3. to pinch, to squeeze; 4. to catch, to pinch *(one's finger)* (-*e* in); 5. to press, to pressure.
sıkıt[1], -tı abortus.
sıkıt[2], -tı ⚗ tablet.
sıkıyönetim martial law.
sıklaşmak to happen often, to become frequent.
sıklet, -ti 1. weight; 2. *fig.* burden; ~ vermek to bore, to depress.
sıklık 1. frequency; 2. density.
sıkmak, (-ar) 1. to squeeze, to press; 2. to tighten; 3. to wring; 4. to bother, to annoy; 5. to fire, to shoot *(bullet)*.
sıla reunion; -ya gitmek to go home.
sımak, (-ar) to break.
sımsıkı very tight.
sınai [. - -] industrial; ~ kuruluş industrial enterprise.
sınamak to test, to try out.
sınav examination, test; ~ vermek to pass a test; -a girmek to take *(or* sit for *or* go in for) an examination.
sındı scissors.
sınıf 1. class *(a. zo.*, ⚘), category; 2. classroom; 3. ⚔ corps; ~ arkadaşı classmate; -ta kalmak *(or* çakmak) to fail, to flunk.
sınıflamak, sınıflandırmak to classify.
sınık 1. broken; 2. defeated; 3. scattered.
sınır frontier, border.
sınırdaş bordering.
sınırdışı etm. to deport.
sınırlamak, sınırlandırmak to limit.
sınırlı limited, restricted.
sınırsız limitless, boundless, unlimited.
sınmak *pass. of* sımak 1. to get broken; 2. to be scattered; 3. to be defeated.
sıpa 1. colt, foal; 2. *P* = sehpa.
sır[1] glaze.
sır[2], -rrı secret; mystery; ~ küpü pussyfooter; ~ saklamak *(or* tutmak) to keep a secret; -ra kadem basmak *co.* to vanish into thin air.
sıra 1. row, line; queue; file; 2. turn; 3. order, sequence; 4. desk; 5. bench; 6. moment, time, point; ~ bizim! it's our turn!; ~ evler row houses; ~ malı run-of-the-mill things; ~ ~ in rows; -dan ordinary; -sı değil this isn't the right time; -sı gelmişken by the way; -sıyla respectively.
sıraca ⚕ scrofula.
sıradağ(lar) mountain range, chain of mountains.
sıralamak 1. to arrange in rows, to line up; 2. to enumerate, to tick off; 3. to file, to arrange; 4. *(for a child)* to begin to walk *(by holding on to one thing after another)*.
Sırbistan *pr. n.* Serbia.
sırça glass; ~ köşkte oturan başkasına

(*or* komşusuna) taş atmamalı *pro.* people who live in glass houses should not throw stones.
sırdaş confidant.
sırf 1. pure, utter; **2.** only.
sırık pole; stake; ~ gibi lanky; -la atlama *sports:* pole vaulting.
sırılsıklam [. x . .] *s.* sırsıklam.
sırım whipcord, thong, strap; ~ gibi wiry.
sırıtkan given to grinning.
sırıtmak 1. to grin; **2.** *fig.* to show up, to come out.
sırlamak 1. to glaze; **2.** to silver *(a mirror).*
sırlı 1. glazed; **2.** silvered *(mirror).*
sırma 1. silver thread; **2.** ⚔ stripes; ~ saçlı golden-haired.
sırnaşık saucy, pert, pertinacious.
sırnaşmak to importune.
Sırp *pr. n.* Serb(ian).
sırrolmak [x . .] to vanish into thin air.
sırsıklam [x . .] soaking *(or* sopping *or* wringing) wet; ~ âşık madly in love; ~ olm. to get wet through, to be soaked to the skin.
sırt, -tı **1.** back; **2.** ridge *(of a hill, etc.);* **3.** the blunt side *(of a knife, etc.);* ~ çantası knapsack, rucksack; ~ çevirmek *(b-ne)* to turn one's back on *s.o.*, to give *s.o.* the cold shoulder; ~ omurları *anat.* dorsal vertebrae; ~ -a vermek **1.** to stand back to back; **2.** *fig.* to support each other; ~ üstü on one's back; -ı kaşınmak to ask for it, to itch for a beating; -ı pek warmly clad; -ı yere gelmek *fig.* to bite the dust; -ına almak **1.** to shoulder; **2.** to put on; -ından çıkarmak *(b-nin)* to saddle *s.o.* with the bill for; -ından geçinmek *(b-nin)* to sponge on *s.o.*, to live off *s.o.*; -ını dayamak *(b-ne) fig.* to have *s.o.* at one's back.
sırtarmak 1. to get one's dander *(or* hackles) up; **2.** to mass, to pile up *(clouds).*
sırtlamak to shoulder.
sırtlan *zo.* hyena.
sıska puny, thin and weak, scrawny.
sıtma ⚕ malaria; ~ görmemiş ses rich and deep voice; ~ tutmak to get malaria.
sıtmalı malarious, malarial.
sıva plaster.
sıvacı plasterer.
sıvalamak to plaster.
sıvalı 1. plastered; **2.** rolled up *(sleeves, etc.).*
sıvamak 1. to plaster; **2.** to smear (-*e* on); **3.** to roll up *(sleeves, etc.).*
sıvanmak 1. *pass. of* sıvamak; **2.** *(bir işe)* to roll up one's sleeves and set to doing *s.th.*
sıvaşmak 1. to get smeared (-*e* on); **2.** *fig.* to get sticky *(or* gooey).
sıvazlamak to stroke, to pet, to caress.
sıvı liquid, fluid.
sıvık 1. sticky; **2.** *sl.* importunate.
sıvılaştırmak to liquefy.
sıvırya [. x .] continually.
sıvışık 1. sticky, gooey; **2.** *fig.* troublesome.
sıvışmak to slip *(or* run) away, to sneak off, to take to one's heels.
sıyanet, -ti [ā] protection; ~ etm. to protect.
sıyga *gr.* mood; -ya çekmek *F* to cross-examine.
sıyırmak 1. to graze, to scrape, to skin; **2.** to strip *(or* peel *or* take) off; **3.** to pick *(or* gnaw) clean *(bone);* **4.** to draw *(a sword);* **5.** *fig.* to get s.o. out of *(a predicament).*
sıyrık 1. graze, scrape; **2.** grazed, scraped; **3.** *fig.* brazen.
sıyrılmak 1. *pass. of* sıyırmak; **2.** *(bşden)* to get shut of *s.th.*, to squeak through *s.th.*
sıyrıntı 1. scrapings; **2.** strip of cloth.
sızdırmak 1. *caus. of* sızmak, *part.* to leak; **2.** *fig.* to squeeze *(or* wangle) money out of s.o., to extort money from s.o.
sızdırmaz leakproof.
sızı ache, pain.
sızıltı complaint; discontent.
sızım sızım: ~ sızlamak to ache intensely.
sızıntı leakage, ooze; seepage; ~ yapmak to leak.
sızlamak 1. to hurt, to ache; **2.** *s.* sızlanmak.
sızlanmak to complain, to moan, to lament.
sızmak, (-ar) **1.** to leak, to ooze, to trickle, to exude; **2.** to leak out *(secret);* **3.** ⚔ to infiltrate; **4.** to pass out *(after getting drunk).*
si ♪ ti.
Sibirya *pr. n.* Siberia.
sicil 1. register; **2.** dossier, employment record, file.
sicilli 1. registered; **2.** *fig.* previously convicted.
Sicilya *pr. n.* Sicily.
sicim string, twine, packthread.
sidik urine; ~ borusu ureter; ~ söktürücü diuretic; ~ torbası *anat.* bladder; ~ yarışı *iro.* futile rivalry.
sidikli enuretic.
sidikyolu, -nu urethra.

sidikzoru, -nu dysuria.
sif ⚓ C.I.F. *(cost, insurance and freight).*
sifon 1. siphon; **2.** flush tank.
sifos *sl.* useless.
siftah 1. first sale of the day; handsel; **2.** for the first time.
sigara cigarette; ~ içmek to smoke; ~ kâğıdı cigarette paper; ~ tablası ashtray; -yı bırakmak to give up smoking.
sigaralık 1. cigarette-holder; **2.** cigarette box.
sigorta [. x .] **1.** insurance; **2.** ⚡ fuse; ~ etm. to insure; ~ olm. to be insured; ~ poliçesi insurance policy; ~ şirketi insurance company.
sigortacı [. x . .] insurer, insurance agent, underwriter.
sigortalamak to insure.
sigortalı [. x . .] insured.
sigorya [. x .] *sl.* by all means.
siğil wart.
sihir, -hri magic, sorcery, witchcraft; charm.
sihirbaz magician, sorcerer.
sihirlemek to bewitch.
sihirli 1. bewitched, enchanted; **2.** magical; **3.** charming, bewitching.
sik *sl.* cock, dick, prick, penis.
sikişmek *sl.* to fuck, to screw.
sikke coin.
siklamen ⚘ cyclamen.
siklememek *sl.* not to give a fuck *(or* shit *or* damn).
siklon cyclone.
sikmek, (-er) *sl.* to fuck, to screw.
siktir! *sl.* fuck off!
silah weapon, arm; ~ atmak to fire a weapon; ~ başına! ⚔ to arms!; ~ çekmek to draw *(or* pull out) a weapon; ~ omuza! ⚔ shoulder arms!; -a davranmak *(or* sarılmak) to go for a weapon.
silahendaz [. . . -] ⚔ marine.
silahhane [. . - .] armo(u)ry, arsenal.
silahlamak, silahlandırmak to arm.
silahlı armed; ~ kuvvetler armed forces.
silahsız unarmed.
silahsızlandırmak to disarm.
silahsızlanma *pol.* disarmament.
silahşor man-at-arms, musketeer.
silecek 1. bath towel; **2.** *mot.* windscreen *(or Am.* windshield) wiper.
silgi 1. eraser, duster; **2.** rubber, eraser; **3.** doormat; **4.** mop; **5.** *s.* silecek 2.
silgiç *neol. s.* silecek 2.
silik 1. indistinct; rubbed out, worn; **2.** *fig.* colo(u)rless.
silikat, -tı silicate.
silikon silicone.
silindir 1. cylinder; **2.** road roller; ~ şapka top hat.
silindiraj rolling.
silinmek 1. *pass. of* silmek; **2.** to wipe o.s. dry, to rub o.s.
silinti wipings.
silis silica.
silkelemek 1. to shake (out); **2.** *sl.* to drop off.
silkinmek 1. *(bşden)* to rid o.s. of *s.th.*; **2.** to shake o.s.
silkinti start.
silkişmek to shake itself.
silkmek, (-er) **1.** to shake (out); **2.** to shrug *(one's shoulders).*
sille 1. slap, box, cuff; **2.** *fig.* buffet; ~ atmak to slap, to cuff.
silme 1. *vn. of* silmek; **2.** ⌂ mo(u)lding; **3.** full to the brim.
silmek, (-er) **1.** to wipe (up), **2.** to dry; **3.** to rub out, to erase; **4.** to clean, to rub; silip süpürmek **1.** to clean from stem to stern; **2.** to polish off, to put away, to end *(or* finish) off.
silo [x .] silo.
silsile 1. chain, series; **2.** ancestry, lineage; **3.** (mountain) range.
silsilename [ā] genealogical tree.
siluet, -ti silhouette.
sim silver.
sima [- -] **1.** face; **2.** figure, personage.
simetri symmetry.
simetrik symmetrical.
simge symbol, embodiment *(a. fig.).*
simgelemek to symbolize.
simgesel symbolical.
simit, -di **1.** cracknel *(in the shape of a ring);* **2.** ⚓ life buoy *(or* ring).
simitçi seller *or* maker of simits.
simsar [ā] broker, middleman, commission agent.
simsariye [ā] brokerage, commission.
simsiyah [x . .] jet-black, pitch-dark, pitch-black.
simya [ā] alchemy.
simyager [ā] alchemist.
sin[1] grave, tomb.
sîn[2], -nni age.
sinagog synagogue.
sinameki [ā] ⚘ senna; ~ gibi tiresome and persnickety *(person).*
sinara [. x .] fishhook.
sinarit, -ti *zo.* dentex.
sincabi [. - -] dark gray.
sincap, -bı *zo.* squirrel.
sindirim digestion; ~ sistemi digestive system.
sindirmek *caus. of* sinmek, *part.* **1.** to di

gest; **2.** to cow, to intimidate.
sine breast, bosom; -ye çekmek to take s.th. lying down.
sinek 1. (nouse)fly; **2.** *cards:* club; ~ avlamak to potter about, to twiddle one's thumbs.
sinekkaydı very close *(shave).*
sineklik flyswatter.
sineksıklet, -ti featherweight class.
sinema cinema, the pictures, the movies.
sinemacı 1. moviemaker; **2.** movie distributor; **3.** cinema actor *or* actress.
sinemasever movie fan *(or* buff).
sinemaskop cinemascope.
sini round metal tray.
sinik[1] crouching.
sinik[2] cynical.
sinir 1. nerve; **2.** sinew, tendon; **3.** *P* quirk; **4.** *P* equanimity; ~ argınlığı neurasthenia; ~ harbi war of nerves; -ine dokunmak *(b-nin)* to give *s.o.* the pip, to get on *one's* nerves.
sinirlendirmek to irritate, to make nervous.
sinirlenmek to get nervous, to become irritated, to get in a state.
sinirli 1. nervous, edgy; quick-tempered, angry; **2.** tendinous, sinewy.
sinirsel neural.
sinmek, (-er) **1.** to crouch down, to cower; **2.** to penetrate, to pervade.
sinonim 1. synonym; **2.** synonymous.
sinsi stealthy, insidious, sly.
sinsice slyly, stealthily, insidiously.
sinüs 1. 𝒜 sine; **2.** *anat.* sinus.
sinüzit, -ti sinusitis.
sinyal, -li **1.** signal; **2.** *mot.* indicator light; ~ vermek to signal.
sipahi [. - -] *hist.* cavalry soldier.
sipariş [ā] order; ~ almak to receive an order; ~ etm. (*or* vermek) to order, to place an order.
siper 1. ✕ trench, foxhole; **2.** shelter; shield; **3.** visor, peak, bill *(of a cap);* ~ almak to take shelter; ~ etm. to use as a shield; -e almak to take under one's protection.
siperisaika [. . . - . .] lightning rod.
siperlenmek ✕ to take shelter.
siperlik 1. canopy; awning; **2.** visor, peak. bill *(of a cap).*
sipsi 1. ⚓ boatswain's whistle; **2.** *sl.* cigarette, fag.
sipsivri [x . .] very sharp; ~ kalmak to be deserted by everyone.
sirayet, -ti [ā] propagation, contagion, infection; ~ etm. to spread.
siren siren, hooter.
sirk, -ki circus.
sirkat, -ti theft.
sirke[1] vinegar.
sirke[2] nit.
sirkülasyon circulation.
sirküler circular.
siroz ⚕ cirrhosis.
sirrus [x .] *meteor.* cirrus.
sirto [x .] a dance.
sis fog, mist, haze; ~ basmak *(for the fog)* to come in; ~ bombası smoke bomb; ~ düdüğü foghorn; ~ lambası fog light *(or* lamp).
Sisam *pr. n.* Samos.
sislenmek 1. *pass. of* sislemek; **2.** to get foggy.
sisli foggy, misty, hazy.
sismograf seismograph.
sistem system.
sistematik systematic.
sistemleştirmek to systematize.
sistemli 1. systematic; **2.** systematically.
sistemsiz 1. unsystematic; **2.** unsystematically.
sistit, -ti ⚕ cystitis.
sitayiş [ā] praise; ~ etm. to praise.
sitayişkâr [ā] laudatory, praiseful.
site 1. housing estate *(or* development), building, complex; **2.** *hist.* city-state.
sitem reproach; ~ etm. to reproach.
sitemkâr, sitemli reproachful.
sitil large bucket.
sittinsene donkey's years.
sivil 1. civilian; **2.** in civilian clothes, in mufti; **3.** *F* stark naked, in the altogether; ~ polis plainclothes policeman.
sivilce pimple, pustule.
sivilceli pimply, pimpled.
sivişmek *s.* sıvışmak.
sivri sharp; ~ akıllı eccentric.
sivribiber ⚘ hot pepper.
sivrilmek 1. to become pointed; **2.** *fig.* to stand out.
sivriltmek to sharpen, to point.
sivrisinek *zo.* mosquito.
siya [x .] ⚓ rowing backwards; ~ ~ gitmek *fig.* to backwater.
siyah 1. black; **2.** dark; **3.** Negro, Black; **4.** *typ.* boldface *(letter);* **5.** *sl.* opium; ~ beyaz black-and-white.
siyahımsı, siyahımtırak blackish.
siyahi [. - -] Black, Negro.
siyahlaşmak to turn black.
siyahlık blackness.
siyakusibak, -kı [ā, ā] context.
Siyam *pr. n.* Siam; ~ kedisi Siamese cat.
siyanür cyanide.
siyasa *s.* siyaset.

siyasal political; ♀ **Bilgiler Fakültesi** *pr. n.* the School of Political Science.
siyaset, -ti [ā] politics.
siyasetçi [ā] politician.
siyasi [. - -] **1.** political; **2.** politician.
siyatik ⚕ sciatica.
siyek *anat.* urethra.
siymek to urinate, to pee *(cat, dog).*
Siyonist, -ti *pr. n.* Zionist.
Siyonizm *pr. n.* Zionism.
siz you; ~ **bilirsiniz 1.** as you like; **2.** the decision is up to you; ~ **sağ olun!** never mind!
sizin your; yours; ~ **için** for you.
sizinki yours.
skandal scandal.
skeç, -ci sketch, skit.
ski skiing; ~ **yapmak** to ski.
Skoç, -çu Scotch.
skor score.
slayt slide, transparency.
slip, -pi briefs.
slogan slogan; ~ **atmak** to shout slogans.
smokin [x .] tuxedo, dinner jacket.
snop, -bu snobby, snobbish.
soba [x .] stove; ~ **borusu** stovepipe.
sobe 1. home free!; **2.** you're out!
sobelemek 1. to put a player out; **2.** to reach base before s.o. else.
soda [x .] **1.** sodium carbonate; **2.** soda water.
sodyum sodium.
sof 1. woolen cloth; **2.** silkaline.
sofa hall, anteroom.
sofizm sophism.
sofra table; ~ **başına geçmek** to sit down to a meal; ~ **başında** at the table; ~ **kurmak** to set the table; ~ **örtüsü** tablecloth; ~ **takımı** set of dinnerware; **-sı açık** hospitable; **-yı kaldırmak** (*or* **toplamak**) to clear the table.
softa 1. † Muslim theological student; **2.** very pious; **3.** *fig.* blind follower.
sofu religious, devout, puritanical.
soğan ⚘ onion.
soğuk 1. cold; **2.** cold weather, the cold; **3.** *fig.* cold, unfriendly, frosty; **4.** ⚕ frigid; ~ **algınlığı** (common) cold; ~ **almak** to catch cold; ~ **damga** embossed stamp; ~ **davranmak** *(b-ne)* to give *s.o.* the cold shoulder; ~ **harp** cold war; ~ **hava deposu** cold store, cold-storage depot; ~ **nevale** cold fish.
soğukkanlı cool-headed, calm.
soğukkanlılık cool-headedness, calmness.
soğuklamak to catch cold.
soğukluk 1. cold(ness); **2.** *fig.* chill; **3.** ⚕ frigidity.
soğumak 1. to get cold, to cool; **2.** *fig.* to lose one's love; to go off.
soğurmak ⚗ to absorb.
soğutmak 1. to cool, to chill; **2.** *fig.* to put off.
soğutucu refrigerator, fridge.
sohbet, -ti chat, conversation, talk; ~ **etm.** to chat, to talk, to converse.
sokak street; ~ **başı** beginning of a street; ~ **çocuğu** guttersnipe, street Arab, urchin, gamin; ~ **kadını** streetwalker; ~ **kapısı** street door; ~ **köpeği** tyke, cur; **sokağa atsan beş lira eder** it's worth at least five liras; **sokağa çıkma yasağı** curfew; **sokağa çıkmak** to go out; **sokağa düşmek** to go on the streets.
soket, -ti sock.
sokmak, (-ar) **1.** to insert (*-e* in), to put (*-e* in); to shove (*-e* in), to thrust (*-e* in), to stick (*-e* in); **2.** to admit, to let in; **3.** to bite, to sting *(insect)*; **4.** to smuggle (*-e* into).
sokman a high boot.
sokra ⚓ butt seam.
sokulgan sociable, friendly, companionable.
sokulmak 1. *pass. of* **sokmak**; **2.** to insinuate o.s. (*-e* into), to slip (*-e* into), to work one's way (*-e* into); **3.** to draw near (*-e* to).
sokur 1. mole; **2.** sunken *(eye)*; **3.** blind.
sokuşmak to squeeze (*-e* into), to sneak (*-e* in).
sokuşturmak 1. to squeeze (*-e* into); **2.** *fig.* to put it across, to put it over (*-e* on).
sol¹, -lu **1.** left; **2.** left side; **3.** *pol.* the left; ~ **tarafından kalkmak** to get out of bed on the wrong side; ~ **yapmak** to steer to the left; **-da sıfır** unimportant, a mere nothing; **-umda** on my left.
sol², -lü ♪ **1.** sol; **2.** G.
solaçık *football:* left wing.
solak left-handed.
solanahtarı, -nı ♪ treble clef.
solbek *football:* left back, fullback.
solcu *pol.* leftist, lefty.
solculuk *pol.* leftism.
solfej ♪ solfège.
solgun 1. pale, faded; **2.** wilted *(flowers)*.
solhaf [ā] *football:* left halfback.
soliç, -ci *football:* left inner.
solist, -ti soloist.
sollamak to pass a vehicle on its left side.
solmak, (-ar) **1.** to fade, to get pale; **2.** to wilt *(flowers)*.
solmaz unfading, fast *(colour)*; colo(u)rfast *(cloth)*.
solo solo.

solucan *zo.* **1.** worm; **2.** ascarid, roundworm; ~ gibi pale and thin.
soluğan 1. wheezy *(animal)*; **2.** swell *(of the sea)*.
soluk¹ *s.* solgun; ~ beniz paleface.
soluk² breath; ~ aldırmamak to give no respite; ~ almak **1.** to breathe; **2.** *fig.* to take a breather, to rest; ~ borusu *anat.* windpipe, trachea; ~ soluğa out of breath, panting for breath; soluğu kesilmek to get out of breath.
soluklanmak to rest, to take a breather.
solumak to pant, to snort.
solungaç *anat.* gill.
solunmak to breathe.
solunum respiration; ~ sistemi respiratory system.
solüsyon ⚗ solution.
som¹ 1. solid; **2.** unalloyed, pure.
som² the part of a dock located above water.
som³ *(balığı) zo.* salmon.
somak ⚘ sumac.
somaki [. - -] porphyry.
somata [. x .] a kind of sweet.
somun 1. loaf *(of bread)*; **2.** ⊕ nut.
somurdanmak to grumble to o.s.
somurtkan sulky, grouchy.
somurtmak to sulk, to grouch, to pout.
somut, -tu concrete.
somutlamak to concretize.
somutlaşmak to concretize.
somutlaştırmak to concretize.
somya, somye [x .] spring mattress.
son 1. end, termination, conclusion; **2.** final; last; **3.** afterbirth; ~ bulmak to come to an end, to end; ~ defa (for the) last time; ~ derece extremely; ~ gülen iyi güler *pro.* he laughs best who laughs last; ~ kozunu oynamak to play one's last card; ~ nefesini vermek to breathe one's last; ~ vermek to put an end (*-e* to), to abolish; to bring to an end; -a ermek to finish, to end; -a kalan dona kalır *pro.* first come, first served; -dan bir evvelki next to the last, penultimate; -una kadar to the last; -unda in the end, finally; -unu getirmek *(bşin)* to bring *s.th.* to a successful conclusion, to accomplish *s.th.*
sonat, -tı ♪ sonata.
sonbahar autumn, *Am.* fall.
sonda [x .] **1.** ⚕ probe, sound; **2.** ⊕ drill.
sondaj 1. ⊕ drilling; **2.** ⚓ sounding; **3.** *fig.* sounding out; ~ yapmak **1.** ⊕ to drill, to bore; **2.** ⚓ to sound, to fathom; **3.** *fig.* to sound out.
sondajcı ⊕ driller.
sondalamak 1. ⚓ to sound, to fathom; **2.** ⊕ to drill; **3.** ⚕ to probe.
sonek, -ki *gr.* suffix.
sonkânun [ū] † January.
sonra [x .] **1.** then, later, afterwards; **2.** after; **3.** the rest; **4.** or else, otherwise; -ya atmak (*or* bırakmak) to postpone, to put off; ondan ~ after that.
sonradan [x . .] later, subsequently; ~ görme parvenu, upstart, nouveau riche.
sonraki [x . .] subsequent, following.
sonraları [x . . .] afterwards, later on.
sonsuz 1. endless, eternal; **2.** infinite; -a dek eternally.
sonsuzluk 1. eternity; **2.** infinity.
sonteşrin [ī] † November.
sonuç, -cu result, conclusion, outcome; ~ olarak consequently; sonucuna katlanmak to take the consequences.
sonuçlandırmak to conclude, to bring to a conclusion.
sonuçlanmak to come to a conclusion; to result.
sonuncu last, final; latter.
sopa [x .] **1.** stick, cudgel, club; **2.** *fig.* beating; ~ atmak (*or* çekmek) *(b-ne)* to give *s.o.* a beating, to give *s.o.* the cane; ~ yemek to get a beating, to get the cane.
soprano ♪ soprano.
sorgu interrogation, cross-examination; -ya çekmek to interrogate, to cross-examine, to grill.
sorguç, -cu crest, tuft.
sormak¹, (-ar) **1.** to ask; **2.** to ask (*or* inquire) about; to ask after; sora sora Bağdat (*or* Kâbe) bulunur *pro.* you can find any place you want to go to by asking for directions; öyle bir sıcak oldu ki sormayın! you cannot imagine how hot it was!
sormak², (-ur) to suck.
sorti ⚡ outlet.
soru question; ~ işareti question mark; ~ sormak to ask a question.
sorum responsibility.
sorumak *s.* sormak 2.
sorumlu responsible (*-den* for).
sorumluluk responsibility.
sorumsuz irresponsible.
sorumsuzluk irresponsibility.
sorun problem, matter, question; issue.
soruşmak¹ *P* to dry up.
soruşmak² to question each other.
soruşturma 1. *vn. of* soruşturmak; **2.** investigation; **3.** questionnaire; ~ açmak to open an investigation.
soruşturmak to investigate, to inquire

about.
sos sauce.
sosis hot dog, frankfurter, wiener.
sosyal, -li social; ~ sigorta social insurance.
sosyalist, -ti socialist.
sosyalizm socialism.
sosyete society, the smart set.
sosyetik society...
sosyolog sociologist.
sosyoloji sociology.
sote sauté(ed).
Sovyet, -ti Soviet; ~ Sosyalist Cumhuriyetleri Birliği the Union of Soviet Socialist Republics.
soy 1. race; 2. line(age), family; 3. highbred; ~ sop family, relations; -a çekmek to take after one's family.
soya ⚘ soybean.
soyaçekim heredity.
soyadı, -nı family name, surname.
soydaş of the same race.
soygun 1. robbery, holdup; stick-up; 2. = soyguncu; 3. ill-gotten gain.
soyguncu robber.
soykırım(ı) genocide.
soylu noble, highborn.
soymak 1. to peel *(fruit, etc.)*; 2. to undress; 3. to skin *(an animal)*; 4. to rob, to strip; soyup soğana çevirmek to clean out, to pluck, to take to the cleaners.
soysuz 1. of bad race; 2. base, good-for-nothing *(person)*.
soysuzlaşmak to degenerate.
soytarı clown, buffoon.
soyunmak to undress o.s., to strip, to peel off, to take off one's clothes; soyunup dökünmek to change into casual clothes.
soyut, -tu abstract.
soyutlamak to abstract.
söbe oval.
söğüş cold meat; boiled meat.
söğüt ⚘ willow.
sökmek, (-er) 1. to dismantle; to undo, to rip, to unstitch; to unravel; 2. to uproot, to pull up *(or* out); to rip out; 3. to decipher, to read *(handwriting)*; 4. to learn to read *(alphabet)*; 5. to appear, to come out; 6. to break through *(obstacle)*; 7. to flow *(mucus)*; 8. *sl.* to make a dent (-*e* on).
sökük 1. unstitched; unraveled; 2. dropped stitch.
sökülmek 1. *pass. of* sökmek; 2. *sl.* to shell *(or* fork) out *(money)*.
sökün etm. to come one after the other.
söküntü rip.
sölpük flabby, lax.
sölpümek to hang flabbily.
sömestr semester.
sömikok *(kömürü)* semicoke.
sömürge colony.
sömürgeci colonialist(ic).
sömürgecilik colonialism.
sömürmek 1. to exploit *(a. fig.)*; 2. to eat up, to gobble down; 3. to suck *(a liquid)*.
sömürü exploitation.
söndürmek *caus. of* sönmek 1. to extinguish, to put out *(fire)*; 2. to turn *(or* switch) off *(light)*; 3. to deflate; 4. to reduce, to diminish *(passion, fever)*.
söndürücü fire extinguisher.
sönmek, (-er) 1. to go out, to die down *(fire)*; 2. to go out, to fade *(light)*; 3. to go flat *(tyre)*; 4. to die down *(anger, etc.)*; 5. to go into a decline.
sönük 1. extinguished *(fire, light)*; 2. flat *(tyre)*; deflated *(balloon)*; 3. dim, faint; 4. inactive, extinct *(volcano)*; 5. dull, uninspired, lifeless *(person)*.
sör [-] sister.
söve doorpost.
sövgü swearword, curse, cussword.
sövmek, (-er) to swear, to curse (-*e* at); sövüp saymak to swear a blue streak (-*e* at).
sövüşlemek *sl.* to swindle.
sövüşmek to swear at each other.
söylemek 1. to say, to utter; to tell; 2. to sing *(a song)*; to recite *(a poem)*; 3. to speak (-*e* to); söyleyecek kelime bulamıyorum I am at a loss for words.
söylenmek 1. *pass. of* söylemek; 2. to grumble, to mutter to o.s.
söylenti rumo(u)r, hearsay.
söyleşi chat.
söyleşmek to chat, to converse.
söylev speech, address; oration.
söz 1. remark, utterance; word; statement; 2. rumo(u)r; 3. promise; ~ anlamak to show understanding; ~ aramızda between you and me; ~ arasında in the course of the conversation; ~ bir, Allah bir! I am a man of my word!; ~ dinlemek to follow advice; ~ etm. 1. to talk about; 2. to gossip; ~ geçirmek to assert o.s.; ~ götürmez indisputable, beyond doubt; ~ işitmek to be told off; ~ kavafı *F* garrulous; ~ kesmek to agree to give in marriage; ~ konusu in question; ~ konusu etm. to discuss; ~ olm. to be the subject of gossip; ~ sahibi who has a say *(in a matter)*; ~ vermek to promise; -ü ağzına tıkamak to squelch, to silence; -ü geçen aforementioned, said, aforesaid; -ü geçmek 1. to assert

o.s.; **2.** to be mentioned; -ü uzatmak to be long-winded (*or* wordy); -üm meclisten dışarı (*or* yabana) present company excepted; -ün gelişi context; -ün kısası in short, the long and the short of it is that; -ünde durmak to keep one's word; -den dönmek to go back on one's word, to backpedal; -ünü esirgememek to call a spade a spade, not to mince words; -ünü kesmek to interrupt; -ünü tutmak **1.** (*b-nin*) to take the advice of *s.o.*; **2.** (*kendi*) to keep *one's* word; -ünün eri man of his word; sizin evde kimin sözü geçer? who wears the trousers in your house?

sözbirliği, -ni agreement.

sözcü spokesman.

sözcük word.

sözde 1. so-called, would-be; **2.** supposedly.

sözdizimi, -ni syntax.

sözgelimi, sözgelişi for instance, for example.

sözleşme 1. *vn. of* sözleşmek; **2.** agreement, contract.

sözleşmek 1. to promise each other; **2.** to make an appointment.

sözleşmeli contractual.

sözlü 1. oral, verbal; **2.** engaged to be married; **3.** fiancé; fiancée; ~ sınav oral examination.

sözlük dictionary.

sözlükbilgisi, -ni lexicography.

sözlükçü lexicographer.

sözlükçülük lexicography.

sözümona *s.* sözde.

spekülasyon speculation.

spekülatif speculative.

spekülatör speculator.

sperma sperm.

spesiyal, -li special.

spiker announcer.

spiral 1. spiral; **2.** ⚕ coil.

spor 1. sport; **2.** sport(s); ~ araba sports car.

sporcu sportsman.

sporsever sports fan.

sportif sports...

sportmen 1. sportsman; **2.** sportsmanlike.

sportoto the football pools, the pools.

sprey 1. spray; **2.** sprayer.

stabilize stabilized; ~ etm. to stabilize; ~ yol gravel (*or* macadam) road.

stad, stadyum stadium.

staj apprenticeship; internship; ~ yapmak to undergo training; to serve one's internship.

stajyer trainee; houseman, intern.

standart standard.

statü statutes.

statüko the status quo.

steno 1. shorthand, stenography; **2.** steno(grapher).

stenograf stenographer.

stenografi shorthand, stenography.

step, -pi steppe.

stepne *mot.* spare tyre (*or Am.* tire).

stereo stereo.

steril sterile.

sterilize etm. to sterilize.

sterlin (pound) sterling.

steyşin estate car. *Am.* station wagon.

stil style.

stilo [x.] fountain pen.

stok, -ku stock; ~ etm. to stock.

stokçu stockpiler.

stop, -pu stop!; ~ etm. to stop.

stopaj stoppage at source.

stoplazma cytoplasm.

strateji strategy.

stratejik strategical.

stratus [x.] *meteor.* stratus.

striptiz striptease.

striptizci stripteaser, stripper.

stüdyo [x.] studio.

su, -yu **1.** water; **2.** river, stream; **3.** juice; **4.** sap; **5.** gravy; broth; **6.** temper (*of steel*); ~ akarken testiyi doldurmalı *pro.* strike while the iron is hot, make hay while the sun shines; ~ almak to leak, to make water (*boat*); ~ baskını flood; ~ basmak to flood, to inundate; ~ birikintisi puddle; ~ bölümü çizgisi *geogr.* watershed; ~ cenderesi hydraulic press; ~ çekmek to draw water; ~ dökmek to make water, to urinate; ~ gibi akmak to fly (*time*); ~ gibi bilmek to know perfectly; ~ gibi para harcamak to spend money like water; ~ götürmez indisputable; ~ içinde at least; ~ koyuvermek *fig.* to overstep the mark; ~ tabancası water pistol (*or* gun); ~ testisi su yolunda kırılır *pro.* the pitcher goes too often to the well; ~ vermek **1.** to water; **2.** ⊕ to temper, to quench (*steel*); ~ yüzüne çıkmak to come to light; -dan ucuz dirt cheap; -larında about, around; -ya düşmek *fig.* to fall to the ground, to go phut; -ya sabuna dokunmamak to avoid meddling; -ya salmak *fig.* to throw away (*money*); -yu görmeden paçaları sıvamak *fig.* to count one's chickens before they are hatched; -yunca gitmek *fig.* to comply with s.o.'s wishes; -yunu çekmek *fig.* to run out (*money*); -yunun suyu only a remote connection.

sual, -li [ā] question; inquiry; ~ açmak to interrogate; ~ etm. to question; ~ sormak to ask a question.
sualtı, -nı underwater.
suare evening performance *(of a play);* evening showing *(of a movie).*
suaygırı, -nı *zo.* hippopotamus.
subaşı, -nı *hist.* **1.** police superintendent; **2.** farm manager.
subay ⚔ officer.
subilim hydrology.
subra [x .] dress shield.
subye [x .] strap.
sucu water seller.
sucuk 1. sausage; **2.** sweetmeat *(made of grape juice, nuts, etc.);* ~ gibi olm. *(or* ıslanmak) to get wet through, to get drenched; sucuğunu çıkarmak *fig.* **1.** to beat the tar out of; **2.** to tire out.
suç, -çu **1.** offence, *Am.* offense; guilt; fault; **2.** crime; ~ atmak *(b-nin üstüne)* to put the blame on *s.o.;* ~ işlemek to commit an offence *or* crime; ~ ortağı accomplice, accessory; -unu bağışlamak *or* -undan geçmek to pardon, to forgive an offence.
suçiçeği, -ni chicken pox, varicella.
suçlamak *(b-ni bşle)* to accuse *s.o.* of *s.th.*
suçlandırmak to find guilty.
suçlu 1. guilty; **2.** criminal, felon, offender; ~ çıkarmak to find guilty; -ların iadesi ⚖ extradition.
suçsuz not guilty, innocent.
suçüstü, -nü red-handed, in the act; ~ yakalamak to catch red-handed.
sudak *zo.* zander.
sudan trivial, weak.
Sudan [- -] *pr. n.* Sudan.
sudolabı, -nı waterwheel.
sufi [- -] Sufi.
suflör *thea.* prompter.
sugeçirmez waterproof.
suiistimal, -li [- . . . -] misuse, abuse; ~ etm. to misuse, to abuse.
suikast, -tı **1.** conspiracy; **2.** assasination; -ta bulunmak **1.** to conspire; **2.** to assassinate.
suikastçı 1. conspirator; **2.** assassin.
suiniyet, -ti [ū] malice.
suizan, -nnı [ū] suspicion.
sukabağı, -nı ⚘ dipper gourd.
sukemeri, -ni aqueduct.
sukut, -tu [. -] fall; ~ etm. to fall; -u hayal disappointment; -u hayale uğramak to be disappointed; -u hayale uğratmak to disappoint, to let down.
suküre hydrosphere.
sulak 1. watery, well-watered; **2.** marshy.
sulama *vn. of* sulamak, *part.* irrigation.
sulamaç *neol.* sprinkler.
sulamak 1. to water; to irrigate; **2.** *sl.* to shell out *(money).*
sulandırmak 1. *caus. of* sulanmak; **2.** to water (down); **3.** to dilute, to thin.
sulanmak 1. *pass. of* sulamak; **2.** *(bşe) sl.* to hanker after *s.th.;* **3.** *(b-ne) sl.* to make improper advances to *s.o.*
sulfata, sulfato [. x .] *P* quinine sulfate.
sulh peace; ~ hâkimi justice of the peace; ~ mahkemesi justice court; ~ olm. to settle their differences.
sulhçu 1. peace-loving; **2.** pacifist.
sulhname [ā] peace treaty.
sulhperver, sulhsever *s.* sulhçu.
sulp, -bü **1.** hard, tough; **2.** loins; sulbünden gelmek to be the offspring (*-in* of).
sulta authority.
sultan 1. sultan; **2.** sultana.
sultanlık sultanate; sultanship.
sulu 1. watery; dilute; **2.** juicy; **3.** *fig.* importunate, saucy, pert; ~ gözlü **1.** tearful, lachrymose; **2.** crybaby.
suluboya watercolo(u)r.
suluk 1. water cup; **2.** ⚕ infantile seborrhea.
sulusepken sleet; ~ yağmak to sleet.
sumak ⚘ sumac.
sumen writing-pad, blotting-pad.
suna drake.
sundurma shed, lean-to.
sungu 1. gift; **2.** sacrifice.
sungur *zo.* white falcon.
suni [ī] artificial, false; imitation.
sunmak, (-ar) **1.** to present, to offer; to submit; **2.** to perform; to play; to sing.
sunta fiberboard.
sunturlu awful, whopping.
sunucu compère, emcee.
sup(anglez) chocolate pudding.
supap, -bı ⊕ valve.
suphanallah! heavens above!, great Scott!
suples flexibility.
sur[1] rampart, city wall.
sur[2] *isl. myth.* good luck.
surat, -tı face; ~ asmak to pull *(or* make) a long face; ~ bir karış sour-faced; ~ düşkünü ugly; ~ etm. to pull a long face; -ı asık sour-faced, sulky; -ından düşen bin parça olur *fig.* very sour-faced; -ını ekşitmek to put on a sour face.
suratlı sour-faced, sulky.
suratsız 1. sour-faced; **2.** ugly; **3.** bad-tempered.
surdin ♪ mute.

sure [ū] sura *(of the Koran).*
suret, -ti [ū] **1.** copy, transcript; **2.** form, figure, shape; **3.** way, manner, fashion; ~ almak (*or* çıkarmak) to make a copy of, to transcribe; -ine girmek to assume the form of; bu -le thus, so.
sureta [- . -] [x . -] **1.** assumed, affected; **2.** outwardly.
Suriye *pr. n.* Syria.
sus! be quiet!, silence!
susak 1. thirsty; **2.** dipper.
susam ⚘ sesame.
susamak 1. to get thirsty; **2.** *fig.* to thirst (-*e* for).
susamuru, -nu *zo.* otter.
susığırı, -nı *zo.* water buffalo.
suskun quiet, taciturn.
susmak, (-ar) to stop talking, to be quiet, to become silent, to hold one's tongue; sus payı hush money.
suspansuvar jock(strap).
suspus: ~ olm. to be silenced; to be as quiet as a mouse.
susta [x .] safety catch; ~ durmak **1.** to stand on its hind legs *(dog);* **2.** *fig.* to stand to heel.
sustalı switchblade.
susturmak to silence, to hush, to shut up.
susturucu 1. silencer *(of a gun);* **2.** *mot.* silencer, muffler.
susuz waterless.
susuzluk 1. waterlessness; **2.** thirst.
sut, -du soda.
sutopu, -nu water polo.
sutyen bra, brassiere.
Suudi Arabistan *pr. n.* Saudi Arabia.
suvare evening showing *(of a movie);* evening performance *(of a play).*
suvarmak to water *(an animal).*
suvat, -tı watering place.
suyolu, -nu **1.** waterline; **2.** watermark *(in paper).*
suyosunları, -nı ⚘ algae.
suyosunu, -nu seaweed, alga.
suyuk fluid.
suziş [ū] heartache, anguish.
suzişli [ū] full of anguish.
sübek urinal *(for a baby).*
sübjektif subjective.
sübut, -tu [ū] realization; ~ bulmak to become a reality.
sübyan children.
sübyancı *F* pedophiliac.
sübye [x .] **1.** a kind of sweet; **2.** ⚗ emulsion.
sücut [ū] prostration; ~ etm. to prostrate o.s. in worship.
südremek to get drunk.
süet, -ti suede.
süfli [ī] **1.** contemptible, low-down; **2.** shabby.
sühulet, -ti [ū] ease, facility.
sühunet, -ti [ū] *meteor., phys.* temperature.
süje subject *(a. gr.).*
süklüm püklüm cap in hand, in a hangdog manner.
sükna [ā] residence; ~ hakkı ⚖ right of residence.
sükse success, hit; ~ yapmak to be a hit (*or* success).
sükûn, sükûnet, -ti calm, quiet, rest, repose; ~ bulmak to quiet down.
sükût, -tu silence; ~ etm. to remain silent; ~ hakkı hush money; -la geçiştirmek to pass over in silence.
sükûti [ī] silent.
sülale family, line.
sülfat, -tı sulphate, *Am.* sulfate.
sülfit, -ti sulfite.
sülfür sulphide, *Am.* sulfide.
sülfürik sulphuric, *Am.* sulfuric.
sülük 1. *zo.* leech; **2.** ⚘ tendril; ~ gibi yapışmak to stick like a leech.
sülün *zo.* pheasant; ~ gibi tall and graceful.
sümbül ⚘ hyacinth.
sümbüli [ī] overcast, cloudy *(sky).*
Sümer *pr. n.* Sumer.
sümkürmek to blow one's nose.
sümmettedarik [ā] last-minute.
sümsük shiftless, supine.
sümük mucus; snot; slime.
sümükdoku mucous membrane.
sümüklü snotty; snotty-nosed; slimy.
sümüklüböcek *zo.* slug.
sümüksü mucoid.
sünepe shiftless, supine.
sünger sponge; ~ avcılığı sponge fishing; ~ avcısı sponge fisherman; ~ geçirmek *(bşin üzerinden)* to pass the sponge over *s.th.;* ~ gibi spongy.
süngerci 1. sponge fisherman; **2.** sponge seller.
süngerdoku ⚘ spongy parenchyma.
süngertaşı, -nı pumice.
süngü 1. bayonet; **2.** poker *(for a fire);* -sü depreşmesin ama... I don't like to speak ill of the dead, but...; -sü düşük depressed, down in the dumps.
süngülemek to bayonet.
süngülü with fixed bayonets.
sünnet, -ti *isl.* **1.** the Sunna; **2.** circumcision; ~ düğünü circumcision feast; ~ etm. to circumcise; ~ olm. to be circumcised.

sünnetçi circumciser.
sünnetlemek *P* to eat up.
sünnetli circumcised.
sünnetsiz uncircumcised.
Sünni [ī] Sunni.
Sünnilik [. - .] the Sunni branch of Islam.
süper super; ~ benzin high-octane gasoline.
süpermarket, -ti supermarket.
süpersonik supersonic.
süpozituvar ⚕ suppository.
süprüntü sweepings, rubbish, trash (*a. fig.*).
süprüntücü 1. dustman, street sweeper; 2. *fig.* junkman.
sünrüntülük dump, rubbish heap.
süpürge broom.
süpürgeci 1. maker *or* seller of brooms; 2. street sweeper.
süpürgelik baseboard, mopboard.
süpürgeotu, -nu ⚘ heath.
süpürmek 1. to sweep; 2. *fig.* to sweep away.
sürahi [. - .] decanter, jug, carafe.
sürat, -ti speed, velocity; ~ motoru speedboat; -ini artırmak to accelerate, to speed up; -le speedily, quickly.
süratlendirmek to accelerate, to speed up.
süratlenmek to speed up, to gain speed, to go faster.
süratli speedy; rapid, quick.
sürç, -cü; -ü lisan slip of the tongue.
sürçmek, (-er) 1. to stumble; 2. *fig.* to make a slip of the tongue.
sürdürmek 1. *caus. of* sürmek; 2. to carry on, to continue, to maintain.
süre period; extension.
süreç process, progression.
süredurum *phys.* inertia.
süregelmek to have gone on for a long time.
süreğen chronic.
sürek 1. duration, continuation; 2. drove (*of cattle*); ~ avı drive.
sürekli continuous, continual.
süreksiz transitory, transient.
süreksizlik transitoriness.
süreli periodic.
sürerlik continuousness.
Süreyya [ā] *pr. n.* 1. *ast.* the Pleiades; 2. *mf., wf.*
sürfe larva.
sürgü 1. bolt; 2. bedpan; 3. harrow; 4. (*plasterer's*) trowel.
sürgülemek to bolt.
sürgülü bolted; ~ cetvel slide rule.
sürgün 1. ⚘ shoot, sucker; 2. exile, banishment; 3. ⚕ diarrhea; ~ avı drive; ~ etm. to exile, to banish; -e gitmek to go into exile; -e göndermek to send into exile.
sürme 1. *vn. of* sürmek; 2. drawer; 3. latch; 4. kohl; 5. sliding; ~ kapı sliding door.
sürmedan(lık) [ā] container for kohl.
sürmek, (-er) 1. to drive (*a vehicle, an animal)* 2. to exile; 3. to plough, *Am.* to plow (*a field*); 4. to put into circulation (*money*); to put on the market (*goods*); 5. to rub, to smear; 6. to go on, to continue, to last; 7. to lead (*a good life*); 8. ⚘ to shoot out.
sürmelemek to bolt.
sürmelik *s.* sürmedan(lık).
sürmenaj nervous breakdown, neurasthenia.
sürpriz surprise; ~ yapmak (*b-ne*) to surprise *s.o.*
sürre *the presents sent annually by the Sultan to Mecca and Medina;* ~devesi gibi *iro.* overdressed woman.
sürrealist, -ti surrealist.
sürşarj surcharge (*on a stamp*).
sürtmek, (-er) 1. to rub (-*e* against); 2. to loiter, to wander about.
sürtük 1. gadabout (*woman*); 2. streetwalker.
sürtünme *vn. of* sürtünmek, *part. phys.* friction.
sürtünmek 1. to rub o.s. (-*e* against); 2. *fig.* to seek a quarrel.
sürtüşmek 1. to rub against each other; 2. to vex (*or* irritate) each other.
sürur [ū] delight, joy.
sürü herd, drove, flock; ~ içgüdüsü *psych.* the herd instinct; ~ sepet *F* the whole kit and caboodle, the whole lot; -den ayrılmak *fig.* to go one's own way; -süne bereket a lot of, heaps of.
sürücü 1. drover; 2. driver, motorist.
sürüklemek 1. to drag; 2. to hold one's attention, to carry with one; 3. to drag (-*e* into).
sürüklenmek 1. *pass. of* sürüklemek; 2. to drag o.s.; 3. to drag on (*or* out).
sürükleyici fascinating, engrossing.
sürüm ⚚ demand, sale.
sürümek to drag.
sürümlü in demand.
sürüm sürüm: ~ sürünmek to suffer great misery.
sürünceme: -de bırakmak to procrastinate; -de kalmak to drag on, to be left hanging in the air.
süründürmek *caus. of* sürünmek, *part.* to drive from pillar to post.

sürüngen reptile.
sürünmek 1. to crawl, to creep, to grovel; **2.** to rub (-*e* against); **3.** *fig.* to live in misery.
sürüşmek to rub (*or* smear) on each other.
sürüştürmek to rub (*or* spread) slowly (-*e* on).
sürütme 1. *vn. of* sürütmek; **2.** trawl(net).
sürütmek *caus. of* sürümek.
sürveyan supervisor.
süs 1. ornament, decoration; **2.** ornamentation; ~ püs frippery, finery; -e düşkün dressy; ... süsü vermek (*k-ne*) to pass o.s. off as..., to set up as..., to pose as...
süsen ⚘ iris; ~ kökü orris(root).
süslemek 1. to adorn, to decorate, to embellish; **2.** to doll up, to deck out; süsleyip püslemek to doll up fit to kill, to prank.
süslenmek *pass. or refl. of* süslemek, to deck o.s. out, to doll o.s. up; süslenip püslenmek to doll o.s. up fit to kill, to primp and preen, to prank o.s. up.
süslü 1. ornately, decorated, adorned; **2.** fancy, ornate, dressy; ~ püslü dolled up fit to kill.
süsmek to butt, to gore.
süspansiyon ⊕ suspension.
süssüz undecorated, unadorned.
süt, -tü 1. milk; **2.** latex; **3.** *sl.* petrol, juice; ~ çalmak (*çocuğu*) to make (*a nursing baby*) ill; ~ çocuğu **1.** nursling; **2.** *fig.* mollycoddle, babe in the woods; ~ dökmüş kedi gibi in a crestfallen manner; ~ gibi white and clean; ~ kesilmek to sour, to go off (*or* bad); ~ kuzusu **1.** suckling lamb; **2.** *fig.* baby; tot, toddler; ~ tozu milk powder; ~ vermek to suckle, to breast-feed, to nurse; -ten ağzı yanan yoğurdu üfleyerek yer *pro.* once bitten twice shy; -ten kesmek to wean; -ü bozuk *fig.* no-good, villain; -üne havale etm. (*bir işi b-nin*) to leave (*a matter*) to *s.o.*
sütana, sütanne wet nurse.
sütbaşı, -nı cream.
sütbeyaz milk white.
sütçü milkman.
sütçülük being a milkman.
sütdişi, -ni milk (*or* baby) tooth.
sütkardeş foster brother *or* sister.
sütkırı, -nı milk-white (*horse*).
sütkızı foster daughter.
sütlaç rice pudding.
sütleğen ⚘ spurge.
sütliman dead calm, as calm as a millpond, halcyon.
sütlü 1. milky, in milk; **2.** made with milk (*food*); **3.** full (*ear of grain*); ~ kahve white coffee, coffee with milk.
sütmavisi, -ni light sky-blue.
sütnine wet nurse.
sütoğul, -ğlu foster son.
sütre ⚔ cover.
sütsüz milkless.
sütun [ū] column; post; pillar; ~ başlığı ⌂ capital of a column.
sütyen *s.* sutyen.
süvari [. - -] **1.** cavalryman; **2.** rider, horseman; **3.** ⚓ captain; ~ alayı cavalry regiment.
süve *s.* söve.
süveter sweater.
Süveyş [. x] *pr. n.* Suez; ~ Kanalı Suez Canal.
süyek ⚒ splint.
süzek strainer; filter.
süzeni a kind of embroidery.
süzgeç, -ci 1. strainer; filter; sieve; **2.** *phot.* colo(u)r (*or* light) filter; ~ kâğıdı filter paper.
süzgün 1. languorous (*look*); **2.** gaunt, thin.
süzme 1. *vn. of* süzmek; **2.** filtered; strained; **3.** *sl.* fox, rascal.
süzmek, (-er) 1. to filter; to strain; **2.** to give the once-over; **3.** to scan.
süzülmek 1. *pass. of* süzmek; **2.** to glide; **3.** to flow, to run; **4.** to get thin; **5.** to steal (*or* slip) in; **6.** to be about to close (*eyes*).
süzüntü 1. filtrate; **2.** residue, dregs.

Ş

şa [ā]: ~ ~ ~ hip, hip, hurrah!
şaban[1] [- -] **1.** *isl.* Sha'ban; **2.** ♀ *mf.*
şaban[2] *sl.* dumb, nitwitted.
şablon pattern, template, former.
şad [ā] happy; joyful; ~ olm. to rejoice.
şadırdamak to plash *(water)*.
şadırvan fountain.
şafak dawn, twilight; ~ atmak to dawn on s.o.; ~ sökmek *(for dawn)* to break.
şaft, -tı ⊕ shaft.
şah[1]: -a kalkmak to rear *(horse)*.
şah[2] [ā] **1.** shah; **2.** *chess:* king; ~ iken şahbaz olm. *co.* to get even worse; ben şahımı bu kadar severim *fig.* I'll help my boss to this extent only.
şahadet, -ti [. - .] **1.** witness, attestation; **2.** martyrdom; ~ getirmek to repeat the Islamic testimony of faith; -te bulunmak to bear witness, to testify.
şahadetname [. - . - .] **1.** diploma; **2.** certificate.
şahadetparmağı, -nı index finger, forefinger.
şahane [- - .] **1.** splendid, magnificent, superb; **2.** imperial, royal.
şahap, -bı [. -] **1.** *ast.* shooting star; **2.** ♀ *mf.*
şahbaz **1.** *zo.* royal falcon; **2.** courageous, brave.
şahdamarı, -nı *anat.* carotid artery, jugular vein.
şaheser masterpiece, masterwork.
şahıs, -hsı **1.** person *(a. gr.)*, individual; **2.** *thea.* character; ~ zamiri *gr.* personal pronoun.
şâhıs surveyor's rod.
şahika **1.** summit; **2.** ♀ *wf.*
şahin [ā] **1.** *zo.* falcon; **2.** ♀ *mf.*
şahit, -di [ā] (eye)witness; ~ olm. to witness.
şahitlik [ā] witnessing, testimony; ~ etm. to testify, to bear witness.
şahlanmak **1.** to rear up *(horse)*; **2.** *fig.* to become angry and threatening.
şahlık shahdom.
şahmerdan ⊕ pile-driver; drop hammer.
şahniş(in) [- . -] bay window.
şahrem şahrem in strips *(or* shreds).
şahsen [x .] **1.** personally, in person; **2.** for my part, personally; **3.** by sight.
şahsi [ī] personal, private; ~ eşya personal effects, belongings.
şahsiyet, -ti **1.** personality; **2.** individuality; **3.** personage.
şahsiyetli having personality.
şahsiyetsiz who lacks personality.
şaibe [ā] stain, blot.
şair [ā] poet.
şairane [- . - .] poetic(al).
şairlik poetship.
şak[1], -kı smack!
şak[2], -kkı split, fissure.
şaka joke, leg-pull, jest; gag; ~ bir tarafa *(or* yana) joking apart; ~ etm. to kid; ~ gibi gelmek to seem like a joke (-*e* to); ~ götürmez bir iş it is no joking matter; ~ iken kaka olm. to turn into a quarrel; to backfire; ~ kaldırmak to be able to take a joke; ~ maka (derken) imperceptibly; ~ söylemek to joke; -dan anlamak to take a joke; -sı yok it is no joke; -ya boğmak to turn into a joke; -ya gelmek to be able to take a joke; -ya vurmak to pretend to take as a joke.
şakacı joker.
şakacıktan **1.** jokingly, as a joke; **2.** inadvertently, unwittingly.
şakadan jokingly, as a joke.
şakak *anat.* temple.
şakalaşmak to joke with one another.
şakayık, -kı, -gı ⚘ peony.
şakımak to warble, to trill.
şakırdamak **1.** to clatter, to rattle; **2.** to snap *(fingers)*; **3.** to jingle; **4.** to crack *(whip)*; **5.** to drum, to beat, to patter *(rain)*.
şakırdatmak **1.** to rattle, to clatter; **2.** to jingle; **3.** to crack *(a whip)*; **4.** to snap *(fingers)*.
şakır şakır **1.** with a patter; **2.** with a rattle *(or* jingle).
şakır şukur clatteringly, with a rattle.
şakırtı **1.** clatter, rattle; **2.** patter, plash; **3.** crack, snap; **4.** jingle.
şaki robber, brigand.
şakirt, -di [ā] student.

şaklaban 1. jester, buffoon; 2. *fig.* sycophantic.
şaklamak to crack, to snap, to pop.
şaklatmak to crack, to snap.
şakrak mirthful, merry.
şakrakkuşu, -nu *zo.* bullfinch.
şakrāmak *s.* şakımak.
şakşak 1. slapstick; 2. applause.
şakul, -lü [ā] plumb line.
şakuli [- . -] perpendicular.
şakullemek 1. to plumb, to plumb-line; 2. *fig.* to sound out.
şal shawl.
şalgam ⚘ turnip.
şallak naked; ~ mallak stark naked.
şalter ⚡ switch; (circuit) breaker.
şalupa [. x .] ⚓ sloop.
şalvar baggy trousers, shalwar; ~ gibi very baggy.
Şam *pr. n.* Damascus.
şama [x .] wax taper.
şamama [. - .] muskmelon; ~ gibi small and cute-looking.
Şaman *pr. n.* shaman.
şamandıra [. x . .] 1. ⚓ buoy, float; 2. cork float.
şamar slap, box on the ear; ~ atmak to slap; to give a box on the ear; ~ oğlanı whipping boy, scapegoat; ~ yemek to get a slap on the face.
şamata whoopee, commotion, uproar, clamo(u)r; ~ yapmak to make whoopee, to make a commotion.
şamatacı noisy, boisterous.
şambriyel *mot.* inner tube *(of a tyre).*
şambrnuar *phot.* darkroom.
şamdan candlestick.
şamfıstığı, -nı pistachio (nut).
şamil [ā] 1. all-inclusive, comprehensive; 2. ♀ *mf.*; ~ olm. to include, to cover.
şamme [ā] *biol.* (sense of) smell.
şampanya [. x .] champagne.
şampiyon champion.
şampiyona championship.
şampiyonluk championship.
şampuan shampoo.
şan¹ [ā] glory, reputation, fame; ~ vermek to become famous; -ına düşmek (*or* yakışmak) to befit one's dignity; -ından olm. to befit.
şan² singing; ~ resitali recital given by a vocalist.
şangırdamak to crash.
şangır şungur with a crash.
şangırtı crash.
şanjan iridescence.
şanjman *mot.* gearbox, shift.
şanlı glorious, illustrious; ~ şöhretli illustrious and famous.
şano [x .] *thea.* stage.
şans luck; chance; ~ tanımak to give a chance; -ı yaver gitmek to have good luck, to be lucky enough.
şansız unrenowned.
şanslı lucky, fortunate.
şanssız unlucky.
şanssızlık unluckiness.
şantaj blackmail, extortion; ~ yapmak to blackmail.
şantajcı blackmailer.
şantiye 1. building *(or* construction) site; 2. shipyard.
şantör chanteur, male singer.
şantöz chanteuse, female singer.
şanzıman, şanzuman *s.* şanjman.
şap¹, -pı ⚗ alum; ♀ Denizi *pr. n.* the Red Sea; ~ hastalığı foot-and-mouth disease; -a oturmak *fig.* to get in a pickle *(or* quandary).
şap² smack.
şapırdamak to smack.
şapırdatmak to smack *(one's lips).*
şapır şapır *or* **şapır şupur** smacking one's lips loudly.
şapırtı smack.
şapka [x .] 1. hat; 2. truck *(of a mast);* 3. cowl, cap *(of a chimney);* -sını çıkarmak to take off one's hat; -sını giymek to put on one's hat.
şapkacı hatter.
şapkalık hatstand, hat rack.
şaplak whang.
şaplamak¹ to land with a smack.
şaplamak² ⚗ to treat with alum.
şappadak [x . .] all of a sudden, out of the blue.
şaprak saddlecloth.
şapşal 1. slovenly, untidy, shabby; 2. stupid, lunkheaded.
şarabi [. - -] wine-red.
şarampol shoulder *(of a road).*
şarap, -bı wine.
şaraphane [. . - .] 1. winehouse; 2. winery.
şarapnel ⚔ shrapnel.
şarbon ⚕ charbon.
şarıldamak to splash.
şarıl şarıl splashingly.
şarıltı splash.
şarj 1. ⚡ charge; 2. *football:* rush; ~ etm. to charge.
şarjör (cartridge) clip, charger.
şark, -kı the east; the East, the Orient.
şarkadak [x . .] with a whop *(or* thump).
şarkı song; ~ okumak (*or* söylemek) to sing a song.
şarkıcı singer.

şarki [ī] eastern.
şarklı easterner.
şarküteri delicatessen.
şarlatan charlatan.
şarlatanlık charlatanry.
şarpi ⚓ sharpie.
şar şar splashingly.
şart, -tı condition, stipulation, provision; ~ koşmak to make a condition *(or* stipulation), to stipulate; ~ şurt tanımaz *F* he refuses to be bound by any conditions.
şartlandırmak to condition.
şartlanmak to be conditioned.
şartlaşmak to agree to conditions.
şartlı conditional; stipulated.
şartname [. - .] list of conditions.
şartsız unconditional; unconditioned.
şaryo [x .] carriage *(of a typewriter).*
şasi chassis.
şaşaa splendo(u)r; glitter; brilliance.
şaşaalı splendid, pompous, grand, brilliant.
şaşakalmak, şaşalamak to be bewildered, to be taken aback.
şaşı cross-eyed, squint-eyed; ~ bakmak to squint.
şaşılaşmak to get cross-eyed.
şaşılık cross-eye, squint.
şaşırmak 1. to be confused *(or* puzzled), to be at a loss; 2. to lose *(one's way).*
şaşırtma *vn. of* şaşırtmak, *part.* transplanting *(of seedlings).*
şaşırtmaca tongue-twister, puzzle.
şaşırtmak *caus. of* şaşırmak, *part.* 1. to confuse, to bewilder, to mislead, to puzzle, to amaze; 2. to transplant *(seedlings).*
şaşkaloz *sl.* 1. cross-eyed; 2. confused.
şaşkın 1. confused, bewildered, at a loss; 2. silly, stupid; -a çevirmek to confuse, to bewilder; -a dönmek to be stupefied.
şaşkınlık confusion, bewilderment, daze; ~ içinde in a daze.
şaşmak, (-ar) 1. to be astonished *(or* amazed) *(-e* at); 2. to deviate *(-den* from), to depart *(-den* from); 3. *(for a missile)* to miss *(its object);* 4. to be mistaken; 5. to lose *(one's way).*
şat, -tı ⚓ lighter.
şatafat, -tı display, show, ostentation.
şatafatlı showy, ostentatious, splendiferous.
şato [x .] castle, château.
şavalak *F* stupid, thick, dense.
şayan [- -] worthy *(-e* of), deserving; -ı itimat trustworthy; -ı merhamet pitiful.
şayet [ā] if (by chance), if perchance.
şayi, -ii [ā] 1. widespread; 2. ⚖ shared in common.
şayia [- . .] rumo(u)r.
şaz [ā] irregular; exceptional.
şeamet, -ti [ā] bed luck.
şeametli [ā] unlucky, ill-omened.
şebboy ⚘ 1. wallflower; 2. gillyflower, stock.
şebek 1. *zo.* baboon; 2. *fig.* ugly.
şebeke 1. network; 2. identity card *(of a university student).*
şebnem dew.
şecaat, -ti [. - .] courage.
şecaatli [. - . .] courageous.
şecere family tree, pedigree.
şef chief, leader; ~ garson head waiter.
şefaat, -ti [. - .] intercession; ~ etm. *(b-ne)* to intercede with *s.o.*
şeffaf [ā] transparent.
şeffaflık [ā] transparency.
şefik, -kı [ī] 1. tender(hearted), kind, compassionate; 2. ♀ [x .] *mf.*
şefkat, -ti kindness, compassion, tenderness.
şefkatli kind, compassionate, tender(hearted).
şeftali [ā] ⚘ peach.
şeftren 🚂 guard, conductor.
şehevi [ī] carnal.
şehik, -kı [ī] *biol.* inhalation, inspiration.
şehinşah [ā] the Shahinshah.
şehir, -hri city, town.
şehirci city planner.
şehirlerarası, -nı 1. intercity, interurban; 2. *teleph.* long-distance.
şehirli townsman, city dweller.
şehit, -di martyr; ~ düşmek to die a martyr.
şehitlik 1. martyrdom; 2. cemetery for Turkish soldiers.
şehla having a slight cast in the eye.
şehremaneti, -ni [ā] municipality.
şehremini, -ni mayor.
şehriye vermicelli; ~ çorbası vermicelli soup.
şehvani [. - -] carnal, libidinal.
şehvet, -ti lust, concupiscence; ~ düşkünü lewd, prurient.
şehvetli lustful, concupiscent, libidinous.
şehvetperest, -ti lustful.
şehzade [ā] prince, shahzadah.
şek, -kki suspicion, doubt.
şekavet, -ti [ā] brigandage.
şeker 1. sugar; 2. candy; 3. ⚕ diabetes; 4. *fig.* darling, sweet; ♀ Bayramı the Lesser Bairam; ~ gibi darling, sweet; ~ hastası diabetic; ~ hastalığı diabetes; ~ kellesi sugarloaf; ~ pancarı sugar beet; -im *F* honey, sweetie, darling.

şekerci confectioner; candymaker; candyseller.
şekercilik confectionery.
şekerkamışı, -nı ⚘ sugar cane.
şekerleme 1. *vn. of* şekerlemek; **2.** candied fruit; **3.** nap, doze; ~ yapmak to have (*or* take) a nap, to doze off.
şekerlemek 1. to sugar; **2.** to candy (*fruit*).
şekerleşmek 1. to turn into sugar, to sugar; **2.** *fig.* to become sweet.
şekerli 1. sugared; **2.** diabetic; ~ kahve well-sugared coffee.
şekerlik 1. sugar basin (*or* bowl); **2.** candy bowl (*or* dish).
şekerrenk, -gi cool, uncordial.
şekersiz unsugared, unsweetened.
şekil, -kli **1.** shape; **2.** figure, diagram; illustration; **3.** manner, way; **4.** sort, kind; şeklini değiştirmek to transform.
şekilbilgisi, -ni morphology.
şekilci formalist(ic).
şekilcilik formalism.
şekillendirmek to shape.
şekillenmek to take on a shape.
şekilsiz shapeless.
şeklen [x.] in shape (*or* appearance).
şekva [ā] complaint.
şelale waterfall.
şema [x.] diagram, scheme, plan; outline.
şemacılık [x...] schematism.
şematik schematic.
şempanze *zo.* chimpanzee.
şemse sunburst (design).
şemsiper visor.
şemsiye 1. umbrella; parasol; **2.** umbel.
şemsiyelik umbrella stand.
şen happy, merry, cheerful, joyous.
şenaat, -ti [.-.] vileness, wickedness.
şendere 1. veneer; **2.** barrel stave; **3.** *zo.* red mullet.
şeneltmek to populate.
şeni, -ii vile, foul; wicked.
şenia [ī] immoralty.
şenlendirmek 1. to cheer up, to enliven; **2.** to populate.
şenlenmek 1. to be cheered up; **2.** to be populated.
şenlik 1. gaiety, cheerfulness; **2.** merriment; festival, festivity; **3.** prosperity.
şer, -rri evil, wickedness.
şerait, -ti [ā] conditions, stipulations.
şer'an [x.] in accordance with canon law, canonically.
şerare [ā] *phys.* spark.
şerbet, -ti sherbet, sweet drink.
şerbetçiotu, -nu ⚘ hop.
şerbetli 1. immune to snakebite; **2.** *fig.* incorrigible.
şerç, -ci *anat.* anus.
şeref 1. hono(u)r; **2.** ♀ *mf.*; ~ defteri honorarv-bock; ~ madalyası plume; ~ misafiri guest of hono(u)r; ~ sözü word of hono(u)r; ~ vermek to hono(u)r; -inize! cheers!, to your health!
şerefe balcony.
şerefiye betterment tax.
şereflendirmek to hono(u)r.
şereflenmek to be hono(u)red.
şerefli hono(u)red.
şerefsiz dishono(u)rable.
şergil naughty.
şerh explanation; ~ etm. to explain.
şeriat, -tı [ī] Islamic (*or* canon) law.
şerif[1] [ī] **1.** sacred; **2.** ♀ [x.] *mf.*
şerif[2] sheriff.
şerik, -ki [ī] partner.
şerir [ī] evil, wicked.
şerit, -di **1.** ribbon, tape; band; **2.** *mot.* lane; **3.** ⚔ stripe; **4.** *zo.* tapeworm; ~ metre tape measure.
şeş six; -i beş görmek to be completely mistaken.
şeşbeş six and five.
şeşcihar six and four.
şeşüdü six and two.
şeşüse six and three.
şeşüyek six and one.
şetaret, -ti [ā] gaiety, merriness.
şetim, -tmi execration, cursing.
şetmetmek [x.-] to curse, to execrate.
şev 1. slope, decline; **2.** slant; bevel.
şevk, -ki enthusiasm, eagerness, ardo(u)r, fervo(u)r; -e gelmek to become eager.
şevket, -ti **1.** majesty, grandeur; **2.** ♀ *mf.*
şevval, -li [ā] *isl.* Shawwal.
şey 1. thing; **2.** what-do-you-call-it; thingumbob, thingummy.
şeyh sheik(h).
şeyhülislam Sheikh ul-Islam.
şeytan [ā] **1.** Satan, the Devil; **2.** *fig.* fiend, demon, devil; ~ azapta gerek *fig.* it serves him right; ~ çekici little devil, clever urchin; ~ gibi as cunning as a fox; ~ kulağına kurşun! touch wood!; ~ tüyü *fig.* talisman supposed to give personal attraction; -a çarık giydirmek *fig.* to be clever enough to cheat the devil himself; -a uyma don't yield to temptation; -ın bacağını kırmak *fig.* to get the show on the road at last.
şeytanarabası, -nı cluster of feathery seeds floating in the air.
şeytanca 1. devilish; **2.** devilishly.
şeytanet, -ti [ā] *s.* şeytanlık.

şeytani [. - -] devilish.
şeytanlık 1. devilry; 2. devilment, mischief.
şezlong, -gu chaise longue, deck chair.
şık[1], -kı smart, chic, neat, elegant, fashionable; ~ mı ~! she is dressed to kill.
şık[2], -kkı choice, option; alternative.
şıkırdamak to clink, to rattle, to jingle.
şıkırdatmak to rattle, to jingle, to clink.
şıkırdım *sl.* lad, kid.
şıkır şıkır 1. with a clinking noise; 2. jingling *(coins, etc.)*; 3. glittery, shiny.
şıkırtı clink, rattle, jingle.
şıklık smartness, chic, elegance.
şıllık loose woman, gaudily dressed woman.
şımarık spoiled.
şımarmak to get spoiled.
şımartmak to spoil, to pamper.
şıngırdamak to clink, to rattle.
şıngır şıngır with a rattling sound.
şıngırtı rattle, clink.
şıp, -pı: ~ diye in a trice, all of a sudden; ~ ~ with a dripping sound.
şıpıdık scuff, slipper.
şıpır şıpır continuously, without letup.
şıpırtı splash.
şıppadak [x . .] all of a sudden, out of the blue.
şıpsevdi susceptible.
şıpşıp *s.* şıpıdık.
şıra [x .] grape must.
şırak crack!, crash!, pop!
şırakkadak [. x . .] all of a sudden.
şırfıntı tramp, slut, floozy.
şırıldamak to plash, to purl, to ripple.
şırıl şırıl with a plash.
şırıltı plash, purl, ripple.
şırınga syringe; ~ yapmak to syringe.
şırlağan 1. sesame oil; 2. flow.
şırlamak *s.* şırıldamak.
şırlop eggs served with yogurt.
şırp: ~ diye kesmek to cut off with a snip *(of scissors)*.
şırpadak *s* şıppadak.
şırvan, şırvanı loft, attic, garret.
şıvgın 1. shoot, twig; 2. pine, fir.
Şia the Shi'a.
şiar [ā] 1. mark, sign, token; 2. password.
şibih, -bhi resemblance.
şiddet, -ti 1. intensity; violence, severity; vehemence; 2. harshness, stringency; ~ olayı act of terrorism; -e başvurmak to resort to brute force; -le 1. violently, severely; 2. passionately; vehemently.
şiddetlendirmek to intensify.
şiddetlenmek to become more intense, to intensify.
şiddetli intense; violent, severe; passionate, vehement; ~ geçimsizlik ⚖ extreme incompatibility.
şifa [ā] recovery, healing; ~ bulmak to recover one's health, to get well; -lar olsun! may it give you health!; -yı bulmak (*or* kapmak) to fall ill.
şifahen [ā] orally, verbally.
şifahi [. - -] oral, verbal; ~ imtihan oral examination.
şifalı [ā] restorative, healing, curative; ~ ot medicinal plant.
şifon chiffon.
şifoniyer chiffon(n)ier.
şifre [x .] cipher, code; ~ anahtarı key to a code; -yi açmak (*or* çözmek) to decode, to break a code, to decipher.
şifrelemek to encode, to encipher.
şifreli in cipher; ~ kilit combination lock.
Şii [- -] Shi'i.
Şiilik [- - .] *s.* Şia.
şiir 1. poem; 2. poetry, verse.
şiirsel poetic(al).
şikâyet, -ti complaint; gripe, grouse; ~ etm. to complain; to gripe, to grouse; ~ hakkı ⚖ right of petition.
şikâyetçi complainer, complainant; griper, grouser; ~ olm. to have a complaint to make *(-den* against).
şikâyetname [ā] written complaint.
şike chicane(ry); ~ yapmak to chicane.
şikemperver gluttonous.
şilem *bridge:* slam.
şilep, -bi freighter, cargo ship *(or* liner).
Şili *pr. n.* Chile.
şilin shilling.
şilt, -ti plaque.
şilte thin mattress.
şimal, -li [ā] north.
şimalen [ā] on the north.
şimali [ā] northern.
şimdi [x .] now; ~ bile still, yet; -ye kadar up to now.
şimdicik [x . .] just now.
şimdiden [x . .] already, right now; ~ sonra from now on, henceforth; ~ tezi yok right now, at once.
şimdik *s.* şimdicik.
şimdiki [x . .] of today, of the present time; ~ zaman *gr.* the present continuous tense.
şimdilik [x . .] for now, for the time being, for the present.
şimendifer 1. railway, railroad; 2. train.
şimik chemical.
şimşek lightning; ~ çakmak *(for lightning)* to flash; ~ gibi like lightning, with

lightning speed.
şimşeklenmek *(for lightning)* to flash.
şimşir ⚘ boxwood, boxtree.
şinanay *F* **1.** tra-la-la; **2.** whoopee!, hurrah!
şipşak *sl.* in an instant, in a flash.
şipşakçı street photographer.
şipşirin [. - -] very sweet.
şirden *zo.* abomasum.
şirin [- -] **1.** sweet, charming, cute, cunning; **2.** ♀ *wf.*
şirk, -ki polytheism; ~ koşmak to attribute a partner to God.
şirket, -ti company, firm; partnership; ~ kurmak to found *(or* establish) a company.
şirpençe [ī] ⚕ carbuncle.
şirret, -ti shrew, dragon, battle-ax, virago.
şirürji surgery.
şiryan [ā] *anat.* artery.
şist, -ti *geol.* schist.
şiş[1] **1.** spit, skewer; **2.** knitting needle; ~ kebap shish kebab; -e geçirmek to skewer, to spit.
şiş[2] **1.** swelling; **2.** swollen.
şişe **1.** bottle; flask; **2.** cupping glass; **3.** chimney *(of a lamp);* **4.** lath; ~ çekmek to apply a cupping glass (-*e* to).
şişeci maker or seller of bottles.
şişek yearling (lamb).
şişelemek to bottle.
şişirmek *caus. of* şişmek **1.** to inflate, to blow up; to distend; **2.** to billow *(sails, etc.);* **3.** *F* to exaggerate; **4.** *F* to do hastily and carelessly; **5.** *sl.* to stab.
şişkin swollen, puffed up, puffy.
şişkinlik **1.** swelling; bulge, protuberance; **2.** puffiness; **3.** bloated feeling.
şişko [x .] *co.* fat(ty), paunchy.
şişlemek **1.** to spit, to skewer; **2.** *sl.* to stab.
şişlik *s.* şişkinlik 1 & 2.
şişman fat, obese, portly.
şişmanlamak to get *(or* grow) fat.
şişmanlık fatness, obesity.
şişmek, (-er) **1.** to swell, to get swollen; **2.** to billow *(in the wind);* **3.** to feel too full *(owing to overeating);* **4.** to get winded, to become out of breath; **5.** to get fat; **6.** *sl.* to feel sheepish, to be embarrassed; **7.** *F* to give o.s. airs.
şive [ī] **1.** accent; **2.** coquetry.
şiveli [- . .] coy, coquettish.
şivesiz [- . .] with a bad accent.
şizofreni ⚕ schizophrenia.
şofaj heating system.
şofben geyser, flash heater.
şoför driver, chauffeur.
şok, -ku shock.
şoke: ~ etm. to shock; ~ olm. to be shocked.
şom: ~ ağızlı who always predicts misfortune.
şorolo *sl.* queen, homosexual.
şorolop *P* **1.** in a gulp; **2.** lie.
şort, -tu shorts.
şose [x .] paved road.
şoset, ti sock.
şoson galosh, overshoe.
şov show.
şoven chauvinist.
şovenlik chauvinism.
şöhret, -ti **1.** fame, reputation, renown; **2.** celebrity.
şöhretli famous, famed.
şölen feast, banquet.
şömine fireplace.
şövale easel.
şövalye knight, chevalier.
şöyle **1.** thus(ly), in this way; like this; **2.** such; this kind of; of that sort; ~ bir baktı he just glanced at it; ~ böyle **1.** so-so; **2.** approximately; ~ dursun let alone..., never mind about...; ~ ki such that.
şöylece [x . .] thus(ly), in this way; like that.
şöylesi this sort of...; such a... as that.
şu, -nu that, this; ~ günlerde in these days; ~ halde in that case; ~ var ki however, only; -na bak! just look at him!; -ndan bundan konuşmak to talk of this and that; -nu bunu bilmemek not to accept any excuses; -nun şurasında just, only.
şua, -aı [ā] beam, ray.
şubat, -tı February.
şube [ū] **1.** branch (office); office; **2.** division, section.
şuf'a ⚖ preemption.
şuh [ū] coquettish, pert.
şule [ū] flame.
şunca [x .] this *(or* that) much.
şura [x .] this *(or* that) place.
şûra council.
şuracık [x . .] just there.
şurada over there.
şuradan from there; ~ buradan of this and that.
şuralı [x . .] inhabitant of that place.
şurası [x . .] that place; this fact; ~ muhakkak ki this much is certain.
şuriş disorder, tumult.
şurup, -bu syrup.
şut, -tu *football:* shoot; ~ çekmek to shoot.

şuur [. -] the conscious, consciousness.
şuuraltı, -nı (the) subconscious.
şuurlu conscious.
şuursuz unconscious.
şükran [ā] **1.** gratitude, thanks(giving); **2.** ♀ *wf.*; ~ borcu debt of gratitude.
şükretmek [x . .] **1.** to thank God; **2.** to give thanks (-*e* to).
şükür, -krü **1.** gratitude, thankfulness; **2.** I thank God that..
şümul, -lü [ū] **1.** scope, sphere, inclusiveness; **2.** *log.* extension.
şümullendirmek [ū] to extend.
şümullu [ū] extensive, comprehensive.
şüphe 1. suspicion, doubt; **2.** uncertainty; ~ etm. to suspect, to doubt; ~ kurdu gnawing doubt; ~ yok! there is no doubt about it!; -ye düşmek to become suspicious.
şüpheci suspicious; sceptic.
şüphelenmek to suspect, to doubt, to be in doubt (*den* about).
şüpheli 1. suspicious, questionable; **2.** doubtful; **3.** uncertain.
şüphesiz 1. certain, sure; **2.** doubtless, surely, certainly.
şüt, -tü *s.* şut.
şüyu, -uu [ū] publicity; ~ bulmak to be noised abroad.

T

T cetveli, -ni T square.

ta [ā] even until; even as far as; ~ **eskiden beri** from time immemorial; ~ **kendisi** his very self; ~ **ki** so that even.

taabbüt, -dü worship; ~ **etm.** to worship.

taaccüp, -bü astonishment; ~ **etm.** to be astonished.

taahhüt, -dü engagement, obligation, contract, commitment; ~ **etm.** to undertake, to commit o.s.; ~ **senedi** contract.

taahhütlü registered *(letter)*.

taahhütname [. . . - .] written contract.

taalluk, -ku relation, connection; ~ **etm.** to be related (-*e* to), to concern; -**u olm.** = ~ **etm.**

taallukat, -tı [. . . -] relatives, kin.

taallül evasion, subterfuge; ~ **etm.** to evade.

taammüden [. x . .] ⚖ premeditatedly, deliberately.

taammüm generalization, spread; ~ **etm.** to spread.

taarruz attack, assault; ~ **etm.** to attack, to assault; -**a geçmek** to begin to attack.

taarruzi [ī] offensive.

taassup, -bu bigotry, fanaticism.

taayyün 1. manifestation, becoming clear; 2. determination; ~ **etm.** 1. to become manifest; 2. to become determined.

tab, -b'ı *s.* **tabı.**

taba tobac.

tabaat, -tı [. - .] printing.

tababet, -ti [. - .] 1. medical science; 2. the medical profession.

tabak[1] plate, dish; ~ **yalamak** *fig. F* to idle.

tabak[2] [. -] tanner.

tabaka[1] 1. layer, stratum; 2. sheet *(of paper)*; 3. group, category, class *(of people)*.

tabaka[2] tobacco box.

tabakalaşma *geol.* stratification.

tabakhane [. . - .] tannery.

tabaklamak to tan.

tabaklık[1] tanning.

tabaklık[2] 1. plate-rack; 2. dish drainer.

taban 1. sole *(of a shoe or foot)*; 2. floor; 3. flat top *(of a hill, etc.)*; 4. pedestal, base *(a. ⚔)*; 5. bed *(of a river)*; 6. fine steel; 7. *P* roller; 8. ⚓ floor; ~ **fiyat** the minimum price; ~ **tepmek** (*or* **patlatmak**) to walk, to hoof it, to tramp, to trapes, to traipse; ~ -**a zıt** diametrically opposite (-*e* to), antipodal (-*e* to); -**a kuvvet** by dint of hard walking; -**ları kaldırmak** *iro.* to run like anything; to make tracks; -**ları yağlamak** *F* to take to one's heels, to show a clean pair of heels.

tab'an [x .] naturally.

tabanca [. x .] 1. pistol, revolver; 2. sprayer, spray gun; 3. *sl.* bottle of raki *or* wine; ~ **atmak** to fire a pistol (-*e* at); ~ **boyası** spray paint; ~ **çekmek** to draw a pistol (-*e* on); ~ **kılıfı** pistol holster.

tabanlı soled.

tabansız 1. soleless; 2. *fig.* cowardly, lily-livered.

tabanvay *co.:* -**la gitmek** to foot it, to hoof it, to go on foot.

tabasbus fawning, cringing; ~ **etm.** to fawn, to cringe, to grovel.

tabela [. x .] 1. sign; 2. list of food *(in schools, hospitals, etc.)*; 3. card of treatment, chart.

tabelacı sign painter.

tabetmek [x . .] to print.

tabı, -b'ı 1. print, edition, impression; 2. character, nature.

tabi[1], -ii [ā] printer; publisher.

tabi[2], -ii 1. subject (-*e* to); bound (-*e* by); 2. dependent (-*e* on), contingent (-*e* on); 3. citizen; national; 4. tributary *(of a river, etc.)*; ~ **kılmak** to subject; ~ **olm.** *(b-ne)* to depend on *s.o.*, to be dependent on *s.o.*; ~ **tutmak** *(bşe)* to subject to *s.th.*, to make dependent on *s.th.*

tabiat, -tı [. - .] 1. nature; 2. character, nature; 3. taste, refinement; 4. regularity *(of the bowels)*; 5. habit; ~ **bilgisi** nature study; ~ **kanunu** law of nature.

tabiatıyla 1. naturally; 2. by his very nature.

tabiatsız ill-tempered.

tabiatsızlık ill-temperedness.

tabiatüstü, -nü supernatural.

tabii [. - -] 1. natural; 2. customary, ha-

bitual; **3.** unadulterated, pure; **4.** of course, naturally; ~ afet natural disaster; ~ borçlar ⚖ natural obligations.
tabiilik naturalness.
tabiiyat, -tı [. - . -] the natural sciences.
tabiiye [. - . .] *phls.* naturalism.
tabiiyet, -ti nationality, citizenship.
tabiiyetsiz stateless *(person).*
tabip, -bi [ī] doctor, physician.
tabir 1. expression, term, phrase; idiom; **2.** interpretation *(of a dream)*; ~ caizse if I may say so; ~ etm. **1.** to express in words, to verbalize; **2.** to interpret *(a dream)*; tabiri diğerle in other words.
tabirname [- . - .] book on the interpretation of dreams.
tabiye ⚔ tactics.
tabiyeci ⚔ tactician.
tabla [x .] **1.** circular tray; **2.** ashtray; **3.** disc; **4.** pan *(of a balance)*; **5.** panel *(of a door)*; **6.** metal pan *or* tray *(put under a stove).*
tabldot, -tu table d'hote.
tablet, -ti tablet.
tablo [x .] **1.** painting, picture; **2.** panorama, view, picture; **3.** table; **4.** tableau; **5.** *mot.* instrument board (*or* panel).
tabu taboo.
tabur 1. ⚔ battalion; **2.** *fig.* row, line, file.
taburcu 1. discharged *(from a hospital)*; **2.** *sl.* released from jail; ~ etm. to discharge, to dismiss; ~ olm. to be discharged.
tabure 1. stool; **2.** footstool; ottoman.
tabut, -tu **1.** coffin; **2.** egg crate.
tabutlamak to put into a coffin.
tabutluk place where empty coffins are stored.
tabülatör tabulator.
tabya [x .] ⚔ bastion, redoubt.
tacil [- -] speeding up, hastening; ~ etm. to speed up, to hasten, to expedite.
tacir [ā] merchant.
taciz [- -] annoyance, harassment; ~ etm. to annoy, to harass, to bother.
tacizlik harassment, bothering; ~ getirmek **1.** to complain (*-den* about); **2.** to get fed up (*-den* with); ~ vermek to bother, to annoy, to harass.
taç, -cı **1.** crown; coronet; **2.** crest, crown *(of a bird)*; **3.** ⚘ corolla, petal; **4.** *ast.* corona; **5.** *football:* touchdown; ~ giyme töreni coronation; ~ giymek to be crowned.
taçlı crowned.
taçsız uncrowned.
taçyapraklı ⚘ petaled, petalous.
tadım taste.
tadımlık just enough to taste.
tadil [- -] alteration, adjustment, modification; amendment; ~ etm. to change, to alter, to amend.
tadilat, -tı [- . -] *pl. of* tadil, changes, alterations; amendments.
taflan ⚘ cherry laurel.
tafra pomposity, conceit; ~ satmak to talk big.
tafracı big talker.
tafsil [ī] detailed explanation; ~ etm. to detail.
tafsilat, -tı details, particulars; ~ vermek to detail; -a girmek (*or* girişmek) to go into detail; -iyle in detail.
tafsilatlı detailed.
tafta taffeta.
tagaddi [ī] nourishment; ~ etm. to feed; to be nurtured.
tagallüp, -bü **1.** tyranny; **2.** usurpation; ~ etm. to tyrannize (*-e* over).
taganni [ī] singing; ~ etm. to sing.
tagayyür change, alteration; ~ etm. to change, to alter.
tağdiye feeding; ~ etm. to feed, to nourish.
tağşiş [ī] adulteration; ~ etm. to adulterate.
tağyir [ī] change, alteration; ~ etm. to change, to alter.
tahaddüs arising, coming into being; ~ etm. to arise, to come into being.
tahaffuz guarding o.s.; ~ etm. to guard o.s.
tahaffuzhane [. . . - .] quarantine station.
tahaffuzi [ī] precautionary.
tahakkuk, -ku **1.** realization; **2.** verification; **3.** accruement, accrual; ~ etm. **1.** to be realized, to come true; **2.** to prove true; **3.** to fall due *(interest, tax)*; ~ memuru tax assessor; ~ tarihi due date *(of a tax, interest).*
tahakküm tyranny; domination; ~ etm. *(b-ne)* to tyrannize over *s.o.*; to dominate over *s.o.*
tahallül ⚗ dissolution; dissociation; ~ etm. to dissolve; to dissociate.
tahammül 1. patience, endurance, forbearance; **2.** durability *(of a thing)*; ~ etm. to endure, to bear, to put up (*-e* with); ~ olunamayacak derecede unbearably.
tahammülfersa [. . . . -] ✎ unbearable, unendurable.
tahammüllü patient.
tahammülsüz impatient, intolerant.
tahammür fermentation; ~ etm. to ferment.

taharet, -ti [. - .] **1.** cleanliness, purity; **2.** canonical purification *(of the body)*; ~ kâğıdı toilet paper.

taharri [ī] **1.** investigation, research; **2.** search; ~ etm. **1.** to investigate; **2.** to search; ~ memuru plainclothesman.

taharrüş ⚕ itching; irritation; ~ etm. to itch; to be irritated.

tahassul, -lü resulting, emerging; ~ etm. to result, to emerge.

tahassür longing, yearning; ~ etm. to long (-e for), to yearn (-e for).

tahassüs sensation.

tahaşşüt, -dü concentration *(of troops)*; ~ etm. to be concentrated *(or* amassed) *(troops)*.

tahavvül change, conversion; ~ etm. to change.

tahayyül **1.** imagination; fancy; **2.** daydreaming; ~ etm. **1.** to imagine; **2.** to fantasize; to daydream.

tahdidat, -tı [. - -] *pl. of* tahdit, limitations; restrictions.

tahdit, -di [ī] **1.** limitation; restriction; **2.** demarcation, delimitation; ~ etm. **1.** to limit; to restrict; **2.** to demarcate, to delimit.

tahıl **1.** grain; **2.** cereal; ~ ambarı granary.

tahin [- .] sesame oil; ~ helvası hal(a)vah.

tahini [- . -] tan(-coloured).

tahkik, -ki [ī] investigation; ~ etm. to investigate.

tahkikat, -tı [. - -] *pl. of* tahkik, inquiry; probe, investigation; ~ yapmak to conduct an investigation.

tahkim [ī] **1.** fortification; **2.** strengthening; **3.** ⚖ resolution of a dispute by arbitration; ~ etm. **1.** to fortify; **2.** to strengthen; **3.** ⚖ to resolve by arbitration.

tahkimat, -tı [. - -] ⚔ fortifications.

tahkimli [. - .] fortified.

tahkir [ī] insult, scorn; ~ etm. to insult, to despise, to scorn.

tahlif [ī] swearing *(a witness)*; ~ etm. to swear *(a witness)*.

tahlil [ī] analysis; ~ etm. to analyze.

tahlili [. - -] analytical.

tahlisiye [. - . .] lifeboat service; ~ sandalı lifeboat; ~ simidi life buoy; ~ yeleği life jacket.

tahliye **1.** evacuation *(of people)*; **2.** emptying; **3.** discharging, unloading *(cargo)*; **4.** vacating *(a building)*; **5.** releasing *(a prisoner)*; ~ etm. **1.** to evacuate *(people, a place)*; **2.** to empty; to unload, to discharge *(cargo)*; **3.** to vacate *(a building)*; **4.** to release, to set free *(a prisoner)*.

tahmil [ī] **1.** loading; **2.** imposition *(of a task)*; **3.** imputation, *(of blame, etc.)* ~ etm. **1.** to load; **2.** to impose *(a task)* (-e on); **3.** to lay *(the blame)* (-e on).

tahmin [ī] **1.** guess, conjecture, surmisal; **2.** estimation; prediction; ~ etm. **1.** to guess, to conjecture, to surmise; **2.** to estimate, to reckon, to judge; to predict, to forecast.

tahminen [ī] [. x .] approximately; roughly.

tahmini [. - -] approximate; conjectural.

tahminlemek [ī] *s.* tahmin etm.

tahnit, -ti [ī] embalmment; ~ etm. **1.** to embalm *(a corpse)*; **2.** to stuff *(a dead animal)*.

tahra *P* pruning hook.

Tahran [. -] *pr. n.* Tehran.

tahribat, -tı [. - -] damage, destruction; ~ yapmak to damage, to destroy.

tahrif [ī] distortion, falsification; misrepresentation *(of facts)*; ~ etm. to distort *(a meaning)*; to misrepresent *(facts)*.

tahrifat, -tı [. - -] distortions; misrepresentations.

tahrik, -ki [ī] incitement, instigation, provocation, fomentation; ~ etm. **1.** to incite, to instigate, to provoke, to foment; **2.** to stimulate, to excite, to arouse, to stir; **3.** to propel, to drive; to move.

tahrikât, -tı *pl. of* tahrik *pol.* incitements, provocations, instigations.

tahrikçi instigator, provocator, fomenter.

tahril stripe, line.

tahrip, -bi [ī] destruction, devastation, demolition; ~ etm. to destroy, to ruin, to devastate; to demolish.

tahripçi [. - .], **tahripkâr** [. - -] destructive.

tahrir [ī] **1.** composing, writing down; **2.** registration; **3.** essay, composition; ~ etm. to compose, to write down, to draft; -i nüfus population census.

tahriri [. - -] written.

tahriş ⚕ irritation; ~ edici irritative; ~ etm. to irritate.

tahsil [ī] **1.** education, study; **2.** collection *(of money)*; ~ etm. **1.** to study, to get an education; **2.** to collect *(money, taxes)*; ~ görmek to get an education, to study.

tahsilat, -tı revenue, money received.

tahsildar [. - -] **1.** receiving teller *(in a bank)*; **2.** tax collector.

tahsis [ī] assignment, appropriation, allotment; ~ etm. to assign, to appropriate, to allot.
tahsisat, -tı [. - -] *pl. of* tahsis, appropriation, allotment, allowance; ~ ayırmak to appropriate money (-*e* for).
tahşit, -di [ī] concentration, amassing *(of troops)*; ~ etm. to concentrate, to amass *(troops)*.
taht, -tı throne; -a çıkarmak (*or* oturtmak) to enthrone; -a çıkmak (*or* geçmek *or* oturmak) to ascend the throne; -tan indirmek to dethrone.
tahta 1. board, plank; batten; **2.** blackboard; **3.** sheet *(of metal)*; **4.** wooden...; **5.** bed *(in a garden)*; ~ perde board fence, hoarding; -dan wooden; -sı eksik *co.* screwy, nutty, balmy.
tahtabiti, -ni *s.* tahtakurusu.
tahtaboş wooden balcony.
tahtakoz *sl.* policeman, fuzz, cop.
tahtakurusu, -nu *zo.* bedbug.
tahtalı 1. boarded; planked; **2.** *zo.* ringdove; ~ köy *sl.* cemetery, boneyard; ~ köyü boylamak *sl.* to kick the bucket, to peg out, to go to one's long account.
tahtapuş *s.* tahtaboş.
tahtelhıfız, -fzı under guard; in custody.
tahterevalli [. . . x .] seesaw, teeterboard, teeter-totter.
tahteşşuur subconscious.
tahtezzemin [ī] underground, subterranean.
tahtırevan [. . . -] **1.** howdah; **2.** palanquin.
tahvil [ī] **1.** transformation; transfer; conversion; **2.** ⚚ bond, debenture; ~ etm. to transform; to transfer; to convert.
tahvilat, -tı ⚚ bonds, debentures, securities.
taife [- . .] *s.* tayfa.
tak¹, -kı [ā] arch.
tak² thump, knock; ~ ~ kapı vuruldu there was a knock on the door.
taka 1. small sailing boat; **2.** *sl.* jalopy, rattletrap.
takaddüm 1. precedence; **2.** antecedence; ~ etm. **1** to have precedence (-*e* over); **2.** to antecede; **3.** to act before s.o. else does.
takanak *s.* takıntı.
takarrüp, -bü approach; ~ etm. to approach, to near.
takarrür 1. establishment; **2.** being decided; ~ etm. **1.** to be established; **2.** to be decided.
takas 1. barter, swap, exchange; **2.** ⚚ clearing; ~ etm. **1.** to barter, to swap, to exchange; **2.** ⚚ to clear; ~ tukas etm. to square accounts with each other.
takat, -ti [- .] strength *(a. phys.)*; ~ getirmek to endure; -i kalmamak (*or* kesilmek *or* tükenmek) to be exhausted *(or* worn out).
takatlı strong.
takatsız [- . .] weak, debilitated.
takatuka [. . x .] **1.** noise, tumult, commotion; **2.** spittoon; **3.** *typ.* quoin.
takayyüt, -dü **1.** attentiveness, attention, care; **2.** vigilance; ~ etm. **1.** to pay attention (-*e* to), to take care (-*e* of); **2.** to be vigilant.
takaza [. - -] taunt; ~ etm. to taunt, to rub it in.
takbih [ī] disapproval; ~ etm. to disapprove.
takdim [ī] **1.** introduction; **2.** presentation; ~ etm **1.** to present, to tender, to offer; **2.** *(b-ni)* to introduce *s.o.* to another; ~ tehir inversion.
takdimci compère, emcee.
takdir [ī] **1.** appreciation; **2.** judg(e)ment, discretion; **3.** commendation, approval, applause; **4.** predestination, fate; ~ etm. **1.** to appreciate; **2.** to commend, to approve, to applaud; **3.** to evaluate, to value; **4.** *(for God)* to predestine, to foreordain; ~ hakkı ⚖ judicial discretion; ~ toplamak to win general approval; -de in the event of..., if...; -e bağlı muamele ⚖ discretionary act; -ine bırakmak *(b-nin)* to leave *(a matter)* to *s.o.'s* judg(e)ment; öldüğü -de in the event of his death.
takdirkâr [ī] **1.** appreciative; **2.** appreciator.
takdirname [. - - .] letter of commendation *(or* appreciation).
takdis [ī] **1.** sanctification, consecration; **2.** veneration; ~ etm. **1.** to bless, to sanctify, to consecrate, to hallow; **2.** to venerate, to revere; **3.** to glorify *(God)*.
takı 1. wedding present; **2.** *gr.* particle.
takılgan teaser.
takılı 1. *gr.* affixed; **2.** attached (-*e* to), fastened (-*e* to).
takılmak 1. *pass. of* takmak; **2.** to kid, to tease, to rally, to pull so.'s leg; **3.** *fig.* *(bş. üzerinde)* to get stuck on *s.th.*, to get snagged on *s.th.*, to get hung up on *s.th.* **4.** to get hung up in, to be delayed in *(a place)*.
takım 1. team, group, band, gang, crew, troop; **2.** set *(of things)*; **3.** ⚘, *zo.* order; **4.** ⚔ platoon; **5.** ⊕ train; ~ elbise suit; ~ mukavelesi ⚖ collective agreement;

~ taklavat *F* the whole kit and caboodle, the whole push; ~ tutmak to support a team, to root for a team.
takımada archipelago.
takımyıldız *ast.* constellation.
takınmak 1. to assume *(an air)*; 2. to put on *(ornaments)*.
takıntı 1. ramification; 2. outstanding debt; 3. dealings, relationship; 4. *F* subject which a student has flunked; 5. piece of jewelry.
takırdamak to clatter, to rattle, to bang.
takırdatmak to rattle, to clatter.
takır takır 1. with a rattling noise; 2. very stale *(food)*; 3. hard and dry.
takırtı rattle, clatter; clop-clop.
takır tukur with a clattering noise.
takışmak 1. to tease each other; 2. to quarrel with each other.
takıştırmak to deck o.s. out in jewels.
takızafer [-...] triumphal arch.
takibat, -tı [- - -] legal proceedings *(or* action); prosecution *(of a case)*.
takip, -bi [- -] 1. following; pursuit; 2. ⚖ legal proceedings; prosecution *(of a case)*; ~ etm. 1. to follow, to pursue, to trail; 2. to follow, to succeed; 3. to keep up with, to follow *(a fashion)*.
takke skullcap.
takla somersault; cartwheel; ~ atmak *(or* kılmak) 1. to turn a somersault, to somersault; 2. *fig.* to jump for joy.
taklak *s.* takla.
taklidi [. - -] imitative.
taklit, -di [ī] 1. imitation; 2. counterfeit, imitated, sham; 3. imitative; 4. mockery, impersonation; ~ etm. 1. to imitate, to copy, to duplicate, to reproduce; 2. to imitate, to ape; 3. to fake, to counterfeit; 4. to impersonate, to mimic, to mock.
taklitçi 1. imitator, copier; 2. impersonator; mimic.
takma 1. *vn. of* takmak; 2. artificial *(tooth, eye)*; false *(beard)*; 3. prefabricated; ~ ad 1. nickname; 2. pen name; ~ diş false teeth; ~ motor outboard motor; ~ saç wig.
takmak, (-ar) 1. to attach, to fasten, to put on, to affix, to fit; 2. to nickname; 3. to pick on; 4. *sl. school:* to fail, to flunk; 5. to put on; to wear; takıp takıştırmak to deck o.s. out in jewelry.
takmamak *sl.* to take no notice (-*i* of), to pay no heed (-*i* of).
takoz 1. wedge, chock; 2. shore, prop; 3. plug.
takozlamak 1. to shore up; 2. to put a wedge under *or* behind s.th.
takriben [ī] [. x .] approximately, about.
takribi [. - -] approximate.
takrir [ī] 1. explaining, expounding; 2. report, memorandum; 3. proposal, motion; ~ etm. to present, to expound.
takriz [ī] laudatory preface to a book.
taksa [x .] postage due; ~ pulu postage-due stamp.
taksi [x .] taxi, cab; ~ durağı taxi rank, cabstand.
taksim [ī] 1. division; partition, distribution; 2. slash (mark), diagonal, virgule; 3. 𝔄 division sign; 4. ♪ instumental improvisation; ~ etm. 1. to divide up; to share out, to distribute; 2. ♪ to improvise; ~ geçmek = ~ etm. 2; ~ işareti slash (mark), diagonal, virgule.
taksimat, -tı [. - -] divisions, sections, parts.
taksimetre taximeter.
taksir [ī] 1. cutting short; 2. failure in duty, remissness; ~ etm. 1. to cut short, to curtail; 2. to be remiss.
taksirat, -tı [. - -] 1. sins; 2. *F* fate, destiny.
taksit, -ti instal(l)ment; ~ ~ in instal(l)ments; -le in instal(l)ments.
tak tak *s.* tak².
taktik 1. tactic, manoeuvre, *Am.* maneuver; 2. ⚔ tactics.
taktir [ī] distillation; ~ etm. to distil(l).
tak tuk knock! knock!
takunya, takunye [. x .] clog, patten.
takvim [ī] calendar; ~ yılı calendar year.
takviye reinforcement *(a.* ⚔); ~ etm. to reinforce *(a.* ⚔); to strengthen.
takyit, -di [ī] restriction; ~ etm. to restrict, to limit.
talak, -kı *isl.* ⚖ divorce.
talan pillage, plunder, sack; ~ etm. to pillage, to plunder, to sack.
talaş 1. sawdust; wood shavings; 2. metal filings.
talaşlamak to sprinkle sawdust over *(a place)*.
talaz 1. wave *(in the sea)*; 2. ripple, undulation *(in a piece of silk)*.
talebe student, pupil.
talebelik being a student *or* pupil.
talebetmek [. x . .] to demand, to want, to require, to request.
talep, -bi demand, request; ~ etm. to demand, to want, to require, to request.
tali secondary; subordinate; ~ cümle *gr.* subordinate clause; ~ komisyon subcommittee

talih [ā] luck, good fortune; ~ **kuşu** good luck; **-i olmamak** to be unlucky; **-i yaver gitmek** to be lucky; **-ine küsmek** to curse one's luck.
talihli [ā] lucky, fortunate.
talihsiz [ā] unlucky.
talihsizlik [ā] bad luck, locklessness, mischance.
talik, -kı [- -] **1.** postponement; **2.** depending on, hinging on; **3.** calligraphic style; ~ **etm. 1.** to postpone, to put off; **2.** to depend (*-e* on), to hinge (*-e* on).
talika [. x .] a small, horsedrawn vehicle.
talim [- -] **1.** instruction, training; **2.** practice, drill, exercise; **3.** ⚔ drill; ~ **etm. 1.** to teach, to instruct; **2.** to practice; **3.** ⚔ to drill; ~ **fişeği** blank (cartridge); ~ **meydanı** ⚔ drill field; ~ **ve terbiye** training.
talimat, -tı [- - -] instructions, directions; ~ **vermek** to instruct, to give instructions.
talimatname [- . . - .] regulations book.
talimgâh [- . -] ⚔ training centre.
talimhane [- . - .] ⚔ drill field.
talimli [ā] trained; instructed; practiced.
talimname [- . - .] **1.** ⚔ field manual; **2.** technical manual.
talip, -bi 1. desirous, wishful; **2.** suitor, wooer; **3.** applicant; **4.** customer; ~ **çıkmak** to become the suitor (*-e* of); ~ **olm. 1.** to desire, to want, to seek; **2.** to seek the hand of a woman in marriage.
talk, -kı *geol.* talc(um); ~ **pudrası** talc, talcum powder.
tallahi [x . .] by God!
taltif [ī] **1.** favo(u)r, kindness; **2.** recompense; ~ **etm. 1.** to gratify, to please, to win the heart of; **2.** to reward.
talveg [x .] *(hattı) geogr.* thalweg.
tam 1. complete, perfect; full, whole; **2.** fully, completely; **3.** exactly; immediately; ~ **açı** ⩓ perigon; ~ **adamını bulmak** to choose the very man *(for the job, etc.)*; ~ **iki kilo** a full two kilos; ~ **pansiyon** full pension; ~ **-ına** *(or* **-ı -ına)** completely; in full; ~ **tertip** thoroughly; ~ **teşekküllü bir hastane** a fully equipped hospital; ~ **üstüne basmak** to hit the nail right on the head; ~ **vaktinde** right on time; ~ **yetki** full authority; ~ **yol** at full *(or* top) speed.
tamah greed, avarice, cupidity.
tamahkâr 1. greedy, avaricious; **2.** miserly, stingy, tight.
tamam 1. complete, finished; ready; **2.** the whole of the..., all of the...; **3.** correct; **4.** O.K.!, all right!; **5.** fully; for a whole; ~ **etm.** to finish, to complete, to terminate; **-ı -ına** completely; in full.
tamamen [. - .] [. x .] completely, wholly, entirely, quite.
tamamiyet, -ti [. - . .] completeness, entirety.
tamamıyla *s.* **tamamen.**
tamamlamak to complete, to finish; to complement.
tamamlayıcı complementary, complemental; supplementary, supplemental.
tambur ♪ *a kind of stringed instrument similar to the mandolin.*
tambura [. x .] any stringed instrument.
tamburi [. - -] player of a **tambur.**
tamim [- -] **1.** circular; **2.** generalization; **3.** circularization; ~ **etm. 1.** to circularize; **2.** to generalize; **3.** to diffuse.
tamir [- -] repair; restoration; ~ **etm.** to repair, to mend, to fix; ~ **görmek** to be repaired *(or* mended *or* fixed); **-e vermek** *(bşi)* to have *s.th.* repaired.
tamirat, -tı [- - -] repairs.
tamirci [ā] repairman, repairer.
tamirhane [- . - .] repair shop.
tamlama *gr.* **1.** noun phrase; **2.** prepositional phrase.
tamlayan *gr.* modifier.
tampon 1. *mot.* bumper; **2.** 🚂 buffer; **3.** ⚕ tampon, plug, pack; **4.** ⚗ buffer; **5.** blotter; ~ **devlet** buffer state.
tamsayı ⩓ whole number.
tamtakır [x . .] absolutely empty; ~ **kuru bakır** absolutely empty.
tamtam tom-tom.
tan dawn, daybreak; ~ **ağarmak** to dawn, *(for day)* to break.
tanassur conversion to Christianity; ~ **etm.** to become a Christian.
Tanca *pr. n.* Tangier(s).
tandans tendency.
tandır 1. oven *(made in a hole in the earth)*; **2.** heating arrangement; ~ **kebabı** *dish of meat roasted in an oven.*
tandırname [. . - .] old wives' tale.
tane [ā] **1.** kernel, grain; **2.** grain *(of salt, sand, sugar, etc.)*; **3.** item, piece, ~~ in separate pieces; ~ ~ **konuşmak** to speak distinctly; ~ **tutmak** *(or* **-ye gelmek)** to ear (up), to form ears.
tanecik [ā] **1.** granule *(of sand, salt, sugar, etc.)*; **2.** tiny kernel; **3.** particle.
tanecikli [ā] granular.
tanecil [ā] *zo.* granivorous *(animal).*
tanelemek [ā] **1.** to granulate; **2.** to shell.
tanelenmek [ā] **1.** *pass. of* **tanelemek**; **2.** to ear (up), to form ears *(cereal plant).*
taneli [ā] grainy.
tanen ⚗ tannin.

tanga very skimpy bikini, G-string.
tangırdamak to clatter, to clang.
tangırdatmak to clatter, to clang.
tangır tangır clatteringly.
tangırtı clatter, clang, racket.
tangırtılı clattery, clattering.
tangır tungur with a clatter.
tango [x .] 1. ♪ tango; 2. *sl.* loudly dressed woman.
tanı diagnosis.
tanıdık acquaintance; ~ çıkmak to have met before.
tanık (eye)witness; ~ olm. to witness.
tanıklık testimony, witness; ~ etm. to testify.
tanılamak to diagnose.
tanım definition.
tanıma *vn. of* tanımak, *part.* ⚖ recognition, acknowledgement.
tanımak 1. to recognize, to know; 2. to be acquainted, to know; 3. to be able to distinguish, to recognize, to know; 4. to recognize, to acknowledge; 5. to listen to, to pay attention to; to respect; 6. to hold responsible.
tanımlama definition.
tanımlamak to define.
tanımsal definitional.
tanınmak 1. to be (well-)known; 2. to be known for; 3. to be acknowledged *(or* recognized); dürüstlüğüyle tanınır he is known for his honesty.
tanınmış 1. famous, well-known, famed, reputable; 2. known for; doğru ~ bir hâkim a judge who's known for his honesty.
tanış *F* acquaintance; ~ çıkmak to have met before.
tanışık: ~ çıkmak to have met before.
tanışıklık acquaintance(ship).
tanışmak to get acquainted (*ile* with), to be acquainted (*ile* with), to make the acquaintance *(ile* of); to know one another.
tanıştırmak to introduce.
tanıt, -tı proof, evidence.
tanıtıcı introductory.
tanıtım 1. introduction, presentation; 2. advertisement.
tanıtlamak to prove.
tanıtmacı ⚚ salesman, sales representative.
tanıtmak 1. to introduce, to present; 2. to advertise, to publicize.
tanjant, -tı ⩘ tangent.
tank, -kı tank.
tankçı ⚔ tanker.
tanker tanker.
tanksavar ⚔ 1. antitank; 2. antitank weapon.
tanrı 1. god, deity; 2. ♀ God; ~ hakkı için for God's sake; ~ kayrası Providence; ~ misafiri unexpected guest; -nın günü every blessed *(or* doggone) day.
Tanrıbilim theology.
Tanrıbilimci theologian.
Tanrıcılık theism.
tanrıça goddess.
tanrılaşmak to become a god, to become divine.
tanrılaştırmak to deify.
tanrılık divinity, godhood.
tanrısal divine.
tanrısız godless, atheistic.
Tanrıtanımazlık atheism.
tansiyon 1. ⚕ blood pressure; 2. tension; ~ aleti sphygmomanometer; ~ düşüklüğü ⚕ hypotension; ~ yüksekliği hypertension.
tantana pomp, display; grandiosity.
tantanalı pompous, grand; grandiose.
tan tuna gitmek *sl.* to be killed; to be done for.
tanyeli, -ni dawn breeze.
tanyeri, -ni dawn; ~ ağarmak *(for dawn)* to break.
tanzifat, -tı [. . -] street-cleaning.
tanzim 1. organizing, arranging; 2. regulating; reorganizing; 3. drafting, drawing up, preparing; ~ etm. 1. to organize, to arrange, to determine; 2. to regulate; to reorganize; to put in order; 3. to draft, to draw up, to prepare; ~ satışı sale of foodstuffs by a municipality in order to regulate prices.
Tanzimat, -tı [. - -] *pr. n. the political reforms made in the Ottoman state in 1839.*
tapa [x .] 1. stopper; cork; plug; bung; 2. fuse *(for a bomb).*
tapalamak to stopper, to put a stopper (-ı on).
tapalı stoppered.
tapı god, deity.
tapınak temple, place of worship.
tapınmak, (-ır), **tapmak,** (-ar) 1. to worship; 2. to idolize, to adore.
tapon *F* shoddy, fourth-rate, crummy, sorry.
taptaze [x - .] very fresh.
tapu 1. (title) deed; 2. *(dairesi)* deed *(or* land) office; ~ kütüğü register of title deeds; ~ senedi (title) deed.
tapulamak 1. to register with a title deed, to get title for *(a piece of land);* 2. to issue a title deed for *(a piece of land).*

tapyoka [. x .] tapioca.
taraça [. x .] terrace.
taraf 1. side; part, portion; 2. region, area; direction; 3. party; litigant; 4. behalf; ~ tutmak to take sides; -a olm. *(b-den)* to side with *s.o.*, to be for *s.o.*; -ını tutmak *(b-nin)* to side with *s.o.*
tarafeyn the two parties; the prosecution and the defence.
tarafgir [ī] partial, biased.
taraflı 1. -sided, -edged; 2. supporter, adherent; 3. person from a certain region; sen ne taraflısın? what part of the country are you from?
tarafsız 1. neutral; noncommittal; 2. impartial, unbiased.
tarafsızlık 1. neutrality; 2. impartiality.
taraftar [. . -] supporter, adherent, follower, advocate, partisan; ~ olm. to support, to be in favo(u)r (-e of).
taraftarlık 1. adherence, advocacy; 2. partiality, partisanship.
tarak 1. comb; 2. hackle, hatchel; 3. reed; 4. rake; harrow; 5. gill *(of a fish)*; 6. *anat.* instep, metatarsus *(of the foot)*; 7. *zo.* crest *(of a bird)*; 8. *zo.* scallop; cockle; 9. dredge; 10. dragnet; ~ dubası dredger; ~ gemisi dredge; ~ vurmak to comb.
tarakişi, -ni serrated embroidery.
taraklamak 1. to comb; 2. to rake; 3. to dredge; 4. to hackle; to card, to comb *(wool)*.
taraklı 1. crested *(bird)*; 2. serrated *(cloth)*; 3. wide *(foot)*.
tarakotu, -nu ⚘ teasel.
taralı 1. combed; 2. raked; 3. dredged.
tarama 1. *vn. of* taramak; 2. hachure; 3. red caviar.
taramak 1 to comb; 2. to rake, to harrow; 3. to hackle; to card, to comb; 4. to dredge; 5. to search thoroughly, to comb; 6. to scan, to give the once-over; 7. to (cross)hatch; to hachure *(a map)*.
taranmak 1. *pass. of* taramak; 2. to comb one's hair.
tarantı 1. combings; 2. rakings; 3. dredgings.
tarassut, -du *ast.*, ⚔ observation; surveillance; ~ etm. to observe; to keep under surveillance.
tarator *sauce made with vinegar and walnuts.*
taravet, -ti [. - .] freshness; tenderness.
taraz ravels, ravelings, fuzz; ~ ~ olm. *s.* tarazlanmak.
tarazlamak to remove the ravelings from.
tarazlanmak 1. to ravel, to fuzz; 2. *(for hair)* to frizz.
tarçın cinnamon.
tardetmek [x . .] 1. to expel (*-den* from); to dismiss (*-den* from), to discharge (*-den* from); 2. ⚔ to repulse, to drive back.
taret, -ti ⚔ turret.
tarh 1. ⅄ subtraction; 2. imposition *(of a tax)*; 3. (*a.* çiçek tarhı) flower bed.
tarhana [x . .] *preparation of yogurt and flour dried in the sun;* ~ çorbası *soup made with* tarhana.
tarhetmek [x . .] 1. to subtract; 2. to impose *(a tax)*.
tarhun ⚘ tarragon, estragon.
tarım agriculture, farming.
tarımcı agriculturist.
tarımsal agricultural.
tarif [- -] 1. description; 2. definition; 3. recipe; ~ edilemez indescribable; ~ etm. 1. to describe; 2. to define; -e uymak to match the description, to answer to the description.
tarife [ā] 1. tariff; 2. timetable, schedule; 3. directions, instructions; 4. recipe.
tarih [ā] 1. history; 2. date; 3. chronogram; ~ atmak *(or* koymak) to date; -e geçmek to go down in history as; -e karışmak to become a thing of the past.
tarihçe [ā] short history.
tarihçi [ā] 1. historian; 2. history teacher.
tarihi [- . -] historic(al).
tarihli [ā] dated; 20 Nisan ~ bir mektup a letter dated 20 April.
tarihöncesi, -ni [ā] 1. prehistory; 2. prehistoric(al).
tarihsel [ā] historic(al).
tarihsiz [ā] 1. undated; 2. historyless.
tarik, -kı 1. road; 2. way of life, path.
tarikat, -tı [ī] 1. *isl.* tarekat, tariqa, dervish order; 2. tariqa(t), Sufi path.
tarikatçı [ī] *isl.* member of a tariqa, dervish.
tariz [- -] allusion, hint, innuendo; ~ etm. to get in a dig (*-e* at), to allude (*-e* to).
tarla [x .] field; ~ açmak to clear a piece of land; ~ sürmek to plough, *Am.* to plow.
tarlafaresi, -ni *zo.* vole.
tarlakuşu, -nu *zo.* skylark.
tarpan tarpan.
tarsin [ī] strengthening; ~ etm. to strengthen.
tart[1], -tı pie.
tart[2], -dı 1. expulsion; discharge, dismissal; 2. ⚔ repulse, repulsion.

tartaklamak to rough up, to manhandle.

tartar ⚗ tartar.

tartı 1. weight, heaviness; **2.** balance, scales; **3.** ⚓ line; **4.** *poetry:* meter; ~ aleti weighing device, scale; -ya gelmemek to be unweighable; -ya vurmak to weigh.

tartıcı weigher.

tartıl ⚗ quantitative.

tartılı 1. weighed; **2.** well-considered; **3.** metrical *(poem).*

tartışma *vn.* of tartışmak, *part.* debate, discussion; dispute, argument.

tartışmacı debater, discussant, disputant.

tartışmak to debate, to dispute, to argue, to discuss.

tartışmalı disputatious.

tartmak, (-ar) **1.** to weigh *(a. fig.)*; **2.** to sound *(or* feel) out; **3.** to evaluate, to size up.

tartura [. x .] lathe wheel.

tarumar [- . -] confused, jumbled, topsy-turvy; ~ etm. to disarray, to make a mess of.

tarz 1. manner, way, sort, kind; **2.** style.

tarziye apology; ~ vermek to apologize (-*e* to).

tas cup, bowl; porringer; ~ gibi bald *(head)*; ~ kebabı goulash *(a stew made of meat and vegetables)*; -ı tarağı toplamak *fig.* to pack one's bags, to pack up one's belongings *(or* traps).

tasa worry, anxiety; ~ etm. *(or* çekmek) to worry, -mın on beşi! *F* I don't care!, what is it to me!; -sı sana mı düştü? what is it to you?, it's no concern of yours!

tasaddi attempt; ~ etm. to attempt, to try.

tasalandırmak to worry.

tasalanmak to worry.

tasalı worried, anxious, troubled.

tasallut, -tu **1.** molestation; **2.** attack; ~ etm. **1.** to molest; **2.** to attack.

tasallüp, -bü hardening; ~ etm. to harden.

tasannu, -uu simulation, pretense; artificiality.

tasar plan.

tasarı 1. plan, project, scheme; **2.** bill, draft law; proposal.

tasarım 1. conception, envisagement; **2.** concept, idea; **3.** *phls.* presentation.

tasarımlamak to imagine, to conceive, to envisage.

tasarlamak 1. to envisage, to envision, to plan, to project; **2.** to rough out, to roughhew; tasarlayarak öldürmek ⚖ to murder premeditatedly.

tasarruf 1. ⚖ disposition, disposal; possession; management, administration; **2.** economy, thrift; saving *(money)*; **3.** savings; ~ bankası savings bank; ~ bonosu a kind of savings bond; ~ etm. **1.** to save (up), to save money, to economize; **2.** to have the use of; ~ hesabı savings account; ~ mevduatı savings deposit; ~ sandığı savings bank.

tasarruflu thrifty, economical, frugal.

tasasız carefree, lighthearted.

tasasızlık carefreeness, lightheartedness.

tasavvuf *isl.* Sufism, Islamic mysticism.

tasavvufi *isl.* Sufistic, Sufic.

tasavvur 1. imagination, conception, envisagement; **2.** concept, idea; ~ etm. to imagine, to conceive, to envisage.

tasdi, -ii [ī] discommoding, inconveniencing; ~ etm. to discommode, to inconvenience.

tasdik, -kı [ī] **1.** confirmation; certification; **2.** ratification; ~ etm. to confirm, to certify, to ratify, to affirm.

tasdikli certified, ratified.

tasdikname [. . - .] **1.** certificate; letter of confirmation; **2.** certificate of attendance *(given to a student who leaves a school without graduating).*

tasdiksiz uncertified.

tasfiye 1. † liquidation; **2.** purification; **3.** discharge, elimination *(of the employees)*; ~ etm. **1.** to purify, to clarify, to refine; **2.** † to liquidate; **3.** to discharge, to eliminate *(employees)*; ~ memuru ⚖ liquidator; -ye gitmek † to go into liquidation.

tasfiyeci purist.

tasfiyehane [. . . - .] refinery.

tashih [ī] correction; rectification, amendment; ~ etm. to correct; to rectify, to amend.

tasımlamak 1. to plan; **2.** to estimate, to reckon.

taslak 1. draft, sketch, outline; **2.** model, maquette; **3.** *contp.* would-be; şair taslağı would-be poet.

taslamak 1. to pretend, to make a show of, to feign, to fake, to simulate, to sham; **2.** to hew.

tasma 1. collar; **2.** strap *(of clogs)*; **3.** *sl.* sucker, pushover; ~ takmak to put a collar (-*e* on).

tasni, -ii [ī] fabrication, invention; ~ etm. to fabricate, to make up, to concoct, to devise.

tasnif [ī] classification; ~ etm. to classify.

tasrif [ī] *gr.* inflection; conjugation; ~ etm. to inflect, to conjugate.

tasrih [ī] clear expression; ~ etm. to explain clearly, to specify.

tastamam [x . .] absolutely complete; altogether perfect.

tasvip, -bi [ī] approval; sanction; ~ etm. to approve, to give one's approval; to sanction.

tasvir [ī] 1. description, depiction; 2. *P* picture; ~ etm. to describe, to portray, to depict; ~ gibi as pretty as a picture.

tasviri [ī] descriptive.

taş 1. stone; rock; 2. playing piece, counter; 3. stone, gem *(in a piece of jewelry)*; 4. ⚕ calculus, stone; 5. *fig.* dig, allusion, innuendo; ~ arabası *sl.* blockhead, dodo; ~ atmak to get in a dig (*-e* at), to make an allusion (*-e* about); ~ bebek doll; ~ çatlasa by no means, whatever happens; ~ çıkartmak *(b-ne)* to be able to run rings around *s.o.*, to be far superior to *s.o.*; ~ devri *hist.* the Stone Age; ~ gibi 1. as hard as a rock; 2. stonyhearted, hardhearted; ~ kesilmek *fig.* to be dumbfounded; ~ ocağı stone quarry; ~ tahta slate; ~ ~ üstünde bırakmamak to leave no stone standing, to level with the ground; ~ tutmak *sl.* to have money; -a tutmak to stone, to stone to death; -ı gediğine koymak to hit the nail on the head; -ı sıksa suyunu çıkarır *fig.* he is very strong; -tan ekmeğini çıkarmak *fig.* to be able to make a living out of anything.

taşak testicle, testis, ball, nut.

taşbaskı lithography.

taşbasması, -nı lithograph.

taşçı 1. quarryman, quarrier; 2. stonecutter; 3. stonemason.

taşeron subcontractor.

taşıl fossil.

taşıllaşmak to fossilize.

taşım: ~ kaynamak *(for a liquid)* to come to the boil.

taşıma 1. *vn. of* taşımak; 2. transport.

taşımacı transporter, carrier; forwarder.

taşımacılık transportation, shipping.

taşımak 1. to carry, to transport; 2. to bear, to support, to sustain, to hold up *(a weight)*; 3. to carry, to bear, to possess *(a name, etc.)*.

taşınır movable, portable, transferable, conveyable.

taşınmak 1. *pass. of* taşımak; 2. to move (*-e* to), to remove (*-e* to); 3. to go too often (*-e* to).

taşınmaz immovable, real *(property)*.

taşırmak to overflow.

taşıt, -tı vehicle, conveyance, means of transportation; ~ giremez no entry; ~ kazası traffic accident.

taşıyıcı 1. porter, carrier; stevedore; 2. conveyor

taşkın 1. overflowing; 2. rowdy, boisterous, exuberant; 3. flood, inundation.

taşkınlık rowdiness, boisterousness, impetuosity.

taşkömür(ü) (pit)coal.

taşlama 1. *vn. of* taşlamak; 2. satirizing; 3. satire; lampoon.

taşlamacı 1. satirist; 2. honer.

taşlamak 1. to stone; 2. to stone to death; 3. *fig.* to satirize; to lampoon; 4. to hone; 5. to pave with stones; 6. *fig.* to get in a dig (*-i* at).

taşlaşmak to petrify, to turn to stone.

taşlı 1. stony; 2. set with stones.

taşlık 1. stony place; 2. gizzard *(of a bird)*.

taşmak, (-ar) 1. to overflow, to run over; 2. to boil over; 3. *fig.* to lose one's patience, to blow one's stack.

taşra [x .] the provinces, the sticks.

taşralı [x . .] provincial.

taşyürekli stonyhearted, hardhearted.

tat, -dı 1. taste, flavo(u)r; 2. sweetness; 3. relish, pleasure, delight; ~ almak to relish, to get a kick (*-den* out of), to find pleasure (*-den* in); ~ vermek to flavo(u)r; -ı damağında kalmak to remember s.th. with relish; -ı tuzu kalmamak to lose its charm, to be no longer pleasurable; -ı tuzu yok it is insipid, it has no flavo(u)r at all; -ına bakmak to taste, to sample; -ına doyum olmamak to be very tasty; -ına varmak *fig.* to get the full flavo(u)r (*-in* of), to enjoy; -ında bırakmak *fig.* not to overdo, -ını çıkarmak *(bşin)* to make the most of *s.th.*, to enjoy *s.th.*; -ını kaçırmak to spoil; to cast a damper (*-in* on).

tatar 1. *hist.* mounted courier; postrider; 2. ♀ Ta(r)tar.

tatarböreği, -ni a kind of pastry.

tatarcık *zo.* sandfly; ~ humması ⚕ sandfly fever.

tatarımsı, tatarsı half-cooked, underdone *(food)*.

tatbik, -ki [ī] application; adaptation; ~ etm. 1. to apply; to put into effect *(or practice)*; 2. to compare (*-e* with); ~ sahasına koymak to put into effect *(or practice)*.

tatbikat, -tı [. - -] 1. application; practice;

2. ⚔ manoeuvres, *Am.* maneuvers, exercises; -ta in practice.
tatbiki [. - -] applied; ~ sanatlar applied arts.
tatil [- -] 1. holiday, vacation; 2. break *(for a meal);* 3. suspension, temporary cessation; ~ etm. 1. to close temporarily; 2. to suspend; ~ günü 1. holiday; 2. off day, day off; ~ köyü holiday village; ~ olm. to be closed *(for a holiday);* ~ yapmak to take a holiday *(or* vacation), to holiday.
tatlandırmak to flavo(u)r.
tatlanmak to flavo(u)r, to sweeten.
tatlı 1. sweet; 2. nice, pleasant, sweet; delicious; melodious, dulcet; 3. sweet, dessert, ~ dil soft words; ~ dil yılanı deliğinden çıkarır *pro.* a soft answer turns away wrath; ~ dilli softspoken; ~ kaşığı dessert spoon; ~ su fresh water; -ya bağlamak to settle amicably.
tatlıca sweetish.
tatlıcı 1. maker *or* seller of sweets; 2. fond of sweets, sweet-toothed.
tatlılaşmak to get sweet, to sweeten.
tatlılaştırmak to make sweet, to sweeten.
tatlılık 1. sweetness; 2. *fig.* niceness, pleasantness, sweetness; deliciousness; -la with kindness; amicably.
tatlımsı sweetish.
tatlısulevreği, -ni *zo.* perch.
tatmak, (-ar) 1. to taste; 2. *fig.* to go through, to experience, to taste.
tatmin [ī] satisfaction, gratification; ~ etm. to satisfy, to gratify, to content; ~ olm. to be satisfied *(or* gratified *or* contented).
tatminkâr satisfactory.
tatsal gustatory, gustatorial, gustative.
tatsız 1. tasteless, insipid, vapid; 2. unsweet; 3. *fig.* unpleasant, disagreeable; ~ tuzsuz insipid.
tatula [. x .] ⚘ datura.
taun [- -] plague, pestilence.
tav 1. anneal *(of steel, etc.);* 2. the exact state of heat *or* dampness; 3. *fig.* opportune moment; 4. *sl.* trick, deception; ~ olm. *sl.* to fall for s.o.'s trick; ~ vermek to dampen; -a düşürmek *sl.* to trick, to hoodwink; -ına getirmek to bring to the right condition.
tava 1. frying pan, skillet, frypan: 2. fried *(food);* 3. ladle *(for melting metal);* 4. trough *(for slaking lime);* 5. bed *(for young plants).*
tavaf [. -] circumambulation *(of the Kaaba);* ~ etm. 1. to circumambulate *(the Kaaba);* 2. *fig.* to wander around.
tavan ceiling; ~ arası attic, garret, loft; ~ fiyat ceiling price; ~ süpürgesi long-handled broom *(for ceilings).*
tavassut, -tu mediation; interposition, intervention; ~ etm. to mediate, to interpose, to intervene.
tavazzuh becoming clear; ~ etm. to become clear.
taverna nightclub, tavern.
tavır, -vrı 1. manner, attitude, air; 2. airs, affectation, put-on; pose; ~ satmak to give o.s. airs.
taviz [- -] 1. concession; 2. compensation; ~ vermek to make a concession, to stretch a point.
tavla[1] [x .] backgammon; ~ atmak *F* to play backgammon.
tavla[2] [x .] stable *(for horses).*
tavlamak 1. to dampen; 2. to anneal *(steel, etc.);* 3. *sl.* to trick, to hoodwink, to bamboozle; 4. *sl.* to charm, to snow, to beguile.
tavsamak to abate, to moderate, to slacken.
tavsif [ī] characterization; designation, qualification; ~ etm. to characterize; to designate, to qualify.
tavsifi [. - -] descriptive.
tavsiye recommendation, commendation; ~ etm. to recommend, to advise, to commend; ~ mektubu letter of recommendation; -ye şayan recommendable.
tavsiyeli 1. recommended; 2. supported, backed.
tavşan[1] *zo.* rabbit, hare; ~ kız Bunny (girl); ~ uykusu rabbit's sleep; ~ yavrusu young hare, leveret; ~ yürekli timid; -a kaç, tazıya tut demek to run with the hare and hunt with the hounds; -ı araba ile avlamak *fig.* to do s.th. calmly and unhurriedly; -ın suyunun suyu *fig.* a very distant connection.
tavşan[2] cabinetmaker.
tavşancıl *zo.* vulture; eagle.
tavşandudağı, -nı harelip.
tavşandudaklı harelipped.
tavşankanı, -nı dark and strong *(tea).*
tavşanlık rabbit hutch.
tavuk *zo.* hen, chicken; ~ kümesi chicken coop; ~ suyu chicken broth.
tavukçu 1. poulterer; 2. chicken farmer.
tavukgöğsü, -nü *a pudding made of rice flour and very finely shredded chicken.*
tavukgötü, -nü wart.
tavukkarası, -nı night blindness.
tavus, tavuskuşu, -nu *zo.* peacock, peafowl.
tavzif [ī] appointing s.o. to a duty; ~ etm.

(b-ni bşle) to appoint *s.o.* to *s.th.*, to entrust *s.o.* with *s.th.*

tavzih [ī] explanation, elucidation; ~ etm. to explain, to elucidate.

tay[1] *zo.* colt, filly, foal.

tay[2] **1.** one of a pair, fellow, mate; **2.** peer, equal; ~ durmak *(for a baby)* to stand upright; ~ ~! up, up! *(said to a baby just learning to walk).*

tay[3], -yyı removal, deletion, expunction.

taya nursemaid, nanny.

tayf **1.** apparition, specter; wraith; **2.** *phys.* spectrum.

tayfa [x .] **1.** crew; **2.** crewman, sailor; **3.** gang, bunch, band, troop.

tayfun typhoon.

tayın ⚔ ration.

tayin [- -] **1.** appointment; **2.** indication; **3.** designation; ~ etm. **1.** to appoint; **2.** to fix, to determine; -ı çıkmak to be appointed *(or* assigned).

taylan tall and well-set-up *(man).*

Tayland *pr. n.* Thailand.

Taymis *pr. n.* the Thames.

tayyare [. - .] airplane; ~ gemisi aircraft carrier; ~ meydanı airfield, aerodrome.

tayyareci [. - . .] **1.** pilot; **2.** airman.

tayyarecilik [. - . . .] pilotry; aviation.

tayyetmek [x . .] to remove, to delete, to expunge.

tayyör tailleur, *(woman's)* tailor-made suit.

tazallüm complaint, lamentation; ~ etm. to complain, to lament.

tazammum **1.** including, comprising, embracing; **2.** *phls.* implication; ~ etm. **1.** to include, to comprise, to embrace; **2.** *phls.* to imply.

tazarru, -uu supplication; ~ etm. to supplicate.

taze [ā] **1.** fresh; **2.** new; young; **3.** newly, freshly; **4.** young girl; ~ biber green pepper; ~ ekmek fresh bread; ~ fasulye green beans.

tazelemek [ā] **1.** to freshen, to renew; **2.** to add water and reheat.

tazeleşmek [ā] to be rejuvenated.

tazelik [ā] freshness, newness, youth.

tazı greyhound; ~ gibi lean and agile *(person)*; -ya dönmek **1.** to get very thin, to get as thin as a rail; **2.** to get soaked to the skin.

tazim [- -] hono(u)ring, respect; ~ etm. to hono(u)r, to revere.

taziye [ā] condolence; ~ etm. (*or* -de bulunmak) to offer one's condolences, to condole; ~ mektubu letter of condolence.

taziz [- -] **1.** cherishing; **2.** exaltation; **3.** *Christianity:* conferring sainthood upon; ~ etm. **1.** to cherish; **2.** to exalt; **3.** *Christianity:* to confer sainthood (-*i* upon).

tazmin [ī] indemnification; ~ etm. to indemnify; to make up for *(a mistake).*

tazminat, -tı [. - -] ⚖ **1.** indemnity, damages, compensation, reparations; **2.** separation pay; ~ davası ⚖ action for damages.

tazyik, -ki [ī] pressure; ~ etm. to press, to put pressure on, to pressure.

tazyikli [. - .] **1.** compressed *(air)*; **2.** under compression.

TBMM (*abbr. for* Türkiye Büyük Millet Meclisi) the Turkish National Assembly.

TC (*abbr. for* Türkiye Cumhuriyeti) the Republic of Turkey.

TCDD (*abbr. for* Türkiye Cumhuriyeti Devlet Demiryolları) Turkish Rail.

TDK (*abbr. for* Türk Dil Kurumu) the Turkish Language Association.

teadül [ā] equivalence; ~ etm. to be equivalent (-*e* to).

teakup, -bu [ā] succession; ~ etm. to follow one another in succession.

teali [. - -] rise, ascent; ~ etm. to rise, to ascend.

teamül [ā] **1.** practice, custom; **2.** ⚗ reaction; ~ hukuku ⚖ consuetudinary law.

tearuz [ā] conflict, contradiction.

teati [. - -] exchange; ~ etm. to exchange.

teavün [ā] cooperation; ~ etm. to cooperate.

tebaa **1.** citizen; subject; **2.** citizens; subjects.

tebadül [ā] **1.** exchange; permutation; **2.** *biol.* mutation; ~ etm. to undergo permutation *or* mutation.

tebahhur vaporization, evaporation; ~ etm. to vaporize, to evaporate.

tebarüz [ā] becoming clear *(or* evident); ~ etm. to become clear *(or* evident); ~ ettirmek to make clear, to show clearly.

tebcil [ī] exaltation, glorification; ~ etm. to hono(u)r, to exalt, to glorify.

tebdil [ī] **1.** exchange, alteration; **2.** in disguise, incognito; ~ etm. to change, to alter, to exchange; ~ gezmek to go around in disguise, to travel incognito; -ı hava change of air; -i mekan etm. to move (house).

tebeddül alteration, exchange, replacement; ~ etm. to be changed *(or* altered).

tebelleş *P* pestiferous, importunate *(per-*

son).

tebellür 1. crystallization; 2. *fig.* becoming clear; ~ etm. 1. to crystallize; 2. *fig.* to become clear.

teber 1. *hist.* battle-ax; 2. knife *(for cutting leather).*

teberru, -uu donation, gift, contribution; ~ etm. to donate.

tebessüm smile; ~ etm. to smile.

tebeşir chalk.

tebeyyün becoming evident *(or* manifest); ~ etm. to become evident *(or* manifest).

tebligat, -tı [. - -] *pl. of* tebliğ 1. notifications, communiqués; 2. notification, communiqué.

tebliğ [ī] 1. communicating, notifying; 2. communication, notification, communiqué; ~ etm. to communicate, to notify.

tebrik, -ki [ī] 1. congratulation; 2. congratulatory card; ~ etm. to congratulate; ~ kartı greeting *(or* congratulatory) card.

tebriye ⚖ acquittal, exoneration; ~ etm. to acquit, to exonerate.

Tebriz [ī] *pr. n.* Tabriz.

tebyiz [ī] 1. making a fair copy of *(a document);* 2. whitening; ~ etm. 1. to make a fair copy of *(a document);* 2. to whiten.

tecahül [ā] feigning ignorance; ~ etm. to feign ignorance.

tecanüs [ā] homogeneity.

tecavüz [ā] 1. aggression, attack; 2. ⚖ molestation; rape, assault; 3. ⚖ violation, infringement; encroachment; transgression; ~ etm. 1. to attack; 2. to molest, to assault, to rape; 3. to violate, to infringe; to transgress; to encroach; to trespass *(-e* on); 4. to surpass, to exceed.

tecavüzi [. - . -] aggressive, offensive.

tecdit, -di [ī] renewal; restoration, renovation, refurbishment; ~ etm. to renew; to restore, to renovate, to refurbish.

teceddüt, -dü 1. renewal; innovation; 2. renaissance· ~ etm. to be renewed, to renew itself.

tecelli [ī] 1. manifestation; revelation; 2. destiny, fate; ~ etm. to become manifest; to be revealed.

tecemmu, -uu 1. assembling, gathering; 2. ⚔ concentration *(of troops);* ~ etm. 1. to assemble, to gather; 2. ⚔ *(for troops)* to be concentrated.

tecerrüt, -dü 1. isolation; 2. abstraction; ~ etm. 1. to isolate o.s. *(-den* from); 2. to free o.s. *(-den* from), to set aside *(a prejudice, etc.);* 3. to abstract.

tecessüm 1. embodiment; 2. appearance; ~ etm. 1. to become embodied *(or* tangible); 2. to appear, to become apparent.

tecessüs 1. curiosity, inquisitiveness, nosiness, snoopiness; 2. spying; ~ etm. 1. to inquire pryingly; 2. to spy *(-i* on).

tecil [- -] postponement; deferment; ~ etm. to postpone; to defer.

tecim commerce, trade.

tecrit, -di [ī] isolation, separation, insulation; ~ etm. to isolate, to separate, to set apart, to insulate; to quarantine; ~ kampı *pol.* isolation camp; ~ siyaseti isolationism.

tecrübe 1. experience; 2. ⚗, *phys.* experiment, trial, test; ~ etm. 1. to experience, to test, to experiment; 2. to attempt, to try; ~ sahibi experienced; ~ tahtası *fig.* corpus vile, guinea pig.

tecrübeli experienced.

tecrübesiz inexperienced.

tecrübesizlik inexperience.

tecrübi [ī] experimental.

tecvit, -di [ī] recitation of the Koran with proper rhythm.

tecviz [ī] permitting, allowing; ~ etm. to permit, to allow.

tecziye punishment; ~ etm. to punish.

teçhiz [ī] equipment; ~ etm. to equip, to outfit.

teçhizat, -tı [. - -] equipment, gear, apparatus.

tedafüi [. - . -] defensive; ~ harp defensive war.

tedahül [ā] 1. interpenetration; permeation; 2. delay in payment; 3. *phys.* interference; -de kalmak *(or* -e binmek) *(for a payment)* to be overdue, to be in arrears.

tedai [. - -] *psych.* association.

tedansan tea dance, thé dansant.

tedarik, -ki [ā] 1. procurement, obtainment; 2. preparation; 3. accumulation; ~ etm. 1. to procure, to obtain, to provide; 2. to accumulate; -te bulunmak to make preparations *(-e* for), to get ready *(-e* for).

tedarikli [ā] prepared, ready.

tedariksiz [ā] unprepared, unready.

tedavi [. - -] ⚕ treatment, cure; therapy; ~ etm. to treat, to cure; ~ görmek *(or* ~ olm.) to be treated.

tedavül [ā] circulation; ~ bankası bank of circulation *(or* issue); ~ etm. to be in circulation; -den çekmek *(or* çıkarmak) to withdraw from circulation, to call in; -den kalkmak to go out of circulation;

-e çıkarmak to put into circulation, to issue.

tedbir [ī] measure, step, precaution, action; ~ almak to take measures (*or* steps).

tedbirli provident, cautious, forethoughted, prudent.

tedbirsiz improvident, unforethoughtful, imprudent.

tedbirsizlik improvidence, imprudence.

tedenni [ī] decline; ~ etm. to decline, to fall off.

tedfin [ī] burial, interment; ~ etm. to bury, to inter.

tedhiş [ī] terror, terrorization; ~ etm. to terrorize.

tedhişçi terrorist.

tedhişçilik terrorism.

tedip, -bi [- -] disciplining; chastisement; ~ etm. to discipline, to chastise.

tedirgin uncomfortable, uneasy, troubled, anxious, worried; ~ etm. to disquiet, to discompose.

tedirginlik disquiet, uneasiness, anxiety, worry.

tediyat, -tı [- . -] *pl. of* tediye payments.

tediye [- . .] payment, disbursement; ~ dengesi balance of payments; ~ etm. to pay, to disburse; ~ günü pay-day.

tedricen [ī] [. x .] gradually, by degrees, by stages.

tedrici [. - -] gradual.

tedris [ī] instruction, teaching; ~ etm. to teach.

tedrisat, -tı [. - -] instruction, teaching.

tedvin [ī] 1. ⚖ codification (*of laws*); 2. compilation; ~ etm. 1. ⚖ to codify (*laws*); 2. to compile.

tedvir [ī] 1. rotation; 2. *fig.* administration, management; ~ etm. 1. to rotate, to turn, to revolve; 2. *fig.* to administer, to manage, to direct.

teehhür delay; ~ etm. to be delayed.

teemmül careful consideration, deliberation; ~ etm. to think carefully, to deliberate.

teenni [ī] deliberation, caution; ~ etm. to exercise caution, to proceed slowly and carefully.

teessüf regret, sorrow, sadness; ~ etm. to feel sorry (-*e* about); to regret; ~ ederim it makes me very sad; I never expected you to do s.th. like this.

teessür 1. sorrow, sadness; 2. emotion.

teessüs 1. establishment; 2. foundation; ~ etm. 1. to become established (*or* rooted); 2. to be founded.

teeyyüt, -dü confirmation, substantiation; ~ etm. to be confirmed (*or* substantiated).

tef tambourine; ~ çalmak to play the tambourine; ~ çalsan oynayacak *fig.* it's all topsy-turvy, what a mess!; -e koymak (*or* -e koyup çalmak) (*b-ni*) *fig.* to make fun of *s.o.*, to run *s.o.* down.

tefcir [ī] drainage; ~ etm. to drain.

tefeci usurer.

tefecilik usury.

tefehhüm coming to understand; ~ etm. to come to understand.

tefekkür consideration, reflection, contemplation; thought; ~ etm. to think, to consider, to contemplate; -e dalmak to be lost in thought, to contemplate.

teferruat, -tı [ā] details.

teferruatlı [ā] detailed.

teferrüç, -cü walk, excursion, outing.

teferrüt, -dü being unique, standing alone; ~ etm. to be unique, to stand alone.

tefessüh rot, decay (*a.* ⚗); ~ etm. to rot, to decay.

tefevvuk, -ku superiority; ~ etm. (*b-ne*) to be superior to *s.o.*

tefhim [ī] ⚖ pronouncement (*of a sentence*); ~ etm. ⚖ to pronounce (*a sentence*).

tefrik, -ki [ī] distinction; ~ etm. to distinguish; to differentiate.

tefrika 1. serial; 2. disagreement, discord.

tefriş [ī] 1. spreading over; 2. furnishing; ~ etm. 1. to spread; 2. to furnish; 3. to pave; to cover.

tefrit, -ti [ī] remissness.

tefsir [ī] 1. interpretation; 2. commentary on the Koran; ~ etm. 1. to interpret; to explain; to expound; 2. to comment (*on a sura of the Koran*).

teftiş [ī] inspection; ~ etm. to inspect.

teğelti saddle blanket.

teğet, -ti ⩟ tangent; ~ olm. to be tangent (-*e* to).

teğmen ⚔ lieutenant.

teğmenlik ⚔ lieutenancy.

tehacüm [ā] 1. concerted attack; 2. rush; ~ etm. 1. to make a concerted attack; 2. to rush.

tehdit, -di [ī] threat, menace; ~ etm. to threaten, to menace; ~ savurmak to bluster out threats.

teheyyüç, -cü emotional excitement; ~ etm. to get emotionally excited, to get worked up.

tehir [- -] 1. delay, postponement, deferment, deferral; 2. ⚖ adjournment; ~ etm. 1. to delay, to postpone, to defer; 2. ⚖ to adjourn.

tehirli delayed, late.
tehlike danger, hazard, peril, risk; ~ atlatmak to get through a dangerous situation successfully; -ye atmak to put in danger; -ye atılmak to court danger, to go into danger; -ye koymak (*or* sokmak) to endanger, to imperil, to put in danger.
tehlikeli dangerous, hazardous, perilous, risky.
tehlikesiz undangerous, dangerless, unhazardous, unperilous, riskless.
tehyiç, -ci [ī] excitation; ~ etm. to excite.
tehzil [ī] ridiculing, making fun of; ~ etm. to ridicule, to make fun of.
tek, -ki **1.** one, sole, single, solitary, only; **2.** unique, unrivaled; **3.** one of a pair, fellow, mate; **4.** ⅄ odd *(number)*; **5.** only, solely; ~ atmak *F* to knock back a drink; ~ başına alone, on one's own; ~ başına kalmak to be left alone; ~ meclisli hükümet sistemi ⚖ unicameral system of government; ~ motorlu single-engined; ~ taraflı unilateral; ~ ~ one by one; ~ tük only a few; ~ yönlü one-way.
tekabül [ā] correspondence, equivalence; ~ etm. to correspond.
tekâmül **1.** evolution; **2.** maturation; ~ etm. **1.** to evolve; **2.** to mature.
tekâsüf **1.** condensation, inspissation; concentration; **2.** opacification; ~ etm. **1.** to condense, to inspissate, to thicken; **2.** to opacify; **3.** *(for a crowd)* to gather, to congregate.
tekaüt, -dü [ā] **1.** retirement; **2.** *F* retired *(person)*; **3.** retired person, pensioner; ~ etm. (*or* -e sevk etm.) to retire, to pension off; ~ maaşı retirement pay, pension; ~ olm. to retire; ~ sandığı retirement fund.
tekaütlük [ā] retirement.
tekbencilik *phls.* solipsism.
tekçe individual.
tekçilik *phls.* monism.
tekdeğerli ⚗ univalent.
tekdir [ī] reprimand, dressing down; ~ etm. to reprimand, to dress down, to upbraid.
tekdüze(n) monotonous.
tekdüzelik, tekdüzenlik monotony.
teke *zo.* **1.** he-goat, billy goat; **2.** shrimp; prawn.
tekeffül guaranteeing; ~ etm. to guarantee; to go bond (-*e* for).
tekel monopoly; -ine almak to monopolize.
Tekel *pr. n.* the Turkish State Liquor and Tobacco Monopoly.
tekelci monopolist.
tekelcilik monopolism.
tekellüf **1.** empty show, false display; **2.** formality, ceremoniousness.
tekellüflü ornate, sumptuous.
tekellüfsüz plain.
tekellüm speech; ~ etm. to speak.
tekemmül maturation; ~ etm. to reach maturity.
teker wheel; ~ meker yuvarlanmak to roll over and over.
tekerklik monarchy.
tekerlek **1.** wheel; **2.** *sl.* homosexual, fag, queer; ~ kırıldıktan sonra yol gösteren çok olur *pro.* it is easy to be wise after the event; ~ pabucu skidpan, dragshoe; ~ parmağı spoke of a wheel; tekerleğine çomak sokmak to put a spoke in one's wheel.
tekerlekli wheeled; ~ sandalye wheelchair.
tekerleme **1.** *vn. of* tekerlemek; **2.** rigmarole; **3.** tongue-twister; **4.** repartee.
tekerlemek to roll.
tekerlenmek **1.** *pass. of* tekerlemek; **2.** to roll.
tekerli wheeled.
tekerrür **1.** repetition; **2.** recurrence; ~ etm. **1.** to be repeated; **2.** to recur.
tekevlilik monogamy.
tekevvün coming into existence, origination; ~ etm. to come into existence.
tekfin [ī] (en)shrouding *(a corpse)*; ~ etm. to (en)shroud *(a corpse)*.
tekfir [ī] *isl.* accusing s.o. of being an infidel; ~ etm. to accuse s.o. of being an infidel.
tekfur *hist.* Christian princelet.
tekil *gr.* singular.
tekin **1.** deserted, empty *(place)*; **2.** auspicious; **3.** ♀ *mf.*; ~ değil inauspicious, ill-omened, sinister.
tekinsiz **1.** unlucky, of ill omen; **2.** taboo.
tekir **1.** tabby; **2.** *(balığı)* surmullet, red mullet; ~ kedi tabby-cat.
tekke **1.** dervish lodge, tekke; **2.** *sl.* hashish den.
tekleme **1.** *vn. of* teklemek; **2.** ⊕ misfiring.
teklemek **1.** to thin *(seedlings)*; **2.** ⊕ to miss, to misfire; **3.** *sl.* to stammer, to stutter.
teklif [ī] **1.** proposal, offer, motion; **2.** formality, ceremony; ~ etm. to propose, to offer, to suggest; ~ kutusu suggestion box; ~ sahibi **1.** mover *(of a motion)*; **2.** bidder; ~ tekellüf formality; ~ yok there's no need for ceremony.
teklifli formal, ceremonious.
teklifsiz informal, unceremonious.

teklifsizce unceremoniously, familiarly, casually.
teklifsizlik informality, casualness.
teklik 1. oneness; 2. *sl.* lira.
tekme kick; ~ atmak to kick; ~ yemek to get kicked, to get a kick.
tekmelemek to kick.
tekmil [ī] 1. completion; 2. all, the whole; ~ etm. to complete, to finish; ~ haberi ✕ oral report; ~ vermek ✕ to give an oral report.
tekne 1. trough; vat; 2. boat, vessel; 3. hull *(of a ship)*; 4. *typ.* galley; 5. *geol.* basin; ~ kazıntısı *co.* the youngest child of the family, born when his *or* her parents are no longer young.
teknik 1. technique; 2. technical; ~ resim drafting; ~ ressam draughtsman, *Am.* draftsman; ~ terim technical term.
tekniker technician.
teknikokul technical school.
teknikoğretim technical education.
teknisyen technician.
teknoloji technology.
teknolojik technological.
tekrar [x -] 1. repetition, repeat, reiteration; 2. recurrence; 3. again, over again, once more; ~ etm. to repeat, to reiterate; ~ ~ repeatedly, again and again.
tekrarlamak to repeat, to reiterate.
tekrarlanmak 1 *pass. of* tekrarlamak; 2. to recur.
teksif [ī] 1. concentration; condensation, inspissation; 2. opacification; ~ etm. 1. to concentrate, to densen, to thicken, to condense, to inspissate; 2. to opacify.
teksir [ī] 1. duplication; 2. augmentation, increase, multiplication; ~ etm. 1. to duplicate, to copy; 2. to augment, to increase, to multiply; ~ kâğıdı paper used for making duplicates; ~ makinesi duplicating machine, duplicator, mimeograph.
tekst, -ti text.
tekstil textile; ~ sanayii textile industry.
tektanrıcılık monotheism.
tekyazım monograph.
tekzip, -bi [ī] denial, disclaimer; ~ etm. to deny, to disclaim, to declare false.
tel 1. wire; 2. string *(of a musical instrument)*; 3. thread; strand; fibre, *Am.* fiber; 4. screen cloth, screening; window screen; door screen; 5. *F* telegram, wire, cable; ~ çekmek 1. to enclose with wire; 2. *F* to telegraph, to send a wire, to cable, to wire; ~ çivi brad, wire-tack; ~ fırça wire brush; ~ kadayıf a kind of sweet pastry; ~ kafes wire cage; ~ kırmak 1. to blunder; 2. *sl.* to tread on s.o.'s toes; ~ örgü wire fence; ~ şehriye vermicelli; -ler takınmak *fig.* to rejoice greatly.
tela [x .] interfacing.
telaffuz pronunciation; ~ etm. to pronounce.
telafi [. - -] compensation; ~ etm. to compensate, to make up for; -si imkânsız irreparable, irremediable.
telakki [. . -] 1. consideration, evaluation; 2. view(point); ~ etm. to regard, to view.
telaş 1. flurry, flutter, commotion, hurry, bustle, to-do; 2. agitation; ~ etm. to bustle, to behave agitatedly; ~ içinde in a bustle *(or* hurry); -a düşmek to get agitated, to get in a swivet; -a vermek to get *(everybody in a place)* agitated, to alarm.
telaşçı nervous, restless *(person)*.
telaşlandırmak *(b-ni)* to get *s.o.* agitated.
telaşlanmak to get agitated.
telaşlı agitated.
telaşsız unagitated, unruffled, steady, calm.
telatin russia, Russia leather.
telcik fibril.
teldolap screen safe.
telef 1. waste; 2. death; ~ etm. 1. to waste, to throw away, to squander; 2. to kill, to do away with; ~ olm. 1. to be wasted *(or* thrown away); 2. to die.
telefat, -tı [ā] losses, casualties; ~ verdirmek to inflict losses (*-e* on); ~ vermek to suffer losses.
teleferik telpher, teleferic.
telefon 1. telephone, phone; 2. telephone *(or* phone) call; ~ etm. to telephone, to phone, to ring (up), to call (up); ~ kulübesi telephone box; ~ rehberi telephone directory *(or* book); ~ santralı telephone exchange, switchboard; -la aramak *(b-ni)* to give *s.o.* a ring; -u kapamak to hang up.
telefoncu 1. telephone lineman; installer of telephones; 2. telephonist, operator.
telefonlaşmak to talk on the telephone (*ile* with).
telefoto, telefotografi 1. telephotography; 2. phototelegraphy.
teleke *zo.* remex.
telekomünikasyon telecommunication.
teleks telex; ~ çekmek to telex.
telem teletype(writer), teleprinter.
telemetre [. . x .] telemeter.
teleobjektif *phot.* teleobjective, telephoto (lens), telelens.
telepati telepathy.

telepatik telepathic.
teles threadbare.
telesimek 1. to pant; 2. to get thin; to pine away.
telesinema telephotography.
teleskop, -pu telescope.
televizör television set.
televizyon 1. television; 2. television (set), TV, telly; ~ alıcısı television set (*or* receiver); ~ vericisi television transmitter; ~ yayını telecast; -la öğretim telecourse; -la yayınlamak to telecast, to televise.
televizyoncu maker, seller *or* repairer of television sets.
televizyonculuk making, selling *or* repairing television sets.
telgraf 1. telegraph; 2. telegram, wire, cable; ~ çekmek to telegraph, to telegram, to wire, to cable.
telgrafçı telegrapher, telegraphist.
telgrafçılık telegraphy.
telgrafhane [. . - .] telegraph office.
telif [- -] 1. reconciliation; 2. compilation; ~ etm. 1. to reconcile; 2. to compile (*a book*); ~ hakkı copyright.
tel'in [ī] damnation; ~ etm. to damn, to curse.
telkâri filigreed with gold *or* silver.
telkin [ī] inspiration, inculcation, suggestion; ~ etm. to inspire, to inculcate, to instill.
tellak bath attendant.
tellal 1. (town) crier; 2. barker; hawker; crier; 3. middleman, broker.
tellemek 1. to string wires on; 2. to deck out; 3. to embellish (*a story*); 4. to send a telegram, to wire; telleyip pullamak 1. to deck out, to prank, to fig out; 2. *fig.* to praise to the skies.
tellendirmek to smoke, to enjoy a smoke.
telli 1. wired; 2. adorned with gold *or* silver wires; ~ bebek *fig.* frivolous; ~ cam wire(d) glass; ~ çalgılar ♪ stringed instruments, strings; ~ pullu decked out; showy.
telliturna *zo.* demoiselle crane.
telmih [ī] allusion, reference; ~ etm. to allude, to refer to.
telsi fibrous.
telsiz 1. wireless; 2. radio, wireless; ~ telefon radiophone; ~ telgraf radio, wireless telegraph; -le bildirmek to radio.
telsizci 1. radiotelephonist; 2. radiotelegraphist.
telsizcilik 1. radiotelephony; 2. radiotelegraphy.
teltik 1. defect; 2. deficiency; 3. deficient, insufficient, lacking, short.
telve coffee grounds; ~ falı fortune-telling by the appearance of coffee grounds.
tema 1. theme, topic, subject; 2. ♪ theme, thema.
temadi [. - -] continuation; ~ etm. to continue.
temaruz [ā] feigning illness; ~ etm. to feign illness, to pretend to be ill, to sham ill.
temas [ā] 1. contact, touch; 2. contact, communication; ~ etm. 1. to touch; 2. to touch on (*a subject*); 3. (*b-le*) to get in touch with *s.o.*, to contact *s.o.*; ~ kurmak to establish contact (*ile* with); ~ noktası point of contact; -a geçmek to get in touch (*ile* with), to contact; -ta bulunmak (*or* olm.) (*b-le*) to be in touch with *s.o.*
temaşa [. - -] 1. pleasure excursion, promenade; 2. play, show, scene; the theatre; ~ etm. to view, to contemplate.
temayül [ā] 1. tendency, inclination, propensity; 2. affection, liking, fondness; ~ etm. 1. to have a tendency (-*e* to), to be inclined (-*e* to); 2. to have a liking (-*e* for).
temayüz [ā] becoming distinguished; ~ etm. to become distinguished, to stand out, to excel.
tembel lazy, indolent, supine, slothful.
tembelhane [ā] den of idlers (*or* loafers).
tembelleşmek to get (*or* grow) lazy.
tembellik laziness, indolence, supinity, sloth.
tembih [ī] 1. warning, admonition, caution; 2. *psych.* stimulation; ~ etm. 1. to warn, to caution, to admonish; 2. *psych.* to stimulate.
tembihlemek *s.* tembih etm. 1.
temcit, -di [ī] 1. *canticle intoned from minarets before dawn;* 2. *meal eaten just before dawn during the month of Ramazan;* ~ pilavı gibi ısıtıp ısıtıp öne sürmek *fig.* to keep bringing up the same topic time after time.
temdit, -di [ī] extension, prolongation; ~ etm. to extend, to prolong.
temel 1. foundation; 2. *fig.* basis; ground (work); 3. fundamental, basic; 4. main, principal, chief; ~ atmak to lay the foundation; ~ cümle *gr.* main clause; ~ direk main post (*in a building*); ~ kakmak (*bir yere*) to settle down in (*a place*) for good; ~ taşı foundation stone, cornerstone (*a. fig.*); ~ tutmak to become firmly fixed; -inden at bottom, fundamentally.
temellenmek to become firmly fixed (*or*

established).
temelleşmek *s.* temellenmek.
temelli 1. having a foundation; 2. permanent; 3. permanently, for good; 4. completely, wholly; ~ bir iş a permanent job; ~ gitti he has gone for good.
temellük, -kü taking possession of; ~ etm. to take possession of.
temelsiz unfounded, groundless, baseless.
temenna(h) [ā] Oriental salute; ~ etm. to salute.
temenni [ī] wish, desire; ~ etm. to wish, to desire.
temerküz 1. concentration; 2. *pol.* coalition; ~ etm. to be concentrated (*-de* on), to centre, *Am.* to center (*-de* on); ~ kabinesi *pol.* coalition government; ~ kampı concentration camp.
temerrüt, -dü 1. obstinacy, perverseness; 2. ⚖ default *(in payment)*; ~ etm. to be obstinate *(or* perverse); ~ faizi ⚚ moratory interest.
temessül 1. coming to resemble; 2. *biol.* assimilation; ~ etm. 1. to come to resemble; 2. *biol.* to assimilate.
temettü, -üü 1. profit; 2. ⚚ dividend; ~ etm. to profit; ~ hissesi ⚚ dividend; ~ vergisi tax on profits.
temevvüç fluctuation; ~ etm. 1. to fluctuate; 2. to swell, to heave.
temeyyüz standing out, becoming distinguished; ~ etm. to stand out, to become distinguished.
temhir [ī] sealing up; ~ etm. to seal up, to padlock *(a place)*.
temin [- -] 1. assurance; 2. procurement; ~ etm. 1. to assure, to ensure; 2. to secure, to achieve, to bring about; 3. to obtain, to procure, to get.
teminat, -tı [- . -] 1. guarantee, guaranty; 2. assurance.
teminatlı [- . - .] guaranteed, secured.
teminatsız unsecured, insecure.
temiz 1. clean; 2. fresh *(air)*; 3. *fig.* decent, clean-living; chaste, virtuous; 4. net *(amount of money)*; 5. *sl.* poker; ~ çevirmek *sl.* to play poker; ~ hava almak to get some fresh air; ~ pak spotlessly clean; ~ raporu clean bill of health; ~ süt emmiş *F* decent, trustworthy; -e çekmek to make a fair copy (*-i* of); -e çıkarmak *(b-ni)* to put *s.o.* in the clear, to clear *s.o.*, to exonerate *s.o.*; -e çıkmak to be in the clear, to be cleared *(or* exonerated); -e havale etm. *sl.* 1. to finish in a jiffy; 2. to kill, to bump off; 3. to eat up, to polish off, to put away *(food)*.
temizkan 1. arterial blood; 2. purebred, pedigree *(animal)*.
temizlemek 1. to clean, to purify; 2. to clean, to gut, to dress *(fish, etc.)* 3. *F* to finish; 4. *F* to eat up, to put away, to polish off *(food)*; 5. *sl.* to clean out, to rob; 6. *sl.* to kill, to bump off, to put away, to polish off.
temizlenmek 1. *pass. of* temizlemek; 2. to clean o.s. (up).
temizleyici 1. cleanser, purificant; 2. dry cleaner; 3. cleaner.
temizlik 1. cleanliness; 2. purity, pureness; 3 purification; ~ işleri street-cleaning, scavenging; ~ yapmak to do the cleaning, to clean.
temizlikçi charwoman, cleaning woman; cleaner.
temkin [ī] 1. self-possession, poise; 2. deliberation, deliberateness.
temkinli [. - .] 1. self-possessed, poised; 2. deliberate.
temlik, -ki [ī] ⚖ alienation, transferral *(of a property, right)*; ~ edilemeyen hakları ⚖ unassignable rights; ~ etm. to alienate, to transfer, to convey *(property, etc.)*.
temmuz July.
tempo [x .] ♪ tempo, time; ~ tutmak to keep *(or* beat) time.
temren arrowhead; spearhead.
temrin [ī] 1. practice; 2. exercise.
temriye ⚕, ⚘ lichen.
temsil [ī] 1. representation; 2. *thea.* performance; 3. analogy, comparison; 4. *biol.* assimilation; 5. *P* for example; ~ etm. 1. to represent; 2. *thea.* to perform, to put on; 3. *biol.* to assimilate.
temsilci representative, agent.
temsilcilik representation.
temsili [. - -] 1. representative; 2. imaginative; 3. composite; ~ hükümet *pol.* government by representation.
temyiz [ī] 1. discernment, distinguishing; 2. ⚖ appeal; ~ etm. 1. to discern, to distinguish, to recognize; 2. ⚖ to appeal *(a case)*; ~ kudreti ⚖ power of discernment; ~ mahkemesi court of appeal.
ten 1. complexion; 2. flesh, skin; 3. body; ~ fanilası undershirt.
tenafür [ā] cacophony.
tenakus [ā] decrease, diminution; ~ etm. to decrease, to diminish.
tenakuz [ā] *log.* contradiction.
tenasüh [ā] transmigration of souls, metempsychosis.
tenasül [ā] procreation, generation, reproduction; ~ aletleri genitals, genitalia.

tenasüp, -bü [ā] **1.** proportion; **2.** symmetry.

tencere [x . .] saucepot, saucepan, stewpot, stewpan; ~ dibin kara, seninki benden kara the pot calling the kettle black; ~ yuvarlanmış, kapağını bulmuş birds of a feather flock together.

tender [x .] 🚂 tender.

tendürüst, -tü robust *(person).*

teneffüs **1.** respiration; **2.** recess, break *(in a school);* ~ etm. to breathe, to respire.

teneke **1.** tin, tinplate; **2.** can, canister; ~ çalmak *(arkasından) fig.* to boo s.o., to jeer at s.o.; ~ kaplamak to tin; ~ mahallesi shantytown, favela; -sini eline vermek *F* to fire s.o., to give s.o. the boot.

tenekeci tinsmith, tinman, tinner.

tenekecilik tinsmithery.

teneşir wooden bench on which a corpse is washed; ~ horozu (*or* kargası) *fig.* bag of bones; -e gelmek *fig.* to kick the bucket, to die, to croak.

teneşirlik **1.** place for washing corpses; **2.** *sl.* about to die, at death's door.

tenevvü, -üü variety, diversity; ~ etm. to vary.

tenevvür enlightenment; ~ etm. to become lit *(or* enlightened).

tenezzüh excursion, outing, promenade; ~ gemisi cruise ship.

tenezzül condescension; ~ buyurmak to be so kind as to; ~ etm. **1.** to condescend *(-e* to), to deign *(-e* to); **2.** *(for prices)* to go down, to fall.

tenfiz [ī] ⚖ execution, implementation *(of a court order);* enforcement *(of a law);* ~ etm. to carry out, to execute, to implement *(a court order);* to enforce *(a law).*

tenha [ā] lonely, solitary, unfrequented, uncrowded, isolated.

tenhalaşmak [ā] to become empty.

tenhalık [ā] **1.** loneliness, solitude, isolation; **2.** lonely *(or* solitary) place.

tenis [x .] tennis; ~ kortu tennis court; ~ raketi tennis racket; ~ topu tennis ball.

tenisçi tennis player.

tenkıye **1.** enema, clyster; **2.** enemator.

tenkil [ī] getting rid of, doing away with; ~ etm. to get rid of, to do away with.

tenkit[1] **1.** criticism; **2.** (critical) review, critique; ~ etm. **1.** to criticize; **2.** to write a critical review (*-i* of), to review.

tenkit[2], -ti [ī] punctuation; ~ etm. to punctuate.

tenkitçi **1.** critic, reviewer; **2.** critic, fault-finder; **3.** critical, censorious *(person).*

tenor ♪ tenor.

tenperver fond of comfort.

tenrengi, -ni flesh-colo(u)red, flesh-pink.

tensel **1.** fleshly, bodily; **2.** material, corporeal.

tensik, -kı **1.** putting in order; reorganization; **2.** ⚔ regroupment *(of troops);* ~ etm. **1.** to put in order; to reorganize; **2.** ⚔ to regroup *(troops).*

tensip, -bi [ī] seeing fit; ~ etm. to see fit.

tente [x .] awning.

tenteli [x . .] awninged.

tentene [x . .] lace.

tentür tincture.

tentürdiyot tincture of iodine.

tenvir [ī] **1.** illumination; **2.** *fig.* enlightenment; ~ etm. **1.** to illuminate, to light; **2.** *fig.* to enlighten, to inform.

tenvirat, -tı [. - -] illumination; ~ resmi *municipal tax imposed on citizens living in areas illuminated at night by streetlights.*

tenya [x .] *zo.* tapeworm, tenia.

tenzil [ī] **1.** lowering; **2.** reduction, decrease; ~ etm. **1.** to lower; **2.** to reduce, to decrease.

tenzilat, -tı [. - -] reduction *(of prices);* ~ yapmak to make a reduction in price.

tenzilatlı reduced, discount *(price);* ~ satış sale.

teokrasi theocracy.

teoloji theology.

teorem 𝔄 theorem.

teori theory.

teorik theoretic(al).

tepe **1.** hill; **2.** top; **3.** crest, crown *(of a bird);* **4.** 𝔄 vertex; -den bakmak to look down (*-e* on), to look down one's nose (*-e* at), to despise; -den inme **1.** unexpected, sudden; **2.** from above, coming from one of the big guns; -den tırnağa kadar from head to toe *(or* foot), cap-a-pie; -si aşağı gitmek *fig.* to go downhill, to hit the skids, to fall flat on one's face; -si atmak to lose one's temper, to blow one's stack, to fly off the handle, to blow one's top; -sinden kaynar su dökülmek *fig.* to be left aghast, to be stunned; -sine binmek *fig.* to bedevil, to bug to death.

tepecamı, -nı skylight; bull's-eye.

tepecik hillock.

tepegöz **1.** low-browed; **2.** *zo.* cyclops.

tepeleme **1.** *vn. of* tepelemek; **2.** heaping portion of, heap of.

tepelemek **1.** to give s.o. a severe beating, to wallop; **2.** to clobber; **3.** to kill.

tepeli crested *(bird).*

tepetaklak 1. headlong, headfirst; 2. upside down.

tephir [ī] vaporization, evaporation; ~ etm. to vaporize, to evaporate.

tephirhane [. - - .] fumigator; fumatorium.

tepinmek 1. to stamp; 2. to kick and stamp; 3. to jump for joy.

tepişmek 1. to kick at each other; 2. *fig.* to push and shove.

tepke reflex.

tepki 1. reaction; response; 2. recoil *(of a firearm);* ~ göstermek to react.

tepkili reactive; ~ motor reaction engine *(or* motor); ~ uçak jet (plane).

tepkime reaction *(a.* ⚗*).*

tepkimek to react *(a.* ⚗*).*

tepkisiz unreactive, inert.

tepme 1. *vn. of* tepmek; 2. kick.

tepmek, (-er) 1. to kick; 2. to turn down, to reject, to decline, to throw away *(an opportunity, etc.);* 3. to recoil, to kick *(gun);* 4. to tread on, to trample; 5. to crop up again, to recur; tepe tepe kullanmak to use as roughly as one pleases.

tepsi tray.

ter sweat, perspiration; ~ alıştırmak to cool off a little, to rest a bit; ~ basmak to break out in a sweat; ~ boşanmak to sweat like a pig; ~ dökmek to sweat *(a. fig.),* to perspire; -e batmak to be covered with sweat; -e yatmak to make o.s. sweat; -ini soğutmak to cool off, to rest a bit.

terakki [ī] progress, advance(ment); ~ etm. to progress, to advance.

terakkiperver [ī] 1. progressive; 2. progressive-minded.

teraküm [ā] collection, accumulation; ~ etm. to collect, to accumulate, to gather.

terane [ā] 1. melody. air, tune; 2. *fig.* same old story, tired old refrain.

terapi therapy.

teras terrace; ~ katı penthouse.

teravi [. - -] *prayer special to the nights of Ramazan.*

terazi [ā] 1. balance, scales; 2. ♎ *ast.* Libra; ~ gözü pan *(or* scale) of a balance.

terbıyık youth whose moustache has just begun to sprout.

terbi, -ii [ī] *ast.* quarter *(of the moon);* ~ etm. ⚹ to quadruple.

terbiye 1. (good) manners; 2. education, training *(of a person);* 3. taming, training *(of an animal);* 4. seasoning for food; sauce; 5. rein *(of a horse);* ~ etm. 1. to teach s.o. good manners; 2. to train, to educate; 3. to train, to tame *(an animal);* ~ görmek to be trained *(or* educated); -sini bozmak to forget one's manners, to be rude; -sini vermek *(b-nin)* to give *s.o.* a dressing down.

terbiyeci 1. educator, educationist; 2. trainer, tamer.

terbiyeli 1. well-mannered, polite, courteous, well-bred; 2. flavo(u)red *(with a sauce).*

terbiyesiz ill-mannered, impolite, unmannerly, rude, discourteous, unmannered.

terbiyesizlik impoliteness, rudeness, unmannerliness; ~ etm. to behave rudely, to be impolite.

terbiyevi [. . . -] educational, educative; pedagogic(al).

tercih [ī] preference; ~ etm. to prefer.

tercihen [ī] by preference, preferably.

tercüman interpreter, translator.

tercümanlık interpretership; ~ yapmak to interpret; to be an interpreter.

tercüme translation; ~ etm. to translate.

tercümeihal, -li [ā] biography.

tere ⚘ cress.

terebentin turpentine.

tereci seller of cress; -ye tere satmak to try to teach one's grandmother to suck eggs, to carry coals to Newcastle.

tereddi [ī] degeneration, decline; ~ etm. to degenerate, to decline.

tereddüt, -dü hesitation, indecision; ~ etm. to hesitate; to falter, to waver.

tereddütlü hesitant; indecisive.

tereddütsüz unhesitant.

terek *P* shelf.

tereke estate.

terekküp, -bü 1. composition; 2. formation; ~ etm. to be composed (*-den* of).

terelelli [. . x .] *F* crazy, nutty.

terementi [. . x .] turpentine, resin; ~ ağacı ⚘ turpentine tree.

teres 1. son of a bitch, bastard; 2. procurer, pimp, pander.

teressüp, -bü sedimentation; precipitation; ~ etm. to settle, to sediment; to precipitate.

terettüp, -bü being incumbent on, falling to; ~ etm. to be incumbent (*-e* on), to fall (*-e* to).

tereyağı, -nı 1. butter; 2. *sl.* stupid *(person);* -ndan kıl çeker gibi as easy as taking candy from a baby, as easy as falling off a log.

terfi, -ii [ī] promotion; ~ etm. to be promoted; ~ ettirmek to promote.

terfian [ī] by way of promotion.
terfih [ī] making prosperous; ~ etm. to make prosperous, to bring prosperity to.
terfik, -kı [ī] sending s.o. alongside another as an escort; ~ etm. to send s.o. alongside another as an escort.
terhin [ī] pawning, hocking; ~ etm. to pawn, to hock.
terhis [ī] ⚔ discharge, demobilization; ~ etm. to discharge, to demobilize; ~ olm. to be discharged *(or* demobilized), to get demobbed; ~ tezkeresi discharge (certificate).
terilen terrylene.
terim term *(a.* ⩓, *log.).*
terimsel terminological.
terk, -ki abandonment, desertion; ~ etm. to abandon, to leave, to quit; to desert; to forsake; terki hayat etm. to die, to depart this life.
terki 1. the back part of a saddle; **2.** croup *(of a horse);* -sine almak to sit s.o. behind him.
terkibi [. - -] synthetic(al).
terkip, -bi [ī] **1.** combination; **2.** ⚗, *phls.* synthesis; **3.** compound, union; **4.** ⚗ compound; ~ etm. **1.** to compound, to put together; to combine; **2.** ⚗, *phls.* to synthesize.
terlemek 1. to sweat, to perspire; **2.** *(for a window)* to fog *(or* steam) up; **3.** *(for one's moustache)* to sprout; **4.** *fig.* to work hard, to sweat.
terli sweaty, perspiry.
terlik slipper, scuff.
termal, -li thermal.
termik *phys.,* ⚗ thermic, thermal; ~ santral thermoelectric power plant.
terminal, -li terminal.
terminoloji terminology.
terminüs terminus.
termoelektrik 1. thermoelectricity; **2.** thermoelectric(al).
termofor hot-water bottle.
termokimya thermochemistry.
termometre thermometer.
termonükleer thermonuclear.
termos [x .] thermos (bottle), vacuum bottle.
termosfer thermosphere.
termosifon 1. hot-water heater; **2.** thermosiphon.
termostat, -tı thermostat.
terör terror.
terörist, -ti terrorist.
terörizm terrorism.
ters 1. back, reverse; converse; inverse, opposite; **2.** blunt edge *(of a cutting implement);* **3.** inverted, turned inside out; **4.** ⩓ opposite *(angle);* **5.** *P* feces, excrement; **6.** wrong, opposite *(road, direction);* **7.** *fig.* bad-tempered, peevish, ornery, cantankerous, cross-grained; **8.** sharp, curt, brusque, cross *(answer, word);* **9.** backwards, in the opposite direction; **10.** sharply, curtly, brusquely; ~ anlamak to misunderstand, to misinterpret; ~ bakmak to leer (-*e* at); ~ düşmek to run counter (-*e* to), to go against; ~ gitmek to go wrong, to turn out badly; ~ tarafından kalkmak *fig.* to get out of bed on the wrong side; ~ ~ bakmak to look daggers (-*e* at); -i dönmek to lose one's bearings.
tersane [ā] shipyard.
tersine on the contrary.
terslemek 1. *(b-ni)* to snap at *s.o.,* to bite *s.o.'s* head off; **2.** to dung.
terslenmek 1. *pass. of* terslemek; **2.** to growl (-*e* at), to be short (-*e* with), to talk sharply (-*e* to).
terslik 1. hitch, set-back; **2.** ill-temperedness, peevishness.
tersyüz: ~ etm. to turn inside out.
tertemiz [x . .] spotless, spotlessly clean.
tertibat, -tı [. - -] **1.** arrangement, setup; **2.** mechanism, apparatus; **3.** ⚔ disposition *(of troops, etc.);* ~ almak to take measures.
tertip, -bi [ī] **1.** arrangement, setup; contrivance; **2.** ⚔ disposition *(of troops, etc.)* **3.** *typ.* typesetting; **4.** ⚕ recipe, prescription; **5.** ⩓ ordinate; ~ etm. **1.** to arrange, to set up, to organize, to contrive; **2.** ⚔ to dispose *(troops, etc.);* **3.** *typ* to typeset.
tertipçi 1. arranger, planner; **2.** *typ.* typesetter.
tertiplemek to arrange, to set up, to organize, to contrive, to plan.
tertipleyici organizer, arranger, planner, contriver.
tertipli tidy, neat, orderly; organized.
tertipsiz untidy, messy; disorganized.
tertipsizlik untidiness, messiness; disorganization.
terütaze [ā] very fresh.
terviç, -ci [ī] supporting *(an idea);* ~ etm. to support, to advocate *(an idea).*
terzi 1. tailor, dressmaker; **2.** tailor's shop.
terzihane [ā] tailor's shop.
terzil [ī] disgracing; ~ etm. to disgrace.
terzilik tailorship, tailory.
tesadüf [ā] **1.** chance event, accident; happenstance; coincidence; **2.** chance,

hazard; ~ etm. **1.** to meet by chance, to chance upon, to come across, to come upon, to happen upon; **2.** to coincide with.

tesadüfen [ā] [. x . .] by chance, by accident, by coincidence, coincidentally.

tesadüfi [. - . -] accidental, chance, casual, fortuitous, coincidental.

tesahup, -bu [ā] **1.** claiming to be the owner of; **2.** protection; ~ etm. **1.** to claim to be the owner (*-e* of). **2.** to protect.

tesanüt, -dü [ā] solidarity.

tesbit *s.* tespit.

tescil [ī] registration; ~ etm. to register.

tescilli [ī] registered; ~ marka registered trademark.

teselli [ī] consolation, comfort, solace; ~ etm. (*or* vermek). to console, to comfort, to give consolation; ~ mükâfatı consolation prize.

tesellüm receiving; taking delivery; ~ etm. to receive; to receive a consignment of *(goods);* to take delivery on *(a shipment).*

teselsül concatenation; chain; ~ etm. to continue without interruption.

teshil [ī] facilitation; ~ etm. to facilitate.

teshin [ī] heating; warning; ~ etm. to heat; to warm.

teshir [ī] bewitching, charming, enchanting; ~ etm. to bewitch, to charm, to enchant.

tesir [- -] effect, influence; impression; ~ etm. to affect, to act upon; to influence, to make an impression (*-e* on).

tesirli [- . .] effective, effectual, efficacious; impressive.

tesirsiz ineffective, ineffectual, inefficacious.

tesis [- -] **1.** foundation, establishment; **2.** institution, association, establishment, foundation; **3.** facility; **4.** installation, system; ~ etm. to found, to set up, to establish; to institute.

tesisat, -tı [- . -] **1.** installation; **2.** institutions, establishments, foundations; **3.** facilities.

tesisatçı installer.

tesit, -di [ī] celebration; ~ etm. to celebrate.

teskere [x . .] **1.** † stretcher, litter; **2.** handbarrow.

teskereci stretcher-bearer *(a.* ⚔*).*

teskin [ī] tranquilization; ~ etm. to tranquilize, to calm, to allay, to pacify.

teslih [ī] armament; ~ etm. to arm.

teslihat, -tı [. - -] **1.** armament; **2.** armaments, arms, weaponry.

teslim [ī] **1.** delivery; **2.** submission, surrender, capitulation; **3.** concession; **4.** surrender!, give up!; ~ almak **1.** to take delivery of, to receive; **2.** ⚔ to possess, to seize control of *(a place);* ~ bayrağı çekmek *F* to strike one's flag, to throw in the sponge; ~ etm. **1.** to deliver, to hand over; **2.** to surrender; **3.** to admit, to concede; ~ olm. to give in, to yield, to submit, to surrender; ~ ve tesellüm delivery and receipt.

teslimat, -tı [. - -] goods delivered, deliveries.

teslimiyet, -ti [. - . .] submission; ~ göstermek to submit (*-e* to).

tesmiye naming; ~ etm. to name.

tespih prayer beads, rosary; ~ çekmek to tell one's beads.

tespihböceği, -ni *zo.* wood louse, sow bug.

tespit, -ti determination, fixation; stabilization; ~ banyosu *phot.* fixing bath; ~ davası ⚖ declaratory action; ~ etm. **1.** to fix; **2.** to establish, to determine; **3.** to fix, to set *(prices).*

tesri, -ii [ī] acceleration, speeding up; ~ etm. to accelerate, to speed up.

test, -ti test.

testere [x . .] saw.

testerebalığı, -nı *zo.* sawfish.

testi pitcher, jug.

tesviye **1.** smoothing, flattening, leveling; **2.** paying *(a debt);* **3.** pass *(given to travelling soldiers);* ~ aleti level; ~ etm. **1.** to smooth, to level, to flatten, to grade, to even, to plane; **2.** to pay *(a debt).*

tesviyeci (pipe) fitter.

tesviyeruhu, -nu (spirit) level.

teşbih [ī] **1.** *lit.* simile; **2.** comparison; ~ etm. to compare; -te hata olmaz (*or* olmasın)! pardon the crude expression!

teşdit, -di [ī] **1.** intensification; **2.** harshening; ~ etm. **1.** to intensify; **2.** to harshen.

teşebbüs **1.** enterprise, undertaking, attempt; **2.** initiative, enterprise; ~ etm. to undertake, to set about, to enter upon, to attempt; -e geçmek to set about, to set to; -ü ele almak to take the initiative.

teşekkül **1.** formation; **2.** consisting of, being made up of; **3.** organization, unit, body, group; ~ etm. **1.** to be formed; to take shape; **2.** to consist (*-den* of), to be made up (*-den* of).

teşekkür thanking; ~ ederim! thank you!; ~ etm. to thank.

teşekkürname [ā] letter of thanks.
teşerrüf being hono(u)red; ~ etm. 1. to be hono(u)red; 2. to feel hono(u)red to meet s.o., to have the hono(u)r of meeting s.o.
tesevvüş confusion.
teşhir [ī] 1. display, exhibition; 2. *fig.* pillorying; ~ etm. 1. to display, to exhibit, to expose; 2. *fig.* to pillory.
teşhis [ī] 1. ⚕ diagnosis; 2. recognition, identification; 3. *lit.* personification; ~ etm. 1. ⚕ to diagnose; 2. to recognize, to identify; ~ koymak ⚕ to diagnose.
teşkil [ī] formation; ~ etm. to form; to constitute.
teşkilat, -tı organization; teşkilatı esasiye kanunu ⚖ constitution.
teşkilatçı organizer.
teşkilatçılık organizing.
teşkilatlandırmak to organize.
teşkilatlanmak to be organized.
teşkilatlı organized.
teşkilatsız unorganized.
teşne thirsty *(a. fig.)*; ~ olm. *(bşe) fig.* to thirst for *s.th.*
teşrif [ī] 1. visit; 2. hono(u)ring; 3. going to; ~ etm. (*or* buyurmak) 1. to visit, to hono(u)r; 2. to go (-*e* to); ~ nereye? where are you going?
teşrifat, -tı [. - -] 1. protocol; 2. formality, ceremonial.
teşrifatçı 1. master of ceremonies; 2. protocolist.
teşrih [ī] 1. ⚕ dissection; 2. anatomy; 3. *P* skeleton; ~ etm. to dissect.
teşrihhane [. - - .] dissecting room.
teşrii [. - -] legislative; ~ kuvvet legislative power; ~ masuniyet legislative immunity.
teşrik, -ki [ī] making s.o. a partner; ~ etm. *(b-ni)* to make *s.o.* a partner (-*e* in).
teşrikimesai [. - . . - -] cooperation, collaboration; ~ etm. to cooperate (*ile* with), to collaborate (*ile* with).
teşrinievvel [. - . . .] † October.
teşrinisani [. - . - -] † November.
teşvik, -ki 1. encouragement; 2. incitement, provocation; ~ etm. 1. to encourage, to spur on, to inspire; 2. to incite, to provoke.
teşviş confusing; ~ etm. to confuse.
teşyi [ī] seeing s.o. off; ~ etm. *(b-ni)* to see *s.o.* off.
tetabuk, -ku [ā] agreement; coincidence; correspondence; ~ etm. to be in harmony (*ile* with), to agree (*ile* with), to coincide (*ile* with).
tetanos [x . .] ⚕ tetanus, lockjaw.
tetebbu, -uu investigation, research; ~ etm. to investigate, to research.
tetik 1. trigger *(of a gun)*; 2. alert, vigilant; 3. delicate; ~ davranmak to act quickly; tetiğini bozmamak to keep one's cool, to keep a cool head; -te olm. to be on the alert, to be on the qui vive.
tetkik, -ki [ī] investigation, examination; scrutiny; ~ etm. to investigate, to examine; to scrutinize.
tetkikat, -tı [. - -] investigations, examinations; scrutinies.
tevafuk, -ku [ā] accordance; ~ etm. to accord (-*e* with), to agree (-*e* with).
tevakkuf 1. stopping; pausing; sojourning; 2. depending on; ~ etm. 1. to stop; to pause; to sojourn, to stay; 2. to depend (-*e* on), to be subject (-*e* to).
tevali [. - -] 1. succession, sequence; 2. continuation; ~ etm. to continue without letup.
tevarüs [ā] inheriting; ~ etm. to inherit.
tevazu, -uu [ā] humility, humbleness; modesty; ~ göstermek to behave humbly.
tevazün [ā] balance, equilibrium; ~ etm. to be balanced, to be in equilibrium.
tevbih [ī] reprimand; ~ etm. to reprimand.
tevcih [ī] 1. turning towards; 2. pointing, aiming, directing; 3. bestowing, conferring; ~ etm. 1. to turn (-*e* towards); 2. to point (-*e* at), to aim (-*e* at), to direct (-*e* to); 3. to bestow, to confer, to grant.
tevdi, -ii [ī] entrusting, consigning; depositing; ~ etm. 1. to entrust, to consign, to commit; to confide; 2. to deposit *(money)*.
tevdiat, -tı [. - -] deposits; -ta bulunmak to make a deposit, to deposit some money in *(a bank)*.
teveccüh 1. kindness, consideration, favo(u)r; 2. directing one's attention to; ~ etm. 1. to be directed (-*e* toward); 2. to betake o.s. (-*e* to); ~ göstermek to show kindness (-*e* to); -ünü kazanmak *(b-nin)* to win favo(u)r in *s.o.'s* eyes; -ünüz efendim! that's very kind of you!
tevehhüm imagining; ~ etm. to imagine.
tevekkel *P* happy-go-lucky.
tevekkeli *F* for no reason, for nothing; ~ değil it is not just a matter of chance that...
tevekkül resignation; ~ etm. 1. to put o.s. in God's hands; 2. to resign o.s. to one's fate.
tevellüt, -dü 1. birth; 2. date of birth.

tevellütlü born in...
tevessü, -üü expansion, enlargement; spreading; ~ etm. to widen, to expand, to enlarge; to spread.
tevessül 1. having recourse to; 2. undertaking, attempting; ~ etm. 1. to have recourse (*-e* to); 2. to undertake, to attempt.
tevettür tension.
tevfik, -ki [ī] 1. divine guidance and assistance; 2. adaptation; 3. ♀ [- .] *mf.*
tevfikan [- . .] in accordance (*-e* with), in conformity (*-e* to).
tevhit, -di [ī] 1. unification; combination; 2. monotheism; ~ etm. to unify, to unite; to combine.
tevil [- -] forced interpretation; ~ etm. to misinterpret intentionally.
tevkif [ī] 1. arrest; custody, detention; 2. stopping, halting; ~ etm. 1. to arrest, to take into custody, to take under detention; 2. to stop, to halt; to detain; ~ müzekkeresi ⚖ warrant of arrest.
tevkifhane [. - - .] gaol, *Am.* jail, lockup.
tevkil [ī] making s.o. one's proxy; ~ etm. (*b-ni*) to make *s.o.* one's proxy.
tevlit, -di [ī] 1. giving birth to *(a child)*; 2. *fig.* producing, bringing about; ~ etm. 1. to give birth to *(a child)*; 2. *fig.* to produce, to bring about.
tevliyet, -ti trusteeship of a vakıf.
Tevrat, -tı [ā] *pr. n.* 1. the Torah; 2. the Old Testament.
tevsi, -ii [ī] extension, enlargement; ~ etm. to widen, to enlarge, to extend, to expand.
tevsik, -ki [ī] documentation; ~ etm. to document.
tevzi, -ii [ī] 1. distribution; 2. delivery *(of letters, etc.)*; ~ etm. 1. to distribute; 2. to deliver *(letters, etc.)*.
tevziat, -tı [. - -] 1. distributions; 2. deliveries.
teyakkuz vigilance; circumspection; ~ etm. to be vigilant.
teyel basting.
teyellemek to baste, to tack.
teyelli basted, tacked.
teyit, -di [- -] 1. strengthening; 2. confirmation, corroboration; ~ etm. 1. to strengthen; 2. to confirm, to corroborate.
teyp tape recorder; -e almak to tape, to tape-record.
teyze maternal aunt.
tez¹ 1. quick, speedy; 2. quickly, speedily; ~ beri *P* easily; ~ canlı impetuous, precipitate; ~ elden without delay, quickly; ~ olm. to hurry (up).
tez² thesis.
tezahür [ā] 1. appearing; 2. sign, manifestation; ~ etm. to appear, to become visible.
tezahürat, -tı [. - . -] 1. cheering; ovation; applause; 2. demonstration; 3. signs, manifestations; ~ yapmak to cheer (*-e* for), to root (*-e* for).
tezat, -dı [ā] 1. contrast; oppositeness; 2. contradiction; -a düşmek to contradict o.s.
tezayüt, -dü [ā] increase; ~ etm. to increase.
tezebzüp, -bü 1. disorder, confusion; 2. indecision, vacillation.
tezek dried dung.
tezelzül shaking; ~ etm. to shake, to quake.
tezene *P* plectrum, pick.
tezgâh 1. counter; 2. workbench; 3. loom; 4. stocks, ways, shipway; ~ başı yapmak *F* to stand at the bar and have a drink; -ından geçmek *sl.* *(for a woman)* to have sex with, to go to bed with.
tezgâhlamak to concoct, to cook up, to plan.
tezgâhtar shop assistant, *Am.* (sales) clerk, salesman, saleswoman, shopgirl, *Am.* salesgirl.
tezgâhtarlık clerking; ~ etm. to clerk.
tezhip, -bi [ī] gilding; ~ etm. to gild.
tezkere [x . .] 1. message, note; 2. ⚔ discharge papers; 3. permit; licence; -sini eline vermek *fig.* to fire, to give s.o. his walking papers.
tezkereci ⚔ discharged soldier.
tezkiye 1. purification; 2. praise.
tezlemek *P* to speed up.
tezlenmek 1. *pass. of* tezlemek; 2. to hurry, to hasten.
tezlik 1. quickness, speed, haste; 2. impatience, impetuosity.
tezvir [ī] 1. malicious misrepresentation; 2. trickery, deceit.
tezyin [ī] ornamentation, embellishment, decoration; ~ etm. to adorn, to embellish, to ornament.
tezyinat, -tı [. - -] adornments, ornamentations, decorations.
tezyini [. - -] ornamental, decorative.
THY *(abbr. for* Türk Hava Yolları) Turkish Airlines.
tıbben medically, from a medical point of view.
tıbbi [ī] medical.
tıbbiye medical school, school of medicine.

tıbbiyeli medical student.
tıfıl, -flı child.
tığ 1. crochet-hook; **2.** awl; **3.** plane iron; ~ gibi wiry.
tığlamak 1. to lance *(a wound)*; **2.** to pierce with a needle; **3.** to slaughter *(animal)*; **4.** *sl.* to stab, to knife, to bayonet.
tığmak, (-ar) *sl.* to make o.s. scarce, to split.
tıka basa as full as possible, crammed full; ~ yemek to make a pig of o.s.
tıkaç, -cı plug, stopper; gag.
tıkalı stopped (up); clogged, congested.
tıkamak to plug, to stop; to clog, to congest.
tıkanık stopped (up); clogged, congested.
tıkanıklık stoppage; cloggage, congestion.
tıkanmak 1. *pass. of* tıkamak; **2.** to gasp for breath; **3.** to lose one's appetite.
tıkılmak 1. *pass. of* tıkmak; **2.** to jump into *(a place)*.
tıkınmak *F* to cram it in, to pack it away, to tuck in.
tıkır: ~ ~ like clockwork; -ında gitmek to go like clockwork.
tıkırdamak to rattle, to clink.
tıkırtı rattle, click, clack, tap.
tıkışık crammed, squeezed.
tıkışıklık crowdedness.
tıkışmak *(for people)* to cram *(or* squeeze) themselves into *(a place)*.
tıkıştırmak 1. to cram, to squeeze, to jam; **2.** to bolt down *(food)*.
tıkız 1. hard, too tightly stuffed; **2.** underdone, undercooked *(bread)*.
tıklım tıklım very crowded, jammed, packed: ~ dolu jam-packed.
tıkmak, (-ar) to cram, to jam, to thrust, to stick (*-e* into).
tıknaz plump, dumpy.
tıknefes 1. short of breath, short-winded, pursy; **2.** shortness of breath.
tıksırık sneeze *(made with one's mouth shut)*.
tıksırmak to sneeze *(with one's mouth shut)*.
tılsım talisman, charm, amulet.
tılsımlı enchanted.
tımar 1. grooming *(a horse)*; **2.** dressing *(of wounds)*; **3.** pruning *(of trees)*; **4.** *hist.* fief; ~ etm. to groom, to curry.
tımarhane [. . - .] insane asylum, nut house, bughouse; ~ kaçkını *fig.* nut, kook.
tımarlamak to groom, to curry.
tımarlı groomed *(horse)*.
tın tın *sl.* dim-witted.
tınaz haystack.
tıngadak [x . .] with a metallic clang.
tıngır 1. clanging sound; **2.** *sl.* penniless, flat broke; **3.** *sl.* money, tin, dough.
tıngırdamak 1. to rattle, to clang; **2.** *sl.* to die, to croak, to peg out.
tıngırdatmak to thrum, to strum, to twang *(a stringed instrument)*.
tıngır mıngır 1. with a clanging sound; **2.** slowly.
tıngırtı clang, rattle.
tıngır tıngır 1. with a clanging sound; **2.** completely empty.
tınlamak to resound, to resonate, to ring, to clink.
tınmak to make a sound.
tınmamak *fig.* to take no notice (*-e* of).
tınnet, -ti tone, timbre.
tıp, -bbı medicine, medical science.
tıpa stopper, cork.
tıpatıp [x . .] perfectly, exactly.
tıpırdamak 1. to patter; **2.** to go pit-a-pat.
tıpırtı (pitter-)patter.
tıpır tıpır 1. with a pattering sound; **2.** pit-a-pat.
tıpış tıpış: ~ gitmek *(or* yürümek) to patter, to toddle.
tıpkı [x .] **1.** just like, in just the same way as; **2.** spitting image; ~ -sına exactly like.
tıpkıbasım facsimile.
tıp tıp pit-a-pat.
tırabzan stair rail(ing), banister; ~ babası **1.** newel; **2.** *fig.* ineffectual father.
tırak bang; ~ diye with a bang.
tıraş 1. shave, shaving; **2.** haircut; **3.** *sl.* pulling s.o.'s leg, having s.o. on; **4.** *sl.* boring talk, palaver; ~ bıçağı razor-blade; ~ etm. **1.** to shave; **2.** to cut *(hair)*; **3.** *sl.* to pull s.o.'s leg, to have s.o. on; **4.** *sl.* to talk s.o.'s head off; ~ fırçası shaving brush; ~ kremi shaving cream; ~ losyonu after-shave (lotion); ~ makinesi **1.** (safety) razor; **2.** electric shaver; ~ olm. **1.** to shave; **2.** to get *(or* have) a shave; ~ sabunu shaving soap; ~ takımı shaving things; -ı gelmek *(or* uzamak) to need a shave.
tıraşlamak 1. to plane, to prune; **2.** *sl.* to pull s.o.'s leg, to have s.o. on; **3.** *sl.* to talk s.o.'s head off.
tıraşlı 1. shaved, shaven; **2.** needing a shave.
tıraşsız 1. unshaved, unshaven; **2.** needing a shave.
tırık rattle; ~ diye with a rattle.
tırıl *sl.* **1.** naked; **2.** penniless, stone-broke.
tırıs trot; ~ gitmek to trot; -a kalkmak

to begin to trot.
tırkaz bolt, bar.
tırmalamak 1. to scratch, to claw; 2. *fig.* to grate on, to irritate.
tırmanma *vn. of* tırmanmak; ~ şeridi *mot.* climbing lane.
tırmanmak 1. to climb; 2. to increase, to escalate.
tırmık 1. scratch; 2. rake.
tırmıklamak 1. to scratch, to claw; 2. to rake.
tırnak 1. nail; fingernail; toenail; 2. claw, hoof; 3. quotation mark, quote, inverted comma; 4. ⊕ ratchet, click, pawl; 5. fluke, palm *(of an anchor)*; ~ boyası (*or* cilası) nail varnish, *Am.* nail polish; ~ göstermek *fig.* to show one's claws; ~ işareti quotation mark, quote, inverted comma; ~ makası nail scissors; ~ törpüsü nail file; ~ yeri fingerhold; -larını yemek to bite one's nails.
tırnakçı *sl.* pickpocket.
tırnaklamak to claw, to scratch.
tırpan scythe; ~ atmak 1. to kill off, to slay; 2. to get rid (-*e* of), to weed out.
tırpanlamak to scythe.
tırtık nick; notch.
tırtıklamak *sl.* to steal, to nick, to swipe.
tırtıklı 1. nicked; notched; 2. jaggy, jagged.
tırtıl 1. *zo.* caterpillar; 2. caterpillar tread; 3. serration *(on a knife blade)*; 4. perforation *(of a stamp)*; 5. rowel; jagging wheel; 6. *sl.* sponger, freeloader.
tırtıllı 1. jagged; serrated; 2. milled.
tıs hiss; ~ yok there is not a sound to be heard.
tıslamak to hiss.
tıynet, -ti nature, character, makeup *(of a person)*.
ti [-] ✕ bugle call; ~ işareti bugle call; -ye almak *(b-ni) sl.* to make fun of *s.o.*, to poke fun at *s.o.*
Tibet, -ti *pr. n.* Tibet.
ticaret, -ti [ā] trade, commerce, traffic; ~ anlaşması trade agreement; ~ ataşesi commercial attaché; ♀ Bakanlığı Ministry of Commerce; ~ bankası commercial bank; ~ borsası exchange; stock exchange; ~ filosu merchant (*or* mercantile) mariné; ~ gemisi merchant ship, merchantman; ~ hukuku commercial law; ~ odası chamber of commerce; ~ unvanı trade name *(of a firm)*; ~ yolu trade route.
ticaretgâh [ā] centre of commerce, trading centre.
ticarethane [. - . - .] trading establishment, firm, business.
ticari [. - -] commercial, trade.
tifo [x .] ⚕ typhoid fever.
tiftik mohair, angora.
tiftiklenmek to fuzz, to become fuzzy *(cloth)*.
tifüs [x .] ⚕ typhus (fever).
tik, -ki tic.
tiksindirici repugnant, repellent, loathsome.
tiksindirmek to revolt, to fill with disgust.
tiksinmek to be disgusted (-*den* with), to loathe, to revolt, to abominate, to abhor.
tiksinti revulsion, repugnance, disgust, loathing, abomination.
tilavet, -ti chanting *(the Koran)*; -le okumak to chant *(the Koran)*.
tilki 1. *zo.* fox; 2. *fig.* fox, cunning person, slyboots; ~ gibi foxy, sly, crafty; -nin dönüp dolaşıp geleceği yer kürkçü dükkânıdır *pro.* at length, the fox is brought to the furrier.
tilkileşmek to get foxy (*or* crafty).
tim [i] *sports:* team.
timbal, -li ♪ kettledrum, timbal, tymbal.
timsah *zo.* crocodile; alligator.
timsal, -li [ā] symbol.
tiner thinner.
tinsel spiritual.
tin tin very quietly; on tiptoe.
tip, -pi 1. type, sort; 2. unusual, odd; 3. *fig.* geezer.
tipi snowstorm, blizzard.
tipik typical.
tipsiz *sl.* ugly, unattractive.
tipografya letterpress, typography.
tirad *s.* tirat.
tiraj circulation *(of a newspaper)*.
tiramola ⚓ tacking; ~ etm. to tack.
tirat *thea.* tirade.
tirbuşon corkscrew.
tirbuton buttonhook.
tire[1] hyphen; dash.
tire[2] cotton thread.
tirendaz [- . -] 1. archer; 2. *fig.* skil(l)ful, adroit; 3. *fig.* elegant.
tirfil ⚘ trefoil, clover.
tirfillenmek to become threadbare.
tirfon large screw.
tirhos *zo.* sardine.
tirildemek to quiver, to shiver, to tremble.
tiril tiril 1. gauzy, filmy, gossamery *(cloth)*; 2. spotlessly clean.
tirit bread soaked in gravy; ~ gibi as old as the hills.

tiriz lath, batten.
tirlin ruling (*or* drawing) pen.
tiroit, -di *anat.* thyroid.
tirpidin small mattock.
tirsi *(balığı) zo.* shad.
tirşe 1. bluish green; **2.** vellum; parchment.
tir tir titremek to be all of a tremble, to shiver, to quiver, to tremble, to quake.
tiryaki [. - -] addict; -si olm. *(bşin)* to be addicted to *s.th.*
tiryakilik [. - . .] addiction.
tişört, -tü T-shirt, tee shirt.
titiz 1. fastidious, hard to please, finicky, picky, pernickety; **2.** particular, choosy; **3.** meticulous.
titizlenmek 1. to become hard to please, to get finicky; **2.** to become particular (*or* choosy); **3.** to become meticulous.
titizlik 1. fastidiousness, persnicketiness; **2.** particularity, choosiness; **3.** meticulousness.
titrek shaky, tremulous.
titremek 1. to shiver, to tremble, to shake, to quake, to quiver; **2.** to flicker *(light);* **3.** to be very afraid (*-den* of).
titreşim 1. *phys.* vibration; **2.** ♪ vibrato.
titreşimli 1. *phys.* vibratory, vibratile; **2.** voiced.
titreşimsiz 1. *phys.* vibrationless; **2.** unvoiced.
titreşmek 1. to tremble, to quake, to shake, to quiver; **2.** to vibrate.
tiyatro [. x .] theatre, *Am.* theater.
tiyatrocu [. x . .] **1.** theatre owner; **2.** actor; actress.
tiyatrolaştırmak to dramatize for the stage.
tiz [ī] **1.** shrill; **2.** ♪ high(-pitched); sharp.
tizleşmek [ī] **1.** to become shrill; **2.** ♪ to sharp.
TL (*abbr. for* Türk Lirası) Turkish Lira.
toğrul *zo.* goshawk.
tohum 1. seed; **2.** sperm; **3.** fertilized egg; **4.** family, stock; ~ atmak to sow; ~ bağlamak to go to seed; ~ ekmek to sow seed, to seed; -a kaçmak to go to seed *(a. fig.);* -u dökülmek to reach the menopause.
tohumlamak 1. to inseminate artificially; **2.** to fertilize; **3.** to seed.
tok, -ku **1.** full; **2.** thick *(cloth);* **3.** deep *(voice),* ~ karnına on a full stomach; ~ sözlü blunt; plainspoken, outspoken.
toka¹ [x .] **1.** buckle; **2.** barette *(for the hair).*
toka² [x .] **1.** shaking hands; **2.** clinking glasses; ~ etm. **1.** to shake hands; **2.** to clink glasses *(while toasting);* **3.** ⚓ to make taut, to draw tight; **4.** *sl.* to pay, to plank down.
tokaç, -cı clothes stick *(used for beating washing).*
tokalaşmak to shake hands.
tokat¹, -tı slap, cuff; ~ atmak (*or* aşketmek *or* yapıştırmak) to slap, to cuff; ~ yemek to be slapped.
tokat², -tı sheepfold; pen.
tokatlamak to slap; to cuff.
tokgözlü contented.
toklaşmak *(for a voice)* to deepen.
toklu yearling sheep.
tokluk 1. fullness; **2.** deepness *(of voice).*
tokmak 1. mallet; tamper; beetle; gavel; **2.** knocker *(for a door);* **3.** wooden pestle.
tokmakçı *sl.* gigolo.
tokmaklamak to beat with a mallet; to tamp.
toksik toxic.
toksin toxin.
toktağan constant; ~ karlar perennial snow.
tokurdamak to bubble.
tokurtu bubble.
tokuşmak 1. *(for animals)* to butt each other; **2.** to collide.
tokuşturmak 1. *caus. of* tokuşmak; **2.** to clink *(glasses).*
tokuz *s.* tok 2.
Tokyo *pr. n.* Tokyo.
tokyo thong, flip-flop.
tolerans tolerance *(a.* ⊕*).*
tolga war helmet.
tomak 1. wooden mace; **2.** wooden ball; **3.** a kind of boot.
tomar 1. roll *(of paper, etc.);* **2.** a great deal of, a lot of, a wad of; **3.** rammer.
tombala tombola, lot(t)o; ~ çekmek to draw a number *(while playing tombola).*
tombalacı lotto man.
tombalak plump, chubby.
tombaz 1. flat-bottomed barge, lighter; **2.** pontoon, float *(of a pontoon bridge);* ~ köprü pontoon bridge.
tombul plump.
tombullaşmak to get plump.
tombulluk plumpness.
tomruk 1. log; **2.** bud *(of a plant);* **3.** ingot *(of cast metal);* **4.** † gaol, *Am.* jail.
tomson Thompson.
tomurcuk bud.
tomurcuklanmak to bud.
ton¹ ton *(= 1000 kg.);* -la tons of.
ton² tone *(a.* ♪*).*

tonaj tonnage.
tonalite tonality.
tonbalığı, -nı *zo.* tunny.
tonga [×.] *sl.* trick, fast one; -ya basmak (*or* düşmek *or* oturmak) to be duped, to be taken in, to fall for; -ya bastırmak to dupe, to con, to trick.
tonik ⚕ tonic.
tonilato [..×.] ⚓ tonnage.
tonlama intonation.
tonoz ⏃ vault.
tonton darling, sweet, dear.
top, -pu 1. ball; 2. cannon; 3. roll, bolt (*of cloth*); 4. ream (*of paper*); 5. round(ed); ~ arabası ✕ gun carriage; ~ ateşi cannon fire; gunfire, artillery fire; ~ çehre round face; ~ gibi gitmek to go at once; ~ oynamak to play football; ~ sakal full, round beard; -a tutmak to bombard; -u atmak *sl.* 1. to go bankrupt, to go bust; 2. to flunk a grade, to fail a year; -u -u in all, all told, altogether; -un ağzında *fig.* at the lion's mouth, on the edge of the volcano.
topaç, -cı 1. (peg) top; teetotum; 2. rounded loom (*of an oar*); 3. round basket; ~ çevirmek to whip a top; ~ gibi plump and sturdy (*child*).
topak 1. ball, lump; 2. fetlock; 3. *metall.* pellet.
topaklamak *metall.* to pelletize.
topal lame, crippled; ~ ~ yürümek to limp.
topallamak to limp.
topallık lameness.
topaltı, -nı terreplein of a fort.
toparlak 1. round; 2. ✕ limber.
toparlamak 1. to collect, to gather together; 2. to summarize, to put in a nutshell; 3. to tidy o.s. up, to smarten o.s. up; 4. to tidy, to pick up; 5. to pull (*or* get) o.s. together.
toparlanmak 1. *pass. of* toparlamak; 2. to pull o.s. together; to shape up; 3. to recover, to get back on one's feet (*after an illness*).
topatan a kind of melon.
topçeker 1. gunboat; 2. artillery (*animal, vehicle*).
topçu 1. ✕ cannoneer; artilleryman; 2. ✕ the artillery; 3. *sl.* student who has flunked a grade; ~ sınıfı ✕ the artillery branch; ~ subayı ✕ artillery officer.
topçuluk gunnery.
tophane [ā] *hist.* 1. cannon foundry, arsenal; 2. artillery school.
toplaç ⚡ collector.
toplam ⩚ total; ~ olarak in all, all told.
toplama *vn. of* toplamak, *part.* ⩚ addition; ~ işareti ⩚ plus sign; ~ kampı concentration camp; ~ makinesi adding machine.
toplamak 1. to collect, to gather; 2. ⩚ to add (up), to total; 3. to pick, to harvest; 4. to accumulate, to amass; 5. to tidy (*or* pick) up, to straighten up; 6. to clear (*the table*); 7. to convene, to convoke; 8. to put on (*or* gain) weight.
toplanmak 1. *pass. of* toplamak; 2. to gather, to assemble, to congregate; 3. to shape up; 4. to put on (*or* gain) weight.
toplantı meeting, gathering; ~ salonu meeting room, assembly hall.
toplardamar *anat.* vein.
toplu 1. collected, gathered, assembled; 2. tidy, neat (*place*); 3. plump; 4. collective; 5. *F* pin; 6. cumulative; ~ konut housing estate; ~ mezar mass grave; ~ sigorta group insurance; ~ tabanca six-shooter; ~ taşıma mass transport(ation).
topluca 1. as a group; 2. plumpish.
topluiğne pin.
topluluk 1. group; 2. community; ~ adı *gr.* collective noun.
toplum society, community.
toplumbilim sociology.
toplumbilimci sociologist.
toplumcu socialist.
toplumdışı extrasocial.
toplumsal social, societal.
toplumsallaştırmak to socialize.
toplusözleşme collective agreement.
topografi topography.
toprak 1. earth, soil; dirt; 2. land; 3. ⚡ earth, ground; 4. earthen(ware); 5. unpaved, dirt (*road*); ~ aşınması *geol.* soil erosion; ~ doyursun gözünü! nothing on earth can satisfy you!; ~ kayması landslide, slump; ~ reformu land reform; ~ rengi earth-colo(u)red; ~ sahibi landowner; ~ yol dirt road; toprağa bakmak *fig.* to be at death's door, to have one foot in the grave; toprağa vermek to bury, to inter, to lay to rest; toprağı bol olsun may he rest in peace.
toprakaltı, -nı subsoil, underground.
toprakboya 1. oxide red; 2. earth colo(u)r.
topraklamak 1. to cover *or* fill with earth; 2. to dirty; 3. ⚡ to ground.
toptan 1. wholesale; 2. all at once, all at the same time.
toptancı wholesaler.
toptancılık wholesaling.
topuk 1. heel; 2. *geogr.* bar (*of a river*);

topuğuna basmak *(b-nin) fig.* to be at *s.o.'s* heels; -larına kadar up to the ankles.

topuklamak to heel.

topuklu high-heeled *(shoe).*

topuksuz flat-heeled, low-heeled *(shoe).*

toput ⚒ deposit.

topuz 1. mace; **2.** bun, knot *(of hair);* **3.** doorknob; **4.** head *(of a walking stick).*

topyekûn 1. in all, all told, altogether; **2.** total, all-out; ~ harp total war.

tor 1. fine-meshed net; **2.** *fig.* inexperienced, green *(youth).*

toraman 1. sturdy child; **2.** sturdy *(child).*

torba 1. bag, sack; **2.** ⚕ cyst; **3.** *anat.* scrotum; -ya koymak to acquire, to get.

torbalamak to bag.

torbalanmak 1. *pass. of* torbalamak; **2.** to bag, to become baggy.

torik 1. *zo.* large bonito; **2.** *sl.* acumen, brains; toriğini çalıştırmak *(or* işletmek) *sl.* to use one's loaf.

torna [x .] lathe; ~ etm. to lathe, to turn.

tornacı [x . .] latheman, turner.

tornacılık turnery.

tornavida [. . x .] screwdriver.

tornistan [x . .] **1.** ⚓ stern-way; **2.** turning inside out *(a garment);* ~ etm. **1.** ⚓ to go astern; **2.** to turn *(a garment).*

Toros Dağları *pr. n.* the Taurus Mountains.

torpido [. x .] ⚓ torpedo boat; ~ gözü *mot.* glove compartment; ~ muhribi torpedo-boat destroyer.

torpidobot, -tu torpedo boat.

torpil 1. torpedo; **2.** *sl.* pull, influence; **3.** *sl.* big gun, a friend at court; ~ patlatmak *sl.* to pull, to pull strings *(or* wires).

torpilbalığı, -nı *zo.* torpedo fish.

torpillemek 1. to torpedo; **2.** *sl.* to flunk a grade.

tortop, -pu as round as a top *(or* ball).

tortu sediment, deposit, dregs, precipitate.

tortul sedimentary.

tortullaşma sedimentation.

tortulu turbid.

tortusuz free of sediment, clear.

torun grandchild; ~ torba *(or* tosun) sahibi olm. to have children and grandchildren.

tos butt; ~ vurmak to butt.

tosbağa *zo.* turtle, tortoise.

toslamak 1. to butt; **2.** to bump lightly (-*e* against); **3.** *sl.* to pay out to fork over *(money);* **4.** *sl.* to fail, to flunk.

tost, -tu toasted sandwich.

tostoparlak as round as a ball.

tosun 1. bullock; **2.** *fig.* lad.

tosuncuk big, healthy, newborn baby.

totaliter *pol.* totalitarian.

totem totem.

toto the pools, the football pools.

toy[1] inexperienced, green.

toy[2] *zo.* bustard.

toy[3] feast, banquet.

toydan *zo.* great bustard.

toyluk inexperience, greenness.

toynak hoof.

toynaklı hoofed.

toz 1. dust; **2.** powder; **3.** *sl.* heroin, skag; ~ almak to dust; ~ bezi dustcloth, dustrag; ~ biber ground pepper; ~ etm. **1.** to crush, to pulverize, to annihilate; **2.** to raise dust; ~ kondurmamak not to allow anything to be said (-*e* against); ~ koparmak to raise dust; ~ olm. *sl.* to get lost, to beat it; -u dumana katmak **1.** to raise clouds of dust; **2.** *fig.* to kick up a dust, to raise a ruckus; -unu silkmek *(b-nin) fig.* to dust *s.o.'s* jacket.

tozboya powder paint.

tozkoparan very windy place.

tozlanmak to get dusty.

tozlu dusty.

tozluk 1. gaiter; spat; **2.** *sports:* sock.

tozpembe pale pink; ~ görmek to see the world through rose-colo(u)red glasses.

tozşeker granulated sugar.

tozumak to give off dust.

tozutmak 1. to raise dust; to make dusty; **2.** *sl.* to go nuts.

töhmet, -ti imputation; ~ altında bırakmak to implicate, to incriminate.

tökezlemek to stumble.

tömbeki Persian tobacco *(smoked in hookahs).*

töre custom(s), consuetudo.

törebilim ethics.

törebilimci ethician, ethicist.

törebilimsel ethical.

töredışı amoral, nonmoral.

törel ethical, moral.

tören ceremony, ritual; rite.

törenli ceremonial.

törensel ceremonial, ceremonious, ritual.

töresel customary, consuetudinary.

töresiz unethical, immoral.

törpü file, rasp.

törpülemek to file, to rasp.

tövbe repentance, penitence; forswearing; ~ etm. **1.** to forswear, to swear off; **2.** to repent, to vow not to do s.th. again; -ler -si! *(or* -ler olsun!) not on your life!, never again!

tövbekâr [. . -] penitent, repentant.
tövbeli repentant, penitent.
Trablus [x .] *pr. n.* Tripoli.
Trabzon *pr. n.* Trabzon.
trabzonhurması, -nı ⚘ persimmon, kaki.
trafik traffic; ~ işareti traffic sign; ~ kazası traffic accident; ~ lambası traffic light; ~ polisi traffic policeman; ~ şeridi traffic lane; ~ tıkanması traffic jam, snarl-up.
trafo ⚡ transformer.
trahom ⚕ trachoma.
trajedi tragedy.
trajik tragic.
traktör tractor.
Trakya [x .] *pr. n.* Thrace.
Trakyalı [x . .] Thracian.
trampa [x .] barter, swop; ~ etm. to barter, to swop.
trampet, -ti side (*or* snare) drum.
tramplen 1. diving board; springboard; 2. trampolin(e).
tramvay tram(car), streetcar, trolley.
transatlantik transatlantic (liner).
transfer transfer; ~ etm. to transfer; ~ olm. to be transferred.
transformasyon transformation.
transformatör ⚡ transformer.
transistor ⚡ transistor.
transistorlu ⚡ transistorized, transistor; ~ radyo transistor radio.
transit, -ti transit; ~ geçmek to go through in transit; ~ vizesi transit visa; ~ yolcu in-transit passenger; ~ yolu through highway.
transkripsiyon transcription.
transmisyon ⊕ transmission.
transplantasyon ⚕ transplant(ation).
transport transport.
transportasyon transportation.
trapez trapeze.
trapezci trapezist.
traş *s.* tıraş.
trata [x .] small seine net.
travers 🚂 sleeper, crosstie.
travma ⚕ trauma.
travmatoloji ⚕ traumatology.
tren train; ~ istasyonu train (*or* railway) station; ~ tarifesi train timetable.
trençkot mackintosh, mack, trench coat, raincoat.
trete textbook.
treyler trailer.
tribün (grand)stand.
trigonometri trigonometry.
trigonometrik trigonometric.
triko [x .] machine-knit fabric, tricot.
trikotaj knitting; ~ sanayii knitting industry.
trilyon trillion, quintillion.
trinketa ⚓ foresail.
tripo [x .] *sl.* gambling den.
triportör 1. three-wheeler; 2. tricycle.
triyo ♪ trio.
triyör sorter; separator.
troleybüs trolley-bus.
trombon ♪ trombone.
trompet, -ti ♪ trumpet.
trompetçi ♪ trumpet player, trumpeter.
tropik(a) *geogr.* tropic.
tropikal, -li tropical; ~ kuşak tropical zone.
trotuvar pavement, *Am.* sidewalk.
tröst, -tü ⚖ trust.
TRT (*abbr. for* Türkiye Radyo Televizyon Kurumu) Turkish Radio and Television Company.
trup, -pu *thea.* troupe.
Truva *pr. n.* Troy; ~ atı Trojan horse.
tu [ū] ugh!, oof!
tuba ♪ tuba.
tufa *sl.* gravy.
tufacı *sl.* robber.
tufan [- -] 1. flood, deluge; 2. torrential rain, deluge; 3. ♀ the Flood.
tufeyli [ī] 1. *biol.* parasite; 2. parasite; leech.
tugay brigade.
tuğ ⚔ horsetail.
tuğamiral, -li rear admiral.
tuğgeneral, -li brigadier (general).
tuğla [x .] brick.
tuğra *hist.* Sultan's signature.
tuğyan [ā] rising up, springing up.
tuh oof!, ugh!
tuhaf 1. strange, odd, queer, curious; 2. funny; ridiculous; -ına gitmek *(b-nin)* to seem strange to *s.o.*
tuhafiye sundries, notions, haberdashery.
tuhafiyeci haberdasher.
tuhaflaşmak to get odd, to become queer.
tuhaflık strangeness, oddity, queerness.
tul, -lü [ū] 1. length; 2. longitude; ~ dairesi *geogr.* meridian.
tulu, -uu *ast.* rising *(of the sun, etc.)*; ~ etm. *ast. (for the sun, etc.)* to rise.
tuluat, -tı [. - -] a kind of improvisatorial theatre; ~ yapmak to improvise, to ad-lib.
tulum 1. animal skin; 2. overalls; jump suit; 3. ♪ bagpipe; 4. tube *(for toothpaste, etc.)*; ~ gibi 1. swollen all over; 2. as fat as a pig; ~ peyniri cheese encased in a skin.
tulumba [. x .] pump; ~ tatlısı a syrup-soaked pastry.

tulumbacı 1. maker *or* seller of pumps; 2. *hist.* member of a fire brigade.
tuman long underpants, drawers.
tumba [x.] 1. ⚓ turning upside down; 2. tumbling into bed; ~ etm. ⚓ to upend *(a boat).*
tumturak *lit.* bombast, fustian.
tumturaklı bombastic, pompous.
Tuna [x.] *pr. n.* 1. the Danube; 2. *mf.*
tunç, -cu 1. bronze; 2. ♀ *mf.*
tungsten ⚗ tungsten.
Tunus *pr. n.* Tunisia.
Tunuslu *pr. n.* Tunisian.
tur 1. tour; 2. round *(of voting),* ballot; 3. round *(in a contest);* 4. spin; 5. *sports:* lap; ~ atmak 1. to take a stroll around, to have a walk round *(a place);* 2. to have *(or* take) a spin; ~ bindirmek to lap *(in a race).*
tura 1. *s.* tuğra; 2. skein, coil; 3. knotted handkerchief used in a game.
turaç *zo.* francolin.
turba [x.] peat, turf.
turbalık [x..] peat bog.
turfa 1. not kosher; 2. curiosity; ~ olm. *fig.* to fall into disgrace.
turfanda 1. early *(fruit, vegetables);* 2. out-of-season.
turfandalık garden for growing early fruit, *etc.*
turgor [x.] *biol.* turgor.
turing, -gi touring.
turist, -ti tourist.
turistik touristic(al).
turizm tourism.
turkuaz turquoise.
turna [x.] *zo.* crane; ~ katarı flock of people; ~ olm. *sl.* to lose *(while playing a card game);* -yı gözünden vurmak *fig.* to hit the jackpot.
turnabalığı, -nı *zo.* pike.
turne *thea.* tour; -ye çıkmak to go on tour.
turnike turnstile.
turnusol, -lü ⚗ turnsole.
turnuva tournament, tourney.
turp, -pu ⚘ radish; ~ gibi hale and hearty, in the pink.
turşu 1. pickle; 2. *sl.* pickled, blotto, soused; ~ gibi very tired, pooped, bushed; ~ kurmak to pickle; to make pickles; ~ olm. 1. to go sour; 2. *fig.* to be exhausted *(or* pooped *or* bushed); ~ suratlı *fig.* sour-faced; -su çıkmak 1. *(for fruit, etc.)* to be crushed to a pulp; 2. *fig.* to get tired, to be pooped *(or* bushed).
turşucu pickleman.
turta [x.] pie, tart.
turuncu orange.
turunç, -cu ⚘ Seville orange, bitter orange.
turunçgiller citrus fruits.
tuş 1. key *(of a piano, typewriter, etc.);* 2. *wrestling:* fall; 3. *paint.* touch; 4. *fenc.* touch(é); -a getirmek to throw *(one's opponent).*
tutacak potholder.
tutaç 1. potholder; 2. tongs.
tutak 1. handle; 2. potholder; 3. hostage.
tutam 1. pinch; 2. wisp; bir ~ saç a wisp of hair.
tutamaç handle.
tutamak 1. handle; 2. evidence, proof.
tutanak 1. minutes, record; 2. official report.
tutar total, sum; number.
tutarak, tutarık 1. fit, seizure; 2. epilepsy.
tutarlı consistent; coherent.
tutarlık, tutarlılık consistency; coherence.
tutarsız inconsistent, incongruous; incoherent.
tutarsızlık inconsistency, incongruity; incoherence.
tutkal glue; size; ~ gibi importunate, obtrusive *(person).*
tutkallamak to glue; to size.
tutkallı glued; sized.
tutku passion.
tutkulu passionate.
tutkun 1. in love (-*e* with); 2. lover (-*e* of), admirer (-*e* of).
tutma 1. *vn. of* tutmak; 2. farm hand.
tutmak, (-ar) 1. to hold; to take hold of; to grip, to grab; 2. to hunt *(birds);* 3. to restrain, to hold back; 4. to arrest; to nab; 5. to detain, to hold up; 6. ⚔ to capture, to occupy; 7. to watch over, to look after; 8. to take up *(space);* 9. to cover *(a place);* 10. to reserve *(a place);* 11. *(for cloth)* to show *(a stain, dust, etc.);* 12. to patrol; 13. to support, to back; 14. to keep *(one's promise, etc.);* 15. to approve, to like; 16. to be accepted, to win general approval, to take on; 17. to hire, to rent; 18. to to hire, to employ, to take on; 19. *(for s.o.'s curse)* to be realized, to come true, to come to pass; 20. to grasp,, to understand; 21. to reach, to arrive at, to come to *(a place);* 22. to accord with, to agree with, to jibe with; 23. to take up, to embark on *(a job);* 24. *P (for a man)* to be married to; 25. to be seized with *(the hiccups);* 26. to total, to come to, to amount to; 27. *(for milk)* to form *(cream);* 28. to serve, to offer *(a guest);*

29. *(for a graft or vaccination)* to take; **30.** *(for paint)* to stick, to adhere; **31.** to assume that..., to suppose that...; tutalım ki let's suppose that...; tuttu gitti he upped and left; tuttuğu dal elinde kalmak *fig.* to turn out to be a dud; tuttuğunu koparmak *fig.* to know how to get what one wants.

tutsak prisoner of war, captive.

tutsaklık captivity.

tutturmak 1. *caus. of* tutmak; **2.** to fasten together; to sew together; **3.** to maintain, to carry on, to keep s.th. going; **4.** to get started *(doing s.th.)*; **5.** to hit *(a mark, a target)*; **6.** *fig.* to run his mind on.

tutturmalık fastener.

tutucu conservative.

tutuculuk conservatism.

tutuk 1. stuttering; tongue-tied; **2.** shy, reserved; **3.** stopped-up, blocked.

tutukevi, -ni gaol, *Am.* jail.

tutuklamak to arrest.

tutuklu prisoner; under arrest.

tutukluk 1. difficulty in talking; **2.** shyness, timidity; **3.** blockage.

tutukluluk arrest.

tutulan popular.

tutulma 1. *vn. of* tutulmak; **2.** *ast.* eclipse.

tutulmak 1. *pass. of* tutmak; **2.** to become popular, to catch on, to take on; **3.** to become tongue-tied, to freeze up; **4.** *(for a part of one's body)* to get stiff; **5.** to fall in love (*-e* with), to fall for.

tutum 1. attitude, manner, conduct; **2.** economy, thrift.

tutumlu thrifty, economical.

tutumluluk thriftiness.

tutumsuz thriftless, spendthrift, wasteful, extravagant.

tutumsuzluk thriftlessness, extravagance.

tutunmak 1. to grab hold of; **2.** to hold on (*-e* to), to hang on (*-e* to); to cling (*-e* to); **3.** to apply *(leeches)* to o.s.

tutuşkan (in)flammable; combustible.

tutuşma *vn. of* tutuşmak; ~ noktası ⚗ ignition point.

tutuşmak 1. to catch fire, to ignite, to kindle; **2.** to start, to begin; **3.** to hold *(hands)*.

tutuşturmak 1. *caus. of* tutuşmak; **2.** to set on fire, to ignite, to kindle; **3.** to fasten together; **4.** *(eline)* to thrust into *(s.o.'s hands)*.

tutya ⚗ zinc.

tuval, -li *paint.* canvas.

tuvalet, -ti **1.** toilet, water closet, lavatory; **2.** toilet; **3.** evening dress *(or* gown); **4.** toilette, dress, outfit; ~ ispirtosu rubbing alcohol; ~ kâğıdı toilet paper; ~ masası dressing *(or* toilet) table, vanity.

tuz salt; ~ biber ekmek *(bşe) fig.* to make *s.th.* worse, to rub salt in une wound; ~ buz olm. to be smashed to smithereens; ~ ekmek to salt, to add salt *(-e* to); -la buz etm. to smash to smithereens; -u kuru well off, in easy circumstances; o, partinin tuzu biberiydi he was the life and soul of the party.

tuzak trap; snare; ~ kurmak *(b-ne)* to set *(or* lay) a trap for *s.o.*; tuzağa düşmek to fall into a trap; tuzağa düşürmek to trap.

tuzla [x..] saltpan.

tuzlama 1. *vn. of* tuzlamak; **2.** a tripe soup; **3.** salted, salt.

tuzlamak to salt; to brine; tuzlayayım da kokma! *F* what you're saying is nothing but a lot of tripe!

tuzlu 1. salty; **2.** *fig.* expensive, pricy, high; ~ su salt water; -ya mal olm. (*or* oturmak) *(b-ne)* to cost *s.o.* a bundle, to cost *s.o.* an arm and a leg.

tuzluk saltshaker, saltcellar.

tuzluluk salinity.

tuzruhu, -nu ⚗ hydrochloric acid.

tuzsuz saltless; unsalted.

tü [-] *s.* tüh.

tüberküloz ⚕ tuberculosis.

tüccar [ā] merchant; ~ gemisi trading vessel; ~ malı merchandise.

tüf *geol.* tufa.

tüfek rifle, gun; ~ atmak to fire a rifle; ~ çatmak to stack arms; ~ dipçiği butt of a rifle; ~ namlusu rifle barrel.

tüfekçi 1. gunsmith; **2.** seller of guns.

tüfekhane armo(u)ry.

tüfeklik 1. armo(u)ry; gun-stand; **2.** gun case.

tüh whew!, ouf!; ~ sana! shame on you!

tükenmek 1. to be used up *(or* exhausted), to give out, to run out; **2.** to become exhausted, to give out.

tükenmez 1. inexhaustible; **2.** ball-point (pen); ~ kalem ball-point pen.

tüketici † consumer.

tüketim † consumption.

tüketmek 1. to exhaust, to use up, to expend, to spend; **2.** † to consume.

tükürmek to spit, to expectorate; tükürdüğünü yalamak *fig.* to eat humble pie, to eat one's words, to eat crow.

tükürük spit(tle); ~ bezi *anat.* salivary gland; ~ hokkası spittoon, cuspidor; tükürüğünü yutmak *fig.* *(for s.o.'s*

mouth) to begin to water; to lick one's chops.
tükürüklemek to moisten with spittle.
tül 1. tulle; 2. tulle curtain.
tülbent, -di muslin; gauze.
tüm 1. all (of); 2. whole, entirety; 3. completely; ~ cahil completely ignorant; -üyle completely.
tümamiral, -li vice admiral.
tümbek 1. small protuberance; 2. small drum.
tümce *gr.* sentence.
tümden completely, totally, wholly.
tümdengelim *log.* deduction.
tümel *log., phls.* universal.
tümen 1. large heap *(or* pile); 2. ten thousand; 3. ⚔ division; ~ ~ thousands of...
tümevarım *log.* induction.
tümgeneral, -li major general.
tümleç, -ci *gr.* complement.
tümlemek to complete.
tümler ⟁ complementary; ~ açı complementary angle.
tümör ⚕ tumo(u)r.
tümsayı full number.
tümsek 1. small mound *(or* pile); 2. protuberance; 3. protuberant.
tümsekli convex.
tümseklik protuberance.
tünaydın! 1. good evening!; 2. good night!
tünek perch, roost.
tüneklemek to perch, to roost.
tünel tunnel.
tünemek to perch, to roost.
tünik tunic.
tüp, -bü 1. tube; 2. (test) tube.
tür 1. kind, sort, type; 2. *zo.,* ⚘ species.
türban turban.
türbe tomb, turbe(h).
türbin *phys.* turbine.
türe justice.
türedi upstart parvenu.
türel judicial, juridical.
türemek 1. to spring up; to appear; 2. to multiply, to increase, to mushroom; 3. *gr.* to be derived (*-den* from).
türeti invention.
türetici inventor.
türetmek 1. to produce; to invent; 2. *gr.* to derive.
türev *gr.* derivative.
Türk, -kü 1. Turk; 2. Turkish; ~ ceza kanunu Turkish penal code; ~ dili the Turkish language; ~ Dil Kurumu *pr. n.* The Turkish Language Association.
Türkçe [x .] 1. Turkish, the Turkish language; 2. (in) Turkish; ~ öğretmeni teacher of Turkish; ~ söylemek 1. to speak in Turkish; 2. *fig.* to say bluntly; ~ sözlük Turkish dictionary.
Türkçeci [x . .] 1. supporter of the movement to purify Turkish of foreign words; 2. teacher of Turkish.
Türkçeleştirmek to translate into Turkish.
Türkçü Turkist.
Türkçülük Turkism.
Türkistan [ā] *pr. n.* Turkistan.
Türkiye *pr. n.* Turkey; ~ Büyük Millet Meclisi *pr. n.* the Grand National Assembly of Turkey; ~ Cumhuriyeti *pr. n.* the Republic of Turkey, the Turkish Republic.
Türkleştirmek to Turkize, to Turkicize.
Türklük 1. Turkishness; 2. the Turkish community.
Türkmen Turkoman, Turcoman.
Türkmenistan *pr. n.* Turkmenistan.
Türkolog Turcologist.
Türkoloji Turcology.
türkuvaz turquoise.
türkü folk song; ~ çağırmak *(or* söylemek) to sing a folk song; ~ yakmak to write a folk song; -sünü çağırmak *(b-nin) fig.* to sing the praises of *s.o.*
türlü 1. kind, sort, variety; 2. various, diverse; 3. meat and vegetable stew; ~ ~ all sorts of, various.
türrühat, -tı [ā] nonsense, rubbish.
tüs fuzz, down *(on a person's face).*
tütmek, (-er) 1. to smoke, to fume; 2. *(for smoke)* to rise.
tütsü 1. incense; 2. smoke.
tütsülemek 1. to cense; 2. to smoke *(fish, meat, etc.).*
tütsülü 1. censed; 2. smoked *(fish, meat, etc.).*
tütsülük censer, incensory.
tüttürmek 1. *caus. of* tütmek; 2. to smoke *(cigarette, pipe, etc.).*
tütün tobacco; ~ içmek (*or* kullanmak) to smoke *(tobacco).*
tütüncü 1. tobacconist; 2. tobacco grower.
tüvana [. - -] vigorous.
tüvit tweed.
tüy 1. feather; down; quill; 2. hair; 3. fuzz, down; ~ atmak *(for a bird)* to mo(u)lt; ~ dikmek *(bşin üzerine)* to be the last straw, to be the straw that broke the camel's back; ~ dökmek *(for a bird)* to mo(u)lt; ~ gibi as light as a feather, featherlight; ~ kalem quill (pen); -ler ürpertici blood-curdling, spine-chilling, creepy; -leri diken diken olm. to get goose bumps, to get goose-

flesh, to stand on end *(hair)*; -ü tüsü yok he's still wet behind the ears; -ünü düzmek **1.** *(for a bird)* to preen; **2.** to start to dress well.

tüydöken *sl.* razor, shiv.

tüydürmek *caus. of* tüymek, *sl.* **1.** to steal, to pinch; **2.** to make s.o. leave.

tüylenmek **1.** *(for a bird)* to grow feathers, to feather out, to fledge; **2.** *fig.* to get rich, to get flush.

tüylü **1.** feathered; feathery; downy; **2.** fuzzy; shaggy; hairy.

tüymek *sl.* to slip away, to sneak off.

tüyo hint, tip; ~ vermek to drop *(or* give) a hint.

tüysıklet, -ti *boxing:* featherweight.

tüysüz **1.** unfeathered, unfledged; downless; **2.** fuzzless, downless *(plant, fruit)*; **3.** hairless *(animal)*; **4.** beardless *(youth)*.

tüysüzşeftali ⚘ nectarine.

tüze **1.** jurisprudence, law; **2.** justice.

tüzel **1.** jurisprudential, legal; **2.** judicial.

tüzelkişi ⚖ juristic person.

tüzük regulations, statutes.

TV *(abbr. for* television) *TV*, television.

U

ubudiyet, -ti [. x . .] **1.** devotion to God; **2.** slavery, bondage.

uca coccyx, tailbone.

ucube [. - .] curiosity, monster, prodigy.

ucuz **1.** cheap, inexpensive; **2.** *fig.* easy, easily acquired; ~ atlatmak *(or* kurtulmak) to get off lightly, to get away cheaply; ~ etin yahnisi yavan *(or* tatsız) olur *pro.* you can't make a silk purse out of a sow's ear; -a düşürmek to buy s.th. cheaply; -dur vardır illeti, pahalıdır vardır hikmeti *pro.* if s.th. is cheap, it is usually defective, if s.th. is expensive, there is a good reason.

ucuzcu **1.** *F* the cheap real McCoy, s.o. who sells goods cheaply; **2.** s.o. who is always hunting for bargains, bargain hunter.

ucuzlamak **1.** to become cheap, to go down in price *(goods);* **2.** *fig.* to become readily available, to become common, to become known by everybody.

ucuzlatmak **1.** to reduce in price, to cheapen; **2.** to make readily available, to make s.th. easy.

ucuzluk **1.** cheapness, inexpensiveness; **2.** sale.

uç **1.** tip, point; **2.** (tree) top; **3.** end; **4.** † cause, reason; **5.** *hist.* border territory; **6.** ⩓ final point; **7.** extremity; **8.** frontier; ~ uca end to end; ~ uca gelmek to be just enough; ~ vermek **1.** to come to a head *(boil, etc.);* **2.** to appear, to turn out; **3.** to sprout, to come up *(plant);* -u bucağı olmamak *(or* görünmemek) to be endless; -u ortası belli olmamak not to know exactly, not to know how to start setting a job; -u dokunmak *(b-ne)* to be prejudicial to *s.o.*, to cause *s.o.* harm, to bring up a subject; -unda bir şey olm. to be some secret purpose behind s.th.; -unu kaçırmak *fig.* to lose the thread, to lose the control of.

uçak aeroplane, airplane, plane; ~ bileti air-travel ticket; ~ faciası air disaster; ~ gemisi aircraft carrier; ~ kaçırmak to hijack an airplane; -la **1.** by airplane, by air; **2.** by airmail, via airmail.

uçaksavar ⚔ anti-aircraft gun.

uçandaire flying saucer.

uçantop, -pu volleyball.

uçar **1.** flying; **2.** flying bird; **3.** volatile; -a atmak to shoot at a flying bird.

uçarı **1.** philanderer, casanova; **2.** wild, uncontrollable.

uçkun spark.

uçkur belt, sash, band *(for holding up trousers);* ~ çözmek *F* to have sex with; -una gevşek olm. to sleep around, to have sex with, to be hot *or* horny; -una sağlam *fig.* chaste.

uçlanmak *sl.* to pay up, to fork out, to hand over, to shell out.

uçlu pointed, tipped.

uçmak **1.** to fly; **2.** to evaporate *(perfume, etc.);* ⚗ to valatilize; **3.** to fade away *(colour);* **4.** to go downhill; **5.** *F* to disappear, to vanish; **6.** to get lost; **7.** to explode, to burst; **8.** to be wild with *(joy);* **9.** to go very fast; uçan kuşa borcu olm. to be in debt to everybody, to be up to the ears in debt; uçan kuştan medet ummak to try every mean in order to get out of trouble.

uçman aviator, airplane pilot.

uçsuz without a point; ~ bucaksız endless, vast, boundless.

uçucu **1.** flying, able to fly; **2.** ⚗ volatile.

uçuçböceği, -ni *zo.* ladybug.

uçuk **1.** faded *(colour);* pale; **2.** ⚕ cold sore, herpes (labialis); ~ benizli pale.

uçuklamak to develop cold sores; to get herpes.

uçurmak *caus. of* uçmak **1.** to fly *(kite);* **2.** to rise, to ascend *(plane);* **3.** to cut off, to separate *(head);* **4.** to blow up, to blast; **5.** *F* to kick out *(doors);* **6.** *sl.* to boast, to brag, to show off; **7.** *F* to lose, to steal, to purloin, to pilfer.

uçurtma kite.

uçurtmak *caus. of* uçurmak.

uçurum **1.** abyss, chasm; precipice; **2.** *fig.* corruption, misfortune, disaster.

uçuş flight, flying; ~ hattı flight route.

uçuşmak to fly about; to fly together.

udi [- -] lute player, lutist.

uf ouf!, oof!, ow!, oh my God!
ufacık very small, tiny, minute; ~ tefecik tiny, minute.
ufak 1. small; **2.** very young; **3.** insignificant; **4.** pedantic; **5.** crumb, small; ~ çapta small-scale; ~ para small change; ~ tefek small and thin, small, of no (*or* small) account; ~ ~ **1.** bit by bit; **2.** in small pieces.
ufaklık 1. smallness, littleness; **2.** small change (*money*); **3.** *sl.* vermin, *esp.* louse.
ufalamak to break up, to crumble, to powder, to pulverize.
ufalanmak 1. *pass. of* ufalamak; **2.** to crumble away.
ufalmak to diminish, to become smaller.
ufarak very small.
ufki horizontal, level.
uflamak to say 'oof'; uflayıp puflamak to keep saying 'oof'.
ufuk, -fku **1.** horizon; **2.** skyline; **3.** *fig.* understanding, conception; ufkunu genişletmek *fig.* to broaden one's horizon.
ufunet, -ti [. - .] **1.** bad smell, stench; **2.** ⚕ inflammation and suppuration.
uğrak 1. frequented place *or* region; **2.** haunt.
uğramak 1. to pass by, to call (on *s.o.*, at *a place*); **2.** to (make a) halt, to stop, to touch at; **3.** to pass through; **4.** to get stricken (*or* afflicted) with; **5.** to rush out; **6.** to meet with, to suffer (*a difficulty, etc.*); **7.** to undergo; **8.** to encounter.
uğraş, uğraşı 1. occupation, work; pastime; **2.** struggle, striving, dispute.
uğraşmak 1. to exert o.s., to struggle, to strive; **2.** (*bşle*) to busy (*or* occupy) o.s. with *s.th.*; to be engaged in *s.th.*, to be busy; **3.** to create, to produce; **4.** *fig.* to struggle, to battle (*ile* with).
uğraştırmak *caus. of* uğraşmak; (*b-ni*) to give *s.o.* (a great deal of) trouble.
uğratmak *caus. of* uğramak; **1.** to expose s.o. to; **2.** to dismiss s.o. from.
uğru thief.
uğrulamak to steal.
uğrun secretly; ~ ~ secretly.
uğuldamak 1. to hum, to buzz, to growl, to grumble; **2.** to howl, to cry, to hoot, to wail.
uğultu hum, buzz, howl, roar.
uğunmak 1. to faint; **2.** to feel faint.
uğur[1] -ğru purpose, aim, goal; uğrunda for the sake of, on account of.
uğur[2] good omen, good luck, lucky charm; ~ getirmek to bring good luck; ~ ola (*or* -lar olsun)! have a good trip!; -u açık lucky, fortunate.
uğurböceği, -ni *zo.* ladybug.
uğurlamak (*b-ni*) to accompany *s.o.*, to see *s.o.* off.
uğurlu lucky, auspicious; ~ kademli olsun! may this bring you joy!
uğursamak to regard s.th. as a sign of good luck.
uğursuz inauspicious, ill-omened, ominous; unlucky, unfortunate, fatal.
uğursuzluk ill omen; bad luck, hoodoo.
uhde obligation, charge, responsibility, duty, engagement, undertaking; -sinde olm. (*b-nin*) to be *s.o.'s* duty, to be incumbent on *s.o.*; -sinden gelmek to fulfil(l), to achieve, to manage, to deal with, to handle; -sine almak to carry over, to entrust.
uhrevi [. . -] pertaining to the other world.
uhuvvet brotherhood.
ukala [. . -] wiseacre, smart aleck; ~ dümbeleği smart aleck, smart ass, know-it-all.
ukalalık [. . - .] know-it-all behavio(u)r.
ukde 1. ⚘, *phys.* knot; **2.** *biol.* ganglion; **3.** *fig.* pain, ache, torture.
Ukraynalı Ukrainian.
ukubet, -ti [. - .] **1.** punishment; **2.** pain, torture; **3.** *P* coarse and ugly.
ulaç *gr.* gerund.
Ulah Wallachian, Vlach.
ulak courier, messenger.
ulam 1. group; **2.** category.
ulama 1. *vn. of* ulamak; **2.** adding, appendage; **3.** liaison.
ulamak to join, to attach, to add, to annex (-*e* to).
ulan *sl.* hi!, man alive!, hey you!, man!
ulantı addition, supplement.
ulaşım communication, transport(ation).
ulaşmak 1. to arrive (-*e* at), to get (-*e* to), to reach; **2.** to attain, to achieve; **3.** to reach, to hand, to pass; **4.** to get into contact with; **5.** to survive until.
ulaştırma transportation, communication; ♀ Bakanlığı Ministry of Transport; ~ sınıfı ✕ Transportation Corps.
ulaştırmak to cause to reach, to transport (-*e* to).
ulema [. . -] *isl.* doctors of Muslim theology, ulema.
ulemalık [. . - .] *F* scholarship.
ulu great, high, elevated, *fig.* exalted.
ululamak to extol, to exalt, to hono(u)r.
ululuk height, elevation, *fig.* loftiness, sublimity.

ulumak to howl.
uluorta rashly, recklessly, without reserve.
ulus nation, people.
ulusal national.
ulusallaştırmak to nationalize.
ulusallık nationality.
ulusçu nationalist.
ulusçuluk nationalism.
uluslararası, -nı international.
ulussever patriot.
ulvi [. -] high, sublime.
umacı bogy man, ogre.
umar remedy, solution.
umde † principle.
ummadık [x . .] 1. unexpected, unhoped-for; 2. unforeseen.
ummak, (-ar) 1. to hope: 2. to expect, to await, to presume; ummadığın taş baş yarar it is the unexpected stone that wounds the head.
umman ocean.
Umman Oman.
umran *s.* ümran.
umulmak *pass. of* ummak.
umum [. -] 1. all, general, universal; 2. the public; ~ müdür general manager.
umumhane [. . - .] brothel.
umumi [. - -] 1. general, common, universal; 2. public; ~ efkâr public opinion.
umumiyet, -ti [. - . .] generality.
umumiyetle in general, generally.
umur [. -] 1. affairs, matters, concern; 2. † things, belongings; ~ görmek 1. to be experienced; 2. to be in important positions *(person)*; ~ görmüş experienced; -umda değil I don't care; -umun teki what is that to me?, it is nothing to me.
umursamak to be concerned about, to consider important.
umursamazlık indifference, unconcern.
umut, -du hope, expectation, confidence; ~ beslemek to hope, to expect; ~ etm. to hope, to expect; ~ kesmek to lose hope; ~ vermek to give hope to; -a düşmek to be hopeful; -unu kırmak to dissappoint.
umutlandırmak to give hope to, to make s.o. hopeful.
umutlanmak to become hopeful.
umutlu hopeful.
umutsuz hopeless, desperate.
umutsuzluk hopelessness.
un flour; ~ ufak etm. to crumble s.th. finely; ~ ufak olm. to be broken into pieces; -unu elemiş, eleğini asmış 1. he bas done all the useful work in his life; 2. he is too old.
unlamak to flour, to sprinkle with flour.
unluk 1. suitable for making flour; 2. flour bin *(in a mill)*.
unsur element, component.
unutkan forgetful.
unutkanlık forgetfulness.
unutmabeni ⚘ forget-me-not.
unutmak 1. to forget; to unlearn; 2. to forgive.
unvan [. -] 1. title; 2. superscription.
upuslu very well-behaved.
upuygun [x . .] very suitable, perfectly appropriate.
upuzun 1. very long *or* tall; 2. at full length.
ur tumo(u)r, outgrowth, swelling.
urağan *meteor*. hurricane.
Uranus *ast*. Uranus.
uranyum ⚗ uranium.
urba piece of clothing.
Urduca Urdu, the Urdu language.
urgan rope.
uruk clan.
us reason, state of mind, intelligence, intellect; ~ pahası warning, teaching.
usanç boredom, disgust; ~ getirmek to get bored, to get tired of; ~ vermek to bore, to disgust.
usandırıcı boring, disgusting.
usandırmak to bore, to disgust.
usanmak to become bored, to get tired of, to get disgusted.
usare [. - .] sap, juice.
usavurmak to reason, to think through.
usçu *phls*. 1. rationalist; 2. rationalistic.
usçuluk *phls*. rationalism.
usdışı irrational.
uskumru *zo*. mackerel.
uskur ⚓ screw, propeller.
uskuru ⊕ screw thread.
uslamlamak *s*. usavurmak.
uslanmak 1. to become sensible, to become well-behaved; 2. to listen to reason.
uslu 1. well-behaved, sensible, good *(child)*; 2. reasonable, sensible, rational; ~ durmak *(or* oturmak) to keep quiet, to sit still, to be good.
ussal mental, rational.
usta 1. skil(l)ful, clever (at), able; 2. master craftsman, master workman; 3. foreman, chief; ~ elinden çıkmak to be made by master; ~ işi work of a master.
ustabaşı, -nı foreman.
ustaca skil(l)fully.
ustalaşmak to become skilled.
ustalık 1. mastery, craftsman; 2. proficiency, expertise.

ustalıkla skil(l)fully.
ustunç, -cu ⚕ set of instruments.
ustura [x . .] **1.** (straight) razor; **2.** *sl.* strong *(drink);* **3.** *sl.* lie; ~ taşı whetstone; ~ tutunmak to get a shave.
usturlap astrolabe.
usturmaça ⚓ fender, padding.
usturpa [. x .] a kind of whip.
usturuplu *F* **1.** properly, right; **2.** masterly, striking, hitting the target.
usul, -lü **1.** method, system, manner; **2.** programme; **3.** ♪ time, measure, rhythm; **4.** ⚖ procedure; ~ hukuku ⚖ law of procedure; ~ tutmak ♪ to beat time; ~ ~ quietly, slowly and softly.
usulca 1. slowly; **2.** quietly.
usulcacık slowly, gently, quietly.
usulsüz [. - .] **1.** unmethodical; **2.** contrary to regulations, irregular, incorrect.
usulsüzlük 1. lack of method *or* system; **2.** irregularity.
uşak 1. boy, youth, lad; **2.** servant, domestic, assistant; ~ olm. to undertake the duty of a servant.
uşakkapan *zo.* lammergeier.
uşaklık 1. being a manservant; **2.** *fig.* degrading task; ~ etm. to be servitude.
ut[1] lute.
ut[2] shame, modesty; ~ yeri private parts, genitals.
utanç shame, modesty, shyness, embarrassment; -ından yere geçmek to feel very ashamed, to feel like 30 cents.
utandırmak to make s.o. ashamed, to cause s.o. to blush, to put s.o. to the blush.
utangaç, utangan bashful, shy, timid, embarrassed, confused, shamefaced.
utangaçlık bashfulness, shyness, shamefacedness.
utanmak 1. to be ashamed; **2.** to feel embarrassed; **3.** to be shy *or* bashful; **4.** to be too timid to do, to recoil at.
utanmaz shameless, impudent, impertinent, insolent.
utanmazlık shamelessness, brazenness.
Utarit *ast.* Mercury.
utku victory, triumph.
utlu 1. chaste; **2.** honest.
utmak 1. to defeat; **2.** to win.
utopya utopia.
uvertür 1. ♪ uverture; **2.** beginning *(poker game).*
uvunmak *s.* uğunmak.
uyak rhyme.
uyaklı rhymed.
uyaksız unrhymed.
uyandırmak *caus. of* uyanmak **1.** to wake up, to awaken; **2.** *fig.* to awaken, to arouse, to excite, to call forth; **3.** to light, to kindle; **4.** to revive, to stir.
uyanık 1. awake; **2.** *fig.* bright, cunning; **3.** watchful, vigilant, careful, mindful.
uyanıklık wakefulness, alertness, watchfulness.
uyanış awakening.
uyanmak 1. to wake (up); **2.** *fig.* to awake; **3.** to come up *(plant);* **4.** to appear again, to show up again *(pain, etc.);* **5.** to flame up *(fire);* **5.** to become aware of.
uyar conformable, fit, suitable.
uyaran stimulus, incentive, stimulant.
uyarı 1. warning; **2.** stimulus.
uyarıcı 1. warning; **2.** stimulative.
uyarım stimulation.
uyarınca in accordance with, following, according to.
uyarlaç adapter, adaptor.
uyarlamak 1. to accomodate, to adjust (-*e* to); **2.** to fit, to adapt, to modify.
uyarlayıcı adapter, adaptor *(person).*
uyarlık conformity.
uyarmak 1. to warn, to remind; **2.** to stimulate; **3.** to awaken, to arouse.
uyartı 1. warning; **2.** stimulation; **3.** stimulus.
uydu satellite *(a. fig.)*
uydurma 1. *vn. of* uydurmak; **2.** fictitious, improvised; **3.** invented, false, made-up.
uydurmak *caus. of* uymak **1.** to make fit, to adapt, to adiust: **2.** to invent arbitrarily, to fabricate, to cook up; **3.** to patch up; **4.** *F* to pick up, to get; **5.** *F* to manage, to engineer, to wangle; **6.** ⊕ to fit in(to); **7.** to seduce *(girl, woman).*
uydurmasyon *sl.* **1.** invention, fable, bullshit; **2.** made-up, invented.
uyduruk *F* fabricated, invented, made-up.
uydurukçu *F* bullshitter, fabricator.
uygar 1. civilized; **2.** educated.
uygarlaşmak to become civilized.
uygarlık civilization.
uygulama *vn. of* uygulamak application, practice, carrying out *(plan, law, etc.).*
uygulamak 1. to apply, to carry through practice: **2.** to superimpose s.th. on.
uygun 1. fit, suitable, corresponding, conformable, appropriate; **2.** proper, qualified, apt; **3.** in accord to, fitting; **4.** reasonable *(price);* **5.** favo(u)rable, good; ~ bulmak *(or* görmek) to see fit, to agree to, to approve of; ~ düşmek to fit, to suit; ~ gelmek to suit; ~ kat-

manlaşma *geol.* concordant stratification.

uygunluk appropriateness, suitability.

uygunsuz unsuitable, inappropriate, unfitting, undue; ~ kadın prostitute, whore.

uygunsuzluk **1.** inappropriate behavio(u)r; **2.** unsuitableness, inappropriateness.

Uygur Uighur.

Uygurca the Uighur language, Uighur.

uyku **1.** sleep; **2.** *fig.* carelessness, sleepiness; ~ basmak (*or* bastırmak) to feel very sleepy; ~ durak (yok *or* ~ nedir bilmeden) (without a) chance to rest; ~ gözünden akmak to be very sleepy; ~ tulumu sleeping bag; ~ tutmamak not to be able to go to sleep; ~ vermek (*or* getirmek) to make s.o. feel sleepy; -su ağır heavy sleeper; -su bölünmek not to be able to go back to sleep; -su gelmek to feel sleepy; -su hafif light sleeper; -su kaçmak **1.** to lose sleep over; **2.** to be worried; -sunu almak to sleep well; -ya dalmak to fall asleep; -ya varmak **1.** to sleep; **2.** to calm down; -ya yatmak to lie down to sleep.

uykucu late riser, lie-abed, sleepyhead, fond of sleep.

uykulu sleepy.

uykusuz **1.** sleepless; **2.** blear-eyed, fatigued (*from lack of sleep*).

uykusuzluk lack of sleep, insomnia.

uyluk *anat.* thigh.

uylukkemiği, -ni thighbone.

uymak, (-ar) **1.** to fit to, to conform; **2.** to adapt o.s. to; to adjust to, to follow, to obey, to comply with, to observe, to submit to, to resign o.s. to, to listen to; **3.** to harmonize with, to be homogeneous.

uyruk *pol.* citizen, subject.

uyruklu s.o. who is a citizen of (*a country*).

uyrukluk citizenship.

uysal conciliatory, easy-going, obedient, pliant, supple, compliant, docile, sociable, peaceable.

uysallaşmak to become docile (*or* compliant).

uysallık complaisance, docility.

uyuklamak to doze (off).

uyum **1.** harmony, conformity; **2.** ⚕ accomodation (*of the eye*); **3.** *gr.* harmony.

uyumak **1.** to sleep, to go to sleep, to fall asleep; **2.** *fig.* to be negligent; **3.** to be unaware of what's going on.

uyumlu harmonious, in accord, well-proposed.

uyumsuz inharmonious.

uyuntu idle, lazy, indolent, sleepyhead.

uyur **1.** sleeping; **2.** still (*water*).

uyurgezer sleepwalker, somnambulist.

uyurgezerlik somnambulism, sleepwalking.

uyuşmak[1] **1.** to become numb, to become insensible, to tingle (*hands from cold, etc.*); **2.** to go to sleep; **3.** to relax.

uyuşmak[2] **1.** to come to an agreement (*ile* with), to come to terms (*price*); **2.** to get on (*or* along) with.

uyuşmazlık disagreement, conflict.

uyuşturanbalığı *zo.* crampfish.

uyuşturmak[1] to anesthetize, to narcotize, to benumb, to deaden.

uyuşturmak[2] to cause to come to an agreement.

uyuşturucu narcotic, anesthetic.

uyuşuk numbed, insensible, asleep.

uyuşukluk **1.** numbness; **2.** laziness.

uyutmak *caus. of* uyumak **1.** to lull to sleep, to send to sleep; **2.** *fig.* to calm, to soothe, to ease, to alley, to hold out; **3.** *fig.* to mitigate, to alleviate; **4.** *fig.* to deceive, to fool; **5.** to put off.

uyutucu **1.** narcotic, soporific; **2.** hypnotic.

uyuz **1.** ⚕ mange, itch; **2.** itchy, scabious, mangy, scabby; **3.** *fig.* miserable, wretched, sissy; ~ etm. to bug; ~ olm. **1.** to get the itch; **2.** *fig.* to be bugged.

uyuzböceği, -ni *zo.* itch mite.

uyuzotu, -nu ⚘ scabious.

uyuzsineği, -ni *zo.* tiger beetle.

uz able, good, clever, skil(l)ful.

uzak **1.** distant, far, out-of-the-way, remote; **2.** unsuitable, unfit (for); **3.** improbable, unlikely, inept, irrelevant; **4.** distance, remoteness; **5.** removal; ~ akraba distant relative; ~ durmak to stay at a distance, not to interfere; to keep (*or* stay) clear of; ~ düşmek (*birbirinden*) to be far from one another; -ı görmek to be able to see the future; -tan from far off; -tan bakmak to stay out of, to remain apart from; -tan uzağa **1.** casually (*to know*); **2.** from far away; -tan yakından it hasn't got the slightest connection.

Uzakdoğu the Far East.

uzaklaşmak **1.** to go away, to remove, to retire; to be far away (*-den* from); **2.** to become a stranger to.

uzaklaştırmak **1.** to remove, to deport, to take away; **2.** to turn off, to cause to lose interest.

uzaklık distance,, remoteness; interval.
uzam largeness, extent.
uzamak **1.** to grow long, to extend; **2.** to be prolonged, to drag out *(time)*; **3.** to grow longer *(child)*.
uzanmak **1.** to be down, to stretch o.s. out on; **2.** to go on, to walk on; **3.** to be extended to; **4.** to stretch one's arm to.
uzantı **1.** extension; **2.** prolongation, lengthening.
uzatım prolongation, extension.
uzatma *vn. of* uzatmak lengthening, extension, stretch(ing), expansion; ~ işareti circumflex (accent).
uzatmak *caus. of* uzamak **1.** to lengthen; **2.** to extend, to stretch, to expand; **3.** to let *(hair, etc.)* grow long; **4.** to hand *(-e* over), to pass *(-e* to); **5.** to drag out, to prolong; uzatmayalım let's keep it short.
uzay *ast.*, Ⱥ, *phls.* space; ~ geometri solid geometry; ~ kapsülü space capsule; ~ uçuşu space flight.
uzayadamı astronaut, spaceman.
uzaygemisi spaceship, spacecraft.
uzgörür far-sighted.
uziletişim telecommunication.
uzlaşma *vn. of* uzlaşmak agreement, understanding, settlement, unification.
uzlaşmak to come to an agreement *(or* understanding), to come to terms.
uzlaşmazlık unwillingness to come to an agreement.
uzlaştırıcı concillatory.
uzlaştırmak to reconcile, to compromise, to conciliate.
uzluk ability, cleverness, expertise, mastery.
uzman expert, specialist.
uzmanlaşmak to become an expert *(or* specialist), to specialize.
uzmanlık expertness, speciality.
uzun **1.** long; **2.** tall *(person)*; **3.** *contp.* diffuse, length, prolix; ~ araç long vehicle; ~ atlama long jump; ~ boylu **1.** tall *(person)*; **2.** *fig.* diffuse, prolix; ~ etm. to draw out, to drag out; ~ hikaye long story; ~ lafın kısası in short, the long and the short of it; ~ oturmak to sprawl; ~ uzadıya detailed, full(length), long and broad.
uzunçalar long play, long-playing record, LP.
uzunlamasına lengthwise.
uzunluk **1.** length *(a.* Ⱥ); **2.** *contp.* diffuseness, prolixity.
uzuv, -zvu *anat.* member, organ; limb.
uzvi [. -] organic.
uzviyet, -ti **1.** organism; **2.** ⚕ system.
uzyazım telex.

Ü

ücra remote, out of the way, outermost.
ücret, -ti 1. wage, pay(ment), compensation, stipend, salary; 2. fee, charge; 3. price, cost.
ücretli 1. paid, employed for pay; 2. s.th. done for a fee.
ücretsiz 1. free, free of charge; 2. gratis.
üç, -çü three; ~ aşağı beş yukarı approximately, roughly; ~ beş a few; ~ buçuk atmak to be very frightened; ~ günlük ömür short life.
üçboyutlu three-dimensional.
üçer three each, three apiece.
üçgen ⩓ triangle; ~ piramit threelateral pyramid; ~ prizma triangular prism.
üçkağıtçı *fig.* swindler, crook.
üçlemek 1. to increase to three, to triple, to trebie; 2. to lease the field in exchange for a third of the crop; 3. to plough the field three times; 4. to turn threefold *(rope, etc.)*.
üçlü 1. three-figure number; 2. ternary; 3. (a) three *(poker, dominoes, etc.)* 4. ♪ trio.
üçüncü third; ~ şahıs *gr.* the third person; ~ zaman *geol.* the Tertiary (period).
üçüz triplets, triplet.
üçüzlü 1. who has triplets *(mother)*; 2. threefold; 3. (consisting) of three parts.
üfleç, -ci *phys.* nozzle, blower, blowpipe.
üflemek 1. to blow; 2. to blow out; 3. to blow (*-e* upon, at); 4. to blow away *(dust, etc.)*; 5. to sound *(flute, shawm, etc.)*.
üfürmek 1. to blow, to breathe on; 2. to blow away; 3. to cure by breathing on.
üfürük exhaled breath.
üfürükçü quack, sorcerer *(who claims to cure by breathing on)*.
üğrüm *ast.* nutation.
üleşmek to share, to divide (*ile* with).
üleştirmek to distribute, to share out (*-e* to).
ülfet, -ti 1. familiarity, acquaintance; 2. intercourse, relation; 3. friendship.
ülger fuzz, down.
ülke 1. country; 2. ⚖ territory.
Ülker *ast.* the Pleiades.
ülkü ideal.
ülkücü idealist.
ülkücülük idealism.
ülser ⚕ ulcer.
ültimatom *pol.* ultimatum.
ültramodern ultramodern.
ültraviyole ultraviolet.
ümit, -di 1. hope, confidence; 2. expectation, supposition, presumption; ~ bağlamak to set *(or* pin) one's hopes on; ~ dünyası one can always hope; ~ etm. to hope, to expect; ~ kapısı hope, anything that proves hope; ~ vermek to raise s.o.'s hopes (of), to hold out a prospect of, to promise; ümidi suya düşmek to lose hope; ümidini kesmek to give up hope.
ümitlendirmek to make hopeful.
ümitlenmek to become hopeful, to gather fresh hope.
ümitli hopeful, full of hope.
ümitsiz 1. hopeless *(a. fig.)*; 2. desperate.
ümitsizlik hopelessness, despair.
ümmet, -ti *isl.* religious community.
ümmi [. -] illeterate.
ümmilik illeteracy.
ümük *P* throat.
ün 1. *F* voice, sound; 2. fame, reputation, esteem; ~ salmak (*or* kazanmak *or* yapmak) to become famous.
üniforma [. . x .] uniform.
ünite 1. unity; 2. unit.
üniversal universal.
üniversite university.
üniversiteli university student.
ünlem 1. *gr.* interjection; 2. exclamation, cry, shout; ~ işareti exclamation mark.
ünlemek *P* to call out (*-e* to).
ünlü 1. famous, well-known; 2. *gr.* vowel.
ünsiyet, -ti 1. familiarity; 2. friendship.
ünsüz 1. unknown; 2. *gr.* consonant; ~ uyumu consonant harmony.
ürat urate.
Ürdünlü Jordanian.
üre urea.
ürem ⚚ interest.
üremek 1. to reproduce; 2. to multiply, to increase.

üremi ⚕ uremia.
üreteç *phys.* generator.
üretici 1. producer; 2. of production.
üretim 1. production, manufacture; 2. product.
üretken productive.
üretkenlik productivity.
üretmek *caus. of* üremek 1. to breed, to grow, to raise; 2. to produce.
ürik asit ⚗ uric acid.
ürkek 1. shy, timid; 2. fearful, timorous; ~ ~ timidly, slowly and shyly.
ürkeklik timidity, shyness, bashfulness.
ürkmek (-er) 1. to shy, to balk *(horse);* 2. to start (at), to wince, to be terrified, to be shocked, to fear from, to be frightened of; 3. to bear no fruit *(tree).*
ürkünç frightening, scary, terrifying.
ürküntü sudden fright, panic, scare.
ürkütmek *caus of* ürkmek 1. to startle, to scare, to frighten; 2. to lop *(tree).*
ürolog ⚕ urologist.
üroloji ⚕ urology.
ürpermek 1. to stand on end, to bristle up *(hair);* 2. to shudder, to shiver (with, at); 3. to rise, to start *(voice).*
ürperti shudder, shiver.
ürtiker ⚕ nettle-rash.
ürümek to howl, to bark, to bay; ürüyen köpek ısırmaz barking dogs never bite.
ürün 1. product, crop, harvest; 2. dairy product; 3. *fig.* result; 4. work *(art).*
üryan naked, bare, nude.
üs, -ssü 1. base, basis, foundation; 2. *A* exponent; 3. ⚔ base.
üsçavuş ⚔ sergeant.
üslup, -bu manner, form, style.
üst, -tü 1. upper side, top (side), upper surface; 2. upper part; 3. outside, surface; 4. clothing, dress, clothes; 5. ⚔ superior; 6. rest, remaining, residue; 7. body; 8. boss, superior; 9. at *or* about *(time);* 10. responsibility; ~ bagaj *mot.* roof rack; ~ baş clothes; ~ çıkmak *(or* gelmek) to win, to surpass, to exceed; ~ perdeden konuşmak to talk big, to bluster; ~ -e 1. one after *(or* upon) another, successively; 2. one on top of the other; 3. very crowded; -e çıkmak to be innocent seemingly; -ten superficially; -ü başı dökülmek to be in rags; -ü kapalı *(or* örtülü) in an indirect way, indirectly; -üme iyilik sağlık (-üne, -ünüze sağlık, -üne sağlık *or* -ünüze şifalar) may God preserve from such an ill luck; -ünde durmak to give a subject importance, to emphasize; -ünde kalmak to be left to the highest bidder *(auction);* -ünden atmak not to take over the duty; to acquit o.s. of; -ünden geçmek 1. *(b-nin)* to violate, to rape; 2. to pass over *(time);* -üne almak 1. to bind o.s. to do s.th., to lay o.s. under an obligation; 2. to take offence *(-i* at); -üne atmak *(b-nin)* to put the blame for s.th. on *s.o.;* -üne basmak to hit the nail on the head; -üne bir bardak (soğuk) su içmek *(bşin)* to lose hope, to kiss *s.th.* goodbye; -üne düşmek to be persistent on; -üne gitmek to interfere; -üne koymak to add; -üne olmamak to be unique; -üne oturmak to appropriate illegally; -üne titremek to love tenderly, to dance attendance (on); -üne kondurmamak to overprotect; -üne tuz biber ekmek to rub salt in the wound; -üne -üne gitmek *(bşin)* to harp on *s.th.;* -üne varmak 1. to urge, to press s.o. hard, to give s.o. a hard time; 2. to bid higher; 3. to attack; 4. to marry *s.o.* while he is already married; -üne vazife olmamak *(or* değil) to be none of one's business; -üne yatmak to arrogate; to appropriate s.th. for oneself, not to give s.th. back; -üne yıkmak 1. to dump on s.o. *(a hard job)* 2. to cast the blame on, to impute; -üne yok superb, the best; -üne yürümek to pretend as if about attack; to march against; -ünüze afiyet *(or* sağlık) may you stay in good health.
üstat [. -] master, teacher, instructor.
üstçene *anat.* upper jaw.
üstderi *anat.* epidermis.
üstdudak *anat.* upper lip.
üste further, in addition; -sinden gelmek *F* to bring about, to manage, to realize, to achieve, to wangle.
üsteğmen ⚔ first lieutenant.
üstelemek 1. to be added to; 2. to renew incidence, to recur *(illness);* 3. to insist on, to dominate, to urge; 4. to renew *(request, etc.).*
üstelik 1. furthermore, besides, in addition; 2. extra, addition.
üstgeçit overpass, overcrossing.
üstinsan superman.
üstlük overcoat.
üstsubay senior officer.
üstübeç ⚗ white lead.
üstün superior (*-den* to), outstanding, excellent, exceeding, surpassing, victorious; ~ gelmek to surpass, to exceed; ~ tutmak to prefer s.th. *or* s.o. to another, to esteem *(or* appreciate) s.th. *or* s.o. more than another, to consider superior.

üstünkörü superficial(ly).
üstünlük superiority; supremacy; ~ **derecesi** *gr.* superlative (degree); ~ **kompleksi** superiority complex.
üstüpü tow, (cotton) waste.
üstyapı superstructure.
üşenç laziness, sloth.
üşengeç, üşengen lazy, slothful.
üşengeçlik laziness, sloth.
üşenmek to be slack, to be too lazy to do, to do with reluctance.
üşmek, (-er) to flock (*-e* to), to crowd.
üşniye ⚘ algae.
üşümek 1. to feel cold; 2. to catch cold.
üşüntü flocking, crowding.
üşürmek *caus. of* üşmek.
üşüşmek to flock together, to crowd.
üşütmek 1. to cause to catch cold; 2. to catch cold; 3. *sl.* to go nuts.
üşütük *sl.* nutty.
ütmek[1], (-er) 1. to singe; 2. to hold to (*or* over) the fire; 3. to roast over the fire (*corn, etc.*).
ütmek[2], (-er) to win (*in a game*).
ütopik utopian, unrealizable, unattainable.
ütopist utopist, utopian.
ütopya, ütopi utopia.
ütopyacı utopist.
ütü 1. (flat-)iron; 2. crease; 3. ironing, pressing; ~ **bezi** press cloth; ~ **tahtası** ironing board; ~ **yapmak** to iron, to do the ironing.
ütücü ironer, presser.
ütülemek 1. to iron, to press; 2. to singe off.
ütülmek to get beaten (*in a game*).
ütülü 1. ironed, pressed; 2. singer.
ütüsüz 1. unironed, not ironed; 2. unsinged.
üvendire oxgoad.
üvey, -i, -si step-; ~ **ana** stepmother; ~ **baba** stepfather; ~ **evlat** stepchild; ~ **evlat gibi tutmak** (*or* **bakmak**) to treat s.o. unkindly (*or* unfairly).
üveyik *zo.* wood-pigeon.
üveymek to coo (*dove, pigeon, etc.*).
üvez[1] (*ağacı*) ⚘ service tree.
üvez[2] *zo.* a kind of stinging fly.
üye 1. member (*of a council, etc.*); 2. *anat.* organ.
üyelik membership.
üzengi stirrup.
üzengikemiği, -ni *anat.* stapes.
üzengilemek to spur.
üzengitaşı, -nı ⚠ impost.
üzere 1. (in order) to, just about to; 2. on condition that, provided that; 3. as; 4. of (*or* from) which; 5. at the point of (*doing s.th.*).
üzeri 1. top; 2. outer surface; 3. clothes; 4. body; 5. the rest, remainder; 6. at *or* about (*time*).
üzerinde 1. on, over, above, on top of; 2. with regard to, as to, corcerning, in respect of.
üzerlik harmal.
üzgü oppression, cruelty.
üzgün 1. sad (at), sorrowful, grieved (at, about), 2. weak, feeble, invalid.
üzmek, (-er) 1. to hurt the feelings of, to grieve, to sadden, to vex, to annoy; 2. to strain, to break.
üzücü distressing, annoying, tormenting, saddening.
üzülmek 1. *pass. of* üzmek; 2. to be sorry for, to regret, to be sad (at, about); 3. to be worn out.
üzüm ⚘ grape; ~ **şekeri** glucose; ~ **-e baka baka kararır** a man is known by the company he keeps; **-ün çöpü armudun sapı var demek** to be hypercritical, to be fussy; **-ünü ye de bağını sorma** don't look a gift horse in the mouth.
üzüm üzüm (*used in* üzmek *and* üzülmek) very, terribly, dreadfully.
üzüntü 1. sorrow, anxiety, worry, trouble; 2. annoyance, vexation, chagrin; 3. grief, dejection.
üzüntülü 1. sad, worried, grieved unhappy; 2. tedious, troublesome; 3. annoying, vexatious; 4. anxious.
üzüntüsüz 1. carefree; 2. easy, simple, effortless.

V

vaat, -dı promise; commitment, assurance: ~ etm. to promise; -te bulunmak to make a promise (-*e* to), to promise.
vaaz *isl.* sermon, homily; ~ etm. to give a sermon, to sermonize, to preach.
vacip, -bi **1.** obligatory, incumbent; **2.** *isl.* incumbent on a Muslim *(duty)*; ~ olm. to be necessary.
vade 1. term, time; prompt; **2.** due date; date of maturity; **3.** one's hour of death; -si geçmiş overdue *(cheque, etc.)*; -si gelmek **1.** to fall due; **2.** *fig.* to live one's last hour.
vadeli having a fixed term, time...; ~ hesap (*or* mevduat) time deposit; ~ satış time sale.
vadesiz having no fixed term, open...; ~ hesap (*or* mevduat) demand deposit.
vadetmek [ā] [x . .] to promise.
vadi [- -] **1.** valley; **2.** *fig.* topic, subject.
vaftiz baptism; ~ anası godmother; ~ babası godfather; ~ etm. to baptize.
vagon railway car; ~ restoran restaurant car, dining car, diner.
vagonet, -ti car.
vagonli wagon-lit, sleeping car, sleeper.
vah what a pity!, too bad!
vaha oasis.
vahamet, -ti [. - .] gravity, seriousness *(of a situation)*.
vahdaniyet, -ti [. - . .] the unity of God.
vahdet, -ti **1.** unity, oneness; **2.** ♀ *mf.*, *wf.*
vahi [- -] futile; silly.
vahim serious, grave.
vahimleşmek to become serious.
vahit, -di **1.** one, single, sole; **2.** unique; **3.** ♀ *mf.*
vahiy, -hyi *eccl.* inspiration, revelation.
vahşet, -ti **1.** wildness, savageness; **2.** brutality.
vahşi [ī] **1.** wild, savage; barbarous; **2.** brutal; **3.** untamed; **4.** virgin *(forest)*.
vahşilik *s.* vahşet.
vaiz, -a'zı *isl.* sermon.
vait, -a'di *s.* vaat.
vaiz *isl.* preacher.
vajina *anat.* vagina.
vajinal *anat.* vaginal.
vaka event, happening, incident, occurrence *(a.* ⚕*)*; ~ yeri scene.
vakaa [- . -] [x . -] although, though.
vakanüvis [. . . -] chronicler.
vakar [. -] gravity, dignity, sedateness.
vakarlı [. - .] sedate, dignified, grave.
vakarsız undignified.
vaketa [. x .] calfskin.
vakfetmek [x . .] **1.** to make over to religious *or* charitable foundation *(property)*; **2.** to devote (-*e* to), to dedicate (-*e* to).
vakfiye *eccl.* deed of trust *(of a pious foundation)*.
vakıa [- . .] **1.** event, happening; **2.** although, though.
vakıf, -kfı foundation, wakf; Vakıflar Genel Müdürlüğü *pr. n.* Directorate of Wakfs.
vâkıf aware, cognizant; ~ olm. to be aware (*or* cognizant) (-*e* of).
vakıfname [. . - .] deed of trust.
vaki [- -] happening, taking place; ~ olm. to happen, to occur, to take place.
vakit, -kti **1.** time; **2.** when; ~ almak to take time; ~ daralıyor time presses; ~ geçirmek to pass the time, to occupy o.s.; ~ kaybetmeden without losing any time, at once, promptly; ~ kazanmak to gain time; ~ nakittir *pro.* time is money; ~ öldürmek to kill time; ~ ~ from time to time, at times; -ler hayrolsun! good day!; vakti gelmek *(for s.o.'s hour of death)* to be at hand; vakti yerinde well-off, well-fixed; vaktini almak *(b-nin)* to take *s.o.'s* time; vaktiyle **1.** at the proper time, in time; **2.** in the past, once, once upon a time.
vakitli timely, opportune; ~ vakitsiz at all sorts of times.
vakitsiz untimely, inopportune, premature.
vaktaki [. - .] [. x .] † when.
vakum [x .] ⊕ vacuum.
vakumlu ⊕ vacuum-operated.
vakur [ū] sedate, dignified, grave.

vak vak 1. quack, quack!; 2. guacking *(of a duck)*.
valans ⚗ valence.
vale *cards:* jack, knave.
valf valve.
vali [ā] governor *(of a province)*, vali.
valide [ā] mother; ~ sultan *hist.* mother of the reigning sultan.
valilik 1. governorship; 2. governor's office.
valiz valise, travel(l)ing bag.
vallahi [x - .] by God!, I swear it's true!; ~ billahi I swear to God it's true!
vals waltz; ~ yapmak to waltz.
vamp, -pı 1. vamp; 2. vampish.
vampir 1. vampire; 2. *zo.* vampire bat.
vana valve.
vandalizm vandalism.
vanilya [. x .] ⚘ vanilla.
vantilasyon ventilation.
vantilatör fan, ventilator; ~ kayışı fan *(or* ventilator) belt.
vantrlok, -ku ventriloquist.
vantuz 1. ⚕ cupping glass; 2. *zo.* sucker; ~ çekmek to cup.
vaporizasyon vaporization.
vaporizatör vaporizer.
vapur 1. steamer, steamship; 2. *sl.* very drunk person; ~ seyahati voyage.
vapurculuk operating a steamship line.
var 1. existing, in existence; 2. available, at hand; present, in attendance; 3. there is; there are; 4. one's all, everything one has; ~ etm. to create; ~ gücüyle (*or* kuvvetiyle) with all his might; ~ ol! may you live long!; good for you!; ~ olm. to exist; -ı yoğu everything one owns.
varagele boat which is propelled by a guess-rope.
varak 1. sheet *(of paper, gold leaf)*; 2. leaf *(of a book)*.
varaka printed form; certificate.
varakçı 1. gilder; 2. silverer.
varaklamak 1. to gild; 2. to silver.
varaklı 1. gilded; 2. silvered.
varda [x .] ⚓ keep clear!, make way!
vardabandıra ⚓ signalman.
vardakosta [. . x .] 1. ⚓ coast guard cutter; 2. *sl.* big and good-looking woman.
vardiya [x . .] 1. shift *(in a factory)*; 2. ⚓ watch; ~ şefi shift boss.
varılmak *pass. of* varmak; oraya üç saatte varılır it takes three hours to get there.
varış 1. arrival; 2. *fig.* comprehension, understanding; -ına gelişim, tarhana aşına bulgur aşım *pro.* as you treat others, so will they treat you.
varışlı clever, quick of comprehension.
varidat, -tı [- . -] income; revenue.
varil barrel, keg.
varis ⚕ varix, varicosity.
vâris heir, inheritor.
varisli ⚕ varicose.
varit, -di likely to happen; possible.
variyet, -ti [ā] *P* wealth, riches.
varlık 1. existence, being; 2. presence; 3. creature; 4. wealth, riches; ~ göstermek to make one's presence felt; ~ içinde yaşamak to live in easy circumstances; ~ içinde yokluk scarcity despite wealth.
varlıklı wealthy, rich, well-to-do.
varlıksal existential.
varma *vn. of* varmak; ~ limanı port of discharge.
varmak, (-ır) 1. to arrive (-*e* at, in), to reach; to get (-*e* to); 2. *(for a woman)* to marry *(a man)*; varsın gelmesin! it doesn't matter whether he comes or not.
varoluş existence.
varoş suburb.
varsayılı hypothetical.
varsayım hypothesis; supposition, assumption.
varsaymak 1. to suppose, to assume; 2. to hypothesize.
varta great peril, dangerous situation, tight spot; -yı atlatmak to turn the corner.
varyans variance.
varyant, -tı 1. variant; 2. diversion, detour.
varyasyon ♪ variation.
varyemez miser, pinchpenny.
varyete variety show.
varyos sledge (hammer).
vasat, -tı 1. average; mediocre; 2. environment; 3. centre, *Am.* center.
vasati [ī] 1. average, mean; 2. central; ~ olarak on the average.
vasıf, -sfı 1. quality, attribute; 2. *gr.* adjective.
vasıflandırmak to characterize, to describe.
vasıflı qualified, skilled.
vasıl olm. to arrive (-*e* at, in), to reach.
vasıta [- . .] 1. means; 2. vehicle; 3. intermediary; 4. instrument, implement; -sıyla by means of, through.
vasıtalı [- . . .] 1. indirect; 2. indirectly, through an intermediary.
vasıtasız [- . . .] 1. direct; 2. directly.
vasi [. -] ⚖ guardian; executor.
vâsi, -ii broad, wide.
vasilik ⚖ guardianship, wardship.
vasistas transom (window).

vasiyet, -ti 1. will, testament; 2. last request *(of a dying person)*; ~ etm. to bequeath.
vasiyetname [. . . - .] will, testament.
vasletmek [x . .] *(bşi bşe)* to unite *s.th.* to *s.th.*
vaşak *zo.* lynx.
vaşington ⚘ navel orange.
vat, -tı ⚡ watt; ~ saat watt-hour.
vatan native country, motherland, fatherland, mother country; -a ihanet treason; -ı kurtarmak *sl.* to manage the situation.
vatandaş citizen, compatriot; national.
vatandaşlık citizenship; ~ hakları ⚖ civil rights.
vatani [ī] patriotic; ~ görev *(or* vazife) military service.
vatanperver, vatansever patriotic.
vatanperverlik, vatanseverlik patriotism.
vatansız stateless.
vatka shoulder padding *(in a garment)*.
vatman tram-driver, driver of a street-car.
vatoz *(balığı) zo.* ray, skate.
vaveyla [- . -] shout; -yı koparmak to raise a shout.
vay oh!, woe!; ~ başıma! woe is me!
vazelin vaseline.
vazetmek 1. to impose *(a tax)*; 2. to make *(a law)*.
va'zetmek to preach, to sermonize.
vazgeçmek to give up, to abandon, to quit; to renounce, to waive.
vazıh [ā] manifest, clear.
vazife [. - .] 1. duty, responsibility; 2. homework; 3. employment, job; ~ aşkı love of one's job; senin ne üstüne ~? what's that to you?
vazifelendirmek to commission, to entrust, to charge.
vazifeli [. - . .] 1. charged with a duty; 2. employed; 3. on duty.
vazifeşinas [. - . . -] dutiful; conscientious *(worker)*.
vaziyet, -ti 1. situation, circumstances, plight; 2. condition, state; 3. position; ~ almak ⚔ to stand at attention; -e bağlı it all depends.
vazo [x .] vase.
ve and; ~ saire et cetera, etc., and so forth.
veba [ā] ⚕ plague, pestilence.
vebal, -li [ā] evil consequences *(of an evil action)*; -i boynuna! on your head be it!, the responsibility is yours!; -ini çekmek to suffer the consequences *(of an evil action)*.
vebalı [ā] plague-stricken.
veca, -aı [ā] pain, ache.
vecibe [ī] duty, obligation.
vecih, -çhi 1. face; 2. way, manner; bu veçhile thus, in this way; hiç bir veçhile in no way.
vecit, -cdi ecstasy, rapture; vecde gelmek to become ecstatic.
veciz [ī] pithy, meaty, laconic.
vecize [ī] epigram, aphorism.
veçhe 1. direction, way, course; 2. side, aspect.
veda, -aı [ā] farewell, good-bye; ~ etm. to say farewell *(or* good-bye) *(-e* to); ~ partisi farewell party; ~ ziyareti farewell visit; -a gitmek *(b-ne)* to pay *s.o.* a farewell visit.
vedalaşmak [. - . .] to say farewell *(ile* to), to say good-bye *(ile* to).
vedia [ī] 1. deposit, trust; 2. ♀ *wf.*
vefa [ā] fidelity, loyalty, faithfulness; ~ etm. *(for one's life)* to last long enough, to suffice.
vefakâr [. - -], **vefalı** [. - .] faithful, loyal.
vefasız [ā] unfaithful, disloyal.
vefasızlık [ā] unfaithfulness, disloyalty.
vefat, -tı [ā] death, decease; ~ etm. to die, to pass away.
vehim, -hmi groundless fear.
vehmetmek [x . .] to forebode, to fear.
vejetalin vegetable butter.
vekâlet, -ti 1. procuration, attorneyship; proxy; 2. *pol.* ministry; ~ etm. to represent, to act for, to deputize; ~ vermek *(b-ne)* to give *s.o.* the right of representing.
vekâleten [. x . .] by proxy *(or* procuration).
vekâletname [. - . - .] proxy, procuration.
vekil [ī] 1. agent, representative, attorney, deputy, proxy; 2. *pol.* minister of state.
vekilharç majordomo, butler.
vekillik 1. proxy; attorneyship; 2. *pol.* ministry.
vektör ⩚ vector.
velayet, -ti 1. ⚖ guardianship, wardship; 2. sainthood.
velense [. x .] a kind of thick blanket.
velespit, -ti velocipede, bicycle.
velet, -di child, kid, brat.
velev, velev ki even if...
velhasıl [x - .] in short.
veli [ī] 1. guardian, protector *(of a child)*; 2. saint, wali; 3. ♂ *mf.*
veliaht, -dı heir apparent, crown prince, successor to the throne.
veliahtlık heir apparency.

velilik 1. guardianship, wardship; 2. sainthood.
velinimet, -ti [. - - .] benefactor, patron.
velur velure, velvet.
velvele clamo(u)r, outcry, hubbub; -ye vermek to kick up *(or* raise) a row, to cause a tumult.
velveleci clamorous, noisy.
Venedik [x . .] *pr. n.* Venice.
Venüs *ast.* Venus.
veranda veranda, porch.
veraset, -ti inheritance; heredity; ~ hakkı right of succession; ~ ve intikal vergisi death duties.
verecek debt, debit.
verecekli debtor.
verem ⚕ tuberculosis; ~ olm. to get tuberculosis.
veremli tubercular, tuberculous.
veresiye 1. on credit; 2. *fig.* partially, halfway.
verev bias, diagonal.
vergi 1. tax; 2. gift, endowment; ~ beyannamesi tax statement *(or* return); ~ kaçakçılığı tax evasion; ~ mükellefi taxpayer; ~ tahsildarı tax-collector; -ye tabi taxable.
vergilemek to tax.
vergilendirmek to tax.
vergili 1. taxable, subject to taxation; 2. generous.
vergisiz tax-free.
veri datum.
verici transmitter; ~ istasyonu transmitting station.
verim output, production, yield.
verimli productive, fruitful.
verimlilik productivity, fruitfulness.
verimsiz unproductive, unfruitful.
verimsizlik unproductiveness, unfruitfulness.
verİştirmek 1. *caus. of* verişmek; 2. *(b-ne)* to give *s.o.* a dressing down.
verkaç, -çı *football:* passing and running.
vermek, (-ir) 1. to give; to hand; to deliver; 2. to leave, to bequeath; 3. to attribute *(-e* to); 4. to abandon o.s. *(-e* to), to give o.s. over *(-e* to); 5. to give in marriage *(one's daughter);* 6. to yield, to produce; 7. to hold *(a party, etc.);* to give *(a concert);* 8. to suffer *(losses).*
vermut, -tu vermouth.
vernik varnish.
verniklemek to varnish.
veryansın etm. to squander; to destroy without mercy.
vesait, -ti vehicles, means of transportation.
vesayet, -ti ⚖ guardianship, wardship.
vesika 1. document, certificate; 2. ration card.
vesikalı licensed *(prostitute).*
vesikalık suitable for a document; ~ fotoğraf passport photograph.
vesile 1. means, cause; 2. opportunity; bu -yle thus, as a result of this.
vesselam [x . -] so that's that!
vestibül vestibule.
vestiyer cloakroom, checkroom, vestiary.
vestiyerci cloakroom attendant.
vesvese apprehension, misgiving.
vesveseli apprehensive.
veteriner veterinarian.
veterinerlik veterinary medicine.
vetire [ī] process.
veto [x .] veto; ~ etm. to veto.
veya, veyahut or.
veyöz night-light.
vezaret, -ti [ā] *hist.* vizierate, viziership.
vezin, -zni *poet.* metre, *Am.* meter.
vezinli *poet.* metrical.
vezir [ī] 1. *hist.* vizier; 2. *chess:* queen.
veziriazam *hist.* grand vizier.
vezirlik *hist.* viziership, vizierate.
vezne cashier's desk *(or* window); teller's window; cashier's office.
vezneci *s.* veznedar 1.
veznedar [ā] 1. cashier, teller; 2. treasurer *(of a firm, etc.).*
vıcık gooey, sticky; ~ ~ etm. to make gooey *(or* sticky).
vıdı vıdı etm. *F* to yak, to chatter.
vınlamak to whiz, to buzz, to whir.
vır vır etm. to nag, to grumble.
vırvırcı grumbler.
vız buzz; hum; ~ gelir tırıs gider *F* I don't give a damn *(or* tinker's cuss); ~ gelmek *F* to be a matter of indifference.
vızıldamak 1. to buzz; to hum; to ping; 2. to keep on complaining.
vızıltı 1. buzz; hum; 2. complaint.
vızır vızır constantly, continually.
vızlamak *s.* vızıldamak.
vibrato ♪ vibrato.
vibriyon vibrio.
vicdan conscience; ~ azabı pangs *(or* pricks) of conscience, remorse; ~ hürriyeti freedom of conscience; -ı sızlamak to suffer a pang of conscience.
vicdanen conscientiously.
vicdani of conscience, pertaining to conscience.
vicdanlı [ā] conscientious, just, fair.
vicdansız [ā] unjust, unfair; unscrupulous.
vida ⊕ screw.

vidala [. x .] calfskin.
vidalamak to screw.
vidalı [x . .] screwed; ~ **kapak** screw cap.
video 1. video; 2. video player; video recorder.
vikaye [ā] protection; ~ **etm.** to protect.
vikont, -tu viscount.
vikontes viscountess.
viladi [. - -] inborn, congenital.
vilayet, -ti province, vilayet.
villa villa.
vinç, -ci ⊕ crane; winch.
viola ♪ viola.
vira [x .] continuously; ~ **etm.** to lift; ~ **söylemek** to talk incessantly.
viraj curve, bend; ~ **almak** to go around (*or* take) a curve.
viran [- -] ruined, in ruins.
virane [- - .] ruin; **-ye çevirmek** to ruin, to destroy.
virgül comma.
virtüöz ♪ virtuoso.
virüs [x .] ⚕ virus.
visamiral, -li vice admiral.
viski whisky.
viskonsül vice-consul.
viskoz viscose.
viskozite viscosity.
vişne [x .] ⚘ morello, sour cherry, amarelle.
vişneçürüğü, -nü purple-brown, oxide-brown.
vitamin vitamin.
vitaminli vitamined, vitaminized.
vitaminsizlik ⚕ avitaminosis.
vites gear; ~ **değiştirmek** to shift gears; ~ **kolu** gear lever, gearshift; ~ **kutusu** gearbox, transmission; ~ **küçültmek** to change down, to downshift; **-e takmak** to put into gear.
vitrin 1. shopwindow; 2. china cabinet.
viyadük viaduct.
viyaklamak to cry, to wail.
viyak viyak: ~ **ağlamak** *s.* **viyaklamak**.
Viyana [. x .] *pr. n.* Vienna.
viyola [. x .] ♪ viola.
viyolist, -ti ♪ violist.
viyolon violon, violin.
viyolonist, -ti violinist.
viyolonsel (violon)cello.
vize visa.
vizite [x . .] 1. visit, house call; 2. rounds (*made by a doctor in a hospital*); 3. doctor's fee.
viziyer visor, peak (*of a cap*).
vizon *zo.* mink.
vizör *phot.* view-finder.
vokal, -li vocal; ~ **müzik** vocal music.
vokalist, -ti vocalist.
volan 1. ⊕ flywheel; 2. volant, flounce (*on a woman's dress*).
vole [x .] *football, tennis:* volley.
voleybol, -lü volleyball.
volfram ⚗ wolfram, tungsten.
volkan volcano.
volkanik volcanic.
volt, -tu ⚡ volt.
volta 1. ⚓ fouling of a cable; 2. *sl.* pacing back and forth; pacing up and down; ~ **atmak** to pace back and forth; to pace up and down; **-sını almak** *sl.* to run away, to beat it.
voltaj ⚡ voltage.
voltmetre ⚡ voltmeter.
vonoz young mackerel *or* sardine.
votka vodka.
voyvo [x .] *sl.* hey!
voyvoda *hist.* voivode, vaivode.
v.s. (*abbr. for* **ve saire**) etc., et cetera.
vual, -li voile.
vualet, -ti veiling made of voile.
vuku, -uu [- -] occurence; ~ **bulmak** (*or* **-a gelmek**) to occur, to happen, to take place; **-u halinde** in case (of).
vukuat, -tı [. - -] 1. events, incidents; 2. police case, crime.
vukuf [. -] knowledge, knowing.
vukuflu well-informed.
vukufsuz uninformed, ignorant.
vurdumduymaz 1. thick-headed, stupid; 2. thick-skinned, insensitive, callous.
vurgu *gr.* stress, accent.
vurgulamak 1. to emphasize, to stress; 2. *gr.* to stress, to accent.
vurgulu *gr.* stressed, accented.
vurgun 1. in love with, sweet on, smitten with; 2. ill-gotten gain, gravy; 3. the bends, caisson disease, the chokes; 4. swindle; ~ **vurmak** *F* to pull a deal, to make a killing; ~ **yemek** to be crippled by the bends; to die from the bends.
vurguncu profiteer.
vurgunculuk profiteering.
vurgusuz *gr.* unstressed, unaccented.
vurmak, (-ur) 1. to hit, to strike; 2. to knock (**-e** on); to tap (**-e** on); 3. to hunt; 4. to shoot; to stab; 5. to kill; 6. to hit (*a target*); 7. (*for a shadow, light*) to hit, to strike, to fall on; 8. (*for a clock*) to strike (*the hour*); 9. to steal; 10. (*for a shoe*) to chafe, to pinch, to blister; 11. (*for one's heart or pulse*) to beat; 12. to strike out along, to head out along (*a road*); to head for; 13. to give (*an injection*); **vur dedikse öldür demedik ya!** *fig.* I didn't ask you to go that far!; **vur**

patlasın çal oynasın enjoying o.s. by whooping it up (*or* by painting the town red).
vurucu: ~ güç striking power (*of an army*); ~ tim team of sharpshooters.
vurulmak 1. *pass. of* vurmak; **2.** (*b-ne*) to fall in love with *s.o.*, to be smitten with *s.o.*
vuruntu yapmak *mot.* to knock, to pink.
vuruş 1. blow, stroke; **2.** ♪ beat.
vuruşkan combative, belligerent.
vuruşmak to fight each other, to have a fight.
vuslat, -tı union (*with one's beloved*).
vusul, -lü [. -] arrival; ~ bulmak to arrive (-*e* at).
vuzuh [. -] clearness, clarity.
vücut, -du [ū] **1.** body; **2.** existence; ~ bulmak (*or* vücuda gelmek) to arise, to come into being; vücuda getirmek to create, to produce; -tan düşmek to grow thin.
vücutlu heavily built, hulking (*person*).
vüsat, -ti **1.** breadth; **2.** A volume; **3.** spaciousness.

X

x ışınları, -nı X rays.

Y

ya[1] [ā] o!, oh!; ~ **Rabbi!** o Lord!, oh my God!
ya[2] either... or...; ~ **bu deveyi gütmeli, ya bu diyardan gitmeli** when in Rome, do as the Romans do; ~ **sen,** ~ **ben!** it's either you or me!
yaba wooden pitchfork.
yabalamak to pitchfork.
yaban 1. wild, wilderness; 2. *P* stranger; **-a atmak** to disregard, to sneeze at, to sniff at, to brush aside; **-a söylemek** to talk nonsense (*or* rot).
yabanarısı, -nı *zo.* wasp; hornet.
yabancı 1. stranger; foreigner, alien; 2. foreign, alien; 3. unfamiliar, strange; ~ **düşmanlığı** xenophobia; **-sı olm.** (*bşin*) to be unfamiliar with *s.th.*; **sesi** ~ **gelmedi ama ismini hatırlayamadım** his voice struck a cord but I couldn't remember his name.
yabancılaşmak to become strangers to each other.
yabancılık 1. foreignnes; 2. unfamiliarity, strangeness.
yabandomuzu, -nu *zo.* wild boar.
yabangülü, -nü ⚘ dog rose, dogberry.
yabani [- -] 1. wild; 2. *fig.* shy, timid; 3. *fig.* boorish, crude.
yabanilik [. - - .] 1. wildness; 2. *fig.* shyness; 3. *fig.* boorishness.
yabankedisi *zo.* wild cat.
yabanlaşmak to go wild.
yabanlık visiting clothes.
yabansı strange, odd.
yabansımak to find strange.
yad 1. strange, foreign; 2. enemy; 3. stranger, foreigner; ~ **elde** in a foreign land; away from home; ~ **eller** foreign lands.
yâd etm. to mention, to talk about, to remember.
yadımlama *biol.* catabolism, dissimilation.
yadımlamak *biol.* to catabolize, to dissimilate.
yadırgamak to find strange (*or* odd).
yadigâr [- . -] keepsake, souvenir, remembrance.
yadsımak to deny; to reject.
yafa (*portakalı*) ⚘ Jaffa (orange), Valencia (orange).
yafta [x .] label.
yağ 1. oil; fat; suet; tallow; 2. butter; margarine; 3. grease; lard; ~ **bağlamak** to get fat, to put on fat; ~ **bal olsun!** I hope you'll enjoy it (*food*); ~ **çekmek** to butter up, to flatter, to toady, to apple-polish; ~ **çubuğu** *mot.* dipstick; ~ **gibi gitmek** (*or* **kaymak**) (*for a vehicle*) to go like a bird; ~ **kutusu** ⊕ crankcase; ~ **süzgeci** *mot.* oil filter; ~ **tulumu** *fig.* very fat person, tub of lard; **-dan kıl çeker gibi** as easy as taking candy from a baby, as easy as falling off a log.
yağbezi, -ni *anat.* sebaceous gland.
yağcı 1. seller of oil, butter, *etc.*; 2. lubricator; greaser; oiler; 3. *fig.* flatterer, toady.
yağcılık *fig.* flattery; ~ **etm.** to flatter, to butter up.
yağdanlık oilcan; lubricator.
yağdırmak 1. *caus. of* **yağmak**; 2. *fig.* to rain, to shower.
yağdoku *anat.* fatty tissue.
yağımsı oily, oleaginous; fatty.
yağır withers (*of a horse*).
yağış rain; precipitation.
yağışlı rainy, showery.
yağız dark, swarthy.
yağlama *vn. of* **yağlamak** lubrication.
yağlamak 1. to grease, to oil, to lubricate; 2. *fig.* to flatter, to butter up; **yağlayıp ballamak** to praise to the skies.
yağlanmak 1. *pass. of* **yağlamak**; 2. to get fat.
yağlayıcı 1. lubricant; 2. lubricator; grease gun; 3. lubricatory.
yağlı 1. oily, greasy; fatty; suety; tallowy; lardy; 2. fat, obese; plump; 3. *fig.* rich, well off, in the money; 4. *fig.* profitable; ~ **ballı olm.** to be on the sweetest of terms with each other; ~ **çarık** *sl.* rich; ~ **güreş** greased wrestling; ~ **kâğıt** 1. oil paper; 2. tracing paper; ~ **kapı** *F* rich employer; ~ **kuyruk** *fig.* milch cow; ~ **lokma** *fig.* rich windfall;

~ müşteri profitable customer.
yağlıboya 1. oil paint; **2.** oil...; **3.** gangway!
yağlık napkin; handkerchief.
yağma 1. pillage, sack; **2.** loot, booty; ~ etm. to loot, to sack, to plunder, to pillage; ~ yok! nothing doing!, no way!
yağmacı [x . .] looter, sacker, plunderer, pillager.
yağmacılık [x . . .] pillage.
yağmak, (-ar) to rain, to shower.
yağmalamak to loot, to sack, to plunder, to pillage.
yağmur rain; ~ boşanmak to pour heavily, to come down in buckets; ~ duası ritual prayer for rain *(said by villagers during a drought);* ~ mevsimi rainy season; ~ yağarken küpünü doldurmak *fig.* to make hay while the sun shines; ~ yağıyor it is raining; ~ yemek to get wet through *(in the rain);* -dan kaçarken doluya tutulmak *fig.* to jump out of the frying pan into the fire.
yağmurca *zo.* chamois.
yağmurkuşağı, -nı rainbow.
yağmurkuşu, -nu *zo.* plover.
yağmurlama sistemi sprinkling system.
yağmurlamak 1. to turn into rain, to get rainy; **2.** to sprinkle.
yağmurlu rainy; ~ gün rainy day; ~ hava rainy weather.
yağmurluk raincoat, mackintosh; oilskin.
yağsız 1. oilless; greaseless; butterless; nonfat; **2.** lean, fatless *(meat).*
yahey [ā] hurrah!, yippee!
yahni fricassee, ragout.
yahşi 1. good, nice; **2.** pretty; beautiful; handsome.
yahu [ā] [x .] *F* see here!, look here!; ne yapıyorsun ~? what on earth are you doing?
Yahudi 1. Jew; **2.** Jewish; ~ pazarlığı *fig.* hard bargaining, haggle.
Yahudice Hebrew.
Yahudilik 1. Jewishness; **2.** Judaism.
yahut [ā] [x .] or.
yaka 1. collar; **2.** edge, bank, shore; ~ bir tarafta, paça bir tarafta *fig.* out at elbows, seedy, dishevel(l)ed; ~ paça by main force; ~ paça etm. to throw out by main force; ~ silkmek *(b-den)* to get fed up with *s.o.;* -dan atmak *fig.* to get rid *(or* shut) of; -dan geçirmek to adopt *(a child);* -sına yapışmak to badger, to hound, to bedevil; -sını bırakmamak *fig.* to hound, to badger, to bedevil; -yı ele vermek to get caught, to be collared; -yı kurtarmak *(or* sıyırmak) to evade, to wriggle (*-den* out of).
yakacak fuel.
yakalamak 1. to catch, to collar, to nab; to grab, to seize, to get hold of; **2.** to notice, to see, to spot, to detect; **3.** to hold responsible.
yakalanmak 1. *pass. of* yakalamak; **2.** to catch *(an illness);* **3.** to be caught in *(the rain, a storm).*
yakalı collared.
yakalık collar.
yakamoz phosphorescence *(in the sea).*
yakarış prayer, entreaty.
yakarmak to beg, to implore, to entreat.
yakı plaster; blister; cautery; ~ vurmak *(or* yapıştırmak) to plaster; to blister; to cauterize.
yakıcı 1. burning; **2.** biting *(to the taste);* **3.** ⚗ caustic.
yakın 1. near (*-e* to), close (*-e* to), nearby; **2.** close *(friend);* **3.** very similar (*-e* to); **4.** nearby place, neighbo(u)rhood; **5.** relative, relation; ~ akraba close relative, near relation; ~ zamanda **1.** soon, in a short time; **2.** recently; -da **1.** nearby, close at hand; **2.** recently; **3.** in the near future, soon; -dan at close range; -dan bilmek to know well, to be closely acquainted with.
yakınlaşmak 1. to approach, to draw near; **2.** *fig.* to become close (*-e* to), to become a friend of s.o.
yakınlık 1. nearness, closeness proximity; **2.** *fig.* closeness, warmth, rapport, sympathy; ~ duymak to feel close (*-e* to); to feel a sympathy (*-e* for); ~ göstermek to show concern (*-e* for), to behave warmly (*-e* toward).
yakınmak to complain.
yakınsak ⩓, *phys.* convergent.
yakışık almak to be suitable *(or* proper); senin annenle böyle alay etmen yakışık almaz it is not fit that you should mock your mother so.
yakışıklı handsome, good-looking.
yakışıksız unsuitable, improper, unbecoming, unseemly.
yakışmak 1. to be suitable *(or* proper), to befit; **2.** to suit, to go well with.
yakıştırmak 1. *caus. of* yakışmak; **2.** *(bşi b-ne)* to regard *s.th.* as suitable for *s.o.;* to think that *s.th.* befits *s.o.*
yakıt, -tı fuel.
yakinen [. x .] for sure, for certain.
yaklaşık approximate.
yaklaşım approach.
yaklaşmak to approach, to draw near

(-*e* to); to come close (-*e* to).
yaklaştırmak 1. to bring near, to draw near; 2. to approximate.
yakmak, (-ar) 1. to light; to ignite; to set on fire, to set fire to; 2. to burn (up); 3. to scorch, to sear, to burn; 4. *(for wool)* to irritate; 5. to turn on, to light *(electric lights)*; 6. *fig.* to ruin, to cook s.o.'s goose; 7. *fig.* to inflame with love; 8. to apply *(henna)*; 9. to compose *(a folk song)*; yakıp yıkmak to destroy utterly.
yakşi *s.* yahşi.
yakut, -tu [ā] ruby.
yalak 1. trough; 2. basin *(of a fountain)*.
yalama 1. *vn. of* yalamak; 2. worn *(by friction)*: ~ olm. to get worn.
yalamacı *sl.* toady, lickspittle.
yalamak 1. to lick; to lick up; to lap up; 2. to skim over; to graze.
yalan 1. lie, fib, falsehood, untruth; 2. false, untrue; ~ atmak to lie, to tell lies; ~ çıkmak to turn out untrue; ~ dolan pack of lies; ~ dünya this transitory life; ~ makinesi lie detector; ~ söylemek to lie, to tell lies; ~ yanlış false, erroneous; ~ yere yemin ⚖ perjury; ~ yere yemin etm. ⚖ to perjure o.s.; -a şerbetli prone to lying; -ını çıkarmak *(b-nin)* to give *s.o.* the lie; -ını tutmak (*or* yakalamak) *(b-nin)* to catch *s.o.* in a lie.
yalancı 1. liar; 2. imitation, false, artificial; ~ çıkarmak *(b-ni)* 1. to prove that *s.o.* is a liar; 2. to call *s.o.* a liar; ~ çıkmak to turn out to be a liar; ~ şahit ⚖ perjurer; -nın mumu yatsıya kadar yanar *pro.* It doesn't take long for a lie to come to light.
yalancıakasya ⚘ black locust.
yalancıktan superficially; in pretence; ~ bayıldı he pretended to faint.
yalancılık lying.
yalandan superficially, only for appearance; ~ ağladı she pretended to cry.
yalanlamak to deny, to contradict.
yalanmak 1. *pass. of* yalamak; 2. to lick one's lips *(or* chops).
yalapşap superficially done.
yalaz flame.
yalçın 1. steep; 2. ♀ *mf.*
yaldız 1. gilding, silvering; 2. *fig.* veneer, gloss, glitter, gilt.
yaldızcı gilder, silverer.
yaldızlamak 1. to gild, to silver; 2. *fig.* to give a deceptive glitter; 3. *F* to cuckold.
yaldızlı 1. gilded, gilt, silvered; 2. *fig.* gilded, honeyed.
yale (kilit) Yale lock.
yalelli [- x .]: ~ gibi (*or* Arabın -si gibi) unending, monotonous.
yalgın *P* mirage.
yalı 1. shore; bank; beach; 2. waterside mansion; ~ boyu shore, beach; ~ kazığı big and tall.
yalıçapkını, -nı *zo.* kingfisher.
yalın 1. bare, naked; 2. *gr.* simple; ~ hal *gr.* nominative case.
yalınayak barefoot; ~ başı kabak 1. bareheaded and barefoot; 2. *fig.* clothed in rags.
yalınkat, -tı 1. one layer; 2. *fig.* superficial, shallow.
yalıtım insulation.
yalıtkan *phys.* nonconductive; insulative.
yalıtmak to insulate.
yalıyar *geogr.* cliff.
yalız *anat.* unstriated *(muscle)*.
yallah [x .] go!, get going!
yalnız [x .] 1. alone, by o.s.; 2. lonely, lonesome; 3. solitary, isolated, lone; 4. just, only; 5. but, however; ~ başına alone, by o.s.; ~ bırakmak *(b-ni)* to leave *s.o.* alone, to leave *s.o.* on his own.
yalnızca alone, by o.s.
yalnızcılık *pol.* isolationism.
yalnızlaşmak to become isolated.
yalnızlık 1. loneliness, lonesomeness; 2. isolation, solitude, loneness.
yalpa [x .] ⚓ rolling, lurching; ~ vurmak to roll, to lurch.
yalpak *P* friendly.
yalpalamak *s.* yalpa vurmak.
yaltak(çı) *contp.* fawning, cringing.
yaltaklanmak to toady (-*e* to), to fawn, to cringe, to lickspittle, to play up (-*e* to).
yaltakçılık toadying, fawning; ~ etm. to toady, to fawn, to lickspittle.
yalvarmak to beg, to entreat, to implore, to plead; yalvarıp yakarmak to beg earnestly.
yama 1. patch; 2. birhmark, nevus; ~ vurmak to put a patch (-*e* on), to patch.
yamacı cobbler, shoe repairman.
yamaç, -cı 1. side; 2. slope *(of a hill)*; hillside; side *(of a mountain)*.
yamak helper, apprentice.
yamalak *s.* yarım ~.
yamalamak to patch.
yamalı patched.
yamamak 1. to patch; 2. to foist (-*e* on), to palm off (-*e* on).
yaman 1. very clever and capable; 2. terrible, disastrous; 3. frightful, extreme; 4. violently, strongly.

yamanmak 1. *pass. of* yamamak; 2. *contp.* to be foisted *(or* palmed off) (-e on).
yampiri 1. lopsided; 2. crabwise; ~ gitmek to move crabwise, to crab.
yamrı yumru 1. misshapen; gnarled, uneven and lumpy; 2. very crooked.
yamuk 1. (a)skew, lopsided, crooked, bent; 2. ⩚ trapezoid.
yamuk yumuk very crooked; twisted out of shape.
yamulmak to become bent to one side; to lean to one side.
yamyam cannibal.
yamyamlık cannibalism.
yamyassı [x..] as flat as a pancake.
yamyaş [x.] very damp.
yan 1. side; 2. flank; 3. vicinity, neighbo(u)rhood; 4. direction; 5. part *(of one's body)*; 6. aspect, side *(of a matter)*; 7. secondary; ~ bakmak to look askance (-e at); to leer (-e at); ~ basmak *fig.* to be deceived *(or* taken in); ~ cümle *gr.* subordinate clause; ~ çizmek to avoid, to shirk, to evade, to dodge; ~ etki side effect; ~ gelmek *(or* ~ gelip yatmak) to take one's ease, to goof off; ~ gözle out of the corner of one's eye; ~ gözle bakmak 1. to look out of the corner of one's eye; 2. *fig.* to leer (-e at); ~ hakemi linesman; ~ sokak by-street; ~ tutmak to take sides; ~ ürün by-product; ~ ~ sideways; ~ ~ bakmak to look daggers (-e at), to leer (-e at); ~ -a side by side; ~ yatmak to lean to one side; -a 1. in favo(u)r of, for, pro; 2. concerning, as regards; -dan sideways, from one side; ın profile; -dan çarklı 1. paddle-wheel boat, paddle-steamer; 2. *F tea served with the sugar brought in the saucer*; -ı sıra right along with, together with; -ına bırakmamak *(or* koymamak) not to leave unpunished.
yanak cheek; yanağından kan damlamak to be rosy-cheeked and healthy; yanağından öpmek to kiss s.o. on the cheek.
yanal lateral; ~ yükseklik ⩚ apothem; ~ yüzey ⩚ lateral surface.
yanardağ volcano.
yanardöner shot *(silk)*; chatoyant *(fabric, gem)*.
yanaşık drawn up alongside; parked alongside; docked alongside.
yanaşma 1. *vn. of* yanaşmak; 2. farmhand.
yanaşmak 1. to approach, to draw near; to sidle up (-e to); 2. to draw up *(or* pull) alongside; 3. ⚓ to dock; 4. to accede to *(a request)*; to incline, to seem willing; to go along with *(a plan)*; 5. *(b-ne)* to cozy up to *s.o.*
yanaştırmak 1. *caus. of* yanaşmak; 2. to draw *(a vehicle)* up alongside *(a place)*.
yandaş supporter, follower, advocate, adherent, partisan.
yandaşlık support, advocacy, adherence, partisanship.
yangaboz, yangabuç *F* hunchbacked, bent.
yangeçit bypass.
yangı ⚕ inflammation, infection.
yangılanmak ⚕ to become inflamed, to get infected.
yangılı ⚕ 1. inflamed, infected; 2. inflammatory.
yangın 1. fire, conflagration; 2. *P* fever; 3. *F* madly in love, gone on; ~ bombası fire *(or* incendiary) bomb; ~ çıkarmak to start a fire; ~ kulesi fire tower; ~ sigortası fire insurance; ~ tulumbası hand fire pump; ~ var! fire!; -a körükle gitmek *fig.* to add fuel to the flames; -dan çıkmış gibi impoverished, destitute.
yanıbaşında right beside, right next to.
yanık 1. burn; scald; 2. burnt, burned; 3. (a)lit, alight, lighted; 4. love-sick; 5. doleful, touching, piteous; ~ kokusu burnt smell, smell of burning; ~ tenli sunburnt, sun-tanned.
yanıkara ⚕ charbon, anthrax.
yanılgı mistake, error.
yanılmak 1. to be mistaken; 2. to make a mistake, to err.
yanılmaz infallible, unfailing.
yanılsama *psych.* illusion.
yanıltıcı misleading.
yanıltmaca sophism.
yanıltmaç tongue twister.
yanıltmak *caus. of* yanılmak to mislead.
yanıt, -tı answer, response, reply; ~ vermek to answer, to reply.
yanıtlamak to answer, to reply.
yani [ā] [x.] that is (to say), I mean; namely.
yankesici pickpocket.
yankesicilik picking pockets.
yankı 1. echo; 2. repercussion; ~ uyandırmak 1. to echo; 2. to have repercussions.
yankıla(n)mak to echo.
Yanki Yankee.
yanlamak to get by *(or* around).
yanlı 1. ... sided; 2. supporter of, adherent of, advocate of, partisan of.
yanlış 1. mistake, error, blunder; misstep; 2. wrong, erroneous, incorrect; ~ çıkmak to turn out to be wrong; ~ doğru

cetveli list of errata; ~ düşmek *teleph.* to get *(or* have) the wrong number; ~ kapı çalmak to bark up the wrong tree; ~ yere by mistake; -ını çıkarmak *(b-nin)* to find *s.o.'s* mistake.
yanlışlık mistake, error, blunder.
yanlışlıkla by mistake.
yanmak, (-ar) **1.** to burn, to be on fire; to burn down *(or* up); **2.** *(for electricity)* to be on; **3.** to be burned *(or* scorched *or* singed); to get sunburned; **4.** to get tanned *(by the sun);* **5.** to have fever, to be feverish; **6.** *fig.* to be done for, to have had it, to be in the soup; **7.** to expire; to become void; **8.** to be out *(or* (eliminated); **9.** to feel great sadness (-*e* at); **10.** *(for a place)* to be blazing hot; **11.** *fig.* to burn *(to do s.th.);* **12.** to be madly in love (-*e* with); to have the hots (-*e* for); yanıp kül olm. to burn to ashes; yanıp tutuşmak *(biri için)* to be madly in love with *s.o.*
yansı 1. *biol.* reflex; **2.** reflection.
yansıma reflection.
yansımak 1. *(for light)* to be reflected; **2.** *(for sound)* to echo.
yansıtıcı 1. reflector; **2.** reflective.
yansıtmak 1. to reflect *(light);* **2.** to echo *(sound).*
yansız 1. impartial, unbiased; **2.** *pol.*, ⚗, ⚡ neutral.
yanşak garrulous, talkative.
yanşaklık garrulity.
yap yap *P* = yavaş yavaş.
yapağı, yapak spring wool.
yapay 1. artificial, imitation; **2.** artificial, affected.
yapayalnız [x . . -] all alone, completely alone; all by himself; all by itself.
yapaylık artificiality.
yapı 1. building, edifice, construction, structure; **2.** physique; frame; construction; structure, build; **3.** make, origin; ~ iskelesi scaffolding; ~ ustası master builder.
yapıcı 1. builder; constructor; maker; **2.** constructive; creative; helpful.
yapılı 1. made of..., constructed of...; **2.** portly *(person).*
yapım 1. construction, building; **2.** manufacture, production; **3.** production *(of a film, etc.).*
yapımcı 1. builder; **2.** manufacturer, maker; **3.** producer *(of a film, etc.).*
yapımevi 1. factory, manufactory; mill; plant; **2.** *cinema:* production company.
yapınmak 1. to make s.th. for o.s.; **2.** to have s.th. made for o.s.; **3.** to try to *(-e inf.)*
yapısal structural.
yapışık 1. stuck (-*e* to, on); adhering (-*e* to); **2.** *fig.* boring, importunate *(person);* ~ kardeşler Siamese twins.
yapışkan 1. sticky, adhesive, viscid; **2.** *fig.* importunate, clingy *(person).*
yapışmak 1. to stick (-*e* to), to adhere (-*e* to), to cling (-*e* to); **2.** to set about *(-e ger.);* **3.** *fig.* to cling to s.o. like a leech, to latch onto s.o. like a leech.
yapıştırıcı adhesive.
yapıştırmak *caus. of* yapışmak **1.** to glue, to paste, to stick, to tape; to adhere; **2.** to land, to deal, to plant *(a blow);* **3.** to say in quick reply.
yapış yapış very sticky.
yapıt, -tı work (of art), opus.
yapıtaşı, -nı building stone.
yapkın 1. rich, wealthy; **2.** drunk.
yapma 1. *vn. of* yapmak; **2.** artificial, false, imitation; **3.** affected, mock, feigned; ~ uydu artificial satellite.
yapmacık 1. artificiality, affectation, pose, show; **2.** artificial, affected, mock, feigned.
yapmak, (-ar) **1.** to make; to build, to construct; to manufacture; to produce; to prepare; to create; **2.** to do; to carry out, to perform, to execute; **3.** to repair, to fix; **4.** to cause, to bring about *(an illness);* **5.** to make, to acquire *(money);* **6.** *(for a vehicle)* to do *(speed);* **7.** to defecate; to urinate, to wet; **8.** to harm, to do harm; **9.** to do, to arrange; **10.** to have sexual intercourse with, to do it to *(a woman);* Ahmet öğretmenlik yapıyor Ahmet teaches, Ahmet's a teacher; geçen kış çok kar yaptı it snowed a lot last year; gelmekle iyi yaptın you did well to come; Orhan yapmadığını bırakmadı Orhan's committed every crime in the book; yapma! stop it!, cut it out!
yaprak 1. leaf; **2.** page, leaf *(of a book, etc.);* **3.** layer, sheet; **4.** *geol.* folium; ~ aşısı bud graft; ~ dolması *(or* sarması) stuffed grape leaves; ~ dökümü autumn, *Am.* fall; ~ kurmak to pickle grape leaves; ~ oynamamak *(for the air)* to be no wind at all; ~ sigarası cigar; ~ tütün leaf tobacco; ~ ~ **1.** multilayered; **2.** in layers.
yaprakbiti, -ni *zo.* aphid, plant louse.
yapraklanmak to leaf, to come into leaf, to leave (out).
yapraklı leafy; leafed.
yapraksız leafless.
yaptırım ⚖ sanction.

yapyalnız *s.* yapayalnız.
yar precipice, cliff, abyss; -dan atmak *fig.* to lead into deep trouble.
yâr, -ri 1. beloved, love; lover; **2.** friend; **3.** helper; ~ olm. to be a help, to help, to assist; -dan mı geçersin, serden mi? *fig.* I'm faced with an impossible choice.
yara 1. wound; injury; **2.** gash, rent, tear; **3.** *fig.* pain, sorrow; ~ açmak to make a wound (*-de* in), to wound; ~ bağı bandage; ~ bere cuts and bruises; wounds and bruises; ~ işlemek to discharge *(boil)*; ~ izi scar; ~ kabuğu scab, crust *(over a wound)*; ~ kapanmak *(for a wound)* to heal; -sı olan gocunur! if the cap fits wear it!; -sını deşmek *fig.* to touch a sore spot, to open up an old wound; -ya tuz biber ekmek *fig.* to sprinkle salt on the wound.
Yaradan the Creator, the Maker, God; -a kurban olayım! oh Lord!, wow!; -a sığınıp mustering his strength.
yaradılış 1. nature, temperament, disposition; **2.** creation; -tan by nature, naturally.
yarak *sl.* penis, cock, dick, prick, pecker, tool.
yaralamak 1. to wound, to injure; **2.** to hurt.
yaralanmak *pass. of* yaralamak to be wounded (*or* injured).
yaralı wounded, injured; ~ kuşa kurşun sıkılmaz *pro.* don't hit (*or* kick) s.o. when he's down.
yaramak 1. to be of use (*-e* to), to be good (*-e* for), to come in handy; to serve, to avail; **2.** to be good for s.o.'s health, to be good (*-e* for), to do s.o. good; **3.** to befit.
yaramaz 1. useless, good-for-nothing; **2.** naughty, mischievous.
yaramazlık naughtiness, mischievousness, misbehavio(u)r; ~ etm. to get into mischief, to play up, to cut up, to misbehave.
yaranmak to curry favo(u)r (*-e* with), to cozy up (*-e* to).
yarar 1. useful, serviceable; **2.** benefit, profit; advantage; -ına for the benefit of.
yararlanmak to benefit (*-den* from), to profit (*-den* from), to make good use (*-den* of), to utilize.
yararlı useful; advantageous; worthwhile.
yararlık service, usefulness.
yararlılık usefulness.
yararsız useless, of no use.
yararsızlık uselessness.
yarasa *zo.* bat.
yaraşık: ~ almak to be suitable (*or* fitting).
yaraşıklı suitable, becoming.
yaraşıksız unsuitable, unbecoming.
yaraşmak to suit, to become.
yaratan creator, maker.
yaratıcı creative.
yaratıcılık creativity, creativeness.
yaratık creature.
yaratılış creation, genesis.
yaratmak to create.
yarbay ⚔ lieutenant colonel.
yarda [x .] yard (*= 91, 44 cm.*).
yardak *s.* yardakçı.
yardakçı accomplice, henchman.
yardakçılık complicity; ~ etm. to aid, to be s.o.'s accomplice.
yardım help, assistance, aid; ~ elini uzatmak *(b-ne)* to give *s.o.* a hand; ~ etm. to help, to assist, to aid; -a muhtaç needy; -ına yetişmek *(b-nin)* to come to *s.o.'s* aid.
yardımcı 1. helper, assistant; aide; **2.** vice-; **3.** *gr.* auxiliary; **4.** maid, cleaning woman; ~ fiil *gr.* auxiliary verb.
yardımlaşmak to help one another; to cooperate, to collaborate.
yardımsamak *(b-den)* to ask *s.o.* for help.
yadımsever philanthropic, helpful.
yaren [ā] friend.
yarenlik [ā] chit-chat; ~ etm. to chat.
yarga [x .] one-year-old hen.
yargı 1. idea, opinion; **2.** ⚖ judg(e)ment; verdict *(of a jury)*; decision *(of a court)*; **3.** adjudication; **4.** *phls., log.* judg(e)ment; ~ yetkisi judicial power.
yargıç, -cı ⚖ judge.
yargıçlık ⚖ judgeship.
yargılamak to try; to judge, to adjudicate; to hear *(a case)*.
Yargıtay *pr. n.* Supreme Court.
yarı 1. half; **2.** half of, mid-; **3.** *sports:* half time; **4.** half(way), partially; ~ açık half open; ~ beline kadar to the waist; ~ fiyatına at half price; ~ resmi semiofficial; ~ ~ -ya **1.** half(way); **2.** in half, fifty-fifty; ~ yolda bırakmak *(b-ni)* to leave *s.o.* in the lurch, to leave *s.o.* high and dry; ~ yolda kalmak to be left stranded in the middle of one's journey; -da bırakmak to discontinue, to interrupt; -da kalmak to be left half finished.
yarıbuçuk *F* **1.** trivial, trifling, piddling; **2.** poor, unsatisfactory.
yarıcı 1. chopper, splitter; **2.** sharecropper.

yarıçap, -pı ⩓ radius.
yarıfinal, -li *sports:* semifinal.
yarıgeçirgen semipermeable.
yarıiletken ⚡ semiconductor.
yarık 1. split, cleft, fissure; slit, chink; 2. split, cleft, cloven; slit.
yarıküre *geogr.* semisphere.
yarılamak 1. to be halfway through; to complete half of; 2. to be (*or* go) halfway down.
yarım 1. half; 2. half past noon, twelve-thirty; ~ ağızla *fig.* half-heartedly, with one's tongue in one's cheek; ~ daire ⩓ half circle, semicircle; ~ doğru ⩓ half line; ~ elmanın yarısı o, yarısı bu they're as like as two peas in a pod; ~ kalmak to be left half finished, to be left half done; ~ saat half an hour; ~ yamalak poor, sorry, crummy, two-bit.
yarımada peninsula.
yarımay half-moon.
yarımca ⚕ migraine.
yarımküre hemisphere.
yarımlamak 1. to halve; 2. to half-finish; 3. to be half through.
yarımşar a half each (*or* apiece).
yarın [x .] tomorrow; ~ değil öbür gün the day after tomorrow; ~ öbür gün soon; ~ sabah tomorrow morning.
yarınki tomorrow's; ~ gazete tomorrow's paper.
yarısaydam semitransparent, translucent.
yarış 1. race; 2. competition; ~ alanı racecourse, racetrack; ~ atı racehorse; ~ etm. to race; ~ pisti 1. speedway; 2. (race)track.
yarışçı contester, contender.
yarışma contest, competition.
yarışmacı competitor, contestant, contender.
yarışmak 1. to race; 2. to compete, to contest, to contend, to vie.
yarma 1. *vn. of* yarmak; 2. cut; 3. ✕ breakthrough; 4. coarsely ground (*wheat, etc.*); 5. split (*wood*); ~ gibi hugely built (*person*); ~ şeftali freestone peach.
yarmak, (-ar) to split, to cleave, to rend, to slit.
yarmalamak to split lengthwise.
yarpuz ⚘ pennyroyal.
yas mourning; ~ tutmak to mourn, to be in mourning.
yasa 1. law; 2. law code, code of laws; ~ çıkarmak (*or* yapmak) to make laws; ~ koyucu lawmaker, legislator.
yasadışı illegal, unlawful.
yasak 1. prohibition; ban; 2. prohibited, forbidden; ~ bölge off-limits area; ~ etm. to forbid, to prohibit; to ban; ~ savmak to do in a pinch, to serve in case of need, to be better than nothing.
yasakçı 1. prohibitor, prohibiter, forbidder; 2. *hist.* kavass.
yasaklamak to forbid, to prohibit; to ban.
yasaklayıcı prohibitive, prohibitory.
yasal legal, lawful, legitimate, licit.
yasalaşmak to become law.
yasalaştırmak to make law.
yasallaşmak to become lawful (*or* legal).
yasallaştırmak to legalize.
yasallık legality, lawfulness, legitimacy.
yasama legislation; ~ kurulu legislative body; ~ meclisi house, chamber; ~ yetkisi legislative power.
yasamak to legislate.
yasamalı legislative.
yasasız illegal, unlawful, illegitimate, illicit.
yasemin [- . -] 1. ⚘ jasmine; 2. ♀ *wf.*
yaslamak to lean, to prop.
yaslanmak 1. to lean (-*e* against), to prop o.s. (-*e* against); 2. *fig.* to rely (-*e* on), to count (-*e* on).
yaslı in mourning.
yassı flat.
yassılaşmak to flatten (out).
yassılık flatness.
yastık 1. pillow; cushion; 2. seedbed (*for plants*); 3. ⊕ buffer, cushion; ~ kılıfı (*or* yüzü) pillowcase, tick.
yaş¹ age; ~ günü birthday; ~ haddi 1. age limit; 2. retirement age; -ı ne, başı ne? he's still wet behind the ears; -ı tutmamak to be under age; -ına başına bakmadan regardless of his age; -ında one year old; -ını (başını) almak to be old; kaç yaşındasınız? how old are you?; yirmi yaşındayım I am twenty years old.
yaş² 1. damp; moist; 2. fresh (*fruit*); 3. tears; 4. *sl.* bad, rough, tough; ~ akıtmak (*or* dökmek) to shed tears, to weep, to cry; ~ tahtaya basmak *fig.* to be duped (*or* taken in); -lara boğulmak to cry one's eyes out, to burst into tears, to cry buckets.
yaşa hurrah!, hurray!
yaşam life; ~ biçimi way of life.
yaşamak 1. to live; 2. to live, to inhabit; 3. to live well, to enjoy life; to live in clover; 4. to experience, to have, to enjoy.
yaşamöyküsü, -nü biography.
yaşamsal vital.
yaşantı life.

yaşarmak *(for one's eyes)* to fill with tears, to water.
yaşatmak *caus. of* yaşamak, *part.* to keep alive.
yaşayış way of living, life.
yaşıt, -tı of the same age; contemporary.
yaşlanmak to grow old, to age.
yaşlı[1] teary, tearful.
yaşlı[2] old, aged, elderly; ~ başlı elderly.
yaşlık damp(ness), moistness.
yaşlılık old age, senility.
yaşmak yas(h)mak, veil.
yaşmaklı veiled.
yat[1], -tı yacht; ~ kulübü yacht club; ~ limanı marina.
yat[2]: ~ borusu ⚔ taps, tattoo.
yatağan yataghan.
yatak 1. bed; 2. mattress; 3. bed *(of a river, lake)*; 4. den, lair, hide-out, hideaway *(of thieves)*; 5. bed, seam, vein *(of a mineral)*; 6. ⊕ bearing; 7. chamber *(of a gun)*; ~ çarşafı bed sheet; ~ liman big harbo(u)r; ~ odası bedroom; ~ örtüsü bedspread; ~ takımı bedding; ~ yüzü (bed)tick; yatağa düşmek to be bedfast, to be laid up, to take to one's bed *(because of illness)*; yatağa girmek to go to bed, to turn in; yatağını yapmak *(b-nin)* to make up *s.o.'s* bed; to prepare a bed for *s.o.*; -lar çekmek to feel like hitting the sack.
yatakhane [. . - .] dormitory.
yataklı 1. furnished with a bed *or* beds; 2. 🚃 sleeping car, sleeper; ~ vagon 🚃 sleeping car, sleeper.
yataklık etm. to receive and conceal *(stolen goods)*; to harbo(u)r *(a criminal)*.
yatalak bedridden, bedfast.
yatay horizontal.
yatı overnight stay; -ya gelmek to make an overnight visit, to come for an overnight stay.
yatık 1. leaning to one side; 2. low-lying; ~ yaka turndown collar.
yatılı 1. boarding *(school)*; 2. boarding student, boarder; ~ okul boarding school.
yatır place where a saint is buried.
yatırım ₮ investment; deposit.
yatırımcı ₮ investor; depositor.
yatırmak *caus. of* yatmak, *part.* 1. to put to bed; 2. to accommodate, to bed (down) *(an overnight guest)*; 3. to put s.o. in *(hospital)*; 4. to lay flat; 5. to invest, to deposit *(money)*.
yatısız day *(school, student)*.
yatışmak to die down, to subside; to calm down.
yatıştırıcı sedative, tranquilizing.
yatıştırmak to calm, to soothe, to tranquilize, to mollify, to appease, to allay.
yatkı wrinkle, crease.
yatkın susceptible (*-e* to); predisposed (*-e* to), inclined (*-e* to).
yatmak, (-ar) 1. to go to bed, to turn in; 2. to be lying down, to be in bed; 3. to keep to one's bed; to be bedridden; 4. to lie (flat); 5. to stay (*-de* in), to remain (*-de* in); 6. to enter, to go into *(hospital)*; 7. to lean to *(one side)*; 8. *(for a ship)* to list; 9. to be in prison; 10. to have sex, to sleep with; yatıp kalkmak 1. to sleep (*-de* in); 2. to have sex (*ile* with), to sleep (*ile* with).
yatsı *time about two hours after sunset*; ~ namazı *isl. the ritual prayer performed two hours after sunset.*
yavan 1. tasteless, insipid, flavo(u)rless *(food)*; 2. dry *(bread)*; 3. *fig.* vapid, dull, insipid.
yavanlaşmak to go flat, to lose its savo(u)r.
yavaş 1. slow; 2. soft, quiet; 3. gentle, mild; ~ gel! slow down!, take it easy!; ~ tütün mild tobacco; ~ ~ 1. slowly; 2. gradually, bit by bit.
yavaşça [. x .] 1. slowly; 2. quietly, softly.
yavaşçacık [. x . .] 1. rather slowly; 2. rather quietly.
yavaşlamak to slow down.
yavaşlatmak to slow (down); to slacken; to retard.
yavaşlık 1. slowness; 2. quietness, softness; 3 gentleness.
yave [ā] nonsense, rot, bunk.
yaver [ā] 1. helper, assistant; 2. ⚔ aide-de-camp; ~ gitmek to go well.
yavru 1. young animal; 2. child; 3. *sl.* chick, bird; ~ atmak *(for an animal)* to abort; -m! darling!, dear!, honey!
yavruağzı, -nı pinkish orange.
yavrucak poor little dear *(said of a child)*.
yavrucuk sweet little darling *(said of a child)*.
yavrukurt cub (scout).
yavrulamak to bring forth young.
yavşak nit.
yavuklamak *P* to give a token of betrothal.
yavuklanmak *P* to get engaged.
yavuklu *P* fiancé; fiancée.
yavuz 1. stern, tough; 2. gutsy, tough; 3. ♀ *mf.*
yay 1. bow; 2. ⊕ spring; 3. ⩚ arc, curve; 4. ♀ *ast* Sagittarius, the Archer.

yaya pedestrian; ~ bırakmak *(b-ni) fig.* to leave *s.o.* in the lurch; ~ geçidi **1.** pedestrian *(or* zebra) crossing, crosswalk; **2.** footbridge; ~ kaldırımı pavement, *Am.* sidewalk; ~ kalmak *fig.* to be left in the lurch.
yayan 1. on foot; **2.** *fig.* uninformed; ~ gitmek to go on foot; ~ yapıldak barefooted and travel(l)ing on foot.
yaygara howl, clamo(u)r; hullabaloo; -yı basmak (*or* koparmak) to make a great to-do about nothing.
yaygaracı noisy person, brawler, crybaby, roisterer.
yaygı ground cloth.
yaygın widespread; prevalent.
yaygınlaşmak to become widespread.
yayık[1] churn.
yayık[2] spread out; wide, broad; ~ ~ konuşmak to drawl.
yayılı spread (out).
yayılmak 1. *pass. of* yaymak; **2.** to spread; **3.** to sprawl, to stretch out; **4.** to widen; **5.** to graze, to pasture.
yayım 1. publication; **2.** broadcasting.
yayımcı publisher.
yayımcılık publishing.
yayımlamak 1. to publish; **2.** to broadcast.
yayın 1. publication; **2.** broadcast.
yayın(balığı) *zo.* sheatfish.
yayınevi, -ni publishing house.
yayla [x .] high plateau, wold.
yaylak mountain pasture.
yaylanmak 1. to spring, to bounce; **2.** *sl.* to go away, to beat it.
yaylı 1. having springs, sprung; **2.** ♪ played with a bow *(instrument);* **3.** spring-carriage.
yaylım 1. *vn. of* yayılmak; **2.** *s.* yaylak; ~ ateşi ⚔ volley (fire), fussillade.
yayma 1. *vn. of* yaymak; **2.** small trader's stall.
yaymak, (-ar) **1.** to spread; **2.** to scatter, to spread; **3.** to disseminate, to broadcast, to spread; **4.** to spread *(disease);* **5.** to take to pasture *(animals).*
yayvan broad and shallow; ~ ~ with a drawl *(speaking).*
yaz summer; ~ kış summer and winter, all the year round; ~ saati summer time, daylight saving time; ~ tarifesi summer time-table.
yazar writer; author.
yazarlık authorship.
yazgı destiny, fate, ordinance, predestination.
yazı[1] **1.** writing; **2.** article; **3.** handwriting; **4.** alphabet; **5.** *fig.* destiny, fate, ordinance; ~ dili literary language; ~ makinesi typewriter; ~ masası writing table; ~ mı, tura mı? heads or tails?; ~ tahtası blackboard; ~ tura atmak to flip up, to toss up; ~ yazmak to write; -ya dökmek to indite; -yı çıkarmak (*or* sökmek) to be able to decipher s.o.'s handwriting.
yazı[2] plain.
yazıbilim graphology.
yazıcı 1. scribe; copyist, transcriber; **2.** *cinema:* screenwriter, scriptwriter; **3.** ⊕ recorder.
yazıhane [. . - .] **1.** office; **2.** office desk.
yazık 1. pity, shame; **2.** what a pity!, what a shame!; ~ etm. to spoil, to ruin; -lar olsun! shame!
yazıklanmak to pity; to be sorry (*-e* for).
yazıksız *P* innocent, sinless.
yazılı 1. written; **2.** registered, enrolled; **3.** fated, destined to happen; **4.** written examination; ~ sınav written examination.
yazım spelling.
yazın[1] literature.
yazın[2] [x .] in summer, during the summer.
yazıncı literary man, man of letters, writer, author.
yazınsal literary.
yazışmak to correspond, to write to each other.
yazıt, -tı inscription; epitaph.
yazlık 1. summer house *(or* place); **2.** summer..., estival; yazlığa gitmek to go to one's summer house.
yazma 1. *vn. of* yazmak; **2.** handwritten manuscript; **3.** handwritten; **4.** hand-painted; hand-printed *(cloth);* **5.** hand-painted cloth; hand-printed cloth.
yazmak, (-ar) **1.** to write; **2.** to register, to enroll; yaz boz tahtası school slate.
yazman secretary.
yedek 1. spare, reserve; standby; **2.** towrope; towline; ~ (*or* -te) çekmek to tow; ~ parça spare part; ~ subay reserve officer; yedeğe almak to tow, to take in tow.
yedi seven: ~ canlı invincible; ~ dûvel **1.** the Great Powers; **2.** *fig.* everybody, all and sundry; ~ kat el *F* total stranger; ~ kubbeli hamam kurmak *fig.* to build castles in the air; ~ mahalle *fig.* everybody and his brother; -sinden yetmişine kadar everybody from nine to ninety.
yediemin [. . . -] ⚖ sequester, depositary, trustee.
yedigen 1. heptagon; **2.** heptagonal.

yedili *cards:* the seven.
yedinci seventh.
yedirmek 1. *caus. of* yemek; **2.** to feed; **3.** to let absorb.
yedişer seven each (*or* apiece); ~ ~ seven at a time.
yediveren ⚘ everblooming *(plant)*.
yedmek, (-er) **1.** to tow; **2.** to lead *(an animal)*.
yegâne sole, only, single.
yeğ preferable, better; ~ tutmak to prefer.
yeğen nephew; niece.
yeğinlik *phys.* intensity.
yeğlemek to prefer.
yeis, -e'si despair.
yek, -ki ✎ one.
yekdiğeri, -ni each other, one another.
yeknesak monotonous.
yeknesaklık monotony.
yekpare in one piece; compact.
yeksan [ā] level (*ile* with); ~ etm. to level to the ground.
yekta [ā] **1.** unique, peerless, matchless; **2.** ♀ *mf., wf.*
yekten [x .] all at once; suddenly.
yekûn total, sum; ~ çekmek *F* to finish speaking.
yel 1. wind; **2.** *P* flatus, wind, gas; **3.** *P* rheumatic pain; ~ yeperek yelken kürek *fig.* in a great hurry; -e vermek to throw away.
yeldeğirmeni, -ni windmill.
yele mane.
yelek 1. waistcoat, vest; **2.** wing feather, pinion; **3.** feather *(of an arrow)*.
yeleli maned.
yelken ⚓ sail; ~ açmak **1.** to hoist sail; **2.** to set sail; ~ bezi sailcloth; ~ gemisi sailing ship; -leri suya indirmek *fig.* to draw in one's horns.
yelkenlemek 1. to set sail; **2.** *sl.* to vamoose, to make tracks.
yelkenli sailing ship; sailboat.
yelkovan 1. minute-hand *(of a clock)*; **2.** weather-cock.
yellemek to fan.
yellenmek 1. *pass. of* yellemek; **2.** to break wind, to fart.
yellim yelalim *P* in great haste.
yelloz hussy, slut.
yelmek, (-er) to run in a fluster.
yelpaze [ā] fan.
yelpazelemek [ā] to fan.
yelpazelenmek [ā] **1.** *pass. of* yelpazelemek; **2.** to fan *o.s.*
yelpik *P* asthma.
yeltek fickle; inconstant.
yeltenmek to presume (-*e* to), to dare, to try.
yem 1. feed; fodder; **2.** bait; **3.** primer *(for a gun)*; ~ borusu **1.** ⚔ bugle call for horse fodder; **2.** *fig.* empty promise; ~ torbası nose (*or* feed) bag.
yemek[1] 1. food; meal; **2.** dish; **3.** dinner, supper; banquet; ~ borusu **1.** *anat.* esophagus; **2.** ⚔ mess call; ~ çıkarmak to serve food; ~ kitabı cookery-book, *Am.* cookbook; ~ masası dining table; ~ odası dining room; ~ pişirmek to cook; ~ seçmek to be choosy in eating; to be a picky eater; ~ yapmak to cook; ~ yemek to eat.
yemek[2] 1. to eat; **2.** to spend *(money)*; **3.** to bite; **4.** to corrode, to eat; **5.** to consume, to use up; **6.** *F* to kill, to do in; ye kürküm ye! fine feathers make fine birds; yeme de yanında yat! *sl.* it's finger-licking good!; yemeden içmeden *fig.* without losing any time; yemeden içmeden kesilmek to be off one's food, to have no appetite; yiyecek gibi bakmak to leer (-*e* at); yiyip bitirmek **1.** to eat up; **2.** to squander *(money)*.
yemekhane [ā] dining hall.
yemekli: ~ vagon 🚃 dining car, diner.
yemeni 1. hand-printed scarf *or* handkerchief; **2.** a kind of light shoe.
yemin [ī] oath; ~ billah etm. to swear to God; ~ etm. to swear; to take an oath; ~ ettirmek (*or* verdirmek) to administer an oath (-*e* to), to swear.
yeminli [. - .] under oath; sworn in; ~ tercüman certified (*or* official) interpreter.
yemiş 1. dried fruit; **2.** nut; **3.** *P* fig; ~ vermek to bear fruit.
yemişçi fruiterer.
yemlemek 1. to feed; **2.** to bait; **3.** to prime *(a gun)*.
yemlik 1. nose (*or* feed) bag; **2.** feedbox, manger; **3.** *fig.* bribe.
yemyeşil [x . .] very green.
yen 1. cuff; **2.** sleeve; **3.** ⚘ spathe; **4.** yen *(Japanese monetary unit)*.
yenge [x .] **1.** affinal aunt, uncle's wife; **2.** sister-in-law, brother's wife.
yengeç, -ci **1.** *zo.* crab; **2.** ♀ *ast.* Cancer.
yengi victory.
yeni 1. new; **2.** recent; **3.** newly; recently; ~ evliler newlyweds; ~ yetişen nesil the rising generation; -den (*or* ~ baştan) over again from the beginning.
yeniay *ast.* new moon.
yenibahar ⚘ allspice.
yenice fairly new.

yeniçeri *hist.* **1.** the Janissary corps; **2.** Janissary.
yeniden again; ~ doğmak to revive.
yenidünya **1.** ⚘ loquat; **2.** ♀ the New World.
yenik **1.** defeated; **2.** moth-eaten hole; **3.** eroded; ~ düşmek to be defeated; kurt yeniği wormhole.
yenilemek **1.** to renew, to renovate, to restore; to replenish; **2.** to renew *(a contract)*; **3.** to repeat, to reiterate.
yenilgi defeat, beating; -ye uğramak to suffer defeat, to get a beating.
yenilik **1.** newness; **2.** innovation; renewal; novelty; **3.** inexperience, greenness; ~ korkusu *psych.* neophobia; ~ yapmak to make a change.
yenilikçi innovator.
yenilmek **1.** *pass. of* yemek[2]; **2.** *pass. of* yenmek[2]; yenilir yutulur gibi değil it is not to be stomached.
yenişememek to be unable to defeat each other.
yeniyetme adolescent.
yeniyetmelik adolescence.
yenmek[1] *pass. of* yemek.
yenmek[2] to overcome, to conquer; to beat.
yepyeni [x . .] brand-new.
yer **1.** place, spot; location; position; **2.** space, room; **3.** seat; **4.** place, position *(of employment)*; **5.** *fig.* importance; **6.** the ground, the earth; **7.** floor; **8.** piece of land *(or* property); **9.** the earth; **10.** area, region, terrain; ~ açmak to make way (-*e* for); to make room; ~ almak **1.** to be situated *(or* located) (-*de* in); **2.** to take part (-*de* in), to be involved (-*de* in); ~ belirteci *gr.* adverb of place; ~ cücesi short but cunning; ~ etm. **1.** to leave a mark (-*de* on); **2.** to impress itself in; to be branded on *(s.o.'s mind)*; ~ odası ground-floor room; ~ tutmak **1.** to take up space; **2.** to reserve a place; **3.** *fig.* to be of importance, to have an important place; ~ vermek **1.** to give s.o. a seat, to vacate one's seat; **2.** to include, to discuss *(in a book or speech)*; ~ yarılıp içine girmek to vanish *(or* disappear *or* melt) into thin air; ~ yatağı bed spread on the floor; pallet; ~ ~ in places; here and there; ~ yurt place to live in, home; ~ zarfı *s.* ~ belirteci; -de instead of; -de kalmak *fig.* not to be appreciated; **(yerden):** ~ bitme squat, dumpy; ~ göğe kadar infinitely, greatly; ~ yapma squat, dumpy; ~ -e çalmak to throw *(or* hurl) to the ground; ~ -e vurmak *(b-ni) fig.* to chew *s.o.* out; **(yere):** ~ bakan yürek yakan butter wouldn't melt in his *(or* her) mouth, wolf in sheep's clothing; ~ bakmak *fig.* to have one foot in the grave; ~ göğe koyamamak *fig.* to hono(u)r greatly; ~ sermek *(b-ni)* to knock *s.o.* flying, to knock *s.o.* to the ground; **(yeri):** ~ olm. to be the right moment *or* time *or* place for s.th.; ~ öpmek *co.* to fall to the ground; ~ soğumadan *fig.* shortly after leaving one's place; ~ yurdu belirsiz homeless, vagrant; **(yerin):** ~ dibine geçmek to feel like 30 cents, to feel like sinking through the floor; ~ kulağı var walls have ears; **(yerinde):** ~ saymak *fig.* to mark time; ~ yeller esmek to be gone with the wind, to have vanished; **(yerinden):** ~ ayrılmak to leave one's place; ~ oynamak **1.** to move from, to budge from, to stir from; **2.** to come *(or* get) loose; **(yerine):** ~ bakmak *(b-nin)* to stand in for *s.o.*; ~ geçmek to replace; ~ getirmek to carry out, to execute, to perform, to fulfil(l); ~ koymak to look on s.o. as, to regard s.o. as; **(yerini):** ~ bulmak to find one's place *(or* niche); ~ doldurmak *(b-nin) fig.* to fill *s.o.'s* shoes; ~ tutmak to be able to be used in place of another; **(yerle):** ~ beraber (*or* bir) leveled to the ground, razed; ~ bir etm. to level to the ground, to raze; ~ gök bir olsa no matter what happens, even if the sky should fall; yerlerde sürünmek to be down-and-out; yerlere kadar eğilmek *fig.* to bow and scrape; yerleri süpürmek to trail *(or* drag) on the ground *(long skirt, etc.)*.
yeraltı, -nı underground; ~ geçidi underground passageway, subway; ~ örgütü underground; ~ sığınağı bunker; ~ suyu *geol.* subterranean water.
yerbilim geology.
yerbilimci geologist.
yerçekimi, -ni *phys.* gravity.
Yerebatan Sarayı *pr. n.* the underground cistern.
yerel local; ~ seçim *pol.* local election.
yerelleştirmek to localize.
yerelması, -nı ⚘ Jerusalem artichoke.
yerfıstığı, -nı ⚘ groundnut, peanut.
yergi satire.
yergici satirist.
yerici **1.** critical, faultfinding; **2.** satirical.
yerinde **1.** apt, appropriate; **2.** well-timed, timely; **3.** good, fine; **4.** old enough to be.
yerine **1.** instead of, in place of; in lieu of; **2.** on behalf of, for, in the name of.

yerinmek to feel sad *(or* sorry) (-e about); to regret.
yerkabuğu, -nu *geol.* crust of the earth.
yerküre 1. the earth; **2.** globe.
yerleşik 1. settled, established; sedentary; **2.** endemic.
yerleşim settlement.
yerleşmek 1. to fit in; **2.** to get established in *(one's job);* **3.** to settle *o.s.* in *(a chair, etc.);* to get established in *(a new home);* **4.** to move into, to settle in *(a place);* **5.** to take root, to catch on.
yerleştirmek 1. *caus. of* yerleşmek; **2.** to place, to set, to put, to fit; **3.** to place, to put, to install s.o. in *(a job);* **4.** to deploy *(a missile);* **5.** to land, to plant *(a blow).*
yerli 1. local; native; indigenous; **2.** domestic; **3.** immovable, built-in *(piece of furniture);* ~ mal(ı) local product; ~ yerinde in apple-pie order.
yermantarı, -nı ⚘ truffle.
yermek, (-er) **1.** to criticize, to run down, to speak ill of; **2.** to satirize; to deride; **3.** to condemn; to disapprove.
yermeli pejorative *(word).*
yermerkezli geocentric.
yersarsıntısı, -nı earthquake.
yersiz 1. homeless; **2.** irrelevant; **3.** unsuitable, inappropriate.
yersolucanı, -nı *zo.* earthworm.
yeryuvarlağı, -nı the earth.
yeryüzü, -nü the world, the face of the earth.
yeşermek 1. to leaf out; **2.** to green, to turn green; **3.** *fig.* to appear, to emerge.
yeşil 1. green; **2.** *sl.* one hundred lira note.
Yeşilay *pr. n.* the Green Crescent.
yeşilaycı *F* teetotaller.
yeşilimsi, yeşilimtırak greenish.
yeşillenmek 1. to green; **2.** to leaf out.
yeşillik 1. greenness; **2.** meadow; **3.** greens.
yeşim jade, jasper.
yetenek ability, talent, capability, competence, capacity; aptitude; ~ testi aptitude test.
yetenekli talented, capable, competent, able.
yeteneksiz untalented, incapable, incompetent; inept.
yeteneksizlik inability, incapability, incompetence.
yeter 1. enough, sufficient; **2.** that's enough!; -i kadar **1.** enough, sufficient, adequate; **2.** enough, sufficiently.
yeterince 1. enough, sufficient; **2.** enough, sufficiently.
yeterli enough, sufficient, adequate.
yeterlik adequacy, competence, qualification; sufficiency.
yetersayı quorum.
yetersiz insufficient, inadequate; ~ beslenme malnutrition, undernourishment.
yetersizlik insufficiency, inadequacy.
yetim [ī] orphan.
yetimhane [. - - .] orphanage.
yetinmek *(bşle)* to be content with *s.th.*, to be satisfied with *s.th.*
yetişkin adult, grown-up.
yetişmek 1. to catch; **2.** to reach; to attain; to arrive; **3.** to catch up (-e with); **4.** to be enough, to suffice; **5.** *(for a plant)* to grow; **6.** *(for a person or animal)* to grow up; **7.** to be educated; yetiş(in)! help!
yetişmiş 1. mature, grown-up; **2.** trained; experienced.
yetiştirici producer, raiser, grower.
yetiştirmek 1. *caus. of* yetişmek; **2.** to raise, to bring up, to educate; **3.** to train; **4.** to convey *(news).*
yetki authority, authorization, warrant; askeri valiye tam ~ verildi the military governer has been invested with full authority.
yetkili 1. authorized; **2.** competent; **3.** authority; ~ merci ⚖ competent authority.
yetkin perfect.
yetkisiz 1. unauthorized; **2.** incompetent.
yetmek, (-er) to be enough, to suffice, to do.
yetmiş seventy.
yetmişer seventy each *(or* apiece); ~ ~ seventy at a time.
yetmişinci seventieth.
yetmişlik septuagenarian.
yevmiye daily wage; ~ defteri † daybook.
yezit *F* scamp, devil, dickens.
yığılı heaped, piled, stacked.
yığılışma crowd, throng.
yığılmak 1. *pass. of* yığmak; **2.** to collapse in a heap; **3.** to crowd around.
yığın 1. heap, pile, stack; **2.** crowd, mass, throng, passel *(of people);* -la a heap of, a lot of.
yığınak 1. ⚔ concentration; **2.** ⚘ colony.
yığıntı mass; heap, pile.
yığışık massed.
yığışım *geol.* conglomerate.
yığışmak to crowd together; to amass, to accumulate.
yığmak, (-ar) **1.** to heap (up), to pile (up), to stack (up); **2.** to amass, to accumulate, to concentrate.
yıkamak 1. to wash, to bath(e); to lave;

to launder; 2. *phot.* to develop *(film).*
yıkanmak 1. *pass. of* yıkamak; 2. to wash o.s., to take a bath, to bath(e).
yıkayıcı 1. washer; 2. *phot.* developer.
yıkıcı 1. destructive; subversive; 2. wrecker.
yıkık 1. ruined; 2. demolished, destroyed.
yıkılmak 1. *pass. of* yıkmak; 2. to collapse; 3. to collapse in a heap, to fall to the ground; 4. to wither *(hopes);* 5. *fig.* to clear out, to leave; yıkıl karşımdan! clear out!, get lost!
yıkım 1. ruin, destruction; 2. disaster; catastrophe.
yıkımlık damage.
yıkıntı ruin(s), debris.
yıkkın about to collapse, in ruins.
yıkmacı wrecker.
yıkmak, (-ar) 1. to demolish, to wreck, to pull down, to destroy, to ruin; 2. to overthrow; 3. to topple; to lay s.o. flat; 4. to tilt; 5. to put *(the blame)* on s.o.
yıl year; -lar -ı for years.
yılan 1. *zo.* snake; serpent; viper; 2. *fig.* snake in the grass, viper; ~ gibi malevolent and sneaky *(person);* ~ gömleği slough; ~ sokması snakebite.
yılanbalığı, -nı *zo.* eel.
yılancık 1. small snake; 2. ⚕ erysipelas.
yılankavi [. . - -] serpentine, winding; ~ akmak to meander.
yılbaşı, -nı New Year's Day.
yıldırım 1. thunderbolt, lightning; 2. ♀ *mf;* ~ gibi like lightning, with lightning speed; ~ savaşı blitzkrieg; ~ siperi lightning rod; ~ telgrafı urgent telegram; -la vurulmuşa dönmek to be thunderstruck.
yıldırımkıran, yıldırımlık, yıldırımsavar lightning rod.
yıldırmak 1. *caus. of* yılmak; 2. to daunt; to cow; to intimidate; 3. to terrorize.
yıldız 1. star; 2. ⚓ north; ~ akmak *(or* kaymak *or* uçmak) *(for a shooting star)* to fall; ~ anasonu ⚘ star aniseed, badian; ~ yılı *ast.* sidereal year; -ı dişi *fig.* popular; -ı parlak lucky; -ları barışmak to get along well with each other.
yıldızbilim astrology.
yıldızböceği, -ni *zo.* firefly.
yıldızçiçeği, -ni ⚘ dahlia.
yıldızkarayel ⚓ 1. north-northwest wind; 2. north-northwest.
yıldızlı 1. starry, starlit; 2. starred.
yıldızpoyraz ⚓ 1. north-northeast wind; 2. north-northeast.
yıldönümü, -nü anniversary.
yılgı terror.
yılgın 1. daunted; intimidated; 2. terrorized; terror-struck.
yılışık obtrusive, saucy, importunate, pert, smarmy; ~ ~ smarmily.
yılışmak 1. to grin *(or* smirk) smarmily; 2. to smarm.
yıllanmak 1. to age, to grow old; 2. to become a year old.
yıllanmış 1. aged, mellow *(wine);* 2. old *(thing).*
yıllık 1. yearbook, annual; 2. yearly salary; yearly fee; 3. ... years old; 4. yearly, annual; 5. for one year.
yılmak, (-ar) to be daunted (*-den* by), to be intimidated (*-den* by).
yılmaz 1. undaunted; 2. ♀ *mf.*
yıpranmak 1. to get worn-out, to wear out; 2. to become burned-out *(or* worn-out).
yıpratıcı gruel(l)ing, exhausting, wearing.
yıpratmak to wear out, to burn out.
yırılmak *P* to split.
yırmak, (-ar) *P* to tear, to split.
yırtıcı 1. predatory, predacious; 2. *fig.* blood-thirsty *(person);* ~ hayvan beast of prey; ~ kuş bird of prey.
yırtık 1. torn, ripped, rent; 2. tear, rip, rent; 3. *fig.* shameless, brazen(faced); ~ pırtık in rags.
yırtılmak 1. *pass. of* yırtmak; 2. to overcome one's shyness; 3. *sl.* to fork over *(money).*
yırtınmak 1. to wear o.s. to a frazzle, to run o.s. ragged; 2. to shout at the top of one's voice.
yırtmaç, -cı slit, vent *(in a garment).*
yırtmaçlı having a slit *(or* vent).
yırtmak, (-ar) 1. to tear, to rip, to rend; 2. to tear, to lacerate; 3. to break in *(a colt).*
yısa [x .] hoist away!; ~ beraber! hoist together!; ~ etm. *(halatı)* to heave in *(a rope);* ~ ~ at the very most.
yiğit, -di 1. brave, bold, courageous; 2. young man, young buck.
yiğitlenmek to pluck up courage.
yiğitlik bravery, courage; yiğitliğe leke sürmemek to save one's face.
yine 1. (once) again, once more; 2. nevertheless, still.
yinelemek to repeat.
yirmi twenty; ~ yaş dişi *anat.* wisdom tooth.
yirmilik 1. twenty-lira note; 2. twenty-year old.
yirminci twentieth.
yirmişer twenty each *(or* apiece); ~ ~ twenty at a time.

yısa *s.* yısa.
yitik lost, missing.
yitim loss.
yitirmek 1. *caus. of* yitmek; **2.** to lose.
yitmek, (-er) to be lost *(or* missing); to disappear, to vanish.
yiv 1. groove, chamfer; **2.** ⊕ thread; **3.** flute *(on a column).*
yivli 1. grooved, chamfered; **2.** ⊕ threaded; **3.** fluted *(column).*
yiyecek food, edible, comestible.
yiyici 1. *(animal)* which feeds on *(a specified food);* **2.** *fig.* taker of bribes, bribee.
yiyinti food.
yo [-] no.
yobaz 1. fanatic, bigot; **2.** fogy, mossback.
yobazlaşmak to become fanatical.
yobazlık 1. fanaticism, bigotry; **2.** fogyism.
yoga yoga.
yogi yogi.
yoğalmak to disappear.
yoğaltım consumption.
yoğaltmak to consume, to use up.
yoğun 1. dense, thick; **2.** intensive, intense.
yoğunlaşmak 1. to densen, to thicken; **2.** to intensify.
yoğunlaştırmak 1. to densen, to thicken; **2.** to intensify.
yoğunluk 1. density, thickness; **2.** intensity.
yoğurmak to knead.
yoğurt, -du yog(h)urt, yoghourt.
yoğurtçu maker *or* seller of yogurt.
yoğurtotu, -nu ⚘ bedstraw.
yok, -ku *or* -ğu **1.** non-existent; **2.** absent; unavailable; **3.** no *(negative reply);* **4.** but if not...; ~ canım! *F* **1.** you're kidding?, really?; **2.** I wouldn't think of it!; **3.** unbelievable!; ~ denecek kadar az next to nothing; ~ devenin başı! you're pulling my leg!; ~ etm. to do away with, to stamp out, to eradicate; ~ oğlu ~ *F* non-existent; ~ olm. to disappear, to vanish; to die out; ~ pahasına for nothing, for a song; ~ yere without reason; -tan from nothing; müdür yokken işin başında ben olurum in the absence of the manager I am in charge of the business.
yoklama 1. *vn. of* yoklamak; **2.** roll call; **3.** quiz; ~ yapmak to call the roll, to call over.
yoklamak 1. to search; to inspect; **2.** to feel with the fingers, to finger; **3.** to sound out; **4.** to visit; **5.** *(for an illness, a pain)* to recur, to reappear.
yokluk 1. non-existence; **2.** absence; **3.** poverty.
yoksa [x.] **1.** or; **2.** otherwise, or else, if not; daha hızlı çalış, ~ patron seni kapı dışarı eder work faster or else the boss will give you the sack.
yoksul poor, destitute.
yoksullaşmak to become poor.
yoksullaştırmak to impoverish.
yoksulluk poverty, destitution, impoverishment.
yoksun deprived (*-den* of), bereft (*-den* of); ~ bırakmak to deprive (*-den* of), to bereave *(-den* of); ~ kalmak to be deprived *(or* bereft) *(-den* of).
yoksunluk deprivation.
yoksunmak to be deprived *(or* bereft) (*-den* of).
yokuş upward slope; hill; rise; ~ aşağı downhill; ~ yukarı uphill.
yol 1. road, way; path; course; route; passage; **2.** manner, style; **3.** method, system, **4.** way, means; solution; **5.** speed *(of a ship);* **6.** stripe *(in cloth);* **7.** time; ~ açmak **1.** to open a road; **2.** *fig.* to bring about, to give rise (*-e* to); ~ almak to proceed, to move forward; ~ aramak to look for a way *(to solve a problem);* ~ arkadaşı fellow-travel(l)er; ~ boyunca **1.** along the road; **2.** during the trip; ~ halısı hall rug, runner; ~ harcı travel allowance; ~ vermek **1.** to make way (*-e* for); **2.** *(b-ne) fig.* to fire *s.o.*, to give *s.o.* the sack; ~ yakınken *fig.* before it's too late; ~ ~ striped *(cloth);* ~ yordam manners, behavio(u)r; ~ yürümek to walk; **(yola):** ~ çıkmak *(or* düzülmek *or* koyulmak) to set off *(or* out), to hit the road; ~ düşmek to set out for *(a place);* ~ germek *(or* yatmak) to come round; to see reason; ~ getirmek (*or* yatırmak) to bring round; to persuade; ~ gitmek to take a trip; ~ vurmak *P* to see off; yolda kalmak to be delayed on the road; yoldan çıkmak **1.** to be derailed *(train);* to go off the road *(car);* **2.** *fig.* to go astray; **(yolu):** ~ almak to reach the end of one's journey; ~ düşmek to happen to pass, to happen on, to chance on; yolun(uz) açık olsun! have a good trip!, bon voyage!; **(yoluna):** ~ bakmak *(b-nin)* to expect *s.o.*, to await *s.o.'s* arrival; ~ çıkmak *(b-nin)* **1.** to go to meet *s.o.;* **2.** to meet *s.o.* by chance; ~ girmek to come all right; ~ koymak to put *(or* set) to rights; **(yolunu):** ~ beklemek *(b-nin)* to await

s.o.'s arrival; ~ bulmak to find the way to do s.th.; ~ kaybetmek to lose one's way; ~ kesmek to stop, to waylay, to hold up; ~ sapıtmak *fig.* to go astray; ~ şaşırmak **1.** to take the wrong road, to lose one's way; **2.** *fig.* to go astray; -uyle **1.** by way of, via; **2.** by means of, through.

yolcu 1. travel(l)er; passenger; **2.** baby about to be born; **3.** sick person who is at death's door; ~ etm. to see off; ~ gemisi liner; ~ salonu passenger waiting room; ~ uçağı passenger aircraft.

yolculuk journey, trip; voyage; ~ etm. to travel; ~ ne zaman? when do you set out on your journey?

yoldaş 1. fellow travel(l)er; **2.** friend, companion; **3.** Communist, comrade.

yolgeçen: ~ hanı *used of a place which is much frequented.*

yollamak to send, to dispatch.

yollanmak 1. *pass. of* yollamak; **2.** to pick up speed.

yollu 1. having roads; **2.** striped *(cloth);* **3.** fast *(ship, etc.);* **4.** by way of; **5.** loose *(woman);* ~ yolsuz unlawful.

yolluk 1. food for a journey, victuals; **2.** hall rug, runner; **3.** travel allowance.

yolmak, (-ar) **1.** to pluck; **2.** to pull out, to tear out *(hair);* **3.** *fig.* to fleece, to milk, to bleed.

yolsuz 1. roadless; **2.** stripeless, unstriped *(cloth);* **3.** slow *(ship, etc.);* **4.** loose *(woman);* **5.** improper; unlawful, illegal; **6.** *sl.* flat broke, penniless.

yolsuzluk 1. lack of roads; **2.** irregularity, malpractice; graft; **3.** *sl.* pennilessness.

yoluk plucked *(chicken, etc.).*

yolunmak 1. *pass. of* yolmak; **2.** to tear one's hair with grief.

yom good luck; ~ tutmak to regard as lucky.

yonca ⚘ clover, trefoil.

yonda down.

yonga chip, shaving *(of wood).*

yont, -tu unbroken mare.

yontkuşu, -nu *zo.* yellow wagtail.

yontma 1. *vn. of* yontmak; **2.** chiseled; hewn; ~ taş devri palaeolithic age.

yontmak, (-ar) **1.** to chisel; to hew, to whittle; to dress *(stone);* to sculpt; to chip; **2.** *fig.* to fleece.

yontulmak 1. *pass. of* yontmak; **2.** *fig.* to learn manners; yontulmamış *fig.* rough, uncouth.

yordam 1. agility; **2.** method, system; **3.** pomposity; swagger.

yorga jogtrot.

yorgan quilt, duvet, *Am.* comforter; ~ gitti, kavga bitti *iro.* the dispute is ended; ~ iğnesi quilting-needle.

yorgancı quilt-maker.

yorgun tired, weary, worn out; ~ argın dead tired, beat; ~ düşmek to be tired out; ~ ~ wearily.

yorgunluk tiredness, fatigue, weariness.

yormak¹, (-ar) to tire, to fatigue, to weary.

yormak², (-ar) to interpret.

yortmak *P* to rove about.

yortu Christian feast.

yorucu tiring, tiresome, wearisome.

yorulmak to get tired, to tire.

yorum interpretation, commentary.

yorumlamak to interpret.

yosma loose woman.

yosun ⚘ moss; alga.

yosunlanmak to moss, to get mossy.

yosunlu mossy.

yoz 1. uncultivated, virgin *(forest, land);* **2.** boorish, uncouth *(person);* **3.** degenerate; decadent.

yozlaşmak to degenerate.

yozlaştırmak to degenerate; to debase.

yön 1. direction; **2.** aspect, side; ~ vermek to give a direction (-e to), to direction; tarihi -den from the historical point of view.

yönelim inclination, tendency.

yönelmek 1. to head towards, to go towards; **2.** to incline towards.

yöneltim orientation.

yöneltmek to direct; to point (-e at).

yönerge directive; instructions.

yönetici manager; administrator.

yöneticilik management; administration.

yönetim management; administration; direction; government; ~ kurulu administrative committee, board of directors.

yönetmek to manage, to administer, to govern; to direct, to lead, to conduct; to control.

yönetmelik regulations, instructions, statutes.

yönetmen director *(a. thea., cinema);* manager.

yönlendirmek to direct, to orient, to steer.

yöntem method, system, procedure.

yöntemli methodical, systematic.

yöntemsiz unmethodical, unsystematic.

yöre vicinity, neighbo(u)rhood, region, environs.

yöresel local.

yörünge orbit; -sine oturmak to go into

orbit.
yudum sip, sup, gulp, swallow.
yudumlamak to sip.
yuf [ū] *int. expressing disgust;* ~ borusu çalmak *(or* ~ çekmek) to curse, to revile.
yufka 1. thin layer of dough; 2. fragile, weak; ~ yürekli tender-hearted.
Yugoslav Yugoslav(ian).
Yugoslavya [. . x .] *pr. n.* Yugoslavia.
yuğmak to wash.
yuh(a) boo!, ugh!, yuk!; ~ çekmek *(or* yuhaya tutmak) to boo, to jeer.
yuhalamak to boo, to jeer, to give s.o. the bird, to hoot.
yukarı 1. upper part; upstairs; 2. upper; upstairs; 3. up; -da above; upstairs; -da adı geçen above-mentioned, aforementioned; -dan 1. from above, from upstairs; 2. *fig.* from the boss; from the top (brass); -dan bakmak to look down (-e on); -dan aşağı süzmek *(b-ni)* to give *s.o.* the once-over.
yulaf ⚘ oat.
yular halter.
yumak[1] *s.* yıkamak.
yumak[2] ball *(of wool, etc.).*
yummak, (-ar) to shut, to close *(eye);* to clench, to double *(fist).*
yumru 1. lump; knot; gnarl, knob; node; 2. ⚘ tuber; ~ kök ⚘ tuber.
yumruk 1. fist; 2. blow *(or* punch *or* sock) with the fist; 3. *fig.* iron hand, fist; ~ atmak *(or* indirmek *or* vurmak) to hit *(or* punch *or* sock) with one's fist; ~ göstermek *fig.* to threaten; ~ hakkı s.th. gained by force; ~ kadar pea-sized, pint-sized; ~ yumruğa gelmek to come to blows; yumruğuna güvenmek to trust one's physical strength.
yumruklamak to hit with one's fist, to punch, to pummel, to sock.
yumruklaşmak to have a fist fight.
yumrukoyunu, -nu *sports:* boxing.
yumrul(an)mak to become knobby; to become nodular.
yumuk shut *(eye, mouth);* clenched, doubled *(fist).*
yumulmak 1. *pass. of* yummak; 2. *(for one's eyes)* to shut, to close; to narrow; 3. to hunch over, to hunker; 4. to attack.
yumurcak brat, scamp, little dickens.
yumurmak to form a lump.
yumurta 1. egg; 2. testicle, testis; ~ akı egg white, albumen; ~ kabuğu egg-shell; ~ kapıya dayanınca *fig.* when the chips are down; ~ sarısı yolk; -dan daha dün çıkmış *fig.* young and smart-alecky.
yumurtacı seller of eggs.
yumurtacık ovule.
yumurtalık 1. ovary; 2. eggcup.
yumurtlamak 1. to lay (eggs); 2. to ovulate; 3. *fig.* to blurt out, to come out with *(a remark).*
yumuşacık [x . . .] very soft, as soft as down.
yumuşak soft; tender; mild; gentle; ~ ağızlı that takes the bit easily *(horse);* ~ başlı docile, mild; tractable; biddable; ~ iniş soft landing.
yumuşaklık softness; mildness.
yumuşamak 1. to soften; 2. *fig.* to relent, to soften, to mellow, to unbend.
yumuşatmak to soften; to tenderize.
Yunan Greek, Grecian.
Yunanca [. x .] Greek.
Yunanistan *pr. n.* Greece.
Yunanlı Greek.
yunus(balığı) *zo.* dolphin.
yurdu eye of a needle.
yurt, -du 1. native country, homeland; 2. home; 3. student dormitory, hostel; ~ bilgisi civics; ~ tutmak to settle in; yetiştirme yurdu orphanage.
yurtlandırmak to settle *(people).*
yurtlanmak 1. to find a homeland; 2. to settle in *(a place).*
yurtluk country estate, domain.
yurtsever 1. patriotic; 2. patriot.
yurtseverlik patriotism.
yurttaş 1. citizen; 2. fellow countryman, compatriot.
yurttaşlık citizenship; ~ bilgisi civics.
yusyumru [x . .] very round; very knobby.
yusyuvarlak [x . . .] as round as a ball *(or* top).
yutak *anat.* pharynx.
yutkunmak to swallow, to gulp.
yutmak, (-ar) 1. to swallow, to gulp; 2. *fig.* to swallow *(an insult);* 3. to believe, to fall for, to swallow; 4. to beat, to skunk *(in a game);* 5. *fig.* to absorb *(knowledge).*
yutturmak 1. *caus. of* yutmak; 2. *(b-ne bşi)* to palm off *s.th.* on *s.o.*
yuva 1. nest; 2. home; 3. nursery school; 4. den, nest *(of criminals);* 5. ⚙ socket; ~ kurmak to set up a home; -sını yapmak *(b-nin) fig.* to teach *s.o.* a lesson, to show *s.o.* a thing or two; -sını yıkmak *(b-nin) fig.* to break up *s.o.'s* marriage; -yı dişi kuş yapar *pro.* men make houses, women make homes.
yuvak 1. cylinder; 2. stone roller.
yuvalamak to nest.

yuvar *biol.* corpuscle.
yuvarlak round, circular; globular, spherical; ~ hesap round figure; ~ sayı round number.
yuvarlaklaşmak to become round.
yuvarlaklaştırmak to round.
yuvarlaklık roundness; circularness.
yuvarlamak 1. to roll; 2. to roll up; 3. to round; 4. to put away, to pack away, to polish off *(food)*; 5. *F* to tell whoppers.
yuvarlanmak 1. *pass. of* yuvarlamak; 2. to roll; to turn over and over; 3. to fall (down); 4. *fig.* to kick the bucket suddenly, to up and die; 5. to get the sack *(or* push); yuvarlanan taş yosun tutmaz *pro.* a rolling stone gathers no moss; yuvarlanıp gitmek to rub along.
yuvar yuvar with a rolling motion.
yuvgu *s.* yuvak.
yuvgulamak to roll with a roller.
yüce exalted, high; lofty; eminent; sublime.
yücelik loftiness; eminence; sublimity.
yücelmek to become lofty *(or* exalted).
yüceltmek to exalt.
yük, -kü 1. load, burden; 2. cargo; freight; lading; 3. *fig.* burden; encumbrance; incubus; 4. *phys.* charge; ~ asansörü goods lift, *Am.* freight elevator; ~ gemisi freighter; ~ hayvanı beast of burden; ~ olm. *(b-ne) fig.* to be a burden to *s.o.*; ~ treni goods train, *Am.* freight train; ~ vagonu goods wagon, *Am.* freight car; ~ vurmak to load *(an animal)*; -te hafif pahada ağır light in bulk, high in value; -ünü tutmak *fig.* to get rich, to make money.
yükçü porter.
yüklem *gr., log.* predicate.
yüklemek 1. to load, to freight; 2. to lay *(a task)* on s.o., to burden s.o. with *(a task)*; 3. *fig.* to lay *(or* put) *(the blame)* on s.o.
yüklenmek 1. *pass. of* yüklemek; 2. to shoulder, to take on *(a burden, task, responsibility)*; 3. to push, to press, to pressure.
yükleyici stevedore, longshoreman.
yüklü 1. loaded, freighted; 2. overburdened with work; 3. pregnant; 4. *sl.* drunk, loaded; 5. *sl.* rich, loaded.
yüklük large cupboard *(for bedding)*.
yüksek 1. high; lofty; 2. high; great; big; 3. noble, lofty; 4. loud *(voice)*; 5. high, superior; 6. high place; height; ~ atlama *sports:* high jump; ~ basınç high pressure; ~ fiyat high price; ~ mühendis graduated engineer; ~ perdeden konuşmak *fig.* to talk big; ♀ Seçim Kurulu Election Commission; ~ sesle aloud, loudly; ~ tansiyon high blood pressure, hypertension; -ten atmak to talk big; -ten bakmak *fig.* to look down one's nose (-e at); -ten uçmak *fig.* to chase after the impossible.
yükseklik 1. height; highness; 2. altitude; elevation; 3. loudness *(of a voice)*; 4. high place, height.
yüksekokul college.
yükseköğretim higher education.
yükselmek 1. to rise, to ascend; 2. to increase, to rise, to mount, to go up; 3. to get louder *(voice)*; 4. to advance, to rise; to come up in the world.
yükselteç ⚡ amplifier.
yükselti altitude, elevation *(a. ast.)*.
yükseltmek 1. *caus. of* yükselmek; 2. to raise, to elevate; to increase; 3. ⚡ to amplify; 4. to promote.
yüksük 1. thimble; 2. ⚘ cupule.
yüksükotu, -nu ⚘ foxglove.
yüksünmek to regard as burdensome.
yüküm obligation, liability.
yükümlü obliged (*ile* to), obligated (*ile* to), bound (*ile* to).
yükümlülük obligation, liability.
yün 1. wool; 2. wool, woolen.
yünlü 1. wool, woolen; 2. woolen.
yüpürmek to run hither and thither.
yürek 1. heart; 2. *fig.* courage, guts; 3. *fig.* compassion, pity; ~ çarpıntısı 1. palpitation of the heart, heartbeat; 2. *fig.* anxiety; ~ vermek to give courage, to embolden; ~ yarası deep sorrow, heartbreak; **(yüreği):** ~ açık simple-hearted; sincere; ~ ağzına gelmek to have one's heart in one's mouth; ~ bayılmak to be starving *(or* caving in), ~ çarpmak *(for one's heart)* to palpitate; ~ dar impatient; ~ geniş carefree, happy-go-lucky; ~ kabarmak to feel nauseated; ~ kararmak to lose heart; ~ katılmak to gasp for breath; ~ parçalanmak *(for one's heart)* to be wrenched; ~ pek 1. hardhearted; 2. fearless; ~ sıkılmak to feel depressed *or* bored; **(yüreğine):** ~ dert olm. to take s.th. to heart; ~ inmek 1. *(for a great sadness)* to kill, to deal a mortal blow; 2. to die then and there; ~ işlemek to cut s.o. to the quick; **(yüreğini):** ~ pek tutmak to keep up one's courage; -ler acısı heartrending, heartbreaking, piteous; -ten from one's heart.
yüreklendirmek to give courage, to embolden.

yüreklenmek to take courage *(or* heart).
yürekli brave, courageous, stouthearted.
yüreksiz fainthearted, cowardly.
yürümek 1. to walk; 2. to march; 3. to hurry, to make haste; 4. to go on, to advance, to move forward; 5. to accumulate *(interest)*; 6. to work, to function, to run *(machine)*; 7. to die, to pass away; 8. to vanish; to be stolen; 9. to cross, to walk across; yürüyen merdiven moving staircase, *Am.* escalator.
yürürlük validity; operation; yürürlüğe girmek to come into force *(or* operation), to get into effect; -te olm. to be in operation *(or* force).
yürütmek 1. *caus. of* yürümek; 2. to perform, to carry out; 3. to get s.th. accepted; 4. to put forward *(a thought, etc.)*; 5. to fire, to dismiss; 6. to put into force; 7. *sl.* to steal, to lift, to swipe, to nick, to pinch, to nip.
yürüyüş 1. walking; gait; 2. walk; 3. march; ~ yapmak 1. to go on a walk; 2. to hold a protest march; -e çıkmak to go out for a walk.
yüz[1] hundred; one hundred; -de ~ 1. one hundred percent; 2. sure, certain.
yüz[2] 1. face; 2. surface; 3. outer covering, case; 4. shame; 5. side; ~ bulmak to be emboldened; to get presumptuous; ~ bulunca astar ister s. ~ verince astar ister; ~ çevirmek *fig.* to turn one's back (*-den* on); ~ etm. 1. to hand over; 2. to face up *(two things that are to be joined together)*; ~ göstermek to show up; ~ göz olm. *(b-le)* to make free with *s.o.*; ~ kızartıcı disgraceful, shameful; ~ tutmak to begin *(-meğe* to *inf.)*; ~ verince astar ister give him an inch and he will take a yard *(or* mile); ~ vermek to indulge, to be indulgent (*-e* to); ~ vermemek *(b-ne)* to give *s.o.* the cold shoulder; ~ -e face to face; ~ -e gelmek to come face to face (*ile* with); **(yüze):** ~ çıkmak 1. to come to the surface; 2. *fig.* to get insolent; ~ gülmek to feign friendship; **(yüzü):** ~ ak alnı pak pure and honest; ~ asılmak to pull a long face; ~ gözü açılmak *fig.* to learn about the birds and the bees; ~ gülmek to be happy; ~ kızarmak to flush, to blush; ~ olmamak *fig.* not to have the face *(or* cheek) *(-meğe* to *inf.)*; ~ pek brazenfaced, shameless; ~ sıcak attractive; ~ soğuk repulsive, repellent; ~ suyu hürmetine for the sake of; ~ tutmamak not to have the nerve *(-meğe* to *inf.)*; ~ yazılı kalmak to remain untouched; ~ yerde humble; ~ yere gelmek to feel ashamed on s.o.'s behalf; ~ yumuşak too kind to refuse; **(yüzünden):** ~ akmak to be evident from the look on s.o.'s face, to be written all over s.o.; ~ düşen bin parça olur sour-faced; ~ kan damlamak to be in the pink of health; ~ okumak to read in s.o.'s face; **(yüzüne):** ~ bakılmaz very ugly, like the back (end) of a bus; ~ gözüne bulaştırmak to make a mess *(or* balls *or* hash *or* bungle) of s.th.; ~ kan gelmek to recover one's health; ~ karşı to s.o.'s face; ~ vurmak to rub it in, to cast s.th. in s.o.'s teeth; **(yüzünü):** ~ ağartmak *(b-nin)* to do *s.o.* credit, to be a credit to *s.o.*; ~ buruşturmak (*or* ekşitmek) to make a face; ~ gören cennetlik you are a rare bird; you are a sight for sore eyes; ~ gözünü açmak *(b-nin)* to teach *s.o.* about the birds and the bees; ~ güldürmek *(b-nin)* to make *s.o.* happy; ~ şeytan görsün! the devil take him!; yüzünün akıyle çıkmak to succeed in doing s.th.
yüzakı, -nı hono(u)r, good name.
yüzbaşı ⚔ captain.
yüzde 1. percent; percentage; 2. commission, percentage; ~ beş five percent.
yüzdelik commission, percentage.
yüzden superficial.
yüzdürmek 1. *caus. of* yüzmek; 2. to float *(a ship)*; 3. *sl.* to fire, to give s.o. the sack.
yüzgelen prominent, important *(people)*.
yüzer[1] a hundred each *(or* apiece); ~ ~ a hundred at a time.
yüzer[2] floating; ~ havuz floating dock.
yüzey 1. surface; 2. *geom.* plane.
yüzeysel superficial, surface; cursory; shallow.
yüzgeç, -ci 1. *zo.* fin *(of a fish)*; 2. natatorial *(animal)*.
yüzgörümlüğü, -nü, *customary present given by a bridegroom to his bride on first seeing her unveiled face.*
yüzkarası, -nı disgrace; black sheep.
yüzlemek to rub it in.
yüzleşmece face to face.
yüzleşmek to meet face to face; to be confronted with one another.
yüzleştirmek to confront.
yüzlü 1. ...faced; 2. impudent, insolent.
yüzlük 1. a hundred lira bill; 2. centenarian.
yüzme *vn. of* yüzmek; ~ havuzu swimming pool *(or* bath).
yüzmek[1], (-er) to skin, to flay.
yüzmek[2], (-er) 1. to swim; 2. to float; 3.

to be covered with, to be thick with; **4.** to wallow in, to swim in; **para içinde yüzüyor** he is wallowing (*or* rolling) in money.
yüznumara toilet, loo.
yüzölçümü, -nü area.
yüzsuyu: ~ **dökmek** to grovel.
yüzsüz shameless, brazen(faced), cheeky.
yüzsüzlük shamelessness, brazenness, gall.
yüzücü swimmer.
yüzük ring; **yüzüğü geri çevirmek** (*or* **atmak**) to break off an engagement.
yüzükoyun facedown, prone(ly), prostrate, procumbent.
yüzükparmağı, -nı ring finger.
yüzüncü hundredth.
yüzüstü facedown, prone(ly), prostrate, procumbent; ~ **bırakmak** to throw over, to leave s.o. in the lurch; ~ **kalmak** to be left unfinished.
yüzyıl century.

Z

zaaf weakness; infirmity; debility.

zabıt, -ptı minutes; proceedings; court record: police report; ~ **ceridesi** printed proceedings; ~ **kâtibi 1.** keeper of the minutes; **2.** ⚖ court reporter; ~ **tutmak** to take minutes; *(for a policeman)* to write down a report.

zabıta [- . .] police.

zabıtname [. . - .] minutes; proceedings; court record; police report.

zabit, -ti ⚔ officer.

zaç, -çı vitriol.

zaçyağı, -nı oil of vitriol.

zadegân [- . -] elite; upper crust.

zafer 1. victory, triumph; **2.** ♀ *mf.*; ~ **alayı** triumphal procession; ~ **işareti** V-sign; ~ **kazanmak** to gain the victory, to carry *(or* win) the day; ~ **takı** triumphal arch, arch of triumph.

zafiyet, -ti [ā] weakness; infirmity; debility; inanition.

zağ burr.

zağanos *zo.* an eagle owl.

zağar terrier.

zağara fur collar *(of a coat)*.

zahife † reptile.

zahir 1. outer appearance; **2.** clear, evident; **3.** apparently; **-de** outwardly; to all appearances.

zahire [ī] **1.** provisions, stores; **2.** stock of grain; ~ **ambarı** granary.

zahiren outwardly; to all appearances.

zahiri 1. external, outward; **2.** feigned, artificial.

zahit, -di 1. ascetic; **2.** ♀ *mf.*

zahmet, -ti trouble, difficulty, inconvenience; ~ **çekmek** to have trouble *(or* difficulty); ~ **etm.** to put o.s. out, to inconvenience o.s.; ~ **etmeyin(iz)!** don't trouble yourself!; ~ **olmazsa** if it doesn't put you to any trouble; ~ **vermek** to trouble, to inconvenience, to put out; **-e değmek** to be worth the trouble; **-e girmek** to put o.s. out, to inconvenience o.s.; **-e sokmak** *(b-ni)* to put *s.o.* to trouble, to put *s.o.* out, to trouble *s.o.*, to inconvenience *s.o.*; **bir ~ bana tuzu verir misiniz?** may I trouble you for the salt?

zahmetli troublesome, hard, difficult, laborious, labo(u)red, onerous.

zahmetsiz easy.

zaıf *s.* **zaaf.**

zaika [- . .] ⚕ taste.

zail transitory, transient; evanescent; ~ **olm.** to disappear, to pass.

zait, -di [ā] **1.** unnecessary; **2.** A plus.

zakkum ⚘ oleander, rosebay.

zalim [ā] **1.** tyrannical; unjust; cruel; **2.** tyrant.

zalimlik [ā] tyranny; injustice; cruelty.

zam, -mmı 1. rise, *Am.* raise; **2.** additional charge, surcharge; ~ **görmek 1.** to get a rise *(or Am.* raise); **2.** to be increased in price.

zaman [. -] **1.** time; **2.** age, epoch, era; **3.** time, season; **4.** free time; **5.** *gr.* tense; **6.** ♪ time; **7.** when; ~ **belirteci** *gr.* adverb of time; ~ **birimi** unit of time; ~ **geçtikçe** as the time goes on; ~ **kaybetmeden** without delay, without loss of time; ~ **kazanmak** to gain time; ~ **kollamak** to bide one's time; ~ **öldürmek** to kill time; ~ ~ from time to time, every now and then, occasionally; ~ **zarfı** *s.* ~ **belirteci; -ı geçmek 1.** to be out of date *(or* outmoded); **2.** to expire; **-ında** at the proper *(or* right) time; **-la** in the course of time; **o -ın başkanı** the then president.

zamanaşımı, -nı ⚖ prescription.

zamane [. - .] today, the present age; with it; ~ **çocukları** children of today, modern youth.

zamanlamak to time well.

zamanlı timely.

zamansız untimely.

zamazingo [. . x .] *sl.* mistress, paramour.

zambak ⚘ lily.

zamir [ī] **1.** *gr.* pronoun; **2.** inner self, heart.

zamk, -kı 1. gum; **2.** glue; paste.

zamkinos [x . .] **1.** thingumabob, what-do-you-call-it; **2.** running away; ~ **etm.** *(or* **-u çekmek)** *sl.* to run away, to beat it.

zamklamak to glue, to paste.
zamklı 1. glued; pasted; 2. gummed.
zammetmek [x . .] to add, to annex.
zampara womanizer, woman *(or* skirt) chaser, lecher.
zamparalık skirt chasing, lechery; ~ etm. to chase after women, to womanize.
zan, -nnı 1. supposition, guess, surmise, conjecture; 2. suspicion, doubt; ~ altında bulunmak to be under suspicion; -ıma göre in my opinion; -ında olm. to be of the opinion that.
zanaat, -tı craft, trade.
zanaatçı craftsman.
zangırdamak 1. to rattle; 2. to tremble; 3. to chatter *(teeth).*
zangırtı rattle.
zangır zangır rattlingly; ~ titremek to be all of a tremble.
zangoç sexton, verger *(of a church).*
zani [- .] adulterer; fornicator.
zanlı accused; suspect.
zannetmek [x . .] to think, to suppose, to guess, to believe, to reckon; zannedersem I think that...
zapt 1. capturing; 2. seizure, confiscation; 3. taking down, recording; 4. keeping in mind; ~ etm. 1. to capture, to conquer; 2. to restrain; 3. to seize, to confiscate; 4. to take down, to record; 5. to keep in mind; 6. to grasp, to understand.
zaptetmek *s.* zapt etm.
zaptiye, *hist.* 1. zaptieh, gendarme; 2. zaptieh, gendarmerie.
zapturapt, -tı 1. discipline; 2. order.
zar[1] 1. *anat.*, ⚘, *zo.* membrane, pellicle; 2. ⚒ membrane.
zar[2] die; ~ atmak to throw dice; ~ tutmak to cheat in throwing dice.
zarafet, -ti [. - .] grace, elegance, refinement; delicacy.
zarar 1. damage, harm, injury, detriment; 2. ⚘ loss; ~ etm. 1. to lose money; to make a loss; 2. to damage, to harm, to injure; ~ görmek to be damaged *(or* harmed *or* injured) (*-den* by); ~ ve ziyan damages; ~ vermek to damage, to harm, to injure; -ı yok! it doesn't matter!, never mind!, that's OK!; -ına satmak to sell at a loss *(or* sacrifice), to sacrifice.
zararına 1. at a loss *(or* sacrifice); 2. *(b-nin)* to *s.o.'s* disadvantage.
zararlı harmful, injurious, detrimental; ~ çıkmak to end up a loser; to come out of s.th. a loser.
zararsız harmless; innocuous; ~ hale getirmek to overpower.
zarf 1. envelope; 2. case, receptacle; 3. *gr.* adverb; üç saat -ında within three hours.
zarflamak to put into an envelope.
zargana [x . .] *zo.* needlefish, gar(fish).
zarif [ī] 1. elegant, graceful; 2. elegant, gracious, refined *(action, manner)*; 3. ♀ [x .] *wf.*
zariflik [ī] elegance, grace; refinement.
zari zari [ā, ā] bitterly.
zarp, -bı 1. severity, violence; 2. blow; ~ etm. to hit, to strike; ~ musluğu main valve.
zarta [x .] fart, poop; -yı çekmek *sl.* to die, to kick the bucket.
zartçı *sl.* big talker, windbag.
zart zurt bluster; ~ etm. to bluster.
zaruret, -ti [ū] 1. necessity, essentiality, vitalness; indispensability; unavoidability; 2. poverty, destitution.
zaruri [. - -] necessary, essential, requisite, vital; indispensable; unavoidable; inevitable.
zar zor 1. unwillingly, reluctantly; 2. by force, forcibly; 3. with difficulty.
zat, -tı [ā] 1. person, individual; personality; 2. essence, core, heart; ~ işleri şubesi personnel department; -a mahsus private, personal; zatı âliniz your Worship.
zaten, zati [ā] [x .] anyway, anyhow, in any case, at any rate.
zatî [- -] personal, private; ~ eşya personal effects.
zatülcenp, -bi [ā] [x . .] ⚕ pleurisy.
zatürree [ā] [x . . .] ⚕ pneumonia.
zavahir *s.* zevahir.
zavallı [x . .] 1. poor, miserable, pitiful; 2. helpless; ~ adam! poor man!
zaviye [ā] 1. corner; nook; 2. ⩓ angle; 3. point of view, viewpoint.
zayıf 1. thin, meager; scrawny; 2. weak; faint; frail; 3. slim, small, slender *(possibility)*; ~ almak to get a failing grade; ~ düşmek 1. to get thin; 2. to get weak.
zayıflamak 1. to get thin; 2. to lose weight, to slim down; 3. to get weak.
zayıflık 1. thinness, meagerness; 2. weakness; faintness, feebleness.
zayi, -ii [ā] lost; ~ etm. to lose; ~ olm. to be lost.
zayiat, -tı [- . -] losses, casualties; ~ vermek to suffer losses *(or* casualties).
zayiçe [ā] horoscope; -sine bakmak *(b-nin)* to cast *s.o.'s* horoscope.
zeamet, -ti [ā] *hist.* fief, fee.
zebani [. - -] 1. demon of hell; 2. *fig.* hellhound.

zebanzet, -di commonly used *(or* popular) *(word, etc.)*.
zebella [. . -] **1.** ogre; **2.** ogr(e)ish *(person)*; ~ gibi ogr(e)ish *(person)*.
zebir *s.* zebra.
zebra [x .] *zo.* zebra.
zebun [ū] weak, helpless.
zebunküş [ū] cruel.
Zebur [ū] *pr. n.* the Book of Psalms.
zecir, -cri force, compulsion; oppression.
zecren [x .] by force, by compulsion.
zecri forcible, coercive; ~ tedbirler coercive measures.
zedelemek **1.** to bruise; **2.** to harm, to damage, to injure.
zefir[1] [ī] ☤ exhalation, expiration.
zefir[2] zephyr.
zehap, -bı [ā] supposition, surmise.
zehir, -hri poison, toxic; venom; ~ gibi **1.** very hot *(or* peppery *or* pungent); **2.** sharp, biting *(cold)*; **3.** very clever, crack, crackerjack.
zehirlemek **1.** to poison; **2.** *fig.* to poison, to contaminate.
zehirli poisonous, toxic; venomous.
zehretmek [x . .] *fig.* to make distasteful, to embitter, to take all the pleasure out of s.th. for s.o.
zekâ intelligence, intellect; ~ testi intelligence test; ~ yaşı mental age.
zekât, -tı *isl.* alms.
zekâvet, -ti acumen.
zeker *anat.* penis.
zeki [ī] **1.** intelligent; quick-witted, sharp, clever, acute; **2.** ♀ [x .] *mf.*
zeklenmek *P* = zevklenmek.
zelil [ī] despicable.
zelzele earthquake.
zem, -mmi disparagement.
zemberek spring *(of a watch, etc.)*; zem bereği boşalmak *fig.* to have a fit of laughter.
zembil shopping bag.
zemheri the dead of winter; ~ zürafası *person who wears light clothes in the dead of winter.*
zemin [. -] **1.** ground, earth; **2.** floor; **3.** ground floor; **4.** basis, ground; **5.** circumstances, conditions; ~ hazırlamak to lay the groundwork (*-e* for); ~ katı ground floor.
zeminlik ⚔ underground shelter.
zemmetmek [x . .] to disparage, to speak ill of.
zemzem **1.** Zamzam; **2.** water from Zamzam; ~ kuyusuna işemek to do s.th. monstrous merely to acquire notoriety; -le yıkanmış olm. *fig.* to be an angel compared to s.o. else.
zencefil ⚘ ginger.
zenci Black, Negro.
zengin **1.** rich, wealthy; **2.** productive, fertile, rich; **3.** rich person; **4.** rich in, abounding in.
zenginle(ş)mek to get rich.
zenginlik **1.** richness, wealthiness; **2.** riches, wealth.
zenne **1.** women's wear; **2.** *man taking a woman's part in the* ortaoyunu.
zenneci seller of women's clothes.
zeplin [x .] zeppelin.
zerdali [ā] ⚘ wild apricot.
zerdeva *zo.* pine marten.
Zerdüşt, -tü *pr. n.* Zoroaster.
zeretmek [x . .] † to sow *(seed)*.
zeri, -r'i sowing *(seed)*.
zerk, -ki ☤ injection; ~ etm. to inject.
zerre **1.** mote, atom; **2.** ⚗ molecule; ~ kadar the least bit.
zerrin **1.** gold(en) **2.** ⚘ jonquil.
zerzevat, -tı vegetables; produce.
zerzevatçı vegetable seller.
zevahir [. - .] appearances; -i kurtarmak to save face *(or* appearances).
zeval, -li [ā] **1.** disappearance; **2.** decline, wane; ~ bulmak **1.** to disappear; **2.** to decline, to wane; ~ vakti noon; -e yüz tutmak *fig.* to begin to decline; -i olm. *(b-ne)* to be harmful to *s.o.*
zevali [. - -] reckoned from noon *(time)*.
zevalsiz [ā] permanent, everlasting.
zevat, -tı [ā] † *pl. of* zat.
zevce ⚖ wife.
zevç, -ci † husband.
zeveban [ā] melting, fusion; ~ etm. to melt, to fuse; ~ noktası *phys.* melting *(or* fusion) point.
zevk, -ki **1.** pleasure, delight, enjoyment, fun; **2.** taste, discrimination; **3.** taste, liking, preference; **4.** sense of taste, gustation; ~ almak (*or* duymak) *(bşden)* to find *(or* take) pleasure in *s.th.*, to enjoy *s.th.*; ~ için for fun; ~ vermek to give pleasure; -ine düşkün addicted to pleasure; -ini çıkarmak *(bşin)* to enjoy *s.th.* to the full; -ler ve renkler tartışılmaz there is no accounting for tastes; -ten dört köşe olm. *fig.* to be as happy as a lark *(or* sandboy), to be as happy as the day is long, to be as happy as Larry.
zevklenmek **1.** to take *(or* find) pleasure (*ile* in); **2.** *(b-le)* to make fun of *s.o.*
zevkli **1.** pleasurable, delightful, pleasant; **2.** tasteful.
zevksiz **1.** tasteless; **2.** boring, dull, tire-

some, insipid, tedious, unpleasant.
zevzek long-winded, talkative.
zevzeklik boring chatter; ~ etm. to rattle on.
zeybek *swashbuckling village lad of southwestern Anatolia.*
zeyil, -yli appendix, addendum.
zeyrek clever, quick-witted.
zeytin olive.
zeytinlik olive grove.
zeytinyağı, -nı olive oil; ~ gibi üste çıkmak *fig.* to come off best; to get the better of an argument.
zeytuni [. - -] olive-green.
zıbarmak *sl.* **1.** to die, to croak, to peg out, to pop off; **2.** to pass out *(after getting drunk);* **3.** to fall asleep, to hit the sack.
zıbın quilted jacket for a baby.
zıddiyet, -ti opposition, contrariety; contrast.
zıh 1. edging; piping; **2.** border; **3.** mo(u)lding.
zıkkım poison; ~ olsun! may you choke on it!
zıkkımlanmak to eat, to cram food in one's gob, to stuff o.s. with food.
zılgıt, -tı *F* severe tongue-lashing; ~ yemek to get it in the neck, to cop it, to catch it
zımba [x .] punch, stapler.
zımbalamak 1. to punch, to staple; **2.** *sl.* to stab, to knife; **3.** *sl.* to fuck, to poke.
zımbalı [x . .] punched, stapled.
zımbırdatmak to strum, to thrum, to twang.
zımbırtı 1. discordant, twang; **2.** what-do-you-call-it, thingumabob.
zımnen [x .] **1.** indirectly, by implication; **2.** implicitly.
zımni [ī] indirect, implied, veiled; unspoken; implicit.
zımpara [x . .] emery; ~ kâğıdı sandpaper.
zımparalamak to sand(paper); to emery.
zındık *fig.* atheist, unbeliever.
zıngadak [x . .] suddenly and with a jolt.
zıngıldamak *s.* zangırdamak.
zıngıl zıngıl *s.* zangır zangır.
zıngırdamak *s.* zangırdamak.
zıngır zıngır *s.* zangır zangır.
zınk: ~ diye durmak to come to an abrupt stop.
zıp: ~ diye all of a sudden, suddenly.
zıpçıktı upstart, parvenu.
zıpır *F* screwy, cracked, loony, crackpot.
zıpkın harpoon; (fish)gig.
zıplamak 1. to jump; **2.** to bounce.
zıppadak [x . .] suddenly, all of a sudden.
zıpzıp, -pı marble.
zıp zıp 1. up and down; **2.** with a bounce, bouncingly.
zırdeli [x . .] as mad as a hatter, stark staring mad.
zırh armo(u)r.
zırhlanmak to put on one's armo(u)r.
zırhlı 1. armo(u)red, armo(u)r-plated, armo(u)r-clad; **2.** ⚓ battleship, ironclad; ~ otomobil armo(u)red car; ~ tümen ⚔ armo(u)red division.
zırıldamak 1. to yammer, to yak; **2.** to cry, to blubber, to boohoo.
zırıltı 1. racket; **2.** yammer; **3.** squabble, row, quarrel; **4.** *F* what-do-you-call-it, thingumabob.
zırıl zırıl: ~ ağlamak to cry buckets; ~ terlemek to sweat buckets.
zırlak 1. *zo.* cricket; **2.** weepy.
zırlamak *s.* zırıldamak.
zırnık 1. arsenic, zarnich; **2.** *fig.* the least little bit; ~ bile vermem! I won't leave him so much as a penny!
zırtapoz *sl.* crazy, screwy.
zırt pırt *F* at any time whatsoever.
zırtullahıkermani [. - . . - -] *co.* nut, maniac, loon.
zırt zırt *s.* zırt pırt.
zırva [x .] **1.** nonsense, rubbish, rot, bunk, hooey; **2.** nonsensical, stupid; ~ tevil götürmez *pro.* it is no use trying to make sense out of foolish talk.
zırvalamak to talk nonsense *(or* rot), to drivel.
zır zır: ~ ağlamak to blubber, to boohoo.
zırzop *s.* zirzop.
zıt, -ddı opposite, contrary; ~ gitmek *(b-le)* to oppose *s.o.;* zıddı olm. *(bş b-nin)* to dislike *s.th.;* zıddına gitmek *(b-nin)* to rile *s.o.*
zıtlaşmak *(for people)* to become the opposite of each other.
zıvana [. x .] **1.** liner; **2.** tenon; **3.** pin; **4.** mortise; -dan çıkmak *fig.* to blow his stack, to fly off the handle.
zıya, -aı [ā] loss.
zıykınefes, zıykısadır, -drı ⚕ dyspnea.
zibidi 1. oddly dressed; **2.** crazy, nutty, screwy.
zifaf [ā] entering the bridal chamber; ~ gecesi wedding night; ~ odası bridal chamber.
zifir deposit in a pipe stem.
zifiri: ~ karanlık **1.** complete darkness; **2.**

pitch black, inky (black), as black as pitch (*or* midnight *or* ink).
zifos [x .] **1.** mud; **2.** *F* nonsensical; ~ atmak *(b-ne)* to sling mud at *s.o.*
zift, -ti pitch; -in pekini yesin! let him starve for all I care!
ziftlemek to pitch.
ziftlenmek **1.** *pass.* *of* ziftlemek; **2.** F to make a pig of o.s.
ziftli coated with pitch.
zihin, -hni **1.** mind, intellect; **2.** memory, mind; **3.** comprehension; ~ açmak to stimulate the mind; ~ bulanıklığı ⚕ mental confusion; ~ yormak to think hard, to rack one's brains; **(zihni):** ~ açılmak to feel mentally alert; ~ bulanmak to get confused *(or* muddled up); ~ dağılmak *(for one's mind)* to wander; ~ durmak to be unable to think clearly, to be mentally fatigued; ~ saplanmak to get hipped on *(a mistaken idea);* -ni kurcalamak *(for s.th.)* to keep popping into one's mind, to recur to s.o. repeatedly.
zihnen mentally.
zihni mental, intellectual.
zihniyet, -ti mentality.
zikir, -kri **1.** mention; **2.** *isl.* zikr, dhikr *(repeating the word* Allah); zikri geçmek to be mentioned.
zikretmek [x . .] **1.** to mention; **2.** *isl.* to repeat the word Allah.
zikzak **1.** zigzag; **2.** zigzag(gy); ~ yapmak to zigzag.
zikzaklı zigzag(gy).
zil **1.** bell; doorbell; buzzer; **2.** cymbal; **3.** finger cymbal; **4.** jingle *(on a tambourine);* **5.** *sl.* very hungry, peckish; ~ çalıyor the bell is ringing; ~ takıp oynamak *fig.* to jump for joy.
zillet, -ti abasement.
zilli **1.** provided with a bell; **2.** *sl.* shrewish *(woman).*
zilyet ⚖ owner, possessor.
zilyetlik ⚖ ownership, possession; ~ davası ⚖ possessory action.
zilzurna: ~ sarhoş as drunk as a Lord, pissed as a newt, corked, blotto.
zimamdar [. - -] administrator, manager.
zimmet, -ti debit; -ine geçirmek **1.** *(bir hesabı b-nin)* to debit *(an amount of money)* to *s.o.'s* account; **2.** *(bir parayı kendi)* to embezzle, to peculate.
zina [ā] ⚖ adultery; fornication.
zincifre cinnabar.
zincir **1.** chain; **2.** necklace; **3.** chain, series, succession; -e vurmak to chain, to put in chains, to fetter.
zincirleme **1.** *vn.* *of* zincirlemek; **2.** successive; ~ kaza pileup.
zincirlemek to chain.
zincirli chained.
zindan [ā] prison; dungeon; ~ gibi pitch-dark.
zindancı [ā] gaoler, jailer.
zinde energetic, alive, active; robust.
zinhar [ā] never!, no way!
zira [- -] [x -] because.
ziraat, -tı [. - .] agriculture.
ziraatçı agriculturist.
ziraatçılık agriculture.
zirai [. - -] agricultural.
zirman *sl.* big, strapping *(man).*
zirve summit, peak, apex; ~ toplantısı summit meeting; mesleğinin zirvesinde at the top of the tree.
zirzop, -pu *F* crazy, screwy, loony, crackpot.
ziya [ā] **1.** light; **2.** ♀ *mf.*
ziyadar [. - -] bright, luminous.
ziyade [ā] **1.** excess, surplus; **2.** a lot of, much; many; **3.** excessive; **4.** courtyard *(of a mosque);* **5.** rather (*-den* than), more (*-den* than); ~ olsun! thank you very much! *(said to s.o. after eating s.th. he has offered one);* -siyle **1.** extremely, exceedingly; **2.** excessively, too; burası evden ~ müzeye benziyor this place is more like a museum than a house.
ziyafet, -ti feast, banquet; ~ vermek *(or* çekmek) to give a banquet.
ziyan [ā] loss; damage; harm; ~ etm. to waste; ~ olm. to go for nothing, to go to waste; ~ zebil olm. *P* to go to waste, to go for naught; -ı yok! never mind!
ziyankâr [ā] destructive; wasteful.
ziyankârlık [ā] destructiveness; wastefulness.
ziyansız [ā] harmless.
ziyaret, -ti [ā] **1.** visit, call; **2.** pilgrimage; ~ etm. to visit, to call on; -ine gitmek *(b-nin)* to go to visit *s.o.*
ziyaretçi [ā] visitor, caller.
ziyaretgâh [. - . -] place of pilgrimage.
ziynet, -ti **1.** ornament, decoration; **2.** jewel(le)ry; **3.** ♀ *wf.;* ~ eşyası jewel(le)ry.
zodyak *ast.* zodiac.
zoka [x .] **1.** fishhook; **2.** *sl.* trap, trick; -yı yutmak *sl.* to take the bait, to fall for a trick.
zom *sl.* dead drunk, blotto, corked.
zonklamak to throb.
zonk zonk: ~ zonklamak to throb terribly.
zoolog zoologist.
zooloji zoology.

zoolojik zoological.
zor 1. difficult, hard; 2. difficulty, trouble; 3. obligation, necessity, compulsion; 4. coercion, pressure; 5. barely, just; ~ **bela** 1. with great difficulty; 2. just barely; ~ **gelmek** *(b-ne)* to be difficult for *s.o.*; ~ **kullanmak** to use force; -**a başvurmak** to resort to force; -**a gelememek** to be unable to endure pressure; -**a koşmak** to make difficulties for s.o.; -**la** by force; -**la güzellik olmaz** it is no use forcing it; -**u -una** with great difficulty; -**un ne?** what's the matter with you?
zoraki [ā] forced; under compulsion.
zorba tyrant; bully; browbeater.
zorbalık tyranny.
zorgulu *psych.* compulsive.
zorlama 1. *vn. of* **zorlamak**; 2. compulsion; coercion; 3. strain; 4. forced; ~ **yürüyüş** forced march.
zorlamak 1. to force, to compel, to coerce, to constrain; 2. to strain; 3. to put pressure on.
zorlaşmak to get difficult *(or* hard).
zorlaştırmak to make difficult.
zorlayıcı coercive, forcible; ~ **nedenler** ⚖ forces majeures.
zorlu 1. difficult, hard; 2. powerful, violent; 3. powerful, influential.
zorluk difficulty; ~ **çıkarmak** to make *(or* raise) difficulties, to make things difficult.
zorunlu 1. necessary, obligatory; indispensable; 2. compulsory, imperative; 3. unavoidable, inevitable.
zorunluluk 1. obligation; indispensability; 2. imperativeness.
zuhur [. -] appearance; ~ **etm.** 1. to appear, to come into view; 2. to take place suddenly, to come about suddenly.
zuhurat, -**tı** [. - -] unforeseen events, contingencies; -**a bağlı** contingent.
zuhuri [. - -] player in the **ortaoyunu**; ~ **kolu** troupe of **ortaoyunu** players.
zula *sl.* hiding place, cache; ~ **etm.** *sl.* 1. to steal; 2. to hide, to conceal.
zulmet, -**ti** darkness.
zulmetmek [x . .] to tyrannize.
zulüm, -**lmü** tyranny, cruelty; injustice; oppression.
zurna ♪ a kind of recorder; ~ **gibi** tightly fitting *(trousers).*
zurnabalığı, -**nı** *zo.* saury, skipper.
zübde 1. summary; 2. the best part, the cream.
zücaciye [ā] glassware; china.
züğürt, -**dü** *co.* broke, penniless, skint; ~ **tesellisi** cold comfort.
züğürtleşmek *co.* to become penniless, to go broke.
züğürtlük *co.* pennilessness.
Zühre *ast.* Venus.
zührevi [ī] ⚕ venereal; ~ **hastalıklar** venereal diseases.
züht, -**hdü** asceticism.
zühul, -**lü** [ū] inadvertance, slip; slip of the tongue.
zülüf, -**lfü** sidelock, earlock.
zümre class, group, set *(of people).*
zümrüdi [ī] emerald.
Zümrüdüanka [. x . . -] a mythical bird; ~ **gibi** wonderful but imaginary.
zümrüt, -**dü** emerald; ~ **yeşili** emerald(-green).
züppe fop, coxcomb, snob, toff, la-di-da.
züppelik foppishness, coxcombry.
zürafa [. - .] 1. *zo.* giraffe; 2. *sl.* lesbian.
zürra, -**aı** [ā] † farmers.
zürriyet, -**ti** progeny, offspring.